Dakuajing Xuansuoqiao
Jianzao Jishu yu Gongcheng Shijian
——Yichang Wujiagang Changjiang Daqiao Gongcheng Jishi

大跨径悬索桥建造技术与工程实践
——宜昌伍家岗长江大桥工程纪实

周昌栋　主编

上册

人民交通出版社股份有限公司
北京

内 容 提 要

本书依据主跨1160m大型悬索桥设计、施工、技术研究历程编写而成。

全书共分为六篇：第一篇为总体设计篇，主要介绍了项目建设的重要性和必要性、桥梁选址和选型，以及总体设计等内容；第二篇为施工技术篇，主要介绍了主桥各个结构的施工内容，包含一些重要结构的制造和施工，同时也介绍了沥青铺装技术；第三篇为专项技术篇，主要介绍了测量、试验、施工监控、荷载试验、除湿系统、健康监测等专项技术内容；第四篇为技术成果篇，主要介绍了大桥取得的一些技术成果，包含科研成果、QC成果、施工工法、专利、论文等内容；第五篇为专题研究篇，主要介绍了项目设计阶段开展的一系列研究工作，包含水文、地质、气候、抗风、抗震、锚碇专题等内容；第六篇为关键技术与科技创新篇，主要介绍了大桥建设过程中的关键施工技术和科研创新内容。

本书可供从事桥梁设计、施工和工程管理的人员，以及高等院校师生参考使用。

图书在版编目（CIP）数据

大跨径悬索桥建造技术与工程实践：宜昌伍家岗长江大桥工程纪实 / 周昌栋主编. — 北京：人民交通出版社股份有限公司，2022.9

ISBN 978-7-114-18155-9

Ⅰ.①大… Ⅱ.①周… Ⅲ.①长跨桥—悬索桥—桥梁工程—概况—宜昌 Ⅳ.①U448.43

中国版本图书馆 CIP 数据核字（2022）第 147862 号

书　　名：	大跨径悬索桥建造技术与工程实践——宜昌伍家岗长江大桥工程纪实（上册）
著 作 者：	周昌栋
责任编辑：	崔　建
责任校对：	席少楠　赵媛媛
责任印制：	刘高彤
出版发行：	人民交通出版社股份有限公司
地　　址：	（100011）北京市朝阳区安定门外外馆斜街3号
网　　址：	http://www.ccpcl.com.cn
销售电话：	(010)59757973
总 经 销：	人民交通出版社股份有限公司发行部
经　　销：	各地新华书店
印　　刷：	北京印匠彩色印刷有限公司
开　　本：	787×1092　1/16
印　　张：	100.5
字　　数：	2175千
版　　次：	2022年9月　第1版
印　　次：	2022年9月　第1次印刷
书　　号：	ISBN 978-7-114-18155-9
定　　价：	398.00元(上、下册)

（有印刷、装订质量问题的图书，由本公司负责调换）

《大跨径悬索桥建造技术与工程实践
——宜昌伍家岗长江大桥工程纪实》
编辑委员会

主 任 委 员：周昌栋

副主任委员：杨　涛　夏元云　李志成

委　　　员：袁庆华　王碧波　叶帮斌　满作武　李文革

主　　　编：周昌栋

副　主　编：张后登

参 编 人 员：代明净　郑　红　施　飞　谢瑞杰　叶　硕
　　　　　　李　辉　兰晴朋　何承林　周志兴　李方敏
　　　　　　朱腾飞　郑春晓　王　超

完 成 单 位：宜昌市住房和城乡建设局
　　　　　　中交第二航务工程局有限公司
　　　　　　中建三局集团有限公司
　　　　　　中铁大桥勘测设计院集团有限公司

Preface 序

宜昌,扼守长江中上游分界点,滨江而居,风情万种,乃宜于昌盛之地。

伍家岗长江大桥是湖北宜昌首座主跨千米级长江大桥,也是宜昌第9座长江大桥。大桥采用主跨1160m一跨过江的双塔钢箱梁悬索桥方案。该桥是国家《长江经济带综合立体交通走廊规划》中湖北省19座过江通道之一,是宜昌实现"一江两岸"跨江发展,构建"三环十二射"快速路网的重要控制性工程。

伍家岗长江大桥于2017年4月18日开工,经过全体建设者四年多的共同努力,2021年7月30日正式建成通车,为宜昌清山绿水间再绘一道优美的风景线。该桥建成通车后,增强了江南江北联系,促进了伍家岗区与点军区融通发展,实现了宜昌中环闭环,对于加快打造长江黄金水道、长江经济带综合立体交通走廊,推进宜昌建设中西部非省会龙头城市和长江中上游区域性中心城市有着重要意义。

伍家岗长江大桥采用PPP模式,由宜昌市政府授权宜昌市住房和城乡建设局作为实施机构,中国建筑第三工程局集团公司、中交第二航务工程局有限公司、宜昌市城市桥梁建设投资有限公司、中国政企合作投资基金股份有限公司四方组建中建宜昌伍家岗大桥建设运营有限公司(简称SPV公司),由中铁大桥勘测设计院集团有限公司设计。为有利于各方合作高效管理,市住建局抽调精兵强将组建项目建设现场指挥部与SPV公司合署办公,并将质量安全监督机构——宜昌市建筑市场和建设工程质量安全监督站工作前移并派员常驻工程现场,这一创新工程管理模式特别有利于PPP项目建设和工程安全及质量品质的提升。同时,强化党建引领,成立了伍家岗长江大桥项目联合党委,凝聚各方力量推动项目建设,打造红色工地。

伍家岗长江大桥的建设凝聚了大桥所有工程建设者的心血汗水和聪明才智,众志成城、齐心协力,努力建设一座不朽工程。建设过程中,积累了许多有价值的勘察、设计、施工和科学研究以及工程技术管理的宝贵经验,也形成了大量的技术成果。本书详细记录了大桥设计阶段前期主要的专题研究、施工阶段的课题研究、施工方案论证选择、关键技术攻关、施工质量控制等各个方面的内容,是大跨径悬索桥领域中一部非常有实用价值的技术文献。在大桥建设过程中,结合多项先进建桥技术和伍家岗长江大桥特点,精心谋划、重点研究、科学管理,攻克了多项技术难题,创造了多项桥梁建设领域创新技术,值得广大桥梁建设者阅读借鉴。

伍家岗长江大桥的关键技术和科技创新贯穿整个大桥建设阶段,取得了丰硕的成果,既是一部工程建设历程的详细记录,又是一部大型悬索桥从设计、施工以及课题研究的技术文献,对推动我国大型悬索桥建设技术进步具有积极作用。在此,谨向坚持技术创新、管理创新的宜昌伍家岗长江大桥的建设者们,向为我国桥梁事业而辛勤工作的所有参建人员表示深深的敬意!

全书内容丰富全面,资料翔实可信,都是从工程实践中提练总结而来,是一部有价值的参考文献。相信本书的问世,定会为我国大跨径桥梁建设作出新的贡献。

中国工程院院士、全国工程勘察设计大师:

2022 年 8 月

Preface 前言

伍家岗长江大桥是宜昌为实现"一江两岸"共同发展,连接伍家岗新区和点军新区而开辟的一条过江通道;是构建宜昌"四纵五横"快速路网的重要控制性工程,建成后与至喜长江大桥共同组成城市中环线;同时也是《长江经济带综合立体交通走廊规划》中湖北省19座过江通道之一。

伍家岗长江大桥上距离宜万铁路长江大桥5.3km,下距宜昌长江公路大桥6.3km,南岸为点军区艾家镇,北岸为伍家岗新区伍家乡,工程起点位于江城大道(原江南一路)(桩号K0+000),沿线跨越谭艾路、滨江路、长江、伍临路,终点与花溪路对接(桩号K2+813.126),建设里程2813.126m。其中跨长江主桥为1160m的双塔钢箱梁悬索桥,采用双向6车道,主桥设计车速80km/h。江南侧引桥292m,江北侧引线1080.829m(路基段681.529m,桥梁段399.3m)。全线分别在起点江城大道(原江南一路)与伍临路两处设置互通式立交。

大桥2017年4月18日正式开工建设,经过全体建设者共同努力,2021年7月30日建成通车。在大桥建成通车一周年之际,为更好地总结大型桥梁成功建设经验,推动我国桥梁事业的发展,特编辑出版本文献。

伍家岗长江大桥建设团队是一个善于开拓创新、总结提炼、升华理论的团队,从这里走出大量的技术骨干,将大桥先进的技术成果广泛应用于其他项目,取得了良好的成效。在整个建设过程中,大桥建设团队邀请了多名业内桥梁专家和学者的莅临指导,提出了多项宝贵的意见和建议。为解决大桥设计和施工难点,施工阶段开展了多项课题研究,完成了多项关键技术创新,为我国大跨度桥梁的技术发展提供了宝贵的借鉴与参考价值;为保证施工质量和提高施工效率,项目也开展了多项QC小组活动,效果显著,既提高了施工效率,也明显地改善了施工质量。在施工过程中,大桥建设者将辛勤的付出和汗水转化成一项项优秀的技术成果,据不完全统计,项目共申报了8项施工工法,发表了27篇科技论文,共申请获得了33项发明和实用新型专利,丰富了我国大跨度桥梁的建设技术宝库。

值得提出的是,伍家岗长江大桥的关键技术和科研创新贯穿了整个大桥建设阶段,从设计到施工阶段,取得了丰硕的成果。主要成果为:南岸重力锚基础选择砂卵石层作为结构的持力层,在国内是首次采用,大大降低了成本和施工难度,同时,咬合桩技术在国内重力式锚碇结构体系中的首次运用减小了基坑开挖深度和数量,降低了施工安全风险;北岸锚碇结合地形和空间位置关系,通过地质与模型试验,在复杂地质情况下采用了软岩地质条件下小净距、大倾角、大体积隧道式锚碇结构,在国内也实属罕见;大桥主缆设计时,创造性地提出了大、小索股混合组缆的方式,大大方便了主缆挤贺成形,是主缆的设计领域的一大突破;在施工过程中,结合桥塔结构变化多、受力体系复杂等特点,自主研发了整体自适应智能顶升桥塔施工平台——"智能造塔机",提高了施工效率,保障了施工安全,是桥梁高塔施工设备的重大突破;大吨位多点对接的400t钢桁架整体提升安装技术的成功实施,是国内首座大吨位整体提升、高空对接安装的桥塔钢结构,为后续类似项目提供了可靠的参考依据;正交异性钢桥面U肋全熔透焊接技术和桥面铺装技术的研究,为解决钢桥面疲劳开裂和沥青铺装结构耐久性迈出了重要的一步;在主桥上构施工过程中,广泛应用先进智能化建造技术,为大桥的质量保驾护航;全国首创的"两两刚接,焊架同步"的钢箱梁安装技术,施工效率与安全管理并行,为后续类似项目闯出了新路。诸如此类的其他关键技术和科研创新在本书中均有具体讲述,在此不作过多叙述。

  本书是伍家岗长江大桥全体建设者的劳动成果和智慧结晶,编者在此对所有参建者表示衷心的感谢。

编 者

2022 年 8 月

Contents 目录

（上　册）

第一篇　总体设计篇

- 第一章　项目概述 ······ 003
  - 第一节　项目建设背景 ······ 003
  - 第二节　项目建设必要性 ······ 005
  - 第三节　项目建设紧迫性 ······ 008
- 第二章　桥位路线方案优选 ······ 010
  - 第一节　桥位选择原则 ······ 010
  - 第二节　桥位方案优选 ······ 010
- 第三章　主桥方案优选 ······ 013
  - 第一节　桥梁工程设计原则 ······ 013
  - 第二节　项目前期设计方案构思 ······ 013
  - 第三节　主桥初步设计方案 ······ 015
  - 第四节　主桥方案优选 ······ 022
  - 第五节　主桥主要结构优选 ······ 023
- 第四章　施工设计 ······ 034
  - 第一节　总体设计 ······ 034
  - 第二节　路线总体设计 ······ 042
  - 第三节　主桥总体设计 ······ 046
  - 第四节　引桥及匝道桥总体设计 ······ 048
  - 第五节　路基总体设计 ······ 051
- 第五章　景观工程设计 ······ 053

第一节　景观造型设计 ··· 053
第二节　景观亮化设计 ··· 059
第三节　景观绿化设计 ··· 061

第二篇　施工技术篇

第一章　主塔及基础施工 ··· 069
第一节　主塔桩基施工 ··· 069
第二节　主塔承台施工 ··· 072
第三节　主塔塔柱施工 ··· 087
第四节　主塔钢桁架施工 ··· 103

第二章　重力式锚碇施工 ··· 126
第一节　概述 ··· 126
第二节　锚碇基坑开挖及防护施工 ·· 127
第三节　锚体施工 ··· 129

第三章　隧道式锚碇施工 ··· 136

第四章　锚固系统施工 ··· 141
第一节　概况 ··· 141
第二节　锚固系统制造 ··· 143
第三节　锚固系统施工 ··· 151

第五章　索鞍施工 ··· 165
第一节　概述 ··· 165
第二节　索鞍制造 ··· 169
第三节　索鞍安装 ··· 184

第六章　牵引系统及猫道施工 ··· 198
第一节　牵引系统施工 ··· 198
第二节　猫道施工 ··· 207

第七章　主缆施工 ··· 223
第一节　概述 ··· 223
第二节　主缆索股制造 ··· 227
第三节　主缆索股施工 ··· 234

第八章　索夹施工 ··· 259
第一节　概述 ··· 259
第二节　索夹制造 ··· 261

| 第三节 | 索夹安装 | 268 |

第九章　吊索施工 271
第一节	概述	271
第二节	吊索制造	277
第三节	吊索安装	280

第十章　钢箱梁施工 282
第一节	概述	282
第二节	钢箱梁制造	286
第三节	钢箱梁安装	307

第十一章　沥青铺装施工 327
第一节	概述	327
第二节	技术标准与规范	328
第三节	沥青铺装结构设计	329
第四节	技术要求	331
第五节	沥青配合比设计	344
第六节	沥青铺装施工	344
第七节	施工质量控制	364

第三篇　专项技术篇

第一章　施工测量控制系统 371
第一节	概述	371
第二节	首级施工控制网复测	371
第三节	加密控制点的施工测量成果	377
第四节	施工测量	379

第二章　工程试验检测 395
第一节	试验检测原则	395
第二节	常规材料试验检测	395
第三节	钢结构及索结构试验检测	401
第四节	桩基透射法完整性检测	411
第五节	桩基钻芯检测	412
第六节	水泥混凝土配合比设计	413
第七节	沥青混凝土目标配合比设计	415

第三章　施工监控技术 417

第一节	概述	417
第二节	隧道式锚碇施工监控	418
第三节	重力式锚碇深基坑监控	435
第四节	上部结构施工监控	446

第四章 全桥荷载试验 518

第一节	概述	518
第二节	主桥荷载试验	523
第三节	引桥、匝道桥及伍临路高架桥荷载试验	560
第四节	全桥荷载试验结论	580
第五节	全桥荷载试验照片	580

第五章 主桥除湿系统 583

第一节	除湿防腐必要性	583
第二节	除湿系统总体方案	584
第三节	除湿系统设计方案	585
第四节	除湿系统主要设备及材料技术参数	593
第五节	除湿系统施工	598
第六节	除湿系统主要设备维护	607
第七节	除湿系统初期运行情况	610

第六章 健康监测系统 613

第一节	概述	613
第二节	实施范围与实施内容	614
第三节	总体设计思路	614
第四节	监测内容与测点布置	615
第五节	健康监测方案设计	620
第六节	软件设计与开发	656

第四篇 技术成果篇

第一章	概述	667
第二章	科研课题	668
第三章	QC 小组活动	670
第四章	施工工法	671
第五章	实用新型和发明专利	672
第六章	技术论文	674

（下　册）

第五篇　专题研究篇

第一章　水文分析专题研究 … 785
第一节　概述 … 785
第二节　河道水文特性 … 786
第三节　防洪设计流量和水位计算 … 789
第四节　通航设计流量和水位计算 … 790
第五节　本章小结 … 796

第二章　主要位置地质勘察专题分析 … 797
第一节　南、北主塔墩工程地质分析 … 797
第二节　重力式锚碇工程地质分析 … 809
第三节　隧道式锚碇工程地质分析 … 819

第三章　桥位气候背景和风参数研究 … 826
第一节　概述 … 826
第二节　气象资料来源和气象观测有关情况 … 826
第三节　气候背景分析 … 827
第四节　桥位周边区域自动站风特征分析 … 833
第五节　桥位区设计风速的推算研究 … 835

第四章　结构抗风性能研究 … 839
第一节　概述 … 839
第二节　桥位风场特性计算分析 … 840
第三节　结构动力特性计算分析 … 841
第四节　加劲梁小比例节段模型抗风性能研究 … 847
第五节　加劲梁大比例节段模型风洞试验 … 859
第六节　桥塔驰振、全桥三维颤振及静风效应分析 … 863
第七节　全桥气动弹性模型风洞试验 … 868

第五章　主桥结构抗震性能分析及减隔震专题研究 … 880
第一节　概述 … 880
第二节　研究内容和主要创新点 … 880

第三节	主桥结构抗震设防标准及性能目标	881
第四节	主桥结构动力特性分析	883
第五节	一致激励作用下主桥结构的抗震性能分析	885
第六节	多点激励作用下主桥结构地震响应分析	897
第七节	长周期地震动作用下主桥结构地震响应分析	904
第八节	本章小结	913

第六章 隧道式锚碇专题论证和研究 … 917

第一节	概述	917
第二节	隧道式锚碇部位工程地质条件	919
第三节	隧道式锚碇部位岩体力学参数研究	923
第四节	隧道式锚碇室内1∶40物理模型试验研究	956
第五节	隧道式锚碇1∶12现场缩尺模型试验研究	968
第六节	本章小结	1003

第六篇　关键技术与科技创新篇

第一章 总体概述 … 1007

第二章 大直径岩层桩分级旋挖成孔施工关键技术 … 1015

第一节	工程概况	1015
第二节	技术特点	1016
第三节	适用范围	1017
第四节	材料与设备	1017
第五节	工艺原理及流程	1018
第六节	主要施工方法	1020
第七节	施工关键控制点及要求	1026
第八节	本章小结	1027

第三章 旋挖钻硬切割成孔的咬合桩施工关键技术 … 1029

第一节	工程概况	1029
第二节	钻孔设备选型	1031
第三节	技术特点	1032
第四节	施工工艺原理及流程	1032
第五节	资源配置	1033
第六节	主要施工方法	1034
第七节	施工关键控制点及要求	1040

	第八节	本章小结	1041

第四章　整体自适应智能顶升桥塔平台施工关键技术 ············ 1042
- 第一节　工程概述 ············ 1042
- 第二节　技术特点和适用范围 ············ 1044
- 第三节　工艺原理 ············ 1044
- 第四节　整体自适应智能顶升桥塔平台设计 ············ 1046
- 第五节　材料与设备 ············ 1057
- 第六节　整体自适应智能顶升桥塔平台制作质量控制 ············ 1058
- 第七节　智能顶升桥塔平台安装及拆除 ············ 1061
- 第八节　塔柱结构施工流程 ············ 1071
- 第九节　整体自适应智能顶升桥塔平台监测与检测 ············ 1074
- 第十节　本章小结 ············ 1080

第五章　大吨位超高空多点对接主塔钢桁架制造及整体提升安装关键技术 ············ 1081
- 第一节　前言 ············ 1081
- 第二节　工程概况 ············ 1081
- 第三节　关键技术研究 ············ 1083
- 第四节　总体技术方案 ············ 1084
- 第五节　本章小结 ············ 1125

第六章　大跨径悬索桥软岩隧道式锚碇开挖支护施工关键技术 ············ 1126
- 第一节　工程概述 ············ 1126
- 第二节　软岩浅埋隧道式锚碇开挖施工模拟 ············ 1127
- 第三节　软岩浅埋隧道式锚碇开挖施工方案比选 ············ 1134
- 第四节　软岩浅埋隧道式锚碇开挖总体方案 ············ 1159
- 第五节　软岩浅埋隧道式锚碇爆破开挖施工技术 ············ 1160
- 第六节　软岩浅埋隧道式锚碇开挖出渣技术 ············ 1169
- 第七节　隧道式锚碇初期支护施工技术 ············ 1171
- 第八节　隧道式锚碇二次衬砌施工技术 ············ 1178
- 第九节　本章小结 ············ 1181

第七章　大倾角隧道式锚碇散索鞍狭窄空间滑移安装施工关键技术 ············ 1182
- 第一节　工程概况 ············ 1182
- 第二节　技术特点 ············ 1184
- 第三节　工艺原理及工艺流程 ············ 1185
- 第四节　施工材料与设备 ············ 1186
- 第五节　散索鞍安装施工 ············ 1188

第六节　质量控制标准及措施 ･･ 1200
　　第七节　本章小结 ･･･ 1202

第八章　隧道式锚碇内主缆散索股 OTC 长效防护施工关键技术 ･･････････････････････ 1203
　　第一节　工程概述 ･･･ 1203
　　第二节　应用背景调查 ･･･ 1204
　　第三节　应用必要性 ･･･ 1205
　　第四节　OTC 技术介绍 ･･ 1206
　　第五节　标准施工工艺 ･･･ 1207
　　第六节　材料性能 ･･･ 1208
　　第七节　OTC 实施方案 ･･ 1209
　　第八节　OTC 验收维护标准 ･･ 1212
　　第九节　本章小结 ･･･ 1213

第九章　浅埋重力式锚碇复合地基基础（江南锚碇）专题研究 ････････････････････････ 1214
　　第一节　工程概述 ･･･ 1214
　　第二节　浅埋重力式锚碇基础体系研究 ･･･････････････････････････････････････ 1217
　　第三节　复合地基方案研究 ･･･ 1225
　　第四节　复合地基数值模拟 ･･･ 1230
　　第五节　复合地基现场试验 ･･･ 1235
　　第六节　复合地基现场实施 ･･･ 1248
　　第七节　关键技术和经济社会效益 ･･･ 1258
　　第八节　验收标准和关键技术 ･･･ 1259
　　第九节　本章小结 ･･･ 1262

第十章　大跨径钢箱梁悬索桥索股架设控制精细化计算与研究 ･･･････････････････････ 1264
　　第一节　工程概述 ･･･ 1264
　　第二节　悬索桥精细化有限元模型的建立 ･･････････････････････････････････ 1267
　　第三节　索股架设控制技术 ･･･ 1277
　　第四节　伍家岗长江大桥索股架设施工控制 ････････････････････････････････ 1284
　　第五节　本章小结 ･･･ 1292

第十一章　大跨径悬索桥锚跨索股索力控制精细化计算与研究 ･･･････････････････････ 1293
　　第一节　工程概述 ･･･ 1293
　　第二节　锚跨索股精细化计算 ･･･ 1297
　　第三节　基于频率法的锚跨索力计算方法 ･･････････････････････････････････ 1306
　　第四节　锚跨索股索力调整技术 ･･･ 1313
　　第五节　本章小结 ･･･ 1325

第十二章	大跨径悬索桥缆索牵引架设智能监控研究与应用 ········· 1326
第一节	工程概述 ········· 1326
第二节	适应大跨径悬索桥现场环境的无线通信及组网技术 ········· 1328
第三节	缆索牵引卷扬机智能监控技术 ········· 1335
第四节	拽拉器智能监测及缆索牵引架设智能控制 ········· 1341
第五节	视频监控 ········· 1347
第六节	本章小结 ········· 1351
第十三章	大跨径悬索桥索夹螺杆张拉工艺优化及超声智能诊断技术研究与运用 ········· 1353
第一节	工程概述 ········· 1353
第二节	项目研究必要性 ········· 1355
第三节	螺杆轴力检测常用方法 ········· 1357
第四节	索夹螺杆轴力超声检测技术研究 ········· 1359
第五节	螺杆紧固张拉工艺测试及优化 ········· 1364
第六节	各施工阶段张拉工艺 ········· 1371
第七节	伍家岗长江大桥索夹螺杆轴力检测 ········· 1373
第八节	本章小结 ········· 1376
第十四章	正交异性钢桥面板U形肋全熔透焊接研究与应用 ········· 1377
第一节	工程概况和主要研究内容 ········· 1377
第二节	正交异性钢桥面板疲劳性能理论分析 ········· 1380
第三节	U形肋与顶板全熔透焊接制造工艺研究 ········· 1398
第四节	U形肋全熔透焊缝接头性能优化与试验研究 ········· 1412
第五节	正交异性钢桥面板足尺试件疲劳试验研究 ········· 1425
第六节	钢桥面板结构体系疲劳抗力评估方法研究 ········· 1444
第七节	关键技术与创新点 ········· 1458
第八节	经济效益与社会效益 ········· 1459
第九节	本章小结 ········· 1462
第十五章	大跨径悬索桥钢箱梁吊装焊接时机探索与研究 ········· 1465
第一节	概述 ········· 1465
第二节	伍家岗长江大桥钢箱梁架设计算分析 ········· 1467
第三节	加劲梁架设阶段实测数据分析 ········· 1507
第四节	本章小结 ········· 1512
第十六章	正交异性钢桥面铺装项目试验和研究 ········· 1514
第一节	工程概述 ········· 1514

第二节	ERS 钢桥面铺装结构和费效比分析 …………………………………… 1517
第三节	ERS 钢桥面铺装力学参数研究 ……………………………………… 1524
第四节	疲劳试验研究 ………………………………………………………… 1540
第五节	研究创新点 …………………………………………………………… 1568
第六节	经济与社会效益 ……………………………………………………… 1568
第七节	本章小结 ……………………………………………………………… 1569

第一篇

总体设计篇

第一章 项目概述

第一节 项目建设背景

宜昌(古称夷陵)位于湖北省西南部,因"水至此而夷,山至此而陵"而得名。宜昌地处长江上游与中游的分界点、鄂西秦巴山脉和武陵山脉向江汉平原的过渡地带,地势西高东低,地貌复杂多样,境内有山区、平原、丘陵,大致构成"七山一水二分田"的格局,地跨东经110°15′~112°04′、北纬29°56′~31°34′之间,为鄂、渝、湘三省市交界地。宜昌"上控巴蜀,下引荆襄",素以"三峡门户、川鄂咽喉"著称。

自古以来,宜昌就是川东鄂西的军事重镇,是鄂西、湘西北和川(渝)东一带重要的物资集散地和交通要冲。如今长江黄金水道、焦柳铁路、G318国道、沪汉蓉铁路以及沪蓉西高速公路等国家重点交通线在此交会。随着一系列重大基础设施项目的建设完成,宜昌形成了公路主骨架、铁路大动脉、水运大通道、空中大走廊、港站大联运的交通新格局,城市的区位优势越来越明显,区域中心的地位一步步提升,承接东西的作用日益显现。现在的宜昌是全国重要的科技教育基地、交通通信枢纽,全国最大的水电能源中心,中部地区的先进制造业、现代服务业中心,湖北省域副中心城市,长江经济带具有滨江滨湖特色的现代化城市,促进中部地区崛起的重要战略支点之一,长江黄金水道的重要枢纽。宜昌市鸟瞰图如图1-1-1所示。

图1-1-1 宜昌市区鸟瞰图

根据《宜昌城市总体规划(2011—2030年)(修改)》(以下简称《规划》),宜昌市的城市性质是:世界著名的水电旅游名城,长江中上游区域性中心城市,湖北省域副中心城市。

《规划》确定了中心城区主要向长江宜昌下游段方向发展,形成沿江分布、垂江拓展的发展格局;中心城区形成"沿江带状多组团"的空间布局结构,以柏临河、桥边河、黄柏河、清江、玛瑙河为垂江发展轴线,实现城市组团的纵深拓展,中心城区共形成13个组团。

伍家岗组团位于长江北岸,宜昌城区东南部,北连西陵组团、东临东山四路、南依柏临河、西濒长江,是宜昌的东南大门,是武汉、荆门、襄阳进入宜昌城区的必经通道,是宜昌市域拓展的重要区域。伍家岗组团定位为城市综合服务中心、客运交通枢纽、先进制造业集聚区和生态宜居区。随着宜万铁路的通车及火车东站的投入使用,伍家岗区已成为焦柳铁路和宜万铁路的交会点;"西气东送"配气中心在伍家岗兴建;"西电东送"输变电工程贯穿全区。伍家岗区的城市基础设施建设也在不断加强,城市功能更加完善,人流、物流、信息流更加畅通,特别是沿江大道延伸段、城东大道等主要道路的贯通,彻底改变了过去伍家岗区的传统格局,极大地带动了伍家岗区的经济发展。

点军组团位于长江南岸,定位为滨江生态新住区,承担体育休闲、文化产业、教育科研、度假疗养等功能,发展部分无污染工业物流功能。2013年,点军分区规划出炉,江南生态新城显现清晰面貌:依托车溪、文佛山两大核心旅游区,利用河谷地带的空间资源,形成点军产业集聚的两道空间走廊。形成北部都市产业集聚带和南部生态产业集聚带,北部集聚带以文体休闲、都市型工业、现代物流、商贸服务业、房地产业为主导;南部集聚带以旅游观光、休闲度假、现代农业为主,突出绿色点军的发展主题。2013年,宜昌新区十大重点项目东岳二路、奥体中心动工兴建,随后112个重点建设项目陆续开工,点军向着"城市新标志、发展新平台、生活新天地"目标大步迈进。

宜昌中心城区,长江穿城而过,将中心城区一分为二,目前过江公路通道有夷陵长江大桥、宜昌公路长江大桥和葛洲坝坝顶公路。其中,葛洲坝坝顶公路已进行通行管制,只有夷陵长江大桥和宜昌公路长江大桥能通行,但两桥相距约13.1km,距伍家岗片区均较远,过江车辆需绕行很长的距离,不利于两岸沟通。随着城市开发建设的加快,中心城区交通矛盾日益突出,尤其是过江交通紧张局面进一步加剧。虽然至喜长江大桥2016年通车后部分解决了伍家岗地区过江交通问题,但距离较远,且将过江交通带入中心城区,仍会加剧交通拥堵。

根据《规划》,在现有西陵长江大桥、宜万铁路长江大桥、夷陵长江大桥、宜昌长江公路大桥、枝城长江大桥5座跨长江大桥的基础上,新建5座跨长江大桥,分别为:红花套长江大桥(暂定名)、香溪长江大桥、至喜长江大桥、伍家岗长江大桥、宜都长江大桥。其中伍家岗长江大桥是宜昌为实现"一江两岸"共同发展、连接伍家岗东站新区和点军滨江生态新区而开辟的一条过江通道,是构建宜昌"三纵五横"快速路网格局的重要控制性工程,同时也是国务院确定的《长江经济带综合立体交通走廊规划(2014—2020年)》中湖北省19座过江通道之一,是构建长江经济带现代基础设施体系的重点工程,该项目的建设将显著提升长江南北的贯通能力,大力促进长江经济带水、陆、空交通资源的整合,推进长江经济带规划的深入实施。项目建成后与江南一路—至喜长江大桥—西陵二路—东山四路—花溪路共同组成城市环线,将有效缓解城区过江交通压力,对拓展城市空间、提升宜昌综合交通枢纽城市地位,实现宜昌新区一体化发展、建设长江中上游区域性中心城市和现代化特大城市具有重要意义。

第二节 项目建设必要性

修建伍家岗长江大桥,是加快构建中部地区崛起重要战略支点,建设长江中上游区域性中心城市、湖北省域副中心城市的需要;是贯彻落实《国务院关于依托黄金水道推动长江经济带发展的指导意见》(国发〔2014〕39号,以下简称《指导意见》),进一步开发长江黄金水道,加快推动长江经济带发展,促进经济增长空间从沿海向沿江内陆拓展的需要;是落实宜昌城市总体规划,构建宜昌市区"三纵五横"快速骨架路网,建立城市组团、组群间快速联系通道的需要;是完善城市道路网络系统,形成城市和城镇双环线的需要;是解决伍家岗地区过江交通需求,缓解中心城区交通压力,实现宜昌新区一体化发展的需要。

(1)修建伍家岗长江大桥是加快构建中部地区崛起重要战略支点,建设长江中上游区域性中心城市、湖北省域副中心城市的需要。

改革开放后,东部沿海地区首先发展起来,涌现出了环渤海、长三角、珠三角等城市群,中、西部地区经济发展严重滞后于东部沿海地区,而中部六省地处我国内陆腹地,起着承东启西、接南进北、吸引四面、辐射八方的作用。为此,中共中央提出了"中部崛起"的重大战略决策。2004年3月,温家宝总理在政府工作报告中首次明确提出促进中部地区崛起。2004年12月,中央经济工作会议再次提到促进中部地区崛起。2005年3月,温家宝总理在政府工作报告中提出抓紧研究制定促进中部地区崛起的规划和措施。2006年2月,温家宝总理主持召开国务院常务会议,研究促进中部地区崛起问题。《中共中央 国务院关于促进中部地区崛起的若干意见》(中发〔2006〕10号)的发布,标志着中部崛起战略的正式实施。

自中部地区崛起战略实施以来,中部地区发展成效显著,总体经济实力明显增强。2009年,国务院正式出台《促进中部地区崛起规划》,计划到2015年中部地区经济发展水平显著提高。湖北省为加快构建中部崛起战略支点,经过不懈努力,逐步形成了武汉、宜昌和襄阳、其余各市州在全省经济总量中各占三分之一的优化布局。

宜昌作为湖北省域副中心城市,承接大武汉,带动鄂西南,是湖北加快发展、率先实现中部崛起的重要一极。本项目的建设将大为优化宜昌市中心城区路网结构,加快推进宜昌社会经济全面发展,显著提升宜昌核心竞争力,对推进湖北省副中心城市建设,促进宜昌在宜荆城市群中发挥龙头作用,加快形成多点支撑、多极带动、各具特色、竞相发展的区域经济新格局,为全省加快构建促进中部地区崛起重要战略支点起到重要的推动作用。

(2)修建伍家岗长江大桥是贯彻落实《指导意见》,进一步开发长江黄金水道,加快推动长江经济带发展,促进经济增长空间从沿海向沿江内陆拓展的需要。

长江经济带覆盖上海、江苏、浙江、安徽、江西、湖北、湖南、重庆、四川、云南、贵州等11省市，面积约205万 km^2，人口和地区生产总值均超过全国的40%。长江经济带横跨我国东、中、西三大区域，具有独特优势和巨大发展潜力。

2014年9月25日发布的《指导意见》明确指出，"改革开放以来，长江经济带已发展成为我国综合实力最强、战略支撑作用最大的区域之一。在国际环境发生深刻变化、国内发展面临诸多矛盾的背景下，依托黄金水道推动长江经济带发展，有利于挖掘中上游广阔腹地蕴含的巨大内需潜力，促进经济增长空间从沿海向沿江内陆拓展；有利于优化沿江产业结构和城镇化布局，推动我国经济提质增效升级；有利于形成上中下游优势互补、协作互动格局，缩小东中西部地区发展差距；有利于建设陆海双向对外开放新走廊，培育国际经济合作竞争新优势；有利于保护长江生态环境，引领全国生态文明建设，对于全面建成小康社会，实现中华民族伟大复兴的中国梦具有重要现实意义和深远战略意义。"

长江经济带的建设需要交通先行，构建现代基础设施体系。首先，要立足长江港口，依托长江"黄金水道"、高速公路、铁路、航空等交通干线，以建设沿江综合交通枢纽为重点，加大港口、公路、铁路站场和机场的联合建设力度，大力发展和完善多式联运，实现多种运输方式间的客运"零换乘"和货运"无缝衔接"。同时，要鼓励和支持江海直达运输，发展新型江海直达船舶产业，完善干支直达的水运网络；全面建设武汉新港，打造长江中游水运枢纽，加快黄石、宜昌、荆州等主要港口和沿江其他重要港口的配套建设，带动全省主要港口资源整合。最后，要建设一批过江通道，促进长江水道与纵向、横向出省快速通道相连接，提高南北贯通能力。

国发〔2014〕39号文附件《长江经济带综合立体交通走廊规划（2014—2020年）》中明确提出"增强长江干线过江能力"，本项目是"专栏7 长江干线新建过江通道规划重点项目"中湖北省19座过江通道之一，项目的建设将显著提升长江南北的贯通能力。项目是构建长江经济带现代基础设施体系的重点工程，将大力促进长江经济带水、陆、空交通资源的整合，推进长江经济带规划的深入实施。同时，本项目还将加快推进宜昌中心城区对外拓展，提升宜昌综合交通枢纽城市地位，加快推动宜昌建设成为长江中上游区域性中心城市。

(3) 修建伍家岗长江大桥是落实宜昌城市总体规划，构建宜昌市区"三纵五横"快速骨架路网，建立城市组团、组群间快速联系通道的需要。

宜昌城市总体规划确定了中心城区主要向长江宜昌下游段方向发展，形成沿江分布、垂江拓展的发展格局。中心城区形成"沿江带状多组团"的空间布局结构。

城市一级组团为：①西陵组团——宜昌城市的政治中心、商贸商务中心、旅游服务中心和科技文化中心；②伍家岗组团——宜昌现代新城中心，是城市重要的先进制造业集聚区、现代服务业核心区、生态宜居区和客运交通门户；③点军组团——滨江生态主城区，以体育休闲、文化产业、教育科研、居住、度假疗养等职能为主，安排部分无污染工业物流用地；④小溪塔组团——沿江综合城市组团，建设沿江工业、现代农业和生态居住区，发展三峡文化旅游；⑤猇亭组团——宜昌城市重要经济增长极、工业聚集区，以工业和交通职能为主,逐步发展综合服务职能;⑥白洋组团——城市产业新区,宜昌长江经济带的重要支撑,依托白洋港发展临港和大型工业,并为周边工业组团提供综合配套设施;⑦坝区组团——三峡工程建设、展示、发展区,太平溪以客运和旅游服务为主,乐天溪以居住和旅游服务功能为主,三斗坪主要以旅游服务为主。

城市二级组团为:①龙泉组团——外围工业组团,以发展无污染工业为主;②鸦鹊岭组团——外围工业组团,以发展无污染工业为主;③安福寺组团——外围工业组团,工业发展为主,配套建设工业服务设施;④顾家店组团——外围工业组团,发展临港工业和重化工业。

对应以上产业规划布局,城市现有综合交通规划以区域性主干道交通为主要依托,未来城市组团间的交通出行需求规模庞大,现有城市过江通道将难以满足宜昌城市空间发展的战略需要,迫切需要在中心城区外围开辟新的快速交通疏导通道,疏导城市组团间的交通需求,加强组间的互动与交流。

依据《规划》,宜昌中心城区将依托快速路与干线性主干路强化各城市组团之间的快捷交通联系。

快速路是城市组团间联系的关键通道,宜昌规划形成"三纵五横"快速路网格局。其中,"三纵"分别为东山四路—伍亭路—福亭路、三峡专用公路、江南路—S323省道—G318国道—荆门山大道—S254省道;"五横"为宜秭公路—发展大道—西陵二路—至喜长江大桥—东岳二路、港窑路—胜利三路—夷陵长江大桥—夷桥路—龙柏路—柏临河路—伍家岗长江大桥、子窑路—桃子冲路—红花套大桥、S325省道—S107省道。

干线性主干路是城市组团之间交通联系通道的重要组成部分,是快速路网的重要补充,全线实行半封闭管理方式。宜昌规划形成"三纵四横"的路网框架,其中"三纵"分别为小鸦公路、城东大道—汉宜路、东山大道—武临路—G318国道—猇亭大道;"四横"分别为夷兴大道、花溪路、民主路、张家湾路—S107省道。

本项目为"三纵五横"快速路中的第三横,建成后将显著改善宜昌长江两岸组团间的对外运输条件,促使新城组群形成新的良好区位条件,引导城市空间资源要素的聚集,从而成为城镇空间与产业集群发展的重要依托,较好地适应工业用地规划和产业集群由中心城区向外拓展的城市总体规划要求,形成连接新城组群之间,并在组群内部发展过程中具有复合交通功能的快速通道。因此,本项目的建设对实施宜昌城市空间发展战略、满足城市日益增长的过江交通需求、构建长江两岸城市组团间快速的交通通道具有重要意义。

(4)修建伍家岗长江大桥是完善城市道路网络系统,形成城市和城镇双环线的需要。

城市横纵向快速路和主干道需要通过构建城市环线进行快速衔接,优化城市路网的结构,实现城市交通的快速集散。宜昌市是典型的沿江山区城市,城市发展受到地形的制约,为满足城市空间拓展和城市结构发展的需求,本书通过对规划快速路和主干道的整合及补充完善,提出构建宜昌中心城区城市环线的构想,形成以至喜长江大桥、东山四路、花溪路、伍家岗长江大桥和江南一路构建的城市环线,同时与下游规划建设的红花套大桥组成城镇环线。伍家岗长江大桥是双环线的共享节点,对整个环线的建设有着非常重要的作用。城市环线的构建可加强城市快速路和主干路的交通出行衔接,有效增强城市功能组团间的交通联系,优化资源配置,改善区域出行条件,对缓解中心城区交通压力和促进区域的协调发展都具有重要的作用。

(5)修建伍家岗长江大桥是解决伍家岗地区过江交通需求,缓解中心城区交通压力,实现宜昌新区一体化发展的需要。

目前两岸交通联系主要由夷陵长江大桥承担,并经由夷陵大道和东山大道疏解,不仅加大了中心城区道路的交通压力,也使夷陵长江大桥严重超负荷运行。随着城市开发建设的加快,中心城区交通矛盾日益突出,尤其是过江交通紧张局面进一步加剧。虽然至喜长江大桥2016年底通车后部分解决了伍家岗地区过江交通的问题,但距离更远,过江交通需穿越中心城区,会加剧交通拥堵。同时随着红花套组团的发展,伍家岗与红花套之间联系愈发紧密,宜昌长江公路大桥属于收费桥梁,该区域由于长江过江通道的匮乏,已严重制约了长江两岸伍家岗区和点军区及红花套镇经济、物资和文化等的沟通、交流,迫切需要修建本项目以满足交通的增长需求。

综上所述,本项目是规划中心城区城市环线构想的重要组成部分,也是中心城区快速骨架环路运输通道的重要组成部分,项目兼具中心城区内部交通和对外交通出行的双重属性,对宜昌市的城市空间拓展和经济协调发展都具有重要的意义。因此,项目建设是十分必要的。

第三节 项目建设紧迫性

(1)伍家岗长江大桥是落实《指导意见》的重点项目。

按照《指导意见》,为统筹长江经济带交通基础设施建设,加强各种运输方式有机衔接,完善综合交通运输体系,国务院编制出台了《长江经济带综合立体交通走廊规划》(以下简称《长江经济带规划》),规划期为2014—2020年。《长江经济带规划》中关于建立立体交通规划章节中明确指出:要加强综合交通枢纽建设,按照"零距离换乘、无缝化衔接"要求,加快建设14个全国性综合交通枢纽(节点城市)和重要区域性综合交通枢纽(节点城市),宜昌被列入重要区域性综合交通枢纽节点城市项目;伍家岗长江大桥作为宜昌建立区域性综合交通枢纽节点城市的节点项目,按照规划要求,必须在2021年建成通车。因此,该项目作为落实《长江经济带规划》的重点项目,建成通车迫在眉睫。

(2)伍家岗长江大桥是加快推进宜昌新区建设的重点项目。

伍家岗长江大桥作为2015年宜昌市的重点工作,被列入了2015年宜昌市政府工作报告:"2015年宜昌将以快速路网引领新区建设,进一步拓展城市骨架。加快江南一路、西陵二路等快速路建设,逐步形成以至喜、夷陵、伍家岗、宜昌长江公路大桥四座长江大桥为联接的'内中外三级'快速环网。力争今年内环闭合、2016年外环闭合、2017年中环闭合。江南一路二期、东山四路二期、花溪路等在2017年建成通车"。因此,伍家岗长江大桥项目是宜昌加快推进新区建设中的重中之重,是宜昌城市东拓和外环闭合的控制性节点工程。

(3)伍家岗长江大桥是加快推进沿江两岸路网建设的控制性节点工程。

伍家岗长江大桥系连接江南一路、至喜长江大桥、西陵二路、东山四路、花溪路新开辟的一条过江通道,大桥的建成通车标志着宜昌快速路环线的建成,城市骨架基本形成。截至2014年底,与大桥相连接的城市主干道及支路已经列入城市规划,大部分已经开工建设。

(4)伍家岗长江大桥是江南与江北经济布局的纽带。

江北东站片区、城东片区、江南奥体片区、唐家湾片区、五龙片区是2015年宜昌重点开发区域。市博物馆、市奥体中心、市规划展览馆在2015年内基本建成。市音乐厅、大剧院、科技馆、科教城、档案馆、电视观光塔等大型公建项目在2015年完成前期工作,2016年基本建成。同时伍家岗区随着宜万铁路的通车及火车东站的投入使用,已成为焦柳铁路和宜万铁路的交会点;"西气东送"配气中心在伍家岗兴建;"西电东送"输变电工程贯穿全区,伍家岗区已成为全市重点工程建设的集聚地。而现有的过江交通基本靠夷陵长江大桥解决,导致夷陵长江大桥超负荷运营,且过江交通绕行较远,需穿越中心城区,加剧了市区交通拥堵,急需新的过江通道来解决伍家岗地区和点军艾家镇的过江交通。因此,加快建设伍家岗长江大桥对于江南、江北经济布局至关重要。

第二章　桥位路线方案优选

第一节　桥位选择原则

在满足相关规范的前提下,线位选择直接关系到其功能的发挥。因此,选择线位时应综合考虑以下基本原则:

(1)线位的选择应与城市总体规划及城市综合交通规划保持一致,并与沿线地区规划相协调,使工程既要满足城市交通发展需求,也要为地区的经济发展创造有利条件。

(2)便于规划近期与伍临路和江南一路的连接及远期与翻坝公路的衔接,与花溪大道要做到顺畅连接;在满足城市道路整体布局和功能的同时,既要保证主线道路交通流量的快速运行,又要保证道路的服务功能,满足沿线单位及居民的出行需求。尽可能减少立交规模、减少用地,结合地形地物合理布置立交。

(3)避免或尽量减小对艾家镇规划的影响。

(4)尽量避免拆迁两岸大型的建筑物和一些重要的设施。

(5)尽可能缩短线路的长度,减小工程规模。

(6)线位选择要注重环境保护和符合可持续发展要求。

第二节　桥位方案优选

根据《规划》初定的桥址,结合两岸规划用地及建设情况,综合考虑两岸路网布局、长江水文条件、桥隧建设工程条件、历史保护建筑、环境景观、城市市政基础设施等因素,拟定了上、中、下三个桥位:上游桥位分别与共谊一路和江南一路相接,简称 B 线;中游桥位北接花溪路,南经江南一路,简称 K 线;下游桥位北经财林科幻城,南经灵子背和金子山,简称 A 线。大桥北岸接线花溪路的线位应服从伍家岗长江大桥桥位。

一、功能上的比较

从宜昌市路网总体布局来看,"花溪路+伍家岗长江大桥"+江南一路+东岳二路+至喜长江大桥+西陵二路+东山四路,可形成宜昌长江南北主城区快速环线。由于东山四路、江南一路、"东岳二路+至喜长江大桥"已明确为城市快速干道,随着宜昌市经济的快速发展,"花溪路+伍家岗长江大桥"也必将定格为快速干道。

上游桥位 B 线方案,北接共谊一路,虽可通过汉宜高速公路与花溪路连接形成快速干道,但需经过汉宜高速公路与共谊一路、花溪路交叉设置的枢纽互通进行交通转换,一是由于受山体及柏临河的限制,互通设置条件差,交通流快速转换困难;二是需对该路段的汉宜高速公路进行改扩建,工程规模和实施难度均较大。中游桥位 K 线方案和下游桥位 A 线方案,均直接与花溪路对接,具备提升为快速路的所有要件。因此,从功能定位上看,K 线方案和 A 线方案较好,B 线方案明显不合适。

二、工程规模的比较

(1)路线里程:K 线长 2.8km(与汉宜高速互通连接总长为 3.2km),B 线长 2.8km(加上汉宜高速共线段总长为 3.5km),A 线长 3.83km。

(2)长江大桥跨度:B 线、K 线、A 线方案长江大桥的跨度分别为 1200m、1100m 和 1000m;A 线最短。

(3)土石方:B 线、K 线、A 线方案的土石方(挖、填方总量)分别为 230750m^3、469000m^3 和 719609m^3,A 线方案最大,B 线方案最小,K 线方案居中。

(4)隧道长度:A 线方案需修建 370m 的隧道,B 线、K 线无须修建隧道。

从工程规模上看,K 线方案优于 B 线方案和 A 线方案。

三、与沿线地区规划相协调的比较

B 线将艾家镇规划区西侧用地一分为二,K 线从艾家镇规划区东边缘通过,对规划区影响较小,A 线与临江坪港区相冲突。从与沿线地区规划协调性看,K 线方案优于 B 线方案和 A 线方案。

四、互通立交设置条件上比较

A 线方案北岸桥头地形狭窄,且受伍临路北侧的山体制约,伍临路互通设置十分困难;K 线方案利用伍临路北侧低丘布设互通,互通设置条件相对较好,拆迁量较小;B 线方案与伍临路交叉处北侧,地形平坦,建筑物少,是布设互通的理想之地。从互通立交设置条件上看,B 线方案最优,K 线方案次之,A 线方案最差。

五、主交通流里程上比较

根据交通量预测结果,往返花溪路至至喜长江大桥方向为本项目主交通流向,A 线方案较 K 线方案绕行约 2km,B 线方案与 K 线方案相当;从主交通流里程上看,A 线方案最差,B 线方案与 K 线方案相对较优。

六、拆迁量的比较

A 线穿越了临江坪港区,拆迁难度大;K 线从二手车交易市场通过,拆迁难度相对较小;B线方案在江南穿越了宜昌化肥厂,拆迁协调难度大。从拆迁重要建筑物的角度看,K线方案优于A线方案和B线方案。

七、结论

综上所述,B线方案难以满足宜昌城市快速干道的功能要求,且需拆迁宜昌化肥厂;A线方案不仅穿越了临江坪港区,而且伍临路互通设置十分困难,主交通流绕行里程长;K线方案与A线方案和B线方案相比,不仅建设里程最短,且有利于伍临路互通的设置,拆迁工程量小,优势明显。由于K线方案两岸接线较好,利于交通疏解,工程实施难度较小,符合宜昌市城市规划和交通路网整体布局,故予以推荐。

桥位方案优选表见表1-2-1。

桥位方案优选表　　　　表1-2-1

方案	K线	A线	B线
位置	距夷陵长江大桥10.0km,距宜昌公路长江大桥约6.1km	距夷陵长江大桥11.4km,距宜昌公路长江大桥约4.7km	距夷陵长江大桥8.7km,距宜昌公路长江大桥约7.4km
工程规模	线路全长约2.8km	线路全长约3.3km	线路全长约2.78km
交通功能	与宜昌市快速路网布局规划一致,满足伍家岗区、江南片区车辆及行人通行需求	满足伍家岗区、江南片区车辆及行人通行需求,但距离中心城区较远,不利于发挥快速交通转换的功能	能满足宜昌市中心城区、江南片区车辆及行人通行的需要,但不利于快速交通转换
通航	桥轴线与河道基本垂直,江面开阔,有利通航	桥轴线与河道基本垂直,江面开阔,有利通航	桥轴线与河道基本垂直,江面开阔,有利通航
拆迁量	江北城区拆迁量不大,江南拆迁较少	需拆临江坪港区	需拆迁江南化肥厂,江北城区拆迁量相对较大且难度较大
施工条件	对江北岸汽车商贸城影响较大	施工场地相对狭窄,对临江坪港区影响较大	地形开阔,对江北岸现有的道路通行有一定影响
推荐情况	推荐方案	比较方案	比较方案

第三章　主桥方案优选

第一节　桥梁工程设计原则

宜昌市伍家岗长江大桥规模大，建设条件复杂，技术难度大，要实现建设一座高品质大桥的目标，应使设计成果达到领先水平，并遵守以下原则：

(1)满足功能要求。道路平、纵、横断面设计，应符合道路交通规划的要求，并与沿线地区规划相协调，使工程既要满足城市交通发展需求，也要为地区的经济发展创造有利环境。

(2)造价经济合理。根据地理环境、施工条件及工期要求确定最佳方案；在无特殊限制时尽量采用经济跨径，在有条件的前提下尽量采用预制安装的标准化结构，以便进行工厂化施工管理，提高工程质量、降低工程造价、加快工程进度。贯彻设计使用寿命周期内成本合理的原则，降低运营养护成本，体现设计方案的经济性。

(3)注重环境保护。充分考虑工程区域生态、环保要求，尽可能减少工程对环境的负面影响。采取相应的环保措施，坚持走可持续发展的道路。

(4)造型简洁大方。桥型方案在保证结构的安全和经济性的前提下，应尽量与周围的景观相协调，造型简洁大方，体现历史、文化和美学价值。

第二节　项目前期设计方案构思

根据桥位处长江河床断面情况并结合通航要求，在满足桥梁结构安全、适用、经济、耐久等要求的前提下，在选择主桥桥型方案时重点考虑工程投资合理可行、技术的先进性，着眼当地的发展，能够突出新时期建设的现代气息，并具有一定的景观效果的桥型方案。

根据已收集的资料，宜昌江段枯水期江面一般宽1000m左右，枯水期维护水深2.9m，航道枯水期航迹线偏南侧，覆盖范围为南岸岸边至江心450m的范围，洪水期航迹线向江心移动约100m，北岸约500m范围内布置了锚地。设计首先构思了主跨为2×580m的桥跨布置方案(图1-3-1)，其中南岸主跨基本覆盖枯水期航迹线范围，且满足单孔双向通航净宽为430m的要求，北岸主跨跨越锚地布置区域。该方案两个边主塔墩位于岸上，中主塔墩位于水中。对主跨为2×580m的桥型方案，可以采用三塔斜拉桥方案，亦可采用三塔悬索桥方案。

由于主跨2×580m的桥型方案江中主塔墩位于河道深槽中，考虑将江中主塔墩移至深槽外，同时覆盖洪、中、枯水期航迹线范围，设计构思了主跨780m的悬索桥方案。该方案保持南岸主塔墩位置不变,将江中主塔墩向北移动200m,北岸锚地布置在防洪墙外,北岸边跨为400m(图1-3-2)。

图1-3-1　主跨2×580m桥跨布置示意图

图1-3-2　780m+400m桥跨布置示意图

此外,考虑桥位上游约2.9km处有一沙洲,水流流态较为复杂,故应加大水上过河建筑物跨径或采取一孔跨过通航水域。同时考虑将对长江中华鲟自然保护区的影响降至最低,本阶段也考虑了采用主跨1160m的桥梁一跨过江、两岸主塔墩均不涉水的桥型方案(图1-3-3)。

图1-3-3　主跨1160m桥跨布置示意图

对主孔跨径1160m的特大型桥梁,可供选择的桥型主要有悬索桥、斜拉桥、协作体系桥,三种桥型均气势雄伟,大气磅礴,景观效果好。

悬索桥是特大跨径桥梁的主要形式之一,鉴于悬索桥优美的造型和宏伟的规模,人们常将它称为"桥梁皇后"。当跨径大于700m时,悬索桥方案具有很大的竞争力。悬索桥特点是跨越能力大,可最大幅度减少深水基础的设置,对船舶航行、临近港口码头及河势的影响小。施工进度快,在施工过程中,悬索桥始终在一个静定稳定结构状态下,容易控制,风险小。悬索桥主要由主缆、主塔、加劲梁和锚碇四部分组成。

建设悬索桥经验丰富,世界上已建成超过1000m主跨的悬索桥超过了10座,世界上跨径最大的悬索桥是主跨1991m的日本明石海峡大桥,我国有主跨1490m的润扬长江大桥、1385m的江阴大桥和1377m的青马大桥,技术经验成熟。

斜拉桥是跨越能力仅次于悬索桥的一种桥型,一般由索塔、主梁、斜拉索组成。选择不同的结构外形和材料,可以组合成多姿多彩的桥型。但本桥如采用1160m跨径斜拉桥,施工风险较大,故不宜采用。

协作体系桥是介于悬索桥和斜拉桥之间的一种桥型,兼有两者的优缺点。但这种结构形式的桥梁,目前国内尚无大型工程实例,不可预料的因素多,施工风险大,并且施工需采用斜拉桥和悬索桥的两套设备,施工周期长,因此,不考虑采用。

根据以上分析,综合考虑施工难度和经验、通航及防汛、工程经济、环保、景观效果等多方因素,结合建设条件,本阶段对长江大桥主桥共构思以下四种桥型方案:

(1)对于江中设墩的桥型方案,构思了主跨为2×580m三塔悬索桥方案(方案一)。

(2)对于江中设墩的桥型方案,构思了主跨为2×580m三塔斜拉桥方案(方案二)。

(3)对于江中设墩的桥型方案,构思了780m+400m的双塔两跨悬索桥方案(方案三)。

(4)对于一跨过江、两岸主塔墩均不涉水的桥型,根据国内、外大跨径桥梁的建设经验,构思了主跨1160m单跨双塔钢箱梁悬索桥方案(方案四)。

第三节　主桥初步设计方案

一、2×580m 三塔悬索桥方案

1. 总体布置

主桥桥跨布置为2×580m三塔钢箱梁悬索桥方案,北、南塔均位于岸上,中塔位于江中。主梁采用整幅桥面布置,桥跨布置如图1-3-4所示。

2. 支承体系

此方案中塔下横梁顶不设竖向支座,仅设竖向限位挡块以防止主梁竖向过大位移,纵向设弹性索限制主梁纵向位移,横向设抗风支座限制主梁横向位移;边塔下横梁顶设竖向

支座、横向抗风支座及纵向阻尼装置。

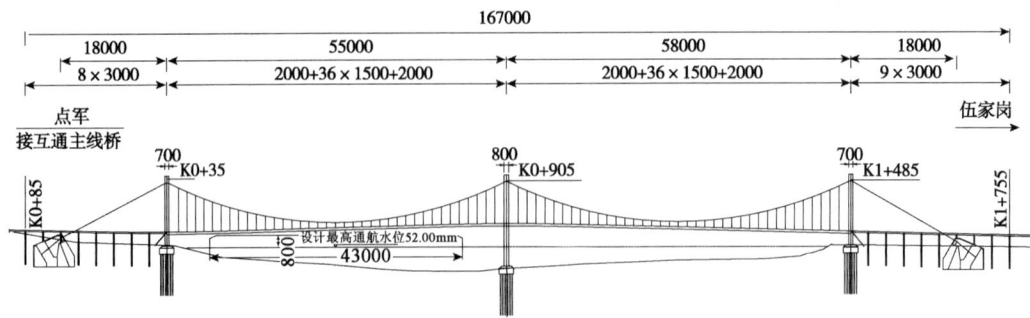

图1-3-4 主桥方案一立面布置图(尺寸单位:cm)

3. 加劲梁

加劲梁采用抗风性能好、整体性强、线条美观的封闭式流线型扁平钢箱梁,钢箱梁标准梁段长15m,钢箱梁高3.0m,宽31.5m,加劲梁横断面如图1-3-5所示。钢箱梁采用Q345D钢,全焊连接,外部采用电弧喷铝防腐,内部设置抽湿系统。钢桥面铺装采用5.5cm环氧沥青混合料。钢箱梁采用工厂预制、驳船浮运就位,岸上及浅水区加劲梁采用支架预先存梁,然后用缆载式起重机分别从驳船或存梁支架上起吊梁段。

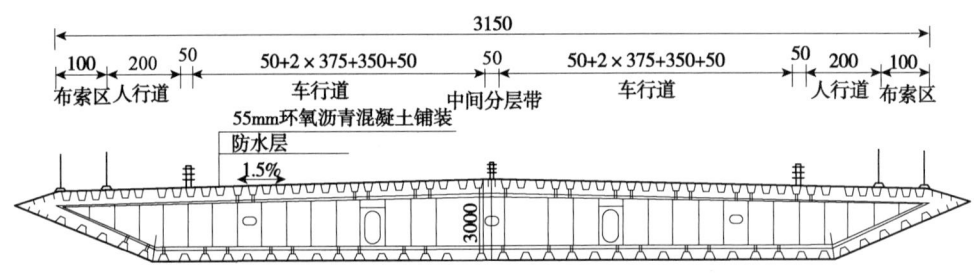

图1-3-5 主桥方案一加劲梁横断面图(尺寸单位:cm)

4. 主缆及吊索

两根主缆中心距30.5m,中跨矢跨比1:10。主缆采用预制平行钢丝索股(PPWS),每根主缆有通长索股110股。每根索股由91根直径为5.10mm、公称抗拉强度1860MPa的高强镀锌钢丝组成。全桥中跨有吊索索夹74对。吊索采用直径5.0mm、标准强度1670MPa的平行钢丝,标准间距15m;吊索上、下端均采用销接式,锚头采用热铸锚;吊索中部安装减振架,与钢箱梁销接。

5. 鞍座

主塔为混凝土结构,塔顶主鞍座采用间接型传力结构。鞍体采用全铸结构,铸钢采用ZG275-485H。鞍体下设置不锈钢板-聚四氟乙烯板滑动摩擦副,以适应施工中的相对位移。

散索鞍座为摇轴式,鞍体采用铸焊结合的结构,鞍槽用铸钢铸造。为方便索股定位和增加主缆与鞍槽间的摩阻力,主鞍座与散索鞍鞍槽内均设置竖向隔片,在索股全部就位并调股后,顶部用锌质填块填平,再将鞍槽侧壁用螺杆夹紧。

6. 主塔及基础

主塔为钢筋混凝土塔,中塔柱高为130m,边塔柱高101m。塔柱断面为单箱单室布置,横桥向为5.5m,顺桥向宽度边、中塔分别为7m和8m;主塔设上下两道钢筋混凝土横梁。

主塔墩基础采用钻孔灌注桩,桩基采用40根φ2.0m钻孔灌注桩,承台为哑铃形,高度为6m。

7. 锚碇及基础

采用型钢锚固系统,由后锚梁和锚杆组成,后锚梁埋于锚体混凝土内,锚杆一端连接在后锚梁上,另一端伸出锚体前锚面,与主缆索股相连。主缆索股力通过锚杆传给后锚梁,再通过后锚梁的承压面传给锚体混凝土。

8. 施工方法

本方案为常规施工,在锚碇、桥塔施工的同时,工厂进行主缆、吊索、索夹的预制和加劲钢箱及鞍座的制作,主塔、锚碇施工完成后,进行安装鞍座、牵引先导索、架设猫道等工序,然后进行主缆的架设、紧缆、安装索夹、挂吊索等工序。钢箱梁节段吊装从跨中开始,首先吊装跨中段,然后向两边对称起吊。吊装初期,各梁段间临时连接均为铰接状态,待加劲梁节段吊装完毕并合龙后,将节段间的临时连接转换为永久连接。然后进行主缆的防护、缠丝,拆除猫道等临时设施,进行桥面系施工。施工工期为48个月。

二、(70+190)m+2×580m+(190+70)m 三塔斜拉桥方案

1. 总体布置

主桥桥跨布置为(70+190)m+2×580m+(190+70)m三塔钢箱梁斜拉桥方案,北、南塔均位于岸上,中塔位于江中,主桥长1680m,设2个辅助墩和2个过渡墩。主梁采用整幅桥面布置,桥跨布置如图1-3-6所示。

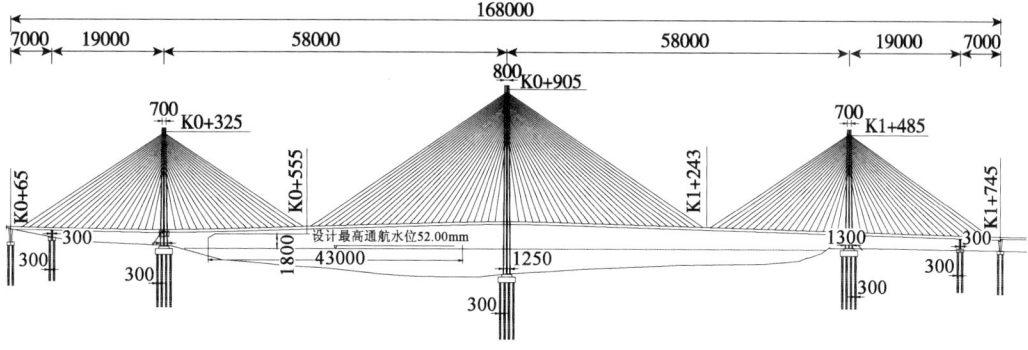

图1-3-6 主桥方案二立面布置图(尺寸单位:cm)

2. 结构体系

主梁为六跨连续，塔、梁分离半漂浮体系，斜拉索为扇形密索型布置。索塔与主梁间纵向安装液压缓冲或黏滞阻尼器，横向设抗风支座，边墩和辅助墩墩顶设置单向和双向支座。

3. 主梁

主桥全长均使用 PK 断面钢箱梁，PK 梁由两个扁平钢箱及钢横梁构成，桥面板由设置 U 形加劲肋的正交异性钢板组成。桥面板支撑于间距为 3.0m 的横梁之上，在承受车轮局部荷载作用时作为单向受力板使用。PK 梁中心处梁高 3.5m，边箱间距 11.3m，边箱底板宽 5.8m，边斜腹板水平投影长 5.2m，中腹板竖直布置。边箱底板、边斜腹板设 U 形加劲肋，中腹板设扁钢加劲肋。PK 梁标准节段长 12.0m，全宽 32.5m，截面高 3.5m，高宽比为 1∶10，除斜拉索锚固设施采用 Q390D 钢外，其余全部采用 Q345D 钢。钢箱梁节段连接采用栓、焊组合的方式。主梁横断面如图 1-3-7 所示。

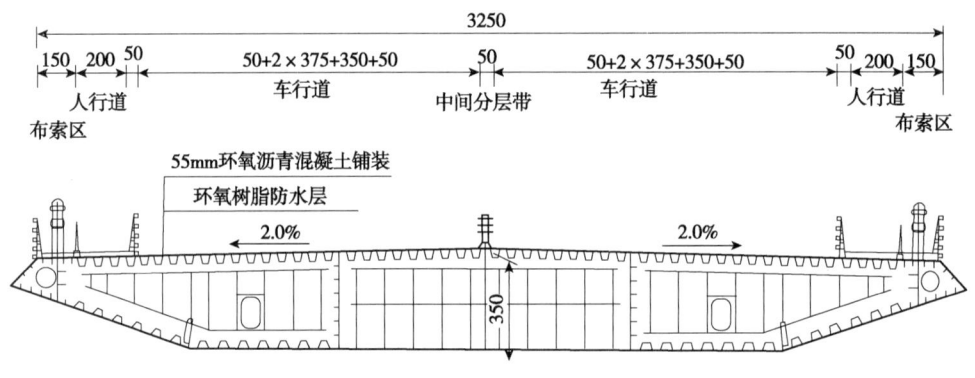

图 1-3-7 主桥方案二主梁断面图（尺寸单位：cm）

4. 主塔及基础

双面索斜拉桥索塔采用 C50 钢筋混凝土倒 Y 形结构，中塔柱高 234m，边塔高 150m，塔柱外轮廓为外侧带倒角的矩形截面，上塔柱外轮廓为八边形截面，塔柱采用空心截面。桥塔于主梁下方间设横梁一道，横梁采用箱形截面，壁厚为 1.4m。塔柱设 3m 高塔座，承台为整体式，下接 24 根 $\phi 3.0$m 的钻孔桩组成群桩基础。

5. 斜拉索

斜拉索为双面索，布置在主梁外侧。中塔上单侧设有 27 对斜拉索，边塔上单侧设有 19 对斜拉索，全桥共 276 根。斜拉索在主、边跨主梁上纵向标准间距均为 12m，双排横向布置，斜拉索塔上锚固点竖向间距为 2.5～3.5m。最长的斜拉索长约 318m，斜拉索采用平行钢丝斜拉索。

主梁两侧主纵梁顶面对应相应横梁相交处设锚拉板与斜拉索连接，于塔柱上设置钢锚梁锚固拉索，推荐采用气动与阻尼相结合的拉索减振措施。

6. 桥梁结构防护设计

1) 结构防撞设计

根据本桥型方案水域、航道特点,主塔墩可采用适应水位变幅大的间接式防撞体系。本桥为超大型桥梁,桥下通航等级高,应适时开展桥梁防船舶撞击专题研究。

2) 结构耐久性设计

钢梁外表面考虑电弧喷铝加涂层长效防腐方案。下阶段根据工程所处环境类别确定结构混凝土耐久性的基本要求。

斜拉索采用镀锌高强平行钢丝,外包 PE 多重防腐措施。

7. 施工方法

主塔基础施工选择在长江枯水期,深水基础采用钢管桩平台钢套箱方案施工。

钢主梁节段工厂加工,提升站完成 0 号梁段吊装就位,拼装桥面起重机,桥面起重机对称吊装和组拼钢主梁,对称张拉第一对斜拉索;前移桥面起重机,继续施工其他梁段,张拉相应斜拉索;先边跨合龙,再主跨合龙;按景观要求完成钢主梁及桥塔涂装;最后施工桥面系及附属工程并完成成桥调索工作。按此方案实施,施工工期为 48 个月。

三、780m + 400m 双塔两跨悬索桥方案

1. 总体布置

主缆桥跨布置为 240m + 780m + 400m。主梁采用整幅桥面布置,桥跨布置如图 1-3-8 所示。

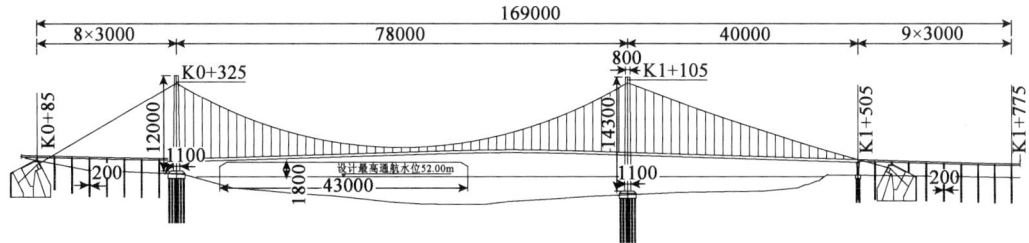

图 1-3-8 主桥方案三立面布置图(尺寸单位:cm)

2. 支承体系

主梁在主塔处设上、下游竖向拉压支座,约束主塔处主梁的竖向位移,并通过上、下游竖向支座的联合作用,约束主梁的扭转;主梁与主塔间设纵向阻尼装置,限制纵向位移;主梁与主塔间设侧向抗风支座。

3. 加劲梁

加劲梁采用抗风性能好、整体性强、线条美观的封闭式流线型扁平钢箱梁。钢箱梁标准梁段长 15m,钢箱梁高 3.0m,宽 31.5m。钢箱梁采用 Q345D 钢,全焊连接,外部采用电弧喷铝防腐,内部设置抽湿系统。钢桥面铺装采用 5.5cm 环氧沥青混合料。加劲梁横断

面如图1-3-9所示。钢箱梁采用工厂预制、驳船浮运就位,岸上及浅水区主梁采用支架预先存梁,然后用缆载式起重机分别从驳船或存梁支架上起吊梁段。

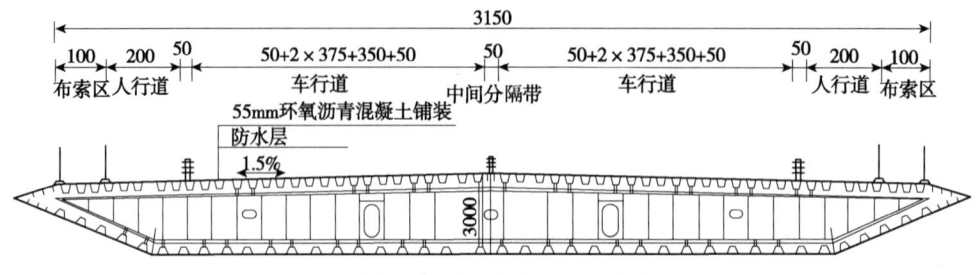

图1-3-9 主桥方案三加劲梁断面图(尺寸单位:cm)

4. 主缆及吊索

两根主缆中心距30.5m,中跨矢跨比1:10。主缆采用预制平行钢丝索股(PPWS),每根主缆有通长索股110股。每根索股由127根直径为5.10mm、公称抗拉强度1860MPa的高强镀锌钢丝组成。全桥中跨有吊索索夹75对。吊索采用直径5.0mm、标准强度1670MPa的平行钢丝,标准间距15m;吊索上、下端均采用销接式,锚头采用热铸锚;吊索中部安装减振架,与钢箱梁销接。

5. 鞍座

主塔为混凝土结构,塔顶主鞍座采用间接型传力结构。鞍体采用全铸结构,铸钢采用ZG275-485H。鞍体下设置不锈钢板-聚四氟乙烯板滑动摩擦副,以适应施工中相对位移。

散索鞍座为摇轴式,鞍体采用铸焊结合的结构,鞍槽用铸钢铸造。为方便索股定位和增加主缆与鞍槽间的摩阻力,主鞍座与散索鞍鞍槽内均设置竖向隔片,在索股全部就位并调股后,顶部用锌质块填平,再将鞍槽侧壁用螺杆夹紧。

6. 主塔及基础

主塔为钢筋混凝土塔,两个塔柱总高分别为120m和143m。塔柱断面为单箱单室布置,横桥向为5.5m,顺桥向宽度为8~11m;主塔设上下两道钢筋混凝土横梁。

主塔墩基础采用钻孔灌注桩,桩基采用48根φ2.0m钻孔灌注桩,承台为哑铃形,高度为6m。

7. 锚碇及基础

采用型钢锚固系统,由后锚梁和锚杆组成,后锚梁埋于锚体混凝土内,锚杆一端连接在后锚梁上,另一端伸出锚体前锚面,与主缆索股相连。主缆索股力通过锚杆传给后锚梁,再通过后锚梁的承压面传给锚体混凝土。

8. 施工方法

本方案为常规施工,在锚碇、桥塔施工的同时,工厂进行主缆、吊索、索夹的预制和加劲钢箱及鞍座的制作,主塔、锚碇施工完成后,进行安装鞍座、牵引先导索、架设猫道等工序,然后进行主缆的架设、紧缆、安装索夹、挂吊索等工序。钢箱梁运至现场,按由跨中至桥塔的顺序,采用缆载式起重机进行钢箱梁的安装,全部吊装完成后,进行节间对接,进行主缆的防护、缠丝,拆除猫道等临时设施,进行桥面系施工。施工工期为 48 个月。

四、290m + 1160m + 395m 钢箱梁悬索桥方案

1. 总体布置

主缆桥跨布置为 290m + 1160m + 395m,其中主跨 1160m,南侧边跨 290m,边主跨比 0.25;北侧边跨 395m,边主跨比 0.34;主跨矢跨比 1/9,介于常用矢跨比 1/8 ~ 1/12 之间,受力合理,线形协调。其桥跨布置如图 1-3-10 所示。

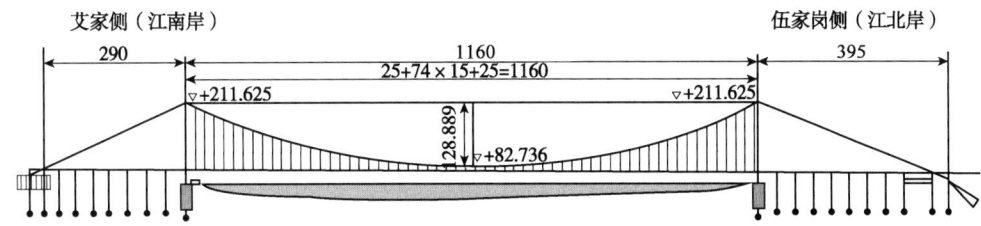

图 1-3-10　主桥方案四立面布置图(尺寸单位:m)

2. 支承体系

主梁在主塔处设上、下游竖向拉压支座,约束主塔处主梁的竖向位移,并通过上、下游竖向支座的联合作用,约束主梁的扭转;主梁与主塔间设纵向阻尼装置,限制纵向位移;主梁与主塔间设侧向抗风支座。

3. 加劲梁

本桥加劲梁高度取 3m,以使加劲梁具有足够的横向刚度、改善路面的工作环境。加劲梁桥面板采用 16mm 厚顶板,以 8mm 厚闭口肋加劲,沿纵向每 3m 设置一道横隔板,最大限度保证桥面板的局部刚度,从结构上保证路面的工作条件,减少路面维护工作量。

加劲梁标准节段长 15m,含 5 道横梁。两直腹板之间的顶板宽 31.5m,与桥面所需的净宽对应,加劲梁底板宽 24m,两侧风嘴宽各 0.8m,直腹板以外下缘开口。腹板外侧的顶板宽 1.4m,以布置吊索锚固结构。加劲梁吊索锚固结构之间的横桥向间距 30.5m,采用两侧加劲的耳板式构造连接吊索,使其具有两个方向的刚度,受力性能好,方便将吊索拉力直接传由横隔板。同时耳板设置在顶板以上,为吊索安装、长度调整、维护检查提供了方便。

4. 主缆

主缆横向布置两根,间距为 30.5m,每根主缆由 91 根索股组成,每根索股由 91 丝直径为 6.8mm 的镀锌高强钢丝组成。主缆采用平行钢丝预制束股法(PPWS)制作、架设,钢丝标准抗拉强度 1860MPa。对主要组合应力主缆强度的安全系数按 $K \geqslant 2.5$ 设计。主缆在索夹内的空隙率为 18%,挤圆后直径为 683mm;在索夹外的空隙率为 20%,挤圆后直径为 692mm。

5. 鞍座

主索鞍长6.2m,宽3.5m,索鞍底到IP点高3.1m,鞍槽处主缆中心线半径7.5m。主索鞍采用铸焊组合式结构,由铸钢ZG275-480H铸造而成,主塔为钢筋混凝土结构,主索鞍为间接传力的肋传力结构。

散索鞍为摆轴式结构,采用铸焊结合的形式,鞍槽用铸钢ZG275-485H铸造,鞍体由Q345C钢板焊接而成。

6. 主塔及基础

主塔采用框架结构。主塔自承台顶至鞍座底高为156.5m,塔柱横向中心距32m,设上、下两道横梁。上横梁采用钢筋混凝土结构,高4m,下设拱形钢桁架,整体吊装与塔柱预埋件连接,施工时可作为上横梁的浇筑支架。下横梁采用钢横梁,为单室矩形截面,梁宽7.2m,梁高6m。塔柱为钢筋混凝土结构,采用矩形单室截面,横向宽度5.5m,纵向宽度从塔顶7m渐变至塔底10m,上塔柱横向壁厚1.2m、纵向壁厚1m,下塔柱横向壁厚1.6m、纵向壁厚1.4m。

主塔基础采用左右分离式,每个塔柱下设24根$\phi2.8m$钻孔灌注桩,按嵌岩桩验算桩长,桩长35m。单个承台平面总尺寸为15.8m(横桥向)×21.4m(顺桥向),厚6m;为了将塔柱承受的荷载更均匀地传递到基础上,在承台顶部设置了2m高的塔座。

7. 锚碇及基础

从经济性与后期维护考虑,锚固系统采用环氧涂层钢绞线、可换式无黏结预应力体系。

南锚碇为重力式锚碇,采用明挖扩大基础。基础为方形,平面尺寸64m×64m,高25m,基底高程为+44.3m,持力层为中风化砾岩层,基底进入持力层约4.3m。最高地下水位以上部分基础施工采用放坡开挖;5m深度范围内土层为填筑土,采用1:1.5坡度开挖;5~15m深度范围内为卵石土层,采用1:1坡度开挖;最高地下水位以下部分基础采用排桩支护开挖,排桩桩径采用1.5m,桩间距为1.2m,相邻桩相互咬合,桩长15.7m,桩底嵌入中风化砾岩层8m,桩顶设钢筋混凝土冠梁,冠梁高2m。

跨过伍临路后有一基岩埋深很浅的丘陵,强风化层均小于5m,中分化层较厚。该处地质条件是区域稳定的,无深大断裂带通过;岩体应具有较强的整体性,强度较高,属于Ⅲ~Ⅳ级围岩。目前,该处山头对侧施工已开挖形成坡高10~20m不等的未支护高边坡,从现状来看整个边坡是稳定的,适合修建隧道式锚碇。

隧道总轴线长度79m,其中前锚室轴线长度25m,锚塞体轴线长40m,后锚室轴线长度2m(不含衬砌层),从垂直路面算起最大深度约62m。

第四节 主桥方案优选

上节介绍的四个长江大桥主桥桥型方案技术均可行,但方案一、二、三在江中均设置了一个主塔墩,对水流有一定影响,对宜昌中华鲟省级自然保护区也有不利影响。鉴于中华鲟唯一产卵场位于该保护区内,江中设墩对保护区会带来较大不利影响,根据《宜昌市伍家岗长江大桥项目对长江湖北宜昌中华鲟省级自然保护区生态影响专题报告》中相关内容:"桥梁的建设必须要以尽可能减少对保护区尤其是中华鲟的不利影响为前提",故推荐采用方案四主跨1160m双塔单跨悬索桥方案,主跨一跨过江,两岸主塔均不涉水。

四个长江大桥桥型方案具体比较见表1-3-1。

主桥方案综合比较表　　　　表1-3-1

方案	主跨2×580m 三塔悬索桥	主跨2×580m 三塔斜拉桥	780m+400m 双塔两跨悬索桥	主跨1160m 双塔单跨悬索桥
主桥跨径布置	2×580m 两跨	(70+190)m+2×580m+(190+70)m	780m+400m	1160m 单跨
主桥长(m)	1160	1680	1180	1160
全桥长(m)	1670	1680	1690	1845
对行洪的影响	水中设置一个桥墩,对水流有一定影响	水中设置一个桥墩,对水流有一定影响	水中设置一个桥墩,对水流有一定影响	一跨过江,对防洪无影响
对环境的影响	水中设置一个桥墩,对宜昌中华鲟省级自然保护区有不利影响	水中设置一个桥墩,对宜昌中华鲟省级自然保护区有不利影响	水中设置一个桥墩,对宜昌中华鲟省级自然保护区有不利影响	一跨过江,对宜昌中华鲟省级自然保护区无影响
航道条件	基本满足通航要求	基本满足通航要求	满足通航要求	一跨过江,对通航无不利影响
施工难度	施工技术成熟	施工技术成熟	施工技术成熟	施工技术成熟
桥梁景观	好	好	一般	好
施工工期	48个月	48个月	48个月	48个月
工程建安费	15.3亿元	16.2亿元	15.9亿元	17.1亿元
推荐情况	比选方案	比选方案	比选方案	推荐方案

在满足交通功能、通航防洪和对中华鲟的保护等要求上,秉着"经济、合理、安全"的原则,在主桥桥型方案优选中,确定了主跨1160m双塔单跨悬索桥方案。通过结合现场实际情况对该方案继续优化,在初步设计中进一步明确了主桥的设计方案。

第五节　主桥主要结构优选

一、重力式锚碇结构优选

1.持力层选择

锚碇处覆盖层厚度较大,上部的素填土、粉质黏土容许承载力为60~130kPa,压缩模量为7.5MPa左右,压缩性大,承载力低,不能作为重力式锚碇基础持力层。

根据初勘竖井深层荷载板试验,综合确定卵石层承载力允许值为0.58MPa,平均变形模量为0.044GPa,可作为锚碇的持力层,基底埋深约15m。

强风化砾岩、砾岩层厚度为0~2.8m,均一性差,厚度变化大。

中等风化或微新岩体其饱和单轴抗压强度6~9MPa,岩体的变形模量为1.3~15GPa,允许承载力为1.1~1.8MPa,也可作为锚碇的持力层,基底埋深约27m。重力式锚碇基础持力层方案比选见表1-3-2。

重力式锚碇基础持力层方案对比表　　　　表1-3-2

方案	卵石层作为持力层	中风化岩层作为持力层
基底埋深	15m	32m
基底摩擦系数	0.4	0.45
锚碇尺寸	直径85m	直径70m
锚碇混凝土(m³)	134790	140265
施工风险与难易程度	基坑较浅,施工难度小,风险小	基坑较深,施工难度大,风险较大
比选结果	推荐方案	比较方案

由表1-3-2可知,以卵石层作为持力层,基坑开挖浅,施工难度较小,施工风险低,故推荐采用该方案。

2. 锚碇基础方案比选

根据地质资料,江南侧锚碇位于长江南岸二级阶地上,北侧缘为近南北向陇状地形,主要为居民区,地面高程72.06~72.97m;南侧为柑橘地,地形较为平缓,地面高程69.3~70.52m。

锚碇处覆盖层厚度16.4~24.3m,底面高程42.83~52.90m;除南侧柑橘地上部为全新统人工堆积层(Q_4^s)的素填土厚度4.3~5.4m外,其他部位为上更新统洪、坡积层(Q_3^{p+dl})的粉质黏土及卵石,厚度11.0~24.3m,其中底部的卵石厚度8.90~17.5m。基岩为罗镜滩组第二段(Kl_2^2)的砾岩夹砂砾岩及砂岩透镜体,强风化带厚度0.0~2.1m,底板高程为42.83~52.11m;中等风化厚度7.10~20.65m,底板高程30.17~38.56m,岩层倾向南东,倾角为5°~10°,未见断层、裂隙。

勘察期间地下水位54.77~58.37m,埋深11.10~18.20m。

该侧锚碇不适合采用隧道式锚碇或岩锚,只能采用重力式锚碇。

锚碇基础一般采用明挖扩大基础、沉井基础或地下连续墙基础。

明挖扩大基础适用于地质条件较好、基岩埋深较浅的情况,具有施工简便快捷、造价低的优点,但当地下水位较高时需采取降水措施。

沉井基础是以沉井作为基础结构,将上部荷载传至地基的一种深基础。沉井是一个无底无盖的井筒,一般由刃脚、井壁、隔墙、井孔、凹槽、射水管组和探测管、封底混凝土、顶盖诸部分组成。在沉井内挖土使其下沉,达到设计高程后,进行混凝土封底、填心、修建顶盖,构成沉井基础。

沉井基础结构刚度大,整体性好,施工方便,造价较低,成为国外大跨度悬索桥锚碇基础的首选方案。我国长江、黄河大型桥梁工程中也有成功采用沉井基础的先例,如20世纪60年代的南京长江大桥、20世纪70年代的九江长江大桥、20世纪80年代的孙口黄河大桥等,中国桥梁建设者在资金短缺、设备简陋的条件下,建成了深水、浅滩、陆地上形式各样的沉井基础方案,积累了较为丰富的设计施工经验。20世纪90年代,江阴长江大桥北岸锚碇在冲积地层中采用了沉井基础方案,经过多年运营检验,锚碇基础结构安全可靠。但沉井下沉控制较为复杂,对地质有较高要求。

地下连续墙是利用各种挖槽机械,借助于泥浆护壁的作用在设计地面挖出窄且深的沟槽,在其内部浇筑适当的材料而形成的一道具有防渗(水)、挡土和承重功能的连续的地下墙体。

地下连续墙的施工工艺的基本原理十分简单,就是在工程开挖前,先在地面按建筑物平面筑导墙,用特制挖槽机械在泥浆护壁的情况下,每开挖一定长度(一个单元槽段)的沟槽,待开挖至设计深度并清除沉淀下来的泥渣后,将地面加工好的钢筋骨架用起重机吊放入充满泥浆的沟槽内,采用水下浇筑混凝土的方法,用导管向沟槽内浇筑混凝土。由于混凝土是由沟槽底部开始逐渐向上浇筑,所以随着混凝土浇筑,泥浆即被置换出来,待混凝土浇至设计高程后,一个单元槽段施工即完毕;各单元槽段之间用特制的接头连接成连续的地下钢筋混凝土墙,呈封闭形状。开工挖土方,地下连续墙起到挡土防水抗渗作用,如将地下连续墙作为建筑物的地下室外墙,则具有承重作用。有些地下连续墙是不加钢筋的,这主要取决于建造地下连续墙的具体用途和具体的经济效益。

地下连续墙用作悬索桥锚碇基础,是利用地下连续墙作为防水及抵抗土压力的围堰,以便在围堰内进行挖掘工作,到达设计高程后就地灌注混凝土作为基础,地下连续墙围堰为敞开式开挖提供了条件。墙体施工完成后,进行挖土、衬砌工作,直至基础持力层。

国内采用地下连续墙作为锚碇基础的桥梁主要有润扬长江公路大桥、阳逻长江公路大桥、广州东二环黄埔珠江大桥、至喜长江大桥等。地下连续墙嵌入相对不透水的基岩,基岩有封水作用,可排水开挖取土,持力层见底、可直观判断。

沉井基础在卵石土层中遇到大直径卵石下沉困难,实施风险大;地下连续墙基础则在深基坑中采用较多,墙体刚度大,防渗性能好,能很好地控制锚碇周边结构变形,但施工工序较多,施工周期较长,工程造价较高。本项目江南锚碇周边基本以果园为主,有少量居民,大桥开工后均要进行拆迁,无高层和重要建筑。故从节省工程费用、缩短施工周期角度考虑,推荐采用明挖扩大基础。

扩大基础主要针对明挖 + 咬合桩支护和全明挖两种方案进行比选。

1)明挖 + 咬合桩支护(圆形)

基础为圆形,直径为85m,高15m,基底高程为 +55.3m,持力层为卵石层,基底距卵石层底最小高度为2m。最高地下水位以上部分施工采用放坡开挖;5m深度范围内涂层为填筑土,采用1:1.5坡度开挖;5~15m深度范围内为卵石土层,采用1:1坡度开挖,以C30喷射混凝土 + 锚杆方式护坡;地下水位以下部分采用咬合桩支护开挖,咬合桩桩径为1.5m,桩距为1.05m,平均桩长20m,桩底嵌入中风化砾岩层8m,桩顶设2m高的钢筋混凝土冠梁。

锚碇基坑设有6处集水井,将基坑内地下水及降水收集后抽排,确保锚碇基础干施工,同时考虑到卵石层存在局部不均匀,基地采用高压注浆固结处理。

锚碇散索鞍支墩顶部采用C40混凝土,其余部位采用C30混凝土。

2) 全明挖

本方案的锚碇结构与明挖+咬合桩支护方案基本一致,施工采用全放坡开挖;7m深度范围内土层为填筑土;采用1:1.5坡度开挖;7~15m深度范围内为卵石层,采用1:1坡度配合井点降水开挖。根据初勘报告,卵石层渗透系数为0.067~0.16cm/s,设8个降水井,降水深度5m。

3) 方案比较

因明挖+咬合桩支护的方形基础需要设置大量水平支撑,导致空间受限,施工较困难,故主要对明挖+咬合桩支护的圆形基础和全明挖进行比选,见表1-3-3。

锚碇基础方案比较   表1-3-3

方案	明挖+咬合桩支护	全明挖
技术特点	根据锚碇处地层及地下水位实际情况,地下水位以上采用放坡开挖,地下水位以下采用咬合排桩支护开挖,既可满足施工要求,又可降低造价	放坡全明挖,止水帷幕配合井点降水施工,造价较低
技术可行性及施工难易程度	技术可行,施工工艺成熟、施工风险易控	技术可行,施工工艺成熟,但降水难度稍大,施工控制较难
总圬工量	13.9万 m^3	13.2万 m^3
工期	适中	较短
造价	17582.6万元	16465.3万元
推荐意见	推荐方案	比较方案

卵石层分部局部存在不均匀性,明挖+咬合桩支护方案可将地基封闭在基坑范围内,然后采用注浆固结可有效解决卵石层不均匀的问题,而全明挖方案对基地处理时,卵石层空隙大,注浆量大,注浆效果较差,因此,推荐采用明挖+咬合桩支护方案。

二、主缆结构优选

1. 主缆矢跨比的选取

悬索桥的矢跨比是指主缆在主跨内的矢高与主跨跨度的比值,矢跨比的大小对主缆中的拉力有很大的影响。主缆拉力值与矢跨比成反比,即矢跨比越小,则主缆中的拉力越大,主缆截面积也就越大,所以,主缆用钢量与主缆矢跨比也基本按反比变化。此外,矢跨比越大所需塔高就越大,主塔及基础工程量也就越大。因此,合理选择主缆的矢跨比,必须综合考虑主缆和主塔及基础的经济性。主缆常用矢跨比在1/8~1/12之间。

考虑到本方案跨度大,主缆承担的荷载重,主缆矢跨比宜取较大值,以期主缆截面面积适度。现分别取1/8、1/9、1/10三种矢跨比进行技术经济对比,见表1-3-4。

三种矢跨比技术经济比较　　　　　　　表 1-3-4

矢跨比	1/8	1/9	1/10
主梁跨中挠跨比	1/412	1/453	1/484
主缆直径(mm)	680	721	765
主缆用量(t)	9172	10312	11609
主塔混凝土(m³)	27220	24848	22944
锚碇混凝土(m³)	100230	127400	142830
综合比较意见	矢跨比取 1/8,虽然主缆用量和基础圬工量稍小,但主塔用量增加,主跨刚度也相应减小了;矢跨比取 1/10 虽然塔高较低,混凝土用量少,但主缆用量最大,锚碇用量相应也增加;矢跨比取 1/9,主缆和混凝土用量介于前两者之间,造价最低		

综合比较,三种矢跨比技术上均可行,兼顾经济性与刚度要求,矢跨比取 1/9。

2. 主缆形成方法

主缆的形成方法有预制平行钢丝索股法(PPWS)和空中编丝法(AS)。我国所有大跨径悬索桥主缆均采用 PPWS 法形成。

与 AS 法相比,PPWS 法的优点是:我国现有多条生产预制索股的生产线,PPWS 形成主缆价格更低,经济性好;主缆架设周期短;主缆钢丝没有接头;架设受天气因素影响稍小;主缆受力均匀性较好等。

因此,本方案主缆采用 PPWS 法形成。

3. 主缆索股方案

1)主缆钢丝直径与强度等级

主缆是悬索桥的主要承重构件,需要承担自身重量和几乎全部加劲梁荷载。加劲梁的跨度和每延米的重量越大,主缆承受的荷载越重,主缆截面积也就要越大。由于主缆跨过主塔和散索点时要借助鞍座转向,主缆直径过大将导致弯曲二次应力增加。此外,主缆直径过大还会增加主缆挤紧的难度,导致截面圆度差、索股受力不均匀。因此,从技术角度来看,主缆钢丝强度越高,主缆面积就可以越小,主缆受力也就越好。

国内外悬索桥主缆采用 PPWS 法架设的高强钢丝基本采用的是 $\phi 5mm$ 系列,在跨径超过千米的悬索桥中,预制索股钢丝直径最大的是 5.4mm,最小的是 5mm,钢丝强度等级主要有 1670MPa、1770MPa 两种。最近,韩国的光阳大桥是跨径为(357.7 + 1545 + 357.5)m 的三跨悬索桥,首次在世界上采用了 1860MPa 的镀锌-铝合金镀层钢丝缆索作为主缆;韩国蔚山大桥跨径为(303 + 1150 + 303)m,主缆采用预制平行钢丝索股,每根主缆由 59 根索股组成,每根索股由 127 根直径为 5.40mm 的锌-铝合金镀层钢丝组成,钢丝的强度为 1960MPa;正在建设中的武汉杨泗港大桥为主跨 1700m 钢桁梁悬索桥,主缆采用直径 6.2mm 的锌-铝合金镀层钢丝组成,钢丝的强度为 1960MPa。

采用高强、大直径钢丝能减轻主缆重量,缩短主缆架设工期,缩小锚固系统尺寸,提高主缆防腐性能。以下对 1770MPa、1860MPa 和 1960MPa 三种等级高强钢丝方案进行比较,见表 1-3-5。

三种强度等级钢丝对应主缆截面对比　　　　　表 1-3-5

钢丝等级	1770MPa	1860MPa	1960MPa
主缆面积（m²）	0.3435	0.3268	0.3104
主缆直径（mm）	739	721	703
造价（万元）	21665	21655	21640

从表 1-3-5 中可知，主缆若采用抗拉强度为 1770MPa 的钢丝，则锚固系统尺寸较大；而采用抗拉强度为 1860MPa 和 1960MPa 的钢丝基本一致，总的造价相差不大。考虑 1960MPa 的钢丝供应厂家较少，国内应用实例较少，因此，推荐采用抗拉强度为 1860MPa 的钢丝。

2）主缆钢丝镀层

国内外主缆钢丝一般采用镀锌高强钢丝。近年来，锌-铝合金镀层钢丝在韩国大跨径悬索桥中得到了应用，如光阳大桥和蔚山大桥。

在我国，锌-铝合金镀层钢丝在泰州长江公路大桥索股中获得实验性应用。该桥上游侧主缆 168 号一根索股（91 丝，φ5.2mm）采用了锌-铝合金镀层钢丝，该桥主缆布置为 (390+1080+1080+390)m，已建成通车。而后，宜昌至喜长江大桥主缆和吊索全部采用锌-铝合金镀层钢丝。

锌-铝合金镀层钢丝缆索是一种比传统的镀锌钢丝缆索耐久性更好的新型桥梁缆索产品，其寿命比传统的缆索增加了 20 年，而材料成本只增加了 5%，是一种经济性好、环保节能的缆索材料，符合国家当前的发展趋势要求。该缆索产品在国内已经实现了产业化，并在国外的大型桥梁中得到应用，具备在国内广泛推广应用的成熟条件。

因此，本方案推荐采用锌-铝合金镀层。

3）主缆方案

目前，悬索桥主缆索股常用的有 61 丝、91 丝、127 丝和 169 丝四种，钢丝选用直径 6mm 的镀锌铝高强钢丝。考虑要减小主缆锚固空间，降低锚碇规模，并兼顾工厂制造、运输及牵引设备能力，方便主缆索股架设，主缆索股采用 127 丝索股，单根索股重约 45t。主缆横向布置两根，间距为 26.5m，每根主缆由 91 丝索股组成，索股由 127 丝直径为 6.0mm 的镀锌铝高强钢丝组成。

一般情况下，主缆索股呈正六边形布置，而位于正六边形顶点的索股会因超出挤圆后半径过多，造成主缆挤圆有一定困难。混合编缆是采用同直径钢丝、不同索股混合编排形成的主缆，不仅可以调整主缆面积，进行主缆优化设计，而且可以减小角点索股距离挤圆半径的距离，更加方便主缆挤圆。

伍家岗长江大桥项目采用了角点与中间异规格的主缆单索股混合编缆设计技术，利用角点 6 根 91 丝（位于角点）和中间 85 根 127 丝不同规格的单索股，混合编制悬索桥主缆，使得主缆钢丝直径更加标准化，有利于场内标准化加工制造。该设计技术属国内首创，具有里程碑意义，为后续悬索桥主缆设计提供了新的思路。主缆索股架设时，更容易控制主缆的圆度，紧缆时更易整形形成利于挤圆的排布结构，有效地控制主缆索股间的空隙率，解决了容易乱丝以及设计预备工作繁杂的技术问题。

4)主缆防护方案

目前国内已施工的主缆防护主要以涂装防腐为主,又分为美国、日本和国产等几大体系,但基本上是以密封剂+缠丝+油漆涂料为主,只是材料的选择和性能有差异。从目前国内众多大桥的实际应用来看,涂装防腐普遍存在使用寿命较短(一般不到10年)、密封性较差、采用主缆除湿通风时容易出现漏气等问题。防护带防腐在国外已有近30年的应用,两种方案的防护措施和主要特点见表1-3-6。

主缆防护方案比较表　　　　表1-3-6

方案	重涂装防腐方案	缠包带防腐方案
方案描述	主缆缠丝(低碳钢丝); 磷化底漆; 环氧底漆; 硫化型橡胶密封剂; 柔性氟碳面漆	主缆缠丝(低碳钢丝); 缠包带
特点	寿命短,维护麻烦,钢丝防腐无保障	寿命长,维护简单,可有效控制主缆内部相对湿度
密封性	漏风率≥50%,人工三层涂装,厚度不均,材料脆且易燃,索夹环缝密闭性差	漏风率≤25%;工业标准化产品,两层重叠,密闭性较好;索夹处用专用的氯丁橡胶楔形密封条,环缝可适应摆动
施工工期人工成本	施工工期较长,成本较高	工期短,需要工人数量少,施工成本低
维修成本	无热熔性,维修复杂,成本高	有热熔性,维修方便,低成本
推荐意见	不推荐	推荐

综上比较,本桥拟采用钢丝+缠包带的防护体系。

主缆防护采用圆形钢丝+缠包带防护体系,缠包带是基于改性氯磺化聚乙烯材料,具有很好的抗老化性能,柔韧性、寿命、耐候性和强化经过国际材料协会(ASTM)测试,完全适用于桥梁缆索防护。产品在桥梁缆索防护应用超过16年,国际上认可无损使用寿命为20年。

缠包带密封系统包含缠包带、起始带、结束带,其中起始带和结束带位于索夹环缝处,内部由聚硫密封胶填缝,起始带和结束带缠绕后,再由不锈钢扎带与索夹端部特制的带槽绑紧,不锈钢扎带采用防脱带扣设计。为提高强度和耐久性,缠包带采用叠加缠绕的方式,缠绕叠加率为50%,形成双层缠带,覆盖在主缆上,再经过加热硫化过程,将带与带之间的缝隙完全密封,形成一个索夹间完整的密封套。为防止主缆局部孔隙率不均匀,在主缆缠包带内部每隔1.5m对主缆采用不锈钢扎带绑紧,确保二次恒载后,扎带张力大于0。带扣采用同样的防脱设计。

三、锚固系统优选

主缆锚固系统是连接主缆与锚碇的重要构造,其作用是将主缆的强大拉力传递给锚碇。

悬索桥锚固系统主要分为钢构件锚固系统及预应力锚固系统。预应力锚固系统分为以下几种形式：①预应力钢绞线黏结式锚固系统；②预应力钢绞线无黏结可换式锚固系统；③钢拉杆锚固系统。

钢构件锚固系统全部由钢板焊接而成，整个锚固系统均浇筑在锚块混凝土内，因此，不需后期养护，后期维护费用低，但该类型锚固系统用钢量较大。

预应力锚固系统用钢量少，布置灵活。黏结式锚固系统钢绞线永久防腐一般采用压注水泥砂浆的保护方式，但在后期运营过程中无法检查、检测索力，也不能进行调整或更换。该方案的关键是保证灌浆的质量，目前可通过改进灌浆材料和灌浆工艺来确保灌浆质量。

钢拉杆锚固系统用钢量少、耐久性好，但对安装工艺要求较高，工程费用介于钢构件锚固和预应力锚固系统之间。

预应力钢绞线无黏结可换式锚固系统的钢管中灌注防腐油脂，预应力钢绞线可以实现更换。但该系统锚固更换过程烦琐，如果施工质量不好会出现防腐油脂渗漏的情况，影响结构的美观度。成品索预应力锚固系统造价相对较高，在实桥上还没有成功实施的先例，故暂不考虑。

本方案对型钢锚固体系、预应力锚固体系、钢拉杆锚固体系进行了设计比选。

（1）型钢锚固体系：锚固系统采用双股锚和单股锚相结合，锚杆均为焊接 H 形钢制杆件（单束锚杆前端过渡为箱形），锚杆上端伸出锚体混凝土外，与主缆丝股相连，下端与锚梁连接，锚梁则埋在锚体混凝土的后端。传力方式是主缆通过锚杆将力传给锚梁或锚板，再通过锚梁承压或锚板的抗剪将力传给锚体。为避免锚杆与锚体混凝土之间先于锚梁发生共同作用，安装锚杆时需在锚杆周围采用可靠的防腐绝缘隔离层。为保证钢支架定位准确，施工时需在锚体内设置钢结构定位架。

（2）预应力锚固体系：主缆丝股与锚体前面的钢制拉杆相连，拉杆通过连接平板、连接套筒及预应力钢绞线锚固在锚体上。拉杆采用 40Cr 钢，连接平板和连接套筒采用 45 号锻钢，钢绞线采用环氧钢绞线，采用真空压浆技术，保证压浆的密实性。

（3）钢拉杆锚固体系：主缆丝股与锚体前面通过连接器相连，一端锚固主缆丝股，另一端与钢拉杆相连。钢拉杆采用 35CrMo 钢，连接平板和连接套筒采用 45 号锻钢，张拉完成后采用真空压浆技术压浆，保证压浆的密实性。

江南侧锚碇总高度较低，故对锚固系统要竖弯以减少锚固高度，因钢拉杆弯曲锚固较难，故江南侧主要对分布式型钢锚固和预应力锚固系统进行比选，见表 1-3-7。

江南侧两种锚固体系综合比较表　　　　表 1-3-7

方案	分布式型钢锚固体系	预应力锚固体系
施工难易	具有成熟的经验，钢杆件工厂制造，施工定位要求较高	具有成熟的经验，预应力索张拉后，灌注水泥砂浆，施工方便
耐久性	耐久性好	耐久性较好
后期维护	不能更换	不可更换

续上表

方案	分布式型钢锚固体系	预应力锚固体系
主要材料数量	Q345C:990.2t	钢绞线:95.8t;Q345C:229.1t; 45号锻钢:55t;合金结构钢:65t
工程造价	878万元	562万元
推荐意见	比较方案	推荐方案

依据表1-3-7,从经济性考虑江南侧推荐采用预应力锚固体系。

江北侧锚固体系综合比较见表1-3-8。

江北侧三种锚固体系综合比较表 表1-3-8

方案	分布式型钢锚固体系	钢拉杆锚固体系	预应力锚固体系
施工难易	具有成熟经验,钢杆件工厂制造,施工定位要求较高	具有成熟经验,钢拉杆工厂制造,施工定位要求较高	具有成熟经验,预应力张拉后,灌注水泥砂浆,施工方便
耐久性	耐久性好	耐久性较好	耐久性较好
后期维护	不能更换	不能更换	不能更换
主要材料数量	Q345C:1769.5t	钢拉杆:498.9t; Q345C:548.6t; 45号锻钢:59t; 合金结构钢:68t	钢绞线:234.2t; Q345C:560.9t; 45号锻钢:55t; 合金结构钢:65t
工程造价	1632万元	1472万元	940万元

江北侧锚碇拟推荐采用隧道式锚碇方案,如采用型钢锚固系统,由于隧道式锚碇锚塞体长度较长,型钢锚固体系用钢量太大,造价较高,因此,从经济性考虑,拟推荐采用环氧涂层钢绞线、灌浆黏结式锚固体系。

四、主梁结构优选

大跨径悬索桥加劲梁断面形式主要有钢桁梁、钢箱梁、钢—混凝土组合梁三种。至于混凝土加劲梁,则通常应用于中小跨径的悬索桥上,其自重大,对提高加劲梁抗风稳定性十分不利。同时混凝土加劲梁较大的自重也会增加主缆、吊索用钢量,索塔、锚碇规模亦加大,对大跨径悬索桥而言,其经济性不佳,因此不作考虑。钢桁梁、钢箱梁、钢—混凝土组合梁仍然是大跨径悬索桥加劲梁无可争议的主流形式。

钢桁梁由多片钢桁架组成纵向主要受力结构,桁架上下弦间设平联,沿顺桥向每隔一定距离设横梁,采用正交异性或钢筋混凝土桥面板,其断面示意图如图1-3-11所示。钢桁梁在大跨径悬索桥中常有采用,国内主要用于西南地区跨山谷悬索桥,其主要优点为:截面空间大,能提供双层桥面布置的能力;桁架杆件制造、运输方便,现场连接全部采用栓接,施工方便,质量可靠,后期养护成本也较低。由于钢桁梁形成框架结构,具有较大的竖向、横向和扭转刚度,抗风稳定性较好,故非常适合于大跨径悬索桥。其主要缺点是:杆件多,节点结构复杂,标准化生产工作量大,现场安装接头相对较多,工序多,施工用时稍多,结构杆件多后期涂装养护相对较难。

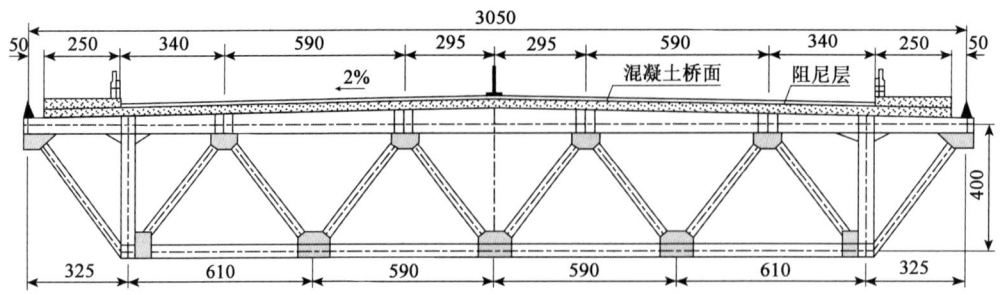

图 1-3-11 钢桁梁断面示意图(尺寸单位:cm)

钢箱梁在大跨径悬索桥中应用较多,由顶板、底板及斜腹板形成的扁平状密封箱形结构,其内部每隔一定距离设置一道横桥向的横隔板,同时沿顺桥向通长设置纵腹板,其断面示意图如图 1-3-12 所示。其主要优点为:节段完全在工厂制造,现场吊装、完成节段间连接即可,施工方便,工期较快。由于采用扁平流线型断面,具有良好的空气导流特性和较高的抗扭刚度,保证了结构的空气动力稳定性。结构建筑高度较低,而且正交异性桥面板既是箱梁的组成部分又是行车道板,从而有效地节省了用钢量;后期涂装养护主要为平板构件,养护难度低。其主要缺点是:钢箱梁对桥面铺装要求较高,施工方法单一。

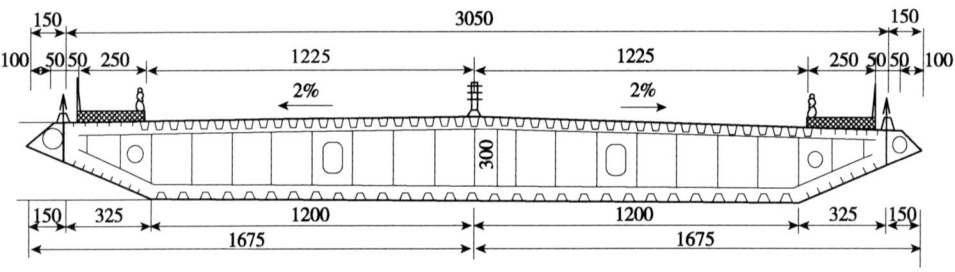

图 1-3-12 钢箱梁断面示意图(尺寸单位:cm)

钢—混凝土组合梁与钢箱梁相比,制造、运输更加方便、快捷,现场连接全部采用栓接,施工方便,质量可靠,桥面铺装耐久性好,后期养护成本也较低,其断面示意图如图 1-3-13 所示。其主要缺点是:因自重大,主缆、锚碇相应要增加工程量,故建设前期投入相对较大。

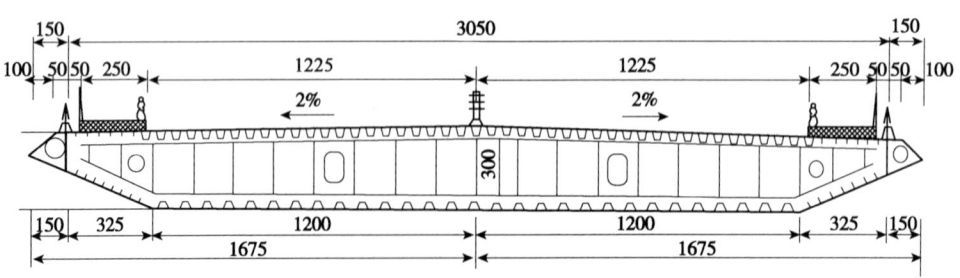

图 1-3-13 钢—混凝土组合梁断面示意图(尺寸单位:cm)

综上分析,上述三种梁型均可用于悬索桥,综合比较见表1-3-9。

加劲梁综合优选表　　　　　　　表1-3-9

方案	钢桁梁方案	钢箱梁方案	钢—混凝土组合梁方案
技术难度	结构相对复杂,节点类型多,具有一定的成熟经验,技术难度略大	结构简洁,具有大量的成熟经验,技术难度小	结构较简洁,具有一定成熟的经验,技术难度小
施工方法与施工风险	杆件分散制造,杆件散拼或整体吊装,施工工序较多,施工风险略大	主梁分节段制造,采用缆载式起重机分节段整体吊装,施工风险较小	钢梁分部位制造,现场节段连接,桥面板预制施工。组合梁分节段整体吊装,现场浇筑混凝土板湿接缝,施工工序略多,施工风险较小
施工速度	杆件分散制造速度较快,安装接头较多,施工速度稍慢	钢箱梁整节段制造,速度较快,安装仅节段间连接,施工速度快	杆件分散制造速度较快,安装接头少,施工速度快
对环境影响	对环境影响小	对环境影响小	对环境影响小
行车舒适性	结构刚度较大、行车舒适性很好,抗风稳定性好	结构总体刚度较大、行车舒适性一般,抗风稳定性好	结构刚度较大、行车舒适性好,抗风稳定性满足要求
后期维护工作量	混凝土桥面铺装耐久性好,维护工作量小,维护成本低	钢桥面铺装耐久性一般,维护工作量较大,维护成本较高	混凝土桥面铺装耐久性好,维护工作量小,维护成本低
工程造价	约36000元/m²	约32000元/m²	约34000元/m²
经济性	后期维护经济性较好	后期维护经济性一般	后期维护经济性好
综合比较意见	三种方案技术上均可行,从结构抗风稳定性与前期投入考虑,推荐钢箱梁方案		

伍家岗长江大桥桥面双向六车道加人行道,桥面比较宽,选用钢箱梁作悬索桥的加劲梁有利于减轻加劲梁自身恒载,也可以减少主缆、主塔、锚碇等材料用量。钢箱梁构件均为板件,可以实现工厂标准化制造,运输方式多样灵活,同时现场施工工期较短,有利于工程质量与工期控制,此外,在保障桥梁抗风安全方面,钢箱梁也具有明显优势。钢箱梁内部设置有纵腹板和横隔板,可最大限度保证桥面板的局部刚度,从结构上保证了路面工作条件,减少了路面维护工作量。

综上所述,针对本桥自身的结构特性及运营期承担荷载的特点,在设计中采取了相应的措施,主跨1160m钢箱梁方案在技术上是完全可行的,结构安全是有保障的,各种风险是可控的。

第四章 施 工 设 计

第一节 总 体 设 计

一、概述

伍家岗长江大桥是宜昌为实现"一江两岸"共同发展,连接伍家岗新区和点军新区而开辟的一条过江通道;是构建宜昌"四纵五横"快速路网的重要控制性工程,建成后与至喜长江大桥共同组成城市中环线;同时也是《长江经济带规划》中湖北省19座过江通道之一。伍家岗长江大桥上距离宜万铁路长江大桥5.3km,下距宜昌长江公路大桥6.3km,南岸为点军区艾家镇,北岸为伍家岗新区。

工程起点位于江城大道(原江南一路,桩号K0+000),沿线跨越谭艾路、滨江路、长江、伍临路,终点与花溪路对接(桩号K2+813.126),建设里程2813.126m。其中,跨长江主桥1160m,江南侧引桥292m,江北引线1080.829m(路基段681.529m,桥梁段399.3m)。全线分别在起点江城大道(原江南一路)与伍临路设置两座互通式立交。

伍家岗长江大桥项目总平面图如图1-4-1所示。

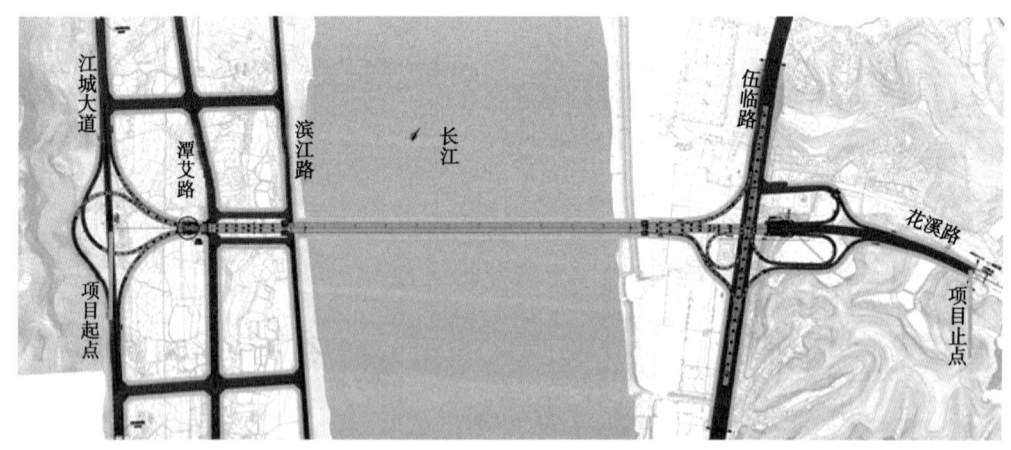

图1-4-1 伍家岗长江大桥项目总平面图

本次设计范围包括主线的过江桥梁工程及两岸的疏解工程(包含伍临路高架桥及地面辅路拓宽改造,长1.3km,不包含江城大道),主线全长2.813km。主要建设内容包括道路工程、桥梁工程、立交工程、排水工程、交通工程、电气照明工程、景观工程和绿化工程等。

二、主要技术标准

(1)道路等级:城市快速路。
(2)设计车道:双向六车道,车道布置为 $2\times(3.5+2\times3.75)$ m。
(3)设计行车速度:主桥80km/h,江城大道立交50km/h,伍临路立交30km/h。
(4)桥梁结构设计使用年限:100年。
(5)设计洪水水位:52.6m(1985国家高程)。
(6)跨江建筑界限:
最高通航水位:52.25m(1985国家高程)。
最低通航水位:35.727m(1985国家高程)。
通航净高≥18m。
单向通航净宽不得小于220m,双向通航净宽不得小于400m。
(7)设计荷载标准:
设计基准期:100年。
汽车荷载等级:城-A级。
抗震设防标准:
E1地震作用下(100年超越概率10%)的水平地震动峰值加速度 = $104.7 cm/s^2$。
E2地震作用下(50年超越概率2%)的水平地震动峰值加速度 = $146.1 cm/s^2$。
基本风速:$v_{10}=31.5 m/s$。
(8)桥梁设计安全等级:一级。
(9)环境类别:Ⅰ类。

三、高程、里程、坐标系统

高程系统采用1985国家高程系统,里程系统为设计单位假定的独立里程系统,坐标系统采用1954北京坐标系为基础的桥梁施工坐标系。

四、工程建设条件

1.气象条件

宜昌属亚热带季风性湿润气候,四季分明,春秋较长。年平均水量在992.1~1404.1mm之间。宜昌雨水丰沛,且多在夏季,比较长的降水过程都发生在6~7月,雨热同季,全年积温较高,无霜期较长,年平均气温为13.1~18℃,但随着海拔高度上升而递减,每上升100m降低0.6℃。7月平均气温24.1~28.8℃,元月平均气温1.7~6.5℃。极端最高气温41.4℃,最低气温-15.6℃。

2.水文

宜昌河段防洪设计流量和水位根据防洪规划要求确定,三峡水库正常蓄水后,宜昌—

枝城河段防洪标准为100年一遇,枝城站防洪设计流量≤56700m³/s,考虑区间来流量,伍家岗长江大桥工程段的防洪设计流量为55000m³/s。

堤防工程的防洪设计水位根据宜昌市防洪规划提出的设计水位确定,涉水工程防洪评价考虑大桥工程附近的实际堤顶高程进行研究。

宜昌河段沿江大道以及防洪护岸工程在具体实施中,未全面采用防洪规划标准实施,护岸工程顶部一般与后方陆域道路齐平,其高程略低于三峡蓄水前20年一遇洪水水位,但高于三峡蓄水后55000m³/s流量的洪水水位。因此,在防洪工程设计上,考虑护岸工程标准的一致性问题;在涉水工程防洪评价上,从防洪安全方面考虑,研究不利的洪水水位,即较敏感的堤顶高程水位,取伍家岗侧堤顶高程水位52.60m作为防洪设计水位。

3. 航道

根据2003年交通部批复的《长江干线航道发展规划》(交规划发〔2003〕2号),宜昌—城陵矶河段按Ⅰ级航道建设。2020年航道建设标准为3.2m×150m×1000m,保证率98%,通航由2000~3000t驳船组成的6000~10000t级船队。

根据水文和通航专题报告,设计最高通航水位为52.25m(1985国家高程),设计最低通航水位35.727m(1985国家高程),通航净高不低于18m,单向通航净宽不得小于220m,双向通航净宽不得小于400m。

4. 工程地质

根据地表测绘和勘探钻孔揭露,桥址区内覆盖层主要为第四系全新统的人工堆积层(Q_4^s)、冲积层(Q_4^{al})、残坡积层(Q_4^{edl})及上更新统的洪、坡积层(Q_3^{pl+dl})等,出露基岩为白垩系上统罗镜滩组(K_2l)地层。

5. 水文地质

1)地表水

桥位区两岸总体为向长江倾斜的地形,长江为区内地表水流的汇集和排泄通道,大气降雨大部顺坡汇入人工沟渠及城市管网排泄长江,仅少部分入渗地下成为第四系孔隙水、基岩裂隙水,并最终以地下水径流形式排泄入长江。

2)地下水

工程区地下水按赋存条件可分为第四系孔隙水和基岩裂隙水。

(1)孔隙水:分布于第四系覆盖层中及全风化带基岩内,根据其是否具有承压性又可分为孔隙潜水和孔隙承压水。

孔隙潜水赋存于北岸一级阶地的②-3细砂、②-5卵石内,由大气降水及地表水补给,与江水连通性较好;因该带②-3细砂、②-5卵石分布不均,不同部位其埋深略有差异,埋深5.5~9.3m,水位41.4~46.4m。

孔隙承压水赋存于南岸二级阶地第四系上更新统(Q_3^{pl+dl})④-1粉质黏土之下的④-2-1卵石、④-2-2卵石内,埋深与④-2-1卵石、④-2-2卵石相同;与江水联系密切,一般水量颇丰,南岸水井 W1 及 W2 因水量较大、长年不干,成为该带主要生活饮水来源;因上覆有相对隔水层,汛期地下水位较高时而具承压性。

(2)基岩裂隙水:主要赋存于风化较强的基岩风化裂隙中,与上部第四系孔隙水具有水力联系,但循环较弱。北岸隧道式锚碇所处山体部位埋深一般 7.3~8.9m,水位 67.3~80.9m。

3)岩土渗透性

(1)土体的渗透性。

为了解桥址区各土体的透水性,分别在两岸重力式锚碇、主墩部位钻孔内进行了各类水文地质试验,并取部分原状土样进行了室内渗透试验;勘察期间,在南岸重力式锚碇处进行了钻孔注水试验 1 段。试验严格按照《水利水电工程注水试验规程》(SL 345—2007)进行。试验成果表明:南岸重力式锚碇范围内的④-2-2 卵石的渗透系数为 2.95×10^{-3} cm/s,属中等透水性。

(2)岩石的渗透性。

本次勘察期间,分别在两岸钻孔内进行压水试验。试验严格按照《水利水电工程钻孔压水试验规程》(SL 31—2003)进行。试验成果表明:桥址区为中等~微风化钙泥质、泥钙质砾岩总体以微透水为主。

(3)岩(土)体的渗透性参数。

根据本次勘察成果,结合桥址区各土体特征,并类比有关工程经验,分别对各主要土层提出渗透性建议值,见表 1-4-1。

各主要岩(土)体的渗透性建议值　　　　　表 1-4-1

地层时代	岩土名称	渗透性建议值		渗透性等级
		渗透系数 K(cm/s)	透水率 q(Lu)	
Q_4^{al}	②-2 粉土	$i \times 10^{-5}$	—	弱透水
	②-3 细砂	$i \times 10^{-4} \sim i \times 10^{-5}$	—	弱~中等透水
	②-4 粉质黏土	$i \times 10^{-6}$	—	微透水
	②-5 卵石	$i \times 10^{-1} \sim i \times 10^{-2}$	—	强透水
Q_3^{pl+dl}	④-1 粉质黏土	$i \times 10^{-6} \sim i \times 10^{-7}$	—	微~极微透水
	④-2-1 卵石	$i \times 10^{-2} \sim i \times 10^{-3}$	—	中等~强透水
	④-2-2 卵石	$i \times 10^{-1} \sim i \times 10^{-3}$	—	中等~强透水
$K_2 l$	强风化钙泥质、泥钙质砾岩	—	$1 < q < 3$	弱透水
	中等风化钙泥质、泥钙质砾岩	—	$0.1 < q < 1$	微透水
	微风化钙泥质、泥钙质砾岩	—	$0.1 < q < 1$	微透水

注:$i = 1, 2, \cdots, 9$。

4)水、土的腐蚀性

(1)水的腐蚀性。

勘察期间,分别在 CZK14 内、南岸水井 W1 和 W2 中各取一组水样进行了室内水质简分析试验,根据《公路工程地质勘察规范》(JTG C20—2011)附录 K 作出如下判定:①按Ⅲ环境类型水判断,桥址区地下水对混凝土结构具微腐蚀性;②按地层渗透性在弱透水土层或直接临水情况下,对混凝土结构具微腐蚀性;③在长期浸水及干湿交替情况下,对混凝土结构中的钢筋具微腐蚀性。

(2)土的腐蚀性。

勘察期间,分别在南岸钻孔 CZK4、北岸钻孔 CZK16 孔内各取一组土样进行了土的腐蚀性试验,根据《公路工程地质勘察规范》(JTG C20—2011)附录 K 的标准评价,对混凝土结构腐蚀性评价的环境类型应为Ⅲ类、对钢筋混凝土结构中钢筋的腐蚀性按 B 类考虑,可以判定桥址区两岸土对混凝土结构均具微腐蚀性,对钢筋混凝土结构中的钢筋具微腐蚀性。

6. 主要工程地质评价

1)江南侧主塔

南岸主塔墩位于长江一级阶地上,地形平缓;长江岸坡为人工浆砌石护坡,岸坡稳定性较好;塔墩范围内无不良地质作用,工程地质条件较好。

根据设计方案,主塔墩桩基选择的罗镜滩组第 1 段(K_2l^1)微风化岩体完整性较好、夹层相对稀疏、岩石力学强度较高,可作为桩端的持力层,建议桩端宜进入 2~3 倍桩径深度的微新岩体内。

主塔墩处第四系覆盖层厚度较大,桩基施工时,将存在卵石及与强风化岩体交界部位施工涌水、涌砂的问题,可能造成成桩困难,建议选择合理工法和成桩工艺。

2)江北侧主塔

塔墩位于长江一级阶地上,地形平坦;塔墩与长江有一定的距离,临江侧岸坡已有人工砌石护坡,岸坡稳定性较好;塔墩范围内无不良地质作用,工程地质条件较好。

根据勘探资料,塔墩下伏罗镜滩组第一段(K_2l^1)微新岩体完整性较好、岩石力学强度较高,可作为桩端的持力层,建议桩端宜进入 2~3 倍桩径深度的微新岩体内。

覆盖层内分布有淤泥质粉质黏土,呈流塑~软塑状,厚度 4.30~9.20m,桥基成孔可能产生缩孔现象,应做好对孔壁的保护措施。另外,塔墩处第四系覆盖层下部分布厚度 11.0~19.0m 的卵石及细砂;桩基施工时,若无有效护壁措施,将存在卵石及与强风化岩体交界部位施工涌水、涌砂的问题,可能造成清孔及成桩困难,施工时应采取相应的措施。

3)江南侧重力式锚碇

锚碇位于长江二级阶地上,地形平缓;覆盖层厚度大、地下水浅埋,储量丰富,主要赋存于具一定厚度的卵石层中,但未发现有长江水有补给地下水情况。利用中等风化或微新岩体作为锚体基础持力层、基坑采取地下水位以上放坡明挖 + 地下水位以下采取连续桩或防渗墙(进入中等风化岩体)的措施后开挖的方案(方案一)和利用经灌注混凝土加固处理后的④-2-2 层中密状卵石层作为锚体基础持力层、基坑采取地下水位以上放坡明挖、地下水位以下采取连续桩或防渗墙(进入中等风化岩体)的防渗措施 + 抽排水 + ④-2-2 层卵石灌注混凝土加固处理的方案(方案二)均是可行的。

4) 江北侧隧道式锚碇

江北侧隧道式锚碇布置于伍临路北东侧低丘山体内,山顶地面高程90.5~91.5m,长约230m、宽60~130m,地形坡角15°~20°,隧道式锚碇主要受力部位——锚塞体段主要布置于高程31.205m以下,相对于山顶上覆山体厚约60m,最低处埋深约102m,深埋于山体周边坳谷最低(地面高程52m)处以下超过20m。

江北侧隧道式锚碇处山体基岩裸露,岩层近水平、缓倾坡内,与山体走向及隧道式锚碇轴向以大角度相交;锚塞体段除上部厚6.2~10.6m为K_2l^2-5砂砾岩(含量约66%)、粉细砂岩(含量约33%)夹少量泥质粉砂岩(含量约1%)夹层外,主要为K_2l^1泥钙质胶结的砾岩,属较软岩;岩体内构造不发育、未见断层和裂隙;岩体为微新岩体;岩体中基本无地下水。

综上所述,隧道式锚碇区内及周边未见不良地质现象发育、所处山体整体稳定性好;锚塞体深埋地下,上覆山体厚度大;锚塞体锚周泥钙质胶结砾岩虽为较软岩,但岩体新鲜、完整,总体岩体质量以Ⅲ级为主;岩体具一定的变形、抗拉、抗剪断强度。根据现场1:12缩尺模型试验(超载稳定性系数约8)、室内1:40物理模型试验(超载稳定性系数约9)和数值模型计算分析(超载稳定性系数约12),岩体中基本无地下水。总体而言,江北侧隧道式锚碇部位地形地质条件较好,隧道式锚碇方案与地形、地质条件结合较好,隧道式锚碇承载能力可满足要求。

隧道式锚碇锚洞耍赖脸边坡为地层水平边坡,强风化岩体边坡稳定性稍差,须加强支护;洞口段的罗镜滩组第二段(K_2l^2)强风化岩体为Ⅴ级围岩,对隧道施工中的隧道洞室围岩稳定性和岩体变形有不利影响;锚塞体段主要位于罗镜滩组第一段(K_2l^1)微风化巨厚层状岩体中,主要为Ⅲ级围岩,少量Ⅳ级围岩,洞室围岩稳定性和成洞条件较好;施工过程中应注意对锚塞体段洞周岩体的扰动问题,采取控制爆破和径向系统加固锚杆等措施减小爆破扰动及加固洞周扰动和卸荷松弛岩体。

5) 江南引桥

江南引桥各桥墩所处地形起伏不大,沿线未见不良地质现象,引桥段工程地质条件较好。桥墩各桩基宜选择下部微风化带内完整性较好的岩体作为基础持力层。

根据勘探资料,各桥墩宜选择下部微风化带内完整性较好、软弱夹层相对稀疏的岩体作为桩端持力层,且桩端宜进入2~3倍桩径深度的微新岩体内。

各桥墩第四系覆盖层下部均分布厚度较大的卵石,存在卵石及与强风化岩体交界部位施工涌水、涌砂的问题,可能造成清孔及成桩困难,施工时应采取相应的措施。另外,S08号墩处于鱼塘内,施工方法需特别考虑。

6) 江北引桥

江北引桥各桥墩所处地形平坦,沿线未见不良地质现象,引桥各桥墩工程地质条件较好。

根据勘探资料,各桥墩宜选择下部微风化带内完整性较好、软弱夹层相对稀疏的岩体作为桩端持力层,且桩端宜进入2~3倍桩径深度的微新岩体内。

各桥墩第四系覆盖层下部均分布一定厚度的细砂、卵石,存在卵石及与强风化岩体交界部位施工涌水、涌砂的问题,可能造成清孔及成桩困难,施工时应采取相应的措施。另外,N01号墩至N07号墩之间覆盖层内分布的淤泥质粉质黏土及粉质黏土,以软塑状为主,局部呈流塑状,桩基成孔时可能产生缩孔现象,应做好对孔壁的保护措施。

7) 江城大道立交

沿线地形起伏不大,无大的滑坡、泥石流等不良地质现象,互通立交与路基段工程地质条件较好。

墩基上部覆盖层厚度较大,其素填土、细砂、卵石层及强风化带岩(土)体容许承载力建议值为100~200kPa,强度低,压缩性大,均匀性差,均不宜作为端承桩桩端持力层。因此,建议互通立交匝道桥选择完整性好的中等风化或微新岩体作为桥基持力层。

8) 伍临路立交

墩基上部覆盖层厚度较大,其素填土、细砂、卵石层及强风化带岩(土)体强度低,压缩性大,均匀性差,均不宜作为端承桩桩端持力层。建议高架桥各墩采用完整性较好的中等风化或微新岩体作为桩基持力层。

9) 路基匝道

沿线地形起伏不大,无滑坡、泥石流等不良地质现象,工程地质条件较好。根据地质条件,建议匝道桥选择岩体完整性好的中等风化或微新岩体作为桥基持力层;主桥桩号K2+167.6—K2+300.5及桩号K2+562—K2+634.2坳谷段的路基以人工填土及粉质黏土为主,厚度相对较大,若直接作为路基基础持力层,软土路基可引起不均匀沉陷或过量沉陷,建议对其进行置换或地基处理;处于低丘段的路基一般以强及中等风化岩体为主,路基稳定性较好,局部路堑边坡开挖后应采取相应的支护措施。

7. 地震

1) 区域地震活动与地震构造

(1) 工程区域范围绝大部分属于长江中游地震带中北部,所涉及地震带活动有明显平静和活跃交替现象。工程区域目前处于活跃期后期,具有中强地震活动水平。

(2) 工程区域内具有缓慢间歇性隆升与坳陷为主、断裂活动为辅以及与中等地震相关联的新构造运动格局,主要早第四纪断裂具备M6.0级左右地震构造条件,如远安地堑断裂带、胡集—沙洋断裂、新华—水田坝断裂、仙女山断裂等,而晚更新世活动的北西向房县—安康断裂带、太阳山断裂带则具备M6.5~7.0级地震构造条件。

工程近场区处于鄂西拱隆区与江汉—洞庭坳陷区邻接部位,尽管近场区范围内尚无历史破坏性地震记载,但其近邻地带曾有较小中等地震发生。近场区北西向宜都—公安断裂带和远安地堑断裂带早第四纪曾有明显活动;北东向新场—古老背断裂带早第四纪具有鲜明的活动性。此外,北西向雾渡河断裂早第四纪亦有所活动。依据构造类比判定,近场区涉及的这四条断裂均具有发生中等地震的地震构造条件。

(3) 隔河岩水库诱发最大地震不超过M4.0级,三峡工程诱发最大地震不超过M5.5

级,对场址的影响分别小于Ⅳ度和Ⅵ度,因此,水库诱发地震不会对工程安全产生破坏影响。

场地地震动参数确定如下:

(1)依据区域地震活动与地震构造相关类比分析,将区域地震构造划分为20个潜在震源区,其地震带震级上限为M7.0级,背景源地震M5.0级。

(2)综合分析表明,由于长江中游地震带M6.0级以上地震的年发生率很低,因此,在顾及带内M6.0级以上地震原地重复的同时,对工程区域和近场其他M6.0~6.5级地震构造给定的年发生率就极低,故对工程场地构成主要影响的是M5.0级背景地震,亦即偶遇地震。

(3)依据地震危险性概率分析方法,工程场地基岩地震危险性分析计算结果见表1-4-2。

工程场地基岩水平向峰值加速度 表1-4-2

超越概率	50年63%	50年10%	50年2%	100年63%	100年10%	100年2%
水平面峰值加速度(cm/s²)	18.8	57.9	109.8	27.6	77.7	134.3

(4)对于峰值加速度,对场址影响最大的潜在震源区是枝江源、秭归源、远安源、钟祥源和南漳源等,其他潜在震源区影响较小。

(5)按土层地震反应分析结果,确定的场地地表设计地震动参数见表1-4-3和表1-4-4。表1-4-3、表1-4-4中各参数的意义如下:A_{max}为设计峰值加速度,K为地震系数。β_{max}为反应谱放大系数最大值,T_1为设计反应谱平台段起始周期(取0.1s),T_g为设计反应谱特征周期,γ为反应谱下降段的衰减指数,α_{max}为地震影响系数最大值。

工程场地左岸地表设计地震动参数(阻尼比0.05) 表1-4-3

超越概率	A_{max}(cm/s²)	K	β_{max}	T_1(s)	T_g(s)	γ	α_{max}
50年63%	25.3	0.0258	2.5	0.1	0.35	1	0.0645
50年10%	77.2	0.0787	2.5	0.1	0.4	1	0.1967
50年2%	146.1	0.1489	2.5	0.1	0.45	1	0.3723
100年63%	37.2	0.0379	2.5	0.1	0.35	1	0.0948
100年10%	104.7	0.1067	2.5	0.1	0.4	1	0.2668
100年2%	165.9	0.1691	2.5	0.1	0.45	1	0.4228

工程场地右岸地表设计地震动参数(阻尼比0.05) 表1-4-4

超越概率	A_{max}(cm/s²)	K	β_{max}	T_1(s)	T_g(s)	γ	α_{max}
50年63%	25	0.0255	2.5	0.1	0.35	1	0.0637
50年10%	76.2	0.0777	2.5	0.1	0.35	1	0.1942
50年2%	144.2	0.147	2.5	0.1	0.4	1	0.3675
100年63%	36.4	0.0371	2.5	0.1	0.35	1	0.0928
100年10%	102.8	0.1048	2.5	0.1	0.35	1	0.262
100年2%	164.9	0.1681	2.5	0.1	0.4	1	0.4202

2)场地地震地质灾害评估

(1)本工程场地为Ⅱ类场地。

(2)该工程场地右岸为丘陵及山麓斜坡堆积地貌,不存在可液化土层;该工程场地左岸为丘陵与长江阶地地貌,在100年10%的地震作用下,地下20m内粉砂、粉土层存在液化可能,液化等级为轻微;在100年2%的地震作用下,场地可液化土层的液化等级按严重考虑;在50年2%的地震作用下,场地可液化土层的液化等级按中等考虑。

8. 长江宜昌中华鲟省级自然保护区

由于葛洲坝水利工程的建设,上溯产卵的中华鲟被阻断在葛洲坝下,并在葛洲坝下形成了较稳定的也是迄今长江上唯一的中华鲟产卵场。保护好这个产卵场,对中华鲟的繁衍具有至关重要的作用。为了保护好中华鲟这一国宝,1996年4月湖北省政府批准建立长江湖北宜昌中华鲟自然保护区。保护区范围为葛洲坝下至枝江市芦家河浅滩,全长约80km,水域总面积约80km²。2008年,湖北省人民政府下发《关于调整长江湖北宜昌中华鲟自然保护区范围的批复》(鄂政函〔2008〕263号),同意将保护区范围从80km调整为50km,并对功能区进行调整,葛洲坝坝下20km江段为核心区,宜昌长江公路大桥上游10km江段为缓冲区,宜昌长江公路大桥下游20km江段为实验区。调整的30km江段作为保护区的外围保护地带。

本项目桥址位于葛洲坝下游17.5km,横跨长江中华鲟自然保护区核心区江段。根据《宜昌市伍家岗长江大桥项目对长江湖北宜昌中华鲟省级自然保护区生态影响专题报告》,"桥梁的建设必须要以尽可能减少对保护区尤其是中华鲟的不利影响为前提",推荐采用桥墩不涉水的一跨过江方案。

第二节　路线总体设计

一、平面设计

项目起点位于江城大道(桩号K0+000),沿线跨越谭艾路、滨江路、长江、伍临路,终点与花溪路对接(桩号K2+813.126),建设里程2813.126m。其中跨长江主桥1160m,江南侧引桥292m,江北引线1080.829m。全线分别在起点江城大道与伍临路设置两座互通式立交。

主线采用双向六车道,主桥宽度31.5m,引桥宽度为29.5m,均设置人行道。主线路基段宽度为27.5m。主桥设计车速80km/h,两岸接线设计车速60km/h,立交匝道设计车速30~50km/h。

主线主要线形指标如下:

(1)路线总长度:2813.126m。

(2)最大曲线半径:1100m。

(3)最小曲线半径:1100m。
(4)最小缓和曲线长度:145.455m。
(5)平曲线最小长度:661.988m。
(6)最大直线长度:2189.480m。

相交道路中线按照规划中线布设。道路全线范围内人行道、人行横道两端、人行横道在所交叉口、沿线单位进出口设置无障碍设施,道路全线设无障碍通道。

二、纵断面设计

(1)纵断面设计原则。
①纵断面设计时遵循地区竖向规划的总体布局,满足道路交通要求、排水要求等。
②保护和改善本道路所在区域环境景观。
③充分考虑与周边工程高程的衔接,论证道路最低高程,兼顾区域竖向高程,便于周边区域使用;结合城区防洪、排涝等安全高程,合理确定道路最低高程。
④充分利用自然地形及合理改造自然地形。
(2)本工程主线竖向主要受最高通航水位、两岸城市道路净空及江南侧地形等因素控制,控制因素见表1-4-5。

主线纵断面主要控制因素汇总表　　表1-4-5

控 制 因 素	控制点高程(m)
最高通航水位	+52.25
伍临路	+51.7
滨江路	+55.5
谭艾路	+70
江城大道(原江南一路)	+80
花溪路	+79.348

(3)本方案纵面设计起点K0+000,设计止点K2+813.126,全线共设置6个变坡点,主要设计指标如下:
①主线路线全长:2813.126m。
②主线纵坡段数:6。
③主线最小坡长:200m。
④主线最大坡长:672.246m。
⑤主线最小纵坡:0.75%。
⑥主线最大纵坡:2.939%。
⑦主线最小凹曲线半径:4000m。
⑧主线最小凸曲线半径:3000m。
⑨竖曲线最小长度:125m。

三、横断面设计

道路断面布置方案需要综合考虑规划道路红线、总体设计方案、高架桥桥墩布置、地面车道布置、地面慢行系统布置、交通组织需要、管线设置、景观环境等因素确定。

根据《规范》，伍家岗组团被定位成城市综合服务中心、客运交通枢纽、先进制造业集聚区和生态宜居区，因此，客车和货车进出量较大；本次设计在主桥段布置 4 条 3.75m 宽的大型车道和 2 条 3.5m 的小型车道，以满足伍家岗组团的交通需求。同时本项目设置了人行道系统，主线在谭艾路至伍临路间设计人行道，在谭艾路和伍临路处设置下桥梯道，然后通过地面辅道疏散。各交叉口均采用渠化和路面标线的方式设置人行横道。

本项目主要典型路段横断面设计如下。

1. 艾家侧及伍家岗侧引桥段（K0+000—K0+572 及 K1+1732—K2+129）

如图 1-4-2 所示，引桥两侧设置人行道横断面布置为：2m（人行道）+0.5m（防撞护栏）+0.5m（路缘带）+（2×3.75+3.5）m（车行道）+0.5m（路缘带）+0.5m（中央护栏）+0.5m（路缘带）+（3.5+2×3.75）m（车行道）+0.5m（路缘带）+0.5m（防撞护栏）+2m（人行道）=29.5m。

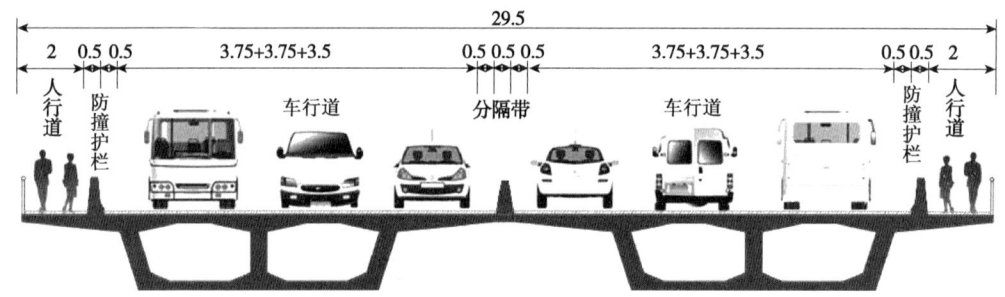

图 1-4-2　引桥典型横断面图（设置人行道）（尺寸单位：m）

如图 1-4-3 所示，引桥两侧不设置人行道横断面布置为：0.5m（防撞护栏）+0.5m（路缘带）+（2×3.75+3.5）m（车行道）+0.5m（路缘带）+0.5m（中央护栏）+0.5m（路缘带）+（3.5+2×3.75）m（车行道）+0.5m（路缘带）+0.5m（防撞护栏）=25.5m。

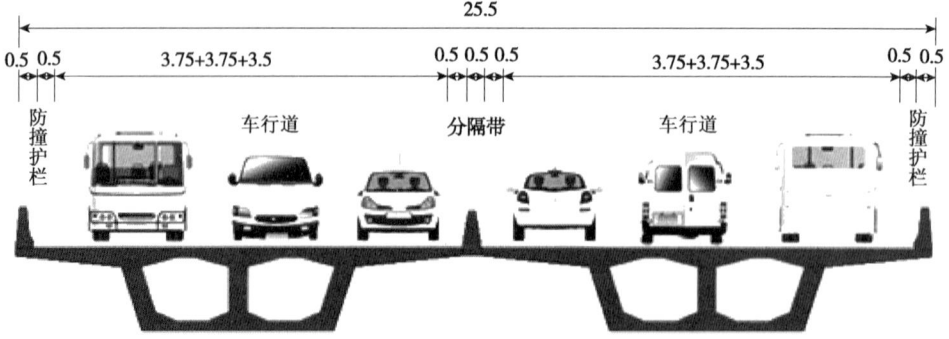

图 1-4-3　引桥典型横断面图（不设置人行道）（尺寸单位：m）

2. 跨江段主桥(K0+572—K1+732)

如图1-4-4所示,主桥横断面布置为:1m(索区)+2m(人行道)+0.5m(防撞护栏)+0.5m(路缘带)+3.75m(车行道)+3.75m(车行道)+3.5m(行车道)+0.5m(路缘带)+0.5m(防撞护栏)+0.5m(路缘带)+3.5m(车行道)+3.75m(车行道)+3.75m(车行道)+0.5m(路缘带)+0.5m(防撞护栏)+2m(人行道)+1m(索区)=31.5m。

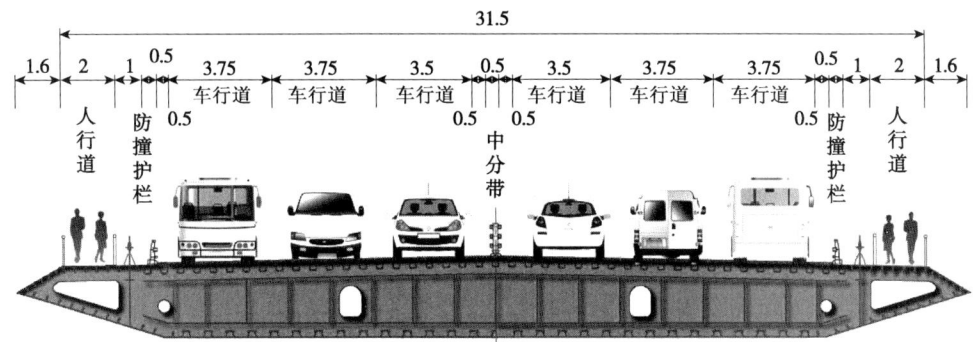

图1-4-4 主桥典型横断面图(尺寸单位:m)

3. 主线路基段(K2+129—K2+813)

如图1-4-5所示,主线路基段横断面布置为:0.75m(土路肩)+0.5m(路缘带)+3.75m(车行道)+3.75m(车行道)+3.5m(车行道)+0.5m(路缘带)+2m(中央分隔带)+0.5m(路缘带)+3.5m(车行道)+3.75m(车行道)+3.75m(车行道)+0.5m(路缘带)+0.75m(土路肩)=27.5m。

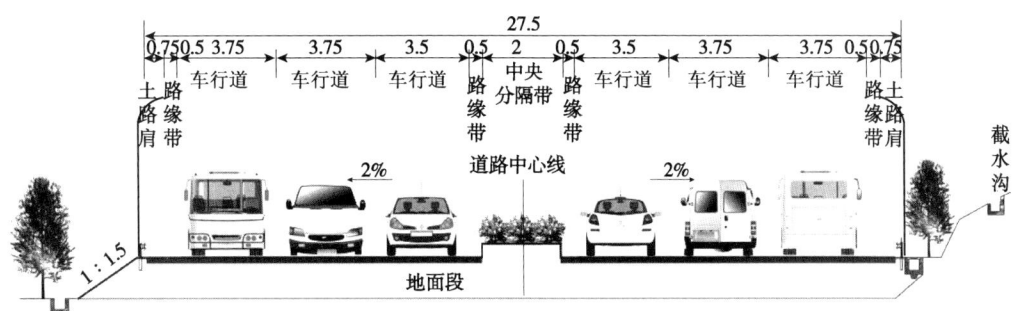

图1-4-5 主线路基段标准横断面图(尺寸单位:m)

4. 伍临路(立交范围)

如图1-4-6所示,伍临路(立交范围)横断面布置为:8.5m(人行道)+3m(非机动车道)+2m(侧分带)+7.5m(机动车道)+8m(中分带)+7.5m(机动车道)+2m(侧分带)+3m(非机动车道)+8.5m(人行道)=50m。

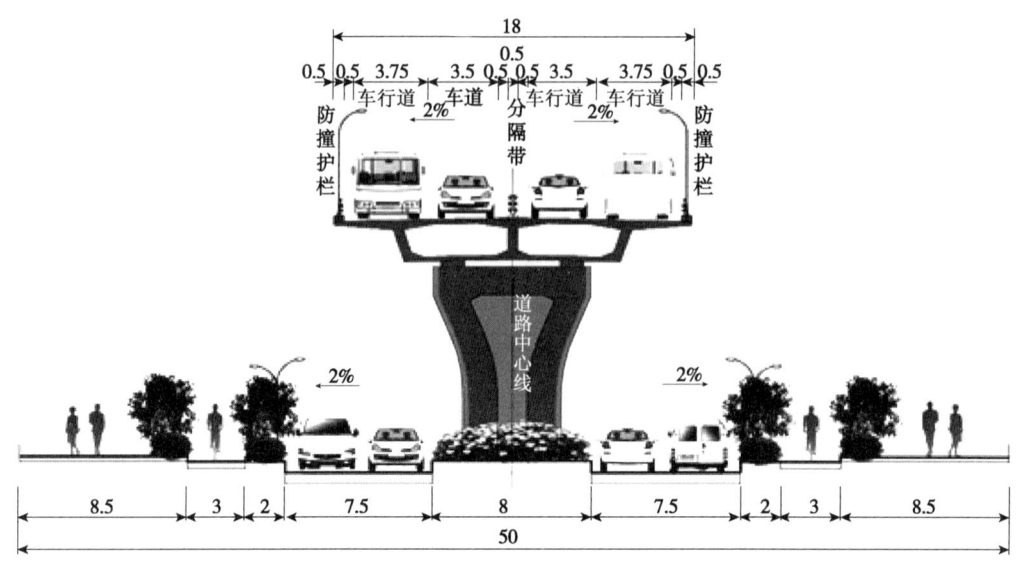

图 1-4-6 伍临路(立交范围)横断面图(尺寸单位:m)

第三节 主桥总体设计

一、总体布置

主桥采用单跨 1160m 钢箱梁悬索桥,主缆跨径布置为 290m + 1160 + 402m。中跨主缆矢跨比为 1/9,矢度 128.889m。

成桥状态主跨跨中处主缆中心点设计高程为 +82.736m,塔顶处主缆中心理论交点(IP 点)高程为 +211.625m,江南侧主缆理论散索点(IP 点)高程为 +85.053m,江北侧主缆理论散索点(IP 点)高程为 +53.625m。

中跨两根主缆横向中心距为 26.5m。江南侧主缆散索点向桥梁中线外侧平移 6.5m,主缆两个理论散索点横向间距为 39.5m,理论散索点到江南侧主塔中心面距离为 290m,边跨主缆所在平面与中跨主缆竖直面夹角为 $\arctan(6.5/290) = 1.284°$。江北侧主缆散索点向桥梁中线外侧平移 5.5m,主缆两个理论散索点横向间距为 37.5m,理论散索点到江北侧主塔中心面的距离为 402m。边跨主缆所在平面与中跨主缆竖直面的夹角为 $\arctan(5.5/402) = 0.784°$。

二、结构体系

主梁在主塔处上、下游均设竖向支座、纵向限位支座,主梁与主塔间上、下游均设置横向抗风支座,主梁端部纵向与主塔间设液压阻尼器和纵向限位支座。

三、加劲梁

加劲梁采用整体式流线型钢箱梁结构，材质采用 Q345qD 钢，钢梁全宽 34.7m，由顶板、底板、横隔板及纵腹板组成，中心线处梁高 2.8m。箱梁内部通长布置的纵腹板中心间距为 26.5m，其内侧布置的横隔板间隔除梁端三个横隔板间隔为 2.6m 外，其余横隔板间隔均为 3.0m。其外侧对应位置设置风嘴隔板。

钢梁全长 1158m，其端部与塔中心线间距 1m，节段按主梁水平投影长度划分。端部节段水平投影长度为 16.5m，其余节段水平投影长度为 15m。钢梁节段间采用栓焊组合连接，节段中除纵腹板与顶板 U 形肋及 I 形肋采用栓接外，其余部位均采用焊接。

四、主塔

主塔为门形框架结构，由塔柱、上横梁、钢桁架及下横梁组成，塔柱采用钢筋混凝土结构，上、下横梁采用预应力混凝土结构，钢桁架采用钢箱框架结构。

主塔顶高程为 +208.525m，塔底高程为 +53.525m，塔高 155.0m。两塔柱的横向中心间距，塔顶为 26.5m，塔底为 38.902m。塔柱横向内侧壁塔顶净距 21.0m，坡度 1:28.4375，外侧壁坡度 1:22.3004。

塔柱采用单箱矩形混凝土断面，纵向塔顶宽 7m，塔底宽 10m；横向塔顶宽 5.5m，塔底宽 7.0m。塔顶设置 4.5m 厚实心段，上塔柱壁厚自上而下分别采用 0.9m、1.1m，下塔柱纵桥向壁厚 1.4m，横桥向壁厚 1.6m，在塔底 3.0m 范围内设置实心段。

主塔基础采用分离式承台，每个承台顶设 2.0m 高塔座，塔座顶面尺寸为 9.0m（横向）×12.0m（纵向），底面尺寸为 13.0m（横向）×16.0m（纵向）。单个承台平面尺寸为 21.4m（横向）×21.4m（纵向），高 6.0m，桩基为行列式布置，桩间距纵横向均为 5.6m，每个承台共 16 根直径 2.8m 的钻孔桩。

五、锚碇

江南侧锚碇为重力式锚碇，由基础、锚块、散索鞍支墩、锚室（包括侧墙、端墙、盖板）组成。江南侧锚碇基础为圆形，直径为 85m，高 15m，基底高程为 +55.3m，持力层为卵石层，采用直径 1.5m 咬合桩支护开挖基坑。

江北侧锚碇采用隧道式锚碇，由洞口、前锚室、锚塞体及后锚室等部分组成。隧道式锚碇轴线长度（理论散索点距离锚室底部长度）90m，其中前锚室轴线长度 42m，锚塞体轴线长 45m，后锚室轴线长度 3m（含衬砌层），距离设计路面的最大埋深约 80m，锚塞体均设置于微风化岩层。锚体轴线的倾斜角度为 40°。为了更好地发挥围岩受力，锚塞体范围设计成前小后大的楔形，前锚面尺寸为 9.04m×11.44m，后锚面尺寸为 16.0m×20.0m。上下游隧道式锚碇中心距离 37.50m（散索点之间距离），最小净距约 23.42m。

锚固系统采用环氧涂层钢绞线、灌浆黏结式锚固体系。

六、主缆

主缆采用预制平行钢丝束股法（PPWS）形成，钢丝标准抗拉强度1860MPa。每根主缆由85股127丝和6股91丝索股组成，单丝直径为6mm的锌-铝合金镀层高强钢丝。

七、吊索索夹

吊索采用销接式，上端通过叉形耳板与索夹耳板连接，下端通过叉形耳板与钢梁耳板连接。吊索纵向间距15m，横向间距26.5m，每吊点布置两根吊索，单根吊索由109根φ5mm锌-铝合金镀层高强钢丝组成，钢丝标准强度1770MPa。上下两端锚头采用热铸锚。

吊索采用平行钢丝束吊索，钢丝束外挤包8mm厚双护层PE进行防护，PE内层为黑色，外层为纯白色。

八、鞍座

主索鞍鞍体采用铸焊结合结构；鞍头用铸钢铸造，鞍身由钢板焊成。鞍体下设不锈钢板-聚四氟乙烯板滑动副，以适应施工中的相对移动。主缆理论交点至主塔顶面高度为3.1m。鞍体底板宽3.5m、长6m，纵向分两半吊装，单间吊装质量不超过55t。

散索鞍采用全铸鞍体与特制大吨位柱面钢支座相结合的结构方式，理论散索点到散索鞍底混凝土面的距离为2.3m。

第四节 引桥及匝道桥总体设计

一、江南引桥及匝道桥

1. 江南引桥

江南引桥共2联，上部结构均采用预应力混凝土连续箱梁。江南引桥跨径布置及上部结构形式见表1-4-6。

江南引桥跨径布置及上部结构形式　　　　表1-4-6

位置	项目			
	跨径长度(m)	梁高(m)	桥宽(m)	上部结构形式
第一联	4×40=160	2.4	29.5	预应力混凝土箱梁
第二联	4×33=132	2	29.5	预应力混凝土箱梁

江南引桥标准横断面桥宽29.5m，双线六车道，两侧各设2m人行道，其横断面布置为：2m(人行道)+0.5m(防撞护栏)+0.5m(路缘带)+(2×3.75+3.5)m(车行道)+

0.5m(路缘带)+0.5m(中央护栏)+0.5m(路缘带)+(3.5+2×3.75)m(车行道)+0.5m(路缘带)+0.5m(防撞护栏)+2m(人行道)=29.5m。

2. 江城大道立交匝道桥

江城大道立交匝道桥采用半定向 Y 形立交形式,共 4 条匝道,其跨径布置及上部结构形式见表 1-4-7。

江城大道立交匝道桥跨径布置及上部结构形式　　　表 1-4-7

位置		项目			
		跨径长度(m)	梁高(m)	桥宽(m)	上部结构形式
A 匝道	第一联	5×28.5=142.5	2	16.65~21.79	预应力混凝土箱梁
	第二联	4×18.4=73.6	1.5	11	普通钢筋混凝土箱梁
	第三联	3×25=75	1.8	11	普通钢筋混凝土箱梁
	第四联	3×34=102	2.2	11	预应力混凝土箱梁
B 匝道	第一联	3×20=60	1.5	9.5	普通钢筋混凝土箱梁
	第二联	3×20=60	1.5	9.5	普通钢筋混凝土箱梁
C 匝道	第一联	4×28.5=114	2	15.64~21.78	预应力混凝土箱梁
	第二联	4×20.5=82	1.5	11	普通钢筋混凝土箱梁
	第三联	3×25=75	1.8	11	普通钢筋混凝土箱梁
D 匝道	第一联	3×20=60	1.5	9.5	普通钢筋混凝土箱梁
	第二联	3×20=60	1.5	9.5	普通钢筋混凝土箱梁

二、江北引桥及匝道桥工程

1. 江北引桥

江北引桥共 4 联,桥梁上部结构采用预应力混凝土连续箱梁。江北引桥跨径布置及上部结构形式见表 1-4-8。

江北引桥跨径布置及上部结构形式　　　表 1-4-8

位置	项目			
	跨径长度(m)	梁高(m)	桥宽(m)	上部结构形式
第一联	3×40=120	2.4	29.5~43.956	预应力混凝土异形箱梁
第二联	2×28.5=57	2	31.597~38.102	预应力混凝土异形箱梁
第三联	2×30=60	2	25.5	预应力混凝土箱梁
第四联	37+37+43+43=160	2.4	35.419~30.5	预应力混凝土异形箱梁

江北引桥标准横断面桥宽 25.5m,双向六车道,其横断面布置为:0.5m(防撞护栏)+0.5m(路缘带)+(2×3.75+3.5)m(车行道)+0.5m(路缘带)+0.5m(中央护栏)+0.5m(路缘带)+(3.5+2×3.75)m(车行道)+0.5m(路缘带)+0.5m(防撞护栏)=25.5m;主线高架桥与立交匝道桥相接处设加(变)宽缓和段。

2. 伍临路立交匝道桥

伍临路立交匝道桥采用伍临路高架+部分苜蓿叶式立交形式，主线桥位于第三层，伍临路高架桥位于第二层。

匝道桥均采用普通钢筋混凝土结构，基本跨度为20m，其跨径布置及上部结构形式见表1-4-9。

伍临路立交匝道桥跨径布置及上部结构形式　　表1-4-9

位　置		项　目			
		跨径长度(m)	梁高(m)	桥宽(m)	上部结构形式
A匝道	第一联	4×18=72	1.5	9.5	普通钢筋混凝土箱梁
B匝道	第一联	3×20=60	1.5	9.5	普通钢筋混凝土箱梁
	第二联	3×18=54	1.5	9.5	普通钢筋混凝土箱梁
F匝道	第一联	3×20=60	1.5	10.5	普通钢筋混凝土箱梁
	第二联	3×20=60	1.5	10.5	普通钢筋混凝土箱梁
	第三联	3×20=60	1.5	10.5	普通钢筋混凝土箱梁
	第四联	3×22.32=66.96	1.5	10.5	普通钢筋混凝土箱梁
G匝道	第一联	4×20=80	1.5	11	普通钢筋混凝土箱梁
	第二联	3×20=60	1.5	11	普通钢筋混凝土箱梁
	第三联	3×20=60	1.5	11	普通钢筋混凝土箱梁
	第四联	3×22.47=67.41	1.5	11	普通钢筋混凝土箱梁
H匝道	第一联	4×20=80	1.5	9	普通钢筋混凝土箱梁
	第二联	4×20=80	1.5	9	普通钢筋混凝土箱梁
	第三联	3×19.83=59.49	1.5	9	普通钢筋混凝土箱梁

三、伍临路高架桥工程

伍临路高架桥共8联，桥梁上部结构采用预应力混凝土连续箱梁。伍临路高架桥跨径布置及上部结构形式见表1-4-10。

伍临路高架桥跨径布置及上部结构形式　　表1-4-10

位　置	项　目			
	跨径长度(m)	梁高(m)	桥宽(m)	上部结构形式
第一联	4×35=140	2.2	18~20.46	预应力混凝土异形箱梁
第二联	4×35=140	2.2	20.46~37.16	预应力混凝土异形箱梁
第三联	4×30=120	2	18	预应力混凝土箱梁
第四联	2×33.5=67	2	28.43~22	预应力混凝土异形箱梁
第五联	3×31.5=94.5	2	32.98~22	预应力混凝土异形箱梁
第六联	33+50+33=116	3.2/2	22~18	预应力混凝土异形箱梁
第七联	3×35=105	2.2	29.7~20.18	预应力混凝土异形箱梁
第八联	3×35=105	2.2	20.18~18	预应力混凝土异形箱梁

伍临路高架桥标准横断面桥宽 18m，双线四车道，其横断面布置为：0.5m（防撞护栏）+0.5m（路缘带）+（3.75+3.5）m（车行道）+0.5m（路缘带）+0.5m（中央分隔带）+0.5m（路缘带）+（3.75+3.5）m（车行道）+0.5m（路缘带）+0.5m（防撞护栏）=18m。伍临路高架桥与立交匝道桥相接处设加（变）宽缓和段。

第五节 路基总体设计

一、路基填料

填方路堤基底视地形、土质、地下水位、填方边坡高度等不同进行相应处理。

原地面清除表土厚度一般按 50cm 计，基岩裸露、耕植土缺乏的硬质岩区则考虑清除全部浅表耕植土，并将其用于边坡、中央分隔带及土路肩绿化。清表后地面压实度应大于 90%。如原地面潮湿，应采取工程措施，保证压实度。为保证路基边缘部分的压实度，路堤两侧填筑宽度各增加 30cm，碾压完毕进行削坡处理。当地面横坡或沿路线纵向坡度陡于 1:5 时，填路基前应将原地面挖成宽度不小于 2m、向内倾斜 4% 的台阶；当地面横坡陡于 1:2.5 时，对路堤进行整体滑动的稳定性验算，视需要采取适当的处理措施。

当路堤边坡高度 $H \leqslant 10m$ 时，一般均采用 1:1.5 边坡率。当 $H > 10m$ 时，自上而下，每 8~10m 高设一 2m 宽平台，第一级边坡坡比为 1:1.5，高度为 8m；第二级及以下坡比为 1:1.75~1:2，高度为 8m。

水田、堰塘地段，应视其具体情况采用排水清淤或晾晒压实。若水塘还保留一部分，则应按浸水路堤的要求修筑。

路基填料宜选用有一定级配的砾类土、砂类土等粗粒土，特别是路床部分；黏性土等细粒土次之，当含水率超过最佳含水率较多时，应掺入石灰等固化材料处理后使用。粉性土和耕植土、淤泥、杂填土等不能用于填筑路基。路基填料强度指标见表 1-4-11。

路基填料强度指标   表 1-4-11

挖 填 类 型	路床顶以下深度（cm）	填料最小强度（CBR）（%）
填方	0~30	8
	30~80	5
	80~150	4
	>150	3
零填或挖方	0~30	8
	30~80	5

二、路基压实度

填土应分层填筑、均匀压实，下层填土验收合格后方可进行上层填筑，路基填土宽度每侧应比设计规定宽 50cm,每层虚铺厚度应根据压实机具的功能确定,人工夯实虚铺厚度应小于 20cm。压实采用重型击实标准,压实度应符合表 1-4-12 的规定。

路基压实度标准　　　　　　表 1-4-12

填挖类型	深度范围(cm)	压实度(%) 快速路
填方	0~80	96
填方	80~150	94
填方	>150	93
零填方或挖方	0~30	96
零填方或挖方	30~80	94

路基范围内管道沟槽压实度同路基压实度要求,路槽顶面土基回弹模量为 30MPa。相较车行道,人行道压实度标准可降低一级。

三、路基边坡

路基边坡坡率挖方为 1∶1,填方边坡坡率 1∶1.5。当填方边坡高度 $H \geqslant 6m$ 及挖方边坡高度 $H > 6m$(汇水面积较大)或 $H > 10m$(汇水面积较小)时,采用人字形骨架植草边坡防护,其他情形采用喷播植草处理。

四、台后路基回填

为减少桥头跳车现象,在桥台设置搭板,搭板与行车道同宽。

路堤与桥台、横向构造物(涵洞、通道)连接处应设置过渡段,采用透水性好的碎石土(开山毛渣),内摩擦角不小于 35°,最大松铺厚度按土石路堤质量控制标准办理,采用轻型机具压实,压实度要求不得小于 96%。

第五章　景观工程设计

第一节　景观造型设计

一、概述

1. 城市人文背景和环境

文化是一个城市的灵魂,也是一个城市文明程度高低和软实力强弱的重要标志。宜昌是古代巴文化的摇篮,楚文化的发祥地,两大文化相互交融,形成了光辉灿烂的三峡古代文化——巴楚文化。宜昌是长江三峡黄金旅游线上的一颗璀璨的明珠,身居于此如同经受一次烟雨迷蒙的文化梦幻洗礼。

多种景观元素在这里巧妙组合,山有山的伟岸,水有水的柔媚,洞有洞的神奇,瀑有瀑的壮丽,石有石的气质。极致大自然之天工造化,这里有洪荒之美,这里有苍凉之美,这里有阴柔之美,这里更有雄浑之美。

壮伟的长江哺育了三峡文化,它是巴楚民族传统艺术的精华。当博大与神秘结缘,便成就了宜昌的美山美水美景,宜昌的宜居、宜旅、宜业。

自古以来,人类与水有着剪不断的因缘,却也始终在与水相争。化水患为水利,这个人类千年梦想,如今正在荆楚大地上成为现实。宜昌,正是一个诠释水文化的经典样本。宜昌拥有秀美的风景胜境:壮美三峡、清江如画、高峡出平湖、深处有人家、峡江号子情动天下;世界第一大水电工程——三峡大坝也位于宜昌。

任何一种文化的形成都有特定的地理环境与社会背景,宜昌水文化是在独特的自然地理环境和"水力社会"的人文背景下产生的。宜昌地区山峦起伏,峡谷幽深,江流湍急,水力丰富。这里既是雄奇险峻的天然画廊,也是暗礁密布、滩险流急的航运畏途;这里既是丰富的水能宝库,也是川江洪水养精蓄锐、肆虐为害的产床。葛洲坝、长江三峡两大水利枢纽工程在新中国得以兴建,"高峡出平湖"变为现实。

宜昌水文化是中国水文化的重要组成部分。流传在长江三峡地区有关治水代表性的故事传说有黄牛开峡、大禹导江治三峡、神女及神牛助禹开峡、廪君治理夷水等。所有这些,形成了特有的宜昌长江三峡水文化物质载体。宜昌长江三峡文化在某种角度上讲,是一种"水缘文化"或"水文化"。宜昌市旅游业实施"产品综合化、品牌个性化、服务国际化、区域一体化、城市游憩化"总体战略,强化宜昌旅游软环境建设,整体提升宜昌旅游竞争力,将宜昌建设成为三峡旅游最佳目的地城市、中国最佳旅游城市和世界水电旅游名城。

2. 城市景观特色

宜昌城市景观特色为:"山环水绕多组团、天然图画新宜昌"。

宜昌城市因水而兴、依山而建,因此,总结宜昌城市景观的特色,"山水城市"是不可缺少的内容,自然山水"一江两心、三楔四廊"的格局将宜昌城市分隔为多个组团,从而形成上至三峡坝区,下至白洋新区长达90km的城市景观画卷。

自北向南,宜昌中心城区体现出不同的景观特色。北部的坝区及三镇区域,特色集中体现在大坝:巍峨雄壮的三峡大坝周边分布着小巧的城镇组团,建筑物镶嵌于大山、大江之间。

随着城市发展,宜昌开始向长江下游拓展,出现滨江城市的典型特征。尤其北岸滨江地区,高层建筑林立,滨江绿带建设完整,其间穿插广场和体育园,已成为宜昌城市形象的代表。而宜昌江南区域由于长江阻隔,发展相对较慢,城市建设活动较少,滨江区域以自然山体为主,笔架山、磨基山等山体植被保护较好,北岸喧嚣的城市景色与南岸宁谧的自然景色形成强烈对比。

除滨江区域外,以夷陵广场为核心的城区,地势平坦,建筑密度大,城市景观已呈现出大都市的端倪,鳞次栉比的高楼和车水马龙的街道交相辉映。而在城市与周边山体相接的丘陵区域,建筑受到地形的影响,密度较低,局部山体和小块用地相互穿插,形成山地城市的景观特色,尤其以东山公园附近区域为代表。

未来宜昌城市的景观建设应当坚持"两坝一峡、山水江城"的风貌特征,注意城市与长江、山体之间的关联,强化滨江岸线的景观设计,临近山体的空间应适当控制建设,将山体与城市绿地结合,形成公共开敞空间。

3. 项目景观意象

从宏观角度诠释桥梁个性,将宜昌的"巴山、楚水、鲟鱼、百舸、市花"等人文特征,通过景观理念的表达,使桥梁各部位的造型与色彩景观整合成一个有机的整体。伍家岗长江大桥总体景观主题可概括为:(巴)山剪影力西江,(楚)水曲回伍家岗,(宜)城故里鲟鱼洄,(昌)盛章华兰角扬。

宜昌的山水文化或秀美,或雄浑,或坚毅,或冷峻,"巴山"给我们带来的各种不同的情感寄托,"楚水"也给我们带来了新颖的创作灵感。

针对宜昌市内悬索桥的现状及对宜昌"水文化"的研究分析,伍家岗长江大桥方案立意以"水"为创意主线,从宏观角度诠释"宜昌山、水、城"的城市理念,将城市特征融入桥梁建筑中。水——孕育了生命,坚韧、博爱、执着、绚烂,代表了一种持续的能量。如果说石为山之骨,那么水则为山之精。它越过磐石,跳下高崖,江水汩汩而流,滋润着两岸的花草树木,滋养着江内无数鱼虾走蟹,哺育着江岸上几多辛勤的劳动者。水寓意宜昌这座城市以水为生,以水而兴,宜于昌盛的城市构想。

桥塔采用门形桥塔,塔柱截面采用正方形,简洁而有力度,与塔顶造型形成刚柔相济的视觉对比。桥塔顶部横梁设计成具有浓郁中国风的"水纹"造型,以体现楚水曲回的景观意象表达,寓意大江大水亘古绵长,曲回蜿蜒。同时,造型线条也汲取了宜昌市花——宜昌百合的优美线条,既有"含露或低垂,从风时偃仰"的优美意境,又有"百舸争流千帆竞,借海扬帆奋者先"的豪迈情怀。横梁与塔柱之间做弧形过渡处理,弱化了桥塔与横梁的垂直造型冲突,桥塔顶部的大缆鞍座采用简欧风格小品装饰,避免了桥梁结构外露所造成的粗糙感,同时对桥梁结构构件进行了防护。桥塔整体造型对"宜山、宜水、宜城"的城市意境进行了丰满的表达,用最干练的线条勾勒出美好的城市愿景。为求后期方案的顺利实施和施工工艺的便捷,桥塔采用方正而笔直的建筑轮廓,刚劲而不失委婉,大气而不失内涵。

伍家岗长江大桥桥面系设计方案从更加细腻的角度阐述了桥与城市的景观关联,从更加深入的角度表达桥梁景观理念,使桥梁景观成为"远可观、近可品"的全景立体构成空间。

二、景观设计原则与主题

大型跨江桥梁在空间上影响了其邻近的区域,同时它又是道路与区域间的节点,其特别的体量与造型使其成为区域中标志性最强的构筑物。宜昌市伍家岗长江大桥作为城市中的重要组成部分,必将承载着一定的城市理念与文化,可以说桥梁与城市是息息相关的,桥梁的形象很大一部分传达了城市的形象。

宜昌市伍家岗长江大桥的美学塑造要考虑的整体形象,力求景观设计各构件的组合有机而统一。宜昌市伍家岗长江大桥整体性还包括桥体与周边环境的协调问题。一座桥梁的建设,必将对周边环境产生巨大的影响,景观设计就是要将这种影响变为积极因素,使之建成之后,整体的环境景观变得更加美丽。

(1)文脉的延续与发展。伍家岗长江大桥作为长江两侧的联系纽带,其建设也将是该区域都市建设的见证者。桥梁是最易识别和记忆,且极有活力的人为景观要素,是展示城市独特魅力的载体。其强大的标志性使得伍家岗长江大桥在反映城市文化、延续城市文脉方面具有极其重要的责任。

(2)桥梁在区域中的功能定位。作为城市或地区印象的承载者,伍家岗长江大桥在区域建设舞台上扮演着重要角色。景观工程深化设计的任务是在尊重桥梁结构技术的基础上,从建筑风格及地域文化方面拓展桥梁景观的内涵,使其成为宜昌市品质生活的又一展示窗口。

(3)城市景观风景线。将伍家岗长江大桥置于更大范围的城市空间中,与城市、建筑、绿地、水域构成一个强有力的景观结构,以保证持续性开放空间网络的延续性,并衔接主要景观要素的完整性。通过风格显著的涂装设计、照明设计及建筑设计为宜昌市描绘崭新的长江岸线景观,营造桥、水、城一体的城市形态。

(4)科技感。伍家岗长江大桥景观设计应突出桥梁的科技特征,强化桥梁新古典主义建筑风格,优化桥梁景观的造型特征,提出环境协调、造型独特、科技感十足的整体景观形象方案,从现代科技的角度更多地诠释桥梁景观的美学属性与社会属性。

因此,我们提出了桥梁概念设计的目标及原则:

(1)强调桥梁本体的建筑美,结构主体线条干练明确;

(2)充分展现特有的地域文化特征(生态、科技)及鲜明的城市个性;

(3)综合考量多种艺术构图及色彩的配合;

(4)形成桥梁观景空间的三维立体效果。

三、景观工程深化设计

1. 景观涂装色彩方案

将"绽放生态之花,映照科技之光"的设计主题融入桥梁整体色彩规划中。结合宜昌市城市主要长江桥梁现有条件及形象特征,针对伍家岗长江大桥提出整体涂装色彩方案,突出伍家岗长江大桥标志性桥梁色彩形象,形成工整有序的整体伍家岗大桥色彩空间,展现城市人文精神及宏远愿景,形成"天、城、桥、人"的意向统一。

色彩以"宜昌蜜橘"饱满丰润的橘黄色为基调。绚丽娇艳的色彩象征着丰收、富贵、吉祥。因"橘""吉"同音,中国人视橘为吉祥嘉瑞之物,那一抹划过天空与江面的橘色,正是祈祝这座城市吉星高照,富足平安。澄澈透亮的橘色,总是能在第一眼编入灿阳般美好,温暖而又异常醒目,富有光彩却不艳俗,彰显个性而不张扬。橘黄色的桥塔犹如江畔的明灯,给人带来回家的温情。橘红色的梁体、深橘色的大缆涂装则使得桥梁的涂装色彩更加富有层次感,丰饶富贵的色彩勾勒出桥梁一抹最为亮丽的轮廓线。桥梁涂装色彩方案如图1-5-1所示。

a)效果图一

b)效果图二

c)效果图三

d)效果图四

图1-5-1 桥梁涂装色彩方案效果图

涂装色彩色号设计如下。

(1) 桥塔涂装方案：蜜桔橙(接近太阳黄 RAL1037，以实际试板颜色为准，下同)。

(2) 钢箱梁涂装方案：RAL7045(电信灰1)。

(3) 鞍罩、主缆、索夹涂装方案：蜜桔橙。

(4) 吊索涂装方案：RAL9003(信号白)。

(5) 主桥桥面栏杆涂装方案：RAL7037(土灰色)。

(6) 引桥及接线梁体涂装方案：色号 3.1B 7.5 /1.4 0601(中灰色)。

(7) 引桥及接线桥墩涂装方案：色号 3.1B 7.5 /1.4 0601(中灰色)。

2. 桥塔造型景观深化设计

在尊重桥梁原结构设计的基础上，保留桥塔建筑外形，仅在塔顶鞍罩顶部进行多层级的叠加包裹，顶部增加整装立柱，将桥塔塑造得更加挺拔修长，同时更加强化桥梁建筑的科技表现语言，与上横梁的"百合花"造型一起，呼应了"绽放生态之花，映照科技之光"的整体景观主题。桥塔造型深化设计效果图如图 1-5-2 所示。

图 1-5-2　桥塔造型深化设计效果图

3. 重力式锚碇景观深化设计

在锚碇外立面部分，顺应桥梁结构的力学走向，在锚碇外部装饰画案图样，图样以长江为中心，展示宜昌已建成的 9 座长江大桥，书写"宜昌桥梁博物馆"。在锚碇底部采用耐候钢造型，用于展示伍家岗长江大桥的建设里程、创新技术、文化信息等内容。重力式锚碇景观深化设计效果图如图 1-5-3 所示。

图 1-5-3　重力式锚碇景观深化设计效果图

4. 隧道式锚碇洞口景观深化设计

隧道式锚碇洞口造型采用钢挂金属板材浮雕图案，运用与伍家岗长江大桥类似的"古典主义"建筑手法，结合两侧锚室的不对称性做出造型和坡度的不对称处理，整体层次感分明。背景图案选用屈原主题肖像和诗歌节选，前部装饰三峡大坝不锈钢板造型和辅以两侧江水浪花造型的点缀，充分展示宜昌文化特点。隧道式锚碇洞门景观深化设计效果图如图1-5-4所示。

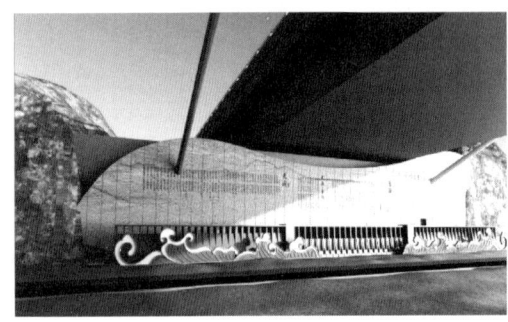 

图1-5-4　隧道式锚碇洞门景观深化设计效果图

5. 桥名题字景观深化设计

综合考虑到大桥桥名题字与桥塔建筑造型及艺术性的结合，确定桥名题字字体采用书法体——魏碑，字体朴拙险峻，舒畅流丽，上承汉隶传统，下启唐楷新风。其用笔任意挥洒，结体因势赋形，视觉辨识度极高。

桥名题字位于大桥桥塔上横梁处。桥塔上部总宽度约为33.6m，上横梁宽度约为22m；题字总宽度约为18m，字高约为2.3m。桥名题字景观深化设计效果图如图1-5-5所示。

6. 主桥人行道栏杆景观深化设计

主桥人行道主题为"花窗绿意"。本方案采用了钢制栏杆，间隔一定距离设置望柱，望柱造型采用与桥塔类似的经典造型，与桥梁整体建筑风格形成统一。

图1-5-5　桥名题字景观深化设计效果图

立柱采用"百合花"及"百舸争流"的棱形造型，竖向直线与开放式弧形组合的线条组合，与桥梁整体景观形成统一。整体造型体现出清新典雅的风格，通透感良好，柔和的色彩配合雅致的造型，充分利用视觉及造型空间，透露出优雅清新的人文气息。主桥人行道栏杆景观深化设计效果图如图1-5-6所示。

7. 桥铭牌景观深化设计

桥铭牌位于伍家岗长江大桥江南岸锚碇上方的桥梁道路分叉处的混凝土防撞护栏三角形中心处。桥铭牌方案采用不同角度、不同层次的切面构成，抽象地表达出"扬帆破浪"的视觉意象,造型大气沉稳、简洁明快、富有力度,通过最简练的线条,带给人最富有力量感的视觉冲击力,纯粹恒久,标志性强。

图1-5-6　主桥人行道栏杆景观深化设计效果图

桥铭牌采用混凝土浇筑基座,上部采用钢结构基础施工,外部装饰防珊瑚红大理石15mm厚通体砖干挂施工。中部题写"伍家岗长江大桥"中文桥名,字体采用"魏碑",中文桥名下方题写"伍家岗长江大桥"拼音或者英语译文,字体采用"微软雅黑"。桥铭牌景观深化设计效果图如图1-5-7所示。

图1-5-7　桥铭牌景观深化设计效果图

第二节　景观亮化设计

一、概述

对于现代化的城市来说,城市景观在白天能给人自然、清新的感受,而在夜晚,对于不同的构筑物采用不同的光源和灯具,使用不同的照明方法,更能使其产生魅力无穷的艺术效果。夜景照明是对桥梁造型和景观的再创造,融入丰富的文化内涵,展现不同层次、不同角度、多彩鲜明的艺术特色。

本项目距离中华鲟自然保护区较近,考虑夜间照明产生的天空光、溢散光、干扰光和反射光往往容易打乱动物昼夜生活的生物钟,对物种的正常繁衍产生不良影响,因此,夜景照明根据周边环境做好防眩光处理,灯具选用极窄光束角的灯具以及考虑投光角度、安装高度、加装防眩板等手法控制,以最大限度降低夜景对中华鲟及其他珍稀物种的不良影响。

所有灯具尽可能由桥面往天空方向照射,并采用具有遮光罩的窄光束灯具类型,严格控制投射角度和光射角度,往江面照射的灯具在投射方向增加挡光板,以最大限度避免灯光直射江面。

大桥灯光系统采用日常模式和假期模式双模式,日常模式返璞归真,呈现大桥本色;假期模式通过彩色电脑灯实现颜色变化,营造喜庆的节日氛围,通过不同发光模式达到生态节能的目的,同时减少灯光对长江浅层水域生物的影响。

二、设计方案

设计主题:银河丝雨,楚水诗韵。

"灵山碧水河中画,著墨奉天成巧诗",以冷色光为主,打造宁静深邃而高远的夜景效果。灯光晕亮的拉锁仿若细雨斜织,湮没在沉静的江面中。幽远的峡江犹如九曲银河,粼粼的波光在星星点点的光晕照耀下犹如富有节奏感的诗律,宛若一副天成的山水诗画,与周边融合,宛若一体,生态之花由此而绽放。

点光源采用七彩灯光进行变换,桥塔内侧增设水纹投影灯,塔顶钢桁架及桥铭牌使用投光灯照明,突出桥塔主体和大桥身份显示,形成视觉焦点,带来动静结合的强烈视觉冲击感,营造一派繁荣热闹的氛围。

景观灯智能控制系统采用无线网络,由上位机管理软件、信号中继器、ADSL(Asymmetric Digital Subscriber Line,非对称数字用户线路)网络、移动通信网络、执行终端组成。系统具备无线遥控、遥测、遥信的功能,管理人员通过手机和地图截面控制和整个城市的景观灯、照明亮化集中控制系统,同时也可以现场手动控制。

景观亮化设计的开灯模式如图1-5-8所示,景观亮化设计效果图如图1-5-9所示。

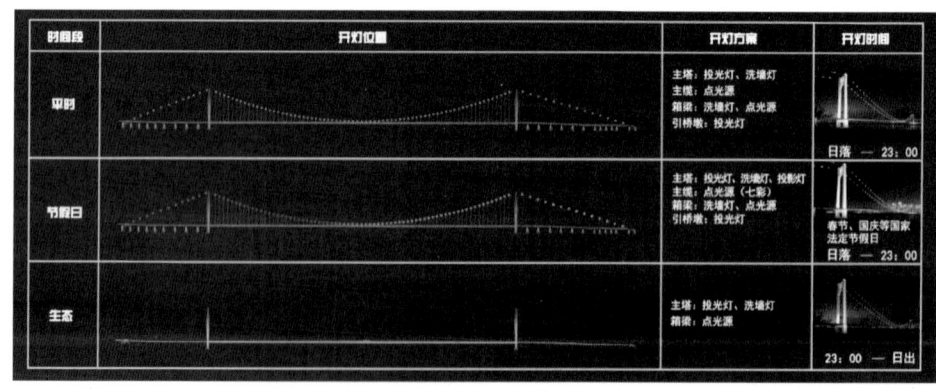

图1-5-8 景观亮化设计的开灯模式

a) 效果图一

b) 效果图二

图 1-5-9　景观亮化设计效果图

第三节　景观绿化设计

一、概述

通过对周边环境的分析得出,伍家岗长江大桥周边公园景区众多,自然环境保护较好,因而景观绿化显得尤为重要。

大桥区域内以山体、绿地为主,水资源丰富,土壤肥沃。设计策略主要为:对互通绿化尽量采用乡土树种,体现乡土特色;在互通夹角区域保持视线通畅,绿化设计选用适合的植物保证交通安全;绿化组团式种植,局部采用微地形处理,营造自然生态景观空间。

二、设计原则

1. 景观协调性原则

整体绿化布局简洁大气为主,树种种植以道路交通功能与景观功能相互协调为基本原则。

2. 适地适树原则

选用适应性强、成活率离的乡土树种,保证道路绿化质量和景观效果。

3. 以人为本原则

道路绿化综合考虑不同出行目的和出行方式人群的不同需求,营造舒适宜人的车行、人行环境。

4. 经济节约原则

道路绿化设计以运用成熟的道路绿化树种为主,以较少的人工维护获得稳定及繁茂的绿化效果。

三、设计方案

1. 设计主题

将道路与景观、生态、人文结合在一起,选用乡土树种,通过自然式的配置手法,按照"绿化、美化、彩化"的建设思路,以人为本,打造出一条绿意盎然、多彩流芳的美丽大道。

2. 方案概述

设计方案突显宜昌特色,营造城市绿脉形成简洁性、生态性、绿量足的公路特色景观。整体绿化设计以宜昌乡土树种为主,遵循"适地适树"原则合理景观主题植物设计,整体选用树形优美、抗性强、花期长、生长稳定且观赏价值高的开花、色相植物,以自然式种植为主,对不同层次、不同区域的道路绿化运用不同的特殊处理手法,综合乔灌木的组合群落营造绿化景观,以构建生态、经济、区域特色鲜明的公路特色绿脉为最终目标。

(1)花化彩化。选择四季开花的植物品种,通过适合当地的开花、色叶植物营造色彩丰富的植物空间。

(2)疏林草地。绿化风格以疏林草地为基调,打造疏密有致的绿化空间和高低起伏的微地形。

(3)氛围营造。根据主题分区,注重整体分区主题的氛围营造,凸显特色主题植物景观。

3. 设计内容

1)分段一:主题词为"春芳秋彩"

分段一为江城大道立交范围区,本段为项目的起点段,主要设计内容为江城大道立交绿化,旨在打造多彩迎宾的景观效果,迎接各地友人。本段景观绿化设计总体效果图如图 1-5-10 所示,局部绿化设计效果图如图 1-5-11 所示。

图 1-5-10　江城大道立交范围景观绿化设计总体效果图

图 1-5-11　江城大道立交范围局部绿化设计效果图

以常绿树为背景林,点缀开花、色叶树种,采用增添打造的方式,营造层次丰富、色彩绚丽的景观效果。

江城大道立交绿化场地原有地势为临江逐渐向内陆抬高。设计地形主要依原有地形顺势营造,缓坡而上;模拟自然式的地形起伏和错落的韵律形式,丰富绿地要素,形成景观层次,加强园林艺术性和改善生态环境。

锚碇广场以常绿树为背景林,点缀开花、色叶树种,营造简洁明快的绿化景观效果,同时结合景观休憩设施和主题雕塑,打造桥下多功能广场,满足周边人群休闲活动、健身活动,感受宜昌文化的美好生活需求。锚碇广场景观绿化设计效果图如图 1-5-12 所示。

2)分段二:主题词为"绿意繁荫"

伍家岗区主要设计内容为伍临路立交范围内(分段二)景观绿化,立交绿化结合桥下滨江公园设计,旨在打造绿色生态的景观主题。

图 1-5-12　锚碇广场景观绿化设计效果图

伍临路立交绿化以绿色植物为基调树种,通过园路分割不同的植物组团,营造生态自然、绿脉浓荫的景观效果。其总体设计效果图如图 1-5-13 所示,局部绿化设计效果图如图 1-5-14 所示。

图 1-5-13　伍临路立交范围景观绿化设计总体效果图

图 1-5-14　伍临路立交范围局部绿化设计效果图

该场地原有地形主要为小山坡及较平缓地势。裸露的切坡部分运用草籽喷播覆绿，较平缓处通过堆坡处理，营造自然的地势地貌，使整个景观空间内的地形起伏是其周围典型地形特征的延续，丰富景观层次。

3) 桥下绿化

桥下采用耐阴的灌木色带及适当点缀球形灌乔木的种植形式，营造出具有导向性的视觉感受通道，同时烘托桥梁开阔高大的雄姿。主要选用的树种如下。

(1) 乔木：山茶花、金桂等；

(2) 灌木：海桐、女贞、红花继木、栀子花等；

(3) 地被：八角金盘、美人蕉、栀子花、毛杜鹃等；

(4) 爬藤：爬山虎等。

桥下局部绿化设计效果图如图 1-5-15 所示。

a) 效果图一

b) 效果图二

图 1-5-15 桥下局部绿化设计效果图

第二篇
PART 2
施工技术篇

第一章　主塔及基础施工

第一节　主塔桩基施工

伍家岗长江大桥主塔采用分离式承台,每个承台共16根直径2.8m的水下灌注桩,单个主塔共32根桩基。北岸主塔桩基施工采用旋挖钻机分级旋挖成孔的施工工艺,具体内容详见本书第六篇第二章中的相关内容,此处从略。南岸主塔桩基施工采用冲击钻机冲击成孔的施工工艺。由于两岸桩基施工的主要工序基本一致,主要区别在于施工工艺的不同,因此,本节重点讲述南岸主塔桩基施工工艺,其余工艺可参考北岸主塔桩基施工相关内容。

一、钻孔桩施工工艺流程

钻孔桩施工工艺流程如图 2-1-1 所示。

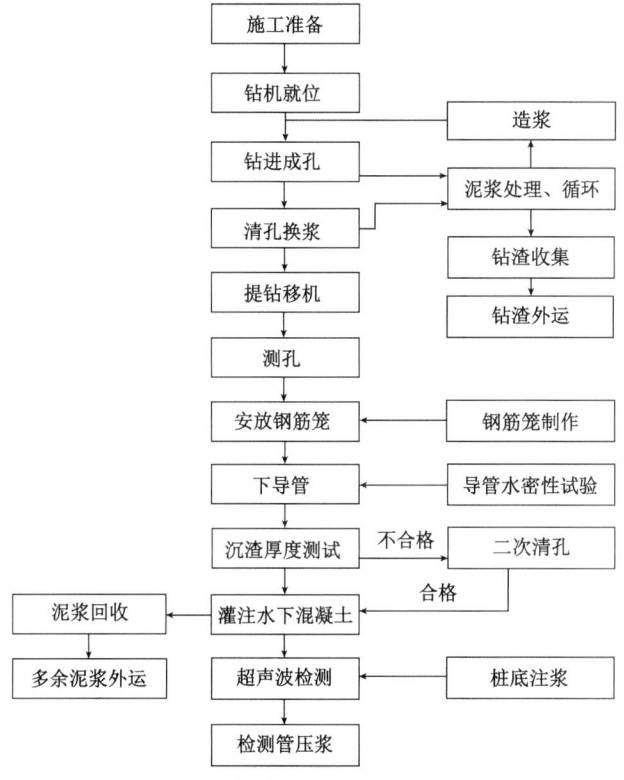

图 2-1-1　钻孔桩施工工艺流程

二、材料与设备

桩位处覆盖层主要为第四系全新统的人工堆积层、冲积层、残破积层及上更新统的洪、坡积层。施工采用 JK-15 型冲击钻机进行冲击成孔,JK-15 型冲击钻机的性能见表 2-1-1。材料、设备需求表参考本书第六篇第二章中的相关内容,此处从略。

JK-15 型冲击钻机主要性能　　　　　表 2-1-1

钻机型号		JK-15
最大钻孔口径(m)		3.0
最大钻孔深度(m)		150
最大提升能力(t)		15
循环方式		正循环钻进
钻机总质量(t)	机架	17
	钻头	14
钻机工作方式		冲击锤冲击钻进

三、成孔施工

施工采用 JK-15 型冲击钻机进行冲击成孔,共布置 8 台钻机,4 个循环施工,完成 32 根桩基的施工任务。施工现场布置图如图 2-1-2 所示。

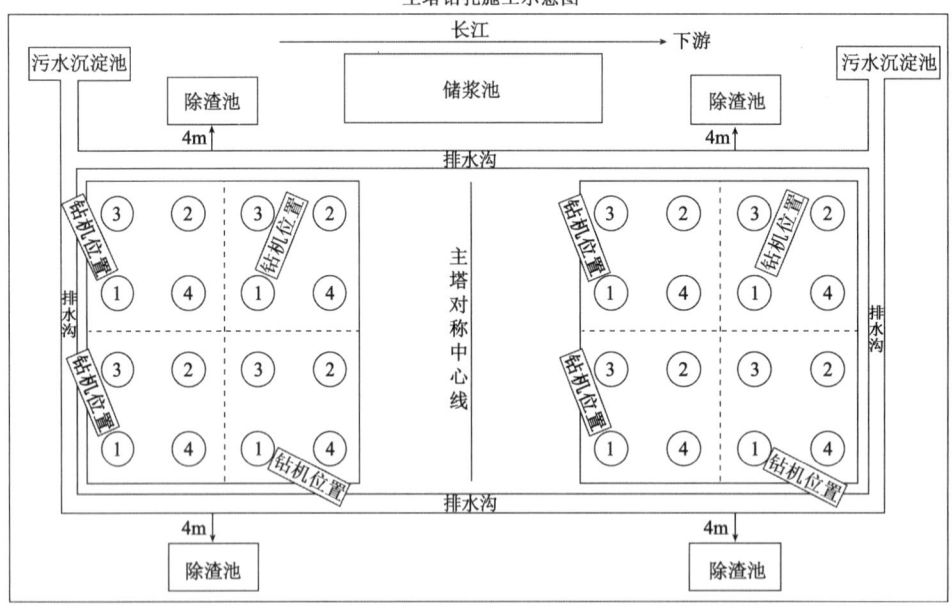

图 2-1-2　施工现场布置图

注:1. 储浆池储浆能力大于单桩混凝土量 1.5 倍,根据场地布置位置。
　　2. 除渣池的尺寸为长 4m、宽 3m、深 1.5m。
　　3. 排水沟尺寸宽 0.5m、深 0.4m。
　　4. 根据场地调整,条件允许可不修建污水沉淀池,污水直接排放入储浆池。
　　5. 钻机尺寸长 9m、宽 2.2m。

1. 钻进成孔

钻进成孔分为四个阶段：护筒内钻进、护筒底口下钻进、正常钻进、桩底位置钻进。

开钻前做好技术准备工作，将钻孔处的设计地质柱状图挂在钻机操作室内，以供对不同土层选择钻进速度。开钻时及时填写钻孔施工记录，交接班时交代钻进情况及下一班组施工注意事项。

钻孔施工应密切关注地质变化，每1m提取一次渣样留存，地质变化节点应加密渣样收集，如与设计地质不符，应及时与监理及设计单位联系。密切关注泥浆指标并及时调整，同时做好施工记录。

（1）护筒内钻进。开钻前先抛入黏土、水或灌注现有泥浆，采用小冲程反复冲击造浆开钻。

（2）护筒底口下钻进。在通过护筒底口及底口以下2~4m范围时，采用浓泥浆、小冲程、高频率反复冲砸，使孔壁坚实不坍不漏。

（3）正常钻进。正常钻进过程中，冲程大小和泥浆指标应按照通过的具体土层情况进行过程调控。在基岩中钻进时，冲击钻机采用低、中冲程，防止卡钻、冲坏孔壁或使孔壁不圆、形成梅花桩。若基岩表面不平整，则投入片石，将表面垫平后再进行冲击钻进；时刻关注钢丝绳的晃动情况，及时修正，防止斜孔。

（4）桩底位置钻进。接近设计孔底高程0.5m时，控制钻进深度，用标定好的测量绳将超钻深度控制在规范和设计允许范围内。

2. 钻进注意事项

钻机安装处事先整平夯实，必须固定牢固，严禁在钻孔过程中钻机移位，以免在钻孔过程中钻机发生倾斜和下陷而影响成孔的质量。钻进过程随时注意往孔内补充浆液，维持孔内的水头高度。升降钻具应平稳，尤其是当钻头处于护筒底口位置时，必须谨慎操作、防止钻头碰撞护筒，避免冲撞钢护筒扰动钻孔孔壁。

在钻孔过程中应及时提出钻头检查钻头的直径，发现钻头直径变小或有损坏时立即补焊或更换，以保证孔径。钻机作业分班连续进行，不得中途长时间停止，要尽可能缩短成孔周期。经常对钻孔泥浆进行检测，不符合要求时，随时修正泥浆指标。经常测量孔深并注意土层变化情况，在土层变化处均捞取样渣，判明土层，并记录，以便与地质剖面图核对。详细、真实、准确地填写钻孔原始记录，钻进中发现异常情况及时上报处理，同时做好泥浆池内清渣工作。

钻孔时，孔内泥浆水平面须高出护筒底至少0.5m，以免泥浆面荡漾损坏护筒脚孔壁。冲击过程中，要勤检查钢丝绳和钻头的磨损情况，预防安全、质量事故的发生。冲击钻钻头在钻进过程中不断磨损，直径磨耗不得超过1.5cm，每班开钻前检查钻头直径，发现变化及时修补，不宜中途修补，以免卡钻。

钻进时注意均匀地松放钢丝绳的长度，注意防止松绳过少，形成"打空锤"，使钻机、钻架及钢丝绳受到过大的荷载，遭受损坏。松绳过多，则会减少冲程次数、降低钻进速度，严重时会使钢丝绳纠缠发生事故。为正确控制冲程,在钢丝绳上用油漆刻度标识。

3. 钻机移位

现场监理工程师确认检孔合格后方可进行钻机移位。冲击钻移动采用直接吊装式移动,用履带式起重机直接吊装到位。成孔顺序如图 2-1-3 所示。

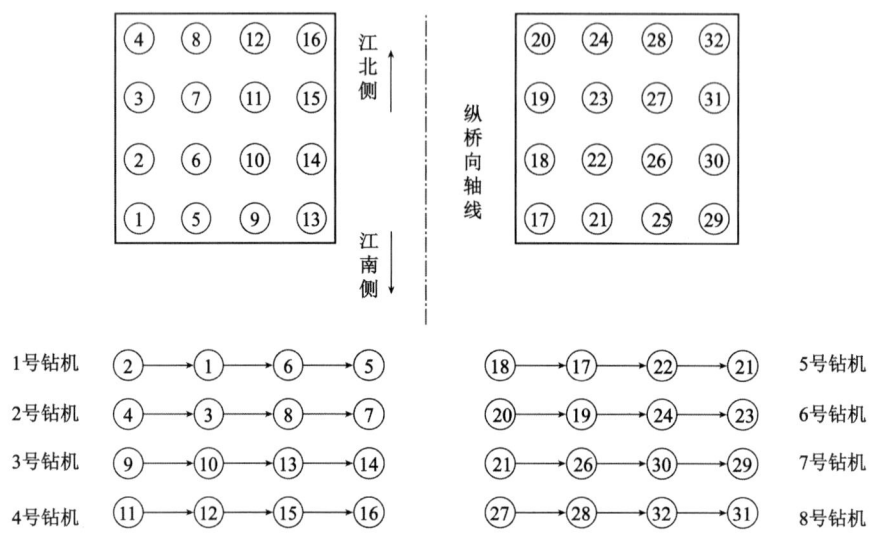

图 2-1-3　成孔顺序图

第二节　主塔承台施工

一、概述

南北岸主塔承台均为一般陆上浅埋式承台,其总体施工方案与一般陆上承台施工基本一致,即在桩基检测完成验收通过后,采用放坡开挖基坑,破除桩头后浇筑承台垫层混凝土,在垫层混凝土上绑扎钢筋,安装冷却水管、模板及浇筑混凝土,单个承台一次浇筑完成。

主塔承台基础采用分离式承台,单个承台平面尺寸为 21.4m(横向)×21.4m(纵向),高 6.0m,承台钢筋型号为 HRB400,包含三种直径规格:$\phi 28mm$、$\phi 20mm$、$\phi 16mm$。承台底面设置一层 $\phi 8mm$ 冷轧带肋钢筋网片,单个承台的钢筋总量为 586t。混凝土设计强度为 C35,单个承台设计方量为 $2747.8m^3$。

二、施工工艺流程

主塔承台施工工艺流程如图 2-1-4 所示。

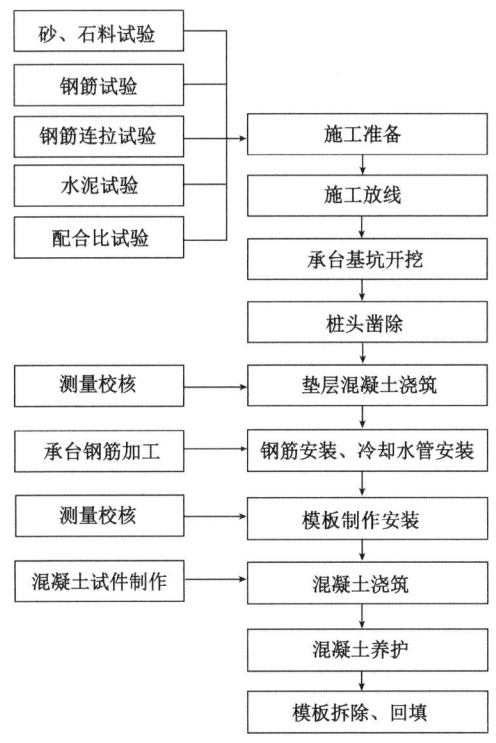

图 2-1-4　主塔承台施工工艺流程

三、主要施工方法

1. 基坑开挖

在基坑开挖前,根据承台平面尺寸和放坡坡率计算出坑顶开挖线尺寸,在原地面测量放样出开挖线的四个角点;然后拉线并撒放石灰,放出坑顶开挖边线。基坑开挖采用放坡的方式进行开挖,承台基坑边坡坡率控制在1∶1,基坑开挖下口按承台基础平面尺寸四周各边增宽1.5m的工作空间,基坑开挖前先设置好坑顶截水沟(20cm×20cm)。

开挖过程中对实际边坡坡率进行控制,同时加强对坡脚线平面位置和高程的观测,确保基坑尺寸基本符合设计要求。基坑开挖采用"3+1"分级阶梯式开挖,即机械开挖3级(2.3m+2.3m+2.2m),基坑底部30cm采用人工开挖找平,避免扰动基底土层,保证基底的承载能力。机械开挖第一级主要清除原地面混凝土硬化及原状土,确认开挖边线;第二级主要清除桩头浮浆及浮渣及原状土;第三级除清除原土之外,兼顾修整边坡及桩周清理工作,最后由人工进行基坑精修。开挖时,由线路边侧向中央侧阶梯开挖,防止挖掘机作业时损坏桩头混凝土和桩基顶部钢筋。基坑底和边坡需人工清理,并在四周设置30cm×30cm的矩形排水沟,在近江侧中心线处设50cm×50cm的集水坑。

基坑开挖到位后,浇筑垫层混凝土前,测量人员在每个桩头上测放出承台底高程并用红色油漆做好标识,作为垫层混凝土高程控制点。主塔承台开挖断面、平面图如图2-1-5所示。

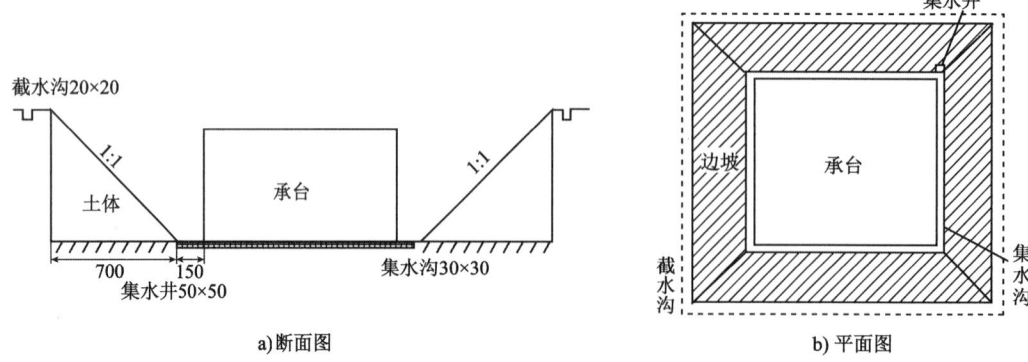

图 2-1-5　主塔承台开挖断面、平面图(尺寸单位：cm)

2. 基坑防护

基坑坡面采用喷浆防护,根据基坑侧壁渗水情况布置 PVC(Polyvinyl Chloride,聚氯乙烯)排水孔,将渗水导入坑底集水沟汇集抽排,确保侧壁护坡不被水毁。

基坑顶部设置有截水沟(20cm×20cm),截水沟与基坑坡面之间用彩条布、塑料薄膜等不透水材料进行满铺,外侧压入截水沟内,内侧覆盖到喷浆面层之上,并平整、固定可靠。

坡顶四周沿截水沟设置脚手管安全护栏,悬挂安全警示标志并配备夜间爆闪警示装置,靠近边坡2m范围内严禁重载车辆通行。于中心线一侧设置行人通行钢制爬梯,方便施工人员出入。增设安全门岗,严禁非正常施工人员进入。

3. 基坑监测

基坑监测内容和方法与锚碇基坑基本相同,详见本书第三篇第三章中的相关内容,此处从略。

4. 桩头处理

承台开挖过程中,对于桩基钢筋笼以上的桩头部分,因其主要成分为砂浆及泥皮混合物,具有一定的强度但强度不高,故应及时采用挖掘机及"啄木鸟"进行同步清除。机械开挖底第三层时,严禁对桩头进行破坏性损伤,避免破坏桩头内主筋。

在基坑开挖完成之后,采用"人工环切法"进行桩头凿除。即凿除开始之前,测量人员对每一根桩基进行桩顶高程放样,单根桩基放样不少于3个点,且必须对称进行,做好标记。用钢板尺等具有良好贴合性的器具精确放出桩头位置,测量复核无误后做好环向标记。采用手工电锯沿环向标记进行桩头环切,确保桩头四周平顺光洁,切除深度控制在5cm左右,严禁伤及主筋。而后用风镐进行桩头剥皮,逐一找出主筋进行分离,最后予以断开。断开后,对顶部不平的桩头进行人工修整,以保证桩顶混凝土不松散且为新鲜混凝土。

5. 垫层混凝土

基坑开挖后清除坑底浮土及浮渣,人工平整后测量精确放样进行基坑四周排水沟、集水井施工,安装垫层模板施工,浇筑30cm混凝土垫层。按要求预埋定位钢筋埋件、劲性骨架固定埋件和模板固定埋件。垫层轮廓线应大于承台轮廓线30cm以上。垫层初凝后进行承台边线测量放线。

6.钢筋及冷却水管施工

承台钢筋根据设计图纸在钢筋加工厂加工成半成品,运至现场绑扎。承台主筋采用滚轧直螺纹接头连接,钢筋接头错开的距离为1.0m(ϕ28mm),每个断面的接头数量不大于50%。其余钢筋连接采用单面搭接焊,钢筋接头按照规范要求进行抽检,检验合格后才能使用。钢筋加工完成后,按照尺寸和规格堆放钢筋,钢筋下面垫设枕木,并设置标识牌。由于钢筋用量较大,钢筋网格、层次较多,为保证设计钢筋能正确放置和混凝土浇筑质量过硬,钢筋绑扎应做到上下层网格对齐、层间距准确,并确保钢筋的保护层厚度。

钢筋采用切断机下料,要求钢筋切割端面垂直于钢筋轴线,端面偏角不允许超过4°。

承台钢筋采取滚轧直螺纹连接。钢筋的滚轧、套丝及螺纹套筒的一端套接均在后场完成,对于两端都滚轧、套丝的钢筋,一端套上螺纹套筒,另一端用塑料包裹套对端头进行保护,待钢筋运输到前场安装到位后,利用管钳在安装现场完成连接。

钢筋施工按照承台设计图纸及施工规范进行安装。承台钢筋安装分成四个部分:底板钢筋、侧面分布筋及架立筋(劲性钢骨架)、顶板钢筋、塔柱预埋钢筋。

冷却水管的施工详见下文中主塔承台温控施工的相关内容。

7.预埋件施工

除塔柱、塔座钢筋预埋外,承台施工时还有塔式起重机基础、电梯基础、下横梁支架、防雷接地预埋件,混凝土浇筑前必须逐一检查,以防遗漏。主塔承台主要预埋件见表2-1-2。

主塔承台主要预埋件 表2-1-2

编号	名　　称	位于部位	用　　途
1	塔座主筋	承台内	主体结构
2	塔柱主筋	承台内	主体结构
3	劲性骨架	承台内	支撑结构
4	塔式起重机基础预埋	承台内	主塔施工
5	电梯基础预埋	承台内	主塔施工
6	下横梁现浇支架预埋件	承台顶面	下横梁施工
7	钢箱梁存梁支架预埋件	承台顶面	钢箱梁安装
8	防雷接地	承台内	主塔结构防雷
9	沉降观测点	承台顶面	沉降观测
10	冷却水管及测温元件	承台内	混凝土温度监测

8.模板施工

模板设计要求其强度、刚度及稳定性均需满足施工要求。面板以刚度控制为主,确保模板在运输、倒用及使用过程中不发生过大变形。主塔承台采用定型钢模板,以保证混凝土表面平整光洁、线条顺直。为保证模板加工精度,承台模板委托专业模板制造厂家加工。

承台模板分块制作,单块模板高度为3m,模板宽度包括3.5m、3m、1.9m三种规格。采用6mm钢板作面板,面板背面小肋采用[8槽钢,间距为300mm,横向背楞采用2[16a槽钢,沿模板高度方向布置四道背楞,其布置间距为250mm+850mm+800mm+250mm。模板边框设置法兰,用于块与块之间连接,法兰板采用δ=12mm钢板制作,螺栓孔规格为φ17mm,间距基本为150mm,采用φ16mm普通螺栓连接;为增强拼装后模板的整体性,2[16a槽钢背楞端部亦设置法兰板,采用φ20mm普通螺栓连接。模板拉杆采用D20精轧螺纹钢拉杆,横向间距基本为1.3m。

模板安装要求如下。

(1)模板安装前先对模板面板进行清理,并均匀涂刷模板脱模剂。模板吊装就位后及时调整好其平面位置和垂直度,及时完成与相邻模板的连接,并采取在外侧设置临时支撑的方案,避免模板倒塌。

(2)模板拼缝螺栓和拉杆必须按照图纸的数量和规格安装到位,不得遗漏。

(3)模板与承台采用拉杆相连,拉杆端头用钢垫板、螺栓拉在竖向槽钢上,另一端焊接在承台上下层纵向主筋上,以防止混凝土浇筑时模板上浮。

(4)为便于拉杆孔处理,提高外观质量,可用特制连接套筒的D20精轧螺纹钢拉杆,模板拆除后将套筒外的拉杆及套筒拆除,再用砂浆将孔洞修补平整。

(5)模板安装完成后,测量检测确保模板顶面高程、平面位置满足要求。两相邻模板之间空隙采用贴模封死,其模板底口与垫层之间的空隙用水泥砂浆堵塞,防止漏浆。

9.混凝土施工

主塔承台施工属于大体积混凝土施工,施工时采用低细度、低C3S、低水化热、低碱含量水泥,并采用"双掺技术"(即掺加粉煤灰及外加剂)、降低混凝土的入仓温度等措施,以改善混凝土的性能,减小混凝土的水化热。混凝土的初凝时间应不小于30h,且具有良好的流动性、和易性及可泵性。

混凝土采用2台120m³/h搅拌站供应,采用6台9m³/辆输送车型运输至现场,采用2台泵车泵送入仓,插入式振捣棒振捣施工。由于承台每次浇筑混凝土方量较大,混凝土原材料供应具有一定难度,应采用早准备、多储备的方法保证混凝土的原材料供应。

混凝土浇筑采取水平分层、纵向分段浇筑,分层厚度为30cm,并在下层混凝土初凝前完成上层混凝土浇筑。

混凝土自由下落高度不超过2m;浇筑过程中,出料口下面的混凝土堆积高度不得超过1m。承台内部采用天泵软管配合布料,必要时采用小溜槽进行辅助布料,严禁用振捣棒拖料、赶料。

混凝土浇筑期间,振捣棒不得碰撞模板,同时安排由专人检查预埋钢筋、模板和其他预埋件的稳固情况,对松动、变形、移位等情况,及时将其复位并固定好。

冷却水管被混凝土完全覆盖一定高度后(30cm),即可将该层冷却水管通水,从而尽量减少新老混凝土的温差,防止混凝土开裂。

承台底层混凝土浇筑完成后,应及时养护,并在混凝土达到一定强度后进行接缝凿毛。

10. 混凝土养护

混凝土初凝后,及时对承台混凝土进行覆盖洒水保湿养护;低温天气达到冬季施工标准时,应采取冬季养护措施,采用土工布、彩条布进行覆盖保温保湿养护。

承台施工必须加强对混凝土外表面的养护。即在混凝土初凝后,立即用土工布、油布对承台周边和顶面进行全面覆盖,来加强保温。混凝土养护时间不少于14d。

11. 模板拆除

主塔承台上、下两层模板一并拆除,拆除时间以保证顶层混凝土的带模养护时间为准,同时综合考虑实际天气情况,若遇强降温、大风天气,则应延迟拆模时间。

模板拆除从上向下进行,逐块拆除。拆除的模板应及时修复和清理,整齐堆放。拆模后承台混凝土拉杆孔,应及时进行修补。

12. 基坑回填

承台模板拆除后,及时办理检查验收,办好隐蔽工程验收手续。尽快进行基坑回填。回填材料采用原基坑开挖土方,分层填筑并压实,分层厚度在30cm左右。

四、承台施工质量通病及预防措施

通过对大体积承台的施工总结,得出了一系列的施工中常见的质量通病,并分析其产生的主要原因及影响,找出应对及防治措施,同时指出质量通病出现的位置,便于指导后续的大体积承台施工。大体积承台的施工质量通病及预防措施见表2-1-3。

大体积承台施工质量通病及预防措施 表2-1-3

序号	质量通病	主要原因及影响	应对及防治措施	验收项目及检查位置
1	基坑开挖放坡过陡	1. 未分级放坡开挖,边坡修整不到位; 2. 测量放线不准确,未跟进测量; 3. 基坑底部施工不安全,易导致边坡垮塌造成事故	1. 根据地质情况分级放坡开挖; 2. 开挖过程中实时跟进测量,保证坡率	基坑边坡分级开挖、坡率
2	基坑坡面防护破损垮塌	1. 基坑坡面未挂网或挂网未用U形卡固定; 2. 喷射混凝土过薄,质量不达标	1. 坡面按照要求挂设钢丝网,并用U形卡固定; 2. 坡面覆盖钢丝网,并喷射足够厚度混凝土	坡面防护、钢丝网、喷射混凝土
3	基坑底部积水严重	1. 未修排水沟,未挖集水坑,水泵排水不及时; 2. 易导致基坑底部土质变软,基底承载力降低	1. 及时修建排水沟,设置集水坑,并及时做好排水措施; 2. 修建截水沟,截水阻水	基坑截水沟、边沟、集水井、水泵

续上表

序号	质量通病	主要原因及影响	应对及防治措施	验收项目及检查位置
4	桩头钢筋弯折	1. 基坑开挖时保护措施不到位,机械破坏; 2. 桩头钢筋调直困难,影响钢筋强度	基坑开挖时,桩头区域慢挖,尽量用人工清理桩头内部区域泥土	基坑开挖、桩头钢筋
5	桩头表面不平整	1. 测量高程控制不准; 2. 人工凿除不到位	1. 测量放点划出高程线作为参照; 2. 桩头高程以上20cm采用人工风镐凿除并清理平整	桩头标线、桩头平整
6	垫层混凝土不平整厚度不足	1. 测量高程控制不准; 2. 浇筑完成后未整平抹面	测量定出高程后拉线标记,浇筑完成后清理整平收面	垫层厚度、平整度
7	钢筋加工下料尺寸不符	未确定钢筋下料单,未确定搭接、焊接或套筒连接形式	钢筋下料前,制定详细的下料单,根据实际情况确认下料长度	钢筋下料尺寸、钢筋连接形式
8	钢筋表面不清洁	1. 钢筋表面未除锈; 2. 钢筋现场摆放时未进行上盖下垫	1. 钢筋加工前,表面先进行清理及除锈; 2. 现场规划钢筋堆放区,并进行上盖下垫	钢筋外观表面、钢筋堆放
9	底层主筋网格定位不准确	1. 桩头区域主筋间距过大,其余位置过小; 2. 主筋定位时,上下层网片未对齐; 3. 网格错开影响混凝土浇筑下料及振捣	1. 桩头区域主筋布设后再进行桩头钢筋调整; 2. 上下层主筋网片对其安装,保证下料振捣顺利	主筋间距、主筋定位
10	顶层主筋网片塌陷下挠	1. 支撑筋安装不到位,数量不足; 2. 网片支撑骨架安装不牢固	按照图纸加工安装支撑筋,并用骨架定位连接成整体	支撑筋、劲性骨架
11	拉钩筋未钩住外侧网片	下料尺寸不准,过长或者过短	钢筋加工时考虑实际安装精确计算下料长度	拉钩长度、拉钩安装质量
12	承台外侧及顶面保护层过大或过小	1. 外侧钢筋定位不准确; 2. 外侧保护层垫块数量不足; 3. 顶层主网片下挠或高程控制不准	测量加强外侧钢筋定位,放置足够的保护层垫块,顶层主筋网片加强骨架定位	外侧钢筋定位、垫块、顶层网片高程及平整度
13	预埋件及预埋钢筋安装偏位	1. 预埋件定位不准确,浇筑前未校核; 2. 预埋钢筋劲性骨架加固不到位,变形移位	1. 预埋件及预埋钢筋安装定位完成后及浇筑混凝土前再次复核定位; 2. 预埋定位牢固	预埋件定位、预埋件复核
14	冷却水管接头断开,水管变形垮塌	1. 安装完成后未进行水压试验,未检查漏水、阻水情况; 2. 冷却水管固定不到位,导致水管变形垮塌; 3. 易导致冷却水管阻塞,循环养护效果差	1. 冷却水管安装固定牢固; 2. 安装完成后进行水压试验,需要进行单层通水,整体通水试验及混凝土每覆盖一层通水检验一层	通水试验、冷却管固定

续上表

序号	质量通病	主要原因及影响	应对及防治措施	验收项目及检查位置
15	冷却循环效果较差	1. 冷却水管损坏； 2. 单根循环冷却水管过长； 3. 水流量调整不及时； 4. 冷却水箱尺寸过小； 5. 进出水口水温无变化； 6. 进水口温度过高； 7. 温控监测元件损坏，数据采集错误； 8. 通水冷却循环时间过短	1. 加强对冷却水管的固定保护； 2. 单根冷却水管控制在150m以内； 3. 及时根据监控数据调整水流量； 4. 计算单位时间通水量，确定水箱尺寸； 5. 进出水口温差控制在6℃以内，出水口热水和适当常温水混合后通入进水口循环； 6. 对监控元件加强保护； 7. 根据监控数据确定温控时间	冷却水管完整性、单根长度、水流量、水箱尺寸、进出水口水温及温差、监控元件完整性、通水时间
16	承台模板胀模跑模	拉杆设置不足，拉杆没有完全对拉，模板加固支撑不到位	通过计算设置足够的拉杆，水平拉杆保证对拉，禁止固定在网片上，模板加固到位并加强检查	拉杆数量、对拉、模板加固
17	混凝土入模温度过低	混凝土浇筑时环境温度低，混凝土拌和时未采取升温措施	当环境温度过低时，对混凝土原材料(水、砂石料等)进行适当的升温，保证入模温度不低于5℃	入模温度、环境温度、原材料温度
18	混凝土入模温度过高	混凝土浇筑时环境温度高，混凝土拌和时未采取降温措施	当环境温度过高时，对混凝土原材料(水、砂石料等)进行适当的降温，保证入模温度不高于28℃	入模温度、环境温度、原材料温度
19	混凝土离析	1. 混凝土拌和时试验控制不到位； 2. 浇筑时自由下落高度过大； 3. 振捣时过振	1. 拌和时严格控制出站质量； 2. 浇筑时自由高度控制在2m以内，承台浇筑时加溜槽或下料管； 3. 振捣规范到位，不过振	混凝土出站监测、下落高度、振捣质量
20	混凝土浇筑质量差	1. 桩头及边角部位振捣不到位； 2. 下料点布置不足； 3. 浇筑不连续	1. 加强桩头及边角特殊部位振捣； 2. 设置足够的下料点，不赶料拖料； 3. 设备、材料、人员、供电等保证措施完善到位	特殊部位振捣、下料点数量、浇筑组织保障
21	混凝土表面不平整	混凝土面振捣不及时，收面抹面不到位，未凝固时留下人员走动脚印	加强振捣，及时收面，初凝后及时抹面，禁止人员在混凝土表面随意走动	振捣、收面
22	混凝土表面裂纹	1. 养护覆盖不及时不到位； 2. 混凝土顶面浮浆过多； 3. 水灰比控制不当	1. 搅拌时控制水灰比，保证混凝土质量； 2. 浇筑顶层时，及时清理边角浮浆； 3. 浇筑完成时及时保温覆盖养护	覆盖养护、浮浆、水灰比

续上表

序号	质量通病	主要原因及影响	应对及防治措施	验收项目及检查位置
23	混凝土出现冷缝蜂窝麻面气泡	1. 混凝土浇筑未及时循环覆盖浇筑,浇筑前模板未湿水; 2. 下料时模板上飞溅的混凝土未及时清理; 3. 混凝土拌和流动性、和易性差; 4. 模板附近的混凝土振捣质量差,浇筑分层较大,振动工艺不当; 5. 模板外观不平整,打磨不到位,未涂抹脱模剂; 6. 集料粒径过大,结构内部钢筋密,空隙无法填实; 7. 模板接缝处理不到位,浇筑时漏浆	1. 混凝土浇筑及时通水冷却循环并覆盖,浇筑前模板湿水处理; 2. 禁止下料时泵管对准模板; 3. 试验保证混凝土流动性、和易性; 4. 模板打磨清理干净,涂抹脱模剂; 5. 施工过程中加强边角及模板附近振捣; 6. 合理选择碎石级配; 7. 模板安装前试拼,接缝处贴止漏条	覆盖养护、模板湿水、残渣清理、振捣、模板外观及清洁度、脱模剂
24	承台结构尺寸及位置偏差	1. 承台平面坐标测量定位错误; 2. 模板刚度强度不足,加固不到位; 3. 模板线性调整不到位; 4. 顶面高程控制不到位	1. 施工前检查复核承台平面坐标,测量放线复核平面位置; 2. 使用足够强度刚度的模板,加固到位,加强模板巡视; 3. 模板进行拉线调整,中部设置足够的定位点; 4. 设置足够的混凝土顶面高程定位点,并拉线做好标记,浇筑完成后及时复核	平面定位、模板刚度强度、加固、模板线形、顶面高程
25	混凝土缺棱少角	1. 拆模时间过早; 2. 成品保护力度不足,模板磕碰	1. 拆模前检测混凝土强度足够时再进行拆模; 2. 拆模时注意成品保护	拆模时间、成品保护

五、主塔承台温控施工

1. 温控目的

伍家岗长江大桥南北主塔承台均为 21.4m×21.4m×6.0m,体积大,质量要求高。为保证大体积混凝土结构的浇筑质量,需要一次或者分层进行混凝土浇筑。在此过程中,因水泥水化产生的大量热是影响混凝土结构质量的主要原因,所以,必须对大桥承台施工过程中进行混凝土内部温度监控,监控温度变化速度和温度变化范围,这对保证施工质量具有重要意义。

承台断面尺寸比较大,混凝土浇筑以后,由于水泥的水化热,内部温度急剧上升,此时混凝土弹性模量很小,徐变较大,升温引起的压应力并不大;但在日后温度逐渐降低时,弹性模量比较大,徐变较小,在一定的约束条件下会产生相当大的拉应力。如采取措施不当,很容易产生温度裂缝。此外,混凝土在硬化过程中还容易产生收缩裂缝。基于以上原因,在浇筑过程中如何防止混凝土开裂成为确保施工质量的重点。而监测构件内外温度、控制温差和降温速度,是减少或避免大体积混凝土构件出现裂缝甚至开裂的有效方法。

2. 温控标准

主塔承台大体积混凝土施工采取一次浇筑成型,通过优化混凝土配合比设计,使用粉煤灰作为外掺料,降低水泥用量,减少水化热量的产生;在混凝土内部设置冷却水管,利用循环水控制内外温差。施工过程中将使用电子测温元件及时跟踪内部、外表面温度变化情况,并根据内、外测温的数据记录,分析判断内外温差的变化趋势,及时调整循环水流量或对混凝土外表面采取覆盖措施。

混凝土温度控制的原则如下:①尽量降低混凝土的温升、延缓最高温度出现时间;②降低降温速率;③降低混凝土中心和表面之间、新老混凝土之间的温差以及控制混凝土表面和气温之间的差值。

根据承台的实际情况,制定如下温控标准:①入模基础上的温升值≤50℃;②内表温差≤25℃;③承台其内部最高温度≤60℃;④混凝土降温速率≤2.0℃/d 或≤1.0℃/4h;⑤进出水口温差≤6℃。

3. 温控措施

为实现上述温控标准,采取原材料温度控制、浇筑温度控制和降温期保温保湿养护等措施来保证本工程大体积混凝土不出现裂缝。主要温控措施简述如下。

(1)配合比设计。进行胶凝材料体系设计,选择合适的水泥、粉煤灰和矿粉用量及比例,优选缓凝型高性能减水剂,降低混凝土水化热温升。

(2)浇筑温度控制。水泥与厂家签订协议,现场转运和倒仓,入仓前将水泥温度控制在60℃以下;集料料仓进行封闭和遮阳;温度较高时可采取制冷水、加入适量片冰、泵车罐体包裹保温材料等措施。

(3)分层浇筑。设置合理的分层分块方案,减少混凝土的浇筑方量,控制混凝土温升和最高温度。

(4)埋设冷却水管。承台内按照温控方案设计要求埋设冷却水管,控制单根长度小于150m,必要时采取加密水管。

(5)内表温差控制。通过加强混凝土养护,降低混凝土内表温差。冬季施工需覆盖一定厚度的复合土工布或棉被进行养护。

(6)对部分抗裂安全系数不足或应力集中部位(如承台与塔柱交界处),采取浇筑平面及侧面保护层埋设防裂钢筋网的辅助措施,降低混凝土开裂的风险。

4. 冷却水管安装

为减少混凝土内部水化热,降低承台混凝土内外温差,避免承台混凝土开裂,采取在承台混凝土内设冷却水管通水降温的措施。环境温度及入模温度参数见表2-1-4。

环境温度及入模温度参数   表 2-1-4

混凝土部位	环境温度	入模温度	预计施工时间	循环通水时长
承台	5℃	10℃	1月中下旬	10d

承台为大体积混凝土，根据设计要求，需在其内设置冷却管及测温元件。架立骨架、冷却管、测温元件安装与钢筋安装同时进行。

冷却水管网按照冷却水由热中心区域（承台中间部位）流向边缘区的原则分层分区布置，每层冷却管的进、出水口相互错开；由于承台混凝土规模庞大，冷却管布置以承台纵桥向轴线为界分为两个区域，每个区域内布置一套独立的冷却水管，共计布置三层，自下而上分别为第一层、第二层、第三层。

冷却水管采用 $\phi 46mm$（或管径大于 $\phi 46mm$）的钢管，层间水平间距为 1600mm，垂直间距 1500mm，架立骨架利用架立钢筋。冷却水管安装时，注意管道畅通、接头可靠（根据情况选用焊接钢管或橡胶材质），并进行通水检验；冷却水管进出水口位置可根据施工布置作适当调整，冷却水管与结构钢筋相碰时，其位置可适当调整。承台冷却水管布置如图 2-1-6 ~ 图 2-1-8 所示。

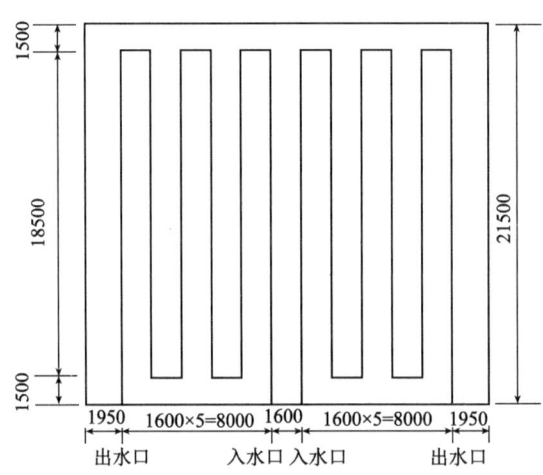

图 2-1-6 承台第一、三层冷却水管布置图（尺寸单位：mm）

5. 监控内容

具体的监控内容为：①拌合物入模温度；②构件内部及表层温度；③环境温度；④冷却水温度及进出温差；⑤内表温差；⑥降温速度。

6. 混凝土温差计算及收缩应力分析内容

根据现场按照配合比配制的混凝土的单位水泥用量，确定水泥发热量，对混凝土温差进行计算，其中包括：①混凝土最终绝热温升计算；②混凝土浇筑温度计算；③混凝土内部不同龄期绝热温升计算；④混凝土内部实际最高温度计算；⑤混凝土表面温度计算；⑥不同龄期混凝土内外温差计算；⑦混凝土温度和应力验算；⑧混凝土水化热数值分析。

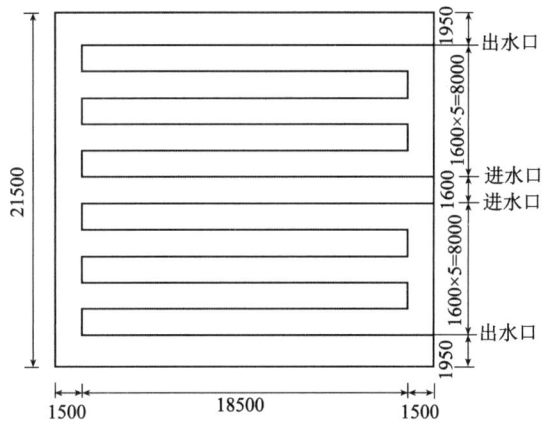

图 2-1-7 承台第二层冷却水管布置图(尺寸单位:mm)

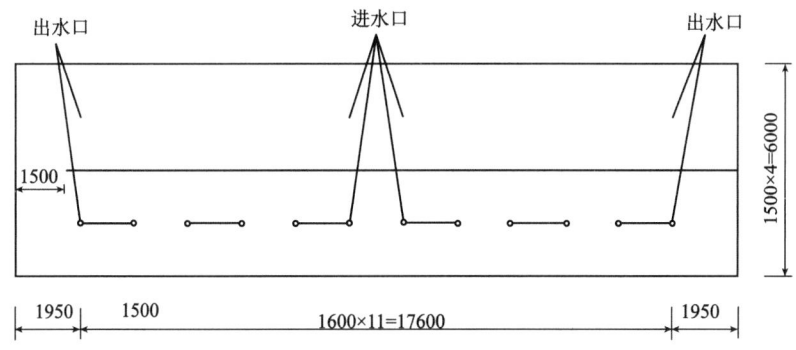

图 2-1-8 承台冷却水管布置立面图(尺寸单位:mm)

7. 测点布设

测点根据设计文件及《大体积混凝土温度测控技术规范》(GB/T 51028—2015)要求埋设。承台尺寸为 21.4m×21.4m×6m,混凝土一次浇筑成型。由于承台平面是轴对称形式,故选取 1/2 结构作为主要测试区域,其平面测位布置在对称轴上。

每个承台共布置 3 层温度测点,每层温度测点分别布置于承台中心点 1 个,对称轴中点 2 个,承台边缘 2 个,每层温度测点共计 5 个,每个承台共计布置 15 个,4 个承台一共布置测点 60 个温度监测点。承台测点布置平面图、立面图分别如图 2-1-9、图 2-1-10 所示。承台测点布置及编号 3D 展示图如图 2-1-11 所示。承台冷却水管布置如图 2-1-12 所示。承台测点传感线走位如图 2-1-13 所示。

8. 承台施工监控频率

监测在混凝土浇筑后立即进行,连续不断。混凝土的温度监测,要求在升温阶段每 2h 巡回监测各点温度一次。到达峰值后每 4h 监测一次,持续 5d。随着混凝土温差变化减小,逐渐延长监测间隔时间,直到温度变化基本稳定。当混凝土温度满足控制指标要求,并且混凝土最高温度与环境最低温度之间的温差连续 3d 小于 25℃时,可停止监测。

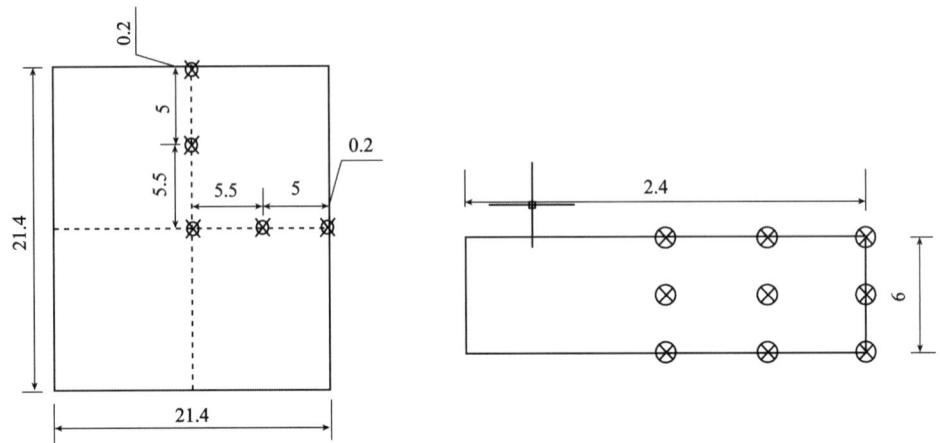

图 2-1-9　承台测点平面布置图(尺寸单位:m)　　图 2-1-10　承台测点布置立面图(尺寸单位:m)

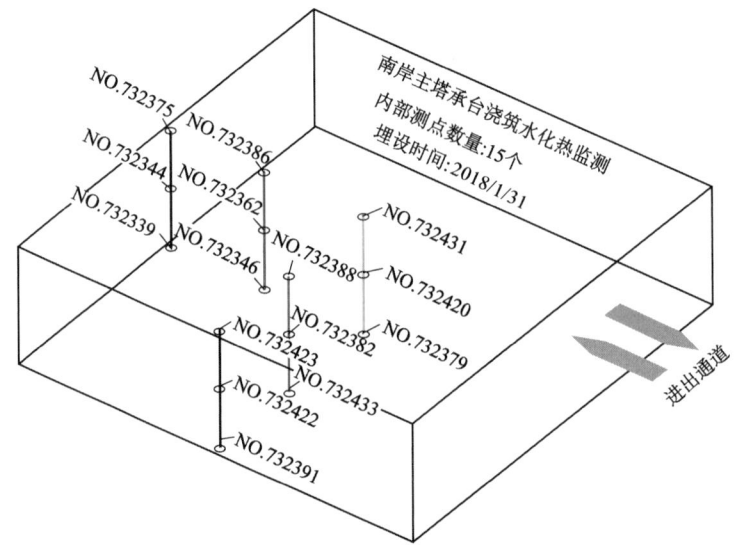

图 2-1-11　承台测点布置及编号 3D 展示图(以南岸主塔承台为例)

图 2-1-12　承台冷却水管布置　　　　　　　图 2-1-13　承台测点传感线走位

9. 监测成果及分析

以南岸上游侧承台为例,监测周期为 2018 年 2 月 4 日 20 点至 2018 年 3 月 6 日 10 点,累计监测时长 30d。经过对承台水化热测试结果的整理分析,得出各温度测点在监测期间的水化热变化情况及最高温度,见表 2-1-5 和图 2-1-14 ~ 图 2-1-16。监测结果表明:关于承台中心对称的各层温度测点其温度变化趋势基本一致,且实测温度值相差不大;降温阶段,同一监测时间,承台边缘测点温度明显低于承台内部测点温度,证明边缘降温速率大于内部降温速率。

南岸上游侧承台混凝土水化热监测各测点最高温度　　　　表 2-1-5

采集面	测点位置	测点编号	元件编号	最高温度(℃)
底层(第一层)	边缘(横轴)	NS1-1	732339	29.6
	1/4 点(横轴)	NS1-2	732346	33.2
	中心点	NS1-3	732379	36.2
	1/4 点(纵轴)	NS1-4	732433	35.2
	边缘(纵轴)	NS1-5	7324391	28.1
中间层(第二层)	边缘(横轴)	NS2-1	732344	39.1
	1/4 点(横轴)	NS2-2	732362	51.4
	中心点	NS2-3	732420	47.8
	1/4 点(纵轴)	NS2-4	732382	52.8
	边缘(纵轴)	NS2-5	7324422	44.0
顶层(第三层)	边缘(横轴)	NS3-1	732375	31.6
	1/4 点(横轴)	NS3-2	732386	36.6
	中心点	NS3-3	732431	40.3
	1/4 点(纵轴)	NS3-4	732388	43.1
	边缘(纵轴)	BX3-5	732423	30.6

注:表中横轴为垂直于桥梁轴线,纵轴为平行于桥梁轴线。

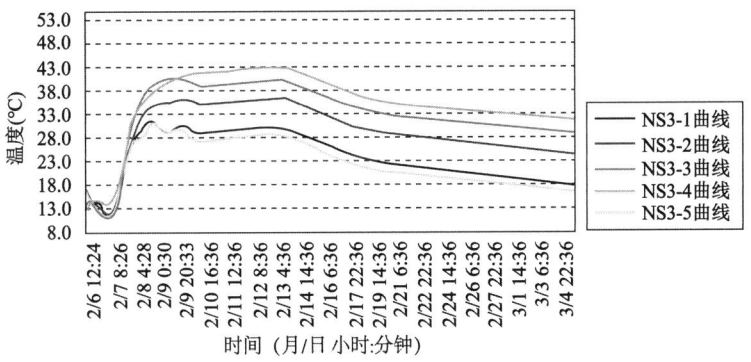

图 2-1-14　南岸上游侧承台顶层温度-时间曲线图

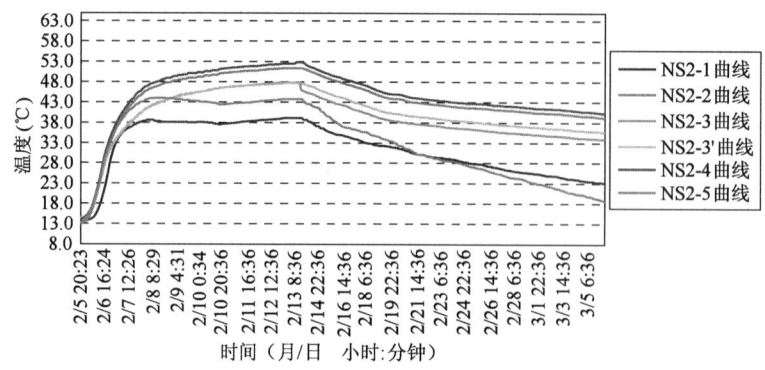

图 2-1-15　南岸上游侧承台中间层温度-时间曲线图

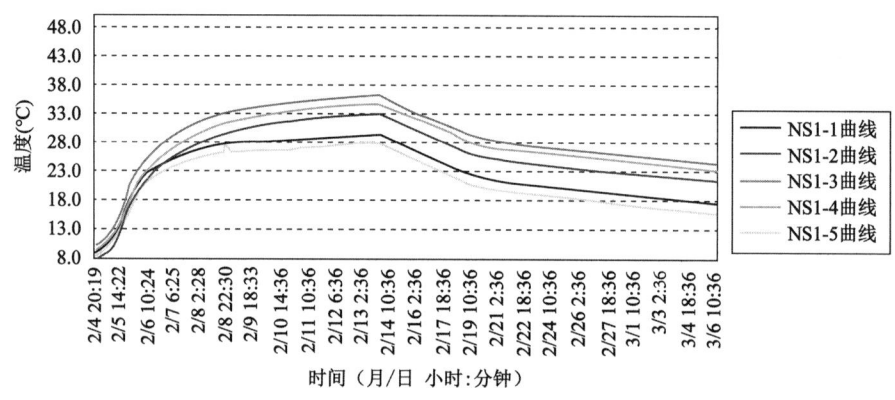

图 2-1-16　南岸上游侧承台底层温度-时间曲线图

南岸上游侧承台混凝土水化热阶段最高温度为 52.8℃，出现时间为 2018 年 2 月 13 日 08:36，即在浇筑后第 148h 到达峰值。峰值持续时间 18h，于 2018 年 2 月 14 日 02:36 进入降温阶段。

部分重要监测成果如下：

(1) 混凝土平均浇筑温度为 10.2℃；

(2) 入模基础上的最大温升值为 42.6℃；

(3) 实测混凝土内部最高温度值为 52.8℃；

(4) 最大内外温差值为 23.8℃；

(5) 混凝土最大日降温速率为 1.1℃/d。

10. 监控结论

通过对伍家岗长江大桥南岸主塔上游侧承台混凝土水化热的监测，得出以下结论：

混凝土浇筑及水化热期间，混凝土浇筑温度、混凝土内部最高温度、混凝土降温速率均能满足控制指标要求。承台边缘平均温度低于承台内部平均温度、混凝土内表温差均处于控制标准范围内，温控效果较好。经检查，基坑回调前，承台表面未发现有害温度裂缝。

第三节　主塔塔柱施工

主塔为门形框架结构,由塔柱及上、下横梁和钢桁架组成,塔柱采用钢筋混凝土结构,上、下横梁采用预应力混凝土结构,混凝土设计强度均为C50。塔顶的钢桁架采用钢箱框架结构。施工过程中,塔柱标准节段,南岸主要采用液压爬模法施工,北岸主要采用智能顶升平台法施工,施工工序流程基本相同。由于在本书第六篇已叙述智能顶升桥塔平台和钢桁架制造及安装的相关内容,因此本节主要以南岸主塔施工为例进行讲述,智能顶升桥塔平台和钢桁架的施工内容本节仅作简述。

一、工程概况

主塔顶高程为+208.525m,塔底高程为+53.525m,塔高155.0m。两塔柱的横向中心间距,塔顶为26.5m,塔底为38.902m,塔柱横向内侧壁塔顶净距21.0m。

塔柱采用单箱矩形混凝土断面,纵向塔顶宽7m,塔底宽10m;横向塔顶宽5.5m,塔底宽7.0m。塔顶设置4.5m厚实心段。

下塔柱高18.5m,外截面顺桥向由10m渐变至9.642m,横桥向由7m渐变至6.821m。壁厚横桥向1.6m,纵桥向1.4m,底部实心段高3m。于下横梁底、顶板衔接处设置横隔板,横隔板厚分别为2m、1m。上塔柱高136.5m,外截面顺桥向由9.672m渐变至7.0m,横桥向由6.821m渐变至5.5m。上塔柱范围内设置5道横隔板,厚度分别为1m、0.8m、0.8m、1m、1m。塔顶4.5m为实心段,壁厚横桥向、纵桥向均以1.1m为主。

塔柱四周设置装饰条。装饰条厚0.2m,平行于横桥向塔壁范围装饰条宽1m,平行于纵桥向塔壁范围宽1.2~1.8m。塔柱、横梁永久外露表面均加设一层防裂钢板网,厚4mm,网格尺寸80mm×150mm,以增强混凝土表面抗裂性能。

主塔结构图如图2-1-17所示。

二、塔柱总体施工方法

以南岸主塔塔柱为例,根据主塔的结构形式及特点,塔柱和横梁选用的总体施工工艺分别如下。

(1)塔柱施工共分为35个施工节段,分节如图2-1-18所示。塔柱下端1m与塔座同步浇筑,起步段分为两节(1~2节段),施工节段高3.5m+4.5m,采用翻模法工艺。标准节段(3~35节段)采用液压爬模进行施工。塔柱施工过程中根据监控计算情况适时施工4道水平横撑。

(2)上、下横梁均采用贝雷梁支架现浇施工,与塔柱分离异步施工,即先施工塔柱过横梁高度位置,再进行横梁的施工。

根据以上施工工艺,确定的总体施工程序如下。

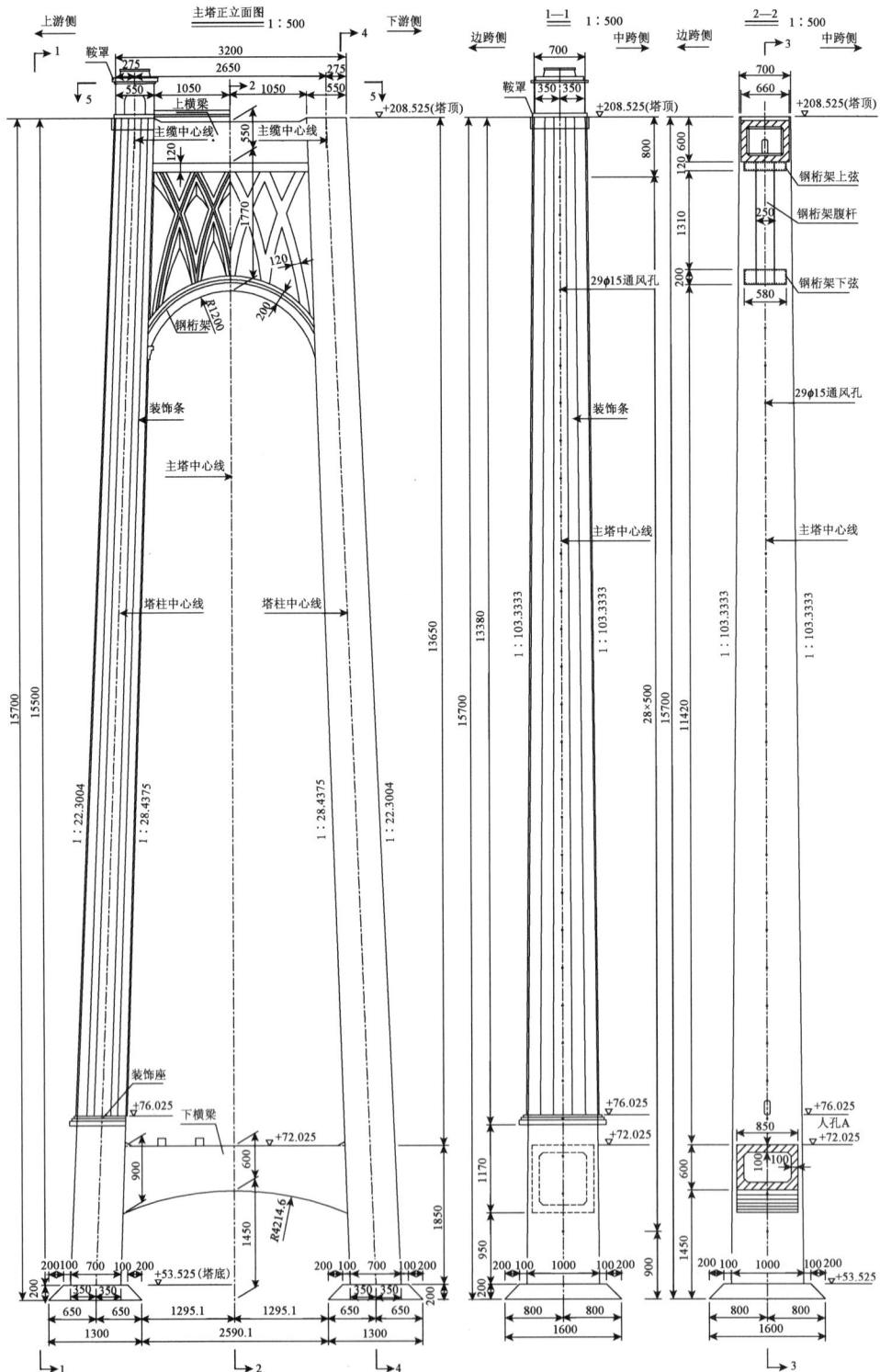

图 2-1-17　主塔结构图(尺寸单位:cm)

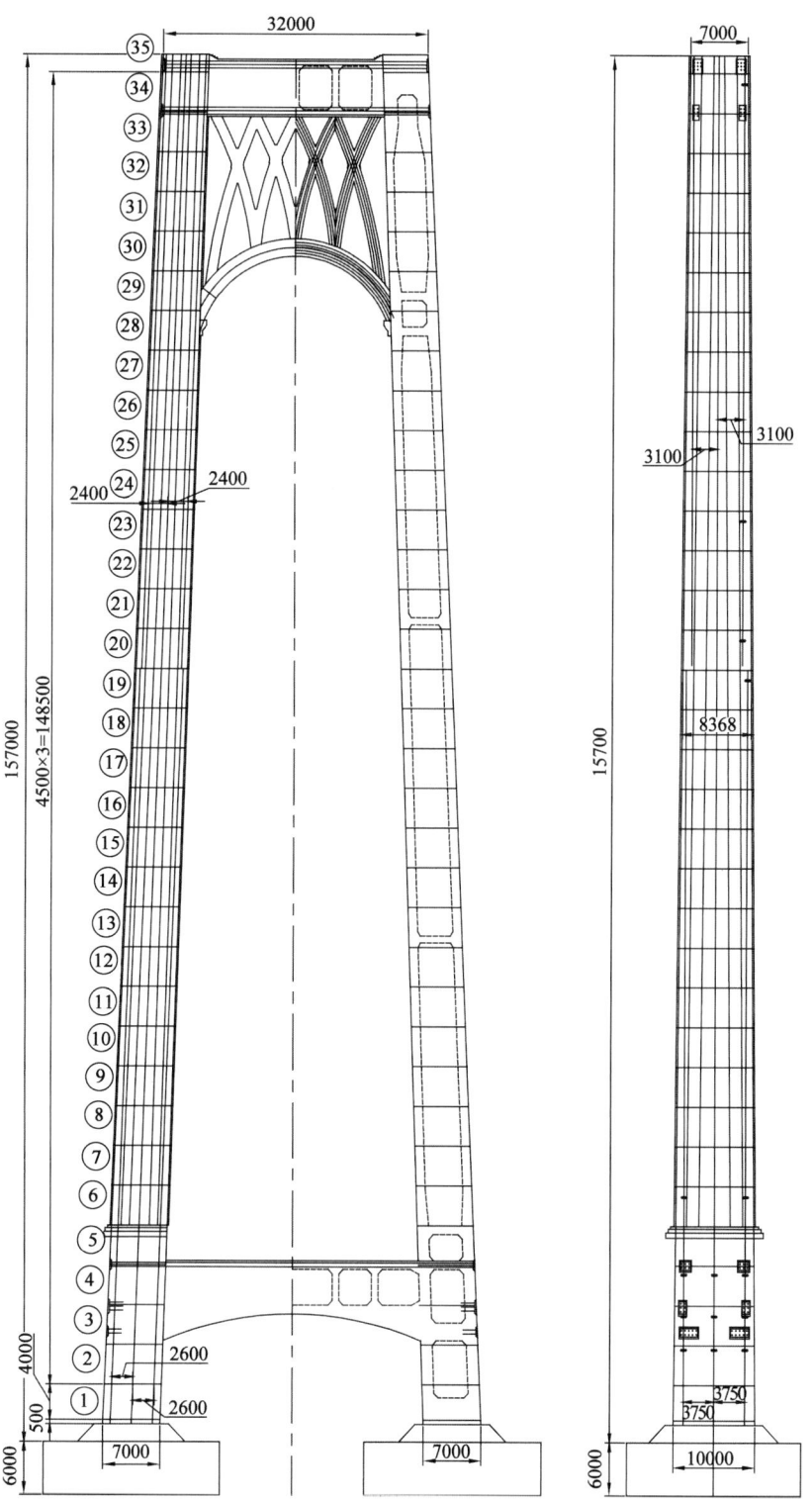

图2-1-18 主塔塔柱节段划分图(尺寸单位:mm)(以南岸主塔为例)

(1)安装塔柱施工所用的主要设备、设施,施工完成塔柱起步1~2节段,安装液压爬模系统,同时安装下横梁支架系统。

(2)继续施工塔柱3~6节段,安装下横梁预埋钢筋及相关预埋件,在此之前,下横梁的支架模板系统已安装完成,同时已做好支架预压准备,此时停止塔柱施工,开始分层施工下横梁。

(3)下横梁施工完成后,继续施工塔柱7~35节段,施工时注意及时完成下横梁预应力的张拉压浆工作,拆除下横梁模板支架系统,施工时同步提升塔式起重机和电梯,适时安装水平横撑,安装上横梁支架系统。施工过程中左、右两塔肢尽量保持同步。

(4)施工塔顶节段时,安装上横梁预埋钢筋及相关预埋件,完成模板支架系统预压工作后,开始分层施工上横梁。

(5)上横梁施工完成后,主塔混凝土结构基本施工完成,拆除液压爬模,完成上横梁预应力的张拉压浆工作后,拆除上横梁模板支架系统,拆除水平横撑,完成其他附属结构施工。

(6)根据施工进度安排,适时完成主塔钢桁架的拼装和整体提升安装工作。

主塔塔柱总体施工工艺流程如图2-1-19所示。

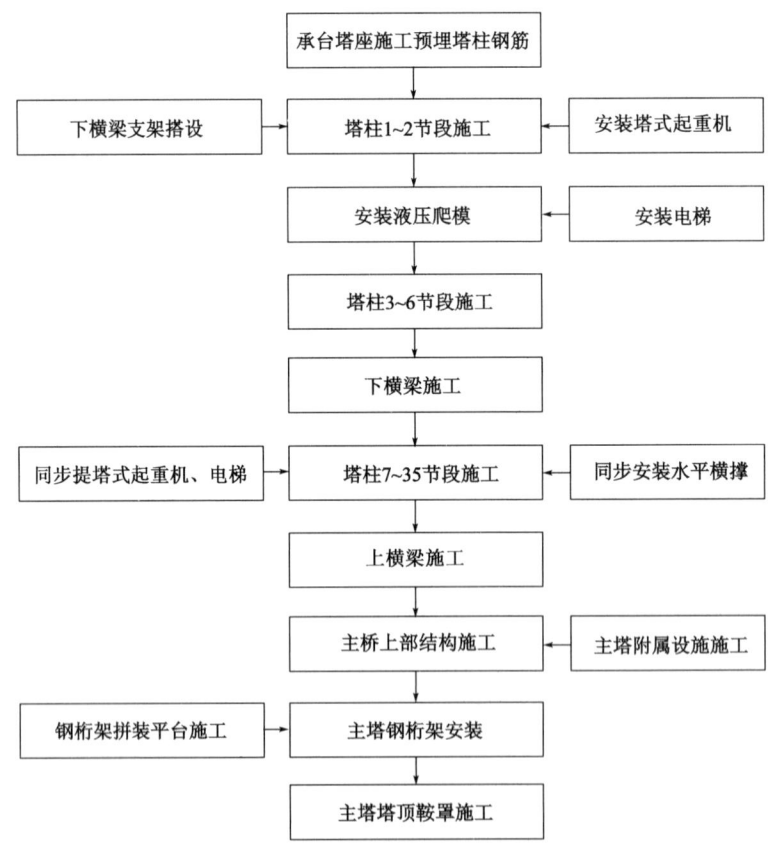

图2-1-19 主塔塔柱总体施工工艺流程(以南岸主塔为例)

三、主要施工设备

1. 塔式起重机

根据塔柱结构特点并考虑上部结构施工需要,在塔柱及上部结构施工期间,上游塔柱安装一台 315t·m 的 TC7530-16T 塔式起重机,下游塔柱安装一台 200t·m 的 TCT7520-16D 塔式起重机。塔式起重机主要用于液压爬模吊装、塔柱施工及上部结构施工吊装工作。

2. 施工电梯

根据电梯布置原则,主塔上下游塔柱各安装一台 SC200/200GD 型双笼倾斜施工电梯。主塔的倾斜度为 2.57°,电梯性能满足施工要求,分别负责左、右幅塔柱施工人员上下及小型材料的运输。在主塔塔柱施工完成后,拆除一侧电梯。电梯附墙直接附着于塔柱上,并随着爬架的爬升按照要求接高。爬架外侧底口设置吊架平台,作为电梯上下通道。

3. 混凝土泵送设备

混凝土浇筑采用 1 台 90 型中联重科混凝土拖泵进行泵送。泵管从拖泵接出,沿着电梯外侧布置,顺着塔柱随着爬架的爬升进行接高固定,同时做好附墙安装工作。

四、南岸主塔液压爬模系统施工工艺

1. 液压爬模特点

模板面板及自动爬架平台设计适用于不同形状的塔柱,截面形状改变时,只需在桥塔上对模板面板及平台做少量调整即可。

木模板体系自重小,采用车间组拼、现场安装,利用爬架上设置的模板悬挂及纵、横向调节系统进行模板的闭合、调位及脱模,操作十分便捷、效率高。

爬架采用液压爬升,以加快工程进度,确保整个大桥工期。

模板使用木面板,能获得较好的混凝土外观效果。

2. 系统组成及工作原理

液压爬模系统由模板、爬升装置、移动模板支架、模板悬吊系统、外爬架、内爬架、固定支架、动力装置及管路系统等组成。模板体系通过钢梁结构与爬升主体相连,液压自动爬架设 6 个工作平台。平台之间采用固定扶梯相连,在同一平面上,平台间连成一条贯穿的通道,单个爬升装置的承载力为 130kN。在塔柱施工过程中,设置在一周的爬升装置均同步爬升,带动大面板模板共同均匀上升。单个油缸通过控制调节器相互协调同步工作。

液压爬模工作原理是:导轨依靠附在爬架上的液压油缸来进行提升,导轨到位后与上部爬架悬挂件连接,爬架与模板体系则通过顶升液压油缸沿着导轨进行爬升。

3. 工艺流程

(1) 在起始浇筑段中,按照设计位置埋设锚锥,并保证其位置准确。

(2) 混凝土达到强度要求后拆模,以起始段中预埋的锚锥为支点拼装平台系统。

(3)安装劲性骨架,绑扎钢筋,安装预埋件,调整模板位置,保证定位精度,进行浇筑工作并埋设锚锥。

(4)达到条件后拆模,混凝土强度达到20MPa以上时,操作动力装置控制器爬升轨道,使其上部与挂在预埋锚锥上的悬挂件固接,形成爬升轨道。

(5)操作动力装置控制器爬升爬架,带动系统爬升至下一工作节段。循环重复上述工作流程直至塔柱施工完成。

液压爬模典型爬升工艺如图2-1-20所示。

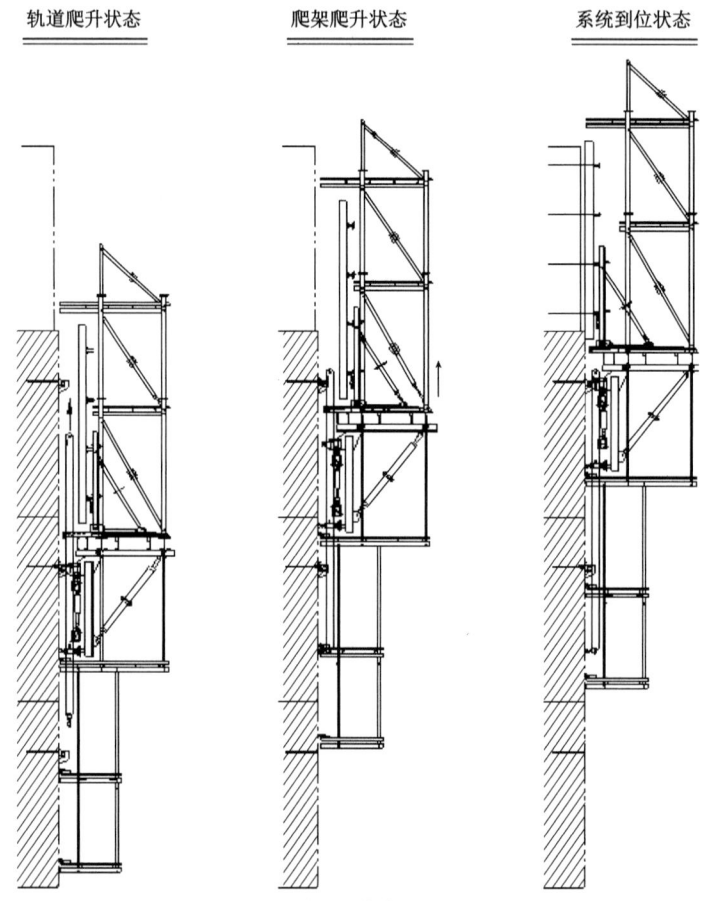

图2-1-20 液压爬模典型爬升工艺

五、北岸主塔智能顶升模架系统施工工艺

1. 技术特点

智能顶升模架系统创新性地提出协作平动连杆设计,使框架系统以连杆为传递构造,保持整体协同变形,承载能力更大,可抵御14级大风,是一种整体自适应刚性框架平台系统。

智能顶升模架是一种自带抗侧轨道的角模式支承系统,采用多排可周转预埋锥固定"L"形角模式承力件,施工时能够自平衡支承顶升。

智能顶升模架采用双模板循环施工系统,完美实现多作业层协同施工,突破混凝土拆模龄期、承受荷载龄期限制,实现连续作业,施工效率提高30%。同时也开发了桥塔平台综合智能监控系统,配合顶升系统,可实现一键整体同步顶升及自动调平,并将顶升误差控制在5mm内。

2. 工艺原理

智能顶升模架系统由顶升系统、框架系统、双模板系统、智能监控系统及附属设施组成,融合模架、临水临电、临建设施、物料堆场等设备设施,可实现多作业层高效协同施工。自平衡支承顶升系统是桥塔平台沿渐变截面塔柱的支承点和顶升动力,采用4个支点,可以实现沿倾斜塔柱的整体同步顶升。

塔柱结构施工时,先吊装完成上层节段劲性骨架,绑扎上层节段钢筋,此时桥塔平台荷载通过上、下支撑架,将荷载传递到达塔柱上。待钢筋绑扎完成及下层混凝土达到强度后,拆除模板开始顶升,顶升时,仅下支撑架支撑在塔柱上,处于上、下支撑架之间的主油缸活塞杆向上伸出,上支撑架随模架整体一起顶升,顶升到位后,上支撑架支撑并牢固咬合在上层节段的承力件上,模板随智能模架一起提升一个节段,就位后通过主油缸活塞杆回收提升下支撑架,下支撑架咬合固定至承力件后,完成顶升过程。调整模板并固定后,浇筑混凝土。

3. 功能分区

智能顶升模架沿立面跨越5个节段,由上至下为劲性骨架及钢筋绑扎作业层、模板安装及混凝土浇筑层、模板拆除及混凝土养护层、承力件周转层及混凝土养护层。支撑与顶升区域包括2个节段,其中上、下支撑架总计占1个节段高度,下部1个节段高度主要用于混凝土承力件的周转操作。为此,框架系统高度设计为19.5m(不包括平台上部护栏的高度)。根据以上原则,智能顶升模架立面布置如图2-1-21所示。

4. 各系统设计

1) 钢框架系统设计

框架系统的架体结构高度为19.5m(不含顶部防护),覆盖支承层和两个模板层,钢筋绑扎利用顶部平台为施工作业面,支承系统下部设置有承力件拆除架体,在与塔式起重机附着有干涉时可向上收起。

2) 支撑与顶升系统设计

支承与顶升系统包含预埋螺栓、承力件、上支承架、下支承架、顶升油缸及其支座。本项目每个塔柱设置4套支承顶升系统。

3) 模板系统设计

模板系统采用木梁胶合板大模板,木梁胶合板模板面板为芬兰进口的维萨板,规格为2440mm×1220mm×21mm,其周转次数正常可达40~50次,竖肋为木工字梁(翼板为进口维萨木方),模板体系还包含横向背楞和专用连接件等配件。

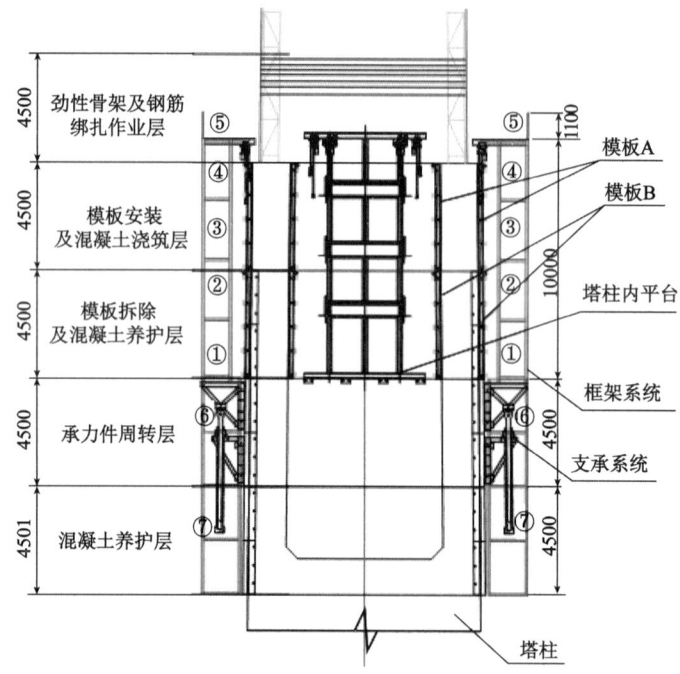

图 2-1-21 智能顶升模架立面布置(尺寸单位：mm)

4) 内模平台

内模平台配合外模板施工,立面配置两套模板,平台周转通过塔式起重机提升。隔板施工时,采用预埋牛腿+钢横梁、满堂支撑的方式。

5) 附属设施系统

附属设施包含防护网、走道板、作业翻板等防护设施,根据框架位置进行布置。

5. 工艺流程

标准节段顶升流程如图 2-1-22～图 2-1-30 所示。

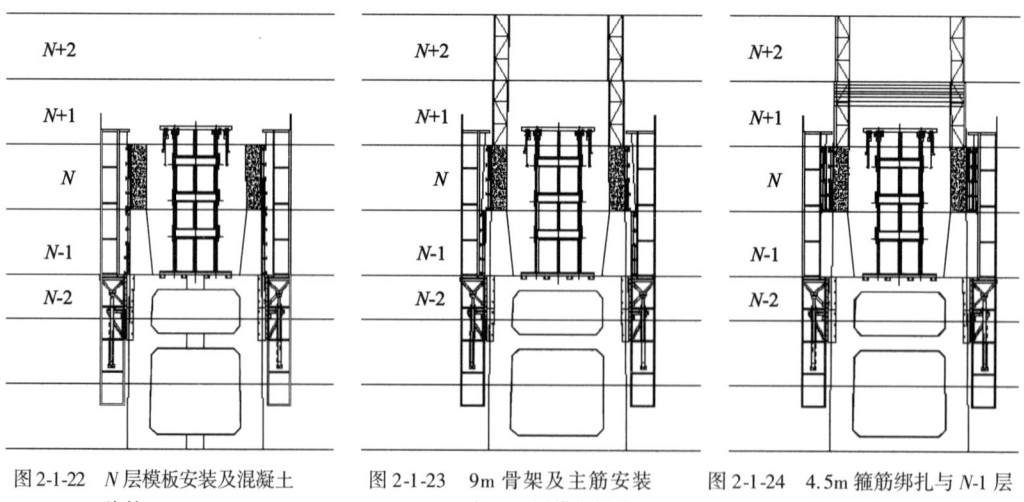

图 2-1-22 N 层模板安装及混凝土浇筑

图 2-1-23 9m 骨架及主筋安装与 N-1 层模板拆除

图 2-1-24 4.5m 箍筋绑扎与 N-1 层模板提升至 N 层

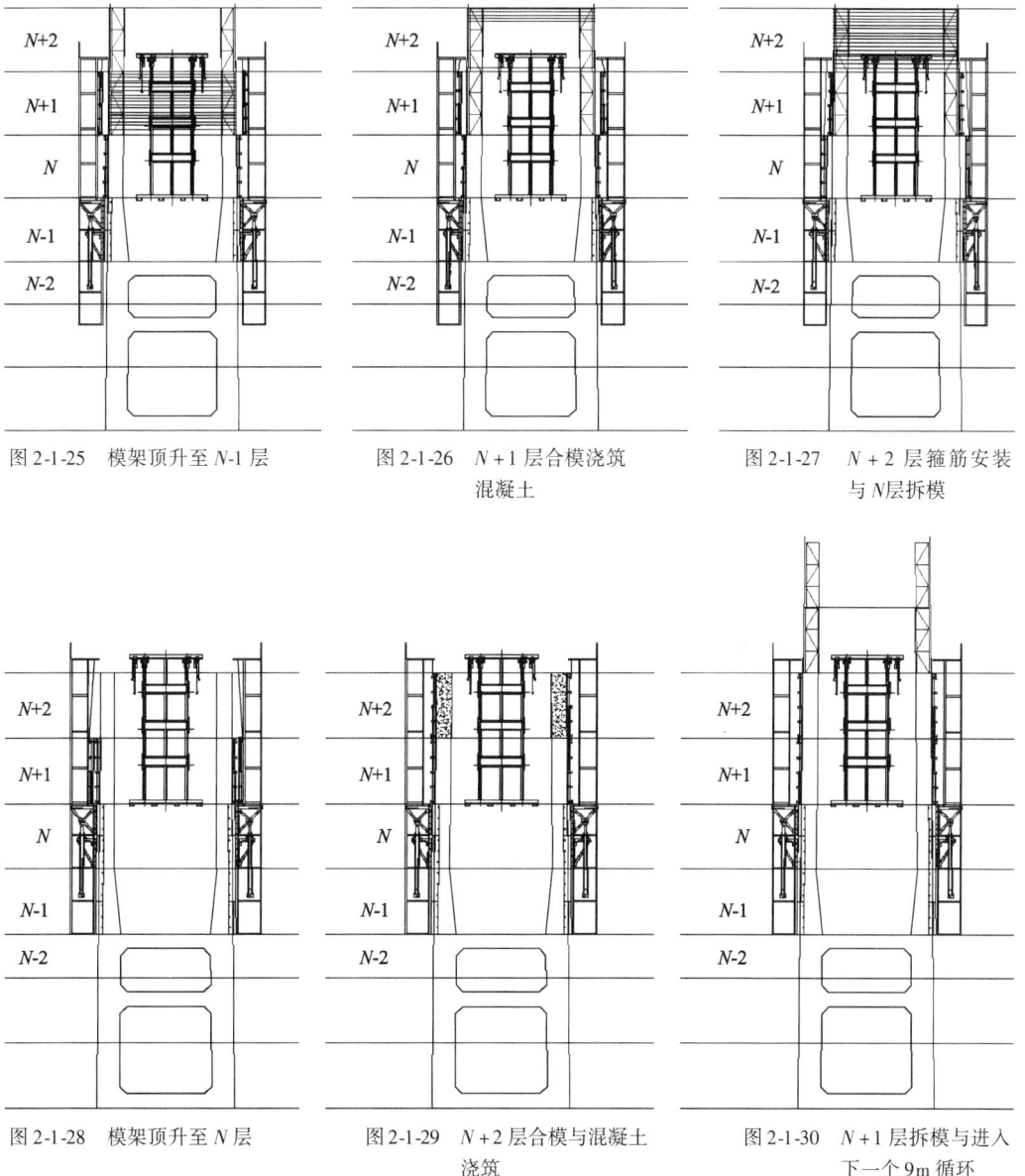

图 2-1-25 模架顶升至 N-1 层

图 2-1-26 N+1 层合模浇筑混凝土

图 2-1-27 N+2 层箍筋安装与 N 层拆模

图 2-1-28 模架顶升至 N 层

图 2-1-29 N+2 层合模与混凝土浇筑

图 2-1-30 N+1 层拆模与进入下一个 9m 循环

6. 施工方法

1）顶升工况

（1）顶升检查。检查油缸油路、连接节点变形情况、螺栓是否紧固、缸体垂直度等；检查框架垂直度、变形情况、各节点连接情况、监测主桁架的变形情况等；检查每块模板是否全部脱开，上吊杆是否紧固。

（2）顶升过程。

试顶升。开始顶升，首先顶升 50mm，密切监视各节点变形情况、油缸同步运行情况、油缸和框架立柱垂直度情况以及行程内障碍物情况。

顶升预定高度。密切监控各点行程的同步、顶升力的同步、顶升速度的平稳,通过同步控制系统及辅助监控系统确保整个顶升过程的平稳、同步;顶升完成后监控支撑点挂爪是否与挂靴咬合均匀,顶升油缸慢速回收50mm,荷载逐渐由上支撑承受,准备提升。

2)提升工况

(1)试提升。检查油路、活塞杆工作情况后提升下支撑50mm,检查下支撑伸缩油缸、上下支撑架协调工作情况。

(2)提升预定高度。回收油缸活塞,带动整个下支撑上升一个结构层后,观察外围支点下支撑架挂爪与挂靴咬合情况;观察中间支点下支撑伸缩油缸运行的协调情况。

3)施工工况

(1)钢筋绑扎(钢板墙吊装)。竖向钢筋接长每个工作点需2~3人协同完成,负责钢筋扶直,竖筋位置需考虑避开下部模板对拉螺栓位置,水平构件直螺纹套筒预埋定位准确、连接牢固。劲性骨架稳固下放,避开对拉螺栓位置,承力件螺栓位置。

(2)承力件预埋及模板支设。将承力件及背板按要求支设并加固,其余模板利用滑梁滚轮滑动至墙面进行模板支设作业;模板就位后穿设螺栓套管,利用套管上的控制标记控制墙体厚度。

(3)混凝土浇筑。按照施工方案浇筑顺序分层浇筑完毕后,必须马上清理各作业面混凝土残渣,确保各作业面的清洁。

(4)脱模并养护。按照支模反向顺序依次退开对拉螺栓,清理干净后分类集中堆放整齐;模板离开墙面400mm;翻板上翻,模板沿导轨移开300mm,工人利用专用工具将模板清理干净。模板改造在模架上进行,防线后利用型钢定位修改,利用手持电动工具进行切割。

六、塔柱基本施工工序

1. 劲性骨架

为满足塔柱高空倾斜状况下钢筋施工的精确定位,方便测量放线,塔柱施工时设置劲性骨架。为方便安装,劲性骨架采用矩形单面单片桁架结构,在后场分榀分节段加工,路运至现场塔式起重机吊装,用型钢连成整体。为了保证单面整片桁架在运输过程不发生较大的变形,单片桁架起吊采取四点平衡起吊。

据塔柱分节高度及主筋的悬臂长度,劲性骨架标准长度确定为9m。劲性骨架主要采用∠100×10、∠63×8等类型的型钢制作、连接。为方便运输及现场定位、安装,劲性骨架由单片桁架和联结件组成。

劲性骨架现场安装方法如下:首先在预埋的劲性骨架桁架连接板上,按塔柱倾斜角度焊接限位角钢。然后用塔式起重机吊装单片桁架,当桁架对角立柱进入连接板上的限位装置内后,校核其倾斜位置满足要求,将骨架与连接板施焊。单片桁架安装固定后,用角钢按设计要求把四个面的单片桁架联结固定起来形成整体。

2. 钢筋工程

主塔塔柱钢筋总质量为2229t，塔柱的型号钢筋为HRB400，竖向主筋为$\phi 28mm$，采用分节加工绑扎，滚轧直螺纹接头连接工艺，接头错开长度按照1m控制，塔柱竖向主筋节段长度为9.0m。

箍筋、水平筋、拉钩筋型号为$\phi 20mm$、$\phi 16mm$等，施工时按照图纸要求加工和绑扎，塔柱箍筋以及较长的水平钢筋配置时需配置部分焊接接头，以保证塔柱钢筋混凝土净保护层厚度。

塔柱钢筋在加工场内下料，加工完成后运往施工现场，箍筋、水平钢筋采用搭接焊接。

3. 模板工程

塔柱采用WISA板钢木结合模板体系，主要由木面板、分配梁([8])、背部钢围檩三部分组成，钢围檩与钢背楞之间通过焊接相连接，成为模板骨架，面板与骨架通过沉头螺栓固定，三者有机固结成一整体。

塔柱采用的模板系统为大面积模板，设计高度为4.65m，其中下部0.1m作为新旧混凝土面的压踏脚，上部0.05m防止混凝土浆水溢出污浊混凝土表面和工作平台，从基座底至墩顶，总的爬升工作周期为35次。

现场的大面积模板分块拼装完成后，由平板车运至施工现场，采用塔式起重机进行吊装。安装时，每块模板须精确定位，各模板接头处采用双面胶条进行处理，防止漏浆。大面积模板体系通过对拉杆完成相对面板之间的固结，本工程中，模板上每$1.4m^2$设置一个对拉杆，通过垫片和螺母与背部钢围檩连接。

本桥塔柱外形尺寸均随高度而变化，因而模板除起步段外每次使用都存在收分问题，因此，所有模板均在设计施工图中指定位置收分。施工中的模板收分通过割除外侧模板来完成。

4. 混凝土工程

在塔柱施工中，为了确定塔柱配合比，采用多种材料进行混凝土配比试验，并对混凝土试块进行绝对升温试验，选择满足强度和抗渗等级要求、低水化热、施工性能良好的配合比，同时进行混凝土收缩检测。

为了提高塔柱的外观质量，针对混凝土不同原材料、不同配合比、不同类型模板、不同脱模剂，进行塔柱线外试验块浇筑，以选择最优方案。

为保证主塔混凝土强度、耐久性、施工工作性和外观质量，应严格做好材料进场检验，以及设备使用、维护、保养和检定工作，保证混凝土生产、泵送与施工成品质量。

塔柱混凝土为C50混凝土，须严格按设计、规范和招标文件要求施工。混凝土浇筑分层严格按照30cm一层进行控制，布料均匀；振捣时，以混凝土停止下沉，不再冒出气泡，表面呈现平坦、泛浆作为密实标准来控制。

5. 养护

养护对混凝土的质量和耐久性十分重要,常温下养护不够,对混凝土的质量与耐久性的影响程度很大,对养护条件较差的现场现浇构件,除了采取调整相应的技术措施外,尚需在现场配备专门的养护设施,确保不间断湿养护14d左右。

塔柱施工期间经历季节变化,冬季混凝土需保温养护,夏季混凝土需湿水养护,以防止混凝土表层出现裂纹。

七、水平横撑设计与施工

塔柱水平撑杆采用$\phi 820mm \times 10mm$钢管,与塔柱预埋件水平连接,如图2-1-31所示。

水平撑杆最大质量为6t,为保证水平撑杆安装的同向性,采用整根吊装,起吊设备采用塔式起重机。塔柱水平撑杆安装施工前,两塔柱内侧先安装施工操作平台和施工通道与撑杆之间设置通道相连。水平撑杆安装时,先将预埋在混凝土内锥形螺母准确位置扩在硬板纸样板上,根据样板在锚板上钻孔,然后安装锚板、对撑支座,吊装水平撑杆。定好位后用千斤顶顶紧,焊接连接构件。每道撑杆2根钢管安装后,安装水平平联、栏杆。

水平横撑顶推力的施加根据监控单位施工指令进行。施加顶推力的同时应观测水平撑杆的挠度和塔柱的变形情况,顶推力满足要求后,停止施加力,用连接钢板将钢管与撑杆支座焊接固定,然后千斤顶回油、卸落,水平横撑施工完成。

八、横梁施工

1. 概述

主塔下横梁为矩形变高箱形截面,跨中高6m,根部高9m,宽8.5m,顶、底板厚及侧壁板厚度均为1m,下横梁设4道横隔板,横隔板厚0.8m。混凝土方量达1086m³。

主塔上横梁为矩形箱形截面,距塔内壁1.3m范围为实心截面,横梁在塔柱间长21m,中间19m为等截面,高6.5m,宽6.6m,壁厚均为0.8m;两侧各1m为变截面,高度由6.5m渐变为7m。混凝土方量533.6m³。

上、下横梁均设置预应力,下横梁采用44束19孔预应力钢束,上横梁采用20束16孔预应力钢束,预应力筋采用$\phi 15.2mm$高强度低松弛钢绞线,标准强度$f_{pk}=1860MPa$,弹性模量$E_p=1.95 \times 10^5 MPa$。

2. 总体施工方案

横梁与塔柱节段异步施工,均采用贝雷梁钢支架现浇工艺。为避免塔肢施工与横梁施工相互干扰,施工采用先塔后梁法,即横梁段的塔柱施工完成后再进行横梁施工。

下横梁采用在主塔承台上预埋横梁立柱预埋件,同时在承台之间打设钢管桩支架,安装平联、斜撑、分配梁后,铺设模板系统。上横梁采用三角支架上安装主承重梁,再安装垫梁、贝雷梁、分配梁及模板系统。

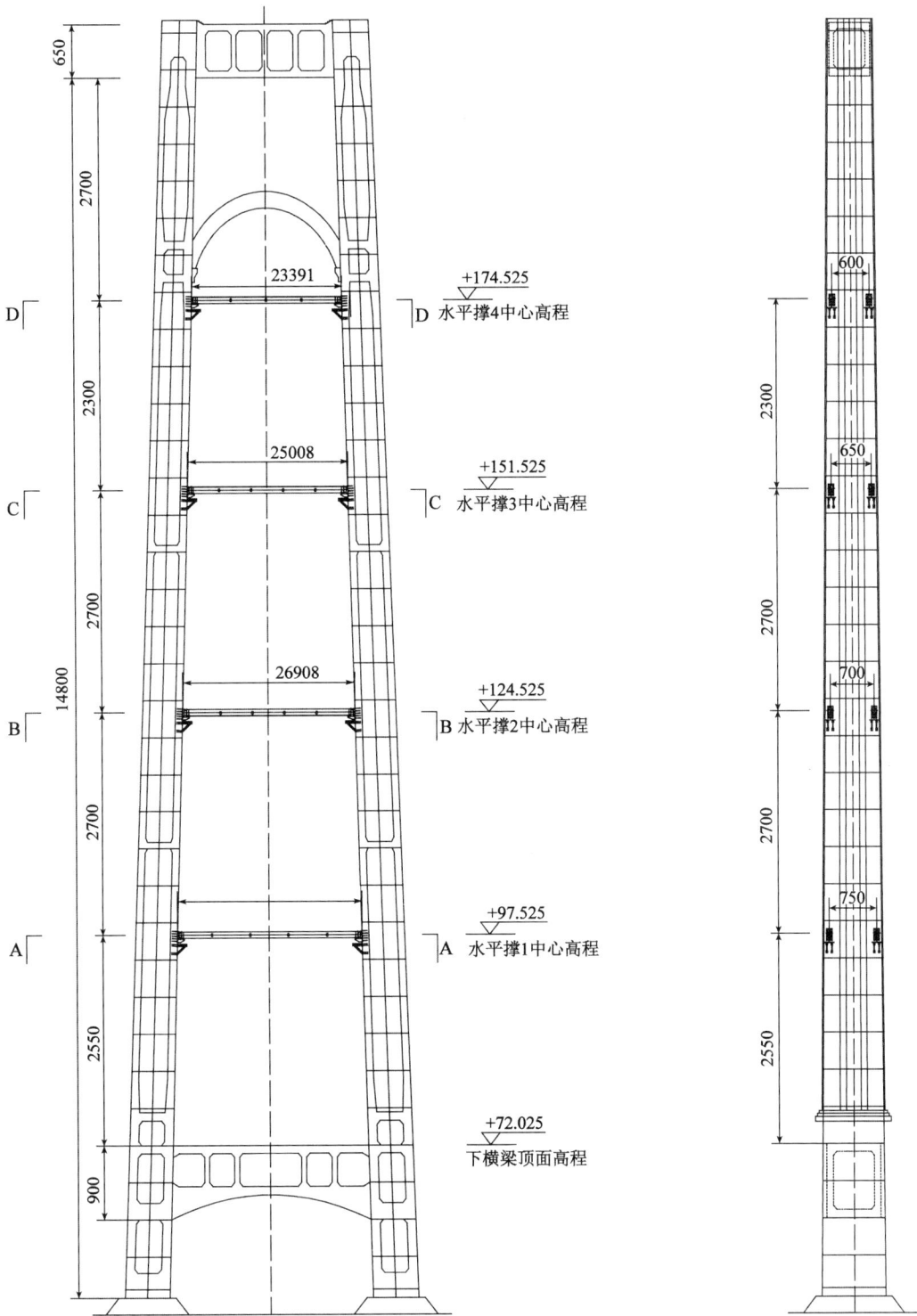

图 2-1-31 塔柱水平横向支撑立面布置图(尺寸单位:cm)

支架系统预压并经过调整完成后,进行钢筋绑扎、预应力管道定位以及内、外模安装、混凝土浇筑等工序,横梁混凝土分两次浇筑成型。预应力管道采用SBG波纹管,外模采用大面积钢模板。当横梁混凝土达到规范设计要求强度后,即可进行横梁预应力施工,张拉、注浆完成后,即可拆除上横梁支架。

3. 横梁支架布置

1) 下横梁

下横梁支架采用落地式钢管少支架,垂直支撑承受下横梁施工时的垂直荷载,横向支撑对垂直支撑起稳定作用。下横梁支架系统布置图如图2-1-32所示。

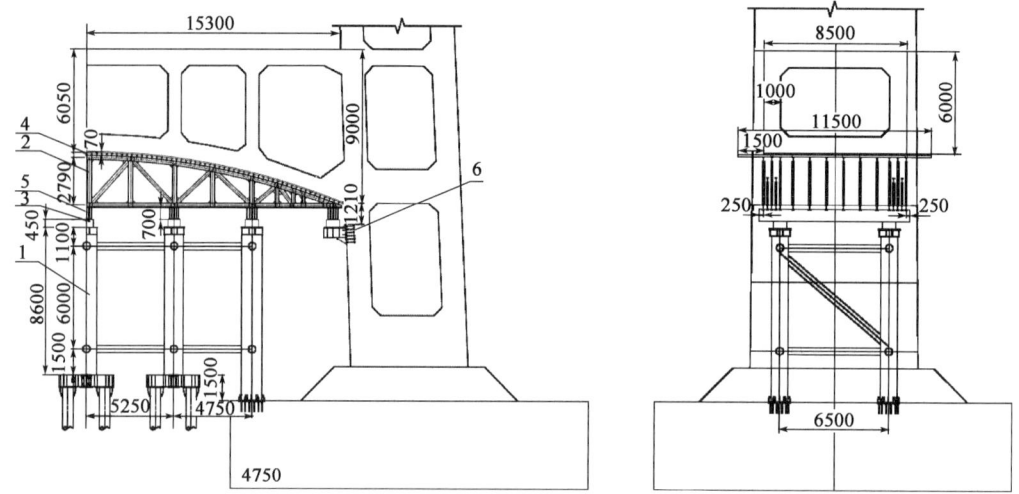

图 2-1-32　下横梁支架系统布置图(尺寸单位:mm)
1-立柱系统;2-承重圆弧桁架片;3-卸荷块;4-分配梁;5-横梁;6-牛腿

垂直支撑采用外径 $\phi1200mm \times 12mm$ 的钢管立柱,钢管之间采取焊接,钢立柱顶面设置桩帽,横向连接由 $\phi426mm \times 6mm$ 钢管构成,钢管立柱上端设置双拼 HN700×300mm 横梁,横梁上放置12片钢拱架、工14分配梁以及 10cm×10cm 木方 +20mm 竹胶板,共同组成支架模板支撑系统。

主要受力立柱设计为10根 $\phi1200mm \times 12mm$ 钢管,2行5列式矩阵布置。外侧两列共4根管底安装在主塔承台上,中间3列共计6根设置在承台中间的回填区域内,单柱采用4根直径630cm 管桩基础。塔柱边采用钢制牛腿作为边跨受力结构,全横梁共计4个牛腿,锚固在塔柱内。受力立柱之间采用 $\phi426mm \times 6mm$ 钢管作为平联,平联共计2层,分别布置于高程54.525m(承台顶面以上3m)和60.525m(承台顶面以上9m)处。中间三列共计6根立柱下端落在钢管桩十字横梁上,桩顶高程根据设计高程及地形适当调整。

2) 上横梁

上横梁施工采用附塔牛腿支架,上支点采用精轧螺纹钢对拉锚固,下支点采用承插式支撑在塔柱预留的洞口。牛腿由 H 形钢 H588×300mm 焊接而成,单个牛腿由竖杆、横梁、斜撑、内撑、筋板及连接板组成,共计8个牛腿,同排的上下游牛腿安装完成后,测量两个牛腿之间接头距离,根据此数据下料加工调节段。通过贴板焊接完成连接,各排牛腿安装完成后,焊接平连连接成整体。在牛腿上部安装卸荷块,用来调节高程及后期的落架拆除。卸荷块采用 H 形钢 HW300×300mm 加工而成。在牛腿上放样出卸荷块的位置,采用塔式起重机吊装至牛腿上部焊接固定。卸荷块上放置双拼工 45b 主横梁、贝雷梁、工 25 分配梁以及 10cm×10cm 木方 + 20mm 竹胶板,共同组成支架模板支撑系统。上横梁支架系统布置图如图 2-1-33 所示。

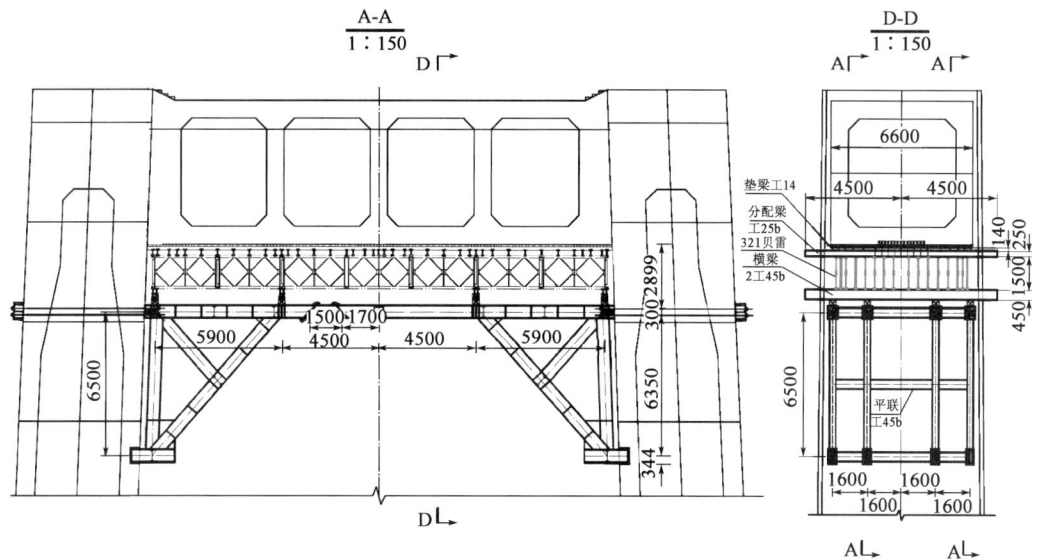

图 2-1-33 上横梁支架系统布置图(尺寸单位:mm)

4. 支架预压

支架系统安装完成以后,对其进行加载预压,下横梁支架系统采用"钢筋 + 沙袋"堆载对支架进行预压试验,上横梁支架系统采用"钢筋堆载 + 千斤顶反力施压"对支架进行试验,预压荷载为下横梁自身荷载的 120%。

预压试验模拟横梁支架在施工时的加载过程,分析、验证支架立柱及其他结构(模板、钢架、卸荷块、牛腿、横梁、平联管等)的承载能力和稳定性,准确掌握横梁施工过程中横梁支架各工况的实际挠度和刚度,提前发现支架构件、加工件及安装所存在的问题和隐患,提前调整和整修,防患于未然。以载荷试验为依据评判支架的安全性能,以确保支架在投入使用后能正常工作和安全使用。

通过分级加载、预压消除结果非弹性变形,得出载荷-挠度曲线,检查系统在各种工况下,构件应力与应变实测值与理论值的差异,验证理论计算值的准确性,为横梁浇筑预拱度设置提供数据支持。

预压试验程序与步骤为:预压准备(技术交底、施工组织等)→横梁支架安装就位→支架全面检查→观测点标记布设→分级加载→观测读数、记录→终值静置→观测、全面检查→卸载→观测结果整理、分析→支架调整并投入使用。

5. 钢筋工程

主塔横梁与塔肢为异步施工,横梁主筋和倒角钢筋均需在塔柱内相应节段施工时预埋,预埋时与塔肢钢筋绑扎成网,定位准确,必要时可以增加辅助钢筋以控制钢筋位置及间距,预埋主筋的接头采用一级接头,以满足全断面接头的需要。

横梁钢筋施工时的方法和要求与塔肢施工基本一致,此处从略。

6. 模板工程

横梁模板主要由底板底模、腹板侧膜、内腔模板、顶板底模组成。模板竖向固定采用支架支撑方式,横向采用对拉杆螺栓固定。

底模安装时,以支架顶层的工字钢分配梁为背楞,铺设 10cm×10cm 木方+竹胶板作为底模面层,木方间距不大于30cm,木方与工字钢垂直交叉布置。

侧模采用定型钢模板,后场加工试拼以后现场吊装成型。混凝土浇筑分两次进行,模板拼装对应分两层拼装。第一层外侧模板底口用限位工字钢固定在底模分配梁上,侧模与底模的搭接方式采用侧包底。第二层外侧模板竖向借助预埋锚锥焊接限位钢板支撑,横向采用对拉杆连接,上口采用钢筋对拉牵引固定。

内模采用组合钢模板,以槽8为分配梁,双拼槽20为背带,单块模板的标准尺寸为 15mm×300mm×50mm。横梁底板混凝土浇筑时,需要预留部分混凝土振捣孔,浇筑完成后封闭。顶层内模板采用脚手架作为支撑。

7. 混凝土工程

混凝土工程详见塔柱施工基本工序,此处从略。

8. 预应力工程

波纹管采用钢筋定位网片定位,预应力管道定位筋应设置准确,曲线段每隔50cm设置一处,直线段布置间距不大于1m。

预应力锚垫板在塔柱施工时通过槽口模板进行定位,用螺栓固定在槽口模板上,将槽口模板和锚垫板一并固定在塔柱模板上。所有预应力张拉端槽口、锚座均应与预应力钢束垂直。

钢绞线采用砂轮切割机下料,加工形成整股,横梁浇筑完后,采用5t卷扬机将单孔钢绞线整股穿入孔道,两端各预留张拉工作长度100cm。

横梁预应力采用智能张拉方式施工,张拉设备采用YCW600型千斤顶,配套精度为0.4级耐震精密压力表。张拉设备经标定合格后方可投入张拉作业。

横梁混凝土强度、弹性模量分别达到标准强度和标准弹性模量的90%以上、龄期达到7d以上后,方可进行预应力钢束张拉施工。张拉时,采用张拉应力和张拉伸长量进行"双控",以张拉应力控制为主,伸长量为辅。

下横梁分三批张拉:第一批先对称张拉部分底板束和腹板束,第二批再对称张拉部分顶板束;第三批再对称张拉剩余的腹板束、底板束和顶板束。上横梁一批张拉完成后,进行顶板束和底板束交叉对称张拉。

张拉完成后24h内,采用真空辅助压浆工艺进行预应力管道压浆。

第四节 主塔钢桁架施工

一、工程概况

伍家岗长江大桥主塔是钢结构在主塔上进行应用的典范,其在国内首次采用在主塔内部设置 23.2m×6.6m×24.7m 大型网状钢桁架结构的方式,既加强了主塔的刚度、强度和稳定性,又提升了主塔的美观性,通过钢桁架造型赋予桥梁更多的文化元素。

钢桁架由腹杆和下弦杆组成,其立面线形均为圆曲线,采用箱形截面。腹杆截面高 1.2m,宽 2.5m,板厚分别为 16mm、24mm,下弦杆截面高 2.0m,宽 5.8m,板厚 20mm,均采用板式加劲肋加劲。单个主塔钢桁架在立面上划分 7 个节段(类型为节段 A~节段 D)、8 个合龙段(类型为节段 E~节段 H)及 7 个预埋段(类型为节段 A~节段 D)。腹杆、下弦均通过预埋段,采用 PBL 剪力键和剪力钉与主塔上横梁、混凝土塔柱连接。钢桁架各节段之间均为焊接。钢桁架外表面设有板厚为 10mm 的装饰板,部分装饰板为空间曲面。

主塔及上横梁施工过程中完成预埋段 A~预埋段 D 的安装施工。主桥钢箱梁 D 节段吊装到轨道上后,在钢箱梁 D 节段及引桥上面搭设拼装支架。拼装支架搭设完成后,先按照从中间向两侧、左右对称的原则进行下弦杆的拼装;下弦杆拼接焊缝焊接完成后,再从中间往两侧逐段拼装腹杆节段,直至完成钢桁架整体拼装,然后通过塔顶起重机将钢桁架吊装到位后与预埋件拼焊成整体。塔顶钢桁架整体布置图如图 2-1-34 所示。

塔顶钢桁架各节段质量统计见表 2-1-6。

塔顶钢桁架各节段质量　　　　　表 2-1-6

名　称	编　号	宽度(mm)	高度(mm)	长度(mm)	质量(t)	数　量	总质量(t)
下弦杆	XX-A-1/2	3070	3527.5	12694.2	23.3	8	186.0
下弦杆	XX-B-1/2	3070	2142.9	4307.7	8.85	4	35.4
腹杆	FG1-1	2500	1811.9	9090.4	9.3	4	37.3
腹杆	FG1-2	2500	3777.5	11062.6	11.3	4	45.3
腹杆	FG2-1	2500	2622.5	4624.3	8.4	4	33.4
腹杆	FG2-2	2500	1266.5	2980	5.4	4	21.5
腹杆	FG2-3	2500	1284.9	3819.3	6.9	4	27.6
腹杆	FG3-1	2500	1929.6	9470.9	19.2	4	76.6
腹杆	FG3-2	2500	1445.5	2982.2	6.0	2	12.1
腹杆	FG4-1	2500	2597.1	3914.5	7.9	2	15.8
腹杆	FG4-2	2500	1314.5	4873.4	9.9	4	39.4
腹杆	FG4-3	2500	1262.3	2625.9	5.3	4	21.2
装饰板	ZSB	—	—	—	74.6	2	149.2
合计						50	701.0

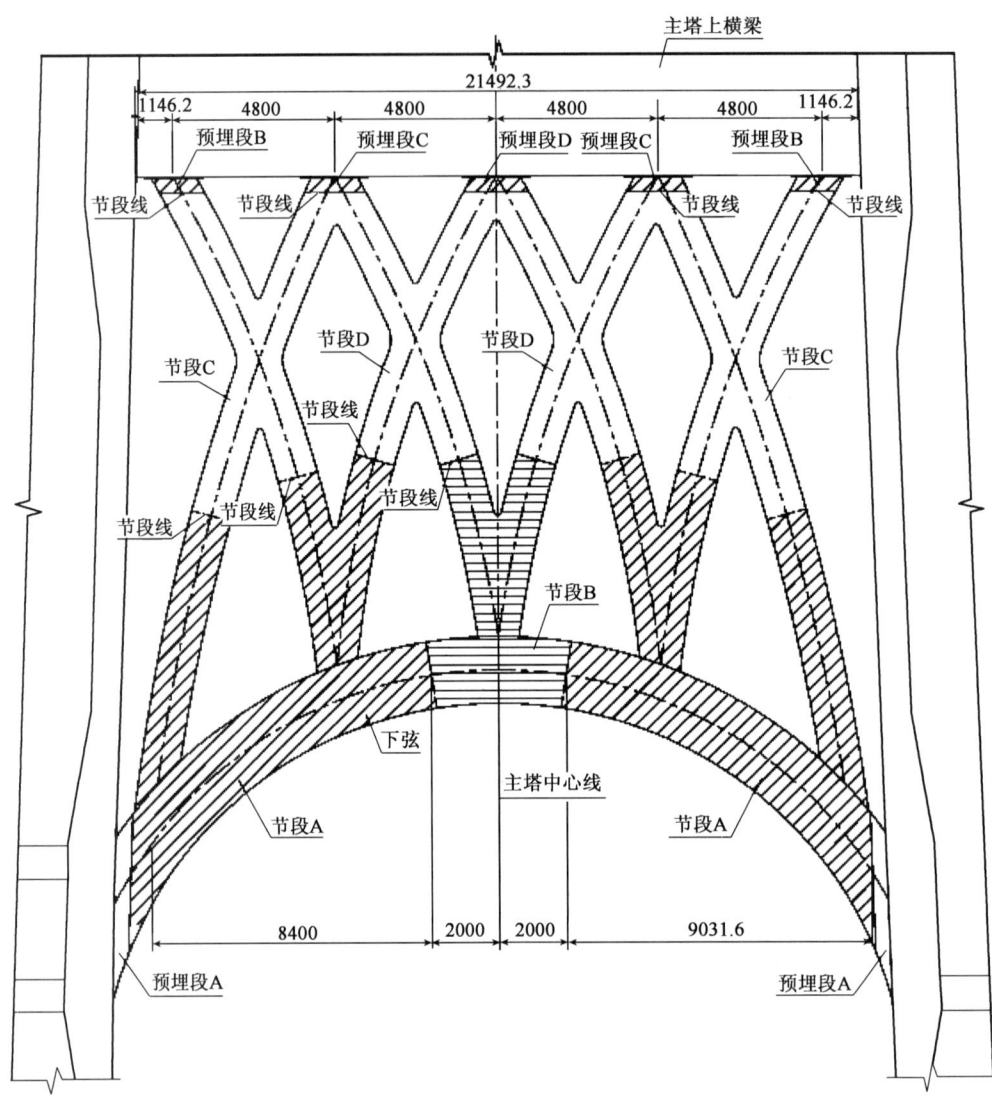

图 2-1-34 塔顶钢桁架整体布置图(尺寸单位:mm)

二、施工总体部署

钢桁架杆件制造及总拼在钢结构基地加工制造,主要完成零件下料、板单元组拼、下弦杆及腹杆杆件组拼,搭设总拼装胎架进行厂内总拼(部分装饰板预先安装到钢桁架上,减小装饰板高空安装重量及难度),在节段间安装匹配件,拆分后用汽车运到桥址后进行钢桁架整体拼装。整体提升前,钢桁架预埋件已预埋在主塔壁及上横梁底板,预埋件接头精度较难控制,需要测量预埋件箱口各接头标记点的数据,在钢桁架腹杆、下弦杆与预埋件相连接部位加50mm余量。在主塔下钢桁架整体拼装时,按照测量的上述数据进行配切,然后再将钢桁架整体提升到主塔塔顶定位后与预埋件焊接成整体,最后再安装剩余部分装饰板。

三、钢桁架制造

1. 钢桁架杆件制造节段划分

将钢桁架下弦杆纵横向进行分段,下弦杆纵向节段依照分段位置,将下弦杆在工厂内制造成两部分分别发运。下弦杆纵、横向划分分别如图 2-1-35、图 2-1-36 所示。

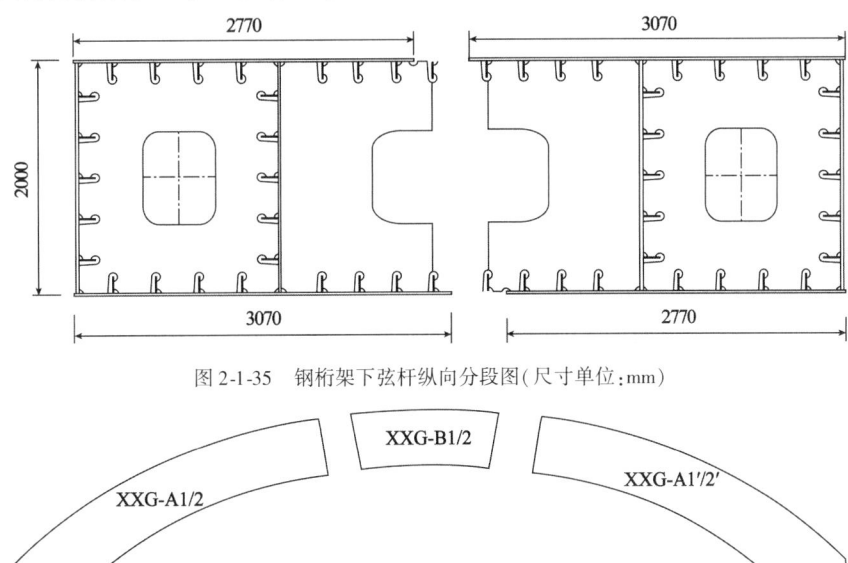

图 2-1-35　钢桁架下弦杆纵向分段图(尺寸单位:mm)

图 2-1-36　钢桁架下弦杆横向分段图

钢桁架腹杆工厂内杆件划分如图 2-1-37 所示。

2. 钢桁架杆件总体制造工艺

钢桁架杆件制造按照"钢板预处理→号料→下料→边缘加工→组拼板单元→焊接→矫正→检测→组拼杆件→焊接→矫正→检测→转钢桁架总拼工序"的顺序进行。

其关键工艺如下:

(1)钢板预处理;

(2)数控精切下料;

(3)腹杆顶底板及下弦杆顶底板的板肋制造;

(4)横隔板单元外形尺寸控制;

(5)对单侧有纵肋的板单元采用反变形焊接;

(6)优先选用自动和半自动 CO_2 焊接方法;

(7)杆件组拼。

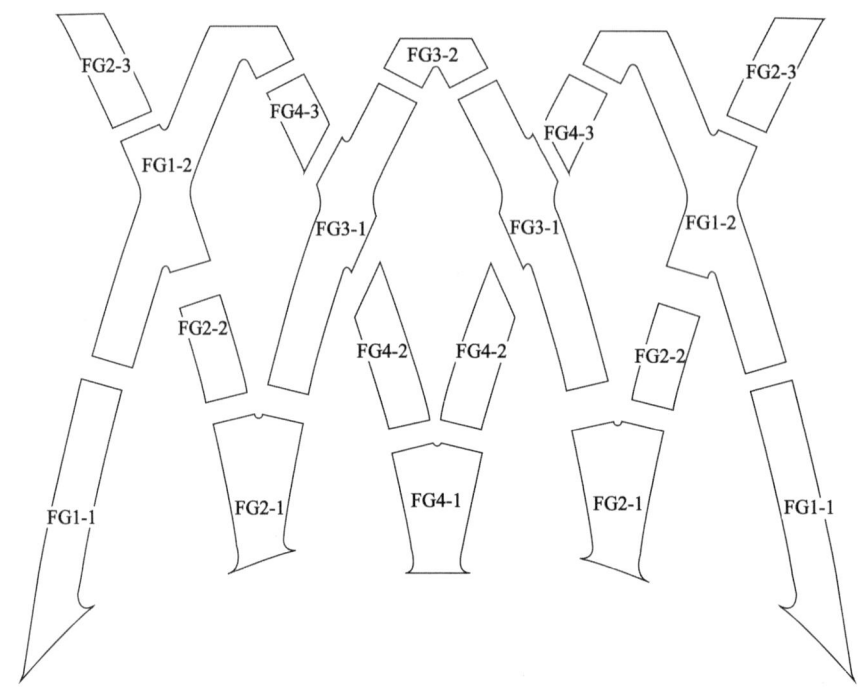

图 2-1-37　钢桁架腹杆工厂内杆件划分图

3. 钢桁架板单元制造

1）钢桁架腹杆顶、底板单元及下弦杆顶、底板单元的制造

腹杆顶、底板单元与下弦杆顶、底板单元制造类似,现仅以下弦杆顶板单元为例进行介绍。加劲肋是按线形下料成弧形的,在板单元划线平台上首先划出顶板加劲肋安装线,并将焊缝区域打磨干净,在专用的顶底板单元制作胎架上按线将顶板铺上。由于自重,顶板会形成凹曲,将加劲肋按线定位在顶板上,在顶板上选几个控制点后,用千斤顶向着加劲肋线形方向起顶,并用火焰煨弯,待顶板弯曲与加劲肋密贴时点焊固定,检查合格后进行施焊加劲肋与顶板间的焊缝,焊接完成后在平台上用火焰矫正。顶板线形合格后,进行编号、打钢印,并转入杆件拼装工序。下弦杆顶底板单元制造如图 2-1-38 所示。

图 2-1-38　下弦杆顶底板单元制造

2）钢桁架腹杆腹板单元及下弦杆腹板单元的制造

腹杆腹板单元与下弦杆腹板单元制造类似,现仅以下弦杆腹单元为例进行介绍。将腹板平铺在专用平台上,按施工图纸和工艺要求

划纵、横向基准线,以横向基准线为基准,划隔板单元组装位置线;以纵向基准线为基准划线,并按线组装纵向加劲肋,采用 CO_2 气体保护焊船位焊接加劲肋,焊接完成后在平台上用火焰矫正板面平整度,检查合格后,进行编号、打钢印,并转入杆件总拼工序。下弦杆腹板单元制造如图 2-1-39 所示。

3) 腹杆横隔板单元及下弦杆横隔板单元的制造

腹杆横隔板单元与下弦杆横隔板单元制造类似,现仅以下弦杆横隔板单元为例进行介绍。横隔板单元由隔板及人孔加劲圈组成,在箱体制作前可批量加工制作隔板单元件,人孔加强圈采用热煨法加工,在胎架上组装隔板单元,采用 CO_2 气体保护焊焊接,焊后在矫正平台后校正隔板单元平整度,合格后进行编号、打钢印,并转入杆件总拼工序。下弦杆隔板单元制造如图 2-1-40 所示。

图 2-1-39　下弦杆腹板单元制造　　　　图 2-1-40　下弦杆隔板单元制造

四、钢桁架工厂组装

1. 下弦杆杆件工厂组拼

根据下弦杆的结构形式和焊接要求,拟采用"正拼法"进行组拼。下弦杆杆件工厂组拼模拟图如图 2-1-41 ~ 图 2-1-47 所示。

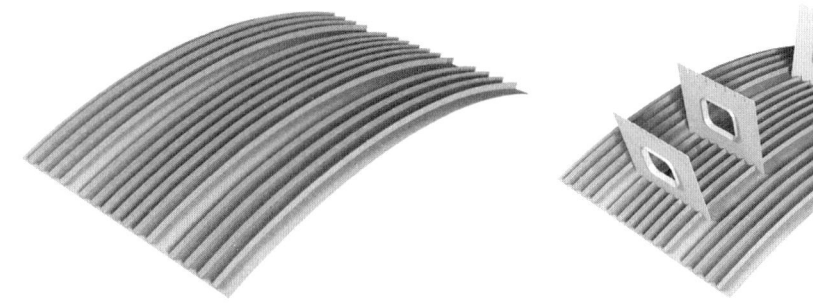

图 2-1-41　底板组拼模拟图　　　　图 2-1-42　中横隔板组拼模拟图

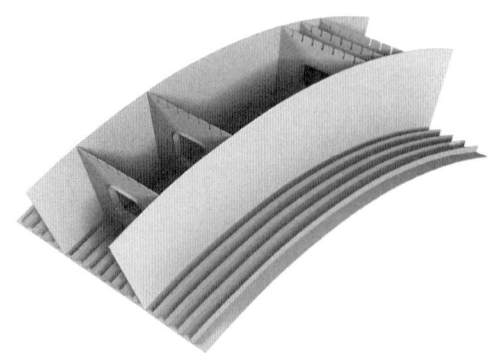

图 2-1-43 中腹板组拼模拟图

图 2-1-44 边横隔板组拼模拟图

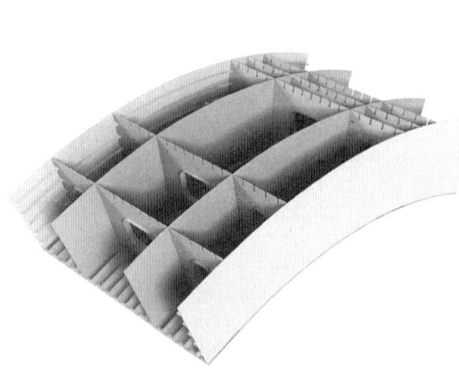

图 2-1-45 外腹板组拼模拟图

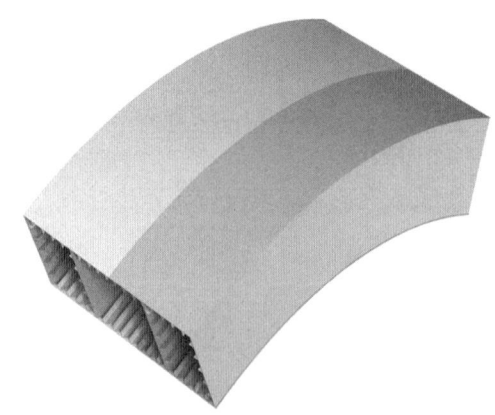

图 2-1-46 顶板组拼模拟图

图 2-1-47 下弦杆杆件组拼图

2. 腹杆杆件工厂组拼

根据腹杆的结构形式,工厂制造时,拟采用"侧拼法"进行组拼。腹杆杆件工厂组拼模拟图如图 2-1-48～图 2-1-51 所示。

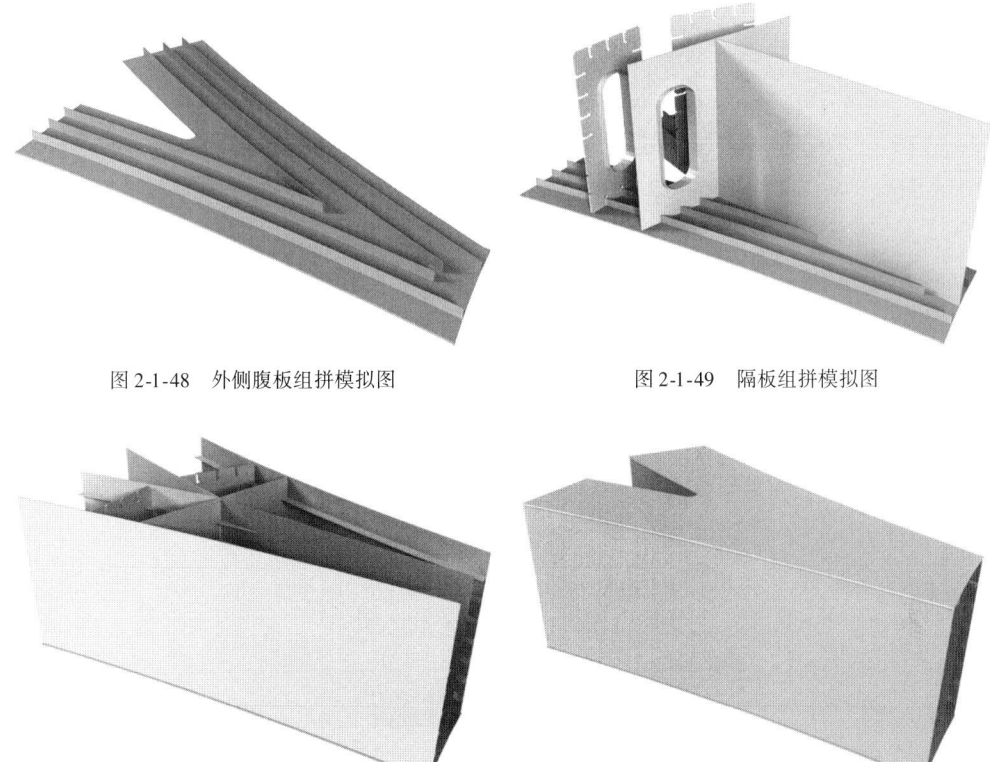

图 2-1-48　外侧腹板组拼模拟图　　　　图 2-1-49　隔板组拼模拟图

图 2-1-50　顶底板组拼模拟图　　　　图 2-1-51　内侧腹板组拼组拼模拟图

3. 腹杆整体组拼

根据钢桁架的外形尺寸,腹杆总拼采用"侧拼法"。将腹杆拼成整体(节段间安装匹配件)后,再与下弦杆进行匹配总拼。腹杆整体组拼模拟图如图 2-1-52～图 2-1-55 所示。

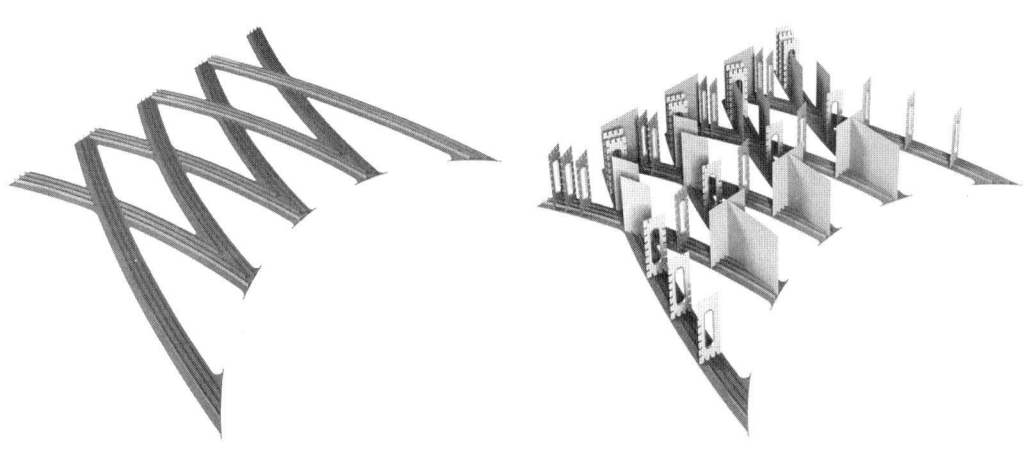

图 2-1-52　外侧腹板单元组拼模拟图　　　　图 2-1-53　隔板单元组拼模拟图

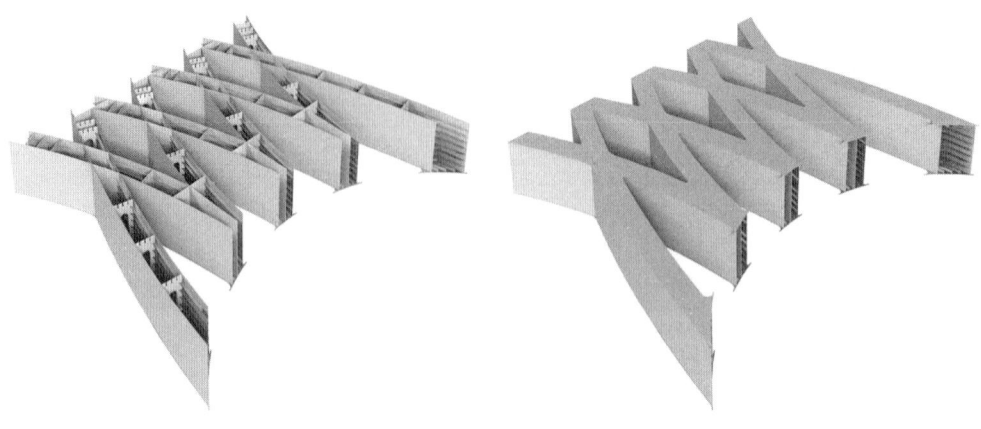

图 2-1-54　顶底板单元组拼模拟图　　　　图 2-1-55　内侧腹板单元组拼模拟图

4．钢桁架总拼

为了避免钢桁架在高空调整,减少高空作业难度和加快安装速度,确保工地安装的顺利,钢桁架在工厂试拼装采用整体平面拼装,根据钢桁架的外形尺寸,总拼拟采用"侧拼法"。根据钢桁架的结构特征搭设整体组拼胎架,胎架的刚度和强度要满足整体承载要求。通过胎架两端各设置测量点及横向基准线控制下弦杆及腹杆的定位尺寸,保证下弦杆及腹杆箱口尺寸及节段间的匹配性。钢桁架总拼过程中临时点焊固定及临时连接要求杆件不能失稳,杆件之间不能产生相对滑动。

钢桁架总拼流程如下。

(1) 在搭设好的总拼胎架上定位摆放中间部分的下弦杆 XXG-B,然后组拼两侧的下弦杆 XXG-A1/2 及 XXG-A1'/2',调整其相互位置、间距、角度及对角线等,合格后固定在胎架上,在横桥向环焊缝位置处安装匹配件进行临时连接,复测下弦杆的线形。下弦杆总拼模拟图如图 2-1-56 所示。

(2) 在下弦杆上划腹杆接头的安装线并打磨干净,按线组装下面中间的三根腹杆接头 FG2-1、FG4-1,注意检查腹杆接头与下弦杆的相对位置,合格后临时固定,并对安装位置进行标记(标记应明显,工地总拼时清晰可见)。腹板接头总拼模拟图如图 2-1-57 所示。

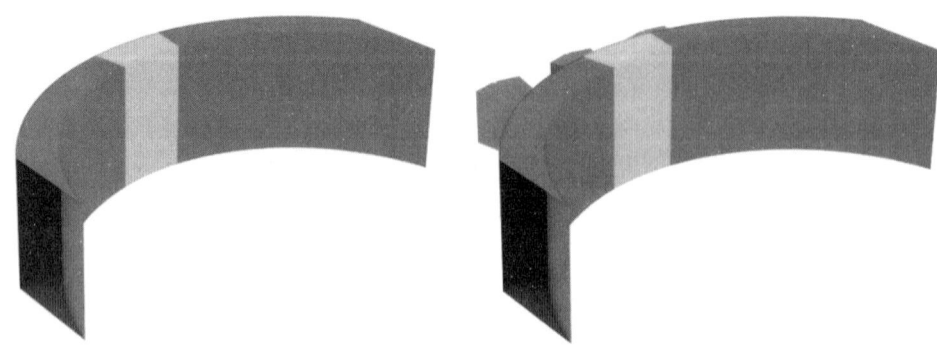

图 2-1-56　下弦杆总拼模拟图　　　　图 2-1-57　腹杆接头总拼模拟图

(3)在中间三个腹杆接头上定位安装四根短腹杆 FG2-2、FG4-2,注意检查其线形及其箱口的匹配性,合格后用码板点焊固定。底层短腹杆总拼模拟图如图 2-1-58 所示。

(4)在腹杆接头与短腹杆上安装 T 形腹杆 FG3-1,注意检查线形及箱口的匹配性,合格后用码板点焊固定。T 形腹杆总拼模拟图如图 2-1-59 所示。

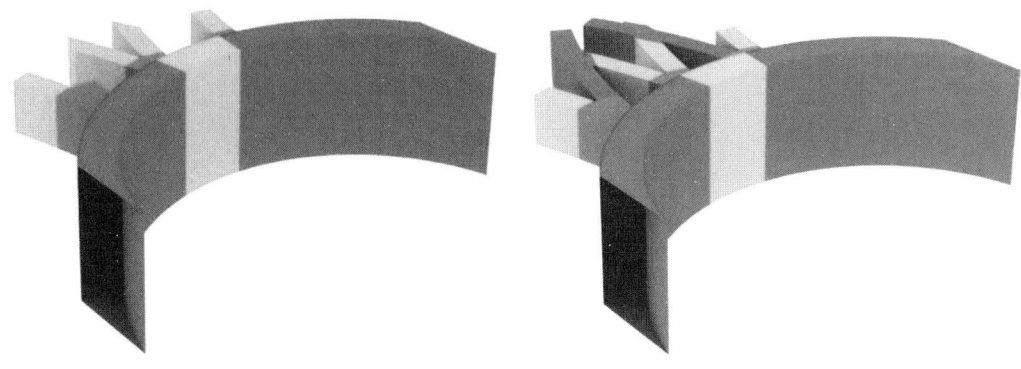

图 2-1-58　底层短腹杆总拼模拟图　　　　图 2-1-59　T 形腹杆总拼模拟图

(5)在 T 形腹杆上安装两个短腹杆 FG4-3,注意检查线形及箱口的匹配性,合格后用码板点焊固定。上层短腹杆总拼模拟图如图 2-1-60 所示。

(6)定位安装外侧两个长腹杆 FG1-1、FG1-2,严格检查其线形及节段间的箱口匹配性,确认无误后临时固定长腹杆 FG1-1、FG1-2 与下弦杆 XXG-A1/2 及 XXG-A1′/2′,并对安装位置进行标记(标记应明显,工地总拼时清晰可见)。长腹杆总拼模拟图如图 2-1-61 所示。

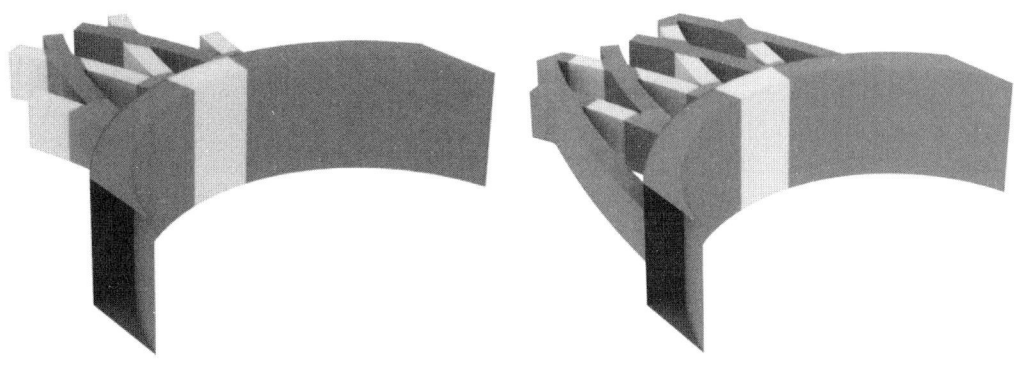

图 2-1-60　上层短腹杆总拼模拟图　　　　图 2-1-61　长腹杆总拼模拟图

(7)安装钢桁架顶端的三根短腹杆 FG2-3、FG3-2,下弦杆、腹杆与预埋件焊接的接头在下料时预留配切余量(待工地预埋件安装完成后测量实际数据反馈后在主塔下总拼时再进行配切,保证钢桁架在架设时的精准性,减少钢桁架高空的修整。配切时严格检查钢桁架的整体线形、各腹杆及下弦杆箱口尺寸符合设计及制造规则的允许偏差)。整体预拼装结束后,各连接口安装匹配件,拆解成单根杆件后送去涂装。注意要按设计要求设置工地连接时的临时进人孔。钢桁架总拼模拟图如图 2-1-62 所示。

钢桁架临时吊耳及匹配件立面布置图如图 2-1-63 所示。钢桁架下弦杆临时吊耳及匹配件布置图如图 2-1-64 所示。钢桁架腹杆临时吊耳及匹配件布置图如图 2-1-65 所示。钢桁架厂内总拼图如图 2-1-66 所示。

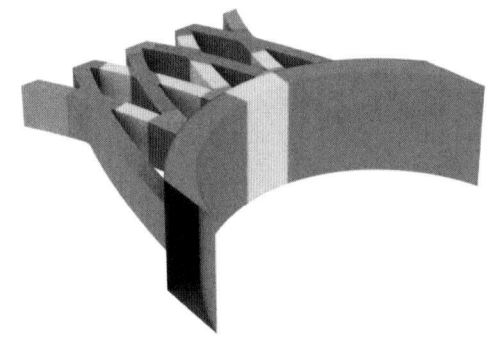

图 2-1-62　钢桁架总拼模拟图

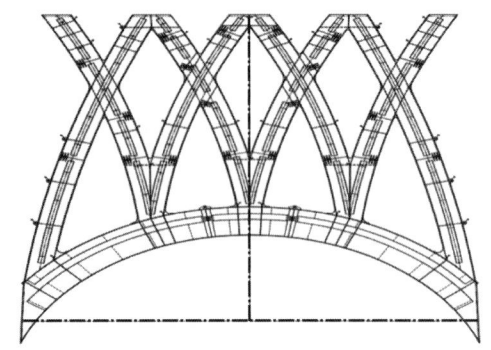

图 2-1-63　钢桁架临时吊耳及匹配件立面布置图

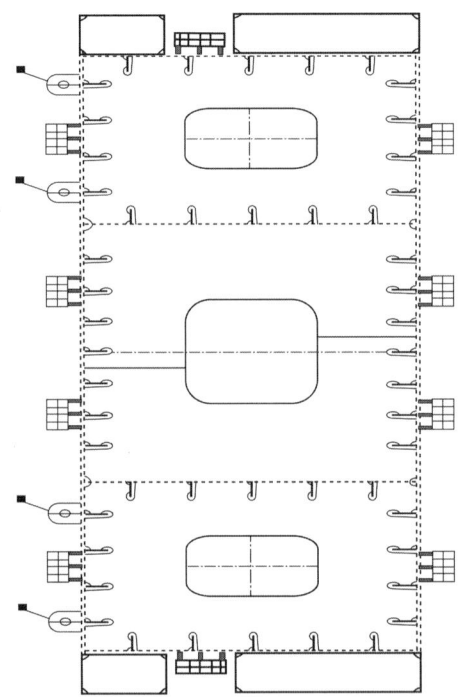

图 2-1-64　钢桁架下弦杆临时吊耳及匹配件布置图

五、钢桁架桥位拼装

1. 钢桁架总拼支架搭设

引桥第一联左右幅箱梁施工完成之后开始进行塔顶钢桁架总拼支架安装。支架安装之前现场实测引桥顶面及钢箱梁 D 梁段顶面纵坡及横坡，根据测量结果在工厂加工抄平垫板，运到工地后将各接触点抄平，保证各点高程相同。

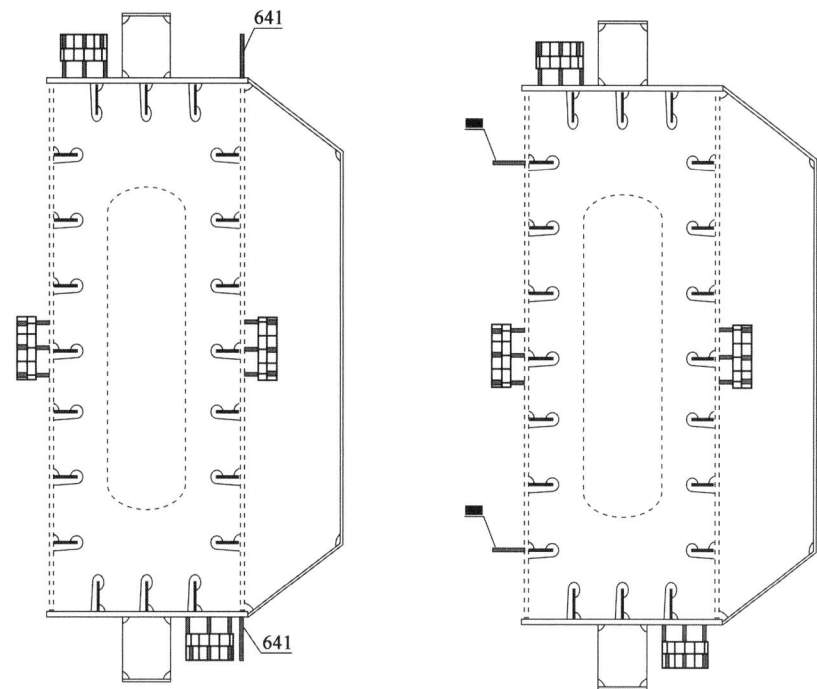

图 2-1-65 钢桁架腹杆临时吊耳及匹配件布置图

a) 总拼图1

b) 总拼图2

图 2-1-66 钢桁架厂内总拼图

单幅钢桁架支架设置 4 排 2 列共 8 根立柱,立柱为 $\phi630mm\times10mm$ 钢管,4 排立柱分别设置于引桥混凝土箱梁顶面和主塔下横梁顶面,每侧各 4 根。引桥上每根立柱下方预埋 $830mm\times20mm\times830mm$ 钢板,北岸预埋钢板与引桥之间用 2.3m 长精轧螺纹钢筋相连以抗倾覆,南岸采用配重以抗倾覆,主塔下横梁上每根立柱下方垫高 0.5m,长、宽各 1m 的混凝土垫块,混凝土与下横梁顶面采用牛毛毡等材料将其与下横梁隔开,混凝土垫块上面预埋 $830mm\times20mm\times830mm$ 钢板,立柱之间纵向及横向均设置撑杆,以增加支架稳定性。横向撑杆钢管规格为 $\phi630mm\times10mm$,纵向斜撑杆钢管为规格 $\phi325mm\times12mm$,纵、横向支撑槽钢为2×[20槽钢(面对面,每隔1m夹一块20mm×200mm×220mm钢板进行连接),槽钢与立柱之间采用20mm厚节点板连接,立柱与撑杆钢管采用相贯焊接,下层水平撑杆之间设置"X"形交叉撑,采用L100mm×100mm×8mm角钢,立柱钢管上面设置830mm×20mm×830mm的垫板,纵桥向每排立柱上方设置两根工60a工字钢组成的垫梁(两工字钢腹板间距420mm),垫梁长约6m。

2. 钢桁架总拼作业平台

钢桁架整体总拼高度约24m,为便于钢桁架整体立体拼装,在引桥侧和钢箱梁侧搭设脚手架进行施工,脚手架的搭设高度随着钢桁架总拼高度的升高而升高,脚手架立杆钢管规格为$\phi 60.3mm×3.25mm$,横杆钢管规格为$\phi 48.3mm×2.75mm$,斜拉杆钢管规格为$\phi 42mm×2.75mm$,立杆间距为0.9m,横桥向宽度约24m,每1.5m设置一根立杆,共设置17道立杆,横向扫地杆设置高度约为0.2m,纵向扫地杆则用直角扣件固定在紧靠横向扫地杆下方的立柱上。对于通道出入口位置,存在绊倒的危险时可不安装扫地杆。脚手架高度每层为1.5m,总体高度约24m。连墙杆通过钢筋或钢丝绳等固定在下弦杆或腹杆临时吊耳上。每层相互错开间隔一道设置一根斜拉杆,对头铺设的脚手板接头下面必须设置两根小横杆。脚手架兜底网每三层设置一道,底部安装180mm高踢脚板。

3. 钢桁架提升后塔顶施工作业平台

钢桁架在提升后与塔顶七个预埋件进行焊接。部分装饰板安装等施工需要施工作业平台,根据总拼顺序在高度方向上设置两层施工作业平台,层高约9m,施工作业平台每层两个,分别设置在钢桁架腹杆两侧并与腹杆进行固结。施工作业平台上层横桥向为长度约20.7m的$\phi 630mm×10$的螺旋管,施工作业平台下层横桥向为长度约21.3m的$\phi 630mm×10$的螺旋管,螺旋管每隔2.5m设置一道踏板支撑与护栏立柱,踏板支撑采用12mm厚钢板焊接在钢管上,护栏立柱采用1.2m长L100mm×100mm×8mm的角钢焊接在踏板支撑上,护栏间设置两道横向$\phi 16mm×30m$长圆钢,踏板支撑上铺设钢质踏板,施工平台分三段进行制造,安装时首先安装中间段,然后安装两侧平台,与钢桁架整体进行提升。

4. 钢桁架桥位拼装

钢桁架工地总拼支架安装完成之后,进行钢桁架下弦杆与腹杆的整体总拼装。钢桁架节段按照从下至上、从中间到两边的原则依次拼装。钢桁架各节段最大质量约为30.8t(含装饰板,不含装饰板约25.5t),采用2台100t汽车式起重机进行吊装。钢桁架拼装过程中在钢桁架中心线顶底部及边缘顶底部位置设置反光贴,在钢桁架整体提升过程中对钢桁架整体高度及偏位进行观测。

(1)在搭设好的支架上用起重机机先吊下弦杆中间段XXG-B1/2,测量合格后进行纵桥向匹配件连接,以及下弦杆支架牙板与垫梁点焊固定。下弦杆中间段拼装示意图如图2-1-67所示。

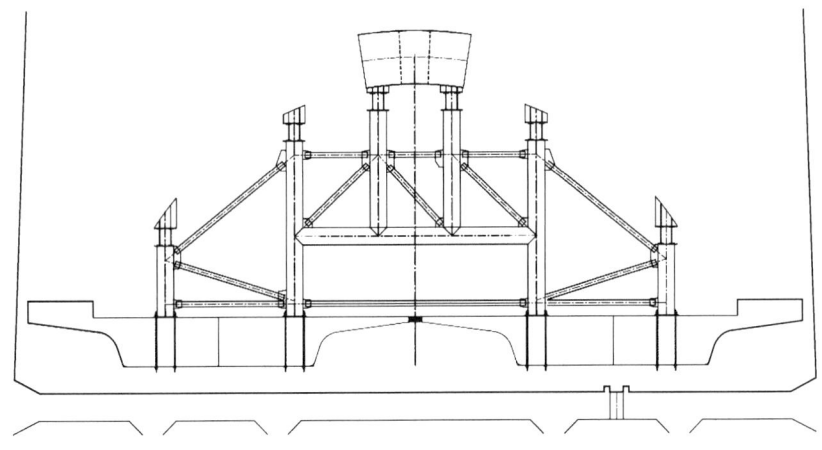

图 2-1-67　下弦杆中间段拼装示意图

（2）依次吊装两侧下弦杆 XXG-A1/2、XXG-A1′/2′，纵桥向匹配件先进行连接，横桥向匹配件在线形检测合格后进行连接，最后线形复测合格后，进行下弦杆支架牙板与垫梁点焊固定，然后施焊下弦杆间的纵桥向及横桥向焊缝，并进行焊缝检测。两侧下弦杆拼装示意图如图 2-1-68 所示。

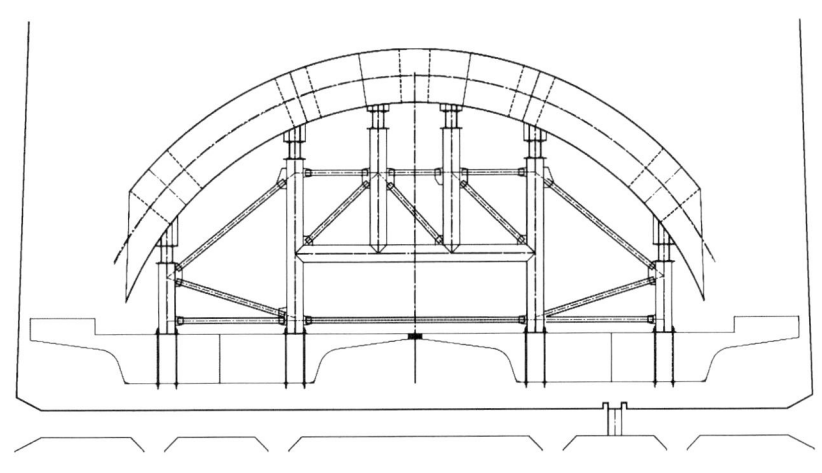

图 2-1-68　两侧下弦杆拼装示意图

（3）在下弦杆上找到工厂试拼时标记的腹杆接头安装线，并重新测量，合格后定位安装下层腹杆接头 FG1-1、FG2-1、FG4-1，可通过主塔壁上爬椎预埋孔连接倒链葫芦调整腹杆线形，再次测量整体线形，合格后施焊下层腹杆 FG1-1、FG2-1、FG4-1 与下弦杆 XXG-A1/2、XXG-A1′/2′、XXG-B1/2 顶板之间的焊缝，焊接完成后进行焊缝检测。第一层腹杆拼装示意图如图 2-1-69 所示。

（4）在腹杆两侧利用主塔壁上爬椎预埋孔安装第一层总拼作业平台，吊装第二层短腹杆 FG2-2、FG4-2，进行匹配件连接并测量线形，合格后进行焊缝施焊。第二层短腹杆拼装示意图如图 2-1-70 所示。

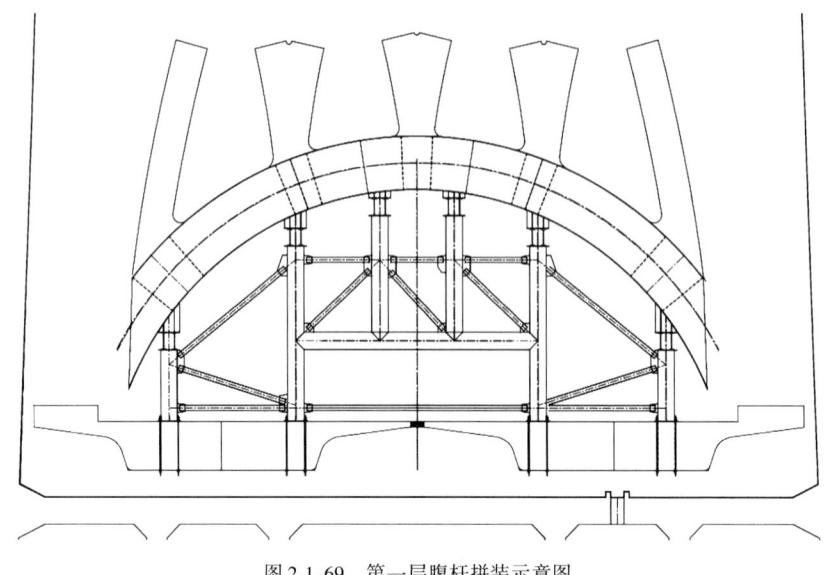

图 2-1-69　第一层腹杆拼装示意图

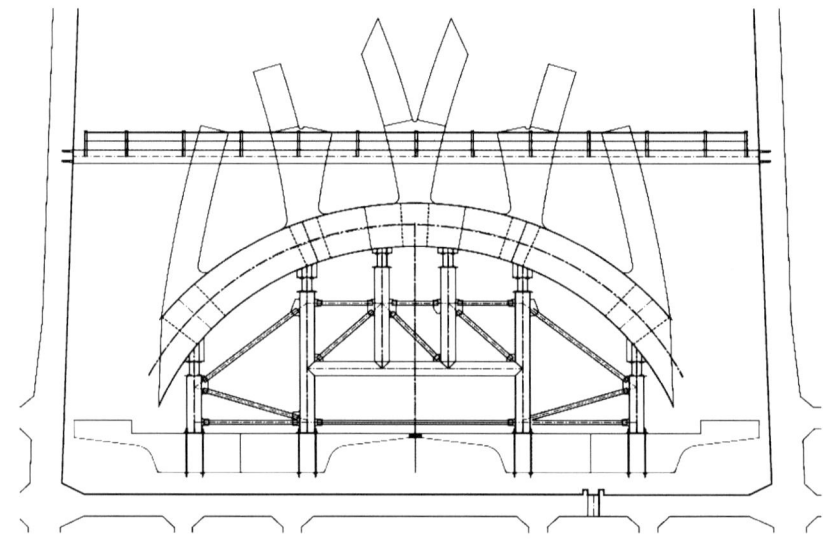

图 2-1-70　第二层短腹杆拼装示意图

(5) 吊装第二层中间两根长腹杆 FG3-1,进行匹配件连接并测量线形,可通过主塔壁上爬椎预埋孔连接倒链葫芦调整腹杆线形,合格后进行焊缝施焊。第二层中间长腹杆拼装示意图如图 2-1-71 所示。

(6) 在钢箱梁侧先安装第二层作业平台,引桥侧第二层作业平台暂不安装,然后吊装第三层中间两根短腹杆 FG4-3,进行匹配件连接。第三层中间短腹杆拼装示意图图 2-1-72 所示。

(7) 吊装第三层外侧两根长腹杆 FG1-2,进行匹配件连接。第三层外侧长腹杆拼装示意图如图 2-1-73 所示。

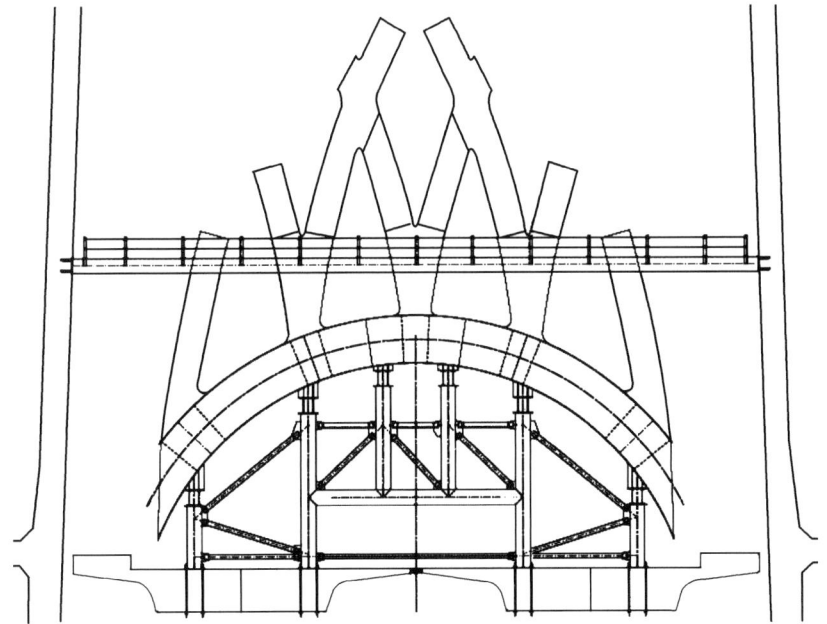

图 2-1-71　第二层中间长腹杆拼装示意图

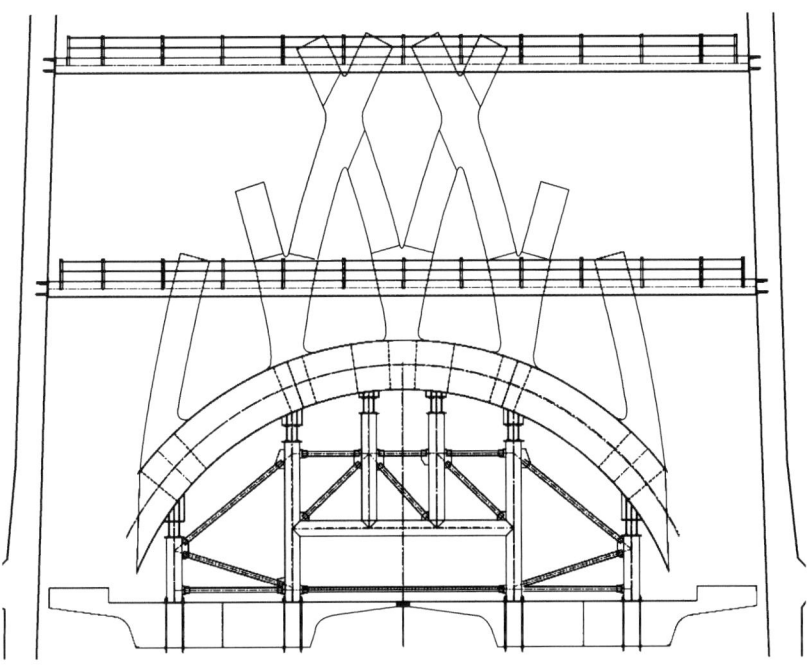

图 2-1-72　第三层中间短腹杆拼装示意图

(8) 安装引桥侧第二层作业平台,并吊装顶层三根腹杆 FG2-3、FG3-2,进行匹配件连接,复测线形合格后,进行焊缝施焊及焊缝检测。第三层其余腹杆拼装示意图如图 2-1-74 所示。

钢桁架桥位现场拼装图如图 2-1-75 所示。

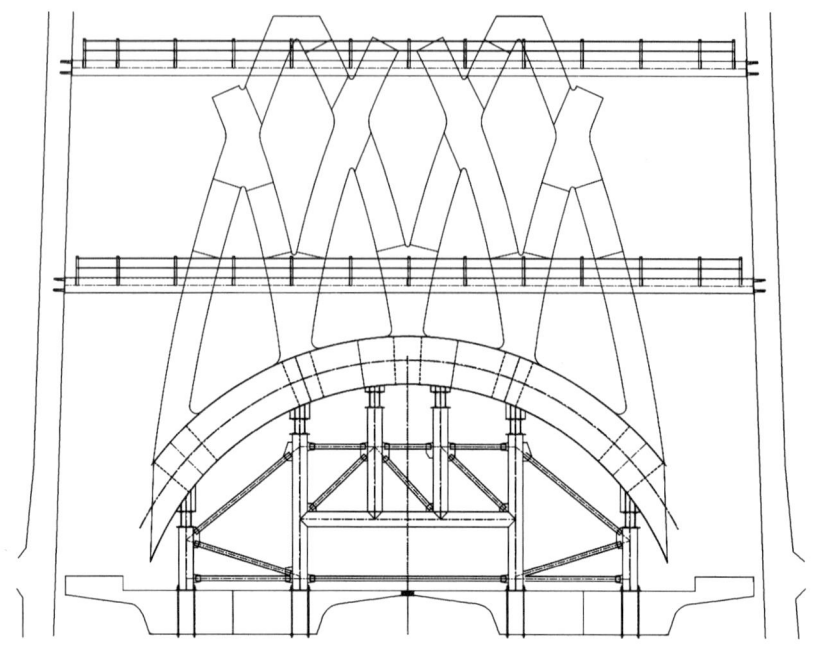

图 2-1-73　第三层外侧长腹杆拼装示意图

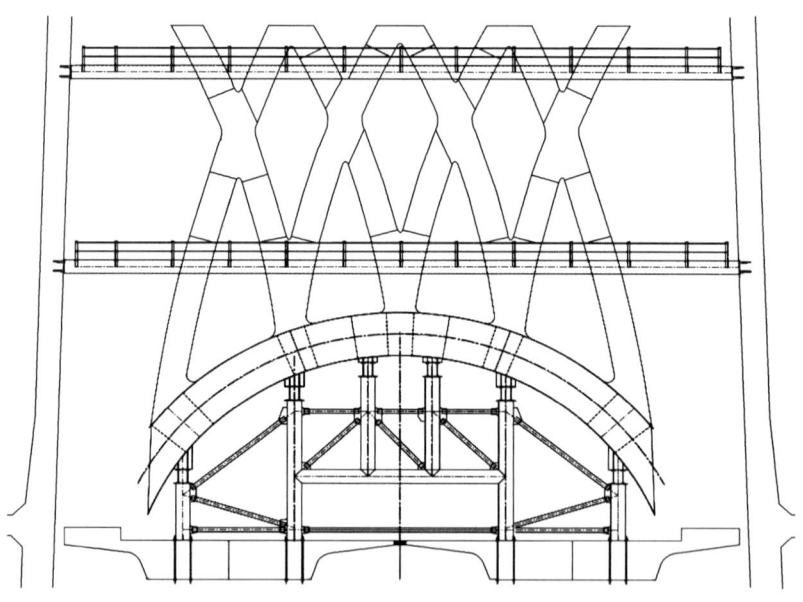

图 2-1-74　第三层其余腹杆拼装示意图

六、钢桁架整体提升

1. 钢桁架提升拟投入的机械设备

钢桁架提升拟投入的主要机械设备见表 2-1-7。

a) 现场拼装图一　　　　　　　b) 现场拼装图二

图 2-1-75　钢桁架桥位现场拼装图

钢桁架提升拟投入的主要机械设备　　　　　　　　　　表 2-1-7

序号	机械设备名称	型号规格	数量
1	提升千斤顶	200t	4 台
2	液压泵站	80L/min	4 台
3	计算机提升控制系统	同步型	一套
4	油缸行程传感器	250mm	4 个
5	压力表	40MPa	4 个

2. 钢桁架提升系统的结构组成

1）总体组成

钢桁架整体质量390t，采用四吊点（四个200t 提升千斤顶）进行提升。提升构件质量见表2-1-8。

提升构件质量　　　　　　　　　　表 2-1-8

部件名称	质量(t)
钢桁架质量(含部分装饰板)	333
安全吊具	5×2
提升吊具	3.7×2
钢绞线	3.1×4
焊接平台	28
合计	390

钢桁架提升系统主要由提升装置和安全装置组成。钢桁架提升系统用于提升钢桁架；安全装置则在钢桁架提升快到位（竖向间隙500mm）时开始使用，起安全保险作用。

钢桁架提升系统总图如图2-1-76 所示。

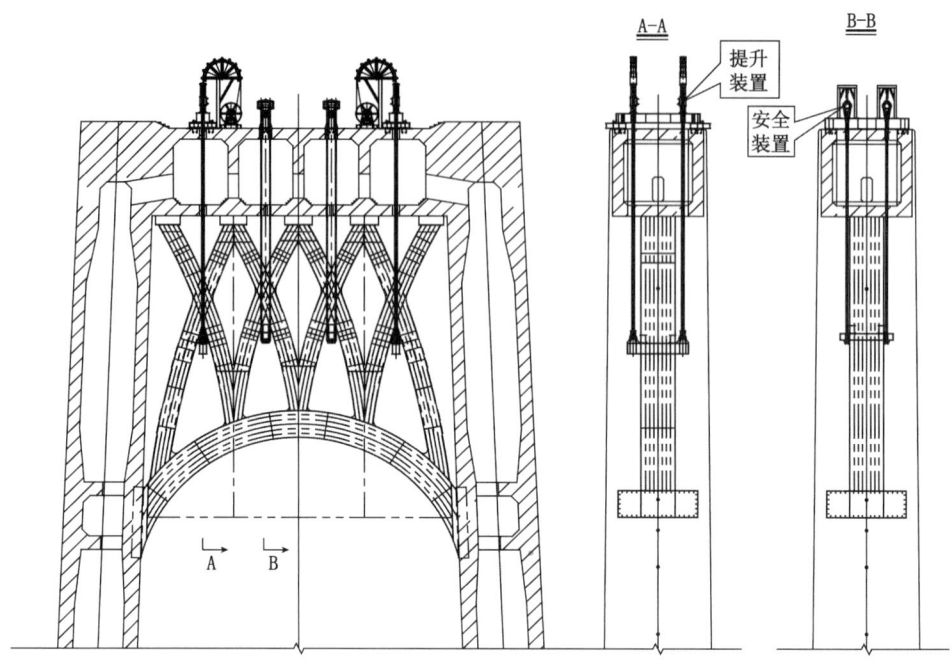

图 2-1-76　钢桁架提升系统总图

2）提升装置

为了将吊点受力传递到塔顶横梁的腹板上,在顺桥向布置了两根主纵梁,每根主纵梁上安装两个200t提升千斤顶,主纵梁两端与垫梁接触,垫梁固定于塔顶横梁的预埋钢板上。提升装置示意图如图2-1-77所示。

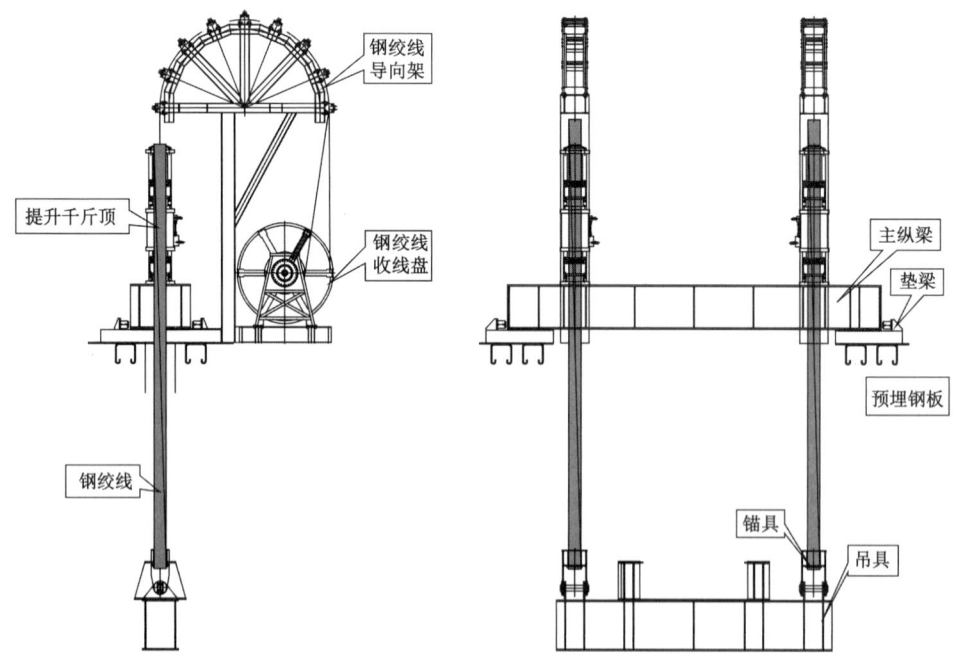

图 2-1-77　提升装置示意图

3)安全装置

安全装置起保险作用,仅在提升装置出现巨大故障或风险时起作用。

安全装置共设四个安全吊点,为了将安全吊点受力传递到塔顶横梁的腹板上,在顺桥向布置了两根安全纵梁,每根安全纵梁上设置两个安全吊点。安全纵梁两端设有垫块,垫块与塔顶横梁的预埋钢板平面接触。安全装置示意图如图2-1-78所示。

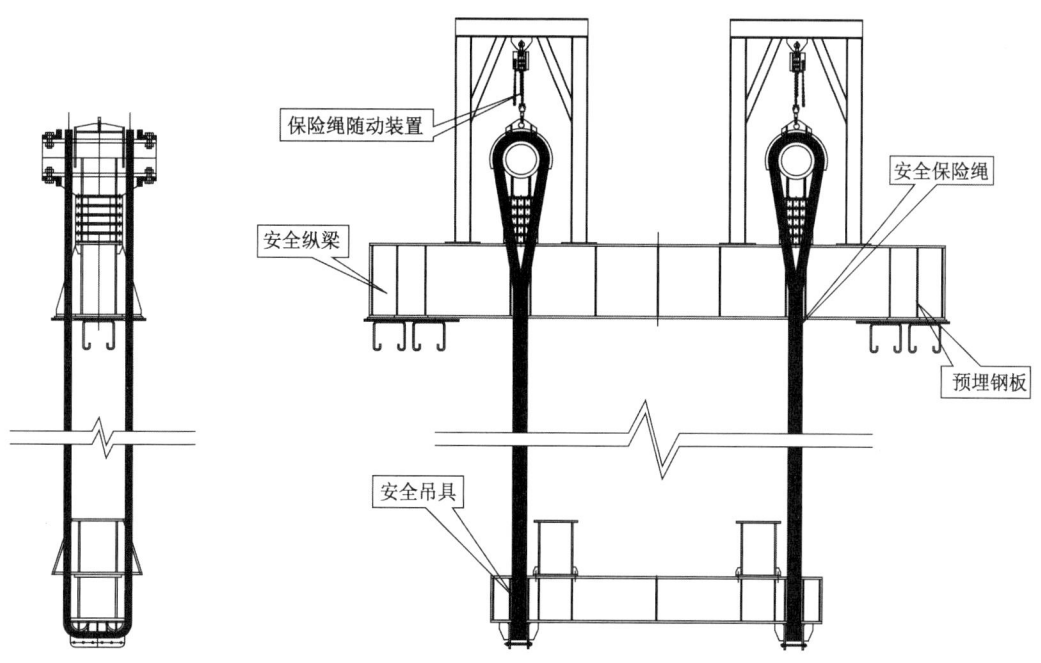

图 2-1-78　安全装置示意图

4)液压同步提升系统

液压同步提升系统的主要技术参数见表2-1-9。

液压同步提升系统的主要技术参数　　　　表2-1-9

序号	项目	参数	备注
1	千斤顶额定提升力	200t	4台
2	提升行程	120m	
3	提升/下放速度	3~20m/h	
4	工作油压	25MPa	

液压同步提升系统的主要功能如下:

(1)采用电液比例控制技术进行同步控制,四点同步误差在5mm以内。

(2)提升过程中,能够实时显示提升千斤顶的各项参数。

(3)提升千斤顶的控制既有自动模式,又有手动模式。自动模式可在操作台上直接操作。

(4)四个提升千斤顶既能同步动作又能独立动作。

(5)两个千斤顶具备并联均载的功能(两主提升油缸大腔用油管连接),将四吊点变为三吊点。

(6)任何一个提升油顶达到平均载荷的110%时报警,任何一个提升油顶达到平均载荷120%时停机。

(7)在每个操作台、泵站处均设置有紧急停止开关。

(8)设有倾角传感器角度检测系统,在钢桁架上放置一个倾角传感器,对钢桁架初始调平后进行归零,在提升过程中对钢桁架的纵、横桥向倾角进行实时监控并显示,当横桥向倾斜角度大于0.3°、纵桥向倾角大于0.7°时进行报警。

(9)提升千斤顶设安全阀,安全阀设置溢流压力为平均载荷压力的1.25倍。

5)钢桁架提升倾角检测系统

在提升过程中,除了对载荷进行监控,还需对提升钢桁架的姿态进行监控,以避免钢桁架在提升过程中由于倾斜而与主塔发生干涉或剐蹭,造成安全风险。

在提升前,在钢桁架整体上安装倾角传感器,并将其信号线预留足够的长度(120m),由倾角传感器检测倾角信号,然后发送至显示屏进行实时显示。

在钢桁架初始提升脱离胎架200mm以后,对钢桁架进行测量、调平与载荷监控,确定初始水平角度后,对倾角传感器进行归零。在提升过程中,实时检测倾角传感器在纵、横桥向的倾角值,当横桥向倾斜角度大于0.3°、纵桥向倾角大于0.7°时进行报警,停止提升,采用吊点手动单调高度的方法重新调整水平、均载,然后再进行提升。

6)钢桁架控制提升系统安装和提升下放调试条件

(1)油缸行程传感器安装条件:任一提升吊点上油缸钢绞线预紧完毕。

(2)单点调试条件:任一提升吊点上油缸传感器安装完毕,油缸到泵站之间油管连接完毕。

(3)油管连接条件:吊点之间连接钢丝绳安装完毕。

(4)钢桁架提升系统联调条件:单点调试完毕,吊点之间网线连接完毕。

3. 整体提升工艺

1)钢桁架提升系统调试

(1)液压泵站调试。

泵站电源打开(注意不要启动泵站),将泵站控制面板手动/自动开关至于手动状态,分别拨动动作开关,观察显示灯是否亮、电磁阀是否有动作响声。

(2)提升油缸调试。

上述动作正常后,将所有动作置于停止状态,并检查油缸上下锚具是否都处于紧锚状态。启动锚具泵,将锚具压力调到4MPa,给下锚紧动作,检查下锚是否紧,若下锚为紧,给上锚松动作,检查上锚是否打开;上锚打开后,启动主泵,给伸缸动作,伸缸过程中给截止动作,观察油缸是否停止,油缸会停止表明动作正常;给缩缸动作,同时在缩缸过程中给截止动作,观察油缸是否停止,油缸会停止则表明动作正常。油缸来回动作几次后,将油缸缩到底,上锚紧,调节油缸传感器行程显示为2。油缸检查正确后停止泵站。

(3) 计算机控制系统的调试。

打开主控柜将电源送上,检查油缸通信线、电磁阀通信线、通信电源线连接;按 F2 将画面切到监控状态,观察油缸信号是否到位;将开关至于手动状态,分别发出动作信号,用对讲机问泵站控制面板上是否收到信号;一切正常后,启动泵站,然后给下锚紧、上锚松、伸缸动作或缩缸动作,油缸空缸来回动几次;观察油缸行程信号、动作信号是否正常,若正常,则通信系统功能正常。主控柜和泵站都有一个紧急停止开关,若按下紧急停止开关,整个泵站动作都会停止。检查应在空缸动作时进行。

(4) 调试过程中的注意事项。

仔细操作人员阅读以上要求,根据提升系统调试流程理解;切记任何情况油缸锚具必须在紧锚状态。提升过程中,下锚松动作永远不给,只有在需要提升时才打开下锚。

2) 提升系统荷载试验

(1) 空载试验步骤。

①分别启动单台液压提升千斤顶,依次单独动作实现各吊具起升、下降各三次。检查各液压提升千斤顶有无异常响声,制动是否正常、准确迅速,位移传感器是否灵敏,钢绞线运动是否正常。

②启动四台液压提升千斤顶,联动各吊具同步起升、下降各三次。检查各液压提升千斤顶的同步性。

③利用纵横移液压系统对各个吊点进行纵、横向的移动,每个油缸重复伸缩三次,检测油缸伸缩的速度,并观察液压系统有无泄漏、异响。

(2) 100% 载荷试验步骤。

①解除主体结构与拼装平台等结构之间的连接。

②按比例进行 20%、40%、60%、80%、90%、95%、100% 分级加载,直至结构全部离地,脱空 100mm,然后悬停。

③试提升加载过程,要检查结构的焊缝是否正常;检查提升平台和地锚锚固等是否正常;检查结构的变形是否在允许的范围内。

④试提升加载过程中,要检查各传感器工作是否正常;检查提升油缸、液压泵站和计算机控制柜工作是否正常。

⑤悬停 30min 以后,在 1m 范围内上、下起升各三次。检查各机构、液压提升千斤顶、钢绞线工作是否正常平稳,各保护装置是否安全可靠,各连接处有无松动现象,各电动机、接触器等电气设备有无过热现象。监测并记录四个吊点的同步性以及倾角传感器信号的准确性。

⑥回到脱空 100mm 位置,进行纵、横向微调移动,一方面检测纵横向移动的同步性,另一方面观察有无干涉,并检测纵横移对各吊点载荷均衡的影响。

⑦纵横移复位,下放结构件,重新固定。

(3) 110% 载荷试验步骤。

①在钢桁架底部上方安放 40t 配重并固定。

②解除主体结构与拼装平台等结构之间的连接。

③按比例进行 20%、40%、60%、80%、90%、100%、105%、110% 分级加载,直至结构全部离地,脱空 100mm,然后悬停。

④试提升加载过程,要检查结构的焊缝是否正常;检查提升平台和地锚锚固等是否正常;检查结构的变形是否在允许的范围内。

⑤试提升加载过程中,要检查各传感器工作是否正常;检查提升油缸、液压泵站和计算机控制柜工作是否正常。

⑥悬停 30min 以后,在 1m 范围内上、下起升各三次。检查各机构、液压提升千斤顶、钢绞线工作是否正常平稳,各保护装置是否安全可靠,各连接处有无松动现象,各电动机、接触器等电气设备有无过热现象。监测并记录四个吊点的同步性以及倾角传感器信号的准确性。

⑦下放结构件,重新固定。

(4) 125% 静载试验步骤。

①在钢桁架底部上方安放 100t 配重并固定。

②解除主体结构与拼装平台等结构之间的连接。

③按比例进行 20%、40%、60%、80%、90%、100%、110%、120%、125% 分级加载,直至结构全部离地(提升系统采用最低提升速度,减小冲击),脱空 100mm,然后悬停。

④试提升加载过程中,要检查结构的焊缝是否正常;检查提升平台和地锚锚固等是否正常;检查结构的变形是否在允许的范围内。

⑤试提升加载过程中,要检查各传感器工作是否正常;检查提升油缸、液压泵站和计算机控制柜工作是否正常。

⑥下放结构件,重新固定。

3) 正式提升

正式提升前,应按照前文所述要求进行各项检查,检查合格后方可进入正式提升程序。

正式提升过程中,记录各点压力和高度,且须按下列程序进行,并做好记录。

(1) 操作:按要求进行加载和提升。

(2) 观察:各个观察点应及时反映测量情况。

(3) 测量:各个测量点应认真做好测量工作,及时反映测量数据。

(4) 校核:数据汇总后交现场施工设计组,比较实测数据与理论数据的差异。

(5) 分析:若有数据偏差,有关各方应认真分析。

(6) 决策:讨论是否认可当前工作状态,并决策下一步操作。

提升时应考虑突发灾害天气时的应急措施;提升关系到主体结构的安全,各方要密切配合,每道程序应签字确认需对提升过程进行监控,监控各点的负载、结构的空中位置姿态,以及提升通道是否顺畅。

钢桁架整体提升图如图 2-1-79 所示。

a) 提升图一　　　　　　　b) 提升图二

c) 提升图三　　　　　　　d) 提升图四

图 2-1-79　钢桁架整体提升图

第二章 重力式锚碇施工

第一节 概　　述

伍家岗长江大桥南岸锚碇采用重力式锚碇,主要由锚碇基础、后锚室、前锚室、散索鞍支墩、锚体压重块、路基压重块、预应力锚固系统及后浇段等部分组成,锚碇结构如图2-2-1和图2-2-2所示。锚碇地质水文条件复杂,伍家岗长江大桥南岸锚碇是国内首次采用砂卵石层作为锚碇基础持力层,属于新技术研究领域。

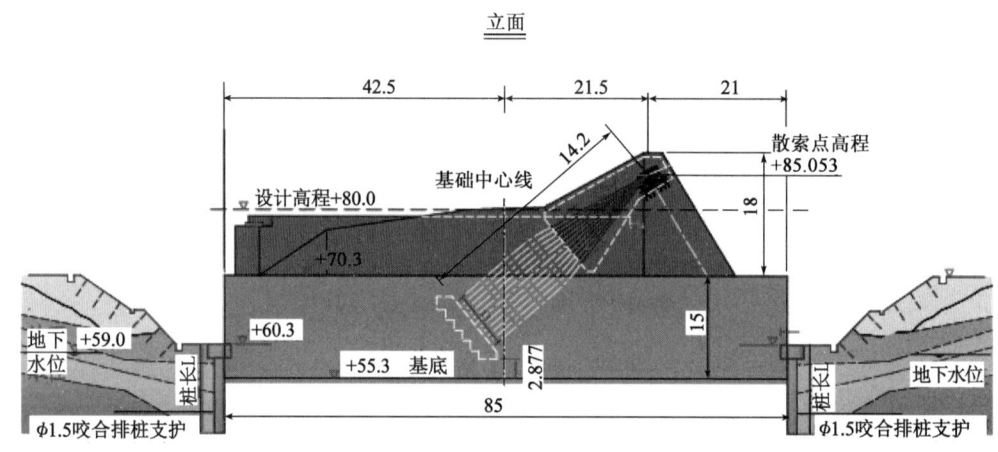

图2-2-1　南岸锚碇结构图立面(尺寸单位:m)

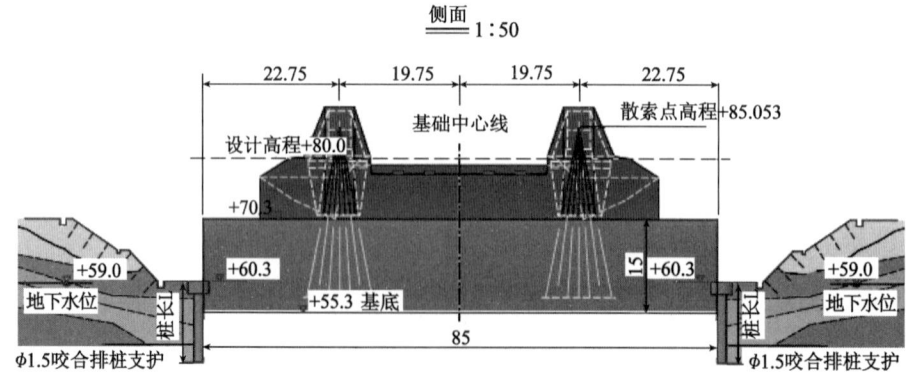

图2-2-2　南岸锚碇结构图侧面(尺寸单位:m)

锚碇基础基坑防护采用边坡防护和咬合桩支护相结合的方式。咬合桩属于饱水区基坑支护挡水结构,荤素桩基工序转换频繁,超缓凝混凝土性能控制及桩位精度控制要求高,施工难度大,是基坑防护与止水的关键部分。

锚碇基础为外径85m、高15m的圆形扩大基础,设置底板梁、顶板梁、横梁及纵梁,底板梁高2.6m,纵横梁高9.4m,顶板梁高3m,采用C30混凝土,混凝土方量为85118m³。锚体底板属大体积混凝土,采用平面分块、竖向分层的方式进行施工。

后锚室为主缆预应力锚固系统的操作空间,分左、右两室,操作台阶与后锚面的最小距离为2.2m。从基础顶面到后锚室设有通道,通道和后锚室布置有施工楼梯。大桥成桥后,后锚室及通道采用C30微膨胀混凝土填封密实。

南锚碇锚体顶高程为+88.3m,底高程为+55.3m,除散索鞍支墩混凝土标号为C40外,其余部分混凝土标号为C30,后浇段采用C30微膨胀混凝土。锚碇混凝土总方量达13万m³,单次混凝土浇筑方量达3000m³,大体积混凝土温控技术难度大,施工组织、原材供应压力大。

第二节 锚碇基坑开挖及防护施工

一、概述

锚碇基坑采用全机械开挖,总体由边坡基坑开挖和基础基坑开挖两部分组成,地下水位以上部分属于边坡基坑开挖,以下属于基础基坑开挖,基坑支护采用挂网锚喷支护和咬合桩支护相结合的方式,坡顶和边坡平台设置截水沟。坡顶高程为+70.3m,基底高程为+55.3m,最大开挖深度15m,开挖土方总量为142191m³。南岸锚碇基坑开挖支护立面图如图2-2-3所示。

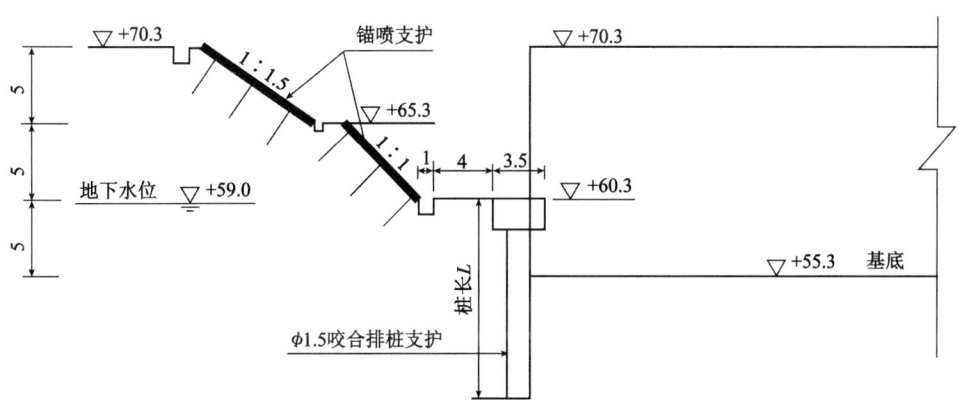

图2-2-3 南岸锚碇基坑开挖支护立面图(尺寸单位:m)

二、截水沟施工

锚碇基坑截水沟共分三层,第一层在土方开挖前进行施工,第二、三层在基坑土方开挖到设计高程后进行施工。截水沟沟底采用0.2%的坡度浇筑,保证排水顺畅。截水沟平面布置如图2-2-4所示,断面尺寸如图2-2-5所示。

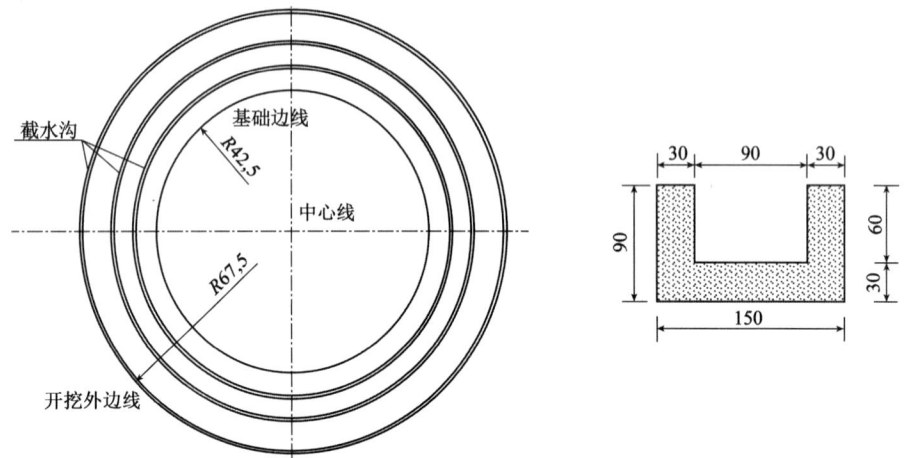

图2-2-4 截水沟平面布置图(尺寸单位:m)　　图2-2-5 截水沟断面尺寸图(尺寸单位:cm)

三、边坡基坑开挖及支护

1.边坡开挖

边坡基坑开挖分为两级边坡开挖,第一级为1:1.5放坡,高程为+70.3～+65.3m,采用C30喷射混凝土挂网支护;第二级为1:1放坡,高程为+65.3～+60.3m,采用C30喷射混凝土挂网结合锚杆支护,每级边坡设2m宽的施工平台。

自然放坡开挖高度共计10m,均分为4层台阶式开挖,每层开挖又分为4个区进行,每区设置一台1m³挖机配合3台土方运输车。南岸锚碇基坑开挖支护立面图如图2-2-6所示。

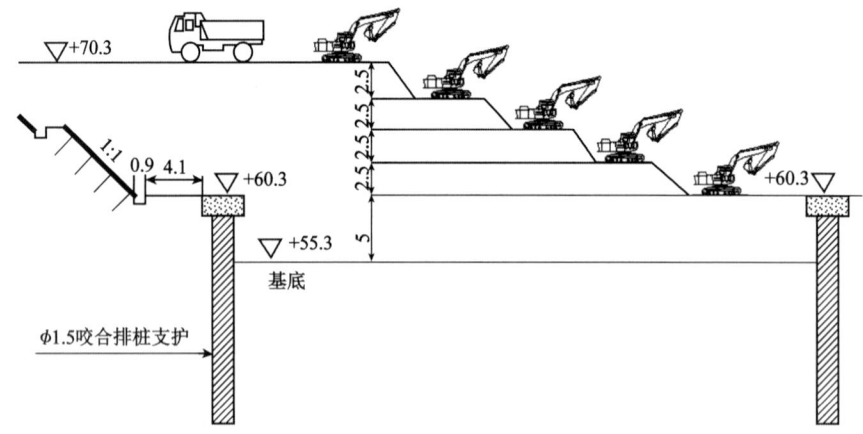

图2-2-6 南岸锚碇基坑开挖支护立面图(尺寸单位:m)

2.边坡防护

边坡防护第一级为C30喷射混凝土挂网支护;第二级为C30喷射混凝土挂网结合锚

杆支护。C30 喷射混凝土厚度 10cm，钢筋网为 $\phi 8$ 钢筋网，间距 20cm×20cm，锚杆为 $\phi 28$mm，长 3m。

1）锚杆施工

采用风动冲击和随钻跟进同径导管钻进工艺成孔。锚杆钻孔采用搭设脚手架，铺设竹胶板平台进行施工。钻杆角度控制与水平方向成 15°，钻孔深度应超过锚杆长度 20cm，即 3.2m。

正式钻孔前，开动钻机先钻 10cm 左右，停机检查钻机是否移位，确认钻机稳固后便可正式钻进。正式钻进时，根据冲击器做功风压范围和不同地层及不同的孔深来合理控制钻压和风压。钻进时，当每根钻杆钻毕到位后立即提升钻具，使钻头反复冲净孔内废渣后，接杆继续钻进。

钻孔后通过 $\phi 8$mm 钢筋网片作为定位支架安装锚杆，定位支架间距按 2m 设置。锚杆注浆采用 M30 水泥砂浆。

2）挂网喷射混凝土

钢筋网采用锚杆结合定位筋固定，搭接长度为 10cm。

C30 喷射混凝土厚 10cm，分两层喷射，先喷射 5cm，然后挂钢筋网，再喷射 5cm，垂直于坡面植入钢筋，外露长度为 10cm，间距 2m，作为喷射混凝土厚度控制点。

C30 喷射混凝土采用湿喷工艺，为保证湿喷料快速凝固，可根据现场情况添加速凝剂。喷射顺序应自下而上，喷射时先将低洼处大致喷平，再自下而上顺序分层、往复喷射。为减少回弹，喷嘴到工作面的距离应保持在 80~100cm 之间，喷射角度基本与坡面垂直。混凝土喷射完成后，应保证喷射面平整、润湿光滑、无干斑或滑移现象。

四、基础基坑开挖及支护

基础开挖先进行咬合桩支护，然后进行分层开挖，高程为 +60.3~+55.3m。

咬合桩支护内容详见本书第六篇第三章中咬合桩施工的相关内容，本处从略。

基础基坑开挖分 3 层退挖，高度 5m，第 1、2 层均高 2m，第 3 层高 1m，前两层和第三层中间位置采用运输车直接装载出土，第三层退挖至靠便道侧基础边缘时，采用塔式起重机或履带式起重机配合抓斗出土完成基坑开挖。

第三节　锚体施工

锚碇锚体结构主要由锚碇基础、后锚室、前锚室、散索鞍支墩、锚体压重块、路基压重块、预应力锚固系统及后浇段等部分组成。

（1）锚碇锚体主要为混凝土结构，钢筋工程、模板工程和混凝土工程的施工方法及要求和主塔塔柱施工基本一致。

（2）锚体模板分大块定型钢模、DOKA 模板、贝雷架钢模体系和收口网模板。

锚碇基础从基底 +55.3~+60.3m 位于咬合桩内，周边无须支设模板；+60.3~+70.3m 位于基坑内，四周无支护体系，外侧采用大块定型钢模板，模板尺寸为 4m×2m，钢面板厚6mm。基础内设置有底板梁、顶板梁及纵横梁,考虑到基础底板,采用分层分块浇筑预留纵、横向后浇段方式进行,每次分块断面处需设置模板。后浇带及施工缝位置模板采用收口网作为模板面板。

锚块压重块、散索鞍支墩、前锚面模板以及后锚面外侧墙模板采用DOKA模板体系,后锚面采用贝雷架+钢模的"倒挂篮"体系,结构刚度大,可确保后锚面槽口准确定位。散索鞍支墩鞍部采用钢模板,拆模后人工凿毛鞍部后浇段混凝土表层。后浇段采用收口网作为模板面板。

锚碇基础基底注浆详见本书第六篇第九章中关于浅埋式锚碇复合地基基础专题研究的相关内容,本处从略。

一、锚碇基础分块

根据伍家岗长江大桥江南锚碇地基注浆专题研究文件《关于"伍家岗长江大桥江南锚碇地基注浆专题研究"结果的简要说明》,锚碇前趾区与后趾区变形模量相差较大,存在锚碇基础产生较大不均匀沉降从而导致锚碇混凝土结构开裂的风险。为减小锚碇基础在各阶段的不均匀沉降及其对锚碇结构受力的影响,设计单位对江南锚碇基础混凝土施工顺序作出调整,设置纵横向后浇带,后浇带宽度3m,纵向后浇带沿锚碇基础中心线布置,横向后浇带中心线距离锚碇后趾区边缘32.5m。锚碇基础后浇带布置示意图如图2-2-7所示。

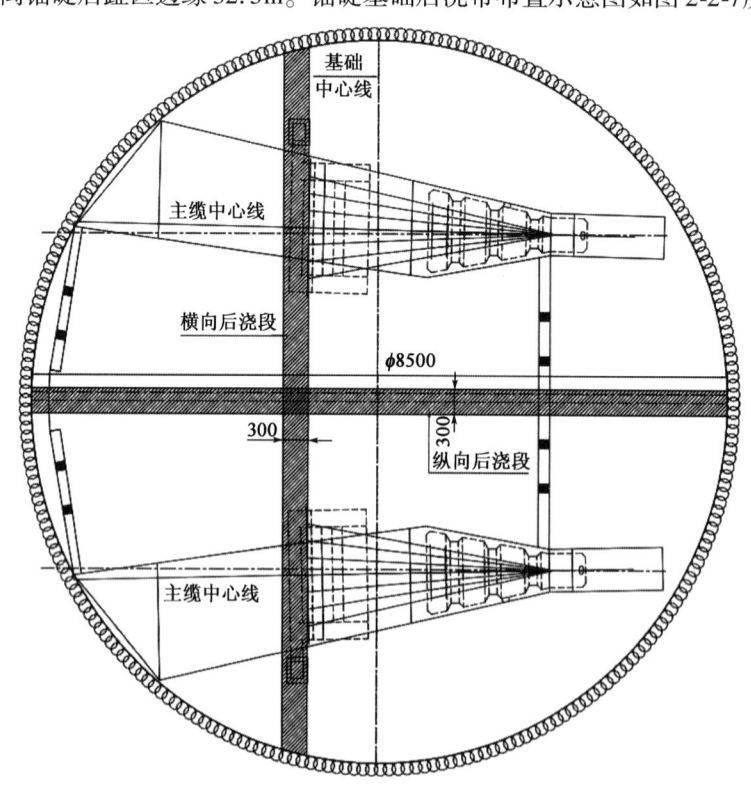

图2-2-7 锚碇基础后浇段布置示意图(尺寸单位:cm)

设置后浇带以后,锚碇水平分为五个区:后趾区下游侧(1号区)、后趾区上游侧(2号区)、前趾区下游侧(3号区)、前趾区上游侧(4号区)、后浇带。其中,前趾区上游侧和下游侧施工竖向分层分为9层,第1~3层以每层1m厚度浇筑施工,第4~9层以每层2m厚度浇筑施工;后趾区上游侧和下游侧施工竖向分层分为8层,第4层以1m厚度浇筑施工,其余7层以每层2m厚度浇筑施工;后浇带分为5层浇筑施工,每层厚度3m。

二、锚碇基础温控施工

1. 冷却水管布置

设计文件指出,在全部区域进行浇筑时需要布设冷却水管。冷却水管的设置按照1m浇筑层设置一层,位于浇筑层中心;2m浇筑层设置两层,距上下浇筑面各0.5m;后浇带每浇筑层设置一层,位于浇筑层中心。其余要求根据《大体积混凝土温度测控技术规范》(GB/T 51028—2015)中相关规定执行。冷却水管布置平面图如图2-2-8~图2-2-10所示。

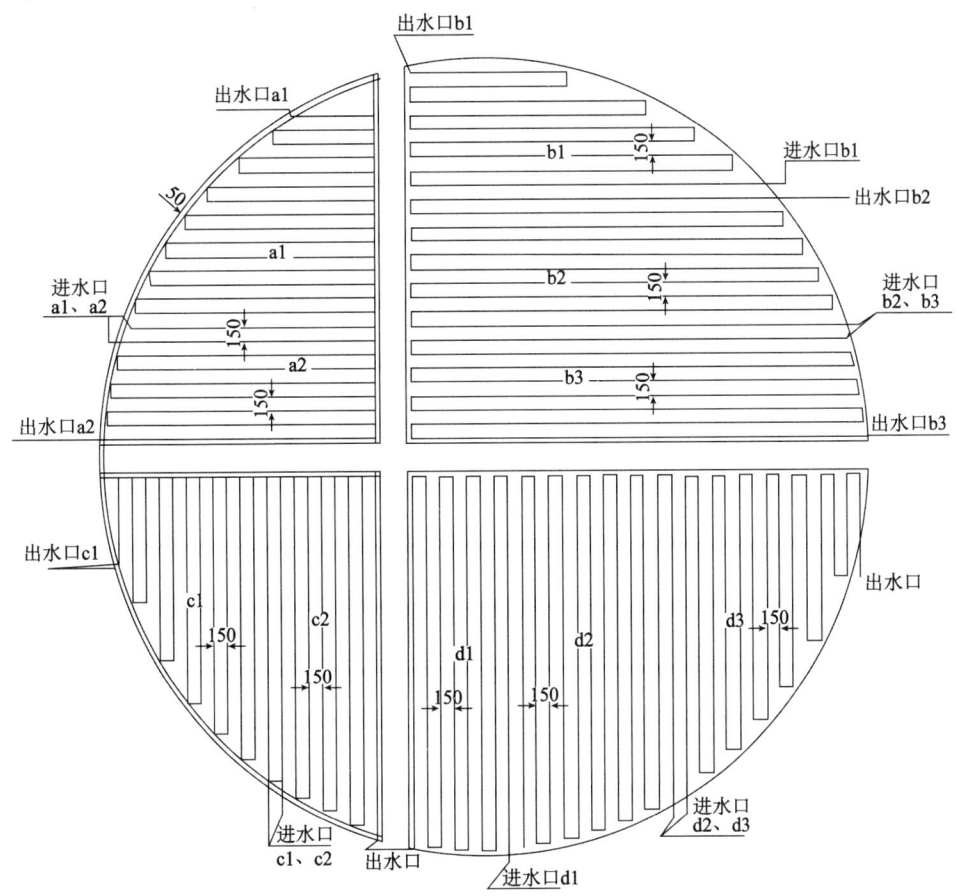

图2-2-8 奇数层冷却水管布置平面图(尺寸单位:cm)

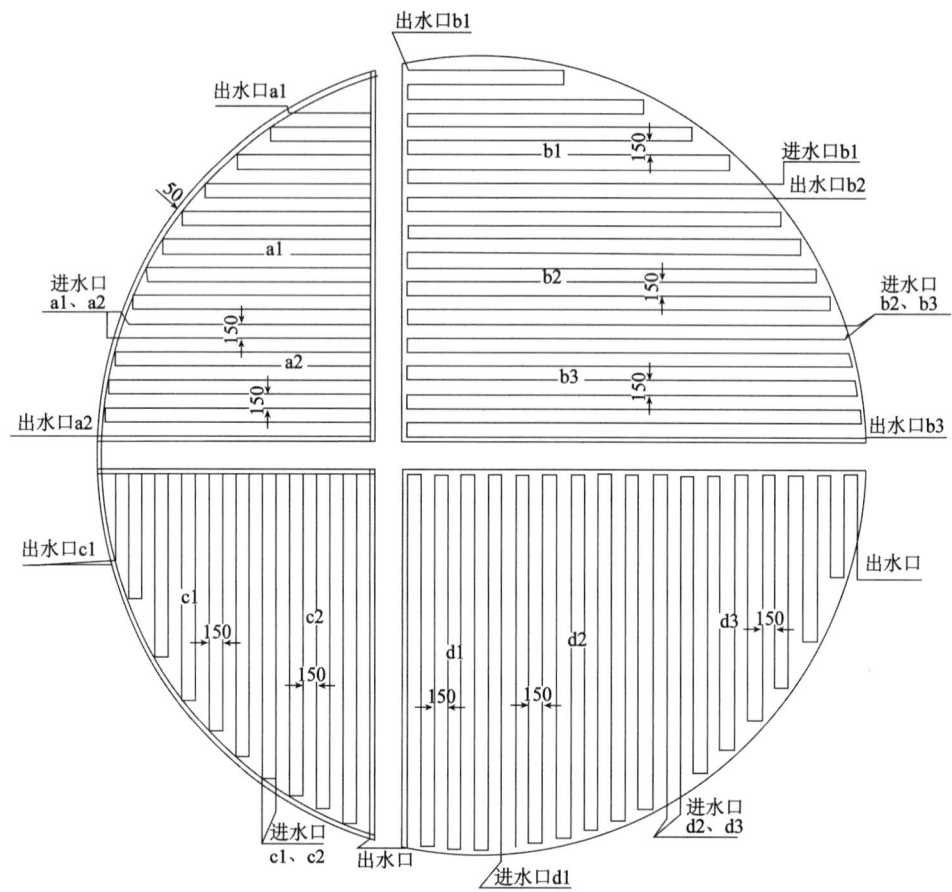

图 2-2-9 偶数层冷却水管布置平面图(尺寸单位:cm)

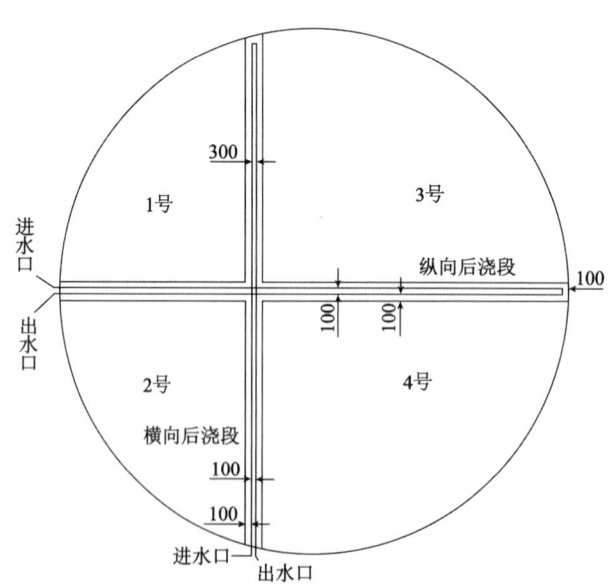

图 2-2-10 后浇段冷却水管布置平面图(尺寸单位:cm)

冷却管采用不小于 φ32mm 的钢管,单根冷却水管长度应控制在 200m 以内(由于计算结果显示布置水管浇筑后各项指标距控制标准有一定的富余量,故在布设水管时单根水管长度可根据施工现场情况适当调整,水平间距采用 1.5m),冷却水管距混凝土侧边缘距离为 0.5~1.0m,架立骨架利用架立钢筋。冷却水管安装时,要注意管道畅通、接头可靠,并进行通水检验。

先浇筑段按照 a、b、c、d 四个区域进行冷却水管布置。锚碇基础 a 块设置 2 个进水口、2 个出水口;b 块设置 3 个进水口、3 个出水口;c 块设置 2 个进水口、2 个出水口;d 块设置 3 个进水口、3 个出水口;后浇筑段在横向及纵向各布置一道冷却水管,共 2 个进水口、2 个出水口,水管布置于浇筑层中部(即距上下浇筑面各 1.5m)。

2. 测点布设

根据设计文件及《大体积混凝土温度测控技术规范》(GB/T 51028—2015)要求,并结合现场实际情况,测点埋设如下。

锚碇基础前后趾区每层温度测点分别布置于浇筑层中心(2 个,1 个备用测点)、浇筑层边缘点(2 个,1 个备用测点),其中每层温度测点共计 4 个,进出口水温监测点 4 个(图 2-2-11 中未显示)。另布置环境温度监测点 6 个(W1~W6)。浇筑层的测点具体布设如图 2-2-11、图 2-2-12 所示。每次布设测点前需测试测温元件灵明度,确保测温元件在监控过程中能正常采集数据。

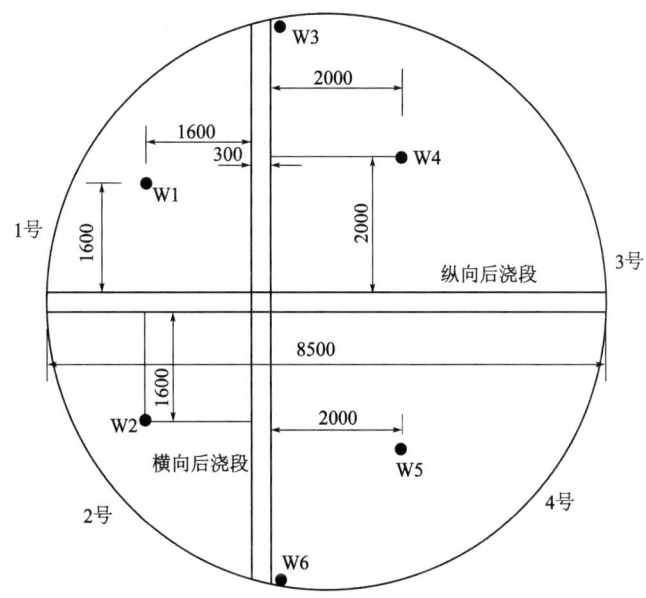

图 2-2-11 锚碇温控测位平面布置图(尺寸单位:cm)

锚碇基础后浇段在每层温度测点分别布置于浇筑层中心点(2 个),浇筑边缘点(2 个),每层温度测点共计 4 个。另布置环境温度监测点 1 个和进出口水温监测点 2 个(图 2-2-11 中未显示)。单层浇筑时共计布设温度传感器 7 个。浇筑层的测点具体布设如图 2-2-13 所示。

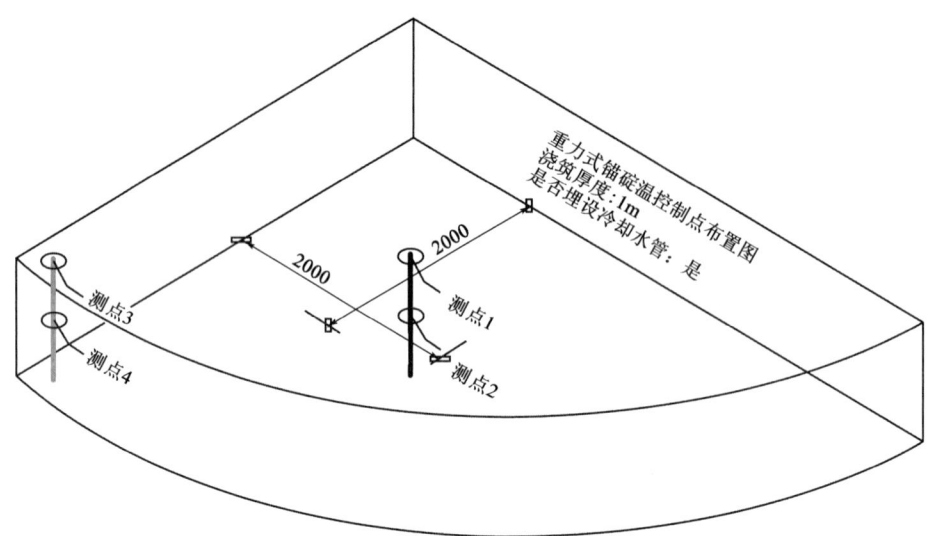

图 2-2-12　单层单次浇筑测点布置 3D 示意图(尺寸单位:cm)

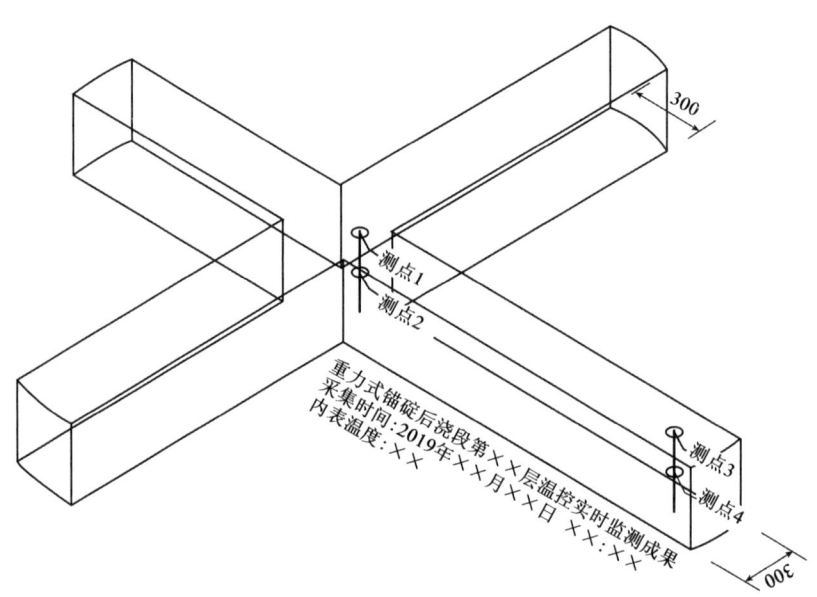

图 2-2-13　后浇段单层单次浇筑测点布置 3D 示意图(尺寸单位:cm)

3. 监控结果分析(以前趾区上游侧为例)

经过对重力式锚碇锚碇基础混凝土水化热测试结果的整理分析,得出每层混凝土内温度测点在监测期间的水化热变化情况。监测结果如下。

(1)前趾区上游侧第 1 层:最高温度为 39.2℃,内表温差最大值为 9.7℃,浇筑后第 49h 到达峰值。峰值持续时间 4h。

(2)前趾区上游侧第 2 层:最高温度为 34.6℃,内表温差最大值为 8.2℃,浇筑后第 44h 到达峰值。峰值持续时间 3h。

（3）前趾区下游侧第3层：最高温度为36.7℃，内表温差最大值为10.7℃，浇筑后第38h到达峰值。峰值持续时间3h。

（4）前趾区上游侧第4层：最高温度为42.3℃，内表温差最大值为7.5℃，浇筑后第76h到达峰值。峰值持续时间8h。

（5）前趾区上游侧第5层：最高温度为42.1℃，内表温差最大值为13.7℃，浇筑后第70h到达峰值。峰值持续时间4h。

（6）前趾区上游侧第6层：最高温度为50.8℃，内表温差最大值为18.1℃，浇筑后第65h到达峰值。峰值持续时间7h。

（7）前趾区上游侧第7层：最高温度为51.5℃，内表温差最大值为13.7℃，浇筑后第58h到达峰值。峰值持续时间8h。

（8）前趾区上游侧第8层：最高温度为52.3℃，内表温差最大值为15.7℃，浇筑后第55h到达峰值。峰值持续时间5h。

（9）前趾区上游侧第9层：最高温度为：53.5℃，内表温差最大值为：15.3℃，浇筑后第66h到达峰值。峰值持续时间2h。

监测结果表明：混凝土内部最高温度、混凝土降温速率、混凝土入模温升、混凝土内表温差均处于满足控制指标以内，满足设计及规范要求。

第三章　隧道式锚碇施工

隧道式锚碇施工主要包括隧道式锚碇洞开挖、初期支护、二次衬砌以及锚塞体的施工等内容,其中隧道式锚碇洞开挖及支护在本书第六篇第六章中已详细讲述,故本章从略。本章主要讲述锚塞体大体积混凝土施工相关内容,其中锚固系统施工详见本书第二篇第四章中相关内容。

一、概述

隧道式锚碇由洞口、前锚室、锚塞体及后锚室等部分组成。隧道式锚碇轴线长度(理论散索点距离锚室底部长度)90m,其中前锚室轴线长度42m,锚塞体轴线长45m,后锚室轴线长度3m(含衬砌层),距离设计路面的最大埋深约80m,锚塞体均设置于微风化岩层。锚体轴线的倾斜角度为40°,锚塞体范围为前小后大的楔形,前锚面尺寸为9.04m×11.44m,后锚面尺寸为16m×20m。上、下游隧道式锚碇中心距离37.50m,最小净距约23.42m。

二、锚塞体混凝土分层

为防止锚塞体大体积混凝土出现有害温度裂缝,通过计算大体积混凝土的内部温度场及仿真应力场,根据计算结果来制订锚塞体不出现有害温度裂缝的温控标准和相应的分层厚度、温控措施。锚塞体水平分成10层,第1层高为6m,第2~6层高为3m,第7~9层高为4.5m,第10层高为6.054m。锚塞体分层浇筑示意图如图2-3-1所示。

三、锚塞体施工工艺流程

锚塞体施工工艺流程如图2-3-2所示。

四、锚塞体主要施工方法

1.钢筋工程

锚塞体钢筋通过轨道由矿斗运送至洞内。钢筋安装根据混凝土浇筑分层逐层进行,安装时严格按施工图要求进行,确保安装精度和偏差满足施工规范要求。前、后锚面下第一层钢筋网遇预应力槽口时尽量调整钢筋网间距,对局部必须切断的钢筋,当钢筋切断后,增设补强钢筋。

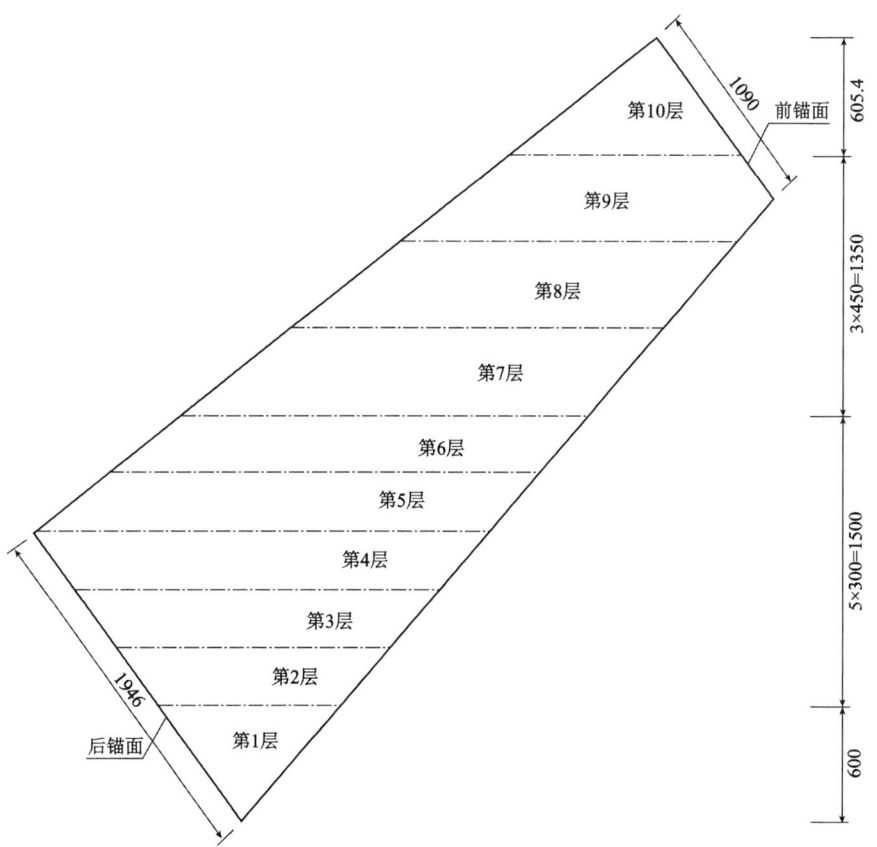

图 2-3-1 锚塞体分层浇筑示意图(尺寸单位:cm)

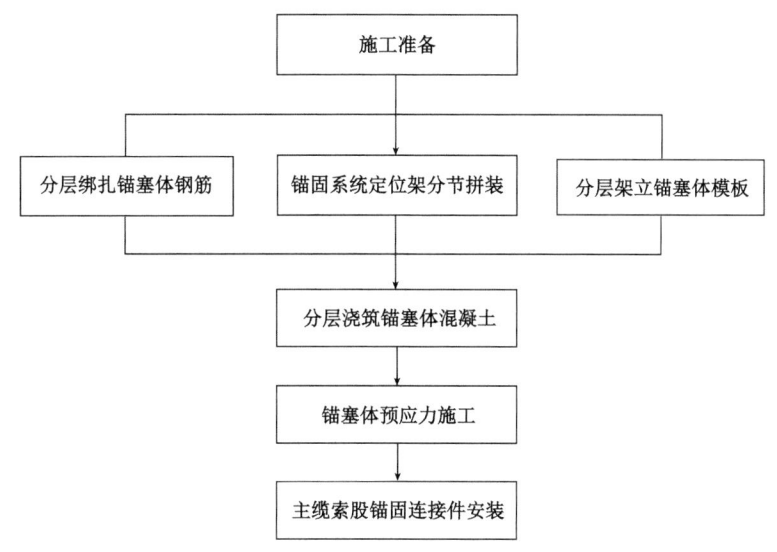

图 2-3-2 锚塞体施工工艺流程图

由于锚塞体钢筋为倾斜安装,钢筋与洞轴线垂直或平行,在安装时钢筋将由于自重会倾倒,故在安装时将钢筋骨架与定位钢支架连接,以保证钢筋网的稳定。钢筋保护层垫块必须牢固绑扎在钢筋网外侧,保护层垫块除必须达到要求强度外,还必须洁净且表层平整。

2. 模板工程

锚塞体模板由前、后锚面模板组成。由于隧洞内无法使用大型起重机械设备,故后锚面模板及支架采用便于人工运输的小块组合钢模、$\phi 48 \times 3mm$ 钢管等材料。钢模长边朝水平方向布置,背面按30cm间距设置 $\phi 48 \times 3mm$ 钢管竖向背楞,竖向背楞背面按最大间距0.6m设置双拼 $\phi 48 \times 3mm$ 钢管横向主背楞,拉杆采用 $\phi 20mm$ 拉杆(横、竖向最大间距0.6m),拉杆端部与骨架角钢焊接。

由于锚塞体为倾斜结构,倾斜角40°,浇筑混凝土时后锚面模板除承受混凝土的侧压力外还要承受混凝土的部分重力。因此,将锚固系统定位支架∠100×10角钢穿过后锚面模板支撑到后锚室掌子面上,以保证结构强度、刚度,以及施工的灵活便捷。考虑到第一层分层高度为6m,为减小后锚面模板侧压力,第一层浇筑时分两次成型,第一次浇筑3m,第二次待第一次混凝土完全终凝后继续浇筑,浇筑高度为3m。

前锚面模板与后锚面模板构造相同。为了保证前锚面模板定位准确,定位时设有撑杆,撑杆一端焊接在定位支架上。

3. 混凝土工程

由于隧道式锚碇锚塞体段轴线坡度为40°,洞口到浇筑混凝土出料口最大高差28m,最大水平距离56m,若采用输送泵泵送混凝土,泵送过程中容易出现离析现象,影响混凝土质量。因此,结合现场实际情况,锚塞体混凝土施工采用缓降装置溜槽。溜槽浇筑混凝土注意以下内容。

(1)混凝土入溜槽时,溜槽严禁用水冲洗和引流,只能用湿润的抹布进行湿润,防止溜槽干燥吸收混凝土水分影响混凝土坍落度和过多非拌和水改变混凝土水胶比。

(2)溜槽坡度可适当调大,现场所使用的串筒可用帆布管代替,便于现场操作。

(3)现场严格控制好混凝土的各项材料指标,其必须满足相关规范及图纸要求。

(4)混凝土拌和时,各项材料进行精确计量,搅拌时间充足,控制好混凝土坍落度和入模温度。

(5)因锚塞体位于山体内,加上初期支护已施工完成,混凝土的保温效果较好,外界气温对混凝土影响小,每层混凝土浇筑完成后外部保温采用在浇筑面进行蓄水养护,内部降温采用冷却水管通水。

五、锚塞体温控施工

1. 冷却水管布置

因锚塞体形状极不规则,锚塞体各层形状也均不相同,内部钢筋及定位钢架也会造成一定影响,因此,无法给出冷却水管布置的具体尺寸。通过示意图展示锚塞体浇筑时冷却水管布置形状,各层水管水平方向每根相距1m,冷却水管位置根据现场实际情况微调。

第1层浇筑厚度6m,共计布设3层冷却水管,每层设置2个进水口、2个出水口,冷却水管立面布置如图2-3-3所示。

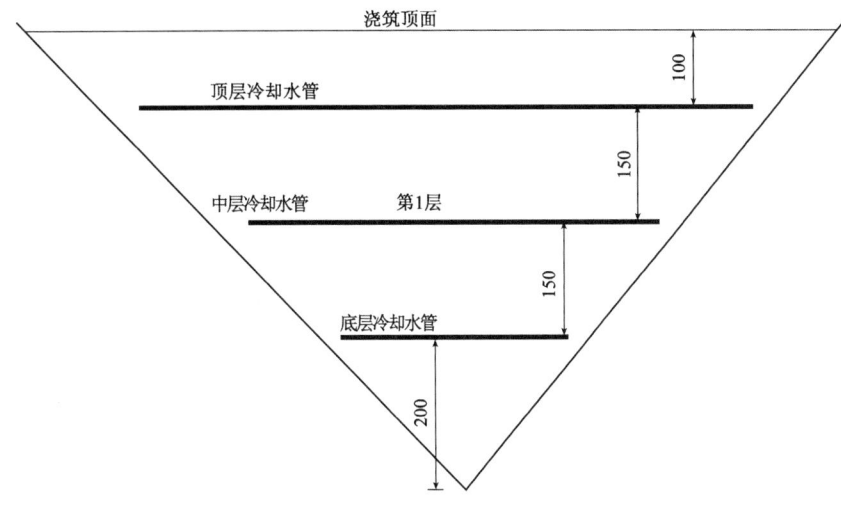

图2-3-3 锚塞体第1层冷却水管布置示意图(尺寸单位:cm)

第2~6层单层浇筑厚度3m,共计15m,单层布设2层冷却水管,每层设置2个进水口、2个出水口,下层冷却水管距浇筑底面0.75m,顶层冷却水管距离浇筑顶面0.75m。图2-3-4为第4层冷却水管布置示意图,其余各层参照此层布置。第7~9层除冷却水管距浇筑底面1.5m外,其余均与第4层相同。

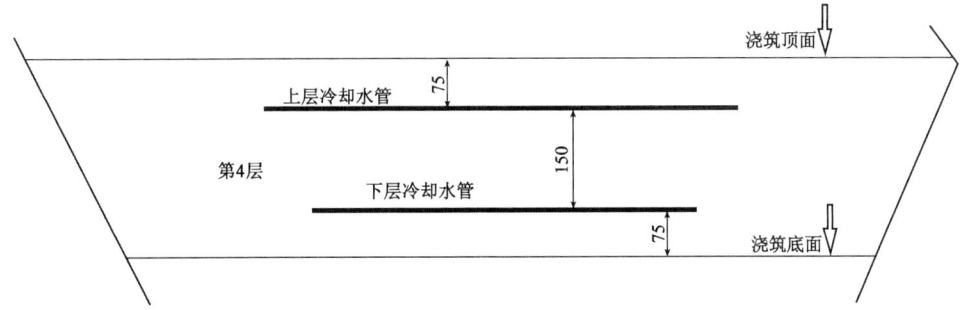

图2-3-4 锚塞体第2~6层冷却水管布置示意图(以第4层为例)(尺寸单位:cm)

第10层单层浇筑厚度6.054m,单层布设3层冷却水管,每层设置2个进水口、2个出水口,底层冷却水管距浇筑底面1m,顶层冷却水管距离浇筑顶面2.054m,中层冷却水管距离上、下两层水管均为1.5m。

冷却水管采用ϕ48mm钢管,架立骨架利用架立钢筋。当冷却水管布置位置与锚塞体内部钢筋布置或缆索位置冲突时,应适当偏移冷却水管位置。管与管之间采用大小配套的接头,并且在接头部分使用胶带缠裹,防止在混凝土浇筑完成后水管接口部分漏水冲洗内部混凝土,而出现质量问题。

2. 测点布设

根据设计文件及《大体积混凝土温度测控技术规范》(GB/T 51028—2015)要求，并结合现场实际情况，测点埋设如下。

每层布置 2 个测点，布置位置为浇筑层中心点、浇筑边缘顶面，共计布置 20 个测点，满足最高温度测试及里表温差测试需求。另单独布置测点，对进出口水温进行温度监测。

3. 监控结果分析（以隧道式锚碇左洞锚塞体为例）

隧道式锚碇左洞锚塞体混凝土共计浇筑混凝土 10 层，累计浇筑厚度 40.554m；除第 1 层浇筑厚度为 6m 及第 10 层浇筑厚度为 6.054m 外，第 2~6 层浇筑厚度为 3m，第 7~9 层浇筑厚度为 4.5m。经过对隧道式锚碇锚塞体混凝土水化热测试结果的整理分析，得出每层混凝土内温度测点在监测期间的水化热变化情况如下。

（1）左洞第 1 层：内部最高温度为 53.1℃，内表温差最大值为 13.3℃，浇筑后第 43h 到达峰值。峰值持续时间 4h。

（2）左洞第 2 层：内部最高温度为 51.6℃，内表温差最大值为 13.2℃，浇筑后第 28h 到达峰值。峰值持续时间 3h。

（3）左洞第 3 层：内部最高温度为 51.1℃，内表温差最大值为 13.1℃，浇筑后第 33h 到达峰值。峰值持续时间 4h。

（4）左洞第 4 层：内部最高温度为 49.88℃，内表温差最大值为 11.4℃，浇筑后第 48h 到达峰值。峰值持续时间 7h。

（5）左洞第 5 层：内部最高温度为 50.7℃，内表温差最大值为 7.4℃，浇筑后第 52h 到达峰值。峰值持续时间 7h。

（6）左洞第 6 层：内部最高温度为 50.4℃，内表温差最大值为 9.6℃，浇筑后第 40h 到达峰值。峰值持续时间 8h。

（7）左洞第 7 层：内部最高温度为 53.4℃，内表温差最大值为 11.0℃，浇筑后第 32h 到达峰值。峰值持续时间 6h。

（8）左洞第 8 层：内部最高温度为 53.3℃，内表温差最大值为 7.7℃，浇筑后第 56h 到达峰值。峰值持续时间 5h。

（9）左洞第 9 层：内部最高温度为 54.8℃，内表温差最大值为 13.9℃，浇筑后第 32h 到达峰值。峰值持续时间 6h。

（10）左洞第 10 层：内部最高温度为 49.9℃，内表温差最大值为 11.4℃，浇筑后第 48h 到达峰值。峰值持续时间 4h。

监测结果表明：混凝土内部最高温度、混凝土降温速率、混凝土入模温升、混凝土内表温差均处于满足控制指标以内，满足设计及规范要求。

第四章　锚固系统施工

第一节　概　　况

主缆锚固系统采用预应力锚固系统，主缆索股散开后，通过拉杆、锚固连接器连接到预应力钢绞线上，通过预应力将索股拉力传递到锚体混凝土。

江南侧预应力方向在前锚面下 1.2m 范围内直线段与索股方向一致，然后再按一定半径在前锚面下一定范围内弯折到与理论中心线平行。江北侧预应力方向与索股方向一致，采用直线方式延伸至后锚面。江南侧锚碇采用重力式锚碇，江北侧锚碇采用隧道式锚碇。

锚固系统由索股锚固连接构造和预应力钢束锚固构造组成。索股锚固连接构造由连接器、拉杆及其组件组成；预应力钢束锚固构造由管道、预应力钢绞线及锚具、后锚面处锚头防护罩等组成。拉杆上端与索股冷铸锚头相连接，另一端与由预应力钢束锚固于前锚面的接器相连接。

索股锚固连接构造分为单索股锚固连接器和双索股锚固连接器两种类型。单索股标准荷载下锚固力为 2750kN，锚固连接器对应 2 根拉杆，锚固一根索股；双索股标准荷载下锚固力为 5500kN，锚固连接器对应 4 根拉杆，锚固两根索股。每个锚室各有 27 个单索股锚固连接器和 32 个双索股锚固连接器。前锚面上连接器横向间距为 100.0cm，竖向间距为 70.0cm。

索股锚固连接构造图如图 2-4-1 所示。

对应于单索股锚固连接器，采用 15-25 型预应力钢绞线锚固；对应于双索股锚固连接器，采用 15-50 型预应力钢绞线锚固。锚具分别采用特制 15-25 型和 15-50 型锚具（包括锚头、锚垫板、螺旋筋、后锚面处锚头防护罩等）。应采用与环氧钢绞线相配套的锚具，前锚面处锚垫板应设有与连接器配套的卡固槽口，槽口深度 5mm，锚垫板应与选用的无缝钢管相配套，锚具及夹具应满足《预应力筋用锚具、夹具和连接器》（GB/T 14370—2000）的要求。锚具设计尺寸应满足锚下混凝土对应设计牌号的受力要求。

预应力张拉控制应力 σ_{con} 为其抗拉强度的 0.65 倍，15-25 型预应力张拉控制力为 4200kN，15-50 型预应力张拉控制力为 8400kN，均按双控原则张拉。

预应力钢束锚固构造的设计安全系数不小于 2.2。正常运营状态锚下压力储备安全系数大于 1.2。拉杆、连接器设计时考虑了 10% 的偏载系数，设计安全系数不小于 2.5。

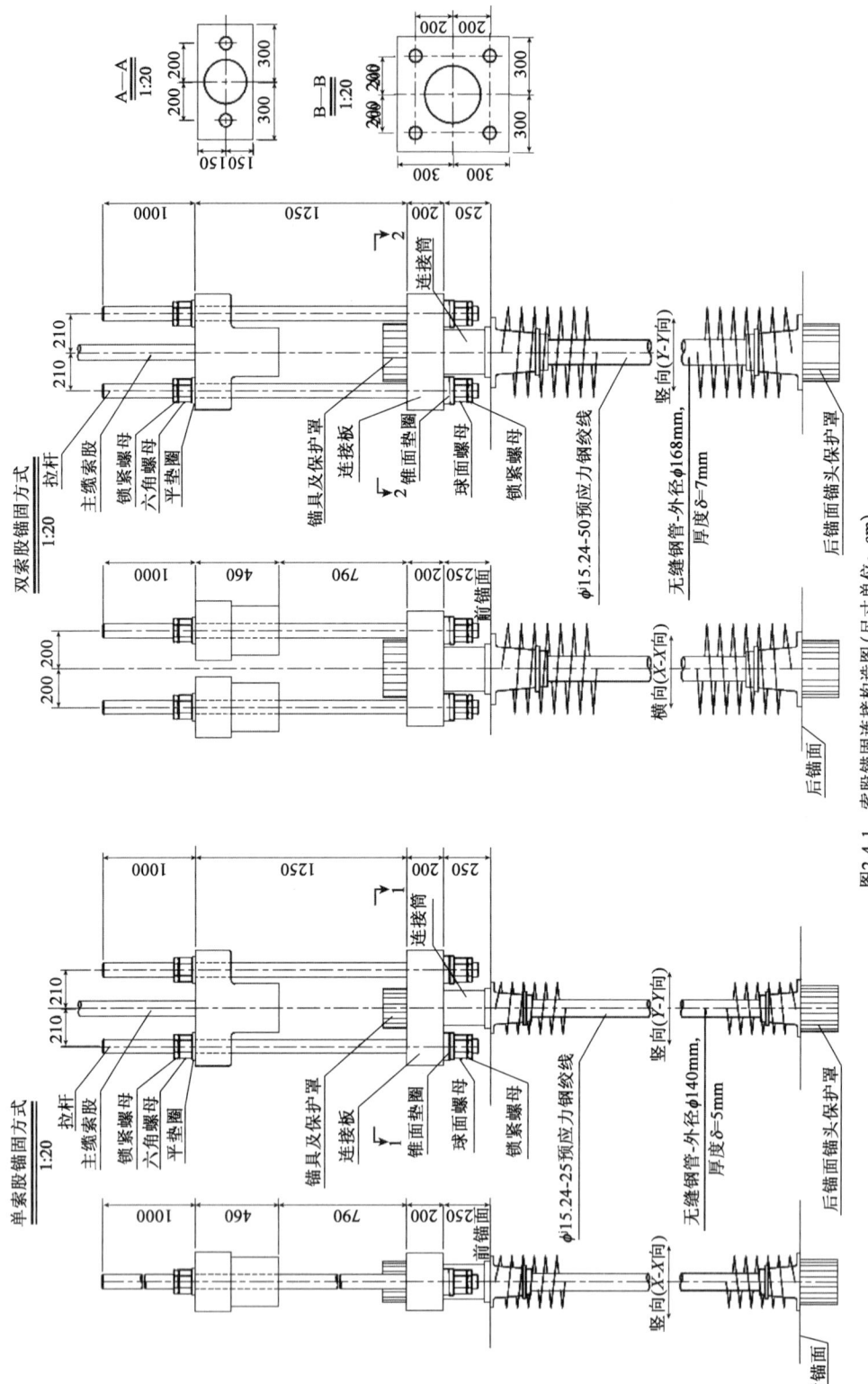

图2-4-1 索股锚固连接构造图(尺寸单位:cm)

第二节 锚固系统制造

伍家岗长江大桥主缆预应力锚固系统锚固产品由锚具类产品(拉杆、螺母、锁紧螺母、球面垫圈、内球面垫圈、连接器)和成品索类产品(新型预应力锚固成品索)组成。其新型预应力锚固拉索前锚面采用冷铸锚,后锚面采用夹片锚,钢绞线在工厂下料,预制冷铸锚端,形成半成品锚索。

一、锚具、拉杆组件制造工艺

冷铸锚结构包括锚杯、螺母等,拉杆、连接器组件结构包括拉杆、球面垫圈、螺母、连接器(支撑筒)等,夹片锚结构为锚板、夹片。为更好地保证锚具质量,拉杆采用40CrNiMoA圆钢,螺母、球面垫圈、锚板、锚杯等采用40Cr锻造机加工成型,连接器采用45号钢,经锻造处理机加工成型。

锚板主要加工工序及检验标准见表2-4-1。

锚板主要加工工序及检验标准　　　　表2-4-1

零件名称	工序	工序内容	检测标准
锚板	锯	材料采用合金结构钢40Cr进行外观检验、理化试验	符合《合金结构钢》(GB/T 3077—2015)的规定
	车1	车端面、外圆	按工艺附图要求
	超探	检验内部裂纹	符合《钢锻件超声检测方法》(GB/T 6402—2008)中表4 直探头质量等级4级要求
	钳1	数钻打点	按图纸要求
	钳2	钻孔	按工艺文件要求
	标识	打钢字及流水号	按图纸要求
	调质	控制好热处理温度及时间	检验其硬度,成品表面硬度251~306HBW
	车2	车圆台、螺纹	按工艺文件要求
	酸洗	除锈	按工艺文件要求
	钳4	精铰孔	保证锥孔锥度及孔口尺寸
	磁粉探伤	检验表面裂纹	按《承压设备无损检测 第4部分:磁粉检测》(NB/T 47013—2015)中第9章表7的Ⅱ级规定
	镀锌	表面镀锌	锌层厚度10~40μm
	脱氢	控制脱氢温度及时间	设定参数
	钳5	螺纹孔涂防锈油	防锈油无漏涂

冷铸锚杯主要工序及检验标准见表2-4-2。

冷铸锚杯主要加工工序及检验标准 表 2-4-2

零件名称	工序	工序内容	检测标准
锚杯	锯	材料采用40Cr，进行外观检验、材质分析及机械性能试验	符合《合金结构钢》（GB/T 3077—2015）的规定
	粗车	粗车外形合粗车图，留精车余量	按粗车图纸要求
	调质	热处理控制好温度、时间、冷却方式	硬度符合图纸要求
	超声波探伤	按标准进行超声波探伤，检测零件内部缺陷	符合《钢锻件超声检测方法》（GB/T 6402—2008）中钢锻件质量等级3级要求要求
	精车	按图车孔、槽、锥孔、螺纹、球面	符合《重型机械通用技术条件 切削加工件》（JB/T 50009—2007）；梯形螺纹符合《梯形螺纹》（GB/T 5796—2005）的规定，符合图纸要求
	钳	打标记、錾牙头、钻攻螺纹	按图要求
	磁粉探伤	按标准进行磁粉探伤，检测零件表面缺陷	按《承压设备无损检测 第4部分：磁粉检测》（NB/T 47013.4—2015）中受压加工部件和材料等级Ⅱ级要求
	表面防腐处理	镀锌+脱氢处理	锌层厚度 10～40μm

球面垫圈主要加工工序及检验标准见表2-4-3。

球面垫圈主要加工工序及检验标准 表 2-4-3

零件名称	工序	工序内容	检测标准
（内）球面垫圈	锯	材料采用合金结构钢40Cr进行外观检验、材质分析及机械性能试验	符合《合金结构钢》（GB/T 3077—2015）的规定
	粗车	粗车外圆、内孔，留精车余量，打流水号	按图纸要求
	超探	按标准超声波探伤	符合《钢锻件超声检测方法》（GB/T 6402—2015）中表4 直探头质量等级4级要求
	调质	热处理控制好温度及时间	检验其硬度，成品表面硬度 269～341HBW
	精车	车端面、外圆、孔、球面	《重型机械通用技术条件 第9部分：切削加工件》（JB/T 5000.9—2007）的规定
	钳	打流水号	流水号
	磁粉探伤	按标准进行磁粉探伤	按《承压设备无损检测 第4部分：磁粉检测》（NB/T 47013—2015）中第9章表7的Ⅱ级规定
	发蓝	按标准规范发蓝，控制溶液浓度、发蓝时间、温度	符合设定参数
	车	球面抛光	表面粗糙度不大于1.6
	喷漆	非球面部分各层漆厚达到要求，总干膜厚度不低于190μm	环氧富锌底漆 50μm，环氧（云铁）漆 100μm，氟碳面漆 40μm
	钳	球面抹黄油、包装	目测黄油均匀涂抹

球面螺母/锁紧螺母主要加工工序及检验标准见表2-4-4。

球面螺母/锁紧螺母主要加工工序及检验标准　　　　表2-4-4

零件名称	工序	工序内容	检测标准
螺母/锁紧螺母	锯	材料采用合金结构钢40Cr进行外观检验、材质分析及机械性能试验	符合《合金结构钢》（GB/T 3077—2015）的规定
	锻	锻合工艺附图	按图纸要求
	粗车	粗车外圆、内孔，留精车余量，打流水号	按图纸要求
	铣	铣六角	按图纸要求
	超探	按标准超声波探伤	按《钢锻件超声检测方法》（GB/T 6402—2015）中表4 直探头质量等级4级
	调质	热处理，控制好温度及时间	检验其硬度，成品表面硬度269～341HBW
	精车	车端面、孔、螺纹	符合《重型机械通用技术条件 第9部分：切削加工件》（JB/T 5000.9—2007）的规定
	钳	打流水号	—
	酸洗	酸洗除锈	目测无锈斑
	磁粉探伤	按标准进行磁粉探伤	按《承压设备无损检测 第4部分：磁粉检测》（NB/T 47013—2015）中第9章表7的Ⅱ级规定
	发蓝	按标准规范发蓝，控制溶液浓度、发蓝时间、温度	符合设定参数
	车	球面抛光、涂油	表面粗糙度不大于1.6
	喷漆	非球面部分各层漆厚达到要求，总干膜厚度不低于190μm	环氧富锌底漆50μm，环氧（云铁）漆100μm，氟碳面漆40μm
	钳	用油纸包装	密实无破损

拉杆主要加工工序及检验标准见表2-4-5。

拉杆主要加工工序及检验标准　　　　表2-4-5

零件名称	工序	工序内容	检测标准
拉杆	锯	材料采用合金结构钢40CrNiMoA进行外观检验、材质分析及机械性能试验	合金钢材料符合《合金钢材料》（GB/T 3077—2015）的规定
	调质	热处理控制好温度及时间	检验其硬度，成品表面硬度269～341HBW
	校直	校直避免后工序螺纹车不过黑皮	按图纸要求
	镗	镗中心孔	按图纸要求
	粗车	粗车外圆，留精车余量	按图纸要求
	钳	打标记	—
	超探	按标准超声波探伤	符合《钢锻件超声检测方法》（GB/T 6402—2008）中表4 直探头质量等级4级要求

续上表

零件名称	工序	工序内容	检测标准
拉杆	精车	车外圆、螺纹	符合《重型机械通用技术条件 第9部分：切削加工件》（JB/T 5000.9—2007）的规定
拉杆	磁粉探伤	按标准进行磁粉探伤	按《承压设备无损检测 第4部分：磁粉检测》（NB/T 47013—2015）中第9章表7的Ⅱ级规定
拉杆	发蓝	按标准规范发蓝，控制溶液浓度、发蓝时间、温度	符合设定参数
拉杆	喷漆	非螺纹部分各层漆厚达到要求，总干膜厚度不低于190μm	环氧富锌底漆50μm，环氧（云铁）漆100μm，氟碳面漆40μm
拉杆	钳	用油纸包装	目测密实无破损

连接器主要加工工序及检验标准见表2-4-6。

连接器主要加工工序及检验标准　　　表2-4-6

零件名称	工序	工序内容	检测标准
连接器	锯	材料采用优质碳素结构45号钢进行外观检验、材质分析及机械性能试验	符合《合金钢材料》（GB/T 3077—2015）的规定
连接器	锻	锻合工艺附图	按图纸要求
连接器	铣	铣外形	按图纸要求
连接器	钳	打流水号	流水号
连接器	超探	按标准超声波探伤	符合《钢锻件超声检测方法》（GB/T 6402—2008）中表4直探头质量等级4级要求
连接器	钳	钻孔	按图纸要求
连接器	热	热处理控制好温度及时间	检验其硬度，表面硬度238～269HBW
连接器	镗	镗孔	按图纸要求
连接器	钳	钻、攻螺纹孔，打标记	按图纸要求
连接器	磁粉探伤	按标准进行磁粉探伤	按《承压设备无损检测 第4部分：磁粉检测》（NB/T 47013—2015）中第9章表7的Ⅱ级规定
连接器	喷砂	表面除锈，符合粗糙度要求	目测
连接器	喷漆	各层漆厚达到要求，总干膜厚度不低于320μm	环氧富锌底漆80μm，环氧（云铁）漆160μm，聚氨酯面漆40μm，氟碳面漆40μm

支撑筒主要加工工序及检验标准见表2-4-7。

支撑筒主要加工工序及检验标准　　　表2-4-7

零件名称	工序	工序内容	检测标准
支承筒	锯	材料采用优质碳素结构钢45进行外观检验、材质分析及机械性能试验	符合《合金钢材料》（GB/T 3077—2015）的规定
支承筒	锻	锻合工艺附图	按图纸要求
支承筒	粗车	粗车外形，留精车余量	按图纸要求

续上表

零件名称	工序	工序内容	检测标准
支承筒	超探	按标准超声波探伤	符合《钢锻件超声检测方法》(GB/T 6402—2008)中表4 直探头质量等级4级
	钳	镗孔	按图纸要求
	调质	热处理控制好温度及时间	检验其硬度,成品表面硬度238~269HB
	酸洗	除锈处理	目测
	钳	攻螺纹	按图纸要求
	磁粉探伤	按标准进行磁粉探伤	按《承压设备无损检测 第4部分:磁粉检测》(NB/T 47013—2015)中第9章表7的Ⅱ级规定
	喷砂	表面除锈,符合粗糙度要求	目测符合要求
	喷漆	各层漆厚达到要求,总干膜厚度不低于320μm	环氧富锌底漆80μm,环氧(云铁)漆160μm,聚氨酯面漆40μm,氟碳面漆40μm

夹片主要加工工序及检验标准见表2-4-8。

夹片主要加工工序及检验标准　　　　　　表2-4-8

零件名称	工序	工序内容	检测标准
夹片	锯	材料采用合金结构钢20CrMnTi,进行外观检验、材质分析及机械性能试验	符合《合金钢材料》(GB/T 3077—2015)的规定
	车1	车端面、孔口	专用钻头自动控制
	车2	车端面、外锥、槽,保证长度、锥度、表面粗糙度	专用设备设定参数,表面粗糙度不大于1.6
	钳1	攻螺纹	不得有崩牙、乱牙
	锯	锯开一分为二	按设定模具锯开
	钳2	去毛刺,用煤油清洗、滤干	目测无毛刺,表面无杂质
	铣	铣槽	按设定尺寸
	钳3	锉毛刺	目测无毛刺
	清洗	清洗杂质并烘干	烘干机按设定时间
	碳氮共渗	碳氮共渗,保证渗层厚度及表面硬度	渗层0.32~0.52mm,硬度80.6~83.9HRA
	滚砂	去毛刺	目测无毛刺
	标识	打标记	按图纸要求
	浸油	浸防锈油并甩干	离心机按设定时间

二、环氧涂层钢绞线制造工艺

环氧涂层钢绞线制造工艺流程为:放线→前处理→散丝→涂覆→复捻→牵引→成盘。

(1)放线:光面钢绞线解盘,从放线盘上放出(图2-4-2)。

(2)前处理:钢绞线恒速通过前处理槽,在槽液和超声波共同作用下,去除表面氧化皮、油污,水洗、干燥(图2-4-3)。

图 2-4-2　放线　　　　　　　　　图 2-4-3　前处理

(3)散丝:在散丝装置下,钢绞线散开成7根钢丝(图2-4-4)。

(4)涂覆:钢绞线以7根钢丝形式,进入静电喷涂主机喷粉室,带电荷的环氧涂覆粉末吸附于钢丝表面,在高温作用下,环氧涂覆粉末熔融、固化于钢丝表面,形成环氧涂层。每30min用感应测厚仪测量1次涂层厚度,每盘抽取1根1m长试样,进行弯曲试验仪90°弯曲测试(图2-4-5)。

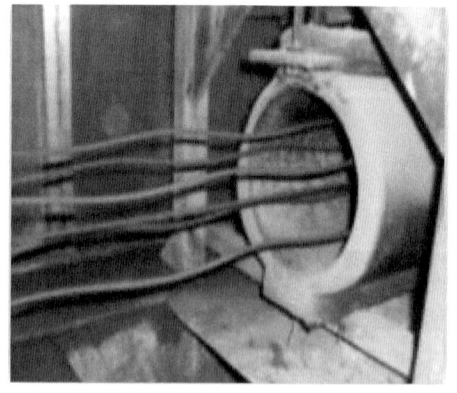

图 2-4-4　散丝　　　　　　　　　图 2-4-5　涂覆

(5)复捻:涂覆后的7根钢丝在复捻机的作用下,复捻形成钢绞线(图2-4-6)。

(6)牵引:牵引机牵引钢绞线,使得生产可以连续进行(图2-4-7)。

(7)成盘:钢绞线在排线机、成盘机共同作用下,盘卷于工字轮上(图2-4-8)。

图 2-4-6　复捻　　　　　　　　　　　图 2-4-7　牵引

图 2-4-8　成盘

三、锚固半成品索制造工艺

前锚面锚具由冷铸锚锚杯及相关附属配件组成,在工厂内进行前锚面制锚,制锚工艺过程为:钢绞线定长下料→穿锚→浇筑→固化→卷盘。

(1)钢绞线定长下料:根据设计图纸的理论长度,考虑一定长度的富余量进行下料。

(2)穿锚:将钢绞线束穿过锚杯、分丝板,进行定位,安装浇筑器具。

(3)浇筑:使用预先进行烘烤的冷铸锚环氧树脂浇筑原材料,按工艺文件进行冷铸料配制。

锚具就位后,安装浇筑工艺装备,锚杯与地面角度要大于75°;对锚杯实施临时防护,安装振动器(图2-4-9),将锚杯倒挂,在持续振动的条件下往锚杯内浇筑冷铸料,记录各组分冷铸料的浇筑量,以便核实锚杯浇筑的密实度。

每浇筑一批冷铸料,取样冷铸料制作3个冷铸料试块32mm(宽)×32mm(深)×35mm(高)。

（4）固化：在自动控制的固化炉内进行固化，同炉固化三件32mm×32mm的方形试件作为固化后的抗压强度试块。试块从模具中脱模，完成24h状态处理后，进行常温抗压强度试验。抗压强度必须不低于147MPa（图2-4-10）。

图2-4-9　安装振动器　　　　　　　　　图2-4-10　固化锚具

吊起拉索，调整起吊高度，使索体弯曲及锚具垂下，吊锚具入固化炉固化；按工艺文件要求控制加热及保温时间，固化炉采用自动控温装置，同时派专人全程监控并记录好"时间-温度"数据，固化过程中适当延长180℃恒温下的养护时间。固化程序完成后，锚具需随炉自然冷却降温至低于60℃才能出炉。固化后的浇铸体如图2-4-11所示。

图2-4-11　固化后浇铸体

（5）顶压检验：对半成品锚索冷铸锚头实施顶压检验，顶压力为$0.72f_{ptk}$（f_{ptk}为预应钢筋强度标准值），顶压后浇铸体回缩值不得超过6mm。

（6）卷盘：半成品锚索卷盘内径为1.6m，控制卷盘外径不超过2.2m，每根半成品锚索独立卷盘，卷盘后用尼龙绳对半成品锚索进行6道捆扎。

将半成品锚索脱盘后在打包机上用拉伸膜、编织带进行缠绕包装，缠绕包装后用4道尼龙绳捆扎。

第三节 锚固系统施工

锚固系统施工主要内容有:预应力管道定位钢架设计与安装、预应力管道及锚固组件安装、预应力半成品索穿束、预应力束张拉、锚头保护罩安装、预应力束压浆、拉杆组件安装。

一、预应力管道定位钢架设计

1. 重力式锚碇定位钢架设计

锚块内埋设的预应力管道定位系统由基准架和定位架组成。基准架是安装定位架的基准,是控制定位架精确安装的关键,并承受定位架传来的荷载。

基准架为角钢组拼成的格构式立柱,每榀定位片下面设置4～6个格构式立柱,支柱间采用型钢连接成整体。

定位是由角钢组拼成的框架结构,考虑到吊装安全,每个锚块预应力管道定位架竖向分为3层,纵桥向分为3层,横桥向以群索中心线为轴分为两排,共18个定位骨架。根据分层浇筑混凝土情况,定位骨架分层制作、分节安装,分段进行预应力管道的连接,以满足"分层浇筑、分节支撑、分段接管、实时监控"的设计要求。定位片架沿 X 轴线布置6个大片,每个大片分为6个小片。重力式锚碇定位钢架结构示意图如图2-4-12所示,重力式锚碇定位片架结构示意图如图2-4-13所示。

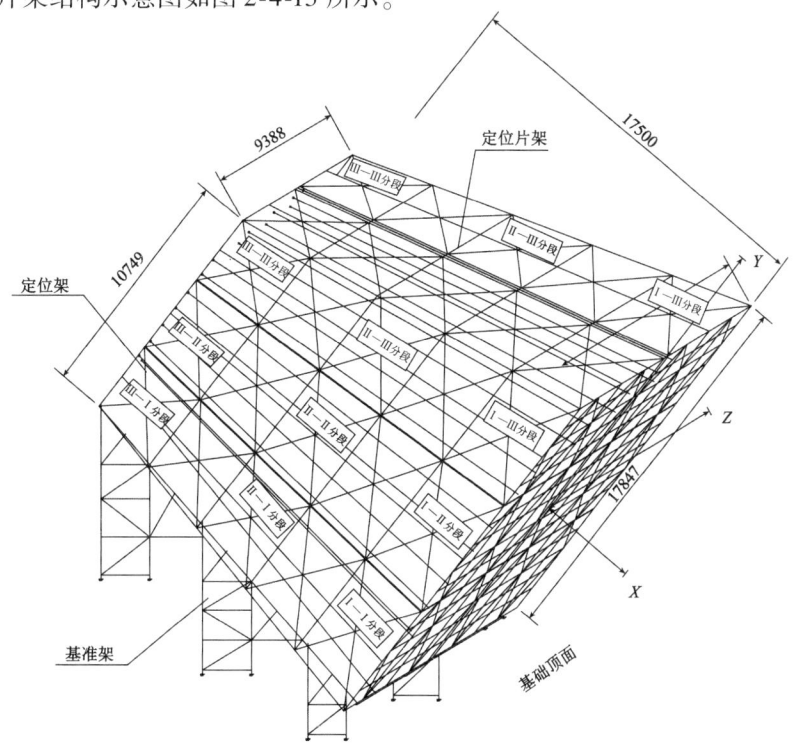

图2-4-12 重力式锚碇定位钢架结构示意图(尺寸单位:mm)

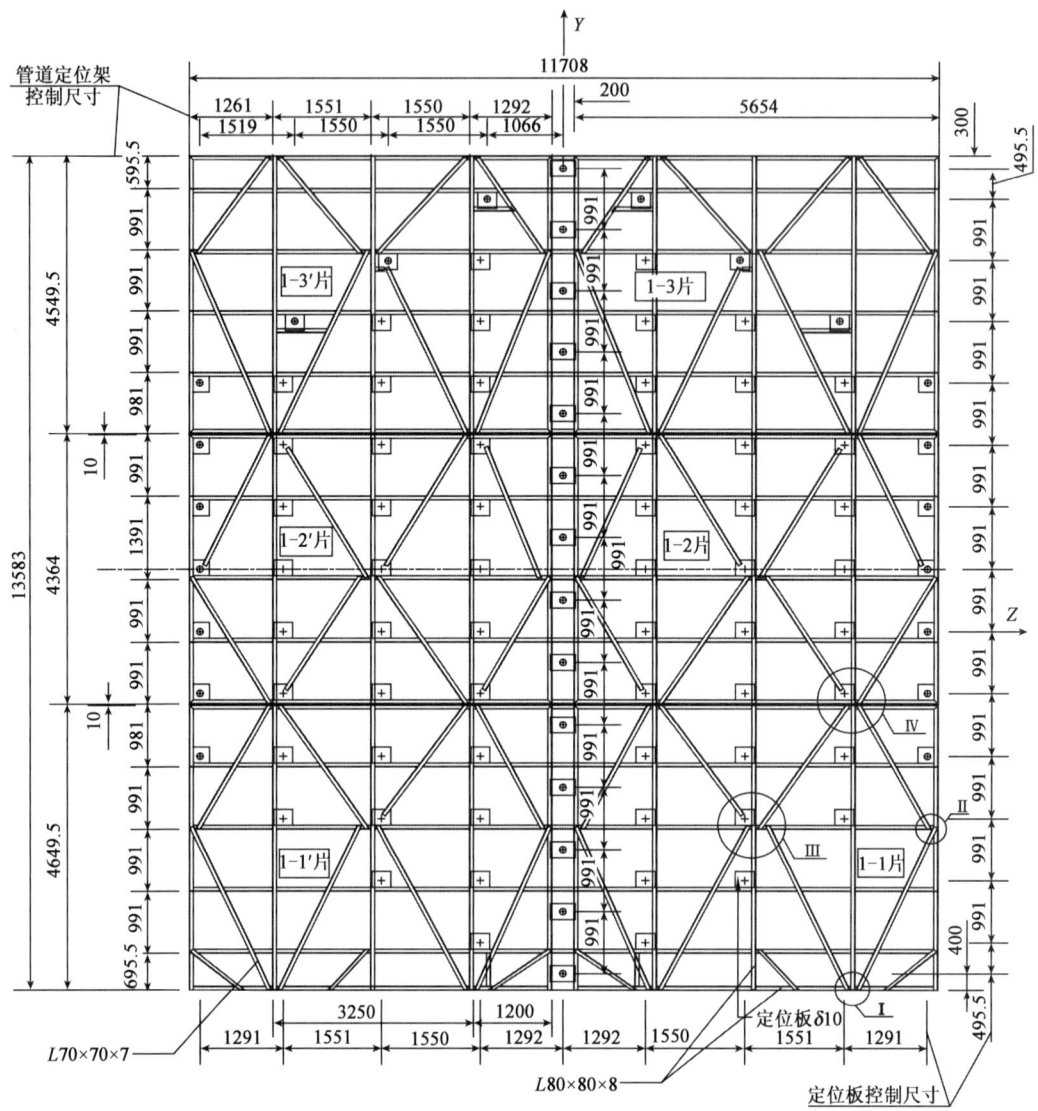

图 2-4-13 重力式锚碇定位片架结构示意图(尺寸单位:mm)

2. 隧道式锚碇定位钢架设计

定位钢架是由∠100×10mm、∠80×8mm 角钢组拼成的框架结构,由横杆、竖杆、斜杆焊接而成。根据锚固预应力钢束布置形式,每片定位钢架横向定位角钢 14 排,竖向定位角钢 6 排,在横向与竖向定位角钢交接处安装预应力管道定位板。由于锚塞体呈楔形,楔形体变化使得每一排角钢长度不一,因此,每一根角钢都必须经过精确计算,确定每根角钢长度,加工成单元件,并编号堆放。定位钢架设计时尽量避开人洞位置,方便施工期间人员通行。

隧道式锚碇定位钢架分段、分层、分片安装,由于洞内空间有限,单片结构根据天线系统的吊重来进行划分。隧道式锚碇定位钢架侧立面和正立面示意图分别如图 2-4-14 和图 2-4-15 所示。

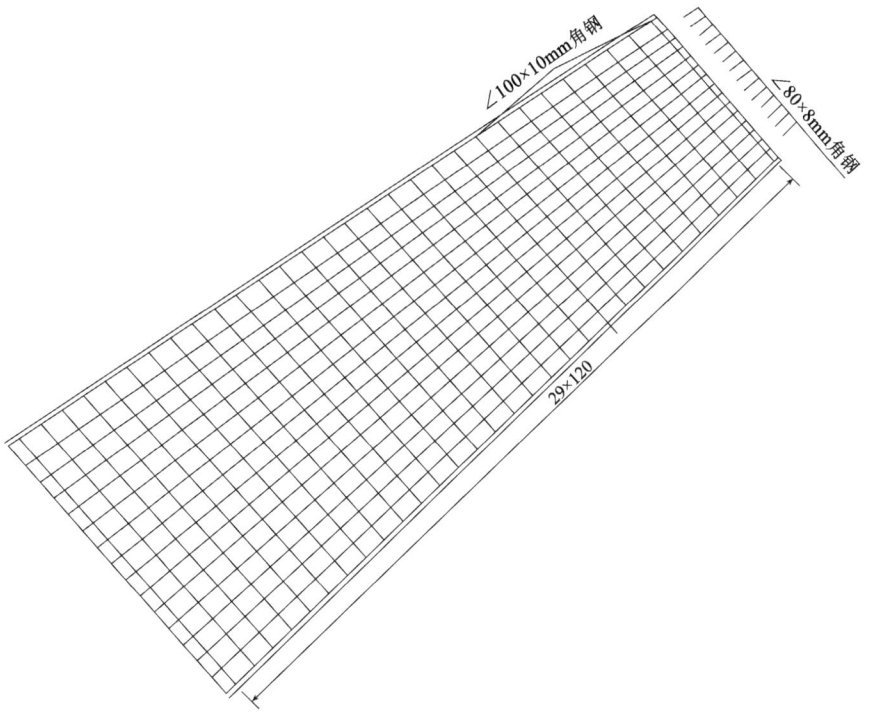

图 2-4-14　隧道式锚碇定位钢架侧立面示意图(尺寸单位：cm)

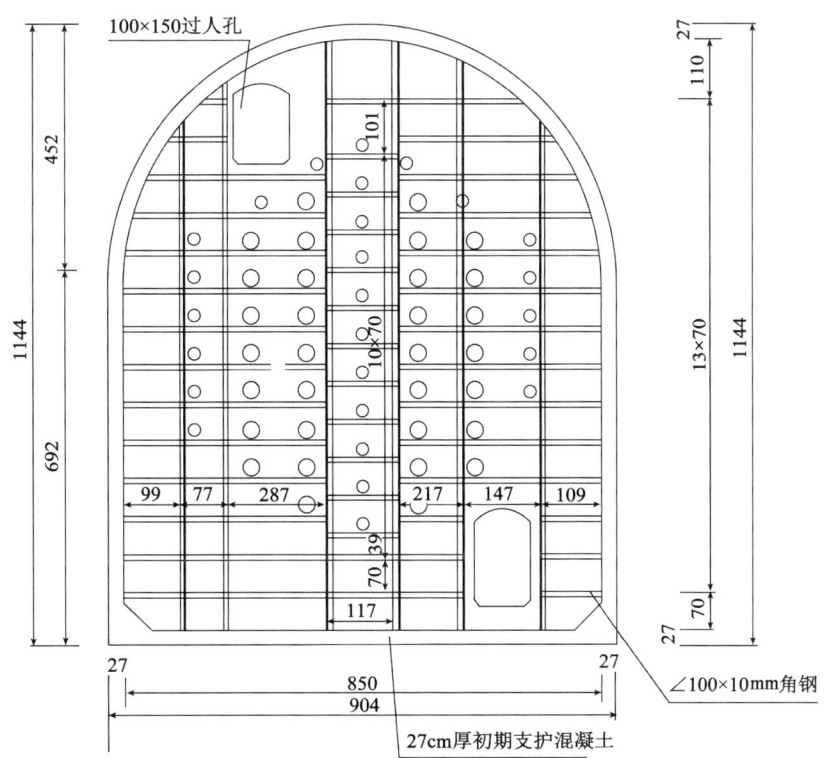

图 2-4-15　隧道式锚碇定位钢架正立面示意图(尺寸单位：cm)

二、预应力管道定位钢架安装

1. 重力式锚碇定位钢架安装

(1)组装片架。定位片架在焊接平台上整体拼装,首先在平台上放出预应力管道位置线及构件安装线,对称拼焊片架,严格控制焊接变形。待片架焊接完毕后焊接安装定位槽钢,用全站仪复核孔位,预留定位孔比预应力管道直径大 20~30mm。

(2)组装骨架。①在第一层胎架上安装第一层定位片,用临时支撑固定,用平撑、斜撑等杆件焊接形成第一层定位骨架,对焊接变形进行矫正;②在已完成的第一层定位骨架上吊装第二层定位片,安装平撑、斜撑并焊固形成第二层定位骨架;③经检验合格后,将第二层定位骨架分段吊至第二层胎架上,在其上组拼第三层定位骨架。

(3)基准架安装。①在相应分层混凝土面上预埋连接件;②用全站仪测出基准架柱脚支承高程,并调整、找平到安装的要求;③用全站仪测设基准架安装线;④用塔式起重机安装基准架,校核基准架的空间位置后焊接固定。

(4)定位架安装。①在基准架斜面上放出定位架安装纵横轴线;②安装底层骨架,用仪器校核其纵横轴线,用限位板初步定位,全站仪校核,调整微调装置,满足要求后固定;层与层间的连接,先用螺栓临时固定,调整到位后焊接;③按照混凝土分层要求,用塔式起重机安装其他骨架。

2. 隧道式锚碇定位钢架安装

定位钢支架通过与增设的 $\phi 25mm$ 药卷锚杆焊接,和围岩可靠连接。组拼角钢支架前,精确测量每排钢平面位置,然后在洞壁四周选定部分角钢锚固点,钻孔安装 $\phi 25mm$ 药卷锚杆,并通过与锚杆焊接固定角钢排架。角钢支架施工从里向外、从下往上逐排安装,整个锚塞体定位钢支架根据混凝土分层浇筑安排分节分层安装到位。

(1)用全站仪放出各控制截面位置,用钢尺准确分出支架角钢位置,涂刷油漆做好标记,然后在隧道式锚碇底板上钻孔施作 $\phi 25mm$ 药卷锚杆,利用增设的 $\phi 25mm$ 药卷锚杆作为定位钢支架第一节竖向角钢下端定位,用垂线调整竖向角钢至设计截面位置,竖向角钢上端通过支撑在后锚室掌子面上的辅助角钢进行准确定位。

(2)在竖向角钢上设置水平角钢形成平面框架,水平角钢两端通过在两侧拱墙上增设的 $\phi 25mm$ 药卷锚杆进行定位,每层预埋管道下口均设置有 1 排水平角钢。从下而上分次将水平角钢焊于竖直角钢上,当完成两排竖向角钢排架后,开始焊接相应纵向角钢。

(3)定位支架安装完毕,测量每排水平角钢相应预埋管道的平面位置,并做好标识。

(4)随着锚塞体混凝土分层浇筑,将定位支架分节分层接高、接长安装完毕。

三、预应力管道及锚固组件安装

(1)重力式锚碇预应力管道采用塔式起重机安装,隧道式锚碇预应力管道利用洞内天线系统进行吊装,将管道吊装到定位预留孔口槽钢上进行固定。

钢管的长度采用8m定制,施工时进行接长,管道各接头围焊连接,管道接头焊接后,用胶带包缠防止水泥砂浆进入管道。

(2)为保证前后锚面的预应力锚具和张拉槽口位置准确,在锚块钢筋绑扎前现场放样,采取现场定位安装。

①后锚面锚下垫板和槽口模板安装。后锚面模板安装完毕,在锚块钢筋绑扎前现场放样,按设计位置在后锚面模板上放线。用螺丝将锚下垫板与槽口模板固定,将预埋管道套到锚下垫板端部,临时固定。在对应每个槽口模板前端边角位置,从定位支架上伸出四根角钢,与定位支架焊接,形成一个与后锚面重合的面,在其上测量定位槽口模板,定位好以后用短钢筋卡焊死锚下垫板,防止在进行钢筋绑扎、混凝土浇筑时偏位。

②前锚面锚下垫板和槽口模板安装。用螺丝将锚下垫板与槽口模板固定,将预埋管道套到锚下垫板端部,临时固定。在每个槽口模板前端边角位置,从定位支架上伸出四根角钢,与定位支架焊接,形成一个与前锚面重合的面,在其上测量定位槽口模板。定位好以后用短钢筋卡焊死锚下垫板,防止混凝土浇筑时偏位。

四、预应力半成品索穿束

1. 重力式锚碇预应力半成品索穿束

根据设计图纸可知,单个孔道预应力钢束最重为1.13t,单根预应力钢束长均为20.5m,现场采用锚碇区塔式起重机进行吊装穿束施工。

为防止预应力钢束打绞,在穿束前对半成品钢束一端钢绞线按孔位排布进行编束(用细铁丝分隔)和编号,清除锚垫板表面杂物,在孔道入口垫油毛毡或麻袋,钢绞线端采用胶带包裹,在将半成品预应力钢束冷铸锚一端朝上吊起,钢绞线端朝下穿入连接器中孔,缓慢下放钢束,直至半成品预应力钢束从下锚面锚垫板穿出,穿束过程中增加对半成品预应力钢束的保护措施。

现场如发生预应力钢束穿束受阻的情况,可采用一根30m的牵引绳牵(ϕ20mm麻绳)引入孔道,先将牵引绳与预应力钢束冷铸锚端采用细绳捆绑连接,使牵引绳另一端进入预应力孔道,出孔道后,配合塔式起重机慢慢拽拉,直至与引流钢束正常拉出孔道。

2. 隧道式锚碇预应力半成品索穿束

穿束前,散索鞍基础及混凝土回填段已施工完成,洞内散索鞍处空间狭小,钢束在洞外解盘后再进洞(不解开打包带)。在散索鞍基础及回填混凝土段,按照每隔1.2m铺垫方木。洞外采用100t汽车式起重机将钢绞线束起吊展盘,在锚头处用软质吊带作为起吊吊具,将钢束起吊至脱离地面后,在距离张拉端端头约5m处安装吊带,并通过1t滑车悬挂于天线系统钢丝绳上,汽车吊缓慢松钩,钢束张拉端在天线上滑移进洞;待进洞长度到20m左右时,汽车式起重机停止松钩,再安装吊带,通过1t滑车悬挂至天线上,汽车式起重机继续松钩,钢束继续沿天线下滑进洞;待进洞长度达35m左右时,重复上述操作;待钢束锚头下放至洞内时,将天线系统反拉卷扬机钢丝绳与钢束连接,解除汽车式起重机吊钩与钢束的连接,然后再继续利用天线系统下放钢束张拉端至前锚面。

为防止钢绞线打绞,在穿束前对钢绞线张拉端按孔位排布进行编束和编号;待张拉端到达前锚面后,在洞口往预应力束前端增加"子弹头"(图2-4-16),保证预应力束顺利穿进管道(图2-4-17)。调整天线系统钢丝绳的张力,让钢束前端角度与孔道角度基本一致后,人工将钢束端头与连接器中孔对齐并入孔,再通过放松反拉卷扬机钢丝绳进行穿束,一边穿束一边在前锚面连接器处剥除钢束的包装带,以减少对钢绞线环氧涂层的磨损(图2-4-18)。

图2-4-16 "子弹头"工装

图2-4-17 预应力束穿进管道

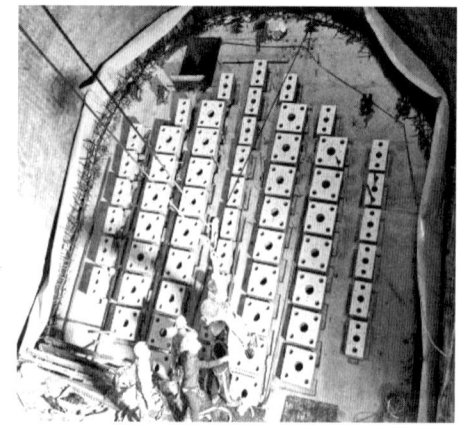

图2-4-18 天线系统辅助穿束

五、预应力束张拉

为保证拉杆方向与相应的索股方向一致,需将前锚面槽口坐标误差控制在 10mm 以内,角度误差控制在 0.10°以内,以免拉杆次应力过大。再次检查锚具、千斤顶、孔道三者轴心是否同心,有偏差时应调整位置,检查合格后,即开始张拉。

1. 重力式锚碇预应力张拉

重力式锚碇预应力锚固系统张拉施工采用整体张拉的方式,单索股、双索股选用的整体张拉千斤顶均为 YCW12000C/57-200 千斤顶。千斤顶自重 1.2t,在后锚室内操作空间狭小的范围内移动困难,因此,专项设计三向位移调整施工平台,可满足在空间范围内的三向移动。在安装千斤顶过程中,先由后锚室上方台阶设置葫芦进行上下斜向调整,人工操作平台左右移动,使钢绞线穿进千斤顶后,在利用每一束钢绞线旁预埋钢筋,挂设手拉葫芦提升千斤顶至后锚面进行安装。张拉操作平台示意图如图 2-4-19 所示。

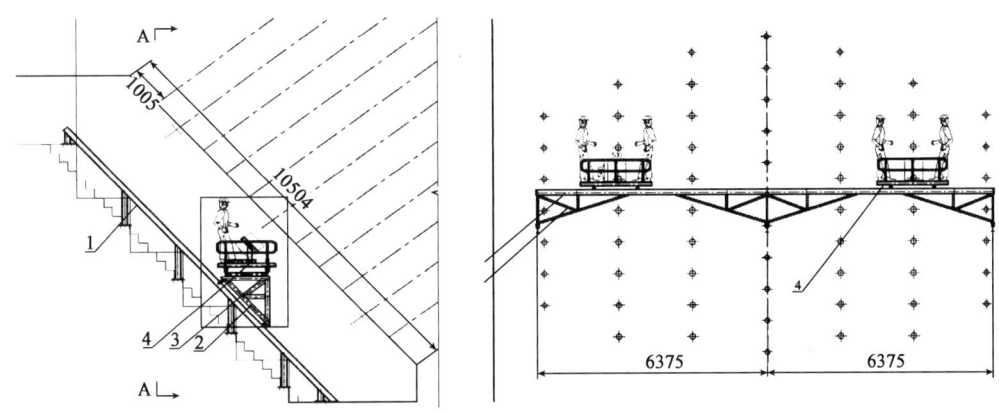

图 2-4-19 张拉操作平台示意图(尺寸单位:mm)

张拉顺序为:$0 \to 20\% \sigma_{con}$(量测伸长量 L_1)$\to 40\% \sigma_{con}$(量测伸长量 L_2)$\to 100\% \sigma_{con}$(量测伸长量 L_3)$\to$稳压锚固。现场每一级张拉持荷时间为 5min,稳定后进行下一级张拉。

2. 隧道式锚碇预应力张拉

隧道式锚碇洞内后锚室空间有限,而整体张拉千斤顶自重大,采用整体张拉操作困难,因此,采用单根张拉工艺,每根钢绞线分两次张拉,以提高前锚面整体冷铸锚受力均匀性。每束钢绞线按照先上排再下排、同一排先左后右的顺序进行张拉。钢束内圈钢绞线张拉时,千斤顶安装较为困难,采取在千斤顶前端增加长度为 25cm、外径 54mm 的延长筒进行解决。该延长筒采用 45 号钢材制作,中心开直径 18mm 通孔,两端套丝分别与限位螺母及千斤顶连接。

张拉设备为 YDC240QXB-200 型千斤顶,配备 11mm 和 9mm 两种限位深度的限位板,第一次张拉采用11mm限位板,以减小工作夹片刮擦钢绞线的程度;第二次张拉采用9mm限位板,以减小张拉到位卸压锚固过程中的预应力损失。张拉时,第一次张拉至$0.5\sigma_{con}$,第二次张拉至$1.0\sigma_{con}$,每一级持荷5min。

张拉平台借助原后锚室角钢支架,角钢支架横向间距1.5m、竖向间距1.8m,在角钢支架焊接工10横梁,在横梁上铺设跳板,并与横梁固定。

六、预应力束张拉结果分析

1. 预应力伸长值的影响因素

在预应力伸长值理论计算和施工量测计算中,影响预应力伸长值因素很多,由于锚碇锚固系统预应力线线形较顺直,张拉施工中受力较明确,结果分析时可以考虑排除一些影响因素。

计算理论设计伸长量时,影响因素主要有张拉控制应力、预应力钢绞线计算长度、预应力筋的弹性模量、预应力筋的截面积、孔道偏移系数、孔道壁摩擦系数等。

计算张拉施工伸长量量测时,主要影响因素有张拉控制应力、预应力钢绞线计算长度、预应力筋的弹性模量、预应力筋的截面积、孔道偏移系数、孔道壁的摩擦系数、张拉时的工作长度、张拉油缸回缩值、工具夹片内缩值等,暂时不考虑设备影响和人为读数误差。

其中,工作夹片的回缩和锚口摩阻损失是导致预应力损失的重要原因,施工过程中无法避免,只能通过超张拉(或增大控制应力)来抵消这一部分的应力损失。对于超张拉,本书不作分析讨论,相关规范中对超张拉有限制要求。

2. 影响因素的具体分析

下面以重力式锚碇A1～A6预应力束为例进行具体分析。预应力束的编号如图2-4-20所示。

分析时,张拉控制应力、预应力钢绞线计算长度、预应力筋的截面积、孔道偏移系数、孔道壁的摩擦系数均采用理论值,对预应力筋的弹性模量做简要的定性分析,重点分析施工过程中以下方面:张拉时的工作长度、工具夹片内缩值影响分析;对工作夹片回缩和张拉油缸压缩值的理解分析;对锚口摩阻损失对施工计算的假设分析。

1)张拉时工作长度影响分析

张拉施工完成,千斤顶卸压后,工作段的钢绞线会收缩恢复至原长度,而理论伸长值计算时,不计入工作长度伸长值,但在施工过程中,工作长度伸长值是计入在读数中的,所以,在进行实际伸长值计算及偏差率分析时,应扣除工作长度的伸长值。

重力式锚碇锚固系统施工时,通过实测限位板厚度、延长筒长度、千斤顶长度、工具锚厚度实测值累加得到工作长度为84cm,通过弹性理论计算得到:张拉施工时,达到控制应力时工作长度的伸长值为$L_G=5$mm。

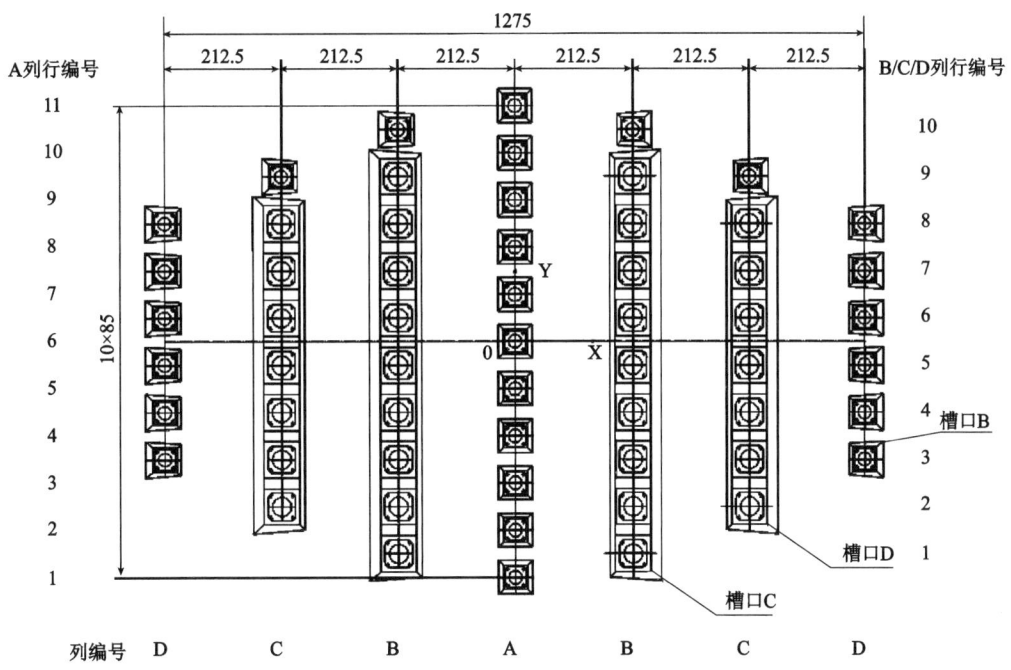

图 2-4-20 预应力束编号示意图(尺寸单位:cm)

2)张拉工具夹片内缩值

张拉准备工作完成后,工具夹片通过人工敲击压入工具锚中。在张拉过程中,随着张拉应力的增大,工具夹片受到工具锚的挤压越来越紧,此时工具夹片会向工具锚的孔道内移动,称为工具夹片的内缩值 L_N。内缩值会导致每一级张拉力的读数值偏大,因此,在计算时应扣除工具夹片内缩值。

在重力式锚碇 A5 和 A6 张拉过程中,量取了工具夹片的外漏值和工具夹片以外的外漏钢绞线长度值,通过以下实测数据进行分析工具夹片外漏值的内缩值和工具夹片的锚固性能。

(1)工具夹片的内缩值(表 2-4-9)。

工具夹片内缩值(单位:mm)　　　　表 2-4-9

钢束编号	夹片编号	0 应力	20% 应力	40% 应力	100% 应力
A5	a5-1	16	12	10	10
	a5-2	17	12	10	10
A6	a6-1	16	12	11	9
	a6-2	16	12	11	9

a5-1:工具夹片的内缩值 $L_N = |10-12| + |10-12| = 4mm$;

a5-2:工具夹片的内缩值 $L_N = |10-12| + |10-12| = 4mm$;

a6-1:工具夹片的内缩值 $L_N = |11-12| + |9-12| = 4mm$;

a6-2：工具夹片的内缩值 L_N = ｜11 - 12｜+｜9 - 12｜= 4mm。

由以上分析可得，施工时，工具夹片的内缩值 L_N 可取 4mm（施工时取多组数据平均值）。

(2) 工具夹片以外的外漏钢绞线长度值（表 2-4-10）。

工具夹片以外的外漏钢绞线长度值（单位：mm） 表 2-4-10

钢束编号	钢绞线编号	0 应力	20% 应力	40% 应力	100% 应力
A5	a5-1	97	97	98	98
	a5-2	160	160	159	160
A6	a6-1	365	365	365	365
	a6-2	407	405	406	405

由以上数据分析可得，工具夹片以外的外漏钢绞线的长度基本无变化，工具夹片和钢绞线未产生明显滑移，表明工具夹片的锚固性能良好。

3）张拉千斤顶油缸压缩的理解分析

为便于理解，作以下分析。在张拉过程中，千斤顶伸出油缸两端会受到压力挤压收缩变形，导致油缸的实际长度缩短，间接地影响了油缸读数。在这里，取伸出油缸的长度为 20cm（实际量取值，表明长度较短）。由于油缸体的弹性模量和有效截面积均比钢绞线要大很多，因此，同等长度的油缸的压缩值远比钢绞线的伸长值要小得多，这个影响在读数时基本可以忽略不计。

4）张拉工作夹片回缩值的理解分析

工作夹片回缩值的分析之所以重要，是因为它直接影响预应力的施工质量，是预应力损失的重要原因。虽然无法避免工作夹片回缩，但却可以通过实测验证工作夹片的回缩控制在规范允许的范围内。

分析之前为便于理解，先来作一个假设。假设张拉时未安装工作夹片，此时，我们张拉量取的数据计算结果依旧是达到控制应力时的计算结果，和安装工作夹片时的计算结果没有任何差别，只是此种情况千斤顶卸压时，钢绞线会完全回缩，失去了张拉效果。

如果工作夹片回缩，张拉力就会有损失，实际应力也就达不到原设计的控制应力，同时我们计算用值均是在夹片未回缩时量取的，而误差计算是在控制应力的条件下进行的，如果在计算时考虑扣除工作夹片回缩，两者条件不一，就使得实际计算值偏小。因此，在预应力伸长量误差计算时，不需要扣除工作夹片的回缩值。

回缩值实测的目的主要是更好地控制预应力张拉效果，保证预应力施工质量，并不影响数据计算。以重力式锚碇现场工况下的回缩值计算分析。

(1) 实测限位板凹槽深度为 9mm，张拉前工作夹片外漏 11mm，张拉完成后工作夹片外漏 3mm。通过以上数据分析，随着张拉力的逐渐增大，工作夹片外漏长度会由 11mm 减小至 9mm，直到与限位板凹槽深度一致，张拉完成卸压后，外漏长度会减小至 3mm，由此可得出工作夹片的理论回缩值为 6mm。同时在整个张拉过程中，工具夹片与钢绞线一直存在一定的摩擦阻力,造成小部分预应力损失。

(2)现场实际张拉过程中,张拉达到控制应力后,除了量取稳压后的油缸伸长值 L_w,还量取了卸压后的油缸伸长值 L_x。其中,稳压后的油缸伸长值 L_w 包含管道内钢绞线卸压后有效伸长值 a、管道内钢绞线非弹性和设备空隙压缩值 b、工作长度伸长值 c、油缸及延长筒和工具锚压缩值 d(前文分析:这个数值比较小,一般取 1mm)、卸压后工作夹片回缩值 e 和工具夹片的内缩值 f;卸压后的油缸伸长值 L_x 包含管道内钢绞线卸压后有效伸长值 a 和管道内钢绞线非弹性和设备空隙压缩值 b 和工具夹片的内缩值 f。转换为公式:$L_w = a + b + c + d + e + f$;$L_x = a + b + f$;故可得到:稳压和卸压的伸长差值 $\Delta = L_w - L_x = c + d + e$;其中 $c = 5mm$,$d = 1mm$。

表2-4-11中数据为重力式锚碇 A1~A6 张拉过程中实测数据。

重力式锚碇预应力束 A1~A6 张拉过程中实测数据(单位:mm)　　表 2-4-11

钢束编号	A1	A2	A3	A4	A5	A6
控制应力稳压数据	137	152	166	160	185	149
稳压后卸压数据	125	141	152	148	174	136
差值 Δ	12	11	14	12	11	13

将以上数据代入上述公式中求得:工作夹片回缩值 $e1 = 6mm$,$e2 = 5mm$,$e3 = 8mm$,$e4 = 6mm$,$e5 = 5mm$,$e6 = 8mm$,平均值为 6.3mm,而前文推算的工作夹片的理论回缩值为 6mm,由此对比得出工作夹片的回缩值相对较稳定,取值为 6mm 是比较合适的,同时也可以排除工作夹片和钢绞线之间存在较大滑移的可能性。

5)张拉时锚口摩阻损失对施工计算的假设分析

施工过程中,锚口摩阻损失是真实存在、无法避免的,一旦使用的产品体系确定以后,锚口摩阻损失就基本确定。因为张拉端锚具处的预应力筋由孔道伸入喇叭管时将有一个转角,安装锚具后再次出现一个转角,因而张拉时在转角处均会产生摩擦损失;当采用限位自锚张拉工艺时,尚存在由于夹片逆向刻划预应力筋而引起的张拉应力的损失,上述损失统称为锚口摩阻损失。锚口摩阻损失集中在锚圈口,直接降低了结构的有效预应力,应计入设计计算之中。《预应力筋用锚具、夹具和连接器》(GB/T 14370—2007)中规定,锚具的锚口摩擦损失不宜大于6%。

为便于理解,先来作一个假设。假设施工时通过实测的锚口摩阻损失导致应力损失为2%(假定低于6%的值都可以),钢绞线的伸长变形为弹性变形。现场记录时量取伸长值时的应力分别为20%、40%、100%,不考虑其他因素的计算的伸长值为 $L_总 = L_2 - L_1 + L_3 - L_1$;而实际上考虑锚口摩阻损失后,现场记录量取伸长值时的应力实际分别为18%、38%、98%,不考虑其他因素的计算的伸长值为 $L_总 = L_2' - L_1' + L_3' - L_1'$,由以上计算公式可以得出,施工中计算时是否考虑锚口摩阻损失,对通过计算得到的伸长值并无影响,两者计算效果是一样的。

以上假设是为了便于分析,现场实际施工时并未测量锚口摩阻损失,因此不作过多分析。

6）预应力筋弹性模量定性分析理解

由于目前暂时没有关于预应力筋弹性模量变化的规范规定，故实际均采用钢绞线的取样实测弹性模量平均值。对于预应力筋弹性模量的分析也只能是简单推测性的定性分析。通过与预应力钢绞线生产厂家技术人员沟通可知，单根钢绞线的弹性模量按照规范要求生产制造完成后，施工中的整束钢绞线的弹性模量会略有降低，对钢绞线的伸长量会有毫米级的影响。

之所以会对预应力筋弹性模量进行分析，主要是因为重力式锚碇锚固系统预应力束较短，伸长量的误差计算分析对各种影响因素均比较敏感。由于整体弹性模量降低引起伸长量毫米级的增长在此种情况下也可作为数据分析考虑的原因，但不作为主要原因，只是考虑有这个因素影响，因此，可作以上推测性分析。

3. 锚固系统预应力张拉实测数据分析

1）重力式锚碇预应力束 A1~A6 的实测数据分析

不考虑工作夹片的回缩值和弹性模量影响伸长值时，A1~A6 的实测数据修正公式为：$L = L_{前} - c - f$，修正参数取值为：工作长度伸长值 $c = 5$ mm；工具夹片的内缩值 $f = 4$ mm。计算结果见表2-4-12。

A1~A6 实测数据（单位：mm）　　　　　表2-4-12

钢束号	$0.2\sigma_{con}$	$0.4\sigma_{con}$	σ_{con}	修正前伸长值	修正后伸长值	设计伸长值	偏　　差
A1	29	46	137	125	116	115	+0.9%
A2	40	65	144	129	120	115	+4.3%
A3	58	87	159	130	121	115	+5.2%
A4	50	79	149	128	119	115	+3.5%
A5	80	108	179	127	118	115	+2.6%
A6	48	76	149	129	120	115	+4.3%

前文分析中未考虑人为的读数误差，但在实际操作中，人为误差是实际存在的，对于短直钢束而言，其读数极其敏感，微小的变化就会引起较大的数据计算偏差波动。所以，在量取记录时，要特别细心准确，以避免计算偏差失真。

2）重力式锚碇预应力束 A5、A6 钢绞线标记实测长度分析

（1）重力式锚碇预应力束 A5 上做标记的实测数据（表2-4-13）。

重力式锚碇预应力束 A5 上做标记的实测数据（单位：mm）　　　表2-4-13

钢绞线编号	张拉前钢绞线外漏长度	张拉后钢绞线外漏长度	张拉后实际伸长值	均　值
1	955	1068	113	
2	1063	1180	117	116
3	892	1004	112	
4	1103	1222	119	

(2)重力式锚碇预应力束 A6 上做标记的实测数据(表 2-4-14)。

重力式锚碇预应力束 A6 上做标记的实测数据(单位:mm)　　表 2-4-14

编　号	张拉前长度	张拉后长度	张拉后实际伸长值	均　值
1	1125	1247	122	120
2	1138	1255	117	
3	1139	1258	119	
4	1162	1284	122	

以上的数据量取虽存在一定的离散性,但属于钢绞线的真实伸长值,可以作为参考分析。

上述平均数据加上工作夹片的回缩值后分别为 121mm、126mm,这个数据相当于考虑锚口摩阻损失后,钢绞线实际有效伸长和非弹性伸长的总和。因此,在此基础上扣除非弹性伸长后的值和理论设计伸长值为 115mm 扣除锚口摩阻损失减小值的结果基本一致,偏差不大。由此可以判断出,现场张拉操作可行,实际效果可行。

七、预应力束压浆

预应力束压浆前,应把保护罩安装在锚垫板上。注意安装保护罩前要在保护罩上放入密封圈,然后将保护罩对准锚垫板的螺孔,安装拧紧螺栓。

压浆前对预应力孔道孔壁进行清洗、湿润及吹干,再对压浆设备进行清洗,清洗后的设备内不应有残渣和积水。压浆液采用预应力孔道专用压浆料配制,浆液水胶比为 0.28,现场准备专用加水水桶,水桶上标识好刻度线。

1. 后锚面压浆法

一般情况下,锚固体系压浆从后锚面锚垫板进浆、前锚面保护罩出浆。由于前锚面工作空间有限,将压浆机放置在洞外,压浆管路从前锚面将出浆管延长至洞口处、从人孔处将入浆管延伸至后锚面。

此种情况下,压浆采用二次出浆施工工艺,主要步骤如下:孔道内抽真空→从后锚面压浆施工→前锚面冒出浓浆→关闭出浆口球阀稳压 5min→稍微打开出浆口球阀排出空气和稀浆→再次压浆至出浆口冒出浓浆→关闭前锚面出浆口球阀补压至 0.6MPa→稳压 5min→关闭后锚面球阀→7h 后拆除前锚面出浆口球阀。

2. 前后锚面组合压浆法

当后锚面压浆无法注满时,采用前后锚面组合压浆法。

(1)拌制浆液,从后保护罩往孔道内压浆,当发现注浆压力上升,但储浆桶内浆液不变时,此时管道内无法再注入浆液,当压力达到 1.0MPa 仍无法进浆,调整压力至 0.6~0.8MPa 之间进行持荷注浆 5min,然后关闭后锚面保护罩的止浆阀,拆除压浆管。由于管道斜向上,注入的浆液会填充下段管道。

(2)改为从前锚面保护罩往孔道内压浆。从前保护罩压浆时,由于孔道内的气体无法从后保护罩中排出,因此,采取在前保护罩进浆口附近接一根三通管,在支管安装排气阀和胶管作为排气管,在主管上安装止浆阀。

压浆时关闭排气阀,打开止浆阀,每压注完一盘浆液,关闭止浆阀,打开排气阀排出孔道内气体至排气阀冒浓浆时,继续压入下一盘浆液。每一盘浆液压注时发现压力明显增大至 0.5MPa,随即停止压浆,打开排气球阀排气至能正常压浆(0.2~0.4MPa);当最后一盘浆液压注时排气管连续流出浓浆后,关闭排气球阀压浆机加压至 1.0MPa 后储浆桶液面仍不下降时,可以判定孔道内已基本注满浆液(也可以通过后保护罩与前保护罩的注浆总量与孔道理论注浆量进行判定)。随后以约 0.6MPa 压力持荷注浆 5min,关闭止浆阀,拆除压浆管,完成压浆。

八、拉杆组件安装

(1)利用起吊设备将拉杆吊运到连接器处,再配合手拉葫芦将拉杆安装在连接器拉杆孔中,下端套入球面垫圈上下片、螺母及锁紧螺母临时固定。

(2)整个锚面的拉杆全部临时就位后,调整拉杆角度至设计值。

(3)主缆索股架设时,利用卷扬机配合葫芦将主缆索股锚杯牵引至拉杆处,然后将锚杯与拉杆连接,在拉杆与锚杯连接上端套入球面垫圈上下片、螺母及锁紧螺母临时固定。然后完成拉杆张拉和主缆线形调整。

第五章 索鞍施工

第一节 概 述

一、概况

主索鞍鞍体采用铸焊结合结构,鞍头用铸钢铸造,鞍身由钢板焊成。鞍体下设不锈钢板-聚四氟乙烯板滑动副,以适应施工中的相对移动。为增加主缆与鞍槽间的摩阻力,并方便索股定位,鞍槽内设竖向隔板,在索股全部就位并调股后,在顶部用锌质填块填平,再将鞍槽侧壁用螺栓夹紧。塔顶设有格栅,以安装主索鞍。格栅悬出塔顶以外,以便安置控制鞍体移动的千斤顶,鞍体就位后将格栅的悬出部分割除。为减轻吊装运输质量,将鞍体分为两半,吊至塔顶后用高强螺栓拼接,半鞍体吊装质量不超过55t。主索鞍自下而上组成由钢格栅、下承板、安装板、上承板、鞍体组成。主索鞍结构示意图如图2-5-1所示。

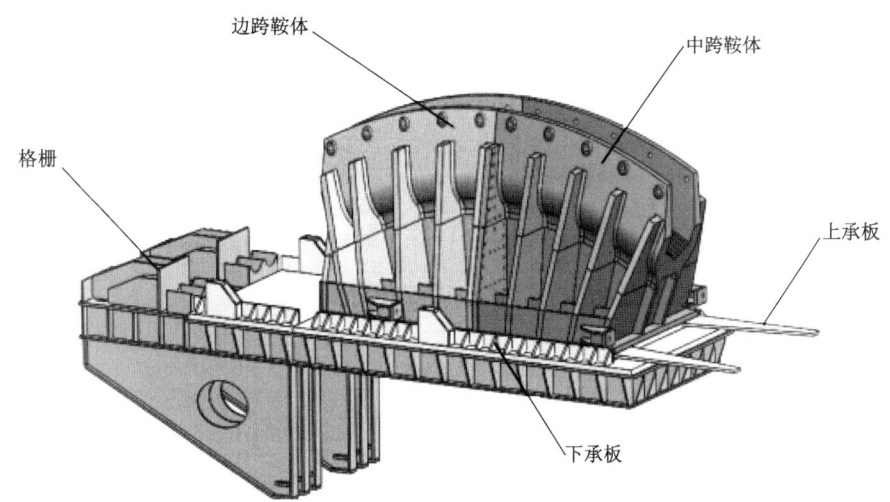

图2-5-1 主索鞍结构示意图

散索鞍为底座式结构,由上部的鞍体和下部的特制大吨位柱面钢支座组成。散索鞍结构示意图如图2-5-2所示。

散索鞍体用铸钢铸造,特制大吨位柱面钢支座为单项活动支座,支座竖向承载力为80000kN,水平承载力为8000kN,均考虑1.3的偏载系数。支座可适应位移量为:顺桥向±200mm,横桥向±0mm。支座可适应转角偏移量为:顺桥向±0.045rad,横桥向0rad,上支座板、柱面衬板、下支座板均用铸钢铸造,上支座板与柱面衬板间的球面滑板、球面衬板与下支座板间的平面滑板均为改性超高分子量聚乙烯,下支座板与底座板通过地脚螺栓固定于锚室混凝土散索鞍支墩混凝土中。为增加主缆与鞍槽间的摩阻力,并方便索股定位,鞍槽内设竖向隔板,在索股全部就位并调股后,在顶部用锌块填平,上紧压板及楔形块等压紧设施,再将鞍槽侧壁用螺杆夹紧。

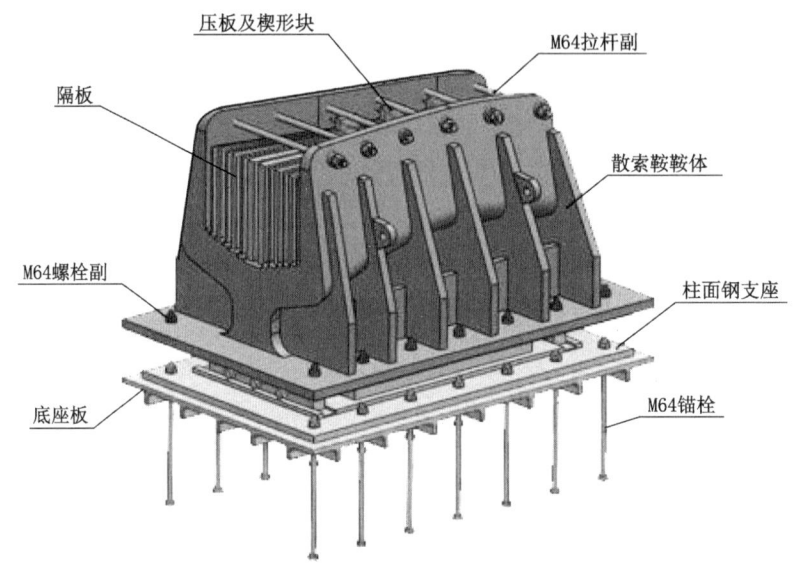

图 2-5-2 散索鞍结构示意图

全桥共有主索鞍总成 2 套,位于南北岸主塔塔顶,南岸主索鞍单个鞍体质量约为 106.7t,单个钢格栅质量为 34.9t,北岸主索鞍单个鞍体质量约为 107.2t,单个钢格栅质量为 37.9t。全桥共有散索鞍总成 2 套,位于重力式锚碇和隧道式锚碇散索鞍支墩处,南岸散索鞍单个鞍体质量约为 71t,单个柱面钢支座的质量约为 30.3t,北岸散索鞍单个鞍体质量约为 67.3t,单个柱面钢支座的质量约为 31t。

二、主要材料

(1) 主索鞍鞍槽铸钢件材料牌号为 ZG300-500H,应符合《焊接结构用碳素钢铸件》(GB/T 7659—2010)的要求;散索鞍鞍体为铸钢件,材料牌号为 ZG270-500,应符合《一般工程用铸造碳钢》(GB/T 11352—2009)的要求。铸钢件出厂前,须出具合格证明书,该证明书应包括以下内容:制造厂名称代号、图号或件号(发运号)、牌子、熔号、化学成分、机械性能检验报告及其他合同规定的内容。

(2) 主索鞍鞍身为组焊件,材料牌号为 Q345R 钢板,应符合《锅炉和压力容器用钢板》(GB 713—2008)的要求。主索鞍上(下)承板、隔栅等采用的钢板,应符合《碳素结构钢和低合金结构钢热轧厚钢板和钢带》(GB/T 3274—2007)的要求。对 50mm 以上厚度的钢板,下料前应按《厚钢板超声波检验方法》(GB/T 2970—2004)逐张进行检验,三级合格。成批钢板应抽样进行化学成分和机械性能试验,合格后方可使用。

(3)散索鞍柱面钢支座的上支座板、柱面衬板和下支座板均为铸钢件,材料牌号为ZG20Mn,应符合《大型低合金钢铸件》(JB/T 6402—2006)的要求。散索鞍底座板材料为ZG20Mn,应符合《大型低合金钢铸件》(JB/T 6402—2006)的要求。

(4)拉杆材料为40Cr。拉杆应做调质热处理,表面硬度HB300-350。加工螺纹前进行磁粉探伤和超声波探伤,工件不得有裂纹等影响强度的缺陷存在。超声波探伤按二级标准验收,表面镀锌处理。

三、部件加工精度要求

1. 主索鞍各部件的主要加工件精度要求

(1)平面。平面包括主索鞍下平面,中心索槽的竖直平面。

平面度:0.08mm/m及0.5mm全平面,两平面的平行度误差<0.2mm;

表面粗糙度:$R_a = 12.5\mu m$;

尺寸精度:边长±1mm,对角线长度±2mm。

(2)圆弧半径。鞍槽轮廓的圆弧半径(包括平弯圆弧半径)误差应小于±2/1000。

(3)鞍槽内各尺寸。

鞍槽总宽度:±2mm;

各槽深度和宽度按图纸加工,累积误差:±2mm(用样板检查);

各槽对中心索槽的对称度:0.5mm;

加工后鞍槽底部及侧壁厚度的误差:±5mm;

鞍槽各面的表面粗糙度:$R_a = 12.5\mu m$。

(4)各孔除注明者外,孔径、孔距一律按粗装配要求制作。

2. 散索鞍各部件的主要加工件精度要求

(1)平面。平面包括散索鞍的鞍体底平面,柱面钢支座上支座板上平面、柱面衬板下平面、下支座板上下平面,底座板上平面和中心索槽的竖直平面。

平面度:0.08mm/m及0.5mm全平面,两平面的平行度误差<0.5mm;

表面粗糙度:$R_a = 6.3\mu m$;

尺寸精度:边长±1mm,对角线长度±2mm;

散索鞍柱面钢支座转动中心线与索槽中心平面垂直度允差<ϕ3mm(可在设备上检测)。

(2)高度。散索鞍柱面钢支座的对接面到索槽底面的高度允许误差为±2mm。

(3)圆弧半径:鞍槽轮廓的圆弧半径(包括平弯圆弧半径)误差应小于±2/1000。

(4)鞍槽内各尺寸。

鞍槽总宽度:±2mm;

各槽深度和宽度按图纸加工,累积误差:±2mm(用样板检查);

各槽对中心索槽的对称度:0.5mm;

加工后鞍槽底部及侧壁厚度的误差:±5mm;

散索鞍各槽曲线的平面、立面角度误差:±0.2°;

鞍槽各面的表面粗糙度:$R_a=6.3\mu m$。

(5)各孔除注明者外,孔径、孔距一律按粗装配要求制作。

四、表面处理及涂装要求

防腐涂装符合《公路桥梁钢结构防腐涂装技术条件》(JT/T 722—2008)的相关要求,其涂装体系按 C3 中等腐蚀环境、长效型(保护年限 15~25 年)确定。

索鞍涂装按表 2-5-1 的要求进行,各孔平面的加工表面涂脂防锈。

索鞍防腐涂装方案　　　　　　　　　　　　表 2-5-1

部　位	涂　层	涂料品种或技术要求	道数/最低干膜厚(μm)
索鞍外露不加工表面	表面喷砂除锈	Sa2.5 级	—
	底漆	环氧富锌底漆	1/80
	中层漆	环氧(厚浆)漆	1~2/160
	面漆(第一道)	聚氨酯面漆	1/40
	面漆(第二道)	氟碳面漆	1/40
	总干膜厚度		320
鞍槽内表面	表面处理	喷砂(Sa3.0 级)表处后电弧喷锌	1/200
螺杆、螺母		有色金属环氧封闭漆	—
		达克罗处理	1/10~40

注:1. 索鞍表最后一道 40μm 氟碳面漆成桥后在现场涂装,其他在工厂涂装。
　　2. 鞍槽内加工表面及各隔板表面须按《热喷涂　金属和其他无机覆盖层　锌、铝及其合金》(GB/T 9793—2012)标准要求进行喷锌处理,底层隔板与鞍槽焊接后,应将焊缝磨平,重新喷锌。
　　3. 各孔、平面的加工表面涂防锈脂。

五、施工要求

(1)鞍体吊装用临时吊环,按使用方便的要求由鞍座制造厂商进行预设,但其必须满足有关受力要求。

(2)主索鞍格栅及顶推架安装完成,待所有后浇主塔混凝土达到 100%强度后,才能架设塔顶鞍座。格栅内混凝土应保证振捣密实。

(3)主索鞍施工完成后,应将悬出主塔部分的顶推架与格栅割除。

(4)全部索股架设完成后,各槽路用锌质填块填平,然后上紧 M64 拉杆,拉杆拉力按 50kN/级分级均匀上紧,每根拉杆最终上紧力为 400kN。

(5)主鞍座顶推就位后,安装主鞍座限位挡块。

(6)主、散索鞍均须在厂家的指导下进行安装。

第二节 索鞍制造

一、主索鞍制造

1. 主索鞍鞍头铸造

1) 鞍头铸造难点

(1) 铸件外形结构尺寸大,鞍头底部铸造型腔水路大,使钢水难以实现顺序凝固,造成组织拉应力大,对铸件毛坯产生质量危害。

(2) 鞍头结构截面尺寸变化大,交叉节点较多,鞍槽结构属于U字形的开口结构,开口容易出现铸造变形,同时筋板位置尺寸难以控制。

(3) 主索鞍鞍头的鞍槽、主筋板、侧筋板的壁厚变化大,主筋板和鞍槽、鞍槽和侧筋板的交接部位形成了带状热节,其补缩难以兼顾,顺序凝固控制困难等,易出现疏松、缩孔、气孔、夹渣等质量缺陷。

2) 主要施工技术及方法

采用专业的铸造模拟软件,对散索鞍毛坯铸造方案进行钢水凝固及充型过程的计算机模拟,对可选铸造方案进行比较筛选,结合已有的悬索桥索鞍毛坯铸造经验,进一步完善铸造方案,从而确定更加合理的铸造方案。

(1) 针对铸钢件结构导致的浇注补缩距离较长的问题,拟采取设置双层浇道系统并适当增设补贴的方式予以解决。

(2) 为了确保铸件的质量,采取将鞍槽口朝上的浇铸方案,采用组芯地坑造型、双层浇道系统浇注的铸造工艺方案,在鞍头槽部设置大冒口,加强对鞍头底部等厚大部位的补缩,在U形槽口底部放置外冷铁。通过计算机模拟铸件冷却过程,检测铸造方案中冒口布置位置、大小是否合理,并调节冷铁的布置位置及数量,使钢水凝固的过程中按照控制意图形成顺序凝固,从而减少组织应力产生。浇铸系统设计为底注浇注,既减缓钢水流动速度,浇铸平稳,又逐步将型腔中的气体排出,夹杂物上浮至冒口,有利于减少铸件中的气孔。

钢水精炼纯净,充分脱氧,减少了非金属夹杂物及有害气体N、O、H含量,严格控制了钢水中有害元素的含量,且尽量降低了钢中S、P含量;同时采取选择合理型砂配比及砂型密实度使砂型具有良好的透气性、严格控制型砂中的水分等技术措施,在筋板交叉处的热节部位放置冷铁,加快了热节部位的冷却速度,防止由于附近薄壁冷却快于热节点,造成先冷部位收缩对后冷部位的拉伸,同时在铸钢件脱模后尽快进行消除应力热处理,防止铸钢件由于铸造应力大造成开裂。

通过采取上述措施,可有效减少和防止铸钢件出现气孔、疏松、缩孔和夹渣等铸造缺陷。

（3）采取在鞍槽内设置大冒口的方法对鞍头铸钢件进行补缩。在鞍槽 U 字形开口处设置防变形拉筋，为防止鞍槽 U 形开口变形影响导致加工余量不足，可适当增加鞍槽内表面的加工余量进行补正。在 U 形槽口底部设置外冷铁，使得钢水按照工艺控制意图形成顺序凝固。

通过计算机模拟铸件冷却过程，调节冷铁的布置位置及数量以减小铸件各部分的温差，采用退让性好的型（芯）砂以减小钢水收缩的阻碍力，浇注后缓慢冷却，以减小铸件各部分的温差。对于冷却凝固过程中产生的铸造应力，采用铸造后消除应力热处理的方法进行消除。

主索鞍鞍头铸造方案示意图如图 2-5-3 所示。

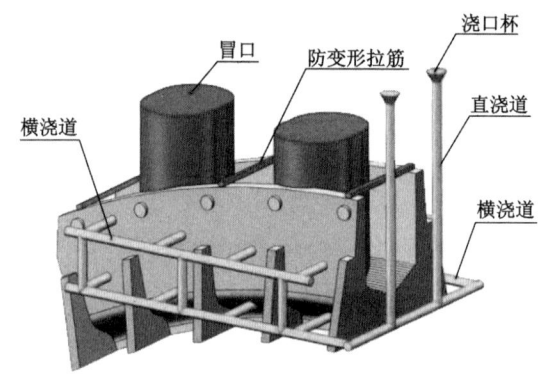

图 2-5-3　主索鞍鞍头铸造方案示意图

3）主索鞍鞍头铸造工艺

主索鞍鞍头铸造工艺流程如图 2-5-4 所示。

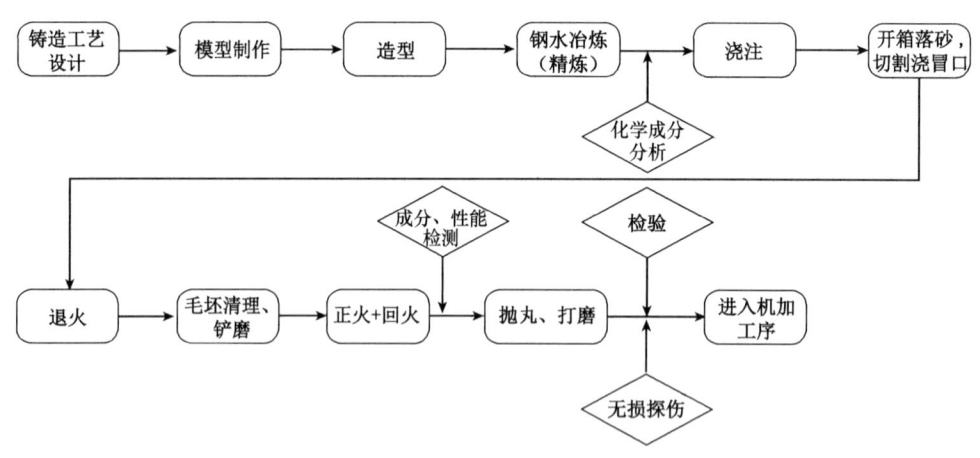

图 2-5-4　主索鞍鞍头铸造工艺流程图

（1）模型制作。

模型结构合理、尺寸准确、表面光滑、防吸潮并保证足够的强度，铸造圆角在芯盒中做出，芯盒中标出浇口和冷铁位置，取模不便处，木模应尽量采用止口形式拉活并定位。实样起吊过程中应保证平稳,防止变形。

(2)造型。

型、芯表面保证紧实度和平整度,鞍槽内芯中间及筋板件填退让材料,热节处和厚大面用铬矿砂,并保证紧实度,确保表面质量。挂砂外冷铁保证挂砂量,挂砂厚度小于25mm。

组芯前用水平仪校准组芯平面,组芯时保证尺寸准确,砂芯与砂芯的组芯间隙用水玻璃面砂塞好、塞紧,并将表面处理干净、平整。

在铸件厚大、不加工位置按技术要求做出本体试棒,端面铸出铸件号,保证尺寸与质量。

在铸件非加工表面铸出炉次号及铸件号。型腔表面刷防渗透涂料3遍,打磨光滑平整。检查型腔、壁厚尺寸,做好记录。浇注前烘烤型腔来保证型腔干燥,烘烤时间不少于6h。

(3)钢水冶炼。

采用电弧炉进行钢水冶炼,钢水采取吹氩精炼,控制脱碳量,保证足够的钢水沸腾时间,延长吹氩精炼时间,保证钢水质量及钢水化学成分满足技术要求,以减少非金属夹杂物;严格控制钢水中有害元素的含量,尽量降低钢中S、P含量;合金熔炼时充分脱氧,钢水在1600℃左右出钢,吹氩镇静到浇注温度在1570~1590℃之间时开始浇注。

(4)浇注。

按工艺要求控制浇注温度,浇注温度为1540~1590℃。浇注时先半开,使钢水不能流得太快,以免过分冲刷浇注系统,此后全速浇注。浇至冒口后,适当减小流量,最后按工艺要求点注冒口。浇注结束后,冒口加足覆盖剂,做好冒口维护并进行登记。铸件浇注后,在砂型中缓慢冷却,保温时间按详细的铸造工卡实施。

(5)开箱落砂,切割浇冒口。

铸件在浇注保温时间到期后进行开箱落砂,将铸件上的砂清除干净,并清理浇口、披缝、毛刺,清砂过程中铸件不允许吹风、打水与撞击;铸件温度在200~300℃时热割冒口,要求一次割完。切割本体试样,在试样一端留10~20mm余量不割,保持试样与铸钢件本体仍然粘连;清理氧化渣,粗整外形,检查铸件表面质量。

(6)退火。

采用整体退火方式进行去应力热处理,消除铸造应力,细化晶粒,均匀组织。热处理保温时间按不低于4h/100mm进行控制。

(7)毛坯清理、铲磨。

对铸件表面进行铲磨和清理。

(8)正火+回火。

采用正火+回火的热处理方式来进一步消除铸件的内应力,使晶粒进一步奥氏体化,改善铸件的力学性能。热处理的保温时间按不低于4h/100mm进行控制。严格控制同炉热处理的铸件之间距离。图2-5-5和图2-5-6所示保温时间中的σ为割除冒口后,铸件的最大实际壁厚(单位为mm)。

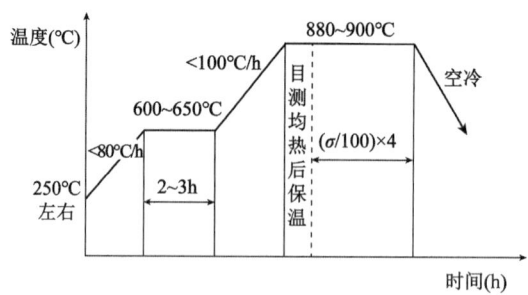

图 2-5-5　正火热处理曲线图

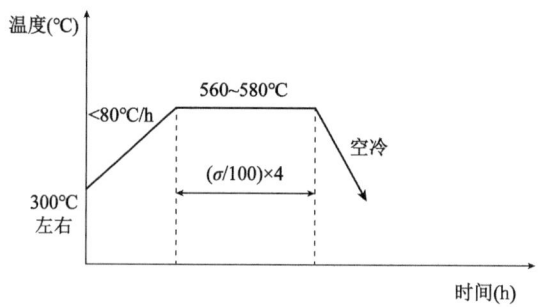

图 2-5-6　回火热处理曲线图

(9) 理、化性能检测。

将附铸试棒按要求进行化学成分和力学性能的检测。

(10) 精整、探伤、检验。

去除毛坯表面的氧化皮,精整打磨表面。表面要求光滑平整,不允许有沟槽、凹坑。铸钢件精整后,按规定对铸件边角处进行磁粉探伤。探伤完成后,对毛坯外观、尺寸和形状进行检验,并划线检查是否有足够的机械加工余量。

2. 鞍体焊接

1) 焊接重难点及措施

根据索鞍鞍体焊接技术要求,焊缝须进行超声波和渗透探伤。为确保焊缝探伤质量合格,采取以下措施:

(1) 根据工艺需要对原设计焊缝坡口式样作适当调整;

(2) 鞍体装配时按工艺要求预留 3~4mm 间隙,这样既可保证焊接时熔透,又可减少反面清根工作量;

(3) 由经验丰富、技术水平高的持证焊工进行索鞍的焊接工作。正式产品焊接前,进行焊接工艺评定,确定合理的焊接工艺参数。

针对焊缝不规则、焊缝相对集中、焊缝坡口大、焊接量大、纵向收缩和横向收缩较大、焊接应力和变形大等情况,可采取以下措施:

(1) 从装配顺序上进行分析考虑,制订科学合理的装焊顺序;

(2) 焊接时先焊深坡口一侧,施焊中除底层及面层外均应锤击消应;

(3) 焊接中适时翻身,以避免和减小鞍体焊接变形,切忌单侧坡口焊完再焊另一侧焊缝。

(4) 焊前预热,严格控制层间温度和焊接参数,控制焊接线能量。

(5) 在适当的部位加焊防变形工艺拉筋,主要组件焊完经探伤合格后再装配其余筋板,由多名焊工同时对称施焊,要求焊接规范一致,施焊中锤击消应,在筋板的装焊顺序上,严格按照工艺规定执行,对于长度大于 1m 的焊缝,采用分段退焊法,尽量减小焊接变形。

2) 焊接工艺

鞍体焊接前,先制订出科学、合理的焊接工艺方案,然后再进行焊接工艺评定试验,以确保主索鞍的焊接质量。

(1) 焊接设备及方法。

考虑主要选用 CO_2 气体保护焊进行焊接。CO_2 气体保护焊具有焊接时电弧穿透能力强、抗氢气孔能力强、熔敷率较高、焊缝成形美观、易进行全位置焊接等优点,相对于手工电弧焊,其焊接质量更容易得到控制和保证。焊接使用松下 YD-500FR1 型数字逆变焊机等焊接设备。

(2) 焊接材料。

主索鞍鞍体焊接件的材料采用 Q345R 钢板,选用与母材强度相当的焊接材料,并综合考虑焊缝金属的强度、韧性等性能符合标准要求,考虑选择 ER55-G 焊丝,选用的焊丝中含有足够的脱氧元素 Si 和 Mn,且含碳量较低,焊接过程中可有效防止 CO 气孔的产生。

(3) 焊接坡口。

采用数控切割机和半自动切割机作为下料设备,以确保钢板切割后的外观质量。根据产品结构,设计合理的焊接坡口。焊接坡口采用刨边机、铣边机、镗床或火焰切割进行加工,以使得焊接坡口角度准确、坡口面光整,为焊接创造条件。

(4) 焊接方案。

主索鞍结构尺寸大、质量大,主筋板、端板、侧筋板、边筋板分别与鞍头、底板形成焊接结构。各件之间的主要焊缝分别为钢板与钢板间的熔透焊缝。钢板与铸钢间的熔透焊缝,接头形式主要为 T 型接头和对接接头,钢板件数量多,焊缝比较集中,且钢板厚度尺寸最大达 100mm,焊接时接头的焊接应力大;构件的内应力也非常大,且各主要焊缝均为熔透焊缝,焊接收缩大,保证构件焊后的尺寸较为困难,如果装配及焊接方案选择不妥当,就难以保证焊后的构件尺寸,也难以保证接头质量。在充分考虑和分析了主索鞍结构后,采用图 2-5-7 所示装配方案进行主索鞍的装配和焊接,既能保证底座各钢板间焊缝的可操作性,又能保证焊缝质量。

(5) 焊接顺序。

焊接时按焊接工艺规程确定的焊接顺序进行操作施工。在焊接过程中,采用多人对称施焊、多次翻面焊接、锤击消应的方式,以减小焊接变形。

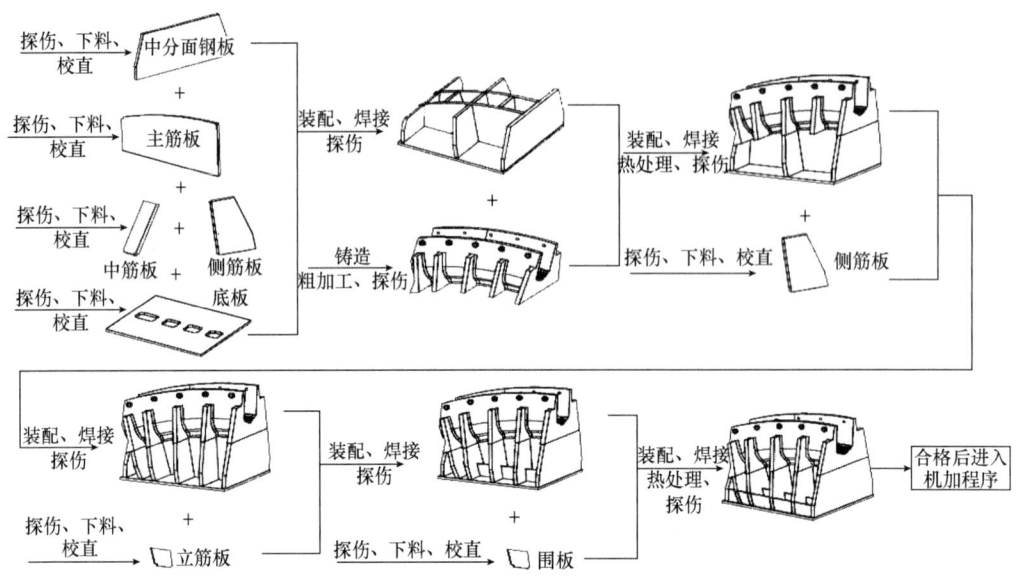

图 2-5-7 主索鞍装焊顺序示意图

(6)焊接工艺评定项目。

焊接工艺评定按《钢、镍及镍合金的焊接工艺评定试验》(GB/T 19869.1—2005)的规定要求进行,焊接工艺评定的施焊对象应包括钢板与钢板焊缝的焊接工艺评定和铸钢与钢板焊缝的焊接工艺评定。

根据主索鞍母材种类、板厚、接头种类、坡口类型、焊脚高度等参数,对主索鞍的主要焊缝作了焊接工艺评定,评定项目见表 2-5-2。

焊接工艺评定试验中,通过对所有母材化学成分和力学性能检测、焊接材料抽检检测、焊接实况记录、试板金相检测、无损检测,以及冲击试验、拉伸试验和弯曲试验等内容,各项试验及检测均符合设计及规范要求,试验结果可靠,为主索鞍的焊接提供了有力支撑。

3. 主索鞍鞍体机械加工

1)机械加工重难点及措施

(1)连接面上螺栓孔数量多而密,其相互位置必须精确,故采取以下措施:加工时,先计算出各孔相对于鞍槽中线和底面的相对坐标,在连接面精加工之后,工件不动,利用镗床数显装置,按坐标尺寸钻出各螺栓孔,这样既保证了两组合连接平面上螺栓孔位置的准确性和一致性,又保证了螺栓孔与连接面的垂直。

(2)确保对合竖直平面对鞍体下平面的垂直度误差控制,应采取以下措施:在加工中采用基准转换,将连接平面定义作为工艺基准,以精加工后的连接面(对合竖直平面)为基准精加工组合索鞍的底平面,从而保证底平面与对合连接面的垂直度。在成对索鞍用螺栓组合连接、打入定位销后精加工组合索鞍的整个底平面,在机床工作台上侧立安装索鞍,底平面对镗床主轴,按半精加工的底平面和对合竖直平面外侧的工艺基准面找正(在

主索鞍主要焊缝焊接工艺评定项目

表 2-5-2

序号	材料组合	试板坡口形式（尺寸单位：mm）	接头位置	焊接方法	热处理	检测项目		性能
						焊缝质量		
1	ZG300-500H + Q345R，厚度 60mm/60mm	ZG300-500H / Q345R，35°，钢衬垫，6~8，0~2，60/60	索鞍体铸钢件与钢板间的对接，T型熔透焊缝	CO_2气体保护焊（带衬垫）	$(560±10)$℃ 4h	（1）外观检查（VT）《钢的弧焊接头质量分级指南》（GB/T 19418—2003）C级；（2）磁粉探伤（MT）缺陷质量分级的测定 碳钢烧红外吸收法》（GB/T 26952—2011）1级；（3）超声波（UT）《直接还原铁 超声检测 第1部分：一般用连铸钢件》（GB/T 7233.1—2009）1级		（1）接头拉伸2组（全厚度分层取样 R_m）；（2）侧弯4个（$d=4a$）；（3）KV2常温冲击6组18个（偏铸钢2组，焊缝2组，偏铸钢2组；（4）硬度检测HV10≤320；（5）低倍金相1个
2	Q345R + Q345R，厚度 60mm/60mm	Q345R / Q345R，35°，钢衬垫，6~8，0~2，60/60	索鞍体钢板与钢板间的对接熔透焊缝	CO_2气体保护焊（带衬垫）	$(560±10)$℃ 4h	（1）外观检查（VT）《钢的弧焊接头质量分级指南》（GB/T 19418—2003）C级；（2）磁粉探伤（MT）缺陷质量分级的测定 碳钢烧红外吸收法》（GB/T 26952—2011）1级；（3）超声波（UT）《焊缝无损检测 超声检测 技术、检测等级和评定》（GB/T 11345—2013）B级、检验等级2级，《焊缝无损检测 超声检测 验收等级》（GB/T 29712—2013）验收等级2级		（1）接头拉伸2组（全厚度分层取样 R_m）；（2）侧弯4个（$d=4a$）；（3）KV2 0℃冲击4组12个（焊缝2组，偏铸钢2组）；（4）硬度检测HV10≤320；（5）低倍金相1个
3	Q345R + Q345R，厚度 60mm/60mm	Q345R / Q345R，45°，45°，2~3，0~2，60/60	主索鞍的钢板T型接头熔透焊缝	CO_2气体保护焊	$(560±10)$℃ 4h	（1）外观检查（VT）《焊缝无损检测 超声检验等级》（GB/T 11345—2013）B级，《焊缝无损检测 超声检测 验收等级》（GB/T 29712—2013）验收等级2级		（1）硬度检测 HV≤320；（2）低倍金相2个

续上表

序号	材料组合	试板坡口形式（尺寸单位：mm）	接头位置	焊接方法	热处理	检测项目 焊缝质量	检测项目 性能
4	Q235B + Q235B，厚度50mm	Q235B / Q235B，50°/50°，2~3，50/50	主索鞍上、下承板，T型熔透焊缝钢板间的对接	CO_2气体保护焊	(560±10)℃ 4h	(1) 外观检查（VT）《钢的弧焊接头 缺陷质量分级指南》（GB/T 19418—2003）C级；(2) 磁粉探伤（MT）《直接还原铁 碳氧化物含量的测定 高频燃烧红外吸收法》（GB/T 26952—2011）1级；(3) 超声波（UT）《焊疑无损检测和评定》（GB/T 11345—2013）；(4) 检验等级 超声检测 B级，《焊缝无损检测 超声检测 超声等级》（GB/T 29712—2013）；(5) 验收等级 2级	(1) 接头拉伸2组（全厚度取样R_m）；(2) 侧弯4个（d=4a）；(3) KV2常温冲击2组6个（焊缝1组、偏钢板1组）；(4) 硬度检测HV10≤320；(5) 低倍金相1个
5	Q235B + Q235B，厚度40mm	Q235B / Q235B，40，15	格栅、下承板、挡板角焊缝	CO_2气体保护焊	(560±10)℃ 4h	(1) 外观检查（VT）《钢的弧焊接头 缺陷质量分级指南》（GB/T 19418—2003）C级；(2) 磁粉探伤（MT）《直接还原铁 碳氧化物含量的测定 高频燃烧红外吸收法》（GB/T 26952—2011）1级	(1) 硬度检测HV；(2) 低倍金相
6	ZG300-500H + Q345R，厚度100mm/100mm	ZG300-500H / Q345R，45°/45°，2~3，100/100	索鞍鞍体铸钢件与钢板间的对接熔透焊缝	CO_2气体保护焊	(560±10)℃ 4h	(1) 外观检查（VT）《钢的弧焊接头 缺陷质量分级指南》（GB/T 19418—2003）C级；(2) 磁粉探伤（MT）《直接还原铁 碳氧化物含量的测定 高频燃烧红外吸收法》（GB/T 26952—2011）1级；(3) 超声波（UT）《铸钢件超声检测 第1部分：一般用途铸钢件》（GB/T 7233.1—2009）1级	(1) 接头拉伸2组（全厚度取样R_m）；(2) 侧弯4个（d=4a）；(3) KV2常温冲击2组，焊缝6组18个（偏铸钢2组、偏钢板2组）；(4) 硬度检测HV10≤320；(5) 低倍金相1个

注：R_m-抗拉强度；d-弯曲试验的弯曲半径；a-板厚。

单件索鞍体精加工前,在对合连接端面两外侧设置工艺块;在精加工对合端面时。在工艺块上加工出基准面,基准面与对合连接面共面同对合竖直连接面一次性加工出来,同时控制单件鞍体半精加工底平面与对合端面的垂直度误差)精铣底平面,就可以保证加工出的底平面与对合连接面的垂直度要求。

(3) 为保证鞍体下平面对中心索槽竖直基准平面的垂直度,应采取以下措施:在工件侧立数控加工鞍槽时,按主索鞍体已经精加工的底平面基准带面进行找正,控制 Y 向(与鞍槽侧壁面垂直的底平面宽度方向)找正精度在 0.1mm 之内、Z 方向(底平面长度方向)找正精度在 0.2mm 之内,这样找正后就可以保证镗床主轴轴线与底平面的垂直度符合要求,按前面加工出的底平面宽度基准侧面找正 X 方向水平,从而保证加工后的鞍槽中线水平,工件压牢后再进一步进行复查找正数据,然后再进行数控加工鞍槽,从而保证通过直角铣头加工出来的鞍槽侧壁面与底平面基准带面垂直度符合图纸要求并与加工后的绳槽圆弧台阶面垂直。最后在组合精加工加工底平面时,以底面基准带平面为基准进行找正,精加工组合底平面,控制底面平面度符合图纸要求,即可保证鞍体的底平面与中心索槽竖直基准平面的垂直度符合要求。

(4) 为保证圆弧绳槽线性尺寸,应采取以下措施:加工时采用数控镗床来进行鞍槽侧壁和圆弧绳槽的加工,通过计算机编程,先在计算机上模拟加工检查程序的正确性,然后再进行实物加工,从而保证加工出的绳槽圆弧的准确性。最后再通过手工修磨出口处圆弧和棱边,保证鞍槽圆弧光滑平整。

(5) 鞍槽深度较深,机床主轴方向行程大,导致刚性差。解决措施如下:通过设置合理的切削参数,减小刀具的进刀量来保证,且主轴上的滑枕可增加镗杆的刚性,从而保证加工精度。

2) 主索鞍机械加工工艺

主索鞍机械加工工艺流程如图 2-5-8 所示。

(1) 焊接前鞍头机械加工。

①划线:以非加工面为基准,兼顾均匀性,主索鞍鞍头各加工面划线。

②鞍头粗加工:在数控镗床上对鞍头进行粗加工,粗、精加工鞍头底面圆弧,粗加工鞍槽和两端面(留加工余量)。

③鞍头精整打磨:加工面去除毛刺、棱角倒钝,非加工面采用气刨、打磨等方式进行精整。

④钢板零件制作:在索鞍鞍头进行毛坯制作和粗加工阶段,同步实施鞍体焊接用钢板的各零件制作工作。

⑤装配:按照设计的装配方案,将底板放置于装配平台上,划线装配主筋板、中分面、中隔板及部分侧筋板,装配后进行尺寸检查,做好焊接准备工作。

(2) 焊接后鞍体机械加工。

①热处理:鞍头与鞍座主要焊缝焊接完成后进行中间消应热处理,其余零件装焊完成后对主索鞍鞍体整体进行消应热处理。

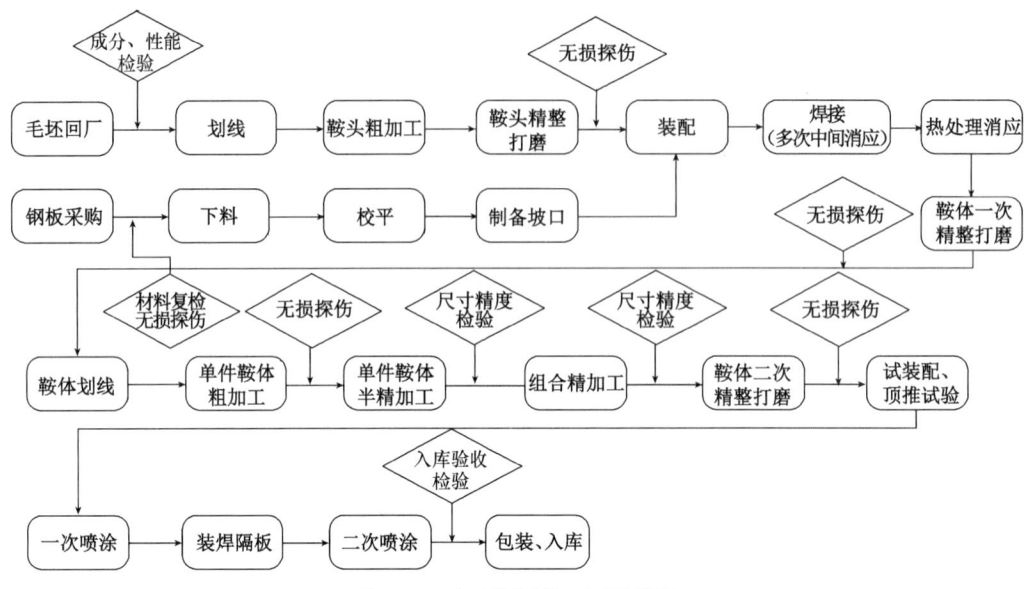

图 2-5-8 主索鞍机械加工工艺流程

②鞍体一次精整打磨：主索鞍鞍体热处理出炉后，对焊缝及焊缝周围区域进行精整打磨，使其满足超声波探伤条件；对钢板与铸件对接的部位进行打磨过渡，避免出现明显的台阶。

③鞍体划线：鞍体探伤合格后进行划线，以非加工面为基准，画出底面、中分面及端面的加工位置线，均留加工余量。

④单件鞍体粗加工：按加工位置线对主索鞍底面、中分面、端面进行粗加工。先粗加工底面，然后以底面为基准，加工中分面；旋转工作台，以工艺基准块和底平面为基准粗加工鞍槽；重新装夹工件，粗铣拉杆孔凸台面，并初步定位鞍槽拉杆孔，根据孔位精整拉杆孔凸台外形。

⑤单件鞍体半精加工：无损探伤合格后，对主索鞍底面进行半精加工，对合连接端面（中分面）进行精加工。同时按计算出的连接面上的螺栓孔的坐标尺寸，用数控机床定位坐标尺寸，钻出连接面上的螺栓孔并钻铰定位销孔。

⑥组合精加工：使两件索鞍鞍体成对组合，按线找正对齐后，打入定位销，拧紧连接螺栓，按已精加工工艺基准面和半精加工的底面找正。精铣组合索鞍大底平面，保证索鞍整个底面的平面度符合图纸技术要求。应用数控程序精加工鞍槽两侧壁平面和各圆弧绳槽台阶面，保证各台阶面圆弧轮廓度满足图纸技术要求。在机床上临时配装上承板到组合鞍体底部，通过专用工装夹紧，配钻、铰主索鞍底平面的钢销孔。最后将鞍体翻身正放，精加工宽度侧面、钻拉杆孔。

⑦鞍体二次精整打磨：加工面去除加工毛刺、棱角倒钝；修磨进出口圆弧，使其光滑、平顺。

⑧总成试装配和索鞍顶推试验：在车间装配平台上，支垫调整下承板水平，吊装安装板及上承板，将单件鞍体按边跨和中跨位置吊装放在上承板上平面上，结合面贴拢，装入

定位销,用工艺螺栓贴合两件索鞍,安装挡板等。检查鞍体、挡板等的相互位置关系和尺寸关系,装配检查合格后进行主索鞍的顶推试验,检测主索鞍摩擦副的滑移系数,为现场安装顶推提供参考数据。检查鞍体、上承板、下承板、格栅等相互位置关系和尺寸关系,刻印安装标记和配对标识。

⑨一次喷涂:无损探伤合格后,对主索鞍鞍体进行整体喷砂处理,在鞍槽内表面进行喷锌处理,其余非加工表面进行底漆喷涂。

⑩装焊隔板:按图纸和工艺装焊鞍槽内底层隔板,焊后将焊缝磨平。

⑪二次喷涂:试装配完成后,对鞍槽内表面锌层有损伤的部位进行补喷锌,其余外表面进行底漆补涂,然后进行中间漆、面漆的涂装;加工面及孔进行防锈油(酯)涂装。喷涂完成检验合格后,按要求包装入库。

4. 主索鞍格栅、上承板、下承板制造工艺

格栅、上承板、下承板均采用钢板焊接结构,钢板材料采购回厂后进行材料复验,然后进行下料焊接工作,焊接完成检验合格后进行机械加工。

格栅与下承板制造时,加工过程中一起配作钢销孔,最后进行涂装防护。

上承板制造时,在粗加工后装焊底部的不锈钢板,然后进行精加工。上承板与索鞍鞍体一起配作钢销孔并装焊定位钢销,最后进行涂装防护。

格栅、上承板与下承板制造工艺流程分别见 2-5-3 和表 2-5-4。

格栅制作工艺流程　　　　　　　表 2-5-3

工序	工序名称	工序内容	设备
1	材料准备	按材料定额进行钢板采购	—
2	钢板复验	按标准进行理化性能复检和无损探伤检查,按订货技术要求进行钢板尺寸和外观检验	—
3	下料	对零件进行下料	数控火焰切割机
4	装焊	按图纸要求装焊格栅各零件	焊接平台、焊机
5	热处理	热处理消除焊应力	大型退火炉
6	无损探伤	对焊缝进行无损探伤检查,发现超标缺陷进行返修	探伤设备
7	划线	检查毛坯,合理分配加工余量,划中线和加工面加工线	划线工具
8	粗加工	工件上工作台,按加工线找正压紧,粗铣上平面	XK2755 龙门铣镗床
9	时效	工件自然时效一周以上	—
10	精加工	工件上工作台,按加工面找正,半精铣、精铣上平面	XK2755 龙门铣镗床
11	尺寸精度检验	检验各尺寸、平面度	机床、量具
12	钻孔	与下承板配合套钻绞钢销孔	Z30100 摇臂钻
13	钳	去除加工毛刺,棱边倒钝	砂轮机
14	防护涂装	按图纸要求对工件进行防护涂装	涂装设备
15	入库检验	质检工程师对工件进行入库验收检验	—
16	包装、入库	按图纸及技术要求进行包装、入库	—

上、下承板制作工艺流程　　　　　　　　表 2-5-4

工序	工序名称	工序内容	设备
1	材料准备	按材料定额进行钢板采购	—
2	钢材复检	按标准进行理化性能复检和无损探伤检查,按订货技术要求进行钢板尺寸和外观检查	—
3	下料	对零件进行下料	数控火焰切割机
4	制备焊接坡口	对零件进行坡口制备	铣边机或镗床
5	装焊	按要求装焊上、下承板上筋板	焊接平台、焊机
6	热处理	热处理消除焊接应力	大型退火炉
7	无损探伤	对焊缝进行无损探伤检查,发现超标缺陷进行返修	探伤设备
8	划线	检查毛坯,合理分配加工余量,划各加工面加工线	划线工具
9	粗加工	工件上工作台,按加工线找正,粗铣、精铣底面;以底平面和中线找正,粗铣上平面及侧面	XK2755 龙门铣镗床
10	装焊	按照工艺要求装焊上承板下平面的不锈钢板	ZX500-7 直流焊机
11	精加工	工件上工作台,按加工面找正,半精铣、精铣上承板不锈钢板面,精加工底平面,精铣上平面及侧边面	XK2755 龙门铣镗床
12	尺寸精度检验	检验各尺寸、平面度	量具
13	钻孔	上承板与主索鞍配钻、铰钢销孔,并攻螺纹;下承板与格栅一起配钻铰钢销孔,与安装板、挡块、铜衬板等配合套钻螺孔、销孔	Z30100 摇臂钻等
14	装焊	按照工艺要求装焊上承板销子	ZX500-7 直流焊机
15	钳	对焊后部位进行打磨、抛光,并对工件边沿进行倒角	砂轮机
16	试装配	主鞍、格栅、上承板、下承板一起试装及测试滑移系数	试装配平台
17	防护涂装	按图纸要求对工件进行防护涂装	涂装设备
18	入库检验	对工件进行入库验收检验	—
19	包装、入库	按图纸及技术要求进行包装、入库	—

二、散索鞍制造

1. 散索鞍铸造

散索鞍鞍体与主索鞍鞍头均为铸钢件,其铸造的重难点、主要解决措施以及铸造工艺与主索鞍基本一致,可参照主索鞍鞍头铸造的相关内容,此处从略。

2. 散索鞍焊接

散索鞍鞍体采用全铸的结构设计方案,焊接量相对较小,焊缝主要为鞍体与吊耳连接处的熔透焊缝,以及鞍体与加强劲板的熔透焊缝,其焊接工艺及方案可参照主索鞍焊接的相关内容,此处从略。

3. 散索鞍鞍体机械加工

1) 机械加工重难点及措施

通过对散索鞍鞍体的机械加工工艺分析,得出以下重难点内容:

(1) 需保证散索鞍鞍槽两侧和各索股绳槽的曲面线性尺寸精度。

(2) 鞍槽深度较深,机床主轴方向行程大,导致刚性差。

解决措施如下:

(1) 为了保证散索鞍鞍槽两侧和各索股绳槽的曲面线性尺寸精度的准确,采用数控镗床来进行鞍槽侧壁和圆弧绳槽的加工。通过计算机自动编程,先在计算机上模拟加工检查程序无误后再进行实物加工,从而保证加工出的绳槽圆弧的准确性。最后再通过手工修磨出口处圆弧和棱边,保证鞍槽圆弧光滑平整。

(2) 通过设置合理的切削参数、减小刀具的进刀量来解决机床刚性差的问题,且主轴上的滑枕可增加镗杆刚性,从而保证加工精度。

2) 机械加工工艺

散索鞍机械加工工艺流程如图 2-5-9 所示。

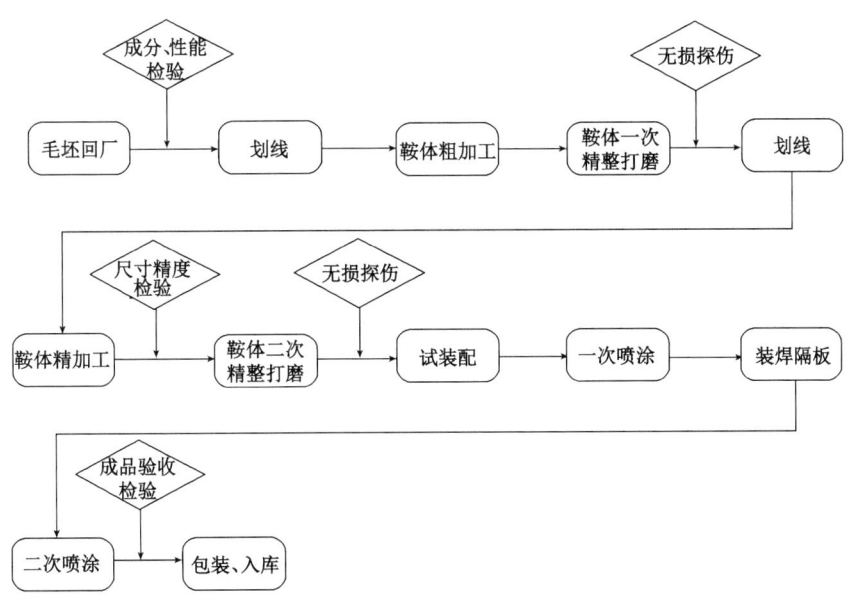

图 2-5-9 散索鞍机械加工工艺流程图

具体施工工序内容可参照主索鞍机械加工中相同的施工工序内容,此处从略。

4. 散索鞍底座板制造工艺

底座板毛坯与索鞍铸件毛坯铸造工艺流程基本相同,此处从略。

底座板的机械加工,采用龙门铣或落地镗床以及摇臂钻床来进行,粗加工后对加工面进行超声波探伤检验,精加工后对表面进行无损探伤检验,最后按要求进行防护涂装处理。

散索鞍底座板制作工艺流程见表 2-5-5。

制作工艺流程表 表 2-5-5

工序	工序名称	工序内容	设备
1	毛坯采购	按毛坯图采购铸件毛坯	
2	复验	按标准进行理化性能复检和无损探伤检查,按订货技术要求进行铸件尺寸和外观检查	
3	划线	检查毛坯,合理分配加工余量,划中线、加工面加工线	划线工具
4	粗加工	工件上工作台,按加工线找正压紧,粗铣上平面及四周面	XK2755 龙门铣镗床
5	精整打磨	对工件非加工面进行精整打磨	打磨工具
6	无损探伤	按图纸要求对加工面进行无损探伤检测	探伤仪
7	精加工	工件上工作台,按加工面找正,半精铣、精铣各平面	XK2755 龙门铣镗床
8	无损探伤	按图纸要求对加工面进行无损探伤检测	探伤仪
9	钻	钻连接螺栓孔	Z30100 摇臂钻
10	钳工修磨	去除加工毛刺、棱边倒钝	打磨工具
11	试装配	加工完成的底座板与散索鞍鞍体、柱面钢支座进行试装配	试装配平台
12	防护涂装	按图纸要求对工件进行防护涂装	涂装设备
13	包装、入库	按要求进行包装保护后入库,质检工程师入库验收检验	—

三、索鞍制造质量控制重点

主、散索鞍加工制造过程中的质量控制重点及要求见表 2-5-6。

索鞍制造质量控制重点及要求 表 2-5-6

质量控制点	质量要求或检查要求	检查办法
原材料	(1)成批钢板应按同一厂家、同一材质、同一板厚、同一出厂状态,每10个炉(批)号抽样进行化学成分和机械性能试验,合格后方可使用	查试验资料
原材料	(2)所有厚度大于 50mm 的 Q345R、Q235B 钢板下料前应按《厚钢板超声波检测方法》(GB/T 2970—2004)的要求逐张进行超声波检测,要求达到二级合格	查检测报告
焊接工艺评定	根据设计要求确定评定项目,并连同评定用试板尺寸、取样部位、检验项目及合格标准等,与焊接工艺评定技术文件一并通过评审后,经批准后实施	查焊接工艺资料
铸钢部件质量控制	(1)造型砂要合格,并有供应商质量保证文件	查质保资料和现场检查
铸钢部件质量控制	(2)木模制造主要控制和检查木型、芯盒几何尺寸	资料和实物验收
铸钢部件质量控制	(3)砂型工序控制和检查型芯装配各部几何尺寸	抽查
铸钢部件质量控制	(4)冶炼过程检查熔铸条件,浇铸前检验铸钢化学成分	旁站监督
铸钢部件质量控制	(5)砂清粗整主要检查外形几何尺寸,修整外形,进行磁粉探伤检查缺陷	抽查,复核主要几何尺寸
铸钢部件质量控制	(6)热处理主要检查热处理工艺,见证热处理过程	审核热处理工艺曲线图
铸钢部件质量控制	(7)试件检验,旁站铸件同体和相同工况的试件取样,制备第三方抽样试件,并进行试验,检查铸钢材料的理化性能	旁站监督取样和试验
铸钢部件质量控制	(8)索鞍铸件经几何尺寸检验、外观检查、无损检测和理化试验均合格,且制造商提供完整质量保证文件和检验资料	出厂验收

续上表

质量控制点	质量要求或检查要求	检查办法
索鞍索夹粗加工检查	核查粗加工前的划线;核查鞍头几何尺寸,重点检查毛坯铸钢件的加工余量必须足够。粗加工后的无损检测采用表面探伤检测	转序资料验收、巡检和几何尺寸抽检
组焊检查	(1)下料钢材必须是检验合格的钢板,检查下料后零部件的几何尺寸、坡口角度、坡口表面质量必须符合生产图纸要求; (2)鞍体组焊:各部件组装检查,控制鞍体组装几何尺寸;焊前检查预热温度;焊接过程中检查焊接工艺执行情况,焊后检查焊脚尺寸和外观质量,对焊缝外观质量检验合格的焊缝进行无损检测,检查焊缝表面和内部质量; (3)依据鞍体组焊工艺,鞍体焊后进行退火处理,检查升温速度和保温时间	转序前停止点检查,资料验收
精加工	(1)索鞍整体划线应进行逐一核对,索鞍整体几何尺寸应满足设计要求;重点检查平面度、槽道深度、槽道宽度等几何尺寸; (2)加工面转换前,应完成槽型和加工面平面度及栓孔、销孔的在线检查,并核对该工位测量资料	转序前停止点检查,资料验收
试装配	复检各安装件的标记,检查各工件的匹配对位情况,并对索鞍进行完整检查;对索鞍的IP点、TP点进行复核,并应有明显的标识	试装配全过程旁站监督
涂装	(1)主索鞍、散索鞍各外露不加工表面:喷砂除锈Sa2.5级,环氧富锌底漆80μm(1道),环氧厚浆漆(中间漆)160μm(1~2道),聚氨酯面漆40μm(1道);氟碳面漆40μm(1道) (2)鞍槽内表面:喷砂Sa3.0级,表面处理后电弧喷锌200μm(1道),有色金属环氧封闭漆;鞍槽内加工表面及各隔板表面须按《热喷涂 金属和其他无机覆盖层 锌、铝及其合金》(GB/T 9793—2012)的要求进行喷锌处理,底层隔板与鞍槽焊接后,应将焊缝磨平,重新喷锌	涂装过程中巡查,转序前停止点检验,资料验收
主索鞍格栅及顶推架	格栅及顶推架在组焊过程中,要加强对几何尺寸及焊接质量的控制,防止焊接变形,对上平面进行矫平,整体消除应力;重点对上平面的平面度进行检查验收,应满足设计要求,与主鞍下承板配钻销孔,做好装配标记号	完工前停止点检查,资料确认
主索鞍下承板	组焊、消应,检查上下平面加工余量是否足够;平面机加工,刻划中心线等;重点对上平面的平行度、下平面的平面度、定位销孔配钻后孔径尺寸等进行检查验收,应符合设计图纸要求	完工前停止点检查,资料确认
主索鞍上承板	上承板拼板,焊后需要消应调平。不锈钢板塞焊完成后机加工,重点对上平面的平面度、下平面的平行度、定位销孔径及定位尺寸等进行检验,应符合图纸要求	完工前停止点检查,资料确认
散索鞍底座板	散索鞍底座板为铸钢件,要对理化性能检测进行旁站监督,复验合格后进行加工,重点对散索鞍底座板上平面平面度进行检查验收,应符合图纸要求	完工前停止点检查,资料确认
出厂前检查	现场包装检查,监理签认的合格资料	查相应资料

第三节 索鞍安装

伍家岗长江大桥全桥共两套主索鞍,每个主索鞍分边、中跨两个鞍体,安装时每个鞍体分两次吊装。全桥共两套散索鞍,每个散索鞍体整体安装。

主索鞍安装主要采用塔式起重机和塔顶门架相互配合来完成施工,南北两岸主塔塔顶的索鞍和门架的结构形式基本一致,主索鞍的吊装方式也基本一致。

北岸隧道式锚碇内的散索鞍安装主要采用滑移系统和散索鞍支墩门架配合完成施工,南岸重力式锚碇处的散索鞍安装主要采用大吨位汽车式起重机和塔式起重机配合完成施工。

本节主要以南岸主索鞍安装和南岸散索鞍安装为例来进行叙述,其余内容简述。

一、主索鞍安装

1. 总体施工流程

主索鞍构件和塔顶门架桁架在工厂内定制加工,加工完成后通过陆运分批次送至现场,完成进场验收后做好安装准备工作。

首先利用塔式起重机完成塔式起重机门架和塔顶卷扬机系统的安装,试吊和验收后,再利用塔顶门架和卷扬机系统完成钢格栅、上下承板、主索鞍等构件的安装工作。南岸主索鞍吊装总体施工工艺流程如图2-5-10所示。

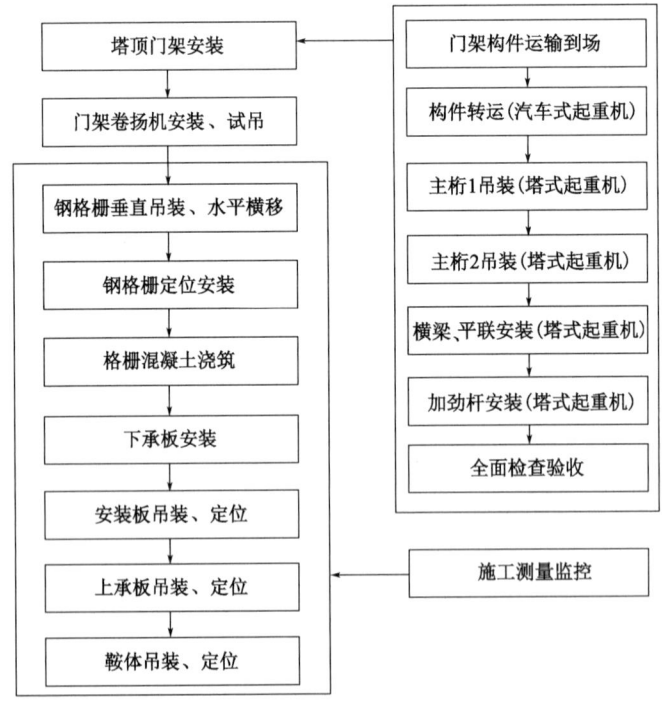

图2-5-10 主索鞍吊装施工工艺流程

2. 塔顶门架施工

1)塔顶门架设计

塔顶门架材料均由工厂内下料、加工,并经过试拼装和验收后,进行安装作业。塔顶门架长29.5m,高10.3m,宽5.0m,主要材料为HW300、2[40c型钢和钢板,为钢桁架结构。门架纵桥向设计吊点最大悬臂9.0m。为提高门架横向稳定,在内侧上横梁上附加支撑框架,框架宽3.0m,各构件之间主要采用法兰形式连接。门架布置示意图如图2-5-11、图2-5-12所示。

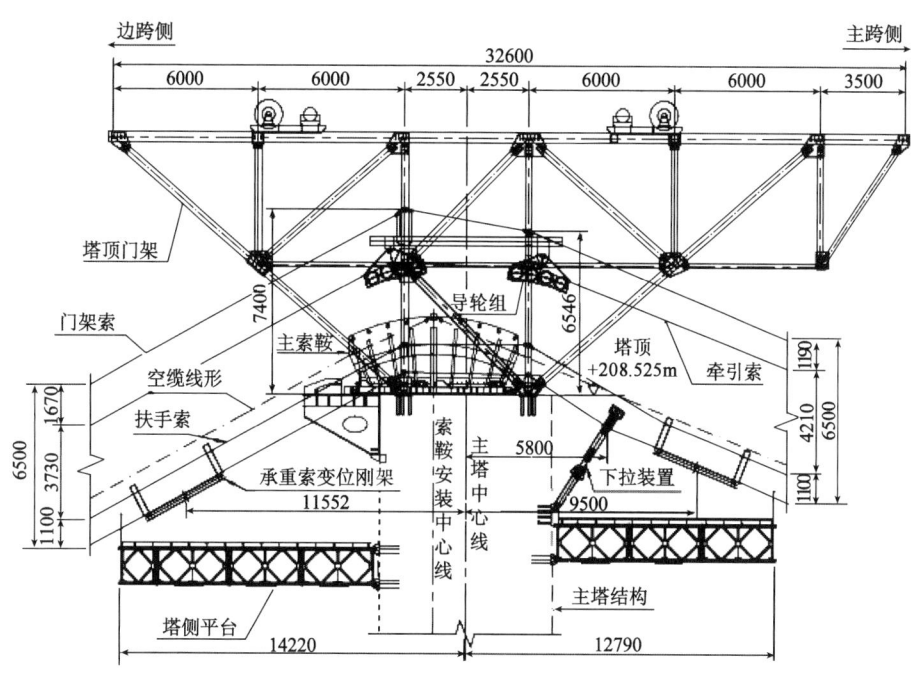

图2-5-11 塔顶门架纵桥向布置示意图(尺寸单位:mm)

2)塔顶门架安装

为安装主索鞍鞍体、架设主缆、安装索夹及吊索、吊装钢箱梁等永久性结构,辅助安装施工猫道、牵引系统、索股张拉系统等临时设施,以及安装紧缆机、缠丝机、跨缆起重机等,在塔顶设置了门架系统。

门架进场后进行预拼装,拼装合格后利用塔式起重机吊装塔顶门架桁片进行安装,门架节点通过高强螺栓进行连接,塔顶门架与预埋钢板进行焊接连接固定,待门架安装完成后进行探伤检测,检测合格后方可进行动静载试验工作。

由于南岸主塔施工的塔式起重机最大起吊质量为16t,在吊装前先将门架进行节段划分,划分为纵向3个桁片和横向连接。考虑各个桁片质量,纵向单个门架主桁片难以直接起吊安装,吊装前先将门架主桁片划分为3个单元块,编号为①~③,门架侧向支撑桁片直接使用塔式起重机起吊安装。门架主桁片分块示意如图2-5-13所示。

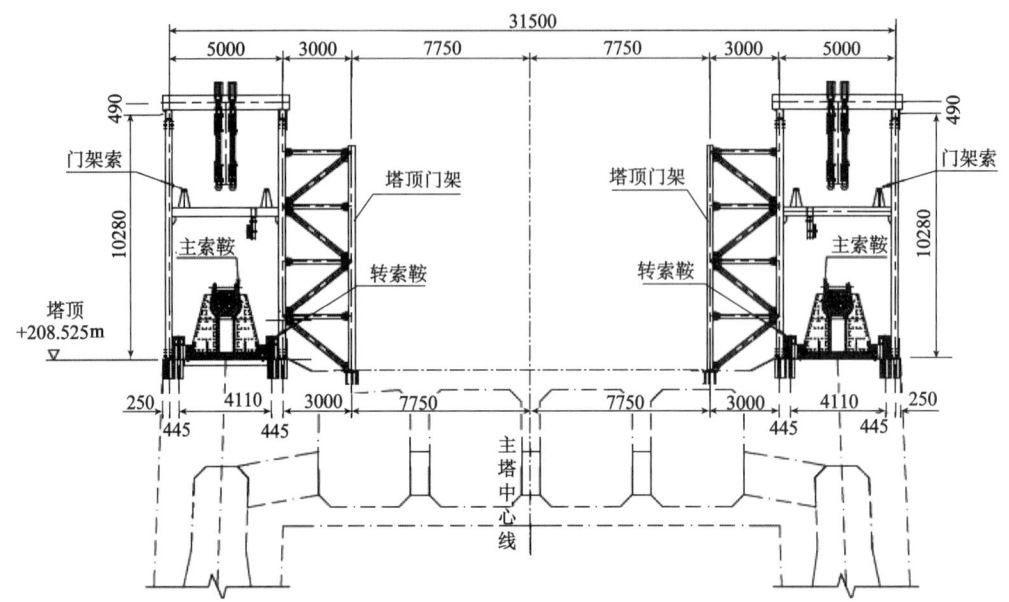

图 2-5-12　塔顶门架横桥向布置示意图(尺寸单位:mm)

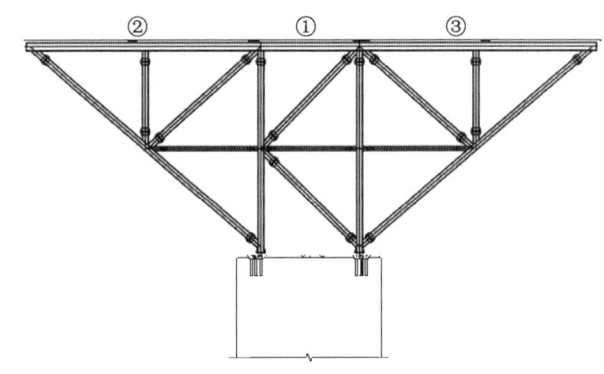

图 2-5-13　门架桁片分块示意图

塔顶门架的主要安装流程如下：

(1)塔柱施工完成后，在塔顶预埋件上放样门架焊接点位，根据测量放样位置将门架主桁片 1 的①单元精确定位，利用上游侧塔式起重机将塔顶门架主桁片 1 的①单元吊至上塔顶，进行焊接锁定并利用下游侧塔式起重机吊装临时连接杆进行桁架临时连接，去除塔式起重机约束。

(2)用同样的方法将塔顶门架主桁片 2 的①单元安装牢固，将两个主桁片的①单元之间横向连接牢固，焊接固定成门架初步形态。

(3)利用上游侧塔式起重机依次将塔顶门架主桁片 1 和 2 的②单元、③单元吊装到位，用高强螺栓进行连接，把桁片拼装成型后去除塔式起重机约束，并把主桁片 1 和 2 顶部连接杆拼装形成整体。

(4)待上横梁施工完成后，利用上游侧塔式起重机，将塔顶门架侧向支撑桁片 3 吊到塔顶,根据测量放样位置将精确定位,利用杆件连接将桁片3拼装成型。

(5)利用塔式起重机吊装塔顶连接杆件、分配梁等结构杆件。塔顶连接杆件、吊装分配梁吊装完成后,利用塔式起重机拆除所有塔顶门架的临时连接系,完成塔顶门架的安装工作。

3)塔顶门架荷载试验

塔顶门架拼装完成后,在门架顶部纵梁顶面设置轨道、平车等行走系统;在门架横梁顶面布置提升卷扬机,安装提升系统,并对整个吊装、行走系统进行系统检测、调试,检查整个系统全长范围内有无绞绕或其他设备故障,确保所有机具设备安全、正常工作之后,进行超载提升试验,进一步检查门架及吊装提升系统的安全和运行情况,为正式吊装索鞍做好充足的准备。

门架荷载试验分4次完成,加载的重量分别为设计吊重的80%、100%、110%和125%,其中80%和125%加载时为静载试验,100%和110%加载时做动载试验,以确保提升系统、制动系统工作正常。在每次试吊过程中做门架变形观测,观测点主要在门架鹰嘴位置。根据吊装实际情况,在门架应力及杆件变形较大位置设置应变片,检查试验吊装过程中杆件应力变化情况。

3. 主索鞍各组件安装

1)格栅安装

主塔施工至塔顶,在设计位置预留格栅槽口、预埋钢筋,待混凝土强度达到要求后,对槽口内四侧混凝土面凿毛,并确保槽口内尺寸满足格栅安装尺寸。由于格栅安装精度直接影响主索鞍的安装精度,且安装精度较高,故待上横梁预应力张拉完成后,应在槽口内安装楔形钢垫块。

格栅通过塔顶门架进行四点起吊,吊装前,使用钢丝绳直接穿心兜底起吊。正式起吊前进行一次试吊工作,经观察无异常情况后,向上缓慢、匀速、平稳起吊格栅。当格栅底部高出塔顶20cm后停止提升。利用后方拽拉装置带动前方吊装分配梁进行顺桥向前移,到达设计位置进行下放。

定位观测时采用绝对高程和相对高程相结合方法进行钢格栅定位调整,为确保索鞍安装精度,保证格栅顶面四角高差不超过2mm。

格栅定位后,用短钢筋将格栅与相邻钢筋焊接固定,确保混凝土浇筑过程中不产生偏位。在浇筑混凝土前,还应利用$\phi 50mm$的PVC管伸进格栅顶板的销孔,确保销孔的深度不小于80mm,伸进格栅顶板的PVC管底部要密封严实,防止混凝土水泥浆进入堵塞销孔。格栅底板及格栅预留槽内浇筑微膨胀混凝土予以填充,采用插入式振动棒从格栅孔里进行振捣,确保格栅混凝土振捣密实,并应保证格栅顶面整洁。混凝土浇筑完毕后,对混凝土裸露面及时进行修整、抹平和养护。

2)主索鞍下承板、安装板、上承板安装

下承板、安装板及上承板组装完成后进行整体吊装,安装板与下承板固定连接,下承板与格栅销轴连接,上承板与安装板间通过聚四氟乙烯板实现滑动。

吊装时应注意主跨和边跨的方向，保护好安装板表面的聚四氟乙烯板。在承板吊装完成后，按设计要求将上承板预偏至设计位置，并在安装板的外露部分加盖临时盖板防止雨水侵蚀钢板，并在索鞍安装前在钢板上均匀涂抹润滑剂进行减阻润滑。

3) 主索鞍鞍体安装

每个鞍体分两部分安装，先安装边跨部分，再安装主跨部分。鞍体吊装采用八字吊索吊装，门架吊钩位置通过主索鞍的重心。

(1) 待格栅填充混凝土强度达到100%后进行主索鞍鞍体吊装。吊装前按照设计图纸上主索鞍位置，经过测量定出上承板上主索鞍中心位置及纵横向中心线，并用油漆做好标记，画出鞍体纵横向中心线并做好标记，用钢卷尺标出鞍体四周外边线。

(2) 上承板安装完成后，清理底板表面，检查上承板的销钉是否垂直和干净，确保能顺利插入鞍体的预留孔。检查起吊走行系统是否流畅，焊接处有无脱焊现象。启动卷扬机将吊钩下放至塔下，将边跨侧鞍体慢慢起吊高出塔顶约0.5m。

(3) 主索鞍起吊至塔顶上方时，起吊钢丝绳在滑车组处打梢，解除反拉钢丝绳，将构件吊挂转换固定在吊装分配梁上，再由门架顶两侧的60t千斤顶张拉PSB830φ32mm精轧螺纹钢水平牵引吊装分配梁，沿门架顶水平缓慢滑移至塔顶安装位置，再由卷扬机缓慢下放就位，将鞍体底面销孔对正上承板边跨端销并插入。

(4) 用同样的方法吊装中跨鞍体，将中跨鞍体底面销孔对正上承板中跨端销并插入。主鞍安装准确后，应临时水平制动，并随着施工进度逐步调整到最终位置。主索鞍按标记就位后，鞍体与上承板通过销轴连接固定。

(5) 在主索鞍的承压台上装长拉杆，并套好垫圈、螺母，同时将螺母拧紧。按施工作业要求，将主缆架于主鞍上，架缆至一定高度时拼装隔板。索股安装完成且调股完后，顶部用锌块填平。在鞍槽侧壁装好短拉杆M64，并且套好垫圈、螺母，螺母按对称顺序拧紧，拉杆力按50kN/级分级均匀上紧，每根拉杆最终上紧力为400kN。

门架吊装主索鞍现场如图2-5-14所示。

图 2-5-14 门架吊装主索鞍现场

二、南岸散索鞍安装

1. 总体施工流程

散索鞍构件和塔顶门架桁架在工厂内定制加工，加工完成后通过陆运分批次送至现场,完成进场验收后做好安装准备工作。

首先在散索鞍支墩施工时预埋地脚螺栓和底座板,然后利用汽车式起重机安装柱面钢支座、支撑调节装置和散索鞍鞍体,调节后固定。南岸散索鞍吊装施工工艺流程如图 2-5-15 所示。

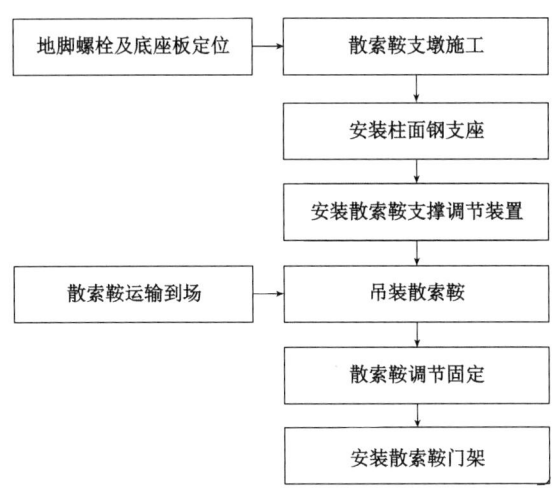

图 2-5-15　南岸散索鞍吊装施工工艺流程

2.散索鞍各构件安装

1)底座板定位支撑体系及底座板定位安装

散索鞍临时支撑体系主要为散索鞍底座板的定位支架支撑体系,散索鞍支墩第三层混凝土浇筑前,在混凝土表面预埋散索鞍底座板定位支架预埋钢板,待混凝土浇筑结束并达到设计强度的 50% 后,安装散索鞍底座板定位支架。底座板结构及底座板定位支架侧视图如图 2-5-16 所示。

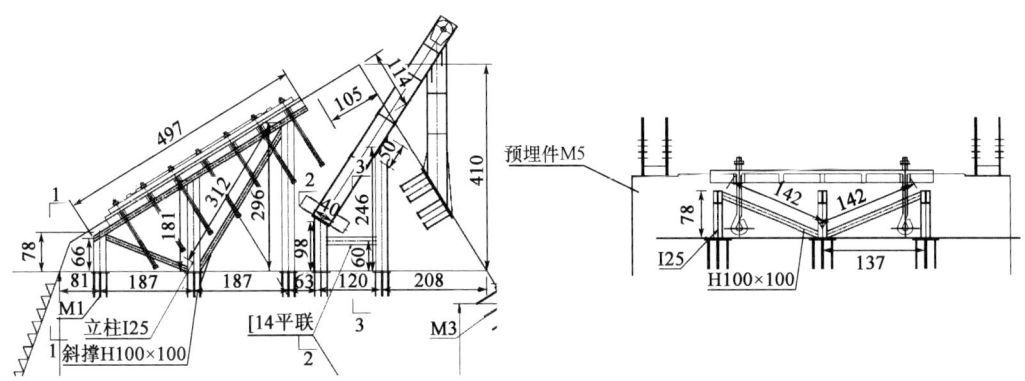

图 2-5-16　底座板结构及底座板定位支架侧视图(尺寸单位:cm)

散索鞍底座板安装前,为确保底座板锚栓顶部预留长度满足设计要求,采用双槽][63型钢固定在底座板顶部 M64 地脚螺栓孔位处,底座板下部采用厂家预制的底座板定位环再次固定 M64 地脚螺栓,以保证地脚螺栓垂直度及定位精度满足散索鞍安装要求。

将双[63型钢背靠背用6mm后钢板固定成型,卡住地脚螺栓,再将地脚螺栓和定位槽钢(双拼)[63]一起安装到散索鞍底座板上,并用白色石笔将底座板的轴线标记出来。对地脚螺栓与底座板固定情况进行测量检查,检查合格后,进行底座板及地脚螺栓整体吊装作业。

散索鞍底座板起吊后,将底座板吊装并下放至距离定位支架约20cm处时,通过缆风绳、手拉葫芦进行粗调定位,然后缓慢下放底座板至定位支架上,再利用千斤顶对底座板进行精调定位作业,并用型钢限位在底座板支撑架上。底座板精确对位后,施工散索鞍支墩第四层钢筋、模板,并浇筑混凝土。预埋底座板安装完毕,并且散索鞍支墩第四层混凝土强度达到设计强度的70%后,方可安装散索鞍柱面钢支座。

2）柱面钢支座安装

待散索鞍支墩最后一层混凝土强度达到设计强度的70%后,进行散索鞍柱面钢支座安装作业。散索鞍柱面钢支座重30.3t,采用220t汽车式起重机以4点起吊、双股吊装的方式进行吊装,通过吊钩及钢丝绳长度控制柱面钢支座倾斜度,将柱面钢支座吊放到距离底座板约20cm处时,通过布置在两侧的缆风绳和手拉葫芦调整水平方位,并缓慢下放至底座板顶面,再将柱面钢支座与底座板通过地脚螺栓相连接。然后利用柱面钢支座水平定位螺栓调节柱面衬板达到设计位置,通过顶力螺栓调节上承板至设计高程。散索鞍柱面钢支座安装示意图如图2-5-17所示。

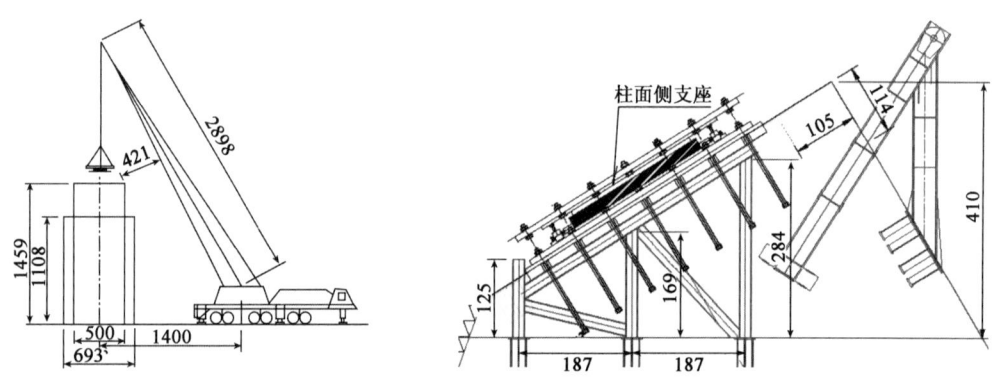

图2-5-17 散索鞍柱面钢支座安装示意图(尺寸单位:mm)

3）散索鞍鞍体安装

汽车式起重机起吊中心点对准散索鞍鞍理论中心点处进行起吊安装,根据汽车式起重机轮宽,考虑到起重机在起吊时不能碰撞锚体,为确保起重机施工能满足要求,首先对起重机走行和作业区进行锚碇成品混凝土保护处理,根据起重机能力和作业空间情况,起重机在起吊前先在外侧将散索鞍起吊至高出设计位置,再转向起重机至散索鞍中心点处。

散索鞍鞍体吊装接近柱面钢支座约20cm时,缓慢下放鞍体,同时利用缆风绳及手拉葫芦调整水平位置,缓慢对位下放散索鞍鞍体,使其螺栓孔和柱面钢支座螺栓孔对应,经测量定位后,通过千斤顶精确调整散索鞍鞍体位置,紧固鞍体与柱面钢支座间的螺栓,固定好鞍体,安装锚栓孔螺帽,使其和柱面钢支座紧密连接在一起。

汽车式起重机吊装散索鞍现场如图 2-5-18 所示。

图 2-5-18　汽车式起重机吊装散索鞍现场

三、北岸散索鞍安装

1. 施工工艺原理

(1) 散索鞍门架在洞口拼装成整体,整体滑移至设计位置并浇筑底座板槽口混凝土。

(2) 待槽口混凝土达到设计强度后,将柱面钢支座吊装至洞口并安装滑移台车,前端用 10t 倒链进行牵引,后端采用滑车组进行反拉。柱面钢支座滑移至设计位置后,借助倒链将柱面钢支座悬挂于散索鞍门架上,拆除滑移台车,再通过倒链下放柱面钢支座至设计位置,安装固定。

(3) 采用相同的方法将散索鞍鞍体牵引滑移至柱面钢支座顶面,并在鞍体底板与支座顶面安装聚氯乙烯四氟板,拆除滑移台车,继续牵引滑移至设计位置后,利用四台千斤顶同步起顶依次拆除前、后聚氯乙烯四氟板,并精确调整鞍体位置后,利用 M64 高强螺栓将鞍体固定于柱面钢支座上座板,完成散索鞍安装。

2. 总体施工方案

散索鞍门架杆件在工厂制作完成后,由车辆运输至现场,在洞口拼装成整体,然后依次将散索鞍门架、底座板采用滑移台车滑移至设计位置,经全桥联测合格后浇筑底座板槽口混凝土。

待槽口混凝土达到设计强度的 75% 后,将柱面钢支座吊装至洞口并安装滑移台车,前端用 10t 倒链进行牵引,后端采用滑车组进行反拉,柱面钢支座滑移至设计位置后,采用两台 20t 倒链将柱面钢支座悬挂于散索鞍门架上,拆除滑移台车,再通过倒链下放柱面钢支座至设计位置精确调整后,安装固定螺母。最后再采用相同的方法将散索鞍鞍体牵引滑移至柱面钢支座顶面,并在鞍体底板与支座顶面安装聚氯乙烯四氟板,拆除滑移台车,继续牵引滑移至设计位置后,利用 2 台 50t 千斤顶依次拆除前、后聚氯乙烯四氟板,并精确调整鞍体位置后,利用 M64 高强螺栓将鞍体固定于柱面钢支座座板上,完成散索鞍安装。

3. 散索鞍门架安装

1) 散索鞍门架设计

散索鞍门架采取钢桁架形式,各构件之间主要采用法兰形式连接。散索鞍门架通过四根HW300×300型钢立柱、2[40a型钢纵梁、一根2[36型钢横梁(前横梁)、两根2[25b型钢横梁(后横梁)形成框架结构。立柱之间通过HW300×300型钢斜杆连接,纵横梁平面上设置2[14型钢平联;在散索鞍门架底部焊接双拼[25以增强散索鞍门架整体稳定性及便于门架滑移。水岸散索鞍门架侧立面、横断面布置示意图分别如图2-5-19、图2-5-20所示。

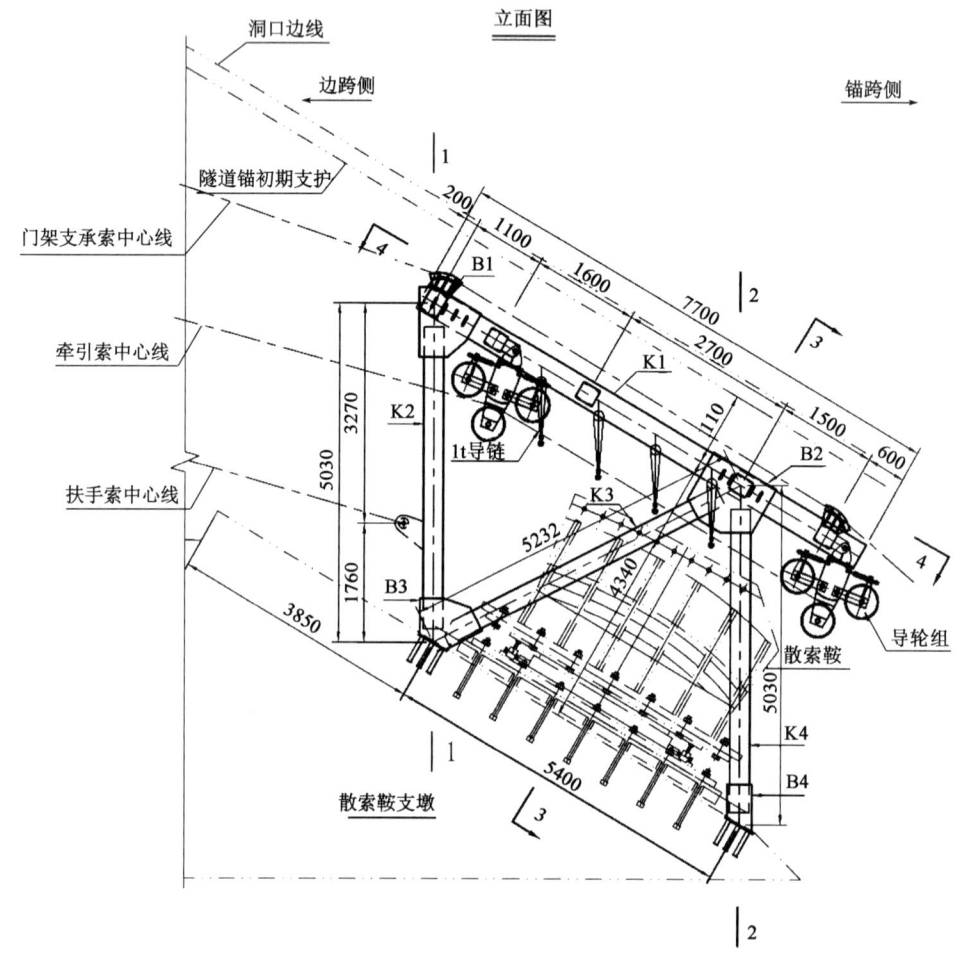

图2-5-19 北岸散索鞍门架侧立面布置示意图(尺寸单位:mm)

2)散索鞍门架安装

(1)洞口10t卷扬机钢丝绳绕滑车组将门架反拉,反拉吊点设置在门架横梁位置,在横梁上对称焊接两个耳板,间距按照2200mm控制作为反拉系统动滑轮两个吊点。

(2)在洞内利用10t倒链将门架牵引滑向散索鞍基础顶面,牵引过程中10t卷扬机同步进行松绳。

(3)随着前台车滑移至散索鞍基础顶面,由于坡率变化,门架倾角将发生变化,卷扬机缓慢松绳,保证散索鞍门架平稳随着滑移台车进行小角度转动。

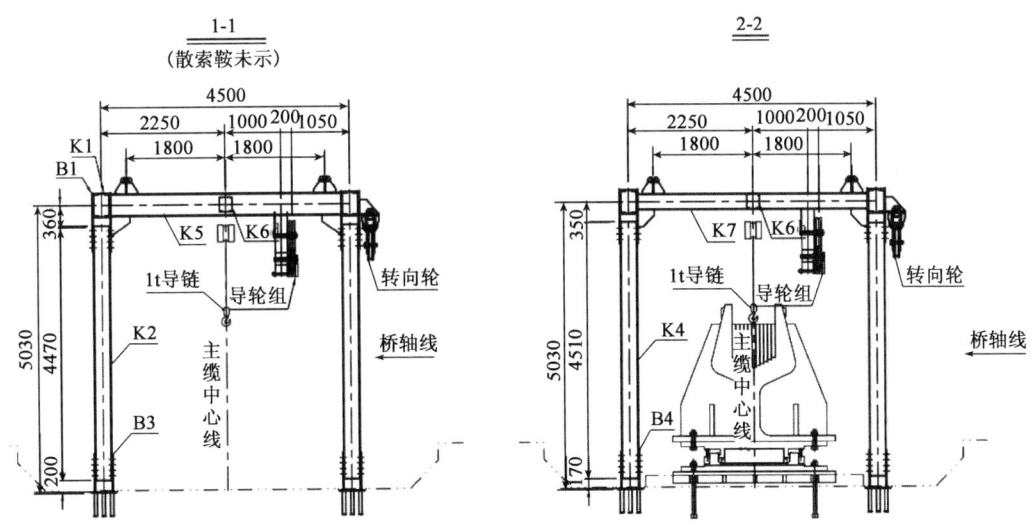

图 2-5-20 北岸散索鞍门架横断面布置示意图(尺寸单位:mm)

(4)待门架滑移至设计位置时,在台车滚轮后面的轨道上焊接限位钢板固定台车位置,然后在门架两道底横梁对称靠近台车位置设置各设置两台 30t 手压式千斤顶,同步顶升,拆除前后滑移台车。

(5)通过滑轮组、索鞍锁定预埋件焊接的立柱在千斤顶下放的时候调整门架纵向里程,利用轨道预埋钢板调整门架横向偏位;待门架门架位置调整完成后,将门架立柱与门架预埋件焊接固定,完成门架安装。

散索鞍门架滑移安装示意图、现场图分别如图 2-5-21、图 2-5-22 所示。

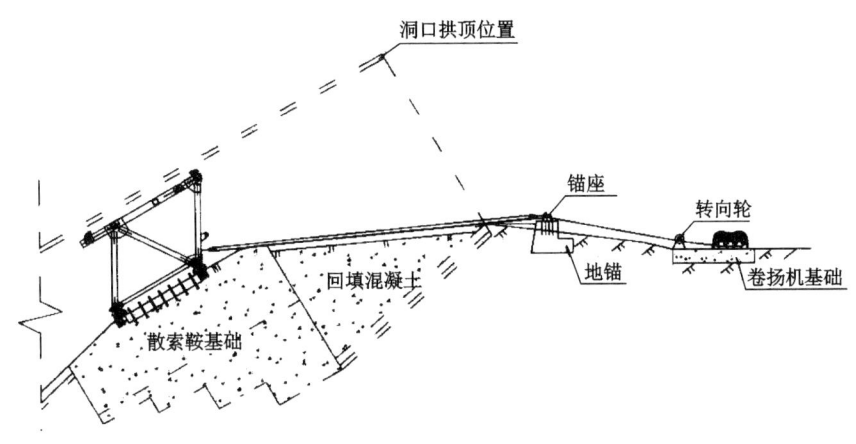

图 2-5-21 散索鞍门架滑移安装示意图

3)散索鞍门架试吊

散索鞍门架在整个上部结构施工过程中主要用于配合完成索股牵引及索股提升入鞍,同时在散索鞍安装过程中的主要受力结构为吊装散索鞍底板及柱面钢支座。

图 2-5-22　散索鞍门架滑移安装现场图

在散索鞍门架安装及焊接完成后,应按照要求对门架进行验收,验收完成后进行试吊。在门架及底座板安装完成后,将柱面钢支座按照预先步骤滑入洞内至底座板上方,然后采用两台 20t 倒链将柱面钢支座提起 5cm 左右,持续时间不少于 10min,观察门架结构等变形情况。

4. 散索鞍安装

1) 散索鞍底座板安装

在隧道式锚碇散索鞍滑移轨道上摆放好台车,利用汽车式起重机将底座板(重约 7t)吊装至洞口台车顶面并用螺栓将两者连接;安装好反拉系统及牵引系统,将底座板滑移至设计位置(图 2-5-23),利用 4 台悬挂于散索鞍门架的 15t 手拉葫芦提升底座板,拆除台车;再通过手拉葫芦下放至设计位置,精确就位后,浇筑底座板槽口混凝土,拆除底座板与反拉系统连接,完成底座板安装。

散索鞍底座板的安装步骤如下:

(1) 利用汽车式起重机将底座板吊装至滑移台车上,并用螺栓连接固定,洞口 10t 卷扬机钢丝绳绕滑车组将底座板反拉。

(2) 在洞内利用 10t 倒链将底座板牵引滑向散索鞍基础顶面,牵引过程中 10t 卷扬机同步进行松绳。滑移到位后,底座板悬挂于散索鞍门架上,并采用 10t 倒链将底座板拉紧。

(3) 利用门架两侧斜杆及两道横梁处吊点的倒链,配合将底座板落至预留槽口位置,精确调整好底座板的平面位置和高程后,利用角钢固定牢靠,然后拆除反拉滑车组。

(4) 浇筑槽口混凝土,安装地脚螺栓,地脚螺栓安装时按照设计图纸要求。螺栓外露部分超出散索鞍底板高度为 210mm。在地脚螺栓预留孔内灌注支座灌浆料并进行养护,完成底座板安装(图 2-5-24)。

图 2-5-23　底座板滑移

图 2-5-24　底座板地脚螺栓精确定位

2）散索鞍柱面钢支座安装

（1）采用 350t 汽车式起重机将柱面钢支座（重约 30t）吊装至洞口，在下座板安装滑移台车；柱面钢支座与散索鞍鞍体之间均采用螺栓连接。

（2）在柱面钢支座后端安装滑车组进行反拉，反拉系统动滑轮卸扣设置两根独立钢丝绳，反拉锚固点设置在柱面钢支座顶板螺栓预留孔。

（3）在洞内采用 10t 倒链进行缓慢牵引，牵引过程中，10t 卷扬机同步缓慢松绳。

（4）当柱面钢支座牵引滑移至设计位置正上方时，在上承板螺栓预留孔位置设置吊点（图 2-5-25）。

（5）利用门架横梁的倒链将柱面钢支座吊起。

（6）利用两台 20t 倒链缓慢提升柱面钢支座，当滑移台车悬空 5cm 时，拆除滑移台车。

（7）缓慢放松倒链，至柱面钢支座前端与底座板快接触时再调节横梁倒链，使柱面钢支座与底板倾角相同，通过索鞍锁定预埋件上焊接型钢和门架斜杆的倒链调节柱面钢支座横向和纵向偏位，缓慢下放柱面钢支座使预埋地脚螺栓穿过其底板预留孔，完成柱面钢支座下放（图 2-5-26）。

图 2-5-25　柱面钢支座滑移

图 2-5-26　柱面钢支座与地脚螺栓对位图

（8）安装固定螺栓，拆除反拉系统收回滑移台车，完成柱面钢支座安装。

3)散索鞍鞍体安装

(1)利用350t汽车式起重机将散索鞍鞍体吊装至洞口,散索鞍吊点设置在鞍体外侧预先焊接耳板位置,总共设置四根独立钢丝绳;在散索鞍底板上安装滑移台车;散索鞍底板上设置有柱面钢支座与鞍体连接的螺栓预留孔,鞍体与台车之间采用螺栓进行连接固定。

(2)在鞍体后端安装滑车组进行反拉,滑车组动滑轮后面设置两根独立钢丝绳,钢丝绳通过卸扣与鞍体连接,连接位置设置在鞍体螺栓预留孔位置,钢丝绳与水平夹角按照60°控制,连接点水平间距为1100mm。

(3)在鞍体前端采用10t倒链进行缓慢牵引,牵引过程中,10t卷扬机缓慢松绳。

(4)当前台车滑移至散索鞍基础顶面时,由于坡率变化,需注意控制滑移速度。

(5)当前台车滑移钢轮滑移至接近柱面钢支座时,在台车下[25轨道焊接限位钢板,保证台车在后续施工过程中不随意滑动;当台车滑移至接近柱面钢支座时,索鞍与柱面钢支座重叠部分为900mm。

(6)在靠近前台车附近安装两台30t手压式千斤顶[千斤顶高度(500mm)小于台车高度(660mm),能够保证千斤顶正常操作]。

(7)在千斤顶顶面设置四氟滑板并同步起顶至前台车悬空3cm左右后,在柱面钢支座与鞍体间支垫四氟滑板,拆除前台车。

(8)缓慢释放卷扬机钢丝绳,继续将鞍体牵引滑移前进,至后台车距离柱面钢支座5cm左右时停止牵引(图2-5-27)。

图2-5-27 散索鞍鞍体滑移安装图

(9)在两个后台车之间安装1台50t手压式千斤顶,起顶至后台车悬空3cm左右后,在柱面钢支座与鞍体间再支垫一块四氟滑板并回落千斤顶,然后拆除后台车。

(10)拆除千斤顶及千斤顶底座。

(11)继续将鞍体牵引滑移前进,直至鞍体中心线距离其设计位置3cm左右时停止牵引。

(12)在鞍体前起顶耳板处各摆放1台50t千斤顶,调整好位置后施加顶力,待前四氟滑板脱空后,拆除四氟滑板,千斤顶回缸,挪至鞍体后起顶耳板处。采用相同的方法拆除另一块四氟滑板后,使鞍体底板直接与支座顶面接触。

(13)利用索鞍锁定预埋件上焊接的立柱及门架斜杆和横杆上的倒链,调整鞍体纵、横向位置,待螺栓孔对齐后,安装固定螺栓,完成鞍体安装。

(14)解除滑车组与鞍体的连接,拆除反拉系统。

第六章　牵引系统及猫道施工

第一节　牵引系统施工

牵引系统是悬索桥上部结构安装的重要组成部分,用于猫道及主缆索股架设牵引。伍家岗长江大桥牵引系统的设计将两阶段牵引系统均采用上下游独立的单线往复对拉式牵引系统,两阶段牵引系统形式无须转换,区别仅在于牵引钢丝绳的支承方式有所不同。

一、牵引系统设计

1. 猫道施工阶段

猫道施工阶段的牵引系统主要由南、北两岸的 2 台 35t(25t) 卷扬机、放索机、转向系统、牵引索、塔顶及锚碇区导轮组、转向轮、辅助卷扬机等组成。

牵引系统初步形成后,主要用于托架定位索、托架承重索、猫道承重索、扶手索、门架承重索、猫道面网辅助拖拉等施工。

猫道施工阶段的牵引系统总体布置如图 2-6-1 所示。

2. 主缆索股施工阶段

猫道形成后,进入主缆索股施工阶段。此时,进行牵引系统的调整完善,在猫道上安装猫道门架和门架导轮组,将牵引索提升至导轮组内,形成主缆施工阶段的门架单线往复式牵引系统。

此时的牵引系统主要用于主缆索股架设施工。其组成机构主要是在原结构上增加了猫道门架和门架导轮组。

主缆索股施工阶段的牵引系统总体布置如图 2-6-2 所示。

牵引索走线示意图如图 2-6-3 所示。牵引系统牵引施工图如图 2-6-4 所示。

二、牵引系统施工

1. 牵引系统施工工艺流程

牵引系统施工工艺流程如图 2-6-5 所示。

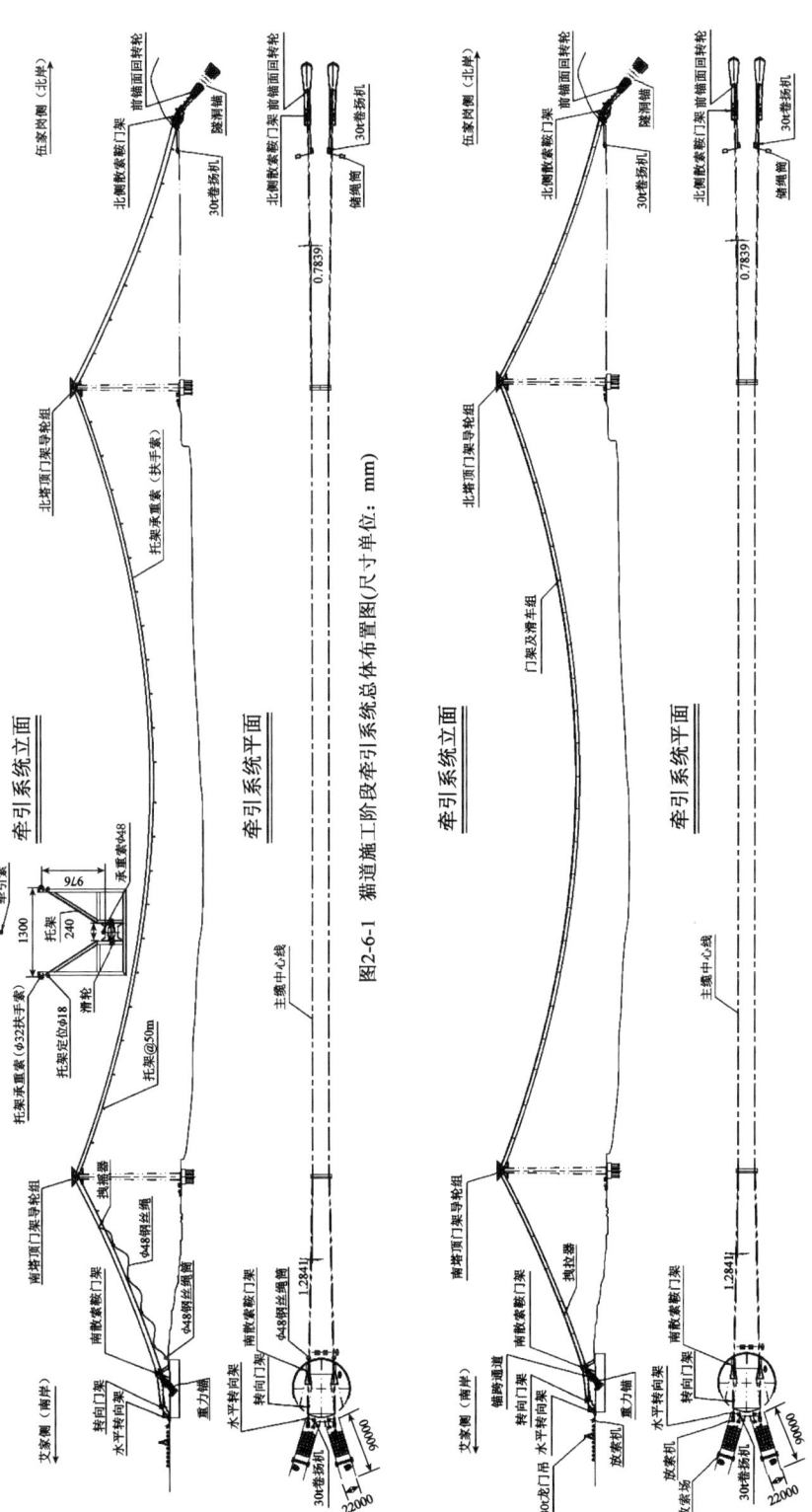

图2-6-1 猫道施工阶段牵引系统总体布置图(尺寸单位：mm)

图2-6-2 主缆索股施工阶段牵引系统总体布置图(尺寸单位：mm)

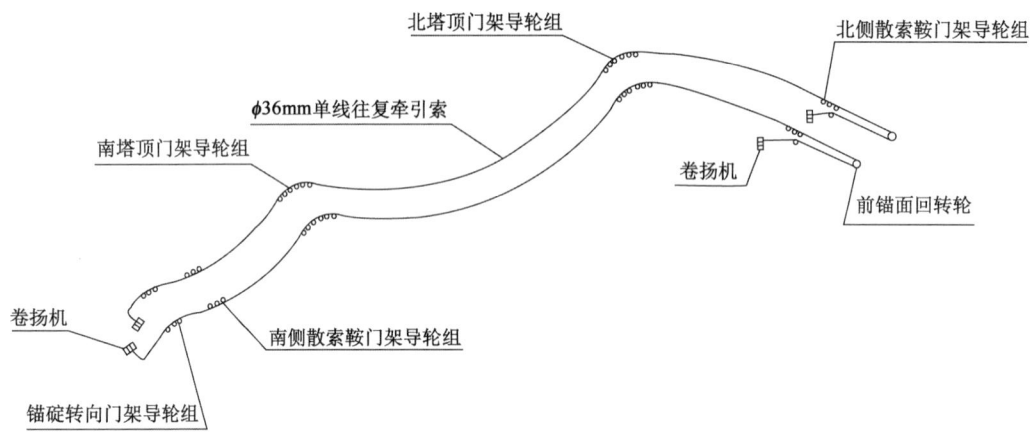

图 2-6-3 牵引索走线示意图

图 2-6-4 牵引系统牵引施工图片实例

2. 牵引系统施工

1) 施工准备

(1) 上游南、北岸两侧锚碇处按设计位置分别安装 35t 牵引卷扬机和储绳筒，各导入 ϕ32mm 先导索 1930m，南岸设置被动放索机，在其中导入 ϕ36mm 牵引索 2500m；

(2) 下游南、北岸两侧锚碇处按设计位置分别安装 25t 牵引卷扬机和储绳筒，南岸导入 ϕ32mm 先导索 1930m，北岸导入 ϕ36mm 牵引索 2500m；

(3) 每个塔顶门架上布置两台 10t 卷扬机，两台卷扬机布置位置如图 2-6-6 所示。在所有 10t 卷扬机中导入各 ϕ26mm 钢丝绳作为辅助牵引用。

牵引系统施工时的卷扬机布置见表 2-6-1、图 2-6-7。

牵引系统卷扬机布置表　　　　表 2-6-1

编号	上 1 号	上 2 号	上 3 号	上 4 号	上 5 号	上 6 号
位置及型号	南岸锚碇 35t 卷扬机	南岸主塔边跨侧 10t 卷扬机	南岸主塔中跨侧 10t 卷扬机	北岸主塔中跨侧 10t 卷扬机	北岸主塔边跨侧 10t 卷扬机	北岸锚碇 35t 卷扬机
编号	下 1 号	下 2 号	下 3 号	下 4 号	下 5 号	下 6 号
位置及型号	南岸锚碇 25t 卷扬机	南岸主塔边跨侧 10t 卷扬机	南岸主塔中跨侧 10t 卷扬机	北岸主塔中跨侧 10t 卷扬机	北岸主塔边跨侧 10t 卷扬机	北岸锚碇 25t 卷扬机

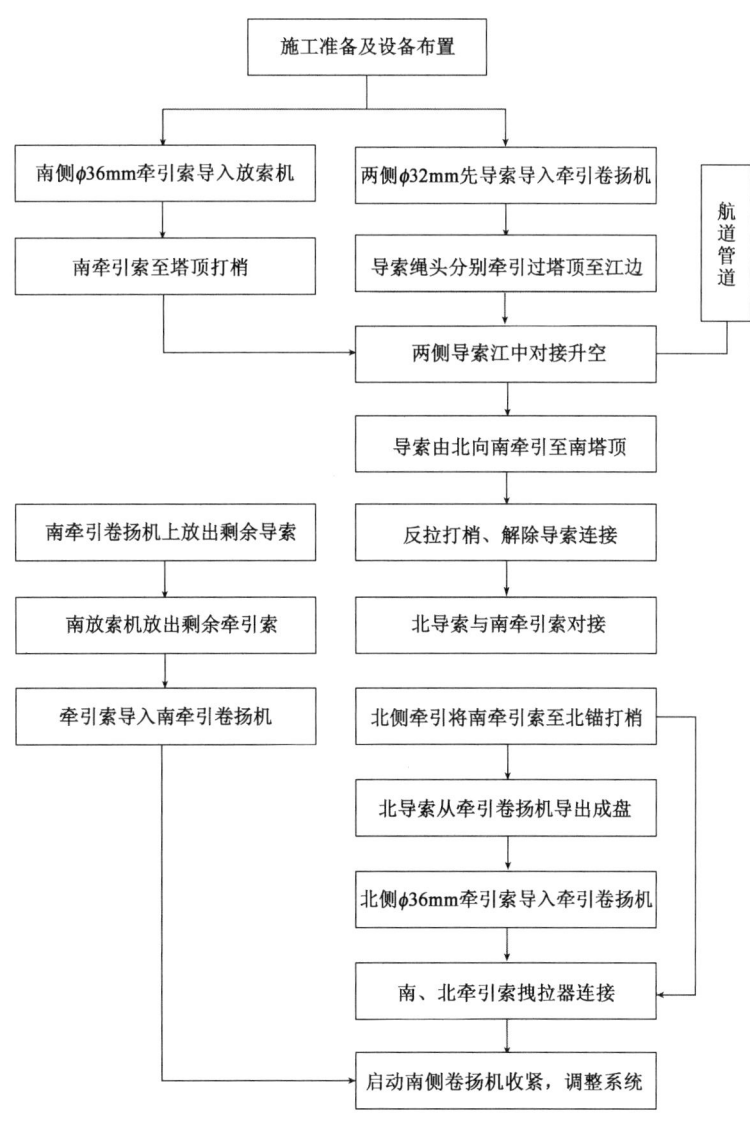

图 2-6-5 牵引系统施工工艺流程

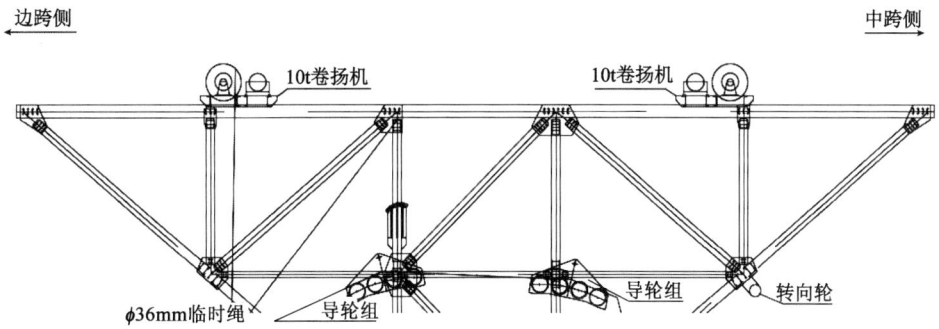

图 2-6-6 塔顶卷扬机布置示意图

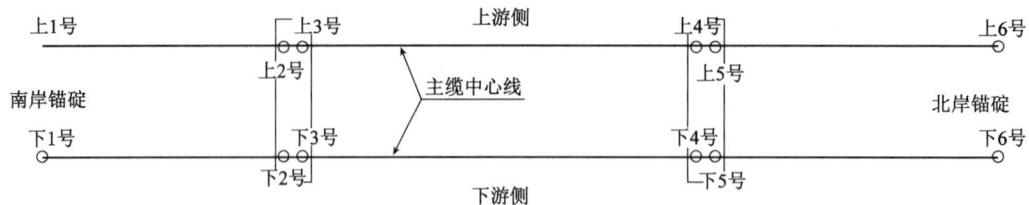

图 2-6-7　卷扬机布置位置示意图

2）先导索施工

（1）上游侧先导索上塔施工。

①南岸锚碇至塔底长度为 300m，路线上每 20m 放置一个尼龙滚轮，采用人工拖拽方式牵引 φ32mm 先导索至塔下。在引桥区通行道路两侧设置 3m 三脚架，三脚架顶部设置尼龙滚轮，在施工当天，高于 3m 的车辆限行。牵引至塔下后预留 300m 绳头卷为绳盘。南岸上游侧先导索上塔布置示意图如图 2-6-8 所示。

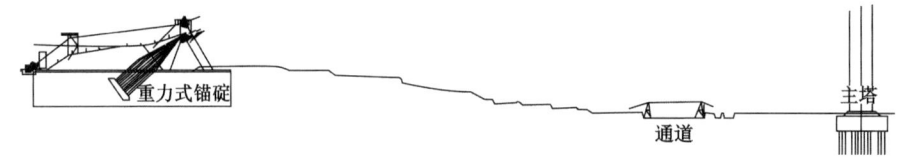

图 2-6-8　南岸上游侧先导索上塔布置示意图

北岸先导索上塔需要跨越伍临路高架桥，采用塔顶边跨侧 10t 卷扬机下放 φ26mm 钢丝绳，从桥面上放置尼龙滚轮，人工牵引至锚碇与 φ32mm 先导索用绳卡连接后，利用塔顶 10t 卷扬机牵引至塔顶，牵引至塔上后预留 300m 绳头卷为绳盘。北岸上游侧先导索上塔布置示意图如图 2-6-9 所示。

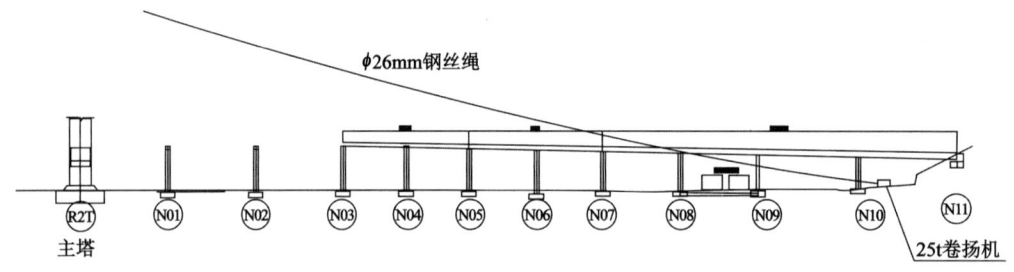

图 2-6-9　北岸上游侧先导索上塔布置示意图

②在塔顶顶推反力架外侧安装一个钢滚轮，中跨侧在靠近塔柱边 20cm 的中轴线处设置一个钢滚轮，钢滚轮主要防止 φ32mm 先导索在移动过程中与结构物摩擦导致损坏。

③在主索鞍上设置托辊，先导索绳头从托辊上穿过。

④因塔顶平台较大，在 φ32mm 先导索上塔的过程中均会造成阻碍，因此，在上述施工过程中，中跨与边跨的平台中央 90cm 贝雷梁上方的面板先不进行铺设，90cm 内连接件先不进行安装，钢丝绳从平台中央的 90cm 缝隙中穿过。在施工过程中，90cm 的空隙挂设安全网保障安全。

⑤绳盘后需预留 15m 的空绳,以便于将绳盘吊装穿过塔顶。钢丝绳采用绳卡连接时 $\phi32mm$ 先导索不少于 5 个,在倒数第一、二个先导索之间设置安全弯。

⑥在塔顶门架上设置临时固定索,其绳尾与先导索起吊临时绳用卡环连接进行 $\phi32mm$ 先导索的临时固定(图 2-6-10)。

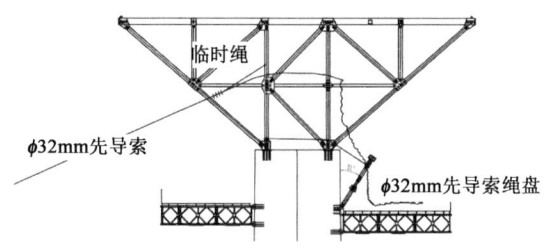

图 2-6-10　塔顶先导索临时固定示意图

⑦解开 $\phi32mm$ 先导索绳盘,下放至塔下,南岸钢栈桥端部距离塔底约 100m,在主缆轴线投影线上每隔 20m 铺设一个滚轮,采用人工拖拽至钢栈桥端部,1400P 拖轮停靠在钢栈桥旁,故可直接将 $\phi32mm$ 先导索绳头与拖轮上盘绕在将军柱上的 $\phi26mm$ 临时绳连接。北岸堤坝距离主塔约 70m,同样在主缆轴线投影线上每隔 20m 铺设一个滚轮,采用人工拖拽至堤坝后预留 50m,在 $\phi32mm$ 先导索绳头绑扎 $\phi10mm$ 麻绳,通过民用小船将麻绳牵引至拖船,根据地质扫描,此时拖轮距离堤坝约 20m,在拖轮上牵引麻绳使 $\phi32mm$ 先导索绳头到达拖轮上后继续牵引,保证先导索预留 30m 空绳卷盘。注意 $\phi32mm$ 先导索绳头距离与将军柱上的临时连接绳要保持 30m 的距离,以便于三船连接后进行先导索的连接。

⑧ $\phi32mm$ 先导索与拖轮连接后,采用塔顶 10t 卷扬机辅助解除 $\phi32mm$ 先导索与塔顶门架的临时连接。

(2)上游侧先导索过江。

①1000t 定位船在江中心采用船前端的八字锚进行定位。

②启动两岸锚碇处的卷扬机放绳,拖轮向长江中心行进。

③拖轮在靠近定位船的过程中,斜向前进,故船头先靠近定位船后将船头的锚绳与定位船的将军柱连接牢固,再调整拖轮尾部靠近定位船进行固定。

④将船固定好后,人工将两端 $\phi32mm$ 先导索绳头通过卡环连接起来。

⑤解除南岸 1400P 拖轮与定位船的连接,缓慢向南岸行驶,使连接后的先导索缓慢受力,当先导索与拖轮将军柱上的临时绳松弛后,解除先导索与拖轮的临时连接。

⑥北岸拖轮采用同样方式解除先导索与拖轮的临时连接,完成先导索的过江对接任务。先导索江中对接示意图如图 2-6-11 所示,先导索过江施工图如图 2-6-12 所示。

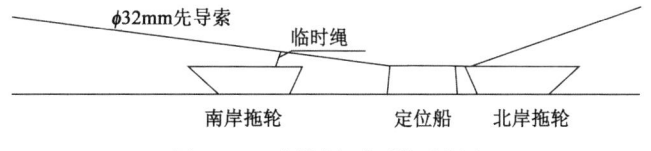

图 2-6-11　先导索江中对接示意图

图 2-6-12　先导索过江施工图

3）上游侧猫道施工牵引系统的形成

(1)启动两岸锚碇 35t 卷扬机提升先导索到通航高度后,再由北向南牵引将先导索连接点牵引至南岸塔顶。

(2)将南岸被动放索机中的 φ36mm 牵引索与 φ32mm 先导索用绳卡连接后(φ36mm 牵引索预留 10m 绳头),由南向北牵引,将 φ36mm 牵引索绳头牵引至塔顶。

(3)在塔顶门架设置 1 根临时绳,临时连接 φ36mm 牵引索后解除其与 φ32mm 先导索的连接。

(4)此时两根 φ32mm 先导索的连接点在跨中,由北向南牵引,使连接点再回到南岸塔顶。

(5)用塔顶两台 10t 卷扬机分别连接两根先导索并收绳,此时先导索连接点松弛,解除两根先导索的连接。

(6)南岸 φ36mm 牵引索绳头连接跨中的 φ32mm 先导索,形成南岸锚碇至塔顶这一段为 φ36mm 牵引索,南岸塔顶至北岸锚碇为 φ32mm 先导索。

(7)南岸中跨侧 10t 卷扬机中钢丝绳松弛后解除其与先导索的连接,再由南向北牵引使 φ36mm 牵引索与主塔门架的临时连接松弛后解除临时连接;南岸边跨侧 10t 卷扬机则下放边跨 φ32mm 先导索至塔底进行回收。

(8)由南向北牵引,将 φ36mm 牵引索绳头牵引至北岸锚碇,在水平转向架上设置 1 根临时绳,临时连接 φ36mm 牵引索绳头,解除 φ32mm 先导索与 φ36mm 牵引索绳头的连接。

(9)两岸 35t 卷扬机导出 φ32mm 先导索,导入 φ36mm 牵引索。

(10)将北岸 35t 卷扬机中的 φ36mm 牵引索绳头与临时连接 φ36mm 牵引索绳头用拽拉器进行连接。

(11)继续向北牵引至临时连接绳松弛,解除临时连接绳,形成上游侧猫道施工阶段的单线往复式牵引系统。

4）下游侧猫道施工牵引系统的形成

(1)南、北岸下游侧主塔塔顶靠中跨侧和边跨侧各安装 1 台 10t 卷扬机。

(2)采用与上游同样的方法将北岸下游侧的 φ36mm 牵引索由锚碇牵引至塔上临时固定,牵引绳绳头穿过导轮组后预留 20m 绳头。

(3)采用与上游同样的方法将南岸下游侧的 φ32mm 先导索由锚碇牵引至塔上临时固定,牵引绳绳头穿过导轮组后预留 70m 空绳。

(4)在南北两岸塔顶设置转向轮,转向轮为定滑轮,采用临时钢丝绳固定在塔顶门架主缆轴线上方偏内侧 30cm 位置。

(5)南岸下游 φ32mm 先导索绳头穿过门架前方的转向定滑轮,由塔式起重机吊装绳头至上游,再将绳头穿过门架正前方的转向滑轮,与上游侧 φ36mm 牵引索用临时绳连接,预留绳头还剩余 40m。

(6)启动南岸下游侧 25t 卷扬机放绳,同时南北岸上游侧 2 台 35t 卷扬机由南向北牵引;在牵引的过程中采用吊环法保证先导索在空中线形可控,吊环间距 50m。吊环法牵引示意图如图 2-6-13 所示。

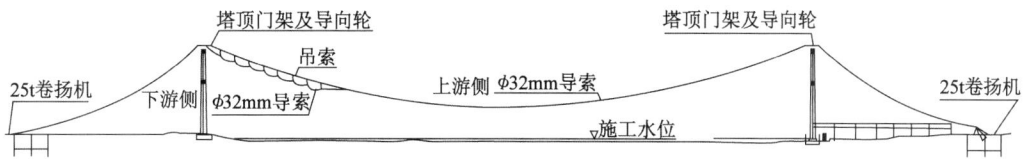

图 2-6-13 吊环法牵引示意图

(7)当下游侧 φ32mm 先导索绳头牵引至北岸上游塔顶时,将绳头穿过塔顶门架正前方的转向滑轮,塔式起重机将绳头吊装至下游侧。

(8)绳头穿过下游侧塔顶门架正前方的转向滑轮,与北岸下游侧塔顶门架上临时固定的 φ36mm 牵引索绳头连接,如图 2-6-14 所示。

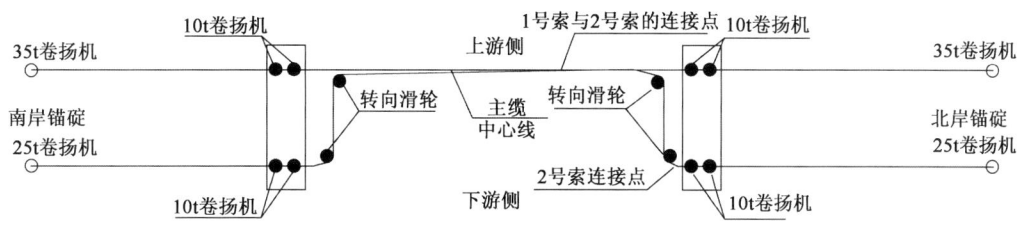

图 2-6-14 下游侧 φ32mm 先导索和 φ36mm 牵引索连接示意图

(9)启动北岸上游侧 35t 卷扬机,由南向北牵引至 1 号索与 2 号索的连接点越过转向滑轮,此时,停止卷扬机并解除上游侧转向滑轮。

(10)北岸上游侧塔顶门架中跨侧 10t 卷扬机下放 φ26mm 钢丝绳与 2 号索绳卡连接(连接点位于 1 号索与 2 号索的连接点的后方,图 2-6-15),北岸上游 35t 卷扬机放绳至受力体系转换到北岸上游侧塔顶门架中跨侧 10t 卷扬机钢丝绳完全受力,解除下游侧转向滑轮,解除 1 号索与 2 号索的连接点。此时,1 号索与 2 号索基本脱离,如图 2-6-16 所示。

(11)启动北岸上游侧 35t 卷扬机和北岸上游侧塔顶 10t 卷扬机放绳,南岸下游侧 25t 卷扬机收绳,将下游侧牵引索 2 号索缓慢平移至下游侧。

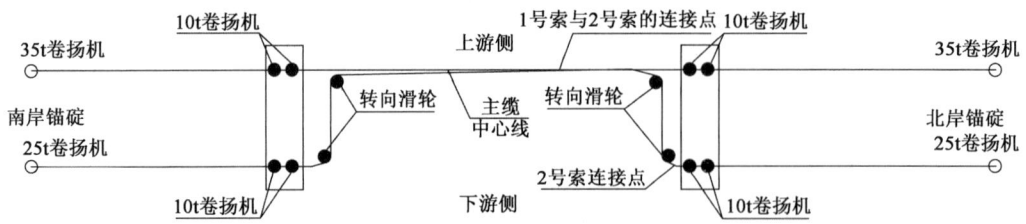

图 2-6-15　北岸上游侧转向滑轮解除时两根索连接点位示意图

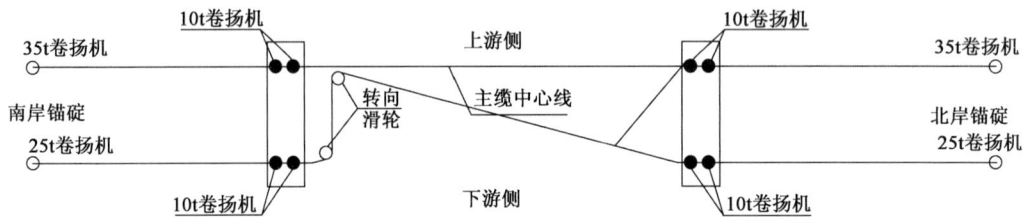

图 2-6-16　1 号索与 2 号索解除连接示意图

（12）由北向南牵引至北岸下游侧的牵引索缓慢受力拉紧，解除下游侧 $\phi36mm$ 牵引索与门架的临时连接，完成 2 号索的横移施工，如图 2-6-17 所示。

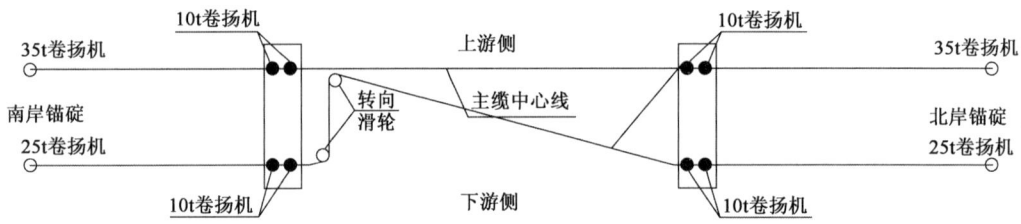

图 2-6-17　2 号索北岸横移施工示意图

（13）南岸上游侧塔顶中跨 10t 卷扬机下放 $\phi26mm$ 钢丝绳，绳头与转向滑轮前方下游侧牵引索 2 号索连接。

（14）启动南岸上游侧塔顶中跨 10t 卷扬机收绳，使 2 号索与转向滑轮分离，停止卷扬机，解除转向滑轮，如图 2-6-18 所示。

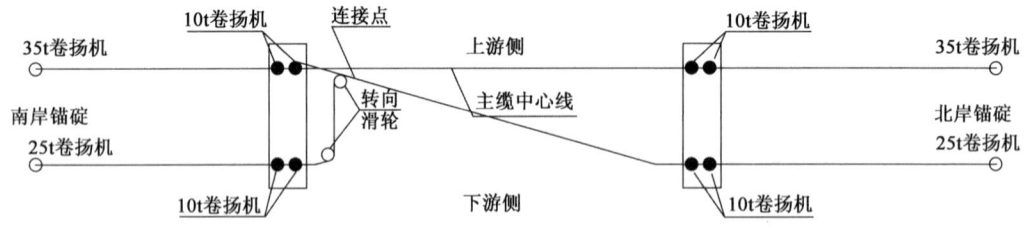

图 2-6-18　2 号索与转向滑轮分离示意图

（15）启动南岸上游侧塔顶中跨 10t 卷扬机放绳，过程中适当使用南岸下游侧 25t 卷扬机收绳，缓慢将南岸上游侧先导索横移至下游，如图 2-6-19 所示。

（16）当下游横移完毕后，自动脱离南岸下游侧转向滑轮，此时方可解除其约束。

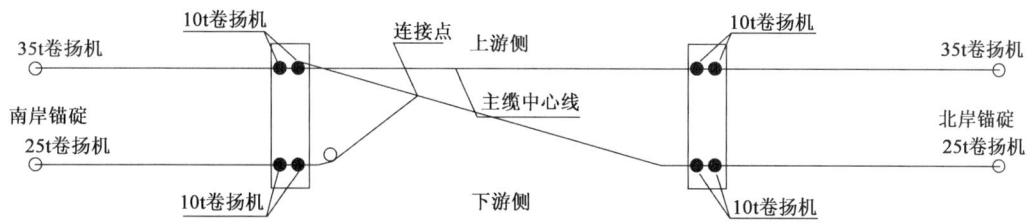

图 2-6-19　2 号索南岸横移施工示意图

(17) 启动南北岸下游侧 25t 卷扬机，由北向南牵引，使南岸上游侧塔顶 10t 卷扬机绳子到达南岸下游侧塔顶，解除其连接，先导索从上游横移至下游的施工完毕。

(18) 启动南北岸下游侧 25t 卷扬机，由北向南牵引，当北岸 ϕ36mm 牵引索连接点达到南岸锚碇处的水平转向架时，在转向架上设置 ϕ26mm 钢丝绳临时绳一根，采用临时绳临时连接后解除 ϕ32mm 先导索与 ϕ36mm 牵引索的绳卡连接点，在南岸 25t 卷扬机中导入 ϕ36mm 牵引索，拽拉器连接两段 ϕ36mm 牵引索后完成下游侧猫道施工阶段的单线往复式牵引系统。

5) 主缆索股施工阶段的牵引系统

猫道施工完成后，安装猫道门架和门架导轮组，将牵引索提升至导轮组内，形成主缆索股施工阶段的门架单线往复式牵引系统。

第二节　猫 道 施 工

一、猫道设计

1. 概述

伍家岗长江大桥猫道设计为 284m + 1160m + 393m 三跨连续式，猫道两侧锚固装置均设计在南、北两侧的散索鞍支墩上，塔顶附近设置变位钢架，主跨设置下拉装置。

猫道由猫道承重索、门架承重索、猫道门架索、扶手索、猫道面层、横向通道、猫道门架、底板构件、锚固体系等组成。单侧猫道宽 4.0m，高 6.5m。单侧猫道采用 8-ϕ48mm 承重索、2-ϕ32mm 扶手索和 2-ϕ48mm 门架支撑索，钢丝绳采用连续式，设变位刚架调整钢丝绳线形，猫道承重索锚固在散索鞍支墩处。横向天桥共 10 道：主跨设置 7 道，北边跨 2 道，南边跨 1 道；猫道门架布置约 72.5m 一道。猫道断面布置和总体布置图如图 2-6-20、图 2-6-21 所示。

2. 猫道结构设计

1) 猫道承重索和扶手索

每条猫道设置 8 根 ϕ48mm（6 × 37S + IWR-1960MPa）钢芯镀锌钢丝绳作为猫道承重索，采用三跨连续布置，在塔顶设置支撑转索鞍，在塔顶两侧附近设置变位刚架，并在塔顶中跨侧设置下拉装置，尽量使猫道线形与主缆中心线线形保持一致，并满足主缆紧缆与缠丝机械设备空间的需要。猫道承重索在钢丝绳制造工厂制作,并在厂内完成钢丝绳破断试验、钢丝绳弹性模量测定和猫道承重索预张拉工作。

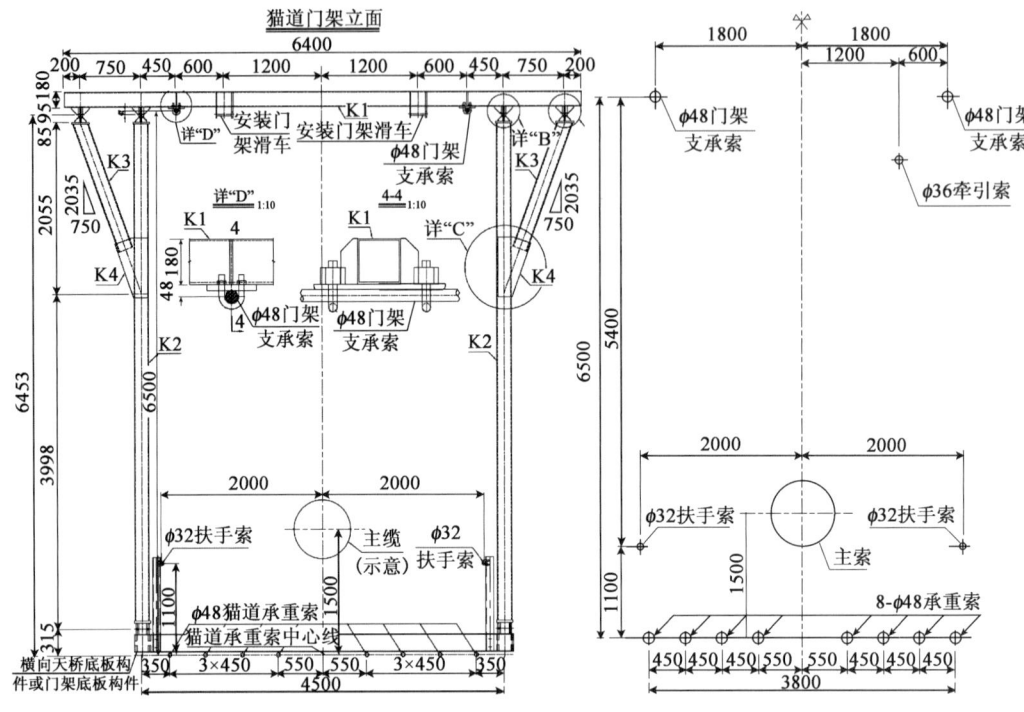

图 2-6-20 猫道断面布置图(尺寸单位:mm)

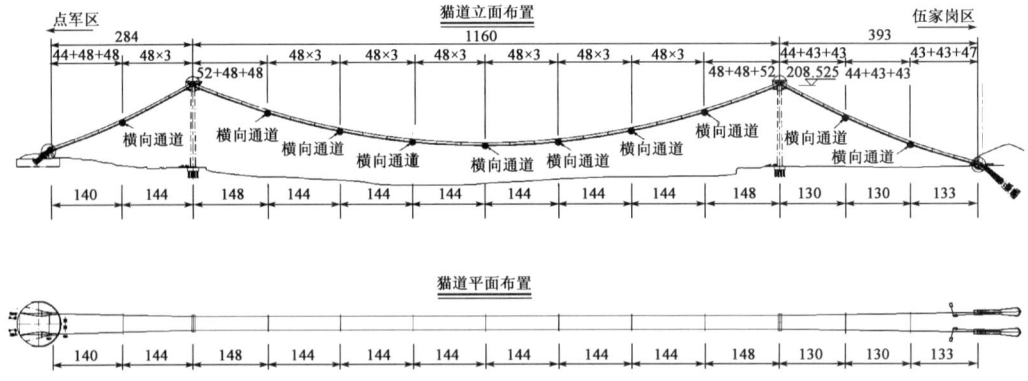

图 2-6-21 猫道总体布置图(尺寸单位:m)

猫道每侧每 12m 设置一栏杆立柱,用以固定扶手索。扶手索采用 $\phi32mm$($6 \times 37S$ + IWR-1870MPa)镀锌钢丝绳。在猫道内侧每 9m 设置一处滚轮,以便主缆索股牵引施工。

2)猫道承重索锚固和调整系统

(1)猫道承重索通过在锚碇散索鞍支墩上预埋型钢耳座进行锚固。每幅猫道在锚碇处各设置 4 根大锚固拉杆与锚固横梁相连,每根锚固拉杆通过销栓与预埋型钢耳座连接,将猫道承重索拉力传递到锚碇散索鞍支墩。

(2)猫道调整系统采用大小拉杆及锚梁组合结构。小拉杆前期用于消除承重索制作误差,使猫道承重索垂度保持一致,后期猫道拆除时也可以用于放松猫道。大拉杆用于猫道线形整体调整和猫道改吊期间的放松。

(3)调整系统分两部分,一部分用于猫道长度的调整,一部分用于猫道线形的调整。为保证承重索的受力均匀,施工时要将各根猫道承重索的高程调整一致。在边跨承重索的端部设置调节拉杆。在拉杆上设置穿心式千斤顶,通过张拉的方式调节承重索的长度。

猫道锚固和调整系统布置图如图 2-6-22 所示。

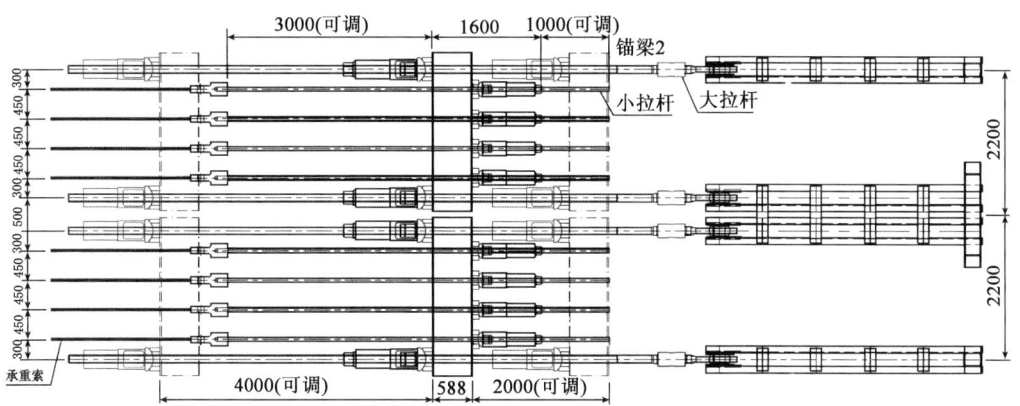

图 2-6-22　猫道锚固和调整系统布置图(尺寸单位:mm)

3)塔顶转索鞍及变位系统

为适应猫道线形与主缆线形的平行、解决与主索鞍的冲突,在塔顶设置转索鞍,并通过在塔顶附近设置变位刚架及下拉装置,满足承重索穿越塔顶需要。

由于江南侧重力散索鞍支墩顶部宽度较窄,故在锚固梁附件设置变位钢架调整承重索间距,使其能与散索鞍支墩顶部预埋件顺接。

变位钢架、下拉梁采用型钢作为受力构件,铸钢夹具用以固定承重索。变位钢架调整猫道承重索间距,下拉梁通过型钢组件连接至塔身预埋件上,完成猫道线形的调整。

4)猫道面层

猫道面网为双层网,下层为矩形钢丝网,钢丝直径 5mm,网格 50mm×70mm,上层方孔钢丝网,钢丝直径 2mm,网格 25mm×25mm。猫道面层的两层钢丝网上,每 6m 交替设置面层小横梁(∠100×8 角钢)和大横梁([20a 槽钢),每隔 0.5m 绑扎一根防滑木条。猫道面层结构布置图如图 2-6-23 所示。

5)猫道横向通道

根据猫道抗风稳定性计算结果,同时考虑施工需要,猫道共设置 10 个横向通道,主跨设 7 个横向通道,江南侧边跨设 1 个横向通道,江北侧边跨设 2 个横向通道。除满足左右幅猫道之间人员的通行外,还可提高猫道自身的整体稳定性,使猫道具备足够的抗风能力。猫道横向通道布置图如图 2-6-24 所示。

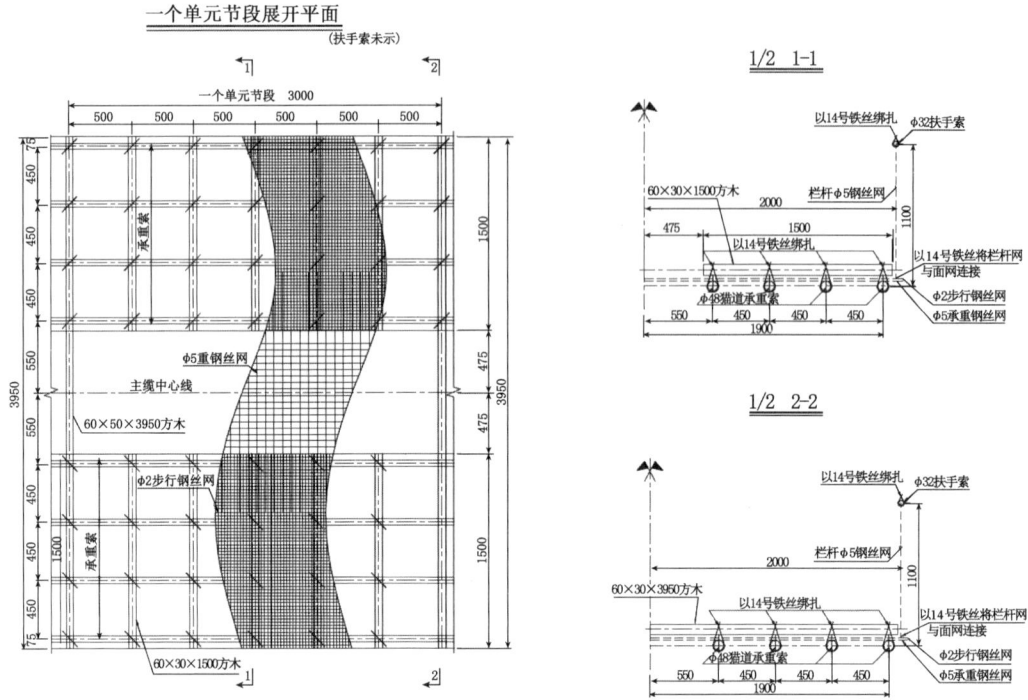

图 2-6-23　猫道面层结构布置图(尺寸单位:mm)

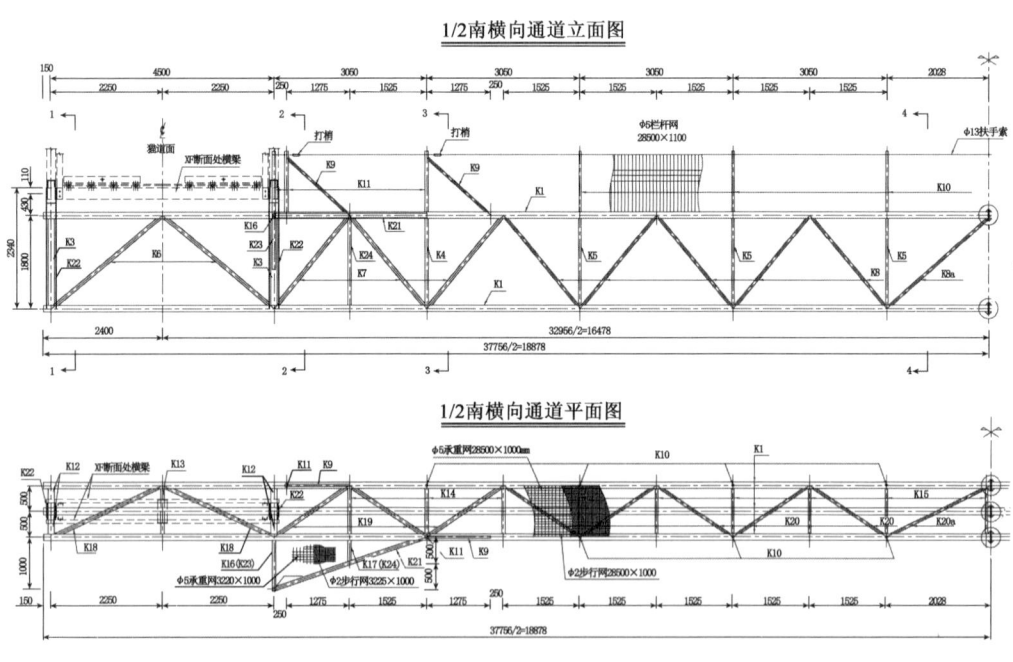

图 2-6-24　猫道横向通道布置图(尺寸单位:mm)

6)猫道门架及门架支撑索

(1)猫道门架。猫道门架是门架拽拉式索股架设的关键构件,每间隔约48m设置一道门架。单侧猫道门架共设置37处,其中普通门架27处,横通道门架10处。猫道门架顶部由2根ϕ48mm门架支撑索固定,并与猫道共同形成空间结构。猫道门架采用180mm×180mm×6.3mm方钢制作。

(2)门架支撑索锚固。江南侧门架承重绳通过散索鞍支墩门架转向后锚固于重力式锚碇前锚面。江北侧门架承重绳通过散索鞍支墩门架转向后锚固于隧道式锚碇前锚面。门架支撑索经散索鞍支墩门架转向后,其锚固水平角度与主缆水平角度一致,施工时应注意预埋件水平角度的设置。

7)猫道抗风系统

为了提高猫道的抗风稳定性,在猫道系统设计时,主要从以下方面改善其整体抗风性能:

(1)横向通道。通过横向通道将左、右两幅猫道连接成整体,以提高猫道的抗风稳定性。中跨设置7道横向通道,江南侧边跨设置1道横向通道,江北侧边跨设置2道横向通道。

(2)猫道门架。把猫道承重绳与门架承重绳连接起来共同受力,以增加猫道竖向刚度。单幅猫道共设置37道门架,全桥共72道。

(3)大小横梁、面层等将猫道连成整体共同受力,也提高了猫道的抗风稳定性。

二、猫道施工

1. 猫道施工工艺流程

猫道施工工艺流程如图2-6-25所示。

2. 猫道结构施工

猫道施工在牵引系统施工完成后进行,主要包括猫道承重索架设、门架承重索架设、塔顶转索鞍、下压装置及变位刚架安装、猫道面层铺设、横向通道安装、猫道门架安装及系统调整等工作。猫道施工方案见表2-6-2。

猫道施工方案　　　　　　　表2-6-2

序号	项目名称	安装方案	施工位置
1	托架承重索	吊环法	主跨
2	托架及托架定位索	在托架承重索上牵引下滑	主、边跨
3	猫道承重索	托架法	主、边跨
4	扶手索	托架法	主、边跨
5	变位刚架、下拉装置	塔吊安装	塔顶、锚碇
6	猫道面层	牵引系统牵拉下滑	主、北边跨
		牵引系统牵拉上提	南边跨
7	横向通道	随面层下滑	主、边跨

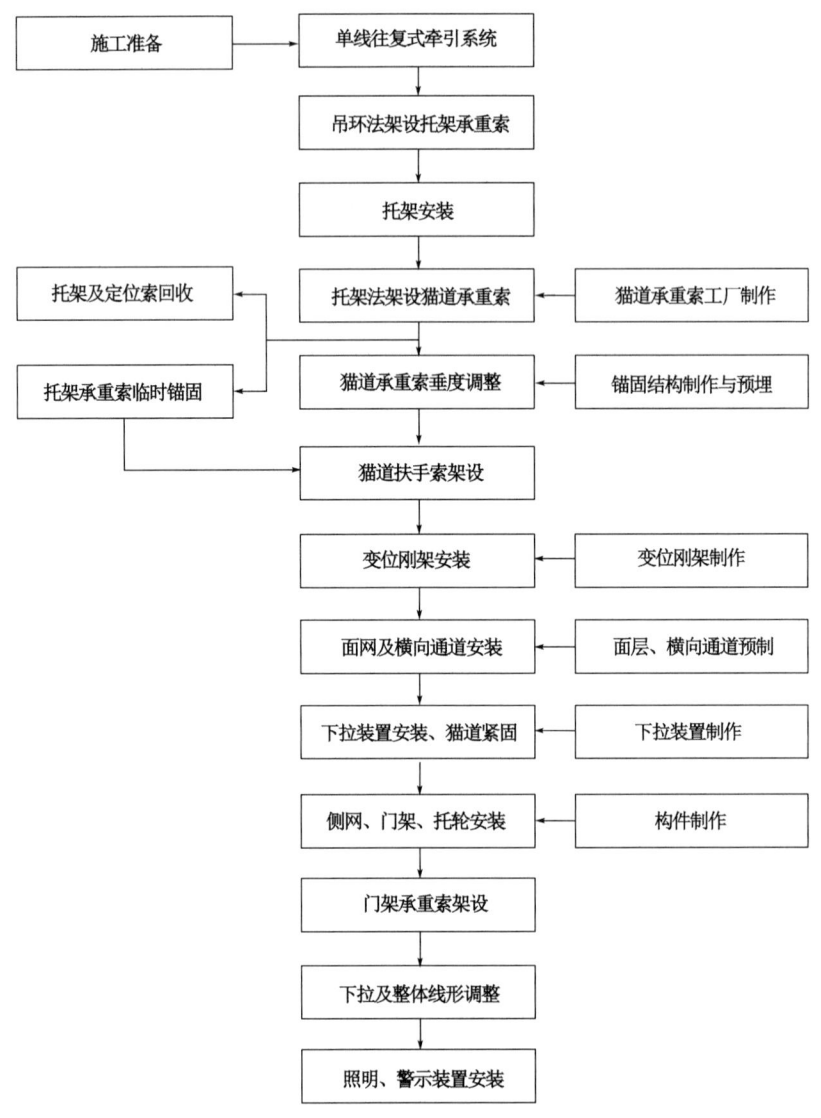

图 2-6-25 猫道施工工艺流程

1）托架系统施工

托架系统施工图片如图 2-6-26、图 2-6-27 所示。

托架系统施工流程如下。

(1) 在南岸重力式锚碇散索鞍支墩前方布置放索架,将 φ32mm 托架承重绳盘放置于放索架上,将托架承重绳与拽拉器相连。启动牵引系统,向北岸隧道式锚碇方向牵引架设托架承重索。在牵引过程中,为了减小钢丝绳的垂度,拽拉器过南岸主塔后每隔 50m 用环式吊具(φ22mm 钢丝绳)固定于牵引索上(上端用绳卡与 φ36mm 牵引钢丝绳固结,下端用圆钢制成的套环托住 φ32mm 托架承重绳),使 φ32mm 托架承重绳的重量较为均匀地分布在 φ36mm 牵引钢丝绳上,降低拽拉器上的集中荷载,同时减小托架承重绳垂度。

牵引过程中,放索架提供适当反张力,使钢丝绳保持一定垂度,保证通航净高。当拽拉器到达北岸塔顶后,在塔顶平台上逐个取下环式吊具。

图 2-6-26 托架安装固定图片

图 2-6-27 托架架设及定位照片

(2)当拽拉器到达北岸隧道式锚碇洞口后,将托架承重绳锚固于洞口混凝土锚碇顶面锚固件上。然后回拉牵引索,在南岸塔顶平台上逐个取下中跨环式吊具,直到拽拉器回到南岸锚碇。

利用塔顶 10t 卷扬机配滑轮组调整托架承重绳达到设计的垂度(一般比猫道承重绳低 5m),将托架承重绳锚固在塔顶预埋件上。

按照同样方法架设另一根托架承重索。

(3)托架定位绳采用三跨分离,分别盘在南北主塔 10t 卷扬机和锚碇门架 8t 卷扬机上。启动牵引系统,向北岸塔顶牵引,牵引 50m 后,在南岸塔顶施工平台上安装托架,将托架上端挂在承重绳上,两侧固定在定位绳上,随着拽拉器一同往江北牵引。之后按 60m 间距布置托架,边牵引边安装托架。

(4)托架定位绳采用 2 根 $\phi 18mm$ 镀锌钢丝绳(350mm + 450mm + 1200mm),当定位绳绳头被牵引至北岸塔顶时,将定位绳两端分别锚固于两岸塔顶,锚固前应张紧定位绳,张紧力大小控制的原则是使定位绳重量由其自身承担,以不增加托架承重绳荷载为宜。

(5)边跨托架承重绳架设将南 350m、北 450m 长的托架承重绳盘放置在两岸散索鞍支墩前,绳头与牵引系统拽拉器连接,牵引至两塔顶部,利用塔顶的 15t 卷扬机将边跨托架承重绳锚固于塔边跨侧顶部的锚固件上,利用锚碇门架顶的 8t 卷扬机及滑车组调整边跨托架承重绳线形,然后将其锚固于锚碇散索鞍支墩锚固件上,形成托架系统。

2)猫道承重索施工

猫道承重索为通长索,单幅猫道承重索由 8 根 $\phi 48mm$ 钢丝绳组成,单根猫道承重绳无应力长度为 1907m,自重为 18.4t。猫道承重索线形调节装置均设在锚碇散索鞍支墩顶部,承重索架设到位后通过大小拉杆调整其线形及垂度。为使主塔承受较小的不平衡外力,猫道承重索由外向内对称架设,以减小对主塔的偏位影响,控制裸塔塔顶偏位及塔肢扭转在设计范围内。

在猫道承重索架设前,必须将拉杆、锚梁、转索鞍等按照设计位置安装好,包括拉杆伸出的长度和角度。

拉杆的张拉工作长度应包含撑脚高、千斤顶高度、垫板厚度和锁紧螺母的长度,并留有10cm的余量。拉杆与锚梁全部配套装好后,在塔顶门架上悬挂钢丝绳,吊住塔顶变位装置,以保证承重绳能及时入鞍锚固。

(1)猫道承重索牵引。

①承重索由单线往复牵引系统从南岸向北岸牵引架设(图2-6-28)。

②放索机安装在南锚碇前,索盘由起重机吊放到放索机上,人工配合起重机将承重索锚头吊起,与牵引系统拽拉器连接。

③启动牵引系统,同步放索,猫道承重索由托架支承和导向,由南向北牵引(图2-6-29)。

图2-6-28　猫道承重索牵引　　　　图2-6-29　猫道承重索过塔顶门架

④在牵引过程中,利用放索机反张力控制放索,使猫道承重索保持一定的张力,以减少垂度,牵引速度控制在16m/min,保持匀速牵引。

⑤当索盘剩余3~5圈钢绳时,暂时停止牵引,将承重索全部从索盘上放出。起重机空索盘吊离放索架,然后将后续连接的承重索索盘放在放索架上,两根承重索的绳头通过浇注式锚头连接,利用门架10t卷扬机与锚头连接反拉,提供反拉力,启动牵引卷扬机继续牵引承重索。

⑥猫道承重牵引至北散索鞍支墩顶猫道锚固系统处停止牵引,两岸锚碇处人工配合起重机将猫道承重索锚头与猫道锚固调节系统临时连接;猫道承重牵引至离北散索鞍支墩顶猫道锚固系统约20m处停止牵引,连接两岸主塔及锚碇处滑车组,将承重索提出托架,人工配合起重机将猫道承重索锚头与猫道锚固调节系统临时连接(图2-6-30)。

⑦用同样的方法完成全部猫道承重索的架设。

(2)猫道承重索提升入鞍。

启动塔顶卷扬机提升系统,将主跨猫道承重索提出猫道托架。缓慢下放猫道承重索,用

图2-6-30　猫道承重索与拉杆锚固

手拉葫芦将猫道承重索置于塔顶猫道承重索转索鞍内。

在塔、锚转索鞍处临时固定猫道承重索,避免猫道承重索脱槽,缓慢放松塔、锚卷扬机直至猫道承重索支承于转索鞍,解除塔锚卷扬机与猫道承重索连接,架设完成。

(3)托架转换成扶手索。

①托架及定位索拆除。猫道承重索架设完成后,在进行猫道承重索垂度调整时,可同步进行托架、定位索拆除及托架承重索的临时锚固。托架及托架定位索的拆除在南岸塔顶平台上进行,北塔托架定位索解除固定后,绳头连接牵引拽拉器;南塔定位索解除固定后,绳头绕入塔顶门架10t卷扬机,启动卷扬机收绳,牵引拽拉器尾随跟进,逐个回收托架及托架定位索。

②托架承重索拆除(扶手索架设)。托架及托架定位索拆除完成后,先利用塔顶门架上的卷扬机和滑车组解除托架承重索与主塔的临时锚固,将托架承重索临时锚固点转移到塔顶门架横系梁上,再调整原托架承重索垂度小于牵引索垂度,后期转为猫道扶手索。

(4)猫道承重索调整。

单根猫道承重索架设完成后,考虑变位长度的影响对垂度进行粗调,使其基本达到设计计算目标垂度。待猫道承重索全部架设连接就位后,根据猫道承重索空索线形监控指令,逐根按照变位处增加长度修正后的垂度进行精确调整。

垂度调整在猫道架设的各工况中进行,垂度调整工况见表2-6-3。

猫道垂度调整工况　　　　　　　　　　　　　　　表2-6-3

步骤	调整时间	调整方式	调整位置	荷载
1	承重索架设时	单根、粗调	主跨、边跨	猫道承重索空索
2	承重索架设完成	单根、细调	主跨	猫道承重索空索
3	主跨变位架安装后	整体、细调	主跨	猫道承重索空索
4	边跨变位架安装前	单根、细调	边跨	猫道承重索空索
5	边跨变位架安装后	单根、细调	边跨	猫道承重索空索
6	锚固处整体调整	整体、细调	边跨	猫道承重索空索
7	全部恒载安装后	整体、细调	先主跨后边跨	猫道全部恒载

猫道承重索全部架设连接就位后,按猫道承重索调索监控指令进行垂度调整,猫道垂度调整按照由塔端开始、逐步向锚固端推进的原则进行,调整过程如下:

①猫道承重索制作标记点与塔顶转索鞍标记点对准,南岸拧紧压板固定螺栓(北岸转索鞍采用夹板+卸扣锚固),锚固猫道承重索。

②主跨猫道承重索垂度调整。考虑变位长度影响,计算确定每根猫道承重索跨中垂度,利用塔顶门架卷扬机及滑车组逐根调整,直至满足垂度要求后,在塔顶转索鞍处锚固好。然后安装主跨侧变位刚架,逐根复测猫道承重索跨中高程至计算值。

③边跨猫道承重索调整。猫道锚固梁就位在初始位置,利用小拉杆调节单根承重索,消除猫道承重索制作精度误差并调整跨中高程到考虑变位长度差修正高程;安装塔顶边跨侧变位刚架,再次调整锚固处小拉杆至计算值;安装锚碇端变位刚架,再次调整锚固处

小拉杆至计算值。

④待铺设猫道面层(面网、横梁、横通道、扶手等)完成后,复测主跨跨中高程。考虑温度修正,利用塔顶门架上的卷扬机及滑车组整复调主跨垂度;复测边跨跨中高程。考虑温度修正,猫道锚固大拉杆整体调整边跨垂度;然后将猫道主塔主跨侧下拉到位;最后整体测量猫道线形,完成猫道承重索线形调整。

3) 变位钢架安装

猫道承重索全部架设完成,单根承重索按照计算垂度精确调整后,进行猫道承重索塔侧的变位钢架施工。猫道变位钢架布置示意图如图2-6-31所示。

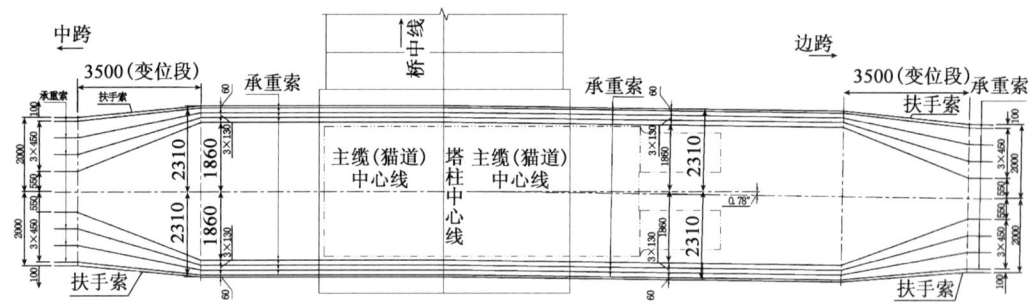

图2-6-31 猫道变位钢架布置示意图(尺寸单位:mm)

猫道承重索的转索鞍对称布置在主、散索鞍的两侧,在离主塔和锚碇散索鞍墩前方适当位置,对猫道承重索用变位钢架进行变位,使各承重索向主缆中心线方向集中,以满足猫道断面设计要求。

安装过程如下:①用塔式起重机将变位钢架吊至猫道承重索下方;②在塔顶和钢架吊挂平台上,用手拉葫芦逐根横向对称调整猫道承重索至相应鞍槽位置,将猫道承重索置入变位刚架鞍槽内;③将猫道承重索变位钢架两端通过绳夹固定。

4) 面层铺设与横向通道安装

中跨和北边跨猫道面层、横向通道安装采用下滑铺设法,南边跨猫道面层采用拖拉法由下向上铺设,面层分单元段(130~148m)铺设,南边跨横向通道采用直接吊装施工的方法。

为保持主、边跨面网铺设相对平衡,应根据跨长比例控制各跨铺设速度,以减小铺设过程中的水平力差引起的主塔偏位。按计算确定中、边跨猫道铺设顺序,先进行主跨猫道面层铺设,待架设至相应平衡位置后进行边跨猫道面层铺设。中跨和北边跨横向通道在相应位置与面层连接后,随面层一同滑动,最后完成南边跨横向通道的吊装施工。

(1) 将猫道面层铺设所需材料转运到塔顶平台上,并在平台上进行面层网和型钢横梁铺设。

(2) 在塔顶平台前端位置装好跨中侧横向通道,另一侧塔顶平台前端装好配重梁。在安装好的横向通道后面接长猫道面层。每根底板构件两端各安装一根扶手立柱,每根立柱仅用一个螺栓形成铰接,向前倒放于面层一侧。猫道侧网亦平铺于面层上,与之一起下滑。

(3) 两岸面层对称施工,一侧在跨中横向通道的重量牵引下下滑;另一侧在前端配重梁的带动下下滑,当面网下滑至坡度平缓地段,利用自重不能下滑时,利用拽拉器牵拉绳头对横向通道进行牵引,直至合拢。利用塔顶门架上布设的10t卷扬机反拉控制面层下滑速度。

(4) 面层下滑后利用塔式起重机安装下一道横向通道,紧固该横向通道处所有螺栓,随后利用拽拉器将塔顶定位卷扬机钢丝绳回收至新安装的横通道处,拧松新安装横向通道的螺栓,使之继续下滑。如此反复,每隔144m安装一次横向通道,直至完成合龙。

(5) 猫道面层合拢、紧固完成后,吊装南边跨横向通道,将扶手栏杆上翻,并紧固扶手栏杆与面层上型钢的螺栓,用U形螺栓将扶手索与扶手栏杆相连接,初步形成可行走猫道。

5) 下拉装置安装

为确保猫道线形与主缆空缆线形一致,在塔顶主跨近塔部位设置猫道承重索下拉装置。下拉装置结构布置图如图2-6-32所示。

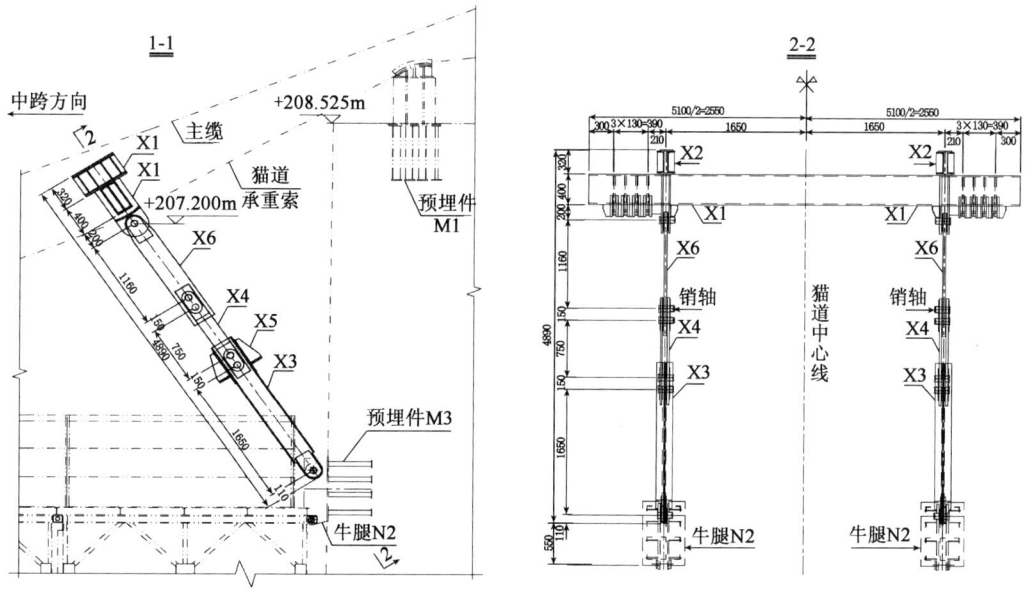

图2-6-32 下拉装置结构布置图(尺寸单位:mm)

为确保猫道面网下滑铺设,下拉装置在面网铺设完成之后进行。首先用塔式起重机将下压梁吊到设计位置并固定,利用塔顶卷扬机及手拉葫芦横向对称调整承重索至相应位置,安装下压梁与承重索固定,全部承重索就位后,在下压梁塔侧承重索上安装防滑夹具。

下拉装置的下拉方法有所不同,南岸采用卷扬机滑轮组配合张拉方式,北岸采用张拉方式。

当猫道恒载全部加载完成后,根据猫道线形,可再次通过卷扬机-滑车组调整系统调整,猫道最终线形满足设计要求后锁定下拉装置。

6）扶手索安装

扶手索为原来未拆除、临时锚固在门架侧的托架承重索。解除临时锚固,直接将扶手索置入门架扶手索转索鞍上,然后按其他索调索方法采用手拉葫芦配合将扶手索调整垂度后锚固。

猫道扶手栏杆安装过程如下:先将扶手栏杆上翻,并紧固扶手栏杆与面层上型钢的螺栓,然后用U形螺栓将扶手索与扶手栏杆相连接,最后上翻猫道侧网,与扶手索固定。

7）门架承重索架设及门架安装

猫道铺装完成后,在猫道面层上牵引2根门架承重索。猫道门架承重索牵引到位后,利用塔顶门架上的卷扬机滑车组提升主跨猫道门架承重索调整垂度,之后将猫道门架承重索置于塔顶门架上的门架承重索转索鞍鞍槽内锁定。边跨锚头与猫道门架承重索锚固滑车组系统连接,卷扬机收紧滑车调整边跨垂度至设计位置。

猫道扶手索栏杆安装完成后,在面网上布设托轮后进行猫道门架安装。先将猫道门架由塔式起重机提升至塔顶,置于猫道门架承重索上,安装夹紧装置螺栓,夹紧力以利于门架下滑为宜,之后塔顶卷扬机反拉门架逐步下滑到位,在与门架底梁销接的同时,紧固与门架承重索夹紧装置螺栓。

3. 猫道施工标准化

1）外观及涂装

(1) 猫道承重索及扶手索采用金属芯镀锌无油钢丝绳。滚轮支架、变位刚架、栏杆立柱外表涂装为蓝色,色号为R0、G72、B152。

(2) 猫道面层采用镀锌钢丝网,表面不进行涂装。猫道面网底板构件、横向天桥底板构件、门架底板构件外表涂装为蓝色,色号为R0、G72、B152。

(3) 猫道门架和横向通道外表涂装为蓝色,色号为R0、G72、B152。横向天桥位置设置垃圾箱,配备灭火器。

(4) 塔侧平台走道、爬梯采用花纹钢板,表面涂装为蓝色,色号为R0、G72、B152。所有栏杆设置高度1.2m,栏杆立柱采用$\phi 60mm \times 3mm$不锈钢管,平联采用$\phi 51mm \times 3mm$不锈钢管,竖向连接采用$\phi 32mm \times 2.5mm$不锈钢管,底部设置高度20cm踢脚板。电梯平台安装灯带,平台两侧安装照明大灯,电梯内增加电梯注意事项。

2）猫道照明

猫道门架完成后,在猫道单侧扶手索上1.1m高的位置安装猫道照明灯具,灯具采用低压节能扩散照明球形灯,照明灯按12m间距设置,避免采用直接照明射灯形式,以减少对该区域水体水生生态的影响,并符合长江水域水生态要求。

4. 猫道体系转换

在钢箱梁吊装过程中,随着荷载增加,主缆跨中的中点高程降低,边跨主缆中点高程升高,主缆的线形随着钢箱梁吊装而不断地变化。为便于施工,保持猫道线形与主缆线形基本一致,保证猫道受力安全,在主缆紧缆完成之后,拆除猫道门架及横向天桥,放松猫道下拉装置,转而将猫道用钢丝绳吊挂于主缆上,即猫道改吊施工。

1)猫道门架拆除

门架拆除与门架安装顺序相反。门架拆除时,将门架与猫道面层上门架底板构件的连接拆除,在支承索上安装吊环,利用导链葫芦,一头连接吊环,一头连接门架支腿,将门架支腿抬起。门架由支承索支承,由塔顶卷扬机牵引至塔顶平台附近,由塔式起重机吊装拆除至地面。

2)横向天桥拆除

在门架支承索上安装天车,利用天车吊挂转换,主跨横向天桥由塔顶卷扬机牵引天车至塔旁,由塔式起重机吊装拆卸至地面。边跨横向天桥由塔顶卷扬机下放至现浇梁顶面后,由汽车式起重机拆除。

3)猫道改吊

猫道面层铺设时,每两个横梁之间均匀加装两道[20a×4300 型钢。后期利用加装的[20a 与原有的[25a 型钢一起,作为猫道改吊的吊挂梁。在猫道上每处有横梁型钢的地方,用 $\phi22mm$ 钢丝绳在主缆上缠一圈并在主缆下方交叉后,与横梁型钢连接,间隔 12m 一道。猫道改吊悬挂主跨由跨中往两边进行,边跨由塔顶往锚碇方向进行。

5. 猫道拆除

在主缆及其附属结构施工完成后,进行猫道拆除施工。

猫道拆除的施工顺序为:猫道拆除施工准备→门架支撑索拆除→猫道改吊绳拆除→猫道面网、方木条、扶手索等拆除→猫道底板构件拆除→变位钢架拆除→猫道承重索拆除→工作平台及其他构件拆除。

1)门架支撑索拆除

利用散索鞍门架处卷扬机解除门架承重索锚固点,使门架承重索整体下放至猫道上,塔顶卷扬机配合拖拉,每 100m 循环收绳,由南岸锚碇侧收绳器回收完成门架承重索拆除。

2)改吊绳拆除

先将中跨门架底板构件改吊绳拆除,剩余改吊绳随猫道面网及扶手网拆除进度进行拆除,边跨猫道绳设置单柄滑车保险装置固定于未拆除底板构件上(该装置可有效分散边跨猫道受力,增加拆除安全系数)。边跨猫道改吊绳解除方式如下。

(1)在有门架横梁的位置大约 50m 设置一处辅助改吊点,每处改吊点处由六个定滑轮组成,靠塔侧和锚碇侧吊点分别利用塔顶卷扬机和引桥桥面卷扬机钢丝绳穿过定滑轮的方式完成穿束,两卷扬机绳头在边跨中间位置用 U 形卡扣连接。施工中注意采用橡胶垫对改吊点处主缆进行防护,避免损伤防腐涂层。

(2)作业人员撤离猫道,塔顶、引桥桥面卷扬机收绳,使所有改吊点处钢丝绳受力,将猫道整体提升,接近主缆,使原有改吊绳受力减小,然后在塔顶和引桥上的卷扬机出绳处用滑车组锚固钢丝绳在桥面和塔柱上,使猫道面的所有重量由滑车组承担。

(3) 将猫道拉杆全部放出,减小拆除时猫道承重绳的张力。

(4) 使用 2 台 10t 手拉葫芦悬吊猫道型钢横梁,解除猫道改吊绳,再放松手拉葫芦直至猫道处于自由状态。该处猫道改吊绳拆除前,其下一道改吊绳亦先安装 2 台 10t 手拉葫芦吊挂猫道并收紧手拉葫芦,以作保险装置。

(5) 作业人员撤离猫道后,同步启动塔顶和锚碇处的卷扬机放绳,使边跨猫道在自重的作用下慢慢达到自由状态,然后拆除滑车组连接。

3) 猫道面网、方木条、扶手索拆除

面网、方木条拆除顺序为:由塔顶向下进行拆除,面网侧网每拆除 6m 一组后进行底部面网拆除 6m,再进行侧网拆除,依次循环。

面网、方木拆除方式为:拆除过程中需保证中跨、边跨对称进行(不对称长度≤18m)。中跨和边跨使用汽车式起重机辐射不到的部位采用主缆挂设单柄滑车转向通过 ϕ20mm 尼龙绳人工牵引进行拆除下放,每次单片下滑,到达桥面后分堆堆放。其他部位采用汽车式起重机吊装进行面网、方木拆除。

扶手索拆除方式为:用扶手索将两头锚固点解开,释放扶手索自身应力,扶手索再从主塔中线处断开,断开后随猫道面网拆除进度,同步从塔顶人工拉拽至猫道最低点。到达最低点后,用汽车式起重机装车,完成扶手索拆除。

4) 猫道底板构件拆除

(1) 主缆缠丝完成后进行门架底板横梁拆除,将横梁与猫道连接螺栓拆除。

(2) 塔顶卷扬机放绳,在主缆上挂 1 个单柄滑车转向,猫道靠钢箱梁内侧挂 1 个单柄滑车转向,卷扬机绳头捆绑已拆除底板构件,通过人工将底板构件翻过猫道外侧,外翻时采用 ϕ20mm 麻绳反向捆绑进行约束。

(3) 底板横梁翻至外侧后通过塔顶卷扬机放绳,调整底板横梁平衡,匀速下放至钢箱梁桥面完成拆除。

(4) 底板小型构件拆除:在面网拆除的同时,用人工麻绳下放方式将底板构件拆除放到桥面上,由塔顶向下逐步进行拆除。

5) 变位刚架拆除

在钢箱梁吊装过程中,边跨猫道承重绳不断向中跨放入,边跨猫道变位钢架逐渐靠近塔顶格栅位置。中跨侧变位下拉梁则向跨中偏移,但仍然能用塔式起重机完成变位刚架的拆除。变位刚架拆除作业步骤如下:

(1) 拆除变位钢架顶面的猫道粗、细面网。

(2) 布设手拉葫芦进行猫道承重绳的变位解除作业,解除顺序由外而内、对称进行:用 5t 手拉葫芦对拉最外侧 1 号、8 号两根猫道承重绳,解除压板螺栓压紧;放松 1 号、8 号两根猫道承重绳,恢复到自由状态;以同样的方式,对称释放 2 号、7 号,3 号、6 号猫道承重绳变位,使其呈自由状态。

(3) 拆除 4 号、5 号两根猫道承重绳前,先完成塔式起重机与变位架的连接,吊具位于猫道承重绳中间便于下放变位钢架,然后解除变位。下放吊具将变位架吊到桥面顶部,然后人工辅助牵引进入钢箱梁或引桥顶面后,解除吊具与塔吊的连接,完成拆除。

6)猫道承重索拆除

猫道承重索拆除顺序:上、下游对称拆除,单侧猫道承重索由桥梁中轴线内侧向外侧进行拆除,拆除过程中做好成品沥青路面防护。

(1)用南岸散索鞍门架10t卷扬机钢丝绳滑车组走4线与猫道承重索连接,卷扬机收绳解除江南承重索锚固点,散索鞍处另一台卷扬机单绳连接锚头。

(2)解除南岸首根猫道承重索锚固点后,卷扬机放绳直至中跨区整体放松下放至钢箱梁上,此时北边跨处于松弛状态,将隧道式锚碇卷扬机与洞口承重索相连,解除北岸承重索锚固点。卷扬机匀速放绳时,在南、北岸锚头处设置卡环与相邻未拆除底板承重索相连,作为保险装置有效控制拆除放索过程锚头下坠。

(3)两岸与锚头相连卷扬机钢丝绳放至不能自由滑动时,在钢箱梁桥面配备装载机于跨中与待拆除的承重索相连进行拖拽,同步卷扬机放绳。

(4)锚头到达塔顶时,塔顶卷扬机从中跨侧放绳,与中跨侧承重索打绳卡相连收绳,锚碇处卷扬机放绳松弛后解除连接,利用塔式起重机将承重索锚头自由段从边跨侧拖拽至跨中,翻过塔顶。

(5)利用塔式起重机辅助将承重索与塔顶边跨侧卷扬机相连,解除与相邻未拆除承重索卡环的连接。

(6)在引桥桥面布置收绳器,塔顶卷扬机放绳,将承重索绳头放至钢箱梁桥面(南岸侧的承重索在南侧3号吊索附近堆积,由人工向收绳器梳理,北岸侧绳头下放至钢箱梁桥面后向南岸方向进行梳理),南岸侧绳头进收绳器,利用装载机(汽车式起重机、平板车)由北向南进行牵引拖拽,牵引过程沿路准备铁钩,适当调整猫道承重绳线形,收绳器同步将猫道承重索卷盘,通过平板车转运到桥下存放完成承重索拆除。上、下游猫道承重索收绳和拖拉正好相反。

(7)由以上方法循环拆除1~7号猫道承重索。最后一根承重索解除锚固点约束后,由于没有相邻承重索卡环连接,下放时要特别注意锚头下落高度,两岸卷扬机配合控制调整,保持承重索的高度在南、北岸引桥以上,其余拆除方法一致。

7)工作平台及其他构件拆除

利用塔式起重机解除工作平台面板与工20分配梁的连接,分块拆除面板集中堆放。然后拆除工20分配梁及组件,贝雷梁分两组拆除。拆除过程中注意人员站位和保证临空安全。

猫道面网拆除如图2-6-33所示,猫道变位刚架拆除如图2-6-34所示,猫道承重索拆除如图2-6-35所示。

图2-6-33 猫道面网拆除

图 2-6-34　猫道变位刚架拆除　　　　　　　图 2-6-35　猫道承重索拆除

第七章 主缆施工

第一节 概 述

一、概况

伍家岗长江大桥为单跨双铰悬索桥,主缆跨度布置为(290+1160+402)m,中跨主缆矢跨比为1/9,矢度128.8889m。成桥状态主跨跨中处主缆中心点设计高程为+82.7361m,塔顶处主缆中心理论交点高程为+211.625m,江南侧主缆理论散索点高程为+85.053m,江北侧主缆理论散索点高程为+53.625m。

主缆采用预制平行钢丝束股法(PPWS)成型,钢丝标准抗拉强度为1860MPa。每根主缆由85股127丝和6股91丝索股组成,单根通长索股长度为1994.6~1995.7m,单丝直径为6.0mm的锌-铝合金镀层高强钢丝。全桥共两根主缆,每根主缆由85根127丝 ϕ6.0mm索股和位于正六边形6个角点的91丝 ϕ6.0mm索股组成。单根127丝索股重约56.4t;单根91丝索股重约40.4t。中跨主缆索夹外直径约714cm,主缆在索夹内空隙率取18%,索夹外取20%。

主缆索股用定型捆扎带绑扎而成,使其断面呈正六边形,两端设热铸锚头。热铸锚头由锚杯、盖板及分丝板组成,锚杯内浇铸锌铜合金。

缆索系统布置立面如图2-7-1所示,主缆索股锚头如图2-7-2所示,主缆索股排列图如图2-7-3所示,钢丝束断面如图2-7-4所示。

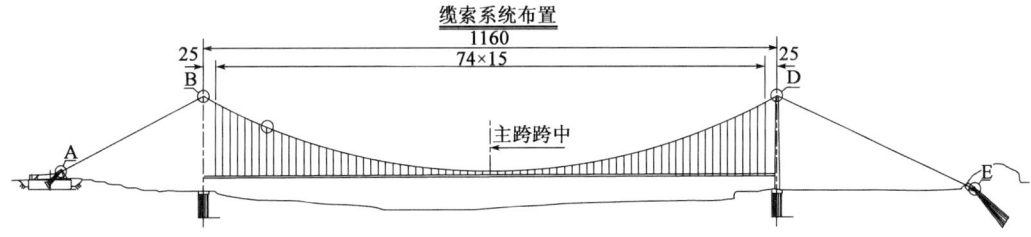

图2-7-1 缆索系统布置立面图(尺寸单位:m)

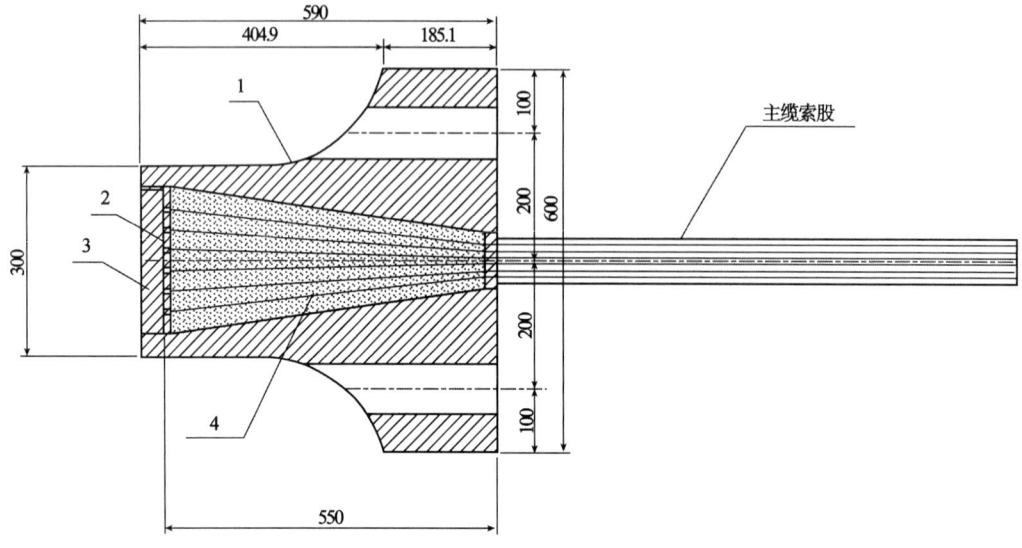

图 2-7-2　主缆索股锚头图(尺寸单位:mm)
1-锚杯(ZG20Mn);2-分丝板(Q235C);3-后盖板(Q235C);4-锌铜合金

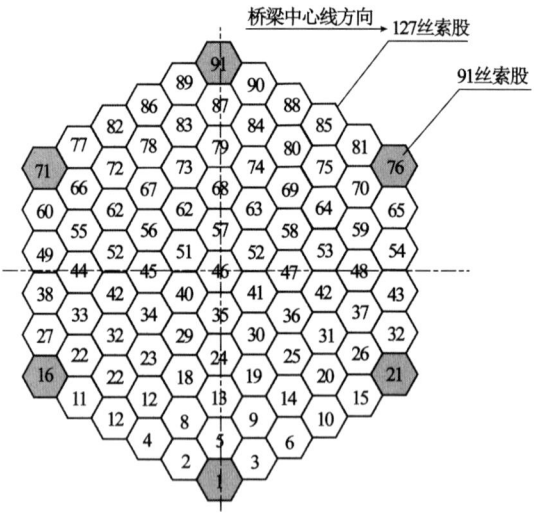

图 2-7-3　主缆索股排列图

二、技术要求

1. 主缆索股

主缆索股主要技术指标见表 2-7-1。

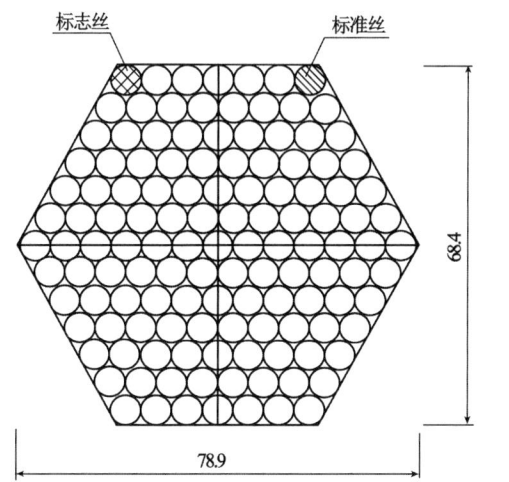
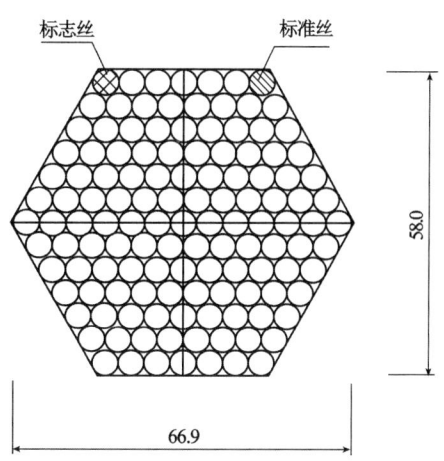

图 2-7-4　钢丝束断面图(尺寸单位:mm)

主缆索股主要技术要求　　　　　　　　　　　　　　表 2-7-1

项　目		技　术　要　求
主缆索股规格		127/91φ6.0mm
同一根索股的平均钢丝直径偏差		φ(6.0±0.03)mm
同一根主缆的平均钢丝直径偏差		φ(6.0±0.01)mm
标准丝制作精度		≤L/15000
标记点	全桥索股	主跨中心点、两主索鞍中心点、两边跨中心点、两散索鞍起弯点、索股两端点九个位置
	长度	70mm/70mm
	颜色	两种不同颜色
索股制作精度		≤L/12000
定型绑扎带间距		(1.5±0.1)m
绑扎带层数		127 规格:8~10层,91 规格:7~9层
预成型要求		主索鞍、散索鞍部位在工厂内预成型
灌锚密实度		>92%
铸体回缩量		<5mm
静载性能	最大静荷载	≥95%标称破断荷载
	破断延伸率	≥2%
其他性能		运输和储存过程中应保证索股不受损伤、污染和腐蚀,并采取通风、防水、防潮措施
		索股放索过程中不出现"呼啦圈"现象,索股不出现散丝、断丝等现象

注:L 为主缆索股长度。

2. 主缆索股用钢丝

主缆索股采用镀锌铝合金钢丝,其中 Zn 含量为 $(98±0.2)\%$、Cu 含量为 $(2±0.2)\%$,锌铜合金应有合格证和检验证明,锌锭应采用《锌锭》(GB/T 470—2008)中的 Zn99.99 牌号。阴极铜采用《阴极铜》(GB/T 467—2010)中的 1 号铜。主缆索股用钢丝具体技术指标应满足表 2-7-2 中的要求。

主缆索股用镀锌铝合金钢丝技术要求　　　　表 2-7-2

项　目		技　术　要　求
直径	锌铝合金钢丝直径	$(6.0±0.06)$mm
	不圆度	≤0.06mm
机械性能	抗拉强度	≥1860MPa
	屈服强度	≥1660MPa
	松弛率	Ⅰ级松弛。在 $(20±2)$℃时,在 70% 公称抗拉强度下持荷 1000h,其松弛率 ≤ 7.0%
	延伸率	≥4.0%
	弹性模量	$(2.0±0.1)×10^5$MPa
	反复弯曲	取试件一段做 180°弯曲试验,弯曲弧度半径为 $3d$,反复弯曲 5 次后,试件表面不得产生任何折损现象
	抗扭性能	试件两端坚固,钳口间距为 $100d$,试件的一端可沿试件轴线方向移动,另一端以小于 60r/min 的速度转动,直至试件扭断,转动次数≥12。若从夹固处扭断,应重做试验
	缠绕性能	在钢丝公称直径 3 倍芯杆上紧密缠绕 8 圈后,钢丝应不断裂
镀合金质量	镀层附着量	≥300g/m²
	硫酸铜试验	每次取一段试件,浸置于硫酸铜溶液中 1min,迅速取出,立即用净水冲洗,用棉花擦干观察,表面不发生挂铜现象,试验次数不少于 4 次
	镀层附着性	将试件紧密缠绕 $5d$ 直径的试验芯轴上,缠绕 2 圈以上,缠绕后试件镀层应附着牢固,不允许出现开裂、起皮、剥落现象
	铝含量	4.2%~7.2%
	表观质量	钢丝的表观质量应光滑、均匀,无疤点、裂纹、毛刺、机械损伤、油污、锈斑及有害附着物,表面质量良好
直线性	自由翘头高度	5m 长钢丝在自由状态下,置于平面上,端部上翘不得大于 15cm
	自然弯曲半径	≥8m

注:d 为钢丝直径。

3. 主缆用锚具

主缆锚杯材质采用 ZG20Mn,技术标准应符合《大型低合金钢铸件　技术条件》(JB/T 6402—2018)的要求。锚杯的化学成分和力学性能分别见表 2-7-3、表 2-7-4。

化学成分(%)　　　　表 2-7-3

牌　号	C	Si	Mn	P	S	Ni
ZG20Mn	0.12~0.22	0.60~0.80	1.00~1.30	≤0.035		≤0.40

力 学 性 能　　　　　　　　　　　　　　　　　　表2-7-4

牌　号	热处理状态	抗拉强度 σ_b（MPa）	屈服点 σ_s（MPa）	断后伸长率 δ_5（%）	冲击吸收功 A_{kv}（J）
ZG20Mn	调质	500~650	≥300	≥24	≥45

主缆锚杯浇注完毕后,应在铸造厂家及时进行清砂后进行退火处理,整形或缺陷处理后再进行调质处理,调质硬度达到HB150~190。

锚杯粗加工后按《铸钢件　超声检测　第1部分:一般用途铸钢件》(GB/T 7233.1—2009)的要求进行超声波探伤,2级合格;按《铸钢件　磁粉检测》(GB/T 9444—2007)的要求进行磁粉探伤,2级合格。

第二节　主缆索股制造

一、锌铝合金镀层钢丝制作

锌铝合金镀层钢丝制作工艺流程:前处理→拉丝→热镀→稳定化处理→成品检验→包装及标志。

1. 前处理

前处理流程为:盘条→酸洗→水洗→表面磷化→水洗→中和。

2. 拉丝

检验合格的盘条在MFL-S1200/9型拉丝机上经过拉丝模进行拉丝。

拉丝过程中对原料直径、拉丝道次、拉丝模尺寸参数、拉丝速度、钢丝直径、长度、焊接、外观进行严格监控。对拉丝后的钢丝要进行直径、抗拉强度、扭转次数和表面质量检测工作。

3. 热镀

热镀流程为:放线→铅炉脱脂→酸洗→助镀处理→热镀锌及锌铝合金→抹试→收线。

在热镀过程中对铅炉温度、盐酸浓度、铁离子浓度、溶剂密度、温度、镀液温度、热镀线速、表面进行严格控制。

4. 稳定化处理

对热镀完成后的钢丝进行矫直加工和加热处理。处理过程中对钢丝长度、张力、温度、线速进行严格管理。

5. 成品检验

成品钢丝的检验项目、检验方法以及检验规则参照设计文件及规范标准进行。

6. 包装及标志

钢丝的验收、包装、标志及质量证明书符合《钢丝验收、包装、标志及质量证明书的一般规定》(GB/T 2103—2008)的规定,按 D 类包装,确保满足要求。

二、主缆锚杯制作

锚杯材料为 ZG20Mn,采用铸钢件,锚杯铸造工艺流程如下。

1. 制作模型

根据设计图纸尺寸要求制作铸造模具。

2. 造型

按模具造型,面砂采用优质水玻璃砂,为保证非加工面质量要求,在圆角及局部位置放置铬矿砂,浇帽口按工艺卡片执行,浇道及浇口采用优质耐火砖浇管。泥芯采用树脂砂制作,涂料采用皓英粉涂料并压铁配重。

3. 熔炼及浇注

熔炼方式采用中频电炉熔炼,熔炼材料采用低碳低硫的优质钢材并进行成分分析。成分分析采用光谱分析仪,每炉炉前取样分析后配金属元素料,待金属材料熔化后再取样分析,调整合格后才能浇注,留成品样备查。

4. 保温

浇注后需保温 24h 以上才能开箱,开箱后禁止敲打铸件。

5. 清整气割

开箱后利用铸件余热及时割掉浇帽口,用碳弧气刨刨掉披缝,后用风铲清理型砂。

6. 毛坯检验

待铸件清砂干净后检验铸件尺寸及外观,检查加工余量,检验合格后再进行喷丸打磨处理。

7. 热处理

合格零件喷丸打磨后先做退火消应力处理,退火温度控制在 650℃。出炉后应再次喷丸,以去除氧化皮。

铸件毛坯交付检验合格后进行化学分析,经检验合格后进行粗加工,完成后连同铸造的试棒同炉进行调质处理,硬度达到 HB150~190。试棒力学性能检测合格后进行超声波探伤,合格后精加工,接着进行磁粉探伤,合格后进行防腐涂装。加工完成后,进行总体检验。

三、主缆索股制作

1. 主缆索股制造工艺

主缆索股制造工艺流程如图 2-7-5 所示。

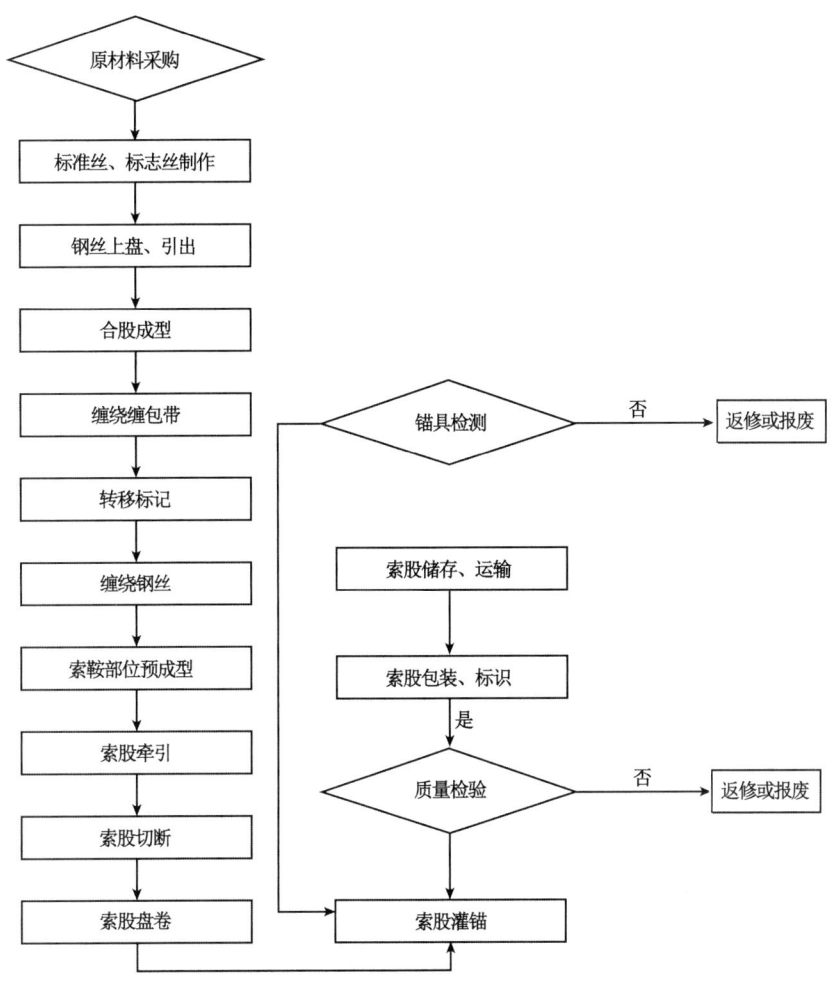

图 2-7-5 主缆索股制造工艺流程图

2. 主缆索股制作工艺方案

1) 标志丝制作

标志丝制作的工艺流程为：油漆配制→放丝预热→钢丝上漆→烘干→收线。

（1）将油漆与稀释剂按比例称量好，并充分搅拌均匀。

（2）将一卷右旋钢丝放在放丝盘上，拆除掉包装，另一只头固定在收线机上，放丝盘与收线机间保持 20～50m 的距离。

（3）将调好的油漆放入标记丝生产线油漆容器中，将钢丝从中穿过。开动收线机，收卷钢丝，在钢丝出容器处用布擦拭钢丝表面，以免表面油漆太厚而造成钢丝直径增量太大。适当调整收线速度，以保证钢丝表面油漆能够充分干透。

（4）将标志丝收线备用，定位标志丝制作如图 2-7-6 所示。

标志丝位于 127 丝(91 丝)正六边形索股截面左上角，标志丝沿全长涂上红色涂层，作为架设时检测判别索股扭转的标志。定位标志丝与索股中其他钢丝为同一规格、同一材料。

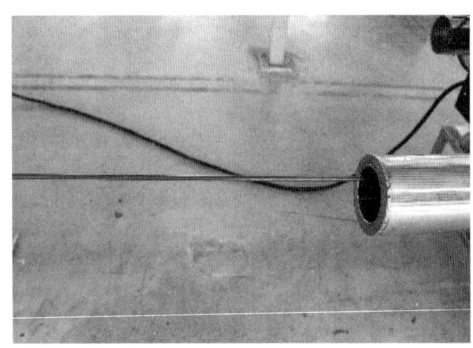 

图 2-7-6 定位标志丝制作

2）标准长度钢丝制作

标准长度钢丝制作的工艺流程为：长度计算→准备标记台→放丝→加载砝码→标记制作→收线。

根据监控指令结合最终的锚具加工图，计算出索股下料长度。根据索股长度制作各个标记对应的标记台座，并由第三方单位对标记台座进行标定，出具标定报告。每根标准丝制作时均须加载砝码，砝码须标定合格。

为了减小环境温度变化带来的长度影响，在标准丝制作前还须制作一根基准丝，基准丝上对索股标准丝上所有标记点都进行了标识，基准丝的直径、弹性模量等参数与标准丝相同。标准丝制作时，与基准丝一起加载，对照基准丝上的标记点，将其分别转移到标准丝上。

本项目采用双标准丝法控制索股长度，两根标准丝设置在平行钢丝索股六角形截面右上角及右角，该标准长度钢丝是保证主缆索股制作精度的关键，是每股索股下料长度和标涂各标记点的依据，测长精度应在 1/15000 以上。两根标准丝应由不同班次人员制作。

3）标记制作

在标准丝上对应于主跨中心点、两主索鞍标记点、两边跨中心点、两散索鞍起弯点、索股两端点等位置，按照图纸要求做出明显的标记。在这些标记处沿主缆索股长度方向，涂上两种不同颜色油漆各 60~80mm 宽，分界线为标记截面，如图 2-7-7 所示。

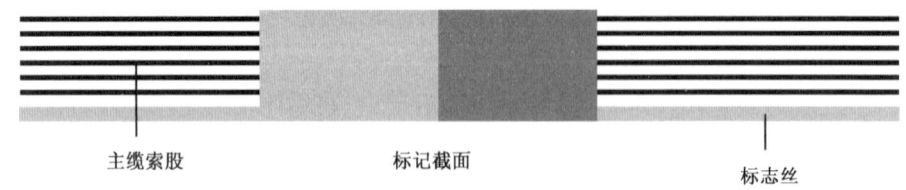

图 2-7-7 索股标记制作示意图

4）平行钢丝索股成形

平行钢丝索股成形的工艺流程为：放线→分丝→聚并→整形→矫直→牵引→包扎→

预成型→颜色标记→绑扎钢丝成圈→切割。

将127根(91根)钢丝平行制作成六角形截面形状的主缆索股,主缆索股成形后,按各索股长度切断并浇铸锚头。主缆索股应以标准长度钢丝为准进行切断,在基准温度(20℃)及零应力状态下,平行钢丝索股的测长精度应在1/12000以上。

钢丝在主缆索股中不得有任何形式的接头,并应保持平行,不应出现交叉、扭绞现象。为保持主缆索股截面形状,沿其长度方向每1.5m用纤维强力带包扎定型,127规格每处为8~10层,91规格为7~9层,捆扎带在钢丝索长度方向应交错设置,以减少主缆空隙率。

索股成型照片如图2-7-8所示。

图2-7-8 索股成型照片

5)索鞍部位预成型

为方便索股的架设,索股在索鞍鞍槽范围内需工厂内预整形处理,将主索鞍和散索鞍段主缆索股由正六边形整形为矩形,放索时满足索股在鞍槽处直接入鞍要求。

预整形工艺要求不得损伤索股钢丝并报监理批准后实施。

在索股制作时,预先采用工装将索股的主索鞍、散索鞍点的索体截面进行预成型,即将六边形整为四边形。索股由正六边形转变成四边形的三维示意图如图2-7-9所示。索股预成型前后截面如图2-7-10所示。

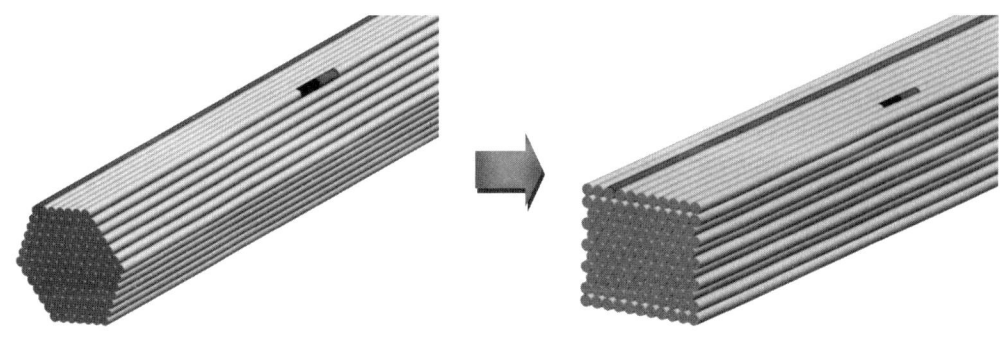

图2-7-9 索鞍部位预成型示意图

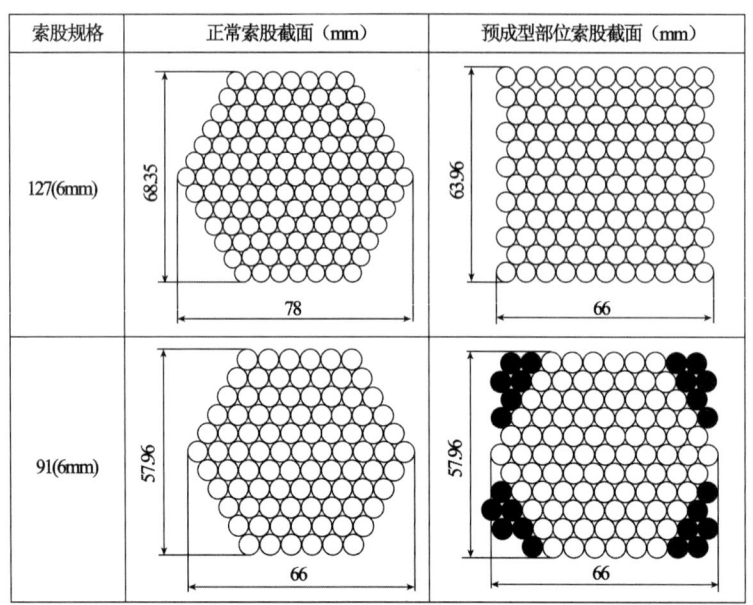

图 2-7-10 索股预成型前后截面图(图中阴影部分为填充钢丝)

预成型后,标准丝和标记丝的位置保持不变,采用专用夹具进行固定并缠绕缠包带进行固定。

本项目主索鞍鞍槽长度 7.54m,散索鞍鞍槽长度 4.05m。主索鞍散索鞍鞍槽宽度均为 67mm(72mm − 隔板厚度 5mm),预成型部位宽度 66mm,主索鞍预成型部位长度约 10.5m,散索鞍预成型部位长度约 7.0m,如图 2-7-11 所示。

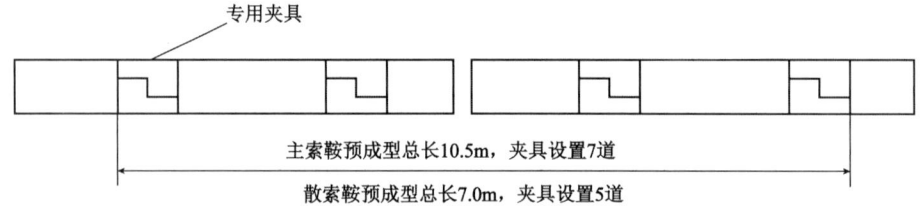

图 2-7-11 预成型部位长度示意图

6) 索股盘卷

将制成的索股绕在成圈机上,待全部缠绕完毕脱胎成圈捆扎后进入制锚程序,最大外形尺寸符合相应的运输条件。

7) 灌锚

灌锚的工艺流程为:熔融合金→分丝清洗→锚具组装→锚具预热→灌锚→顶压。

将适量的、成分合格的锌铜合金放入坩埚,接通电源进行加热。合金熔融过程中,必须有专人定时检查熔融情况。如有异常情况,应立即切断电源进行处理后再继续加热。

对锚具内腔进行彻底清洗,确保表面无油污杂质;对于内表面有氧化皮的锚具,必须用工具将氧化皮清理干净。对钢丝束进行分层,逐根用清洗剂进行清洗。

对钢丝束伸入长度进行控制,将锚杯装到位。用专用夹具夹住钢丝束,并通过专用连接装置将钢丝束与锚具连接在一起,保证吊索索股中心与锚杯端面的垂直度为$(90 \pm 0.5)°$。

设定控制温度在 200~250℃之间,每 30min 用点温仪实测一次锚具温度;当锚杯预热至 150~200℃时,将控制温度设定在 175℃,准备浇注合金。

称量浇包及合金溶液的重量,用专用热电偶测温仪测量合金温度,当温度降至(460 ± 10)℃时,将合金溶液从浇口中注入锚具;浇注结束后称量浇包及残余溶液重量,计算灌注的密实度,要求密实度大于 92%。

将顶压千斤顶、锚杯及配套顶压块放入专用顶压小车,调整位置,确保三者基本水平同轴。开动与千斤顶配套的电动油泵,对铸体施加顶压力,直至达到要求的顶压力(127 规格为 3340kN,91 规格为 2393kN),持续荷载 5min。

锚杯顶压施工示意图及实物图如图 2-7-12 所示。

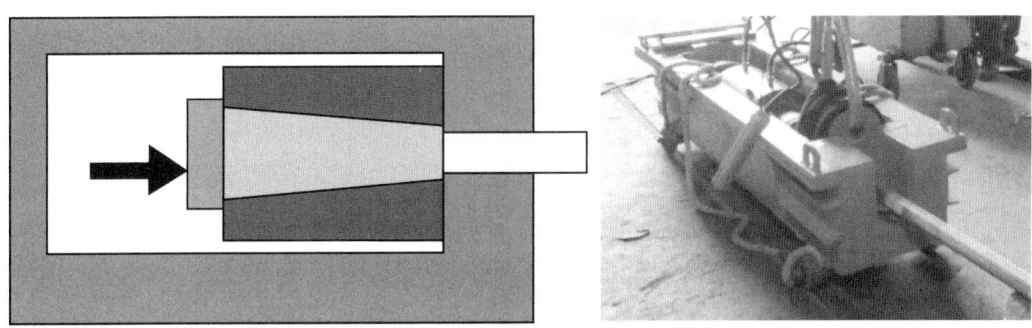

图 2-7-12 锚杯顶压施工示意图及实物图

8)包装、储存和标志

标准丝按规定进行编号。为便于索股的架设,在两端锚杯的同一侧面涂以红色标记,并在锚头顶面用红色油漆为钢丝索股编号。

主缆索股采用方便运输的水平盘卷方式包装,保证在收卷或放出平行钢丝索股时不产生任何阻碍,同时不损伤主缆索股。

在主缆索股盘卷托盘底部外设置钢丝绳吊点时,应采取必要的措施避免吊装过程中钢丝绳对主缆索股镀层造成损伤。

锚具采用塑料薄膜内包装后,先用毛毡衬垫,再用防水编织布外包裹。锚头牢固地固定在顶端,并便于拆卸。整盘索股竖向打数道高强度包带后整体用防雨蜡帆布罩包裹,横向打两道高强度包带收紧防雨蜡帆布罩,并使钢制托盘的吊点外露,以便于吊装。包装好的主缆索股在仓库内平稳整齐架空堆垛存放,若露天存放加遮盖,同时保证通风防水,储存期限不超过 5 个月。

第三节　主缆索股施工

一、概述

主缆索股架设采用单线往复式牵引系统,从南岸向北岸牵引,上、下游各布置一套独立的牵引系统。主缆索股架设时采用垂直法控制,基准索股采用绝对垂直法控制,其他索股采用相对垂直法调整。

索股调整完成后进行紧缆施工,主缆紧缆分为预紧缆和正式紧缆,预紧缆采用先疏后密方法进行,在主缆上每隔50m紧缆一次,每段再采用二分法分至5~7m一小段,采用导链葫芦配合人工敲打主缆,使主缆初步形成圆形,并确保主缆的空隙率在26%~28%之间,利用镀锌钢带捆紧已预紧好的主缆。正式紧缆采用紧缆机紧缆,紧缆先中跨后边跨,中跨由跨中开始,边跨由锚锭处开始向索塔方向逐步推进,正式紧缆确保主缆在索夹内空隙率为18%,索夹外主缆空隙率为20%。

钢箱梁吊装完成后,进行主缆表面清洗工作,然后使用专用的缠丝机进行主缆缠丝作业。

主缆防护施工包括:主缆缠丝区密封防腐;主缆非缠丝区密封防腐;主缆索股锚杯防腐;索夹环缝密封防腐;索夹直缝密封防腐;通风口密封;主索鞍、散索鞍顶口密封;索夹螺栓缝隙密封;锚室内、索夹防腐涂装;检修道防腐涂装施工等。

主缆施工工艺流程如图2-7-13所示。

二、主缆索股架设

猫道架设完成后,在索股架设之前,对整个牵引系统、猫道进行一次全面检查。索股架设顺序按监控单位的监控指令并按编号依次进行,架设时应注意观测主塔扭转和位移。

在索股牵引过程中,同一牵引系统中两台卷扬机应保持同步进行,收、放速度一致,牵引被动卷扬机始终要保持一定的反拉力,索股牵引速度一般控制在20m/min,但在塔顶、散索鞍、门架小导轮的位置,为了不使牵引索从导轮上脱离,牵引速度宜放慢至4m/min。

索股在经过主索鞍时,要经历一个弯曲的过程,为避免主缆索股产生急弯索导致的断带、鼓丝、散丝等不良情况,应设置足够密度的托辊,保证索股在塔顶的转弯半径。在散索鞍支墩顶、塔顶、猫道上,均安排人员监视索股牵引情况,若发现索股扭转、散丝、鼓丝、缠包带断裂等情况,应采取措施及时纠正或处理。

其他通长索股牵引流程与1号索股(基准索股)相同。索股架设时,一般情况下,上、下游的两根主缆应对称架设施工,架设数量差不超过1根。

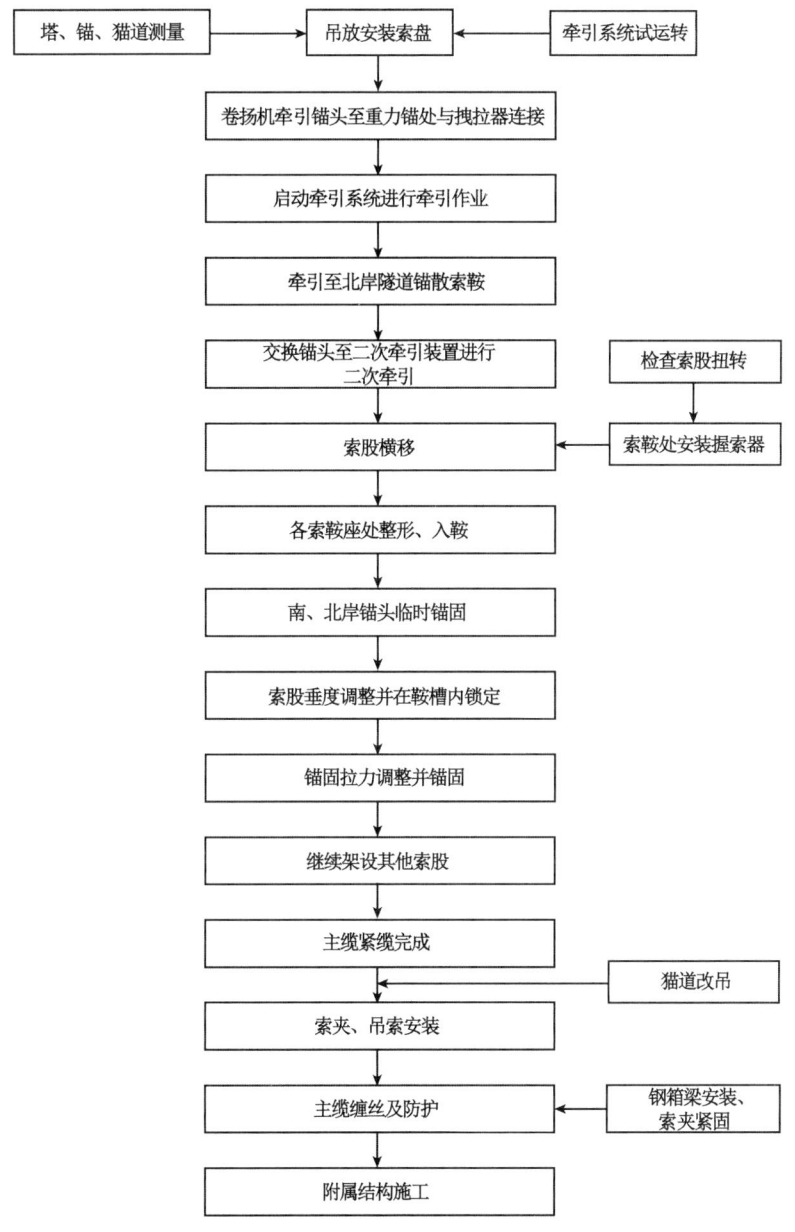

图 2-7-13 主缆施工工艺流程

主缆索股架设的主要施工流程如下。

1. 主缆索股牵引

(1) 先架设 2 号索股作为试验索,将 2 号索股利用 80t 门式起重机从放索场存放区吊运至放索架上(将 1 号索股作为基准索股,2 号索股作为试验索;通过 2 号索股架设,检验牵引系统的适应性,进行首件施工总结后,根据总结及各方提出的相关要求指导 1 号索股及后续索股牵引架设)。

主缆索股牵引施工图如图 2-7-14 所示。

图 2-7-14　主缆索股牵引施工图

2 号索股架设到位后,先放在 2 号索股的鞍槽中,暂时不进行垂度调整,待 1 号基准索架设完成并完成垂度调整后,再将 2 号索股调整到位。

(2) 利用塔式起重机配合拉出索股前端锚头,将锚头吊放至牵引小车上进行临时锁定,启动南岸重力式锚碇压重块顶面 5t 卷扬机,牵引索股沿纵移轨道和竖向托辊至通过压重块顶面转向门架约 18m 处,将索股锚头与牵引系统拽拉器连接,并根据拽拉器倾斜情况调整好平衡锤,以保持牵引过程中拽拉器的平衡。同时启动牵引系统南、北岸主副卷扬机,牵引索股通过南锚散索鞍门架导轮组进入南边跨猫道。拽拉器结构示意图如图 2-7-15 所示。

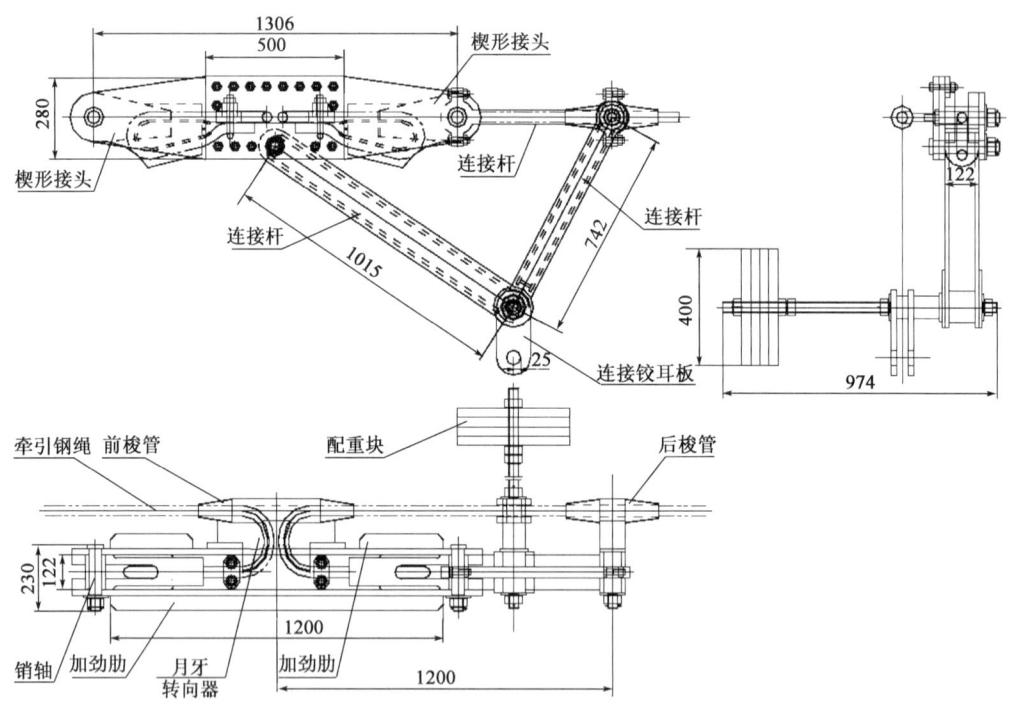

图 2-7-15　拽拉器结构示意图(尺寸单位:mm)

(3) 索股在猫道上的托滚支承下,牵引至南岸塔顶。索股托滚按照水平间距 6.0m 布置。在靠近南岸、北岸塔顶主索鞍内侧,设置一组加密托辊组,使滚轮的竖向曲线平滑过渡。过塔时索股曲率变化大,要适当降低索股的牵引速度,使索股经南岸主塔进入主跨猫道。塔顶托滚加密布置立面图、断面图分别如图 2-7-16、图 2-7-17 所示。

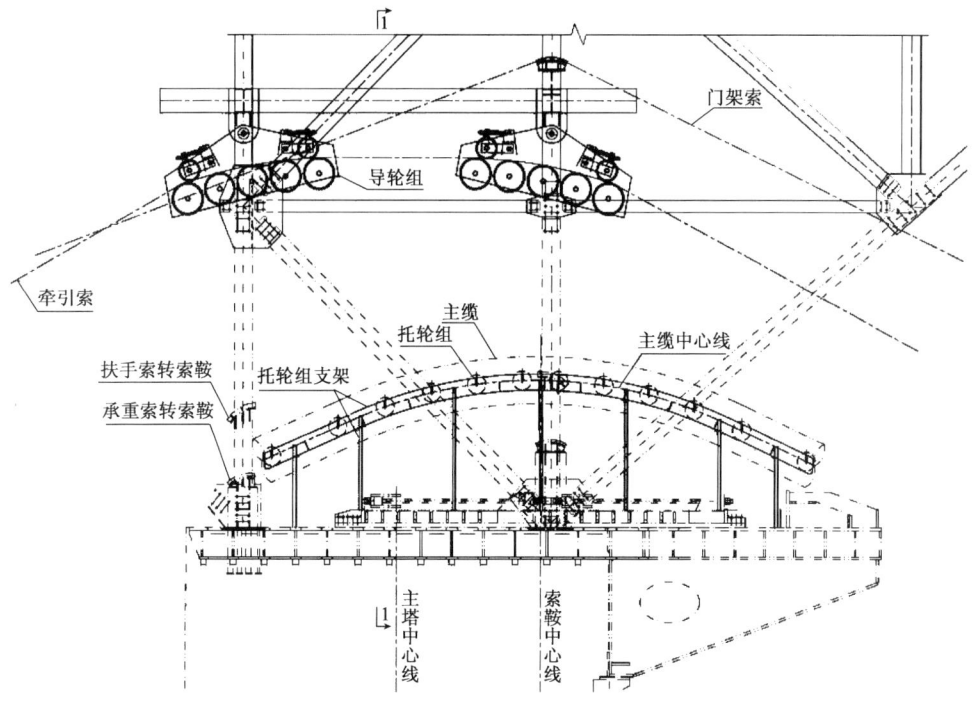

图 2-7-16 塔顶托滚加密布置立面图

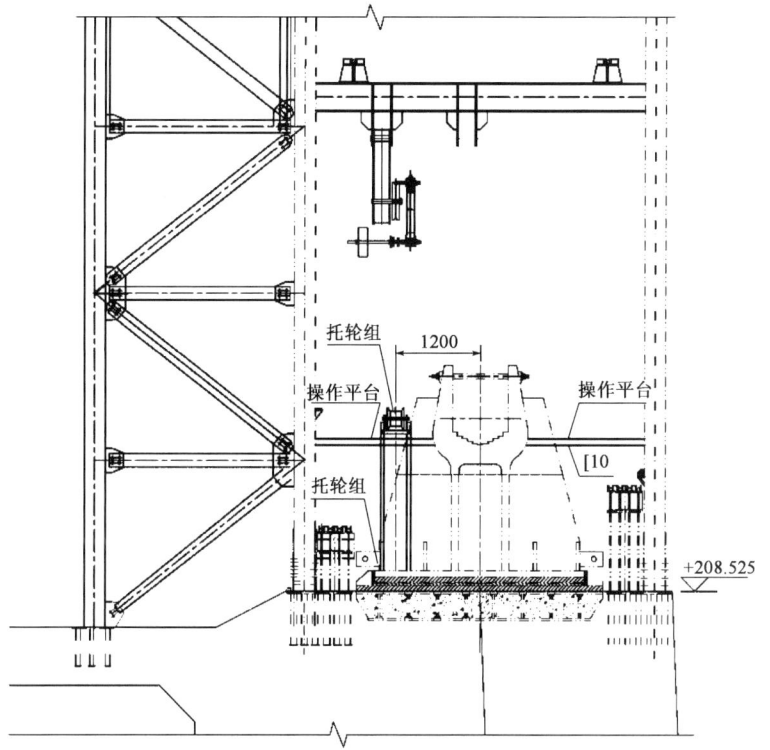

图 2-7-17 塔顶托滚加密布置断面图(尺寸单位:mm)

（4）索股通过主跨猫道滚轮至北主塔索鞍内侧托辊组后，继续沿北边跨猫道牵引至北散索鞍门架附近，从托滚上逐渐偏移至散索鞍鞍槽中，从猫道上牵引至散索鞍处竖向限位滚筒。整个索股锚头安装利用隧道式锚碇洞口布置的8t卷扬机辅助进行二次牵引进入前锚室。隧道式锚碇内二次牵引示意图如图2-7-18所示。

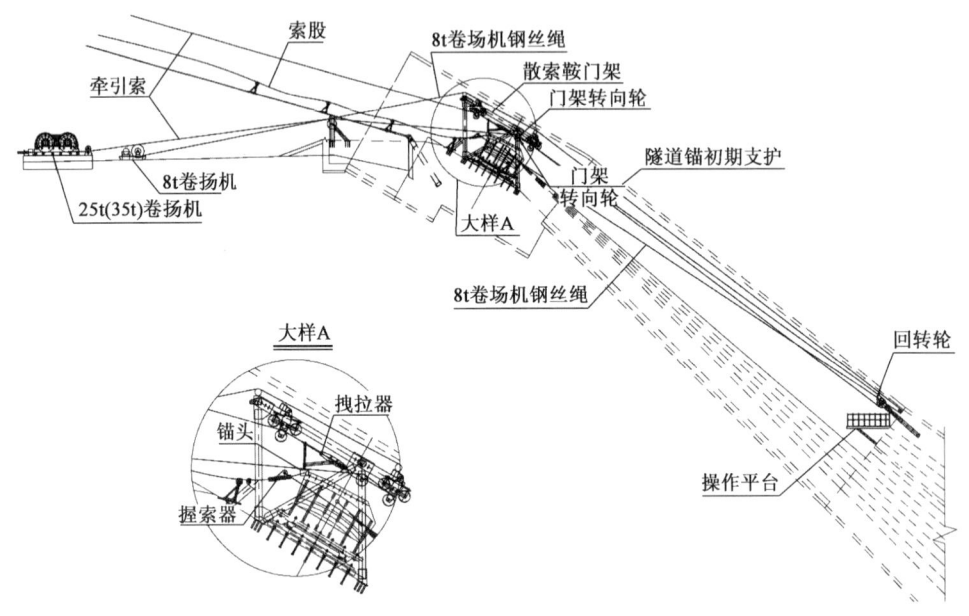

图2-7-18　隧道式锚碇内二次牵引示意图

二次牵引具体实施的内容如下：在前锚面锚固点上方设置8t卷扬机钢丝绳转向滑轮，钢丝绳经转向滑轮折返至散索鞍门架处。利用8t卷扬机，拆除锚头与牵引系统拽拉器的连接，左右两侧8t卷扬机钢丝绳张紧，在索股上安装握索器，与8t卷扬机钢丝绳绳头连接后进行二次牵引。

（5）索股通过动滑轮二次牵引进入前锚室前锚面附近后，右侧8t卷扬机钢丝绳回转轮改挂点到索股的锚固点上，再利用另外一台8t卷扬机钢丝绳配合滑车组将索股向前拽拉至锚头到达与连接器拉杆锚固位置附近，此时改走绳方式为走4钢丝绳与握索器连接。两个卷扬机钢丝绳上下配合，使索股竖向就位，然后利用走4钢丝绳将索股向前拽拉到最终位置进行临时固定。

2. 索股上提、横移

1）安装提升系统

将完成牵引的索股放在猫道托辊上，利用塔顶门架上的10t卷扬机、5t辅助卷扬机进行索股的上提、横移和整形入鞍作业。将握索器安装在主缆索股上，并分次拧紧握索器上的紧固螺栓，确保主缆索股与握索器不产生相对滑移。塔顶、锚碇支墩门架的卷扬机经动、定滑车组绕线后与握索器相连组成提升系统。

2)索股上提横移

(1)待全部握索器提升系统安装完毕后,启动各提升卷扬机,将整条索股提离猫道面托架滚轮,同时利用塔顶、锚碇门架上手拉葫芦或导链,将支墩处、主塔处索股提离托滚后横移至对应鞍槽上方。此时,主、散索鞍前后两握索器之间的索股呈无应力状态。

握索器结构示意图如图2-7-19所示。索股上提示意图如图2-7-20所示。

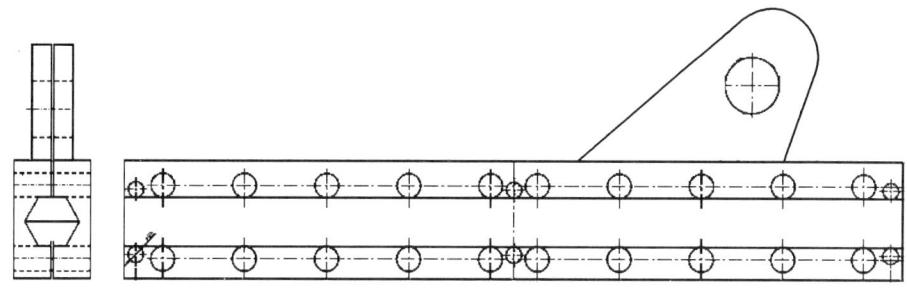

图2-7-19 握索器结构示意图(尺寸单位:mm)

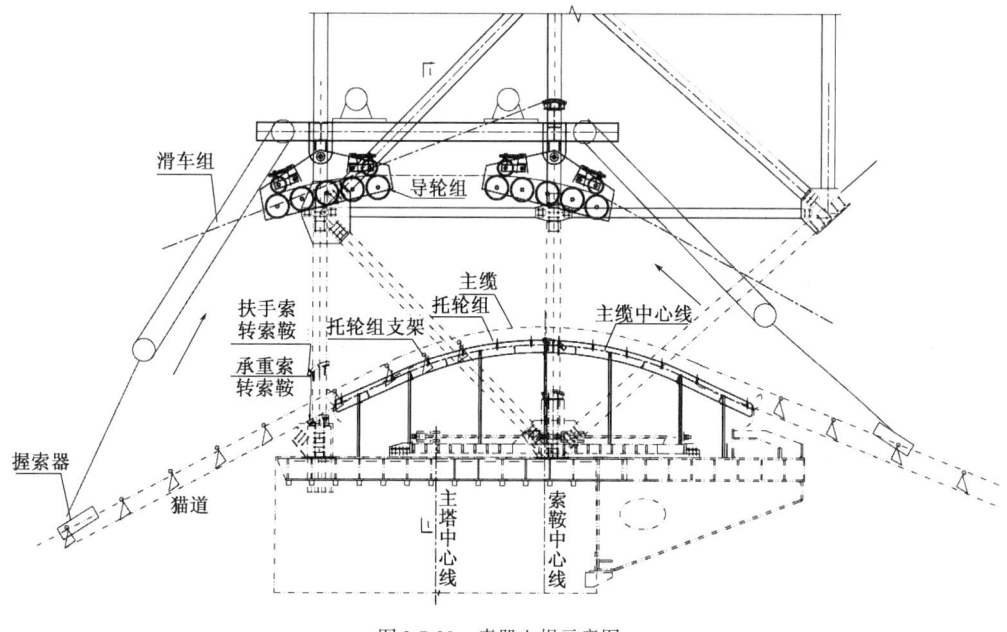

图2-7-20 索股上提示意图

(2)在索股上提之前,必须沿全线检查索股的扭转情况,这一工序要求特别仔细,并将检查出来的扭转纠正,使索股的每一根钢丝处在完全平行状态,保证成缆后的受力均匀。上提顺序为先主塔、后支墩,防止索股向某一方向偏移过大,再由散索鞍支墩顶、塔顶横移装置将索股横移到设定位置,横移装置由索鞍门架上一根支撑横梁与一组链条滑车、尼龙吊带等组成。

提升前要确认全跨径索股离开猫道托辊。提升力不宜过大,否则会导致握索器发生滑移产生危险。通过《宜昌市伍家岗长江大桥上部结构主缆架设门架计算书》可知,全桥上提过入鞍时各提升点的提升质量均在41t以内。采用3门50t滑车组,采用$\phi24mm$走6线,满足入鞍需求。

3. 索股整形、入鞍、入锚

1) 索股整形

在主、散索鞍标记完成后,在每根索股的主、散索鞍处使用专用设备预先将已成型的六边形整形成四边形,待索股四边形成型好后专用夹具固定,四边形段每隔1.5m缠绕包带,保证索股四边形成型,主要是将制作厂内预整形进行修整。根据预整形情况,对索股进行简单调整后直接横移入鞍。如果遇到成型破坏较严重的情况,用预先准备的四边形和六边形夹具进行现场整形。

索股牵引到位后,重力式锚碇处使用塔式起重机下放锚头至对应位置,隧道式锚碇处卷扬机通过前锚室的回转轮反拉索股锚头,将索股两端锚头与该索股相应位置的锚固系统通过拉杆相连(临时锚固)。具体办法为:在距离主索鞍前后各6m、散索鞍前6m左右位置处,将特制握索器安装在索股上,分次拧紧握索器上的紧固螺栓,使索股与握索器不发生相对滑移,安装夹具与支墩门架卷扬机相连接(支墩门架上的卷扬机通过固定在锚杆上滑车组转向),启动卷扬机拽拉索股徐徐向前,待锚头接近锚杆时与相应位置的锚固系统通过拉杆相连。

2) 索股入鞍

待主、散索鞍处索股全部整形完毕后,将索股置入主、散索鞍相应的鞍槽内。入鞍顺序为:主索鞍处是由边跨侧向中跨侧,散索鞍处由锚跨侧向边跨侧进行。索股入鞍时应注意以下四点:

(1)入鞍时应注意索股着色丝在槽中的位置,以确认无扭转。

(2)为防止已入鞍索股挤压隔板而造成变形,应在其他槽内填塞楔木块。

(3)索股入鞍后,调整标记点与设计位置吻合,并适当抬高中边跨股垂度,便于调索。

(4)为防止上层索股挤压下,入鞍时一般将中跨垂度预抬高20cm,边跨中垂度预抬高10~20cm。

各鞍座处的平行钢丝索股整形工作可同时进行,整形完成后,将索股放入对应鞍槽内,其放入顺序为先入隧道式锚碇散索鞍,再入北岸主索鞍、南岸主索鞍,最后入重力式锚碇散索鞍。索股放入鞍座槽口内后,张紧索股。为适应其他索股垂度调整的需要,基准索股的调整工作应按主索鞍预偏量、跨长、索股温度修正各跨跨中设计高程,测出调整前基准索股跨中高程,算出调整值后方可开始调整;索股按标记对号先在一侧主塔索鞍处进行精确对位,并用木槌敲打紧密、木楔嵌紧,防止产生滑动。一侧主塔索鞍处锁定后,将其他支点的索股向上提起抬高量(一般为200~400mm),利用滑车组提升索股,按顺序调整中跨垂度后,最后顶推锚头增减垫片调整锚跨。调整时,中跨以垂度为准,锚跨以张拉力为准。每层索股尽量水平,空当处用临时木块塞紧。

3)索股入锚

待索股入鞍后,南岸重力式锚碇使用塔式起重机起吊锚头至对应位置,并配合 2 台 5t 卷扬机反拉入锚。隧道式锚碇内利用锚室内安装的倒链起吊锚头,并采用洞口布置的 2 台 8t 卷扬机配合反拉索股锚头,将索股锚头与该索股相应位置的锚固系统连接器通过拉杆相连,将拉力通过锚头传至拉杆上,同时在锚头安装调整装置(千斤顶、反力架、螺母与垫板),将索股临时固定。

4)索股调整

(1)索股调整顺序。

①先中跨后边跨,再锚跨。

②在索股上相应于散索鞍处、边跨跨中、主索鞍处、主跨跨中以及两端锚头附近共设置 7 个标志点,作为索股垂度调整参考点,并做特定标记。

(2)调整的基本方法。

①在索股垂度调整时,将索股的特定标志点对准北岸塔主索鞍上相应的标志点,并用千斤顶和木楔固定。

②通过控制索股在北岸主索鞍鞍槽内的滑移(放松或收紧量)调整中跨索股垂度,符合要求后在北岸主索鞍鞍槽内固定。再通过控制索股在北岸、南岸散索鞍鞍槽内的滑移量调整两边跨索股垂度,符合要求后在散索鞍鞍槽内固定。

③索股调整时,主边跨利用手拉葫芦 + 滑轮组,对索鞍位置索股进行收放,达到垂度调整的目的。锚跨则利用千斤顶张拉索股张力进行调整,垂度调整完成后,应做上标记,以便后续索股架设时检查有无滑移。调整工作一般无法一次完成,此时,可将调整量分成几次,逐次调整并观测索股移动量与垂度变化量,直至达到预定值。

(3)索股测量。

①基准索股的选择。

为使架设后的主缆线形与设计一致,必须在施工中对主缆线形进行控制,以确保主缆架设精度。主缆索股架设分为一般索股架设和基准索股架设两类。由于每根主缆由 85 股 127 丝和 6 股 91 丝索股组成,数量较多,架设周期较长,受外界影响因素大。基准索股线形控制就是索股架设时,对基准索股的各跨跨中绝对高程及锚跨张力要进行控制。因此,必须选定好基准索股和监控好基准索股。基准索股选定的原则为:索股处于相对自由状态,便于测量其他索股;根据需要可选择 2～3 根基准索股,每根基准索股管理一定数量的一般索股。悬索桥索股架设一般选择位于主缆最下方的索股作为基准索股,在本桥中选取 1 号索股作为基准索股(编号同设计施工图),同时考虑到本桥主缆索股较多,为防止一般索股架设过程中的累计误差过大,另外选取主缆最外侧的两根索股作为备用基准索股,备用基准索股编号为 38 号和 43 号。在一般索股架设过程中无法保证架设精度时(如索股之间挤压过于紧密),启用备用基准索股。

②索股的测量控制。

基准索股主要测量为中跨和边跨跨中高程测量。具体测量方法参考本书上册第三篇

第一章中的相关内容,此处从略。

基准索股以外的索股为一般索股。一般索股采用相对垂度法调整,具体测量方法参考本书上册第三篇第一章中的相关内容,此处从略。

(4)锚跨张力调整。

为了使索股受力均衡,在索股的垂度调整完成之后,调整锚跨张力。索股设计锚跨张力值随着其在锚室内散角的不同而略有变化,索股锚跨张力由监控单位提供。

由于索股在架设过程中的相互作用,锚跨索股的张力可能发生变化,主缆架设完成后,要对锚跨索股张力进行复测、调整。

索股拉伸装置由连接拉杆、反力架、穿心式千斤顶、垫板以及螺母组成。反力架支撑于索股锚头之上,反力架上再布置穿心式千斤顶,然后通过在连接拉杆上安装垫板及螺母形成一个反顶索股拉伸器,实现锚跨索股的张力调整。

锚跨张力监控内容参考本书上册第三篇第三章中的相关内容,此处从略。

4. 索股固定

主缆索股架设完成后,在主、散索鞍处填压锌填块,利用锌填块将索鞍槽充平整后,上紧压板及楔形块等压紧设施,安装紧固拉杆,将索鞍的紧固拉杆张拉至设计紧固力,张拉时严格按照分级标准均匀张拉到位,分级标准为50kN/级,分8级张拉,最终张力为400kN。

5. 后续索股架设

当21号索股架设完成后,开始安装V形保持器。将和保持器接触的索股用铁丝固定,架设21号以后的索股开始安装竖向保持器,确保索股和索股之间平行。索股架设时以1号索股为基准索股,后期增加16号索股为一般基准索股,以此确保索股架设时的线形控制。V形保持器沿跨中、边跨分别为100m、300m各布置一道,主跨两侧对称布置,南、北岸边跨各布置一道,单侧主缆共布置六道。V形保持器骨架采用∠100×8角钢焊接而成,焊接完成后采涂刷蓝色油漆,防止锈蚀,竖向分层插片采用6mm厚镀锌铁片,宽度70mm,长约1000mm。

V形保持器及竖向保持器示意图分别如图2-7-21和图2-7-22所示。全部索股架设完成后的示意图如图2-7-23和图2-7-24所示。

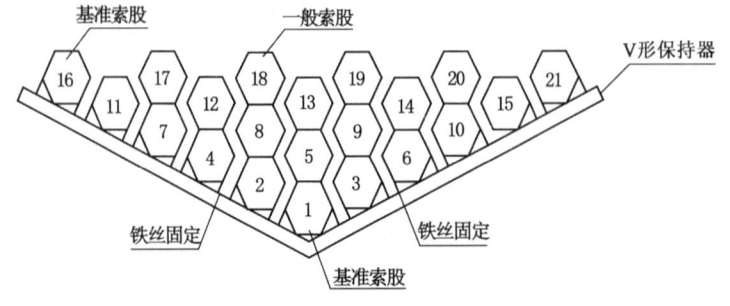

图2-7-21 V形保持器示意图

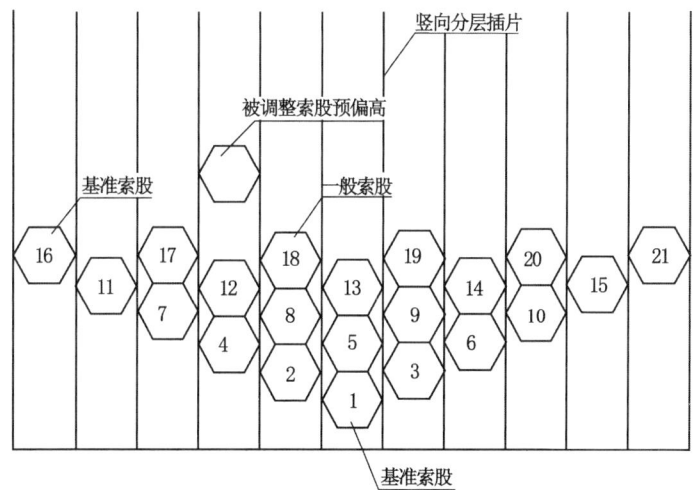

图 2-7-22 竖向保持器示意图(基准索股根据指令调整)

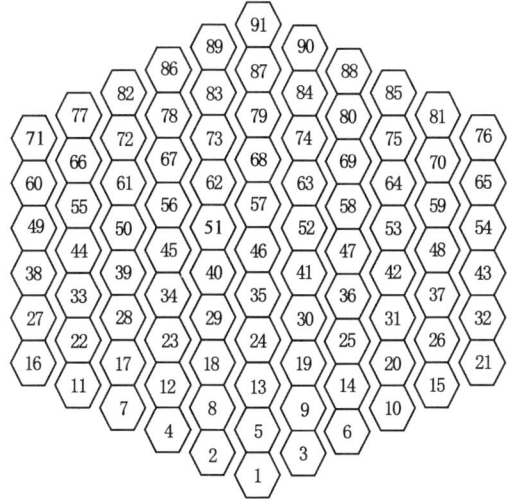

图 2-7-23 全部索股架设完成后排列示意图

三、主缆紧缆

索股架设完成后,对主缆进行紧缆作业,紧缆作业分为预紧缆和正式紧缆作业。拆除猫道门架、滚轮、牵引系统,利用门架承重索、塔顶门架上的卷扬机、专用起吊滑车组成缆索起重机,以满足紧缆机拼装及其行走需要。待猫道门架拆除以后,按要求在中跨收索,收紧门架承重索保证紧缆机的工件高度,同时滑车上设 4 台 5t 导链滑车,以调节紧缆机的偏斜程度。

1. 紧缆机

紧缆机是悬索桥主缆紧缆施工的关键设备之一。紧缆机主要由紧固装置、液压系统、行走机构、电控系统等组成(图 2-7-25)。

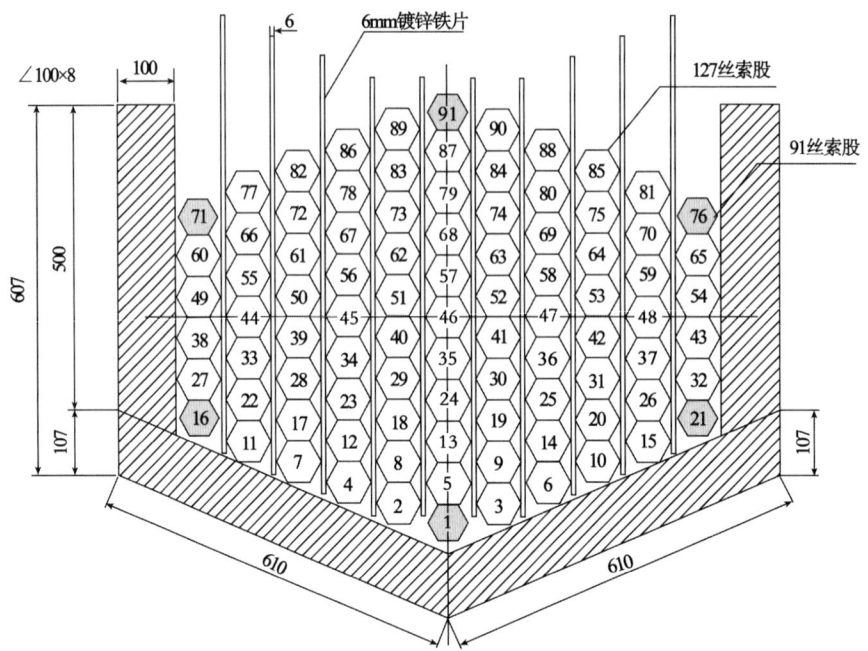

图 2-7-24 全部索股架设完成后的保持器示意图(尺寸单位：mm)

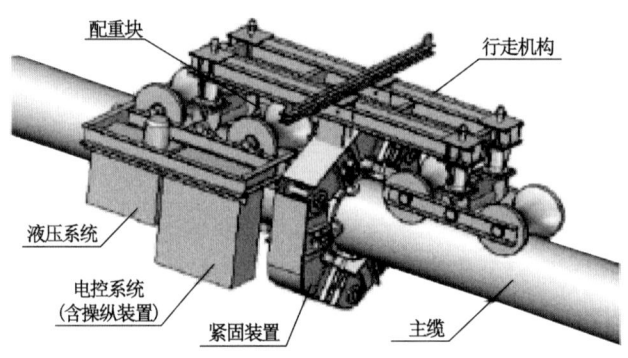

图 2-7-25 紧缆机构造示意图

1) 紧固装置

(1) 紧固装置是紧缆机的核心工作部分,由紧固蹄、液压千斤顶和反力架等组成。

(2) 液压千斤顶安装座做成可分解式结构,通过 3 个销轴连接。

(3) 紧固蹄的曲率半径 R 主要受主缆直径的影响,考虑到紧固蹄的结构及空隙率的控制,应以空隙率为 18% 时的主缆直径为基准确定,紧固蹄宽度确定为 250mm。紧固蹄形状对紧缆效果影响很大,改善紧固蹄结构形状,更有利于主缆成型。

(4) 反力架结构采用六边形焊接机体,减轻了机体自重,提高了机体强度,使安全性能得以保证。为方便安装,反力架加工成左右两片。安装时,将两片反力架用缆索吊运至安装位置,连接紧固架安装板(共 4 块),形成整体六边形。

2）液压系统

液压系统是主缆紧缆机的动力部分，由超高压液压泵站、高压软管、快换接头、液控单向阀、换向阀等组成。该系统具有低压时双泵供油，紧固装置快速动作；高压时单泵供油，泵站压力超过电接点压力表所调定的压力时，能及时关闭电动机；在关闭电动机后，油压千斤顶下腔的压力能够维持一段时间等特点。

3）性能参数

紧缆机的性能参数见表2-7-5。

紧缆机性能参数　　　　　　　　　　　表2-7-5

序号	名　　称	规　格　型　号
1	外形尺寸	长5000mm×宽2700mm×高2700mm
2	紧固蹄材料	锻件
3	油缸	6×3000kN
4	适用主缆直径	φ560～950mm
5	油缸行程	140mm（挤紧杆调节行程180mm，总调节行程320mm）
6	电源	5AC 380V，50HZ
7	液压压力	低压1MPa，高压31.5MPa
8	行走机构牵引方式	采用卷扬机牵引
9	主缆孔隙率	≤18%
10	需要的液压油量	220L
11	输出排量	低压6×6.2L/min，高压6×4L/min

2．预紧缆作业

1）预紧缆顺序和节段划分

在温度稳定的时段进行预紧缆作业，预紧缆作业顺序为先主跨后边跨。预紧缆时，主跨、主缆各分为26段，每段长度约为50m；南、北岸两个边跨分为10段、14段，每段长度约为30m，每段再采用二分法分至5～7m一小段，预紧缆前用全站仪测量划分预紧缆位置，并进行编号。

2）预紧缆方法

（1）主缆架设完成后，紧缆前应对主缆内外温差进行测定。在较稳定的气温条件下，对架设后主缆断面进行整圆挤紧工作。预紧缆主要为整圆工作，为下步挤紧做准备。

（2）预紧缆空隙率目标控制值为26%～28%，预紧缆作业使用设备为手拉葫芦。根据划分紧缆顺序，预紧缆工作应确认全长索股排列正确，不整齐处由移动的主缆模型修正，沿全长分成若干紧缆区，分区进行紧缆工作，以便使钢丝松弛尽量均匀。

（3）首先在主跨1/4L、1/2L、3/4L处，边跨1/2L处确定平行钢丝索股排列有无变化差异，丝与丝是否平行，若有差异应及时调整理顺索股的排列关系。

(4)确定索股的排列无变化后,将顶紧点附近 6~7m 范围外层索股绑扎带解掉(边预紧边拆除),并在主缆外层包裹保护布袋或塑料布条。用 12mm 厚钢板加工成内径 ϕ800mm 的工装,再用手拉葫芦收紧,边收紧边用木槌敲打断面不规则处,初步成圆后用夹头或卡托卡紧钢丝绳。注意尽量减少表层钢丝移动,初整圆后即用钢带捆扎,捆扎间距宜为 60m,完成后逐步加密直到每 5m 一道。用镀锌钢带捆扎成型,使主缆表面基本圆顺。

(5)靠近索鞍附近由于断面变化,预紧缆困难,且捆扎钢带容易断带,第一道预紧缆处采用简易工艺索夹紧固,防止后续预紧缆钢带断带。

3. 正式紧缆作业

在正式紧缆前,在主缆上进行主缆回弹率试验,测量紧缆紧固状态空隙率与打紧钢带紧缆机离开 5m 左右范围后的空隙率,比较空隙率差得出主缆的回弹率。正式紧缆时,根据测得的回弹率确定和调整紧固力和直径。主缆回弹率试验在主跨跨中进行。

主缆正式紧缆作业可在白天进行。具体紧缆工艺如下。

1)紧缆机安装

主缆紧缆机是用来将初整圆后的主缆平行钢丝段挤紧圆的专用施工设备,按照大桥主缆设计要求的各项指标进行选购或租赁。紧缆机在主缆上的移动通过塔顶卷扬机牵引和下放完成。

紧缆机出厂前进行静态试验和模拟试验,并进行整机组装调试。为便于紧缆机上缆后一次顺利组装成功,应预先在地面上进行试组装。试组装完成后,正式上缆安装。

紧缆机利用塔顶天车吊装,通过主塔塔式起重机将塔顶天车装至塔顶门架前端的猫道支撑索上,采用塔顶 10t 卷扬机临时拴住缆索小车,使其固定在猫道支撑索上。将连接销装上,使其成封闭链环状,再将纵梁和走行机构吊装,与挤紧器连接,然后吊装框架(带液压系统、控制台和配重等),用手拉葫芦将框架与缆索起重机连接,完成紧缆机安装。吊装时,注意松钩前均应拴好保险绳,防止部件下滑。连接塔顶卷扬机,将紧缆机慢慢沿主缆下滑至跨中部位。

2)紧缆机挤紧

(1)挤紧机的挤紧顺序为先中跨后边跨。中跨由跨中开始,边跨由锚碇处开始,向索塔方向逐步推进。根据要求测量放样下游侧主缆索夹位置,并用有色笔做上记号。

(2)考虑到挤紧捆扎后直径的回弹量增大,挤紧时应适当调小缆径控制值。施紧时要求控制空隙率为索夹处 18% 左右,索夹间 20% 左右。

(3)挤紧时相距约 1m 挤紧一次,及时打上两道镀锌钢带,两道捆紧钢带间距 10cm,其位置应尽可能靠近施紧处。

(4)当紧缆机工作时,每次只能拆除一个猫道绑扎,在该段主缆完成紧缆后将该绑扎复位。紧缆时,在紧固蹄和主缆之间布置橡胶垫保护主缆。

(5)缆径的测定应避免挤紧机自重的影响,应用大于周长的软钢尺在距挤紧机压块 15~20cm 外测主缆周长,当主缆空隙率、横竖径差在允许范围内时,即达到标准。

3）打捆扎带

一次紧缆完成后,在靠近紧固蹄位置捆扎2道镀锌钢带,钢带间距离为10cm,钢带接头应在主缆圆周的下半部分均匀分布,防止因接头在同一轴线位置而在主缆上留槽影响主缆外形。在索夹的位置,紧缆和钢带捆扎都加密到每隔0.5m一次,同时在索夹两端的靠近处增加附加钢带,以确保当拆除钢带安装索夹时,索夹两端仍然有钢带捆扎来控制主缆的尺寸。

4）液压千斤顶卸载

当完成预捆紧后,液压千斤顶卸载,通过操作换向阀使紧固蹄回程,紧缆机则移向下一个紧固位置。

5）紧缆机行走

当完成捆扎后,液压千斤顶卸载,由塔顶卷扬机牵拉紧缆机,紧缆机行走机构沿主缆向上行走至下一紧缆位置。紧缆机行走时要匀速、平稳,防止侧翻失稳。

6）主缆直径的测定

紧缆后测定的直径达到空隙率要求后,做好测量位置标记和主缆竖向直径、横向直径以及周长数据记录,利用钢带打包机在靠近紧缆机的地方绑扎2道软质镀锌钢带,待紧缆机移动至下一个紧缆点后再次测量并记录上一侧紧缆测量点的主缆竖向直径、横向直径以及主缆周长。紧缆过程中,紧缆机每次移动操作中都要对距紧缆点15~20cm处主缆垂直直径和水平直径进行检查。

主缆平均直径按以下公式计算:主缆平均直径=(竖向直径+横向直径)/2或主缆平均直径=主缆周长/π。

四、主缆缠丝

主缆缠丝从主缆低端开始,逐渐拆除主缆上的捆扎钢带和外层的纤维捆扎带,清洗主缆表面,用缠丝机向上坡方向密缠4mm的镀锌低碳钢丝。缠丝时,首先将钢丝断头固定在索夹上,在索夹外缠丝,然后用特制工具逐圈将钢丝推入索夹端口环槽隙中就位,直至缠丝机能到达的位置后,即可进行正常缠丝工作。缠丝拉力为2.8kN,必须保证缠丝紧密。

1. 缠丝机

主缆缠丝施工采用CSJ-950型主缆缠丝机,其适用于缠绕"S"形钢丝和圆形钢丝,具有可上坡或下坡缠丝和连续缠丝等作业功能,可以满足本工程主缆缠丝施工需要。缠丝机具有缠丝、行走联动及单动、联动、转速显示等控制功能。

1）缠丝机的组成

缠丝机主要由主机、缠丝机构、前后夹持架、导梁等组成。

（1）主机。

主机包含机架,主机夹紧系统,主传动系统,快、慢速走行传动系统,张力形成系统,缠丝系统及端部缠丝附件,液压泵站系统,电气控制箱,电气操作箱等。整台机器靠一台四级交流电动机驱动,其主要由减速器、变速器和离合器组成。

缠丝速度可调,走行速度亦可调,两者有可靠的匹配性并可根据被缠绕软钢丝的直径公差,微调使匹配准确。主机与夹持架可交替行走。可在行走机构不动的情况下旋转大齿圈,亦可在大齿圈停转时走行跨越索夹。机器可前进,亦可后退。

(2)缠丝机构。

缠丝机构包括大齿圈、丝轮、导向轮、张紧装置和压辊装置,靠大齿圈的旋转实现缠绕动作,靠机器行走实现密匝缠绕排线。在索夹端部缠丝,还设计有端部缠丝附件。

(3)前后夹持架。

前后夹持架包括框架、夹紧机构、液压自动跨越索夹系统、配重等。夹紧机构由丝杆、螺母、手轮和闸瓦组成。为了获得所需的夹紧力矩,应辅以专用扳手,夹紧靠人力扳动。

(4)导向梁。

用导向梁连接前、后夹持架。主机走行时导向轮沿导向梁滚动,反之,当夹持架走行时,导向轮为其导向。主缆缠丝机结构示意如图2-7-26所示。

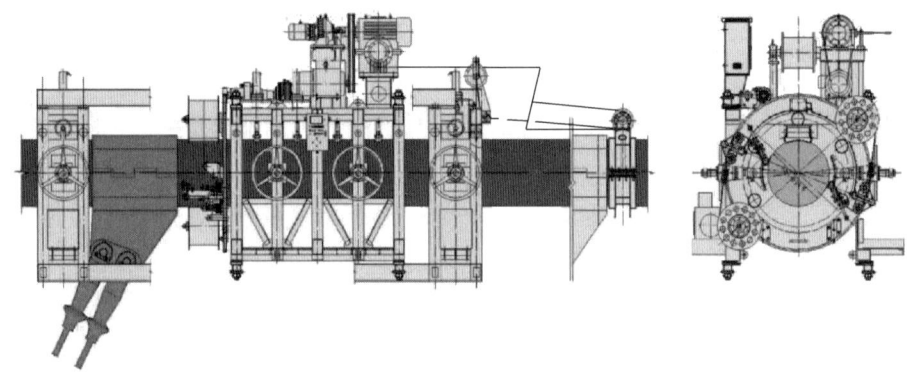

图2-7-26 缠丝机结构示意图

2)缠丝机主要性能参数

缠丝机的主要性能参数见表2-7-6。

缠丝机主要性能参数 表2-7-6

序号	项目	性能参数
1	缠丝方法	连续缠丝
2	缠丝方向	上坡或下坡
3	适用钢丝	圆形和S形钢丝
4	缠丝张力	额定拉力3200N,张力液压显示可调整
5	同时缠绕钢丝数量	双盘双线同步缠绕
6	储丝轮最大容丝量	300kg×2个储丝轮
7	适应主缆直径	φ560~950mm
8	跨越主缆索夹长度	最大3800mm

续上表

序号	项 目	性 能 参 数
9	缠丝转速	1~28r/min(无级变速)
10	缠丝速度(ϕ4mm 圆形钢丝)	0~200mm/min
	缠丝速度(S 形钢丝)	0~250mm/min
11	进给方式	螺旋传动
12	移动方式	2 台前端机架上的卷扬机牵引自行,钢丝绳长度为60m
13	整机行走速度	1.2m/min,50Hz
14	倾角	0~30°
15	控制	变频调速,缠丝/进给同步,整机行走/缠丝头反向行走联动
16	整机外形(长×宽×高)	9.0m×3.0m×2.9m
17	整机设备的总功率	30kW
18	整机设备的总额定电流	60A
19	整机质量	约12000kg

3)缠丝机的技术特点

(1)主缆缠丝机可在主缆上由卷扬机牵引自动行走(前进、后退)。

(2)能适应缠绕主缆直径在一定范围内的变化。

(3)缠丝头齿圈绕主缆转动速度与主机行走速度匹配,可根据缠绕钢丝直径的不同和直径公差进行微调,保证钢丝密匝缠绕。

(4)缠丝(机头旋转)与走行能同步进行,亦可各自单独动作。

(5)缠丝或行走时,机器可自动跨越索夹、吊索,能连续行走。

(6)能完成索夹端部部位的缠丝工作。

4)缠丝机的安装与拆除

缠丝机在锚碇处拼装完成后,用汽车式起重机整体吊装至主缆上进行边跨缠丝。边跨缠丝完成后,缠丝机在塔顶边跨侧用塔顶门架整体吊装拆除下放至地面。转移至中跨侧后,再用塔顶门架拼装至中跨侧主缆上进行中跨缠丝。中跨缠丝完成后,在跨中用汽车式起重机整体吊装至桥面后拆除。

利用塔顶门架进行边跨侧缠丝机的拆除过程与中跨侧的缠丝机安装过程相反,塔顶的悬臂吊梁两次操作互为逆过程,因此,本小节主要讲述边跨侧缠丝机的整体吊装拆除施工。

(1)门架改造。

为满足缠丝机整体吊装要求,需要对门架进行改造,在门架边跨及中跨两侧鹰嘴三角区上方各增设悬臂吊装结构。吊装悬臂梁,总长8.3m,悬臂长度2.5m,由双拼 H588 材质制成,悬臂梁焊接在门架主梁上,端部沿 H588 腹板加设 2 块 2cm 厚加劲板。每道悬臂吊梁上设置 3 个吊装系统,吊装系统采用20t 滑车走 4 线,滑车通过 ϕ36mm 钢丝绳挂在悬臂吊梁上。采用塔顶门架顶部 2 台 10t 卷扬机提供吊装动力,在吊装梁上捆绑定滑轮,卷扬机钢丝绳从门架下方穿过定滑轮走线,走 4 滑车(ϕ26mm 钢丝绳)吊装。门架改装示意如图 2-7-27 所示。

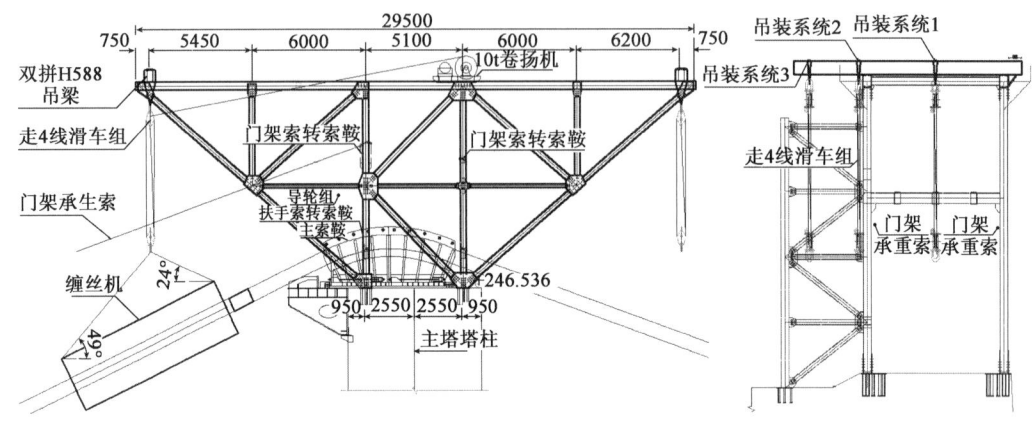

图 2-7-27　门架改装示意图(尺寸单位:mm)

(2)卷扬机钢丝绳走线。

①上游侧 10t 卷扬机钢丝绳出绳后,绳头从门架下方穿过滑车上半部分,走 4 线穿过滑车下半部分形成吊装系统 1。

②下游侧 10t 卷扬机钢丝绳出绳后,绳头从门架下方穿过滑车上半部分,走 4 线穿过滑车下半部分形成吊装系统 2。

③第一次荡移完成后,将上游侧 10t 卷扬机钢丝绳绳头从门架下方穿过滑车上半部分,走 4 线穿过滑车下半部分形成吊装系统 3。

(3)边跨侧缠丝机整体吊装拆除。

①启动卷扬机,将动滑轮从猫道上提升至缠丝机上方,连接好动滑轮与缠丝机,拉紧缆风绳,使用门架提升系统将缠丝机缓慢提升,超过主缆后,待人员、工具、设备以及安全措施妥善后,准备进行荡移。

②第一次荡移,将吊装系统 2 的动滑车连接在缠丝机吊点上。同时,启动吊装系统 1 放绳、吊装系统 2 收绳,直至缠丝机重量全部转移至吊装系统 2 上。荡移距离为 2.8m。

③第二次荡移,将吊装系统 1 卷扬机钢丝绳穿入吊装系统 3 的动滑车上,将吊装系统 3 动滑车连接在缠丝机吊点上。同时,启动吊装系统 2 放绳、吊装系统 3 收绳,直至缠丝机重量全部转移至吊装系统 3 上。荡移距离为 1.8m,与猫道变位钢架间距 60cm。

④下放,启动吊装系统 3,缓缓将缠丝机下放至地面,然后采用 50t 汽车式起重机配合平板车将缠丝机转运至主塔中跨侧下方准备安装。

缠丝机荡移施工示意图如图 2-7-28 所示。

2. 主缆缠丝施工

本项目主缆缠丝中跨侧由高处向低进行,边跨侧由低处向高处进行,而在两索夹之间则从低处向高处进行。

施工时上、下游各投入 2 台缠丝机。缠丝施工按先边跨后、中跨的顺序进行。中跨分别从南、北主塔塔顶往跨中进行缠丝,边跨从锚碇处向塔顶方向进行缠丝施工。

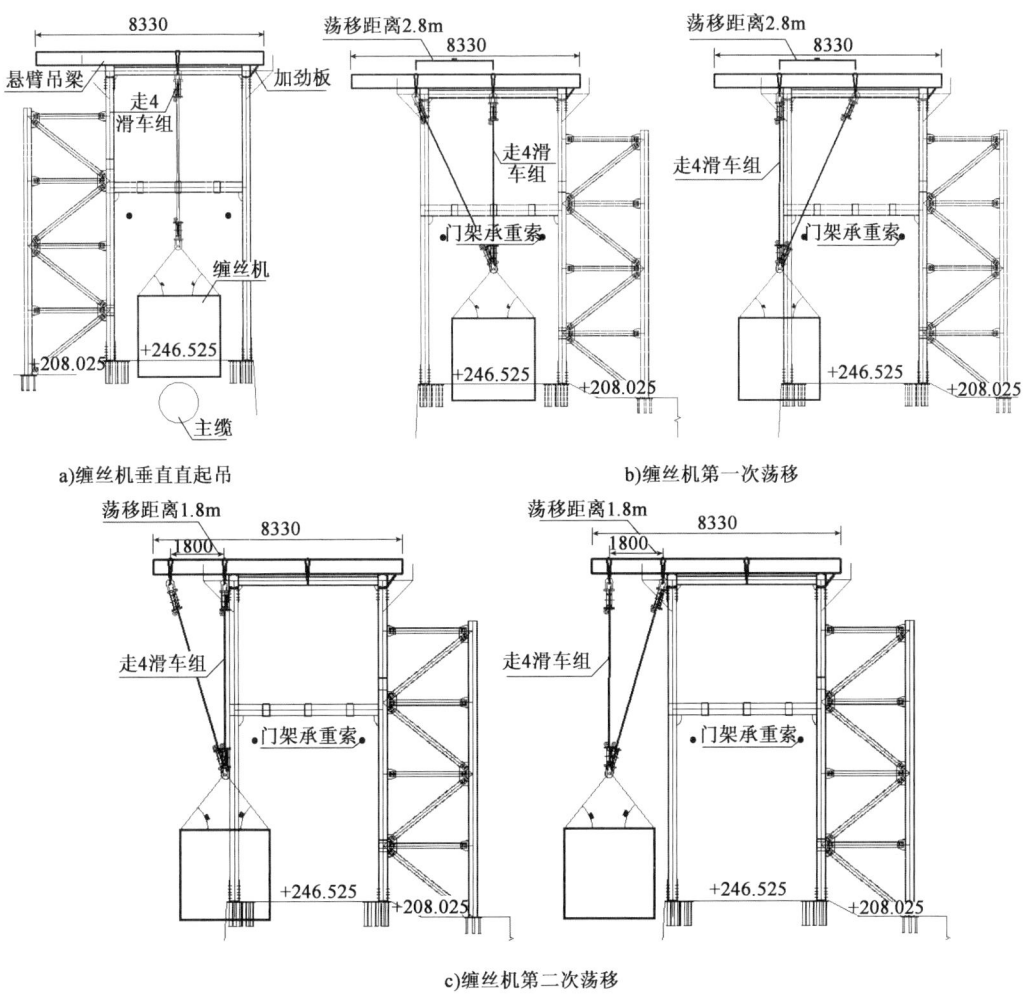

图 2-7-28 缠丝机荡移施工示意图(尺寸单位:mm)

缠丝机可自行进行跨越索夹全节段。缠丝在 2 个索夹间节段进行,各节段重复相同作业。

缠丝作业主要分为起始段缠丝、正常段缠丝和索夹处手动缠丝作业。

缠绕钢丝按每个索夹间区间精确计算钢丝用量并以卷供应,缠丝前通过特制绕丝机以一定张力将钢丝卷转绕至储丝轮上,以供相应主缆索夹区间缠丝使用。绕丝机布置于南、北塔附近钢箱梁上,缠好的储丝轮经塔式起重机吊至猫道上,人工运至缠丝地点。

1)起始段缠丝

缠绕钢丝在索夹处的施工如下:软钢丝在前一个索夹的一侧起头开始缠丝,在下一个索夹的另一侧结尾。索夹起头处的施工步骤如下。

(1)将软钢丝端头与索夹缠绕固定。

(2)将绕包机用低速缠丝 4~5 圈后暂停,用特制工具逐圈将钢丝推入索夹槽隙中就位,并尽可能使其整齐。

（3）微调绕包机的位置使导丝器位置与最后一圈软钢丝垂直，调整张拉力使等于设计规定张力，再次起动绕包机并转入高速缠丝。

起始段缠丝施工要点如下：储丝轮安装完毕，穿绕钢丝，使缠丝出丝轮端部距索夹端面间距为20mm；离合器挂缠丝挡，调整缠丝张力，将缠丝机转速调整至最慢；用钢丝钳将缠丝丝头扭挂在索夹螺杆上；缠丝机点动缠丝3~4圈后停机，按钢丝起头焊接点布置要求进行焊接并打磨。切除多余钢丝，人工用木槌、尼龙棒将钢丝推入索夹端部环槽，直至20mm槽填满，钢丝嵌入索夹槽隙至少3圈，钢丝与索夹用尼龙楔固定。

2）正常段缠丝

端部缠丝焊牢之后即可进入正常缠丝，正常缠丝即两索夹端部以外的中间部分缠丝。拆除端部缠丝装置，恢复正常缠丝部件，调整好缠丝与行走的匹配度。先点动缠丝，待进入正常缠丝后，由慢到快进行缠丝作业。

正常段缠丝要求如下：缠丝机运行过程中，必须密切注意缠丝效果，发现问题马上停机进行处理（钢丝不能重叠或间距过大，必须紧密均匀）；主缆上的钢带采用边缠边剪的办法，随着缠丝的进展速度而推进，同时采用8t手动葫芦逐步收紧猫道，拆除阻碍缠丝走行的猫道吊挂钢丝绳，待缠丝机过后再将吊挂钢丝绳复位；储丝轮剩余钢丝6圈左右并焊钢丝，剪断剩余钢丝，卸去空储丝轮，利用前行走架挂梁更换储丝轮；在已缠好的主缆顶面，每隔1m需用铝热焊将缠丝固定，每个固定地方共3个焊点，焊点位于主缆的上半圈内，并尽量在钢丝的对接处固定；钢丝在到盘及现场缠丝时，必须先磨平钢丝接头，然后喷一道富锌漆，并用红色油漆做好标记。在索夹端的缠丝，固结点不得少于4个。

主缆缠丝施工图如图2-7-29所示。

图2-7-29 主缆缠丝施工图

3）索夹处手动缠丝

在索夹间缠丝节段的尾端部位，由于缠丝机的回转系统与索夹干涉或缠绕钢丝与索夹端面接触，会将使缠绕钢丝本身及索夹端面的涂装损伤，为此，在靠近索夹端面的位置，应停止机械缠丝，剩余部分使用紧线器和夹具等专用工具进行手动缠丝作业。

4）缠绕钢丝的焊接

相邻的缠绕钢丝以铝热焊剂焊接的方式进行连接接头处理。一个索夹区间焊点分为三种:起始段并焊三圈(3×2点处两点),正常段间隔1m并焊两圈(2×2点处两点),索夹处手动缠丝每圈均并焊(1×2点处两点)。因作业需要,临时停止缠丝时,迅速地进行3×2点焊接。索夹间一个节段缠丝焊点布置示意图如图2-7-30所示。如临时停止部位的焊接在1m间距附近,则该处的1m间距的焊接可省略。在储丝轮钢丝剩余6圈左右时,钢丝并焊后切除多余钢丝。更换储丝轮,并焊接头。钢丝接头部位,应使端面相互接触,尽可能无间隙地施工。再次缠丝后在接头处注入黏缝材料,填埋间隙。

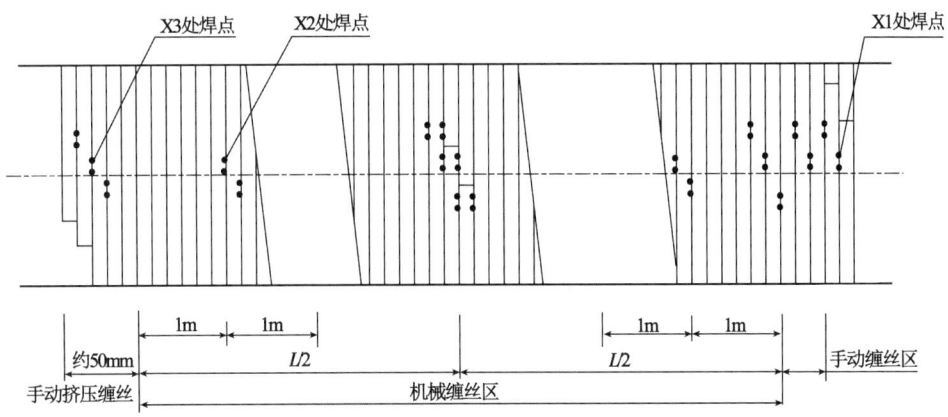

图2-7-30 索夹间一个节段缠丝焊点布置示意图

5)主缆缠丝施工检查项目

主缆缠丝施工检查项目见表2-7-7。

主缆缠丝施工检查项目　　　　表2-7-7

项次	检查项目	规定值或允许偏差	检查方法和频率
1	缠丝间距	≤1mm	插板:每两索夹间随机量测1m内最大间距
2	缠丝张力	±0.3kN	标定检测:每盘抽查1处

五、主缆防护施工

本小节主要讲述主缆缠包带施工和重力式锚碇室散索股防护施工。其他细小部位的防腐涂装和缝隙封堵施工工艺较简单,本处不再详述。另外,隧道式锚碇散索段的主缆的防护施工详见本书下册第六篇第八章中的相关内容,此处从略。

1.主缆缠包带技术参数

主缆缠包带材质为氯磺化聚乙烯材料,热熔温度为120~140℃,有防褪色功能,能采取措施解决表面喷霜问题。主缆用缠包带技术指标见表2-7-8。

主缆用缠包带技术指标　　　　表2-7-8

序号	检测项目	指标	试验标准方法
1	邵氏A硬度	80±5	《硫化橡胶或热塑性橡胶 压入硬度试验方法 第1部分:邵氏硬度计法(邵尔硬度)》(GB/T 531.1—2008)

续上表

序号	检测项目		指标	试验标准方法
2	拉伸强度(N)(5cm 试样)	常温(23℃)	≥140	《高分子防水材料 第1部分:片材》(GB 18173.1—2012)
		高温(60℃)	≥100	
3	拉断伸长率(%)	常温(23℃)	≥15	
		低温(-20℃)	≥10	
4	撕裂强度(kN/m)		≥50	
5	不透水性(0.3MPa,30min)		无渗漏	
6	低温弯折(-40℃)		无裂纹	
7	加热收缩量(mm)		≤4	
8	臭氧老化40℃×168h,臭氧浓度 $200×10^{-8}$		无裂纹	
9	黏结剥离强度(片材与片材)	标准试验条件(N/mm)	≥5	
		浸水保持率(23℃×168h)	≥90	
10	热空气老化(80℃×168h)	拉伸强度保持率(%)	≥80	
		拉断伸长率保持率(%)	≥80	
11	耐碱性[饱和 $Ca(OH)_2$ 溶液23℃×168h]	拉伸强度保持率(%)	≥80	
		拉断伸长率保持率(%)	≥80	
12	人工气候老化,250h	拉伸强度保持率(%)	≥80	
		拉断伸长率保持率(%)	≥80	
13	二次硫化接缝剪切强度(N/mm)		≥3	《硫化橡胶或热塑性橡胶与织物黏合强度的测定》(GB/T 532—2008)
14	耐水性,168h		无明显变化	《硫化橡胶或热塑性橡胶 耐液体试验方法》(GB/T 1690—2010)
15	耐5% NaCl,168h	拉伸强度保持率(%)	≥80	
		拉断伸长率保持率(%)	≥80	
16	耐5%硫酸,168h	拉伸强度保持率(%)	≥80	
		拉断伸长率保持率(%)	≥80	
17	盐雾试验,168h	拉伸强度保持率(%)	≥80	《人造气氛腐蚀试验 盐雾试验》(GB/T 10125—2021)
		拉断伸长率保持率(%)	≥80	
18	荧光紫外灯老化,250h	拉伸强度保持率(%)	≥80	《机械工业产品用塑料、涂料、橡胶材料人工气候老化试验方法 荧光紫外灯》(GB/T 14522—2008)
		拉断伸长率保持率(%)	≥80	

2. 主要施工设备

主缆缠包带系统主要施工设备包括缠带机、加热毯、电控柜等。

(1)缠带机。可选电动/人工驱动,可调节缠绕叠加量,可调节张紧力。

(2)定制加热毯。寿命是约1000次加热循环,可调节温度,温度自动控制。每个加热周期6min,每个周期内加热两次,每次3min,加热温度在120~140℃之间,加热毯气囊充气压力为30~50kPa。

(3)加热控制箱。具有电流和电压保护装置,在保护时可切断加热毯电源。

3. 主缆缠包带施工工艺

主缆缠包带施工工艺流程如图 2-7-31 所示。

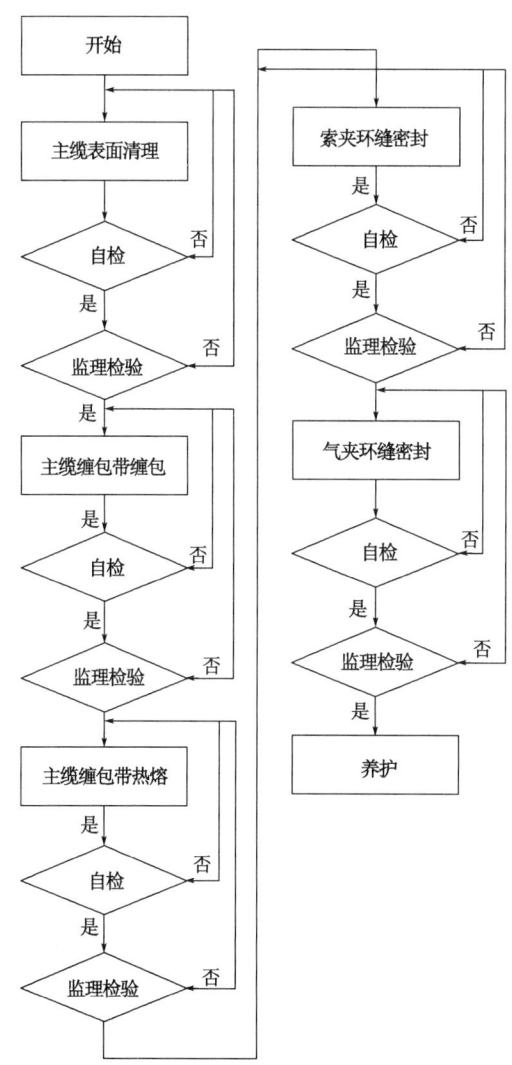

图 2-7-31　主缆缠包带施工工艺流程图

4. 主缆缠包带施工

1)施工准备

环境要求:大气环境较为干燥的天气,湿度不超过 90%,雨天不能施工;环境温度低于 +5℃时必须采取升温措施;主缆表面必须干燥,不能有液态水和冰。

清洁平整:缠丝表面必须干净清洁,不能有污垢;缠丝表面如有尖锐凸起物,要用角磨机打磨平,防止尖角锋利物刺伤缠包带。

表面清理是缠包带工艺试验前的关键工序,会直接影响主缆缠包带安装施工的质量。

从主缆顶端开始,先用发泡聚乙烯刷子或抹布擦去被涂表面油污、灰尘和杂物,检查被清理表面有无油污、水、表面损坏和锈蚀,并做好检查情况记录。

2)缠包带施工

缠包带整体应从顶端往下缠包施工,索夹间应从下端往上施工。根据主缆直径选用相应的缠包带、缠带机和加热装置,根据搭接宽度要求调整好缠带机的螺旋升角,面向索体上端从下往上顺时针或逆时针缠包。

(1)索夹端面起始带缠包。

由于缠带机不能紧靠索夹端面,需用起始带手工缠绕一段距离后才能用缠带机缠绕;手工缠包时,必须保持足够的张力,由下而上平行缠绕直到本身完全重叠后再向上缠绕,然后慢慢过渡至指定的搭接宽度,起头搭接要求如图2-7-32所示。

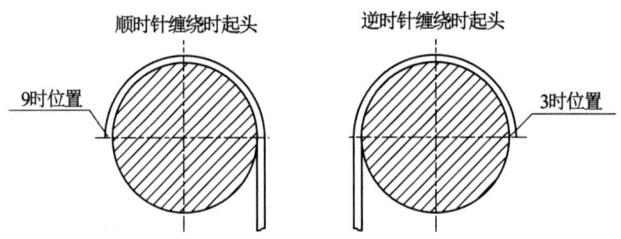

图 2-7-32 起头搭接要求示意图

由于索夹与缠带机产生干涉,因此,每个工作面上缠包带的起止都需要手动完成。正确手动缠包,必须执行下列要求:

①从索夹开始,将缠包带卷的未固定端捆扎在主缆上。顺时针缠包时,未固定端在7—11时位置,端头朝下;逆时针缠包时,未固定端在1—5时位置,端头朝下。缠包带要从带卷上方拉出,而带卷应夹在主缆和正在安装的缠包带之间。

②与索夹平行缠包,直至缠包带发生重叠。缠绕完整两圈后,开始一边缠包,一边将缠包带朝着主缆上方移动,数圈后逐渐绕出规定的三层重叠缠包,三层搭接口宽度须不小于12mm。

③工作面向上推进时,缠包带的张力应一致。下方的操作者能提供较大的张力,因此,在将缠包带交给上方操作者时,应一直拉紧缠包带。当然,上方的操作者也要负责拉紧缠包带。

④叠度和张力一致是保证缠包带不出现胀鼓和松弛的关键。

(2)缠带机缠包。

主缆缠包带采用定制的缠带机来安装。根据带宽和缠带机两圆弧板之间的距离计算缠绕角和缠包筒水平位移,调整好缠带机的缠绕角度后方可进行缠包作业。缠带张紧力为400N。

以手动方式在主缆上缠完第一个完整带卷后,第二卷和后续卷用定制的缠带机安装。

缠包带缠包搭接尺寸应符合表2-7-9的规定。

缠包带缠包搭接尺寸参照表　　　　表 2-7-9

参数	主缆尺寸	缠包带宽度	常规接缝间距	最少三层重叠宽度	最多三层重叠宽度
要求	714mm	300mm	144mm	12mm	以项目规定实际规定为准

（3）缠包带连接要求。

缠包带卷缠完后，用下列方式拼接缠包带（以逆时针安装为例）：

①保持上一卷缠包带的张力解下剩余缠包带，然后切断。

②下一卷的端头朝下压在上一卷结尾上，新一圈的缠包带保证搭接长度大于 50mm，用胶布粘紧，然后继续用缠带机缠绕；加热时务必要将粘紧连接胶布撕下。

③缠包带保持原位，保持张紧度，同时摊开剩余的缠包带卷。

④剪断缠包带，以便拼接处与缆索顶端成 90°。

⑤用管道胶带将未固定端固定到位，或者用热气枪和滚压辊将未固定端热焊在重叠尾端。

⑥开始缠包新卷时，要做出 50mm 的叠层。叠层是为了使外露端面朝下。

⑦如果用胶布将未固定端固定在一起，在新卷缠包约 3 圈后要拆下固定接合处的胶布。

缠包带连接示意图如图 2-7-33 所示。

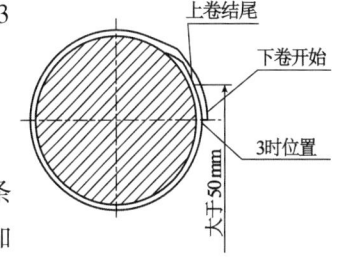

图 2-7-33　缠包带连接示意图

（4）缠包带加热。

缠包带加热应确定加热时间、温度、最高温度、不同气候条件下的调整方案等，并报监理批准后执行。缠绕完成后进行加热，加热须在缠包完成后 24h 内进行，加热温度和时间根据缠包带性能特点设定；加热温度和时间的设定需要根据施工时的气候条件调整，通过试验确定最佳的加热温度和时间；加热应确定最高温度，避免损坏缠包带。缠包带加热的步骤如下：

①将加热毯包覆到主缆上，连接电源线和温控线，收紧加热毯上的收紧带，在加热毯充气口上充气，一般气压力控制在 30～50kPa 之间；将控制器与电源相连，注意电源应与加热毯的电压和电流额定值相匹配。电源必须有效接地。

②充气完成后按下电控箱上面的电源，时间继电器开始加热，等温度显示仪和时间到达设定的值后关掉电源，必须做到温度控制与时间控制的双控。加热完成后关掉电源，释放气囊气压，解开收紧带，将加热毯旋转 180°，对同一断面的中间缝隙进行加热。如在两索夹间使用两个加热毯一前一后进行加热，可不旋转加热毯，两个加热毯之间至少间隔两个节段；完成加热后的缠包带至少需要 15min 的冷却时间，不能触碰。

③当加热到还剩下约两段加热毯长度时，先把加热毯移到加热最末端加热，然后再往回移动，加热剩下的一段。

④缠包带加热完毕后，需要不受干扰地冷却。至少需要 15min 的冷却时间。

（5）主缆防滑检修道施工。

主缆防滑检修道施工前，先用二甲苯或甲苯清洁行走面，并用标记带对主缆上部表面进行保护,间隔宽度为两个缠包带外部截距长度(≤2×144mm)。主缆防滑检修道施工完成24h以后才能撕除标记带和在防滑检修道上行走。

主缆防滑措施为:采用两条带状防滑条(材料与缠包带相同),尺寸为20mm×400mm,重叠后与缠包带胶接固定,以达到防滑要求。因防滑条与缠包带材料一致,表面颜色和处理方式相同,不会造成色差问题,故景观效果较好。

(6)重力式锚碇散索股防护施工。

重力式锚碇散索股的防护方案见表2-7-10。

重力式锚碇散索股防护施工方案　　　　表2-7-10

部　位	涂装材料	技术参数(μm)
主缆散索股	磷化底漆	10
	环氧底漆	≥80
	柔性氟碳面漆	75

①表面清理。

对主缆散索段表面进行清理,去除结构外表面的油污及杂质等。

用稀释剂等除去油污时,如果无法去除干净,可采用砂纸等物理性能进行去除,之后用棉纱沾稀释剂进行擦拭,清理干净后,需要充分地干燥被涂装表面。

②磷化底漆涂装。

采用刷涂或滚涂方式进行一道磷化底漆的施工。施工时严格按说明书及指导书进行,确保外观不流、不挂、不漏;使干膜厚度达到$10\mu m$,经验收合格后方可进行下一道工序。

③环氧底漆涂装。

磷化底漆报检合格后,在重涂间隔期内及时进行环氧底漆的涂装,严格按工艺执行,干膜厚度≥$80\mu m$,保证表面不流、不挂,施工中用湿膜卡随时检测膜厚,使预计总干膜厚度达到≥$90\mu m$。

④柔性氟碳面漆涂装。

环氧底漆报检合格后,在合适的施工条件下,进行1道柔性氟碳面漆的涂装,干膜厚度为$75\mu m$,预计干膜总厚度不小于$165\mu m$。

六、主缆附属结构施工

主缆附属结构施工主要包括主缆检修道制造安装、主缆缆套安装、除湿系统安装等内容。主缆检修道和缆套施工工艺较简单,本处不再详述。除湿系统施工详见本书上册第三篇第五章相关内容,本处从略。

第八章 索夹施工

第一节 概述

一、概况

索夹分为有吊索索夹和无吊索索夹,全桥索夹共分9种类型:SJ1～SJ9,共有250个索夹,其中吊索索夹150个,无吊索索夹100个。全桥索夹布置和索夹结构如图2-8-1和图2-8-2所示。

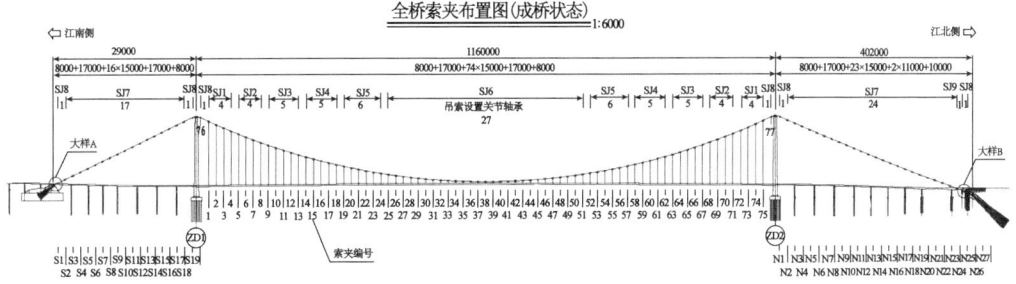

图2-8-1 全桥索夹布置图(尺寸单位:mm)

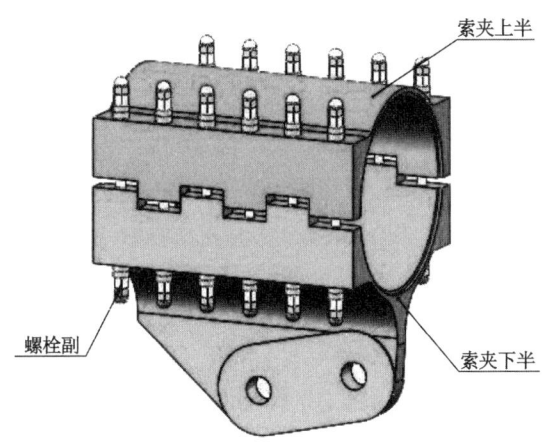

图2-8-2 索夹结构示意图

单根主缆上索夹种类及数量见表2-8-1。

单根主缆上索夹种类及数量　　　　表2-8-1

索夹类型	数量(套)	索夹编号	单个索夹总质量(kg)	特　征
SJ1	8	1~4、72~75	3145.42	有吊索索夹
SJ2	8	5~8、68~71	2783.4	
SJ3	10	9~13、63~67	2420.9	
SJ4	10	14~18、58~62	2036.5	
SJ5	12	19~24、52~57	1906.3	
SJ6	27	25~51	1672.1	
SJ7	43	S2~S18、S20、N2~N25、N28	916.18	无吊索索夹
SJ8	6	S1、S19、76、77、N1、N27	1003.18	
SJ9	1	N26	992.58	

SJ1~SJ6为有吊索索夹，与吊索对应，有吊索索夹采用销接式。索夹按主缆倾角不同，所需夹紧力不同，索夹长度及螺杆数量不同，为节省模具，将相近长度的索夹并为6组SJ1~SJ6，同一组索夹耳板销孔位置略有变化，以适应索夹倾角的变化。

索夹SJ7位于背缆无吊索区，起夹紧主缆及支撑主缆检修道的作用；SJ8位于主鞍座两侧及江南侧主缆进入锚室的出口处，连接封闭该处主缆的缆套；SJ9位于江北侧主缆进入锚室的出口处，连接封闭该处主缆的缆套。

索夹采用上下两半的结构形式，用高强螺杆连接紧固。为保证在预紧高强螺杆作用下索夹能紧抱主缆，在两半索夹间留有适当的缝隙，接缝处嵌填橡胶防水条防水。索夹壁厚均为35cm。

索夹螺杆制作成缩腰形，以避免在螺纹处断裂。索夹采用M45螺杆进行张拉夹紧，螺杆设计张拉力为800kN。

二、设计要点

1. 主要材料

索夹采用ZG20Mn铸钢铸造，应符合《大型低合金钢铸件　技术条件》(JB/T 6402—2018)的规定。

索夹螺杆采用40CrNiMoA合金钢，垫圈采用40Cr合金钢，螺母采用15MnVB合金钢，均应符合《合金结构钢》(GB/T 3077—2015)的规定。

2. 设计参数

验算索夹对主缆抗滑时，摩阻系数取0.15。螺杆有效长度$>0.70D$（D为索夹内主缆直径）。两半索夹间的设计空隙取40mm，使上下半索夹的嵌合量能够满足索夹内主缆的空隙率在±2%范围内变化。设计基准温度取20℃。

3. 安全系数

索夹壁厚设计安全系数≥3.0（考虑夹紧力及制造、安装误差引起的吊索力作用）。当螺杆拉力损失至设计张拉力的70%时，索夹对主缆的抗滑安全系数≥3.0。在永存应力 σ 状态下（设计拉力损失至70%时），螺杆安全系数 $(\sigma_s/\sigma)\geq 2.0$（$\sigma_s$ 为屈服强度）。螺杆在设计张拉力作用下（应力 σ_0），安全系数 $(\sigma_s/\sigma_0)\geq 1.4$。

4. 表面处理及涂装要求

防腐涂装应符合《公路桥梁钢结构防腐涂装技术条件》（JT/T 722—2008）的相关要求，其涂装体系按 C3 中等腐蚀环境、长效型（保护年限15~25年）确定。涂装方案见表2-8-2。

索夹防护涂装方案　　　　表2-8-2

部　位	涂　层	涂料品种	道数/最低干膜厚（μm）
索夹外表面	表面喷砂除锈Sa2.5级		—
	底漆	环氧富锌底漆	1/80
	中层漆	环氧（云铁）漆	1~2/160
	面漆（第一道）	聚氨酯面漆	1/40
	面漆（第二道）	氟碳面漆	1/40
	总干膜厚度		320
索夹内表面	喷砂Sa3.0级表面处理后电弧喷锌		200
	有色金属环氧封闭漆		—
螺杆、螺母	电镀锌处理		10~40
索夹紧固件（螺杆、球面垫圈、防水螺母）安装后的外露部位	表面净化处理		—
	环氧富锌底漆		2/50
	环氧（云铁）漆		2/100
	氟碳面漆		40

第二节　索夹制造

一、索夹铸造

1. 索夹铸造的难点

（1）铸造充型困难：产品长，壁厚薄，是典型的细长件铸造，导致钢水流动性差、充型困难。易出现冷隔、缩松、疏松等缺陷。

（2）铸造顺序凝固困难：在螺栓承压面处形成巨大热节。索夹的壁厚相差大，造成热节处补缩极其困难，易出现裂纹。

(3)铸造极易变形:产品长厚比值大,表面积与体积比值大,是典型的薄板件。其刚性差,铸件冷却过程中易出现翘曲变形,同时由于产品外壁不加工,产品壁厚的均匀性很难保证。

2. 主要施工技术和方法

采用专业的铸造工艺软件,对索夹毛坯铸造方案进行钢水凝固及充型过程的计算机模拟,对可选铸造方案(图2-8-3)进行比较筛选。

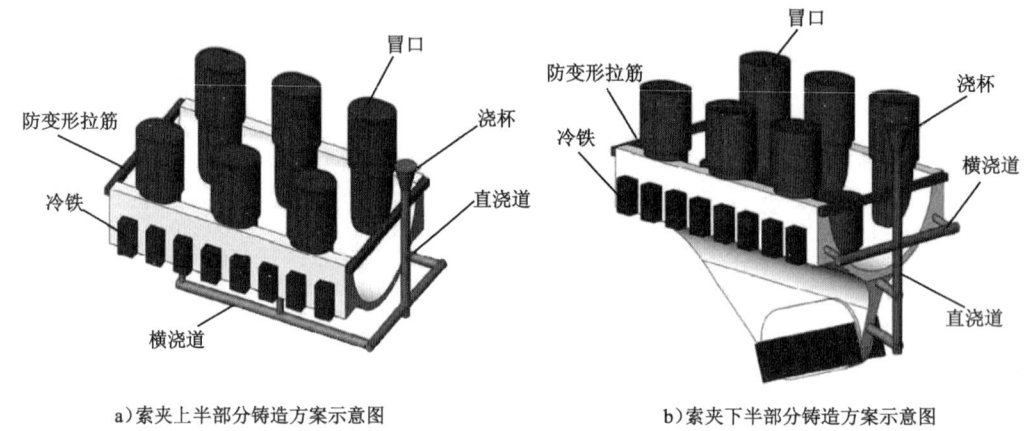

a)索夹上半部分铸造方案示意图　　　b)索夹下半部分铸造方案示意图

图2-8-3　主索鞍鞍头铸造方案示意图

(1)铸件热裂纹控制和防止措施:钢水采取二次精炼纯净,以减少非金属夹杂物;严格控制钢水中有害元素的含量,尽量降低钢中S、P含量;合金熔炼时充分脱氧;提高砂型、砂芯的退让性;合理布置芯骨,合理设计浇注系统和冒口,以避免阻碍铸件收缩;采用冷铁加速热节冷却等工艺措施。

(2)铸造应力、冷裂及变形的控制和防止措施:有效预防和消除铸件的铸造应力是防止铸件发生变形和冷裂的主要措施。

(3)防止和减小铸造应力的措施:通过计算机模拟铸件冷却过程,调节冷铁的布置位置及数量,以减小铸件各部分的温差,采用退让性好的型(芯)砂。对于冷却结晶产生的铸造应力,采用人工时效(热处理)、自然时效等方法消除。

(4)铸件气孔防止措施:在熔炼的过程中,钢液充分脱氧、去氢;选择合理的型砂配比及砂型的密实度,使砂型具有良好的透气性;砂型进行烘干,严格控制型砂中的水分。

(5)铸件缩孔和缩松缺陷防止办法:针对金属的收缩和凝固特点制订合理的铸造工艺,合理设计布置冒口、补贴和冷铁,控制铸件的凝固方向和顺序,以防止铸件产生缩孔和缩松缺陷。

3. 索夹铸造工艺

索夹铸造工艺流程如图2-8-4所示。

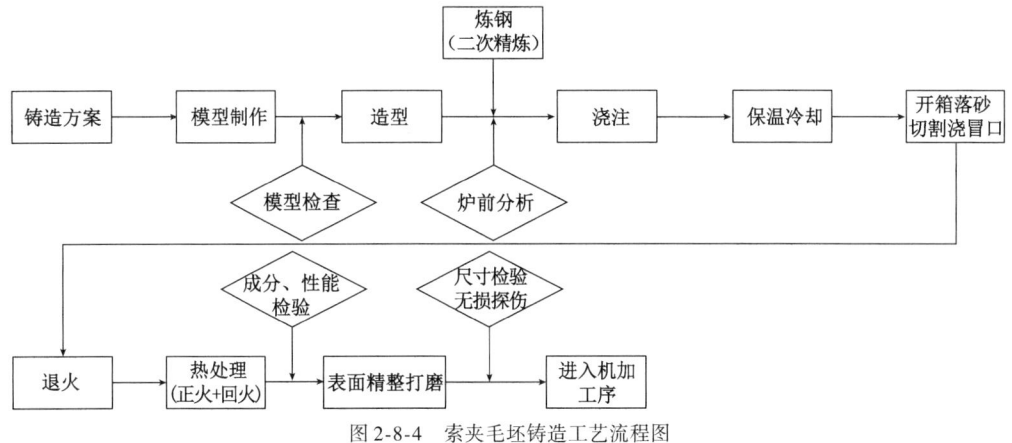

图 2-8-4 索夹毛坯铸造工艺流程图

1) 模型制作

根据模型的设计图纸进行模型制作,采用实体模型,模型设计时根据铸件的材质、形状结构、铸型材料等影响铸件凝固特征的各要素选择 2% 的收缩量。选用干燥后的优质木材作为模型材料,保证模型不变形、不开裂。制造中采用专用木工机床加工和手工制作相结合的方式,模型按《铸件模样 起模斜度》(JB/T 5105—1991)、《铸件模 样型芯头基本尺寸》(JB/T 5106—1991)、《铸造用木制模样和芯盒技术条件》(JB/T 7699—1995)的规定要求执行,木模型制作完毕按图纸和工艺进行检查,检查合格后用砂纸打磨,表面粗糙度小于 Ra25,表面涂漆。

2) 造型

所有造型原材料在使用前必须按相关标准进行检测,合格才能使用。采用优质砂作为造型面砂、型砂材料,水玻璃树脂作为黏结剂,将芯子烘干,型腔表面刷锆英粉快干涂料,以防粘砂。下芯使用高强度的耐火釉砖作浇口系统,以防止浇注系统中型砂剥落而出现夹砂,仔细检查型腔尺寸,造型完毕后准备浇注。

3) 炼钢

精选废钢、生铁、合金等原料,严格按料单配料,计算准确。原材料尽量减少非金属夹杂物。按工艺进行原料炉前使用烘烤,严格按照冶炼工艺要求冶炼,钢水吹氩精炼,控制好精炼温度。严格控制钢水化学成分,浇注前先取试样,送样至炉前化验室,用直读光谱仪对试样进行化学成分分析,钢水成分合格后才能进行浇注。出钢温度控制在 (1600 ± 20)℃,出钢后镇静在 1570～1590℃开始浇注。

4) 浇注

平稳快速浇注,使钢液始终充满浇口杯,直至浇注完毕。按工艺严格控制浇注温度,浇注温度应为 1540～1590℃。浇注后进行保温缓冷,以避免由于铸造应力或局部冷却产生的热应力使铸件变形或开裂,保温缓冷时间为 72h 左右。

5) 开箱落砂

铸件温度在 300℃左右时开箱落砂,利用余热或局部预热 150℃以上割去浇冒口。

6）退火

采用整体退火方式进行去应力热处理,消除铸造应力,细化晶粒,均匀组织。保温时间按不低于 4h/100mm 控制。注意装炉时支垫平稳,防止变形。严格控制铸件之间的距离。

7）正火+回火处理

采用正火+回火的热处理方式来进一步消除铸件的内应力,使晶粒进一步奥氏体化,改善铸件的力学性能。保温时间按不低于 4h/100mm 控制。注意装炉时支垫平稳,防止索夹热处理出现变形,严格控制铸件之间的距离。

8）表面精整打磨

清理毛坯外观并进行铲磨。

9）理化性能检测

将附铸试棒按要求进行化学成分和力学性能的检测。

10）精整打磨、探伤、检验

精整铸件外形,对铸件边角部位进行圆角处理,使表面粗糙度达要求。

铸钢件精整后,对规定的部位进行无损探伤。

按图纸和《铸件 尺寸公差、几何公差与机械加工余量》(GB/T 6414—2017) 要求对毛坯外观、尺寸和形状进行检验,并划线检查是否有足够的机械加工余量。

二、索夹机械加工

1. 索夹机械加工难点

(1) 壁厚均匀不易保证：铸件长、薄刚性差,铸造冷却过程中易出现翘曲变形,同时由于产品外壁不加工,产品壁厚的均匀性很难保证。

(2) 螺栓孔位置精度不易保证：螺栓孔数量多,其位置度不易保证。

2. 主要施工技术和方法

(1) 壁厚均匀的控制：以外圆为基准,兼顾内孔和其他面的加工量,划内孔加工线,以保证索夹壁厚均匀；对于局部厚度超差的位置,可采取机械加工或人工打磨的方式进行去除。

(2) 螺栓孔位置精度的控制：为了保障索夹螺孔位置尺寸,生产中采取在数控设备上预钻定位螺孔孔位或者采用钻模控制的方式控制螺孔位置精度；为了保证两半索夹用螺栓连接时顺利穿入连接孔锁紧索夹,在加工中采取两半对合、划线钻孔的方式,将一半钻通,另一半钻进 10mm 左右深；拆开连接装置,直接吊走已钻好螺孔的上半块后,对下半用已钻 10mm 深孔导向钻通另一半,从而保证两半索夹螺栓孔位置不会出现错位。

3. 索夹机械加工工艺

索夹机械加工工艺流程如图 2-8-5 所示。

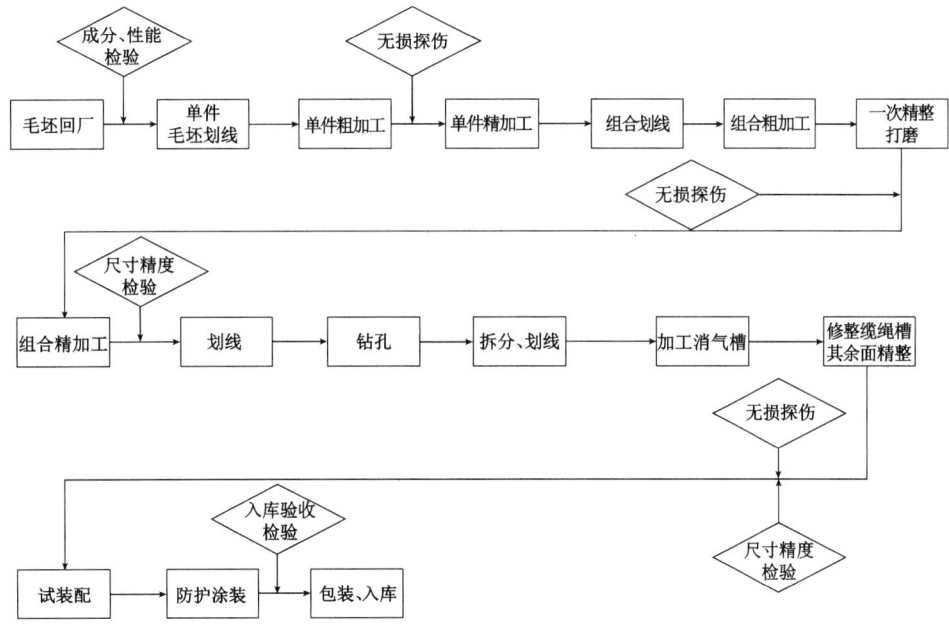

图 2-8-5 索夹机械加工工艺流程

1) 划线

毛坯回厂完成成分和性能检验后,将毛坯置于划线平台,调正工件,以非加工面和耳板为基准,兼顾分配加工余量,划索夹各加工面线和组对位置线。

2) 单半索夹加工

按加工线找正,粗加工索夹两侧宽度、中分面、螺栓承压台面,无损探伤后精加工结合面的凹凸齿等部位。两侧面预留焊拉筋位置不加工。

3) 组合划线

工件置于划线平台调正,以加工面为基准兼顾索夹耳板位置尺寸,重划索夹内孔和长度加工线。

4) 组合粗加工

在立车或镗床上按线找正,粗加工索夹内孔和两端面。

5) 一次精整打磨

对索夹加工面和非加工面进行一次精整打磨。

6) 无损探伤

对已加工面按图纸要求进行无损探伤检测,合格后进入下道工序。

7) 组合精加工

在立车或镗床上,精加工内孔和两端面,精加工两端头的缠丝孔和外侧的密封卡槽,加工完成后进行尺寸精度检验。

8) 划线

工件置于划线平台,以加工内孔和端面为基准,划索夹螺孔位置和耳板加工线。

9）钻孔

以内孔和端面为基准找正,按线钻螺孔,保证两半螺孔位置一致,然后钻索夹两侧立柱螺纹孔。然后进行拆分、划线、加工消气槽。

10）精加工耳板、销孔等其他部位

以索夹内孔和端面为基准找正,加工耳板端面,按索夹销孔对应的坐标尺寸定位,钻、镗耳板钢销孔,加工索夹两侧预留的焊拉筋位置。

11）无损探伤

对加工面按设计要求进行超声波探伤检验,探伤完成后进行尺寸精度检验。

12）试装配

将上下半对合,垫上工艺垫,用工艺螺杆检查螺孔通过情况,做配对标示。

13）防护涂装

按图纸要求对索夹内、外表面进行喷砂处理,对索夹内孔进行喷锌处理,其余外表面喷铝、喷油漆,各螺栓孔及销孔涂防锈油。

14）包装、入库

质检工程师进行入库验收检验,按要求进行包装保护后入库。

4. 索夹螺栓副制造工艺流程

索夹螺栓副制造包括螺杆、螺母、球面垫圈的制造。

螺杆的制造工艺流程见表2-8-3,螺母的制造工艺流程见表2-8-4,球面垫圈的制造工艺流程见表2-8-5。

螺杆的制造工艺流程 表2-8-3

工序	工序名称	工序内容	设备
1	下料	按照工艺图要求下料	G4230/50 带锯床
2	粗车	粗车螺杆外圆和两端面,倒角,去毛刺	CD6140 等车床设备
3	超声波探伤	对工件进行超声波探伤检测	CTS-23 超声波探伤仪
4	热处理	热处理硬度符合设计要求	托辊式感应热处理炉
5	检验	热处理硬度(机械性能)检验	硬度计拉力、冲击试验机、
6	精车	精车螺杆外圆尺寸附图,保证同轴度要求	CD6140 车床等车床设备
7	磁粉探伤	工件表面进行磁粉探伤检测	CEW-2000A 磁粉探伤仪
8	滚丝	在滚丝机上滚压螺杆两端螺纹;用环规检查控制	ZC28-63 滚丝机
9	渗透探伤	螺纹部位着色探伤检测	—
10	表面处理	按图纸要求进行螺杆表面防护处理	—
11	总检	尺寸、外观检验	—
12	包装、入库	按包装图纸及技术要求进行包装、入库	—

螺母的制造工艺流程 表2-8-4

工序	工序名称	工序内容	设备
1	下料	按照锻造工艺图要求下料	G4230/50 带锯床
2	加热	按照加热规范加热升温	台式加热炉
3	制坯	冲压制坯	专用镦坯机
4	热处理	退火	室式天然气热处理炉
5	清理	将工件清理干净	—
6	粗车	粗车螺母内孔、端面、外圆;精车内孔	C620A 等车床设备
7	粗铣	粗加工螺母外六方面	X52 卧式铣床等设备
8	探伤	对工件进行超声波探伤检验	CTS-23 超声波探伤仪
9	粗攻丝	在攻丝机进行螺母粗攻丝	DQ 多头攻丝机
10	热处理	热处理硬度符合设计要求	托辊式感应热处理炉
11	检验	热处理硬度检验	硬度计
12	精车	精车螺母两端面和台阶面	CD6140 车床
13	精攻丝	精攻螺母内螺纹	DQ 多头攻丝机
14	精铣	精铣螺母外六方面	X52 卧式铣床
15	探伤	对螺母进行磁粉探伤检验、螺纹部位进行渗透探伤检查	CEW-2000A 磁粉探伤仪
16	表面处理	外表面按规定进行防护处理	—
17	成品检验	尺寸检验,抽样做螺母保证载荷和硬度试验	硬度计、拉力试验机
18	包装、入库	按包装图纸及技术要求进行包装、入库	—

球面垫圈的制造工艺流程表 表2-8-5

工序	工序名称	工序内容	设备
1	粗车	粗车棒料外圆	C620 车床等设备
2	探伤	对坯料进行超声波探伤检验	CTS-23 超声波探伤仪
3	锯切	按照工艺图下料锯切成单件	G4230/50 带锯床
4	粗车	粗车外圆、内孔、端面	CD6140 车床等设备
5	热处理	热处理硬度按设计要求	托辊式感应热处理炉
6	精车	精车外圆、内孔、端面、倒角、去毛刺	CD6140 车床等设备
7	数控车	数控精车垫圈球面,抛光	CK3223 数控车床等设备
8	探伤	对垫圈进行磁粉探伤检验	CEW-2000A 磁粉探伤仪
9	成品检验	尺寸和硬度检验	—
10	表面处理	表面按规定进行防护处理	—
11	包装、入库	按包装图纸及技术要求进行包装、入库	—

第三节 索夹安装

一、总体施工方案

索夹安装施工在主缆紧缆后、吊索施工前实施,施工总体布置与主缆架设阶段布置基本一致,主要利用塔顶门架和平台以及现有的卷扬机和猫道门架承重绳组成的缆索系统完成。索夹安装总体上为中跨由跨中向塔侧安装,边跨侧由锚碇向主塔方向安装。索夹安装前对主缆清理干净后方可进行安装。

索夹的安装方法如下:

(1)在靠近主塔的部分索夹通过塔式起重机辅助吊装,起吊后直接进行定位安装。

(2)其余各类索夹利用猫道门架承重索上的缆索起重机天车进行运输,然后通过设置在缆索起重机天车下的手拉葫芦依次进行定位安装。

二、索夹安装施工

索夹安装施工工艺流程如图 2-8-6 所示。

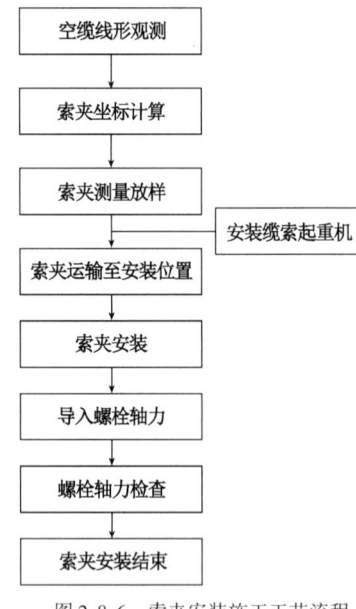

图 2-8-6 索夹安装施工工艺流程

1. 空缆线形观测

完成紧缆作业后,对主缆线形进行连续观测。测量在夜间进行,测量内容包括:主、散索鞍偏移量、索塔偏位、塔顶高程、主跨跨径(两塔轴线间距)、主跨跨中和边跨跨中垂度,以及主跨的其他点的垂度。同时观测环境状态(温度、风速、内外温差),并与设计理论值相比较。根据主缆现状修正索夹在主缆上的位置,在夜间风速小而且气温稳定的时段,放出索夹的设置位置,并做出明显标志。

2. 索夹测量放样

索夹安装前先要实测中跨和边跨的跨径,根据实测的结果,将跨径误差在放样时平均分摊在每两个索夹之间。索夹定位通过放样主缆顶线处的吊索中心位置来控制,采用测距法进行。

索夹测量放样方法详见本书上册第三篇第一章中相关内容,此处从略。

3. 索夹安装

索夹安装时要仔细检查索夹编号,与设计位置对应,如索夹遇到紧缆所采用的钢带,在安装前应解除。索夹安装示意图如图 2-8-7 所示。

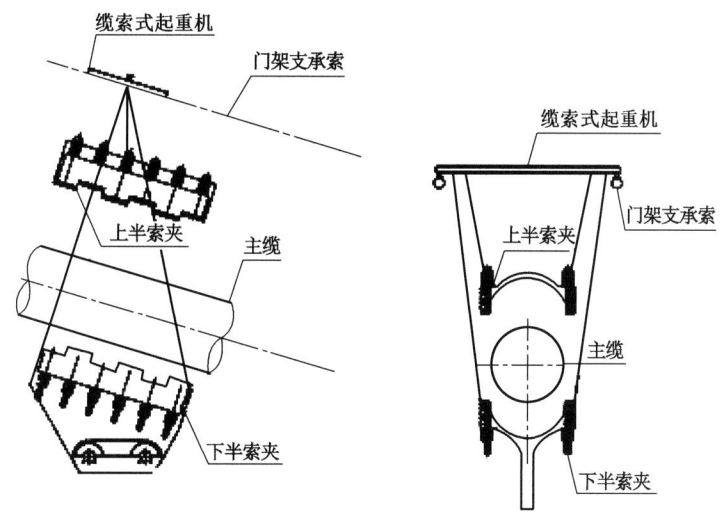

图 2-8-7　索夹安装示意图

索夹安装前,成形主缆一般横径会大于竖径,而索夹结构为上下对合形式,直接安装可能会比较困难。为确保索夹能正确对合,减小横径和竖径不统一的影响,需采用工装夹具对主缆两个侧面施加一定的预压力,使得主缆在两个方向的直径趋近一致。

索夹安装工装夹具上侧采用 $\phi32\mathrm{mm}$ 精轧螺纹钢,两侧采用双拼槽[12,如图 2-8-8 所示。

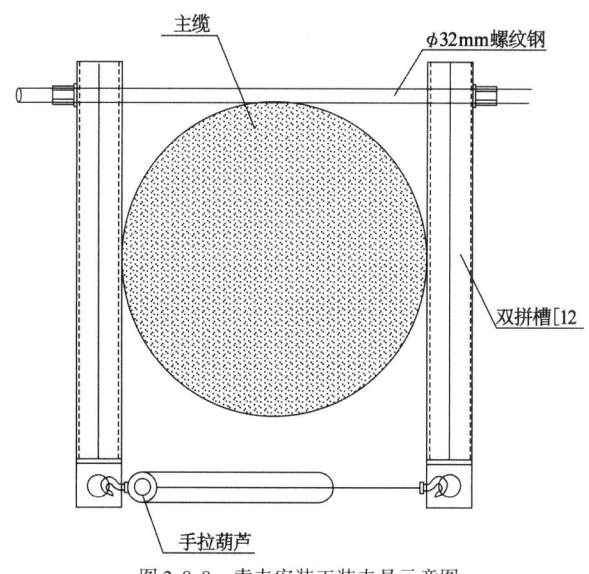

图 2-8-8　索夹安装工装夹具示意图

现场施工时,在索夹安装位置外侧约 20cm 安装两个工装夹具。夹具左右对合后,通过千斤顶(或手拉葫芦提供)施加压力,使主缆横径小于索夹横径(706mm)。然后利用缆索起重机或者塔式起重机将索夹运输至安装位置处的猫道面层上,上、下半索夹均通过 $\phi14\mathrm{mm}$ 或较大的钢丝绳从索夹螺栓孔穿入、捆扎,用缆索起重机沿主缆将上下两半索夹运至安装位置，利用缆索起重机天车上的手拉葫芦缓慢先下放上半索夹至索夹安装位置并与主缆接触，再利用手拉葫芦将下半索夹吊在主缆一侧，然后用手拉葫芦从主缆另一侧下放吊绳，将下半索夹另一侧吊起，使下半索夹两侧达到同一高度，再一起吊升与上半索夹合拢，穿入螺杆。人工预紧后，精确调整索夹位置，在拉杆顶部安装接长杆，安装张拉千斤顶进行张拉作业，此时，索夹左右两侧企口缝未咬合，张拉过程中应该特别注意防止主缆索股钢丝夹进企口缝内。同时，应使索夹两半合缝均匀。当索夹螺栓张拉至企口缝咬合一部分时，再次检查索夹位置，确认无误后，张拉至预定吨位，并锁紧螺母。

4. 索夹螺杆紧固

为确保不同索夹各螺杆张拉力的均匀性，索夹螺杆的张拉工艺采用单个索夹上所有螺杆同步、分级张拉方法。张拉时，在索夹每个螺杆上安装拉伸器，同侧所有拉伸器必须经过同一块压力表标定，且由同一台油泵驱动。索夹单侧所有拉伸器均并联于同一台油泵上，两侧油泵管路采用分配器串联。

在每次主缆加载后以及极端天气前后，均要对索夹连接螺栓进行复查，发现轴力下降超30%（即小于设计张拉力的70%）时，及时张拉螺栓，使轴力达到设计规定值，确保施工安全。后续根据实际情况，可在相关阶段增加施拧紧固次数。要特别注意在加劲梁架设过程中对螺栓拉力的检查，要确保在任何情况下拉力值不得小于设计规定的最小值，以防止索夹滑动。索夹安装图如图2-8-9所示。

图2-8-9 索夹安装图

索夹螺杆紧固施工及其轴力测试详见第三篇第十三章中相关内容，此处从略。

第九章 吊索施工

第一节 概述

一、概况

吊索采用销接式连接。吊索纵向间距15m，横向间距26.5m。吊索上下两端锚头采用热铸锚。上端通过叉形耳板与索夹耳板连接，下端通过叉形耳板与钢梁耳板连接。吊索采用平行钢丝束吊索，钢丝束外挤包8mm厚双护层PE进行防护，内层为黑色，外层为纯白色。

吊索吊点从江南侧向江北侧方向编号，第一吊点为1号，顺次为2~75号。吊点标准间距为15m，索塔中心线至近吊点间距为25m。每一吊点均设置2根（横桥向左右两侧各2根）吊索，每根吊索由109根平行钢丝组成，钢丝采用φ5.0mm镀锌铝合金高强钢丝，钢丝强度等级为1770MPa，为Ⅱ级松弛。单根吊索最大设计拉力为1150kN。

吊索共300根，长度规格共2×75=150种，相应编号为DS1-b~DS75-b、DS1-z~DS75-z，横桥向位置相同2根吊索其编号相同，其中后缀为b是同一吊点中远离主跨跨中侧吊索，后缀为z是同一吊点中靠近主跨跨中侧吊索。DS25~DS51为带轴承吊索，全桥共4×27=108根，其他的DS1~DS24、DS52~DS75为不带轴承吊索，全桥共4×48=192根。吊索布置立面图如图2-9-1所示，吊索构造图如2-9-2所示，吊索总成如图2-9-3和图2-9-4所示。

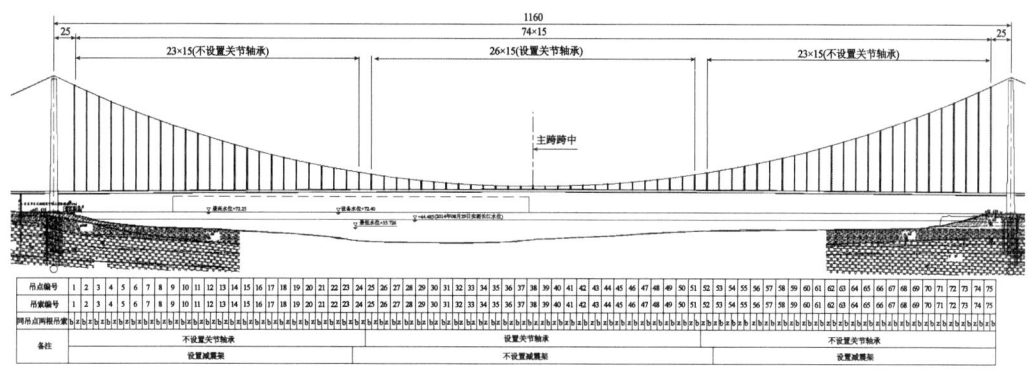

图2-9-1 吊索布置立面图（尺寸单位：m）

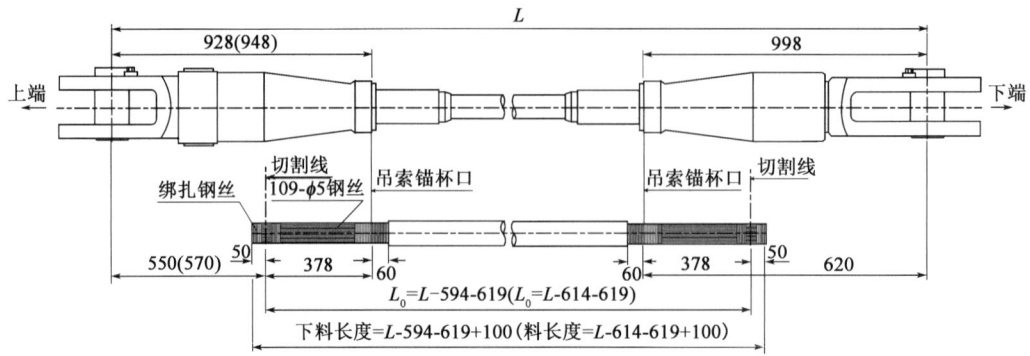

图 2-9-2　吊索构造图(尺寸单位:mm)

注:图中括号内数字适用于带轴承的吊索。

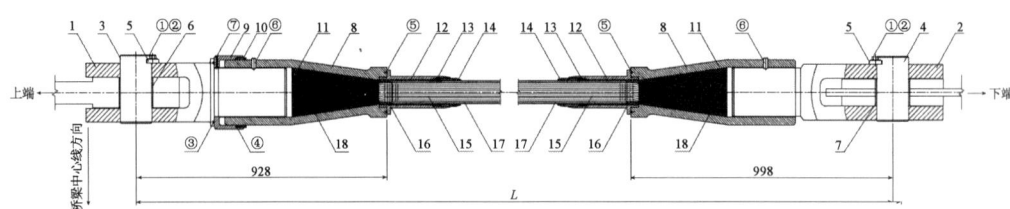

序号	图号或标准号	名称	数量	材料	质量(kg) 单件质量	质量(kg) 总质量	备注	序号	图号或标准号	名称	数量	材料	备注
1	14106-S3-03-019	吊索上端叉形耳板1	1	45号锻钢	173.090	173.090	左旋螺纹	①	GB/T 5783—2000	螺栓M16×40	4		
2	14106-S3-03-021	吊索下端叉形耳板1	1	45号锻钢	170.110	170.110	右旋螺纹	②	GB/T 93—1987	垫圈16	4		
3	14106-S3-03-023	吊索上端销轴1	1	40Cr	21.929	21.929		③	GB/T 3452.1—2005	O形密封圈206×5.3	1	硅橡胶	上端锚头设置
4	14106-S3-03-025	吊索下端销轴1	1	40Cr	20.864	20.864		④	GB/T 3452.1—2005	O形密封圈236×7.0	1	硅橡胶	上端锚头设置
5	14106-S3-03-028	吊索挡板	2		0.820	1.640		⑤	GB/T 3452.1—2005	O形密封圈136×5.3	2	硅橡胶	
6	14106-S3-03-030	吊索上端衬套	1	ZQSn6-6-3+SL1	1.877	1.877		⑥	GB/T 78—2000	锥端紧定螺钉M16×40	4		
7	14106-S3-03-031	吊索下端衬套	1	ZQSn6-6-3+SL1	1.672	1.672		⑦	GB/T 72—1988	锥端紧定螺钉M16×40	2		上端锚头设置
8	14106-S3-03-027	吊索锚杯	2	ZG20Mn	82.907	165.814	左右旋纹各一						
9		吊索防水盖	1	20号	12.317	12.317	上端锚头设置						
10	14106-S3-03-034	吊索锚杯处密封压环	1	20号	1.911	1.911	上端锚头设置						
11	14106-S3-03-038	吊索分线板	2		0.468	0.936							
12	14106-S3-03-035	吊索套筒	2	20号	8.409	16.818							
13	14106-S3-03-036	吊索密封胶圈	2	硅橡胶	0.098	0.196							
14	14106-S3-03-037	吊索密封压环	2	20号	1.922	3.844							
15		吊索钢丝		高强钢丝									
16		密封填料	2	环氧树脂	0.318	0.318							
17		PE护套		HDPE									
18		热铸料	2	ZnCu合金	27.131	27.131							

附注:
1.本图尺寸均以毫米(mm)计。
2.扣索上下端锚头均采用热铸锚。

图 2-9-3　不带轴承吊索总成图(尺寸单位:mm)

吊索上下端锚头均采用叉形热铸锚。锚头由锚杯与叉形耳板组成,锚杯内浇注锌铜合金,叉形耳板与锚杯通过螺纹连接,上、下两端螺纹方向相反,转动上、下两端锚杯可调节吊索长度,设计考虑上、下端叉形耳板与锚杯之间的螺纹各有±20mm调节量,用以调节制造引起的吊索长度误差。

成桥状态下,吊索索长 H 大于 20m 的吊索(DS1~DS23、DS53~DS75)应设置减振架,当 20m≤H<60m 时,设置一道减振架;当 H≥60m 时,设置两道减振架;当 H≥90m 时,设置三道减振架。减振架将一个吊点的两根吊索互相联系,以减小吊索的风致振动。对于长吊索,另外安装摆锤式吊索阻尼器和冲击式吊索阻尼器进行组合减振。

吊索布置立面图如图 2-9-5 所示。

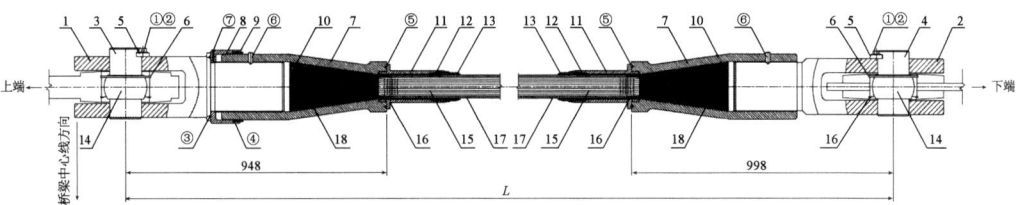

带轴承吊索

序号	图号或标准号	名称	数量	材料	质量(kg) 单件质量	质量(kg) 总质量	备注	序号	图号或标准号	名称	数量	材料	备注
1	14106-S3-03-020	吊索上端叉形耳板2	1	45号锻钢	177.800	177.800	左旋螺纹	①	GB/T 5783—2000	螺栓M16×40	4		
2	14106-S3-03-022	吊索下端叉形耳板2	1	45号锻钢	170.110	170.110	右旋螺纹	②	GB/T 93—1987	垫圈16	4		
3	14106-S3-03-024	吊索上端销轴2	1	40Cr	22.639	22.639		③	GB/T 3452.1—2005	O形密封圈206×5.3	1	硅橡胶	上端锚头设置
4	14106-S3-03-026	吊索下端销轴2	1	40Cr	20.864	20.864		④	GB/T 3452.1—2005	O形密封圈236×7.0	1	硅橡胶	上端锚头设置
5	14106-S3-03-028	吊索挡板	2	20号	0.820	0.820		⑤	GB/T 3452.1—2005	O形密封圈136×5.3	2	硅橡胶	
6	14106-S3-03-029	吊索挡圈	4	65Mn-5	1.127	0.508		⑥	GB/T 78—2000	锥端紧定螺钉M16×40	4		
7	14106-S3-03-027	吊索锚杯	2	ZG20Mn	82.907	165.814	左右旋螺纹各一	⑦	GB/T 72—1988	锥端紧定螺钉M16×40	2		上端锚头设置
8	14106-S3-03-033	吊索防水盖	1	20号	12.317	12.317	上端锚头设置						
9	14106-S3-03-034	吊索锚杯处密封压环	1	20号	1.911	1.911	上端锚头设置						
10	14106-S3-03-038	吊索分丝板	2	20号	0.468	0.936							
11	14106-S3-03-035	吊索套筒	2	20号	8.409	16.818							
12	14106-S3-03-036	吊索密封胶圈	2	硅橡胶	0.098	0.196							
13	14106-S3-03-037	吊索密封压环	2		1.922	3.84							
14	14106-S3-03-032	吊索轴承	2	4Cr13+20#	9.433	18.866							
15		钢丝		高强钢丝									
16		密封填料	2	环氧树脂	0.318	0.636							
17		PE护套		HDPE									
18		热铸料	2	ZnCu合金	27.131	54.262							

附注:
1. 本图尺寸均以毫米(mm)计。
2. 扣索上下端锚头均采用热铸锚。

图 2-9-4 带轴承吊索总成图(尺寸单位:mm)

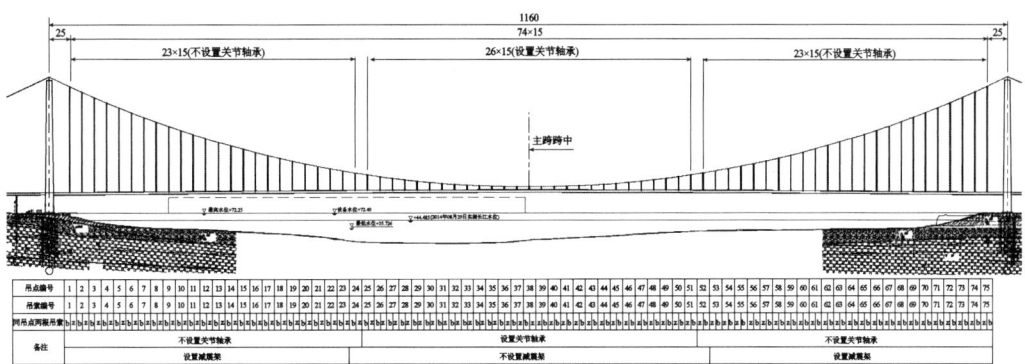

图 2-9-5 吊索布置立面图(尺寸单位:m)

二、技术要求

1. 吊索

吊索的主要技术指标见表 2-9-1。

吊索主要技术指标　　　　表 2-9-1

项目内容	技术性能
调长后销孔间长度容许误差	$L \leqslant 5\text{m}$,$\Delta L \leqslant 1\text{mm}$; $L > 5\text{m}$,$\Delta L \leqslant L/5000$ 且不超过 $\pm 30\text{mm}$
合金浇铸密实度	>92%
灌锚端面垂直度	$(90 \pm 0.5)°$

续上表

项目内容		技术性能
顶压回缩值		<5mm
吊索盘卷内径		不小于20倍吊索外径,并不小于1.8m
静载破断性能	最大静荷载	≥95%标称破断荷载
	破断延伸率	≥2%
疲劳性能	上限载荷	0.35Pb
	应力范围	150MPa
	循环脉冲次数	2×10^6
	断丝率	≤5%

2. 吊索用钢丝

吊索钢丝采用镀锌铝合金高强钢丝,钢丝的镀层的检验可以参考《锌—5%铝—混合稀土合金镀层钢丝、钢绞线》(GB/T 20492—2006)及《钢芯铝绞线用稀土锌铝合金镀层钢丝》(YB/T 184—2000)执行,其他性能均应满足《桥梁缆索用热镀锌钢丝》(GB/T 17101—2008)的规定及图纸中要求。吊索用镀锌铝合金钢丝具体技术指标满足表2-9-2中的要求。

吊索用镀锌铝合金钢丝技术要求　　　　表2-9-2

项 目		技 术 要 求
直径	锌铝合金钢丝直径	(5.0±0.06)mm
	不圆度	≤0.06mm
机械性能	抗拉强度	≥1770MPa
	屈服强度	≥1580MPa
	松弛率	Ⅱ级松弛。在(20±2)℃时,在70%公称抗拉强度下持荷1000h,其松弛率≤2.5%
	延伸率	≥4.0%
	弹性模量	$(2.0±0.1)\times 10^5$ MPa
	反复弯曲	取试件一段做180°弯曲试验,弯曲弧度半径为3d,反复弯曲4次后,试件表面不得产生任何折损现象
	抗扭性能	试件两端坚固,钳口间距为100d,试件的一端可沿试件轴线方向移动,另一端以小于60r/min的速度转动,直至试件扭断,转动次数应不少于8次。若从夹固处扭断,应重做试验
	缠绕性能	在直径为钢丝公称直径3倍的芯杆上紧密缠绕8圈后,钢丝应不断裂

续上表

项 目		技 术 要 求
镀合金质量	镀层附着量	≥300g/m²
	硫酸铜试验	每次取一段试件,浸置于硫酸铜溶液中1min,迅速取出,立即用净水冲洗,用棉花擦干观察,表面不发生挂铜现象,试验次数不少于4次
	镀层附着性	将试件紧密缠绕5d直径的试验芯轴上,缠绕不少于2圈,缠绕后试件镀层应附着牢固,不允许出现开裂、起皮、剥落现象
	铝含量	4.2%~7.2%
	表观质量	钢丝的表观质量应光滑、均匀,无疤点、裂纹、毛刺、机械损伤、油污、锈斑及有害附着物,表面质量良好
直线性	自由翘头高度	5m长钢丝在自由状态下,置于平面上,端部上翘不得大于15cm
	自然弯曲半径	≥8m

3. 吊索用钢材

吊索叉形耳板采用45号锻钢,应符合《优质碳素结构钢》(GB/T 699—2015)的规定。吊索锚杯ZG20Mn铸钢铸造,应符合《大型低合金钢铸件 技术条件》(JB/T 6402—2018)的规定。销轴、螺母及球面垫圈均采用40Cr合金钢,均应符合《合金结构钢》(GB/T 3077—2015)的规定。

4. 吊索用锚具

叉形耳板采用45锻钢,化学成分和力学性能应符合《优质碳素结构钢技术条件》(GB/T 699—2015)的规定。锚杯采用铸钢ZG20Mn铸造,化学成分和力学性能应符合《大型低合金钢铸件 技术条件》(JB/T 6402—2018)的规定。销轴材料为40Cr合金钢,化学成分和力学性能应符合《合金结构钢 技术条件》(GB/T 3077—2015)的规定。

5. 吊索用护套材料

吊索防护用HDPE护套材料的主要性能应满足《桥梁缆索用高密度聚乙烯护套料》(CJ/T 297—2016)中的要求(表2-9-3)。

吊索用镀锌铝合金钢丝技术要求 表2-9-3

序 号	项 目	黑色PE指标	彩色PE指标
1	密度	0.940~0.955g/cm³	
2	熔融指数	≤0.45g/10min	
3	拉伸断裂应力	≥25MPa	
4	拉伸屈服应力	≥15MPa	
5	断裂标称应变	≥400%	
6	邵氏硬度	≥50	

续上表

序　号	项　　目	黑色 PE 指标	彩色 PE 指标
7	拉伸弹性模量	≥500MPa	
8	抗冲击强度	≥50kJ/m²	
9	耐环境应力开裂	>5000h	
10	脆化温度	<-76℃	
11	炭黑分散	≤3 级	—
12	炭黑含量	(2.5±0.3)%	
13	耐热应力开裂	>96h	
14	200℃氧化诱导期	≥60min	
15	耐荧光紫外老化 3000h		
	拉伸断裂应力变化率	±25%	
	断裂标称应变变化率	±25%	
16	耐光色牢度	—	≥7 级

6. 吊索制作要求

（1）吊索索股采用双层 PE 一次热挤压成形。吊索索股制造时先浇铸下端锚头，然后在上端（主缆端）锚头附近设一标志点，精确量出下端锚头销孔至上端标志点之间的距离（无应力下量测）。待测得各项需要调整的误差后，对吊索长度进行修正，根据修正后的吊索长度浇铸上端锚头。因此，要求在索股钢丝下料时留有调整长度所需的余量。

（2）锚头及浇铸的合金完全冷却后，应检查浇铸质量：将锚头固定在顶压台上，在出口端的索股上做出标记，将顶压头顶在浇铸好的合金上，施加 1895kN 顶压力，持续荷载 5min，卸载后测量吊索的外移量，小于 5mm 为合格。

（3）锚头浇铸后，还应通过调整锚头耳板来精确调整吊索两端锚头耳板销孔之间的距离，使吊索能满足设计规定的精度值。吊索两端锚头的耳板销孔距离调整准确后，用定向螺钉定位，定位时除应保证长度准确外，还应确保两端耳板的方向一致。因此，除在上端锚头附近设长度标记点外，还应设方向标记点。

（4）吊索总成长度 L 表示吊索锚头销孔中心之间的无应力长度，L 等于成桥状态吊索锚头销孔中心之间的形状长度减去其恒载弹性伸长量 δ，其中 δ 是按长度为锚杯口合金端面之间的长度、设计温度 20℃、钢丝弹性模量为 2.0×10^5 MPa 计算得的。实际制造时，应考虑钢丝的实际弹性模量以及锚杯、叉形耳板和锌合金对伸长量的影响，并进行温度修正。

（5）设计提供的吊索长度，是在设计温度及理想恒载工况下算得的，进行施工控制的单位应根据实际恒载及各种施工误差的反馈信息进行修正。

第二节 吊索制造

吊索制造主要包含锌铝合金钢丝制作、锚具制作、叉形耳板和销轴制作以及吊索成形制作。锌铝合金钢丝制作和锚具制作参考本书上册第二篇第七章中相关内容，此处从略。

一、叉形耳板、销轴制作

叉形耳板材质采用45锻钢，具体锻件加工工艺流程如下。

1. 原材料采购

原材料采购前先进行外观检验，检验合格后在原材料本体上取样，委托有资质的单位对原材料进行化学分析抽检。

2. 下料

已检验合格的原材料准备下料试锻。锯料过程中进行过程检验，验证下料尺寸和下料重量，全程检验人员进行旁站。

3. 加热

原材料进灶，升温至工艺要求。在升温过程中注意控制温度，必须保温到位，再升温至始锻温度，检验员采用红外线测温仪进行温度检验。

4. 锻打

锻打设备选用3T电液锤。将试锻的坯料升温至始锻温度出炉锻打，此锻打过程中必须保证锻造比大于3.5。在镦拔、倒角、拔小脚过程中，一旦锻件温度低于终锻温度，一定要回炉重新加热，以达到锻造的要求。

5. 检验

锻造完成后，检验试锻成品的外形尺寸，外形尺寸检验合格后进行超声波检验，试锻的锻件全部检验合格后方可批量生产。

锻件毛坯件加工前需进行尺寸检验和外观检验，合格后本体取样进行化学分析，合格后进行粗加工以及超声波检测，随后同试棒同炉进行调质处理。试棒力学性能检测合格后进行超声波探伤，检测合格后进行精加工，再进行磁粉、渗透探伤。叉形耳板全部加工完成后进行总体检验，合格后进行防腐处理。

销轴材质采用40Cr合金钢，原材料进厂后进行尺寸检验和外观检验，合格后对本体取样进行化学分析，检测合格后进行粗加工，随后连同试棒同炉进行调质处理，试棒力学性能检测合格后进行超声波探伤，检测合格后进行精加工，之后进行磁粉探伤，完成后进行总体检验，合格后进行防腐处理。

二、吊索制作

1. 吊索制造工艺

吊索制造工艺流程如图 2-9-6 所示。

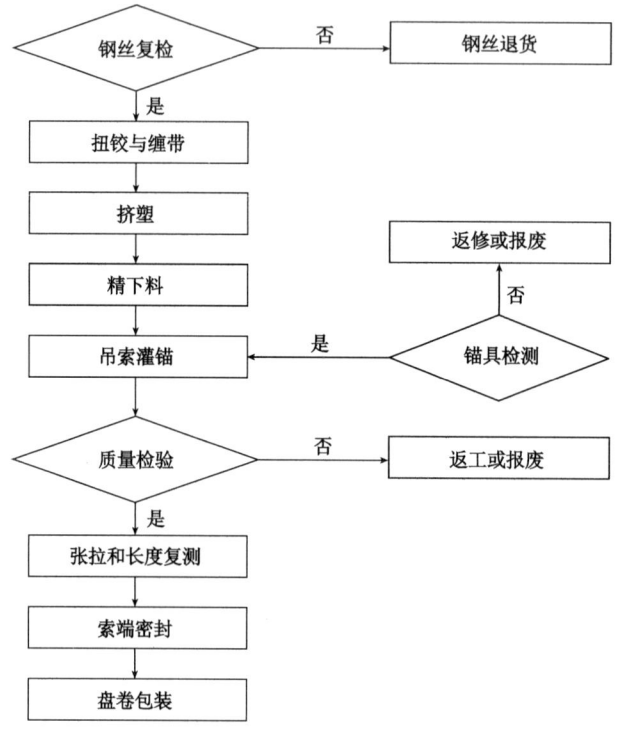

图 2-9-6　吊索制造工艺流程

2. 吊索制作工艺方案

1）扭绞与缠带

扭绞与缠带的工艺流程为：钢丝粗下料→集束成型→焊接牵引头→扭绞缠带→复测。

根据工艺卡要求的放丝长度，确定在放丝轨道上小车的最终停车位置，做好终点标记。逐层将钢丝排满后，同时检查钢丝的表面质量，并检查钢丝位置。

在钢丝扭绞成型处夹上成型夹具，用木榔头敲打钢丝束使之有效成型后，适当收紧成型夹具。用切割机将钢索端面切平。用电焊机将该端面点焊起来再用角向砂轮机将钢丝索端面边角磨去。

调整主牵引机及缠带机速度，由牵引机牵引，按图纸规定，平行并拢、经扭绞机实施扭绞，扎紧。最外层钢丝的扭绞角为 3°±0.5°，索中钢丝应排列整齐，扭绞紧密，无交叉错位。

将裸索移至双列支架的一侧，尽量使裸索顺直。用钢卷尺测量裸索的长度，做好记录。对裸索进行检查，包括 30m 一次复测裸索外径、力矩，并修补缠包带破损的地方。

2)挤塑

挤塑的工艺流程为:烘料→机头、机筒预热→挤塑→冷却→包装检查。

将高密度聚乙烯粒子装入烘干机机桶,烘料结束后将粒子装入清洁的包装袋里,扎紧袋口备用。挤塑用粒子必须经过烘干;检查挤塑机各加热部位的加热元件及加热线路,确保无误后对机头、机筒进行预热;牵引拉索缓慢向前移动,调整限位滚轮,使裸索与机头对心;打开水槽进水开关,使水槽内的水保持在一定高度。挤塑之前预先调整好水槽中滚轮高度。

高密度聚乙烯护套应紧密包裹钢丝束,护套外观光滑平整、无破损。索体护套厚度的误差在 $-0.5 \sim +1\mathrm{mm}$ 之间。

3)精下料

精下料的工艺流程为:长度测量→检查下料标记→长度复测→剥套→精下料。

根据监控指令计算每根吊索精下料长度,计算考虑拉索设计长度、镦头所需长度、锚具修正参数、温度修正系数和钢尺读数修正。

吊索经过热挤 HDPE(高密度聚乙烯)后,经过充分冷却至室温状态。采用标定合格的钢卷尺测量,测量时须采用张力装置将钢卷尺拉到标定时的荷载。换人复核无误后,进行精下料。

以下料标记线为始端,按工艺要求向两端量取剥套长度,并做标记。沿剥套标记,垂直地把两端的塑料护套环剥,然后用剥套工具刀纵向切破塑料护套层,剥除塑料护套。剥套过程中不得损伤钢丝。

4)吊索灌锚

吊索锚头灌锚施工工艺详见主缆吊索锚头灌锚的相关内容,本处从略。

5)张拉和长度复测

在标距精确的台架上将吊索张拉至要求的荷载(根据监控指令要求),进行吊索长度测量。上端锚头叉形耳板应与下端锚头耳板的开口面平行,转动叉耳(上、下端同时转动)可调节整个吊索总成长度,吊索调整后长度 L(销孔之间)的偏差 ΔL 应满足:$L \leqslant 5\mathrm{m}$ 时,$\Delta L \leqslant 1\mathrm{mm}$;$L > 5\mathrm{m}$ 时,$\Delta L \leqslant L/5000$ 且不超过 $\pm 30\mathrm{mm}$。

在叉形耳板的螺纹部分钻 $90°$ 锥形凹坑,上紧锥端紧定螺钉定位。在吊索长度复核完成后,在吊索侧面设置沿轴向的标志线,以便安装时监测索体的扭转状态。

6)索端密封

吊索在索端密封前,对锚具连接筒段、锚具以及索体进行表面清洁处理,清除水、油污等残留杂质。然后在锚具与索体连接段采用专用的防水密封结构进行密封。

7)盘卷包装

吊索以脱胎成盘的形式包装,其盘绕内径视吊索规格而定,不应小于 20 倍拉索外径,最大外形尺寸应符合相应的运输条件。吊索采用不损伤表面质量的材料捆扎结实,捆扎不少于六道,然后用棉布等柔性材料将整个圆周紧密包裹。

第三节 吊索安装

一、吊索安装

伍家岗长江大桥仅在主桥中跨设有吊索，其安装时由跨中向南、北两岸主塔方向进行。根据现场施工组织，可与钢箱梁架设平行交叉作业，吊索运至主塔底后用塔式起重机提吊至塔顶操作平台。

吊索安装工艺流程如图2-9-7所示。

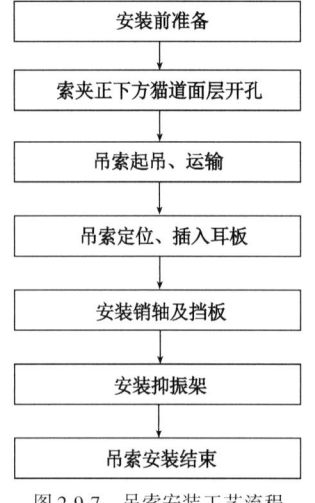

图2-9-7 吊索安装工艺流程

吊索主要分为三类进行安装。

（1）第一类（DS24～DS51）：长度较短吊索直接用缆索起重机天车运至安装位置进行安装。

（2）第二类（DS8～DS23、DS52～DS68）：长度稍长的吊索，采用缆索起重机天车通过悬臂端挂住两根吊索，一侧一根，吊索位于猫道外侧，从而减小运输过程对PE防护层的磨损；采用一台10t卷扬机作为反拉卷扬机与缆索起重机天车相连；吊索上锚头处留一根绳头，一台8t卷扬机钢丝绳从猫道面网开口处（开口尺寸约为70cm×90cm，采用工字形切割后，面网向两侧外翻）下放，与绳头连接，将吊索荡移至索夹正下方，解除天车手拉葫芦后，缓慢提升8t卷扬机钢丝绳，直至连接吊索上端锚头与夹耳销轴，完成吊索安装。

（3）第三类（DS1～DS7、DS69～DS75）：此类为长度较长的吊索范围。南岸主塔中心线至栈桥端长度约110m，北岸主塔中心线至栈桥端长度约105m，吊索放置在地面或栈桥上通过塔顶卷扬机放绳至吊索处连接，用塔顶卷扬机将索头垂直提升至猫道预留开孔处，直至连接吊索上端锚头与夹耳销轴，完成吊索安装。

吊索安装现场如图2-9-8所示。

图2-9-8 吊索安装现场

二、吊索减振架及阻尼器安装

1. 减振架安装

吊索减振架的具体位置可以通过在吊索安装前对减振架位置做出明显标记的方式进行定位。待钢箱梁吊装完毕后,通过塔顶10t卷扬机下放吊篮作为人员操作平台,安装吊索减振架。

2. 吊索阻尼器安装

伍家岗长江大桥主桥最长吊索超过120m,虽然1~23、53~75号吊索按设计要求安装了刚性减振架,但在现场多次观测到长吊索顺桥向振动比较明显。对于长吊索而言,刚性减振架并未完全起到减振作用,为避免吊索长期振动带来危害,需采取更为有效的减振技术控制吊索振动,以保证桥梁结构安全和行车舒适性。

针对主桥吊索进行振动特性分析,包括理论分析和现场实测,得到其振动类型和振动幅度,以便进行吊索阻尼器选型及设计。为了避免吊索振动带来不利影响,根据伍家岗长江大桥主桥吊索振动特性分析结果并结合现场实际情况,考虑到一定的安全储备,最终确定对索长80m以上的1~8号、68~75号吊索安装冲击式阻尼器(SID)和摆式阻尼器(SPD)各16套,全桥共计安装32套。通过附加阻尼方式耗散吊索的振动能量,抑制吊索在外界因素激励下的各种振动。

在减振性能方面,两种阻尼器均有减振频带宽,耐久性好,兼有刚性减振架功能,减振效果优良;在景观协调性方面,整体构造简单、安装灵活,对桥梁外部景观影响小;减振器的安装高度为5m,使用曲臂台车配合人工安装,安装方便,可充分发挥两种阻尼器的优点,具有很好的控制效果。

在安装附加阻尼器以后,通过多次测试验证阻尼器安装后对吊索结构的减振效果,得到以下结论:

(1)安装阻尼器的各吊索前三阶频率在安装前后基本无变化,对高阶频率影响较小,总体不影响桥梁健康监测系统传感器的正常工作。

(2)安装减振器前,活载及温度荷载作用下最大吊索力加速度为150.5mm/s^2,安装减振器后,最大吊索力加速度为41.1mm/s^2。在安装阻尼器以后,加速度响应峰值降低74.1%,可有效控制吊索振动。

(3)经过实测分析,在安装阻尼器后环境激励检测的吊索对数衰减率均达到3%以上,满足减振的设计要求。

第十章 钢箱梁施工

第一节 概　　述

一、概况

钢梁为整体式扁平流线型钢箱梁,钢梁材质采用 Q345qD 钢。钢梁全宽 34.7m,由顶板、底板、横隔板及纵腹板组成,中心线处梁高 2.8m,标准梁段宽 31.5m,两侧风嘴均宽 1.6m。加劲梁支撑体系为:主塔上、下游设竖向支座、横向抗风支座、纵向限位支座;加劲梁端部纵向与主塔间设置液压阻尼器。

箱梁内部通长布置的纵腹板间距为 26.5m,内侧布置的横隔板除梁端三个横隔板间距为 2.6m 外,其余横隔板间距均为 3.0m,外侧对应位置设置风嘴隔板。钢梁全长 1158m,其端部距主塔中心线间距 1m,节段按主梁水平投影长度划分,端部节段长 16.5m,其余节段为 15m 标准节段。钢梁节段间采用栓焊组合连接,节段中除纵腹板与顶板 U 形肋及 I 形肋采用栓接外,其余部位均采用焊接。钢箱梁典型横断面布置图如图 2-10-1 所示。

1. 顶板

顶板采用正交异性钢桥面板结构,全宽 31.8m,端部为适应塔柱间空间减至 29.5m。横向设置 2% 横坡,板厚分区域布置,除外侧车道对应范围采用 18mm,其余范围均采用 16mm,车行道范围的顶板底部按 600mm 间距沿顺桥向布置 8mm 厚、290mm 高的 U 形闭口肋加劲,人行道范围的顶板底部按 400mm 间距沿顺桥向布置 14mm 厚、160mm 高的板式加劲肋。

2. 底板

底板水平设置,全宽 24.1m,采用 14mm 的板厚等厚设置,按 800mm 间距沿顺桥向布置 6mm 厚、200mm 高的 U 形闭口肋加劲。

3. 风嘴

钢箱梁外侧设置风嘴结构,其顶板利用钢箱梁顶板结构,侧板斜向布置,厚度采用 10mm,并在其底部按 300mm 间距沿顺桥向布置 10mm 厚、100mm 高的板式加劲肋。底板同样斜向布置,厚度采用 14mm,并在其底部按 450mm 基本间距沿顺桥向布置 14mm 厚、160mm 高的板式肋加劲。为便于加劲梁穿过主塔,风嘴结构在距主塔中心线 6.3m 处收窄。

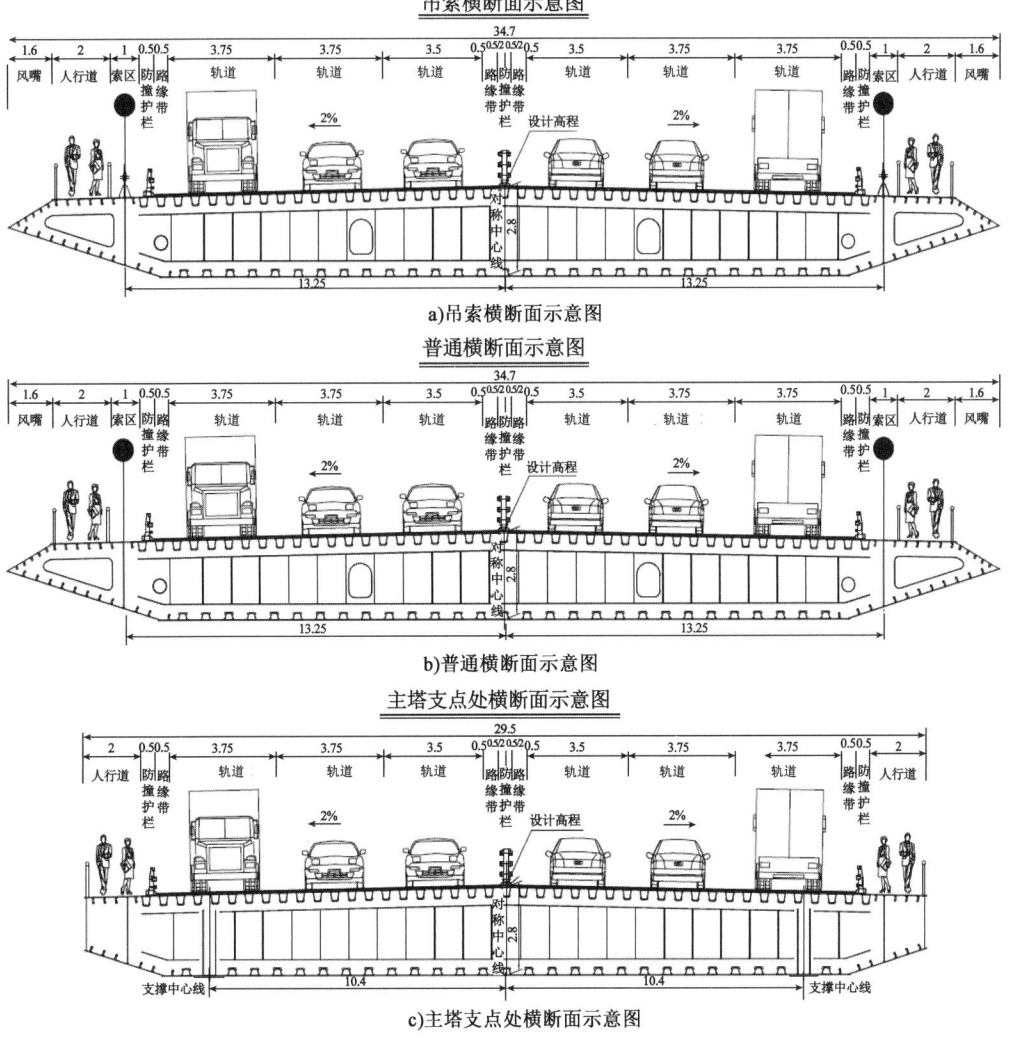

图 2-10-1 钢箱梁典型横断面布置图(尺寸单位：m)

4. 纵梁

钢箱梁内部铅垂设置通长纵腹板，其中心距为 26.5m，端部节段厚度 24mm，过渡节段厚度 20mm，其余节段均厚度为 16mm，纵腹板两侧按 1.5m 基本间距对称设置竖向加劲肋，除端部节段及过渡节段采用 16mm 厚、200mm 宽的竖向加劲肋外，其余均采用 12mm 厚、145mm 宽的竖向加劲肋。节段连接处的腹板两端设置 M24 高强螺栓孔。

5. 横隔板

钢箱梁腹板内侧及外侧对应铅垂布置箱梁横隔板及风嘴横隔板，除梁端三个横隔板间距为 2.6m 外，其余横隔板间距均为 3.0m。箱梁及风嘴横隔板腹板厚度分类设置，其中普通隔板厚度均采用 12mm；吊点处箱梁隔板厚度分区域设置，其中距纵腹板中心线 3.35m 范围的腹板厚度采用 20mm，其余范围厚度采用 16mm。吊点处风嘴隔板厚度均采用16mm。钢箱梁普通隔板与吊点隔板两侧分别对称设置12mm厚、120mm宽与14mm厚、150mm宽的水平和竖向加劲肋。

主塔支点处箱梁隔板厚度采用24mm，其支座对应处设置24mm厚、280mm宽的支撑加劲肋，其内侧0.8m处设置20mm厚、240mm宽的起顶加劲肋。加劲肋底部对应处均设置40mm厚垫板。对应处风嘴隔板厚度采用24mm，在横向抗风支座对应处设置24mm厚、280mm宽的支撑加劲肋，加劲肋底部对应处设置40mm厚垫板。

为便于检修养护，钢箱梁隔板及风嘴隔板均设置有通过孔，支点处的钢箱梁隔板设置密封门，近塔处风嘴底板设置检修通过孔。

6. 吊点锚固

钢箱梁顶面的吊杆对应处设置吊杆锚固构造，锚固构造位于纵腹板与吊点横隔板交叉处的顶面，其结构类型为耳板结构，其结构高度为650mm，耳板厚度为28mm，共设置4处吊杆连接孔，孔周边设置24mm加强环板。耳板两侧设置16mm厚、200mm宽的加劲肋，对应处纵腹板两侧对应设置16mm厚、212mm宽加劲肋。

二、梁段划分

主桥钢箱梁从南侧至跨中编号为ZL1~ZL39，从北侧至跨中编号为ZL1'~ZL38'，梁段共四种类型，具体分为A类（标准段）、B类（桥跨中心标准段）、C类（合龙段）和D类（端梁段），总计77个梁段。A类（编号：ZL3~ZL38，ZL3'~ZL38'）标准梁段质量243.5t，B类（编号：ZL39）跨中梁段质量243.5t，C类（编号：ZL2，ZL2'）合龙梁段质量245.9t，D类（编号：ZL1，ZL1'）无吊索梁端质量289.9t，全桥钢箱梁总质量约19000t。钢箱梁具体工程数量及编号见表2-10-1。

钢箱梁工程数量及梁段编号表　　　表2-10-1

梁段类型	A	B	C	D
梁段长度(m)	15	15	15	16.5
梁段质量(t)	243.5	243.5	245.9	289.9
梁段数量(个)	72	1	2	2
梁段编号	ZL3~ZL38，ZL3'~ZL38'	ZL39	ZL2，ZL2'	ZL1，ZL1'
备注	标准梁段	跨中梁段	合龙段	无吊索梁段

三、主要材料

1. 钢材

钢箱梁钢结构材质采用Q345qD和Q235C。Q345qD钢材需满足《桥梁用结构钢》（GB/T 714—2015）的要求，Q235C钢材需满足《碳素结构钢》（GB/T 700—2006）的要求。Q345qD 钢板应以热机械轧制状态交货。钢材采购厂家限定在优质厂家范围内,且同一结构只选择一家厂家供货。

2. 高强度螺栓

钢箱梁钢结构连接螺栓采用 M22、M24 高强度螺栓,材质分别为 20MnTiB、35VB,性能等级 10.9S,设计有效预拉力分别为 200kN、240kN,其技术指标需满足现行《钢结构用高强度大六角头螺栓》(GB/T 1228)、《钢结构用高强度大六角螺母》(GB/T 1229)、《钢结构用高强度垫圈》(GB/T 1230)和《钢结构用高强度大六角头螺栓、大六角螺母、垫圈技术条件》(GB/T 1231)的要求。

3. 普通螺栓

钢箱梁临时匹配件之间连接采用 M24 普通螺栓,其机械性能、尺寸等应满足现行《六角头螺栓 C 级》(GB/T 5780)和《六角头螺栓》(GB/T 5782)的要求。

4. 焊接材料

焊接材料应根据焊接工艺评定试验结果确定,且必须与所焊母材相匹配。

焊接材料除进厂时必须有生产厂家的出厂质量证明外,还应按现行有关标准进行复验,并做好复验检查记录。

选定焊接材料应符合图纸要求,如图纸未要求,按规范规定标准选择与所焊件材质相匹配的焊接材料。不可使用电渣焊及电弧焊。

四、施工要点

(1)制造前仔细核对图纸,图纸中若遇到表达有歧义或错误的地方,应及时与设计方进行沟通。

(2)钢箱梁节段纵向尺寸均为加劲梁在水平面上投影尺寸,梁段拼接面及内部横隔板均铅垂布置。工厂制造时应结合钢箱梁立面线形仔细放样。

(3)钢箱梁端部节段连接有伸缩缝、支座及阻尼器,待产品供应商最终确定其结构后,设计方将对钢梁端部节段相关连接构造作出相应调整。因此,钢梁端部节段应待设计方提供最终图纸后才方可下料制造。

(4)梁段构造图中所标注的钢梁尺寸均为基准温度 20℃下的尺寸,工厂下料时要考虑温差影响,工地施工用尺应在施工前与工厂用尺互相校对。

(5)钢箱梁板件订货时,尽可能采用大定尺规格,以减少拼接焊缝数量。钢材的轧制方向应与钢梁的受力方向一致。

(6)设计图中焊缝符号应符合《焊缝符号表示法》(GB 324—2008)的规定。角焊缝端部应围焊,对坡口焊接的贴角焊缝,当未给出焊角尺寸时,一般以不小于 1.5^t 考虑取值,其中 t 为两焊件中较厚焊件的厚度,同时要求焊缝有效厚度之和不小于开坡口板厚的 1.2 倍。所有的对接焊缝和焊缝符号尾部注明"熔透"者均应熔透。

（7）钢箱梁为工厂分节段制造、现场栓焊结合的方式连接成桥。钢箱梁在工厂内制造长度由加工厂家根据加劲梁线形、温度影响、制造时焊接收缩变形和工地连接横向焊缝收缩变形等因素确定。钢箱梁各节段均与相邻节段匹配制造，要求工厂进行试拼装合格后方能发运到施工现场。各部位横向总体尺寸须严加控制，其接口的相对公差幅度必须满足相互接口能够顺利进行工地焊接。所有焊缝在起、熄弧点和存在弧坑、焊瘤处均应打磨平顺。

（8）钢箱梁每个节段内各构件的焊接连接，焊接接头的力学性能原则上应与基材等屈服、等强度、等韧性，为此，应严格控制线能量的输入。由于结构焊缝较多，所产生的焊接变形和残余应力较大，制造过程中，在保证焊缝质量的前提下，应尽量采用焊接变形小、焊缝收缩小的工艺。结构中所有类型的焊接接头形式，均要求做焊接工艺试验，经评定通过后方可用于生产。

（9）高强度螺栓连接的表面抗滑移系数要求不小于0.45，钢箱梁各节段栓接处出厂状态表面抗滑移系数要求不小于0.55。抗滑移系数试验方法应符合《公路桥涵施工技术规范》（JTG/T F50—2011）的规定。高强度螺栓的预拉力设计值按《铁路桥梁钢结构设计规范》（TB 10002.2—2005）取值。

（10）工厂在钢箱梁节段以及其他相关钢结构构件制造过程中，应将钢箱梁结构图与支座、阻尼器、检修车轨道、除湿系统、电气工程、排水工程、景观照明预埋件等结构图纸相互配合使用，钢箱梁制造时应结合相关图册进行加工预留，防止遗漏。

（11）钢箱梁节段组装胎架长度不得小于5个节段长度，且单次预拼装不得少于5个梁段，按设计线形及梁段间预留的间隙（还需计入焊接收缩量）使相邻梁段连接断面相匹配。梁段预拼装顺序应与安装顺序相同，吊装时不允许调换梁段号。

（12）钢箱梁节段堆放支点必须位于纵、横向板件的交点处，应尽量使各点受力均匀。节段的运输包括场内运输及装船运输，所有过程在起吊时只能利用构件上设置的临时吊点。在堆放与运输过程中，在节段端部应用有效措施将敞口封住，以防雨水等的侵入。

（13）临时吊点或临时支点的割除和打磨应特别细致，避免因操作失误而损伤主体结构。由于钢箱梁各节段质量大、尺寸大，在运输及吊装就位过程中，应特别注意保护，避免各部位被碰伤或防腐涂层被刮落。

第二节　钢箱梁制造

一、总体制造方案

根据钢箱梁结构特点，充分考虑制作、运输等因素，总体制造思路如下：钢箱梁先在工厂内制造完成各类板单元，然后在总拼场地按照"4+1"节段进行试拼装，验收合格后，将所有钢箱梁节段通过船运发运到桥址进行安装。

针对钢箱梁各类杆件的结构特点,伍家岗长江大桥的加工制造方案可以分为以下四种类型:①钢箱梁顶板单元;②钢箱梁底板单元;③钢箱梁腹板单元;④钢箱梁横隔板单元(含风嘴隔板单元)。每个梁段分为48个单元构件,其中包含顶板单元13个,底板单元13个,纵腹板单元2个,风嘴隔板单元10个,横隔板单元10个。钢箱梁板单元示意图如图2-10-2所示。

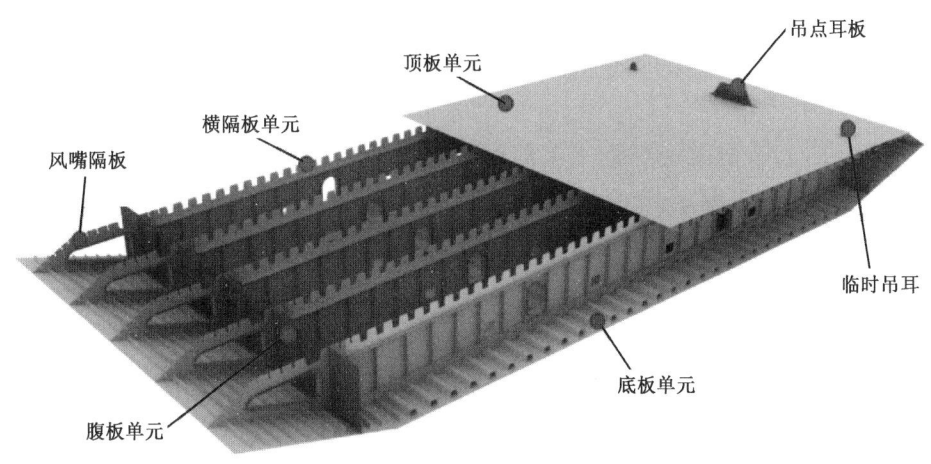

图2-10-2 钢箱梁板单元示意图

本桥钢箱梁顶板U形肋、顶板I形肋及腹板采用栓接,其余均为焊接结构形式。顶板单元、底板单元及腹板单元均按照理论长度加15~20mm余量下料制造,总拼时安装理论线形试拼装进行配切,并在节段间安装匹配件,合龙段ZL2留50mm配切余量,待架设时测量详细数据后在桥位现场进行配切。

根据现场施工需要,两岸主塔附近各7个梁段需要先临时存放在钢栈桥上,总拼时先完成此处14个梁段的拼装,然后再按照钢箱梁从跨中向两岸主塔方向架设顺序,以跨中ZL39钢箱梁中心为基准端进行总拼。

二、焊接工艺评定

钢箱梁主要部位均使用Q345qD钢材,根据钢箱梁设计图纸和相关技术文件要求,以及《公路桥涵施工技术规范》(JTG/T 3650—2020)的相关规定,结合钢箱梁的结构形式,共整理出27组有代表性和针对性的板厚和接头组合进行焊接工艺评定试验,包括11组对接接头、7组熔透角接接头、5组坡口角接接头、3组T形角接接头以及1组剪力钉接头。其中,15组为本次试验新制接头,12组为引用其他已经过评审的项目。

1. 试验材料

1)母材

焊接工艺评定用钢板采用主体结构使用的Q345qD钢,包括厚度为8mm、16mm、

20mm 及 28mm 的四种钢板。试板规格如下：对接接头 150mm×700mm，角接接头 150mm×500mm，剪力钉试板 500mm×600mm。

2）焊材

（1）顶板对接焊缝采用 CO_2 气体保护焊打底、埋弧自动焊填充盖面，气体保护焊丝选用 ER50-6（ϕ1.2mm），埋弧焊丝选用 H10Mn2（ϕ5.0mm），配合 SJ101q 焊剂。

（2）底板对接焊缝、底板 U 形肋坡口焊缝，顶、底板纵肋焊缝采用 CO_2 气体保护焊，气体保护焊丝选用 ER50-6（ϕ1.2mm）。

（3）横隔板、板肋对接焊缝、临时吊点熔透焊缝采用 CO_2 气体保护焊，气体保护焊丝选用 E501T-1（ϕ1.2mm）。

（4）顶板 U 形肋全熔透焊缝采用埋弧自动焊（双面焊技术），焊丝选用 TGM-50U（ϕ1.6mm 及 ϕ3.2mm），配合 TGF-SJ501U 焊剂。

（5）横隔板及加劲肋角焊缝采用 CO_2 气体保护焊，平位选用实芯焊丝 ER50-6（ϕ1.2mm），立、仰位选用药芯焊丝 E501T-1（ϕ1.2mm）。

2. 焊接要求

1）预热及层温

试验前需对试板进行预热，并控制层温，详见表 2-10-2。

预 热 及 层 温 表　　　　表 2-10-2

材质	板厚（mm）	预热温度（℃）		预热范围（mm）	道间温度（℃）	
		定位焊、手弧焊、气体保护焊	埋弧焊		手弧焊、气体保护焊	埋弧焊
Q345qD	≤28	≥5	≥5	—	5～200	5～200
	>28～40	60～100	60～100	≥100	60～200	60～200
	>40	80～120	80～120	≥100	80～200	80～200

2）外观检测

所有对接和角接焊缝必须在全长范围内进行外观检查，不得有裂纹、未熔合、夹渣、未填满弧坑和焊瘤等缺陷，焊缝外观质量应《公路桥涵施工技术规范》（JTG/T 3650—2020）的有关规定。

3）焊缝无损检验

（1）无损检验应在焊接 24h 后进行。

（2）按照设计要求及《公路桥涵施工技术规范》（JTG/T 3650—2020）的有关规定，对焊缝进行无损检验，范围为焊缝全长，对接焊缝、熔透角焊缝质量等级应达到Ⅰ级；不熔透角焊缝质量等级应达到Ⅱ级。

3. 焊缝接头力学性能要求

（1）拉伸试验结果（屈服强度、抗拉强度、延伸率）不低于母材标准值（表 2-10-3）时，判为合格；当试验结果低于母材标准值时，允许从同一试件上再取一个试样重新试验，若重新试验的结果不低于母材标准值，则仍可判为合格，否则判为不合格。

焊接接头拉伸试验标准　　　　表 2-10-3

材　质	板厚范围(mm)	屈服强度(MPa)	抗拉强度(MPa)	延伸率(%)
Q345qD	≤50	≥345	≥490	≥20

（2）焊缝 V 形缺口低温冲击功不低于表 2-10-4 的规定值。若冲击试验的每一组（3 个）试样试验结果的平均值不低于规定值,且任一试验结果不低于 0.7 倍的规定值,则判为合格;当试验结果未满足上述要求,允许从同一试件上再取一组（3 个）附加试样重新试验,若总计 6 个试验结果的平均值不低于规定值,且低于规定值的试验结果不多于 3 个（其中不得有 2 个以上的试验结果低于 0.7 倍的规定值,也不得有任一试验结果低于 0.5 倍的规定值）,则可仍判为合格;否则,判为不合格。

焊接接头低温冲击试验标准　　　　表 2-10-4

钢材牌号	试验温度(℃)	冲击功(J)
Q345qD	-20	27

（3）接头硬度不大于 HV380。

4. 力学性能试验项目及试样数量

力学性能试验项目及试样数量应符合表 2-10-5 的规定。

力学性能试验项目及试样数量　　　　表 2-10-5

试件形式	试验项目	试验数量	试验方法
对接接头	接头拉伸试验	1	按现行《焊接接头冲击试验方法》(GB/T 2650)、《焊接接头拉伸试验方法》(GB/T 2651)、《焊接及熔敷金属拉伸试验方法》(GB/T 2652)、《焊接接头弯曲试验方法》(GB/T 2653)和《焊接接头硬度试验方法》(GB/T 2654)进行;侧弯时板厚 $\delta \leq 16mm$ 时, $d=2a$,板厚 $\delta > 16mm$ 时, $d=3a$
对接接头	焊缝金属拉伸试验	1	
对接接头	接头侧弯试验($\alpha=180°$; $d=2a,3a$)	1	
对接接头	焊缝金属和热影响区 V 形缺口低温冲击试验	3/3	
熔透角接接头	接头硬度试验	1	
熔透角接接头	焊缝金属拉伸试验	1	
坡口角接接头、T 形角接接头	焊缝金属和热影响区 V 形缺口低温冲击试验	3/3	
坡口角接接头、T 形角接接头	接头硬度试验	1	
坡口角接接头、T 形角接接头	焊缝金属拉伸试验	1	
坡口角接接头、T 形角接接头	接头硬度试验	1	

注:1. 热影响区冲击试验缺口,气体保护焊开在熔合线外 0.5mm 处,埋弧自动焊开在熔合线外 1mm 处。
　　2. α 表示弯曲角度, d 表示弯曲半径; a 表示钢板厚度。

5. 圆柱头焊钉试验

（1）剪力钉试验按照《公路桥涵施工技术规范》(JTG/T 3650—2020)进行,经外观检查合格后,选取 10 个进行 30°弯曲试验,10 个进行接头拉伸试验。

（2）焊钉弯曲试验应符合以下规定:锤击焊钉头部使其弯曲 30°,在焊缝和热影响区不可产生肉眼可见的裂纹。

（3）焊钉拉伸试验应符合以下规定: $\phi 22mm$ 圆柱头焊钉当拉力载荷达到 159.6kN 时不得断裂;继续增大拉力载荷直至拉断,断口位置不得在焊缝和热影响区。

6. 接头形式

根据钢箱梁各部位不同结构形式及焊接形式，选择相应的焊接试验接头，见表2-10-6。

钢箱梁主要焊缝形式及对应编号　　　　　表2-10-6

名　称	焊接形式	板　厚	对应试件编号	备　注
工厂钢板对接焊缝	平位	16/20/24	WJGD1	气体保护焊打底 埋弧自动焊盖面
顶板单元U形肋熔透焊缝	船位	8	WJGR1	双面埋弧焊
底板单元U形肋坡口焊缝	船位	8	WJGP4	气体保护焊
顶板总拼对接焊缝	平位	16/18	WJGD3/WJGD4	气体保护焊打底 埋弧自动焊盖面
底板总拼对接焊缝	平位	14	WJGD6	气体保护焊
腹板/横隔板总拼对接焊缝	立位	12/16/20/24	WJGD5	气体保护焊
腹板与顶/底板间角焊缝	平位	16/20/24	WJGT1/WJGT3	气体保护焊
腹板与顶/底板间熔透焊缝	平位	16/20/24	WJGR2/WJGR4	气体保护焊
横隔板与顶/底/腹板间角焊缝	平位	12/16/20/24	WJGT1～WJGT3	气体保护焊
横隔板与顶/底/腹板间坡口焊缝	平位	12/16/20/24	WJGP1～WJGP3	气体保护焊
底板U形肋嵌补段对接焊缝 排水槽嵌补段对接焊缝	立位	8/10	WJGD9/WJGD10	气体保护焊
加劲肋嵌补段对接焊缝	立位	14	WJGD11	气体保护焊
各类加劲角焊缝	平/立/仰位	—	WJGT1～WJGT3	气体保护焊

7. 焊接工艺评定项目

焊接工艺评定项目见表2-10-7。

钢箱梁焊接工艺评定项目　　　　　表2-10-7

编号	板厚材质 和厚度(mm)	坡口形式	焊接方法 （工位）和材料	代表焊缝	备注	接头替代
WJGD1	16+20 （Q345qD）	60°, 1:8, 16, 6, 20	气体保护焊+埋弧自动焊（平位）ER50-6(ϕ1.2mm)+CO_2 H10Mn2(ϕ5.0mm)+SJ101q	钢板工厂对接焊缝	反面气刨清根熔透	试验
WJGD2	16+16 （Q345qD）	40°, 16, 6	气体保护焊+埋弧自动焊（平位）ER50-6(ϕ1.2mm)+CO_2 H10Mn2(ϕ5.0mm)+SJ101q 陶质衬垫型号：TG2.0Z	顶板对接焊缝	反面贴陶质衬垫，单面焊双面成型	钱资湖QZD8

续上表

编号	板厚材质和厚度(mm)	坡口形式	焊接方法（工位）和材料	代表焊缝	备注	接头替代
WJGD3	16+16 (Q345qD)	40°, 16, 30, 2	气体保护焊+埋弧自动焊(平位)ER50-6(ϕ1.2mm)+CO_2 H10Mn2(ϕ5.0mm)+SJ101q 陶质衬垫型号：TG2.0Z	顶板大间隙对接焊缝	反面贴陶质衬垫，单面焊双面成型	钱资湖QZD9
WJGD4	16+16 (Q345qD)	40°, 16, 6, 2	气体保护焊（平位）E501T-1(ϕ1.2mm)+CO_2 陶质衬垫型号：TG2.0Z	横隔板对接焊缝	反面贴陶质衬垫，单面焊双面成型	钱资湖QZD6
WJGD5	16+16 (Q345qD)	40°, 16, 6, 2	气体保护焊（立位）E501T-1(ϕ1.2mm)+CO_2 陶质衬垫型号：TG2.0Z	横隔板对接焊缝	反面贴陶质衬垫，单面焊双面成型	钱资湖QZD7
WJGD6	16+16 (Q345qD)	40°, 16, 6, 2	气体保护焊（平位）ER50-6(ϕ1.2mm)+CO_2 陶质衬垫型号：TG2.0Z	底板对接焊缝	反面贴陶质衬垫，单面焊双面成型	试验
WJGD9	8+8 (Q345qD)	45°, 8, 6, 嵌补段	气体保护焊（立位）E501T-1(ϕ1.2mm)+CO_2	U形肋嵌补段对接焊缝	反面贴钢衬垫，单面焊双面成型	试验
WJGD10	8+8 (Q345qD)	45°, 8, 6, 嵌补段	气体保护焊（仰位）E501T-1(ϕ1.2mm)+CO_2	排水槽嵌补段对接焊缝	反面贴钢衬垫，单面焊双面成型	试验
WJGD11	16+16 (Q345qD)	45°, 16, 6, 16, 2	气体保护焊（立位）E501T-1(ϕ1.2mm)+CO_2 陶质衬垫型号：TG2.0Z	板肋嵌补段对接焊缝	反面贴陶质衬垫，单面焊双面成型	试验

续上表

编号	板厚材质和厚度(mm)	坡口形式	焊接方法（工位）和材料	代表焊缝	备注	接头替代
WJGR1	8+16 (Q345qD)	拼装角度 外侧 内侧	埋弧自动焊（平位+船位）内焊 TGM-50U(ϕ1.6mm)+TGF-SJ501U 外焊 TGM-50U(ϕ3.2mm)+TGF-SJ501U	U形肋与顶板熔透焊缝	先内焊后外焊，不开坡口	试验
WJGR4	16+28 (Q345qD)	4 / 50° / 16	气体保护焊（仰位）E501T-1(ϕ1.2mm)+CO_2	吊点区域腹板与顶板熔透焊缝	反面气刨清根熔透	钱资湖 QZR5
WJGR5	28+28 (Q345qD)	28 / 16 / 10 / 50° 50° / 2 / 28	气体保护焊（平位）E501T-1(ϕ1.2mm)+CO_2	吊杆拉板熔透焊缝	气刨清根熔透	钱资湖 QZR1
WJGP1	20+28 (Q345qD)	20 / 4 / 50°	气体保护焊（平位）E501T-1(ϕ1.2mm)+CO_2	横隔板与顶/底板坡口焊缝	—	试验
WJGP2	20+28 (Q345qD)	20 / 4 / 50°	气体保护焊（立位）E501T-1(ϕ1.2mm)+CO_2	横隔板与腹板坡口焊缝	—	试验
WJGP3	20+28 (Q345qD)	20 / 4 / 50°	气体保护焊（仰位）E501T-1(ϕ1.2mm)+CO_2	横隔板与顶板坡口焊缝	—	试验

续上表

编号	板厚材质和厚度(mm)	坡口形式	焊接方法(工位)和材料	代表焊缝	备注	接头替代
WJGP4	8+16 (Q345qD)	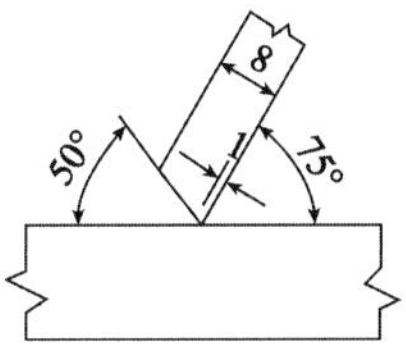 50°/75°, 8	气体保护焊(船位) ER50-6(ϕ1.2mm)+CO_2	U形肋坡口焊缝	—	钱资湖QZP1
WJGP5	8+16 (Q345qD)	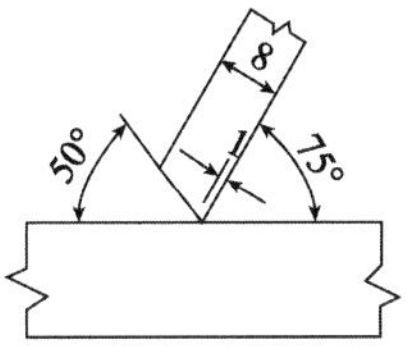 50°/75°, 8	气体保护焊(平位) E501T-1(ϕ1.2mm)+CO_2	U形肋嵌补段坡口焊缝	—	试验
WJGT1	16+28 (Q345qD)	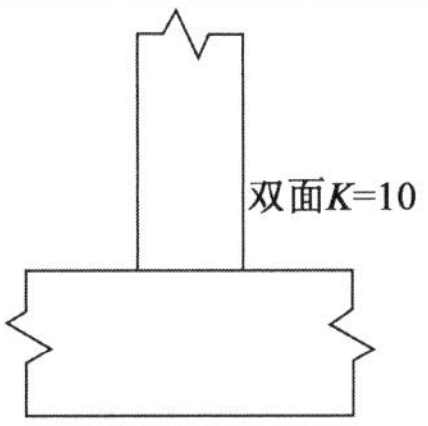 双面K=10	气体保护焊(平位) ER50-6(ϕ1.2mm)+CO_2	板肋及各类平位角焊缝	—	钱资湖QZT2
WJGT2	16+28 (Q345qD)	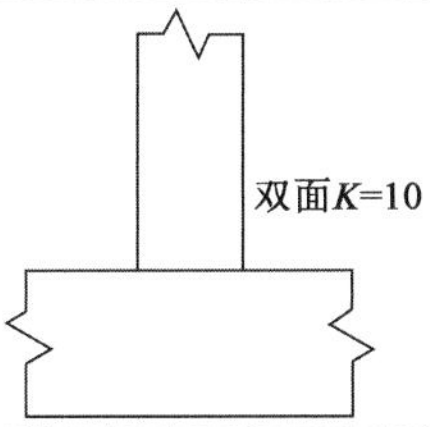 双面K=10	气体保护焊(立位) E501T-1(ϕ1.2mm)+CO_2	隔板及各类立位角焊缝	—	钱资湖QZT3
WJGT3	16+28 (Q345qD)	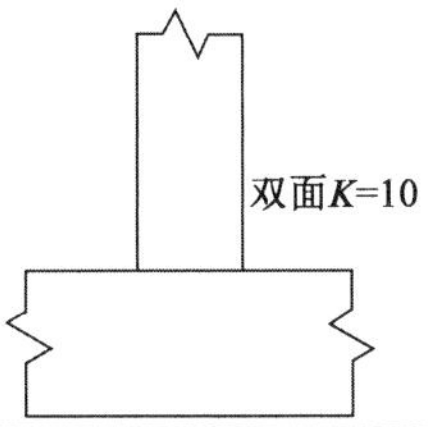 双面K=10	气体保护焊(仰位) E501T-1(ϕ1.2mm)+CO_2	隔板及各类角焊缝、腹板与顶板焊缝	—	钱资湖QZT4
WJGJ1	ϕ22+28 (ML15AL+Q345qD)	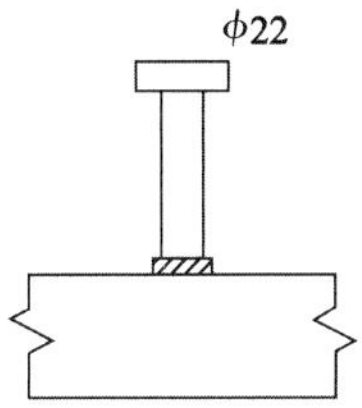 ϕ22	电弧螺柱焊	剪力钉接头	—	试验

8．焊接工艺评定结果

(1)焊缝强度。根据试验整理出各类接头强度结果,所有焊缝的屈服强度、抗拉强度均超过母材标准值。

(2)焊缝金属延伸率。根据试验整理出各类焊缝的金属延伸率,所有焊缝的延伸率均超过母材标准值。

(3)接头韧性。根据试验整理结果可以得到最小平均值为 WJGD10 试件的焊缝中心冲击功 61J,大于验收值;且单一试件的最小值为 WJGD10 试件的焊缝中心冲击功 50J,也大于标准值。

(4)接头弯曲。根据试验整理结果,所有对接接头的弯曲试验均完好未产生裂纹。

(5)接头硬度。根据试验整理出各类接头的硬度结果,所有接头各区的硬度均低于 HV380。

(6)接头宏观断面腐蚀。根据试验整理结果,焊缝均熔合良好,未见焊接缺陷。

以上接头的焊接工艺评定试验涵盖了钢箱梁的所有焊接接头形式。从试验的焊缝检验和试验结果可以看出:焊缝内、外部质量良好,通过宏观断面检查,未发现焊接缺陷,所有力学性能指标均能满足钢箱梁设计图纸和相关技术文件要求。

焊接工艺评定试验所选用的焊接方法、焊接设备、焊接材料以及焊接工艺参数和措施,可作为伍家岗长江大桥钢箱梁焊接工艺规程依据。

三、板单元制造

1. 板单元划分及编号

1)板单元划分

所有板单元可按类型在专用胎架上形成流水作业制造,实现生产规范化、产品标准化和质量稳定化。在满足设计要求、保证钢梁制造质量的前提下,综合考虑供料、运输、批量生产等因素,经各方批准,将钢箱梁顶板横向划分为 13 块(4200 顶板宽度为 2×2100mm,厂内双拼后组焊 U 形排水槽),底板横向划分为 13 块,横隔板划分为 2 块,如图 2-10-3、图 2-10-4 所示。

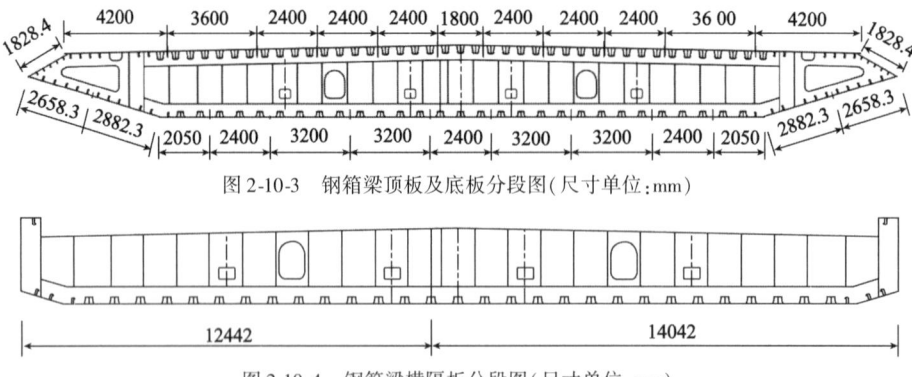

图 2-10-3 钢箱梁顶板及底板分段图(尺寸单位:mm)

图 2-10-4 钢箱梁横隔板分段图(尺寸单位:mm)

2)板单元编号

钢箱梁节段沿着跨中中心线两侧对称,钢箱梁节段编号从南岸至北岸依次为 ZL1、ZL2～ZL38、ZL39、ZL38′～ZL2′、ZL1′,板单元编号是由其所在的梁段编号加上板单元所在的部位再加上小号组成,需要对称制造的板单元在编号后面加 z 或 y 以示区别,例如顶板单元:ZL1-MB1 为钢箱梁节段 ZL1 上的顶板单元 MB1,板单元编号应用油漆笔及钢印号等做标记,标记做在基准端,如图 2-10-5 所示。

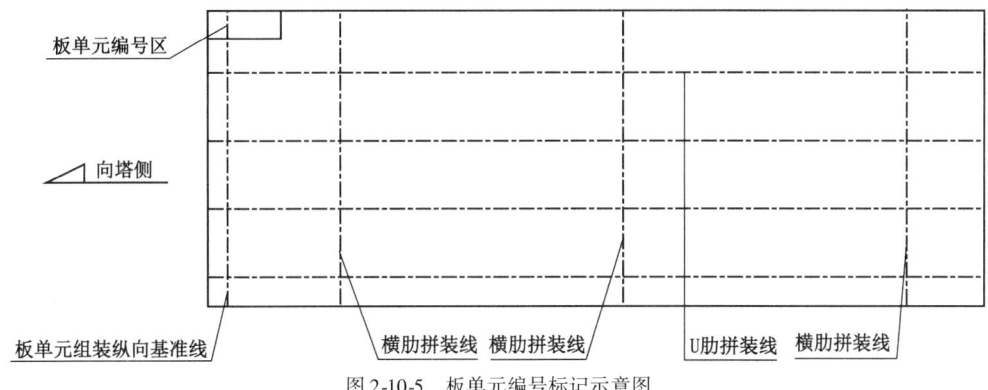

图 2-10-5　板单元编号标记示意图

2. 关键工艺

板单元制造总体按照"钢板预处理→号料→下料→边缘加工→组拼→焊接→矫正→检测→转节段总拼"的顺序进行,其关键工艺为:①钢板预处理;②数控精切下料;③下料完钻孔;④U 形肋及板肋制造;⑤顶板 U 形肋钻孔;⑥用 U 形肋自动组装机组装顶、底板单元,采用悬臂多头焊接底板单元及风嘴斜顶板单元,采用 U 形肋内埋弧焊焊接顶板单元;⑦横隔板单元外形尺寸控制;⑧对单侧有纵肋的板单元采用反变形焊接;⑨优先选用自动和半自动 CO_2 焊接方法。

3. 板件下料及加工

(1)放样和号料应严格按工艺图和工艺文件要求进行,并预留焊接收缩量。

(2)所用钢板通过赶平消除钢板的轧制变形(尤其是局部硬弯)减小轧制内应力,从而减小制造中的变形。钢板的起吊、搬移、堆放,应采用磁力起吊,以保持钢板的平整度。

(3)除次要零件或剪切后边缘需要进行机加工的零件外,均采用精密切割下料;剪切零件边缘应整齐,无毛刺、反口、缺肉等缺陷。大规格型钢或尺寸精度要求严格的型钢零件采用数控带锯切割机下料。

(4)对于形状复杂的零件,用计算机 1:1 放样确定其几何尺寸,并采用数控切割机精切下料。编程时,要根据零件形状复杂程度、尺寸大小、精度要求等确定切入点和退出点,并适当加入补偿量,消除切割热变形的影响。

(5)对于采用数控切割机下料的首件,应先用机床喷墨装置划线验证程序的正确性。首件下料后,必须经严格检验确认合格后,方可继续下料。

(6)号料前应检查钢料的牌号、规格、质量,当发现钢料不平直、有锈蚀、油漆等污物影响下料时,应矫正、清理后再号料,号料外形尺寸允许偏差为 ±1.0mm。

(7)号料时注意使钢板的轧制方向与梁主要受力方向一致。

4. 钢板接料

当钢板的尺寸不能满足零件的尺寸要求或有不等厚板对接时,一般应在零件精确下料前进行拼接,接料的焊接坡口、施焊参数等必须严格按焊接工艺执行,并按对应的质量标准进行外观检验和无损检验。焊后对需要磨去余高的焊缝用砂带机顺应力方向磨去余高。对于不等厚钢板接料,应在组对前按设计要求将较厚板侧加工过渡坡。

5. 零件矫正及组拼技术要求

(1) 主要受力零件冷作弯曲时,环境温度不宜低于 $-5℃$,内侧弯曲半径不得小于板厚的 15 倍,小于者必须热煨,热煨温度宜控制在 $900\sim1000℃$ 之间。冷作弯曲后零件边缘不产生裂纹。

(2) 冷矫正后的钢材表面不应有明显的凹痕和其他损伤。采用热矫时,热矫温度应控制在 $600\sim800℃$ 之间,严禁过烧。热矫后的零件应缓慢冷却,降至室温以前,不得锤击零件或用水冷却。

(3) 冲压成型的零件,应根据工艺试验结果用冷加工法矫正,矫正后不得出现裂纹或撕裂。

(4) 当采用冷加工制造 U 形肋时,U 形肋外缘不得有裂纹。

6. 高强螺栓孔的钻制

(1) 顶板 U 形肋、顶板板肋及腹板基准端的高强度螺栓孔利用钻孔模板采用先孔法钻制,非基准端的螺栓孔群待到钢箱梁节段总拼的时候用标准拼接板配钻。

(2) 拼接板的高强度螺栓孔全部利用钻孔模板数控钻床或机器样板钻制。

(3) 当采用数控钻床钻孔时,应首先检查钻孔程序,确认无误后方可施钻;钻制的首件必须经过全面检查,合格后方可继续施钻。

(4) 当采用胎型或样板钻孔时,应首先检查胎型或样板的规格尺寸、钻孔套的紧固状态、对正线位置等,确认无误后方可施钻;钻孔过程中应经常检查样板钻孔套的紧固状态,如有松动,应及时更换,并于钻孔后将孔边的毛刺铲掉。

7. 板单元组装要求

(1) 组装前必须熟悉图纸和工艺,认真核对零件编号、外形尺寸和坡口,核查平面度、直线度等各种偏差,确认符合图纸和工艺要求后方可组装。组装前必须彻底清除待焊区的浮锈、底漆、油污和水分等有害物。

(2) 焊缝端部按规定组引板,引板的材质、厚度及坡口应与所焊件相同。顶板、底板、腹板的纵向接料焊缝与 U 形肋角焊缝间距不得小于 $100mm$。

(3) 板单元用 U 形肋自动定位组装胎组装,每次组装前应对组装胎进行检查,确认各定位尺寸合格后方可组装。

(4) 单元件组拼均应在专门的平台上或胎架上进行,防止或减少热加工中因板件自重影响而产生变形。钢箱梁的板单元之间通过焊接连接成整体,因此,控制单件板单元的几何尺寸,对于钢箱梁总拼时控制箱梁整体的焊接收缩、焊接变形,确保几何尺寸精度尤为重要。

(5)为减少因焊接而引起的变形,在焊接前预置反变形量。U 形肋与底板焊接均为纵向角接焊接,易造成横、纵向变形,为减小应力和减少调校工作量必须采用反变形胎架焊接。在板单元组焊中,根据其热量输入、应力分布、自由变形状态等特点,采用反变形技术,减小焊接后因收缩引起的角变形,从而大大提高矫正工作效率和板块质量。

(6)横隔板的焊接在专门的胎架中进行,通过胎架刚性固定,控制焊接收缩和焊接变形,保证横隔板的尺寸精度。

(7)U 形肋的制造质量和焊接好坏直接关系到板单元的制造,为此,生产中应重点控制 U 形肋的加工质量特别是 U 形肋的坡口加工精度,并在焊接过程中严格控制焊接电流、电压、速度、焊丝与面底板间的夹角、焊接方向等焊接参数,以保证达到良好的熔透深度和获得良好的焊缝外观。

8. 板单元制造工艺

1)钢箱梁顶板单元制造

顶板单元由顶板、U 形肋或板肋及横肋组成,采用多头切割机精切下料,顶板单元 U 形肋及板肋基准端孔群采用先孔法,非基准端孔群待钢箱梁总拼时配钻,U 形排水槽及其封闭的顶板面先采用外表面涂装体系涂装后再进行组拼。顶板单元的 U 形肋焊接采用双面全熔透焊接法,具体内容详见第三篇第十四章中相关内容。

顶板单元制造工艺流程如图 2-10-6 所示。

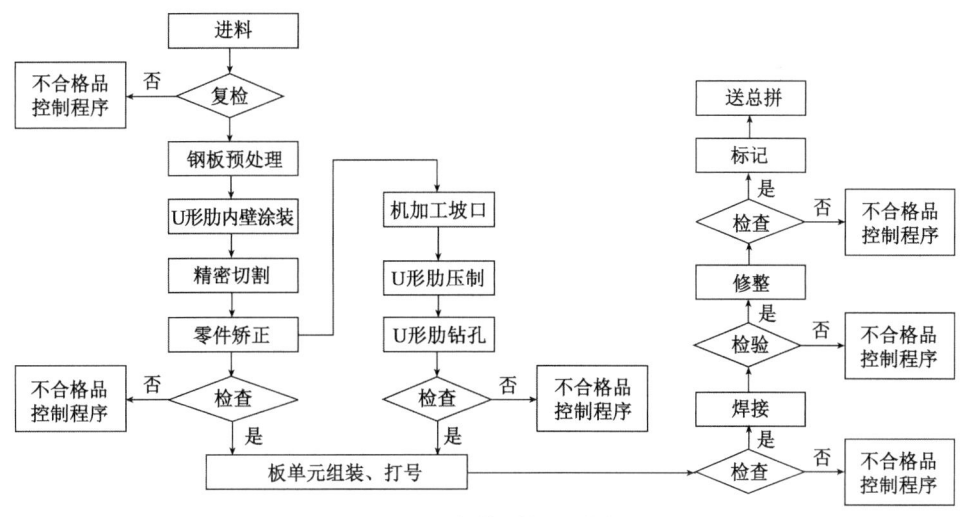

图 2-10-6　顶板单元制造工艺流程

2)钢箱梁底板单元制造

底板单元由底板、U 形肋或板肋组成。下料方法同顶板单元。在 U 形肋组装胎架上,底板系统线与胎架中心线对齐,对线后相对固定于胎架上,对线铺设 U 形肋,从端头开始,通过 U 形肋组装机上 U 形肋卡位模压紧定位后定位焊。组拼合格的底板单元转移至反变形焊接翻转胎架上,两端夹具夹紧后采用多头悬臂龙门焊机 CO_2 气体保护焊焊接 U 形肋与底板间的焊缝。

底板单元制造工艺流程如图 2-10-7 所示。

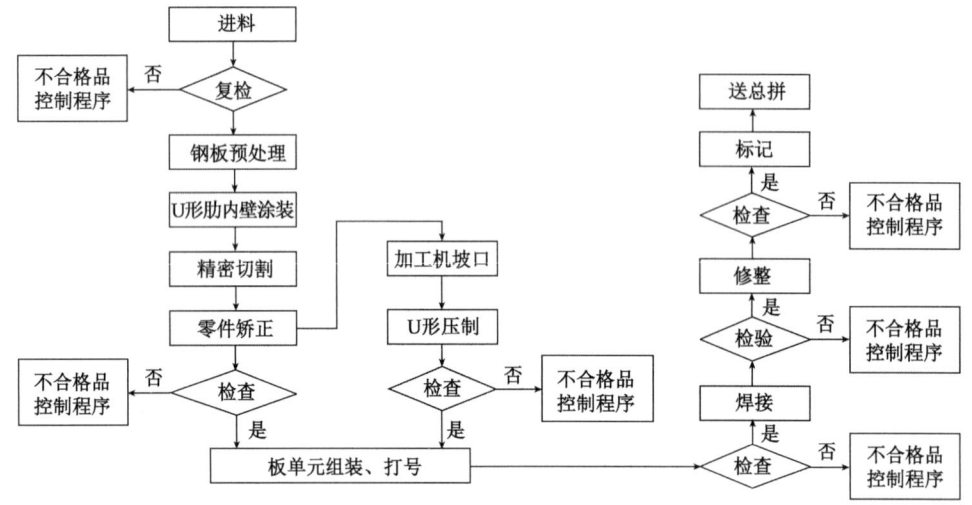

图 2-10-7　底板单元制造工艺流程

3)钢箱梁腹板单元制造

腹板单元由腹板及竖向加劲肋组成,腹板基准端孔群采用先孔法,非基准端孔群待钢箱梁总拼时用标准的拼接板配钻。腹板零件采用数控切割机精切下料,长度方向预留焊接收缩及配切量,下料后精切坡口,腹板基准端孔群用模板先钻。按照焊接工艺参数及要求焊接加劲板,焊后进行焊缝修整和检测。

腹板单元制造工艺流程如图 2-10-8 所示。

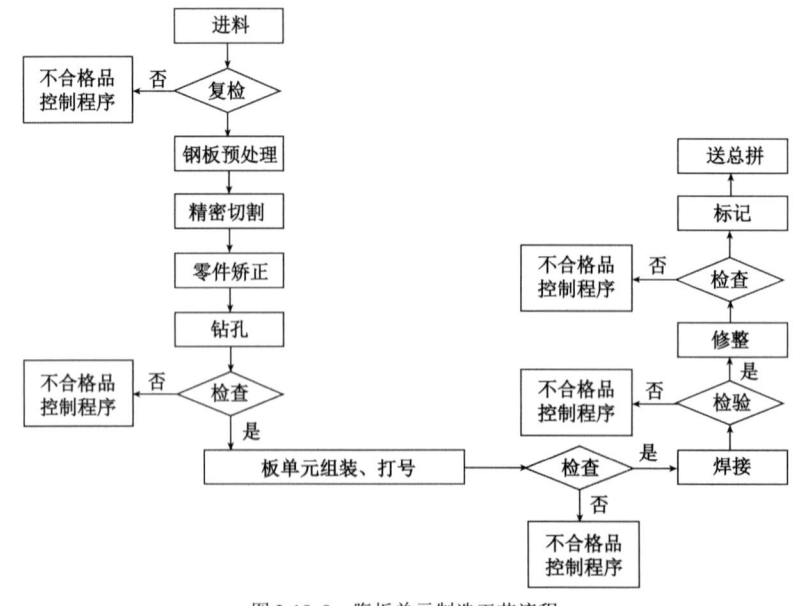

图 2-10-8　腹板单元制造工艺流程

4) 钢箱梁横隔板单元制造

横隔板单元由横隔板,上、下板连接加劲肋,人孔加劲,管线孔托板,加劲板组成。零件采用数控切割机精密切割,不等厚对接厚板铣斜面,开坡口。横隔板横桥向预留26mm横向预拱度。板肋及加劲板多头切割机精密切割,人孔加劲圈下料后煨弯预制。焊接采用CO_2气体保护焊,先焊接人孔加劲圈与横隔板间焊缝,后焊接下加劲肋与横隔板间焊缝,再焊接小加劲板与横隔板及上、下加劲肋间焊缝,最后焊接上加劲板与横隔板之间的焊缝。

横隔板单元制造工艺流程如图2-10-9所示。

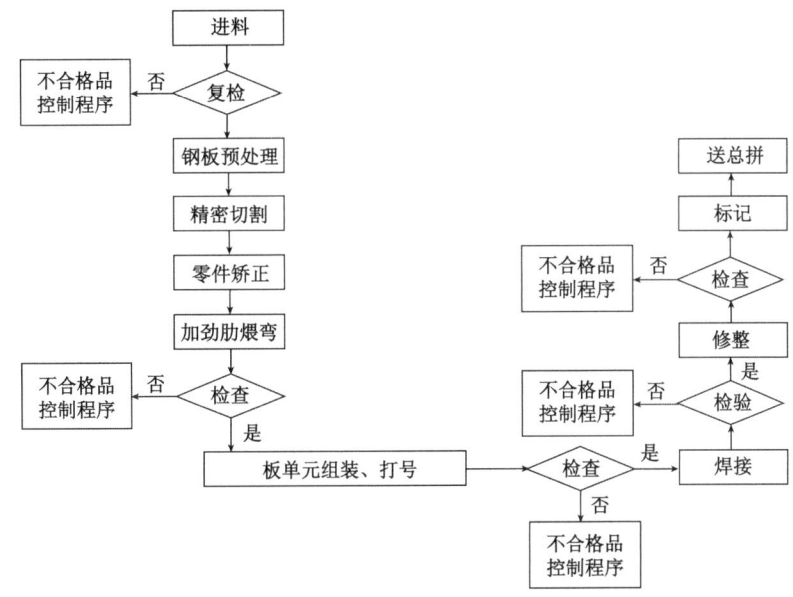

图2-10-9　横隔板单元制造工艺流程图

5) 钢箱梁风嘴隔板单元制造

风嘴隔板单元由嘴隔板、隔板加劲圈组成。风嘴隔板采用数控精密切割、人孔加劲圈采用多头或半自动切割机精密切割,切割后加劲圈煨弯预制。

9. 永久吊耳及临时吊耳制造

永久吊耳及临时吊耳须用CAD软件1:1放样进行编程下料,永久吊耳圆弧端预留40mm宽度进行开坡口施焊后便于焊缝探伤,探伤合格后需按设计线打磨匀顺,并用超声波锤击消除焊接应力,永久吊耳上的孔群须镗孔。

10. 板单元的存放

(1) 板单元存放场地地基应坚实,不得有塌陷。

(2) 板单元码放时,最下面一层板单元与地面间应加垫木楞。板单元与板单元之间如有较长距离的腾空或不能以平面接触时也应加垫木楞,以增强其稳固性,防止板单元发生变形或倒塌。层与层之间的木楞应垫在同一断面处。

(3) 板单元码放时,相同种类、相同规格和形状的板单元应码放在一起。

(4)板单元码放高度应适宜,应保证整摞的稳定性,避免倾覆及处于下部的板单元因压力过大产生塑性变形。

四、钢箱梁节段总拼

1. 总拼工艺要求

(1)节段总拼通过"三纵一横法"控制箱口尺寸及梁段间匹配性,通过胎架两端各设置测量点及横向基准线控制顶、底板及腹板定位尺寸,保证钢箱梁断面几何尺寸及匹配性。

(2)为保证成桥线形,节段总拼胎架应设置纵、横向预拱度值,采用垫拱法实施对拱度的控制。横向拱度考虑焊接变形预留26mm的上拱度。纵向线形按设计提供的成桥线形设置,总拼完成后按工艺长度进行环切。

总拼胎架横截面示意图及立体示意图分别如图2-10-10、图2-10-11所示。

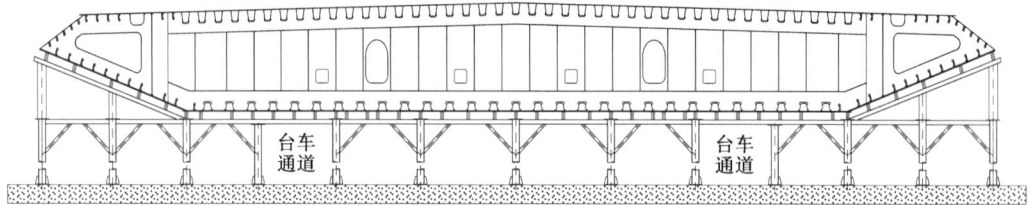

图2-10-10 总拼胎架横截面示意图

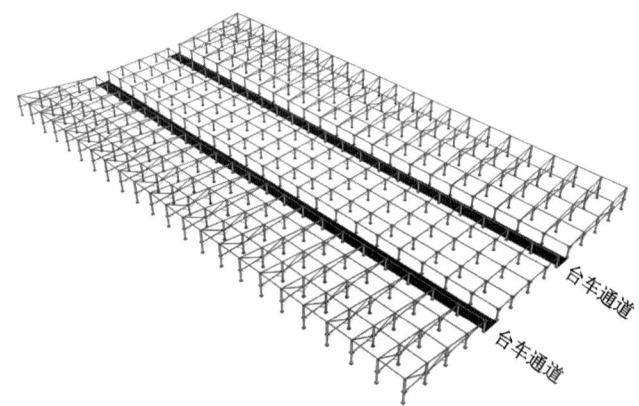

图2-10-11 总拼胎架立体示意图

(3)根据前述分块原则和钢箱梁的外形特点,采用正装法进行总拼,以胎架为外胎,横隔板为内胎,各板单元按纵、横基线就位,辅以加固设施,以确保精度和安全。胎架纵、横向基准线均设置在预埋地样上,其中纵向基准线设置于每一梁段的端部位置。

(4)本桥钢箱梁为连续钢箱梁,要求按照架设顺序分节段匹配总拼,胎架搭设总长度根据总拼场地及总拼梁段数量设置,整幅宽度约为35m。

(5)横向以钢箱梁中心线为基准向两侧组装,宽度预留横向对接焊缝收缩量(一道暂按3mm),并保证衬垫焊接间隙为6~8mm;纵向以远塔端为基准向近塔端依次组装单元件,相邻梁段间距较理论加大50mm,避免安装时顶底腹板发生抵触,钢箱梁组焊完毕并解除所有约束、调校完毕及箱口匹配调整后,对非基准端端面进行配切,配切预留工地焊接间隙(6~8mm)及对接缝焊接收缩量(暂定为3mm),配切后长度即为$L-(3~5mm)$。每个梁段配切应根据梁段总长(以水平投影长度为准)来决定配切修正量,及时减少节段总拼时的累积偏差对钢箱梁总长的影响(因钢箱梁每一梁段间加长50mm,故应考虑进梁段总长计算里)。每四个梁段总长较理论长度长4mm,用来补偿钢箱梁架设时的环焊缝收缩量。

(6)设计标准温度为20℃,总拼环境温度尽可能与之一致,各个梁段的高程、尺寸等,应安排在日出前进行测量,并记录下环境温度。

(7)每个梁段均需设置长度、高程、轴线测量控制点,分别为钢箱梁两端中心线及横隔板位置。

(8)总拼采用"4+1"节段进行拼装,胎架长度为80m。

2. 总拼施工

1)总拼流程

总拼按照"总拼胎架搭设→测量检测→铺设底板、焊接、检测开档→从基准端开始拼装横隔板单元→拼装腹板单元→铺设顶板单元(不含U形排水槽处顶板单元)→拼装风嘴隔板→铺设顶板单元(U形排水槽处顶板单元)→焊接→调校→检测→安装永久吊耳→箱口配切→非基准端匹配钻孔→整体检测→安装匹配件→安装临时吊耳及附属→涂装"的顺序进行。

2)总拼方案

总拼采用"正装法",以胎架为外胎,以纵、横隔板为内胎,各板单元按纵、横基线就位,辅以加固设施以确保精度和安全。梁段组装按照总拼流程顺序实施,实现立体阶梯形推进方式逐段组装与焊接。

3)总拼工艺流程

(1)胎架上横向按中间向两侧、纵向根据钢箱梁架设顺序,按近塔侧向远塔侧(9×2个梁段)的顺序铺设底板,其余以跨中ZL39梁段向主塔方向的顺序铺设底板。底板纵、横向定位线与胎架定位点对齐,用经纬仪测量整一轮次的底板中轴线及两边的高程及轴线的偏差。单元定位无误后,中间底板与胎架刚性固定。

(2)根据钢箱梁架设顺序,以基准端底板的横、纵基线为基准依次组装横隔板单元,保证横隔板与底板的垂直度及横隔板间距。经纬仪测量横隔板的高程及纵向旁弯,确认无误后定位焊。横隔板应在定位后丝杆支撑,并对垂直度做微调,确保组装的安全及组装的精度。

(3)横向以胎架基准线定位,纵向以基准端及胎架基线定位组装腹板,用经纬仪检测两腹板之间宽度及纵向直线度,确认无误后定位焊。首先施焊横隔板间的对接焊缝,再焊接横隔板、腹板与底板的焊缝,最后施焊横隔板与腹板间的焊缝。

(4)由内向外依次铺设顶板单元,以基准端及胎架纵横基线为基准,并用水准仪测量顶板系统线、高程及横向坡度,确认无误后定位焊。

从中间依次向两侧对称组焊顶板单元,并焊接顶板单元与横隔板单元件焊缝。焊接采用对称施焊,纵向对接焊缝位置采用马鞍形马板控制横向收缩。组装顶板时应注意水平方向的相对位置,在水准仪监控下组装顶板单元,以控制箱体高度及横向2.0%的单向横坡。焊后进行焊缝修整、外观及无损检测。

(5)以基准端及胎架上纵横向基线安装风嘴隔板单元,确认无误后定位焊。依次焊隔板与腹板、风嘴底板间的焊缝,焊后进行焊缝修整、外观及无损检测。

(6)以基准端及胎架上纵、横向基线为准安装风嘴顶板单元,水准仪测量风嘴纵向直线度、高程及横向坡度,且确保钢箱梁宽度,确认无误后定位焊。焊接隔板与顶板的焊缝,焊后进行焊缝修整、外观及无损检测。

(7)在钢箱梁调校完成后安装吊点耳板,必须根据胎架上的纵、横基准线及通过高精度全站仪对吊点耳板进行精确定位安装,严格控制吊点耳板中心纵、横距误差在规范容许范围之内。对吊点耳板焊缝进行施焊。吊点耳板是重要传力构件,在焊接时应予以特别重视,并进行严格的探伤检查,合格后将圆弧部位打磨匀顺并用超声波锤击消除应力。

(8)解除钢箱梁所有约束,对需要配切的钢箱梁段非基准端箱口进行配切和整体尺寸检测,微调纵向线形、旁弯等,调整箱口尺寸,使相邻箱口匹配且在允差范围内。对吊点耳板位置要重点检测,当发现有偏差时,应及时调整,使其偏差满足规范要求。各项调整完毕后安装匹配件、临时吊耳及附属结构预焊件并打上工地测量点样冲,总拼完成后对吊点位置、腹板与顶板熔透区域使用超声波锤击消除应力。

(9)运梁台车驮运已拼梁段出胎,调整胎架线形及布置,待最后一段梁段移至胎架首部后,以后面一梁段为母梁,继续拼装下一轮次箱梁。

总拼工艺流程示意图如图2-10-12所示。

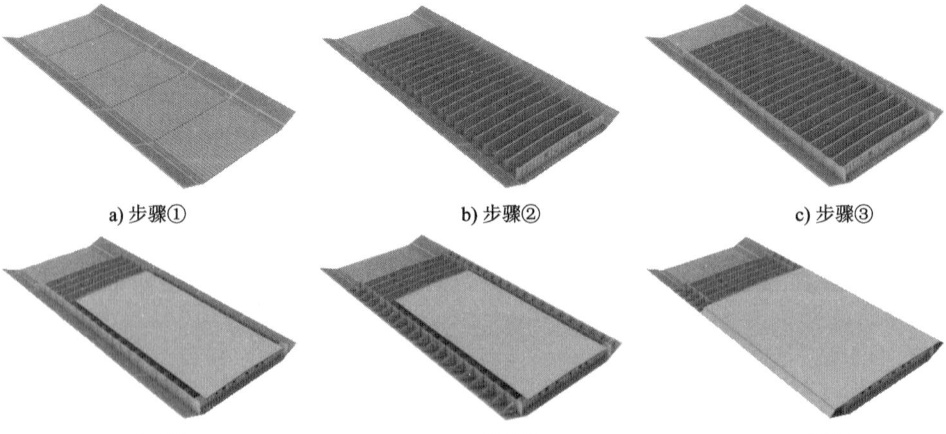

a) 步骤①   b) 步骤②   c) 步骤③

d) 步骤④   e) 步骤⑤   f) 步骤⑥

图 2-10-12

g) 步骤⑦　　　　　h) 步骤⑧　　　　　i) 步骤⑨

图 2-10-12　总拼工艺流程示意图

3. 质量标准

1) 钢箱梁拼装允许偏差

钢箱梁拼装允许偏差见表 2-10-8。

钢箱梁制造允许偏差　　　　　　　　　　表 2-10-8

项　目	允许偏差（mm）	检验方法器具	示　意　图
长度 L	±2.0	钢卷尺	
高度 H	端口 ±2.0 其他 ±4.0	钢卷尺	
横断面对角线差 $\|C_1 - C_2\|$	≤6.0	钢卷尺	
顶板对角线差 $\|g_1 - g_2\|$	≤8.0	钢卷尺	
旁弯	$L/2000$ 且不大于 5	拉钢丝后用钢板尺测量	
箱梁全宽 D	±8.0	钢卷尺	
顶、底板宽 b_1、b_2	±8.0	钢卷尺	
吊点(耳板)中心纵距 S	±3.0	钢卷尺	
吊点(耳板)中心横距 C	±4.0	钢卷尺	
吊点四角平面度	≤5.0	水准仪	

2) 钢箱梁总拼装允许偏差

钢箱梁总拼装允许偏差见表 2-10-9。

钢箱梁总拼装偏差　　　　　　　　　　表 2-10-9

项　目	允许偏差(mm)	条　件	检验方法及器具
梁高 H	±2	工地接头处	钢卷尺 水平尺
	±4	其余部分	
跨度 L	±(5+0.15L)	L(m) 为试装时最外两吊点中心距	钢卷尺 弹簧秤
	±3	分段时两吊点中心距	

续上表

项　目	允许偏差(mm)	条　件	检验方法及器具
全长	±20	分段累加总长	钢卷尺、弹簧秤,当匹配试装分段累计部长超过±20时,在下段试装时调整
	±2	分段长	
腹板中心距	±3	可量风嘴距离	钢卷尺
盖板宽	±1	盖板单元纵向有对接时盖板宽	钢卷尺
	±3	箱梁段、盖板宽	
横断面对角线差	≤6	工地接头处的横断面	钢卷尺
旁弯	$3+0.1L$,且任意20m测长内<6	桥面中心连线在平面内的偏差$L(m)$三段试装长度	紧线器、钢丝线(经纬仪)钢板尺
	≤5	单段箱梁	
左右支点高度差(吊点)	≤5	左右高低差	平台、水平仪钢板尺
盖板、腹板平面度	$\min(H/250, 2t/3)$	H—加劲肋间距;t—板厚	平尺、钢板尺
扭曲	每米不超过1且每段≤8	每段以两边隔板处为准	垂球、钢板尺
工地对接板高低差	≤1.5	安装匹配件后板面高差	钢板尺

五、钢箱梁防腐涂装

钢箱梁防腐涂装符合《公路桥梁钢结构防腐涂装技术条件》(JT/T 722—2008)的相关要求,其涂装体系按C3中等腐蚀环境、长效型(保护年限15～25年)确定。钢箱梁涂装体系见表2-10-10。

钢箱梁涂装体系　　　　表2-10-10

防腐方案	涂　层	涂料品种	道数/最低干膜厚(μm)
钢结构外表面	底漆	环氧富锌底漆	1/80
	中层漆	环氧(云铁)漆	(1～2)/160
	面漆(第一道)	聚氨酯面漆	1/40
	面漆(第二道)	氟碳面漆	1/40
	总干膜厚度		320
钢结构内表面	底漆	冷喷锌底漆	60
	总干膜厚度		60
摩擦面	防滑层	热喷铝	1/120
	总干膜厚度		100

续上表

防腐方案	涂层	涂料品种	道数/最低干膜厚(μm)
附属结构	底漆	环氧富锌底漆	1/60
	中层漆	环氧(云铁)漆	(1~2)/120
	面漆	丙烯酸脂肪族聚氨酯面漆	2/80
	总干膜厚度		260

钢板经辊平后,表面预处理等级为 Sa2.5 级,涂装醇溶性无机硅酸锌车间底漆一道,无机硅酸锌车间底漆除应符合《公路桥梁钢结构防腐涂装技术条件》(JT/T 722—2008)的相关要求外,还需符合焊接、切割方面的相关国家标准。

(1)钢结构涂装前,将构件表面的毛刺、油污、氧化皮和铁锈以及其他杂物清除干净,可采用喷砂、喷丸或抛丸等方法进行彻底除锈,修补时可采用手工机械除锈。

(2)除锈等级达到《涂覆涂料前钢材表面处理 表面清洁度的自视评定 第 1 部分:未涂覆过的钢材表面和全面清除原有涂层后的钢材表面的锈蚀等级和处理等级》(GB/T 8923.1—2011)规定的 Sa2.5 级或 St3 级。

(3)面漆颜色由甲方或业主确定。

(4)所有防腐涂层材料的质量标准不低于现行国家标准,并提供国家级检验报告。

(5)U 形肋板单元制造前,在 U 形肋内壁及 U 形肋在面板覆盖区域涂装无机硅酸锌车间底漆。

(6)U 形排水槽安装前,在 U 形排水槽内壁及 U 形排水槽在面板覆盖区域,按钢结构外表面涂装体系预先进行涂装。

(7)钢箱梁在制造厂内完成全部底漆、中间漆及第一道面漆及第二道面漆。各涂层干膜厚度必须达到规定干膜厚度。

(8)工地焊接区域或修补区域,按照其及其相邻表面的处理工艺措施进行。

六、钢箱梁称重

根据伍家岗长江大桥钢箱梁的结构特点,全桥 A 型梁段共计 72 段,B 型梁段 1 段,C 型梁段 2 段,D 型梁段 2 段。A 节段数量较多,采用标准化生产,梁段间质量误差较小,因此计划称重 5 段梁,取平均值即为 A 梁段的质量,其余数量较少梁段全部称重。

伍家岗长江大桥钢箱梁整节段质量不超过 300t,根据称重要求,结合目前现有的称重设备精度及称重范围,采用整节段进行称重。称重时将构件放置在 4 个支撑点上,每个支撑点设置一个测力仪,将 4 个测力仪中的 4 个测力值相加,即为该次称重梁段质量。

每个测力仪的测量范围都达到了 300t,即最大检测质量将达到 1200t,结合伍家岗长江大桥梁段质量,单节段称重精度误差较大,为提高称重精度,将两个梁段叠放整体称重。得到的质量减掉保留的母梁质量即得到测量的梁段实际质量。

将两个节段的钢箱梁叠放整体称重,计算得到母梁的实际质量后依次称重得到所需称重梁段的质量。以 A 梁段为例,将三个所需称重的 A 梁段编号为 A1、A2、A3,分别对 A1+A2、A1+A3、A2+A3 进行叠放称重。称重示意图如图 2-10-13 所示。

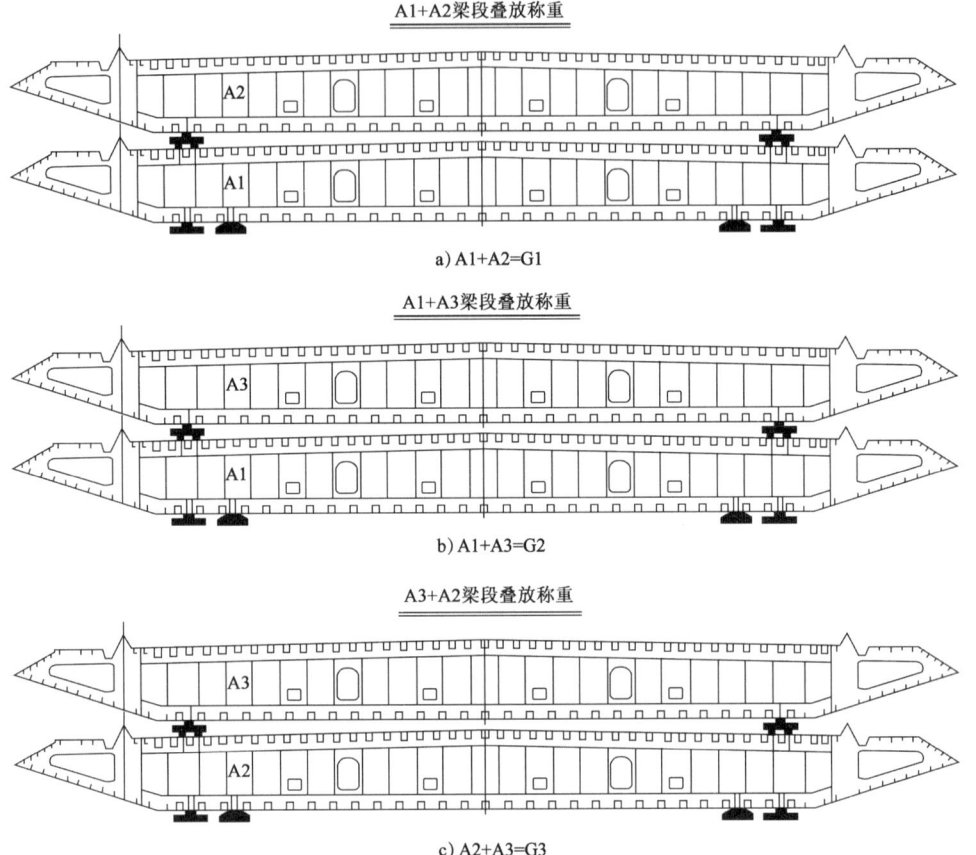

图 2-10-13　梁段称重示意图

设 A1+A2=G1,A1+A3=G2,A2+A3=G3(所得质量减去上层支撑质量),可得到:A1=(G1+G2−G3)/2,A2=(G1+G3−G2)/2,A3=(G3+G2−G1)/2。

其他梁段按照同样方法称重。实际称重结果详见上册第三篇第三章中相关内容,此处从略。

七、钢箱梁运输

运输船舶根据运输构件尺寸及质量要求选取合适的船舶,按吊装计划所确定的吊装时间,将钢箱梁节段运输到桥位,并按照卸船顺序调整船形、抛锚固定,方便吊装。

利用钢箱梁拼装场旁垂直于长江岸线的一座 800t 重件起重码头作为基本构件进厂、整体节段下水码头。在码头上铺设有两条间距为 30m 的轨道,用液压驱动装置将驮运钢箱梁节段的台车沿轨道驱动至码头 800t 门式起重机下方。节段采用多用途船或驳船进行运输,驳船靠码头利用绞关移进码头定位。门式起重机将节段吊起,对位微调后落钩,将节段放置在驳船上并加固,然后运送到桥位。

装载方案是保障构件运输安全的重要设施,而加固捆扎是保证构件安全的重要环节,因此,为使全部构件安全、完整地运输至施工现场和保证节段运输途中的安全,驳船上装载大节段钢梁后,应进行适当的绑扎,以确保大节段绑扎固定后无纵横向滑移及横向翻转。绑扎强度计算和绑扎设计按照中国船级社的指导性文件《海上拖航指南2011》中的要求进行。每个梁段在装船后,由手拉葫芦和钢丝绳将梁段与船体牢固地系接在一起,钢丝绳与梁段的端口接触处加入木垫块,以防损伤梁段边缘。钢箱梁装载摆放示意图如图2-10-14和图2-10-15所示。

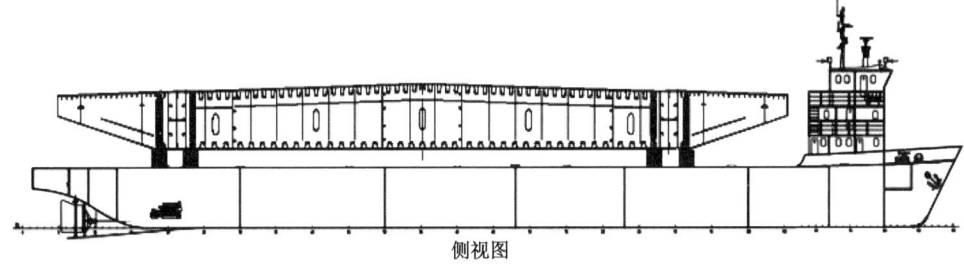

图2-10-14　钢箱梁装船摆放侧面示意图

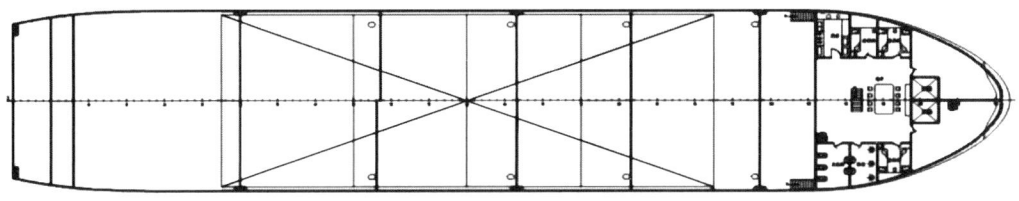

图2-10-15　钢箱梁装船摆放俯视示意图

运梁船锚泊定位的准确性直接关系到起吊的安全以及施工进度,每艘船配备四只定位锚,并启用一艘专用锚工船为抛锚定位船服务,以便提高定位的精准度和缩短抛起锚的时间,尽可能地少占用航道时间,减小通航压力。

第三节　钢箱梁安装

一、总体施工工艺

全桥共计77个节段,跨中节段1个,其余节段江南、江北侧对称布置,两侧施工方式基本一致。以江南侧为例,江南侧共计38个节段,其中无吊索端梁节段1个,有吊索钢梁节段37个。浅水区域7个节段(ZL1~ZL7梁段),提前利用缆载式起重机荡移存放至墩旁支架和滑移栈桥上指定位置,深水区域31个节段(ZL8~ZL38梁段),采用缆载式起重机垂直起吊架设。

钢箱梁吊装总体施工工艺流程如图2-10-16所示。

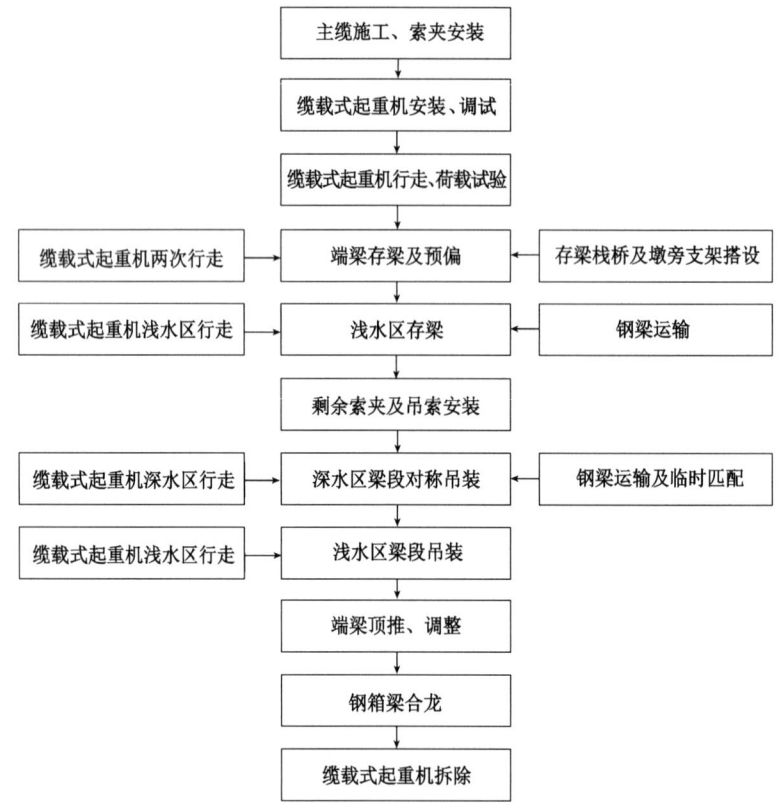

图 2-10-16 钢箱梁吊装总体施工工艺流程

二、提升设备

伍家岗长江大桥是主跨1160m的钢箱梁悬索桥,采用两根直径是722mm主缆,主缆间距26.5m,标准梁段及全部吊具重240.8t,最大吊装梁重为ZL1段275.6t。缆载式起重机属于大跨径悬索桥上部结构架设过程中,垂直吊装大吨位主梁的大型专用设备。因此,钢箱梁吊装作业选用2台LZDJ5500型缆载式起重机,该缆载式起重机跨度26.5m,最大荡移角度为20°。

1. 缆载式起重机的结构与性能

LZDJ5500缆载式起重机主要由行走机构、箱形负重梁、中间桁架梁、钢绞线收放装置、吊具和其他液压及电气设备等部分组成。缆载式起重机结构示意图如图2-10-17所示。

（1）行走机构:单侧门架吊装,包括行走机构主体和YD80-820负载转换顶,单次吊装质量为27t。

（2）负重梁:单侧门架吊装,单次吊装质量为18.6t。

图 2-10-17 缆载式起重机结构示意图

(3)桁架结构：采用两侧门架抬吊,主要包括边跨节段、中跨节段、桁梁中部节段、钢绞线卷扬机(已安装好钢绞线)及液压设备,质量为43.8t。

缆载式起重机主要技术参数见表2-10-11。

缆载式起重机主要技术参数 表2-10-11

序 号	项 目 名 称	参 数
1	提升千斤顶	2台(每台350t)
2	牵引千斤顶	2台(每台75t)
3	主缆中心距	26.5m
4	临时吊点中心线与主缆中心间距	3.35m
5	提升速度	20m/h
6	下放速度	20m/h(千斤顶),80m/h(液压电动机放线)
7	行走速度	20m/h
8	最大自重	172t
9	最大主缆倾角	25°
10	最大荡移角度	20°
11	动力源	LZDJB180液压泵站
12	最低工作温度	-10℃
13	工作状态最大风速	25m/s
14	非工作状态最大风速	55m/s
15	防护等级	IP55

2.缆载式起重机安装

缆载式起重机在南北岸主塔处采用塔顶门架和塔式起重机配合进行吊装拼装。拼装步骤如下：

(1)利用门架提升梁与卷扬机将动滑轮从塔顶放至主塔下,连接好动滑轮与行走机构,行走机构吊装距离1.6m(吊点到门架边距离,可确保行走机构与猫道结构35cm的安全距离),拉紧缆风绳,使用门架提升系统将行走机构缓慢提升,超过主缆后,人员、工具、设备以及安全措施妥善后,准备进行滑移。

(2)采用5个绳卡锁定滑道梁吊点下的滑车,解开滑道梁两侧的限位螺栓,在滑道梁后方采用精轧螺纹钢配合千斤顶顶升进行滑移,滑移距离为1.4m。

(3)当行走机构荡移2.85m到主缆正上方后,再下放落到主缆上。此时,对行走机构的位置进行测量,测量行走机构两侧中线的位置,与设计位置偏差不超过5mm,另一侧行走机构下放的位置与第一次下放的行走机构位置偏差不超过5mm。

(4)下放完成后先将抱脚上的三个抱箍分别与主缆固定,解除吊点处钢丝绳,然后将行走机构与门架用四根φ20mm钢丝绳以及四个10t手拉葫芦临时固定,行走机构吊装完成。

行走机构吊装示意图如图2-10-18所示。

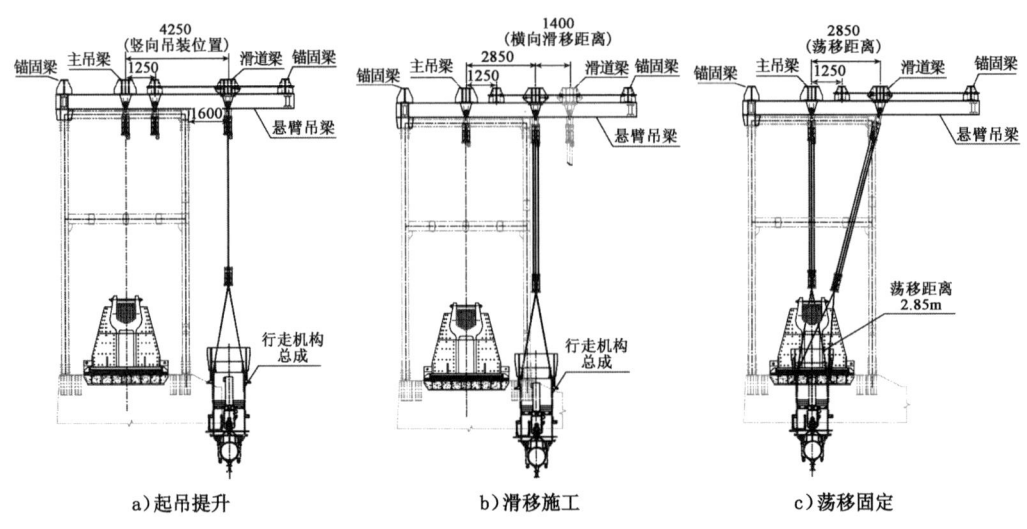

图 2-10-18 行走机构吊装示意图(尺寸单位：mm)

(5) 箱型负重梁的吊装同行走机构的吊装一致,如图 2-10-19 所示。

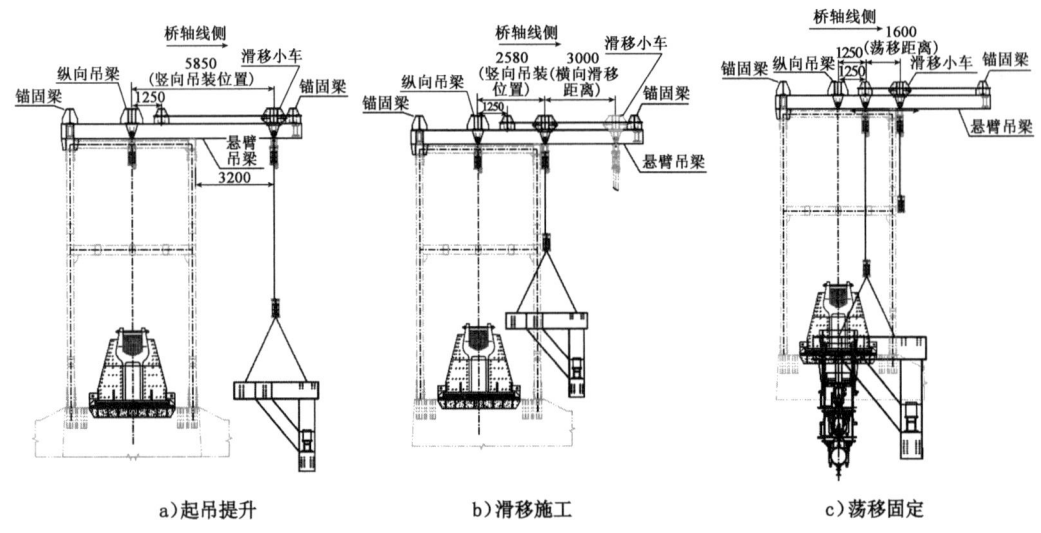

图 2-10-19 箱型负重梁吊装示意图(尺寸单位：mm)

(6) 利用门架提升梁与卷扬机,将动滑轮从塔顶放至主塔下,连接好动滑轮与中间桁架梁,箱型负重梁吊装距离 1.2m(吊点到门架边距离,可确保行走机构与猫道结构 85cm 的安全距离)。拉紧缆风绳,使用门架提升系统将中间桁架梁缓慢提升,超过主缆后,人员、工具、设备以及安全措施妥善后,利用手拉葫芦调节两个箱型负重梁间距,使得中间桁架梁顺利提升至箱型负重梁等高,连接中间桁架梁与箱型负重梁。中间桁架梁吊装示意图如图 2-10-20 所示。

(7) 利用塔式起重机依次将牵引千斤顶及反力架、液压绞车、液压系统油管、传感器、数据线等设备吊装并连接固定,调试好设备,为缆载式起重机的下行做好准备。

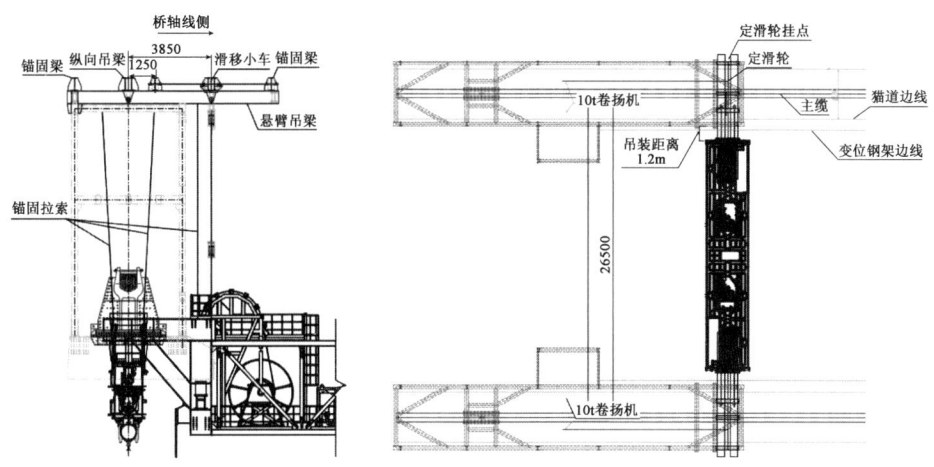

图 2-10-20　中间桁架梁吊装示意图(尺寸单位:mm)

3. 千斤顶穿线及吊具安装

1) 牵引千斤顶穿线

将事先盘好的钢绞线,利用塔式起重机将其吊到边跨接近主索鞍的位置的猫道上;在边跨猫道上将钢绞线单根展开,利用人工将钢绞线一端拖至牵引千斤顶穿索位后,单根依次穿入牵引千斤顶和行走机构主体;钢绞线另一端固定在事先安装好的牵引固定装置上,将穿过行走机构主体的钢绞线整齐、依次排列在猫道上。

启动液压系统,操控收线装置将事先已盘好的钢绞线放出来,钢绞线按顺序依次穿过导线架的梳线装置,再按顺序穿过提升千斤顶。

待牵引千斤顶、反力架、牵引钢绞线及牵引反力点索夹安装完成后,利用牵引反力点索夹自身与主缆的抱紧力来抵抗牵引千斤顶的拉力,完成缆载式起重机的固定。

2) 吊具安装

利用收线装置将已穿过提升千斤顶的钢绞线放出;当钢绞线到达塔下时,连接钢绞线与吊具的锚固点(钢绞线必须相互平行,不能交错);利用提升千斤顶将钢绞线进行预紧;钢绞线预紧过后,操控提升千斤顶将吊具提至安全高度,完成吊具的安装。

4. 缆载式起重机荷载试验

通过空载、静载及动载试验,检验缆载式起重机起升动作准确性及各项参数,检验其变形情况并与理论计算结果对比,验证其结构强度和刚度,试验按 1.25 倍最重钢箱梁重即 362.5t 进行。

1) 空载试验及吊具带载下放试验

开启缆载式起重机上游侧提升设备,匀速下降吊具到最长位置,观察各种限位和液压控制系统、钢绞线的排列是否正常并记录;匀速提升吊具,同样观察高度限位和钢绞线的排列是否正常并记录;上游侧完成后,同理完成下游侧的提升设备检查并记录;上、下游提升机构运转试验合格后提升设备上下锚全部打开,将吊具质量全部转换到收放线装置上。首先记录上下游位移初始值,再同时启动上、下游侧缆载式起重机收放线装置,同时匀速下降吊具,看两侧数据的变化。

2)静载试验

提升缆载式起重机的吊具使端梁底面离开钢栈桥10cm,根据压力显示,荷载100%、115%、125%分级注水加载至362.5t。每一级加载后测量缆载式起重机监测点,同时观察缆载式起重机相关部件运转情况并记录。

试验后,检查缆载式起重机应当无永久变形、焊缝无裂纹和油漆剥落,各连接处应当无松动,主要零部件无损坏。

3)动载试验

动载试验采用125%端梁荷载,在静载试验完成后进行,此时端梁底面距离钢栈桥10cm。再次提升缆载式起重机吊具50cm并稳载10min后,测量缆载式起重机监测点,观察缆载式起重机相关部件运转情况并记录。下放缆载式起重机吊具50cm并稳载10min后,第三次测量缆载式起重机监测点,同时观察缆载式起重机相关部件运转情况并记录。

5. 缆载式起重机拆除

钢箱梁合龙段吊装完成后,缆载式起重机行走到跨中最低点位置,解除牵引千斤顶及反力架装置等,采用一台50t汽车式起重机和一台75t汽车式起重机配合进行拆除作业,拆除顺序与跨缆式起重机悬拼安装顺序相反。

三、钢箱梁吊装施工过程

钢箱梁正式吊装前,由监控单位联合两岸对主缆线形和索夹位置进行确认,并按照监控单位提供的监控指令完成测量复核工作。

根据大桥特点及桥位处水位情况,钢箱梁吊装分为深水区梁段、近塔区梁段、塔区端部梁段、合龙段吊装四部分。

钢箱梁船运至桥位后,从跨中向主塔方向吊装,先吊装跨中ZL39梁段;然后依次对称同步向主塔方向吊装标准梁段ZL38~ZL8和ZL38′~ZL8′;缆载式起重机依次前行,根据水位状况,开始同步进行预先荡移存放的ZL7~ZL3和ZL7′~ZL3′吊装;接着荡移完成ZL1和ZL1′端梁的安装,最后同步吊装预先存放ZL2和ZL2′梁段,完成钢箱梁合龙。

钢箱梁分区吊装方法见表2-10-12。钢箱梁吊装如图2-10-21所示。

钢箱梁分区吊装方法一览表　　表2-10-12

梁　　段	安　装　方　法
跨中深水区标准梁段吊装	由缆载式起重机从运梁船上直接吊起安装
近塔标准梁段吊装	在深水区梁段吊装前,通过缆载式起重机荡移法进行起吊,荡移至存梁栈桥,由存梁栈桥牵引系统牵引至安装位置,吊装时由缆载式起重机从存梁栈桥上起吊安装
塔区端部梁段吊装	缆载吊机行走到ZL2梁段垂直起吊ZL1端梁,荡移到下横梁顶旁托架上,滑移到设计位置
合龙梁段吊装	通过千斤顶牵引预偏提供合龙口间隙,缆载式起重机行走到位并ZL2梁段吊装完成后,吊装并合龙

图 2-10-21　钢箱梁吊装图片

1. 深水区标准梁段吊装施工

深水区标准梁段是指以主桥中心 ZL39 梁段为对称轴线,南北两岸对称布置的 ZL3～ZL38 和 ZL3′～ZL38′梁段,深水区标准梁段吊装流程如图 2-10-22 所示。

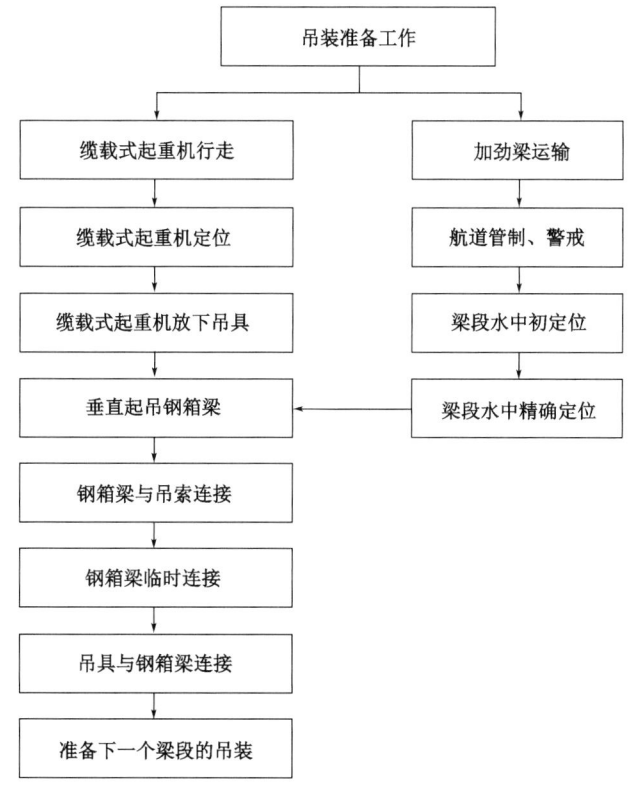

图 2-10-22　深水区标准梁段吊装流程图

1)总体吊装流程

(1)缆载式起重机定位:缆载式起重机行走定位待吊梁段所在位置。保证钢箱梁起吊后与已安钢箱梁段间保留 30～50cm 的间隙,以便钢箱梁顺利垂直起吊。

(2)钢箱梁定位:用运输船将梁段依次运输至施工现场。将钢箱梁定位在缆载式起重机的吊点下方,缆载式起重机放下吊具,然后根据缆载式起重机吊具位置,收放定位船锚绳进行精确定位。

(3)连接起吊:用销轴将钢箱梁临时吊点与缆载式起重机分配梁销接,符合安全吊装要求后,同时启动提升千斤顶,使钢箱梁缓慢离开运输船,并利用架在岸边的仪器观察钢箱梁是否水平,以便调整提升设备的运行速度,使得缆载式起重机吊点均匀受力。

钢箱梁脱离运输船后,确认钢箱梁处于水平状态,继续提升,将钢箱梁垂直吊装至预定位置(稍高于安装高程),将吊索与钢箱梁永久吊点连接。用手动葫芦配合与相邻已安钢箱梁节段临时连接。缓慢下放,使吊索受力,完成钢箱梁节段吊装,移动缆载式起重机进行下一节段吊装。

2)深水区标准梁段吊装

(1)运输船定位后,江北侧缆载式起重机行走至吊索 ZL39 处,垂直起吊 ZL39 至相应高度。

(2)人员从猫道下放爬梯至钢箱梁上,完成吊索连接,解除缆载式起重机吊具与钢箱梁临时吊点的连接 1 号点,采用钢丝绳绕主缆后与临时吊点连接,防止钢箱梁晃动。临时吊点布置图如图 2-10-23 所示。

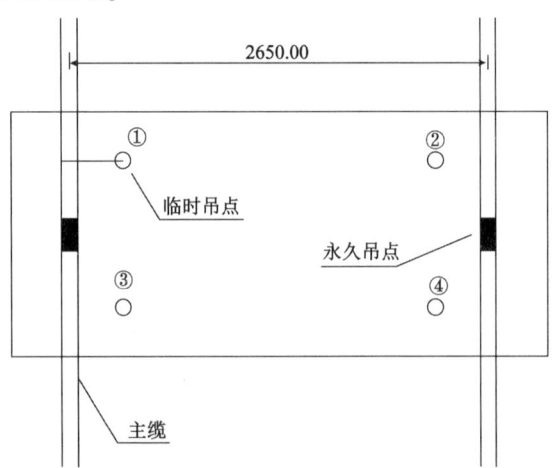

图 2-10-23 临时吊点布置图

(3)依次解除吊具与其他临时吊点的连接,并将临时吊点与主缆连接,形成稳定体系,完成 ZL39 梁段吊装。

(4)江南侧缆载式起重机行走至 ZL38 梁段位置,起吊 ZL38 梁段至相应高度;江北侧缆载式起重机行走至 ZL38′梁段位置,起吊 ZL38′梁段至相应高度。中间梁段吊装示意图如图 2-10-24 所示。

(5)先采用麻绳穿过两段钢箱梁的临时连接点拉紧,待后期随钢箱梁吊装数量的增多,主缆线形稳定后再采用螺栓连接。为保证 ZL38、ZL38′梁段与 ZL39 梁段连接后,缆载式起重机行走后钢箱梁的稳定性,在 ZL38、ZL38′梁段上的临时吊点与主缆设置"之"字形拉绳。其后的 ZL37、ZL37′梁段也采用此连接措施,其余梁段可直接连接固定。中间其余梁段吊装示意图如图 2-10-25 所示。

(6)对称同步吊装其余 ZL37~ZL8 和 ZL37′~ZL8′梁段。

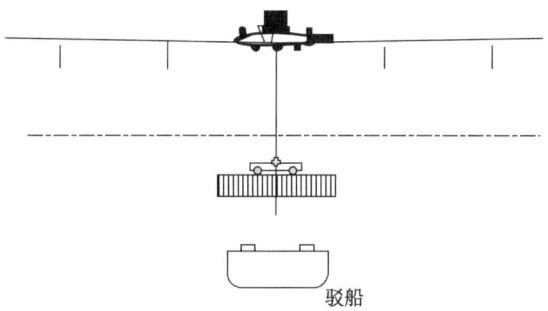

图 2-10-24　中间梁段吊装示意图

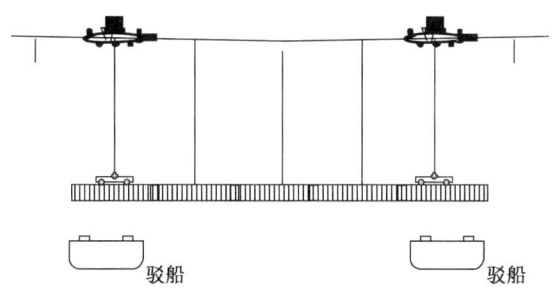

图 2-10-25　中间其余梁段吊装示意图

2. 近塔区梁段吊装施工（以江南侧为例）

1）滑移栈桥及墩旁支架

根据大桥特点及桥位处水位情况,由于主塔位于岸上,附近长江河床滩地较缓,河床及江堤地理位置较高,主塔附近 7 个节段(以江南 ZL1～ZL7 为例)无法直接水运至指定位置进行架设,因此,根据实测江堤及河床高程来设置墩旁支架及滑移栈桥来完成该部分梁段的吊装。

（1）滑移栈桥。

江南侧滑移栈桥总体长度 90m,为 U 形结构,顶面高程 52.481m,由江堤侧逐步向江心推进,采用钢管桩基础。滑移栈桥共设两条滑道梁,每条滑道设置两排钢管桩基础,两条滑道的有效宽度为 20m。滑移栈桥的滑道梁采用双拼 H588×300 组拼成型,顶面铺 10mm 的滑道钢板及 4mm 不锈钢板。在滑道梁与钢箱梁之间设置滑块,每片钢箱梁设置 4 处支点滑块,通过 60t 滑移千斤顶牵引钢箱梁进行纵移,纵移到位后每处支点设置 2 台 150t 的顶升千斤顶对钢箱梁进行顶升,抽出各支点滑块,最终将钢箱梁放置于滑道梁上,滑移到位。江南侧滑移栈桥结构布置图如图 2-10-26 和图 2-10-27 所示。

（2）墩旁支架。

结合工程特点,主桥端梁为无吊索钢箱梁,需采用荡移法架设,为保证钢箱梁存放及后期线形调整,需在墩旁设置支架,配合牵引系统完成钢箱梁端梁的吊装。

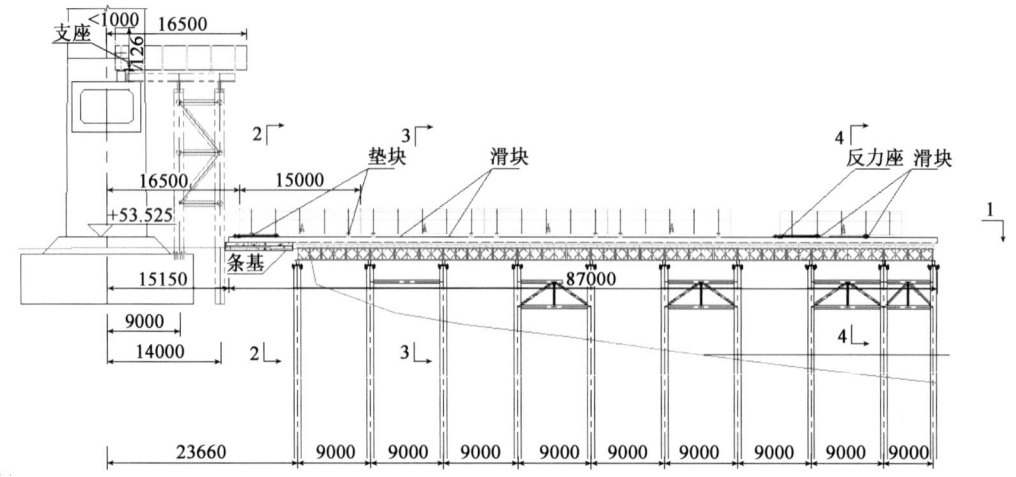

图 2-10-26　江南滑移栈桥立面布置图(尺寸单位:mm)

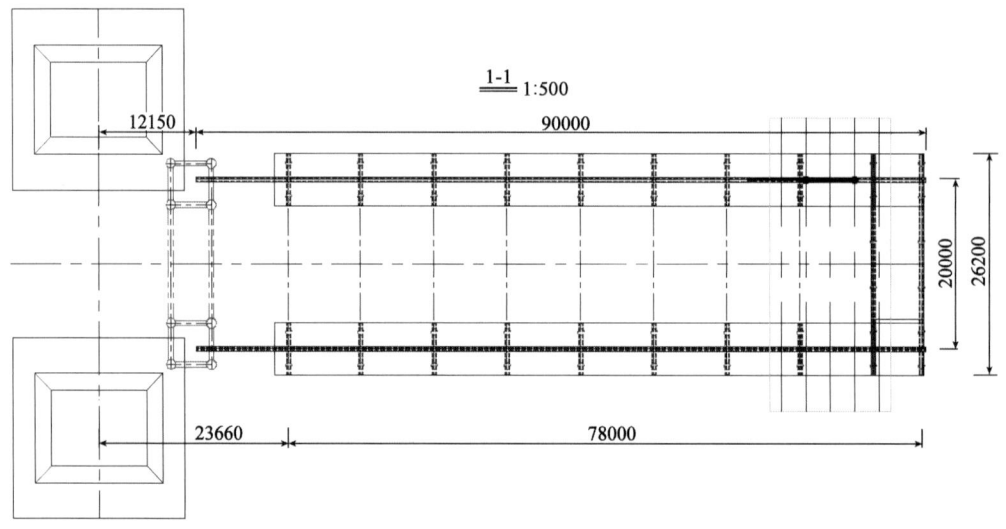

图 2-10-27　江南滑移栈桥平面布置图(尺寸单位:mm)

墩旁支架采用少支点钢管落地支架,支架关于主桥中心线对称布置 8 根 $\phi1200\mathrm{mm}\times12\mathrm{mm}$ 的钢管立柱作为支撑,近主墩侧钢管距离主墩中心线 9.0m,纵向立柱间距为 5.0m。平联和斜撑均采用 $\phi630\mathrm{mm}\times8\mathrm{mm}$ 的钢管。立柱上横向分配梁采用 2HN700×300 组合型钢,其上并排布置滑道梁和调位梁,滑道梁采用 2HN700×300 组合型钢,滑道梁横向间距为 17.9m;调位梁采用 3HM588×300 组合型钢,调位梁横向间距为 19.7m;滑道梁和调位梁在主塔下横梁顶部锚固。滑道梁顶面高程 72.925m。少支架基础采用塔柱承台预埋件钢管桩基础及振动沉桩钢管桩基础两种形式,振动沉桩设备采用 75t 履带式起重机起吊振动沉桩机插打的方式。江北侧墩旁支架采用江南侧墩旁支架设计形式,墩旁支架布置图如图 2-10-28 和图 2-10-29 所示。

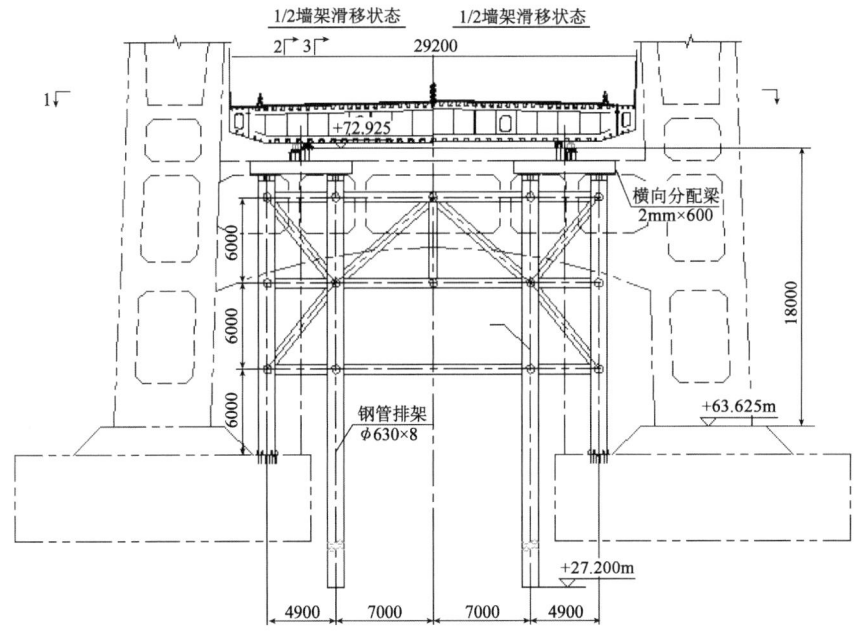

图 2-10-28 墩旁支架立面布置图(尺寸单位：mm)

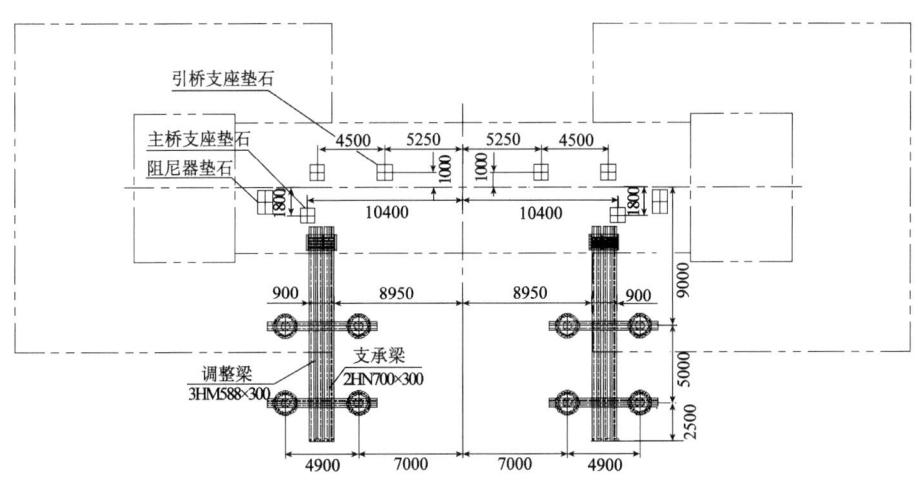

图 2-10-29 墩旁支架平面布置图(尺寸单位：mm)

2) 梁段荡移施工

近塔区钢箱梁有 1 个端梁节段(ZL1)、1 个合龙节段(ZL2)和 5 个标准节段(ZL3~ZL7)需要进行荡移施工,其中 ZL1 节段需要两次荡移施工。荡移施工辅助设施根据不同工况针对性进行设置。

(1) 将端梁 ZL1 节段分两次荡移至墩旁支架上。

第一次荡移前,在主塔下横梁塔梁交界位置设置定滑车锚固点,锚固点用钢丝绳绕塔梁固定。塔顶门架上 2 台 10t 卷扬机作为牵引力,配备 6×37、$\phi36mm$ 钢芯钢丝绳。滑车组钢丝绳走 6 线,动滑车与缆载式起重机吊具上设置的锚固座连接,定滑车采用 2 门 50t 滑车组。采用 $\phi36mm$ 的钢丝绳水平方向上与运输船上端梁吊具连接。

①第一次荡移。

运输船停靠在 ZL8 吊索下方,江南侧端梁近桥端安全距离为 4.6m,缆载式起重机行走至 ZL8,下放钢绞线竖直方向上与端梁连接。

端梁初始荡移时水平和竖向钢绞线角度为 82.69°,荡移角度为 0°,水平向牵引力为 0,端梁质量全部由缆载式起重机承担。缆载式起重机收绳将端梁提高至离滑移轨道面以上约 0.5m 高度位置,塔顶卷扬机放绳至下横梁,两侧塔柱上设绕塔钢丝绳固定转向滑轮,由塔顶卷扬机通过转向滑轮开始施加水平牵拉力,塔顶卷扬机一边收绳,缆载式起重机逐步放绳,直至将端梁停靠至滑移轨道上,完成第一次荡移。第一次荡移施工如图 2-10-30 所示。荡移后水平和竖向钢绞线角度为 92.05°,荡移角度 11.37°,水平向牵引力为 57t,缆载式起重机承重由 290t 减小为 286t。

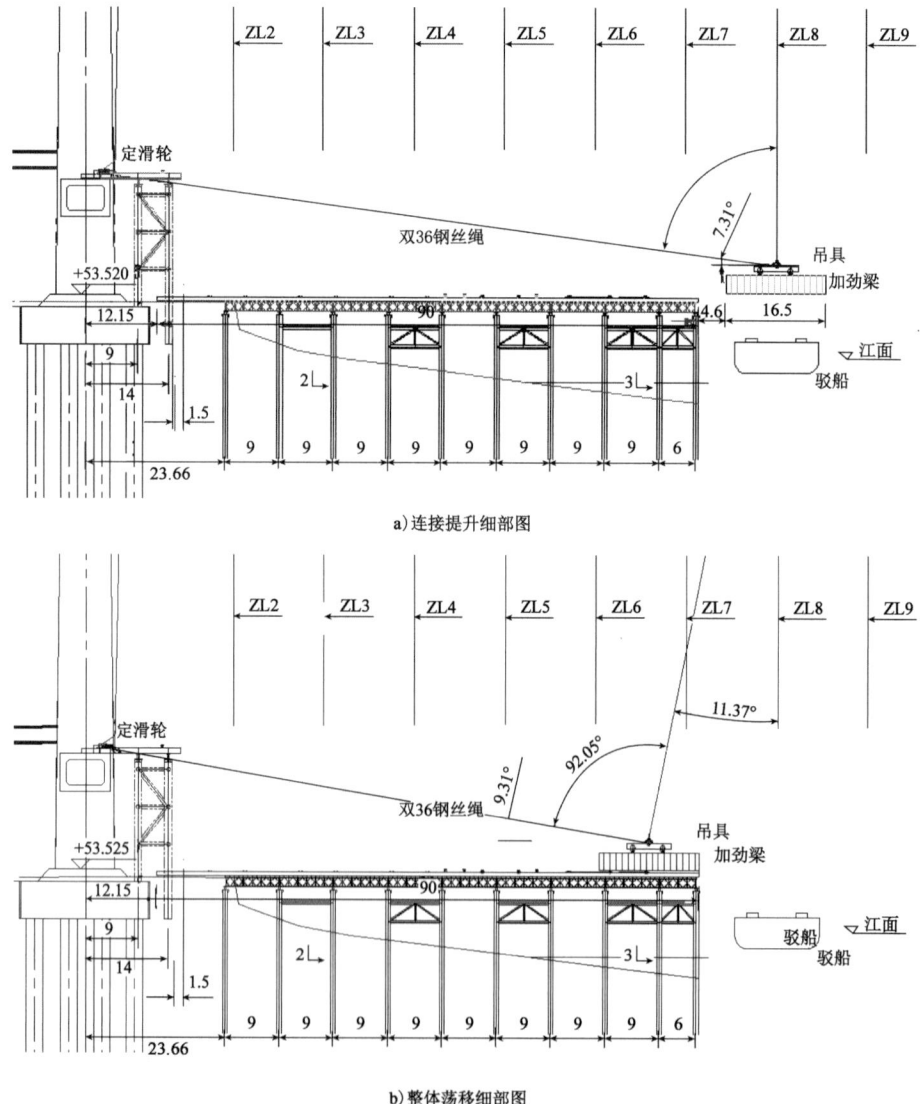

图 2-10-30 端梁第一次荡移施工细部图(尺寸单位:m)

②第二次荡移。

端梁第二次荡移时,为便于操作,新增一组定滑轮锚固点,该锚固点位于引桥 S04 号墩箱梁顶面中心,箱梁施工时同步埋设预埋板,之后再完成锚固点焊接。

将端梁滑移至端梁支架下方,开始进行第二次荡移。缆载式起重机行走至 ZL2 适当位置下放吊具,垂直起吊存放在移梁栈桥上的端梁,待缆载式起重机垂直起吊 ZL1 节段高于待架设位置约 0.5m 后,卷扬机收绳水平牵引钢箱梁,同时与缆载式起重机放绳配合,直至将梁段准确放置在墩旁支架及支墩顶布置的滑梁上。第二次荡移前,钢丝绳夹角 90.4°,近似 90°,荡移角度为 0°,端梁重量由缆载式起重机承担,水平向受力基本为 0。第二次荡移后,钢丝绳夹角 98.34°,荡移角度为 8.07°,按水平考虑,此时水平向牵引力为 41t,缆载式起重机承重由 290t 增大至 292t。第二次荡移施工如图 2-10-31 所示。

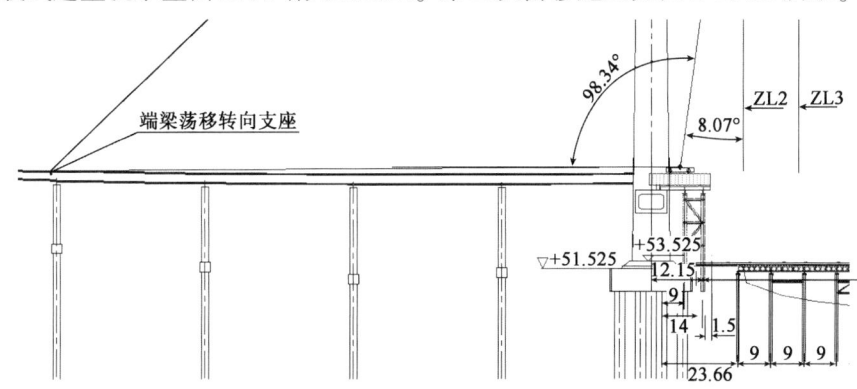

图 2-10-31　端梁第二次荡移施工细部图(尺寸单位:m)

(2)将 ZL2~ZL7 梁段荡移至滑移栈桥上。

ZL2~ZL7 梁段的荡移方法同端梁 ZL1 的荡移方法。荡移完成以后,依次将梁段滑移至设计位置下方,缆载式起重机行走至相应位置垂直起吊,完成吊装。

3)存梁及梁段滑移

滑移栈桥设置 H588×300 滑道梁,滑道梁上每 15m 设置一组竖向螺栓孔位,螺栓孔位用于固定反力座。滑道梁上设置滑块,一个前支点滑块,一个后支点滑块,前后支点滑块间距 6m,通过精轧螺纹钢相互锁定,通过固定反力座处的滑移千斤顶提供动力实现梁段滑移存放。滑道梁顶面不锈钢板分块焊接,焊条采用专用不锈钢焊条,焊接完成后需将焊接面打磨光滑。为方便控制滑移速度,在滑道上每 10cm 做一道小标记,每 1m 做一道大标记,进行位置标识,钢箱梁滑移过程中注意控制横向偏位,做到动态纠偏。滑移装置布置如图 2-10-32 所示。

存梁的步骤如下。

(1)钢箱梁从运输船上荡移至滑道梁上,居中放置在滑块上,通过端部横向调位装置进行横向调位,使钢箱梁轴线与栈桥轴线重合。

(2)通过反力座处 2 个 60t 滑移千斤顶施加牵引力,进行纵向滑移,采用 φ24mm 钢绞线牵引,滑移的过程中确保两侧同步。

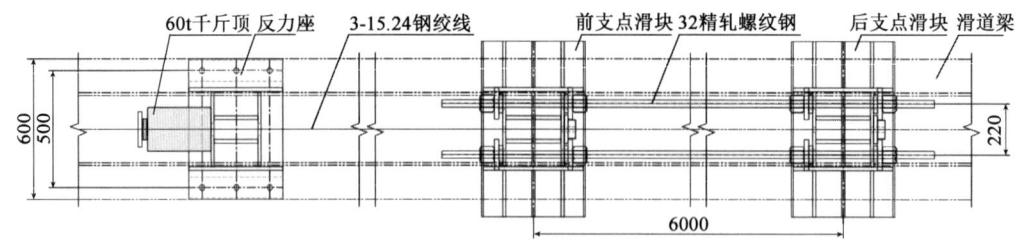

图 2-10-32 滑移装置布置图(尺寸单位:mm)

(3)当滑移至指定位置后,通过 150t 顶升千斤顶顶升以后,安放临时垫块,完成存梁。

(4)重复上述步骤进行其他梁段的存梁。

4)近塔区标准梁段 ZL3~ZL7 吊装

近塔区 ZL3~ZL7 存梁段在缆载式起重机及塔顶卷扬机的相互配合下进行起吊安装。首先是缆载式起重机下放钢绞线起吊对应梁段至一定高度,塔顶卷扬机钢丝绳(通过绕塔钢丝绳设置的定滑轮组)与起吊梁段相连,使水平方向牵引受力。待装梁段在水平牵引力的作用下偏移一定距离后完成起吊动作至设计高度,放松水平向牵引绳,使吊装梁段与已装梁段连接。

3. 塔区端梁吊装

端梁第二次荡移至墩旁支架上以后,利用 50t 水平千斤顶对钢梁进行横向位置调整直至设计位置,端梁高程根据主梁整体线形再行调整。

4. 合龙梁段吊装(以江南侧为例)

为保证合龙段 ZL2 梁段架设空间,保证 ZL2 梁段能顺利吊装合龙,需提前将 ZL1 梁段向边跨侧预偏 40cm。正式合龙以前,在 ZL2 钢箱梁 4 个适当位置设置坐标观测点进行观测。

当钢箱梁连接吊索后,ZL2 梁段与已架设 ZL3、ZL1 梁段的连接主要存在竖向偏位和沿桥向的纵向偏位,竖向偏位可以利用缆载式起重机进行调整,纵向偏位可以设置三向千斤顶进行调节。墩旁支架上分别设置滑道梁和支撑梁,三向千斤顶放置在滑道梁上,当千斤顶调整到位后,支撑梁上放置竖向钢支墩进行支点转换,过程中所有与钢箱梁接触的支点均位于钢箱梁肋板下方。

在合龙段施工前对合龙口连续进行观测,要充分考虑温度和风力的影响,合龙段吊装时还需充分考虑钢箱梁上拱的影响,根据监控指令选择最佳的合龙时机。合龙施工的顺序是先合龙中跨,再顶推端梁合龙边跨。

四、主索鞍顶推

主索鞍顶推时间、次数和各次的顶推量,根据主塔塔顶偏位和应力监测结果,并按照监控单位提出的参数组织实施。索塔主索鞍采用安装在格栅边跨侧的 2 台 YSD5000 型千斤顶顶推,索鞍顶推按多次少量的原则实施,并且控制南、北塔和左右幅对称作业,防止主塔偏位不对称和发生扭转。

钢箱梁总体吊装顺序为由跨中向两岸对称吊装,钢箱梁吊装过程中南北两侧主索鞍共计各顶推 7 次,具体的顶推时机详见上册第三篇第三章中相关内容。

五、桥位连接施工

1.梁段吊装过程中的临时连接施工

钢箱梁吊装就位后,梁段和梁段间通过临时连接件相连接。

在梁段吊装时,为了方便连接钢箱梁和吊索连接,将钢箱梁略微提高超出已吊装梁段高度 20～30cm,连接好吊索之后,缆载式起重机缓慢下放钢绞线,同时利用连接在已架设梁段上的手拉葫芦,水平牵拉吊装梁段向已安装梁段靠拢,最后用临时连接件将两相邻梁段相连。

钢箱梁临时连接匹配采用 M24 普通螺栓,其机械性能、尺寸等满足现行《六角头螺栓 C 级》(GB/T 5780)和《六角头螺栓》(GB/T 5782)的要求,通过临时连接件完成。临时连接件分为顶板和底板临时连接件,其布置图如图 2-10-33 所示。

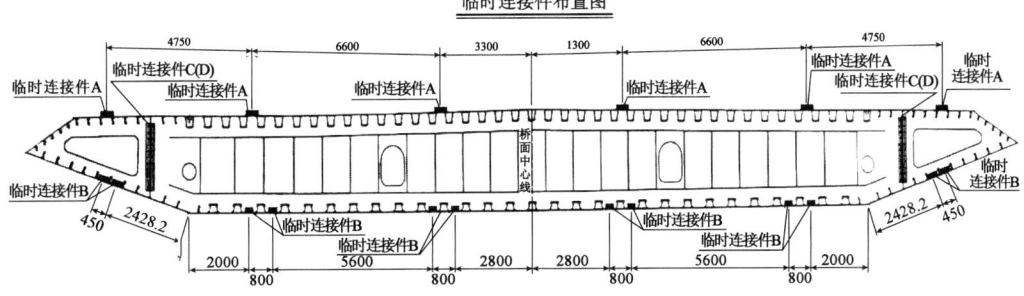

图 2-10-33　钢箱梁临时连接件布置图(尺寸单位:mm)

钢箱梁吊装就位后,首先完成箱梁顶板临时连接件的连接(跨中附近节段因主缆线形变化不能采用螺栓进行临时连接的,先采用麻绳进行捆绑)。在钢箱梁吊装初期,梁段下部呈开放状态,随着箱梁节段吊装的进行,相邻梁段的下部间隙开始闭合,钢箱梁线形逐渐稳定,当临时连接件的顶板顶紧时,即可开始梁段底板临时连接件的连接。梁段吊装期间,严禁强行紧固钢箱梁底板连接件使梁段下口闭合。

2.高强螺栓连接施工

钢箱梁合龙后,将节段间的临时连接转换为永久连接,按照从跨中向主塔、先高强螺栓连接再焊接的顺序进行。钢箱梁腹板采用 M24 高强螺栓连接,顶板 U 形肋及 I 形肋采用 M22 高强螺栓连接。高强螺栓性能为 10.9S 级,设计有效预应力分别为 200kN、240kN,其技术指标满足现行《钢结构用高强度大六角头螺栓》(GB/T 1228)、《钢结构用高强度大六角螺母》(GB/T 1229)、《钢结构用高强度垫圈》(GB/T 1230)和《钢结构用高强度大六角头螺栓、大六角螺母、垫圈技术条件》(GB/T 1231)的要求。在完成多点同步对称进行钢箱梁接缝区域的焊接工作后,施拧梁段高强螺栓。

（1）为确保杆件的精确对位，在高栓安装时应穿入临时螺栓和冲钉，其数量规定为：不得少于节点螺栓总数的1/3；不得少于2个临时螺栓；冲钉穿入数量不宜多于临时螺栓数量的30%。控制插打冲钉拼接板与杆件的孔眼重合率，孔眼重合率越高，杆件对位越精确。在拼装现场，首先用公称直径比锚杆设计孔径小0.2mm的冲钉将板束准确对孔，再用部分螺栓将板层充分压紧。

（2）初拧。高强螺栓初拧值为终拧值的50%。先将剩余未插打冲钉的孔眼装满高强螺栓，用套筒扳手将每个高强螺栓基本拧紧，然后针对该处高强螺栓规格、批号，选用初拧电动力矩扳手，自中间向两边、自中排向边排上下层对称施拧，施拧同时要跟踪对称卡游，避免高强螺栓打转，确保施拧质量。高强螺栓丝头外露要求以2~3丝为宜。初拧完毕后，用石笔先对该处已初拧的高强螺栓做标记。冲钉分两次退除，根据拼接板中间十字开档线，将拼接板分成四个区域，按每个区域的数量比例退除，先退除一半，再退除剩余一半。

（3）终拧。高强螺栓终拧值为试验得出力矩值的100%，终拧与初拧在24h内完成。高强螺栓终拧前，要用油漆笔对已初拧完毕的每个高强螺栓做出标志线，标志线经拼接板—垫片—螺母—螺栓顶一笔合成，控制在一直线上，一般以同方向螺母棱角划线，以更方便观察终拧后螺母的转角。终拧方法与初拧方法基本相同。终拧完毕后观察螺母转角是否相同，个别不一致的可用手动数显扳手检查其力矩值，力矩不够的补拧，力矩超出的更换。终拧结束后，用油漆笔在栓顶做好终拧标记，颜色最好与初拧区分开，以示该处施拧工作完毕。

3. 桥位焊接施工

1）梁段间的总体焊接顺序

钢箱梁施工采用"边吊边焊，焊吊同步，两两焊接"的施工方法。整体分为两个阶段，第一阶段为由跨中向两侧吊装至ZL20、ZL20'梁段后，开始间隔性地将梁段两两焊接为大节段，即ZL39不与ZL38焊接，ZL37与ZL38焊接，ZL36与ZL37保持临时连接，ZL35与ZL36焊接，依此类推，由跨中向两侧依次焊接。第二阶段为梁段吊装完成，线形锁定后，再由跨中向两侧将剩余的节段间环缝焊接完成。

2）环缝焊接施工整体方案

钢箱梁节段间焊接施工内容包括顶、底板横向对接，底板U形肋及顶板排水槽嵌补段的安装焊接，板肋嵌补段的安装焊接。钢箱梁上设置两个环焊缝临时施工轨道平台，首先贴底板对接缝的陶质衬垫，安装底板下面节段间的检修车轨道，再焊接钢箱梁的环焊缝。

在主桥钢箱梁未贯通前，桥位焊缝施工安排两个作业面，同时从跨中节段向两侧主塔方向进行施工，每个作业面安排一个顶板焊接小组、底板焊接小组、打磨及辅助小组、嵌补段安装焊接小组及探伤小组，待全桥钢箱梁贯通后再增加至四个工作面进行施工。

钢箱梁整节段吊装到位，进行尺寸复测，连接匹配件，进行腹板/U形肋/板肋冲钉定位，并连接普通螺栓，按照图2-10-34所示的顺序，依次进行环缝焊接。整体环缝焊接完成后，完成腹板及U形肋拼接板高强螺栓施拧。

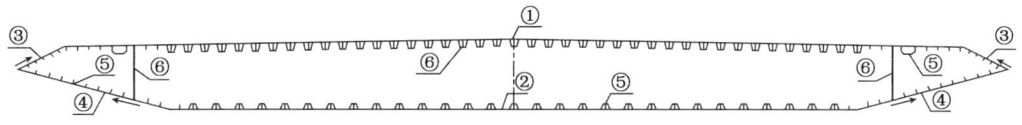

图 2-10-34 梁段间环缝对接焊接顺序

具体施工流程如下。

(1) 梁段线形调整到位后,进行环缝口调整工作。先用匹配件进行固定,控制整体纵向横向错位情况。顶板用螺栓收紧箱梁的 V 形口,底板用全螺纹长 200mm 以上螺栓逐步收口。顶底板的临时匹配件布置图和细部构造图分别如图 2-10-35、图 2-10-36 所示。

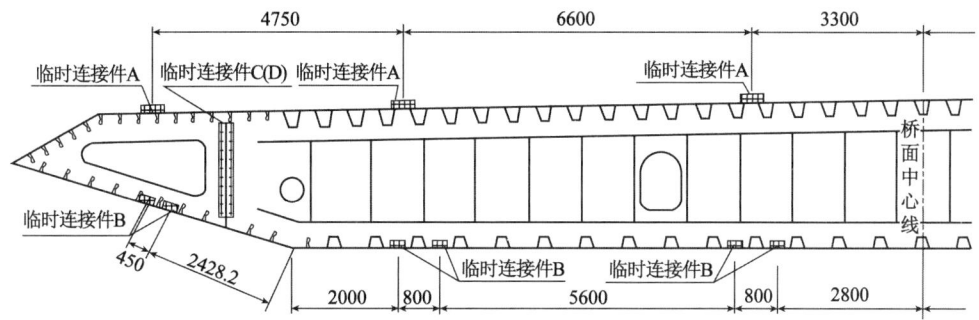

图 2-10-35 顶底板临时匹配件布置图(尺寸单位:mm)

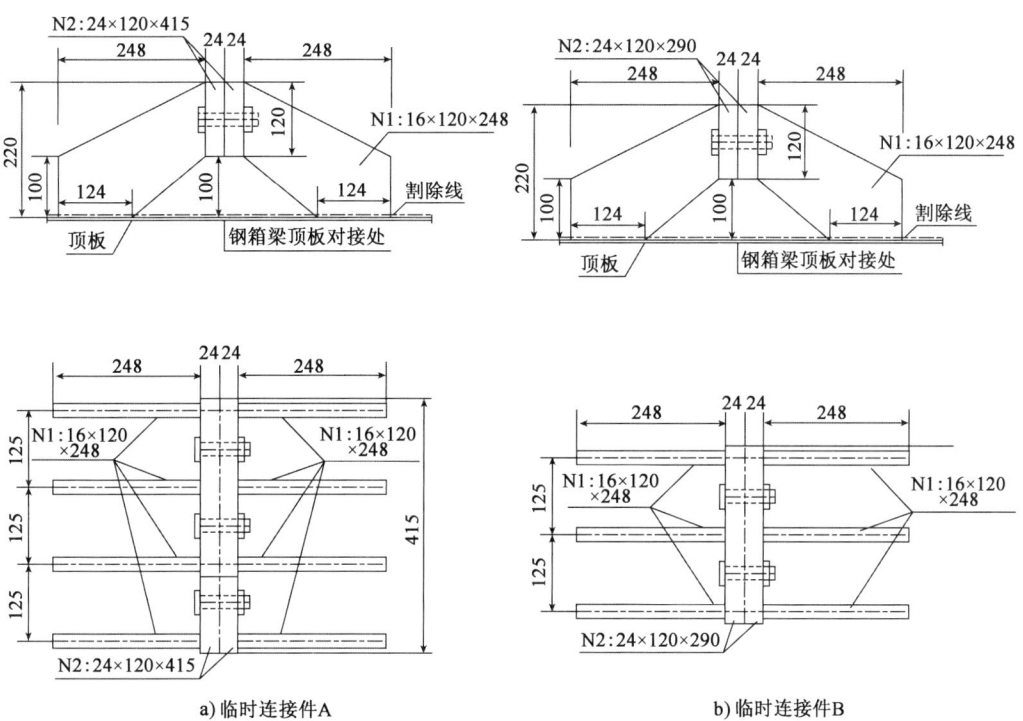

a) 临时连接件A b) 临时连接件B

图 2-10-36 顶底板临时匹配件细部构造图(尺寸单位:mm)

(2)箱口匹配件连接后,进行腹板/U形肋/板肋冲钉定位,并连接普通螺栓。

(3)腹板、U形肋/板肋螺栓、冲钉连接定位后,优先进行顶板焊缝对接,顶板对接采用CO_2气体保护焊和埋弧自动焊,箱内贴陶质衬垫,箱外焊接,单面焊双面成型,从中间往两端同时对称施焊。

(4)在优先保证顶板横缝的条件下,可同时进行底板横缝对接。底板对接采用CO_2气体保护焊,箱外贴陶质衬垫,箱内焊接,单面焊双面成型,底板对接从中间往两端同时对称施焊。

(5)在优先保证顶/底板横缝的条件下,可同时进行风嘴顶板对接,风嘴顶板对接在箱外斜向上施焊。风嘴顶板对接采用CO_2气体保护焊,箱内贴陶质衬垫,箱外焊接,单面焊双面成型。

(6)风嘴顶板对接完成后,进行斜底板对接,箱内斜向上施焊。斜底板对接采用CO_2气体保护焊,箱外贴陶质衬垫,箱内焊接,单面焊双面成型。

(7)待顶板/底板/风嘴顶板/斜底板对接焊缝无损检测合格后,再进行U形肋/板肋/排水槽嵌补段对接。

(8)环焊缝焊接完成且检验合格后,进行高强螺栓施工。

3)桥位环缝焊接工艺

桥位环缝各部位焊接工艺见表2-10-13。

环缝焊接工艺表　　　　表2-10-13

焊缝位置	焊接方法与焊接材料	预热及层温	焊接工艺参数	焊接工位	备注
顶板对接横缝	CO_2气体保护焊打底 ER50-6(ϕ1.2mm) 陶质衬垫型号 TG2.0Z	火焰除湿 层温:≤200℃	电流:200~240A 电压:28~30V	箱外平位	箱内贴陶质衬垫,箱外焊接,单面焊双面成型
顶板对接横缝	CO_2气体保护焊填充盖面 ER50-6(ϕ1.2mm)	火焰除湿 层温:≤200℃	电流:240~300A 电压:28~32V	箱外平位	箱内贴陶质衬垫,箱外焊接,单面焊双面成型
顶板对接横缝	埋弧自动焊填充盖面 H10Mn2(ϕ5.0mm)+SJ101q	火焰除湿 层温:≤200℃	电流:650~700A 电压:28~32V	箱外平位	箱内贴陶质衬垫,箱外焊接,单面焊双面成型
底板对接横缝	CO_2气体保护焊打底 ER50-6(ϕ1.2mm) 陶质衬垫型号 TG2.0Z	火焰除湿 层温:≤200℃	电流:200~240A 电压:28~30V	箱内平位	箱外贴陶质衬垫,箱内焊接,单面焊双面成型
底板对接横缝	CO_2气体保护焊填充盖面 ER50-6(ϕ1.2mm)	火焰除湿 层温:≤200℃	电流:240~300A 电压:28~32V	箱内平位	箱外贴陶质衬垫,箱内焊接,单面焊双面成型
风嘴顶板对接横缝	CO_2气体保护焊打底 ER50-6(ϕ1.2mm) 陶质衬垫型号 TG2.0Z	火焰除湿 层温:≤200℃	电流:200~240A 电压:28~30V	箱外斜向上	箱内贴陶质衬垫,箱外焊接,单面焊双面成型
风嘴顶板对接横缝	CO_2气体保护焊填充盖面 ER50-6(ϕ1.2mm)	火焰除湿 层温:≤200℃	电流:240~300A 电压:28~32V	箱外斜向上	箱内贴陶质衬垫,箱外焊接,单面焊双面成型

续上表

焊缝位置	焊接方法与焊接材料	预热及层温	焊接工艺参数	焊接工位	备注
斜底板对接横缝	CO_2 气体保护焊打底 ER50-6(ϕ1.2mm) 陶质衬垫型号 TG2.0Z	火焰除湿 层温:≤200℃	电流:200~240A 电压:28~30V	箱内斜向上	箱外贴陶质衬垫,箱内焊接,单面焊双面成型
	CO_2 气体保护焊填充盖面 ER50-6(ϕ1.2mm)	火焰除湿 层温:≤200℃	电流:240~300A 电压:28~32V		
底板U形肋嵌补段对接焊缝	CO_2 气体保护焊 E501T-1(ϕ1.2mm)钢衬垫	火焰除湿 层温:≤200℃	电流:200~220A 电压:26~28V	立位	内侧贴钢衬垫单面焊双面成型
U形肋嵌补段与底板坡口焊缝	CO_2 气体保护焊 E501T-1(ϕ1.2mm)	火焰除湿 层温:≤200℃	电流:240~260A 电压:28~30V	平位	—
底板板肋嵌补段对接焊缝	CO_2 气体保护焊 E501T-1(ϕ1.2mm) 陶质衬垫型号 TG2.0Z	火焰除湿 层温:≤200℃	电流:200~220A 电压:26~28V	立位	反面贴陶质衬垫单面焊双面成型
风嘴板肋嵌补段角焊缝	CO_2 气体保护焊 E501T-1(ϕ1.2mm)	火焰除湿 层温:≤200℃	电流:200~220A 电压:26~28V	平/仰位	—
排水槽嵌补段对接焊缝	CO_2 气体保护焊 E501T-1(ϕ1.2mm)钢衬垫	火焰除湿 层温:≤200℃	电流:200~220A 电压:26~28V	立/仰位	内侧贴钢衬垫单面焊双面成型
排水槽嵌补段角焊缝	CO_2 气体保护焊 E501T-1(ϕ1.2mm)	火焰除湿 层温:≤200℃	电流:200~220A 电压:26~28V	仰位	焊角高度 K = 6mm

4)环缝焊接要求

(1)顶板尽量采用埋弧自动焊填充盖面,若现场发动机电压不稳,可采用 CO_2 气体保护焊填充盖面。

(2)CO_2 气体流量控制在 15~25L/min 之间,气体流量传感器应接上电源,保持加热状态。

(3)十字接头部位反面纵缝余高尽量磨平,陶质衬垫贴密实,以保证焊缝反面成型质量。

(4)横缝焊接完成后对十字接头位置先进行超声波无损检测,若十字接头位置存在焊缝缺陷,应采用碳弧气刨或其他机械方法清除焊接缺陷。在清除缺陷时,应刨出利于返修焊的坡口,并用砂轮磨掉坡口表面的氧化皮,露出金属光泽。

(5)焊缝验收。①焊缝外观检查:焊接完毕且待焊缝冷却至室温后,对焊缝全长进行外观检查,焊缝不得有裂纹、未熔合、夹渣、未填满弧坑和焊漏等缺陷,并应符合《公路桥涵施工技术规范》(JTG/T 3650—2020)中的相应规定。②焊接完成24h后进行焊缝无损检验:对焊缝全长进行超声波检测,检验等级为 B 级、质量等级为 Ⅰ 级;并按比例对十字焊缝进行 X 射线探伤,射线透照技术等级为 B 级、质量等级为 Ⅱ 级,探伤范围为十字接头纵、横向各 250~300mm;对所有 U 形肋嵌补段对接焊缝进行磁粉检测,质量等级为 Ⅱ 级,探伤范围为焊缝全长;对所有 U 形肋嵌补段与底板坡口焊缝进行磁粉检测,质量等级为 Ⅱ 级,探伤范围为焊缝全长;对所有板肋嵌补段对接焊缝进行超声波无损检测,检验等级为 B 级、质量等级为 Ⅱ 级,探伤范围为焊缝全长;对所有排水槽嵌补段对接焊缝进行磁粉检测,质量等级为 Ⅱ 级,探伤范围为焊缝全长。③焊缝余高要求。焊缝宽 $b>20mm$ 时,余高 $\Delta\leqslant 3mm$;焊缝宽 $b\leqslant 20mm$ 时,余高 $\Delta\leqslant 2mm$。且在排水槽嵌补段、U 形肋/板肋嵌补段位置,顶板对接焊缝底面余高应局部磨平,以保证排水槽嵌补段与顶板密贴。

第十一章　沥青铺装施工

第一节　概　　述

沥青铺装的工程质量是桥梁建设的关键部分,桥梁在服役过程中一旦出现桥面病害,则会造成交通不便及负面社会影响。考虑到铺装工程的重要性以及结构的舒适性、耐久性,对铺装结构和技术参数的选择显得尤为重要。

依据宜昌市城市未来规划,伍家岗区将成为宜昌市的中心地带。根据伍家岗长江大桥的交通流量大、重载车轴多的特点,对大桥的铺装工程要求高,因此,有必要对铺装标准进行相应的提高,以满足城市交通需要。

参照《城镇桥梁沥青混凝土桥面铺装施工技术标准》(CJJT 279—2018)、《公路钢桥面铺装设计与施工技术规范》(JTG/T 3364-02—2019)、《树脂沥青组合体系(ERS)钢桥面铺装施工技术规范》(DB33/T 2012—2016)、《公路工程沥青及沥青混合料试验规程》(JTG E20—2011)、《公路工程集料试验规程》(JTG E42—2005)、《公路沥青路面施工技术规范》(JTG F40—2004)、《高黏高弹道路沥青》(GB/T 30516—2014)等标准规范,同时结合至喜长江大桥、鹦鹉洲长江大桥、杨泗港长江大桥、二七长江大桥、枝城长江大桥等多座大型桥梁桥面铺装工程中的施工成功的工程案例,对伍家岗长江大桥引桥、匝道桥、伍临路高架桥、30m 简支梁桥及路基区域沥青混凝土路面铺装工程的路面结构和技术参数作了相应的优化和提高。

钢桥面铺装使用条件的差异性、材料的多样性,以及施工质量管理和控制水平的参差不齐,使得有些钢桥面铺装工程的实际效果与预期之间仍存在着较大差距。如何正确地认识钢桥面铺装的特殊性,防止钢桥面铺装的病害,减少后期养护维修的频率,仍然是当前国内钢桥面铺装界迫切需要解决的问题。

在钢桥面铺装结构设计时,综合考虑了大桥气候和交通的特点、施工难易程度、铺装方案的可靠性、工程造价以及后期维护方便等因素。通过从铺装结构形式、关键材料性能、施工工艺和造价等方面进行比较得出,在界面安全性等材料使用性能方面,尤其是高温抗车辙性能方面,ERS[EBCL(环氧黏结碎石) + RA10 + SMA(沥青玛琋脂碎石混合料)]铺装与双层环氧铺装均优于 GA(浇筑式沥青混凝土) + SMA 铺装;在核心层养生时间方面,ERS 铺装与 GA + SMA 铺装更加优异;在施工和易性、设备复杂性方面,ERS 铺装具备明显的优势。同时,ERS 铺装是常温施工,更加符合国家的低碳环保政策,在建设成本上也远低于其他两种铺装结构,因此,通过科研课题研究,主桥钢桥面铺装最终选择了

ERS结构。

SMA是一种被广泛应用于高速公路面层结构的沥青混凝土。相对于普通沥青混合料,它具有抗车辙能力强、不易透水、表面粗糙和行车舒适等一系列优点。在路面上应用SMA已经经过了充分的研究,有了较为成熟的规范。SMA终究还是一种沥青路面,其胶结材料改性沥青的黏结能力随温度升高而降低的特性并未根本改变,即SMA混合料在高温条件下容易出现车辙变形。常规的SMA配比设计有时难以满足高温重载下的抗车辙要求,因此,如何改进SMA的配合比设计使之具有更好的抗车辙能力是铺装需要解决的问题之一。伍家岗长江大桥通过开展钢桥面树脂沥青铺装科研课题研究,以实际应用比较成功的杭州湾大桥混凝土桥面铺装的SMA配比作为比较的基点,通过采用高黏度改性沥青、调整级配和VMA指标,观察调整级配后SMA抗车辙能力的变化。实验结果表明:采用高黏度改性沥青可提高SMA高温稳定性,在混合料级配设计上应特别注重抗车辙能力的提高。因此,对伍家岗长江大桥主要的车行道铺装结构的面层均采用了优化后的SMA结构。

第二节 技术标准与规范

伍家岗长江大桥沥青铺装工程除执行设计提出的技术要求外,还应遵循以下技术标准、规范、规程:

(1)《公路工程技术标准》(JTG B01—2003);
(2)《公路沥青路面设计规范》(JTG D50—2017);
(3)《公路工程沥青及沥青混合料试验规程》(JTG E20—2011);
(4)《公路工程集料试验规程》(JTG E42—2005);
(5)《公路沥青路面施工技术规范》(JTG F40—2004);
(6)《涂覆涂料前钢材表面处理 表面清洁度的目视评定 第1部分:未涂覆过的钢材表面和全面清除原有涂层后的钢材表面的锈蚀等级和处理等级》(GB/T 8923.1—2011);
(7)《城镇桥梁沥青混凝土桥面铺装施工技术标准》(CJJ/T 279—2018);
(8)《公路钢桥面铺装设计与施工技术规范》(JTG/T 3364-02—2019);
(9)《树脂沥青组合体系ERS钢桥面铺装施工技术规范》(DB33/T 2012—2016);
(10)《钢桥面铺装冷拌树脂沥青》(JT/T 1131—2017);
(11)《城市道路彩色沥青混凝土路面技术规程》(CJJ/T 218—2014);
(12)《城市桥梁桥面防水工程技术规程》(CJJ 139—2010);
(13)《公路桥涵施工技术规范》(JTG/T F50—2020);
(14)《公路工程质量检验评定标准》(JTG F80/1—2017);
(15)《公路路基路面现场测试规程》(JTG E60—2008);
(16)《高粘高弹道路沥青》(GB/T 30516—2014);

(17)《公路钢箱梁桥面铺装设计与施工指南》(交公便字〔2006〕274 号);
(18)《沥青路面用聚合物纤维》(JT/T 534—2004)。

第三节　沥青铺装结构设计

一、主桥车行道铺装结构

上面层:4cm 高黏高弹 SMA13 改性沥青混凝土;
黏层:二阶热固性环氧沥青($1.0 \sim 1.2 kg/m^2$);
下面层:3cm 厚 RA10 冷拌树脂沥青混合料;
黏层:RA 树脂沥青黏层($0.5 \sim 0.7 kg/m^2$);
底涂层:EBCL 防水黏结层($1.0 \sim 1.2 kg/m^2$);
钢梁表面喷砂除锈 Sa2.5 级,$80 \sim 120 \mu m$。
主桥车行道铺装结构图如图 2-11-1 所示。

二、主桥人行道铺装结构

罩面层:彩色树脂罩面涂层;
面层:3cm SMA13 改性沥青混凝土;
黏层:二阶热固性环氧沥青($1.0 \sim 1.2 kg/m^2$);
钢梁表面喷砂除锈 Sa2.5 级,$80 \sim 120 \mu m$。
主桥人行道铺装结构图如图 2-11-2 所示。

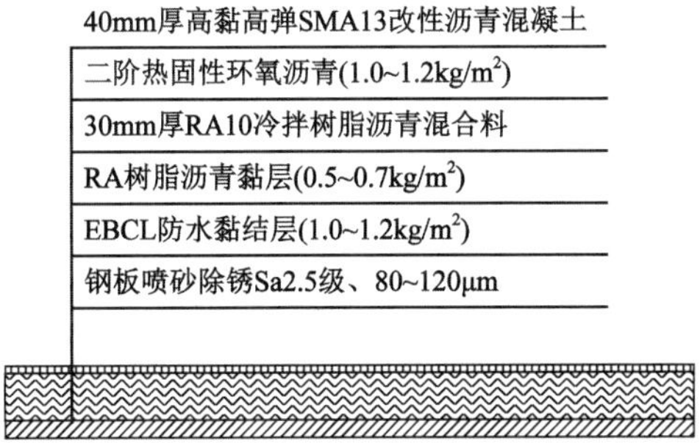

40mm厚高黏高弹SMA13改性沥青混凝土
二阶热固性环氧沥青($1.0 \sim 1.2 kg/m^2$)
30mm厚RA10冷拌树脂沥青混合料
RA树脂沥青黏层($0.5 \sim 0.7 kg/m^2$)
EBCL防水黏结层($1.0 \sim 1.2 kg/m^2$)
钢板喷砂除锈Sa2.5级、$80 \sim 120 \mu m$

图 2-11-1　主桥车行道铺装结构图

罩面涂层
3cm SMA13改性沥青混凝土
二阶热固性环氧沥青($1.0 \sim 1.2 kg/m^2$)
钢板喷砂除锈Sa2.5级、$80 \sim 120 \mu m$

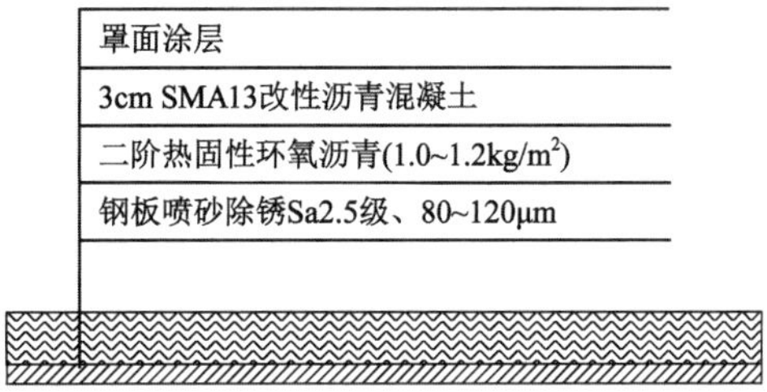

图 2-11-2　主桥人行道铺装结构图

三、引桥、匝道桥、伍临路高架桥、30m 简支梁桥车行道混凝土梁铺装结构

上面层:4cm 高黏高弹 SMA13 改性沥青混凝土;
黏层:SBS 改性乳化沥青黏层($0.4 \sim 0.6 L/m^2$);
下面层:5cm AC16C 改性沥青混凝土;
黏层:SBS 改性乳化沥青黏层($0.4 \sim 0.6 L/m^2$);

防水黏结应力吸收层:热洒(1.4 ± 0.2)kg/m² 高黏高弹改性沥青,并同步洒铺 4.75~9.5mm 辉绿岩或玄武岩预拌碎石(油石比宜为 0.3%~0.5%,其洒铺面积占铺装面积的 65%~75%);

底涂层:高黏乳化沥青(0.4~0.6L/m²);

混凝土桥面抛丸处理,形成干燥、洁净、粗糙的界面。

混凝土梁车行道铺装结构如图 2-11-3 所示。

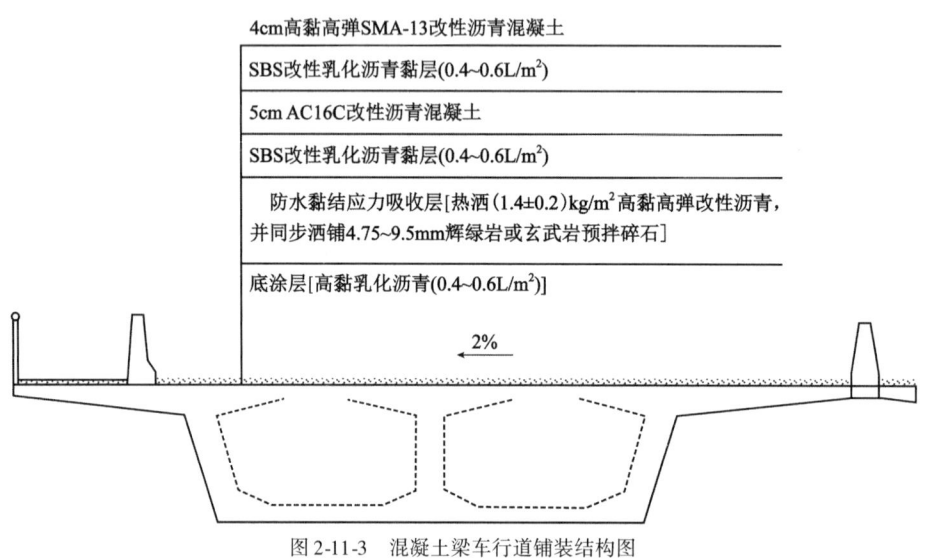

图 2-11-3　混凝土梁车行道铺装结构图

四、引桥、匝道桥人行道混凝土梁铺装结构

面层:3cm AC10C 改性沥青混凝土;

黏层:SBS 改性乳化沥青黏层(0.4~0.6L/m²);

混凝土桥面抛丸处理,形成干燥、洁净、粗糙的界面。

五、路面铺装结构

1.主线及地面辅道行车道、路缘带、硬路肩路面结构

上面层:4cm AC13C 改性沥青混凝土;

黏层:SBS 改性乳化沥青层(0.4~0.6L/m²);

中面层:6cm AC20C 改性沥青混凝土;

黏层:SBS 改性乳化沥青层(0.4~0.6L/m²);

下面层:8cm AC25C 沥青混凝土;

黏层:SBS 改性乳化沥青层(0.4~0.6L/m²);

下封层:热洒(1.4 ± 0.2)kg/m² SBS 改性沥青同步碎石(油石比宜为 0.3%~0.5%,其洒铺面积占铺装面积的 65%~75%);

透层:0.7~1.5L/m² 乳化沥青(蒸发残留物含量不小于50%)。

主线及地面辅道行车道、路缘带、硬路肩路面结构图如图2-11-4所示。

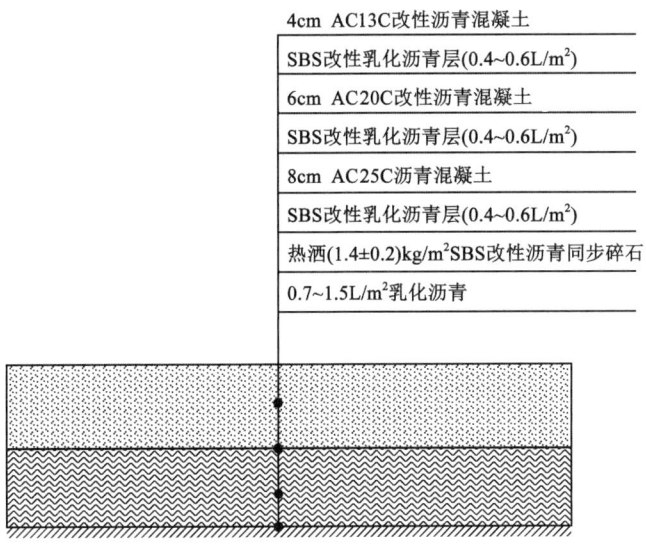

图2-11-4 主线及地面辅道行车道等铺装结构图

2. 匝道及路缘带、硬路肩路面结构

上面层:4cm AC13C 改性沥青混凝土;

黏层:SBS 改性乳化沥青层(0.4~0.6L/m²);

下面层:8cm AC25C 沥青混凝土;

黏层:SBS 改性乳化沥青层(0.4~0.6L/m²);

下封层:热洒(1.4±0.2)kg/m² SBS 改性沥青同步碎石(油石比宜为0.3%~0.5%,其洒铺面积占铺装面积的65%~75%);

透层:0.7~1.5L/m² 乳化沥青(蒸发残留物含量不小于50%)。

3. 非机动车道路面结构

上面层:4cm AC13C 改性沥青混凝土;

黏层:SBS 改性乳化沥青层(0.4~0.6L/m²);

下面层:6cm AC20C 沥青混凝土;

黏层:SBS 改性乳化沥青层(0.4~0.6L/m²);

下封层:热洒(1.4±0.2)kg/m² SBS 改性沥青同步碎石(油石比宜为0.3%~0.5%,其洒铺面积占铺装面积的65%~75%)。

第四节 技术要求

为保证伍家岗长江大桥沥青铺装结构的耐久性及行车舒适性,满足城市发展需要,在沥青铺装结构层确定以后,技术团队参考现有规范规程,通过反复试验和比选,最终确定了伍家岗长江大桥沥青铺装结构的原材料及沥青混合料的技术要求,所选用的原材料均为试验优选材料,原材料和沥青混合料的主要技术指标要求基本都高于相关规范和规程中的要求。

一、主桥沥青铺装结构原材料技术要求

1. 沥青

1) 高黏高弹改性沥青

高黏高弹改性沥青具有高黏聚能力、高回弹性的特点,在桥面铺装工程中应用可提高铺装层整体耐久性,然而与普通高黏沥青及 SBS 改性沥青具有不同的性能特点与指标要求,若控制不当,则在应用过程中存在压实度不足、渗水系数高、纤维与矿粉结团等问题。

结合多座桥梁高黏高弹沥青应用实例,用作制备 SMA 的高黏高弹改性沥青需要兼顾混合料施工过程中的和易性与服役过程中的高黏聚能力和高弹性恢复性能,用作制备防水黏结应力吸收层的高黏高弹改性沥青需要具有突出的弹性恢复性能,此外,基于桥面铺装层结构与服役特点,铺装上面层与下面层间材料模量差异相对较大,存在较大的剪切应力,传统 SBS 改性沥青黏结力有限,难以提供足够的抗剪能力。

本项目主桥用作制备 SMA 的高黏高弹改性沥青需要兼顾混合料施工过程中的和易性与服役过程中的黏聚能力,具体指标见表2-11-1。

高黏高弹 SMA 用高黏高弹改性沥青性能指标技术要求　　表 2-11-1

测试项目		单位	技术指标
针入度(25℃,100g,5s)		0.1mm	45~65
延度(5cm/min,5℃)		cm	≥40
软化点		℃	≥90
60℃黏度		Pa·s	≥90000
闪点		℃	≥260
弹性恢复(25℃)		%	≥90
黏韧性(25℃)		N·m	≥25
韧性(25℃)		N·m	≥20
TFOT(或 RTFOT)后残留物	质量变化	%	-1.0~+1.0
	针入度比(25℃)	%	≥65
	延度(5cm/min,5℃)	cm	≥20

注:TFOT 指薄膜烘箱加热试验,RTFOT 指薄膜旋转烘箱加热试验。

2) SBS 改性沥青

人行道面层沥青混凝土用 SBS 改性沥青性能指标技术要求见表 2-11-2。

人行道面层沥青混凝土用 SBS 改性沥青性能指标技术要求　　表 2-11-2

试验项目	单位	技术要求
针入度(25℃,100g,5s)	0.1mm	40~60
延度(5cm/min,5℃)	cm	≥20

续上表

试验项目	单位	技术要求
离析试验48h后的软化点差值 $T_{R\&B}$	℃	≥75
闪点	℃	≥230
弹性恢复(25℃)	%	≥80%
储存稳定性离析,48h软化点差℃		≤2.5
RTFOT后残留物		
质量变化		±0.8%
针入度25℃		≥65%
延度5℃,cm		≥15

3) 二阶热固性环氧沥青

SMA混合料与RA混合料之间的黏结材料优先选用二阶热固性环氧沥青,用以提高SMA表面功能层的高温抗剪能力。热固性环氧沥青材料应具有两阶段固化反应的特性,当涂布施工完成后,黏结层材料在日照晾晒下应尽快表干固化,形成不粘车轮、不怕雨淋的工作面。当SMA混合料摊铺时,表干的黏结层在混合料热量下重新液化与混合料中的沥青熔融相连,施工完成后经一段时间的固化,热固性环氧沥青黏结层最终完成固化反应,形成不可逆转的、具有一定强度和变形能力的胶状固体材料。

SMA结构层下黏结层使用的二阶热固性环氧沥青的性能指标技术要求见表2-11-3。

SMA结构层下黏结层使用的二阶热固性环氧沥青性能指标技术要求 表2-11-3

试验项目	单位	技术要求	试验方法
拉伸强度(23℃)	MPa	≥3.0	GB/T 16777—2008
断裂伸长率(23℃)	%	≥100	GB/T 16777—2008
吸水率	%	≤0.3	GB/T 1034—2008
黏结强度(与钢板,25℃)	MPa	≥3.0	JTG/T 3364-02—2019
黏结强度(与保护层,25℃)	MPa	≥1.5	JTG/T 3364-02—2019

4) RA胶结料(树脂沥青)

RA用胶结料适用于RA混合料的拌和生产。RA用胶结料分为A、B两个组分。其A组分是环氧树脂和石油沥青等组成的混合物,B组分是固化剂和石油沥青等物质的混合物。在施工现场将A、B两组分按照1:1的比例进行混合后,胶结料中的环氧树脂与固化剂等物质在常温条件下发生化学的交联固化反应,最终形成不可逆转的交联固化物。RA用胶结料应是绿色环保产品,不含甲苯或二甲苯等有毒有害挥发性溶剂。拌和用RA胶结料(树脂沥青)的主要性能指标技术要求见表2-11-4。

拌和用 RA 胶结料（树脂沥青）主要性能指标技术要求 表2-11-4

试验项目	单 位	技术要求	试验方法
拉伸强度(23℃)	MPa	≥2.0	GB/T 16777—2008
断裂伸长率(23℃)	%	≥50	GB/T 16777—2008
吸水率(7d,25℃)	%	≤0.3	GB/T 1034—2008
指干时间(25℃)	h	≥80	JT/T 1131—2017
固化时间(25℃)	h	≤72	JT/T 1131—2017
黏度增加至1Pa·s的时间	min	≥60	T 0625

2. SMA 沥青混合料所用集料与其他材料

1）粗集料

SMA 混合料面层用粗集料采用石质坚硬、清洁、干燥、无风化、无杂质，其颗粒形状近似立方体、多棱角的碎石，车行道采用玄武岩加工生产，人行道采用辉绿岩加工生产。粗集料的粒径规格应符合《公路沥青路面施工技术规范》(JTG F40—2004)中表4.8.3的规定，质量应符合表2-11-5中的技术要求。

面层用粗集料的质量技术要求 表2-11-5

试验项目		单 位	实际控制指标
石料磨光值		BPN	≥42
石料压碎值		%	≤20
石料高温压碎值(200℃,2h)		%	≤20
洛杉矶磨耗损失		%	≤22
表观相对密度		g/cm³	≥2.80
吸水率		%	≤1.5
坚固性		%	≤12
针片状颗粒含量	总体	%	≤15
	其中颗粒大于9.5mm	%	≤12
	其中颗粒小于9.5mm	%	≤18
水洗法<0.075mm 颗粒含量		%	≤1
软石含量		%	≤3
沥青的黏附性		等级	5级

2）细集料

细集料采用机制砂，应具有一定棱角性，坚硬、洁净、干燥、无风化、无杂质和其他有害物质，其质量应符合表2-11-6中的要求。细集料应与沥青应具有良好的黏附性。关于面层的细集料，车行道宜采用玄武岩机制砂，人行道宜采用辉绿岩机制砂，不得采用天然砂或石屑。沥青混合料用机制砂的规格见表2-11-7。

细集料的技术要求 表 2-11-6

指 标	单 位	标 准 值
表观相对密度	g/cm³	≥2.5
坚固性(>0.3mm 部分)	%	≥12
含泥量(小于 0.075mm 的含量)	%	≤3
砂当量	%	≥60
棱角性(流动时间)	s	≥30
吸水率	%	≤2
亚甲蓝值	g/kg	≤25

注:坚固性试验可根据需要进行;砂当量是对直径小于 4.75mm 的集料的要求。

沥青混合料用机制砂规格 表 2-11-7

规格	水洗法各筛孔的质量百分率(%)							
	9.5	4.75	2.36	1.18	0.6	0.3	0.15	0.075
S15	100	90~100	60~90	40~75	20~55	7~40	2~20	0~10
S16	—	100	80~100	50~80	25~60	8~45	0~25	0~10

3)填料

填料应采用石灰岩磨制的矿粉,矿粉应干燥、洁净、不成块、不含泥土杂质,其质量应符合表 2-11-8 中的要求。

沥青面层用矿粉质量要求 表 2-11-8

指 标		单 位	标 准 值
表观相对密度		t/m³	≥2.50
含水量		%	≤1
粒度范围	<0.6mm	%	100
	<0.15mm	%	90~100
	<0.075mm	%	75~100
外观		—	无团粒结块
亲水系数		—	<1
塑性指数		—	<4

4)聚酯纤维

为提高桥面铺装的高温稳定性和低温抗裂性能,面层沥青混凝土中均掺入聚酯纤维,掺加剂量根据试验结果确定。聚酯纤维性能满足《沥青路面用聚合物纤维》(JT/T 534—2004)的要求,其技术指标见表 2-11-9。

沥青面层用聚酯纤维的技术指标要求 表 2-11-9

性能指标	单 位	技 术 要 求
纤维长度	mm	6±1.5
纤维直径	μm	10~25

续上表

性能指标	单位	技术要求
抗拉强度	MPa	≥500
断裂伸长率	%	≥20
吸油率	—	纤维质量的2倍以上
耐热性(210℃,2h)	—	体积无变化
安全性	—	无毒性

3. EBCL防水抗滑黏结层材料

1）界面胶结料

EBCL用胶结料分为A、B两个组分。其A组分是环氧树脂和石油沥青等其他物质组成的混合物，B组分是固化剂和石油沥青等物质的混合物。在施工现场将A、B两组分按照1∶1的比例混合后，胶结料中的环氧树脂与固化剂等物质在常温条件下发生化学的交联固化反应，最终形成不可逆转的交联固化物，即可以在常温条件下施工并固化达到设计强度。EBCL用胶结料应是绿色环保产品，不含甲苯或二甲苯等有毒有害的挥发性溶剂。EBCL界面胶结料主要性能见表2-11-10。

EBCL界面胶结料主要性能　　　　表2-11-10

试验项目	单位	技术要求	试验方法
拉拔强度(70℃)	MPa	≥3	《钢桥面铺装冷拌树脂沥青》(JT/T 1131—2017)
拉拔强度(25℃)	MPa	≥10	
拉剪强度(70℃)	MPa	≥1	
指干时间(25℃)	h	2≤t≤10	
断裂伸长率(25℃)	%	≥20	
断裂强度(25℃)	MPa	≥10	

2）石料

在EBCL胶料上面撒布3～5mm粒径的碎石，采用水洗玄武岩，撒布量为2.5～4.5kg/m²。碎石技术要求见表2-11-11。

3～5mm粒径碎石的技术要求　　　　表2-11-11

指标	单位	标准值	试验方法
表观相对密度	t/m³	≥2.60	T 0328
坚固性(>0.3mm部分)	%	≥12	T 0340
小于0.075mm的含量(水洗法)	%	≤1.0	T 0333

4. RA混合料所用集料

集料采用玄武岩碎石，其技术要求见表2-11-12～表2-11-14。

粗集料技术要求　　　　　　　　　　表2-11-12

指　标	单　位	标　准　值	试验方法
压碎值	%	≤22	T 0316
洛杉矶磨耗损失	%	≤26	T 0317
磨光值(PSV)	—	≥42	T 0321
针片状颗粒含量	%	≤5	T 0312
与沥青的黏附性	级	5	T 0616
软石含量	%	≤5	T 0312

细集料的技术要求　　　　　　　　　表2-11-13

指　标	单　位	标　准　值	试验方法
表观相对密度	t/m³	≥2.60	T 0328
坚固性(>0.3mm部分)	%	≥12	T 0340
砂当量	%	≥60	T 0334
棱角性(流动时间)	s	≥30	T 0345
亚甲蓝值	g/kg	≤5	T 0349

矿粉质量要求　　　　　　　　　　　表2-11-14

指　标		单　位	标　准　值
表观相对密度		t/m³	≥2.50
含水量		%	≤1
粒度范围	<0.6mm	%	100
	<0.15mm	%	90~100
	<0.075mm	%	75~100
外观		—	无团粒结块
亲水系数		—	<1
塑性指数		—	<4
加热安全性		—	实测记录

RA混合料级配及油石比见表2-11-15。

RA混合料级配及油石比要求　　　　　表2-11-15

| 通过率范围 | 种类 | 筛孔尺寸(mm) | | | | | | | | | 油石比(%) |
		13.2	9.5	4.75	2.36	1.18	0.6	0.3	0.15	0.075	
上限	RA10	100	100	75	58	44	32	23	16	13	7.5~9
下限		100	90	50	35	27	17	11	8	6	

二、主桥沥青混合料技术要求

主桥车行道采用由高黏高弹改性沥青制备的SMA进行面层铺装。高黏高弹改性沥青是由基质沥青和增黏、增弹、增容、增塑等改性组分制备的特种改性沥青,具有高黏度、高弹性恢复、高温度稳定性的性能特点,利用高黏高弹改性沥青制备的骨架密实型 SMA 具有抗剪切、抗车辙、抗疲劳等优异的服役性能。此外,高黏高弹 SMA 面层还可以在保证铺装层路用性能与耐久性能的基础上,降低桥面铺装面层厚度。

(1)矿料级配组成见表 2-11-16。

矿 料 级 配 组 成 表 2-11-16

类型	通过以下筛孔尺寸的百分率(%)									
	16	13.2	9.5	4.75	2.36	1.18	0.6	0.3	0.15	0.075
SMA13	100	90~100	50~75	20~34	15~26	14~24	12~20	10~16	9~15	8~12

(2)高黏高弹 SMA 的性能指标应符合表 2-11-17 的要求。

高黏高弹 SMA 技术要求 表 2-11-17

试 验 项 目	单 位	技 术 要 求
空隙率	%	3~4
马歇尔试件尺寸	mm	$\phi 101.6 \times 63.5$
马歇尔试件击实次数	次	双面击各 75 次
矿料间率 VMA	%	≥17.0
粗集料的骨架间隙率 VCA_{mix}	—	≤VCADRC
沥青饱和度 VFA	%	75~85
稳定度	kN	≥6.0
谢伦堡沥青析漏试验结合料损失	%	≤0.1
肯塔堡飞散试验的混合料损失	%	≤5
动稳定度 (60℃,0.7MPa)	次/mm	≥6000
动稳定度 (70℃,0.7MPa)	次/mm	≥2500
低温弯曲试验破坏应变(-10℃,加载速率50mm/min)	$\mu\varepsilon$	≥3000
冻融劈裂试验的残留强度比	%	≥85
浸水马歇尔残留稳定度	%	≥90
沥青混合料渗水系数	mL/min	≤80

(3)RA10 沥青混合料应符合表 2-11-18 的技术要求。

RA10 沥青混合料技术要求 表 2-11-18

试 验 项 目	单 位	技 术 要 求	试 验 方 法
马歇尔稳定度(70℃)	kN	≥40	50 次击实双面
流值	mm	2~4	T 0702
空隙率	%	0~2	T 0702
车辙动稳定度(70℃)	次/mm	≥20000	T 0719
水稳定性:残留马歇尔稳定度	%	≥90	T 0709
冻融劈裂试验残留强度比	%	≥90	T 0729
-10℃小梁低温弯曲极限应变	$\times 10^{-6}$	≥2800	T 0715

主桥人行道采用由 SBS 改性沥青制备的 SMA 进行铺装，SBS 改性沥青 SMA 应符合表 2-11-19 的技术要求。

SBS 改性 SMA 技术要求　　　　　　　　　　　　　　　　表 2-11-19

试 验 项 目	单 位	技 术 要 求
空隙率	%	3~4
马歇尔试件尺寸	mm	$\phi 101.6 \times 63.5$
马歇尔试件击实次数	次	双面击各 75 次
矿料间率 VMA	%	≥17.0
粗集料的骨架间隙率 VCA_{mix}	—	≤VCADRC
沥青饱和度 VFA	%	75~85
稳定度	kN	≥6.0
谢伦堡沥青析漏试验结合料损失	%	≤0.1
肯塔堡飞散试验的混合料损失	%	≤15
动稳定度(60℃,0.7MPa)	次/mm	≥3000
低温弯曲试验破坏应变(-10C°,加载速率50mm/min)	με	≥2500
冻融劈裂试验的残留强度比	%	≥80
浸水马歇尔残留稳定度	%	≥85
沥青混合料渗水系数	mL/min	≤80

三、引桥及其他区域沥青铺装结构原材料技术要求

1. 沥青

1) 高黏高弹改性沥青

引桥及其他区域用作制备 SMA 的高黏高弹改性沥青的技术要求详见主桥 SMA 用高黏高弹改性沥青要求(表 2-11-1)，两者一致。

引桥及其他区域防水黏结应力吸收层用高黏高弹改性沥青技术要求见表 2-11-20。

防水黏结应力吸收层用高黏高弹改性沥青技术要求　　　　　表 2-11-20

测 试 项 目	单 位	技 术 指 标
针入度(25℃,100g,5s)	0.1mm	40~60
延度(5cm/min,5℃)	cm	≥40
软化点	℃	≥90
60℃黏度	Pa·s	≥70000
闪点	℃	≥260
弹性恢复(25℃)	%	≥95
黏韧性(25℃)	N·m	≥25
韧性(25℃)	N·m	≥20

续上表

测试项目		单 位	技术指标
TFOT(或RTFOT)后残留物	质量变化	%	-1.0～+1.0
	针入度比(25℃)	%	≥65
	延度(5cm/min,5℃)	cm	≥20

2）SBS改性沥青

引桥及其他区域使用的SBS改性沥青的技术要求详见主桥使用的SBS改性沥青要求（表2-11-2），两者一致。

3）70号A级石油沥青

引桥及其他区域使用70号A级石油沥青制备普通AC沥青混凝土，其技术要求见表2-11-21。

70号A级石油沥青技术要求　　表2-11-21

检验项目	单 位	技术要求
针入度(25℃,100g,5s)	0.1mm	60～70
针入度指数PI	—	-1.5～+1.0
软化点(R&B)	℃	≥47
60℃动力黏度	Pa·s	≥180
15℃延度	cm	≥100
蜡含量(蒸馏法)	%	2.2
闪点	℃	≥260
溶解度(三氯乙烯)	%	≥99.5
密度(15℃)(不小于)	g/cm³	实测记录
TFOT后残留物		
质量变化	%	±0.8
残留针入度比	%	≥61
残留延度(10℃)	cm	≥6

4）高黏乳化沥青

引桥、匝道桥、伍临路高架桥、30m简支梁桥车行道混凝土梁铺装结构的底涂层施工按照0.4～0.6L/m²的数量涂刷高黏乳化沥青，能起到很好的黏结作用。施工时应严格控制涂刷量，避免铺装设备行走时损坏底涂层。高黏乳化沥青技术要求见表2-11-22。

高黏乳化沥青技术指标要求　　表2-11-22

试验项目	单 位	技术要求
筛上剩余量(1.18mm)	%	≤0.1
储存稳定性(CH5)	%	≤5
黏度(C525)	s	8～25

续上表

试 验 项 目		单 位	技 术 要 求
蒸发残留物含量		%	≥50
蒸发残留物性质	针入度(100g,25℃,5s)	0.1mm	40~80
	软化点	℃	≥80
	60℃黏度	Pa·s	≥20000
	延度15℃	cm	≥50

5) 黏层用 SBS 改性乳化沥青

黏层用 SBS 改性乳化沥青的技术要求见表 2-11-23。

改性乳化沥青技术要求 表 2-11-23

试 验 项 目		单 位	技 术 标 准
破乳速度		—	快裂和中裂
粒子电荷		—	阳离子(+)
筛上残留物(1.18mm)		%	≤0.1
黏度	恩格拉黏度计 E25	—	1~10
	道路标准黏度计 C25.3	S	8~25
蒸发残留物	残留分含量	%	≥50
	溶解度	%	≥97.5
	针入度(25℃)	0.1mm	40~120
	延度(5℃)	cm	≥20
	软化点,℃	℃	≥60
与粗集料的黏附性,裹覆面积		—	≥2/3
常温储存稳定性	1d	%	≤1
	5d	%	≤5

6) 透层用乳化沥青

透层用乳化沥青的技术要求见表 2-11-24。

乳化沥青技术要求 表 2-11-24

试 验 项 目		单 位	PC-2	PC-3
破乳速度		—	慢裂	快裂和中裂
粒子电荷		—	阳离子(+)	
筛上残留物(1.18mm)		%	≤0.1	
黏度	恩格拉黏度计 E25	—	4~6	
	道路标准黏度计 C25.3	S	8~20	
蒸发残留物	残留分含量	%	≥50	
	溶解度	%	≥97.5	
	针入度(25℃)	0.1mm	50~80	

续上表

试　验　项　目		单　　位	PC-2	PC-3
蒸发残留物	延度(15℃)	cm	≥100	
	软化点	℃	≥46	
与粗集料的黏附性,裹覆面积		—	≥2/3	
常温储存稳定性	1d	%	≤1	
	5d	%	≤5	

2. 集料与其他材料

1）粗集料

上面层用粗集料技术要求见主桥SMA混合料面层用粗集料要求（表2-11-5），两者一致。

下面层粗集料应采用石质坚硬、清洁、干燥、无风化、无杂质,其颗粒形状近似立方体、多棱角的碎石。下面层采用石灰岩加工生产。粗集料的粒径规格应符合《公路沥青路面施工技术规范》（JTG F40—2004）中的规定,具体技术要求见表2-11-25。

下面层用粗集料技术标准　　表2-11-25

试　验　项　目		单　　位	技　术　标　准
石料磨光值		—	—
石料压碎值		%	≤24
洛杉矶磨耗损失		%	≤30
表观相对密度		g/cm³	≥2.50
吸水率		%	≤3.0
坚固性		%	≤12
针片状颗粒含量	总体	%	≤18
	其中颗粒大于9.5mm	%	≤15
	其中颗粒小于9.5mm	%	≤20
水洗法＜0.075mm 颗粒含量		%	≤1
软石含量		%	≤5
沥青的黏附性		等级	≥4

2）细集料

细集料采用机制砂,应具有一定棱角性,坚硬、洁净、干燥、无风化、无杂质和其他有害物质。细集料应与沥青应具有良好的黏附性,上面层的细集料宜采用玄武岩机制砂,中、下面层的细集料宜采用石灰岩机制砂,以改善其水稳定性。不得采用天然砂或石屑。细集料的技术要求和材料规格详见主桥SMA混合料用细集料要求（表2-11-6、表2-11-7）,两者一致。

3）其他

填料和聚酯纤维技术要求见主桥SMA混合料用料要求（表2-11-8、表2-11-9），两者一致。

四、引桥及其他区域沥青混合料的技术要求

（1）矿料级配组成见表2-11-26。

矿 料 级 配 组 成　　　　表2-11-26

类型	通过以下筛孔尺寸的百分率(%)										
	26.5	19	16	13.2	9.5	4.75	2.36	1.18	0.6	0.3	0.15	0.075
SMA13	—	—	100	90~100	50~75	20~34	15~26	14~24	12~20	10~16	9~15	8~12
AC13C	—	—	100	90~100	68~85	38~68	24~50	15~38	10~28	7~20	5~15	4~8
AC16C	—	100	90~100	76~92	60~80	34~62	20~48	13~36	9~26	7~18	5~14	4~8
AC20C	100	90~100	78~92	62~80	50~72	26~56	16~44	12~33	8~24	5~17	4~13	3~7
AC25C	90~100	75~90	65~83	57~76	45~65	24~52	16~42	12~33	8~24	5~17	4~13	3~7

（2）高黏高弹SMA沥青混凝土的性能指标详见主桥SMA混合料要求（表2-11-2），两者一致。

（3）AC沥青混凝土技术要求见表2-11-27。

AC沥青混凝土技术要求　　　　表2-11-27

试验项目		单位	技术要求				
			AC-13（改性）	AC-16（改性）	AC-20	AC-20（改性）	AC-25
空隙率VV		%	4~6	4~6	4~6	4~6	4~6
稳定度MS		kN	≥8				
流值FL		mm	1.5~4	1.5~4	1.5~4	1.5~4	2~4
矿料间率VMA	空隙率4%	%	≥14	≥13.5	≥13	≥13	≥12
	空隙率5%		≥15	≥14.5	≥14	≥14	≥13
	空隙率6%		≥16	≥15.5	≥15	≥15	≥14
沥青饱和度VFA		%	65~75	65~75	65~75	65~75	55~70
动稳定度		次/mm	≥3000	≥3000	≥1000	≥3000	≥1000
低温弯曲试验破坏应变		με	≥2500	≥2500	≥2000	≥2500	≥2000
浸水马歇尔残留稳定度		%	≥85	≥85	≥80	≥85	≥80
冻融劈裂试验的残留强度比		%	≥80	≥80	≥75	≥80	≥75
沥青混合料渗水系数		mL/min	≤120				

(4)防水黏结应力吸收层材料的技术要求见表2-11-28。

防水黏结应力吸收层技术要求　　　　表2-11-28

检查项目	检查频度(每一侧车行道)	质量要求或允许偏差
沥青洒布量	施工过程中	$(1.4\pm0.2)\ kg/m^2$
碎石撒布量	施工过程中	覆盖率65%~75%
拉拔强度测试	每1km不少于5个点	35℃时应不小于0.35MPa;测试时,根据实测温度通过换算得到相应的允许值

第五节　沥青配合比设计

一、目标配合比设计

沥青铺装层施工前应先完成沥青目标配合比的设计工作。根据伍家岗长江大桥施工设计图纸中相关要求,不同结构层和不同区域的沥青混凝土的类型不同,主要种类有AC-13C改性沥青混凝土、AC16C改性沥青混凝土、AC20C改性沥青混凝土、AC20C沥青混凝土、AC25C沥青混凝土和高黏高弹SMA13沥青混凝土。

目标配合比的设计详见第五篇第二章中相关内容,此节从略。

二、生产配合比设计

按照目标配合比设计的比例进料,经过烘干和二次筛分后,从各热料仓中分别取样筛分,利用Excel程序计算各热料仓的材料比例,并尽可能使合成级配接近目标配合比的设计级配,否则,易产生溢料和等料现象。另外,应根据原材料规格选择相匹配的热料仓筛孔尺寸,以达到供料均衡。

三、生产配合比最佳油石比验证

完成生产配合比的设计工作以后,要进行生产配合比最佳油石比验证工作。取目标配合比设计的最佳油石比为中值,以0.3%为间隔,取三个油石比进行马歇尔试验,并测定其各项性能指标,各项指标应满足本章相关技术要求。通过室内试验和从拌和楼取样试验综合确定生产配合比的最佳油石比。

第六节　沥青铺装施工

一、主桥钢桥面沥青铺装施工

1. 总体施工方案概述

伍家岗长江大桥主桥行车道钢桥面铺装设计方案采用ERS铺装方案,主要由

EBCL+RA10+SMA13 构成。钢桥面封闭后,钢桥面喷砂除锈达到 Sa2.5 级,粗糙度要求达到 80~120μm,桥面清理干净后立即施工成型 EBCL 层,EBCL 层胶料涂刷总量为 1.0~1.2kg/m²,同时撒布 3~5mm 粒径的玄武岩碎石,碎石撒布要求达到满布面积的 80%,撒布量为 2.5~4.5kg/m²。RA 层施工时,提前 30~60min 在 EBCL 层界面洒布 RA 树脂沥青黏结层,洒布量为 0.5~0.7kg/m²,之后摊铺 3.0cm 厚的 RA10 结构层。RA10 固化以后,顶面进行精铣刨拉毛处理,界面清理干净后,涂布二阶热固性环氧沥青黏结层,涂布量为 1.0~1.2kg/m²。二阶热固性环氧沥青黏结层封闭养生 2~3d 后摊铺 4.0cm 高黏高弹 SMA13 改性沥青混凝土面层。

主桥人行道铺装方案为钢桥面喷砂除锈达到 Sa2.5 级,粗糙度要求达到 80~120μm,界面清理干净后立即成型二阶热固性环氧沥青黏层,涂布量为 1.0~1.2kg/m²。二阶热固性环氧沥青黏结层封闭养生 2~3d 后摊铺 3cm SMA13 面层,最后在其上涂布彩色树脂罩面涂层。

2. 钢桥面抛丸除锈施工

抛丸前对钢板表面焊缝不平的地方进行人工打磨,对界面不干净的位置进行人工清理,保证界面平整、清洁、干燥、无污染。

抛丸作业环境要求应满足表 2-11-29 的规定。

抛丸作业环境要求　　　　　　　　　　　　　　表 2-11-29

项目名称	技术要求
环境温度	10~40℃
空气相对湿度	≤90%

(1)施工采用 2 台 4800-2 大型抛丸机及多台 800 型抛丸机连续抛丸的方式,往返多次,抛丸互相搭接处应重叠 5~10cm。

(2)经抛丸处理后的钢板表面清洁度必须达到 Sa2.5 级要求,粗糙度要求控制在 80~120μm 范围内。

(3)对于不在抛丸机工作范围内的边侧,应采用专用打边机抛丸处理。对于无法机械抛丸死角处,将采用手提式打磨机进行人工打磨,以使该部位的清洁度与粗糙度满足设计要求。

(4)对于已经抛丸结束的工作面,组织验收后方可进 EBCL 防水黏结层施工。

抛丸除锈施工质量评定标准见表 2-11-30。

抛丸除锈施工质量评定标准　　　　　　　　　　　　　　表 2-11-30

类 别	检验项目	技术要求	试验方法	检测频率
抛丸除锈	清洁度	≥Sa2.5 级	标准图谱	每1000m² 检查6处
	粗糙度	80~120μm	粗糙度仪	每1000m² 检查6处
打磨除锈	清洁度	≥St3.0 级	标准图谱	每1000m² 检查6处
	粗糙度	30~70μm	粗糙度仪	每1000m² 检查6处

3. EBCL 防水黏结层施工

1)一般要求

钢板抛丸除锈后立即开始 EBCL 层施工，EBCL 层施工时要求天气晴且气温不得低于 10℃，下雨时不得施工。施工过程中要注意安全、保持清洁，施工过程中禁止吸烟。

2)EBCL 胶结料的刮涂

EBCL 胶结料分为 A、B 两组分，由塑料吨桶储存放置在施工现场（抛丸表面之外）。施工时，现场放置电子秤，分别从塑料吨桶中抽取 EBCL 胶结料的 A、B 组分，按 1∶1 的比例将 A、B 组分放置在搅拌桶内用电动搅拌器搅拌均匀，搅拌时间应不少于 60s。EBCL 胶结料应即拌即用，尽快刮涂施工，不能长时间存放。

采用平板小车将混合好的胶结料搅拌桶推送至刮涂现场。工人用标准量杯称取规定数量的 EBCL 胶结料倾倒于方格网内。由操作工人用带齿刮刀（图 2-11-5）将胶结料在网格内刮涂均匀，使得单位面积上的涂布厚度均匀一致，并达到涂布量为 $1.0 \sim 1.2 \text{kg/m}^2$ 的设计要求。胶结料涂布要求厚度均匀、无堆积、无流淌。

操作人员在施工时必须穿戴好手套、鞋套、钉鞋、毛巾等个人防护用品，防止汗水及杂物滴落到在抛丸的钢板上，施工过程中禁止吸烟（图 2-11-6）。

图 2-11-5 EBCL 胶结料刮涂用齿刀

图 2-11-6 EBCL 胶结料刮涂施工

3) 碎石撒布

EBCL 胶结料刮涂完毕后,应尽快在其表面上均匀撒布一层 3~5mm 的单粒径碎石,使碎石颗粒落在胶面上与 EBCL 胶结料一起固化。碎石撒布采用石屑撒布机进行,边角和局部可由人工撒布补充。碎石撒布用量为 2.5~4.5kg/m²。考虑钢桥面纵坡大、夏季高温等因素,碎石撒布施工不得与胶结料刮涂施工间隔过远,防止胶结料在炙热的钢板表面流淌堆积。

施工作业队应事前制作 EBCL 碎石撒布样板并报请监理工程师批准。正式施工时,以撒布样板作为施工的参照标准。撒布碎石后的 EBCL 外观应均匀满布,但不重叠堆积。碎石撒布机撒布施工如图 2-11-7 所示。EBCL 碎石撒布成形表面如图 2-11-8 所示。

图 2-11-7 碎石撒布机撒布施工

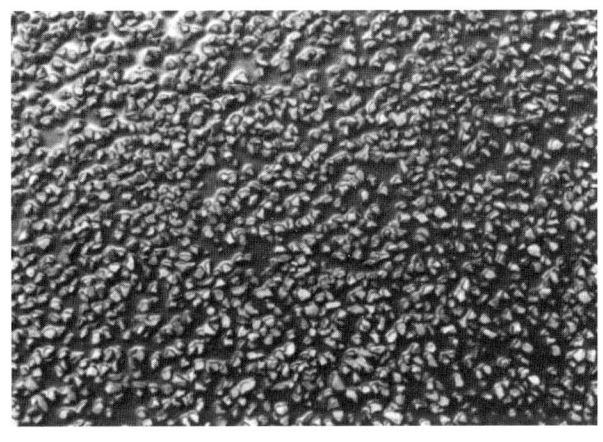

图 2-11-8 EBCL 碎石撒布成形表面

碎石撒布施工结束后需封闭养固,一般 2~3d 即可达到足够强度。胶结料固化形成强度前应禁止一切人员和机械进入。EBCL 层在表干固化前若被淋雨或冲刷泡水则必须铲除,重新进行钢板抛丸和胶结料刮涂和撒布碎石。

试验人员在 EBCL 碎石撒布后,在钢桥面上现场成型 EBCL 拉拔试件并进行同步养生,其后检测 EBCL 胶料固化 1~3d 的现场拉拔强度,并记录好胶料养生期间的天气变化情况。

EBCL 施工质量评定标准见表 2-11-31。

EBCL 施工质量评定标准 表 2-11-31

检查项目	规定值或允许偏差	试验方法	检验频率
拉拔强度(25℃)	≥10MPa	拉拔仪	每 1000m² 检查 3 处
碎石撒布量	满足设计要求	按用量推算	每施工段
胶结料用量	满足设计要求	按用量推算	每施工段

4)EBCL 施工注意事项

(1)钢板界面干净干燥。

钢板表面抛丸施工前应保证钢板清洁、干燥、无油污、无焊瘤,用强力吹风机将表面浮动等灰尘等清理干净。若钢板上有油污,需事先用三氯乙烯等高效溶剂进行清除。

(2)配合比正确核查。

EBCL 胶结料配合比正确是胶膜形成强度的关键。EBCL 施工时应安排专人检查成分 A、B 的配比(A∶B=1∶1),防止成分 A、B 比例不正确或搅拌不均匀形成固化不良的界面薄弱点。研究表明,成分 A、B 的比例偏差不超过 5% 时,对胶结料的成膜强度不构成显著影响。养生结束后,施工人员要通过实验检测和触摸碎石黏结的牢固程度判断 EBCL 的施工质量,若发现问题应及时补救。

(3)禁止异常气候下施工。

在异常气候条件下施工主要是指在下雨和异常高温、低温时强行施工。EBCL 的施工时间要根据天气情况安排,确保 EBCL 胶结料表干固化前不被雨淋,更不能泡水。试验研究已经表明,胶结料固化前,雨水对 EBCL 胶结料固化的强度和性能有显著影响,因此,要求施工前要重点关注天气情况,禁止为抢工期而不顾天气条件冒险强行施工。当气温达到 35℃ 以上时,阳光暴晒下的钢板温度会接近 70℃,不仅工人的耐受程度变差,EBCL 胶结料黏度也会明显降低,此时的胶结料黏度变小,刮涂施工容易出现胶结料局部堆积流淌现象,造成胶膜厚度不均。外界环境温度低于时 10℃,EBCL 胶结料黏度较大,刮涂施工困难,也容易出现厚度不均现象。故应尽量避免在异常气候条件下安排 EBCL 施工。

(4)保持桥面不积水。

EBCL 界面施工时应注意施工顺序,及时清理桥面的排水通道,保持桥面排水通畅不积水。这样既有利于提升 EBCL 界面的内在质量,也有利于后期 EBCL 界面的清理。

(5)EBCL 施工接缝。

EBCL 施工接缝处应先贴好胶带纸,碎石撒布后,揭除胶带纸,将接缝处做整齐。EBCL 胶结料刮涂时,应用毛刷涂刷胶结料超过接缝 3~5cm,形成接缝处胶结料的重叠搭接全覆盖,防止接缝处渗水。

4. RA10 树脂沥青混合料施工

1) RA 树脂沥青黏结层的涂布

RA 混合料摊铺前，需在已固化的 EBCL 表面上洒布一层 RA 树脂沥青黏结层，以提高 RA 混合料与 EBCL 界面的黏结可靠性，消除 RA 和 EBCL 间可能存在的空隙。

在洒布 RA 树脂沥青黏结层前，应对已经固化的 EBCL 层表面进行彻底清理，确保其表面清洁干燥，无污染、无尘土。

RA 树脂沥青黏结层的洒布应采用机械洒布的方式进行。施工人员应根据试验路段获得的洒布经验，使 RA 树脂沥青黏结层的洒布量控制在 $0.5 \sim 0.7 kg/m^2$ 之间。局部漏洒修补或小面积施工时，可采用人工涂布方式进行补充。RA 洒布量应根据洒布的胶结料总重量和洒布面积进行核算。RA 树脂沥青黏结层洒布后的外观应均匀、新鲜、无遗漏。

RA 树脂沥青黏结层的洒布不能提前进行，应确保 RA 混合料摊铺时洒布的 RA 树脂沥青黏结层还处于尚未指干的新鲜状态。RA 混合料对已经完全固化的 RA 树脂沥青黏结层表面的黏结效果会变差。

2) RA10 树脂沥青混合料的拌和与运输

RA10 树脂沥青混合料拌和站设在施工现场附近，便于运输，其拌和采用 1 台 3000 型（每锅 3t）大型专用拌和站及 1 台小型 1000 型（每锅 1t）拌和站拌和生产，每锅拌和生产时间为 $90 \sim 120s$。

RA 混合料由 $0 \sim 3mm$、$3 \sim 5mm$、$5 \sim 10mm$ 三种规格的碎石、RA 胶结料 A 及 B 组分，外加矿粉、炭黑粉搅拌均匀组成。不同规格的矿料应采用不同的冷料斗存放，通过冷料斗的分级称重控制级配的粒径组成质量百分比。其中，3000 型矿粉罐中的矿粉按配合比要求与石料累计称重，与矿料一起放入拌和锅。炭黑用量较少，按配比要求和每锅实际拌和产量提前分包成小袋包装，RA 混合料生产时，由专人在拌和站投放进拌和锅，确保配合比正确。

RA 胶结料 A 与 B 的比例为 1:1。RA 胶结料的 A、B 组分应分别称量，然后混合并搅拌均匀，逐盘放料进入每盘的拌和锅内。

RA 混合料拌和生产分干拌和湿拌两个阶段，干拌时间为 5s 左右，添加 RA 胶结料后湿拌时间一般约为 60s。RA 混合料的拌和质量达标的标准是：混合料被胶结料均匀裹覆，无结团或花白料，混合料具有良好的可蠕动性，且无明显胶石离析。

硬化后 RA 混合料不可抽提检测实际级配和油石比。RA 混合料性能是否满足各项技术指标是判断 RA 混合料是否合格的唯一标准。施工和检测人员应通过试验段获得的生产参数以及实地取样试验得到的马歇尔试验和路用性能试验判定所生产的 RA 混合料是否正确。

RA 混合料采用自卸车运输，每车 RA 混合料装车量不宜大于 20t，应尽量减少因装车和等待造成 RA 混合料固化程度存在较大差异，避免因运输和等待时间过长而产生"死料"。

运输RA混合料的自卸车应保持清洁,不能有残留的土块、旧沥青团块等异物混入装车的RA混合料。运输车车架、轮胎以及挡泥板等部位须清理干净,防止摊铺时车辆震动使异物掉落于摊铺现场,混入RA混合料内部,形成质量隐患。

3) RA10混合料的摊铺碾压施工

摊铺机与拌和站产量相匹配的行走速度为1~1.5m/min。摊铺机应以1~1.2m/min的速度均匀前行,尽量避免摊铺施工停顿等料。

摊铺作业应选择气温适宜的时间段进行,以15~30℃较为适宜。过低的气温会使混合料黏稠,增加摊铺阻力。过高的温度又会使RA混合料固化结硬的速度加快,摊铺作业的适宜时间缩短。为防止有RA混合料长时间积存在摊铺机角落,形成不可压实的"死料",在摊铺过程中要安排专人清理摊铺机内边角部分的堆存料,把堆存料不断前扒,保证摊铺机内边角部分没有RA混合料长时间堆积。同时,现场管理人员根据混合料状态、摊铺效果及时主动暂停摊铺,提升摊铺机熨平板,清理已经固结成团和状态不佳的混合料,检查摊铺机熨平板、绞龙、料斗等部位是否存在死料,及时清理后方可重新起步摊铺。

RA混合料的摊铺应采用自动平衡梁方式控制摊铺平整度。RA混合料的松铺系数一般为1.2左右,但RA混合料的实际所需的松铺厚度与环境温度、混合料等待时间和熨平板的激振频率等都有关系,施工人员应参考试验段的经验数据确定摊铺松铺厚度。在摊铺施工时,施工人员要不断插深检查实际的摊铺松铺厚度,确保碾压后的RA混合料铺筑厚度正确。RA混合料摊铺施工如图2-11-9所示。

图2-11-9 RA混合料摊铺施工

RA混合料的碾压采用胶轮压路机和钢轮压路机的组合方式进行。RA混合料的密实度主要依赖轮胎压路机揉搓碾压获得,钢轮压路机的作用仅是为了消除胶轮碾压痕迹,获得RA的平整度。一般情况下,胶轮压路机的碾压4~6遍即可达到密实度要求。密实度达标的RA表面光亮致密。密实度达标后,应尽快采用钢轮压路机进行收光收迹。应严格禁止压路机在正在施工的 RA 顶面停靠、制动或掉头转弯。

RA 混合料的碾压应分段控制,碾压长度应大致与每车料的摊铺长度相一致。碾压应由低到高,紧跟慢压,逐渐横移错位。压路机的前后停机反向时,要减速慢行,尽量避免破坏 RA 混合料表面的平整度。RA 混合料碾压过程中禁止洒水,防止水对 RA 胶结料固化产生不利影响。胶轮压路机的轮胎表面光滑柔软,变形率很大,碾压时采用少量植物油涂刷压路机轮胎表面,可有效防止出现混合料对胶轮的粘轮现象。RA 混合料碾压施工如图 2-11-10 所示。

图 2-11-10 RA 混合料碾压施工

RA 混合料中富含胶泥,在摊铺碾压过程中,若胶泥封闭摊铺表面,则气体不能快速放出,有可能形成气体聚集,出现气泡鼓包现象。施工人员应及时发现鼓包并用钢针刺破,放出内部空气。在 RA 混合料配合比设计时,适当增加粗集料的含量,有助于减少气泡鼓包的产生。

在 RA 混合料施工期间,应对混合料进行随机取样并成型马歇尔试件,检测 RA 混合料的稳定度、流值及空隙率等品性。部分试件应放置在桥面上,与桥面铺装的 RA 混合料同步养生固化,用以判定 RA 层的固化程度。

RA 混合料施工结束后一般需养护 1~2d,在混合料达到足够强度前,应禁止一切车辆通行,以防扰动尚未固化的 RA 混合料。

RA 混合料施工质量评定标准见表 2-11-32。

RA 混合料施工质量评定标准 表 2-11-32

检验项目	质量要求或允许偏差		试验方法	检验频率
RA 混合料洒布量	符合设计要求		单位面积称重法	每台班一次
现场成型马歇尔试件,检测 3d 后的马歇尔稳定度流值	RA 70℃	≥40kN/2~4mm	马歇尔试验	不少于 2 次/台班
厚度	+5mm,-3mm		插入法	每 100m 测 5 处
压实度	符合设计要求		按碾压吨位及遍数控制	试验段

5. RA10 混合料界面处理

为保证 RA10 混合料顶面相对平整,RA 混合料顶面精铣刨拉毛前应用 3m 直尺进行平整度的检查,标记出大于标准厚度的凸起部位,然后采用水磨石机进行打磨,确保顶面整体平整。

为改善层间界面的黏结效果和保证有效的物理形状,RA10 混合料顶面将采用精铣刨拉毛(600 刀头以上)处理。精铣刨拉毛施工宜在 RA10 混合料初步固化后进行,一般为 RA10 混合料施工 72h 后进行,精铣刨拉毛结束后必须对其界面进行清理,确保界面干净、无灰尘油污等杂质,才能进行二阶热固性环氧沥青黏结层洒布施工。

6. 二阶热固性沥青黏结层洒布施工

1)主桥车行道施工

在 SMA 混合料摊铺前,提前洒布二阶热固性沥青黏结层。RA10 混合料顶面精铣刨拉毛完毕后,RA10 层裸露出新鲜且有纹理的顶面,然后涂布二阶热固性环氧沥青黏结层。热固性环氧沥青洒布前,将 A、B 组分按规定的比例现场混合并搅拌均匀后,以"洒油机为主,人工补涂为辅"方式进行黏结层的涂布,涂布量为 $1.0 \sim 1.2 kg/m^2$。二阶热固性环氧沥青由 SMA 混合料的热量帮助其二次固化。试验证明,采用热固性环氧沥青作为黏结层,将大幅提高 SMA 混合料与 RA 层的黏结可靠性。

2)主桥人行道施工

(1)抛丸除锈。

人行道钢桥面将采用 800 型抛丸机和打边机进行抛丸除锈,因护栏基座等障碍物阻挡,机械抛丸或存在大量死角区域,其采用人工手磨机方式打磨除锈,人工打磨钢板面应干净、无漏打和打磨不彻底,其施工质量应满足设计及相关规范要求。人行道其他抛丸除锈施工步骤和注意事项与主桥行车道抛丸除锈一致。

(2)黏结层施工。

人行道钢板抛丸除锈后,界面清理干净、干燥、无污染。随即施工二阶热固性环氧沥青黏结层,二阶热固性环氧沥青 A、B 组分提前加热至适当温度,严格按照厂家比例进行配置,搅拌均匀。人行道二阶热固性环氧沥青将采用人工刮涂,涂布量控制在 $1.0 \sim 1.2 kg/m^2$ 之间,涂布应均匀、无漏涂、无堆积。施工完毕后封闭养生 $2 \sim 3d$,方可进行下道工序施工。

7. 主桥 SMA13 施工

主桥 SMA13 施工分主桥车行道高黏高弹 SMA13 和人行道 SBS 改性 SMA13 施工。二阶热固性环氧沥青黏结层涂布完毕后封闭养生 $2 \sim 3d$ 后,即可施工 SMA13 结构层。SMA13 结构层施工前应检查界面,保证界面干净,无杂物和垃圾。

1)SMA13 的拌和

在 SMA13 正式拌和前,要对其级配、油石比进行试调。严格控制 SMA13 的施工温度。储料过程中,温度降低不超过 10℃。SMA13 拌和时间应以混合料拌和均匀,所有矿料颗粒全部裹覆沥青结合料为度,条件许可的情况下可适当再增加拌和时间。拌和厂拌和的 SMA13 应均匀一致,无花白料,无结团成块或严重的粗料分离现象,不符要求时不得使用,并应及时调整。

SMA13 拌和时间、施工温度和容许偏差见表 2-11-33 ~ 表 2-11-35。

SMA13 拌和时间(单位:s) 表 2-11-33

混合料种类	干拌时间	湿拌时间	总拌和时间	拌和周期
高黏高弹 SMA13	≥10	≥35	≥45	≥60
SBS 改性 SMA13	≥10	≥30	≥40	≥55

SMA13 的施工温度(单位:℃) 表 2-11-34

工 序	高黏高弹 SMA	SBS 改性 SMA13
沥青加热温度	170 ~ 175	160 ~ 170
矿料温度	195 ~ 220	190 ~ 200
混合料出厂温度	180 ~ 190,超过 195℃废弃;冬季施工不得低于 185℃,且不超过 190℃	170 ~ 185,冬季施工不低于 180℃
运输到现场温度	不低于 170;冬季施工不得低于 175	超过 195
摊铺温度	不低于 165;冬季施工不得低于 170	不低于 160;冬季不低于 165,低于 160 禁止铺装
初压开始内部温度	不低于 160;冬季施工不得低于 165	不低于 150;冬季不低于 155
碾压终了表面温度	不低于 90	不低于 90
开放交通路表温度	不高于 50	不低于 50

SMA13 的容许偏差 表 2-11-35

	级配指标	≥4.75mm	2.36mm	0.075mm
高黏高弹 SMA13/SBS 改性 SMA13	允许偏差	±4%/±6%	±3%/±5%	±2%/±2%
	体积指标	油石比	空隙率	沥青饱和度
	允许偏差	±0.3%/±0.3%	±0.5%/±0.5%	±3%/±3%

2)SMA13 的运输

本项目运输路线从拌和站经小鸦路和 S276 省道、汉宜大道、土门路、橘乡大道、花溪路进入施工现场,运输距离为 36km。为确保 SMA13 的运输质量,采用 35t 以上的自卸车运输,运输车辆的动力必须满足拌和、摊铺效率的要求,避免出现等料的情况。

运输车在装料时采用前、后、中移动的装料方式,以减小混合料离析的现象。装料前将车清理干净,并在车厢底板和侧板喷涂一薄层隔离剂但不得有余液积聚在车厢底部。运料车出厂时逐车检测 SMA13 的重量和温度,每车装料时间为 20 ~ 25min,车辆从出厂到摊铺现场时间为 50 ~ 60min,每车记录出厂时间。

因运输距离较远或因交通堵塞等不利因素影响运输时,应保证前场与后场密切配合,加强沟通联系,尽量避开车辆通行高峰期;加强运输车辆保温措施,选择当天气温最高时段施工,准确计算好每次摊铺料用量,尽量一次性供应完成。

为了保证SMA13运输途中的保温、防雨、防污染,运料车辆应尽快将混合料运抵现场。在运料车上加盖干净的保温棉被篷布遮盖全车箱,同时车辆侧面横挡板也加装保温棉被,并设专人检查车后挡板密封情况,防止高黏高弹SMA13离析,导致局部压实度不足的问题,从出厂到进场摊铺温度损失不大于5℃。

运料车进入摊铺现场时,轮胎上不得粘有泥土等可能污染路面的脏物,否则应将轮胎清洗干净后方可进入施工现场。

SMA13运输到摊铺现场后,由试验人员采用数字插入式热电偶温度计检测其运到现场的温度和摊铺温度,温度计插入深度应大于150mm。在运料车侧面中部设专用检测孔,孔口距车厢底面高度约300mm,测试方法应符合现行《公路路基路面现场测试规程》的规定。质检人员逐车确认检测温度,对不符合温度要求或已经结成团块、已遭雨淋湿的混合料,应做废弃处理。

3)SMA13的摊铺

(1)主桥车行道SMA13的摊铺。

①找平方式:面层采用挂线引导的高程控制方式;高差相差较大部位或重点部位,采用人工手控方式。

②采用梯队摊铺且宜使用2台同一型号的摊铺机,两台摊铺机前后相距10~20m,搭接宽度为3~6cm。摊铺机熨平板两侧加设橡胶挡板,距离下面层小于5cm,防止粗集料滚落在下、细集料在上,保障粗集料与细集料均匀分布,不出现粗细集料离析。施工前应对熨平板进行加热,加热时间为40min以上,SMA施工熨平板温度控制在120~140℃之间,尤其注意保证在冷接缝处熨平板的预热温度,以减少拖痕和拉槽。

③为了保证连续摊铺,摊铺机速度适宜放慢,SMA摊铺应控制在2.0~3.0m/min,保证摊铺过程的匀速、缓慢连续不间断。

④熨平板的振动频率宜大于40Hz,夯锤行程宜取低值,夯锤频率宜大于7Hz,以提高路面的初始压实度,且熨平板的振动频率与夯锤频率不要成倍数关系,避免引起设备共振。确保摊铺层平整、密度均匀,有较高的初始压实度。

⑤开始摊铺时,摊铺机前面至少有5车混合料等待,在保证上一车卸完料后,下一车能及时供料。开始摊铺时,应等螺旋布料器布满料1~2min及熨平板彻底加热后,方可起步摊铺,以免造成拖痕和拉槽。不得中途停机待料,以减少温度离析造成混合料的不密实。卸料过程中将车尾保温棉被揭开50~100cm,不得将保温棉被全部揭开。运至铺筑现场的混合料,当班完成压实。

⑥由于高黏高弹SMA混合料拌和时间长、产量低,故摊铺要缓慢、匀速、不间断地进行。铺筑时调好螺旋布料器两端的自动料位器,并使料门开度、链板送料器的速度和螺旋布料器的转速相匹配,螺旋布料器内混合料表面以略高于螺旋布料器2/3为宜,使熨平板的挡板前混合料高度在全宽范围内保持一致,从而达到防离析的目的。摊铺过程中不得随意变更速度或停顿,摊铺速度根据生产能力、摊铺宽度、摊铺厚度确定,并控制在2~

3m/min;避免由于摊铺机参数设置不当、熨平板故障、螺旋布料器送料不均匀等造成 SMA 离析。

⑦在连续摊铺过程中,运料车应停在沥青摊铺机前 10~30cm 处,运料车变速器操纵杆应置于空挡,由摊铺机推动前移。摊铺过程中应有专人紧跟摊铺机检查混合料摊铺面是否有集料离析,如有应及时补撒细料或铲除换填新料。

⑧采用高频低幅的振动方式,以保证在获得较大初始压实度的同时保证集料不被振碎。

⑨减少摊铺机收料斗的收斗频率,一般在 3~5 车后收斗一次,并保证在卸料过程中边前进、边收斗,防止料斗两侧的大粒径混合料集中产生离析。摊铺机履带前左右各配一人负责清理由料斗流出的沥青混合料,以免由于粒料垫起摊铺机履带而影响铺筑平整度。

⑩摊铺时注意事项。

a. 摊铺机操作手禁止使混合料沿收料斗的两侧堆积,任何原因导致冷却到规定温度以下的混合料将被废除。

b. 混合料未压实前,施工人员不得进入踩踏,对外形不规则路面、厚度不同、空间受到限制等摊铺机无法作业的地方,可人工摊铺沥青混合料。

c. 摊铺机料仓的混合料要饱满,始终保持一致且送料均匀。

d. 摊铺遇雨时,立即停止施工,并清除未压实成型的混合料。遭受雨淋的混合料应废弃,不得卸入摊铺机。

e. 非操作人员不准上下摊铺机,不准在熨平板上放置物体,如水桶、工具等。

f. 不准随意调节熨平板厚度调节手柄;厚度变化较大时,应查明原因并及时调整。

g. 纵坡传感器距熨平板边沿的距离应当恒定,不能时近时远,特别在有横坡的路段,距离的变化将引起铺层厚度的变化。

h. 时刻注意摊铺机的行走方向,避免急调方向。注意工作仰角的变化,变化超出正常范围时,应查明原因并修正。尽可能保持摊铺机料斗的余料均匀,以保持连续、均匀供料。

i. 因操作摊铺机不当或因自动找平装置问题而出现摊铺表面不平或坡度变化时,应立即停止摊铺,直至查找出原因为止,已铺筑的路段若表面构造及平整度达不到要求,则予以废除,摊铺新料。

(2)主桥人行道 SMA13 的摊铺。

摊铺时采用小型摊铺机(宽度 1.8m)施工(人行道有效宽度为 2m),局部采用人工摊铺找平;另配一台装载机及起重机,用于调运小型摊铺机。在车行道上将沥青混合料运送至人行道摊铺机料斗内,摊铺过程中及时检查铺筑厚度及平整度。摊铺时注意严格监控混合料温度,温度过低时应废弃。

4)沥青混合料的碾压

(1)主桥车行道 SMA13 的碾压。

主桥车行道高黏高弹 SMA13 采用钢轮压路机碾压,碾压分为初压、复压和终压。

初压紧跟摊铺机后碾压,由试验人员测定初压开始内部温度,初压开始内部温度应不低于160℃(SBS改性沥青SMA混合料内部温度不低于150℃)。采用两台钢轮振动压路机初压2遍,速度为2km/h。碾压时要紧跟摊铺机,尽量少喷水,坚持高温碾压。

复压紧接在初压后进行,采用2台14t双钢轮压路机复压4遍,高频低幅(振动频率60Hz、振幅0.2mm),速度为2.5km/h。碾压过程中质检人员用3m直尺检测平整度效果,对离地间隙不满足要求的部位,及时指挥压路机在温度降至碾压温度节点(90℃)前完成处理。

终压紧接在复压后进行,由试验人员测定碾压终了表面温度,碾压终了表面温度应不低于90℃。高黏改性SMA面层终压采用一台14t双钢轮压路机碾压各2遍,速度为3km/h,少数不平整处增加静压一遍,直至无明显轮迹。振压均采用高频率、低振幅。

在施工过程中,碾压现场设专岗对碾压温度、碾压工艺进行管理和检查,做到不漏压、不超压。质检人员应随时进行高程及厚度、外观(色泽、油膜厚度、表面空隙等)的检查,当发现铺装层厚度不足、严重离析时,必须采取补救措施,确保铺装层满足设计要求。

对边缘等不容易碾压部位,采用小型压路机进行加强碾压,桥面两侧防撞墙根部沿行车方向10~20cm宽面层碾压不到之处,待上面层完工后,人工涂刷防水层2~3遍。

初压应在混合料摊铺后立即进行,采用2台13~15t双钢轮压路机在前面初压2遍,碾压速度为1.5~2km/h,轮迹重叠1/3;完成初压后,立即采用2台13~15t钢轮压路机复压2~4遍,高频低幅(振动频率60Hz、振幅0.2mm),碾压速度为2.5~3km/h,轮迹重叠1/3~1/2;终压采用1台11t双钢轮压路机收光1~2遍,碾压速度为3~6km/h,轮迹重叠1/2,以消除轮迹,提高平整度。同时配备1台小型压路机协助碾压边部及周围狭窄位置。

碾压段长度控制为30~50m,两台摊铺机纵向接缝的位置增加一次碾压。两端的折返位置应随摊铺机前进而推进,横向应呈阶梯形。每一作业段完成碾压后转入下一作业段碾压。

压路机不得在未碾压成型路段上转向、掉头、加水或停留;也不得左右移动位置、变速或突然制动;压路机折回应呈阶梯状,不应处在同一横断面上;使用压路机前,须对双钢轮压路机水箱进行清洗,包裹压路机底盘,防止机械漏油。钢轮压路机使用前,钢轮在帆布上来回碾压进行表面除锈,保证路面不受铁锈污染。

(2)主桥人行道SMA13的碾压。

主桥人行道SMA13经人工摊铺整形后,立即采用小型钢轮压路机碾压,对边角不规则之处应采用小型振动板夯实,碾压作业应在混合料处能获得最大密实度的温度下进行,开始碾压内部温度一般不低于150℃,碾压终了表面温度不应低于90℃。

(3)碾压过程控制要点。

①压实过程中应严格控制好温度、行驶速度、平整度和、压实度和长度,确保路面外观及内在质量。

②压路机碾压段的总长度应尽量缩短,通常不超过30~50m。采用不同型号的压路

机组合碾压时,宜安排每一台压路机做全幅碾压,防止不同部位的压实度不均匀。

③碾压时要遵循先起步后起振、先停振后停机的原则,沿直线进行,不得在未压实或未冷却路面上转向、掉头或左右移动;要缓慢起步不得突然制动,折回处不在同一横断面上。

④碾压时应划分好初压、复压、终压区段,并设置标识,压路机只能停放在终压已完成的路段上。

⑤双钢轮有粘轮现象时,可以雾状喷洒少量水,保证不粘轮即可;压实机械或运输车辆应经常检修,以防漏油。

⑥随时检查并处理碾压过程中出现的问题。对碾压出现的轮迹、裂缝、推挤等表面不平整现象,及时进行补压处理;对出现的油包、花白料等现象,要及时人工清除,换以合格的新料,查明原因并及时调整。

⑦当天碾压未冷却的沥青混合料面层上不得停放任何机械设备或车辆,不得洒落矿料、油料等杂物。

8. 主桥人行道彩色树脂罩面涂层施工

1)界面清理

对涂层界面清理,不得存在油污、湿润等情况,界面应干燥、清洁、无污染。

2)彩色树脂罩面涂层施工

施工应在晴好天气下进行,将彩色树脂罩面剂严格按 A、B 比例配制,搅拌均匀后立即采用喷涂机喷涂至界面,喷涂量按 $0.3\sim0.5kg/m^2$ 控制;喷涂应均匀,无漏喷和局部多喷,喷涂时注意护栏污染防护。

3)养生

对成型好的彩色路面必须及时养生,安排专人进行看护,未固化前严禁任何机械和人进入养生界面。在养生界面前方及周边设置提示牌。遇到阴雨天气时做好防护准备,必要时用厚塑料薄膜进行覆盖。

9. 人行道铜条安装施工

人行道铺装考虑变形缝和美观的需要,增设横向铜质装饰条,宽度与人行道一致,装饰条间距1.5m 一道,与栏杆立柱对应布置,装饰条厚5mm、高35mm;每隔15m 设置布置一道加粗装饰条(与吊索位置对应),厚10mm、高35mm。装饰条高出沥青混凝土路面5mm,在铺装施工完成,并在彩色树脂罩面涂层施工完毕后打磨光滑。施工时,首先查看切缝效果、明确需要避免的问题、胶体材料的拉拔值、安装过程的注意事项等内容。

按设计安装位置排布后用石笔画线,将铜条安装位置精准定位(每根铜条两端起止点保证在同一条纵向线上),利用槽钢沿标线作为挡条,确保顺直切割一步到位禁止补切修边,(最好采用自动化切割)保证统一切缝深度和线性顺直,切割时注意作业人员自身防护(佩戴护目镜及防尘口罩)及桥面防污染措施(采用鼓风机吹扫和吸尘设备配合,杜绝切割过程中造成灰尘飞扬及污染桥面,剔凿处理沥青残渣及时收集存放在编织袋或其他容器内,严禁抛入江中);切割时,严格控制刀片切入深度一致,以此保证铜条安装高度一致。

10. 接缝与修边

1) 纵向接缝施工要求

摊铺时采用梯队作业的纵缝应采用热接缝。施工时,应将已铺混合料部分留下10~20cm宽暂不碾压,作为后摊铺部分的高程基准面,再做跨缝碾压,以消除缝迹。

2) 横向接缝施工要求

(1) 相邻两幅及上、下层的横向接缝均应错位1m以上。搭接处应清扫干净并洒乳化沥青,可在已压实部分上面用熨平板加热使之预热软化,以加强新旧混合料的黏结程度。

(2) 接缝处理。在施工结束时,摊铺机在接近端部前约1m处将熨平板稍稍抬起驶离现场,用人工将端部混合料铲齐后再予以碾压。随后,用3m直尺检查平整度和厚度不足部分。

(3) 接缝碾压。横向接缝的碾压应先用双钢轮振动压路机进行横向静压。碾压带外侧应放置供压路机停顿的垫木,碾压时压路机应位于已压实的混合料层上,伸入新铺层的宽度为15cm。然后每压一遍,向新铺混合料移动15~20cm,直至全部在新铺层上为止。此后,再改为纵向碾压。当相邻摊铺已经成型,同时又有纵缝时,可先用双钢轮压路机沿纵缝静压一遍,碾压宽度为15~20cm,然后再沿横缝做横向碾压,最后进行正常的纵向碾压。特别要注意横接缝开始后的10m内的平整度,此段要用5m直尺连续检查平整度,当不符合要求时,应予补压。

3) 修边

做完的摊铺层的外露边缘应用凿岩机凿齐或用切割机切割到要求的线位。修边切下的材料及任何其他的废弃沥青混合料从路上清除后,应妥善处理,不得随地丢弃。

11. 开放交通

热拌沥青混合料路面应待摊铺层完全冷却、混合料表面温度低于50℃时,方可开放交通;需要提早开放交通时,可适当洒水冷却,降低混合料温度。

在当天成型的路面上,不得停放各种机械设备或车辆,不得散落矿料、油料等杂物。

铺筑好的沥青层应严格控制交通,做好保护,保持整洁,不得造成污染;严禁在沥青层上堆放施工产生的杂物,严禁在已铺沥青层上制作水泥砂浆。

二、引桥及其他区域混凝土桥面沥青铺装施工

1. 混凝土桥面抛丸施工

(1) 整个抛丸作业前人工清扫干净,确保整个桥面无水泥浮浆、钢筋头等污染物,保证后续工作的正常进行。

(2) 划定区域做抛丸试验,确定抛丸处理的抛丸当量。待试验区域抛丸效果验收合

格后再进行大面积抛丸施工。

(3)根据试验段确定的抛丸当量选择相应机器行走速度和钢丸流量对桥面进行抛丸处理,通过钢丸对桥面的高速撞击最终达到打磨掉水泥混凝土桥面表面的浮浆、杂质及松软部位,使桥面清洁和粗糙的目的。

(4)抛丸处理以后再使用大功率吹风和吸尘设备对桥面进行清理,并将当天清除桥面的尘渣装袋外运至指定弃渣点。

(5)对抛丸处理完毕的区域使其达到集料外露、表面粗糙、清洁、干燥的要求。处理后桥面板的构造深度宜为 $0.4 \sim 0.8mm$(具体根据实际情况进行调整)。经验收合格后,用加压水车对抛丸区域进行冲洗,确保施工面无灰尘。

2. 底涂层施工

底涂层用于抛丸打毛后的混凝土桥面板表面,洒布量为 $0.4 \sim 0.6L/m^2$,喷涂的高黏乳化沥青破乳后即为高黏沥青,高黏乳化沥青浸入混凝土桥面板粗糙的表面构造内,可增强混凝土桥面板与高黏高弹防水黏结应力吸收层间的黏结作用。

由于桥面底涂层处于特殊位置,不但对材料的要求高,而且在施工工艺上要求精细。在桥面抛丸处理后,用大功率鼓风机进行浮灰等杂物的清理。在清理时要注意防撞墙的上部及底部的清理,避免二次污染。清理完毕后,待验收合格后方可进行底涂层施工。

桥面底涂层施工的注意事项如下:

(1)在桥面底涂层喷涂前,应对防撞墙底部、伸缩缝等重点部位进行处理,特别是对泄水口等不容易涂刷的部位应做加强处理,人工涂刷 $2 \sim 3$ 遍,喷涂桥面底涂层时要遵守涂布均匀、薄厚一致的原则,桥面两侧机械喷涂不到之处,人工涂刷 $2 \sim 3$ 遍。

(2)底涂层采用沥青洒布车喷洒,高黏乳化沥青与其他乳化沥青不同,施工前需进行试喷,选取适宜的喷嘴,确定洒布速度与喷洒量。不允许采用机动或手摇的沥青洒布机。

(3)按设计要求喷涂底涂层。喷涂时用薄膜覆盖防撞墙身且设专人值守遮挡防撞墙,洒布机端部设置挡板,避免对防撞墙及附属设施造成污染。注意搭接部分的喷涂,要做到完全覆盖。

(4)在喷涂时应根据当时的天气情况,适时安排底涂层作业。遇到下雨、刮风等恶劣天气时,要暂停施工,待天气好转且擦干净污染物后,方可进行下一遍施工。

(5)底涂层洒布完后,设置标志和障碍物并派专人封闭交通。在上层结构层施工之前,禁止运料车以外的车辆通行。

(6)底涂层喷涂施工完毕后,需进行养护。乳化沥青完全破乳后方可进行下一工序的施工,在天气较好的情况下,需要养护48h,养护期间桥面严禁踩踏和汽车行驶。

待养护完毕后,组织验收。验收应达到以下标准:

(1)桥面底涂层涂刷均匀、黏结牢固、表面平整,无空鼓、脱落、翘边等缺陷。

(2)厚度验收应以每条伸缩缝为单位,每个单位选择3点进行厚度测量。目前控制底涂层质量的方法主要是对涂层材料的质量和用量进行控制。

3. 防水黏结应力吸收层施工

防水黏结应力吸收层是在桥面底涂层施工完成后，采用高黏高弹改性沥青与预拌碎石经同步洒铺、碾压工艺形成的界面过渡层材料，可实现以下界面功能：①提高水泥混凝土桥面板或水泥稳定碎石基层与沥青混凝土铺装层之间的黏结和抗剪强度，协同层间变形；②提高铺装层整体的防水性能；③改善由于底层开裂引起的铺装层反射裂缝的形成。

防水黏结应力吸收层的施工工艺如下。

（1）铺装基面的清洁。

在底涂层施工完成后，可进行防水黏结应力吸收层施工，施工前必须保证铺装基面清洁和干燥，确保其表面没有由于桥面板凿毛等原因产生的浮灰，防止防水黏结应力吸收层或下封层出现起皮、脱黏等病害。

（2）沥青的准备。

在使用沥青前，沥青应保持低温存放；预使用前，防水黏结应力吸收层热洒高黏高弹沥青时，应迅速将高黏高弹沥青升温至175～185℃，并将其直接注入沥青碎石洒布车前方的沥青管中。

（3）集料的准备。

碎石集料的取用应保证均匀稳定，同时开工前，应按照级配（4.75～9.5mm）通过拌和楼加热筒，控制碎石集料的加热温度（175～190℃），然后将预拌后的碎石加入沥青碎石同步洒布车后部的碎石撒布仓。仓内应具有一定的保温措施，防止集料温度下降过快。

（4）设备选用。

防水黏结应力吸收层的洒铺采用沥青碎石同步洒布车。该设备沥青储藏罐内设有强力搅拌设备，沥青喷嘴以及石料出口设有单独阀门，可以调节洒铺宽度、洒铺速度以及洒铺量。

（5）洒铺方式。

桥面铺装过程配备一台沥青碎石同步洒布车进行防水黏结层的洒铺工作。由于洒布车在起始段容易出现过撒、漏洒、撒铺不均匀等问题，因此，宜在洒布车起步位置垫放长度5～10m的塑料薄膜隔离，确保撒铺质量；搭接处宽度控制在5cm以内为宜。桥面上下桥有坡度处，建议沿上坡方向进行洒铺。

（6）洒布工艺。

洒布施工前，应将高黏高弹沥青迅速升温，高黏高弹沥青应升至190～200℃。防水黏结应力吸收层施工前必须铺设试验段，并作为洒布参数确定的依据。防水黏结应力吸收层在洒布过程中应保证高黏高弹沥青及碎石洒铺均匀，洒布车洒布速度不应过快，洒铺宽度不宜超过3.5m。高黏高弹沥青洒布量均为(1.4 ± 0.2) kg/m^2（使用高黏高弹沥青的防水黏结应力吸收层具有较高的层间黏结强度、阻止裂缝反射能力，在桥面刚度大、铺装层较薄的铺装结构中层间剪应力较大，防水黏结应力吸收层可有效起到层间黏结、防水与阻止裂缝反射的作用，而在路面铺装结构中，铺装层较厚，层间剪应力与裂缝反射风险较低),并同时撒布粒径 4.75~9.5mm 的碎石,覆盖率应为 65%~75%,具体碎石撒布质量以试验段确定数量为准。施工前进行放样准备,调节好沥青的加热温度、沥青与碎石的洒(撒)布量,参数固定后不得随意调整。

碎石在沥青洒布后会立即撒布,碎石撒布应保证均匀,洒布车后应配备工人,对碎石空缺处以及撒布过量处进行及时的补撒与清扫工作。

(7)碾压。

撒布碎石后用轮胎压路机进行碾压,碾压遍数为 1~2 遍;碾压速度不宜过快,压路机应保持与洒铺车近似的速度匀速碾压,不得随便加速、减速以及掉头。

4.黏层施工

(1)在上层施工前两天,在正常温度下洒布黏层油,如气温较低,稠度较大的可适当加热。洒布沥青材料的环境气温不应低于 10℃,且风速适度。大风、浓雾或下雨时停止施工。

(2)洒布黏层前应对下承层顶面进行检查,下承层的检查项目、检查频率应符合规范规定,表面应无污染、无杂物、无坑洼松散,确保洒布层干净、干燥、无积水。对出现病害的部位,应按要求修复或返工处理。

(3)黏层采用喷洒型 SBS 改性乳化沥青,采用沥青洒布车喷洒。洒布作业采用智能洒布车作业,车中的微电脑能够准确地控制黏层沥青洒布量,喷嘴高度以离地面 20~30cm 为宜,洒布车以 8~10km/h 的速度行驶,洒布量控制在 $0.4~0.6L/m^2$ 之间。喷洒的黏层油应成均匀雾状,在路面全宽度内均匀分布成一薄层,不得有洒花漏空或成条状,也不得有堆积。喷洒不足处要补洒,喷洒过量处应予刮除或者立即撒(洒)布石屑或砂吸油。

(4)喷洒黏层油后、摊铺沥青混合料层前,严禁运料车(进入工地前必须保证轮胎洁净)以外的其他车辆和行人通过。喷洒区附近的结构物应加以保护,以免溅上沥青受到污染。

5.沥青混凝土施工

高黏高弹 SMA 改性沥青混凝土施工在前文中已述,此处从略。

1)沥青混合料的拌和

严格掌握沥青和集料的加热温度以及沥青混合料的出厂温度。沥青混合料施工温度可参照表 2-11-36 的范围选择,并根据实际情况在选择的范围内适当调整。拌和时间见表 2-11-37,沥青混合料允许偏差见表 2-11-38。

沥青混合料施工温度(单位:℃)　　表 2-11-36

工　序	普通沥青混合料	SBS 改性沥青混合料
沥青加热温度	155~165	160~170
集料加热温度	165~185	190~200
混合料出厂温度	150~165, 冬季施工不低于 160	170~185,冬季施工不低于 180

续上表

工　序	普通沥青混合料	SBS改性沥青混合料
混合料废弃温度	超过195	超过195
摊铺温度	正常施工不低于135 冬季施工不低于150	不低于160； 冬季不低于165，低于160禁止铺装
初压温度	正常施工不低于130 冬季施工不低于145	不低于150；冬季不低于155
碾压终了温度	不低于70	不低于90
开放交通路表温度	不高于50	

沥青混合料拌和时间（单位：s）　　表2-11-37

混合料类别	干拌时间	湿拌时间	总拌和时间	拌和周期
70号使用普沥青	≥5	≥25	≥30	≥45
SBS改性沥青	≥5	≥30	≥35	≥50

沥青混合料的容许偏差　　表2-11-38

级配指标	≥4.75mm	2.36mm	0.075mm
允许偏差	±6%	±5%	±2%
体积指标	油石比	马歇尔空隙率	沥青饱和度
允许偏差	±0.3%	±0.5%	±3%

2）沥青混合料的运输

沥青混合料的运输详见主桥SMA运输的相关内容，两者一致，此处从略。

3）沥青混合料的摊铺

下面层采用挂线引导的高程控制方式；上面层采用双侧平衡梁自动控制。匝道等小半径弯道采用滑靴自动找平方式。在形状不规则地区，自控系统不能正常工作时，采用人工手控方式。

施工前应对熨平板进行加热，加热时间为40min以上，沥青混合料熨平板温度应为110℃。

为了保证连续摊铺，摊铺机速度适宜放慢，沥青混合料应控制在2~4m/min之间，保证摊铺过程的匀速、缓慢和连续不间断。

其他的摊铺工艺和摊铺注意事项详见主桥车行道SMA摊铺中的相关内容，此处从略。

4）沥青混合料的碾压

沥青混合料的压实分为初压、复压、终压三个阶段，压路机碾压时应遵循"紧跟、少水、慢压、高频、低幅"的碾压原则。为保证碾压时不产生推移、开裂，压路机从低的一侧向高的一侧碾压。当混合料边缘有支挡时，应紧靠支挡碾压；当边缘无支挡时，在碾压时，边部预留30~50cm不碾压，待内侧碾压完毕后，再将边部进行碾压收边。初压后立即检查平整度,必要时进行修整。

(1)采用3台钢轮压路机、2台胶轮压路机,并备用1台钢轮压路机。

(2)对于沥青混合料,压路机的组合方式为:初压采用2台胶轮振动压路机紧跟摊铺机前静后振碾压,碾压速度1.5~2km/h,轮迹重叠1/3;复压采用2台双钢轮压路机碾压2~4遍,碾压速度2.5~3km/h,轮迹重叠1/3~1/2;终压采用1台双钢轮压路机静压收面1~2遍,碾压速度3~6km/h,轮迹重叠1/2,使表面平整无轮迹。

(3)压路机喷水量应在保证不粘轮的前提下尽量地小。采用紧跟慢压的工作方式,初压胶轮压路机与摊铺机的距离不得超过2m,以保证路面压实度。

(4)碾压区的总长度应大体稳定,以30~50m为宜,两端的折返位置应随摊铺机前进而推进,横向应呈阶梯形。

其他碾压要求和控制要点详见主桥车行道SMA碾压中的相关内容,此处从略。

5)其他

接缝与修边、开放交通详见前文主桥钢桥面沥青铺装中的相关内容,此处从略。

三、路基区域沥青铺装施工

路基区域的沥青混凝土结构施工工艺与桥面沥青混凝土施工工艺大致相同,区别在于路基区域包含透层和下封层的施工,而下封层的施工工艺同主桥钢桥面防水黏结应力吸收层的施工工艺基本一致,因此本小节仅对透层的施工工艺进行简述。

1. 透层施工

透层施工前应对基层顶面进行检查,下承层的检查项目、检查频率应符合规范规定,表面应无污染、无杂物、无坑洼松散,对出现病害的部位应按要求修复或返工处理。

1)工作面清扫

用清扫车对下承层进行反复清扫,除去路面上所有废料和尘土,如通过清扫仍不能扫除干净,应及时进行人工清扫。清扫后的基层顶面必须确保浮浆清除干净,必要时采用吹风机和水车清除表面灰尘。

2)透层洒布

透层油采用智能型洒布车进行洒布,洒布前应对计量装置进行标定,检查各个喷嘴是否堵塞。洒布车的行进速度和洒布量应保持均衡、稳定,洒布前调整好喷嘴的喷射角度,使各相邻喷嘴的喷雾扇在其下角能有少量重叠(一般与油管成15°~25°),洒布管离地面25cm左右。

透层油在铺筑沥青前1~2d洒布,洒布量为0.7~1.5kg/m²,洒布车以8~10km/h的速度行驶,以保证能透入基层的深度不小于5mm。

洒布过程中应采取必要的措施防止对附属设施产生污染,自高程低的一侧开始顺路线方向逐步向高程高的一侧洒布,横向重叠量10~15cm,要求洒布均匀、喷洒不漏白、不过多重叠,漏白部分可采取人工补洒。洒布前要对结构物采取覆盖措施,保证水泥混凝土结构物不受污染。喷洒透层、黏层沥青后封闭交通,防止层间污染。

3)透层施工质量控制标准

透层施工质量控制标准见表2-11-39。

透层施工过程中质量检测要求　　　　表2-11-39

序号	项　目	质量或允许偏差	检测频度	检验方法
1	洒布量	±0.2kg/m²	1次/每作业段	用纸板称量
2	洒布均匀性	均匀一致	随时	目测
3	距下一道工序施工间隔	≥24h	1次	用手表
4	渗透深度	≥5mm	1次/每作业段	钻芯、尺量

4)透层施工时的注意事项

(1)如遇大风或下雨,不能喷洒透层油。气温低于10℃时不宜喷洒透层油。提前关注天气情况,及时与当地天气预报主管部门保持联系,随时了解天气动态,选择最佳喷涂时间。

(2)沥青洒布应均匀、无漏白,要遮挡路缘石及其他构筑物,以避免被污染。

(3)透层油洒布后应不流淌,应渗入基层一定深度(不小于5mm),不得在表面形成油膜。

(4)喷洒透层油后严禁人和车辆通行。

(5)在摊铺面层前,应将局部尚有多余的未渗入基层的沥青清除。

(6)透层油洒布后应待其充分渗透(一般不少于24h)后才能摊铺上层,但也不能在透层油喷洒后很久都不进行上层施工,应尽早施工。

(7)对无机结合料稳定的半刚性基层喷洒透层油后,如果不能及时铺筑面层,并还需开放交通时,应铺撒适量的石屑或粗砂。

第七节　施工质量控制

一、施工重点抽样检测内容

1.沥青混合料抽样检测

(1)每个拌和楼每天上午和下午各取一次沥青混合料样,以测定级配、油石比。每天取一次混合料测定马歇尔稳定度、标准密度、最大理论密度、空隙率等指标。必要时,检验动稳定度、浸水马歇尔残留稳定度和冻融劈裂残留强度比。

(2)每个拌和楼每天宜对各热料仓筛分一次,检验热料级配,如果不满足要求,应分析原因并调整热料仓的材料比例。

(3)油石比的检测采用燃烧炉法,须针对不同的原材料和不同的结构分别做对比修正试验,修正试验采用最佳油石比和最佳油石比±0.3%在室内拌制混合料后测量,测量值与真实值的差值的平均值即为修正系数。

2. 压实度的检测

（1）压实度评定以钻芯样为准，取芯后用混合料回填芯洞并予以夯实。压实度和空隙率的计算采用当天的马歇尔标准密度和最大理论密度。

（2）为提高检测速度，加强过程控制，若条件允许，可使用核子密度仪现场检测压实度。测试结果只作为现场控制的参考，不作为质量评定的依据。使用核子仪检测前，应建议每种结构的核子仪法和芯样法的相关关系，对比试验样本数应不小于15，相关系数应不小于0.90。

3. 厚度的检测

（1）摊铺过程中用插尺或改锥插入摊铺层测量松铺厚度。
（2）利用每天沥青混合料产量与实际铺筑的面积计算平均厚度。
（3）在钻孔检测压实度的同时测量厚度，并计算平均值和代表值。

4. 平整度的检测

施工过程中可用3m直尺跟踪重点检查摊铺机停机处、接缝处等位置。施工完毕后用颠簸仪或连续式平整度仪测定平整度。

二、施工质量控制标准

在沥青混合料铺筑过程中应加强质量管理及检查，其检查的频率和质量要求以及施工过程中的质量控制标准应符合表2-11-40和表2-11-41中的要求。

沥青混合料检查的频度和质量要求　　　　　表2-11-40

项　目		检查频度及单点检验评价方法	质量要求或允许偏差	试　验　方　法
混合料外观		随时	观察集料粗细、均匀性、离析、油石比、色泽、冒烟、有无花白料、油团等各种现象	目测
拌和温度	沥青、集料的加热温度	逐盘检测评定	符合规范要求	传感器自动检测、显示并打印
	混合料出厂温度	逐车检测评定	符合规范要求	传感器自动检测、显示并打印，出厂时逐车按T 0981人工检测
		逐盘测量记录，每天取平均值评定	符合规范要求	传感器自动检测、显示并打印

续上表

项　　目		检查频度及单点检验评价方法	质量要求或允许偏差	试　验　方　法
矿料级配（筛孔）	0.075mm	逐盘在线检测	±2%	计算机采集数据计算
	≤2.36mm		±5%	
	≥4.75mm		±6%	
	0.075mm	逐盘检查,每天汇总1次取平均值评定	±1%	《公路沥青路面施工技术规范》(JTG F40—2017)附录G总量检验
	≤2.36mm		±2%	
	≥4.75mm		±2%	
	0.075mm	每台拌和机每天1~2次,以2个试样的平均值评定	±2%	T0725抽提筛分与标准级配比较的差
	≤2.36mm		±5%	
	≥4.75mm		±6%	
沥青用量(油石比)		逐盘在线监测	±0.3%	计算机采集数据计算
		逐盘检查,每天汇总1次取平均值评定	±0.1%	《公路沥青路面施工技术规范》(JTG F40—2017)附录G总量检验
		每台拌和机每天1~2次,以2个试样的平均值评定	±0.3%	抽提T0722、T0721
马歇尔试验：空隙率、稳定度、流值		每台拌和机每天1~2次,以4~6个试件的平均值评定	符合规范规定	T0702、T0709
浸水马歇尔试验		必要时(试件数同马歇尔试验)	符合规范规定	T0702、T0709
车辙试验		必要时(以3个试件的平均值评定)	符合规范规定	T0719

沥青混合料路面施工过程中工程质量的控制标准　　　　表2-11-41

项　　目	检查频度及单点检验评价方法	质量要求或允许偏差	试　验　方　法
外观	随时	表面平整密实,不得有明显轮迹、裂缝、推挤、油盯、油包等缺陷,且无明显离析	目测
接缝	随时	紧密平整、顺直、无跳车	目测
	逐条缝检测评定	3mm	T0931

续上表

项　　目		检查频度及单点检验评价方法	质量要求或允许偏差	试验方法
施工温度	摊铺温度	逐车检测评定	符合规范规定	T 0981
	碾压温度	随时	符合规范规定	插入式温度计实测
厚度	每一层次	随时，厚度50mm以下厚度50mm以上	设计值的5%设计值的8%	施工时插入法量测松铺厚度及压实厚度
	每一层次	1个台班区段的平均值 厚度50mm以下 厚度50mm以上	－3mm －5mm	《公路沥青路面施工技术规范》（JTG F40—2017）附录G总量检验
	总厚度	每2000m² 一点单点评定	设计值的－5%	T 0912
	上面层	每2000m² 一点单点评定	设计值的－10%	
压实度		每2000m²检查1组逐个试件评定并计算平均值	实验室标准密度的98%，最大理论密度的93%，试验段密度的99%	T 0924、T 0922 本规范附录E
平整度(最大间隙)	上面层	随时,接缝处单杆评定	3mm	T 0931
	下面层	随时,接缝处单杆评定	5mm	T 0931
平整度(标准差)	上面层	连续测定	1.2mm	T 0932
	下面层	连续测定	1.8mm	
	基层	连续测定	2.4mm	
宽度	有侧石	检测每个断面	±20mm	T 0911
	无侧石	检测每个断面	不小于设计宽度	
纵断面高程		检测每个断面	±10mm	T 0911
横坡度		检测每个断面	±0.3%	T 0911
沥青层层面上的渗水系数		每千米不少于5点，每点3处取平均值	300mL/min	T 0971
构造深度			0.8～1.2mm	T 0961/62/63
摆值摩擦系数(BPN)			≥47	T 0964
弯沉	回弹弯沉	全线每20m测一点	符合设计要求	T 0951
	总弯沉	全线每5m测一点	符合设计要求	T 0952

第三篇

PART 3

专项技术篇

第一章　施工测量控制系统

第一节　概　　述

　　伍家岗长江大桥项目从业主单位组织设计单位完成设计交桩工作开始,始终将施工测量作为大桥的重点工作,贯穿整座大桥建设工作的始末。

　　施工前期,项目组织相关参建单位成立了伍家岗长江大桥项目测量工作小组,由南北岸分部、监理单位、监控单位组成联测小组,测量成果经业主单位审批后参照实施。施工开始前,联测小组首先完成了首级施工测量控制网的复核检测工作,后面根据实际工程需要,布置了相应的加密控制点组成加密控制网。从2017年初开工至2021年7月大桥通车,大桥项目每半年组织的一次控制网联测复核工作,一共组织了9次复核联测,并出具联测技术报告,各单位自行组织的测量复核工作除外。另外,在伍家岗长江大桥主桥上部结构施工前,为保证测量工作的准确性,业主单位还专门委托第三方测量单位进行全桥测量控制网复测工作,并出具了复测报告。

　　本章主要叙述伍家岗长江大桥首级施工测量控制网联测复核工作,同时还对加密控制点和部分重点结构的测量进行了简单的叙述。

第二节　首级施工控制网复测

　　为保证伍家岗长江大桥的顺利施工,项目开工前对设计交桩控制网进行了全面的复测,平面控制网选择所有的控制点来进行测量,共复测控制点14个,点名为DQ1-DQ14。高程控制网按照设计单位所测的水准线路对所有高程点进行复测,高程控制点2个,点名为QBM1、QBM2。跨江水准采用全站仪进行精密三角高程测量。平面控制网和水准控制网的复测工作分开进行,均按二等精度进行测量。

　　伍家岗长江大桥首级施工平面控制网示意图如图3-1-1所示,水准网示意图如图3-1-2所示。

一、主要参考技术依据

(1)《全球定位系统(GPS)测量规范》(GB/T 18314—2009);

(2)《国家一、二等水准测量规范》(GB/T 12897—2006);

(3)《工程测量规范》(GB 50026—2007);

(4)《测绘技术总结编写规定》(GB/T 1001—2005);

(5)《公路勘测规范》(JTG C10—2007);

(6)《公路勘测细则》(JTG/T C10—2007)。

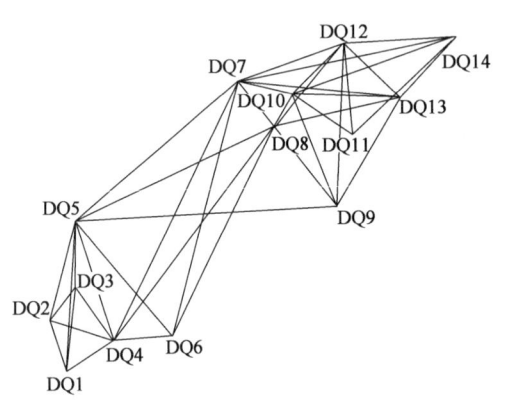

图 3-1-1　首级施工平面控制网示意图　　　　图 3-1-2　水准网示意图

二、坐标系统

伍家岗长江大桥复测坐标系统与中铁大桥勘测设计院集团有限公司采用的坐标系统相同,即北京 1954 坐标系,其中央子午线为 111°,抵偿投影面 78m。高程系统采用 1985 国家高程基准。

三、平面控制网复测

1. 平面控制网基线解算分析

复测基线解算采用广播星历,用 LGO7.0 商用软件按静态相对定位模式进行,采用双差固定解求解基线向量。外业观测结束后,以大地四边形作为基本构网图形对观测基线进行处理和质量分析,检查基线质量是否符合相关规范的要求。

1)复测基线向量异步环闭合差

基线向量异步环闭合差是检验基线向量网质量的一项重要技术指标。在解算出每一时段的基线向量后,以三角形作为闭环图形,在不同时段间组成异步基线环,并计算该异步环坐标分量闭合差。

通过测量计算分析,复测平面控制网闭合环共 28 个,基线向量所有异步环闭合差均满足限差要求,异步环闭合差检验合格。

2)重复基线较差

对于基线边,同一边不同观测时段之间的基线较差应满足 $ds \leq 2\sqrt{2}\sigma$。其中,$\sigma = \sqrt{5^2 + (1 \times d)^2}$ mm;d 为重复基线长度,单位为 km。

通过测量计算分析,平面控制网复测所有重复基线向量较差均满足规范限差要求,重复基线向量较差检验合格。

综合异步环基线闭合差检验以及重复基线较差检验的结果可知:平面控制网复测的平面网基线解算正确,结果可靠。

2. 平面控制网基线平差及精度分析

1)使用软件

平面控制网的GPS(全球定位系统)控制网平差采用COSAGPS5.21软件进行处理。

2)基线网平差

平面控制网平差分步进行如下。

(1)自由网平差:首先在WGS-84坐标系下,以其中一点为位置基准进行GPS基线向量网的空间三维自由网平差,从而得到自由网平差后的各点的WGS-84三维空间直角坐标,并检查GPS基线向量网本身的内符合精度,判定基线改正数是否符合规范要求。

(2)约束网平差:平面控制网约束平差以北京1954坐标系统下的已知成果坐标作为强制约束基准进行二维约束平差。

平面控制网复测基线向量网空间三维自由网平差结果的精度统计见表3-1-1。

控制网复测基线向量网空间三维自由网平差的精度统计　　　表3-1-1

基线向量边长相对中误差				
起点	终点	距离(m)	相对中误差	中误差(cm)	备注
DQ10	DQ8	197.862	1/171000	0.12	最弱边

由三维自由网平差的精度统计数据可知:平面控制网复测的基线向量网自身的内符合精度高,基线向量没有明显系统误差和粗差,基线向量网的质量是可靠的。平面网在北京1954坐标系下的高斯投影直角坐标系中的二维约束平差结果见表3-1-2。

平面控制网复测二维约束平差的精度统计　　　表3-1-2

项　　目	最弱边				最弱点	
	相对中误差	方位角中误差(″)	边长中误差(mm)	边长	点位中误差(mm)
基线名/点名	DQ10～DQ8				DQ11	
测量值	1/153000	1.25	0.13	197.4150	0.36
限差值	1/100000	—	3		—

由以上统计可知,本次平面网复测的精度达到公路二等GPS网精度,其精度完全满足《公路勘测规范》(JTG C10—2007)的要求。

3. 平面控制网复测成果分析及结论

在确认平面控制网复测精度满足公路二等GPS网精度要求的前提下,进行控制点复测坐标与中铁大桥勘测设计院集团有限公司提供的成果坐标(以下简称"设计坐标")之间的比较。

当控制点复测坐标与设计坐标满足 X、Y 坐标差值绝对值不大于15mm时,认为控制点精度满足规范要求,可在当前施工建设中采用原设计所提供的坐标成果。

平面控制网复测平面成果坐标与设计坐标的比较见表3-1-3。

平面控制网复测平面成果坐标与设计坐标的比较　　　表3-1-3

序号	点号	设计坐标(m)		复测坐标(m)		差值(mm)		备注
		X	Y	X	Y	ΔX	ΔY	
1	DQ1	3387879.4154	533660.0490	3387879.4154	533660.0490	0.0	0.0	约束点
2	DQ2	3388144.9976	533567.5608	3388144.9959	533567.5648	-1.7	4.0	合格
3	DQ3	3388320.7756	533709.4898	3388320.7717	533709.4861	-3.9	-3.7	合格
4	DQ4	3388034.7926	533925.5301	3388034.7888	533925.5255	-3.8	-4.6	合格
5	DQ5	3388673.4136	533714.8092	3388673.4156	533714.8052	2.0	-4.0	合格
6	DQ6	3388062.3933	534248.8283	3388062.3961	534248.8233	2.8	-5.0	合格
7	DQ7	3389410.7502	534626.7928	3389410.7444	534626.7913	-5.8	-1.5	合格
8	DQ8	3389172.3169	534823.5911	3389172.3121	534823.5901	-4.8	-1.0	合格
9	DQ9	3388745.9370	535172.6614	3388745.932	535172.658	-4.6	-3.4	合格
10	DQ10	3389342.6644	534923.3683	3389342.658	534923.364	-6.0	-4.3	合格
11	DQ11	3389123.9696	535258.8356	3389123.966	535258.8334	-4.1	-2.2	合格
12	DQ12	3389614.1625	535212.7504	3389614.161	535212.7526	-1.5	2.2	合格
13	DQ13	3389324.4226	535523.4981	3389324.414	535523.4982	-8.4	0.1	合格
14	DQ14	3389646.1353	535832.6483	3389646.135	535832.6483	0.0	0.0	约束点

平面控制网复测结论如下：

(1)本次平面网控制点复测的精度满足公路二等 GPS 网的精度要求,复测平面点位精度均满足《公路勘测规范》(JTG C10—2007)的要求。

(2)复测所得平面坐标所有点与设计坐标的差异均在精度要求的范围内,且坐标差值呈以小绝对数值为主的随机分布特性。截至本次复测时,所有复测的平面网点位标石稳定,其设计(原测)坐标可靠、有效,可以在施工建设中使用。

四、高程控制网复测

1. 水准网复测技术要求

高程系统采用1985国家高程基准,高程控制网复测按二等水准测量的方法进行测量,复测相邻水准点间的高差。水准测量作业结束后,每条水准路线应按测段往返测高差不符值计算每千米水准测量的偶然中误差 M_Δ。除检查 M_Δ 外,水准测量还必须符合表3-1-4的要求。

二等水准测量技术要求(单位:mm)　　　表3-1-4

水准测量等级	每千米水准测量偶然中误差 M_Δ	限　差		
		检测已测段高程之差	往返测不符值	附合路线或环线闭合差
二等水准	≤1.0	$6\sqrt{L}$	$4\sqrt{L}$	$4\sqrt{L}$

注：L 表示测距,km。

高程控制网复测使用的电子水准仪均经测绘仪器计量检定单位检定合格,并在检定有效期内,可用于相应等级精度要求的测量工作。二等水准复测的主要技术标准及要求见表 3-1-5 ~ 表 3-1-7。

二等水准测量的主要技术标准　　　　　　　　　表 3-1-5

等级	路线长度(km)	水准仪等级	水准尺	观测次数		往返较差或闭合差(mm)
				与已知点联测	附合或环线	
二等	≤400	DS1	因瓦	往返	往返	$4\sqrt{L}$

二等水准观测主要技术要求(电子水准仪)　　　　　　表 3-1-6

等级	水准尺类型	水准仪等级	视距(m)	前后视距差(m)	测段的前后视距累积差(m)	视线高度(m)
二等	因瓦	DS1	≥3 且 ≤50	≤1.5	≤6.0	≤2.8 且 ≥0.55

二等水准测量精度要求(单位:mm)　　　　　　　　表 3-1-7

水准测量等级	每千米水准测量偶然中误差 M_Δ	每千米水准测量全中误差 MW	限差			
			检测已测段高程之差	往返测不符值	附合路线或环线闭合差	左右路线高差不符值
二等水准	≤1.0	≤2.0	$6\sqrt{L}$	$4\sqrt{L}$	$4\sqrt{L}$	—

2. 水准数据质量检查

外业测量时进行限差检验,各项限差检验合格后取往返测高差值中数作为复测高差与设计高差进行比较。二等水准测量测段往返高差及精度计算表见表 3-1-8。

二等水准测量测段高差及精度计算表　　　　　　　　表 3-1-8

序号	测段起终点		测段长度(km)		测段高差[高差以米(m)计,不符值以毫米(mm)计]				
	起点	终点	往测	返测	往测	返测	不符值	限差	满足否
1	DQ1	DQ3	0.682	0.669	-13.93067	13.93013	0.54	±3.29	满足
2	DQ3	DQ5	0.687	0.713	-16.60529	16.60556	0.27	±3.35	满足
3	DQ5	DQ4	0.850	0.893	11.04434	-11.04482	0.48	±3.73	满足
4	DQ4	DQ6	0.584	0.704	-12.35558	12.35440	1.18	±3.21	满足
5	DQ07	DQ08	0.309	0.309	-0.06287	0.06288	0.0	2.2	满足
6	DQ08	DQ09	0.076	0.076	-0.24819	0.24817	0.0	1.1	满足
7	DQ09	QBM2	0.754	0.720	0.76357	-0.76327	0.3	3.4	满足
8	QBM2	DQ13	1.110	1.056	16.99442	-16.99396	0.5	4.2	满足
9	DQ13	DQ14	0.895	0.892	8.56939	-8.56859	0.8	3.8	满足
10	DQ14	QBM1	0.966	0.969	-26.12204	26.12229	0.3	3.9	满足
11	QBM1	DQ07	0.573	0.569	1.10104	-1.10055	0.5	3.0	满足

由表 3-1-8 可知:一共测量了 11 条水准路线,所有水准路线测段与设计较差相比全部满足规范要求;截至本次复测时,所有水准点相对高差没有发生变化,所有点位均满足要求。

二等水准高程复测结论:二等水准高程复测精度满足《公路勘测规范》(JTG C10—

2007)中二等水准测量要求。本标段范围内控制点间高差均在允许范围内,设计高程成果可靠、有效。

3. 跨江水准复测

结合南北岸水准复测和北岸进行跨江水准的情况,选取北岸的 DQ7、DQ8 和南岸的 DQ5 进行三角高程测量。在水准点上设置棱镜,然后利用全站仪进行对向观测,测定两个点之间的高差,严格按照规范要求对向观测,取平均值作为最终结果,具体结果见表3-1-9。

跨河水准测量结果 表3-1-9

起点	终点	线路长度(km)	实测高差(m)			设计高差(m)	高差差值(mm)
			第一次测量	第二次测量	平均值		
DQ05	DQ07	1.38	-4.6446	-4.6450	-4.6448	-4.6407	-4.1
DQ07	DQ08	0.31	-0.0622	-0.0617	-0.06195	-0.0629	0.95
DQ08	DQ05	1.31	4.7091	4.7088	4.70895	4.7036	5.35
闭合环总长		3.0	环闭合差		2.2	闭合差限差	6.93

由表3-1-9可知,DQ5与DQ7之间的高差对向测量满足精度要求,与设计高差的较差满足精度要求。本次跨河三角高程测量的数据质量可靠,高差测量成果质量良好。

4. 二等水准复测整体平差

将南北两岸水准测量数据和跨江三角高程测量数据整体平差,经计算,本次水准交桩复测的每千米高差中数的偶然中误差为 ±0.39mm,满足二等水准测量每千米高差中数的偶然中误差小于 ±1mm 的要求。所有水准闭合环计算均满足相关精度要求。

综上所述,本次二等水准复测的数据质量可靠,高差测量成果质量良好。

5. 水准点平差高程复测结果

复测的水准点平差高程复测结果见表3-1-10。

水准点平差高程复测结果与设计高程结果比较 表3-1-10

序 号	点 名	设计高程(m)	实测高程(m)	差值(mm)	备 注
1	DQ1	88.0321	88.0321	0.0	起算点
2	DQ3	74.0987	74.1021	3.4	合格
3	DQ4	68.5379	68.5416	3.7	合格
4	DQ5	57.4936	57.4970	3.4	合格
5	DQ6	56.185	56.1865	1.5	合格
6	DQ7	52.8533	52.8523	-1.0	合格
7	DQ8	52.7904	52.7905	0.1	合格
8	DQ9	51.5589	51.5589	0.0	合格
9	DQ13	69.3042	69.3062	2.0	合格
10	DQ14	77.8751	77.8751	0.0	起算点
11	QBM1	51.7482	51.7518	3.6	合格
12	QBM2	52.3098	52.3123	2.4	合格

二等水准高程复测的精度满足《公路勘测规范》(JTG1C10—2007)中二等水准测量要求,全部水准点的点位本次复测是稳定的,其设计高程成果可靠,可用于后续的施工建设。

二等水准高程复测结论如下:二等水准高程复测的精度满足《公路勘测规范》(JTG C10—2007)中二等水准测量要求,复测高程成果平差起算点采用设计院提供的二等水准点作为强制约束点。本标段范围内控制点的复测高程与设计高程的差值均在允许范围之内,其设计高程成果可靠、有效,可在施工建设中使用。

五、首级控制点复测成果统计表

首级控制点复测成果表见表3-1-11。

首级控制点复测成果表　　　　　　表3-1-11

序号	点号	坐标(m)			等　级	备　注
		X	Y	H		
1	DQ1	3387879.4154	533660.0490	88.0321	平面二等/高程二等	高程为下标
2	DQ2	3388144.9976	533567.5608	—	平面二等	
3	DQ3	3388320.7756	533709.4898	74.0987	平面二等/高程二等	高程为下标
4	DQ4	3388034.7926	533925.5301	68.5379	平面二等/高程二等	高程为下标
5	DQ5	3388673.4136	533714.8092	57.4936	平面二等/高程二等	高程为下标
6	DQ6	3388062.3933	534248.8283	56.1850	平面二等/高程二等	高程为上标
7	DQ7	3389410.7502	534626.7928	52.8533	平面二等/高程二等	高程为下标
8	DQ8	3389172.3169	534823.5911	—	平面二等	
9	DQ9	3388745.9370	535172.6614	51.5589	平面二等/高程二等	高程为下标
10	DQ10	3389342.6644	534923.3683	—	平面二等	
11	DQ11	3389123.9696	535258.8356	—	平面二等	
12	DQ12	3389614.1625	535212.7504	—	平面二等	
13	DQ13	3389324.4226	535523.4981	69.3042	平面二等/高程二等	高程为下标
14	DQ14	3389646.1353	535832.6483	77.8751	平面二等/高程二等	高程为下标
15	QBM1	—	—	51.7482	高程二等	高程控制点
16	QBM2	—	—	52.3098	高程二等	高程控制点

表头说明:北京1954坐标系,中央子午线111°,高程投影面为78m,1985国家高程基准

第三节　加密控制点的施工测量成果

一、施工控制点的加密

随着工程施工不断推进,原有的首级施工控制网中的控制点不能满足局部区域施工

需求,有些控制点距离施工部位较远,有些控制点不稳定,还有些控制点被障碍物遮挡等,导致在首级控制点上架设仪器测量通视条件不好,造成测量精度低。因此,需要对首级施工控制网进行加密处理。

(1)在隧道式锚碇施工时,随着锚洞开挖施工,原有的首级控制点不能满足施工需求,在隧道式锚碇附近增加了 DQ11a、JM01、JM02 三个加密控制点,以便于隧道式锚碇左右洞施工。

(2)在江北主引桥和匝道施工时,由于建筑物的遮挡,增加了 DQA1~DQA3 三个加密控制点,以方便现场施工。

(3)为满足南岸主塔、引桥及锚碇三处主要施工段的测量工作,同时兼顾后期的主塔和钢箱梁的观测施工,以及重力式锚碇深基坑的结构稳定观测,在南岸主塔和锚碇附近增加了 WJ01~WJ04 四个加密控制点,以方便现场施工。

(4)在猫道及主缆架设、钢箱梁吊装过程中对主塔偏位、主缆垂度及钢箱梁线形的监控量测是上部结构施工现场测量工作的重点。为满足精度需要,形成独立的监控测量控制网,在南北岸上下游各增加两个加密点,隧道式锚碇和重力式锚碇区域各增加一个控制点,共六个控制点,点名为 JK01~JK06。

二、测量精度要求

伍家岗长江大桥加密控制网的平面控制测量按照公路勘测规范二等 GPS 静态测量精度施测,高程控制网测量按二等水准测量精度施测,过江段高差传递按国家规范二等跨河水准测量精度施测。

加密控制网的复测方法同首级控制网的测量方法基本一致,此处不再赘述。

三、加密控制点的成果

加密控制点的确定是根据施工需求的不同时间段进行制作及复测工作,单次加密的控制点形成一个加密控制网。加密控制点复测成果表见表3-1-12。

加密控制点复测成果表(不同时期数据合并)　　　　表3-1-12

北京1954坐标系,中央子午线111°,高程投影面为78m,1985国家高程基准					
序号	点号	坐标(m)			等级	备注
		X	Y	H		
1	DQ11a	3389138.524	535207.6767	50.4540	平面二等/高程二等	高程为下标
2	JM01	3389264.877	535250.8883	52.8084	平面二等/高程二等	高程为下标
3	JM02	3389284.898	535228.3915	52.7081	平面二等/高程二等	高程为下标
4	DQA1	3389284.898	535228.3915	52.7081	平面二等/高程二等	高程为上标
5	DQA2	3389181.5150	535287.5765	52.4626	平面二等/高程二等	高程为下标
6	DQA3	3389093.5685	535077.4696	52.0311	平面二等/高程二等	高程为下标
7	WJ01	3388754.242	533708.844	56.9016	平面二等/高程二等	高程为下标

续上表

序号	点号	坐标(m)			等 级	备 注
		X	Y	H		
		北京1954坐标系,中央子午线111°,高程投影面为78m,1985国家高程基准				
8	WJ02	3388393.545	534034.355	51.9238	平面二等/高程二等	高程为下标
9	WJ03	3388229.940	533943.839	60.5435	平面二等/高程二等	高程为下标
10	WJ04	3388192.011	533837.278	68.8068	平面二等/高程二等	高程为下标
11	JK01	3387823.4102	534564.3667	52.6961	平面二等/高程二等	高程为下标
12	JK02	3388151.7407	533880.5300	74.4836	平面二等/高程二等	高程为下标
13	JK03	3388821.9933	533677.9040	57.3523	平面二等/高程二等	高程为下标
14	JK04	3389323.5811	534889.4030	68.3346	平面二等/高程二等	高程为下标
15	JK05	3389251.5549	535322.00376	85.0314	平面二等/高程二等	高程为下标
16	JK06	3388649.1610	535282.5242	63.4749	平面二等/高程二等	高程为下标

第四节 施 工 测 量

本节主要简述主桥主体结构的施工测量内容,部分内容其他章节已有所涉及,在此不再赘述。对于引桥的一般测量工作,本节不作叙述。

一、隧道式锚碇开挖施工测量

1. 控制点加密及测量方法

根据设计单位提供的《宜昌市伍家岗长江大桥工程定测技术报告》,利用静态GPS复测控制点平面位置,符合要求后作为首级控制网,以加密控制点作为工作基点。

在江北侧锚锭施工测量过程中,主要利用JM01、JM02、DQ10三个点对江北侧锚锭进行控制,其中JM01距江北上游锚锭约38.8m,距下游锚锭约51.1m,距JM02约119.1m,距DQA3约310.4m。测量采用后视点法或者后方交会法设站,采用后视点法时,在JM01上架设仪器,后视JM02、DQ10作为校核点;采用后方交会法架设仪器时,仪器根据现场需要,自由架设仪器,后视三个控制点。

由于隧道式锚碇施工为爆破施工,爆破施工碎石容易击毁固定控制点,在后续施工过程中,视现场条件和现场需要来布设洞内控制点;如现场不具备保护洞内固定控制点条件,则暂时不考虑在洞内布设固定控制点,等条件具备后,再行布设。隧道内的所有临时转点,均按照《工程测量规范》(GB 50026—2007)要求布设平面高程三等闭合导线。评估爆破施工对固定控制点不能造成破坏后,即具备布设条件,在鞍室段散索鞍前与前锚室交接处布设观测墩,保证能直接观测到锚塞体及后锚室。观测墩按现场条件布设在一侧,若视线受阻,则考虑在另一侧再行布设,以保证对隧道式锚碇的全面观测。观测墩设置防护栏杆,以防止被破坏。

隧道式锚碇测量以全站仪坐标法为主要方法;高程测量则以全站仪三角高程测量法为主要方法,水准仪精密水准测量法为辅助方法。

2. 锚洞开挖施工测量

锚洞的开挖断面放样,均采用徕卡 TM50 全站仪,配合 CASIO9860 计算器进行放样。徕卡 TM50 全站仪配置红外激光对中器,在洞内光线不足的情况下也可以精确对中,配置的红外可见光免棱镜测距设备,可方便快速地采集数据,并可迅速指示出放样点位置。

施测过程如下:①免棱镜全站仪采集掌子面三维坐标数据;②利用计算器的可编程功能快速计算出测点的对应里程桩号及该测点与洞身设计轮廓的关系;③用红色油漆标示出洞身轮廓线及洞轴线。此方法速度快、精度高,完全可满足隧道洞身开挖的精度要求。

按施工图设计要求,洞室预留 10cm 变形量,并根据监控量测结果进行调整。监控单位监控量测报告显示,当隧道式锚碇洞内拱顶下沉及周边收敛变化处于基本稳定状态时,证明开挖面周边围岩处于应力释放末期,变化量及变化率均处于设计及规范要求范围内,未超过控制值。因此,适时将洞室预留变形量由 10cm 调整为 5cm。开挖后对断面进行测量,超欠的断面数据结果及时反馈处理。

二、锚固系统施工测量

1. 控制点加密及测量方法

1)江北侧隧道式锚碇锚固系统

江北侧隧道式锚碇锚固系统施工的控制点加密方式及测量方法同上文隧道式锚碇开挖施工测量基本一致,此处不再赘述。

2)江南侧重力式锚碇锚固系统

因锚固系统结构需要测量放样的点位较多,为了保证锚固系统的测量精度和施工方便,江南侧重力式锚碇锚固系统测量主要选用两种方法:坐标定向法和后方交会法。

坐标定向法主要是利用加密点 WJ03 点的位置优势,可以直接观测到锚固系统。具体方法如下:仪器架设在 WJ03 上,利用 WJ03 和 DQ1 的坐标直接进行设站,然后反测 WJ02 点进行校核,以保证仪器设站精度;设站完成后,利用提前计算好的每个放样点的三维坐标进行放样。

后方交会法主要是利用锚碇周边的 6 个控制点,仪器自由设站,后视至少 3 个控制点,利用控制点的坐标和相对关系建站。这种方法的好处就是仪器可以架设在方便观测锚固系统的任意位置,不受场地限制,灵活方便。设站完成后,利用提前计算好的每个放样点三维坐标进行放样。

2. 锚固系统施工测量

1)江北侧隧道式锚碇锚固系统施工测量

(1)测量人员用全站仪放出各控制截面位置,用钢尺准确分出支架角钢位置,涂刷油漆做好标记,然后在隧道式锚碇底板上钻孔施作 $\phi 25mm$ 药卷锚杆,利用增设的 $\phi 25mm$ 药卷锚杆作为定位钢支架第一节竖向角钢下端的定位,用垂线调整竖向角钢至设计截面位置,竖向角钢上端通过支撑在后锚室掌子面上的辅助角钢进行准确定位。

(2)在竖向角钢上设置水平角钢形成平面框架,水平角钢两端通过在两侧拱墙上增设的 $\phi 25mm$ 药卷锚杆进行定位,每层预埋管道下口均设置有1排水平角钢。从下而上分次将水平角钢焊于竖直角钢上,当完成两排竖向角钢排架后,开始焊接相应纵向角钢。

(3)测量定出预应力钢束在后锚面模板上的中心线,在后锚面模板上通过上、下、左、右预应力钢束中心线连接,定出中间点的设计轴线,并在后锚面模板上画线,安装时将槽口模板所画轴线与模板上所画轴线重合,完成锚垫板安装定位。

(4)以散索鞍中心为原点,以前、后锚面作为控制面,精确计算各根预埋管道在相关断面位置的中心坐标,用全站仪精确放样,确保每根预埋管道中心位置在规定的误差范围内。测量每排水平角钢相应预埋管道平面位置,并做好标识。

(5)绑扎钢筋,锚塞体混凝土分层浇筑,然后按照相同的方法将定位支架分节分层接高、接长,直至施工完成。

江北侧锚固系统定位钢架及管道位置截面图如图 3-1-3 所示。江北侧锚固系统定位施工如图 3-1-4 ~ 图 3-1-6 所示。

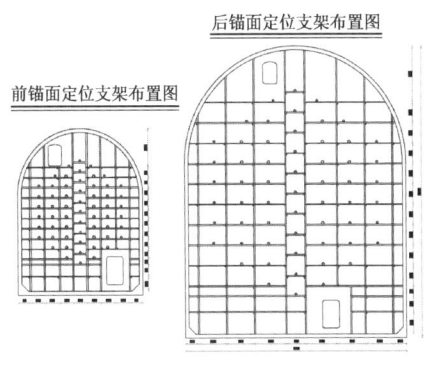

图 3-1-3 江北侧锚固系统定位钢架及管道位置截面图

图 3-1-4 江北侧锚固系统定位钢架定位施工

图 3-1-5 江北侧锚固系统锚板定位

图 3-1-6 江北侧锚固系统预应力管道定位

2）江南侧重力式锚碇锚固系统施工测量

根据施工部署,锚固定位支架分层安装,混凝土分层进行浇筑。第一阶段进行+1、+2片架对应立柱1的支架安装及后锚面支架施工,然后安装预应力管道和绑扎钢筋,再分层浇筑混凝土。第二阶段进行+3、+4片架对应立柱2的支架安装,然后安装预应力管道和绑扎钢筋,再分层浇筑混凝土。第三阶段进行+5、+6片架对应立柱3的支架安装,然后安装预应力管道和绑扎钢筋,再分层浇筑混凝土,最后进行预应力张拉压浆施工。

江南侧锚固系统定位钢架分层图如图3-1-7所示。江南侧锚固系统定位施工如图3-1-8~图3-1-10所示。

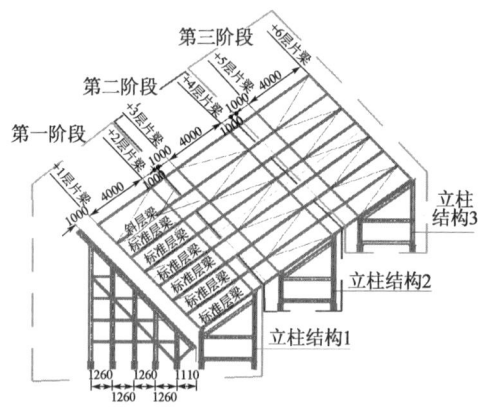

图3-1-7 江南侧锚固系统定位钢架分层图(尺寸单位:mm)

图3-1-8 江南侧锚固系统定位钢架定位施工

图3-1-9 江南侧锚固系统锚板定位

图3-1-10 江南侧锚固系统预应力管道定位

（1）立柱结构预埋件测量。利用全站仪,在浇筑混凝土前对立柱结构的预埋进行精确定位,混凝土浇筑后,对预埋件进行复核,以便能够及时调整。

（2）立柱结构安装。在立柱结构安装前,对预埋件的平面位置和高程进行复核,立柱安装时控制好垂直度和高程。根据图纸所给尺寸,利用全站仪对每一排立柱顶部支撑点的三维坐标进行准确定位,以便准确安装后锚面钢板。

（3）后锚面定位。立柱结构完工后,安装后锚面钢板,利用全站仪根据钢板四个角点的三维坐标进行局部微调,直至精确定位,然后固定后锚面。

(4)锚盒安装定位。后锚面钢板安装完成后,利用全站仪时每一根锚管对应的锚盒位置进行精确放样定位,做好标记,锚盒安装完后再进行复核。

(5)片架定位。立柱结构完工后,复核每一根立柱支撑点的三维坐标,无误后安装片架,把片架分块,利用片架四个角点的三维坐标来进行准确定位,定位完成后进行固定。片架固定后进行预应力管道预留孔定位,确定好每一根预应力管道在对应的片架上的三维位置。

(6)预应力管道定位孔预留。待片架定位焊接完毕后焊接安装定位槽钢,用全站仪复核每个区域的孔位,预留定位孔比预应力管道直径大20~30mm。

三、主塔施工测量

1.控制点加密及测量方法

主塔施工测量的重点是保证塔柱、横梁各部分结构的倾斜度、外形几何尺寸、平面位置和高程,以及一些内部预埋件的空间位置。其主要工作内容有:劲性骨架定位,钢筋定位,模板定位,预埋件安装定位以及塔柱、横梁各节段施工测量等。

江南侧主塔施工在测量过程中为了满足施工精度要求及避免视距过长、仰角过大等,主要利用WJ01~WJ04四个点对主塔进行控制,前期采用距离主塔160m的控制点WJ04,控制三个节段,中期在重力式锚碇附近布设加密观测点WJ02、WJ03控制10个节段,后期再使用江边距离主塔512m的控制点WJ01一直控制到塔顶。

江北侧主塔施工过程中,主要利用DQ07、DQ08、DQ10、DQA3四个点对主塔进行控制,其中DQA3距主塔中心约120m,DQ10距主塔中心约285m,塔高约155m。在主塔高度较低时,在DQA3上架设仪器,后视DQ10、DQ07、DQ08检查设站;在主塔高度较高时,在DQ10上架设仪器,后视DQA4、DQ07、DQ08检查设站,保证竖直角小于45°。

塔柱高度不同时,架设全站仪的控制点的位置亦应随之变化,以在保证测量精度的同时,最大限度地有利于通视及方便测量工作。所以针对不同高度的塔柱,测量措施也不尽相同,两岸主塔施工测量以精密全站仪坐标法为主;高程测量则以精密全站仪EDM三角高程测量法为主要方法,以全站仪测距竖直传高法为辅助方法。

塔柱达到一定高度时受到热胀冷缩作用,导致变形较大。为了减小其误差,应尽量在夜间或者是阴天温度基本达到稳定状态、塔柱基本恢复到原位状态下进行测量。

为保证主塔的顺利施工及和后续钢箱梁的顺利对接,两岸在测量施工过程中,还应加强对控制点和已完成结构物的联测。

2.主塔施工测量

1)塔柱中心点测设及控制

塔座完工后,进行塔柱施工,设置于下横梁的塔中心点,采用徕卡TS30全站仪自由设站法测设。按《工程测量规范》(GB 50026—2007)二等平面控制测量边角网主要技术要求,进行南北塔柱中心点测设(距离观测进行温度、气压改正,每条边进行对向观测)。为了提高 TS30 全站仪自由设站法定位精度,要求测站点与两控制点夹角大于 45°小于 135°,三角形任一内角大于 30°。塔柱中心点坐标测设的意义在于确保南北塔柱与南塔柱桥轴线一致,塔柱中心里程无偏差。

2) 塔柱高程基准传递

塔柱高程基准传递分两步进行:第一步是将设置于塔柱附近的水准基点传递至下横梁水准基点;第二步是将下横梁水准基点传递至上横梁及塔顶水准基点。第一步应以徕卡 TS30 全站仪 EDM 三角高程法对向观测为主要测量模式,以钢尺量距法作为校核。第二步因下横梁到上横梁高差较大,应以徕卡 TS30 全站仪 EDM 三角高程法对向观测为主要测量模式,以不同的仪器、不同的基准点用相同方法测量作为校核。

3) 塔柱施工测量

塔柱施工首先进行劲性骨架定位,然后进行塔柱钢筋主筋边框架线放样,最后进行塔柱截面轴线点、边界点放样及塔柱模板检查定位与预埋件安装定位;各种定位及放样以全站仪三维坐标法为主(塔柱模板定位测量时,采取全站仪三维坐标法正倒镜观测),以其他测量方法作校核。施工采用高精度全站仪 TS30 进行塔柱施工测量,采用定期检定过的钢尺进行塔柱模板间距丈量,确保塔柱定位精度及施工质量。

4) 劲性骨架定位

塔柱劲性骨架在无较大风力影响情况下,采用重锤球法定位劲性骨架(定位高度大于该节劲性骨架长度的 2/3),以靠尺法定位劲性骨架作校核。如果受风力影响导致锤球摆动幅度较大,则采用全站仪三维坐标法定位劲性骨架。除首节劲性骨架控制底面与顶面角点外,其余节段劲性骨架均控制其顶面四角点坐标,从而控制劲性骨架横纵向倾斜度及扭转情况。

5) 塔柱截面轴线及边界点放样

首先采用全站仪三角高程测量劲性骨架外缘临时焊的水平角钢高程,然后采用卡西欧 FX-5800 编程计算器按塔柱的倾斜率计算相应高程处塔柱截面轴线点及边界点三维坐标,最后采用全站仪三维坐标法于劲性骨架外缘临时焊的水平角钢上放样塔柱截面轴线点及边界点(单塔柱同高程截面至少放样两个边界点,从而控制塔柱外形),便于塔柱模板定位。

6) 塔柱模板检查定位

因塔柱模板为定型模板,故采用全站仪三维坐标法检查塔柱模板边界点及轴线点坐标(边界点临时焊在塔柱模板上)。根据实测塔柱边界点高程,计算相应高程处塔柱边界点及轴线点理论三维坐标。对于不能直接测定的塔柱模板边界点及轴线点,可根据已测定点与不能直接测定点的相对几何关系,用边长交会法检查定位。塔柱壁厚检查采用检定钢尺直接丈量。

7) 塔柱预埋件安装定位

根据塔柱预埋件的精度要求,分别采用全站仪三维坐标法与轴线法放样,全站仪三维坐标法针对精度要求较高的预埋件,轴线法则针对精度要求不高的预埋件。

8) 横梁施工测量

主塔设有上、下两道横梁,采用钢管支架法施工,每层、每根钢管严格按照设计位置进行三维坐标法定位,确保每根钢管的垂直度。

横梁底模铺设完毕,采用全站仪放样横梁特征点于底模,并标示桥轴线与墩中心线于底模。待横梁侧模支立后,同样采用全站仪三维坐标法进行横梁模板顶面特征点及轴线点检查定位,调整横梁模板至理论位置。采用精密水准仪标示横梁顶面高程控制线。横梁底模铺设完毕后,应在横梁底模两侧横桥向均匀布设监测点,用于支架系统沉降监测。

横梁混凝土浇筑过程中,应定时进行监控测量,若发现支架系统沉降异常,应及时采取措施,保证施工安全。

四、主散索鞍施工测量

1. 主索鞍安装定位

主索鞍安装定位是测量控制难度大、精度要求较高的部分。主索鞍施工工艺流程为:格栅垫块调平→格栅安装→测量放线→主索鞍纵移至起吊位置→试吊→起吊→纵移→落位→调整位置→主索鞍起吊其他组件→组件连接。

格栅垫块调平用 DSZ2 自动安平水准仪进行测量,使其平整度控制在不大于 1.0mm。安装格栅之后,精确测量塔顶轴线是保证主索鞍安装位置准确的前提条件。首先选择在天气好并且气温稳定的夜间进行测量放线,通过几天观测,最终在塔顶上、下游放出纵横轴线。具体测量方法为:在上横梁上设置临时加密控制点,将仪器架设在该点上,后视以一控制点建站,复核另一控制点,然后精准地放样出主索鞍的安装轴线,主索鞍安装时均以塔顶放样的轴线为控制线,以消除温度和天气变化对塔位的影响。主索鞍安装过程中,测量监理工程师组织南、北岸测量人员进行互检,确保主索鞍安装精度。

2. 散索鞍安装测量

伍家岗长江大桥散索鞍为底座式结构,由上部的鞍体和下部的特制大吨位柱面钢支座组成,下支座板与底座板通过底脚螺栓固定于锚室混凝土前墙,其中底座板和底脚螺栓预埋到混凝土里。散索鞍安装精度主要由底座板和柱面钢支座安装精度来确定。

在散索鞍支墩或基础施工时,应对底脚螺栓的预埋位置和角度采用三维坐标测量法进行精准放样,这样才能保证底座板预埋的精度。底座板位于散索鞍支墩或基础斜面上,采用汽车式起重机安装。底座板的定位采用全站仪进行,先将底座板的纵横方向的轴线精确测量放样,并弹墨线作为标记;然后在斜面上测放出设计所定的理论底座板轴线,并做好标记。接着,在标记处焊上限位装置。底座板下四角设置调整高程的底架,用千斤顶将其高程调到设计位置。再调一次轴线位置,反复两次,将底座板的平面位置和高程调到设计位置。最后,进行柱面钢支座的安装。散索鞍安装过程中,应由测量监理工程师组织南、北岸测量人员进行互检,确保散索鞍安装精度。

3. 主散索鞍安装实测项目

(1) 主索鞍安装实测项目见表 3-1-13。

主索鞍安装实测项目　　　　表 3-1-13

项次	检查项目		规定值或允许值	检查方法和频率	权值
1	最终偏位(mm)	顺桥向	符合设计要求	全站仪；每鞍测量	3
		横桥向	10		2
2	高程(mm)		+20,0	全站仪；每鞍测量1处	3
3	四角高差(mm)		2	水准仪或全站仪；每鞍测量四角	2

(2) 散索鞍安装实测项目见表 3-1-14。

散索鞍安装实测项目表　　　　表 3-1-14

项次	检查项目	规定值或允许值	检查方法和频率	权值
1	底板轴线纵横偏位(mm)	±5	全站仪；每鞍测量	3
2	底板中心高程(mm)	±5	水准仪；每鞍测量	2
3	底板扭转(mm)	2	全站仪；每鞍测量	2
4	安装基线扭转(mm)	1	全站仪；每鞍测量	1
5	散索鞍竖向倾斜角	符合设计要求	全站仪；每鞍测量	2

五、塔锚联测

1. 主要测量内容

塔锚联测主要测量以下内容：

①主索鞍和散索鞍的具体坐标；②两岸主塔间跨径和高差；③两岸主塔与散索点、散索点与前锚面跨径和高差；④同岸索塔上下游两塔柱间距和高差。

2. 测量方法

(1) 塔锚联测需在塔锚鞍座架设完成后、猫道施工前进行。

(2) 塔锚联测需选择白天具有明显温度变化、大气通透性良好的代表性天气条件下，分时段进行。

(3) 全桥塔锚联测南北岸边跨及主跨需同时段进行。

(4) 主索鞍和散索鞍具体坐标可在南、北岸各控制点用精密全站仪进行观测。

(5) 主跨、边跨跨径和高差需在南、北岸主塔上主索鞍旁及南北岸散索鞍旁同时架设全站仪，对向观测散索鞍及主索鞍目标点。

(6) 测量目标点散索鞍可选择鞍体底板上、下沿中线位置，主索鞍可选择底座板角点。

(7) 每次测量需记录测试时间及环境温度，数据采集从日出前环境温度恒定时开始，每2h进行一次观测，至日落后温度降至基本恒定时结束。现场可根据温度变化及采集数据变化情况,适当增加测量间隔时间。

散索鞍测量目标点位图如图 3-1-11 所示,主索鞍测量目标点位图如图 3-1-12 所示。

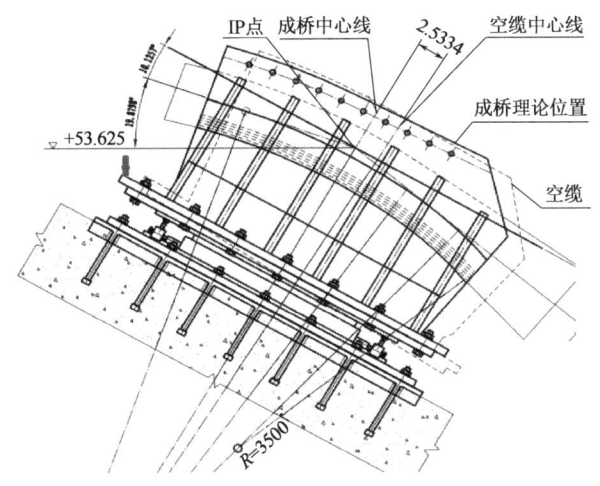

图 3-1-11　散索鞍测量目标点位图(尺寸单位:mm)

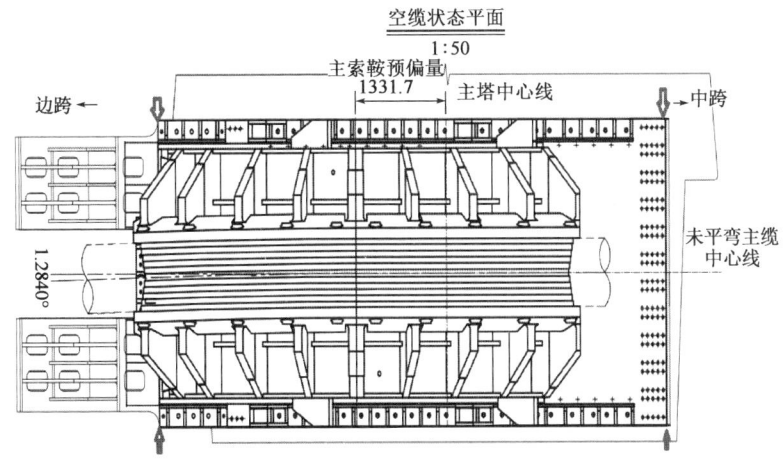

图 3-1-12　主索鞍测量目标点位图

六、猫道施工测量

1. 天顶角法测量猫道跨中点高程

在地面控制点上架设仪器,用天顶角法观测猫道索的跨中点高程,如图 3-1-13 所示,同时测量猫道索的温度,将实测值与设计值对比,对猫道承重索的垂度进行调整。猫道索架设完成、牵引系统形成、主缆架设前,对主塔锚碇的位置进行全面测量,确定主塔和锚碇的轴线、平面位置、高程及各跨跨径。

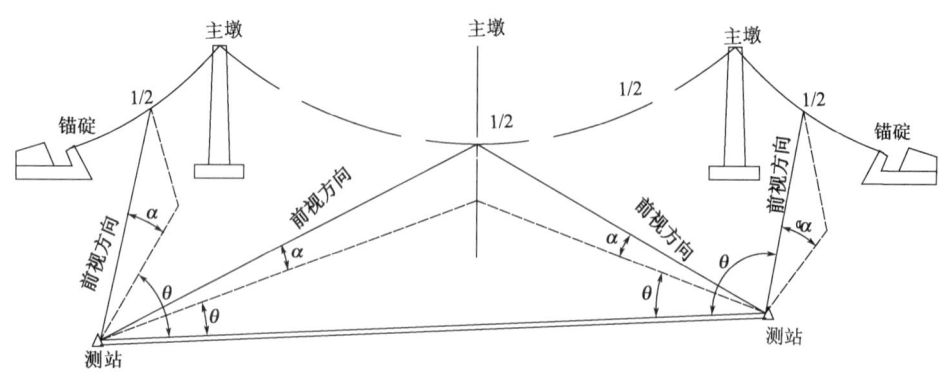

图 3-1-13　天顶角法测量猫道索跨中点高程示意图

2. 猫道垂直度调整

1）调整方法

首先测量主塔位置，确定各跨跨径，计算各跨各根猫道承重索高程。采用间接三角高程法观测调整各跨猫道承重索的高程，调整需考虑温度对猫道垂度的影响。利用塔顶门架处的卷扬机对猫道承重绳垂度进行调整，此项工作反复进行，直至猫道承重绳垂度满足要求为止。

绝对高程调整是调整整个猫道线形的高程。完成猫道面层铺装以后，逐一紧固猫道上横向连接型钢的工作卡，利用千斤顶调整梁与猫道预埋件的螺纹拉杆的位置来达到设计规定的垂度要求。绝对高程还将在使用过程中，根据猫道垂度的变化情况不定时调整。

相对高程调整是选择温度稳定无风的黄昏或者早晨，对上下游猫道承重索的垂度进行逐一测量，测出各承重索的实际垂度和设计垂度的差值，根据弧长与垂度的关系计算每根承重索的弧长调整值。其顺序为先中跨后边跨。方法为在一控制点上架设全站仪，根据要测点相对控制点的夹角和天顶角测量调整就位。通过测点相对控制点的夹角来确定所测位置，通过天顶角来计算猫道所测位置的高程。

2）计算方法及公式

根据承重索跨中点的平面坐标(X,Y)与建站控制点的坐标(X_0,Y_0,H_0)计算出控制点与跨中点连线的方位角及平距，测量示意图如图 3-1-14 所示。

$$\alpha = 180 - \frac{\sqrt{(Y-Y_0+10^{-10})^2}}{Y-Y_0+10^{-10}} \times 90 - \arctan\frac{X-X_0}{Y-Y_0+10^{-10}} \quad (3\text{-}1\text{-}1)$$

$$L = \sqrt{(X-X_0)^2+(Y-Y_0)^2} \quad (3\text{-}1\text{-}2)$$

用测量仪器全站仪建站，拨转仪器至计算的方位角上，用十字丝中心瞄准牵引索，读出仪器上的竖向倾角 β，计算出承重索跨中点的高程 H：$H = H_0 + \tan\beta \times L + i$（$i$ 为仪器高）。

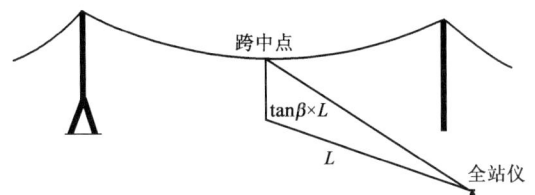

图 3-1-14 天顶角法测量猫道索跨中高程示意图

3）猫道架设完毕数据收集

猫道架设完成、牵引系统形成、主缆架设前，对主塔锚碇位置进行全面测量，包括主塔锚碇的轴线、平面位置、高程及各跨跨径。

七、主缆施工测量

1. 加密控制网的建立

基准索股的线形调整，也就是对其边跨跨中及中跨跨中点的垂度进行调整，从而使基准索股达到沿全长的几何线形符合实际线形，基准索股悬挂时为悬链线形的状态。在基准索股垂度测量时，利用单向三角高程测量的方法，并对所测高差进行实时大气折光和地球曲率改正，最终得到跨中点的实测绝对高程，并计算出该高程和当前工况下的跨中点设计高程之间的偏差值，最后利用该偏差值进行基准索股的垂度调整。

需沿河在南北岸上下游及后锚区域各选取一点预制强制对中观测墩构成施工测量加密控制网，加密控制点名称为 JK01～JK06。为精确测定跨河高差即抵消大气折光的影响，南北塔下横梁顶面需各布设一个水准点，水准点布设按照国家二等高程测量的精度要求。布设完成后进行加密控制网复测工作，满足要求后用于施工。

2. 基准索股定位测量

为了保证基准索股垂度测量及调整的精度，跨径变化量、索塔高度变化量、索股温度测量以及对跨中点进行单向三角高程测量和相应折光系数的获取，应同时进行。其中，跨径变化量、索塔高度变化量可通过塔偏监测点进行三维监测，并通过相应计算得到。基于此要求，同时根据伍家岗长江大桥测区的具体情况，以上游基准索股为例，确定了以下垂度测量方案。

在进行基准索股垂度测量时，所需控制点及监测点见表 3-1-15。北岸边跨跨中点、中跨跨中点和南岸边跨跨中点分别安装垂度测量专用棱镜装置，如图 3-1-15～图 3-1-18 所示。该装置设计为正六边形夹具，与基准索股横截面具有相同的形状和尺寸，互为 180°方向安装相同尺寸的两个棱镜杆，棱镜采用嵌入式夹在棱镜杆的两个端头。利用该装置进行基准索股垂度测量时，无须量取棱镜高，也无须使棱镜处于铅锤状态，只需对所测两个棱镜中心的高程取平均值，即可获得夹具安装处基准索股中心高程。夹具施工方需提前进行精密加工，棱镜及棱镜杆可采购配套徕卡大棱镜，加工精度不小于 0.5mm。

基准索股垂度测量控制点及监测点　　　　　　　表 3-1-15

点　号		说　明
JK01、JK03		南岸地面三维控制点
JK04、JK06		北岸地面三维控制点
NXH01、BXH01		南、北塔下横梁水准点
NTS01、NTS02、NTX01、NTX02		南塔塔顶大小里程及上下游程监测点（预埋棱镜）
BTS01、BTS02、BTX01、BTX02		北塔塔顶大小里程及上下游程监测点（预埋棱镜）
NK01	NK01-1	南边跨跨中上游主缆垂度测量上标点
	NK01-2	南边跨跨中上游主缆垂度测量下标点
NK02	NK02-1	南边跨跨中下游主缆垂度测量上标点
	NK02-2	南边跨跨中下游主缆垂度测量下标点
ZK01	ZK01-1	中跨跨中上游主缆垂度测量上标点
	ZK01-2	中跨跨中上游主缆垂度测量下标点
BK02	ZK02-1	中跨跨中下游主缆垂度测量上标点
	ZK02-2	中跨跨中下游主缆垂度测量下标点
ZK01	ZK01-1	北边跨跨中上游主缆垂度测量上标点
	ZK01-2	北边跨跨中上游主缆垂度测量下标点
ZK02	ZK02-1	北边跨跨中下游主缆垂度测量上标点
	ZK02-2	北边跨跨中下游主缆垂度测量下标点

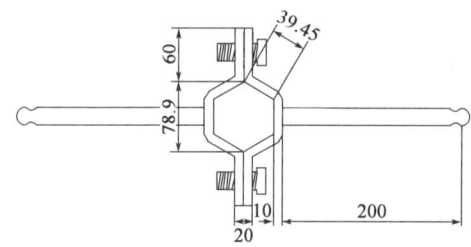

图 3-1-15　基准索股（127 丝）垂度测量棱镜装置
（尺寸单位：mm）

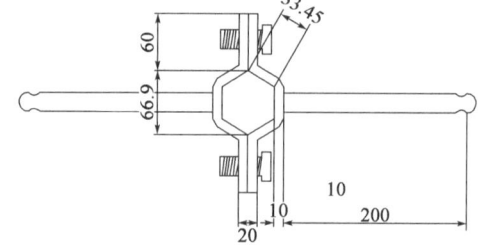

图 3-1-16　备用基准索股（91 丝）垂度测量棱镜装置
（尺寸单位：mm）

图 3-1-17　索股垂度测量专用棱镜夹

图 3-1-18　索股垂度测量专用棱镜夹使用图

伍家岗长江大桥基准索股垂度的测量应在气温变化小、大气对流稳定的夜间进行，每一测站均采用全圆方向距离观测法测量。南、北岸上下游同时进行观测，完成一个工况下控制线形计算所需变化量及上下游基准索股跨中的垂度测量。基准索股垂度测量测站汇总表见表3-1-16。如图3-1-19所示，以上游基准索股放样为例，具体实施过程如下。

基准索股垂度测量测站汇总表 表3-1-16

测　　站	测　　点
JK01	NK01-2、NTX01、NTX02、ZK01-2、BXH01
JK03	NK01-1、NTS01、NTS02、ZK01-1、BXH01
JK04	BK01-1、BTS01、BTS02、ZK01-1、NXH01
JK06	BK01-2、BTX01、BTX02、ZK01-2、NXH01

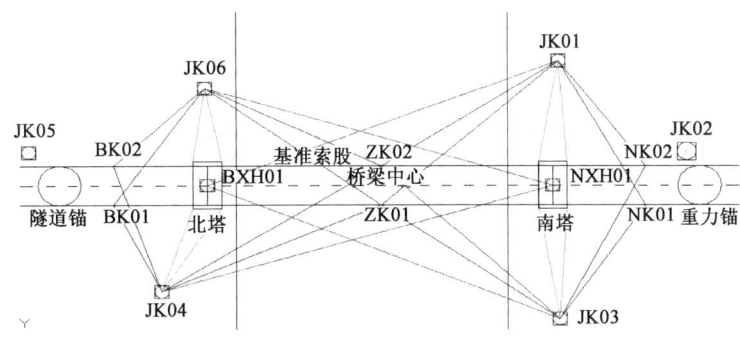

图3-1-19　基准索股垂度测量图示

注：图中蓝色边为垂度测量边，青色边为主塔塔偏测量，红色边为实测 K 值测定边。

在 JK01、JK03、JK04 和 JK06 点分别架设全站仪，精确测量仪器高。在 NXH01、BXH01 点安装棱镜，精确量取棱镜高。塔顶的塔偏监测点需提前预埋测定初始状态。基准索股跨中点处安装垂度测量专用棱镜夹。中跨跨中上标点棱镜 ZK01-1 分别转向 JK04、JK03，下标点棱镜 ZK01-2 转向 JK01、JK06。北岸边跨跨中处垂度监测点上标棱镜 BK01-1 转向 JK04，下标点棱镜 BK01-2 转向 JK06。南岸边跨跨中处垂度监测点上标棱镜 NK01-1 转向 JK03，下标点棱镜 NK01-2 转向 JK01。四个测站测量内容分别为：

（1）在点 JK01 处进行南边跨和中跨跨中点垂度测量、南塔下游塔偏数据采集以及中跨跨中方向折光系数的获取，即观测 NK01-2、NTX01、NTX02、ZK01-2、BXH01 共计 5 个测点；

（2）在点 JK03 处进行南边跨和中跨跨中点垂度测量、南塔上游塔偏数据采集以及中跨跨中方向折光系数的获取，即观测 NK01-1、NTS01、NTS02、ZK01-1、BXH01 共计 5 个测点；

（3）在点 JK04 处进行北边跨和中跨跨中点垂度测量、北塔上游塔偏数据采集以及中跨跨中方向折光系数的获取，即观测 BK01-1、BTS01、BTS02、ZK01-1、NXH01 共计 5 个测点；

（4）在点 JK06 处进行北边跨和中跨跨中点垂度测量、北塔下游塔偏数据采集以及中跨跨中方向折光系数的获取，即观测 BK01-2、BTX01、BTX02、ZK01-2、NXH01 共计 5 个测点。

南、北岸同步进行观测，完成后将跨中点处垂度测量专用棱镜夹上、下标点棱镜换向，即上标点棱镜转向下游测站，下标点棱镜转向上游测站，各测站点进行第二测站观测。此时，各测站观测点除垂度测点与第一测站不同外（第一测站观测下标点，则第二测站观测上标点，反之类似），其余点均保持相同，这样即完成一个工况下上游基准索股垂度测量及相关数据的采集工作。下游基准索股垂度测量与上游类似，直至垂度调整结束以及后续进行的稳定性观测，均按此流程实施。

在进行基准索股垂度的测量过程中，需要实时对索股温度进行把控。沿索股方向布设的索股温度监测截面为：南北岸重力式锚碇前锚面、南北岸散索鞍锚跨侧、南北岸散索鞍边跨侧、南北塔边跨侧、南北塔中跨侧、中跨 1/4 处、中跨处、中跨 3/4 处，共 13 个温控截面，沿断面方向布设在基准索股的上缘和下缘。当基准索股温度达到顺桥方向索股温差 $\Delta T \leqslant 2℃$，截面方向温度差 $\Delta T \leqslant 1℃$ 时，即为满足基准索股垂度测量要求，并且在基准索股垂度测量工作的同时还需进行温度测量工作。

南北塔塔顶监测点的作用在于可通过在调索过程中监控塔偏变形量，以此实时计算中跨及边跨跨度及塔高的变化量，最终用于基准索股中点实测垂度与设计垂度误差的验算及调整。

中跨及边跨跨中垂度测量专用棱镜夹上标和下标需分开测量，测站至跨中点距离较远，且上、下标点距离较近，分开测量可防止在测量过程中全站仪自动照准错误。

3. 一般索股控制测量

基准索股以外的索股为一般索股。一般索股采用相对垂度法调整，方法是在跨中利用大型测量卡尺测出待调整索与基准索之间的相对高差，并经跨度与温度修正后，求出调整量进行调整，调整在夜间进行。在一般索股架设期间，应定期复测基准索股的绝对垂度，以检查基准索股的垂度是否在后续索股的架设中发生了变化。一般索股垂度测量示意图如图 3-1-20 所示。

主缆成缆后，应进行主缆线形测量；采用主缆基准索调整时的仪器架设方式，测量主缆锚固点、边跨跨中、塔顶、中跨 1/2、1/4、3/4 等处的三维坐标，包括主缆的绝对垂度、两根主缆的相对高差，如图 3-1-21 所示。

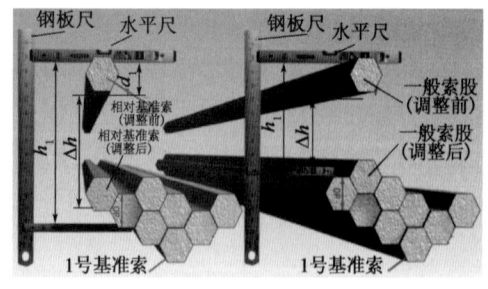

图 3-1-20　一般索股垂度测量示意图

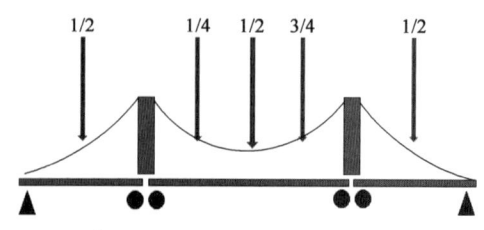

图 3-1-21　主缆线形测量示意图

八、索夹施工测量

主缆施工完成后,先测出主缆的线形、主塔塔顶的里程、主塔的间距(即跨径)、索鞍的预偏量等,为索夹位置的监控计算和测量放样提供初始数据。

索夹放样前,根据监控组提供的索夹位置,进行施工放样数据的计算,主要包括两部分内容:一是吊索中心线与主缆的中心线在空缆状态下的坐标计算和吊索中心线与主缆的天顶线交点的坐标计算,两者的里程是一致的;二是吊索中心线与主缆天顶线交点到索夹两端的距离的计算。

天顶线交点到索夹两端的距离 L_3 和 L_4,不同位置的索夹数值不同,且同型号的索夹其数值也有差别,索夹放样数据计算简图如图 3-1-22 所示。

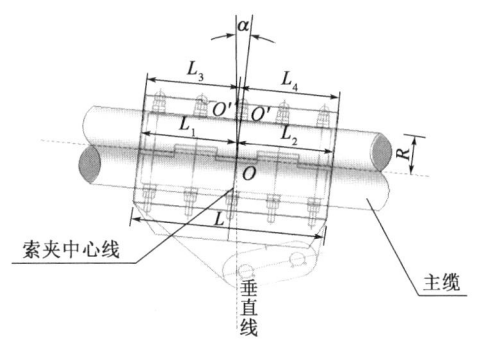

图 3-1-22 索夹放样数据计算示意图和计算公式

计算公式:

$$\begin{cases} L_3 = L_1 - \tan\alpha \\ L_4 = L_2 + \tan\alpha \end{cases} \tag{3-1-3}$$

式中:L——索夹中心线与主缆轴线交点到索夹两端的距离(即索夹中心到两端的距离);

L_1、L_2——索夹常数;

α——空缆状态下主缆的水平倾角;

L_3、L_4——索夹销轴与天顶线交点到索夹两端的距离。

索夹放样需根据塔偏、温度、风力确定观测时间进行,宜放在无风的阴天或者温度稳定的夜间进行。放样时,将两台仪器分别架设在南北岸塔柱塔顶上,互相后视建站。首先,两台仪器分别对中跨的索夹进行施测,先在索夹位置放出主缆的天顶线,再采用测距法确定出吊索中心线与主缆的天顶线交点,量距测出 L_3 和 L_4 后定出索夹的边缘点。然后两台仪器以同样的方法分别由跨中向边跨进行其他索夹位置的放样,为了便于索夹安装,在边缘线外 10cm 的地方做上参考标志。放样过程尽量选择在无风的条件下进行,以减小风对天顶线放样的影响。

在索夹放样完成后,采用坐标定位复核和钢卷尺量距两种方法检核相邻两索夹的间距。

九、钢箱梁施工测量

1. 一般梁段施工测量

钢箱梁安装、挂索阶段必须对主梁线形、桥轴线、主塔变形、索力以及基础沉降等进行测量,及时采集完整、可靠的数据,为施工控制提供决策依据,掌握结构实际状态,防止施工中的误差积累,保证成桥线形和结构安全。

钢箱梁线形测量观测点布置于桥中轴线及桥中轴线两侧钢箱梁外腹板处,按钢箱梁节段断面,每断面4个线形测量控制观测点。具体线形测量控制观测点可选择大桥上结构测量控制网中制作的观测点布置。钢箱梁吊装前,首先检查其几何尺寸、高程测量观测点、结构轴线测量控制观测点等,同时检查标记是否明显、耐久。

进行南北主塔联测,以确保上部结构安装平面位置、高程基准正确无误,继而进行标准节段钢箱梁安装、桥轴线控制。

钢箱梁安装的基准温度以设计规定或监理工程师的指示为准,所有施工测量数据及量具应以基准温度为准进行调整。

钢箱梁安装阶段,要求测量不同拼装工序及不同工况下钢箱梁的线形、桥轴线,并同时测量主塔横纵向偏移及扭转情况,形成规范的记录,做到及时控制、及时纠偏。测量成果交监控单位复核,由监理单位签字,反馈设计单位及监控组后实施。

2. 合龙段施工测量

为保证合龙段钢箱梁安装精度,应贯通测量桥轴线及高程。

合龙之前,采用TM50全站仪三维坐标法进行梁端位移监测。合龙段钢箱梁安装前,应根据制造精度、施工、温度、风力影响等实际情况,对梁端位移进行24h或监理工程师要求的更长时间的测量。

测量内容主要包括:合龙段尺寸,线形,顶板高程、底板高程,上、下游外腹板处高程,桥轴线偏移以及主塔变形。测量合龙口间距,绘制温度和风力间距曲线,以便准确掌握温度、风力与合龙口间距关系,然后根据测量资料分析研究,经设计、监理以及监控部门确认,最终确定合龙段最佳长度以及连接时间,实现合龙。

3. 钢箱梁竣工测量

钢箱梁的竣工测量是钢箱梁安装工作的一项重要内容,是评定和衡量全桥施工质量的重要指标,它不仅能准确反映钢箱梁安装后各结构部位定位点的变形情况,为下一步施工提供可靠的参考依据,同时也是编制竣工资料的原始依据。

钢箱梁竣工测量主要内容包括桥梁轴线和桥面高程及断面尺寸等内容。

第二章　工程试验检测

第一节　试验检测原则

试验检测是一项严谨且重要的工作,在伍家岗长江大桥整个试验检测过程中,包括原材料抽检、实体检测、混凝土配合比设计、桩基检测及钻芯取样等相关试验检测工作。试验检测人员应始终认真对待各项试验检验检测工作,严格依据国家有关法律、法规和标准、规范、规程进行检验检测,使试验检验检测数据及报告具有公正性、科学性、准确性、权威性。

试验检测工作始终遵循以下原则:
(1)检测人员持证率100%;
(2)检测仪器检定校验率100%;
(3)检测工作及时率100%;
(4)标准规范执行率100%;
(5)检测指令执行率100%;
(6)检测比例符合率98%以上;
(7)检测报告准确率100%。

第二节　常规材料试验检测

一、检测实施程序

(1)按照规范要求对原材料进行现场取样抽检、样品标识和试样制备,室内组严格按照规范进行试验、记录及处理数据,及时出具检测报告;
(2)现场检测组对现场实体项目进行抽检,检测人员做好记录,返回后及时整理,完成报告出具;
(3)工程完工后,整理检测资料并提交所有试验检测成果。

二、主要检测依据

(1)《土工试验规程》(GB/T 50123—1999);

(2)《公路工程沥青及沥青混合料试验规程》(JTG E20—2011);
(3)《公路工程水泥及水泥混凝土试验规程》(JTG E30—2005);
(4)《用于水泥和混凝土中的粉煤灰》(GB/T 1596—2005);
(5)《通用硅酸盐水泥》(GB 175—2007);
(6)《水泥细度检验方法》(GB/T 1345—2005);
(7)《水泥标准稠度用水量、凝结时间、安定性检验方法》(GB/T 1346—2011);
(8)《水泥化学分析方法》(GB/T 176—2008);
(9)《水泥比表面积测定方法勃氏法》(GB/T 8074—2008);
(10)《水泥胶砂流动度测定方法》(GB/T 2419—2005);
(11)《公路工程无机结合料稳定材料试验规程》(JTG E51—2009);
(12)《公路工程集料试验规程》(JTG E42—2005);
(13)《混凝土强度检验评定标准》(GB/T 50107—2010);
(14)《公路路基路面现场测试规程》(JTG E60—2008);
(15)《公路工程土工合成材料试验规程》(JTG E50—2006);
(16)《公路工程质量检验评定标准》(JTG F80/1—2004);
(17)《普通混凝土用砂、石质量及检验方法标准》(JGJ 52—2006);
(18)《公路工程技术标准》(JTG B01—2014);
(19)《预应力混凝土用金属波纹管》(JG 225—2007);
(20)《城市桥梁工程施工与质量验收规范》(CJJ 2—2008);
(21)《湖北省公路工程质量鉴定实施细则(试行)》(鄂交质监〔2005〕68号);
(22)《湖北省公路重点工程工地试验室管理办法》;
(23)国家现行的其他工程试验检测标准、规范、规程及施工设计图纸、标准、规范。

上述仅列出部分规范标准,实际检测时依据的远不止以上文件,当采用的标准、规范、规程等文件如有不一致之处,按照标准和要求中较高者执行。

三、主要检测内容、检测频率、检测依据或方法

主要检测内容、检测频率、检测依据或方法包括但不限于表3-2-1中所列内容(表格中仅列出部分主要的检测内容)。

主要检测内容、检测频率、检测依据或方法　　　　表3-2-1

检测类别	检测名称	检测项目	检测频率	检测方法
混凝土原材料	细集料	细集料筛分试验	600t或每个批次	JGJ 52—2006; GB/T 14684—2011
		含泥量		
		泥块含量		
		含水率		
		细集料砂当量		

续上表

检测类别	检测名称	检测项目	检测频率	检测方法
混凝土原材料	粗集料	粗集料筛分试验	600t 或每个批次	JGJ 52—2006；GB/T 14685—2011
		粗集料针片状颗粒含量试验 <0.075mm 含量		
		含泥量		
		泥块含量		
		粗集料密度及吸水率试验		
		粗集料压碎值试验		
	粉煤灰	细度检验	200t 或每个批次	GB/T 1596—2017；GB/T 1345—2005；GB/T 176—2017
		密度		
		烧失量		
		需水量比		
		28d 抗压强度比		
		三氧化硫		
		含水率		
	水泥	水泥细度	500t 或每个批次	GB 175—2007；GB/T 1346—2011；GB/T 8074—2008；GB/T 2419—2005；GB/T 17671—1999
		水泥标准稠度用水量		
		凝结时间		
		安定性检验		
		水泥胶砂强度		
	外加剂	减水率	50t 或每批次	GB 50204—2015；GB 8076—2008；GB/T 8077—2012；GB 50119—2013
		泌水率比		
		含气量		
		凝结时间差		
		抗压强度比		
		含固量或含水量		
		总碱含量		
试块	混凝土	抗压强度	每 80~200m³ 或每班取 2 组	GB/T 50107—2010；GB/T 50081—2002；GB/T 50082—2009；GB/T 50081—2019
		抗折强度		
		抗渗		
		弹性模量		
	砂浆	抗压强度	每班取 2 组	JG/T 70—2009
	水泥砂浆强度	抗压强度	每班取 2 组	

续上表

检测类别	检测名称	检测项目	检测频率	检测方法
预应力材料	钢绞线	钢绞线机械力学性能	60t/批	GB/T 5223—2014；GB/T 5224—2014
	锚具夹片	硬度	每批3%且不少于5套	GB/T 14370—2015；JGJ 85—2010
		锚夹具静载锚固性能试验	同批抽取6套组成3组	
	波纹管	外观	50000m/批	JG/T 3013—1994
		尺寸		
		集中荷载下径向刚度		
		集中荷载下抗渗漏		
		弯曲后抗渗漏		
	中空锚杆	抗拉	300根或每个批次	GB/T 228.1—2019
	实心锚杆	抗拉、弯曲	300根或每个批次	
	预应力锚杆	外观、技术指标	6%或每个批次	
钢筋材料	钢筋	拉伸强度	60t或每个批次	GB/T 1499.2—2018；GB/T 28900—2012；GB/T 228.1—2010
		弯曲试验		
	机械接头	拉伸强度	500个或每个批次	JGJ 107—2016；GB/T 1499.2—2008
		工艺检验		
	焊接接头	拉伸强度	300个或每个批次	JGJ 107—2016
其他原材料	土工布	单位面积质量	10000m²/批	GB/T 50290—2014
		厚度		
		孔径		
		条带拉伸		
	防水板	单位面积质量	10000m²/批	GB/T 18173.1—2006
		厚度		
		孔径		
		条带拉伸		
	球型支座	承载力、转动性能、摩擦系数	每批次随意抽取3个支座	GB/T 17955—2009
路面原材料	粗集料	压碎值	200t或每个批次	JTG E42—2005；T 0316—2005；T 0317—2005；T 0304—2005；T 0312—2005；T 0320—2000；T 0310—2011
		高温压碎值		
		洛杉矶磨耗损失		
		表观相对密度		
		坚固性		
		针片状含量		
		软石含量		
		黏附性		

续上表

检测类别	检测名称	检测项目	检测频率	检测方法
路面原材料	细集料	表观相对密度	600t或每个批次	JTG E42—2005; T 0328—2005; T 0340—2005; T 0333—2005; T 0334—2005; T 0345—2005
		坚固性		
		含泥量		
		砂当量		
		棱角性		
		亚甲蓝值		
	矿粉	表观相对密度	200t或每个批次	JTG E42—2005; T 0352—2000; T 0353—2000; T 0354—2000
		亲水系数		
		塑性指数		
	纤维	纤维长度	每个批次	GB/T 10685—2008; GB/T 14336—2007; GB/T 3916—2013
		纤维直径		
		抗拉强度		
		断裂伸长率		
		吸油率		
		耐热性(210℃,2h)		
	高黏高弹沥青	针入度(25℃,100g,5s)	200t或每个批次	JTJ 052—2000; T 0604—2011; T 0605—2011; T 0606—2011; T 0620—2011; T 0611—2011; T 0662—2000; T 0624—2011; T 6010—2011
		延度(5cm/min,5℃)		
		软化点		
		60℃黏度		
		闪点		
		弹性恢复(25℃)		
		黏韧性(25℃)		
		韧性(25℃)		
		TFOT(或RTFOT)后残留物		
	SBS改性沥青	针入度(25℃,0.1mm)	200t或每个批次	JTJ 052—2000; T 0604—2011; T 0605—2011; T 0606—2011; T 0611—2011; T 0662—2000
		延度(5℃,5cm/min)		
		$T_{R\&B}$(℃)		
		闪点℃		
		弹性恢复(25℃)		
		RTFOT后残留物		
	高黏乳化沥青	筛上剩余量(1.18mm,%)	100t或每个批次	JTJ 052—2000; T 0652—2011; T 0655—2011; T 0621—2011; T 0651—2011; T 0604—2011
		储存稳定性(CH5,%)		
		黏度(C525,s)		
		蒸发残留物含量(%)		
		蒸发残留物性质		

续上表

检测类别	检测名称	检测项目	检测频率	检测方法
路面原材料	乳化沥青	破乳速度	100t 或每个批次	JTJ 052—2000； T 0658；T 0653； T 0621；T 0651； T 0607；T 0604； T 0605；T 0655
		粒子电荷		
		黏度		
		蒸发残留物		
		常温储存稳定性		
	70号A级沥青	针入度(25℃,100g,5S)	200t 或每个批次	JTJ 052—2000； T 0604；T 0606； T 0620；T 0605； T 0603；T 0611
		针入度指数 PI		
		$T_{R\&B}$		
		60℃动力黏度		
		15℃延度		
		密度(15℃)		
		闪点		
现场实测	沥青路面结构层	压实度与厚度	每1000m² 测一点	马歇尔试验
		弯沉	每车道、每20m,测一点	弯沉仪检测
		抗滑	每200m 查一处	摆式仪
	水稳基层	压实度与厚度	每层测一点/1000m²	灌砂法或灌水法
		弯沉	每车道、每20m 测一点	弯沉仪检测
		无侧限抗压强度	每2000m² 抽检1组	现场取样试验
	结构实体	混凝土强度	—	回弹法
		钢筋保护层厚度		无损检测
	土工试验	颗粒分析	5000m³/次	JTG E40—2007
		塑限液限		
		击实试验		
		承载比 CBR 试验		
过程检测	无机混合料基层	级配	400t/次	T 0705—2011； JTJ 034—2018
		水泥(石灰)剂量		
		7d 无侧限抗压		
	EBCL 黏结层	拉拔强度(70℃)	每批次不少于 6个试件	JT/T 1131—2017； GB/T 5210—2015； DB33/T 2012—2016； GB/T 528—2009
		拉拔强度(25℃)		
		拉剪强度(70℃)		
		指干时间(25℃)		
		断裂伸长率(25℃)		
		断裂强度(25℃)		

续上表

检测类别	检测名称	检测项目	检测频率	检测方法
过程检测	RA 胶结料	拉伸强度(23℃)	每批次不少于6个试件	GB/T 16777—2008; GB/T 1034—2008; JT/T 1131—2017; DB33/T 2012—2016; GB/T 528—2009
		断裂伸长率(23℃)		
		吸水率(7d,25℃)		
		指干时间(25℃)		
		固化时间(25℃)		
	热固环氧黏结层	拉伸强度(23℃)	每批次不少于6个试件	
		断裂伸长率(23℃)		
		吸水率(7d,25℃)		
		黏结强度(25℃)		
	SMA 沥青混合料	空隙率	每日、每品种检查一次	JTJ 052—2000; T 0705;T 0702; T 0709;T 0971
		马歇尔试件击实次数		
		矿料间率 VMA		
		粗集料的骨架间隙率		
		沥青饱和度 VFA		
		稳定度		
		浸水马歇尔残留稳定度		
		沥青混合料渗水系数		
	RA10 混合料	马歇尔稳定度(70℃,kN)	每日、每品种检查一次	JTJ 052—2000; T 0702;T 0705; T 0719;T 0709; T 0729
		流值(mm)		
		空隙率(%)		
		车辙动稳定度(70℃,次/mm)		
		水稳定性		
		冻融劈裂残留强度比(%)		
	AC 沥青混合料	空隙率 VV	每日、每品种检查一次	JTJ 052—2000; T 0705;T 0709; T 0719;T 0715
		稳定度 MS		
		流值 FL		
		矿料间率 VMA		
		沥青饱和度 VFA		
		动稳定度		
		低温弯曲试验破坏应变		
		浸水马歇尔残留稳定度		

第三节 钢结构及索结构试验检测

一、检测工作流程

无损检测和理化检测工作流程分别如图 3-2-1 和图 3-2-2 所示。

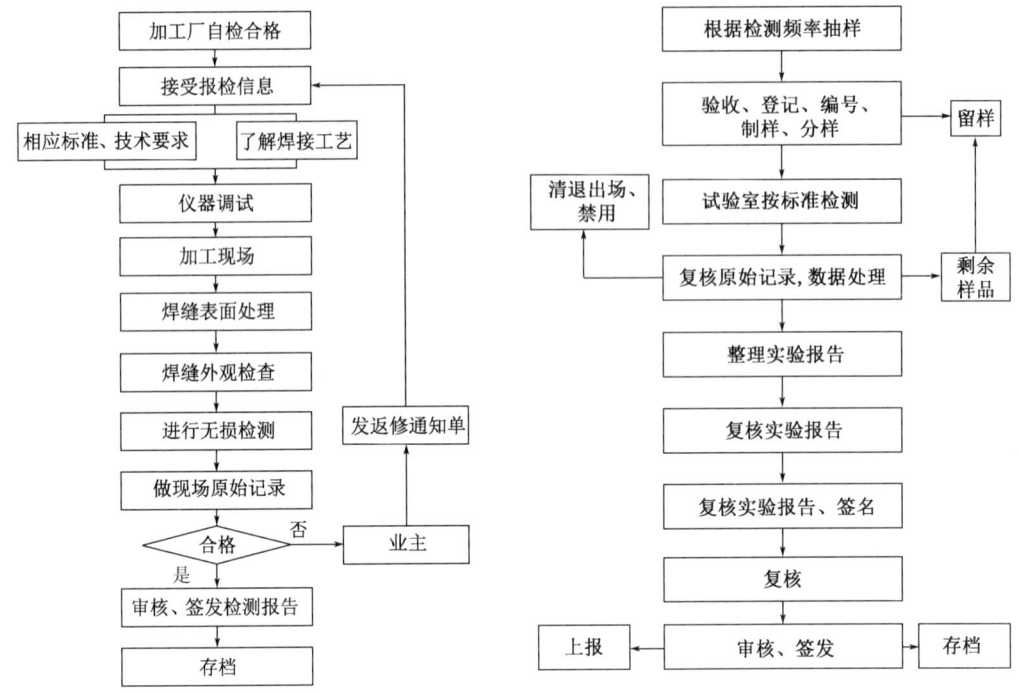

图 3-2-1 无损检测工作流程　　　　图 3-2-2 理化检测工作流程

二、主要检测依据

(1)《焊缝无损检测超声检测技术、检测等级和评定》(GB/T 11345—2013);

(2)《厚钢板超声波检验方法》(GB/T 2970—2016);

(3)《无损检测、焊缝磁粉检测》(JB/T 6061—2007);

(4)《焊缝无损检测磁粉检测》(GB/T 26951—2011);

(5)《焊缝无损检测、焊缝磁粉检测、验收等级》(GB/T 26952—2011);

(6)《无损检测、焊缝渗透检测》(JB/T 6062—2007);

(7)《金属熔化焊焊接接头射线照相》(GB/T 3323—2005);

(8)《铸钢件 超声检测 第1部分:一般用途铸钢件》(GB T7233.1—2009);

(9)《钢制件熔化焊工艺评定》(JB/T 6963—1993);

(10)《铸钢件渗透检测》(GB/T 9443—2007);

(11)《铸钢件磁粉检测》(GB/T 9444—2007);

(12)《铸钢件射线照相检测》(GB/T 5677—2007);

(13)《桥梁结构用钢》(GB/T 714—2008);

(14)《金属材料夏比摆锤冲击试验方法》(GB/T 229—2007);

(15)《非合金钢及细晶粒钢焊条》(GB/T 5117—2012);

(16)《埋弧焊用碳钢焊丝和焊剂》(GB/T 5293—1999);

(17)《碳钢药芯焊丝》(GB/T 10045—2001);
(18)《气体保护电弧焊用碳钢、低合金钢焊丝》(GB/T 8110—2008);
(19)《焊接接头冲击试验方法》(GB/T 2650—2008);
(20)《焊接接头拉伸试验方法》(GB/T 2651—2008);
(21)《焊缝及熔敷金属拉伸试验方法》(GB/T 2652—2008);
(22)《焊接接头弯曲试验方法》(GB/T 2653—2008);
(23)《色漆和清漆拉开法附着力试验》(GB/T 5210—2006);
(24)《色漆和清漆漆膜厚度的测定》(GB/T 13452.2—2008);
(25)《大型低合金钢铸件》(JB/T 6402—2006);
(26)《锌及锌合金化学分析方法》(GB/T 12689—2004);
(27)《优质碳素结构钢》(GB/T 699—1999);
(28)《碳素结构钢和低合金结构钢热轧厚钢板和钢带》(GB/T 3274—2007);
(29)《钢结构用高强度大六角头螺栓、大六角螺母、垫圈技术条件》(GB/T 1231—2006);
(30)《不锈钢多元素含量的测定火花放电原子发射光谱法》(GB 11170—2008);
(31)《钢结构高强度螺栓连接技术规程》(JGJ 82—2011);
(32)《钢结构工程施工质量验收规范》(GB 50205—2002);
(33)《铁路钢桥栓接板面抗滑移系数试验方法》(TB 2137—90);
(34)《钢制品力学性能试验方法和定义》(ASTMA370—2010);
(35)《镀锌钢丝锌层硫酸铜试验方法》(GB/T 2972—91);
(36)《桥梁缆索用热镀锌钢丝》(GB/T 17101—2008)。

上述仅列出部分规范标准,实际检测时依据的远不止以上文件,当采用的标准、规范、规程等文件如有不一致之处,按照标准和要求中较高者执行。

三、主要检测内容、检测频率、检测依据、检测方法

1. 主要检测内容、检测频率、检测依据

主要检测内容、检测频率、检测依据包括但不限于表 3-2-2 中所列内容(表格中仅列出部分主要检测内容)。

主要检测内容、检测频率、检测依据　　　　表 3-2-2

检测名称	检测内容	检测项目	检测频率	检测依据
第一部分:索结构				
主缆	主缆钢丝	镀锌铝合金后直径 圆度 抗拉强度 屈服强度 松弛率 延展率	10%	GB/T 17101—2008; JT/T 395—199; GB/T 228; GB/T 8651

续上表

检测名称	检测内容	检测项目	检测频率	检测依据
主缆	主缆钢丝	弹性模量	10%	GB/T 17101—2008；JT/T 395—199；GB/T 228；GB/T 8651
		反复弯曲		
		抗扭性能		弯曲静载试验
		缠绕性能		紧密缠绕试验
		疲劳试验		GB/T 17101—2008；GB/T 1839
		镀合金附着量		
		硫酸铜试验		硫酸铜试验
		镀合金附着质量		紧密缠绕试验
		钢丝自由翘头高度		端部自由上翘试验
		自由弯曲直径		≥8m
	主缆锚头	化学分析	20%	GB/T 6402—2006；GB/T 223；GB 11352；GB/T 228；GB/T 229；GB/T 231.1；GB/T 6060.1
		力学性能试验：拉伸试验，冲击试验，硬度试验，表面粗糙度		
	后盖板及分丝板	化学分析		GB/T 223；GB/T 4336；GB/T 228；GB/T 229；GB/T 232；GB/T 700—2006
		力学性能试验：拉伸试验，冲击试验，冷弯试验		
	热铸锚铸体（锌铜合金）	锌：化学分析		GB/T 470—2008
		铜：化学分析		GB/T 467—2010
		铜：物理性能		
吊索	吊索钢丝	镀锌铝合金后直径	10%	GB/T 17101—2008；GB/T 228；JT/T 449—2001；GB/T 8651
		圆度		
		抗拉强度		
		屈服强度		
		松弛率		
		延展率		
		预拉及锚回缩、弹性模量		
		反复弯曲		
		抗扭性能		弯曲静载试验
		缠绕性能		紧密缠绕试验
		镀合金附着量		GB/T 17101—2008；GB/T 1839
		硫酸铜试验		硫酸铜试验
		镀合金附着质量		紧密缠绕试验
		钢丝自由翘头高度		端部自由上翘试验
		自由弯曲直径		≥8m
		吊索长度		JT/T 449—2001

续上表

检测名称	检测内容	检测项目	检测频率	检测依据
吊索	吊索钢丝	静载试验	20%	JT/T 449—2001
		疲劳试验		JT/T 449—2001；GB/T 17101—2008
	吊索叉形耳板	化学分析		GB/T 699—2015
		拉伸		
		冲击		
		布氏硬度		
		顶锻		
		低倍(酸蚀试验/超声检测)		
		塔形发纹		
		脱碳层		
		晶粒度		
		非金属夹杂物		
		显微组织		
		末端碎透性		
		超声检测		
	吊索锚杯	化学分析		GB/T 6402—2006；GB/T 223；GB 11352；GB/T 228；GB/T 229；GB/T 231.1；GB/T 6060.1
		力学性能试验：拉伸试验，冲击试验，硬度试验，表面粗糙度		
	销轴、扣索锚杯、螺母及球面垫圈	化学分析		GB/T 3077—2015
		拉伸		
		冲击		
		布氏硬度		
		热顶锻		
		低倍(酸蚀试验/超声检测)		
		塔形发纹		
		脱碳层		
		晶粒度		
		非金属夹杂物		
		显微组织		
		末端碎透性		
		超声检测		

续上表

检测名称	检测内容	检测项目	检测频率	检测依据
主索鞍	主索鞍鞍体	化学成分	100%	GB/T 7659—2010
		机械性能		
		无损检测(超声波检测)		GB/T 7659—2010; GB/T 7233—2009; GB/T 5677—2007; GB/T 9443—2007; GB/T 9444—2007
		无损检测(射线检测)		
		无损检测(渗透检测)		
		无损检测(磁粉检测)		
	鞍身	化学分析	20%	GB 713—2008;GB/T 233; GB/T 4336;GB/T 228; GB/T 5312;GB/T 232; GB/T 229;GB/T 4338; GB/T 6803;GB/T 2970 或 GB/T 4730.3
		拉伸试验		
		Z向拉伸		
		弯曲试验		
		冲击试验		
		高温拉伸		
		落锤试验		
		超声波检测		
	上(下)承板、格栅等(钢板)	化学分析		GB/T 3274—2007;GB/T 233 或 GB/T 4336;GB/T 228; GB/T 232;GB/T 229; GB 713—2008;GB/T 2970
		拉伸试验		
		弯曲试验		
		冲击试验		
		超声波检测		
散索鞍	鞍体、鞍座	化学成分	100%	GB/T 7659—2010
		机械性能		
		无损检测(超声波检测)		GB/T 7659—2010; GB/T 7233—2009; GB/T 5677—2007; GB/T 9443—2007; GB/T 9444—2007
		无损检测(射线检测)		
		无损检测(渗透检测)		
		无损检测(磁粉检测)		
	钢支座、底座板	化学分析		GB/T 6402—2006
		力学性能试验:拉伸试验,冲击试验,硬度试验,表面粗糙度		
主索鞍、散索鞍	拉杆材料	化学分析	20%	GB/T 3077—2015
		拉伸		
		冲击		
		布氏硬度		
		热顶锻		
		低倍(酸蚀试验/超声检测)		
		塔形发纹		

续上表

检测名称	检测内容	检测项目	检测频率	检测依据
主索鞍、散索鞍	拉杆材料	脱碳层	20%	GB/T 3077—2015
		晶粒度		
		非金属夹杂物		
		显微组织		
		末端碎透性		
		超声检测		
索夹	索夹材料	化学分析	20%	GB/T 6402—2006
		力学性能试验:拉伸试验,冲击试验,硬度试验,表面粗糙度		
	索夹螺杆,垫圈,螺母	化学分析	10%	GB/T 3077—2015
		拉伸		
		冲击		
		布氏硬度		
		热顶锻		
		低倍(酸蚀试验/超声检测)		
		塔形发纹		
		脱碳层		
		晶粒度		
		非金属夹杂物		
		显微组织		
		末端碎透性		
		超声检测		
第二部分:钢结构				
钢箱梁	主梁钢材	化学分析(熔炼分析)	10%	GB/T 714—2008
		拉伸试验		
		弯曲试验		
		冲击试验		
		Z向刚厚度方向断面收缩率		
		无损检测		
	临时匹配钢材	化学分析		GB/T 700—2006
		力学性能试验:拉伸试验,冲击试验,冷弯试验		
	高强螺栓	螺栓:拉伸试验,冲击试验,楔荷载试验,芯部硬度试验,脱碳试验	20%	GB/T 1231—2006

续上表

检测名称	检测内容	检测项目	检测频率	检测依据
第二部分:钢结构				
钢箱梁	高强螺栓	螺母:保证荷载试验,硬度试验	20%	GB/T 1231—2006
		垫圈:硬度试验	1%	
		连接副力矩系数试验	20%	—
		终拧检验	100%	—
	普通螺栓	力学性能		T1231—2006
	焊接材料	力学性能、化学分析	10%	GB/T 5117—2012; GB/T 8110—2008
	抗滑移	抗滑移系数		JTG/T F50—2011
	焊缝检测	无损检测(超声波检测)	20%	GB/T 11345—2013
		无损检测(射线检测)		GB/T 5677—2007
		无损检测(磁粉检测)		GB/T 6062—2007
钢桁架	钢材	化学分析(熔炼分析)	10%	GB/T 714—2008
		拉伸试验		
		弯曲试验		
		冲击试验		
		Z向刚厚度方向断面收缩率		
		无损检测		
	焊缝检测	无损检测(超声波检测)	20%	GB/T 11345—2013
		无损检测(射线检测)		GB/T 5677—2007
		无损检测(磁粉检测)		GB/T 6062—2007
	焊接材料	力学性能、化学分析	10%	GB/T 5117—2012; GB/T 8110—2008

2. 主要试验检测方法

1)超声波检测

(1)检测设备。

探伤仪(型号:CTS-9003、HS610e、HS600);探头(型号:5P9×9K3、5P9×9K2.5、5P9×9K2、5P9×9K1、2.5P10×10K3、2.5P10×10K2.5、2.5P10×10K2、2.5P10×10K1、5P20Z、2.5P20Z、5P10Z、2.5P10Z)。

(2)检测等级。

焊接接头的质量要求主要与材料、焊接工艺和服役状况有关。依据质量要求,《焊接无损检测 超声检测 技术检测等级和评定》(GB/T 11345—2013)规定了四个检测等级(A、B、C和D级)。

从检测等级A到检测等级C,检测覆盖范围逐级增加(如增加扫查次数和探头移动区等),提高缺欠检出率。检测等级 D 适用于特殊应用,在制定书面检测工艺规程时应考虑通用要求。

(3)检测技术。

①手工扫查路径。

在保持声速垂直焊缝作前后移动的同时,探头还应作 10°左右的转动。

②与检测面垂直的缺欠检测。

单一斜角检测技术很难检测与检测面垂直的近表面型缺欠,宜考虑采用特定的检测技术检测此类缺欠(尤其厚焊缝检测),上述检测技术的使用应写入技术要求中。

③显示位置。

a. 所有显示的位置,应参考一个坐标系进行定义。

b. 应选择检测面的某一点作为测量原点。

c. 当从多个面进行检测时,每个检测面都应确定参考点。在这种情况下,应当建立所有参考点之间的位置关系,以便所有显示的绝对位置可以从指定的参考点确定。

(4)缺陷评定。

最大反射波幅位于长度判定区(Ⅱ区)的缺陷,其指示长度小于 10mm 时按 5mm 计。

相邻两缺陷各向间距小于 8mm 时,两缺陷指示长度之和作为单个缺陷的指示长度。

(5)检验结果的等级分类。

最大反射体位于长度评定区(Ⅱ区)的缺陷,根据缺陷指示长度和多个缺陷的累计长度,按表 3-2-3 的规定进行分级。满足表 3-2-3 中质量等级要求的判为合格,不满足其质量等级要求的判为不合格。

长度评定区缺陷等级评定(单位:mm) 表 3-2-3

评定等级	板厚	单个缺陷指示长度	多个缺陷的累计指示长度
对接焊缝Ⅰ级	10~80	$t/4$,最小可为 8	在任意 $9t$ 焊缝长度范围不超过 t
对接焊缝Ⅱ级		$t/2$,最小可为 10	在任意 $4.5t$ 焊缝长度范围不超过 t
全熔透角焊缝		$t/3$,最小可为 10	—
角焊缝Ⅱ级		$t/2$,最小可为 10	—

注:t 为板厚。

最大反射波幅不超过评定线的缺陷,均评为Ⅰ级。

反射波幅位于弱信号评定区(Ⅰ区)的非裂纹性缺陷,均评为Ⅰ级。

超声波探伤判定为裂纹、未熔合、未焊透(对接焊缝)等危害性缺陷者,应判为不合格。

反射波幅位于判废区(Ⅲ区)的缺陷,无论其指示长度如何,应判为不合格。

不合格的缺陷,应予以返修,返修区域修补后,返修部位及补焊受影响的区域,应按原探伤条件进行复验,复探部位的缺陷应按原探伤条件复探、评定。

2)磁粉检测

(1)检测设备。

磁粉探伤机 CDX-Ⅲ型、ZY-1B 型。

(2)磁粉检测技术。

①为确保检测出所有方位上的缺欠,焊缝应在最大偏差角为30°的两个近似互相垂直的方向上进行磁化。使用一种或多种磁化能实现这一要求。

②条件允许的情况下,尽量使用交叉磁轭技术。

③检测其他焊缝结构时,宜采用同常用焊接接头形式相同的磁化方向及磁场覆盖。被检材料中电流路径的宽度应大于或等于焊缝及热影响区再加上50mm的宽度,且在任何情况下,焊缝及热影响区应处于有效区域内。应规定相对于焊缝方向的磁化方向。

④检测介质:磁悬液。

⑤观察条件:被检表面光照度应大于或等于500lx。

⑥检测介质的施加:工件做好检测准备后,在磁化前和磁化的同时立即通过喷、浇或洒施加检测介质。

(3)磁粉探伤质量要求。

①检测表面的宽度应包括焊缝金属和每侧各10mm距离的临近母材金属。

②相邻且间距小于其中较小显示主轴尺寸显示,应作为单个的连续显示评定。

③缺陷评定应符合表3-2-4的规定,满足其要求的判为合格,不满足其要求的判为不合格。

显示的缺陷评定(单位:mm)　　　　　　　　　表3-2-4

显 示 类 型	允许的缺陷尺寸上限
线状显示 L = 显示长度	$L \leqslant 1.5$
非线状显示 d = 主轴长度	$D \leqslant 3$

注:线状显示指长度大于3倍宽度的显示;非线状显示指长度等于或小于3倍宽度的显示。

3)射线检测技术

(1)检测设备:XXG3005型X射线机、XXG2505型X射线机。

(2)射线透照技术。

①透照方式:纵缝单壁透照法。

②管电压和射线源的选择:为获得良好的照相灵敏度,应选用尽可能低的管电压。

③射线胶片系统和增感屏:射线照相检测所用的胶片系统类别应按ISO 11699-1和EN 584-1选定。使用增感屏时,胶片和增感屏之间应接触良好。

④射线方向:射线束应对准被检区中心,并在该点与被检工件表面相垂直。但若采用其他透照角度有利于检出某些缺陷时,也可另择方向进行透照。

⑤一次透照长度:平板纵缝透照和射线源位于偏心位置透照曲面焊缝时,为保证100%透照,其曝光次数应按技术要求来确定。射线经过均匀厚度被检区外端的斜向穿透厚度与中心束的穿透厚度之比,A级不大于1.2,B级不大于1.1。

⑥射线底片黑度:A级黑度≥2.0,B级黑度≥2.3,黑度测量允许误差为±0.1。

⑦胶片处理:胶片的暗室处理应按胶片及化学药剂制造者推荐的条件进行,以获得选定的胶片系统性能。

⑧评片条件:底片的评定应在光线暗淡的室内进行,观片灯的亮度应可调,灯屏应有

遮光板遮挡非评定区。

⑨焊接接头质量分级:根据缺陷的性质和数量,焊接接头质量分为四个等级。

Ⅰ级焊接接头:应无裂纹、未熔合、未焊透和条形缺陷。

Ⅱ级焊接接头:应无裂纹、未熔合和未焊透。

Ⅲ级焊接接头:应无裂纹、未熔合以及双面焊和加垫板的单面焊中的未焊透。

Ⅳ级焊接接头:焊接接头中缺陷超过Ⅲ级者。

4)渗透检测技术

(1)检测方法。

渗透检测总则和验证方法分别按《无损检测 渗透检测 第1部分:总则》(GB/T 18851.1—2012)和《无损检测 渗透检测 第5部分:温度高于50℃的渗透检测》(GB/T 18851.5—2014)执行。

(2)结果评定。

①对铸钢件的不连续显示进行分级时,必须将105mm×148mm评定框放置在显示最严重的位置上。若被评定的显示小于或等于订货单中规定的质量等级,评定为检测合格。

②显示相同是指被检显示与非线状显示的形状相同或与线状显示的长度相等。

③给出的显示类型仅起指导作用,评定质量等级是依据不连续显示长度确定。

④累加长度计算应包括点线状显示和非点线状显示。

第四节 桩基透射法完整性检测

一、主要检测依据

(1)《公路钢筋混凝土及预应力混凝土桥涵设计规范》(JTJ D62—2004);
(2)《建筑基桩检测技术规范》(JGJ 106—2014);
(3)伍家岗长江大桥施工设计图纸。

二、检测原理

超声波在混凝土中的传播参数(动弹模、密度、强度等)之间的相关关系就是基桩超声检测的理论依据。当混凝土介质的构成材料、均匀度、施工条件等内外因素基本一致时,超声波在其中的传播参数应基本一致;而介质中存在缺陷时,超声波则在传播过程中产生绕射、反射、衰减等现象,使其声时、声速、声幅、频谱等产生变化。高精密声波发射-接收仪器及传感器可记录与描述混凝土的内在质量。

三、检测方法

利用声波透射检测设备测试桩基传播的声时、声速等参数,通过声速判据、波幅判据、PSD判据对桩身混凝土缺陷进行综合评定。

桩身完整性判定类别分为Ⅰ类桩、Ⅱ类桩、Ⅲ类桩、Ⅳ类桩。

四、检测结果

伍家岗长江大桥共有桩基626根,其中主桥桩基64根,引桥及其他区域桩基562根。桩基声波透射检测覆盖率100%,主桥桩基检测结果均为Ⅰ类桩,引桥及其他区域桩基检测结果为561根Ⅰ类桩和1根Ⅱ类桩,桩基桩身完整性整体评价为优。具体统计情况见表3-2-5。

桩基透射法完整性检测结果统计表　　　　表3-2-5

桩基位置	桩基数量	检测频率	检测结果
江南侧主塔	32	100%	均为Ⅰ类桩
江南侧引桥	56	100%	均为Ⅰ类桩
江南侧匝道桥	120	100%	均为Ⅰ类桩
江北侧主塔	32	100%	均为Ⅰ类桩
江北侧引桥	92	100%	91根Ⅰ类桩,1根Ⅱ类桩
江北侧匝道桥	122	100%	均为Ⅰ类桩
伍临路高架桥	136	100%	均为Ⅰ类桩
30m简支梁桥	36	100%	均为Ⅰ类桩

第五节　桩基钻芯检测

一、主要检测依据

(1)《建筑基桩检测技术规范》(JGJ 106—2014);
(2)《建筑工程地质勘探与取样技术规程》(JGJ/T 87—2012);
(3)《建筑地基基础设计规范》(GB 50007—2011);
(4)《工程岩体试验方法标准》(GB/T 50266—2013);
(5)《建筑地基基础工程施工质量验收规范》(GB 50202—2002)。

二、检测内容

检测混凝土灌注桩的桩长、桩身混凝土强度、桩底沉渣厚度和桩身完整性,判定或鉴别桩端持力层岩土性状。

三、检测结果

通过分析伍家岗长江大桥桩基钻芯取样结果,所检的桩基桩长均满足设计要求,所检桩基的桩身混凝土强度检测值均满足设计要求,所检桩基的桩底沉渣厚度均符合规范要求,桩身完整性正常,所检桩基的桩端持力层为含粉土卵砾石土,岩性为粉土卵砾石,满足设计要求。桩基钻芯具体检测情况见表3-2-6。

桩基钻芯具体检测结果统计表　　　　　表3-2-6

桩基位置	桩基数量	检测频率	检测结果
江南侧主塔	32	10%	
江南侧引桥	56	2%	
江南侧匝道桥	120	2%	
江北侧主塔	32	10%	均满足设计及规范要求
江北侧引桥	92	2%	
江北侧匝道桥	122	2%	
伍临路高架桥	136	2%	
30m简支梁桥	36	2%	

第六节　水泥混凝土配合比设计

混凝土结构施工前,应先完成配合比设计工作。根据伍家岗长江大桥施工设计图纸中相关要求,不同结构和不同部位的混凝土的等级及性能要求不同,因此,需根据设计及规范要求,对不同等级和不同性能的混凝土分别进行配合比设计。

一、主要设计依据

(1)《普通混凝土配合比设计规程》(JGJ 55—2011);
(2)《公路桥涵施工技术规范》(JTG/T 3650—2020);
(3)《普通硅酸盐水泥》(GB 175—2007);
(4)《混凝土外加剂》(GB 8076—2008);
(5)《公路工程水泥及水泥混凝土试验规程》(JTG E30—2005);
(6)《公路工程集料试验规程》(JTG E42—2005);
(7)《宜昌伍家岗长江大桥施工图设计》;
(8)其他行业标准规范等相关文件。

二、原材料

(1)水泥:采用葛洲坝水泥有限公司P·O42.5等级水泥,经检测,各项指标满足规范要求。
(2)粗集料:采用宜昌三发或小溪塔碎石场的碎石,规格为5~31.5mm的连续级配,经试验检测,各项指标符合规范要求。
(3)细集料:采用湖南洞庭湖河沙,规格为Ⅱ区中砂,经试验检测各项指标符合规范要求。

(4) 外加剂:采用武汉港湾新材料有限公司的 CP-J 标准型或宜昌苏博新材料聚羧酸系高性能减水剂,经试验检测各项指标符合规范要求。

(5) 粉煤灰:采用国电长源荆门发电有限公司生产的 F 类 I 级粉煤灰,经试验检测各项指标符合规范要求。

(6) 水:饮用水或清洁的长江水,经试验检测各项指标符合规范要求。

三、设计内容

(1) 完成初步配合比计算,确定试配强度、水胶比和各种原材料用量。

(2) 先进行配合比的试配工作,根据坍落度、和易性、黏聚性、保水性、初凝及终凝时间等工作性能及各项指标,完成配合比的调整工作。

(3) 确定配合比参数,进而确定基准配合比。

(4) 确定实验室配合比。

四、配合比试验结果

在综合考虑了混凝土的工作性能及坍落度、和易性、黏聚性、保水性、初凝终凝时间等指标,经过反复试验、调整后,最终确定了各结构部位的混凝土实验室配合比。主要结构部位混凝土实验室配合比见表3-2-7。

主要结构部位混凝土实验室配合比　　表3-2-7

序号	结构部位	强度等级	每立方米混凝土材料用量(kg)						
			水泥	砂	碎石		水	外加剂	粉煤灰
					大/中石	小石			
1	南塔桩基	C35	340	718	224/674	224	160	4	60
2	南塔承台	C35	252	739	332/665	111	153	4	148
3	南塔塔柱	C50	378	698	164	928	150	4.9	112
4	重力式锚碇咬合桩	C30	280	730	383	712	165	4	120
			269	735	662	441	157	3.85	116
5	重力式锚碇基础	C30	228	736	110/662	332	160	3.8	152
			222	823	218/656	218	155	3.7	148
6	南引桥、匝道桩基	C35	320	740	426	639	165	4.25	105
7	南引桥、匝道承台	C35	300	732	330	770	163	4.0	100
8	南引桥、匝道墩柱和箱梁	C40	336	731	164	932	153	4.2	84
9	北塔桩基	C35	340	799	1059		146	6.2	60
10	北塔承台	C35	246	733	1146		165	5	105
11	北塔塔柱	C50	400	676	332	773	155	7.502	84

续上表

序号	结构部位	强度等级	每立方米混凝土材料用量(kg)						
			水泥	砂	碎石		水	外加剂	粉煤灰
					大/中石	小石			
12	隧道式锚碇喷射混凝土	C20	402	912	716		200	20	—
13		C30	560	820	644		220	28/34	—
14	隧道式锚碇散索鞍基础	C35	286	749	1105		155	8.2	96
15	隧道式锚碇锚塞体	C35	270	824	968		158	0.9/10	130
16	（微膨胀）	C30	260	853	962		162	0.9/9.4	115
17	北引桥、匝道桩基	C35	340	799	212/424/424		146	6.8	60
18	北引桥、匝道承台	C35	289	748	224/449/449		150	5.39	96
19	北引桥、匝道墩柱和箱梁	C40	330	743	223/446/446		150	5.74	80

第七节　沥青混凝土目标配合比设计

沥青混凝土主要用于路面结构的铺装层。沥青铺装层施工前，应先完成沥青目标配合比的设计工作，根据伍家岗长江大桥施工设计图纸中相关要求，不同结构层和不同区域的沥青混凝土的类型不同，主要种类有：AC13C 改性沥青混凝土、AC16C 改性沥青混凝土、AC20C 改性沥青混凝土、AC20C 沥青混凝土、AC25C 沥青混凝土、高黏高弹 SMA13 沥青混凝土。

一、主要设计依据

(1)《公路沥青路面施工技术规范》(JTG F40—2004)；

(2)《公路工程沥青及沥青混合料试验规程》(JTG E20—2011)；

(3)《公路工程集料试验规程》(JTG E42—2005)；

(4)《公路沥青路面设计规范》(JTG D50—2017)；

(5)《树脂沥青组合体系(ERS)钢桥面铺装施工技术规范》(DB33/T 2012—2016)；

(6)《钢桥面铺装冷拌树脂沥青》(JT/T 1131—2017)；

(7)《高黏高弹道路沥青》(GB/T 30516—2014)；

(8)《沥青路面用聚合物纤维》(JT/T 534—2004)；

(9)宜昌市伍家岗长江大桥桥面铺装工程相关设计文件。

二、原材料

沥青目标配合比设计采用的原材料包括：RA 树脂沥青、高黏高弹改性沥青、SBS 改性沥青、70 号 A 级沥青(AH70)、石灰岩粗集料(4.75～9.5mm、9.5～19mm)、石灰岩机制砂

(0~4.75mm)、玄武岩粗集料(4.75~9.5mm、9.5~13.2mm)、玄武岩机制砂(0~4.75mm)、石灰岩磨细矿粉、聚酯纤维、炭黑等。使用前,进行原材料指标性能检测,满足设计及规范要求后使用。

三、设计内容

(1)进行原材料性能试验,完成原材料选择工作。
(2)进行初步级配设计试验,通过试验结果对比分析,确定最终设计级配和各种原材料用量、油石比等内容。
(3)通过马歇尔试验、高温稳定性检验、水稳定性检验、渗水系数试验、弯曲试验等工作,完成配合比的性能验证。
(4)确定最终的配合比及油石比。

四、目标配合比及设计油石比

通过原材料的性能试验、混合料级配调试和相关验证试验,使得沥青混合料的高温稳定性能、低温稳定性能、水稳定性能等均满足设计及规范中的技术要求,经过反复试验、调整,最终确定了各类沥青混凝土的目标配合比,主要的沥青目标配合比及设计油石比见表3-2-8。

主要的沥青目标配合比及设计油石比　　　　表3-2-8

混合料类型	各种矿料所占比例(%)					油石比(%)
	19~26.5mm	9.5~19mm	4.75~9.5mm	机制砂	矿粉	
改性AC13C	—	22.0	30.0	45.0	3.0	4.9
改性AC16C	—	34.0	27.0	35.0	4.0	4.7
AC20C	—	46.0	21.0	30.0	3.0	4.2
改性AC20C	—	46.0	21.0	30.0	3.0	4.4
AC25C	16.0	32.0	20.0	29.0	3.0	4.0
RA10	5~10mm	3~5mm	0~3mm	炭黑	2.0	7.5
	34.0	16.0	48.0	掺量0.1%		
高黏高弹SMA13	9.5~13.2mm	4.75~9.5mm	聚酯纤维	14.0	10.0	6.0
	43.0	33.0	掺量0.3%			

第三章 施工监控技术

第一节 概　　述

悬索桥是一种结构合理的桥梁,它能使材料充分发挥各自的特长,这一特点使悬索桥成为大跨径桥梁中最具竞争能力的桥型之一。

对桥梁结构的施工过程进行合理的施工监控,是使桥梁施工结果与设计要求尽可能接近的重要保障。施工监控根据实际的施工工序,按照已完成工程的结构状态和施工过程,收集现场的参数和数据,对结构进行实时理论分析和结构验算,分析施工误差状态,采用变形预警体系对施工状态进行安全度评价和风险预警,根据分析验算结果调整控制参数,预测后续施工过程的结构形状,提出后续施工过程应采取的措施和调整后的设计参数,保证施工完成的结构与设计结构不论是内力或线形都满足设计的精度要求。因此,对悬索桥施工过程中的关键部位和关键工序进行实时监控是非常有必要的。

一、隧道式锚碇施工监控

隧道式锚碇属于地下工程,地下工程普遍具有受力情况和地表周围环境复杂多变、地质属性不够明确的特点,这导致所选的隧道施工方法、围岩支护方式带有一定的盲目性,无法对施工过程产生的新问题采取及时的解决措施。同时在软岩地区,随着时间的推移,常常会出现掌子面失稳、拱顶塌陷、持续变形不收敛、异常涌水等工程灾害,特殊情况下的地表也会出现不同程度的沉降变形。

因此,通过对隧道施工全过程围岩变形和地表沉降变形情况进行监控,来掌握隧洞开挖全过程各个阶段的围岩应力、位移以及塑性区的动态分布和周围环境的地表沉降是十分必要的。监控量测作为"新奥法"隧道施工理念的重要组成部分,在安全施工方面具有举足轻重的作用。它不仅有利于及时掌握围岩在开挖进程中的变形情况,以期采取相应措施指导进一步施工,防患于未然;更有利于保存工程原始数据,为类似工程提供借鉴。

二、重力式锚碇深基坑监控

重力式锚碇深基坑开挖过程中,由于地质条件、荷载条件、材料性质、施工条件和外界其他因素的复杂影响,很难单纯从理论上预测工程中可能遇到的问题。而且,理论预测值还不能全面而准确地反映工程的各种变化。所以,为了全面了解整个施工过程,在理论指导下有计划地进行现场工程监测十分必要。

通过对伍家岗长江大桥江南侧重力式锚碇深基坑开挖进行监测,掌握在施工过程中地层和结构整体稳定性情况,为业主、设计、施工、监理等单位提供及时、可靠的信息,用以评价基坑工程在施工期间支护结构体系的稳定情况。

三、上部结构施工监控

一般来说,对于悬索桥上部结构,设计人员在图纸上设计出的是成桥理想状态,要想将这种状态科学地、安全地、经济地在工地上得以实现,就必须依靠严格的施工监控。大跨径悬索桥的成桥线形和内力是否与设计一致及是否合理,是与施工过程合理安排与严格控制紧密相关的。

与其他桥型相比,悬索桥相对较柔,施工过程中工况变化繁多,形状变化很大,结构具有强烈的几何非线性,加之悬索桥不可能像斜拉桥那样在后期对误差进行调整,所以,施工监控是很有必要的。

第二节 隧道式锚碇施工监控

一、监控目的

(1)通过隧道式锚碇现场的监控量测,可以及时地掌握隧道式锚碇开挖过程中围岩的稳定状态,而后通过对数据进行处理计算和分析,进行数据预测和反馈设计,为判断隧道空间的稳定性提供可靠的数据,以便于调整参数或方案来保证隧道式锚碇施工安全。

(2)通过对隧道式锚碇监测数据的分析判断,确定鞍室段散索鞍基础及二次衬砌、前锚室段二次衬砌的施作时间,并根据监测结果调整和修改初期支护参数,确定合理的支护形式。

(3)对隧道式锚碇围岩异常状态进行及时的预测预报,指导现场施工。预报和监视险情,作为隧道开挖期间的工程预报,确定施工对策和工程措施。监测结果不符合设计要求时,根据实际差别对支护或锚杆的布置做出调整与修改。

(4)通过监测信息,及时掌握隧道支护结构二次衬砌的应力应变状态,为正确调控施工决策、保证施工质量提供科学依据,以确保结构物可靠度和施工安全,并将施工过程对周边环境的影响程度严格控制在安全的范围内。

(5)通过这种反馈设计和动态管理,在保证施工质量的同时又可以使得工程更加经济化。

二、监控内容

1. 水平净空收敛

1）测点布设

根据图纸要求,在隧道式锚碇锚洞内布设水平收敛监控量测点,在隧道式锚碇左右线各布置17个监测断面,间距为5m,监控断面及测点布置如图3-3-1和图3-3-2所示。埋设测点时,先在测点处用小型冲击钻在待测部位钻孔(测桩埋设深度约15cm,钻孔直径约20mm),清孔后将早强锚固剂塞入孔中,然后将带膨胀钩子的收敛测桩敲入,待锚固剂初凝以后即可量测。测桩设置保护罩。

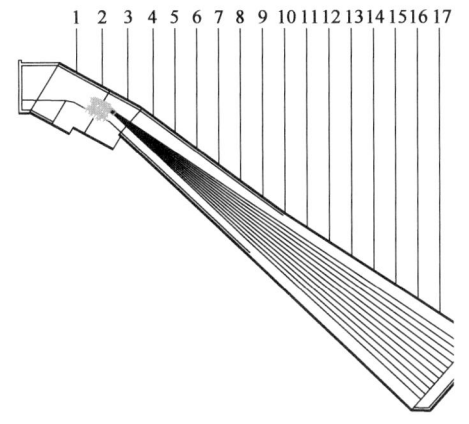

图3-3-1 监测断面布置示意图

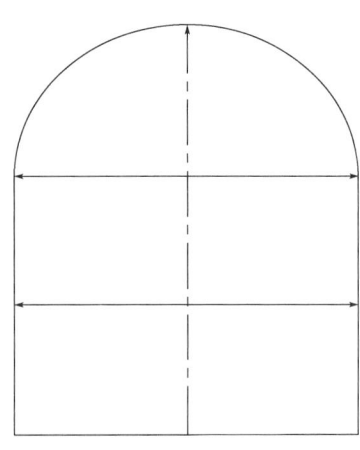

图3-3-2 测点布置示意图

2）量测方法

采用数显式收敛计,按照监测频率要求进行量测,根据量测结果绘制位移随时间以及开挖面距离变化图,位移速度、位移加速度随时间以及开挖面距离变化图,及时进行数据处理,判断围岩周边位移情况并指导施工。

当现场条件较差导致无法采用常规方式开展拱顶、洞周收敛时,采用全站仪进行无尺测量。随着国内光电测距技术的迅速发展,隧道工程施工中也广泛采用无尺量测技术,该监测系统采用全站仪+方形十字反射片(规格40mm×40mm)组成现场观测系统,采用自由设站法进行隧道变形观察。测量时,先将仪器架设至任意与测点通视位置,然后设定仪器参数。为减小测试误差,可对同一断面进行左、右测站测试。数据记录在仪器自带的PC卡上,待全部断面测试完毕,用专用软件将全站仪内数据传输至计算机,并进行处理。

具体施作步骤为:埋设测点→设置仪器→测点量测→处理数据→反馈指导施工。

3）收敛计算

采用测点的三维坐标,通过两点间计算公式计算出收敛测线的长度,前、后两次收敛测线长度之差就是本次收敛变形,本次收敛测线长度与初始收敛测线长度之差即为累计收敛变形,即:

$$\Delta L = L_i - L_{i-1} \tag{3-3-1}$$

$$L_i = \sqrt{(X_a - X_b)^2 + (Y_a - Y_b)^2 + (Z_a - Z_b)^2} \tag{3-3-2}$$

式中： ΔL——本次收敛变形；

L_i——第 i 次测线长度；

L_{i-1}——第 $i-1$ 次测线长度；

X_a、Y_a、Z_a——收敛测线 a 测点的三维坐标；

X_b、Y_b、Z_b——收敛测线 b 测点的三维坐标。

4）量测频率

周边位移量测是主要量测项目之一，各测点在避免爆破作业破坏测点的前提下，应尽可能靠近开挖工作面埋设，并在下一次爆破循环前获得初始读数。初读数在开挖后 12h 内读取，最迟不超过 24h，而且在下一循环开挖前，完成初期变形值读数。

2. 拱顶下沉

1）测点布设

根据图纸要求，在隧道式锚碇锚洞内布设拱顶下沉监控量测点，在隧道式锚碇左右线各布置 17 个监测断面，间距为 5m，隧道拱顶下沉及水平收敛监测点处于同一个监测断面上，如图 3-3-3 所示。

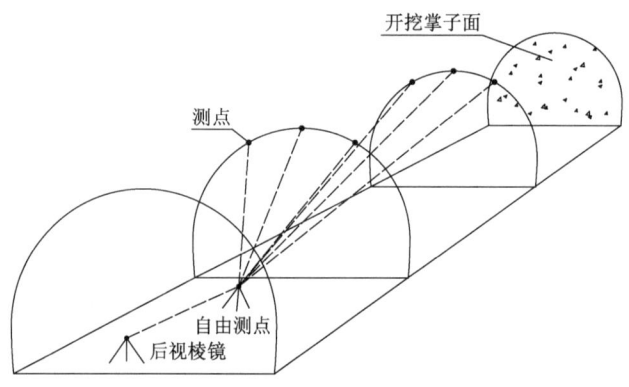

图 3-3-3　隧道变形观测示意图

测点由基座和反射膜片组成，基座由 10cm×5cm 长钢板及 φ12mm 的钢筋焊接而成，待掌子面开挖完毕后，将基座锚固在岩壁上，然后把反射膜片粘贴到基座上面。

2）量测方法

测点埋设完毕后，采用全站仪自由设站的方式进行测量，每次测量时，将全站仪架设于后视点与量测断面的中间位置，对中整平，后视基点 1（基点高程 H_0 已知），得到相对高程读数 Z_1，再前视量测断面拱顶反射片，得到相对高程读数 Z_0，则量测断面拱顶反射片中心的高程 $H_i = H_0 + h$，其中 $h = Z_0 - Z_1$。

3）沉降计算

采用相对高程法计算测点高程，测点前后两次相对高程之差就是本次沉降值，本次相

对高程与初始相对高程之差即为累计沉降值。即：$\Delta h_i = H_i - H_{i-1}$

其中，H_i 为第 i 次相对高程；H_{i-1} 为第 $i-1$ 次测得相对高程；Δh_i 为第 i 次测得沉降值。

3. 地表沉降

1）测点布设

在隧道地表布设 3 个断面，每个断面设 7～11 个测点，可视现场地形地质条件做适当调整。在测点位置挖长、宽、深均为 200mm 的坑，然后放入地表测点预埋件（自制），测点一般采用直径 20～30mm、长度 200～300mm 的平圆头钢筋制成，测点四周用混凝土或水泥砂浆填实，待其固结后即可量测。监控断面及测点布置示意图如图 3-3-4、图 3-3-5 所示。

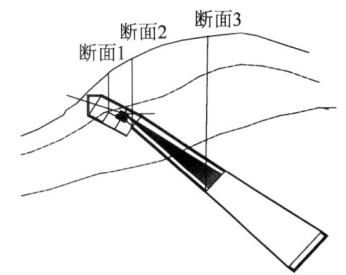

图 3-3-4　监测断面布置剖面示意图　　　　图 3-3-5　监测断面布置正立面示意图

埋设测点的同时增加基点埋设。埋设在隧道开挖纵横向各 3～4 倍洞径外的区域，埋设 2 个基点，以便互相校核，参照标准水准点埋设，所有基点应准确读取自建坐标系中的原始高程。

2）量测方法

用高精度水准仪进行观测，观测应在仪器检定合格后方可进行，且避免在测站和标尺有振动时进行；尽量选择在每天的同一时间段进行观测。

监测过程应坚持量测人员固定、测站位置固定、量测延续时间固定、量测顺序固定，且应每隔 30d 用精密水准测量方法进行基点与水准点联测，其误差不得超过水准测量允许误差范围。

由于地表沉降测设方法较简单，只需要按照要求持续跟进测量比较即可。隧道式锚碇在施工的整个过程中，地表几乎无沉降，故本节只表述量测方法，不作具体描述分析。

4. 监测断面及监测点统计

截至 2019 年 9 月 10 日，监测断面布设及累计监测断面（测点）数量见表 3-3-1。

监测断面布设及累计监测断面（测点）数量　　　　表 3-3-1

细 目 名 称		本阶段累计量测断面/测点/次数
下游侧位移监测	地表沉降监测	10 个测点
	下游隧道拱顶下沉	17 个断面
	下游隧道洞周收敛	17 个断面/44 个测点

续上表

细目名称		本阶段累计量测断面/测点/次数
上游侧位移监测	地表沉降监测	12个测点
	上游隧道拱顶下沉	15个断面
	上游隧道洞周收敛	15个断面/42个测点
爆破振动测量	上游爆破振动测量	70次
	下游爆破振动测量	92次

三、监控频率

各项监测内容均根据规范频率进行监测。隧道收敛位移与拱顶下沉量监测频率见表3-3-2。

隧道收敛位移与拱顶下沉监测频率表　　　　表3-3-2

位移速度(mm/d)	距工作面距离	监测频率(规范)	监测频率(实施)
>10	(0~1)D	1~2次/d	2~3次/d
5~10	(1~2)D	1次/d	2次/d
1~5	(2~5)D	1~2次/3d	1次/2d
<1	>5D	1次/7d	1次/3d

注：1. D为隧道宽度。
2. 从不同测线得到的位移速度不同，监测频率按速度高的取值。
3. 若根据位移速度和距工作面距离两项指标分别选取的频率不同，则从中取高值。

四、变形监控管理基准

针对江北侧隧道式锚碇，建立监测变形管理等级标准。管理等级分三级，其等级划分见表3-3-3。通过对监测结果分析来判定支护结构稳定性和安全性，并指导施工。

变形管理等级标准表　　　　表3-3-3

管理等级	管理量	施工状态
Ⅰ	$U_o < \dfrac{U_t}{3}$	可正常施工
Ⅱ	$\dfrac{U_t}{3} < U_o < \dfrac{2U_t}{3}$	应加强监测
Ⅲ	$\dfrac{2U_t}{3} < U_o$	预警、应采取特殊措施

注：U_o为实测值，U_t为最大允许值。

隧道监控量测位移速率施工管理见表3-3-4。

隧道监控量测位移速率施工管理 表 3-3-4

位移速率(mm/d)	施 工 状 态
<0.2	围岩稳定可以正常施工
1~0.2	围岩处于缓慢变形状态,加强量测
>1	围岩处于快速变形阶段,密切关注围岩动态,加强量测,必要时应加强支护

监控量测位移控制值见表 3-3-5。

监控量测位移控制值 表 3-3-5

量 测 项 目	控 制 值	备 注
水平收敛量测	鞍室段、前锚室段 允许相对位移值:0.20%~0.35% 锚塞体段、后锚室段 允许相对位移值:0.20%~0.40%	报警值:允许值的80%; 稳定速率:0.1~0.2mm/d
拱顶下沉量测	鞍室段、前锚室段 允许相对位移值:0.08%~0.16% 锚塞体段、后锚室段 允许相对位移值:0.08%~0.40%	报警值:允许值的80%; 稳定速率:1mm/d
爆破振动测量	已浇筑混凝土或衬砌:0.5cm/s	—
	距爆破点1m初期支护:2cm/s	锚塞体段调整为5cm/s
洞口浅埋段地表沉降	报警值:55mm 或 7mm/d	—
边坡土体水平位移	上台阶开挖时:$F=25$mm	安全:实测值<0.8F; 注意:实测值=0.8F; 危险:0.8F<实测值<F; 停工:实测值>F
	开挖至基底时:$F=60$mm	
边坡土体地表沉降	30mm	报警值:控制值的60%
二次衬砌应力监测、锚杆应力	$0.6~0.7f$	f 为构件设计极限抗拉抗压强度
钢支撑内力量测	$0.6~0.7f$	f 为构件设计极限抗拉抗压强度

洞内位移监测控制值及报警值见表 3-3-6。

洞内位移监测控制值及报警值 表 3-3-6

区 段	项 目	允许相对位移值(%)	控制值(取小值,mm)	报警值(80%×控制值,mm)
鞍室段	水平收敛	0.20~0.35	18.08	14.5
	拱顶下沉	0.08~0.16	14.5	11.6
前锚室段	水平收敛	0.20~0.35	18.08	14.5
	拱顶下沉	0.08~0.16	14.8	11.8
锚塞体段	水平收敛	0.20~0.40	18.08~32	14.5
	拱顶下沉	0.08~0.40	12.8~19.2	10.3
后锚室段	水平收敛	0.20~0.40	32	25.6
	拱顶下沉	0.08~0.40	19.2	15.3

五、监控数据

（1）下游隧道式锚碇水平收敛及拱顶下沉监测结果见表3-3-7、表3-3-8。

下游隧道式锚碇水平收敛监测结果　　　　表3-3-7

断面编号	断面位置	累计收敛值(mm)	目前状态	允许值(mm)	是否预警
JCX-1	鞍室段	6.8	稳定	18.08	否
JCX-2	鞍室段	3.1	稳定	18.08	否
JCX-3	前锚室段	4.2	稳定	18.08	否
JCX-4	前锚室段	8.0	稳定	18.08	否
JCX-5	前锚室段	11.0	稳定	18.08	否
JCX-6	前锚室段	5.0	稳定	18.08	否
JCX-7	锚塞体段	8.8	稳定	18.08	否
JCX-8	锚塞体段	9.6	稳定	18.08	否
JCX-9	锚塞体段	9.0	稳定	18.08	否
JCX-10	锚塞体段	7.3	稳定	18.08	否
JCX-11	锚塞体段	7.9	稳定	18.08	否
JCX-12	锚塞体段	7.4	稳定	18.08	否
JCX-13-1	锚塞体段	7.5	稳定	18.08	否
JCX-13-2	锚塞体段	7.7	稳定	18.08	否
JCX-14-1	锚塞体段	7.1	稳定	18.08	否
JCX-14-2	锚塞体段	6.8	稳定	18.08	否
JCX-15-1	锚塞体段	7.0	稳定	18.08	否
JCX-15-2	锚塞体段	7.2	稳定	18.08	否
JCX-16-1	锚塞体段	8.2	稳定	18.08	否
JCX-16-2	锚塞体段	8.3	稳定	18.08	否
JCX-17-1	后锚室段	7.5	稳定	18.08	否
JCX-17-2	后锚室段	7.3	稳定	18.08	否

下游隧道式锚碇拱顶下沉监测结果　　　　表3-3-8

断面编号	断面位置	累计下沉量(mm)	目前状态	允许值(mm)	是否预警
GDX-1	鞍室段	-10.1	稳定	14.5	否
GDX-2	鞍室段	-6.3	稳定	14.5	否
GDX-3	前锚室段	-11.1	稳定	14.5	否
GDX-4	前锚室段	-10.2	稳定	14.8	否
GDX-5	前锚室段	-10.5	稳定	14.8	否
GDX-6	前锚室段	-6.3	稳定	14.8	否
GDX-7	锚塞体段	-8.9	稳定	14.8	否

续上表

断面编号	断面位置	累计下沉量(mm)	目前状态	允许值(mm)	是否预警
GDX-8	锚塞体段	-9.9	稳定	14.8	否
GDX-9	锚塞体段	-8.3	稳定	14.8	否
GDX-10	锚塞体段	-7.5	稳定	12.8	否
GDX-11	锚塞体段	-7.9	稳定	12.8	否
GDX-12	锚塞体段	-7.3	稳定	128	否
GDX-13	锚塞体段	-7.6	稳定	12.8	否
GDX-14	锚塞体段	-6.8	稳定	12.8	否
GDX-15	锚塞体段	-7.2	稳定	12.8	否
GDX-16	锚塞体段	-8.3	稳定	12.8	否
GDX-17	后锚室段	-7.7	稳定	19.2	否

由监测数据知,本阶段下游隧道式锚碇监测断面拱顶下沉及水平收敛累计值未超控制值,变化速率正常。

(2)上游隧道式锚碇水平收敛及拱顶下沉监测结果见表3-3-9、表3-3-10。

上游隧道式锚碇水平收敛监测结果　　　　表3-3-9

断面编号	断面位置	累计收敛值(mm)	目前状态	允许值(mm)	是否预警
JCS-1	鞍室段	3.7	稳定	18.08	否
JCS-2	鞍室段	6.3	稳定	18.08	否
JCS-3	前锚室段	10.3	稳定	18.08	否
JCS-4	前锚室段	9.0	稳定	18.08	否
JCS-5	前锚室段	9.9	稳定	18.08	否
JCS-6	前锚室段	7.9	稳定	18.08	否
JCS-7	锚塞体段	7.4	稳定	18.08	否
JCS-8	锚塞体段	7.9	稳定	18.08	否
JCS-9	锚塞体段	8.2	稳定	18.08	否
JCS-10	锚塞体段	7.9	稳定	18.08	否
JCS-11	锚塞体段	7.6	稳定	18.08	否
JCS-12-1	锚塞体段	7.4	稳定	18.08	否
JCS-12-2	锚塞体段	7.5	稳定	18.08	否
JCS-13-1	锚塞体段	7.0	稳定	18.08	否
JCS-13-2	锚塞体段	7.4	稳定	18.08	否
JCS-14-1	锚塞体段	7.9	稳定	18.08	否
JCS-14-2	锚塞体段	8.1	稳定	18.08	否
JCS-15-1	锚塞体段	7.8	稳定	18.08	否
JCS-15-2	锚塞体段	8.0	稳定	18.08	否
JCS-16-1	后锚室	7.3	稳定	18.08	否
JCS-16-2	后锚室	7.1	稳定	18.08	否

上游隧道式锚碇拱顶下沉监测结果　　　　　表3-3-10

断面编号	断面位置	累计下沉量(mm)	目前状态	允许值(mm)	是否预警
GDS-1	鞍室段	-12.4	稳定	14.5	否
GDS-2	鞍室段	-9.7	稳定	14.5	否
GDS-3	前锚室段	-8.7	稳定	14.5	否
GDS-4	前锚室段	-9.1	稳定	14.8	否
GDS-5	前锚室段	-10.7	稳定	14.8	否
GDS-6	前锚室段	-7.8	稳定	14.8	否
GDS-7	锚塞体段	-7.7	稳定	14.8	否
GDS-8	锚塞体段	-7.9	稳定	14.8	否
GDS-9	锚塞体段	-7.7	稳定	14.8	否
GDS-10	锚塞体段	-8.0	稳定	12.8	否
GDS-11	锚塞体段	-7.6	稳定	12.8	否
GDS-12	锚塞体段	-7.2	稳定	12.8	否
GDS-13	锚塞体段	-7.2	稳定	12.8	否
GDS-14	锚塞体段	-8.1	稳定	12.8	否
GDS-15	锚塞体段	-7.8	稳定	12.8	否
GDS-16	后锚室	-7.5	稳定	19.2	否

由监测数据知,本阶段上游隧道式锚碇监测断面拱顶下沉及水平收敛累计值未超控制值,变化速率正常。

六、监控结果分析

1. 整体分析

在监测周期中,前期变化速率1~2mm/d,随后日变化量逐步减小,15d左右变化速率逐步趋于稳定,速率小于0.2mm/d,判断围岩趋于稳定。

(1)鞍室段:上、下游洞鞍室段各布置周边位移及拱顶下沉监测断面2个。在监测周期中,上游洞鞍室段最大下沉量为12.4mm,最大收敛量为6.3mm;下游洞鞍室段最大下沉量为10.1mm,最大收敛量为6.8mm。

(2)前锚室段:上、下游洞前锚室段各布置周边位移及拱顶下沉监测断面4个。在监测周期中,上游洞前锚室段最大下沉量为10.7mm,最大收敛量为10.3mm;下游洞鞍室段最大下沉量为11.1mm,最大收敛量为11.0mm。

(3)锚塞体段:上、下游洞锚塞体段分别布置周边位移及拱顶下沉监测断面15个及16个。在监测周期中,上游洞前锚室段最大下沉量为8.0mm,最大收敛量为8.2mm;下游洞鞍室段最大下沉量为9.9mm,最大收敛量为9.6mm。

(4)后锚室段:在下游洞后锚室段布置周边位移及拱顶下沉监测断面1个。在监测周期中,断面处于围岩压力释放的正常变形阶段,最大下沉量为7.7mm,最大收敛量为 7.5mm。

2. 断面分析

选取具有代表性的 9 号、13 号断面作为分析对象,对洞身水平收敛、拱顶下沉进行数据变化分析和线性回归分析,同时也进行监控量测与数值模拟结果对比分析。

1) 监控量测数据分析

(1) 监测数据回归分析原理。

现场施工监测由于环境、仪器、测量人员等偶然因素影响,常常导致数据存在一定误差,表现为数据具有较大离散性。为消除偶然因素对监测数据影响,通常采取一定方法进行数据处理。

采用回归分析方法对原始监测数据进行拟合处理,以期找到一种符合监测数据变化规律的曲线,从而对下阶段围岩变形进行预测,防患于未然。所选回归函数需在数学上满足洞顶沉降的收敛性,同时需具备一阶、二阶导数,用以表征沉降速率的变化趋势(表 3-3-11)。基于以上考虑,本节选取函数模型包括倒指数函数、倒对数函数及 S 型函数。

常用回归函数模型 表 3-3-11

函 数 模 型	函数表达式
倒指数函数模型	$y = Ae^{\frac{-B}{x}}$
倒对数函数模型	$y = A - \dfrac{B}{\ln(x+C)}$
S 型函数模型	$y = \dfrac{1}{A + Be^{-x}}$

注:A、B、C 均为回归系数。

为了评价回归效果的优劣,我们引入决定系数 r^2、残差平方和 Q 两个统计学量。决定系数 r^2 用来表示两个变量之间的相关程度。r^2 值越接近 1,表明拟合效果越好。由于用于拱顶沉降的回归分析函数均为非线性函数,因此,有必要引入残差平方和 Q 来进一步表征拟合程度的优劣。该量表示回归值与实际值之间差异的平方和,计算公式如式(3-3-3)所示,Q 值越接近 0,表示两者偏差越小,即回归效果越好。

$$Q = \sum_{i=1}^{n} e_i^2 = \sum_{i=1}^{n} (y_i - \hat{y}_i)^2 \qquad (3-3-3)$$

式中:e_i——第 i 点拱顶沉降理论值和实测值之差;

y_i——第 i 点拱顶沉降的理念值;

$\hat{y}$——第 i 点拱顶沉降的实测值。

取具有代表性的 9 号、13 号断面作为洞室拱顶下沉分析对象,断面编号详情参见图 3-3-1。其中,9 号断面位于前锚室后部,采用两台阶法开挖;13 号断面位于锚塞体中前部,采用三台阶法开挖。依据监控量测数据,绘制拱顶沉降值及拱顶沉降速率随时间变化曲线,如图 3-3-6 ~ 图 3-3-9 所示(图中后行洞横坐标自后行洞初次开挖之日算起)。

由图 3-3-6 和图 3-3-7 可知:对于 9 号断面,先、后行洞的拱顶沉降值及沉降速率随时间变化的总体趋势基本相同,均呈现快速增长和逐步稳定两个阶段。上台阶开挖后,岩体产生临空面，应力进行二次分布。拱顶沉降在开挖后 10d 之内快速增长，先、后行洞在第 10d 的沉降值分别为 3.4mm、3.2mm，已分别达到最终沉降值的 47.1%、45.3%。之后，随着初期支护和临时仰拱的施作，洞内围岩形成闭环，拱顶沉降速率逐步下降，沉降呈现稳定趋势。开挖后 18d 左右，先、后行洞沉降速率均发生突变，这是由于下台阶开挖引起围岩松动，导致拱顶沉降突然增大引起的。然而，下台阶对拱顶沉降的贡献有限，因此，沉降增幅较小。此后拱顶沉降速率逐渐下降，沉降值趋于稳定。后行洞最终沉降值为 6.8mm，由于后行洞开挖对先行洞围岩会造成一定程度的扰动，导致先行洞最终沉降值相对较大，为 7.8mm。

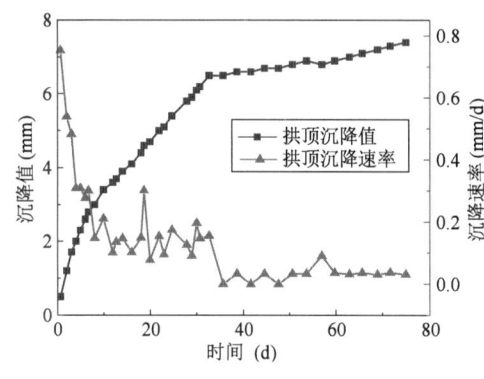

图 3-3-6　9 号断面先行洞拱顶沉降图　　　　图 3-3-7　9 号断面后行洞拱顶沉降图

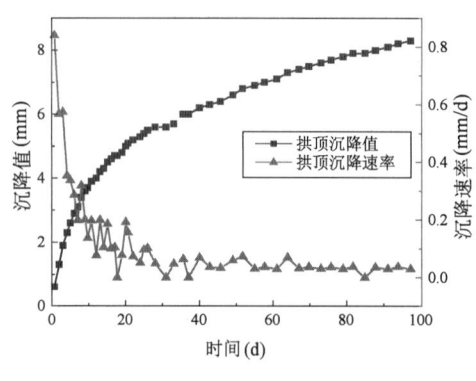
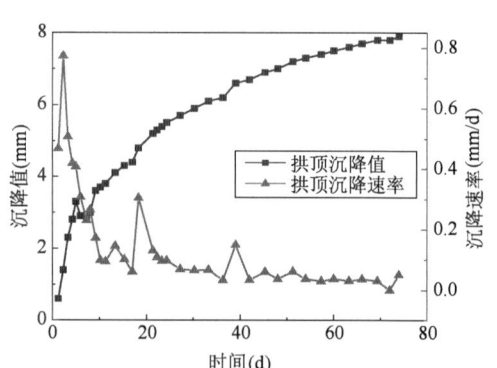

图 3-3-8　13 号断面先行洞拱顶沉降图　　　　图 3-3-9　13 号断面后行洞拱顶沉降图

由图 3-3-8 和图 3-3-9 可知：对于 13 号断面，先、后行洞的拱顶沉降值及沉降速率随时间变化的总体趋势基本相同，同样呈现为变形快速增长与逐步稳定两个阶段。由于此断面采取三台阶开挖法，沉降值及沉降速率曲线在中、下台阶开挖时均产生小幅突变。除此之外，曲线发展规律与 9 号断面基本一致。

由图 3-3-9 可知，13 号断面后行洞在监测后期洞顶沉降速率仍大于 0.15mm/d，并未完全稳定。为了预测此洞洞顶最终沉降值及稳定时间，采用表 3-3-11 中函数模型进行回归分析,回归分析结果见表 3-3-12。综合来看,倒对数函数表达式的决定系数 r^2 最接近 1 且残差平方和 Q 最小,是拟合效果最好的函数模型。

13 号断面后行洞拱顶沉降值回归分析结果　　　表 3-3-12

函数模型	函数表达式	r^2	Q
倒指数函数模型	$y = 7.92996 e^{\frac{-6.99234}{x}}$	0.90864	13.08318
倒对数函数模型	$y = 18.5744 - \dfrac{47.94237}{\ln(x + 14.68154)}$	0.98658	1.92201
S 型函数模型	$y = \dfrac{1}{0.16887 + 39.33442 e^{-x}}$	0.49038	72.97903

如图 3-3-10 所示,选取倒对数函数表达式绘制回归曲线,回归曲线与原始数据吻合较好,回归分析合理。在断面开挖 60d 之后,13 号断面后行洞拱顶沉降值增长速率不再超过 0.15mm/d,增速较缓慢。然而,依据回归曲线,拱顶最终沉降值预计达到 18.5mm,约为监测期最后一天沉降值的 2.4 倍。因此,必须及时施作二次衬砌,防止沉降值长期慢速增长导致隧洞失稳。

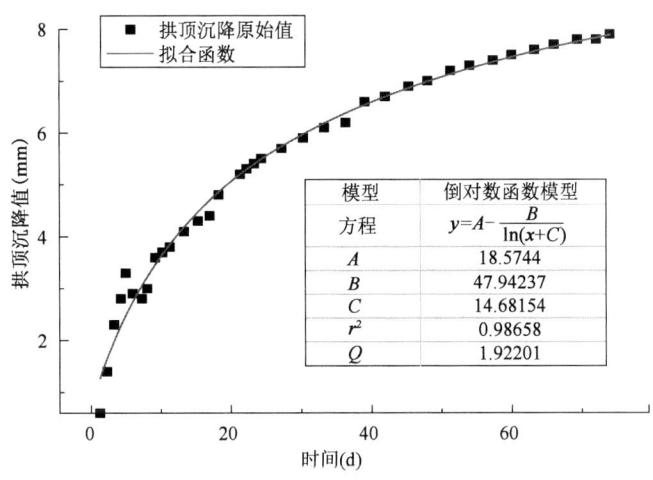

图 3-3-10　13 号断面后行洞拱顶沉降回归分析曲线

(2)洞身收敛分析。

选取 9 号断面、13 号断面进行洞身收敛分析,分别绘制洞身收敛值及收敛速率随时间变化曲线,如图 3-3-11 ~ 图 3-3-14 所示。

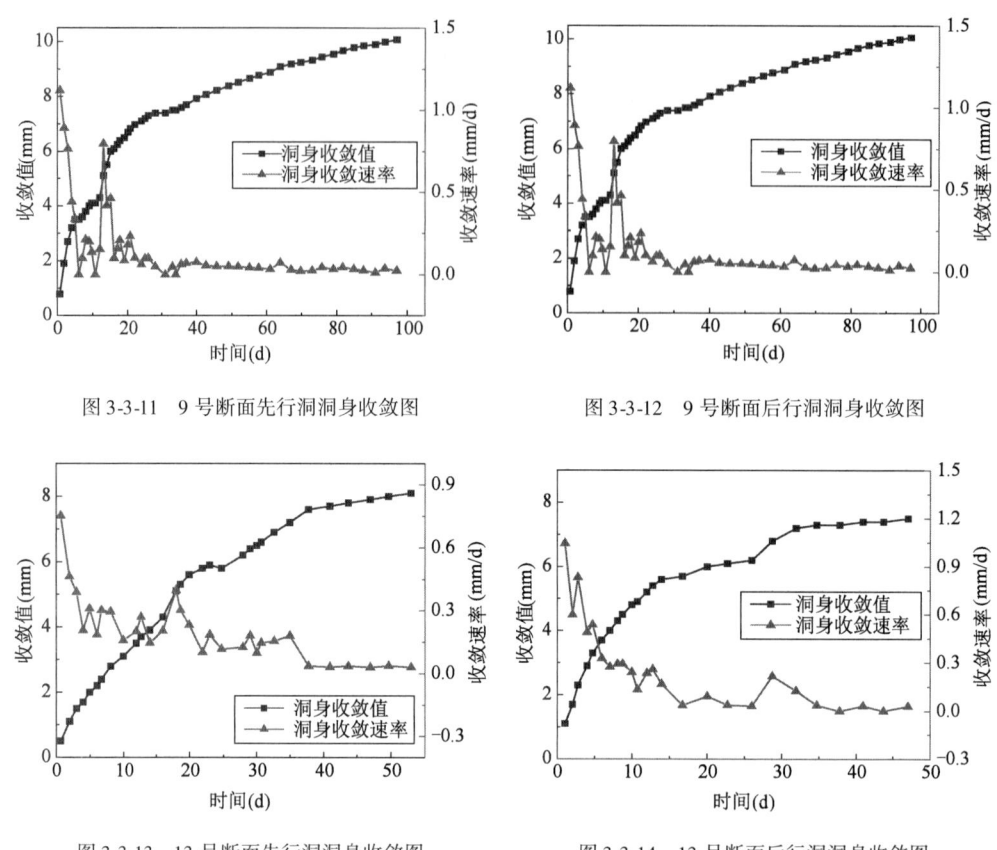

图 3-3-11　9 号断面先行洞洞身收敛图　　图 3-3-12　9 号断面后行洞洞身收敛图

图 3-3-13　13 号断面先行洞洞身收敛图　　图 3-3-14　13 号断面后行洞洞身收敛图

由图 3-3-11 和图 3-3-12 可知:9 号断面采用两台阶开挖法,无论先行洞还是后行洞,在上台阶或下台阶开挖之后断面收敛值均表现为快速增加后逐渐趋于缓和,这是因为每层台阶的开挖均会对围岩造成扰动,使得围岩进行应力分布的自我调整,导致收敛值突增;随着初期支护和临时仰拱的施作,围岩变形逐步趋于稳定。以后导洞为例,第 16d 下台阶开挖,截至第 21d 时,洞身收敛值由 4.1mm 增长到 5.1mm,增幅达到 24.4%,此阶段围岩变形快速增长。从第 22d 开始,喷射混凝土与仰拱的逐步施作抑制了围岩变形的进一步发展,洞身收敛速率迅速减小,围岩收敛值增长变缓。在开挖第 30d 之后,收敛速率维持在 0.2mm/d 以下,处于稳定状态。这一变化特征符合一般规律。先、后行洞最终洞身收敛值分别为 10.1mm、9.0mm;由于后行洞的开挖对先行洞围岩造成影响,使先行洞收敛值偏大。

由图 3-3-13 和图 3-3-14 可知,13 号断面 2 号监测线在隧道施工过程中洞身收敛值及收敛速率随时间的变化情况与 9 号断面类似,符合一般规律,故此处不再赘述。

对 13 号断面先行洞监测线进行回归分析,所得回归分析结果见表 3-3-13。比较三种函数模型,采用倒对数函数模型拟合后决定系数 $r^2 = 0.99301$,是三者中最接近 1 的,残差平方和 $Q = 1.14865$ 是三者中最小的。因此,倒对数函数模型是拟合效果最好的。如图 3-3-15 所示,使用倒对数函数,绘制回归分析曲线图,回归曲线与原始监控数据吻合较好。在断面开挖33d后,监测线收敛速率降至0.2mm/d以下,增速较缓慢。然而,依据回归曲线,最终收敛值预计可以达到15.8mm,约为监测期最后一天收敛值的1.7倍。因此,务必及时施作二次衬砌或调整开挖工法,防止收敛变形过大。

13号断面先行洞2号测线收敛值回归分析结果　　　　表3-3-13

函数模型	函数表达式	r^2	Q
倒指数函数模型	$y = 9.42957 e^{\frac{10.32706}{x}}$	0.95440	7.49103
倒对数函数模型	$y = 15.80288 - \dfrac{87.79343}{\ln(x+21.45345)}$	0.99301	1.14865
S型函数模型	$y = \dfrac{1}{0.1644 + 341.89126 e^{-x}}$	0.63441	60.06408

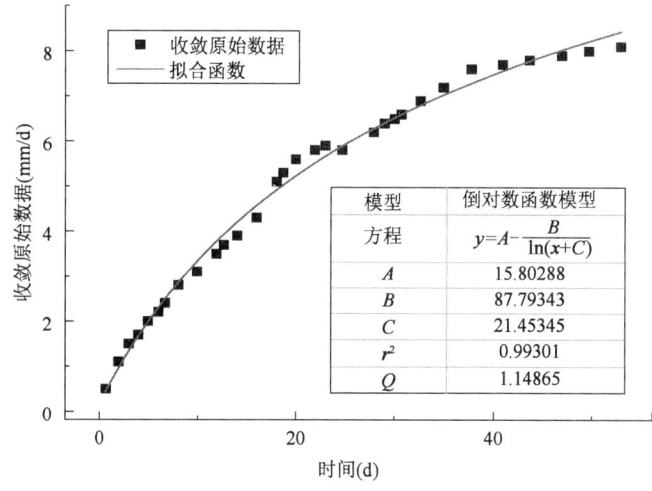

图3-3-15　13号断面监测线回归分析曲线

2)监控量测与数值模拟结果对比分析

(1)拱顶下沉对比分析。

为了更好地掌握锚洞拱顶变形规律,下面从横、纵两方向将现场监控量测与数值模拟所得数据进行对比分析。

①纵向截面拱顶变形规律。

在数值模拟与现场监控量测中,沿纵深方向选取相同位置拱顶沉降点,分别绘制由两种不同研究方式得到的锚洞拱顶沉降沿纵深方向的变化曲线,如图3-3-16和图3-3-17所示。表3-3-14为数值模拟与现场监控量测所得拱顶沉降原始数据。

由图3-3-16和图3-3-17可知,现场监控量测数据所反映的拱顶沉降纵向变化规律与数值模拟的结果相似,沉降曲线均呈现"快速下降→平稳增大→再次下降"三个阶段。但现场监控量测数据普遍比数值模拟所得拱顶沉降值要大,洞口位置尤为显著。这是由于两种方法不同所造成的差异,数值模拟往往无法100%呈现实际的施工环境及施工过程中突发的偶然因素。但是相对数值上的差异无法掩盖趋势上的一致性,对比两个结果可以看出,本书所采用的数值模拟思路及方法具有正确性,能够较好地模拟实际施工过程洞室拱顶沉降的纵向变化情况。

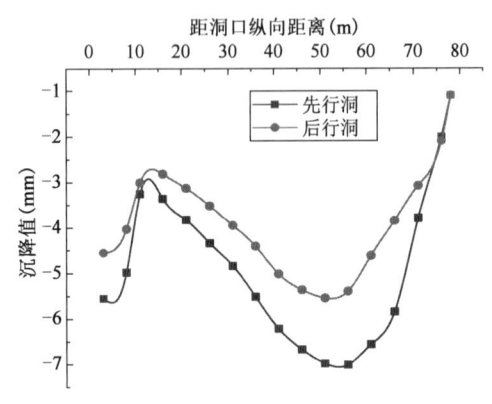
图 3-3-16 拱顶沉降沿纵向变化数值模拟曲线图

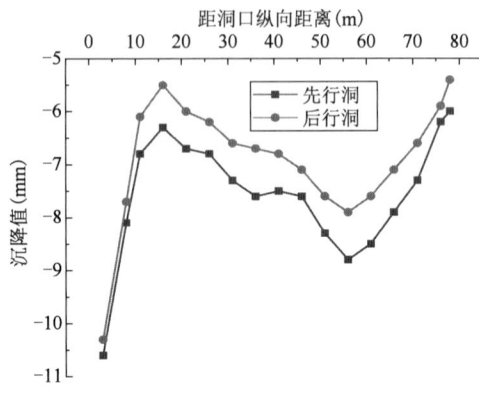
图 3-3-17 拱顶沉降沿纵向变化监测曲线图

数值模拟与现场监控量测所得拱顶沉降原始数据(单位:mm)　　表 3-3-14

采样点编号	拱顶沉降数值模拟数据		拱顶沉降监测数据	
	先行洞	后行洞	先行洞	后行洞
1	-5.55	-4.55	-10.6	-10.3
2	-4.98	-4.03	-8.1	-7.7
3	-3.26	-3.01	-6.8	-6.1
4	-3.36	-2.82	-6.3	-5.5
5	-3.83	-3.13	-6.7	-6
6	-4.34	-3.52	-6.8	-6.2
7	-4.84	-3.95	-7.3	-6.6
8	-5.52	-4.41	-7.6	-6.7
9	-6.22	-5.02	-7.5	-6.8
10	-6.68	-5.37	-7.6	-7.1
11	-6.99	-5.55	-8.3	-7.6
12	-7.02	-5.4	-8.8	-7.9
13	-6.57	-4.62	-8.3	-7.6
14	-5.85	-3.85	-7.9	-7.1
15	-3.79	-3.08	-7.3	-6.6
16	-2.01	-2.1	-6.2	-5.9
17	-1.1	-1.1	-6	-5.4

②横向截面拱顶变形规律。

在数值模拟与现场监测时,沿横断面方向选取相同位置拱顶沉降点,分别绘制9号断面与13号断面处,先、后导洞横断面拱顶沉降随时间变化的曲线图,如图3-3-18～图3-3-21所示。从图中可以得出:数值模拟所得结果与现场监控量测数据在总体趋势上保持一致,但数值模拟数据沉降值变化更加剧烈,沉降在很短时间内即达到一个相对稳定的状态,且模拟的最终沉降值低于现场监测值,符合一般规律。这也证明了数值模拟所采用的方法与模型的可行性。

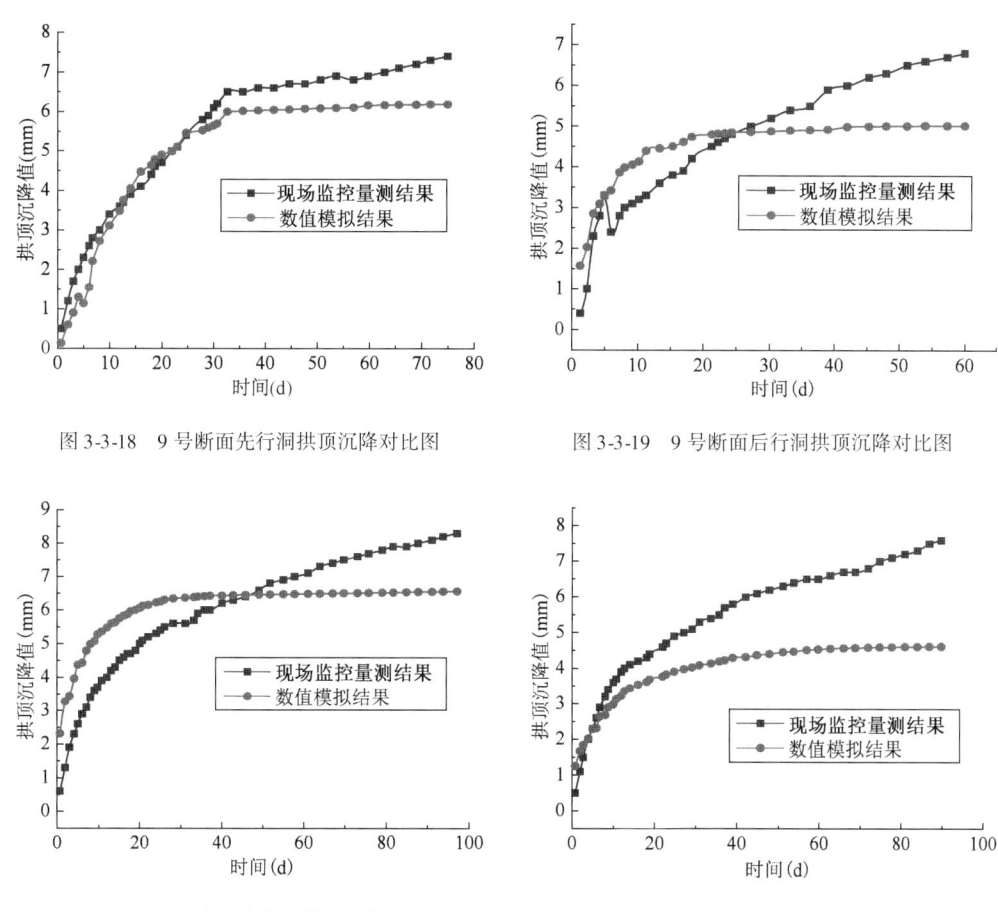

图3-3-18 9号断面先行洞拱顶沉降对比图　　图3-3-19 9号断面后行洞拱顶沉降对比图

图3-3-20 13号断面先行洞拱顶沉降对比图　　图3-3-21 13号断面后行洞拱顶沉降对比图

(2)洞身收敛对比分析。

在数值模拟与现场监控量测时,选取9号断面、13号断面相同位置处洞身收敛数据,绘制洞身收敛随时间变化的曲线图,如图3-3-22～图3-3-25所示。

图3-3-22～图3-3-25为使用数值仿真与现场监控两种不同方法,得到的典型断面洞身收敛随开挖时间的变化曲线。与拱顶沉降的对比结果类似,不同方法得到的曲线在变化趋势上基本一致,仅在数值上存在一定差异。这种差异多由施工过程的偶然误差与方法的本质区别造成,并不能掩盖曲线变化趋势上的一致性。因此,洞身收敛的对比结果同

样验证了数值仿真所使用的模型的合理性。

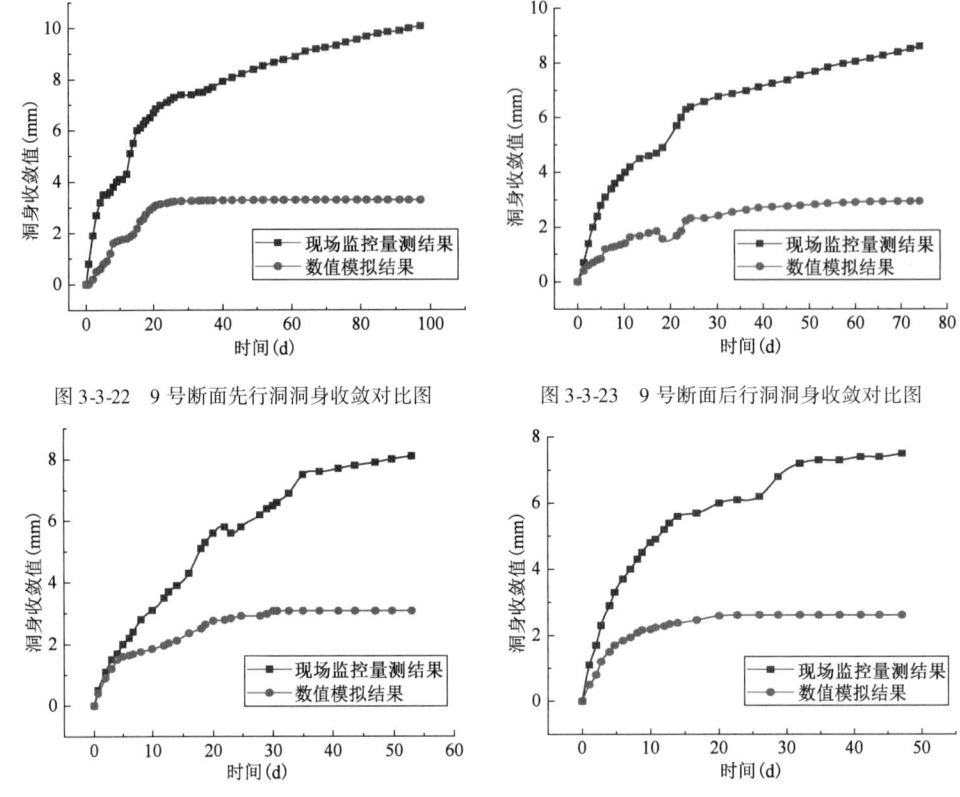

图 3-3-22　9 号断面先行洞洞身收敛对比图　　图 3-3-23　9 号断面后行洞洞身收敛对比图

图 3-3-24　13 号断面先行洞洞身收敛对比图　　图 3-3-25　13 号断面后行洞洞身收敛对比图

在对实测数据进行了深入的处理与分析后，得到以下主要成果或结论：

①9 号断面及 13 号断面拱顶累计沉降值随时间的变化规律基本相同，均表现为监控量测断面开挖之后的"快速沉降"阶段及初期支护后沉降速率的"逐渐缓和"阶段。类似地，上述两个断面洞身收敛值随时间的变化趋势表现为相同的"双阶段"模式。

②对于小净距隧道式锚碇洞室，后行洞施工会扰动先行洞应力场分布，对先行洞位移及应力造成影响。采用"台阶法"开挖时，中、下台阶开挖均会影响隧洞的变形，但是影响效果有限。

③对监控数据进行回归分析，引入决定系数 r^2 与残差平方和 Q 判定函数模型拟合效果的优劣，在三种备选函数模型中，倒对数模型拟合效果最好。回归分析结果表明，尽管 9 号断面拱顶沉降值与 13 号洞身监测线收敛值在开挖后不久，变形速率便降至对应稳定速率(0.15mm/d、0.2mm/d)之下，但是预测变形值却远大于监测期最后一天的变形值。因此，必须及时施作二次衬砌或调整施工方法。

④对比分析数值模拟与现场监测所得数据，结果表明在拱顶沉降、洞身收敛等方面，两者呈现完全相同的曲线变化形式，仅存在允许范围内的数值差异：一方面，现场监测验证了数值模拟方法的正确性；另一方面，数值仿真补充了现场监测的不足之处。不同方法间相互验证、相互补充，有利于掌握整体规律。

七、监控小结

对伍家岗长江大桥北岸隧道式锚碇进行开挖过程中位移监控量测,通过位移监控量测结果可知,隧道在开挖后初期由于应力释放产生位移变化,但变形量及变化速率均未超过规范及设计允许值。隧道式锚碇在开挖过程中的位移变化未出现异常。

隧道鞍室段及前锚室段在岩体开挖后,围岩累计变化量及变化速率正常,通过现场观察及监测结果判断,隧道式锚碇上、下游隧洞鞍室段及前锚室段在开挖后围岩应力释放状态正常,目前此区段处于稳定状态。根据现场位移监控量测结果可知,在施工顺序调整为先索股后二次衬砌的情况下,索股施工期间初期支护可以保证隧道的稳定。

第三节 重力式锚碇深基坑监控

一、监控目的

(1)通过对重力式锚碇基坑开挖过程中的监测数据处理及分析,判断上一步施工工艺和施工参数是否符合或达到预期要求,同时实现对下一步的施工工艺和施工进度控制,从而切实实现安全施工。

(2)通过监测及早发现影响基坑安全稳定的问题,并提请施工单位采取及时、有效的预防措施,防止施工中发生失稳现象。

(3)将现场监测结果反馈设计单位,使设计单位能根据现场工况发展,进一步优化方案,达到优质安全、经济合理、施工快捷的目的。

二、监控内容

1.重力式锚碇基础概况

重力式锚碇基础采用外径85.0m、高15.0m的圆形扩大基础。由于锚碇处地下水位常年较高,锚碇基础开挖采用放坡开挖与咬合排桩支护开挖相结合的方式。最高地下水位以上部分基础施工采用放坡开挖:4.0m深度范围内为填筑土,采用1:1.5坡度开挖,高程为+70.3~+66.3m,C30喷射混凝土挂网支护;4.0~8.0m深度范围内为卵石土层,采用1:1坡度开挖,高程为+66.3~+62.3m,C30喷射混凝土挂网结合锚杆支护,每级边坡设2m宽的施工平台;地下水位以下部分基础采用咬合桩支护开挖,咬合桩桩径采用1.5m,桩间距采用1.05m,桩长平均20m,桩顶设置混凝土冠梁,冠梁截面宽3m,高1.5m。

重力式锚碇立面总体布置示意图如图3-3-26所示,重力式锚碇基础开挖支护支撑断面示意图如图3-3-27所示。

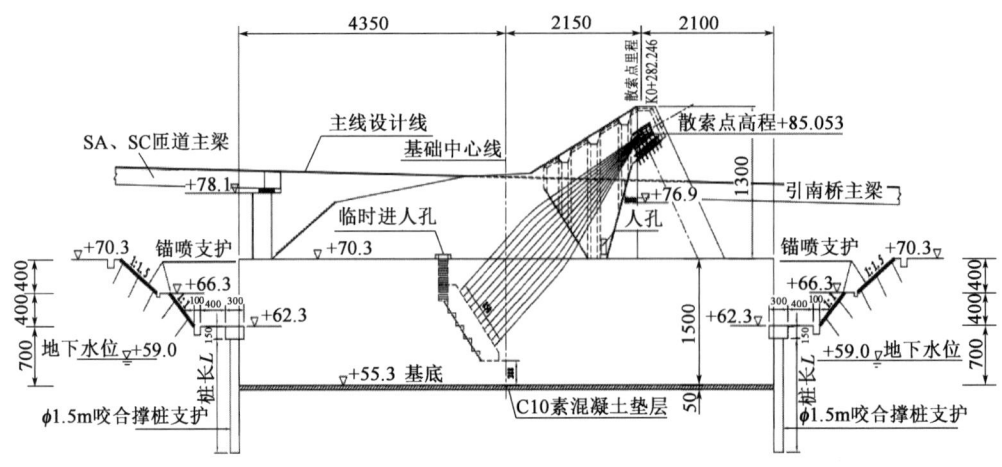

图 3-3-26 重力式锚碇立面总体布置示意图(尺寸单位:cm)

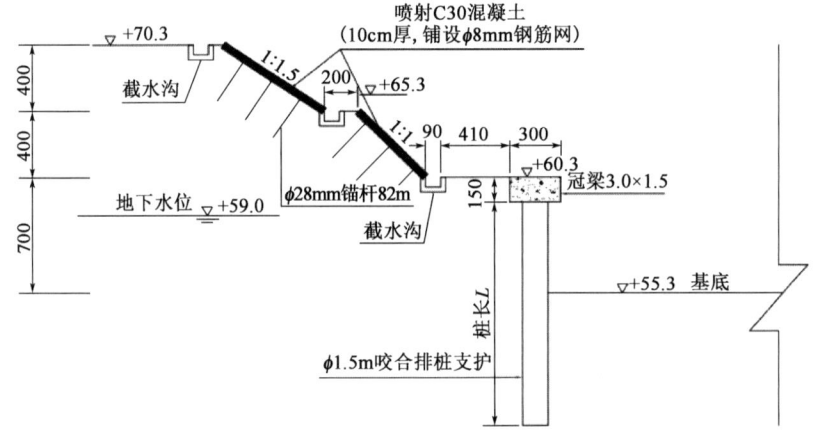

图 3-3-27 重力式锚碇基础开挖支护支撑断面示意图(尺寸单位:cm)

2. 测点布设

1) 布设原则

(1) 同点监测原则:制订监测方案时考虑第三方监测及施工监测的要求,监测项目、测点应包含在施工监测范围内。

(2) 优先布置、重点布置原则:监测点优先布置重点风险工程、能够反映工程安全状态的重要部位和影响强烈的区域。

(3) 与工作相结合原则:测点布置按照施工顺序,与现场施工相结合进行布置。

2) 测点布设

重力式锚碇基坑位移监测测点布设图如图 3-3-28 所示。

重力式锚碇基坑边坡坡顶(第一台阶)处设 18 个测点,各测点初值见表 3-3-15。

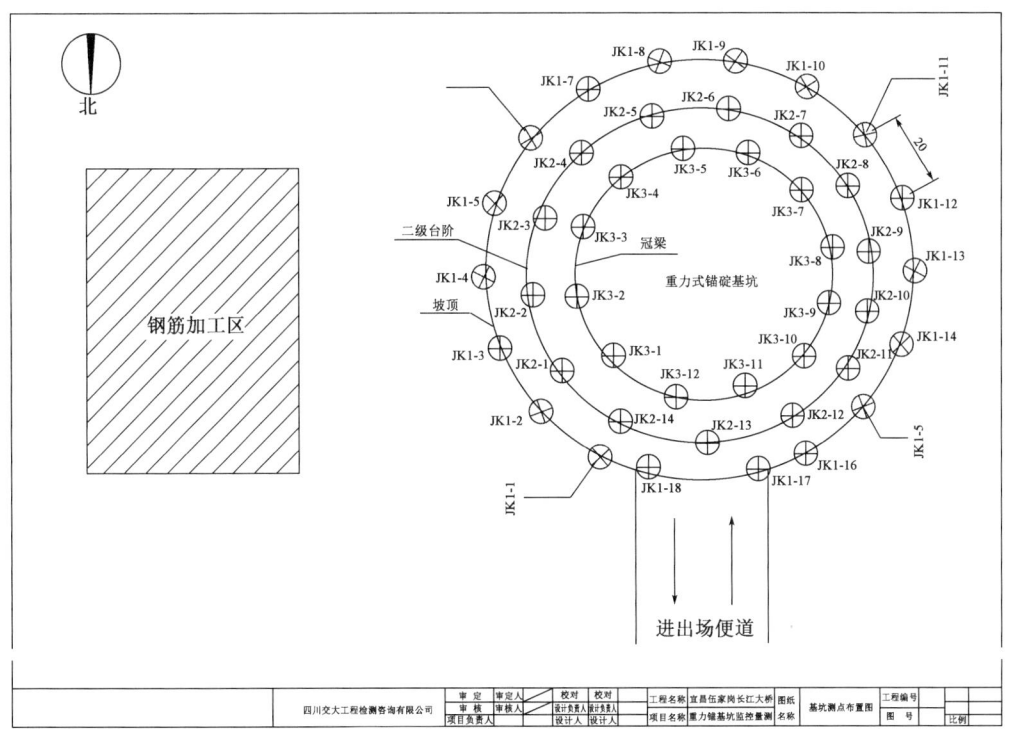

图 3-3-28 重力式锚碇基坑位移监测测点布设图

重力式锚碇基坑边坡坡顶(第一台阶)各测点初值　　表 3-3-15

类 别	点 号	坐标(m)			布 设 位 置
		X	Y	H	
工作基点	A	500.0000	500.0000	20.0000	钢筋加工区前自然坡
	B	511.5521	515.2919	22.1569	民房
重力式锚碇基坑边坡坡顶（第一台阶）	JK1-1	480.3685	504.1093	16.9597	坡顶
	JK1-2	465.9236	514.3814	17.0221	坡顶
	JK1-3	449.2126	520.2107	17.0085	坡顶
	JK1-4	432.0395	520.6774	17.0238	坡顶
	JK1-5	415.4019	516.6404	17.0348	坡顶
	JK1-6	400.9874	508.2907	17.0068	坡顶
	JK1-7	389.3718	496.2362	17.0131	坡顶
	JK1-8	381.1304	481.2364	17.0511	坡顶
	JK1-9	377.5750	463.0228	17.0661	坡顶
	JK1-10	378.4571	449.9652	17.0479	坡顶
	JK1-11	381.9201	437.6503	17.1137	坡顶
	JK1-12	387.9128	426.5220	17.0187	坡顶

续上表

类别	点号	坐标(m)			布设位置
		X	Y	H	
重力式锚碇基坑边坡坡顶（第一台阶）	JK1-13	401.0647	412.6387	17.0737	坡顶
	JK1-14	413.3179	404.7362	17.1607	坡顶
	JK1-15	427.0802	399.0239	17.0272	坡顶
	JK1-16	447.8516	397.1667	16.9528	坡顶
	JK1-17	464.1494	424.4486	46.9345	坡顶
	JK1-18	473.9770	433.1125	46.9906	坡顶

重力式锚碇基坑边坡（第二台阶）处设有14个测点，各测点初值见表3-3-16。

重力式锚碇基坑边坡（第二台阶）各测点初值　　　　表3-3-16

类别	点号	坐标(m)			布设位置
		X	Y	H	
工作基点	A	500.0000	500.0000	50.0000	钢筋加工区前自然坡
	B	503.3116	503.9461	50.6268	民房
重力式锚碇基坑边坡（第二台阶）	JK2-1	396.1964	524.2132	44.0970	二级台阶
	JK2-2	383.9315	514.4606	44.1556	二级台阶
	JK2-3	374.8257	501.2291	44.0713	二级台阶
	JK2-4	369.7945	485.1814	44.0419	二级台阶
	JK2-5	370.1519	468.2352	44.1288	二级台阶
	JK2-6	375.0722	453.1039	44.1156	二级台阶
	JK2-7	382.9663	514.4606	44.2260	二级台阶
	JK2-8	382.9663	514.4606	44.0012	二级台阶
	JK2-9	464.3274	433.1250	44.0032	二级台阶
	JK2-10	472.4295	428.9759	44.2569	二级台阶
	JK2-11	487.3916	427.8642	44.1319	二级台阶
	JK2-12	494.3274	439.3208	44.1219	二级台阶
	JK2-13	508.6390	420.6733	44.2239	二级台阶
	JK2-14	518.4298	422.1005	44.1347	二级台阶

重力式锚碇基坑边坡（第三台阶）处设有12个测点，各测点初值见表3-3-17。

重力式锚碇基坑边坡（第三台阶）各测点初值　　　　表3-3-17

类别	点号	坐标(m)			布设位置
		X	Y	H	
工作基点	A	500.0000	500.0000	50.0000	钢筋加工区前自然坡
	B	503.3116	503.9461	50.6268	民房

续上表

类　别	点　号	坐标(m)			布 设 位 置
		X	Y	H	
重力式锚碇基坑冠梁（第三台阶）	JK3-1	393.0811	520.5782	40.1787	三级台阶(冠梁)
	JK3-2	380.8563	510.8915	40.1556	三级台阶(冠梁)
	JK3-3	371.5863	497.8118	40.0788	三级台阶(冠梁)
	JK3-4	366.5136	481.6654	40.0401	三级台阶(冠梁)
	JK3-5	366.8712	464.8632	40.1288	三级台阶(冠梁)
	JK3-6	371.6958	449.4632	40.1156	三级台阶(冠梁)
	JK3-7	379.5811	510.8919	40.2334	三级台阶(冠梁)
	JK3-8	383.5987	516.2323	40.2334	三级台阶(冠梁)
	JK3-9	401.5454	529.1658	40.1156	三级台阶(冠梁)
	JK3-10	408.9233	544.2521	40.0401	三级台阶(冠梁)
	JK3-11	411.2587	552.3639	40.1556	三级台阶(冠梁)
	JK3-12	419.6563	545.6961	40.1288	三级台阶(冠梁)

需要注意的是，为了更清楚地判断监测结果，表3-3-15～表3-3-17中坐标采用自建坐标系统。坐标规定：X方向为平行于桥梁轴线方向，向北为正，向南为负；Y方向为垂直于桥梁轴线方向，向东为正，向西为负；Z方向为竖直方向，向上为正，向下为负。

三、监控频率

在监控阶段，各项监测频率根据设计及规范要求进行。监测项目的监测频率应综合考虑基坑及地下工程的不同施工阶段以及周边环境、自然条件的变化和当地经验确定。当监测值相对稳定时，可适当降低监测频率。开挖后仪器监测频率可按表3-3-18确定。

现场仪器监测的监测频率　　　　表3-3-18

施工进程			基坑设计深度			
			≤5m	5～10m	10～15m	>15m
工序	开挖深度	≤5m	1次/d	1次/2d	1次/2d	1次/2d
		5～10m	—	1次/d	1次/d	1次/d
		>10m	—	—	2次/d	2次/d
	底板浇筑后时间	≤7d	1次/d	1次/d	2次/d	2次/d
		7～14d	1次/2d	1次/2d	1次/d	1次/d
		14～28d	1次/5d	1次/3d	1次/2d	1次/1d
		>28d	1次/7d	1次/5d	1次/3d	1次/3d

当出现下列情况之一时，应加强监测，提高监测频率：
(1)数据达到报警值，或监测数据变化较大，或速率加快；

(2)存在勘察未发现的不良地质;

(3)基坑及周边大量积水、长时间连续降雨;

(4)基坑附近地面荷载突然增大或超过设计限值;

(5)周边地面突发较大沉降或出现严重开裂;

(6)出现其他影响基坑及周边环境安全的异常情况。

现场测点布置图如图3-3-29所示,现场观测图如图3-3-30所示。

图3-3-29　现场测点布置图　　　　　图3-3-30　现场观测图

四、变形监控管理基准

针对江南侧重力式锚碇基坑开挖,建立监测变形管理等级标准,管理等级分三级,这是因为监控的目标是使得施工结果达到设计的成桥状态。基坑监测报警值见表3-3-19。通过对监测结果的比较和分析来判定支护结构的稳定性和安全性,并指导施工。

基坑监测报警值　　　　　表3-3-19

监测项目	监测报警值(基准值)		变化速率(mm/d)
	累计值		
	绝对值(mm)	相对基坑深度控制值	
锚碇基坑边坡位移监测	—	(0.2%~0.3%)h	2~3

注:1. 累计值取绝对值和相对基坑深度(h)控制值两者的小值;

2. 当监测项目的变化速率达到表中规定值或连续3d超过该值的50%时,应启动报警应急。

五、监控数据及结果

1. 数据结果与分析

重力式锚碇基坑边坡位移监测主要考虑各台阶临空方向与竖直方向的位移量。根据设计图纸相关要求,进行重力式锚碇基坑土体水平位移的控制值计算:最大开挖深度$H=15.5m$;控制值$U=H\times(0.2\%\sim0.3\%)=31\sim46.5mm$,故取控制值$U=31mm$。

重力式锚碇基坑土体位移控制值:水平及竖向累计位移31mm,变化速率3mm/d。

2. 重力式锚碇基坑边坡(第一台阶)位移监测

重力式锚碇基坑边坡(第一台阶)位移监测周期为2017年12月17日至2019年7月30日,具体监测数据见表3-3-20和表3-3-21。

重力式锚碇基坑边坡坡顶(第一台阶)竖向位移监测结果　　　　　表3-3-20

位置	测点	初值(m)	累计位移量(mm)	变化趋势	是否超控制值 U
重力式锚碇基坑边坡坡顶(第一台阶)	JK1-1	5.1972	-6.7	稳定	否
	JK1-2	5.1348	-7.5	稳定	否
	JK1-3	5.1484	-18.3	稳定	否
	JK1-4	5.1331	-10.7	稳定	否
	JK1-5	5.1221	-10.9	稳定	否
	JK1-6	5.1518	-7.8	稳定	否
	JK1-7	5.1438	-10.7	稳定	否
	JK1-8	5.1058	-6.4	稳定	否
	JK1-9	5.0908	-6.3	稳定	否
	JK1-10	5.1090	-10.2	稳定	否
	JK1-11	5.0432	-7.4	稳定	否
	JK1-12	3.2190	-8.5	稳定	否
	JK1-13	3.1640	-9.4	稳定	否
	JK1-14	3.0770	-7.9	稳定	否
	JK1-15	3.2105	-7.7	稳定	否
	JK1-16	3.2849	-8.5	稳定	否
	JK1-17	3.5339	-3.5	稳定	否
	JK1-18	3.4778	-3.7	稳定	否

重力式锚碇基坑边坡坡顶(第一台阶)临空位移监测结果　　　　　表3-3-21

位置	测点	沿桥轴位移(X方向)		垂直桥轴位移(Y方向)		是否超控制值 U
		初值(m)	累计位移(mm)	初值(m)	累计位移(mm)	
重力式锚碇基坑边坡坡顶(第一台阶)	JK1-1	480.3685	4.2	504.1093	-2.9	否
	JK1-2	465.9236	-1.8	514.3814	6.0	否
	JK1-3	449.2126	-4.6	520.2107	4.8	否
	JK1-4	432.0395	7.0	520.6774	3.1	否
	JK1-5	415.4019	-1.1	516.6404	-1.3	否
	JK1-6	400.9874	-3.1	508.2907	-3.0	否
	JK1-7	389.3718	8.4	496.2362	-3.6	否
	JK1-8	381.1304	-4.0	481.2364	-2.9	否
	JK1-9	377.5750	6.4	463.0228	7.4	否
	JK1-10	378.4571	7.7	449.9652	2.0	否

续上表

位置	测点	沿桥轴位移(X方向)		垂直桥轴位移(Y方向)		是否超控制值 U
		初值(m)	累计位移(mm)	初值(m)	累计位移(mm)	
重力式锚碇基坑边坡坡顶（第一台阶）	JK1-11	381.9201	9.4	437.6503	-2.9	否
	JK1-12	387.9128	12.4	426.5220	9.0	否
	JK1-13	401.0647	11.3	412.6387	4.3	否
	JK1-14	413.3179	9.0	404.7362	12.5	否
	JK1-15	427.0802	6.7	399.0239	8.2	否
	JK1-16	447.8516	9.1	397.1667	8.7	否
	JK1-17	464.1494	3.0	424.4486	2.3	否
	JK1-18	473.9770	2.5	433.1125	2.3	否

通过监测数据得知：在本阶段，重力式锚碇基坑边坡坡顶（第一台阶）竖向及临空累计位移变化量均未超过监控控制值，各测点已处于稳定状态。

3．重力式锚碇基坑边坡（第二台阶）位移监测

重力式锚碇基坑边坡（第二台阶）位移监测周期为 2018 年 1 月 20 日至 2019 年 7 月 30 日，具体监测数据见表 3-3-22 和表 3-3-23。

重力式锚碇基坑边坡（第二台阶）竖向位移监测结果　　　　表 3-3-22

位置	测点	初值(m)	累计位移量(mm)	变化趋势	是否超控制值 U
重力式锚碇基坑边坡（第二台阶）	JK2-1	6.3714	-6.4	稳定	否
	JK2-2	6.3128	-5.9	稳定	否
	JK2-3	6.3971	-4.5	稳定	否
	JK2-4	6.4265	-5.3	稳定	否
	JK2-5	6.3396	-4.1	稳定	否
	JK2-6	6.3528	-4.4	稳定	否
	JK2-7	6.2350	-6.0	稳定	否
	JK2-8	6.4672	-4.6	稳定	否
	JK2-9	6.4652	-4.9	稳定	否
	JK2-10	6.2115	-3.9	稳定	否
	JK2-11	6.3365	-5.8	稳定	否
	JK2-12	6.3465	-4.0	稳定	否
	JK2-13	6.2445	-5.0	稳定	否
	JK2-14	6.3337	-4.8	稳定	否

重力式锚碇基坑边坡(第二台阶)临空位移监测结果　　　　表3-3-23

位置	测点	沿桥轴位移(X方向)		垂直桥轴位移(Y方向)		是否超控制值U
		初值(m)	累计位移(mm)	初值(m)	累计位移(mm)	
重力式锚碇基坑边坡（第二台阶）	JK2-1	396.1964	−5.3	524.2132	−5.4	否
	JK2-2	383.9315	−6.5	514.4606	5.5	否
	JK2-3	374.8257	−5.2	501.2291	−4.7	否
	JK2-4	369.7945	3.3	485.1814	−6.8	否
	JK2-5	370.1519	6.8	468.2352	−4.3	否
	JK2-6	375.0722	5.1	453.1039	−1.2	否
	JK2-7	382.9663	5.4	514.4606	6.3	否
	JK2-8	449.3274	6.1	428.9992	5.5	否
	JK2-9	464.3274	6.4	433.1250	3.9	否
	JK2-10	472.4295	5.4	428.9759	5.9	否
	JK2-11	487.3916	6.2	427.8642	5.8	否
	JK2-12	494.3274	6.3	439.3208	4.3	否
	JK2-13	508.6390	5.9	420.6733	5.4	否
	JK2-14	518.4298	7.7	422.1005	8.1	否

通过监测数据得知：在本阶段，重力式锚碇基坑边坡（第二台阶）竖向及临空累计位移变化量均未超过监控控制值，各测点已处于稳定状态，基坑边坡处于稳定状态。

4. 重力式锚碇基坑冠梁(第三台阶)位移监测

重力式锚碇基坑冠梁(第三台阶)位移监测周期为2018年7月24日至2019年5月28日，具体监测数据见表3-3-24和表3-3-25。

重力式锚碇基坑冠梁(第三台阶)竖向位移监测结果　　　　表3-3-24

位置	测点	初值(m)	累计位移量(mm)	变化趋势	是否超控制值U
重力式锚碇基坑冠梁（第三台阶）	JK3-1	10.3844	−6.7	稳定	否
	JK3-2	10.4075	−7.0	稳定	否
	JK3-3	10.4843	−6.9	稳定	否
	JK3-4	10.5230	−6.3	稳定	否
	JK3-5	10.4343	−6.2	稳定	否
	JK3-6	10.4475	−7.6	稳定	否
	JK3-7	10.3297	−7.1	稳定	否
	JK3-8	10.6552	−7.7	稳定	否
	JK3-9	10.6584	−7.3	稳定	否
	JK3-10	10.3640	−6.8	稳定	否
	JK3-11	10.6661	−6.3	稳定	否
	JK3-12	10.6096	−6.6	稳定	否

重力式锚碇基坑冠梁(第三台阶)临空位移监测结果　　　　表 3-3-25

位置	测点	沿桥轴位移(X方向)		垂直桥轴位移(Y方向)		是否超控制值 U
		初值(m)	累计位移(mm)	初值(m)	累计位移(mm)	
重力式锚碇基坑冠梁(第三台阶)	JK3-1	393.0811	−7.1	520.5782	−6.9	否
	JK3-2	380.8563	−7.2	510.8915	7.1	否
	JK3-3	371.5863	−7.3	497.8118	−6.5	否
	JK3-4	366.5136	8.1	481.6654	−7.2	否
	JK3-5	366.8712	6.7	464.8632	−7.2	否
	JK3-6	371.6958	6.8	449.4632	7.5	否
	JK3-7	379.5811	7.0	510.8919	6.6	否
	JK3-8	383.5987	8.6	516.2323	7.1	否
	JK3-9	401.5454	7.9	529.1658	8.3	否
	JK3-10	408.9233	7.7	544.2521	7.4	否
	JK3-11	411.2587	7.4	552.3639	7.9	否
	JK3-12	419.6563	7.2	545.6961	7.6	否

5. 重力式锚碇基础沉降观测

1)观测点布置

(1)重力式锚碇基础浇筑过程中沉降观测点布置说明:江南侧重力式锚碇沉降观测点沿锚碇轴线设置在4个区域内,焊接在角钢上,混凝土浇筑前后进行测量对比,浇筑下一层混凝土时进行接高处理,继续进行观测。其中,A、D 区各布置6个点,B、C 区各布置5个点,如图 3-3-31 所示。

(2)后浇段浇筑过程中沉降观测点说明:江南侧锚碇沉降观测点沿锚碇轴线设置在4个区域内,每个区域设置4个观测点,如图 3-3-32 所示。

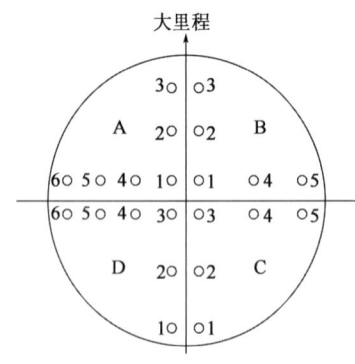

图 3-3-31　基础浇筑时沉降观测点位布置图

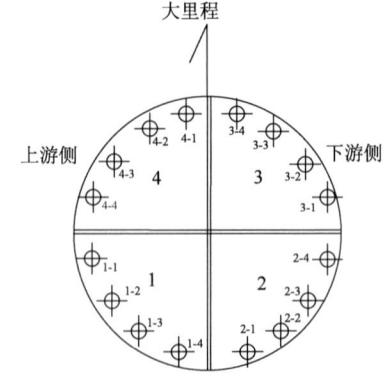

图 3-3-32　后浇段浇筑时沉降观测点位布置图

2)沉降观测情况

(1)重力式锚碇基础浇筑过程中沉降观测情况。

自 2018 年 10 月 25 日以来,A、B、C、D 区分别进行 16 次沉降观测,观测数据均正常(表 3-3-26)。

重力式锚碇基础浇筑过程沉降观测结果 表 3-3-26

区 域	点位编号	初始观测值	最终观测值	累计沉降变形(mm)
A(前趾区上游)	1	57.321	69.025	-4.0
	2	57.330	69.932	-9.0
	3	57.306	70.347	-4.0
	4	57.285	61.738	-2.0
	5	57.305	68.998	1.0
	6	57.285	58.789	-3.0
B(前趾区下游)	1	56.300	68.842	-6.0
	2	56.370	69.652	1.0
	3	56.317	68.903	-1.0
	4	56.355	65.822	-3.0
	5	56.294	68.573	-5.0
C(后趾区下游)	1	58.344	70.666	-9.0
	2	58.275	70.445	-2.0
	3	58.372	70.381	0.0
	4	58.313	68.276	0.0
	5	58.324	70.683	-4.0
D(后趾区上游)	1	58.513	70.050	-5.0
	2	58.233	71.060	-4.0
	3	58.995	69.258	-3.0
	4	58.213	70.593	-7.0
	5	58.995	70.241	-6.0
	6	58.335	60.306	-1.0

注:1. 观测点随每层混凝土浇筑高度提升,每层观测累计值增加。
2. A、B、C、D 区域的初始观测值日期分别为 2018 年 12 月 3 日、2018 年 10 月 25 日、2019 年 1 月 2 日、2019 年 1 月 26 日。
3. A、B、C、D 区域的最终观测值日期分别为 2019 年 6 月 26 日、2019 年 6 月 15 日、2019 年 6 月 8 日、2019 年 6 月 18 日。

(2)后浇段浇筑过程中沉降观测情况。

自 2019 年 7 月 9 日以来,前趾区分别进行 5 次沉降观测,后趾区分别进行了 6 次沉降观测,最终观测数据正常(表 3-3-27)。

后浇段浇筑过程沉降观测结果　　　表 3-3-27

区　　域	点位编号	初始观测值 (2019 年 7 月 9 日)	最终观测值 (2019 年 8 月 31 日)	累计沉降变形 (mm)
1(后趾区上游)	1	70.297	70.296	-1.0
	2	70.317	70.316	-1.0
	3	70.309	70.308	-1.0
	4	70.321	70.321	0.0
2(后趾区下游)	1	70.296	70.295	-1.0
	2	70.294	70.294	0.0
	3	70.303	70.302	-1.0
	4	70.274	70.273	-1.0
3(前趾区下游)	1	70.286	70.285	-1.0
	2	70.296	70.296	0.0
	3	70.313	70.312	-1.0
	4	70.279	70.278	-1.0
4(前趾区上游)	1	70.299	70.298	-1.0
	2	70.307	70.307	0.0
	3	70.285	70.285	0.0
	4	70.283	70.282	-1.0

六、监控小结

由于重力式锚碇基坑边坡位移变化量和监测过程位移速率均未超过监控控制值,故所有监测测点均已处于稳定状态,重力式锚碇基坑处于稳定状态。

重力式锚碇基础浇筑过程中,锚碇基础沉降变化量正常,重力式锚碇后浇段浇筑过程中锚碇基础沉降变化量正常,重力式锚碇基础整体趋于稳定状态。

第四节　上部结构施工监控

一、概述

1. 主桥主要施工过程

悬索桥主桥施工内容主要包括基础施工、锚碇(重力式锚碇、隧道式锚碇)施工、主塔施工、索鞍吊装、先导索架设、猫道施工、主缆架设、索夹及吊索安装、钢箱梁吊装、桥面系以及附属设施施工等。主缆作为悬索桥主要受力构件,主缆索股架设后的线形决定了悬索桥的成桥线形,因此,主缆架设是悬索桥施工过程中最关键的施工步骤。具体而言,主要包括五大工序：

(1) 施工主塔、锚碇，同时加工制造上部结构所需的构件，为上部结构施工做准备。

(2) 施工索塔及锚体，包括鞍座、锚碇钢框架的安装等。

(3) 主缆系统安装架设，包括牵引系统、猫道的架设、主缆索股预制和架设、紧缆、索夹安装、吊索安装等。

(4) 钢箱梁阶段的吊装架设，包括整体化焊接等。

(5) 桥面铺装、主缆防护、伸缩缝安装、桥面构件安装以及附属设施安装等。

2. 主桥施工监控工作要点

根据主桥主要施工工序，结合本工程实际，悬索桥施工监控的主要关键工作为主塔受力控制、主缆线形控制、钢箱梁线形控制三大部分。

由于悬索桥的索塔在设计时主要考虑索塔的竖向承载能力，因此，在施工过程中需要特别关注索塔承受较大水平力的情况，合理制订鞍座顶推方案。

悬索桥主缆施工控制有两个重要工况，一是成桥状态，二是空缆状态。悬索桥空缆线形控制主要包含以下方面：空缆状态计算、索鞍预偏量、主缆边跨跨中垂度以及主跨跨中垂度。空缆线形计算中包含两个关键结果：一是索鞍预偏量，二是主缆的空缆状态线形基础数据。

设置索鞍预偏量的目的是确保钢箱梁吊装过程中主塔应力不超过容许值。空缆状态下索鞍两侧主缆索力处于平衡状态，但中跨和荷载还未施加，当跨中荷载逐渐施加后就会在索鞍两侧产生不平衡水平推力，不平衡水平推力会使主塔产生较大的弯矩和变形，直接影响施工过程中及成桥后主塔安全。因此，在主缆架设前就需要设置索鞍预偏量，将索鞍向边跨预先顶推，再在钢箱梁吊装过程中逐渐向中跨方向顶推，以此调节主缆边、中跨矢跨比，使鞍处水平推力得到平衡、控制主塔塔顶水平推力及主塔弯矩，以保证施工过程中主塔的安全。

空缆状态主缆的线形对主缆架设过程十分重要，根据实际施工条件修正材料参数及计算模型，是提高空缆状态主缆线形控制的关键一步。在得到空缆状态主缆线形数据的同时，还需要根据空缆状态计算模型获得准确的主缆丝股在索鞍等关键位置的控制点坐标，将准确的标记位置数据反馈给主缆加工单位，以保证后期主缆丝股架设施工时，主缆丝股架设入鞍时边中跨主缆的无应力下料长度与成桥状态对应。

二、施工监控的作用、任务、目的及目标

1. 施工监控的作用

根据大跨径悬索桥的特点，大跨径悬索桥的监测与控制内容从总体上说包括三个方面：监控计算、监控测试（力学测试如索力、应力应变等，物理测试如时间和温度等）、监控测量（几何测量、位移测量）。这三方面是施工监控体系中最重要的内容，相互之间提供参数，一般情况下三者并不能完全分开。

按时间进行划分,悬索桥的施工控制应包括架设前控制和现场架设控制。架设前控制是指结构构件无应力尺寸(主缆、吊索的无应力长度,钢梁的无应力三维尺寸)的精确计算及工厂的高精度预制;现场架设控制主要是安装精度控制,如主缆的架设垂度、锚跨张力控制等。其次是安全控制,即为了保证安全而对架设过程进行监控,如设置预偏量、鞍座顶推等。

当由监控单位制定完成监控方案后,单靠一家单位是无法完成监控的,对于悬索桥实施完整的监控,也需要业主、设计、监理、施工等单位参与。监控单位在架设前的工作内容主要是监控计算,即对设计图纸和计算进行复核;在架设前的监控数据采集要由加工单位和监理来协助完成,各构件工厂预制精度可按规定的加工精度标准并通过监理进行控制,同时收集监控参数。

2. 施工监控的任务

施工监控的主要任务是根据实际的施工工序,按照已完成工程的结构状态和施工过程,收集现场的参数和数据,对桥跨结构进行实时理论分析和结构验算,分析施工误差状态,采用变形预警体系对施工状态进行安全度评价和风险预警,根据分析验算结果调整控制参数,预测后续施工过程的结构形状,提出后续施工过程应采取的措施和调整后的设计参数。

3. 施工监控的目的

为确保伍家岗长江大桥在施工过程中受力和变形处于安全可控范围内,且成桥后结构线形符合设计要求,结构恒载内力状态接近设计期望,在全桥施工过程中应进行监控。

对于悬索桥结构,其内力和线形对温度、主塔偏位、恒载误差、施工误差等相当敏感。施工阶段,结构线形和内力随桥梁结构体系和荷载工况不断变化,每一阶段的误差如果不能消除,累计后将影响成桥结构的受力及线形。由于各种因素的直接和间接的影响,使得实际桥梁在施工过程中的每一状态几乎不可能与设计状态完全一致。

与其他桥型相比,悬索桥在施工过程中线形管理较难,更容易产生施工误差,其原因包括以下几点:

(1)悬索桥是由刚度相差很大的结构单元(塔、主缆、梁、吊索)组成的超静定结构,与其他形式的桥梁相比,在荷载下具有强烈的几何非线性。

(2)设计参数取值不可能与实际结构所反映的一致。例如,结构自重、截面尺寸、混凝土弹性模量、施工荷载等均是具有随机性的几何及物理参数,与设计值相比将或多或少地有所变化。

(3)悬索桥结构几何形状对温度比较敏感,外界温度变化将引起几何形状和吊索拉力的改变。

(4)跨度变化对几何形状非常敏感,架设过程中主塔偏位将引起悬索桥几何形状的较大改变。

(5)环境因素诸如湿度、摩擦、风载的影响。

(6)结构计算模型简化和计算误差的影响。

(7)测量、测试误差的影响。

上述大多数因素在设计阶段一般没有也无法完全考虑和计及,只有在施工过程中根据结构实际参数和通过监测得到的结构响应予以考虑。若不在施工过程中实施有效控制,就有可能由于误差积累致使成桥后结构的整体受力状态及线形严重偏离设计目标而影响结构的可靠性。

4. 施工监控的目标

以伍家岗长江大桥为监控对象,对其施工过程中结构的线形、受力和变形进行有效监测和控制,为该桥的成功、顺利修建提供技术支持,并为该桥的顺利投入使用提供可靠依据。

悬索桥施工过程中由于施工控制方案及调整控制措施不当,会出现常见的以下几类问题:①主缆锚跨索力不均匀;②吊索索力不均匀;③主缆及钢箱梁线形误差较大;④主缆索股无应力长度算长,不得不返工重制锚头;⑤主缆索股无应力长度算短,不得不重新加工锚固拉杆;⑥吊索长度太长,最后重新设计引桥线形来适应主桥;⑦吊索长度太短,桥面线形与设计相比高出很多;⑧钢箱梁呈明显波浪起伏状,适用性变差,使用寿命缩减;⑨索鞍不能复位或者主塔纵向偏位大。

为了确保设计图纸上的悬索桥能够安全而经济地建造出来,应严格避免上述问题的出现,因此,必须采用合理的施工控制方法。通过对大桥设计图纸和设计意图的深入理解,对全桥进行系统的理论分析,在充分了解其受力性能和施工工艺的基础上,获取全桥的理论设计数据,利用结构分析软件,建立上部结构计算机施工监控仿真系统。通过现场监控测试和监控测量,修正设计数据并反馈到计算机施工监控仿真系统,以成桥线形和内力状态为期望,计算出后续施工阶段的施工参数。

1)施工监控的总体目标

(1)成桥后钢箱梁的线形平顺,结构应力分布合理,达到设计要求。

(2)成桥后主缆丝股张力和吊索力满足设计要求。

(3)成桥后主缆跨中高程满足设计要求。

(4)成桥状态主塔及鞍座位置满足设计要求。

(5)在架设阶段确保主缆和钢箱梁线形、主塔偏位等与理论计算相近,保证施工过程中各结构受力安全;施工过程中和竣工后结构内力状况满足设计要求,结构的整体变形、线形、位移达到设计文件规定的状态。

(6)控制及监测精度达到施工控制技术要求的规定。

(7)精度控制和误差调整的措施不对施工工期产生实质性的不利影响。

2)施工监控的具体目标要求

施工监控的具体目标依照《公路桥涵施工技术规范》(JTG F50—2011)中第19章相关规定制定,见表3-3-28~表3-3-33。

索塔施工精度要求　　　　　　　　　　　　　　　　　　　表3-3-28

项　目	规定值或允许偏差(mm)
塔柱底水平偏位	10
倾斜度	塔高的1/3000，且不大于30或设计要求
断面尺寸	±20
系梁高程	±10
索鞍底板面高程	+10，-0

主索鞍安装精度　　　　　　　　　　　　　　　　　　　　表3-3-29

检查项目		规定值或允许偏差
最终偏位（mm）	顺桥向	符合设计要求
	横桥向	10
高程(mm)		+20，-0
四角高差(mm)		2

散索鞍安装精度　　　　　　　　　　　　　　　　　　　　表3-3-30

检查项目	规定值或允许偏差
底板轴线纵、横向偏位(mm)	5
底板中心高程(mm)	±5
底板扭转(mm)	2
安装基线扭转(mm)	1
散索鞍竖向倾斜角	符合设计要求

主缆架设精度　　　　　　　　　　　　　　　　　　　　　表3-3-31

检查项目			规定值或允许偏差
索股高程（mm）	基准	中跨跨中	0～40mm
		边跨跨中	0～80mm
		上、下游高差	10
	一般	相对于基准索股	0，+10
锚跨索股力偏差			符合设计要求

索夹安装精度　　　　　　　　　　　　　　　　　　　　　表3-3-32

检查项目		规定值或允许偏差
索夹偏位(mm)	纵向	10

钢箱梁安装精度　　　　　　　　　　　　　　　　　　　　表3-3-33

检查项目	规定值或允许偏差
吊点偏位(mm)	20
同一梁段两侧对称吊点处梁顶高差(mm)	20
相邻节段匹配高差(mm)	2

三、施工监控重难点分析

1. 监控项目重难点总体分析

(1)悬索桥施工监控仿真计算是整个监控工作的基础,通过精确计算确定主缆、吊索下料长度,是保证主缆和钢箱梁高程的前提条件;而准确计算出主索鞍的预偏量、及时进行鞍座顶推,是保证索塔位置和内力在安全范围内的前提条件。

(2)主缆施工阶段监控工作的核心是对主缆索股高程的监控和调整,其实质是对主缆长度的调整。主缆施工完成后,其高程已无法再进行调整,此时,可对主缆高程进行全面复测,确定偏差的大小,对吊索下料长度进行最后的调整,确保钢箱梁的高程。

(3)钢箱梁吊装阶段的监控主要体现在对索塔的位移和内力控制。索塔的施工控制不同于一般结构的施工控制,很难对索塔进行主动控制,而主要进行被动控制——监测索塔在施工各阶段内力及变位变化,并及时反馈到施工过程中去。同时,可利用吊索锚头处吊索长度的微调,在一定范围内控制钢箱梁的高程。

(4)技术建议:充分重视设计复核计算及监控过程仿真计算工作,采用多人计算、多套不同软件相互验证计算结果,并与设计结果进行比对确认。

2. 监控项目各施工阶段重点分析

根据大桥的特点,将该桥的施工监控划分为 5 个阶段,各个阶段及重点监控内容如下。

1)施工前的监控数据准备

(1)建立结构施工全过程及成桥状态的计算分析模型。

(2)计算结构的自重、几何特性,对结构设计的无应力尺寸(主缆、吊索、钢箱梁)进行复核,提交复核报告。

(3)复核设计成桥线形、空缆线形及钢箱梁的线形。

(4)以理论参数计算各施工阶段的内力、变形、监控参数理论值,并提出相应的施工建议和安全措施。

(5)对钢箱梁吊装、桥面系施工进行模拟,确定顶推方案。

2)猫道架设阶段

(1)猫道架设前塔顶水平位移受温差、日照影响的监控测量;成桥后主塔的位置状态预测。

(2)根据施工单位提出的猫道施工流程,提出架设承重索、架设横向通道和面层等各阶段的承重索控制线形、主塔顶的控制位移,提出施工控制建议和措施。

(3)对猫道架设过程中主塔变形、猫道线形进行监控测量。

3)主缆架设阶段

(1)向施工单位、监理单位收集主缆架设前主塔、主索鞍、散索鞍实际位置的测量成果;收集主塔的收缩、徐变及基础沉降资料。

（2）结合施工测量和监控测量成果，根据锚碇的实际位置和高程、主塔中心的实际位置和高程，考虑主塔的收缩徐变、基础沉降等影响，计算各跨主缆的架设无应力长度；计算空缆线形、各鞍座的预偏量；计算基准丝股线形、一般丝股相对位置和丝股线形调整控制参数（温度、主塔变形等影响参数）、锚跨丝股张力及调整控制参数；提出用于施工的监控报告和施工控制建议。

（3）对基准丝股架设进行监控测量。

（4）对一般丝股架设过程中主塔偏位进行监控测量。

（5）对丝股架设过程中的锚跨张拉力进行测试。

（6）收集主缆架设完成后的线形测量成果，计算主缆实际架设的无应力长度、索夹安装时的放样位置和吊索的制作长度。

（7）主缆架设完成后主塔塔柱水平位移受温差、日照影响的监控测量。

（8）主缆架设完成后对所有的锚跨丝股张力进行通测。

4) 钢梁吊装阶段

（1）根据现有的吊梁顺序模拟钢梁吊装过程。

（2）制订合理的顶推方案。

（3）在钢梁吊装过程中对主塔偏位进行实时监测。

5) 桥面系施工阶段

根据桥面系施工方案对其施工过程进行仿真分析。

在以上每一个阶段，都及时整理分段监控成果，提出处理方案，供业主、监理单位和施工单位制订具体施工措施参考。全部工作完成后，提供总监控报告，为竣工验收提供资料。

四、施工监控工作流程

为保证施工监控工作顺利进行，保证各项施工指令能够及时、畅通地送达各方，施工监控工作遵循以下流程：由施工控制工作办公室提出工作要求送达控制方→控制方进行控制分析并发出监控通知→设计方签认→监理签认→交由施工方实施，并将实施结果反馈至监理。如遇重大问题，需由施工控制工作办公室向施工控制领导小组报告，小组讨论研究解决办法反馈给施工控制工作办公室，再按上述步骤下发实施。以上各项工作均应在指挥部的监督、指导下进行。具体工作流程如图3-3-33所示。

五、施工监控总体计算分析成果

1. 监控计算软件

项目组充分重视设计复核计算及监控过程仿真计算工作，拟采用多人计算、多套不同软件相互验证计算结果，并与设计结果进行比对确认的工作原则。对于桥梁上部结构的整体静力分析和计算，采用具有几何非线性分析功能的通用有限元分析程序 ANSYS 以及西南交通大学自主研发的桥梁结构非线性分析系统 BNLAS 软件分别进行分析。系统采用非线性有线元理论,以改进的增量迭代法为非线性迭代格式,以不平衡力和相对位移误差的无限范数作为迭代收敛检查准则,考虑空间单元的大位移、大转动影响,采用高精度的方法计算单元的内力及变形。软件按施工步骤自动形成各阶段的计算图式,尤其适合缆索承重桥梁体系的计算。

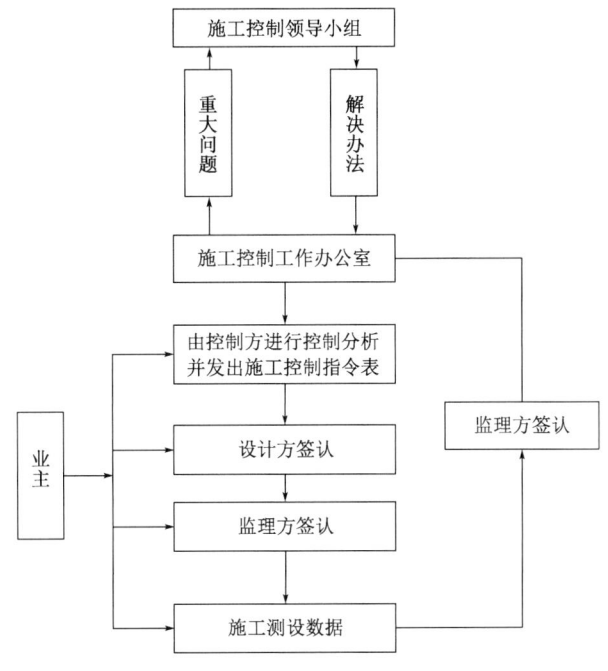

图 3-3-33　施工监控工作流程示意图

软件计算中需要考虑的几何非线性问题包括:①结构大位移效应;②索的垂度效应;③$P\text{-}\Delta$ 效应;④梁柱效应;⑤杆索单元的应力刚化;⑥接触非线性。

计算模型基本上根据实际结构构件进行空间杆系离散。主缆以悬链线索单元进行模拟,吊索用杆单元进行模拟,主塔、钢箱梁用梁单元进行模拟。这样建立的模型能够真实地反映结构的实际情况。伍家岗长江大桥监控计算模型如图 3-3-34 所示。

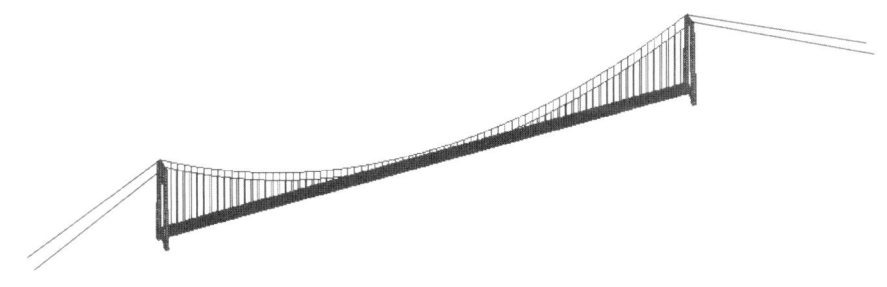

图 3-3-34　伍家岗长江大桥监控计算模型

2. 总体计算分析目的

监控计算的目的是:校核设计参数,为施工各阶段提供理想状态线形及内力数据,对比分析施工各阶段的实测值与理论值,对结构参数进行识别与调整,对成桥状态进行预测、反馈,提供必要的控制数据。

悬索桥各构件一旦被架设,其误差调整的可能性就比较小。为了使最终成桥状态与设计目标状态接近,就只能调整在该构件后面施工的构件的参数。为保证设计的线形和结构内力能够实现,在开展具体监控工作以前,必须以理论参数为基础,依据施工可能的方案,对所监控的结构进行全面、精确的理论计算,以全面确定结构各部分的理论数据,作为后期监控的控制目标。在施工过程中,在理论资料和收集的已经安装构件的施工误差和后续待施工构件的设计参数的基础上进行监控计算,是实施悬索桥监控最重要的手段。

3. 成桥运营状态设计复核计算成果

设计单位的计算着重于桥梁的成桥状态分析,从结构施工到最终的成桥状态的跟踪计算与误差调整主要由监控单位来完成。监控单位在接手设计文件及经监理批复的施工方案等资料后,对设计图纸进行必要的复核,目的是深入理解设计图纸,领会设计的意图,收集设计参数,同时检验设计的结构能否满足拟定施工方案的要求;在与设计的计算参数一致的情况下进行计算分析,与设计的结果进行比较,看两者是否一致,因为监控的目标是设计的成桥状态。监控复核计算至少包括以下几方面的内容:

(1)主塔及锚碇位置复核。

(2)理论成桥状态复核计算,包括:①成桥主缆恒载内力计算;②成桥主缆线形计算;③成桥状态索鞍在主塔上的相对位置计算。

(3)上部结构施工全过程计算,包括:①理论索鞍预偏及预转计算;②空缆线形计算;③主缆丝股下料长度计算;④吊索下料长度计算;⑤基准索股理论控制高程计算;⑥理论锚跨张力计算;⑦钢箱梁吊装过程中的顶推计算。

1)整体升温工况计算结果

在整体升温工况下,钢箱梁的最大竖向位移为-1.287m,竖直向下;塔顶纵向位移0.121m,向中跨倾斜;钢箱梁端部纵向位移为-0.276m,向边跨侧倾斜。

整体升温工况下,主缆的应力最多减小10.25MPa。

2)整体降温工况计算结果

在整体降温工况下,钢箱梁的最大竖向位移为1.295m,竖直向上;塔顶纵向位移-0.121m,向边跨倾斜;钢箱梁端部纵向位移为-0.280m,向中跨侧倾斜。

整体降温工况下,主缆的应力多增加10.495MPa。

3)基础沉降工况计算结果

工况1:南塔沉降4cm。钢箱梁的最大竖向位移为-0.05m,竖直向下;南塔顶纵向位移0.170m,向中跨倾斜;钢箱梁端部纵向位移为0.016m,向北侧倾斜。

工况2:北塔沉降4cm。钢箱梁的最大竖向位移为-0.05m,竖直向下;北塔顶纵向位

移 -0.140m,向中跨倾斜;钢箱梁端部纵向位移为 -0.015m,向南侧倾斜。

工况3:南侧锚碇水平滑移11.6cm。钢箱梁的最大竖向位移为 -0.15m,竖直向下;南塔顶纵向位移0.116m,向中跨倾斜;钢箱梁端部纵向位移为0.116m,向北侧倾斜。

工况4:北侧锚碇水平滑移11.6cm。钢箱梁的最大竖向位移为 -0.14m,竖直向下;北塔顶纵向位移 -0.116m,向中跨倾斜;钢箱梁端部纵向位移为 -0.116m,向南侧倾斜。

4）活载工况计算结果

车道加载:城-A级荷载按6车道计算,考虑横向折减系数0.55、纵向折减系数0.93,并考虑偏载系数1.10,冲击系数按结构理论基频带入计算,总的荷载系数为3.544695。

钢箱梁的最大竖向位移为 -3.129m,挠跨比为1/370.7,满足规范要求(1/250)。

活载位移值计算结果见表3-3-34。

活载位移值计算结构 表3-3-34

位 移 名 称	最 大 值	最 小 值
江南侧钢箱梁梁端转角(rad)	0.012594	-0.020234
江南侧钢箱梁纵向位移(m)	0.776392	-0.765811
江南侧塔顶纵向位移(m)	0.179038	0
江北侧钢箱梁梁端转角(rad)	0.020233	-0.012596
江北侧钢箱梁纵向位移(m)	0.731108	-0.812006
江北侧塔顶纵向位移(m)	0	-0.249564

主缆在活载作用下的最大拉应力为99.355MPa,最大值出现在中跨主缆靠近主塔处。

吊索在活载作用下的最大拉应力为119.866MPa,为跨中位置吊索。

主塔在活载作用下的最大拉应力为1.648MPa,最小压应力为 -4.192MPa。

钢箱梁在活载作用下的最大拉应力为50.556MPa,最小压应力为 -50.544MPa。

活载作用下支反力计算结果见表3-3-35,前50阶自振频率(部分)计算结果见表3-3-36。

活载作用下支反力(单位:kN) 表3-3-35

位 置	最 大 值			最 小 值		
江南侧锚碇	0.00	0.00	0.00	-23233.40	-19607.33	-523.80
江南侧散索鞍底	0.00	7436.08	0.00	-4617.44	0.00	-101.00
江南侧塔底	4830.96	8281.83	0.00	0.00	0.00	-64.55
江北侧塔底	22615.22	0.00	0.00	0.00	-19082.09	-311.24
江北侧散索鞍底	0.00	26325.08	1337.53	-998.56	0.00	0.00
江北侧锚碇	1406.48	24962.03	1294.39	0.00	0.00	0.00

前 50 阶自振频率(部分)(Hz)　　　　　　　　表 3-3-36

阶次	频率	阶次	频率	阶次	频率	阶次	频率	阶次	频率
1	0.058206	11	0.282248	21	0.418468	31	0.581513	41	0.730070
2	0.095543	12	0.284777	22	0.430419	32	0.597496	42	0.743950
3	0.157688	14	0.313057	24	0.435598	34	0.624568	44	0.792352
4	0.191826	15	0.318932	25	0.448364	35	0.625158	45	0.840596
5	0.198367	16	0.320772	26	0.471401	36	0.631585	46	0.857456
6	0.217272	17	0.322835	27	0.490800	37	0.635589	47	0.858275
7	0.269199	18	0.340704	28	0.495829	38	0.643290	48	0.861119
8	0.273350	19	0.346505	29	0.508590	39	0.673669	49	0.862878
9	0.281843	20	0.373036	30	0.525767	40	0.694559	50	0.882995

4．上部结构施工过程仿真计算成果

以设计复核中建立的原始数据为基础,根据设计拟定的施工过程或施工单位确定的施工方案,建立上部结构施工过程计算机仿真分析系统,对钢箱梁段的吊装过程进行计算。

根据结构在理论施工状态(无施工误差)下各阶段的施工参数,计算各施工阶段的内力、变形、监控目标参数理论值,提出相应的施工建议,确定明确的安全措施,预测结构在各个阶段的形状。

通过仿真分析计算,可以得出以下结果:

(1)各个施工阶段的主缆平面坐标。

(2)各个施工阶段的中跨主缆八分点高程、边跨四分点高程。

(3)各个梁段安装阶段的钢箱梁线形、内力和应力。

(4)各个施工阶段的主塔偏位、内力和应力。

(5)鞍座顶推阶段安排,各顶推阶段的顶推量和最大顶推力。

(6)各个阶段的主缆锚跨张力。

(7)恒载状态下钢箱梁的内力和应力。

(8)恒载状态下的吊索力。

(9)恒载作用下主塔的收缩、徐变与弹性压缩量。

1)空缆状态位移及内力

相对成桥状态,主缆跨中在空缆状态时的竖向位移最大为 12.26m。

主缆架设完成后,主缆在自重作用下最大拉力为 42122.38kN,主缆在自重作用下最大拉应力为 146.58MPa,出现在江南侧边跨塔顶附近。

2)成桥状态位移及内力

成桥状态全桥最大竖向位移仅为 -0.007m,表明成桥状态较为理想。

成桥后,主缆在恒载作用下最大拉力为202297.3kN,最大拉应力为631.03MPa,出现在江南侧边跨塔顶附近。

成桥后,各吊索在恒载作用下的最大拉力为1967.18kN,最大拉应力为464.92MPa,出现在主塔附近的长吊索上。

成桥后,钢箱梁的最大弯矩为15475.85kN·m,最小为-8924.93kN·m,均出现在两侧主塔附近。

成桥后,主塔端部承受轴压力为-277063kN。主塔最大压应力为-11.887MPa,无拉应力出现。

以上游侧为例,成桥后的支座支反力见表3-3-37。下游侧支座反力结果类似,此处不作过多分析。

成桥后的支座支反力(单位:kN)　　　表3-3-37

位　　置		F_x	F_y	F_z
江南侧	锚锭	-151662.04	-127048.71	-3398.45
	散索鞍底	-32156.52	51508.13	-720.59
	塔底	0.00	553303.10	0.00
	钢箱梁端部支座	0.00	2832.56	0.00
江北侧	锚锭	149118.31	-124572.91	-2039.99
	散索鞍底	34703.22	59236.37	-474.75
	塔底	0.00	540499.1	0.00
	钢箱梁端部支座	0.00	2833.28	0.00

注:F_x以从江南侧到江北侧为正,F_y以竖直向上为正,F_z以上游侧指向下游侧为正,表中数值均为上游侧各点的反力。

5. 主塔的监控计算内容

1)确定主塔的控制指标

监控计算中宜以主塔截面应力不超过限值来控制主塔顶在不平衡力作用下的桥轴方向的变形。

一般情况下,主塔柱截面应不出现拉应力;考虑施工阶段风与塔顶不平衡力共同作用下,主塔柱截面的拉应力应不大于0.5MPa;不超过一段梁的吊装工况且与风荷载组合的极端短暂情况下,主塔柱截面的拉应力应不超过所用混凝土的抗拉强度设计值的0.7倍。

2)断面非均匀温度场作用下主塔的偏位分析

主塔在日照和风作用下,横断面上各点可能会产生温差。在断面非均匀温度场作用下,主塔会发生偏位和扭转。监控中有必要对在实测温度场的作用下,计算主塔的三维几何状态变化情况,为主塔的实际施工位置、荷载影响的实际偏位提供识别参数。

3）制订鞍座顶推方案

主鞍座顶推方案的制订原则是：主鞍座顶推前后，鞍座两侧的索力水平分力差应不使主塔柱截面拉应力超过控制值；主鞍座顶推前后，鞍座两侧1.65倍的索力差应不大于主缆在鞍座中的静摩擦力，以保证主缆不在鞍座中滑动。

根据主塔应力与变形指标，在保证主塔安全和主缆不在鞍座中滑移的前提下，确定鞍座的顶推阶段、各顶推阶段的顶推量、最大顶推力等。

6．主缆的监控计算（以上游侧主缆为例）

（1）主缆恒载内力见表3-3-38。

主缆恒载内力（单位：kN）　　　　　　　　　表3-3-38

位　　置		F_x	F_y	F_z
江南侧锚固点		−152242.5	−127535.8	−3411.5
江南侧塔顶	边跨侧	183786.2	84464.9	4118.3
	中跨侧	−183786.2	80833.1	0.0
江北侧塔顶	中跨侧	183786.2	80832.4	0.0
	边跨侧	−183786.2	78063.7	2526.3
江北侧锚固点		149434.1	−124837.9	−2044.3

注：F_x以从江南侧到江北侧为正，F_y以竖直向上为正，F_z以从上游侧指向下游侧为正。

（2）主缆成桥线形各节点坐标见表3-3-39～表3-3-44。计算时X以从江南侧到江北侧为正，Y以竖直向上为正，Z以从上游侧指向下游侧为正，原点设置在江南侧塔顶。

江南侧边跨主缆成桥节点坐标（单位：m）　　　　　　表3-3-39

点号	X	Y	Z	点号	X	Y	Z
1	−280	89.223	−19.524	11	−130	153.237	−16.163
2	−265	95.464	−19.188	12	−115	159.835	−15.827
3	−250	101.739	−18.852	13	−100	166.470	−15.491
4	−235	108.051	−18.516	14	−85	173.141	−15.155
5	−220	114.399	−18.180	15	−70	179.848	−14.819
6	−205	120.782	−17.844	16	−55	186.591	−14.482
7	−190	127.201	−17.508	17	−40	193.370	−14.146
8	−175	133.656	−17.171	18	−25	200.186	−13.810
9	−160	140.147	−16.835	19	−8	207.953	−13.429
10	−145	146.674	−16.499				

江南侧边跨吊点的切向角（单位：°） 表3-3-40

点号	竖直面内切线角	水平面内切线角	点号	竖直面内切线角	水平面内切线角
1	22.5299	1.2837	11	23.6879	1.2837
2	22.6462	1.2837	12	23.8032	1.2837
3	22.7623	1.2837	13	23.9183	1.2837
4	22.8784	1.2837	14	24.0333	1.2837
5	22.9944	1.2837	15	24.1482	1.2837
6	23.1102	1.2837	16	24.2631	1.2837
7	23.2260	1.2837	17	24.3778	1.2837
8	23.3416	1.2837	18	24.4924	1.2837
9	23.4572	1.2837	19	24.6218	1.2837
10	23.5726	1.2837			

中跨主缆成桥节点坐标（单位：m） 表3-3-41

点号	X	Y	Z	点号	X	Y	Z
1	8	208.111	-13.25	24	355	101.997	-13.25
2	25	200.679	-13.25	25	370	99.512	-13.25
3	40	194.323	-13.25	26	385	97.199	-13.25
4	55	188.158	-13.25	27	400	95.058	-13.25
5	70	182.181	-13.25	28	415	93.089	-13.25
6	85	176.387	-13.25	29	430	91.291	-13.25
7	100	170.770	-13.25	30	445	89.665	-13.25
8	115	165.328	-13.25	31	460	88.211	-13.25
9	130	160.062	-13.25	32	475	86.927	-13.25
10	145	154.970	-13.25	33	490	85.815	-13.25
11	160	150.054	-13.25	34	505	84.874	-13.25
12	175	145.313	-13.25	35	520	84.104	-13.25
13	190	140.746	-13.25	36	535	83.506	-13.25
14	205	136.355	-13.25	37	550	83.078	-13.25
15	220	132.138	-13.25	38	565	82.822	-13.25
16	235	128.096	-13.25	39	580	82.736	-13.25
17	250	124.227	-13.25	40	595	82.822	-13.25
18	265	120.532	-13.25	41	610	83.078	-13.25
19	280	117.010	-13.25	42	625	83.506	-13.25
20	295	113.662	-13.25	43	640	84.105	-13.25
21	310	110.487	-13.25	44	655	84.874	-13.25
22	325	107.484	-13.25	45	670	85.815	-13.25
23	340	104.654	-13.25	46	685	86.927	-13.25

续上表

点号	X	Y	Z	点号	X	Y	Z
47	700	88.211	-13.25	63	940	132.139	-13.25
48	715	89.666	-13.25	64	955	136.356	-13.25
49	730	91.292	-13.25	65	970	140.747	-13.25
50	745	93.090	-13.25	66	985	145.313	-13.25
51	760	95.059	-13.25	67	1000	150.054	-13.25
52	775	97.200	-13.25	68	1015	154.971	-13.25
53	790	99.513	-13.25	69	1030	160.062	-13.25
54	805	101.998	-13.25	70	1045	165.329	-13.25
55	820	104.655	-13.25	71	1060	170.770	-13.25
56	835	107.485	-13.25	72	1075	176.387	-13.25
57	850	110.487	-13.25	73	1090	182.182	-13.25
58	865	113.663	-13.25	74	1105	188.159	-13.25
59	880	117.011	-13.25	75	1120	194.323	-13.25
60	895	120.533	-13.25	76	1135	200.679	-13.25
61	910	124.228	-13.25	77	1152	208.111	-13.25
62	925	128.096	-13.25				

中跨各吊点的切向角(单位:°) 表3-3-42

吊点	切向角	吊点	切向角	吊点	切向角	吊点	切向角	吊点	切向角
1	-23.6795	17	-14.1505	33	-3.9148	49	6.5107	65	16.6243
2	-23.2867	18	-13.5255	34	-3.2636	50	7.1567	66	17.2357
3	-22.6531	19	-12.8978	35	-2.6116	51	7.8013	67	17.8437
4	-22.0329	20	-12.2679	36	-1.9591	52	8.4443	68	18.4477
5	-21.4242	21	-11.6358	37	-1.3063	53	9.0861	69	19.0478
6	-20.8249	22	-11.0014	38	-0.6532	54	9.7265	70	19.6435
7	-20.2338	23	-10.3649	39	0.0001	55	10.3650	71	20.2337
8	-19.6436	24	-9.7264	40	0.6533	56	11.0015	72	20.8248
9	-19.0480	25	-9.0859	41	1.3065	57	11.6358	73	21.4241
10	-18.4478	26	-8.4441	42	1.9593	58	12.2679	74	22.0328
11	-17.8438	27	-7.8012	43	2.6118	59	12.8978	75	22.6530
12	-17.2359	28	-7.1566	44	3.2637	60	13.5254	76	23.2866
13	-16.6244	29	-6.5106	45	3.9150	61	14.1505	77	23.6794
14	-16.0097	30	-5.8633	46	4.5654	62	14.7728		
15	-15.3925	31	-5.2148	47	5.2150	63	15.3924		
16	-14.7729	32	-4.5653	48	5.8634	64	16.0096		

江北侧边跨主缆成桥节点坐标(单位:m)　　　　表3-3-43

点号	X	Y	Z	点号	X	Y	Z
1	1168	208.232	-13.359	15	1380	122.013	-16.260
2	1185	201.056	-13.592	16	1395	116.182	-16.465
3	1200	194.762	-13.797	17	1410	110.385	-16.670
4	1215	188.504	-14.002	18	1425	104.624	-16.875
5	1230	182.281	-14.208	19	1440	98.899	-17.080
6	1245	176.094	-14.413	20	1455	93.208	-17.286
7	1260	169.943	-14.618	21	1470	87.553	-17.491
8	1275	163.828	-14.823	22	1485	81.933	-17.696
9	1290	157.748	-15.028	23	1500	76.349	-17.901
10	1305	151.703	-15.234	24	1515	70.799	-18.107
11	1320	145.694	-15.439	25	1530	65.285	-18.312
12	1335	139.721	-15.644	26	1541	61.263	-18.462
13	1350	133.783	-15.849	27	1552	57.261	-18.613
14	1365	127.880	-16.054				

江北侧边跨各点的切向角(单位:°)　　　　表3-3-44

点号	竖直面内切线角	水平面内切线角	点号	竖直面内切线角	水平面内切线角
1	-22.9518	-0.7838	15	-21.3037	-0.7838
2	-22.8207	-0.7838	16	-21.1863	-0.7838
3	-22.7046	-0.7838	17	-21.0688	-0.7838
4	-22.5884	-0.7838	18	-20.9513	-0.7838
5	-22.4721	-0.7838	19	-20.8336	-0.7838
6	-22.3557	-0.7838	20	-20.7158	-0.7838
7	-22.2392	-0.7838	21	-20.5980	-0.7838
8	-22.1226	-0.7838	22	-20.4801	-0.7838
9	-22.0059	-0.7838	23	-20.3620	-0.7838
10	-21.8891	-0.7838	24	-20.2439	-0.7838
11	-21.7722	-0.7838	25	-20.1257	-0.7838
12	-21.6552	-0.7838	26	-20.0382	-0.7838
13	-21.5381	-0.7838	27	-19.9506	-0.7838
14	-21.4210	-0.7838			

（3）鞍座的合理成桥位置见表3-3-45～表3-3-48。

鞍座圆心坐标（单位：m） 表3-3-45

位　　置	X	Y	Z
江南侧散索鞍	-285.938	78.236	-19.657
江南侧主索鞍	0.068	203.403	-13.250
江北侧主索鞍	1160.052	203.455	-13.250
江北侧散索鞍	1558.036	46.693	-18.695

鞍座切点坐标（单位：m） 表3-3-46

位　　置		X	Y	Z
江南侧散索鞍	左切点	-291.005	84.269	-19.771
	右切点	-288.947	85.518	-19.725
江南侧主索鞍	左切点	-3.062	210.219	-13.250
	右切点	3.084	210.269	-13.250
江北侧主索鞍	左切点	1157.035	210.322	-13.250
	右切点	1162.981	210.359	-13.250
江北侧散索鞍	左切点	1560.716	54.103	-18.732
	右切点	1563.113	52.719	-18.765

鞍座切点索力（单位：kN） 表3-3-47

位　　置		F_X	F_Y	F_Z
江南侧散索鞍	左切点	-152264.6	-127943.2	-3412.0
	右切点	183786.2	75979.4	4118.3
江南侧主索鞍	左切点	-183786.2	-84376.4	0.0
	右切点	183786.2	-80744.5	0.0
江北侧主索鞍	左切点	-183786.2	-80747.2	0.0
	右切点	183786.2	-77978.5	0.0
江北侧散索鞍	左切点	-183786.2	66464.6	2514.3
	右切点	149465.6	-125932.4	-2044.7

鞍座切线角（单位：°） 表3-3-48

位　　置		竖平面	水平面
江南侧散索鞍	左切点	40.039	1.284
	右切点	22.461	1.284
江南侧主索鞍	左切点	24.660	0.000
	右切点	-23.718	0.000
江北侧主索鞍	左切点	23.718	0.000
	右切点	-22.991	0.000
江北侧散索鞍	左切点	-19.882	-0.784
	右切点	-40.116	-0.784

其中,江南侧散索鞍所处的平面与竖平面的夹角为 1.2837°,江南侧散索鞍所处的平面与竖平面的夹角为 0.7838°。

(4)索鞍预偏及预转计算结果。在不考虑主塔预抬高的情况下,左侧散索鞍预偏角度 0.4478°,右侧散索鞍预偏角 -1.1689°,左侧主索鞍预偏 -1.3245m,右侧主索鞍预偏 2.3769m。

(5)空缆线形计算结果见表 3-3-49 ~ 表 3-3-51。

南边跨各点的空缆坐标(单位:m)　　　　　　　表 3-3-49

点号	X	Y	Z	点号	X	Y	Z
1	-279.843	88.614	-19.517	11	-128.618	148.420	-16.071
2	-264.528	93.913	-19.168	12	-113.749	155.210	-15.732
3	-249.253	99.367	-18.820	13	-98.930	162.143	-15.394
4	-234.019	104.974	-18.473	14	-84.161	169.217	-15.057
5	-218.828	110.733	-18.127	15	-69.443	176.430	-14.722
6	-203.679	116.644	-17.781	16	-54.777	183.781	-14.388
7	-188.574	122.704	-17.437	17	-40.164	191.269	-14.055
8	-173.515	128.913	-17.094	18	-25.604	198.892	-13.723
9	-158.502	135.270	-16.752	19	-9.169	207.694	-13.348
10	-143.536	141.772	-16.411				

中跨各点的空缆坐标(单位:m)　　　　　　　表 3-3-50

点号	X	Y	Z	点号	X	Y	Z
1	6.704	208.322	-13.250	17	250.620	132.107	-13.250
2	23.924	201.540	-13.250	18	265.669	128.782	-13.250
3	39.104	195.741	-13.250	19	280.711	125.616	-13.250
4	54.271	190.114	-13.250	20	295.746	122.608	-13.250
5	69.426	184.657	-13.250	21	310.775	119.757	-13.250
6	84.571	179.370	-13.250	22	325.797	117.064	-13.250
7	99.706	174.251	-13.250	23	340.814	114.528	-13.250
8	114.834	169.299	-13.250	24	355.824	112.148	-13.250
9	129.953	164.512	-13.250	25	370.829	109.924	-13.250
10	145.065	159.891	-13.250	26	385.830	107.855	-13.250
11	160.168	155.434	-13.250	27	400.825	105.942	-13.250
12	175.263	151.141	-13.250	28	415.816	104.182	-13.250
13	190.350	147.011	-13.250	29	430.803	102.577	-13.250
14	205.429	143.043	-13.250	30	445.786	101.126	-13.250
15	220.500	139.237	-13.250	31	460.765	99.828	-13.250
16	235.564	135.592	-13.250	32	475.742	98.684	-13.250

续上表

点号	X	Y	Z	点号	X	Y	Z
33	490.716	97.692	-13.250	56	835.251	117.066	-13.250
34	505.687	96.854	-13.250	57	850.273	119.759	-13.250
35	520.657	96.168	-13.250	58	865.302	122.609	-13.250
36	535.625	95.635	-13.250	59	880.337	125.617	-13.250
37	550.592	95.254	-13.250	60	895.379	128.783	-13.250
38	565.558	95.026	-13.250	61	910.428	132.109	-13.250
39	580.524	94.949	-13.250	62	925.484	135.594	-13.250
40	595.490	95.026	-13.250	63	940.548	139.239	-13.250
41	610.456	95.254	-13.250	64	955.619	143.045	-13.250
42	625.423	95.635	-13.250	65	970.698	147.013	-13.250
43	640.391	96.168	-13.250	66	985.785	151.143	-13.250
44	655.361	96.854	-13.250	67	1000.880	155.436	-13.250
45	670.332	97.693	-13.250	68	1015.983	159.893	-13.250
46	685.306	98.684	-13.250	69	1031.095	164.514	-13.250
47	700.283	99.829	-13.250	70	1046.214	169.300	-13.250
48	715.262	101.126	-13.250	71	1061.342	174.253	-13.250
49	730.245	102.578	-13.250	72	1076.477	179.372	-13.250
50	745.232	104.183	-13.250	73	1091.622	184.659	-13.250
51	760.223	105.942	-13.250	74	1106.776	190.116	-13.250
52	775.218	107.856	-13.250	75	1121.943	195.743	-13.250
53	790.219	109.925	-13.250	76	1137.124	201.543	-13.250
54	805.224	112.149	-13.250	77	1154.343	208.325	-13.250
55	820.235	114.529	-13.250				

北边跨各点的空缆坐标(单位:m)　　　　表 3-3-51

点号	X	Y	Z	点号	X	Y	Z
1	1170.166	207.850	-13.308	15	1377.401	112.417	-16.186
2	1186.413	199.197	-13.533	16	1392.417	106.738	-16.395
3	1200.804	191.701	-13.733	17	1407.475	101.207	-16.604
4	1215.249	184.336	-13.934	18	1422.574	95.827	-16.813
5	1229.745	177.106	-14.135	19	1437.712	90.597	-17.024
6	1244.293	170.009	-14.337	20	1452.889	85.519	-17.234
7	1258.891	163.049	-14.540	21	1468.102	80.594	-17.446
8	1273.539	156.226	-14.743	22	1483.353	75.823	-17.658
9	1288.236	149.542	-14.948	23	1498.637	71.208	-17.870
10	1302.981	142.997	-15.152	24	1513.956	66.748	-18.083
11	1317.773	136.594	-15.358	25	1529.306	62.446	-18.296
12	1332.613	130.333	-15.564	26	1540.583	59.391	-18.452
13	1347.498	124.215	-15.771	27	1551.876	56.422	-18.609
14	1362.427	118.243	-15.978				

(6) 主缆丝股下料长度见表 3-3-52。

丝股下料长度(单位:m)　　　　　表 3-3-52

编号	总下料长度	左锚跨	左边跨	中跨	右边跨	右锚跨
1	1994.678	16.223	314.096	1193.278	429.558	41.523
2	1994.668	16.181	314.117	1193.281	429.577	41.512
3	1994.668	16.181	314.117	1193.281	429.577	41.512
4	1994.756	16.210	314.137	1193.284	429.597	41.528
5	1994.619	16.114	314.135	1193.284	429.595	41.491
6	1994.756	16.210	314.137	1193.284	429.597	41.528
7	1994.715	16.144	314.158	1193.287	429.616	41.509
8	1994.627	16.085	314.155	1193.287	429.614	41.485
9	1994.627	16.085	314.155	1193.287	429.614	41.485
10	1994.715	16.144	314.158	1193.287	429.616	41.509
11	1994.824	16.189	314.179	1193.291	429.635	41.531
12	1994.713	16.113	314.176	1193.291	429.634	41.500
13	1994.596	16.031	314.173	1193.291	429.632	41.469
14	1994.713	16.113	314.176	1193.291	429.634	41.500
15	1994.824	16.189	314.179	1193.291	429.635	41.531
16	1994.904	16.211	314.199	1193.294	429.655	41.545
17	1994.710	16.075	314.197	1193.294	429.653	41.492
18	1994.623	16.016	314.194	1193.294	429.651	41.468
19	1994.623	16.016	314.194	1193.294	429.651	41.468
20	1994.710	16.075	314.197	1193.294	429.653	41.492
21	1994.904	16.211	314.199	1193.294	429.655	41.545
22	1994.818	16.119	314.217	1193.297	429.672	41.513
23	1994.707	16.042	314.214	1193.297	429.671	41.483
24	1994.610	15.975	314.212	1193.297	429.669	41.457
25	1994.707	16.042	314.214	1193.297	429.671	41.483
26	1994.818	16.119	314.217	1193.297	429.672	41.513
27	1994.936	16.169	314.238	1193.300	429.692	41.538
28	1994.743	16.033	314.235	1193.300	429.690	41.485
29	1994.655	15.973	314.232	1193.300	429.688	41.461
30	1994.655	15.973	314.232	1193.300	429.688	41.461
31	1994.743	16.033	314.235	1193.300	429.690	41.485
32	1994.936	16.169	314.238	1193.300	429.692	41.538
33	1994.849	16.075	314.256	1193.303	429.709	41.505
34	1994.737	15.998	314.253	1193.303	429.708	41.475

续上表

编号	总下料长度	左锚跨	左边跨	中跨	右边跨	右锚跨
35	1994.660	15.946	314.250	1193.303	429.706	41.455
36	1994.737	15.998	314.253	1193.303	429.708	41.475
37	1994.849	16.075	314.256	1193.303	429.709	41.505
38	1995.005	16.154	314.276	1193.306	429.729	41.540
39	1994.811	16.018	314.273	1193.306	429.727	41.487
40	1994.723	15.958	314.271	1193.306	429.725	41.463
41	1994.723	15.958	314.271	1193.306	429.725	41.463
42	1994.811	16.018	314.273	1193.306	429.727	41.487
43	1995.005	16.154	314.276	1193.306	429.729	41.540
44	1994.915	16.059	314.294	1193.309	429.746	41.507
45	1994.803	15.981	314.291	1193.309	429.745	41.477
46	1994.747	15.944	314.289	1193.309	429.743	41.462
47	1994.803	15.981	314.291	1193.309	429.745	41.477
48	1994.915	16.059	314.294	1193.309	429.746	41.507
49	1995.110	16.165	314.315	1193.313	429.766	41.552
50	1994.916	16.029	314.312	1193.313	429.764	41.499
51	1994.829	15.969	314.309	1193.313	429.762	41.476
52	1994.829	15.969	314.309	1193.313	429.762	41.476
53	1994.916	16.029	314.312	1193.313	429.764	41.499
54	1995.110	16.165	314.315	1193.313	429.766	41.552
55	1995.018	16.068	314.332	1193.316	429.783	41.519
56	1994.906	15.991	314.330	1193.316	429.782	41.488
57	1994.870	15.968	314.327	1193.316	429.780	41.479
58	1994.906	15.991	314.330	1193.316	429.782	41.488
59	1995.018	16.068	314.332	1193.316	429.783	41.519
60	1995.251	16.201	314.353	1193.319	429.803	41.574
61	1995.057	16.066	314.350	1193.319	429.801	41.521
62	1994.969	16.006	314.348	1193.319	429.799	41.498
63	1994.969	16.006	314.348	1193.319	429.799	41.498
64	1995.057	16.066	314.350	1193.319	429.801	41.521
65	1995.251	16.201	314.353	1193.319	429.803	41.574
66	1995.157	16.104	314.371	1193.322	429.820	41.540
67	1995.045	16.027	314.368	1193.322	429.819	41.510
68	1995.029	16.019	314.365	1193.322	429.817	41.506
69	1995.045	16.027	314.368	1193.322	429.819	41.510

续上表

编号	总下料长度	左锚跨	左边跨	中跨	右边跨	右锚跨
70	1995.157	16.104	314.371	1193.322	429.820	41.540
71	1995.426	16.264	314.392	1193.325	429.840	41.606
72	1995.233	16.128	314.389	1193.325	429.838	41.553
73	1995.146	16.069	314.386	1193.325	429.836	41.529
74	1995.146	16.069	314.386	1193.325	429.836	41.529
75	1995.233	16.128	314.389	1193.325	429.838	41.553
76	1995.426	16.264	314.392	1193.325	429.840	41.606
77	1995.331	16.165	314.409	1193.328	429.857	41.571
78	1995.220	16.088	314.407	1193.328	429.856	41.541
79	1995.223	16.094	314.404	1193.328	429.854	41.542
80	1995.220	16.088	314.407	1193.328	429.856	41.541
81	1995.331	16.165	314.409	1193.328	429.857	41.571
82	1995.443	16.216	314.427	1193.331	429.875	41.594
83	1995.356	16.157	314.425	1193.331	429.873	41.570
84	1995.356	16.157	314.425	1193.331	429.873	41.570
85	1995.443	16.216	314.427	1193.331	429.875	41.594
86	1995.428	16.174	314.445	1193.335	429.893	41.581
87	1995.450	16.194	314.442	1193.335	429.891	41.588
88	1995.428	16.174	314.445	1193.335	429.893	41.581
89	1995.601	16.268	314.463	1193.338	429.911	41.621
90	1995.601	16.268	314.463	1193.338	429.911	41.621
91	1995.711	16.318	314.481	1193.341	429.928	41.644

(7) 吊索下料长度计算结果见表3-3-53。

吊索下料长度(单位:m)　　　　　　　　表3-3-53

吊索号	销绞中心无应力总长(m)		销绞中心吊索伸长量(m)		钢丝无应力切割总长(m)		钢丝质量(kg)
	L	R	L	R	L	R	
1	123.1050	123.1020	0.2814	0.2814	121.9350	121.9320	4473.2
2	116.6606	116.6576	0.2565	0.2565	115.4906	115.4876	4235.3
3	110.4065	110.4035	0.2340	0.2340	109.2365	109.2335	4004.4
4	104.3366	104.3336	0.2143	0.2143	103.1666	103.1636	3780.4
5	98.4468	98.4438	0.1969	0.1969	97.2768	97.2738	3563.0
6	92.7340	92.7310	0.1807	0.1807	91.5640	91.5610	3352.1
7	87.1900	87.1870	0.1704	0.1704	86.0200	86.0170	3147.4
8	81.8209	81.8179	0.1603	0.1603	80.6509	80.6479	2949.2
9	76.6270	76.6240	0.1502	0.1502	75.4570	75.4540	2757.5

续上表

吊索号	销绞中心无应力总长(m)		销绞中心吊索伸长量(m)		钢丝无应力切割总长(m)		钢丝质量(kg)
	L	R	L	R	L	R	
10	71.6082	71.6052	0.1403	0.1403	70.4382	70.4352	2572.2
11	66.7641	66.7611	0.1306	0.1306	65.5941	65.5911	2393.4
12	62.0949	62.0919	0.1212	0.1212	60.9249	60.9219	2221.0
13	57.6001	57.5971	0.1121	0.1121	56.4301	56.4271	2055.1
14	53.2818	53.2790	0.1034	0.1034	52.1118	52.1090	1895.7
15	49.1419	49.1391	0.0950	0.0950	47.9719	47.9691	1742.9
16	45.1799	45.1773	0.0870	0.0870	44.0099	44.0073	1596.6
17	41.3958	41.3932	0.0794	0.0794	40.2258	40.2232	1457.0
18	37.7892	37.7868	0.0721	0.0721	36.6192	36.6168	1323.8
19	34.3601	34.3578	0.0652	0.0652	33.1901	33.1878	1197.2
20	31.1081	31.1059	0.0586	0.0586	29.9381	29.9359	1077.2
21	28.0331	28.0310	0.0524	0.0524	26.8631	26.8610	963.7
22	25.1348	25.1329	0.0466	0.0466	23.9648	23.9629	856.7
23	22.4132	22.4114	0.0411	0.0411	21.2432	21.2414	756.2
24	19.8681	19.8664	0.0360	0.0360	18.6981	18.6964	662.3
25	17.4993	17.4978	0.0312	0.0312	16.3093	16.3078	574.1
26	15.3065	15.3051	0.0268	0.0268	14.1165	14.1151	493.2
27	13.2895	13.2882	0.0227	0.0227	12.0995	12.0982	418.7
28	11.4483	11.4471	0.0190	0.0190	10.2583	10.2571	350.8
29	9.7828	9.7817	0.0157	0.0157	8.5928	8.5917	289.3
30	8.2928	8.2918	0.0127	0.0127	7.1028	7.1018	234.3
31	6.9782	6.9774	0.0101	0.0101	5.7882	5.7874	185.8
32	5.8391	5.8384	0.0078	0.0078	4.6491	4.6484	143.7
33	4.8754	4.8748	0.0059	0.0059	3.6854	3.6848	108.1
34	4.0869	4.0864	0.0043	0.0043	2.8969	2.8964	79.0
35	3.4737	3.4733	0.0031	0.0031	2.2837	2.2833	56.4
36	3.0357	3.0354	0.0022	0.0022	1.8457	1.8454	40.2
37	2.7729	2.7727	0.0017	0.0017	1.5829	1.5827	30.5
38	2.6852	2.6852	0.0015	0.0015	1.4952	1.4952	27.3
39	2.7728	2.7729	0.0017	0.0017	1.5828	1.5829	30.5
40	3.0355	3.0358	0.0022	0.0022	1.8455	1.8458	40.2
41	3.4734	3.4738	0.0031	0.0031	2.2834	2.2838	56.4
42	4.0866	4.0871	0.0043	0.0043	2.8966	2.8971	79.0
43	4.8750	4.8756	0.0059	0.0059	3.6850	3.6856	108.1

续上表

吊索号	销绞中心无应力总长(m)		销绞中心吊索伸长量(m)		钢丝无应力切割总长(m)		钢丝质量(kg)
	L	R	L	R	L	R	
44	5.8387	5.8394	0.0078	0.0078	4.6487	4.6494	143.7
45	6.9777	6.9786	0.0101	0.0101	5.7877	5.7886	185.8
46	8.2922	8.2931	0.0127	0.0127	7.1022	7.1031	234.3
47	9.7821	9.7832	0.0157	0.0157	8.5921	8.5932	289.3
48	11.4476	11.4488	0.0190	0.0190	10.2576	10.2588	350.8
49	13.2887	13.2900	0.0227	0.0227	12.0987	12.1000	418.7
50	15.3056	15.3070	0.0268	0.0268	14.1156	14.1170	493.2
51	17.4984	17.4999	0.0312	0.0312	16.3084	16.3099	574.1
52	19.8670	19.8687	0.0360	0.0360	18.6970	18.6987	662.3
53	22.4121	22.4138	0.0411	0.0411	21.2421	21.2438	756.3
54	25.1336	25.1355	0.0466	0.0466	23.9636	23.9655	856.7
55	28.0317	28.0338	0.0524	0.0524	26.8617	26.8638	963.7
56	31.1067	31.1088	0.0586	0.0586	29.9367	29.9388	1077.2
57	34.3586	34.3608	0.0652	0.0652	33.1886	33.1908	1197.3
58	37.7875	37.7899	0.0721	0.0721	36.6175	36.6199	1323.9
59	41.3940	41.3965	0.0794	0.0794	40.2240	40.2265	1457.0
60	45.1780	45.1806	0.0870	0.0870	44.0080	44.0106	1596.7
61	49.1398	49.1425	0.0950	0.0950	47.9698	47.9725	1742.9
62	53.2796	53.2825	0.1034	0.1034	52.1096	52.1125	1895.7
63	57.5977	57.6007	0.1121	0.1121	56.4277	56.4307	2055.1
64	62.0924	62.0954	0.1212	0.1212	60.9224	60.9254	2221.1
65	66.7616	66.7646	0.1306	0.1306	65.5916	65.5946	2393.4
66	71.6056	71.6086	0.1403	0.1403	70.4356	70.4386	2572.2
67	76.6245	76.6274	0.1502	0.1502	75.4545	75.4574	2757.5
68	81.8183	81.8213	0.1603	0.1603	80.6483	80.6513	2949.2
69	87.1873	87.1903	0.1704	0.1704	86.0173	86.0203	3147.4
70	92.7313	92.7343	0.1807	0.1807	91.5613	91.5643	3352.1
71	98.4440	98.4470	0.1969	0.1969	97.2740	97.2770	3563.0
72	104.3338	104.3368	0.2143	0.2143	103.1638	103.1668	3780.4
73	110.4037	110.4067	0.2340	0.2340	109.2337	109.2367	4004.4
74	116.6577	116.6607	0.2565	0.2565	115.4877	115.4907	4235.3
75	123.1021	123.1051	0.2814	0.2814	121.9321	121.9351	4473.2

注:L代表左,即小里程;R代表右,即大里程。

7. 钢箱梁架设阶段监控计算

伍家岗长江大桥钢箱梁吊装创造性地采用了"两两焊接,焊架同步"的新施工工艺,为保证钢箱梁吊装线形的合理性与受力的安全性,监控单位在钢箱梁吊装开始前对整个吊装过程进行了仔细的理论分析研究,对各种不同施工方案下的钢梁成桥线形、内力状态等进行了对比分析,最终确定采用边吊边焊的施工工艺,具体施工顺序为:钢梁从跨中对称向两边依次吊装,吊装完20号/58号钢梁后开始边吊装边从跨中开始两两刚接,即吊装19号/59号的同时刚接37号、38号及40号、41号,以此类推,待全部钢梁吊装完成后再刚接所有梁段。

钢梁吊装的初期,主缆线形变化巨大,同时梁端下开口明显,不利于焊接施工,故本次计算旨在寻找较为合理的刚接施工时点。

吊装过程中跨中附近主缆线形变化趋势、跨中梁段下开口变化趋势分别如图3-3-35、图3-3-36所示。

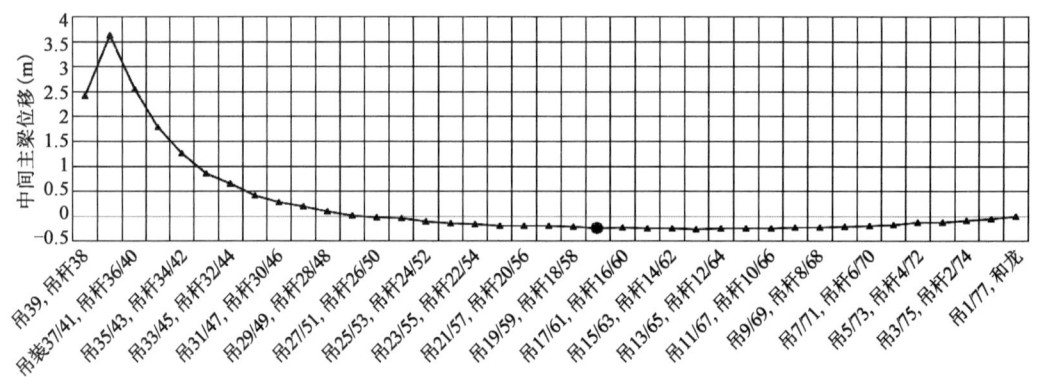

图3-3-35 吊装过程中跨中附近主缆线形变化趋势

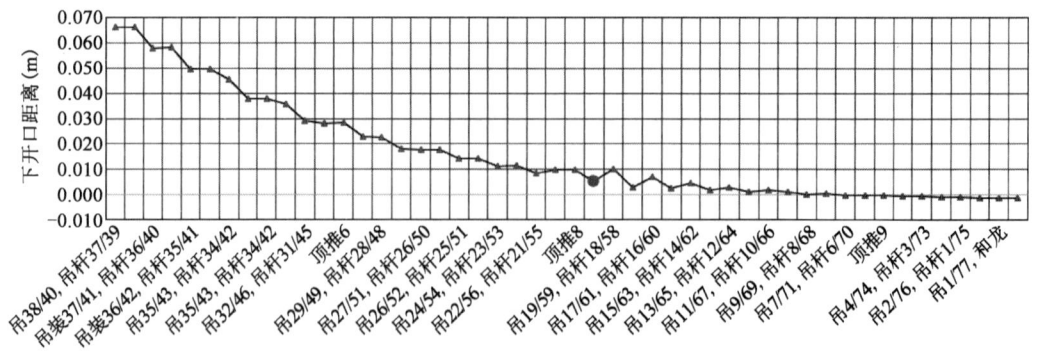

图3-3-36 吊装过程中跨中梁段下开口变化趋势

从以上的计算可以看出,在钢梁吊装大约一半的时候,主缆跨中线形变化趋于平缓,同时跨中梁端开口也已基本闭合,选择此时机从跨中开始施焊是较为合适的。故上述施工方案选择在吊装第 19 号/59 号梁端时开始进行刚接施工。

钢箱梁吊装过程中由于主缆线形变化,钢箱梁线形、钢箱梁轴力、相邻梁段剪力及最大正应力、吊索索力、主塔位移和应力都会发生相应的变化,具体分析内容详见关键技术和科技创新相关章节内容,此处不再赘述。

六、施工监控监测内容

1. 施工监控所需参数内容

悬索桥施工监控所需参数可以分为几何参数、材料特性参数和环境参数。几何参数是指结构或构件的几何尺寸;材料特性参数主要指与材料力学特性有关的参数,如弹性模量、重度、线膨胀系数等;环境参数是指与施工过程有关的温度、临时荷载、临时支撑与约束等。在这些参数中,有些参数对于施工监控是敏感的,有些是影响很小的。对于敏感性很小的参数采用理论值,对控制目标的实现也是可以接受的;而对敏感性较大的参数,施工监控中必须获得其实际参数,监控工作必须以实际参数为准。监控工作需要获取的现场参数主要包括以下几类。

1)实际材料的物理力学性能参数

(1)混凝土的弹性模量:进行混凝土龄期为 3d、7d、14d、28d、90d 的弹性模量试验以及按规定要求进行的强度试验。

(2)主缆及吊索的弹性模量和重度是其线形控制的主要因素之一,仿真计算时必须采用制造厂经测试提供的钢丝实际重度和弹性模量。

2)实际施工中的荷载参数

(1)恒载:钢箱梁自重和二期恒载的误差将对施工控制的效果产生较大的影响,施工控制过程中根据现场测试的材料重度参数,计算或统计钢箱梁自重和二期恒载。此外,还需统计主缆的实际附加荷载量值,包括实际采用的缠丝、防护包带等规格,后续附属设施设备(如灯具、除湿设施设备、检修设施设备等)的重量。

(2)施工荷载:施工过程中作用于桥梁结构上的设备(如缆索式起重机等)、人员对结构的受力与变形的影响在控制分析中是不能忽略的,控制过程中必须仔细统计荷载的大小及作用位置。

3)实际环境参数

对在实际施工中会对施工产生影响的环境参数,如温度、湿度、风速、日照辐射强度等,视情况进行测试。其中,温度对本桥的影响较大,在确定的施工阶段,监控方将对温度场进行测试。

2. 施工过程中所收集的主要实际参数

施工过程中所收集的实际参数种类较多,本小节仅列出所收集到的关键性实际参数,其余从略。主缆索股静载试验结果、吊索静载试验结果以及钢箱梁节段称重结果分别见表 3-3-54 ~ 表 3-3-56。

主缆索股静载试验结果　　　　　　　　　　　　　　　　表 3-3-54

试验内容	标准要求	索 WG-JZ1	索 WG-JZ2	索 WG-JZ3	备注
试验最大荷载（kN）	≥3599kN（95%P_b）	3734kN（98.5%P_b）	3720kN（98.2%P_b）	3604kN（95.1%P_b）	满足标准要求
总伸长量（mm）	—	110.4	110.5	111.8	—
弹性模量（MPa）	≥1.9×10⁵	2.01×10⁵	2.02×10⁵	2.01×10⁵	满足标准要求
伸长率（%）	≥2	2.45	2.45	2.45	满足标准要求
试验索断丝情况	—	无断丝	无断丝	无断丝	无断丝
试验索锚具情况	锚杯无异常	锚杯无异常	锚杯无异常	锚杯无异常	锚杯无异常

注：P_b 代表破断荷载。

索夹随机取样称重结果　　　　　　　　　　　　　　　　表 3-3-55

序号	索夹类型	铸件号	理论质量的 -8%（kg）	理论质量的 +8%（kg）	理论质量（kg）	称重质量（kg）
1	SJ1 上半	1070701-01	2534.32	2976.08	2764.7	2832
2	SJ1 下半	1070702-01				
3	SJ2 上半	1070801-01	2245.35	2635.85	2440.6	2516
4	SJ2 下半	1070802-01				
5	SJ3 上半	1070901-01	1955.10	2296.30	2126.2	2186
6	SJ3 下半	1070902-01				
7	SJ4 上半	1071001-01	1640.00	1926.40	1783.7	1802
8	SJ4 下半	1071002-01				
9	SJ5 上半	1071101-01	1556.46	1827.14	1691.8	1732
10	SJ5 下半	1071102-01				
11	SJ6 上半	1071201-01	1373.38	1612.22	1492.8	1530
12	SJ6 下半	1071202-01				
13	SJ7 上半	1071301-01	742.53	871.67	807.1	814
14	SJ7 下半	1071302-01				
15	SJ8 上半	1071401-01	818.25	960.55	889.4	908
16	SJ8 下半	1071402-01				
17	SJ9 上半	1071501-01	819.90	962.50	891.2	912
18	SJ9 下半	1071502-01				

钢箱梁称重结果　　　　　　　　　　　　　　　　表 3-3-56

梁段类型	梁段编号	初始值（t）	测量值（t）				梁段称重质量（t）	理论质量（t）	焊缝质量（t）
			第一次	第二次	第三次	平均值			
A	ZL17	11.52	243.38	240.08	244.2	242.55	231.03	239.90	3.60
A	ZL18	11.52	240.96	241.52	241.59	241.36	229.84	239.90	3.60
A	ZL12	1.56	233.58	234.26	233.62	233.82	232.26	239.90	3.60
A	ZL13	1.56	234.23	233.89	234.6	234.24	232.68	239.90	3.60

续上表

梁段类型	梁段编号	初始值(t)	测量值(t)				梁段称重质量(t)	理论质量(t)	焊缝质量(t)
			第一次	第二次	第三次	平均值			
A	ZL14'	3.25	233.37	233.56	233.34	233.42	230.17	239.90	3.60
B	ZL39	1.56	237.22	237.56	236.7	237.16	235.60	239.90	3.60
D	ZL1	2.90	285.15	285.16	285.27	285.19	282.29	285.66	4.28
D	ZL1'	3.25	285.96	285.87	285.95	285.93	282.68	285.66	4.28
C	ZL2'	3.25	236.87	236.66	236.75	236.76	233.51	242.24	3.63
C	ZL2	0.96	235.22	235.16	235.34	235.24	234.28	242.24	3.63

七、测量控制网的建立

1. 测量控制网建立的原则及作用

特大型悬索桥上部构造的施工，是悬索桥施工过程中工序最多、施工工艺最为繁杂的关键阶段，需要进行大量的施工测量和监控测量，而这些施工测量和监控测量的基准，应该是布设在地面上的稳定、方便施测和高精度的测量控制网。因此，上部构造施工前，应在所建大桥施工测量控制网的基础上，加密上部构造施工局部测量控制网。局部测量控制网应该是一个三维网，以方便上部构造施工测量和监控测量。所建立的控制网应考虑按工程测量二等平面和高程控制网的精度等级施测，可用 GPS 静态测量的方式建立局部平面控制网，用常规水准测量和跨河水准测量相结合的方式建立局部高程控制网。

大桥上部构造施工局部控制网的主要作用有以下几点：

(1) 悬索桥基准索股和主缆绝对垂度测量控制及其线形监测的基准。
(2) 悬索桥索塔位移和跨径变化监测的基准。
(3) 悬索桥钢箱梁线形监测的基准。
(4) 悬索桥索夹位置放样的基准。
(5) 悬索桥索塔及锚锭基础沉降变形监测的基准。
(6) 悬索桥锚锭基础水平位移监测的基准。

2. 测量控制网建立方法

为满足监控测量精度及施工测量精度要求，以达到施工监控目的，需将加密控制点制作为强制对中观测墩。强制墩实际施工时，可根据现场通视情况作相应调整，但不可降低要求。测量控制网建立的内容详见施工测量技术相关内容，本处从略。

八、主塔施工监测

1. 本阶段主要工作内容

(1) 主塔控制截面应变计的安装及测试。

(2)根据主塔施工进度采集主塔应变数据,主要以观测为主,掌握应力状态及其变化规律,判断主塔的安全状况。

(3)分析混凝土收缩与徐变对结构线形及内力的影响。

(4)加强温度观测,分析温变效应对索塔线形及内力的影响。

(5)主塔施工过程中主要对主塔施工线形进行控制,通过设置横向预偏量抵消恒载作用下主塔的横向偏移。

(6)主塔封顶后,选择具有典型代表意义的天气(例如:高温天气或寒冷天气),对索塔塔顶位移进行24h连续观测。

(7)监测主塔承台在施工过程中的沉降及变位情况,做好数据记录和处理,为后续钢箱梁施工监控做准备。

2. 监测设备

主塔应力监测主要用于掌握在施工过程中,特别是上部结构施工过程中主塔各控制部位的应力状态。对于钢筋混凝土主塔,测试元件选用可同时测量应变与温度的传感器,考虑后期监控监测及成桥荷载试验的需要,采用埋入式 ZX-212CT 型混凝土应变计。应变数据采集及后处理采用无线自动化综合测试系统和 SCJM 型振弦测量仪进行。

主塔变位监测采用全站仪测量塔顶固定埋设的反光棱镜,监测主塔变形情况。

3. 主塔应力测点布置

由于索塔应力实测值与理论值的差异一般达不到误差分析或参数识别的要求,故测试截面不宜过多,以能反映塔柱控制应力和温度在截面上和高度上的变化为原则。本监控方案拟在两侧主塔的两个塔柱控制截面上均布设传感器,以方便进行数据比较和校核,确保应变监测数据的可靠性。测试截面位置拟选靠塔底的控制截面和下横梁以上控制截面,控制截面应避开主塔实心及倒角部位。

对于主塔,在每个塔柱底部、下横梁以上位置均布置应变传感器,在每个测试截面,沿周边布置4个传感器,每个塔柱布置8个,共32个应变传感器。测点布置如图3-3-37和图3-3-38所示。

4. 主塔变位测点布置

主塔封顶后,应首先对裸塔线形及塔顶实际位置进行测量,评估主塔的施工误差,为后续主缆架设提供实测数据。主塔封顶后,在塔顶装置棱镜,以监测后续施工过程中塔顶的变位。伍家岗长江大主塔顶变形监测点每个塔肢顶部布置4个测点,全桥共布置8个测点。

5. 主塔应变监测结果

主塔应变测点编号按照塔柱两肢外侧至内侧依次顺序编号的原则进行,各测点具体编号如图3-3-39和图3-3-40所示。

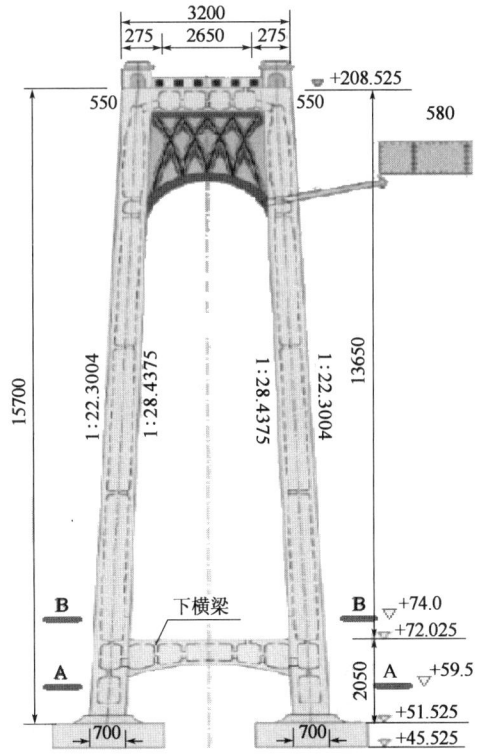

图 3-3-37　主塔应力监测控制断面布置图(尺寸单位:m)

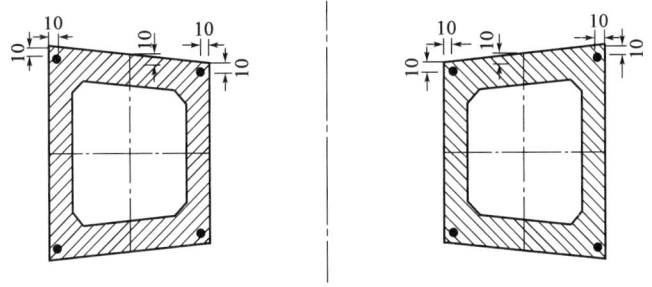

图 3-3-38　主塔应力监测断面测点布置示意图(尺寸单位:cm)

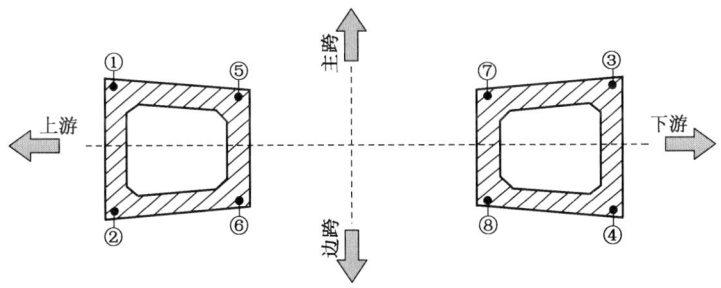

图 3-3-39　主塔 A-A 断面应力测点编号示意图(图中红色实心圆点表示应变测点)

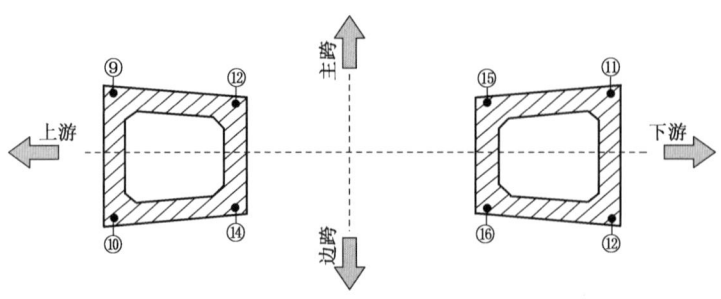

图3-3-40 主塔B-B断面应力测点编号示意图(图中红色实心圆点表示应变测点)

主塔施工过程中以A-A断面为例,A-A断面各测点实测应力结果及各测点理论应力计算结果如图3-3-41~图3-3-44所示。其中实测值已根据混凝土内部实测温度进行了温度修正。

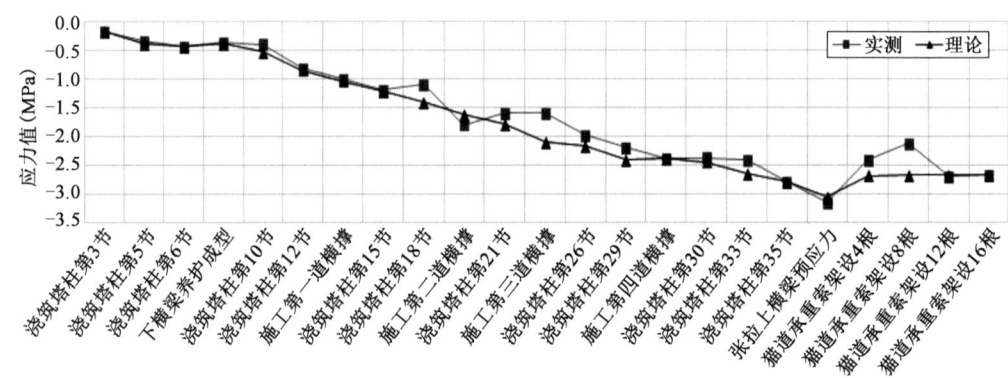

图3-3-41 南岸主塔A-A断面①②应力测点延程应力对比图(单位:MPa)

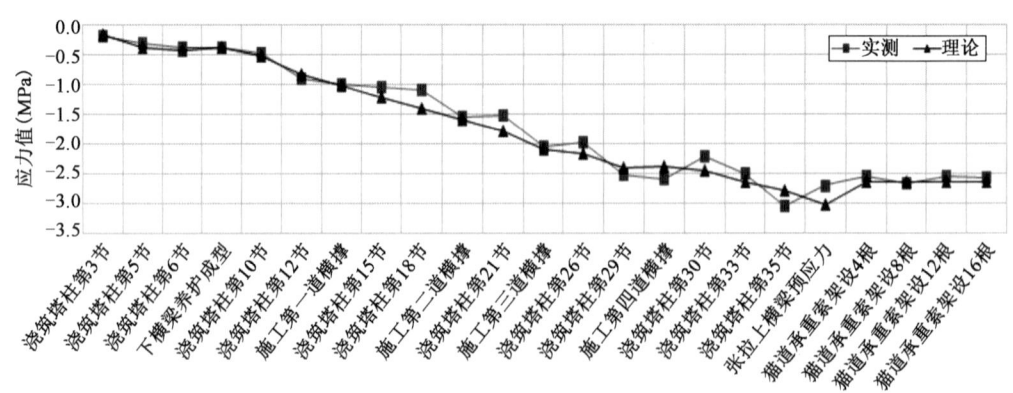

图3-3-42 南岸主塔A-A断面③④应力测点延程应力对比图(单位:MPa)

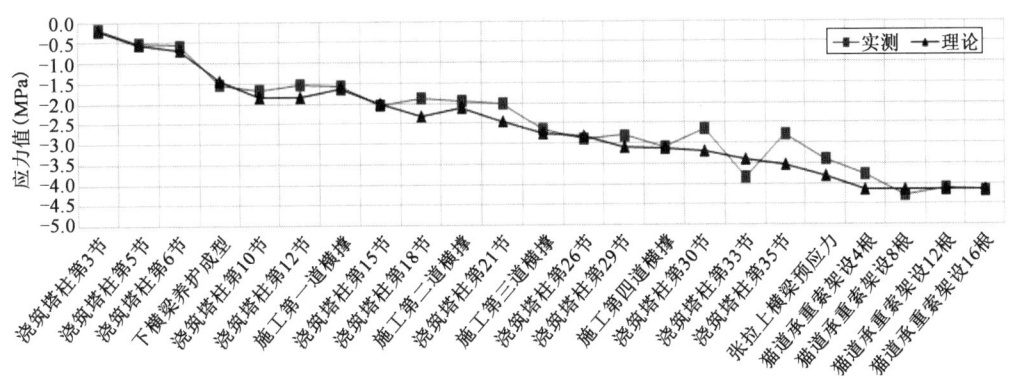

图 3-3-43　南岸主塔 A-A 断面⑤⑥应力测点延程应力对比图(单位:MPa)

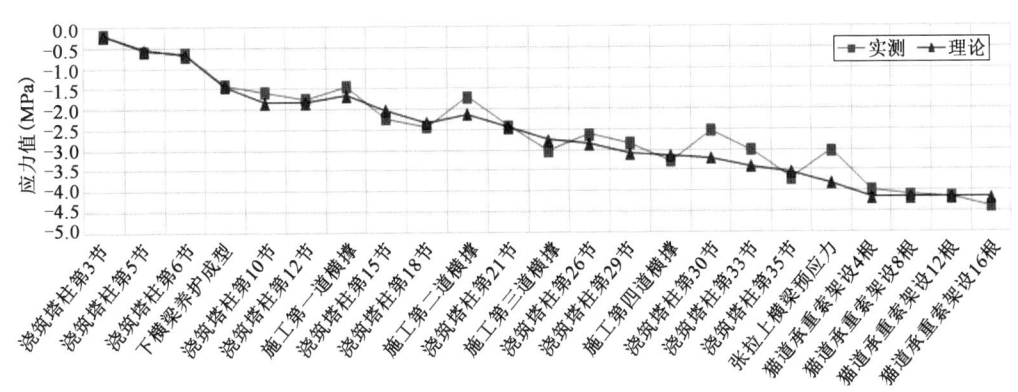

图 3-3-44　南岸主塔 A-A 断面⑦⑧应力测点延程应力对比图(单位:MPa)

根据主塔应力监测情况,南岸主塔至当前施工阶段塔柱各应力测点未出现拉应力,压应力最大值为 -4.9MPa,根据《公路钢筋混凝土及预应力混凝土桥涵设计规范》(JTG 3362—2018)第 7.2.4 条之规定,主塔压应力满足要求。主塔应力实测值与理论值最大偏差在 0.3MPa,偏差百分比 1.2%,根据《公路桥梁施工监控技术规范》第 6.3.2 条之规定,混凝土结构应力偏差应在 20% 以内,主塔实测应力与理论应力偏差满足要求;主塔主跨与边跨侧应力偏差在 ±1.3MPa 以内,主塔受力较均匀。

北岸主塔至当前施工阶段塔柱各应力测点未出现拉应力,压应力最大值为 -5.0MPa,根据《公路钢筋混凝土及预应力混凝土桥涵设计规范》(JTG 3362—2018)第 7.2.4 条之规定,主塔压应力满足要求。主塔应力实测值与理论值最大偏差在 0.4MPa,偏差百分比 1.5%;根据《公路桥梁施工监控技术规范》第 6.3.2 条之规定,混凝土结构应力偏差应在 20% 以内,主塔实测应力与理论应力偏差满足要求;主塔主跨与边跨侧应力偏差在 ±0.8MPa 以内,主塔受力较均匀。

6. 主塔施工全过程偏位监测结果(以南岸主塔为例)

南岸主塔偏位施工全过程偏位监测结果见表3-3-57。

南岸主塔偏位施工全过程偏位监测结果(单位:m)　　表3-3-57

测试工况	位置	X	Y	Z	X偏位	Y偏位	Z偏位
初值	上游	568.7810	-10.7095	208.8336	—	—	—
	下游	568.9237	15.7804	208.9461	—	—	—
塔锚联测	上游	568.7716	-10.6981	208.8349	-0.0094	0.0114	0.0013
	下游	568.9100	15.7823	208.9300	-0.0137	0.0019	-0.0161
承重索调索完成	上游	568.6715	-10.7187	208.8023	-0.1095	-0.0092	-0.0313
	下游	568.8163	15.7714	208.9219	-0.1074	-0.0090	-0.0242
猫道下放前	上游	568.7912	-10.7157	208.7733	0.0102	-0.0062	-0.0603
	下游	568.9345	15.7717	208.8842	0.0108	-0.0087	-0.0619
猫道下放后	上游	568.7817	-10.7127	208.7730	0.0007	-0.0032	-0.0606
	下游	568.9254	15.7753	208.8826	0.0017	-0.0051	-0.0635
吊装前,南岸起重机到跨中,北岸起重机近塔处	上游	568.7746	-10.7170	208.7716	-0.0064	-0.0075	-0.0620
	下游	568.9196	15.7720	208.8838	-0.0041	-0.0084	-0.0623
吊装第一片梁	上游	568.8195	-10.7156	208.7732	0.0385	-0.0061	-0.0604
	下游	568.9643	15.7706	208.8842	0.0406	-0.0098	-0.0619
第一次顶推前	上游	568.8132	-10.713	208.7758	0.0322	-0.0035	-0.0578
	下游	568.9581	15.7715	208.8814	0.0344	-0.0089	-0.0647
第一次顶推后	上游	568.6544	-10.713	208.7676	-0.1266	-0.0035	-0.0660
	下游	568.7979	15.773	208.8797	-0.1258	-0.0074	-0.0664
吊装完37号未吊装37′号,第二次未顶推	上游	568.7817	-10.7195	208.7854	0.0007	-0.0100	-0.0482
	下游	568.9259	15.7703	208.8891	0.0022	-0.0101	-0.0570
吊装完36′号未吊装36号,第二次顶推	上游	568.6837	-10.7146	208.7742	-0.0973	-0.0051	-0.0594
	下游	568.8309	15.7723	208.8835	-0.0928	-0.0081	-0.0626
第三次顶推前	上游	568.7806	-10.7138	208.7679	-0.0004	-0.0043	-0.0657
	下游	568.9286	15.7717	208.8717	0.0049	-0.0087	-0.0744
第三次顶推后	上游	568.6407	-10.7109	208.766	-0.1403	-0.0014	-0.0676
	下游	568.7836	15.7741	208.8758	-0.1401	-0.0063	-0.0703
复测	上游	568.6943	-10.7104	208.765	-0.0867	-0.0009	-0.0686
	下游	568.8375	15.7742	208.8737	-0.0862	-0.0062	-0.0724
吊梁南边31号,北边32′号	上游	568.7379	-10.7136	208.7657	-0.0431	-0.0041	-0.0679
	下游	568.8824	15.7739	208.8715	-0.0413	-0.0065	-0.0746
吊梁南边30号,北边31′号	上游	568.7782	-10.7128	208.7705	-0.0028	-0.0033	-0.0631
	下游	568.9224	15.7729	208.878	-0.0013	-0.0075	-0.0681

续上表

测试工况	位置	X	Y	Z	X 偏位	Y 偏位	Z 偏位
吊梁南边 29 号,北边 30′号	上游	568.8065	−10.7134	208.7765	0.0255	−0.0039	−0.0571
	下游	568.9509	15.7694	208.8821	0.0272	−0.0110	−0.0640
第四次顶推前, 南边 28 号,北边 28′号	上游	568.8434	−10.7135	208.772	0.0624	−0.0040	−0.0616
	下游	568.9916	15.7684	208.8802	0.0679	−0.0120	−0.0659
第四次顶推后	上游	568.6434	−10.7108	208.7569	−0.1376	−0.0013	−0.0767
	下游	568.7876	15.7726	208.8653	−0.1361	−0.0078	−0.0808
吊梁南边 27 号,北边 26′号	上游	568.6879	−10.7162	208.7671	−0.0931	−0.0067	−0.0665
	下游	568.8343	15.7726	208.8681	−0.0894	−0.0078	−0.0780
吊梁南边 25 号,北边 25′号	上游	568.7358	−10.7168	208.7701	−0.0452	−0.0073	−0.0635
	下游	568.8807	15.7686	208.8772	−0.0430	−0.0118	−0.0689
吊梁南边 24 号,北边 24′号、23′号	上游	568.7528	−10.7128	208.7647	−0.0282	−0.0033	−0.0689
	下游	568.8957	15.771	208.8763	−0.0280	−0.0094	−0.0698
吊梁南边 23 号、22 号	上游	568.7671	−10.7161	208.7657	−0.0139	−0.0066	−0.0679
	下游	568.9105	15.771	208.8761	−0.0132	−0.0094	−0.0700
吊梁南边 20 号、20′号	上游	568.8111	−10.7118	208.7659	0.0301	−0.0023	−0.0677
	下游	568.9525	15.7673	208.8766	0.0288	−0.0131	−0.0695
吊梁南边 18 号,北边 19′号	上游	568.8327	−10.7137	208.7672	0.0517	−0.0042	−0.0664
	下游	568.9772	15.7722	208.8742	0.0535	−0.0082	−0.0719
吊梁南边 17 号,北边 18′号	上游	568.8442	−10.717	208.7627	0.0632	−0.0075	−0.0709
	下游	568.9883	15.7672	208.8715	0.0646	−0.0132	−0.0746
吊梁南边 15 号,北边 16′号	上游	568.8693	−10.7184	208.7598	0.0883	−0.0089	−0.0738
	下游	569.0142	15.7677	208.871	0.0905	−0.0127	−0.0751
第五次顶推前	上游	568.8794	−10.7137	208.7652	0.0984	−0.0042	−0.0684
	下游	569.0241	15.7649	208.8661	0.1004	−0.0155	−0.0800
第五次顶推后	上游	568.6332	−10.713	208.7543	−0.1478	−0.0035	−0.0793
	下游	568.7772	15.7713	208.8595	−0.1465	−0.0091	−0.0866
吊梁南边 12 号,北边 13′号	上游	568.654	−10.7139	208.758	−0.1270	−0.0044	−0.0756
	下游	568.7977	15.7688	208.8637	−0.1260	−0.0116	−0.0824
吊梁南边 11 号,北边 11′号	上游	568.668	−10.7124	208.7513	−0.1130	−0.0029	—
	下游	568.8109	15.7671	208.8581	−0.1128	−0.0133	−0.0880
吊梁南边 10 号,北边 10′号	上游	568.7238	—	—	−0.0572	—	—
	下游	568.8665	—	—	−0.0572	—	—
吊梁南边 6 号,北边 6′号	上游	568.762	—	—	−0.0190	—	—
	下游	568.9062	—	—	−0.0175	—	—
吊梁南边 3 号,北边 3′号	上游	568.7554	—	—	−0.0256	—	—
	下游	568.8966	—	—	−0.0271	—	—

续上表

测试工况	位置	X	Y	Z	X偏位	Y偏位	Z偏位
吊装完成	上游	568.7531	−10.723	208.7762	−0.0279	−0.0135	−0.0574
	下游	568.8973	15.7657	208.8873	−0.0264	−0.0147	−0.0588
拆猫道	上游	568.6748	−10.7143	208.7745	−0.1062	−0.0048	−0.0591
	下游	568.8074	15.7784	208.8813	−0.1163	−0.0020	−0.0648
RA铺装完成	上游	568.7265	−10.7131	208.8019	−0.0545	−0.0036	−0.0317
	下游	568.8695	15.777	208.9076	−0.0542	−0.0034	−0.0385
猫道拆除完成，SMA和人行护栏未安装	上游	568.7481	−10.713	208.8146	−0.0329	−0.0035	−0.0190
	下游	568.8919	15.7805	208.9226	−0.0318	0.0001	−0.0235
第七次顶推后	上游	568.66	−10.7047	208.8191	−0.1210	0.0048	−0.0145
	下游	568.8086	15.7853	208.9239	−0.1151	0.0049	−0.0222

主塔偏位的控制原则为以塔底不出现拉应力为主。从表3-3-57中数据可以得出，主塔最大偏位为14cm，出现在主索鞍第三次顶推后，此时主塔塔底未出现拉应力。当施工时测得的主塔偏位大于10cm时，施工现场将会采取一定的措施，来避免偏位的进一步扩大。

九、塔锚联合监测

塔锚联合检测的工作内容和测试方法详见施工测量技术的相关内容，本处从略。

十、索鞍安装位置监测

1. 索鞍预偏量的确定

悬索桥钢箱梁吊装过程中，主塔受中跨主缆的拉力 T、边跨主缆的拉力 T' 及主塔本身的重力作用。中、边跨主缆张力水平分力的不同及主缆拉力的竖向分力的偏心导致索塔发生偏位 δ，δ 的变化又引起主缆的拉力及索鞍中心（即主缆拉力的竖向分力作用点）发生变化。当 δ 较大时，索塔截面将出现较大的拉压应力，这将不利于截面受力，为此，可通过对主索鞍鞍座进行预偏，来逐步消除此项因素给索塔结构带来的影响。此外，由于散索鞍两侧的索力不等，将对散索鞍产生类似的影响，因此，在监控过程中应对主索鞍及散索鞍进行预偏。

2. 索鞍预偏测控方法

对主索鞍预偏量，采用大型游标卡尺通过量测主索鞍固定标志点与主塔塔顶偏位固定观测点之间的几何位置关系，获取主鞍在塔顶的相对预偏量。对散索鞍预偏量，在散索鞍顶面中心设置固定观测点，利用全站仪观测固定点坐标变化，然后依据几何关系推求散索鞍预偏量。

十一、猫道架设监测

1. 主要工作内容

(1)测定气温和索塔表面温度。
(2)测量猫道各跨径、矢高及跨中高程。
(3)猫道承重绳空缆状态下的高程。
(4)猫道及承重索温度。
(5)猫道架设过程中的主塔控制截面应力及塔顶偏位。

2. 测控方法及测点布置方案

1)猫道线形控制

在夜间气温、风速稳定的时间段对猫道承重绳进行调整。猫道承重绳在架设阶段为自由悬挂状态,其线形为悬链线,跨中垂度 f 一旦确定,线形就确定下来。猫道空缆线形及成型线形通过中跨跨中、边跨跨中及塔顶索鞍处的 5 个控制点的高程来控制。根据实测温度和实测的主塔偏位对猫道线形控制点坐标进行修正,调整线形。

2)猫道温度测量

猫道承重绳调整过程中用点温计测量承重绳温度,由于此时猫道无法上人,因此,只测量承重绳在塔顶及锚碇的温度作为承重绳的平均温度,为承重绳的调整提供依据。由于日照温差对承重绳的影响很大,因此,承重绳的最终测量应在阴天或早晨太阳未出前温度稳定时进行。

猫道全部形成后,由于施工误差及设计荷载与实际荷载的不一致,需对猫道高程进行整体调整。此时,仍可采用点温计测量边跨的锚固点及跨中(共 3 点)、中跨的锚固点、四分之一跨中、跨中(5 个点)的上下左右的温度,以此求得猫道的温度。根据实测温度和实测的主塔偏位,对猫道线形控制点坐标进行修正。

3)索塔应力测试

在承重绳架设过程中定期对索塔关键截面应变计进行测量,及时预警。同时在猫道施工开始前、承重绳施工完成后、全部猫道施工完成后,分三次对塔内的所有应力传感器进行测量。

4)索塔偏位测量

以塔锚联测中的测量数据作为索塔空间位置的初值,在猫道施工的各个阶段对索塔的偏位情况进行测量,根据索塔的偏位情况及时调整施工,保证索塔的安全,并考虑索塔偏位对承重绳高程的影响。

3. 猫道架设线形监控结果

猫道线形在初架后经过了多轮调整,最终在考虑下拉装置作用的前提下,对猫道线形完成了相对精确的把控,在最终猫道下拉装置安装完成后,经施工监控联合测量小组测量确认,猫道线形架设最大误差仅为5.2cm,测量结果见表3-3-58。由此可见,猫道线形的控制是成功的,在后续主缆架设阶段,猫道施工过程中始终与主缆保持相对理想的位置。

猫道承重索垂度(单位:m)　　　　　　　　表3-3-58

截面位置		编号	里程	设计高程	实测高程1	差值1	实测高程2	差值2
中跨1/4跨	上游	1	862.246	122.159	120.684	−1.475	122.185	0.026
		8		122.159	120.648	−1.511	122.122	−0.037
	下游	8		122.159	120.54	−1.619	122.107	−0.052
		1		122.159	120.504	−1.655	122.126	−0.033
上游中跨	上游	1	1152.246	93.283	91.18	−2.103	93.254	−0.029
		8		93.283	91.135	−2.148	93.235	−0.048
下游中跨	下游	1	1152.246	93.283	90.973	−2.31	93.254	−0.029
		8		93.283	91.051	−2.232	93.242	−0.041
中跨3/4跨	上游	1	1442.246	122.159	120.658	−1.501	122.124	−0.035
		8		122.159	120.592	−1.567	122.177	0.018
	下游	−8		122.159	120.468	−1.691	122.108	−0.051
		−1		122.159	120.497	−1.662	122.12	−0.039

注:设计高程为下拉装置安装后,猫道成形;实测高程1为下拉装置安装前,实测高程2为下拉装置安装后。

十二、主缆架设监测

1. 主要工作内容

(1)基准索股的架设监控。
(2)一般索股的架设监控。
(3)索股拉力的监控。
(4)主塔应力及偏位的监控。
(5)温度测试。

2. 索股架设控制原理

索股在架设阶段为自由悬挂状态,其线形为悬链线,跨中垂度 f 一旦确定,索股线形就确定下来。跨中垂度 f 由跨中高程来确定,在这一阶段选取跨中高程及索鞍处的高程作为控制参数,通过对跨中高程的调整来调整跨中垂度,达到调整基准索股线形的目的。悬索桥主缆基准索的线形控制是悬索桥施工控制的关键环节,其主要工作包括:

(1)考虑温度对悬索桥空缆线形的影响计算。
(2)考虑主塔偏位对悬索桥主缆空缆线形的影响分析。
(3)基准索股架设控制高程的计算(需得出中、边跨调索计算公式供现场使用)。

温度及索塔偏位是主缆架设过程中十分关键的影响因素。悬索桥设计阶段往往基于一个固定的假定设计温度进行,并且设计计算时往往基于固定索鞍位置进行,但实际施工时很难保证施工在设计标准温度下进行,实际施工温度对应的主缆就难以确定,因此,需要根据实际施工温度情况及主塔偏位对计算参数进行修正。

温度影响中对主缆影响最大的是主缆整体升温、降温,因此,根据实际工程测量精度需要,在实际工程应用中仅考虑主缆索股均匀升温、降温的影响。而主缆垂跨比与温度变化之间又是非线性关系,故实际应用中,常用算法是将温度带入结构计算中,基于无应力长度不变原则进行迭代求解。

施工过程中,温度、日照、施工临时荷载等因素都会造成主塔偏位的产生,进而对主缆线形高程及主缆张力产生影响。因此,在主缆施工及前期计算过程中,需要对主塔偏位进行精确测定,从而修正主塔偏位对主缆线形的影响,减小因主塔偏位测量误差引起的主缆线形高程误差,提高主缆线形控制的精度。实际施工时,可以根据实际工程编制 $\Delta f/\Delta l$(垂度差与塔偏量比值)相互关系表达式,方便用于指导现场施工。

3. 基准索股的选取

悬索桥索股架设一般选择位于主缆最下方的索股作为基准索股,在本桥中选取 1 号索股作为基准索股(编号同设计文件)。同时考虑到本桥主缆索股较多,为防止一般索股架设过程中的累计误差过大,另外选取主缆最外侧的两根索股作为备用基准索股,备用基准索股编号为 38 号和 43 号,如图 3-3-45 所示。在一般索股架设过程中无法保证架设精度时(如索股之间挤压过于紧密),启用备用基准索股。本项目每根主缆由 85 股 127 丝和 6 股 91 丝索股组成,且 6 根 91 丝索股均处于截面六边形的角点。所以,所选择的基准索股直径比一般索股要小,在一般索股架设时需要准确计算其层间距的控制量值,避免出错。

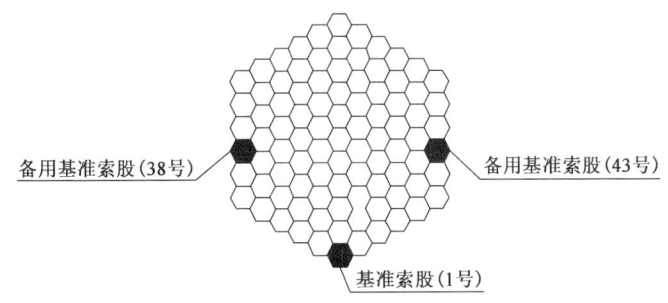

图 3-3-45 基准索股的选取示意图

4. 索股架设线形测控方法及调整方法

(1)基准索股和一般索股的线形测量方法及调整方法详见施工测量技术章节和主缆架设施工的相关内容,本处从略。

(2)基准索股监测成果。

①基准索股垂度调整。

2020 年 8 月 7 日,基准索股牵引完成并入鞍。

2020 年 8 月 10 日晚,监控组完成基准索股相关数据采集计算,并下达基准索股垂度调整数据,项目部依据调索数据进行第一轮基准索股垂度粗调。

2020年8月11日凌晨,完成第二轮和第三轮基准索股垂度精调。

2020年8月15日凌晨,完成第四~六轮基准索股垂度调整,中跨垂度调整完成。

2020年8月16日凌晨,完成第七~十轮基准索股垂度调整,基准索股边跨垂度调整完毕,至此,基准索股垂度精调到位。基准索股垂度精调到位数据见表3-3-59。

基准索股垂度精调到位数据汇总表 表3-3-59

测 点		里程(m)	理论高程(m)	实测高程(m)	高差值(mm)
上游	南边跨	428.5811	141.2380	141.3196	81.6
	中跨	1152.1679	94.4560	94.5066	50.6
	北边跨	1930.7722	119.2101	119.2935	83.4
下游	南边跨	429.5438	141.6894	141.7695	80.1
	中跨	1152.8121	94.5448	94.5964	51.6
	北边跨	1930.9600	119.1965	119.2769	80.4

②基准索股锚跨张力。

2020年8月17日,基准索股精调到位后,在出鞍和入鞍处对基准索股做好标记,然后对上、下游基准索股锚跨张力进行了精确调整。基准索股锚跨张力数据见表3-3-60。

基准索股锚跨张力数据汇总表 表3-3-60

测点	理论控制值(kN)		压力环读数(kN)		误差值(kN)	
	南锚	北锚	南锚	北锚	南锚	北锚
上游	332.1085	305.6661	324.28	299.59	-7.83	-6.08
下游	328.1924	306.9647	320.37	299.91	-7.82	-7.05

③基准索股稳定观测。

2020年8月17日凌晨至8月20日凌晨,进行连续4天的基准索股稳定观测;8月17日由于天气原因只获取了3组有效数据;8月18—20日分别获取了4组有效数据。

由数据可得:第1天基准索股稳定观测数据每组最大互差最大10.8mm;第2天基准索股稳定观测数据每组最大互差最大8.8mm;第3天基准索股稳定观测数据每组最大互差最大4.4mm;第4天基准索股稳定观测数据每组最大互差最大5.0mm。

4天基准索股观测高差均值最大互差最大3.9mm。基准索股连续4天均处于稳定状态。4天稳定观测总体数据见表3-3-61。

4天稳定观测总体数据汇总表(单位:mm) 表3-3-61

测 点		编 号	每天高差均值	最 大 互 差	总体高差均值
上游	南边跨	第1天	80.5	3.2	82.0
		第2天	83.7		
		第3天	83.0		
		第4天	80.9		

续上表

测点		编号	每天高差均值	最大互差	总体高差均值
上游	中跨	第1天	53.6	2.1	52.3
		第2天	52.4		
		第3天	51.7		
		第4天	51.6		
	北边跨	第1天	81.3	1.2	80.7
		第2天	80.1		
		第3天	81.2		
		第4天	80.5		
下游	南边跨	第1天	77.9	3.9	79.7
		第2天	79.0		
		第3天	81.8		
		第4天	80.2		
	中跨	第1天	50.9	2.2	51.4
		第2天	51.6		
		第3天	52.6		
		第4天	50.4		
	北边跨	第1天	78.2	3.8	78.9
		第2天	77.0		
		第3天	80.8		
		第4天	79.7		

5. 索股锚跨张力测控

主缆索股施工控制工作中,主跨、边跨根据主缆垂度控制,而锚跨则根据张拉力控制,如果不对锚跨索股张拉力进行控制,就有可能造成索股在散索鞍内滑动、边跨线形发生变化等,所以,索股锚跨张拉力控制也是悬索桥主缆索股架设施工控制的重要内容之一。此外,对锚跨索力进行监测、控制也为锚跨索股调整提供了便利,因此,对锚跨索股张拉力的控制是十分有必要的。索股锚跨张力测控的主要工作包括:

(1)通过锚跨索股张拉力计算得到锚跨主缆索股张拉力控制值。

(2)在施工过程中对锚跨索股张拉力进行监测、控制,验证其与理论值的差值,并控制索股张力值的均匀性。

(3)索股架设施工完成后需对锚跨索股进行反复调整处理,将索股锚固时张拉力调整至设计值。

当中跨、边跨的高程调整完成后,即可进行锚跨的张拉。锚跨张力监测设备采用JM-176锚索测力计(图3-3-46)和JMM-268索力动测仪(图3-3-47),同时结合现场标定的千斤顶油压表数据对锚跨张力进行测控。

 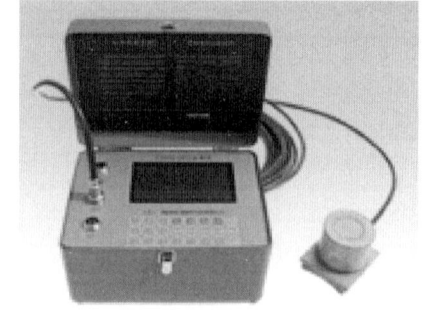

图 3-3-46　JM-176 锚索测力计　　　　图 3-3-47　JMM-268 索力动测仪

传感器测试数据较为准确,可作为索力动测仪测得数据误差分析及参数识别的参考值,合理地选取部分索股布置压力环,可较为准确地反映整个锚跨张力的真实分布。索力动测仪的测量方便快捷,但是使用前必须进行必要的标定、参数识别及误差分析,并与压力环传感器测试结果进行比较。锚跨张力的后期观测主要使用频率法。标定过的千斤顶油压表也具备一定的测量精度,现场可作为锚跨张力的参考值之一,故将其纳入锚跨张力的监测设备之中,形成索股锚跨张力监测的三控体系。

锚跨张力测试选取 5%～10% 的索股安装锚索测力计测试锚跨张力。锚跨张力监测如图 3-3-48 所示。

6. 主缆表面温度监测

主缆表面温度监测选用红外温度测试仪进行。测试选取主缆具有代表性的截面进行观测。

观测开始时,安排 5 组观测人员持红外温度测试仪分别位于锚室、塔顶及主跨跨中位置处,同时测取主缆表面的温

图 3-3-48　锚跨张拉监测

度,每个截面每次应测试不少于 4 次表面温度,并取平均值作为该截面的代表温度。所有控制截面表面温度汇总后,可分别每两个控制点温度数据取平均值作为该跨主缆代表温度。

主缆索股温度测点布置图如图 3-3-49 所示。

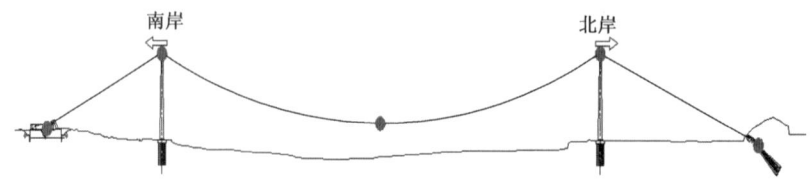

图 3-3-49　主缆索股温度测点布置图

7. 空缆线形监测成果

所有主缆索股架设完成后,应对空缆线形进行连续观测,观测内容包括:

(1)不同温度条件下空缆垂度变化。

(2)不同温度条件下塔顶变位情况。

(3)后锚的变位情况。

空缆线形的观测点布置在两边跨的四分点以及中跨的八分点处,全桥共 26 个观测点。主缆(索股)线形观测点布置如图 3-3-50 所示。空缆线形观测完毕后形成空缆线形监测报告,经确定空缆线形稳定且架设误差符合规范要求后,方可进行后续施工。

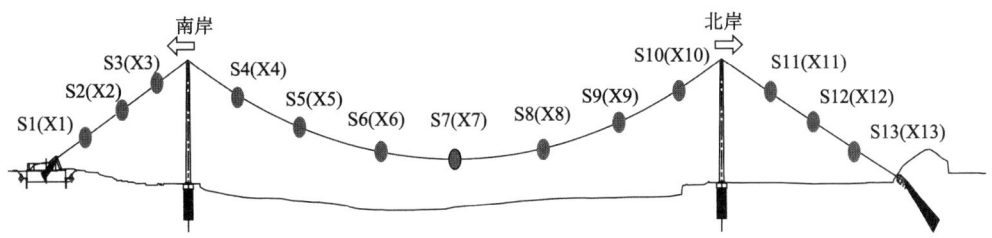

说明:
1. 图中尺寸单位为mm;
2. 图中红色实心点代表主缆线形观测点;
3. 主缆线形测点布置在边跨4分点,中跨八分点;
4. 主缆架设阶段索股线形控制点为S2(X2)、S7(X7)、S12(X12)。
5. 加劲梁高程测点布置在上下游吊索内侧及中线附近,每个断面共三个测点。

图 3-3-50　主缆(索股)线形观测点布置

通过 2020 年 11 月 1—3 日连续 3 天对空缆线形观测,空缆线形处于稳定状态且误差均小于规范要求。取 3 天空缆线形误差均值作为伍家岗长江大桥最终空缆线形,用于后续索夹及吊索长度计算。伍家岗长江大桥空缆线形观测数据误差分析表见表 3-3-62、表 3-3-63。

上游空缆线形观测数据误差分析表(单位:m)　　　　表 3-3-62

截面位置		第1天误差值	第2天误差值	第3天误差值	误差均值
中跨	1/4 里程	0.002	0.017	0.007	0.009
	1/2 里程	-0.001	0.000	0.001	0.000
	3/4 里程	0.004	-0.007	0.001	-0.001
南边跨	1/4 里程	0.003	-0.002	0.013	0.005
	1/2 里程	0.002	0.010	0.001	0.004
	3/4 里程	-0.004	-0.007	0.002	-0.003
北边跨	1/4 里程	-0.002	0.003	-0.002	0.000
	1/2 里程	0.008	0.005	0.005	0.006
	3/4 里程	0.001	-0.001	0.004	0.001

下游空缆线形观测数据误差分析表（单位：m）　　　表3-3-63

截面位置		第1天误差值	第2天误差值	第3天误差值	误差均值
中跨	1/4里程	0.007	0.014	0.009	0.010
	1/2里程	0.002	-0.004	0.002	0.000
	3/4里程	0.009	-0.006	0.003	0.002
南边跨	1/4里程	0.006	-0.007	0.005	0.001
	1/2里程	0.006	0.003	-0.003	0.002
	3/4里程	-0.008	0.004	-0.007	-0.004
北边跨	1/4里程	0.003	-0.005	0.000	-0.001
	1/2里程	0.008	-0.003	0.006	0.004
	3/4里程	-0.007	-0.004	0.002	-0.003

十三、索夹安装阶段监测

1. 主要工作内容

（1）监测吊索中心线和主缆中心线在空缆线形下的坐标。

（2）修正吊索无应力长度。

2. 索夹放样控制原理

索夹在空缆时的位置与成桥时的位置有很大的差异，只有准确地计算出这种差异，才能保证成桥时吊索处于设计的竖直位置，因此，空缆索夹坐标放样控制是缆索系统施工控制中一个重要的环节。

预紧缆完成后需进行索夹放样、安装施工，索夹放样时同样需要考虑温度及索塔偏位的影响，索夹放样时根据施测温度及索塔偏位数据对索夹放样坐标进行修正，再根据修正后计算得到的索夹放样坐标进行索夹放样。实际施工过程中，索夹放样时还要考虑主缆索股随主索鞍顶推而产生的位移影响。其计算方式与考虑塔偏及温度影响时对主缆基准索股垂度坐标修正的思路类似，将塔偏数据及温度修正带入各索夹放样坐标计算公式中，即可得到经过索塔偏位及温度修正后的索夹放样坐标计算公式。

得到索夹放样计算表后，需对索夹放样施工时索塔偏位及温度数据进行精确测量，并将测量得到的稳定数据带入计算表中，得到经过温度及塔偏修正后的索夹放样坐标，再进行索夹安装施工。完成索夹安装施工后，再对安装完成后的索夹位置进行复测，并根据复测数据评定索夹安装精度；若出现较大偏差，应及时调整索夹安装位置，保证索夹安装施工的施工精度。

3. 监测方法及工作流程

主缆架设完成后，根据实测空缆线形、塔顶位置、后锚位置及散索鞍位置并结合成桥目标状态重新计算索夹的安装位置及相应的吊索长度，通过控制索夹安装位置和调整吊索长度消除主缆架设误差的影响并使成桥状态逼近设计状态。

索夹安装阶段的监测主要是监测索夹放样位置。由于随着吊杆的张拉，吊杆与主缆连接点将发生沿桥梁轴线的水平位移，这有可能导致成桥后吊杆不是竖直状态。为了减小这种偏移的影响，需要在吊杆索夹安装时就预留好预偏量。

索夹的施工放样在悬索桥施工中是相当重要的一环。索夹的位置准确与否，关系到结构受力状况，因此，当紧缆成形后，放松散索点前后的约束，在气温稳定的夜间测定主缆线形，并根据实测线形，按照每个索夹至主塔中心的设计距离计算索夹位置，用全站仪在主缆的相应位置上放出天顶线及索夹位置线。测量时应注意修正温差的影响，以利于白天安装时精确定位。

(1) 准备工作。主缆紧缆完成以后，根据实测得到的主缆的线形、主索鞍与散索鞍间的实际里程以及跨径作为索夹的施工放样的初始数据。

(2) 数据计算。索夹放样之前，必须进行换算计算，为测量放样准备数据，其主要包括三部分内容：一是吊索中心线与主缆的中心线交点在空缆状态下的坐标计算；二是吊索中心线与主缆的天顶线交点的坐标计算；三是该天顶线交点到索夹两端的距离。对于第一部分，需根据实测的主缆空缆线形计算得出。天顶线交点到索夹两端的距离计算公式详见施工测量技术的相关内容。

(3) 现场实测。索夹放样时，首先应放出天顶线。天顶线随温度的变化而变化，施测时，测站点和后视点均设置在索塔的塔顶，测量放样应选择在风小和夜间温度稳定的时候进行，因为在夜间，主缆的顺桥向和横桥向温度、主缆的内外温度以及上、下游主缆间的温度差较小，主缆不发生扭转；通过对主缆的温度进行昼夜观测，找出温度变化相对稳定的时段，放样时间就选择在这一时段。当主缆线形确定后，白天沿主缆的曲线把索夹的粗略位置在主缆上做临时标记。夜间，在空缆状态下把临时标记作为参考，进行索夹正确位置的放样。由于高空作业工作场面狭小，拟采用全站仪的红外线测距法。另外，索夹中心里程是根据特定的结构状态计算出来的，实际操作时，结构的实际状态与计算采用的状态存在一定误差，因此，在放样时必须进行修正。

①数据修正。在放样开始，对相应的跨径进行测量，得到一个数值$L_测$，再根据计算所采用的跨径$L_计$就得到一个修正系数：$n = (L_测 - L_计)/L_计$，$S_修 = S_计(n+1)$，其中$S_计$为计算的里程值，$S_修$为修正后的里程值。

②现场放样。详见施工测量技术章节。

③放样复核。详见施工测量技术章节。

4. 吊索无应力长度修正

在完成前述工作后，再根据复测数据对吊索无应力长度进行修正，以保证钢箱梁吊装完成后能达到预期制造线形的目标。

完成索夹放样施工并复测索夹安装位置坐标后，即开始吊索索股安装施工。索股安装完成后，就可以通过缆载式起重机吊装钢箱梁安装到位，并对钢箱梁进行临时锚固。由于钢箱梁和吊索索股都是预先在预制生产完成的，现场只进行安装施工，此过程中对预制索股及钢箱梁的制造精度要求较高,故现场施工控制以施工工艺控制为主。

5.索夹放样位置控制结果

索夹定位测量复测数据见表3-3-64。

索夹定位测量复测数据　　　　　　　表3-3-64

编号	里程理论数据(m)		里程实测数据(m)		差值(mm)	
	上游	下游	上游	下游	上游	下游
1	596.2598	596.2606	596.2632	596.2609	3.4	0.3
2	611.4412	611.4425	611.4459	611.4380	4.7	-4.5
3	626.6084	626.6103	626.6093	626.6146	0.9	4.3
4	641.7636	641.7659	641.7588	641.7685	-4.8	2.6
5	656.9081	656.9108	656.9034	656.9131	-4.7	2.3
6	672.0435	672.0466	672.0424	672.0456	-1.1	-1
7	687.1708	687.1742	687.1667	687.1725	-4.1	-1.7
8	702.2897	702.2935	702.2941	702.2965	4.4	3
9	717.4003	717.4043	717.4000	717.4047	-0.3	0.4
10	732.5025	732.5067	732.5014	732.5068	-1.1	0.1
11	747.5964	747.6008	747.5972	747.6050	0.8	4.2
12	762.6820	762.6866	762.6821	762.6886	0.1	2
13	777.7595	777.7641	777.7619	777.7677	2.4	3.6
14	792.8289	792.8337	792.8307	792.8347	1.8	1
15	807.8906	807.8954	807.8931	807.8985	2.5	3.1
16	822.9447	822.9495	822.9441	822.9523	-0.6	2.8
17	837.9914	837.9962	837.9952	837.9971	3.8	0.9
18	853.0310	853.0358	853.0349	853.0362	3.9	0.4
19	868.0636	868.0683	868.0656	868.0678	2	-0.5
20	883.0896	883.0942	883.0922	883.0930	2.6	-1.2
21	898.1092	898.1137	898.1126	898.1100	3.4	-3.7
22	913.1226	913.1270	913.1249	913.1231	2.3	-3.9
23	928.1303	928.1344	928.1275	928.1343	-2.8	-0.1
24	943.1324	943.1364	943.1286	943.1339	-3.8	-2.5
25	958.1292	958.1330	958.1328	958.1305	3.6	-2.5
26	973.1212	973.1248	973.1204	973.1295	-0.8	4.7
27	988.1087	988.1120	988.1070	988.1135	-1.7	1.5
28	1003.0920	1003.0951	1003.0895	1003.0982	-2.5	3.1
29	1018.0715	1018.0743	1018.0745	1018.0780	3	3.7
30	1033.0474	1033.0500	1033.0504	1033.0471	3	-2.9

续上表

编　号	里程理论数据(m)		里程实测数据(m)		差值(mm)	
	上游	下游	上游	下游	上游	下游
31	1048.0203	1048.0225	1048.0172	1048.0238	-3.1	1.3
32	1062.9904	1062.9923	1062.9904	1062.9881	0	-4.2
33	1077.9582	1077.9598	1077.9584	1077.9626	0.2	2.8
34	1092.9240	1092.9253	1092.9269	1092.9254	2.9	0.1
35	1107.8882	1107.8891	1107.8929	1107.8933	4.7	4.2
36	1122.8512	1122.8518	1122.8499	1122.8490	-1.3	-2.8
37	1137.8134	1137.8137	1137.8102	1137.8134	-3.2	-0.3
38	1152.7752	1152.7752	1152.7784	1152.7730	3.2	-2.2
39	1167.7370	1167.7367	1167.7369	1167.7367	-0.1	0
40	1182.6992	1182.6986	1182.6972	1182.6963	-2	-2.3
41	1197.6622	1197.6612	1197.6662	1197.6620	4	0.8
42	1212.6264	1212.6251	1212.6249	1212.6246	-1.5	-0.5
43	1227.5922	1227.5906	1227.5913	1227.5881	-0.9	-2.5
44	1242.5600	1242.5580	1242.5634	1242.5551	3.4	-2.9
45	1257.5301	1257.5278	1257.5320	1257.5308	1.9	3
46	1272.5029	1272.5004	1272.4982	1272.4985	-4.7	-1.9
47	1287.4789	1287.4761	1287.4805	1287.4756	1.6	-0.5
48	1302.4583	1302.4552	1302.4603	1302.4535	2	-1.7
49	1317.4416	1317.4383	1317.4422	1317.4382	0.6	-0.1
50	1332.4291	1332.4255	1332.4252	1332.4232	-3.9	-2.3
51	1347.4211	1347.4173	1347.4190	1347.4167	-2.1	-0.6
52	1362.4179	1362.4139	1362.4224	1362.4098	4.5	-4.1
53	1377.4200	1377.4158	1377.4171	1377.4144	-2.9	-1.4
54	1392.4276	1392.4232	1392.4263	1392.4204	-1.3	-2.8
55	1407.4410	1407.4365	1407.4424	1407.4331	1.4	-3.4
56	1422.4606	1422.4560	1422.4625	1422.4598	1.9	3.8
57	1437.4865	1437.4818	1437.4911	1437.4825	4.6	0.7
58	1452.5191	1452.5144	1452.5214	1452.5166	2.3	2.2
59	1467.5587	1467.5539	1467.5541	1467.5581	-4.6	4.2
60	1482.6054	1482.6005	1482.6037	1482.5961	-1.7	-4.4
61	1497.6594	1497.6546	1497.6637	1497.6512	4.3	-3.4
62	1512.7211	1512.7163	1512.7207	1512.7182	-0.4	1.9
63	1527.7905	1527.7858	1527.7884	1527.7862	-2.1	0.4
64	1542.8679	1542.8633	1542.8721	1542.8630	4.2	-0.3

续上表

编号	里程理论数据(m)		里程实测数据(m)		差值(mm)	
	上游	下游	上游	下游	上游	下游
65	1557.9534	1557.9490	1557.9578	1557.9453	4.4	-3.7
66	1573.0472	1573.0430	1573.0432	1573.0445	-4	1.5
67	1588.1494	1588.1454	1588.1512	1588.1458	1.8	0.4
68	1603.2599	1603.2562	1603.2589	1603.2525	-1	-3.7
69	1618.3788	1618.3754	1618.3768	1618.3749	-2	-0.5
70	1633.5061	1633.5030	1633.5105	1633.4985	4.4	-4.5
71	1648.6414	1648.6386	1648.6438	1648.6418	2.4	3.2
72	1663.7859	1663.7836	1663.7816	1663.7817	-4.3	-1.9
73	1678.9409	1678.9391	1678.9438	1678.9355	2.9	-3.6
74	1694.1081	1694.1068	1694.1109	1694.1036	2.8	-3.2
75	1709.2894	1709.2887	1709.2941	1709.2896	4.7	0.9
76	579.0389	579.0315	579.0343	579.0351	-4.6	3.6
77	1726.5103	1726.5101	1726.5078	1726.5110	-2.5	0.9

6. 吊索下料长度修正

通过对主缆架设误差的识别，监控小组对吊索修正后的制作长度进行计算，并及时将数据提供给吊索加工单位组织生产。伍家岗长江大桥吊索制作长度参数见表3-3-65和表3-3-66。

上游吊索制作长度参数　　　　　表3-3-65

吊索编号	控制张拉力(kN)	销轴中心有应力长度 L(m)	
		远离跨中侧吊索($-b$)	靠近跨中侧吊索($-z$)
DS1	957.742	123.3893	123.3863
DS2	922.346	116.9218	116.9188
DS3	890.060	110.6468	110.6438
DS4	863.646	104.5588	104.5558
DS5	842.272	98.6532	98.6502
DS6	821.998	92.9257	92.9227
DS7	826.137	87.3729	87.3699
DS8	829.504	81.9950	81.9920
DS9	832.034	76.7924	76.7894
DS10	833.478	71.7650	71.7620
DS11	834.454	66.9125	66.9095
DS12	834.813	62.2351	62.2321
DS13	835.140	57.7324	57.7294

续上表

吊索编号	控制张拉力（kN）	销轴中心有应力长度 L(m)	
		远离跨中侧吊索($-b$)	靠近跨中侧吊索($-z$)
DS14	835.253	53.4065	53.4037
DS15	835.254	49.2593	49.2565
DS16	835.343	45.2903	45.2877
DS17	835.276	41.4995	41.4970
DS18	835.341	37.8866	37.8842
DS19	835.254	34.4515	34.4492
DS20	835.343	31.1938	31.1916
DS21	835.339	28.1133	28.1113
DS22	835.209	25.2100	25.2081
DS23	835.214	22.4836	22.4818
DS24	835.445	19.9340	19.9323
DS25	835.073	17.5611	17.5595
DS26	835.314	15.3644	15.3630
DS27	835.329	13.3440	13.3426
DS28	835.176	11.4995	11.4983
DS29	835.318	9.8311	9.8300
DS30	835.164	8.3385	8.3375
DS31	835.320	7.0216	7.0208
DS32	835.143	5.8805	5.8798
DS33	835.315	4.9151	4.9145
DS34	835.308	4.1252	4.1247
DS35	835.138	3.5109	3.5106
DS36	835.330	3.0722	3.0719
DS37	835.139	2.8089	2.8088
DS38	835.332	2.7211	2.7211
DS39	835.140	2.8090	2.8088
DS40	835.330	3.0723	3.0720
DS41	835.131	3.5111	3.5107
DS42	835.316	4.1254	4.1249
DS43	835.313	4.9153	4.9147
DS44	835.141	5.8808	5.8801
DS45	835.316	7.0219	7.0211
DS46	835.160	8.3388	8.3379
DS47	835.312	9.8315	9.8304

续上表

吊索编号	控制张拉力（kN）	销轴中心有应力长度 L(m)	
		远离跨中侧吊索（-b）	靠近跨中侧吊索（-z）
DS48	835.168	11.5000	11.4988
DS49	835.320	13.3444	13.3431
DS50	835.301	15.3650	15.3635
DS51	835.058	17.5617	17.5601
DS52	835.426	19.9346	19.9329
DS53	835.191	22.4843	22.4825
DS54	835.181	25.2107	25.2088
DS55	835.305	28.1140	28.1120
DS56	835.301	31.1945	31.1923
DS57	835.204	34.4522	34.4499
DS58	835.283	37.8873	37.8849
DS59	835.212	41.5002	41.4977
DS60	835.277	45.2910	45.2884
DS61	835.198	49.2599	49.2572
DS62	835.219	53.4072	53.4043
DS63	835.125	57.7330	57.7300
DS64	834.809	62.2356	62.2326
DS65	834.455	66.9130	66.9100
DS66	833.480	71.7654	71.7624
DS67	832.038	76.7929	76.7899
DS68	829.511	81.9954	81.9924
DS69	826.149	87.3732	87.3702
DS70	822.018	92.9260	92.9230
DS71	842.277	98.6534	98.6504
DS72	863.649	104.5590	104.5560
DS73	890.052	110.6470	110.6440
DS74	922.307	116.9219	116.9189
DS75	957.639	123.3894	123.3864

注：b 表示边跨侧，z 表示中跨侧。

下游吊索制作长度参数　　　　表3-3-66

吊索编号	控制张拉力（kN）	销轴中心有应力长度 L(m)	
		远离跨中侧吊索（-b）	靠近跨中侧吊索（-z）
DS1	957.742	123.3891	123.3861
DS2	922.346	116.9215	116.9185
DS3	890.060	110.6464	110.6434

续上表

吊索编号	控制张拉力(kN)	销轴中心有应力长度 L(m)	
		远离跨中侧吊索($-b$)	靠近跨中侧吊索($-z$)
DS4	863.646	104.5583	104.5553
DS5	842.272	98.6526	98.6496
DS6	821.998	92.9250	92.9220
DS7	826.137	87.3721	87.3691
DS8	829.504	81.9942	81.9912
DS9	832.034	76.7915	76.7885
DS10	833.478	71.7639	71.7609
DS11	834.454	66.9114	66.9084
DS12	834.813	62.2339	62.2309
DS13	835.140	57.7311	57.7281
DS14	835.253	53.4052	53.4023
DS15	835.254	49.2578	49.2551
DS16	835.343	45.2888	45.2862
DS17	835.276	41.4980	41.4955
DS18	835.341	37.8850	37.8826
DS19	835.254	34.4498	34.4476
DS20	835.343	31.1921	31.1899
DS21	835.339	28.1116	28.1095
DS22	835.209	25.2082	25.2063
DS23	835.214	22.4818	22.4800
DS24	835.445	19.9321	19.9305
DS25	835.073	17.5592	17.5576
DS26	835.314	15.3625	15.3610
DS27	835.329	13.3420	13.3406
DS28	835.176	11.4975	11.4963
DS29	835.318	9.8290	9.8279
DS30	835.164	8.3364	8.3354
DS31	835.320	7.0195	7.0187
DS32	835.143	5.8784	5.8777
DS33	835.315	4.9129	4.9123
DS34	835.308	4.1231	4.1226
DS35	835.138	3.5088	3.5084
DS36	835.330	3.0700	3.0698
DS37	835.139	2.8067	2.8066

续上表

吊索编号	控制张拉力（kN）	销轴中心有应力长度 L(m)	
		远离跨中侧吊索($-b$)	靠近跨中侧吊索($-z$)
DS38	835.332	2.7189	2.7189
DS39	835.140	2.8068	2.8067
DS40	835.330	3.0701	3.0698
DS41	835.131	3.5089	3.5086
DS42	835.316	4.1232	4.1228
DS43	835.313	4.9132	4.9126
DS44	835.141	5.8787	5.8780
DS45	835.316	7.0198	7.0190
DS46	835.160	8.3367	8.3358
DS47	835.312	9.8294	9.8283
DS48	835.168	11.4979	11.4967
DS49	835.320	13.3424	13.3411
DS50	835.301	15.3630	15.3616
DS51	835.058	17.5597	17.5582
DS52	835.426	19.9327	19.9311
DS53	835.191	22.4824	22.4806
DS54	835.181	25.2089	25.2070
DS55	835.305	28.1123	28.1102
DS56	835.301	31.1928	31.1906
DS57	835.204	34.4505	34.4483
DS58	835.283	37.8857	37.8834
DS59	835.212	41.4987	41.4962
DS60	835.277	45.2895	45.2869
DS61	835.198	49.2585	49.2558
DS62	835.219	53.4058	53.4029
DS63	835.125	57.7317	57.7287
DS64	834.809	62.2344	62.2314
DS65	834.455	66.9119	66.9089
DS66	833.480	71.7644	71.7614
DS67	832.038	76.7919	76.7889
DS68	829.511	81.9945	81.9915
DS69	826.149	87.3724	87.3694
DS70	822.018	92.9253	92.9223
DS71	842.277	98.6528	98.6498

续上表

吊索编号	控制张拉力 (kN)	销轴中心有应力长度 L(m)	
		远离跨中侧吊索($-b$)	靠近跨中侧吊索($-z$)
DS72	863.649	104.5585	104.5555
DS73	890.052	110.6466	110.6436
DS74	922.307	116.9216	116.9186
DS75	957.639	123.3892	123.3862

十四、钢箱梁吊装阶段监测

1. 主要工作内容

(1) 根据施工工序,本阶段对主塔的应力、塔的偏位进行测量,主要以观测为主,掌握应力状态及其变化规律,注意塔的偏位变化。

(2) 观测第一节段吊装后主塔主要点应力,并对索塔控制截面的应力按钢箱梁拼装阶段进行连续观测。

(3) 钢箱梁吊装过程中线形及中线偏位监测。

(4) 吊装过程中锚跨张力监测。

(5) 吊装过程中吊索索力监测。

(6) 吊装过程中主缆线形监测。

(7) 吊装过程中钢箱梁关键截面应力监测。

(8) 钢箱梁安装完成后,选择典型代表天气,对主塔塔顶位移进行24h连续观测。

2. 监控工作流程

(1) 获取实际结构状态及材料状态参数,进行节段全面预拼装。

(2) 通过非线性计算,确定吊装顺序。

(3) 预测第一节段吊装后的主要点控制高程及主塔应力。

(4) 完成第一节段后实测高程、温度及主塔应力,并与预测值进行比较。如果高程预测值准确,还需比较主塔应力值;如果主塔应力超限,则对主索鞍进行顶推。顶推后,再次测量高程,如果达到预测值,可进行下一节段吊装;如果高程不符,则应找出原因,予以修正。

(5) 将前一阶段的实测状态参数代入非线性分析系统中,按修正后的施工顺序进行下一阶段的预测和施工。

(6) 根据固结(铰结)顺序,连接相邻两段或数段。重复以上过程至吊装完成。

3. 吊装前实际结构状态及材料参数的获取

本阶段对成桥线形的影响因素很多,一般来说有吊装钢箱梁前结构的实际状态、结构材料特性、温度场、施工荷载、施工中结构的实际受力体系、钢箱梁自重及尺寸、索鞍位置调整、加劲梁吊装及固结顺序、索夹的安装、吊索的长度等。

1)吊装前结构实际状态

吊装钢箱梁前结构的实际状态参数,特别是主缆成缆线形对结构的非线性计算有很大的影响,须对这些状态参数进行测定。

本阶段主要工作内容包括以下几项:

(1)索塔塔顶高程和纵向水平偏移的测定。选择主缆表面温度相对稳定时进行观测。

(2)散索鞍顶面中心高程测定。由于在紧缆后解除对散索鞍约束,导致散索鞍的初始倾角发生变化,因此,有必要在主缆表面温度相对稳定时对散索鞍顶面中心高程及其倾角再次进行测定。

(3)成缆线形的测定。成缆线形的测定与塔顶水平、纵向位移以及散索鞍顶中心高程测量的同一时间(同一温度)进行。施测时,确保主缆表面温度达到相对稳定。

(4)主鞍座纵向预偏量的测定。主鞍座纵向预偏量,可采用水平尺结合钢尺丈量的方法在塔顶直接量得。在塔顶量得的主鞍座纵向预偏量应扣除塔顶水平位移的影响,最终给出主鞍座中心相对于索塔理论中心的绝对预偏量。

(5)主缆成形后的直径测定。对主缆成形后的直径测定,选择主缆表面温度相对稳定时,在两边跨及跨中选择多个截面进行测定,最后取得平均值并修正到标准温度条件下。

通过对结构的实际状态进行观测,便得到整个结构非线性分析所需的结构初始状态,为结构的非线性分析计算做好准备工作。

2)结构材料特性

在结构计算中考虑混凝土塔的收缩与徐变;主缆及钢箱梁材料特性,依据实测数据而定。

3)温度场

在进行状态参数观测时,先进行温度观测,再利用计算程序进行温度场计算。此时的温度场沿纵向(索的方向)是变化的,缆索内外温度也是不同的。主缆横断面内的温度值,可采用该断面中各索股温度的平均值。首先,将主缆内部索股上布设有测温元件的断面的温度测试结果,做成温度分布图,分别算出所有内圈温度 $T_{内}$ 和外圈温度 $T_{外}$ 的平均值,且 $T_{内}$ 与 $T_{外}$ 的关系可用下式表示:$T_{内} = T_{外} + a$。假定值 a 值沿主缆长度为常数,则任意断面的主缆温度可以根据其外圈温度的测定值和由上式算出的 a 值按下式求得:$T = \sum(T_{外i} + a)/n$,其中 n 为主缆外圈温度测点数,$i = 1,2,3,\cdots$。

主缆横断面内索温的分布随机性很大,内外层温差受大气状况、风力大小等因素的影响。白天日照强度大,夜晚主缆内外温差就大;阴天无日照,夜晚主缆内外温差就小。风力大会加强缆索的通风散热,主缆内外温差会相对小一些;无风条件下,缆索自然散热,主缆内外温差会相对大一些。因此,每次测温时,应同时测定特定断面上的索温分布,求得 a 值,其他各个断面只需测定外圈温度,根据刚算出的 a 值,求得主缆各个测试断面的温度。

4）施工荷载

对于施工荷载，在每个阶段都进行实际统计，作为外荷载直接加到非线性结构计算中。

5）施工中结构的实际受力体系

从施工过程来看，对结构实际受力体系影响最大的因素有钢箱梁吊装及固结或铰接顺序、施工猫道，由于之前钢箱梁的施工方案已确定，因此，在结构计算中须按确定的钢箱梁吊装及固结顺序方案进行计算；至于施工猫道，可将其视为结构体系中的一部分，直接代入非线性分析系统中一并考虑。

6）钢箱梁自重及尺寸

在钢箱梁加工好后，对其尺寸进行现场量取。至于其重量，可以在施工现场用油压千斤顶对其进行称重。

4. 主索鞍顶推监控

在钢箱梁吊装过程中，中跨主缆所承受的荷载在不断增大，在索鞍位置引起的不平衡水平分力也在不断增大，因此，在钢箱梁吊装过程中，需要根据预定钢箱梁吊装过程索鞍退回量分批次向中跨顶推索鞍，通过索鞍的位移及中跨索股矢跨比的变化来平衡钢箱梁何在引起的不平衡水平分力。在此过程中，应严格控制索塔塔底弯矩及应力值，保证索塔在钢箱梁架设过程中处于安全范围内。

大跨径悬索桥的预偏量较大，一般采用主索鞍的鞍座向边跨侧偏移的方法设置预偏量，在以后的施工过程中，逐步顶推主索鞍，目的是保证索塔的受力在允许的范围内。因此，在吊装工作开始前，要计算出各个吊装阶段的控制数据，按计算出的主索鞍顶推量、分阶段顶推，控制顶推时机和顶推量等数据。

主索鞍分阶段顶推的控制方法如下：

（1）首先根据索塔设计承载能力及其施工过程中对索塔塔身控制截面应力的设计要求，推算出塔顶在纵桥向容许最大水平位移。

（2）按照施工顺序划分阶段，假定主索鞍在塔顶处于自由滑移状态，在计入预定施工临时荷载的情况下，确定主索鞍在施工各个阶段的滑移历程曲线。

（3）以塔顶容许最大水平位移的 0.7 倍为控制值，依据主索鞍滑移历程曲线确定主索鞍的顶推阶段和顶推量。主索鞍预偏量在成桥之前，不应全部顶推完成，应留有一定的预偏量待成桥后再顶推完成，以利调整成桥状态索塔的受力。

（4）施工过程中跟踪测量索塔塔身控制截面的应力和塔顶纵桥向的水平变位，并与给定控制值进行比较，确定出修正调整量。

5. 钢箱梁线形及中线偏位监测

钢箱梁线形和中线偏位测量方法详见施工测量技术的相关内容，本处从略。

钢箱梁线形测量结果误差分析统计表见表 3-3-67。

钢箱梁线形测量结果误差分析统计表(单位:m)　　　　表 3-3-67

里程	实　测　值			理　论　值			实测值 - 理论值			上下游高差
	上游	中线	下游	上游	中线	下游	上游	中线	下游	
597.246	76.370	76.654	76.367	76.402	76.667	76.402	-0.032	-0.013	-0.035	0.004
612.246	76.616	76.880	76.610	76.648	76.913	76.648	-0.032	-0.034	-0.038	0.006
627.246	76.841	77.126	76.841	76.884	77.149	76.884	-0.042	-0.023	-0.043	0.001
642.246	77.080	77.336	77.063	77.113	77.378	77.113	-0.033	-0.042	-0.050	0.017
657.246	77.294	77.577	77.272	77.336	77.601	77.336	-0.042	-0.024	-0.064	0.022
672.246	77.515	77.786	77.496	77.561	77.826	77.561	-0.046	-0.040	-0.065	0.019
687.246	77.753	78.006	77.729	77.788	78.053	77.788	-0.036	-0.048	-0.059	0.023
702.246	77.999	78.249	77.971	78.015	78.280	78.015	-0.016	-0.031	-0.044	0.029
717.246	78.225	78.492	78.210	78.241	78.506	78.241	-0.015	-0.014	-0.031	0.015
732.246	78.478	78.734	78.452	78.463	78.728	78.463	0.015	0.006	-0.012	0.026
747.246	78.707	78.971	78.689	78.684	78.949	78.684	0.023	0.023	0.005	0.018
762.246	78.933	79.187	78.917	78.902	79.167	78.902	0.031	0.020	0.015	0.016
777.246	79.180	79.447	79.164	79.117	79.382	79.117	0.063	0.066	0.047	0.016
792.246	79.423	79.694	79.393	79.326	79.591	79.326	0.097	0.103	0.066	0.031
807.246	79.652	79.912	79.624	79.529	79.794	79.529	0.123	0.118	0.095	0.028
822.246	79.855	80.120	79.837	79.723	79.988	79.723	0.132	0.132	0.114	0.018
837.246	80.035	80.295	80.028	79.910	80.175	79.910	0.125	0.119	0.118	0.007
852.246	80.246	80.503	80.235	80.089	80.354	80.089	0.157	0.149	0.146	0.011
867.246	80.441	80.702	80.440	80.260	80.525	80.260	0.181	0.177	0.180	0.001
882.246	80.615	80.885	80.615	80.423	80.688	80.423	0.192	0.197	0.192	0.000
897.246	80.789	81.065	80.797	80.578	80.843	80.578	0.211	0.222	0.219	-0.008
912.246	80.930	81.213	80.939	80.724	80.989	80.724	0.206	0.224	0.215	-0.009
927.246	81.081	81.366	81.082	80.862	81.127	80.862	0.219	0.238	0.220	-0.001
942.246	81.214	81.503	81.220	80.992	81.257	80.992	0.222	0.246	0.228	-0.006
957.246	81.337	81.618	81.352	81.113	81.378	81.113	0.224	0.240	0.239	-0.015
972.246	81.462	81.734	81.469	81.226	81.491	81.226	0.236	0.243	0.243	-0.007
987.246	81.566	81.846	81.579	81.330	81.595	81.330	0.236	0.251	0.249	-0.013
1002.246	81.652	81.934	81.670	81.425	81.690	81.425	0.227	0.244	0.245	-0.018
1017.246	81.764	82.034	81.779	81.512	81.777	81.512	0.252	0.257	0.268	-0.016
1032.246	81.841	82.099	—	81.589	81.854	81.589	0.252	0.245	—	—
1047.246	81.881	82.185	—	81.658	81.923	81.658	0.223	0.262	—	—

续上表

里程	实测值			理论值			实测值-理论值			上下游高差
	上游	中线	下游	上游	中线	下游	上游	中线	下游	
1062.246	81.951	82.220	81.984	81.717	81.982	81.717	0.234	0.238	0.267	-0.033
1077.246	81.991	82.277	82.016	81.768	82.033	81.768	0.223	0.244	0.249	-0.026
1092.246	82.028	82.314	82.061	81.809	82.074	81.809	0.219	0.240	0.252	-0.033
1107.246	82.066	82.344	82.096	81.841	82.106	81.841	0.225	0.238	0.254	-0.029
1122.246	82.082	82.354	—	81.864	82.129	81.864	0.217	0.225	—	—
1137.246	82.082	82.366	82.118	81.878	82.143	81.878	0.204	0.223	0.240	-0.036
1152.246	82.111	82.363	82.141	81.883	82.148	81.883	0.228	0.215	0.258	-0.030
1167.246	82.101	82.340	82.123	81.878	82.143	81.878	0.224	0.197	0.245	-0.022
1182.246	82.082	—	82.103	81.864	82.129	81.864	0.218	—	0.239	-0.021
1197.246	82.050	82.324	82.076	81.841	82.106	81.841	0.209	0.218	0.234	-0.026
1212.246	82.015	82.292	82.037	81.809	82.074	81.809	0.206	0.218	0.228	-0.021
1227.246	—	82.244	81.987	81.768	82.033	81.768	—	0.211	0.220	—
1242.246	—	—	81.942	81.717	81.982	81.717	—	—	0.225	—
1257.246	81.852	—	81.871	81.658	81.923	81.658	0.195	—	0.214	-0.019
1272.246	81.778	82.055	81.799	81.589	81.854	81.589	0.189	0.201	0.210	-0.021
1287.246	81.707	81.982	81.733	81.511	81.776	81.511	0.196	0.206	0.221	-0.025
1302.246	81.621	81.900	81.649	81.425	81.690	81.425	0.196	0.210	0.224	-0.028
1317.246	81.529	81.805	81.552	81.330	81.595	81.330	0.199	0.210	0.223	-0.023
1332.246	81.424	81.699	81.452	81.226	81.491	81.226	0.198	0.208	0.226	-0.028
1347.246	81.311	81.593	81.341	81.113	81.378	81.113	0.198	0.215	0.228	-0.030
1362.246	81.190	81.474	81.216	80.992	81.257	80.992	0.199	0.217	0.224	-0.025
1377.246	81.056	81.337	81.077	80.862	81.127	80.862	0.194	0.210	0.215	-0.021
1392.246	80.918	81.197	80.936	80.724	80.989	80.724	0.194	0.208	0.212	-0.018
1407.246	80.763	81.045	80.790	80.577	80.842	80.577	0.186	0.202	0.212	-0.026
1422.246	80.611	80.884	80.637	80.423	80.688	80.423	0.189	0.196	0.214	-0.025
1437.246	80.436	80.711	80.452	80.260	80.525	80.260	0.176	0.187	0.192	-0.016
1452.246	80.226	80.504	80.249	80.089	80.354	80.089	0.137	0.150	0.160	-0.023
1467.246	80.035	80.307	80.054	79.910	80.175	79.910	0.125	0.132	0.144	-0.019
1482.246	79.844	80.117	79.860	79.723	79.988	79.723	0.121	0.129	0.137	-0.016
1497.246	79.639	79.910	79.652	79.528	79.793	79.528	0.110	0.117	0.124	-0.014
1512.246	79.426	79.703	79.437	79.326	79.591	79.326	0.100	0.112	0.111	-0.011
1527.246	79.165	79.447	79.178	79.116	79.381	79.116	0.049	0.065	0.061	-0.012
1542.246	78.925	79.205	78.925	78.901	79.166	78.901	0.024	0.039	0.023	0.000
1557.246	78.708	78.985	78.704	78.684	78.949	78.684	0.025	0.036	0.021	0.004

续上表

里程	实 测 值			理 论 值			实测值－理论值			上下游高差
	上游	中线	下游	上游	中线	下游	上游	中线	下游	
1572.246	78.477	78.750	78.471	78.463	78.728	78.463	0.014	0.021	0.007	0.006
1587.246	78.252	78.518	78.243	78.240	78.505	78.240	0.012	0.012	0.003	0.009
1602.246	78.006	78.268	78.009	78.015	78.280	78.015	-0.008	-0.011	-0.006	—
1617.246	—	78.033	77.778	77.788	78.053	77.788	—	-0.020	-0.010	
1632.246	—	77.801	77.527	77.561	77.826	77.561	—	-0.025	-0.034	
1647.246	—	77.595	77.300	77.336	77.601	77.336	—	-0.006	-0.035	
1662.246	77.076	77.341	77.067	77.112	77.377	77.112	-0.037	-0.036	-0.045	0.008
1677.246	76.830	77.101	76.826	76.883	77.148	76.883	-0.053	-0.047	-0.058	0.004
1692.246	76.593	76.869	76.584	76.648	76.913	76.648	-0.055	-0.044	-0.064	0.009
1707.246	76.340	76.615	76.337	76.402	76.667	76.402	-0.062	-0.052	-0.064	0.003

由表中分析可得：

（1）中跨钢箱梁高程最大误差为26.8cm。该项误差集中在跨中节段,从跨中截面向端梁方向误差逐渐减少至－1.3cm。经监控组分析,该项误差为钢箱梁实际质量较设计钢箱梁精细化统计质量轻所致,与主缆垂度误差吻合。该项误差最终影响钢箱梁纵坡约为0.05%,影响值较小,钢箱梁合龙后可重新拟合成桥线形。

（2）中跨钢箱梁上下游高差值最大为－3.6cm。该项误差集中在跨中节段,从跨中截面向端梁方向误差逐渐减少至0.3cm。经监控组分析,该项误差与主缆垂度误差吻合。

钢箱梁上游、中线、下游高程拟合曲线分别如图3-3-51～图3-3-53所示。

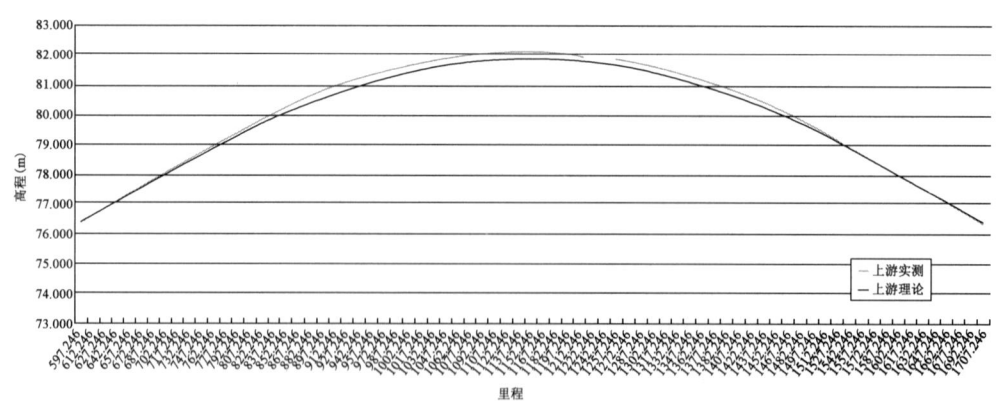

图3-3-51　钢箱梁上游高程拟合曲线

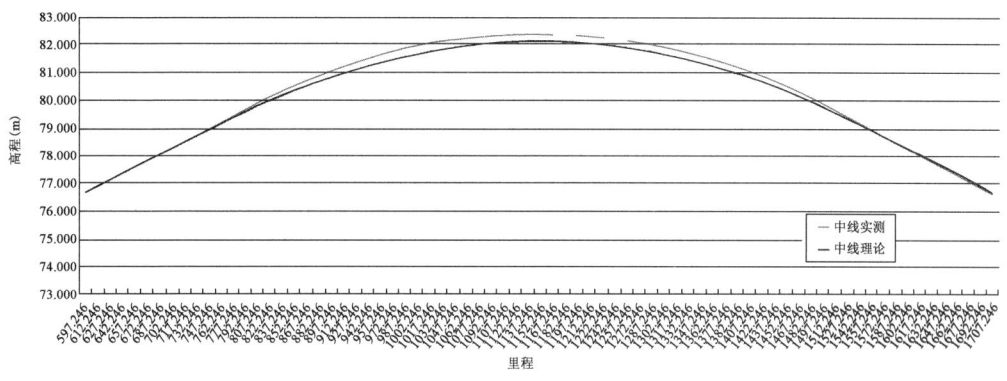

图 3-3-52　钢箱梁中线高程拟合曲线

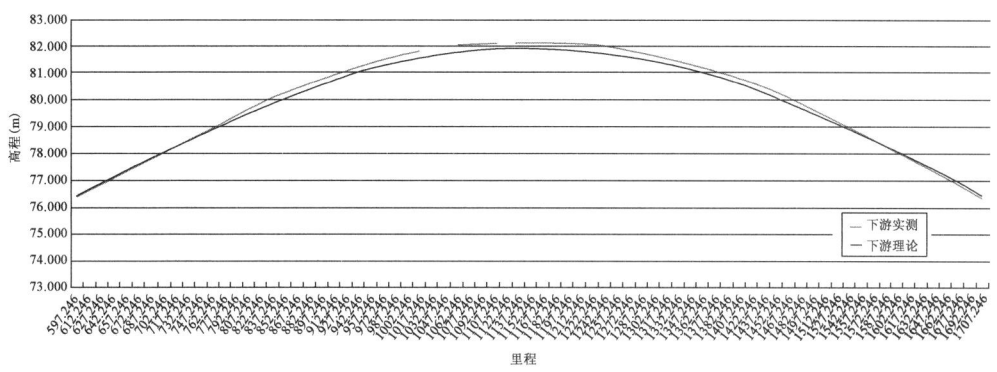

图 3-3-53　钢箱梁下游高程拟合曲线

由图 3-3-51～图 3-3-53 可知,实测桥面线形平顺,无明显折点。

6. 吊装过程中锚跨张力监测

主缆锚跨索股张力是悬索桥施工过程中最重要监测指标之一,通过监测张力,能够及时调整索股张拉程度,修正与目标索力误差,确保在钢箱梁吊装过程中主缆线形符合设计要求。

监测时,采用各层锚索测力计测得索力值对同一索股频率法测得索力进行修正,识别索股边界条件,对该层所有索股适用于相同的索股长度修正量。最终频率法采用修正后的索长进行计算所得索力为该层索股最终索力值。频率法测索力计算公式为 $T=4ml^2f^2$。其中,m 为索股线密度,91 丝索股取 20.198kg/m,127 丝索股取 28.188kg/m;f 为实测索股基频;l 为索股计算长度。也就是说,利用锚索测力计测出的实测索力对相同条件下同步用索力动测仪测得的基频值进行修正计算,以计算出修正后的锚跨索股计算长度,作为实际的锚跨索股长度。

根据索股基频及改正后索股计算长度可计算索股现阶段索力,同时对锚跨张力均修正至基准 20℃。在此环境温度及工况荷载下,将实测索力与理论值进行比较,南岸锚跨

张力误差最大值为 -5.5%，北岸锚跨张力误差最大值为 -5.6%。在此工况下，各跨锚跨张力控制较为均衡且接近理论值。由此说明，在此阶段锚跨索力控制情况良好。

7. 吊装过程中主缆线形监测

钢箱梁吊装过程中，主缆控制点一般选取两边跨跨中、中跨 $L/4$、$L/2$、$3L/4$ 五个点作为高程控制点，其中以中跨跨中点最敏感、最为重要。吊装前须计算出各吊装阶段控制点的理论高程，实际施工过程中，对各个施工阶段实测值与理论值进行比较，及时提出调整方案。

钢箱梁吊装过程中线形监测采用两台全站仪，用中间法三角高程同时对原有主缆线形测点进行观测，并对测量成果进行地球曲率和大气折光修正。

8. 吊装过程中钢箱梁焊接时机的确定

吊装过程中钢箱梁焊接时机确定的内容，详见关键技术和科研创新的相关内容，此处从略。

十五、成桥状态监测成果

1. 主要工作内容

本阶段主要在原有监控控制点的基础上对主缆线形、主缆索股锚跨张力、吊索索力、桥面线形、桥塔偏位进行全面测量。

2. 主塔偏位测量结果

主塔偏位测量结果见表 3-3-68。

主塔偏位测量结果（单位：m）　　　　表 3-3-68

工　况	测点位置	实测里程	主塔偏位
初值	江北	上游 1735.6960	—
		下游 1735.7190	—
成桥		上游 1735.7591	0.0631
		下游 1735.7818	0.0628
初值	江南	上游 568.7810	—
		下游 568.9237	—
成桥		上游 568.7313	-0.0497
		下游 568.8924	-0.0313

由上表可知，成桥状态下，江南侧主塔偏位均值为 4.0cm，偏向南引桥侧；江北侧主塔偏位均值为 6.3cm，偏向北引桥侧；主塔偏位整体情况控制良好。

3. 主缆线形测试结果

主缆线形测试结果见表 3-3-69、表 3-3-70。

上游主缆线形测试结果（单位：m）　　　　　表3-3-69

截面位置		实测高程	中心理论高程	误差（实测－理论）
中跨	1/4里程	115.095	114.978	0.117
	1/2里程	83.001	82.855	0.146
	3/4里程	115.059	114.935	0.124
南边跨	1/2里程	147.020	146.973	0.047
北边跨	1/2里程	130.678	130.645	0.033

下游主缆线形测试结果（单位：m）　　　　　表3-3-70

截面位置		实测高程	中心理论高程	误差（实测－理论）
中跨	1/4里程	115.082	114.976	0.106
	1/2里程	82.985	82.851	0.134
	3/4里程	115.046	114.932	0.114
南边跨	1/2里程	147.067	147.016	0.051
北边跨	1/2里程	130.664	130.623	0.041

由表3-3-69、表3-3-70可知，上游侧主缆线形偏差最大为14.6cm，出现在跨中；下游侧主缆线形偏差最大为13.6cm，出现在跨中；两侧主缆整体偏差情况良好，相同的位置偏差基本保持一致，说明两侧主缆相对位置较小，成桥后的主缆状态较好。

4. 锚跨张力测试结果

锚跨张力误差分析统计表见表3-3-71～表3-3-74，表中数据均为修正至设计温度20℃条件下统计的结果。其中，成桥状态下南岸每根索股锚跨张力理论值为2197.7kN，北岸每根索股锚跨张力理论值为2150.0kN。

南岸上游锚跨张力误差分析统计表　　　　　表3-3-71

索股编号	实测索力（kN）	误差（%）	索股编号	实测索力（kN）	误差（%）
1号	2244.5	2.13	14号	2246.7	2.23
2号	2202.1	0.20	15号	2213.5	0.72
3号	2146.5	－2.33	16号	2178.8	－0.86
4号	2192.2	－0.25	17号	2259.9	2.83
5号	2129.6	－3.10	18号	2166.5	－1.42
6号	2230.2	1.48	19号	2244.3	2.12
7号	2199.0	0.06	20号	2156.8	－1.86
8号	2237.5	1.81	21号	2225.8	1.28
9号	2159.7	－1.73	22号	2183.9	－0.63
10号	2257.3	2.71	23号	2276.6	3.59
11号	2155.1	－1.94	24号	2230.9	1.51
12号	2140.6	－2.60	25号	2115.1	－3.76
13号	2148.7	－2.23	26号	2199.2	0.07

续上表

索股编号	实测索力(kN)	误差(%)	索股编号	实测索力(kN)	误差(%)
27号	2153.7	-2.00	60号	2230.9	1.51
28号	2161.0	-1.67	61号	2250.7	2.41
29号	2254.8	2.60	62号	2154.0	-1.99
30号	2132.0	-2.99	63号	2205.8	0.37
31号	2148.3	-2.25	64号	2205.8	0.37
32号	2138.8	-2.68	65号	2223.4	1.17
33号	2252.4	2.49	66号	2169.3	-1.29
34号	2234.6	1.68	67号	2211.3	0.62
35号	2144.1	-2.44	68号	2126.5	-3.24
36号	2252.4	2.49	69号	2097.9	-4.54
37号	2140.8	-2.59	70号	2236.8	1.78
38号	2178.1	-0.89	71号	2264.1	3.02
39号	2264.5	3.04	72号	2155.1	-1.94
40号	2212.4	0.67	73号	2271.5	3.36
41号	2217.5	0.90	74号	2241.2	1.98
42号	2146.1	-2.35	75号	2249.1	2.34
43号	2177.0	-0.94	76号	2192.4	-0.24
44号	2228.2	1.39	77号	2192.0	-0.26
45号	2189.6	-0.37	78号	2115.1	-3.76
46号	2234.6	1.68	79号	2126.3	-3.25
47号	2173.7	-1.09	80号	2215.7	0.82
48号	2148.5	-2.24	81号	2209.1	0.52
49号	2099.5	-4.47	82号	2232.2	1.57
50号	2114.8	-3.77	83号	2225.8	1.28
51号	2178.4	-0.88	84号	2232.0	1.56
52号	2186.7	-0.50	85号	2224.7	1.23
53号	2118.6	-3.60	86号	2097.7	-4.55
54号	2151.8	-2.09	87号	2204.7	0.32
55号	2242.1	2.02	88号	2252.0	2.47
56号	2223.6	1.18	89号	2144.1	-2.44
57号	2221.2	1.07	90号	2163.4	-1.56
58号	2220.6	1.04	91号	2180.1	-0.80
59号	2215.3	0.80			

南岸下游锚跨张力误差分析统计表　　表3-3-72

索股编号	实测索力(kN)	误差(%)	索股编号	实测索力(kN)	误差(%)
1号	2099.0	-2.37	47号	2192.4	1.97
2号	2185.7	1.66	48号	2062.3	-4.08
3号	2086.4	-2.96	49号	2188.1	1.77
4号	2190.2	1.87	50号	2100.3	-2.31
5号	2204.8	2.55	51号	2081.8	-3.17
6号	2072.0	-3.63	52号	2061.2	-4.13
7号	2053.5	-4.49	53号	2118.4	-1.47
8号	2175.8	1.20	54号	2182.0	1.49
9号	2162.7	0.59	55号	2062.3	-4.08
10号	2162.5	0.58	56号	2163.8	0.64
11号	2112.2	-1.76	57号	2199.2	2.29
12号	2055.8	-4.38	58号	2094.3	-2.59
13号	2185.9	1.67	59号	2146.1	-0.18
14号	2078.4	-3.33	60号	2121.8	-1.31
15号	2169.6	0.91	61号	2179.7	1.38
16号	2219.4	3.23	62号	2074.8	-3.50
17号	2185.7	1.66	63号	2140.8	-0.43
18号	2103.8	-2.15	64号	2206.5	2.63
19号	2192.1	1.96	65号	2189.6	1.84
20号	2133.7	-0.76	66号	2187.2	1.73
21号	2167.4	0.81	67号	2082.9	-3.12
22号	2109.8	-1.87	68号	2156.0	0.28
23号	2164.6	0.68	69号	2170.6	0.96
24号	2112.8	-1.73	70号	2091.1	-2.74
25号	2158.4	0.39	71号	2226.3	3.55
26号	2108.1	-1.95	72号	2190.4	1.88
27号	2163.8	0.64	73号	2069.4	-3.75
28号	2146.3	-0.17	74号	2130.2	-0.92
29号	2109.8	-1.87	75号	2198.4	2.25
30号	2189.1	1.82	76号	2150.0	0.00
31号	2101.8	-2.24	77号	2135.8	-0.66
32号	2224.2	3.45	78号	2099.3	-2.36
33号	2120.3	-1.38	79号	2148.9	-0.05
34号	2071.1	-3.67	80号	2168.9	0.88
35号	2098.0	-2.42	81号	2108.1	-1.95
36号	2119.7	-1.41	82号	2220.1	3.26
37号	2188.9	1.81	83号	2098.2	-2.41
38号	2131.7	-0.85	84号	2098.0	-2.42
39号	2167.8	0.83	85号	2215.6	3.05
40号	2072.0	-3.63	86号	2118.6	-1.46
41号	2155.6	0.26	87号	2137.1	-0.60
42号	2208.7	2.73	88号	2150.0	0.00
43号	2092.2	-2.69	89号	2137.5	-0.58
44号	2104.4	-2.12	90号	2145.1	-0.23
45号	2075.6	-3.46	91号	2200.7	2.36
46号	2218.4	3.18			

北岸上游锚跨张力误差分析统计表　　　　表3-3-73

索股编号	实测索力(kN)	误差(%)	索股编号	实测索力(kN)	误差(%)
1号	2099.0	-2.37	47号	2192.4	1.97
2号	2185.7	1.66	48号	2062.3	-4.08
3号	2086.4	-2.96	49号	2188.1	1.77
4号	2190.2	1.87	50号	2100.3	-2.31
5号	2204.8	2.55	51号	2081.8	-3.17
6号	2072.0	-3.63	52号	2061.2	-4.13
7号	2053.5	-4.49	53号	2118.4	-1.47
8号	2175.8	1.20	54号	2182.0	1.49
9号	2162.7	0.59	55号	2062.3	-4.08
10号	2162.5	0.58	56号	2163.8	0.64
11号	2112.2	-1.76	57号	2199.2	2.29
12号	2055.8	-4.38	58号	2094.3	-2.59
13号	2185.9	1.67	59号	2146.1	-0.18
14号	2078.4	-3.33	60号	2121.8	-1.31
15号	2169.6	0.91	61号	2179.7	1.38
16号	2219.4	3.23	62号	2074.8	-3.50
17号	2185.7	1.66	63号	2140.8	-0.43
18号	2103.8	-2.15	64号	2206.5	2.63
19号	2192.1	1.96	65号	2189.6	1.84
20号	2133.7	-0.76	66号	2187.2	1.73
21号	2167.4	0.81	67号	2082.9	-3.12
22号	2109.8	-1.87	68号	2156.0	0.28
23号	2164.6	0.68	69号	2170.6	0.96
24号	2112.8	-1.73	70号	2091.1	-2.74
25号	2158.4	0.39	71号	2226.3	3.55
26号	2108.1	-1.95	72号	2190.4	1.88
27号	2163.8	0.64	73号	2069.4	-3.75
28号	2146.3	-0.17	74号	2130.2	-0.92
29号	2109.8	-1.87	75号	2198.4	2.25
30号	2189.1	1.82	76号	2150.0	0.00
31号	2101.8	-2.24	77号	2135.8	-0.66
32号	2224.2	3.45	78号	2099.3	-2.36
33号	2120.3	-1.38	79号	2148.9	-0.05
34号	2071.1	-3.67	80号	2168.9	0.88
35号	2098.0	-2.42	81号	2108.1	-1.95
36号	2119.7	-1.41	82号	2220.1	3.26
37号	2188.9	1.81	83号	2098.2	-2.41
38号	2131.7	-0.85	84号	2098.0	-2.42
39号	2167.8	0.83	85号	2215.6	3.05
40号	2072.0	-3.63	86号	2118.6	-1.46
41号	2155.6	0.26	87号	2137.1	-0.60
42号	2208.7	2.73	88号	2150.0	0.00
43号	2092.2	-2.69	89号	2137.5	-0.58
44号	2104.4	-2.12	90号	2145.1	-0.23
45号	2075.6	-3.46	91号	2200.7	2.36
46号	2218.4	3.18			

北岸下游锚跨张力误差分析统计表

表 3-3-74

索股编号	实测索力(kN)	误差(%)	索股编号	实测索力(kN)	误差(%)
1 号	2155.1	-1.94	47 号	2163.9	-1.54
2 号	2138.4	-2.70	48 号	2125.8	-3.27
3 号	2121.6	-3.46	49 号	2236.6	1.77
4 号	2167.4	-1.38	50 号	2231.7	1.55
5 号	2182.9	-0.68	51 号	2162.9	-1.58
6 号	2167.6	-1.37	52 号	2256.4	2.67
7 号	2225.2	1.25	53 号	2142.3	-2.52
8 号	2093.5	-4.74	54 号	2158.4	-1.79
9 号	2237.5	1.81	55 号	2206.1	0.38
10 号	2199.1	0.06	56 号	2154.4	-1.97
11 号	2163.0	-1.58	57 号	2142.3	-2.52
12 号	2211.6	0.63	58 号	2121.3	-3.48
13 号	2207.2	0.43	59 号	2146.2	-2.34
14 号	2199.5	0.08	60 号	2259.0	2.79
15 号	2193.6	-0.19	61 号	2152.9	-2.04
16 号	2250.4	2.40	62 号	2205.7	0.36
17 号	2177.8	-0.90	63 号	2176.5	-0.96
18 号	2158.0	-1.81	64 号	2120.1	-3.53
19 号	2203.6	0.27	65 号	2193.3	-0.20
20 号	2144.0	-2.44	66 号	2209.1	0.52
21 号	2264.0	3.02	67 号	2122.3	-3.43
22 号	2161.9	-1.63	68 号	2124.1	-3.35
23 号	2176.5	-0.96	69 号	2197.7	0.00
24 号	2191.8	-0.27	70 号	2132.4	-2.97
25 号	2242.8	2.05	71 号	2137.5	-2.74
26 号	2129.6	-3.10	72 号	2178.5	-0.87
27 号	2176.5	-0.96	73 号	2251.6	2.45
28 号	2197.7	0.00	74 号	2258.0	2.75
29 号	2273.9	3.47	75 号	2197.7	0.00
30 号	2171.7	-1.18	76 号	2190.2	-0.34
31 号	2207.7	0.45	77 号	2280.2	3.75
32 号	2263.5	2.99	78 号	2129.1	-3.12
33 号	2191.4	-0.29	79 号	2111.5	-3.92
34 号	2191.3	-0.29	80 号	2197.7	0.00
35 号	2135.0	-2.85	81 号	2214.9	0.78
36 号	2135.2	-2.84	82 号	2194.1	-0.16
37 号	2213.4	0.71	83 号	2272.4	3.40
38 号	2246.3	2.21	84 号	2220.3	1.03
39 号	2149.9	-2.17	85 号	2207.7	0.45
40 号	2173.0	-1.12	86 号	2206.8	0.42
41 号	2257.1	2.70	87 号	2240.4	1.94
42 号	2108.7	-4.05	88 号	2222.1	1.11
43 号	2158.8	-1.77	89 号	2131.3	-3.02
44 号	2170.6	-1.23	90 号	2184.2	-0.61
45 号	2198.8	0.05	91 号	2127.0	-3.22
46 号	2150.2	-2.16			

由表 3-3-71～表 3-3-74 可知,在此环境温度及成桥状态下对实测索力与理论值进行比较,南岸锚跨张力误差最大值为 -4.55%;北岸锚跨张力误差最大值为 -4.38%。在此工况下,各跨锚跨张力控制较为均衡且接近理论值,均值误差较低。由此说明,在成桥状态下,锚跨索力控制情况良好。

5. 吊索索力测试结果

吊索索力误差分析统计表见表 3-3-75、表 3-3-76,表中数据均为修正至设计温度 20℃条件下统计的结果。

上游吊索索力误差分析统计表　　　表 3-3-75

吊索编号	理论成桥力(kN)	吊索实测成桥索力(kN)		误差分析(%)	
		远离跨中侧吊索(-b)	靠近跨中侧吊索(-z)	远离跨中侧吊索(-b)	靠近跨中侧吊索(-z)
DS1	957.7	974.1	972.2	1.70	1.51
DS2	922.3	930.0	930.9	0.82	0.93
DS3	890.1	889.3	849.5	-0.09	-4.56
DS4	863.6	835.1	866.9	-3.30	0.38
DS5	842.3	853.9	805.4	1.38	-4.37
DS6	822.0	817.4	816.6	-0.56	-0.66
DS7	826.1	824.7	835.4	-0.17	1.12
DS8	829.5	794.5	806.7	-4.22	-2.75
DS9	832.0	805.9	810.1	-3.14	-2.64
DS10	833.5	842.1	824.7	1.03	-1.05
DS11	834.5	808.2	851.8	-3.15	2.07
DS12	834.8	823.7	835.2	-1.33	0.04
DS13	835.1	828.5	820.1	-0.79	-1.80
DS14	835.3	797.7	824.5	-4.49	-1.29
DS15	835.3	843.6	811.3	1.00	-2.86
DS16	835.3	824.4	821.3	-1.31	-1.68
DS17	835.3	829.9	824.3	-0.65	-1.31
DS18	835.3	834.1	797.0	-0.15	-4.59
DS19	835.3	843.0	796.2	0.92	-4.67
DS20	835.3	795.3	812.0	-4.80	-2.80
DS21	835.3	840.3	803.2	0.60	-3.85
DS22	835.2	818.0	851.8	-2.06	1.98
DS23	835.2	826.1	821.9	-1.09	-1.59
DS24	835.4	805.1	804.1	-3.64	-3.76
DS25	835.1	840.7	840.3	0.67	0.62

续上表

吊索编号	理论成桥力 (kN)	吊索实测成桥索力(kN)		误差分析(%)	
		远离跨中侧吊索 ($-b$)	靠近跨中侧吊索 ($-z$)	远离跨中侧吊索 ($-b$)	靠近跨中侧吊索 ($-z$)
DS26	835.3	849.3	839.8	1.67	0.54
DS27	835.3	806.8	830.4	−3.42	−0.59
DS28	835.2	844.6	850.7	1.13	1.86
DS29	835.3	842.3	846.8	0.84	1.37
DS30	835.2	807.1	803.6	−3.36	−3.78
DS31	835.3	820.9	808.0	−1.72	−3.27
DS32	835.1	844.6	829.0	1.13	−0.74
DS33	835.3	814.6	818.0	−2.48	−2.08
DS34	835.3	845.5	847.4	1.22	1.45
DS35	835.1	799.7	833.5	−4.24	−0.19
DS36	835.3	838.6	812.6	0.39	−2.72
DS37	835.1	820.3	816.1	−1.78	−2.28
DS38	835.3	806.8	810.6	−3.42	−2.96
DS39	835.1	806.9	823.7	−3.38	−1.37
DS40	835.3	825.8	827.4	−1.14	−0.95
DS41	835.1	805.1	839.2	−3.60	0.48
DS42	835.3	826.2	797.2	−1.09	−4.56
DS43	835.3	794.5	851.4	−4.89	1.92
DS44	835.1	847.3	795.8	1.46	−4.71
DS45	835.3	845.9	823.9	1.26	−1.37
DS46	835.2	824.2	808.2	−1.32	−3.23
DS47	835.3	798.4	847.4	−4.41	1.44
DS48	835.2	842.2	818.0	0.84	−2.06
DS49	835.3	828.1	804.8	−0.87	−3.65
DS50	835.3	820.6	815.4	−1.76	−2.39
DS51	835.1	824.2	833.7	−1.30	−0.16
DS52	835.4	845.1	815.4	1.15	−2.39
DS53	835.2	802.4	831.2	−3.93	−0.48
DS54	835.2	814.7	852.5	−2.46	2.08
DS55	835.3	838.6	801.0	0.40	−4.10
DS56	835.3	803.4	847.0	−3.82	1.41
DS57	835.2	845.6	799.4	1.25	−4.29
DS58	835.3	810.0	800.1	−3.03	−4.22

续上表

吊索编号	理论成桥力（kN）	吊索实测成桥索力（kN）		误差分析（%）	
		远离跨中侧吊索（−b）	靠近跨中侧吊索（−z）	远离跨中侧吊索（−b）	靠近跨中侧吊索（−z）
DS59	835.2	852.1	846.8	2.03	1.38
DS60	835.3	829.8	825.7	−0.66	−1.14
DS61	835.2	827.8	807.9	−0.89	−3.27
DS62	835.2	844.2	837.9	1.07	0.32
DS63	835.1	796.7	837.2	−4.60	0.24
DS64	834.8	809.2	824.3	−3.07	−1.26
DS65	834.5	831.5	828.7	−0.36	−0.68
DS66	833.5	823.8	843.8	−1.17	1.23
DS67	832.0	823.7	819.3	−1.00	−1.53
DS68	829.5	809.5	806.5	−2.41	−2.77
DS69	826.1	789.1	841.9	−4.49	1.91
DS70	822.0	822.7	839.2	0.08	2.09
DS71	842.3	835.4	806.3	−0.82	−4.27
DS72	863.6	833.5	830.2	−3.49	−3.87
DS73	890.1	904.8	848.2	1.65	−4.70
DS74	922.3	879.7	878.0	−4.62	−4.80
DS75	957.6	937.4	935.0	−2.12	−2.37

下游吊索索力误差分析统计表　　　　表 3-3-76

吊索编号	理论成桥力（kN）	吊索实测成桥索力（kN）		误差分析（%）	
		远离跨中侧吊索（−b）	靠近跨中侧吊索（−z）	远离跨中侧吊索（−b）	靠近跨中侧吊索（−z）
DS1	958	963.9	970.2	0.6	1.3
DS2	922	903.6	936.7	−2.0	1.6
DS3	890	906.4	862.5	1.8	−3.1
DS4	864	872.1	837.1	1.0	−3.1
DS5	842	805.6	817.8	−4.4	−2.9
DS6	822	828.3	826.3	0.8	0.5
DS7	826	795.1	792.7	−3.8	−4.1
DS8	830	836.4	798.2	0.8	−3.8
DS9	832	846.6	834.4	1.7	0.3
DS10	833	821.9	797.8	−1.4	−4.3
DS11	834	816.6	810.8	−2.1	−2.8
DS12	835	823.8	819.8	−1.3	−1.8

续上表

吊索编号	理论成桥力（kN）	吊索实测成桥索力(kN)		误差分析(%)	
		远离跨中侧吊索（-b）	靠近跨中侧吊索（-z）	远离跨中侧吊索（-b）	靠近跨中侧吊索（-z）
DS13	835	841.2	811.9	0.7	-2.8
DS14	835	840.5	811.1	0.6	-2.9
DS15	835	843.0	824.4	0.9	-1.3
DS16	835	798.8	848.3	-4.4	1.6
DS17	835	830.6	852.6	-0.6	2.1
DS18	835	833.4	842.9	-0.2	0.9
DS19	835	836.9	841.9	0.2	0.8
DS20	835	840.2	796.7	0.6	-4.6
DS21	835	830.6	803.6	-0.6	-3.8
DS22	835	839.3	850.3	0.5	1.8
DS23	835	821.7	827.9	-1.6	-0.9
DS24	835	840.8	840.4	0.6	0.6
DS25	835	835.7	825.8	0.1	-1.1
DS26	835	847.7	845.2	1.5	1.2
DS27	835	822.6	820.5	-1.5	-1.8
DS28	835	805.9	836.3	-3.5	0.1
DS29	835	852.5	802.1	2.1	-4.0
DS30	835	832.5	796.1	-0.3	-4.7
DS31	835	842.5	816.5	0.9	-2.3
DS32	835	837.1	801.4	0.2	-4.0
DS33	835	823.2	844.3	-1.4	1.1
DS34	835	849.9	814.7	1.8	-2.5
DS35	835	834.5	835.9	-0.1	0.1
DS36	835	811.3	833.7	-2.9	-0.2
DS37	835	810.3	811.5	-3.0	-2.8
DS38	835	799.8	814.7	-4.3	-2.5
DS39	835	795.3	826.2	-4.8	-1.1
DS40	835	809.5	809.8	-3.1	-3.1
DS41	835	837.7	848.0	0.3	1.5
DS42	835	850.6	845.8	1.8	1.3
DS43	835	831.1	827.0	-0.5	-1.0
DS44	835	847.1	799.5	1.4	-4.3
DS45	835	799.3	799.9	-4.3	-4.2

续上表

吊索编号	理论成桥力（kN）	吊索实测成桥索力（kN）		误差分析（%）	
		远离跨中侧吊索（-b）	靠近跨中侧吊索（-z）	远离跨中侧吊索（-b）	靠近跨中侧吊索（-z）
DS46	835	800.4	800.9	-4.2	-4.1
DS47	835	799.2	817.4	-4.3	-2.1
DS48	835	809.5	839.4	-3.1	0.5
DS49	835	807.3	800.1	-3.3	-4.2
DS50	835	844.1	822.0	1.1	-1.6
DS51	835	795.4	805.3	-4.8	-3.6
DS52	835	796.1	831.6	-4.7	-0.5
DS53	835	806.3	811.7	-3.5	-2.8
DS54	835	835.8	823.8	0.1	-1.4
DS55	835	795.1	829.5	-4.8	-0.7
DS56	835	842.1	834.5	0.8	-0.1
DS57	835	845.5	824.4	1.2	-1.3
DS58	835	819.2	840.3	-1.9	0.6
DS59	835	815.5	819.5	-2.4	-1.9
DS60	835	800.5	829.1	-4.2	-0.7
DS61	835	821.7	837.5	-1.6	0.3
DS62	835	849.0	811.7	1.7	-2.8
DS63	835	824.2	800.5	-1.3	-4.2
DS64	835	796.3	851.4	-4.6	2.0
DS65	834	819.2	827.8	-1.8	-0.8
DS66	833	798.5	819.3	-4.2	-1.7
DS67	832	820.1	823.8	-1.4	-1.0
DS68	830	793.7	795.8	-4.3	-4.1
DS69	826	842.3	786.3	2.0	-4.8
DS70	822	783.9	785.6	-4.6	-4.4
DS71	842	842.8	854.5	0.1	1.5
DS72	864	850.5	853.4	-1.5	-1.2
DS73	890	879.0	891.6	-1.2	0.2
DS74	922	919.0	935.3	-0.4	1.4
DS75	958	929.4	911.9	-2.9	-4.8

由表 3-3-75、表 3-3-76 可知,在此环境温度及成桥状态下对实测吊索索力与理论值进行比较,上游侧吊索索力误差最大值为 -4.89%;上游侧吊索索力误差最大值为 -4.8%。在此工况下,各吊索索力控制较为均衡且接近理论值,均值误差较低。由此说明,在成桥状态下,各吊索索力控制情况良好。

6. 钢箱梁线形测试结果

钢箱梁线形测试结果统计表见表3-3-77。

钢箱梁线形测试结果统计表(单位:m)　　　　表3-3-77

测量截面	上游边线(-12.25m)高程	中线高程	下游边线(+12.25m)高程	测量截面	上游边线(-12.25m)高程	中线高程	下游边线(+12.25m)高程
1	76.239	76.477	76.234	39	79.233	79.466	79.217
2	76.351	76.589	76.346	40	79.203	79.437	79.188
3	76.479	76.722	76.469	41	79.192	79.429	79.179
4	76.597	76.838	76.594	42	79.176	79.411	79.159
5	76.718	76.957	76.716	43	79.144	79.381	79.133
6	76.841	77.082	76.839	44	79.103	79.339	79.088
7	76.960	77.198	76.949	45	79.063	79.302	79.047
8	77.070	77.311	77.057	46	79.043	79.282	79.028
9	77.182	77.423	77.178	47	78.989	79.228	78.976
10	77.315	77.552	77.312	48	78.946	79.185	78.931
11	77.423	77.661	77.411	49	78.885	79.121	78.870
12	77.550	77.792	77.537	50	78.830	79.068	78.817
13	77.668	77.908	77.655	51	78.756	78.992	78.749
14	77.782	78.023	77.775	52	78.693	78.932	78.678
15	77.896	78.138	77.882	53	78.631	78.867	78.619
16	78.005	78.245	77.994	54	78.552	78.791	78.544
17	78.108	78.349	78.094	55	78.471	78.711	78.465
18	78.195	78.435	78.181	56	78.389	78.627	78.376
19	78.290	78.526	78.277	57	78.308	78.547	78.292
20	78.398	78.637	78.383	58	78.210	78.447	78.200
21	78.465	78.706	78.450	59	78.097	78.337	78.085
22	78.542	78.781	78.528	60	78.000	78.237	77.993
23	78.630	78.870	78.614	61	77.889	78.129	77.882
24	78.693	78.932	78.680	62	77.792	78.032	77.786
25	78.767	79.006	78.753	63	77.663	77.904	77.653
26	78.837	79.076	78.825	64	77.541	77.777	77.533
27	78.891	79.131	78.881	65	77.438	77.679	77.433
28	78.945	79.183	78.929	66	77.308	77.548	77.294
29	78.994	79.232	78.979	67	77.180	77.417	77.174
30	79.036	79.274	79.021	68	77.075	77.313	77.070
31	79.082	79.319	79.068	69	76.966	77.207	76.958
32	79.114	79.350	79.101	70	76.831	77.070	76.823
33	79.139	79.378	79.126	71	76.717	76.959	76.712
34	79.160	79.397	79.146	72	76.593	76.833	76.587
35	79.186	79.421	79.173	73	76.476	76.718	76.467
36	79.218	79.454	79.204	74	76.352	76.592	76.349
37	79.233	79.468	79.220	75	76.252	76.490	76.247
38	79.227	79.462	79.211				

从实测数据来看,钢箱梁线形在上游、中线、下游三条测线上,除极个别点位有少量突变外,钢箱梁线形总体控制平顺,无明显折点,钢箱梁线形控制达到了预期效果。

十六、本节小结

伍家岗长江大桥在2019年12月完成首根先导索过江,2020年7月完成全部猫道架设,2020年10月完成主缆全部索股架设,2021年1月完成全部钢箱梁吊装,至2021年7月完成全部监控工作。在参建各方的大力支持与配合下,伍家岗长江大桥上部结构施工监控工作得以顺利完成。通过对伍家岗长江大桥施工全过程监测与控制,得到以下结论:

(1)在主索鞍、散索鞍安装完成后,在施工监控联合测量小组的通力配合下进行了塔锚联测工作,准确获取了大桥关键点位的初始数据,为后续施工控制工作打下了坚实的基础。

(2)伍家岗长江大桥猫道架设线形控制较为理想,猫道架设完成后最大线形误差为5.6cm,架设完成后的猫道在后续施工过程中始终与主缆保持理想的相对位置,为后续施工带来了方便。

(3)基准索股架设经过多轮调节与反复观测,最终线形实测高程与理论值最大误差为1.5mm。

(4)主缆所有索股架设完成后,对大桥空缆线形进行了连续观测,观测结果表明,主跨主缆空缆线形实测值与理论值最大误差为0.1mm,边跨主缆线形实测值与理论值最大误差为6.1mm。

(5)监控组对主缆锚跨张力在主缆架设阶段、钢梁吊装阶段、主索鞍顶推阶段进行了跟踪测量,测量结果表明,主缆锚跨张力与理论值误差均在5%以内,且锚跨张力分布均匀,散索鞍运动轨迹与理论计算吻合。

(6)自主塔封顶后对两岸主塔偏位及塔底关键截面应力进行跟踪监测,监测结果表明,塔底应力测试截面一直未出现拉应力,且压应力值均在规范限值以内,成桥后主塔偏位南岸主塔为4.0cm,北岸主塔偏位为6.3cm,均偏向岸侧,为较为理想的状态,该状态符合悬索桥受力要求且能够抵消运营后期的收缩徐变效应。

(7)伍家岗长江大桥主梁合龙误差仅为2.0mm,合龙后的通测数据表明,钢箱梁线形平顺,中线偏位最大为5.9mm,满足施工规范及设计要求。

(8)主索鞍在预偏、顶推施工过程中均由监控组进行控制,伍家岗长江大桥主索鞍共计顶推7次,最后一次顶推后总计顶推量为:南岸1298.0mm,北岸2350.0mm,整个顶推施工过程顺利,每次顶推控制精准,每次顶推后结构几何状态与理论计算值吻合良好。

(9)伍家岗长江大桥边、中跨索夹放样位置的确定均考虑了温度、主缆架设误差、塔顶偏位的影响,放样位置准确,吊索安装后垂直度良好。

(10)通过对成桥状态下大桥主梁线形、主缆线形、塔偏位置、吊索索力、锚跨张力进行测量,可以得出:大桥主梁线形平顺,上、下游高差满足规范要求,边、中跨主缆线形与预设理论值吻合,成桥状态下塔偏均偏向边跨,达到了预期目标,吊索索力与理论值偏差满足要求,锚跨张力均匀度良好,锚跨张力与理论值误差满足要求。

(11)伍家岗长江大桥在整个上部结构施工过程中,主塔、主缆、主梁、鞍座系统、锚固系统等主要受力构件均未出现结构安全风险,结构受力良好,主梁、主缆线形满足规范及设计要求,因此,运用在伍家岗长江大桥的施工控制理论和方法是正确且成功的。

第四章　全桥荷载试验

第一节　概　　述

一、项目概况

1. 主桥布置

主桥采用单跨1160m悬索桥,主缆跨径布置为(290+1160+402)m。中跨主缆矢跨比为1/9,矢度128.889m。道路等级为城市快速路,双向六车道,车道布置为2×(3.5+2×3.75)m,主桥设计行车速度为80km/h,汽车荷载等级为城-A级。伍家岗长江大桥总体布置图如图3-4-1所示。

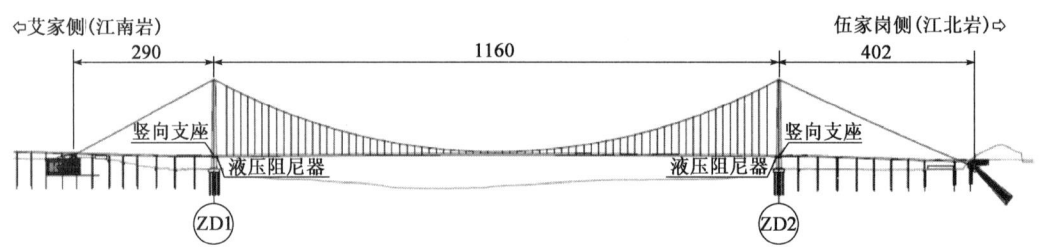

图3-4-1　伍家岗长江大桥主桥总体布置图(尺寸单位:m)

2. 引桥、匝道桥及伍临路高架桥布置

引桥和伍临路高架桥采用预应力斜腹板混凝土箱梁方案。匝道桥除结构跨道路采用预应力混凝土箱梁外,其余采用普通钢筋混凝土结构。引桥及引桥匝道桥跨径布置及上部结构形式见表3-4-1、表3-4-2。

引桥跨径布置及上部结构形式　　　　　表3-4-1

区段	部　　位	跨径、长度(m)	桥宽(m)	上部结构形式
江北引桥	第1联左幅	3×40=120	14.75~18.85	预应力混凝土异形箱梁
	第1联右幅	3×40=120	14.75~25.14	预应力混凝土异形箱梁
	第2联左幅	2×28.5=57	18.85~25.36	预应力混凝土异形箱梁
	第2联右幅	2×28.5=57	12.75	预应力混凝土箱梁
	第3联左幅	2×30=60	12.75	预应力混凝土箱梁
	第3联右幅	2×30=60	12.75	预应力混凝土箱梁

续上表

区段	部位	跨径、长度（m）	桥宽（m）	上部结构形式
江北引桥	第4联左幅	35+35+45+45=160	12.75	预应力混凝土箱梁
	第4联右幅	35+35+45+45=160	23.08~17.75	预应力混凝土异形箱梁
江南引桥	第1联左幅	4×40=160	14.75	预应力混凝土箱梁
	第1联右幅	4×40=160	14.75	预应力混凝土箱梁
	第2联左幅	4×33=132	14.75	预应力混凝土箱梁
	第2联右幅	4×33=132	14.75	预应力混凝土箱梁

引线匝道桥跨径布置及上部结构形式　　　　　　　　　　　表3-4-2

区段	部位		跨径、长度（m）	桥宽（m）	上部结构形式
江北匝道	A匝道	第1联	4×18=72	9.5	普通钢筋混凝土箱梁
	B匝道	第1联	5×22=110	9.5	普通钢筋混凝土箱梁
	F匝道	第1联	3×20=60	10.5	普通钢筋混凝土箱梁
		第2联	3×20=60	10.5	普通钢筋混凝土箱梁
		第3联	3×20=60	10.5	普通钢筋混凝土箱梁
		第4联	3×22.32=66.96	10.5	普通钢筋混凝土箱梁
	G匝道	第1联	3×20=60	11	普通钢筋混凝土箱梁
		第2联	3×20=60	11	普通钢筋混凝土箱梁
		第3联	3×20=60	11	普通钢筋混凝土箱梁
		第4联	3×22.42=67.26	11	普通钢筋混凝土箱梁
	H匝道	第1联	4×20=80	9	普通钢筋混凝土箱梁
		第2联	4×20=80	9	普通钢筋混凝土箱梁
		第3联	3×19.83=59.49	9	普通钢筋混凝土箱梁
江北伍临路	伍临路高架桥	第1联	4×35=140	18~20.46	预应力混凝土箱梁
		第2联	4×35=140	20.46~37.16	预应力混凝土箱梁
		第3联	4×30=120	18	预应力混凝土箱梁
		第4联	2×33.5=67	28.43~22	预应力混凝土箱梁
		第5联	3×31.5=94.5	32.98~22	预应力混凝土箱梁
		第6联	33+54+29=116	22~18	预应力混凝土箱梁
		第7联	3×35=105	29.7~20.18	预应力混凝土箱梁
		第8联	3×35=105	20.18~18	预应力混凝土箱梁
江南匝道	A匝道	第1联	5×28.5=142.5	16.43~22.58	预应力混凝土箱梁
		第2联	3×22.14=66.42	11	普通钢筋混凝土箱梁
		第3联	2×30+28=88	11	预应力混凝土箱梁
		第4联	28.2+2×34=96.2	11	预应力混凝土箱梁
	B匝道	第1联	3×20=60	9.5	普通钢筋混凝土箱梁
		第2联	3×20=60	9.5	普通钢筋混凝土箱梁

续上表

区段	部位		跨径、长度(m)	桥宽(m)	上部结构形式
江南匝道	C匝道	第1联	3×28.5=85.5	14.61~21.78	预应力混凝土箱梁
		第2联	5×20.07=100.35	11	普通钢筋混凝土箱梁
		第3联	3×32=96	11	预应力混凝土箱梁
	D匝道	第1联	4×20=80	9.5	普通钢筋混凝土箱梁
		第2联	3×20=60	9.5	普通钢筋混凝土箱梁

二、主要试验依据

(1)《城市桥梁检测与评定技术规范》(CJJ/T 233—2015);

(2)《工程测量规范》(GB 50026—2020);

(3)《城市桥梁工程施工与质量验收规范》(CJJ 2—2008);

(4)《城市桥梁检测与评定技术规范》(CJJ/T 233—2015);

(5)《城市桥梁设计规范》(CJJ 11—2011);

(6)《公路桥涵设计通用规范》(JTG D60—2015);

(7)《公路钢筋混凝土与预应力混凝土桥涵设计规范》(JTG 3362—2018);

(8)《公路悬索桥设计规范》(JTG/T D65-05—2015);

(9)《公路桥梁荷载试验规程》(JTG/T J21-01—2015);

(10)《公路桥梁承载能力检测评定标准》(JTG/T J21—2011);

(11)《公路桥涵养护规范》(JTG H11—2004);

(12)工程图纸及其他相关检测验收规范文件。

三、试验目的

伍家岗长江大桥成桥荷载试验意义重大,主要有以下目的:

(1)检验桥梁结构的承载能力及其工作状态是否满足设计要求及有关规范要求,保证桥梁运营的可靠性;

(2)通过桥梁荷载试验,对桥梁结构的强度及静、动力荷载作用下结构的刚度做出评价,检验施工质量,为大桥的竣工验收和质量评定、运营管理等提供技术依据;

(3)通过桥梁荷载试验,得出桥梁结构在各个工况荷载作用下产生响应变化的理论值与实测值之间的差异,从而将设计理论与实际情况相互对比,验证桥梁结构设计的安全可靠度;

(4)通过测试在试验荷载作用下桥梁各结构部位以及整体的响应参数,揭示桥跨结构的实际受力和工作状态,以检验其是否符合国家相关标准的要求;

(5)通过动载试验,了解桥梁结构的固有振动特性以及在长期使用荷载阶段的动力性能,确定其运营使用条件和注意事项;

(6)通过荷载试验,建立桥梁"指纹"档案。

四、试验对象

根据伍家岗长江大桥的桥跨布置和结构类型,通过综合评估,选定以下桥跨作为静、动载试验对象。试验基本情况见表3-4-3。

伍家岗长江大桥静、动载试验基本情况　　　　表3-4-3

桥梁结构	位置	跨径/长度(m)	上部结构形式	具体位置
主桥		1160	单跨悬索桥	整跨
江南引桥	第一联	4×40=160	等截面预应力混凝土箱梁	右幅3、4跨
江南A匝道	第二联	3×22.14	等截面普通钢筋混凝土箱梁	整联
	第四联	28.2+2×34	等截面预应力混凝土箱梁	整联
江南B匝道	第一联	3×20	等截面普通钢筋混凝土箱梁	整联
江南C匝道	第一联	3×28.5	变宽截面预应力混凝土箱梁	整联
江南D匝道	第一联	4×20	等截面普通钢筋混凝土箱梁	整联
江北引桥	第一联	3×40	变宽截面预应力混凝土箱梁	左幅第1、2跨
	第二联	2×28.5	变宽截面预应力混凝土箱梁	左幅第1、2跨
	第四联	35+35+45+45	变宽截面预应力混凝土箱梁	左幅第1、2、3跨
江北B匝道	第一联	5×22	等截面普通钢筋混凝土箱梁	整联
江北F匝道	第一联	3×20	等截面普通钢筋混凝土箱梁	整联
江北G匝道	第一联	4×20	等截面普通钢筋混凝土箱梁	整联
	第四联	3×22.42	等截面普通钢筋混凝土箱梁	整联
伍临路高架桥	第二联	4×35	预应力混凝土异形箱梁	整联
	第三联	4×30	等截面预应力混凝土箱梁	整联
	第六联	33+54+29	变高度预应力混凝土异形箱梁	整联

五、试验内容

1. 主桥试验内容

主桥试验内容包括桥梁外观检查、桥梁恒载线形、吊索索力测量、锚跨主缆索股拉力均匀性测试、静载试验和动载试验六大部分。

其中,桥梁初始状态测量(外观检查、桥梁恒载线形、吊杆索力测量、锚跨主缆索股拉力均匀性测试)在桥梁施工完成后,静、动载试验之前完成。

具体试验和测量内容如下。

(1)桥梁外观检查。通过对桥梁上部结构、下部结构及桥面系外观检查,评价桥梁现有状态。

（2）桥梁恒载线形测试。为了解主桥桥梁结构线形与设计线形是否吻合，以及静力加载下桥梁的变位，需对主桥总体线形进行测量。线形测量包括恒载作用下主桥桥面线形、塔顶偏位。

（3）吊索索力测试。为了解恒载下主桥吊索索力大小及分布状况，进行全桥吊杆索力测量，确定各索索力与设计值是否吻合，同时检验上下游吊杆索力的均匀性和对称性。吊索索力测试时考虑刚度修正事项，参考施工监控过程中的修正系数进行修正。另外，索力测试考虑温度影响，并进行修正。

（4）锚跨主缆索股拉力均匀性测量。在荷载试验前对主缆索股的拉力进行测试，了解恒载作用下主缆索股拉力的均匀性。在荷载试验前对主缆各索股的索力采用振动法进行测试，并评价主缆跨锚跨索力的均匀性。

（5）桥梁静载试验。桥梁静载试验主要是通过测量桥梁结构在静力荷载作用下各控制截面的应力及结构变形，从而确定桥梁结构实际工作状态与设计期望值是否相符，它是检验桥梁性能及工作状态（如结构的强度、刚度）、验证设计理论、检验施工质量最直接、最有效的办法。

主桥加载测试项目应包含以下内容：①加劲梁最大挠度、控制截面最大内力及应力；②主缆最大位移；③吊索最大索力；④塔顶最大水平变位、控制断面最大内力及应力；⑤支座位移。

静载试验加载位置与加载工况应根据总体计算确定，并遵循以下原则：①尽可能用较少的加载车辆达到最高的试验荷载效率；②在满足试验荷载效率以及能够达到的试验目的前提下，加载工况进行简化、合并，以尽量减少加载位置；③每一加载工况依据某一加载试验项目为主，兼顾其他加载试验项目。

（6）桥梁动载试验。桥梁动载试验包括桥梁动力特性测试和动力响应测试等。

①桥梁动力特性测试。桥梁动力特性测试是利用车辆荷载（或环境）激起桥梁结构的振动测定桥梁固有频率、阻尼比、振型等桥梁动力参数，判断桥梁结构的整体动力刚度和动力响应性能及行车性能。

②强迫振动测试。强迫振动测试包括各种速度汽车激励下桥梁的响应测试、汽车在桥梁特定位置越过障碍物和制动冲击激励下桥梁的响应测试等，考查桥梁的冲击系数、振幅等是否满足现行规范要求，确定桥梁运营状况。强迫振动试验分为跑车、会车、制动和跳车试验。

2. 引桥、匝道桥及伍临路高架桥试验内容

引桥、匝道桥及伍临路高架桥试验内容包括桥梁初始状况调查、静载试验和动载试验三大部分。其中，桥梁初始状态测量（外观检查、桥梁恒载线形）在桥梁施工完成后，静、动载试验之前完成。

具体试验和测量内容如下。

（1）桥梁初始状况检查。桥梁初始状况调查包括桥梁外观检查和恒载线形测试。桥梁外观检查主要通过对桥梁上部结构、下部结构及桥面系的外观检查评价桥梁的现有状态。恒载线形测试主要对各跨两侧桥面线形进行测试。

（2）桥梁静载试验。加载测试项目应包含以下内容：①主梁竖向变位，即对主要控制截面的竖向位移进行测量；②主梁控制截面混凝土应力（应变）；③主梁裂缝观测（钢筋混凝土结构）。

（3）桥梁动载试验。试验内容参照主桥动载试验内容。

第二节　主桥荷载试验

一、初始状态检查

1. 桥梁外观检查

试验前对伍家岗长江大桥主桥缆索系统、支承系统、主塔、加劲梁和附属结构进行了外观检查。检查结果表明，桥梁总体状况较好。部分外观照片如图 3-4-2 ~ 图 3-4-9 所示。

图 3-4-2　主缆检查照片

图 3-4-3　吊索及索夹检查照片

图 3-4-4　桥面铺装检查照片

图 3-4-5　检查照片

图3-4-6 伸缩缝检查照片

图3-4-7 支座检查照片

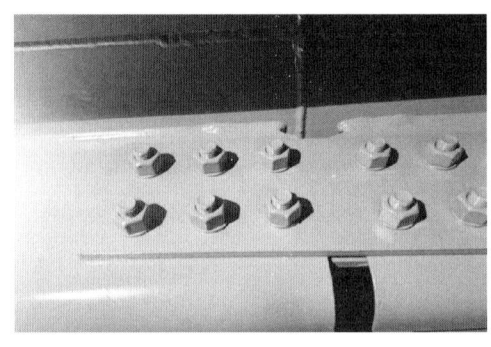
图3-4-8 加劲梁内部检查照片(一)

图3-4-9 加劲梁内部检查照片(二)

2. 桥梁恒载线形测试

桥梁恒载线形测试的主要测试内容为主桥桥面线形和塔顶偏位。本次测试结果和监控组成桥状态测试结果相差不大,故具体数据参照施工监控技术相关内容,此处从略。

3. 索力测试

索力测试主要内容包括吊索索力测试和主缆锚跨张力测试。本次测试结果和监控组成桥状态测试结果相差不大,故具体数据参照施工监控技术相关内容,此处从略。

二、静载试验

1. 静载试验基本原则

静载试验主要是通过测量桥梁结构在静力荷载作用下各控制截面的应力及结构变形,来确定桥梁结构实际工作状态与设计期望值是否相符,它是检验桥梁性能及工作状态(如结构的强度、刚度)最直接、最有效的办法。

静载试验采用350kN(450kN)载重汽车加载,试验各工况下所需加载车辆数量,将根据设计标准活荷载产生某工况下最不利效应值,按式(3-4-1)所定原则进行等效换算。按照《城市桥梁检测与评定规范》(CJJ/T 233—2015)第6.2.5条规定:竣工验收静载试验荷载效率为0.85~1.05。

$$0.85 \leqslant \eta_s = \frac{S_{stat}}{S_k \cdot (1+\mu)} \leqslant 1.05 \tag{3-4-1}$$

式中：η_s——静力试验荷载效率；

S_{stat}——试验荷载作用下，某工况计算效应值；

S_k——设计标准活荷载不计冲击作用时产生的某试验工况的最不利计算效应值；

μ——按规范取用的冲击系数值。

试验荷载采用内力等效的原则计算，使试验荷载效率满足上述规定，计算出各控制截面的内力影响线，并进行静力加载计算，给出合适的加载轮位布置图。

2. 试验荷载

试验荷载采用三轴载重汽车（整体加载重 350kN，局部加载重 450kN）加载。试验加载使用的汽车在轮距、轴重、轮压方面模拟设计标准荷载，使不致对桥梁结构产生超出设计范围的局部荷载。试验前对每辆加载车进行配重，并对每辆车进行编号、称重。三轴载重汽车轴重、轴距及平面布置如图 3-4-10 ~ 图 3-4-12 所示。

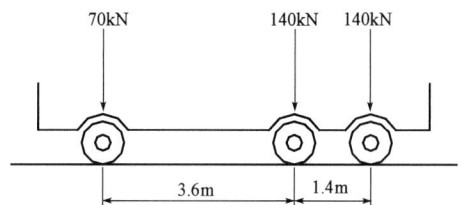

图 3-4-10　350kN 汽车轴重、轴距图

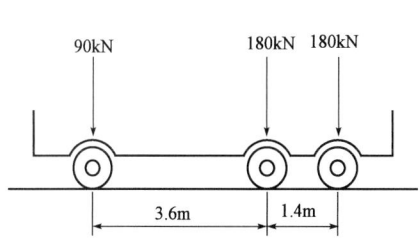

图 3-4-11　450kN 汽车轴重、轴距图

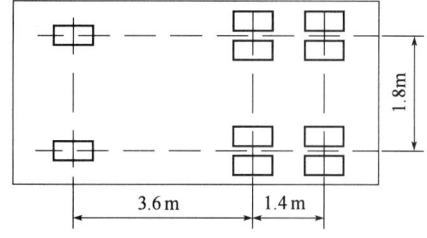

图 3-4-12　加载汽车平面布置图

3. 加载方式

1）加载方式及荷载分级

为了获取结构试验荷载与效应的相关曲线和防止结构意外损伤，试验荷载应逐级递加，达到最大荷载后一次性卸载。一般每种工况分三级加载，个别工况分四级。试验前，在桥面上预先画出轮位，加载时汽车应按规定顺序准确就位，卸载时车辆退出桥梁结构试验影响区。

2）试验加载程序

（1）在进行正式加载试验前，用两辆载重加载车进行预加载试验。预加载试验每一加载位置持荷时间以不小于 20min 为宜。预加载的目的一方面在于使结构进入正常工作状态，另一方面在于可以检查测试系统和试验组织是否工作正常。

(2)预加载卸到零荷载并在结构得到充分的零荷恢复后,才可进入正式加载试验。正式加载试验按加载工况序号逐一进行,完成一个序号的加载工况后,应使结构得到充分的零荷恢复,方可进入下一个序号的加载工况。

4. 有限元计算

在静载试验前,运用桥梁专用有限元程序 MIDAS/CIVIL 对桥梁空间建模,计算各桥在活载和恒载、活载共同作用下的轴力、弯矩、剪力、应力及位移包络图,根据包络图确定桥梁最不利控制截面。同时考虑选取受力复杂的截面和部位,将这些截面(或部位)作为测试控制截面。计算出各控制截面的内力影响线,并进行静力加载计算,给出合适的加载轮位布置图。伍家岗长江大桥整体计算模型如图 3-4-13 所示。

图 3-4-13 伍家岗长江大桥整体计算模型

试验结束后,综合分析实测数量,去伪存真,将实测结果与理论计算结果进行比较,再结合成桥状态恒载应力来全面判定结构的施工质量和运营安全度。

主要计算荷载如下。

(1)设计荷载为城-A 级:车道均布荷载标准值 10.5kN/m,集中荷载标准值 360kN,人群荷载按总体计算,取 2.4kN/m^2。

(2)汽车荷载系数:伍家岗长江大桥主桥按双向六车道计算。

(3)纵横向折减系数:按照《城市桥梁设计规范》(CJJ 11—2011)第 10.0.2 条规定,6 车道横向折减系数为 0.55,纵向折减系数取 0.93。

(4)主桥设计车道荷载系数:6×0.55(6 车道折减)×0.93(纵向折减)×1.05(冲击系数)=3.222。

5. 测点断面及测点布置

1)应力控制截面选定及测点布置

根据内力包络图计算结果和桥梁结构特点,以及《城市桥梁检测与评定规范》(CJJ/T 233—2015)规定,主桥加劲梁应力控制截面及测点布置图如图 3-4-14 ~ 图 3-4-20、表 3-4-4、表 3-4-5 所示。

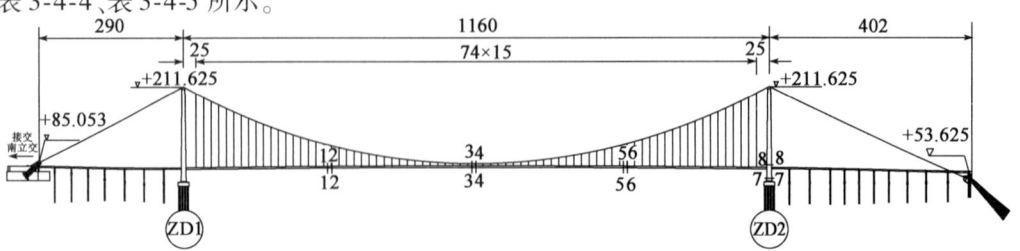

图 3-4-14 主桥加劲梁应力测试断面布置示意图(尺寸单位:m)

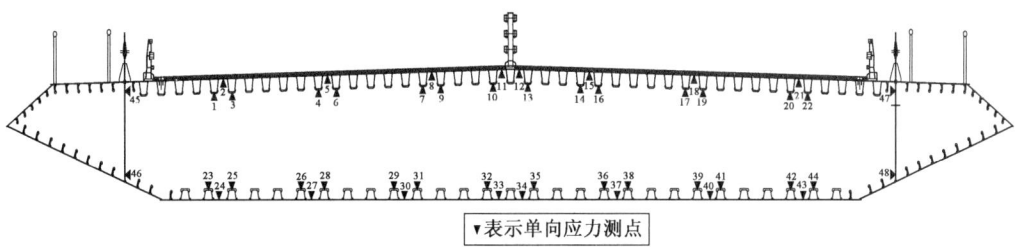

图 3-4-15　1-1、3-3、5-5 断面应力测点布置示意图

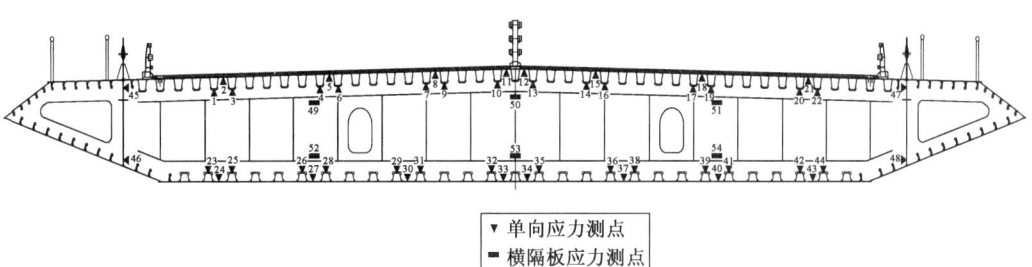

图 3-4-16　2-2、4-4、6-6 断面应力测点布置示意图

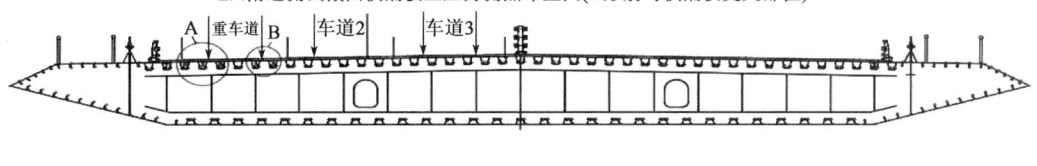

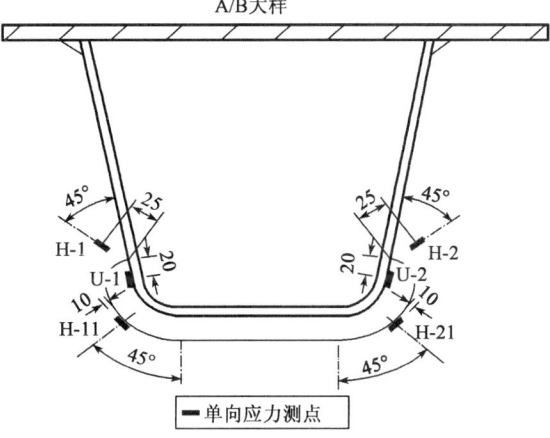

图 3-4-17　$L/4$ 断面附近局部应力测点布置示意图(横隔板处)(尺寸单位:m)

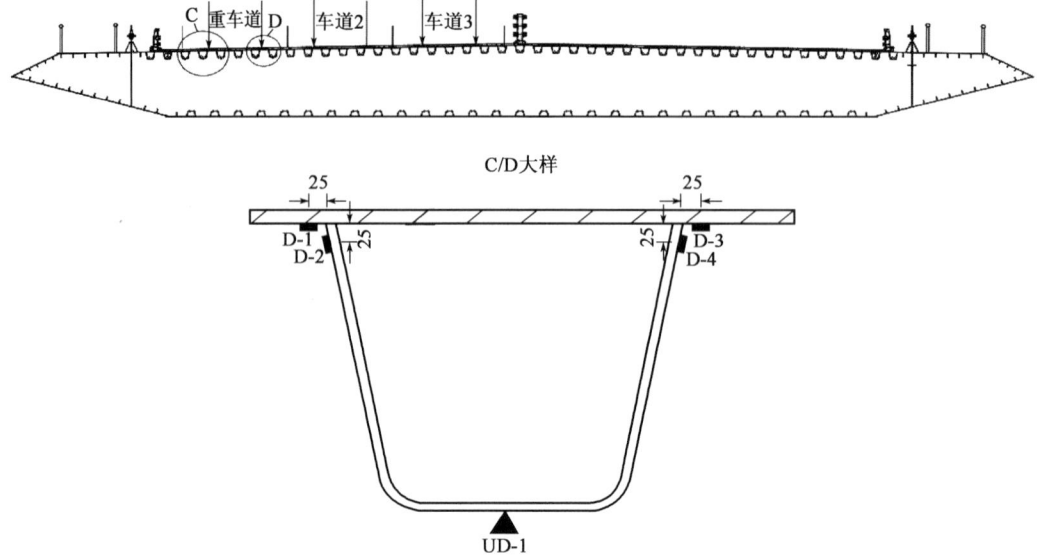

图 3-4-18　$L/4$ 断面附近局部应力测点布置示意图(两道横隔板中间)(尺寸单位:m)

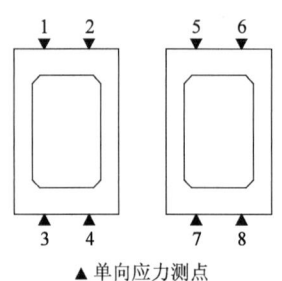

图 3-4-19　主塔 7-7/8-8 断面布置示意图

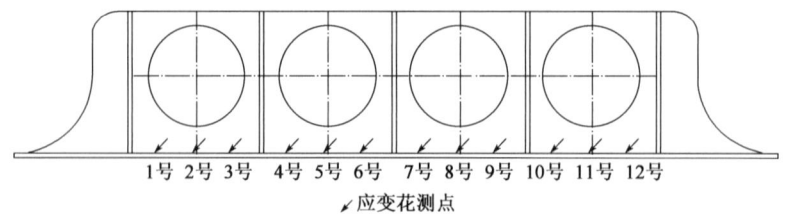

图 3-4-20　72 号吊索下耳板应力测点布置图

伍家岗长江大桥主桥应力控制截面　　　　　　　　　　　　　　表 3-4-4

测试部位	截面编号	截面位置
主梁整体加载测试截面	1-1	$L/4$ 附近截面(两根吊索中间)
	2-2	$L/4$ 附近截面(吊索处)
	3-3	$L/2$ 附近截面(两根吊索中间)
	4-4	$L/2$ 附近截面(吊索处)
	5-5	$3L/4$ 附近截面(两根吊索中间)
	6-6	$3L/4$ 附近截面(吊索处)
正交异性板局部加载测试截面		$L/4$ 截面附近横隔板处
		$L/4$ 截面附近两道横隔板中间处
主塔测试截面	7-7	主塔处桥面以上 1m
	8-8	主塔处承台顶面以上 1m
吊索下耳板	—	DS72 号吊索下耳板

伍家岗长江大桥主桥应力测点布置情况　　　　　　　　　　　　　　表 3-4-5

测试部位	测试断面	测点类型	个数	总测点数
主梁	1-1	钢结构单向测点	48	48
	2-2	钢结构单向测点	54	54
	3-3	钢结构单向测点	48	48
	4-4	钢结构单向测点	54	54
	5-5	钢结构单向测点	48	48
	6-6	钢结构单向测点	54	54
局部加载	$L/4$ 截面处	钢结构单向测点	55	55
ZD2 号塔	7-7	混凝土单向测点	8	8
	8-8	混凝土单向测点	8	8
DS72 号吊索	上下游下耳板	钢结构应变花测点	12	36
合计		混凝土测点		16
		钢结构测点		397
		总测点		413

2)挠度、塔偏测点布置

主桥桥面挠度测点和主塔塔偏测点布置如图 3-4-21 所示,位移测点布置情况见表 3-4-6。

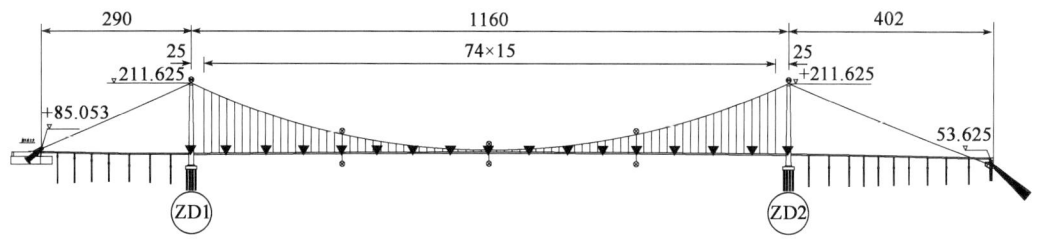

图 3-4-21

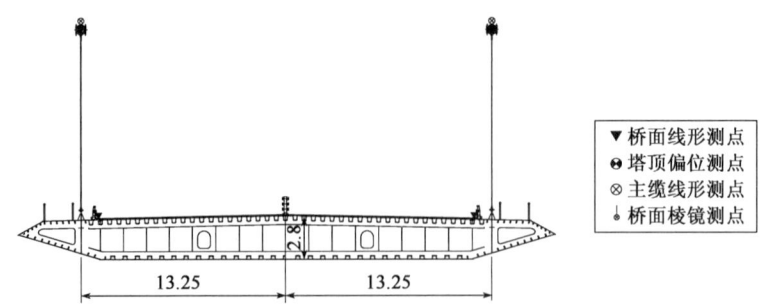

图 3-4-21 伍家岗长江大桥主桥桥面挠度和塔偏测点布置示意图(尺寸单位:m)(红色标记)

位移测点布置情况 表 3-4-6

测试部位		测试对象
主梁	桥跨 16 分点上、下游	竖向挠度(数字式桥梁挠度测试仪)
主缆	桥跨 L/4、L/2、3L/4 上游	竖向挠度(全站仪)
主塔	ZD1 号塔塔顶、ZD2 号塔塔顶	纵向水平偏位

3)索力测量测点布置

为了解在试验荷载下悬索桥吊索索力变化情况,试验过程中采用频谱法测试相关吊索索力,索力主要测试 DS71 号、DS72 号、DS73 号上下游共计 12 根,并与恒载索力进行对比,获得索力增量。

试验时,主缆索股张力主要测试主缆最大拉力工况下两侧上下游 1 号、38 号、43 号、46 号和 91 号共计 20 根索股的张力值,并与恒载索力进行对比,获得索力增量。

4)伸缩缝位移和支座位移测点布置

伸缩缝位移和支座位移测点布置情况见表 3-4-7。

伸缩缝位移和支座位移测点布置情况 表 3-4-7

测试部位		测试对象
伸缩缝	ZD1 号墩、ZD2 号墩伸缩缝	伸缩缝位移
支座	ZD1 号墩、ZD2 号墩支座	支座位移

5)其他测试位置

(1)对试验加载时,江南和江北两侧主塔处纵向阻尼器最大行程进行测试。

(2)对试验加载时,江南侧散索鞍的位移进行测试。

(3)在伍家岗长江大桥主桥主梁各控制断面布置风速、风向测点。

6)结构重点部位观测

在各工况试验汽车荷载作用下,观测主梁和混凝土主塔的最大受力截面是否有裂纹产生,如有裂纹产生,记录发现裂纹的时间,观测裂纹宽度和分布。同时对桥梁结构重点部位(包括阻尼器、伸缩缝、支座垫石及支座、锚头、吊杆及吊耳及加劲梁焊缝、隧道式锚碇、塔柱钢桁架等构件)进行观测。试验过程中随时监测关键测点的变位、应力(应变),并观察是否有裂纹出现及裂纹发展情况。如果在未加到最大试验荷载前,上述值提前达到或超过设计标准的容许值,或出现任何异常情况,应立即停止加载。

6.主桥加载工况及轮位

为了满足检定悬索桥承载能力和各结构部位测试内容的要求,试验荷载工况的选择应该反映悬索桥结构的最不利受力状态。针对以上检测内容,本次成桥试验加载工况设计、各测试断面的活载影响线和加载轮位如下。

1)主要控制工况:

工况1:对加劲梁$L/2$处最大竖向位移对称加载,加载效率为0.96(350kN加载车48辆)。

测试内容:主缆竖向挠度、塔顶水平偏位、桥面挠度、温度场、风速风向和锚碇锚跨段索股索力,并对散索鞍、主索鞍位移变形情况、锚室锚梁以及索股与锚梁连接部位变形情况、索夹、索夹拉杆变形情况、加劲梁焊缝环缝、阻尼器变形情况进行观察。

工况1主梁$L/2$最大竖向位移影响线如图3-4-22所示,工况1轮位布置及分级加载图如图3-4-23所示。

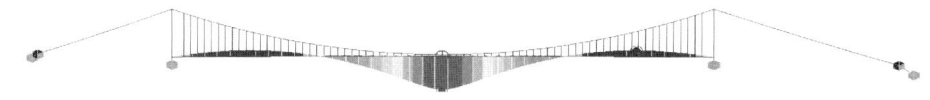

图3-4-22 工况1主梁$L/2$最大竖向位移影响线

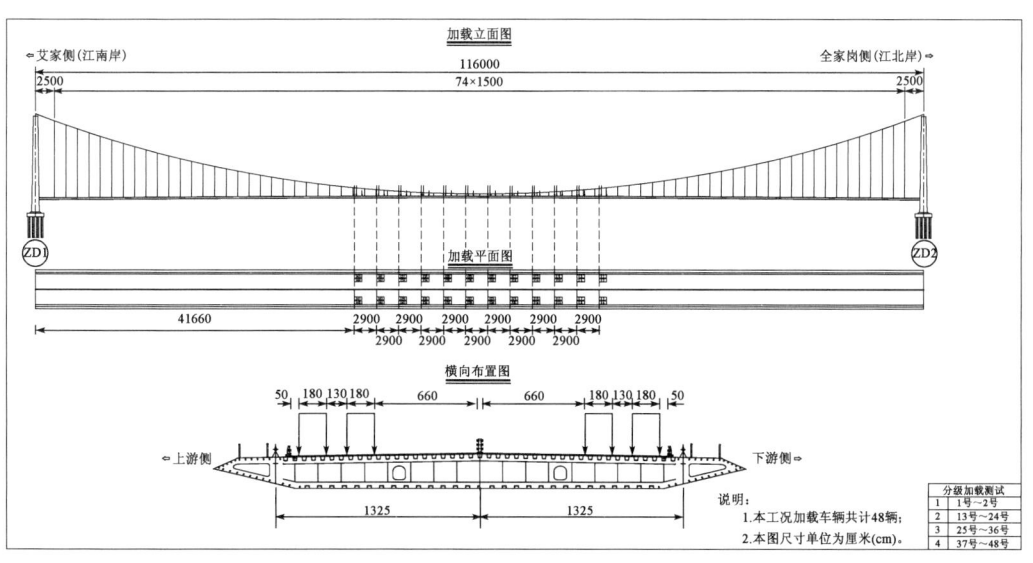

图3-4-23 工况1轮位布置及分级加载图

工况2:对加劲梁$L/4$处最大竖向位移对称加载,加载效率为0.92(350kN加载车48辆)。

测试内容:主缆竖向挠度、塔顶水平偏位、桥面挠度、温度场、风速风向和锚碇锚跨段索股索力,并对散索鞍、主索鞍位移变形情况、锚室锚梁以及索股与锚梁连接部位变形情况、索夹、索夹拉杆变形情况、加劲梁焊缝环缝、阻尼器变形情况进行观察。

工况2加劲梁$L/4$竖向最大位移影响线如图3-4-24所示,工况2轮位布置及分级加载图如图3-4-25所示。

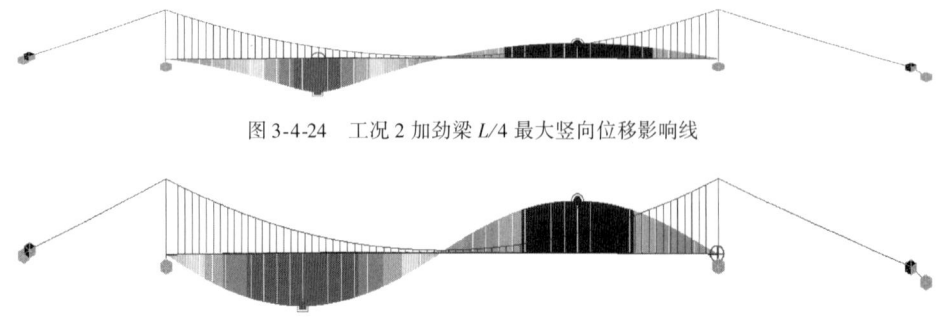

图3-4-24 工况2加劲梁$L/4$最大竖向位移影响线

图3-4-25 工况2江北侧加劲梁端最大竖向位移影响线

工况3:对江北加劲梁梁端最大纵向位移对称加载,加载效率为0.86(350kN加载车48辆)。

测试内容:主缆竖向挠度、塔顶水平偏位、桥面挠度、支座和伸缩缝位移、纵向阻尼器最大行程、温度场、风速风向和锚碇锚跨段索股索力,并对散索鞍、主索鞍位移变形情况、锚室锚梁以及索股与锚梁连接部位变形情况、索夹、索夹拉杆变形情况、加劲梁焊缝环缝、阻尼器变形情况进行观察。

工况3江北侧主梁梁端最大竖向位移影响线如图3-4-25所示,工况3轮位布置及分级加载图同图3-4-26。

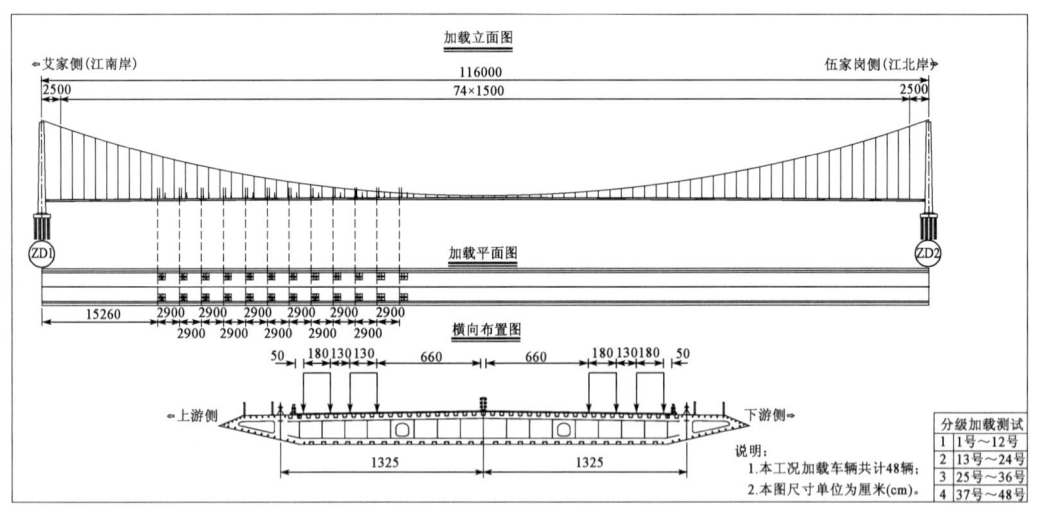

图3-4-26 工况3轮位布置及分级加载图

工况4:对加劲梁$L/4$断面最大正弯矩对称加载,加载效率为0.86(350kN加载车12辆)。

测试内容:主缆竖向挠度、塔顶水平偏位、主梁应力、桥面挠度、温度场和风速风向。

工况4加劲梁$L/4$最大正弯矩影响线如图3-4-27所示,工况4轮位布置及分级加载图如图 3-4-28 所示。

图 3-4-27　工况 4 加劲 $L/4$ 最大正弯矩影响线

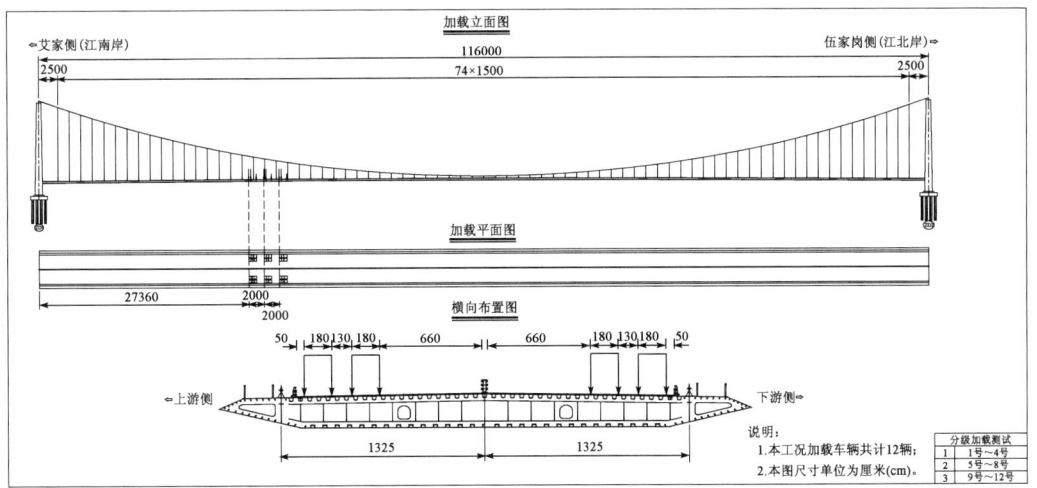

图 3-4-28　工况 4 轮位布置及分级加载图

工况 5：对加劲梁 $L/4$ 断面最大正弯矩偏心加载，加载效率为 0.89（350kN 加载车 9 辆）。

测试内容：主缆竖向挠度、塔顶水平偏位、主梁应力、桥面挠度、温度场和风速风向。

工况 5 加劲梁 $L/4$ 最大弯矩影响线如图 3-4-29 所示，工况 5 轮位布置及分级加载图如图 3-4-30 所示。

图 3-4-29　工况 5 加劲梁 $L/4$ 最大正弯矩影响线

工况 6：对加劲梁 $L/2$ 断面最大正弯矩对称加载，加载效率为 0.87（350kN 加载车 12 辆）。

测试内容：主缆竖向挠度、塔顶水平偏位、加劲梁应力、桥面挠度、温度场和风速风向。

工况 6 加劲梁 $L/2$ 最大正弯矩影响线如图 3-4-31 所示，工况 6 轮位布置及分级加载图如图 3-4-32 所示。

工况 7：对加劲梁 $L/2$ 断面最大正弯矩偏心加载，加载效率为 0.90（350kN 加载车 9 辆）。

测试内容：主缆竖向挠度、塔顶水平偏位、加劲梁应力、桥面挠度、温度场和风速风向。

工况 7 加劲梁 $L/2$ 最大正弯矩影响线如图 3-4-33 所示，工况 7 轮位布置及分级加载图如图 3-4-34 所示。

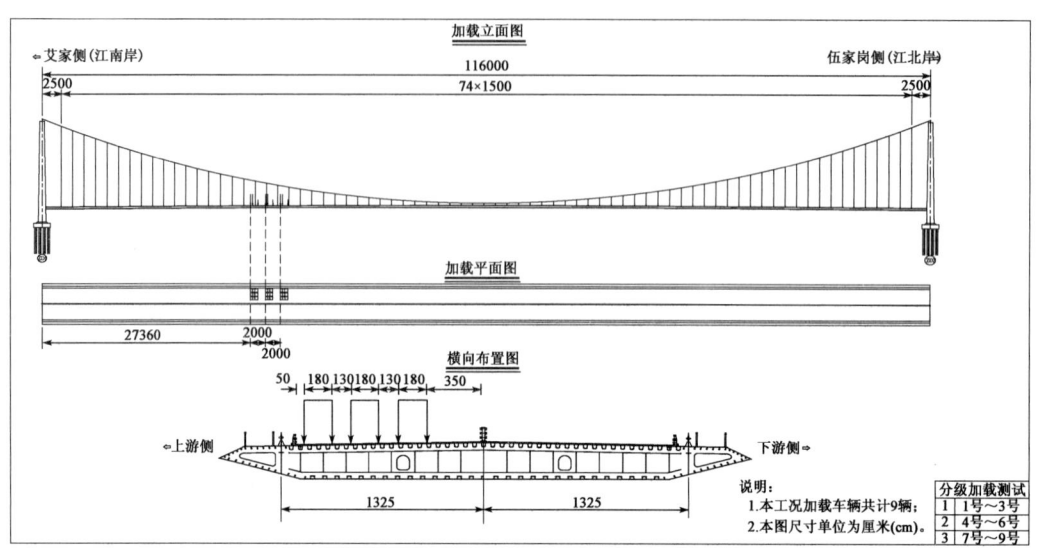

图 3-4-30 工况 5 轮位布置及分级加载图

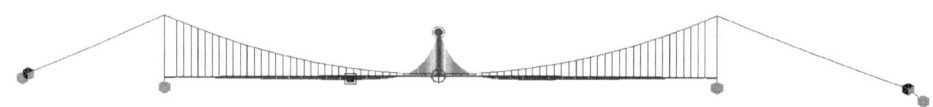

图 3-4-31 工况 6 主梁 $L/2$ 最大正弯矩影响线

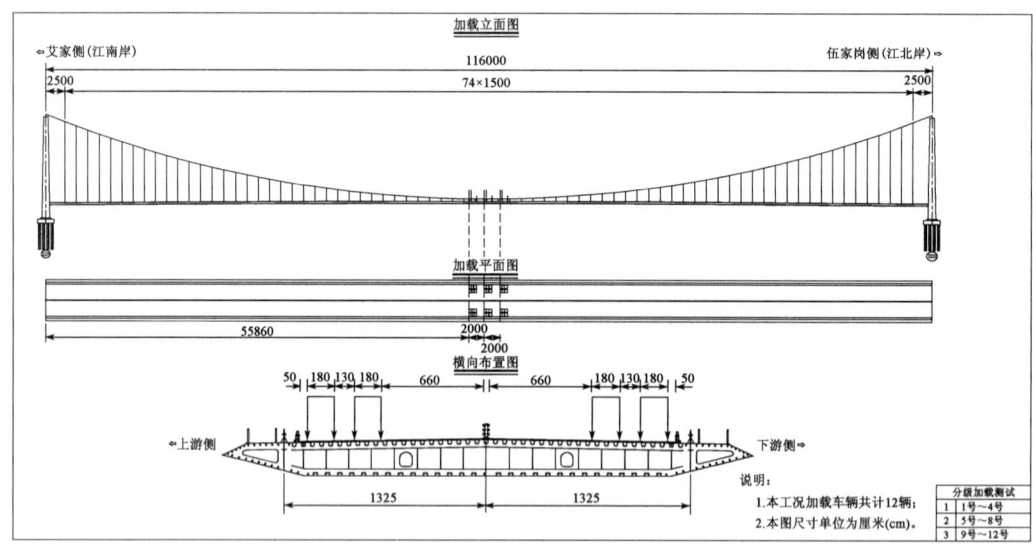

图 3-4-32 工况 6 轮位布置及分级加载图

图 3-4-33 工况 7 加劲梁 $L/2$ 最大正弯矩影响线

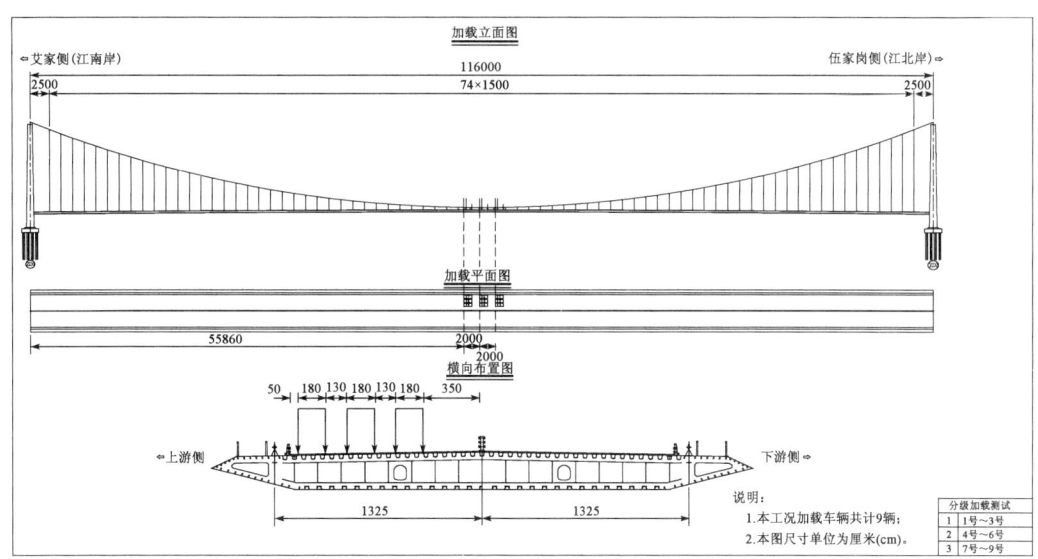

图 3-4-34　工况 7 轮位布置及分级加载图

工况 8：对加劲梁 3L/4 断面最大正弯矩对称加载，加载效率为 0.86(350kN 加载车 12 辆)。

测试内容：主缆竖向挠度、塔顶水平偏位、加劲梁应力、桥面挠度、温度场和风速风向。

工况 8 加劲梁 3L/4 最大正弯矩影响线如图 3-4-35 所示，工况 8 轮位布置及分级加载图如图 3-4-36 所示。

图 3-4-35　工况 8 加劲梁 3L/4 最大正弯矩影响线

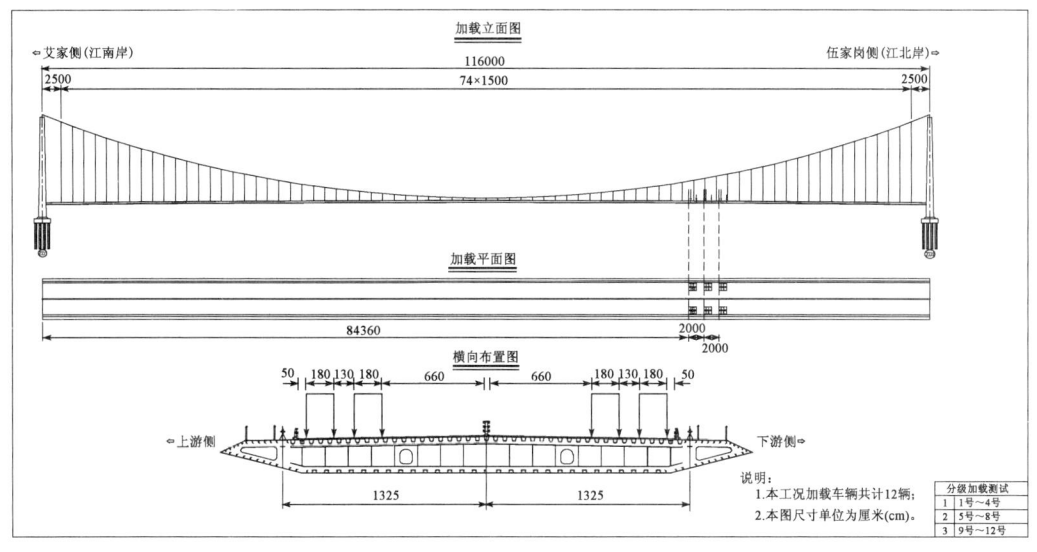

图 3-4-36　工况 8 轮位布置及分级加载图

工况9：对江北侧 DS72 号吊索最大索力增量对称加载，加载效率为 0.87（350kN 加载车 12 辆）。

测试内容：主缆竖向挠度、塔顶水平偏位、桥面挠度、吊索索力、温度场和风速风向。

工况9吊索最大索力影响线如图 3-4-37 所示，工况9轮位布置及分级加载图如图 3-4-38 所示。

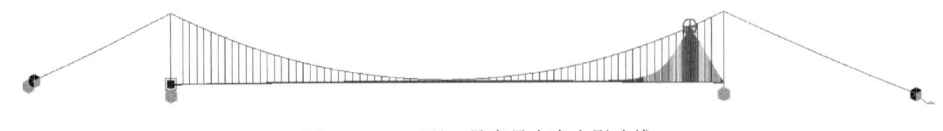

图 3-4-37　工况9吊索最大索力影响线

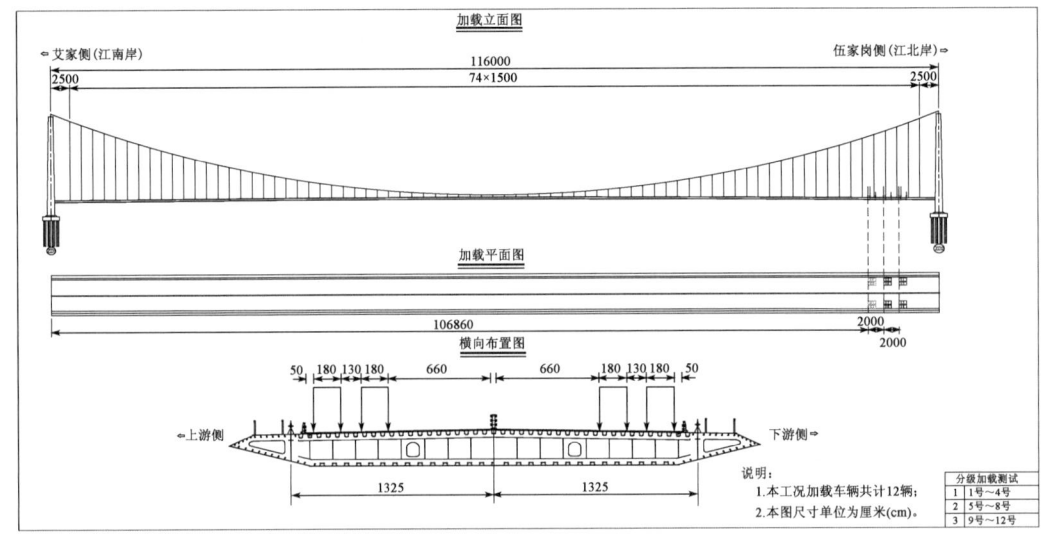

图 3-4-38　工况9轮位布置及分级加载图

2）其他测试项目

工况10：对江北侧 ZD2 号主塔塔顶最大纵向偏位对称加载（350kN 加载车 48 辆）。

测试内容：塔顶水平偏位、温度场和风速风向。

工况10江北侧 ZD2 号主塔塔顶最大偏位影响线如图 3-4-39 所示。

图 3-4-39　工况10江北侧 ZD2 号主塔塔顶最大偏位影响线

工况11：对主缆最大拉力对称加载（350kN 加载车 48 辆）。

测试内容：江北侧主缆索股张力、散索鞍位移、温度场和风速风向。

工况11主缆最大拉力影响线如图 3-4-40 所示。

工况12：对江北侧 ZD2 号主塔根部断面最大弯矩对称加载（350kN 加载车 48 辆）。

测试内容：塔顶水平偏位、主塔应力、温度场和风速风向。

图 3-4-40　工况 11 主缆最大拉力影响线

工况 12 江北侧 ZD2 号主塔根部最大弯矩影响线如图 3-4-41 所示。

图 3-4-41　工况 12 江北侧 ZD2 号主塔根部最大弯矩影响线

工况 10、11、12 轮位布置及分级加载图同图 3-4-23。

工况 13：对主梁 $L/4$ 断面附近正交异性板局部受力加载（450kN 加载车 1 辆）。

测试内容：正交异性板局部应力。

轮迹横向分布采用 BS 5400 中的规定，车辆中心线平行于车道中心线并在其临近不超过 0.3m 范围内，由于重车道通过的重车频率最高，因此，考虑在重车道的进行加载试验。将车辆荷载在重车道以轮迹线为中心进行左右横向移动，以确定横向加载轮位，移动步长取 0.15m。荷载的横向布置工况 5 个。

荷载的纵向布置工况 3 个，分别为：①双后轴两车轮对称分布在考察节段中间；②双后轴一车轮作用在考察节段中间；③双后轴两车轮对称分布在考察横隔板两侧。满足测试横隔板的最大面外效应、最大面内效应，同时考虑 U 形肋与面板连接部位测试位置最不利应力状态。

工况 13 的横向、纵向布置图分别如图 3-4-42、图 3-4-43 所示。

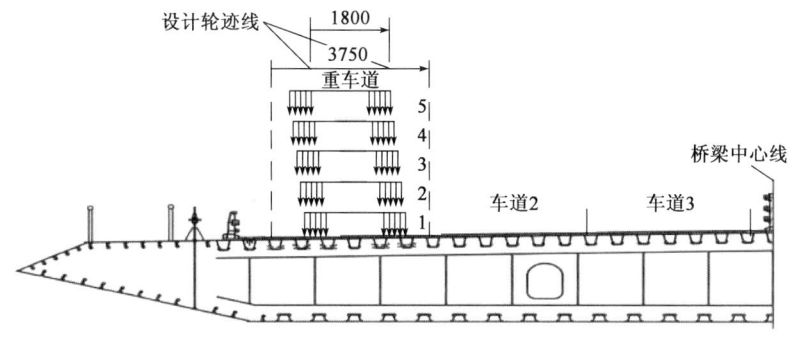

图 3-4-42　工况 13 横向布置图（尺寸单位：mm）

工况 14：对主梁 $L/2$ 断面反对称偏心加载（350kN 加载车 48 辆）。

测试内容：主缆竖向挠度、塔顶水平偏位、桥面挠度、温度场和风速风向。

工况 14 轮位布置及分级加载图如图 3-4-44 所示。

伍家岗长江大桥主桥成桥试验加载工况汇总表见表 3-4-8。

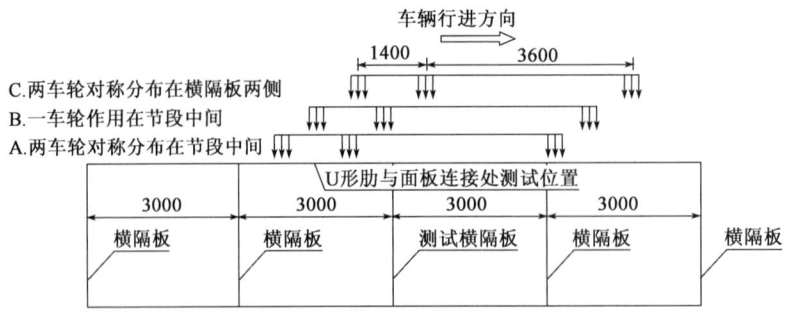

图 3-4-43　工况 13 纵向布置图(尺寸单位:mm)

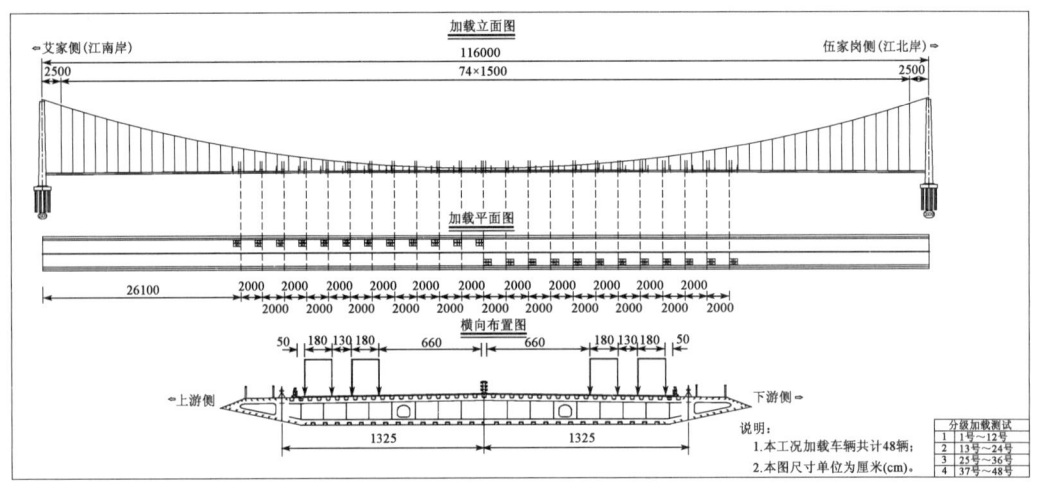

图 3-4-44　工况 14 轮位布置及分级加载图

伍家岗长江大桥主桥成桥试验加载工况汇总表　　表 3-4-8

加载类型	工况	工况名称	设计活载效应 (kN·m)	试验加载效应 (kN·m)	加载效率	试验车数量
主要控制工况	1	对加劲梁 $L/2$ 处最大竖向位移对称加载	−2305	−2206	0.96	12×4 辆=48 辆
	2	对加劲梁 $L/4$ 处附近最大竖向位移对称加载	−2949	−2704	0.92	12×4 辆=48 辆
	3	对江北侧主梁梁端最大纵向位移对称加载	−702	−606	0.86	12×4 辆=48 辆
	4	对加劲梁 $L/4$ 附近最大正弯矩对称加载	51385	43989	0.86	3×4 辆=12 辆
	5	对加劲梁 $L/4$ 附近最大正弯矩偏心加载	37076	32992	0.89	3×3 辆=9 辆
	6	对加劲梁 $L/2$ 最大正弯矩对称加载	48707	42180	0.87	3×4 辆=12 辆
	7	对加劲梁 $L/2$ 最大正弯矩偏心加载	35162	31635	0.90	3×3 辆=9 辆
	8	对加劲梁 $3L/4$ 最大正弯矩对称加载	51361	43979	0.86	3×4 辆=12 辆
	9	对江北侧 DS72 号吊索最大索力增量对称加载	330	287	0.87	3×4 辆=12 辆

续上表

加载类型	工况	工况名称	设计活载效应 (kN·m)	试验加载效应 (kN·m)	加载效率	试验车数量
测试项目	10	对江北侧主塔塔顶最大纵向偏位对称加载	—	—	—	12×4辆=48辆
	11	对主缆最大拉力对称加载	—	—	—	12×4辆=48辆
	12	对江北侧主塔根部断面最大弯矩对称加载	—	—	—	12×4辆=48辆
	13	对加劲梁L/4附近正交异性板局部受力加载	—	—	—	1辆
	14	对加劲梁L/2断面反对称偏心加载	—	—	—	24×2辆=48辆

7. 静载试验结果分析

在静载试验的测试结果表格中，应变单位为 $\mu\varepsilon$，应力单位为 MPa，受拉为正，受压为负，校验系数为无量纲量。挠度的单位为 mm，挠度以向下为负，向上为正。吊索索力及锚跨张力的单位为 kN，受拉为正，受压为负。伸缩量等长度单位为 mm。温度单位为 ℃。

在以下各工况测试结果中，有以下规定：

(1) 结构校验系数 = 实测应力/计算应力或实测弹性变位/计算变位。

结构校检系数反映了结构实际状态和理论状态的对比情况：结构校验系数小于1时，代表桥梁的实际状况好于理论状况；结构校验系数大于1时，代表桥梁的实际状况差于理论状况，应判定结构的承载能力不满足《公路桥梁承载能力检测评定规程》(JTG/T J21—2011)的要求。

(2) 混凝土应变以受拉为正，受压为负，应变单位为 $\mu\varepsilon$，实测应变计算时取混凝土的弹性模量 $E = 3.45 \times 10^4$ MPa；钢结构应变以受拉为正，受压为负，应变单位为 $\mu\varepsilon$，实测应变计算时取钢材的弹性模量 $E = 2.1 \times 10^5$ MPa；

(3) 偏载系数 = 实测偏载侧最大弹性变位/实测平均弹性变位。

(4) 表中的"—"表示数值很小，无须进行比较。

1) 主缆竖向挠度测量结果

主缆竖向挠度测量结果见表3-4-9～表3-4-12。由于悬索桥主缆线形变化对于整个结构受力有重大影响，试验中对其进行了重点测试，对于挠度变化较大的工况，均给出了主缆竖向挠度变化情况。

工况1/10/11/12荷载作用下主缆挠度　　　　表3-4-9

测点位置		主缆挠度(mm)		校验系数
		实测值	计算值	
主缆L/4	上游侧	-186.1	-204.0	0.91
	下游侧	-187.2		0.92
主缆L/2	上游侧	-2033.1	-2205.0	0.92
	下游侧	-2040.5		0.93
主缆3L/4	上游侧	-136.7	-151.0	0.91
	下游侧	-138.2		0.92

工况 4/5 荷载作用下主缆挠度　　　　　　表 3-4-10

测点位置		对称加载挠度		校验系数	偏心加载挠度	
		实测值	计算值		实测值	偏载系数
主缆 $L/4$	上游侧	-846.3	-927.0	0.91	-611.8	1.09
	下游侧	-843.9		0.91	-733.5	
主缆 $L/2$	上游侧	27.3	33.0	0.83	21.3	1.11
	下游侧	26.8		0.81	26.8	
主缆 $3L/4$	上游侧	386.5	417.0	0.93	278.8	1.04
	下游侧	395.5		0.95	302.7	

工况 2/3 荷载作用下主缆挠度　　　　　　表 3-4-11

测点位置		主缆挠度(mm)		校验系数
		实测值	计算值	
主缆 $L/4$	上游侧	-2451.5	-2696.0	0.91
	下游侧	-2453.7		0.91
主缆 $L/2$	上游侧	-239.6	-268.0	0.89
	下游侧	-232.7		0.87
主缆 $3L/4$	上游侧	1373.1	1425.0	0.96
	下游侧	1354.1		0.95

工况 6/7 荷载作用下主缆挠度　　　　　　表 3-4-12

测点位置		对称加载挠度		校验系数	偏心加载挠度	
		实测值	计算值		实测值	偏载系数
主缆 $L/4$	上游侧	4.5	6.0	—	4.0	—
	下游侧	3.7		—	8.0	
主缆 $L/2$	上游侧	-779.7	-808.0	0.96	-543.2	1.10
	下游侧	-775.8		0.96	-658.1	
主缆 $3L/4$	上游侧	3.2	5.0	—	5.0	—
	下游侧	4.4		—	8.0	

由表 3-4-9～表 3-4-12 可见，主缆竖向挠度与理论计算值较为吻合，主缆线形变化合理。实测主缆最大挠度为 -2453.7mm，计算值为 -2696.0mm。其余工况挠度测量值也与计算值接近，各工况主缆挠度校验系数在 0.74～0.98 之间，表明主缆的刚度满足设计及规范要求；卸载后各测点的残余变形较小，表明主缆处于弹性工作范围内。

在工况 5(加劲梁 $L/4$ 断面最大正弯矩偏心加载)荷载作用下，加劲梁 $L/4$ 上游侧主缆实测挠度值为 -611.8mm，下游侧主缆实测挠度值为 -733.5mm，偏载系数为 1.09；在工况 7(加劲梁 $L/2$ 断面最大正弯矩偏心加载)荷载作用下，加劲梁 $L/2$ 上游侧主缆实测挠度值为 -543.2mm，下游侧主缆实测挠度值为 -658.1mm，偏载系数为 1.10，实测偏载系数在 1.04~1.11 之间。

在工况 8(对加劲梁 3L/4 断面最大正弯矩对称加载)、工况 9(对江北侧 DS72 号吊索最大索力增量对称加载)、工况 14(对加劲梁 L/2 断面反对称偏心加载)荷载作用下,主缆挠度实测值与计算值相接近,试验正常,在此不再一一列举。

2)加劲梁位移测试结果

各工况下加劲梁挠度实测值和变化情况见表 3-4-13~表 3-4-18 及图 3-4-45~图 3-4-50。

工况 1/10/11/12 荷载作用下桥面挠度　　表 3-4-13

对应吊杆位置	纵向里程（m）	实测值(mm)			计算值（mm）	校验系数
		上游侧	下游侧	平均值		
南塔中心	0.0	0	0	0	0	—
DS4	70.0	298	292	295	311	0.95
DS8	130.0	411	408	410	437	0.94
DS12	190.0	386	385	386	399	0.97
DS16	250.0	177	177	177	187	0.94
DS20	310.0	-194	-196	-195	-204	0.96
DS24	370.0	-715	-713	-714	-766	0.93
DS28	430.0	-1317	-1341	-1329	-1416	0.94
DS31	475.0	-1750	-1692	-1721	-1818	0.95
DS34	520.0	-1959	-1924	-1942	-2085	0.93
DS38	580.0	-2045	-2051	-2048	-2207	0.93
DS43	655.0	-1834	-1848	-1841	-1982	0.93
DS48	730.0	-1279	-1316	-1297	-1359	0.95
DS52	790.0	-649	-676	-662	-705	0.94
DS56	850.0	-146	-140	-143	-151	0.95
DS61	925.0	288	281	285	297	0.96
DS66	1000.0	450	446	448	467	0.96
DS71	1075.0	352	352	352	371	0.95
北塔中心	1160.0	0	0	0	0	—

工况 2/3 荷载作用下桥面挠度　　表 3-4-14

对应吊杆位置	纵向里程（m）	实测值(mm)			计算值（mm）	校验系数
		上游侧	下游侧	平均值		
南塔中心	0.0	0	0	0	0	—
DS4	70.0	-648	-662	-655	-704	0.93
DS8	130.0	-1302	-1309	-1305	-1413	0.92
DS12	190.0	-1979	-2023	-2001	-2095	0.96
DS16	250.0	-2432	-2394	-2413	-2545	0.95

续上表

对应吊杆位置	纵向里程（m）	实测值（mm）			计算值（mm）	校验系数
		上游侧	下游侧	平均值		
DS20	310.0	−2452	−2456	−2454	−2710	0.91
DS24	370.0	−2426	−2450	−2438	−2574	0.95
DS28	430.0	−1974	−2044	−2009	−2133	0.94
DS31	475.0	−1511	−1571	−1541	−1620	0.95
DS34	520.0	−991	−955	−973	−1021	0.95
DS38	580.0	−248	−248	−248	−268	0.92
DS43	655.0	466	471	468	493	0.95
DS48	730.0	950	966	958	1032	0.93
DS52	790.0	1200	1257	1228	1300	0.95
DS56	850.0	1384	1374	1379	1425	0.97
DS61	925.0	1297	1309	1303	1386	0.94
DS66	1000.0	1072	1087	1079	1139	0.95
DS71	1075.0	658	643	650	696	0.93
北塔中心	1160.0	0	0	0	0	—

工况 4 荷载作用下桥面挠度　　　　表 3-4-15

对应吊杆位置	纵向里程（m）	实测值（mm）			计算值（mm）	校验系数
		上游侧	下游侧	平均值		
南塔中心	0.0	0	0	0	0	—
DS4	70.0	−178	−182	−180	−191	0.94
DS8	130.0	−367	−365	−366	−388	0.94
DS12	190.0	−584	−593	−588	−619	0.95
DS16	250.0	−829	−832	−830	−858	0.97
DS20	310.0	−880	−880	−880	−937	0.94
DS24	370.0	−687	−703	−695	−739	0.94
DS28	430.0	−472	−450	−461	−487	0.95
DS31	475.0	−289	−294	−292	−310	0.94
DS34	520.0	−146	−142	−144	−151	0.96
DS38	580.0	28	31	29	32	0.90
DS43	655.0	201	200	200	211	0.95
DS48	730.0	311	320	316	333	0.95
DS52	790.0	373	376	375	389	0.96
DS56	850.0	385	381	383	410	0.93
DS61	925.0	377	368	373	388	0.96
DS66	1000.0	302	291	296	313	0.95

续上表

对应吊杆位置	纵向里程(m)	实测值(mm)			计算值(mm)	校验系数
		上游侧	下游侧	平均值		
DS71	1075.0	183	176	180	189	0.95
北塔中心	1160.0	0	0	0	0	—

工况 6 荷载作用下桥面挠度　　　　　　　　　　　　　　表 3-4-16

对应吊杆位置	纵向里程(m)	实测值(mm)			计算值(mm)	校验系数
		上游侧	下游侧	平均值		
南塔中心	0.0	0	0	0	0	—
DS4	70.0	88	88	88	94	0.94
DS8	130.0	128	133	130	138	0.94
DS12	190.0	133	133	133	140	0.95
DS16	250.0	92	91	91	97	0.94
DS20	310.0	6	5	5	6	0.85
DS24	370.0	-127	-127	-127	-133	0.96
DS28	430.0	-299	-307	-303	-320	0.95
DS31	475.0	-460	-463	-461	-488	0.94
DS34	520.0	-625	-631	-628	-666	0.94
DS38	580.0	-765	-754	-759	-809	0.94
DS43	655.0	-582	-592	-587	-609	0.96
DS48	730.0	-299	-298	-299	-321	0.93
DS52	790.0	-130	-125	-128	-134	0.95
DS56	850.0	3	4	4	5	0.71
DS61	925.0	105	105	105	111	0.94
DS66	1000.0	134	136	135	144	0.93
DS71	1075.0	104	105	105	109	0.96
北塔中心	1160.0	0	0	0	0	—

工况 8 荷载作用下桥面挠度　　　　　　　　　　　　　　表 3-4-17

对应吊杆位置	纵向里程(m)	实测值(mm)			计算值(mm)	校验系数
		上游侧	下游侧	平均值		
南塔中心	0.0	0	0	0	0	—
DS4	70.0	149	149	149	159	0.94
DS8	130.0	247	252	249	269	0.93
DS12	190.0	316	329	322	349	0.92

续上表

对应吊杆位置	纵向里程（m）	实测值（mm）			计算值（mm）	校验系数
		上游侧	下游侧	平均值		
DS16	250.0	371	372	371	396	0.94
DS20	310.0	392	381	386	410	0.94
DS24	370.0	354	364	359	390	0.92
DS28	430.0	315	310	313	333	0.94
DS31	475.0	254	248	251	267	0.94
DS34	520.0	164	164	164	180	0.91
DS38	580.0	32	31	31	33	0.95
DS43	655.0	-187	-186	-187	-201	0.93
DS48	730.0	-440	-460	-450	-486	0.93
DS52	790.0	-689	-676	-682	-738	0.92
DS56	850.0	-896	-904	-900	-937	0.96
DS61	925.0	-730	-756	-743	-803	0.93
DS66	1000.0	-459	-453	-456	-500	0.91
DS71	1075.0	-216	-223	-220	-237	0.93
北塔中心	1160.0	0	0	0	0	—

工况 9 荷载作用下桥面挠度　　　　　表 3-4-18

对应吊杆位置	纵向里程（m）	实测值（mm）			计算值（mm）	校验系数
		上游侧	下游侧	平均值		
南塔中心	0.0	0	0	0	0	—
DS4	70.0	52	51	52	55	0.94
DS8	130.0	91	90	91	94	0.96
DS12	190.0	119	120	119	126	0.95
DS16	250.0	141	138	139	148	0.94
DS20	310.0	154	152	153	160	0.95
DS24	370.0	154	156	155	163	0.95
DS28	430.0	144	150	147	156	0.94
DS31	475.0	138	139	139	144	0.96
DS34	520.0	116	120	118	126	0.94
DS38	580.0	86	89	88	93	0.94
DS43	655.0	36	36	36	38	0.94
DS48	730.0	-30	-29	-29	-31	0.93
DS52	790.0	-92	-92	-92	-97	0.95
DS56	850.0	-168	-169	-168	-172	0.98
DS61	925.0	-263	-261	-262	-277	0.94
DS66	1000.0	-379	-367	-373	-392	0.95
DS71	1075.0	-405	-423	-414	-440	0.94
北塔中心	1160.0	0	0	0	0	—

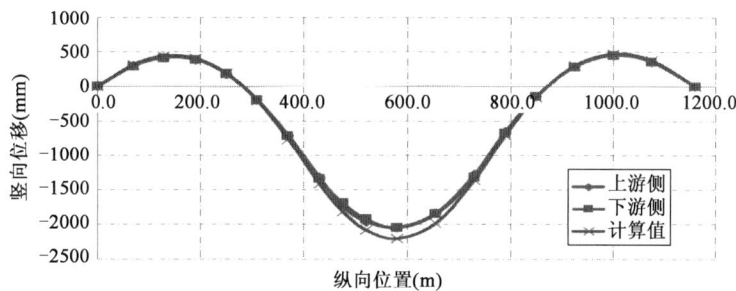

图 3-4-45　工况 1/10/11/12 桥面挠度变化

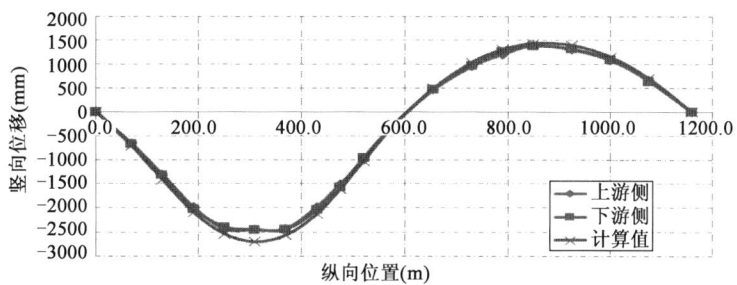

图 3-4-46　工况 2/3 桥面挠度变化

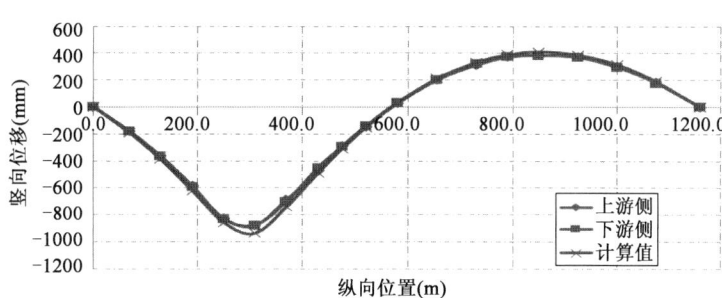

图 3-4-47　工况 4 桥面挠度变化

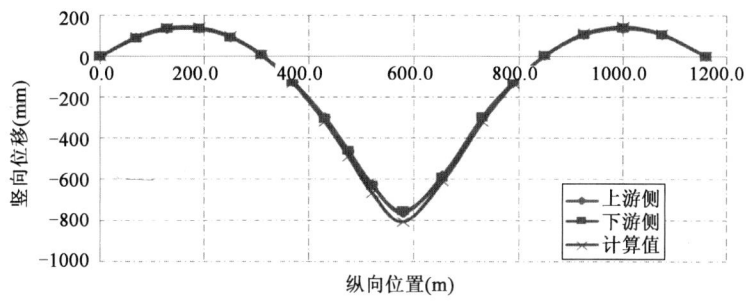

图 3-4-48　工况 6 桥面挠度变化

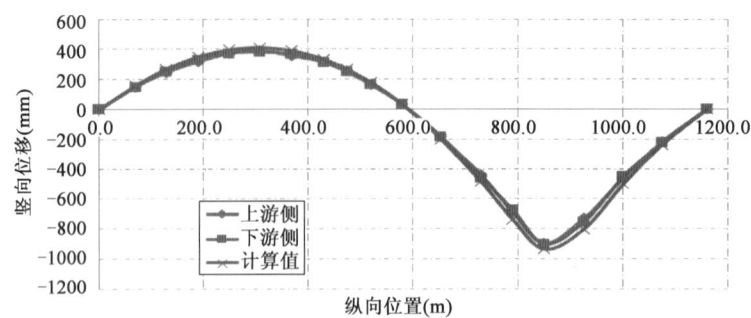

图 3-4-49 工况 8 桥面挠度变化

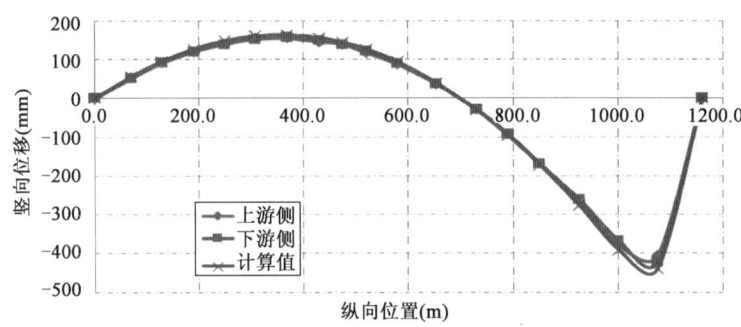

图 3-4-50 工况 9 桥面挠度变化

由以上图表可见,实测加劲梁挠度与理论计算值吻合较好,校验系数在 0.66～0.98 之间。实测加劲梁 $L/4$ 跨最大挠度为 -2456mm,计算值为 -2710mm,加劲梁跨中最大挠度值为 -2051mm,计算值为 -2207mm,校验系数在 0.91～0.93 之间,表明加劲梁刚度满足设计要求。加劲梁最大挠度发生在工况 2 时主跨 $L/4$ 跨处,该工况荷载效率 0.92,将该测试挠度值换算为设计荷载时的挠度值为 2670mm,挠跨比 f/L 为 1/434,小于《公路悬索桥设计规范》(JTG/T D65-05—2015)规定的 1/250 的要求,表明加劲梁刚度满足设计及规范要求,且卸载后各测点的残余变形较小,加劲梁处于弹性工作范围内。

在对称荷载作用下,加劲梁上下游挠度相近,具有良好的对称性。在偏心荷载作用下,实测下游侧加劲梁挠度明显大于上游侧,在工况 5(加劲梁 $L/4$ 断面最大正弯矩偏心加载)荷载作用下,加劲梁 $L/4$ 处下游侧桥面实测挠度值为 -742mm,上游侧桥面实测挠度值为 -613mm,偏载系数为 1.10;在工况 7(加劲梁 $L/2$ 断面最大正弯矩偏心加载)荷载作用下,加劲梁 $L/2$ 处下游侧桥面实测挠度值为 -662mm,下游侧桥面实测挠度值为 -525mm,偏载系数为 1.12,各工况实测偏载系数在 1.07～1.12 之间。

其他工况荷载作用下,实测加劲梁挠度与理论计算值吻合较好,试验数据正常,在此不再一一列举。

3)塔顶偏位测试结果

塔顶纵向水平偏位测量结果见表 3-4-19。本次检测主要在工况 1、2、3、4、6、8、10、11、12 加载时对主塔进行塔顶偏位测试。由表 3-4-19 可见,各工况试验荷载作用下,实测塔顶变位均小于理论计算值,并与计算值吻合较好,校验系数在 0.68～0.97 之间,表明主塔刚度满足设计及规范要求,且卸载后各测点的残余变形较小,主塔处于弹性工作范围内。

不同工况下塔顶纵向水平偏位表　　　　表 3-4-19

工　况	位　置	塔顶纵向水平偏位(mm)		校验系数
		实测值	计算值	
1/10/11/12	南塔	65.8	78.0	0.84
	北塔	-101.3	-109.0	0.93
2/3	南塔	57.3	61.0	0.94
	北塔	-60.4	-85.0	0.71
4	南塔	14.2	15.0	0.95
	北塔	-15.2	-21.0	0.72
6	南塔	19.4	20.0	0.97
	北塔	-18.9	-28.0	0.68
8	南塔	11.3	15.0	0.75
	北塔	-19.9	-21.0	0.95

4)支座位移测试结果

选择支座位移变化量最大的工况 2 进行观测,测试结果为南侧 -429mm,计算值 -613mm;北侧 -540mm,计算值 -606mm。测试结果表明,在试验荷载作用下,支座纵向位移值均小于计算值,校验系数在 0.70～0.88 之间,支座工作正常。

5)伸缩缝位移测试结果

选择伸缩缝位移变化量最大的工况 2 进行观测,测试结果为南侧 -409mm,计算值 -613mm,北侧 515mm,计算值 606mm。测试结果表明,在试验荷载作用下,伸缩缝缝宽变化量实测值均小于计算值,校验系数在 0.67～0.84 之间,伸缩缝工作正常。

6)纵向阻尼器最大行程测试结果

选择纵向阻尼器位移变化量最大的工况 2 进行观测,测试结果为南侧 -409mm,北侧 -378mm。测试结果表明,在试验荷载作用下,纵向阻尼器最大行程为 475mm,小于设计要求的最大行程 1000mm,阻尼器工作正常。

7)散索鞍位移测试

通过对江南侧上游散索鞍位移量主要测试工况进行观测可知,在荷载作用下,散索鞍未发生滑移。

8)加劲梁应力测试结果

本次试验主要在工况 4～8 荷载作用下对加劲梁应力进行测试,其中工况 4、5 为加劲梁 $L/4$ 断面最大正弯矩对称和偏心加载;工况 6、7 为加劲梁 $L/2$ 断面最大正弯矩对称和偏心加载;工况 8 为加劲梁 $3L/4$ 断面最大正弯矩加载,各工况应力测试结果见表 3-4-20～表 3-4-27。

工况 4 作用下 1-1 断面单向应力测试结果　　　　　表 3-4-20

位　置	实测应变均值（με）	实测应力均值（MPa）	计算应力值（MPa）	校 验 系 数
顶板 U 形肋底部	-57.0	-11.71	-14.20	0.82
顶板下缘	-74.6	-15.39	-19.72	0.78
底板 U 形肋顶部	116.1	23.94	27.94	0.86
底板上缘	125.5	25.85	31.64	0.82
腹板	-64/78	-13.18/16.07	-17.87/23.03	0.77/0.71

工况 4 作用下 2-2 断面单向应力测试结果　　　　　表 3-4-21

位　置	实测应变均值（με）	实测应力均值（MPa）	计算应力值（MPa）	校 验 系 数
顶板 U 形肋底部	-60.9	-12.57	-14.98	0.84
顶板下缘	-77.9	-16.06	-20.80	0.77
底板 U 形肋顶部	120.5	24.83	29.53	0.84
底板上缘	130	26.77	33.40	0.80
腹板	-79/93	-16.28/19.16	-18.86/24.34	0.87/0.79
横隔板	-37.7/52.7	-7.74/10.85	—	—

工况 6 作用下 3-3 断面单向应力测试结果　　　　　表 3-4-22

位　置	实测应变均值（με）	实测应力均值（MPa）	计算应力值（MPa）	校 验 系 数
顶板 U 形肋底部	-55.3	-11.40	-13.93	0.82
顶板下缘	-74.1	-15.25	-19.32	0.79
底板 U 形肋顶部	116.2	23.91	27.22	0.88
底板上缘	125.1	25.75	30.76	0.84
腹板	-70.5/83.5	-14.52/17.20	-17.51/22.43	0.83/0.77

工况 6 作用下 4-4 断面单向应力测试结果　　　　　表 3-4-23

位　置	实测应变均值（με）	实测应力均值（MPa）	计算应力值（MPa）	校 验 系 数
顶板 U 形肋底部	-58.9	-69	-14.21	-69
顶板下缘	-75.5	86	17.72	86
底板 U 形肋顶部	122.3	-72	-14.83	-72
底板上缘	129.5	81	16.69	81
腹板	-73.5/101	-15.14/20.80	-18.24/23.29	0.83/0.89
横隔板	-33.3/47.7	-6.85/9.81	—	—

工况 8 作用下 5-5 断面单向应力测试结果　　　　　　　　　　表 3-4-24

位　　置	实测应变均值（με）	实测应力均值（MPa）	计算应力值（MPa）	校　验　系　数
顶板 U 形肋底部	-54.8	-11.26	-14.20	0.79
顶板下缘	-74.1	-15.28	-19.68	0.78
底板 U 形肋顶部	15.5	23.77	27.94	0.85
底板上缘	124.4	25.59	31.64	0.81
腹板	-70.5/92.5	-14.52/19.06	-17.87/23.03	0.82/0.83

工况 8 作用下 6-6 断面单向应力测试结果　　　　　　　　　　表 3-4-25

位　　置	实测应变均值（με）	实测应力均值（MPa）	计算应力值（MPa）	校　验　系　数
顶板 U 形肋底部	-60.1	-12.38	-14.98	0.83
顶板下缘	-76.1	-15.68	-20.80	0.75
底板 U 形肋顶部	120.6	24.85	29.53	0.84
底板上缘	127.4	26.23	33.40	0.79
腹板	-74/104.5	-15.24/21.53	-18.86/24.34	0.81/0.89
横隔板	-34.7/49	-7.14/10.09	—	—

工况 5 作用下 1-1、2-2 断面单向应力测试结果　　　　　　　　　　表 3-4-26

断面	位　　置	实测应变最大值（με）	实测应变平均值（με）	偏载系数
1-1	顶板下缘	-85	-77	1.11
	底板上缘	136	125	1.09
2-2	顶板下缘	-88	-79	1.12
	底板上缘	139	130	1.07

工况 7 作用下 3-3、4-4 断面单向应力测试结果表　　　　　　　　　　表 3-4-27

断面	位　　置	实测应变最大值（με）	实测应变平均值（με）	偏载系数
3-3	顶板下缘	-83	-75	1.10
	底板上缘	135	125	1.08
4-4	顶板下缘	-87	-78	1.11
	底板上缘	136	127	1.07

由表 3-4-20～表 3-4-27 可知,在试验对称荷载作用下,实测加劲梁顶底板应力与理论计算值吻合较好,校验系数在 0.70～0.90 之间,加劲梁活载应力在 40MPa 以下。总体

来说,加劲梁处于低应力状态。荷载试验过程中未测出明显的残余应变,说明加劲梁在试验荷载下处于弹性受力状态。在试验荷载作用下,加劲梁实测底板最大拉应力为27.40MPa,理论计算值为33.40MPa;顶板最大压应力为-16.89MPa,理论计算值为-20.80MPa,实测值均小于理论计算值,表明结构抗弯强度满足设计要求。

在工况5和工况7偏心荷载作用下,荷载作用一侧的顶板应力略大于无荷载作用的一侧,偏载系数在1.07~1.12之间。

9) 主塔应力测试结果

工况1/10/11/12荷载作用下塔身控制截面应力变化情况见表3-4-28。由表3-4-28可见,在试验荷载作用下,塔柱实测应力均小于理论计算值,应力校验系数在0.55~0.86之间,均小于1,表明主塔强度满足设计要求。

工况1、10、11、12作用下江北侧主塔塔柱应力测试结果　　　　表3-4-28

测点位置及编号		实测应变（με）	实测应力值（MPa）	计算应力值（MPa）	校验系数
江北侧主塔（7-7断面）	1	-25	-0.86	-1.36	0.63
	2	-28	-0.97	-1.36	0.71
	3	23	0.79	1.12	0.71
	4	18	0.62	1.12	0.55
	5	-26	-0.90	-1.36	0.66
	6	-30	-1.04	-1.36	0.76
	7	21	0.72	1.12	0.65
	8	25	0.86	1.12	0.77
江北侧主塔（8-8断面）	1	-34	-1.17	-1.72	0.68
	2	-39	-1.35	-1.72	0.78
	3	30	1.04	1.28	0.81
	4	27	0.93	1.28	0.73
	5	-36	-1.24	-1.72	0.72
	6	-33	-1.14	-1.72	0.66
	7	27	0.93	1.28	0.73
	8	32	1.10	1.28	0.86

卸载时,主塔各应力测点的实测残余应变较小,说明主塔在试验荷载下处于弹性受力状态。

10) 吊耳应力测试结果

工况9荷载作用下,72号吊耳应力变化情况见表3-4-29。由表3-4-29可见,在试验荷载作用下,吊索耳板应变花应力增量较小,吊索耳板受力处于安全状态。

工况9作用下主梁吊点耳板应变花应力表　　表3-4-29

序号	位置	实测应变 ($\mu\varepsilon$)	第一主应力 σ_1(MPa)	第三主应力 σ_3(MPa)	剪应力 τ_{max}(MPa)
1	竖向	49	9.46	-2.08	5.77
	斜向	13			
	横向	-24			
2	竖向	55	11.15	-1.06	6.10
	斜向	10			
	横向	-21			
3	竖向	56	10.68	-3.00	6.84
	斜向	19			
	横向	-30			
4	竖向	51	9.91	-2.08	5.99
	斜向	12			
	横向	-24			
5	竖向	48	9.21	-2.26	5.74
	斜向	12			
	横向	-24			
6	竖向	60	11.79	-1.90	6.84
	斜向	15			
	横向	-26			
7	竖向	44	8.56	-1.66	5.11
	斜向	13			
	横向	-20			
8	竖向	55	10.56	-2.98	6.77
	斜向	20			
	横向	-29			
9	竖向	57	11.36	-1.27	6.32
	斜向	12			
	横向	-22			
10	竖向	55	11.05	-0.93	5.99
	斜向	16			
	横向	-21			
11	竖向	48	9.52	-1.54	5.53
	斜向	13			
	横向	-21			

续上表

序号	位置	实测应变（με）	第一主应力 σ_1（MPa）	第三主应力 σ_3（MPa）	剪应力 τ_{max}（MPa）
12	竖向	46	8.81	-2.20	5.51
	斜向	17			
	横向	-23			

11）桥面板局部应力测试结果

在桥面板局部加载工况下，主梁实测最大压应力为-62.47MPa，最大拉应力为78.15MPa，总体来说，主梁应力水平不高。但考虑到主梁顶板构件的焊缝可能存在焊接初始缺陷，后期养护应重点对该部位进行检测。

12）吊索索力测试结果

本次试验针对吊索的专项加载主要在工况9加载时，对北侧72号吊杆索力进行测试，吊索索力测量结果见表3-4-30。由表3-4-30可见，在试验荷载作用下，每个吊点的两根吊索索力增量基本均匀，实测吊索索力增量均小于理论计算值，表明吊索受力满足要求。

工况9吊索索力测试结果表　　　　　表3-4-30

吊索编号	上游侧		下游侧	
	实测增量（kN）	理论增量（kN）	实测增量（kN）	理论增量（kN）
DS72-b	121	144	123	144
DS72-z	115	144	114	144

13）锚跨索股张力测试结果

选择锚跨张力变化较大的工况1进行部分索股测试，测试结果见表3-4-31。由表3-4-31可见，锚跨索股张力分配均匀，实测锚跨张力与理论计算值吻合得较好。

工况1江南侧上游侧锚跨索股张力测试结果表　　　　　表3-4-31

索股编号	实测拉力增量（kN）	理论拉力增量（kN）
1	143.4	146.0
38	142.6	146.0
43	145.1	146.0
46	141.4	146.0
91	145.4	146.0

14）结构重点部位观测

主桥静载试验完成后，对桥梁结构重点部位（包括主索鞍、散索鞍、索股锚固连接器、主梁焊缝和高强螺栓、阻尼器、伸缩缝、支座垫石及支座、吊索吊耳焊缝等构件）进行观测，总体状态良好，未发现异常。

8. 主桥静载试验结论

综合伍家岗长江大桥主桥静载试验结果，得出以下结论：实测结果与计算值能很好地吻合，桥梁结构工作状况处于弹性范围内，桥梁实际强度、刚度和承载能力等满足设计及规范要求。

三、动载试验

1.动载试验的原理

动载试验检测的原理是：利用车辆荷载（或环境）激起桥梁结构振动，测定其固有频率、阻尼比、振型、冲击系数、行车响应等参数，从而判断桥梁结构整体动力刚度、行车性能。动载试验主要由两部分组成，即脉动试验和强迫振动试验（无障碍行车试验、有障碍行车试验和制动试验），两部分分别测试桥梁的自振特性和在车辆荷载作用下的动力响应。

2.动载试验的内容

动载试验的内容包括有限元计算、自振特性测试、无障碍行车试验、行进中跳车试验和原地跳车试验、制动试验，具体如下。

（1）有限元计算。

进行伍家岗长江大桥动力特性计算，建立动力试验的理论依据。

（2）脉动试验。

测试伍家岗长江大桥的整体自振特性，如自振频率、振型和阻尼特性等，评定桥梁结构的动力性能。

（3）跑车试验。

采用两辆试验载重汽车分别以 10km/h、20km/h、30km/h、40km/h、50km/h、60km/h、70km/h、80km/h 的速度在桥面上行驶，测量桥梁结构在行车状态下的振幅、动应变、动挠度及冲击系数。

（4）跳车试验。

行进跳车：采用一辆试验载重汽车以 20km/h 的速度行驶至主跨跨中和 $L/4$ 处越过障碍物后停车，测量梁体各测点振幅和梁体在竖向冲击荷载下的强迫振动频率。

原地跳车：采用一辆试验载重汽车停在主跨跨中处，后轮越过障碍物后停车，测量梁体各测点振幅和梁体在竖向冲击荷载下的强迫振动频率。

（5）制动试验。

采用一辆试验载重汽车以 20km/h 的速度行驶至主跨跨中和 $L/4$ 处制动，测量制动试验下桥梁的动力响应。

（6）会车试验。

采用两辆试验载重汽车分别以 10km/h、20km/h、30km/h、40km/h、50km/h、60km/h、70km/h、80km/h 的速度行驶至主跨跨中处会车，测量制动试验下桥梁的动力响应。

3.动载试验测点布置

伍家岗长江大桥主桥在主缆布置竖、横、纵向共 14 个测点，加劲梁布置竖、横、顺桥向共20个测点,桥塔塔顶布置横桥向及顺桥向4个测点;同时在 $L/4$ 附近断面布置4个动应力测点和 $L/2$ 附近断面布置2个动挠度测点,主桥共计布置38个动载测点、4个动应力测点和2个动挠度测点,测点布置如图3-4-51～图3-4-53所示。

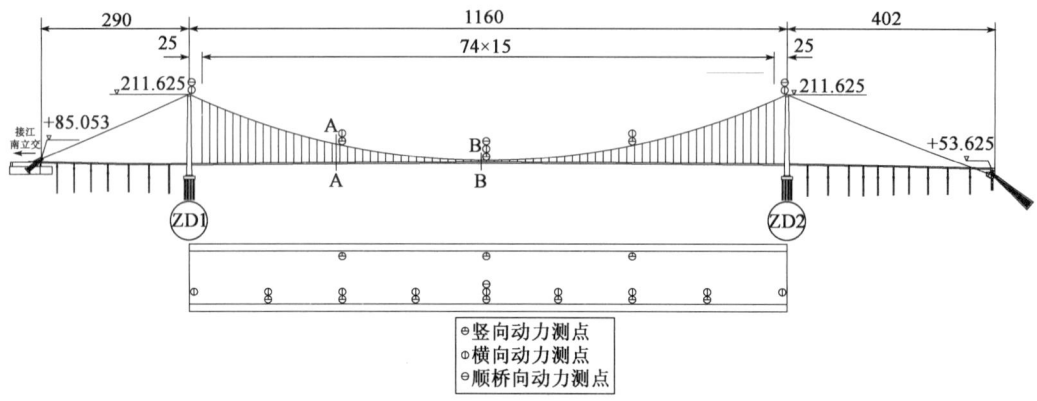

图3-4-51 伍家岗长江大桥主桥动载测点布置示意图(尺寸单位:m)

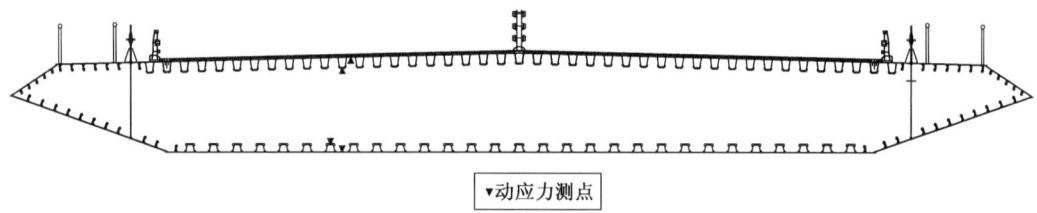

图3-4-52 A-A断面动应力测点布置示意图

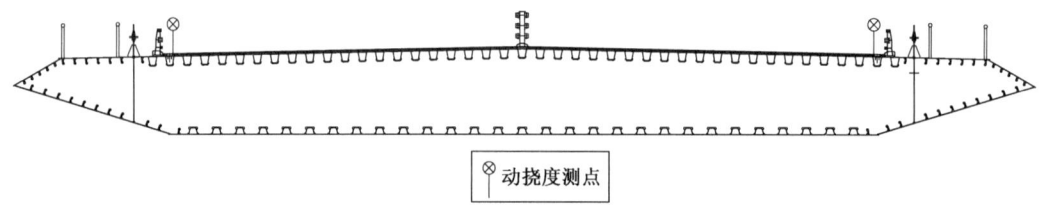

图3-4-53 B-B断面动挠度测点布置示意图

4. 动载试验工况

伍家岗长江大桥主桥动载试验包括脉动试验、跑车试验、会车试验、制动试验和跳车试验。动载试验工况见表3-4-32。

伍家岗长江大桥主桥动载试验工况　　　　　表3-4-32

项　目		工况	测试内容及车速
脉动试验		1	结构自振频率、振型、阻尼比
无障碍行车	跑车试验 (2台车)	1	结构振动响应、动应力、动挠度,车速10km/h
		2	结构振动响应、动应力、动挠度,车速20km/h
		3	结构振动响应、动应力、动挠度,车速30km/h

续上表

项　　目		工况	测试内容及车速
无障碍行车	跑车试验（2台车）	4	结构振动响应、动应力、动挠度,车速40km/h
		5	结构振动响应、动应力、动挠度,车速50km/h
		6	结构振动响应、动应力、动挠度,车速60km/h
		7	结构振动响应、动应力、动挠度,车速70km/h
		8	结构振动响应、动应力、动挠度,车速80km/h
无障碍行车	会车试验（2台车）	1	结构振动响应、动应力、动挠度,车速10km/h
		2	结构振动响应、动应力、动挠度,车速20km/h
		3	结构振动响应、动应力、动挠度,车速30km/h
		4	结构振动响应、动应力、动挠度,车速40km/h
		5	结构振动响应、动应力、动挠度,车速50km/h
		6	结构振动响应、动应力、动挠度,车速60km/h
		7	结构振动响应、动应力、动挠度,车速70km/h
		8	结构振动响应、动应力、动挠度,车速80km/h
制动试验	主跨跨中	1	结构振动响应、梁端位移、动挠度,车速20km/h跨中制动
	主跨$L/4$	2	结构振动响应、梁端位移、动挠度,车速20km/h,$L/4$制动
跳车试验	主跨跨中	1	结构振动响应、动应力、动挠度,障碍5cm,车速20km/h
		2	结构振动响应、动应力、动挠度,障碍5cm,原地跳车
	主跨$L/4$	3	结构振动响应、动应力、动挠度,障碍5cm,车速20km/h
		4	结构振动响应、动应力、动挠度,障碍5cm,原地跳车

5.动载试验结果分析

1）脉动试验测试结果

伍家岗长江大桥主桥脉动试验测试结果见表3-4-33。图3-4-54、图3-4-55为脉动试验时各典型测点时程曲线。

主桥脉动试验测试结果　　　　　　　表3-4-33

阶数	计算频率(Hz)	实测值(Hz)	阻尼比(%)	振　　型
1	0.060	0.076	1.607%	主梁一阶对称横弯
2	0.089	0.119	0.365%	主梁一阶反对称竖弯
3	0.138	0.139	0.502%	主梁一阶对称竖弯
4	0.142	—	—	主梁二阶反对称竖弯
5	0.168	0.170	0.853%	主梁一阶反对称横弯
6	0.191	0.196	1.087%	主梁二阶对称竖弯
7	0.210	0.209	1.510%	主梁高阶反对称竖弯
8	0.273	0.276	0.621%	主梁高阶对称竖弯
9	0.287	0.295	1.016%	主梁一阶扭转

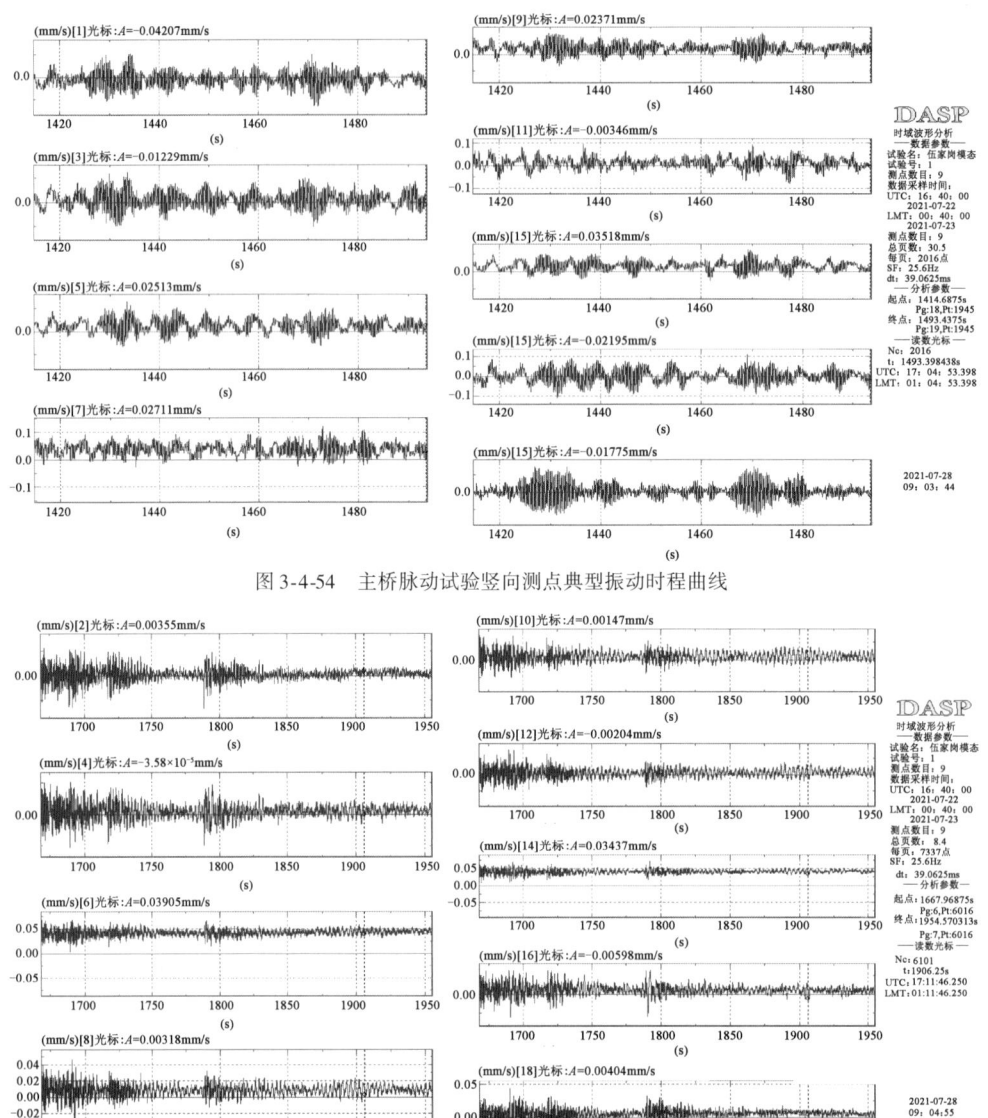

图 3-4-54　主桥脉动试验竖向测点典型振动时程曲线

图 3-4-55　主桥脉动试验横向测点典型振动时程曲线

伍家岗长江大桥主桥实测一阶横向弯曲振动频率为 0.076Hz，计算值为 0.060Hz；实测一阶竖向弯曲振动频率为 0.119Hz，计算值为 0.089Hz；实测一阶扭转振动频率的实测值为 0.295Hz，计算值为 0.287Hz，实测值大于计算值，说明实桥的动力刚度满足设计要求。

大桥实测阻尼比在 0.365%～1.607% 之间。

2）强迫振动试验测试结果

(1) 振幅。图 3-4-56～图 3-4-59 分别是试验车跑车、会车、制动和跳车试验时典型测点的振动时程曲线。表 3-4-34 为跑车试验时各测点实测振幅值，表 3-4-35 为会车试验时各测点实测振幅值，表 3-4-36 为制动和跳车试验时各测点实测振幅值。

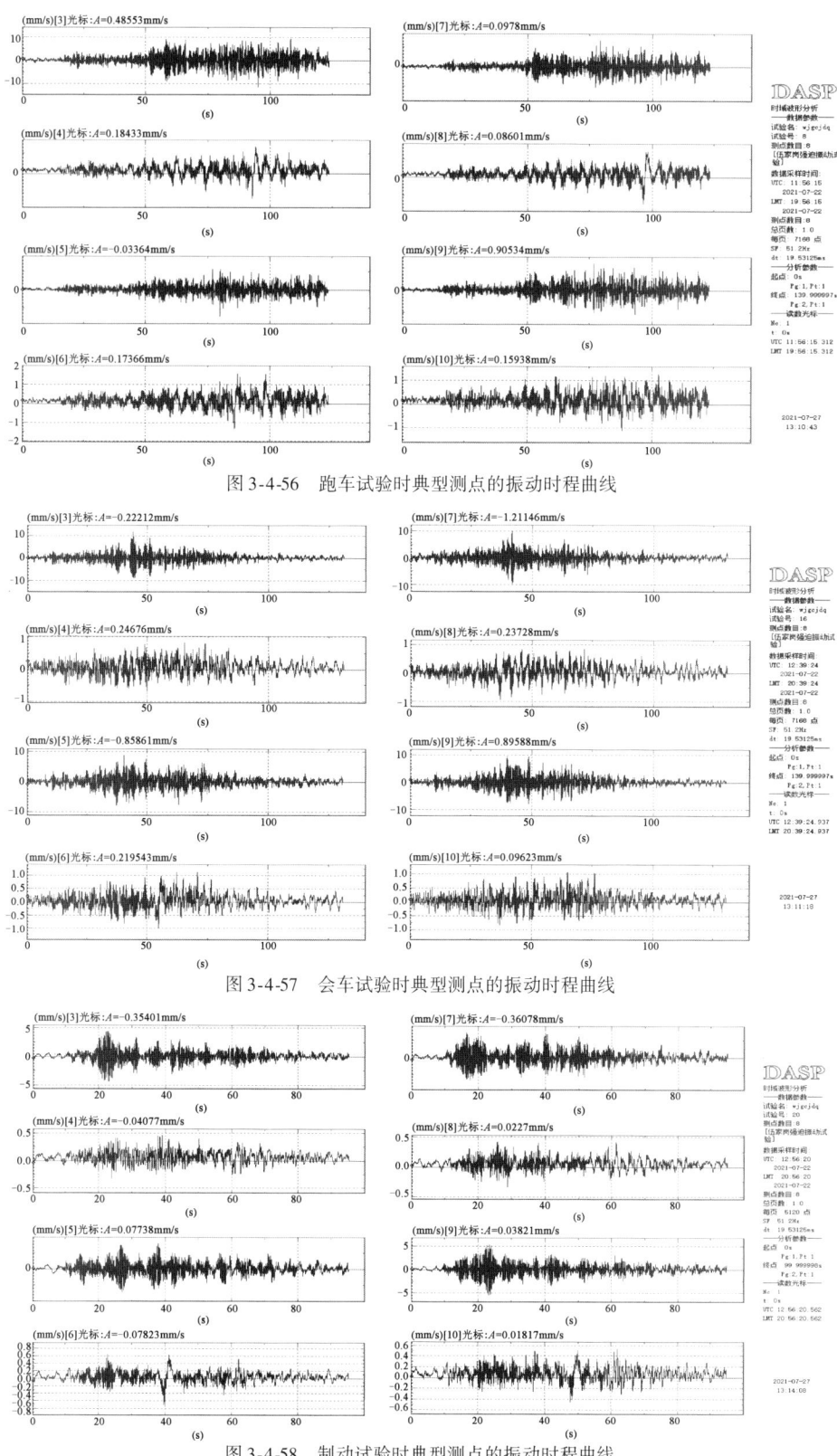

图 3-4-56　跑车试验时典型测点的振动时程曲线

图 3-4-57　会车试验时典型测点的振动时程曲线

图 3-4-58　制动试验时典型测点的振动时程曲线

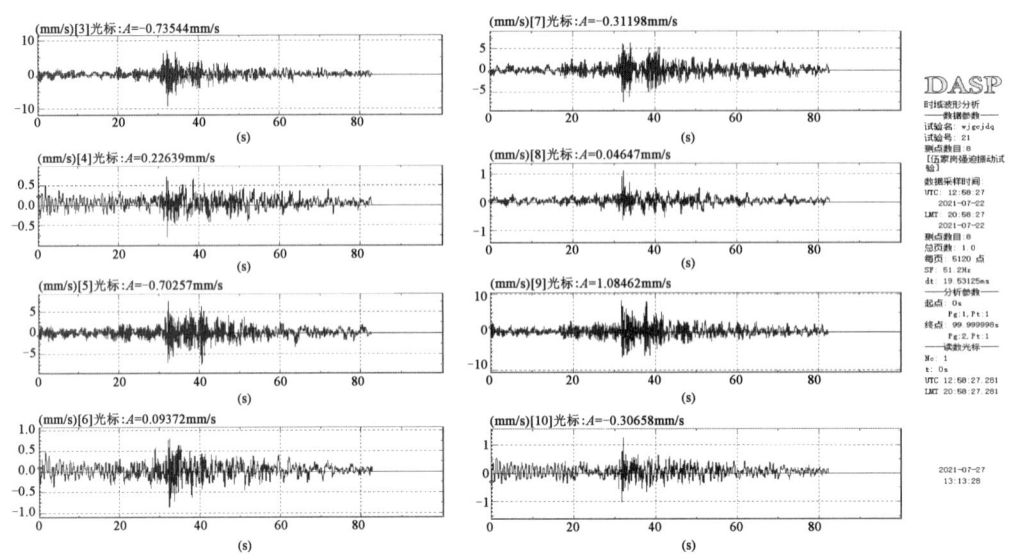

图 3-4-59 跳车试验时典型测点的振动时程曲线

跑车试验时主要测点实测振幅值（单位：mm） 表 3-4-34

位 置	速度（km/h）							
	10	20	30	40	50	60	70	80
$L/8$ 竖向	0.33	0.66	0.77	1.17	1.34	1.03	1.75	1.55
$L/4$ 竖向	0.37	0.61	0.85	1.24	1.40	1.71	1.42	1.93
$3L/8$ 竖向	0.46	0.92	0.82	1.15	1.15	1.45	2.14	1.71
$L/2$ 竖向	0.38	0.60	0.68	0.84	0.73	0.87	0.99	0.95
$5L/8$ 竖向	1.05	1.79	2.12	3.09	2.93	2.85	4.36	3.43
$3L/4$ 竖向	0.44	0.59	0.69	1.19	1.23	1.10	1.37	1.24
$7L/8$ 竖向	0.47	1.21	0.91	1.13	1.25	1.26	1.26	2.24
$L/2$ 主缆竖向	1.27	2.01	2.05	2.70	2.45	3.32	3.40	3.00
$L/8$ 横向	0.22	0.32	0.29	0.32	0.67	0.56	0.46	0.43
$L/4$ 横向	0.18	0.28	0.33	0.38	0.43	0.43	0.57	0.51
$3L/8$ 横向	0.29	0.53	0.51	0.50	0.58	0.41	0.63	0.59
$L/2$ 横向	0.13	0.09	0.14	0.18	0.19	0.14	0.35	0.19
$5L/8$ 横向	0.23	0.37	0.45	0.45	0.72	0.60	0.98	0.63
$3L/4$ 横向	0.31	0.32	0.31	0.27	0.47	0.40	0.56	0.49
$7L/8$ 横向	0.42	0.91	0.43	0.47	0.43	0.51	0.44	0.47
$L/2$ 主缆横向	0.45	0.46	0.77	0.67	0.72	0.96	1.43	0.74

会车试验时主要测点实测振幅值（单位：mm） 表 3-4-35

位 置	速度（km/h）							
	10	20	30	40	50	60	70	80
$L/8$ 竖向	0.50	0.58	0.64	0.60	0.77	0.82	0.87	0.78
$L/4$ 竖向	0.60	0.65	0.72	0.62	0.80	1.02	0.99	0.99

续上表

位置	速度(km/h)							
	10	20	30	40	50	60	70	80
3L/8 竖向	0.69	0.77	0.99	0.85	1.02	1.06	1.15	1.07
L/2 竖向	0.42	0.53	0.52	0.59	0.61	0.68	0.87	0.77
5L/8 竖向	1.55	1.27	1.99	1.67	2.41	2.64	2.77	2.12
3L/4 竖向	0.52	0.54	0.65	0.72	0.77	0.96	0.86	1.14
7L/8 竖向	0.74	0.76	1.26	0.83	1.32	1.22	1.03	1.22
L/2 主缆竖向	1.39	1.79	1.79	1.72	1.97	2.10	2.66	2.61
L/8 横向	1.55	1.79	1.99	1.72	2.41	2.64	2.77	2.61
L/4 横向	0.42	0.53	0.52	0.59	0.61	0.68	0.86	0.77
3L/8 横向	0.24	0.25	0.25	0.21	0.21	0.24	0.35	0.30
L/2 横向	0.23	0.24	0.23	0.26	0.28	0.30	0.38	0.24
5L/8 横向	0.28	0.29	0.31	0.22	0.25	0.38	0.31	0.43
3L/4 横向	0.14	0.13	0.14	0.13	0.14	0.20	0.23	0.22
7L/8 横向	0.23	0.31	0.38	0.33	0.38	0.43	0.52	0.49
L/2 主缆横向	0.24	0.20	0.18	0.28	0.25	0.30	0.38	0.30

制动和跳车试验时主要测点实测振幅值(单位:mm)   表3-4-36

位置	情 形			
	主跨L/2处 20km/h制动	主跨L/2处 20km/h跳车	主跨L/4处 20km/h制动	主跨L/4处 20km/h跳车
L/8 竖向	0.62	0.61	0.47	0.80
L/4 竖向	0.71	0.60	0.38	0.63
3L/8 竖向	0.88	0.95	0.53	1.03
L/2 竖向	0.90	0.54	0.33	0.44
5L/8 竖向	1.61	1.94	1.28	1.92
3L/4 竖向	0.71	0.86	0.43	0.92
7L/8 竖向	0.73	1.16	0.38	0.95
L/2 主缆竖向	2.31	1.48	1.27	1.74
L/8 横向	0.17	0.18	0.20	0.15
L/4 横向	0.16	0.18	0.10	0.13
3L/8 横向	0.22	0.21	0.27	0.17
L/2 横向	0.13	0.09	0.10	0.10
5L/8 横向	0.26	0.22	0.16	0.23
3L/4 横向	0.17	0.60	0.09	0.55
7L/8 横向	0.18	0.55	0.09	0.54
L/2 主缆横向	0.47	0.30	0.36	0.46

由表 3-4-34 得出,跑车试验时主桥主梁竖向最大振幅实测值为 4.36mm,横向最大振幅实测值为 0.98mm,主缆横向最大振幅值为 1.43mm,实测振幅值均较小,在合理范围之内。

由表 3-4-35 得出,会车试验时主桥主梁竖向最大振幅实测值为 2.77mm,横向最大振幅实测值为 0.52mm,主缆横向最大振幅值为 0.38mm,实测振幅值均较小,在合理范围之内。

由表 3-4-36 得出,制动试验时主桥主梁竖向最大振幅实测值为 1.61mm,横向最大振幅实测值为 0.27mm,主缆横向最大振幅值为 0.47mm,实测振幅值均较小,在合理范围之内。

由表 3-4-36 得出,跳车试验时主桥主梁竖向最大振幅实测值为 1.94mm,横向最大振幅实测值为 0.60mm,主缆横向最大振幅值为 0.46mm,实测振幅值均较小,在合理范围之内。

(2)冲击系数。

主桥的竖向一阶频率为 0.119Hz,参照《公路桥涵设计通用规范》(JTG D60—2015),冲击系数 μ 的取值为:

当 $f<1.5$Hz 时,得 $\mu=0.05$;当 $1.5 \leqslant f \leqslant 14$Hz 时,得 $\mu=0.1767\ln f-0.0157$;当 $f>14$Hz 时,得 $\mu=0.45$。由此可以得到,主桥的冲击系数取值为 $\mu=0.05$。

表 3-4-37 为根据动应变曲线得到的冲击系数,表 3-4-38 为根据动挠度曲线得到的冲击系数。由表 3-4-37、表 3-4-38 可以看出,实测冲击系数最大值为 0.03,小于规范取值 0.05,满足规范要求。

动应变测试冲击系数实测值　　　　　　　表 3-4-37

测点位置	速　度							
	10km/h	20km/h	30km/h	40km/h	50km/h	60km/h	70km/h	80km/h
$L/2$ 截面	0.01	0.01	0.02	0.02	0.03	0.03	0.02	0.02

动挠度测试冲击系数实测值　　　　　　　表 3-4-38

测点位置	速　度							
	10km/h	20km/h	30km/h	40km/h	50km/h	60km/h	70km/h	80km/h
主跨跨中	0.01	0.02	0.02	0.02	0.03	0.03	0.02	0.02

6. 主桥动载试验结果

综合伍家岗长江大桥主桥动载试验的结果,可以得出以下结论:主桥结构自振频率和冲击系数满足规范要求,主桥动力刚度满足设计和规范要求,主桥实测振型与计算值吻合较好。在车辆荷载强迫振动试验下,主桥各构件工作状况较好,未出现异常情况。

第三节　引桥、匝道桥及伍临路高架桥荷载试验

根据前文所述,本次引桥的主要试验范围为:江南侧引桥、江南侧匝道、江北侧引桥、

江北侧匝道及伍临路高架桥,全桥共计16联连续梁进行荷载试验。由于每联的试验内容相同,实际试验结果均满足设计及规范要求,限于篇幅,本节选取具有代表性的伍临路高架桥第三联的荷载试验情况进行叙述,其余区域数据分析从略。

一、初始状态检查

1. 桥梁外观检查

在试验前,根据连续梁结构特点以及《城市桥梁工程施工与质量验收规范》(CJJ 2—2008)有关规定,对支承系统、主梁及附属结构进行了外观检查。检查结果表明:伍临路高架桥第三联连续梁整体外观状况较好,无明显缺陷,检查结果为外观检查合格。检查现场照片如图3-4-60~图3-4-63所示。

图3-4-60 桥墩及梁底检查照片

图3-4-61 伸缩缝检查照片

图3-4-62 桥面检查照片

图3-4-63 支座检查照片

2. 桥面线形测试

伍临路高架桥第三联桥面测点布置在护栏内侧分别为靠江侧、背江侧。以9号墩桥面为起始测点进行测量,线形相对值见表3-4-39和图3-4-64。

桥面线形测试记录表（单位：m）　　　　表 3-4-39

测点位置	相对里程（m）	相对高程（m）		测点位置	相对里程（m）	相对高程（m）	
		靠江侧	背江侧			靠江侧	背江侧
W09	0.00	0.000	0.000	L/4	52.50	0.664	0.674
3L/4	7.50	0.169	0.161	W11	60.00	0.661	0.679
3L/4	67.50	0.624	0.643	L/4	82.50	0.453	0.494
L/2	75.00	0.556	0.578	W12	90.00	0.345	0.361
L/2	15.00	0.319	0.311	3L/4	97.50	0.183	0.209
L/4	22.50	0.450	0.440	L/2	105.00	-0.005	0.040
W10	30.00	0.545	0.542	L/4	112.50	-0.201	-0.176
3L/4	37.50	0.609	0.620	W13	120.00	-0.418	-0.425
L/2	45.00	0.649	0.661				

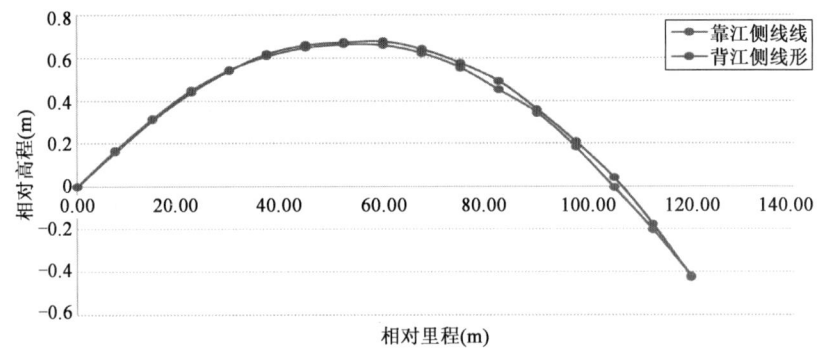

图 3-4-64　桥面线形测试结果

桥面线形测试结果表明，桥梁内外侧高程基本一致，整体线形较平顺，满足设计要求。

二、静载试验

1. 静载试验基本原则

静载试验的基本原则参见主桥静载试验相关内容，此处从略。

2. 试验荷载

试验荷载采用三轴载重汽车（重 350kN）加载。试验加载使用的汽车在轮距、轴重、轮压方面模拟设计标准荷载，使不致对桥梁结构产生超出设计范围的局部荷载。试验前，对每辆加载车进行配重，并对每辆车编号、称重。三轴载重汽车（重 350kN）轴重、轴距及平面布置见图 3-4-10 和图 3-4-12。

3. 加载方式

加载方式相关内容参见主桥静载试验相关内容，此处从略。

4. 有限元计算

伍临路高架桥第三联所使用混凝土强度等级为 C50 和 C40，设计荷载等级为城-A 级，按照双向四车道计算。伍临路高架桥第三联有限元模型如图 3-4-65 所示。

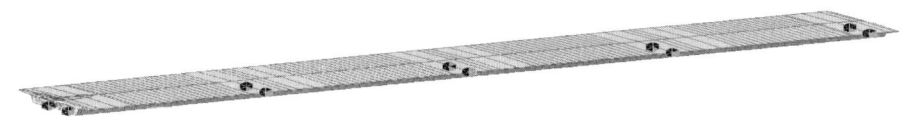

图 3-4-65　伍临路高架桥第三联有限元模型

5. 应力控制截面选定及测点布置

根据内力包络图和结构受力特点,确定的应力控制截面见表 3-3-40、图 3-4-66。

伍临路高架桥第三联($4\times30m$)应力控制截面　　　表 3-4-40

测试对象	截面编号	截面位置
主梁	1-1	第 10 跨最大正弯矩断面(距 W09 号墩中心 13m)
	2-2	距 W10 号墩中心 1m
	3-3	第 11 跨跨中

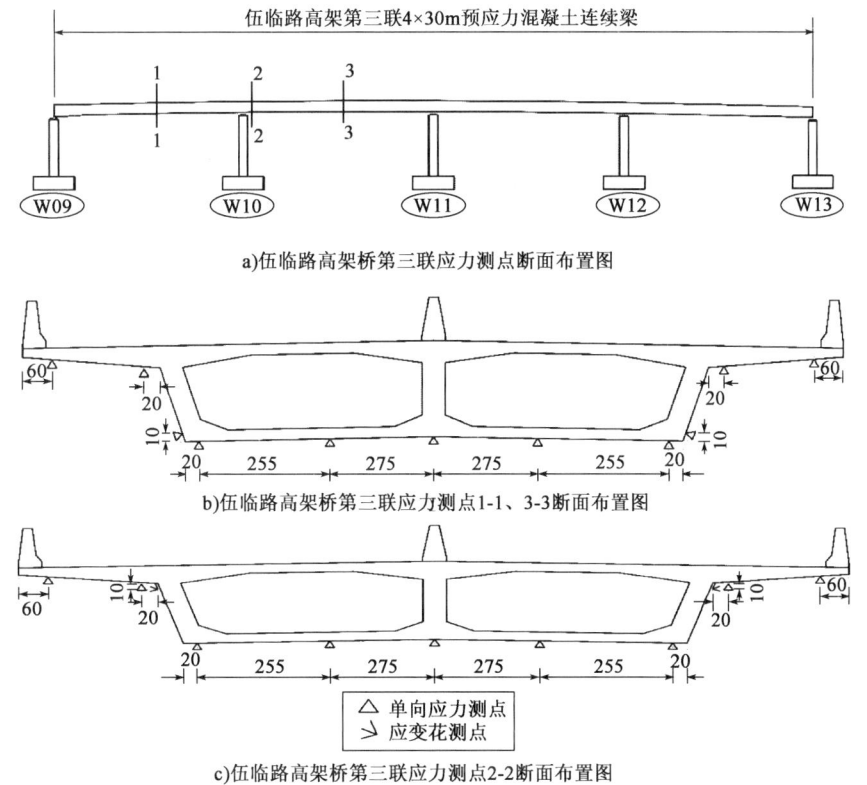

a)伍临路高架桥第三联应力测点断面布置图

b)伍临路高架桥第三联应力测点1-1、3-3断面布置图

c)伍临路高架桥第三联应力测点2-2断面布置图

图 3-4-66　伍临路高架桥第三联应力测点布置图(尺寸单位:cm)

6. 挠度测点布置

根据结构受力特点,确定伍临路高架桥第三联挠度测点主要布置在墩顶及第 9、10 跨中位置,具体布置如图 3-4-67 所示。

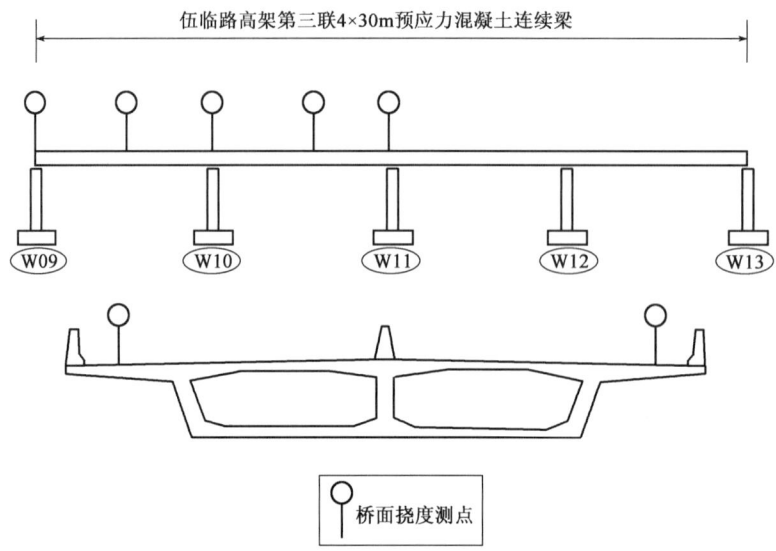

图 3-4-67　伍临路高架桥第三联挠度测点布置图

7. 裂缝观测

在各工况试验汽车荷载作用下,观测混凝土主梁的最大正弯矩、最大负弯矩截面是否有裂纹产生,如有裂纹产生,记录发现裂纹的时间,观测裂纹宽度和分布。裂纹观测首先用肉眼观察,发现裂纹后立即通知试验指挥人员,并采用读数显微镜测量裂纹宽度,用记号笔沿裂纹走向划出裂纹分布。试验过程中随时监测关键测点的变位、应力(应变),并观察是否有裂纹出现及裂纹发展情况。如果在未加到最大试验荷载前,上述值提前达到或超过设计标准的容许值,或出现任何异常情况,应立即停止加载。

通过静载试验观测,伍临路高架桥第三联未见裂纹出现。

8. 加载工况及轮位

为了满足检定承载能力和各结构部位测试内容的要求,试验荷载工况的选择应该反映结构的最不利受力状态。针对以上检测内容,将伍临路高架桥第三联试验加载工况和加载效率汇总于表 3-4-41 中。

加载工况及加载效率汇总表　　　　表 3-4-41

试验对象	工况	工况名称	设计活载效应 (kN·m)	试验加载效应 (kN·m)	加载效率	测试内容
伍临路高架桥第三联	工况 1	边跨最大正弯矩断面对称加载	9468.7	9359.6	0.99	箱梁应力 桥面挠度 裂缝观测
	工况 2	边跨最大正弯矩断面偏心加载	9468.7	9359.6	0.99	
	工况 3	中支点墩顶附近箱梁断面最大负弯矩对称加载	-7137.3	-6923.2	0.97	

续上表

试验对象	工况	工况名称	设计活载效应（kN·m）	试验加载效应（kN·m）	加载效率	测试内容
伍临路高架桥第三联	工况4	中跨跨中断面最大正弯矩对称加载	7946.9	7675.2	0.97	箱梁应力桥面挠度裂缝观测
	工况5	中跨跨中断面最大正弯矩偏心加载	7946.9	7675.2	0.97	

(1)工况1：边跨(1-1断面)最大正弯矩断面对称加载(加载效率 $\eta=0.99$，350kN加载车8辆)。工况1边跨最大正弯矩断面弯矩影响线如图3-4-68所示，工况1加载轮位如图3-4-69、图3-4-70所示。

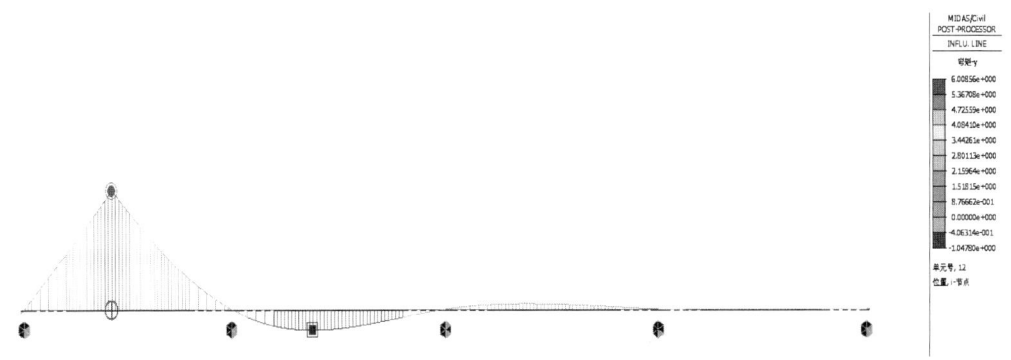

图3-4-68 工况1边跨最大正弯矩断面弯矩影响线

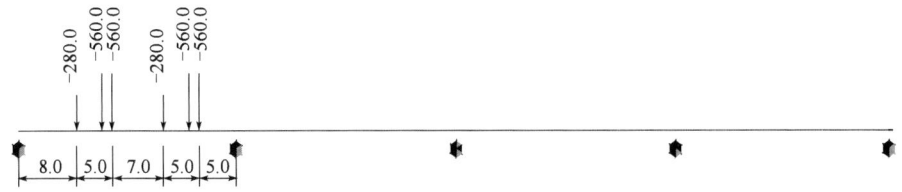

图3-4-69 工况1加载纵向轮位图(尺寸单位:m)

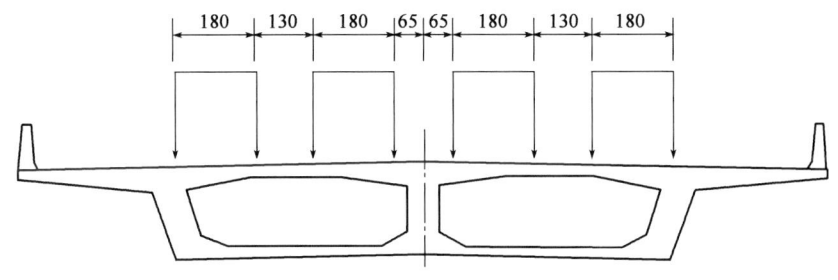

图3-4-70 工况1加载横向轮位图(尺寸单位:cm)

(2)工况2：边跨(1-1断面)最大正弯矩断面偏心加载(加载效率 $\eta=0.99$，350kN加载车8辆)。

工况2边跨最大正弯矩断面弯矩影响线如图3-4-71所示,工况2加载轮位图如图3-4-72、图3-4-73所示。

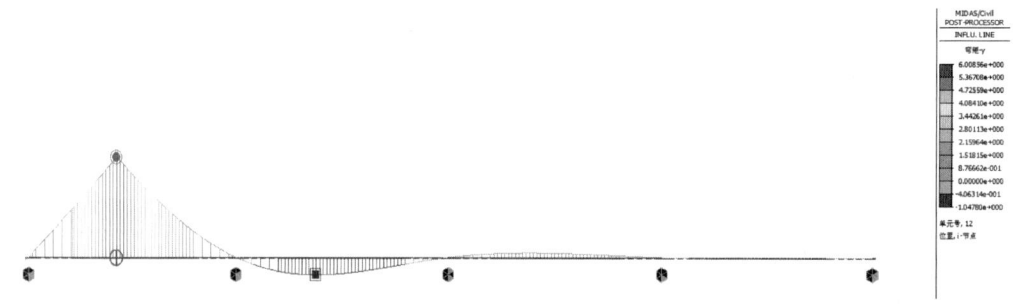

图3-4-71　工况2边跨最大正弯矩断面弯矩影响线

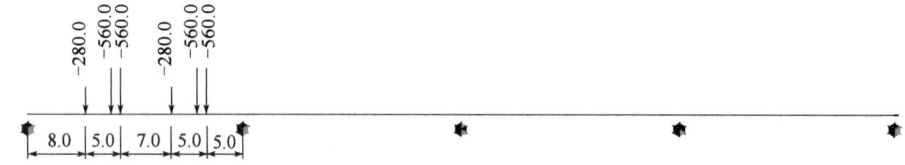

图3-4-72　工况2加载纵向轮位图(尺寸单位:m)

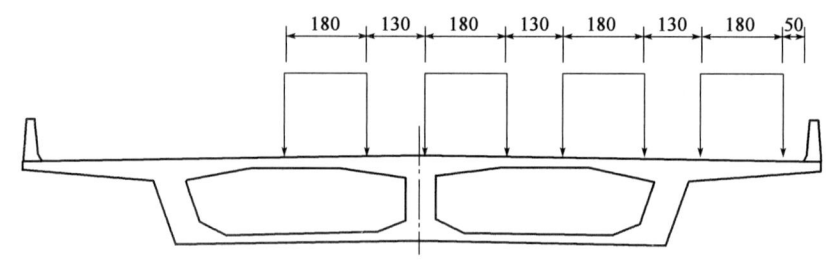

图3-4-73　工况2加载横向轮位图(尺寸单位:cm)

(3)工况3:中支点墩顶附近(2-2断面)箱梁断面最大负弯矩对称加载(加载效率η = 0.97,350kN加载车8辆)。

工况3中支点墩顶附近箱梁断面弯矩影响线如图3-4-74所示,工况3加载轮位图如图3-4-75、图3-4-76所示。

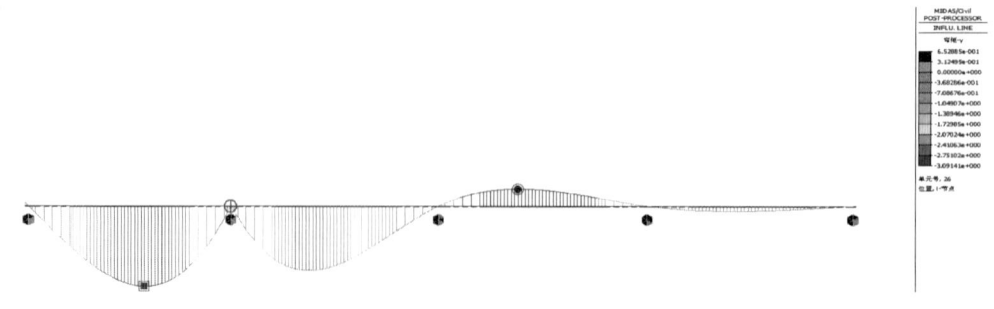

图3-4-74　工况3中支点墩顶附近箱梁断面弯矩影响线

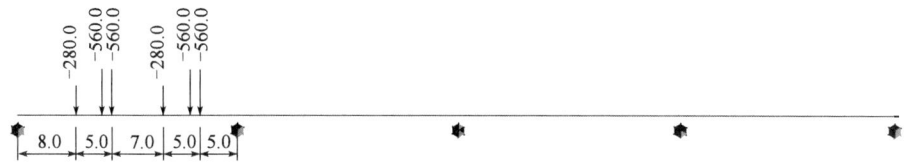

图 3-4-75 工况 3 加载纵向轮位图(尺寸单位:m)

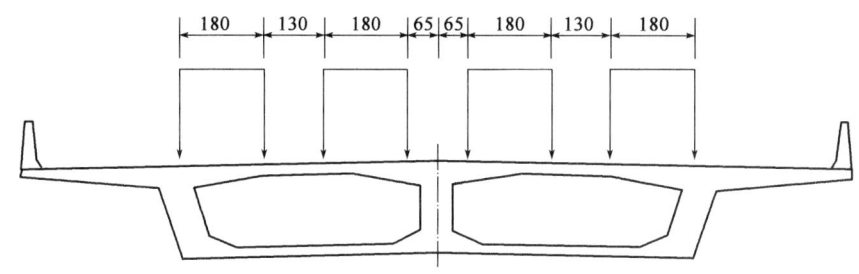

图 3-4-76 工况 3 加载横向轮位图(尺寸单位:cm)

(4)工况 4:中跨(3-3 断面)最大正弯矩断面对称加载(加载效率 $\eta = 0.97$,350kN 加载车 8 辆)。工况 4 中跨最大正弯矩断面弯矩影响线如图 3-4-77 所示,工况 4 加载轮位图如图 3-4-78、图 3-4-79 所示。

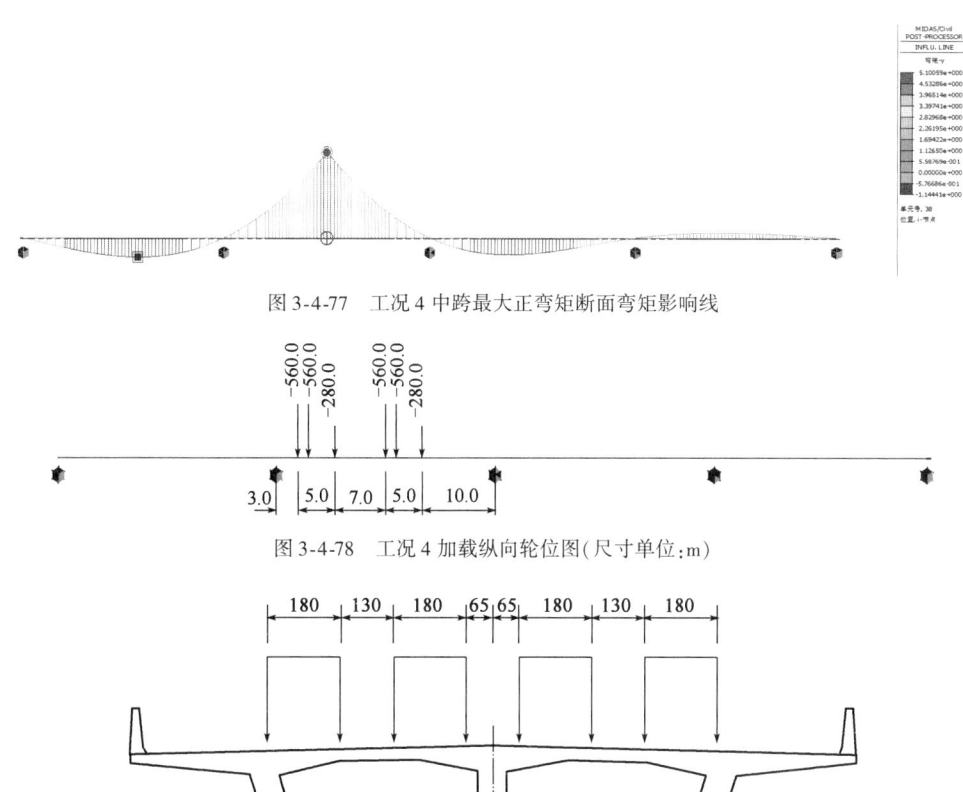

图 3-4-77 工况 4 中跨最大正弯矩断面弯矩影响线

图 3-4-78 工况 4 加载纵向轮位图(尺寸单位:m)

图 3-4-79 工况 4 加载横向轮位图(尺寸单位:cm)

(5)工况5:中跨(3-3断面)最大正弯矩断面偏心加载(加载效率 $\eta=0.97$,350kN加载车8辆)。工况5中跨最大正弯矩影响线如图3-4-80所示,工况5加载轮位图如图3-4-81、图3-4-82所示。

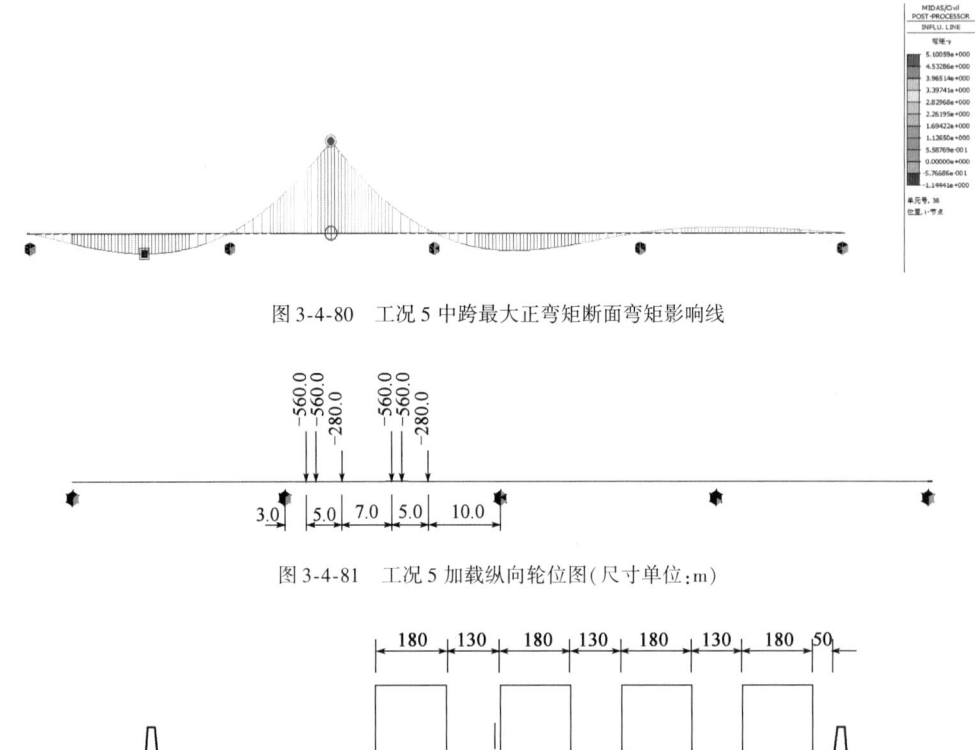

图3-4-80 工况5中跨最大正弯矩断面弯矩影响线

图3-4-81 工况5加载纵向轮位图(尺寸单位:m)

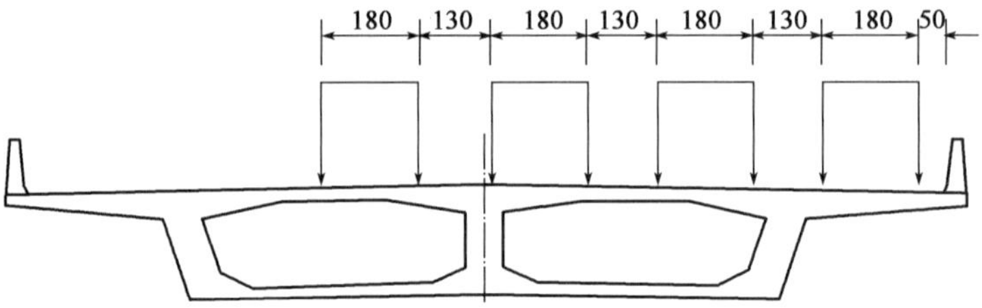

图3-4-82 工况5加载横向轮位图(尺寸单位:cm)

9. 静载试验结果分析

静载试验测试结果表格中的单位规定和相关说明要求,参照本章第二节主桥静载试验中关于静载试验结果分析的相关内容,此处从略。

1)工况1、2测试结果

(1)应力测试结果及分析。

在工况1(1-1断面最大正弯矩对称加载)、工况2(1-1断面最大正弯矩偏心加载)试验荷载作用下,1-1断面应力增量的测试结果见表3-4-42。测试结果表明,在工况1试验荷载作用下,伍临路高架桥第三联主梁梁底实测最大拉应力增量为1.35MPa,理论计算值为1.99MPa,校验系数在0.68~0.82之间,实测值小于计算值,表明箱梁抗弯刚度满足要求。在工况2偏心荷载作用下,伍临路高架桥第三联箱梁底板实测最大应变为 $44\mu\varepsilon$。

卸载后1-1断面的实测残余应变较小,表明桥梁结构处于弹性工作状态。

工况1、工况2试验荷载作用下应力测试结果　　　表3-4-42

测点位置	测点号	工况1(对称加载)				工况2(偏心加载)
		实测应变(με)	实测应力(MPa)	计算值(MPa)	校验系数	实测应变(με)
梁底	1-1	36	1.24	1.69	0.73	27
	1-2	37	1.28	1.75	0.73	29
	1-3	39	1.35	1.99	0.68	38
	1-4	38	1.31	1.75	0.75	41
	1-5	36	1.24	1.69	0.73	44
腹板	1-6	34	1.17	1.53	0.77	24
	1-7	34	1.17	1.53	0.77	32
翼缘板	1-8	-19	-0.66	-0.84	0.78	-14
	1-9	-20	-0.69	-0.84	0.82	-17
	1-10	-27	-0.93	-1.20	0.78	-22
	1-11	-27	-0.93	-1.20	0.78	-24

(2)挠度测试结果及分析。

在工况1、工况2试验荷载作用下,边跨跨中附近最大挠度测试结果见表3-4-43。测试结果表明,在工况1试验荷载作用下,主梁边跨跨中附近实测最大挠度为-2.9mm,理论计算值为-4.2mm,校验系数在0.64~0.69之间。在工况2荷载作用下,伍临路高架桥第三联实测最大挠度为-3.1mm,平均值为-2.8mm,偏载系数为1.11。卸载后主梁实测残余变形较小,表明桥梁结构处于弹性工作状态。

工况1、工况2试验荷载作用下主梁挠度测试结果　　　表3-4-43

测试位置	位置	工况1(对称加载)			工况2(偏心加载)	
		实测挠度(mm)	计算挠度(mm)	校验系数	实测挠度(mm)	偏载系数
边跨跨中附近	内侧	-2.7	-4.2	0.64	-2.5	1.11
	外侧	-2.9	-4.2	0.69	-3.1	

(3)裂缝观测结果及分析。

试验过程中,对加载截面进行重点检查,未发现肉眼可见裂缝且应力未有异常变化。

2)工况3测试结果

(1)应力测试结果。

在工况3(2-2断面最大负弯矩对称加载)试验荷载作用下,2-2断面应力增量的测试结果见表3-4-44。测试结果表明,在工况3试验荷载作用下,主梁梁底实测最大压应力增量为-0.97MPa,理论计算值为-1.34MPa,校验系数在0.68~0.84之间。卸载后2-2断面的实测残余应变较小,表明桥梁结构处于弹性工作状态。

工况 3 试验荷载作用下应力测试结果　　　　表 3-4-44

测点位置	测点号	实测应变(με)	实测应力(MPa)	计算值(MPa)	校 验 系 数
梁底	2-1	−23	−0.79	−1.13	0.70
	2-2	−28	−0.97	−1.18	0.82
	2-3	−28	−0.97	−1.34	0.72
	2-4	−26	−0.90	−1.18	0.76
	2-5	−25	−0.86	−1.13	0.76
腹板	2-6	−4			
	2-7	3	0.19	0.25	0.77
	2-8	−4			
	2-9	−3			
	2-10	5	0.21	0.25	0.83
	2-11	3			
翼缘板	2-12	12	0.41	0.56	0.74
	2-13	11	0.38	0.56	0.68
	2-14	23	0.79	1.03	0.77
	2-15	25	0.86	1.03	0.84

(2) 挠度测试结果及分析。

在工况 3 试验荷载作用下，边跨跨中附近最大挠度测试结果见表 3-4-45。测试结果表明，在工况 3 试验荷载作用下，主梁边跨跨中附近实测最大挠度为 −2.9mm，理论计算值为 −4.2mm，校验系数在 0.64~0.69 之间。卸载后主梁实测残余变形较小，表明桥梁结构处于弹性工作状态。

工况 3 试验荷载作用下主梁挠度测试结果　　　　表 3-4-45

测 试 区 域	位　　　置	实测挠度(mm)	计算挠度(mm)	校 验 系 数
边跨跨中附近	内侧	−2.7	−4.2	0.64
	外侧	−2.9	−4.2	0.69

(3) 裂缝观测结果及分析。

试验过程中，对加载截面进行重点检查，未发现肉眼可见裂缝且应力未有异常变化。

3) 工况 4、工况 5 测试结果

(1) 应力测试结果及分析。

在工况 4(3-3 断面最大正弯矩对称加载)、工况 5(3-3 断面最大正弯矩偏心加载)试验荷载作用下，3-3 断面应力增量的测试结果见表 3-4-46。测试结果表明，在工况 4 试验荷载作用下，伍临路高架桥第三联主梁梁底实测最大拉应力增量为 1.48MPa，理论计算值为 1.63MPa，校验系数在 0.70~0.91 之间，实测值小于计算值，表明箱梁抗弯刚度满足要求。在工况 5 偏心荷载作用下，伍临路高架桥第三联箱梁底板实测最大应变为 45με。

卸载后3-3断面的实测残余应变较小,表明桥梁结构处于弹性工作状态。

工况4、工况5试验荷载作用下应力测试结果　　　　　表3-4-46

测点位置	测点号	工况4(对称加载)				工况5(偏心加载)
		实测应变($\mu\varepsilon$)	实测应力(MPa)	计算值(MPa)	校验系数	实测应变($\mu\varepsilon$)
梁底	3-1	33	1.14	1.38	0.83	28
	3-2	35	1.21	1.43	0.84	34
	3-3	43	1.48	1.63	0.91	37
	3-4	36	1.24	1.43	0.87	38
	3-5	34	1.17	1.38	0.85	45
腹板	3-6	29	1.00	1.25	0.80	25
	3-7	27	0.93	1.25	0.75	33
翼缘板	3-8	-16	-0.55	-0.69	0.80	-11
	3-9	-14	-0.48	-0.69	0.70	-17
	3-10	-24	-0.83	-0.99	0.84	-16
	3-11	-22	-0.76	-0.99	0.77	-28

(2)挠度测试结果及分析。

在工况4、工况5试验荷载作用下,边跨跨中附近最大挠度测试结果见表3-4-47。测试结果表明,在工况4试验荷载作用下,主梁中跨跨中附近实测最大挠度为-2.1mm,理论计算值为-3.2mm,校验系数为0.66。在工况5荷载作用下,伍临路高架桥第三联实测最大挠度为-2.5mm,平均值为-2.2mm,偏载系数为1.14。卸载后主梁实测残余变形较小,表明桥梁结构处于弹性工作状态。

工况4、工况5试验荷载作用下主梁挠度测试结果　　　　　表3-4-47

测试位置	位置	工况4(对称加载)			工况5(偏心加载)	
		实测挠度(mm)	计算挠度(mm)	校验系数	实测挠度(mm)	偏载系数
中跨跨中附近	内侧	-2.1	-3.2	0.66	-1.9	1.14
	外侧	-2.0	-3.2	0.63	-2.5	

(3)裂缝观测结果及分析。

试验过程中,对加载截面进行重点检查,未发现肉眼可见裂缝且应力未有异常变化。

10. 静载试验结果

伍临路高架桥第三联静载试验结果表明:
(1)主梁挠度校验系数在0.63~0.69之间,表明主梁抗弯刚度满足设计规范要求。
(2)主梁应力校验系数在0.64~0.91之间,表明主梁抗弯强度满足设计规范要求。
(3)试验过程中,对加载截面进行检查,未发现肉眼可见裂缝且应力未有异常变化。
(4)主要控制测点的相对残余应变和残余变形均很小,说明在试验荷载作用下结构处于弹性工作状态。

综合静载试验结果,可以得出以下结论:实测结果与计算值有很好的吻合性,桥梁结构工作状况处于弹性范围内,桥梁实际强度、刚度和承载能力等满足设计及规范要求。

三、动载试验

1. 动载试验原理及依据

动载试验检测原理和依据参照主桥动载试验相关内容,此处从略。

2. 动载试验内容

动载试验内容包括有限元计算、自振特性测试、无障碍行车试验、行进中跳车试验和原地跳车试验、制动试验,具体如下。

（1）有限元计算。

进行伍临路高架桥第三联动力特性计算,建立动力试验的理论依据。

（2）脉动试验。

测试伍临路高架桥第三联的整体自振特性,如自振频率、振型和阻尼特性等,评定桥梁结构的动力性能。

（3）跑车试验。

采用一辆试验载重汽车以20~60km/h的速度在桥面上行驶,测量桥梁结构在行车状态下的振幅、动应变、动挠度及冲击系数。

（4）跳车试验。

行进跳车:行进跳车采用两辆试验载重汽车以20km/h的速度行驶至试验跨跨中处越过高5cm的制动板木后停车,测量梁体各测点振幅和梁体在竖桥向冲击荷载下的强迫振动频率。

原地跳车:原地跳车采用一辆试验载重汽车分别停在试验跨跨中处,后轮越过高5cm的制动板木后停车,测量梁体各测点振幅和梁体在竖桥向冲击荷载下的强迫振动频率。

（5）制动试验。

采用一辆试验载重汽车以20km/h的速度行驶至试验桥跨跨中截面位置制动,测量梁体各测点振幅和梁体在顺桥向冲击荷载下的强迫振动响应。

3. 有限元计算

伍临路高架桥第三联前三阶计算频率与振型结果见表3-4-48及图3-4-83~图3-4-85。

伍临路高架桥第三联前三阶频率及振型计算结果　　　　表3-4-48

阶　数	计算频率（Hz）	振　型
1	4.02	主梁一阶竖向弯曲振动
2	4.76	主梁二阶竖向弯曲振动
3	6.03	主梁三阶竖向弯曲振动

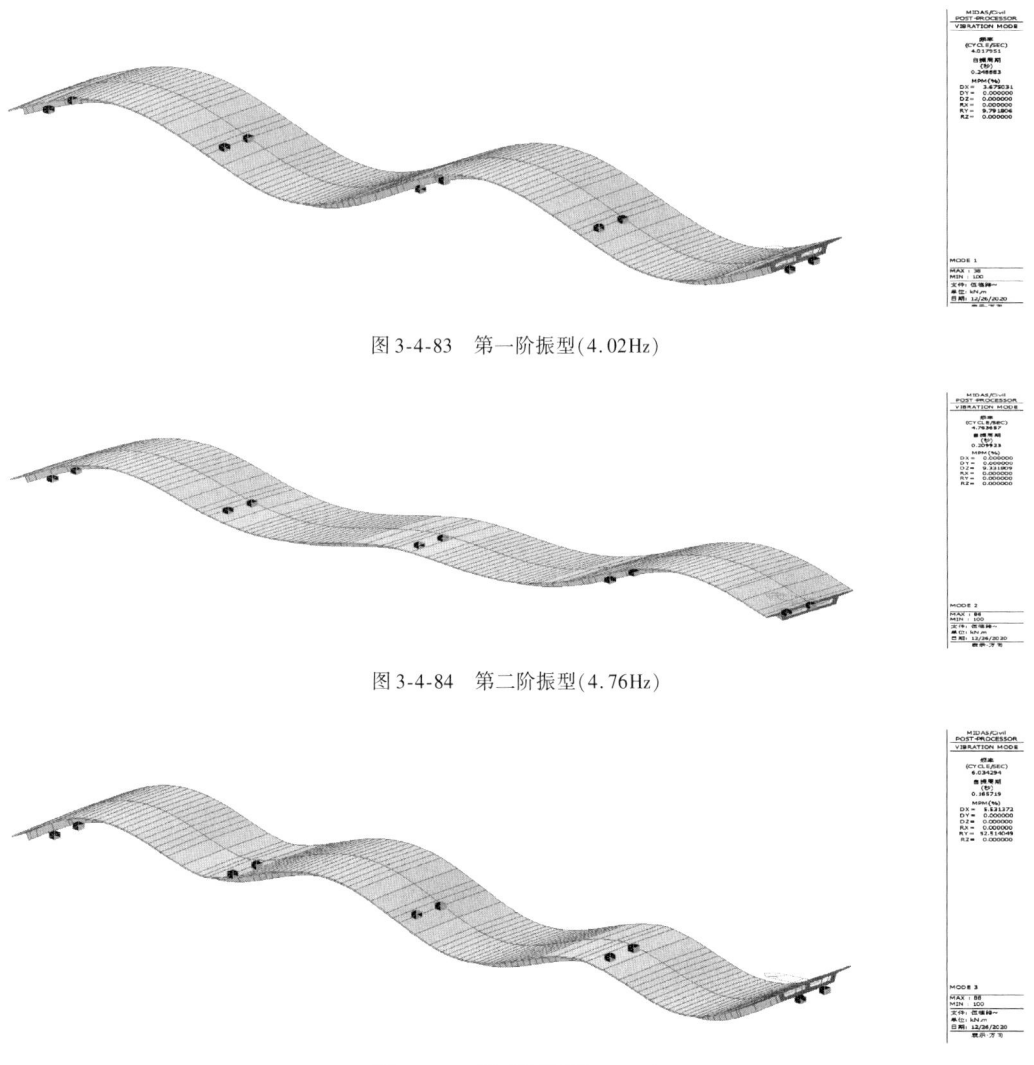

图 3-4-83　第一阶振型(4.02Hz)

图 3-4-84　第二阶振型(4.76Hz)

图 3-4-85　第三阶振型(6.03Hz)

4.脉动试验测点布置

脉动试验主要测量结构的自振频率、振型和阻尼比。脉动试验是通过在桥上布置高灵敏度的传感器,长时间记录桥梁结构在环境激励下,如风、水流、地脉动等引起的桥梁振动,然后对记录下来的桥梁振动时程信号进行处理,并进行时域和频域分析,求取桥梁结构自振特性的一种方法。

脉动试验假设环境激励为平稳的各态历经,在中低频段,环境振动的激励谱比较均匀,在环境激励的频率与桥梁的自振频率一致或接近时,桥梁容易吸收环境激励的能量,使振幅增大;而在环境激励的频率与桥梁自振频率相差较大时,由于相位差较大,有相当一部分能量相互抵消,振幅较小。

对环境激励下桥梁的响应信号进行多次功率谱的平均分析,可得到桥梁的各阶自振频率,再利用各个测点的振幅和相位关系,可求得桥梁各阶模态相应的振型。此外,利用幅频图上各峰值处的半功率带宽或时域上的自相关性,可确定结构各阶模态阻尼比。根据《公路桥梁荷载试验规程》(JTG/T J21-01—2015)第6.3.1条规定:桥梁自振特性应包括竖平面内弯曲、横向弯曲自振特性以及扭转自振特性的测试,对于连续梁,一般测试不少于三阶。

伍临路高架桥第三联脉动试验测点布置图如图3-4-86所示。

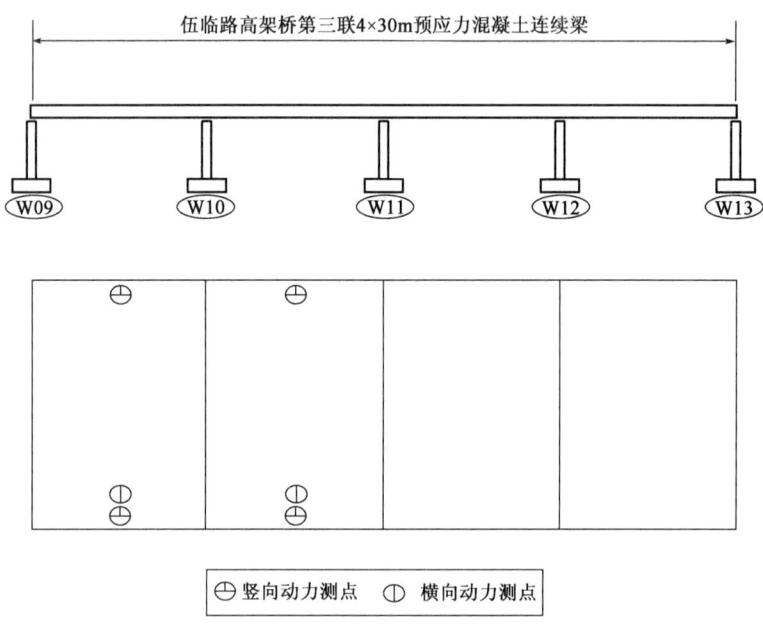

图3-4-86 伍临路高架桥第三联脉动测点布置图

5. 强迫振动试验测点布置

强迫振动试验是利用试验车辆对桥梁施以动力荷载,测量桥梁动力响应,即桥梁的振幅、动应力及冲击系数等,并对测得的桥梁动力响应值进行分析,获得桥梁的动力响应特性。

强迫振动试验分为跑车试验、跳车试验和制动试验3种工况,分别在各跨跨中断面布置竖向和横向拾振器,测点布置与脉动试验一致。强迫振动除了在主梁上布置动力测点外,还需要在箱梁跨中断面布置动应力测点,动应力测点布置如图3-4-87所示。

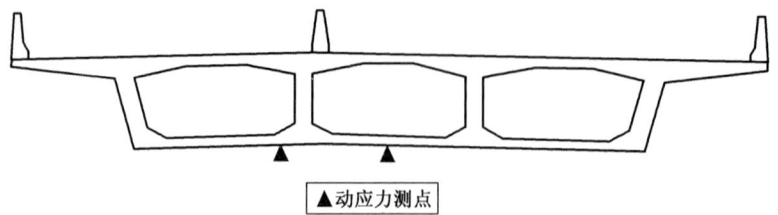

图3-4-87 伍临路高架桥第三联动应力测点布置图

6. 动载试验工况

伍临路高架桥第三联动载试验包括脉动试验、跑车试验、制动试验和跳车试验，其动载试验工况见表3-4-49。

伍家岗长江大桥引桥动载试验工况　　　　　　表3-4-49

项　　目		工况	测试内容及车速
脉动		1	桥梁结构自振频率、振型、阻尼比
无障碍行车	跑车试验（1台车）	1	结构振动响应、动应力、动态增量（速度10km/h）
		2	结构振动响应、动应力、动态增量（速度20km/h）
		3	结构振动响应、动应力、动态增量（速度30km/h）
		4	结构振动响应、动应力、动态增量（速度40km/h）
		5	结构振动响应、动应力、动态增量（速度50km/h）
		6	结构振动响应、动应力、动态增量（速度60km/h）
跳车试验	试验跨跨中	1	振幅、受迫振动频率（障碍5cm，速度20km/h）
		2	振幅、受迫振动频率（障碍5cm，原地跳车）
制动试验	试验跨跨中	1	主桥振幅、受迫振动频率（速度20km/h制动）

7. 动载试验结果分析

1）脉动试验结果

通过对伍临路高架桥第三联的脉动试验数据进行时域及频域分析，得出伍临路高架桥第三联的自振特性参数，见表3-4-50。各测点振动时程曲线如图3-4-88～图3-4-91所示。

伍临路高架桥第三联主桥自振特性测试结果　　　　　　表3-4-50

序号	频率计算值（Hz）	频率实测值（Hz）	阻尼比	振　　型
1	4.02	4.73	0.985	主梁一阶竖向弯曲振动
2	4.76	5.33	1.164	主梁二阶竖向弯曲振动
3	6.03	6.98	1.013	主梁三阶竖向弯曲振动

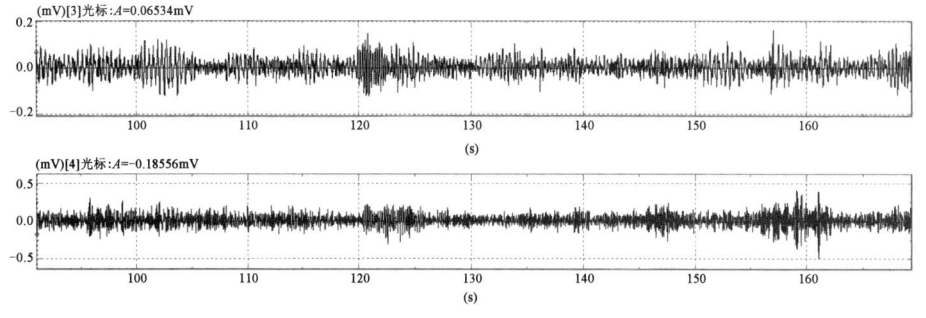

图 3-4-88

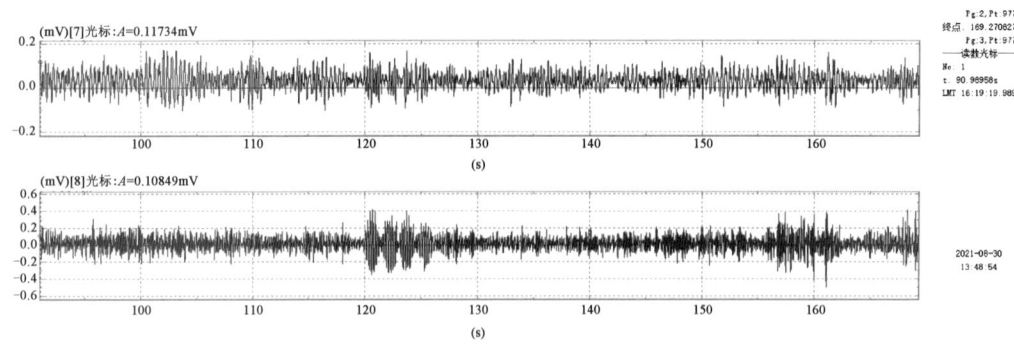

图 3-4-88　伍临路高架桥第三联主要测点脉动时程曲线

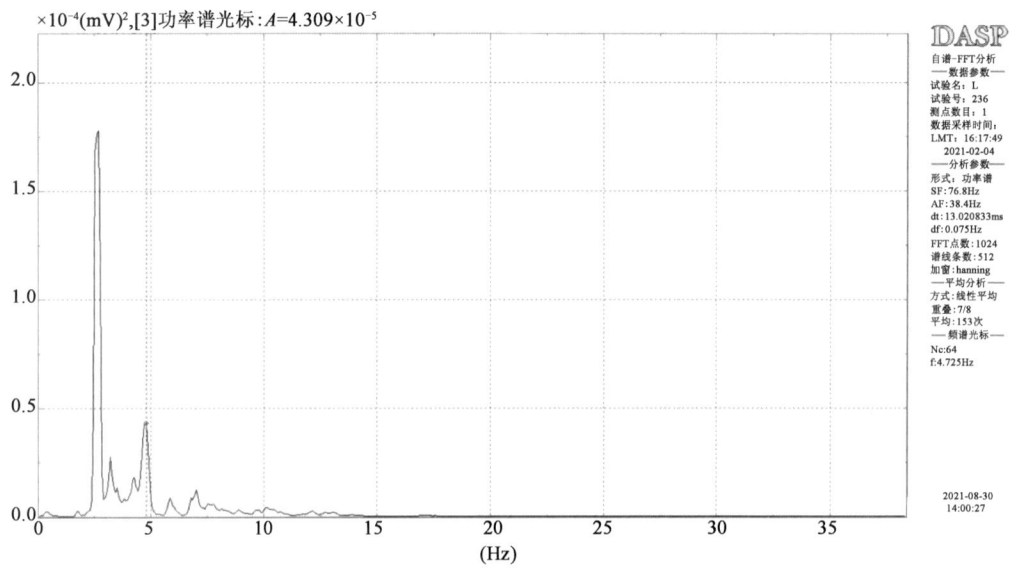

图 3-4-89　伍临路高架桥第三联边跨 $L/2$ 处竖向测点振动功率谱图

从分析结果可以看出，伍临路高架桥第三联的实测一阶竖向基频为 4.73Hz，计算频率为 4.02Hz；实测竖向基频均比理论计算值大，表明桥梁竖向动力刚度满足要求。

大桥实测阻尼比在 0.985%~1.164% 之间。

2）强迫振动试验结果

（1）振幅。图 3-4-92~图 3-4-94 分别是试验车跑车、制动和跳车试验时典型测点的振动时程曲线。表 3-4-51、表 3-4-52 分别为跑车试验、制动试验和跳车试验时各测点实测振幅值。由表中可以看出，跑车试验时主梁竖向最大振幅实测值为 0.71mm，制动试验主梁最大振幅实测值为 0.35mm，跳车试验主梁最大振幅实测值为 0.67mm，所有测点实测振幅值均较小，在合理范围之内。

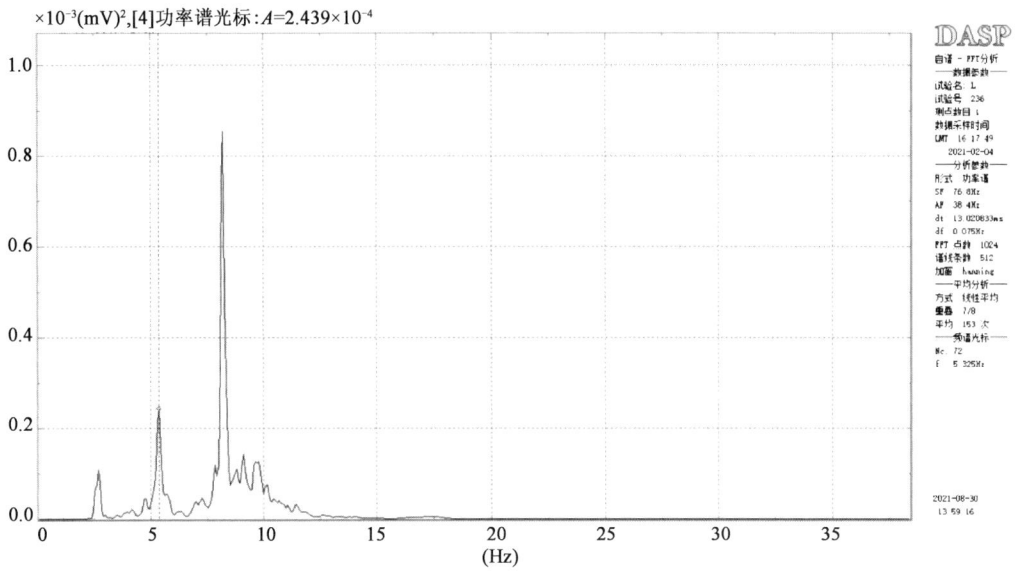

图 3-4-90　伍临路高架桥第三联中跨 $L/2$ 处竖向测点振动功率谱图

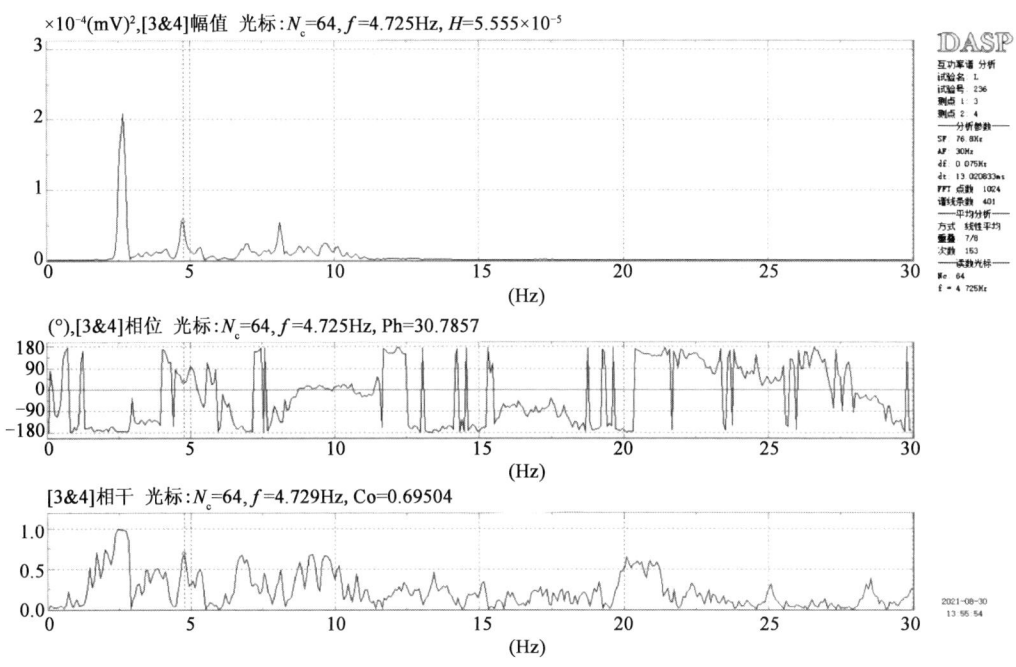

图 3-4-91　伍临路高架桥第三联边跨 $L/2$ 和中跨 $L/2$ 竖向测点互谱图

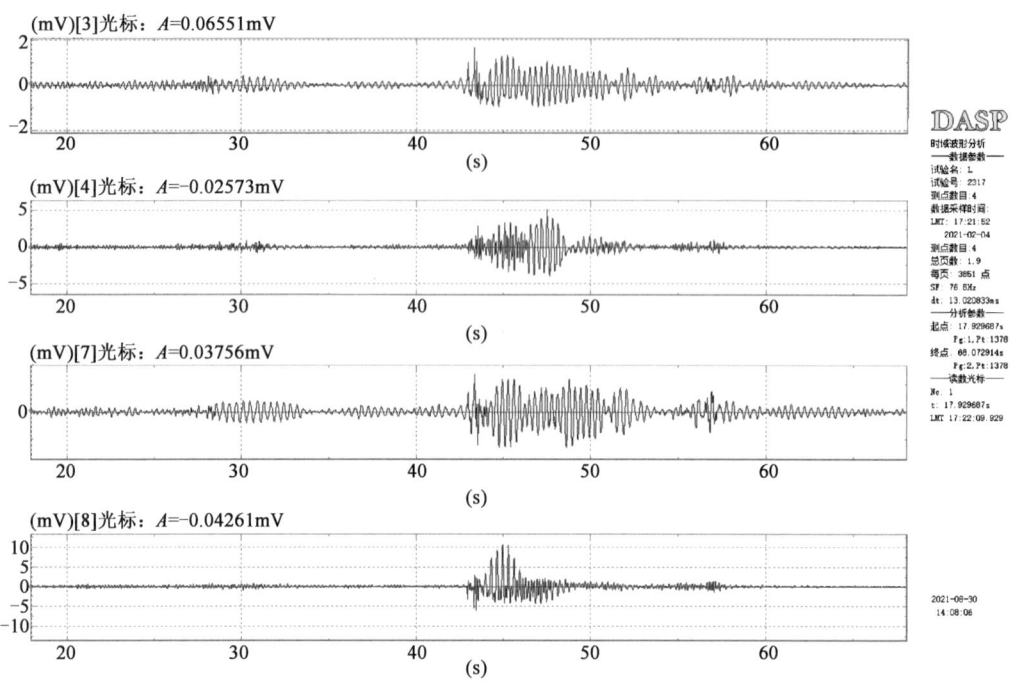

图 3-4-92　伍临路高架桥第三联 50km/h 试验典型测点振动时程曲线

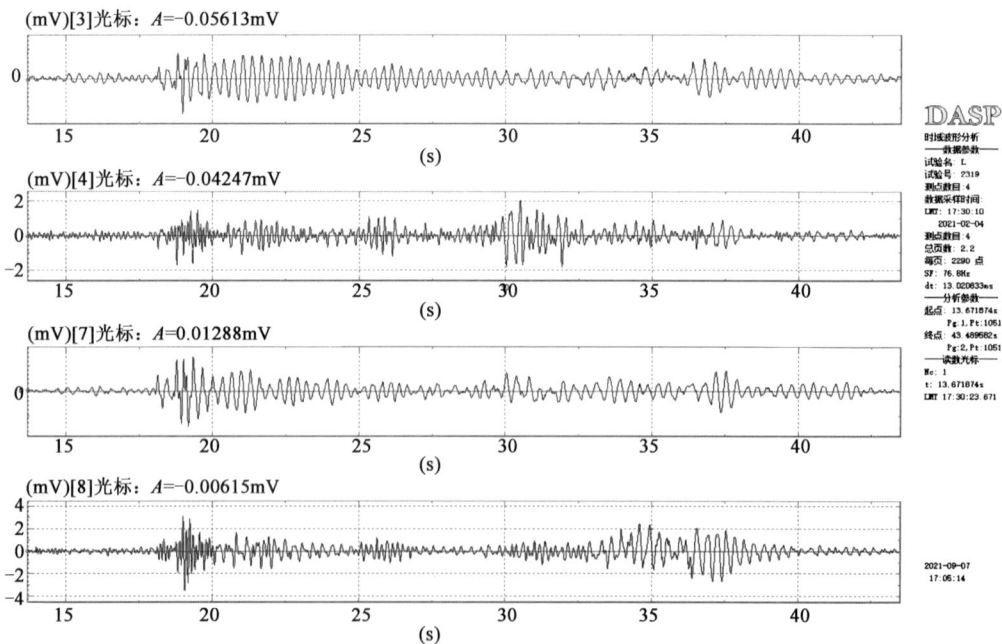

图 3-4-93　伍临路高架桥第三联 20km/h 制动试验典型测点振动时程曲线

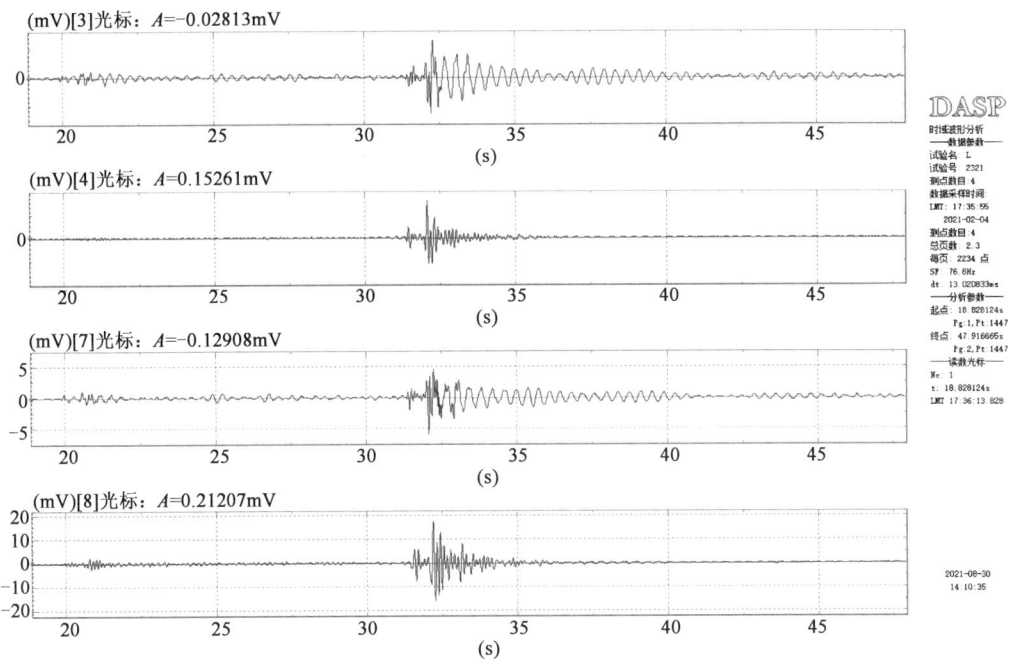

图 3-4-94 伍临路高架桥第三联 20km/h 跳车试验典型测点振动时程曲线

跑车试验时主要测点实测振幅值(单位:mm)　　表 3-4-51

测点位置	速度(km/h)					
	10	20	30	40	50	60
伍临路高架桥第三联边跨 $L/2$ 竖向	0.16	0.27	0.38	0.55	0.63	0.71
伍临路高架桥第三联中跨 $L/2$ 竖向	0.06	0.22	0.31	0.48	0.57	0.64

跳车试验时主要测点实测振幅值(单位:mm)　　表 3-4-52

测点位置	制动试验	跳车试验	
	20km/h 制动	20km/h 跳车	原地跳车
伍临路高架桥第三联边跨 $L/2$ 竖向	0.35	0.67	0.39
伍临路高架桥第三联中跨 $L/2$ 竖向	0.27	0.33	0.15

(2)冲击系数。

桥梁竖向一阶计算频率为 4.02Hz,参照《公路桥涵设计通用规范》(JTG D60—2015),冲击系数的取值如下。

当 $f<1.5$Hz 时,得 $\mu=0.05$;当 $1.5\leqslant f\leqslant 14$Hz 时,得 $\mu=0.1767\ln f-0.0157$;当 $f>14$Hz 时,得 $\mu=0.45$。由此可以得到冲击系数取值为 $\mu=0.23$。

根据动应变曲线得到的冲击系数见表 3-4-53。

动应变测试冲击系数实测值　　表 3-4-53

测点位置	速度(km/h)					
	10	20	30	40	50	60
中跨 $L/2$ 截面	0.14	0.13	0.15	0.18	0.20	0.20

由表3-4-53中可以看出,实测冲击系数最大值为0.20,小于规范取值0.23,满足规范要求。

8. 动载试验结果

1) 脉动试验结果

伍临路高架桥第三联的实测一阶竖向基频为4.73Hz,计算频率为4.02Hz;实测竖向基频比理论计算值大,表明桥梁竖向动力刚度满足要求。大桥实测阻尼比在0.985%~1.164%之间。

2) 强迫振动试验结果

(1) 跑车试验时主桥主梁竖向最大振幅实测值为0.71mm,制动试验主桥主梁最大振幅实测值为0.35mm,跳车试验主桥主梁最大振幅实测值为0.67mm,所有测点实测振幅值均较小,在合理范围之内。

(2) 实测冲击系数最大值为0.20,小于规范取值0.23,满足规范要求。

综合动载试验结果,可以得出以下结论:结构自振频率和冲击系数满足规范要求,竖向动力刚度满足设计和规范要求,实测振型与计算值吻合度较高。在车辆荷载强迫振动试验下,各构件工作状况较好,未出现异常情况。

第四节　全桥荷载试验结论

伍家岗长江大桥桥梁荷载试验结果表明:结构变形、应力、动力特性等实测结果与计算值吻合度较高,桥梁结构工作状况处于弹性范围内,桥梁实际强度、刚度和承载能力满足设计及相关规范要求,可以按照设计荷载投入运营。

第五节　全桥荷载试验照片

部分全桥荷载试验照片如图3-4-95~图3-4-108所示。

图3-4-95　场外工作指挥区域

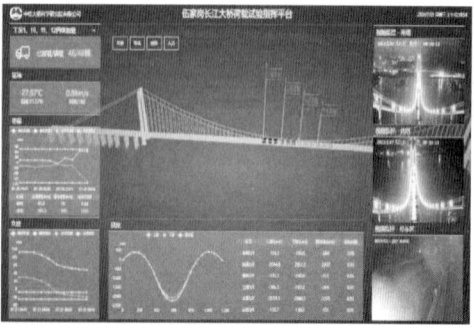

图3-4-96　试验智能化控制平台

图 3-4-97　加载车辆停放

图 3-4-98　主桥静载试验分级加载

图 3-4-99　主桥动载试验分级加载

图 3-4-100　伍临路高架桥荷载试验分级加载

图 3-4-101　引桥及匝道桥荷载试验分级加载

图 3-4-102　主缆线形和塔偏测试

图 3-4-103　结构应力测试工作

图 3-4-104　伸缩缝位移测试工作

图 3-4-105　雷达索力测试工作

图 3-4-106　锚跨索力测试工作

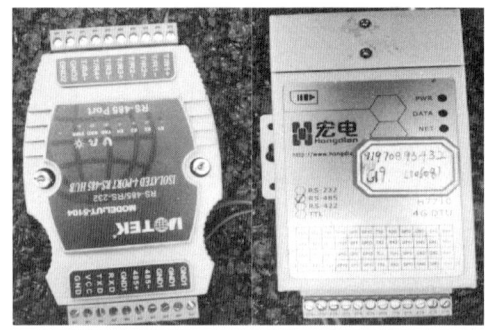
图 3-4-107　桥面挠度自动化测试仪器

图 3-4-108　INV9580A 应力一体化采集仪

第五章　主桥除湿系统

第一节　除湿防腐必要性

一、钢箱梁除湿

伍家岗长江大桥主梁采用流线型扁平封闭单箱结构,整体轻巧美观,梁高低,受风面积小,截面抗扭刚度大,可以有较高的抗风稳定性。考虑到主梁腐蚀环境为大气腐蚀,由于大桥位于江面以上,常年湿度很高,平均湿度大,外界环境条件较为恶劣,加之箱梁内部较为封闭,自然状态下,当箱外的大气压力高于箱内空气压力时,箱体外的含湿量较高的空气就会通过漏气点向箱内渗透,导致箱体内的空气湿度升高,加速钢箱梁内部的腐蚀。

根据以往工程经验,钢箱梁内壁底部及梁段焊缝等特殊部位腐蚀情况会较为严重。作为桥梁直接承受荷载的重要构件,油漆防腐的时间有限,因此,用除湿的方法来控制腐蚀十分必要。

二、主缆除湿

主缆是悬索桥的主要承重构件,大桥主缆采用预制平行高强钢丝索股结构,在紧缆过程中易造成镀锌层被破坏,失去保护作用。在编缆过程和成桥之后,主缆都长期直接暴露在大气环境中,由于长时间天气变化的原因,使得主缆架设过程中水汽进入索股的各个部分,导致架设期间就已造成电化学腐蚀,并且在主缆外表面防腐涂装后,内部水分因温室效应成为高温高湿气体,使主缆环境更加恶劣。随着服役年限增加,主缆表面镀锌层大约10年后将消耗殆尽,腐蚀开始加速。国外大量悬索桥检查结果证明,在悬索桥使用16~20年后,主缆中的索股均出现严重腐蚀,威胁着大桥安全。由于悬索桥主缆不可更换,其防腐效果的优劣直接决定了桥梁的使用寿命。因此,对主缆进行除湿防腐十分有必要。

三、锚室、鞍室除湿

一直以来,锚碇和鞍座都是腐蚀防护的薄弱环节。在鞍室内部,由于桥梁荷载的变化和热胀冷缩的作用,主缆与鞍座之间有相对运动。这种相对运动导致无法对主缆索股暴露部分进行表面防腐处理。在锚室内,主缆索股被重新拆分,逐根固定。由于索股密度非常高,在建设过程进行一次性表面防腐处理后,在以后运行中,几乎难以进行专门的保养和维护,因而控制鞍室和锚室这两个位置的内部空气的相对湿度,防止结构盲点的腐蚀,是实现桥梁全方位腐蚀防护所必不可少的部分。

第二节　除湿系统总体方案

一、设计思路

伍家岗长江大桥防腐系统在传统主缆防护基础上,设计采用全面主动式防腐方式,即在主缆、鞍室、锚室、钢箱梁内设计除湿系统。

除湿系统采用向主缆、鞍室、锚室、加劲梁内送入干燥空气,带走结构内空气中的水分,改变结构内空气的相对湿度,达到阻止主体结构腐蚀的目的,从而延长主缆的使用寿命。系统涉及结构、防腐、密封、控制、传感、集成等多种专业技术,本桥除湿系统设计综合考虑了桥址气候环境,本桥主缆、鞍室、锚室、主梁结构特点和养护管理需求,从系统建设、运营、使用和养护全过程出发,除湿设备采用集成除湿送风单元,系统设计采用模块一体化集成方案,加强了系统的运营管理与应用设计。

二、系统结构

伍家岗长江大桥除湿系统在传统除湿系统的基础上,运用模块化设计,采用集成技术、控制技术、信息技术,形成一套基于集成数字化并具有经济适用、合理可靠的主缆除湿系统。为提高系统运行管理集成,除湿系统监测控制模块将作为全桥健康监测系统的子系统,形成全桥综合监测系统,对除湿系统的运营效果进行监测评价,并最终纳入桥梁养护管理平台,实现桥梁养护的综合管理。

本桥除湿系统按系统功能划分除湿送风、传输通信、监测控制、运行管理四个子系统,各子系统功能如下。

(1)除湿送风子系统:通过机组和送风管道实现主缆、鞍室、锚室、加劲梁除湿送风功能。

(2)监测控制子系统:通过布设传感器和数据采集控制设备,对主缆内部温湿度、压力、送气管道气流量、环境温湿度、除湿机组设备状态数据进行采集,实现对除湿机组的控制和系统运行模式控制。

(3)传输通信子系统:实现数据和控制指令的网络传输,为实现多级控制、远程控制提供必要条件。

(4)运行管理子系统:对数据进行采集、存储、分析,并通过软件界面程序实现运行控制与管理,如运营模式管理、报表管理、预案管理、系统设置管理等。

三、系统运行模式

主缆中的水分主要是在主缆架设过程中进入的水分,后期因主缆密封原因也将有少量水分浸入。因此,主缆除湿系统的设计,应在注重主缆除湿效果的前提下提高主缆除湿系统运行效益,尽可能在除湿初期使用较短的时间除去主缆中的水分,同时在后期投入较少的能耗,保持主缆的湿度维持在腐蚀临界湿度下,通过工艺设计和集成设计,提高主缆除湿系统除湿效率,降低系统运行能耗。

本桥除湿系统运行模式设计采用两种模式,在除湿初期采用常压连续运行模式,以使主缆内部空间湿度尽快达到要求;在主缆湿度达到设计湿度参数后,系统采用微正压运行模式,投入较少的能耗,维持主缆内的湿度在腐蚀临界湿度下的一定范围内,并通过监测进行自动控制,调节送风风量。

第三节　除湿系统设计方案

一、除湿送风子系统

1. 主桥除湿系统总体布置

伍家岗长江大桥共配置16套除湿系统。其中,主缆除湿系统2套,分别布置在南塔上横梁及北塔上横梁内;锚室除湿系统4套,每个锚室布置1套;鞍室除湿系统4套,每个鞍室布置1套;钢箱梁除湿系统6套,布置在3个梁段内,每个梁段布置2套。主桥除湿系统总体布置图如图3-5-1所示。

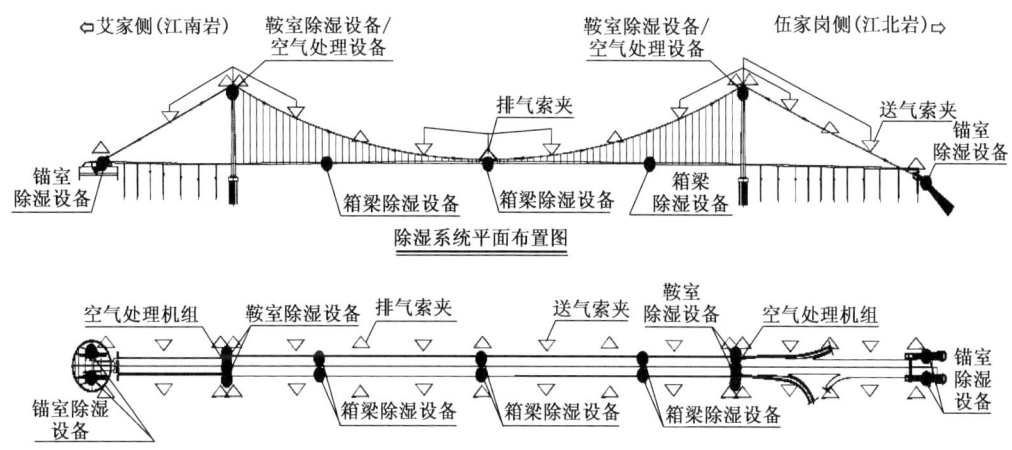

图3-5-1　主桥除湿系统总体布置图

经主缆除湿设备送入主缆的空气应干燥、洁净,干空气的温度应小于50℃,相对湿度小于45%,空气经过G3、F7、H14三级空气过滤。单索夹除湿送风量在0.4~2m^3/min之间可调,送气点压力小于3000Pa,超过3000Pa时采取泄压保护。温度20℃、相对湿度为60%时,塔顶主缆除湿设备单机除湿量大于3.6kg/h。塔顶主缆空气处理设备总功率为25.2kW。送气管道使用复合塑料软管,无中间接续。

钢箱梁、锚室除湿设备产生干燥、洁净的空气。干空气相对湿度小于50%。钢箱梁、锚室单台除湿机及与之配套连接的送风风机、控制设备等设备总功率为12.5kW。鞍室除湿设备单机除湿量3.0kg/h,干空气相对湿度小于50%,鞍室单台除湿机及与之配套连接的送风风机、控制设备等设备总功率为6.3kW。

2. 主缆除湿送风方案

在主缆外层严格密封的基础上,通过向主缆内部间隙强制输入干燥空气,并保持主缆内部平行钢丝间气流的流动,保护主缆索股钢丝不受潮湿空气的腐蚀。在主缆施工完成后的初始阶段,输入的干燥空气还能将主缆内的残余水分排出,并且在主缆内部形成正压,使外部潮湿空气和腐蚀性灰尘难以进入主缆。

主缆除湿系统工作原理如图3-5-2所示。

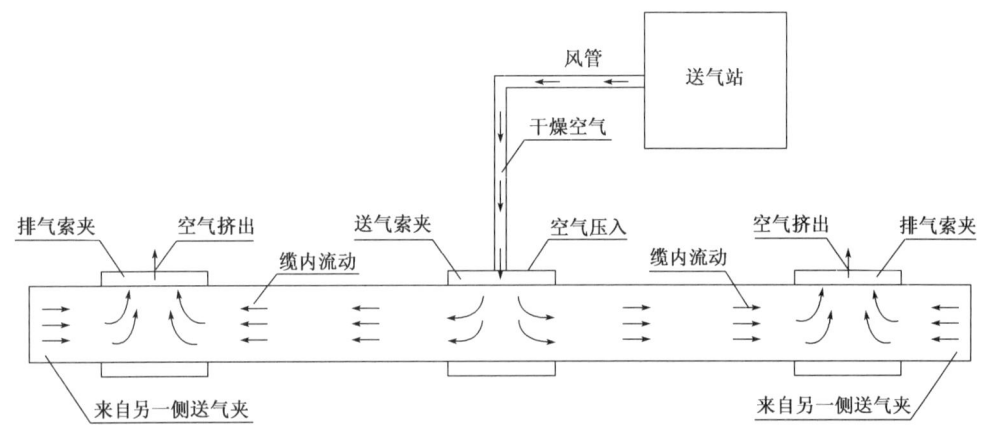

图3-5-2 主缆除湿系统工作原理

主缆除湿系统气流为开放式除湿气流,空气处理设备从室外吸入空气,经过滤、除湿后送到主缆,再从主缆出气罩中排出。本桥主缆除湿送风系统分为四个除湿区域,分别在两岸上横梁内各设置一套空气处理设备,在主缆上设置进气夹、出气夹,空气处理设备产生洁净、干燥且温度适合的干空气,使用加压风机把干空气通过塑料复合管道送入进气夹,干空气在主缆内沿主缆向出气夹移动,并从出气夹排出,从而带走主缆中的湿气。为了确保伍家岗大桥跨中主缆除湿的效果,跨中两台钢箱梁除湿机也选用主缆型除湿机,优先对主缆跨中进行除湿,余气再对钢箱梁进行除湿。

全桥布置14个进气夹和20个排气夹,共34个气夹。每根主缆的中跨布置4个进气夹和5个排气夹。艾家侧每个主缆的边跨布置1个进气夹和2个排气夹,伍家岗侧主缆的边跨布置2个进气夹和3个排气夹。进气夹处设置超压排气阀,超压排气阀工作气压为3000Pa。进气夹内进气温度不高于50℃,相对湿度不大于45%。

主缆除湿机组及管道布置图如图3-5-3所示。

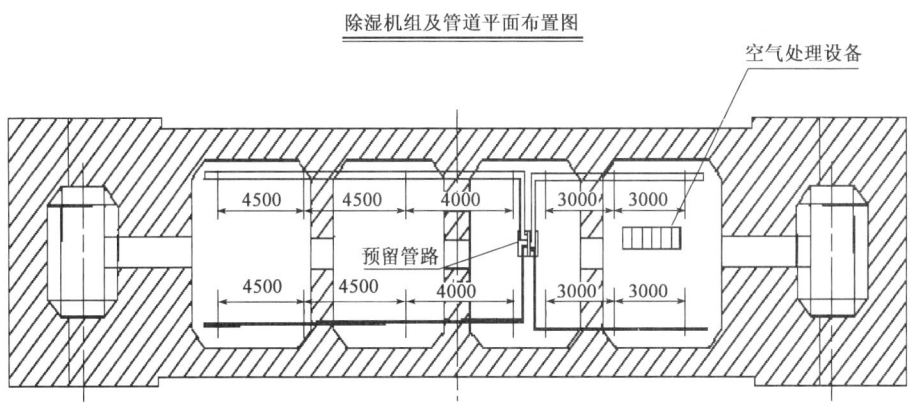

图3-5-3 主缆除湿机组及管道布置图(尺寸单位:cm)

3.锚室和鞍室除湿送风方案

锚室和鞍室为密封状态,除湿设备从内部吸入新风,在除湿设备附近产生负压区,除湿设备产生的洁净、干燥的空气,通过不锈钢管送到远端,通过百叶出风口出风,在该远端区域形成正压,干空气在正压区扩散,因区域压差向负压区流动,形成鞍室、锚室内空气循环,使整个空间相对湿度保持在50%以下。鞍室、锚室再生新风由室外吸入,再生湿空气排到室外,再生新风管道和再生出风管道均使用钢管。

锚室内共布置4套锚室除湿系统,负责南、北锚室内部的除湿,每个锚室设1套除湿系统。每套除湿系统包括1套LBCS-1250P型除湿机、1套LBMX-3000型送风机加压风机,以及相应的风管系统和控制系统。每套除湿系统设置控制系统1套,随时检查内部湿度,除湿系统将根据湿度控制卸载或停止运行,充分节能,并根据要求,通过输出端口为上位机提供运行参数,实现远程控制。

塔顶鞍室内布置4套鞍室除湿系统,负责南、北主塔塔顶鞍室的除湿,每套鞍室除湿系统由 1 套 LBCS-210P 型除湿机、1 套 PLC 电控柜及温/湿度传感器等设备部件组成。每套除湿系统设置控制系统 1 套,随时检查内部湿度,除湿系统将根据湿度控制卸载或停止运行,充分节能,并根据要求,通过输出端口为上位机提供运行参数,实现远程控制。

江南侧重力式锚碇锚室除湿设备布置图如图 3-5-4 所示。江北侧隧道式锚碇锚室除湿设备布置图如图 3-5-5 所示。鞍室除湿系统布置图如图 3-5-6 所示。

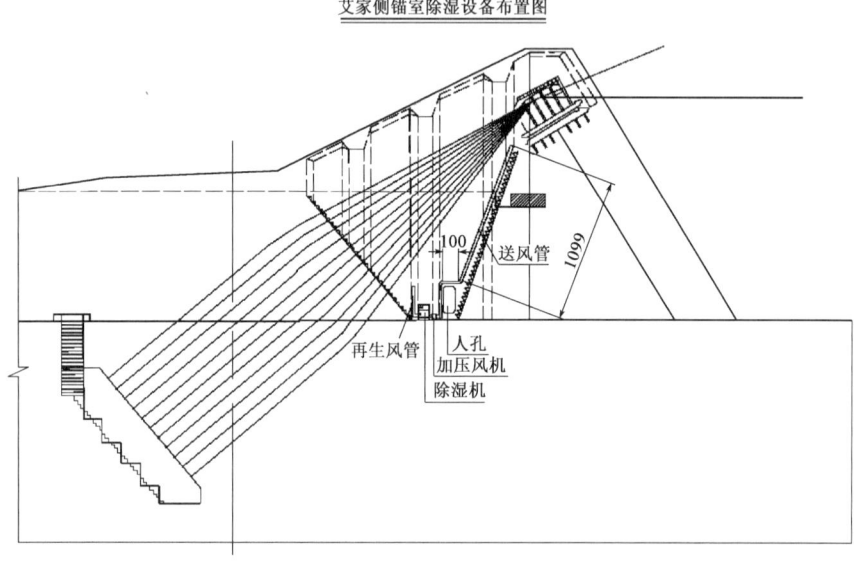

图 3-5-4　江南侧重力式锚碇锚室除湿设备布置图(尺寸单位:cm)

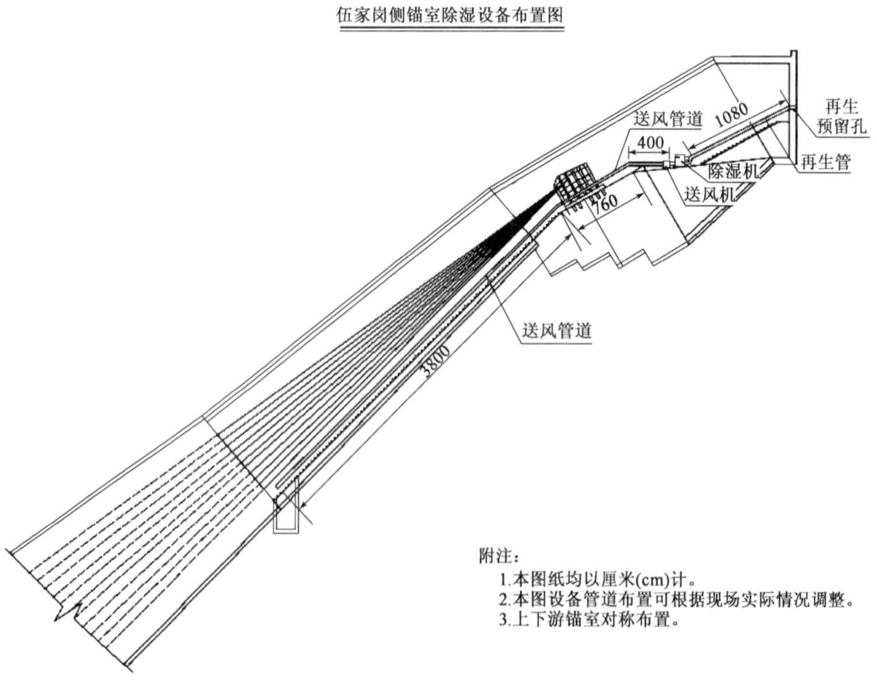

附注:
1. 本图纸均以厘米(cm)计。
2. 本图设备管道布置可根据现场实际情况调整。
3. 上下游锚室对称布置。

图 3-5-5　江北侧隧道式锚碇锚室除湿设备布置图

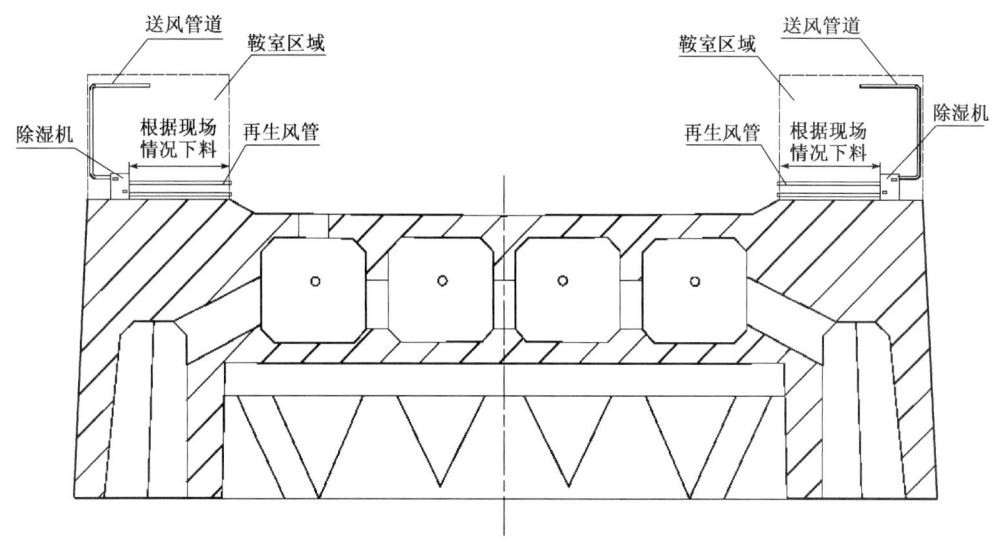

图 3-5-6　鞍室除湿系统布置图

4. 钢箱梁除湿送风方案

根据箱体特点,并从减少对结构的破坏以及设备安装、维修方便等因素考虑,钢箱梁划分为 3 个除湿区域,并根据送风区域划分,对 U 形肋进行封堵。每区域设置 2 套除湿设备,共设计 6 套除湿机组(4 台钢箱梁型除湿机、2 台主缆型除湿机),在分区控制的同时又可以应急互补,在除湿设备位置的钢箱梁底板分别设置再生新风入口和再生湿风出口。

每套钢箱梁除湿系统由 1 套 LBCS-1250P 型除湿机、1 套 LBMX-3000 型送风机、1 套 PLC 电控柜及温/湿度传感器等设备部件组成。钢箱梁内控制相对湿度小于 50%。每套除湿系统设置控制系统 1 套,随时检查内部湿度,除湿系统将根据湿度控制卸载或停止运行,充分节能,并根据要求,通过输出端口为上位机提供运行参数,实现远程控制。

钢箱梁除湿设备布置图如图 3-5-7 所示。

二、监测控制子系统

监测控制系统采集主缆除湿系统中安装的所有温湿度传感器、压力传感器、流量传感器的数据和除湿设备内部传感器数据。用户可以通过人机接口和监控软件查看监测数据,并对设备进行控制。系统具有基本控制、本地手动控制、本地自动控制、远程干预控制 4 种控制模式,在网络中断状态下可自动切换到本地自动控制模式。

1. 监测方案

在每个送(排)气夹上安装数据采集箱,采集箱内安装模拟量采集模块,采集气夹内温湿度、压力数据,通过 RS485 总线连接到 PLC(Programmable Logic Controller,可编程逻辑控制器)上,PLC 对这些数据进行采集,并把数据传送到空气处理设备,空气处理设备可根据设置调整运行策略。

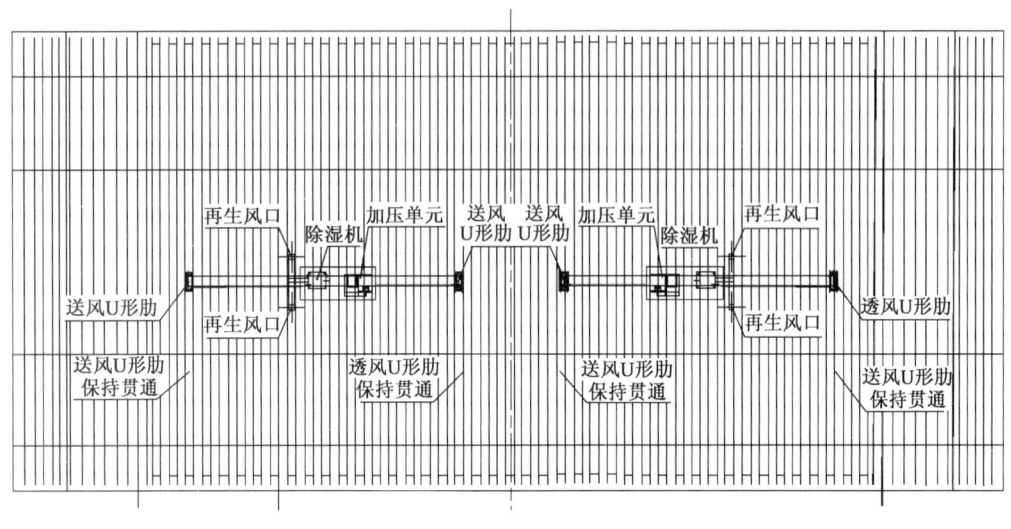

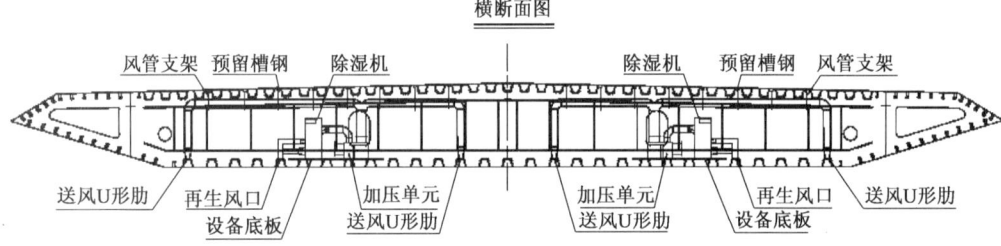

图 3-5-7　钢箱梁除湿设备布置图

锚室内温湿度传感器直接连接到除湿设备上,通过除湿设备预留的模拟量采集端口进行采集,主缆除湿系统监测内容如下。

(1)主缆送(排)气夹内的温/湿度监测:每个气夹位置安装1只温/湿度计,共34只。

(2)锚室、鞍室、钢箱梁内的温/湿度监测:每个除湿设备附近安装2只温/湿度计,共28只。

(3)大气环境温/湿度监测:主缆除湿设备内外各安装2只温/湿度计,共4只。

(4)进气夹内的空气压力监测:每个进气夹各安装1只压力传感器,共14只。

(5)每个进气夹的进气流量监测:每个进气管道安装1只,共14只。

(6)除湿机组运行状态监控:包括故障、告警、启停状态,机组内部的空气温度、相对湿度、过滤器压差、累计运行时间、再生加热器温度、高压风机出口压力等参数,让用户对机组运行状况一目了然。除湿机组包括锚室除湿机组、主缆空气处理设备、鞍室除湿设备和钢箱梁除湿设备。

2. 控制方案

全桥共配置两套主控 PLC,每套主控 PLC 均设置一个用于现场监控的 HMI(Human Machine Interface,人机界面)触摸屏。触摸屏实现的 HMI 功能包括采集参数设定、传感器数据接入、逻辑控制、报警和数据存储等。

数据采集、处理和控制均由现场主控 PLC 负责。一台主控 PLC 设置于南主塔上横梁除湿设备机组控制箱内,另一台主控 PLC 设置于北主塔除湿设备机组控制箱内。每套空气处理设备设置有集成 PLC,集成 PLC 用于采集空气处理设备和除湿设备内部的温/湿度、压力以及内部管道压力、电器运行状态、过滤器压力等数据,并控制空气处理设备和除湿设备内部的除湿机、加热器、高压风机等设备有序、正常运行。

除湿系统的控制由基本控制、本地手动控制、本地自动控制、远程干预控制四级组成,其中基本控制、本地手动控制、本地自动控制由现场主控 PLC 和除湿设备或空气处理设备内部集成 PLC 实现,远程干预控制由后台除湿系统运行管理软件实现,本地手动控制具有优先权。

三、传输通信系统方案

传输通信系统采用工业以太网光纤自愈环网,后台网管软件可对光纤环网进行管理,带宽大于 100Mb,提供故障报警功能,自愈时间小于 50ms。

除湿系统的网络架构方案采用三层结构,第一层为工业现场总线,使用 RS485 总线实现,使用双绞带屏蔽信号线作为通信线路,主要用于传输模拟量采集模块采集的气夹温/湿度、压力等数据。第二层为工业以太网光纤环网,使用光缆作为通信线路,主要用于除湿设备、空气处理设备、主控 PLC 和监控中心交换机间的通信。第三层为监控中心局域网,使用超五类网线,为监控中心人员工作网络。除湿系统网络架构见表 3-5-1。

除湿系统网络架构   表 3-5-1

位 置	作用描述	网络形式	传输介质
第一层	传感器数据采集网络	RS485 总线	信号线缆
第二层	现场数据传输网络	工业以太网	光缆
第三层	监控中心网络	以太网	网线

除湿系统在锚室、主塔上横梁、钢箱梁和中心机房共设置 8 台工业以太网交换机。南、北上横梁内各设 1 台以太网交换机,南锚室和北锚室上游侧各设置 1 台工业以太网交换机。在钢箱梁内 3 个除湿区域内各设置 1 台工业以太网交换机,桥上外场共设置 7 台工业以太网交换机,在监控中心机房设置 1 台工业以太网交换机。除湿系统的网络构成如图 3-5-8 所示。

四、运行管理系统方案

1. 系统技术要求

运行管理系统服务除湿系统的日常运行,通过运行管理系统可对外场传感器数据进行采集、存储、显示、分析,同时可根据需要对系统参数进行远程设置。

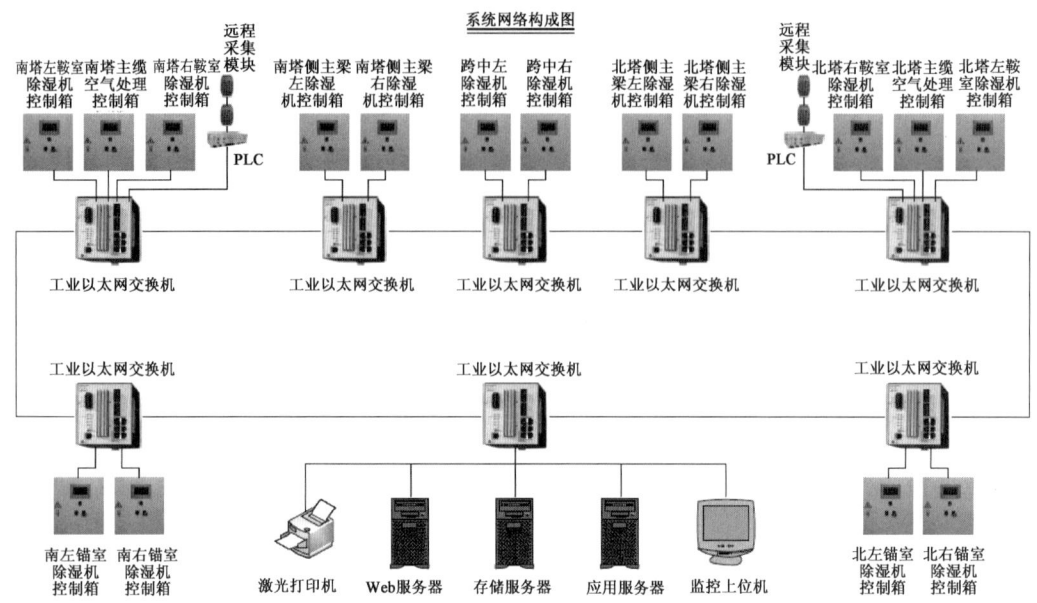

图 3-5-8 除湿系统网络构成

运行管理系统采用主流 MS SQL Server 数据库存储数据,对数据进行分类保存,便于与结构健康监测系统融合。运行管理系统能够实现设备自诊断、自恢复功能,自动定位故障,并实时报警,具有故障隔离功能,一台设备出现故障时不影响其他设备正常工作。

运行管理系统可以设定多种运行模式,可根据大气温湿度和主缆、锚室内湿度数据自动选择运行模式,也可由用户指定运行模式,运行模式具有可扩展性,用户可以根据系统运行状况修改、添加、删除运行模式;能记录用户操作轨迹,提醒用户规范操作流程,对非法操作进行提醒和设备保护;能够对采集的原始数据进行初级校验和选择存储,并对采集的原始数据进行统计分析。

2. 运行管理系统框架

运行管理系统主要对数据进行采集、存储和分析,并通过软件界面呈现给用户。用户根据数据内容及分析结论,对除湿设备进行控制,并实现报表管理、预案管理、系统设置管理等管理功能。

3. 软件架构

主缆除湿系统软件采用中文图形化界面,直观方便,软件使用基于 C/S 架构与 B/S 架构相结合的混合架构模式,C/S 软件实现数据采集及设备控制,B/S 软件实现远程数据访问查看,并可通过与 C/S 软件通信实现控制功能。

存储服务加载数据库、存储应用软件服务器采集外场数据和报警信息,记录用户的系统登录信息、操作信息等,并对数据进行整理生成日统计信息、月统计信息、年统计信息等,便于用户快速进行分析。

除湿系统软件架构如图 3-5-9 所示。

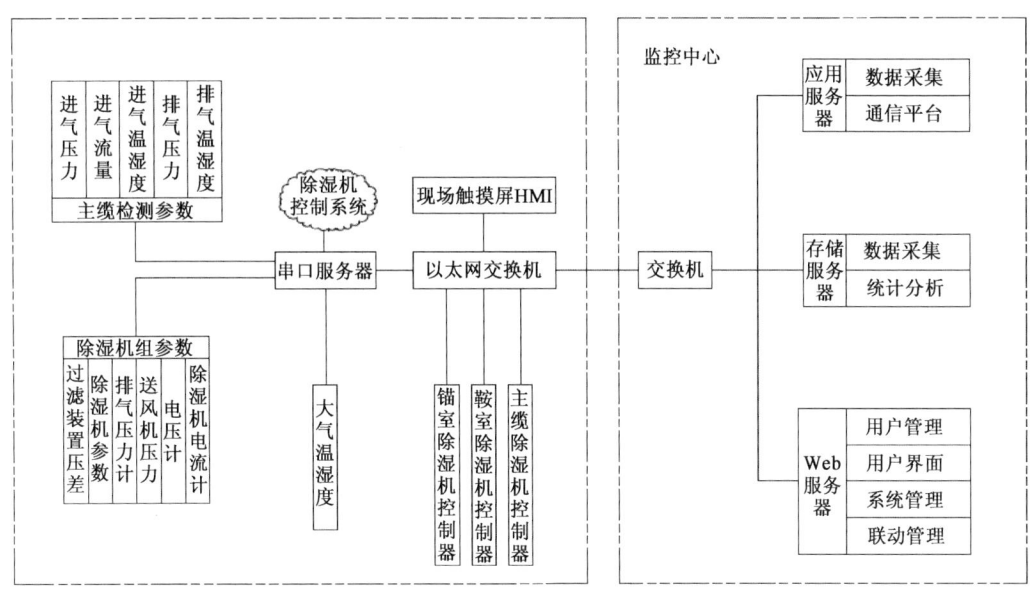

图 3-5-9 除湿系统软件架构

第四节 除湿系统主要设备及材料技术参数

一、除湿机组技术参数

除湿机组技术参数见表 3-5-2。

除湿机组技术参数 表 3-5-2

名　称	型　号	数量	额定处理风量(m^3/h)	额定功率(kW)
钢箱梁除湿机组	LBCS-1250P	4	1500	10.32
钢箱梁主缆除湿机组	LBCST-1100P	2	1100	11.29
锚室除湿机组	LBCS-1250P	4	1250	10.32
主缆除湿机组	LBCST-1100P	2	1100	11.29
鞍室除湿机组	LBCS-210P	4	550	6.3

二、其他设备及材料技术参数

1. 钢材

气夹构件板材采用 304 不锈钢材质,所有型材及设备壳体采用性能不低于 Q235A 钢,其技术指标符合《碳素结构钢》(GB/T 700—2006)的要求。

2. 高分子柔性管

沿主缆、吊索以及需要较多弯曲并不宜中间连接的管道,采用防紫外线能力的 RTP 管(柔性增强热塑性塑料复合管)。

高分子柔性管技术指标见表 3-5-3。

高分子柔性管技术指标　　　表 3-5-3

项　目	技术指标
公称直径	DN65
公称压力	1.25MPa
其他	抗振动,防紫外线,可盘装,方便地表铺设

3. 不锈钢管

固定安装的室外管道采用 304 不锈钢管,其技术指标符合《流体输送用不锈钢无缝钢管》(GB/T 14976—2012)的要求。

4. 波纹金属软管

固定管伸缩采用波纹金属软管连接,其技术指标符合《波纹金属软管通用技术条件》(GB/T 14525—2010)的要求。

5. 温/湿度传感器

系统监测用温/湿度传感器根据不同工况选用相应型号,主缆除湿系统选用管道式温/湿度传感器,锚室、鞍室、钢箱梁除湿系统选用壁式温/湿度传感器。

除湿系统温/湿度传感器应满足表 3-5-4、表 3-5-5 所列的技术指标要求。

主缆除湿系统温/湿度传感器技术指标　　　表 3-5-4

指标名称	指标范围
工作范围	0~100% RH
	-40~80℃
精度(20℃,24DC)	RH±1.5% RH(0~90% RH)
防护等级	IP66
工作温度	-40~80℃
电流输出信号	4~20mA
外壳级别	IP66

注:RH 表示相对湿度。

锚室、鞍室、钢箱梁除湿系统温/湿度传感器技术指标　　　表 3-5-5

指标名称	指标范围
工作范围	0~100% RH
	-40~70℃
湿度测量精度(23℃,24AC)	±3% RH(30%~70% RH)
温度测量精度	±1℃(-5~+50℃)
外壳防护等级	IP32 to IEC529
工作温度	-40~70℃
电流输出信号	4~20mA

6. 流量传感器

除湿系统流量传感器应满足表 3-5-6 和表 3-5-7 所列的技术指标要求。

除湿系统总管路监测用流量传感器技术指标　　　　　表 3-5-6

指 标 名 称	指 标 范 围
测量范围	0~20m/s
测量精度	±2%F.S.
工作电源	8~35V DC
输出信号	4~20mA
响应时间	3s 到达最终值的 90%
温度测量范围	0~80℃
防护等级	IP65
外壳材质	PC 防火级

注:%F.S.是指传感器的指标相对于传感器的满量程误差的百分数。

除湿系统支管路监测用流量传感器技术指标　　　　　表 3-5-7

指 标 名 称	指 标 范 围
测量范围	0~20m/s
测量精度	±(0.2m/s + 测量值的 3%)
工作电源	(80%~120%)24V DC
输出信号	4~20mA
响应时间	典型的 4s 或 1s(恒温条件下)
工作温度	-25~50℃
防护等级	IP65
外壳材质	聚碳酸酯

7. 压差传感器

除湿系统监测用压差传感器应满足表 3-5-8 所列的技术指标要求。

除湿系统监测用压差传感器技术指标　　　　　表 3-5-8

指 标 名 称	指 标 范 围
量程	0~500Pa
精度	25Pa ±2%
电源	10~35V DC
输出信号	4~20mA
工作温度	-18~66℃
显示	4 位数字 LCD(Liquid Crystal Display,液晶显示器)显示
稳定性	±1%满量程/年
防护等级	NEMA 4X

8. 压力传感器

除湿系统监测用压力传感器满足表 3-5-9 所列的技术指标要求。

除湿系统监测用压力传感器技术指标 表3-5-9

指标名称	指标范围
量程	0~1 PSI(进排气夹),0~5 PSI(高压风机出口)
精度	±0.25% F.S.
电源	9~30V DC
输出	4~20mA
工作温度	−40~85℃

9. 安全阀与单向阀

主缆除湿系统采用的安全阀与单向阀应满足表3-5-10所列的技术指标要求。

安全阀与单向阀技术指标 表3-5-10

	指标	参数
安全阀	打开压力	3000Pa
	气体种类	洁净干燥空气
	材质	铝合金、黄铜或不锈钢
		压力感应为不锈钢,密封件材质根据应用的气体选用
	接口	DN65
	工作温度范围	−40~100℃
单向阀	打开压力	300Pa
	气体种类	洁净干燥空气
	材质	铝合金、黄铜或不锈钢
		压力感应为不锈钢,密封件材质根据应用的气体选用
	接口	DN65
	工作温度范围	−40℃~100℃

10. 过滤器

除湿系统采用的过滤器分为初效、中效和高效3种,应满足表3-5-11所列的技术指标要求。

过滤器技术指标 表3-5-11

过滤器效率(中国标准)	过滤器效率(欧洲标准)	结构形式
初效	G3	铝框可清洗
中效	F7	扩展滤面
高效	H14	无隔板

11. 送、排气夹

干燥空气进入主缆,将潮湿空气排出主缆,这过程中需要通过的送排气装置称为送、排气夹。送、排气夹分为送气夹和排气夹两种,为满足空气进出要求,气夹内壁与主缆钢丝间应具有不小于3cm的间隙,具有环向和直向密封能力,且能够保持5000Pa以上不泄漏。

送、排气夹有送(排)气口和泄水口,接口需确保连接密封。

12. 通信箱

与送、排气夹配套的通信箱具备信号采集和传输功能。通信箱内部包括电源模块、数据采集模块、防雷模块和信号隔离模块，通信箱箱体采用不锈钢材质。

13. 模拟量采集模块

模拟量采集模块应满足表 3-5-12 所列的技术指标要求。

模拟量采集模块技术指标　　　　　　　　　　表 3-5-12

项　目	技　术　指　标
有效分辨率	16 位
通道	8 路差分，可独立设置量程
高共模电压	200V DC
通信协议	ASCII 命令，Modbus 协议
输入类型	mV、V(支持单双极性)、mA
输入量程	±5V、±10V、0~20mA、±20mA、4~20mA
隔离电压	3000V DC
过压保护	±60V
采样速率	10/100 采样点每秒(软件设置)
精确度	电压模式：±0.1%，电流模式：±0.2%
零点漂移	±6μV/℃
跨度漂移	$±25 \times 10^{-6}$ m/℃
功耗	1.2W@24VD
共模抑制	(CMR)@50/60Hz dB min
安装方式	导轨安装

14. 工作站

工作站应满足表 3-5-13 所列的技术指标要求。

工作站技术指标　　　　　　　　　　表 3-5-13

项　目	技　术　指　标
处理器	英特尔 I7
内存	8GB DDR3-1600 ECC(4×2G)RAM
硬盘	1TB 7200 RPM SATA
显卡	独立显卡，1G 显存，支持双显示器输出
光驱	DVD
显示器	22″液晶显示器
操作系统	Windows7 企业版

第五节 除湿系统施工

一、除湿系统施工工艺

除湿系统施工按类型可分为设备安装、风管安装和电器仪表安装。从安装工序划分,顺序为基础测量放线、设备安装、通风管道安装,电器仪表在通风管道安装过程中平行作业。风管、弯头等部件在加工车间内制作成安装单元,然后在现场拼装并与设备连接。待全部完成安装后,先进行单机试车,然后联动试车,系统正常方可进入安装工程验收阶段。

除湿系统施工工艺流程如图 3-5-10 所示。

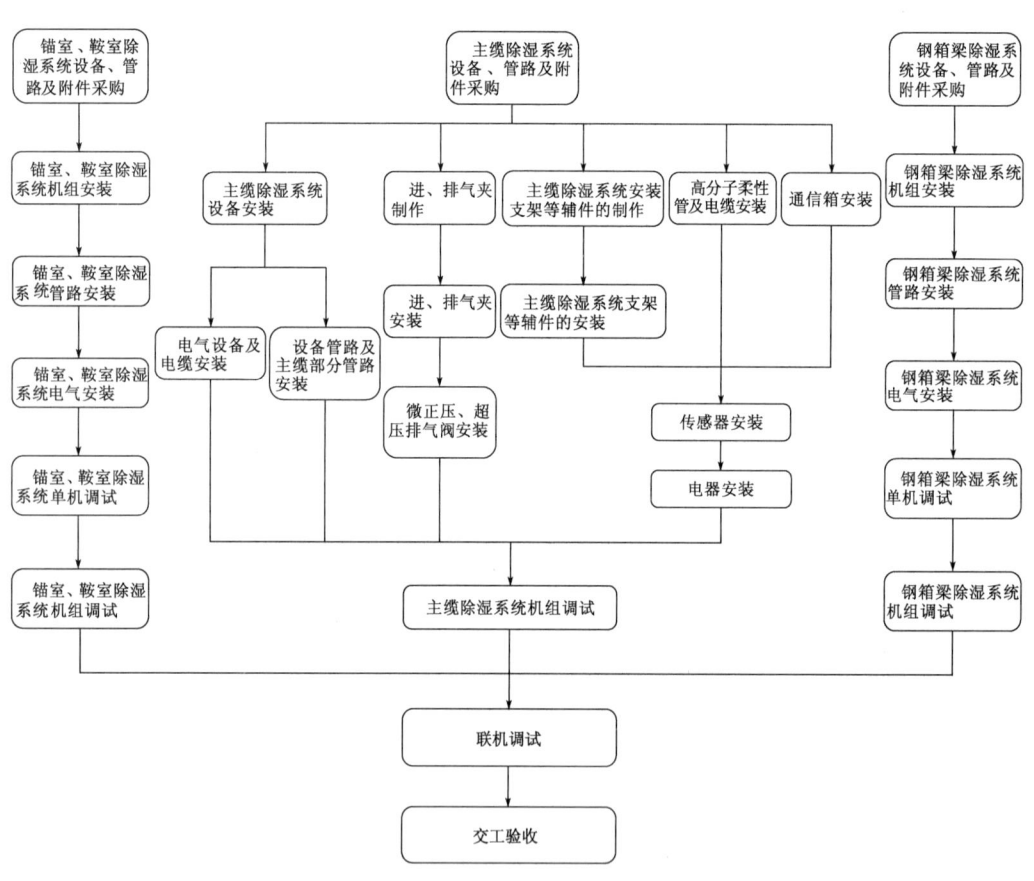

图 3-5-10　除湿系统施工工艺流程

二、除湿机组安装

1. 基础检查、验收

首先对设备和安装基础检查、验收。因为除湿机、风机等设备都是整体式结构,并且无垫铁安装(只能微小调整),所以,设备基础的质量好坏直接影响到设备安装的水平度偏差,包括基础外观无明显凹凸、不平整等现象。

2.设备开箱检查

由于除湿机、风机以及一些配套设备均是整体出厂到现场,设备安装水平度的检测是在除湿机和风机的外壳上进行,此道工序重点检查设备开箱后的外观情况,确认无变形、凹凸、锈蚀等缺陷。除此之外,根据装箱清单,对包装箱内设备型号、规格、技术资料等进行清点。

3.放线

设备基础放线以室内构筑物的轴线或边缘为基准线进行设备放线。应严格按图纸和施工现场的建筑状况进行校正。

4.设备就位、找正、找平

设备基础放完线、复查合格后,按设计要求制作除湿机钢架基础。风机箱因已有槽钢基础支架,故不需再设置钢架基础。设备基础与地板固定后,进行设备就位。除湿机和风机箱底座四周垫上一圈 $\delta=10mm$ 的橡胶板作为防震材料。除湿机就位找正后,橡胶板与设备底座边缘平齐,不得有凸出与凹陷,然后对设备进行找平。找平后拧紧地脚螺栓。

为便于设备的检查维修,设备安装区有足够的工作空间,以便打开风口板及转轮。靠近前面的空间区域具有机体本身同样宽阔的空间。

设备安装完成实际效果图如图 3-5-11 所示。

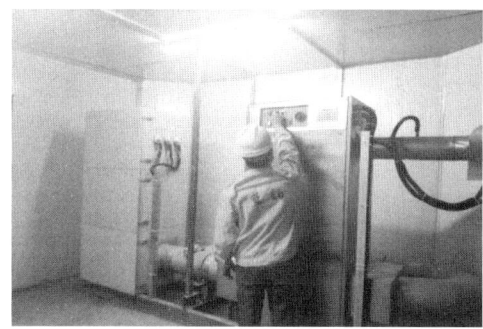

图 3-5-11　设备安装完成实际效果图

三、电器及仪器、仪表安装

(1)电控箱安装。按照设计图纸位置,制作电控箱支架并固定电控箱。

(2)电缆桥架安装。根据设计图纸确定电缆桥架的安装位置。根据电缆桥架的规格大小及安装方式,制作相应的型钢支架。电缆桥架采用专用连接板连接,连接处缝隙紧密平直,并用软铜线作跨接地线,与大桥接地系统作可靠连接。电缆桥架安装横平竖直,固定牢固。

（3）电缆保护管敷设。根据设计图纸确定出电缆保护套管的安装位置。电缆套管的安装要横平竖直，固定牢固。敷设横平竖直，固定牢固，支架间距均匀。

（4）电缆敷设。电缆敷设分为电源电缆和仪表信号线电缆。每个除湿系统，电源电缆主要是由电控箱至除湿机，以及由电控箱至风机箱。仪表信号线电缆主要是由电控箱至除湿机设备上的电控箱，以及由电控箱至各传感器。

（5）传感器安装。主缆除湿系统传感器较多，机房内传感器在机房施工时同步就位，主缆索夹处的传感器在塑料复合管道以及电缆管道安装完成后进行安装。

（6）电气绝缘测试。电控箱和电缆敷设过程中和完成之后，均需根据规范进行接地检查和绝缘测试。全部合格后，方能通电进行单体试车。

电器及仪器、仪表安装现场图如图3-5-12～图3-5-15所示。

图3-5-12　电控箱安装

图3-5-13　电缆桥架安装

图3-5-14　电缆敷设

图3-5-15　传感器安装

四、管道安装

1. 主缆送气管道的安装

主缆送气管道采用具有良好防紫外线能力的塑料复合管。安装过程分三个部分：盘卷管放卷、提升到位、固定（图3-5-16）。

图 3-5-16　主缆送气管安装

1）盘卷管放卷

在进行主缆送气管道敷设时,完成管道两端对接的法兰安装。主缆送气管道通过猫道进行牵引敷设,由于每根管道长度均超过100m,故采用柔性敷设方式进行敷设,以保证管道外表面在施工过程中拖拽不被划伤。

2）提升到位

(1) 连接到塔顶的塑料复合管顺着猫道扶手绳设置卡箍支架提升到指定的位置。

(2) 在主缆上塑料复合管拖拽经过的位置上用铁丝将临时塑料复合垫管固定,沿途每个索夹处安装一个。

(3) 将放开的塑料复合管一端从主缆和桥面相交（或最接近）的位置牵入。塑料复合管位于扶手绳的中间。

3）固定

将拖拽到位的塑料复合管一端用吊绳固定在合适的位置,从另一端（下端）开始将塑料复合管从扶手绳内侧翻转到扶手绳外层。每次翻转的长度约20m。翻转到位的塑料复合管立即用卡箍进行固定。同时,用绑扎带在缠绕段将塑料复合管与扶手绳缠绕在一起。每两个卡箍之间都有缠绕段。

2. 钢箱梁、锚室、鞍室通风管道的安装

设备安装完毕后,根据设计图纸进行管线放线,支、吊架的制作与安装。风管支架间距要求见表3-5-14。

风管支架间距要求　　　　表3-5-14

直径或边长(mm)	水平安装(m)	垂直安装(m)
<400	≤2	≤2.5
≥400	≤2.5	≤2.5

吊架安装时,每段风管设置两个固定支架,风口、调节阀等处不设置。

法兰之间密封采用$\delta=3mm$软橡胶板,并用M6~M8螺栓拧紧。

风口、风阀安装后,要求外表平整、调节灵活,无变形。

安装时,再生排风管需要按气流方向设置排水坡度,坡度为1%,并在管道最低出设$D=15mm$的排水阀。

钢箱梁、锚室、鞍室通风管道安装现场图分别如图3-5-17~图3-5-20所示。

图3-5-17 箱梁除湿通风管道安装效果图

图3-5-18 锚室通风管道安装效果图

图3-5-19 鞍室除湿通风管道安装效果图(一)

图3-5-20 鞍室除湿通风管道安装效果图(二)

五、除湿系统现场连接调试

1.除湿系统设备现场安装和连接检查

1)风管连接

(1)设备按照设计的位置和空间要求进行安装。

(2)设备按要求固定安装。

(3)确保除湿系统管道按照设计要求连接。

(4)将所有的风阀的开启度置于半开位置。

(5)确保设备运输包装及没用的固定板、件已拆除。

(6)设备上的其他部件安装正确。

(7)检查管道接口处的密封情况,并进行漏风测试。

风管连接施工如图3-5-21所示。

2）电气连接

（1）确保所供电压波动范围不超过设备标明电压及频率的10%。

（2）设备接地并设置隔离开关，以保证设备在检查和服务时与电源绝缘。

（3）隔离开关和熔断器的熔断功率与所安装除湿机的型号及类型一致。

（4）供电电缆符合设计要求。

（5）所有电缆线连接牢固。

电气连接施工如图 3-5-22 所示。

图 3-5-21　风管连接施工　　　　图 3-5-22　电气连接施工

3）自动控制系统

（1）检查外部敏感元件安装位置（除湿空间内湿度具有代表性的位置）。

（2）确保控制部件的安装和控制线连接正确。

（3）确保控制件工作电压符合要求。

（4）控制件供电后，确定没有严重的发热现象。

（5）操作所有电气控制部件，确保部件可本地控制和远程控制。

2. 除湿系统的单机运行检查

1）转轮除湿机

对转轮除湿机的运行状况进行检查，确保运行状况正常。

2）加压风机

（1）将风管上的风量调节阀门置于半开的位置。

（2）开启送风机，检查风机转向，要与箭头方向相符。

（3）检查风机运行时，旋转部分无碰擦迹象，电机无过流现象。

风机运行调试如图 3-5-23 所示。

3）自控系统

（1）自控系统供电后，参照使用说明和设计的功能要求，对 PLC 控制器进行参数设定。

（2）参照使用说明，通过修改控制参数，检查控制器是否按控制要求正常工作。

(3)检查自控系统工作时,各输入、输出值是否正确。

(4)检查无误后,恢复原设计的控制参数值。

自控系统运行调试如图3-5-24所示。

图3-5-23　风机运行调试

图3-5-24　自控系统运行调试

3. 除湿系统风量调节

(1)将除湿系统的送风口风阀全部置于半开状态(避免风机过载)。

(2)启动除湿机和送风风机,让机组在满负荷条件下运行10min,使再生加热器达到正常工作温度。

(3)使用现场测试仪器检测再生风量(风管上有预留的测试孔),通过调节再生空气阀门,使再生风达到额定要求;风量正确后,将阀门锁定于该位置,并标注。

(4)在送风风机出口风管上检测风量,调节风机出口风阀,达到送风量要求。

(5)使用检测仪器检测进入加压风机的回风风量。

(6)重复以上检测步骤,复查各支路和总送风的风量是否达到设计要求。

(7)检测控湿区域各送风口,使流量符合要求。各风管上阀门锁定,并加上位置的标注。

4. 除湿系统运行参数

(1)系统风量调节正确后,对照设备技术资料,检查并记录各系统设备、部件的运行参数,判断部件运行是否正常,包括除湿机处理风机和再生风机的马达电流、送风机的马达电流、再生加热器的工作电流和转轮驱动马达电流。

(2)在各种运行参数符合技术要求的情况下,对已安装完成的除湿机进行性能测试,测试是否可以使设备正常地运行。

5. 联机运行

1)自动控制

(1)将除湿机切换到【自动】运行状态,此时除湿系统处于远程控制状态;在湿度高于设定值时,除湿机和主送风机运行,主控制箱上显示屏显示相应的运行状态、温/湿度等。

(2)检查除湿系统的输出监控信号是否正常,并判断除湿系统是否能按设定的参数值进行相应的工作执行。

2)湿度控制

(1)修改 PLC 控制器的湿度设定点,使湿度控制点高于或低于实际测得的环境湿度,检查除湿机是否按控制要求进行工作。完成后,恢复原设计的湿度设定点。

(2)定时测量控制区域的湿度数值,观察控制环境的湿度波动情况,并记录数值,待一个周期完成后,修正除湿机控制器的设定点。

(3)检查除湿空间内湿度值,当长期大于设定值时,分析原因,并进行除湿能力调节。

3)中央监控

(1)通过中央监控计算机,调看所有除湿系统运行情况,并与现场实际情况进行核对。

(2)确保所有控制条件达到设计的要求,将各种最终的测试数据结果记录在调试报告中,完成所有调试工作。

在联机运行前,先完成单机试运行,运行合格后进行系统联机试运行,整个系统联机运行时间不得低于 8h,运行中主要针对风量、进出空气的湿度进行测试,并进行检测记录。

联机调试运行如图 3-5-25 所示。

图 3-5-25 联机调试运行

六、除湿系统施工质量检验标准

除湿系统施工质量应满足设计及规范要求,检验标准见表 3-5-15 ~ 表 3-5-18。

除湿机、风机设备现场质量检验　　　表 3-5-15

	序号	内容
基本要求	1	设备的数量、规格和型号符合设计要求,部件及配件完整
	2	设备、材料的质量证明文件齐全,如国外进口设备、材料应附原产地证明
	3	设备安装方式应符合产品说明书和设计要求,设备固定件紧固,并有防松动措施
	4	设备连线整齐、标记清晰;设备绝缘可靠,接地良好

续上表

	序号	内 容		
外观鉴定	1	设备布局合理、安装稳固、排列整齐		
	2	设备安装后表面光泽一致、无明显的划伤、刻痕、剥落、锈蚀;部件标识正确、清楚		
	3	设备连线整齐、标记清晰;设备绝缘可靠,接地良好		
	4	设备固定件紧固,并有防松动措施		
	5	除湿机控制开关动作正确、灵敏,与设备运行状态对应		
实测项目	序号	检查项目	技术要求	检查方法
	1	设备安装位置	标高、平面尺寸符合设计要求	量具实测
	2	设备安装水平度	≤2mm/m	量具实测
	3	安全接地电阻	≤4Ω	接地电阻测量仪
	4	防雷接地电阻	≤10Ω	接地电阻测量仪
	5	外壳温度	≤80℃(运转2h以后)	温度计实测

风管现场质量检验　　　　表3-5-16

	序号	内 容		
基本要求	1	加工风管及其配件所使用材料的材质、型号符合设计要求		
	2	风管安装位置、高程、走向符合设计要求		
	3	风管的连接应平直,不扭曲;风管与配件的咬口应紧密,宽度一致;所有部件均应进行表面防腐处理		
	4	风管的支架、吊架间距适当。支架不得设置在风口、调节阀等处。支吊架抱箍应紧贴并箍紧风管,圆弧应均匀且与风管外径一致		
	5	所有风阀操作装置应灵活、可靠,阀门关闭严密		
外观鉴定	序号	内 容		
	1	风口与风管连接严密、牢固,表面平整、不变形,调节灵活、可靠		
	2	风管手动风阀调节范围及开启角度与叶片开启角度一致,电动、手动风门、风阀动作灵活、行程到位,电驱动装置灵敏、可靠		
	3	风管气密性好,不漏光,不漏气		
实测项目	序号	检查项目	技术要求	检查方法
	1	风管安装位置	高程、平面尺寸符合设计要求	量具实测
	2	支、吊架水平间距	$D<400mm$,间距≤2m,$D\geqslant400mm$,间距≤2.5m	量具实测
	3	支、吊架垂直间距	间距≤2.5m	量具实测
	4	湿空气出风管	坡度应符合设计要求或使凝结水能够顺利排除	量具实测
	5	漏风量	符合 GB 50243—2016 的规定	GB 50243—2016

控制箱现场质量检验 表 3-5-17

	序号	内　　容
基本要求	1	控制箱及其配件的数量、型号规格符合设计要求
	2	控制箱安装位置正确,设备标识清楚
	3	控制箱至其他设备的保护线、信号线、电力线的连接符合设计要求;线缆排列规整、无交叉拧绞,标识完整、清楚

	序号	内　　容		
外观鉴定	1	控制箱应安装稳固,位置正确,设备表面光泽一致、无划伤、无刻痕、无剥落、无锈蚀		
	2	与外部连接的电力线、信号线、接地线端头制作规范;按设计要求采取线缆保护措施,布线排列整齐美观、安装固定符合要求,标识清楚		
	3	控制箱内布线整齐、美观,绑扎牢固,成端符合规范要求;编号标识清楚,预留长度适当		
	4	箱门开关灵活、出线孔密封措施得当,机箱内无积水、无霉变、无明显尘土,表面无锈蚀		

	序号	检查项目	技术要求	检查方法
实测项目	1	控制箱安装位置	高程、平面尺寸符合设计要求	量具实测
	2	控制箱水平度	≤2mm/m	量具实测
	3	强电端子对机壳绝缘电阻	≥50MΩ	500V 兆欧表测量
	4	安全接地电阻	≤4Ω	接地电阻测量仪
	5	防雷接地电阻	≤10Ω	接地电阻测量仪

除湿系统综合效能测试检验 表 3-5-18

	序号	内　　容
基本要求	1	系统总送风量满足系统设计要求
	2	每个送气单元风量调试结果满足设计要求
	3	除湿空间的干燥空气能确保所控制的区域无冷凝水
	4	除湿机除湿能力满足设计要求
	5	除湿系统的监测和控制设备及系统,应能与除湿系统检测元件和执行机构正常沟通,系统的状态参数应能正确显示
	6	设备联锁、自动调节、自动保护应能正确动作

第六节　除湿系统主要设备维护

根据项目要求,除湿系统施工单位将按照除湿系统特点,定制检查和维护保养计划,并选派经验丰富的技术人员定期对其进行巡查维护,详细记录;根据要求,定期对除湿系统进行维护保养,确保项目的正常运营。如发现损坏部位,及时组织进行维护。

一、除湿系统机组维护

1. 内容与要求

（1）为使除湿系统长期运行,对除湿设备进行维护是必要的。

（2）除湿设备内部有较高电压,在进行任何维护工作之前,应确保除湿机的电源已切断。

（3）除湿设备的内部有高温区域,因此,要让机组和所连接的管道冷却下来后再进行维护。

（4）除湿机组的调节、保养和维修由专业技术人员进行。

（5）除湿机的维护根据不同的维护内容,分别按照3个月、1年的维保计划进行维护。若出现设备故障,将安排经验丰富的维保工程师予以及时修复。

2. 维护程序

除湿系统主要维护工具有摇表、万能表、风速仪、风压测试仪、温湿度测试仪等。常规部件检查和维护的内容具体见表3-5-19。

常规部件检查和维护内容　　　　　表3-5-19

部　件	检查和维护内容	
	3个月	1年
处理空气和再生空气过滤器	清扫过滤器,如果过滤器灰尘较多,更换过滤器	清扫过滤器,如果过滤器灰尘较多,更换过滤器
机组组成和壳体	检查有无机械损伤,按要求清扫机组的内部和外部	检查有无机械损伤,按要求清扫机组内部和外部
处理风机和再生风机	检查有无机械损伤,按要求清扫电动机和风机的壳体	在电动机壳体表面的冷却沟槽中的灰尘和杂物必须清除;检查电动机的接线端子,确保接线不松动;检查风机的叶轮有无损伤,如有腐蚀迹象,立刻采取措施;检查风量并按要求调整风阀
转轮驱动电动机总成	检查驱动皮带表面有无损伤的迹象和皮带是否松动	检查电动机的接线并确保接线没有松动,检查有无损伤和过热的迹象
电控盘和接线	检查电控盘中的部件和接线有无损伤和过热的迹象,确保没有接线松动	检查电控盘中组件和接线有无损伤和过热的迹象
再生加热器	检查接线有无松动	清除滞留在加热器舱底上的杂物和灰尘,确保接线无松动
除湿转轮	检查有无过热和堵塞的迹象,清除转轮表面的灰尘	检查有无过热和堵塞的迹象,清除转轮表面的灰尘
转轮密封和内部管道	检查有无损伤和移位的迹象,如果有磨损或损伤,应进行更换	检查有无损伤和移位迹象,如有磨损或损伤,应进行更换

续上表

部 件	检查和维护内容	
	3个月	1年
外部风管的连接	检查有无空气的泄漏,与机组的连接是否正常	检查有无空气的泄漏和与机组的连接是否正常,检查内部有无灰尘和损伤
湿度控制	检查所有外接湿度探头的工作情况,并按要求进行校准	检查所有外接湿度探头工作情况,并按要求进行校准

3. 除湿系统性能分析

每年根据除湿系统的日报表进行数据分析,对主桥钢结构防腐状况进行评价,提出相关管养建议。

二、电控箱维护

(1)湿度目标值不可设置过低,以确保机组能够合理、节能运转。

(2)设备每年运转5000h以上为警戒状态,此时需检查设置、目标空间密封等措施是否得当。

(3)附设的机组照明灯,务必在检修完成离开现场时关闭,以保证灯具寿命。

(4)所有设备必须单独接地,如果久未使用,通电之前要确保动力线对地的绝缘电阻大于300MΩ(夏季)、500MΩ(冬季)。

三、风机维护

(1)必须确认风机完好方可运行。

(2)风机正常转速后,检查轴承温升,不应超过40℃。

(3)轴承部位的均方根震动速度值不得大于6.3mm/s,如发现风机震动剧烈或轴承温升迅速,应立即紧急停车检查。

(4)定期清理风机内的积尘污垢等杂质,防止风机生锈。

(5)除每次拆修后应更换润滑油外,正常情况下每3~6个月更换一次润滑油。

四、过滤器维护

(1)各种过滤器在使用一段时间后,由于滤料表面捕集了灰尘,从而会使过滤器的效率下降,影响送风的洁净度,此时,需要及时更换过滤器。

(2)如果过滤器前后有压差表或压差传感器,则对于粗效过滤器,当压差值大于250Pa时,必须加以更换;对于中效过滤器,压差大于330Pa时,必须加以更换;对于亚高效过滤器,当压差值大于400Pa时,必须加以更换,且原过滤器不可再利用。

(3)对于高效过滤器,当过滤器的阻力值大于450Pa,或出风面气流速度降到最低限度时,即使更换粗效、中效过滤器后,气流速度仍不能增大;或当高效过滤器表面出现无法修补的渗漏情况时,须更换新的高效过滤器;如未出现上述情况,一般可根据使用环境条件情况,每1~2年更换一次。

(4)为了充分发挥过滤器的作用,过滤器的迎面风速要求满足:粗效、中效过滤器不应大于2.5m/s;亚高效过滤器和高效过滤器不应大于1.5m/s。这样不仅有利于保证过滤器的效率,也能延长过滤器使用寿命。

五、气夹维护

(1)日常维护需要对进排气夹环、直缝、气管以及监测管的密闭状况进行检验。

(2)系统运行一年之内,需要每月打开气夹下侧泄水管顶的密封盖排水,每次排水后务必关闭密封盖。

六、监控系统维护

(1)规定时间定期对监测系统的数据采集站、计算机工作站和计算机服务器等设备的工作环境、状态和性能进行检查和测试。

(2)监测设备维护应注意如下要求:
①外场设备安装牢固,并具有防尘、防水、防振、防雷等措施;
②交换机等数据传输设备的传输性能满足传输的要求;
③线缆连接良好,无松脱、老化、接头锈蚀,接插件可靠;
④机房采用防静电地板,地板结构要坚固,接地可靠;

(3)监测设备的维护测试工作包括如下内容:
①系统功能的测试;
②设备性能的测试;
③计算机软件的维护和测试;
④设备接地设施和接地电阻的测试;
⑤电源盒信号线路的浪涌保护器性能的测试;
⑥传感器数据准确性的测试。

(4)定期对监测系统的设施进行除尘、防锈和保洁工作。保持室内设备整洁、无积尘,室外设备内部无积尘、外表无锈蚀。

(5)监测系统的现场检验旨在保证各传感设备工作正常、可靠,所采集到的实测值是真实的、可靠的。

(6)做好维护记录,包括维护人员、维护时间、维护内容和设备状态等信息。

第七节 除湿系统初期运行情况

除湿系统自安装完成后,整个系统运行正常,主缆和钢箱梁除湿系统运行50d后,主缆内部相对湿度降低到50%以下,钢箱梁内部相对湿度降低到55%以下;锚室及鞍室除湿系统运行72h后,锚室和鞍室内相对湿度降低到55%以下,整体除湿效果良好,满足设计要求。

一、主缆除湿系统

主缆除湿空间全部采用正压设计,即送入空间的风量略大于排出空间的风量,以确保除湿空间内没有外部湿空气进入的可能性。正压的实现主要通过排出空间的单向阀门调节,根据保压要求,设定不同的单向阀开启压力,实现空间内长期存在一个低水平正气压。

主缆中跨除湿设备位于钢箱梁中间位置,通过底板U形肋和柔性管道将干空气送至主缆送气点,空气穿过主缆后从排气点排出,空气不循环,是开放式设计。主缆边跨除湿设备位于南、北主塔横梁内,通过柔性管道沿主缆扶手绳将干空气送至主缆送气点,空气穿过主缆后从排气点排出,空气不循环,也是开放式设计。

经过50d的运行,主缆内部相对湿度降低到50%以下,除湿区域各出口均达到此标准。主缆除湿系统采集的实时数据如图3-5-26所示。

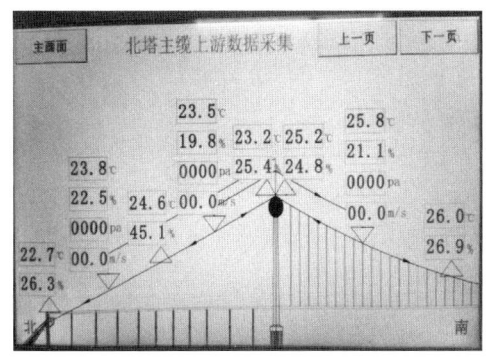
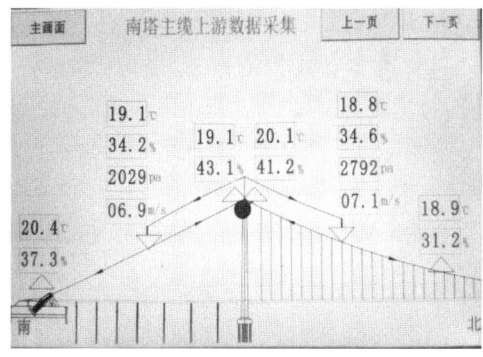
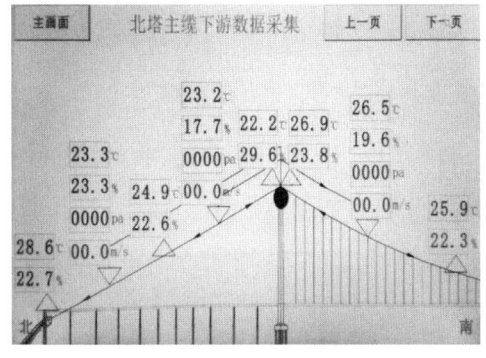
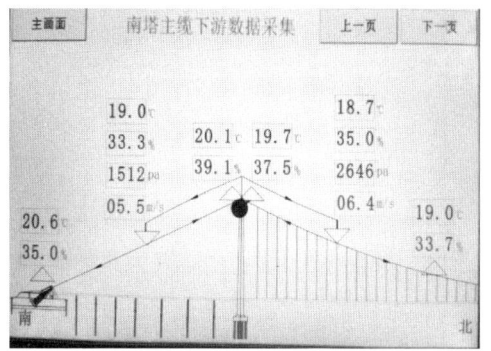

图3-5-26 主缆除湿系统采集的实时数据

二、钢箱梁除湿系统

设计要求钢箱梁内部长期稳定在相对湿度55%以下的环境。为达到钢箱梁的湿度均匀,设计将钢箱梁划分为6个除湿区域,除湿设备分别放置在钢箱梁1/3、2/3处,与主缆除湿设备合并设计,每套设备负责1/3的钢箱梁除湿区域,通过底板U形肋实现不同除湿区域的湿度独立控制。钢箱梁 U 形肋内部要求长期稳定在相对湿度 55% 以下的环境。

经过 50d 的运行,钢箱梁内部相对湿度降低到 55% 以下,除湿区域各出口均达到此标准。

钢箱梁除湿系统采集的实时数据如图 3-5-27 所示。

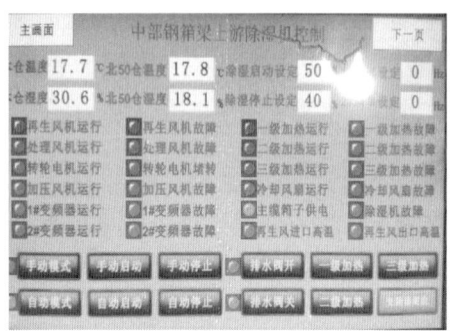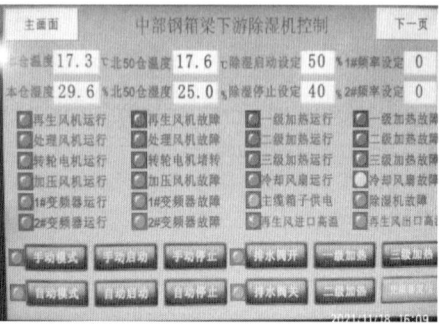

图 3-5-27　钢箱梁除湿系统采集的实时数据

三、锚室、鞍室除湿系统

锚室、鞍室内控制相对湿度要求为 50%±5%。实际经过 72h 运行,锚室内相对湿度降低到 55% 以下;鞍室内相对湿度降低到 55% 以下,符合设计的相关要求。

锚室、鞍室除湿系统采集的实时数据如图 3-5-28 所示。

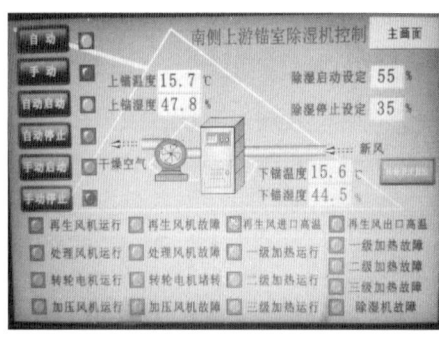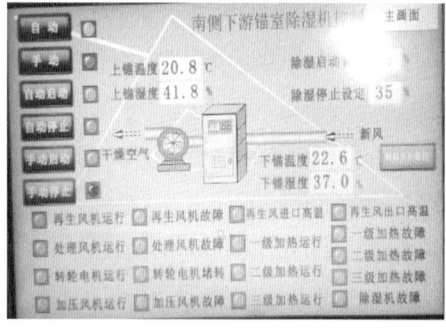

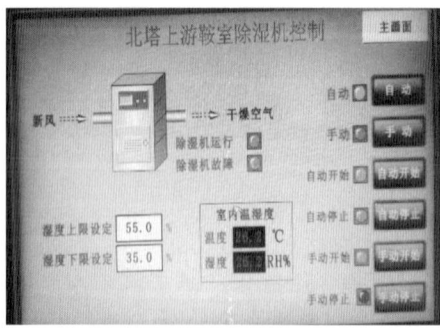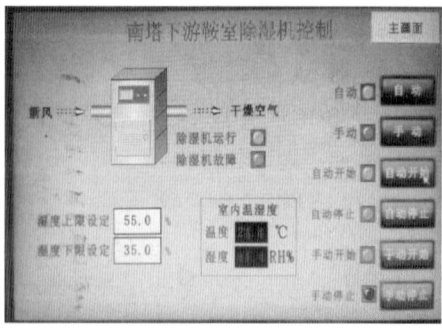

图 3-5-28　锚室、鞍室除湿系统采集的实时数据

第六章 健康监测系统

第一节 概　　述

2020年8月,交通运输部印发《关于推动交通运输领域新型基础设施建设的指导意见》(交规划发〔2020〕75号),明确到2035年,交通运输领域新型基础设施建设取得显著成效。先进信息技术深度赋能交通基础设施,精准感知、精确分析、精细管理和精心服务能力全面提升,成为加快建设交通强国的有力支撑。此外,还提出打造融合高效的智慧交通基础设施,以交通运输行业为主实施。以智慧公路、智能铁路、智慧航道、智慧港口、智慧民航、智慧邮政、智慧枢纽,以及新材料新能源应用为载体,体现先进信息技术对行业的全方位赋能。

2020年12月28日,交通运输部印发《交通运输部关于进一步提升公路桥梁安全耐久水平的意见》(交公路发〔2020〕127号),该意见指出,为深入贯彻落实党中央、国务院决策部署,实现更高质量、更有效率、更加公平、更可持续、更为安全发展,加快建设交通强国,进一步提升公路桥梁隧道安全耐久水平,现提出以下意见:其中第十四条:加强桥梁隧道结构健康监测。健全完善公路桥梁隧道基础数据库,完善、更新桥梁隧道档案,落实分级建设、全面完整、规范管理、动态更新工作要求。统一数据标准和接口标准,推进数字化、信息化、智能化,2025年底前实现跨江跨海跨峡谷等特殊桥梁隧道结构健康监测系统全面覆盖。依托监测系统开展日常管理,健全完善长期运行机制,不断拓展系统功能,持续建设覆盖重要公路桥梁隧道的技术先进、经济适用、精准预警的监测体系,进一步提升监测系统的实效性、可靠性和耐久性。

2021年2月24日,交通运输部召开部务会,审议《公路长大桥梁结构健康监测系统建设实施方案》。会上强调,推进公路长大桥梁结构健康监测系统建设,增强长大桥梁结构健康监测能力,是落实交通运输部《关于进一步提升公路桥梁安全耐久水平的意见》的重要举措。各相关单位要增强忧患意识,强化底线思维,夯实"安全观",拧紧"安全阀",不断提高对长大桥梁突发事件认知水平和预防能力,做到遇到"风吹草动",就能"迅速行动"。

2021年,《交通运输部关于印发〈公路长大桥梁结构健康监测系统建设实施方案〉的通知》中要求:按照"安全第一、预防为主,明确责任、分级管理,突出重点、分步实施,单桥监测、联网运行"的原则,对跨江跨海跨峡谷等长大桥梁结构健康开展实时监测,动态掌握长大桥梁结构运行状况,着力防范化解公路长大桥梁运行重大安全风险,进一步提升公路桥梁结构监测和安全保障能力。

近年来,交通运输部对于跨江大桥的结构健康监测提出了明确的高要求,应当引起桥梁建设者和运营维护者的足够重视。由此可见,桥梁健康监测系统的实施十分有必要。

第二节　实施范围与实施内容

一、实施范围

健康监测系统服务范围:伍家岗长江大桥主桥(290+1160+402)m钢箱梁悬索桥,以及部分引桥内容。

二、实施内容

实施的主要内容包括:健康监测系统设计、监测软件开发、监测设备采购与安装、监测系统调试、监测系统试运行、监测系统培训、工程移交、缺陷责任期系统维护、后期技术支持等相关配套内容。

第三节　总体设计思路

一、设计思路

伍家岗长江大桥健康监测系统采用当前智能监测技术、大数据处理技术、云计算技术,构建桥梁综合监测与管养一体化、可视化、信息化的桥梁健康监测系统,系统采用结构自动化监测、电子化巡检对桥梁结构、环境、交通进行监测,通过适当的数据分析与评估技术,识别桥梁结构异常状态,监控桥梁交通状况,对直接危险性因素及时报警;对间接危险性和潜在危险性因素进行预警,通过各类信息化手段可视化展示,并实时推送发布至桥梁管理人员,提示桥梁管理各方人员关注桥梁结构状态,及时采取有效的养护管理措施排除危险、消除潜在隐患,提高桥梁的安全性、适用性和耐久性,延长桥梁服役年限。

二、设计原则

系统在监测桥梁结构状态的同时,应立足服务于养护管理,提高结构安全和养护管理水平。系统设计遵循以下原则。

(1)系统的实用性。根据桥梁结构特点及计算分析,以及桥梁所处环境特点,充分考虑养护管理的需求,合理设计监测内容和监测测点布置,在监测结构安全状态的同时,为实现有效的养护管理提供服务。

(2)系统的可靠性。由于桥梁健康监测系统长期、实时运行,系统的可靠性是保证系统目标实现的前提条件。根据伍家岗长江大桥的地理位置特征及结构特征,应选择国内外有业绩的成熟产品和技术,保证系统预定功能和指标要求得以实现。

(3)系统的先进性。系统将采用当前综合集成理念,集成自动采集和电子化人工巡检及养护管理,形成本桥养护管理综合集成平台。系统采用先进的监测设备,模块化软件,功能齐全,针对性强,使系统的监测能力达到当前国际先进水平。

(4)系统的合理性。系统监测内容紧扣本桥结构特点及监测需求,选择重要部位和反映结构安全的监测项目进行监测,设置适当的监测测点,设计灵活的采集制度,避免海量数据造成系统的复杂性,造成分析困难,影响系统的稳定性。

(5)可操作和易维护性。系统正常运行后应易于管理、易于操作。对操作人员及维护人员的技术水平及能力,不应有过高要求。选用产品时,应考虑以后升级换代的方便,充分考虑系统的技术继承性,充分考虑到系统维护和调整的方便,使系统长期保持正常运转。

(6)完整性和可扩容性。系统的监测过程必须内容完整、逻辑严密,各功能模块之间既相互独立又相互关联,避免故障发生时的联动影响,也方便系统扩容。随着桥梁结构运营时间的增长,系统需要监测的内容将会增多,所以,要充分考虑系统的可扩容性,留有软硬件接口,方便扩容。系统设计上应适当留有冗余,在不改变系统原有软件和硬件的情况下,可以扩充一定数量的传感通道。

总之,伍家岗长江大桥健康监测系统将建成一个实用性强、目的性明确、系统完善、使用方便、性能可靠、功能先进的系统。

三、系统特点

(1)能够检测桥梁整体工作性能,可全天候24h实时监测,不受天气、工作时间限制。

(2)对大桥运营期间的结构状态进行定性和定量分析,实现防患于未然。使得日常管养工作更加便捷化、流程化,同时可为养护管理人员提供辅助决策依据,实施有效的养护、维修与加固工作,节约维护经费。

(3)在突发性事件(如强烈地震、大风、车撞等)之后,可对桥梁进行工作状态和安全性评估。

(4)对桥梁的设计者和建造者来说,系统实时监测的数据和结果分析是非常重要的资料,这些监测资料可以提高人们对于大型复杂结构的认识,对同类工程的设计、建设、管理具有十分重要的参考意义。

第四节　监测内容与测点布置

一、监测内容的确定

1.监测内容选取原则

要充分发挥大桥结构健康监测系统的作用,在建立监测系统时,就应从评估的需要出发确定监测内容,在对结构进行安全评估时,要充分利用监测系统输出的全部信息和其他综合信息。因此,建立健康监测系统的首要问题就是确定合理的监测内容,选取的监测内容是否恰当直接关系到整个监测系统的实用性和有效性。

在进行大跨径桥梁健康监测系统设计时,应根据大桥的结构(以及结构响应)特点、所处的环境、投资规模等,确定监测系统的具体项目与内容。通常,大跨径桥梁结构健康监测系统的监测项目可分为五大部分:桥址环境监测、外部荷载监测、结构安全性监测、行车条件性监测和结构耐久性监测。大跨桥梁结构健康监测项目的选择主要从以下几个方面考虑:

(1)大跨径桥梁各类结构构件在结构安全中的重要性和构件易损性,以及特殊结构设计。

(2)根据大跨径桥梁所处的地理环境和气候环境特点,进行风、温度、地脉动作用下的结构响应监测,以及结构基础的影响监测。

(3)系统监测内容中的监测参数选择,从结构状态评估的需要和运营养护管理需求出发,要为未来进行状态识别和结构安全评估做技术准备。监测参数包括大桥主体结构的内力、位移的静动态响应、结构振动特性参数等。

(4)对大跨径桥梁结构的长期监测点设置以监测桥梁结构的整体状况与观测桥梁结构响应的规律性为主,同时考虑长期监测对局部结构病害检测的指引。

(5)对于一些重要的特殊结构设计,一般都要列入监测项目。

2. 监测重点分析

根据伍家岗长江大桥结构和环境特点、桥梁健康监测与养护管理行业经验、同类型既有桥梁的病害多发部位及原因,结合本系统的监测思路,并充分考虑运营期的养护维修和运营管理,伍家岗长江大桥健康监测系统的监测重点主要考虑以下几个方面。

(1)本桥大跨径、高主塔的特点,以及桥址处自然环境的复杂性,使得桥址环境、主塔和主梁变形、结构温度成为运营安全监测的主要内容。

(2)大桥为柔性结构,应高度重视结构抗风抗震性能、结构自身动力特性的监测。

(3)大桥设双向6车道,应重点监测交通荷载的信息及其长期变化规律,辅以视频监控、车牌识别和信息发布进行运行安全管理。

(4)重要构件监测:重点监测支座工作状况和性能、锚体(隧道式锚碇)的位移、监测吊索索力及工作环境,保障运营安全。

(5)正交异性桥面板(顶板、U形肋、横梁、纵梁)自身的构造特征和连接形式复杂多样,而本桥活荷载效应显著,各组件及其连接部位在运营期间的疲劳性能需加以重视。

(6)伍家岗长江大桥是连接伍家岗东站新区和点军滨江生态新区而开辟的一条过江通道,建成后将会有重载车辆通行,应对重载车辆进行实时监测管理。

(7)管养关注的重要部位：健康监测系统是为桥梁的养护管理服务，对于管养人员难于达到的养护部位和巡检工作繁杂的部位，需对其进行重点监测。

3. 监测内容

根据伍家岗长江大桥结构特点与受力分析，从结构和管养方面提出的监测内容应包括(但不限于)以下部分：

(1)环境荷载监测：环境风荷载、环境温湿度、结构温度。

(2)结构响应监测：主塔及主梁空间变位、结构应力、主缆/吊索力、支座位移、锚体位移、主梁线形/挠度、动力特性及响应、索夹螺杆张力。

(3)视频监测：表观状态视频监测、行车状况视频监测。

(4)交通监测：车辆称重、车牌识别、车辆引导。

(5)电子化巡检：包括主梁钢构件的腐蚀、起皮、焊缝开裂的检测，主塔混凝土破损、裂缝检测、吊索护套破损、锚头腐蚀检测等，利用智能手持终端实现巡检工作的电子化、数字化和规范化。

二、测点布置原则

由于经济和结构运营状态等方面的原因，在整座桥梁所有自由度上安装传感器是不可能也不现实的，只能通过有限的传感器来尽可能多地获取桥梁健康状况信息。因此，传感器测点的布设应该从状态评估的需要出发，以有效性和经济性为主对监测测点进行优化布置，使测点能够发挥最大效应。主要优化原则如下：

(1)监测目的和要求，包括需要监测的信息的类型、预计的结构响应和行为、所要记录响应的数据量等。

(2)根据桥梁静、动力计算结果确定监测部位：结构空间变形控制点、最大应力分布及幅值变化的位置或构件、可能产生应力集中的位置、动力响应敏感点等。

(3)在有限元分析结果的基础上，应用相关的优化理论进行测点优化的分析。

(4)设计人员的设计思想、评估需求，结合大桥结构特点作分析研究。

(5)桥梁专家的经验与建议以及国内外其他类似结构桥梁的经验和教训。

三、测点布置

根据大桥结构特点及养护管理需求，结合既有桥健康监测系统的分析调查结果，以及通过有限元分析计算，遵循测点优化布置的原则对伍家岗长江大桥各项监测内容进行测点优化布置，达到用较少的测点实现对桥梁结构全面监测的目的。具体的监测测点布置见表3-6-1和图3-6-1。

测点布置一览表　　　　　　　　　　　　　　　　　　　表 3-6-1

监测类型	监测项目		传感器类型	数量	监测截面
环境荷载	环境风荷载		风速风向仪	4	主塔塔顶、主跨跨中
	环境温/湿度		温/湿度传感器	10	主跨跨中、主塔塔顶、锚室
	结构温度	钢结构温度	钢温度传感器	10	主跨跨中
		混凝土温度	混凝土温度传感器	20	塔根部
结构响应	主塔、主梁空间变形		GPS	9	主塔塔顶、主跨四分点、基站
	结构应力	钢结构应力	钢应变传感器	16	主跨跨中上游侧、1/4跨下游侧
		钢结构应力温补	钢温度传感器	16	主跨跨中
		混凝土应力	混凝土应变传感器	16	主塔塔底
		混凝土应力温补	混凝土温度传感器	16	主塔塔底
	主缆/吊索力		索力仪	44	典型索股、吊索
	索夹螺杆张力		压力传感器	16	近塔处有吊索索夹
	支座位移		位移传感器	8	主梁梁端
	锚体位移		位移传感器	8	伍家岗侧隧道式锚碇
	锚碇空间变位		GPS	4	锚碇
	锚碇不均匀沉降		静力水准仪	8	艾家侧锚碇
	主梁线形/挠度		挠度仪	16	主跨八等分点、基准点
	振动响应		振动传感器	9	主跨四分点
视频监测	结构表观、行车		高清摄像机	21	主桥两侧立交上桥处、主塔塔顶和桥面、跨中桥面、主缆锚室、塔根部
公路交通	动态称重		车速车轴仪	22	艾家侧引桥S05墩顶、主桥两侧立交上桥处
	车牌识别		车牌识别仪	22	艾家侧引桥S05墩顶、主桥两侧立交上桥处
	车辆引导		LED可变情报板	5	主桥两侧立交上桥处
合计				300	

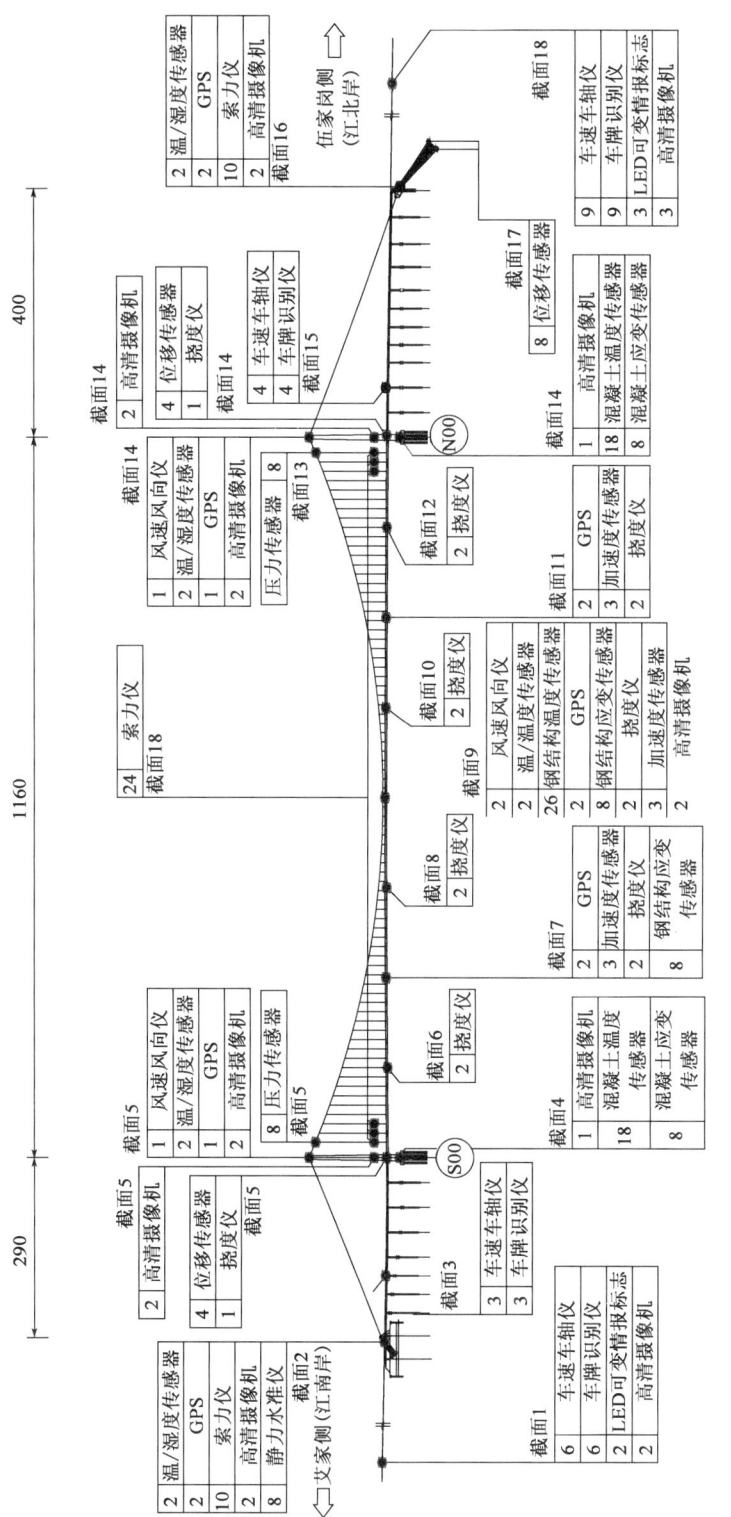

图3-6-1　健康监测测点总体布置图（尺寸单位：m）

第五节　健康监测方案设计

一、总体功能目标

为满足大桥养护管理的需求,利用当今科技手段(结构分析、传感测试、通信、计算机及网络技术),建立集荷载源监测、结构监测、数据分析处理、报警与评估为一体的桥梁健康监测系统,全面、实时地监测大桥在运营过程中的健康状况,有效地指导大桥的养护工作;建立有效的安全报警机制,在结构出现异常情况或发生突发事件时及时报警;定期或发生突发事件后对桥梁的结构状态作出评估,分析大桥工作状态的变化规律,为桥梁养护管理单位提供技术依据。结合伍家岗长江大桥自身的结构特点和运营期养护管理的需要,健康监测系统建立的目标有以下方面。

1. 监测结构工作状态

主桥采用单跨1160m钢箱梁悬索桥,桥梁结构轻柔,交通荷载大,在重载、大风等荷载作用下,结构变形和振动较大,结构变形和振动过大又会影响行车的安全性和舒适性;此外,主塔和吊杆作为主要的受力或传力杆件,其工作性能的好坏直接影响桥梁的使用性能。因此,针对桥梁结构变形(包含大桥空间姿态及变形、加劲梁挠度)、加劲梁振动、吊杆力等布设相应的传感器进行监测,用以实时监测大桥的结构工作状态。

2. 超限交通控制

随着高速公路交通量的大幅增加,超载成为导致桥梁损伤的主要原因之一,通过在桥面布设称重系统,对交通荷载状况进行监测和定期调查,为桥梁结构使用工作性能评估提供明确的系统输入,并通过交通荷载状况的分析,确定其今后可能增长的交通荷载的承受适应能力,控制超限运输对桥梁结构造成的不利影响。

3. 辅助养护管理

通过建立伍家岗长江大桥健康监测系统,减少部分人工巡检工作量;通过视频系统巡检结构表观状况,减少人工巡检结构温度和位移工作量等;利用采集得到的特征信息,通过处理、统计、分析,实现大桥工作状态和安全性能的评估和预测,为桥梁管理者提供管养的重点,在大桥出现结构状态异常和性能退化前进行警示,实施有效的养护、维修及加固措施,节约大量的后期维护经费,达到预见性维修管养的目的。

二、监测系统总体架构

为实现系统在大桥运营期间的预期功能,对其总体架构作如下设计(图3-6-2)。

伍家岗长江大桥健康监测系统由自动化监测子系统、交通检测子系统、电子化巡检子系统、数据管理子系统、结构预警及安全评估子系统、用户界面子系统构成。在完成系统监测功能的基础上，实现对桥梁的监测与管养，进一步提高系统的适用性、操作性。

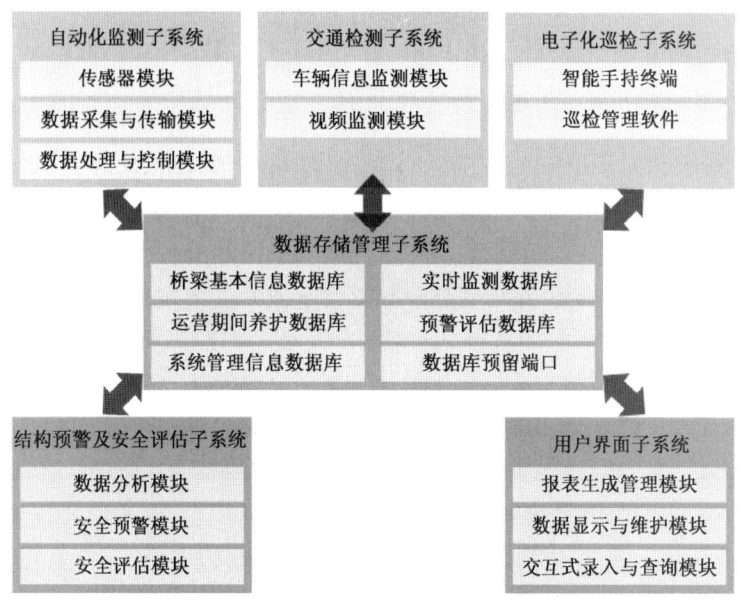

图 3-6-2　健康监测系统总体架构示意图

同时，本系统既是健康监测系统也是信息化管理平台，系统在开发时，考虑为桥梁除湿系统预留接口，方便后期桥梁的除湿系统接入信息化管理平台。

三、自动化监测子系统

自动化监测子系统结合大桥结构和运营特点，合理选择和布置监测内容和监测测点，通过一定的采集和传输策略，自动获取结构状态以及行车条件的特征参数，使用数据处理和控制设备对采集到的数据做进一步处理，为结构预警及安全评估子系统提供分析数据，并有选择、有层次地存储于数据存储管理子系统中。

1. 子系统功能目标

为保障自动化监测子系统能够涵盖评估桥梁结构状态和行车安全所必需的监测内容和监测数据，并保证数据的准确性、实时性和连续性，自动化监测子系统应满足如下功能要求：

(1) 监测内容适用，包括表征结构状态和行车安全的主要特征量。
(2) 测点布置合理，便于传感器、采集仪器、辅助设备等的安装、防护。
(3) 能够获取满足结构安全报警与状态评估分析所需要的数据。
(4) 传感器与采集系统长期稳定性好，自动化运行，可实现 24h 连续采集。
(5) 能够实现数据长期、实时、同步采集。
(6) 能够实现设备自诊断、自恢复功能，自动定位故障，并实时报警，具有故障隔离功能,一台设备出现故障时不影响其他设备正常工作。

(7)能够对采集的原始数据进行初级校验和选择存储。

(8)能够按照既定程序自动完成,或在用户干预下进行数据采集。

2. 子系统架构

结构监测子系统主要由传感器模块、数据采集与传输模块、数据处理与控制模块三个部分组成,各组成模块的描述如下:

(1)传感器模块。传感器模块是整个健康监测系统的硬件基础,主要由布置在桥梁结构上的各类传感器和专用设备等组成。通过传感器来记录结构状态特征参数,以模拟信号或数字信号反馈给数据采集和存储设备。

(2)数据采集与传输模块。数据采集与传输模块完成传感器数据的采集、信号调理,并把数据实时传输到数据中心。该模块又可分为数据采集子模块、数据传输子模块和辅助支持子模块三部分。其中,数据采集子模块由布置在桥梁结构内部或桥面的调理设备、采集设备、采集计算机和传感器电缆网络等组成;数据传输子模块由布置在桥梁外场工作站机柜内及监控室机房内的网络传输设备及网络传输线缆组成;辅助支持子模块由外场及监控室辅助上述子模块正常运行的设备组成,包括外场机柜、外场机箱、配电及 UPS (Uninterrupted Power Supply,不间断电源)、防雷和远程电源监控等设备装置。

(3)数据处理与控制模块。数据处理与控制模块由布置在监控中心的服务器组成,实时接收并处理数据采集及传输模块采集的数据、人工录入数据和其他系统数据,并对原始数据进行处理和在线评估,实现对原始数据和处理后数据的实时在线显示。

3. 传感器模块

(1)风速风向仪。

设备选型要求:根据本桥结构特点和环境特点及监测测点布置要求,用于环境风速风向监测的传感器采用风速风向仪,实时监测桥址处及桥梁高程内的瞬时风力风向及其变化,掌握桥址处风荷载及桥梁的风载荷,记录桥址处瞬时风,统计平均风速、风向、风紊流强度、风谱和风攻角,评价桥梁的工作状况、行车安全,验证桥梁风振理论和极限风工作状态。

目前,用于桥梁运营期监测的风速风向监测仪有二维超声风速风向仪、三维超声风速风向仪和机械式风速风向仪,其中机械式风速风向仪具有良好的环境适应性和长期稳定性,适宜于监测自然风;超声风速风向仪具有精度高、分辨率高等优点,适合于监测紊流风环境。根据本桥监测测点布置,塔顶风速风向仪测点选用机械式风速风向仪,主梁测点选用超声风速风向仪。

设备选型:根据招标文件要求、本桥结构特点和环境特点及监测测点布置要求,用于环境风速风向监测的传感器采用风速风向仪,实时监测桥址处及桥梁高程设备选型。根据以上分析及应遵循的选型原则,三向超声风速风向仪选用意大利 DELTOHM 公司的 HD2003.1 型超声风速风向仪,机械式风速风向仪选用上海风云气象仪器厂 FYF-B 机械式风速风向仪。其技术参数分别见表 3-6-2 和表 3-6-3。

超声风速风向仪技术参数要求 表 3-6-2

项　目	技　术　参　数
测量参数	三个正交方向 U、V、W 的风速和风向
风速	测量范围:0~60m/s
风速	精确度:±1%
风速	分辨率:0.01m/s
风向	测量范围:0~360°
风向	精确度:±1°
风向	分辨率:0.1°
声温	测量范围:−40~60℃
声温	精确度:±1℃
声温	分辨率:0.1℃
声速	测量范围:300~380m/s
声速	精确度:±1%
声速	分辨率:0.01m/s
数据 I/O	数字信号[串口 RS485、RS232];波特率:2400~115200
采样频率	≥10Hz
环境要求	适应于暴露在自然环境下; 操作温度:−40~60℃;湿度:0~100%;防护等级:IP65
采样频率	≥10Hz
使用寿命	现行国家/行业设备标准

机械式风速风向仪技术参数要求 表 3-6-3

项　目	技　术　参　数
风速	测量范围:0~60m/s
风速	精确度:±(0.3+0.03v)m/s
风速	分辨率:0.1m/s
风向	测量范围:0~360°
风向	精确度:±5°
风向	分辨率:1°
抗风强度	70m/s
起动风速	≤0.5m/s
起动风向	≤0.5m/s
使用寿命	现行国家/行业设备标准
工作电压	DC 24V±5%
工作温度	−30~60℃
采样频率	≥1Hz

注:v 表示实际风速大小。

(2) 温/湿度传感器。

设备选型要求：桥址处雨量充沛、温暖湿润，年平均相对湿度大，该环境将可能导致梁、索系统等钢构件发生腐蚀作用。为保证钢构件的耐久性，实时监测桥址处及桥梁高程内的空气温度、湿度及其变化，掌握桥址处温/湿度荷载，以及桥梁的工作条件、评价桥梁的工作状况。

设备选型：根据以上分析及应遵循的选型原则，空气温/湿度计选用南京英格玛YGM430型，该传感器是气象站专业级温/湿度变送器，具有多种量程、多种输出信号可选、线性响应，温/湿度一体，专用电路，测量范围宽、精度高，性能稳定可靠的特点。

选用的YGM430型空气温/湿度传感器的技术参数见表3-6-4。

YGM430型空气温/湿度传感器技术参数 表3-6-4

项	目	技 术 参 数
空气温度	原件	湿敏电阻
	测量范围	-20~80℃
	精度	±0.5℃(25℃)
	响应时间	<15s
空气湿度	原件	铂电阻
	测量范围	0~100%RH
	精度	±1.5%RH(0~100%RH,23℃)
	响应时间	<6s
供电		DC 24V
采用频率		1次/min
使用寿命		现行国家/行业设备标准

(3) 光纤光栅应变传感器。

设备选型要求：根据本桥结构特点、环境特点及监测测点布置要求，用于应变监测的传感器采用应变传感器，实时监测桥梁结构的应变及其变化幅度，通过实时监测大桥主要构件的应变，分析结构的受力和变形，并对局部结构进行疲劳分析，掌握桥梁结构内力状况，为评估结构承载能力和剩余寿命提供数据支持。要求应变传感器在分辨率、精度、线性、稳定性和耐久性等诸多方面具有良好的性能。

设备选型：目前常使用的应变传感器有电阻应变片、振弦式应变传感器和光纤光栅应变传感器，但从耐久性方面考虑，配合桥梁服役年限，以及电阻应变片有着长期使用温漂的问题，钢结构应变传感器和混凝土结构应变传感器选用北京基康公司的BGK-FBG-4150型结构光纤光栅应变传感器，该款传感器都在多座桥梁上应用，测量范围宽，精度高，性能稳定可靠。

北京基康公司BGK-FBG-4150型光纤应变传感器的技术参数见表3-6-5。

BGK-FBG-4150型光纤应变传感器技术参数　　　　　表3-6-5

项　目	技 术 参 数
传感器类型	光纤光栅应变传感器
应变量程	±1500με
精度	±1.0% F.S.
灵敏度	0.1% F.S.
安装方式	焊接、螺栓固定
采用频率	≥50Hz
工作温度范围	−20~80℃
使用寿命	现行国家/行业设备标准

(4)光纤光栅温度传感器。

选用BGK-FBG-4700型光纤光栅温度传感器,其技术参数见表3-6-6。

BGK-FBG-4700型光纤光栅温度传感器技术参数　　　　表3-6-6

项　目	技 术 参 数
测量范围	−20~80℃
精度	±0.5℃
分辨率	0.1℃
采样频率	1次/1min
使用寿命	现行国家/行业设备标准

(5)振弦应变传感器。

根据本桥实际情况,传感器设备选型时重点考虑以下因素:

①稳定、可靠且耐久性好。结合以往使用经验,传感器宜选用国产设备,在满足耐久性、稳定性、可靠性方面以及可维护性上,相比进口设备具有较多优越性。

②在结构安全监测类项目中实际使用过。

③维修及更换元器件方便。

选用BGK-4200型振弦式应变传感器,其技术参数见表3-6-7。

BGK-4200型振弦式应变传感器技术参数　　　　　表3-6-7

名　称	技 术 参 数
安装方式	埋入式
量程	±1500με
测量精度	±0.5% F.S.
灵敏度	1.0με
工作温度	−20~80℃
使用寿命	现行国家/行业设备标准

(6)GPS设备。

设备选型要求:根据招标文件要求、本桥结构特点和环境特点及监测测点布置要求,用于空间变位监测的传感器采用 GPS,实时监测主塔、主梁空间变位,研究主塔、主梁位移与环境变化(如温度、风)的关系,为大桥工作状态动态显示及结构健康评估提供资料。因此,GPS 应具有良好的稳定性、动态性、同步性和监测数据连续性,以及良好的测量精度和较高的数据更新频率。

GPS 接收机选用上海华测 P5 接收机,其技术参数见表 3-6-8。

上海华测 P5 接收机技术参数   表 3-6-8

项　　目	技 术 参 数
静态定位	平面精度:$\pm(2.5+0.5\times10^{-6}\times D)$mm 高程精度:$\pm(5+0.5\times10^{-6}\times D)$mm
网络 RTK(Real-Time Kinematic,实时动态)技术	平面精度:$\pm(8+1\times10^{-6}\times D)$mm 高程精度:$\pm(15+1\times10^{-6}\times D)$mm
码差分 GNSS(Global Navigation Satellite System,全球导航卫星系统)定位	平面精度:$\pm(0.25+1\times10^{-6}\times D)$m 高程精度:$\pm(0.5+1\times10^{-6}\times D)$m
初始化时间	一般<10s
初始化可靠性	一般>99.9%
内存	内存 32GB、64GB、128GB 可选,可外接 1TB 以上外接 USB(Universal Serial Bus 通用串行总线)设备,支持循环存储
文件格式	HCN、RINEX、BINEX 等
支持方式	支持全双工自适应 10/100Base-T 支持 TCPClient、TCPServer、UDP、FTP、NtripCaster、NtripServer、NtripClient、HTTP、HTTPS 等协议
输出频率	1Hz、2Hz、5Hz、10Hz、20Hz、50Hz(可选)
差分数据格式	RTCM 2.x、RTCM 3.x、CMR、CMR+、CMRx 等
位置/状态的输入输出	NMEA-0183、GSOF
最高数据输出	最高可达 50HZ 的原始数据输出
1PPS	1PPS 输出
事件	事件输入
原始数据	HUACE、RTCM2.X、RTCM3.x 等
工作温度	$-40\sim75$℃
湿度	100% 无冷凝
使用寿命	现行国家/行业设备标准

注:D-测点距离。

(7)压力传感器。

选用柳州欧维姆定制的压力传感器,其技术参数见表 3-6-9。

柳州欧维姆定制压力传感器技术参数   表 3-6-9

项　　目	技 术 参 数
数据采集方式	动态测量,单个传感器采样频率为 8Hz
最大量程	1500kN

续上表

项 目	技 术 参 数
使用环境温度	-40~80℃
测量精度	≤1% F.S.
200万次的疲劳试验后的测量精度	≤2% F.S.
仪表供电	AC 220V
传感器与仪表最大接线距离	≤500m
尺寸	外径113mm,内径48mm,高度87mm
使用寿命	现行国家/行业设备标准

(8)索力仪。

设备选型要求:根据招标文件要求、本桥结构特点和环境特点及监测测点布置要求,用于索力监测的传感器采用索力仪,以实时在线监测吊索索力及其变化。索力大小关系着斜拉桥的工作状态,索力大小是否准确,直接关系到加劲梁和塔柱的内力和线形及结构的安全,也是反映索自身性能和安全的重要指标。索力的变化对结构的整体受力状态有着重要影响,反之也是结构受力状态或安全状况的直接反映。监测索力可掌握桥梁受力状态和工作状况,验证实际索力与设计索力的吻合性,用于结构预警。

目前实时监测索力的测试方法有振动频率法、磁通量传感器法、应力传感器法等,各种监测方法均有利弊,相比较而言,振动频率法具有良好的动态性和可实施性,对桥梁结构产生的影响小。因此,根据招标文件技术要求,选用江苏东华测试的DH105E索力仪,其技术参数见表3-6-10。

东华测试DH105E索力仪技术参数　　　　表3-6-10

项 目	技 术 参 数
测量范围	$50m/s^2$
轴向灵敏度	$100mV/(m \cdot s^2)$
最大横向灵敏度	<5%
频响范围	0.2~1000Hz
采样频率	≥20Hz
工作温度	-10~80℃
使用寿命	符合安全监测系统使用要求
测量范围	$50m/s^2$
使用寿命	现行国家/行业设备标准

(9)挠度仪。

设备选型要求:根据招标文件要求、本桥结构特点和环境特点及监测测点布置要求,用于主梁挠度监测的传感器采用挠度仪,以实时监测主梁的竖向变形,拟合桥梁的线形,研究加劲梁位移与环境变化(如温度、风)的关系,为大桥工作状态动态显示及结构健康评估提供资料。因此,挠度仪系统应具有良好的稳定性、监测数据连续性,以及良好的测量精度。

桥梁的挠度是反映桥梁结构安全的重要指标之一。在现有的大跨径桥梁挠度测量中,采用连通管方法测量挠度,具有测点多、受环境因素影响小等特点。利用连通管测量挠度,连通管采用全封闭方式,不受多方位变形以及桥梁现场的高尘、高湿和浓雾影响,而且能实现多点挠度监测。

选用重庆横河川仪的 EJA 110A 型挠度仪,其技术参数见表 3-6-11。

EJA 110A 型挠度仪技术参数　　　　　　表 3-6-11

项　目	技　术　参　数
传感器类型	差压变送器
量程上限	10000mmH$_2$O
精度	±0.065%
过压影响	±0.03% FSR/16MPa
稳定性	±0.1% FSR/60 个月
采样频率	≥1Hz
操作温度	-40~85℃
工作压力	16MPa(max)
防护等级	IP67
使用寿命	现行国家/行业设备标准

注:FSR 表示满量程。

(10)位移传感器。

设备选型要求:根据招标文件要求、本桥结构特点和环境特点及监测测点布置要求,用于主梁梁端支座位移监测的传感器采用位移传感器,以实时监测主梁的纵向位移,间接了解伸缩缝工作状况,研究主梁位移与环境变化(如温度、风)的关系,掌握支座位移工作状态和大桥工作状态。因此,位移传感器系统应具有良好的稳定性、监测数据连续性和动态特性,以及良好的测量精度。

目前用于支座位移监测的有拉绳式位移传感器、红外位移传感器、磁致位移传感器和电磁涡流位移传感器,根据结构安全评估规划中对监测布点的设计,以及招标文件要求和本桥支座位移量程,采用非接触式测量方式的位移传感器将更具有优势和更加适合,因此,推荐使用磁致位移传感器。综合考虑设备的耐久性、可靠性以及技术支持的及时性,根据选用在多个项目上成熟使用的原则,选用新会康宇测控仪器仪表工程有限公司的 KYDM 系列磁致位移传感器,其技术参数见表 3-6-12。

KYDM 系列磁致位移传感器技术参数　　　　　　表 3-6-12

项　目	技　术　参　数
传感器类型	磁致位移传感器
测量范围	2000mm
工作电压	24V DC
输出信号	0~10V/4~20mA、Modbus 可选

续上表

项　　目	技 术 参 数
线性度	<0.05% F.S.
重复性	<0.002% F.S.
测量方式	非接触
采样频率	≥1Hz
工作温度	-40~85℃
使用寿命	现行国家/行业设备标准

(11)振动传感器。

设备选型要求:传感器能长期监测获取的数据,统计分析得出桥梁正常运营期间的基频变化情况以及不同方向的振动位移峰值,与理论分析值一同作为预警中阈值设定、调整的参考依据,并结合其他类型的监测数据,及时有效地对桥梁的工作状态作出评估。要求设备具有良好的动态性、稳定、可靠且耐久性好。

根据对设备选型要求及原则,振动传感器选择江苏东华测试生产的DH610振动传感器,该传感器目前应用于国内多座桥梁中,具有良好的动态特性和低频响应。

江苏测试DH610振动传感器技术参数见表3-6-13。

DH610振动传感器技术参数　　　　　　　表3-6-13

项　　目		技 术 参 数			
挡位		0	1	2	3
		加速度	小速度	中速度	大速度
灵敏度 V(m/s 或 m/s^2)		<0.3	<20	<5	<0.3
最大量程	位移(mm)		20	200	500
	速度(m/s)		0.125	0.3	0.6
	加速度(m/s^2)	20			
分辨率	速度(m/s)	3×10^{-6}	1×10^{-8}	4×10^{-7}	3×10^{-6}
频带(Hz)(+1~-3dB)		0.25~100	1~100	0.5~100	0.17~80
输出负荷电阻(MΩ)		10			
采用频率		≥100Hz			
温度(℃)		-30~+50			
湿度		≤85%			
使用寿命		现行国家/行业设备标准			

4.数据采集与传输模块

(1)工控机。

数据采集单元中最重要的设备是工控机,它完成数据的采集与传输工作。在数据采集与传输计算机软件控制下,工控机将各传感器送来的模拟信号或数字信号经预处理转换成有工程单位的数据,存储在本地计算机软件数据库中或数据文件中。同时,将这些数据传输到中心计算机服务器中,供分析使用。

选用台湾研华科技公司的 UNO-2184G 型工控机,其技术参数见表 3-6-14。

UNO-2184G 型工控机技术参数 表 3-6-14

项 目	技 术 参 数
处理器	Core i7-2655LE
内存	2GB
硬盘	250G
网口	10/100M
串口	4 个
工作湿度	10%~85%无凝霜

(2)振动信号调理仪。

振动传感器输出的模拟信号必须经过振动信号调理仪的信号调制,产生一个规范的信号,并尽可能去除干扰信号,才能通过模拟/数字转换器(A/D 转换)进入计算机。

对振动传感器的信号调理,其技术要求如下:信号调理装置应能适应所有可能的信号强度,并能在外站工控机控制下对每个通道进行自动量程设置、切换及采集;每个振动传感器通道应包括程控滤波器,并能在外站工控机控制下实现自适应抗混滤波或抗噪滤波的功能;每个信号调理通道必须在前向传感器输入和后向数据采集单元之间起到隔离保护作用,同一采集单元中不同信号调理通道之间的噪声隔离作用不低于 120dB;每通道数据采集应保持同步。

选用江苏东华测试有限公司的 DH3817Z 型振动信号调理仪,其技术参数见表 3-6-15。

DH3817Z 型振动信号调理仪技术参数 表 3-6-15

项 目	技 术 参 数
通道数	16~32
输入方式	电压、电荷、ICP、应变
通道输入接头	BNC
放大倍数(倍)	5,10,100,300(程控设置)
采样速率	程控可选
截止频率	10Hz(可设置)
输入电压范围	±5V
动态范围	100dB
转换精度	24dit
同步精度	1ms
电源	220V±5%,50Hz±2%;
工作环境温度	-20~60℃
工作环境湿度	0~85%无凝结
使用寿命	现行国家/行业设备标准

(3) 振弦数据采集仪。

选用北京基康仪器公司的 BGK-Micro-40 型振弦数据采集仪,其技术参数见表3-6-16。

BGK-Micro-40型振弦数据采集仪技术参数 表3-6-16

项　目	技　术　参　数
通道数	40
频率精度	±0.05Hz(振弦式)
温度精度	0.1℃(振弦式)
频率分辨率	0.01Hz
温度分辨率	0.03℃
每通道测量时间	<5s
数据存储容量	≥2Mb
通信方式	RS232/RS485 9600,8,N,1
工作温度	-20～60℃

(4) 数据采集卡。

选用研华的 ADAM-4117 数据采集卡,其技术参数见表3-6-17。

ADAM-4117数据采集卡技术参数 表3-6-17

项　目	技　术　参　数
模拟输入	8路
分辨率	16位
高抗噪性	1kV 浪涌保护电压输入,3KVEFT 及 8KV
精度	±0.5‰
采样频率	≥250KS/s
工作温度	-10～50℃
工作湿度	0～80% 无凝结

(5) 光纤光栅解调仪。

光纤光栅传感器必须通过光纤光栅解调仪配合才能正常工作,光纤光栅解调仪发出宽带光,宽带光进入光纤,经过光纤光栅传感器的光栅反射回特定波长的光,光纤光栅解调仪通过反射回光波长,换算被测物体温度/应变等物理量。产品选用上海波汇光纤光栅解调仪,采用自主设计 DSP(Digital Signal Processing,数字信号处理)运算技术,运行速度快、可靠性好、稳定。其技术参数见表3-6-18。

上海波汇光纤光栅解调仪技术参数 表3-6-18

项　目	技　术　参　数
通道数	8
波长范围	(1525～1565)nm,40nm @ C-Band
测量精度	±5pm

续上表

项　目	技术参数
分辨率	1pm
动态范围	>30dB
FBG 带宽	<0.6nm
扫描频率	1、2、5、10、20、50、100Hz 之间可选
设备整体性能	关键元器为进口元器件
工作温度	-20~70℃

(6)交换机。

系统现场的数据传输采用工业光纤以太网方案。外场数据采集站内的网络交换机均使用光交换机,满足外场恶劣的环境以及网络冗余自愈的功能。选用东土电信的 SICOM3000 型交换机,其技术参数见表 3-6-19。

SICOM3000 型交换机技术参数　　　　表 3-6-19

项　目	技术参数
接口	支持 2 个 100Base-FX 单模或多模光纤接口
环网冗余协议	支持(冗余时间<100ms)
电口	4 个 10/100Base-T(x)电口

(7)采集站 UPS。

选用美国山特公司的 C3KR 型 UPS,其技术参数见表 3-6-20。

C3KR 型 UPS 技术参数　　　　表 3-6-20

项　目		技术参数
UPS 类型		在线式
额定容量		3kV·A
输入	电压	(115~300)V AC
	频率	46~54Hz(默认),通过软件可调为 40~60Hz
	功因	>0.97
电池	电池形式	Panasonic 铅酸密封,免维护
	电池数量	3
	维持时间	2h
输出	电压	220(100%±2%)V AC
	频率	与输入同步(市电模式)/50(1±0.2%)Hz(电池模式)
	超载能力	110%~150%维持 30s 后输出转为旁路,150%以上维持 300ms
	输出波形	正弦波
	插座形式	国标插座×2
转换时间		零中断
指示灯(LED)		负载指示灯、电池供电指示灯、UPS 运行状况指示等

续上表

项　　目		技 术 参 数
警报声音	电池放电	当输入电压断电时每4s一叫;当电池将用尽时每1s一叫
	UPS异常	长鸣
自动重启		电池"SHUTDOWN"后,市电恢复正常时,可以自动重启
保护		抗浪涌、过电压欠电压保护、过热保护
通信界面		市电异常、断电、电池容量、遥控UPS开关机指示等智能监控功能
操作环境	温度	0~40℃
	湿度	20%~90%

四、交通检测子系统

为保护桥梁、路面免遭超重车辆破坏,根据交通运输部的相关规定,伍家岗长江大桥禁止车辆总重55t(含)以上、轴重14t以上车辆通行。因此,设计方在伍家岗长江大桥上建立超重车辆监控管理系统,在每个上桥入口处布置一套动态称重模块,对即将驶入桥区的每一辆车进行称重,同时配合车牌识别、报警显示等系统,引导超重车辆驶离桥区。

为实现桥梁交通状况、附属设施、重点区域的可视化监控管理,在伍家岗长江大桥建立视频监测系统。设计在主桥塔顶、跨中、重要出入口,如锚碇出入口、桥塔出入口安装高清智能球型摄像机。

1.子系统目标

伍家岗长江大桥交通监测子系统覆盖范围为公路汽车信息监测和结构表观状况的视频监测,实现交通安全监控,分析交通状况,统计交通流量。系统具有以下功能:

(1)对桥梁区域的汽车交通状况进行全面监控,包含汽车信息监测(汽车通过的速度、车重监测和车牌识别),并提供可视化监控管理手段。

(2)监测并识别超重车辆,避免超重车辆对桥梁结构和路面的破坏,实现对桥梁病害根源的主动控制。

(3)对于出现的异常交通状况及紧急状况进行远程监测,并及时作出反应和提醒,便于管理人员疏导交通。

2.交通监测子系统组成

(1)动态称重模块。在伍家岗大桥需要监控管理的位置布置设备,在监控的每个车道布置传感器,可以在不影响车辆正常行驶的情况下,对每一辆车的车辆总重、轴重、轴数、速度等参数进行采集,同时对上桥的车辆进行统计。

(2)车牌识别模块。车牌识别模块用来识别车辆"身份信息"——车牌。车牌识别模块对每一辆通过的车牌号码进行采集,与动态称重模块采集的车辆重量、轴重、速度等信息互补,形成车辆完整信息资料。

(3)报警显示模块。通过显示屏,显示监测出来的超重车辆牌照及提示信息,将信息传递给管理人员和超重车辆驾驶员,引导超过限制重量的车辆驶离桥区,提醒管理人员有超重车辆通过。

(4)视频采集模块。在桥梁重要部位及主要出入口布置高清摄像机,掌握路口及桥梁的交通状况、车辆流量情况,对桥梁出现结构异常部位进行视频取证,为管理人员提供迅速直观的信息,从而对超重车辆的通行情况、各类交通状况作出准确判断并及时响应。通过实时录像对结构异常部位出现过程进行分析。

(5)控制管理模块。通过网络、计算机、软件等系统对交通监控系统进行控制管理,协调各个模块正常运行。

(6)交通标志牌、标线。规范车辆行驶,提高道路管理水平,保证交通安全、畅通,同时提醒超过限制重量的车辆驶离桥区,要求车辆分道限速行驶。

3. 系统总体布置

为了有效管理通过大桥的超重车辆,南岸点军区艾家侧、北岸伍家岗侧两端的桥梁入口处布置超重管理设备,根据分析大桥两岸道路接线超重车辆通行情况,合理选择道口进行设备布置。南岸点军区艾家侧上伍家岗长江大桥共有两种方式:点军区去往伍家岗的左转匝道上伍家岗长江大桥(方式一);红花套去往伍家岗的右转匝道上伍家岗长江大桥(方式二)。北岸伍家岗侧上伍家岗长江大桥三种方式:伍临路高架伍家岗市区侧去往艾家的右转匝道上伍家岗长江大桥(方式一);伍临路高架猇亭侧去往艾家的左转匝道上伍家岗长江大桥(方式二);花溪路去往艾家的主干道(方式三)。为了避免有重载车辆通行上桥,每个入口处均布置动态称重设备、LED显示设备、车牌识别设备以及标志牌和道路标线(标志牌和道路标线工程量统一纳入大桥交通标志工程中),共5套设备。其中,伍临路高架伍家岗市区侧上桥口交通监测设备按2车道布置,其他上桥口按3车道布置。在伍家岗长江大桥两侧引桥上、下游分别布置一套3车道动态称重设备、车牌识别设备,进行交通流量统计,同时对超过限制重量的车辆进行跟踪监控。

艾家侧上伍家岗长江大桥方式示意图如图3-6-3所示,伍家侧上伍家岗长江大桥方式示意图如图3-6-4所示。

4. 超重车辆监控管理

超重车辆给桥梁施加了超过设计标准等级的荷载,对路面产生重压和冲击,超重车辆的频繁通过对桥梁结构的反复作用,会使疲劳应力幅增大而减少疲劳次数,加速结构疲劳破坏,同时会使整体和局部结构产生过大的变形,直接降低结构安全系数,降低桥梁的耐久性和使用性,影响结构安全。因此,需要设立超重车辆监测管理系统限制超重车辆上桥行驶。

超重车辆监控管理系统由高速动态称重系统、车牌识别系统、报警显示系统、视频监测系统、计算机网络系统等部分构成。

1)管理流程

对超重车辆进行管理,防止超重车辆驶上主桥对其造成破坏,是交通检测子系统的一个重要功能。它是通过动态称重模块、车牌识别模块、报警显示模块及控制管理模块协调工作,加之视频采集系统、交通标志牌标线的辅助来完成这一功能。超重车辆监测管理系统的组成如图 3-6-5 所示。

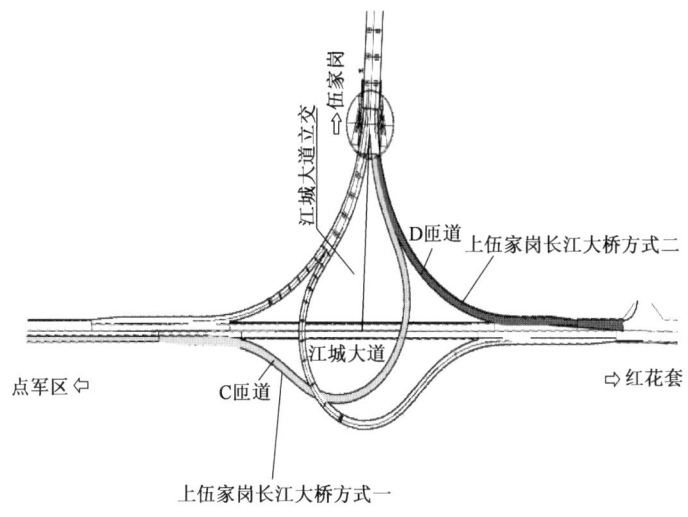

图 3-6-3　艾家侧上伍家岗长江大桥方式示意图

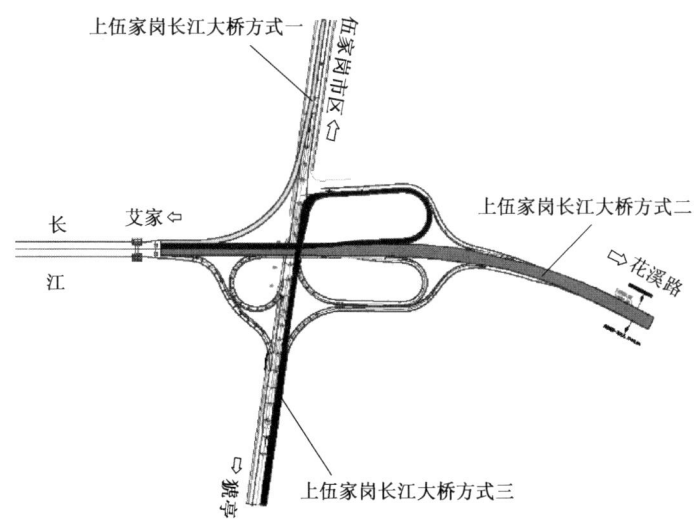

图 3-6-4　伍家侧上伍家岗长江大桥方式示意图

在桥区的连接路段上设有动态称重模块及车牌识别模块,对通过所有的正常行驶车辆进行不停车动态称重和车速、车牌自动识别。动态称重模块和车牌识别模块采集的数据通过控制管理软件一一对应,保存为车辆的完整信息数据,同时将车重与超重阈值进行比较。超过限制重量的车辆的车牌和诱导信息会在称重点后方的 LED 可变情报标志上显示。在驶离匝道前设置指示牌,提前指示超重车辆进入匝道驶离桥区。

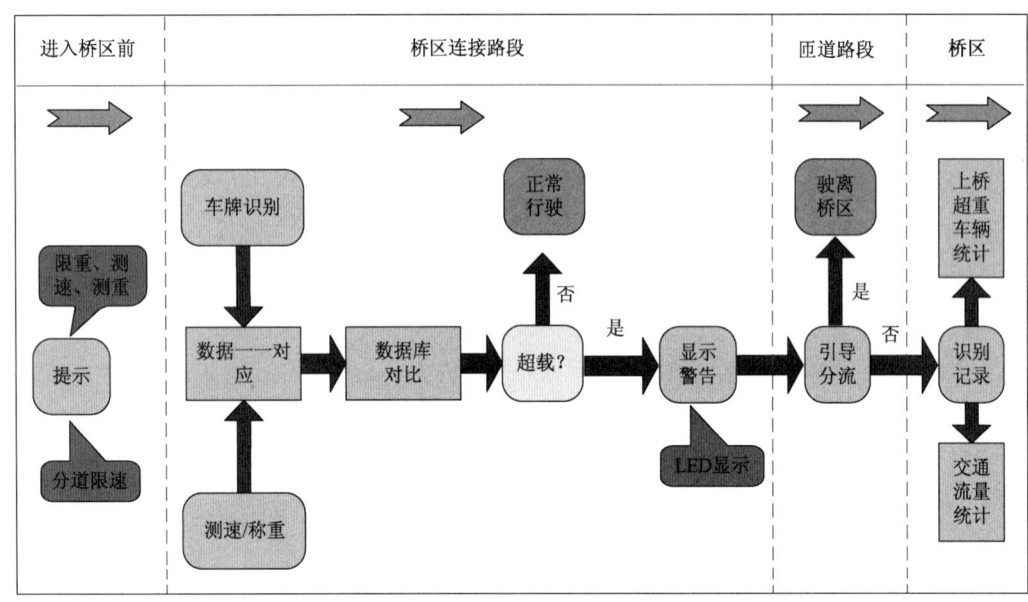

图 3-6-5 超重车辆监测管理系统组成

2）超重车驶离路线设计

(1) 南岸点军区上桥方式一：非超重车辆沿 C 匝道上桥；超重车辆沿江城大道直线驶离（图 3-6-6）。

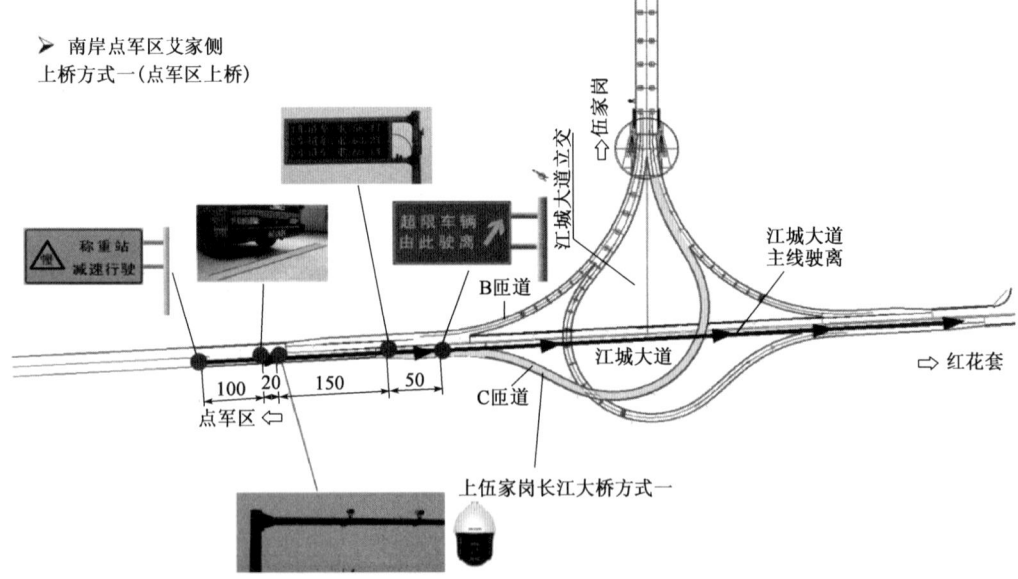

图 3-6-6 南岸艾家侧上桥方式一：正常上桥和超重车辆驶离路线（尺寸单位：m）

(2) 南岸红花套上桥方式二：非超重车辆沿 D 匝道上桥；超重车辆沿江城大道主线驶离（图 3-6-7）。

(3) 北岸花溪路上桥方式一：非超重车辆沿花溪路主线上桥；超重车辆沿着花溪路上

C匝道,再转 D 匝道上伍临路高架驶离(图 3-6-8)。

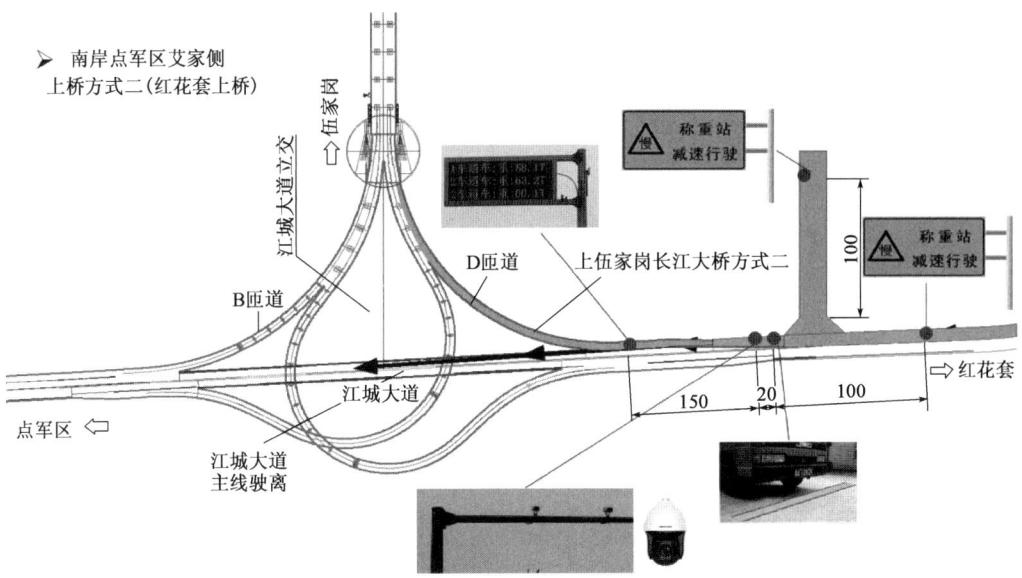

图 3-6-7　南岸艾家侧上桥方式二:正常上桥和超重车辆驶离路线(尺寸单位:m)

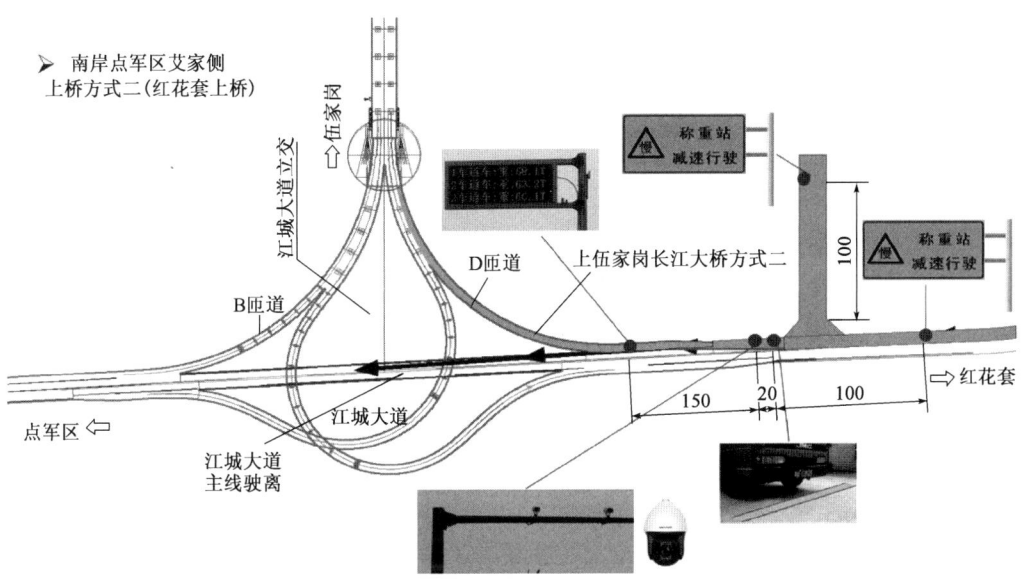

图 3-6-8　北岸伍家侧上桥方式一:正常上桥和超重车辆驶离路线(尺寸单位:m)

(4)北岸市区上桥方式二:非超重车辆沿着伍临路高架桥,从 F 匝道上桥;超重车辆沿着伍临路高架桥主线驶离,或沿着辅路从 D 匝道上桥,从辅路驶离或从大市场方式驶离(图 3-6-9)。

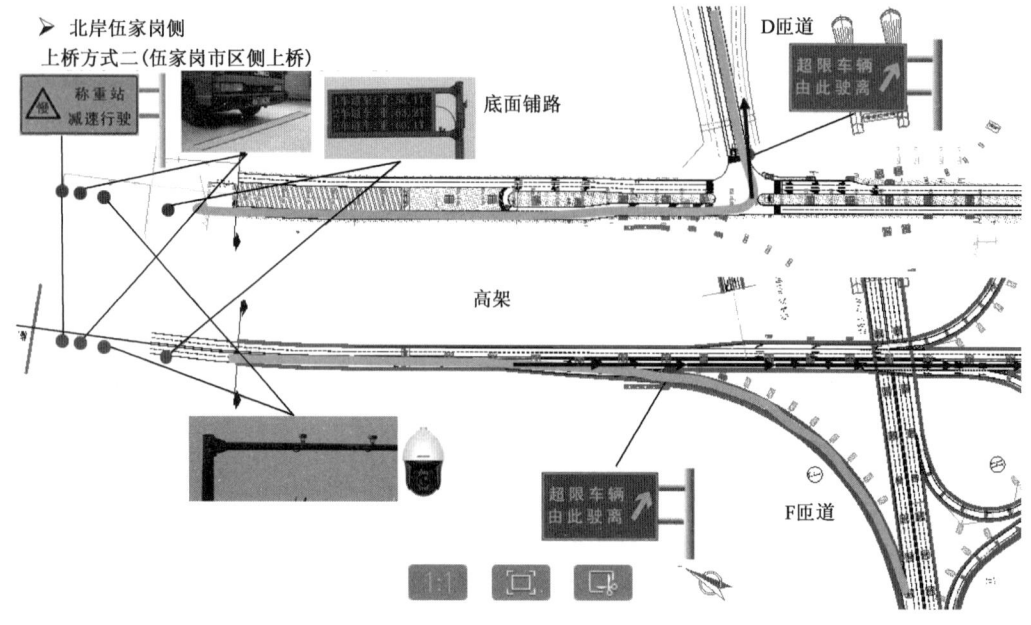

图 3-6-9　北岸伍家侧上桥方式二:正常上桥和超重车辆驶离路线

(5)北岸猇亭区上桥方式三:非超重车辆沿辅路从 D 匝道上桥,超重车辆从辅路驶离或从共联商贸大市场方向驶离(图 3-6-10)。

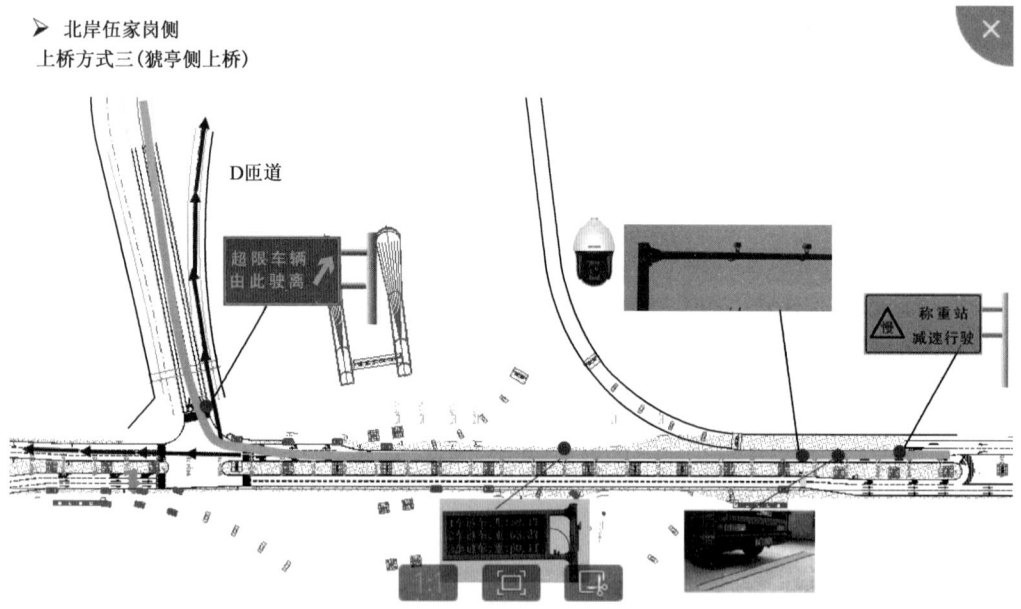

图 3-6-10　北岸伍家侧上桥方式三:正常上桥和超重车辆驶离路线

3)高速动态称重系统

高速动态称重系统是一种交通流量检测、车辆分类及称重的系统,是一种在不中断交通的情况下记录交通车辆信息的自动识别、采集系统。

系统选用成熟产品,关键设备选用进口设备。系统在每一车道安装称重传感器及地感线圈。控制器设备安装在路边机箱内,并与道路上传感器及线圈连接,可检测到车辆通过称重传感器时所产生的信号,通过此信号来计算轴负荷。

通过地感线圈的信号可以判断当前是否有车辆通过,以及用于计算车辆行驶速度,同时通过地感线圈的信号也可知道车辆底盘长度,以区分前后车。

高速动态称重系统技术参数见表3-6-21。

高速动态称重系统技术参数　　　表3-6-21

项　目	技　术　参　数
速度检测精度	±3%(2个标准偏差)
轴间间距	±0.3m(标准偏差)
轴负荷	平均偏差:±7%;标准偏差:±7%;2个标准偏差:±10%
轴组负荷	平均偏差:±5%;标准偏差:±5%;2个标准偏差:±7%
整车重量	平均偏差:±5%;标准偏差:±5%;2个标准偏差:±7%
工作温度	-45~+80℃
相对湿度	0~95%
标准载重(每轴)	30t
过载能力	150%

4)系统组成

高速动态称重系统由称重传感器、地感线圈、中心处理器等设备组成。称重传感器是系统的核心设备,主要完成车轴的称重等工作;地感线圈主要用来完成测速和倒车的检测,进行车辆的分离及提供开始、结束等信号,同时对物体或人等非车辆通过时加以判断,减少出错;中心处理器用来处理来自各传感器的信号、计算数据,把相关数据通过通信方式送给管理计算机。系统可以完成对通过车辆的检测和数据计算,获得包括轴重、轴距、车速、总重、车型等数据,通过与预置的轴重、轴组重、总重等阈值进行比较,判断出该车是否超重、超限,同时将这些数据上传到称重房内管理计算机中。

5)传感器配置

以两车道情况为例,高速动态称重系统由4块弯板式称重传感器、4个线圈传感器和1个中心控制器构成。弯板式称重传感器长度为1750mm,每个车道放置两块弯板,采取并排布置方式。在弯板前后各安装一个线圈传感器,用作车辆检测器,同时为称重系统提供开始和结束信号。为了避免相邻线圈之间的相互干扰,可以在线圈处理板上对线圈的频率和灵敏度进行调节。中心控制器安装在路侧,对弯板式称重传感器和线圈传感器的信息进行处理和判断,并将处理结果传送到管理计算机中,如果车辆超重,则通过管理计算机向可变情报标志发出控制信号,启动报警。高速动态称重系统配套软件包对高速称重系统各种数据进行接收,并对车辆信息进行管理。该系统具备车辆的动态信息处理、数据统计管理等多项功能,并可根据用户要求对软件功能进行扩展。

6) 车牌识别

安装在龙门架上的高清智能一体机可采集实时视频流,完成车牌识别。一旦接收到称重系统发出的报警信号,车牌识别系统会对超重车辆的车牌进行识别,并把车牌号码和提示信息在后续的 LED 可变情报标志上显示出来。桥梁入口处的车牌识别系统会对通过的每一辆车的车牌进行识别,并与前面检测的超重车辆的车牌进行比较,如发现强行上桥的车辆,对其拍照取证,为处罚提供依据。

为方便对超重车辆的管理和处罚,需对超重的车辆的车牌进行识别,并保存照片、图像等信息作为凭证。车牌识别摄像机选择海康威视的 VCU-7023-T 卡口,高清卡口是集图像采集、车辆检测、车牌识别于一体的设备,设备具有检测车辆并识别车牌的功能。图像采集模块采用 CCD 图像传感器,支持连续视频采集与抓拍工作模式。该设备即可对当前在摄像机监测范围内通行的车辆进行跟踪和识别,同时可外接大容量存储功能。

7) 报警显示

超重报警显示子系统由 LED 显示屏、超限车辆引导路牌、超限报警黄闪灯等构成,在车辆进入高速超重预检区域前 500m 处设置固定显示牌提示车辆驾驶员,车辆即将进入超限车辆检查区。车辆驶过高速称重系统 500ms 内,即可得到有关该车辆的检测数据,包括是否超限、行驶速度、车牌号码等,并将所得数据发往系统服务器,对疑似超重车辆进行后台处理判断后将信息发往 LED 显示屏(约 1500ms),提醒超重车辆驶离桥区,同时将报警信号发往管理中心,提醒有超重车辆驶向桥区。也就是说,在将近 3s 的时间内,超限车辆的车牌号码就可以在可变情报标志显示屏上显示出来。

本系统对预检系统与车牌自动识别系统的输出数据进行前端处理,并通过光缆完成远距离传输,在系统后端实现数据的操作与存储。另外,系统控制大屏幕显示超限车辆的车牌号码等诱导信息,引导超限车辆从匝道分流。

8) 管理流程

在桥区的连接主线路段,设置管理设备,进行称重、测速、图像抓拍、车牌识别,对超重车辆进行车牌显示,引导分流,对超速和超载车辆进行车牌显示、提醒。在显示管理中,以超重显示优先,经称重测速得到通行车辆的轴重和总重,与数据库中设置的超重管理限值进行比较,同时对同一时间通过称重设备的车辆进行图像抓拍,进行车牌识别。经比较后,检出超重的车辆,将其车辆的车牌号发布到 LED 可变情报标志上,以高亮文字方式显示,将车辆超重信息传递给驾驶员,引导超重车辆从匝道驶离。在驶离路口处,设置固定信息标志牌,指引超重车辆驶离。同时在桥梁入口处设置车牌识别系统,对强行驶入桥区的超重车进行记录,列入黑名单,并提交至交警处,方便日后处罚。

9) 信息发布系统

信息发布系统主要由信息显示屏、控制系统及软件系统等组成。信息显示屏对过往车辆和驾乘人员行车起到诱导和指示作用,在雨雪等恶劣天气下提醒过往车辆减速行驶,注意行车安全;同时可以将路况及行车信息在第一时间向驾乘人员进行通报,有利于提高行车效率和行车安全性。

在主桥两端上桥口安装悬臂式 LED 可变情报标志,主要用于发布各种信息。它可通知驾驶员前方出现异常或不安全因素,提示他们可能会遇到问题,如高速公路上的事故及阻碍交通的道路维修或施工、天气异常等;并提供相应的建议,对交通流进行诱导,保证公路的安全畅通。

10) 统计应用

(1) 车辆数统计。

高速动态称重系统对过往车辆的车轴、车重、车型等数据进行采集,统计的交通流量更准确。利用高速动态称重系统的数据分析统计当地的汽车活载,能充分体现这一地区路段的车辆统计特征,对于评估这一地区主要路段的桥梁安全性具有重要参考意义。

(2) 实际车型组成分析。

道路上行驶的汽车型号不同,尺寸不一,载重能力也不同。通常根据轴的数量把车分为 2 轴车、3 轴车、4 轴车、5 轴车、6 轴车和其他车型。国家的治超标准也是按照这个分类进行单项规定的。根据分析可以得到本桥的实际车型组成。

(3) 各车道车重分布。

根据高速动态称重系统可以统计大桥左、右幅各车道上车辆的车重分布频率,得到其分布特性,判断是否符合公路实际运行情况。

(4) 超载分析。

对上桥的车辆进行复核,判断有无超重车辆驶入主桥,如有则进行记录,同时上传至交通管理部门,为处罚提供依据,并且统计超载信息。

(5) 荷载效应比计算。

荷载效应比是评判桥梁承载能力和工作状态的一个重要指标参数。借用成桥静动荷载试验校验系数的概念,以行驶在桥梁结构上的重车作为荷载试验车辆,由某时刻监测系统所采集活载效应(弯矩)与有限元模型计算所得的理论值的比值获得校验系数,从而评价结构受力性能。

5. 视频监测系统

视频监测系统是一个跨行业的综合性系统,该系统运用了世界上最先进的传感技术、监控摄像技术、通信技术和计算机技术,组成一个多功能、全方位监控的高智能化处理系统。视频监测系统因其能给人最直接的视觉感受,以及对被监控对象的可视性、实时性及客观性的记录,已成为当前安全防范领域的主要手段,被广泛应用。伍家岗长江大桥视频监测系统通过最直观的视觉观察,监视整个大桥的交通情况及对桥梁关键部位进行监控。

1) 系统架构

伍家岗长江大桥视频监测系统采用全数字高清模式,搭建系统级视频综合平台。在监控中心预留一定数量的接口,采用嵌入式结构融入平安城市系统管理。

针对前端数字高清应用,后端采用视频综合平台解决方案,实现视音频编码、矩阵切换、业务应用、存储、解码的综合集成,轻松实现数字高清前端和综合前端等多种监控网络的接入,后期升级、扩容、联网简洁方便,设备高度集成,达到电信级的稳定性和可靠性。

本系统采用基于 TCP/IP 网络传输方式的综合(数字全编码)视频监测系统,摄像机、后端管理设备采用成熟的 IP 编码数字监控技术。

系统前端采用基于低码率、高清画质、多功能等特性的高清摄像机,图像清晰度达到全实时高清晰质量,分辨率达 1080P 及以上,所有摄像机都采用 6 类线直接接入光纤收发器或采用光纤接口进行网络传输。视频图像由高传输速率、低干扰的光纤网络传输至管理中心,中心选用基于 ATCA(Advanced Telecommunications Computing Architecture,高级电信计算架构)标准设计,支持模拟及数字视频的矩阵切换、视频图像行为分析、视音频编解码、集中存储管理、网络实时预览等功能。

2) 系统组成

视频监测系统主要由三个部分组成:视频监测前端、传输网络和监控中心(图 3-6-11)。

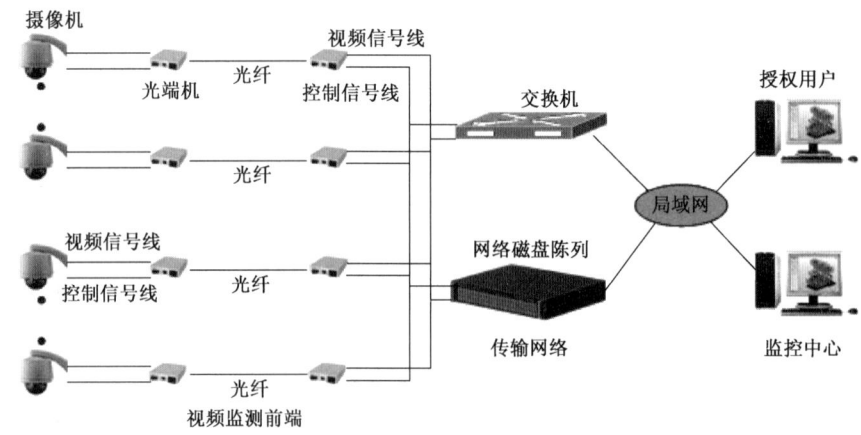

图 3-6-11 监控系统组网示意图

视频监测前端由前端摄像机、镜头、支架等主要设备组成,提供直观、具体的路面图像,并通过监视器、大屏幕等显示设备直观了解桥面路段摄像覆盖区的交通情况,及时发现和处理交通事故、车道堵塞或其他意外事件等,前端设备是系统的信息采集部分。

传输网络由视频光端机、光缆等组成,利用专线光缆将较低数据直接传输到监控中心,完成图像数据的传输。

监控中心由数字化矩阵切换控制、视频存储设备、拼接屏等组成。

3) 设备布置

考虑到大桥结构车辆限重、管养和交通需求,采用全线覆盖、重点监控的布设方案,布点原则为尽量布置摄像机视角开阔的点位。考虑到本工程现场的实际情况,主桥两侧立交上桥处、主塔、跨中、主缆锚室、鞍室、塔根部共需布置 21 套摄像机。

4) 系统的功能与作用

(1) 系统可实现多画面同屏显示,用户可将相关路口放置在一个页面上,同时获得一组现场图像。

（2）系统提供前端云台摄像机的控制功能，可根据用户权限提供优先级控制，提高系统适用率。

（3）在超重车辆车牌识别仪处设置摄像机，实现对高速检测端的监控，观测监测端通行车辆的情况，并可有效防止车辆逃避检查。同时，对前端监测设备也能起到有效的保护。

（4）视频监控用于健康监测系统，对于出现结构异常部位进行视频取证。管理人员通过实时录像，对结构异常部位出现过程进行分析。

（5）实现对车道交通的监控，可及时发现监测端附近拥堵现象，使系统更有效地发挥作用。

（6）交通监视和管理：实现正常天气情况下全程监控，监视监控路段各类路况，及时发现监测端附近的拥堵现象，通过系统将监视区域内的现场图像传回监控中心，使管理人员直接掌握桥上交通状况，及时采取相关管理措施。

（7）交通事件记录：充分利用CCTV（Closed Cirouit Television，闭路电视）监控设施，可以及时发现、处理交通事件，通过突发事件的录像，提高处置突发事件的能力。

（8）交通状况分析：利用现有的CCTV图像，研究后台对实时的图像进行分析，以获得全路段的实时的交通状况，完善各类事件记录、查询、统计功能，为监控策略的实施提供决策依据。

（9）交通事件分析：记录车辆故障及交通故障，分析路面状况与车辆故障及交通故障的关系，为桥梁养护管理提供决策信息。

（10）电子"警察"：记录交通事故录像，进行数据共享，为事故处理提供第一时间录像资料，为交通管理正确处理事故提供第一手资料。

5）视频监控工作流程

视频监测按安防规范分为几个模块：采集部分（网络摄像机）、传输部分（光纤传输、监控中心网络、流媒体模块）、存储部分（存储模块）、显示部分（显示器）和管理控制部分（中心服务模块、客户端），并单独设计一个报警服务模块来检测、存储报警录像。

各服务模块因信令交互构成一套有机整体，在网络上合理部署服务模块，优化信令（数据流）流程，使监控系统更好地运作，整体效能得以最大限度地发挥。

五、电子化巡检子系统

桥梁的定期检查是评定桥梁的使用功能、为制订管理养护计划提供基础数据，它是指按规定周期对桥梁主体结构及其附属构造物的技术状况进行定期跟踪的全面检查。定期检查主要检查各部件的功能是否完善有效，构造是否合理耐用，发现需要大、中修、改善或限制交通的桥梁缺损状况；同时检查小修、保养状况。定期检查还为桥梁养护管理系统提供动态数据。

桥梁的经常检查,也称为日常检查,主要指对桥面设施、上部结构、下部结构和附属构造物的技术状况进行日常巡视检查,及时发现缺损并进行小修、保养工作。

1. 功能目标

电子巡检养护子系统主要实现巡检智能化,支持流程管理、计划任务管理、病害库管理,并且能够将养护手册电子化,即通过软件指导用户何时检查、重点检查什么位置、病害如何处理等。通过该巡检养护系统,巡检与检查人员可以手持巡检终端,进行现场拍照、记录等数据录入操作,在现场或回养护中心后将数据导入数据库,管理人员在养护中心或通过远程网络查看巡检人员录入的数据。该子系统的主要功能有如下几点:

(1)维护桥梁设施,保持桥梁结构各组成部分及其设施均处于健康完好状态,最大限度地减少或避免桥梁各组成部分的损坏,及时发现并修复受损部件,保证行车安全畅通。

(2)以"预防为主,防治结合,日常保养和综合维修相结合"为方针,治理桥梁存在的病害和隐患,恢复或提高桥梁结构承载、抗洪、抗震能力,在保证安全运营的同时,最大限度实现及延长桥梁的设计使用寿命,充分发挥桥梁的使用功能。

(3)根据桥梁运输需要和设备技术状态,有计划地对原有结构不完善的部位以及桥梁附属设施进行分期改善和增建等整治、加固和大修工作,提高桥梁的使用质量和服务水平。

(4)掌握桥梁结构各组成部分的技术状态,汇集和完善其技术与管理资料,为养护维修和日后可能发生的维修提供必要条件。在维修养护过程中做好原始记录,并应每年将桥梁观测、养护资料报送主管部门,为桥梁维修养护和安全评估提供依据。

2. 系统组成

电子化巡检子系统是一套综合电子化巡检、各种检查养护信息管理和评价决策的系统,它能将巡检手册电子化,运用此软件能够指导管养人员如何去管理养护桥梁。该系统由电子化巡检设备、电子化巡检软件组成。

(1)巡检养护手册模块:巡检养护管理手册是桥梁巡检养护工作实施的指导性文件,为整个系统实施提供各种必要的电子化巡检手册。

(2)巡检管理系统模块:巡检管理系统模块是一套基于智能终端的软件,巡检或检查人员使用终端下载数据后即可根据软件提醒进行巡检或检查,巡检人员依据选定的巡检路线,对桥梁逐项检查,当发现病害时可以及时录入病害至智能终端中,系统提供病害库、病害等级、参考图片以及养护措施建议等辅助用户选择录入。在录入病害的同时,用户可以拍照、录像等,所有录入的数据暂存在智能终端,巡检人员返回办公室后通过网络直接将巡检结果上传至服务器。

3. 电子化巡检类型

根据国内外对巡检类型的分类,结合大桥巡检的目标、深度和频率,大桥的巡检共分为五种类型:零状态巡检、日常巡检、定期巡检、特殊巡检和专项巡检。

4. 功能概要

结构风险分析是系统的关键,在完成资料收集分析的基础上,在充分理解设计意图和业主管理思路后,通过分析来确定结构各构件在可能遭受的每种危险下的危险水平。然后针对每个单元(构件),分析可能出现的损伤和可能的部位、评分准则和养护策略。

六、综合预警及安全评估子系统

综合预警及安全评估子系统可以对实时在线监测数据和定期检测数据进行统一的数据识别、处理和分析,对风速风向、结构应力、变形、索力、动力等监测参数建立分级预警指标;并综合监测数据、巡检信息、分析结论对桥梁结构进行异常诊断、辨识桥梁的服役性能,综合评估桥梁的健康状态和行车安全性。

1. 子系统功能目标

系统基于桥梁结构健康监测研究的最新进展,选择研究和应用较成熟的理论和方法,遵循科学、实用的原则进行研发和集成,结构预警及安全评估子系统功能构架如图 3-6-12 所示。

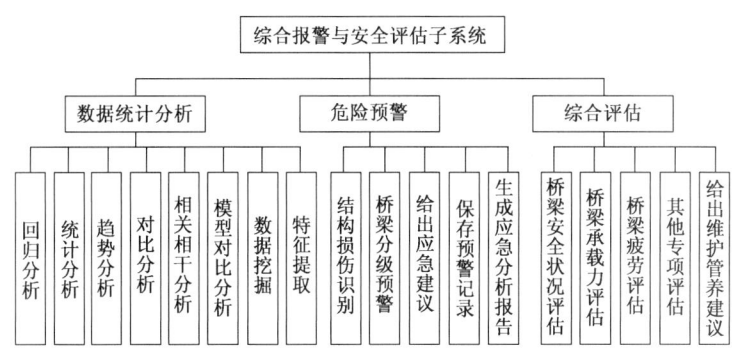

图 3-6-12 综合预警与安全评估子系统功能构架

系统的具体功能如下:

(1)利用各类监(检)测数据对桥梁基准数据进行修正,建立系统运行时的基准数据库,用于桥梁工作状态分析和行车安全状态评定。

(2)提出明确的报警指标及分级报警体系,能够通过设置明确的阈值,对实时监测结构状态参数信号进行判断和分级报警,并对报警情况进行记录。

(3)能够对自动化监测数据进行统计、对比分析、趋势分析和相关性分析。

(4)能够综合各种监测数据和分析结果,对结构异常状态进行识别和诊断,并对结构状态和行车安全进行总体评价。

2. 子系统架构

该子系统对自动化监测、定期检测得到的各类定量、定性的数据,进行统一的数据处理分析,然后按照一定的预警评估模型,得到针对桥梁结构状态和行车条件的评估和预警报告,据此给出桥梁结构的管养建议。桥梁养护单位根据评估预警报告给出的管养建议,可以制订经济合理的巡检养护计划。该子系统主要包括数据统计分析、安全预警和状态评估三个模块。

1)数据统计分析模块

该模块的主要功能是对实测数据做预处理及分析,包含数据处理和数据分析两个部分。其中,数据处理侧重于数据的实时信息提取,接收来自自动化监测子系统的数据。数据处理首先对原始数据进行清洗、整理,并且针对数据的异常现象诊断仪器设备工作状态,根据需要对"干净"数据进行预处理,然后计算目标监测量,统计特征参数,并将结果存入中心数据库。数据统计分析侧重于数据的长期信息提取,从中心数据库获取经过前处理后的长时间数据,进行在/离线分析,通过统计分析、特征提取、数据挖掘的手段来获取隐含特征、长期规则、模型参数,并将结果存入中心数据库。

(1)模块功能框架。

鉴于监测系统具有很强的时间特性,海量的时间序列数据处理与专业计算对数据分析流程具有较高的性能需求。为兼顾数据计算分析的实时性与计算结果的准确性,数据统计分析模块由结构基准模型、数据处理和数据分析组成。

(2)结构基准模型。

①基准模型的建立。

结合大桥设计资料、施工监控数据以及荷载试验数据建立结构基准数据模型。

②基准模型的修正。

通过离散化建立的有限元模型与实际结构往往存在一定的误差,当这些误差较大时,将导致由有限元分析得到的结构动力特性与实际的测量结果相比有较大的出入,甚至远超出工程实践中所要求的精度。在这样的情况下,需要借助实测数据分析和模型修正技术对有限元模型进行修正,以达到正确预测结构行为的目的。

(3)数据处理。

自动化监测子系统采集的原始数据首先进入处理阶段,数据处理主要用于实时监测数据的在线分析计算,着重于将原始数据转化为具有明确物理意义的目标量计算,为安全预警、状态评估提供高效的数据支持。

结构健康监测系统对工程结构对象所给出的分析评估结果,其准确性和精度与传感器类型和数量、数据采集模块、数据传输模块等硬件设备的性能息息相关,但是在信号采集的过程中,由于存在着各种各样的环境干扰(如电磁场等),或者传感器固有属性,或者传输电路干扰、硬件设备老化等其他原因,使得进入测站的数字信号包含干扰信号(即噪声),或者数据存在丢失、不完整、不一致,造成采集获取的监测信号不能够反映实际工程结构对象的真实信息。因此,针对自动化数据采集系统获取的信号,必须进行前处理,尽可能地获取反映结构对象真实状态的信号,同时为数据的后处理提供有效的数据支持。

2)安全预警模块

该模块的主要目的是及时发现桥梁结构和轨道存在的问题,包含设备状态报警、结构状态报警、轨道行车条件参数报警。其中,设备状态报警是指桥梁监测设备工作状态的报警,由数据异常识别来诊断仪器异常;结构状态报警是指桥梁关键构件部位在活载等作用下结构响应报警、正常使用极限状态报警以及承载能力极限状态报警,通过对结构变形等监测参数建立报警指标,对监测结果进行分析预测,并分级报警;轨道行车条件报警是指通过分析轨检车所检测出的表征轨道质量的技术参数,建立相应的报警指标体系,实现对轨道运营状态的报警。

(1) 模块功能框架。

桥梁安全预警模块负责桥梁危险状况识别和安全预警计算及分级预警。

(2) 模块工作流程。

安全预警系统对大桥进行实时自动监测,根据定期检查、人工巡查等历史资料,利用统计法、时间序列法等手段对监测数据进行实时预处理和分析,若发现安全预警指标出现明显的异常变化,则立即发出预警信号(如光、声、短信)或者直接中断交通,避免二次事故的发生;若安全预警指标变化不是很明确,则立即触发综合评估系统或者专项评估系统全桥进行分析评估。

(3) 结构损伤识别方法。

目前,各国学者们已经研究出了许多损伤识别的理论方法,基于结构动力特性观测的损伤识别因其可以评价结构整体性、效益-造价比高、易于在线实现等优点,而成为结构整体评价技术中最重要的一种方法。基于动力观测的结构损伤识别方法主要包括指纹分析或模式识别法,目前常用的损伤动力指纹主要有频率、振型、应变模态、振型曲率、模态柔度、模态应变能、模态保证标准等;模态修正或系统识别法,常用的模型修正方法主要有最优矩阵修正法、灵敏度分析法、最小秩摄动法和特征结构分配法等。此外还有神经网络法,它是一种非参数系统识别方法,必须事先已知有关结构模型特性的信息,并且具有很强的容错性,在难以选择合适参数模型的情况下具有其他方法无法比拟的优点。

(4) 安全预警等级。

本系统将安全预警等级分为三级,对应桥梁状态情况见表3-6-22。

预警级别划分及其桥梁状态描述　　　　表3-6-22

预 警 等 级	桥梁状态描述	建议处置对策
1级——黄色预警	桥梁结构出现轻微损伤,对结构的功能影响不大,病害发展趋势趋向稳定	酌情进行交通管制
2级——橙色预警	桥梁结构出现严重损伤,对结构的功能影响有一定影响线,病害发展缓慢	进行交通管制,如限载、限速、减少车辆、车道通行数等措施
3级——红色预警	桥梁结构危险状况,结构部分功能丧失	及时关闭交通

(5) 预警指标确定。

根据大桥的结构特点,运营监测与养护管理系统预警参数应包含以下内容。

①风速:大桥为大跨径悬索桥,风荷载对结构的影响显著,因此,需要对风速设置预警。

②车辆荷载:车辆荷载是桥梁活载的主要来源,且车辆超载是导致桥梁损伤的主要根源之一,因此,需要对车辆荷载设置预警。

③塔顶位移:塔顶位移是桥梁结构变形的关键控制点,因此,需要对塔顶位移设置预警。

④加劲梁挠度:加劲梁挠度直接影响桥梁的线性和索力分布,同时也影响行车的舒适性,因此,需要对加劲梁挠度设置预警。

⑤关键截面应力:关键截面应力直接反映桥梁结构受力状态,因此,需要对关键截面应力设置预警。

⑥吊杆索力:吊杆索力是桥梁的主要受力构件,吊杆索力的变化将直接影响桥梁的正常使用,因此,需要对索力设置预警。

⑦固有频率:固有频率是结构的基本特性,固有频率的改变能反映结构的刚度和质量的变化,对结构监测有很重要的意义,因此,需要对固有频率设置预警。

(6)预警阈值设定方法。

①风速预警阈值:对风速风向仪监测的风速和风向进行统计分析,获取风速的最大值和脉动风速谱、风速风向谱和风速疲劳谱;在无车辆荷载和基本相同的环境下,对风速风向和监测的桥梁反应进行分析,并与理论分析和设计结果进行对比,标定风速风向和结构反应之间的关系,结合设计给定风速,更新基于风速风向的预警阈值。

②车辆荷载预警阈值:将交通监测的车辆荷载信息接入本系统,对车辆荷载、车辆极值荷载和车辆疲劳荷载谱进行统计分析,并获得其模型;在风速较小和环境基本相同的情况下,将监测的车辆荷载与监测的桥梁反应进行分析,并与理论分析和设计技术结果进行对比,标定车辆荷载和结构反应之间的关系,结合设计给定的车辆荷载标准,更新基于车辆荷载的预警阈值。

③塔顶位移预警阈值:根据 GPS 监测的桥塔顶部的变形情况,对比设计值,对桥梁进行预警。对 GPS 监测的桥塔静力变形进行趋势分析,与成桥状态和荷载及环境基本相同情况下的变形情况进行对比,若塔顶静态位移趋势以及其相对健康状态发生变化,需要对桥塔进行预警。

④加劲梁挠度预警阈值:根据 GPS 监测的加劲梁挠度情况,对比设计值,对桥梁进行预警。对 GPS 监测的加劲梁挠度静态变形进行趋势分析,与成桥状态和荷载及环境基本相同情况下的变形情况进行对比,若加劲梁挠度趋势以及其相对健康状态发生变化,需对加劲梁进行预警。

⑤关键截面应力预警阈值:根据应变监测的关键截面应力情况,对比设计值,对桥梁进行预警。对应变监测的关键截面应力进行趋势分析,与成桥状态和荷载及环境基本相同情况下的应力情况进行对比,若应力趋势以及其相对健康状态发生变化,需对关键截面进行预警。

⑥吊杆索力:根据监测的吊杆索力,对其进行统计分析,获得其极值分布,根据极值和设计值、材料极限强度和断裂强度,进行实时预警;根据统计值的趋势分析,进行预警;根

据索力监测的应力时程,采用雨流法,进行索力的疲劳损伤分析和预警。此外,若一根或某几根索力发生较大的变化,则需要结合巡检结果、荷载监测结果、桥面变形监测结果和桥塔变形监测结果,进行这些索力的损伤预警;若所有监测的索力都增加,则需要进行限载预警。根据加速度传感器测试的索力的振动,以及交通工程的时频监测结果和巡检结果,分析索力是否发生涡激振动、驰振、风雨振和抖振等,对发生复杂风致振动的情况进行预警。

⑦结构固有频率预警阈值:基于加劲梁的加速度传感器数据进行模态参数识别,得到结构固有频率。结构频率改变代表结构刚度的变化,根据结构固有频率的变化情况对加劲梁进行预警。

3)状态评估模块

该模块的主要目的是对桥梁结构的技术状态和轨道行车条件进行评价,包括桥梁承载力评估、疲劳评估、轨道行车条件评估和其他专项评估。桥梁评估体系采用基于可靠度理论、模糊评价的层次分析法,即将整体结构按照功能和体系分割成相对独立的部分,然后按照各自的指标进行分块评估,再利用适当的标准聚合成整体的评价。

状态评估模块分为在线评估子模块和离线评估子模块。在线评估采用基于层次分析的变权综合法进行桥梁技术状况综合评估,离线评估主要包含承载力评估、疲劳评估和其他专项评估。

七、数据存储管理子系统

数据存储管理子系统是为整个系统提供数据存储并综合管理的平台,完成数据的归档、查询、存储等工作。因该桥梁健康监测系统具有全寿命期的监测数据、定期检测数据和分析数据信息量大、数据类型繁多等特点,故必须对数据的存储作业进行管理规划。

1. 功能性能

数据存储管理子系统主要包括如下功能:
(1)提供各类数据存储的工具和场所。
(2)提供数据安全性及用户管理的工具。
(3)提供数据分布式快速查询的工具。
(4)提供保障数据一致性与同步性的工具。
(5)提供数据备份和恢复的策略与工具。
(6)提供与异构数据库接口的工具。
(7)提供数据分析处理的服务。

2. 数据存储管理子系统架构

数据存储管理子系统的数据来源主要包括:电子化人工巡检采集的巡检数据,传感器、称重设备和视频摄像头采集的监测数据,以及基础数据库中的公共基础信息、路网数据、管养机构信息和GIS(Geographic Information System,地理信息系统)数据。通过数据计算分析系统为大桥运营期健康监测系统、大桥巡检养护综合管理平台等应用系统提供可视化显示、业务综合查询和科学分析决策等支持。

数据存储与分析子系统完成监测数据校验、结构化存储、管理、可视化以及对监测采样的控制等工作。内容包括：对所有信号进行收集、处理、分析、显示、归档和存储；将经过处理和分析的数据发送到结构安全评估系统服务器，以进行结构安全状况评估和产生监测/评估报告。

3. 数据存储结构

整个系统考虑可以同时管理多个桥梁的数据，并且同一座桥梁存在不同采集子站和不同应用，但如果所有数据均存在一台服务器上，一旦该服务器发生故障，则整个系统将受到影响，使得整个系统可靠性不高。因此，系统采用了多级分布式数据存储结构，以桥梁养护单位为核心，合理组织采集子站、智能终端等数据，并能够向桥梁管理中心提供数据。

分布式数据库是用计算机网络将物理上分散的多个数据库单元连接起来组成的一个逻辑上统一的数据库，每个被连接起来的数据库单元称为站点或结点，分布式数据库有一个统一的数据管理系统来进行管理，称为分布式数据管理系统。分布式数据库是数据库技术与网络技术相结合的产物，在数据库领域已形成一个分支。就其本质而言，分布式数据库系统的数据在逻辑上是统一的，而在物理上却是分散的。分布式数据库系统是由若干个站集合而成。这些站又称为节点，它们在通信网络中联在一起，每个节点都是一个独立的数据库系统，它们都拥有各自的数据库、中央处理机、终端以及各自的局部数据管理系统。因此，分布式数据库系统可以看作是一系列集中式数据库系统的联合。

系统使用两台或多台服务器分担数据库的存储任务，使得负载均衡，提高了系统的访问速度，同时在采集站也建立数据库，使得在网络故障时采集数据能暂存在采集站本地的服务器中，保存原始采集资料不丢失。

4. 数据库选择

1）数据库框架

系统参数数据库由系统参数模块生成，包括基本结构参数、结构与传感器关系参数，以及传感器采样频率、数据预处理参数等各类可设置参数。各种传感器的实时监测数据和定期采样数据直接加入原始数据库中，以便今后对数据进行精确分析、查询及校核。图像监测信息经筛选后以图幅方式存入原始数据库。经过预处理的各个监测内容的统计数据进入处理后数据库，以便专家系统对大桥的健康状态进行快速而高效的分析和评估。健康状态数据库用于存储各评估层次的评价及结构离线分析后的结论；大桥设计、施工、监理信息等存入结构信息数据库。对于超过阈值的各监测内容的原始数据，则存储在超阈值事件数据库中，以便对超阈值事件进行重点分析和评估。大桥结构的各监测项目的初始值以及随时间变化的趋势存入结构模型数据库。事件（损伤、维修记录等）信息存入管养检查信息库。结构安全评定与预警子系统的定期自检以及事故维修记录存入系统维护记录库。

2）数据管理系统的技术要求

（1）数据管理软件能支持多平台，具有字符界面和图形界面，并易于开发和升级。

（2）数据库管理系统能支持异种网络、异构数据库系统，并具有数据透明、网络透明功能。

（3）数据库管理系统应多文件存储数据，单表单文件存储，以便在异常情况下对数据库存进行恢复。

（4）数据库管理系统应提供快速提交、成组提交、多块读出和写入技术，以减少输入/输出量。

（5）数据库管理系统具有系统自身的备份和恢复功能。

（6）数据库管理系统应具有数据在线备份功能，且备份无须中断系统的正常运行。

（7）数据库管理系统应具有数据转换功能。

（8）数据库管理系统应具有数据维护功能，可对已有数据进行增加、删除、修改等操作。

（9）数据库管理系统应允许用户将自定义函数嵌入数据库管理系统中。

（10）数据库管理系统应能对用户自定义数据类型进行处理、存储，定义数据的有效区间。

（11）数据库管理系统应控制用户权限，提供数据保护功能，监控数据库的运行状态，调整数据缓冲区的大小。

（12）数据库管理系统应具有报警系统，当数据达到规定量的极限时，自动做出相应操作。

3）数据库分类

数据库服务器集中负责大桥的各类数据和参数的维护，各桥数据库按其功能用途分类见表3-6-23。

数据库分类　　　　　　表3-6-23

编号	数据库名称	数据库功能描述
F401	原始数据数据库	存储传感器实时监测和定期监测的原始数据（传感器相关的部分）
F402	处理后数据数据库	存储原始数据的预处理数据和二次处理数据
F403	结构状态数据库	存储各评估层次的评价及结构离线分析后的结论
F404	结构信息数据库	存储结构设计、施工资料
F405	超阈值事件数据库	存储在线评估的逐级预警中判断的超阈值事件的记录
F406	结构模型数据库	存储桥梁初始状态、成桥一年后和成桥三年后的结构模型参数，这些参数是根据桥梁的设计允许值指标、初始采集数据指标、成桥试验结果数据和后期采集数据共同推导出来的，并且随桥梁使用时间进行修正
F407	系统参数数据库	存储系统正常运行所必需的各类参数，包括设备编号、监测参数、采样参数、设备状态参数等
F408	系统维护数据库	存储系统运行期间所有设备和系统的历史工作状态

5. 数据存储方式

整个系统数据类型多样,每种数据有其自身不同的特点,根据不同的数据特点,选择适合其自身的存储方式。其中,自动化监测的原始采集数据由于数据量较大,以采样文件形式保存;巡检养护系统的上传图片、视频、录音等数据量也较大,同时为了便于播发与下载,也是以文件形式保存。但是,数据库中保存这些多媒体的路径,以便查找与维护,其他桥梁信息、病害信息等数据也保存在数据库中。数据存储主要分为自动化监测数据存储、统计数据存储和多媒体资料存储。

6. 数据处理

1) 数据预处理

数据预处理对象包括指定传感器的单个或多个通道、指定时间段的测量数据或实时数据;数据预处理过程应可人机交互实现,以便用户可以根据处理结果适时调整处理参数;也可以设定参数自动进行,以便进行大批量数据的处理。

2) 数据后处理

采集软件采集的数据经过预处理后存成文件,该文件在每个小时结束后将被传输到服务器集中保存,数据文件被传输到服务器中后将做二次处理,处理结果供分析软件和预警评估软件使用。

7. 数据管理

数据管理是在数据全局管理框架下,制订适当的数据采集、传输、存储策略,通过与对应硬件设备进行协议交互并发出采集任务,完成从相应传感器读取数据,然后对这些数据进行复杂计算、转换并统计分析,得到可以反映检测项的数据。通过数据管理系统获取的桥梁状态数据可作为健康评估的依据,并支持动态、静态数据管理,以及进行远程控制。其中,数据采集针对动、静态数据采取不同的策略,静态数据采集采用全程连续采集的方式进行,动态数据采集采用子站连续采集,定期备份删除,远程保存全程统计分析数据的采集方式;数据传输在保障数据安全的前提下,采取冗余策略;数据存储引进数据仓库模型与关系数据表相结合的策略。数据管理系统包括各硬件子系统对应的静态、动态数据采集、采集过程控制、远程状态报告以及远程控制等模块。

8. 数据管理系统工作流程

数据管理系统安装在控制中心的结构健康评估服务器上,主要包括综合数据库和查询显示系统两部分。要求系统能快速及时地通过计算机网络以图文并茂、友好自主的方式显示数据库中的桥梁状态信息。

根据系统存储和管理海量数据和不同形式数据的需求,可选择采用 Microsoft SQL Server 或 Oracle 作为数据库管理系统,实现对桥梁几何数据、监测时间序列数据、图像监测信息和文本信息的统一存储。

信息查询子系统以 Internet 技术为基础,用户可通过网络查询有关桥梁状态的各种历史信息、实时信息,进而为大桥管理的决策提供建议和帮助。信息查询子系统提供多线索查询手段,如时段、结构区域、传感器类别、检查维修记录等。

八、用户界面子系统

用户界面子系统是用户与健康监测系统的交互平台。通过用户界面子系统实现将各种数据实时按需求向用户展示,并且接受用户对系统的控制与输入。

用户界面子系统主要包括基于在线监测评估软件、桥梁数据查询软件两部分。在线监测评估软件为主体,依托 Web 服务器和数据服务器进行工作。

1. 功能目标

用户界面子系统是伍家岗长江大桥健康监测系统与管理用户进行监测数据交互的窗口,以满足桥梁管理人员监测管理应用。该子系统的主要功能要求如下:

(1)提供方便的巡检信息录入接口;

(2)提供丰富的图形化显示界面,人机交互界面友好,展示效果简明且直观;

(3)根据监测类型及数据分析内容,采用图形、表格、文字、手机 App(应用程序)等多种形式的数据信息展示方式;

(4)具备远程信息发布与共享、远程授权操控能力;

(5)具有自动化报告、报表生成功能;

(6)展示和操作界面风格友好,布局合理,操作方便。

2. 总体应用方式

系统针对不同用户提供不同的功能,每个用户使用自己的用户名和密码登录系统,登录后系统根据用户类型显示相应的功能界面,隐藏登录用户没有权限使用的功能。每个用户的功能由用户所属组来决定,一个用户可以属于多个用户组,每个用户组的功能可以由系统管理员自由设定。系统支持多设立个用户组,通常我们建立好常用的几个用户组,并分配好每个组的功能,系统管理员可以在此基础上修改。系统常用的用户类别有领导、专家、系统管理员、技术管理人员以及巡检养护相关人员。

九、养护管理子系统

1. 功能目标

养护管理子系统是一套基于桥梁管理的养护管理办公自动化系统,在建立桥梁信息数据库的基础上,对桥梁管理工作内容、管理计划和流程等工作进行设计和规划,建立桥梁养护管理电子信息化管理平台,逐步实现管养工作线上办公,提高桥梁养护管理水平。该子系统的功能要求如下:

(1)提供与桥梁养护活动相关工程管理、巡检管理、事件管理、交通操作等功能;

(2)进行技术状况评定,信息查询、统计分析及报告报表输出;

(3)能够对养护工程进行任务管理和流程管理;

(4)合理地识别、组织与实施桥梁各项检查与养护活动;

(5)建立基于网络的 IT 软件支持系统,实现网络化信息管理;

(6)为用户提供桥梁养护、维修各项建议,辅助桥梁养护管理决策。

2. 总体说明

该系统是基于 B/S 架构的桥梁养护管理系统,是一套能够管理与桥梁日常养护相关的信息的办公自动化系统。

该系统的用户主要面向桥梁养护单位和桥梁管理中心。对于养护单位,主要功能为规划养护任务、记录养护事件以及与养护相关的费用、合同、交通等;对于桥梁管理中心,主要功能为查看所有的任务执行情况、养护事件、项目审批等。

通过该系统能够建立健全的桥梁养护管理档案,促进管理规范化,实现电子化办公,提高管理效率,实现养护成本最小化,提高桥梁管理水平,最终实现桥梁科学化、标准化、智能化管理。

该系统融合电子化巡检技术,是一个对桥梁各种养护活动、相关合同、桥上事件和各种文档资料等进行综合管理的平台。

3. 总体设计方案

养护管理子系统服务于桥梁养护单位和桥梁养护主管单位,通过分步实施,系统将建设成为本地区桥梁管理的门户。系统除实现本桥的运营监测和养护管理功能外,也作为养护管理中心、信息中心(地区管理平台)为其他桥梁提供养护办公平台,并作为信息发布平台,向社会公众提供路况情况、施工情况、阻断情况等信息。

系统除实现桥梁巡检养护的信息录入外,更注重于养护的管理。该系统不但实现对桥梁结构的巡检养护管理,还能对桥梁的附属设施、机电设备、道路绿化等进行巡检养护管理。通过养护管理系统促进养护管理活动的规范化、制度化、现代化、科学化,提高桥梁养护管理水平。

1)用户管理模块

用户管理主要包括用户职能管理、用户权限管理和账号安全管理。首先通过职能管理模块录入用户信息,并明确该用户管理的是哪一组桥梁(用户可以进入桥梁分组界面对桥梁进行分组)、用户在养护管理过程中承担的专业方向、用户的职务等信息。

2)流程管理模块

流程管理主要完成"怎么做"的管理。"怎么做"的主要依据是公司的规章制度、养护手册等。流程管理是养护管理实现规范化、程序化的核心内容。

3)工程管理模块

工程管理是保障桥梁养护有序进行、保障养护质量必要手段。工程管理实现桥梁养护进度跟踪、养护质量跟踪、养护安全跟踪、设备物料跟踪、养护内业跟踪等,并对每个项目都有对应的评分机制。系统评分机制中对每个跟踪内容、每个分值都有对应的评分描述。用户在现场即可查看,保证评分的客观性。系统可对各项内容分别设定多梯度告警分值,用户根据各不同的分值对施工单位和施工人员根据制定的规则进行处理。建立工程管理数据库,工程管理数据库为经验数据库,系统使用初期数据库中录入用户可以预见的工程实施过程中可能发生的问题以及对应的评分标准,并录入与评分结果对应的处理措施。在实际实施过程中,用户可根据合同内容、规章制度的内容进行评分和处置。这些评分和处置方案将添加到工程管理数据库中,并根据用户使用频率对参考标准和处理措施进行排序,从而进一步规范化、科学化工程管理。

4)辅助决策模块

辅助决策系统以决策为重心,通过对来自交通监测系统、结构监测系统、巡检养护系统、养护管理系统、决策评估系统的数据进行深度挖掘,构建决策主题相关知识库、模型库和方法库,建设并不断完善辅助决策系统,为养护管理提供全方位、多层次的知识服务和决策支持。

5)交通管理模块

交通管理模块的意义在于确保桥梁的畅通和桥梁通行安全,高效有序地做好桥梁突发事件的预防和处置工作,科学有效地应对和解决桥梁突发事件可能引发的交通中断、运输不畅、旅客滞留等事件,最大限度地减少桥梁突发事件造成的影响和损失。交通管理模块以最大限度地减轻桥梁突发事件带来的损失为出发点和落脚点,实现交通管理功能,包括气象事件管理、桥上事件管理和超重超限通行管理、交通控制等。

6)桥梁养护管理模块

桥梁养护管理系统根据技术状况评定结果分别采取不同养护类型,包括日常养护和专项养护。日常养护是指根据桥梁技术状况评定结果,需要对桥梁采取保养和小修的常规性养护措施;专项养护是指根据桥梁技术状况评定结果,需要对桥梁采取中修和大修的立项养护措施。桥梁养护管理系统能够实现桥梁日常养护和专项养护计划制订、养护决策生成、养护工程管理以及相关报告在线生成和下载在内的全流程管理。

4. 监控中心设计

中心机房设置于大桥运营管理处的大楼内。按实际需要,机房面积不小于 $50m^2$。

(1)服务器系统:数据处理与控制系统必须依托一个高效、可靠、安全、运行稳定、易于维护的服务器环境,以支持整个项目的可靠运行,确保数据的安全性。整个桥梁结构健康监测系统会产生大量的并发不间断的数据流,因此,将整个服务器系统分为数据接收、数据库、数据后处理、应用平台几个部分。考虑到有大量数据需要存储及备份,另外建立独立的存储系统,系统内的主要服务器将共享存储系统中的磁盘阵列。

(2)显示器:为了方便观察服务器的运行情况,监控中心将选用液晶显示器作为人机通信界面。

(3)快速以太网交换机:采用目前较新的一种网络——百兆以太网乃至之上的千兆以太网等。

(4)双环冗余交换机:桥梁现场的数据传输采用工业光纤以太网方案。该方案主要由工业以太网光纤交换机和铠装光缆组成。产品能组成双纤链网等多种结构,大大提高了系统的可靠性;交换功能更好地保证了数据传输的灵活性。构成环网时,网络管理系统可自动搜索系统设备,并对远端设备进行集中管理,满足高可靠性以太网的远距离延伸需求。

(5)服务器机柜:用来组合安装面板、插件、插箱、电子元器件、机械零件与部件,使其构成一个整体的安装箱。服务器机柜具有良好的技术性能。

5. 综合布线设计

本系统主要是在传感器至数据采集站、数据采集至监控中心、数据采集站内、监控中心内进行线缆敷设。可选用的线缆主要有普通的 RVVP 线缆、铠装单模单芯光缆、多芯光缆、网线等。综合布线的作用在于能使数据、图像通信设备和交换设备与其他信息管理系统彼此相联,也能使这些设备与外部通信网络相连接。

6. 设备防雷设计

根据《电力设备过电压保护设计技术规程》规定,多、强雷区的企业单位应予以重点防护。为了保护系统不受雷电损害或将雷击损害降至最低,应采取综合防雷的方式。综合防雷设计方案应包括两个方面:直接雷击的防护和感应雷击的防护,缺少任何一方面都是不完整的、有缺陷的和有潜在危险的,其中直击雷造成的危害虽然巨大,但发生的概率相对感应雷击较低,因而以感应雷击的防护为主。直接雷击防护主要采用避雷针、避雷线、避雷带或避雷网等接闪器和良好的接地系统,其目的是保护桥梁上的安防设备不受雷击的破坏,为设备提供一个相对安全的环境。因大桥本身有较完善的直接雷防护系统,监测系统可利用其进行直接雷击的防护。

感应雷击的防护设计具体内容如下:

(1)每个外场采集站配电箱安装电源防雷模块一套。

(2)在 GPS 天线接入接收机前加信号防雷器。

(3)在传感器采集设备前加装信号防雷器。

第六节 软件设计与开发

一、系统软件技术要求

1. 软件环境要求

(1)采集站应选用稳定可靠的操作系统与驱动程序等第三方软件。

(2)服务器应选用稳定可靠、安全性高的操作系统。

(3)合理选择数据库产品,要求稳定可靠且安全性高,能够满足数据存储的要求。

(4)工作站操作系统应选用常用的 Windows 7 或以上操作系统。

(5)所有服务器和工作站应安装杀毒软件,并且能够自动升级。

(6)所有商业软件应购买正版产品,不得使用盗版或破解版,每台计算机需要独立购买一套软件,不得购买一套软件使用在多台计算机上。

2.软件界面要求

(1)全中文图形化界面,数据尽量以图、表的方式显示。

(2)客户端软件需支持当前主流 Windows 操作系统,支持当前主流浏览器。

(3)软件需要操作直观方便,风格统一。

3.时间特性要求

(1)数据录入、修改、删除等操作执行时间不超过 1s。

(2)实时数据查看延时不超过 0.5s。

(3)查询历史数据根据数据长度,一般不超过 1s。

(4)数据统计分析根据数据量大小,一般不超过 3s。

4.输入输出要求

软件提供辅助录入设计,为用户大量重复录入数据提供列表选择、电子表格导入等功能。

5.安全保密性要求

该软件具有用户管理功能,可对不同用户分配不同权限,确保系统安全。所有数据可以随时备份,以便发生意外时恢复数据。

对用户的输入进行完整性判断,避免误输入,删除数据前要给出提示,避免误删除。

6.数据管理能力要求

监控安全(健康)监测系统数据量较大,数据类型较多,需要规划合理的数据存储方式,满足存储空间要求与访问速度要求。

1)存储要求

自动加监测的采集数据要求能全部保存,车流量数据全部保存,车牌图片至少保存 3 个月,超过 3 个月自动删除。对于超重车辆的车牌,分目录另外保存。视频监控数据最少保存 45d,超过 45d 后能够自动删除最先储存的数据。

2)访问速度要求

由于系统数据量较大,要求数据访问速度不能随着数据量增大而有明显下降。

7.系统稳定性要求

软件具有高可靠性。容错、自诊断、纠错能力,不会因为软件本身故障而导致系统的运转异常,具有保证系统能够在线连续运行以及正常运行的天数每年不低于 345d 的长期稳定性;在进行定期和临时的维护时,应不影响系统的正常运行。

8.故障处理要求

(1)当采集站意外断电时,来电后能自动启动计算机,并且自动启动采集软件开始采集数据。

（2）当采集站与服务器网络不通时,能从本地数据库获取采集参数,并且开始采集。

（3）当采集站与服务器网络不通时,能将采集数据暂时保存在本地,网络恢复时自动将数据上传到服务器。

（4）当采集站、数据传输等客户端不能连接服务器时,服务能够发送报警,提示管理员检查网络。

（5）当采集站采集数据超过一定时间且没有将数据上传到服务器时,需给出报警,提示管理员检查采集站工作状态和网络状态。

（6）系统应能够详细记录运行日志,方便维护。

（7）系统提供备份与恢复工具,方便定期备份。

9. 软件质量要求

软件开发过程应采用软件工程的理论来指导,选择合适的开发模型,建立软件管理与维护计划,对软件项目的计划制订、项目跟踪、评审计划予以明确说明,对项目的启动、计划、执行、控制和收尾共五个主要的项目过程进行全面监控与管理。

二、软件设计概述

1. 软件功能概述及特点

大桥运营期健康监测系统软件能够通过自动化监测(大气环境监测、结构响应监测)、交通监测(超重管理与视频可视化监控)、电子化巡检子管理等,及时对桥梁的安全进行报警,并通过综合分析各种数据对桥梁进行综合评估,最终提供一个桥梁综合管养的平台。

2. 系统开发与运行环境

（1）开发环境:监测系统的数据采集、数据传输预处理等 C/S 架构的软件使用 C++ 语言,编程工具采用 VS2012,Web 服务部分和智能终端软件采用 Java 编写。

（2）硬件环境:综合性能与稳定的需要,系统采集站选用性能稳定的工控机,工作站选用惠普商务机,服务器选用惠普企业级服务器。采集站所有硬件驱动采用厂家自带的驱动,不使用第三方驱动。网络使用基于光纤的星形网络,内网与公网之间使用硬件防火墙保护内网安全(具体型号见硬件选型)。采集站、服务器等对系统设置自动还原系统,当系统受病毒感染或发生误操作等时,只要重启计算机即能恢复到之前的正常运行状态,达到系统自修复的目的。

（3）运行环境:系统外站的操作系统采用 Windows XP,工作站操作系统采用 Windows 7,数据管理与控制服务器和 Web 服务器的操作系统采用 Windows Server 2008 R2,智能终端选用基于安卓的系统,数据库采用 SQL SERVER 2008 R2 和 MySQL。所有的采集站、工作站以及服务器使用卡巴斯基杀毒软件,另外系统安装神盾网络管理系统,保证系统安全运行。

系统软件配置见表3-6-24。

系统软件配置　　　　　　表3-6-24

用　　途	名　　称	选　购　原　因
工控机操作系统	Windows XP	稳定、占用资源少
工作站操作系统	Windows 7	操作方便、安全
服务器操作系统	Windows Server 2008 R2	稳定、安全性高
数据库	SRL SERVER R2、MySQL	性能强大、稳定
双机热备份系统	Rose HA	稳定、可靠、兼容性好
网络管理系统	神盾	占用资源少,保护内网安全
杀毒软件	卡巴斯基	卡巴斯基反病毒软件是世界上拥有最尖端科技的杀毒软件之一,全面保护电脑不受病毒攻击
设备驱动	厂家自带	稳定

3. 软件的主要工作内容

(1)各数据采集外站的数据实时采集、存储与传输。

(2)通过GPS时钟校准所有采集站、工作站与服务器时间。

(3)控制采集启停,实现各个采集站同步采集。

(4)对外站、传感器、网络设备的运行状况进行判别及异常报警。

(5)传感器参数设置,报警限设置。

(6)数据库的建立、运行与维护。

(7)实时监测数据显示输出(示值、时域波形、频域波形、趋势)。

(8)对采集信号进行处理(滤波、抽样、信号加窗、FFT、相关性分析及统计等)。

(9)监测数据查询统计输出及打印(列表、时域波形、频域波形、趋势、报表)。

(10)对监测数据超过预设报警限或预警数据通过短信报警。

(11)提供Internet远程用户访问系统功能。

(12)自动生成各种检测报告和分析报告。

(13)能对超重车辆进行识别、对监测区交通状况全面监测。

(14)对监测区车辆进行查询与统计分析,提供分析报表。

(15)通过采集数据对桥梁状况进行评估预警。

(16)提供电子化人工巡检系统、手持巡检终端,现场拍照、记录等数据录入操作,在现场或回养护中心后将数据导入数据库。

(17)能够支持各种巡检与检查功能,包括日常巡检、经常检查、定期检查、特殊检查、永久监测点数据采集等。

(18)能够整合各种与桥梁有关的信息,包括养护管理、桥上事件管理、桥梁设计资料、施工资料等数据管理模块。

(19)建立病害库及处理措施供巡检、检查人员参考。

(20)实现巡检手册电子化,依靠软件指导日常巡检作业。

(21)巡检、养护任务管理,包括计划任务、任务提醒与执行跟踪等。

(22)实现桥梁技术状况评定。

(23)对用户权限进行管理。

三、软件需求分析

本桥梁结构健康监测系统软件采用先进的传感器测量技术、视频技术、电子技术以及信息化技术,建立一套系统,能够同时管理桥梁巡检养护信息、桥梁资料,并且结合自动化监测系统,为养护单位提供一个能够远程使用的数字换养护管理平台。该系统的软件主要由结构监测(包括数据采集、数据传输与处理、实时监测)、交通监测(超重管理与视频监控)、巡检养护、养护管理模块与综合预警与评估五大模块组成。

1. 产品目标

(1)软件能够自动、连续、稳定、可靠地工作。

(2)软件设计采用主流框架 J2EE,使用模块化结构,各子系统或子模块之间相对独立、有序融合,方便维护和升级;大桥结构安全监测系统既可独立运行,也可集成到统一的管养平台。

(3)软件设计充分考虑开放性、人性化、人机界面友好,方便操作;系统须开发满足PC与手机云端数据处理等多种应用需求。

(4)软件设计充分考虑了系统长期稳定工作的特点,能够提出系统稳定性的量化指标。

(5)软件设计充分考虑其长期使用过程中设备损坏的实际问题,能够提出传感器故障的在线诊断以及设备更换的软硬件应急处置方案。

(6)各软件子系统功能定位明确、界面划分清晰、相互有序融合、资源分配合理、操作维护方便。

(7)系统软件正常运营的天数,每年不少于345d。

(8)系统软件设计基于可视化技术,构建桥梁建养一体化平台。

(9)系统将建立桥梁结构安全监测与人工巡检技术相结合的结构安全监测与评估体系。

2. 产品功能

(1)采集模块。数据采集模块运行在采集站,主要功能包括采集数据保存数据和基本的数据处理。

(2)数据服务模块。数据服务模块用于控制采集站将采集站的数据保存到数据服务器中,以及将日志数据、统计信息等保存到数据库中。

(3)通信服务模块。通信服务模块主要为各模块之间的通信提供服务接口,能够转发各模块之间的命令及数据。

（4）监测与控制模块。该模块运行在监控中心，是同用户交互的主要模块，主要监测传感器实时采集数据、查询历史采集数据以及参数设置等。

（5）远程监测服务模块。远程监测服务为 Internet 远程用户提供远程查看功能。

四、软件架构方案设计

1. 软件结构设计原则

软件的设计充分考虑将来的可维护性、可扩展性以及通用性，设计时主要从以下三个方面考虑。

（1）可理解性。模块划分合理，遵循高内聚、低耦合的特性，文档详尽，使用规范化代码，注释合理等。

（2）可移植性。软件设计时将与设备相关的处理和与数据相关的处理分开，使得增加新的设备时不需要修改数据处理相关部分。

（3）统一接口。为不同数据的访问提供统一的接口，屏蔽数据存储方式的差异，为软件的扩展提供方便。

2. 软件架构分析

本系统充分考虑新型的系统开发模式，利用"互联网+"技术全面提升系统应用水平。

（1）云计算平台。云计算平台可根据实际需要利于系统的扩展，节约系统的总体成本，考虑采用私有云的形式。可以采用国内外产品分步实施。

（2）大数据技术。当前系统数据主要以文件方式存储，不利于采用先进的大数据技术进行分析，挖掘出客户可能更多关心的一些结构监测中的规律与信息。

3. 总体架构设计

软件设计充分考虑后期监测业务的不断增长，利用云平台可扩展性，根据业务增长动态创建虚机，利用运维管理软件动态部署系统软件/应用软件。

4. 功能架构设计

桥梁结构安全监测巡检管理系统是应用信息化手段，将结构监测与管养业务纳入统一的平台，实现标准化、可视化、可控化、自动化的桥梁管理目标。

5. 软件技术架构

J2EE 架构包括 Struts、Ajax、Spring、JSTL 等。在 Web 的视图层开发中用到的技术包括 Struts、JSTL、EXT（Ajax 框架）和 JSP，模型层和控制层采用 Struts 框架，访问服务层中相应的服务，服务层由具体的业务需求开发，通过调用持久层的 DAO 实现与数据库的访问。持久层 DAO 采用 Spring 框架提供的 JDBC Support 进行开发。

五、功能模块设计

1. 自动化监测模块

结构监测模块包括数据采集子模块、数据传输与处理子模块、实时监测子模块。

1) 数据采集子模块

数据采集子模块是自行开发的集采集、调试、传输与存储一体的软件,它集成了所有不同设备的采集模块,使用同一界面采集与调试。采集软件运行在采集站,主要功能包括采集数据保存数据和基本的数据处理。数据同步采集校对时间是通过采用所有采集站、服务器和工作站同 GPS 时间校时,保证所有站点时间一致,为数据同步采集提供保障。数据采集软件经过严格的测试,具有非常好的稳定性,可为每个采集设备开辟一个线程,保证软件的实时性和稳定性。

2) 数据传输与处理子模块

数据传输与处理子模块运行在数据服务器上,用于控制采集站将采集站的数据保存到数据服务器中,并且对采集的数据进行分析处理,将处理结果保存到数据库中。

3) 实时监测子模块

该模块是同用户交互的主要模块,它基于 B/S 架构,主要监测传感器实时采集数据、查询历史采集数据以及进行参数设置等。

2. 交通监测模块

交通监测子模块包括超重管理子模块与视频监控子模块,其中超重管理子模块用于对超重车辆进行识别、提醒和记录,减少超重车辆过桥次数。

3. 电子化巡检模块

该模块实现巡检智能化,支持流程管理、计划任务管理、病害库管理,并且能够将养护手册电子化,即通过软件指导用户何时检查、重点检查什么位置、如何进行病害处理等。通过该巡检养护系统,巡检与检查人员可以手持巡检终端,进行现场拍照、记录等数据录入操作,在现场或回养护中心后将数据导入数据库,管理人员在养护中心或通过远程网络查看巡检人员录入的数据。

4. 数据存储管理

该模块主要管理系统运营后的所有动静态数据(包括前期大桥的设计资料、施工期资料、实时监测数据、报警评估数据、桥梁基本信息、系统管理信息等),并完成数据的归档、查询和存储;建立本桥健康监测系统的中心数据库及数据存储仓库,向其他子系统提供有效的信息源。

5. 安全报警与状态评估模块

该模块能够将自动化监测子系统采集到的各类数据,进行统一的数据识别、处理、分析、报警,对结构安全状况和行车安全性进行分析评估。

6. 用户界面模块

该模块实现各种数据实时按需向用户展示,并且接受用户对系统的控制与输入。系统登录访问充分考虑统一权限门户,依据组织、用户、角色、权限登录访问管理,满足全线门户权限统一集成管理和单桥系统门户权限独立管理的双向需求。

六、数据库方案设计

桥梁结构安全监测巡检管理系统的数据量非常庞大,特别是在长期运行的状况下,为了保证系统总体的稳定和速度,中心数据库采用了先进且稳定的 MySQL 数据库。整个系统数据库根据功能和数据类型,同时考虑数据备份等因素,划分成基本信息库、统计信息库和巡检养护库三个部分。基本信息库保存传感器信息、采集站信息、用户信息等基础信息,该部分数据系统建成后基本上不会修改;统计信息库保存着各种采集数据的统计结果,该部分数据随着系统的运营会逐渐增大,该部分数据分成多个数据库文件保存;巡检养护库存储各种巡检、检查和养护数据。

数据库设计过程严格遵守第三范式的标准,即每个分量是不可再分的数据项、每个非主属性完全依赖于主码并且不存在非主属性对码的传递函数依赖。这样做保证了数据库较低的冗余,避免了不一致性和插入删除异常等现象。

七、软件安全性及可靠性设计

1. 软件安全性设计

为了保证数据的正确性、有效性和保密性,制定了以下方案:

(1)增加硬件防火墙,阻止来自因特网上的攻击。

(2)安装杀毒软件,并及时更新病毒库。

(3)对所有输入进行检测,对输入不合法的数据进行提示修改,如数据类型错误、数据超出界限等,保证系统正常运行。

(4)多用户设置,不同用户具有不同功能,对系统运行比较重要的参数只有系统管理员能够修改,如服务器地址、采样频率等。

(5)数据库根据链接用户的功能分配不同的用户严格限制用户权限,以免低级用户修改数据库重要信息。

(6)系统将保存详细的运行日志和错误记录,以便快速定位错误原因,对系统异常数据及时报警,及时找出错误,恢复正常运行。

(7)定期自动和人工备份数据,保证数据不丢失。

(8)制订维护计划,并督促执行。

2. 软件可靠性设计

(1)保证软件可靠性的原则。系统地考虑软件生成周期,选用最适合的软件开发方法；加强对开发过程与产品控制，逐阶段明确转移准则，进行验证或评审；重视人的因素，配备适当人员，明确职责；规范开发过程，切忌随意化，不断改进开发过程。

（2）提高软件可靠性的技术和方法。为保障软件可靠性，除了以软件工程为基础，遵循软件工程的一般规范之外，还使用一些专门的软件可靠性技术和方法。

软件可靠性分析与设计：确定软件可靠性指标，进行软件故障模式效应分析和故障树分析，进行可靠性设计（避错、查错、容错设计）。

软件可靠性测试与增长：设计可靠性测试环境，进行软件可靠性增长及验证测试。

软件可靠性管理与控制：确定影响可靠性的因素，控制和改进软件开发过程，改善费效关系。软件工程化是确保软件质量的根本途径。

八、软件测试

软件测试由专门的软件测试组实施，将对软件的功能和非功能进行全方面测试，具体包括功能、界面、性能、强度、安全等测试。测试前编制测试计划和测试大纲，设计测试用例，并生成测试文档，软件的测试计划将是软件质量和验收的主要指标。软件测试首先进行单元测试，等各模块开发完成后进行集成测试。

九、软件维护

1. 软件维护计划

为了减少维护过程中可能出现的混乱，在项目设计及开发的整个过程中都要考虑软件的可维护性，尽量做到以下几点：

（1）使用提高软件质量的技术和工具，采用结构化设计技术和程序设计语言。

（2）进行明确的质量保证审查，定期复审。

（3）提高软件可理解性：软件设计文档详细，保持文档与代码一致，代码中注释适当准确，尽量少使用技巧性过高的代码。

（4）提高软件可测试性：模块划分必须科学合理，代码中尽量多设置调试代码，增加输出调试信息，合理记录系统运行日志。

（5）提高软件可靠性：每个接口必须验证输入参数的合法性，及时定位错误位置。

（6）提高可移植性：软件架构分层设计，将和硬件相关的与和系统相关的都单独成一个模块，方便软件移植。

（7）软件每次维护后重新验证程序，重新验收文档。

2. 维护流程

（1）确定要进行的维护的类型：改正性、适应性、完善性和预防性。

（2）进行维护：修改软件设计、复查、代码修改、单元测试、集成测试、验收测试和复审。

（3）软件维护过程有提出维护要求的，审核维护任务、分析维护任务、开始维护和复审。

第四篇

PART 4

技术成果篇

第一章　概　　述

伍家岗长江大桥工程是国务院确定的《长江经济带综合立体交通走廊规划》中湖北省19条过江通道之一，是宜昌市第9座长江大桥。

伍家岗长江大桥工程是宜昌市规划中心城区城市环线构想的重要组成部分，也是中心城区快速骨架环路运输通道的重要组成部分，兼具中心城区内部交通和对外交通出行的双重属性，对宜昌市的城市空间拓展和经济协调发展都具有重要的意义。大桥的建成通车，为宜昌市伍家岗区和点军区的协同快速发展插上了腾飞的翅膀。

伍家岗长江大桥于2017年4月18日开工，经过全体建设者四年多艰苦卓绝的共同努力，于2021年7月30日正式建成通车。

在整个建设过程中，大桥建设团队邀请了多名业内桥梁专家和学者莅临指导，他们提出了多项宝贵的意见和建议。伍家岗长江大桥的建设凝聚了大桥所有工程建设者的心血汗水和聪明智慧，发扬了众志成城、齐心协力建设一座服务于人民的大桥工匠精神，积累了许多有价值的勘察、设计、施工和科研技术以及先进宝贵的工程技术管理经验，也总结整理和发表了大量的技术成果。

在整个建设过程中，大桥建设单位联合参建方开展了多项科研课题，以解决大桥的核心技术难点，完成了多项关键技术创新，为我国大跨径桥梁的技术发展提供了宝贵的借鉴与参考价值。为保证施工质量和提高施工效率，项目也开展了多项QC（质量控制）小组活动，取得了良好的成效，既提高了施工效率，也明显改善了施工质量。

伍家岗长江大桥建设团队是一个善于开拓创新、总结提炼、升华再利用的团队，从这里走出的大量技术骨干，将大桥先进的技术成果广泛应用于其他项目，取得了良好的成效。在施工过程中，大桥建设者们将辛勤的付出和汗水转化成一项项优质的技术成果。据不完全统计，项目共申报了8项施工工法，发表了27篇科技论文，申请了33项发明和实用新型专利，为我国的桥梁建设增添了一份浓墨重彩的辉煌。

第二章 科研课题

在伍家岗长江大桥整个施工阶段，由建设单位主导，在湖北省住房和城乡建设厅完成了7项科研课题的立项工作，并按期顺利完成了结题专家评审，目前处于科技进步奖项的申报阶段。表4-2-1列出了伍家岗长江大桥施工过程中的科研课题汇总情况及主要研究成果，具体科研内容详见本书第三篇相关章节。

伍家岗长江大桥科研课题成果汇总表　　　　　　表4-2-1

序号	课题名称	主要研究成果	课题状态
1	变刚度协调的浅埋式锚碇基础研究	（1）完成论文2篇，专利1项； （2）完成研究报告《浅埋式锚碇复合地基基础专题研究报告》	2017年获得湖北省住房和城乡建设厅立项，2021年4月结题
2	整体自适应智能顶升桥塔平台系统	（1）完成专利3项，工法1项，论文2篇； （2）完成研究报告《整体自适应智能顶升桥塔平台系统》	2018年获得湖北省住房和城乡建设厅立项，2021年4月结题。已获得中国建筑工程总公司科技进步二等奖
3	正交异性钢桥面铺装项目研究和试验	（1）完成论文2篇； （2）完成《宜昌伍家岗大桥钢桥面树脂沥青铺装课题研究总报告》； （3）完成《ERS铺装结构设计和说明书》《树脂沥青RA混合料模量问题专项研究报告》《桥面铺装受力专项计算报告》《树脂沥青ERS铺装施工技术指南》	2019年获得湖北省住房和城乡建设厅立项，2021年4月结题
4	正交异性板U形肋全熔透焊接应用研究	（1）完成专利6项，论文3篇； （2）完成《新型高性能桥面板焊接技术报告》《新型高性能正交异性钢桥面研究与应用》报告； （3）完成《U形肋丁字接头疲劳试验报告》《U形肋板单元焊接制造及检验规则》	2019年获得湖北省住房和城乡建设厅立项，2021年4月结题
5	大跨径悬索桥上部结构施工智能建造技术研究与运用	分4个子课题，成果主要为： （1）完成论文5篇，专利3项，软著1项； （2）完成《大跨径悬索桥缆索系统智能建造技术研究与运用》研究实施方案和研究报告； （3）完成《大跨径悬索桥缆索牵引架设智能监测与控制系统》软件开发，获得软件著作权；	2020年获得湖北省住房和城乡建设厅立项，2021年11月结题

续上表

序号	课题名称	主要研究成果	课题状态
5	大跨径悬索桥上部结构施工智能建造技术研究与运用	(4)形成研究报告《大跨径悬索桥锚跨索股索力精细化控制成套技术总结》； (5)形成研究报告《大跨径悬索桥索夹螺杆张拉工艺优化及超声智能诊断技术研究与运用》； (6)形成研究报告《大跨径悬索桥上部结构施工控制关键技术研究》	2020年获得湖北省住房和城乡建设厅立项,2021年11月结题
6	大跨径悬索桥软岩隧道式锚碇关键技术研究与运用	(1)完成论文1篇,专利5项,工法2项； (2)形成《大跨径悬索桥软岩隧道式锚碇关键技术研究与运用》研究报告	2020年获得湖北省住房和城乡建设厅立项,2021年11月结题
7	大跨径悬索桥钢箱梁吊装焊接时机探索与研究	(1)完成论文2篇,工法1项,专利1项； (2)完成《大跨径悬索桥钢箱梁吊装焊接时机探索与研究》研究报告	2020年获得湖北省住房和城乡建设厅立项,2021年11月结题

第三章　QC小组活动

为保证施工质量,提高施工效率,在伍家岗长江大桥施工过程中,南北两岸项目部主要完成了3项关键部位的QC小组活动,并取得了相应的QC成果,主要如下。

(1)重力式锚碇咬合桩施工质量控制QC小组活动——提高咬合桩咬合面的合格率:通过QC小组活动,有效地提高了重力式锚碇咬合桩的施工质量,保证了咬合面的咬合率。其QC成果已获得"湖北省优秀质量管理标杆"荣誉称号。

(2)索塔塔柱施工设备研制QC小组活动——索塔塔柱智能顶升模架研制:通过QC小组活动,成功研制完成塔柱施工智能顶升模架,提高了施工效率,保障了施工安全,其QC成果已获湖北省建设工程质量安全协会QC成果二等奖,同时也获得中国建筑业协会Ⅱ类成果。

(3)隧道式锚碇爆破开挖施工QC小组活动——降低隧道式锚碇爆破开挖振动速率:通过QC小组活动,经过反复试验验证,最终确定了优化后的爆破开挖方案,有效降低了隧道式锚碇爆破开挖时的振动速率,保障了隧道式锚碇结构整体的安全性。该QC成果拟申报湖北省建设工程质量安全协会QC成果二等奖和中国建筑业协会Ⅱ类成果。

第四章 施 工 工 法

大桥施工建设者们以伍家岗长江大桥工程为对象,以大桥施工工艺为核心,运用系统工程原理,把施工过程中的先进技术和科学管理结合起来,经过工程实践,形成了一系列综合配套的施工方法。表4-4-1列出了伍家岗长江大桥8项申报的施工工法。

伍家岗长江大桥施工工法汇总表　　　　　　表4-4-1

序号	工 法 名 称	授 权 情 况
1	大直径岩层桩基分级旋挖成孔施工工法	已获2017年度局级工法
2	整体自适应智能顶升桥塔平台施工工法	已获2018年度局级工法和2020年度省级工法
3	桥梁主塔上横梁π型悬空托架施工工法	已获2020年度局级工法
4	大跨径悬索桥主缆索股智能化架设施工工法	已获2021年度局级工法
5	软岩隧道式锚碇预应力锚固体系安装施工工法	已获2021年度局级工法
6	城区浅埋软岩隧道式锚碇开挖施工工法	已获2019年度局级工法和2020年度省级工法
7	大倾角隧道式锚碇大吨位散索鞍滑移安装施工工法	已获2020年度局级工法和2020年度省级工法
8	大跨径悬索桥整节段钢梁焊架同步施工工法	拟申报省级工法

第五章 实用新型和发明专利

为更好地促进桥梁施工技术的发展,指导大跨径悬索桥的关键工序施工,大桥建设者们在施工过程中,密切结合实际情况,通过探索实践,形成了一系列的施工技术方面的实用新型和发明专利,共33项。表4-5-1列出了伍家岗长江大桥在施工过程中所申报和获得的实用新型和发明专利。

伍家岗长江大桥实用新型和发明专利汇总表　　　　表4-5-1

序号	专利名称	专利类型	目前状态	受理号或授权号
1	一种高流动性适合超长预应力孔道的压浆料及其制备方法	发明	授权	ZL 2016 1 0290630.6
2	闭口纵肋与桥面板连接角缝单面熔透焊施工方法	发明	授权	ZL 2016 1 0764555.2
3	一种悬索桥索夹螺杆轴力施工方法	发明	授权	ZL 2017 1 0514527.X
4	一种提高隧道式锚碇中空锚杆注浆质量的施工方法	发明	授权	ZL 2018 1 1305208.9
5	一种装配式钢筋安装结构	发明	授权	ZL 2018 1 0962626.9
6	一种软岩、大倾角隧道式锚碇数码雷管爆破开挖方法	发明	授权	ZL 2019 1 0341852.X
7	一种索塔爬模空中变轨施工方法	发明	授权	ZL 2019 1 0628854.7
8	一种悬索桥主缆挤圆前的排布结构及编排方法	发明	授权	ZL 2020 1 0826943.5
9	一种悬索桥索夹螺杆施工期及运营期的监测预报方法	发明	授权	ZL 2020 1 1009183.5
10	大跨径悬索桥钢梁焊架同步施工工法	发明	授权	ZL 2021 1 0378722.0
11	多功能振动式桩井沉渣检测仪	实用新型	授权	ZL 2017 2 0646 939.4
12	长寿正交异性钢桥面板闭口肋的制造工装	实用新型	授权	ZL 2017 2 1179139.2
13	一种用于桥梁施工的自爬式大节段双模板系统	实用新型	授权	ZL 2017 2 1765535.3
14	用于桥塔施工的整体自爬式集成平台	实用新型	授权	ZL 2017 2 1908562.1
15	一种可伸缩爬升平台	实用新型	授权	ZL 2018 2 0030597.8
16	振动式多点位连测桩井沉渣检测仪	实用新型	授权	ZL 2018 2 0677777.5
17	一种用于高层建筑或桥塔施工的组合式承力装置	实用新型	授权	ZL 2018 2 1297407.5
18	一种用于桥塔施工的自爬式支承顶升系统	实用新型	授权	ZL 2018 2 1297409.4

续上表

序号	专利名称	专利类型	目前状态	受理号或授权号
19	斜面混凝土振捣装置	实用新型	授权	ZL 2018 2 1286438.0
20	一种预埋钢筋安装装置	实用新型	授权	ZL 2018 2 1449915.0
21	用于检测桥塔爬锥竖向承载力的试验装置	实用新型	授权	ZL 2018 2 1456902.6
22	一种咬合桩施工吊架	实用新型	授权	ZL 2018 2 2001461.7
23	一种模板板面结构	实用新型	授权	ZL 2018 2 2002755.1
24	一种咬合桩咬合面清洗装置	实用新型	授权	ZL 2018 2 2083787.9
25	一种弹性可调节泵管附墙结构	实用新型	授权	ZL 2018 2 2096756.7
26	一种桥塔多向浇筑钢平台	实用新型	授权	ZL 2019 2 0328481.7
27	一种大倾角隧道式锚碇内散索鞍门架安装系统	实用新型	授权	ZL 2020 2 0586614.3
28	一种大倾角隧道式锚碇狭窄空间散索鞍滑移安装系统	实用新型	授权	ZL 2020 2 0586844.X
29	一种用于散索鞍安装的滑移装置	实用新型	授权	ZL 2020 2 1639855.6
30	一种空间预埋件多点定位用装配式劲性骨架	实用新型	授权	ZL 2020 2 2046799.6
31	一种用于U形肋板单元焊接的钢板夹紧装置及焊接设备	实用新型	授权	ZL 2021 2 0201220.6
32	一种U形肋板单元焊接钢板定位系统、焊接设备及方法	实用新型	授权	ZL 2021 2 0201232.9
33	一种高强度螺杆紧固检测装置	实用新型	授权	ZL 2021 2 1100308.5

第六章 技术论文

在伍家岗长江大桥施工和科研过程中,建设者们将关键的施工技术和科研创新进行总结提炼,共形成了 27 篇有价值的技术论文,发表于中文核心期刊、EI 收录期刊等在行业内有影响力的期刊上,供桥梁建设者们参考学习。表 4-6-1 列出了伍家岗长江大桥施工和科研过程中的技术论文,限于篇幅,后文将于本章摘录部分核心期刊论文。摘录的论文排版为非期刊正式格式,格式和内容以正式期刊为准。

伍家岗长江大桥技术论文汇总表　　　　　　　　　　　表 4-6-1

序号	论文名称	期刊名称	期刊类型
1	伍家岗长江大桥软岩隧道式锚碇现场缩尺模型试验研究	《桥梁建设》2021 年第 6 期	中文核心期刊、EI 收录期刊
2	宜昌伍家岗长江大桥隧道式锚碇设计与研究	《桥梁建设》2020 年第 2 期	中文核心期刊、EI 收录期刊
3	宜昌伍家岗长江大桥抗震设计关键技术研究	《桥梁建设》2020 年第 A2 期	中文核心期刊、EI 收录期刊
4	宜昌伍家岗长江大桥江南侧锚碇基础与地基设计	《桥梁建设》2021 年第 5 期	中文核心期刊、EI 收录期刊
5	宜昌伍家岗长江大桥钢箱梁焊架同步施工技术	《公路》2022 年 02 期	中文核心期刊
6	ERS 铺装对钢桥面板疲劳性能的影响及参数分析	《世界桥梁》2021 年 01 期	中文核心期刊
7	基于足尺试验的 ERS 钢桥面铺装结构应变分析	《公路》2021 年 06 期	中文核心期刊
8	基于精细化有限元模型的锚跨索股频率—索力计算分析	—	会议论文
9	二阶热固性黏结料固化特性及施工关键控制点研究		中文核心期刊
10	纵肋与横隔板新型构造细节疲劳性能研究	《工业建筑》	中文核心期刊
11	悬索桥成桥阶段索夹螺杆坚固张拉控制技术研究	《世界桥梁》	中文核心期刊
12	伍家岗长江大桥纵肋与顶板细节疲劳性能研究	《钢结构(中英文)》2021 年 10 期	中文核心期刊
13	强透水砂卵石层重力式锚碇基坑支护方案研究	《中外公路》2022 年 01 期	中文核心期刊
14	伍家岗长江大桥猫道设计与施工	《世界桥梁》2020 年 06 期	中文核心期刊
15	宜昌市伍家岗长江大桥下横梁施工过程内力分配模式研究	《中外公路》2021 年 03 期	中文核心期刊
16	悬索桥软质岩隧道式锚碇开挖施工关键技术	《世界桥梁》2022 年 03 期	中文核心期刊
17	特大桥索塔建设中的施工测量技术	《珠江水运》2019 年 10 期	中文核心期刊
18	重力式锚碇深基坑环形咬合群桩施工技术	《中国水运》2020 年 07 期(下半月)	中文核心期刊

续上表

序号	论 文 名 称	期 刊 名 称	期 刊 类 型
19	大跨径悬索桥散索鞍吊装施工技术	《交通工程建设》	中文核心期刊
20	宜昌伍家岗长江大桥桥塔上横梁施工分析	《施工技术（中英文）》2021年22期	行业重点期刊
21	土岩组合地基注浆加固方案研究	《特种结构》2020年02期	行业重点期刊
22	伍家岗长江大桥浅埋式锚碇基础承载力原位试验研究	《特种结构》2020年04期	行业重点期刊
23	大体积混凝土锚塞体水化热温度监控与分析	《工程与建设》2020年04期	行业重点期刊
24	BIM技术在悬索桥隧道式锚碇施工中的应用	《建筑施工》2020年11期	行业重点期刊
25	悬索桥隧道式锚碇抗拉承载力公式探讨	《交通科技》2015年02期	行业重点期刊
26	整体自适应智能顶升桥塔平台设计与应用研究	《施工技术（中英文）》2022年04期	行业重点期刊
27	整体自适应智能顶升桥塔平台角部支撑系统研究与应用	《施工技术（中英文）》2022年04期	行业重点期刊

摘录论文一:

伍家岗长江大桥软岩隧道式锚碇现场缩尺模型试验研究

代明净[1], 周昌栋[2], 曾德礼[3], 朱腾飞[4]

(1. 宜昌市城市建设投资开发有限公司, 湖北 宜昌 443003;
2. 宜昌市交通运输局, 湖北 宜昌 443005;
3. 中铁大桥科学研究院有限公司, 湖北 武汉 430034;
4. 宜昌市建筑市场和建设工程质量安全监督站, 湖北 宜昌 443099)

摘要: 宜昌伍家岗长江大桥为主跨1160m的钢箱梁悬索桥, 为了解该桥江北侧隧道式锚碇的承载能力, 在现场同类软岩中建造1:12隧道式锚碇缩尺模型, 进行设计载荷试验、超载试验、破坏试验及流变试验研究。现场试验过程中对锚塞体模型及围岩变形量、应力等进行监测, 分析锚塞体模型及围岩的受力变形特征及流变特征, 并依据相似原理类推实桥隧道式锚碇及围岩的受力变形特征及流变特征, 对比实桥隧道式锚碇数值模拟结果。结果表明: 在$1P_缩$($P_缩$为缩尺模型设计拉力)荷载时, 左、右锚塞体模型最大变形量在0.2mm左右, $7P_缩$荷载时, 锚塞体模型锚面最大变形量为2.36mm; 破坏试验中, 隧道式锚碇模型的超载稳定性系数为7~8; 在$1P_缩$、$3P_缩$、$7P_缩$荷载时, 锚塞体模型变形流变特征均不明显; 由缩尺模型试验及数值模拟结果可推得伍家岗长江大桥江北隧道式锚碇设计方案的承载能力为$(7~8)P$(P为实桥设计拉力), 大桥江北侧隧道式锚碇方案满足工程需求。

关键词: 悬索桥; 隧道式锚碇; 现场缩尺模型试验; 流变试验; 变形; 应力; 承载能力; 数值模拟

Field scale model test of anchor in soft rock tunnel of Wujiagang Yangtze River Bridge

Dai Mingjing[1], Zhou Changdong[2], Zeng Deli[3], Zhu Tengfei[4]

(1. Yichang Urban Construction Investment Development Co., Ltd., Yichang Hubei 443003, China;
2. Yichang Transportation Bureau, Yichang Hubei 443005, China;
3. China Railway Bridge Science Research Institute, Ltd., Wuhan, Hubei 430034, China;
4. Yichang construction market and construction project quality and safety supervision station, Yichang Hubei 443099, China)

Abstract: In order to the bearing capacity of the tunnel anchor of Wujiagang Yangtze River Bridge, a 1:12 tunnel anchor scale model was built in the same soft rock on site, and the scale model test was carried out to study the design load test, overload test, failure test and rheological test. During the test, the deformation observation, stress observation and other parameters of the anchor plug body and surrounding rock are tested, the stress deformation characteristics and rheological characteristics of the anchor plug body and surrounding rock in the scale model test are studied, and then the stress deformation characteristics and rheological. characteristics of the solid tunnel anchor and surrounding rock are analogized according to the similarity principle, and compared and analyzed in combination with the numerical simulation results of the solid tunnel anchor. The research shows that the bearing capacity of the design scheme of the tunnel anchor of Wujiagang Yangtze River Bridge is between 7P and 8P. Under the design load, it is speculated that the deformation of the front anchor surface of the tunnel anchor plug is about 1mm. This study provides necessary parameters for the design of Wujiagang Yangtze River Bridge, and provides technical reference for the construction of tunnel anchor on soft rock in subsequent projects.

Key words: tunnel anchor; scale model test; rheological test; deformation observation; stress observation

1 概述

隧道式锚碇为悬索桥常用的锚碇结构形式之一,其工作原理为利用缆索将桥梁载荷传递给锚塞体,锚塞体再将荷载传递给锚周围岩,最终由锚周围岩和锚塞体共同承担缆索的拉力[1]。相较重力式锚碇而言,隧道式锚碇有两大优点[2]:①性价比高,造价优势突出,当承载能力相同时隧道式锚碇的造价约是重力式锚碇的一半;②开挖量小,对周边环境扰动小。由于隧道式锚碇需要利用周边围岩共同承载缆索拉力,所以隧道式锚碇一般在岩体性能较好、节理较少的地方采用,如湘西矮寨大桥隧道式锚碇所在部位岩性为寒武系上统和中统灰岩、白云岩,沪渝高速公路四渡河大桥为三叠系下统大冶组灰岩,坝陵河大桥[3]为三叠系中统灰岩、白云岩等。

伍家岗长江大桥主桥为主跨1160m的正交异性桥面板钢箱梁悬索桥,桥宽31.5m,根据桥位地质条件,大桥江南侧采用重力式锚碇方案;江北侧采用隧道式锚碇方案,将锚塞体锚固于基岩低丘山体内。大桥江北侧隧道式锚碇布置于伍临路北东侧低丘山体内,山顶地面高程+90.5~+91.5m,山体总体呈近南北向展布,长约230m,宽60~130m,地形坡角15°~20°,其西、北两侧为陡坎地形,坎高11.0~16.0m。隧道式锚碇场地地表零星分布第四系残坡积层(Q_4^{edl}),厚度一般小于1.0 m,主要为灰黄色含砾粉土。基岩为白垩系上统罗镜滩组(K_2l)杂色中厚至巨厚层状砾岩、夹砂砾岩或含砾砂岩及砂岩;在隧道式锚碇工程涉及范围内按岩性组合情况自下而上可分3段:第1段(K_2l^1)、第2段(K_2l^2)、第3段(K_2l^3)。伍家岗长江大桥江北侧隧道式锚碇布置如图4-6-1所示。

隧道式锚碇锚塞体设置于K_2l^1岩层中,K_2l^1岩层中的微新砾岩试样天然状态下单轴抗压强度值为19.1~38.6MPa,平均值为29.7MPa;变形模量为5.68~10.9GPa,平均值为7.60GPa;弹性模量为8.42~13.5GPa,平均值为11.8GPa;泊松比为0.24~0.26,平均值为0.25;抗拉强度为0.47～3.21MPa,平均值为1.01MPa。砾岩试样饱和状态下单轴抗压强度值为12.8～26.7MPa,平均值为17.4MPa;变形模量为1.34～7.91GPa,平均值为2.62GPa;弹性模量为2.95～12.1GPa,平均值为5.68GPa;泊松比为0.25～0.28,平均值为0.27。砾岩试样软化系数为0.59,饱和单轴抗压强度均值为15～30MPa,该砾岩属软岩。

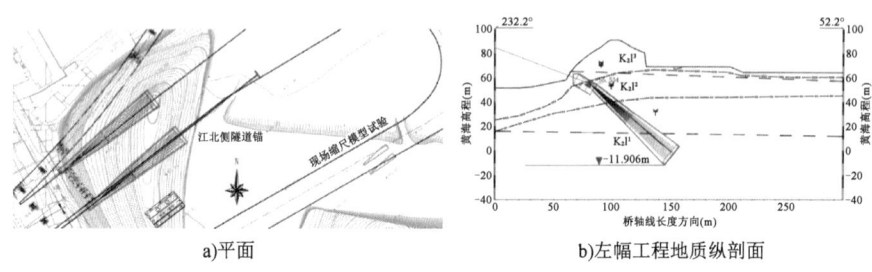

图4-6-1 伍家岗长江大桥江北侧隧道式锚碇布置

隧道式锚碇处地层总体近水平,岩体内构造不发育,未见断层和裂隙,地层倾角4°～7°,产状倾向SE125°～143°。隧道式锚碇部位强风化岩体厚9～19m,下限随地形变化、高程+50～+80m;中等风化岩体厚度13～30m,下限总体随地形变化、高程+40～+58m。地下水主要受大气降水补给,无统一的自由水面,主要以裂隙水的形式赋存于局部风化裂隙稍发育的强风化岩体中,水量小。中等风化、微风化岩体透水率为0.48～0.68Lu,属于微透水,为相对隔水岩层,岩体中基本无地下水[4]。

2 现场缩尺模型试验

由于隧道式锚碇结构形式和承载机制复杂,目前还没有通用的隧道式锚碇设计方法[5],相关理论和规程规范也不成熟。为了对隧道式锚碇方案可行性进行论证,除采用常规岩石力学试验和数值分析等手段外,现场缩尺模型试验也是隧道式锚碇工程常用的研究方法,如近年来修建的云南普立特大桥[6]、巴东水布垭清江特大桥及重庆江津几江长江大桥[7]等,都进行了隧道式锚碇现场缩尺模型试验。实践证明,现场缩尺模型试验是获取隧道式锚碇锚体与围岩、围岩自身变形的特征的有效手段,可验证大桥隧道式锚碇方案可行性,也可为隧道式锚碇的设计提供技术参数与支撑。因此,以伍家岗长江大桥江北侧隧道式锚碇为背景,进行现场缩尺模型试验研究。

2.1 缩尺模型设计

按1∶12的缩尺比制作大桥隧道式锚碇模型。模型锚洞最大埋深为6.66m。2个模型锚洞轴线间的距离为2.54m。模型锚洞分为前锚室、锚室和后锚室,均为前小后大的楔形,前锚室长2.4m,锚室长3.75m,后锚室长1.0m。模型锚洞横断面顶部采用圆弧形,侧壁和底部采用直线形,前锚面尺寸1m×0.8m,顶部圆弧半径为0.4m,后锚面尺寸1.67m×1.33m,顶部圆弧半径为0.66m,洞底面尺寸为1.7m×1.5m,顶部圆弧半径为0.75m。隧道式锚碇模型结构如图4-6-2所示。

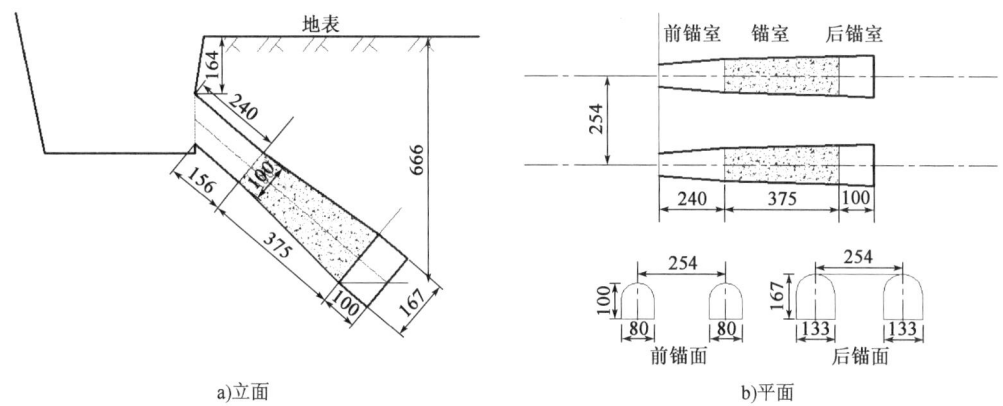

a)立面　　　　　　　　　　　　　b)平面

图 4-6-2　隧道式锚碇模型结构(尺寸单位:cm)

2.2　加载及测点布置

试验加载采用后推法,采用千斤顶进行加载。根据模型制作比例,缩尺模型设计拉力($P_缩$)为152t。锚洞开挖完成后,在后锚室安装8个300t千斤顶,最大荷载可达2000t,试验时最大荷载为设计荷载的13倍[8]。现场缩尺模型试验加载横断面布置如图 4-6-3 所示。

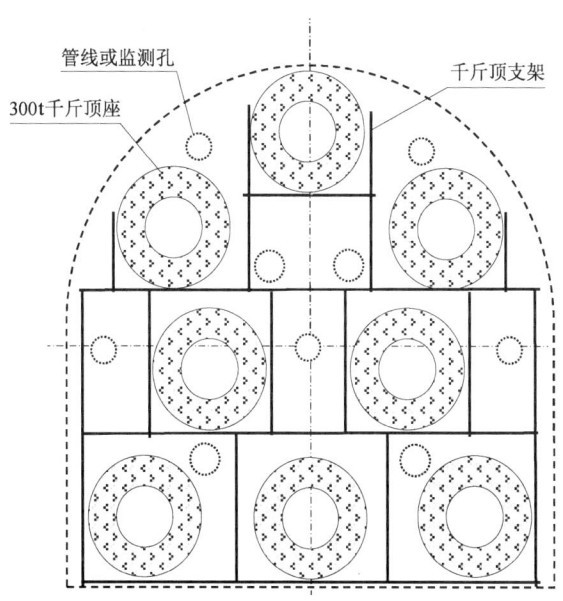

图 4-6-3　现场缩尺模型试验加载横断面布置

为了监测试验过程中锚塞体围岩、锚塞体以及锚塞体与围岩接触部位的变形计破坏特征,在锚塞体围岩中设置3个多点位移计孔、4个滑动测微计孔和2个测斜孔,进行围岩变形量监测;在锚塞体中布设了12个应变计监测锚塞体的应变规律;在锚塞体与围岩接触面布置了12个位错计监测锚塞体与围岩的相对变形[9]。

2.3 试验加载流程

试验加载分为设计载荷试验、超载试验及破坏试验3个流程。

(1)设计载荷试验流程。试验采用分级加(卸)荷单循环方法进行,从0开始加载,按 $0.2P_缩$、$0.4P_缩$、$0.6P_缩$、$0.8P_缩$ 及 $1.0P_缩$ 分5级加至 $1P_缩$,随后分5级卸载至0。稳定标准为荷载加到后立即读数,之后每隔10min读数1次,连续2次的变形量差小于0.002mm时,认为该级荷载时的变形量已稳定,可施加(卸)下一级荷载,卸载过程读数方法与加载相同。分级加载至 $1P_缩$ 荷载后保持该荷载不变,分别在5min、10min、15min、20min、25min、30min,及1h、2h、4h、8h、16h、24h时测读所有仪器的读数,24h后每日定时读数2次,加载历时不少于5d。若每24h时2次读数差不大于0.002mm,则可判定流变稳定。

(2)超载试验流程。采用分级加(卸)荷大循环方法进行,分别进行 $3.5P_缩$、$7P_缩$ 超载试验各1次。载荷分5~7级(每 $0.5P_缩$ 为一个加载分级)施加,每级稳定20min且2次读数差不大于0.002mm,然后分5~7级卸载至0。分别在 $3.5P_缩$ 和 $7P_缩$ 荷载时进行流变观测,观测时间及稳定标准与设计荷载的流变试验相同。

(3)破坏试验流程。在完成 $7P_缩$ 流变观测后进行破坏试验。破坏试验中按 $1P_缩$ 级差分级加载,直至千斤顶的最大荷载,若在其中某级破坏,应使锚体位移达到最大荷载前一级荷载对应变形量的2倍以上;若至千斤顶的最大荷载仍不能破坏,则终止加载,并分为5级卸载至0[8]。

3 试验结果分析

3.1 设计载荷及超载试验结果分析

3.1.1 左、右锚塞体与其间的隔墩岩体变形量监测

采用多点位移计监测锚塞体与左、右锚塞体之间隔墩岩体变形量。由监测结果可知:在 $1P_缩$ 荷载时,左、右锚塞体的变形量小且相差不大,最大变形量在0.2mm左右,前锚面和后锚面的变形量仅相差0.02mm左右;随着荷载的增加,左、右锚塞体之间隔墩岩体变形量逐渐增大,最大变形量仅为0.04mm,明显小于锚塞体变形量。在 $3.5P_缩$ 荷载时,左锚前锚面与右锚前、后锚面部位变形量不明显;而左锚后锚面部位最大变形量为0.41mm。左、右锚塞体之间岩体变形量逐渐增大,最大变形量为0.16mm,明显小于锚塞体变形量。在 $7P_缩$ 荷载时,左、右锚塞体的变形量差别较大;左锚塞体前锚面部位最大变形量为2.36mm,后锚面部位最大变形量为1.1mm;右锚塞体前、后锚面部位变形量相差较小,变形量整体小于左锚塞体,最大变形量为0.44mm。左、右锚塞体之间隔墩岩体变形量逐渐增大,最大变形量为0.51mm。

3.1.2 锚洞洞周围岩变形量监测

采用滑动测微计监测锚洞洞周围岩变形量[9]。由监测结果可知:在 $1P_缩$ 荷载时,锚洞上部围岩变形量大于锚洞外侧围岩变形量,左、右锚洞上部围岩掌子面部位变形量最大,前锚面部位变形量次之,后锚面部位变形量最小,其中左锚洞上部围岩掌子面部位最

大变形量为0.46mm,右锚洞上部围岩掌子面最大变形量为0.44mm。在$3.5P_缩$荷载时,左、右锚洞外侧围岩掌子面部位与前锚面部位的变形量差别不大,而后锚面部位变形量较小;左锚洞外侧围岩掌子面部位最大变形量为0.57mm,右锚洞外侧围岩掌子面最大变形量为0.35mm。左、右锚洞上部围岩掌子面部位与前锚面部位的变形量差别不大,而后锚面部位变形量略小;左锚洞上部围岩掌子面部位最大变形量为0.36mm,右锚洞上部围岩掌子面最大变形量为0.21mm;在$7P_缩$荷载时,锚洞外部围岩变形量大于锚洞上部围岩变形量,左、右锚洞外侧围岩掌子面部位变形量最大,前锚面部位变形量次之,后锚面部位变形量最小;左锚洞外侧围岩掌子面部位最大变形量为0.78mm,右锚洞外侧围岩掌子面最大变形量为0.61mm。

3.1.3 锚塞体上部岩体(钻孔测斜)变形量监测及锚塞体应变监测

采用钻孔测斜监测锚塞体上部岩体,由监测结果可知,在$1P_缩$、$3.5P_缩$及$7P_缩$荷载时,岩体变形量均很小,最大水平变形量不超过0.3mm。

采用应变计监测锚塞体应变,由监测结果可知:在$1P_缩$荷载时,锚塞体后部应变最大值最大,为21.5με,中部次之,约为21με;前部最小,仅3.5με左右。在$3.5P_缩$荷载时,锚塞体中部应变最大值最大,约为68με;后部次之,为61.25με;前部最小,仅8.4με左右。在$7P_缩$荷载时,锚塞体后部应变最大值最大,约为144με;中部次之,为115με;前部最小,仅15με左右。

3.1.4 锚塞体与围岩之间相对变形监测

采用位错计监测锚塞体与围岩之间相对变形,由监测结果可知:在$1P_缩$荷载时,比较左、右锚塞体与围岩的相对变形最大值可得,锚体中部最大,为0.005mm;后锚面次之,为0.002mm;前锚面最小,为0.001mm。在$3.5P_缩$荷载时,比较左、右锚塞体与围岩的相对变形最大值可得,锚体中部最大,为0.018mm;后锚面次之,为0.01mm;前锚面最小,为0.006mm。在$7P_缩$荷载时,比较左、右锚塞体与围岩的相对变形最大值可得,锚体中部最大,为0.042mm;后锚面次之,为0.019mm;前锚面最小,为0.014mm。

3.2 破坏试验结果分析

3.2.1 左、右锚塞体与其间的隔墩岩体变形量监测

左、右锚塞体与其间的隔墩岩体变形量监测结果如图4-6-4所示。由图4-6-4可知:在分级施加荷载至$13P_缩$荷载过程中,左、右锚塞体呈现出相同的变形规律[10],并且变形量也相差不大;左、右锚塞体在$8P_缩$荷载作用下,后锚面的变形曲线出现明显拐点。左、右锚塞体之间的隔墩岩体变形量逐渐增大,隔墩岩体掌子面部位变形量为0.33mm,前锚面部位变形量为0.528mm;在超过$8P_缩$荷载后,隔墩岩体掌子面和前锚面部位岩体变形量均明显增大,$13P_缩$荷载时,隔墩岩体掌子面部位变形量为1.98mm,前锚面部位变形量为2.76mm。

3.2.2 锚洞洞周围岩变形量监测

在分级加载过程中,锚洞外侧围岩变形量大于顶部围岩变形量,外部围岩前锚面部位

变形量最大,掌子面部位次之,后锚面部位最小;在 $8P_缩$ 荷载时,前锚面部位围岩变形量为 1.04mm,左锚洞外侧围岩掌子面部位变形量为 0.83mm,右锚洞外侧围岩掌子面部位变形量为 0.82mm,前锚面部位围岩变形量为 0.90mm,左、右锚洞后锚面部位变形量均小于 0.2mm。

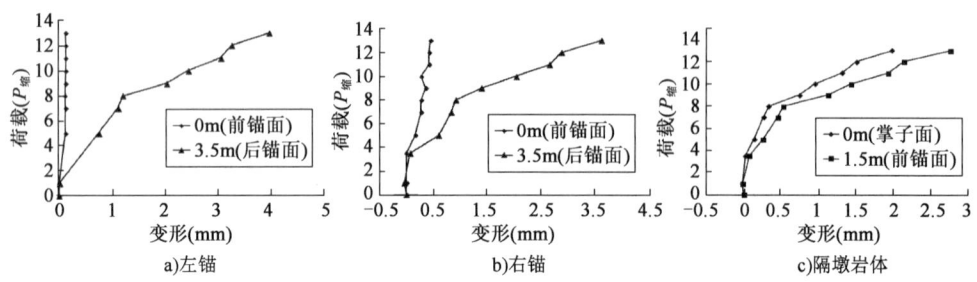

图 4-6-4　左、右锚塞体与其间的隔墩岩体变形量监测结果

3.2.3　锚塞体上部岩体变形量监测及锚塞体应变监测

在超载破坏试验[11]中,前、后锚面测斜孔在深度 4~6.5m 范围内发生明显错动,错动量随着荷载的增加而增大,在 $13P_缩$ 荷载时,前、后锚面隔墩岩体最大错动变形量分别为 1.42mm 和 1.56mm。

在超载破坏试验 $8P_缩$ 荷载时,锚塞体内部应变计变形曲线产生明显改变,在该荷载作用下,锚塞体后部应变最大值最大,约为 $200\mu\varepsilon$;锚塞体中部次之,约为 $120\mu\varepsilon$;锚塞体前部最小,仅 $15\mu\varepsilon$ 左右。在 $13P_缩$ 荷载时,锚塞体后部应变最大值最大,约为 $257\mu\varepsilon$;锚塞体中部次之,约为 $175\mu\varepsilon$;锚塞体前部最小,仅 $17\mu\varepsilon$ 左右。

3.2.4　锚塞体与围岩之间相对变形监测成果

在分级加载过程至 $8P_缩$ 荷载时,锚塞体与围岩的相对变形并不大。在 $8P_缩$ 荷载时,锚体中部和前锚面部位变形产生拐点,锚体中部最大变形量为 0.043mm,后锚面最大变形量为 0.02mm,前锚面最大变形量为 0.014mm。在 $13P_缩$ 荷载时,后锚面部位最大变形量为 0.011mm,锚体中部最大变形量为 0.066mm,前锚面最大变形量为 0.021mm。

基于上述监测结果,当试验荷载超过 $7P_缩$ 或 $8P_缩$ 荷载后,锚塞体的变形量、锚塞体与围岩的错动及锚塞体应变均出现明显拐点,认为桥隧道式锚碇的超载稳定性系数在 7~8 之间。

3.3　流变试验结果分析

在现场缩尺模型设计载荷试验、超载试验及破坏试验过程中,对锚塞体变形量、锚塞体内部应变及锚塞体在锚体后部、中部和前部的位错等流变试验指标进行了测试,测得锚塞体后锚面变形~时间曲线[12-13],如图 4-6-5 所示。由图 4-6-5 可知:在 $1P_缩$、$3.5P_缩$、$7P_缩$ 荷载时,锚塞体变形流变特征均不明显,锚塞体内部应变、锚塞体与围岩相对变形及左、右锚塞体之间隔墩岩体流变变形具有一定的流变特征,但流动变形不明显[14]。

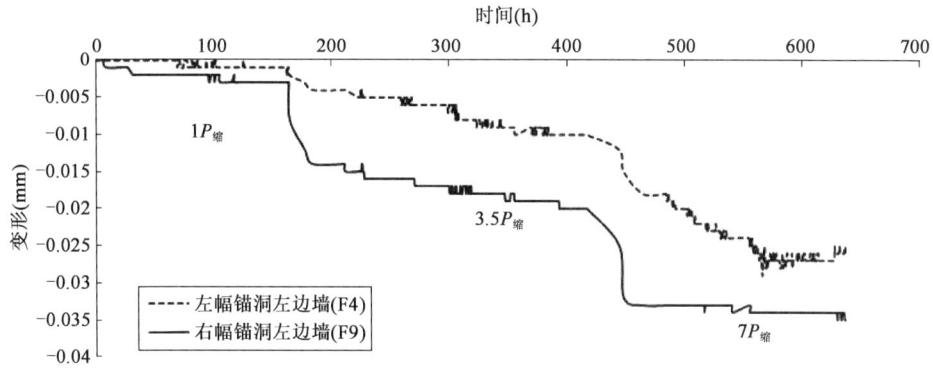

图 4-6-5 锚塞体后锚面变形-时间曲线

4 实桥隧道式锚碇数值模拟研究及隧道式锚碇承载力评判

4.1 实桥隧道式锚碇有限元模型

采用 FLAC-3D 软件建立实桥锚塞体模型,进行岩体与锚塞体之间相互作用的三维弹塑性数值模拟[10],分析锚塞体变形机制以确定锚塞体承载能力[15]。岩体采用弹塑性 Mohr-Coulomb 本构模型模拟,锚塞体混凝土材料采用线弹性模型模拟,实桥锚塞体计算模型如图 4-6-6 所示。

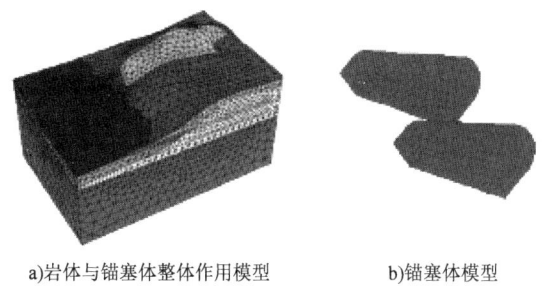

a)岩体与锚塞体整体作用模型　　b)锚塞体模型

图 4-6-6 实桥锚塞体计算模型

4.2 有限元结果分析

数值模拟计算结果表明,当实桥锚塞体模型施加设计荷载($1P$)时,锚塞体前、后端锚面变形量约 1.5mm,而根据缩尺模型试验结果推测的实桥锚塞体在 $1P$ 荷载时前、后锚面最大变形量均约 1.2mm,实测推导值比理论计算值略小;在设计荷载左、右下锚塞体的变形规律与缩尺模型推导的结果一致。

模拟超载试验($1P_缩$ 逐级加载至 $17P_缩$)下的锚塞体力学[16]行为可知:$12P_缩$ 是位移-荷载曲线的临界点,在荷载小于 $12P_缩$ 时,锚塞体最大合位移随荷载呈线性增加,超过 $12P_缩$ 后,锚碇最大合位移开始呈非线性增加;锚塞体围岩位移随荷载增加呈线性增大。

4.3 隧道式锚碇承载力评判

根据该桥模型锚试验及数值模拟分析可知:锚碇前、后端剪切屈服贯通后,锚碇蠕变位移呈不稳定增长趋势,故提出以锚碇四周剪切破坏区贯通为评价隧道式锚碇承载能力的标准。实桥隧道式锚碇承载能力为$12P_{缩}$,参考以往研究成果[17-18],考虑爆破损伤(洞周 1~2m 范围参数折减 30%) + 地下水影响(水位以下取浮重度,饱水参数折减 20%),隧道式锚碇承载能力为$7P_{缩}$,这与模型试验得出的确定的隧道式锚碇承载能力为$8P_{缩}$的试验结果接近,因此,认为伍家岗长江大桥江北侧隧道式锚碇目前设计方案的承载能力为$(7~8)P_{缩}$,满足工程需求。

结合相关学者及前述研究可知,在锚周山体厚度一定、岩体完整、地下水不发育的软岩砾岩地层条件下,可通过隧道式锚碇结构设计实现跨径千米且单锚荷载达 2 万 t 的特大型悬索桥的锚固要求。

5 结论

本文针对伍家岗长江大桥江北侧隧道式锚碇方案进行缩尺比为 1∶12 的现场缩尺模型试验,结合数值模拟研究,得出以下主要结论:

(1)在$1P_{缩}$荷载时,左、右锚塞体的变形量小且相差不大,最大变形量在 0.2mm 左右,左、右锚塞体与围岩的错动较小,最大为 0.005mm,锚塞体应变最大值为 21.5με;随着荷载的增加,左、右锚塞体的变形量、锚塞体与围岩的错动及锚塞体应变逐渐增大,$7P_{缩}$荷载时,锚塞体锚面最大变形量为 2.36mm,发生在左锚塞体前锚面,左、右锚塞体与围岩的错动最大为 0.042mm,发生在锚体中部,锚塞体应变最大为 144με,发生在锚塞体后部。

(2)破坏试验中,随着试验荷载的增大,锚塞体的变形量、锚塞体与围岩的错动及锚塞体应变逐渐增大,当试验荷载超过$7P_{缩}$或$8P_{缩}$后,以上参数均出现明显拐点,由此确定伍家岗长江大桥江北侧隧道式锚碇的超载稳定性系数为 7~8。

(3)在$1P_{缩}$、$3.5P_{缩}$、$7P_{缩}$荷载时,锚塞体变形流变特征均不明显,锚塞体内部应变、锚塞体与围岩相对变形及左、右锚塞体之间隔墩岩体流变变形具有一定的流变特征,但流动变形不明显。

(4)数值模拟研究的计算结果与模型试验的实测结果基本吻合,可确定伍家岗长江大桥江北侧隧道式锚碇目前设计方案的承载能力为$(7~8)P$,长期流变变形不明显,伍家岗长江大桥江北侧隧道式锚碇方案是可以满足工程需求的。

参 考 文 献

[1] 岳万友,冯子哲,饶克夏,等.绿汁江大桥超大倾角隧道式锚碇快速施工技术[J].世界桥梁,2021,49(3):40-45.

[2] 曹春明,易伦雄,王碧波.宜昌伍家岗长江大桥隧道式锚碇设计与研究[J].桥梁建设,2020,50(2):80-85.

[3] 毛伟琦,胡雄伟.中国大跨径桥梁最新进展与展望[J].桥梁建设,2020,50(1):13-19.

[4] 周小毛.临近既有铁路线大型钢筋混凝土沉井施工技术[J].世界桥梁,2019,47(2):33-38.

[5] 张宇,方小林,刘晓升,等.伍家岗长江大桥猫道设计与施工[J].世界桥梁,2020,48(6):16-20.

[6] 杨荣南,代皓.普宣高速公路普立特大桥加劲梁施工关键技术[J].桥梁建设,2017,47(03):111-115.

[7] 王鹏宇.重庆几江长江大桥主桥设计[J].桥梁建设,2017,47(02):72-77.

[8] 文丽娜,程谦恭,程强,等.泸定大渡河特大桥隧道式锚碇模型变形量试验研究[J].铁道工程学报,2017,34(01):52-59.

[9] 邱远喜,肖海珠,刘俊锋.西堠门公铁两用大桥主桥嵌岩重力式锚碇设计及受力分析[J].桥梁建设,2020,50(S2):9-15.

[10] 田国印,徐桂权,王安鑫.中渡长江大桥隧道式锚碇施工关键技术[J].世界桥梁,2017,45(03):39-43.

[11] 张奇华,余美万,喻正富,等.普立特大桥隧道式锚碇现场模型试验研究——抗拔能力试验[J].岩石力学与工程学报,2015,34(01):93-103.

[12] 解刚,刘海鹏,赵宝俊,等.考虑冲刷效应的黄土沟壑区桥梁桩基极限承载力计算方法[J].建筑科学与工程学报,2020,37(4):108-115.

[13] 朱玉,卫军,李昊,等.大跨径悬索桥隧道式锚碇变位分析[J].岩石力学与工程学报,2005(19):190-195.

[14] 荣富强,张伟兵.基于FLAC3D的桥坝基础沉降变形规律研究[J].中州煤炭,2018,40(4):44-48,53.

[15] 曾德礼.大跨径桥梁承载能力鉴定研究[J].桥梁建设,2018,48(5):43-47.

[16] 何永龙.隧道式锚碇锚塞体优化设计[J].工程技术研究,2018(5):199-200,211.

[17] 卢阳,郭喜峰,谭新,等.几江长江大桥隧道式锚碇围岩力学特性试验研究[J].地下空间与工程学报,2015,11(z2):537-544.

[18] 朱玉,卫军,李昊,等.大跨径悬索桥隧道式锚碇变位分析[J].岩石力学与工程学报,2005(19):190-195.

摘录论文二：

宜昌伍家岗长江大桥隧道式锚碇设计与研究

曹春明，易伦雄，王碧波

(中铁大桥勘测设计院集团有限公司，湖北 武汉 430056)

摘要：宜昌伍家岗长江大桥为(290+1160+402)m双塔简支钢箱梁悬索桥，江北侧为国内千米级悬索桥首次在软岩上修建隧道式锚碇。通过地质钻孔、室内试验、斜洞勘探、原位试验等多种方式研究确定合理的岩体力学参数进行隧道式锚碇设计。隧道式锚碇轴线长90 m，其中锚塞体段长45m，倾斜角度为40°；前锚面尺寸为9.04m×11.44m，后锚面尺寸为16m×20m。通过室内模型试验和现场缩尺模型试验，结合数值模拟分析掌握隧道式锚碇与围岩的破坏变形模式和流变特征，确定隧道式锚碇的承载力为8P，保证了结构的安全稳定。

关键词：悬索桥；隧道式锚碇；软岩；岩体力学参数；结构设计；模型试验；数值模拟

Research on the Design of Tunnel-type Anchorage of Wujiagang Changjiang River in Yichang

(Cao Chunming, Yi Lunxiong, Wang Bibo)

(China Railway Major Bridge Reconnaissance&Design Institute Co. ,Ltd. ,
Hubei Wuhan 430056, China)

Abstract: The Wujiagang Yangtze river bridge is a simple supported steel box girder suspension bridge whose main span is (290+1160+402)m with double-tower in Yichang. Its northern bank first adopted the tunnel anchorage on soft rock in the thousand-meter scale suspension bridge. In order to clarify the reasonable rock mechanics parameters and design, various methods were used to study such as geological drilling, laboratory test, inclined tunnel exploration and in-situ test. In addition, based on the laboratory model test and the reduced scale model text, the failure model and rheological characteristics of the tunnel anchorage are acquired by combining numerical simulation analysis. At the same time, the bearing capacity can be determined so as to ensure safety of production. The results can provide reference for similar bridge construction in the future.

Key words: suspension bridge; tunnel anchorage; soft rock; laboratory model test; reduced scale model text; numerical simulation analysis

1 工程概况

伍家岗长江大桥位于宜万铁路长江大桥下游5.3km，是构建宜昌"四纵五横"快速路网的重要控制性工程。道路等级为城市快速路,设计速度80km/h,桥面宽31.5m,双向6车道,两侧各2m人行道。因桥位处于中华鲟自然保护区内,结合两岸地形地貌及防洪通航要求,主桥采用水中不设墩的(290+1160+402)m简支钢箱梁悬索桥,江南侧采用重力式锚碇,江北侧采用隧道式锚碇,主桥桥型布置图如图4-6-7所示。

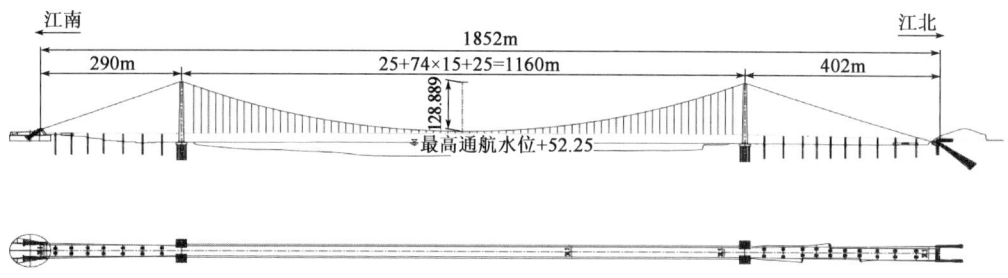

图4-6-7 伍家岗长江大桥主桥桥型布置图

2 隧道式锚碇设计

2.1 方案可行性

隧道式锚碇以其性价比高、对环境影响小而得到越来越广泛的应用,但国内千米级悬索桥的隧道式锚碇基本都位于硬质岩层,如:金安金沙江大桥两岸隧道式锚碇均位于玄武岩及多层凝灰岩夹层[1]、雅安至康定高速公路泸定大渡河特大桥雅安岸隧道式锚碇位于花岗岩层[2]、湖南矮寨大桥吉首岸隧道式锚碇位于泥质白云岩层[3]、香丽高速金沙江大桥香格里拉岸隧道式锚碇位于玄武岩层[4]、万州驸马长江大桥南锚碇位于砂岩层[5]。软岩由于其力学性能较差,在主缆拉力作用下,隧道式锚碇及其周边围岩可能出现整体破坏;同时软岩变形模量低且具有流变性,隧道式锚碇承受缆索荷载时,不仅加载过程中会有变形,而且桥梁建成运营期间变形还会持续发展。国内在软岩上修建隧道式锚碇的悬索桥主跨基本不超过600m,如:重庆几江长江大桥北锚碇位于中风化泥岩[6]、重庆鹅公岩长江大桥东侧上游锚碇位于粉砂质泥岩,下游锚碇位于长石石英砂岩[7]。

伍家岗长江大桥江北侧锚碇位于伍临路旁近南北向的山体上,基岩裸露,主要为罗镜滩组第一、二、三段(K_2l^1、K_2l^2、K_2l^3)的中厚至块状砾岩夹砾砂岩及细砂岩透镜体(图4-6-8)。若采用隧道式锚碇,其锚塞体所在的微风化岩体饱和抗压强度为15MPa,抗剪强度为0.7MPa,总体属较软岩~软岩。考虑到隧道式锚碇受力模式是通过前小后大的"楔形"锚塞体和围岩共同受力,故试验岩块的强度并不能完全反映岩体的承载能力,同时山体整体稳定性好,岩层与山体走向及锚碇轴向呈大角度相交,锚塞体上覆岩体厚度大,且岩体完整性好,岩石内裂隙、断层不发育,不存在影响锚塞体稳定性的结构面,因此,采用隧道式锚碇方案是可行的。

2.2 地质勘探与岩体力学参数研究

岩体力学参数取值对隧道式锚碇设计有至关重要的影响,决定了隧道式锚碇的建设规模。前期通过地质钻孔、跨孔声波、数字电视录像及多种室内试验得到岩层分布和岩石相关力学参数,建立基本的地质概化模型,进行隧道式锚碇方案研究,初步拟定隧道式锚碇结构尺寸[8]。

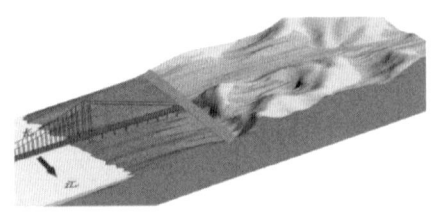

图 4-6-8　北岸三维地形

后期为详细了解隧道式锚碇处地质条件,进一步深化设计方案,通过原位开挖勘探斜洞,选择代表性岩层开展岩体力学试验,对之前建立的地质模型中力学参数进行修正,并建立隧道式锚碇拉拔试验数值分析模型,利用现场拉拔试验围岩变形观测值,采用智能位移法反演模型试验所在部位围岩力学参数和蠕变参数,修正岩体力学参数,优化隧道式锚碇结构尺寸。通过各种方式得到的锚塞体所在岩层——K_2l^1 微风化砾岩层的主要力学参数见表 4-6-2。

K_2l^1 微风化砾岩层主要力学参数　　　　表 4-6-2

取值方式	主要力学参数			
	变形模量 (GPa)	弹性模量 (GPa)	岩体抗剪断强度参数 f'	岩体抗剪断强度参数 C'(MPa)
现场试验值	7.63	12.0	1.65	1.25
初勘建议值	2.5~3.5	4.0~5.0	0.60~0.65	0.50~0.60
标准建议值	6~16	4.0~10.0	0.8~1.2	0.7~1.5
最终取值	6	5.0	0.85	0.74

注:表中标准指《工程岩体分级标准》(GB/T 50218—2014)。

2.3　隧道式锚碇结构设计

隧道式锚碇轴线长 90m,其中前锚室轴线长 42m、锚塞体轴线长 45m、后锚室轴线长 3m(图 4-6-9),距离设计路面的最大埋深约 80m,锚塞体均设置于微风化砾岩层中。

锚体轴线的倾斜角度为 40°。前锚面距散索点 42m,为了更好地发挥围岩受力,锚塞体范围设计成前小后大的楔形,采用 C35 聚丙烯合成纤维钢筋混凝土,前锚面尺寸为 9.04m×11.44m,后锚面尺寸为 16m×20m。两个隧道式锚碇中心距离 37.5m(散索点之间距离),最小净距约 23m。

2.4　隧道式锚碇开挖支护设计

隧道式锚碇暗挖段采用复合式衬砌结构,以锚杆、钢筋网、喷射混凝土和钢架组成初期支护形式,二次衬砌采用模筑钢筋混凝土结构。初期支护与二次衬砌拱墙间设防水隔离层。洞口浅埋地段按明挖法设计,采用现浇整体式衬砌及外贴式防水层防水。

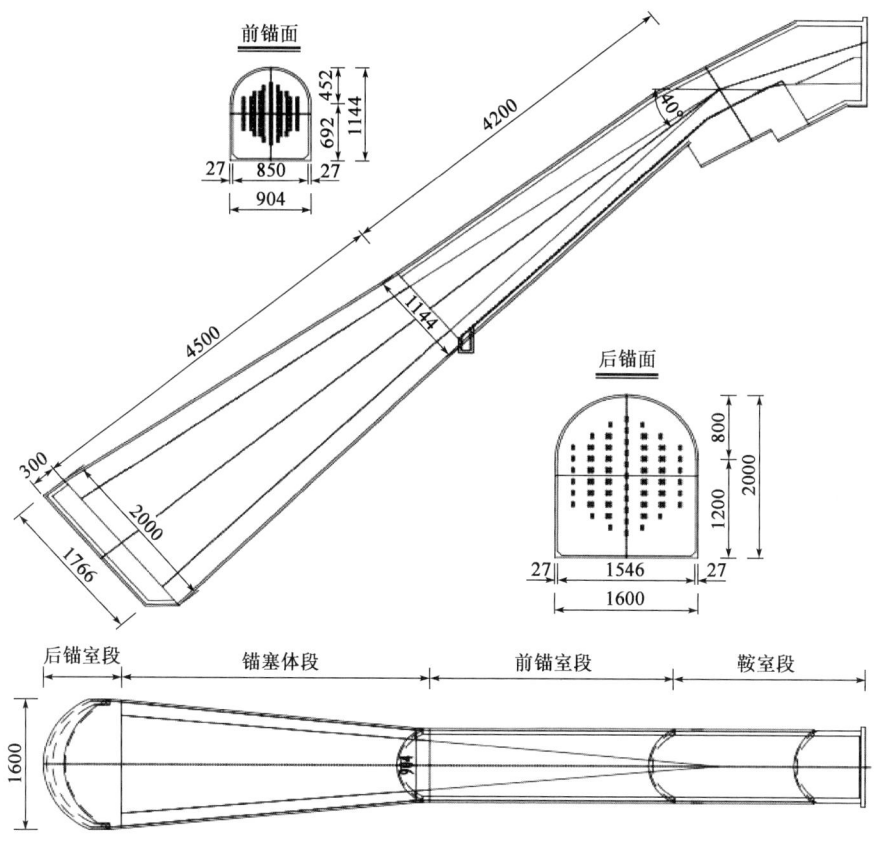

图 4-6-9　隧道式锚碇结构(尺寸单位:cm)

隧道式锚碇初期支护采用 C30 聚丙烯合成纤维喷射混凝土,初期支护厚度 27cm,拱墙设置直径 8mm 的 HPB300 钢筋网,间距 20 cm×20 cm,并设置 20b 工字钢拱架,间距 0.6m/榀,拱部锚杆采用直径 25mm 的中空注浆锚杆,边墙采用直径 25mm、壁厚 7mm 的中空注浆锚杆,长度采用 6.0 m、3.0 m 交错布置,间距 100 cm(环)×60 cm(纵),梅花形布置。

隧道式锚碇二次衬砌采用 C35 聚丙烯合成纤维钢筋混凝土,衬砌厚度 45 cm。

隧道式锚碇开挖采用台阶法施工,前锚室段采用两台阶法施工,鞍室段、锚塞体段及后锚室段采用三台阶法施工。

3　数值模拟计算分析

基于地质概化模型,采用 FLAC 3D 软件构建隧道式锚碇锚塞体与围岩结构体系连续介质力学模型(图 4-6-10),进行岩体与锚塞体之间相互作用的三维弹塑性数值模拟,分析软岩上锚塞体变形机制以及可能的破坏模式,研究运营阶段隧道式锚碇围岩蠕变趋势以及蠕变变形对围岩应力和塑性区的影响。

计算结果表明:

(1)隧道式锚碇洞室施工开挖后,锚塞体围岩位移约 3mm;鞍室洞口位于强风化层,位移达到 6mm,塑性区延伸至地表。

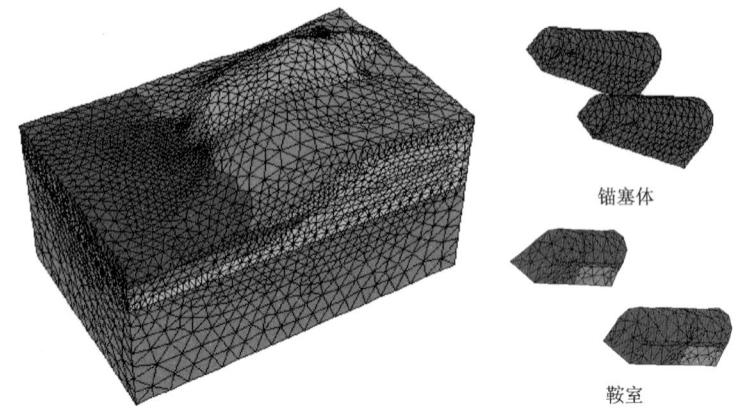

图 4-6-10　隧道式锚碇塞体与围岩结构模型

(2) 1P(P 为单个隧道式锚碇体承担的主缆设计拉力 230MN) 荷载作用下,隧道式锚碇围岩变形不足 1mm,锚塞体周边围岩基本处于弹性工作状态。加载 1 年后锚碇蠕变位移趋于稳定,前锚面瞬时位移为 0.68mm,长期位移约为 2.8mm(图 4-6-11),远小于《公路悬索桥设计规范》(JTG/T D65-05—2015) 中的允许值,锚碇周边围岩基本处于弹性状态。

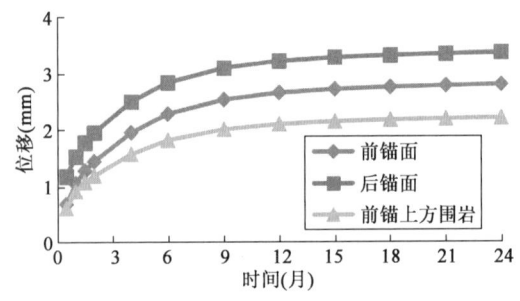

图 4-6-11　1P 蠕变荷载作用下关键点位移-时间曲线

(3) 3P 荷载作用下,锚塞体拉剪作用造成锚塞体砂砾岩端开挖松弛区率先破坏;随荷载增加至 7P,锚塞体后端逐渐拉剪屈服;当荷载达到 12P 时,锚塞体前后端剪切屈服区贯通;17P 时隧道式锚碇超载破坏塑性区延伸长度达到 15m。由模型锚试验反演分析知锚碇前后端剪切屈服贯通后,锚碇围岩蠕变位移呈不稳定增长趋势,重庆几江大桥软岩隧道式锚碇模型试验及其反演分析也得到类似的结论[9]。因此,以锚碇前后端围岩剪切屈服区贯通为锚碇的承载力评价准则,可得到锚碇承载力为 12P。隧道式锚碇加载过程中围岩塑性区分布如图 4-6-12 所示。

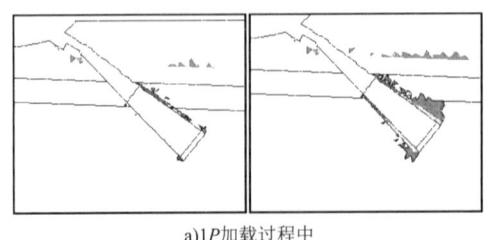
a) 1P 加载过程中

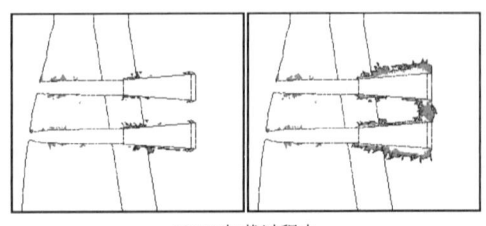
b) 12P 加载过程中

图 4-6-12　加载过程中围岩塑性区分布

同时,本项目还进行了爆破及地下水对围岩的损伤影响分析,考虑爆破损伤后(洞周1~2m范围参数折减30%)隧道式锚碇承载能力为9P,考虑爆破损伤+地下水影响下(水位以下取浮重度,饱水参数折减20%)隧道式锚碇承载能力为7P。同时分析确定了隧道式锚碇后期运营过程中岩体保护范围为周边90m内。

4 模型试验研究

4.1 1∶40室内模型试验

基于相似比尺(1∶40)及室内模型试验刚性槽的尺寸,保证足够的边界距离,以避免导致边界约束失真为原则,确定了模型的模拟范围为132m(长)×120m(高)×160m(宽),相对应的地质力学模型尺寸为3.3m(长)×3m(高)×4m(宽),位移测点布置如图4-6-13所示。

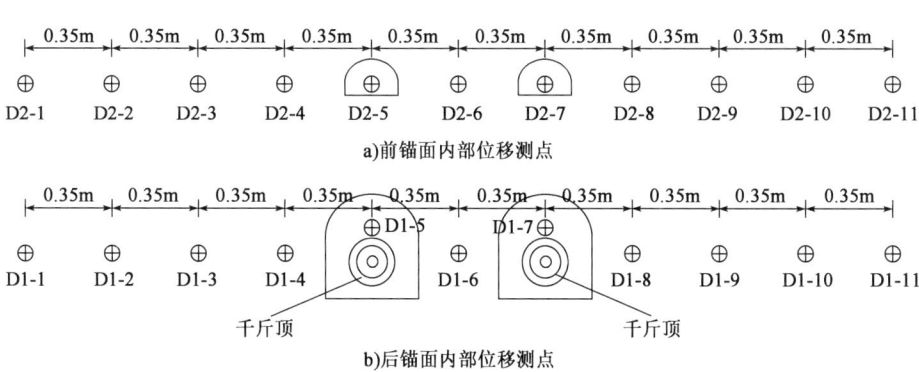

图4-6-13 前、后锚面位移测点布置图

试验结果表明,1P作用下锚体及围岩后表面变形曲线呈双峰形对称,以对称中心向四周呈马鞍形衰减扩散,隧道式锚碇与围岩体处于弹性阶段;随着荷载的增加,其马鞍形曲线特征越来越显著,锚塞体与围岩相互作用,共同抵抗外力,形成夹持效应;当超载系数$K>10$时,呈现明显非线性特征,模型围岩体顶部沿着对称轴线出现微裂缝,双锚之间的岩体亦现微裂缝,随着荷载的增大,裂缝发展迅速,相互扩展贯通,围岩发生破坏[10],如图4-6-14所示。综合分析测点位移与应变速率确定隧道式锚碇的超载稳定系数约为9。

4.2 1∶12原位缩尺模型试验

为进一步验证围岩力学参数,掌握隧道式锚碇成桥后受力变形特性,在原位选择岩性基本一致的区域,满足几何与地质相似条件,进行了1∶12缩尺模型试验。试验结果表明:1P荷载时锚塞体最大变形约1.2mm,持荷一年后,锚塞体最大变形仅增加0.8mm,流变特征不明显;当超载系数$K>8$时,出现明显变形拐点,变形明显增大,达到2.76mm;继续增大荷载至13P,锚塞体及锚塞体周边岩体被整体"拔出",如图4-6-15所示。综合模型试验围岩变形测试结果,确定隧道式锚碇的承载能力为8P。

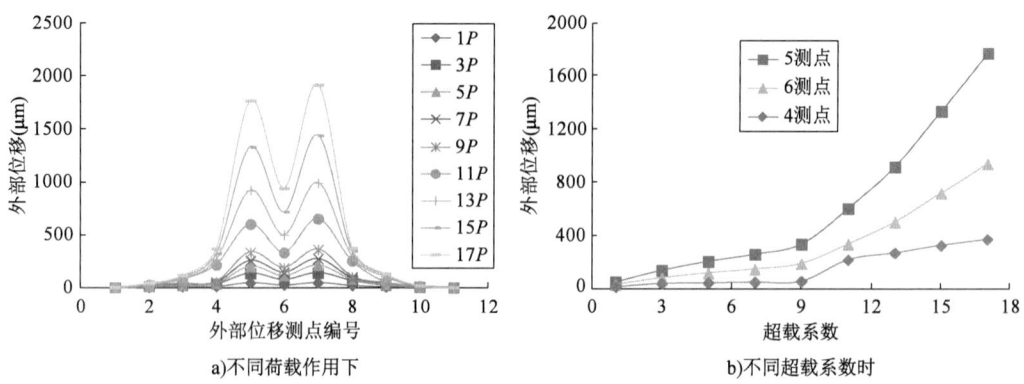

图 4-6-14 室内模型试验锚塞体后锚面测点位移

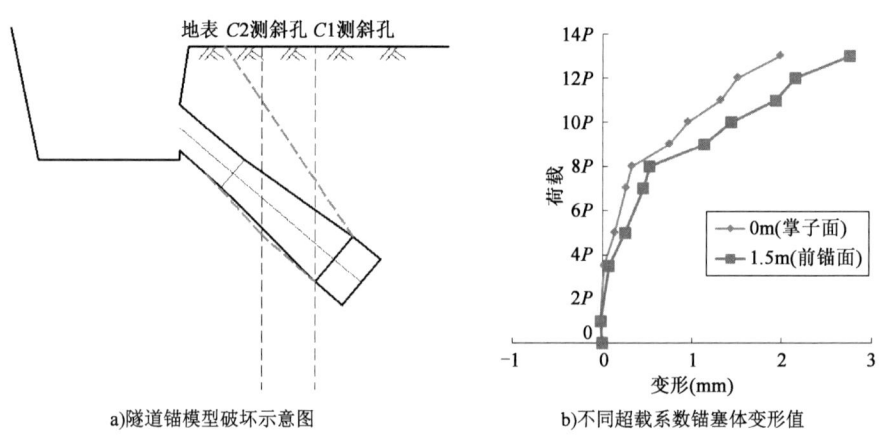

图 4-6-15 现场模型试验锚塞体测试结果

5 结语

伍家岗长江大桥隧道式锚碇是国内千米级悬索桥在软岩地区的首次尝试,设计时注重对岩层力学参数的选取,合理控制锚碇的建设规模,减少对环境的破坏,取得了良好的经济效益。通过数值模拟分析、1∶40 室内物理模型试验和 1∶12 原位缩尺模型试验掌握隧道式锚碇与围岩的破坏变形模式和流变特征,综合确定隧道式锚碇承载能力为 8P,长期流变变形不明显,整个隧道式锚碇结构是安全稳定的,证实了软岩地区修建千米级悬索桥隧道式锚碇是可行的。该桥于 2018 年 5 月开工建设,2019 年 11 月完成隧道式锚碇施工,隧道式锚碇围岩及锚塞体变形值与设计值吻合度较高,可为今后同类型项目建设提供借鉴。

参 考 文 献

[1] 刘斌,马健,汪磊,等.云南金安金沙江大桥总体设计[J].桥梁建设,2018(1):82-87.
[2] 文丽娜,程谦恭,程强,等.泸定大渡河特大桥隧道式锚碇模型变形试验研究[J].铁

道工程学报,2017(1):52-59.
[3] 胡建华,崔剑峰.湘西矮寨大桥设计创新技术[J].桥梁建设,2011(6):54-61.
[4] 王中豪,马健,武文祥,等.虎跳峡金沙江大桥隧道式锚碇现场模型试验研究[J].地下空间与工程学报,2018(5):1179-1184.
[5] 王茂强,曾宇.万州驸马长江大桥隧道式锚碇防排水系统研究[J].公路,2018(9):181-184.
[6] 王鹏宇.重庆几江长江大桥主桥设计[J].桥梁建设,2017(2):72-77.
[7] 吴相超,肖本职,彭朝全.重庆长江鹅公岩大桥东锚碇岩体力学参数研究[J].地下空间,2003(2):132-138.
[8] 王鹏宇.软岩地区悬索桥隧道式锚碇设计研究[J].铁道工程学报,2019(8):51-55.
[9] 余家富,曹春明.悬索桥隧道式锚碇抗拉承载力公式探讨[J].交通科技,2015(2):21-24.
[10] 蒋昱州,王瑞红,朱杰兵,等.伍家岗大桥隧道式锚碇三维地质力学模型试验研究[J].岩石力学与工程学报,2016(10):4103-4113.

摘录论文三：

宜昌伍家岗长江大桥抗震设计关键技术研究

苗润池

(中铁大桥勘测设计院集团有限公司,湖北 武汉 430056)

摘要：宜昌伍家岗长江大桥为主跨1160m的钢箱梁悬索桥,针对大桥塔高、结构柔、跨径大、弱阻尼等特点,从长周期效应、行波效应和减隔震设计3个方面开展抗震设计关键技术研究。采用MIDAS Civil建立主桥空间有限元模型,综合考虑地震地质环境、场地条件及地震震级对长周期反应谱的贡献,修正设计反应谱,分析不同视波速对主桥地震反应的影响,通过非线性时程分析阻尼器对结构位移和内力的减震效果。结果表明:考虑长周期效应,结构的地震内力响应增大约30%,地震位移响应增大约50%,在抗震设计时需要预留足够的安全储备;结构行波效应分析结果小于一致激励的计算结果,采用一致激励作用下的计算结果偏安全;设置阻尼器后,加劲梁位移减震效果达到85%以上,阻尼器对加劲梁的纵向位移减震效果显著,对桥塔内力的减震效果并不明显,在抗震设计时应以位移减震控制为主。

关键词：悬索桥;钢箱梁;长周期效应;行波效应;阻尼器;内力;位移;抗震设计

Key Technology Research on Seismic Design of Wujiagang Changjiang River Bridge in Yichang

Miao Runchi

(China Railway Major Bridge Reconnaissance & Design Group Co. Ltd., Wuhan Hubei 430056, China)

Abstract: The Wujiagang Changjiang River Bridge in Yichang is a long-span suspension bridge with a main span of 1160m, in view of the characteristics of pylon height, flexible structure, large span, weak damping, etc., research on key technologies for seismic design was carried out three aspects from long-period effect, traveling wave effect and seismic isolation design. In the design, the software MIDAS CIVIL was used to establish the spatial finite element model for the bridge, taking into account the seismic geological environment, site conditions, and the contribution of earthquake magnitude to the long-period response spectrum, revise the design response spectrum, considering the influence of different apparent wave speeds on the seismic response of long-span suspension bridge, study the damping effect of dampers on structural displacement and internal force through nonlinear time history analysis. The results show that considering the long-period effect, the seismic internal force response of the structure increases by about 30%, and the seismic displacement response increases by about 50%. Sufficient safety reserves need to be reserved in the seismic design; the structural traveling wave effect analysis is less than the calculation result of the uniform excitation. The calculation results under uniform excitation are safe; after the bridge is equipped with dampers, the stiffening girder displacement damping effect reaches more than 85%. For long-span suspension bridges, the damping effect on the longitudinal displacement of the stiffening girder is significant, The damping effect on the internal force of the pylon is not obvious, and the displacement and damping control should be the mainstay in the seismic design.

Key words: suspension bridge; long-period effect; traveling wave effect; damper; seismic mitigation and isolation; seismic design

1 概述

宜昌伍家岗长江大桥南侧为点军区艾家镇,北侧为伍家岗区,上距宜万铁路长江大桥5.3km,下距宜昌长江公路大桥6.3km。桥位处于中华鲟自然保护区,主桥采用单跨1160m钢箱梁悬索桥一跨过江方案,跨径布置为(290+1160+402)m,中跨主缆矢跨比为1/9,垂度128.9m,江南侧采用重力式锚碇,江北侧采用隧道式锚碇[1],伍家岗长江大桥主桥总体布置如图4-6-16所示。

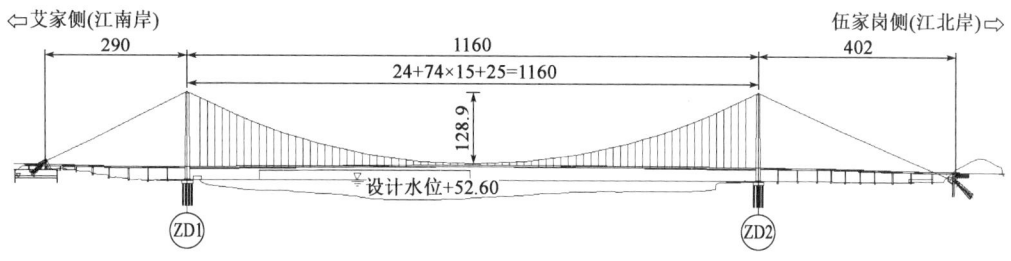

图4-6-16 伍家岗长江大桥主桥总体布置图(尺寸单位:m)

由于该桥主桥跨径已达千米级,是非常重要的城市交通过江通道,工程造价高,一旦发生破坏,修复困难,因此,主桥抗震设防水准提高到E1地震采用100年超越概率10%,E2地震采用100年超越概率4%。抗震性能目标要求各构件在E1地震作用下无损伤,结构在弹性范围内工作,正常的交通在地震后立刻得以恢复;在E2地震作用下桥塔和基础结构基本在弹性范围内工作,可局部开裂,地震后依靠结构重力可恢复,保证在地震时生命线工程的畅通无阻。工程场地地震安全性评价成果表明:工程场地类别属Ⅱ类场地,南北岸场地略有差异,100年超越概率10%的地表地震动水平向峰值加速度值为0.105g,特征周期为0.40s。

大桥具有塔高、结构柔、跨径大、弱阻尼等特点。针对结构柔性特点,第一阶振型的周期往往较长,在地震响应分析时需要考虑包含第一阶自振周期在内的长周期效应。由于大桥跨度已达千米级,需要考虑地震动参数的空间变化以及行波效应。另外,大桥顺桥向采用漂浮体系,在地震作用下可能导致过大的梁体位移,需进行减隔震设计。因此,本文采用有限元软件建立大桥空间有限元模型进行动力特性分析,并从长周期效应、行波效应和减隔震设计3个方面进行抗震关键技术研究,确保大桥的抗震安全性。

2 有限元模型及动力特性

采用有限元软件 MIDAS Civil 建立伍家岗长江大桥空间有限元模型,如图4-6-17所示,进行动力特性分析。加劲梁、桥塔、承台均采用空间梁单元模拟。主缆和吊杆采用索单元模拟,并考虑索力对结构几何刚度的影响。塔梁间竖向和横向设置支座约束,纵向设置黏滞阻尼器。土、桩与结构的相互影响采用群桩基础在承台底处采用六弹簧单元模拟[2],土弹簧的刚度根据土的性质确定。成桥状态前5阶动力特性见表4-6-3。由表4-6-3可知:该桥第一阶自振周期为16.4554s,第一阶振型为加劲梁对称横弯,由于悬索桥主缆和吊杆在面内形成几何刚度,悬索桥横向较弱,加劲梁对称横弯振型先出现,加劲梁纵飘和竖弯振型均出现在第二或第三阶。同时该桥南、北边跨跨径不同,北边跨主缆振型出现的频度更高、频率更低。南、北主缆的振型和频率的差异会导致南、北塔根部顺桥向地震响应差异较大。

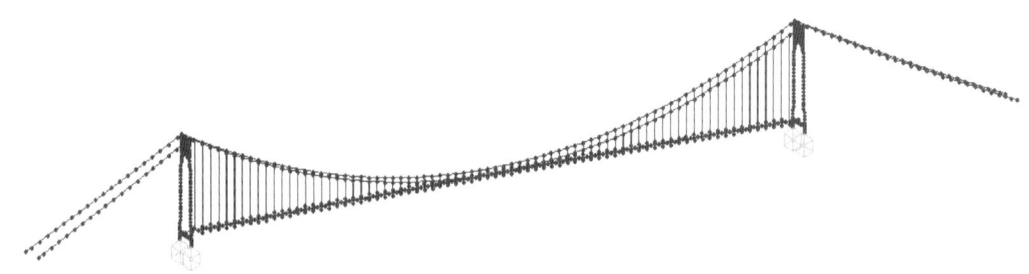

图4-6-17 伍家岗长江大桥空间有限元模型

成桥状态前5阶动力特性 表4-6-3

阶次	振型特征	频率(Hz)	周期(s)
1	加劲梁一阶对称横弯	0.0608	16.4554
2	加劲梁纵飘+加劲梁竖弯	0.0885	11.2941
3	加劲梁竖弯+北边跨主缆振动	0.1378	7.2588
4	加劲梁竖弯	0.1387	7.2088
5	加劲梁一阶反对称横弯	0.1785	5.6018

3 设计反应谱长周期曲线段修正

在现行的抗震设计规范中,设计反应谱最大规定周期在6~10s之间,但是对于大跨径桥梁,第一阶自振周期一般能达到10s以上甚至更长,在地震响应分析时需要考虑包含第一阶自振周期在内的长周期效应。对设计反应谱考虑长周期效应一直是研究的热点[3],主要研究体现在两个方面:一是长周期曲线段衰减指数的取值,二是超过设计反应谱规定范围以外长周期的取值。

根据概率地震危险性分析及土层地震反应计算得到的工程场地短、中周期反应谱是可靠的,但由于缺乏6s以上长周期反应谱衰减关系,而且土层地震反应等效线性化方法对长周期地震动模拟存在缺陷,得到的反应谱大于2~3s部分不可靠,一般来说偏小。伍家岗长江大桥第一阶自振周期已达到16.4554s,为了满足大跨径柔性结构的抗震设计,设计反应谱考虑长周期效应宜作专门研究。由于该桥址处场地距离汉口较近,根据参考文献[4],综合考虑汉口地区所处的地震地质环境、场地条件以及地震震级对长周期反应谱的贡献,利用强震记录,考虑长周期效应,最终确定修正后的地震设计加速度反应谱为:

$$\beta(T) = \begin{cases} 1 + (\beta_{max} - 1)T/T_1 & 0 < T \leq T_1 \\ \beta_{max} & T_1 < T \leq T_2 \\ \beta_{max} \left(\dfrac{T_2}{T}\right)^{\gamma_1} & T_2 < T \leq T_3 \\ \beta_{max} \left(\dfrac{T_2}{T_3}\right)^{\gamma_1} \left(\dfrac{T_3}{T}\right)^{\gamma_2} & T_3 < T \leq T_4 \\ \beta_{max} \left(\dfrac{T_2}{T_3}\right)^{\gamma_1} \left(\dfrac{T_3}{T_4}\right)^{\gamma_2} \left(\dfrac{T_4}{T}\right)^{\gamma_3} & T_4 < T \leq 15 \end{cases} \quad (4\text{-}6\text{-}1)$$

式中:β_{max}——设计反应谱最大值;

T——设计反应谱周期;

T_1——设计反应谱直线上升段最大周期;

T_2——设计反应谱特征周期;

T_3、T_4——设计反应谱衰减段长周期、过渡周期;

γ_1、γ_2、γ_3——设计反应谱曲线衰减指数。

β_{max}、T_1、T_2 由地震安全性评价结果确定;T_3、T_4、γ_1、γ_2、γ_3 根据表4-6-4确定。

设计反应谱长周期标定参数　　　　表4-6-4

控制参数	T_3(s)	T_4(s)	γ_1	γ_2	γ_3
标定值	3.0	7.0	0.6	1.2	1.8

根据地震安全评价报告中提供的设计反应谱参数取值,考虑长周期效应,结合修正后的地震设计加速度反应谱公式,得到修正后考虑长周期效应的设计反应谱,如图4-6-18所示。

对主桥有限元模型进行修正后的反应谱分析,将修正后与未修正的反应谱分析结果进行比较,结果见表4-6-5。由表4-6-5可知:在考虑长周期效应时,结构纵向响应比横向响应变化更大,结构位移响应比内力响应变化更剧烈,说明大跨径柔性结构位移响应对长周期效应更敏感[5]。考虑长周期效应后,结构的地震内力响应增大约30%,地震位移响应增大约50%,在抗震设计时,需要充分考虑长周期效应,预留足够的安全储备,可为合理确定结构长周期地震效应提供参考。

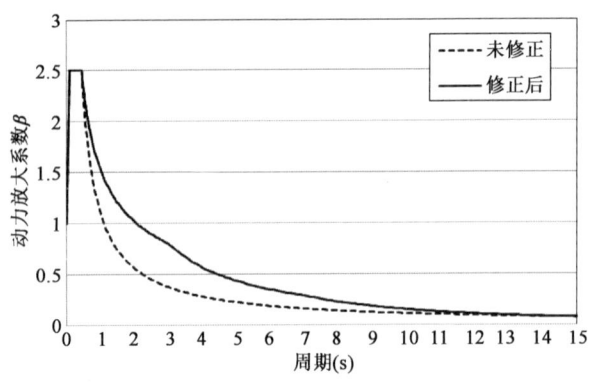

图 4-6-18 修正前、后的设计反应谱

反应谱修正前、后地震响应对比　　　　　　　　　　表 4-6-5

工况	南塔承台底弯矩（kN·m）		北塔承台底弯矩（kN·m）		梁端顺桥向位移（mm）	跨中横桥向位移（mm）
	纵向	横向	纵向	横向		
修正前	547786	402135	623618	392306	363	1190
修正后	722608	506556	864414	468227	536	1285

4　行波效应分析

对于跨径在千米级以上的柔性桥梁结构,必须考虑地震波的空间传播变化[6]。大跨径桥梁的多点激励问题非常复杂,多点激励与一致激励的分析结果也很难找到统一的规律[7]。目前行波效应分析是大跨径桥梁多点激励研究的重点[8]。

进行行波效应分析时,采用工程场地地震安全评价报告中提供的地震波时程曲线（图4-6-19）。假设地震波沿纵向传播,到达南塔的纵向地震波时间定义为0,到达北塔的纵向地震波时间为视波速对应的时间差。根据桥址处桥塔钻孔地质结果可知,承台底处土层的剪切波速约为200m/s,桩基础端部土层的剪切波速约为600m/s。行波效应分析选取视波速为250～5000m/s。行波效应对结构位移和内力响应的影响见表4-6-6。由表4-6-6可知:考虑行波效应后,地震波沿纵向传播方向,远端结构（北塔）比近端结构（南

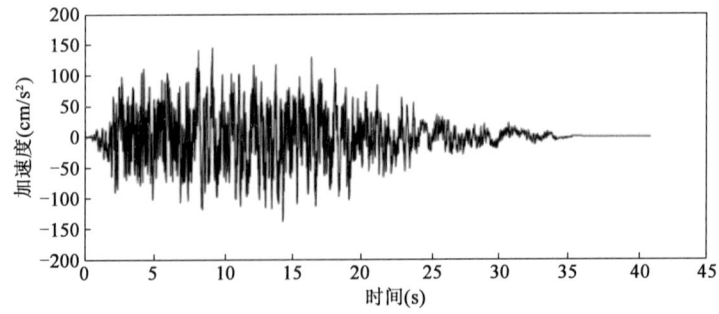

图 4-6-19　场地地表地震动时程曲线（100 年超越概率 4%）

塔)对视波速更敏感、地震响应变化更剧烈,需要根据地震波的传播方向重点关注远端结构的行波效应;大桥地震响应均小于一致激励的计算结果,在进行抗震设计时,采用一致激励作用下的计算结果是偏于安全的。

行波效应对结构位移和内力响应的影响　　　表 4-6-6

视波速 (m/s)	两塔相位差 (s)	梁端纵向位移 (mm)	承台底纵向弯矩(kN·m)	
			南塔	北塔
250	4.64	446	640722	476569
500	2.32	435	563978	536268
1000	1.16	429	558708	546728
2000	0.58	451	676416	671752
5000	0.23	464	601351	746173
一致激励	—	610	796485	871459

5　减隔震设计

为了限制结构在地震作用下的纵向位移,同时减小结构的地震内力响应,在桥塔和加劲梁之间纵向设置液体黏滞阻尼器进行减隔震设计[9]。液体黏滞阻尼器的速度指数和阻尼系数是减隔震设计的关键,通常桥梁工程中使用的液体黏滞阻尼器的速度指数在 0.2~0.5 之间[10],速度指数小于 0.2 的阻尼器,在制造上还存在一些技术难度,而且由于阻尼器发热较大,油脂的工作性能不易保证;速度指数大于 0.5 的阻尼器工作效率不高,在桥梁工程中采用得较少。

伍家岗长江大桥结合自身地震响应特点,考虑对地震和行车制动力的影响,全桥共设置 4 套液体黏滞阻尼器,经过参数比选,最终确定阻尼器的速度指数取 0.3,阻尼系数 C 为 $3000kN·(m/s)^{-0.3}$,采用 MIDAS Civil 中的边界非线性单元模拟进行非线性时程分析。由于阻尼器只设置在纵向,因此,只给出顺桥向的非线性时程计算结果,见表 4-6-7。由表 4-6-7 可知:设置阻尼器后,承台底地震内力减少约 10%,加劲梁位移减震效果达到 85% 以上。大桥通过在塔梁间纵向设置阻尼器,对加劲梁的纵向位移减震效果显著,而对桥塔内力的减震效果并不明显,在抗震设计时,应以位移减震控制为主,桥塔和基础结构通过截面配筋满足抗震性能要求。

设置阻尼器前、后结构地震响应结果对比　　　表 4-6-7

工况	承台底纵向弯矩(kN·m)		梁端纵向位移 (mm)
	南塔	北塔	
减隔震后	722699	767578	73
减隔震前	796485	871459	610

6　结论

宜昌伍家岗长江大桥主桥为主跨 1160m 的大跨径悬索桥,具有跨度大、结构柔、阻尼

弱等特点,本文从长周期效应、行波效应、减隔震设计3个方面对该桥的抗震设计进行研究,得到以下主要结论:

(1)考虑长周期效应后,结构的地震内力响应增大约30%,地震位移响应增大约50%,在抗震设计时,需要充分考虑长周期效应,预留足够的安全储备,可为合理确定结构长周期地震效应提供参考。

(2)根据地震波的传播方向重点关注远端结构的行波效应。考虑行波效应,结构的地震响应均小于一致激励的计算结果,在进行抗震设计时,采用一致激励作用下的计算结果验算是偏于安全的。

(3)设置阻尼器减隔震后,承台底地震内力减少约10%,而加劲梁位移减震效果达到85%以上,设置阻尼器对加劲梁的纵向位移减震效果显著,而对桥塔内力的减震效果并不明显,在抗震设计时,应以位移减震控制为主,桥塔和基础结构通过截面配筋满足抗震性能要求。

参 考 文 献

[1] 曹春明,易伦雄,王碧波.宜昌伍家岗长江大桥隧道式锚碇设计与研究[J].桥梁建设,2020,50(2):80-85.

[2] 陈杨,任东华,邹春蓉.雅康高速兴康特大桥主桥动力特性分析与试验研究[J].世界桥梁,2020,48(4):45-48.

[3] 韩小雷,尤涛,李静.加速度反应谱长周期段下降规律研究[J].振动与冲击,2018,37(9):86-91.

[4] 李恒,冯谦,蔡永建,等.汉口地区长周期设计地震反应谱[J].武汉大学学报(工学版),2011,44(4):492-495.

[5] 徐略勤,傅沛瑶,龚恋.地震动卓越周期对在役高墩刚构桥时变响应的影响[J].桥梁建设,2019,49(3):17-22.

[6] 阳威,郝宪武,张鑫敏.行波效应对大跨径悬索桥地震响应的影响分析[J].工程抗震与加固改造,2020,42(2):100-106.

[7] 黄康.大跨径悬索桥地震行波效应分析[J].公路交通技术,2020,36(2):70-74.

[8] 王再荣,孙利民,程纬.超大跨斜拉桥地震行波效应分析[J].同济大学学报(自然科学版),2016,44(10):1471-1481.

[9] 陈百奔,冯仲仁,王雄江.长周期地震动作用下斜拉桥黏滞阻尼器减震分析[J].桥梁建设,2018,48(5):75-80.

[10] 万田保.改善桥梁结构耐久性的阻尼器性能要求[J].桥梁建设,2016,46(4):29-34.

摘录论文四：

宜昌伍家岗长江大桥江南侧锚碇基础与地基设计

肖德存,王碧波,易伦雄,王凌鹏

(中铁大桥勘测设计院集团有限公司,湖北 武汉 430050)

摘要:宜昌市伍家岗长江大桥主桥为主跨1160m的双绞钢箱梁悬索桥。该桥江南侧锚碇处基岩埋深较大,地下水位较高,采用直径为85m的浅埋式扩大基础,持力层为中粗砂卵砾石,高15m,基坑采用放坡开挖+咬合桩相结合的支护方式,咬合桩嵌入中风化岩层不小于3m。基底以下设50cm厚混凝土垫层,为降低基础不均匀沉降对桥梁结构的影响,基底采用钢管法注浆与原土体形成复合地基。结合项目建设条件对江南侧锚碇基础开挖支护结构、地基承载力、地基沉降进行了验算,结果均满足规范要求。所采用的锚碇基础及地基设计方案,较大程度降低了施工难度、缩短了施工工期、节省了工程造价,具有较好的经济效益和社会效益,可为类似桥梁锚碇结构类型和基础持力层的选择提供参考。

关键词:大跨径悬索桥;锚碇;咬合桩、持力层;地基沉降;复合地基

Design of Anchorage Foundation and Foundation on the South Side of the Yangtze River in Yichang Wujiagang Yangtze River Bridge

Xiao Decun, Wang Bibo, Yi Lunxiong, Wang Lingpeng

(China Railway Major Bridge Reconnaissance & Design Institude Co. Ltd, Wuhan Hubei 430050, China.)

Abstract: The main bridge of Wujiagang Yangtze River Bridge in Yichang City is a double-hinged steel box girder suspension bridge with a main span of 1160m. The bedrock at the anchorage on the south side of the bridge is deeper and the groundwater level is higher. A shallow-buried expanded foundation with a diameter of 85m is adopted. The bearing layer is medium coarse sand gravel, 15m high. The foundation pit adopts the support method of slope excavation combined with bite pile, and the bite pile is not less than 3m embedded in the weathered rock stratum. A 50cm thick concrete cushion is set below the base. In order to reduce the influence of uneven settlement of foundation on bridge structure, the composite foundation formed by steel pipe grouting and original soil is adopted. Combined with the construction conditions of the project, the excavation support structure, foundation bearing capacity and foundation settlement of the anchorage foundation on the south side of the Yangtze River are checked, and the results meet the requirements of the code. The adopted anchorage foundation and foundation design scheme greatly reduces the construction difficulty, shortens the construction period, saves the project cost, and has good economic and social benefits, which can provide reference for the selection of similar bridge anchorage structure types and foundation bearing layer.

Key words: long-span suspension bridge; anchorage; occlusive pile and bearing stratum; foundation settlement; composite foundation

1 工程概况

宜昌市伍家岗长江大桥是连接伍家岗新区和点军新区的一条过江通道,上距宜万铁路长江大桥5.3km,下距宜昌长江公路大桥6.3km。该桥主桥为主跨1160m的双塔单跨双绞钢箱梁悬索桥(图4-6-20)。道路等级为城市快速路,设计速度为80km/h,桥梁设计荷载为城-A级[1]。主桥桥面宽31.5m,设双向6车道,桥面两侧均设2m宽人行道。

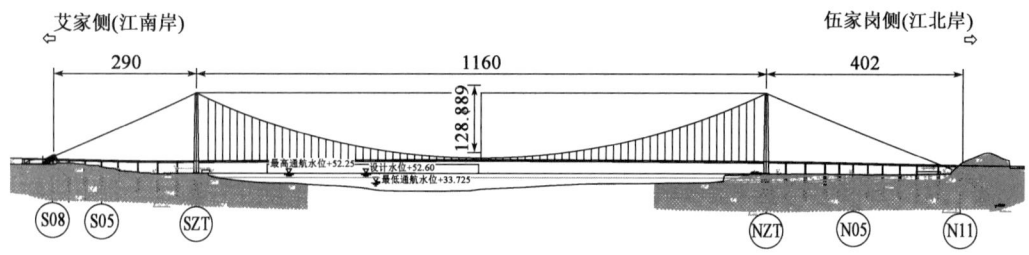

图4-6-20 伍家岗长江大桥主桥立面布置(尺寸单位:m)

根据桥址的地形、地貌、地质等条件,综合考虑总体设计、工程经济、工期等因素,江南侧锚碇采用重力式锚碇,江北侧锚碇采用隧道式锚碇[2]。本文主要研究江南侧重力式锚碇基础与地基设计。

2 江南侧锚碇建设条件

江南侧锚碇位于长江二级阶地之上,锚碇范围内地形平坦,地面高程+69.5~+70.5m,现状多为耕地。表层为零星第四系(Q_4^s)人工素填土,厚0.5~5.0m,厚度不均匀。下层为上更新统洪、坡积层(Q_3^{el+pl})的粉质黏土(厚2.0~7.8m,层底高程+61.0~+65.6m)、含粉土砂卵砾石土(一般厚3.5~9.2m,局部仅厚0.5m,层底高程+56.20~+60.6m)和含中粗砂卵砾石土(厚5.2~20.6m,厚度不均匀,层底高程+38.2~+52.9m),总厚11.0~30.5m,总体厚度呈现锚碇后趾大于前趾的现象,其中锚碇前趾靠下游侧覆盖层最厚。下伏基岩为白垩系上统罗镜滩组(K_2l)的杂色砾岩夹砂砾岩及砂岩透镜体,其地基承载力基本容许值为800~1000kPa,基底摩擦系数为0.45~0.50。地下水位高程+59.0~+60.5m。土体主要物理力学参数见表4-6-8。

土体主要物理力学参数 　　　　表4-6-8

土体分类	压缩模量(MPa)	内摩擦角 $\varphi(°)$	地基承载力基本容许值(kPa)	基底摩擦系数
含粉土砂卵砾石土	25	28	300	0.35~0.45
含中粗砂卵砾石土	30	30	400	0.40~0.50

3 江南侧锚碇基础与地基设计

3.1 锚碇基础设计

目前,国内外采用较多的锚碇基础为明挖扩大基础[3]、沉井基础[4]和地下连续梁基础[5]。明挖扩大基础主要适用于地质条件较好、基岩埋深较浅的情况,具有施工简便快捷、造价低的优点;沉井基础具有结构刚度大、整体性好、施工方便等特点,近年来已成为国内外大跨径悬索桥锚碇基础的主要设计方案,但其下沉过程中如遇卵石层则下沉困难,施工风险大,本锚碇不适合采用。地下连续墙基础技术可行,其墙体刚度大,能有效起到隔水作用,同时可作为基础的一部分,施工工序较复杂,施工工期长,工程造价高。

江南侧锚碇比较了以卵石层作为持力层的明挖基础和以中风化岩层作为持力层的地连墙基础方案,见表4-6-9。

锚碇基础持力层比选表   表4-6-9

持力层	基础形式	锚碇尺寸	水头差	施工难度	工期	工程投资(万元)
卵石层	明挖基础	直径85m 基底埋深15m	4m	基坑较浅,施工难度小风险低	15个月	16293
中风化岩层	地连墙基础	直径70m 基底埋深32m	21m	基坑较深,卵石层墙体槽段成槽困难,风险较高	19个月	19266

综合考虑地质、施工难度、工期、经济性及地下水水位等因素,江南侧锚碇采用浅埋式重力式锚碇[6],基础持力层选择在覆盖层较浅的卵石层,基础直径为85m,高15m,基底高程为+55.3m,锚碇前趾距离长江边约330m,基底下设50cm厚C20素混凝土垫层,江南侧锚碇基础布置如图4-6-21所示。

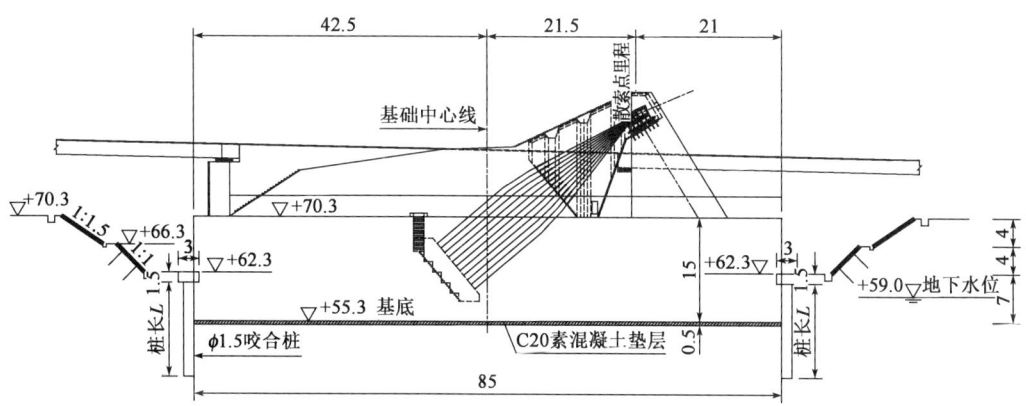

图4-6-21 江南侧锚碇基础布置示意图(尺寸单位:m)

3.2 基础开挖支护方案

江南侧锚碇基岩埋藏较深,且地下水位常年较高,基础开挖支护方案设计过程中分别对全明挖和明挖+咬合桩相结合方案进行了分析对比,全明挖方案具有技术可行、工艺成熟,工程造价低的特点,由于持力层砂卵石层含水量丰富,属于级配不良碎石土,不均匀土地基,在长期荷载作用下,存在沉降不均的分析,降水难度较大,需在外圈增设止水帷幕,施工控制较难;而明挖+咬合桩支护相结合方案采用地下水位以上为放坡开挖、地下水位以下为咬合排桩支护开挖,其止水排水可控性高,且土方开挖量少,环境破坏面小,可进一步节省工程投资,是更优的方案。

江南侧锚碇基础以上约8m高地层主要为填筑土和卵石土,基础施工分级放坡开挖,两级边坡之间设2m宽平台,一、二级边坡坡率分别1∶1.5和1∶1;开挖面锚喷支护,喷射C30混凝土厚10cm,施工临时锚杆直径28mm HRB400钢筋,长3m。基底以下7m部分基础施工采用咬合桩支护开挖。

3.3 咬合桩设计

钻孔咬合桩是指平面布置的相邻排桩间两种不同类型桩基相互咬合而形成的一种密封性好既防水又挡土的钢筋混凝土"桩墙",目前主要用于地铁、道路下穿线、高层建筑物等城市构筑物的深基坑工程。其主要技术特点主要为全程采用超前钢套管护壁,成孔质量高,安全性好,混凝土强度高,相邻桩咬合紧密,止水效果好。施工工艺分A、B两道工序[6],A桩一般为素混凝土桩,B桩为钢筋混凝土桩,按A1、A2、B1、A3、B2的顺序施工,如图4-6-22所示。A桩灌注超缓凝混凝土,初凝时间一般为60~72h;相邻B桩在A桩混凝土初凝前完成。

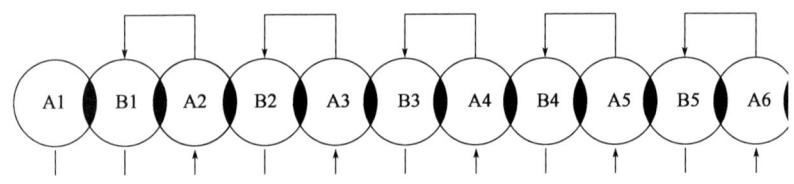

图4-6-22 咬合桩施工工序

江南侧锚碇咬合桩桩径采用1.5m,桩间距为1.05m,钢筋混凝土桩与素混凝土桩间咬合量为0.45m,桩底嵌入中风化砾岩层3m,桩长在14~26m不等。桩顶设钢筋混凝土冠梁,冠梁高1.5m,宽3m。

基于安全性考虑,咬合桩计算按照水、土荷载分算原则,考虑现场基坑开挖及锚碇基础施工过程中基坑周围存在施工荷载的情况,假定坑外20m范围和咬合桩顶平台内存在$20kN/m^2$的均布荷载[5]。由于咬合桩排列为圆形,计算时可考虑环向效应,按一次开挖到位计算[8]。通过计算分析可知,咬合桩弯矩最大值为1785.1kN·m,桩身最大位移7mm,通过验算强度满足规范要求。

咬合桩计算简化模型如图4-6-23所示,咬合桩位移及弯矩图如图4-6-24所示。

3.4 复合地基设计及数值模拟

江南侧锚碇基础基底距离岩层5~15m不等,基岩面呈"簸箕"状,中风化岩层顶板等高线如图4-6-25所示。持力层为中粗砂卵砾石,其含水率大,压缩性较高,属于级配不良碎石土,非均匀性明显。前期通过数值模拟分析得知,在长期荷载作用下,基础前趾地基沉降量为6cm,基础后趾地基沉降为3cm,基础不均匀沉降为3cm,锚碇前、后趾基底应力分别为498.7kPa和468.1kPa;为了锚碇基底卵石层均一性更好、承载力更高,在浇筑完基底素混凝土垫层并抽水管抽排完咬合桩范围内的地下水后,继续利用钢管法注浆对基底以下卵石土注浆加固形成复合地基[9]。

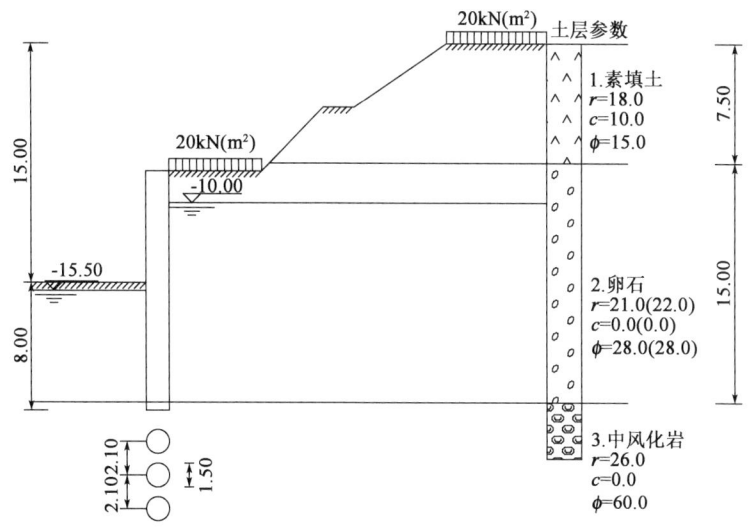

图4-6-23 咬合桩计算简化模型(尺寸单位:m)

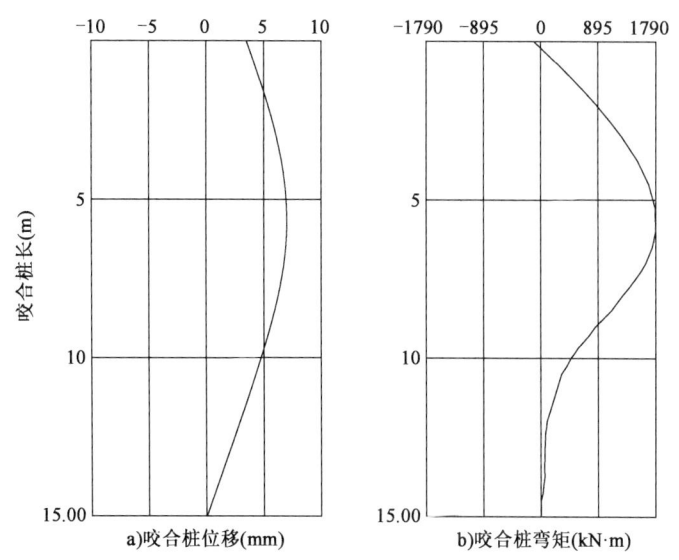

图4-6-24 咬合桩位移及弯矩图

江南侧锚碇基础复合地基处理注浆孔纵、横向间距2.0m,呈梅花形布置,注浆孔深为10m或至岩面,注浆压力为1.5MPa,每孔终止压浆条件为稳压5min或邻孔冒浆。浆液由水、水泥、膨润土、缓凝剂(试配)等组成,重度为17~18kN/m³,水灰比0.5~0.6,初凝时间2~3h,流动性好,泌水率小。

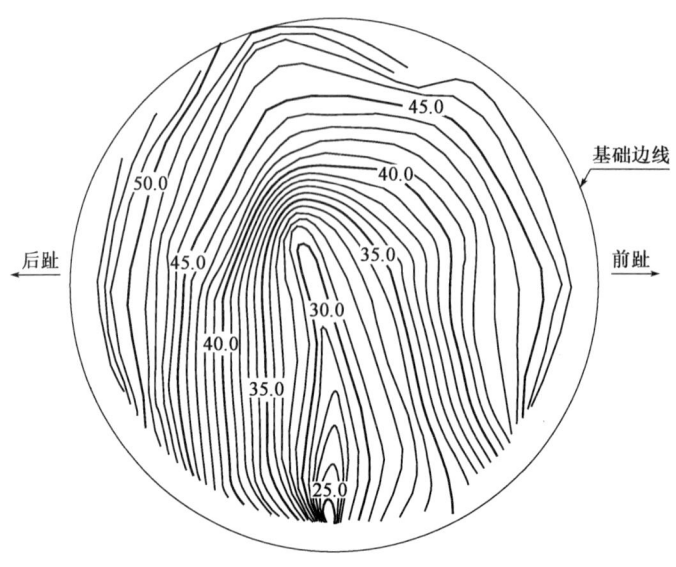

图 4-6-25 中风化岩层顶板等高线图(单位:m)

根据地勘资料,卵石土压缩模量 E_{ss} 为 30MPa,泊松比为 0.28,重度为 19kN/m³。假定注浆扩散半径为 1m,孔隙率为 0.3,复合地基置换率 $m=0.272$,拟定注浆加固体的压缩模量 $E_{ps}=80$MPa,采用复合压缩模量 E_{cs} 来拟合复合地基加固区土层压缩模量。复合土压缩模量 E_{cs} 通常采用面积加权平均法计算,即:

$$E_{cs} = mE_{ps} + (1-m)E_{ss} = 0.272 \times 80 + (1-0.272) \times 30 = 43.6(\text{MPa})$$

采用实体有限元软件(Plaxis-3d)对江南侧锚碇基础复合地基沉降及基底应力进行数值模拟分析,得到运营期基底沉降云图和应力云图分别如图 4-6-26、图 4-6-27 所示。

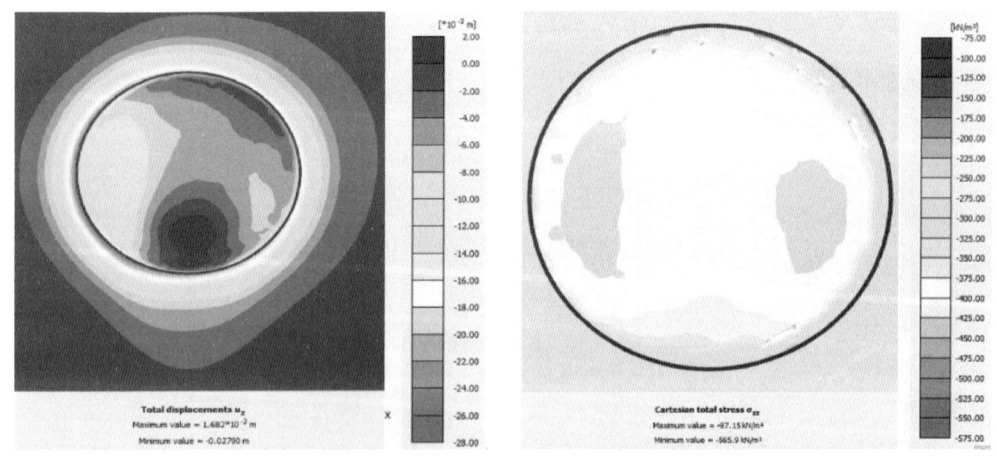

图 4-6-26 运营期基底沉降云图　　　　图 4-6-27 运营期基底应力云图

通过以上分析得知,通过注浆加固土体后,基底沉降前后趾由注浆前 6cm 和 3cm 分别降为 2.8cm 和 1.2cm,不均匀沉降由 3cm 降为 1.6cm,基底应力为 275~475kPa(去掉局部应力集中点),基底全截面受压。由于锚碇基础厚度较薄,且卵石层较厚,故地基反力为不均匀分布,具有筏式基础的受力特点。基础不均匀沉降注浆前后最大值仅为3cm,小于0.0002倍的主跨跨径[10-11],满足规范要求。

4 复合地基试验及实施

基坑开挖到基底高程后,在锚碇基础范围共选取5个代表性试验点进行注浆地基处理工艺试验,之后通过浅层平板载荷试验校核锚碇基坑底部的地基承载力基本容许值,同时测量地基土不同反力作用下沉降值,以验证复合地基设计方案的可实施性和注浆加固处理效果[12]。

通过现场载荷试验数据分析,前趾区载荷试验时在极限荷载不小于1300kPa的时候均未达到破坏荷载,说明被测试的前趾区三个测点地基承载力基本容许值均不小于650kPa;后趾区两个测点荷试验时极限破坏荷载分别为1080kPa、1200kPa,在注浆工艺保持一致的情况下,前趾区地基承载力明显大于后趾区,说明前趾区和后趾区持力层的颗粒级配、孔隙的空间分布存在较大的不同。5个试验点复合土压缩模量平均值为33MPa,较地勘平均值有所提高;当地基应力为480kPa时,地基沉降2.75~16.29mm,均小于理论计算值。

现场土体颗粒筛分试验显示,锚碇范围内地基持力层存在空间变异性,前半区(前趾方向)土体卵石含量较高注浆效果好,后半区(后趾方向)黏土含量较高注浆效果较差,如果采用相同的注浆参数进行处理,会导致前后半区地基土的变形性能差异更大。为确保注浆处理后复合地基力学参数达到均一性的目的,现场实际施工时,后半区注浆间距由原设计2m调整为1m,并对后趾靠咬合桩外周5m范围内黏土含量高的地基土进一步加密至0.5m,同时增加注浆压力和稳压时间。调整后锚碇地基注浆间距示意图如图4-6-28所示。

复合地基处理完成后,均匀选取基础范围内19个测点,采用动力触探检测了加固土体深度0.5m处的承载力,结果显示承载力基本容许值均大于600kPa。锚锭混凝土施工过程中均匀选取16个沉降观测点进行了全程监测,数据显示施工过程中锚碇基础最大不均匀沉降量为5mm。以上结果表明,通过分区注浆加固处理后,地基承载力得到了有效提高,地基土的变形均一性得到了明显改善。

5 结束语

(1)江南侧锚碇基础采用浅埋式方案,将持力层选择在覆盖较浅的卵石层,减小基坑开挖深度17m,解决了基岩埋深大、支护难度大的问题。

(2)江南侧锚碇基础采用放坡开挖+咬合桩相结合的支护方式,减少土方开挖约2.5万m^3,采用1.5m直径咬合桩施工便捷,安全可靠,解决了高地下水位止水开挖难题。

(3)江南侧锚碇不均匀卵石层地基采用钢管法注浆进行复合地基处理,根据地基土的空间变异性分区设置注浆参数,其方法科学合理,有效提高了原土体的均一性和承载力,降低了基础不均匀沉降风险。

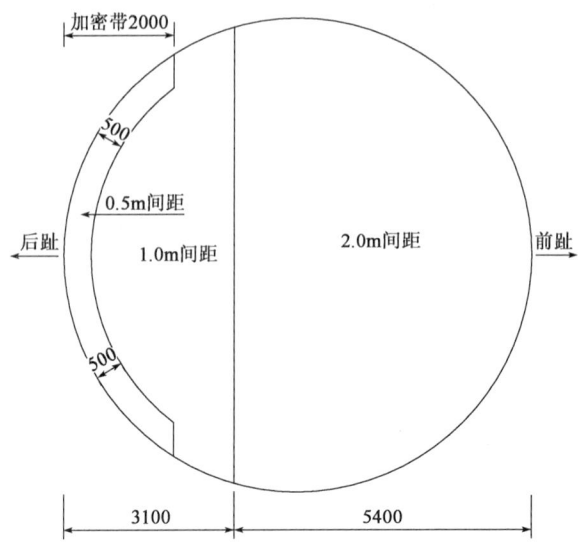

图 4-6-28 锚碇地基注浆间距示意图(尺寸单位:cm)

(4)江南侧锚碇采用的基础及地基设计方案,缩短施工工期4个月,节省工程造价3000余万元,具有较好的经济效益和社会效益,可为类似桥梁锚碇结构类型和基础持力层的选择提供参考。

参 考 文 献

[1] 中铁大桥勘测设计院集团有限公司.宜昌伍家岗长江大桥南锚施工图[Z].武汉,2017.

[2] 曹春明,易伦雄,王碧波.宜昌伍家岗长江大桥隧道式锚碇设计与研究[J].桥梁建设,2020(2):80-85.

[3] 卢永成.重庆长江鹅公岩大桥西锚碇设计[J].中国市政工程,2003(3):37-39+45.

[4] 李明华,杨灿文.武汉鹦鹉洲长江大桥北锚碇新型沉井基础设计[J].桥梁建设,2011(4):1-4+24.

[5] 王志诚,梁振有,闫永伦,等.棋盘洲长江公路大桥南锚碇地下连续墙设计[J].桥梁建设,2018(2):89-93.

[6] 丁刚梁,李辉.重力式锚碇深基坑环形咬合群桩施工技术[J].中国水运,2020(7):114-115+118.

[7] 舒江,刘琪,彭元诚.白洋长江公路大桥主桥设计[J].桥梁建设,2019(1):77-82.

[8] 中华人民共和国住房和城乡建设部.建筑基坑支护技术规程:JGJ 120—2012[S].北京:中国建筑工业出版社,2012.

[9] 龚晓南.复合地基设计和施工指南[M].北京:人民交通出版社,2003.

[10] 中华人民共和国交通运输部.公路悬索桥设计规范:JTG/T D65-05—2015[S].北京:人民交通出版社股份有限公司,2015.

[11] 孙钧,李永盛.江阴长江公路大桥北锚碇变形与稳定研究[C]// 中国土木工程学会年会暨茅以升诞辰100周年纪念会.1995.

[12] 周昌栋,代明净,王晟磊,等.伍家岗长江大桥浅埋式锚碇基础承载力原位实验研究[J].特种结构,2020(4):96-101.

摘录论文五：

宜昌伍家岗长江大桥钢箱梁焊架同步施工技术

周昌栋[1]，高玉峰[2]，代明净[3]，张　波[4]

(1. 伍家岗长江大桥项目建设现场指挥部，湖北　宜昌　443000；
2. 西南交通大学，四川　成都　610031；
3. 宜昌市城市建设投资开发有限公司，湖北　宜昌　443000；
4. 四川交大工程检测咨询有限公司，四川　成都　610031)

摘要：对于钢箱梁悬索桥，目前钢箱梁架设均采用先把各梁段全部吊装后再焊接的方式进行施工。为增加结构在施工过程中的稳定性，加快钢箱梁的安装效率，宜昌伍家岗大桥首次采用了"钢箱梁焊架同步"施工新技术，即吊装一部分梁段后即开始在架梁的同时对已吊装的梁段进行两两焊接，形成大跨径钢箱梁悬索桥加劲梁焊架同步的多作业面施工控制新技术。本文对三种钢箱梁吊装方案进行了计算分析，对梁段间的焊接时机进行了探讨，从受力分析的角度讨论了"焊架同步"施工方法的合理性。

关键词：悬索桥；钢箱梁；吊装顺序；焊接时机

Construction Techniques for Steel box girder of Wujiagang Changjiang River Bridge in Yichang

Zhou Changdong[1], Gao Yufeng[2], Dai Mingjing[3], Zhang Bo[4]

(1. Yichang housing and Urban Rural Development Bureau, Yichang Hubei 443000, China;
2. Southwest Jiaotong University, Chengdu Sichuan 610031, China;
3. Yichang Urban Construction Investment Development Co., Ltd, Yichang Hubei 443000, China;
4. Sichuan Jiaotong University Engineering Testing Consulting Co., Ltd, Chengdu Sichuan 610031, China)

Abstract: For steel box girder suspension bridges, the welding time between beam sections is generally determined after the lifting of all beam sections. In order to improve the installation efficiency of steel box girder, Wujiagang Changjiang River Bridge in Yichang first adopted the new construction technology of steel box girder hoisting and welding synchronous construction. That is to say, after lifting a part of beam sections, the sections that have been hoisted are welded in pairs during the erection of other beam sections. A new construction control technology for long-span steel box girder suspension bridge that welding and erection synchronous of multiple working plane construction is formed. Three erection schemes of steel box girder are calculated and analyzed. the welding time between beam segments is discussed, and the rationality of the new construction method is discussed from the perspective of force analysis.

Key words: suspension bridge; steel box girder; lifting sequence; welding time

1 引言

目前对悬索桥加劲梁吊装方案研究的文献较多,主要体现在加劲梁梁段起吊与安装方法、无吊索区梁段及合龙段架设方法以及钢桁梁节段间不同连接方式的比较等方面[1-4]。但从增加结构在施工过程中的稳定性、加快钢箱梁安装效率的角度出发,若先将已吊装完成的箱梁节段两两焊接,等到钢箱梁架设若干节段后再逐次将其刚接应是可行的,该方法需要进行大量有限元计算分析,确定合理的焊接时机及焊接顺序,以使加劲梁应力小、施工操作方便。伍家岗大桥即采用这一施工方法,即"两两刚接、焊架同步"的多作业面施工,缩短了加劲梁架设工期,因此,有必要探讨钢箱梁吊装后的环缝焊接时机问题,对环缝焊接时机和焊接顺序提出合理化建议。

2 工程概况

宜昌伍家岗长江大桥是湖北省宜昌市第9座长江大桥,位于宜万铁路长江大桥下游5.3km,采用单跨1160m钢箱梁悬索桥,主缆跨径布置为(290+1160+402)m,中跨主缆矢跨比为1/9,总体布置图如图4-6-29所示。该桥址位于长江中华鲟自然保护区缓冲区,也是江豚、胭脂鱼活动密集区,为避免对水下动物产生影响,采用一跨过江的方式,两主塔都在百年一遇洪水线外,既不会影响水中生物,也不影响长江航道运行[5]。

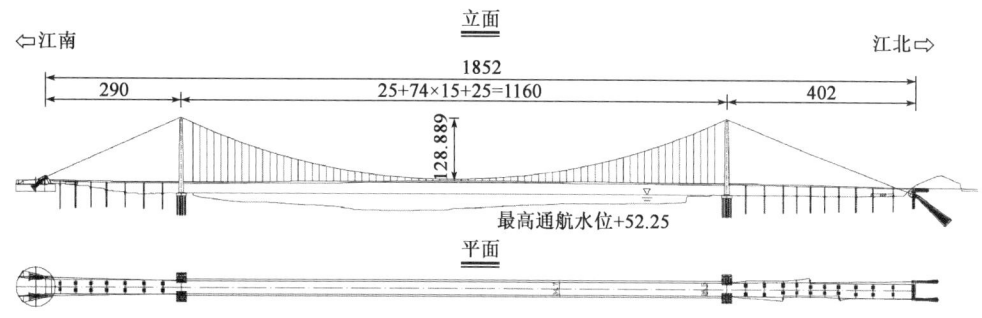

图4-6-29 伍家岗大桥主桥总体布置图(尺寸单位:m)

加劲梁采用整体式流线型钢箱梁结构,钢梁全宽34.7m,中心线处梁高2.8m,钢箱梁横断面如图4-6-30所示。钢梁全长1158.0m,其端部距塔中心线间距1.0m,钢梁节段间采用栓焊组合连接,节段中除纵腹板与顶板U形肋及I形肋采用栓接外,其余部位均采用焊接。

3 钢箱梁架设方案计算分析

3.1 钢箱梁架设方案

钢箱梁架设是悬索桥施工控制的重点工序,由于强烈的几何非线性效应,结构的内力和线形均发生显著变化,因此,需要进行详细的计算分析,以保证施工过程的安全和线形控制。伍家岗大桥钢箱梁及吊索编号如图 4-6-31 所示,共计 77 个钢箱梁梁段和 75 根吊索,分别从江南侧向江北侧顺序编号。

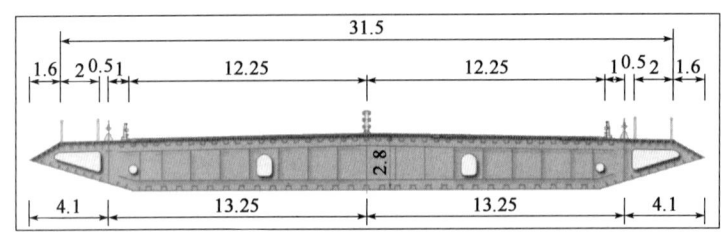

图 4-6-30　钢箱梁横断面图(尺寸单位:m)

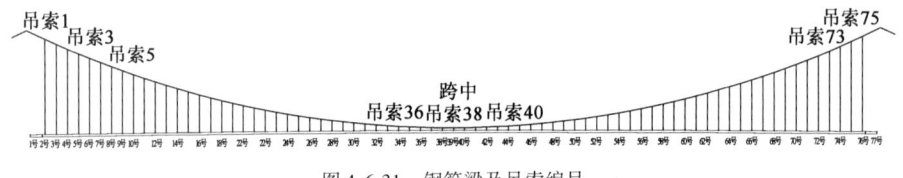

图 4-6-31　钢箱梁及吊索编号

前期对钢箱梁吊装方案进行大量计算分析,发现在吊装完 19 号/59 号箱梁节段后已吊装箱梁间的开口距离较小且线形变化趋于稳定,故选定以下三种吊装方案进行对比分析。

方案 A:钢箱梁从跨中对称向两边依次吊装,吊装过程中先临时铰接,待全部箱梁节段吊装完成后从跨中向两边依次刚接。

方案 B:钢箱梁从跨中对称向两边依次吊装,吊完 19 号/59 号箱梁节段后暂停吊装,将已吊装的 21~57 号节段刚接,再吊装剩余节段,全部吊装完成后刚接剩余节段。

方案 C:钢箱梁从跨中对称向两边依次吊装,吊完 20 号/58 号箱梁节段后开始边吊装边从跨中开始两两刚接,即吊装 19 号/59 号节段的期间刚接 37 号、38 号节段及 40 号、41 号节段,依此类推,待全部钢箱梁吊装完成后再刚接所有梁段。钢筋梁吊装方案见表 4-6-10。

钢箱梁吊装方案　　　　表 4-6-10

序号	方案 A	方案 B	方案 C
1~28	依次吊装梁段 39 号、38 号/40 号、37 号/41 号、……、20 号/58 号;期间分 8 次顶推鞍座		
29	吊装 19 号/59 号	吊装 19 号/59 号,刚接 21 号~57 号	吊装 19 号/59 号,刚接 37~38 号、40~41 号
30	吊装 18 号/60 号	吊装 18 号/60 号	吊装 18 号/60 号,刚接 35~36 号、42~43 号
31	吊装 17 号/61 号	吊装 17 号/61 号	吊装 17 号/61 号,刚接 33~34 号、44~45 号
32	吊装 16 号/62 号	吊装 16 号/62 号	吊装 16 号/62 号,刚接 31~32 号、46~47 号
33	吊装 15 号/63 号	吊装 15 号/63 号	吊装 15 号/63 号,刚接 29~30 号、48~49 号
34	吊装 14 号/64 号	吊装 14 号/64 号	吊装 14 号/64 号,刚接 27~28 号、50~51 号
35	吊装 13 号/65 号	吊装 13 号/65 号	吊装 13 号/65 号,刚接 25~26 号、52~53 号

续上表

序号	方案 A	方案 B	方案 C
36	吊装 12 号/66 号	吊装 12 号/66 号	吊装 12 号/66 号,刚接 23~24 号、54~55 号
37	吊装 11 号/67 号	吊装 11 号/67 号	吊装 11 号/67 号,刚接 21~22 号、56~57 号
38	吊装 10 号/68 号	吊装 10 号/68 号	吊装 10 号/68 号,刚接 19~20 号、58~59 号
39	吊装 9 号/69 号	吊装 9 号/69 号	吊装 9 号/69 号,刚接 17~18 号、60~61 号
40	吊装 8 号/70 号	吊装 8 号/70 号	吊装 8 号/70 号,刚接 15~16 号、62~63 号
41	吊装 7 号/71 号	吊装 7 号/71 号	吊装 7 号/71 号,刚接 13~14 号、64~65 号
42	吊装 6 号/72 号	吊装 6 号/72 号	吊装 6 号/72 号,刚接 11~12 号、66~67 号
43	顶推 9	顶推 9	顶推 9
44	吊装 5 号/73 号	吊装 5 号/73 号	吊装 5 号/73 号,刚接 9~10 号、68~69 号
45	吊装 4 号/74 号	吊装 4 号/74 号	吊装 4 号/74 号,刚接 7~8 号、70~71 号
46	吊装 3 号/75 号	吊装 3 号/75 号	吊装 3 号/75 号,刚接 5~6 号、72~73 号
47	吊装 2 号/76 号	吊装 2 号/76 号	吊装 2 号/76 号,刚接 3~4 号、74~75 号
48	刚接	吊装 1 号/77 号,合龙	吊装 1 号/77 号,合龙
49	吊装 1 号/77 号,合龙	顶推 10	刚接剩余梁段
50	顶推 10	刚接剩余梁段	顶推 10

3.2 有限元计算模型

采用 Midas Civil 软件建立有限元计算模型(图 4-6-32),桥塔及钢箱梁采用梁单元模拟,主缆及吊索采用索单元模拟。采用正装法进行施工阶段模拟,三种方案的施工阶段划分见表 4-6-10。吊装前期只将箱梁顶板进行临时连接,箱梁底板不连接,梁段间允许发生单方向的转动。为准确模拟梁段间的约束关系,在梁段连接处用垂直于箱梁单元的刚臂单元模拟箱梁截面,在箱梁单元间释放转动约束,并在刚臂单元下端用只受压单元连接模拟箱梁底板之间单向转动[6-7]。当箱梁顶底板焊接时,则把箱梁单元间之前释放的转动约束钝化变为刚性约束。鞍座顶推则采用在塔顶安装刚臂及拉杆模拟顶推装置,通过对拉杆升降温的方式实现鞍座的预偏及顶推。

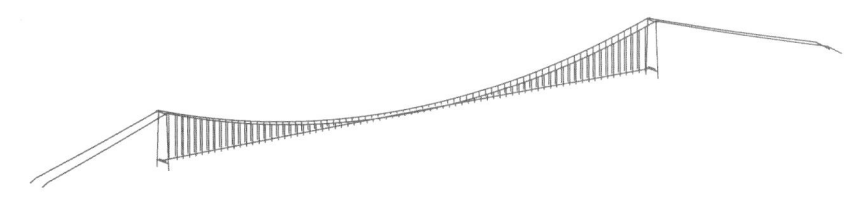

图 4-6-32 伍家岗大桥有限元计算模型

3.3 钢箱梁架设方案对比分析

钢箱梁吊装过程中,主缆会发生显著变形,钢箱梁线形从初期的凹曲线逐渐转变为凸曲线,最终达到成桥设计线形。为了适应这种较大的变形,以往的做法是钢箱梁吊装过程中只将顶部临时连接,相邻底板则断开可自由变形,一般在全部梁段吊装完成后再将相邻梁段间顶、底板焊接起来。这一做法的优点在于钢箱梁吊装完成后即达到拼装线形,梁段间的间隙和错台消除,便于梁段间的环焊施工,同时加劲梁和临时连接件受到的轴向拉压力较小,不会因强度不足而发生破坏。但该方法施工效率较低,需在全部箱梁吊装完成后留出宝贵的工期进行梁段间的焊接施工。如果在箱梁架设阶段同步进行焊接施工则可节约工期、提高施工效率。本文针对不同钢箱梁吊装方案,研究不同吊装方案对主缆线形、加劲梁线形、下缘开口距离、临时连接内力的影响,对大桥焊接时机和顺序提出合理化建议,确定合理的钢箱梁架设顺序和吊装方法,以提高悬索桥钢箱梁架设速度。

图4-6-33 给出了跨中梁段(37号、38号之间)底板开口距离随施工过程的变化规律,图4-6-34 为23号、24号梁段之间底板开口距离的变化规律。图4-6-33 与图4-6-34 均显示:在前面几片梁段吊装过程中相邻梁段底板间开口距离较大,随着后续梁段的吊装开口距离不断减小,直到最后闭合。三种方案的变化规律基本相同,按方案C施工时,23号、24号梁段间开口距离在吊装过程中小于其他两种方案,但三种方案最终开口距均趋于零。

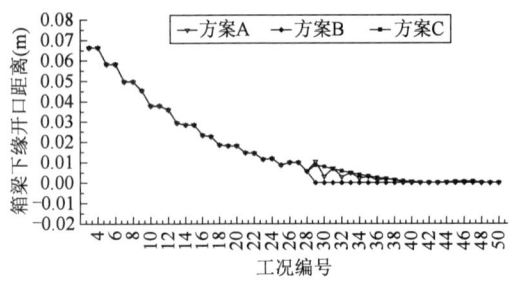 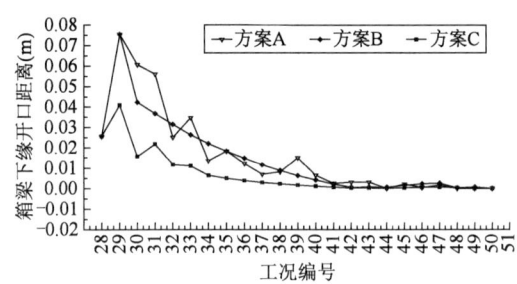

图4-6-33 跨中梁段(37号、38号之间)底板开口距离变化规律　　图4-6-34 23号、24号梁段之间底板开口距离的变化规律

图4-6-35 为钢箱梁吊装过程中加劲梁线形的变化情况,图中给出了各方案钢箱梁吊装完成(即工况50)及方案C吊装完12号/66号梁段(即工况36)桥面高程,计算结果表明:加劲梁线形从吊装初期的凹曲线逐渐过渡到吊装后期的凸曲线。图4-6-36 为吊装完12号/66号梁段后方案B及方案C相对于方案A桥面高程的差值,可见吊装过程中方案C与方案A的桥面线形几乎没有差异,方案B与两者有一定差异,但差值不超过4cm。同时也表明三种方案加劲梁吊装完成后的桥面线形完全一致,说明不论采用何种施工方案,只要保证各构件无应力长度相同,最终线形与施工顺序无关。

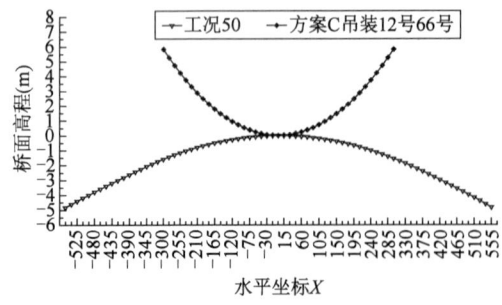 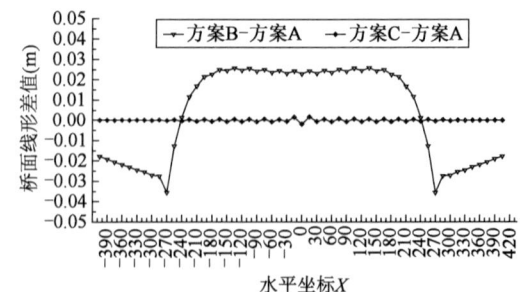

图4-6-35 钢箱梁吊装过程中加劲梁线形的变化情况　　图4-6-36 吊装完12号/66号梁段后方案B及方案C相对于方案A桥面高程的差值

钢箱梁吊装过程中由于主缆线形变化,箱梁在纵桥向承受一定的轴力。图 4-6-37 为整个吊装过程中跨中相邻梁段间轴力变化趋势图,可见跨中附件的梁段在整个吊装过程中基本都受压,同时计算也表明在远离跨中位置的梁段(约在支点至 $L/4$ 区域)在吊装初期会出现受拉趋势,随着吊装的进行,受拉趋势减弱。三种方案轴力差异很小,方案 A 与方案 C 变化曲线几乎重合。

钢箱梁在顶板临时连接状态下,梁段间连接近似铰接不传递弯矩,自重作用下应力分布类似简支梁,在吊装前期三种方案下钢箱梁应力分布均相同,在方案 B 及方案 C 开始刚接的情况下继续吊装梁段,钢梁应力分布开始产生差异。图 4-6-38 列出了吊装完 12 号/66 号梁段(即工况 36)钢箱梁截面最大正应力分布情况。可见方案 A 与方案 C 箱梁截面应力差异很小,且方案 B 在跨中区域截面应力变化大于方案 A 和方案 C。

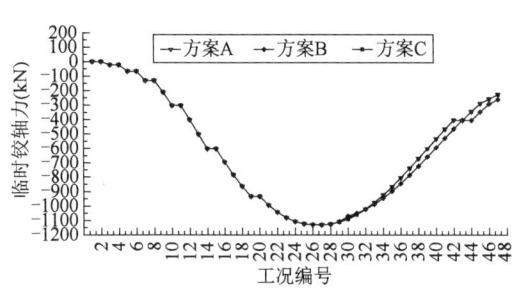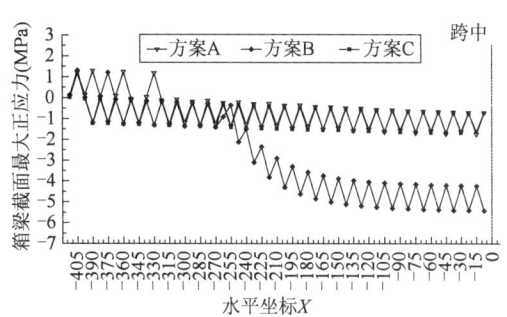

图 4-6-37 吊装过程中跨中相邻梁段间轴力变化图　　图 4-6-38 吊装完 12 号/66 号梁段箱梁截面最大正应力分布情况

综上所述,无论结构受力还是线形变化,方案 A 与方案 C 差异均很小,说明这种两两刚接的方式与传统的先吊装完再焊接的架设方式从受力上相比差异很小,是完全可行的。方案 C 可以在吊装梁段期间同步进行已吊装梁段的焊接,节约了工期,提高了箱梁架设效率,且架设方案的改变并不会影响结构的最终受力状态。因此,伍家岗大桥最终采用方案 C 进行钢箱梁吊装施工。

4　钢箱梁梁段焊接前的调节与定位

在钢箱梁焊接工作开始前,相邻梁段焊缝开口处采用齿轮打磨机打磨均匀并除锈。为满足焊接要求,需要对相邻梁段间的开口距离和错台进行调整。首先,对梁段间的错台进行调整,对于梁段间高差的调节,一般在相邻梁段顶板的上游或下游处(钢箱梁上下游的腹板上方附近)焊接倒 L 形码板,采用千斤顶顶推 L 形码板和钢箱梁顶板的方式进行高差的调平,如图 4-6-39 所示。相邻梁段间的左右错动,包括钢箱梁内部的腹板、U 形肋和 I 形肋等错位的调整,采用手拉葫芦等方式进行调整,调整到位以后,通过连接板对相邻梁段间腹板、U 形肋和 I 形肋进行相连并通过打入冲钉进行定位,如图 4-6-40 所示。

图 4-6-39　高差调平　　　　　　　　图 4-6-40　冲钉打入

现场对于焊缝的宽度,控制为 7mm 左右。对于相邻梁段间焊缝距离的调节,如果焊缝距离大于 7mm,采用手拉葫芦的方式进行拉回,并调整到位。如果焊缝距离小于 7mm 或者相邻梁段挤在一起时,采用千斤顶进行顶推,并调整到位,如图 4-6-41 所示。

相邻梁段间的焊缝距离和错台等调整到位满足要求以后,在相邻钢箱梁顶板和底板处采用定位码板进行点焊固定。对于钢箱梁顶板或者底板平整度满足要求时,可以直接点焊码板;不满足要求时先用火焰校平,再用码板码平并点固,如图 4-6-42 所示。定位码板之间的距离一般为 450~550mm,可以根据施工需要,局部增加码板的数量。

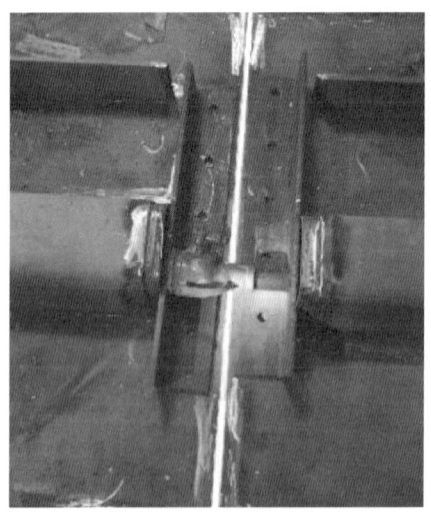

图 4-6-41　焊缝宽度调整　　　　　　　图 4-6-42　点焊码板

5 结语

宜昌伍家岗大桥已于2021年1月顺利合龙,完成了钢箱梁的架设,实践证明这种针对钢箱梁架设的"焊架同步"多作业面施工控制新技术是完全可行的,实际施工中未出现下缘开口大、梁段错台及梁段间定位困难等问题,最终的成桥线形及内力与传统施工方法无差异,较好地实现了设计目标状态。该新技术提高了钢箱梁的架设速度和效率,缩短了一个多月的工期,值得推广应用。

参 考 文 献

[1] 牛亚洲,郝胜利.大跨径悬索桥钢箱加劲梁安装技术研究[J].公路,2015(5):83-89.
[2] KURODA K,KAWAKAMI T,AIZAWA S,et al. Design of kouchigawa bridge on the shin-tomei expressway-A steel-prestressed concrete composite multiple-span balanced arch bridge[C]∥IABSE Conference,Vancouver 2017:Engineering the Future-Report,2017:3451-3458.
[3] 陈彩霞.悬索桥钢箱梁加劲梁安装过程及临时连接的研究[D].成都:西南交通大学,2004.
[4] 姚增峰.龙江桥钢箱梁加劲梁安装过程焊接时机及顺序的研究[D].重庆:重庆交通大学,2016.
[5] 曹春明,易伦雄,王碧波.宜昌伍家岗长江大桥隧道式锚碇设计与研究[J].桥梁建设,2020,50(2):80-85.
[6] 钟继卫.大跨径悬索桥钢箱梁吊装精细化分析[J].桥梁建设,2010(6):9-12.
[7] LEE M,KIM H. Angular change and secondary stress in main cables of suspension bridges[J]. International Journal of Steel Structures,2016,16(2):573-585.

摘录论文六：

ERS 铺装对钢桥面板疲劳性能的影响及参数分析

周昌栋[1]，黄楚彬[2]，代明净[3]，何承林[2]

（1. 伍家岗长江大桥项目建设现场指挥部，湖北 宜昌 443000；

2. 中建三局集团有限公司，湖北 武汉 430064；

3. 宜昌市城市建设投资开发有限公司，湖北 宜昌 443000）

摘要：为了研究树脂沥青组合体系（ERS）铺装对正交异性钢桥面板疲劳性能的影响，采用有限元软件 ANSYS 分别建立有、无铺装层的钢桥面板足尺节段有限元模型，针对不同温度条件下铺装层对钢桥面板疲劳性能的影响作用进行系统研究。结果表明：考虑铺装层与钢桥面板的协同受力之后，U 形肋与顶板焊接细节 4 个疲劳易损部位的应力幅值均显著降低；ERS 铺装层温度对 U 形肋与顶板焊接细节的疲劳性能具有显著影响，其中对顶板内侧和外侧焊趾的影响最为显著，相对于不考虑铺装层的情况，在铺装层温度为 55℃ 时顶板内侧和外侧焊趾的应力幅值分别降低 49.8% 和 46.9%，而在铺装层温度为 5℃ 时其应力幅值分别降低 81.3% 和 88.1%；增加 RA10 层和 SMA13 层的设计厚度均可降低 U 形肋与顶板焊接细节的应力幅值，但是 RA10 层厚度参数对于钢桥面板疲劳性能的影响更加显著；为准确评估钢桥面板的疲劳性能，建议考虑 ERS 桥面铺装层温度以及厚度的影响。

关键词：桥梁工程；正交异性钢桥面板；ERS 铺装；U 形肋与顶板焊接细节；应力幅值；疲劳性能；有限元法

Research on the Effect of ERS Pavement on the Fatigue Performance of Steel Bridge Deck and Parameter Analysis

Zhou Changdong[1], Huang Chubin[2], Dai Mingjing[3], He Chenglin[4]

(1. Construction headquarters of Wujiagang Yangtze River Bridge,
Yichang Hubei 443000, China;

2. China Construction Third Engineering Bureau Co., Ltd., Wuhan Hubei 430064, China;

3. Yichang City Bridge Construction Investment Co., Ltd, Yichang Hubei 443000, China)

Abstract: In order to study the effect of resin asphalt combined system (ERS) pavement on the fatigue performance of steel bridge deck, the finite element model of steel bridge deck with pavement and without pavement was established by using finite element software ANSYS. The fatigue performance of the steel bridge deck under different pavement temperature conditions was systematically studied. The results show that the stress amplitude of the four fatigue vulnerable parts of the u-rib and roof welding details is significantly reduced after considering the cooperative force of the pavement layer and the steel bridge deck; The temperature of the pavement layer has a great influence on the fatigue performance of the welding details of the U ribs and the roof plate. Among them, the influence of the welding toe on the inside and outside of the roof plate is most significant. Compared with the case without considering the pavement layer, the stress amplitude of the inner and outer weld toes of the roof plate is reduced by 49.8% and 46.9% when the pavement temperature is 55 ℃, while the stress amplitude decreased by 81.3% and 88.1% respectively when the pavement temperature was 5 ℃. The stress amplitude of rib-to-deck welded joint can be reduced by increasing the design thickness of the RA10 layer and the SMA-13 layer, but the thickness of the RA10 layer has a more significant impact on the fatigue performance of the steel bridge deck. To accurately assess the fatigue performance of orthotropic steel bridge deck, it is recommended to consider the effects of bridge deck pavement and temperature.

Key words: bridge engineering; orthotropic steel bridge deck; ERS pavement; rib-to-deck welded joint; fatigue performance

1 引言

正交异性钢桥面板具有自重轻、承载能力大等突出优点,目前已成为大跨径桥梁的首选桥面板结构。桥面铺装直接铺设于正交异性钢桥面板之上,是钢桥面板结构的保护层和行车功能层,对于保障行车安全和提升钢桥面板的耐久性有着重要作用[1]。正交异性钢桥面板直接承受车辆轮载的反复作用,其局部受力特征显著。此外,正交异性钢桥面板构造复杂、连接焊缝数目众多,由上述因素导致的疲劳开裂问题十分突出[2-6]。钢桥面板疲劳开裂将引发桥面铺装破损和钢箱梁渗水锈蚀等一系列次生病害,严重影响桥梁的高质量服役。

在进行正交异性钢桥面板设计时,为了简化计算,通常将铺装层作为恒载的一部分,而未考虑铺装层对钢桥面板局部刚度提升的贡献和两者的协同受力作用,简化计算方法偏于保守,与钢桥面板的实际受力不符,不便于准确评估钢桥面板的实际疲劳性能。正交异性钢桥面板的顶板厚度通常为12~18mm,而桥面铺装层的厚度通常为50~100mm,由于铺装层相对顶板的刚度较大,因此,在进行正交异性钢桥面板抗疲劳设计时,应考虑铺装层与钢桥面板的协同受力。针对铺装层对钢桥面板疲劳性能的影响问题,国内外学者在考虑铺装层与钢桥面板协同受力的基础上进行了相关研究,王占飞等[7]研究了普通沥青混凝土桥面铺装层的厚度和弹性模量对钢桥面板疲劳性能的影响;赵秋等[8]以港珠澳大桥钢箱梁为例,研究了超高性能混凝土铺装层对钢桥面板应力幅值的影响效应。研究结果表明,铺装层对钢桥面板的局部刚度和应力幅水平均有较大影响,但是不同类别的铺装体系对钢桥面板疲劳性能的影响具有较大差别。近年来,我国自主研发了树脂沥青组合铺装体系(ERS),该铺装体系由环氧黏结碎石层(EBCL)、树脂沥青混合料(RA)和表层的改性沥青混凝土(SMA)组成。ERS铺装技术具有施工便捷、强度高、刚度大、耐高温性能好等突出优点,目前已成功应用于嘉绍大桥和之江大桥等实际工程之中[9],是一种具有广阔工程应用前景的铺装技术。当前关于ERS铺装对钢桥面板疲劳性能的影响研究较少,因此,亟须开展相关研究,为准确评估钢桥面板的实际疲劳性能提供理论基础。本文以伍家岗长江大桥为工程背景,采用有限元方法建立了钢桥面板足尺节段有限元模型,系统研究ERS铺装对钢桥面板疲劳性能的影响效应。

2 工程背景

伍家岗长江大桥为主跨1160m正交异性桥面板钢箱梁悬索桥[10-11],主缆跨度布置为(290+1160+402)m。主梁采用整体式流线型钢箱梁,全宽34.7m,由顶板、底板、横隔板及纵腹板组成,中心线处梁高2.8m(图4-6-43)。钢箱梁的桥面板采用典型正交异性钢桥面板结构,其顶板、横隔板、U形肋厚度分别为16mm、12mm、8mm;U形肋上口宽和下口宽分别为300mm和200mm,U形肋高度和间距分别为290mm和600mm;横隔板间距为3m。正交异性钢桥面板的构造设计如图4-6-44所示,其中U形肋与顶板焊接细节采用新型双面焊技术。钢桥面铺装拟采用ERS铺装技术(EBCL层+25mm厚RA10+热喷聚合物改性沥青+40mm厚SMA13),铺装层构造设计如图4-6-45所示。

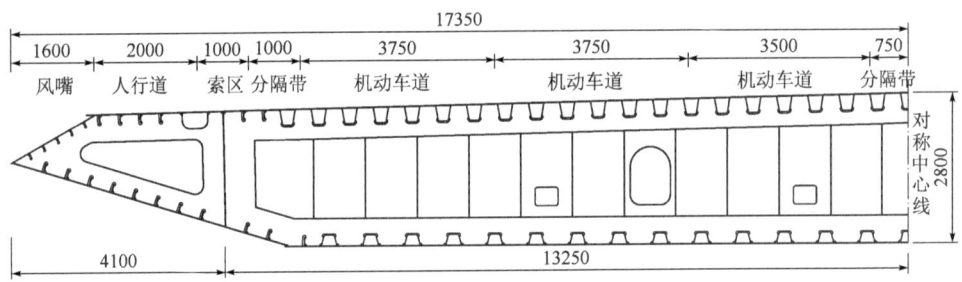

图4-6-43 伍家岗长江大桥1/2钢箱梁构造(尺寸单位:mm)

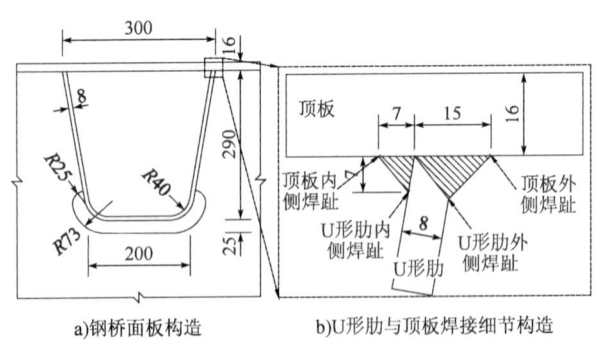

图4-6-44 正交异性钢桥面板构造(尺寸单位:mm)

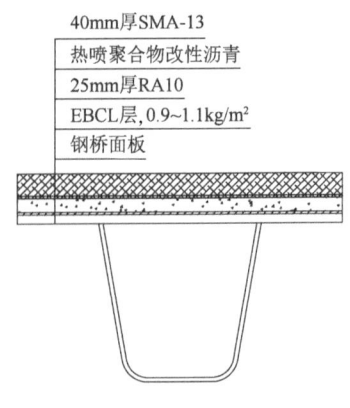

图4-6-45 铺装构造

3 有限元模型

采用大型通用有限元软件 ANSYS 分别建立有铺装层和无铺装层的正交异性钢桥面板足尺节段有限元模型。钢材弹性模量取值为 2.06×10^5 MPa，泊松比取值为 0.3。铺装层为黏弹性材料，其弹性模量与温度和车速等因素有关。为了使研究结果具有普遍性和适用性，按春、夏、秋、冬 4 个季节考虑铺装层温度的变化情况。该桥位于湖北省宜昌市，根据当地平均气温情况，将春、秋两季的温度简化为按 25℃ 考虑，夏季和冬季分别按 55℃ 和 5℃ 考虑。车速按设计行车速度 80km/h 选取，加载频率与行车速度之间的关系为[12]：$f = 0.127v$。设计行车速度对应的加载频率约为 10Hz。温度和加载频率等关键参数确定之后可根据既有研究成果[11]，确定铺装层材料的动态弹性模量，其具体取值见表 4-6-11。铺装层材料的泊松比取值为 0.25。

铺装层材料动态弹性模量参数　　　　表 4-6-11

铺装层温度 (℃)	弹性模量(MPa)	
	RA10	SMA13
5	27940.5	19217.5
25	20046.5	3089.0
55	3680.5	412.1

正交异性钢桥面板和铺装层均选用实体单元(Solid45)进行模拟，无铺装层的正交异性钢桥面板足尺节段有限元模型约为 6.06×10^5 个单元，有铺装层的正交异性钢桥面板足尺节段有限元模型约为 7.68×10^5 个单元。有限元模型的边界条件选取如下[13]：顺桥向两端约束 U 形肋和顶板节点的纵向位移，模拟钢箱梁对模型的顺桥向约束作用；横桥向两端约束顶板和横隔板节点的横向位移，模拟钢箱梁对模型的横桥向约束作用；竖向约束横隔板底部的竖向位移，模拟横隔板对模型的竖向支承作用。有铺装层的正交异性钢桥面板足尺节段有限元模型如图 4-6-46 所示，由于无铺装层与有铺装层的正交异性钢桥面板足尺节段有限元模型相似，因此，仅选取一个作为示意。

选取《公路钢结构桥梁设计规范》(JTG D64—2015)中的疲劳荷载计算模型Ⅲ作为本文理论分析的疲劳荷载，其轴重为 120kN，单个轮载为 60kN，荷载作用面积为 600mm×200mm。对于 U 形肋与顶板焊接细节，横向加载选择 3 个典型工况：U 形肋正上方加载(工况 1)、骑在 U 形肋腹板正上方加载(工况 2)、两 U 形肋之间加载(工况 3)，3 个典型横向加载工况如图 4-6-47 所示。纵向加载以 1 号横

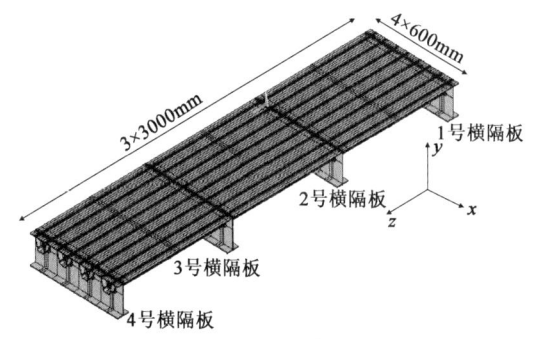

图 4-6-46　有铺装层的正交异性钢桥面板节段有限元模型

隔板为起点,4号横隔板为终点,分91步加载,加载步长为100mm。

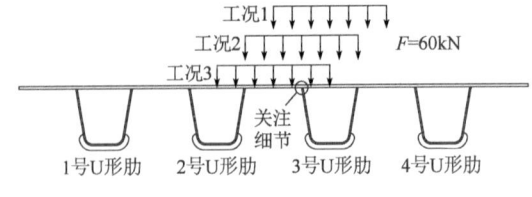

图 4-6-47 3 个典型横向加载工况

4 计算结果分析

4.1 应力历程分析

对于伍家岗长江大桥所采用的 U 形肋与顶板新型双面焊构造细节,其疲劳易损部位主要有顶板内侧焊趾、顶板外侧焊趾、U 形肋内侧焊趾和 U 形肋外侧焊趾 4 个部位。既有研究表明[14]:疲劳裂纹的扩展主要受到垂直于裂纹扩展方向应力幅值的影响,对于 U 形肋与顶板焊接细节各疲劳易损部位,其疲劳性能主要受垂直于焊缝长度方向应力幅值的影响。因此,本文基于名义应力法,选取垂直于焊缝长度方向的应力幅值作为评价指标,对 U 形肋与顶板焊接细节的疲劳性能进行评估,其中名义应力的取值点为距离焊趾 1 倍板厚位置。通过理论分析得到无铺装层以及铺装层温度为 5℃、25℃、55℃ 条件下,顶板内侧焊趾、顶板外侧焊趾、U 形肋内侧焊趾和 U 形肋外侧焊趾 4 个疲劳易损部位在 3 种典型横向加载工况作用下的应力历程曲线,如图 4-6-48~图 4-6-51 所示。

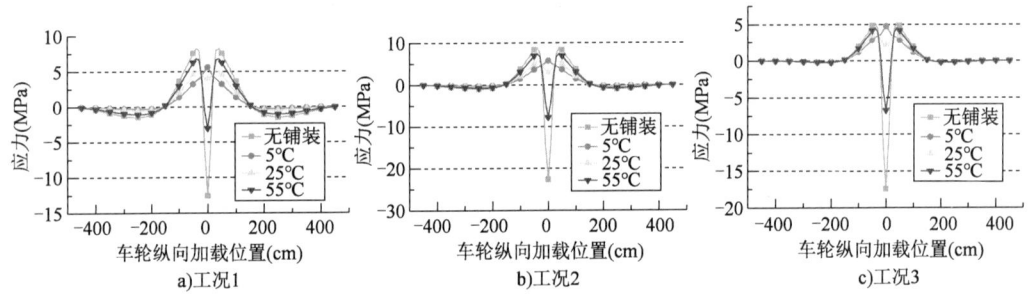

图 4-6-48 顶板内侧焊趾应力历程曲线

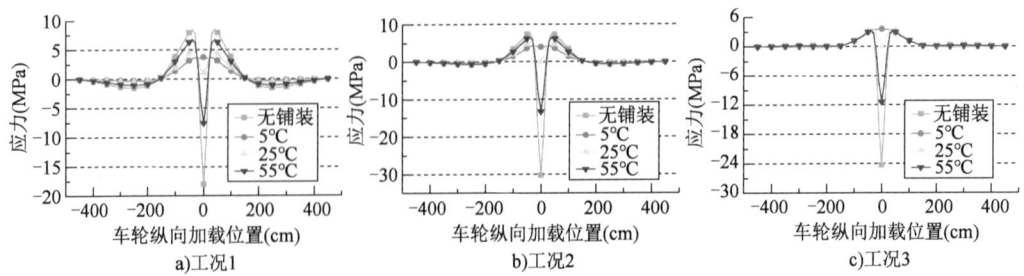

图 4-6-49 顶板外侧焊趾应力历程曲线

由图4-6-48、图4-6-49可知:①顶板内侧焊趾在工况1~3作用下的受力模式类似,在无铺装层和铺装层温度为55℃时均以承受拉-压循环应力为主,铺装层温度为5℃和25℃时以承受拉-拉循环应力为主,在工况1~3作用下其最大应力幅值(不考虑铺装)分别为20.8MPa、31.5MPa和22.7MPa;②顶板外侧焊趾在工况1~3作用下的受力模式类似,在无铺装层和铺装层温度为55℃时均以承受拉-压循环应力为主,铺装层温度为5℃和25℃时以承受拉-拉循环应力为主,在工况1~3作用下其最大应力幅值(不考虑铺装)分别为26.5MPa、38.0MPa和27.5MPa;③ERS铺装层对于钢桥面板局部受力的影响十分显著,且铺装层的性能对于温度参数十分敏感,随着温度的降低顶板内侧焊趾和外侧焊趾的应力幅值均显著降低,当铺装层温度由55℃降低到5℃时,顶板内侧焊趾的最大应力幅值(工况2)由15.2MPa降低到6.0MPa,降幅为60.9%,顶板外侧焊趾的最大应力幅值(工况2)由19.9MPa降低到4.5MPa,降幅为77.3%。

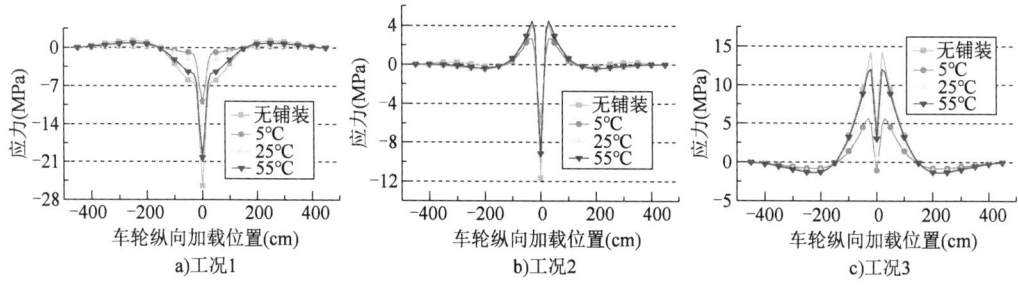

图4-6-50 U形肋内侧焊趾应力历程曲线

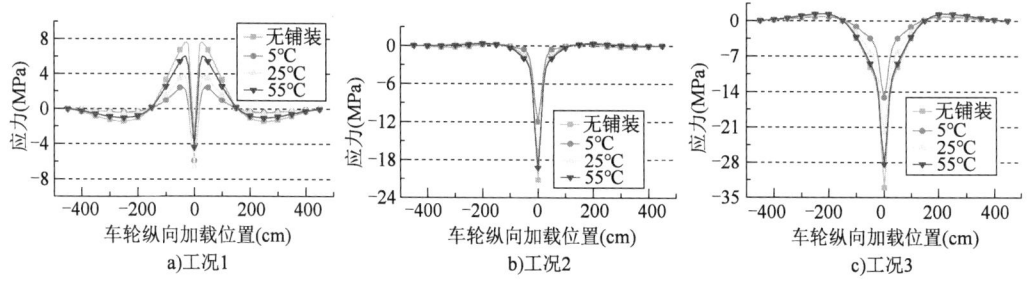

图4-6-51 U形肋外侧焊趾应力历程曲线

由图4-6-50、图4-6-51可知:①U肋内侧焊趾在工况1作用下以承受压-压循环应力为主,最大应力幅值(不考虑铺装)为26.7MPa,在工况2和工况3作用下以承受拉-压循环应力为主,最大应力幅值(不考虑铺装)分别为15.9MPa和15.5MPa;②U肋外侧焊趾在工况1作用以承受拉-压循环应力为主,最大应力幅值(不考虑铺装)为10.8MPa,在工况2和工况3作用下以承受压-压循环应力为主,最大应力幅值(不考虑铺装)分别为21.4MPa和34.3MPa;③ERS铺装层的性能对于温度参数十分敏感,随着温度的降低U形肋内侧焊趾和外侧焊趾的应力幅值显著降低,当铺装层温度由55℃降低到5℃时,U形肋内侧焊趾的最大应力幅值由21.0MPa降低到10.2MPa,降幅为51.3%,U形肋外侧焊趾的最大应力幅值由29.7MPa降低到16.0MPa,降幅为46.1%。

4.2 等效应力幅值分析

在单个车辆轮载通过钢桥面板时，将在 U 形肋与顶板焊接细节各疲劳易损部位产生多个应力幅作用。为了便于分析 ERS 铺装对钢桥面板疲劳性能影响，按线性累积损伤理论计算作用 1 次的等效应力幅，计算公式如下[14]：

$$\Delta\sigma_{eq} = (\sum \Delta\sigma_i^m n_i)^{1/m} \tag{4-6-2}$$

式中：$\Delta\sigma_i$——根据应力历程计算得到的第 i 个应力幅值；

n_i——应力幅 $\Delta\sigma_i$ 出现的循环次数；

$\Delta\sigma_{eq}$——轮载作用 1 次的等效应力幅值；

m——与疲劳强度 S-N 曲线斜率有关的常数，取值为 3。

依据 U 形肋与顶板焊接细节的应力历程曲线，采用泄水法计算得到轮载纵向移动作用下产生的应力幅值和作用次数，在此基础上根据式(4-6-2)可计算得到各疲劳易损部位的等效应力幅值，见表4-6-12。

各疲劳易损部位等效应力幅 表4-6-12

U 形肋与顶板焊接细节疲劳易损部位	等效应力幅（MPa）											
	工况 1				工况 2				工况 3			
	无铺装	5℃	25℃	55℃	无铺装	5℃	25℃	55℃	无铺装	5℃	25℃	55℃
顶板内侧焊趾	21.4	5.9	5.7	11.3	31.9	6.0	6.1	16.0	22.8	4.9	4.1	11.5
顶板外侧焊趾	27.0	3.9	5.8	15.0	38.1	4.5	6.9	20.2	27.5	3.7	4.6	14.7
U 形肋内侧焊趾	26.7	10.2	14.7	21.0	16.0	8.7	11.8	13.8	17.0	8.3	12.0	14.7
U 形肋外侧焊趾	12.6	8.5	10.6	11.4	21.4	12.3	17.0	19.6	34.3	16.0	23.4	29.7

由表4-6-12可知，不同横向加载工况作用下，U 形肋与顶板焊接细节各疲劳易损部位的应力幅值具有显著差异：①对于顶板内侧焊趾而言，其最不利加载工况为工况 2，当不考虑铺装层时顶板内侧焊趾的最大等效应力幅值为 31.9MPa；当考虑铺装层的作用，其温度为5℃、25℃和55℃时，顶板内侧焊趾的等效应力幅值分别为 6.0MPa、6.1MPa 和 16.0MPa，相对于不考虑铺装层的情况，其等效应力幅分别降低 81.3%、80.8% 和49.8%，表明铺装层与钢桥面板的协同受力将显著降低顶板内侧焊趾的应力幅值；当铺装层的温度由55℃降低到5℃时，在工况1~3作用下，其等效应力幅值分别降低48.2%、62.8% 和 57.1%，表明温度的降低使得铺装层的刚度增大，最终使顶板内侧焊趾的应力幅值显著降低。②对于顶板外侧焊趾，其最不利加载工况仍然为工况 2，当不考虑铺装层时，其最大等效应力幅值为 38.1MPa；当考虑铺装层与钢桥面板的协同受力作用，且其温度分别为5℃、25℃和55℃时，顶板外侧焊趾的等效应力幅值分别为 4.5MPa、6.9MPa 和20.2MPa，相对于不考虑铺装层的情况，其等效应力幅值分别降低 88.1%、82.0% 和46.9%，表明铺装层对于降低顶板外侧焊趾的应力幅值具有显著效果。③对于 U 形肋内侧焊趾，在工况 1 加载作用下其等效应力幅值为最大，表明工况 1 为 U 形肋内侧焊趾的最不利加载工况；当不考虑铺装层时，其等效应力幅为 26.7MPa；考虑铺装层与钢桥面板的协同受力作用，

且其温度分别为5℃、25℃和55℃时,U形肋内侧焊趾的等效应力幅值分别为10.2MPa、14.7MPa和21.0MPa,相对于不考虑铺装层的情况,应力幅分别降低61.7%、45.0%和21.2%,表明考虑铺装层与钢桥面板的组合效应可显著降低U形肋内侧焊趾的应力幅值。④对于U形肋外侧焊趾,在工况3加载作用下其等效应力幅值为最大,表明工况3为U形肋外侧焊趾的最不利加载工况;当不考虑铺装层时,其应力幅为34.3MPa。考虑铺装层与钢桥面板的协同受力作用,且其温度分别为5℃、25℃和55℃时,U形肋外侧焊趾的等效应力幅分别为16.0MPa、23.4MPa和29.7MPa,相对于不考虑铺装层的情况,等效应力幅值分别降低53.4%、31.9%和13.4%,表明铺装层对于降低U形肋外侧焊趾的应力幅值具有显著效果。

4.3 ERS铺装层关键设计参数的影响效应分析

ERS铺装层关键设计参数有树脂沥青混合料(RA10)层厚度和表层的改性沥青混凝土(SMA13)层厚度两项,因此,选取上述两项关键设计参数作为设计变量进行研究,设计参数的取值见表4-6-13。为排除其他因素的干扰,研究过程中仅改变所研究的两项设计参数,其余设计参数均保持不变,以便准确地分析所研究设计参数对于钢桥面板疲劳性能的影响。

ERS铺装层关键设计参数取值　　　　表4-6-13

关键设计参数名称	厚度(mm)	
	伍家岗长江大桥设计值	取值范围
RA10	25	15~40
SMA13	40	25~50

理论分析时采用本文有限元模型,铺装层温度设定为55℃。限于篇幅,本文仅给出最不利横向加载工况下,U形肋与顶板焊接细节各疲劳易损部位的等效应力幅值。由4.2节分析可知,顶板内侧焊趾和顶板外侧焊趾的最不利横向加载工况为工况2,U形肋内侧焊趾和U形肋外侧焊趾的最不利横向加载工况分别为工况1和工况3,ERS铺装层关键设计参数对U形肋与顶板焊接细节等效应力幅的影响如图4-6-52所示。

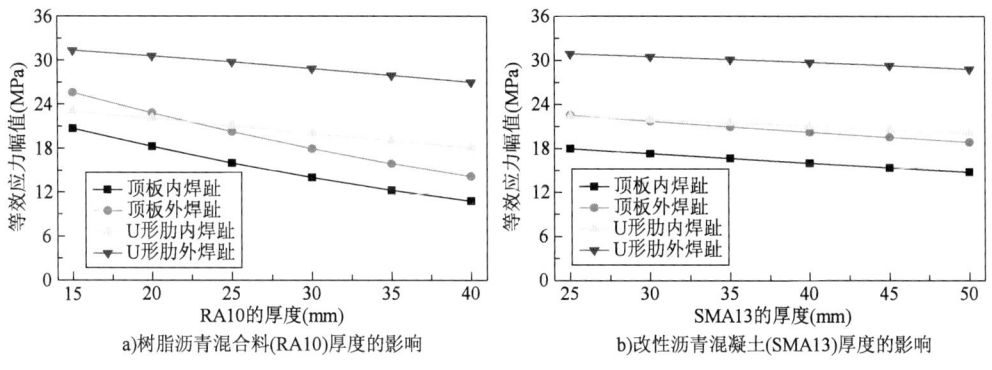

a)树脂沥青混合料(RA10)厚度的影响　　b)改性沥青混凝土(SMA13)厚度的影响

图4-6-52　ERS铺装层关键设计参数的影响效应

由图 4-6-52 可知：①U 肋与顶板焊接细节各疲劳易损部位的等效应力幅值随着 RA10 层厚度的增加而显著降低，当 RA10 层的设计厚度由 15mm 增加到 40mm 时，顶板内侧焊趾和顶板外侧焊趾的等效应力幅值分别降低 48.1% 和 44.8%，U 形肋内侧焊趾和 U 形肋外侧焊趾等效应力幅值分别降低 21.7% 和 13.9%；②SMA13 层厚度的增加可适当降低 U 形肋与顶板焊接细节的等效应力幅值，当 SMA13 层的设计厚度由 25mm 增加到 50mm 时，顶板内侧焊趾和顶板外侧焊趾的等效应力幅值分别降低 17.7% 和 16.4%，U 形肋内侧焊趾和 U 形肋外侧焊趾等效应力幅值分别降低 10.0% 和 6.6%；③上述理论分析结果表明，相较 SMA13 层厚度，RA10 层厚度设计参数对于钢桥面板疲劳性能的影响更加显著，适当增加 RA10 层设计厚度可有效降低 U 形肋与顶板焊接细节的应力幅值。

5 结论

以伍家岗长江大桥正交异性钢桥面板 U 形肋与顶板焊接细节为研究对象，采用大型通用有限元软件 ANSYS 分别建立有、无铺装层的足尺节段有限元模型，系统研究了 ERS 铺装对钢桥面板疲劳性能的影响，得出的主要结论如下：

（1）考虑 ERS 铺装层与钢桥面板的协同受力后，U 形肋与顶板焊接细节各疲劳易损部位应力幅值显著降低，铺装层对顶板内侧焊趾和外侧焊趾 2 个易损部位影响最明显，其次是 U 形肋内侧焊趾，对 U 形肋外侧焊趾疲劳易损部位的影响最小。

（2）ERS 铺装层温度对 U 形肋与顶板焊接细节的疲劳性能具有显著影响，相较不考虑铺装层的情况，在铺装层温度为 55℃ 时顶板内侧和外侧焊趾的应力幅值分别降低 49.8% 和 46.9%，U 形肋内侧和外侧焊趾的应力幅值分别降低 21.3% 和 13.4%；而在铺装层温度为 5℃ 时顶板内侧和外侧焊趾的应力幅值分别降低 81.3% 和 88.1%，U 形肋内侧和外侧焊趾的应力幅值分别降低 61.7% 和 53.4%。随着铺装层温度的降低，铺装层的刚度增大，铺装层与钢桥面板之间的协同受力性能显著增强，U 形肋与顶板焊接细节的应力幅值显著降低。

（3）增加 RA10 层和 SMA13 层的设计厚度均可降低 U 形肋与顶板焊接细节的应力幅值，但是 RA10 层厚度参数对于钢桥面板疲劳性能的影响更加显著，当 RA10 层厚度由 15mm 增加到 40mm 时，顶板内侧焊趾和顶板外侧焊趾的等效应力幅值分别降低 48.1% 和 44.8%。

（4）ERS 铺装层与钢桥面板的协同受力作用对 U 形肋与顶板焊接细节的疲劳性能影响显著，为准确评估钢桥面板的疲劳性能，建议考虑桥面铺装层温度和厚度的影响效应。

参 考 文 献

[1] 廖卫东,陈露一,高立强,等.武汉军山长江大桥超高性能混凝土组合桥面改造技术及实施效果分析[J].世界桥梁,2019,47(6):65-69.

[2] 张清华,卜一之,李乔.正交异性钢桥面板疲劳问题的研究进展[J].中国公路学报,

2017,30(3):14-30+39.
[3] 林上顺.正交异性钢桥面板典型细节的疲劳损伤分析[J].桥梁建设,2020,50(4):54-60.
[4] CHENG B,YE X,CAO X,et al. Experimental study on fatigue failure of rib-to-deck welded connections in orthotropic steel bridge decks[J]. International Journal of Fatigue, 2017(103):157-167.
[5] 林上顺.正交异性钢桥面板典型疲劳细节变形与裂纹尖端应力分析[J].世界桥梁,2020,48(1):71-76.
[6] 李朝阳,付晓鹏.开孔及焊接对钢桥面板疲劳性能的劣化效应研究[J].桥梁建设,2020,50(S1):8-13.
[7] 王占飞,程浩波,程志彬,等.桥面铺装对正交异性钢桥面板疲劳性能的影响[J].沈阳建筑大学学报(自然科学版),2018,34(2):257-266.
[8] 赵秋,郭杨斌,陈孔生,等.超高性能混凝土铺装层对钢桥面板疲劳性能影响[J].沈阳建筑大学学报(自然科学版),2019,35(6):961-969.
[9] 曾俊,肖高霞,毛斌.树脂沥青组合体系(ERS)在之江大桥钢桥面铺装中的应用[J].公路交通科技(应用技术版),2012,8(12):56-59.
[10] 曹春明,易伦雄,王碧波.宜昌伍家岗长江大桥隧道式锚碇设计与研究[J].桥梁建设,2020,50(2):80-85.
[11] 周昌栋,易伦雄,张清华,等.宜昌市伍家岗长江大桥正交异性板U形肋全熔透焊接应用研究总报告[R].宜昌:宜昌市伍家岗长江大桥科研课题组,2020.
[12] 程怀磊,刘黎萍,孙立军.钢桥面沥青混合料铺装应变动态响应实测研究[J].土木工程学报,2019,52(6):100-109.
[13] 罗鹏军,张清华,龚代勋,等.钢桥面板U形肋与顶板双面焊连接疲劳性能研究[J].桥梁建设,2018,48(2):19-24.
[14] 周绪红,朋茜,秦凤江,等.钢桥面板顶板与纵肋连接焊根位置疲劳损伤特征[J].交通运输工程学报,2018,18(1):1-12.

摘录论文七：

基于足尺试验的 ERS 钢桥面铺装结构应变分析

周昌栋[1]，黄楚彬[2]，代明净[3]，韩文生[4]

（1. 伍家岗长江大桥项目建设现场指挥部，湖北 宜昌 443000；
2. 中建三局集团有限公司，湖北 武汉 430064；
3. 宜昌市城市建设投资开发有限公司，湖北 宜昌 443000；
4. 宁波天意钢桥面铺装工程有限公司，浙江 宁波 315000）

摘要：为了分析 ERS 钢桥面铺装结构在车辆荷载作用下的应变特性，采用转轮式加速加载桥面铺装试验机对 ERS 钢桥面铺装结构进行足尺试验，并与浇注式钢桥面铺装结构进行对比研究。结果表明：在荷载作用下，铺筑 RA 混合料的铺装结构的应变幅值及位移均小于铺筑 GA 混合料的铺装结构，具有更优异抗变形性能；沿正交异性板纵向方向，随着到两块横隔板中心位置的距离的变大，铺装层顶面的应变幅值呈现先增长、后降低的趋势，在两块横隔板中心位置的两侧均出现了一个应变幅值波峰；同时，钢板底面位于两排加载区域中间位置的应变幅值远大于位于两排加载区域外侧位置的应变幅值。

关键词：ERS；钢桥面铺装结构；足尺试验；应变幅值；位移

1 引言

ERS 作为一种下层采用常温固化的树脂沥青混合料 RA 的钢桥面铺装结构，近年来，受到了广泛的应用[1-5]，使用效果良好。ERS 与传统的双层环氧不同，首先是其下层 RA 混合料常温施工，常温固化，规避了传统环氧沥青混合料"不热不固"带来的问题；其次是其上层采用改性沥青玛蹄脂碎石混合料 SMA，既提供了构造深度较大、抗滑系数较高的行车功能层，又充分利用了 SMA 混合料造价较低、便于养护的优势。

钢桥面铺装结构与路面铺装结构不同，其支撑结构是正交异性板，在加劲肋与横隔板的顶部极易产生反复而集中的弯曲应力及应变，因此，钢桥面铺装结构的应变特性较普通路面复杂[6-9]。

目前，针对钢桥面铺装结构应变特性的研究，主要采用复合结构试验和仿真分析两种方法。复合结构试验主要是对"钢板＋黏结层＋混凝土层"组成的复合结构进行剪切、疲劳等室内试验[10-11]，该方法可以较好地模拟铺装材料的真实属性，但由于试验条件的限制，复合结构的尺寸相对较小，加载方式与真实桥面汽车荷载区别较大，且钢板的结构特征与真实的正交异性板相差也较大，试验结果只能反映铺装结构的宏观性能；仿真分析指采用有限元软件对钢桥面铺装结构进行建模分析，主要有整体模型法、子模型法及简化模型法[12-13]，可以较好地分析不同桥型、不同正交异性板的铺装结构受力特征，但由于建模过程中对边界条件进行了多个假设,同时沥青混合料又是典型的黏弹性材料,其实际工作受力状态、材料性质随车辆荷载、气候、环境等因素的变化而变动,因此,仿真分析难以模拟出真实的受力情况。

本文在总结现有研究成果的基础上,采用转轮式加速加载桥面铺装试验机对ERS钢桥面铺装结构进行足尺试验,分析ERS钢桥面铺装结构在车辆荷载作用下的应变特性,并与"GA(浇注式沥青混合料)+SMA"钢桥面铺装结构进行对比研究。

2 试验方法

2.1 铺装结构成型

根据实桥比例选取一块正交异性钢桥面板足尺试验梁,试验梁长度为4.5m,宽度为2.5m,高度为0.76m,含两块横隔板,横隔板间距为4.0m。本文研究的两种铺装结构的上面层均为SMA混合料,为了便于对比分析,试验中将两种铺装结构的上面层SMA均去除,分别在正交异性钢桥面板足尺试验梁上铺筑3cm厚的典型ER层和3.0cm厚的典型"MMA+GA"层,如图4-6-53所示。

图4-6-53 铺装结构成型

2.2 试验设备

试验设备采用转轮式加速加载桥面铺装试验机,该试验机直径6m,周长约19m,一转共有8组试验车轮,如图4-6-54a)所示,当大转轮转动时,多组试验车轮依次碾压通过试验梁上的铺装结构,如图4-6-54b)所示,其单月加载次数可达100万次以上,与传统试验方法相比大大地提高了试验的效率。通过调整铺装结构和大转轮主轴之间的间距,使试验车轮上的弹簧受到挤压,实现对铺装结构的加载。

2.3 测点布置及加载方式

试件共布置14个应变测点和3个位移测点,铺装层顶面的10个应变测点均布置在U形肋肋顶处,钢板底面的4个应变测点均布置在U形肋外侧,2个位移测点位于U形肋底部,1个位移测点位于钢板底面,试验机试验车轮的加载区域位于铺装结构中间、U形肋肋顶处,具体位置如图 4-6-55 所示。

a)转轮式加速加载桥面铺装试验机

b)试验车轮碾压方式

图 4-6-54　试验设备及碾压方式

试验轴载采用 140kN,加载频率为 40 次/min,整个加载过程选择 15℃、30℃及 45℃三种加载温度,每种试验温度的加载次数分别是 30 万次、10 万次及 10 万次。

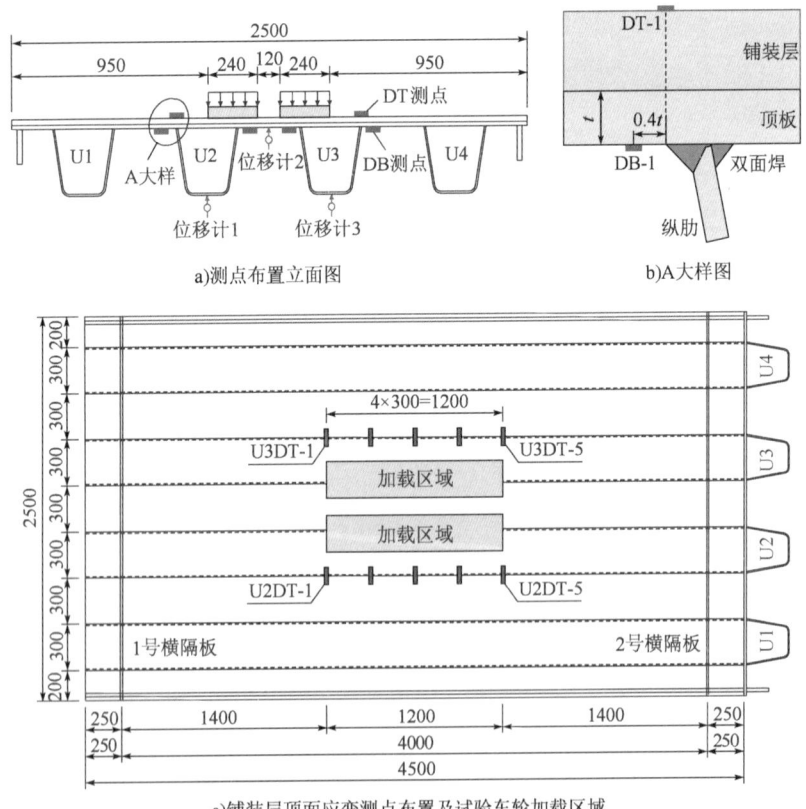

图 4-6-55

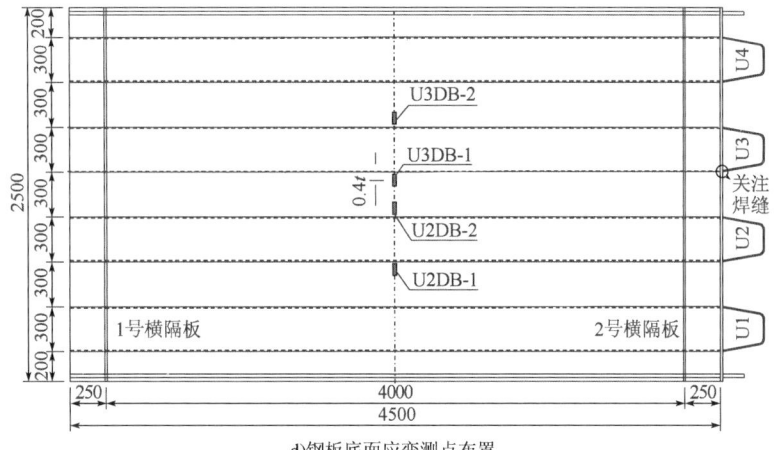

d)钢板底面应变测点布置

图 4-6-55 测点布置及加载区域(尺寸单位:mm)

注:t 指顶板厚度。

3 试验结果及分析

3.1 应变

两种铺装结构分别加载 50 万次后,对各应变测点的监测结果进行比较发现,U2DT-1、U2DT-2、U2DT-3、U2DT-4、U2DT-5 与 U3DT-1、U3DT-2、U3DT-3、U3DT-4、U3DT-5 的监测结果分别类似,U2DB-1、U2DB-2 与 U3DB-1、U3DB-2 的监测结果分别类似,这主要是由于试验模型的对称性导致的。因此,在后续的分析中,每组对称测点统一分析一边的测点。不同加载温度下,两种铺装结构的铺装层顶面应变测点 U2DT-1、U2DT-2、U2DT-3、U2DT-4、U2DT-5 及钢板底面应变测点 U2DB-1、U2DB-2 的应变幅值如图 4-6-56 所示。

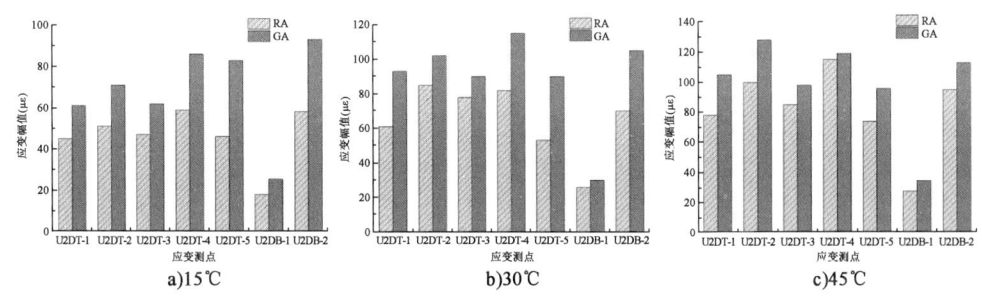

图 4-6-56 不同加载温度下各测点的应变幅值

由图 4-6-56 可知,不同温度下,铺筑 RA 混合料的铺装结构在各个测点处的应变幅值均小于铺筑 GA 混合料的铺装结构,这主要是由于 GA 混合料的模量小于 RA 混合料;由 U2DT-1、U2DT-2、U2DT-3、U2DT-4、U2DT-5 这 5 个测点的位置图可以看出,U2DT-3 位于正交异性板 2 块横隔板的中心位置，U2DT-1、U2DT-2、U2DT-4、U2DT-5 这 4 个点以 U2DT-3 为中心成对称分布，结合图 4-6-56 可知，在试验车轮的加载作用下，沿正交异性板纵向方向，随着距离两块横隔板中心位置的长度变大，铺装层顶面的应变幅值呈现先增长、后降低的趋势，即在两块横隔板中心位置的两侧均出现了一个应变幅值波峰；从图 4-6-56 的 U2DB-1、U2DB-2 的应变幅值可以看出，钢板底面位于两排加载区域中间位置的应变幅值远大于位于两排加载区域外侧位置的应变幅值。

综合对比分析图 4-6-56 的 3 张图，可以看出，各测点的应变幅值均随着温度的升高而增加，这主要是由于沥青混合料的弹性模量随着温度的提高而降低，在相同荷载作用下，弹性模量越低，变形越大。

3.2 位移

两种铺装结构分别加载 50 万次后，3 个位移测点的监测结果如图 4-6-57 所示。

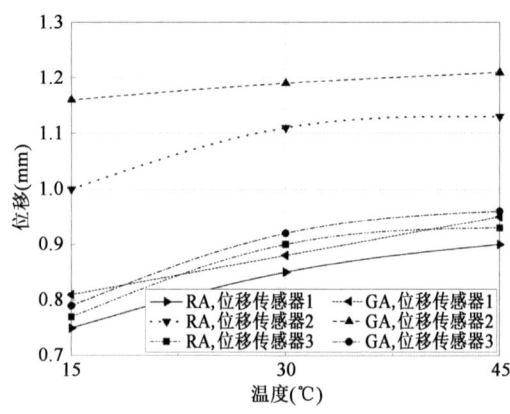

图 4-6-57 各位移计下两种铺装结构的位移

由图 4-6-57 可知，各测点的位移均随着温度的升高而增加，同时对比分析铺筑 RA 混合料与 GA 混合料的两种铺装结构，可以看出铺筑 RA 混合料的铺装结构的位移均小于铺筑 GA 混合料的铺装结构。

4 结语

（1）在荷载作用下，铺筑 RA 混合料的铺装结构的应变幅值及位移均小于铺筑 GA 混合料的铺装结构，铺筑 RA 混合料的铺装结构具有更优异抗变形性能。

（2）随着加载温度的升高，RA 混合料的模量变小，铺筑 RA 混合料的铺装结构的应变幅值及位移相应增加。

（3）在试验车轮的加载作用下，沿正交异性板纵向方向，随着距离两块横隔板中心位置长度的变大，铺装层顶面的应变幅值呈现先增长、后降低的趋势，即在两块横隔板中心位置的两侧均出现了一个应变幅值波峰；同时，钢板底面位于两排加载区域中间位置的应变幅值远大于位于两排加载区域外侧位置的应变幅值。

参 考 文 献

[1] 谢志华,曹小茹.ERS 钢桥面铺装技术在北方严寒地区的应用[J].公路,2015,60(06):26-27.
[2] 周伟明.树脂沥青组合体系钢桥面铺装技术应用研究[J].铁道建筑技术,2018(09):41-44+79.
[3] 黄卫东,尚磊.西陵长江大桥 ERS 钢桥面铺装技术应用研究[J].交通科技,2015(03):44-47.
[4] 曾俊,肖高霞,毛斌.树脂沥青组合体系(ERS)在之江大桥钢桥面铺装中的应用[J].公路交通科技(应用技术版),2012,8(12):56-59.
[5] 何清,姜炜,李知强,等.ERS 钢桥面铺装技术在宜昌长江公路大桥中的应用[J].交通科技,2012(03):99-101.
[6] 刘泽洲,徐俊杰.嵌入式模型法在大跨度斜拉桥铺装受力分析中的应用[J].公路,2016,61(02):22-28.
[7] 宋君超,周艳,孟灵玥,等.简支梁正交异性钢桥面铺装层最不利受力分析[J].山东建筑大学学报,2018,33(06):21-26.
[8] 徐佳,郑凯锋,苟超.正交异性钢桥面结构对铺装受力的影响及其优化[J].山东交通学院学报,2016,24(02):32-37.
[9] 兰超,王民.正交异性板对钢桥面铺装荷载响应的影响分析[J].公路交通技术,2014(06):19-21.
[10] 钱振东,薛永超,孙健.橡胶环氧沥青碎石防水黏结层抗剪性能研究[J].湖南大学学报:自然科学版,2016,43(7):82-87.
[11] XUE Y, QIAN Z. Development and performance evaluation of epoxy asphalt concrete modified with mineral fiber [J]. Construction and Building Materials, 2016 (102): 378-383.
[12] 宋君超,周艳.正交异性钢桥面铺装有限元分析方法的比较[J].中外公路,2019,39(01):82-86.
[13] 张永升,田志叶.正交异性钢桥面铺装加速加载试验足尺数值模型研究[J].公路交通科技(应用技术版),2018,14(07):176-179.

摘录论文八：

基于精细化有限元模型的锚跨索股频率—索力计算分析

摘要：锚跨索股索力的控制影响着悬索桥主缆线形及安全。由于锚跨索股较短，边界条件、拉杆特性、索股抗弯刚度和锚头质量等因素对索力测试精度有一定程度影响，按两端铰支的均质拉索的频率-索力换算公式计算的索力误差往往偏大，不满足工程精度要求。本文建立了考虑拉杆特性及散索鞍影响的符合锚跨索股实际构造特点的精细化有限元模型，并通过工程实例验证了计算模型的正确性。此外，本文研究了索股抗弯刚度、拉杆边界条件及锚头质量等因素对索股振动频率的影响。研究结果表明：上述影响因素均对索股振动频率有一定影响，某些情况下相对误差可能超过5%；拉杆边界条件对计算结果影响较大，其误差随索股张力的增加而增大；索股锚头质量对计算结果的影响也不应忽略。另外，大量分析表明，当索股长度超过30m后可采用理想的两端铰支拉索的频率-索力换算公式，但应采用合理的索股长度取值。

关键词：悬索桥；锚跨索股；频率法；有限元法；自振基频

Calculation and Analysis of Frequency—Tension of Anchor Span Strands Based on Fine Finite Element Model

Abstract: The control of anchor span cable force influences the shape and safety of the main cable for suspension bridges. On account of the short cable strand in anchor span, the test accuracy of cable force is influenced by boundary conditions, connecting rod characteristics, bending stiffness of cable strand and anchor head quality. The error of cable force calculated by the frequency-cable formula for homogeneous cable with hinged supports at both ends doesn't meet the requirements of engineering precision. A finite element model of anchor cable strand considering the influence of tie rods and splay saddle is established, and the correctness of the calculation model is verified by engineering examples. The effects of the bending rigidity of cable strand, the boundary condition of tie rods and the mass of anchor head on the vibration frequency of cable strands are studied. The results show that these factors all have certain influence on the vibration frequency of cable strand, and the relative error may exceed 5% in some cases. The boundary condition of tie rods has a great influence on the calculation results, and the error increases with the increase of the cable force. The weight of the anchor head of cable should not be ignored. In addition, a large number of analyses show that when the length of cable strand exceeds 30m, the frequency-cable force formula can be used, but the reasonable length of cable strand should be determined.

Key words: suspension bridge; anchor span cable strand; frequency method; finite element method; fundamental frequency

1 引言

锚跨是悬索桥结构受力的关键部位,锚跨索股索力的控制影响着锚固体系的安全。在施工过程中,锚跨索股索力控制如果出现较大的偏差,会造成边跨和锚跨索力的不平衡,从而引起散索鞍的转动或滑动,同时索股也可能在鞍槽内出现滑动,进而引起边跨和中跨线形的改变。锚跨索股的控制精度影响着悬索桥结构的线形和安全,因此,需要对每根索股索力进行准确测量及张拉控制。

目前,锚跨索力现场测试的主要方法包括油压表法、压力传感器法和频率法[1-2]。油压表法只能读出正在张拉索股的索力,一旦锚固则无法再次获得索力,且测量精度与千斤顶的量程及油压表的标定等因素有关,测试精度往往并不高,一般可作为索力测量辅助校核手段。压力传感器法测量精度高,但要求压力传感器均匀受压,一旦出现偏心受压,测量数据将失真,因此,其安装锚固要求高。另外,压力传感器较昂贵,全部索股均安装压力传感器有一定困难。该方法由于测量精度高,故可对其他测试方法进行校核与修正。频率法因简单、快捷、经济和实用成为各类索结构的索力测试普遍采用的方法,但频率法应用前提条件是首先要获得正确频谱图,其次是频率换算索力公式中各项参数应尽量准确,否则将会带来较大误差[3-4]。

频率法在索力测试中的应用极广,但由于工程结构的复杂性,用两端铰接的柔性索的频率-索力换算公式误差偏大,不满足工程控制精度的要求,如何对频率法进行修正以获得真实索力一直是研究的热点。关于悬索桥锚跨索股索力已进行一些研究,许汉铮[5]将锚跨索股视为一端固定一端侧向弹性支承的柔性索,将锚固系统对索股的约束作用用侧向弹性支承等效,推导了索力计算公式,但公式推导中简化较多,未考虑散索鞍对索股的约束作用,索股锚头质量的影响也未考虑。甘泉[6]用固支欧拉梁的振型函数作为两端固结拉索的振型函数,采用能量法推导出拉索频率和索力显式表达式。该方法可十分方便根据现场实测频率计算索力,但适合于两端固结的匀质索,不能考虑复杂边界条件,对锚跨索股并不适用。范剑锋[7]将锚跨索股简化为具有抗弯刚度的拉杆和柔性索的组合结构,通过 Hamilton 变分原理推导出锚跨索股索力的修正算法,该方法未考虑索的抗弯刚度、散索鞍对索股的约束作用及索股锚头质量的影响。曾贤强[8]针对悬索桥锚跨索股的两种锚固方式,分析了锚梁式锚固系统和拉杆式锚固系统的构造特点,建立了考虑锚梁(拉杆)影响的索股振动模型,给出了求解索力迭代算法。王达[9-10]基于解析法建立锚跨索股力学模型,利用能量法进行求解,得出索股索力与自振基频的关系表达式,但是并没有考虑散索鞍的约束作用及索股弯曲刚度的影响。

上述文献在建立锚跨索股索力计算公式时考虑锚固系统对索股振动的影响,相比匀质单索更加符合实际情况,但在推导中均假定索股上端为固结,未考虑散索鞍对索股的约束作用,与拉杆相连接处索股锚头质量一般也忽略不计,这些近似和假定降低了计算精度。因此,本文根据锚跨索股的实际构造特点,尽量减少计算假定,建立了锚跨索股的精细化有限元计算模型,充分考虑双拉杆、散索鞍、锚头质量及索股抗弯刚度的影响,以提高拉杆式锚固系统锚跨索股索力的计算精度。

2 锚跨索股精细化计算模型

悬索桥锚跨索股上端受散索鞍鞍座的约束，索股下端为一个起连接作用的锚头，通过螺母与拉杆的前端相连，通过锚固系统锚固在锚碇上，锚跨结构示意图如图 4-6-58 所示。拉杆的另一端穿过连接板，通过螺母与连接板相连，拉杆在连接板内存在一定的间隙，可以简化为铰接。索股锚固处的构造如图 4-6-59 所示。索股在安装及索力调整时，通过油压千斤顶张拉索股锚头，到位后拧紧螺母，以实现索股初始安装索力及后续索力的调整。随着散索鞍位置的移动及索股张力的变化，索股与散索鞍切点位置是在不断变化的。其上端的"不分离点"是指索股与鞍座在该点始终不会出现相对滑动，因此，不分离点与索股锚头间的索股无应力总长是保持不变的，可根据这一条件迭代计算出索股与鞍座的切点位置，以获得索股真实的受力状态。

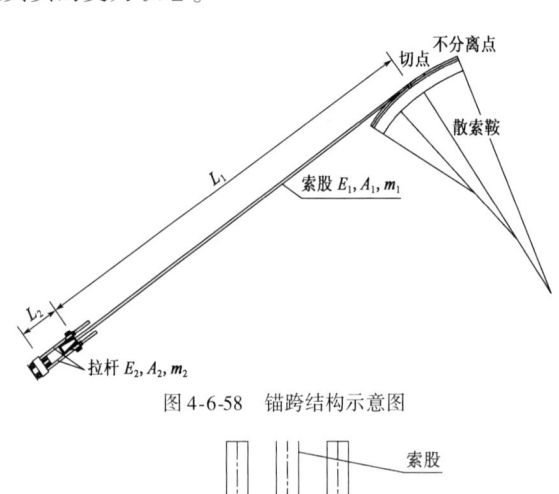

图 4-6-58　锚跨结构示意图

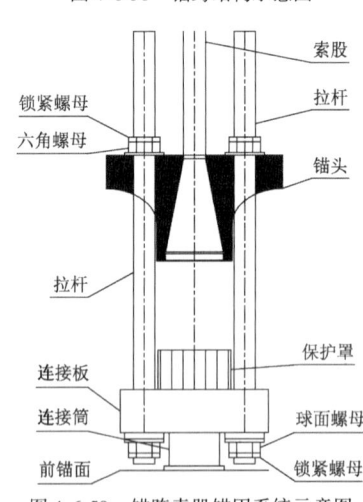

图 4-6-59　锚跨索股锚固系统示意图

采用 ANSYS 建立考虑散索鞍影响的锚跨索股精细化有限元模型，如图 4-6-60 所示。为尽量减少简化，拉杆按双拉杆考虑，并按拉杆实际截面考虑其抗弯刚度。索股按钢丝集束体考虑其抗弯刚度，索股的抗弯刚度介于按钢丝集束体完全分散和完全粘接两种情况计算所得的刚度。拉杆及索股均采用 BEAM4 单元模拟,并通过初应变来输入拉杆及索股中存在的张力。索股与拉杆间通过锚头相连,锚头按其等效面积采用 BEAM4 单元模拟,通过调整质量密度保证锚头质量的准确性。拉杆下端采用铰接,拉杆上端与锚头间通过节点自由度的耦合与释放实现固结与铰接的转换,索股下端与锚头间则采用固结。

图 4-6-60　锚跨索股有限元计算模型

为了准确考虑散索鞍对索股的约束关系,沿鞍座圆弧划分若干节点以模拟鞍座圆曲线,并将索股与鞍座可能相切的位置细分,各节点与鞍座圆心用刚度较大的单向只受压杆 LINK10 单元相连。鞍座圆弧上相邻两节点则采用 BEAM4 单元连接,以模拟与鞍座相接触部分的索股[11]。鞍座最上端点及鞍座圆心均采用固结。在计算索股与鞍座切点位置时,索股下端点到鞍座最上端点间索股的总无应力长度保持不变,与成桥时索股无应力长度相等。关于成桥状态锚跨索股无应力长度的计算,可参考文献[11]。在有限元求解时,根据悬空段索股与接触段索股总的无应力长度保持不变这一条件,当模拟鞍座的某些只受压杆单元出现拉力时便退出工作,相当于索股与鞍座脱离,这样便模拟了索股与鞍座切点位置的变化。

由于索股处于张紧状态,应采用大变形有应力模态法计算结构的频率,以考虑结构的几何刚度的影响。首先对结构施加自重进行静力计算,并打开几何非线性开关及应力刚化效应,以获得结构在自重及指定张力下的结构状态,并得到索股与鞍座的切点坐标。在此基础上修正节点坐标以得到正确的应力,同时将位移清零。然后定义模态分析参数及选项进行特征值求解,计算出指定索力对应的频率和振型。

3　频率法测量索力原理

当考虑拉索的抗弯刚度但不计垂度影响时,拉索相当于轴向受拉梁,在无阻尼时的自由振动方程为[1]:

$$EI\frac{\partial^4 u(x,t)}{\partial x^4} - T\frac{\partial^2 u(x,t)}{\partial x^2} + m\frac{\partial^2 u(x,t)}{\partial x^2} = 0 \qquad (4\text{-}6\text{-}3)$$

对式(4-6-3)采用分离变量法,假定拉索两端为铰支边界条件,经过单位换算可得到工程中常用的吊索索力 T 与振动频率 f_n 的关系为：

$$T = 0.004ml^2 \left(\frac{f_n}{n}\right)^2 - \frac{n^2 EI\pi^2}{l^2} \quad (4\text{-}6\text{-}4)$$

式中：T——拉索索力，kN；

m——拉索的线密度，kg/m；

l——拉索锚固点之间的长度，m；

f_n——主振动频率，Hz；

n——主振频率阶次；

E——拉索弹性模量，kN/m²；

I——拉索抗弯惯性矩，m⁴。

式(4-6-4)是工程中常用的索力-频率计算公式，等号右边第二项即为索的抗弯刚度 EI 对索力的影响。为减小抗弯刚度对计算结果的影响，在实际应用中，应尽量采用低阶频率来计算索力。研究表明：当 $EI/l^2T \leq 0.01$ 时，可以忽略抗弯刚度对两端铰支拉索一阶频率的影响。对更高阶频率的计算，相应的要求还要高一些[1]。

4 频率-索力参数敏感性分析

如图4-6-58所示的锚跨结构，索股的弹性模量、截面面积及线密度分别为 E_1、A_1、m_1，索股从不分离点到锚头上端面总的无应力长度为 S_0，其中切点到锚头上端面的索长为 L_1，索股的抗弯刚度为 E_1I_1，其值应介于按钢丝集束体完全分散和完全粘接两种情况计算所得的刚度。拉杆的弹性模量、截面面积及线密度分别为 E_2、A_2、m_2，拉杆长度 L_2 指锚头上端面到连接板上端面的距离，拉杆的抗弯刚度为 E_2I_2，按拉杆实际截面计算可得。索股锚头的质量为 m_3。基于通用有限元软件 ANSYS 的锚跨索股有限元计算模型如图4-6-60所示。为定量分析，锚跨索股各参数取值见表4-6-14，在上述参数不变的情况下，分析索股抗弯刚度、锚头质量及边界条件对一阶竖向振动频率的影响。考虑到工程中常采用式(4-6-4)按两端铰接均质单索进行频率-索力换算，因此，采用两种单索模型进行计算比较，其中模型1中索股长度取切点到锚头上端面的距离，即 L_1；模型2中索股长度取切点到连接板上端面的距离，即 L_1+L_2。

锚跨索股结构各部分计算参数　　　　表4-6-14

构件	面积 A (m²)	长度 L (m)	质量 m (kg/m)	弹性模量 E (GPa)	抗弯惯性力矩 I ($\times 10^{-8}$ m⁴)
索股	0.00359	13.343	28.745	0.195	0.808~102.608
拉杆	0.00567	1.380	45.401	0.20	255.979

由于索股是由多根钢丝集束而成的，其抗弯刚度不易准确计算，其取值见表4-6-14，可见最大值与最小值差异较大，两者之比约127:1。表4-6-15和表4-6-16分别列出了抗弯刚度取最大值和最小值时，按有限元法计算的不同索股张力对应的一阶频率。计算结

果表明:索股抗弯刚度越大对应的计算频率越高,索股张力越大计算频率越高;按模型1和模型2采用式(4-6-4)换算索力误差均超过5%,按模型1换算的索力偏小而按模型2换算则偏大,说明若按均值单索换算索力则计算索长应介于L_1和L_1+L_2之间。

索股抗弯刚度取最大值时不同索力对应的计算频率　　　　　表4-6-15

张力(kN)	计算频率(Hz)	模型1(kN)	误差(%)	模型2(kN)	误差(%)
500	4.941	488.67	-2.27	629.03	25.81
1000	6.825	942.44	-5.76	1151.86	15.19
1500	8.121	1338.95	-10.74	1634.63	8.98

索股抗弯刚度取最小值时不同索力对应的计算频率　　　　　表4-6-16

张力(kN)	计算频率(Hz)	模型1(kN)	误差(%)	模型2(kN)	误差(%)
500	4.818	475.10	-4.98	578.49	15.70
1000	6.62	897.02	-10.30	1092.20	9.22
1500	7.94	1290.45	-13.97	1571.22	4.75

索股锚头质量$m_3=394$kg。表4-6-17列出了考虑索股锚头质量与否对计算频率的影响,图4-6-61给出了频率和索力的相对计算误差。计算结果表明:当索力较小时,锚头质量对频率计算结果影响较小,随着索力的增加,不考虑锚头质量产生的误差呈非线性增加,当索力达到1500kN时,频率误差达3.75%,按模型1计算的索力误差为6.68%,按模型2计算的索力误差为8.13%。在以往的参考文献中,一般不考虑锚头质量的影响,这将产生较大的误差。实际上,在锚跨结构中索股锚头质量所占比例较大,本例中锚头质量为394kg,而整个索股的质量仅为383.5kg,可见计算中应考虑锚头质量的影响。

索股锚头对计算频率的影响　　　　　表4-6-17

锚头质量	张力(kN)	计算频率(Hz)	模型1(kN)	误差(%)	模型2(kN)	误差(%)
考虑锚头质量	500	4.961	498.22	-0.36	608.82	21.76
	1000	6.723	919.65	-8.03	1121.93	12.19
	1500	8.006	1306.49	-12.90	1592.93	6.20
不考虑锚头质量	500	5.003	506.79	1.36	619.25	23.85
	1000	6.88	963.37	-3.66	1175.16	17.52
	1500	8.306	1406.67	-6.22	1714.90	14.33

表4-6-18列出了拉杆下端由铰接变为固接时计算频率的变化,此时索股的抗弯刚度取中间值。计算结果表明:当拉杆下端边界条件变为固接时,计算频率增加,说明锚跨索股的整体刚度提高了,这与实际情况是吻合的。另外边界条件对频率的影响是比较明显的,索力较小时频率误差较小,随着索力的增加,误差基本呈线性增加,当索力达到1500kN时,频率误差达6.33%,两种模型的索力误差较为接近,最大约13.1%。可见,边界条件对频率计算结果产生较大影响,在实际应用中应对边界条件进行识别,以使计算模型与实际更加接近。

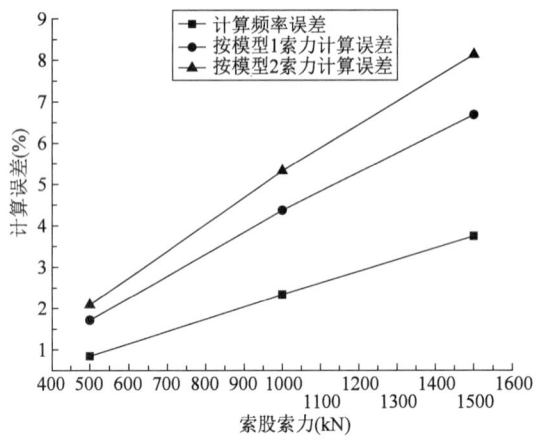

图 4-6-61 索股锚头质量对计算频率的影响

拉杆下端边界条件对计算频率的影响　　　　　　　表 4-6-18

锚头质量	张力(kN)	计算频率(Hz)	模型1(kN)	误差(%)	模型2(kN)	误差(%)
下端铰接	500	4.961	498.22	-0.36	608.82	21.76
	1000	6.723	919.65	-8.03	1121.93	12.19
	1500	8.006	1306.49	-12.90	1592.93	6.20
下端固接	500	5.09	524.76	4.95	641.14	28.23
	1000	7.042	1009.54	0.95	1231.38	23.14
	1500	8.513	1477.93	-1.47	1801.67	20.11

5 公式法适用范围讨论

悬索桥锚跨索股的锚固系统主要有锚梁式和拉杆式两种形式，本文重点分析了拉杆式锚固系统索力的计算方法。关于锚跨索股的计算，有文献研究了拉杆对锚跨索股振动的影响，建立了相应计算公式，但公式推导过程中简化较多，降低了计算精度，同时公式的应用相对比较麻烦，因此，工程应用中仍多采用两端铰支的均质拉索处理，按照式(4-6-4)进行索力计算，但究竟什么情况可以采用式(4-6-4)计算以及如何应用是值得探讨的。对于拉杆式锚固构造，各悬索桥基本类似，本文以伍家岗大桥为例，在前述研究的基础上，进一步分析了索股长度、拉杆长度对索股振动的影响，以总结式(4-6-4)的适应范围。

鉴于拉杆式锚跨索股的一般特点，取索股长度为 10～50m，拉杆长度为 0.5～2.5m，索股抗弯刚度取 1.6～200kN/m²（最小抗弯刚度至最大抗弯刚度区间），索股张力取 500～1500kN（约为空缆到成桥索力的变化区间），按照本文方法建立锚跨索股精细化有限元计算模型，通过大量计算分析，获得各参数对锚跨索力的影响规律，确定了在保证计算精度的前提下按式(4-6-4)计算的适用范围和应用条件。因篇幅所限，本文仅列出索股长度 30m、索股索力 500kN 和 1500kN 时按模型1、模型2 计算索力的误差，如图 4-6-62、图 4-6-63 所示。

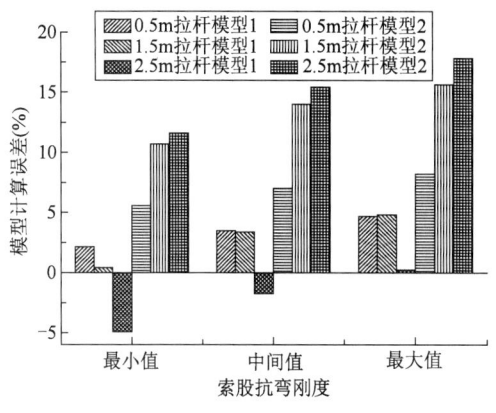

图 4-6-62　索力 500kN、索长 30m 公式法计算误差

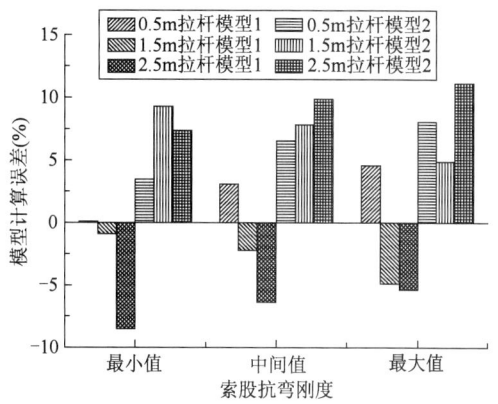

图 4-6-63　索力 1500kN、索长 30m 公式法计算误差

计算分析表明：当索股长度超过30m，索股索力较小时可采用模型1计算索股索力，即根据锚头上端面到切点间的索股长度，按式(4-6-4)计算索力，误差在5%以内；当索股长度超过30m，索股索力较大时可取模型1和模型2计算的平均值，误差在5%以内。当索股长度小于30m时，按公式法计算误差较大，应按照本文所提有限元法进行索股索力的计算分析。

6　工程应用

伍家岗长江大桥是主跨1160m的钢箱梁悬索桥，主缆采用预制平行钢丝索股法（PPWS）架设。每根主缆由85股127丝和6股91丝索股组成，单丝直径为6mm的镀锌高强钢丝。主缆锚固采用预应力锚固系统，通过拉杆、锚固连接器连接到预应力钢绞线锚固到锚碇混凝土上，江南侧采用重力式锚碇，江北侧采用隧道式锚碇。在锚跨索股安装时，为了提高索股的张拉精度及后期健康监测的需要，布置大量高精度压力传感器，该传感器性能稳定、测试精度高，可用于频率法换算索力的校核与修正。实践证明，压力传感器所测值与真实值十分接近，在工程实际中可视为真实值。为验证本文所提有限元法计算方法的正确性，取江南侧锚跨几根装有压力传感器的索股进行索力比较，索股计算参数见表4-6-19，索股的抗弯刚度取中间值，索股锚头质量 $m_3=394$kg，散索鞍鞍槽圆弧半径为5.879m。

索股计算参数表　　　　　　　　　　　　　　　　表 4-6-19

索股编号	L_1(m)	L_2(m)	m_1(kg/m)	m_2(kg/m)	$E_1 I_1$(kN·m²)	$E_2 I_2$(kN·m²)
30	12.954	1.285	28.745	90.80	100.83	511.96
41	13.160	1.30	28.745	90.80	100.83	511.96
51	13.330	1.385	28.745	90.80	100.83	511.96
62	13.508	1.30	28.745	90.80	100.83	511.96

表4-6-20列出了空缆状态下及加劲梁架设完成后部分锚跨索股压力传感器实测值与有限元计算值的对比，表明有限元计算值与传感器实测值接近，最大相对误差不超过

3%,可见,本文所提出的锚跨索股有限元精细化模拟方法能较大限度地提高频率法换算索力计算精度。

锚跨索股有限元计算值与实测值的比较 表4-6-20

索股编号	空缆状态			吊梁完成后		
	传感器读数	有限元计算值	误差(%)	传感器读数	有限元计算值	误差(%)
30	554.71	545.83	-1.6	1667.2	1637.47	-1.8
41	559.18	570.12	1.9	1705.3	1729.32	1.4
51	691.76	678.15	-2.0	1787.9	1748.69	-2.3
62	425.74	436.80	2.5	1651.6	1684.55	2.0

7 结语

(1)本文提出的锚跨索股有限元精细化模拟方法适用于拉杆式锚固系统,能准确考虑拉杆、散索鞍及锚头质量对索股振动频率的影响。

(2)与压力传感器实测索力对比,本文提出的锚跨索股有限元计算方法的计算精度高,相对误差在3%以内,可用于频率法换算索力的计算。

(3)有限元计算结果表明,边界条件、索股抗弯刚度及锚头质量对索股的振动频率均有一定影响,其中以边界条件的影响最为明显,锚头质量的影响也不容忽视。

(4)研究表明,当索股长度超过30m后,可方便地采用公式法进行频率-索力的换算,相对误差在5%以内。

参 考 文 献

[1] 李国强,顾明,孙利民.拉索振动、动力检测与振动控制理论[M].北京:科学出版社,2014.

[2] 郭明渊,陈志华,刘红波,等.拉索索力测试技术与抗刚度研究进展[J].空间结构,2016,22(3):34-43.

[3] 刘红义,和海芳,谢进财,等.基于频率法的短索索力计算公式误差分析[J].铁道建筑,2019,59(10):15-18.

[4] 齐东春,郭健,沈锐利.悬索桥短吊索索力测试的探讨[J].中国工程科学,2010,12(07):77-83.

[5] 许汉铮,黄平明.大跨径悬索桥主缆锚跨张力控制[J].长安大学学报:自然科学版,2002,22(5):32-34,41.

[6] 甘泉,王荣辉,饶瑞.基于振动理论的索力求解的一个实用计算公式[J].力学学报,2010,42(5):983-987.

[7] 范剑锋,刘涛,彭自强,等.基于索梁组合结构的悬索桥锚跨段索力修正算法[J].公路交通科技,2019,36(4):66-71.

[8] 曾贤强.大跨径悬索桥锚跨索股振动特性及索力测试研究[D].成都:西南交通大学,2012.
[9] 王达,邓洁,陈春苗,等.大跨径悬索桥锚跨索股张力计算参数影响分析[J].公路交通科技,2015,32(1):63-68.
[10] 王达,李宇鹏,刘扬.大跨径悬索桥锚跨索股张力精细化控制分析[J].中国公路学报,2014,27(1):51-56.
[11] 齐东春.大跨径悬索桥主缆精细化计算研究[D].成都:西南交通大学,2012.

摘录论文九：

二阶热固性黏结料固化特性及施工关键控制点研究

摘要：为了提高二阶热固性黏结料的施工质量和ERS铺装体系的层间黏结性能，采用拉伸试验、拉拔试验等室内试验，研究黏结料的固化特性和养生温度、养生时间等施工关键控制点。结果表明：养生温度对黏结料的固化速率影响较大，在同样养生1h的条件下，120℃养生试件的拉伸强度仅达到140℃的47.2%；初期较低养生温度的黏结料可以通过时间的累积，相对较慢地达到完全固化状态；当环境温度在15～60℃内时，黏结料在40h内均能达到表干状态，可以有效避免黏结料的粘轮现象，同时，涂布黏结料与摊铺上层SMA混合料的间隔时间不宜过长，过长的间隔时间会较大程度地衰弱铺装复合体系的层间黏结性能。

关键词：ERS；二阶热固性黏结料；拉伸试验；固化特性

1 引言

二阶热固性黏结层是ERS铺装体系中将RA混合料与SMA混合料有效黏结的关键功能层，其基本原理是通过环氧树脂、固化剂、石油沥青等大分子材料在固化反应时的交联互织作用，形成既有一定强度又有一定变形能力的环氧沥青固体胶状材料，从而大幅改善铺装体系中黏结层的黏结能力[1-3]。二阶热固性黏结层与环氧沥青黏结层固化机理类似，两者分别通过各自上层的SMA混合料或环氧沥青混合料的施工温度使其完成固化[4-6]。

近年来，部分早期采用环氧沥青黏结层的铺装结构，在重载比例、车流量日增的情况下，出现了脱层等结构性病害，主要原因就是环氧沥青黏结层的失效，对出现病害的铺装结构进行铲除处理，发现部分黏结层仍处于湿润状态，至今都没有完全固化，黏结强度远不能满足使用要求[7-9]。此外，随着二阶热固性黏结层应用范围的拓宽，面临的施工和使用环境越来越严苛，尤其是在一些低温、大风区域[10-13]，上层SMA混合料的降温速度较快，难以确定是否仍能提供足够的能量给二阶热固性黏结层完成固化反应。

本文通过拉伸试验、拉拔试验等室内试验，对二阶热固性黏结料（以下简称"黏结料"）的固化特性与养生温度、养生时间等施工关键控制点进行关系分析，为制订合理的黏结料施工工艺提供理论基础。

2 固化特性

2.1 试验方法

对不同养生温度下黏结料进行拉伸试验,试验仪器及试件如图4-6-64所示。试验测得的拉伸强度和断裂延伸率反映了黏结料受拉破坏时的应力和应变,是表征ERS铺装体系是否具备抗脱层和协同变形能力的重要指标。在黏结料的养生过程中,其固化程度越高,拉伸强度越接近其完全固化时的拉伸强度,因此,本文通过试验中试件拉伸强度的大小评估其固化程度的大小。

 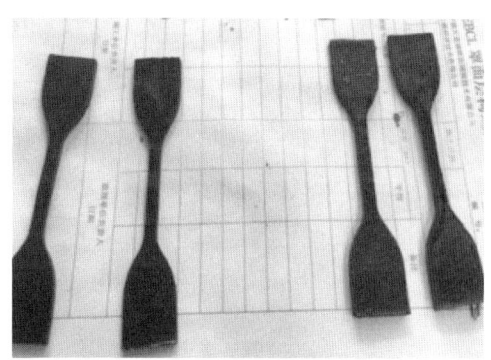

a) 黏结料拉伸试验仪器　　　　　　　　b) 黏结料拉伸试验试件

图 4-6-64　拉伸试验

2.2 养生温度对固化程度的影响

为尽量模拟黏结料的实际养生环境,选取120℃、140℃及160℃作为黏结料的养生温度,每种温度测试两组试件,分别养生1h和2h,测试温度为25℃,试验结果见表4-6-21。

不同养生温度下的拉伸试验结果　　　　　表 4-6-21

养生温度 (℃)	1h		2h	
	拉伸强度(MPa)	断裂延伸率(%)	拉伸强度(MPa)	断裂延伸率(%)
120	3.25	168.1	3.56	154.6
140	6.88	146.2	7.61	139.2
160	7.90	136.5	9.12	119.1

由表4-6-21可以看出,养生温度对黏结料的固化程度影响较大,在同样养生1h的条件下,120℃养生试件的拉伸强度仅达到140℃的47.2%;同时,较低温度下,固化速率较为缓慢,120℃的养生温度下,2h养生时间的拉伸强度相比1h养生时间只提高了0.31MPa,而在160℃的养生温度下,2h养生时间的拉伸强度则比1h养生时间提高了1.22MPa,增长速率接近120℃的4倍。

此外,比较140℃与160℃养生温度下试验数据,发现差距相对较小,说明当养生温度达到一定温度后,再通过提高其养生温度来提升初期固化程度和固化速率的效果较小。

2.3 养生时间对固化程度的影响

考虑到低温、大风等极端的现场施工环境,ERS 铺装体系中的 SMA 混合料在施工过程中,热量流失较多,温度下降较快,不能提供给下层黏结料 2h 左右的 160℃ 养生条件。因此,本文进行较长养生时间下的黏结料拉伸试验,以确定在较低养生温度下,是否可以通过较长养生时间使黏结料达到完全固化。第 1 种方案:先 160℃ 养生 2h,再 25℃ 养生至 14d;第 2 种方案:120℃ 养生 2h,再 25℃ 养生至 14d。每种方案的养生过程中,选择一定的时间进行拉伸试验,试验结果如图 4-6-65 所示。

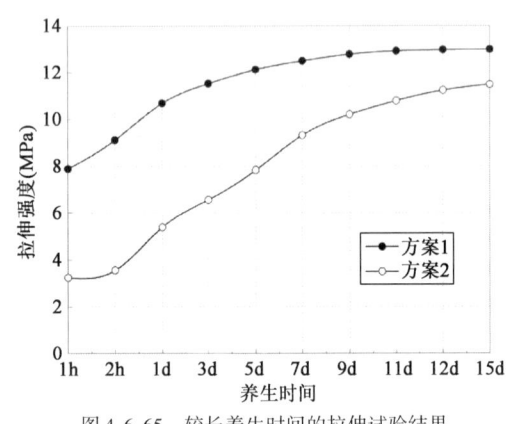

图 4-6-65 较长养生时间的拉伸试验结果

由图 4-6-65 可以看出,两种方案的拉伸强度都是呈现上升趋势,上升速率随着时间的增加而变慢;方案 1 的初始拉伸强度大于方案 2,同时较快地过渡到强度上升平缓期,而方案 2 在第 15d,强度上升才相对较为缓慢。此外,随着时间的增加,方案 2 的拉伸强度越来越接近方案 1,说明初期较高的养生温度会提高黏结料的初始固化速率,使其较快地达到完全固化状态,但初期较低养生温度的黏结料也会通过时间的累积,相对较慢地达到完全固化状态,这主要是因为黏结料中含有催化剂,当温度较低时,催化剂仍可以帮助其相对较慢地完成固化反应。

3 施工和易性

3.1 表干时间

将黏结料涂布到抛丸后的 RA 沥青混合料车辙板上,用量为 0.8kg/m²,观察其在不同环境温度下的表面状态的变化,通过手指按压的方式确定不同环境温度下的黏结料表干时间。黏结料的表干状态如图 4-6-66 所示,试验结果如图 4-6-67 所示。

由图 4-6-67 可以看出,当钢桥上环境温度在 15~60℃ 之间时,黏结料在 40h 内都能达到表干状态,这主要是因为黏结料作为二阶反应材料,在材料混合后会进行初步固化,该阶段的固化对温度的耐久性较差。当夏季钢桥上环境温度在 50~60℃ 之间时,表干时间在 24h 左右,即在黏结料涂布后 24h 左右时进行上层 SMA 施工,可以有效避免黏结料的粘轮现象。

3.2 熔融液态

在一块洒布黏结料并已达到表干状态的 RA 沥青混合料车辙板上,覆盖 170℃ 的 SMA 混合料,待 0.5h 后,将 SMA 混合料移开,观察黏结料的外观形态,发现黏结料从表干状态恢复至熔融液态,如图 4-6-68 所示。这说明当温度较高的 SMA 混合料摊铺后,下层的黏结料会再次熔融,以液体的形态将 RA 混合料与 SMA 混合料黏结起来,以确保 ERS 铺装体系层间黏结的可靠性。

图 4-6-66　黏结料的表干状态

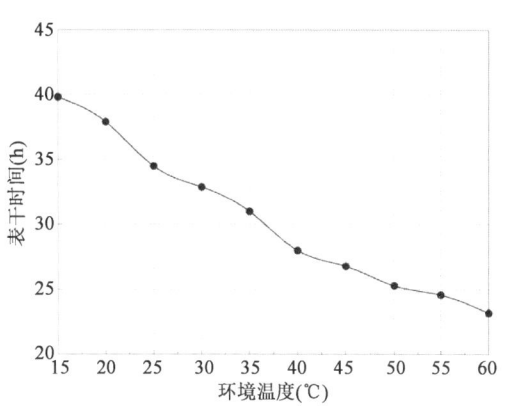

图 4-6-67　不同环境温度下黏结料的表干时间

3.3　上层 SMA 施工时间

在黏结料达到表干状态后,何时进行上层 SMA 混合料的摊铺是 ERS 铺装体系施工的关键控制点。本文通过对不同 SMA 施工时间的"RA 混合料+二阶热固黏结层+SMA 混合料"复合体系进行层间拉拔试验,研究上层 SMA 施工时间对 ERS 铺装体系的黏结性能的影响。

首先,成型 12 块 RA 混合料车辙板,进行抛丸处理,并在抛丸表面涂布 0.8 kg/m² 的黏结料;然后将车辙板进行不同的养生处理,养生温度为 20℃、40℃及 60℃三种,养生时间为 12h、24h、48h、72h 四种,养生后在 12 块车辙板上铺筑并碾压相同的 SMA 混合料;最后在 12 块复合车辙板上进行钻芯,对芯样进行层间拉拔试验,试验温度为 25℃。试验结果如图 4-6-69 所示。

图 4-6-68　熔融液态下的黏结料

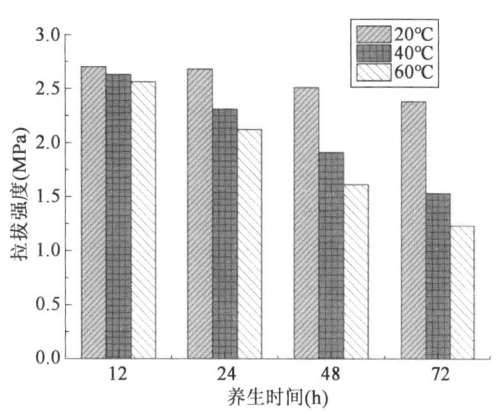

图 4-6-69　拉拔试验结果

由图 4-6-69 可以看出,随着养生时间的增加,不同养生温度下复合体系的拉拔强度均出现了不同程度的减少,这主要是由于养生时间越长,黏结料的固化程度越高,当固化程度较高时,SMA 摊铺后的温度无法使其恢复熔融液态,较大地影响了 RA 混合料与 SMA 混合料的黏结。

此外,对比分析发现,温度越高,较长养生时间带来的影响越大。60℃下,72h 的拉拔强度相比 12h 降低了一半,复合体系整体性能受到严重影响,主要是因为温度越高,固化速度越快,这与前面拉伸强度的试验结果相一致。因此,在 ERS 施工过程中,当黏结料达到表干要求后,上层 SMA 越早摊铺,复合体系的整体性能越好。

4 黏结料的工程应用

自 ERS 铺装体系在西陵长江大桥上的首次尝试,到在国内外几十座大桥的大力推广,黏结料的材料设计与施工工艺均经过了不断的改进和完善,目前已经能适应各种低温、大风等极端施工与使用环境。图 4-6-70 为东北地区某座采用黏结料的大桥上进行的拉拔试验图,该桥铺装施工时温度较低、风力较大,通过对黏结料的表干时间、养生时间等关键点的合理控制,最终成功施工,拉拔强度满足设计要求。大桥已运营 3 年,没有出现任何推移、脱层等结构性病害。

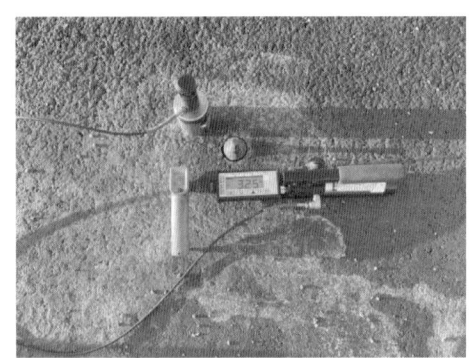

图 4-6-70　现场拉拔试验

5 结语

(1)养生温度对黏结料的固化速率影响较大,在同样养生 1h 的条件下,120℃养生试件的拉伸强度仅达到 140℃的 47.2%;当养生温度达到 140℃后,再通过提高其养生温度来提升初期固化程度和固化速率的效果较小。

(2)初期较高的养生温度会提高黏结料的初始固化速率,使其较快地达到完全固化状态,但初期较低养生温度的黏结料也会通过时间的累积,相对较慢地达到完全固化状态。

(3)当环境温度在 15～60℃之间时,黏结料在 40h 内均能达到表干状态,可以有效避免黏结料的粘轮现象;当温度较高的 SMA 混合料摊铺后,下层的黏结料会再次熔融,以液体的形态将 RA 混合料与 SMA 混合料黏结起来,确保 ERS 铺装体系的层间黏结可靠性。

(4)涂布黏结料与摊铺上层 SMA 混合料之间过长的间隔时间,会较大程度地削弱铺装复合体系的层间黏结性能。

参 考 文 献

[1] 韩文生,马速.树脂沥青混合料 RA 与改性沥青混合料 SMA 模量的对比试验研究[J].公路交通科技(应用技术版),2019,15(12):143-145+148.

[2] 王天翔,张恒.ERS 组合式钢桥面铺装在苏州斜港大桥上的应用[J].福建交通科技,2015(04):42-44.

[3] 楼添良,闵晓阳.树脂沥青组合体系 EBCL 层功能分析[J].公路,2014,59(03):6-9.

[4] 薛永超,钱振东.施工关键因素对环氧沥青混凝土路用性能的影响[J].交通运输工程学报,2016,16(03):17-27.

[5] 李党刚.沥青基体及制备工艺对高温铺装环氧沥青性能的影响机制[D].西安:长安大学,2017.

[6] XUE Y,QIAN Z. Development and performance evaluation of epoxy asphalt concrete modified with mineral fiber[J]. Construction and Building Materials,2016(102):378-383.

[7] 谢飞,谢智荣,肖百豪.正交异性钢桥面铺装病害分析及维修对策研究[J].公路与汽运,2020(05):125-128.

[8] 马丁.钢桥面铺装技术的发展与应用[C]//2016 智能城市与信息化建设国际学术交流研讨会论文集Ⅱ,2016(26).

[9] 钱振东,薛永超,孙健.橡胶环氧沥青碎石防水黏结层抗剪性能研究[J].湖南大学学报:自然科学版,2016,43(7):82-87.

[10] 谢志华,曹小茹.ERS 钢桥面铺装技术在北方严寒地区的应用[J].公路,2015,60(06):26-27.

[11] 张伟,史爱芬.ERS 树脂沥青组合体系钢桥面铺装设计与施工[J].上海公路,2015(02):8-14.

[12] 李巍,高明,任俊达,等.ERS 铺装体系在中朝鸭绿江界河公路大桥中的应用[J].北方交通,2016(04):92-95.

[13] 曾俊,肖高霞,毛斌.树脂沥青组合体系(ERS)在之江大桥钢桥面铺装中的应用[J].公路交通科技(应用技术版),2012,8(12):56-59.

摘录论文十:

纵肋与横隔板新型构造细节疲劳性能研究

袁庆华[1],郑春晓[2],谢浩[3],袁道云[4]

(1. 宜昌市住房和城乡建设局,湖北 宜昌 443000;
2. 中交第二航务工程局有限公司,湖北 武汉 430000;
3. 中建三局集团有限公司,湖北 武汉 430064;
4. 西南交通大学,四川 成都 610031)

摘要:为提升纵肋与横隔板构造细节的疲劳性能,将横隔板在一定区域范围内与纵肋底板进行焊接连接,加强两者的协同受力,进而改善其疲劳性能。在此基础上发展了两种纵肋与横隔板新型构造细节并对其疲劳性能进行系统研究,研究结果表明:在纵向移动荷载作用下,纵肋与横隔板普通开孔构造细节的主导疲劳开裂模式为纵肋腹板围焊焊趾开裂并沿纵肋腹板扩展且以承受拉-拉循环应力为主;两种纵肋与横隔板新型构造细节的主导疲劳开裂模式均以承受压-压循环应力为主,其中以新型构造细节1的受力最为合理,其主导疲劳开裂模式为纵肋底板围焊端部焊趾开裂并沿纵肋底板扩展。相较纵肋与横隔板普通开孔构造细节,其应力幅值降低约12.4%,疲劳性能得到有效提升。

关键词:正交异性钢桥面板;纵肋与横隔板新型构造细节;有限元;疲劳性能;主导疲劳开裂模式

Research on the Fatigue Performance of Novel Rib-to-Diaphragm Joints

Yuan Qinghua[1], Zheng Chunxiao[2], Xie Hao[3], Yuan Daoyun[4]

(1. Yichang housing and Urban-Rural Development Bureau, Yichang Hubei 443000, China;
2. CCCC Second Harbour Engineering Co., Ltd, Wuhan Hubei 430000, China;
3. China Construction Third Engineering Bureau Urban Investment Operation Co., Ltd, Wuhan Hubei 430064, China;
4. Southwest Jiaotong University, Chengdu Sichuan 610031, China)

Abstract: In order to improve the fatigue resistance of rib-to-diaphragm joint, two types of novel rib-to-diaphragm joints in OSD were proposed. For the novel welded joints, the floor of rib and diaphragm are connected by welding to enhance the cooperative working performance. The rib-to-diaphragm joints were taken as the research object, and its fatigue performance were studied systematically. The results indicate that the predominant crack pattern of the conventional rib-to-diaphragm joint is cracking initiated from the rib toe that propagated through the web plane of rib, and the stress state of cracking pattern Ⅰ is mainly in the tensile state. The predominant crack pattern of the two novel welded joints are mainly in the compressive state, and the novel welded joint 1 is the most reasonable ones among the three types of novel welded joints. The predominant crack pattern of the novel welded joint 1 is cracking initiated from the rib toe that propagated through the floor plane of rib. Compared with the conventional rib-to-diaphragm joint, the stress amplitude of the novel welded joint 1 is reduced by 12.4%, and the fatigue performance is effectively improved.

Key words: orthotropic steel bridge decks; novel rib-to-diaphragm joints; finite element method; fatigue performance; predominant crack pattern

1 引言

正交异性钢桥面板具有轻质高强、施工便捷等优点,目前在钢结构桥梁领域得到广泛应用。正交异性钢桥面板在纵向和横向分别设置了纵肋和横隔板,且顶板、纵肋和横隔板之间通过焊接连接,使得正交异性钢桥面板的立体交叉焊缝众多,疲劳开裂问题突出[1-5]。在正交异性钢桥面板疲劳开裂案例中纵肋与横隔板构造细节发生疲劳开裂问题的比例最大[1],是正交异性钢桥面板的关键构造细节。

纵肋与横隔板构造细节疲劳性能研究结果表明[3-7]:由于横隔板开孔位置几何不连续,在荷载作用下纵肋的扭转变形和面外变形受到不均匀约束,在横隔板开孔位置产生较大的应力集中,导致其疲劳开裂问题突出。目前,改善纵肋与横隔板构造细节疲劳性能的方法主要有优化横隔板开孔形状、调整合理的横隔板间距与横隔板厚度等[3-12]。通过优化横隔板开孔形状,对于提升纵肋与横隔板构造细节的疲劳性能有一定帮助,但是该方法没有改变纵肋在横隔板位置的传力路径,纵肋扭转引发的应力集中问题仍然突出[4]。减小横隔板间距、增大横隔板厚度可有效减轻纵肋与横隔板构造细节的应力集中程度[2],但是该方法将大幅增加正交异性钢桥面的焊缝数目和自重,不利于轻质高强、经济适用目标的实现。

为了改善纵肋与横隔板构造细节的受力,大幅提升其疲劳性能,将纵肋底板与横隔板在一定区域内通过焊接连接,发展了纵肋与横隔板新型构造细节。该新型构造细节可增强纵肋与横隔板之间的协同受力,有效约束纵肋的扭转变形,大幅减轻横隔板开孔位置的应力集中程度,从而有效提升其疲劳性能。为了深入研究纵肋与横隔板新型构造细节的疲劳性能,建立典型正交异性钢桥面板有限元模型,对纵肋与横隔板新型构造细节各疲劳开裂模式进行理论分析,研究结果可为纵肋与横隔板构造细节的抗疲劳设计提供理论依据。

2 研究对象

2.1 纵肋与横隔板新型构造细节的提出

纵肋与横隔板构造细节疲劳失效机理研究结果表明[4,13-14]:在纵肋力矩和竖向弯矩共同作用下,使得纵肋产生较大的扭转变形和相对于横隔板平面的面外变形,横隔板开孔位置的几何不连续引起的约束刚度突变使纵肋与横隔板构造细节应力集中问题突出,最终导致其疲劳开裂问题频发。针对纵肋与横隔板构造细节疲劳开裂问题,在纵肋底板和横隔板之间引入栓接角钢的加固方法(图4-6-71),可改善其受力,使纵肋与横隔板传统构造细节与加固构件形成协同受力体系,有效提升其疲劳性能[4]。

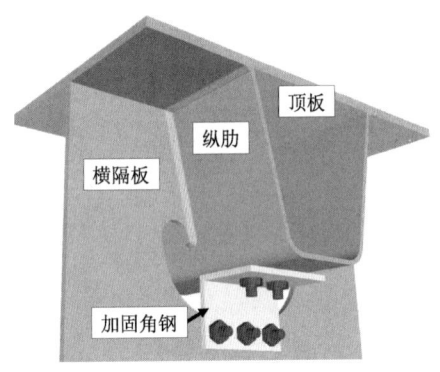

图4-6-71 纵肋与横隔板构造细节加固示意图

基于上述研究结果,将纵肋底板与横隔板在一定区域通过焊接连接引入了纵肋与横隔板新型构造细节,有望增强纵肋与横隔板之间的协同受力,减轻其应力集中程度,进而有效提升其疲劳性能。纵肋与横隔板新型构造细节的设计如图4-6-72所示。

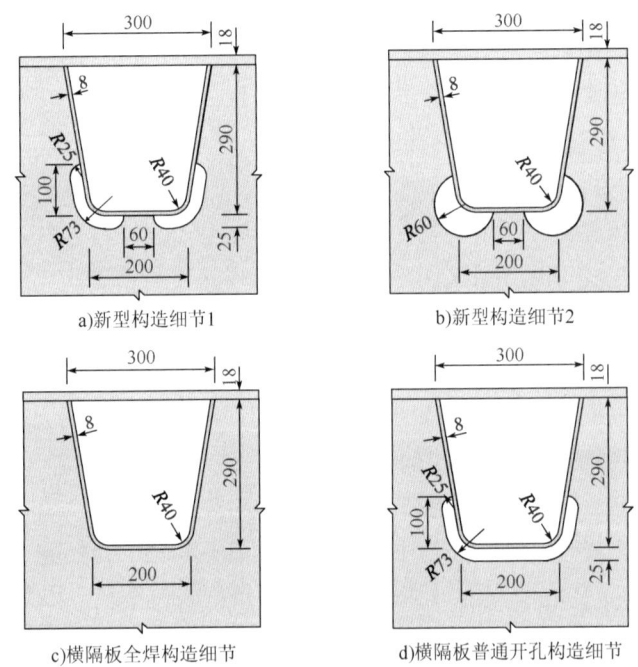

图4-6-72 纵肋与横隔板构造细节设计图(尺寸单位:mm)

以图4-6-72所示两类纵肋与横隔板新型构造细节为研究对象,对其疲劳性能开展系统研究,在进行研究时将纵肋与横隔板全焊构造细节和横隔板普通开孔构造细节作为对比参照。此外,在进行理论分析时,各模型的板厚、纵肋间距和横隔板间距等参数取值均相同。

2.2 纵肋与横隔板构造细节的疲劳开裂模式

纵肋与横隔板构造细节存在多种疲劳开裂模式。其中:①纵肋与横隔板新型构造细节1和新型构造细节2的疲劳开裂模式类似,主要包括纵肋腹板围焊焊趾起裂并分别沿纵肋腹板和横隔板扩展,以及纵肋底板围焊焊趾起裂并分别沿纵肋底板和横隔板扩展四种疲劳开裂模式,如图4-6-73a)、图4-6-73b)所示。②纵肋与横隔板全焊构造细节的疲劳开裂模式主要包括纵肋冷弯区域焊趾起裂并沿着纵肋扩展和横隔板焊趾起裂并沿着横隔板扩展两种疲劳开裂模式,如图4-6-73c)所示。③纵肋与横隔板普通开孔构造细节的疲劳开裂模式主要包含纵肋腹板围焊焊趾起裂并分别沿纵肋腹板和横隔板扩展,以及从横隔板开孔自由边应力集中位置起裂并沿横隔板扩展的三种典型疲劳开裂模式,如图4-6-73d)所示。

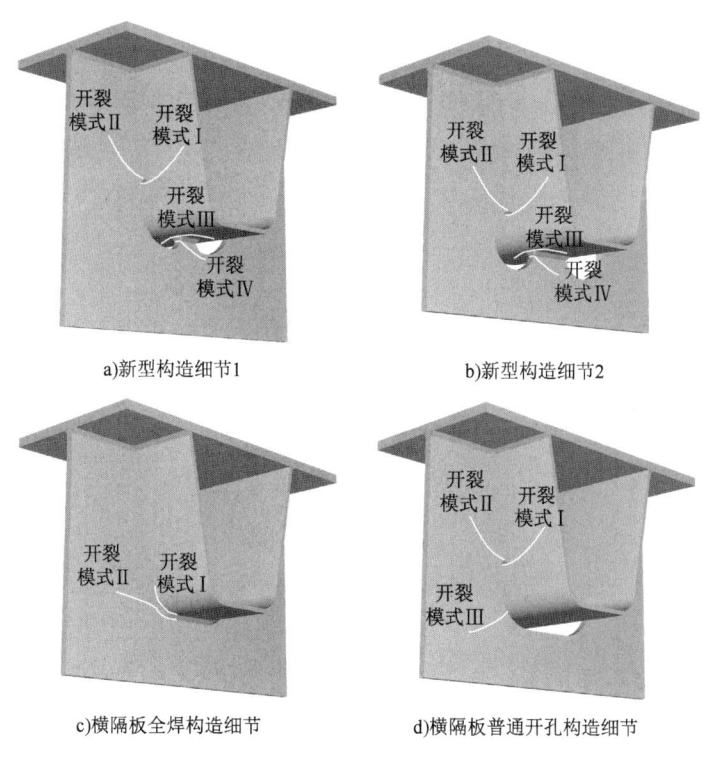

图4-6-73 纵肋与横隔板构造细节疲劳开裂模式

3 疲劳性能评估方法与有限元模型的建立

3.1 疲劳性能评估方法

本文采用国际焊接协会推荐的热点应力法对纵肋与横隔板构造细节的疲劳性能进行评估。对于a类热点,选取距离焊趾0.5倍板厚和1.5倍板厚处的应力进行外推计算;对于b类热点,选取距离焊趾5mm和15mm处的应力进行外推计算。纵肋与横隔板构造细节各疲劳开裂模式的热点应力外推点选取如图4-6-74所示。

a类热点:

$$\sigma_{hs} = 1.50\sigma_{0.5t} - 0.50\sigma_{1.5t} \tag{4-6-5}$$

b 类热点：

$$\sigma_{hs} = 1.50\sigma_{5mm} - 0.50\sigma_{15mm} \quad (4\text{-}6\text{-}6)$$

式中：σ_{hs}——热点应力；
t——板厚；
$\sigma_{0.5t}$、$\sigma_{1.5t}$——距离焊趾 $0.5t$ 和 $1.5t$ 处外推参考点的应力；
σ_{5mm}、σ_{15mm}——距离焊趾 5mm 和 15mm 处外推参考点的应力。

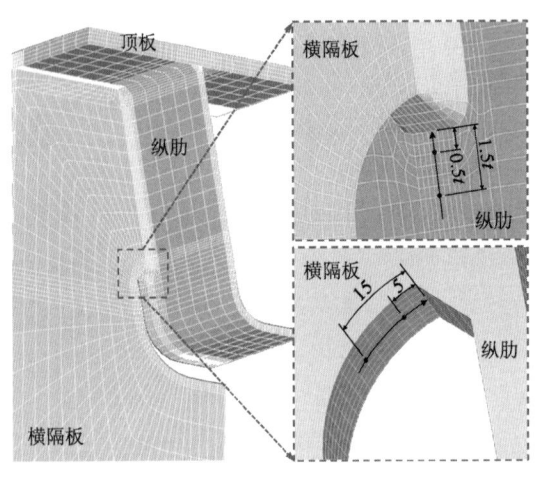

图 4-6-74　热点应力外推图示（尺寸单位：mm）

3.2　有限元模型的建立

采用有限元软件 ANSYS 建立了典型钢桥面板足尺节段有限元模型，如图 4-6-75 所示。纵肋、顶板和横隔板等构件均采用实体单元 SOLID45 进行模拟，针对纵肋与横隔板构造细节，采用映射方式对其局部网格进行细化，以保证网格质量和计算结果的精度。模型包含 7 个纵肋，5 个横隔板，共 4 跨，纵桥向布置为 $0.3m + 4 \times 3.0m + 0.3m = 12.6m$。模型的构造及其设计参数如图 4-6-72 所示，钢材弹性模量取值为 206GPa，泊松比为 0.3。为准确模拟纵肋与横隔板构造细节的受力特征，有限元模型的边界条件选取如下：①在横桥向两端约束横隔板和顶板两侧节点 x 方向的平动自由度。②在纵桥向两端约束顶板和纵肋两端节点 z 方向的平动自由度。③在竖向约束横隔板底端节点 y 方向的平动自由度。

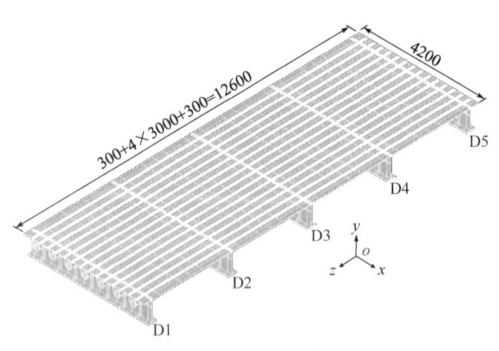

图 4-6-75　有限元模型（尺寸单位：mm）

选取标准疲劳车[15]作为疲劳荷载。为了获取纵肋与横隔板构造细节各疲劳开裂模式的影响面，选取标准疲劳车的一个轮载（60kN）作为单位荷载，在不同横向位置进行纵向移动加载,如图4-6-76所示。分析时选取4号纵肋左侧与D4横隔板之间的构造细节作为研究对象,针对图4-6-73中各构造细节的疲劳开裂模式开展深入的对比研究。

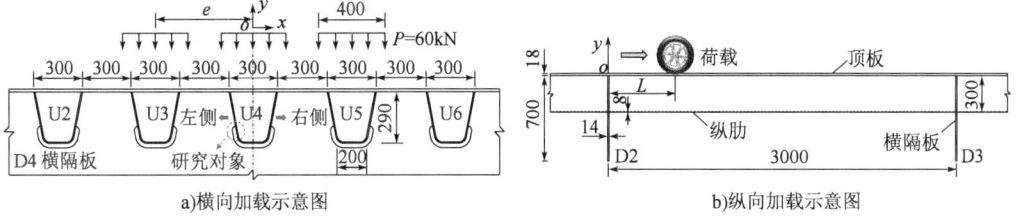

图4-6-76 加载示意图(尺寸单位:mm)

4 计算结果分析

4.1 纵肋与横隔板新型构造细节1

纵肋与横隔板新型构造细节1各疲劳开裂模式的热点应力影响面如图4-6-77所示。研究表明:①纵肋与横隔板新型构造细节1的纵向影响线范围主要在关注构造细节相邻两跨范围内,横向影响线范围主要在关注构造细节相邻两个纵肋(单侧)范围内。②当轮载的纵向加载位置距离横隔板约0.4m时,疲劳开裂模式Ⅰ~Ⅳ均处于较高应力水平,随着轮载往跨中方向移动,其应力值逐渐降低。③当移动车辆轮载横向位于x轴负方向时,疲劳开裂模式Ⅰ~Ⅳ主要承受压-压循环应力,四种疲劳开裂模式的最大应力幅分别为17.4MPa、23.3MPa、45.3MPa和30.8MPa;当荷载横向位于x轴正方向时,疲劳开裂模式Ⅰ~Ⅳ主要承受拉-拉循环应力,四种疲劳开裂模式的最大应力幅分别为24.5MPa、4.5MPa、18.5MPa和16.1MPa。④相比纵肋与横隔板普通开孔构造细节,新型构造细节1在移动轮载作用下的应力幅显著降低,且由承受拉-拉循环应力为主转变为承受压-压循环应力为主。

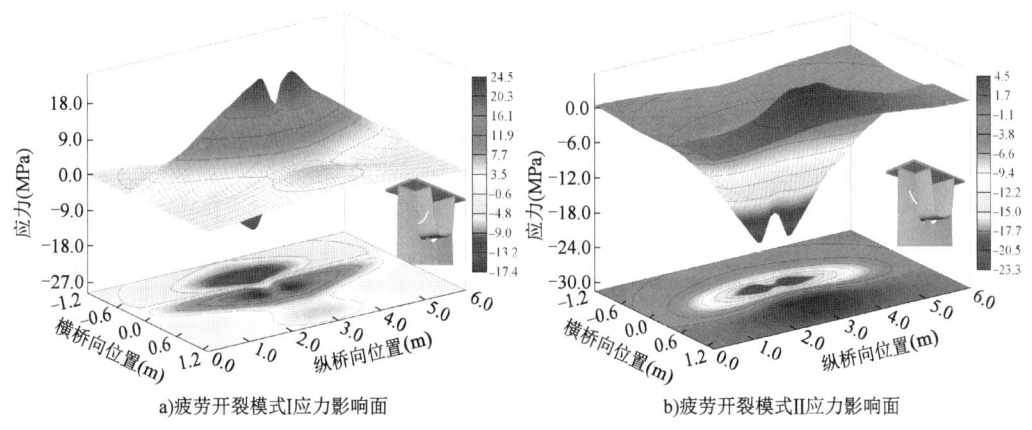

图 4-6-77

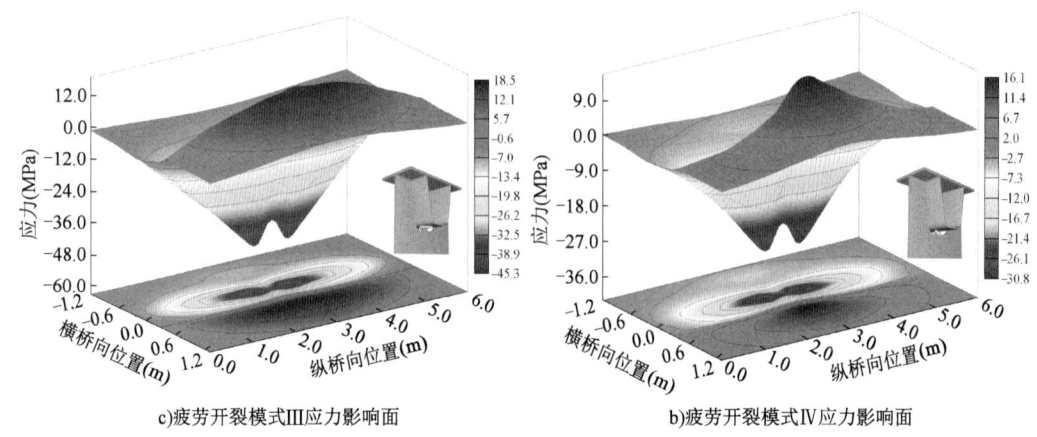

c) 疲劳开裂模式Ⅲ应力影响面　　　　　b) 疲劳开裂模式Ⅳ应力影响面

图 4-6-77　纵肋与横隔板新型构造细节 1 应力影响面

4.2　纵肋与横隔板新型构造细节 2

纵肋与横隔板新型构造细节 2 与新型构造细节 1 的受力状态相似,由于疲劳开裂模式Ⅲ和Ⅳ的应力幅值较大,因此,仅选取这两个疲劳开裂模式进行分析,其热点应力影响面如图 4-6-78 所示。研究表明：当移动车辆轮载横向位于 x 轴负方向时,疲劳开裂模式Ⅲ和Ⅳ主要承受压-压循环应力,其最大应力幅分别为 50.7MPa 和 33.5MPa；当荷载横向位于 x 轴正方向时,疲劳开裂模式Ⅲ和Ⅳ主要承受拉-拉循环应力,其最大应力幅分别为 30.4MPa 和 23.1MPa。

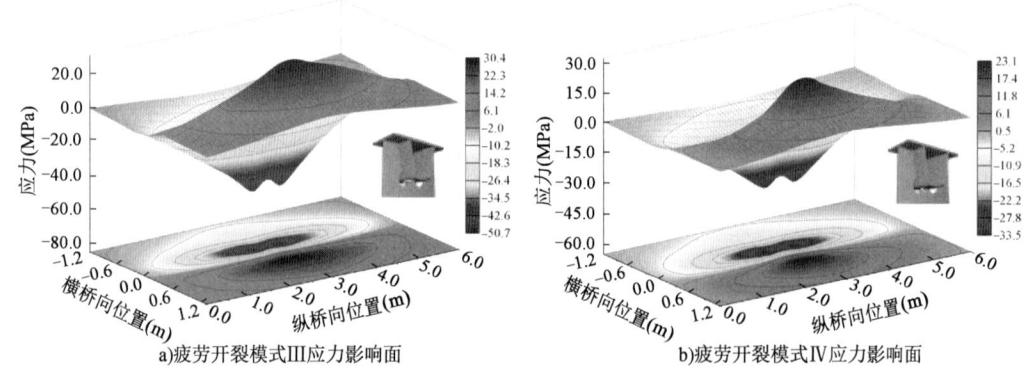

a) 疲劳开裂模式Ⅲ应力影响面　　　　　b) 疲劳开裂模式Ⅳ应力影响面

图 4-6-78　纵肋与横隔板新型构造细节 2 应力影响面

4.3　纵肋与横隔板全焊构造细节

纵肋与横隔板全焊构造细节各疲劳开裂模式的热点应力影响面如图 4-6-79 所示。研究表明：①当轮载的纵向加载位置距离横隔板约 0.6m 时,疲劳开裂模式Ⅰ和Ⅱ均处于较高应力水平,随着轮载往跨中方向移动,其应力值逐渐降低,表明疲劳开裂模式Ⅰ和Ⅱ以承受面内和面外共同作用为主。②当移动车辆轮载作用于疲劳裂纹萌生一侧时,疲劳开裂模式Ⅰ和Ⅱ均以承受压-压循环应力为主,疲劳开裂模式Ⅰ和Ⅱ的最大应力幅值分别为 51.1MPa 和 31.7MPa。

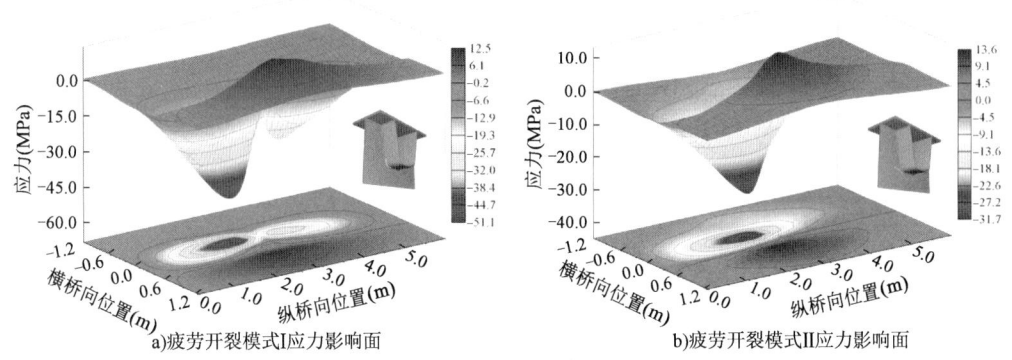

图 4-6-79　纵肋与横隔板全焊构造细节应力影响面

4.4　纵肋与横隔板普通开孔构造细节

纵肋与横隔板普通开孔构造细节各疲劳开裂模式的热点应力影响面如图 4-6-80 所示。研究表明:①各疲劳开裂模式的纵向影响线范围主要在关注构造细节相邻两跨范围内,横向影响线范围主要在关注构造细节相邻两个纵肋(单侧)范围内。②当轮载纵向位于跨中附近区域时,疲劳开裂模式Ⅰ和Ⅱ的应力值均达到最大,随着轮载往横隔板方向移动,其应力值逐渐降低,表明疲劳开裂模式Ⅰ和Ⅱ以承受面内和面外共同作用为主。③当移动车辆轮载横向位于 x 轴负方向时,疲劳开裂模式Ⅰ和Ⅱ主要承受拉-拉循环应力,两疲劳开裂模式的最大应力幅分别为 51.7MPa($e=-300$mm) 和 23.1MPa($e=-300$mm);当荷载横向位于 x 轴正方向时,疲劳开裂模式Ⅰ和Ⅱ主要承受压-压循环应力,两疲劳开裂模式的最大应力幅分别为 35.6MPa($e=300$mm) 和 27.6MPa($e=300$mm)。④对于疲劳开裂模式Ⅲ,当荷载横向位于 x 轴正方向时,主要承受拉-拉循环应力,最大应力幅为 11.0MPa($e=300$mm),当车辆轮载横向位于 x 轴负方向时,主要承受压-压循环应力,最大应力幅为 22.1MPa($e=-300$mm)。

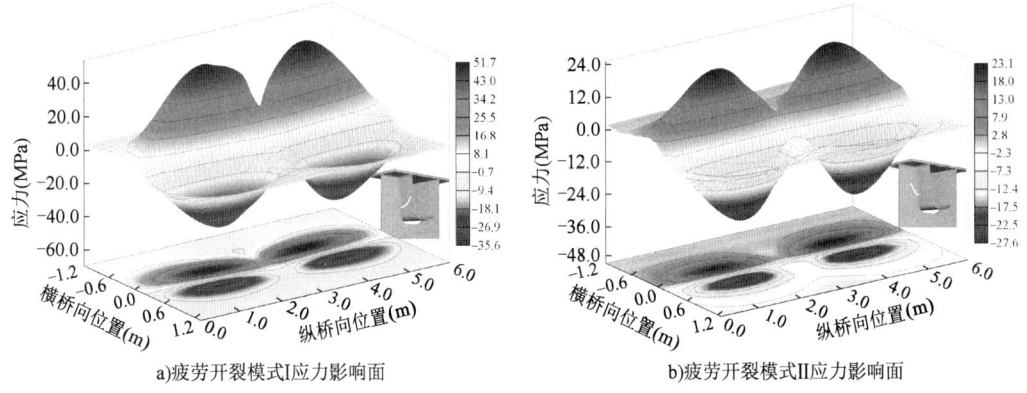

图　4-6-80

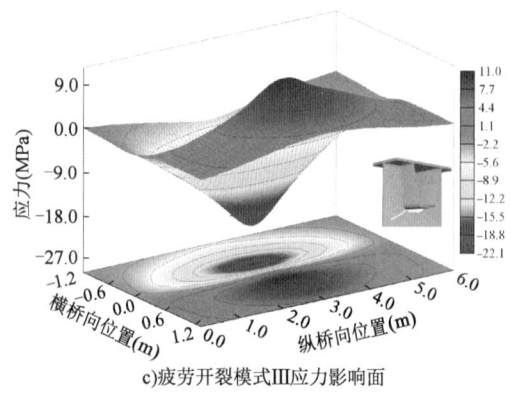

c) 疲劳开裂模式Ⅲ应力影响面

图 4-6-80 纵肋与横隔板普通开孔构造细节应力影响面

5 对比分析

两种纵肋与横隔板新型构造细节和两种纵肋与横隔板普通构造细节各疲劳开裂模式的最大应力幅值汇总表见表 4-6-22。

各构造细节最大应力幅汇总表(单位:MPa)　　表 4-6-22

开裂模式	新型构造细节 1	新型构造细节 2	横隔板全焊构造细节	横隔板普通开孔构造细节
开裂模式Ⅰ	24.5*	33.0	51.1	51.7*
开裂模式Ⅱ	23.3	24.4	30.6	27.6
开裂模式Ⅲ	45.3	50.7	—	22.1
开裂模式Ⅳ	30.8	33.5	—	—

注:表中带"*"上标的为拉-拉循环应力幅,其余均为压-压循环应力幅。

研究表明:①在四种构造细节中,纵肋与横隔板普通开孔构造细节的应力幅值最大,为51.7MPa,在相同的疲劳荷载作用下,该构造出现疲劳裂纹的可能性最大,其主导疲劳开裂模式为疲劳裂纹萌生于纵肋与横隔板围焊焊趾并沿纵肋腹板方向扩展。②新型构造细节1和新型构造细节2,可有效加强纵肋与横隔板之间的可靠连接,显著降低纵肋与横隔板构造细节的应力幅值。以新型构造细节1的引入为例,疲劳开裂模式Ⅰ的应力幅由51.7MPa降低到24.5MPa,降幅为52.6%;疲劳开裂模式Ⅱ的应力幅由27.6MPa降低到23.3MPa,降幅为15.6%。③从各构造细节的应力幅值分析可知,新型构造细节1的应力幅值最小,为45.1MPa,其主导疲劳开裂模式为纵肋底板与横隔板围焊焊趾开裂并沿纵肋底板扩展(疲劳开裂模式Ⅲ),相较纵肋与横隔板普通开孔构造细节,其最大应力幅值降低了12.8%,其疲劳性能最优。④新型构造细节2和横隔板全焊构造细节的最大应力幅值相当,分别为50.7MPa和51.1MPa,均以承受压-压循环应力为主;新型构造细节2和横隔板全焊构造细节虽然其应力幅值较大,但是相较横隔板普通开孔构造细节的拉-拉循环应力控制，其疲劳性能将有所改善。

6 结论

(1) 纵肋与横隔板构造细节各疲劳开裂模式的纵向影响线范围主要在关注构造细节相邻两跨区域内，横向影响线范围主要在关注构造细节相邻两个纵肋(单侧)区域内。

(2) 纵肋与横隔板普通开孔构造细节为四种构造细节中疲劳开裂风险最大的构造细节，其主导疲劳开裂模式为疲劳裂纹萌生于围焊焊趾端部并沿纵肋腹板扩展(疲劳开裂模式Ⅰ)，且该疲劳开裂模式以承受拉-拉循环应力为主。

(3) 纵肋与横隔板新型构造细节1通过加强纵肋与横隔板之间的协同受力，大幅减轻了应力集中程度，其主导疲劳开裂模式为纵肋底板与横隔板围焊焊趾端部起裂并沿着纵肋底板扩展(疲劳开裂模式Ⅲ)，且该疲劳开裂模式以承受压-压循环应力为主，相较纵肋与横隔板普通开孔构造细节，纵肋与横隔板新型构造细节1的最大应力幅值降低约12.4%。

(4) 纵肋与横隔板新型构造细节2和纵肋与横隔板全焊构造细节均以承受压-压循环应力为主，其最大应力幅值与横隔板普通开孔构造细节相当，但是相较横隔板普通开孔构造细节的拉-拉循环应力控制，其疲劳性能将有所改善。

参 考 文 献

[1] 张清华,卜一之,李乔.正交异性钢桥面板疲劳问题的研究进展[J].中国公路学报,2017,30(3):14-30+39.

[2] 王春生,付炳宁,张芹,等.正交异性钢桥面板横隔板挖孔型式[J].长安大学学报(自然科学版),2012,32(2):58-64.

[3] 唐亮,黄李骥,王秀伟,等.钢桥面板U形肋-横隔板连接接头应力分析[J].公路交通科技,2014,31(5):93-101.

[4] 张清华,李俊,卜一之,等.正交异性钢桥面板纵肋与横隔板交叉构造细节疲劳开裂快速加固方法[J].中国公路学报,2018,31(12):124-133.

[5] 张清华,崔闯,卜一之,等.正交异性钢桥面板足尺节段疲劳模型试验研究[J].土木工程学报,2015,48(4):72-83.

[6] KOLSTEIN M H. Fatigue Classification of Welded Joints in Orthotropic Steel Bridge Decks [D]. Delft: Delft University of Technology, 2007.

[7] YOKOZEKI K, Miki C. Fatigue Evaluation for Longitudinal-to-Transverse Rib Connection of Orthotropic Steel Deck by Using Structural Hot Spot Stress[J]. Welding in the World, 2016, 60(1):83-92.

[8] SIM H B, Uang C M, Sikorsky C. Effects of Fabrication Procedures on Fatigue Resistance of Welded Joints in Steel Orthotropic Decks[J]. Journal of Bridge Engineering, 2009, 14

(5):366-373.

[9] 向泽,祝志文.切口型式对正交异性钢桥面板应力特性的影响[J].铁道科学与工程学报,2019,16(2):399-407.

[10] 朋茜,周绪红,狄谨,等.钢桥面板纵肋与横隔板连接位置疲劳损伤特征[J].中国公路学报,2018,31(11):78-90.

[11] 吕彭民,王龙奉,李大涛,等.正交异性钢桥面板U形肋与横隔板构造细节围焊处疲劳性能[J].长安大学学报(自然科学版),2015,35(6):63-70.

[12] 韩冰,蒲黔辉,施洲.正交异性钢桥面板足尺模型疲劳试验研究[J].桥梁建设,2016,46(4):61-66.

[13] 唐亮,黄李骥,刘高,等.正交异性钢桥面板足尺模型疲劳试验[J].土木工程学报,2014,47(3):112-122.

[14] 王春生,付炳宁,张芹,等.正交异性钢桥面板足尺疲劳试验[J].中国公路学报,2013,26(2):69-76.

[15] BSI. Eurocode1: Actions on Structures - Part 2: Traffic Loads on Bridges: EN 1991-2: 2003[S]. BSI Standards Limited, 2003.

摘录论文十一:

悬索桥成桥阶段索夹螺杆紧固张拉控制技术研究

施 飞[1],代明净[2],伊建军[3,4],荆国强[3,4],赵 龙[4]

(1. 中建三局城市投资运营有限公司,湖北 武汉 430000;
2. 宜昌市城市建设投资开发有限公司,湖北 宜昌 443003;
3. 桥梁结构健康与安全国家重点实验室,湖北 武汉 430034;
4. 中铁大桥科学研究院有限公司,湖北 武汉 430034)

摘要:为确定悬索桥二期恒载施工与索夹螺杆成桥阶段张拉工作同步进行的可行性与实施效果,以宜昌伍家岗长江大桥为背景,对成桥阶段索夹螺杆张拉紧固控制技术进行研究。首先基于主缆钢丝堆积模型及二期恒载导致的主缆承力后截面面积变化,研究二期恒载对螺杆轴力损失的影响;然后在二期恒载施工前对革命文物两次张拉紧固后的螺杆轴力进行监测;最后基于分析结果,制定成桥阶段索夹螺杆张拉工艺。结果表明:二期恒载导致螺杆轴力损失仅为37kN,在二期恒载施工时可适当提高螺杆张拉荷载并同步进行成桥张拉与后续的猫道拆除工作;主梁吊装后桥面铺装前螺杆轴力衰减速度随时间降低,根据螺杆轴力的长期衰减规律,预估638.7d后螺杆轴力下降180kN;制定张拉荷载提高至110%设计张拉力、螺母转角定量控制和稳压持荷等成桥张拉工艺,成桥轴力可达到设计张拉力的94.7%,满足设计要求,在主缆状态不变情况下638.7d后的索夹抗滑移安全系数为2.82,仍存在充足的安全空间。

关键词:悬索桥;索夹螺杆;轴力;二期恒载;成桥阶段;张拉控制

Study on Fastening and Tensioning Control Technology of Cable Clamp Screw in the Completion Stage of Suspension Bridge

Shi Fei[1], Dai Mingjing[2], Yi Jianjun[3,4], Jing Guoqiang[3,4], Zhao Long[4]

(1. China Construction Third Bureau Urban Investment Operation Co., Ltd, Wuhan Hubei 430000, China;
2. Yichang City Construction Investment Development Co., Ltd, Yichang Hubei 443003, China;
3. State Key Laboratory for Health and Safety of Bridge Structures, Wuhan Hubei 430034, China;
4. China Railway Bridge Science Research Institute, Ltd., Wuhan Hubei 430034, China)

Abstract: In order to ensure the fastening quality and construction efficiency of cable clamp screw in the completion stage of suspension bridge, taking Wujiagang Yangtze River Bridge in Yichang, Hubei Province (steel box girder suspension bridge with 1160m main bridge) as the background, the fastening and axial force change of cable clamp screw with M45 thread specification of the bridge are studied, and the influence of phase II dead load on the axial force loss of cable clamp screw is studied, analyzed and calculated, And formulate the implementation process of cable clamp screw tensioning before the completion of the bridge, so as to ensure the construction quality and shorten the construction period. The results show that the axial force loss of the cable clamp screw will be only 37kN due to the main cable bearing by the second stage dead load, which indicates that the tensioning load of the cable clamp screw can be moderately increased and the bridge tensioning and catwalk demolition can be carried out simultaneously during the second stage dead load construction; After the hoisting of the main beam, the attenuation speed of the screw axial force before the deck pavement decreases with time, and according to the long-term attenuation law of Japan's Shimen Bridge, it is estimated that the decrease range of the screw axial force after 638.7 days is 180 kN; Furthermore, the bridge tensioning process is designed to increase the tensioning load to 110% of the design tensioning force. The axle force of the bridge reaches 94.7% of the design tensioning force, which meets the design requirements. When the main cable state remains unchanged, the anti slip safety factor of the cable clamp after 638.7 days is 2.82, and there is still a large safety space.

Key words: suspension bridge; cable clamp; bridge completion stage; axial force of screw; tensioning control

1 引言

悬索桥在运营期间索夹滑移病害的发生,易导致主缆钢丝外露、结构受力体系变化、主缆除湿防护系统失效等次生病害,个别悬索桥成桥运营1~2年即出现该问题,因此,索夹螺杆在桥梁建设期间的张拉施工问题受到高度关注。研究表明:由于主缆为内部存在间隙的松散钢丝结构,索夹螺杆轴力会随时间或主缆承载增加而导致衰减与损失,当螺杆轴力低至一定程度时就会发生滑移问题。另外,索夹滑移现象也并非只限于悬索桥的服役运营期间,部分悬索桥在主梁施工阶段也出现过轻微的索夹滑移现象。

传统的索夹螺杆张拉工艺存在张拉精度差、反复张拉等问题,造成刚进行张拉后的螺杆紧固轴力仍然不足且施工效率低下。悬索桥建设期间,索夹螺杆轴力的衰减最为迅速和严重,需反复多次张拉以保障结构与施工安全,消耗了大量的人力、物力与时间成本。针对以上问题,可以采用转角辅助控制、增加有效稳压持荷等措施提高螺杆紧固质量,加速主缆收紧以降低螺杆轴力的衰减与损失速度。为提升大跨径悬索桥的施工效率,缩短工期,大桥建设与施工单位期望在桥面铺装及附属设施等二期恒载尚未完全完成施工时同步进行索夹螺杆在施工阶段的最后一次张拉(即成桥张拉),然后进行猫道拆除。这种施工方式与传统的先完成二期恒载施工后再进行螺杆成桥张拉、拆除猫道的方式存在一定差别,因此,需要考虑该方式是对索夹螺杆成桥时紧固质量的影响以及实施可行性。鉴于此,以宜昌伍家岗长江大桥为背景,对悬索桥成桥阶段索夹螺杆张拉紧固控制技术进行研究,使得二期恒载施工与索夹螺杆成桥张拉可以同步进行,且成桥螺杆轴力满足设计要求,并避免成桥运营期间螺杆轴力快速衰减和损失的问题。

2 工程概况

伍家岗长江大桥为主跨1160m钢箱梁悬索桥(图4-6-81)。全桥主缆索夹总计250个,分SJ1~SJ9共9种类型,其中SJ1~SJ6为有吊索索夹,SJ7~SJ9为无吊索索夹。索夹为上下抱合式,均采用螺纹规格为M45的高强度螺杆进行连接及紧固;螺杆长870mm,中间缩腰处直径为41.5mm,材质为40CrNiMoA,屈服强度835MPa以上;螺母材料采用15MnVB,螺母垫圈采用40Cr,分凸球面垫圈和凹球面垫圈。螺杆设计张拉力为780kN。

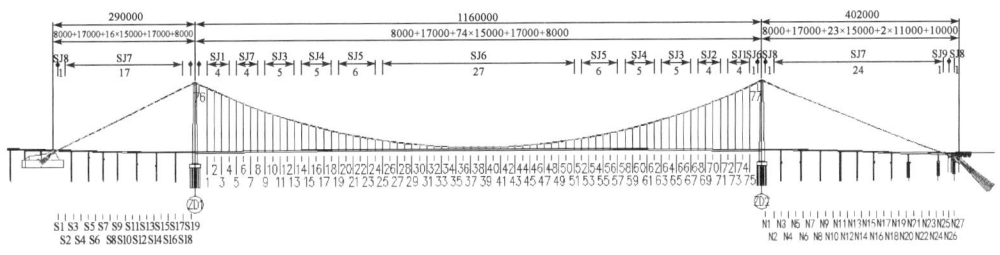

图4-6-81 伍家岗长江大桥立面布置(尺寸单位:mm)

该桥主缆直径(索夹内)为706mm。为更好地保障索夹螺杆紧固施工质量与效率,施工全过程采用同步张拉工艺,即单个索夹上所有螺杆同时同步进行张拉紧固。该桥最大索夹(SJ1)设置16根螺杆,左、右各8根,因此,1个张拉工作组配备16台张拉器、2台电动油泵以及若干分配器、油管线路。张拉施工从跨中位置向桥塔方向进行,为提高整体施工效率,全桥设置4个张拉工作组,总计配备64台张拉器与8台电动油泵。为保证张拉器能够全部排列到位,张拉器最大外径不大于180mm(索夹上相邻螺杆中轴线间距200mm)。索夹螺杆张拉设备如图4-6-82所示。

a)张拉器安装　　　　　　b)电动油泵

图4-6-82 索夹螺杆张拉设备

在该桥索夹螺杆张拉过程中,采用已紧固索夹螺杆轴力超声纵波方法[12]作为工后检查轴力的检测方法。

3 成桥阶段索夹螺杆张拉控制

在悬索桥成桥阶段的施工中,索夹螺杆的成桥张拉工作通常在桥面铺装及附属设施等二期恒载施工完成之后进行,然后再拆除猫道,进行主缆缠丝及缆索附属设施施工。在伍家岗长江大桥的成桥施工中,为加快建设进程,拟在二期恒载施工完成一半左右时,同步进行索夹螺杆的成桥张拉工作,然后直接拆除猫道,进行主缆相关的后期施工。针对上述需求,首先进行二期恒载施工时螺杆轴力变化的理论计算,分析二期恒载对螺杆轴力的影响;然后在一期恒载施工完成后且二期恒载施工前的两次张拉紧固施工过程中进行螺杆轴力的衰减监测,分析螺杆轴力的衰减速度情况;最后根据分析结果,适当提升张拉荷载并制定成桥前的索夹螺杆张拉工艺。

3.1 二期恒载施工对螺杆轴力的影响

在桥面铺装及附属设施等二期恒载施工过程中,根据二期恒载计算主缆受力增加而导致的主缆截面面积变化,并将直径减小量作为螺杆紧固伸长量的损失部分,得到螺杆轴力的损失。主缆截面面积的变化可以根据钢丝的泊松效应(直径变化)及其引起的内部孔隙变化计算得到。假定主缆钢丝堆积的基本模型如图4-6-83所示,且认为主缆为标准圆形截面。

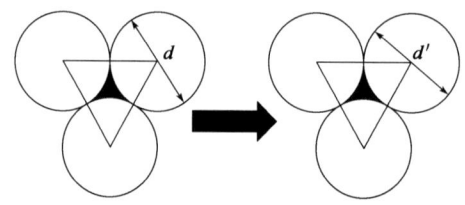

图4-6-83 主缆钢丝堆积基本模型

注:d、d'分别为承载前、后主缆钢丝直径。

主缆承载后,根据主缆钢丝的泊松效应计算单根钢丝的直径d'、单根钢丝横截面积变化Δs_1、单模型钢丝间小缝隙的面积变化Δs_2分别为:

$$d' = \left(1-\mu\frac{\Delta L_{\mathrm{n}}}{L}\right) \times d \quad (4\text{-}6\text{-}7)$$

$$\Delta s_1 = \frac{\pi d^2 - \pi d'^2}{4} \quad (4\text{-}6\text{-}8)$$

$$\Delta s_2 = \frac{\sqrt{3}}{4}(d^2 - d'^2) \quad (4\text{-}6\text{-}9)$$

式中:L——桥梁主缆总长度;

ΔL_{n}——二期恒载主缆伸长量;

μ——钢丝泊松比。

钢丝总数为 M_1,钢丝间小缝隙总数为 M_2,主缆设计直径为 D,承载后直径为 D',则主缆横截面面积总变化 ΔS_n 为:

$$\Delta S_n = M_1 \times \Delta s_1 + M_2 \times \Delta s_2 = \frac{\pi D^2 - \pi D'^2}{4} \quad (4\text{-}6\text{-}10)$$

则

$$D' = \sqrt{D^2 - \frac{4}{\pi}\Delta S_n} \quad (4\text{-}6\text{-}11)$$

将索夹螺杆平均伸长量损失等于主缆直径变化量,则某索夹螺杆平均轴力损失 ΔF_n 为:

$$\Delta F_n = \frac{F}{\Delta l}(\Delta l - \Delta D) \quad (4\text{-}6\text{-}12)$$

式中:F——二期恒载施工前主缆某索夹平均轴力;

Δl——某索夹平均螺杆伸长量;

ΔD——主缆直径变化量,$\Delta D = D - D'$。

取主缆钢丝弹性模量为 200GPa,泊松比为 0.25。伍家岗长江大桥主缆无应力长度为 1997.8499m,架设后空缆伸长量为 1.2108m,一期恒载完成施工后主缆伸长量为 4.9014m,二期恒载施工后主缆伸长量为 6.0260m。计算得到二期恒载施工造成的主缆伸长量为 1.1246m,钢丝径向应变为 1.407×10^{-4},则主缆横截面面积减少 90.16mm²。另外,假设主缆钢丝为图 4-6-83 所示的理想堆积模型,根据钢丝的径向应变计算出单个间隙减小面积再乘以整个主缆该种间隙的数量,可以得到主缆钢丝相邻间隙截面面积减小约 8.59mm²,相当于泊松效应造成截面面积损失的 9.53%。以设计索夹内缆径作为基准,计算得到缆径减小 0.089mm。主缆短期加载过程中的螺杆轴力下降主要为缆径减小使得螺杆伸长量降低所致。螺杆受力区域直径取 42mm,得到应力降低 26.8MPa,螺杆轴力降低 37kN,且轴力衰减速度不会变化。

3.2 螺杆轴力衰减监测分析

除了主缆承载会造成索夹螺杆的轴力下降,增大索夹滑移风险,索夹螺杆轴力也会随着主缆内部钢丝的重新排列、镀层蠕变等因素而长期下降。由于成桥阶段的螺杆张拉完成后会迅速拆除猫道,不便于抽样较多数量螺杆的轴力数据,为正确估计成桥后索夹螺杆轴力衰减基本情况,在一期恒载施工(主要为主梁吊装)完成后且二期恒载施工前的阶段期间,选择典型索夹,采用超声检测方法[4-11]针对两次张拉紧固后的螺杆轴力进行了跟踪检测。第 1 次张拉紧固后跟踪时间跨度为 21d,然后在第 32d 重新紧固张拉,最后一次检测为第 67d;两次张拉保持相同实施工艺。吊装主梁后螺杆轴力监测结果如图 4-6-84 所示。

由图 4-6-84 可知:在第一阶段中,21d 内螺杆轴力从 670kN 衰减至 487kN,螺杆轴力总衰减 183kN,占设计张拉力的 23.5%。前 24h 内螺杆轴力从 670kN 衰减到 600kN,螺杆轴力衰减幅度为70kN,占设计张拉力的9.0%,占期间总衰减的38.3%;前58h内螺杆轴力衰减152kN,占设计张拉力的19.5%,占期间总衰减的83.1%。剩余88.5%的时间(不到19d)内螺杆轴力衰减31kN,占设计张拉力的4.0%,只占期间总衰减的16.9%。前58h内(占整个阶段时间总长度的11.5%)螺杆轴力衰减速度为2.621kN/h,后续剩余时间内衰减速度为0.070kN/h,约为前58h内衰减速度的1/37。

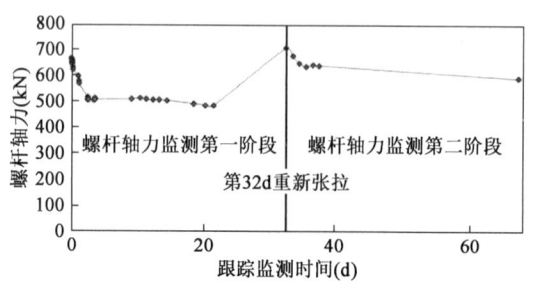

图4-6-84 吊装主梁后螺杆轴力监测结果

在第二阶段中,35d内螺杆轴力从710kN衰减至593kN,螺杆轴力总衰减为117kN,占设计张拉力的15.0%。前24h内螺杆轴力衰减30kN,占设计张拉力的3.8%,占期间总衰减的25.6%;前48h内螺杆轴力衰减60kN,占设计张拉力的7.7%,占期间总衰减的51.2%。剩余94.3%的时间(33d)内螺杆轴力衰减幅度为57kN,占设计张拉力的7.3%,占期间总衰减的48.7%。前48h(占整个阶段时间总长度的5.7%)螺杆轴力衰减速度为1.250kN/h,后续剩余时间内衰减速度为0.072kN/h,约为前48h期间衰减速度的1/17。

以上分析表明,经过第二次的张拉紧固后,螺杆紧固状态更加良好。第二次张拉紧固后较短时间内的轴力衰减幅度相比第一次明显降低,24h内的衰减幅度从70kN减少至30kN,降低了57.1%。两个阶段的后期衰减速度较为接近,分别为0.070kN/h、0.072kN/h,第二阶段稍偏大。然而,第二阶段的最后检测轴力593kN相比第一阶段的最后检测轴力487kN增大了106kN,占设计张拉力的13.6%。

由于螺杆紧固后主要受到主缆内部钢丝的重新排列、镀层蠕变等因素影响而产生轴力下降,根据索夹螺杆轴力的长期衰减特征(如日本关门悬索桥),可以粗略地将第二阶段分为若干个时间段:设定第一时间段为48h,轴力降低了60kN;设定第二时间段为48h后的34.7d,轴力保守降低了60kN(第33d后的轴力根据48h后的33d轴力衰减平均速度计算)。同样衰减60kN,第二时间段长度是第一时间段的17.35倍,可以认为第三时间段若同样衰减60kN,主缆状态不变的情况下则需要34.7d×17.35=602d。因此,可以预估在此次张拉后的上述三个时间段(即638.7d)内,螺杆轴力衰减180kN。

3.3 成桥阶段索夹螺杆张拉工艺

为加快大桥建设,节省工期,在二期恒载施工完成一半即进行了全桥索夹螺杆的最后一次张拉施工。根据前述分析结果,二期恒载施工造成螺杆轴力降低37kN,并考虑螺杆轴力会随着主缆多次收紧反复衰减的规律,适当地提高成桥阶段的螺杆张拉荷载,调整为

110%设计张拉力,即858kN。在张拉过程中首先采用螺母转角定量控制减小回缩量的损失,然后采用稳压持荷方式保证张拉荷载稳定在858kN附近,每10min以小锤敲击拨紧螺母一次,观测螺母转动角度(两个相邻拨孔之间为60°)。当10min内螺母转动角度低于10°(螺母不再有明显的转动),以小锤敲击拨杆。由于螺杆索夹加工公差的存在,为克服螺母旋拧的阻力,在适当增大小锤敲击拨杆力度的同时逐渐转动螺母,当螺母不再随着小锤敲击力度的增大而继续转动时,表明螺母得到充分地锁紧,千斤顶回油卸载,完成张拉。

为验证螺杆紧固张拉工艺的实施质量,选择靠近桥塔的第一个有吊索索夹进行测试,索夹SJ01-DS全部螺杆张拉后的轴力结果见表4-6-23。由表4-6-23可知,螺杆张拉完成1d后的轴力均值为757kN。

SJ01-DS 螺杆紧固轴力 表4-6-23

索夹螺杆编号	紧固轴力(kN)	回缩损失(kN)	紧固轴力/设计张拉力
L01	696	162	89.25%
L02	748	110	95.88%
L03	687	171	88.08%
L04	734	124	94.13%
L05	739	119	94.80%
L06	734	124	94.13%
L07	851	7	109.05%
L08	759	99	97.34%
R01	768	90	98.46%
R02	815	43	104.48%
R03	710	148	91.01%
R04	830	28	106.45%
R05	786	72	100.80%
R06	747	111	95.82%
R07	736	122	94.38%
R08	763	95	97.85%
均值	757	101	96.99%

根据《公路悬索桥设计规范》(JTGT D65-05—2015)要求,成桥的螺杆轴力需要大于设计张拉力的70%,即546kN。由于全桥索夹螺杆张拉施工是二期恒载施工完成一半时同步进行的,根据本文第3.1节的计算结果,二期恒载施工完成后的螺杆轴力将降低18.5kN,为738.5kN,达到设计张拉力的94.7%,满足设计要求。

对于螺杆轴力的衰减问题,假定成桥阶段张拉后的螺杆紧固与主缆收紧状态与本文第3.2节中第二阶段相当,则主缆状态不变的情况下2~638.7d衰减30+60+60=150(kN)。为保证索夹紧固安全,取轴力衰减的安全系数1.5,即认为2~638.7d衰减225kN,螺杆轴力仍剩余513.5kN,则对应的索夹抗滑移安全系数为2.82,仍具有充足的安全空间。当大桥通车之后,主缆承受活载(动载)作用,将一定程度加速主缆向内收紧与索夹螺杆轴力的衰减。在悬索桥成桥运营期间,需要根据管养规范定期检测并进行螺杆的补拉工作。

4 结论

为确定二期恒载施工与索夹螺杆成桥阶段张拉工作同步进行的可行性与效果,以伍家岗长江大桥为背景,分析计算了桥面铺装等二期恒载对螺杆轴力的影响,监测研究了主梁吊装后桥面铺装前的螺杆轴力衰减情况,并进一步优化制定了索夹螺杆的成桥阶段张拉工艺,得出如下结论:

(1)根据二期恒载计算主缆受力增加而导致的主缆截面面积变化,并将直径减小量作为螺杆紧固伸长量的损失部分,得到螺杆轴力的损失为37kN,相当于设计张拉力的4.7%。

(2)通过对主梁吊装后桥面铺装前的两次张拉紧固后的螺杆轴力情况进行监测,并结合螺杆轴力长期衰减规律,分析得到螺杆轴力衰减速度快速降低的特征,预估在主缆状态保持不变情况下经过638.7d,螺杆轴力衰减180kN。

(3)制定了将张拉荷载提高到110%设计张拉力、螺母转角定量控制和稳压持荷等的成桥阶段张拉工艺,二期恒载施工完成后的螺杆轴力为738.5kN;预计638.7d后对应的索夹抗滑移安全系数为2.82,仍具有充足的安全空间。

参 考 文 献

[1] 徐世桥,马如进,陈艾荣.大跨径悬索桥主缆长期性能评估与分级[J].桥梁建设,2021,51(5):53-60.

[2] 周建林,王忠彬,唐凤林,等.基于改进密封性能的悬索桥索夹分析与优化设计[J].桥梁建设,2021,51(4):111-118.

[3] 李冰.五峰山长江大桥缆索系统施工控制技术[J].桥梁建设,2021,51(4):119-126.

[4] 冯传宝.五峰山长江大桥上部结构施工控制技术[J].桥梁建设,2020,50(1):99-104.

[5] 陈开利.中日悬索桥缆索养护管理关键技术[J].世界桥梁,2020,48(6):70-76.

[6] 李兴华,潘东发.武汉杨泗港长江大桥主桥施工关键技术[J].桥梁建设,2020,50(4):9-16.

[7] 林阳子,孙向东,陆学村.桥梁索体系病害分析及特殊检测维修技术[J].广东土木与建筑,2014(14):52-56.

[8] 罗改霞.某悬索桥索夹滑移原因分析与处理对策[J].交通科技,2016(3):73-75.

[9] 唐亮,王熠,崔冰,等.悬索桥索夹螺杆应力无损检测研究[J].公路,2015(10):125-129.

[10] 伊建军,彭旭民,王波,等.悬索桥索夹螺杆轴力超声检测技术[J].桥梁建设,2019,49(S1):68-73.

[11] 张鹏飞.悬索桥索夹螺杆预紧力下降原因分析与预防性养护对策[J].公路,2019(2):101-105.

[12] 曹昌玉.悬索桥索夹螺杆拉力检测及索夹补偿紧固施工技术探讨[J].交通世界,2019(17):82-84+90.

[13] 周伟,蒋波,张鹏飞.三塔悬索桥实桥索夹螺杆预紧力变化分析[C]// 2019世界交通运输大会论文集(上).北京:2019.

[14] 林伍湖,张建斌,于征.特大型桥梁养护管理系统在海沧大桥缆索检查与养护中的应用[J].公路,2003(11):103-106.

[15] 陈明,伊建军,钟继卫,等.悬索桥索夹螺杆张拉施工控制技术研究与应用[J].世界桥梁,2020,48(3):74-79.

[16] 杨晓燕,伊建军,荆国强,等.悬索桥索夹螺杆分组张拉工艺研究[J].世界桥梁,2021,49(3):46-50.

[17] 陈鑫,朱劲松,叶仲韬,等.基于高斯回波包络模型的悬索桥索夹螺杆轴力识别[J].桥梁建设,2021,51(3):56-61.

[18] 伊建军,高天,荆国强,等.悬索桥已紧固索夹螺杆轴力超声纵波测量方法[J].桥梁建设,2021,51(6):39-44.

摘录论文十二：

伍家岗长江大桥纵肋与顶板细节疲劳性能研究

胡可宁[1]，张后登[2]，吴 繁[3]，袁道云[4]

(1. 宜昌市建筑市场和建设工程质量安全监督站，湖北 宜昌 443000；
2. 中交第二航务工程局有限公司，湖北 武汉 443000；
3. 宜昌市城市建设投资开发有限公司，湖北 宜昌 443000；
4. 西南交通大学，四川 成都 610031)

摘要：纵肋与顶板构造细节疲劳开裂是正交异性钢桥面板结构的典型疲劳病害，疲劳裂纹一旦裂穿顶板，将引发铺装层破损和渗水锈蚀等次生病害，严重危害钢箱梁的耐久性和安全性。由于传统的焊接技术只能在闭口纵肋外侧单面施焊，使得纵肋与顶板传统单面焊构造细节焊根位置存在天然的"类裂纹"构造，导致其焊根位置疲劳开裂问题突出。为解决纵肋与顶板传统单面焊构造细节焊根位置疲劳开裂难题，依托伍家岗长江大桥项目，通过引入纵肋内焊技术，发展纵肋与顶板新型双面焊构造细节，以提升其疲劳性能。以纵肋与顶板构造细节为研究对象，基于等效结构应力法对其疲劳性能进行了系统研究，首先确定了纵肋与顶板传统单面焊构造细节和新型双面焊构造细节各疲劳开裂模式的影响面，在考虑了轮载横向分布概率的基础上确定了两构造细节的主导疲劳开裂模式，并对其疲劳寿命进行了评估。

研究结果表明：纵肋与顶板传统单面焊构造细节和纵肋与顶板新型双面焊构造细节各疲劳开裂模式的纵向影响线长度主要在关注构造细节相邻的两个横隔板之间。在轮载的纵向移动作用下，纵肋与顶板传统单面焊构造细节顶板焊根开裂模式和顶板焊趾开裂模式均以承受拉-压循环应力为主，轮载作用于传统单面焊构造细节正上方($e = -150mm$)为其最不利横向加载位置；纵肋与顶板传统单面焊构造细节的主导疲劳开裂模式为顶板焊根开裂，在标准疲劳车作用下其最大等效结构应力幅值为 70.4MPa。在轮载的纵向移动作用下，纵肋与顶板新型双面焊构造细节顶板内侧焊趾开裂模式和顶板外侧焊趾开裂模式均以承受拉-压循环应力为主，其最不利横向加载位置与纵肋与顶板传统单面焊构造细节相同，为轮载作用于构造细节正上方($e = -150mm$)；纵肋与顶板新型双面焊构造细节的主导疲劳开裂模式为顶板外侧焊趾开裂，其最大等效结构应力幅值为 63.2MPa。新型双面焊的引入使纵肋与顶板构造细节的主导疲劳开裂模式由传统单面焊构造细节的顶板焊根开裂迁移到新型双面焊构造细节的顶板外侧焊趾开裂，相较传统单面焊构造细节，新型双面焊构造细节的疲劳寿命提升约42.4%。新型双面焊的引入可有效提升纵肋与顶板细节的疲劳性能。

关键词：桥梁工程；纵肋与顶板构造细节；双面焊；等效结构应力法；疲劳性能

Research on The Fatigue Performance of Rib-to-Deck Welded Joints of Wujiagang Yangtze River Bridge

Hu Kening[1], Zhang Houdeng[2], Wu Fan[3], Yuan Daoyun[4]

(1. Yichang Construction Quality and safety Supervision Station, Yichang Hubei 443000, China;
2. CCCC Second Harbour Engineering Co. , Ltd, Wuhan Hubei 430040, China;
3. Yichang City Bridge Construction Investment Co. , Ltd, Yichang Hubei 443000, China;
4. Southwest Jiaotong University, Chengdu Sichuan 610031, China)

Abstract: The fatigue cracks in the rib-to-deck welded joints are typical fatigue diseases in orthotropic steel deck. The fatigue crack penetrating through the deck will cause secondary diseases such as pavement damage, water seepage and corrosion, which will endanger the durability and safety of steel box girder seriously. The natural "crack-like" structure is formed at the deck root of the traditional rib-to-deck single-side welded joints because the traditional welding technology can only weld at the outside of the U-rib, which causes the critical fatigue cracking problems at the deck root. In order to solve the fatigue problem of crack initiating from the deck root for traditional rib-to-deck single-side welded joints in the Wujiagang Yangtze River Bridge project, the innovative rib-to-deck both-side welded joints were proposed to improve its fatigue resistance. The rib-to-deck welded joints were analyzed systematically by the equivalent structural stress method. The influence surface of each fatigue cracking mode of the rib-to-deck single-side and both-side welded joints was determined respectively. The predominant fatigue cracking mode of the two welded joints was determined considering the lateral distribution probability of the wheel load, and then their fatigue life was evaluated.

The results indicated that the length of the longitudinal influence line of each fatigue cracking mode of the rib-to-deck single-side and both-side welded joints were mainly between the two diaphragms adjacent to the specific construction details. The fatigue cracking mode of deck root and deck toe of the traditional rib-to-deck single-side welded joints were mainly in tensile and compressive cyclic stress under the longitudinal movement of wheel load. The location (e = − 150 mm) where the wheel load acts directly above the traditional rib-to-deck single-side welded joints was the most unfavorable transverse loading position. The crack initiating from the deck root was the predominant fatigue cracking mode of the traditional rib-to-deck single-side welded joints. The maximum equivalent structure stress amplitude is 70.4 MPa under the action of standard fatigue vehicle. The fatigue cracking mode of deck inner and outer toe of the innovative rib-to-deck both-side welded joints were mainly in tensile and compressive cyclic stress under the longitudinal movement of wheel load. The most unfavorable transverse loading position of the rib-to-deck both-side welded joints was same to the traditional rib-to-deck single-side welded joints. The crack initiating from the deck outer toe was the predominant fatigue cracking mode of the innovative rib-to-deck both-side welded joints. The maximum equivalent structure stress amplitude is 63.2 MPa. The predominant fatigue cracking mode of rib-to-deck welded joints was changed from the crack initiating from the deck root of the traditional rib-to-deck single-side welded joints to the crack initiating from the deck outer toe of the innovative rib-to-deck both-side welded joints by introducing the innovative rib-to-deck both-side welded joints. The fatigue life of the innovative rib-to-deck both-side welded joints was increased by about 42.4%. The introduction of the innovative rib-to-deck both-side welded joints can effectively improve the fatigue performance of rib-to-deck welded joints.

Key words: bridge engineering; rib-to-deck welded joints; both-side welded; equivalent structural stress method; fatigue performance

1 引言

正交异性钢桥面是由顶板、纵肋和横隔板等构件通过焊接连接以满足纵横向不同受力需求的桥面结构,目前已广泛应用于钢桥领域。但是正交异性钢桥面板的焊缝数量繁多,在重载车辆的反复作用下导致其疲劳开裂问题突出[1-4]。传统纵肋与顶板构造细节采用外侧单面施焊技术,在焊根位置形成天然的"类裂纹"构造,使得焊根位置的焊接质量难以保证,导致其疲劳开裂案例频发[5]。纵肋与顶板构造细节疲劳开裂将引发铺装层破损和渗水锈蚀等一系列严重后果,大幅降低结构的安全性和耐久性[5-7]。

针对纵肋与顶板构造细节焊根位置疲劳开裂案例频发等突出问题,国内研究者研发了纵肋内焊系统[8],以实现纵肋内侧施焊,使纵肋与顶板构造细节由传统单面焊改善为新型双面焊构造。为改善纵肋与顶板构造细节的疲劳性能,伍家岗长江大桥钢桥面板结构拟采用新型双面焊构造细节。纵肋与顶板新型双面焊构造细节具有广阔的工程应用前景和发展潜力。但是,当前关于纵肋与顶板新型双面焊构造细节的研究远不能满足工程实际的需求,亟须对其疲劳性能开展深入系统的研究。

由于纵肋与顶板构造细节包含多种疲劳开裂模式,为合理评价各疲劳开裂模式的疲劳性能,需将多种疲劳开裂模式纳入到统一标准下进行疲劳抗力评估。Dong[9]基于断裂力学理论提出了等效结构应力法,该方法为单一主 S-N 曲线,可将焊根开裂和焊趾开裂等多种疲劳开裂模式纳入统一标准中进行评价,对于焊接结构的疲劳寿命预测等具有较好的适用性[10-13]。

本文采用等效结构应力法对纵肋与顶板构造细节的疲劳性能开展深入系统的研究,确定新型双面焊的引入对于纵肋与顶板构造细节疲劳性能的改善效果。研究成果可深化对于纵肋与顶板双面焊构造细节疲劳机理的认识,将为新型双面焊构造细节在伍家岗长江大桥钢桥面板结构的工程实际应用提供理论依据。

2 等效结构应力法

等效结构应力法[14]可将纵肋与顶板构造细节(图4-6-85)潜在开裂面上的应力分解

为结构应力 σ_s 和缺口应力 σ_{nl}，其中结构应力只与外荷载有关且满足外力平衡条件，而缺口应力为自平衡应力与外荷载无关，如图 4-6-86 所示。结构应力由膜应力 σ_m 和弯曲应力 σ_b 组成，可以由焊线之上的线力 f_x 和线力矩 m_z 根据式(4-6-13)~式(4-6-15)计算得到[11]，在此基础上考虑板厚效应和荷载模式等，得到等效结构应力 ΔS_{eq}，如式(4-6-16)、式(4-6-17)所示。在大量疲劳试验数据拟合修正的基础上，可得到等效结构应力幅与疲劳寿命之间的计算公式，如式(4-6-18)所示。

$$\sigma_s = \sigma_m + \sigma_b \tag{4-6-13}$$

$$\sigma_m = \frac{1}{t}\int_{-t/2}^{t/2}\sigma_x(y)\mathrm{d}y = \frac{f_x}{t} \tag{4-6-14}$$

$$\sigma_b = \frac{6}{t^2}\int_{-t/2}^{t/2}y\sigma_x(y)\mathrm{d}y = \frac{6m_z}{t^2} \tag{4-6-15}$$

$$\Delta S_{eq} = \frac{\Delta\sigma_s}{t^{(2-m)/2m}I(r)^{1/m}} \tag{4-6-16}$$

$$I(r)^{1/m} = \frac{1.23 - 0.364r - 0.17r^2}{1.007 - 0.306r - 0.178r^2} \tag{4-6-17}$$

$$N = (\Delta S_{eq}/C_d)^{-1/h} \tag{4-6-18}$$

式中：σ_s——结构应力；

σ_m——膜应力；

σ_b——弯曲应力；

$\sigma_x(y)$——截面上的正应力；

f_x、m_z——焊线之上的线力和线力矩；

t——板厚；

ΔS_{eq}——等效结构应力幅；

$\Delta\sigma_s$——结构应力幅；

m——裂纹扩展指数，取 3.6；

$I(r)$——荷载弯曲比 r 的函数，$r = |\Delta\sigma_b|/(|\Delta\sigma_m| + |\Delta\sigma_b|)$；

N——疲劳寿命；

C_d、h——通过大量疲劳试验数据拟合得到的主 S-N 曲线参数，其取值见表 4-6-24。

a)纵肋内焊技术

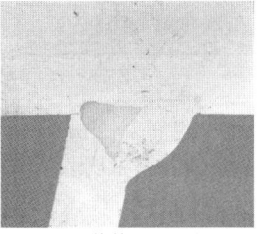
b)传统单面焊细节

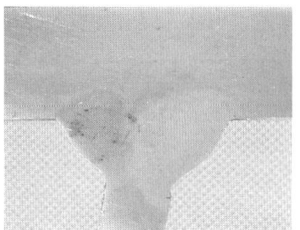
c)新型双面焊细节

图 4-6-85 纵肋与顶板构造细节图示

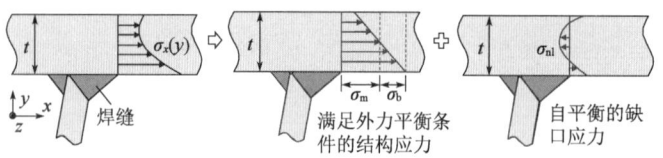

图 4-6-86 结构应力分解图示

主 S-N 曲线参数   表 4-6-24

统 计 依 据	C_d	h
中值	19930.2	
$+2\sigma$(正 2 倍标准差)	28626.5	
-2σ(负 2 倍标准差)	13875.7	0.3195
$+3\sigma$(正 3 倍标准差)	34308.1	
-3σ(负 3 倍标准差)	11577.9	

3 研究对象

3.1 工程背景

伍家岗长江大桥主桥为单跨 1160m 的悬索桥,主梁采用整体式流线型钢箱梁结构,钢箱梁全宽 34.7m,中心线处梁高 2.8m。钢箱梁的桥面板采用典型正交异性钢桥面板结构,其顶板厚度为 18mm,纵肋的板厚、高度和顶端开口宽度分别为 8mm、290mm 和 300mm,横隔板厚度和间距分别为 12mm 和 3000mm,纵肋之间的中心间距为 600mm,其详细参数如图 4-6-87 所示。为提升纵肋与顶板构造细节的疲劳性能,本项目拟采用纵肋与顶板新型双面焊构造细节。为了确定纵肋与顶板新型双面焊构造细节对于钢桥面板疲劳性能的提升效果,本文以纵肋与顶板新型双面焊构造细节为研究对象,对其疲劳性能开展系统研究,在进行研究时将纵肋与顶板传统单面焊构造细节作为对比参照,纵肋与顶板构造细节设计如图 4-6-88 所示。

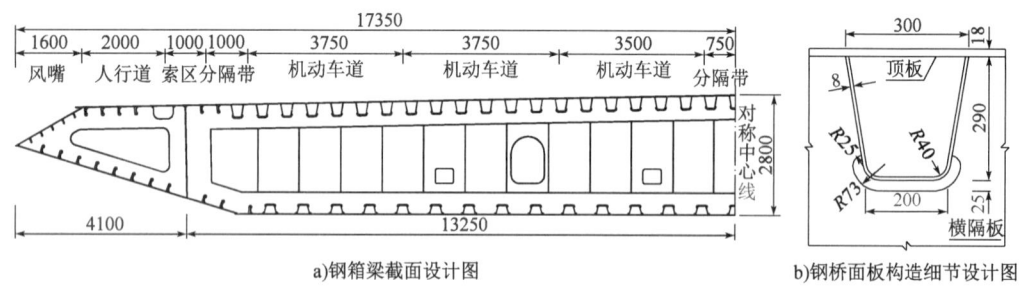

a)钢箱梁截面设计图   b)钢桥面板构造细节设计图

图 4-6-87 纵肋与顶板构造细节图示(尺寸单位:mm)

3.2 有限元模型的建立

为了准确分析纵肋与顶板构造细节的疲劳性能,建立了如图 4-6-89 所示的钢桥面板足尺节段有限元模型。该模型为纵向包含 4 个横隔板的三跨结构,纵向长度为 0.5m + 3×3.0m + 0.5m = 10.0m;横向包含 7 个纵肋,总宽度为 4.2m。有限元模型中所有构件均采用实体单元 SOLID45 建立,钢材的弹性模量和泊松比取值分别为 206GPa 和 0.3。选取第二跨跨中截面 4 号纵肋左侧的纵肋与顶板构造细节为关注对象,纵肋与顶板构造细节各板件厚度方向的网格均为 4 层。为了准确模拟钢桥面板的受力,其边界条件选取如下:在纵向约束顶板和纵肋 z 方向的自由度,在横向约束横隔板和顶板 x 方向的自由度,在竖向约束横隔板 y 方向的自由度。由于研究对象距离边界均较远,根据圣维南原理可知,边界条件对理论分析带来的误差可忽略。

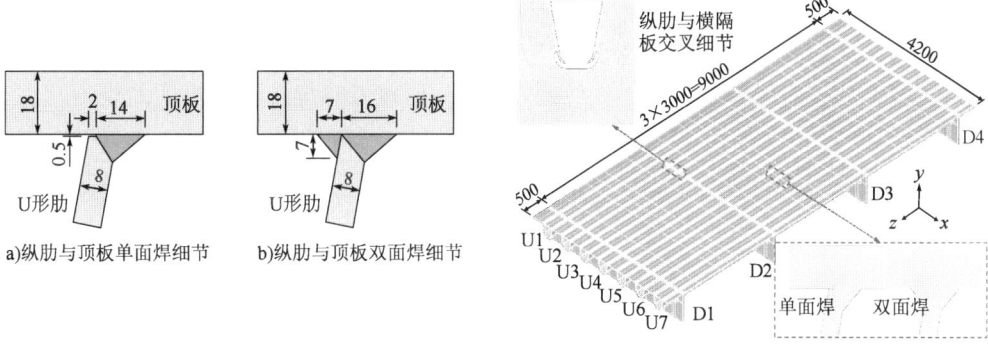

图 4-6-88　纵肋与顶板细节构造图(尺寸单位:mm)　　图 4-6-89　有限元节段模型(尺寸单位:mm)

疲劳荷载选取欧规 Eurocode1 中的 Fatigue Load Model 3,其轴重为 120kN。为了获得纵肋与顶板构造细节在纵向移动车辆荷载作用下的应力幅值,选取标准疲劳车的单个车轮荷载作为单位荷载在不同横向位置进行纵向移动加载,得到关注构造细节的影响面,在此基础上采用标准疲劳车对影响面进行纵向加载得到纵肋与顶板细节的应力历程曲线,然后采用雨流计数法即可获得应力谱。在计算影响面时,纵向加载步长为 100mm,以 D2 横隔板为起点,D3 横隔板为终点如图 4-6-90a)所示;横向加载步长为 100mm,横向加载位置以荷载中心距离模型截面中心的距离 e 来表示,如图 4-6-90b)所示。

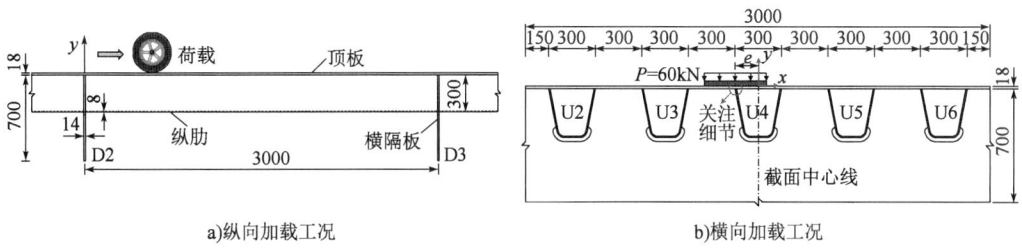

图 4-6-90　荷载加载工况(尺寸单位:mm)

4　纵肋与顶板构造细节疲劳寿命评估

在纵肋与顶板构造细节应力历程曲线分析的基础上,考虑轮载横向分布概率对其疲劳寿命的影响,并对其疲劳寿命进行评估,通过上述研究可进一步认识新型双面焊构造细节的引入对于纵肋与顶板构造细节疲劳性能的提升机理。

4.1 纵肋与顶板构造细节应力影响面

纵肋与顶板传统单面焊构造细节和新型双面焊构造细节各疲劳开裂模式的等效结构应力影响面分别如图4-6-91和图4-6-92所示,限于篇幅仅示意部分重要疲劳开裂模式的等效结构应力影响面。分析可知,纵肋与顶板传统单面焊构造细节各疲劳开裂模式的纵向影响线长度主要在关注构造细节相邻的两个横隔板之间。在轮载的纵向移动作用下,传统单面焊构造细节顶板焊根开裂模式以承受拉-压循环应力为主,荷载横向作用于构造细节正上方时($e = -150$mm)最为不利,当轮载纵向加载位置为1100mm时,顶板焊根将产生拉应力峰值,为24.8MPa;当轮载纵向加载位置为1500mm时,顶板焊根将产生压应力峰值,其值为-34.9MPa。传统单面焊构造细节顶板外侧焊趾开裂模式的受力状态与顶板焊根开裂模式类似,以承受拉-压循环应力为主,当荷载作用于构造细节正上方时($e = -150$mm)为最不利横向加载位置;当纵向加载位置作用于1100mm和1500mm位置时,其顶板外侧焊趾开裂模式分别承受最大拉应力和最大压应力,其值分别为21.5MPa和-31.1MPa。

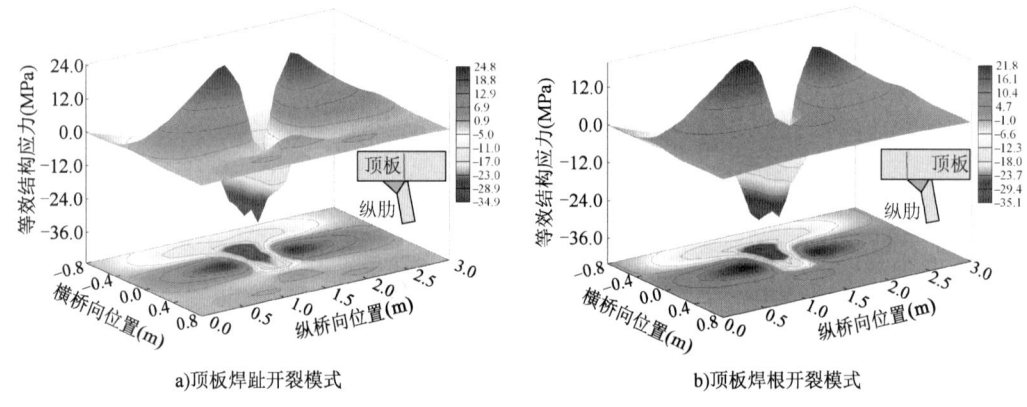

图4-6-91 纵肋与顶板单面焊构造细节等效结构应力影响面

纵肋与顶板新型双面焊构造细节顶板内侧焊趾开裂模式和顶板外侧焊趾开裂模式均以承受拉-压循环应力为主。对于顶板内侧焊趾开裂模式而言,当荷载横向加载位置为$e = -150$mm时,其最大拉应力为24.2MPa,最大压应力为-21.6MPa。顶板外侧焊趾开裂模式在荷载横向加载位置为$e = -150$mm时,其最大拉应力为22.3MPa,最大压应力为-30.1MPa。

4.2 纵肋与顶板构造细主导疲劳开裂模式

采用标准疲劳车在横桥向不同横向加载位置,对纵肋与顶板构造细节各疲劳开裂模式的影响线进行纵向移动加载得到其应力历程曲线,然后采用泄水法计算应力谱,在此基础上根据式(4-6-19)采用线性累积损伤理论计算不同横向加载位置在每百万辆标准疲劳车作用下各开裂模式的疲劳累积损伤度,纵肋与顶板构造细节各疲劳开裂模式在不同横向位置的累积损伤度如图 4-6-93 所示。

$$D = \sum_{i=1}^{\infty} \frac{n_i}{N_i} \tag{4-6-19}$$

式中:D——疲劳累积损伤度;

N_i——第 i 个常幅应力作用下的疲劳破坏次数;

n_i——第 i 个应力幅作用的次数。

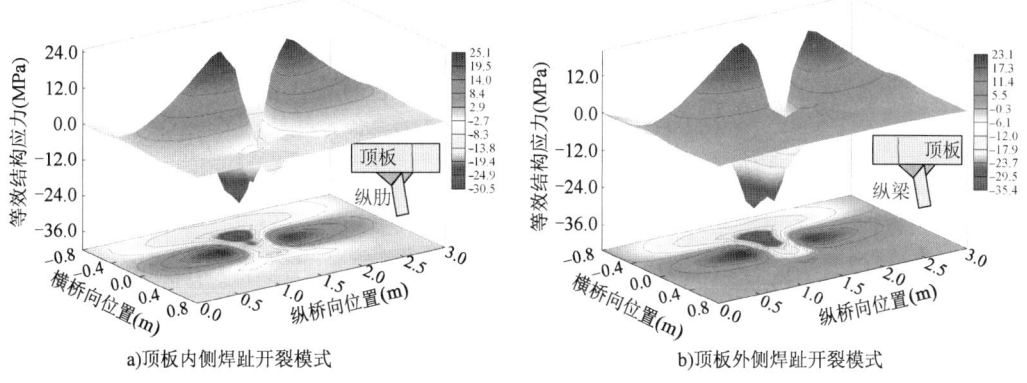

a)顶板内侧焊趾开裂模式   b)顶板外侧焊趾开裂模式

图 4-6-92　纵肋与顶板新型双面焊构造细节等效结构应力影响面

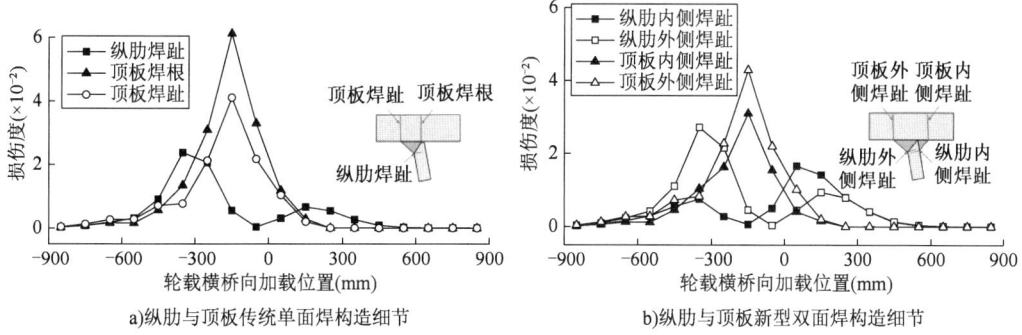

a)纵肋与顶板传统单面焊构造细节   b)纵肋与顶板新型双面焊构造细节

图 4-6-93　纵肋与顶板构造细节在各横向位置的累积损伤度

由图 4-6-93 分析可知,纵肋与顶板构造细节的横向影响线宽度主要在关注构造细节相邻的两个纵肋之间。对于纵肋与顶板传统单面焊构造细节而言,顶板焊根开裂和顶板焊趾开裂两类疲劳开裂模式的最不利横向加载位置相同,均为 $e = -150$mm。对于纵肋与顶板新型双面焊构造细节,其顶板内侧焊趾开裂和顶板外侧焊趾开裂的最不利横向加载位置均为 $e = -150$mm。

为了合理评估纵肋与顶板构造细节的疲劳寿命,本文考虑轮载横向分布概率对其疲劳寿命的影响,在此基础上进行纵肋与顶板构造细节疲劳寿命评估。车辆轮载的横向分布概率模型如图 4-6-94 所示,其中加载区域 3 作用于各疲劳开裂模式的最不利横向加载位置。纵向移动轮载作用于加载区域 1~5 位置时,纵肋与顶板构造细节各疲劳开裂模式的等效结构应力历程曲线分别如图 4-6-95 和图 4-6-96 所示。由于纵肋与顶板构造细节的疲劳性能主要由顶板焊根开裂和顶板焊趾开裂两类开裂模式所控制,因此,本文仅示意顶板焊根开裂和顶板焊趾开裂两类重要疲劳开裂模式的等效结构应力历程曲线。

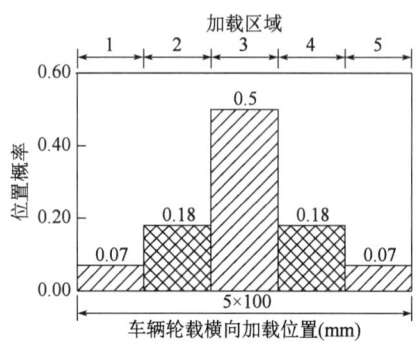

图 4-6-94 轮载横向分布概率模型

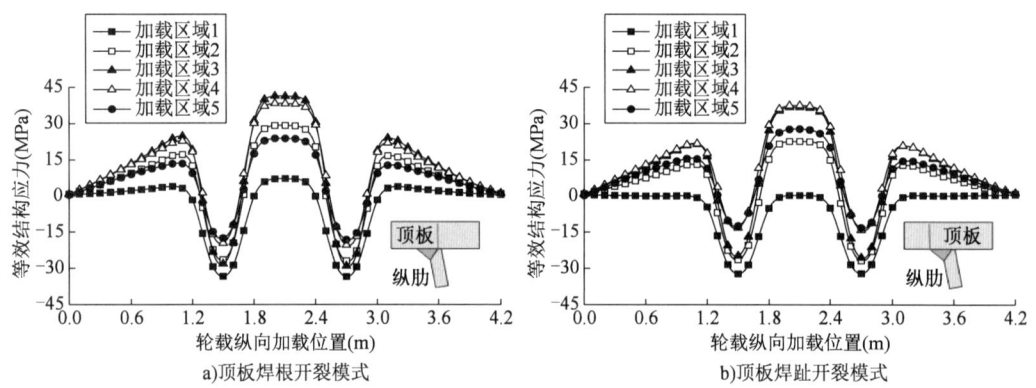

图 4-6-95 纵肋与顶板传统单面焊构造细节应力历程

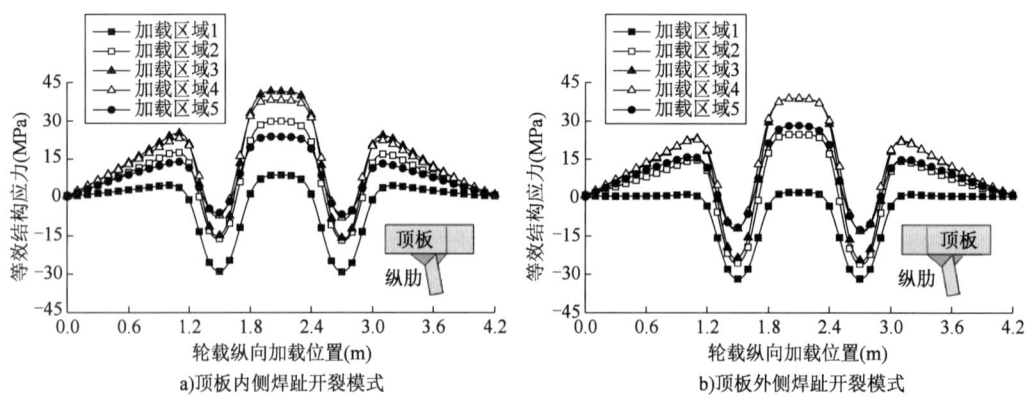

图 4-6-96 纵肋与顶板新型双面焊构造细节应力历程

由于纵肋与顶板构造细节的纵向影响线长度主要在相邻的两个横隔板之间,而标准疲劳车前、后双联轴之间的间距为 6.0m,远大于纵肋与顶板构造细节的纵向影响线长度,因此，图 4-6-95 和图 4-6-96 中的应力历程为标准疲劳车前双联轴作用下的等效结构应力历程。对于纵肋与顶板传统单面焊构造细节，当标准疲劳车作用于加载区域 1～5 时，顶板焊根开裂模式的最大等效结构应力幅分别为 40.6MPa、56.1MPa、70.4MPa、58.7MPa 和 42.0MPa；顶板焊趾开裂模式的最大等效结构应力幅分别为 32.9MPa、49.4MPa、62.3MPa、51.7MPa 和 41.0MPa。

对于纵肋与顶板新型双面焊构造细节，当标准疲劳车作用于加载区域 1～5 时，顶板内侧焊趾开裂模式的最大等效结构应力幅分别为 37.9MPa、46.6MPa、57.3MPa、46.1MPa 和 30.4MPa；顶板外侧焊趾开裂模式的最大等效结构应力幅分别为 33.9MPa、50.7MPa、63.2MPa、51.9MPa 和 40.7MPa。

研究表明：①纵肋与顶板传统单面焊构造细节的主导疲劳开裂模式为顶板焊根开裂，其最大等效结构应力幅值为 70.4MPa，纵肋与顶板新型双面焊构造细节的主导疲劳开裂模式为顶板外侧焊趾开裂，其最大等效结构应力幅值为 63.2MPa；②纵肋与顶板新型双面焊构造细节的引入，使得纵肋与顶板构造细节的主导疲劳开裂模式由单面焊构造细节的顶板焊根开裂转移到双面焊构造细节的顶板外侧焊趾开裂，主导疲劳开裂模式的最大等效结构应力幅值降低约 10.2%。

4.3 纵肋与顶板构造细节疲劳寿命评估

在纵肋与顶板构造细节主导疲劳开裂模式分析的基础上，将图 4-6-94 中的加载区域 3 作用于各开裂模式的最不利横向加载位置，其他 4 个加载区域按照图 4-6-94 中的对应位置进行加载，以考虑轮载横向分布概率的影响。然后，计算单位次数标准疲劳车作用下各疲劳开裂模式的损伤度，再按照线性疲劳累积损伤理论计算损伤度为 1 时的加载次数即为疲劳寿命，纵肋与顶板构造细节各疲劳开裂模式的疲劳寿命评估结果见表 4-6-25。研究表明：①纵肋与顶板传统单面焊构造细节的疲劳寿命由顶板焊根开裂模式所控制，其疲劳寿命为 2282 万次；②纵肋与顶板新型双面焊构造细节的疲劳寿命由顶板外侧焊趾开裂模式所控制，其疲劳寿命为 3249 万次，新型双面焊的引入使纵肋与顶板构造细节的疲劳寿命增加约 42.4%，疲劳性能提升效果显著。

纵肋与顶板构造细节疲劳寿命评估结果　　　　表 4-6-25

构造细节	开裂模式	疲劳寿命（万次）
纵肋与顶板传统单面焊构造细节	顶板焊根开裂	2282
	顶板焊趾开裂	3387
	纵肋焊趾开裂	5625
纵肋与顶板新型双面焊构造细节	顶板外侧焊趾开裂	3249
	顶板内侧焊趾开裂	4504
	纵肋外侧焊趾开裂	4994
	纵肋内侧焊趾开裂	8112

5 结论

(1)纵肋与顶板构造细节局部受力特征明显,纵向影响线长度主要在关注构造细节相邻的两个横隔板之间,横向影响线宽度主要在关注构造细节相邻的两个纵肋之间。

(2)纵肋与顶板传统单面焊构造细节的主导疲劳开裂模式为顶板焊根开裂,其最不利横向加载位置为 $e = -150$mm,在标准疲劳车作用下其最大等效结构应力幅值为 70.4MPa,在考虑轮载横向分布概率的情况下,纵肋与顶板传统单面焊构造细节的疲劳寿命为 2282 万次。

(3)新型双面焊构造细节的引入,使纵肋与顶板构造细节的主导疲劳开裂模式由单面焊构造细节的顶板焊根开裂迁移到双面焊构造细节的顶板外侧焊趾开裂;纵肋与顶板新型双面焊构造细节的最不利横向加载位置为 $e = -150$mm,在标准疲劳车作用下其最大等效结构应力幅值为 63.2MPa,相较单面焊构造细节,其主导疲劳开裂模式的最大等效结构应力幅值降低约 10.2%;在考虑轮载横向分布概率的情况下,纵肋与顶板新型双面焊构造细节的疲劳寿命为 3249 万次,相较单面焊构造细节,其疲劳寿命提升约 42.4%。

参 考 文 献

[1] 张清华,卜一之,李乔.正交异性钢桥面板疲劳问题的研究进展[J].中国公路学报,2017,30(3):14-30+39.

[2] 郑凯锋,衡俊霖,何小军,等.厚边纵肋正交异性钢桥面的疲劳性能[J].西南交通大学学报,2019,54(4):694-700.

[3] 张清华,崔闯,卜一之,等.正交异性钢桥面板足尺节段疲劳模型试验研究[J].土木工程学报,2015,48(4):72-83.

[4] 由瑞凯,刘鹏,张大庆,等.正交异性钢桥面U形肋与面板内焊连接疲劳性能试验[J].中外公路,2018,38(3):174-179.

[5] 李俊,张清华,袁道云,等.基于等效结构应力法的正交异性钢桥面板体系疲劳抗力评估[J].中国公路学报,2018,31(12):134-143.

[6] LUO P J,ZHANG Q H,BAO Y,et al. Fatigue Performance of Welded Joint Between Thickened-Edge U-Rib and Deck in Orthotropic Steel Deck[J]. Engineering Structures,2019(181):699-710.

[7] LIU Y M,ZHANG Q H,MENG W N,et al. Transverse Fatigue Behavior of Steel-UHPC Composite Deck with Large-Size U-Ribs[J]. Engineering Structures,2019(180):388-399.

[8] 张华,孙雅洲,舒先庆,等.正交异性钢桥面板U形肋内焊技术[J].公路,2018,63(9):115-120.

[9] DONG P. A Structural Stress Definition and Numerical Implementation for Fatigue Analy-

sis of Welded Joints[J]. International Journal of Fatigue,2001,23(10):865-876.

[10] XING S,DONG P,Threstha A. Analysis of Fatigue Failure Mode Transition in Load-Carrying Fillet-Welded Connections[J]. Marine Structures,2016(46):102-126.

[11] KYUBA H,DONG P. Equilibrium-Equivalent Structural Stress Approach to Fatigue Analysis of a Rectangular Hollow Section Joint[J]. International Journal of Fatigue,2005,27(1):85-94.

[12] DONG P,PRAGER M,OSAGE D. The Design Master S-N Curve in ASME Div 2 Rewrite and its Validations[J]. Welding in the World,2007(51):53-63.

[13] ASME BPVC. VIII.2-2015 ASME Boiler and pressure vessel code[S].

Dakuajing Xuansuoqiao
Jianzao Jishu yu Gongcheng Shijian
——Yichang Wujiagang Changjiang Daqiao Gongcheng Jishi

大跨径悬索桥建造技术与工程实践
——宜昌伍家岗长江大桥工程纪实

周昌栋　主编

下册

人民交通出版社股份有限公司
北京

内 容 提 要

本书依据主跨1160m大型悬索桥设计、施工、技术研究历程编写而成。

全书共分为六篇：第一篇为总体设计篇，主要介绍了项目建设的重要性和必要性、桥梁选址和选型、以及总体设计等内容；第二篇为施工技术篇，主要介绍了主桥各个结构的施工内容，包含一些重要结构的制造和施工，同时也介绍了沥青铺装技术；第三篇为专项技术篇，主要介绍了测量、试验、施工监控、荷载试验、除湿系统、健康监测等专项技术内容；第四篇为技术成果篇，主要介绍了大桥取得的一些技术成果，包含科研成果、QC成果、施工工法、专利、论文等内容；第五篇为专题研究篇，主要介绍了项目设计阶段开展的一系列研究工作，包含水文、地质、气候、抗风、抗震、锚碇专题等内容；第六篇为关键技术与科技创新篇，主要介绍了大桥建设过程中的关键施工技术和科研创新内容。

本书可供从事桥梁设计、施工和工程管理的人员，以及高等院校师生参考使用。

图书在版编目（CIP）数据

大跨径悬索桥建造技术与工程实践：宜昌伍家岗长江大桥工程纪实／周昌栋主编. — 北京：人民交通出版社股份有限公司，2022.9
ISBN 978-7-114-18155-9

Ⅰ.①大… Ⅱ.①周… Ⅲ.①长跨桥—悬索桥—桥梁工程—概况—宜昌 Ⅳ.①U448.43

中国版本图书馆CIP数据核字（2022）第147862号

书　　名：	大跨径悬索桥建造技术与工程实践——宜昌伍家岗长江大桥工程纪实（下册）
著 作 者：	周昌栋
责任编辑：	崔　建
责任校对：	席少楠　赵媛媛
责任印制：	刘高彤
出版发行：	人民交通出版社股份有限公司
地　　址：	（100011）北京市朝阳区安定门外外馆斜街3号
网　　址：	http://www.ccpcl.com.cn
销售电话：	(010)59757973
总 经 销：	人民交通出版社股份有限公司发行部
经　　销：	各地新华书店
印　　刷：	北京印匠彩色印刷有限公司
开　　本：	787×1092　1/16
印　　张：	100.5
字　　数：	2175千
版　　次：	2022年9月　第1版
印　　次：	2022年9月　第1次印刷
书　　号：	ISBN 978-7-114-18155-9
定　　价：	398.00元（上、下册）

（有印刷、装订质量问题的图书，由本公司负责调换）

《大跨径悬索桥建造技术与工程实践
——宜昌伍家岗长江大桥工程纪实》
编辑委员会

主 任 委 员：周昌栋

副主任委员：杨　涛　夏元云　李志成

委　　　员：袁庆华　王碧波　叶帮斌　满作武　李文革

主　　　编：周昌栋

副　主　编：张后登

参 编 人 员：代明净　郑　红　施　飞　谢瑞杰　叶　硕
　　　　　　李　辉　兰晴朋　何承林　周志兴　李方敏
　　　　　　朱腾飞　郑春晓　王　超

完 成 单 位：宜昌市住房和城乡建设局
　　　　　　中交第二航务工程局有限公司
　　　　　　中建三局集团有限公司
　　　　　　中铁大桥勘测设计院集团有限公司

Preface 序

宜昌，扼守长江中上游分界点，滨江而居，风情万种，乃宜于昌盛之地。

伍家岗长江大桥是湖北宜昌首座主跨千米级长江大桥，也是宜昌第 9 座长江大桥。大桥采用主跨 1160m 一跨过江的双塔钢箱梁悬索桥方案。该桥是国家《长江经济带综合立体交通走廊规划》中湖北省 19 座过江通道之一，是宜昌实现"一江两岸"跨江发展，构建"三环十二射"快速路网的重要控制性工程。

伍家岗长江大桥于 2017 年 4 月 18 日开工，经过全体建设者四年多的共同努力，2021 年 7 月 30 日正式建成通车，为宜昌清山绿水间再绘一道优美的风景线。该桥建成通车后，增强了江南江北联系，促进了伍家岗区与点军区融通发展，实现了宜昌中环闭环，对于加快打造长江黄金水道、长江经济带综合立体交通走廊，推进宜昌建设中西部非省会龙头城市和长江中上游区域性中心城市有着重要意义。

伍家岗长江大桥采用 PPP 模式，由宜昌市政府授权宜昌市住房和城乡建设局作为实施机构，中国建筑第三工程局集团公司、中交第二航务工程局有限公司、宜昌市城市桥梁建设投资有限公司、中国政企合作投资基金股份有限公司四方组建中建宜昌伍家岗大桥建设运营有限公司（简称 SPV 公司），由中铁大桥勘测设计院集团有限公司设计。为有利于各方合作高效管理，市住建局抽调精兵强将组建项目建设现场指挥部与 SPV 公司合署办公，并将质量安全监督机构——宜昌市建筑市场和建设工程质量安全监督站工作前移并派员常驻工程现场，这一创新工程管理模式特别有利于 PPP 项目建设和工程安全及质量品质的提升。同时，强化党建引领，成立了伍家岗长江大桥项目联合党委，凝聚各方力量推动项目建设，打造红色工地。

伍家岗长江大桥的建设凝聚了大桥所有工程建设者的心血汗水和聪明才智，众志成城、齐心协力，努力建设一座不朽工程。建设过程中，积累了许多有价值的勘察、设计、施工和科学研究以及工程技术管理的宝贵经验，也形成了大量的技术成果。本书详细记录了大桥设计阶段前期主要的专题研究、施工阶段的课题研究、施工方案论证选择、关键技术攻关、施工质量控制等各个方面的内容，是大跨径悬索桥领域中一部非常有实用价值的技术文献。在大桥建设过程中,结合多项先进建桥技术和伍家岗长江大桥特点,精心谋划、重点研究、科学管理,攻克了多项技术难题,创造了多项桥梁建设领域创新技术,值得广大桥梁建设者阅读借鉴。

伍家岗长江大桥的关键技术和科技创新贯穿整个大桥建设阶段,取得了丰硕的成果,既是一部工程建设历程的详细记录,又是一部大型悬索桥从设计、施工以及课题研究的技术文献,对推动我国大型悬索桥建设技术进步具有积极作用。在此,谨向坚持技术创新、管理创新的宜昌伍家岗长江大桥的建设者们,向为我国桥梁事业而辛勤工作的所有参建人员表示深深的敬意!

全书内容丰富全面,资料翔实可信,都是从工程实践中提炼总结而来,是一部有价值的参考文献。相信本书的问世,定会为我国大跨径桥梁建设作出新的贡献。

中国工程院院士、全国工程勘察设计大师：

2022 年 8 月

Preface 前言

伍家岗长江大桥是宜昌为实现"一江两岸"共同发展,连接伍家岗新区和点军新区而开辟的一条过江通道;是构建宜昌"四纵五横"快速路网的重要控制性工程,建成后与至喜长江大桥共同组成城市中环线;同时也是《长江经济带综合立体交通走廊规划》中湖北省19座过江通道之一。

伍家岗长江大桥上距离宜万铁路长江大桥5.3km,下距宜昌长江公路大桥6.3km,南岸为点军区艾家镇,北岸为伍家岗新区伍家乡,工程起点位于江城大道(原江南一路)(桩号K0+000),沿线跨越谭艾路、滨江路、长江、伍临路,终点与花溪路对接(桩号K2+813.126),建设里程2813.126m。其中跨长江主桥为1160m的双塔钢箱梁悬索桥,采用双向6车道,主桥设计车速80km/h。江南侧引桥292m,江北侧引线1080.829m(路基段681.529m,桥梁段399.3m)。全线分别在起点江城大道(原江南一路)与伍临路两处设置互通式立交。

大桥2017年4月18日正式开工建设,经过全体建设者共同努力,2021年7月30日建成通车。在大桥建成通车一周年之际,为更好地总结大型桥梁成功建设经验,推动我国桥梁事业的发展,特编辑出版本文献。

伍家岗长江大桥建设团队是一个善于开拓创新、总结提炼、升华理论的团队,从这里走出大量的技术骨干,将大桥先进的技术成果广泛应用于其他项目,取得了良好的成效。在整个建设过程中,大桥建设团队邀请了多名业内桥梁专家和学者的莅临指导,提出了多项宝贵的意见和建议。为解决大桥设计和施工难点,施工阶段开展了多项课题研究,完成了多项关键技术创新,为我国大跨度桥梁的技术发展提供了宝贵的借鉴与参考价值;为保证施工质量和提高施工效率,项目也开展了多项QC小组活动,效果显著,既提高了施工效率,也明显地改善了施工质量。在施工过程中,大桥建设者将辛勤的付出和汗水转化成一项项优秀的技术成果,据不完全统计,项目共申报了8项施工工法,发表了27篇科技论文,共申请获得了33项发明和实用新型专利,丰富了我国大跨度桥梁的建设技术宝库。

值得提出的是,伍家岗长江大桥的关键技术和科研创新贯穿了整个大桥建设阶段，从设计到施工阶段，取得了丰硕的成果。主要成果为：南岸重力锚基础选择砂卵石层作为结构的持力层，在国内是首次采用，大大降低了成本和施工难度，同时，咬合桩技术在国内重力式锚碇结构体系中的首次运用减小了基坑开挖深度和数量，降低了施工安全风险；北岸锚碇结合地形和空间位置关系，通过地质与模型试验，在复杂地质情况下采用了软岩地质条件下小净距、大倾角、大体积隧道式锚碇结构，在国内也实属罕见；大桥主缆设计时，创造性地提出了大、小索股混合组缆的方式，大大方便了主缆挤贺成形，是主缆的设计领域的一大突破；在施工过程中，结合桥塔结构变化多、受力体系复杂等特点，自主研发了整体自适应智能顶升桥塔施工平台——"智能造塔机"，提高了施工效率，保障了施工安全，是桥梁高塔施工设备的重大突破；大吨位多点对接的 400t 钢桁架整体提升安装技术的成功实施，是国内首座大吨位整体提升、高空对接安装的桥塔钢结构，为后续类似项目提供了可靠的参考依据；正交异性钢桥面 U 肋全熔透焊接技术和桥面铺装技术的研究，为解决钢桥面疲劳开裂和沥青铺装结构耐久性迈出了重要的一步；在主桥上构施工过程中，广泛应用先进智能化建造技术，为大桥的质量保驾护航；全国首创的"两两刚接，焊架同步"的钢箱梁安装技术，施工效率与安全管理并行，为后续类似项目闯出了新路。诸如此类的其他关键技术和科研创新在本书中均有具体讲述，在此不作过多叙述。

  本书是伍家岗长江大桥全体建设者的劳动成果和智慧结晶，编者在此对所有参建者表示衷心的感谢。

编 者

2022 年 8 月

Contents 目录

（上　册）

第一篇　总体设计篇

- 第一章　项目概述 ·· 003
  - 第一节　项目建设背景 ··· 003
  - 第二节　项目建设必要性 ·· 005
  - 第三节　项目建设紧迫性 ·· 008
- 第二章　桥位路线方案优选 ··· 010
  - 第一节　桥位选择原则 ··· 010
  - 第二节　桥位方案优选 ··· 010
- 第三章　主桥方案优选 ·· 013
  - 第一节　桥梁工程设计原则 ··· 013
  - 第二节　项目前期设计方案构思 ··· 013
  - 第三节　主桥初步设计方案 ··· 015
  - 第四节　主桥方案优选 ··· 022
  - 第五节　主桥主要结构优选 ··· 023
- 第四章　施工设计 ·· 034
  - 第一节　总体设计 ·· 034
  - 第二节　路线总体设计 ··· 042
  - 第三节　主桥总体设计 ··· 046
  - 第四节　引桥及匝道桥总体设计 ··· 048
  - 第五节　路基总体设计 ··· 051
- 第五章　景观工程设计 ·· 053

第一节	景观造型设计	053
第二节	景观亮化设计	059
第三节	景观绿化设计	061

第二篇　施工技术篇

第一章　主塔及基础施工 069
第一节　主塔桩基施工 069
第二节　主塔承台施工 072
第三节　主塔塔柱施工 087
第四节　主塔钢桁架施工 103

第二章　重力式锚碇施工 126
第一节　概述 126
第二节　锚碇基坑开挖及防护施工 127
第三节　锚体施工 129

第三章　隧道式锚碇施工 136

第四章　锚固系统施工 141
第一节　概况 141
第二节　锚固系统制造 143
第三节　锚固系统施工 151

第五章　索鞍施工 165
第一节　概述 165
第二节　索鞍制造 169
第三节　索鞍安装 184

第六章　牵引系统及猫道施工 198
第一节　牵引系统施工 198
第二节　猫道施工 207

第七章　主缆施工 223
第一节　概述 223
第二节　主缆索股制造 227
第三节　主缆索股施工 234

第八章　索夹施工 259
第一节　概述 259
第二节　索夹制造 261

第三节	索夹安装	268

第九章　吊索施工　271
第一节　概述　271
第二节　吊索制造　277
第三节　吊索安装　280

第十章　钢箱梁施工　282
第一节　概述　282
第二节　钢箱梁制造　286
第三节　钢箱梁安装　307

第十一章　沥青铺装施工　327
第一节　概述　327
第二节　技术标准与规范　328
第三节　沥青铺装结构设计　329
第四节　技术要求　331
第五节　沥青配合比设计　344
第六节　沥青铺装施工　344
第七节　施工质量控制　364

第三篇　专项技术篇

第一章　施工测量控制系统　371
第一节　概述　371
第二节　首级施工控制网复测　371
第三节　加密控制点的施工测量成果　377
第四节　施工测量　379

第二章　工程试验检测　395
第一节　试验检测原则　395
第二节　常规材料试验检测　395
第三节　钢结构及索结构试验检测　401
第四节　桩基透射法完整性检测　411
第五节　桩基钻芯检测　412
第六节　水泥混凝土配合比设计　413
第七节　沥青混凝土目标配合比设计　415

第三章　施工监控技术　417

第一节	概述	417
第二节	隧道式锚碇施工监控	418
第三节	重力式锚碇深基坑监控	435
第四节	上部结构施工监控	446

第四章 全桥荷载试验 518

第一节	概述	518
第二节	主桥荷载试验	523
第三节	引桥、匝道桥及伍临路高架桥荷载试验	560
第四节	全桥荷载试验结论	580
第五节	全桥荷载试验照片	580

第五章 主桥除湿系统 583

第一节	除湿防腐必要性	583
第二节	除湿系统总体方案	584
第三节	除湿系统设计方案	585
第四节	除湿系统主要设备及材料技术参数	593
第五节	除湿系统施工	598
第六节	除湿系统主要设备维护	607
第七节	除湿系统初期运行情况	610

第六章 健康监测系统 613

第一节	概述	613
第二节	实施范围与实施内容	614
第三节	总体设计思路	614
第四节	监测内容与测点布置	615
第五节	健康监测方案设计	620
第六节	软件设计与开发	656

第四篇 技术成果篇

第一章	概述	667
第二章	科研课题	668
第三章	QC 小组活动	670
第四章	施工工法	671
第五章	实用新型和发明专利	672
第六章	技术论文	674

（下　册）

第五篇　专题研究篇

第一章　水文分析专题研究 ·············· 785
　第一节　概述 ·············· 785
　第二节　河道水文特性 ·············· 786
　第三节　防洪设计流量和水位计算 ·············· 789
　第四节　通航设计流量和水位计算 ·············· 790
　第五节　本章小结 ·············· 796

第二章　主要位置地质勘察专题分析 ·············· 797
　第一节　南、北主塔墩工程地质分析 ·············· 797
　第二节　重力式锚碇工程地质分析 ·············· 809
　第三节　隧道式锚碇工程地质分析 ·············· 819

第三章　桥位气候背景和风参数研究 ·············· 826
　第一节　概述 ·············· 826
　第二节　气象资料来源和气象观测有关情况 ·············· 826
　第三节　气候背景分析 ·············· 827
　第四节　桥位周边区域自动站风特征分析 ·············· 833
　第五节　桥位区设计风速的推算研究 ·············· 835

第四章　结构抗风性能研究 ·············· 839
　第一节　概述 ·············· 839
　第二节　桥位风场特性计算分析 ·············· 840
　第三节　结构动力特性计算分析 ·············· 841
　第四节　加劲梁小比例节段模型抗风性能研究 ·············· 847
　第五节　加劲梁大比例节段模型风洞试验 ·············· 859
　第六节　桥塔驰振、全桥三维颤振及静风效应分析 ·············· 863
　第七节　全桥气动弹性模型风洞试验 ·············· 868

第五章　主桥结构抗震性能分析及减隔震专题研究 ·············· 880
　第一节　概述 ·············· 880
　第二节　研究内容和主要创新点 ·············· 880

第三节	主桥结构抗震设防标准及性能目标	881
第四节	主桥结构动力特性分析	883
第五节	一致激励作用下主桥结构的抗震性能分析	885
第六节	多点激励作用下主桥结构地震响应分析	897
第七节	长周期地震动作用下主桥结构地震响应分析	904
第八节	本章小结	913

第六章　隧道式锚碇专题论证和研究 917

第一节	概述	917
第二节	隧道式锚碇部位工程地质条件	919
第三节	隧道式锚碇部位岩体力学参数研究	923
第四节	隧道式锚碇室内 1:40 物理模型试验研究	956
第五节	隧道式锚碇 1:12 现场缩尺模型试验研究	968
第六节	本章小结	1003

第六篇　关键技术与科技创新篇

第一章　总体概述 1007

第二章　大直径岩层桩分级旋挖成孔施工关键技术 1015

第一节	工程概况	1015
第二节	技术特点	1016
第三节	适用范围	1017
第四节	材料与设备	1017
第五节	工艺原理及流程	1018
第六节	主要施工方法	1020
第七节	施工关键控制点及要求	1026
第八节	本章小结	1027

第三章　旋挖钻硬切割成孔的咬合桩施工关键技术 1029

第一节	工程概况	1029
第二节	钻孔设备选型	1031
第三节	技术特点	1032
第四节	施工工艺原理及流程	1032
第五节	资源配置	1033
第六节	主要施工方法	1034
第七节	施工关键控制点及要求	1040

第八节　本章小结 ………………………………………………………… 1041

第四章　整体自适应智能顶升桥塔平台施工关键技术 …………………………… 1042
　　第一节　工程概述 ………………………………………………………… 1042
　　第二节　技术特点和适用范围 …………………………………………… 1044
　　第三节　工艺原理 ………………………………………………………… 1044
　　第四节　整体自适应智能顶升桥塔平台设计 …………………………… 1046
　　第五节　材料与设备 ……………………………………………………… 1057
　　第六节　整体自适应智能顶升桥塔平台制作质量控制 ………………… 1058
　　第七节　智能顶升桥塔平台安装及拆除 ………………………………… 1061
　　第八节　塔柱结构施工流程 ……………………………………………… 1071
　　第九节　整体自适应智能顶升桥塔平台监测与检测 …………………… 1074
　　第十节　本章小结 ………………………………………………………… 1080

第五章　大吨位超高空多点对接主塔钢桁架制造及整体提升安装关键技术 …… 1081
　　第一节　前言 ……………………………………………………………… 1081
　　第二节　工程概况 ………………………………………………………… 1081
　　第三节　关键技术研究 …………………………………………………… 1083
　　第四节　总体技术方案 …………………………………………………… 1084
　　第五节　本章小结 ………………………………………………………… 1125

第六章　大跨径悬索桥软岩隧道式锚碇开挖支护施工关键技术 ………………… 1126
　　第一节　工程概述 ………………………………………………………… 1126
　　第二节　软岩浅埋隧道式锚碇开挖施工模拟 …………………………… 1127
　　第三节　软岩浅埋隧道式锚碇开挖施工方案比选 ……………………… 1134
　　第四节　软岩浅埋隧道式锚碇开挖总体方案 …………………………… 1159
　　第五节　软岩浅埋隧道式锚碇爆破开挖施工技术 ……………………… 1160
　　第六节　软岩浅埋隧道式锚碇开挖出渣技术 …………………………… 1169
　　第七节　隧道式锚碇初期支护施工技术 ………………………………… 1171
　　第八节　隧道式锚碇二次衬砌施工技术 ………………………………… 1178
　　第九节　本章小结 ………………………………………………………… 1181

第七章　大倾角隧道式锚碇散索鞍狭窄空间滑移安装施工关键技术 …………… 1182
　　第一节　工程概况 ………………………………………………………… 1182
　　第二节　技术特点 ………………………………………………………… 1184
　　第三节　工艺原理及工艺流程 …………………………………………… 1185
　　第四节　施工材料与设备 ………………………………………………… 1186
　　第五节　散索鞍安装施工 ………………………………………………… 1188

第六节　质量控制标准及措施 ·· 1200
　　第七节　本章小结 ·· 1202

第八章　隧道式锚碇内主缆散索股 OTC 长效防护施工关键技术　1203
　　第一节　工程概述 ·· 1203
　　第二节　应用背景调查 ·· 1204
　　第三节　应用必要性 ··· 1205
　　第四节　OTC 技术介绍 ··· 1206
　　第五节　标准施工工艺 ·· 1207
　　第六节　材料性能 ·· 1208
　　第七节　OTC 实施方案 ··· 1209
　　第八节　OTC 验收维护标准 ··· 1212
　　第九节　本章小结 ·· 1213

第九章　浅埋重力式锚碇复合地基基础（江南锚碇）专题研究　1214
　　第一节　工程概述 ·· 1214
　　第二节　浅埋重力式锚碇基础体系研究 ···································· 1217
　　第三节　复合地基方案研究 ·· 1225
　　第四节　复合地基数值模拟 ·· 1230
　　第五节　复合地基现场试验 ·· 1235
　　第六节　复合地基现场实施 ·· 1248
　　第七节　关键技术和经济社会效益 ·· 1258
　　第八节　验收标准和关键技术 ··· 1259
　　第九节　本章小结 ·· 1262

第十章　大跨径钢箱梁悬索桥索股架设控制精细化计算与研究　1264
　　第一节　工程概述 ·· 1264
　　第二节　悬索桥精细化有限元模型的建立 ································· 1267
　　第三节　索股架设控制技术 ·· 1277
　　第四节　伍家岗长江大桥索股架设施工控制 ····························· 1284
　　第五节　本章小结 ·· 1292

第十一章　大跨径悬索桥锚跨索股索力控制精细化计算与研究　1293
　　第一节　工程概述 ·· 1293
　　第二节　锚跨索股精细化计算 ··· 1297
　　第三节　基于频率法的锚跨索力计算方法 ································· 1306
　　第四节　锚跨索股索力调整技术 ·· 1313
　　第五节　本章小结 ·· 1325

第十二章　大跨径悬索桥缆索牵引架设智能监控研究与应用 ……… 1326
第一节　工程概述 ……… 1326
第二节　适应大跨径悬索桥现场环境的无线通信及组网技术 ……… 1328
第三节　缆索牵引卷扬机智能监控技术 ……… 1335
第四节　拽拉器智能监测及缆索牵引架设智能控制 ……… 1341
第五节　视频监控 ……… 1347
第六节　本章小结 ……… 1351

第十三章　大跨径悬索桥索夹螺杆张拉工艺优化及超声智能诊断技术研究与运用 ……… 1353
第一节　工程概述 ……… 1353
第二节　项目研究必要性 ……… 1355
第三节　螺杆轴力检测常用方法 ……… 1357
第四节　索夹螺杆轴力超声检测技术研究 ……… 1359
第五节　螺杆紧固张拉工艺测试及优化 ……… 1364
第六节　各施工阶段张拉工艺 ……… 1371
第七节　伍家岗长江大桥索夹螺杆轴力检测 ……… 1373
第八节　本章小结 ……… 1376

第十四章　正交异性钢桥面板 U 形肋全熔透焊接研究与应用 ……… 1377
第一节　工程概况和主要研究内容 ……… 1377
第二节　正交异性钢桥面板疲劳性能理论分析 ……… 1380
第三节　U 形肋与顶板全熔透焊接制造工艺研究 ……… 1398
第四节　U 形肋全熔透焊缝接头性能优化与试验研究 ……… 1412
第五节　正交异性钢桥面板足尺试件疲劳试验研究 ……… 1425
第六节　钢桥面板结构体系疲劳抗力评估方法研究 ……… 1444
第七节　关键技术与创新点 ……… 1458
第八节　经济效益与社会效益 ……… 1459
第九节　本章小结 ……… 1462

第十五章　大跨径悬索桥钢箱梁吊装焊接时机探索与研究 ……… 1465
第一节　概述 ……… 1465
第二节　伍家岗长江大桥钢箱梁架设计算分析 ……… 1467
第三节　加劲梁架设阶段实测数据分析 ……… 1507
第四节　本章小结 ……… 1512

第十六章　正交异性钢桥面铺装项目试验和研究 ……… 1514
第一节　工程概述 ……… 1514

第二节	ERS 钢桥面铺装结构和费效比分析 ……………………………………	1517
第三节	ERS 钢桥面铺装力学参数研究 …………………………………………	1524
第四节	疲劳试验研究 ……………………………………………………………	1540
第五节	研究创新点 ………………………………………………………………	1568
第六节	经济与社会效益 …………………………………………………………	1568
第七节	本章小结 …………………………………………………………………	1569

第五篇

专题研究篇

第一章 水文分析专题研究

第一节 概 述

一、项目背景

伍家岗长江大桥位于宜昌市城区,上距三峡工程、葛洲坝水利枢纽分别为 55km 和 17km,下距清江入汇口约 28km。伍家岗长江大桥上游约 11.5km 为宜昌水文站,该站从 1890 年开始进行水文观测,观测资料较完整齐全,其水沙特征值可代表工程河段天然河道的水沙特征。葛洲坝水利枢纽蓄水以后,宜昌站水沙来量变化较小,但来沙过程稍有改变,中枯水期水库拦蓄部分泥沙,下泄沙量有所减小,坝下游宜昌河段冲刷下切,宜昌站及伍家岗工程河段水位下降。近期,随着长江上游水土保持工作的持续开展,特别是长江上游干流三峡、溪洛渡、向家坝及支流水库相继蓄水运用,受上游水库调度影响,宜昌河段的水文条件发生了较大变化。汛期洪峰流量下降,枯水流量增加。因此,宜昌及伍家岗大桥河段的水文特性需在宜昌及长江上游水文站观测的基础上,考虑各个水库调度情况,重新进行设计水文计算。

二、研究内容

宜昌市位于长江上中游交界地区,长江宜昌河段的战略地位和开发利用价值十分显著。随着国民经济发展,宜昌河段的防洪、航运、桥梁、取水口等涉水工程日益密集和重要,水文特征值、设计水位流量是沿江涉水工程重要的基础数据,也是相关工程可研设计的基础,是本项目研究的主要任务。本项目研究的主要内容具体如下:

(1)宜昌河段来水来沙特点。
(2)宜昌河段防洪设计流量及水位。
(3)宜昌河段设计最小通航流量、最大通航流量。
(4)伍家岗大桥最低设计通航水位、最高设计通航水位。

三、计算方法

根据《内河通航标准》(GB 50139—2014):不受潮汐影响河段设计最低通航水位可采用综合历时曲线法确定计算,也可采用保证率-频率法计算确定。对于枢纽下游河段最低设计通航水位的确定,按"多年历时保证率,分析选定设计流量,并考虑河床冲淤变化和电站日调节的影响推算确定"。设计最高通航水位"应按洪水重现期,分析选定设计流量,并考虑枢纽运行对该段航道的影响推算确定",上述计算年保证率和重现期均应符合相关规定。《内河通航标准》(GB 50139—2014)规定的不同航道保证率见表5-1-1、表5-1-2。

设计最低通航水位的多年历时保证率　　　　　　表5-1-1

航道等级	Ⅰ、Ⅱ	Ⅲ、Ⅳ	Ⅴ~Ⅶ
多年历时保证率	≥98	98~95	95~90

设计最高通航水位的洪水重现期　　　　　　表5-1-2

航道等级	Ⅰ~Ⅲ	Ⅳ、Ⅴ	Ⅵ、Ⅶ
多年历时保证率	20	10	5

由于长江上游三峡、向家坝、溪洛渡等水库先后兴建蓄水运用,改变了长江来流条件,因此,需要考虑梯级水库运行的影响,确定宜昌伍家岗大桥工程的相关条件。但这三座水库中,溪洛渡水电站的实际调度方式仍在研究,三峡水库、向家坝水电站的最终调度方案仍有变动可能;因此,宜昌河段上游来流条件研究主要是以2012年3月实施的《三峡葛洲坝水利枢纽梯级调度规程》(试行版)为基础,在分析近期(5年)溪洛渡、向家坝、三峡梯级水库组合调度可能工况下,通过构建水库径流调度模型,模拟溪洛渡、向家坝、三峡梯级水库径流调度过程。在此基础上,计算不同水文系列三峡出库及宜昌站流量,并按照相关规定规范,确定设计水位流量。同时,根据宜昌站与伍家岗大桥断面水位相关关系,推求大桥断面的设计水位。

四、说明

本项目平面坐标采用1954北京坐标系统;高程系统中,枢纽坝前蓄水水位采用吴淞高程,其他高程除特别指明外,均采用1985国家高程。

宜昌站基面换算关系如下:

冻结基面高程 – 吴淞高程 = 0.364m;

冻结基面高程 – 1985国家高程 = 2.070m。

庙嘴站基面换算关系如下:

吴淞高程 – 1985国家高程 = 1.706m。

第二节　河道水文特性

一、水文站基本情况

宜昌水文站位于伍家岗长江大桥上游约11.5km,控制流域面积100.55万km^2,约占全流域面积的55%。宜昌水文站是长江上游出口控制站,其水文断面上游6km为长江葛洲坝水利枢纽,上游约44km为长江三峡水利枢纽工程。宜昌水文站观测资料较完整齐全,区间无大的支流汇入,水沙特征值能代表工程河段的水沙特征,可作为本次工作计算的主要依据水文站。

二、水文特征

1. 来水来沙特征值

根据宜昌水文站统计,葛洲坝水利枢纽蓄水运用以前(1890—1980年),宜昌站多年平均径流量为4518亿m^3,最大流量为71100m^3/s,最小流量为2770m^3/s,多年平均流量为14300m^3/s,多年平均悬移质输沙量为5.15亿t,多年平均含沙量为1.18kg/m^3。葛洲坝水利枢纽为低水头径流式枢纽,蓄水运用后,坝前水位稳定在66m左右,对上游来水不起调节作用,来水过程基本无变化,但来沙过程稍有改变,中枯水期水库拦蓄部分泥沙,下泄沙量有所减小。1981—2002年,宜昌站多年平均输沙量为4.59亿t,较建库前减少约11%。

2003年三峡水库蓄水后,宜昌站悬移质年输沙量明显减少,135～139m运行期(2003—2006年)多年平均年输沙量为0.702亿t,约为葛洲坝蓄水运用前的13.6%。三峡水库156m试验性蓄水运行期间(2007—2009年),宜昌站输沙量继续减少,年平均输沙量为0.399亿t,约为1981年前的7.7%。三峡水库175m试验性蓄水运用期间(2010—2012年),年平均输沙量为0.272亿t,仅为1981年前的5.3%。

三峡水库蓄水运用后,受水库的调蓄作用,宜昌站洪峰流量有所削减,宜昌站汛期最大流量在三峡水库蓄水运用前(1981—2002年)为70800m^3/s,三峡水库175m试验性蓄水运用后,2010年8月,三峡入库流量达70000m^3/s,宜昌站流量仅为40000m^3/s。同时枯水期宜昌站流量有所增加,三峡水库蓄水运用前(1981—2002年)年最小流量为2820m^3/s,三峡水库156m试验性蓄水运用期(2007—2009年)最小流量为4020m^3/s,三峡水库175m试验性蓄水运用期(2010—2012年),每年最小流量分别为5180m^3/s、5530m^3/s、5530m^3/s,呈逐年增加趋势。最小日平均流量也逐年增加,三峡水库蓄水运用前2002年日平均最小流量为2950m^3/s,2012年最小日平均达到5700m^3/s。

随着葛洲坝水利枢纽及三峡水利枢纽的蓄水运用,宜昌站悬移质呈明显细化的趋势。葛洲坝蓄水运用前,多年平均悬移质中值粒径为0.021mm,葛洲坝蓄水运用后至三峡蓄水运用前,多年平均悬移质中值粒径减小为0.012mm,三峡水库135～139m运行期、三峡水库156m试验性蓄水运行期,中值粒径进一步减小,分别为0.005mm、0.003mm和0.006mm。

三峡水库蓄水运用以来,宜昌站粒径小于0.031mm的悬沙均有所增加,而粒径大于0.031mm的悬沙均减少较为明显。

宜昌站推移质(沙质推移质+卵石推移质)受葛洲坝水利枢纽及三峡水利枢纽影响

较大。葛洲坝蓄水前(1890—1980 年),宜昌站多年平均沙质推移质输移量为 862.2 万 t,卵石推移质输移量为 75.8 万 t;葛洲坝蓄水后推移质随蓄水位的抬高逐步减少,1981—2002 年沙质推移质仅为天然时期的 16.1%左右,卵石推移质仅为天然时期的 33.6%。随着三峡工程的蓄水运用,推移质输沙量进一步减少,三峡水库 156m 试验性蓄水运行期(2007—2009 年),宜昌站沙质推移质输沙量及卵石推移质输沙量分别减小至 15.4 万 t、0.55 万 t,与此同时,推移质也呈明显粗化的趋势,沙质推移质及卵石推移质中值粒径分别由葛洲坝蓄水运用前的 0.216mm、26.0mm 增大为 2007 年的 0.420mm、185mm。

葛洲坝枢纽蓄水运用前后(1950—2002 年),宜昌站水沙的年内分配基本接近,均集中于汛期。葛洲坝蓄水前后宜昌站汛期 5—10 月径流量均约占全年来水量的 79%,7 月平均来水量也均为最大,分别占多年平均年径流量 17.8%、19.8%;来水量最小的均为 2 月;汛期 5—10 月悬沙来沙量在葛洲坝枢纽蓄水运用前后分别约占全年的 95%与 98%,相比来水量来说更集中在汛期。最大来沙量与来水量相应,均出现在 7 月,最小来沙量均出现在 2 月。葛洲坝蓄水运用后卵石推移质主要集中在 7、8 月,占全年的 88.1%;沙质推移质主要集中在 7—9 月三个月,其推移量占全年的 76.7%。

2. 径流周期性特征

为分析宜昌站近期水文特征,借助小波分析理论,对宜昌水文站年径流量时间序列进行多时间尺度(周期)分析,了解其不同时间尺度上的变化特征,在年径流量变化周期分析的基础上,对其近期水文变化趋势进行预测。

水文序列多时间尺度是指水文系统变化并不存在真正意义上的周期性,而是时而以这种周期变化,时而以另一种周期变化,并且在同一时段中又包含各种时间尺度的周期变化,即系统变化在时域中存在多层次时间尺度结构和局部化特征。多时间尺度的研究,可揭示水文时间序列变化的多种(近似)周期性特征,为水文预测提供重要依据。

由小波分析理论可知:①根据对宜昌水文站 1890—2012 年长系列资料分析,宜昌站年径流量存在明显的年际变化特征,主要存在 7 年、14 年和 34 年共 3 类尺度的变化周期,其中变化主周期为 14 年尺度。②径流变化趋势分析结果表明,近期宜昌站径流量处于一个相对枯水期,而且径流量开始有增加的趋势。主周期的小波实部系数变化表明,在 2003 年以后,宜昌站已进入相对枯水期,且这一趋势在近年将持续下去。

三、水位流量关系

宜昌河段及伍家岗长江大桥断面水位流量关系是大桥设计的基础。宜昌站水位和流量的关系受宜昌及下游河道地形影响相对明显,但水位流量关系符合较好的幂函数关系。自 20 世纪 60 年代以来,下荆江裁弯工程、葛洲坝及三峡工程的建设,使得宜昌河段同流量下河道水位下降,水位和流量的关系发生变化,尤其是枯水流量下宜昌河段水位下降较明显。因此,只能采用近期实测水位流量资料,确定宜昌站水位-流量关系曲线。

为研究宜昌河段水位变化情况,在葛洲坝蓄水以后,研究人员长期进行宜昌河段沿程水位同步观测,伍家岗长江大桥附近布置的观测水尺有胭脂坝、艾家镇、虎牙滩,其中艾家镇水尺位于大桥上游约1300m处,虎牙滩水尺位于大桥下游约4600m处。根据上述水尺即可推算伍家岗长江大桥水位,并确定大桥断面与宜昌站的水位相关关系。

第三节　防洪设计流量和水位计算

一、设计洪水流量

在三峡水库设计研究中,根据宜昌站历史实测的114年系列(1877—1990年)和丰富的历史洪水调查资料,对宜昌站的设计洪水流量进行了深入细致的分析研究,设计成果通过了相关审查。其后,长江流域防洪规划和三峡葛洲坝梯级调度研究又补充了最近20年的实测资料,其研究成果得到国务院的批复,故三峡水库上游来流量可直接采用其洪水频率计算成果,其计算值是可靠的。由于伍家岗长江大桥工程距离宜昌站下游仅11.5km,区间来流量小,故大桥工程断面洪水频率流量可直接采用上述计算成果。有鉴于此,本书不再论述相关计算过程,仅对三峡水库运用前后设计洪水成果进行介绍。根据其频率洪水计算,在三峡不进行洪水调节时,宜昌站设计的1%、2%和5%频率洪峰流量见表5-1-3。

宜昌站设计洪水参数　　　　　　　　　　　表5-1-3

洪水频率 (%)	日平均最大洪水流 (m³/s)	3d 洪量 (亿 m³)	7d 洪量 (亿 m³)	15d 洪量 (亿 m³)
1	83700	209.3	420.8	796.5
2	79000	197.6	401.5	759.8
5	72300	180.7	368.5	702.2

三峡水库于2008年开始试验性蓄水,同时上游向家坝、溪洛渡水库均已蓄水,宜昌河段洪峰流量将受上游梯级水库调节影响。鉴于向家坝、溪洛渡两座水库还未正式运用,三峡单库调度与三库联合调度相比是对下游洪水最不利的调度方式,因此,可根据三峡葛洲坝联合调度考虑下游洪峰流量。

根据《三峡-葛洲坝水利枢纽梯级调度规程》(2012年)和长江防洪规划进行的径流调度模型计算成果,当上游来流量达到100年一遇洪水时,水库下泄流量可控制在55000~56700m³/s之间,并根据下游荆江河段的水情,进行补充调度,基本保证枝城最大下泄流量为56700m³/s。综合考虑上游水库运行及调度可能出现的情况,以及宜昌—枝城区间来流以及清江入汇情况,确定宜昌站50~100年一遇洪水流量均为55000m³/s。

二、防洪设计水位

根据《中华人民共和国防洪法》和《防洪标准》(GB 50201—2014),在宜昌河段的防洪规划中,其城市防洪标准为:三峡水库运用前为50年一遇洪水(流量为79000m³/s),三峡水库正常蓄水后,配合三峡水库调度防御100年一遇洪水(流量为55000m³/s)。由于三峡水库蓄水后,100年一遇洪水流量低于建库前50年一遇洪水流量,为保证防洪工程一致性,宜昌河段防洪设计水位仍可采用建库前的防洪设计水位,即三峡建库前2000年的宜昌防洪规划研究成果。由于2000年的防洪规划报告中,宜昌河段防洪设计水面线计算范围为镇川门—临江溪,未包括伍家岗长江大桥范围,根据其计算方法和相关资料,推算出大桥断面的设计水位,见表5-1-4。

长江宜昌城区河段防洪设计水位(黄海高程,m)　　表5-1-4

桩　　号	水　面　线	堤顶高程	地　　名
0+000.00	54.49	55.49	镇川门
1+647.50	54.35	55.35	宜昌水文站
2+724.70	54.26	55.26	大公桥
4+743.88	54.08	55.08	万寿桥
7+680.58	53.82	54.82	三峡瓷厂
11+955.06	53.44	54.44	柏临河口
13+150.00	53.38	52.60(实际)	伍家岗长江大桥

第四节　通航设计流量和水位计算

一、设计水位计算的水库调度不利工况

通过对溪洛渡、向家坝、三峡组成的梯级水库各库设计及优化调度方案、三库联合调度优化方案的分析,结合未来可能出现的三峡单库运行、上游溪洛渡和向家坝水库依次投入运营后三库联合运行情况,将设计水位计算所采用的长江上游三座水库调度可能工况列于表5-1-5。

设计水位计算的水库调度可能工况　　表5-1-5

调度方式		工　　况
三库联合调度	工况一	溪洛渡、向家坝水库按设计蓄水方式调度。三峡水库优化蓄水方案,9月1日蓄水,9月15日蓄水水位不超过160~162m,10月底蓄水至175m,蓄水过程中下泄流量不低于8000m³/s,枯水期调度按优化方案
三库联合调度	工况二	溪洛渡优化方式,8月21日开始蓄水,8月底蓄水10亿m³,在满足保证出力情况下9月15蓄满。向家坝按设计蓄水方式运用。三峡水库蓄水方式同工况一,枯水期调度过程按优化调度方式
三峡单库调度	工况三	水库蓄水方式同工况一;枯水调度按优化调度方式
三峡单库调度	工况四	水库蓄水方式同工况一;按近期水库实际调度方式[《三峡—葛洲坝水利枢纽梯级调度规程》(2012年版)]

工况一与工况二属于梯级水库联合调度可能出现的两种工况。工况三与工况四是考虑到在溪洛渡、向家坝水库正式运行前,仍会出现的三峡单库运行工况。其中,工况三枯期三峡坝前水位维持高水位,水库下泄量较小,是针对三峡水库下游河段的枯水通航最不利工况;工况四蓄水时间提前,特枯年份三峡蓄水量大于方案三,枯水期补水较工况三有利。

二、最小通航流量和最低通航水位

1. 最小通航流量

三峡水库位于梯级水库最下游,为末端水库,下泄过程受上游水库影响。根据已有的研究,三库联合调度后,蓄水期三峡入库流量较单库流量小,枯水期入库流量较单库大,三峡水库单库运行对下游枯水期航道不利。单库调度工况三在一般年份蓄水时间较工况四提前,但在特枯年份,蓄水时间与工况四相近,工况四补水期还可根据下游水资源应急要求,在坝前水位下降到155m以下进行补偿调度,其控制的最小下泄流量在6000m^3/s左右。

(1)梯级水库调度。梯级水库调度运行时,工况一的优化调度方式可缓解梯级水库各库之间的争水矛盾,但各保证率下,三峡出库通航流量相差不大。工况一中三峡出库通航流量仅略大于工况二,因此可根据梯级水库设计调度方式工况二计算其不同系列年长度梯级水库调度运行时三峡出库最小通航流量(表5-1-6)。可以看出,在98%、99%两个保证率下,各系列年之间相差很小,只是在保证率99.5%下略有差别。

梯级水库调度运行时不同系列年长度各保证率下　　　　表5-1-6
三峡出库通航流量(单位:m^3/s)

保 证 率	系列年长度		
	61年(1950—2010)	41年(1970—2010)	21年(1990—2010)
98%	5578	5577	5579
99%	5571	5571	5572
99.5%	4338	4234	4287

(2)单库调度工况三计算。工况三以不同系列长度的三峡实际入库逐日平均流量为入流条件,计算三峡出库流量,并用综合历时曲线法给出三峡出库流量,计算满足规范要求通航保证频率的三峡出库通航流量,结果见表5-1-7。从表5-1-7中可以看出,系列年长度对三峡出库通航流量的影响较大,61年、51年、41年三峡出库通航流量明显小于31年、21年的出库通航流量。

三峡单库调度运行工况三不同系列年长度各保证率下　　　　表5-1-7
三峡出库通航流量(单位:m^3/s)

保 证 率	系列年长度				
	61年 (1950—2010年)	51年 (1960—2010年)	41年 (1970—2010年)	31年 (1980—2010年)	21年 (1990—2010年)
98%	4200	4200	4280	5000	5571
99%	3645	3620	3640	4140	4380
99.5%	3320	3310	3290	3740	3740

根据单库和梯级水库调度运行保证率对比,三峡水库单库调度21年、31年系列流量与梯级水库较为接近,而长系列流量较小,有关成果认为主要是由近30年上游干支流水库兴建蓄水,枯水期补水作用引起,远期预测上游梯级水库逐渐开发运用将协助改善三峡水库下游的通航条件。

(3)单库调度工况四。根据《三峡-葛洲坝水利枢纽梯级调度规程》(2012年),为改善下游通航条件,三峡水库进入175m试验性蓄水运行期后,三峡水库枯季调度的主要目标是保证庙嘴站的水位不低于39.0m(吴淞高程),其下泄的流量控制在6000m³/s左右。

庙嘴站处于葛洲坝水利枢纽下游的三江航道出口处。根据庙嘴与宜昌站枯水位相关关系推求葛洲坝大坝最低下泄流量,当庙嘴水位站保持39.0m(吴淞高程)水位时,葛洲坝控制最低下泄流量不同年份有所变化。受河床下切水位下降的影响,最低下泄流量总体趋势为逐步增大,详见表5-1-8。2012年12月4—5日,宜昌站出现年最低流量5530m³/s。

不同年份庙嘴站最低限制水位对应流量　　　　表5-1-8

庙嘴站水位(吴淞高程,m)	年份(年)	相应流量(m³/s)
39.0	2002	4900
	2003	4910
	2004	4950
	2005	5000
	2006	5100
	2007	5100
	2008	5060
	2009	5450
	2010	5470
	2011	5500
	2012	5500

(4)三峡葛洲坝电站日调节影响。保证率流量计算建立在日平均基础上,由于三峡水电站在电力系统中承担调峰任务,日内出现电站基荷和峰荷流量差异,若两者相差较大,其循环下泄引起下游水位周期性波动,葛洲坝作为三峡电站反调节水库,对三峡下泄的非恒定流有削峰填谷任务,但由于葛洲坝调节库容有限,葛洲坝出库流量日内变幅仍然较大,伍家岗长江大桥距离葛洲坝下游仅17km,其流量和水位受到影响。因此,需考虑葛洲坝下泄流量变化对伍家岗长江大桥通航影响情况。

根据实测的三峡水库蓄水运用后宜昌站流量过程,统计宜昌站历年枯水期(11—次年4月)逐月最小流量日的日平均流量与最低流量差值,其中11月差值一般较大,最大值为680m³/s;其次是4月,多在上游来流量增加时发生,4月差值最大值可达到790m³/s;其他月份相对较小,一般在350m³/s内。同时在历年最低水位日,日平均流量与最小流量的最大差值为200m³/s。由于11月和4月日流量变幅较大,且均发生在上游流量有所增加下泄较大的情况下,而通航保证率水位一般是最枯流量期间,因此,选择12—次年3月变幅最大值较为合理。

根据《内河通航标准》(GB 50139—2014),宜昌河段内河通航保证率大于98%,各个系列年在98%保证率时十分相近,均在5580m³/s左右,三峡-葛洲坝近期通航流量控制在5500m³/s,但由于三峡-葛洲坝水库可根据庙嘴水位下降情况继续提高下泄流量,因此,确定伍家岗长江大桥日平均最低通航流量为5580m³/s,瞬时最小流量与日均流量差值为350m³/s。

2.最低通航水位

三峡水库蓄水运用后,下游河段来沙量大幅减少,河床发生溯源冲刷,枯水期相同流量下水位下降。目前,对水位下降预测的方法主要有:①点绘历年同流量下水位,采用其趋势线计算法;②河床冲刷量与水位下降相关线法;③一维数模不平衡输沙模型冲刷计算法。前两种方法主要根据实测资料,从趋势线延伸得到;后者根据不平衡输沙理论,并进行河道冲刷验证,计算结果都有一定的可靠性。本项目采用三种方法分别计算,分析确定枯水水位下降值,并参考《三峡-葛洲坝水利枢纽梯级调度规程》(2012年),最终得出最低通航水位。

1)枯水水位下降趋势分析

伍家岗长江大桥最低通航水位主要由枯水水位决定,宜昌河段枯水期各个保证率通航流量在4500~6000m³/s之间,因此,重点研究宜昌站期间流量水位变化情况。通过分析2002年以来各年水位流量关系曲线,从各年曲线中插值计算出各个枯水整数流量的水位值。

通过计算分析,三峡水库蓄水运用后,枯水期同级流量下宜昌河段水位呈逐年下降趋势,近期(2011—2012年)下降逐渐趋缓。对各级流量进行比较,除个别年份流量外,一般水位下降值随着流量的增加而增大。另外,由于枯水期三峡补水作用,枯水最小流量逐渐增加,2008年后,枯水期最小流量未出现4500m³/s流量,2010年后最小流量已大于5000m³/s。

2)河床冲刷趋势分析

三峡下游宜昌河段的水位变化除与宜昌河段演变有关外,还与下游河段(宜昌—沙市)河床冲刷情况相关联。

根据已有研究成果,2003—2010年宜昌—沙市河段累积冲刷2.45亿m³,年冲刷强度为20.4万t/km,其冲刷强度大于下游沙市—监利河段,但同流量沙市—监利水位降幅且大于宜昌—沙市段。有关研究成果进一步认为:宜昌—枝城河段在蓄水初期冲刷较剧烈,水位下降与冲刷量有一定的关系,但随着砂砾石河床粗化和抗冲保护层的形成,宜昌—枝城河段枯水同流量水位降幅与全河段泥沙冲淤关系程度明显下降。

3)数学模型计算

有关研究报告利用一维水沙数学模型,按照三峡水库淤积计算得出的水沙过程(1990—2000年)作为坝下游冲淤计算来水来沙条件,下游假定大通水位流量不变,计算得出了三峡水库蓄水20年下游河段冲淤过程和水位变化的情况。

根据一维数学模型计算成果,三峡工程蓄水后坝下游将发生长距离冲刷,并随着时间从上向下发展。宜昌—枝城河段为卵石夹沙河床,冲刷粗化较快,并迅速形成保护层,制约了河床的进一步下切,冲刷向下游发展。其中,宜昌河段在三峡水库蓄水5年末(135～156m),5000m^3/s流量水位较蓄水前下降0.18m,10000m^3/s流量水位下降0.13m;175m试验性蓄水运用5年后,宜昌河段冲刷达到极限,5000m^3/s流量水位较蓄水前下降0.26m;175m运用试验性蓄水10年后,5000m^3/s流量宜昌水位下降0.28m,水位变化已十分缓慢。

4) 三峡调度控制

根据《三峡-葛洲坝水利枢纽梯级调度规程》(2012年),为改善下游通航条件,三峡水库进入175m试验性蓄水运行期后,三峡水库枯季调度的主要目标是保证葛洲坝下游三江出口庙嘴站的水位不低于39.0m(吴淞高程),庙嘴站位于宜昌站上游2.2km,与宜昌城区河段内固定观测的水尺水位相关性较好,根据庙嘴与伍家岗长江大桥断面枯水水位相关关系差值得到伍家岗长江大桥相应水位36.63m。

5) 计算结果分析

方法一和方法二以分析三峡水库蓄水以来2003—2012年坝下游宜昌站实测资料为主,研究变化规律并得出结果。方法一点绘宜昌站枯期同流量水位下降值与蓄水年份关系,通过曲线拟合水位变化趋势,预测5年后水位变化值。该方法反映了近期水位变化现状,但对水位变化的内在因素没有得到深入研究。方法二从水位下降变化原因出发,认为同流量水位下降是由河段内的冲淤和下游水位变化引起的,根据河道冲淤量分析计算河道水位变化,结果相对全面,但河床冲淤量变幅较大,拟合关系计算有一定的变幅。方法三主要是依据三峡水库下游长河段一维水沙模型计算,采用的是90系列年的水文资料,与未来实际情况有一定的差异。水库调度控制是人为因素影响,对最低水位控制虽有一定作用,但水库水位下降将影响发电以及库区上游航道水位,具有不确定性,因此,需要综合参考确定。

从各个计算成果分析,水位下降趋势的结论是接近的,方法三数模计算显示宜昌河段在三峡蓄水后,在15年左右冲刷达到极限;方法一从水位下降趋势分析,近期同流量枯水水位下降已十分缓慢;方法二分析宜昌—枝城河段枯水河槽近期出现冲淤交替现象,河床冲刷粗化已经基本完成。因此,可根据方法一得到的近期水位值,参考方案三和方案二的变化情况并结合三峡水库控制调度方式,确定宜昌站5年后最低设计水位,即枯水流量(5500m^3/s)水位为37.15m,较2002年下降0.48m,较2012年底下降0.02m;伍家岗长江大桥设计最低通航水位为36.58～36.64m(流量5230～5580m^3/s)。

6) 与有关计算成果比较

长江航道规划设计研究院、武汉大学等单位于2013年编写完成了《长江干流航道水富—江阴河段最低通航水位计算与分析》(以下简称《计算与分析》),根据其最低通航水位计算成果,宜昌站98%保证率的最低水位分别为38.83m(吴淞高程,1990—2010年系列)、38.06m(吴淞高程,1950—2010年系列),在电站调峰对最低水位影响上,考虑蓄水期最小流量下电站最大调峰流量,其最大流量变幅达到2980m³/s,接近日均最小通航流量的60%,且按照波幅的一半计算最低水位,没有考虑坝下游庙嘴水位控制,其计算成果偏于安全。

本次计算在电站调峰上,考虑了三峡调度规程对下泄流量控制作用,在最小通航流量下,电站调峰流量变幅相对较小,同时对水位流量关系补充了2012—2013年初的最新资料,宜昌河段水位各水尺均为同步观测瞬时水位,因此,与实际情况较为接近。本次计算的98%保证率水位与《计算与分析》成果比较,较其1990—2010年系列低0.20m,较其1950—2010年系列高0.57m。

三、最大通航流量和最高通航水位

根据《内河通航标准》(GB 50139—2014),Ⅰ～Ⅲ类航道设计最高通航水位的洪水重现期为20年,宜昌河段为Ⅰ类航道,其重现期应在20年或以上。从洪水计算成果可知,天然河道宜昌站20年一遇洪水流量为72300m³/s。三峡水库蓄水后运用后,经水库调节洪水流量将下降。从径流模型计算成果分析,采用近期21年的水文系列(包括1998年洪水),葛洲坝下泄流量小于55000m³/s。从三峡蓄水运用后近期实际调度情况统计,2012年7月24日最大入库流量约为71200m³/s,接近20年一遇洪水,经水库调节后,葛洲坝下泄流量在45800m³/s左右。

《三峡-葛洲坝水利枢纽梯级调度规程》(2012年)规定:100年一遇以下入库流量,三峡及葛洲坝下泄流量控制在56700m³/s以下,同时根据下游枝城流量,进行补充调度,在纳入清江汇流后,枝城流量应不大于56700m³/s。三峡葛洲坝航运调度为:三峡水利枢纽及船闸最大通航流量为56700m³/s,葛洲坝[包括2号、3号船闸(及三江)]最大通航流量为60000m³/s,葛洲坝大江最大通航流量为35000m³/s。

伍家岗长江大桥的最大通航流量和最高通航水位应参考三峡葛洲坝调度和径流模型计算成果,并结合工程河段经济发展而定,因此,伍家岗大桥最大通航流量应考虑流量上限,即为56700m³/s。

三峡工程蓄水运用以来,宜昌河段同流量下洪水水位并未出现下降趋势,2012年同流量洪水水位甚至高于2003年。根据有关分析成果,近年来宜昌及下游河段河槽冲刷,主河槽过水面积有所增加,但两岸河滩地范围有所减少,长江中游河槽洪水调蓄量及大洪水时的过水面积并未增加。长江中下游堤防工程建设洪水溃口减少也是宜昌河段洪水水位较稳定的重要因素。因此,采用宜昌站近期的水位流量关系,推求最高通航水位是合适的,从2012年水位流量关系求得56700m³/s流量下宜昌站水位为52.99m,同时由水位相关得到大桥的最高通航水位为51.68m。

长江宜昌城区河段已建或在建的大桥最高通航水位均对伍家岗长江大桥河段最高通航水位产生限制性影响,伍家岗长江大桥最高通航水位过高或过低于已建大桥均不适宜。

根据相关大桥工程设计,至喜长江大桥(上游14km)、夷陵长江大桥(上游10km)、宜万铁路大桥(上游5.3km)和宜昌长江公路大桥(下游6.2km),其最高通航水位分别52.77m、51.69m、51.44m和52.11m,本次计算最高通航水位略低于上游的至喜长江大桥、夷陵长江大桥、下游的宜昌长江公路大桥,高于上游的宜万铁路大桥。

第五节 本章小结

(1)三峡、葛洲坝水库分别位于伍家岗长江大桥工程上游55km和17km处,两水库已蓄水运用。由于三峡水库防洪效益巨大,防洪库容达到221亿m^3,可调节汛期洪水和枯季流量过程,伍家岗长江大桥设计的频率洪水及通航水位等特征值应根据长江上游来流特性以及三峡水库的调度综合考虑确定。

(2)在研究上游水库调度影响时,除考虑三峡单库(三峡与葛洲坝梯级)外还对三峡、向家坝、溪洛渡水库联合调度进行比较,其中单库调度是最不利的情况。随着向家坝、溪洛渡水库的蓄水,伍家岗长江大桥工程河段防洪和通航条件将有所改善。

(3)按照内河航运通航标准,宜昌河段为Ⅰ级航道,其枯水通航保证率应≥98%,最高通航水位的洪水重现期≥20年。据此计算,伍家岗长江大桥设计最低通航水位36.46~36.64m,最小通航流量5230~5580m^3/s;最高通航水位51.68m,最大通航流量为56700m^3/s。

(4)宜昌河段防洪设计流量和水位应根据防洪规划要求确定,三峡水库正常蓄水后,宜昌至枝城河段防洪标准为100年一遇,枝城站防洪设计流量≤56700m^3/s,考虑区间来流量,伍家岗长江大桥工程段防洪设计流量为55000m^3/s。堤防工程的防洪设计水位可根据宜昌市防洪规划提出的设计水位确定,涉水工程防洪评价应考虑大桥工程附近的实际堤顶高程进行研究。

第二章 主要位置地质勘察专题分析

第一节 南、北主塔墩工程地质分析

一、主要工作内容

南、北主塔墩的详勘阶段,在前期工作基础上,采用小口径钻探、钻孔声波测试、数字电视录像、钻孔原位测试和室内试验等综合勘察手段详细查明了南、北塔墩的工程地质条件和工程地质问题,勘探工作量详细列于表5-2-1中。勘察精度满足工程本阶段技术要求,勘察说明综合了初、详勘阶段的勘察成果资料,可作为施工图设计阶段设计文件编制的依据。

伍家岗长江大桥工程南、北塔墩勘察工作量一览表　　表5-2-1

序号	工作内容	工作项目	单位	初勘完成数量	详勘完成数量	合　计
1	工程测量	配合地质测量	组日	16	16	32
		钻孔测量定位	孔	16	16	32
		断面测量	km/条	1.18/8	0.70/4	1.88/12
2	工程地质	资料搜集	组日	3	3	6
		工程地质调绘(1:2000)	km²	0.1	0.1	0.2
		工程地质测绘(1:500)	km²	0.03	0.03	0.06
		断面测绘	km	1.18	0.7	1.88
		钻孔编录	孔	6	10	16
3	勘探	小口径钻孔	m/孔	364.3/6	620.2/10	984.5/16
4	物探	单孔声波测试	m/孔	59.4/1	300.2/5	359.6/6
		钻孔数字彩电	m/孔	59.85/1	133.3/2	193.15/3
		剪切波	m/孔	—	55/2	55/2
5	取样	原状土样	组	22	18	40
		扰动样	组	1	—	1
		岩样	块/组	33/6	39/8	72/14
		水样	组	3	1	4
6	原位测试	标准贯入试验	次	21	27	48
		重Ⅱ型动力触探	次	53	42	95
		压水试验	段/孔	13/3	—	13/3

续上表

序号	工作内容	工作项目		单位	初勘完成数量	详勘完成数量	合计
7	室内试验	常规土工试验		组	71	52	123
		颗分试验		组	37	8	45
		土的腐蚀性		组	2	—	2
		渗透试验		件	3	—	3
		压缩	常规	件	45	53	98
		直剪	快剪	组	17	48	65
			固快	组	30	2	32
		无侧限抗压		件	5	—	5
		岩块抗压		组	83	131	214
		岩石单轴压缩变形		组	10	8	18
		岩石抗拉		组	8	5	13
		岩石三轴变形		组	7	11	18
		岩石抗剪(直剪、饱和抗剪)		组	—	6	6
		水质分析		组	3	1	4

二、区域地质

1. 大地构造分区

桥址区地处扬子准地台中部,江汉坳陷西缘,西与上扬子台褶带接壤,主要涉及上扬子台褶带及江汉-洞庭断陷两个二级构造单元。在长期地质发展史中,主要经历了晋宁期、燕山期、喜山期三期较强烈构造变动,上部地壳构造演化属相对稳定的地台型范畴。岩浆侵入活动不强烈,主要发生在晚元古代(前震旦纪),中、新生代较弱,局部地区(如江陵等)有零星活动。

区内新构造运动总的特征是鄂西山地呈大面积向东倾斜和间歇性隆升,并不断扩展,相邻东部江汉盆地相对下降,但不断退缩,二者之间呈连续过渡。第四系中更新世以来无明显断折或差异升降现象,组成统一正向构造单元。现今构造运动总体仍以整体块状运动为主,变化平缓,差异活动微弱,并趋于稳定。

2. 区域地质构造特征

桥址区所在的宜昌断凹为单斜构造,系叠置西侧上扬子台褶带黄陵背斜东翼之上的中新生代凹陷盆地,其内构造变形轻微,无区域性大断裂通过。

桥址外围区断裂构造比较复杂,分布较大规模断裂近20条,但这些断裂规模不大,为切入基底不深的一般区域性断裂,现今多为弱活动或基本不活动断裂。工程近场区25km半径范围内,仅发育一条天阳坪-监利区域性断裂,距桥址约19km。

天阳坪-监利断裂位于桥址区南侧,距桥址区最近约19km。该断裂西段为仙女山断裂所截,向东经天阳坪至宜都红花套附近隐伏于第四系地层之下,长约 60km。物探资料推测向东延入江汉盆地与公安-监利断裂相接,并交于监利-石首断裂,构成江汉断陷和洞庭断陷的分界线。地震测深反映,向下切穿基底进入中地壳,断差 1.5km。航磁也有明显反映。

该断裂大体由南北两支组成,南支主要纵切于古生界地层之中,北支断续分布在古生界地层与白垩系红层之间,总体走向北西西,倾向南西,倾角西段缓(25°~40°),东段陡(40°~70°),为由南向北的逆冲断裂,岩层强烈挤压变形,断裂南盘地层常呈直立乃至倒转,伴有一系列次级褶皱和叠瓦式断层,并控制北侧红层沉积。

该断裂生成时间早,燕山期活动强烈,喜山期继承性活动明显,新生代后差异活动减弱。扫描电镜分析显示,上新世晚期至中更新世有过活动;年龄测试结果,最新于 37 万年、23 万年左右有过较明显活动。跨断裂定点形变测量显示,位移变化不显著,沿断裂无地震活动,表明该断裂现今活动不明显。

重力式锚碇和隧道式锚碇同南、北主塔墩的区域地质情况一致,后文将不再叙述。

三、基本地质条件

1. 地形地貌

南岸塔墩位于长江一级阶地之上,长江航道管理处院内,地形平坦,地面高程 52.1~52.4m,临江为人工浆砌石护坡,地形坡度 12°~13°,塔墩距离江边距离约为 43m,如图 5-2-1 所示。北岸塔墩为长江一级阶地平台之上,泰丰石材厂院内,地形平整,地面高程 51.6~51.8m,临江侧地形坡度 18°~20°,局部为陡坎地形,塔墩距离江边约 50m,如图 5-2-2 所示。

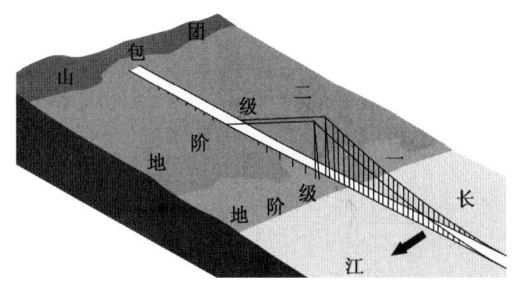

图 5-2-1　南岸三维地形示意图

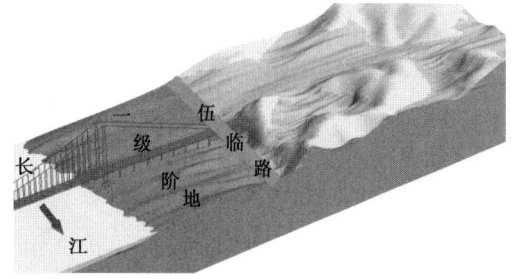

图 5-2-2　北岸三维地形示意图

2. 地层岩性

根据地表测绘和勘探钻孔结果,南、北塔墩范围内覆盖层主要为第四系全新统的人工堆积层(Q_4^s)、冲积层(Q_4^{al})及上更新统的洪、坡积层(Q_3^{pl+dl})等,出露基岩为白垩系上统罗镜滩组(K_2l)地层,其详细情况叙述如下。

1)第四系

南塔墩范围内从上至下分布有人工堆积层(Q_4^s),全新统河流冲积层(Q_4^{al}),上更新统的洪、坡积层（Q_3^{pl+dl}），总厚度 14.0～18.0m。北塔墩范围内从上至下分布有人工堆积层（Q_4^s）和全新统河流冲积层（Q_4^{al}），总厚度 26.0～31.0m。

（1）南塔墩。

①-1 人工素填土（Q_4^s）：以灰黄、灰黑色粉质黏土夹细砂为主，零星夹砖头、瓦块等。分布于第四系表层，厚 1.0～3.0m，底面高程 49.2～51.5m。

②-4 粉质黏土（Q_4^{al}）：褐黄色，总体呈可塑状，少量呈硬塑状，土质较纯。本层厚 2.0～8.0m，底面高程 42.2～47.2m，主要分布于人工填土下层。

粉土（Q_4^{al}）：灰黄、深灰色，总体呈中密状，少量呈松散状，厚 0～1.5m，呈透镜状分布于②-4 粉质黏土内。

④-1 粉质黏土（Q_3^{al}）：褐黄色，总体呈可塑状～硬塑状，土体内见有少量细砂团块，多见灰黑色铁锰质结核，偶含砾石。本层厚 1.2～2.4m，底面高程 42.3～44.8m。

细砂土（Q_4^{al}）：灰黄、灰色，总体呈稍密状，少量呈中密状、松散状，呈稍湿～湿状，透镜状分布于粉质黏土内，厚度 0～4.0m。

④-2-1 含粉土卵砾石土（Q_3^{pl+dl}）：总体呈中密状，少量呈稍密状，砾石含量 60%～70%，粒径小者 3～7cm，大者 10～15cm。原岩成分较杂，为深灰色玄武岩、灰白色石英岩、灰黑色变质岩等。卵石间以充填褐黄、褐灰粉土为主。顶面高程 42.2～47.2m，底面高程 35.0～38.0m，厚度 4.0～8.5m。

（2）北塔墩。

①-1 人工杂填土（Q_4^s）：人工回填砂卵石层，总体呈灰黄色～灰色，中密状，卵石原岩主要为石英砂岩、玄武岩及白云岩，粒径 3～7cm，小者 1～2cm，总体呈次圆（扁圆）状；卵石含量 50%～65%，充填物为黄色黏土、粗砂和建筑物碎屑。主要分布于表层，厚度 4.6～9.0m，最厚 18.3m，底面高程 34.1～47.1m。

②-1 含淤泥质粉质黏土（Q_4^{al}）：灰黑、灰绿色，局部为淤泥质土，总体呈软塑状，少量呈流塑状和可塑状，伴有轻微异味。土体局部不连续，含少量卵砾石。本层一般厚 3.1～9.0m，底板高程 35.2～42.8m。

②-2 粉土（Q_4^{al}）：灰黄色，总体呈中密状，少量呈松散状，局部夹细砂、粉质黏土团块及条带。本层厚 0.3～4.0m，底面高程 32.4～38.1m。

②-3 细砂土（Q_4^{al}）：灰黄、灰色，松散～稍密，呈湿～饱水状，摇震反应较快。多呈透镜状分布于粉土内。

②-5 砂卵砾石土（Q_4^{al}）：中密状，卵石含量 20%～60% 不等，粒径一般为 2～5cm，大者约 15cm，原岩为石英砂岩、变质岩及火成岩等；卵石间充填灰、青灰色细砂，结构较松散。该层主要分布于两岸一级阶地底部，厚度 9.4～16.9m，底面高程 20.6～24.2m。

2）基岩

南、北塔墩下伏基岩为白垩系上统罗镜滩组（K_2l^l）砾岩夹砂砾岩及薄层状砂岩，中厚～厚层状，砾岩中砾石含量约 60%，呈亚圆状～次棱角状，粒径一般为 0.5～2cm，颜色较杂，成分以砂岩、白云岩、玄武岩及凝灰岩为主。主要为基底式胶结，亦可见部分接触式胶结,多以泥钙质胶结为主,局部为钙泥质胶结。

3. 地质构造

南岸锚碇区处于黄陵背斜与江汉坳陷间的宜昌单斜凹陷的西缘,岩层总体倾向105°~120°,倾角6°~8°。岩层走向与长江流向呈小角度斜交,缓倾长江北岸。区内地层受构造变动轻微,主要构造形迹为裂隙性断层和裂隙,但均不发育。

4. 岩石风化

岩体长期暴露于地表,在各种风化营力的综合作用下,其结构、构造、矿物成分、物理力学性质产生了不同程度的改变,使其岩体表部形成有一定厚度的风化壳岩体。根据岩体的风化程度,南、北塔墩岩体分为强风化、中风化和微风化等三个风化带,钻孔揭露风化带情况下详见表5-2-2、表5-2-3。

南塔墩钻孔揭露岩体风化统计一览表　　　　　　表5-2-2

孔号	孔口高程(m)	孔深(m)	覆盖层厚度(m)	强风化		中等风化	
				厚度(m)	底板高程(m)	厚度(m)	底板高程(m)
XZK22	52.92	55.20	14.10	11.70	27.12	7.95	19.17
XZK23	52.31	55.40	14.70	14.00	23.61	5.80	17.81
XZK24	51.30	60.50	14.00	5.00	32.30	17.60	14.70
XZK25	52.17	61.10	14.30	10.70	27.17	10.70	16.47
CZK9	52.28	60.70	15.90	0.70	35.68	11.90	23.78
CZK10	52.08	61.00	21.30	0	30.78	16.30	14.48
CZK11	52.36	61.40	14.30	0	38.06	18.30	19.76
CZK12	52.21	60.60	16.90	3.70	31.61	15.40	16.21

北塔墩钻孔揭露岩体风化统计一览表　　　　　　表5-2-3

孔号	孔口高程(m)	孔深(m)	覆盖层厚度(m)	强风化		中风化	
				厚度(m)	底板高程(m)	厚度(m)	底板高程(m)
XZK26	51.90	65.60	31.00	2.60	18.30	8.20	10.10
XZK27	51.69	65.20	28.00	1.20	22.49	7.10	15.39
XZK28	51.87	65.40	30.80	2.80	18.27	7.60	10.67
XZK29	51.71	60.80	27.00	1.70	23.01	9.30	13.71
CZK13	51.85	65.70	30.70	1.30	19.85	9.10	10.75
CZK14	51.72	60.40	27.90	1.10	22.72	7.40	15.32
CZK15	51.82	65.30	31.20	1.20	19.42	7.76	11.66
CZK16	51.73	60.20	29.00	2.30	20.43	6.30	14.13

南塔墩范围内强风化带分布不连续,局部缺失,钻孔揭露厚度为5.0~14.0m,中风化带钻孔揭露厚度为14.5~23.8m;北塔墩范围内强风化带呈薄皮状,钻孔揭露厚度1.1~2.8m,中风化带厚10.1~15.3m。

5. 水文地质

1) 地表水与地下水

(1) 地表水径流条件。

南、北两岸总体为向长江倾斜的地形,长江为区内地表水流的汇集和排泄通道,大气降雨大部分顺坡汇入长江,仅少部分入渗地下成为第四系孔隙水、基岩裂隙水,并最终以地下水径流形式排泄入长江。长江水基本处于高程 37~44m 之间,水位变化主要受上游电站调节影响。

(2) 地下水类型。

工程区地下水按赋存条件可分为第四系孔隙潜水和基岩裂隙水。

孔隙潜水:南塔墩部位主要储于砂卵砾石层内,北塔墩部位主要储于砂卵砾石和细砂内,砂卵石和细砂土均属强透水层,地下水较丰富,受大气降水、地表水、外界地下水补给。

基岩裂隙水:主要赋存于风化较强的基岩风化裂隙中,以弱透水为主,地下水不丰富,且循环较弱。

南、北塔墩距离长江分别约为40m和50m,距离江水体较近,与长江水连通性较好。

2) 岩(土)体渗透性

根据附近工点试验成果,结合南、北塔墩范围内各土体特征,并类比有关工程经验,提出渗透性建议值,详见表5-2-4。

各主要岩(土)体的渗透性建议值表 表 5-2-4

地层年代	岩土名称	渗透性建议值		渗透性等级
		渗透系数 K(cm/s)	透水率 q(Lu)	
Q_4^{al}	粉质黏土	$i \times 10^{-6}$	—	微透水
	含淤泥质粉质黏土	$i \times 10^{-6}$	—	微透水
	粉土	$i \times 10^{-5}$	—	弱透水
	细砂	$i \times 10^{-4} \sim i \times 10^{-5}$	—	弱透水
	砂卵砾石	$i \times 10^{0} \sim i \times 10^{-1}$	—	强透水
Q_3^{pl+dl}	砂卵砾石	$i \times 10^{-1} \sim i \times 10^{-2}$	—	强透水
$K_2 l$	强风化砾岩	—	$1 < q < 3$	弱透水
	中风化砾岩	—	$0.1 < q < 1$	微透水
	微风化砾岩	—	$0.1 < q < 1$	微透水

注:$i = 1, 2, \cdots, 9$。

6. 不良地质现象

南、北塔墩位于长江一级阶地,地形平缓,地形坡度一般小于20°。因此,工程区内无且不具备诱发大的滑坡、泥石流及崩塌等不良地质现象发育条件,仅在长江南岸临江土质岸坡局部发现小型坍岸现象。其规模较小,一般长1.0~3.0m,高0.2~0.5m,主要由江水浪蚀形成,对南、北塔墩无影响。

四、岩(土)体的物理力学性质

1. 原位测试

南、北塔墩土层内分别进行标准贯入试验 50 段、重Ⅱ型动力触探($N_{63.5}$)原位试验 101 段,试验严格按照相关规程进行现场操作。

南塔墩②-4 粉质黏土标准贯入试验击数一般 5~15 击,总体呈可塑状,少量呈硬塑状;④-1 粉质黏土标准贯入试验击数一般 6~20 击,总体呈可塑状~硬塑状;南塔墩④-2-1 含粉土砂卵砾石土 $N_{63.5}$ 试验击数 4.0~28.0 击,总体呈中密状,少量呈稍密状。北塔墩②-1 含淤泥质粉质黏土标准贯入试验击数一般 1~10 击,总体呈软塑状,少量呈流塑状和可塑状;②-2 粉土标准贯入试验击数一般 9~18 击,总体呈中密状,少量呈松散状;北塔墩②-2 砂卵石 $N_{63.5}$ 试验击数 4.0~13.0 击,总体呈稍密状。

2. 岩体地球物理特性

勘察工程中,分别在南、北塔墩选择部分钻孔进行了钻孔声波测试,共 150m/6 孔。钻孔揭示的风化岩体所对应声波测试成果见表 5-2-5。

南、北塔墩钻孔声波测试成果统计表　　　表 5-2-5

岩性代号	岩 性	风化等级	频 数	岩体声波波速 v_p(m/s)	
				分布区间	平均值
$K_2 1^1$	砾岩夹砂砾岩、砂岩	强风化	17	2797~4158	3568
		中风化	335	2591~5305	4019
		微风化	580	3077~5305	4599

统计结果显示:强风化带声波波速平均值为 3568m/s,中风化带声波波速平均值为 4019m/s,微风化带岩体声波波速平均值 4599m/s。

3. 岩(土)体的物理力学参数建议值

依据原位试验、物探试验和室内试验成果,并考虑试验样品与整体土层差异,结合有关规程、规范,并类比工程区附近工程的经验,提出土体和岩(石)体的物理力学参数建议值,详见表 5-2-6、表 5-2-7。

主要土体物理力学参数建议值表　　　表 5-2-6

地层时代	土的名称及分层代号	孔隙比 (e)	液限指数 (IL)	压缩模量 MPa	压缩系数 MPa^{-1}	抗剪强度		地基承载力基本容许值 kPa	桩侧土的摩阻力标准值 kPa
						黏聚力 c kPa	内摩擦角 φ °		
Q_4^{al}	②-1 淤泥质粉土黏土	1.00	0.90	3.0	0.60	9	5	60	—
	②-2 粉土	0.75	—	9.0	0.20	10	26	130	—
	②-3 细砂	0.79	—	6.5	0.30	0	22	110	—
	②-4 粉质黏土	0.75	0.55	6.0	0.30	20	15	180	60~65

续上表

地层时代	土的名称及分层代号	孔隙比（e）	液限指数（IL）	压缩模量 MPa	压缩系数 MPa^{-1}	抗剪强度 黏聚力 c kPa	抗剪强度 内摩擦角 φ °	地基承载力基本容许值 kPa	桩侧土的摩阻力标准值 kPa
Q_4^{al}	②-5 卵石	—	—	—	—	0	28	260	100～120
Q_3^{pl+dl}	④-1 粉质黏土	0.80	0.70	6.5	0.25	25	17	200	65～70
	④-2-1 含粉土卵砾石	—	—	25（E_0）	—	0	28	300	120～140

注：1. 孔隙比、液限指数、压缩模量和压缩系数、抗剪强度等参数建议值主要依据原位试验和室内试验成果，考虑土的状态，类比工程区附近工程的经验值，综合确定。
2. 地基承载力基本容许值和桩侧土的摩阻力标准值，以土的孔隙比、液限指数、压缩模量和压缩系数、抗剪强度等参数建议值为基础，考虑土的状态，依据《公路桥涵地基与基础设计规范》（JTG D63—2007）确定。

主要岩（石）体物理力学参数议值表　　　表5-2-7

地层时代	岩石名称	风化状态	饱和单轴抗压强度（MPa）	抗剪强度 f′	抗剪强度 c′（MPa）	变形模量（GPa）	地基承载力基本容许值（MPa）
$K_2 l^1$	细砂岩	微风化	2～3	0.45	0.15	0.3～0.5	0.3～0.6
	砾岩、砂砾岩	中风化	5～8	0.50～0.65	0.30～0.40	1.35～1.7	0.8～1.0
		微风化	10～13	0.60～0.70	0.35～0.50	1.5～2.0	1.2

注：1. 饱和单轴抗压强度、变形模量、岩体抗剪断强度、岩体/混凝土接触面抗剪断强度等参数建议值主要依据原位试验和室内试验成果，考虑岩体的风化状态和完整程度，类比工程区附近工程的经验值，综合确定。
2. 地基承载力基本容许值以岩石坚硬程度（以岩石饱和单轴抗压强度参数建议值为基础判定）和节理发育程度（以岩体的风化状态和完整程度为基础判定），依据《公路桥涵地基与基础设计规范》（JTG D63—2007）确定。

五、场地岩土工程条件评价

1. 岩土体特性评价

根据勘察结果，结合拟区内岩土工程条件及工程特点，场地地基岩土的工程特性评价如下。

1）南塔墩

（1）人工素填土：厚1.0～3.0m，主要成分为粉质黏土夹细砂，零星夹砖头、瓦块等。本层分布较不连续，承载力低。

（2）粉质黏土（②-4）：厚2.0～8.0m，总体呈可塑状，少量呈硬塑状，土质较纯，本层力学性质弱，承载力较低。

（3）粉土：厚0～1.5m，总体呈中密状，少量呈松散状，稍湿状，分布不连续，呈透镜状分布于②-4粉质黏土内。本层整体力学性状差，承载力低。

（4）粉质黏土（④-1）：厚1.2～2.4m，总体呈可塑状～硬塑状，土体内见有少量细砂团块，多见灰黑色铁锰质结核，偶含砾石。本层厚度较薄，力学性状差，承载力低。

（5）细砂土，厚度0～4.0m：总体呈稍密状，少量呈中密状、松散状，呈稍湿～湿状，透镜状分布于粉质黏土内。本层连续性差,均匀性差。本层力学性状差,承载力低。

(6)含粉土卵砾石土(④-2-1):厚4.0~8.5m,总体呈中密状,少量呈稍密状,连续性好,均匀性稍差,埋深浅,承载力偏低。

(7)强风化砾岩、砂砾岩:厚度薄且分布不连续,受风化影响,力学强度差异大,均一性差,且不便利用。

(8)中风化砾岩、砂砾岩:厚度较大,分布连续,力学强度尚可,为较均匀地基。

(9)微风化砾岩、砂砾岩:厚度大,分布连续,力学强度较高,为均匀地基。

2)北塔墩

(1)人工杂填土:一般厚4.6~9.0m,最厚18.3m,主要为人工回填砂卵石,总充填物为黄色黏土、粗砂和建筑物碎屑。本层成分杂,力学性状差异大,为不均匀地基。

(2)含淤泥质粉质黏土:局部为淤泥质土,厚3.1~9.0m,总体呈软塑状,少量呈流塑状和可塑状伴,有轻微异味。土体局部不连续,含少量卵砾石,力学强度差,承载力差。

(3)粉土:厚度0.3~4.0m,局部夹细砂条带,总体呈中密状,少量呈松散状。本层不连续,力学强度差,承载力差。

(4)细砂土:总体呈稍密状,少量呈中密状、松散状,呈湿~饱水状,多呈透镜状分布于粉土内。本层为不分布不连续,不均匀地基土。

(5)砂卵砾石土(②-5):厚9.4~16.9m,总体呈稍密状,连续性好,均匀性稍差,埋深浅,承载力偏低。

3)其他

(1)强风化砾岩、砂砾岩:厚度薄且分布不连续,受风化影响,力学强度差异大,均一性差,且不便利用。

(2)中风化砾岩、砂砾岩:厚度较大,分布连续,力学强度尚可,为较均匀地基。

(3)微风化砾岩、砂砾岩:厚度大,分布连续,力学强度较高,为均匀地基。

2. 地基均匀性评价

南塔墩覆盖层厚14.0~18.0m,北塔墩覆盖层厚26.2~31.8m。地基土质类型较多,分别有粉土、粉质黏土、细砂、含淤泥质粉质黏土、含粉土砂卵砾石土和砂卵砾石土等,沉积年代跨度大。除粉质黏土、砂卵砾石和含粉土砂卵砾石分布连续外,其他土层整体连续性差,厚度变化大,界面起伏高差大。强风化岩体发育不连续,中风化岩体厚度差异大,岩性有砾岩、砂砾岩和砂岩,特别是砂岩强度较低,与砾岩、砂砾岩强度差异大。综上所述,第四系土质类型种类多,分布不连续,薄厚不均匀,界面起伏高差大,基岩物理力学性质存一定差异,总体为不均匀地基。

3. 水、土的腐蚀性评价

1)水的腐蚀性

勘察工程中在南、北塔墩分别取水样两组和土样两组做室内试验分析,根据《公路工程地质勘察规范》(JTG C20—2011)附录K判定地下水对混凝土、混凝土结构中钢筋、钢结构的腐蚀性。判断结果：①按Ⅲ环境类型水判断，地下水对混凝土结构具微腐蚀性；②按地层渗透性判断，在弱透水土层或直接临水情况下，对混凝土结构具微腐蚀性；③在长期浸水及干湿交替情况下，对混凝土结构中的钢筋具微腐蚀性。

2）土的腐蚀性

根据《公路工程地质勘察规范》（JTG C20—2011）附录K的标准评价，南、北塔墩部位内土对混凝土结构腐蚀性评价的环境类型应为Ⅲ类、对钢筋混凝土结构中钢筋的腐蚀性按B类考虑。

根据取土试验结果，南、北塔墩部位内土对混凝土结构均具有微腐蚀性，对钢筋混凝土结构中的钢筋具有微腐蚀性。

六、场地稳定性与工程建设适宜性评价

依据《市政工程勘察规范》（CJJ 56—2012）有关规定，本工程重要性等级为一级工程，场地复杂程度等级为中等复杂，岩土条件复杂程度等级为中等复杂，岩土勘察等级为甲级。

1. 工程场地稳定性评价

桥址区处于江汉坳陷与上扬子台褶皱带接壤部位，新构造运动微弱，并趋于稳定；桥址区所在的宜昌断凹为单斜构造，构造变形轻微，无区域性大断裂通过；近场区25km半径范围内，发育的天阳坪-监利断裂最近处距桥位约19km。根据《中国地震动参数区划图》（GB 18306—2015），工程场址区50年超越概率10%时，地震动峰值加速度为$0.05g$，地震动反应谱特征周期为0.35s；地震基本烈度为6度。因此，场地区域构造稳定条件好。

南、北塔墩位于长江一级阶地，地形平缓，以北为丘陵地貌，地形坡度一般为15°～20°，基岩为白垩系上统罗镜滩组（K_2l）的杂色砾岩夹砂砾岩及细砂岩透镜体，岩体内断层、裂隙不发育。区内无且不具备诱发大的不良地质问题的条件，无影响工程成立的重大环境地质问题。

总体来看，场地区域构造稳定条件好、无动力地质作用的破坏影响；地基土均匀性差，属对建筑抗震不利。区内无且不具备诱发大的不良地质问题的条件，属地质灾害危险性小的地段；依据《城乡规划工程地质勘察规范》（CJJ 57—2012）第8.2节规定，场地稳定性类型属基本稳定场地。

2. 工程建设适宜性评价

南、北塔墩处长江一级阶地平台，地形平缓，南塔墩覆盖层厚11.0～30.5m，北塔墩覆盖层厚26.2～31.8m，厚度差异较大，均属于不均匀地形。下伏基岩为白垩系上统罗镜滩组（K_2l）的砾岩夹砂砾岩及砂岩透镜体。区内总体为向长江倾斜的地形，地表水排泄条件较好；地下水埋深条件较浅，与江水存在一定的水力联系。

结合前述内容，工程区场地稳定性类别为稳定性差场地；地表排水条件良好，地下水对工程影响不大；相应的地基条件和施工条件较好，工程建设可能诱发次生地质灾害，可

采取一般的工程防护措施解决。

依据《城乡规划工程地质勘察规范》(CJJ 57—2012)第 8.2 节相关规定,工程建设适宜性定性评价为较适宜。

七、持力层的选择和工程地质条件评价

1. 持力层的选择

(1)南塔墩桩基上部第四系杂填土、粉质黏土容许承载力低,压缩模量 7.5MPa,压缩性大,不能作为塔墩桩基持力层;含粉土砂卵砾石层埋深浅,承载力偏低,不建议作为塔墩桩基持力层;强风化岩体强度偏低、均匀性差,厚度变化大,不建议作为塔墩桩基持力层;中风化砾岩内的砾石成分、粒径及胶结物成分不同,力学强度变化较大,岩体均一性较差,不宜作为塔墩桩基持力层,微风化砾岩强度较大,宜作为塔墩桩基持力层。岩体内局部软弱夹层分布相对密集。地质建议桩端高程 0m,以避开软弱夹层相对密集带,选择夹层发育稀疏的新鲜岩体作为持力层。

(2)北塔墩桩基上部第四系人工填土厚度不均、成分杂,压缩性大,承载力低,不能作为塔墩桩基持力层;②-1 含淤泥质粉质黏层局部为软土不可作为桩基持力层;②-2 粉土和②-3 细砂承载力低,厚度薄,不可作为桩基持力层;②-5 砂卵砾石土埋深浅,承载力偏低,不建议作为塔墩桩基持力层;强风化岩体强度偏低、均匀性差,厚度薄,高程起伏大,不建议作为塔墩桩基持力层;中风化砾岩内的砾石成分、粒径及胶结物成分不同,力学强度变化较大,岩体均一性较差,不宜作为塔墩桩基持力层;微风化砾岩强度高,埋深较浅,顶面高程 11 ~ 14m,宜作为塔墩桩基持力层。微风化岩体内局部软弱夹层分布相对密集,若部分桩端置于其上,有可能会产生桥基不均匀变形问题。地质建议桩端高程为 - 5m,以避开软弱夹层相对密集带,选择夹层发育稀疏的新鲜岩体作为持力层。

2. 工程地质条件评价

1)南塔墩

南岸塔墩位于长江一级阶地上,地形平缓;长江岸坡为人工浆砌石护坡,岸坡稳定性较好;塔墩范围内无不良地质作用,工程地质条件较好。

塔墩桩基建议选择罗镜滩组第一段(K_2l^1)微风化岩体作为持力层,其完整性较好,夹层相对稀疏、岩石力学强度较高,适宜为桩端的持力层,建议桩端宜进入 2 ~ 3 倍桩径深度的微风化岩体内。设计桩长 50m,桩端高程 - 4.475m,桩端以下勘探钻孔深度不足,建议调整桩长,在保证桩基承载力要求的前提下,选择高程 0m 处微风化岩体作为桩端持力层。

塔墩处第四系覆盖层厚度较大,桩基施工时,将存在卵石及与强风化岩体交界部位施工涌水、涌砂的问题,可能造成成桩困难,建议选择合理工法和成桩工艺。

塔墩承台底高程 45.525m,埋深 6.6 ~ 6.9m,地下水位受江水影响明显,承台基底为

含粉土砂卵石土(④-2-1)为强透水,存在基坑涌水及坑壁稳定问题,建议枯水期施工,基坑宜缓坡开挖,同时做好降水和防护措施。

2)北塔墩

北塔墩位于长江一级阶地上,地形平缓,交通便利,施工条件便利。长江岸坡现状稳定,塔墩范围内无不良地质作用,工程地质条件较好。

北塔墩桩基建议选择罗镜滩组第一段(K_2l^1)微风化化岩体作为桩端的持力层,建议桩端嵌入微风化岩体内2~3倍桩径深度。拟采用桩长50m,桩端高程-4.475m,桩端以下勘探钻孔控制深度不足,建议调整桩长,在保证桩基承载力要求的前提下,选择高程-5m处微风化岩体作为桩端持力层。

北塔墩处第四系覆盖层厚度较大,其中砂卵砾石土为强透水层,且与江水存在水力联系,桩基施工时,将存在卵石及与强风化岩体交界部位施工涌水、涌砂的问题,可能造成成桩困难,建议选择合理工法和成桩工艺。

塔墩承台底高程45.525m,埋深6.84~7.30m,地下水位受江水影响明显。基坑部位以人工杂填土和含淤泥质粉质黏土(②-1)为主,杂填土以中~强透水为主,含淤泥质粉质黏土(②-1)微透水,存在基坑涌水风险和坑壁稳定问题,建议枯水期施工、基坑宜缓坡开挖,同时做好降水和防护措施。

八、结论及建议

1. 结论

(1)根据《公路工程地质勘察规范》(JTG C20—2011)附录K的标准,地下水对混凝土、混凝土结构中钢筋、钢结构具有微腐蚀性;场地土对南重力式锚碇混凝土结构具有微腐蚀性,对钢筋混凝土结构中的钢筋具有微腐蚀性。

(2)工程区内未见不良地质体发育,亦不具备诱发大的滑坡、泥石流及崩塌等不良地质现象发育条件,环境地质条件较好。场地内基岩埋深较浅,微风化砾岩承载力高,可以作为桩端持力层。在满足桩基承载力要求的前提下,南塔墩建议桩端高程0m,北塔墩建议桩端高程-5m。

2. 建议

(1)建议选择微风化砾岩作为桩端持力层,并应嵌入微风化岩体内2~3倍桩径深度,北塔墩建议选择高程0m以下微风化岩体作为持力层。

(2)南、北塔墩承台基坑地下水受降水影响明显,存在基坑涌水和侧壁稳定问题,建议枯水期施工,基坑宜缓坡开挖,同时做好降水和防护措施。

(3)微风化岩体内局部软弱夹层分布相对密集且不连续,地质建议桩基施工时,详细查明持力层范围软弱夹层内发育情况,以避开软弱夹层相对密集带,动态调整桩端持力层。

第二节 重力式锚碇工程地质分析

一、主要工作内容

重力式锚碇区域的详勘阶段，在前期工作基础上，采用小口径钻探、钻孔声波测试钻孔原位测试及室内试验等综合勘察手段，详细查明了重力式锚碇部位的工程地质条件和工程地质问题，详细工作量列于表5-2-8中。勘察工作精度满足工程本阶段技术要求。勘察说明综合了初、详勘阶段的勘察成果资料，可作为施工图设计阶段设计文件编制的依据。

伍家岗长江大桥工程重力式锚碇部位勘察工作量一览表　　　表5-2-8

序号	工作内容	工作项目	单位	初勘	详勘	合计	备注
1	工程测量	配合地质测量	组日	8	30	38	
		钻孔测量定位	孔	8	30	38	
		断面测量	km/条	0.52/4	0.42/5	0.94/9	
2	工程地质	资料搜集	组日	3	3	6	
		工程地质调绘（1:2000）	km²	0.03	0.03	0.06	
		工程地质测绘（1:500）	km²	0.02	0.02	0.04	
		断面测绘	km	0.52	0.42	0.94	
		钻孔编录	孔	4	15	19	
3	勘探	小口径钻孔	m/孔	231.75/5	511.4/15	783.15/20	含详勘抽水试验钻孔88.4m/5孔
		竖井	m	—	17.7	17.7	
4	物探	钻孔数字彩电	m/孔	—	7.1/1	7.1/1	
		单孔声波测试	m/孔	—	90.4/3	90.4/3	
5	取样	原状土样	组	16	7	23	
		扰动样	组	14	—	14	
		岩样	块/组	12/4	9/4	21/8	
		水样	组	2	1	3	
6	原位测试	标准贯入试验	次	16	10	26	
		重Ⅱ型动力触探	次	38	24	62	
		超重型动力触探	次	—	31	31	
		现场筛分试验	段	—	5	5	
		现场重度试验	组	—	2	2	
		现场载荷试验	点/组	—	3/1	3/1	
		单孔抽水试验	段/组	1/1	2/1	3/2	
		多孔抽水试验	段/组	—	6/2	6/2	

续上表

序号	工作内容	工作项目		单位	初勘	详勘	合计	备注
6	原位测试	注水试验		段/孔	1/1	—	1/1	
		压水试验		段/孔	3/1	—	3/1	
7	室内试验	常规土工试验		组	50	30	80	
		颗分试验		组	37	8	45	
		土的腐蚀性		组	2	—	2	
		渗透试验		件	3	—	3	
		压缩	常规	件	26	31	57	
		直剪	快剪	组	9	26	25	
			固快	组	18	2	20	
		无侧限抗压		件	3	—	3	
		岩块抗压		组	23	67	90	
		岩石单轴压缩变形		组	3	3	6	
		岩石抗拉		组	2	—	2	
		水质分析		组	2	1	3	

二、基本地质条件

1. 地形地貌

南岸重力式锚碇处于长江二级阶地之上,南靠丘陵山地,北临长江。重力式锚碇部位地形平坦,地面高程69.5～70.5m,现状多为耕地,局部分布有小型水塘。

南岸重力式锚碇临江侧为阶地缓坡,地形坡度5°～17°,近江部位地形较陡,局部地形坡度约为42°。重力式锚碇直径85m,南侧边界距丘陵山体侧约200m,北侧边界距长江江边约330m,如图5-2-3所示。

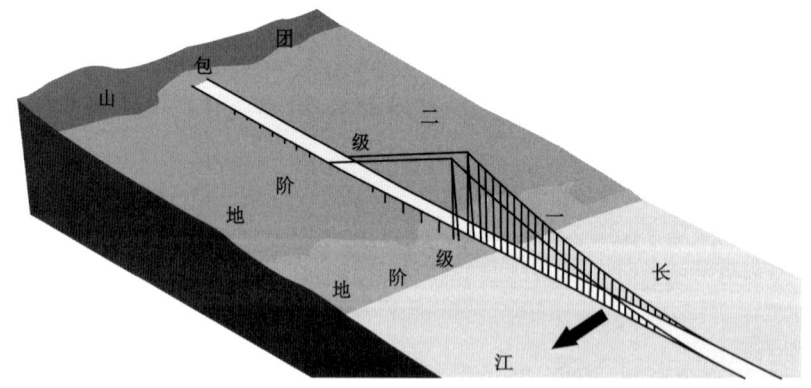

图5-2-3 南岸三维地形示意图

2. 地层岩性

地表测绘和勘探钻孔揭露,南岸重力式锚碇部位覆盖层主要为第四系全新统的人工堆积层(Q_4^s)和上更新统的洪、坡积层(Q_3^{pl+dl})等,出露基岩为白垩系上统罗镜滩组(K_2l)地层,各地层岩性从新至老分述如下。

1)第四系

①-2层:全新统人工堆积层(Q_4^s)素填土,粉质黏土、含少量碎块石及砾石,呈可塑状;主要分布于南侧柑橘地表部,本层厚度2.9~5.4m。

④-1层:上更新统洪、坡积层(Q_3^{pl+dl})粉质黏土,褐黄色,呈可塑~硬塑状,稍湿,土体内多见细砂团块,多见灰黑色铁锰质结核,偶含砾石;本层厚2.0~7.8m,层底高程61.0~65.6m。

④-2-1层:上更新统洪、坡积层(Q_3^{pl+dl})含粉土卵砾石土,总体呈中密状,少量呈稍密状。卵石含量50%~60%,粒径一般为3~17cm;砾石含量5%~20%,漂石含量5%~10%、粒径一般为20~32cm,多呈扁长亚圆状,原岩成分较杂,为深灰色玄武岩、灰白色石英岩、灰黑色变质岩等;漂卵砾石间主要充填灰黄色粉土及少量中粗砂(含量约20%)。本层厚度一般厚3.5~9.2m,局部仅厚0.5m,层底高程56.20~60.6m。

④-2-2层:上更新统洪、坡积层(Q_3^{pl+dl})含中粗砂卵砾石,总体呈中密状,少量呈稍密状。卵石含量70%~80%、粒径一般为3~15cm;砾石含量小于5%,下部偶含漂石、粒径一般为20~48cm,多呈扁长亚圆状,原岩成分较杂,为深灰色玄武岩、灰白色石英岩、灰黑色变质岩等;漂卵砾石间主要充填中粗砂(含量15%~25%)。本层厚度5.2~20.6m,层底高程38.2~52.9m。

2)基岩

基岩为白垩系上统罗镜滩组(K_2l)的杂色中厚至厚层状砾岩夹砂砾岩及薄层状砂岩,砾岩中砾石含量约60%,呈亚圆状~次棱角状,粒径一般为0.5~2cm,颜色较杂,成分以砂岩、白云岩、玄武岩及凝灰岩为主。主要为基底式胶结,亦可见部分接触式胶结,以泥钙质胶结为主,局部为钙泥质胶结。

3.地质构造

南岸锚碇区处于黄陵背斜与江汉坳陷间的宜昌单斜凹陷的西缘,岩层总体倾向105°~120°,倾角6°~8°。岩层走向与长江流向呈小角度斜交,缓倾北岸。区内地层受构造变动轻微,主要构造形迹为裂隙性断层和裂隙,但均不发育。

4.岩石风化

岩体长期暴露于地表上,在各种风化营力的综合作用下,其结构、构造、矿物成分、物理力学性质产生了不同程度的改变,使其岩体表部形成有一定厚度的风化壳岩体。南岸重力式锚碇下伏基岩分为强风化、中风化及微风化等三个风化带。各风化带基本特征见表5-2-9。

南岸重力式锚碇钻孔揭露岩体风化统计一览表　　　　　　　　　　表5-2-9

孔号	孔口高程(m)	孔深(m)	覆盖层厚度(m)	强风化		中风化	
				厚度(m)	底板高程(m)	厚度(m)	底板高程(m)
CZK1	69.43	50.5	26.60	2.80	40.03	15.30	24.70
CZK5	69.6	45.5	17.5	0	52.1	19.9	32.2

续上表

孔号	孔口高程（m）	孔深（m）	覆盖层厚度（m）	强风化		中风化	
				厚度(m)	底板高程(m)	厚度(m)	底板高程(m)
CZK6	72.1	45.4	24.3	2.1	45.7	7.1	38.6
CZK7	69.3	45.3	16.4	0	52.9	28.9	24.1
CZK8	73.0	45.1	22.15	0	50.8	20.7	30.2
XZK14	70.0	45.2	20.4	0	49.6	11.3	38.3
XZK15	72.2	40.1	22.3	0	49.9	11.5	38.4
XZK16	69.6	45.3	22.4	2.3	44.9	16.0	28.9
XZK18	72.0	35.3	22.8	1.2	48.0	11.3	36.7
XZK19	69.1	45.7	22.8	0	46.3	11.4	34.9
XZK20	69.3	45.1	25.5	2.3	41.5	12.1	29.4
XZK21	69.7	40.2	20.4	0	49.5	15.2	34.3
XZKB01	69.6	40.1	18.0	0	51.6	19.0	32.6
XZKB02	69.0	45.3	30.6	1.2	37.2	5.0	32.2
XZKB09	69.4	40.4	18.9	0	50.5	16.1	34.4

钻孔资料显示：强风化带钻孔揭露厚度 0.0～2.3m，呈不连续状；中风化带钻孔揭露厚度 5.0～28.9m。

5. 水文地质

1) 地表水与地下水

（1）地表水径流条件及地下水关系。

桥位区两岸总体为向长江倾斜的地形，长江为区内地表水流的汇集和排泄通道，大气降雨大部顺坡汇入人工沟渠及城市管网排泄长江，仅少部分入渗地下成为第四系孔隙水、基岩裂隙水，并最终以地下水径流形式排泄入长江。

钻孔地下水位和江水水位长期观测资料显示：①重力式锚碇部位地下水位较稳定，但表现出与季节有一定的相关性，雨季地下水位稍高，冬季地下水位略低，但整体波动不大，地下水高程维持在 59.0～60.5m 之间，受外界补、排影响不大；②长江水基本处于高程 37～44m 之间，水位变化主要受上游电站调节影响，其次为降雨的影响；③地下水位明显高于同期长江水位，最大高差约 21.5m，最小高差 15.5m。南岸重力式锚碇部位基坑基底高程 55.3m，基坑抽水以使地下水位降至基底以下 1m（高程 54.3m）。地下水位明显高于历史最高江水位，因此，基坑开挖和抽水降水不会发生江水向基坑渗流的情况。

（2）地下水类型。

工程区地下水按赋存条件可分为第四系孔隙潜水和基岩裂隙水。

第四系孔隙潜水：主要赋存于④-2-1 层含粉土卵石和④-2-2 层含中粗砂卵石中，属强透水层，地下水较丰富，受大气降水、地表水、外界地下水补给。前期地下水监测资料显示，南岸重力式锚碇部位地下水较为稳定，天然条件下受外界补、排影响不大。

基岩裂隙水：主要赋存于风化较强的基岩风化裂隙中，以弱透水为主，地下水不丰富，且循环较弱。

根据《宜昌市伍家岗长江大桥江南重力式锚碇多孔抽水试验报告》，重力式锚碇区所处场地在平面上顺江向两侧呈近似无限的透(含)水边界、垂江向南侧为隔水边界、北侧为中等透水的水文地质结构，在垂向上具隔-含(透)-隔水的三层水文地质结构；地下水主要赋存于覆盖层中下部卵石层含水层中，地下水位较稳定，且明显高于江水位，地下水较丰富，天然条件下受外界补、排影响不大；地下水渗流方向总体呈近垂直长江岸线方向并流向长江，地下水渗流缓慢。

2) 岩(土)体渗透性
(1) 土体的渗透性。

为了进行重力式锚碇开挖施工方案比选，受宜昌市城市桥梁建设投资有限公司委托，开展了重力式锚碇范围内多孔抽水专项试验。依据《宜昌市伍家岗长江大桥江南重力式锚碇多孔抽水试验报告》，基坑主要含水层以卵石(④-2-1和④-2-2)为主、透水性较强，建议综合渗透系数取 5.0×10^{-2} cm/s。

(2) 岩石的渗透性。

为查明岩体的渗透性，于临江工点钻孔内进行压水试验。试验严格按照《水利水电工程钻孔压水试验规程》(SL 31—2003)进行，其试验成果见表5-2-10。

钻孔压水试验成果统计表 表5-2-10

地层时代	岩性	风化状态	试验段数	透水率 q(Lu) 区间值	透水率 q(Lu) 平均值	渗透性等级
$K_2 l$	砾岩	中风化	4	0.59~0.68	0.63	微透水
$K_2 l$	砾岩	微风化	3	0.49~0.59	0.53	微透水
$K_2 l^1$	砾岩	微风化	6	0.48~0.54	0.51	微透水

试验成果表明：中等~微风化钙泥质、泥钙质砾岩总体以微透水为主。

(3) 岩(土)体的渗透性参数。

根据各类试验成果，结合重力式锚碇区内各土体特征，并类比有关工程经验，提出渗透性建议值，见表5-2-11。

各主要岩(土)体的渗透性建议值表 表5-2-11

地层时代	岩土名称	渗透性建议值 K(cm/s)	渗透性建议值 透水率 q(Lu)	渗透性等级
Q_3^{pl+dl}	④-1 粉质黏土	$i \times 10^{-6} \sim i \times 10^{-7}$	—	微~极微透水
Q_3^{pl+dl}	④-2-1 含粉土砂卵砾石	$i \times 10^{-1} \sim i \times 10^{-2}$	—	强透水
Q_3^{pl+dl}	④-2-2 含中粗砂卵砾石	$i \times 10^{-0} \sim i \times 10^{-1}$	—	强透水
Q_3^{pl+dl}	④-2-1和④-2-2综合渗透系数	5.0×10^{-2}	—	强透水
$K_2 l$	强风化钙泥质、泥钙质砾岩	—	$1 < q < 3$	弱透水
$K_2 l$	中风化钙泥质、泥钙质砾岩	—	$0.1 < q < 1$	微透水
$K_2 l$	微风化钙泥质、泥钙质砾岩	—	$0.1 < q < 1$	微透水

6. 不良地质现象

重力式锚碇位于长江二级阶地平台之上,地形平缓,临江侧地形坡度一般小于20°。南侧山丘高程较低,植被茂盛,现状稳定。因此,工程区内未见不良地质体发育,亦不具备诱发大的滑坡、泥石流及崩塌等不良地质现象发育条件。

三、岩(土)体的物理力学性质

1. 原位测试

本次勘察分别进行标准贯入试验27段、重Ⅱ型动力触探($N_{63.5}$)原位试验50段、超重型动力触探(N_{120})原位试验21段,试验严格按照相关规程进行现场操作。

统计结果显示:④-1粉质黏土标准贯入试验击数一般4~18击,总体呈可塑状~硬塑状;④-2-1砂卵砾石重Ⅱ型动力触探($N_{63.5}$)和超重型动力触探(N_{120})分别为10.0~20.0击、5.67~11.17击,总体呈中密状,少量呈稍密状;④-2-2砂卵砾石重Ⅱ型动力触探($N_{63.5}$)和超重型动力触探(N_{120})分别为10.0~22.0击、5~10击,总体呈中密状,少量呈稍密状。

2. 岩体地球物理特性

勘察工程中分别在南、北主墩选择部分钻孔进行了钻孔声波测试,共150m/6孔。根据钻孔揭示的风化岩体所对应声波测试结果见表5-2-12。

钻孔声波测试结果统计表 表5-2-12

岩性代号	岩 性	风化等级	频 数	岩体声波波速 v_p(m/s) 分布区间	平均值
K_2l^1	砾岩夹砂砾岩、砂岩	强风化	12	2564~4167	3154
		中风化	85	3077~4808	4160
		微风化	85	3846~4938	4446

统计结果显示:强风化带声波平均值为3154m/s,中风化带声波平均值为4160m/s,微风化带岩体声波平均值为4446m/s。

3. 岩(土)体的物理力学参数建议值

依据原位试验、物探试验和室内试验成果,并考虑试验样品与整体土层差异,结合有关规程、规范,并类比工程区附近工程的经验值,提出土、岩体的物理力学参数建议值,见表5-2-13和表5-2-14。

土的物理力学参数建议值表 表5-2-13

地层年代	岩性	孔隙比 e	液限指数 IL	压缩模量 MPa	压缩系数 MPa^{-1}	抗剪强度 凝聚力 c(kPa)	抗剪强度 内摩擦角 φ(°)	地基承载力基本容许值 kPa	桩侧土的摩阻力标准值 kPa	基底摩擦系数
Q_3^{pl+dl}	④-1粉质黏土	0.80	0.70	6.5	0.25	25	17	200	65~70	0.25

续上表

地层年代	岩性	孔隙比 e	液限指数 I_L	压缩模量 MPa	压缩系数 MPa^{-1}	抗剪强度 凝聚力 c(kPa)	抗剪强度 内摩擦角 φ(°)	地基承载力基本容许值 kPa	桩侧土的摩阻力标准值 kPa	基底摩擦系数
Q_3^{pl+dl}	④-2-1 含粉土砂卵砾石土	—	—	25(E_0)	—	0	28	300	120~140	0.35~0.45
	④-2-2 含中粗砂卵砾石土	—	—	30(E_0)	—	0	30	400	140~160	0.40~0.50

注:1. 孔隙比、液限指数、压缩模量和压缩系数、抗剪强度等参数建议值主要依据原位试验和室内试验成果,考虑土的状态,类比工程区附近工程的经验值,综合确定。
2. 地基承载力基本容许值和桩侧土的摩阻力标准值,以土的孔隙比、液限指数、压缩模量和压缩系数、抗剪强度等参数建议值为基础,考虑土的状态,依据《公路桥涵地基与基础设计规范》(JTG D63—2007)确定。
3. E_0 为变形模量。

岩(石)体力学参数建议值表　　　　表5-2-14

地层年代	岩石名称	风化状态	饱和单轴抗压强度 MPa	抗剪强度 摩擦系数 f'	抗剪强度 黏聚力 c'(MPa)	变形模量 GPa	地基承载力基本容许值	基底摩擦系数
K_2l^1	细砂岩	微风化	5~6	0.45	0.3	0.8~1.0	0.6	0.40~0.45
	砾岩、砂砾岩	中风化	5~8	0.50~0.65	0.30~0.40	1.35~1.7	0.8~1.0	0.45~0.50
		微风化	10~13	0.60~0.70	0.35~0.50	1.5~2.0	1.2	0.45~0.60

注:1. 饱和单轴抗压强度、变形模量、岩体抗剪断强度、岩体/混凝土接触面抗剪断强度等参数建议值主要依据原位试验和室内试验成果,考虑岩体的风化状态和完整程度,类比工程区附近工程的经验值,综合确定。
2. 地基承载力基本容许值以岩石坚硬程度(以岩石饱和单轴抗压强度参数建议值为基础判定)和节理发育程度(以岩体的风化状态和完整程度为基础判定),依据《公路桥涵地基与基础设计规范》(JTG D63—2007)确定。

四、场地岩土工程条件评价

1. 岩土体特性评价

根据勘察结果,结合区内岩土工程条件及工程特点,场地地基岩土的工程特性评价如下:

(1) 全新统人工堆积层(Q_4^s)素填土:粉质黏土、含少量碎块石及砾石,厚2.9~5.4m,分布不连续,物质成分不均一,主要分布于南侧柑橘地表部,承载力低。

(2) 上更新统洪、坡积层(Q_3^{pl+dl})粉质黏土:厚2.0~7.8m,总体呈可塑状~硬塑状,多见灰黑色铁锰质结核,偶含砾石。整体发育连续,但厚度不均一,压缩性大,承载力低。

(3) 上更新统洪、坡积层(Q_3^{pl+dl})含粉土砂卵砾石土:厚3.5~9.2m,局部仅厚0.5m,总体呈中密状,少量呈稍密状。整体发育连续,均匀性差,颗分显示为不良级配土。

(4) 上更新统洪、坡积层(Q_3^{pl+dl})含中粗砂卵砾石:厚5.2~20.6m,总体呈中密状,少量呈稍密状。发育连续,厚度较大,但薄厚不均,颗分显示为不良级配土。

(5) 微风化砂岩：力学强偏低，遇水软化，发育不连续，多呈透镜体发育。

(6) 强风化砾岩、砂砾岩：厚度薄且分布不连续，受风化影响，力学强度差异大，均一性稍差。

(7) 中风化砾岩、砂砾岩：厚度较大，分布连续，力学强度尚可，为较均匀地基。

(8) 微风化砾岩、砂砾岩：厚度大，分布连续，力学强度较高，为均匀地基。

2. 地基均匀性评价

重力式锚碇部位覆盖层厚度 16.0~31.0m，基岩面高程 38.2~52.9m，呈东南侧较低，其余方向稍高的"簸箕"状；强风化岩体发育不连续，中风化岩体厚度差异大；岩性有砾岩、砂砾岩和砂岩，与砾岩、砂砾岩强度相比存在一定差异。综上所述，第四系薄厚不均，基岩物理力学性质存在一定差异，总体为不均匀地基。

3. 水、土的腐蚀性评价

1) 水的腐蚀性

在南锚碇附近水井 W1、W2 各取一组水样进行了室内水质简分析试验，根据《公路工程地质勘察规范》(JTG C20—2011) 附录 K 判定地下水对混凝土、混凝土结构中钢筋、钢结构的腐蚀性。根据试验结果，作出如下判定：①按Ⅲ环境类型水判断，南锚碇地下水对混凝土结构具有微腐蚀性；②按地层渗透性在弱透水土层或直接临水情况下，对混凝土结构具有微腐蚀性；③在长期浸水及干湿交替情况下，对混凝土结构中的钢筋具有微腐蚀性。

2) 土的腐蚀性

在南锚碇附近相同土层内取一组土样进行了土的腐蚀性试验，根据《公路工程地质勘察规范》(JTG C20—2011) 附录 K 的标准评价，对混凝土结构腐蚀性评价的环境类型应为Ⅲ类、对钢筋混凝土结构中钢筋的腐蚀性按 B 类考虑。

综上所述，土对南重力式锚碇混凝土结构均具有微腐蚀性，对钢筋混凝土结构中的钢筋具有微腐蚀性。

五、场地稳定性与工程建设适宜性评价

依据《市政工程勘察规范》(CJJ 56—2012) 有关规定，本工程重要性等级为一级工程，场地复杂程度等级为简单，岩土条件复杂程度等级为简单，岩土勘察等级为甲级。

1. 工程场地稳定性评价

桥址区处于江汉坳陷与上扬子台褶皱带接壤部位，新构造运动微弱，并趋于稳定；桥址区所在的宜昌断凹为单斜构造，构造变形轻微，无区域性大断裂通过；近场区 25km 半径范围内，发育的天阳坪-监利断裂最近处距桥位约 19km。根据《中国地震动参数区划图》(GB 18306—2015)，工程场址区 50 年超越概率 10% 时，地震动峰值加速度为 $0.05g$，地震动反应谱特征周期为 $0.35s$；地震基本烈度为 6 度。因此，场地区域构造稳定条件好。

重力式锚碇位于长江二级阶地，地形平缓，以北为丘陵地貌，地形坡度一般为 15°~

20°,基岩为白垩系上统罗镜滩组(K_2l)的杂色砾岩夹砂砾岩及细砂岩透镜体,岩体内断层、裂隙不发育。区内不具备诱发大的不良地质问题的条件,无影响工程成立的重大环境地质问题,总体场地稳定条件较好。

总体来看,场地区域构造稳定条件好、无动力地质作用的破坏影响;属对建筑抗震不利、地质灾害危险性小的地段;依据《城乡规划工程地质勘察规范》(CJJ 57—2012)第8.2节规定,场地稳定性类型属基本稳定场地。

2. 工程建设适宜性评价

重力式锚碇地处长江二级阶地平台,地形平缓,表层为零星第四系(Q_4^s)人工素填土,下层为上更新统洪、坡积层(Q_3^{el+pl})的粉质黏土、含粉土砂卵砾石土和含中粗砂卵砾石土,总厚度11.0~30.5m。下伏基岩为白垩系上统罗镜滩组(K_2l)的杂色砾岩夹砂砾岩及砂岩透镜体。区内总体为向长江倾斜的地形,地表水排泄条件较好;重力式锚碇地下水明显高于江水位,基坑底高程高于历史最高水位。

结合前述桥址区场地稳定性类别为基本稳定场地;地表排水条件良好,地下水对工程基本无影响;相应的地基条件和施工条件较好,工程建设可能诱发次生地质灾害可采取一般的工程防护措施解决。

依据《城乡规划工程地质勘察规范》(CJJ 57—2012)第8.2节相关规定,工程建设适宜性定性评价为较适宜。

六、工程地质条件评价

1. 持力层的选择

锚碇处覆盖层厚度较大,上部的素填土、粉质黏土容许承载力为60~180kPa,压缩模量为6.0MPa,压缩性大,承载力低,不能作为重力式锚碇基础持力层。

④-2-1含粉土卵砾石层厚度较薄,且厚薄不均,局部厚0.5m,整卵石含量偏低(约53.0%),变形模量25MPa,容许承载力300kPa,综上所述,本层承载力较低,均匀性差,不宜作为重力式锚碇基础的持力层。

④-2-2含中粗砂卵砾石层厚度大,根据竖井中平板载荷试验,承载力允许值为0.58MPa,平均变形模量为0.044GPa,综合考虑原位试验、颗分结果和地质条件等因素的影响,本层变形模量建议值为30MPa,容许承载力建议值为400kPa。本层在满足重力式锚碇沉降控制要求情况下,可以作为基础的持力层。

强风化砾岩、砂砾岩厚度薄且分布不连续,均一性差,且不便利用,不建议该层作为持力层。中风化或微风化岩体整体好,饱和单轴抗压强度为5~13MPa,岩体变形模量为1.35~2.0GPa,地基承载力基本容许值为0.8~2.0MPa,本层承载力较高,变形模量较大,厚度均匀,适宜作为重力式锚碇基础持力层。

关于锚碇基础持力层的选择,实际上是位于经过基地注浆处理的砂卵石层上,通过科研课题论证了砂卵石层作为持力层的选择可行性。

2. 工程地质条件评价

锚碇位于长江二级阶地上,地形平缓,地质构造不发育,覆盖层厚度大、地下水浅埋,储量丰富,但不存在有长江水有补给地下水情况,整体工程地质条件较好。

设计拟采用④-2-2含中粗砂卵砾石作为持力层,基底面高程55.3m。该层承载力可基本满足承载力要求,但属于不均匀地基。其不均匀性表现为:①厚度差异性大,基底下本层厚度为4.5~17.5m;②物质成分含量不均一,不均匀系数多大于500,曲率系数C_c多大于20,表明缺少中间粒组,各粒组间孔隙的连续充填效应降低,属于级配不良碎石土;③密实状态差异性大。重力触探试验显示,该层密实状态总体呈中密状,少量呈稍密状,表现为空间向的差异性,即竖直向和同一高程不同位置的密实状态的差异。

重力式锚碇为大偏心结构,持力层含水量丰富,属于级配不良碎石土,不均匀土地基,在长期荷载下,沉降不均,对重力式锚碇长期稳定不利。建议对持力层进行地基处理,以提高承载力和减少地基不均匀沉降的影响。

七、结论及建议

1. 结论

(1)工程区内未见不良地质体发育,亦不具备诱发大的滑坡、泥石流及崩塌等不良地质现象发育条件,环境地质条件较好。

(2)结构中钢筋、钢结构具有微腐蚀性;场地土对南重力式锚碇混凝土结构均具微腐蚀性,对钢筋混凝土结构中的钢筋具有微腐蚀性。

(3)南岸重力式锚碇部位基坑基底高程55.3m,基坑抽水以地下水位降至基底以下1m(高程54.3m),地下水明显高于历史最高江水位,基坑开挖和抽水降水不会发生江水向基坑渗流的情况。

(4)锚碇位于长江二级阶地上,地形平缓,地质构造不发育,覆盖层厚度大、地下水浅埋,不存在有长江水有补给地下水情况。

(5)④-2-2含中粗砂卵砾石层承载力可基本满足要求,但级配不良,厚度变化较大,为不均匀地基。

2. 建议

(1)重力式锚碇为大偏心结构,利用的④-2-2含中粗砂卵砾石层为不均匀地基,对重力式锚碇长期稳定不利。建议对持力层进行地基处理,以提高承载力和减少地基不均匀沉降的影响。

(2)重力式锚碇基坑开挖深度约15m,为深基坑工程,开挖面积较大,且地下水储量丰富,存在基坑边坡稳定问题。基坑水位降至高程54.53m时,涌水量Q为5634.56m^3/d,建议采用有效降水或止水措施,基坑边坡应分级开挖,粉质黏土建议坡比为1:1.5,砂卵石建议坡比为1:1,地下水位以下砂卵石建议坡比为1:1.25。

第三节　隧道式锚碇工程地质分析

一、主要工作内容

隧道式锚碇的详勘阶段在前期工作基础上，采用勘探平洞、小口径钻探、钻孔声波测试、数字电视录像、大型岩体原位试验和室内试验等综合勘察手段详细查明了北岸隧道式锚碇的工程地质条件和工程地质问题，勘探工作量详见表5-2-15。勘察精度满足工程本阶段技术要求。本次勘察综合了初、详勘阶段的勘察成果资料，可作为施工图设计阶段设计文件编制的依据。

隧道式锚碇勘察工作量统计表　　　　　表5-2-15

序号	工作内容	工作项目		单位	初勘完成数量	详勘完成数量	合计
1	工程测量	配合地质测量		组日	16	20	36
		钻孔测量定位		次/孔	16/8	20/10	36/18
		断面测量		km/条	1.06/5	0.877/4	1.937/9
2	工程地质	资料搜集		组日	3	3	6
		工程地质调绘（1:2000）		km²	0.06	0.06	0.12
		工程地质测绘（1:500）		km²	0.015	0.015	0.03
		断面测绘		km	1.06	0.877	1.937
		钻孔编录		孔	8	10	18
		专题研究		项	1	—	1
3	勘探	小口径钻孔		m/孔	708.03/8	804.4/10	1512.43/18
		勘探斜平洞		m	—	95.5	95.5
4	物探	钻孔数字彩电		m/孔	99/1	70/2	169/3
		跨孔声波		m/孔	536/4	160/2	696/6
		单孔声波测试		m/孔	99.1/1	379.2/5	478.3/6
5	取样	原状土样		组	6	—	6
		岩样		块/组	94/8	39/7	133/15
6	原位测试	重Ⅱ型动力触探		次	4	9	13
		压水试验		段/孔	17/2	35/2	52/4
7	室内试验	压缩	常规	件	19	22	41
		直剪	快剪	组	8	22	30
			固快	组	12	—	12
		无侧限抗压		件	2	—	2
		岩块抗压		组	60	64	124
		岩石单轴压缩变形		组	7	5	12

续上表

序号	工作内容	工作项目	单位	初勘完成数量	详勘完成数量	合计
7	室内试验	岩石抗剪（直剪、饱和抗剪）	组	—	6	6
		岩石抗拉	组	6	5	11
		岩石三轴变形	组	7	11	18
		水质分析	组	1	—	1

二、基本地质条件

1. 地层岩性

根据地表测绘和勘探钻孔揭露，工程区内覆盖层与工程相关的主要为第四系全新统残坡积层（Q_4^{edl}），出露基岩为白垩系上统罗镜滩组（K_2l）地层。

具体地层岩性详见本书第五篇第六章中的相关内容，此处从略。

2. 地质构造

工程区处于黄陵背斜与江汉坳陷间的宜昌单斜凹陷的西缘，地层总体近水平，产状倾向 SE125°~143°、倾角 4°~7°，岩体内构造不发育，未见断层和裂隙。

3. 岩石风化

岩体长期暴露于地表上，在各种风化营力的综合作用下，其结构、构造、矿物成分、物理力学性质产生了不同程度的改变，使其岩体表部形成有一定厚度的风化壳岩体。根据岩体的风化程度，南、北主塔墩岩体分为强风化、中风化和微风化三个风化带，隧道式锚碇部位钻孔揭露的岩体风化情况详见表5-2-16。

隧道式锚碇部位钻孔揭露岩体风化统计一览表　　　表5-2-16

阶段	孔号	孔深（m）	孔口高程（m）	强风化 厚度(m)	强风化 下限高程(m)	中风化 厚度(m)	中风化 下限高程(m)
详勘	XZK30	25.5	65.46	12.9	52.56	—	—
	XZK31	115.1	76.2	14.65	61.40	23.6	37.80
	XZK32	110.3	82.82	8.0	74.82	31.3	43.52
	XZK33	115.1	70.18	12.9	61.8	33	40.7
	XZK34	115.1	83.1	20.6	62.5	21.1	41.4
	XZK36	40.5	70.83	14.3	55.53	—	—
	XZK37	125.3	90.22	16.75	73.47	23.3	46.22
	XZK38	96.7	69.05	2.5	65.55	4.9	56.45
	XZKB04	30.60	67.84	17.0	50.84	10.8	40.04
	XZKB05	30.20	69.59	18.0	51.59	6.5	45.09
初勘	CZK19	67.76	50.36	17.2	50.56	20	30.56
	CZK22	90.2	72.32	7.8	64.02	11.7	52.32

续上表

阶段	孔号	孔深（m）	孔口高程（m）	强风化		中风化	
				厚度(m)	下限高程(m)	厚度(m)	下限高程(m)
初勘	CZK23	85.3	71.02	7.8	63.22	38.8	27.52
	CZK24	100.49	89.08	11.6	77.48	33.7	43.78
	CZK25	100.48	91.19	9.25	81.74	31.15	50.59
	CZK26	100.46	80.91	11.2	68.72	10.8	57.91
	CZK27	95.28	86.75	24.3	62.45	29	33.45
	CZK28	85.46	84.78	9.9	73.88	24.5	49.38

隧道式锚碇范围内岩体强风化带厚 2.5～24.3m，下限高程 50.6～81.7m，中风化带钻孔揭露厚度为 4.9～38.8m，下限高程 27.5～57.9m。

4．水文地质

1）地表水与地下水

（1）地表水径流条件。

场内地形为向长江倾斜的地形，长江为区内地表水流的汇集和排泄通道，大气降雨大部顺坡汇入长江，仅少部分入渗地下成为第四系孔隙水、基岩裂隙水。

（2）地下水类型。

工程区地下水主要为基岩裂隙水，主要赋存于风化较强的基岩风化裂隙中，以弱透水为主；地下水不丰富，且循环较弱。勘探斜洞仅在强风带见有少量渗水，其余部位未见有渗水点。

2）岩（土）体渗透性

初勘阶段分别在钻孔内进行压水试验。试验严格按照《水利水电工程钻孔压水试验规程》（SL 31—2003）进行，试验结果表明：工程区内中等～微风化钙泥质、泥钙质砾岩总体以微透水为主。根据压水试验结果，并结合隧道式锚碇范围内各土体特征，类比有关工程经验，提出渗透性建议值，详见表 5-2-17。

各主要岩（土）体的渗透性建议值　　　　　　　　　　　　　　　表 5-2-17

地层时代	岩土名称	渗透性建议值		渗透性等级
		渗透系数 K(cm/s)	透水率 q(Lu)	
Q_4^{edl}	含砾粉土	$i\times10^{-2}\sim i\times10^{-4}$	—	中等透水
K_2l	强风化砾岩、砂砾岩	—	$1<q<3$	弱透水
	中风化砾岩、砂砾岩	—	$0.1<q<1$	微透水
	微风化砾岩、砂砾岩	—	$0.1<6<1$	微透水

5．不良地质现象

区域地形平缓，地形坡度一般小于 20°，基岩出露，岩体稳定，未见不良地质体，亦不具备诱发大的滑坡、泥石流及崩塌等不良地质现象发育条件。

三、岩土体物理力学性质及参数建议值

本部分内容详见本书第五篇第六章中的相关内容,此处从略。

四、场地岩土工程条件评价

1. 岩土体特性评价

根据勘察结果,结合区内岩土工程条件及工程特点,场地地基岩土的工程特性评价如下。

(1)含砾粉土:主要分布于隧道式锚碇所处山丘表层,厚度不大 1.0m,力学强度低,不能作为建筑物的持力层。

(2)疏松砂岩:强度低,多以透镜体分布于岩体内,力学强度低,遇水软化,不可作为建筑物持力层。

(3)粉细砂岩:力学强偏低,遇水软化,不宜作为建筑物基础持力层。

(4)强风化砾岩、砂砾岩:厚度差异大,力学强度不均一,不可作为建筑持力层。

(5)中风化砾岩、砂砾岩:力学强度尚可,可作为建筑持力层,但不宜作为锚碇的锚固岩体。

(6)微风化砾岩、砂砾岩:力学强度较高,宜作为建筑持力层,适宜作为锚碇的锚固岩体。

2. 水、土的腐蚀性评价

依据场区内水样和土样室内试验分析结果,根据《公路工程地质勘察规范》(JTG C20—2011)相关规定,场区地下水和土对混凝土、混凝土结构中钢筋、钢结构的腐蚀性为微腐蚀。

五、场地稳定性与工程建设适宜性评价

依据《市政工程勘察规范》(CJJ 56—2012)有关规定,本工程重要性等级为一级工程,场地复杂程度等级为简单,岩土条件复杂程度等级为简单,岩土勘察等级为甲级。

1. 工程场地稳定性评价

桥址区处于江汉坳陷与上扬子台褶皱带接壤部位,新构造运动微弱,并趋于稳定;桥址区所在的宜昌断凹为单斜构造,构造变形轻微,无区域性大断裂通过;近场区 25km 半径范围内,发育的天阳坪-监利断裂最近处距桥位约 19km。根据《中国地震动参数区划图》(GB 18306—2015),工程场址区 50 年超越概率 10% 时,地震动峰值加速度为 0.05g,地震动反应谱特征周期为 0.35s;地震基本烈度为 6 度。因此,场地区域构造稳定条件好。

以伍临路为界,伍临路南侧为长江一级阶地,地形平缓,以北为丘陵地貌,地形坡度一般为 15°~20°,基岩为白垩系上统罗镜滩组(K_2l)的杂色砾岩夹砂砾岩及疏松砂岩、细砂

岩透镜体,岩体内断层、裂隙不发育。区内不具备诱发大的不良地质问题的条件,无影响工程成立的重大环境地质问题,总体场地稳定条件较好。

总体来看,场地区域构造稳定条件好、无动力地质作用的破坏影响;属对建筑抗震有利、地质灾害危险性小的地段;依据《城乡规划工程地质勘察规范》(CJJ 57—2012)第8.2节规定,场地稳定性类型属稳定场地。

2. 工程建设适宜性评价

隧道式锚碇所处山丘地形坡度为15°~20°,表层为全新统坡积层(Q_4^{edl})的含砾粉土,厚度薄,多小于1.0m,出露基岩为白垩系上统罗镜滩组(K_2l)的杂色砾岩夹砂砾岩、含砾砂岩及疏松砂岩、细砂岩透镜体。区内总体为向长江倾斜的地形,地表水排泄条件较好;隧道式锚碇锚洞岩体未见地下水,地下水对工程建设影响小。

结合前述内容,桥址区场地稳定性类别为稳定场地;地表排水条件良好,地下水对工程基本无影响;相应的地基条件和施工条件较好,工程建设可能诱发次生地质灾害可采取一般的工程防护措施解决。

依据《城乡规划工程地质勘察规范》(CJJ 57—2012)第8.2节相关规定,工程建设适宜性定性评价为较适宜。

六、隧道式锚碇工程地质评价

1. 隧道式锚碇抗拔稳定性评价

隧道式锚碇抗拔稳定性主要通过室内1:40物理模型试验研究和现场1:12缩尺模型试验研究来进行评价,具体内容详见本书第二篇第六章中的相关内容,此处从略。

2. 隧道式锚碇散索鞍工程地质评价

散索鞍基础底高程46.3~54.5m,与水平夹角为30°,设计采用扩大基础。

散索鞍基础下部岩体为⑥-2、⑥-3和⑥-4地层,左幅建基面出露比例分别为19%、26%和55%,右幅建基面出露比例分别为52%、22%和26%。左幅强风下限高程为48.6~58.6m,右幅强风下限高程41.4~58.8m。

左幅强风化岩体出露面积比例为17%,右幅强风化岩体出露面积比例约为16%,强风岩体完整性较差,力学强度低,不宜作为散索鞍持力层。⑥-3泥质粉砂岩为软岩,强风风化泥质粉砂岩力学性差,在散索鞍长期荷载下,对散索鞍的长期稳定不利,建议增加加固措施。

3. 隧道式锚碇锚洞围岩质量分类

依据《公路工程地质勘察规范》(JTG C20—2011)中隧道围岩分级标准,岩体基本质量指标(BQ),应根据分级因素的定量指标饱和单轴抗压强度 R_c 的兆帕数值和完整性系数 K_v,按下式计算:

$$BQ = 100 + 3R_c + 250K_v \tag{5-2-1}$$

使用该式时,应遵守下列限制条件:

(1)当 $R_c > 90K_v + 30$ 时,应以 $R_c = 90K_v + 30$ 和 K_v 代入计算 BQ 值;

(2)当 $K_v > 0.04R_c + 0.4$ 时,应以 $K_v = 0.04R_c + 0.4$ 和 R_c 代入计算 BQ 值。

根据岩石饱和单轴抗压强度、岩体的完整性系数,以确定围岩基本质量等级。结合岩体物理力学性质试验成果及宏观地质判断,并结合《市政工程勘察规范》(CJJ 56—2012)附录 C 的相关规定,最终确定隧道式锚碇部位岩体的围岩基本质量等级。详细围岩基本质量等级见表 5-2-18。

隧道式锚碇锚洞围岩质量分类表　　　　表 5-2-18

部位	地层代号	主要工程地质特征	高程(m)	风化状态	饱和单轴抗压强度 R_c(MPa)	完整性系数 K_v	岩体基本质量指标 BQ	地下水情况	岩体基本质量等级
左幅	⑥-1	砂砾岩夹砂岩、泥质粉砂岩,局部易塌方,处理不当局部易产生大塌方	58.39～70.30	强风化	1～2	0.52	230～273	以裂隙水为主	V级为主,局部IV级
	⑥-2	砾岩、砂砾岩夹砂岩、泥质粉砂岩,局部顶部宜塌方	48.19～61.32	强风化、中风化	4～7	0.65	237.5～293.5	局部存在裂隙水	IV级为主,局部V级
	⑥-3	泥质粉砂岩,顶部无支护时产生塌方	46.74～52.73	微风化	2～3	0.69	278.5～281.5	无地下水	IV级
	⑥-4	砾岩夹砂砾岩砂岩泥质粉砂岩,顶部无支护时易产生塌方	30.32～50.77	微风化	9～11	0.76	311～320	无地下水	IV级为主,局部Ⅲ级
	⑥-5	砾岩、砂砾岩、砂岩互层,顶部无支护时产生塌方	20.86～32.39	微风化	8～9	0.83	337.5～343.5	无地下水	IV级为主,局部Ⅲ级
	⑦	砾岩夹砂岩,爆破震动过大易局部塌方	-11.906～23.72	微风化	15～17	0.92	375～381	无地下水	Ⅲ级
右幅	⑥-1	砂砾岩夹砂岩、泥质粉砂岩,局部易塌方,处理不当局部易产生大塌方	57.87～67.24	强风化	1～2	0.62	230～273	以裂隙水为主	V级为主,局部IV级
	⑥-2	砾岩、砂砾岩夹砂岩、泥质粉砂岩,局部顶部宜塌方	47.26～60.63	强风化、中风化	4～7	0.69	237.5～293.5	局部存在裂隙水	IV级为主,局部V级
	⑥-3	泥质粉砂岩,顶部无支护时易产生塌方	45.11～50.19	微风化	2～3	0.69	278.5～281.5	无地下水	IV级
	⑥-4	砾岩夹砂砾岩砂岩泥质粉砂岩,顶部无支护时产生塌方	28.94～48.04	微风化	9～11	0.76	311～320	无地下水	IV级为主,局部Ⅲ级
	⑥-5	砾岩、砂砾岩、砂岩互层,顶部无支护时产生塌方	18.91～31.86	微风化	8～9	0.83	337.5～343.5	无地下水	IV级为主,局部Ⅲ级
	⑦	砾岩夹砂岩,爆破震动过大易局部塌方	-11.906～21.79	微风化	15～17	0.92	375～381	无地下水	Ⅲ级

洞口段强风化岩体为Ⅴ级围岩,对隧道施工中的隧道洞室围岩稳定性和岩体变形有不利影响;锚塞体段主要微风化巨厚层状岩体中,主要为Ⅲ级围岩,少量Ⅳ级围岩,洞室围岩稳定性和成洞条件较好。

锚碇锚洞脸边坡为斜向坡,强风化岩体边坡稳定性稍差,须加强支护。锚洞施工过程中,应降低爆破施工对洞室围岩造成的影响,建议选用光面爆破进行施工,同时应及时施作支护和衬砌。

七、结论及建议

1. 结论

(1)工程区内未见不良地质体发育,亦不具备诱发大的滑坡、泥石流及崩塌等不良地质现象发育条件。

(2)勘探斜洞内,除强风化岩体局部渗水外,未见有其他渗水点,根据临近地下水试验结果和《公路工程地质勘察规范》(JTG C20—2011)相关规定,地下水对混凝土、混凝土结构中钢筋、钢结构具有微腐蚀性。

(3)依据《城乡规划工程地质勘察规范》(CJJ 57—2012)相关规定,场地稳定性类型属稳定场地,工程建设适宜性定性评价为较适宜。

(4)根据《宜昌市伍家岗长江大桥江北侧隧道式锚碇专题论证和研究成果报告》、现场1:12缩尺模型试验(超载稳定性系数约8)、室内1:40物理模型试验(超载稳定性系数约9)和数值模型计算分析(超载稳定性系数约12)结果,隧道式锚碇抗拔承载能力可满足要求。

(5)洞口段强风化岩体为Ⅴ级围岩,对隧道施工中的隧道洞室围岩稳定性和岩体变形有不利影响;锚塞体段主要微风化巨厚层状岩体中,主要为Ⅲ级围岩,少量Ⅳ级围岩,洞室围岩稳定性和成洞条件较好。锚碇锚洞脸边坡为斜向坡,强风化岩体边坡稳定性稍差,须加强支护。

2. 建议

(1)散索鞍持力层部分为强风风化泥质粉砂,岩力学性差,在散索鞍长期荷载下,对长期稳定不利,建议增加加固措施。

(2)锚洞施工应降低爆破施工对洞室围岩造成的影响,建议论证选择合适的爆破方案,同时应及时进行支护和衬砌。

(3)建议加强隧道式锚碇锚洞施工地质工作,加强动态设计。

第三章　桥位气候背景和风参数研究

第一节　概　　述

由于现代大桥跨径越来越大,主塔越来越高,建筑材质越来越轻,因此,风压与风灾成为现代大桥设计中重要的考虑因素,从而对抗风设计提出了更高的要求。通过开展桥位气候背景和风参数研究,对影响大桥安全的关键气象问题进行气候可行性论证,既符合《中华人民共和国气象法》第三十四条关于"各级气象主管机构应当组织对城市规划、国家重点建设工程、重大区域性经济开发项目和大型太阳能、风能等气候资源开发利用项目进行气候可行性论证"的规定,又可满足建筑或大桥抗风设计对风参数计算的要求。

伍家岗长江大桥位于长江宜昌城区河道下段伍家岗区和点军区,为跨江大桥,由于河道较窄(约1km),两岸城区海拔较低,但城区背后山体海拔较高(长江北岸山体约100~250m,南岸约200~450m),河道走向与当地盛行风风向(SE—NW)基本一致,有可能形成峡管放大效应。桥梁抗风设计规范给出的宜昌站的100年一遇最大风速为24.1m/s,但桥位离这些气象站所在地较远,所以对于桥位区100年一遇最大风速的推算还需要具体分析。桥位位于山区河谷,此处不一定符合"风速随高度指数增加"的规律,而是有可能在河谷内形成一个"大风舌",即在河谷中上部风速最大,此高度以上和以下风速都减小。在这种特殊地形下,将无法直接套用规范值。因此,通过考察、建站观测,再进行推算将是最科学的方法。

鉴于以上原因,专题重点对伍家岗长江大桥的设计风速进行专门研究和气候可行性论证,此外,还对大桥论证、设计、施工和维护阶段均有重要作用的气候背景资料包括气候要素、气象灾害进行收集、整理和分析。

第二节　气象资料来源和气象观测有关情况

一、参证气象台站的选取

以桥位为中心,周边有多个国家气象观测站,即宜昌、当阳、枝江、宜都、长阳站。桥位周边还布有5个区域自动气象站,即葛洲坝、伍家区、点军艾家、李家湖、艾家小学站。其中,宜昌、当阳、枝江国家气象观测站均位于江北侧,宜都、长阳国家气象观测站均位于江南侧。自动站中伍家区、李家湖站位于江北侧,葛洲坝、点军艾区、艾家小学站位于江南侧,其中艾家小学站距离桥位最近。

综合考虑桥位周边气象观测站位置及观测时间序列长度,采用宜昌气象站(离桥位直线距离10.1km)、宜都气象站(离桥位直线距离27.9km)作为参照站。在进行气候统计分析的同时对两站进行分析,在进行桥位基本风速推算时,以宜昌气象站为主,利用宜昌气象站风速推算到艾家小学站处,即桥位处。

二、气象观测有关情况说明

气象台站常因观测环境条件变化或其他原因而进行迁移。由于台站迁移,其观测记录序列将受到影响,影响程度由迁址距离、海拔高度、站址地形及周围环境条件决定。如果台站迁移后两地的地形、环境条件差异不大,且水平距离不超过50km、海拔高度差在100m以内,其迁址后观测记录一般不会出现不连续现象。如果超过上述条件,对观测记录的影响则不容忽视,对这种情况,一般应对观测记录采取分别统计或进行序列订正等措施。若观测站在两次迁移过程中任意两次站址间距小于12km,且海拔高度差$\Delta H<1m$,则可以认为资料序列是均一的。

三、气象资料和灾害资料来源

气象资料来自湖北省气象档案馆,灾害资料来自湖北省气象档案馆、湖北省逐月气候影响评价、各地地方志、中国气象灾害大典(湖北卷)及湖北省气象灾害普查资料。

对大桥设计、施工和运行维护影响较大的气象灾害主要包括大风、暴雨洪涝、低温冰冻、大雾、雷暴等,下面将对这些灾害对应的气候特征量(平均要素、极端要素及其时间变化)进行统计分析。

第三节 气候背景分析

一、基本气候概况

桥位区地处湖北省宜昌市,属亚热带季风湿润气候区,四季分明,雨热同季,更有冬暖、春早、夏热、秋多雨等局地气候特征。1971—2012年宜昌市年平均气温、年极端最高气温、年极端最低气温均表现为一致的上升趋势,年降水量、年暴雨日数呈不明显增多趋势,年降水日数、年大雾日数、年雷暴日数、平均风速均呈逐渐减少趋势。

据气象资料统计,宜昌市1971—2012年极端最高气温40.4℃,极端最低气温-9.8℃,年平均降水量1136.0mm。极大风速极值出现在1994年8月1日,风速达22.7m/s,风向为NNW;最大风速极值出现在1975年7月4日,风速达20m/s,风向为N。7月大风日数最多,其次是8月,年最多风向为SE。

1. 气温气候特征分析

1）年、月平均气温

表5-3-1是宜昌、当阳、枝江、宜都、长阳站的累年各月及年平均气温。由表5-3-1可见，五站月平均气温最高值均出现夏季7月，最低值均出现在冬季1月。春季升温迅速而秋季降温稍缓。

五站1971—2012年累年各月及年平均气温（单位：℃）　　表5-3-1

气象站	月份												
	1	2	3	4	5	6	7	8	9	10	11	12	年
宜昌站	4.9	7.0	11.2	17.4	21.9	25.4	27.8	27.4	23.3	18.1	12.6	7.2	17.0
当阳站	4.1	6.3	10.6	16.8	21.7	25.4	27.9	27.4	23.1	17.7	11.8	6.2	16.6
枝江站	4.4	6.7	10.9	17.1	22.0	25.6	28.1	27.7	23.4	18.2	12.3	6.7	16.9
宜都站	4.6	6.7	10.9	17.2	21.9	25.5	28.1	27.6	23.3	18.0	12.4	6.9	16.9
长阳站	4.7	6.7	10.8	16.8	21.2	24.8	27.4	26.8	22.6	17.4	12.0	6.8	16.5

2）平均最高、最低气温

分析累年逐月平均最高气温变化可知，宜昌市夏季平均最高气温较高，7月平均最高气温最高，为32.5℃；冬季平均最高气温较低，1月平均最高气温只有8.6℃。累年逐月平均最低气温变化规律与平均最高气温的变化规律相似，7月平均最低气温最高为24.3℃，1月平均最低气温最低为2.1℃。

各站逐年最高、最低日平均气温为：宜昌站最高日平均气温33.6℃，出现在2010年；最低日平均气温-6.7℃，出现在1977年。当阳站最高日平均气温34.1℃，出现在1971年；最低日平均气温-9.0℃，出现在1977年。枝江站最高日平均气温33.4℃，出现在2003年；最低日平均气温-8.4℃，出现在1977年。宜都站最高日平均气温34.5℃，出现在2009年；最低日平均气温-8.2℃，出现在1977年。长阳站最高日平均气温33.5℃，出现在1978年；最低日平均气温-6.7℃，出现在1977年。

3）极端最高、最低气温

某年的极端最高（最低）气温，是指一地当年的气温最高（最低）值，它是评定一地夏季酷热（冬季严寒）程度的重要指标。各站累年逐月极端最高、最低气温夏季（6—9月）最高，冬季（12—次年2月）最低。宜昌夏季的极端最高气温在39～41℃之间，冬季极端最低气温在-10～-4℃之间。年极端最高气温长阳、宜都站比宜昌站高，而枝江、当阳站比宜昌站低；年极端最低气温其他四站均比宜昌站明显偏低。

2. 降水气候特征分析

1）降水量年变化

宜昌站年降水量呈不明显的增多趋势，年际变化较大，1989年降水量最大，达1807.5mm，1981年降水量最小，只有768.3mm，多雨年与少雨年降雨量相差一倍以上，多雨的年份可能出现洪涝，少雨的年份则容易出现干旱。

枝江、宜都、长阳站年降水量变化趋势与宜昌站相似,均呈不明显增多趋势,而当阳站则呈不明显减少趋势。

2)降水量月变化

查阅资料可知,各站 7 月降水量最大,月降水量在 175～245mm 之间;12 月降水量最小,月降水量在 15～23mm 之间。从季节分布看,各站春季 3—5 月降水明显增多;夏季 6—8 月正值主汛期,降水量最大;秋季 9—11 月降水量明显减少;冬季降水量最少。

3)降水日数

宜昌站年平均降水日数为 134d。从逐年降水日数看,降水日数呈逐渐减少趋势。降水日数最多的是 1989 年,有 162d,降水日数最少的是 1979 年,仅 106d。当阳、枝江、宜都、长阳降水日数变化趋势与宜昌站相似,均呈逐渐减少趋势,平均降水日数分别为 119d、124d、135d 和 145d。

4)暴雨特征

宜昌站年平均暴雨日数为 3.4d,暴雨日数呈逐渐增多趋势,2008 年暴雨日数最多,为 7d;1991 年没有出现暴雨。当阳、枝江、宜都、长阳站暴雨日数变化趋势与宜昌站相似,均呈逐渐增多趋势,平均暴雨日数分别为 2.7d、2.9d、4.0d 和 4.3d。

3. 大雾气候特征分析

雾对水、陆、空交通带来严重影响,陆上交通(尤其高速公路、桥梁)往往因大雾完全陷入停顿,甚至造成人员伤亡。雾中水滴含有多种化学腐蚀剂,易使电气设备绝缘性能下降而引起事故。连续的大雾天气还会加剧城市的空气污染等。

宜昌市位于长江三峡西陵峡东口、长江上、中游分界处,是三峡大坝和葛洲坝水利枢纽所在地。大雾常使得长江宜昌段停航、汉宜高速公路封闭。要准确预测雾的生成和消散,减少雾所导致的灾害,必须首先对雾的主要气候特征进行分析。

1)大雾日数月际和年际变化

宜昌站年平均大雾日数为 20.9d,每个月都有大雾产生,12 月、1 月平均大雾日数分别为 3.9d、3.5d,是一年中最多的月份,8 月平均大雾日数最少,仅 0.4d。冬季平均大雾日数最多为 9.8d,约占全年大雾日数的 47%;秋季平均大雾日数为 4.7d,约占 22%;春季平均大雾日数为 4.3d,约占 21%;夏季最少,仅占 10%。当阳、枝江、宜都、长阳站大雾日数变化规律与宜昌站相似,年平均大雾日数分别为 24.0d、24.3d、31.7d、40.0d。

宜昌站大雾日数的年际差异较大,1987 年最多为 40d,2005 年最少仅 6d。大雾日数整体呈波动性减少趋势,20 世纪 80 年代后期达到峰值,20 世纪 90 年代后期略有下降,2002 年后又逐渐增加。枝江、宜都站大雾日数变化趋势与宜昌站较为一致,当阳站大雾日数变化趋势不明显,而长阳站大雾日数则呈逐渐增多的趋势。

2)持续性大雾的天气特征

持续 3d 以上的大雾是一种严重的灾害性天气现象,由于雾与天气形势密切相关,可通过对天气形势的分析预报持续性大雾,因此,分析持续性大雾的天气特征有重要的意义。

宜昌站的持续性大雾主要出现在冬季,春、秋季次之。其中,辐射雾最多,一方面秋末入冬后昼短夜长,夜间地面及近地面长波辐射净损失增多,有利于地面辐射降温;另一方面是该季节我国常处于东亚大槽后部,常有冷空气南下直达长江中下游,宜昌地区受冷高压控制,天气晴朗、风速小,近地面持续几天有辐射逆温出现,有利于大雾的形成。

4. 雷暴气候特征分析

雷暴是由于强积雨云引起的伴有雷电活动和阵性降水的局地风暴,在地面观测中仅指伴有雷鸣和电闪的天气现象,是最严重的自然灾害之一。随着我国经济社会的发展以及城市现代化程度的提高,雷电灾害对电力、石化、通信、交通、航空、建筑施工等各个重要行业、部门及领域的危害程度日益加大,雷电灾害具有发生频次多、范围广、危害严重、社会影响大等特点。

宜昌站年平均雷暴日数39.6d,其中7月11.0d,8月9.6d;当阳站年平均雷暴日数30.3d,其中7月8.0d,8月6.9d;枝江站年平均雷暴日数28.7d,其中7月7.2d,8月5.9d;宜都站年平均雷暴日数35.3d,其中7月9.1d,8月7.7d;长阳站年平均雷暴日数41.6d,其中7月11.3d,8月10.1d。

宜昌站年雷暴日数呈逐渐减少趋势。雷暴日数最多的是1973年达59d,最少的是1999年,共24d。当阳、枝江、宜都、长阳站雷暴日数变化趋势与宜昌站相似,均呈逐渐减少趋势,其中宜都站雷暴日数减少趋势最明显,平均每10年减少约3d,其次是枝江站,平均每10年减少约2d。

二、风的气候特征分析

1. 平均风速

各站年平均风速总体上均呈下降的趋势。其中,宜昌站年平均风速在20世纪70~80年代呈减小趋势,至20世纪90年代初风速又呈增大趋势,之后变化平稳。总体来说,宜昌站42年来平均风速总体变化不大,最大为1.8m/s(1977年),最小为0.7m/s(1989年),相差1.1m/s。当阳站在20世纪70~80年代呈减小趋势,至20世纪90年代初风速又呈增大趋势,之后变化幅度较小。年平均风速最大为2.6m/s(1971年),最小为1.4m/s(1985年),相差1.2m/s。枝江站42年来年平均风速基本上一直呈减小趋势,仅在2000年左右出现了较小的波动,最大为2.9m/s(1971年),最小为1.7m/s(1995年、2008年、2012年),相差1.2m/s。宜都站42年来年平均风速与枝江站类似,基本上一直呈减小趋势,在2000年左右出现了较小的波动,最大为2.0m/s(1972、1974年),最小为0.7m/s(1999年),相差1.3m/s。长阳站年平均风速年际变化幅度较小,总体来说呈下降趋势,最大为1.5m/s(1971年、1972年、1979年),最小为1.0m/s(1989年、2002年、2007年、2012年),相差0.5m/s。

2. 最大风速及其风向

年最大风速主要出现在春夏季。宜昌站年最大风速在20世纪70~80年代初普遍较大,往后风速逐渐减小,至 2000 年以来年平均最大风速都未超过 10m/s。年最大风速出现的方向比较集中,主要在 N～NNE 扇区和 W 方向,可印证宜昌地区所处地形对风向的影响。当阳站地处宜昌东部平原,最大风速与宜昌站相比略大。年最大风速主要出现在春、夏两季,最大值达 19.0m/s,出现于 1974 年 2 月 22 日。年最大风风向多集中于西风(W)与东北风(NE)之间。枝江站地处江汉平原,年最大风速大多超过 10m/s,最大达 16.7m/s,出现于 1978 年 10 月 26 日。年最大风出现时间多集中于春、秋两季,风向以东北偏北风(NNE)居多。枝江处于沿江河谷一带,风速通常较大,且风向基本固定。宜都站年最大风速呈明显下降趋势,20 世纪 80 年代中期以前年最大风速基本都超过 10m/s,2000 年后基本降到了 10m/s 以下,由于宜都站所处位置受城市发展影响,遮挡较为明显,故风速明显偏小。年最大风出现时间多出现在春夏两季,风向多分布于西风(W)与北风(N)之间。长阳站年最大风速与宜都站类似,2000 年以后风速明显减小。年最大风出现时间多集中在夏秋两季,风向多分布于东风(E)到东南风(SE)及西北风(NW)到北风(N)两个扇区。

3. 极大风速

极大风速是从瞬时最大风速中挑取的最大值,瞬时风速大于 30m/s 时可以造成重大灾害。

查阅宜昌市累年各月及历年极大风速(由于建站至 1992 年没有极大风速观测,因此,统计年限为 1992—2012 年,共 21 年)资料,各月极大风速中,有 4 个月(4 月、6 月、7 月、8 月)极大风速在 15.0m/s 及以上,秋冬季节的极大风速基本在 13.0m/s 以下。21 年中,极大风速中的最大值为 22.7m/s,出现在 1994 年,风向为 NNW;次大值为 19.0m/s,出现在 1999 年,对应的风向为 E。年极大风速出现的时间主要集中在夏季,又以出现在 7 月和 8 月的最多。

查阅当阳站累年各月及历年极大风速资料,各月极大风速均在 15.0m/s 及以上,春季极大风速均大于 20m/s。极大风速中的最大值为 28.8m/s,出现在 2008 年,风向为 WNW;次大值为 24.2m/s,出现在 1994 年,对应的风向为 E。年极大风速出现的时间主要集中在春夏两季,又以出现在 7 月的最多。

查阅枝江站累年各月及历年极大风速资料,各月极大风速均在 15.0m/s 及以上,4 月、7—9 月极大风速均大于 20m/s。极大风速中的最大值为 24.6m/s,出现在 2002 年,风向为 NE;次大值为 24.0m/s,出现在 2004 年,对应的风向为 WNW。年极大风速出现的时间,主要集中在夏、秋两季。

查阅宜都站累年各月及历年极大风速资料,各月极大风速中,有 5 个月(4—7 月、9 月)极大风速在 15.0m/s 及以上。极大风速中的最大值为 22.7m/s,出现在 2011 年,风向为 NW;次大值为 19.9m/s,出现在 2003 年,对应的风向为 NNW 向。年极大风速出现的时间,主要集中在夏季,又以出现在 7 月的最多。

查阅长阳站累年各月及历年极大风速中,各月极大风速中,有 3 个月(6 月、7 月、8

月)极大风速在15.0m/s及以上。极大风速中的最大值为28.1m/s,出现在2011年,风向为S;次大值为20.0m/s,出现在2007年,对应的风向为ESE。年极大风速出现的时间,主要集中在夏季,又以出现在7月的最多。

4. 大风日数

大风是一种灾害性天气现象,对国民经济和人民生活影响很大。大风一年四季都有发生的可能,气象部门把瞬时风速≥17.0m/s或风力≥8级作为发布大风警报的标准。大风日数指风力在8级以上或瞬时风速大于或等于17.0m/s的日数。

宜昌站1992—2012年累计大风日数为11d,从各月分布来看,大风主要集中出现在7、8月,两月均出现5次,其他各月基本没有大风出现。从季节分布看,大风集中出现在夏季(6—8月)。

当阳站1993—2012年累计大风总日数为16d,从各月分布来看,大风集中出现在春、夏两季,3月、4月、6月、7月出现次数分别为2、5、2、4次,此外5月、9月、11月各出现1次。从季节分布看,大风集中出现在夏、秋两季。

枝江站1994—2012年累计大风日数为44d,远多于其他各站。从各月分布来看,除1月未出现大风以外,其他几个月均有大风出现,其中以4月大风出现次数最多(9次),9月其次(7次)。从季节分布看,大风日数多出现在春、夏、秋三季。

宜都站2001—2012年累计大风日数仅为5d。从各月分布来看,大风出现时间都在5—7月,其中以7月大风出现次数最多(3次)。从季节分布看,大风日数多出现在夏季。

长阳站2003—2012年累计大风日数仅为8天。从各月分布来看,大风出现时间都在6—8月,其中以7月大风出现次数最多(4次)。从季节分布看,大风日数均出现在夏季。

5. 最多风向及频率

宜昌站年最多风向为东南风(SE)。从各月的最多风向来看,12个月的最多风向为SE。但是年最多风向(SE)频率不高,为11%,各月最多风向的频率在7%~14%之间。宜昌静风出现的频率较大,其静风频率远高于主导风向的频率,各月及年静风频率在22%~32%之间。

当阳站年最多风向为西北偏西风(WNW)。12个月中有8个月(1—4月、9—12月)的最多风向为WNW,其他四个月的最多风向为NW。也就是说,当阳站一年中有一多半时间的主导风向为WNW(基本上为春、秋、冬季),其他时间的主导风向为NW(基本上为夏季),各月最多风向的频率在10%~20%之间。年最多风向频率为11.6%,各月的静风频率在18%~27%之间。

枝江站年最多风向为东北偏北风(NNE)。12个月中有8个月(1—3月、8—12月)的最多风向为NNE,其他4个月的最多风向为SSE(4月、5月),S(6月、7月)。即当阳站一年中有多半时间的主导风向为NNE(基本上为秋、冬季),其他时间的主导风向为SSE、

S(基本上为春季和夏季),各月最多风向的频率在9%~15%之间。年最多风向频率为11.9%,各月的静风频率在10%~21%之间。

宜都站年最多风向为东南偏东风(ESE)。12个月中有6个月(1—4月、11—12月)的最多风向为ESE,其他几个月的最多风向为SE(5—7月),WNW(9月、10月),NE(8月)。即宜都站一年中有一半时间的主导风向为NNE(基本上为春、冬季),其他时间的主导风向为SE、WNW(基本上为春季和夏季),各月最多风向的频率在7%~12%之间。年最多风向频率为8.9%,各月的静风频率在24%~37%之间。

长阳站年最多风向为东风(E)。12个月中有11个月(1—9月、11—12月)的最多风向为E,10月的最多风向为W,但次多风向还是E。也就是说,当阳站一年中主导风向基本均为E,次多风向为W,各月最多风向的频率在10%~17%之间。年最多风向频率为13.4%,各月的静风频率在31%~40%之间。

宜昌站全年风以SE、ESE风方位为主导风向,次主导风向为E和SSE。当阳站全年风以WNW风方位为主导风向,次主导风向为NW和SE。枝江站全年风以NNE风方位为主导风向,次主导风向为SSE。宜都站全年风以ESE和SE风方位为主导风向,次主风向为WNW。长阳站全年风以E风方位为主导风向,次主导风向为W。

第四节　桥位周边区域自动站风特征分析

一、资料与方法

为了进一步分析伍家岗长江大桥桥位区风的变化特征,利用桥位区附近的区域自动站——伍家区站、点军艾家站、艾家小学站、李家湖站和位于江边的葛洲坝站,与宜昌国家基本气象站、宜都国家一般气象站同时段风速资料进行对比分析。所用资料包括定时风向风速、逐日平均风向风速、逐日最大风向风速和逐日极大风向风速。

因各区域站建站时间不同,为了解区域站平均风速、风向等特征,所用资料时间段为2012年9月—2013年8月。

根据月、年统计平均风速、最大风速和盛行风向,按不同风向统计绘制风玫瑰图,利用桥位周边自动站与宜昌、宜都站风速资料的对比分析,采用回归和比值法求出风的放大效应值。同时,比较了不同参照时间、参照对象差异导致放大效应的不确定性,通过分析确定了放大系数的最佳参照时间。

为求出放大系数,采用上述5个自动站有最大风速记录至2013年8月31日和宜昌、宜都站的日最大风速为样本,分别以自动站和气象站日最大风速排序,计算两地日最大风速的相关性及比值。

二、结果分析

1. 平均风速月际变化特征

由于李家湖站建站时间短,风速风向数据资料样本少,不具有代表性,所以后面仅分析其他4个区域自动站。查阅资料可知,在6个台站中,逐月平均风速从大到小依次为艾家小学、宜昌、宜都、点军艾家、葛洲坝和伍家区站。其中,以艾家小学站风速为最大,比风速最小的伍家区站逐月平均风速大1m/s左右。从各月平均风速变化趋势看,艾家小学、宜昌、宜都、点军艾家4个站秋、冬季风速相对较小,春、夏季相对较大,10月风速最小,7月、8月风速最大。伍家区站及葛洲坝站由于建站位置及数据资料有所缺失等原因导致风速较小,与实际风速相距甚远,不具有代表性。

2. 各风向下的频率

查阅资料可知,葛洲坝站和伍家区站年静风频率达40%以上,结合风速逐小时数据分析,初步考虑此两站风速资料缺乏完整性,数据可靠性不高。点军艾家站的主导风向为W,W风频率为27.4%,其次为E风,E风频率为10.7%。艾家小学站的主导风向为SSE,频率为10.6%,其次为SE,频率为10.4%,静风频率仅为1.4%。

3. 各区域站逐年风向频率

查阅资料可知,葛洲坝站从2007—2013年静风所占频率逐年变大,基本都在40%以上;其逐年主导风向分别为NW、E、ESE、NW、NW、ESE、ESE,其中以NW和SE为主。伍家区站从2007—2013年逐年静风所占频率也非常大,基本都在40%以上;其逐年主导风向除2012年为SSE,其他几年都为SE,以SE为主。因葛洲坝站和伍家区站均位于长江北岸沿长江边,风沿着河谷吹,所以,此两站的盛行风向与地形和长江河谷的走向有直接关系。点军艾家站2011—2013年建站3年最多风向为W风,其次为E风,并且W风与C风(静风)频率差别不大,均为25%左右。艾家小学站2012年以NW为主导风向,2013年以SSE为主导风向,同时该站C风(静风)频率较小,2012年和2013年频率仅为1.2%和1.5%,但因此站建站时间较短,年主导风向还需进一步积累数据进行对比分析。

4. 年、月最大、极大风速

查阅资料可知,伍家区站10min平均年最大风速2007年最大,为5.9m/s,对应风向为SSE,出现在2007年8月30日16:51,其他几年年最大风速对应风向均为SSE。葛洲坝站10min平均年最大风速以2008年最大,为11.3m/s,对应风向为ENE,出现在2008年8月7日01:42;其他几年年最大风速大多出现在6—8月和1—3月,月最大风速最小值大多出现在秋冬季节。点军艾家站10min平均年最大风速以2013年最大,为8.7m/s,对应风向为WNW,出现在2013年8月3日16:29;艾家小学站10min平均年最大风速以2008年最大,为13.5m/s,对应风向为WNW,出现在2013年8月12日19:20。由此分析,伍家区站10min最大风速较小,艾家小学站最大风速较大,结合伍家岗大桥的周边环境分析,艾家小学站的风速资料更具有代表性。

5. 主要区域站与宜昌、宜都站最大风速对比分析

在以自动站日最大风速排序的情况下,宜昌站到各自动站风速以增大为主,且大部分比值随着自动站日最大风速条件变大而变大;在以宜昌站日最大风速排序的情况下,气象站到各自动站风速以增大为主,且大部分比值随着气象站日最大风速条件的变大而变小。在以自动站日最大风速排序的情况下,宜都站到各自动站风速以增大为主,且比值随着自动站日最大风速条件的变大而变大;在以宜都站日最大风速排序的情况下,气象站到各自动站风速以减小为主,且大部分比值随着气象站日最大风速条件的变大而变小。这是由于以日最大风速为样本进行研究,时间间距较短,而宜昌、宜都站到各自动站之间尚有一段距离,同一天气系统对两地的影响具有一定的时间差,因此,同一天气系统影响下,最大风速可能不出现在同一天。

比较两个自动站的地理位置,由于艾家小学站所在位置基本就是宜昌长江公路大桥桥位所在处,所以着重分析艾家小学站与宜昌站、宜都站最大风速的关系。查阅资料可知,艾家小学站与宜昌站、宜都站的月最大风速之间相关系数分别为0.770、0.382,分别通过了置信水平为0.001、0.01的显著检验,因此,选取旬最大风速确定自动站与气象站风速比值K,即宜昌、宜都站到艾家小学站(代表桥位处)风的放大系数分别为1.44、1.40。

第五节 桥位区设计风速的推算研究

一、气象站100年一遇年最大风速的推算

1. 参考气象站的选取

伍家岗长江大桥周边较近的气象站是宜昌站和宜都站,两站最大风速观测时间较长,观测资料质量较高,因此,选取宜昌、宜都两站作为桥位区设计风速推算的参考气象站。

宜昌气象站自1972年开始有自计10min平均最大风速观测,观测期间,2001年10月地面观测场向东平移30m,该站虽进行了移动,但从逐年最大风速变化曲线可看出迁站后风速较之前无明显变化。宜都站自1975年开始有自计10min平均最大风速观测,建站至今从未迁站。宜昌、宜都两站分别从20世纪80年代中期、20世纪90年代初期开始,年最大风速较之前有明显下降,基本在10m/s以下,可见两站受城市化进程的影响较大。

2. 对年最大风速序列的均一性检验

查阅资料可知,宜昌、宜都站年最大风速有周期性和显著减小趋势。风速减少可能受两个因素的影响,一是全球气候变暖,南北气流交换减弱;二是观测场周围建筑增多,对风产生阻挡作用。

1)对宜昌站(1972—2012年)年最大风速序列的均一性检验

20世纪80年代中期以来,宜昌站受到周边环境的影响,观测到的风速逐步减小。如1972—1985年的平均年最大风速为14.59m/s,1986—2012年平均只有9.00m/s,两者相差5.6m/s,相对减少38.3%。又如1972—1986年的平均年最大风速为14.35m/s,1987—2012年平均只有8.93m/s,两者相差5.4m/s,相对减少37.8%,根据移动T检验法(MTT法)进行均值差异性检验,结果表明,1985年前后两段风速值差异显著。

2)对宜都站(1975—2012年)年最大风速序列的均一性检验

20世纪90年代初期以来,宜都站受到周边环境的影响,观测到的风速逐步减小。如1975—1989年的平均年最大风速为13.06m/s,1990—2012年平均只有8.68m/s,两者相差4.4m/s,相对减少33.6%。又如1975—1990年的平均年最大风速为13.08m/s,1991—2012年平均只有8.47m/s,两者相差4.6m/s,相对减少35.2%,根据移动T检验法(MTT法)进行均值差异性检验,结果表明,1990年前后两段风速值差异显著。

3. 年最大风速的概率计算

1)极值Ⅰ型分布计算基本风速

《公路桥梁抗风设计指南》(以下简称《指南》)中对基本风速的确定方法有明确的要求:"桥梁所在地区的气象台具有足够的风速观测数据时,假设年最大风速服从极值Ⅰ型分布,由10min平均年最大风速100年重现期的数学期望值作为基本风速。"不过,近年来也有文献用的是皮尔逊Ⅲ型分布。关于资料年限,2002年修订的《建筑结构荷载规范》(GB 50009—2002)中有明确的要求:"选取的年最大风速数据,一般应有25年以上的资料",通常大桥设计则要求30年以上的年最大风速数据资料。

本书使用资料是经过均一性检验的宜昌、宜都站1953—2012年、1959—2012年10min平均年最大风速序列,分别有60年、54年资料,符合《指南》或《建筑结构荷载规范》(GB 50009—2002)对资料的要求。按《指南》的规定,用极值Ⅰ型计算出不同重现期的基本风速,由于耿贝尔的参数估算法的估算误差较小,所以,可建议采用耿贝尔法计算出的基本风速。为了让设计人员有一个选择的余地,也为了有一个相互比较、相互验证的结果,使用修正后的矩法参数估计法对基本风速进行计算。

通过计算,两种参数估算法得到的结果基本一致,推荐使用耿贝尔参数估算法计算宜昌站、宜都站的100年一遇10min平均最大风速分别为21.9m/s、19.9m/s。耿贝尔参数估算法计算结果见表5-3-2。

耿贝尔参数估算法计算结果(单位:m/s)　　　　表5-3-2

气象站	重现期			
	100年一遇	50年一遇	30年一遇	10年一遇
宜昌站	21.9	20.5	19.4	17.2
宜都站	19.9	18.8	17.8	16.0

2)广义极值分布计算基本风速

目前对设计基本风速的计算一般用极值Ⅰ型分布来拟合,而在实际问题中,如果知道风速的基本类型,并且能验证其是否满足极值分布吸引场条件,就可以确定相关问题极值分布到底是何类型。但是,通常只能得到观测数据,而其分布具有何种形式是难以确定的。此外,即使知道其具体类型,要验证是否满足其极大值极值分布吸引场的条件也比较困难,而广义极值分布包含了Gumbel、Frechet及Weibull分布,它将三种极值分布统一在一起,是一个较为完整的极值分布体系,而不必考虑原始分布的类型,能够避免单独采用某一分布的不足。

利用广义极值分布计算不同重现期的设计基本风速见表5-3-3。对比分析表明,其与极值Ⅰ型计算的基本风速极为接近,因此,推算的气象站100年一遇基本风速是切实可信的。

利用广义极值分布计算出两站不同重现期的基本风速(单位:m/s)　　　表5-3-3

气象站	重现期			
	100年一遇	50年一遇	30年一遇	10年一遇
宜昌站	21.2	20.2	19.4	17.4
宜都站	18.7	18.0	17.5	16.1

二、伍家岗长江大桥桥位区设计风速的估算

估算桥位区设计基准风速通常的方法是在桥位区设置短期气象观测站(或直接利用桥位附近区域自动站),与邻近气象站进行对比分析,建立回归方程或求出从气象站到桥位的放大系数(比值),即首先求出宜昌、宜都站分别到艾家小学站的放大系数,再利用气象站资料求得的基本风速移植到桥位区(江边)。

从气象站到桥位区基本风速的推算如下。

由于宜都站距离桥位较远,所以选用宜昌站来进行推算。根据艾家小学站日最大风速与同期宜昌站日最大风速序列,得到桥位区与宜昌气象站最大风速的比值$K=1.44$。

用宜昌站不同重现期的基本风速乘以桥位区到宜昌站的风速放大系数K,便可得到伍家岗长江大桥桥位区设计基准风速。如表5-3-4所示,推算宜昌市伍家岗长江大桥桥位区设计风速,即100年一遇最大风速为31.5m/s。

推算出的桥位区(艾家小学站)不同重现期的最大风速(单位:m/s)　　　表5-3-4

	计算方法	重现期			
		100年一遇	50年一遇	30年一遇	10年一遇
艾家小学站	设计风速——极值Ⅰ型Gumble	31.5	29.5	27.9	24.8
	设计风速——极值Ⅰ型矩法	31.5	29.5	28.1	24.8
	设计风速——广义极值分布	30.5	29.1	27.9	25.1

三、桥位区近地层各高度设计基准风速的推算

近地层风的垂直变化是建筑和大桥设计等许多应用领域需要考虑的一个重要因子。前人的研究表明,风速随高度变化的指数公式适用于离地面几百米的近地面层,风速随高度变化的对数公式只适用于离地面几十米的贴地层,而通常采用指数公式将 10m 高度上的最大风速推算到各个高度层(每隔 10m 一层)。由此一来,风廓线指数的取值就是关键,既可以通过考察资料推算出,也可以通过查阅国家标准得到。

通过查阅和参考国家有关建筑规范,在进行实际计算时风廓线指数取 0.16。从表 5-3-4 中推算出离地 310m 以内每 20m 高度层、不同重现期最大风速值,其中 100 年重现期下的最大风速值为设计基准风速(不同高度对应的设计基准风速),结果见表 5-3-5。

桥位区(艾家小学站)不同高度不同重现期 **10min** 平均最大风速(单位:m/s) 表 5-3-5

高度(m)	10min 平均最大风速				高度(m)	10min 平均最大风速			
	100 年一遇	50 年一遇	30 年一遇	10 年一遇		100 年一遇	50 年一遇	30 年一遇	10 年一遇
10	31.5	29.5	27.9	24.8	170	49.6	46.5	44.0	39.0
30	37.6	35.2	33.3	29.5	190	50.5	47.3	44.7	39.7
50	40.8	38.2	36.1	32.0	210	51.3	48.0	45.5	40.3
70	43.1	40.3	38.1	33.8	230	52.1	48.8	46.1	40.9
90	44.8	42.0	39.7	35.2	250	52.8	49.4	46.8	41.5
110	46.3	43.3	41.0	36.4	270	53.4	50.0	47.3	42.0
130	47.5	44.5	42.1	37.3	290	54.0	50.6	47.9	42.4
150	48.6	45.5	43.1	38.2	310	54.6	51.1	48.4	42.9

第四章 结构抗风性能研究

第一节 概述

伍家岗长江大桥具有"跨径大、桥面宽、柔性、钢箱梁弱阻尼"的结构特点,同时,根据设计资料,基本风速为31.5m/s,桥址处的风环境较复杂,可能诱发较大的风致响应、主梁气动稳定性和涡激振动等问题。为确保大桥在运营状态和施工阶段的抗风安全及舒适性,参照日本、美国、英国等国的桥梁抗风规范及我国《公路桥梁抗风设计规范》(JTG/T D60-01—2004)的规定,对于跨径超过200m的大跨径桥梁,须通过风洞试验、风致振动分析等手段,对其风致响应性能做出研究,以验证大桥的抗风设计、评价大桥的抗风性能。

大跨径桥梁在强风作用下会产生静、动力响应,静力响应包括静风荷载、静力稳定性等,动力响应包括有驰振、颤振、涡振、抖振,其中驰振、颤振是振幅发散的破坏性振动,设计上必须保证其在一定的安全水平下不发生;涡振会带来行车舒适性或疲劳问题,设计上必须保证其不发生或振幅在允许范围内;抖振及静力响应组合状态下会有结构强度的问题,设计上要求在设计风速下保证其强度满足要求。

对大跨径桥梁的抗风性能进行研究的主要途径是模型风洞试验,通过风洞试验测量其风致响应,获取各气动力参数,进而通过理论分析,评价其抗风性能。

为确保大桥在施工阶段和运营状态的抗风安全、施工舒适性和车辆运营安全舒适性,西南交通大学风工程试验研究中心对该桥抗风性能进行了计算分析和模型风洞试验研究,主要研究内容包括:

(1)结构动力特性计算,包括成桥状态、典型施工状态结构动力特性;

(2)桥址处风特性分析,确定成桥状态、施工状态的设计基准风速;

(3)主梁静力三分力风洞模型试验,通过加劲梁节段模型的静力风洞模型试验,测量出加劲梁的静力三分力系数;

(4)加劲梁节段模型的颤振性能试验,通过加劲梁节段模型的动力风洞模型试验,测量出加劲梁的颤振性能及颤振临界风速;

(5)加劲梁节段模型的涡振性能试验,通过加劲梁节段模型的动力风洞模型试验,测量出加劲梁的涡振性能;

(6)成桥状态全桥气弹模型风洞试验,根据风洞模型试验相似率设计成桥状态的气动弹性模型,开展全桥成桥状态气弹模型风洞试验,对结构典型断面进行位移测量,以及

成桥状态在不同风速下的抖振响应,进而对全桥安全性及抗风稳定性进行评价;

(7)典型施工状态气弹模型风洞试验,根据风洞模型试验相似率设计施工状态的气动弹性模型,开展不同施工阶段(不同加劲梁吊装率)的气弹模型风洞试验,测量结构典型断面的位移,加劲梁颤振临界风速等,进而对整个施工过程的主梁气动稳定性能进行评价;

(8)加劲梁静风稳定性计算分析,根据风洞试验测取的气动力参数和所建立的有限元模型,采用非线性分析方法计算主梁在强侧风作用下的静力失稳风速,根据相关规范对其静风稳定性能作出评价;

(9)风致响应计算分析,利用风洞模型试验成果,计算分析成桥状态、施工状态桥梁典型断面的结构响应内力,供抗风验算所用。

本项目针对伍家岗长江大桥主桥的工可、初步、施工图设计等不同设计阶段分别开展了小比例节段模型、大比例节段模型、气弹模型风洞试验及计算分析,并给出了相关研究成果与结论。

第二节 桥位风场特性计算分析

参考宜昌市楚天气象信息有限责任公司和湖北省气象服务中心关于《宜昌市伍家岗长江大桥桥位气候背景和风参数研究论证报告》,基于偏安全的角度考虑,伍家岗长江大桥桥位场地地表类别为 B 类,场地 10m 高度处 10min 平均 100 年重现期设计基本风速为 31.5m/s,依据我国《公路桥梁抗风设计规范》(JTG/T D60-01—2004)第 3.2.2 条规定,其风廓线指数 $\alpha = 0.16$。

根据设计单位所提供的伍家岗长江大桥初步设计图和设计说明资料,伍家岗长江大桥主跨跨中桥面设计高程约为 79.236m,最桥梁最低通航水位为 35.725m,可见,桥面离最低水位的均高度近 44m。根据我国《公路桥梁抗风设计规范》(JTG/T D60-01—2004)第 3.2.5 条,可推算出该桥在成桥状态下,在桥面高度处的设计基准风速为:$V_d = 1.27 \times 31.5 = 40.0$m/s。对于施工阶段的设计风速,依据取重现期为 30 年,则 $V_d^s = 0.92 \times 40.0 = 36.8$m/s。桥塔的设计风速的基准高度为 65% 塔高位置,则桥塔的设计风速为:$V_d^T = 1.45 \times 31.5 \times 0.92 = 42.0$m/s。

参照《公路桥梁抗风设计规范》(JTG/T D60-01—2004)第 6.3.8 条的规定,桥梁的颤振检验风速为 $[V_{cr}] = 1.2\mu_f V_d$,其中,1.2 为综合安全系数,μ_f 为考虑风的脉动特性以及空间相关特性影响的修正系数。成桥状态的颤振检验风速为:$[V_{cr}] = 1.2 \times 1.24 \times 40.0 = 59.5$m/s。对于施工阶段的颤振检验风速,取重现期为 30 年,则 $[V_{cr}] = 1.2 \times 1.24 \times 36.8 = 54.8$m/s。桥塔的驰振检验风速为:$V_{cg}^t = 1.2 \times 40.0 = 50.5$m/s。

第三节　结构动力特性计算分析

一、成桥状态动力特性分析

伍家岗长江大桥的加劲梁采用整体钢箱梁,桥塔为混凝土桥塔,对结构进行有限元离散时,钢箱加劲梁、塔柱、桥墩等均分别采用梁单元模拟;主缆和吊索用杆单元模拟,二期恒载采用质量单元模拟。表5-4-1为有限离散时所采用的单元类型表,表5-4-2为相应的材料信息表。主缆和吊索内力及结构质量均取用成桥运营状态时的值,所采用的边界约束条件为:

(1)塔墩承台顶嵌固,主缆在锚碇处固定;
(2)塔梁交接处,主梁横向、竖向线位移和绕纵轴扭转自由度由塔约束,其余放松。

关于塔梁结合处设置纵向液压阻尼支座的考虑,由于阻尼支座抗力的非线性,其在不同工作状态所提供的刚度是不同的,根据这一特点,考虑到风荷载加载的速度一般并不快,因而偏于保守地假定液压阻尼支座不提供刚度,此时计算得到的频率偏低,风振响应偏大。

单元类型表　　表5-4-1

编　号	单元类型	备　注
1	beam44	主塔、加劲梁、桥墩等
2	link8	主缆、吊索
3	mass21	二期荷载

材料信息表　　表5-4-2

材料编号	弹性模量(Pa)	泊松比	重度(N/m³)	材料种类	备　注
1	2.10×10^{11}	0.3	7850	Q345QD	钢梁
2	2.00×10^{11}	0.3	8650	高强钢丝	主缆、吊索
3	3.45×10^{10}	0.2	2650	C50钢筋混凝土	塔、墩
4	1.00×10^{15}	0	0	—	刚性横梁

由ANSYS程序计算所得成桥状态前20阶自振频率及振型特点,见表5-4-3。

成桥状态动力特性计算结果　　表5-4-3

阶　次	ANSYS频率(Hz)	振型特点
1	0.0605	主梁一阶对称横弯
2	0.0941	加劲梁一阶反对称竖弯
3	0.1431	加劲梁一阶对称竖弯
4	0.1783	塔侧弯
5	0.2065	加劲梁二阶对称竖弯

续上表

阶　　次	ANSYS 频率（Hz）	振　型　特　点
6	0.2102	塔侧弯
7	0.2146	塔侧弯
8	0.2153	加劲梁二阶反对称竖弯
9	0.2311	主梁纵振
10	0.2728	主缆横摆
11	0.2732	主缆横摆
12	0.2841	加劲梁三阶对称竖弯
13	0.2959	主缆横摆
14	0.2975	主缆横摆
15	0.3495	加劲梁一阶对称扭转
16	0.3523	加劲梁三阶反对称竖弯
17	0.3819	加劲梁二阶对称横弯
18	0.4306	加劲梁四阶对称竖弯
19	0.4339	加劲梁一阶反对称扭转
20	0.4766	主缆横摆

二、典型施工状态动力特性分析

根据设计文件所确定的施工方法确定典型施工状态，本桥典型施工状态包括10％、20％、30％、40％、50％、60％、70％、80％、90％、100％加劲梁拼装状态。

各施工状态的主缆线形通过倒拆和非线性迭代计算获得，即通过由成桥状态除去铺装荷载等（二期荷载）所得到的一期荷载作用下的状态出发，去掉两端约束，拆装（不考虑自重、反向加载）相应构件，得到相应各加劲梁拼装状态下的主缆、加劲梁线形，在此基础进行动力特性计算。

表5-4-4～表5-4-13分别为10％、20％、30％、40％、50％、60％、70％、80％、90％、100％主梁拼装状态时的结构动力特性计算结果，表5-4-14给出了施工状态加劲梁不同拼装率时的主要频率。

10％加劲梁拼装状态动力特性计算结果　　　表5-4-4

阶　　次	ANSYS 频率（Hz）	振　型　特　点
1	0.0851	加劲梁横摆
2	0.1965	加劲梁横摆
3	0.2010	加劲梁反对称竖弯
4	0.2153	加劲梁对称竖弯
5	0.2243	塔侧弯＋主缆振动
6	0.2258	塔侧弯＋主缆振动

续上表

阶　　次	ANSYS 频率（Hz）	振 型 特 点
7	0.2267	主缆振动
8	0.2478	主缆振动
9	0.2628	加劲梁一阶对称扭转
10	0.2647	主缆振动

20％加劲梁拼装状态动力特性计算结果　　　　表5-4-5

阶　　次	ANSYS 频率（Hz）	振 型 特 点
1	0.0740	加劲梁横摆
2	0.1874	加劲梁对称竖弯
3	0.1883	加劲梁反对称竖弯
4	0.1896	加劲梁横摆
5	0.2218	塔侧弯＋主缆振动
6	0.2395	塔侧弯＋主缆振动
7	0.2398	主缆振动
8	0.2419	主缆振动
9	0.2527	加劲梁一阶对称扭转
10	0.2884	主缆振动
11	0.2895	主缆振动

注：表中略去了部分主缆振动模态。

30％加劲梁拼装状态动力特性计算结果　　　　表5-4-6

阶　　次	ANSYS 频率（Hz）	振 型 特 点
1	0.0670	加劲梁横摆
2	0.1654	加劲梁横摆
3	0.1686	加劲梁反对称竖弯
4	0.1768	加劲梁对称竖弯
5	0.2220	塔侧弯＋主缆振动
6	0.2290	塔侧弯＋主缆振动
7	0.2534	主缆振动
8	0.2536	主缆振动
9	0.2586	加劲梁一阶对称扭转
10	0.2952	主缆振动
11	0.2986	主缆振动

注：表中略去了部分主缆振动模态。

40%加劲梁拼装状态动力特性计算结果　　　　表 5-4-7

阶　　次	ANSYS 频率(Hz)	振型特点
1	0.0639	加劲梁横摆
2	0.1440	加劲梁横摆
3	0.1542	加劲梁反对称竖弯
4	0.1740	加劲梁对称竖弯
5	0.2227	塔侧弯+主缆振动
6	0.2265	塔侧弯+主缆振动
7	0.2640	主缆振动
8	0.2641	主缆振动
9	0.2694	加劲梁一阶对称扭转
10	0.3018	主缆振动
11	0.3031	主缆振动

注：表中略去了部分主缆振动模态。

50%加劲梁拼装状态动力特性计算结果　　　　表 5-4-8

阶　　次	ANSYS 频率(Hz)	振型特点
1	0.0599	加劲梁横摆
2	0.1216	加劲梁横摆
3	0.1387	加劲梁反对称竖弯
4	0.1734	加劲梁对称竖弯
5	0.2239	塔侧弯+主缆振动
6	0.2270	塔侧弯+主缆振动
7	0.2778	主缆振动
8	0.2779	主缆振动
9	0.2883	加劲梁一阶对称扭转
10	0.2956	加劲梁对称竖弯
11	0.3105	主缆振动

注：表中略去了部分主缆振动模态。

60%加劲梁拼装状态动力特性计算结果　　　　表 5-4-9

阶　　次	ANSYS 频率(Hz)	振型特点
1	0.0575	加劲梁横摆
2	0.1056	加劲梁横摆
3	0.1277	加劲梁反对称竖弯
4	0.1735	加劲梁对称竖弯
5	0.2253	塔侧弯+主缆振动
6	0.2284	塔侧弯+主缆振动
7	0.2647	加劲梁对称竖弯

续上表

阶　次	ANSYS 频率（Hz）	振型特点
8	0.2898	主缆振动
9	0.2899	主缆振动
10	0.3077	加劲梁一阶对称扭转
11	0.3088	加劲梁反对称竖弯

注：表中略去了部分主缆振动模态。

70％加劲梁拼装状态动力特性计算结果　　　　表 5-4-10

阶　次	ANSYS 频率（Hz）	振型特点
1	0.0562	加劲梁横摆
2	0.0967	加劲梁横摆
3	0.1220	加劲梁反对称竖弯
4	0.1731	加劲梁对称竖弯
5	0.2263	塔侧弯＋主缆振动
6	0.2295	塔侧弯＋主缆振动
7	0.2508	加劲梁对称竖弯
8	0.2704	加劲梁对称侧弯
9	0.2914	加劲梁反对称竖弯
10	0.2966	主缆振动
11	0.2967	主缆振动
12	0.3198	加劲梁一阶对称扭转

注：表中略去了部分主缆振动模态。

80％加劲梁拼装状态动力特性计算结果　　　　表 5-4-11

阶　次	ANSYS 频率（Hz）	振型特点
1	0.0551	加劲梁横摆
2	0.0877	加劲梁横摆
3	0.1170	加劲梁反对称竖弯
4	0.1714	加劲梁对称竖弯
5	0.2099	加劲梁对称侧弯
6	0.2275	塔侧弯＋主缆振动
7	0.2308	塔侧弯＋主缆振动
8	0.2411	加劲梁对称竖弯
9	0.2696	加劲梁反对称竖弯
10	0.3020	主缆振动
11	0.3021	主缆振动
12	0.3319	加劲梁一阶对称扭转

注：表中略去了部分主缆振动模态。

90%加劲梁拼装状态动力特性计算结果　　　　表 5-4-12

阶　　次	ANSYS 频率（Hz）	振型特点
1	0.0546	加劲梁横摆
2	0.0811	加劲梁横摆
3	0.1145	加劲梁反对称竖弯
4	0.1696	加劲梁对称侧弯
5	0.1701	加劲梁对称竖弯
6	0.2283	塔侧弯 + 主缆振动
7	0.2317	塔侧弯 + 主缆振动
8	0.2378	加劲梁对称竖弯
9	0.2580	加劲梁反对称竖弯
15	0.3382	加劲梁一阶反对称扭转
16	0.3389	加劲梁反对称竖弯
17	0.3430	加劲梁一阶对称扭转

注：表中略去了部分主缆振动模态。

100%加劲梁拼装状态动力特性计算结果　　　　表 5-4-13

阶　　次	ANSYS 频率（Hz）	振型特点
1	0.0643	加劲梁一阶对称横弯
2	0.0948	加劲梁一阶反对称竖弯
3	0.1467	加劲梁一阶对称竖弯
4	0.1883	加劲梁一阶反对称横弯
5	0.2075	塔侧弯
6	0.2194	加劲梁二阶反对称竖弯
7	0.2217	塔侧弯
8	0.2267	加劲梁二阶对称竖弯
9	0.2360	主梁纵振
14	0.2946	加劲梁三阶对称竖弯
15	0.3663	加劲梁三阶反对称竖弯
16	0.3736	加劲梁一阶对称扭转

注：表中略去了部分主缆振动模态。

施工状态加劲梁不同拼装率时的主要频率　　　　表 5-4-14

加劲梁拼装率（%）	加劲梁对称竖弯（Hz）	加劲梁对称扭转（Hz）	扭弯频率比	加劲梁反对称竖弯（Hz）	加劲梁反对称扭转（Hz）	扭弯频率比
10	0.2153	0.2628	1.2206			
20	0.1874	0.2527	1.3485			
30	0.1768	0.2586	1.4627			
40	0.1740	0.2694	1.5483			

续上表

加劲梁拼装率（%）	加劲梁对称竖弯（Hz）	加劲梁对称扭转（Hz）	扭弯频率比	加劲梁反对称竖弯（Hz）	加劲梁反对称扭转（Hz）	扭弯频率比
50	0.1734	0.2883	1.6626			
60	0.1735	0.3077	1.7735			
70	0.1731	0.3198	1.8475			
80	0.1714	0.3319	1.9364			
90	0.1701	0.3430	2.0165	0.1145	0.3382	2.9537
100	0.1467	0.3736	2.5467			

第四节　加劲梁小比例节段模型抗风性能研究

一、加劲梁静力三分力系数测定风洞模型试验

该试验的目的是测量加劲梁施工状态、成桥状态（含栏杆）的静力三分力系数，为风致响应内力计算提供气动力参数。

1. 模型及试验设备

节段模型采用 1:40 的几何缩尺比，模型长 $L=2.1\mathrm{m}$，总宽 $B=0.8275\mathrm{m}$，高 $H=0.075\mathrm{m}$（按梁高计算），长宽比 $L/B=2.54$。模型用环氧树脂板和优质木材制作。

试验在西南交通大学单回流串联双试验段工业风洞（XNJD-1）第二试验段中进行，如图 5-4-1 和图 5-4-2 所示。该试验段断面为 2.4m（宽）×2.0m（高）的矩形，最大来流风速为 45m/s，最小来流风速为 0.5m/s。试验段中设有专为桥梁节段模型静力三分力试验用的侧壁支撑及测力天平系统，由计算机控制的模型姿态角 α（来流相对于模型的攻角）调整机构的角度变化的范围为 20°，变化间隔最小为 0.1°；用于测量静力三分力的三分量应变式天平其设计荷载为：阻力 $F_D=50\mathrm{kgf}$，升力 $F_L=120\mathrm{kgf}$，俯仰力矩 $M_Z=12\mathrm{kgf\cdot m}$。数据采集由美国 PSI 公司生产的 780B 数据采集系统完成。

图 5-4-1　XNJD-1 风洞外观图

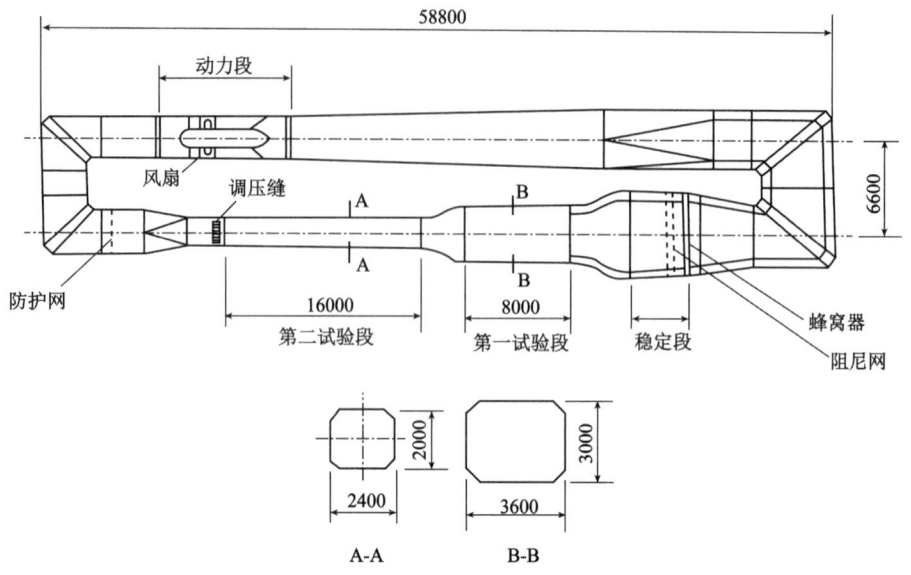

图 5-4-2 XNJD-1 风洞平面布置图(尺寸单位:mm)

试验来流为均匀流。对于施工状态、成桥状态其试验条件如下:试验风速分别为 $v =$ 10m/s、15m/s、20m/s。试验攻角分别为 $\alpha = -12° \sim +12°, \Delta\alpha = 1°$。

图 5-4-3 为施工状态静力三分力试验照片。图 5-4-4 为成桥状态静力三分力试验照片。

图 5-4-3 施工状态静力三分力试验照片

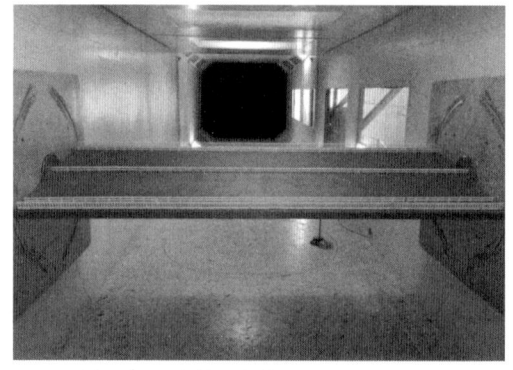

图 5-4-4 成桥状态静力三分力试验照片

2. 试验结果及分析

在 $v = $ 10m/s、15m/s 和 20m/s 三种风速水平下,各自所测到的静力三分力系数值十分接近,这说明雷诺数的影响很小。

对于施工状态、成桥状态,加劲梁静力三分力系数定义所用的高均取模型梁高为 0.075m,宽度取模型梁宽 0.8275m。

施工状态及成桥无车状态时的试验结果以静力三分力系数曲线及数据列表的形式给出,如图 5-4-5～图 5-4-8 及表 5-4-15 和表 5-4-16 所示。其中,图 5-4-5 为施工状态加劲梁在体轴坐标系下的静力三分力系数随攻角的变化关系曲线;图 5-4-6 为施工状态加劲梁在风轴坐标系下的静力三分力系数随攻角的变化关系曲线;图 5-4-7 为成桥状态加劲梁在体轴坐标系下的静力三分力系数随攻角的变化关系曲线；图 5-4-8 为成桥状态加劲梁在风轴坐标系下的静力三分力系数随攻角的变化关系曲线。

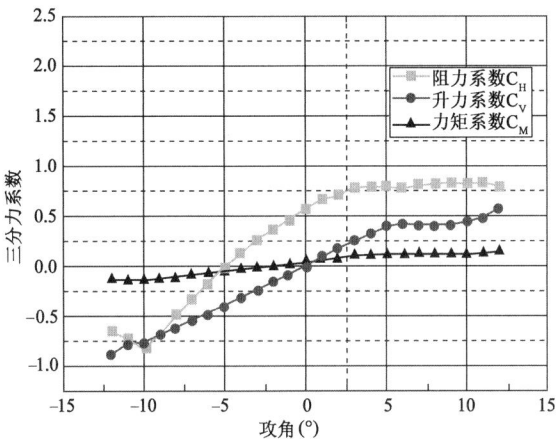

图 5-4-5　施工状态加劲梁在体轴坐标系下的三分力系数随攻角变化曲线

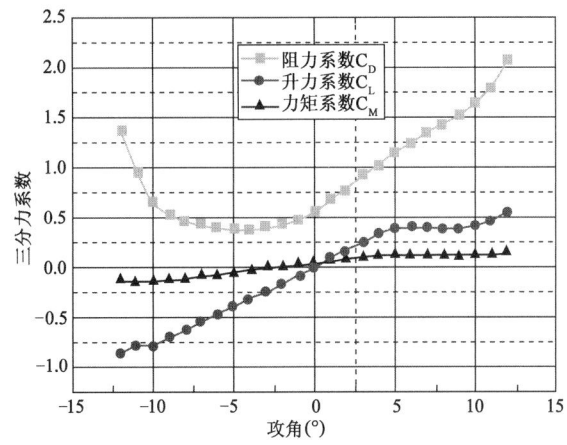

图 5-4-6　施工状态加劲梁在风轴系下的三分力系数随攻角变化曲线

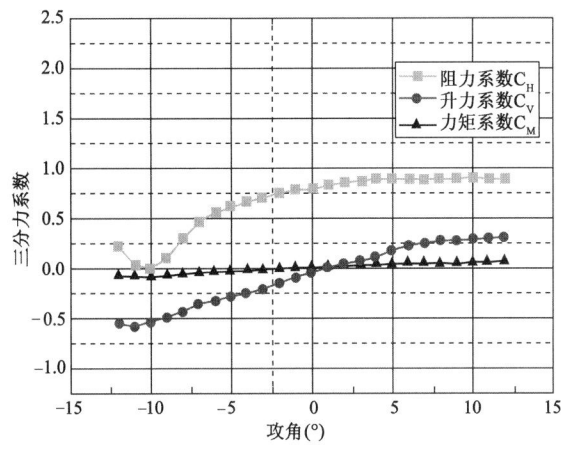

图 5-4-7　成桥状态加劲梁在体轴系下的三分力系数随攻角变化曲线

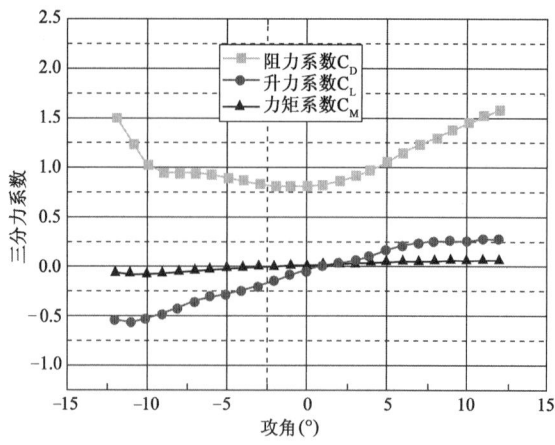

图 5-4-8 成桥状态加劲梁在风轴系下的三分力系数随攻角变化曲线

施工状态加劲梁静力三分力系数数据 表 5-4-15

攻角(°)	体轴系下静力三分力系数		体(风)轴系下静力三分力系数	风轴系下静力三分力系数	
	阻力系数 C_H	升力系数 C_V	力矩系数 C_M	阻力系数 C_D	升力系数 C_L
−12	1.3622	−0.8690	−0.1380	−0.6600	−0.8750
−11	0.9304	−0.7790	−0.1400	−0.7260	−0.7800
−10	0.6445	−0.7650	−0.1410	−0.830	−0.7630
−9	0.5281	−0.6960	−0.1270	−0.6790	−0.6950
−8	0.4778	−0.6320	−0.1090	−0.4970	−0.6320
−7	0.4224	−0.5530	−0.0920	−0.3240	−0.5530
−6	0.3855	−0.4800	−0.0750	−0.1700	−0.4810
−5	0.3825	−0.4030	−0.0560	−0.0070	−0.4050
−4	0.3695	−0.3220	−0.0390	0.1208	−0.3240
−3	0.4009	−0.2430	−0.0190	0.2601	−0.2440
−2	0.4265	−0.1660	−0.0010	0.3623	−0.1670
−1	0.4680	−0.0920	0.0157	0.4502	−0.0930
0	0.5586	−0.0120	0.0360	0.5586	−0.0120
1	0.6730	0.0857	0.0595	0.6564	0.0868
2	0.7614	0.1561	0.0757	0.7008	0.1585
3	0.9136	0.2397	0.0949	0.7739	0.2437
4	1.0178	0.3218	0.1068	0.7677	0.3275
5	1.1431	0.3852	0.1155	0.7684	0.3927
6	1.2360	0.4068	0.1160	0.7601	0.4163
7	1.3337	0.3938	0.1165	0.7942	0.4056
8	1.4204	0.3867	0.1137	0.8128	0.4009
9	1.5070	0.3807	0.1058	0.8314	0.3973

续上表

攻角(°)	体轴系下静力三分力系数		体(风)轴系下静力三分力系数	风轴系下静力三分力系数	
	阻力系数 C_H	升力系数 C_V	力矩系数 C_M	阻力系数 C_D	升力系数 C_L
10	1.6391	0.4148	0.1170	0.8195	0.4343
11	1.7892	0.4489	0.1222	0.8112	0.4716
12	2.0610	0.5351	0.1444	0.7884	0.5623

成桥状态加劲梁静力三分力系数数据　　　　表 5-4-16

攻角(°)	体轴系下静力三分力系数		体(风)轴系下静力三分力系数	风轴系下静力三分力系数	
	阻力系数 C_H	升力系数 C_V	力矩系数 C_M	阻力系数 C_D	升力系数 C_L
-12	1.4949	-0.5400	-0.0680	0.2229	-0.5570
-11	1.2470	-0.5660	-0.0840	0.0316	-0.5780
-10	1.0291	-0.5320	-0.0850	-0.0070	-0.5410
-9	0.9498	-0.4830	-0.0740	0.1047	-0.4900
-8	0.9447	-0.4220	-0.0570	0.2881	-0.4290
-7	0.944	-0.3550	-0.0410	0.4597	-0.3630
-6	0.9296	-0.3130	-0.0300	0.5631	-0.3200
-5	0.8916	-0.2830	-0.0240	0.6162	-0.2890
-4	0.8532	-0.2470	-0.0170	0.6610	-0.2520
-3	0.8217	-0.2000	-0.0090	0.7050	-0.2040
-2	0.8048	-0.1510	-0.0010	0.7463	-0.1530
-1	0.7986	-0.0930	0.0056	0.7807	-0.0940
0	0.7952	-0.0430	0.0118	0.7952	-0.0430
1	0.8277	0.0038	0.0193	0.8268	0.0051
2	0.8730	0.0418	0.0253	0.8563	0.0445
3	0.9149	0.0693	0.0299	0.8736	0.0736
4	0.9717	0.1038	0.0359	0.8895	0.1097
5	1.0521	0.1667	0.0458	0.8878	0.1744
6	1.1463	0.2153	0.0520	0.8917	0.2250
7	1.2244	0.2359	0.0548	0.8981	0.2476
8	1.2899	0.2598	0.0544	0.8784	0.2735
9	1.3688	0.2664	0.0558	0.8922	0.2825
10	1.4391	0.2688	0.0591	0.9023	0.2873
11	1.5101	0.2796	0.0613	0.8937	0.3006
12	1.578	0.2896	0.0632	0.8792	0.3130

从图 5-4-5 ~ 图 5-4-8 和表 5-4-15、表 5-4-16 中可以看出,在 $\alpha = 0°$ 的情况下,成桥状态时的阻力系数为 0.7952;施工状态有桥面板时为 0.5586。无论在成桥状态或施工状

态,升力系数曲线(C_L-α)和力矩系数曲线(C_M-α)的斜率在较大的正、负攻角($-10°\leq\alpha\leq10°$)范围内均为正值,这说明加劲梁断面具备气动稳定的必要条件。

二、加劲梁节段模型涡振性能试验

1.动力节段模型系统

加劲梁节段模型涡振性能试验的目的是通过测定节段模型发生涡激振动的发振风速和振幅,对加劲梁的涡激振动特性进行初步评价。涡激振动是由于气流绕过物体时在物体两侧及尾流中产生周期性脱落的旋涡激励使物体发生的限幅振动,它通常发生在较低的风速下,其振动形式通常为竖向涡振或扭转涡振。涡激振动的发生不依赖于弯扭耦合机制,因而对模型系统可以无扭弯频率比的要求。

试验在西南交通大学 XNJD-1 工业风洞第二试验段中进行,该试验段设有专门进行桥梁节段模型动力试验的装置。动力试验所用的节段模型与静力试验的模型相同,但由 8 根拉伸弹簧悬挂在支架上,形成可竖向运动和绕模型轴线转动的二自由度振动系统。试验支架置于洞壁外,以免干扰流场。

2.试验参数设计

试验要求模型系统满足动力节段模型的相似律,即要求模型与原型(实桥)之间保持三组无量纲参数一致,即弹性参数($v/f_h B$,$U/f_\alpha B$)、惯性参数($m/\rho B^2$,$I_m/\rho B^4$)和阻尼参数(ζ_α,ζ_h)保持一致。其中,v 为风速;B 为桥面宽度;f_h、f_α 为频率;m 为单位长度质量;I_m 为单位长度质量惯矩;ζ_α、ζ_h 为阻尼比;ρ 为空气密度。下标 h 和 α 分别代表竖向运动和扭转运动。

根据前面计算所得成桥或典型施工状态的动力特性确定模型试验参数。由于涡激振动是一种风气流绕过物体时在物体两侧及尾流中产生周期性脱落的旋涡激励使物体发生的限幅振动,它通常发生在较低的风速下,加劲梁发生涡激振动可能会影响行车安全性或舒适性,或导致结构疲劳问题,但不会引发结构发生动力稳定问题和破坏性的强度问题。因此,对于成桥状态,需保证其加劲梁不发生涡振或涡振振幅在允许值之内;对于施工状态,由于其施工时间较短,施工状态不断变化,项目取 90% 加劲梁拼装状态进行试验验证,进而推广至其他施工状态。

涡振试验在均匀流条件下进行。对于成桥状态与施工状态,分别进行了 $\alpha=-3°$、$0°$、$+3°$ 三种攻角情况下的试验。成桥状态模型系统设计参数详见表 5-4-17,90% 加劲梁拼装状态模型系统设计参数详见表 5-4-18。模型在风洞中的照片如图 5-4-9 和图 5-4-10 所示。

成桥状态涡振试验模型设计参数　　　　表 5-4-17

参数名称	符号	单位	缩尺比	实桥值	模型要求值	模型实现值
加劲梁高	H	m	1/40	3.0	0.075	0.075
加劲梁宽	B	m	1/40	33.1	0.828	0.828
单位长度质量	m	kg/m	$1/40^2$	2.53×10^4	15.85	15.85

续上表

参 数 名 称	符号	单位	缩尺比	实桥值	模型要求值	模型实现值
单位长度质量惯矩	I_m	$kg \cdot m^2/m$	$1/40^4$	3.02×10^6	1.18	1.18
竖弯频率	f_b	Hz	11.46/1	0.143	1.64	1.64
竖弯阻尼比	ζ_b	%	—	0.5	0.5	0.43
扭转频率	f_t	Hz	11.97/1	0.349	4.18	4.18
扭转阻尼比	ζ_t	%	—	0.5	0.5	0.46

90%加劲梁拼装状态涡振试验模型设计参数　　　　表5-4-18

参 数 名 称	符号	单位	缩尺比	实桥值	模型要求值	模型实现值
加劲梁高	H	m	1/40	3.0	0.075	0.075
加劲梁宽	B	m	1/40	33.1	0.828	0.828
单位长度质量	m	kg/m	$1/40^2$	1.98×10^4	12.34	12.34
单位长度质量惯矩	I_m	$kg \cdot m^2/m$	$1/40^4$	2.62×10^6	1.02	1.02
竖弯频率	f_b	Hz	10.86/1	0.17	1.85	1.85
竖弯阻尼比	ζ_b	%	—	0.5	0.5	0.39
扭转频率	f_t	Hz	11.16/1	0.343	3.83	3.83
扭转阻尼比	ζ_t	%	—	0.5	0.5	0.45

图5-4-9　置于风洞中的动力试验模型(成桥状态)

图5-4-10　置于风洞中的动力试验模型(施工状态)

3.试验结果及分析

对于成桥状态和施工状态,分别进行了 $\alpha = 0°$、$-3°$、$+3°$三种攻角条件下的试验,试验来流为均匀流。

图5-4-11~图5-4-14分别给出了成桥和施工状态的实桥扭转振动振幅与风速的关系曲线及实桥竖向振动振幅与风速的关系曲线。

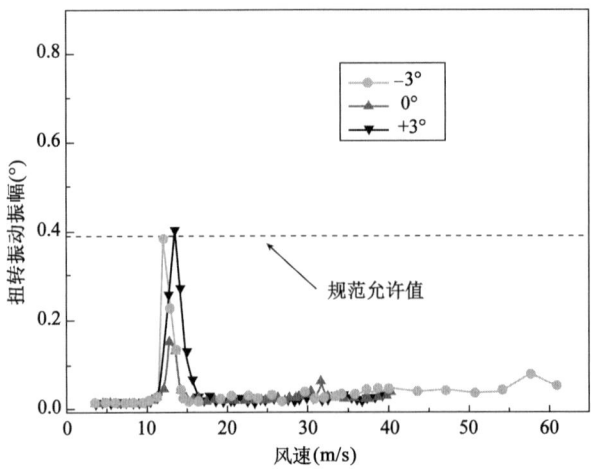

图 5-4-11 成桥状态实桥扭转振动振幅与风速的关系曲线

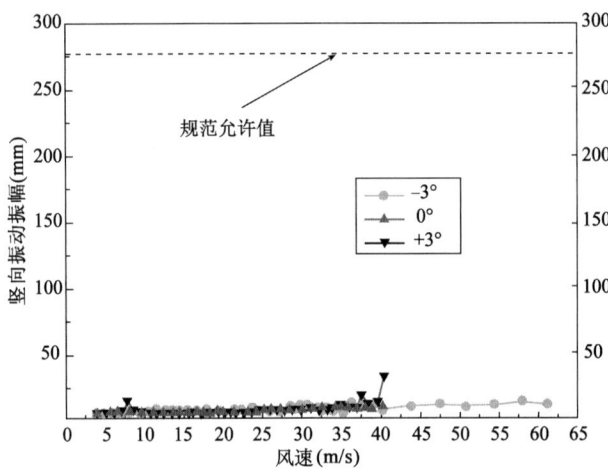

图 5-4-12 成桥状态实桥竖向振动振幅与风速的关系曲线

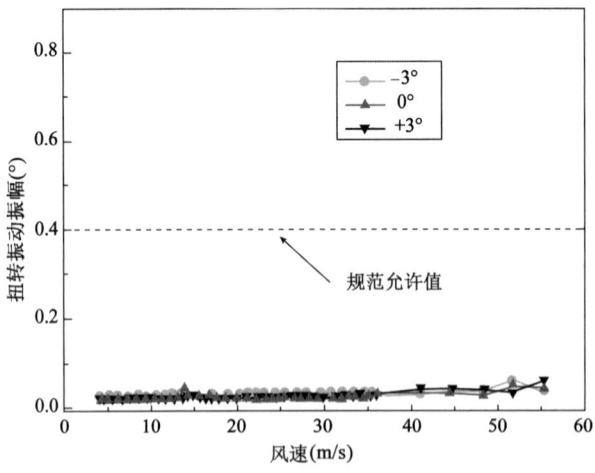

图 5-4-13 施工状态实桥扭转振动振幅与风速的关系曲线

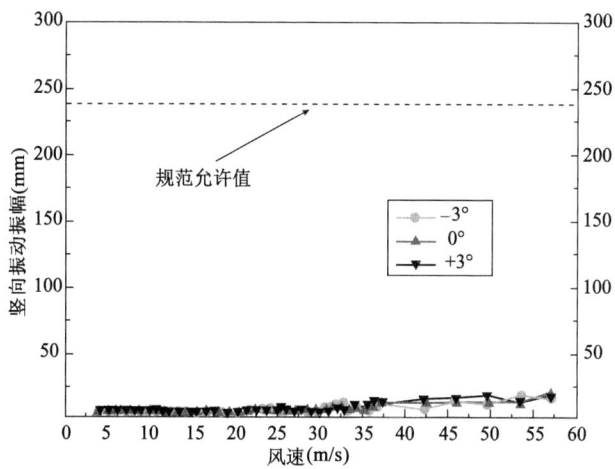

图 5-4-14　施工状态实桥竖向振动振幅与风速的关系曲线

试验结果表明(2014 年 7 月工可方案):

(1)对于施工状态,风攻角 $\alpha = -5°$、$\alpha = -3°$、$\alpha = 0°$、$\alpha = 3°$、$\alpha = 5°$时,没发现有加劲梁竖向涡激振动和扭转涡振发生。

(2)对于成桥状态,加劲梁未观测到有竖向涡激振动发生,在三个攻角下均发生了扭转涡激振动。其中,$\alpha = -3°$时,涡振风速区间为 10~15m/s,最大扭转振幅为 0.381°;$\alpha = 0°$时,涡振风速区间为 11~17m/s,最大扭转振幅为 0.157°;$\alpha = +3°$时,涡振风速区间为 11~15m/s,最大扭转振幅为 0.404°,略大于规范允许值,考虑到该状态的试验扭转阻尼比为 0.46%,小于规范的 0.5% 建议值,其涡振性能可通过大比例节段模型风洞试验进一步研究验证。

三、加劲梁节段模型颤振性能试验

1. 动力节段模型系统

加劲梁节段模型颤振性能试验的目的是通过节段模型试验直接测定颤振临界风速,从而对该桥的动力抗风稳定性进行初步评估。

试验在西南交通大学 XNJD-1 工业风洞第二试验段中进行,该试验段设有专门进行桥梁节段模型动力试验的装置。动力试验所用的节段模型与静力试验的模型相同,但由 8 根拉伸弹簧悬挂在支架上,形成可竖向运动和绕模型轴线转动的二自由度振动系统。试验支架置于洞壁外,以免干扰流场。

2. 系统参数设计

采用直接测量法进行颤振试验时,要求模型系统满足动力节段模型的相似律,即要求模型与原型(实桥)之间保持三组无量纲参数一致,制作节段模型时,严格模拟了加劲梁的几何外形,确定系统质量参数时,采用等效质量和等效质量惯矩来分析。

对于成桥状态,颤振试验按第一阶对称竖弯($f_b = 0.1431$Hz)和第一阶对称扭转($f_t = $

0.3495Hz)两个模态组合来确定模型系统的扭弯频率比;对于施工状态,按90%主梁拼装率的相应模态组合来设计模型系统,其他拼装率状态的颤振临界风速测定,可基于全桥气弹模型试验进行。

3. 颤振临界风速的测定

本试验通过直接测量法测定成桥及施工状态主梁节段模型在不同攻角下的颤振临界风速,根据模型的缩尺比、频率比计算出相应的风速比,并通过风速比推算出实桥的颤振临界风速。成桥状态颤振试验的频率比为11.72/1,相应的风速比为3.41;施工状态涡振试验的竖弯频率比为11.01/1,相应的风速比为3.63。

颤振试验在均匀流条件下进行。对于成桥状态、施工状态,均进行了 $\alpha = 0°$、$+3°$、$-3°$ 三种攻角情况下的试验。图5-4-15 和图5-4-16 分别为放在风洞中的施工态和成桥态颤振试验模型照片。表5-4-19 给出了直接法颤振试验结果。

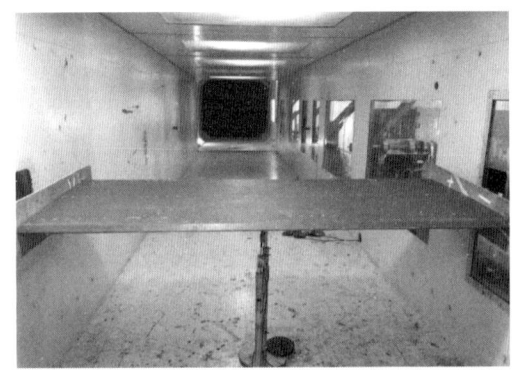

图5-4-15 施工态颤振试验照片

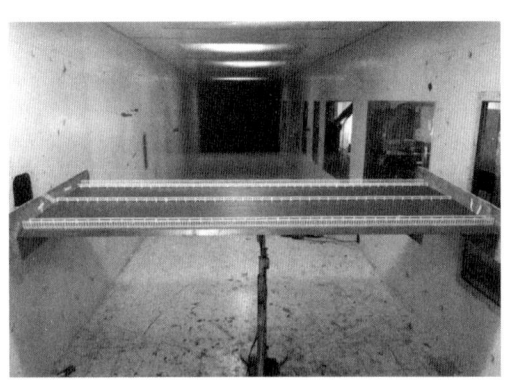

图5-4-16 成桥态颤振试验照片

直接法颤振试验结果　　表5-4-19

工　况		模型实测$[V_{cr}]$（m/s）	风　速　比	实桥$[V_{cr}]$（m/s）	颤振形态
90%加劲梁拼装状态	+3°	>20.0	3.63	>72.6	—
	0°	>20.0	3.63	>72.6	—
	-3°	17.6	3.63	63.888	弯扭耦合
成桥状态	+3°	>20.0	3.42	>68.4	—
	0°	17.9	3.42	61.218	弯扭耦合
	-3°	16.9	3.42	57.798	弯扭耦合

由表5-4-19 可以得出,伍家岗长江大桥主桥成桥状态,在风攻角 $\alpha = 0°$、$-3°$ 时颤振临界风速大于颤振检验风速,颤振稳定性能满足要求,而在风攻角 $\alpha = +3°$ 时,成桥状态颤振临界风速小于颤振检验风速,说明其不满足颤振稳定性要求;而对于施工状态(加劲梁90%拼装率),在风攻角 $\alpha = 0°$、$+3°$ 和 $-3°$ 时,各自的颤振临界风速均高于相应的颤振检验风速,其他拼装率施工状态下,加劲梁的颤振稳定性能将在全桥气弹模型风洞试验报告中进行评价。

四、加劲梁断面抗风性能的优化风洞模型试验

由于伍家岗长江大桥主桥(工可方案)成桥状态在风攻角 α = +3°时成桥状态颤振临界风速小于颤振检验风速,不满足颤振稳定性要求,因而需进行风洞模型试验进行气动优化试验,以获得颤振稳定性能及涡振性能均满足要求的方案与措施。

共进行了九种断面形式的优化风洞模型试验,优化的试验工况见表 5-4-20,优化试验工况对应的断面布置图如图 5-4-17 所示,优化后的试验结果见表 5-4-21。

原方案及优化改进措施一览表　　表 5-4-20

方案		优化措施(下面尺寸为模型的尺寸)
原方案	a)	检查车轨道距梁底外边缘 2cm
优化方案一	b)	检查车轨道距梁底外边缘 4cm
优化方案二	c)	检查车轨道距梁底外边缘 6cm
优化方案三	d)	检查车轨道移至斜腹板中间位置
优化方案四	e)	大透风率栏杆,透风率约 70%
优化方案五	f)	设置 1m 宽导流板
优化方案六	g)	设置 0.6m 宽导流板
优化方案七	h)	设置 0.6m 宽导流板+梁底中央稳定板
优化方案八	i)	设置 0.6m 宽导流板+稳定版(梁底 1/4 处)
优化方案九	j)	减小斜腹板倾角

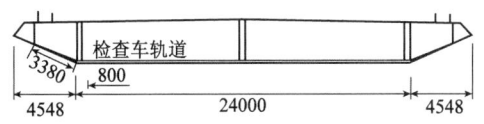

a)

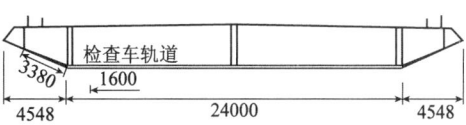

b)

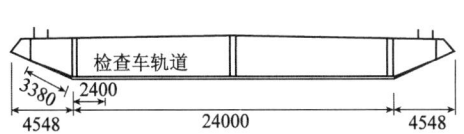

c)

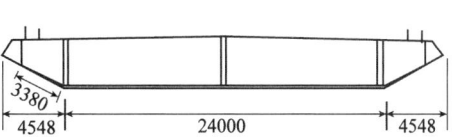

d)

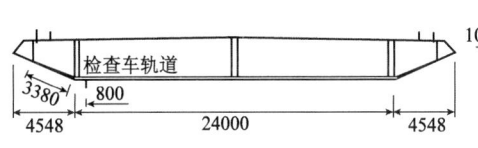

e)

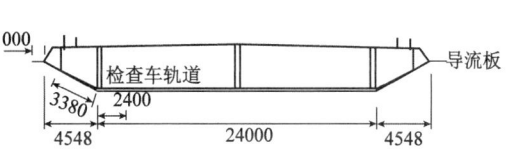

f)

图 5-4-17

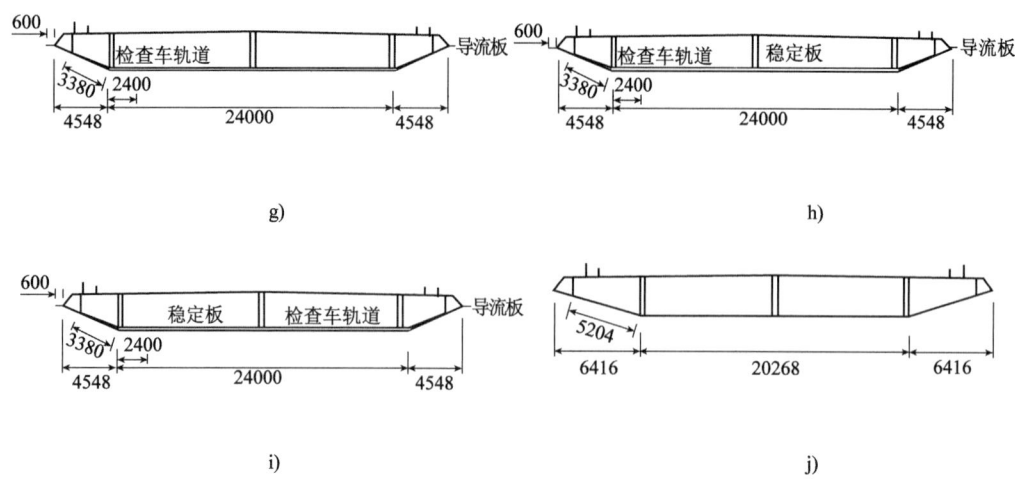

图 5-4-17 优化试验工况对应的断面布置图(尺寸单位:mm)

+3°攻角下各方案直接颤振法试验结果　　　　　表 5-4-21

方　案	模型实测$[V_{cr}]$(m/s)	风速比	实桥$[V_{cr}]$(m/s)	颤振形态
原方案	16.9	3.42	57.798	弯扭耦合
优化方案一	16.5	3.42	56.43	弯扭耦合
优化方案二	17.3	3.42	59.166	弯扭耦合
优化方案三	>20	3.42	>68.4	—
优化方案四	17.5	3.42	59.85	弯扭耦合
优化方案五	16.7	3.42	57.114	弯扭耦合
优化方案六	17.1	3.42	58.482	弯扭耦合
优化方案七	17.6	3.42	60.192	弯扭耦合
优化方案八	17.2	3.42	58.824	弯扭耦合
优化方案九	17.6	3.34	58.784	弯扭耦合

从表 5-4-21 中可知,方案一、方案五、方案六、方案八和方案九均不能满足要求;方案二中加劲梁的颤振临界风速略低于颤振检验风速 59.5m/s;而方案三最优,风速大于 68.4m/s 仍未发现生颤振稳定性问题;方案四和方案七的颤振临界风速均高于颤振检验风速 59.5m/s。可见,方案二、方案三、方案四和方案七均能满足颤振稳定性要求,且以方案三为最优,即将检查车轨道移至斜腹板中间位置的方案为最优;其次为方案七的设置 0.6m 宽导流板+梁底中央稳定板方案,然后为设置大透风率栏杆的方案四。

建议设计单位及相关部门综合考虑实桥建设的经济性、可实施性、美观等因素,选择相应的方案。

五、结论与建议

通过对伍家岗长江大桥主桥的风特性分析、动力特性分析、静力节段模型试验和动力节段模型试验,可以得出如下结论:

(1)伍家岗长江大桥主桥在成桥状态下在桥面高度处的设计基准风速为40m/s;施工阶段的设计风速36.8m/s;成桥状态的颤振检验风速为59.5m/s;施工阶段的颤振检验风速为54.8m/s。

(2)加劲梁静力三分力系数试验表明,在$\alpha = 0°$的情况下,成桥状态时的阻力系数为0.7952;施工状态有桥面板时为0.5586。无论在成桥状态或施工状态,升力系数曲线和力矩系数曲线的斜率在较大的正、负攻角($-10° \leq \alpha \leq +10°$)范围内均为正值,这说明加劲梁断面具备气动稳定的必要条件。

(3)对于伍家岗长江大桥主桥(工可方案)成桥状态,在风攻角$\alpha = +3°$时,颤振临界风速小于颤振检验风速,说明该状态下颤振稳定性不能满足要求;而在风攻角$\alpha = 0°$和$\alpha = -3°$时,颤振临界风速大于颤振检验风速,颤振稳定性能满足要求。

(4)对于主桥的施工状态(加劲梁90%拼装率),在风攻角$\alpha = 0°$、$+3°$和$-3°$时,其颤振临界风速高于相应的颤振检验风速。其他拼装率施工状态下主梁的颤振稳定性能将在全桥气弹模型风洞试验报告中进行评价。

(5)对于伍家岗长江大桥(工可设计方案)的成桥状态,其涡振性能基本能满足《公路桥梁抗风设计规范》(JTG/T D60-01—2004)相关条款的要求,其涡振性能的进一步深入评价,将在大比例节段模型风洞试验中进行。

(6)对于伍家岗长江大桥(工可设计方案)的施工状态,其加劲梁的涡振性能满足《公路桥梁抗风设计规范》(JTG/T D60-01—2004)相关条款的要求。

(7)根据颤振性能优化风洞模型试验结果可知,优化检查车轨道位置(如移至斜腹板中间位置的方案)、设置0.6m宽导流板+梁底中央稳定板、设置大透风率栏杆的方案均能使主梁颤振临界风速达到大于相应颤振检验风速的要求,具体可综合考虑桥梁建设的经济性、可实施性、美观等因素,选择相应的方案。

给出的建议如下:

(1)根据国内同类桥梁的研究成果,栏杆透空率对成桥状态的涡振性能也会有较大的影响,建议伍家岗长江大桥实桥栏杆(尤其是人行栏杆)的透空率大于65%。

(2)针对加劲梁气动外形优化及其对涡振性能的影响研究,建议结合大比例节段模型的风洞模型试验进行。

(3)关于施工状态下各拼装率状态的颤振临界风速测定,可基于全桥气弹模型试验进行。

第五节 加劲梁大比例节段模型风洞试验

伍家岗长江大桥加劲梁大比例节段模型涡振试验在西南交通大学大型工业风洞XNJD-3风洞中进行,其目的是通过大比例模型风洞试验,考察较高雷诺数条件下成桥状态和施工状态下加劲梁的涡激振动性能,以求获得更为接近实桥的涡振锁定风速和最大振幅。

一、模型系统

加劲梁节段模型采用 1:20 的几何缩尺比，模型长 $L = 3.46m$，宽 $B = 1.735m$，高 $H = 0.14m$。为控制模型的质量及质量惯矩，并保证模型自身具有足够刚度，模型采用优质木材制作。桥面防撞护栏、垫石、扶手栏杆、检修轨道等附属构件采用木材及工程塑料制作而成。

除了要保证外形相似外，动力模型还要保持质量、刚度、阻尼等相似参数的相似性，即要求模型与原型（实桥）之间保持四组无量纲参数（弹性参数、惯性参数、阻尼参数、雷诺数）一致。由于雷诺数相似难于在风洞试验中实现，而类似桥梁断面的钝体结构，雷诺数的影响比较小，故模型可以不过多考虑雷诺数。

大比例涡振节段模型需要满足的相似比见表 5-4-22，90% 加劲梁拼装状态涡振试验模型设计参数见表 5-4-23。

大比例涡振节段模型相似比　　　　　　　　　　　　　表 5-4-22

参数名称	符号	单位	相似比	相似要求
长度	L	m	$\lambda_L = 1:20$	几何相似比
风速	v	m/s	$\lambda_v = \lambda_L \lambda_f$	Strouhal 数相等
密度	ρ	kg/m³	$\lambda_\rho = 1$	材料密度不变
单位长度质量	m	kg/m	$\lambda_m = \lambda_\rho \lambda_L^2 = \lambda_L^2 = 1:20^2$	量纲不变
单位长度质量惯矩	I_m	kg·m²/m	$\lambda_J = \lambda_m \lambda_L^2 = \lambda_L^4 = 1:20^4$	量纲不变
时间	T	s	$\lambda_t = \lambda_L/\lambda_U$	Strouhal 数相似
阻尼比	ζ	—	$\lambda_\zeta = 1$	阻尼比相等

90% 加劲梁拼装状态涡振试验模型设计参数　　　　　　表 5-4-23

参数名称		单位	实桥值	相似比	模型值
几何尺度	长度 L	m	69.2	$\lambda_L = 1:20$	3.46
	宽度 B	m	34.7	$\lambda_L = 1:20$	1.735
	高度 H	m	2.80	$\lambda_L = 1:20$	0.140
等效质量（成桥）	质量 m	kg/m	25200	$\lambda_m = 1:20^2$	63.0
	质量惯性 J_m	kg·m²/m	3017500	$\lambda_J = 1:20^4$	18.859

为了避免试验支架系统对试验均匀风场产生影响，在支架前端及后端分别设置了导流风嘴。节段模型由 8 根拉伸弹簧悬挂在支架上，形成二自由度振动系统。鉴于涡振通常发振风速较低，为降低模型风速比，采用刚度较大的弹簧以提高模型的自振频率。质量相似通过在模型两端加装配重的方式实现。为避免耦合现象导致竖向与扭转涡振区重叠，试验中节段模型竖向与扭转频率分离开来。

模型安装后，在节段模型端板两端设置两个非接触式激光位移传感器，用以测量模型竖向以及扭转位移，两竖向通道信号和的一半为竖向位移，两竖向通道信号差与桥面宽度之比为扭转角。加劲梁大比例节段模型照片如图5-4-18所示。

图5-4-18　加劲梁大比例节段模型照片

二、试验结果分析

试验来流为均匀流,分别对成桥状态在大小两种阻尼体系下 -3°~ +3°($\Delta = 1°$)攻角范围内进行了试验。试验时在模型前方加劲梁高度处安装风速仪,风速按0.2m/s的间隔递增,找到涡振区后按0.1m/s的间隔变化。

通过大比例节段模型涡激振动试验可知,加劲梁节段模型在 +3°攻角时在高、低两种阻尼体系下均发现了明显的竖向涡激振动,第一涡振风速区间为4~4.5m/s,第二涡振风速区间为8~11m/s(以第一阶对称竖弯频率为参考),且低阻尼比系统下加劲梁涡激振动振幅显著大于高阻尼比系统下涡振振幅。加劲梁节段模型在各工况下未发现明显的扭转涡激振动。

两种阻尼比($\zeta = 0.23\%$ 和 0.45%)系统下,加劲梁在各个攻角下各阶模态所对应的涡振锁定风速及最大振幅和依据《公路桥梁抗风设计规范》(JTG/T D60-01—2004)及英国规范 BS-5400 计算得到的涡振容许振幅分别见表5-4-24、表5-4-25。

各阶模态对应的涡振响应($\zeta = 0.23\%$)　　　表5-4-24

方向	频率	振型	锁振风速 (m/s)	最大振幅 (mm)	容许振幅(mm/°)			
					中国规范		英国规范	
竖向	0.0941	V-A-1	2.99	51.6	425	满足	565	满足
			6.14	116				
	0.1431	V-S-1	4.54	51.6	279	满足	244	满足
			9.34	116				
	0.2065	V-S-2	6.55	51.6	194	满足	117	满足
			13.47	116				
	0.2841	V-S-3	9.02	51.6	141	满足	62	不满足
			18.53	116				

续上表

方向	频率	振型	锁振风速（m/s）	最大振幅（mm）	容许振幅(mm/°)			
					中国规范		英国规范	
扭转	0.3495	T-S-1	—	—	0.384°	满足	0.118°	满足
	0.4339	T-A-1	—	—	0.309°	满足	0.077°	满足

各阶模态对应的涡振响应（$\zeta=0.45\%$） 表5-4-25

方向	频率	振型	锁振风速（m/s）	最大振幅（mm）	容许振幅(mm/°)			
					中国规范		英国规范	
竖向	0.0941	V-A-1	2.93	6.66	425	满足	565	满足
			6.44	75.2				
	0.1431	V-S-1	4.46	6.66	279	满足	244	满足
			9.8	75.2				
	0.2065	V-S-2	6.43	6.66	194	满足	117	满足
			14.13	75.2				
	0.2841	V-S-3	8.85	6.66	141	满足	62	不满足
			19.45	75.2				
扭转	0.3495	T-S-1	—	—	0.384°	满足	0.118°	满足
	0.4339	T-A-1	—	—	0.309°	满足	0.077°	满足

从表5-4-24和表5-4-25中可知，系统在两种阻尼比系统下（$\zeta=0.23\%$和0.45%），均未发现有明显的扭转涡振发生，其扭转涡振性能满足我国《公路桥梁抗风设计规范》（JTG/T D60-01—2004）和英国BS-5400中建议的允许值。

由以上试验结果还可知，在低阻尼比系统（$\zeta=0.23\%$）下，加劲梁竖向最大涡振振幅达到了116mm；在高阻尼比系统（$\zeta=0.45\%$）下，主梁竖向最大涡振振幅为75.2mm，如以低阶模态发生涡激振动，其振幅均小于我国《公路桥梁抗风设计规范》（JTG/T D60-01—2004）或英国BS-5400的允许值，满足要求，但如以高阶模态发生涡激振动，其振幅小于我国《公路桥梁抗风设计规范》（JTG/T D60-01—2004）的允许值，但大于英国BS-5400给出的容许值。

三、抑振措施

桥梁结构的抗风能力可通过气动措施、结构措施和机械措施予以提高。气动措施主要是指改变构件截面外形或附加能改变气流绕流流态附属物，例如稳定板、导流板、裙板、风嘴、开槽等。结构措施主要是指提高结构的刚度或质量、增加结构外部或内部约束等方法。机械措施主要是指外加各种阻尼器，包括被动阻尼器、主动阻尼器和半主动阻尼器等。由于气动抑振措施相较结构措施和机械措施具有较好的经济性，且操作简单，往往被优先采用。

基于伍家岗长江大桥大比例节段模型试验结果，试验还进行了抑制加劲梁涡激振动措施研究,分别采用设置透风率均为 35% 的圆孔型风屏障和方条孔型风屏障、加设导流板(5 种不同位置)等 7 种抑振措施。

由试验结果可知,原方案加劲梁竖向最大涡振振幅为 116mm,加设圆孔型风屏障和方条孔型风屏障后,加劲梁最大竖向涡振振幅达到 156mm 和 143mm,不仅未有任何减振效果,反而放大了涡激振动响应,若出于其他考虑(侧风下行车安全)需要设置风屏障,应当注意。加设导流板可以显著减小竖向涡激振动振幅,其中架设水平导流板的方案最佳,最大竖向振幅减小到 33.3mm。各方案下,加劲梁未发生明显扭转涡激振动。

四、结论

(1)在高低两种阻尼比系统下,即试验时的阻尼比设置为 $\zeta=0.45\%$ 和 $\zeta=0.23\%$ 时,加劲梁节段模型在 +3°攻角下均发生明显竖向涡激振动。阻尼比 $\zeta=0.45\%$ 时,最大涡振振幅为 75.2mm;阻尼比 $\zeta=0.23\%$ 时,最大涡振振幅为 116mm。

(2)当参照我国《公路桥梁抗风设计规范》(JTG/T D60-01—2004)相关要求进行评价时,加劲梁发涡激振动最大振幅未超出允许值,满足要求。

(3)当参照英国规范 BS-5400 进行评价时,加劲梁在低阶模态下发生涡激振动时,其最大竖向振幅可满足要求,但在较高阶次模态下发生涡激振动时,其振幅超过了容许振幅。

(4)在两种阻尼体系下,风攻角 ±3°范围内,均未发生明显的扭转涡激振动。

(5)加设导流板可抑制加劲梁竖向涡激振动,其中附加水平导流板减振效果最佳,最大竖向振幅减小至 33.3mm,均远小于我国《公路桥梁抗风设计规范》(JTG/T D60-01—2004)或英国规范 BS-5400 容许值。

第六节 桥塔驰振、全桥三维颤振及静风效应分析

一、桥塔独立状态动力特性计算分析

根据设计单位提供的设计资料,对伍家岗长江大桥桥塔独立状态的动力特性进行三维自振特性计算分析。桥塔为混凝土桥塔,采用 ANSYS 软件建模,对结构进行有限元离散时,塔柱等采用梁单元模拟,塔墩承台顶嵌固。相应状态的结构动力特性见表 5-4-26。

桥塔独立状态动力特性　　表 5-4-26

阶　　次	ANSYS 频率(Hz)	振 型 特 点
1	0.2215	一阶顺桥弯曲
2	0.3528	一阶横向弯曲
3	0.8818	一阶扭转
4	1.2656	二阶横向弯曲
5	1.4030	二阶顺桥弯曲
6	1.7047	三阶横向弯曲

二、加劲梁静风稳定性计算分析

大跨径悬索桥主要由加劲梁、桥塔、缆索和吊索组成。目前,桥塔、缆索和吊索仅考虑静风荷载中阻力的作用,一般可认为在桥梁的变位过程中桥塔、缆索和吊索所受静风荷载阻力的大小不变。而静风荷载对加劲梁作用有三个方向的分力,即阻力、升力和力矩。随着风速的增加,加劲梁发生扭转,从而使作用其上的三分力系数发生改变,最终导致作用在加劲梁上静风荷载的改变。由此可见,加劲梁受到的静风荷载是加劲梁变形的函数。

本书采用体轴坐标系下进行静风荷载的计算,原因如下:

(1)体轴坐标系与进行有限元分析时所采用的局部坐标系相一致,可以减少将静风荷载从风轴坐标系向局部坐标系转换的过程,从而可以节约计算机资源,减少计算所耗费的时间。

(2)在体轴坐标系下计算静风荷载时只与加劲梁的扭转角有关,与风的初始攻角无关,而风轴坐标系下的静风荷载则与风的初始攻角有关。因此,在体轴坐标系下计算静风荷载并进行加载更为方便。

按照空间杆系稳定理论,静风稳定问题可归结为求解非线性方程。本书所述的非线性有限元方法计算的思路是:在计算结构静风响应时,将阻力、升力及升力矩曲线按分段直线拟合。在计算发散风速时,在初始攻角下,先假定一初始风速,再通过静风响应计算得到一组相应的主缆索力和加劲梁扭转角,并以此为新的初态增加一级风速重新计算,直到计算不收敛为止。此时,计算出的风速便是静风失稳临界风速。

用非线性有限元法计算结构的静风稳定性时,为了得到结构的失稳模式,分三种不同的情况进行计算:①在风对加劲梁的静风三分力当中,忽略风对加劲梁升力及升力矩的作用,而只考虑风的阻力作用,此时得到的是结构的侧倾失稳风速;②在风对加劲梁的静风三分力当中,忽略风对加劲梁阻力及升力的作用,而只考虑风的升力矩作用,此时得到的是结构的扭转发散风速;③充分全面地考虑风对加劲梁的静力三分力的影响。

基于有限元软件建立伍家岗长江大桥有限元分析模型,模拟成桥状态风速加载全过程。通过分析,得到加劲梁侧倾失稳临界风速为80m/s,扭转发散临界风速为87m/s,而全面考虑静力三分力系数变化时,加劲梁静力失稳风速为85m/s。由此可见,伍家岗长江大桥加劲梁静风失稳风速远大于其检验风速,该桥静力稳定性能满足要求。

三、桥塔独立状态的驰振稳定性分析

驰振是细长结构在气流自激力作用下产生的一种大幅纯弯振动现象,这种振动响应是不稳定的,即发散的。结构存在一个驰振临界风速,当风速达到或者超过这个临界值时,结构就会发生驰振,驰振一旦发生,就会对结构造成致命性的破坏。

驰振主要发生在截面较钝的钢桥和钢制桥塔中,混凝土桥塔一般阻尼比较大,发生涡振、驰振的可能性较小。为了安全起见,对伍家岗长江大桥主塔桥塔独立状态的驰振性能进行分析研究。首先基于 CFD(Computational Fluid Dynamics,计算流体力学)数值分析,获得桥塔断面的气动力系数,进而计算其驰振系数,然后基于驰振稳定性判据进行评价。

1. CFD 数值模拟

CFD 是流体力学的分支,其通过计算机的数值模拟来获取流体在特定条件下的相关信息,利用计算机替换试验设备来完成"计算试验"。

2. 塔柱气动力系数计算

伍家岗长江大桥桥塔塔柱截面沿高度方向几何相似但尺寸渐变,高程 76.025m 以上有装饰结构。现截取三个塔柱典型位置:桥塔上部、下横梁上部、装饰结构以下承台附近部位,考虑装饰条的影响,计算横桥向风向角 10°范围内的塔柱阻力(横桥向)系数与侧力(顺桥向)系数。

计算域选择 $60L \times 30L$(L 为流体软件 FLUENT 中的计算域的网络虚拟单位)的矩形,采用四边形混合网格方案,在塔柱周围附近铺设 10 层结构化边界层网格,远离塔柱的计算域区域也为结构网格,中间区域以四边形非结构网格过渡,总网格数约 15 万。计算域边界条件为:入口为速度进口,设置为 20m/s 的均匀来流;出口为压力边界条件,参考压力为零;上、下侧采用对称边界;塔柱断面附近采用无滑移壁面条件。湍流模型选用基于雷诺平均的 SSTk-w 模型,湍流强度取 0.5%,空气流动求解在基于有限体积法的商用流体软件 FLUENT 中进行。

从三个典型桥塔截面的静风系数计算结果可以看出,在计算所涉及的参数范围内,桥塔阻力系数有如下规律:

(1)前柱的阻力系数随着风向角变化表现平稳,总体上呈下降趋势,且随着 B(单柱宽)/D(单柱高)的增大而增大。

(2)后柱由于受到前柱的遮挡,其阻力系数数值较小,随着风向角的增大而逐渐增大,且随着 B(单柱宽)/D(单柱高)的增大先增大后减小;对桥塔最下部 NS1 截面,由于前柱影响较大,后柱的阻力系数在 0°~6°区间出现负值。

(3)桥塔最下部 NS1 截面前柱侧向力系数随着风向角的增大逐渐减小,而下横梁上部 NS2 界面、桥塔上部 NS3 截面前柱侧向力系数随风向角的增大先减小后增大,分别在风向角为 8°和 6°时有最小值 −0.112 和 −0.166;所有截面后柱侧向力系数随着风向角的增大先增大后减小,NS1 截面后柱侧向力系数在风向角为 4°时取最大值 0.168,NS2 和 NS3 截面在风向角为 6°时有最大值 0.034 和 0.054。

3. 任意风向下驰振稳定性判据

当气流经过一个细长物体时,该物体在垂直于来流方向上处于微振状态,即便来流是攻角与速度均不变的定常流,但物体相对来流的微振使得相对风攻角随着时间不断变化。相对风攻角的变化会引起作用在物体上三分力的变化,其中变化的部分产生了对物体的动力作用,即称为气动自激力。常用的气动自激力理论是基于相对风攻角变化建立的,这一理论忽略了物体周边的非定常流体,而认为流体是定常,因此,称之为准定常理论。

Den Hartog 驰振理论便是在准定常理论的基础上建立的,即仅考虑引起驰振的阻力 D 和升力 L。

4. 桥塔独立状态驰振稳定性分析

基于 CFD 分析及驰振力系数判据可知：在顺桥向,所有塔柱的驰振力系数均不小于 0,不存在发生驰振失稳的可能性；在横桥向,在 0°攻角附近,塔柱的驰振力系数小于 0,存在发生驰振失稳的可能性,相应的驰振发生风速为 $v=121\mathrm{m/s}$,远大于桥塔的驰振检验风速 50.4m/s。

由此可见,伍家岗长江大桥桥塔独立状态的驰振稳定性能满足相关规范要求。

四、结构风载内力计算分析

自然风作用下结构内力响应主要由两部分构成：一是结构在静风荷载作用下的内力,二是结构受脉动风作用发生抖振所引起的内力。结构风载内力计算分析针对成桥状态进行,静风荷载下的内力系根据试验测得的三分力系数,采用有限元方法计算获得。而抖振内力系根据气弹模型试验的结果,采用有限元方法进行反演计算获得。

1. 静风荷载作用下结构内力计算

静风作用下,对于加劲梁按下列公式计算出作用于桥道系上的静风荷载：

$$\left.\begin{array}{l} F_H = 0.5\rho V^2 HLC_H \\ F_V = 0.5\rho V^2 BLC_V \\ M = 0.5\rho V^2 B^2 LC_M \end{array}\right\} \qquad (5\text{-}4\text{-}1)$$

式中：ρ——空气密度；

H——梁高；

B——梁宽；

L——长度；

F_H、F_V、M——加劲梁承受阻力、升力、力矩；

C_H、C_V、C_M——加劲梁的阻力系数、升力系数、力矩系数,由静力节段模型试验提供。

对于桥塔、主缆和吊索,其静风荷载只计阻力 F_D,即 $F_D = 0.5\rho V^2 DLC_D$。其中,D 为塔柱宽度或主缆(吊索)外径,其余参数意义同上。计算桥塔和主缆承受的风荷载时,按风剖面变化考虑不同高度的风速。阻力系数按《公路桥梁抗风设计规范》(JTG/T D60-01—2004)取值。

2. 抖振内力分析

计算抖振内力时,对于成桥状态,取设计基准风速(40.0m/s)作为确定抖振响应的参考风速,根据抖振试验所得到成桥状态在设计基准风速下的抖振响应位移,用有限元法反演,可得成桥状态的抖振内力计算结果。

风载内力响应计算参数见表 5-4-27,成桥状态风载内力计算结果见表 5-4-28。

风载内力响应计算参数　　　　　　　　　　　　　　　　　　　　　表 5-4-27

位　置	参　数	成桥状态	备　注
加劲梁	风速 V(m/s)	40.0	桥面高度
	加劲梁高度(m)	2.80	
	加劲梁宽度(m)	34.7	
	阻力系数 C_H	0.795	风洞试验
	升力系数 C_V	-0.043	风洞试验
	力矩系数 C_M	0.012	风洞试验
桥塔	V_Z 风速剖面(m/s)	$40.0\times(z/44)^{0.16}$	
	塔柱宽度(m)	7.0～10.0	
	阻力系数 C_D	2.0	参考规范
主缆及吊索	V_Z 风速剖面(m/s)	$40.0\times(z/44)^{0.16}$	
	吊索外径 D(mm)	72	
	主缆外径(中跨)D(mm)	714	
	阻力系数 C_D	0.7	参考规范

成桥状态风载内力计算结果　　　　　　　　　　　　　　　　　　　表 5-4-28

截　面	内　力	静风响应	抖振响应	静风+抖振响应
塔底截面单柱	轴力 N(kN)	12731	13117	25847
	横向剪力 Q_y(kN)	4251	798	5049
	顺桥向剪力 Q_z(kN)	3139	272	3411
	顺桥向弯矩 M_y(kN·m)	114517	30975	145492
	横向弯矩 M_z(kN·m)	821489	49613	871102
	力矩 M_t(kN·m)	15285	1307	16592
塔柱下横梁下缘截面单柱	轴力 N(kN)	12039	13115	25154
	横向剪力 Q_y(kN)	4435	794	5230
	顺桥向剪力 Q_z(kN)	2586	264	2849
	顺桥向弯矩 M_y(kN·m)	47438	13940	61378
	横向弯矩 M_z(kN·m)	586709	33417	620126
	力矩 M_t(kN·m)	20606	1302	21908
塔柱下横梁上缘截面单柱	轴力 N(kN)	3950	11049	15000
	横向剪力 Q_y(kN)	4435	406	4841
	顺桥向剪力 Q_z(kN)	2586	246	2831
	顺桥向弯矩 M_y(kN·m)	100214	25711	125925
	横向弯矩 M_z(kN·m)	564311	31981	596292
	力矩 M_t(kN·m)	6376	543	6919
加劲梁跨中截面	轴力 N(kN)	0	427	427
	横向剪力 Q_y(kN)	30	239	268

续上表

截面	内力	静风响应	抖振响应	静风+抖振响应
加劲梁跨中截面	顺桥向剪力 Q_z(kN)	17	429	446
	顺桥向弯矩 M_y(kN·m)	341520	192937	534457
	横向弯矩 M_z(kN·m)	56788	27066	83854
	力矩 M_t(kN·m)	203	304	507

五、结论与建议

通过对伍家岗长江大桥主桥的风特性分析、结构动力特性分析、桥塔独立状态的弛振稳定性分析和结构风振响应分析,可以得出如下结论:

(1)伍家岗长江大桥主桥在成桥状态下在桥面高度处的设计基准风速为40m/s;施工阶段的设计风速36.8m/s;成桥状态的颤振检验风速为59.5m/s;施工阶段的颤振检验风速为54.8m/s;桥塔独立状态设计风速50.5m/s。

(2)伍家岗长江大桥桥塔独立状态,其顺桥向基阶频率为0.2215Hz,横桥向基阶频率为0.3528Hz,扭转基阶频率为0.8818Hz。

(3)伍家岗长江大桥的成桥状态加劲梁静风稳定性能满足相关规范的要求。

(4)伍家岗长江大桥的成桥状态风致抖振性能满足相关规范的要求。

(5)伍家岗长江大桥桥塔独立状态的驰振性能等抗风性能满足相关规范的要求。

第七节　全桥气动弹性模型风洞试验

为了对实桥的抗风性能进行全面检验,针对伍家岗长江大桥施工图(2016年9月)方案的成桥状态和主要施工阶段,采用气动弹性模型进行了均匀流和紊流条件下的气弹模型风洞试验。

一、试验条件与模型

风洞试验所用的风洞是世界上最大的土木结构试验风洞——西南交通大学大型低速风洞(XNJD-3),风速测量采用丹麦DANTEC公司生产的Stream Line四通道热线风速仪,测量仪器为激光位移测量传感器和加速度传感器。

主桥全长为1852m(中边跨总长),综合考虑桥梁结构风洞模型设计要求、模型长度要求、塔高要求和西南交通大学XNJD-3大型低速风洞试验段的断面尺寸(宽22.5m、高4.5m),将模型的几何缩尺比和风速比分别定为1/100和1/10,由相似条件可得频率比为1/10。缩尺后全桥长为18.52m。

结构阻尼参数在模型设计和制作中难以仅靠其本身达到要求,经验表明:气动弹性模型的结构阻尼比通常都低于实桥值,所得到的试验结果偏于安全。

悬索桥的成桥状态或典型不利施工阶段的气动弹性模型主要由四个部分构成：加劲梁、桥塔、主缆及吊索。模型的各部分构造如下：

（1）加劲梁。加劲梁的竖向和横向弯曲及自由扭转刚度均由经过精加工的钢芯梁提供，因结构主要振动模态不依赖于加劲梁拉伸刚度，故模型设计时对此未加模拟。加劲梁气动外形则由硬质木材和高质量的塑料板组成的梁段提供，成桥状态加劲梁全长范围内共分37段（34个标准段和3个异形段）。每标准梁段长298mm，各段之间留有1mm的细缝，以消除梁段对模型刚度的影响。加劲梁的质量及质量惯矩由铅配重进行调节，以满足相似关系的要求，成桥状态或施工状态的质量及质量惯矩配重与实桥相应状态相似。加劲梁模型构造示意图如图5-4-19所示。

（2）桥塔。桥塔的弯曲刚度由A3钢制成的芯梁提供，芯梁截面为矩形，使塔柱、上、下横梁在面内外的弯曲刚度满足相似关系。桥塔的气动外形由优质木材制作，其构造原则与加劲梁相同。采用铅配重调整各段的质量，使之满足相似要求。桥塔模型局部构造如图5-4-20所示。

图5-4-19　加劲梁模型构造示意图

图5-4-20　桥塔模型局部构造示意

（3）主缆。模型的主缆采用 $6\times7\phi0.1mm$ 的钢丝。其重力刚度和拉伸刚度均与实桥相似。由于钢丝绳的质量小于按相似关系所要求的主缆质量，因而，在钢丝绳外相间套一系列的 $\phi7.1mm$、长18mm 的铅棒和 $\phi7.1mm$、长26mm 的硬质塑料棒，使之满足质量相似要求。上述数值未考虑雷诺数影响。

（4）吊索。模型的吊索采用 $\phi1mm$ 铜芯绝缘电线。由于电线的质量已接近于相似关系所要求的吊索质量，且吊索质量对整个结构的动力特性影响甚微，故未予额外的配重，也未考虑雷诺数影响。

气弹模型主要设计参数见表5-4-29。风洞中的成桥状态气弹模型如图5-4-21所示。

气弹模型主要设计参数　　　　　　　　　表5-4-29

参　数　名　称		单　位	相　似　比	实　桥　值	模型设计值
尺寸	桥梁主跨	m	1/100	1160	11.60
	桥面宽			34.7	0.347
	桥塔高			155.0	1.55

续上表

参数名称	单位	相似比	实桥值	模型设计值
质量	加劲梁	kg/m	$1/100^2$	19925/14215	1.9925/1.4215
质量惯矩	加劲梁	kg·m²/m	$1/100^4$	1727060/1372840	0.0173/0.0137

注：实桥值和模型设计值两例中，"/"下为施工状态，"/"上为成桥状态。

图 5-4-21　风洞中成桥状态气弹模型

二、测点布置与动态测试系统

针对成桥状态，通过气弹模型风洞试验，测量其在均匀流场或模拟大气边界层的紊流场条件下的风振响应，其中主梁的静风稳定性和涡激振动的检验在均匀流场条件下进行，抖振响应在紊流场条件下进行。

试验以测量风致位移响应为主，位移测量采用非接触式激光位移计来实现，测量断面设置在主跨跨中和主跨 1/4 跨处，位移包括横向位移、竖向位移和扭转位移，共计使用 6 个激光位移传感器。

其中，3 个激光位移传感器分别测量加劲梁跨中梁底上风侧边缘处的竖向位移、跨中梁底下风侧边缘处的竖向位移和桥面高度处的横桥向位移，扭转位移响应由上、下风侧竖向位移差除以测点间距获得，从而实现跨中断面横向、竖向、扭转三个抖振位移响应的测量。同样，另外 3 个激光位移传感器分别测量加劲梁 1/4 跨处梁底上风侧边缘处的竖向位移、1/4 跨处梁底下风侧边缘处的竖向位移和 1/4 跨处桥面处的横桥向位移，从而可得 1/4 跨处抖振位移响应，激光位移信号由激光位移测量系统进行记录。

三、模态测试

通过模态测试来检验模型的结构动力特性是否与原型计算值之间满足相似关系，模型的动力特性（振型、频率、阻尼）用强迫振动法测量，激光位移传感器用来获取模型的振动信号，采用步进正弦扫频方法测量模型的主要模态频率，同时采用自由振动法测量各主要模态的阻尼比。

针对成桥状态、各典型施工状态的气弹模型均进行了模态试验，结果见表 5-4-30 ~ 表 5-4-40。

成桥状态气弹模型模态测试结果　　　　表 5-4-30

振型特点	原型频率(Hz)	要求频率(Hz)	实测频率(Hz)	模型阻尼(%)
L-S-1	0.0639	0.639	0.624	0.25
V-A-1	0.0978	0.978	0.983	0.35

振型特点	原型频率(Hz)	要求频率(Hz)	实测频率(Hz)	模型阻尼(%)
V-S-1	0.1492	1.492	1.485	0.46
L-A-1	0.1881	1.881	1.865	0.41
V-S-2	0.2084	2.084	2.103	—
V-A-2	0.2241	2.241	2.345	—
V-S-3	0.2921	2.921	2.865	—
T-S-1	0.3244	3.244	3.322	0.36

100％施工状态气弹模型模态测试结果 表5-4-31

振型特点	原型频率(Hz)	要求频率(Hz)	实测频率(Hz)	模型阻尼(%)
L-S-1	0.0727	0.727	0.723	0.27
V-A-1	0.1112	1.112	1.103	0.32
V-S-1	0.1687	1.687	1.689	0.44
L-A-1	0.2136	2.136	2.111	0.43
V-S-2	0.2359	2.359	2.465	—
V-A-2	0.2532	2.532	2.613	—
T-S-1	0.3594	3.594	3.642	0.42

90％施工状态气弹模型模态测试结果 表5-4-32

振型特点	原型频率(Hz)	要求频率(Hz)	实测频率(Hz)	模型阻尼(%)
V-A-1	0.1122	1.122	1.118	0.39
V-S-1	0.1686	1.686	1.641	0.36
T-A-1	0.3146	3.146	3.134	0.44
T-S-1	0.3251	3.251	3.232	0.42

80％施工状态气弹模型模态测试结果 表5-4-33

振型特点	原型频率(Hz)	要求频率(Hz)	实测频率(Hz)	模型阻尼(%)
V-A-1	0.1137	1.137	1.134	0.38
V-S-1	0.1693	1.693	1.644	0.36
T-A-1	0.3138	3.138	3.126	0.41
T-S-1	0.3165	3.165	3.171	0.44

70％施工状态气弹模型模态测试结果 表5-4-34

振型特点	原型频率(Hz)	要求频率(Hz)	实测频率(Hz)	模型阻尼(%)
V-A-1	0.1174	1.174	1.168	0.41
V-S-1	0.1711	1.711	1.721	0.39
T-S-1	0.3063	3.063	3.056	0.43

60%施工状态气弹模型模态测试结果　　　　　　　　　　　表 5-4-35

振型特点	原型频率(Hz)	要求频率(Hz)	实测频率(Hz)	模型阻尼(%)
V-A-1	0.1239	1.239	1.225	0.46
V-S-1	0.1723	1.723	1.6744	0.45
T-S-1	0.2919	2.919	3.5389	0.46

50%施工状态气弹模型模态测试结果　　　　　　　　　　　表 5-4-36

振型特点	原型频率(Hz)	要求频率(Hz)	实测频率(Hz)	模型阻尼(%)
V-A-1	0.1338	1.338	1.316	0.41
V-S-1	0.1723	1.723	1.777	0.43
T-S-1	0.2737	2.737	2.764	0.48

40%施工状态气弹模型模态测试结果　　　　　　　　　　　表 5-4-37

振型特点	原型频率(Hz)	要求频率(Hz)	实测频率(Hz)	模型阻尼(%)
V-A-1	0.1481	1.481	1.375	0.40
V-S-1	0.1724	1.724	1.871	0.42
T-S-1	0.2555	2.555	2.542	0.42

30%施工状态气弹模型模态测试结果　　　　　　　　　　　表 5-4-38

振型特点	原型频率(Hz)	要求频率(Hz)	实测频率(Hz)	模型阻尼(%)
V-A-1	0.1669	1.669	1.641	0.41
V-S-1	0.1756	1.756	1.796	0.42
T-S-1	0.2417	2.417	3.31	0.47

20%施工状态气弹模型模态测试结果　　　　　　　　　　　表 5-4-39

振型特点	原型频率(Hz)	要求频率(Hz)	实测频率(Hz)	模型阻尼(%)
V-A-1	0.1871	1.871	1.743	0.41
V-S-1	0.1861	1.861	1.6436	0.46
T-S-1	0.2372	2.372	2.407	0.48

10%施工状态气弹模型模态测试结果　　　　　　　　　　　表 5-4-40

振型特点	原型频率(Hz)	要求频率(Hz)	实测频率(Hz)	模型阻尼(%)
V-A-1	0.2005	2.005	1.987	0.38
V-S-1	0.2143	2.143	2.134	0.43
T-S-1	0.2506	2.506	2.487	0.47

从上述各表中可以看出:模型重要模态的频率测试值与要求值吻合良好,该桥成桥状态及各施工状态的气动弹性模型的设计与制作可满足试验要求。但该模型的阻尼则比实桥阻尼比经验值要小,由于较大的阻尼比会降低桥梁的气动响应,提高其气动稳定性,因而小阻尼模型的测量结果是偏于安全的。

四、大气边界层流场模拟

除气动弹性模型的外形、气动参数与实桥相应状态满足相似关系之外,在风洞内模拟实际大气边界层流场是保证试验结果正确的另一重要方面。流场模拟所考虑的相似性指标为平均风速剖面、紊流强度剖面和紊流风谱等。采用被动方法模拟大气边界层。模拟装置由尖塔、锯齿板和粗糙元构成,并根据模拟指标确定粗糙元排数及其间距。

根据伍家岗长江大桥桥位风场特性计算分析成果以及宜昌市楚天气象信息有限责任公司和湖北省气象服务中心的《宜昌市伍家岗长江大桥桥位气候背景和风参数研究论证报告》可知:伍家岗长江大桥桥位处大气边界层应属 B 类地区,即 $\alpha = 0.16$ 的流场。为此,对改进边界层装置后的流场进行流场校测。对 5 个前后位置、10 个高度处风速和湍流度进行了测量。大气边界层模拟装置采用挡板、尖塔、粗糙元的形式,根据模拟指标确定粗糙元排数及其间距,模拟了风剖面指数 $\alpha = 0.16$ 的湍流场,如图 5-4-22 所示。

图 5-4-22 大气边界层模拟装置

在风洞试验中,最重要的是模拟平均风速剖面,其次是模拟风的湍流强度和积分尺度等。

图 5-4-23 ~ 图 5-4-25 分别为 XNJD-3 号风洞大气边界层模拟所得到的模型所在位置的风速剖面图(已换算为实桥)、紊流强度剖面图和大气边界层模拟风谱与 Von Karmen 风谱及 Kaimal 风谱的比较图。

由图 5-4-23 可知,风洞边界层模拟的风速剖面曲线(换算至实桥)其风速剖面指数 α 为 0.16 与 B 类地表粗糙度地区理论曲线接近;由图 5-4-24 可知,桥面高度紊流强度约为 15%,桥塔 65% 高度处的紊流强度约为 12%,符合 B 类地表粗糙度地区桥面高度处紊流度,因此,试验段模拟风场的平均风速剖面及紊流强度剖面均满足试验要求。

由图 5-4-25 可知,模拟风谱在桥梁抖振所依赖的折算频率范围内(折算频率 $f_z/v >$ 10^{-1})与目标谱(Von Karmen 谱和 Kaimal 谱)吻合良好,满足抖振试验要求。

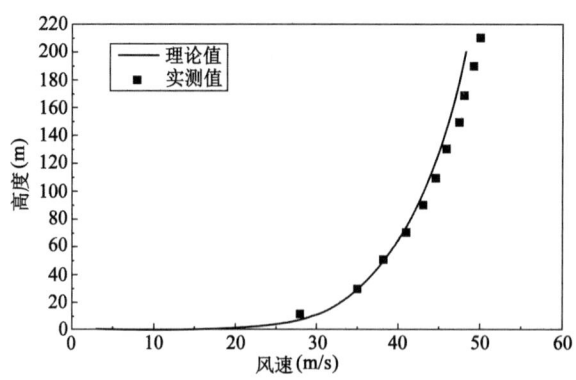

图 5-4-23　模型位置的风速剖面（已换算为实桥值）

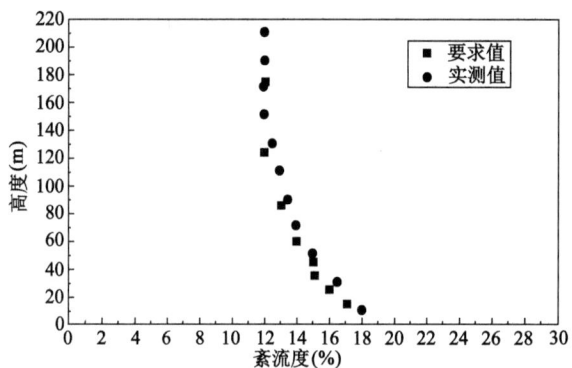

图 5-4-24　模型位置的紊流强度剖面（已换算为实桥值）

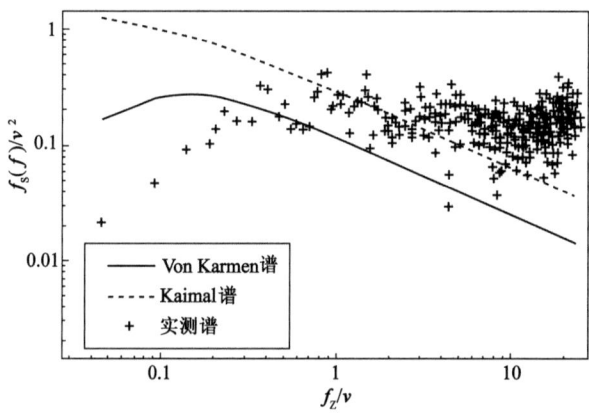

图 5-4-25　模型位置的风速剖面（已换算为实桥值）

五、成桥状态气动弹性模型试验

试验分别在均匀流场和模拟大气边界层紊流流场（采用 B 类粗糙度）中进行，均匀流场试验主要考查桥梁的抗风稳定性及涡激振动特性，紊流流场试验主要考查桥梁的抖振响应。

在均匀流场中进行试验,试验来流风速为 1～7.5m/s,其中 1～4m/s 范围内每间隔 0.2m/s 做一次试验,以便于检验否有涡振现象;之后间隔为 0.5m/s,风向角分别为 $\beta = 0°$、$\beta = 15°$、$\beta = 30°$。然后进行来流为模拟大气边界层的紊流场风洞试验,试验风速同均匀流场试验,风向角分别取 $\beta = 0°$、$\beta = 15°$、$\beta = 30°$,风向角通过转动模型下面转盘来实现,以测定不同来流风作用下全桥的抖振响应。0°风向角来风时均匀流场试验模型照片如图 5-4-26 所示,各风向角来风时紊流场试验模型的照片如图 5-4-27～图 5-4-29 所示。

图 5-4-26 成桥状态的气动弹性模型——均匀流($\beta = 0°$)

图 5-4-27 成桥状态的气动弹性模型——紊流($\beta = 0°$)

图 5-4-28 成桥状态的气动弹性模型——紊流($\beta = 15°$)

图 5-4-29 成桥状态的气动弹性模型——紊流($\beta = 30°$)

图 5-4-30～图 5-4-32 分别给出了均匀流条件下,风向角为 0°、15°、30°时,成桥态加劲梁跨中位置处的竖向、横向与扭转位移的均方根值和换算至实桥风速的关系曲线;图 5-4-33～图 5-4-35 分别给出了均匀流条件下,成桥态加劲梁 1/4 跨位置处的竖向、横向与扭转位移的均方根值和换算至实桥风速的关系曲线。

图 5-4-36～图 5-4-41 分别给出了紊流条件下,风向角为 $\beta = 0°$、$\beta = 15°$、$\beta = 30°$时,成桥态加劲梁跨中位置处与 1/4 跨位置处的竖向、横向与扭转位移的均方根值和换算至实桥风速的关系曲线。

试验表明,成桥状态在实桥风速小于70m/s的风速范围内加劲梁在来流风向角为0°、15°、30°时均未发生颤振,也无明显的涡振发生。

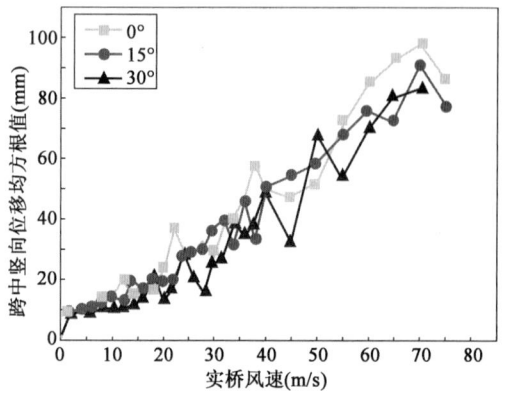

图 5-4-30 跨中竖向位移值随风速变化——均匀流

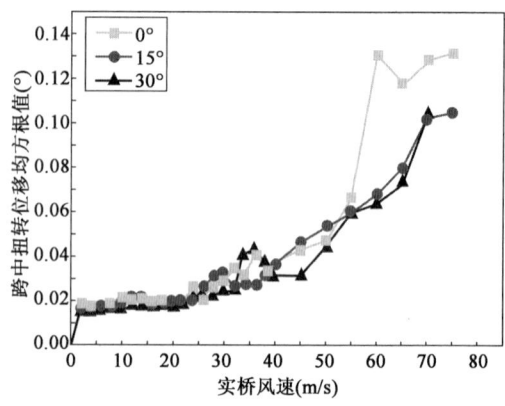

图 5-4-31 跨中扭转位移值随风速变化——均匀流

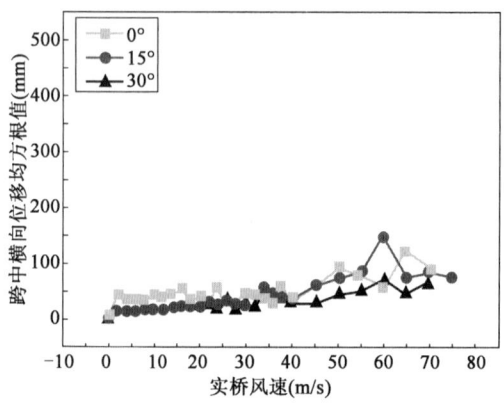

图 5-4-32 跨中横向位移值随风速变化——均匀流

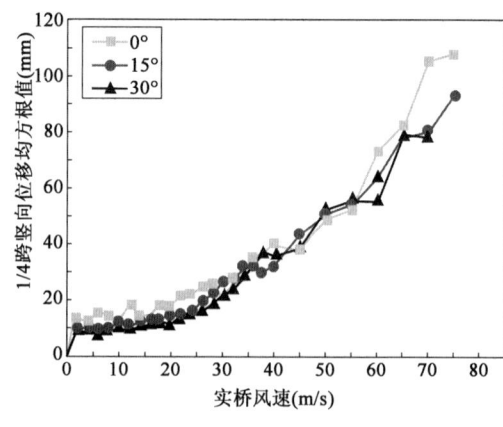

图 5-4-33 1/4 跨处竖向位移值随风速变化——均匀流

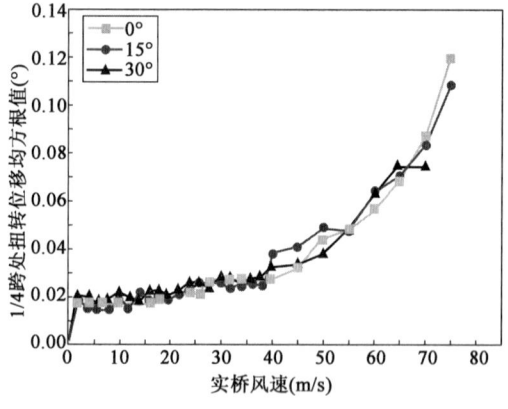

图 5-4-34 1/4 跨处扭转位移值随风速变化——均匀流

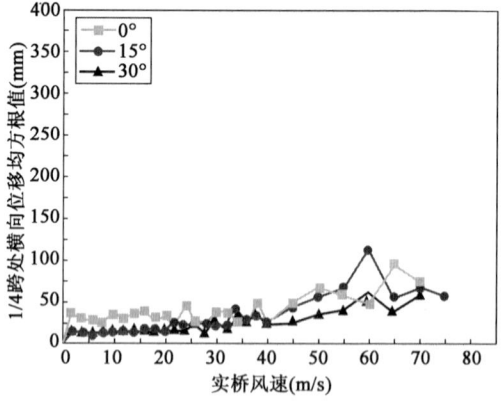

图 5-4-35 1/4 跨处横向位移值随风速变化——均匀流

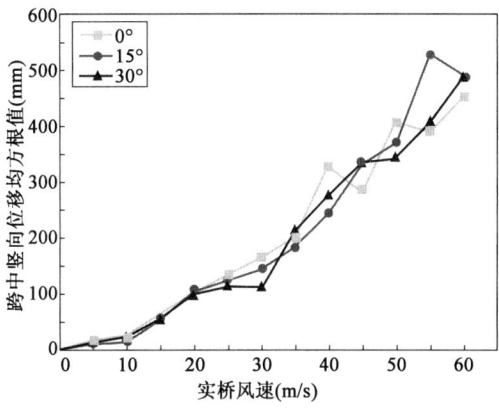

图 5-4-36 跨中竖向位移值随风速变化——紊流

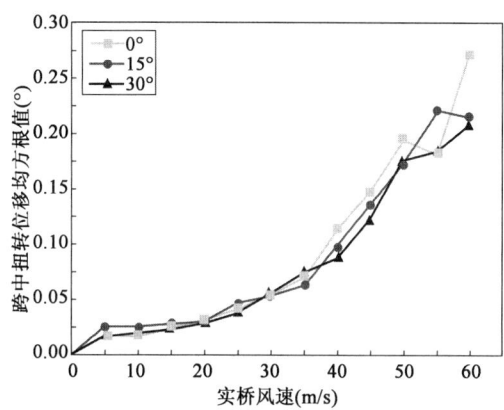

图 5-4-37 跨中扭转位移值随风速变化——紊流

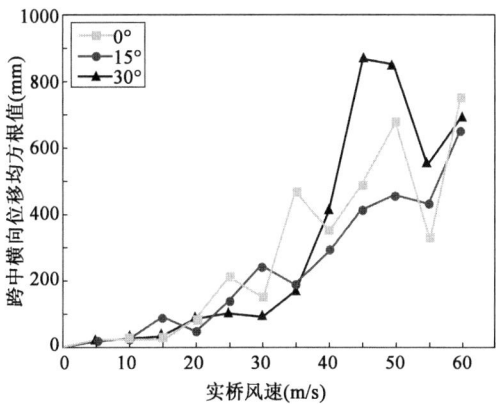

图 5-4-38 跨中处横向位移值随风速变化——紊流

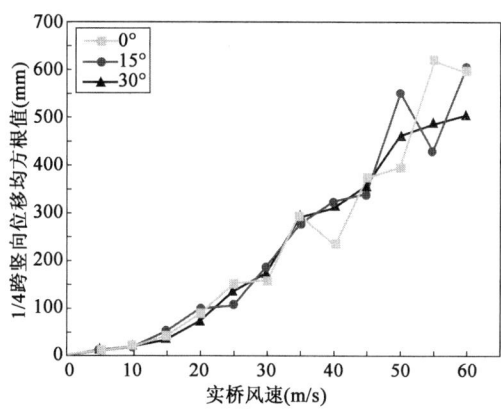

图 5-4-39 1/4 跨处竖向位移值随风速变化——紊流

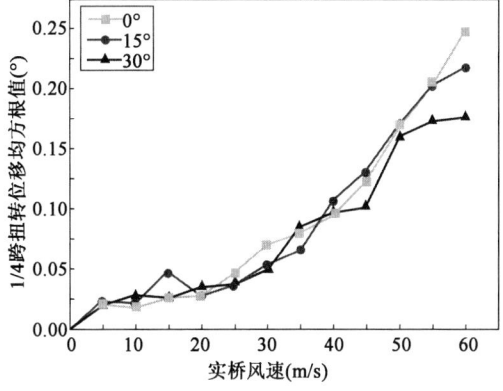

图 5-4-40 1/4 跨处扭转位移值随风速变化——紊流

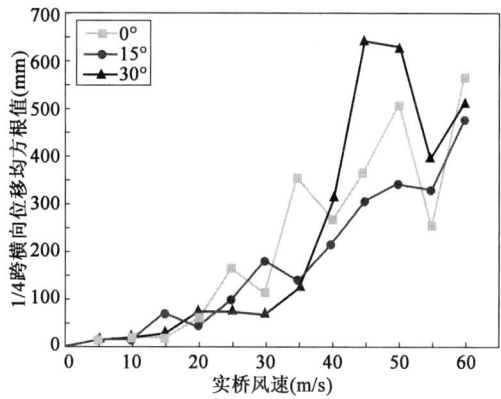

图 5-4-41 1/4 跨处横向位移值随风速变化——紊流

六、典型施工阶段气动弹性模型试验

典型施工阶段气弹模型风洞试验主要是研究各阶段加劲梁的颤振性能和涡振性能，而抖振性能该阶段并不是研究重点，典型施工阶段包括加劲梁拼装率为10%、20%、30%、40%、50%、60%、70%、80%、90%、100%共十个拼装状态。

典型施工阶段气弹模型风洞试验在均匀流场中进行试验，试验时桥面高度处的最大试验风速均大于实桥成桥态颤振检验风速的换算风洞风速。

试验来流风速为1~7.5m/s，其中1~4m/s范围内每间隔0.2m/s做一次试验，以便检验否有涡振现象，之后间隔为0.5m/s，风向角为$\beta=0°$。

不同拼装率状态风洞实测加劲梁颤振临界风速见表5-4-41。

不同拼装率状态的颤振临界风速 表5-4-41

加劲梁拼装状态	角度(°)	试验风速(m/s)	实桥风速(m/s)
100%	0	>7	>70
90%	0	>7	>70
80%	0	>7	>70
70%	0	>7	>70
60%	0	>7	>70
50%	0	>7	>70
40%	0	>7	>70
30%	0	>7	>70
20%	0	>7	>70
10%	0	>7	>70

从表5-4-41中可知，各典型施工阶段，当风速大于70m/s时仍未发生颤振现象，而该风速已远大于施工阶段相应颤振检验风速，说明伍家岗长江大桥各施工阶段的颤振稳定性能满足要求。

七、结论

通过对伍家岗长江大桥主桥的抗风性能风洞模型试验研究，可以得出如下结论：

（1）伍家岗长江大桥主桥在成桥状态下在桥面高度处的设计基准风速为40m/s；施工阶段的设计风速36.8m/s；成桥状态的颤振检验风速为59.5m/s；施工阶段的颤振检验风速为54.8m/s。

（2）伍家岗长江大桥主桥成桥状态颤振临界风速大于颤振检验风速，颤振稳定性能满足要求。

（3）伍家岗长江大桥主桥施工状态，其颤振临界风速高于相应的颤振检验风速，颤振稳定性能满足要求。

(4)伍家岗长江大桥的成桥状态的涡振性能满足《公路桥梁抗风设计规范》(JTG/T D60-01—2004)相关条款的要求。

(5)伍家岗长江大桥的各典型施工阶段,其加劲梁的涡振性能满足《公路桥梁抗风设计规范》(JTG/T D60-01—2004)相关条款的要求。

(6)伍家岗长江大桥的成桥状态抖振性能满足要求。

(7)伍家岗长江大桥的成桥状态加劲梁静风稳定性能满足相关规范的要求。

第五章 主桥结构抗震性能分析及减隔震专题研究

第一节 概　　述

本桥主桥结构特点可概括为："塔高、跨大、结构柔、弱阻尼"，因此，从构造上研究主桥结构的小震不坏、中震可修、大震不倒，保证在地震时生命线工程的畅通无阻，同时针对本桥的结构柔性特点考虑结构的长周期效应，均是本桥抗震设计的重要所在。因此，需对伍家岗长江大桥开展专项抗震研究，确保其抗震安全性。

第二节 研究内容和主要创新点

一、研究内容

主桥结构抗震性能分析及减隔震专题研究要点如下：
(1) 研究工作内容包含主桥抗震设计和性能优化内容。
(2) 研究主桥抗震设防标准及性能标准，进行主桥结构的抗震概念设计和主桥的体系设计，提出主桥结构的抗震设防目标、抗震性能目标和评价标准。
(3) 研究主桥的合理空间动力计算模型，建立主桥的三维空间动力分析计算模型，主桥模型中须考虑土-桩-结构的相互影响，准确反映塔梁、墩梁之间的连接特点，考虑相邻联的影响，分析结构主要动力特性与规律对结构抗震性能的影响。
(4) 研究主桥结构多点激励效应(包括行波效应及局部场地效应等)对结构地震响应的影响。
(5) 研究主桥减震措施、阻尼器设计参数、抗震构造措施研究。
(6) 采用两种设计概率的地震输入，用反应谱方法和时程分析法对主桥进行地震反应分析，校核两个设防水准地震作用下结构的抗震性能(主要检算控制截面的强度和关键节点的位移)，并识别结构的易损部位，揭示结构的破坏机理。
(7) 对主桥结构的抗震安全性作出评价，并提出抗震研究的结论和建议。

二、主要创新点

针对上述研究内容，结合本桥的场地地震地质条件和主桥结构易损性的特点，专题着重就几个方面进行了深入的研究,其主要创新点如下。

1. 桥梁的抗震设防标准及性能目标

(1)针对本桥既是公路桥又是城市桥梁的特点,提出了按两种规范综合考虑本桥的抗震设防标准。

(2)针对本桥的结构特点,提出了本桥主桥的抗震性能目标。

2. 多点激励响应分析

(1)针对主桥主跨1160m带来的相位差问题,进行了行波效应研究。

(2)针对本桥所采用的单跨双铰结构体系,中跨的主缆下有吊索,两侧边跨无吊索,且南北边跨的跨径不一致的实际情况,揭示了南北边跨主缆的振型和频率的差异将导致南北塔根部的纵桥向地震响应有较大的不同,较大边跨(北边跨)的塔底纵向弯矩将更大。

3. 长周期地震动作用下主桥结构地震响应研究

(1)针对本桥主桥结构的自振周期较长,进行了长周期结构地震反应研究。

(2)针对长周期地震动的地震特点,进行了相关的频谱分析,研究了长周期地震动作用特性。

第三节　主桥结构抗震设防标准及性能目标

一、主桥结构抗震设防标准

本桥为公路大跨径桥梁,同时又是城市大跨径桥梁。对于大跨径悬索桥的抗震设防,首先是要依据《公路桥梁抗震设计细则》(JTG/T B02-01—2008)(以下简称《公路桥震规》)和《城市桥梁抗震设计规范》(CJJ 166—2011)(以下简称《城市桥震规》),确定一个安全经济合理的抗震设防标准。根据该桥桥址区的地震活动性和地震构造环境、近场区的断裂情况,以及桥址区的地震地质条件,根据《中华人民共和国防震减灾法》第三十五条的规定,本工程已进行工程场地地震安全性评价。

公路和城市桥梁的抗震设计类别,应根据桥址处的场地设计地震动参数(地震危险性)和桥梁使用功能类别(结构易损性)来确定。

本桥为"生命线工程",依据《建筑工程抗震设防分类标准》(GB 50223—2008),主桥为特殊设防类建筑。

抗震设防超标准的确定,不单是结构的安全问题,而是包含着设计理念、经济指标、安全等级等许多复杂的因素,因此,需要根据风险评估来确立桥梁的抗震设防标准。

目前,描述地震风险水平的方法有两种:其一是双参数法,其二是单参数法。

1.按《公路桥震规》确定主桥的抗震设防标准

按《公路桥震规》的划分,本桥主桥为 A 类桥梁。根据武汉地震工程研究院《宜昌市伍家岗长江大桥工程场地地震安全性评价报告》提供的本桥场地地表水平向设计反应谱参数,结合《公路桥震规》条文说明中第3.1.1条规定,本桥主桥的E1地震作用(重现期约为475年)相当于报告中的超越概率水平是50年10%;E2地震作用(重现期约为2000年)在报告中未提供。

2. 按《城市桥震规》确定主桥的抗震设防标准

按《城市桥震规》的划分,本桥主桥为甲类桥梁,根据上述报告提供的本桥场地地表水平向设计反应谱参数,结合《城市桥震规》中第3.1.2条规定,本桥主桥的E1地震作用(重现期约为475年)相当于报告中的超越概率水平是50年10%;E2地震作用(重现期约为2500年)相当于报告中的超越概率水平是50年2%。

上述论述表明:主桥结构按《公路桥震规》和《城市桥震规》的E1地震作用是一致的,但E2地震作用有点差异,为安全起见,E2地震作用按《城市桥震规》取用。

二、主桥结构的抗震性能目标

《公路桥震规》对抗震设防的规定,其实质上是以重现期为475年对应的地震动峰值加速度为基本值,不同概率水准下的地震作用通过乘以不同的重要性系数来得到。由于本桥主桥属于A类桥梁,故E1地震作用的重要性系数取为1.0,E2地震作用的重要性系数取为1.7。

《城市桥震规》对抗震标准的规定,其实质上是以重现期为475年对应的地震动峰值加速度为基本值,不同概率水准下的地震作用通过乘以不同的地震调整系数来得到。由于本桥主桥属于A类桥梁,故E1地震作用的地震调整系数取为1.0,E2地震作用的地震调整系数取为2.2。

根据《建筑工程抗震设防分类标准》(GB 50223—2008)第3.0.2条规定,本桥主桥应划为特殊设防类,应按高于本地区抗震设防烈度的要求确定其地震作用。

《公路桥震规》将主跨超过150m的大跨径斜拉桥作为特殊桥梁来研究,《城市桥震规》对主跨超过150m的大跨径悬索桥也列出了专门的章节来给出其抗震设计原则。本桥主跨达1160m,既是过江通道,又是城市重要交通枢纽,如果这一"生命线工程"遭遇地震损坏,将造成巨大的人员伤亡及直接经济损失,同时势必给抗震救灾带来非常不利的影响,间接损失更为严重。为此,本桥主桥的抗震设防标准应适当再提高。

根据《公路桥震规》确定主桥抗震设防水准、性能目标和评价标准见表5-5-1。

主桥结构抗震设防标准、性能目标和评价标准　　表5-5-1

抗震设防水准	构件类别	结构性能要求	受力状态	评价标准
E1地震作用 (重现期950年)	加劲梁	无损伤	保持弹性状态	—
	桩基础	无损伤	保持弹性状态	$M \leq M_y$
	主塔	无损伤	保持弹性状态	$M \leq M_y$
	主缆	无损伤	保持弹性状态	满足承载力要求

续上表

抗震设防水准	构件类别	结构性能要求	受力状态	评价标准
E1 地震作用 （重现期 950 年）	吊杆	无损伤	保持弹性状态	满足承载力要求
	支座	无损伤	正常工作	满足位移及承载力要求
E2 地震作用 （重现期 2500 年）	加劲梁	轻微损伤	总体保持弹性	—
	桩基础	轻微损伤	总体保持弹性	$M \leq M_{eq}$
	主塔	轻微损伤	总体保持弹性	$M \leq M_{eq}$
	主缆	无损伤	保持弹性状态	满足承载力要求
	吊杆	无损伤	保持弹性状态	满足承载力要求
	支座	一定的变形	允许进入塑性	满足位移要求

表 5-5-1 中，M 为按恒载和地震作用最不利组合下的弯矩；M_y 为截面相应最不利轴力时的最外层钢筋首次屈服时对应的弯矩；M_{eq} 为按截面相应于最不利轴力时等效屈服弯矩。

表 5-5-1 给出了本桥各类构件在 E1 和 E2 地震作用下的抗震性能目标，要求各类构件在 E1 地震作用下无损伤，结构在弹性范围工作，正常的交通在地震后立刻得到恢复。在 E2 地震作用下，根据各类构件的重要性、可检性、可修复性以及可换性来确定其性能目标，如悬索桥主缆为主要承重构件，不可更换也很难修复，要求在 E2 地震作用下保持弹性，而主塔、基础虽然也是重要构件，但在地震作用下，只要结构总体基本在弹性范围工作，可局部开裂，地震后，依靠结构重力，可恢复。

大跨径桥梁需根据组成构件的重要性、结构的抗震设防标准及设防目标，按不同的损伤指标进行抗震验算。本桥采用根据构件重要性分类设防的设计方法，依据抗震设防标准及设防目标，在《公路悬索桥设计规范》（JTG/T D65-05—2015）中给出了无损伤、轻微损伤两种损伤指标。

根据武汉地震工程研究院《宜昌市伍家岗长江大桥工程场地地震安全性评价报告》给出的场地水平向设计反应谱参数，偏保守地取用主桥北岸场地的地震动参数。主桥的抗震设防标准取用如下：

（1）E1 地震作用（100 年 10% 重现期 950 年）下的水平地震动峰值加速度 A_{max} = $0.1067g$。

（2）E2 地震作用（50 年 2% 重现期 2500 年）下的水平地震动峰值加速度 A_{max} = $0.1489g$。

第四节　主桥结构动力特性分析

一、计算模型

本桥主桥采用有限元程序 Midas Civil 软件，建立空间有限元模型进行计算分析。加劲梁采用鱼骨梁模型,主塔、墩及承台均采用空间梁单元模拟。主缆和吊杆采用索单元模拟,索的垂度效应采用 Ernst 公式进行修正,并考虑了索力对结构几何刚度的影响,相邻跨的影响主要是在主塔位置考虑相邻孔的质量。

本专题土-桩-结构的相互影响采用简化计算模拟,并以如下两种简化模型对主桥的动力计算分析进行模拟:

模型一:群桩基础在承台底处采用六弹簧单元模拟,简称六弹簧模型。

模型二:群桩基础在一般冲刷线以下一定深度嵌固,简称等效嵌固模型。

模型一桩基础的常用处理方法是在承台底部加上六个方向的弹簧来模拟桩基础的作用,并由承台底部的内力按照静力方法反推单桩最不利受力。弹簧刚度根据土层状况和桩的布置方式按静力等效的原则确定,其中桩的内力根据 Matlock 法确定。

模型二桩基础的常用方法是将桩在一般冲刷线或地面以下一定深度处嵌固,来简化计算分析过程。对于动力问题,桩在冲刷线以下的等效嵌固深度 H,是根据单桩水平刚度等效的原则确定,一般在 3~5 倍桩径范围内,本桥嵌固深度取地面线(或一般冲刷线)以下 4 倍桩径。

二、边界条件

主桥在成桥状态下结构各部位边界条件见表 5-5-2。

主桥成桥状态结构各部位边界条件 表 5-5-2

部 位		Δx	Δy	Δz	θ_x	θ_y	θ_z
六弹簧单元模型	主塔在承台底处	K	K	K	K	K	K
等效嵌固模型	主塔在桩嵌固处	1	1	1	1	1	1
	塔梁交接处	C	1	1	1	0	0

表 5-5-2 中,Δx、Δy、Δz 分别表示沿纵桥向、横桥向、竖桥向的线位移;θ_x、θ_y、θ_z 分别表示绕纵桥向、横桥向、竖桥向的转角位移;1 表示约束,0 表示放松;K 表示基础弹簧刚度,C 表示阻尼器。

根据本桥地质资料,可得到六弹簧模型的主塔承台底基础刚度。

三、结构动力特性分析

六弹簧模型及等效嵌固模型主桥成桥状态动力特性,见表 5-5-3。从表中可以看出:

(1)采用两种模型所计算出的主桥结构动力特性,各阶频率值基本相当,总体上两种计算模型表现出较高的吻合度。

(2)由于本桥主桥采用单跨双铰结构体系,中跨的主缆下有吊索,两侧边跨无吊索,因此,两边跨的主缆振型在前 25 阶振型中多次出现。

(3)由于南北边跨的跨径不一致,分别为 290m 和 402m。因此,北边跨的主缆的振型出现的频度更高,频率更低。南北主缆的振型和频率的差异将导致南北塔根部的纵桥向地震响应有较大的不同。

主桥成桥状态动力特性　　　　　　表 5-5-3

六弹簧模型			等效嵌固模型		
序号	振型主要特性	自振频率 $f_{弹簧}$（Hz）	序号	振型主要特性	自振频率 $f_{嵌固}$（Hz）
1	加劲梁横弯	0.0601	1	加劲梁横弯	0.0608
2	加劲梁纵漂+竖弯	0.0879	2	加劲梁纵漂+竖弯	0.0885
3	加劲梁竖弯+北边跨主缆振动	0.1371	3	加劲梁竖弯+北边跨主缆振动	0.1378
4	加劲梁竖弯	0.1382	4	加劲梁竖弯	0.1387
5	加劲梁横弯	0.1780	5	加劲梁横弯	0.1785
6	加劲梁竖弯+边跨主缆振动	0.1919	6	加劲梁竖弯+边跨主缆振动	0.1920
13	加劲梁正对称扭转+边跨主缆扭转	0.2867	13	加劲梁正对称扭转+边跨主缆扭转	0.2868
16	北边跨主缆振动	0.3181	16	北边跨主缆振动	0.3182
19	加劲梁反对称扭转+北边跨主缆扭转	0.3482	19	加劲梁反对称扭转+北边跨主缆扭转	0.3485
25	南边跨主缆振动	0.4329	25	南边跨主缆振动	0.4331

第五节　一致激励作用下主桥结构的抗震性能分析

桥梁结构抗震设计包含了三个方面,即抗震概念设计、抗震计算设计和抗震构造设计。抗震概念设计是从概念上,特别是从结构总体上考虑抗震的工程决策;抗震计算设计主要是结构地震响应计算、构件强度验算、结构和支座变形验算等。抗震构造设计则是在构造措施方面的施工图阶段的抗震设计。

一、抗震概念设计

对桥梁的抗震设计,决不能被动地进行地震时结构强度及变位的验算,而是要根据地震作用及震害的机理,从设计角度提高结构本身的抗震能力,也就是要从总体上考虑抗震的工程决策,在充分分析和考虑结构震害机理的基础上,结合抗震需要,针对桥梁不同的结构形式、不同的地形地质条件、不同的设防标准和桥梁不同的功能等对结构的强度、延性、结构控制以及结构的整体稳定性进行抗震设计。

桥梁的抗震概念设计包括正确的场地选择、合理的桥型布置、理想的结构体系选择等。

1. 场地地质条件综合评价

根据《宜昌市伍家岗长江大桥工程场地地震安全性评价报告》提供的工程场地地质条件综合评价内容,结合《城市桥梁抗震设计规范》(CJJ 166—2011)第 4.1.1 条,综合分析,该工程场地属于抗震不利地段,地基抗液化措施根据抗震设防类别和地基的液化等级,对本工程场地可液化土层采取全部消除液化沉陷措施。

根据《城市桥梁抗震设计规范》(CJJ 166—2011)第4.2.5、4.2.6条,本桥主桥为甲类桥梁,E2地震作用(50年2%)液化等级为中等,对本工程场地可液化土层采取全部消除液化沉陷措施:采用长桩基时,桩端深入液化深度以下稳定土层中的长度(不包括桩尖部分),应按计算确定。

2. 悬索桥结构体系的选取

本工程穿越长江中华鲟自然保护区,基于生态保护考虑,采取一跨过江通道方案。本桥桥址区的覆盖层不太厚(17~28m),基岩埋置也不深,锚碇有合适的地基持力层,同时锚碇汛期不影响行洪。因此,本桥选择了造型美观的地锚式悬索桥。

地锚式悬索桥的结构体系是根据塔、梁的连接方式来划分的,在地震作用下,不同的塔梁交接处的纵向线位移约束方式使得桥面系的地震惯性力传力途径不相同,从而导致结构的地震响应不同。

本桥主桥跨径布置为290m+1160m+402m=1852m,为三跨悬索桥,但两端的锚跨无吊索,从本质上来看,本桥实质上是双塔单跨地锚式悬索桥。

双塔地锚式悬索桥的结构整体抗震性能一般从三个方面来进行评价:强度、刚度和延性。

强度和刚度均是越小越好,而延性则越大越好,但这三个方面往往是不一致的。从强度和刚度二者来看,要使结构的内力响应小,往往带来结构较大的位移响应,反之,要使结构的位移响应小,往往是以结构产生较大的内力响应为代价。从强度和延性二者来看,前者要求结构的应力状态最好保持弹性状态,变形较小,而后者则要求结构达到屈服强度后,变形增长较大。从刚度和延性二者来看,前者要求变形小于允许值,而后者要求变形不能太小。

由相关分析可知:对于大跨径双塔悬索桥的抗震体系,主要有单跨和三跨两大类,从加劲梁与塔交接处是否断开又可分为简支和连续两种构造形式,因此,大跨径双塔悬索桥的抗震体系主要有四大类,几种结构体系的抗震性能各有优劣,如何选取结构体系还须结合其他建设条件综合考虑。

单跨双绞体系悬索桥常用于跨越高山峡谷或索塔建在岸边陆地上的情况,当从结构受力方面而言用桥墩支撑边跨更为合理时(如江阴长江公路大桥),或者由于路线方面的限制使得平曲线伸展进入边跨部时(如日本来岛海峡三桥)均可采用。由于单跨双绞体系悬索桥边跨主缆无须悬吊加劲梁,致使其矢度较小,相应地,也就提高了全桥的整体刚度。如果锚碇位置受到限制,使边跨过小,导致边跨主缆倾角增大,拉力增加,此时,边跨主缆需要增加相应的背索以抵抗主缆的拉力。

双跨双绞体系悬索桥常用于只有一岸的边跨地面较高或不适合于设桥墩的情况,即一个边跨与主跨的加劲梁是悬吊的,另一边跨的梁体是由桥墩支撑的形式(如舟山西堠门大桥、香港青马大桥),在整体受力方面则介于单跨双绞体系与三跨两绞体系之间。

三跨简支、三跨连续体系悬索由于造型优美、受力较为合理而成为普遍采用的形式。三跨简支与三跨连续体系的主要区别在于加劲梁是否连续,三跨连续体系除在索塔附近增加特殊吊索外,形式更为舒适、流畅,同时可以省去索塔处的支座及伸缩缝,减小加劲梁梁端转角变形以及跨中的挠度(包括竖向和横向挠度),但索塔附近弯矩较大往往需要增设特殊吊索,并且制造误差和不均匀沉降引起的次内力较大。

综合考虑,本桥结构体系选用单跨双绞式,主跨跨径为1160m,一跨过江,主塔分别建于南、北两岸陆地上,江南侧锚碇为重力式锚碇,江北侧锚碇采用隧道式锚碇。

二、抗震计算设计

桥梁结构抗震计算设计分析方法分为反应谱法和动态时程法。其中,反应谱法分为单振型反应谱法、多振型反应谱法和等效线性法;动态时程法分为线性时程法分析和非线性时程法分析。

1. 地震动输入

主桥结构地震反应分析采用多振型反应谱法和时程法两种方法进行,本项目选取地表面的地震动参数对主桥进行结构地震响应计算分析,且计算按照一致激励作用考虑。

1)设计反应谱

武汉地震工程研究院对伍家岗长江大桥工程场地进行了地震危险性分析,确定了桥址处场地的地震动特性,提供了在不同超越概率下对应的地震动参数和设计反应谱。根据武汉地震工程研究院《宜昌市伍家岗长江大桥工程场地地震安全性评价报告》中提供的加速度反应谱,经平滑后所得场地地表水平向设计反应谱参数见表5-5-4。

场地地表水平向设计反应谱参数(阻尼比0.05) 表5-5-4

工程场地	超越概率	A_{max}(gal)	K	β_{max}	T_1(s)	T_g(s)	α_{max}	γ
工程场地北岸区域	50年63%	25.3	0.0258	2.5	0.1	0.35	0.0645	1.0
	50年10%	77.2	0.0787	2.5	0.1	0.40	0.1967	1.0
	50年2%	146.1	0.1489	2.5	0.1	0.45	0.3723	1.0
	100年63%	37.2	0.0379	2.5	0.1	0.35	0.0948	1.0
	100年10%	104.7	0.1067	2.5	0.1	0.40	0.2668	1.0
	100年2%	165.9	0.1691	2.5	0.1	0.45	0.4228	1.0

注:A_{max}(gal)-设计地震动峰值加速度;K-设计地震系数;β_{max}-放大系数反应谱峰值;T_1-设计反应谱平台起始周期;T_g-特征周期;α_{max}-地震影响系数最大值;γ-反应谱下降段衰减系数。

地震动输入采用如下两种组合:①水平纵向+竖直向;②水平横向+竖直向。方向组合采用平方和平方根法(SRSS方法)。

钢—混凝土结构各振型阻尼计算方法采用应变能因子方法,其中钢结构的阻尼比取2%,混凝土结构阻尼比取5%,应变能因子方法就是基于应变能的各振型阻尼比的计算方法,MIDAS程序内部根据在"组阻尼比"中输入的各单元和边界的阻尼计算各振型的阻尼比,然后构建整个结构的阻尼矩阵。E1地震作用采用100年10%概率水准反应谱,E2

地震作用采用50年2%概率水准反应谱。

2）地震动加速度时程

在《宜昌市伍家岗长江大桥工程场地地震安全性评价报告》中，以设计地震动峰值加速度和设计反应谱参数为目标谱，合成了超越概率水平为100年10%和50年2%的地震动人工波各三条，竖向输入值取水平向输入值的2/3。

地震动输入采用如下两种组合：①水平纵向+竖直向；②水平横向+竖直向。阻尼计算方法同反应谱分析时采用的方法，即应变能因子方法。地震响应计算结果取三条地震波的最大值。

2. 等效线性反应谱分析

主桥结构的抗震计算，首先对未设置液体黏滞阻尼器的结构进行了线性反应谱分析，分别对六弹簧模型和等效嵌固模型进行反应谱计算分析，取计算结果较大者进行抗震验算。反应谱分析振型组合采用完全二次项平方根法（CQC方法），取前150阶振型进行组合。方向组合采用平方和平方根法（SRSS方法）。

六弹簧模型和等效嵌固模型计算结果对比见表5-5-5。

六弹簧模型和等效嵌固模型计算结果对比（E1地震作用）　　表5-5-5

部位	单元	横向弯矩比较			纵向弯矩比较		
		$M_{弹簧}$	$M_{嵌固}$	$M_{弹簧}/M_{嵌固}$	$M_{弹簧}$	$M_{嵌固}$	$M_{弹簧}/M_{嵌固}$
		kN·m	kN·m		kN·m	kN·m	
南主塔	塔底	136450	156241	0.87	251991	275606	0.91
北主塔	塔底	128832	150530	0.86	301454	324382	0.93

从表5-5-5中可以看出，主塔底的地震内力计算结果等效嵌固模型较六弹簧模型稍大。因此，本桥偏安全地取等效嵌固模型进行地震响应计算分析。

3. 线性时程分析

对主桥进行线性时程分析，与反应谱计算结果进行对比，相互验证校核，线性时程分析只针对等效嵌固模型进行，计算模型同反应谱分析模型，即对未设置液体黏滞阻尼器的结构进行了线性时程分析。E1、E2地震作用下的线性时程计算结果见表5-5-6~表5-5-8。时程法分析和反应谱法分析结果对比见表5-5-9。

E1地震作用下结构各主要部位地震响应（线性时程）（等效嵌固模型）　　表5-5-6

部位	截面	横向+竖向反应			纵向+竖向反应		
		M	Q	N	M	Q	N
		kN·m	kN	kN	kN·m	kN	kN
南主塔	1-1	141921	5435	21691	126533	2765	8212
	2-2	230381	8431	28769	180508	7125	18192
	3-3	84082	11219	35068	180318	10288	19267
	4-4	191464	14893	36324	314128	13233	20215
	承台底	346500	26315	39256	420611	21549	23886

续上表

部位	截面	横向+竖向反应			纵向+竖向反应		
		M	Q	N	M	Q	N
		kN·m	kN	kN	kN·m	kN	kN
北主塔	1-1	124613	5467	19811	148793	3011	7663
	2-2	198421	8322	26826	236038	9007	17109
	3-3	79504	11232	31628	235824	12178	18470
	4-4	176596	14898	32856	401210	13929	19081
	承台底	343486	26241	35756	521744	22200	22944

注：M-弯矩；Q-剪力；N-轴力。

E2 地震作用下结构各主要部位地震响应(线性时程)(等效嵌固模型)　　表 5-5-7

部位	截面	横向+竖向反应			纵向+竖向反应		
		M	Q	N	M	Q	N
		kN·m	kN	kN	kN·m	kN	kN
南主塔	1-1	230056	7896	28932	183660	4200	12145
	2-2	333836	12356	41194	343846	11128	26515
	3-3	118116	16139	50168	343520	14531	28258
	4-4	298020	20924	51923	494265	17063	28795
	承台底	493435	36575	56202	598624	31243	33017
北主塔	1-1	183276	7062	26468	233947	4608	10920
	2-2	313034	12060	35283	442933	13646	22763
	3-3	113240	16247	41861	442222	18852	24152
	4-4	282772	20799	43354	594279	21886	25245
	承台底	483533	36311	47311	693098	35330	31077

E2 地震作用下控制点的位移(线性时程)(等效嵌固模型)　　表 5-5-8

结构位置	纵桥向(mm)	横桥向(mm)
南主塔塔顶	77	145
北主塔塔顶	97	118
加劲梁跨中	466	1491
梁端	466	9

时程法分析和反应谱法分析结果对比表(E1 地震作用)(等效嵌固模型)　　表 5-5-9

部位	单元	横向弯矩比较			纵向弯矩比较		
		$M_{反应谱}$	$M_{时程}$	$\dfrac{M_{反应谱}}{M_{时程}}$	$M_{反应谱}$	$M_{时程}$	$\dfrac{M_{反应谱}}{M_{时程}}$
		kN·m	kN·m		kN·m	kN·m	
南主塔	塔底	156241	191464	0.82	275606	314128	0.88
	承台底	275180	346500	0.79	367585	420611	0.87
北主塔	塔底	150530	176596	0.85	324382	401210	0.81
	承台底	269315	343486	0.78	412870	521744	0.79

通过分析结果对比可知,线性时程分析结果和线性反应谱分析结果吻合得较好。线性反应谱分析中控制点的位移比线性时程分析结果大。控制截面内力计算结果差别基本在20%之内,满足《公路桥震规》中第6.5.3条的规定,即在E1地震作用下,线性时程法的计算结果不应小于反应谱法计算结果的80%。说明时程法计算时选取的三条人工地震波是合理的。

三、结构抗震性能评价

1. 基于性能的抗震验算方法

1) 材料本构模型

结构抗震性能分析首先需要定义材料的本构关系。本研究中钢筋纤维采用考虑了包辛格效应和硬化阶段的修正的 Menegotto-Pinto 本构关系,钢筋取 HRB400 的相应参数,混凝土纤维采用了 Mander 本构,可以考虑箍筋对核心混凝土的约束效果。

主桥结构的抗震验算根据钢筋混凝土结构非线性计算方法,根据截面的配筋,采用纤维单元,考虑在恒载和地震作用下的最不利轴力组合对桥墩和群桩基础最不利单桩的控制截面进行了 P-M-M 分析,得出各控制截面的抗弯能力,从而进行抗震性能验算。桥墩和桩基础截面的抗弯能力(强度)采用纤维单元法进行的弯矩-曲率(考虑相应轴力)分析,将截面混凝土根据需求划分为纤维单元束,而单根钢筋则作为一个纤维单元。对已划分截面进行弯矩曲率分析。

由线性时程法和反应谱法对比结果可知,线性分析中线性时程控制截面内力比反应谱法结果大。因此,本桥抗震验算时采用线性时程法计算结果进行验算,分析判断各控制截面在地震作用下是否进入弹塑性。

2) 性能目标要求

E1 地震作用下,结构校核目标是主塔和桩基础均在弹性范围内工作,其地震反应小于初始屈服弯矩;E2 地震作用下,结构校核目标是桥塔、桩基础可出现微小裂缝,不影响使用,桥塔、桩基的地震反应小于等效屈服弯矩。

2. 结构抗震验算

主塔和桩基础的配筋形式见表5-5-10,主塔和桩基础抗震验算结果分别见表5-5-11、表5-5-12。

主塔和桩基础配筋形式(均为 HRB400 钢筋) 表5-5-10

墩 号	位 置	配 筋 形 式	配筋率(%)
主塔	塔身2-2	外壁第一排 2~28mm@15cm 外壁第二排 28mm@15cm 内壁 28mm@15cm	1.48
	塔身4-4	外壁第一排 2~28mm@15cm 外壁第二排 28mm@15cm 内壁 28mm@15cm	1.15
	桩顶	56 根 28mm	0.60

主塔和桩基础抗震验算结果（E1 地震作用）　　　　　表 5-5-11

组合工况	墩号	位置	最不利轴力 N kN	地震弯矩 M kN·m	初始屈服弯矩 M_y kN·m	安全系数
恒载 ±（纵向+ 竖向地震作用）	南主塔	塔身 2-2	253181	180508	1490000	8.25
		塔身 4-4	287179	314128	1706000	5.43
		桩顶	16382	3618	26060	7.20
	北主塔	塔身 2-2	247949	236038	1474000	6.24
		塔身 4-4	282006	401210	1689000	4.21
		桩顶	14723	3473	24760	7.13
恒载 ±（横向+ 竖向地震作用）	南主塔	塔身 2-2	242605	230381	1079000	4.68
		塔身 4-4	271071	191464	1190000	6.22
		桩顶	16144	4878	25900	5.31
	北主塔	塔身 2-2	238232	198421	1069000	5.39
		塔身 4-4	268231	176596	1183000	6.70
		桩顶	16006	4892	25800	5.27

桥塔和桩基截面抗震验算（E2 地震作用）　　　　　表 5-5-12

组合工况	墩号	位置	最不利轴力 N kN	地震弯矩 M kN·m	等效屈服弯矩 M_{eq} kN·m	安全系数
恒载 ±（纵向+ 竖向地震作用）	南主塔	塔身 2-2	244858	343846	1798000	5.23
		塔身 4-4	278600	494265	2040000	4.13
		桩顶	13072	5276	29090	5.51
	北主塔	塔身 2-2	242295	442933	1789000	4.04
		塔身 4-4	275842	594279	2030000	3.42
		桩顶	10118	5634	26490	4.70
恒载 ±（横向+ 竖向地震作用）	南主塔	塔身 2-2	230179	333836	1249000	3.74
		塔身 4-4	255472	298020	1376000	4.62
		桩顶	12716	6748	28900	4.28
	北主塔	塔身 2-2	229775	313034	1248000	3.99
		塔身 4-4	257733	282772	1380000	4.88
		桩顶	13011	6745	29150	4.32

E2 地震作用下，地基承载能力验算参照《公路桥震规》中第 4.2 节进行，其中地基土抗震容许承载能力调整系数取值见表 5-5-13。

地基土抗震容许承载能力调整系数　　　　　表 5-5-13

岩土名称和性状	调整系数 K
岩石，密实的碎石土，密实的砾、粗（中）砂，$f_{ao} \geqslant 300$ kPa 的黏性土和粉土	1.5
中密、稍密的碎石土，中密和稍密的砾、粗（中）砂，密实和中密的细、粉砂，150kPa $\leqslant f_{ao} <$ 300kPa 的黏性土和粉土，坚硬黄土	1.3

续上表

岩土名称和性状	调整系数 K
稍密的细、粉砂，100kPa≤f_{ao}<150kPa 的黏性土和粉土，可塑黄土	1.1
淤泥、淤泥质土、松散的砂、杂填土、新近堆积黄土及流塑黄土	1.0

注：f_{ao}-由荷载试验等方法得到的地基承载能力基本容许值(kPa)。

E2 地震作用下，单桩轴向受压承载能力验算结果见表 5-5-14。

E2 地震作用下单桩轴向受压承载能力验算　　　　表 5-5-14

组合工况	墩号	单桩最大轴压力(kN)	单桩抗震受压承载能力容许值(kN)	验算结果
恒载±(纵向+竖向地震作用)	南主塔	30768	87448	通过
	北主塔	31165	87448	通过
恒载±(纵向+横向地震作用)	南主塔	37260	87448	通过
	北主塔	36195	87448	通过

E2 地震作用下，主缆和吊杆承载力验算结果见表 5-5-15。

E2 地震作用下主缆和吊杆承载力验算　　　　表 5-5-15

组合工况	构件	最大拉力(kN)	抗拉承载能力(kN)	验算结果
恒载±(纵向+竖向地震作用)	主缆	214479	596430	通过
	吊杆	1097	3790	通过
恒载±(纵向+横向地震作用)	主缆	208643	596430	通过
	吊杆	935	3790	通过

通过结构抗震验算可以得出：

（1）主塔和桩基础的控制部位在 E1 地震作用下，结构的安全系数均大于1，结构保持在弹性范围内工作。

（2）E2 地震作用下，主塔和桩基础控制截面的安全系数均大于1，说明主塔和桩基础构件只发生可修复损伤，满足 E2 地震作用下的抗震性能目标要求。

（3）E2 地震作用下，单桩轴向受压承载能力、主缆和吊杆承载力均满足抗震性能目标要求。

（4）E2 地震作用下，加劲梁梁端纵向位移 466mm，位移值较大，梁端伸缩缝难以满足要求。因此，本桥主桥需要通过采取减震措施来满足结构的抗震性能要求。为了限制结构在地震作用下的纵向位移，同时减小结构的地震内力响应，建议本桥主桥在两主塔和加劲梁之间纵桥向设置液体黏滞阻尼器。

四、结构减隔震设计

1. 参数敏感性分析

液体黏滞阻尼器的2个主要指标分别是阻尼力和动力行程。在伍家岗长江大桥有限元模型中通过对阻尼系数及非线性指数取不同值,分析了2个参数对结构响应的总体规律,得出了阻尼器参数对梁端纵向位移的影响关系以及阻尼器参数对最大阻尼力的影响关系。

分析影响关系可知:

(1)当非线性指数 α 一定时,随着阻尼系数 C_α 的增加,最大阻尼力基本呈线性增加,而梁端位移则随着阻尼系数 C_α 的增加而减小;

(2)当阻尼系数 C_α 一定时,阻尼力随着非线性指数 α 的增加而减小,梁端位移随着非线性指数 α 的增加而增加。

因此,一般而言,α 越小,C_α 越大,阻尼器的减震效果越显著,但阻尼器的阻力也越大,设计时应予以关注。

2. 优化设计方法研究

阻尼器参数设计常用方法为枚举法,即假定其他参数不变的前提下,只变化某一个参数来寻找规律,这种方法的缺点为计算工况多、计算耗时长。为此,本研究根据能量相等的原则,建立了一种合理确定阻尼器参数的方法。

计算时假定线性阻尼系数 C 在 $5000\sim40000\mathrm{kN\cdot S/m}$ 范围内取值,得到塔底弯矩与线性阻尼系数 C_1 的关系如图5-5-1所示。

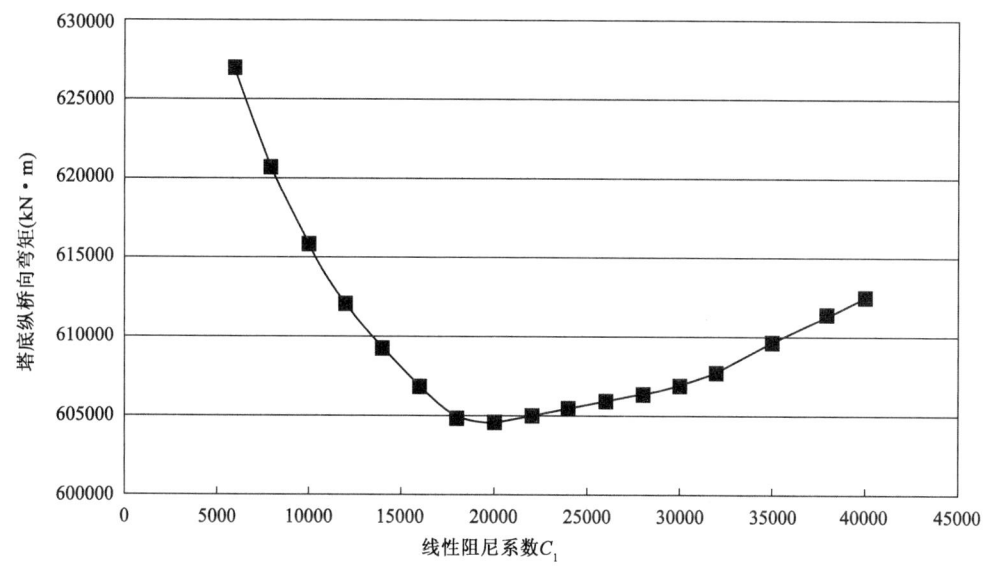

图5-5-1 E2地震作用下塔底弯矩与线性阻尼系数 C_1 的关系

由图5-5-1可知,当 C_1 取值为 $20000\mathrm{kN\cdot s/m}$ 时,主塔弯矩内力最小,因此,取 $C_1=20000\mathrm{kN\cdot s/m}$。再利用正弦函数拟合塔梁相对位移时程曲线的方法来确定 C_α,拟合时包络波峰、谷值,通过 Matlab 数学分析拟合得到的曲线方程为 $u = 0.06\sin(0.308t + 9.5)$。根据线性阻尼器每个周期耗散的能量和非线性阻尼器所耗散的能量相等的原则,可得到 C_α 的计算公式。工程上的阻尼指数 α 的取值一般在 $0.2 \sim 0.5$ 之间,根据阻尼指数 α 的取值,得到相应非线性阻尼系数 C_α。

通过使用上述方法综合比较,取 $\alpha = 0.3$、$C_\alpha = 2092 \text{kN} \cdot \text{s/m}$ 为本桥阻尼器的抗震最优参数设计值。

根据上述方法确定本桥主桥液体黏滞阻尼器相应的参数,由于本桥车辆制动力较大,为了满足行车制动力要求,取 $C_\alpha = 3000 \text{kN} \cdot \text{s/m}$。

五、非线性时程分析

由于主桥设置了液体黏滞阻尼器,因此,需对结构进行非线性时程分析,计算结构的地震响应。采用有限元软件 MIDAS 中的边界非线性单元模拟液体黏滞阻尼器,计算结构主要部位在 E1 和 E2 地震作用下的非线性时程。结果见表 5-5-16 ~ 表 5-5-18。

E1 地震作用下结构各主要部位地震响应(非线性时程)(等效嵌固模型) 表 5-5-16

部 位	截 面	横向+竖向反应			纵向+竖向反应		
		M	Q	N	M	Q	N
		kN·m	kN	kN	kN·m	kN	kN
南主塔	1-1	113815	4926	19431	105370	2381	7734
	2-2	207751	7777	26841	156989	5995	16676
	3-3	80879	10526	31354	156754	8705	17843
	4-4	179120	13206	32513	276723	10082	18468
	承台底	319056	23685	34538	347634	15947	22246
北主塔	1-1	101646	4856	16528	116271	2429	7001
	2-2	178805	7476	23938	195228	6933	15036
	3-3	76333	10437	29470	195130	9804	16036
	4-4	164375	12876	29795	342003	11109	16553
	承台底	300425	23079	32764	423714	17508	19950

E2 地震作用下结构各主要部位地震响应(非线性时程)(等效嵌固模型) 表 5-5-17

部 位	截 面	横向+竖向反应			纵向+竖向反应		
		M	Q	N	M	Q	N
		kN·m	kN	kN	kN·m	kN	kN
南主塔	1-1	168816	7228	28046	162227	3631	11284
	2-2	319560	11671	39595	254433	8989	23354
	3-3	119020	15855	45382	254231	12403	24941
	4-4	271844	19629	46654	420481	14767	26093
	承台底	478969	35345	49512	530336	24837	31727

续上表

部位	截面	横向+竖向反应			纵向+竖向反应		
		M	Q	N	M	Q	N
		kN·m	kN	kN	kN·m	kN	kN
北主塔	1-1	152044	6884	23693	185129	3689	9938
	2-2	276725	11417	34272	310828	10235	21285
	3-3	111023	15425	41139	310525	14264	22937
	4-4	254413	19374	41669	503073	16514	24033
	承台底	457164	34126	46049	625895	26344	29656

E2 地震作用下结构控制点的位移(非线性时程)(等效嵌固模型)　　表 5-5-18

结构位置	纵桥向(mm)	横桥向(mm)
南主塔塔顶	60	108
北主塔塔顶	82	93
加劲梁跨中	63	979
梁端	62	9

六、减震后结构的抗震验算

通过在塔梁交接处设置液体黏滞阻尼器,主梁在 E2 地震作用下梁端位移由原来漂浮体系(线性时程结果)的 466mm 降到 63mm,减幅达 85%,可满足伸缩缝变形要求;南主塔承台底的纵向地震弯矩(线性时程结果)由 598624kN·m 减小到 530336kN·m,减幅为 12%,北主塔承台底的纵向地震弯矩(线性时程结果)由 693098kN·m 减小到 625895kN·m,减幅为 10%,因此,塔梁之间纵桥向设置液体黏滞阻尼器能有效地抑制梁端的纵向地震位移,同时减小结构的纵向地震内力。

减震结构抗震验算只针对 E2 地震作用下主塔和桩基础抗震验算,验算结果见表 5-5-19。

桥塔和桩基础抗震验算结果(E2 地震作用)　　表 5-5-19

组合工况	墩号	位置	最不利轴力 N	地震弯矩 M	等效屈服弯矩 M_{eq}	安全系数
			kN	kN·m	kN·m	
恒载±(纵向+竖向地震作用)	南主塔	塔身2-2	248019	254433	1809000	7.11
		塔身4-4	281302	420481	2058000	4.89
		桩顶	14331	4045	30180	7.46
	北主塔	塔身2-2	243773	310828	1794000	5.77
		塔身4-4	277054	503073	2043000	4.06
		桩顶	12774	4101	28830	7.03
恒载±(横向+竖向地震作用)	南主塔	塔身2-2	231779	319560	1252000	3.92
		塔身4-4	260740	271844	1412000	5.19

续上表

组合工况	墩号	位置	最不利轴力 N kN	地震弯矩 M kN·m	等效屈服弯矩 M_{eq} kN·m	安全系数
恒载±(横向+竖向地震作用)	南主塔	桩顶	13378	6515	29470	4.52
	北主塔	塔身2-2	230786	276725	1250000	4.52
		塔身4-4	259418	254413	1408000	5.53
		桩顶	13532	6332	29610	4.68

由表5-5-19可知,在主塔与加劲梁之间设置液体黏滞阻尼器后,主塔和桩基础在E2地震作用下只发生可修复性损伤,满足抗震性能目标要求。

七、结论

通过对伍家岗长江大桥主桥建立的空间动力计算模型进行结构动力特性计算,采用反应谱法和时程分析法进行主桥结构地震反应分析,计算了结构在E1(100年超越概率10%)、E2(50年超越概率2%)两种设防水准下的结构地震响应;根据施工图提供主塔控制截面和桩基础单桩截面的配筋形式,以及反应谱和非线性时程分析计算结果,对结构在两种设防水准下的抗震性能进行了验算,根据验算结果得出如下结论:

(1)E1地震作用下,主塔塔柱和全部桩基础的最不利截面弯矩均小于截面初始屈服弯矩,主塔塔柱和全部桩基础保持在弹性范围之内。

(2)E2地震作用下,在未采取减震措施前,主塔和桩基础控制截面的安全系数均大于1,说明主塔和桩基础构件只发生可修复损伤,满足E2地震作用下的抗震性能目标要求。单桩轴向受压承载能力、主缆和吊杆承载力均满足抗震性能目标要求。

(3)E2地震作用下,加劲梁梁端纵向位移466mm,位移值较大,梁端伸缩缝难以满足要求。因此,本桥主桥需要通过采取减震措施来满足结构的抗震性能要求。为了限制结构在地震作用下的纵向位移,同时减小结构的地震内力响应,建议本桥主桥在两主塔和加劲梁之间纵桥向设置液体黏滞阻尼器。

(4)通过对液体黏滞阻尼器参数的优化设计,全桥设置4套液体黏滞阻尼器,取$C_\alpha = 3000$kN·s/m,$\alpha = 0.3$作为本桥主桥的阻尼器特征参数,单个阻尼器的最大阻尼力为2600kN,最大冲程为±500mm。

(5)E2地震作用下,在主塔和加劲梁交接处纵桥向设置液体黏滞阻尼器后,加劲梁梁端位移由原来漂浮体系(线性时程结果)的466mm降到63mm,减幅达85%,可满足伸缩缝变形要求;南主塔承台底的纵向地震弯矩(线性时程结果)由598624kN·m减小到530336kN·m,减幅为12%,北主塔承台底的纵向地震弯矩(线性时程结果)由693098kN·m减小到625895kN·m,减幅为10%。因此,塔梁之间纵桥向设置液体黏滞阻尼器能有效地抑制梁端的纵向地震位移,同时减小结构的纵向地震内力。通过对采取减震措施的主桥结构进行抗震验算,主桥结构在E2地震作用下只发生可修复性损伤,位移也能满足设计要求。

第六节　多点激励作用下主桥结构地震响应分析

一、引言

地震时的地面运动是一个复杂的时间-空间过程,以前的抗震设计研究往往把注意力放在地震动的时变特性上,而对地震动的空间变化特性考虑较少。地震时,从震源释放的能量以地震波的形式传到地表并引起地面震动,对于平面尺寸较小的建筑物,忽略地震动的空间变化,采用所谓的"一致激励"假定进行分析,能够满足此类结构的抗震设计要求,但对于平面尺寸较大的结构,地震动的空间变化将对结构反应产生重要影响,这一点已被许多强震观测记录所证实。

大跨径桥梁多点激励效应主要包括四项因素:

(1)行波效应(Wave-Passage Effect):由于传播路径的不同,地震波从震源传至两测点的时间差异导致相干性降低。

(2)不相干效应(Incoherence Effect):地震波从震源传播到两个不同测点时,传播介质具有不均匀性或者两个不同测点的地震波可能是从线(面)型震源的不同部位释放的地震波及其不同比例的叠加,从而引起两测点地震动的差异,导致相干性降低。

(3)局部场地效应(Site-Response Effect):传播至基岩的地震波向地表传播时,由于两测点处表层土局部场地条件的差异,使两测点的地震动相干性降低。

(4)衰减效应(Attenuation Effect):当地震波在地下岩石介质中传播时,由于岩层的非完全弹性使地震波的弹性能量不可逆转地转化为热能,造成振幅衰减而导致相干性降低。

二、多点激励作用的时程分析模型

多点地震动激励时程反应分析的模型可分为两种:位移输入模型和加速度输入模型。位移输入模型是将地震地面运动的位移作为动荷载建立动力平衡方程;加速度输入模型是将地面运动的加速度作为动荷载建立动力平衡方程,动力平衡方程在绝对坐标系下将求出结构总的位移反应(包括拟静力反应和动力反应)。

(1)在位移输入模型中,通常有两种求解方法,一种是直接输入位移时程法,即直接在结构的支承处输入位移时程,求解动力方程后得到结构的反应;另一种是大刚度法,即在结构支承处添加大弹簧,输入的位移时程作用在大弹簧上,弹簧再以力的形式传给结构,从而得到结构的反应。

(2)在加速度输入模型中,通常也有两种求解方法,一种是相对运动法,将结构在绝对坐标系下的位移响应分解为拟静力反应和动力反应,分别进行求解;另一种是大质量法,在结构支承处加大质量,对大质量块施加加速度时程,作用在大质量块的加速度以力的方式传给结构,直接求得结构的反应。

在工程实际中,地震安评单位一般只提供加速度时程,因此,常用模型是加速度输入模型,其中加速度模型中大质量法不能考虑桩基础和土层的性质,有一定的局限性,故一般采用相对运动法。因此,本桥亦采用加速度输入模型的相对运动法计算多点激励下的结构地震响应。

三、多点激励作用下地震响应时程分析

地震动传播时具有的行波效应、局部场地效应、不相干效应和衰减效应,都能对结构的反应产生影响。其中,衰减效应对相干函数的影响很小,一般可以忽略;而其他三种效应都应在多点激励抗震分析中加以考虑。由于不相干效应需要建立空间相关矩阵函数来体现地震场的空间相关性,计算较为复杂,本桥专题研究未考虑。因此,本桥抗震分析主要考虑行波效应及局部场地效应两种因素对结构抗震的影响。

1. 行波效应的影响

对于大跨径悬索桥的行波效应,众多学者的研究结果表明:一致输入反应分析并不能代表最不利的情况,行波效应对悬索桥的地震反应有显著的影响。行波效应和多点激励对动力反应分量有显著的影响。对于两塔的反应,多点激励会导致较小的结果。

大跨径桥梁的多点激励和行波效应问题非常复杂,对不同类型的桥梁可能会得到完全不同的结果。有学者认为这个效应还与输入的地震动时程的特性有很重要的关系。但有一点是肯定的,即大跨径桥梁应该进行多点激励和行波效应分析。

非一致地震动输入的确定性方法主要是通过在不同支承点输入不同的地震波或以某条波为基准在不同点进行相位调整(即行波法)来考虑地震动的空间变化特性。行波法假定地震波沿着地面按一定的速度传播,波形保持不变,只出现时间上的滞后,不考虑振幅的衰减,并且将地震波的传播速度视为常数。行波法是最早采用的多点激励地震动输入方法,在大跨径桥梁结构的地震反应分析中有着广泛的应用。

本桥行波效应的计算利用 Midas Civil 程序自带的"多支座激振"功能进行行波效应分析,计算模型利用前述的等效嵌固模型进行。计算时,假设地震波沿着整体坐标正向传播,则先到达的主塔的时间纵桥向定义为0,竖向也定义为0;而后到达的主塔的时间纵向定义为相应视波速对应的时间差,竖向定义为0,即竖向不考虑行波效应。

本桥由于结构非对称,故行波效应研究仅考虑最不利工况,即:地震波先到达南主塔,后到达北主塔。

根据本桥南主塔和北主塔处钻孔地质柱状图可知,土层的剪切波速为198~581m/s,等效剪切波速分别为202m/s和217m/s。因此,本桥多点激励响应分析中取视波速为200~5000m/s,即以相位差为0.23~5.8s来考虑相位差对反应的影响。

E2地震作用下,纵向地震行波效应对塔顶和加劲梁梁端的纵向位移及塔底的内力响应见表5-5-20~表5-5-22。塔顶和加劲梁梁端纵向位移、塔底内力响应与视波速的关系分别如图5-5-2~图5-5-5所示。

E2 地震作用下纵向地震行波效应对结构的位移和内力响应（第一条波） 表5-5-20

视波速 (m/s)	两塔相位差 (s)	纵向位移(mm)		塔底纵向弯矩(kN·m)	
		主塔塔顶	加劲梁梁端	南主塔	北主塔
200	5.80	48	408	495706	472353
300	3.87	62	338	548991	700632
500	2.32	50	369	460805	478344
1000	1.16	68	358	496186	486789
1500	0.77	45	349	511833	421569
2500	0.46	52	342	557717	611538
3000	0.39	56	339	621722	628773
5000	0.23	53	334	502080	718223
一致激励	—	68	325	494598	653510

E2 地震作用下纵向地震行波效应对结构的位移和内力响应（第二条波） 表5-5-21

视波速 (m/s)	两塔相位差 (s)	纵向位移(mm)		塔底纵向弯矩(kN·m)	
		主塔塔顶	加劲梁梁端	南主塔	北主塔
200	5.80	51	411	514280	367725
300	3.87	50	263	446034	545054
500	2.32	41	312	374395	346469
1000	1.16	48	424	428317	376442
1500	0.77	51	446	515641	408010
2500	0.46	40	455	521952	512025
3000	0.39	38	456	532714	573595
5000	0.23	40	456	428294	541794
一致激励	—	51	461	440517	459209

E2 地震作用下纵向地震行波效应对结构的位移和内力响应（第三条波） 表5-5-22

视波速 (m/s)	两塔相位差 (s)	纵向位移(mm)		塔底纵向弯矩(kN·m)	
		主塔塔顶	加劲梁梁端	南主塔	北主塔
200	5.80	49	681	490546	455373
300	3.87	49	447	467950	587192
500	2.32	50	315	511224	416559
1000	1.16	57	362	477206	415073
1500	0.77	46	369	556738	351040
2500	0.46	47	367	454828	543495
3000	0.39	51	366	487496	585453
5000	0.23	51	365	407192	586125
一致激励	—	56	361	453759	530231

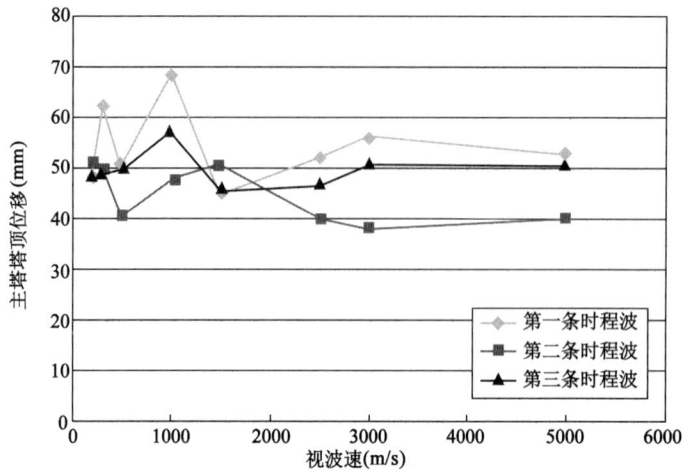

图 5-5-2 主塔塔顶纵向位移-视波速关系图

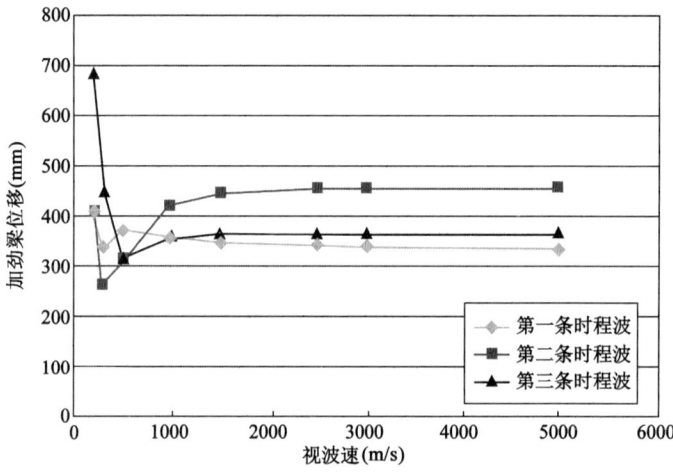

图 5-5-3 加劲梁梁端纵向位移-视波速关系图

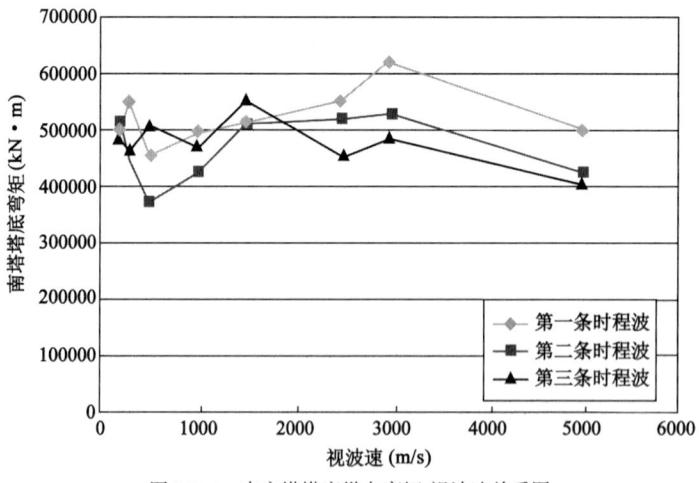

图 5-5-4 南主塔塔底纵向弯矩-视波速关系图

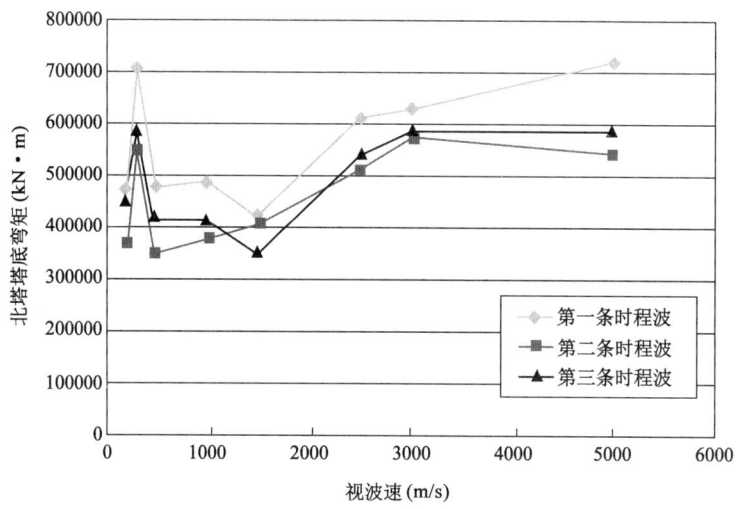

图 5-5-5 北主塔塔底纵向弯矩-视波速关系图

(1) 从图 5-5-2 和图 5-5-3 中可以看出,结构的位移响应随视波速呈振荡变化,当视波速较低时,位移响应振荡明显;随着视波速的增大,位移响应趋于稳定,并逼近一致激励的计算结果。这说明,低视波速下的行波效应对大跨径悬索桥纵桥向位移影响显著,设计过程中要考虑位移过大防止落梁破坏。

(2) 从图 5-5-4 和图 5-5-5 中可以看出,结构的地震内力响应随视波速呈振荡变化,当视波速较低时,位移响应振荡明显,随着视波速的增大,位移响应趋于稳定,并逼近一致激励的计算结果。这说明,低视波速下的行波效应对大跨径悬索桥地震内力影响显著,故选取适合场地特性的视波速区间十分重要。

(3) 从图 5-5-4 和图 5-5-5 中可以看出,地震波后到达的主塔(北主塔)比先到达的主塔(南主塔)地震内力响应振荡波动更剧烈,低视波速时更为明显,这说明行波效应的传播特性(相位差)对大跨径悬索桥地震内力影响显著。考虑到地震传播方向的不确定性,对于大跨径悬索桥,左、右塔的地震响应应以较大值作为抗震设计验算值。

(4) 从图 5-5-2 ~ 图 5-5-5 中可以看出,选取的三条地震波随视波速变化产生的地震响应振荡规律不存在一致性,这说明输入地震波的特性是影响其行波效应的重要因素,在建立了合适的有限元模型后,选取适合场地特性的地震波尤为重要。

(5) 对于本桥而言,根据以上所得的结论可知,本桥考虑行波效应的地震内力影响结果大于一致激励下的计算结果,大跨径悬索桥的抗震设计过程中,必须考虑行波效应的影响,从结构抗震性能安全的角度出发,应对本桥在考虑了行波效应的地震响应内力后进行结构抗震验算。

2. 局部场地效应的影响

根据伍家岗长江大桥地质资料可知,北主塔岸场地覆盖层厚度为 27.90 ~ 30.30m,场地等效剪切波速为 217m/s,场地划为 II 类场地;南主塔岸场地覆盖层厚度为 14.30 ~ 21.30m,场地等效剪切波速为 202m/s,场地划为 II 类场地。因此,两主塔下的地质情况略有差别,应采用各主塔下钻孔得到的地震动参数输入进行局部场地效应计算。

两主塔下的地震动输入采用以下的场地地表地震动参数,即计算采用三种分析工况。如表 5-5-23 所示,激励 1、2、3 分别代表 E2 地震作用下人造地震动加速度时程曲线 1、2 和 3。

考虑局部场地效应的分析工况 表 5-5-23

位 置		工 况		
		工况 1	工况 2	工况 3
南主塔	工程场地南岸	地表地震动激励 1	地表地震动激励 2	地表地震动激励 3
北主塔	工程场地北岸	地表地震动激励 1	地表地震动激励 2	地表地震动激励 3

地表水平向设计地震动参数见表 5-5-24。E2 地震作用下,场地效应与一致激励的内力和位移比较见表 5-5-25、表 5-5-26。

地表水平向设计地震动参数(阻尼比 0.05) 表 5-5-24

工程场地	超越概率	参 数						
		A_{max}(gal)	K	β_{max}	T_1(s)	T_g(s)	α_{max}	γ
工程场地北岸	50 年 63%	25.3	0.0258	2.5	0.1	0.35	0.0645	1.0
	50 年 10%	77.2	0.0787	2.5	0.1	0.40	0.1967	1.0
	50 年 2%	146.1	0.1489	2.5	0.1	0.45	0.3723	1.0
	100 年 63%	37.2	0.0379	2.5	0.1	0.35	0.0948	1.0
	100 年 10%	104.7	0.1067	2.5	0.1	0.40	0.2668	1.0
	100 年 2%	165.9	0.1691	2.5	0.1	0.45	0.4228	1.0
工程场地南岸	50 年 63%	25.0	0.0255	2.5	0.1	0.35	0.0637	1.0
	50 年 10%	76.2	0.0777	2.5	0.1	0.35	0.1942	1.0
	50 年 2%	144.2	0.1470	2.5	0.1	0.40	0.3675	1.0
	100 年 63%	36.4	0.0371	2.5	0.1	0.35	0.0928	1.0
	100 年 10%	102.8	0.1048	2.5	0.1	0.35	0.2620	1.0
	100 年 2%	164.9	0.1681	2.5	0.1	0.40	0.4202	1.0

场地效应与一致激励对结构的内力响应比较 表 5-5-25

位 置	工 况	塔底纵向弯矩(kN·m)		
		场地效应	一致激励	场地效应/一致激励
南主塔	工况 1	487335	494598	0.99
	工况 2	452295	440517	1.03
	工况 3	476870	453759	1.05
北主塔	工况 1	639382	653510	0.98
	工况 2	450037	459209	0.98
	工况 3	522073	530231	0.98

场地效应与一致激励对结构的纵向位移响应比较 表5-5-26

位置	工况	场地效应纵向位移（mm）	一致激励纵向位移（mm）	场地效应/一致激励
主塔塔顶	工况1	63	68	0.93
	工况2	51	51	1.00
	工况3	64	56	1.14
加劲梁梁端	工况1	389	325	1.20
	工况2	509	461	1.10
	工况3	457	391	1.17

由表5-5-25和表5-5-26分析可知：考虑场地效应后，塔底的纵向内力响应比一致激励作用下的内力响应大，但由于两岸场地特性差别不大，因此，考虑场地效应与一致激励作用下的内力响应和位移响应差别不大。

四、多点激励作用下结构的抗震验算

多点激励作用下结构抗震验算只针对E2地震作用下主塔和桩基础进行抗震验算，验算结果见表5-5-27。

桥塔和桩基础抗震验算（E2地震作用） 表5-5-27

组合工况	墩号	位置	最不利轴力 N kN	地震弯矩 M kN·m	等效屈服弯矩 M_{eq} kN·m	安全系数
恒载±(纵向+竖向地震作用)	南主塔	塔身2-2	244858	308703	1797000	5.82
		塔身4-4	278600	583797	2049000	3.51
		桩顶	10602	4780	26920	5.63
	北主塔	塔身2-2	242295	450814	1785000	3.96
		塔身4-4	275842	686333	2039000	2.97
		桩顶	9700	4137	26110	6.31

由表5-5-27可知，考虑了多点激励作用下，主塔和桩基础在E2地震作用下只发生可修复性损伤，满足抗震性能目标要求。

五、小结

本节首先介绍了多点激励作用行波效应、不相干效应、局部场地效应以及衰减效应四项因素，然后阐述了多点激励作用的分析模型与求解方法，最后重点分析了行波效应、局部场地效应对伍家岗长江大桥主桥结构抗震性能的影响规律，得到如下结论：

(1)结构的位移响应随视波速变化呈振荡变化，当视波速较低时，位移响应振荡明显；随着视波速的增大，位移响应趋于稳定，并逼近一致激励的计算结果。这说明，低视波速下的行波效应对大跨径悬索桥纵桥向位移影响显著，设计过程中要考虑位移过大的影

响,防止落梁破坏。

(2)结构的地震内力响应随视波速变化呈振荡变化,当视波速较低时,位移响应振荡明显,随着视波速的增大,位移响应趋于稳定,并逼近一致激励的计算结果。这说明,低视波速下的行波效应对大跨径悬索桥地震内力影响显著,故选取适合场地特性的视波速区间十分重要。

(3)远震源处的主塔(北主塔)比近震源处的主塔(南主塔)地震内力响应振荡波动更剧烈,低视波速时更为明显,这说明,行波效应的传播特性(相位差)对大跨径悬索桥地震内力影响显著。考虑到地震传播方向的不确定性,对于大跨径悬索桥,左、右塔的地震响应应以较大值作为抗震设计验算值。

(4)选取的三条地震波随视波速变化产生的地震响应振荡规律不存在一致性,这说明输入地震波的特性是影响其行波效应的重要因素,在建立了合适的有限元模型后,选取适合场地特性的地震波尤为重要。

(5)对于本桥而言,根据以上所得的结论可知,本桥考虑行波效应的地震内力影响结果大于一致激励下的计算结果,大跨径悬索桥的抗震设计过程中,必须考虑行波效应的影响,从结构抗震性能安全的角度出发,应对本桥在考虑了行波效应的地震响应内力后进行结构抗震验算。

(6)考虑场地效应后,塔底的纵向内力响应比一致激励作用下的内力响应大,但由于两岸场地特性差别不大,因此,考虑场地效应与一致激励作用下的内力响应和位移响应差别不大。

(7)考虑了多点激励作用下,主塔和桩基础在 E2 地震作用下只发生可修复性损伤,满足抗震性能目标要求。

第七节　长周期地震动作用下主桥结构地震响应分析

一、长周期地震动特性分析

1. 长周期地震动发生机理

尽管长周期地震动的研究非常复杂,但是通过对历次发生的长周期地震动及其震害进行研究,可以发现影响长周期地震动发生的有关因素。

1)震级

众多研究中发现,长周期地震动与发生的地震震级密切相关,大地震断层破裂过程中往往产生丰富的长周期地震动。断层越大,震级越大,释放的能量越多,破裂时间越长,就越有可能激发出地震动中的长周期成分。这已经被许多强震记录所证实,由此可见,震级是影响长周期地震动发生的重要因素之一。

2)震中距

随着震中距的增大,长距离传播过程中高频振动衰减得比低频振动快,大断层破裂过程产生的低频振动得以凸显出来,另外传播过程中传播介质激发的长周期面波也会增强长周期地震动,因此,远场效应是长周期地震动发生的条件之一。历次发生的长周期结构震害也证实了这一点。但是由于不同介质传播过程中激发的长周期面波的差异较大,针对长周期地震动衰减关系的研究尚存在较大的困难。

3) 局部场地条件

局部场地条件对长周期地震动有着重大影响,盆地、河口地区等场地的松软沉积层极易激发长周期面波,深厚软弱场地土层的滤波、放大也将使地震动长周期成分大大增强,有可能使得基岩上较小的地震动传播到地面变成破坏性很大的长周期地震动。

综上所述,长周期地震波的特点为:①持续时间较长;②峰值加速度相对较小;③卓越周期比较长;④长周期地震波的低频成分非常丰富;⑤长周期地震波对长周期结构的影响十分显著。

普通地震波卓越震动分布在高频范围内且在高频范围内能量最为集中,所以,普通地震波对周期较短的结构影响很大。

2. 长周期地震动特性分析

长周期地震动与常规地震动的时域、频域特征研究表明:长周期地震动的低频成分比较丰富,加速度峰值比较小,卓越周期比较长;常规地震动的高频成分丰富,频域分布比较宽,加速度峰值比较大,卓越周期比较短。与常规地震动在各个频率上都有广泛能量分布不同,近场长周期地震动和远场长周期地震动均表现出能量集中在低频处的特征。

本书选用6条典型地震波进行时域、频域特性比较,其中2条常规地震波分别为El-Centro波和Taft波;2条典型近场长周期地震动分别为TCU052波和TCU068波;2条典型远场长周期地震动分别为ILA004波和ILA055波。

1) 时域特性分析

6条地震动时域信息见表5-5-28。

6条地震动时域信息 表5-5-28

地 震 动	峰值加速度(g)	PGV/PGA	相对持续时间(s)
El-Centro	0.357	0.16	23.9
Taft	0.156	0.12	17.7
TCU052	0.357	0.42	13.4
TCU068	0.505	0.49	8.9
ILA004	0.064	0.40	53.7
ILA055	0.069	0.34	41.7

注:1. PGV/PGA为地震动的峰值速度与峰值加速之比。
　　2. 相对持时为第一次至0.3倍峰值加速度的时间到最后一次至0.3倍峰值加速度的持续时间。

PGV/PGA用来评价一条地震动的脉冲特性,研究表明:PGV/PGA大于0.2,表示脉冲特性明显;PGV/PGA小于0.2,表示脉冲特性不明显。为满足长周期记录应具有明显脉冲效应的这一要求,所选地震动均需满足 PGV/PGA 大于 0.2 的要求。

从表 5-5-28 和 6 条地震波的加速度时程过程变化中可以得出,近场长周期地震动相对持续时间较短,加速度峰值较大,脉冲特性明显;远场长周期地震动相对持续时间较长,类简谐波运动较明显,PGV/PGA 也大于 0.2,但由于其幅值较小,故并没有近场长周期地震动的脉冲性明显。因此,所选取的近、远场地震波均满足 PGV/PGA 大于 0.2 的要求。

2)频域特性分析

傅里叶幅值谱反映了地震动能量在频域内的分布,即反映了不同频率的正弦波所携带能量多少。随着距震中距的增大,高频部分的衰减比低频部分显著,其卓越频率也逐渐向低频方向推移。

由 6 条地震波的地震动傅里叶谱可知,对于普通地震波,傅里叶谱高频成分较丰富,频率成分分布比较宽泛,在 1~5Hz 之间的频率成分较为显著;而对于长周期地震波,傅里叶谱低频成分丰富,频率成分相对集中在 0.1~1Hz 之间的低频范围内,傅里叶谱的卓越成分比较明显。常规地震动频率主要分布在 1Hz 以上;而近、远场长周期地震动频率主要分布在 1Hz 以下。

3)反应谱分析

地震波反应谱可以反映出地震波频谱特性对结构地震响应的影响情况。图 5-5-6 所示是 6 条地震波的阻尼比为 0.05 的加速度反应谱(地震动的地震动放大系数 β 谱)。

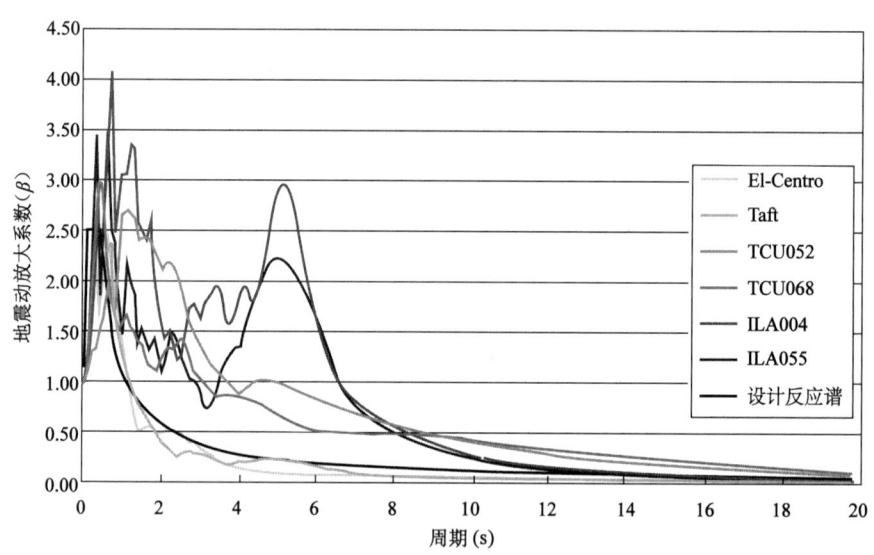

图 5-5-6 地震波加速度反应谱(阻尼比 0.05)

由图 5-5-6 可知,普通地震波反应谱谱值主要集中在 0~2s 之间,在到达卓越周期后谱值迅速下降,在周期到达 2s 时谱值已经降低到峰值的 20% 左右;与普通地震波相比,长周期地震波反应谱谱值分布非常宽泛,2s 后长周期部分依然具有较大的谱值,谱值下降趋势不明显,在周期到达 6s 时谱值仍然可以达到峰值的 60%~70%,周期到达 8s 后谱值才缓慢下降,说明所选长周期地震波中长周期信息丰富。

二、长周期地震动作用下主桥结构地震响应分析

1. 长周期地震动线性时程分析

有限元计算模型采用前文叙述中的等效嵌固模型,地震波输入选用上文中的6条典型地震波,对主桥进行线性时程分析。为了与地震安评中给出的人工波计算结果进行对比,将6条典型地震波的幅值统一调整为 $0.1489g$。6条典型地震波作用下的线性时程计算结果见表5-5-29、表5-5-30。

6条典型地震波作用下的线性时程计算结果(纵向地震响应) 表5-5-29

地 震 波	纵向位移(mm)		承台底纵向弯矩(kN·m)	
	主塔塔顶	加劲梁梁端	南主塔	北主塔
El-Centro	54	166	516639	469052
Taft	83	219	501844	616243
TCU052	205	1338	1329446	1417281
TCU068	140	1227	786320	886125
ILA004	311	1256	1704611	2187315
ILA055	158	1142	1047022	1202087
安评人工波	97	466	598624	693098

6条典型地震波作用下的线性时程计算结果(横向地震响应) 表5-5-30

地 震 波	横向位移(mm)		承台底横向弯矩(kN·m)	
	主塔塔顶	加劲梁梁端	南主塔	北主塔
El-Centro	127	7	425688	421886
Taft	107	7	394541	345928
TCU052	507	14	826294	771922
TCU068	322	8	483951	488068
ILA004	511	14	787374	619134
ILA055	334	11	646426	629901
安评人工波	145	9	493435	483533

典型地震波对塔顶和加劲梁梁端位移、承台底内力的响应关系分别如图5-5-7～图5-5-10所示。

由表5-5-29、表5-5-30和图5-5-7～图5-5-10可知:

(1)长周期地震动作用下主桥结构的地震响应(位移和内力)明显大于普通地震动作用下的地震响应。

(2)主桥结构的地震响应纵桥向比横桥向对长周期的影响更敏感。

(3)普通地震动与安评人工波结果较接近,说明不考虑长周期的地震动可以采用人工波模拟分析。

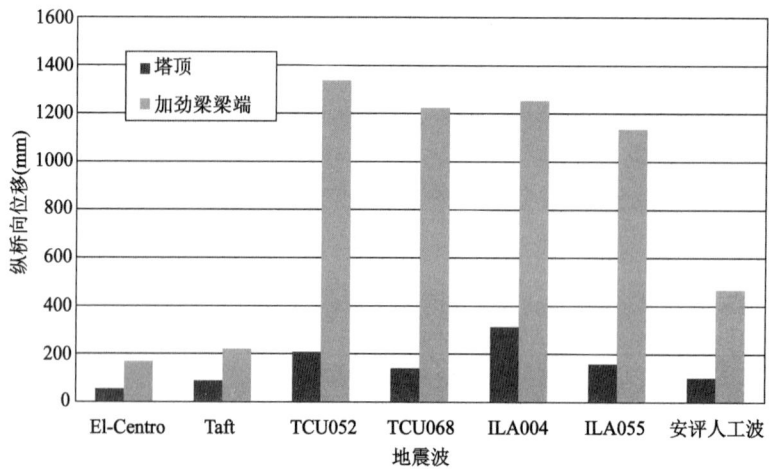

图 5-5-7　典型地震波对位移响应(纵向地震响应)

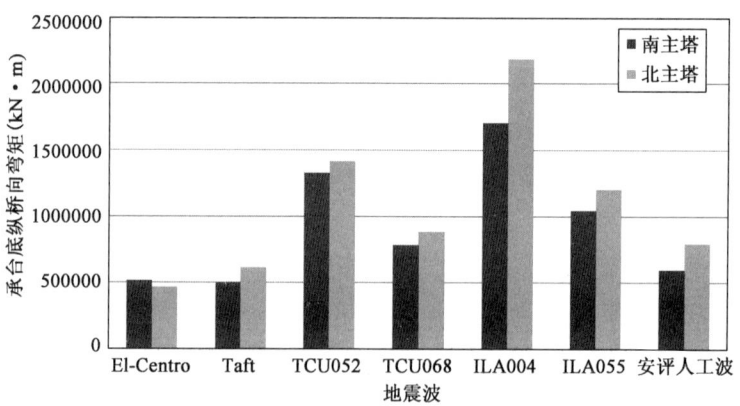

图 5-5-8　典型地震波对内力响应(纵向地震响应)

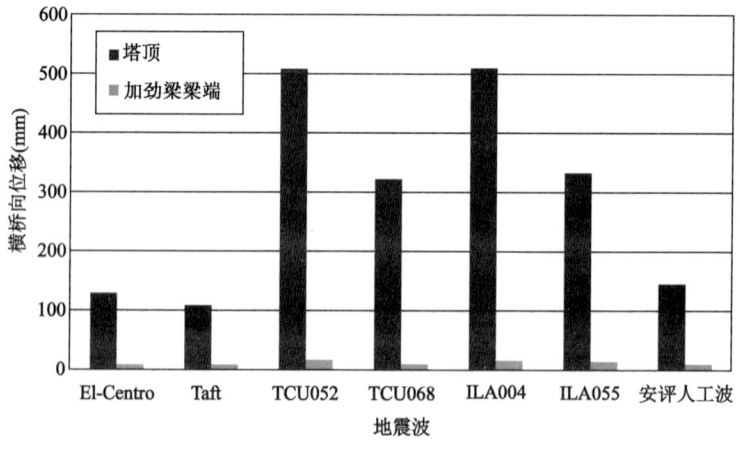

图 5-5-9　典型地震波对位移响应(横向地震响应)

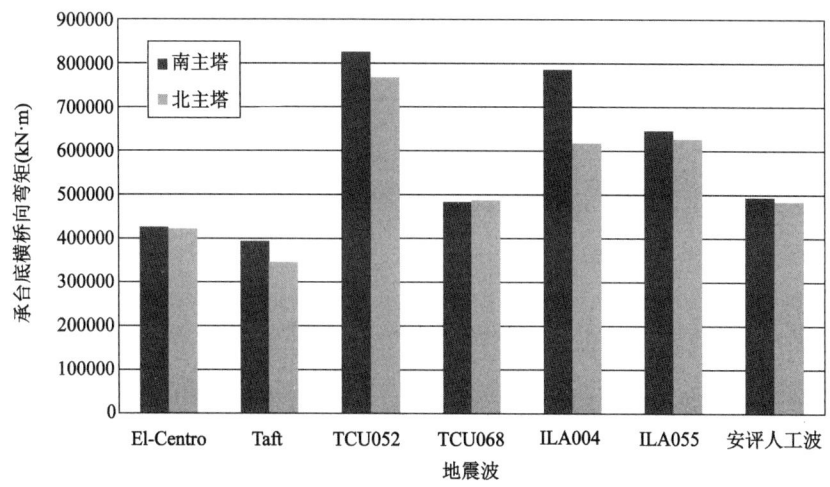

图 5-5-10 典型地震波对内力响应(横向地震响应)

2. 长周期地震动非线性时程分析

与上文有限元模型和地震波输入均相同,对主桥设置液体黏滞阻尼器,参数取 $C_\alpha = 3000 \text{kN} \cdot \text{s/m}^{0.3}$,采用 MIDAS 中的边界非线性单元模拟液体黏滞阻尼器,进行非线性时程分析。为了与地震安评中给出的人工波计算结果进行对比,将 6 条典型地震波的幅值统一调整为 $0.1489g$。由于阻尼器只设置在纵桥向,因此,只给出 6 条典型地震波作用下纵桥向的非线性时程计算结果,见表 5-5-31。

典型地震波对结构的位移和内力响应(纵向地震响应)　　表 5-5-31

地 震 波	纵向位移(mm)		承台底纵向弯矩(kN·m)	
	主塔塔顶	加劲梁梁端	南主塔	北主塔
El-Centro	54	53	496624	446925
Taft	82	34	534055	607318
TCU052	201	402	1375787	1460061
TCU068	121	344	803972	879059
ILA004	311	571	1738351	2212030
ILA055	157	508	1046387	1212734
安评人工波	82	62	530336	625895

典型地震波作用下,加劲梁梁端位移、承台底内力响应的线性时程分析和非线性时程分析对比如图 5-5-11 和图 5-5-12 所示。

由表 5-5-31 和图 5-5-11、图 5-5-12 可知:

(1)长周期地震动作用下,设置阻尼器对加劲梁的纵向位移减震效果显著。

(2)长周期地震动作用下,设置阻尼器对主塔的纵向内力减震效果不明显。

(3)由于大跨径桥梁结构的自振周期较长,而长周期地震动由于包含丰富的长周期成分,更容易激起结构的长周期地震反应,因此,设计时应充分考虑长周期地震动对大跨径桥梁结构的影响。

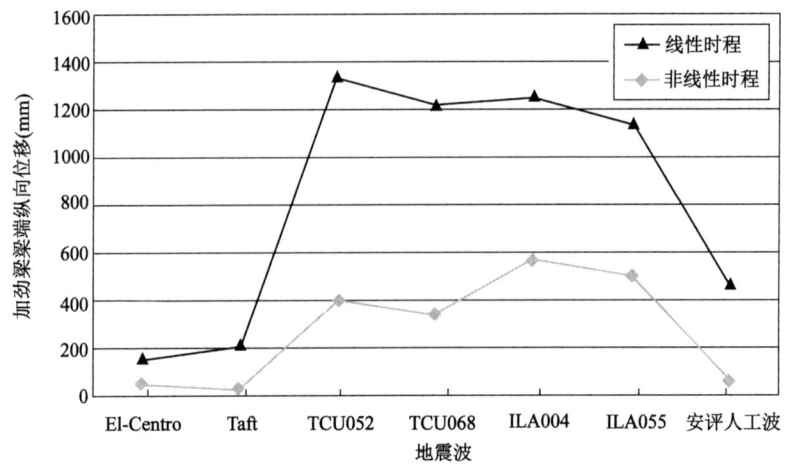

图 5-5-11　主梁梁端纵向位移对比

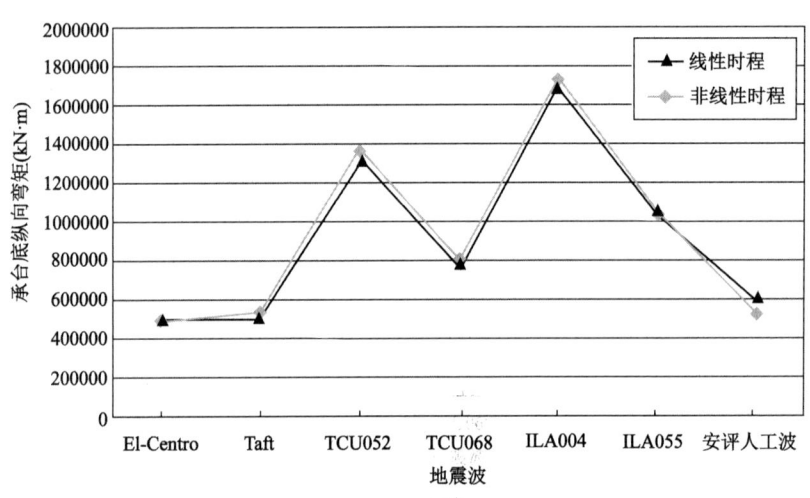

图 5-5-12　主塔承台底纵向弯矩对比

三、大跨径桥梁抗震长周期设计反应谱研究

随着特大跨径桥梁等长周期结构数量的迅速增加，长周期结构的抗震设计已经成为迫切需要解决的问题。目前长周期结构的抗震设计缺陷问题主要存在于两个方面：一是设计规范抗震反应谱长周期段存在理论缺陷；二是强震记录数据的缺乏。

对于地震这种偶然的风险作用（荷载），用于设计的应当是统计意义上的结果，而不是基于一两个或少数几个样本的结果。时程分析可以较好地考虑结构的非线性特性，对于大跨径桥梁等重大工程结构是必需和值得的。但对于每一个输入样本，时程分析结果是随机过程的一个样本，为得到统计结果必须进行大量的分析，若采用全桥非线性计算模型，则计算工作量十分巨大。同时大跨径桥梁的抗震设计可以分阶段采用不同的方法，或综合采用多种方法。因此,反应谱方法应仍然是大跨径桥梁抗震设计可供选择的方法之一,但应针对大跨径桥梁的特点进行适当的修正。

1. 现有抗震规范设计反应谱长周期取值

地震(弹性)反应谱是指单自由度弹性体系对于某个实际地震加速度记录的最大反应和体系的自振特性(自振周期或频率和阻尼比)之间的函数关系。地震反应谱是抗震设计的基础。而抗震设计谱的基础是实际强震地面运动记录,无论是短周期谱还是长周期谱都是如此。根据地震反应谱的特性,地震反应谱的高频段(短周期)主要决定于地震动的最大加速度 a,中频段(中周期)决定于地震动的最大速度 v,低频段(长周期)决定于地震动的最大位移 u。因此,长周期的地震反应主要影响那些对地震位移敏感的柔性结构,如超高层建筑、大跨径桥梁等。

抗震设计规范中设计反应谱大都由三部分组成,为上升斜直线段、最大值段和下降段,特征周期和下降段的形状控制着设计反应谱长周期部分的谱幅值,对高耸、大跨径等长周期结构的抗震设计有重大影响。

目前国内常用的桥梁抗震设计规范中,对设计反应谱长周期区段有明确规定。在现行的抗震设计规范中,对设计反应谱的最大使用范围为 6~10s,但是对于大跨径桥梁一阶基频一般能达到 15s 以上,比如本专题研究的伍家岗长江大桥一阶基频达到 16.5s。为了满足这些大跨径柔性结构的抗震设计,对大于 10s 的抗震设计反应谱一般宜作专门研究。

2. 长周期设计反应谱修正

本小节采用的修正方法参考李恒、冯谦等发表的《汉口地区长周期设计地震反应谱》进行。由概率地震危险性分析及土层地震反应计算得到的工程场地短、中周期反应谱是可靠的,但由于缺乏 6s 以上长周期反应谱衰减关系,而且土层地震反应等效线性化方法对长周期地震动模拟上存在缺陷,得到的反应谱大于 2~3s 部分不可靠(一般来说偏小)。因此,地震安全性评价中标定设计反应谱时主要标定峰值加速度(A_{max})、反应谱最大值(S_{max} 或 β_{max})和特征周期(T_2),而长周期段的下降指数(γ)往往需要借助经验确定。由于在选择强震记录时综合考虑了汉口地区所处的地震地质环境、场地条件和不同震级地震对长周期反应谱的贡献,因此,利用强震记录得到的长周期反应谱同样属于场地相关谱的范畴,综合这两部分成果,最终确定设计地震加速度反应谱。

3. 大跨径桥梁长周期修正反应谱计算分析

根据本桥地震安全评价报告中提供的 50 年 2% 相关反应谱参数取值,结合长周期反应谱修正公式,得到 50 年 2% 反应谱修正公式,修正后的反应谱拟合结果如图 5-5-13 所示。

采用与本章第五节中完全相同的反应谱分析方法,对主桥等效嵌固模型进行长周期修正后的反应谱分析,得到结果主要部位地震响应见表 5-5-32、表 5-5-33。

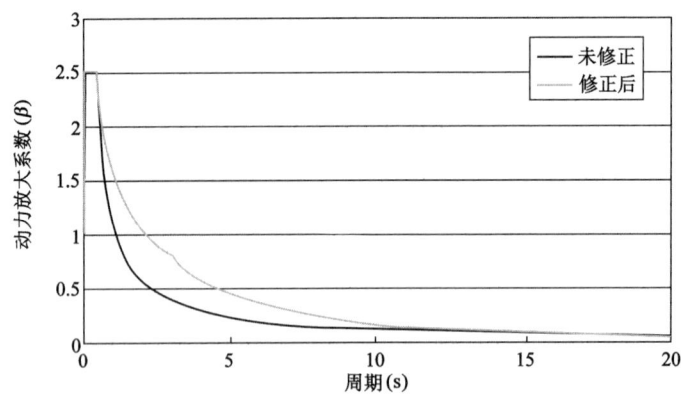

图 5-5-13 反应谱修正拟合图

E2 地震作用下结构各主要部位地震响应（反应谱修正）（等效嵌固模型） 表 5-5-32

部 位	截 面	横向+竖向反应			纵向+竖向反应		
		M	Q	N	M	Q	N
		kN·m	kN	kN	kN·m	kN	kN
南主塔	1-1	302738	7310	33727	204321	3800	14089
	2-2	519853	12999	42394	371230	11708	25645
	3-3	135236	16283	59472	370897	14773	27094
	4-4	328829	19102	59963	586880	17579	27896
	承台底	506556	31698	61512	722608	30555	31581
北主塔	1-1	259511	7026	29940	242834	4114	12710
	2-2	452631	12307	39244	469268	13556	24609
	3-3	129540	15405	52463	468868	16196	26080
	4-4	295877	18353	53012	722151	18675	26962
	承台底	468227	31014	54848	864414	30638	30725

E2 地震作用下结构各主要部位地震响应（反应谱修正）（等效嵌固模型） 表 5-5-33

结 构 位 置	纵桥向(mm)	横桥向(mm)
南主塔塔顶	96	236
北主塔塔顶	129	200
加劲梁跨中	538	1285
梁端	538	9

将长周期修正后的反应谱分析结果与本章第五节中未修正的反应谱计算结果进行比较，结果见表 5-5-34、表 5-5-35。

长周期反应谱修正后各主要部位地震弯矩响应对比　　　　　表 5-5-34

部　　位		未　修　正	修　正　后	比　　值
南主塔承台底	横向弯矩(kN·m)	402135	506556	1.26
	纵向弯矩(kN·m)	547786	722608	1.32
北主塔承台底	横向弯矩(kN·m)	392306	468227	1.19
	纵向弯矩(kN·m)	623618	864414	1.39

长周期反应谱修正后各主要部位地震位移响应对比　　　　　表 5-5-35

部　　位		未　修　正	修　正　后	比　　值
南主塔塔顶	纵桥向位移(mm)	62	96	1.55
	横桥向位移(mm)	121	236	1.95
北主塔塔顶	纵桥向位移(mm)	82	129	1.57
	横桥向位移(mm)	104	200	1.92
加劲梁跨中	纵桥向位移(mm)	390	538	1.38
	横桥向位移(mm)	1190	1285	1.08
梁端	纵桥向位移(mm)	390	538	1.38
	横桥向位移(mm)	7	9	1.29

由以上表中计算结果可知：

(1)在考虑长周期效应时,结构的纵桥向响应比横桥向响应变化更大,这是由大跨径柔性桥梁结构特点决定的。

(2)在考虑长周期效应时,结构的位移响应比内力响应变化更剧烈,说明大跨径柔性结构位移响应对长周期效应更敏感。

(3)在现行的抗震设计规范中,对设计反应谱的最大使用范围为 6～10s,但是为了满足大跨径柔性结构的抗震设计,对大于 10s 的抗震设计反应谱一般宜作专门研究。本节对设计反应谱长周期的修正工作进行了探索尝试,通过对衰减段进行分段,采用相应的分段参数对设计反应谱长周期部分进行修正拟合,但是所采取的分段参数还需要大量强震记录的统计,计算结果可为合理确定有关参数提供一定的参考。

第八节　本　章　小　结

伍家岗长江大桥主桥结构抗震性能分析及减隔震专题研究进行了较为详细的线性反应谱分析、线性时程分析、非线性时程分析、一致激励作用分析,以及多点激励作用分析、长周期地震作用,其中重点研究了阻尼器参数选用、多点激励作用、长周期地震作用对伍家岗长江大桥主桥的抗震性能的影响。根据主塔、桩基础等典型构件控制截面的配筋形式,参照反应谱分析及非线性时程分析计算结果,对主桥结构在两种设防水准下的抗震性能进行了验算,综合分析后得到如下结论。

一、本桥的抗震设防标准及性能目标

(1) 针对本桥既是公路桥又是城市桥的特点,提出了按两种规范综合考虑本桥的抗震设防标准。

(2) 针对本桥的结构特点,协调了现行规范在抗震设防标准上异同点,参照本桥的场地地震安评报告的研究成果,确定了本桥主桥的抗震设防标准和抗震性能目标。

二、本桥的抗震结构体系的选取

(1) 本桥工程穿越长江中华鲟自然保护区,基于生态保护考虑,采取一跨过江通道方案,本桥桥址区的覆盖层不太厚(17~28m),基岩埋置也不深,锚碇有合适的地基持力层,同时锚碇汛期不影响行洪。因此,本桥选择了造型美观的地锚式悬索桥。

(2) 与三跨体系相比,单跨体系加劲梁的竖向刚度和主塔的水平抗推刚度大,自振周期短,有利于减小地震作用下结构的位移响应。

(3) 基于主桥结构的抗震性能,综合考虑桥址处的建设条件,本桥选取单跨双绞地锚式悬索桥。

三、一致激励作用下主桥结构的抗震性能

(1) E1 地震作用下,主塔塔柱和全部桩基础的最不利截面弯矩均小于截面初始屈服弯矩,主塔塔柱和全部桩基础保持在弹性范围之内。

(2) E2 地震作用下,在未采取减震措施前,主塔和桩基础控制截面的安全系数均大于1,说明主塔和桩基础构件只发生可修复损伤,满足 E2 地震作用下的抗震性能目标要求。单桩轴向受压承载能力、主缆和吊杆承载力均满足抗震性能目标要求。

(3) E2 地震作用下,加劲梁梁端纵向位移 466mm,位移值较大,梁端伸缩缝难以满足要求。因此,本桥主桥需要通过采取减震措施来满足结构的抗震性能要求。为了限制结构在地震作用下的纵向位移,同时减小结构的地震内力响应,建议本桥主桥在两主塔和加劲梁之间纵桥向设置液体黏滞阻尼器。

(4) 通过对液体黏滞阻尼器参数的优化设计,全桥设置 4 套液体黏滞阻尼器,取 $C_\alpha = 3000 \text{kN} \cdot \text{s/m}^{0.3}$,$\alpha = 0.3$ 作为本桥主桥的阻尼器特征参数,单个阻尼器的最大阻尼力为 2600kN,最大冲程为 ±500mm。

四、多点激励作用下主桥结构的地震响应分析结论

(1) 结构的位移响应随视波速变化呈振荡变化,当视波速较低时,位移响应震荡明显;随着视波速的增大,位移响应趋于稳定,并逼近一致激励的计算结果。这说明,低视波速下的行波效应对大跨径悬索桥纵桥向位移影响显著,设计过程中要考虑位移过大防止落梁破坏。

(2) 结构的地震内力响应随视波速变化呈振荡变化,当视波速较低时,位移响应振荡明显,随着视波速的增大,位移响应趋于稳定,并逼近一致激励的计算结果。这说明,低视波速下的行波效应对大跨径悬索桥地震内力影响显著,故选取适合场地特性的视波速区间十分重要。

(3) 地震波后到达的主塔(北主塔)比先到达的主塔(南主塔)地震内力响应振荡波动更剧烈,低视波速时更为明显。这说明,行波效应的传播特性(相位差)对大跨径悬索桥地震内力影响显著,考虑到地震传播方向的不确定性,对于大跨径悬索桥,左、右塔的地震响应应以较大值作为抗震设计验算值。

(4) 选取的三条地震波随视波速变化产生的地震响应振荡规律不存在一致性,这说明输入地震波的特性是影响其行波效应的重要因素,在建立了合适的有限元模型后,选取适合场地特性的地震波尤为重要。

(5) 对于本桥而言,根据以上所得结论可知,本桥考虑行波效应的地震内力影响结果大于一致激励下的计算结果,大跨径悬索桥的抗震设计过程中,必须考虑行波效应的影响,从结构抗震性能安全角度出发,应对本桥在考虑了行波效应的地震响应内力进行结构抗震验算。

(6) 考虑场地效应后,塔底的纵向内力响应比一致激励作用下的内力响应大,但由于两岸场地特性差别不大,因此,考虑场地效应与一致激励作用下的内力响应和位移响应差别不大。

(7) 考虑了多点激励作用下,主塔和桩基础在 E2 地震作用下只发生可修复性损伤,满足抗震性能目标要求。

五、长周期地震动作用下主桥结构地震响应分析结论

(1) 对于普通地震波,傅里叶谱高频成分较丰富,频率成分分布比较宽泛,在 1~5Hz 之间的频率成分较为显著;而对于长周期地震波,傅里叶谱低频成分丰富,频率成分相对集中在 0.1~1Hz 之间的低频范围内,傅里叶谱的卓越成分比较明显。

(2) 普通地震波反应谱谱值主要集中在 0~2s 之间,在到达卓越周期后谱值迅速下降,在周期到达 2s 时谱值已经降低到峰值的 20% 左右;与普通地震波相比,长周期地震波反应谱谱值分布非常宽泛,2s 后长周期部分依然具有较大的谱值,谱值下降趋势不明显,在周期到达 6s 时谱值仍然可以达到峰值的 60%~70%,周期到达 8s 后谱值才缓慢下降。

(3) 长周期地震动作用下主桥结构的地震响应(位移和内力)明显大于普通地震动作用下的地震响应。

(4) 主桥结构的地震响应纵桥向比横桥向对长周期的影响更敏感。

(5) 普通地震动与安评人工波结果较接近,说明不考虑长周期的地震动可以采用人工波模拟分析。

(6)长周期地震动作用下,设置阻尼器对主梁的纵向位移减震效果显著。

(7)长周期地震动作用下,设置阻尼器对主塔的纵向内力减震效果不明显。

(8)由于大跨径桥梁结构自振周期较长,而长周期地震动由于包含丰富的长周期成分,更容易激起结构长周期地震反应,因此,设计时应充分考虑长周期地震动对大跨径桥梁结构的影响。

(9)在现行的抗震设计规范中,对设计反应谱的最大使用范围在 6~10s 之间,但是为了满足大跨径柔性结构的抗震设计,对大于 10s 的抗震设计反应谱一般宜作专门研究。本专题对设计反应谱长周期的修正工作进行了探索尝试,通过对衰减段进行分段,采用相应的分段参数对设计反应谱长周期部分进行修正拟合,但是所采取的分段参数还需要大量强震记录的统计,本专题计算结果可为合理确定有关参数提供一定的参考。

第六章 隧道式锚碇专题论证和研究

第一节 概　　述

一、研究目的

隧道式锚碇的承载机制较复杂:缆索将桥梁载荷传递给锚塞体,锚塞体再通过与围岩的嵌固作用,将荷载传递给围岩,最终由锚塞体和围岩共同承担缆索的巨大拉力。相较重力式锚碇而言,隧道式锚碇有两大优点:①性价比高,造价优势突出,当承载能力相同时,隧道式锚碇的造价约是重力式锚碇的一半;②开挖量小,对环境扰动小。

由于隧道式锚碇需要利用周边围岩共同承载,所以隧道式锚碇一般在节理较少、岩体性能较好的地方采用。拟建伍家岗长江大桥北隧道式锚碇所在部位岩性为砾岩、砂砾岩、含砾砂岩等,总体属较软岩~软岩,中间还夹有疏松砂岩等软弱夹层。

软岩上修建隧道式锚碇可能出现两大问题:

一是隧道式锚碇的承载能力问题。软岩由于其力学性状差,在缆索巨大荷载作用下,隧道式锚碇及其周边围岩可能出现整体破坏,危及大桥安全。软岩还存在长期强度问题,软岩的长期强度一般低于瞬时强度,在缆索长期荷载作用下,隧道式锚碇还可能存在长期稳定性问题。

二是隧道式锚碇的变形和长期变形问题。软岩变形模量低,而且具有流变性,隧道式锚碇在承受缆索荷载时,不仅加载过程中会有变形,隧道式锚碇建成运营期间,变形还会持续发展。而悬索桥又是柔性结构,为满足桥梁整体运行要求,隧道式锚碇的最大水平位移与最大铅直位移必须严格控制在一定范围内,所以需要对软岩中隧道式锚碇的变形,尤其是在缆索拉力荷载下的长期变形开展专门研究。

由于隧道式锚碇结构形式和承载机制复杂,目前还没有通用的隧道式锚碇设计方法,相关理论和规程规范也不成熟。为了对隧道式锚碇方案可行性进行论证,除采用常规岩石力学试验和数值分析等手段外,现场缩尺模型试验也是以往隧道式锚碇工程普遍采用的研究方法。广东虎门大桥、重庆鹅公岩大桥、丰都长江大桥、四渡河大桥、坝陵河大桥、普立特大桥、水布垭清江特大桥、浙江官山大桥、重庆几江大桥等,都进行了隧道式锚碇现场缩尺模型试验。实践证明,"岩石力学试验＋现场缩尺模型试验＋精细数值模拟"是研究隧道式锚碇方案可行性的有效组合手段。

本专题拟通过补充现场调研、开挖勘探斜洞等手段,揭示伍家岗特大桥江北侧隧道式锚碇所在部位岩体的分布特征、岩体风化卸荷程度、结构面和软弱夹层分布规律,建立概化地质模型。通过室内、外岩石力学试验和流变试验、岩体质量分级、参数估算等手段,获取各类岩体及结构面物理力学参数及流变参数。开挖试验支洞,建造缩尺模型,开展现场缩尺模型试验,研究隧道式锚碇受力变形特征、流变特征、承载性能和潜在破坏模式。依据缩尺模型试验结果开展数值反分析,反演岩体、结构面力学参数以及流变参数。建造相似模型,开展室内相似模型试验,研究隧道式锚碇细观受力过程、极限承载能力和潜在破坏模式。开展隧道式锚碇建设、加载、运行全过程精细数值模拟,通过数值模拟将模型试验结果延拓至实体隧道式锚碇,进一步研究实体隧道式锚碇的受力、变形、流变、破坏特征以及长期变形和长期承载能力。在以上工作基础上,综合评价伍家岗特大桥北侧隧道式锚碇方案的可行性,为隧道式锚碇方案优化提供依据。

通过本研究,不仅可以论证伍家岗长江大桥北侧隧道式锚碇方案的可行性,而且可以深化对软岩中修建隧道式锚碇相关问题的理解和认识,为今后类似工程的开展积累经验,并为建立系统的隧道式锚碇设计理论和方法、编制隧道式锚碇相关规程规范提供依据和素材。

二、研究内容

1. 隧道式锚碇所在部位地质概化模型研究

对前期勘测资料进行分析,开挖勘探斜洞。通过斜洞编录、斜洞声波测试等手段,细致研究隧道式锚碇所在部位地层、岩性、风化分类,对结构面、软弱夹层的分布特征、发育规律进行研究,对锚址区关键地质条件进行概化,在此基础上建立锚址区三维地质概化模型。

2. 隧道式锚碇所在部位岩体及结构面物理力学特性研究

通过室内岩石物理力学性质试验、现场岩体力学性质试验,获取不同类别岩体和结构面的物理力学参数。开展室内岩石流变试验,获取代表性岩石流变模型、流变参数及长期强度参数。综合岩石(体)力学试验结果和工程类比,开展隧道式锚碇部位不同类别岩体及结构面物理力学参数取值研究,给出不同类别岩体和结构面的物理力学参数建议值。

3. 隧道式锚碇受力变形特征及流变特征研究

在现场建造1:12隧道式锚碇缩尺模型,开展设计荷载下的缩尺模型试验,同时开展设计荷载下的流变试验。试验过程中同步进行锚塞体及围岩变形观测、应力观测。通过对观测资料的分析,研究缩尺模型试验中锚塞体及围岩的受力变形特征及流变特征。依据相似原理,类推实体隧道式锚碇及围岩的受力变形特征及流变特征。

依据实体隧道式锚碇结构尺寸,以及锚塞体和围岩的物理力学参数,按照相似模型试验原理,在室内配制模型材料,建造室内1:40三维地质力学模型(相似模型)。依据相似原理和实体隧道式锚碇承载过程,对室内相似模型加载,开展设计荷载加载试验,试验过程中观测模型各关键部位应力和变形,依据观测结果研究隧道式锚碇的受力变形特征。

对现场缩尺模型试验结果、室内三维地质力学模型(相似模型)试验结果、三维数值模拟结果进行综合分析,获得对隧道式锚碇受力变形特征及流变特征的综合认识,预测实体隧道式锚碇各关键部位在不同阶段的变形量、应力值等控制性指标。

4. 隧道式锚碇承载能力和潜在变形破坏机理、破坏模式研究

采用现场缩尺模型试验、室内三维地质力学模型试验以及数值模拟分析,开展超载试验、超载流变试验及极限承载力破坏试验。通过对试验成果综合分析,研究实体隧道式锚碇的变形破坏机理、变形破坏过程、潜在破坏模式以及超载能力。依据模型试验和数值模拟获得的隧道式锚碇潜在破坏模式。综合模型试验、数值模拟、极限平衡分析结果,评价实体隧道式锚碇安全性能。

三、技术路线

本课题采用现场勘探、地质调查、室内岩块力学特性试验、现场岩体力学特性试验、室内相似材料物理模型试验、现场缩尺模型试验、数值模拟分析等多种手段开展综合研究。具体技术路线图如图5-6-1所示。

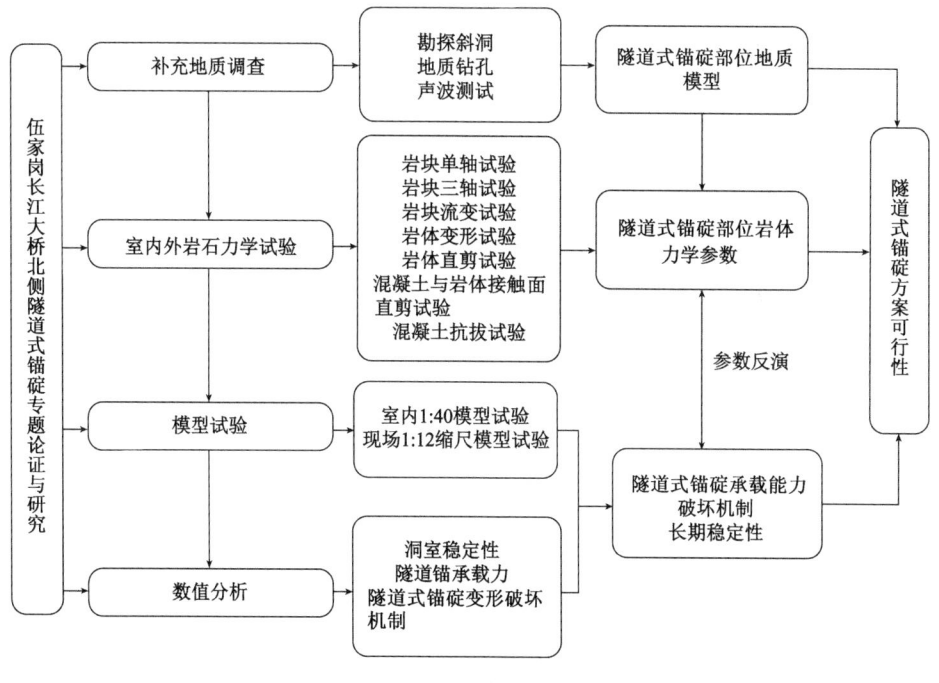

图 5-6-1 技术路线图

第二节 隧道式锚碇部位工程地质条件

江北隧道式锚碇入锚角度为-40°,其中前锚室段长42m,锚塞体段长45m,后锚室段长3m,鞍室入口底高程54.533m,锚塞体下锚面底高程-11.906m;锚塞体开挖洞室呈城门洞形,其中前锚室段宽9.04~9.60m、高10.49~12.00m、布置高程22.012~54.686m,锚塞体段宽12.00~16.00m、高12.00~20.00m、布置高程31.205~-11.906m。单锚荷载约2.2×10^4t。

一、江北侧隧道式锚碇场区工程地质条件

江北侧隧道式锚碇布置于伍临路北东侧低丘山体内,南距长江约480m,距伍临路约40m。山体总体呈近南北向展布,山顶地面高程90.5~91.5m,长约230m、宽60~130m,地形坡角15°~20°,其西、北两侧由于人工开挖形成陡坎地形,坎高11.0~16.0m,如图5-6-2所示。

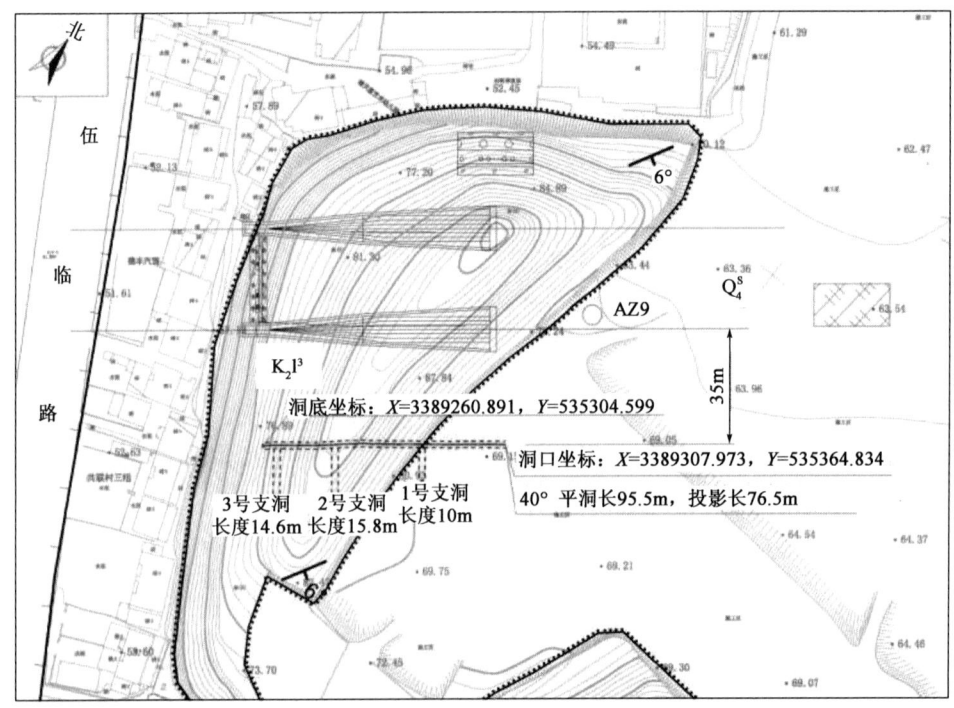

图5-6-2 江北侧隧道式锚碇地形及开挖平硐位置示意图

隧道式锚碇场地区地表零星分布第四系残坡积层(Q_4^{edl}),厚度一般小于1.0m,主要为灰黄色含砾粉土。基岩为罗镜滩组杂色中厚至巨厚层状砾岩(钙泥质胶结或泥钙质胶结)夹砂砾岩或含砾砂岩(以下统一简称"砂砾岩")及砂岩(粉细砂岩、疏松砂岩、泥质粉砂岩);在隧道式锚碇工程涉及范围内,按岩性组合情况自下而上可分三段:第一段(K_2l^1)、第二段(K_2l^2)、第三段(K_2l^3),其中第二段(K_2l^2)分为五层。

第三段(K_2l^3):场地区内最厚约16.3m,主要为砂砾岩(含量约40%)、疏松砂岩(含量约27%)夹砾岩(含量约18%)、粉砂岩(含量约15%),分布于隧道式锚碇所处山体顶部,高程64.7m以上,与隧道式锚碇工程无直接关系。

第二段(K_2l^2)厚41.8~56.5m,主要为砂砾岩(含量约40%)、砾岩(主要为钙泥质胶

结、含量约30%)、粉细砂岩(含量约25%)夹少量泥质粉砂岩、疏松砂岩(含量约5%),分布于隧道式锚碇所处山体中下部、高程20.5~64.7m之间,隧道式锚碇鞍室和散索段。按岩性组合情况自下而上可细分五层。

第一段(K_2l^1)根据地质测绘,K_2l^1厚度约为180m,勘探揭露有限、未见其底,主要为砾岩(主要为泥钙质胶结、含量约90%)夹少量粉细砂岩(含量约10%)夹层,分布于隧道式锚碇所处山体下部、高程20.50m以下,隧道式锚碇锚固段。

地层总体近水平,产状倾向SE125°~143°、倾角4°~7°,岩体内构造不发育、未见断层和裂隙。隧道式锚碇部位强风化岩体厚度9~19m,下限随地形变化、高程50~80m;中等风化岩体厚度13~30m,下限总体随地形变化、高程40~58m。地下水主要受大气降水补给,无统一的自由水面,主要以裂隙水的形式赋存于局部风化裂隙稍发育的强风化岩体中,水量小。中等风化、微风化岩体透水率为0.48~0.68Lu,属于微透水,为相对隔水岩层,岩体中基本无地下水,开挖后的锚锭平洞中等风化、微风化岩体中未见有渗水点。

二、隧道式锚碇部位岩体声波测试

为了解隧道式锚碇这个锚洞范围内各岩体纵波波速(V_p)的基本特性,分别在钻孔及勘探斜洞中进行了单孔及跨孔声波测试,声波测试解译成果如下。

江北隧道式锚碇区白垩系上统罗镜滩组第三段(K_2l^3)的砂岩声波值较低,主要集中在2.05~2.96km/s之间,平均值为2.70km/s左右;罗镜滩组第二段(K_2l^2)的中等风化岩体V_p值主要集中在3.49~4.55km/s之间,平均值为4.15km/s左右,其中泥质粉砂岩V_p值主要集中在2.05~3.27km/s之间,平均值为2.57km/s;罗镜滩组第二段(K_2l^2)微风化岩体V_p值主要集中在3.49~4.55km/s之间,平均值为4.15km/s左右;罗镜滩组第一段(K_2l^1)的微风化砾岩V_p值主要集中在3.85~5.28km/s之间,平均值为4.70km/s左右。钻孔测试的声波曲线与岩性、岩体风化、岩石坚硬程度及其完整性有很好的对应关系。

三、隧道式锚碇部位概化地质模型

通过勘探斜洞、补充钻孔等地质调查,对隧道式锚碇部位地层岩性进行分组,建立江北侧隧道式锚碇轴线纵剖面图概化地质模型,分别如图5-6-3和图5-6-4所示。

四、隧道式锚碇方案宏观地质分析

江北侧隧道式锚碇布置于伍临路北东侧低丘山体内,山顶地面高程90.5~91.5m,长约230m、宽60~130m,地形坡角15°~20°,隧道式锚碇主要受力部位——锚塞体段主要布置于高程31.205m以下,相对于山顶上覆山体厚约60m,最低处埋深约102m,深埋于山体周边坳谷最低(地面高程52m)处以下超过20m。

江北侧隧道式锚碇处山体基岩裸露,岩层近水平、缓倾坡内,与山体走向及隧道式锚碇轴向呈大角度相交;隧道式锚碇主要受力部位——锚塞体段除上部厚6.2~10.6m为

$K_2l^{2\sim5}$ 砂砾岩(含量约66%)、粉细砂岩(含量约33%)夹少量泥质粉砂岩(含量约1%)夹层外,主要为 K_2l^1 泥钙质胶结的砾岩,属较软岩;岩体内构造不发育,未见断层和裂隙;岩体为微新岩体;岩体中基本无地下水。

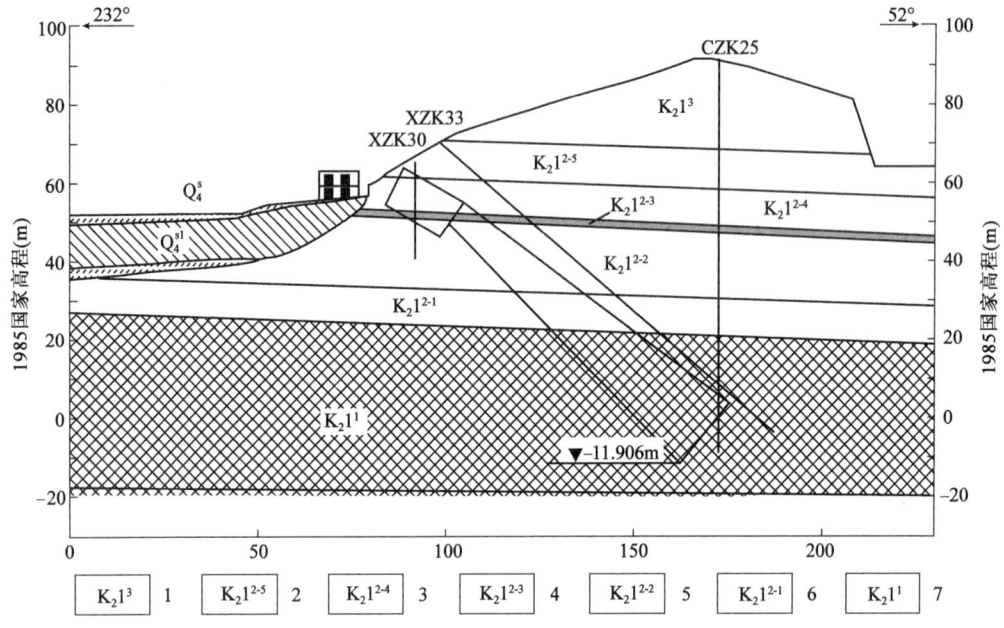

图 5-6-3　江北侧隧道式锚碇左幅概化地质模型

1-罗镜滩组第三段;2-罗镜滩组第二段5层;3-罗镜滩组第二段4层;4-罗镜滩组第二段3层;5-罗镜滩组第二段2层;6-罗镜滩组第二段1层;7-罗镜滩组第一段

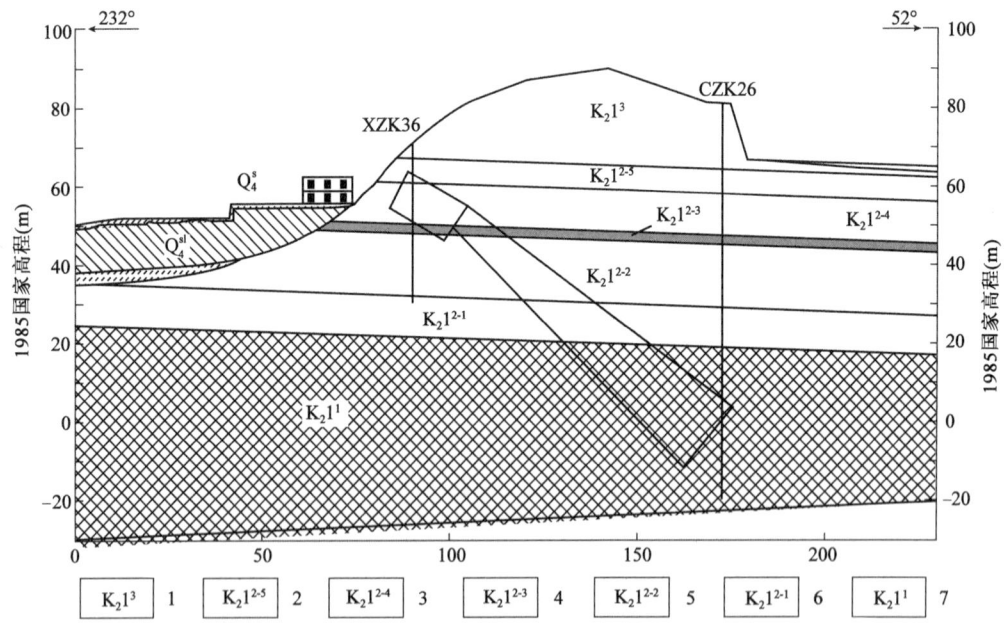

图 5-6-4　江北侧隧道式锚碇右幅概化地质模型

1-罗镜滩组第三段;2-罗镜滩组第二段5层;3-罗镜滩组第二段4层;4-罗镜滩组第二段3层;5-罗镜滩组第二段2层;6-罗镜滩组第二段1层;7-罗镜滩组第一段

综上所述,隧道式锚碇区内及周边未见不良地质现象发育、所处山体整体稳定性好;锚塞体深埋地下,上覆山体厚度大;锚塞体锚周泥钙质胶结砾岩虽为较软岩,但岩体新鲜、完整,总体岩体质量以Ⅲ级为主;岩体中基本无地下水。总体而言,江北侧隧道式锚碇部位地形地质条件较好,隧道式锚碇方案与地形、地质条件结合较好。

第三节　隧道式锚碇部位岩体力学参数研究

一、室内岩石物理力学特性试验

1. 试验内容

为了研究隧道式锚碇部位岩土体的力学参数,选取隧道式锚碇区罗镜滩组第一、二及三段典型的砾岩、砂砾岩开展室内物理力学试验。已完成的试验工作量见表5-6-1。

室内岩石力学试验完成情况　　　　　　　　　　　　　　　表5-6-1

序号	试验项目	单位	完成试验数量
1	岩石物理特性试验	组	19
2	岩石抗压、抗拉及变形试验	组	16
3	岩石三轴抗压强度试验	组	8
4	岩石(夹层)直剪试验	组	4

2. 岩石物理性质试验

针对隧道式锚碇工程区典型的砂砾岩、砾岩及砾岩内的夹层岩石试样开展了物理性质试验共19组(套),包括颗粒密度、块体密度(天然、烘干、饱和)、天然含水率、饱和吸水率、孔隙率等指标。岩石物理性质综合成果见表5-6-2。

岩石物理性质综合成果　　　　　　　　　　　　　　　表5-6-2

序号	岩层	野外定名	风化程度	块体密度			颗粒密度	含水率	饱水率	孔隙率
				烘干	自然	饱和				
				(g/cm³)				(%)		
1	K_2l^2	砂砾岩	中风化	2.02~2.47 2.29(6)	2.07~2.50 2.33(6)	2.26~2.57 2.45(6)	2.66~2.76 2.72(6)	1.03~2.99 1.69(6)	3.95~11.9 7.14(6)	9.71~16.9 12.3(6)
2	K_2l^2	砂砾岩	微风化	2.53~2.67 2.60(2)	2.55~2.68 2.62(2)	2.62~2.70 2.65(2)	2.72~2.77 2.74(2)	0.63~1.02 0.84(2)	1.27~3.51 1.95(2)	3.39~8.87 5.04(2)
3	K_2l^2	砾岩	微风化	2.46~2.62 2.54(3)	2.48~2.64 2.56(3)	2.58~2.68 2.63(3)	2.76~2.79 2.77(3)	0.34~1.35 0.77(3)	1.82~4.76 3.30(3)	4.76~11.7 8.34(3)
4	K_2l^1	砾岩	微风化	2.44~2.71 2.63(7)	2.45~2.72 2.65(7)	2.56~2.73 2.68(7)	2.75~2.80 2.78(7)	0.38~1.69 0.65(7)	0.91~5.10 1.90(7)	2.40~10.4 4.94(7)
5	K_2l^2	砂岩夹层	中风化	2.39~2.54 2.48(1)	2.41~2.56 2.50(1)	2.54~2.62 2.59(1)	2.77~2.81 2.79(1)	0.78~0.86 0.80(1)	3.32~6.27 4.45(1)	8.42~12.98 9.90(1)

注:表中数据表示 $\frac{最小值~最大值}{平均值(组数)}$。

试验结果表明,伍家岗长江大桥隧道式锚碇场区 K_2l^2 岩层中的中风化砂砾岩试样颗粒密度平均值为 2.72g/cm³,不同状态下的块体密度值在 2.02~2.57g/cm³ 之间,含水率平均值为 1.69%,饱水率平均值为 7.14%,孔隙率平均值为 12.3%;K_2l^2 岩层中的微新砂砾岩试样颗粒密度平均值为 2.74g/cm³,不同状态下的块体密度值在 2.53~2.70g/cm³ 之间,含水率平均值为 0.84%,饱水率平均值为 1.95%,孔隙率平均值为 5.14%。

K_2l^2 岩层中的微新砾岩试样的颗粒密度平均值为 2.77g/cm³,不同状态下的块体密度值在 2.46~2.68g/cm³ 之间,含水率平均值为 0.77%,饱水率平均值为 3.30%,孔隙率平均值为 8.34%;K_2l^1 岩层中的微新砾岩试样的颗粒密度平均值为 2.78g/cm³,不同状态下的块体密度值在 2.44~2.73g/cm³ 之间,含水率平均值为 0.65%,饱水率平均值为 1.90%,孔隙率平均值为 4.94%。

K_2l^2 岩层中的中风化砂岩夹层试样的颗粒密度平均值为 2.79g/cm³,不同状态下的块体密度值在 2.39~2.62g/cm³ 之间,含水率平均值为 0.80%,饱水率平均值为 4.45%,孔隙率平均值为 9.90%。

物理性质试验成果表明,岩样块体密度和颗粒密度与岩性、含水率及孔隙率等因素相关。

3. 岩石单轴抗压强度、压缩变形及抗拉试验研究

对伍家岗长江大桥隧道式锚碇典型砂砾岩、砾岩及砾岩内的夹层试样,分别在天然、饱和状态下开展了岩石单轴抗压强度与压缩变形试验,在天然状态下的抗拉试验,总计完成 16 组。岩样单轴抗压强度、压缩变形及抗拉试验成果见表 5-6-3。

岩石单轴抗压强度、压缩变形及抗拉试验成果　　　　　　表 5-6-3

序号	岩层	野外定名	风化程度	单轴抗压强度(MPa)		软化系数	单轴变形(GPa)				泊松比 μ		抗拉强度(MPa)
							变形模量 E_0		弹性模量 E_e				
				天然	饱和		天然	饱和	天然	饱和	天然	饱和	天然
1	K_2l^2	砂砾岩	中风化	7.73~17.3 / 12.7(3)	3.15~8.88 / 5.49(3)	0.43	0.79~2.67 / 1.49(3)	0.14~1.48 / 0.66(3)	1.02~4.82 / 2.30(3)	0.27~2.43 / 0.92(3)	0.26~0.28 / 0.27(3)	0.27~0.30 / 0.29(3)	0.37~0.49 / 0.42(3)
2	K_2l^2	砂砾岩	微风化	20.6~30.2 / 25.4(2)	9.54~15.2 / 12.4(2)	0.49	5.43~6.24 / 5.84(2)	0.81~2.37 / 1.59(2)	6.15~8.45 / 7.30(2)	1.26~4.23 / 2.75(2)	0.25~0.27 / 0.26(2)	0.27~0.29 / 0.28(2)	0.47~0.53 / 0.50(2)
3	K_2l^2	砾岩	微风化	25.2~31.3 / 28.3(2)	9.63~15.9 / 12.8(2)	0.45	5.72~6.47 / 6.10(2)	0.96~2.96 / 1.97(2)	9.94~11.9 / 10.9(2)	1.97~5.22 / 3.60(2)	0.24~0.27 / 0.26(2)	0.26~0.28 / 0.27(2)	0.48~1.26 / 0.92(2)
4	K_2l^1	砾岩	微风化	19.1~38.6 / 29.7(8)	12.8~26.7 / 17.4(8)	0.59	5.68~10.9 / 7.60(8)	1.34~7.91 / 2.62(8)	8.42~13.5 / 11.8(8)	2.95~12.1 / 5.68(8)	0.24~0.26 / 0.25(8)	0.25~0.28 / 0.27(8)	0.47~3.21 / 1.01(8)
5	K_2l^2	砂岩夹层	中风化	2.20~15.8 / 11.0(1)	1.74~7.84 / 5.13(1)	0.47	0.50~1.09 / 0.85(1)	0.23~0.87 / 0.52(1)	0.62~2.64 / 1.43(1)	0.25~1.08 / 0.69(1)	0.26~0.28 / 0.27(1)	0.27~0.30 / 0.28(1)	0.36~0.45 / 0.40(1)

注:表中数据表示 $\dfrac{\text{最小值} \sim \text{最大值}}{\text{平均值(组数)}}$。

隧道式锚碇场区 K_2l^2 岩层中的中风化砂砾岩试样天然状态下单轴抗压强度值在 7.73~17.3MPa 之间,平均值为 12.7MPa;变形模量在 0.79~2.67GPa 之间,平均值为 1.49GPa;弹性模量在 1.02~4.82GPa 之间,平均值为 2.30GPa;泊松比在 0.26~0.28 之间,平均值为 0.27,抗拉强度在 0.37~0.49MPa 之间,平均值为 0.42MPa。饱和状态下单轴抗压强度值在 3.15~8.88MPa 之间,平均值为 5.49MPa;变形模量在 0.14~1.48GPa 之间,平均值为 0.66GPa;弹性模量在 0.27~2.43GPa 之间,平均值为 0.92GPa;泊松比在 0.27~0.30 之间,平均值为 0.29。砂砾岩试样软化系数为 0.43,饱和单轴抗压强度均值在 5~15MPa 之间,该砂砾岩属软岩。

K_2l^2 岩层中的微新砂砾岩试样天然状态下单轴抗压强度值在 20.6~30.2MPa 之间,平均值为 25.4MPa;变形模量在 5.43~6.24GPa 之间,平均值为 5.84GPa;弹性模量在 6.15~8.45GPa 之间,平均值为 7.30GPa;泊松比在 0.25~0.27 之间,平均值为 0.26,抗拉强度在 0.47~0.53MPa 之间,平均值为 0.50MPa。饱和状态下单轴抗压强度值在 9.54~15.2MPa 之间,平均值为 12.4MPa;变形模量在 0.81~2.37GPa 之间,平均值为 1.59GPa;弹性模量在 1.26~4.23GPa 之间,平均值为 2.75GPa;泊松比在 0.27~0.29 之间,平均值为 0.28。砂砾岩试样软化系数为 0.49,饱和单轴抗压强度均值在 5~15MPa 之间,该砂砾岩属软岩。

K_2l^2 岩层中的微新砾岩试样天然状态下单轴抗压强度值在 25.2~31.3MPa 之间,平均值为 28.3MPa;变形模量在 5.72~6.47GPa 之间,平均值为 6.10GPa;弹性模量在 9.94~11.9GPa 之间,平均值为 10.9GPa;泊松比在 0.24~0.27 之间,平均值为 0.26,抗拉强度在 0.48~1.26MPa 之间,平均值为 0.92MPa。饱和状态下单轴抗压强度值在 9.63~15.9MPa 之间,平均值为 12.8MPa;变形模量在 0.96~2.96GPa 之间,平均值为 1.97GPa;弹性模量在 1.97~5.22GPa 之间,平均值为 3.60GPa;泊松比在 0.26~0.28 之间,平均值为 0.27。砾岩试样软化系数为 0.45,饱和单轴抗压强度均值在 5~15MPa 之间,该砾岩属软岩。

K_2l^1 岩层中的微新砾岩试样天然状态下单轴抗压强度值在 19.1~38.6MPa 之间,平均值为 29.7MPa;变形模量在 5.68~10.9GPa 之间,平均值为 7.60GPa;弹性模量在 8.42~13.5GPa 之间,平均值为 11.8GPa;泊松比在 0.24~0.26 之间,平均值为 0.25,抗拉强度在 0.47~3.21MPa 之间,平均值为 1.01MPa。饱和状态下单轴抗压强度值在 12.8~26.7MPa 之间,平均值为 17.4MPa;变形模量在 1.34~7.91GPa 之间,平均值为 2.62GPa;弹性模量在 2.95~12.1GPa 之间,平均值为 5.68GPa;泊松比在 0.25~0.28 之间,平均值为 0.27。砾岩试样软化系数为 0.59,饱和单轴抗压强度均值在 15~30MPa 之间,该砾岩属较软岩。

K_2l^2 岩层中的砂岩夹层试样天然状态下单轴抗压强度值在 2.20~15.8MPa 之间,平均值为 11.0MPa;变形模量在 0.50~1.09GPa 之间,平均值为 0.85GPa;弹性模量在 0.62~2.64GPa 之间,平均值为 1.43GPa;泊松比在 0.26~0.28 之间,平均值为 0.27,抗拉强度在 0.36~0.43MPa 之间,平均值为 0.40MPa。饱和状态下单轴抗压强度值在

1.74~7.84MPa 之间,平均值为 5.13MPa;变形模量在 0.23~0.87GPa 之间,平均值为 0.52GPa;弹性模量在 0.25~1.08GPa 之间,平均值为 0.69GPa;泊松比在 0.27~0.30 之间,平均值为 0.28。砂岩夹层试样软化系数为 0.47,饱和单轴抗压强度均值在 5~15MPa 之间,该夹层岩样属软岩。

4. 岩石三轴抗压强度试验研究

岩石三轴抗压强度试验的大致过程为:首先用热缩胶套将岩样包裹好,以防止试验过程中液压油进入岩样内,影响岩石力学特性参数的测定。然后在两端加上与岩样直径大致相等的刚性垫块,以减小断面应力集中对试验结果的影响,安装好轴向及环向引伸计,并预加载约 2kN,使得压头与样品良好接触后,轻轻放下三轴压力缸。以 0.05MPa/s 的加载速率同步施加侧向应力及轴向力至预定值,并保持侧应力在试验过程中不变。采用轴向冲程位移控制方式,设定合适的加载速率,直至试样破坏或达到位移限值。试验过程中自动采集数据,并进行试验处理,绘制全应力-应变关系曲线。

针对大桥隧道式锚碇工程区典型砂砾岩与砾岩试样,总共开展了 8 组三轴抗压强度试验,采用线性莫尔-库仑强度准则拟合得到相应参数,结果见表 5-6-4。由表 5-6-4 可知,不同钻孔深度与风化程度条件下砂砾岩试样的内摩擦系数在 0.78~1.03 之间,黏聚力在 4.23~7.45MPa 之间;不同钻孔深度与风化程度条件下砾岩试样的内摩擦系数在 0.95~1.28 之间,黏聚力在 5.15~5.71MPa 之间。

岩石三轴抗压强度试验结果　　　　表 5-6-4

序号	地层	野外定名	钻孔深度（m）	风化状态	三轴试验成果	
					内摩擦系数 f	黏聚力 c(MPa)
1	K_2l^2	砂砾岩	30.3~31.3	中风化	0.78	4.23
2	K_2l^2	砂砾岩	31.65~33.8	中风化	0.87	4.92
3	K_2l^2	砂砾岩	37.5~39.5	中风化	0.80	7.45
4	K_2l^1	砂砾岩	99.39~114.85	微风化	1.03	6.94
5	K_2l^2	砾岩	32.5~34.3	中风化	0.95	5.15
6	K_2l^1	砾岩	63.4~65.5	微风化	1.11	5.64
7	K_2l^1	砾岩	81.08~98.87	微风化	1.08	5.20
8	K_2l^1	砾岩	93.25~99.39	微风化	1.28	5.71

5. 岩石直剪试验研究

采用 RMT-150 岩石力学试验系统对隧道式锚碇工程区典型砂砾岩、砾岩及砂岩夹层试样总共开展了 4 组直剪试验。采用线性莫尔-库仑强度准则拟合得到相应参数,结果见表 5-6-5。

典型的砂砾岩试样直接剪切条件下的内摩擦系数为 0.83,黏聚力为 1.25MPa;砾岩试样直接剪切条件下的内摩擦系数为 1.05,黏聚力为 0.52MPa;相对于三轴抗压强度参数,直剪强度参数较低,这是由于岩石在三维应力条件下,围压的作用提高了岩石的抗压强度。砂岩夹层试样直接剪切条件下的内摩擦系数在 0.64～0.71 之间,黏聚力在 1.52～2.89MPa 之间。

岩石直剪试验结果　　　　　　　表 5-6-5

序号	地　层	野外定名	钻孔深度（m）	风化状态	直剪试验成果	
					内摩擦系数 f	黏聚力 c(MPa)
1	K_2l^2	砂砾岩	30.3～32.4	中风化	0.83	1.25
2	K_2l^2	砾岩	32.15～34.26	微风化	1.05	0.52
3	K_2l^2	砂岩夹层	35.0～35.9	中风化	0.64	1.52
4	K_2l^1	砂岩夹层	109～114.85	微风化	0.71	2.89

6. 岩石三轴蠕变力学试验研究

1）长期强度确定方法

通常认为,岩石长期强度是岩石在长期恒定的外荷载作用下,发生流变现象;当外荷载大于或等于某一定值时,岩石的流变变形会持续变大并最终发生破坏;当外荷载小于某一定值时,岩石的流变变形速率会随时间的推移逐渐变小,流变变形也会慢慢趋于收敛,岩石不会发生破裂;这个应力水平的临界值就可以称为岩石的长期强度。

岩石流变长期强度可以通过以下途径进行估定:一种是通过对岩石进行一系列不同应力水平的单级恒定荷载试验,直至岩样最后破坏,然后取破坏前受荷载时间足够长的荷载最小值定为岩石长期强度。这种方法理论上合理,但由于所花费的时间过长而在实际的试验操作中难以实现。另一种方法是对于单个试样进行分级加载流变试验,获得每一级应力水平下的应变-时间曲线,应用 Boltzmann 叠加原理进行叠加,以不同时间为参数,可以得到一簇应力-应变关系等时曲线,当时间趋于无穷大时,其所对应的应力水平即为岩石的长期强度。

2）三轴流变力学试验

岩石流变试验所处环境保持相对密闭,试验过程中应尽量保持实验室温度与湿度恒定,保持轴向压力恒定不变。试样天然状态下砾岩三轴流变力学试验完成 3 个试样试验,试验围岩压力分别设为 2.5MPa、5MPa 和 7.5MPa,流变曲线如图 5-6-5～图 5-6-7 所示。可以看出,岩样在恒定荷载长期作用下表现出较为明显的流变性质。在低应力水平荷载作用下,岩石表现出衰减流变,轴向应变速率逐渐减小,轴向应变最终趋于稳定;在高应力水平荷载作用下,试样表现出衰减流变、稳态流变,轴向应变最终以某一稳定速率发展;在最后一级流变荷载作用下发生破裂。

3）岩石三轴流变破裂形式

在天然条件下砾岩试样三轴压缩流变破裂试验中,部分岩样由于破裂后戳破皮套导致浸油,浸油后岩样呈亮黑色光泽。试验岩样在恒定荷载所用下压缩变形直至破坏的过程,主要经历了压密阶段、黏弹性变形阶段、裂纹稳定扩展阶段、裂纹非稳定扩展至破坏阶段;试验岩样在轴向荷载压缩过程中,岩样内部孔隙、细裂隙、微缺陷等引起局部应力集中,当荷载达到屈服应力后,致使岩石内部强度较低的材料发生屈服弱化变形,岩石内大量新微裂纹产生、扩展、汇合,岩石颗粒间的黏结力、咬合力逐步减小,进而促使试样内部发生塑性变形,当荷载达到峰值荷载后,试样发生滑移破坏,且生成大量新微裂纹。

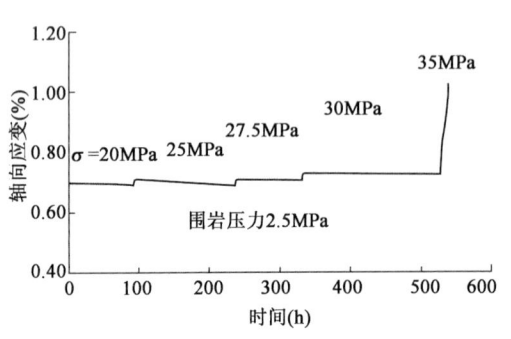

图 5-6-5 天然砾岩试样围压 2.5MPa 下的流变力学试验曲线

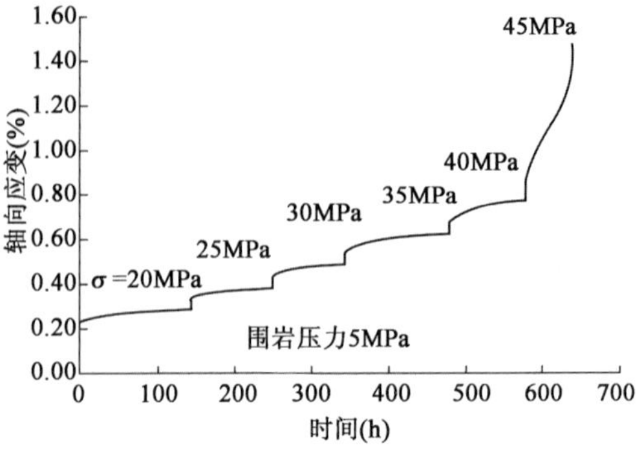

图 5-6-6 天然砾岩试样围压 5MPa 下的流变力学试验曲线

4)长期强度

基于天然状态下砾岩试样不同应力水平条件下的应变-时间曲线,画出相对应的应力-应变等时簇曲线,如图 5-6-8～图 5-6-10 所示。通过对拐点的估算,求得天然岩样围岩压力 2.5MPa 下的长期强度值约为 28.6MPa,围岩压力 5MPa 下的长期强度值约为 39.2MPa,围岩压力 7.5MPa 下的长期强度值约为 51.1MPa;得到岩样天然状态下的长期内摩擦系数 f_∞ 为 0.82,该值与瞬时内摩擦系数相比,降低了 17.6%;长期黏聚力 c_∞ 为 4.04MPa,与瞬时黏聚力相比,降低了 28.4%。

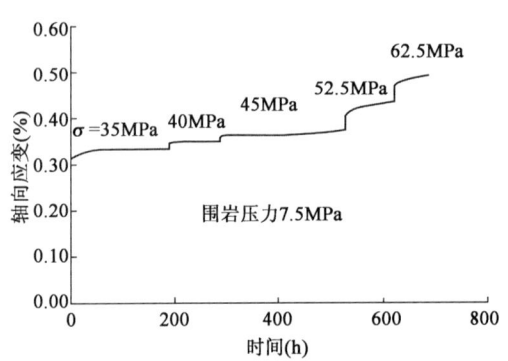

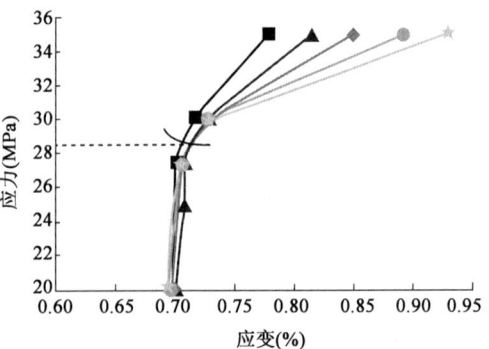

图 5-6-7 天然砾岩试样围压 7.5MPa 下的流变力学试验曲线

图 5-6-8 天然砾岩试样围 2.5MPa 下的应力-应变等时簇曲线

天然状态下,砾岩试样三轴流变长期强度参数见表 5-6-6。

天然砾岩试样三轴流变长期强度参数   表 5-6-6

岩样状态	地层	钻孔深度 m	围岩压力 MPa	长期强度 σ_∞ MPa	长期内摩擦系数 f_∞	瞬时内摩擦系数 f	$(f_\infty - f)/f$	长期黏聚力 c_∞ MPa	瞬时黏聚力 c MPa	$(c_\infty - c)/c$
砾岩（天然、微风化）	$K_2 l^1$	63.4～65.5	2.5	28.6	0.82	1.11	-17.6%	4.04	5.64	-28.4%
			5	39.2						
			7.5	51.1						

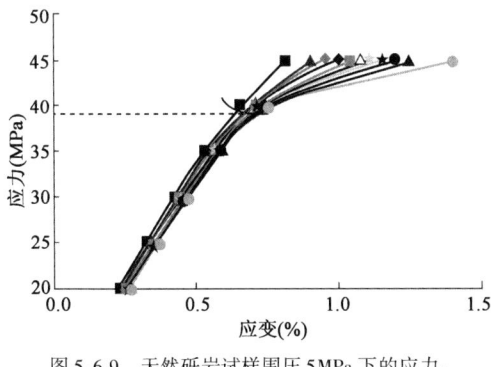

图 5-6-9　天然砾岩试样围压 5MPa 下的应力-
应变等时簇曲线

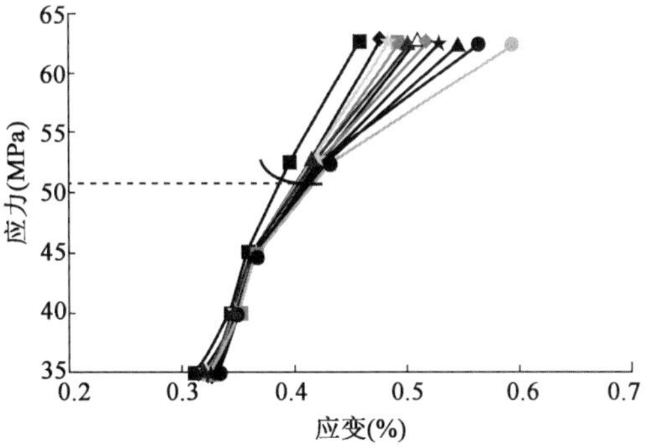

图 5-6-10　天然砾岩试样围压 7.5MPa 下的应力-
应变等时簇曲线

二、隧道式锚碇部位岩体力学特性现场试验研究

1. 试验内容

选择具有代表性地层岩性勘探斜洞，开展原位岩体承压板法变形试验、岩体直剪试验、混凝土与岩体接触面直剪试验、混凝土与岩体黏聚力抗拔试验。现场岩体力学试验内容见表 5-6-7，现场岩体力学试验布置图如图 5-6-11 所示。

现场岩体力学试验内容　　　　　　　　　　　　　表 5-6-7

序号	试验项目	数量	单位	试验布置	试验支洞
1	岩体变形试验	12/4	点/组	K_2l^2 中风化砂砾岩（E1）	1 号试验支洞
				K_2l^2 微新砂岩（E2）	2 号试验支洞
				K_2l^2 微新砾岩（E3）	
				K_2l^1 微新砾岩（E4）	3 号试验支洞
2	岩体直剪试验	24/4	点/组	K_2l^2 中风化砂砾岩（τ_1）	1 号试验支洞
				K_2l^2 微新砂岩（τ_2）	2 号试验支洞
				K_2l^2 微新砾岩（τ_3）	
				K_2l^1 微新砾岩（τ_4），试样饱水	3 号试验支洞
3	混凝土/岩体接触面剪切试验	18/3	点/组	K_2l^2 微新砾岩（τ 混凝土 1）	2 号试验支洞
				K_2l^1 微新砾岩（τ 混凝土 2）	3 号试验支洞
				K_2l^1 微新砾岩（τ 混凝土 3），试样饱水	
4	混凝土/岩体黏聚力抗拔试验	3/1	点/组	K_2l^1 微新砾岩 1 组（T 混凝土 1）	3 号试验支洞

2. 岩体变形试验结果

试验采用刚性承压板法，刚性承压板直径 50.5cm，面积 2000cm²。最大试验荷载 4.5MPa，分 5 级采用逐级一次循环法加压，采用对称布置在承压板上的 4 只千分表测量岩体变形，加载后立即测读变形值，以后每隔 10min 测读一次，当承压板上 4 个测表相邻两次读数差与同级压力下第一次变形读数和前一级压力下最后一次变形读数差之比小于5时,认为变形稳定,加(卸)下一级荷载。

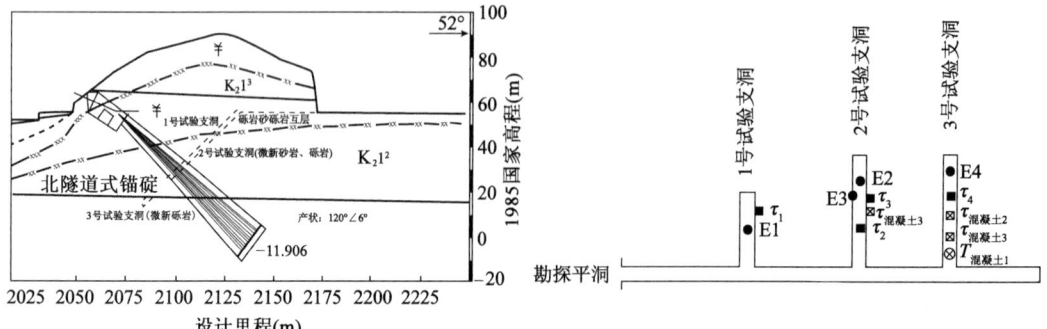

图 5-6-11　现场岩体力学试验布置示意图

变形试验点布置于平洞底板,荷载方向铅直。在试验部位,清除爆破松动层,手工凿制 ϕ60cm 圆形平面作为试验面,试验面周围 1m 范围亦大体凿制平整,以满足试验边界条件。清洗试验面及其边界岩体,进行地质描述、拍照。试验照片如图 5-6-12 所示。变形试验点布置图如图 5-6-13 所示。

图 5-6-12　刚性承压板法岩体变形试验照片(铅直和水平加载)

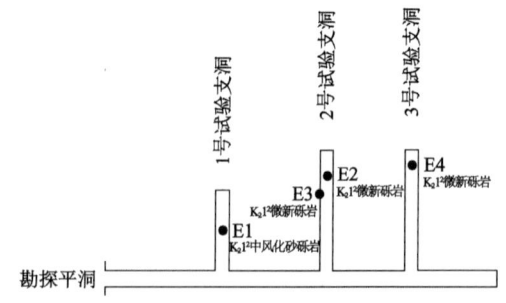

图 5-6-13　岩体变形试验点位示意图

计算岩体变形,点绘压力 P 与变形 W 关系曲线,结果如图 5-6-14 ~ 图 5-6-17 所示。

a)E1-1(砂砾岩)

b)E1-2(部分砂砾岩部分砂岩)

c) E1-3(砂岩)

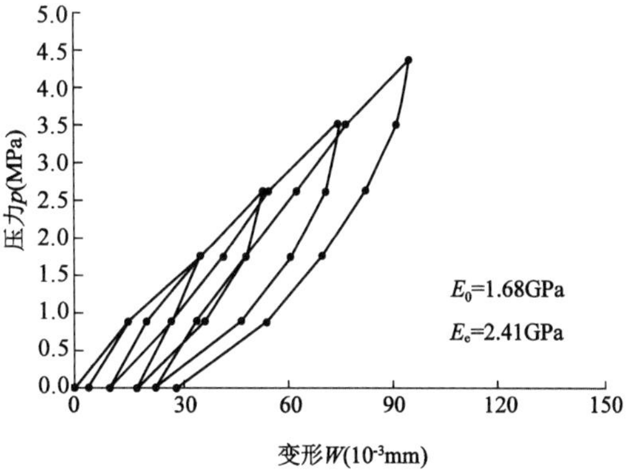

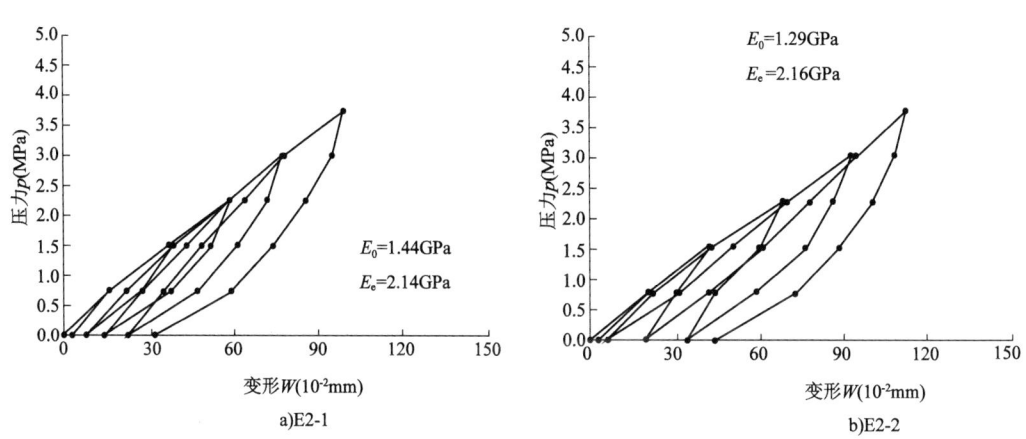

图 5-6-14　1 号试验支洞 K_2l^2 中风化岩体 E1 组变形试验压力 p 与变形 W 关系曲线(铅直加载)

a)E2-1

b)E2-2

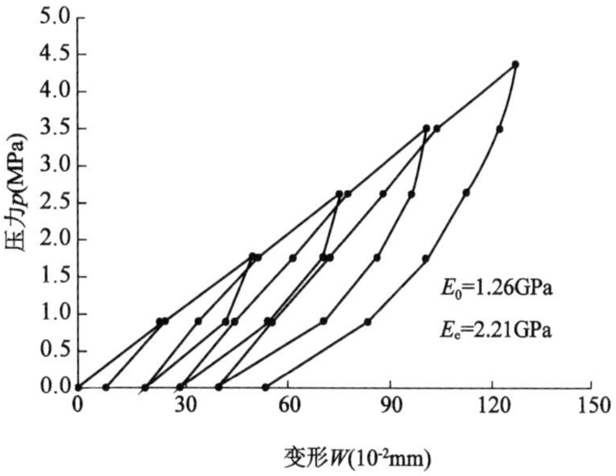

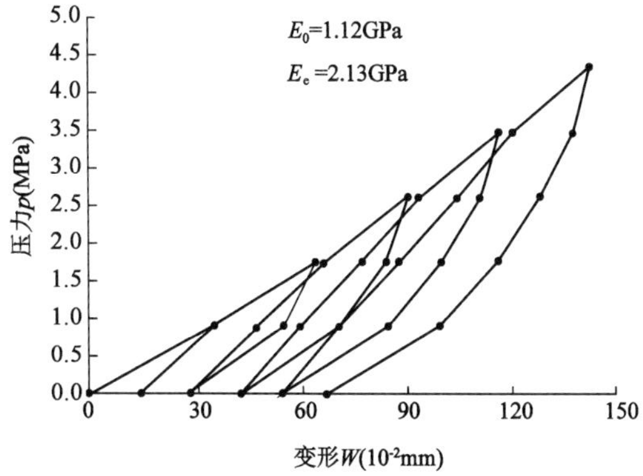

图　5-6-15

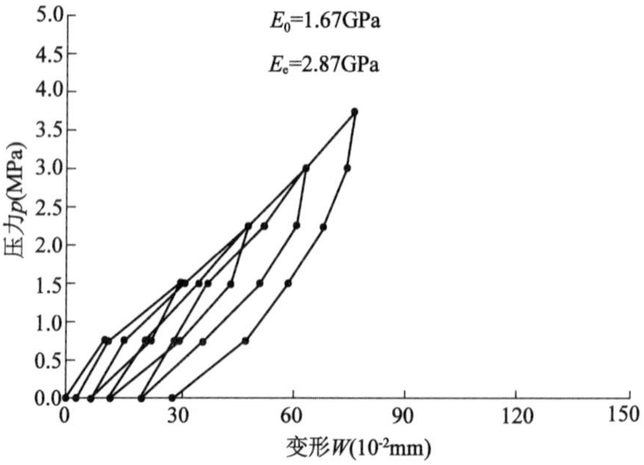

c) E2-3

图 5-6-15　2 号试验支洞 K_2l^2 微新砂岩 E2 组变形试验压力 p 与变形 W 关系曲线（铅直加载）

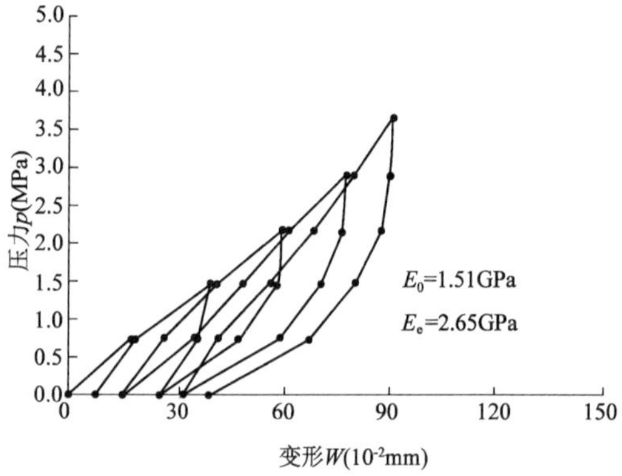

a) E3-1

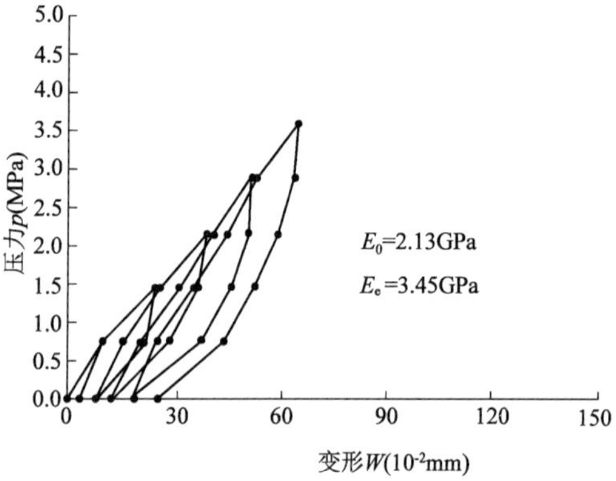

b) E3-2

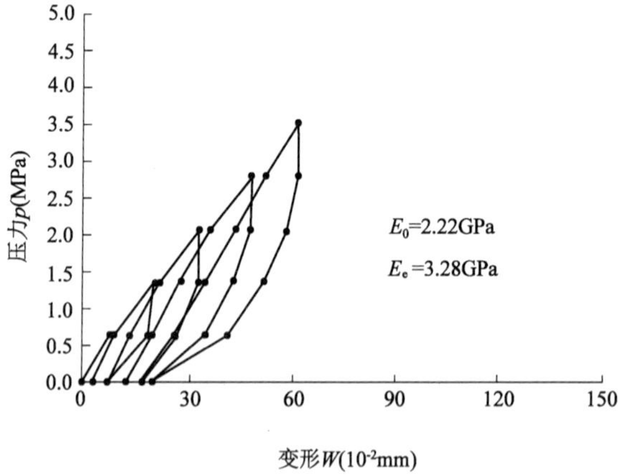

c) E3-3

图 5-6-16　2 号试验支洞 K_2l^2 微新砾岩 E3 组变形试验压力 p 与变形 W 关系曲线（铅直加载）

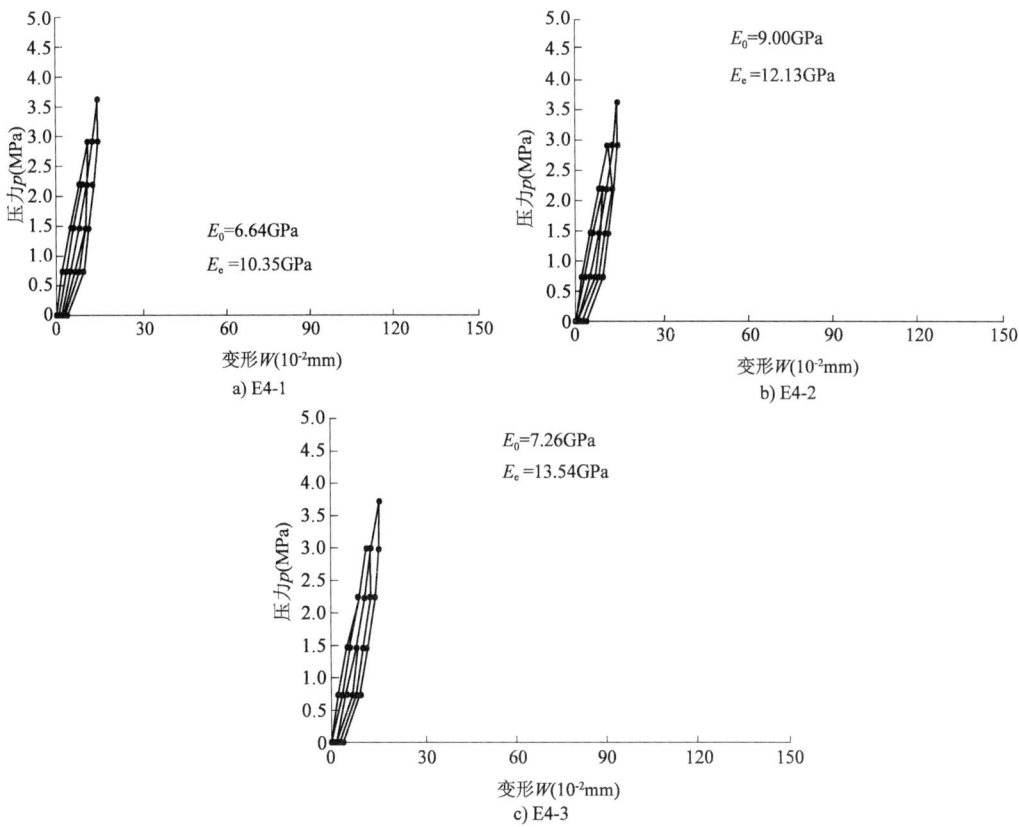

图 5-6-17 3号试验支洞 $K_2 1^1$ 微新砾岩 E4 组变形试验压力 p 与变形 W 关系曲线(饱水、铅直加载)

按式(5-6-1)计算岩体变形模量和弹性模量：

$$E = \frac{\pi}{4} \cdot \frac{(1-\mu^2)pD}{W} \tag{5-6-1}$$

式中：E——变形模量(MPa)，当以全变形 W_0 代入计算时为变形模量 E_0，当以弹性变形 W_e 代入式中计算时为弹性模量 E_e；

W——岩体表面变形(cm)；

p——压力(MPa)；

D——承压板直径(cm)；

μ——岩体泊松比，微新岩体取 0.25，中风化岩体取 0.28。

岩体变形试验结果见表 5-6-8。

岩体变形试验结果　　　　　　　　　　　　　　表 5-6-8

岩 性	平洞	风化带	荷载方向	试点编号	变形模量 GPa	平均值 GPa	弹性模量 GPa	平均值 GPa	备 注
$K_2 1^2$ 砂砾岩	1号支洞	中风化	铅直	E1-1	1.68	—	2.41	—	钙泥质胶结
$K_2 1^2$ 部分砂砾岩、部分砂岩			铅直	E1-2	1.26		2.21		
$K_2 1^2$ 砂岩			铅直	E1-3	1.12		2.13		

续上表

岩 性	平洞	风化带	荷载方向	试点编号	变形模量 GPa	平均值 GPa	弹性模量 GPa	平均值 GPa	备 注
K_2l^2 砂岩	2号支洞	微新	铅直	E2-1	1.44	1.47	2.14	2.39	钙泥质胶结
			铅直	E2-2	1.29		2.16		
			铅直	E2-3	1.67		2.87		
K_2l^2 砾岩	2号支洞	微新	水平	E3-1	1.51	2.18	2.65	3.37	夹薄层砂岩
			水平	E3-2	2.13		3.45		钙泥质胶结
			水平	E3-3	2.22		3.28		
K_2l^1 砾岩	3号支洞	微新	铅直	E4-1	6.64	7.63	10.35	12.00	泥钙质胶结
			铅直	E4-2	9.00		12.13		
			铅直	E4-3	7.26		13.54		

根据现场岩体变形结果可知：

（1）白垩系上统罗镜滩组第二段 K_2l^2 中风化砂砾岩变形模量均值为1.68GPa，弹性模量均值为2.41GPa；K_2l^2 中风化砂岩变形模量均值为1.12GPa，弹性模量均值为2.13GPa；K_2l^2 微新砂岩变形模量均值为1.47GPa，弹性模量均值为2.39GPa。

（2）对于白垩系上统罗镜滩组第二段地层岩体（K_2l^2），随着深度增加风化程度的减弱，岩体的变形模量逐渐增大。

（3）白垩系上统罗镜滩组第二段 K_2l^2 微新砾岩变形模量均值为1.95GPa，弹性模量均值为3.13GPa。

（4）白垩系上统罗镜滩组第一段 K_2l^1 微新砾岩变形模量均值为7.63GPa，弹性模量均值为12.00GPa。

3. 岩体直剪试验结果

针对隧道式锚碇穿过部位岩体，布置了4组岩体直剪试验，如图5-6-18所示。现场岩体直剪试验采用平推法。选定试点部位后，再人工剥去卸荷松弛层，贴钢板，再安装法向千斤顶和传力系统，养护1d后施加0.2MPa的应力，再人工切割成长×宽×高＝50cm×50cm×35cm的试体。法向和切向千斤顶的最大载荷为1500kN。根据应力大小，每个方向安装1~2台。岩体直剪试验安装现场如图5-6-19所示。

试验最大法向荷载为1000KN。按预估最大剪切荷载的10%施加剪切荷载，当加荷后引起的剪切变形超过前级变形值的1.5倍时剪切载荷减半施加，直至破坏，加压后稳定5min测读一次剪切位移和法向位移。在整个施加剪应力过程中，保持法向应力不变。

根据实测资料，分别计算各试点剪切面上剪应力 τ 与位移 u（包括水平位移 u_s 和法向位移 u_n）的关系，其曲线如图5-6-20~图5-6-23所示，确定的各法向应力下的抗剪断峰值与抗剪峰值见表5-6-9。在此基础上，绘制各法向应力及其对应的抗剪断峰值关系曲线和抗剪峰值曲线，如图5-6-24~图5-6-27所示，按库伦-奈维表达式确定相对抗剪断强度参数和抗剪强度参数见表5-6-9。

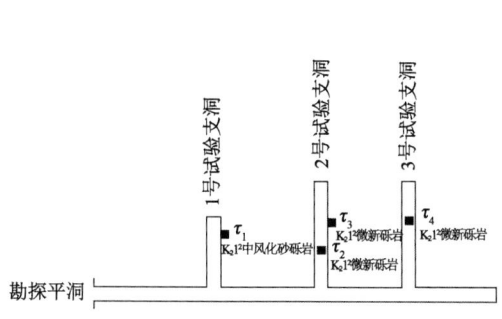

图 5-6-18　岩体直剪试验点位置示意图

图 5-6-19　岩体直剪试验安装现场

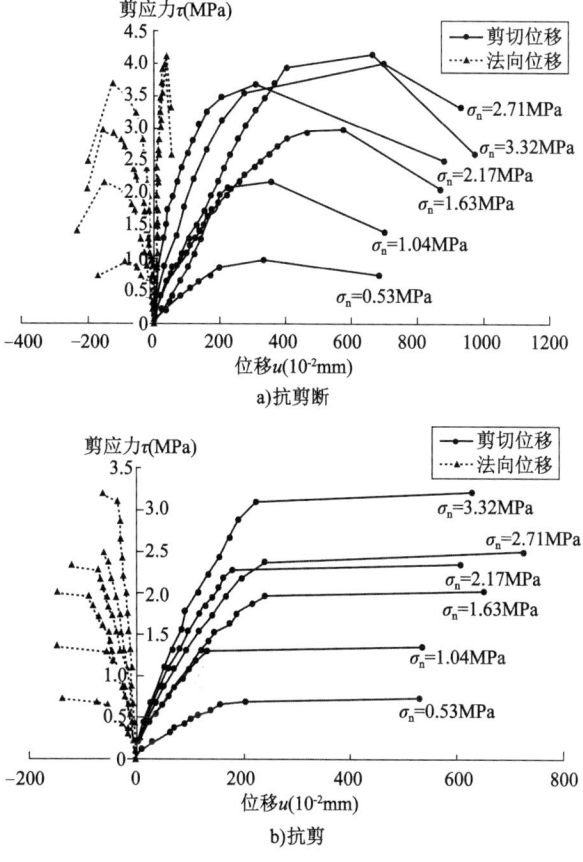

图 5-6-20　K_2l^2 中风化砂砾岩（τ_1 组）直剪试验 τ-u 关系曲线

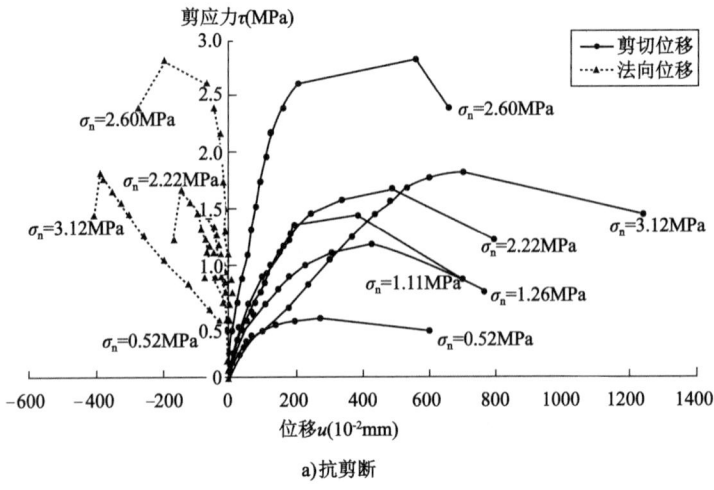

a) 抗剪断

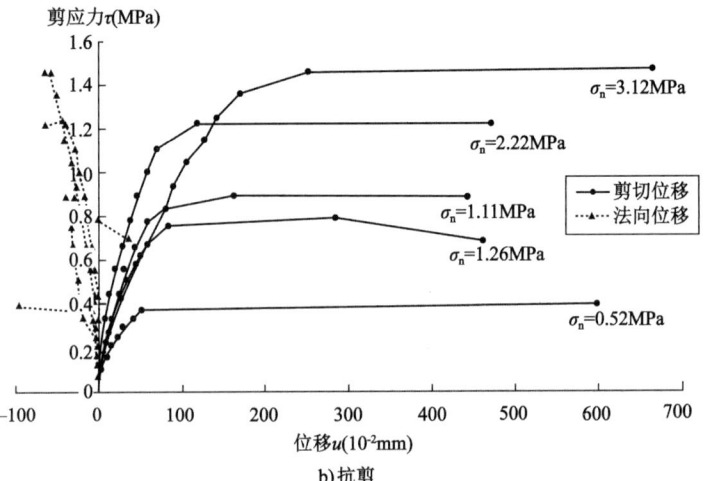

b) 抗剪

图 5-6-21 K_2l^2 微新砂岩(τ_2 组)直剪试验 τ-u 关系曲线

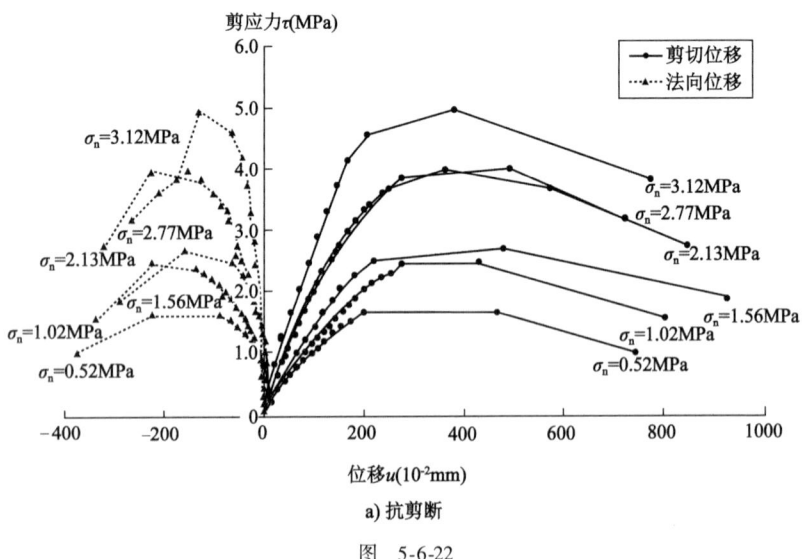

a) 抗剪断

图 5-6-22

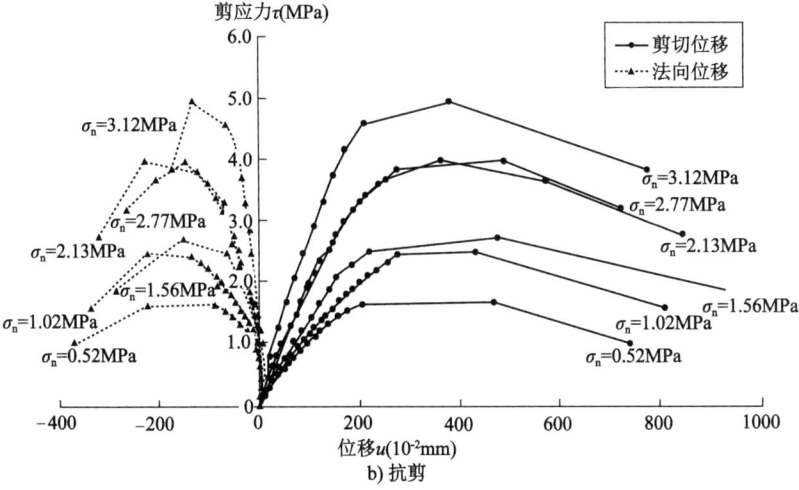

b) 抗剪

图 5-6-22　K_2l^2 微新砾岩（τ_3 组）直剪试验 τ-u 关系曲线（沿水平方向剪切）

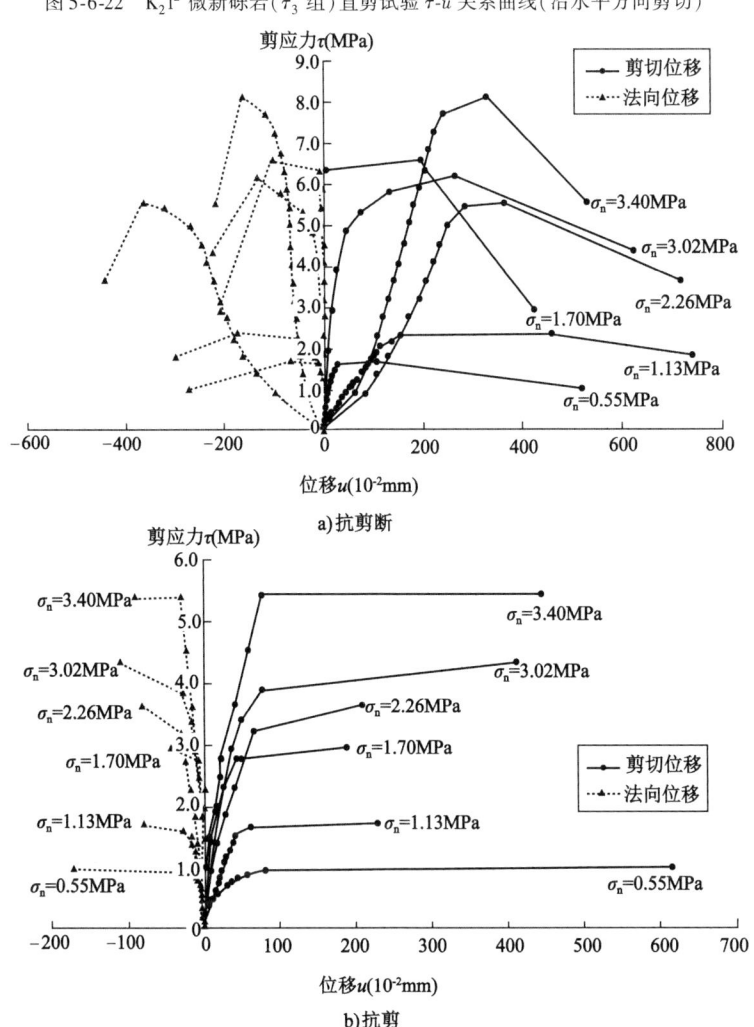

图 5-6-23　K_2l^1 微新砾岩（τ_4 组）直剪试验 τ-u 关系曲线（饱水）

岩体直剪试验结果 表 5-6-9

岩性	试验平洞	风化带	试验点编号	抗剪断峰值强度 法向 σ (MPa)	切向 τ (MPa)	f'	C' (MPa)	抗剪峰值强度 法向 σ (MPa)	切向 τ (MPa)	f	C (MPa)
K_2l^2 砂砾岩	1号试验支洞	中风化	τ1-1	1.04	2.17	1.11	0.88	1.04	1.36	0.83	0.44
			τ1-2	2.17	3.69			2.17	2.33		
			τ1-3	3.32	3.99			3.32	3.21		
			τ1-4	0.53	0.96			0.53	0.72		
			τ1-5	2.71	4.12			2.71	2.50		
			τ1-6	1.63	2.98			1.63	2.01		
K_2l^2 砂岩	2号试验支洞	微新	τ2-1	2.60	2.60	0.63	0.38	2.60	—	0.42	0.24
			τ2-2	1.26	1.43			1.26	0.79		
			τ2-3	0.52	0.52			0.52	0.4		
			τ2-4	3.12	1.82			3.12	1.46		
			τ2-5	2.22	1.66			2.22	1.22		
			τ2-6	1.11	1.16			1.11	0.89		
K_2l^2 砾岩	2号试验支洞	微新	τ3-1	1.02	2.50	1.42	0.99	1.02	1.45	1.05	0.35
			τ3-2	2.13	3.99			2.13	2.66		
			τ3-3	3.12	4.95			3.12	3.64		
			τ3-4	1.56	2.71			1.56	1.93		
			τ3-5	2.77	3.99			2.77	3.21		
			τ3-6	0.52	1.69			0.52	1.02		
K_2l^1 砾岩	3号试验支洞	微新	τ4-1	0.55	1.66	1.65	1.25	0.55	0.94	1.36	0.55
			τ4-2	3.02	6.16			3.02	4.35		
			τ4-3	2.26	5.55			2.26	3.62		
			τ4-4	3.40	8.15			3.40	5.43		
			τ4-5	1.70	6.56			1.70	2.94		
			τ4-6	1.13	2.38			1.13	1.70		

根据现场岩体直剪试验结果可知：

（1）白垩系上统罗镜滩组第二段 K_2l^2 中风化砂砾岩抗剪断强度摩擦系数 f' 值为 1.11，黏聚力 c' 值为 0.88MPa；抗剪强度摩擦系数 f 值为 0.83，黏聚力 c 值为 0.44MPa。

（2）白垩系上统罗镜滩组第二段 K_2l^2 微新砂岩抗剪断强度摩擦系数 f' 值为 0.63，黏聚力 c' 值为 0.38MPa；抗剪强度摩擦系数 f 值为 0.42，黏聚力 c 值为 0.24MPa。

（3）白垩系上统罗镜滩组第二段 K_2l^2 微新砾岩抗剪断强度摩擦系数 f' 值为 1.42，黏聚力 c' 值为 0.99MPa；抗剪强度摩擦系数 f 值为 1.05，黏聚力 c 值为 0.35MPa。

（4）白垩系上统罗镜滩组第一段 K_2l^1 微新砾岩抗剪断强度摩擦系数 f' 值为 1.65，黏聚力 c' 值为 1.25MPa；抗剪强度摩擦系数 f 值为 1.36，黏聚力 c 值为 0.55MPa。

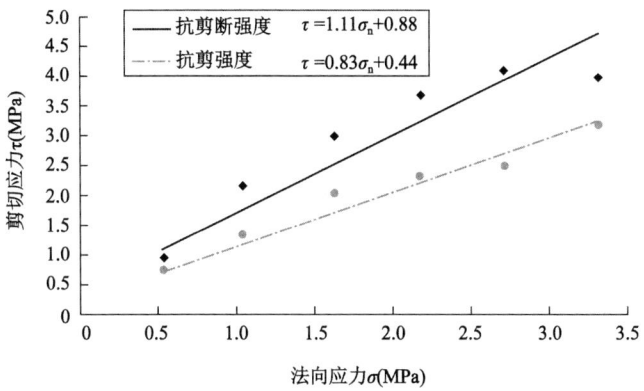

图 5-6-24 K_2l^2 中风化砂砾岩(τ_1 组)直剪试验 τ-σ 关系曲线

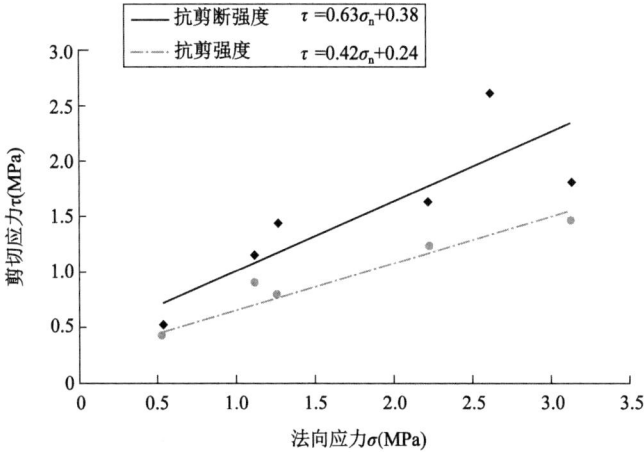

图 5-6-25 K_2l^2 微新砂岩(τ_2 组)直剪试验 τ-σ 关系曲线

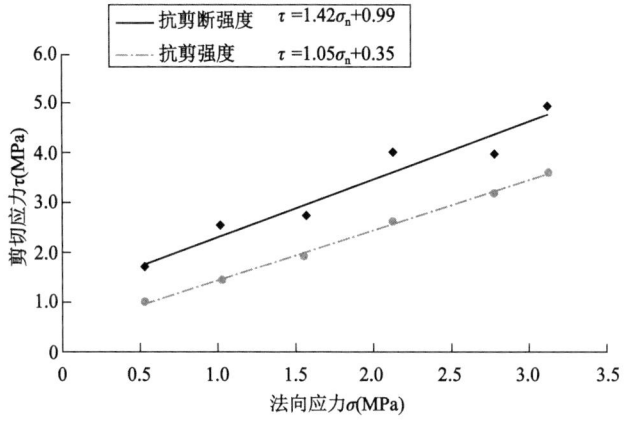

图 5-6-26 K_2l^2 微新砾岩(τ_3 组)直剪试验 τ-σ 关系曲线

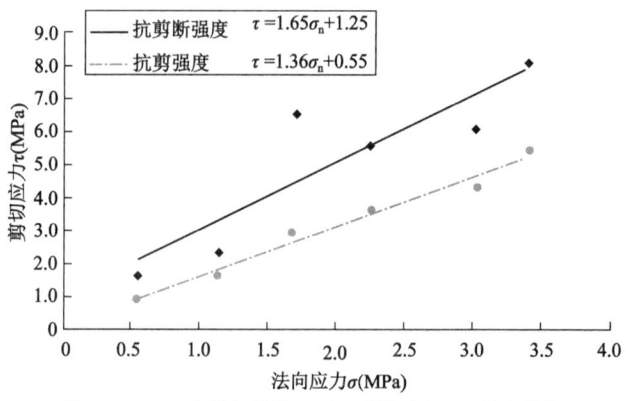

图 5-6-27　K_2l^1 微新砂岩（τ_4 组）直剪试验 τ-σ 关系曲线

（5）通过对比分析可以发现，隧道式锚碇锚塞体部位白垩系上统罗镜滩组第一段 K_2l^1 砾岩的抗剪强度参数最大，锚塞体上部白垩系上统罗镜滩组第二段 K_2l^2 砾岩砂砾岩相对较小，而其中砂岩夹层的抗剪强度参数则最小。

4. 混凝土与岩体接触面直剪试验

为了研究混凝土与岩体接触面抗剪强度，于勘探斜洞内布置了 3 组混凝土与岩体接触面直剪试验，如图 5-6-28 所示。

试点制备时，首先人工大面积清除爆破松动层，清洗干净后，根据岩体结构情况选择试点布置位置，主要是避让岩性不均匀位置。选定试点部位后，再人工浇筑长×宽×高 = 50cm×50cm×35cm 的混凝土试体，待养护达到 C40 混凝土抗压强度标准值 40MPa 后，方可贴钢板，再安装法向千斤顶和传力系统，进行试验。

法向和切向千斤顶使用最大载荷为 1500kN 千斤顶。根据应力大小，每个方向安装 1～2 台。试验安装图如图 5-6-29 所示。

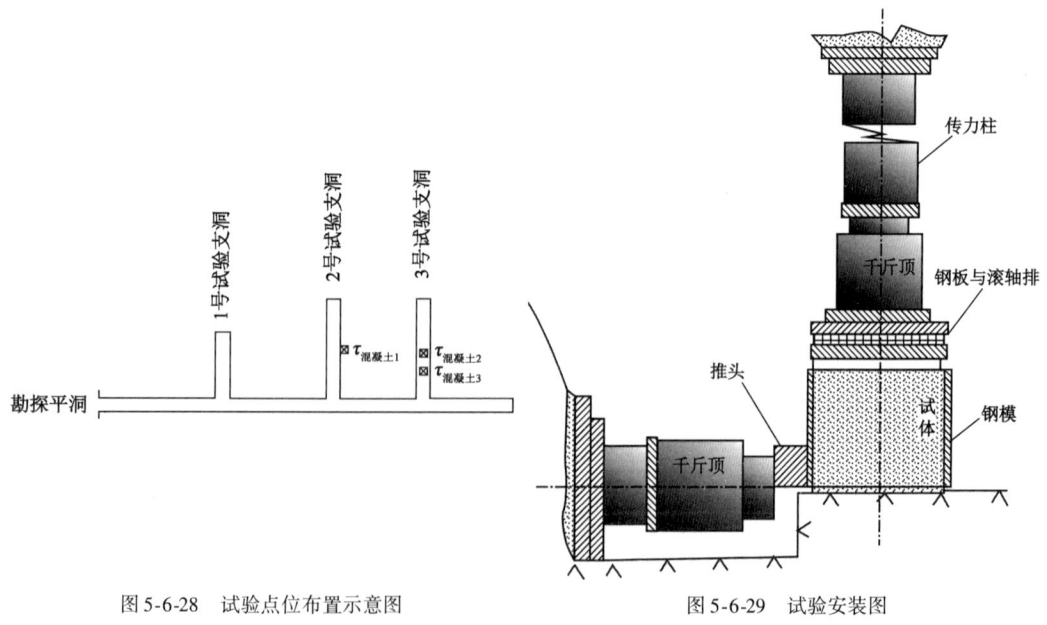

图 5-6-28　试验点位布置示意图　　　　图 5-6-29　试验安装图

试验采用平推法,最大法向荷载 1000kN。按预估最大剪切载荷的 10% 施加剪切载荷,当加荷后引起的剪切变形超过前级变形值的 1.5 倍时,剪切载荷减半施加,直至破坏,加压后稳定 5min 测读一次剪切位移和法向位移。在整个施加剪应力过程中,保持法向应力不变。试体剪断后,在同等法向应力下,按上述程序进行抗剪试验。试验结束后对剪切面进行描述,并照相记录。

根据实测资料分别计算各试点剪切面上法向应力和切向应力及对应的位移,绘制剪应力 τ 与水平位移 u_s 和法向位移 u_n 关系曲线,如图 5-6-30 ~ 图 5-6-32 所示。在此基础上,绘制各法向应力及其对应的抗剪断峰值关系曲线和抗剪峰值曲线,如图 5-6-33 ~ 图 5-6-35 所示。按库伦-奈维表达式确定混凝土与岩体接触面抗剪断强度参数和抗剪强度参数,见表 5-6-10。

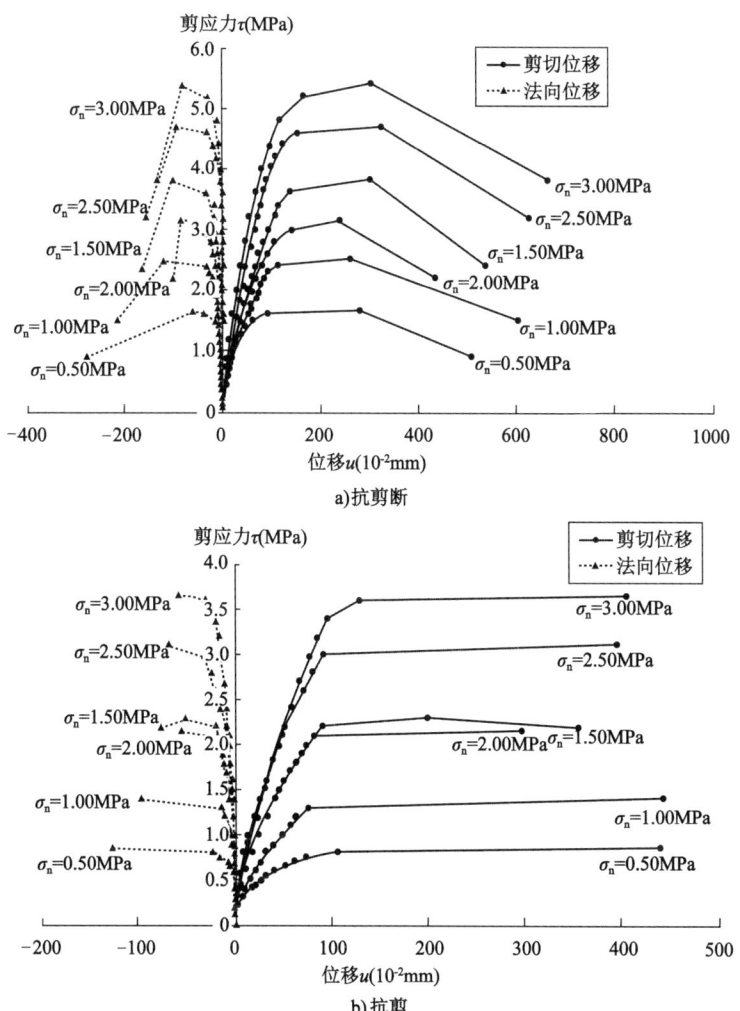

图 5-6-30 混凝土与 K_2l^2 微新砾岩接触面($\tau_{混凝土1}$ 组)直剪试验 $\tau\text{-}u$ 关系曲线

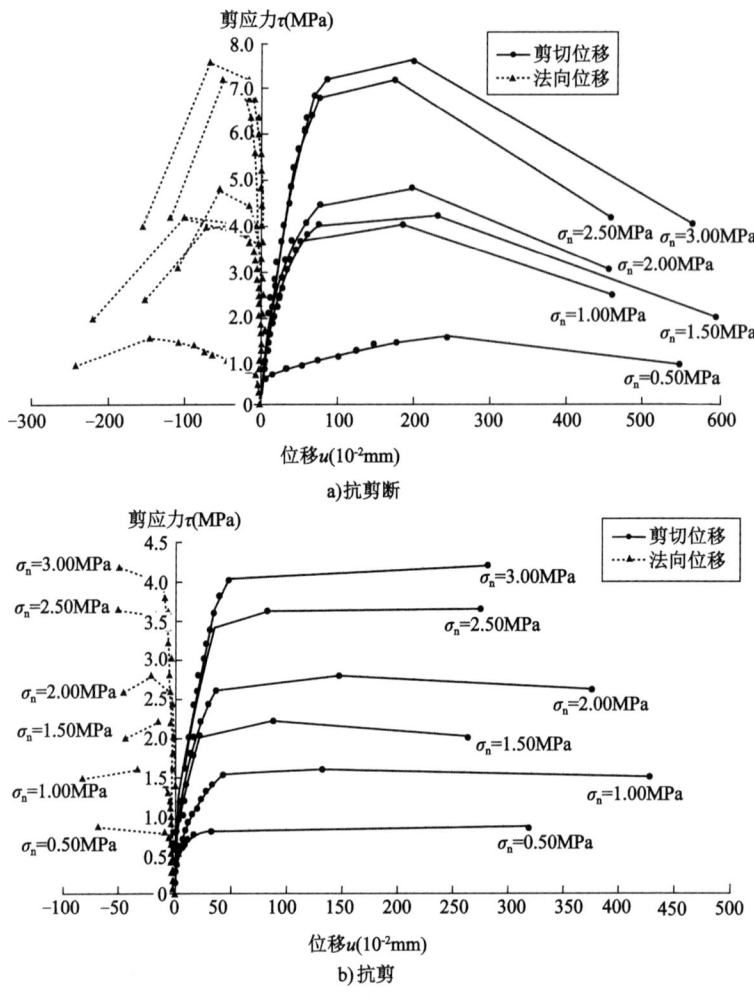

a) 抗剪断

b) 抗剪

图 5-6-31　混凝土与 K_2l^1 微新砾岩接触面（$\tau_{混凝土2}$ 组）直剪试验 $\tau\text{-}u$ 关系曲线

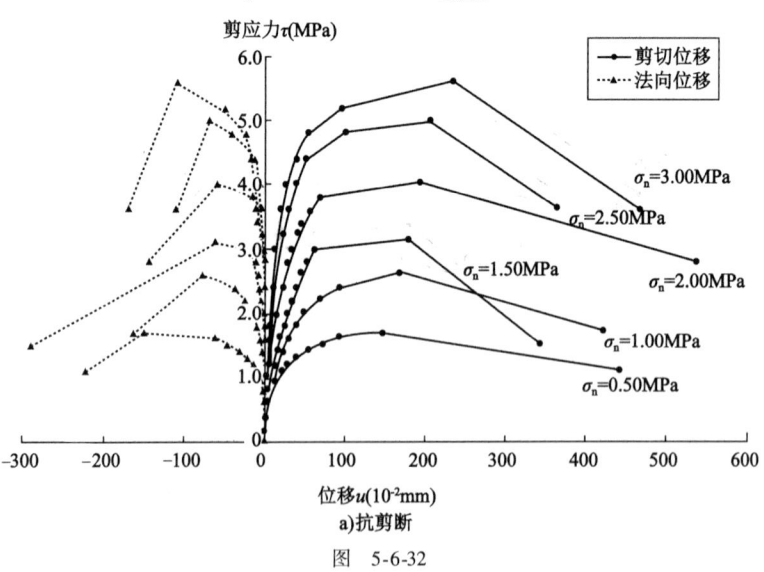

a) 抗剪断

图 5-6-32

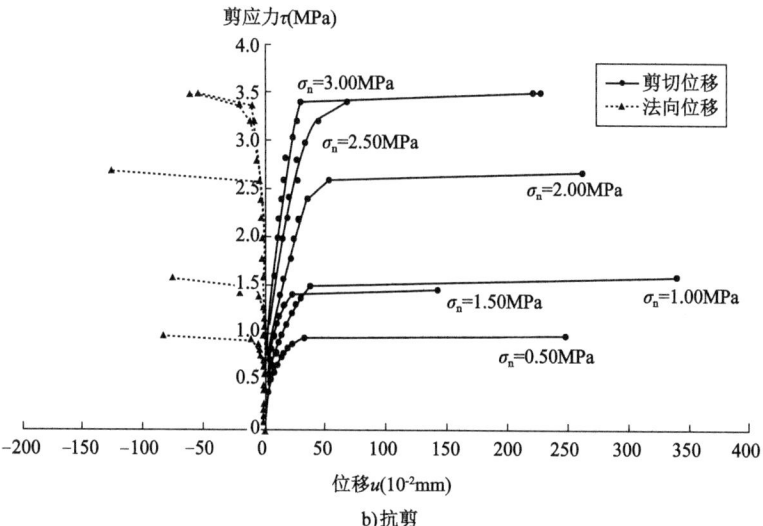

b)抗剪

图 5-6-32　混凝土与 K_2l^1 微新砾岩接触面（$\tau_{混凝土3}$组）直剪试验 τ-u 关系曲线（饱水）

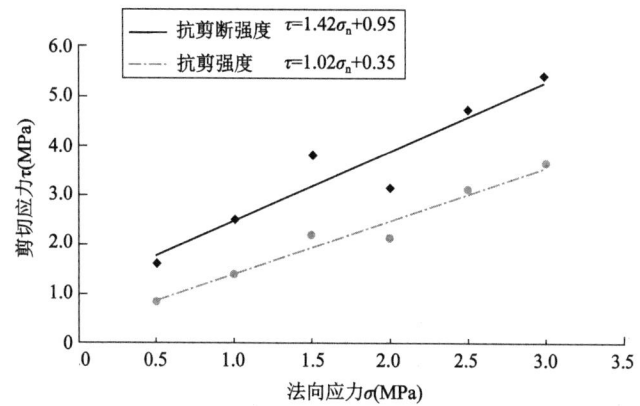

图 5-6-33　混凝土与 K_2l^2 微新砂岩接触面（$\tau_{混凝土1}$组）直剪试验 τ-σ 关系曲线

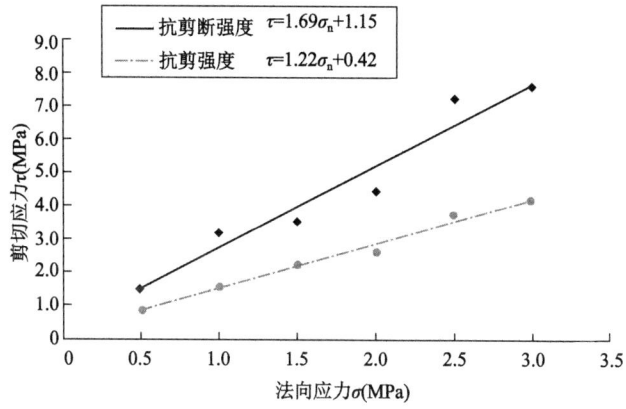

图 5-6-34　混凝土与 K_2l^1 微新砂岩接触面（$\tau_{混凝土2}$组）直剪试验 τ-σ 关系曲线

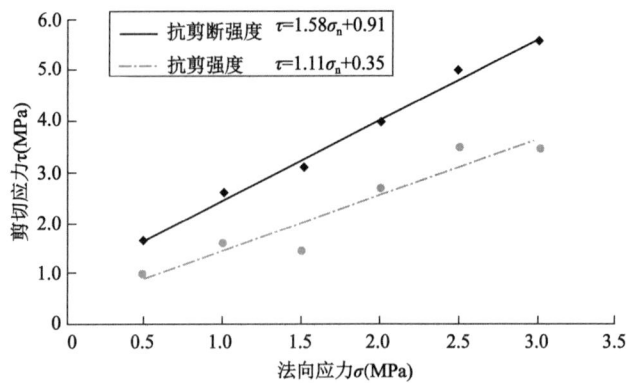

图 5-6-35　混凝土与 K_2l^1 微新砂岩接触面（$\tau_{混凝土3}$组）直剪试验 τ-σ 关系曲线

岩体直剪试验结果　　表 5-6-10

岩性	试验平洞	风化带	试验点编号	抗剪断峰值强度				抗剪峰值强度			
				法向 σ MPa	切向 τ MPa	f'	c' MPa	法向 σ MPa	切向 τ MPa	f	c MPa
K_2l^2 砾岩	2号试验支洞	微新	$\tau_{混凝土1}$-1	0.50	1.65	1.42	0.95	0.50	0.85	1.02	0.35
			$\tau_{混凝土1}$-2	3.00	5.40			3.00	3.65		
			$\tau_{混凝土1}$-3	2.50	4.70			2.50	3.10		
			$\tau_{混凝土1}$-4	1.00	2.50			1.00	1.40		
			$\tau_{混凝土1}$-5	2.00	3.15			2.00	2.15		
			$\tau_{混凝土1}$-6	1.50	3.80			1.50	2.20		
K_2l^1 砾岩	3号试验支洞	微新	$\tau_{混凝土2}$-1	2.00	4.40	1.69	1.15	2.00	2.60	1.22	0.42
			$\tau_{混凝土2}$-2	0.50	1.50			0.50	0.85		
			$\tau_{混凝土2}$-3	1.00	3.20			1.00	1.60		
			$\tau_{混凝土2}$-4	2.50	7.20			2.50	3.64		
			$\tau_{混凝土2}$-5	1.50	3.60			1.50	2.20		
			$\tau_{混凝土2}$-6	3.00	7.60			3.00	4.20		
K_2l^1 砾岩（饱水）	3号试验支洞	微新	$\tau_{混凝土3}$-1	1.00	2.60	1.58	0.91	1.00	1.60	1.11	0.35
			$\tau_{混凝土3}$-2	3.00	5.60			3.00	3.50		
			$\tau_{混凝土3}$-3	2.00	4.00			2.00	2.70		
			$\tau_{混凝土3}$-4	2.50	5.00			2.50	3.50		
			$\tau_{混凝土3}$-5	0.50	1.70			0.50	1.00		
			$\tau_{混凝土3}$-6	1.50	3.10			1.50	1.45		

根据试验结果可知：

（1）混凝土与白垩系上统罗镜滩组第二段 K_2l^2 微新砾岩接触面抗剪断强度参数 f' 值为 1.42，c' 值为 0.95MPa；抗剪强度参数 f 值为 1.02，c 值为 0.35MPa。

（2）混凝土与白垩系上统罗镜滩组第一段 K_2l^2 微新砾岩接触面天然状态下抗剪断强

度参数 f' 值为 1.69，c' 值为 1.15MPa；抗剪强度参数 f 值为 1.22，c 值为 0.42MPa。

(3) 混凝土与白垩系上统罗镜滩组第一段 K_2l^1 微新砾岩接触面饱水状态下抗剪断强度参数 f' 值为 1.58，c' 值为 0.91MPa；抗剪强度参数 f 值为 1.11，c 值为 0.35MPa。

5. 混凝土抗拔试验

为了研究混凝土与岩体间的摩阻力，在勘探斜洞内布置了一组混凝土抗拔试验，如图 5-6-36 所示。

试点制备时，首先人工大面积清除爆破松动层，清洗干净后，根据岩体结构情况选择布置试点位置，主要是避让岩性不均匀位置。选定试点部位后，再人工开挖直径 30cm、深度为 65cm 的桩孔，孔底预留 10cm，浇筑直径×高 = 30cm×55cm 的混凝土试体，待养护达到 C40 混凝土抗压强度标准值 40MPa 后，方可贴钢板，再安装 2~3 台法向千斤顶和传力系统进行试验。混凝土抗拔试验安装图如图 5-6-37 所示。

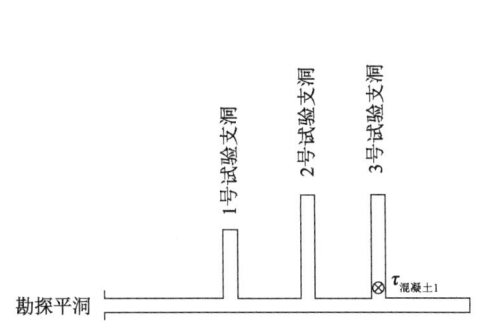

图 5-6-36　混凝土抗拔试验点位布置示意图

图 5-6-37　混凝土抗拔试验安装图

试验采用逐级一次循环法加压，采用对称布置在承压板上的四只千分表测量岩体变形，加载后立即测读变形值，以后每隔 10min 测读一次，当承压板上四个测表相邻两次读数差与同级压力下第一次变形读数和前一级压力下最后一次变形读数差之比小于 5 时，认为变形稳定，加（卸）下一级荷载直至试样破坏。

当出现下列情况之一时，可终止加载：

(1) 某级压力下承压板上测表的读数不停地变化且在一定时间间隔内这种变化有不断增大的趋势；

(2) 压力表读数显示载荷加不上或勉强加上但很快降下来；

(3) 当设备出力不够、试样未能达到破坏但载荷已经达到工程设计压力的 2 倍时。

抗拔试验结果如图 5-6-38 和表 5-6-11 所示。根据图 5-6-38 各试验点 p-W 曲线，可得混凝土与 K_2l^1 微新砾岩间摩阻力平均值为 1.2MPa。

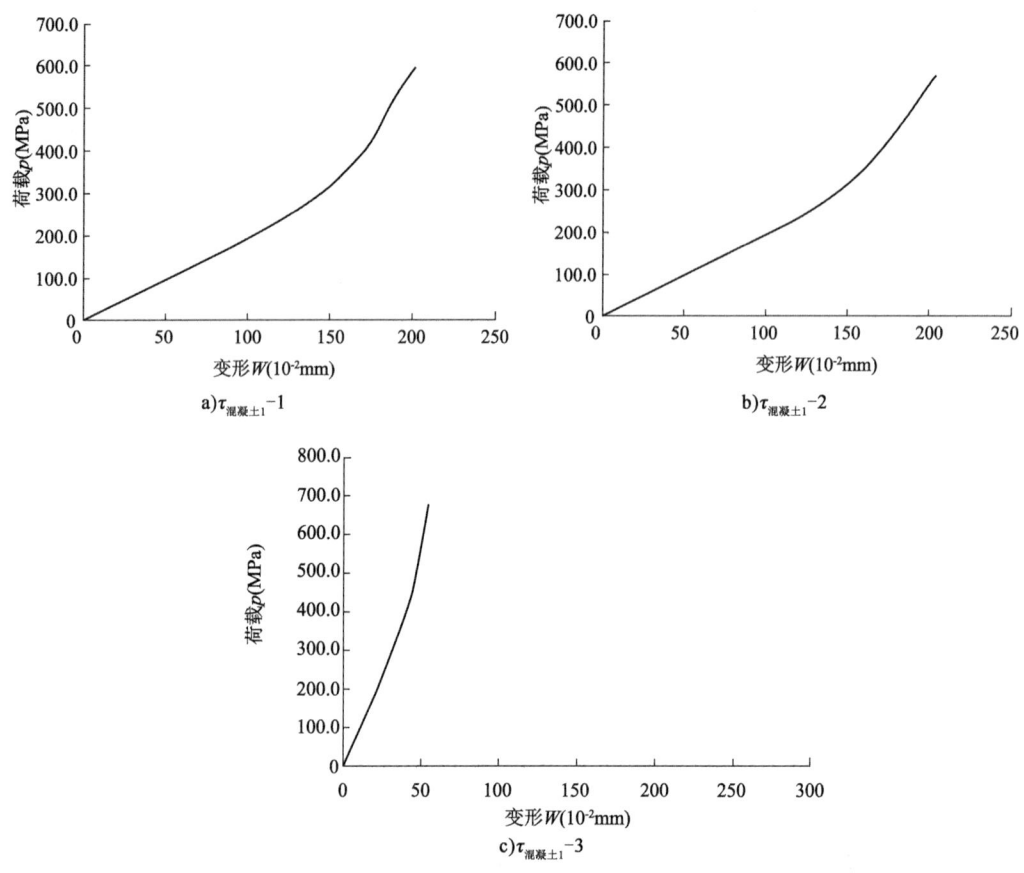

图 5-6-38 混凝土（$\tau_{混凝土1}$组）抗拔试验压力 p-W 曲线

混凝土抗拔试验成果 表 5-6-11

岩性	试验平洞	风化带	荷载方向	试点编号	极限载荷 kN	极限摩阻力 MPa	平均值 MPa
$K_2^{1^1}$ 砾岩	3号试验支洞	微新	铅直	$\tau_{混凝土1}$-1	600	1.16	1.20
			铅直	$\tau_{混凝土1}$-2	589	1.14	
			铅直	$\tau_{混凝土1}$-3	675	1.30	

三、隧道式锚碇部位岩体分级及经验参数

岩体基本质量指标（BQ），应根据分级因素的饱和单轴抗压强度 R_c 和完整性系数 K_v，按下式计算：$BQ = 100 + 3R_c + 250K_v$。使用该式时，应遵守下列限制条件：

（1）当 $R_c > 90K_v + 30$ 时，应以 $R_c = 90K_v + 30$ 和 K_v 代入计算 BQ 值；

（2）当 $K_v > 0.04R_c + 0.4$ 时，应以 $K_v = 0.04R_c + 0.4$ 和 R_c 代入计算 BQ 值。

根据岩石饱和单轴抗压强度、岩体的完整性系数，结合岩体物理力学性质试验成果及宏观地质判断，确定隧道式锚碇部位岩体的分级结果，见表 5-6-12。

隧道式锚碇部位岩体分级结果　　　　表 5-6-12

地层时代	岩石名称	高程 m	风化状态	饱和单轴抗压强度 R_c MPa	完整性系数 K_v	岩体基本质量指标 BQ	岩体基本质量等级
K_2l^3	砂砾岩夹薄层疏松砂岩	62.53~64.45	强、中风化	1~2	0.49	225.5~228.5	V级
K_2l^2	砂砾岩夹砂岩、泥质粉砂岩	57.11~62.53	中风化	5~6	0.62	270~273	Ⅳ级
	砾岩、砂砾岩夹砂岩、泥质粉砂岩	47.17~57.11	中风化	5~7	0.69	287.5~293.5	Ⅳ级
	泥质粉砂岩	45.40~47.17	微风化	2~3	0.69	278.5~281.5	Ⅳ级
	砾岩夹砂砾岩砂岩泥质粉砂岩	29.70~45.40	微风化	7~10	0.76	311~320	Ⅳ级
	砾岩、砂砾岩、砂岩互层	20.85~29.70	微风化	10~12	0.83	337.5~343.5	Ⅳ级
K_2l^1	砾岩夹砂岩	20.85~11.38	微风化	15~17	0.92	375~381	Ⅲ级

根据隧道式锚碇部位岩体基本质量级别，根据《工程岩体分级标准》（GB/T 50218—2014）附录 D，可获得岩体经验力学参数，见表 5-6-13。

隧道式锚碇部位岩体经验力学参数　　　　表 5-6-13

地层时代	岩石名称	风化状态	岩体基本质量等级	变形模量 E GPa	泊松比	抗剪断峰值强度	
						f'	黏聚力 c' MPa
K_2l^3	砂岩、砂砾岩	强风化	V级	<1.3	>0.35	<0.51	<0.2
K_2l^2	砂砾岩	中风化	Ⅳ级	6~1.3	0.30~0.35	0.8~0.5	0.7~0.2
		微风化	Ⅳ级	6~1.3	0.30~0.35	0.8~0.5	0.7~0.2
	砾岩	中风化	Ⅳ级	6~1.3	0.30~0.35	0.8~0.5	0.7~0.2
		微风化	Ⅳ级	6~1.3	0.30~0.35	0.8~0.5	0.7~0.2
K_2l^1	砾岩	微风化	Ⅲ级	16~6	0.25~0.30	1.2~0.8	1.5~0.7

四、基于缩尺模型试验结果的岩体力学参数反演分析

为了更好地反映研究隧道式锚碇围岩的稳定性需要，依据室内岩石力学特性试验、现场原位岩体试验和岩体分级结果，通过建立隧道式锚碇模型拉拔试验数值分析模型，利用现场隧道式锚碇模型拉拔试验围岩变形观测值，采用智能位移反演方法反演模型试验所在部位围岩（K_2l^2 中风化砂砾岩夹砂岩、泥质粉砂岩）力学参数和蠕变参数，为分析隧道式锚碇围岩力学特性提供参考。

1. 反演分析方法

隧道式锚碇围岩参数反演所采用的核心方法是智能位移反演方法，它是利用 LSSVM

和 PSO 分析模型并借助 FLAC3D 数值方法正算来实现的。其主要思路是首先依据弹塑性参数或蠕变参数的实验室结果和同类岩石的试验资料，凭经验综合分析给出待反演参数的取值区间。利用均匀设计法，对待反演参数进行均匀设计，形成若干组参数样本。通过采用弹塑性摩尔-库仑本构模型或由室内岩石蠕变试验选取的蠕变本构模型，利用 FLAC3D 数值分析软件计算获得相应的多点位移计监测点的位移计算值，由此构成若干组学习样本和检验样本。利用学习样本对映射网络进行较高效率地训练，建立可以反映待反演锚碇围岩体弹塑性参数与位移之间的非线性映射关系，并作为位移反演时的计算模型。

1) 力学参数与位移非线性映射关系

岩土结构的复杂性决定了岩体力学参数与岩体位移之间的关系很难用显式数学表达式来描述，而 LSSVM 和 PSO 分析模型特别适用于参数变量和目标函数值之间无数学表达式的复杂工程问题，一个简单的 LSSVM 和 PSO 分析模型甚至可以反映一个非常复杂的映射关系。

为了建立岩体力学参数与各测点位移的映射关系，需要事先给定一定数量的样本进行训练。样本应能够涵盖全部可能发生的输入、输出状态，即网络空间应该足够大。由于不可能试验所有的输入、输出状态，因此，必须结合适当的试验设计方法确定参数组合作为输入，并进行相应的正分析作为输出，如此构造样本，既能保证网络预测的准确性，又能减少试验的次数。最常见的试验设计方法——正交设计法是依据正交性原则来挑选试验范围（因素空间）内的代表点。若试验有 x 个因素，每个因素有 n 个水平，则全面试验的试验点个数为 n^x 个，而正交设计仅有 n^2 个。依据正交性原则来选择试验的正交试验设计可大大减少试验次数，并且具有"均衡分散性"和"整齐可比性"，非常适用于多因素、多水平的试验情况。

2) 反演的技术路线

基于正交设计和 PSO-LSSVM 的岩土力学位移反分析技术流程如下：

(1) 根据工程资料，确定待反演参数的取值范围，利用正交设计构造计算方案。

(2) 采用有限差分程序对构造的每个方案进行计算，获得每个方案对应的监测点位移值，将待反演参数作为输入向量 x_i，位移计算值作为输出向量 y_i，构成学习样本。

(3) 对粒子群算法进行初始设置，包括群体规模、迭代次数、权重因子、随机初始化产生的粒子群向量、每个粒子向量对应最小二乘支持向量机的惩罚因子 C 和核参数 σ^2，将学习样本集既作为训练样本又作为检验样本，把每个粒子的个体极值设置为当前位置，代入 LSSVM 进行训练并得到相应的位移预测值。

(4) 计算每个粒子对应的真实值与预测值的平均相对误差，并将其作为粒子的适应值。然后进行迭代计算，更新粒子的位置和速度，记忆个体与群体所对应的最佳适应值，直到满足最大迭代次数，最后记忆最佳的参数 (C, σ^2)。

(5) 将粒子群算法搜索到的最佳参数代入 LSSVM 模型，建立待反演参数和位移之间的非线性映射关系。

(6) 利用建立起的待反演参数与位移值之间的非线性映射关系代替正分析中的有限

差分计算,将位移反分析的目标函数值作为粒子的适应值,用粒子群算法搜索与实测位移值最吻合的待反演参数。

2.模型锚碇围岩弹塑性参数反演

1)计算条件

根据实际地形与隧道模型建造开挖揭示地质资料,由于模型试验部位岩体主要是第二工程岩组 K_2l^2 砂砾岩夹砂岩、泥质粉砂岩,建立反演分析数值计算模型。计算坐标系为 x 轴沿桥梁轴线方向(沿锚碇水平拉力方向), y 轴垂直桥梁轴线, z 轴竖直向上为正。x、y、z 轴的计算范围为 $30m \times 20m \times 20m$。对于比较关心的锚碇及其附近岩体,采用较密的单元。模型其余部分采用合理的网格划分技术进行过渡。计算区域共划分单元 92764 个、节点 16943 个。

围岩采用摩尔-库仑弹塑性模型,锚碇体混凝土材料采用线弹性本构模型。参数反演分析主要是围岩弹性模量和强度参数,因此,有一部分岩体参数不反演。根据工程地质条件和岩石力学试验结果,确定不用于反演的岩体力学参数,见表5-6-14。

计算采用的不用于反演的岩体与混凝土基本力学参数　　　　表5-6-14

材　料	重度 (kN/m^3)	变形模量 $E(GPa)$	泊松比 μ	抗剪强度		抗拉强度 R_t
				$c(MPa)$	f	
锚碇围岩体	2250	—	0.33	—		
锚碇混凝土	2700	30	0.25			

模型锚碇试验位于浅层地表,应力场采用自重应力场。地表为自由边界,模型侧向和底面边界才有固定约束。根据现场试验的锚碇拉拔力的分级施加情况,确定了按照实际情况分步逐级进行计算($1P = 2.2MN$)。由位移监测资料作为反演、对比的目标测点。

2)样本构造

围岩变形、剪切强度参数对于隧道式锚碇安全储备具有重要的影响,但由于围岩参数值大小与受力状态、尺度、结构密切相关,岩体参数难以确定,因此,将围岩变形、剪切强度参数作为反演参数,并将其结果与原位试验结果互为印证、相互补充。

根据弹塑性参数的试验室结果和同类岩石的试验资料,综合分析给出待反演参数和取值区间。采用均匀设计方法,在取值区间内将5个参数分成4个样本水平(表5-6-15),然后均匀设计了15组训练样本试验组合方案(表5-6-16)。

样　本　水　平　　　　表5-6-15

水　平　数	变形模量 $E(GPa)$	黏聚力 $c(MPa)$	内摩擦系数 f	抗拉强度 $R_t(MPa)$
1	1	0.1	0.40	0.1
2	3	0.4	0.60	0.3
3	5	0.7	0.81	0.5
4	7	1	1.00	0.7

训练样本   表5-6-16

样本数	变形模量 E(GPa)	黏聚力 c(MPa)	内摩擦系数 f	抗拉强度 R_t(MPa)
1	1	0.1	0.40	0.1
2	1	0.4	0.60	0.3
3	1	0.7	0.81	0.5
4	1	1	1.00	0.7
5	3	0.1	0.60	0.5
6	3	0.4	0.40	0.7
7	3	0.7	1.00	0.1
8	3	1	0.81	0.3
9	5	0.1	0.81	0.7
10	5	0.4	1.00	0.5
11	5	0.7	0.40	0.3
12	5	1	0.60	0.1
13	7	0.1	1.00	0.3
14	7	0.4	0.81	0.1
15	7	0.7	0.60	0.7
16	7	1	0.40	0.5

3)岩体弹塑性参数反演结果

应用LSSVM和PSO模型建立表5-6-16中15组样本输入和计算位移输出之间的非线性映射关系。在此基础上,采用粒子群算法进行全局寻优,在位移目标函数最小的条件下得到弹塑性参数的最优解,结果见表5-6-17。反演参数量值在工程岩体分级标准四类围岩建议参数范围内,符合以往工程经验,但相比现场试验结果偏小。一方面是因为模型锚超载拉拔条件不同于现场试验压剪受力条件,另一方面原位试验取值为应变软化曲线上峰值强度,模型锚反演采用理想弹塑性摩尔-库伦模型,反演值相当于在围岩在一定应变范围内等效强度。

K_2l^2 中风化砂砾岩夹砂岩、泥质粉砂岩岩组弹塑性参数反演结果   表5-6-17

参数	变形模量 E(GPa)	内摩擦系数 f	黏聚力 c(MPa)	抗拉强度 R_t(MPa)
计算	2	0.7	0.5	0.16
原位试验	$\dfrac{1.12\sim1.68}{1.35}$	1.11	0.88	—
《工程岩体分级标准》建议值	1.3~6	0.8~0.5	0.7~0.2	—

将最优参数赋入正向计算模型中进行计算,得到现场实测位移-荷载曲线与计算结果对比图,如图5-6-39所示。由图5-6-39监测点的实测与计算位移的对比可以看出,两者在量值上相当,变形趋势上也基本相同,表明所确定的锚碇围岩体的弹塑性参数基本合理。

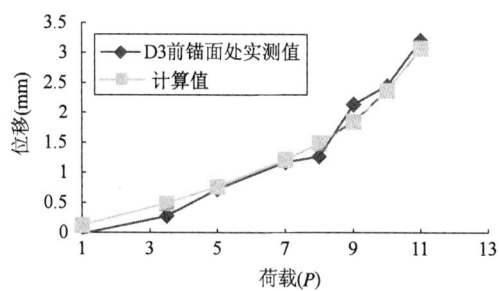

图 5-6-39　模型锚右锚塞体前锚面实测位移-荷载曲线与计算值对比图

通过数值模拟,分析 13P 时锚碇围岩位移等值线图和位移矢量图,得出结论:由于锚碇荷载传递到岩体中,模型锚底和两侧围岩的位移基本与锚碇受力方向平行,锚碇上岩体因上方是自由面发生一定上抬。

通过分析在不同荷载作用下,锚碇四周 1/3 洞径处形成非连续的剪切应变,表明此处为岩体剪切破坏面。

通过分析不同荷载下隧道式锚碇系统铅直剖面和斜切面塑性区,得出结论:1P 时,岩体呈弹性状态;8P 时,由于锚岩错动增加,后端接触部位开始发生剪切破坏;到 9P 时,接触部位剪切破坏区贯通道前端,此时位移出现非线性增大;到 13P 时,锚碇四周岩体形成剪切破坏面。荷载增加过程中,围岩因拉拔作用应力进一步释放,进而发生拉伸破坏。

3. 模型锚碇区围岩蠕变参数反演

1)蠕变模型及参数

由室内岩石蠕变试验资料和蠕变模型辨识表明,模型锚碇区岩体的蠕变本构模型为伯格斯蠕变模型。由于岩体材料的非均质及岩体结构等因素的影响,由室内试验所获得的岩体蠕变力学参数受尺寸效应等因素的影响,往往还不能很好地反映实际岩体性能。因此,进一步通过模型锚试验蠕变试验反演泥岩蠕变参数。

根据岩块蠕变参数的实验室结果和同类岩石的试验资料(表5-6-18),综合分析给出待反演变形参数的取值区间,强度参数采用弹塑性反演分析结果。采用均匀设计方法,在取值区间内将 4 个参数分成 5 个样本水平(表5-6-19),然后均匀设计了 25 组训练样本试验组合方案,见表5-6-20。

同类岩石伯格斯模型参数　　　　表 5-6-18

岩　性	E_k(GPa)	E_m(GPa)	η_k(GPa·h)	η_m(GPa·h)	来　源
粉砂质泥岩	0.06	0.011	0.176	41.3	于怀昌,2012
	0.061	0.019	0.253	9.61	
粉砂质泥岩	0.208	0.08	0.454	701	谌文武,2009
	0.182	0.093	0.411	100	
泥岩	0.074	0.022	1.639	2944.44	朱定华,2002
	2.743	—	8.64	1142	杨圣奇,2012

续上表

岩 性	E_k(GPa)	E_m(GPa)	η_k(GPa·h)	η_m(GPa·h)	来 源
泥岩	0.78	0.494	54	2374	三轴流变
	0.84	0.315	31.98	2308	

注:E_k-开尔文体弹性系数;E_m-马克斯威尔体弹性系数;η_k-开尔文体黏性系数;η_m-马克斯威尔体黏性系数。

样 本 水 平　　　　　　　　　　　　　　　　　　　　　　　　　表 5-6-19

水 平 数	E_m(GPa)	η_k(GPa·h)	η_m(GPa·h)	c(MPa)	f	R_t(MPa)
1	0.01	0.2	1×10^3	0.1	0.40	0.06
2	0.05	2	5×10^3	0.2	0.47	0.1
3	0.25	20	2.5×10^4	0.3	0.58	0.12
4	1.25	200	1.25×10^5	0.4	0.65	0.14
5	6.25	2000	6.25×10^5	0.5	0.73	0.16

注:R_t-抗拉强度。

用均匀设计方法获得的训练样本　　　　　　　　　　　　　　　　表 5-6-20

样 本 数	E_k(GPa)	E_m(GPa)	η_k(GPa·h)	η_m(GPa·h)	f	R_t(MPa)
1	0.01	0.2	1×10^3	0.1	0.40	0.06
2	0.01	2	5×10^3	0.2	0.47	0.1
3	0.01	20	2.5×10^4	0.3	0.58	0.12
4	0.01	200	1.25×10^5	0.4	0.65	0.14
5	0.01	2000	6.25×10^5	0.5	0.73	0.16
6	0.05	0.2	5×10^3	0.3	0.65	0.16
7	0.05	2	2.5×10^4	0.4	0.73	0.06
8	0.05	20	1.25×10^5	0.5	0.40	0.1
9	0.05	200	6.25×10^5	0.1	0.47	0.12
10	0.05	2000	1×10^3	0.2	0.58	0.14
11	0.25	0.2	2.5×10^4	0.5	0.47	0.14
12	0.25	2	1.25×10^5	0.1	0.58	0.16
13	0.25	20	6.25×10^5	0.2	0.65	0.06
14	0.25	200	1×10^3	0.3	0.73	0.1
15	0.25	2000	5×10^3	0.4	0.40	0.12
16	1.25	0.2	1.25×10^5	0.2	0.73	0.12
17	1.25	2	6.25×10^5	0.3	0.40	0.14
18	1.25	20	1×10^3	0.4	0.47	0.16
19	1.25	200	5×10^3	0.5	0.58	0.06
20	1.25	2000	2.5×10^4	0.1	0.65	0.12
21	6.25	0.2	6.25×10^5	0.4	0.58	0.1
22	6.25	2	1×10^3	0.5	0.65	0.12
23	6.25	20	5×10^3	0.1	0.73	0.14

续上表

样本数	E_k(GPa)	E_m(GPa)	η_k(GPa·h)	η_m(GPa·h)	f	R_t(MPa)
24	6.25	200	2.5×10^4	0.2	0.40	0.16
25	6.25	2000	1.25×10^5	0.3	0.47	0.06

2)反演结果

应用 LSSVM 和 PSO 分析模型建立表 5-6-7 中 25 组样本输入和计算位移输出之间的非线性映射关系。在此基础上,采用粒子群算法进行全局寻优,在位移目标函数最小的条件下得到锚碇围岩体蠕变参数的最优解,结果见表 5-6-21。由表中可以看出,锚碇蠕变强度是弹塑性分析结果的 76% 左右,最后,将最优参数赋入正向计算模型中进行计算,得到几个多点位移计的典型测点位移与现场实测位移值对比,如图 5-6-40 所示。

蠕变参数反演结果 表 5-6-21

E_k(GPa)	E_m(GPa)	η_k(GPa·h)	η_m(GPa·h)	C(MPa)	f	R_t(MPa)
0.4	0.75	1100	1×10^5	0.4	0.58	0.12

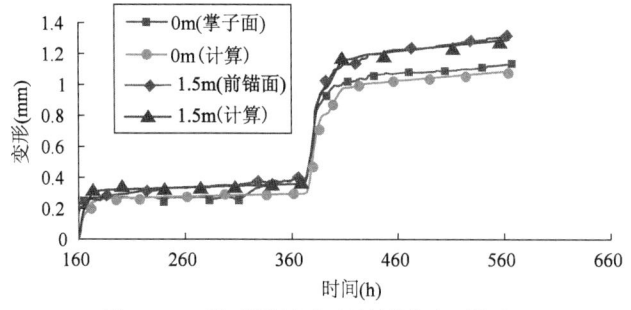

图 5-6-40 模型锚蠕变位移计算值与实测值对比

由蠕变反演分析计算表明:①$1P$ 拉拔力作用下,蠕变效应不会使锚碇围岩体产生塑性区;②$3.5P$ 拉拔力作用下,锚碇围岩体具有稳定蠕变特性,蠕变位移增量较小,$7P$ 拉拔力作用下,锚碇围岩体蠕变位移呈增长趋势,符合伯格斯模型。

综合本节反演分析结果可得:

(1)1:12 模型锚反演参数($E = 2$GPa,$f = 0.73$,$c = 0.5$MPa,$R_t = 0.16$MPa),低于现场试验结果,但模型锚岩体受力条件接近实际,且一定程度上反映岩体尺寸效应和结构效应,因此更为合理。模型锚超载数值分析结果显示,超过 $8P$ 后,锚碇与岩体接触部位发生拉剪破坏,锚碇位移、岩体变形快速增长。

(2)拉拔作用下泥岩蠕变模型符合伯格斯模型,反演得到泥岩蠕变参数 $E_k = 0.4$GPa、$E_m = 0.75$GPa、$\eta_k = 1100$GPa·h,$\eta_m = 1 \times 10^5$GPa·h。

五、岩体力学参数建议值

1. 岩体力学参数取值的原则和依据

1)试验成果

伍家岗长江大桥初勘阶段和江北侧隧道式锚碇专题研究,对隧道式锚碇部位主体岩体——砾岩、砂砾岩进行了不同项目的室内外力学试验,尤其是现场大型岩体力学试验弥补了室内试验的不足和存在的缺陷,有较好的代表性,试验成果更科学合理,是进行岩体力学参数取值的重要依据。

2)有关规程规范

试验主要参照了《公路桥涵地基与基础设计规范》(JTG D63—2007)、《工程岩体分级标准》(GB/T 50218—2014),以及其他行业规程规范。

3)岩体工程性质

依据隧道式锚碇部位主体岩石——砾岩、砂砾岩的物质组成、结构、构造、胶结形式及状态,考虑岩体的物理特性和声波波速以及岩石坚硬完整程度,结合试验资料,从而较准确地界定工程岩体的类别和破坏特征。

4)工程实践经验

通过对许多工程的岩体力学参数的类比,参考《宜昌长江公路大桥技施阶段工程地质勘报告》中相应地层岩组力学参数建议值,结合本工程的岩体条件与工程特点,使岩体力学参数建议值更切合实际,更具有针对性。

2. 岩体力学参数建议值

本专题开展的现场岩体变形试验与直剪试验结果与《工程岩体分级标准》(GB/T 50218—2014)附录 D 中岩体力学参数经验值分别见表 5-6-22、表 5-6-23。通过对比分析可知,专题研究阶段现场岩体变形试验和直剪试验所获得的隧道式锚碇部位岩体的变形参数和抗剪断强度参数与《工程岩体分级标准》(GB/T 50218—2014)附录 D 中岩体物理力学参数经验值一致。

岩体变形参数现场试验值、初勘建议值与经验值　　表 5-6-22

岩性	风化带	变形模量(GPa)			弹性模量(GPa)		
		试验值	初勘建议值	《工程岩体分级标准》(GB/T 50218—2014)建议值	试验值	初勘建议值	《工程岩体分级标准》(GB/T 50218—2014)建议值
K_2l^2 砂砾岩	中风化	1.68	1.0~1.5	1.3~6	2.41	1.5~2.0	—
K_2l^2 砂岩	微新	1.47	0.8~1.0	1.3~6	2.39	1.0~1.5	—
K_2l^2 砾岩	微新	2.18	2.0~3.0	1.3~6	3.37	3.0~4.0	—
K_2l^1 砾岩	微新	7.63	2.5~3.5	6~16	12.00	4.0~5.0	—

岩体抗剪断强度参数现场试验值与初勘建议值　　表 5-6-23

岩 性	风化带	抗剪断强度参数					
		试验值		初勘建议值		《工程岩体分级标准》(GB/T 50218—2014)建议值	
		f'	C'(MPa)	f'	C'(MPa)	f'	C'(MPa)
K_2l^2 砂砾岩	中风化	1.11	0.88	0.40~0.45	0.25~0.35	0.5~0.8	0.2~0.7

续上表

岩 性	风化带	抗剪断强度参数					
		试验值		初勘建议值		《工程岩体分级标准》(GB/T 50218—2014)建议值	
		f'	C'(MPa)	f'	C'(MPa)	f'	C'(MPa)
K_2l^2 砂岩	微新	0.63	0.38	0.4	0.3	0.5~0.8	0.2~0.7
K_2l^2 砾岩	微新	1.42	0.99	0.55~0.60	0.40~0.50	0.5~0.8	0.2~0.7
K_2l^1 砾岩(饱水)	微新	1.65	1.25	0.60~0.65	0.50~0.60	0.8~1.2	0.7~1.5

因此,基于岩体力学参数取值原则并经试验、地质、设计等方面的专家讨论,明确隧道式锚碇部位主体岩石——砾岩、砂砾岩为较软岩,岩石的破坏机理为脆性破坏,针对隧道式锚碇的工程特性及其对围岩的要求,从而提出隧道式锚碇场地区主要岩体的物理力学性质参数建议值,见表5-6-24。此外,根据隧道式锚碇工程设计所涉及地层断层的岩性组合提出主要工程岩组的物理力学性质参数建议值,见表5-6-25。但是需要说明的是,表5-6-25中各参数是考虑工程岩体处于正常工况情况下,即大致处于自然状态条件下的建议值,因此,在施工过程中要采取有效的措施,避免隧道式锚碇部位岩体因人为破坏而导致力学性质的弱化。

岩体力学参数建议值 表5-6-24

地层代号	岩石名称	风化状态	重度(kN/m³)	饱和单轴抗压强度(MPa)	抗拉强度(MPa)	变形模量(GPa)	泊松比	岩体抗剪断强度		混凝土/岩体接触面抗剪断强度		混凝土抗拔摩阻力(MPa)
								f'	c'(MPa)	f'	c'(MPa)	
K_2l^3	疏松砂岩	强风化	21	1~2	0.03	0.2	0.36	0.34	0.1			
		中等风化	21	2~3	0.04	0.3	0.33	0.4	0.1			
K_2l^2	粉细砂岩	中等风化	21	3~4	0.05	1	0.32	0.45	0.14			
		微新	22	5	0.08	1.2	0.30	0.45	0.3			
	砂砾岩	中等风化	22.5	5~6	0.1	1.35	0.31	0.5	0.3			
		微新	23	10~12	0.12	1.5	0.3	0.35				
	砾岩	中等风化	23	8~10	0.15	1.7	0.30	0.65	0.4			
		微新	23.5	11~13	0.17	2.0	0.28	0.7	0.5	0.65	0.4	
K_2l^1	砾岩	微新	24.5	15~17	0.2	6.0	0.28	0.8	0.7	0.75	0.65	0.3

主要工程岩组力学参数建议值表 表5-6-25

工程岩组地层代号	岩性组合	风化状态	重度(kN/m³)	饱和单轴抗压强度(MPa)	抗拉强度(MPa)	变形模量(GPa)	泊松比	岩体抗剪断强度		岩体/混凝土接触面抗剪断强度		混凝土抗拔摩阻力(MPa)
								f'	c'(MPa)	f'	c'(MPa)	
K_2l^3	砂砾岩夹薄层疏松砂岩	强风化	21	1~2	0.03	0.2	0.36	0.34	0.1			
		中等风化	22	5	0.08	1	0.33	0.49	0.24			

续上表

工程岩组地层代号	岩性组合	风化状态	重度(kN/m³)	饱和单轴抗压强度(MPa)	抗拉强度(MPa)	变形模量(GPa)	泊松比	岩体抗剪断强度 f'	岩体抗剪断强度 c'(MPa)	岩体/混凝土接触面抗剪断强度 f'	岩体/混凝土接触面抗剪断强度 c'(MPa)	混凝土抗拔摩阻力(MPa)
K_2l^{2-5}	砂砾岩夹砂岩、泥质粉砂岩	中等风化	22	4.8	0.08	1.2	0.33	0.48	0.25			
K_2l^{2-4}	砾岩、砂砾岩夹砂岩、泥质粉砂岩	中等风化	22.5	6.5	0.11	1.4	0.31	0.55	0.3			
K_2l^{2-3}	泥质粉砂岩	中等风化	21	2～3	0.04	0.3	0.35	0.4	0.1			
K_2l^{2-2}	砾岩夹砂砾岩砂岩泥质粉砂岩	中等风化	22.5	7.0	0.12	1.45	0.30	0.57	0.32			
K_2l^{2-2}		微新	23	10.5	0.14	1.7	0.29	0.63	0.42			
K_2l^{2-1}	砾岩、砂砾岩、砂岩互层	微新	23	8.5	0.11	1.45	0.30	0.56	0.36			
K_2l^1	砾岩夹砂岩	微新	24.5	15～17	0.2	6.0	0.28	0.8	0.7	0.75	0.65	0.3

第四节　隧道式锚碇室内 1∶40 物理模型试验研究

一、模型设计

依据设计图纸,基于相似比尺(1∶40)及室内模型试验刚性槽的尺寸,保证足够的边界距离,以避免导致边界约束失真为原则,确定了模型的模拟范围为 132m×120m×160m(长×高×宽),相对应的地质力学模型尺寸为 3.3m×3m×4m(长×高×宽),得到了试验研究的概化模型范围,如图 5-6-41 所示。

二、相似关系与模型材料

地质力学模型试验,相似材料研制是关键,它对模型试验的成功与否起着决定性作用。在模型试验研究中,选择合适的模型材料及配比具有极其重要意义。

在建立地质概化模型以后,必须以概化模型提出的地质条件为依据,精心研制不同岩层的模型材料,包括不连续面的模拟材料,这些模拟材料,必须满足相似理论的关系式:

$$\left.\begin{array}{l} C_\sigma = C_\gamma C_l \\ C_P = C_\sigma C_l^2 \end{array}\right\} \quad (5\text{-}6\text{-}2)$$

式中:C_σ——应力比例常数;

C_l——几何比例常数;

C_γ——密度或重度比例常数;

C_P——集中力比例常数。

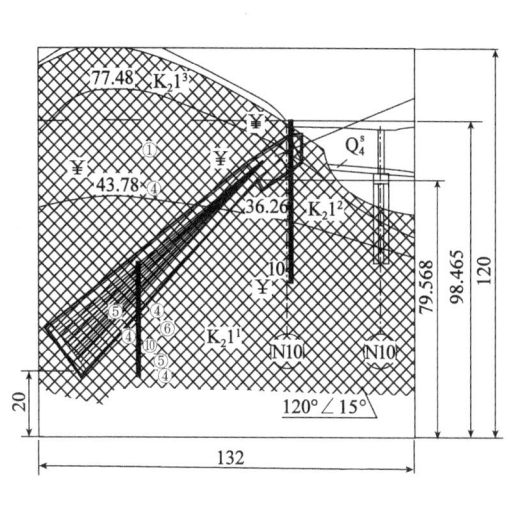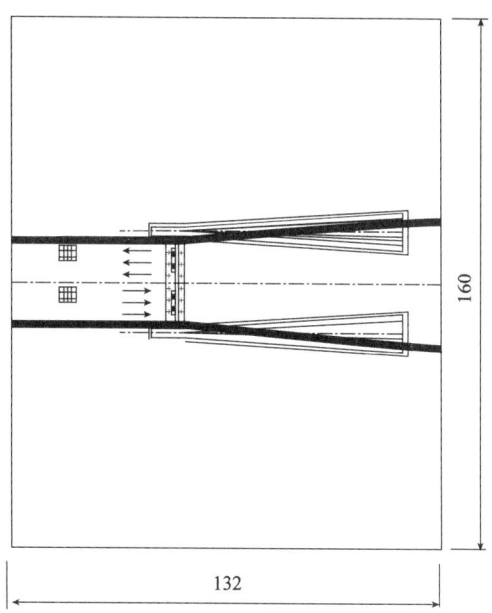

图 5-6-41 隧道式锚碇模型范围示意图(尺寸单位:m)

为了使模型与原型材料的力学变形满足本构关系全相似的条件,要求一切量纲相同的相似常数相等。即:

$$C_E = C_\sigma C_\tau \tag{5-6-3}$$

式中:C_E——变形模量比例常数;

C_τ——剪应力比例常数。

应变 $\varepsilon = \Delta L/L$ 为无量纲量,所以应变比例常数 $C_\varepsilon = 1$,即原型材料和模型材料的应变必须相等;同样,模型和原型材料的泊松比 μ 和摩擦系数 f 都是无量纲量,所以模型和原型的 μ 和 f 也必须相等。也就是说,不管是在线弹性阶段,还是进入塑性阶段以后,都要求原型与模型的应力-应变图形满足相似条件。同时,模型与原型的莫尔圆强度包线也必须满足相似条件。所以,地质力学模型除了必须遵守线弹性阶段的相似条件外,还必须严格地满足 $C_\varepsilon = 1$;满足模型材料与原型材料的本构关系在线弹性、和弹塑性直至破坏阶段全相似的要求,以保证模型在变形前后,始终满足几何相似条件。

为了满足重力梯度相似,地质力学模型还要求 $C_\gamma = 1$,即模型材料与原型材料重度要求相等,或十分接近。从以上的论述中可以看出,地质力学模型材料必须具有重度大、强度低和变形模量小等特殊要求。必须指出,满足这些条件,对模型材料的要求非常苛刻。地质力学模型试验时通常需要加载至模型破坏,属于一种破坏性试验,要求模型材料与原型材料之间不仅是弹性阶段相似,还要求材料直至破坏的全过程相似。

隧道式锚碇承载受力过程中相互作用,共同抵抗外部拉拔荷载;锚锭体受力也会发生变形,不能视作刚性体,因此,认为锚塞体为弹性体,围岩为弹塑性体。依据相似理论,本项目中研究一套新型地质力学模型试验材料,以解决伍家岗长江大桥隧道式锚碇围岩模型材料的相似性。隧道式锚碇(双锚)三维整体地质力学模型的几何比尺为1:40,其他主要参数相似系数见表5-6-26。

原型与模型相似系数 表5-6-26

材料参数	变形模量	应力	应变	重度	摩擦角	泊松比	集中力
相似系数	C_E	C_σ	C_ε	C_γ	C_f	C_μ	C_p
数值	40	40	1	1	1	1	6.4×10^4

通过一系列的试验,研制出了力学特性能达到伍家岗长江大桥隧道式锚碇三维地质力学模型试验所需要求的相似材料,且用价格较氧化锌便宜的立德粉代替,降低了模型材料成本。

根据相似原理研制得到隧道式锚碇工程区围岩与锚塞体部分参数试验值,见表5-6-27。依据相似关系,将模型材料物理力学参数转换为岩层原型参数,见表5-6-28。

模型材料参数(相似比尺1:40) 表5-6-27

岩层(模型)	单轴抗压强度(MPa)	f	c(MPa)	变形模量(GPa)
K_2l^1	0.408	0.62	0.0145	0.0785
K_2l^2	0.268	0.43	0.0103	0.0490
K_2l^3	0.124	0.39	0.0080	0.0233

模型材料转换为原型参数 表5-6-28

岩层(换算为原型)	单轴抗压强度(MPa)	f	c(MPa)	变形模量(GPa)
K_2l^1	16.3	0.62	0.58	3.14
K_2l^2	10.7	0.43	0.41	1.96
K_2l^3	4.95	0.39	0.32	0.93

三、三维地质力学模型构筑

模型制作是地质力学模型试验中一个非常关键的环节,一个模型试验的成功与否,直接取决于模型制作是否准确合理,此外,模型制作的精细度也直接影响到试验成果的精确度。本项目采用压模成型法来进行模型制作,所谓压模成型,是由胶结料、填料按一定配比制成混合料,搅拌均匀后倒入钢制模具中,再置于压力机上压成规则块体,待适当干燥后再在模型槽上砌筑成模型。隧道式锚碇模型试验的具体步骤为:首先对锚塞体进行模具制作,配置相应的混凝土材料进行浇筑,浇筑过程中预埋测量装置,密封后盖湿布养护;利用水准仪与经纬仪在模型钢槽两侧面上进行定位放线,准确布置出锚塞体与各岩层界面的位置;基于相似理论,研制出既满足物理力学相似关系(相似比尺1:40),又对人体无毒、对环境无污染、加工性能好、温度湿度影响小的不同岩层的模型材料与黏合剂;利用全自动压模机进行砌块压制,将材料砌块按照岩层界面与锚塞体的放线位置进行错缝砌筑,并用配置好的黏合剂进行黏结;当岩层砌筑至锚塞体位置时,将预制好的混凝土锚塞体(双锚)吊装并定位至岩体上,然后继续砌筑围岩,砌筑过程中预埋相应的量测装置。三维地质力学模型构筑主要流程如图 5-6-42 所示。

a) 锚塞体模型预制

b) 锚塞体与岩层界面定位放样

c) 锚塞体吊装定位

d) 量测系统布设

e) 荷载施加装置布设

f) 三维模型总体布置

图 5-6-42 三维地质力学模型构筑主要流程

四、模型加载与量测

本隧道式锚碇室内三维地质力学模型试验采用后推法施加荷载,根据模型试验相似原理,模型试验的1倍设计荷载($1P$)为$2 \times 220000/(40^3)$ kN $= 2 \times 3.45$ kN。试验共采用了2台100kN的千斤顶(每个锚体后部安装1台),加压的油管采用并联形式连接,以保证双锚所受的推力相等。为了使得千斤顶与锚塞体的后锚面接触完全,外荷载能均匀地传递至锚体,在千斤顶与锚塞体间垫一定厚度的橡胶垫块;千斤顶的反力支架由工字钢焊接并与试验钢槽焊接成整体,保证反力装置的强度与刚度。

根据岩体内部变形与表面变形监测相结合、位移监测与应变监测相结合、岩体监测与锚塞体监测相结合的原则,测得各级荷载作用下岩体和锚塞体受力、变形情况。模型试验主要有三大量测系统,即GA-10型外部位移自动测量系统、TDS-530高速静态应变数据测试系统和光纤光栅内部位移自动测量系统。

隧道式锚碇模型在前、后锚面沿着横向布设位移传感器,其中外部位移传感器用GA-10型LVDT进行量测,编号为D1,共11个测点,测点间距0.35m。内部位移传感器用光纤光栅进行量测,编号为D2,共11个测点,测点间距0.35m。内、外部位移测点布置如图5-6-43所示。在双锚塞体之间与侧边的岩体内布设与锚塞体倾角一致且平行于底面的应变量测设备,编号为E1,其中双锚塞体之间共4个测点,侧边围岩4个测点,在距离锚塞体后锚面0.4m处的断面上布设竖直方向4个应变测点,测点间距0.35m。内部应变测点布置如图5-6-44所示。

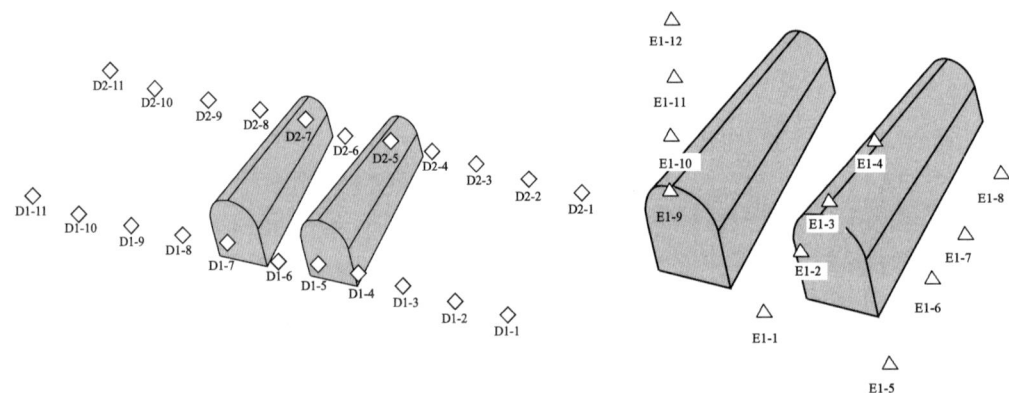

图5-6-43　内、外部位移测点布置图　　　图5-6-44　内部应变测点布置图

五、模型试验成果与分析

1. $1P$设计荷载试验

对隧道式锚碇模型施加1倍设计荷载($1P$, 2×3.45 kN),研究隧道式锚碇围岩与锚塞体的位移与应变情况。后锚面上的各测点在设计荷载作用下的位移曲线如图5-6-45所

示。可以看出,位移以荷载作用点为中心向四周呈马鞍形衰减扩散,锚体上的变形大于围岩变形,远离载荷中心围岩位移迅速衰减,及至 $1\sim1.5D$(D 为后锚面宽度)开外,位移趋于收敛且量值较小。加载部位变形中间大、两边小,这是因为在受力过程中,锚体沿边界有滑移;同时,围岩与锚体形变是连续变化的,锚体周边 $1\sim1.5D$ 范围内的围岩变形量都比较大,这说明锚体并不是简单地沿边界滑动,而是带动周边一定范围内的岩体一起运动,共同承担外荷载。前锚面的各测点在设计荷载作用下的位移曲线如图 5-6-46 所示。其位移规律与后锚面相似,2 个锚体及围岩后表面变形小于后锚面变形,且在数值上要小很多;锚体及围岩前表面的位移分布曲线为上马鞍形,变形曲线对称性相对较好,锚塞体与较近处围岩的变形量不大且数值相近,原因在于围岩夹持作用下,锚塞体应力传递到前部后出现衰减并分散,变形量因此而相近。锚体及围岩前、后表面的变形分布曲线呈对称的双峰形,双锚中轴线上处岩体测点变形约为两侧相等距离处测点变形量之和,符合弹性变形叠加原理,同时也说明岩体变形在 1 倍设计荷载作用下主要处于弹性阶段。

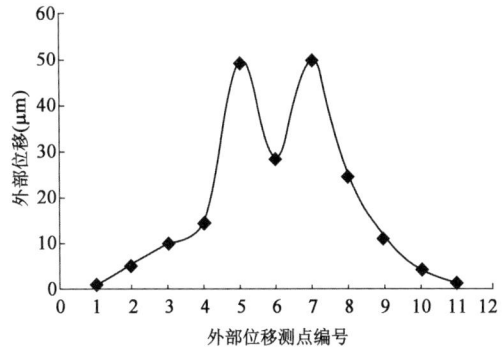

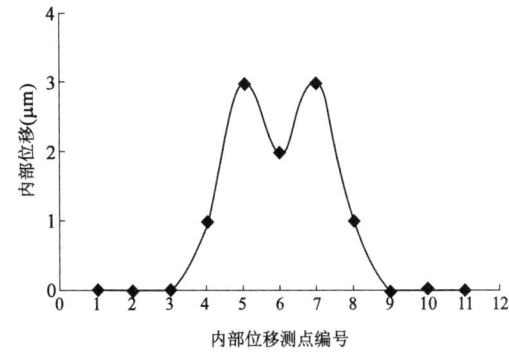

图 5-6-45 后锚面测点位移图(1P)　　　　图 5-6-46 前锚面测点位移图(1P)

双锚之间围岩的应变沿着后锚面至前锚面的变化规律如图 5-6-47 所示。当测点靠近后锚面时,相应的应变值较大,随着测点与后锚面距离的增大,其相应的应变值逐渐变小,尤其当距离大于 $1D$ 时,测点应变值衰减得十分迅速。锚塞体侧面围岩的应变沿着后锚面至前锚面的变化规律如图 5-6-48 所示。其应变的变化规律与双锚之间围岩的应变相似,但数值相对较小,当与后锚面距离大于 $1D$ 时,测点应变值迅速减小;锚塞体上部岩体测点应变规律如图 5-6-49 所示。随着测点位置与隧道式锚碇顶部距离的增大,其测点应变值逐渐减小,当距离大于 $1D$ 时,应变值亦是表现出迅速减小的规律。由以上规律的一致性可以

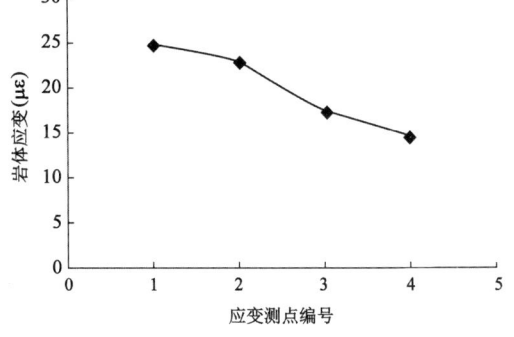

图 5-6-47 双锚之间围岩应变图(1P)

得到,隧道式锚碇在设计荷载作用下,采用后推法时,后锚面首先承受外荷载,由于岩体夹持效应,锚塞体后部的应力向锚塞体前部扩散很慢,前锚面最远处的应变远小于后锚面最近处应变,也即锚体后部产生了显著的应力集中。其力学本质在于锚塞体在围岩夹持作用下,作用在锚体后部的外加荷载主要使得锚塞体中后部及围岩产生变形,荷载很难传递到锚塞体前部,从而揭示了夹持效应带来的巨大抗拔能力的内在力学机制:锚塞体与围岩形成联合体,相互作用共同抵抗外部荷载。

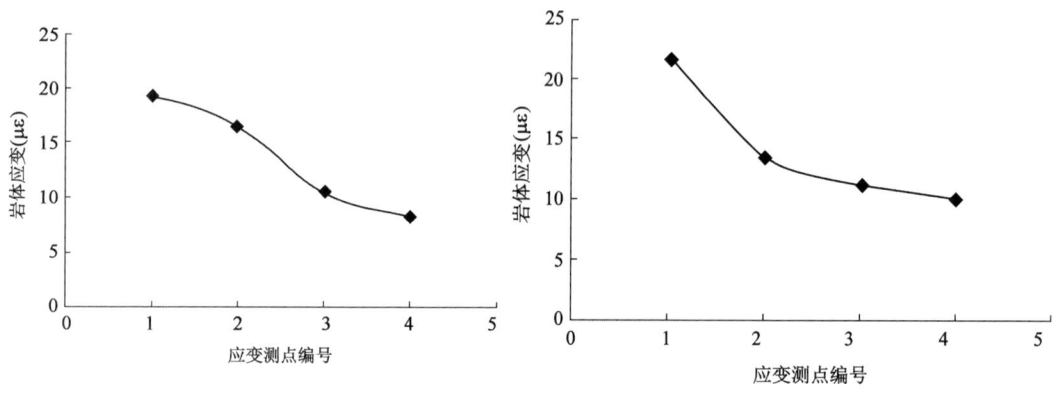

图 5-6-48　锚塞体侧边围岩应变图($1P$)　　　　图 5-6-49　锚塞体上部围岩应变图($1P$)

2. $5P$ 荷载试验

对隧道式锚碇模型施加 5 倍设计荷载($5P$,$5 \times 2 \times 3.45$ kN),研究隧道式锚碇围岩与锚塞体的位移与应变情况。后锚面上的各测点在 5 倍设计荷载作用下的位移曲线如图 5-6-50所示。可以看出,位移以荷载作用点为中心向四周呈马鞍形衰减扩散,锚体上的变形大于围岩变形,远离载荷中心围岩位移迅速衰减,及至 1~1.5D 开外位移趋于收敛且量值较小,后锚面位移规律与设计荷载($1P$)作用下的规律较为类似。加载部位变形中间大两边小,这是因为在受力过程中,锚体沿边界有滑移;同时,围岩与锚体形变连续变化,锚体周边 1~1.5D 范围内的围岩变形量都比较大,这说明锚体并不是简单地沿边界滑动,而是带动周边一定范围内的岩体一起运动,共同承担外荷载。前锚面的各测点在 5 倍设计荷载作用下的位移曲线如图5-6-51 所示。其位移规律与后锚面相似,2 个锚体及围岩后表面变形小于后锚面变形,在数值上要小很多;锚体及围岩前表面位移分布曲线为上马鞍形,变形曲线对称性相对较好,锚塞体与较近处围岩的变形量不大且数值相近,与设计荷载($1P$)作用下的位移相比,前锚面的鞍形位移曲线鞍深变浅。由于围岩夹持作用下,锚塞体应力传递到前部后出现衰减并分散,变形量因此而相近。锚体及围岩前表面的最大变形分布曲线逐渐变为上凸形,变形曲线对称性稍差,双锚中轴线上处岩体测点变形约为两侧相等距离处测点变形量之和,符合弹性变形叠加原理,同时也说明岩体变形在 5 倍设计荷载作用下主要处于弹性阶段。

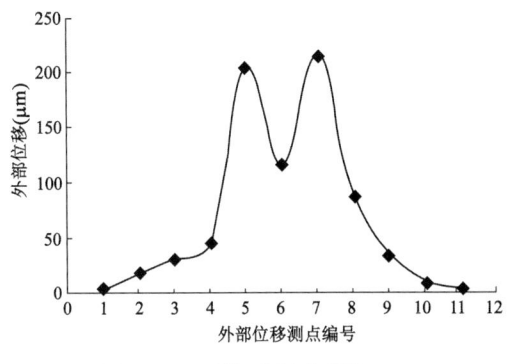

图 5-6-50　后锚面测点位移图(5P)

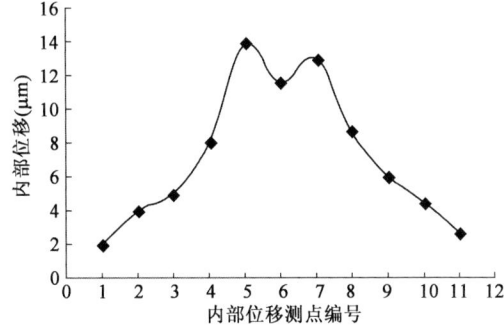

图 5-6-51　前锚面测点位移图(5P)

双锚之间围岩的应变沿着后锚面至前锚面的变化规律如图 5-6-52 所示。当测点靠近后锚面时,相应的应变值较大,随着测点与后锚面距离的增大,其相应的应变值逐渐变小,尤其当距离大于 1~1.5D 时,测点应变值衰减得十分迅速。锚塞体侧面围岩的应变沿着后锚面至前锚面的变化规律如图 5-6-53 所示。其应变的变化规律与双锚之间围岩的应变相似,但数值相对较小,当与后锚面距离大于 1~1.5D 时,测点应变值迅速减小。锚塞体上部岩体测点应变规律如图 5-6-54 所示。随着测点位置与隧道式锚碇顶部距离的增大,其测点应变值逐渐减小,当距离大于 1~1.5D 时,应变值亦是表现出迅速减小的规律。由以上规律的一致性可以得到,隧道式锚碇在设计荷载作用下,采用后推法时,后锚面首先承受外荷载,由于岩体夹持效应,锚塞体后部的应力向锚塞体前部扩散很慢,前锚面最远处的应变远小于后锚面最近处应变,也即锚体后部产生了显著的应力集中。其力学本质在于锚塞体在围岩夹持作用下,作用在锚体后部的外加荷载主要使得锚塞体中后部及围岩产生变形,荷载很难传递到锚塞体前部,从而揭示了夹持效应带来的巨大抗拔能力的内在力学机制;锚塞体与围岩形成联合体,相互作用共同抵抗外部荷载。

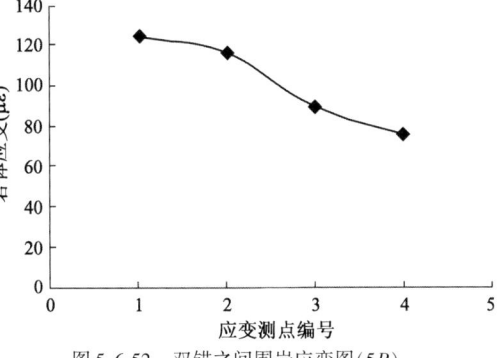

图 5-6-52　双锚之间围岩应变图(5P)

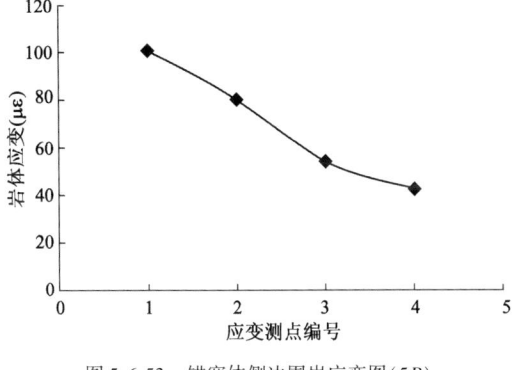

图 5-6-53　锚塞体侧边围岩应变图(5P)

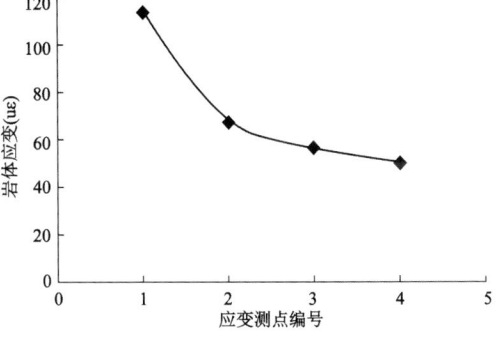

图 5-6-54　锚塞体上部围岩应变图(5P)

3. 超载试验

对隧道式锚碇模型施加多倍设计荷载($NP, N \times 2 \times 3.45 \text{kN}$),研究隧道式锚碇围岩与锚塞体在超载条件下的位移与应变情况。

后锚面上的各测点在多倍设计荷载超载作用下的位移曲线如图 5-6-55 所示。可以看出,位移以荷载作用点为中心向四周呈马鞍形衰减扩散,锚体上的变形大于围岩变形,远离载荷中心围岩位移迅速衰减,及至 $1.5 \sim 2.0D$ 开外位移趋于收敛且量值较小,不同倍数设计荷载下后锚面位移规律较为类似,随着荷载的增大,其马鞍形曲线特征越来越显著。前锚面的各测点在多倍设计荷载作用下的位移曲线如图 5-6-56 所示。其位移规律与后锚面相似,2 个锚体及围岩变形呈现后表面变形小于后锚面变形,且在数值上要小很多。锚体及围岩前表面的位移分布曲线为上马鞍形,变形曲线对称性相对较好,锚塞体与较近处围岩的变形量不大且数值相近,随着荷载的增大,前锚面的鞍形位移曲线鞍深逐渐变浅,在围岩夹持作用下,锚塞体应力传递到前部后出现衰减并分散,变形量因此而相近。锚体及围岩前表面的最大变形分布曲线逐渐变为上凸形,随着荷载的增大上凸形曲线特征越来越明显,变形曲线对称性稍差。

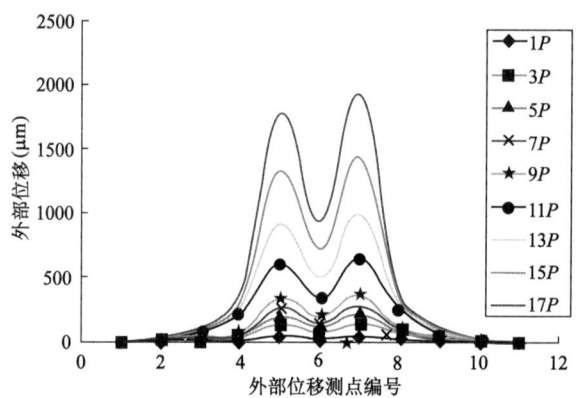

图 5-6-55　后锚面测点位移图(超载)

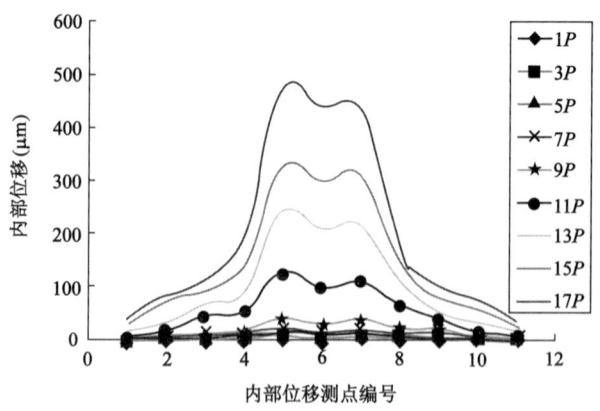

图 5-6-56　前锚面测点位移图(超载)

在多倍设计荷载超载作用下,锚塞体及围岩典型测点的位移与应变如图5-6-57~图5-6-59所示。在超载过程中,内、外部位移与内部应变随荷载的增大表现出的规律性较为一致,随着荷载不断加大,位移与应变越来越大,当超载系数 $K<9\sim11$ 时,测点位移与应变随荷载呈现线性增加的规律;超载系数 $K>11$ 时,测点位移与应变速率发生了变化,呈现非线性特征,数值增大的幅度显著增大。

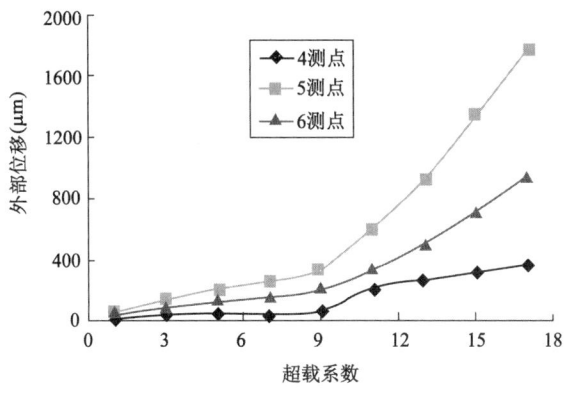

图5-6-57　后锚面外部位移测点超载过程曲线

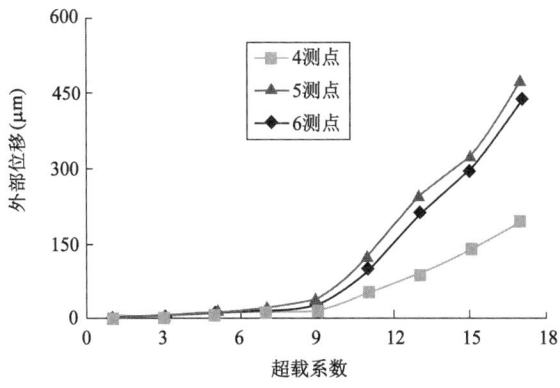

图5-6-58　前锚面内部位移测点超载过程曲线

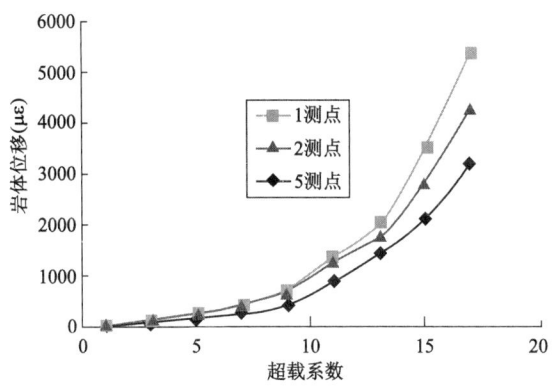

图5-6-59　围岩内部应变测点超载过程曲线

4. 破坏模式

对隧道式锚碇模型施加多倍设计荷载进行超载破坏试验,其超载破坏过程与模式如图 5-6-60 ~ 图 5-6-62 所示。

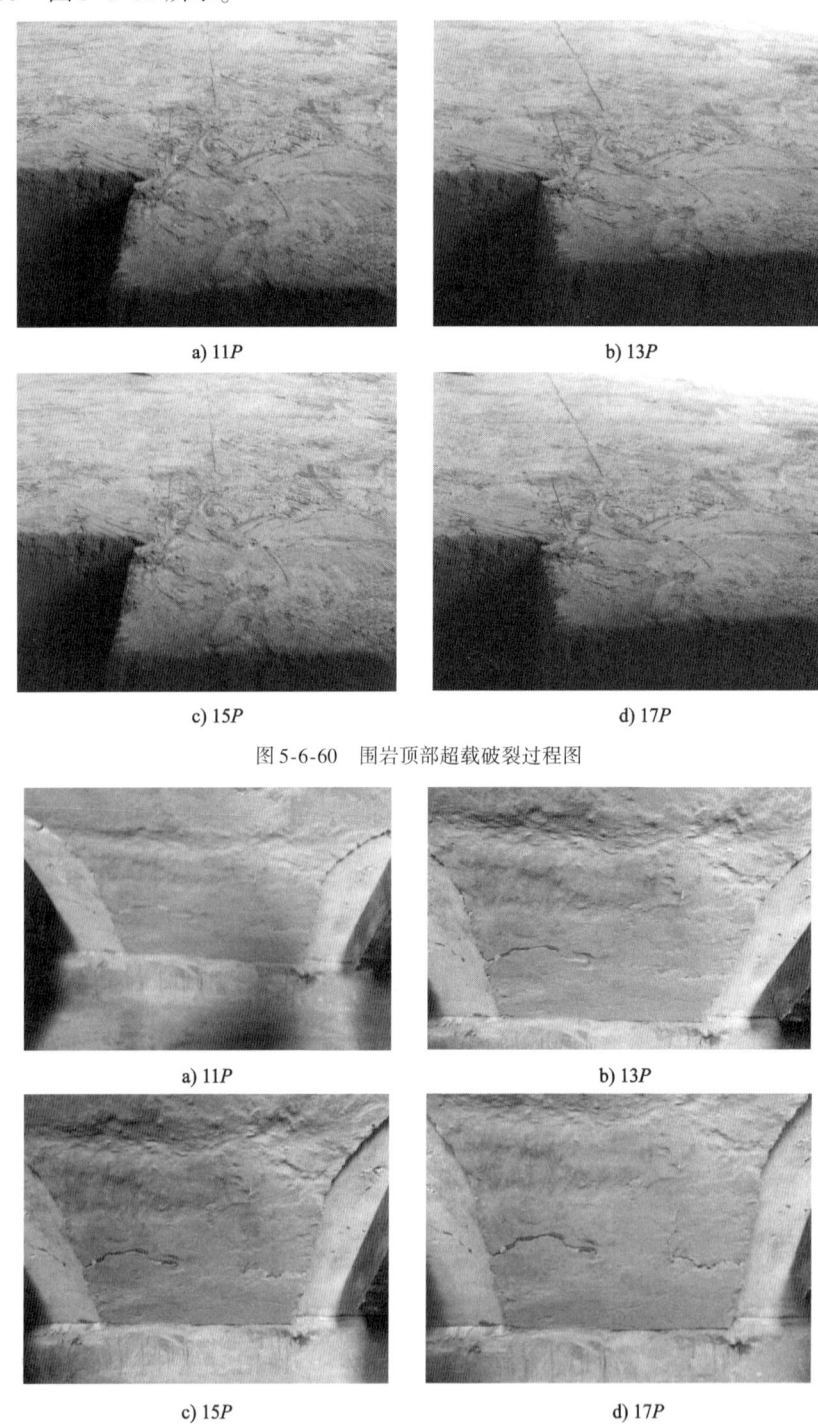

图 5-6-60 围岩顶部超载破裂过程图

图 5-6-61 双锚间岩体超载破裂过程图

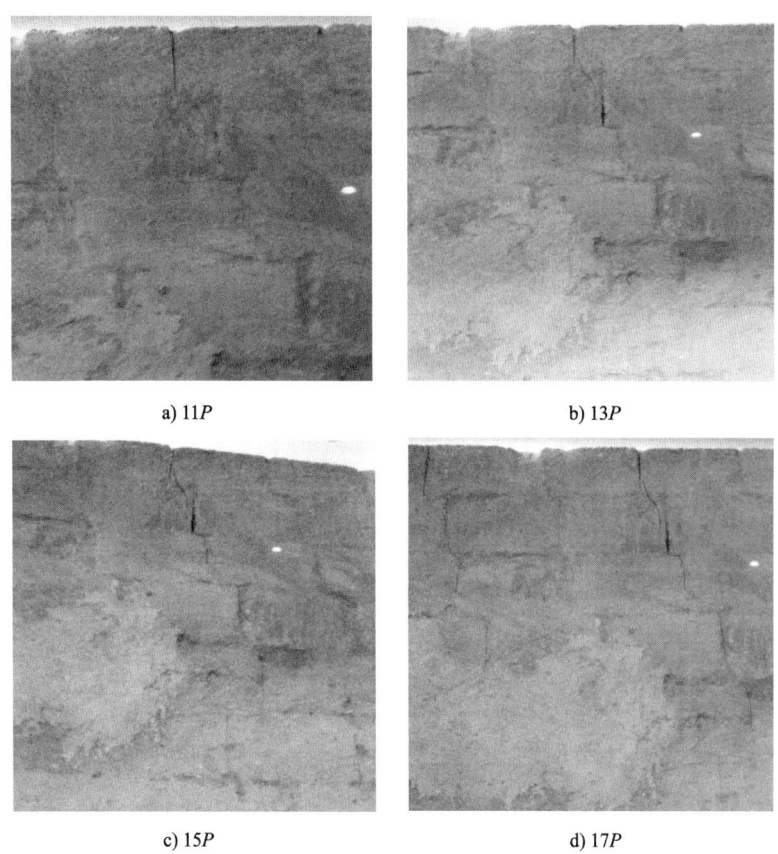

a) 11P b) 13P c) 15P d) 17P

图 5-6-62　围岩顶部超载沿深度破裂过程图

随着荷载的增大，隧道式锚碇模型位移与应变也逐渐增大，在超载系数 $K<9\sim11$ 时，隧道式锚碇模型各部位未见有裂纹出现；当超载系数 $K=11$ 时，模型围岩体顶部沿着对称轴线出现微裂缝，保持荷载约 30min 后，裂纹沿着竖直方向往深部发展。同时，双锚之间的岩体出现横向裂缝，裂缝有相互贯通的趋势。加载至超载系数 $K=13$ 时，隧道式锚碇模型围岩体顶部沿着对称轴线裂缝的宽度增加，裂纹沿着竖直方向往深部持续扩展，竖直裂纹的宽度也持续增大；双锚之间的岩体横向裂缝变宽，且相互延伸趋于贯通。继续加载至超载系数 $K=15$ 时，隧道式锚碇模型围岩体顶部沿着对称轴线裂缝继续扩展，开度增大较为明显，裂缝沿着对称轴线横向往两侧延伸扩展，出现新的微裂缝；竖直裂纹往深部继续扩展，且发展得较为迅速，深度到达距离隧道式锚碇顶部的约 1/2 处；双锚之间的岩体横向裂缝继续扩展且几乎相互汇通，裂纹开度增大显著。持续加载至超载系数 $K=17$ 时，荷载较难长时间保持，且荷载难以继续增加；隧道式锚碇模型围岩体顶部沿着对称轴线裂缝开度继续增大，且扩展较为明显，裂缝沿着对称轴线向两侧发展，新裂缝的宽度显著增加且横竖贯通；竖直裂纹往深部继续扩展，且发展得迅速，深度到达距离隧道式锚碇顶部的约 2/3 处，且对称轴左侧出现新的竖直向延伸的裂缝，新裂纹发展十分迅速，深度到达距离隧道式锚碇顶部的约 1/3 处；双锚之间的岩体横向裂缝继续扩展且已相互贯通，裂纹开度持续增大，且在竖直方向沿深度向上出现新裂纹，新裂纹扩展迅速。

第五节　隧道式锚碇1∶12现场缩尺模型试验研究

一、理论依据

隧道式锚碇缩尺模型试验是基于弹性力学的相似原理来实现的。

根据相似原理,模型与原型应采用相同的材料制作,模型几何尺寸由原型几何尺寸按一定的比例缩小,当不计模型体和原型地质体自身的结构力(含自身重力等)时,模型与原型的参数之间存在如下关系。

强度:

$$R_m = R_p \tag{5-6-4}$$

弹性(变形)模量:

$$E_m = E_p \tag{5-6-5}$$

几何尺寸:

$$L_m = \frac{L_p}{C} \tag{5-6-6}$$

荷载:

$$N_m = \frac{N_p}{C^2} \tag{5-6-7}$$

式中:R_m、R_p——模型和原型的强度;

E_m、E_p——模型和原型的弹性(变形)模量;

L_m、L_p——模型和原型的几何尺寸;

N_m、N_p——模型和原型的荷载;

C——几何相似比。

二、模型试验布置及代表性分析

现场缩尺模型布置于实体隧道式锚碇所在丘陵后缘的空旷平台部位,其平面布置示意如图5-6-63所示。

在现场开展隧道式锚碇缩尺模型试验时,除隧道式锚碇的几何尺寸按照相似比进行缩放外,模型试验部位还应满足地形相似性。本专题研究中,实体锚的形态及上覆地形如图5-6-64中左侧部分所示。考虑到实体锚在后期施工过程中地形的改造情况,在进行现场缩尺模型试验时,仅考虑设计路面以下地形及隧道式锚碇上覆地层厚度。因此,在拟开展模型试验部位的空旷平地部位,通过人工向下开挖一定深度,形成与实体锚部位地形相似的掌子面后,然后再在掌子面按隧道式锚碇的结构尺寸依照相似比开挖试验锚洞,如图5-6-64右侧部分所示。因此,按照上述方法开挖后,本专题中现场缩尺模型试验布置部位是可以满足地形形似条件的。

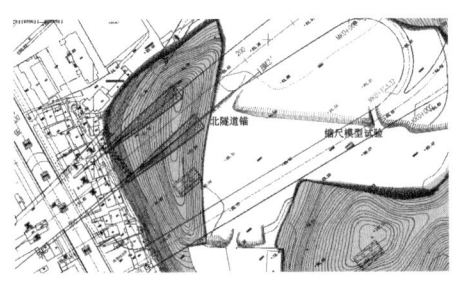
图 5-6-63 缩尺模型试验部位示意图

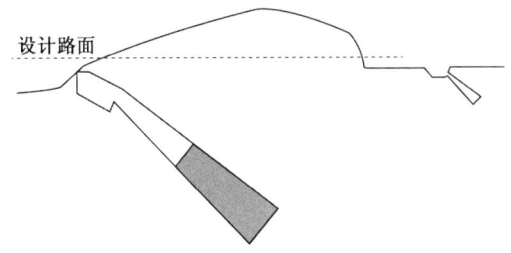
图 5-6-64 缩尺模型试验地形相似性分析

现场缩尺模型试验除满足上述的地形相似性外,在地层岩性上也应具有代表性。本专题研究中,模型试验锚洞开挖后的地质素描简图如图 5-6-65 所示。实体锚部位地层岩性如图 5-6-66 所示。模型锚与实体锚部位岩体的声波波速如图 5-6-67 所示。

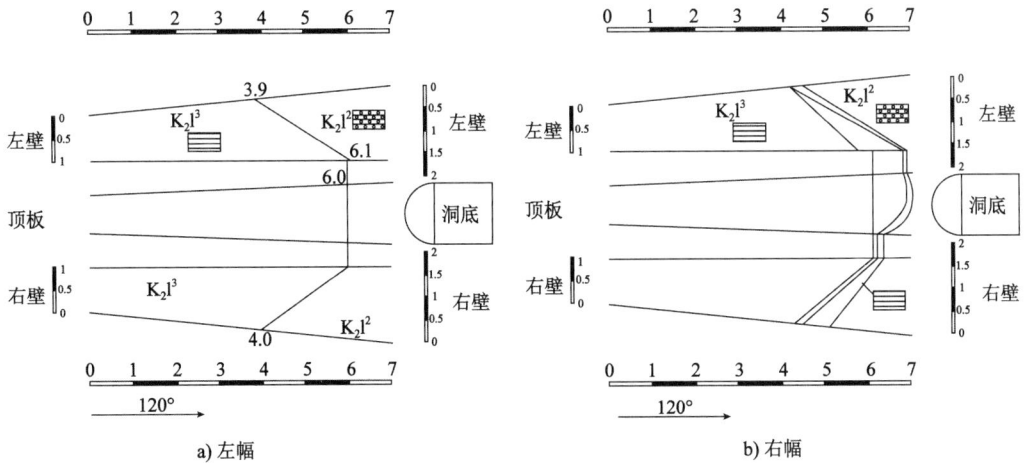

图 5-6-65 模型试验锚洞地质素描简图

对比图 5-6-65 与图 5-6-66 可知,实体隧道式锚碇位于罗镜滩组第一段(K_2l^1)上部和第二段(K_2l^2)下部,地层岩性为微新砾岩,模型锚则位于第二段(K_2l^2)上部和第三段(K_2l^3)下部,地层岩性为中风化砾岩、砂砾岩。实体锚部位岩体声波波速为 4000~5000m/s,模型锚部位岩体为 3000~4000m/s。通过对比分析表明,模型试验部位地层岩性分布与实体锚相比,具有相似性,但岩体质量则比实体锚部位略差。

通过以上分析表明,试验部位与实桥锚地形、地质条件相似,实桥锚的岩体质量略优于模型锚,因此,试验结果能代表实桥锚的变形及强度特性并偏于安全。

三、模型建造

按 1:12 制作缩尺模型($C=12$)。模型锚洞应满足最大埋深为 6.66m 的边界要求。两个模型锚洞轴线之间的距离 2.54m。模型锚洞分为前锚室、锚室和后锚室,前锚室长度 2.4m,锚室长度 3.75m,后锚室长度 1.0m。模型洞横断面顶部采用圆弧形,侧壁和底部采用直线形,前锚面尺寸为 0.8m×1m,顶部圆弧半径 0.4m,后锚面尺寸为 1.33m× 1.67m,顶部圆弧半径 0.66m,洞底面尺寸为 1.5m×1.7m,顶部圆弧半径 0.75m。其中,前锚室、锚室及后锚室均为前小后大的楔形。整个模型锚洞轴线与水平线的倾角为 40°。缩尺模型洞尺寸示意图和在剖面图上的结构布置形态分别如图 5-6-68 和图 5-6-69 所示。

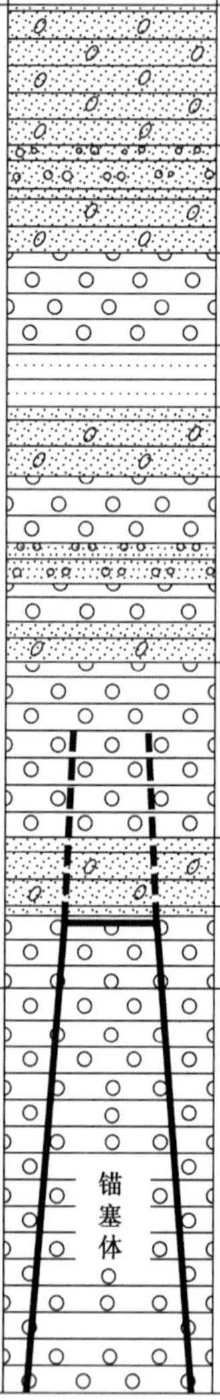

地层时代	柱状图（1:20）	层厚（m）	高程（m）	特征描述
K_2l^2		6.60	57.40	含砾砂岩
		2.00	55.40	砂砾岩
		3.00	52.40	含砾砂岩
		4.40	48.00	砾岩,基底式钙泥质胶结
		2.80	45.20	疏松砂岩,泥质胶结
		3.30	41.90	含砾砂岩,偶夹粉砂岩透镜体
		8.70	25.00	砾岩与砂砾岩互层,其中砾岩单层厚1.5~3.0m,砂砾岩单层厚1.50~2.0m
		8.20	25.00	砾岩,基底式钙泥质胶结
		3.20	21.80	含砾砂岩,基底式钙泥质胶结
		6.30	15.50	砾岩,基底式钙泥质胶结
K_2l^1	锚塞体	>34.00		厚至巨厚层及块状砾岩夹条带状砂岩,基底式泥钙质胶结

图 5-6-66 实体锚部位地层岩性

试验加载采用后推法,将千斤顶布置在锚体后端,借助锚体后部岩体提供反力。锚洞开挖完成后,在后锚室安装 8 只千斤顶,为了使千斤顶出力均匀传递至岩体和锚体上,千斤顶前后端浇筑钢筋混凝土反力板,后端反力板厚度 50cm,前端反力板厚度 30cm。反力板配筋采用 ϕ10mm 螺纹钢,间距 25~30cm,位置及配筋情况如图 5-6-70 所示。

缩尺模型中千斤顶的布置形态如图 5-6-71 所示。在单个锚塞体后缘布置 8 个 300t

千斤顶,最大出力可达2000t。按照相似原理,相当于在单个实体锚塞体后缘施加最大荷载288000t,该荷载约为设计荷载 N_p(22000t)的13倍。

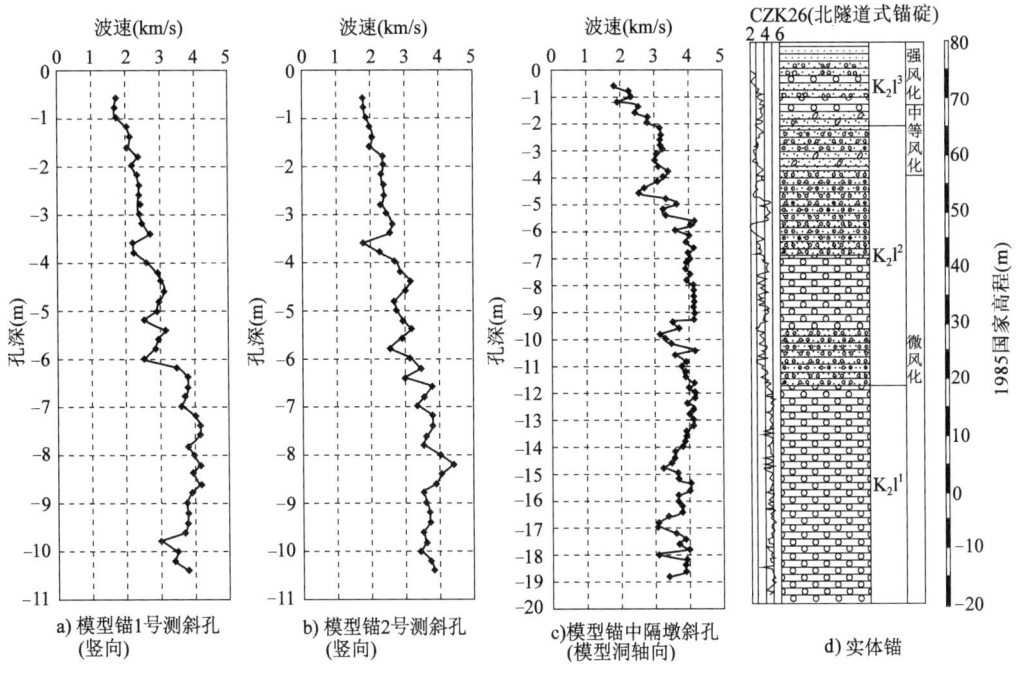

图 5-6-67 模型锚与实体锚部位岩体声波波速

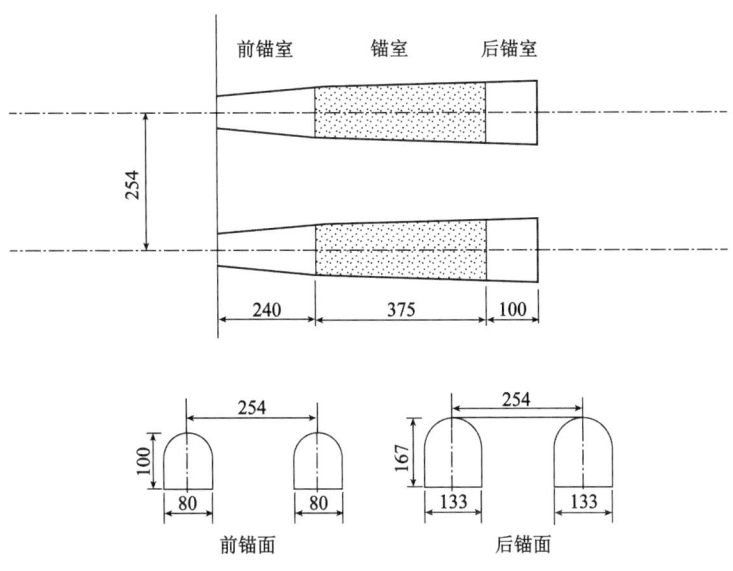

图 5-6-68 缩尺模型洞尺寸示意图(尺寸单位:cm)

模型锚体钢筋布置采用 ϕ10mm 螺纹钢,单锚纵向钢筋 5 根,箍筋 3 根。锚塞体采用 C40 商品混凝土。

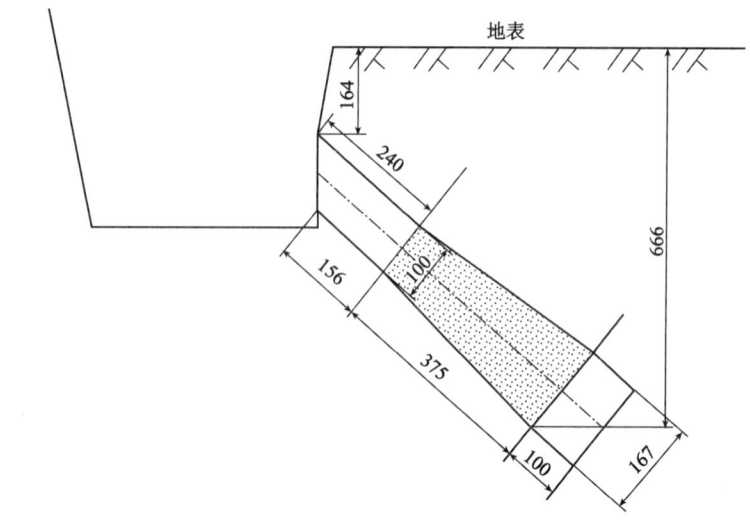

图 5-6-69 缩尺模型在剖面图上的结构布置形态(尺寸单位:cm)

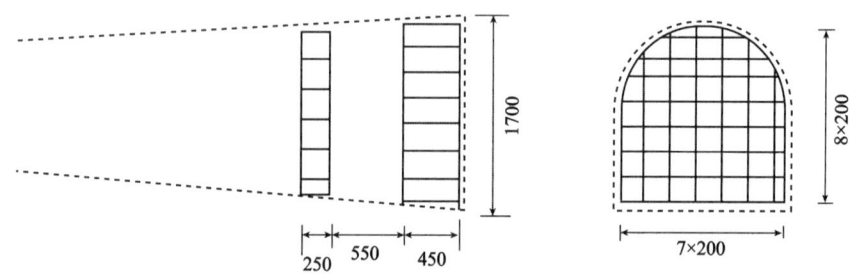

图 5-6-70 千斤顶前后反力板配筋图(尺寸单位:mm)

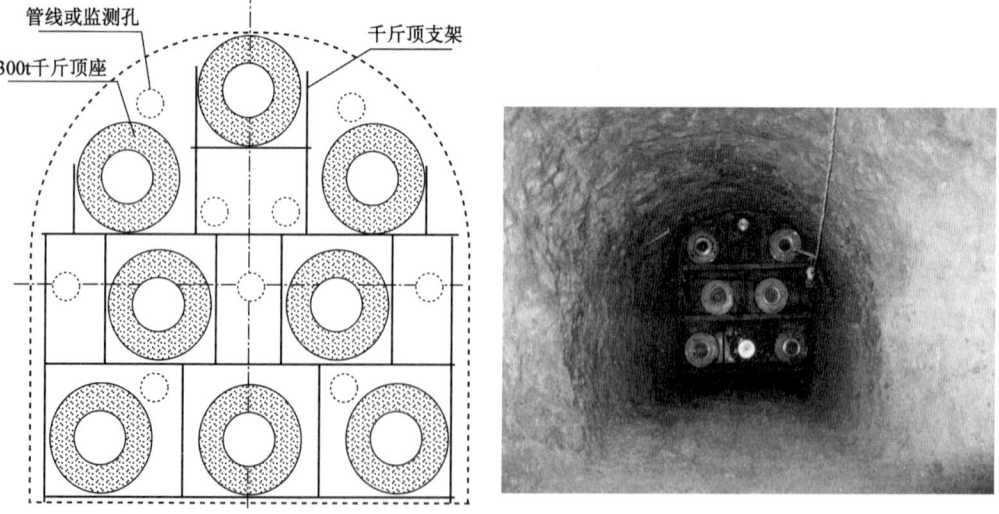

图 5-6-71 缩尺模型千斤顶的布置形态

为了监测试验过程中,锚塞体围岩、锚塞体以及锚塞体与围岩接触部位的变形,即破坏特征,在锚塞体围岩中设置3个多点位移传感器孔、4个滑动测微传感器孔和2个测斜孔进行围岩变形监测;在锚塞体中布设了12支应变传感器监测锚塞体的变形规律;在锚塞体与围岩接触面布置了12支位错传感器监测锚塞体与围岩的相对变形。锚体围岩变形测量布置图如图5-6-72所示,应变传感器、位错传感器布置图分别如图5-6-73、图5-6-74所示。监测基本情况见表5-6-29。

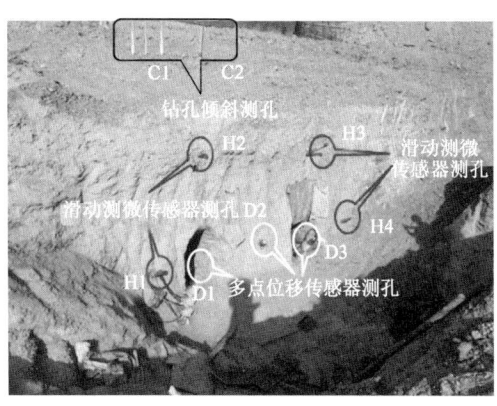

图5-6-72 锚体围岩变形测量布置图

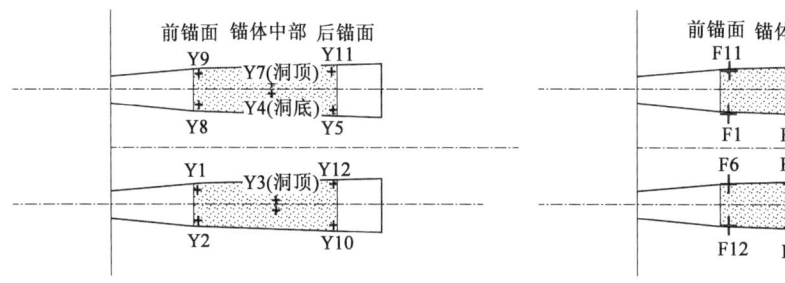

图5-6-73 锚体应变传感器测点布置(俯视图)　　图5-6-74 位错传感器布置图(俯视图)

监测基本情况　　表5-6-29

序号	监测项目	仪器/传感器名称	监测断面	数量(只)
1	缩尺模型中隔墩岩体倾斜	测斜仪	2个钻孔,孔深20m	
2	缩尺模型围岩张拉方向岩体变形	滑动测微传感器	4个钻孔,孔深20m	
3	缩尺模型锚体位移	多点位移传感器	4个钻孔,孔深20m	8
4	缩尺模型锚体应变	应变传感器	3个断面	12
5	缩尺模型锚体与岩体相对位移	位错传感器	3个断面	12

四、试验流程

1. 设计载荷试验（1P）

1）载荷试验

试验采用分级加（卸）荷单循环方法进行，首先从零开始加载，分5级加至1P设计荷载后分5级退压至0。每级各形成一个加、卸压循环。稳定标准：荷载加到后立即读数，之后每隔10min读数一次，连续两次的变形量差小于0.002mm时，认为该级荷载下的变形已稳定，可施加（卸）下一级荷载，卸载过程读数方法与加载相同。其中，最高级的稳定时间为20min。必要时重复以上步骤进行1~2次，且两次之间的间隔时间应不少于60min。

2）载荷流变试验

采用逐级一次大循环方式加载至1P荷载后，保持该荷载不变，分别在5min、10min、15min、20min、25min、30min、1h、2h、4h、8h、16h、24h时测读所有仪器的读数；24h以后，每天定时读数两次。流变稳定标准，24h两次读数差不大于0.002mm，加载历时不少于5d。

2. 超载试验（3.5P、7P）

1）超载试验

采用分级加（卸）荷大循环方法进行，分别进行3.5P、7P超载试验各1次。载荷分5~7级施加，每级稳定20min且两次读数差不大于0.002mm，然后分5级卸载至0。

2）流变试验

分别在3.5P和7P荷载下进行流变观测，观测时间及稳定标准与上述相同。

3. 破坏试验

在完成7P流变观测后进行破坏试验。破坏试验中按1P级差分级大循环，直至千斤顶的最大出力，若在其中某级破坏，应使锚体位移达到最大荷载前一级荷载对应变形的2倍以上，若至千斤顶的最大出力仍不能破坏，则终止加载。分为5级卸载至0。

五、试验成果

1. 设计荷载

1）多点位移传感器测试成果

在设计载荷（1P）加载试验过程中，左、右两锚塞体前后锚面多点位移计测试结果如图5-6-75所示。分析图5-6-75可以发现，在初次分级施加荷载至1P的试验过程中，左、右两锚塞体的变形量相差不大，在0.2mm左右，并且前锚面和后锚面的变形仅相差0.02mm左右。

在设计载荷（1P）加载试验过程中，中隔墩掌子面多点位移计测试结果如图5-6-76所示。分析图5-6-76可以发现，在初次分级施加荷载至1P的试验过程中，中隔墩岩体在隧道式锚碇轴向变形逐渐增大，在设计载荷（1P）作用下，中隔墩掌子面变形为0.04mm。

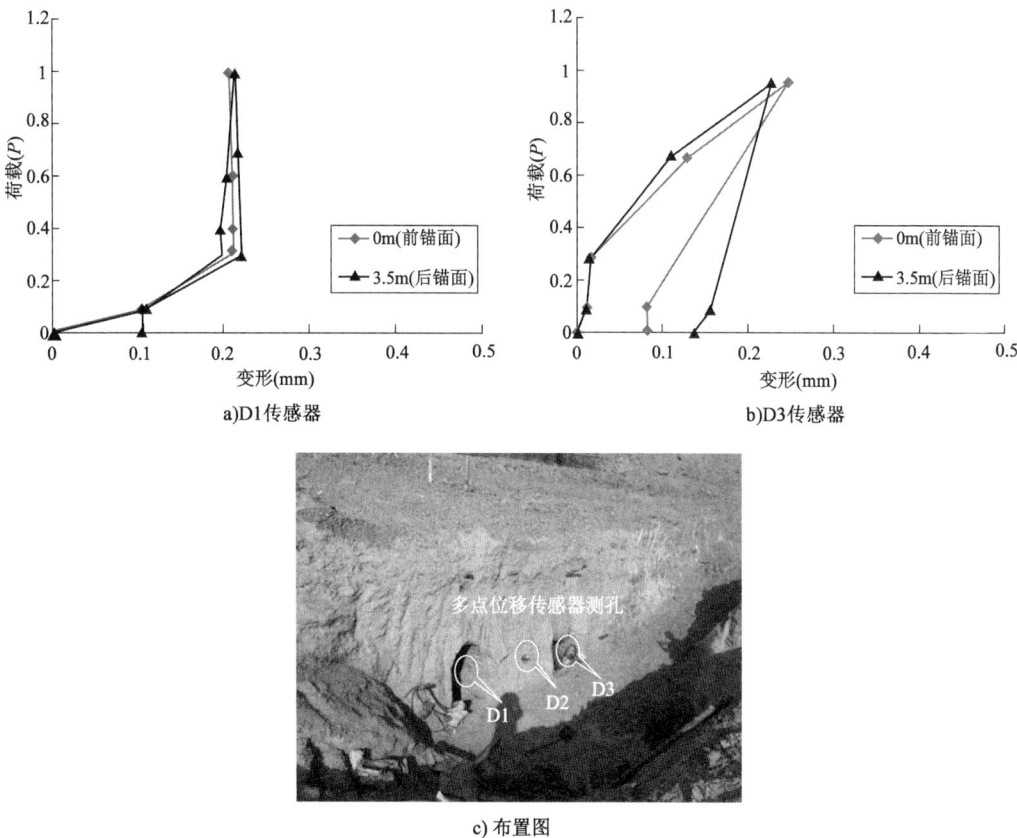

图 5-6-75 锚塞体多点位移传感器变形测试结果

图 5-6-76 中隔墩多点位移传感器(D2)变形测试结果

2) 滑动测微传感器测试成果

在设计载荷(1P)加载试验过程中,两锚洞外侧围岩 H1、H4 两个滑动测微传感器测孔掌子面、前锚面和后锚面三个关键点的变形监测曲线如图 5-6-77 所示。在加载过程中,锚洞外侧围岩掌子面部位的变形最大,前锚面部位岩体变形次之,后锚面部位岩体的变形最小。在1P荷载作用下,左锚洞外侧围岩掌子面部位变形为0.1mm,右锚洞外侧围岩掌子面变形为0.34mm。

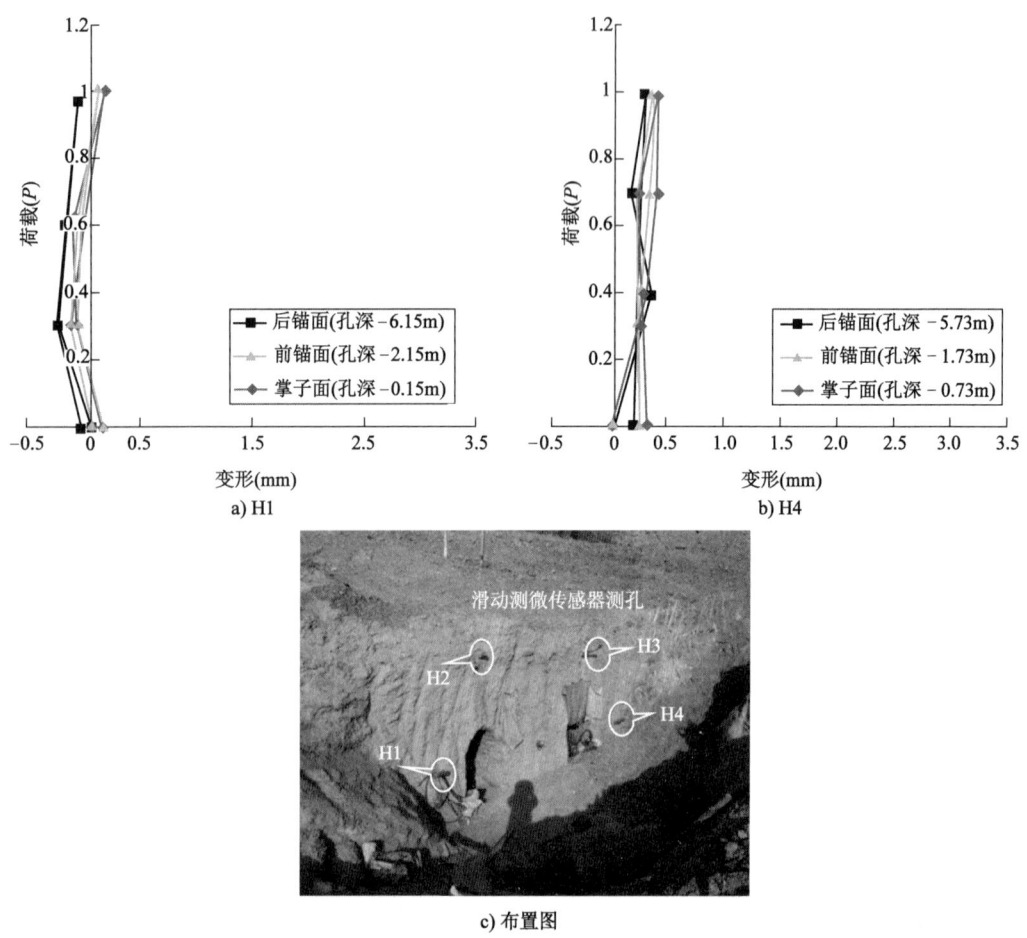

图 5-6-77 锚洞外侧围岩滑动测微传感器变形测试结果

在设计载荷(1P)加载试验过程中,两锚洞顶部围岩H2、H3两个滑动测微传感器测孔掌子面、前锚面和后锚面三个关键点的变形监测曲线如图5-6-78所示。在加载过程中,锚洞顶部围岩掌子面部位的变形最大,前锚面部位岩体变形次之,后锚面部位岩体的变形最小。在1P荷载作用下,左锚洞外侧围岩掌子面部位变形为0.46mm,右锚洞外侧围岩掌子面变形为0.44mm。

3)位错传感器测试成果

在设计载荷(1P)加载试验过程中,左、右两个锚塞体在后锚面、锚体中部和前锚面布置的位错传感器测试得到的锚塞体与围岩的相对变形如图5-6-79所示。测试结果显示,在设计载荷(1P)作用下,锚体中部位错计变形最大为0.005mm,后锚面次之为0.002mm,前锚面最小,为0.001mm。

a)H2传感器

b)H3传感器

c)布置图

图 5-6-78　锚洞顶部围岩滑动测微传感器变形测试结果

a)后锚面

b)锚体中部

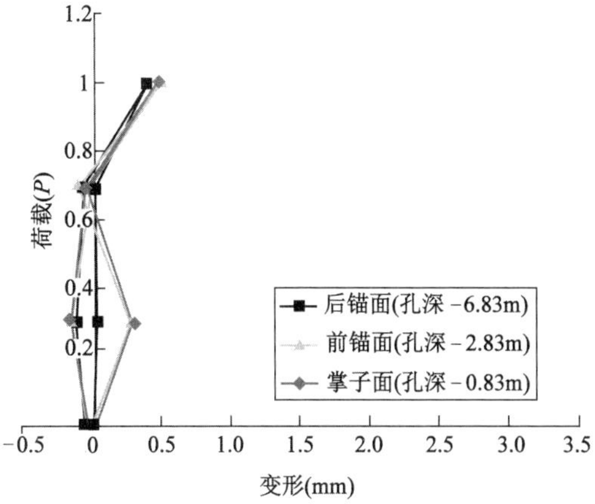

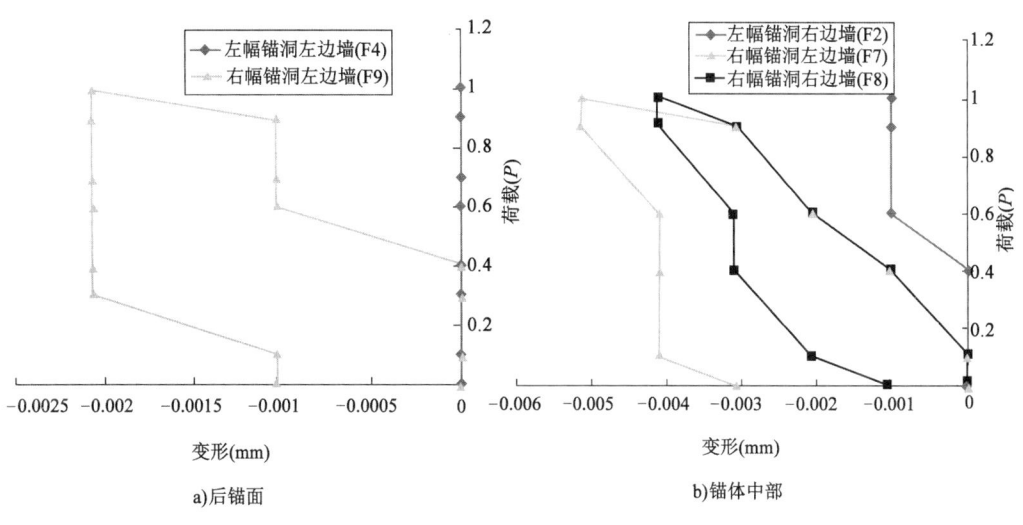

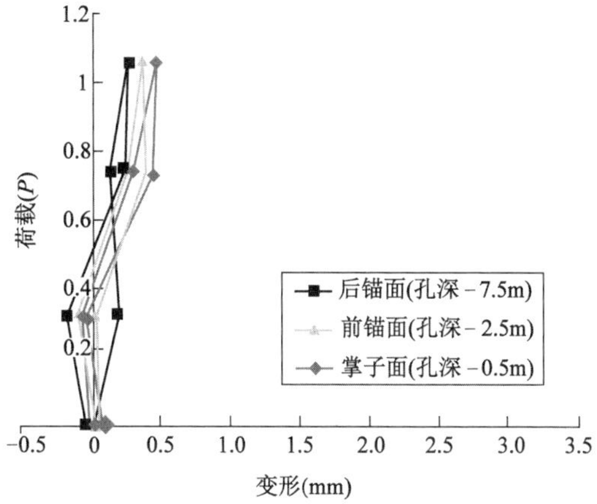

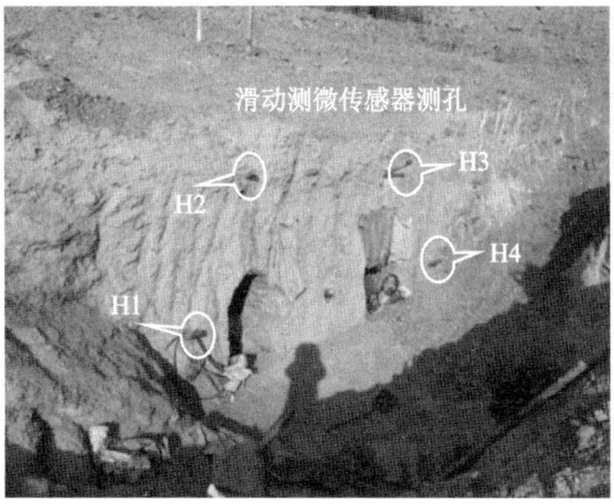

图　5-6-79

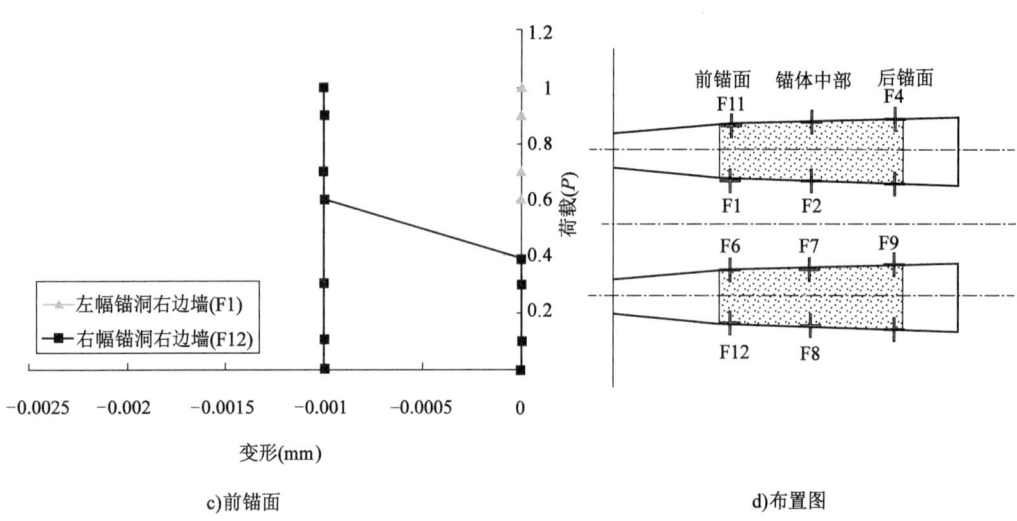

c) 前锚面　　　　　　　　　　　　d) 布置图

图 5-6-79　位错传感器变形测试结果

4) 应变传感器测试成果

在设计载荷($1P$)加载试验过程中,左、右两个锚塞体内部在后锚面、锚体中部和前锚面布置的应变计测试结果如图 5-6-80 所示。测试结果显示,在设计载荷($1P$)作用下,锚塞体后部产生的应变最大,为 $21.5\mu\varepsilon$;锚塞体中部次之,最大约为 $21\mu\varepsilon$;锚塞体前部应变最小,仅有 $3.5\mu\varepsilon$ 左右。

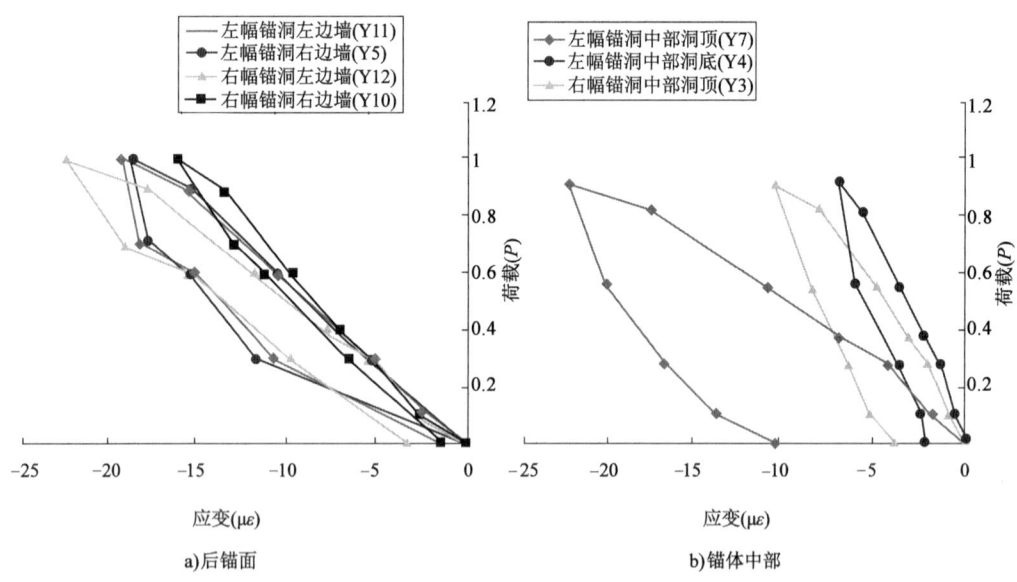

a) 后锚面　　　　　　　　　　　　b) 锚体中部

图 5-6-80

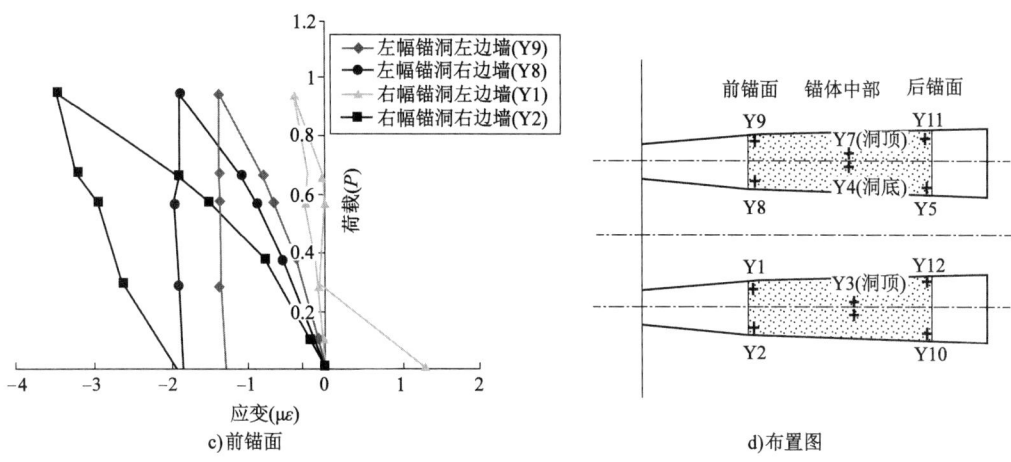

c) 前锚面

图 5-6-80　应变传感器变形测试结果

2. 3.5P 超载

1) 多点位移传感器测试成果

在 3.5P 超载试验过程中,左、右两锚塞体前后锚面多点位移传感器测试结果如图 5-6-81 所示。分析图 5-6-81 可以发现,在 3.5P 超载过程中,左洞前锚面与右洞前后锚面的多点位移传感器对相应位置变形的反应不甚明显,而左洞后锚面的多点位移计对 3.5P 超载过程中锚塞体的变形特征反应较好:在 3.5P 超载作用下,锚塞体后锚面部位的变形为 0.41mm。

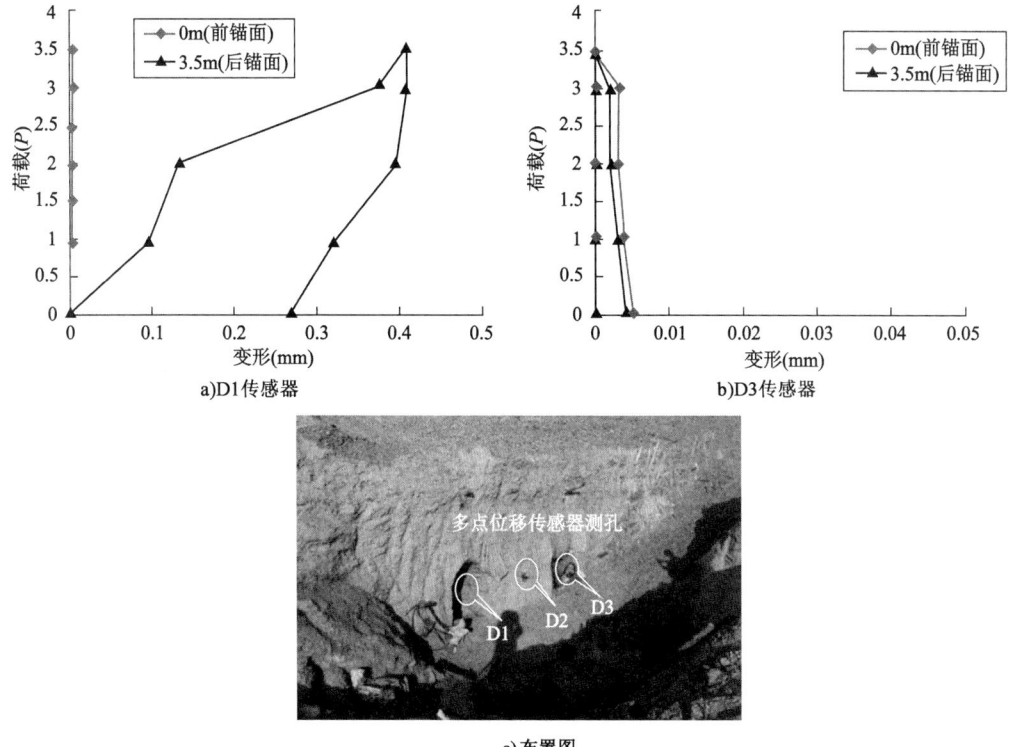

图 5-6-81　锚塞体多点位移传感器变形测试结果

在 3.5P 超载试验过程中,中隔墩掌子面多点位移传感器测试结果如图 5-6-82 所示。分析图 5-6-82 可以发现,在 3.5P 超载试验过程中,中隔墩岩体在隧道式锚碇轴向变形逐渐增大,在 3.5P 荷载作用下,中隔墩掌子面变形为 0.16mm。

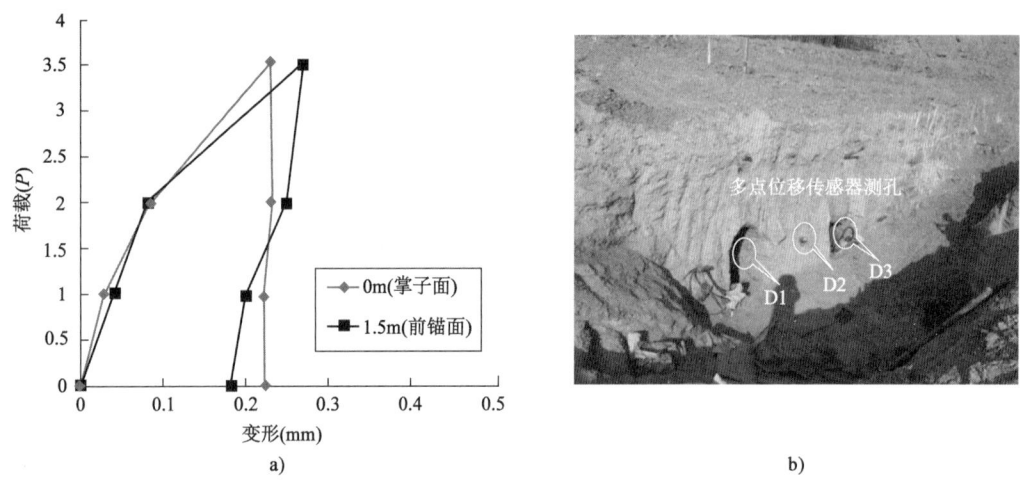

图 5-6-82　中隔墩多点位移传感器(D2)变形测试结果

2)滑动测微传感器测试成果

在 3.5P 超载试验过程中,两锚洞外侧围岩 H1、H4 两个滑动测微传感器测孔掌子面、前锚面和后锚面三个关键点的变形监测曲线如图 5-6-83 所示。在加载过程中,锚洞外侧围岩掌子面部位与前锚面部位的变形差别不大,而后锚面部位岩体的变形较小。在 3.5P 荷载作用下,左锚洞外侧围岩掌子面部位变形为 0.57mm,右锚洞外侧围岩掌子面变形为 0.35mm。

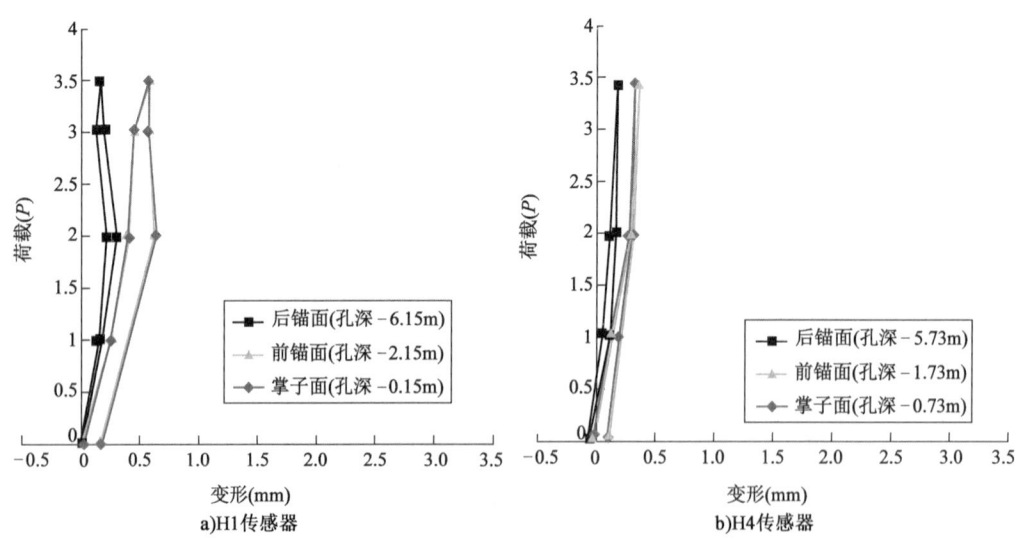

图　5-6-83

c)布置图

图 5-6-83　锚洞外侧围岩滑动测微传感器变形测试结果

在 3.5P 超载试验过程中,两锚洞顶部围岩 H2、H3 两个滑动测微传感器测孔掌子面、前锚面和后锚面三个关键点的变形监测曲线如图 5-6-84 所示。在加载过程中,锚洞顶部围岩掌子面与前锚面部位的变形差别不大,而后锚面部位岩体的变形略小。在 3.5P 左锚洞外侧围岩掌子面部位变形为 0.36mm,右锚洞外侧围岩掌子面变形为 0.21mm。

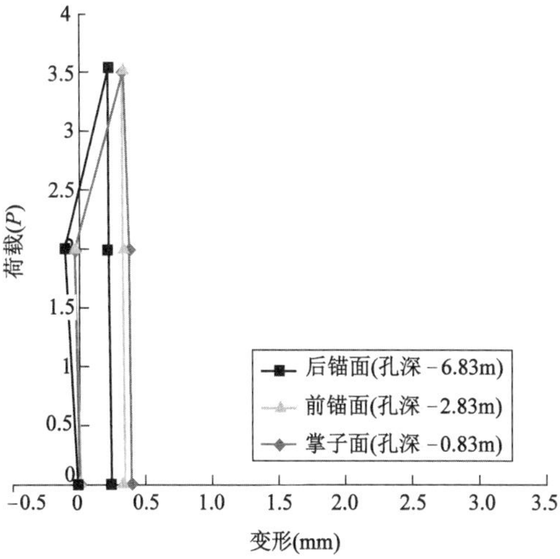

a)H2传感器

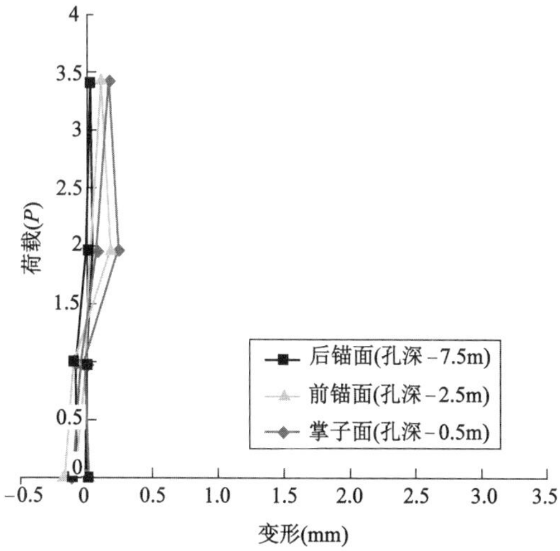

b)H3传感器

c)布置图

图 5-6-84　锚洞顶部围岩滑动测微传感器变形测试结果

3）钻孔测斜孔测试成果

在 3.5P 超试验过程中，C1 孔和 C2 孔深度-隧道式锚碇轴向变形关系曲线如图 5-6-85 所示。分析图 5-6-85 可知，在 3.5P 荷载作用下，C1 孔和 C2 孔整体由孔底到孔口向外倾斜变形。

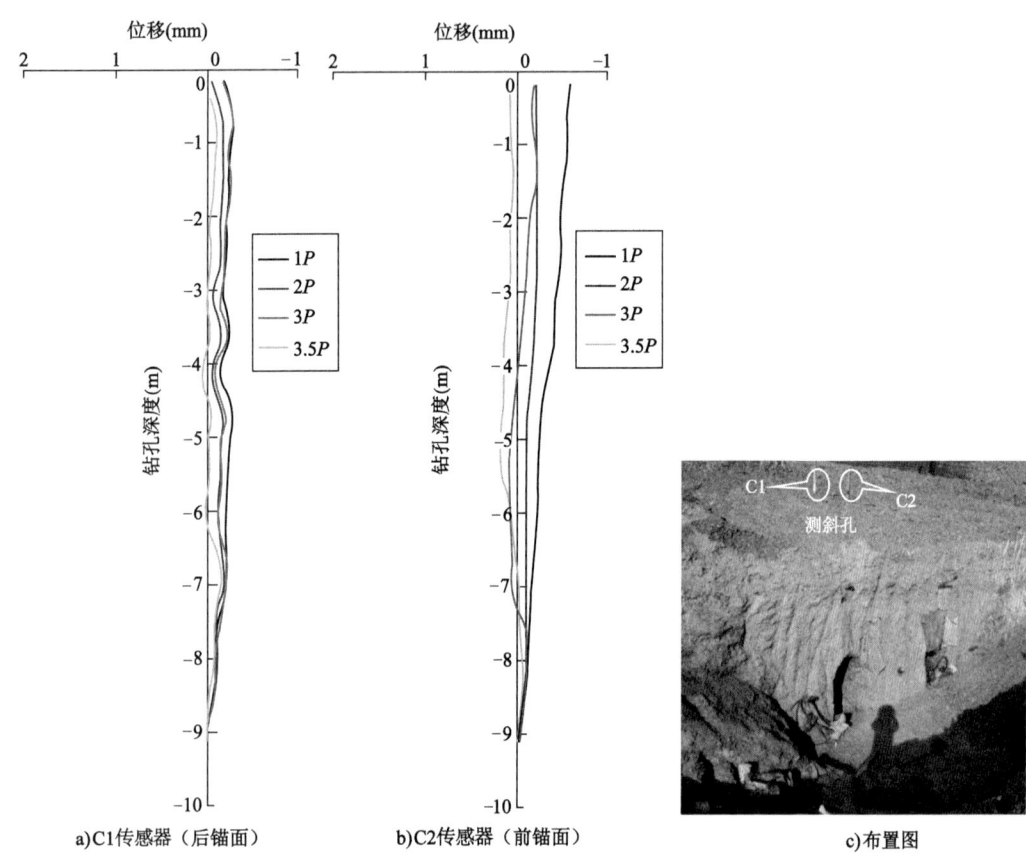

a) C1传感器（后锚面）   b) C2传感器（前锚面）   c) 布置图

图 5-6-85　3.5P 荷载作用下钻孔测斜孔变形测试结果

4）位错传感器测试成果

在 3.5P 超载加载试验过程中，左、右两个锚塞体在后锚面、锚体中部和前锚面布置的位错传感器测试得到的锚塞体与围岩的相对变形如图 5-6-86 所示。测试结果显示，在 3.5P 作用下，锚体中部位错传感器变形最大为 0.018mm，后锚面次之为 0.01mm；前锚面最小，为 0.006mm。

5）应变传感器测试成果

在 3.5P 超载试验过程中，左、右两个锚塞体内部在后锚面、锚体中部和前锚面布置的应变传感器测试结果如图 5-6-87 所示。测试结果显示，在 3.5P 荷载作用下，锚塞体后部产生的最大应变为 $61.25\mu\varepsilon$；锚塞体中部最大应变约为 $68\mu\varepsilon$；锚塞体前部应变较小，仅有 $8.4\mu\varepsilon$ 左右。

a)后锚面

b)锚体中部

c)前锚面

d)布置图

图 5-6-86　位错传感器变形测试结果

a)后锚面

b)锚体中部

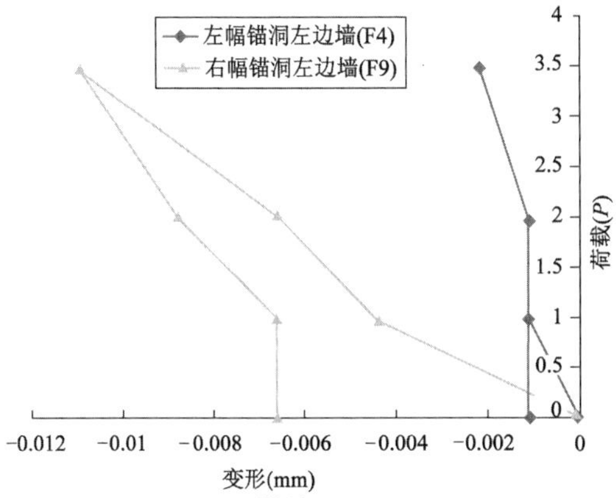

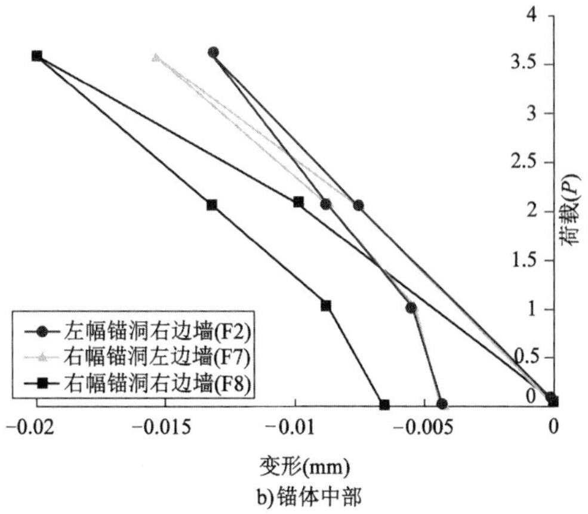

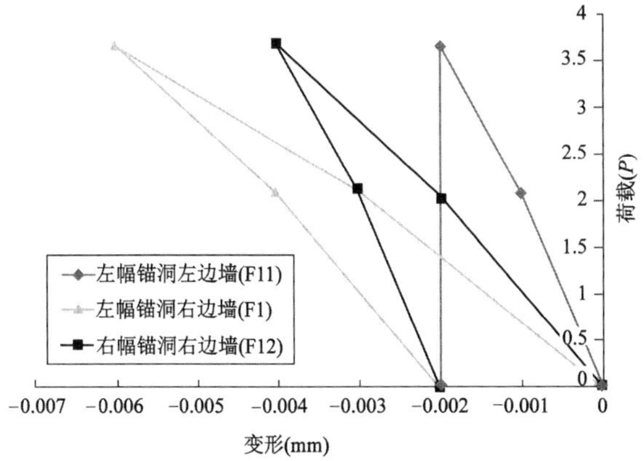

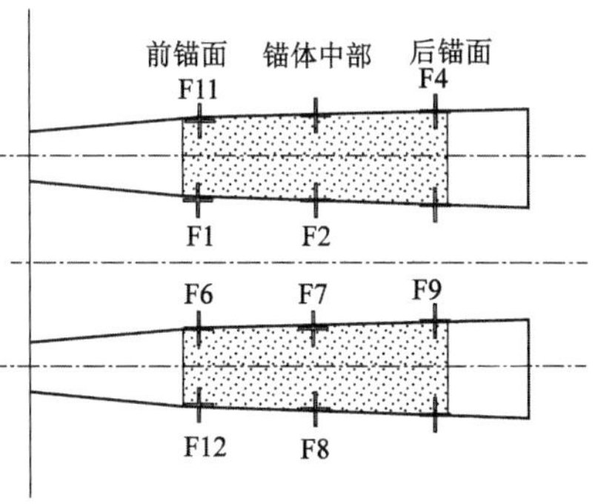

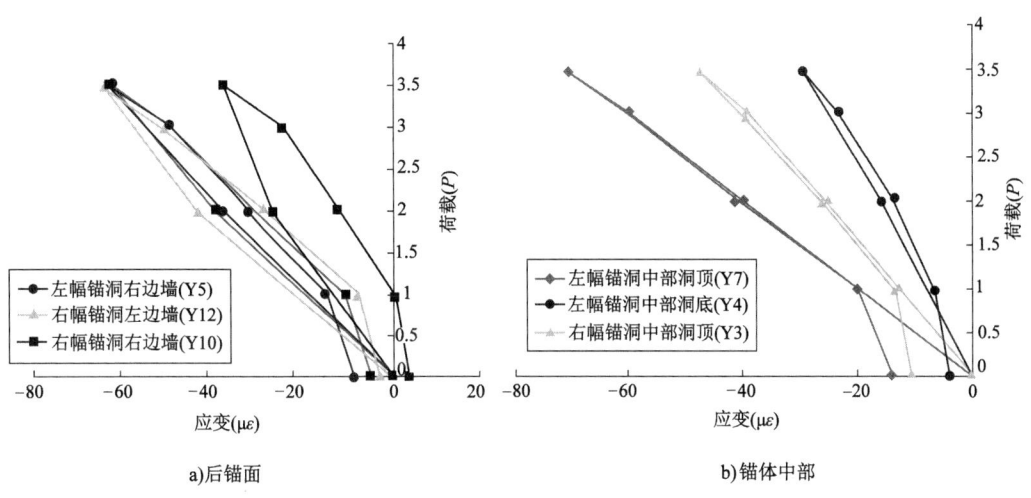

图　5-6-87

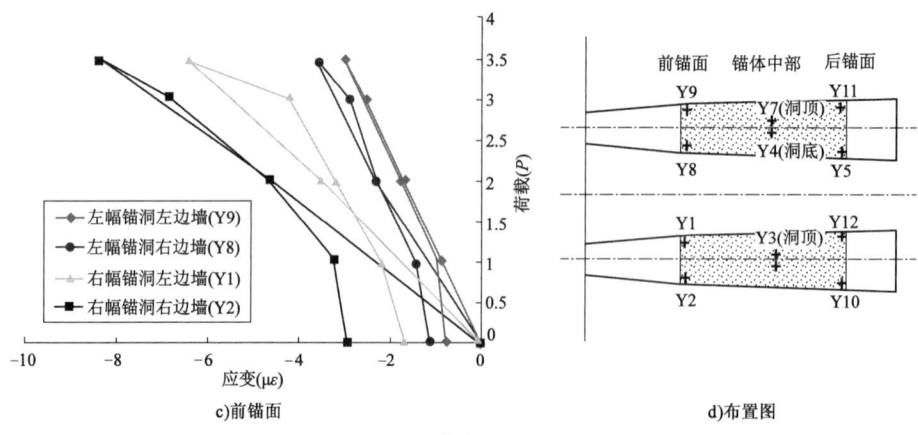

c)前锚面　　　　　　　　　　　　　　　d)布置图

图 5-6-87　应变传感器变形测试结果

3.7　P 超载

1）多点位移传感器测试成果

在 7P 超载试验过程中，左、右两锚塞体前后锚面多点位移传感器测试结果如图 5-6-88 所示。分析图 5-6-88 可以发现，在初次分级施加荷载至 7P 的试验过程中，左、右两锚塞体的变形差别较大，其中左锚塞体前锚面在 7P 荷载作用下的变形为 2.36mm，后锚面的变形为 1.1mm；右锚塞体前后锚面变形相差较小，并且右锚塞体相对于左锚塞体，其变形也较小，为 0.44mm。

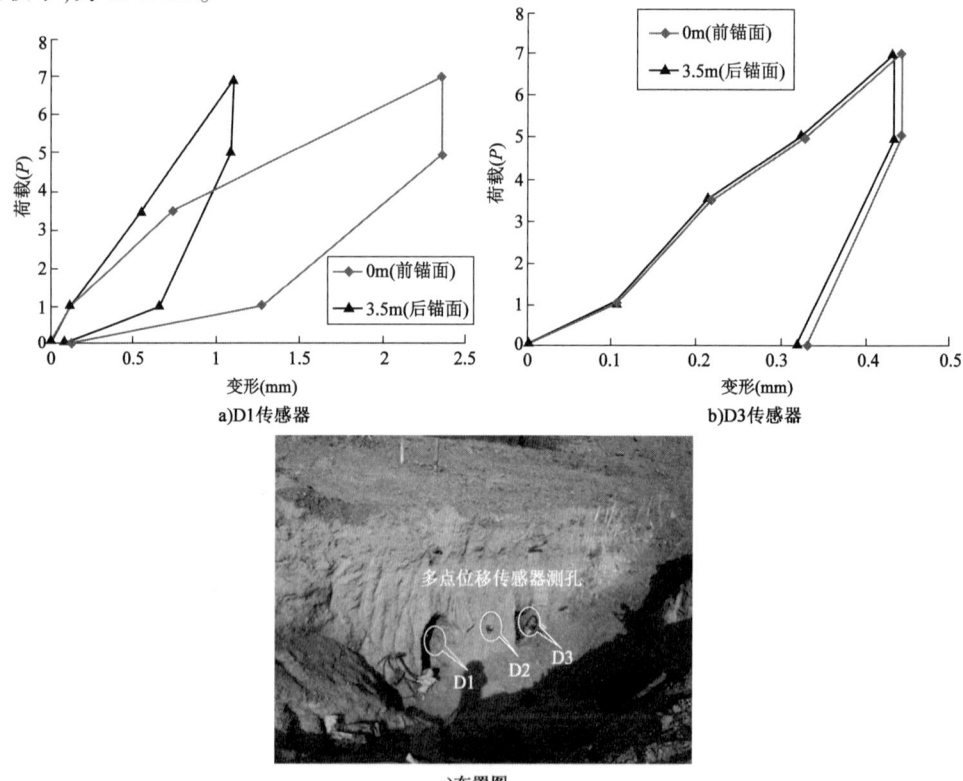

图 5-6-88　锚塞体点位移传感器变形测试结果

在7P超载试验过程中,中隔墩掌子面多点位移传感器测试结果如图5-6-89所示。分析图5-6-89可以发现,在初次分级施加荷载至7P的试验过程中,中隔墩岩体在隧道式锚碇轴向变形逐渐增大,在7P荷载作用下,中隔墩掌子面变形为0.51mm。

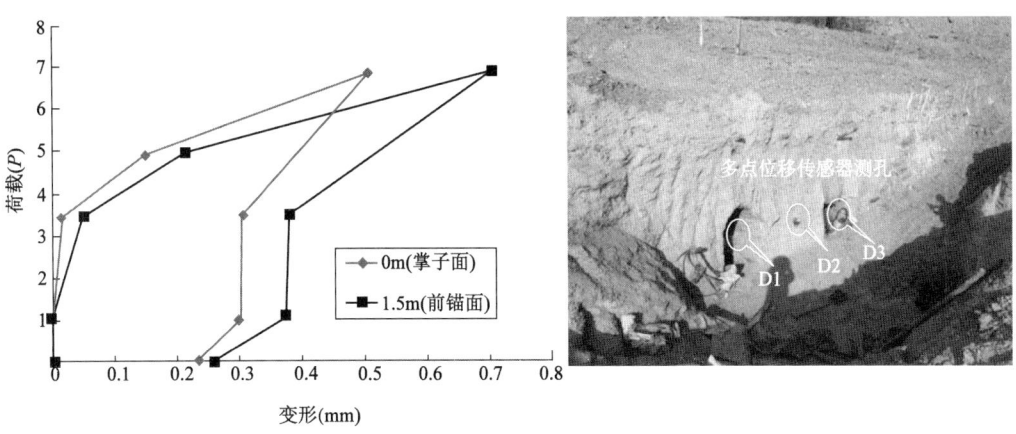

图5-6-89　中隔墩多点位移传感器(D2)变形测试结果

2)滑动测微传感器测试成果

在7P超载试验过程中,两锚洞外侧围岩H1、H4两个滑动测微传感器测孔掌子面、前锚面和后锚面三个关键点的变形监测曲线如图5-6-90所示。在加载过程中,锚洞外侧围岩掌子面部位的变形最大,前锚面部位岩体变形次之,后锚面部位岩体的变形最小。在7P荷载作用下,左锚洞外侧围岩掌子面部位变形为0.78mm,右锚洞外侧围岩掌子面变形为0.61mm。

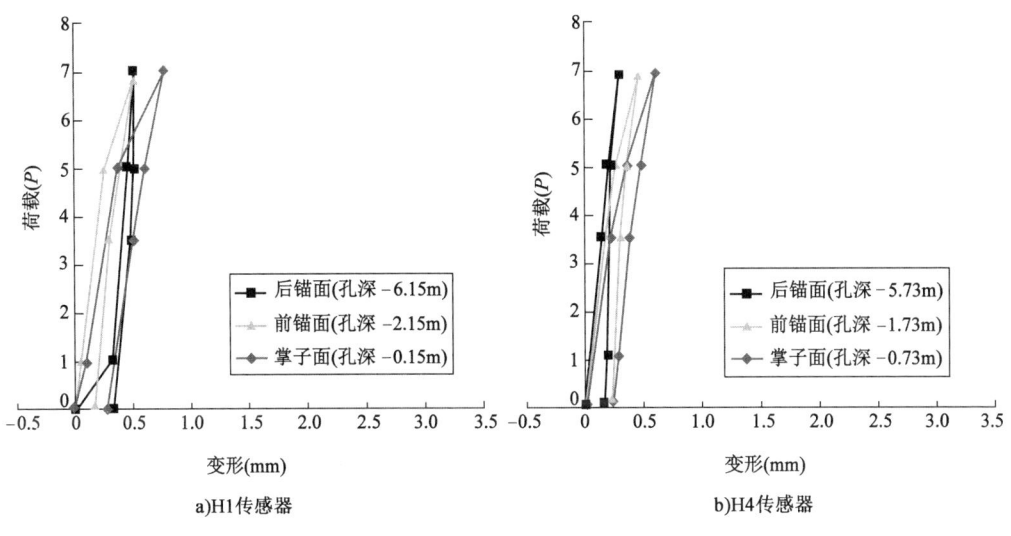

图　5-6-90

c) 布置图

图 5-6-90　锚洞外侧围岩滑动测微传感器变形测试结果

在 7P 超载试验过程中，两锚洞顶部围岩 H2、H3 两个滑动测微传感器测孔掌子面、前锚面和后锚面三个关键点的变形监测曲线如图 5-6-91 所示。在加载过程中，锚洞顶部围岩掌子面部位的变形最大，前锚面部位岩体变形次之，后锚面部位岩体的变形最小。在 7P 荷载作用下，左锚洞外侧围岩掌子面部位变形为 0.23mm，右锚洞外侧围岩掌子面变形为 0.55mm。

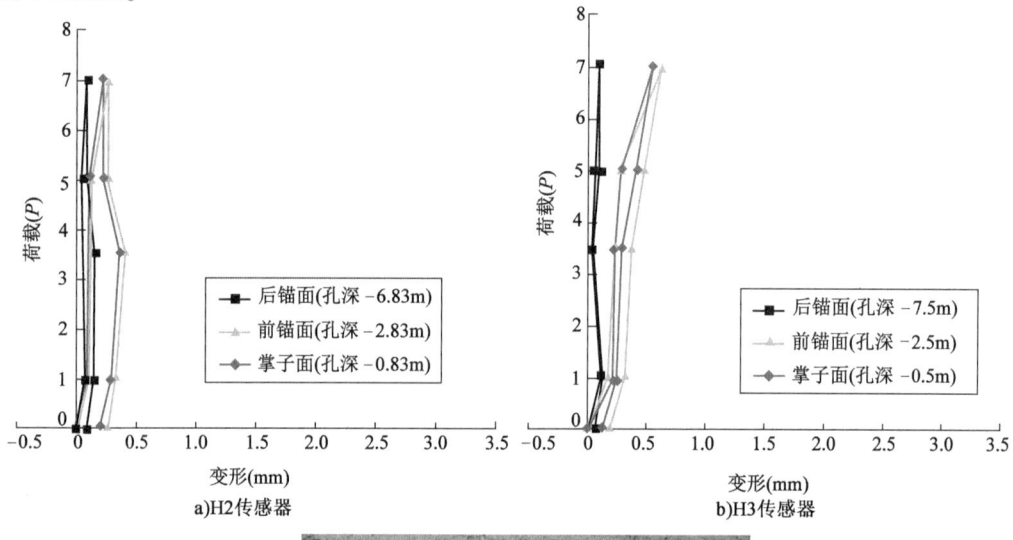

a) H2传感器　　　　　　　　　　b) H3传感器

c) 布置图

图 5-6-91　锚洞顶部围岩滑动测微传感器变形测试结果

3）钻孔倾斜测试成果

在7P超试验过程中，C1孔和C2孔深度-隧道式锚碇轴向变形关系曲线如图5-6-92所示。分析图5-6-92可知，在7P荷载作用下，C1孔（后锚面）错动深度在6.5m处，对应于锚塞体底部，即中隔墩锚塞体及其上部岩体整体发生了约0.5mm的水平变形。C2孔（前锚面）在深度3.5~6.5m范围发生了错动，对于锚塞体顶部和底部，说明中隔墩围岩仅在锚塞体所在深度范围内产生了约0.5mm的水平变形。

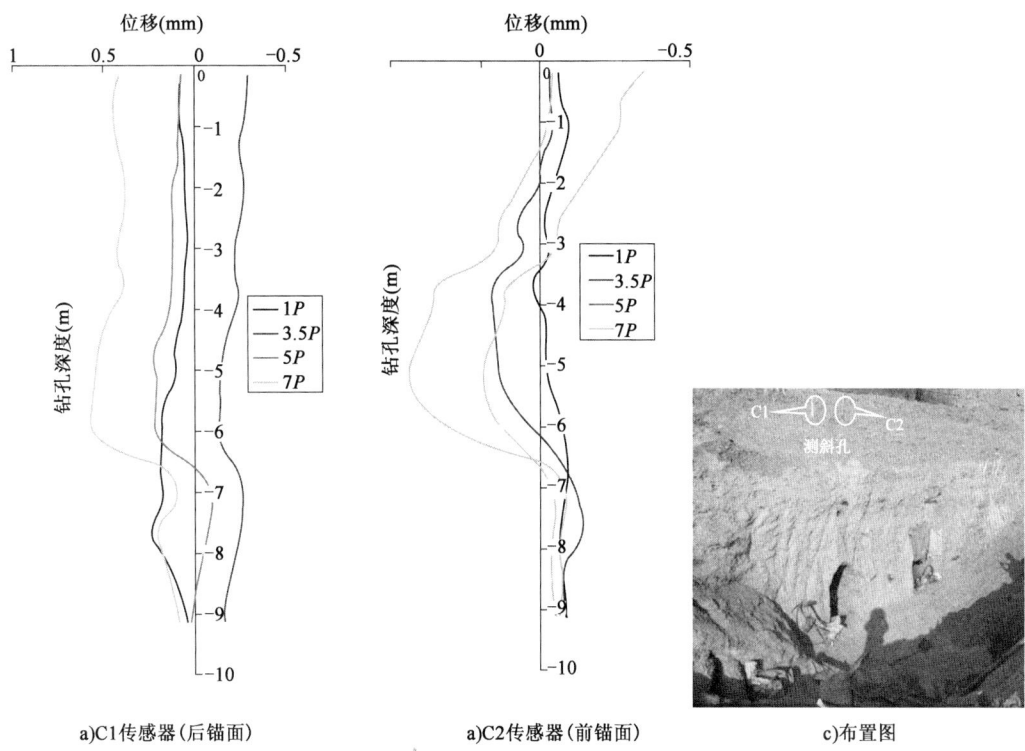

图5-6-92　7P荷载作用下钻孔测斜孔变形测试结果

4）位错传感器测试成果

在7P超载试验过程中，左、右两个锚塞体在后锚面、锚体中部和前锚面布置的位错传感器测试得到的锚塞体与围岩的相对变形如图5-6-93所示。测试结果显示，7P荷载作用下，锚体中部位错计变形最大为0.042mm，后锚面次之为0.019mm；前锚面最小，为0.014mm。

5）应变传感器测试成果

在7P超载试验过程中，左、右两个锚塞体内部在后锚面、锚体中部和前锚面布置的应变传感器测试结果如图5-6-94所示。测试结果显示，在7P荷载作用下，锚塞体后部产生的应变最大，约为144$\mu\varepsilon$；锚塞体中部次之，最大约为115$\mu\varepsilon$；锚塞体前部应变最小，仅有15$\mu\varepsilon$左右。

a)后锚面

b)锚体中部

c)前锚面

d)布置图

图 5-6-93　位错传感器变形测试结果

a)后锚面

b)锚体中部

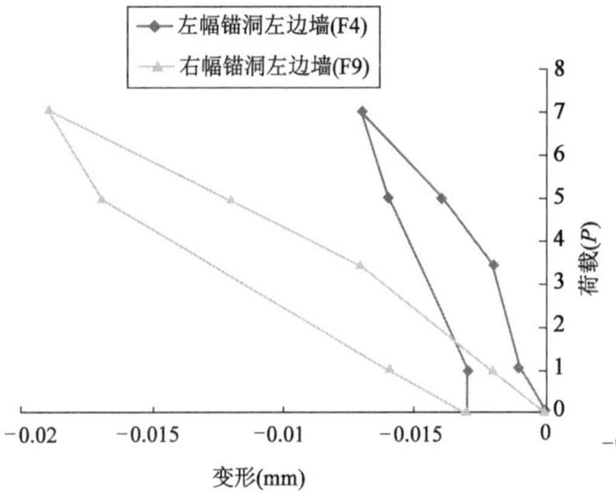

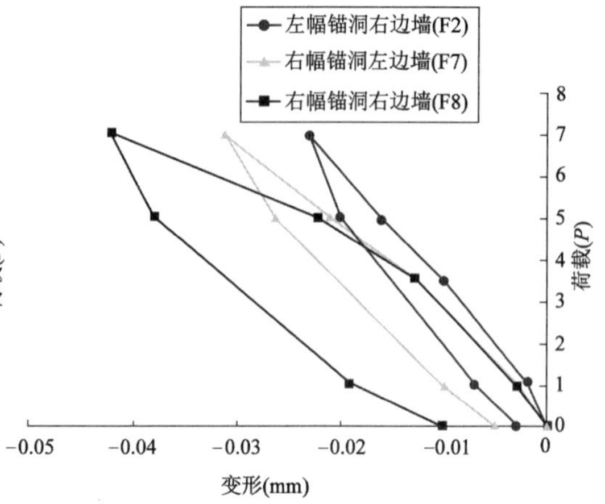

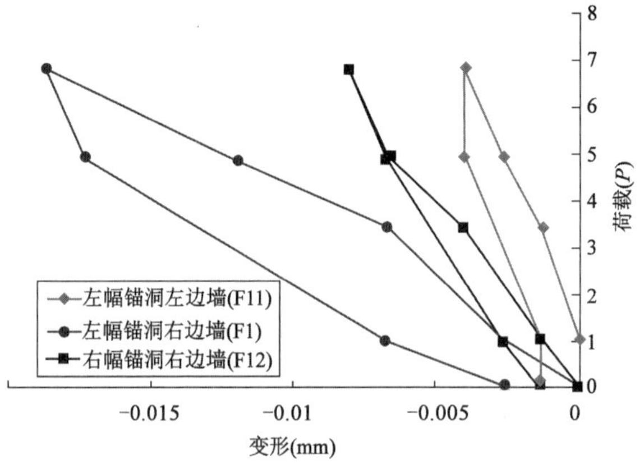

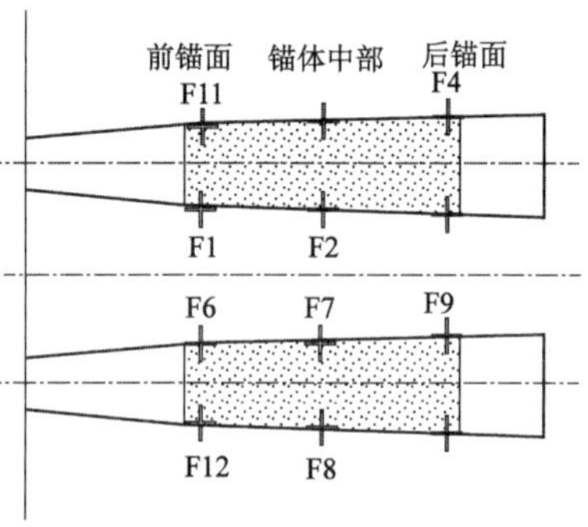

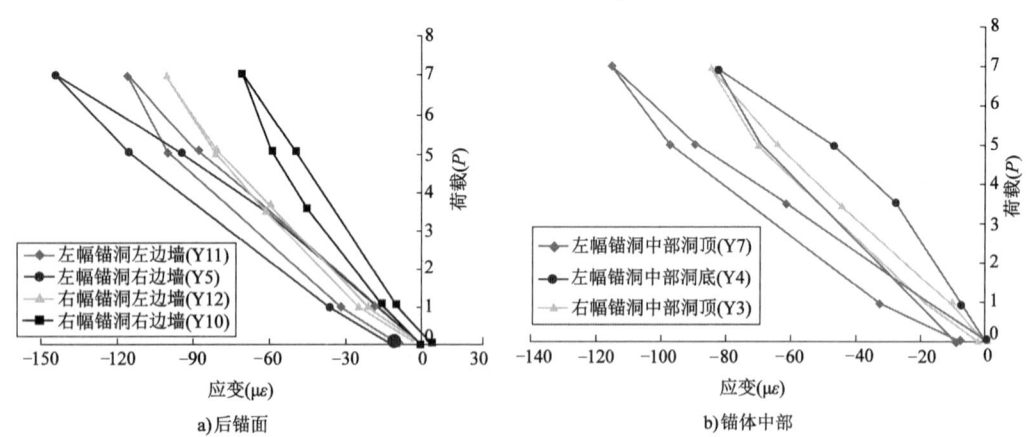

图　5-6-94

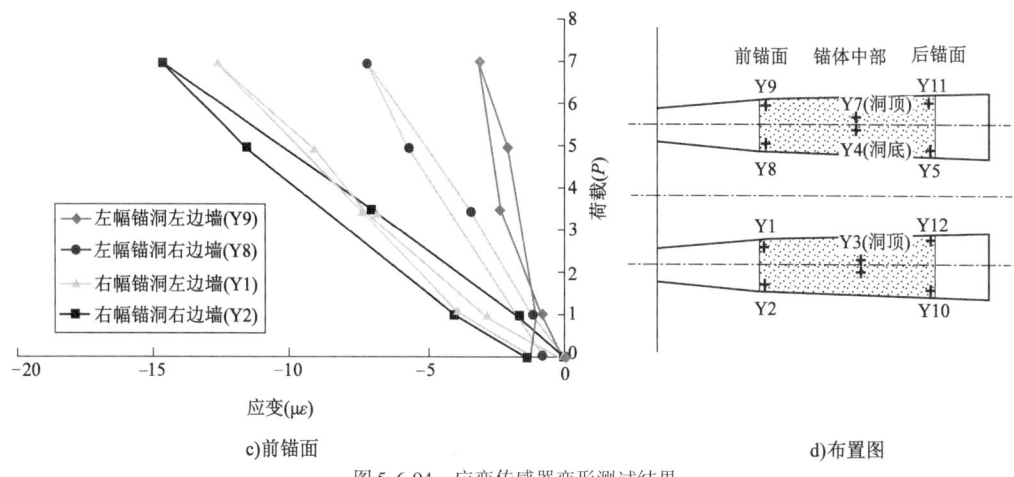

c) 前锚面　　　　　　　　　　　　d) 布置图

图 5-6-94　应变传感器变形测试结果

4. 破坏试验

1) 多点位移传感器测试成果

在超载破坏试验过程中，左、右两锚塞体前后锚面多点位移传感器测试结果如图 5-6-95 所示。分析图 5-6-95 可以发现，在初次分级施加荷载至 $13P$ 的试验过程中，左、右两锚塞体呈现出相同的变形规律，并且变形量也相差不大。左右两锚塞体在 $8P$ 荷载作用下，后锚面的变形曲线出现明显拐点。

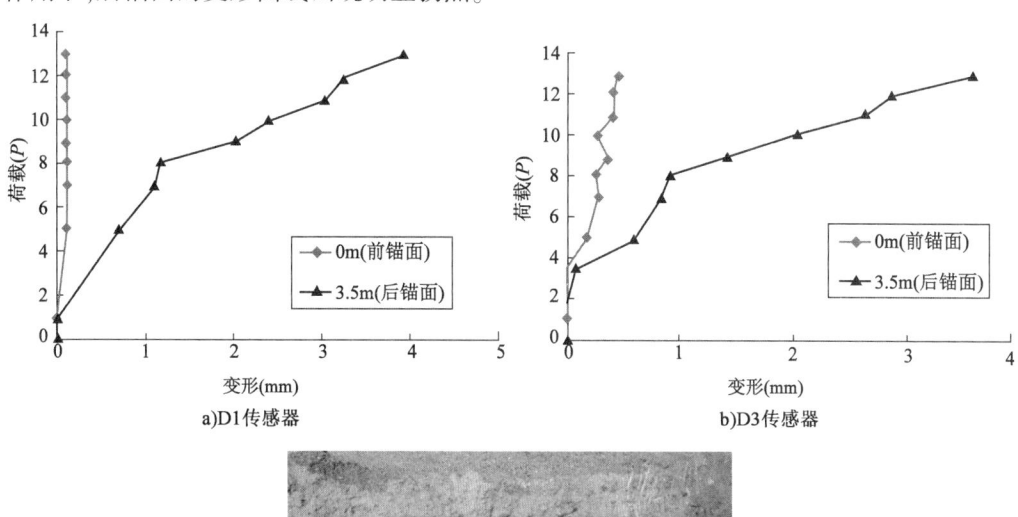

a) D1 传感器　　　　　　　　　　　　b) D3 传感器

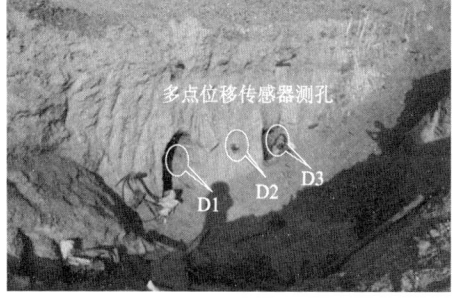

c) 布置图

图 5-6-95　锚塞体多点位移传感器变形测试结果

在超载破坏试验过程中,中隔墩掌子面多点位移传感器测试结果如图5-6-96所示。分析图5-6-96可以发现,在初次分级施加荷载至13P的试验过程中,中隔墩岩体在隧道式锚碇轴向变形逐渐增大,在超过8P作用后,中隔墩掌子面和前锚面部位岩体变形均明显增大,8P荷载作用时中隔墩掌子面变形为0.33mm,前锚面位置围岩变形为0.528mm;在13P荷载作用下,中隔墩掌子面变形为1.98mm,前锚面位置围岩变形为2.76mm。

图 5-6-96　中隔墩多点位移传感器(D2)变形测试结果

2) 滑动测微传感器测试成果

在超载破坏试验过程中,两锚洞外侧围岩H1、H4两个滑动测微传感器测孔掌子面、前锚面和后锚面三个关键点的变形监测曲线如图5-6-97所示。在加载过程中,锚洞外侧围岩前锚面部位的变形最大,掌子面部位岩体变形次之,后锚面部位岩体的变形最小。在8P荷载作用下,左锚洞外侧围岩掌子面部位变形为0.83mm,前锚面部位围岩变形为1.04mm;右锚洞外侧围岩掌子面部位变形为0.82mm,前锚面部位围岩变形为0.90mm。

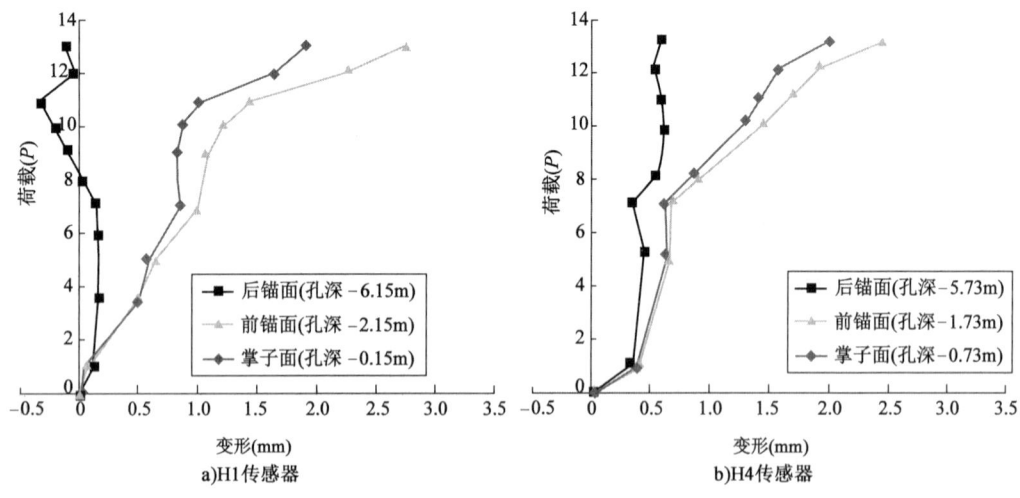

图　5-6-97

c) 布置图

图 5-6-97　锚洞外侧围岩滑动测微传感器变形测试结果

在超载破坏试验过程中，两锚洞顶部围岩 H2、H3 两个滑动测微传感器测孔掌子面、前锚面和后锚面三个关键点的变形监测曲线如图 5-6-98 所示。在加载过程中，锚洞顶部围岩前锚面部位的变形最大，掌子面部位岩体变形次之，后锚面部位岩体的变形最小。在 $8P$ 荷载作用下，左锚洞顶部围岩掌子面部位变形为 0.74mm，前锚面部位围岩变形为 0.75mm；右锚洞顶部围岩掌子面部位变形为 0.61mm，前锚面部位围岩变形为 0.68mm。

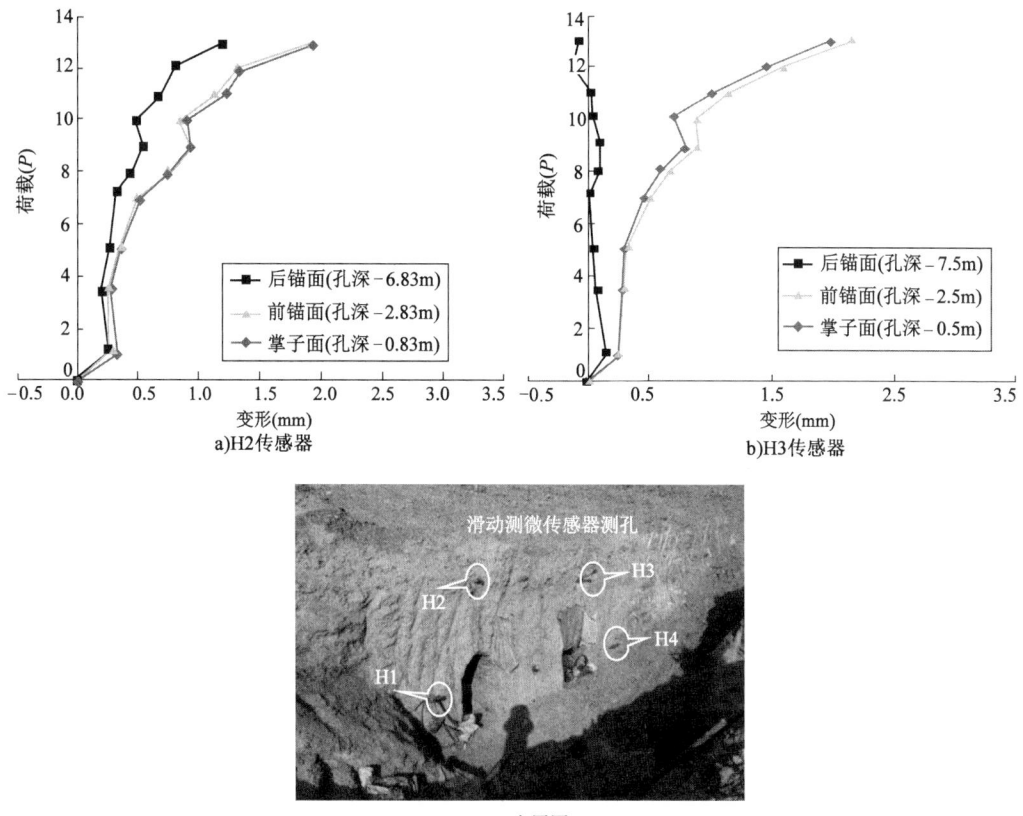

图 5-6-98　锚洞顶部围岩滑动测微传感器变形测试结果

3) 钻孔倾斜测试成果

在破坏试验过程中,C1 孔和 C2 孔深度 – 隧道式锚碇轴向变形关系曲线如图 5-6-99 所示。分析图 5-6-99 可知,在超载作用下,C1 孔(后锚面)错动深度 4 ~ 6.5m 范围内发生明显错动,并且随着荷载的增加,错动变形越来越大,当荷载达到 13P 时,深度约 6.5m 处,对应于锚塞体底部,中隔墩岩体最大错动变形为 1.56mm。同样,C2 孔(前锚面)在深度 3.5 ~ 6.5m 范围内产生明显整体错动,并且分别对于锚塞体顶部和底部,在 13P 荷载作用下,错动最大位移为 1.42mm。

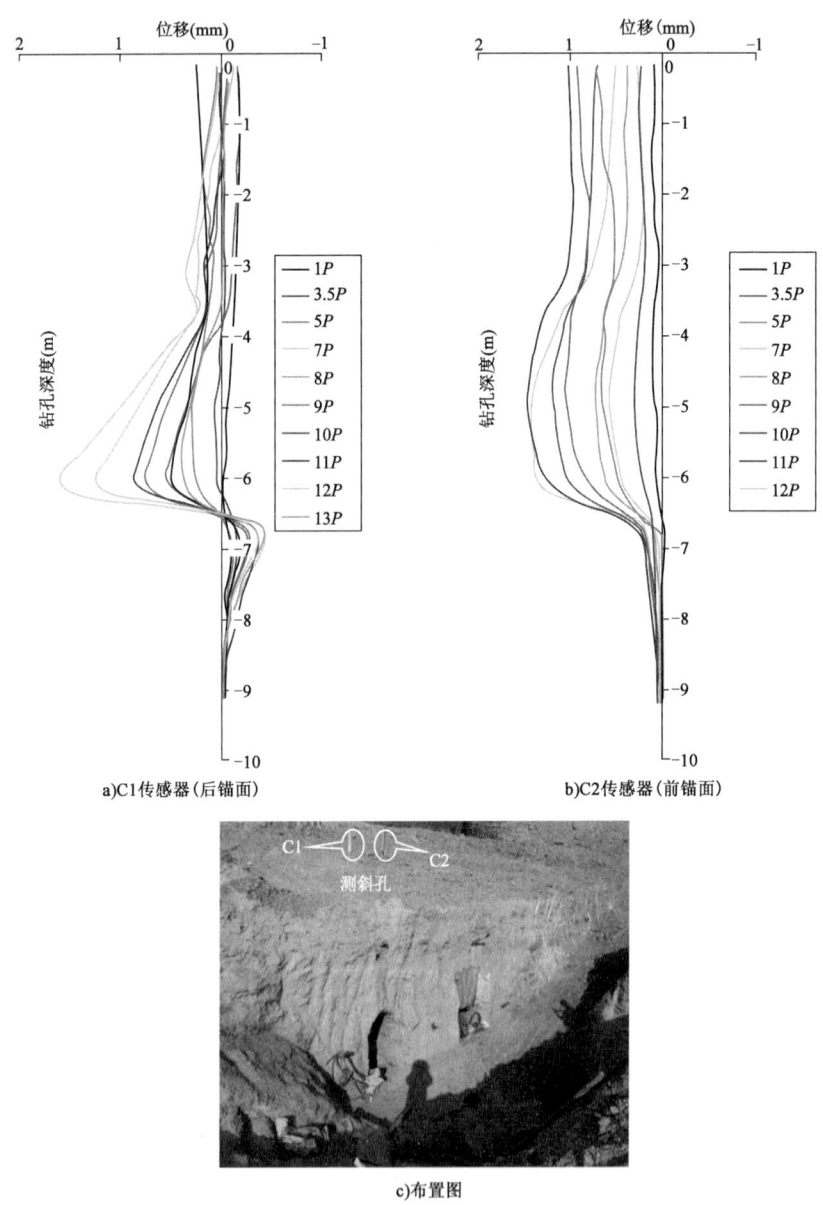

图 5-6-99 破坏试验过程中钻孔测斜孔变形测试结果

4）位错传感器测试成果

在超载破坏试验过程中,左、右两个锚塞体在后锚面、锚体中部和前锚面布置的位错传感器测试得到的锚塞体与围岩的相对变形如图 5-6-100 所示。测试结果显示,在整个加载过程中,锚塞体与围岩的相对变形并不大,并且在 8P 荷载左右,锚体中部和前锚面部位位错传感器的变形产生拐点。在 8P 荷载作用下,锚体中部位错传感器最大变形为 0.033mm,后锚面位错传感器最大变形为 0.02mm,前锚面位错传感器最大变形为 0.014mm。在 13P 荷载作用下,后锚面部位位错传感器最大变形为 0.011mm,锚体中部位错传感器最大变形为 0.066mm,前锚面位错传感器最大变形为 0.021mm。

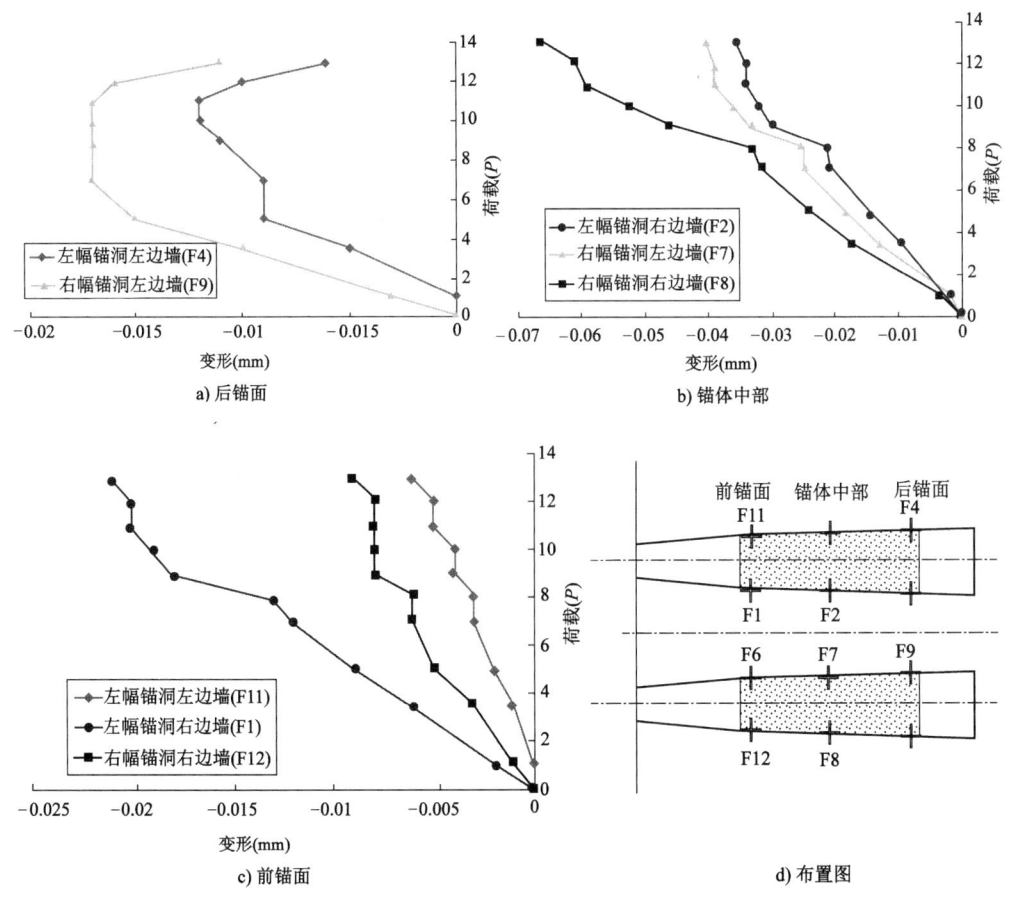

图 5-6-100 位错传感器变形测试结果

5）应变传感器测试成果

在超载破坏试验过程中,左、右两个锚塞体内部在后锚面、锚体中部和前锚面布置的应变传感器测试结果如图 5-6-101 所示。测试结果显示,在 8P 荷载左右,锚塞体内部应变计变形曲线产生明显改变。在 8P 荷载作用下,锚塞体后部产生的应变最大,约为 200$\mu\varepsilon$;锚塞体中部次之,最大约为 120$\mu\varepsilon$;锚塞体前部应变仍然较小,仅有 15$\mu\varepsilon$ 左右。在 13P 荷载作用下,锚塞体后部应变计最大应变约为 257$\mu\varepsilon$,锚塞体中部应变计最大应变约为 175$\mu\varepsilon$;锚塞体前部应变仍然较小,仅有 17$\mu\varepsilon$ 左右。

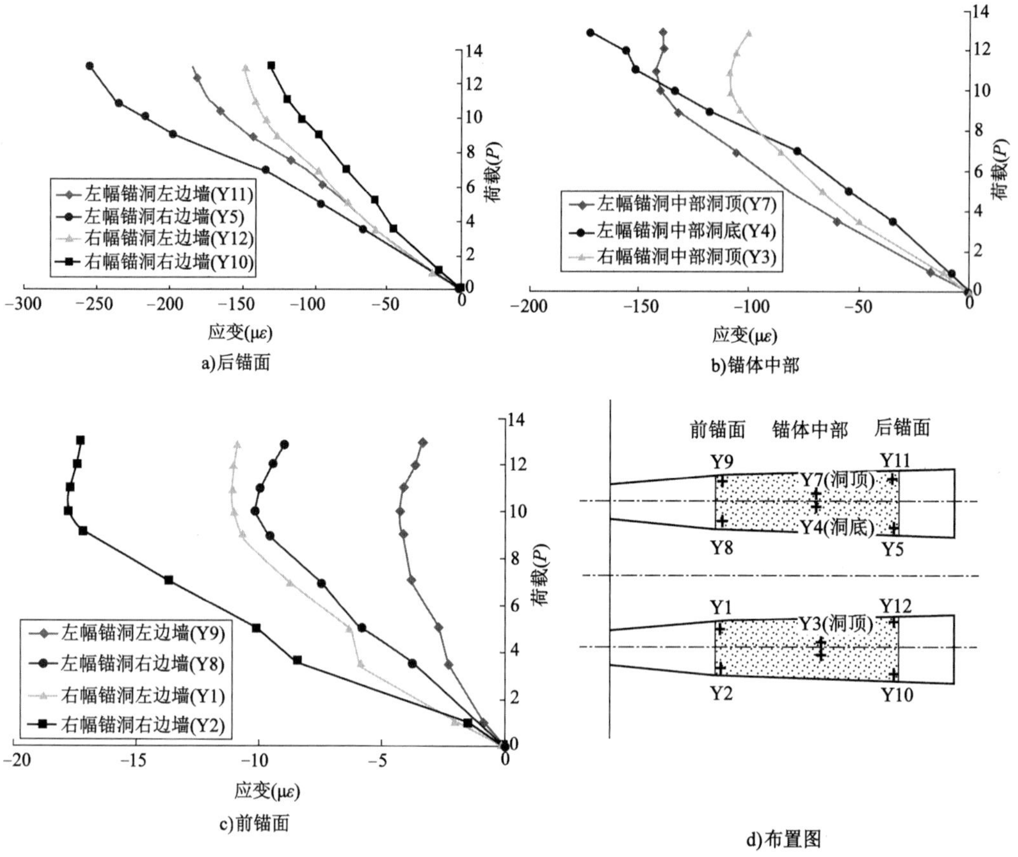

图 5-6-101 应变传感器变形测试结果

5. 流变试验

1) 锚塞体

左锚塞体前锚面部位传感器 D1 孔多点位移传感器变形历时曲线如图 5-6-102 所示。根据图 5-6-102 可得,锚塞体在 1P、3.5P 和 7P 荷载作用下,流变特征均不明显。

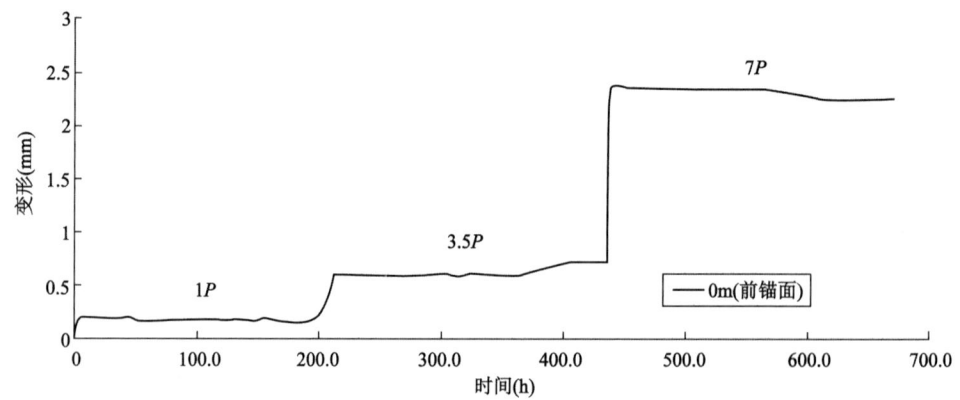

图 5-6-102 左锚塞体传感器 D1 孔多点位移计变形-时间曲线

2) 中隔墩岩体

两锚洞中隔墩中间部位传感器 D2 孔多点位移传感器变形历时曲线如图 5-6-103 所示。中隔墩掌子面部位在 1P 荷载作用下,流变变形不明显,3.5P 和 7P 荷载作用下,则表现出一定的流变变形。在不同荷载作用下,中隔墩掌子面和前锚面部位岩体的流变变形量见表 5-6-30。

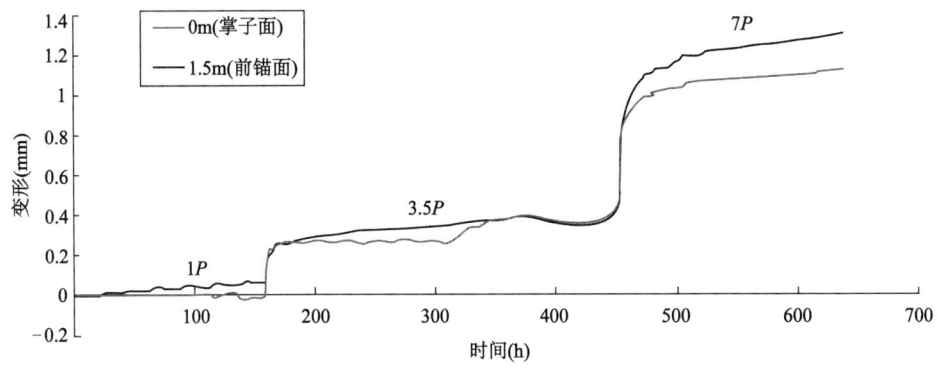

图 5-6-103　传感器 D2 孔多点位移传感器变形-时间曲线

中隔墩围岩流变变形量　　　　　表 5-6-30

位　置		荷　载		
		1P 荷载	3.5P 荷载	7P 荷载
中隔墩流变变形量 (mm)	掌子面	0.010	0.144	0.155
	前锚面	0.048	0.134	0.243

3) 锚塞体与围岩接触面

左、右两个锚塞体在锚体后部、中部和前部布置的位错传感器在 1P、3.5P、7P 荷载作用下的变形-时间曲线如图 5-6-104 所示。测试结果表明,锚塞体与围岩相对变形总体较小,1P 荷载作用下,流变变形不明显,3.5P 和 7P 荷载作用下,则表现出一定的流变变形。在不同荷载作用下,各位错传感器的流变变形量见表 5-6-31。

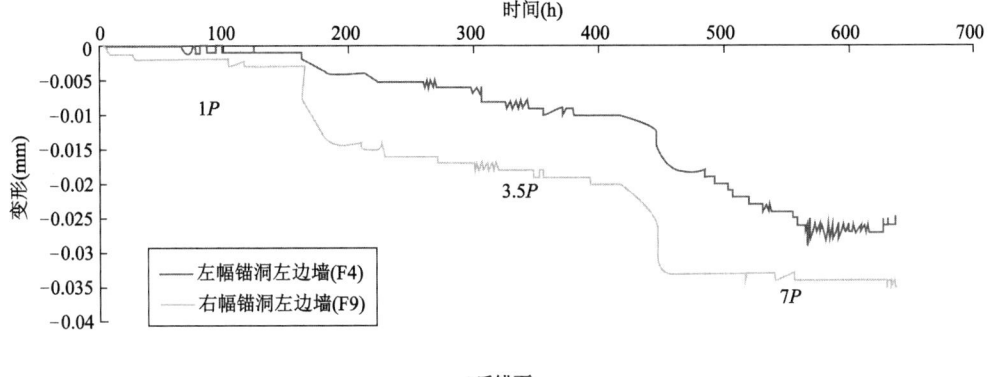

a) 后锚面

图 5-6-104

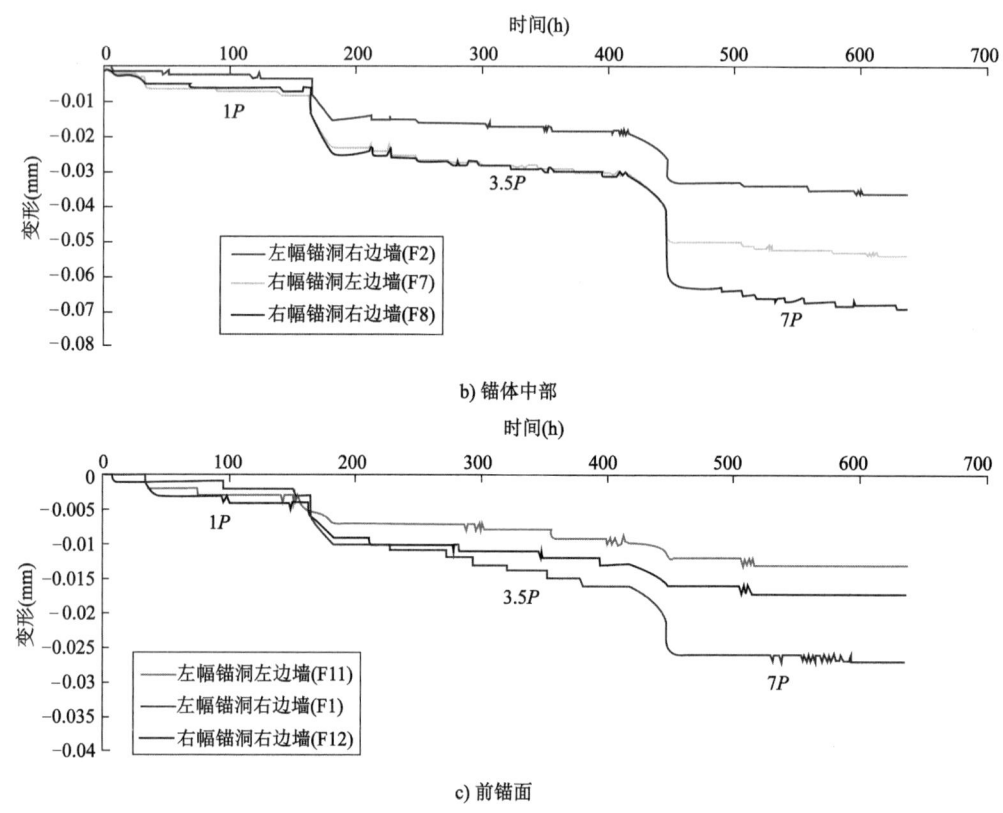

b) 锚体中部

c) 前锚面

图 5-6-104 位错传感器变形-时间曲线

位错传感器流变变形量　　　　　　　　　　　　表 5-6-31

位　　置			荷　　载		
			1P 荷载	3.5P 荷载	7P 荷载
左锚变形（mm）	左边墙	后锚面（F4）	0.001	0.006	0.008
		前锚面（F11）	0.002	0.003	0.001
	右边墙	中部（F2）	0	0.004	0.003
		前锚面（F1）	0.002	0.006	0.001
右锚变形（mm）	左边墙	后锚面（F9）	0.001	0.006	0.002
		中部（F7）	0.002	0.007	0.004
	右边墙	中部（F8）	0.002	0.006	0.006
		前锚面（F12）	0.003	0.004	0.001

4）锚塞体内部应变

左、右两个锚塞体在锚体内部后锚面、中部和前锚面布置的应变计在 1P、3.5P、7P 荷载作用下的变形-时间曲线如图 5-6-105 所示。测试结果表明，锚塞体内部应变具有一定的流变特征。在不同荷载作用下，各应变传感器的流变变形量见表 5-6-32。

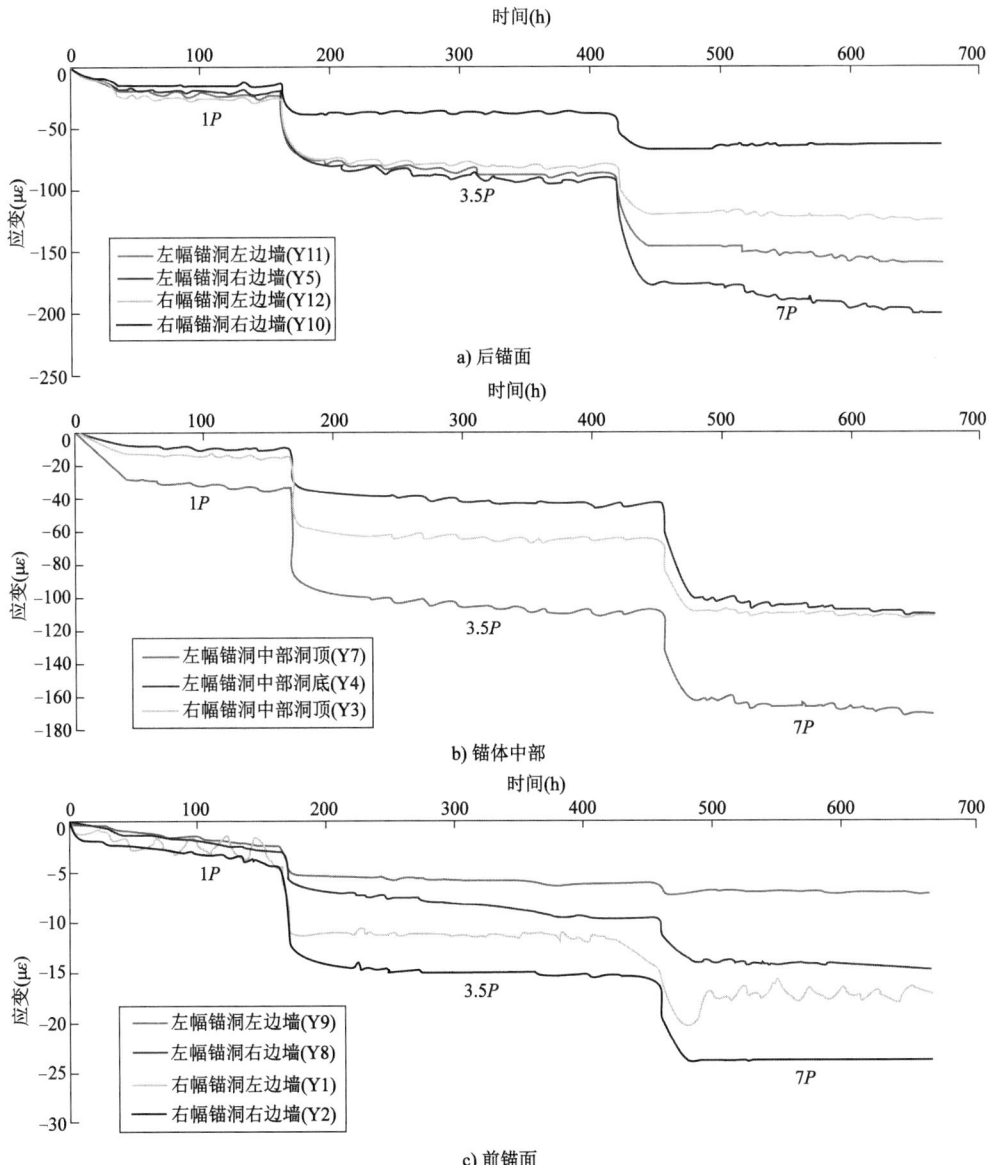

图 5-6-105　应变传感器变形-时间曲线

应变传感器流变变形量　　　　　　　　　　　表 5-6-32

位　置			荷　载		
			1P 荷载	3.5P 荷载	7P 荷载
左锚塞体应变 ($\mu\varepsilon$)	后锚面	左边墙(Y11)	−4.739	−11.89	−15.982
		右边墙(Y5)	−2.004	−14.015	−25.577
	中部	洞顶(Y7)	−5.455	−8.568	−7.734
		洞底(Y4)	−1.809	−5.733	−11.097
	前锚面	左边墙(Y9)	−1.528	−0.805	−0.085
		右边墙(Y8)	−1.834	−2.749	−1.133

续上表

位　置			荷　载		
			1P 荷载	3.5P 荷载	7P 荷载
右锚塞体应变（με）	后锚面	左边墙（Y12）	-4.331	-5.536	-5.656
		右边墙（Y10）	1.418	-1.84	2.899
	中部	洞顶（Y3）	-2.076	-3.822	-4.669
	前锚面	左边墙（Y1）	-2.272	-3.896	3.166
		右边墙（Y2）	-2.103	-1.769	0.041

六、隧道式锚碇变形及承载能力分析

根据隧道式锚碇模型试验各部位布置的多点位移传感器、滑动测微传感器、测斜钻孔、位错传感器和应变传感器等监测设备测试结果，对模型锚的承载能力进行分析。

1. 隧道式锚碇围岩变形特征

1）中隔墩岩体洞轴向变形

根据隧道式锚碇中隔墩布置的多点位移传感器孔 D2 的测试结果，在模型锚施加 1~7P 荷载过程中，中隔墩特征部位围岩的变形曲线如图 5-6-106 所示。

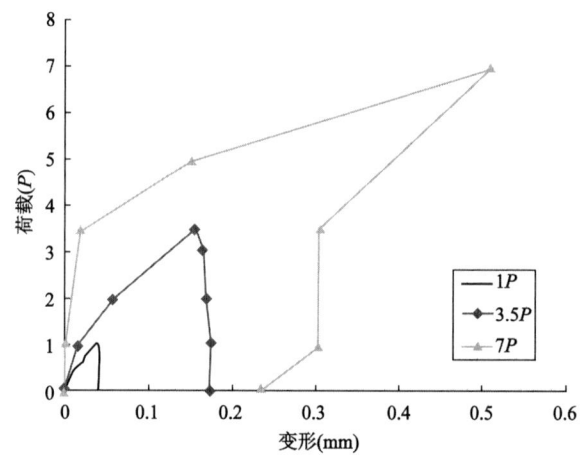

图 5-6-106　中隔墩围岩掌子面变形曲线

对于中隔墩掌子面，在 1P 设计荷载作用下，最大变形为 0.046mm；在 3.5P 超载作用下，最大变形为 0.158mm；在 7P 超载作用下，最大变形为 0.509mm。

2）中隔墩锚塞体部位岩体水平变形

根据隧道式锚碇中隔墩布置的测斜孔 C1、C2 的测试结果，在模型锚施加 1~7P 荷载过程中，中隔墩围岩的水平变形曲线如图 5-6-107 所示。在加载过程中，对应于锚塞体前锚面和后锚面部位，中隔墩围岩发生明显水平错动。在 1P 设计荷载作用下，水平变形为 0.18mm；在 3.5P 超载作用下，水平变形为 0.24mm；在 7P 超载作用下，水平变形为 0.57mm。

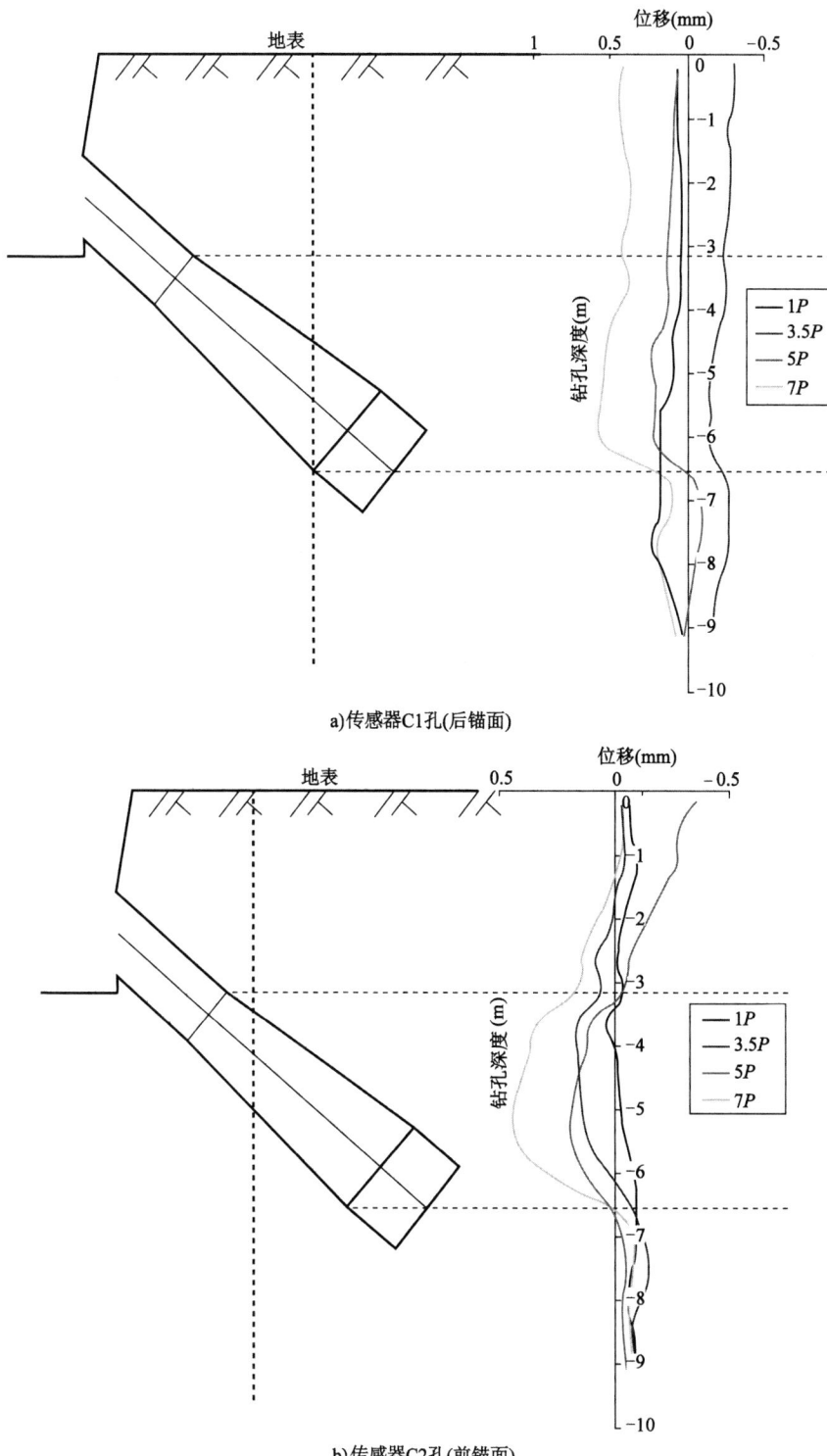

图 5-6-107　钻孔孔深-变形累积曲线

2. 锚塞体与围岩相对变形特征

1）后锚面

后锚面部位布置的位错传感器的测试结果如图 5-6-108 所示。在 $1P$ 设计荷载作用下，后锚面部位位错传感器最大变形为 0.002mm；在 $3.5P$ 超载作用下，最大变形为 0.01mm；在 $7P$ 超载作用下，最大变形为 0.019mm。

2）锚体中部

锚体中部布置的位错传感器的测试结果如图 5-6-109 所示。在 $1P$ 设计荷载作用下，锚体中部位错传感器最大变形为 0.005mm；在 $3.5P$ 超载作用下，最大变形为 0.018mm；在 $7P$ 超载作用下，最大变形为 0.042mm。

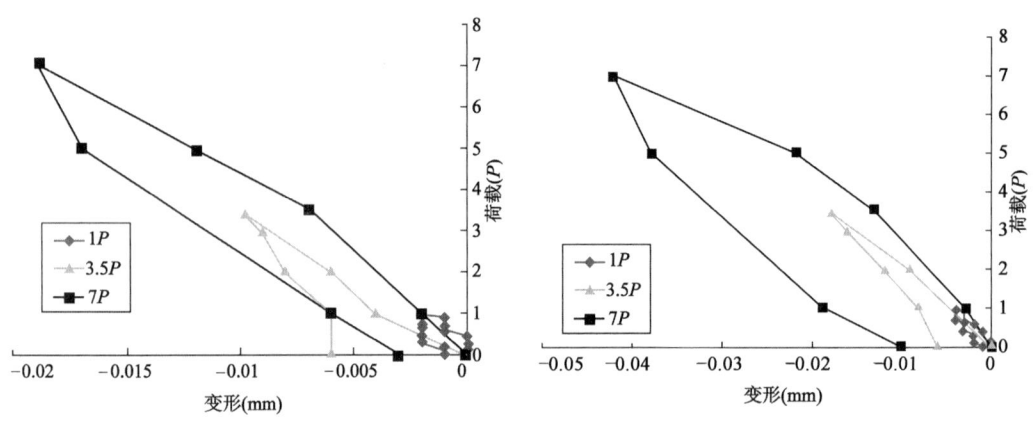

图 5-6-108　后锚面位错传感器变形曲线（F9 右锚洞左边墙）

图 5-6-109　锚体中部位错传感器变形曲线（F8 右锚洞右边墙）

3）前锚面

前锚面部位布置的位错传感器的测试结果如图 5-6-110 所示。在 $1P$ 设计荷载作用下，后锚面部位位错传感器最大变形为 0.002mm；在 $3.5P$ 超载作用下，最大变形为 0.006mm；在 $7P$ 超载作用下，最大变形为 0.014mm。

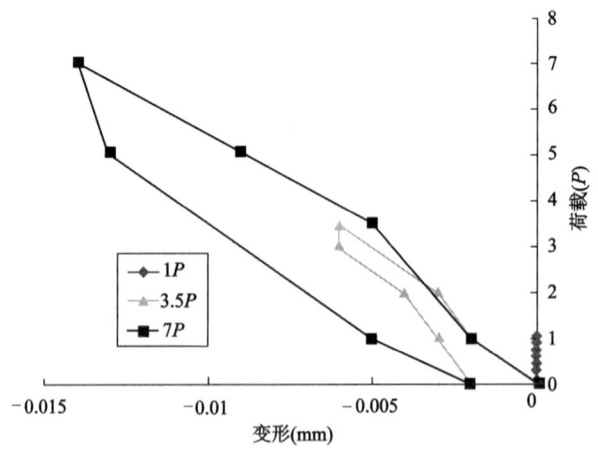

图 5-6-110　前锚面位错传感器变形曲线（F1 左锚洞右边墙）

综合比较后锚面、锚体中部、前锚面三个断面布置的位错传感器测试结果可知,锚体中部位错传感器的变形相对最大,后锚面次之,前锚面最小。

3.隧道式锚碇承载能力及破坏模式

在对隧道式锚碇施加 $1\sim 13P$ 荷载过程中,中隔墩岩体在前锚面和掌子面两个关键点多点位移传感器测试结果如图 5-6-111 所示。在整个加载过程中,中隔墩岩体在隧道式锚碇轴向变形逐渐增大,并且在 $8P$ 荷载作用下,中隔墩围岩变形量产生明显拐点。

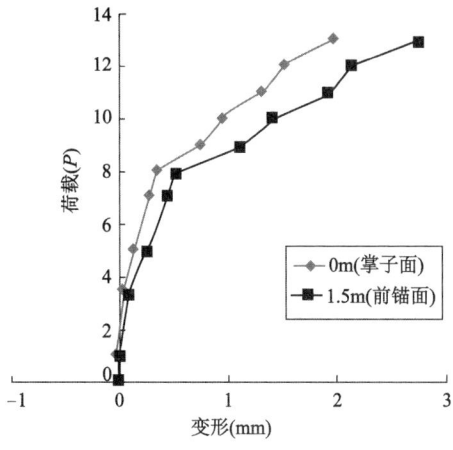

图 5-6-111　中隔墩多点位移传感器变形测试结果

在对隧道式锚碇施加 $1\sim 13P$ 荷载过程中,隧道式锚碇锚洞外侧及顶部围岩变形曲线如图 5-6-112 所示。在加载过程中,锚洞两外侧及洞顶围岩在前锚面和掌子面部位围岩变形随着荷载的增加而增加,同样当施加至 $8P$ 荷载时,围岩变形产生拐点。

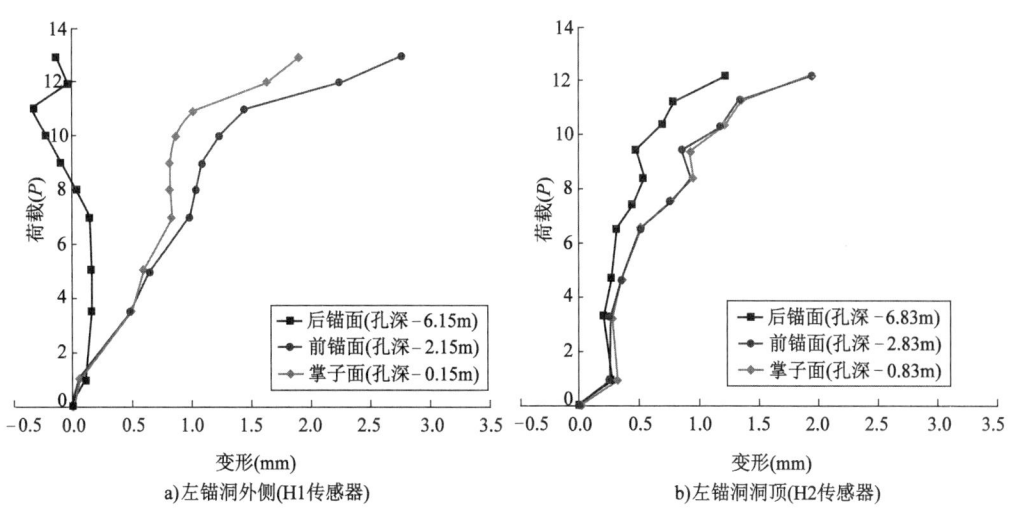

图 5-6-112　隧道式锚碇锚洞外侧围岩变形测试结果

因此,综合模型试验围岩变形测试结果,确定隧道式锚碇的承载能力为 $8P$。

在对隧道式锚碇施加 $1\sim 13P$ 荷载过程中,根据钻孔测斜结果可得隧道式锚碇中隔墩部位岩体的水平变形与锚塞体位置的相对关系如图5-6-113所示。测试结果表明,锚塞体在荷载的作用下,带动周围岩体产生拉拔破坏,其潜在破坏模式示意图如图5-6-114所示。

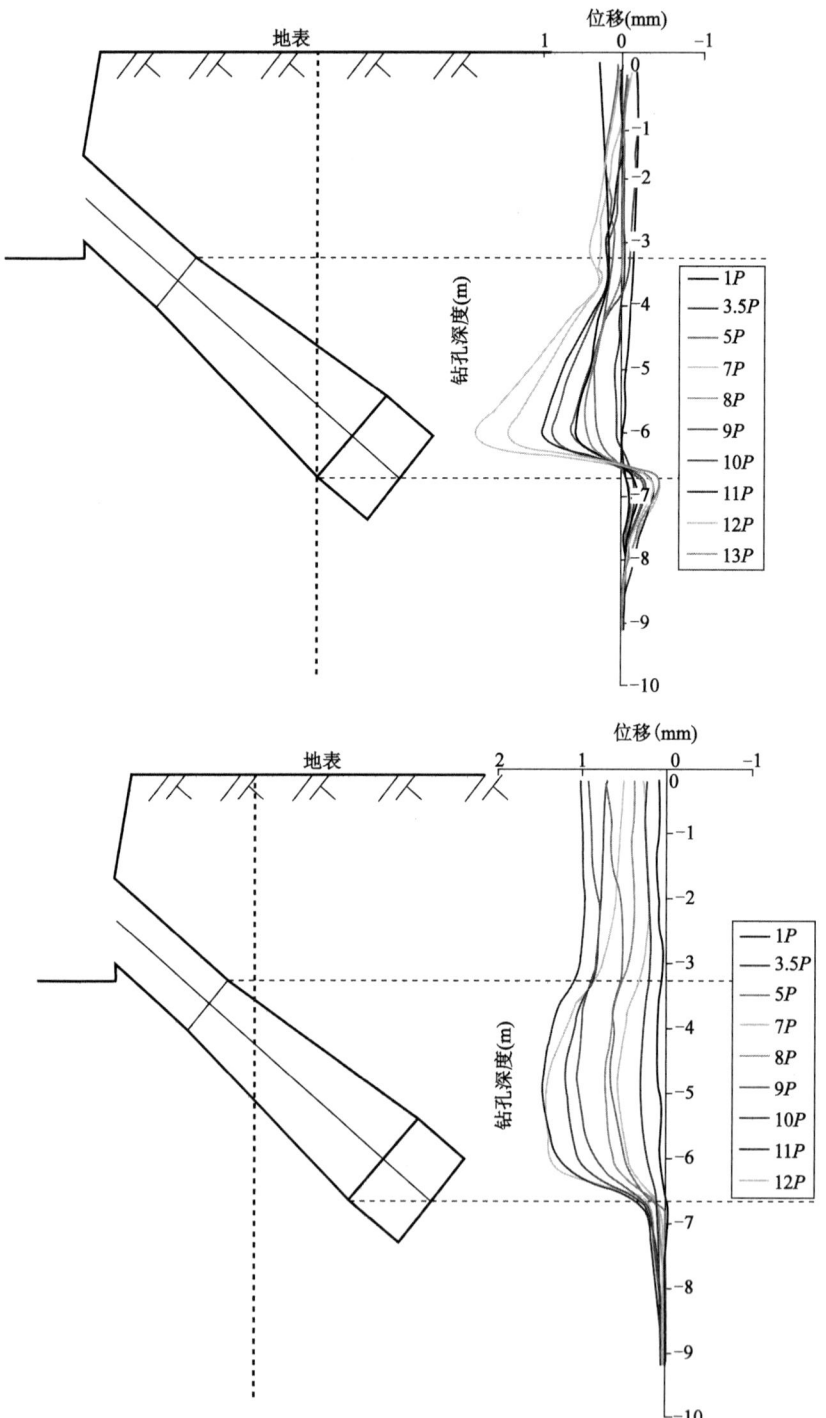

图 5-6-113　对应锚塞体部位中隔墩围岩水平变形

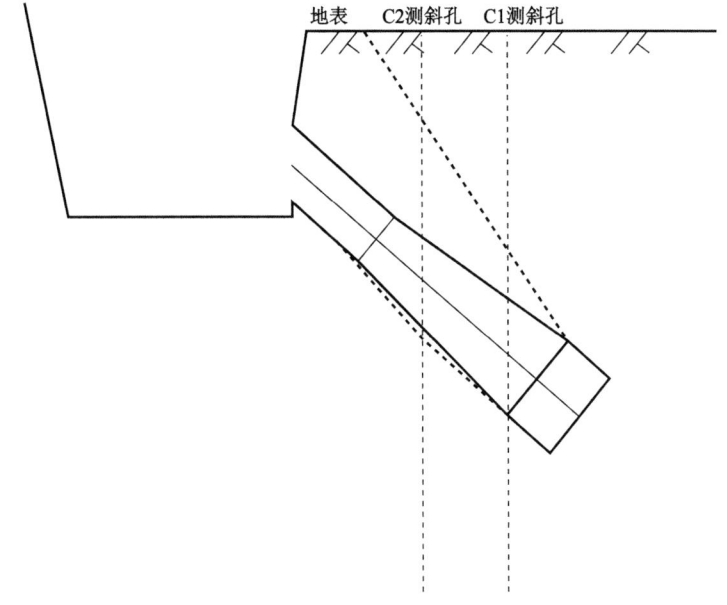

图 5-6-114 隧道式锚碇潜在破坏模型示意图

第六节 本章小结

通过现阶段的专项勘探斜洞、补充钻孔等地质调查,室内外岩石力学试验、室内物理模型试验、现场缩尺模型试验以及数值模拟分析研究,得到以下成果:

(1)伍家岗长江大桥江北侧隧道式锚碇所处山体上基岩裸露,山体整体稳定性好,锚塞体最低处埋于山体以下 108.0m 左右,设计桥轴线路面高程以下约 82.0m,上覆岩体厚度大,周边无负地形。锚塞体部位岩体主要为微新砾岩,上覆岩体以微新～中等风化的砾岩夹砂砾岩为主,地层产状较稳定且岩石内裂隙、断层不发育,岩体完整性好,不存在影响锚塞体稳定性的结构面,并且开挖后地下无明显渗水。江北侧具备实施隧道式锚碇方案的有利地形与地质条件。

(2)通过对隧道式锚碇所处山体的罗镜滩组杂色中厚至巨厚层状砾岩(钙泥质胶结或泥钙质胶结)夹砂砾岩或含砾砂岩(以下统称"砂砾岩")及砂岩(粉细砂岩、疏松砂岩、泥质粉砂岩)各类岩石和岩体开展大量的室内和现场原位试验,以试验成果为依据,类比附近相似岩体参数资料,参照相关规范提出了隧道式锚碇场地区主要岩体的物理力学性质参数建议值,并根据隧道式锚碇工程设计所涉及地层断层的岩性组合提出主要工程岩组的物理力学性质参数建议值。

(3)1:40 室内物理模型试验结果表明,设计荷载作用下锚体及围岩后表面变形曲线呈双峰形对称,以对称中心向四周呈马鞍形衰减扩散,隧道式锚碇与围岩体处于弹性阶段;在多倍设计荷载超载过程中,内、外部位移与内部应变随荷载的增大而增大,当超载系

数 $K>11$ 时,呈现明显的非线性特征,综合分析测点位移与应变速率,建议隧道式锚碇的超载稳定系数取 $K=9$;隧道式锚碇在外荷载作用下,锚塞体与围岩相互作用,共同抵抗外力,形成夹持效应;作用在锚体后部的外加荷载主要使得锚塞体中后部及围岩产生变形,荷载很难传递到锚塞体前部,揭示了夹持效应带来的巨大抗拔能力的内在力学机制。

(4)1:12 现场缩尺模型试验与实体隧道式锚碇满足几何相似条件和地质相似条件,模型试验部位岩性与实体锚部位基本一致。依据模型试验结果,按照相似原理,推测实体锚在 1P 荷载时前锚面最大变形约 1.2mm。依据模型试验结果,隧道式锚碇的超载稳定性系数约为 8。设计荷载作用下隧道式锚碇流变特征不明显。隧道式锚碇潜在破坏模式为在较大的超载作用下,锚塞体及锚塞体周边岩体被整体"拔出"。

(5)数值计算结果表明,在设计荷载作用下,隧道式锚碇围岩变形不足 1mm,锚塞体周边围岩基本处于弹性工作状态。加载 1 年后锚碇蠕变位移趋于稳定,锚碇前锚面瞬时位移为 0.68mm,长期位移约为 2.8mm,锚碇周边围岩基本处于弹性状态,仅在锚碇前、后端面附近出现小范围的塑性区。隧道式锚碇的瞬时变形和长期变形相较于散索转点规范所允许的 190mm 最大变形是比较小的,当前设计隧道式锚碇长期变形能够满足工程安全要求。

在正常运行工况下,隧道式锚碇的超载能力为 12P,考虑爆破损伤作用对围岩的影响后,隧道式锚碇的超载能力为 9P,同时考虑爆破损伤作用及地下水影响后,隧道式锚碇的超载能力为 7P。

隧道式锚碇岩体保护边界应超过隧道式锚碇超载破坏时应力影响范围,以 3 倍系数计算应达到隧道式锚碇周边 90m 位置,即隧道式锚碇周边 90m 范围内应避免工程建设活动,90m 范围外进行工程建设时也应当注意避免大规模爆破开挖,以减小对隧道式锚碇的影响。

综上所述,通过对隧道式锚碇 1:40 室内物理模型试验成果(承载能力为 9P)、1:12 现场缩尺模型试验成果(承载能力为 8P)及数值模拟分析成果(承载能力为 12P)的综合对比分析后,可确定伍家岗长江大桥江北侧隧道式锚碇目前设计方案的承载能力为 8P,在设计荷载作用下推测隧道式锚碇锚塞体前锚面变形在 1mm 左右,并且长期流变变形不明显,伍家岗长江大桥江北侧隧道式锚碇方案是可以满足工程需求的。

第六篇 PART 6

关键技术与科技创新篇

第一章　总体概述

伍家岗长江大桥是贯彻落实《国务院关于依托黄金水道推动长江经济带发展的指导意见》和《长江经济带综合立体交通走廊规划》的需要，是落实《宜昌城市总体规划（2011—2030）》，构建宜昌市区"四纵五横"快速骨架路网，建立城市组团间快速联系通道，促进城市新区和组团协同发展的需要，是宜昌建设"内、中、外"三级快速路环网的控制性节点工程。伍家岗长江大桥建成通车后，将实现城区中环闭环，建成后与至喜长江大桥共同组成城市中环线，对拓展城市骨架、完善城市路网布局、推进宜昌现代化特大城市和长江中上游区域性中心城市建设有着十分重要的意义。

伍家岗长江大桥自筹建及开工建设以来，特聘技术专家周昌栋常驻工地，率领大桥技术团队始终以"争科技领先，奉技术先行"为宗旨，以关键技术为支撑，以科技创新为引领，瞄准特大桥梁技术前沿，在整个建设过程中不断地开拓创新，从设计阶段到施工阶段，开展了一系列关键技术和科研课题研究，取得了硕果累累的科学研究成果，创造了多个"第一"，填补了国内空白。团队为伍家岗长江大桥建设提供了强大技术支撑，为把伍家岗长江大桥建设成为世界一流大桥奠定了坚实基础。从主塔桩基和塔柱、重力式锚碇、隧道式锚碇，到主缆、索鞍、锚固系统、钢箱梁，再到桥面附属等主要结构，关键技术与科技创新的应用无处不在，完美地融合在伍家岗长江大桥建设过程中。本项目开展的关键技术和科技创新研究主要体现为以下内容。

一、大直径岩层桩分级旋挖成孔施工关键技术

伍家岗长江大桥主塔桩基施工时，编制申报了"大直径岩层桩基分级旋挖成孔施工工法"，利用旋挖钻机成孔效率高、质量好、速度快、环保无噪声、施工成本低、钻机移位灵活方便等优点，巧妙地解决了坚硬岩层成孔困难及钻机力矩不足的难题。

伍家岗长江大桥主塔直径为2.8m嵌岩钻孔灌注桩，采用旋挖钻机成孔；直径2.8m捞砂斗钻头穿过覆盖层入岩后，再分别采用直径1.5m、2.0m、2.5m、2.8m钻头分级成孔，逐级扩孔，最终完成2.8m大直径嵌岩桩基成孔施工。

该施工技术投入使用的设备少、工艺简单、施工成本低、泥浆少、绿色环保、经济效益明显；着重解决了旋挖钻机在施工大直径或超大直径嵌岩桩基时输出力矩不足问题，同时可有效降低钻头负载，达到降低成孔所需钻机输出力矩的要求；该施工技术通过对地质资料的分析，合理选择多种规格的钻头配合使用，实现复杂多变及较硬岩层的大直径旋挖成孔，效果显著。施工时申报取得了"大直径岩层桩基分级旋挖成孔施工工法"。

二、旋挖钻硬切割成孔的咬合桩施工关键技术

在国内的悬索桥设计中,重力式锚碇的基坑支护绝大部分选择了地下连续墙的结构形式,未能做到因地制宜,根据不同的环境条件选用合理的支护方式,一定程度上制约了重力式锚碇的基坑支护方式。

伍家岗长江大桥项目在综合考虑地形、地貌、地质的情况下,首次创造性地应用了常见于地下工程的咬合桩技术,确定了锚碇基坑开挖采用放坡开挖与咬合桩支护开挖相结合的方式。基坑在完成两级放坡开挖后,以咬合桩技术加固坡脚土体,形成稳定的边坡结构,同时作为锚碇基坑的支护结构,以保证锚碇基坑的稳定性和施工的安全性。通过已嵌岩的咬合桩体,使得整个基坑形成封闭的空间,起到良好的隔水和止水效果。在大桥建成运营后,还可为锚碇基础提供一定的水平抗力储备,保障大桥健康平稳运营。

针对伍家岗长江大桥重力式锚碇的施工特点,咬合桩采用旋挖钻施工及旋挖钻混凝土桩硬切割钻进施工,整个施工过程施工效率高、安全性高,实现了咬合桩的高精度、高效率施工。施工时开展了《提高咬合桩咬合面的合格率》的 QC 小组活动,取得了良好的成效,同时申报取得了"一种咬合桩施工吊架"和"一种咬合桩咬合面清洗装置"两项实用新型专利及"卵石层咬合桩旋挖钻施工工法",并发表了多篇科技论文。

三、整体自适应智能顶升桥塔平台施工关键技术

大型桥梁建造技术研究中,在超高桥塔施工技术及装备方面,相关人员在其效率与工业化、设备抗风安全、作业环境改善等方面做出了诸多探索。

为解决液压爬模的施工效率、承载与抗风能力、爬升稳定性、结构变化时拆改麻烦的各种问题,结合桥塔结构变化多、受力体系复杂等特点,基于房建领域的"空中造楼机"的技术积累和启发,伍家岗长江大桥项目通过开展"索塔塔柱智能顶升模架研制" QC 小组活动,集中研发了整体自适应智能顶升桥塔施工平台,作为桥塔、高墩施工的新型装备,旨在提高桥塔施工的安全性、施工效率和施工质量,最终提高桥塔建造的工业化水平。该平台具有安全性好、适应性强、施工速度快、智能控制等特点。

该装备具有整体式、自适应、双模板、智能化等技术优势,是国内外首次将房建智能顶升平台系统应用于大型桥梁施工领域,打破了行业内桥塔施工依赖液压爬模的行业现状,被誉为"造塔机",是行业内的一次重大突破。

项目申报取得了"整体自适应智能顶升桥塔平台施工工法",申报了"一种用于桥塔施工的自爬式大节段双模板系统及其施工方法""用于桥塔施工的整体自爬式集成平台及其施工方法""一种可伸缩爬升平台"等六项发明专利和"一种用于桥塔施工的自爬式大节段双模板系统""用于桥塔施工的整体自爬式集成平台""一种可伸缩爬升平台"等六项实用新型专利,并发表了多篇科技论文。

四、大吨位超高空多点对接主塔钢桁架制造及整体提升安装关键技术

伍家岗长江大桥主塔钢桁架单重约400t,是由腹杆和下弦杆组成的空间异形结构,其立面线形均为圆曲线,采用箱形截面。整体高度和宽度超过20m,腹杆、下弦通过七个预埋段,采用PBL剪力键和剪力钉与主塔上横梁、混凝土塔柱连接,各节段之间均为焊接,吊装高度120m,安装难度大、风险高。

由于主塔高空操作空间有限,杆件散拼对接风险高,安装质量难以控制,塔下拼装时支架稳定性和拼装高度进一步增加了安装的安全风险。因此,针对钢桁架安装技术难度高、质量要求严、安全风险大的特点,伍家岗长江大桥项目研发了大吨位多点对接主塔钢桁架整体提升安装技术,采用设有保险装置的 $2+2\times200t$ 三维提升系统对钢桁架整体起升到位后与塔身预埋件精确对位连接,有效地解决了主塔钢桁架现场拼装支架稳定性、拼装线形、整体提升的安全稳定性,以及高空多点位的精确对接等难题,是国内首座大吨位整体提升、高空对接安装的桥塔钢结构,为后续类似项目提供了可靠的参考依据。

项目申报了发明专利"一种应用于主塔钢桁架提升安装的提升系统"和"一种应用于主塔钢桁架提升安装的提升系统""一种空间预埋件多点定位用装配式劲性骨架"共两项实用新型专利。

五、大跨径悬索桥软岩隧道式锚碇开挖支护施工关键技术

伍家岗长江大桥江北隧道式锚碇地层岩性为砾岩、砂砾岩、含砾砂岩等,总体属较软岩~软岩,中间还夹有疏松砂岩等软弱夹层;上下游隧道式锚碇中心距离小,洞内倾角达40°,洞内空间超3万 m^3,属于软岩地质条件下小净距、大倾角、大体积隧道式锚碇结构。软岩力学性能较差,可导致隧道式锚碇及其周边围岩出现整体破坏,同时软岩变形模量低且具有流变性,给施工提出了巨大的挑战。项目通过研究软弱地层大倾角隧道式锚碇开挖支护施工关键技术,解决了软弱岩质围岩变形、超欠挖、围岩扰动及支护及时性有效性的难题,项目总结提炼了"城区浅埋软岩隧道式锚碇开挖施工工法",申报取得了"一种软岩大倾角隧道式锚碇数码雷管爆破开挖方法"和"一种提高隧道式锚碇终孔锚杆注浆质量的施工方法"两项发明专利。

施工前进行隧道式锚碇开挖施工数值模拟计算,分析了围岩空间变形、围岩应力释放及分布规律。通过开挖方案的分析比选,最终选择了台阶法与数码雷管爆破开挖相结合的施工方法。通过初期支护锚杆安装试验,解决了初期支护的稳定性和耐久性。通过运用BIM(Building Information Modeling,建筑信息模型)技术研究优化了隧道式锚碇二次衬砌支架位置,解决了与洞内发散状布置的主缆空间交叉问题。

六、大倾角隧道式锚碇散索鞍狭窄空间滑移安装施工关键技术

国内隧道式锚碇散索鞍大多位于洞口或洞口附近,散索鞍通常采用大吨位起重机直

接起吊进行安装,而对于大倾角隧道式锚碇内大吨位散索鞍安装,上述方法无法满足施工需求,且精度无法得到保障,安全风险高。

伍家岗长江大桥项目通过开展散索鞍底座板地脚螺栓定位、散索鞍门架滑移安装、散索鞍鞍体滑移安装及精确对位等工艺研究,研发了大倾角隧道式锚碇狭窄空间散索鞍洞内滑移安装关键技术,有效克服了隧道内施工空间极为有限的困难,仅利用卷扬机、倒链及千斤顶等小型机具,在保证施工安全和确保施工质量的前提下,完成了散索鞍构件在隧道内的移动及精确定位,大幅降低施工成本,经济效益显著。

项目申报了"一种大倾角隧道式锚碇狭窄空间散索鞍滑移安装系统及方法"的发明专利和"一种大倾角隧道式锚碇狭窄空间散索鞍滑移安装系统""一种大倾角隧道式锚碇狭窄空间散索鞍门架滑移安装系统"等两项实用新型专利,同时申报取得了"大倾角隧道式锚碇大吨位散索鞍滑移安装施工工法"。

七、隧道式锚碇内主缆散索股 OTC 长效防护施工关键技术

伍家岗长江大桥隧道式锚碇室深植地下,锚室周围岩土含水丰富,水较易渗入锚室内,易构成对主缆散索结构腐蚀的条件。众多工程实践表明,隧道式锚碇内主缆散索结构的防腐在后期管养过程中往往容易被忽视,成为维护的薄弱环节。

鉴于国内悬索桥隧道式锚碇内钢结构的腐蚀病害问题突出,综合考虑当前防腐技术的发展状况,伍家岗长江大桥隧道式锚碇内主缆索股防腐措施采用氧化聚合型包覆防腐技术(OTC 技术),对隧道式锚碇内主缆索股进行长效保护。OTC 技术有效解决了传统油漆防腐寿命短、频繁维护、腐蚀风险较高的问题;可以避免隧道式锚碇锚室渗水时导致锚室内湿度大而引起的散索股腐蚀问题;同时可与隧道式锚碇锚室内的除湿系统一起,为锚室内的主缆散索股的防腐提供双重保障。其优异的防腐蚀性能,最终可达到减少维护或免维护的效果。

八、浅埋式锚碇复合地基基础(江南锚碇)专题研究

综合考虑整体经济效益、工期影响、环境保护等多方面因素,伍家岗长江大桥江南锚碇基础设计在国内首次采用浅埋式大偏心结构的重力式锚碇基础,持力层为含中粗砂卵砾石层,持力层含水量丰富,属于级配不良碎石土、不均匀土地基,在长期荷载下,存在沉降不均风险。需要通过研究锚碇自重作用下基底的竖向抗力分布情况,确保基底沉降的可控;通过研究锚索拉力作用下基底的水平抗力分布情况,消除锚碇滑移的风险;从而保证桥梁的安全有效使用。

伍家岗长江大桥项目通过开展浅埋式锚碇复合地基基础专题研究,针对锚碇基础偏心自重和承受偏心主缆拉力的特点,对复合地基处理区域进行分区,分析受力和沉降控制情况,研究分析了浅埋式锚碇基础的抗倾覆、抗滑移、工后沉降等方面的计算方法,完善了复合地基沉降计算方法和浅埋式锚碇基础设计体系,为复合地基的设计提供了理论支持,

拓展了大跨径悬索桥锚碇基础的设计思路。通过分析,制订了锚碇基础复合地基的实施方案,并通过现场原位试验验证了注浆处理的效果,最终确定了适用于锚碇基础复合地基处理的各项技术参数及合理建议,提出了锚碇基础复合地基施工完成后的验收标准,保证了工程锚碇基础复合地基的整体施工质量。项目申报了"一种阶地地形上悬索桥锚碇组合基础结构及其方法"的发明专利,同时也申报获得了"大跨径悬索桥重力式锚碇基底预埋钢管注浆施工工法"。

九、大跨径钢箱梁悬索桥索股架设控制精细化计算与研究

大跨径悬索桥结构已有的计算理论与方法,在处理细部问题时的假设与实际偏差较大,使得结构计算内力和线形与实际内力及线形存在差异,影响结构计算的准确性,因此,精细化计算尤为重要。以往在有限元计算模型的处理上,常常忽略塔顶鞍座对主缆线形的影响,对锚跨分散索股则当成一根主缆计算,难以计算锚跨索股的索力分布。不考虑鞍座影响的简化计算降低了计算精度,不能为大跨径悬索桥主缆线形和锚跨张力的监控提供准确的计算依据。因此,开发能准确模拟塔顶鞍座与主缆间约束关系的"鞍座单元"和锚跨单元修正悬索桥计算模型,以提高悬索桥计算精度,势在必行。

在主缆索股架设施工中,索股的线形极易受到塔顶偏位、环境温度及鞍座的非线性接触等诸多因素的影响,因此,建立考虑这些因素影响的索股线形计算方法则显得尤为迫切。

针对以上问题,伍家岗长江大桥项目开展了大跨径悬索桥索股架设施工控制精细化计算与研究,研究了能模拟索-鞍座接触非线性关系的鞍座单元及锚跨单元,建立了大跨径钢箱梁悬索桥精细化计算模型,形成了一套高效、精确的主缆索股架设精细化控制方案,使得成桥状态下加劲梁及主缆线形达到设计要求,吊索索力及锚跨张力误差控制在±5%以内。

十、大跨径悬索桥锚跨索股索力控制精细化计算与研究

大跨径悬索桥施工中,主缆锚跨索股的索力是重要监测指标之一。锚跨索股索力测试结果正确与否,关系到桥梁结构施工控制能否顺利实施、主缆线形与内力能否满足设计要求,以及锚固体系和散索鞍临时支承的安全性。

目前的计算方法均不能精确考虑各索股的空间位置和散索鞍鞍槽的曲线形状,不能按各索股的精确空间走向来计算其与散索鞍的切点,因此,难以准确计算在施工阶段或成桥运营阶段锚跨索股的索力分布,降低了主缆的安全系数。为解决这一问题,应按锚跨实际构造建立更加精确的计算模型。详细考虑锚碇、散索鞍、锚跨索股各构件的影响,为锚跨张力的施工控制提供准确的计算依据。

针对以上问题,伍家岗长江大桥项目开展了大跨径悬索桥锚跨索股索力控制精细化计算与研究,建立了散索鞍、锚跨索股及锚碇一体的索股索力的精细化计算方法,采用解

析法及自编程序的方法实现锚跨索股索力的计算分析,结合压力环索力监测数据及有限元计算分析建立频率法索力修正计算公式,结合现场实测数据、理论推导及有限元计算分析建立锚跨索股索力及散索鞍调整的方法及控制技术。

十一、大跨径悬索桥缆索牵引架设智能监控研究与应用

缆索系统施工是悬索桥非常核心的施工工序,其中关键的缆索牵引架设、主缆线形及受力状态测量等工序当前主要依靠人工测量和人为凭经验把控,缺乏实时、精确的数据支撑,制约着施工精度、质量与安全水平。

当前,桥梁建造对施工安全和质量的管理要求越来越高,而同时我国劳务工人老龄化不断加剧且在未来数量将不断减少。在此背景下,充分利用先进传感、物联网、人工智能等信息化技术迅猛发展的契机,开展大跨径悬索桥智能化施工技术研究及应用已成为必然趋势。

伍家岗长江大桥项目开展了大跨径悬索桥缆索牵引架设智能监控研究与应用,开发了"大跨径悬索桥缆索牵引架设智能监测与控制系统"软件,用以研究适应大跨径悬索桥现场环境的无线通信及组网技术、缆索牵引卷扬机智能监控技术、拽拉器牵引力及位移智能监测技术、缆索牵引架设智能控制。研究了大跨径悬索桥缆索牵引架设关键参数监测、状态评估及智能控制技术,实现拽拉器和卷扬机的智能联动控制,确保缆索牵引架设施工的精度、效率和安全。在悬索桥缆索牵引架设智能监测控制方面,提高拽拉器定位精度,实时监测牵引力大小,而且能实现在线实时监测,进一步实现拽拉器和卷扬机的智能联动控制。

十二、大跨径悬索桥索夹螺杆张拉工艺优化及超声智能诊断技术研究与运用

缆索系统施工中关键的索夹螺杆力检测和张拉控制等工序当前主要依靠人工测量和人为凭经验把控,缺乏实时、精确的数据支撑,制约着施工精度、质量与安全水平,给后期运营带来安全隐患。

通过调查发现,由于索夹螺杆张拉工艺等因素影响,在施工和运营过程中螺杆紧固力均会出现不同程度的损失,导致缆索结构体系受力的重新分配,引起主体结构线形变化、降低滑移处主缆密封性等病害,对主缆乃至整个桥梁结构的健康状况造成不利影响。

伍家岗长江大桥项目开展了大跨径悬索桥索夹螺杆张拉工艺优化及超声智能诊断技术研究与运用,申报了"一种用于悬索桥索夹螺杆施工期及运营期的监测预报方法"及"一种悬索桥索夹螺杆轴力施工方法"两项发明专利和"一种高强度螺杆紧固检测装置"的实用新型专利。在螺杆轴力的精准检测方面,基于超声原理进行螺杆轴力的超声诊断理论研究,修正螺杆受力长度和温度效应问题,并研制便携式螺杆轴力超声诊断检测设备,保证索夹螺杆紧固施工精度、质量和效率。在传统张拉施工工艺中增加转角监控辅助,以增加千斤顶达到设计施工荷载状态后稳压持荷时间的优化控制方式大幅提高主缆

的收紧速度等张拉优化技术,解决了传统张拉方法存在的控制参量单一、螺杆紧固力不足且离散性大、施工中反复多次张拉等工程难题。

十三、正交异性钢桥面板U形肋全熔透焊接研究与应用

正交异性钢桥面板是钢桥的首选桥面板结构,但由于对其结构体系和受力特性、环境效应、施工质量以及疲劳裂纹产生的机理认识不足,近年来正交异性钢桥面板疲劳开裂案例频发,呈现"普遍性、早发性、多发性、再现性"的特征,严重影响桥梁结构的安全性、耐久性和服役质量,并导致中断交通等多种次生效应,造成重大的经济损失和不良的社会影响,面板疲劳开裂已成为制约钢结构桥梁应用和发展的瓶颈问题。发展正交异性钢桥面板U形肋全熔透焊接技术,系统提升正交异性钢桥面板的疲劳性能,是当前桥梁工程可持续发展的重大需求,具有重要的现实意义。

伍家岗长江大桥项目开展了正交异性钢桥面板U形肋全熔透焊接研究与应用,主要进行了U形肋与顶板全熔透焊接制造工艺研究、U形肋与顶板全熔透焊接接头性能优化研究、标准化板单元结构、焊接工艺和制造标准研究、U形肋与顶板全熔透正交异性钢桥面板足尺疲劳试验研究、正交异性钢桥面板结构体系疲劳抗力评估方法研究,形成了新型高性能桥面板U形肋全熔透焊接技术,提出了《U形肋板单元焊接制造及检验规则》《新型高性能桥面板单元质量检验暂行标准》和《标准化板单元制作规范》,为伍家岗长江大桥钢箱梁的长寿命高质量服役奠定坚实基础。相关关键技术和研究成果将促进并推动我国钢桥的技术升级,具有重要的理论意义和工程实际意义。

项目申报获得了"一种U形肋板单元焊接的钢板定位系统、焊接设备及方法""一种用于U形肋板单元焊接的钢板夹紧装置"等三项发明专利和"一种U形肋板单元焊接的钢板定位系统、焊接设备及方法""一种用于U形肋板单元焊接的钢板夹紧装置"等三项实用型专利,并发表了多篇中文核心期刊论文。

十四、大跨径悬索桥钢箱梁吊装焊接时机探索与研究

悬索桥钢箱梁吊装时,存在合理吊装顺序的确定、梁段间临时连接的设置及铰固转换等关键问题,处理不好不仅会影响架设精度和延长工期,甚至需要采用额外的措施来保证箱梁节段间的正常焊接。

在悬索桥钢箱梁的吊装施工过程中,由于主缆的刚度小,在吊装梁段时,会产生很大位移,如果在每个梁段吊装完毕后,就立即将其同相邻梁段进行刚接,不仅会导致加劲梁间的应力过大,甚至会超出其极限承载力,也可能导致吊索的拉力突变,对结构受力不利。若不对吊装梁段进行临时处理,让其相互间呈自由接触状态,则会使结构的整体稳定性变差、抗风性能不良,在较小的风荷载作用下,相邻梁段之间都可能发生摆动、错台、碰撞,造成加劲梁的损伤、破坏,加劲梁最终的设计成桥线形也很难保证。同时,悬索桥钢箱梁在不合理的时机和顺序下进行梁段间的环缝焊接会出现较大的焊接应力和梁段收缩,造成

梁体破坏，影响日后的行车安全。因此，传统的施工中，一般在钢箱梁吊装完成后再进行焊接工作。

伍家岗长江大桥项目针对以上难题开展了大跨径悬索桥钢箱梁同步吊装焊接时机探索与研究，首次创造性地提出了"两两焊接，吊焊同步"的施工工艺，同步申报了"大跨径悬索桥整节段箱梁焊架同步施工方法"的施工工法和获得了发明专利"大跨径悬索桥钢箱梁焊架同步施工方法"，并发表了多篇中文核心期刊论文。通过大跨径钢箱梁悬索桥不同吊装方案施工控制精细化计算模型的建立与分析比较和钢箱梁吊装及刚接合理方案探索与研究，建立了大跨径钢箱梁悬索桥钢箱梁吊装精细化计算模型，形成合理的钢箱梁吊装方案及临时铰接口的铰固转换方案，在保证整体控制精度的前提下缩短吊装和焊接施工周期，使得吊装与焊接同步进行，真正做到提质增效。通过此研究工作，促进伍家岗长江大桥的高效、高质量完成施工，推进悬索桥施工建造技术不断向前发展。

十五、正交异性钢桥面铺装项目试验和研究

钢桥面铺装是一个世界性难题。随着国内桥梁建设迅猛发展，国内建造了众多的大型钢结构桥，积累了丰富的钢桥面铺装经验，各种钢桥面铺装技术经不断改进逐渐形成了各自的技术体系。由于我国地域辽阔，南北气候差异明显，国内交通运输普遍存在着超载现象，钢桥面铺装的使用条件与国外相比有很大的不同，许多从国外引进的铺装技术并不完全适应国内特殊的使用工况，许多桥面铺装过早地出现了推移、开裂、车辙、脱层剥落等多种严重病害，影响了大桥的正常使用，钢桥面铺装存在的问题依然比较突出。针对钢桥面铺装设计及施工，目前国家还缺少权威性的规范性文件。钢桥面铺装使用条件的差异性、材料的多样性以及施工质量管理和控制水平的参差不齐，使得有些钢桥面铺装工程的实际效果与预期之间仍存在着较大差距。

在考虑了大桥气候和交通量大、重载交通突出的特点、施工难易程度、铺装方案的可靠性、工程造价以及后期维护方便等因素以后，伍家岗长江大桥项目开展了正交异性钢桥面铺装项目试验和研究，主要完成了树脂沥青钢桥面铺装材料力学参数研究、树脂沥青钢桥面铺装性能研究、钢桥面板与铺装组合试件试验研究、树脂沥青钢桥面铺装施工工艺和工法研究，完善了树脂沥青 ERS 钢桥面铺装体系，编制了《ERS 铺装结构设计和说明书》和《树脂沥青 ERS 铺装施工技术指南》，明确了 ERS 钢桥面铺装与实施方案，确保伍家岗长江大桥钢桥面铺装的施工质量，缩短整个施工工期，提升铺装结构的使用性能和运营寿命，可为宜昌市未来交通建设的发展作出贡献，具有极大的社会效益和经济效益。

第二章 大直径岩层桩分级旋挖成孔施工关键技术

第一节 工程概况

一、概述

近年来,旋挖成孔是钻孔灌注桩施工中一种较先进的施工方法,其具有成孔效率高、质量好、速度快、环保无噪声、施工成本低、钻机移位灵活方便等优点,但因其在岩层成孔困难及受现今钻机力矩不足等因素的限制,在岩层的大直径桩基成孔施工中局限明显。伍家岗长江大桥工程主塔采用2个分离式承台,承台尺寸为21.4m×21.4m×6.0m,每个承台下布设32根直径2.8m的嵌岩钻孔灌注桩。此外,工程环保要求高、工期压力大,为满足业主方相关要求,北岸最终选择采用旋挖钻机成孔,覆盖层采用直径2.8m的捞砂斗钻头钻进,入岩后分别采用直径1.5m、2.0m、2.5m、2.8m钻头分级成孔,逐级扩孔,最终完成大直径岩层桩基成孔。

北岸主塔桩基施工实施岩层桩基分级旋挖成孔施工工艺,一定程度上节约了桩基整体施工周期,减小了对环境的影响,节约了工程成本,取得了较好的社会效益及经济效益。

二、工程概况

伍家岗长江大桥上距宜万铁路长江大桥5.3km,下距宜昌长江公路大桥6.1km。南起江城大道,沿线跨越谭艾路、滨江路、长江、伍临路后止于花溪路,主线全长2.813km。主桥为主跨1160m的正交异性桥面板钢箱梁悬索桥,桥宽31.5m;江南侧引桥292m,江北引线1080.829m,两侧引桥采用30~40m跨径预应力混凝土梁,桥宽25.5m;全线设置江城大道和伍临路两座立交。

北岸主塔基础为分离式承台,承台平面尺寸为21.4m×21.4m,厚6.0m,承台下设钻孔灌注桩,为行列式布置,桩径ϕ2.8m,桩长50m,单个承台含16根钻孔灌注桩。桩基的平面布置图如图6-2-1所示。

三、工程地质条件

桥位处长江河段为东南向,河道较顺直,长江河谷为宽谷型不对称复式断面形态,长江深泓及主流偏向南侧,桥位上游北岸有浆砌片石人工护坡。主塔桩位处地层自上而下依次为人工堆积层,冲积层(Q_4^{al})的淤泥质粉质黏土、粉土、细砂、卵石及基岩。根据地勘报告资料,基岩的饱和单轴抗压强度为18MPa。具体地层特征见表6-2-1。

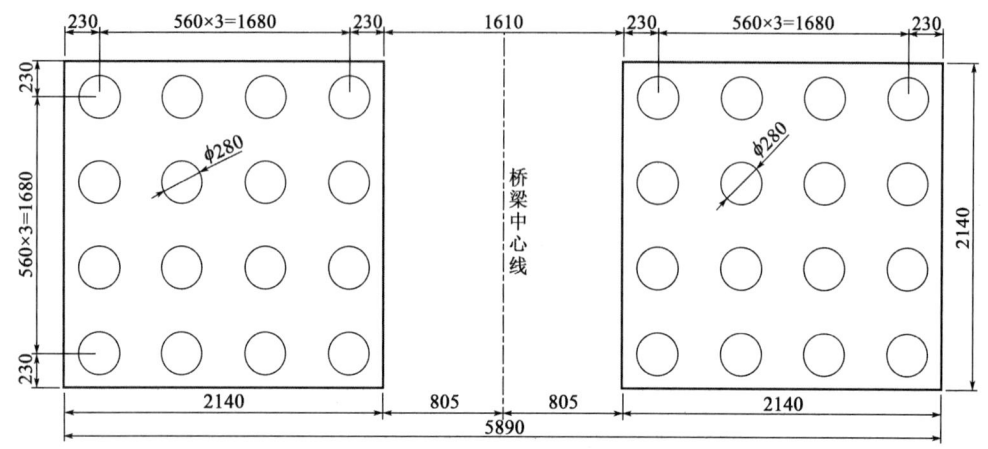

图6-2-1 主塔桩基平面布置图(尺寸单位:cm)

桩位处地层岩性特征　　　　表6-2-1

层　　性	位置(m)	岩性特征
人工堆积层(Q_4^s)	0~8.7	卵石夹粉质黏土,呈黄褐色,卵石粒径2~5cm,次棱角状至圆状,结构松散
冲积层(Q_4^{al})	8.7~17.9	含淤泥质粉质黏土,有异味,可塑状,其中10~11m为含卵石淤泥质粉质黏土,卵石粒径2~3cm
	17.9~29	卵石层。自上而下,卵石粒径逐渐增大,粒径最大8cm,一般3~5cm,次圆状至圆状
基岩($K_2 l^1$)	29~33.52	强风化层。杂色砾岩,泥钙质胶结较差。砾石以白云岩、玄武岩为主,粒径0.5~5cm,次棱角及圆状,含量约65%
	33.52~54.5	中风化层。杂色砾岩夹黄褐色砂岩及砂砾岩。砾石为灰白色白云岩、深灰色玄武岩及暗紫色凝灰岩等,粒径1~6cm
	54.5~60.2	微新岩体。杂色砾岩夹少量粉砂岩。砾石为灰白色白云岩、深灰色玄武岩及暗紫色凝灰岩、乳白色石英岩等,粒径最大8cm,次圆状为主。砾石以接触式胶结为主,钙质胶结一般,砾石含量约80%

第二节　技术特点

(1)投入设备少、施工成本低、绿色环保。

较传统大直径桩采用的冲击钻成孔工艺而言,单桩成孔所需时间缩短15d,所需投入的设备大为减少,施工成本低;施工所产生的泥浆和噪声污染小,较为绿色环保。

(2)解决了旋挖钻机在施工大直径岩层桩基时输出力矩不足问题。

旋挖成孔是钻孔灌注桩施工中一种较先进的方法,但一般旋挖钻施工中输出力矩不足以使大直径岩石桩基的岩层破碎,成孔较困难。本关键技术通过采取分级成孔的施工方法,逐级扩孔,相当于将原本所需的较大力矩分级由旋挖钻机承担,解决了旋挖钻机在大直径岩层桩基时力矩不足问题。

(3)实现复杂多变及较硬岩层的大直径旋挖成孔,效果较好。

针对岩层桩基的顶部覆盖层,采用大直径钻头一次成孔,进入坚硬岩层后采用从小至大不同直径钻头分级旋挖的工艺,根据不同的地质情况,可合理调整所选用的钻头,增强施工灵活性,提高成孔效率,可实现复杂多变及较硬岩层的大直径旋挖孔,效果较好。

第三节 适用范围

根据伍家岗长江大桥北岸主塔桩基实施情况,本关键技术适用于具有较大单轴饱和强度(15~30MPa)的中风化、微风化等坚硬岩层的大直径或超大直径的桩基成孔施工,最大成孔直径可达3.0m。

第四节 材料与设备

一、所需主要材料

(1)泥浆制备材料:优质膨润土、碱(Na_2CO_3)、羟甲基纤维素(CMC)和聚丙烯酰胺(PHP)等。

(2)水:纯净江水。

(3)HRB400、HPB300钢筋,C35混凝土。

二、机械设备

施工机械配置原则:根据工作量,结合机械设备性能而定,确保机械设备配套相匹配,本工程拟投入的机械设备符合优质、高效的原则。

主要机械装备及试验仪器见表6-2-2。

主要机械装备及试验仪器表　　表6-2-2

序号	设备(试验仪器)名称	型号规格	数量	备注
1	履带式起重机	CQUY1500	1台	钢筋笼安装
2	桁架臂流动式起重机	5t	6台	钢筋加工

续上表

序号	设备(试验仪器)名称	型号规格	数量	备注
3	旋挖钻机	XR500HD	1台	桩基成孔
4	制浆机	$12m^3$	1台	泥浆制备
5	空气压缩机	$14m^3$	2台	泥浆循环
6	泥浆泵	3PN	4台	泥浆循环
7	钻渣运输车	$10m^3$	5台	泥浆外运
8	挖掘机	1m	1台	挖空及泥浆池
9	钢筋调直机	GTJ4-14	2台	钢筋笼制作
10	钢筋切断机	QJ40A	2台	钢筋笼制作
11	直螺纹滚丝机	HGS-40	2台	钢筋笼制作
12	直流电焊机	ZX7-400	4	钢筋笼制作
13	交流电焊机	BX1-500	8	钢筋笼制作
14	旋挖钻头	1.5~2.8m(捞砂钻头、双层筒钻、截齿钻筒)	8	钻机配件
15	旋挖钻杆	580-4×20	2	钻机配件
16	泥浆分离器	黑旋风RM250	2套	泥浆净化处理
17	导管	$\phi325mm$	150m	混凝土灌注
18	汽车式起重机	25t	1辆	钢筋笼吊装
19	全站仪	莱卡TM30	2台	测量放线
20	水准仪	索佳SDL1X	1台	测量放线
21	泥浆密度计	NB-1型	2个	测泥浆密度
22	泥浆黏度计	1006型	2个	测泥浆黏度
23	含砂量测定仪	NA-1型	2个	测定含砂率
24	测绳	自制	10套	测量孔深
25	钢尺	50m、5m	若干	量测

第五节　工艺原理及流程

一、工艺原理

大直径或超大直径岩层桩基在旋挖成孔过程中，需要钻进提供很大的输出力矩，而现今市场上旋挖钻机输出力矩不足以实现大直径或超大直径岩层桩基的一次成孔。本关键技术工作原理是把大直径或超大直径桩基分两级或多级成孔，即在旋挖钻机输出力矩允许的情况下,在大直径桩基的中心先采用小直径钻孔,再采用不同直径钻头分级成孔,降低钻头一次性切削土的面积,有效降低钻头负载,达到降低所需的钻机输出力矩问题。同时,在中风化、微风化等坚硬岩层通过不同的钻头,实现施工效率最高的成孔目标。

二、工艺流程

大直径岩层桩基旋挖钻施工工艺流程如图 6-2-2 所示。

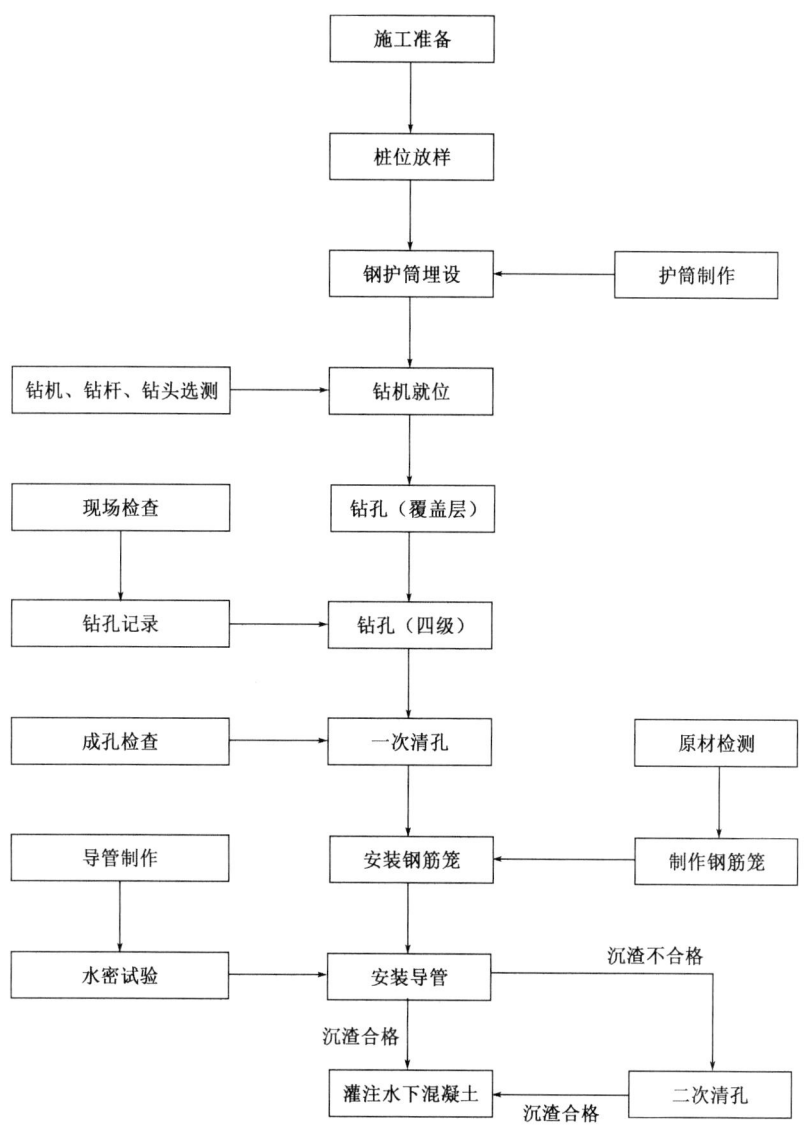

图 6-2-2 大直径岩层桩基旋挖钻施工工艺流程

第六节　主要施工方法

一、场地平整

根据现场地形情况合理布置施工场地,修筑临时便道(便道与钻孔位置保持5m以上净距),接通水、电,设置泥浆池、洗车槽,选择好钻渣弃土场。

场地平整前期做好施工场地交通、建筑物调查,地质、地层调查,水网、电网调查,并做好交通、供电、供水、场地安全防护等设施布置和修建。

二、旋挖钻机、钻杆及钻头选择

(1)旋挖钻机选型。旋挖钻机选用徐工集团生产的XR460D型旋挖钻机,主要参数为:最大成孔直径3000mm;输出成孔深度120m;最大输出力矩460kN·m;整机总质量158t。

(2)钻杆选择。选用机锁加压式钻杆,在土层和岩层钻进时,可稳定地传递大钻压,钻杆本身抗失稳能力强,可有效地克服钻杆的细长杆效应。

(3)钻头选型。可根据需要选用不同形式、不同规格钻头,主要选用捞砂钻头、双层筒钻、截齿筒钻几种形式。

三、钻前检查

(1)桩位检查。对设计单位提供的坐标基点、水准基点及其测量资料进行检查、核对。采用全站仪定出各钻孔桩的中心位置,钻机就位前由技术员复查桩位,准确无误后方可就位对中。

(2)机械检查。钻进施工前,再次对钻头、钻杆等进行全面检查。

四、桩位放样

桩位中心采用全站仪放样,根据中心引出十字定位桩,长度不小于3m,十字定位桩需埋置在坚实处,保护牢固,沿护筒四周采用石灰粉撒出护筒边线。护筒埋设完成后必须复测,中线偏位、高程等数值必须小于《公路工程质量检验评定标准》(JTG F80/1—2017)及设计图纸所规定的允许偏差;平面位置使用全站仪放样及复测,高程使用水准仪和3m双面塔尺进行高程测量。

五、钢护筒制作与安装

钢护筒由壁厚20mm的钢板卷制而成,护筒内径$\phi=3.0m$,长度6m。顶端对称四周焊接吊耳,用于装吊护筒之用。在施工过程中,若发现地基稳定性差,应加大钢护筒埋置深度。

护筒埋设采用旋挖钻在原桩位挖孔后直接吊装放入,根据护筒埋置深度,利用旋挖钻机挖除护筒埋置范围内的土体,再用履带式起重机吊装就位。护筒吊放至孔内后,在顶部用十字线、垂球根据测放的桩位点进行吊线对位检测,调整护筒的中心位置,使护筒顶口中心、底口中心位置与桩位中心位置基本重合。经测量复核,护筒位置满足设计及规范要求后,护筒与坑壁间用黏土分层夯填密实,防止漏浆。

六、泥浆制备和处理

1. 泥浆制备

为保证泥浆的性能指标,泥浆集中制备,净化处理,重复使用,以降低施工成本,保证现场文明施工。泥浆池采用现场开挖,砖砌修筑。钻孔泥浆选用不分散、低固相、高黏度的 PHP 优质膨润土化学泥浆。泥浆由优质膨润土、Na_2CO_3、CMC 和 PHP、纯净江水等原料组成。

2. 泥浆循环、净化

在钻孔施工过程中,采用机械强制及泥浆池沉淀相结合的方法进行泥浆净化。机械强制方式,采用黑旋风 RM250 泥浆分离器净化处理。

七、钻孔施工

1. 钻孔过程

(1)钻机底盘为伸缩式自动整平装置,利用操作室中的电子仪表读数,使钻头对准桩位中心线时锁定各项数据即可,不需再调整,误差控制在 2cm 以内。然后用大直径($\phi = 2.8m$)捞砂钻头一次性钻进软土层及松散卵石层,如图 6-2-3 所示。

(2)进入密实卵石层后采用双层筒钻配合捞砂斗钻进,直至钻至卵石层底面,如图 6-2-4 所示。

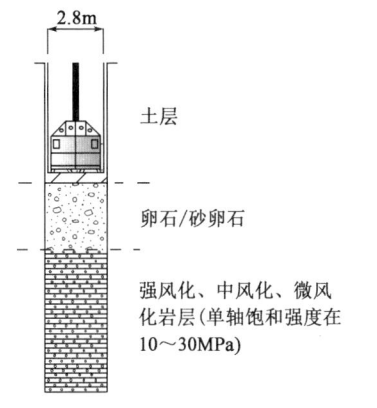

图 6-2-3 土层及松散卵石层钻孔示意图

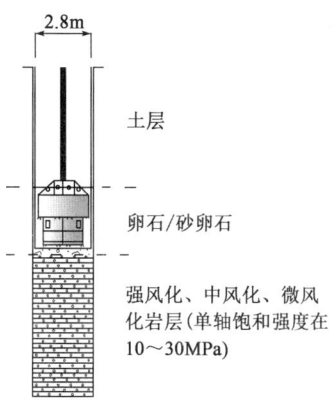

图 6-2-4 密实卵石层钻孔示意图

(3)钻至强风化砾岩顶面时,采用扩孔方案,截齿筒钻钻孔,桩基视情况分级完成。分别采用直径 φ=1.5m、2.0m、2.5m 的截齿钻头钻进至孔底,最后用直径 φ=2.8m 钻头一次性钻进直至成孔,成孔后采用长筒钻进行扫孔、修孔。分级钻孔过程如图 6-2-5 所示。

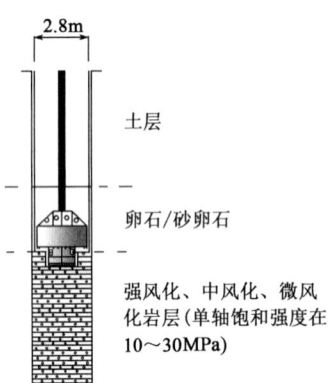

a)1.5m截齿筒钻(带2.8m导正器)钻进1m

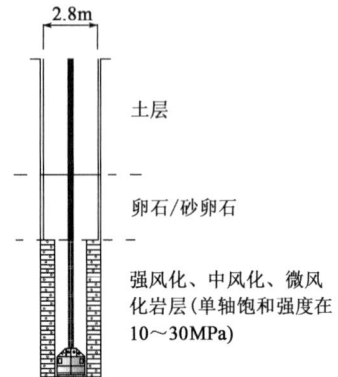

b)1.5m截齿/牙轮筒钻钻至孔底

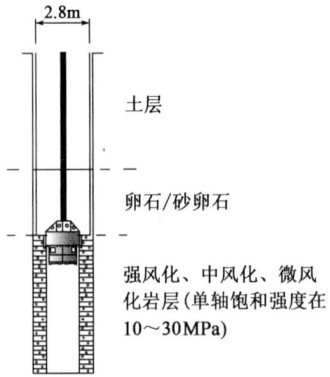

c)2.0m截齿筒钻(带1.5m导正器)钻进1m

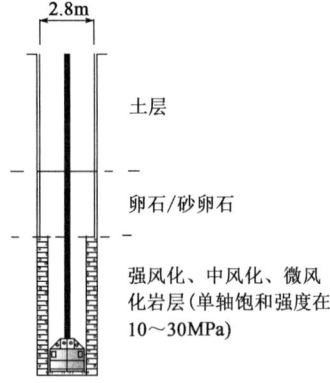

d)2.0m截齿筒钻钻至孔底

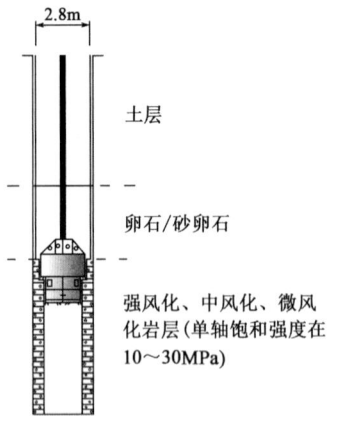

e)2.5m截齿筒钻(带2.0m导正器)钻进1m

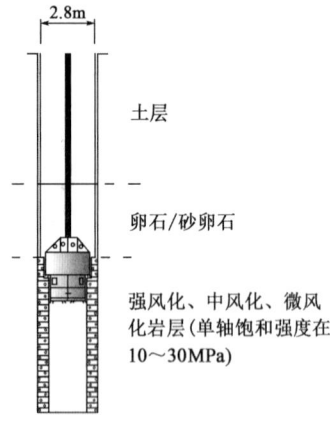

f)22.5m截齿筒钻钻至孔底

图 6-2-5

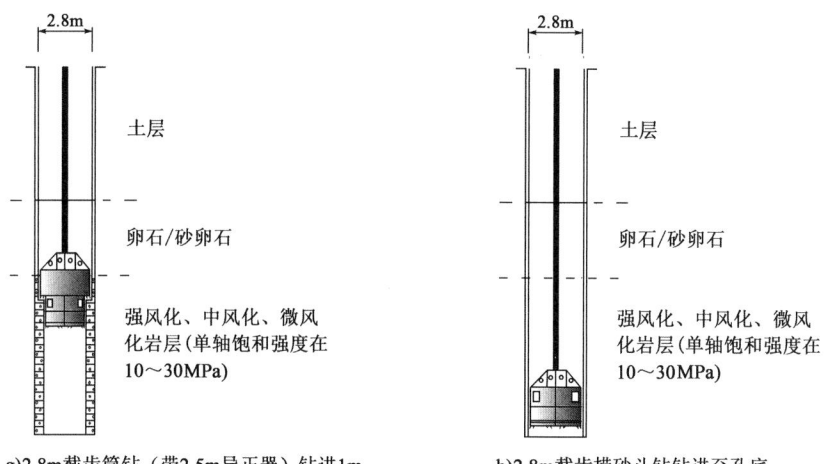

图 6-2-5 分级钻孔示意图

2. 钻孔要求

(1) 泥浆配置合格后,钻机就位开始钻进,钻进后每次回尺控制在 60cm 左右。刚开始要放慢旋挖速度,并注意放斗要稳、提斗要慢,特别是在孔口 5~8m 段时注意通过控制室来监控垂直度,如有偏差及时调整。必须保证每挖一桶向孔内注浆,保持孔内泥浆高度,以增加压力保证孔壁质量,泥浆补充方式采用泥浆泵泵送,其速度以保证液面始终在护筒底口 2.5m 以上为标准,否则,易造成孔口塌陷,影响成孔质量。

(2) 泥浆初次注入时,应垂直向桩孔中间进行入浆,避免泥浆沿护筒壁冲刷孔壁使其底部孔壁松散坍塌;旋挖钻施工初期,提升钻头时,避免因筒斗下部产生较大的负压力作用产生"吸钻"现象而造成孔壁缩颈,须对筒式钻头的筒壁对称加焊护壁钢板(或增设导流槽)进行改进,以减少钻孔缩颈现象的发生。

(3) 严格控制钻进速度,避免进尺过快造成塌孔埋钻事故。根据地质情况分析,堆积层钻进速度控制在 3~4m/h,冲积层钻进速度控制在 1.5~2m/h,采用少钻勤提方式,避免进尺过快造成塌孔埋钻事故。

(4) 控制钻头升降速度,防止发生孔壁缩颈、坍塌事故。在钻进过程中要经常检查钻头通气孔,必须保证钻头通气孔的畅通无阻。钻头升降速度宜控制在 0.75m/s;在粉细砂层,钻头升降速度宜小于 0.4m/s;提下钻钻头进出泥浆液面时要平稳,尽量减少钻头对液面的抽吸和冲击。

(5) 经常检查钻头的磨损和连接部位,及时补焊,以保证钻头直径和防止钻头或钻头底盖掉入孔内。

(6) 旋挖钻机配置的监测孔、对中等电子装置应确保完好,组装钻机时进行校准,每次提下钻时监测,确保钻塔垂直、钻头对准孔位。

(7) 钻进过程中,正常情况下按照每 2m 取渣样一次,并经常注意地层变化,在地层变化处均应捞取渣样,判明后记入记录表中,并与地质剖面图核对。

(8)钻孔泥浆选用不分散、低固相、高黏度的 PHP 优质膨润土化学泥浆。钻孔过程中的泥浆性能指标见表 6-2-3。

泥 浆 性 能 指 标　　　　　表 6-2-3

地层情况	相对密度	黏度 (Pa·s)	含砂率 (%)	胶体率 (%)	静切力 (Pa)	失水率 (mL/30min)	酸碱度 (pH)
一般地层	1.1~1.2	18~24	≤4	≥95	1~2.5	≤20	8~11
易坍地层	1.2~1.4	22~30			3~5		
卵石层	1.4~1.5	25~28		≥90			

3. 分级钻孔控制要点

(1)在特别坚硬的中风化、弱风化岩层中钻进时,宜采用双底双门截齿旋挖钻头和镶有钨钴硬质合金单锥截齿型嵌岩短螺旋钻头配合使用。遇到倾斜岩面时需要用截齿钻斗缓慢磨平,然后再加压进钻,保证垂直度。

(2)采用 2.8m 钻头钻进至覆盖层后,换用 1.5m 钻头继续钻进;为保证钻头精准对中,采用 1.5m 截齿筒钻(带 2.8m 导正器)先钻进 1m,确保分级钻孔中心和原孔中心一致,再换用 1.5m 钻头钻到孔底。

(3)1.5m 钻头钻进到孔底后,采用 2.0m 的筒钻(带 1.5m 导正器)钻进 1m,定位出 2.0m 钻头孔位,再换用 2.0m 钻头钻至孔底,2.5m、2.8m 分级钻进亦同理。分级采用截齿筒钻+导正器定位出各级孔位,确保各级钻进中心点保持一致,保证成孔质量。

(4)最后一级(2.8m)采用截齿捞砂斗钻头钻进,直至离设计高程剩余最后一钻即 30~50cm,等待 5~10min,待残渣沉淀后开始最后一钻,将残渣一并带出。钻进成孔后采用长度为 6m 的筒钻进行扫孔、修孔。

八、成孔验收

钻孔达到设计深度和要求时应报请监理工程师验收,设计确认同意后方可终孔。当与地勘资料有出入时,应经监理、设计代表、业主同意后,方可进行下一步工作。终孔检查应符合设计和规范要求,桩孔垂直度和孔径检测采用超声波检测仪进行检测。

九、一次清孔

钻孔深度达到设计高程后,应对孔深、孔径进行检查,符合上述成孔质量标准的要求后方可清孔。采用 φ=2.8m 清孔钻头(捞砂斗切削齿改为刮渣板),清除孔底沉渣。

十、钢筋笼制作与安装

钢筋笼在钢筋加工场内采用长线法在胎架上分节段制作,一次性制作完成。节段之间采用滚轧直螺纹套筒连接。用平板车将钢筋笼运至孔位附近,利用 150t 履带式起重机下放钢筋笼。钢筋笼下放时在孔口放置由型钢制作的专用钢筋笼支撑架。

(1)胎架法成型：支架用 16mm 厚的钢板，按骨架的设计尺寸，做成半圆形的固定支架。在它的周围边缘，按主筋的位置凿出支托主筋的凹槽。制作时，将主筋逐根放入凹槽，然后将箍筋按设计位置放在骨架外围，弯绕成圆箍，并与主筋点焊连接，直到最后加工成型。

(2)钢筋的连接：主筋接长采用滚轧直螺纹接头，环箍钢筋采用绑扎搭接、搭接长度不小于48cm。

(3)钻孔桩成孔经检验合格后，即可开始钢筋笼吊装施工。钢筋笼吊装采用 150t 履带式起重机，并采用槽 20 型钢 + 10/20mm 钢板制作钢筋笼吊装专用吊具。钢筋笼吊离地面前，采用主副钩同时起吊，待钢筋笼吊离地面一定高度后，松副钩、起升主钩直至钢筋笼处于竖直状态。然后移至孔位处对中下放钢筋笼，进入孔口后，应将其扶正徐徐下降，严禁摆动碰撞孔壁。当骨架下降至第一吊点加强筋下放后，将骨架用型钢临时支撑于孔口。再吊装第二节钢筋笼，使上、下两节钢筋笼位于同一竖直线上，进行连接。对接时要衔接迅速，减少作业时间，连接完成后，稍提钢筋笼，抽去临时支托，将钢筋笼徐徐下降，如此循环，使全部钢筋笼降至设计高程为止。根据测定的护筒顶口高程计算出定位筋长度，核对无误后进行焊接，完成对钢筋笼最上端的定位。然后在定位钢筋骨架顶端的顶吊圈下面插入两根平行的工字钢，将整个定位骨架支托于孔口支撑架上。

十一、二次清孔

钢筋笼下放完成后，及时安装灌注平台、导管等，完成气举反循环二次清孔布设工作，进行二次清孔，直至孔底沉渣厚度、泥浆密度、含砂率、黏度等指标符合设计及规范要求。气举反循环主要设备包括 $\phi 325mm$ 刚性导管、$\phi 100mm$ 风管、$14m^3$ 空气压缩机和泥浆分离器。

采用起重机分节下导管(单节长度为3m，底节长5m)，导管的接头为卡扣式接头，每个接头含两道密封圈，防止漏气。在导管的下放过程中，要尽量沿桩孔轴线位置。导管要竖直慢慢下放。下完导管后，安装风管，盖上冲风盖进行清孔，清孔完成后拆除冲风盖及风管。

气举反循环法的具体过程为：导管从孔底抽吸密度大、含砂率高的泥浆，同时利用泥浆泵往孔内注入正常密度的泥浆，把孔内悬浮钻渣较多的泥浆换出，直到泥浆密度小于1.1、含砂率小于2%、稠度18s左右，终止清孔作业，拆除导管、风管，下放钢筋笼。

气举反循环清孔示意图如图 6-2-6 所示。

十二、混凝土浇筑

桩基混凝土灌注采用垂直提升导管法施工，灌注设备主要由导管、混凝土储料斗、溜槽、漏斗等组成。

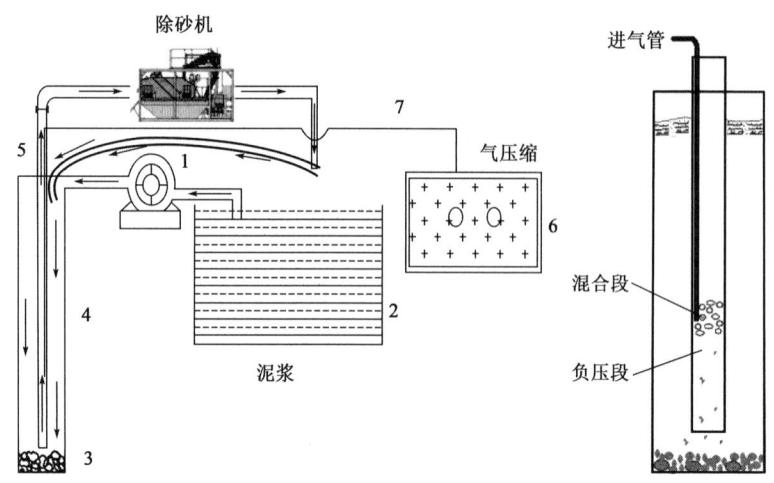

图 6-2-6 气举反循环清孔示意图
1-泥浆泵;2-泥浆池;3-孔底沉渣;4-桩孔;5-导管;6-空压机;7-风管

开始灌注首批混凝土前,到达现场首批混凝土储量控制在 $20m^3$ 左右,现场安排 3 辆混凝土搅拌运输车后开始灌注。导管下口至孔底距离控制在 40cm 左右,首灌完成后导管埋深不小于 1.0m。灌注过程中用测绳探测孔内混凝土面高程,并测算混凝土上升高度和导管埋深,以便及时调整导管埋深,将导管埋深控制在 2~6m 之间。为保证桩顶混凝土质量,混凝土的超灌高度控制在 1.5m,当确认混凝土面高度、桩顶混凝土质量满足要求后才可提拔最后一节导管。

十三、桩基检测

桩基质量检测应按设计和规范规定达到 7d 强度以后进行。按设计要求进行超声波无损检测。桩基检测前,先冲水检查声测管,若有淤塞,不断进行冲洗,直至孔底冲洗干净。

第七节　施工关键控制点及要求

施工关键控制点及要求见表 6-2-4。

施工关键控制点及要求　　　　　　　　　　表 6-2-4

序号	关键点	要　　求	控制措施
1	测量放样	控制桩位测量的放样精度	定位测量后,采用钢尺复核相邻桩位间的距离
2	护筒埋设	控制护筒埋设中心和桩中心重合,平面误差不得超过 5cm;重点检查护筒的垂直度,误差不超过 1%,高出地面 30cm	钻进过程中反复测量与检查,保证护筒稳定可靠,满足要求

续上表

序号	关键点	要 求	控 制 措 施
3	钻孔控制	钻机对中准确,误差不得超过2cm。控制钻进速度,保证竖直度	(1)通过钻机的自动对中器进行桩位对中; (2)孔口5~8m段要慢速钻进,放斗要稳,提斗要慢,每回进尺控制在60cm左右; (3)每挖一斗同时向孔内注入泥浆,保持孔内水头,增加压力,保证孔壁稳定; (4)保持泥浆密度在1.10~1.30g/cm³之间
4	孔底超钻深度	本工程为端承桩,按照《公路桥涵施工技术规范》(JTG/T 3650—2020),超深不小于5cm,实际施工时按照超深5~10cm控制;严禁以超钻代替清孔	(1)1.5m钻头钻至离设计孔底30cm左右,停止钻进,开始扩孔; (2)2.8m钻头扩孔至距孔底2m左右时,技术员现场旁站监督,直至钻至孔底; (3)参建各方确认可以终孔时,利用平底扫孔钻头进行扫孔,然后确认终孔高程
5	一次清孔	泥浆密度在1.05~1.1g/cm³之间,含砂率≤2%,胶体率≥95%,黏度17~20Pa·s	(1)清孔前,平底扫孔钻头捞渣到位; (2)气举法清孔时,导管多位挪动
6	二次清孔	泥浆密度在1.05~1.1g/cm³之间,含砂率≤2%,胶体率≥95%,黏度17~20Pa·s;孔底沉渣小于2cm	(1)钢筋笼安装采取二次下放,下放至距孔底2m时,安装导管进行气举法清孔,经检测泥浆性能指标和沉渣厚度满足要求后,将钢筋笼下放到位; (2)钢筋笼下放后立即进行气举法清孔,并挪动导管
7	钻孔倾斜度	≤1/200	(1)经常检查钻杆垂直度和钻机水平度; (2)根据钻机地层软岩程度,合理控制钻进速度
8	桩孔直径	≥2.8m	(1)经常性检查钻头直径,比设计孔径小2~3cm为宜; (2)根据不同地层情况,合理进行加压,严控进尺速度
9	钢筋笼制作质量	满足设计及桥涵施工技术规范要求	(1)经常对钢筋丝头加工及焊接质量进行过程检查; (2)加强对成型的钢筋笼尺寸、间距检查,严格按照规范指标要求进行验收
10	桩身混凝土质量	混凝土强度满足规范要求;桩身混凝土密实	(1)专班对混凝土原材料质量进行把控; (2)试验员对拌和站的施工配合比进行监督巡视; (3)加强施工组织,确保连续灌注; (4)灌注过程中,全程跟踪控制入孔混凝土质量、导管埋深

第八节 本章小结

(1)在钻进过程中控制钻孔深度,1.5m、2m、2.5m钻头钻进至离设计孔深30cm时停钻,最终采用2.8m钻头一次性到位,可以避免超钻过多现象的发生。

(2)精确控制成孔时间,保证后续施工工艺之间紧密衔接。

(3)成孔之后可采用2.8m平底捞砂斗进行彻底捞渣。

(4)为确保清孔效率,对底部导管管口进行改进,增加两个分支;将风管口位置在原来基础上下调5m,并在清孔过程中按固定的顺序每0.5h移动一次导管位置。

(5)在钢筋笼吊具上设置两组打梢点,间距2m,以便钢筋笼下放至距离孔底2m时进行清孔,清孔2h以后将钢筋笼下放到位,再继续清孔。

(6)混凝土灌注至15~25m段时,降低搅拌运输车下料速度,同时以不超过0.5m的幅度上下活动导管。加大导管埋深,灌注过程中导管埋深不小于5m。

第三章　旋挖钻硬切割成孔的咬合桩施工关键技术

第一节　工程概况

一、概述

在国内的悬索桥设计中,重力式锚碇的基坑支护,绝大部分都选择了地下连续墙的结构形式,未能做到因地制宜、在不同的环境条件下选用合理的支护方式,一定程度上制约了重力式锚碇的基坑支护方式。

伍家岗长江大桥项目在综合考虑地形、地貌、地质的情况下,首次创造性地应用了常见于地下工程的咬合桩技术,确定了锚碇基坑开挖采用放坡开挖与咬合排桩支护开挖相结合的方式。基坑在完成两级放坡开挖后,以咬合桩技术加固坡脚土体,形成稳定的边坡结构,同时作为锚碇基坑的支护结构,保证锚碇基坑的稳定性和施工的安全性。通过已嵌岩的咬合桩体,使得整个基坑形成封闭的空间,起到良好的隔水和止水效果。在大桥建成运营后,还可为锚碇基础提供一定的水平抗力储备,保障大桥健康平稳运营。

当前,国内外采用的咬合桩施工工艺主要有全套管跟进法、回旋钻和长螺旋后压灌注。在旋挖钻施工咬合桩方面,可借鉴的案例较少,尤其对于砂卵石层,其结构体系复杂,施工场地狭小,施工难点众多,垂直度控制难度大及咬合桩成桩后防水要求高。

伍家岗长江大桥南岸锚碇采用重力式锚碇结构。针对伍家岗长江大桥重力式锚碇的施工特点,咬合桩采用旋挖钻施工及旋挖钻混凝土桩硬切割钻进施工,整个施工过程施工效率高,安全性高,实现了咬合桩的高精度、高效率施工。

二、工程概况

重力式锚碇基坑分三级开挖,第一、二级为放坡开挖采用锚喷支护,第三级采用咬合桩支护。根据地质情况的不同,将咬合桩的分布范围划分为 A~L 区,设计桩长最小为 13m,最大桩长不超过 28m。选用 C30 混凝土进行水下浇筑,桩径均为 1.5m,桩心距 1.05m,咬合量 0.45m。钢筋混凝土桩 129 根,素混凝土桩 130 根。合计声测管共 8382m,塑料定位环共 11176 个。咬合桩工程量统计表见表 6-3-1,平面分区图如图 6-3-1 所示。

伍家岗长江大桥咬合桩工程量统计表　　　　表6-3-1

分区	钢筋混凝土桩				素混凝土桩	
	桩长(m)	数量(根)	单桩钢筋(kg)	C30水下混凝土(m³)	数量(根)	C30水下混凝土(m³)
A	17	18	3159.2	30.1	19	30.0
B	20	7	3660.4	35.4	6	35.3
C	23	6	4180.2	40.7	7	40.6
D	26	4	4681.5	46	3	45.9
E	28	7	5021.8	49.5	8	49.5
F	26	5	4681.5	46	5	45.9
G	20	3	3660.4	35.4	3	35.3
H	13	15	2478.5	23	15	23.0
I	14	32	2639.3	24.8	31	24.7
J	16	12	2979.7	28.3	13	28.3
K	19	12	3499.5	33.6	12	33.6
L	17	8	3159.2	30.1	8	30.06
合计	—	129	420496	4022.7	130	4057.1

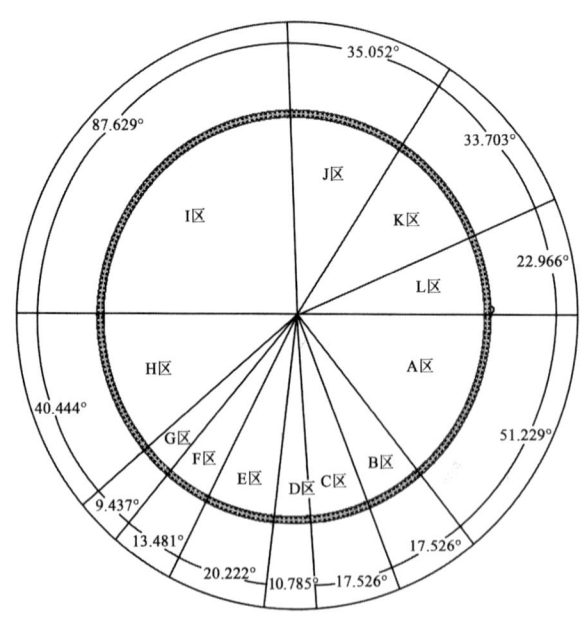

图6-3-1　伍家岗长江大桥重力式锚碇咬合桩分区图

三、水文地质

1. 地质条件

江南侧重力式锚碇区域分布于第四系覆盖层,主要为第四系全新统人工堆积层(Q_4^s)、上更新统的洪、坡积层(Q_3^{pl+dl}),厚度 16.4~26.6m;基岩为白垩系上统罗镜滩组第二段(K_2l^2),基岩面高程 42.83~52.90m。咬合桩涉及主要地层分述如下:

上更新统的洪、坡积层(Q_3^{pl+dl})含中粗砾卵石。下部偶含漂石,多呈边长亚圆状,原岩成分较杂,为深灰色玄武岩、灰白色石英岩、灰黑色变质岩等,漂卵砾石间主要充填中粗砂(含量 15%~25%)。

罗镜滩组第二段(K_2l^1)厚沙砾岩(含量约 40%)、砾岩(含量约 30%)、粉细砂岩(含量约 25%)互层及少量泥质粉砂岩和疏松砂岩(含量约 5%)夹层。咬合桩嵌入中风化砾岩层 3m,桩长平均 20m。

2. 水文条件

江南侧重力式锚碇位于地形较平缓的二级阶地,长江为区内地表水流的汇集和排泄通道,大气降雨部分汇入地表人工沟渠及城市管网排泄入长江,部分入渗形成地下水,地下水最终以地下渗流形式排泄入长江。江南侧重力式锚碇部分地下水按储存条件可分为第四系孔隙水和基岩裂隙水。根据现场竖井抽水试验成果,最大降深 0.44m 时实测稳定抽水量 244L/min,即 150m³/h,计算所得渗透系数 1.6×10^{-1}cm/s,即 138.24m/d,属强透水层。据估算,基础不采取防渗措施涌水量约 27400m³/d。

第二节 钻孔设备选型

考虑到全套管钻机在卵石地基中遇到卵石和漂石,切入困难;全套管钻机施工工艺为先转动液压装置,使钢套管压入土中一定深度,然后用旋挖钻取土,循环进行,直至桩底,工艺复杂,控制困难,功效较低。施工时,在锚碇基坑中选择了 3 根 10m 桩长进行试桩试验,采用旋挖钻机施工咬合桩,通过混凝土试件反映素桩混凝土强度。为了解旋挖钻切割素桩能力,素桩强度比方案要求提高了 10MPa,以应对突发情况。为了让施工有富余的时间和切割的效率,通过优化配合比来延缓素桩的早期强度。同时,旋挖钻控制系统自动调整对桩位钻孔和垂直度,经仪器对桩位复测,精准度较高,且咬合面干净,无塌孔现象,从而使旋挖钻施工咬合桩工艺具备可操作性,最终选择了旋挖钻施工咬合桩的工艺。

第三节 技术特点

咬合桩属于饱水区基坑支护挡水结构,荤素桩基工序转换频繁,需严格按照设计及规范施工,对桩基桩位和冠梁位置进行测量、复核,确保咬合桩混凝土施工及桩位精度控制要求。

旋挖钻具有施工效率高、噪声低、振动小、污染小等优点。整个施工过程安全性高、占用空间小、咬合桩垂直度控制简单,能实现咬合桩的高精度、高效率施工。

旋挖钻施工适用于碎石土、砂、泥、岩石等各种地层,可有效改善咬合桩基施工效率,对超大基坑防水起到立竿见影的效果,保证超大基坑的施工安全。对基坑防水的咬合桩施工,可推荐使用。

第四节 施工工艺原理及流程

一、工艺原理

首先采用旋挖钻机斗齿钻头完成素混凝土桩施工,待两侧素桩完成后,再用截齿桶配合斗齿钻头完成钢筋混凝土桩的切割,咬合桩施工周期以确保旋挖钻切削混凝土强度的最大能力为控制原则。

先施工素混凝土 A1→A3→A5→…桩,等到终凝后开始施工 A2→A4→A6→…桩,然后等素桩终凝后开始进行 B1→B3→B5→…桩的施工,最后施工 B2→B4→B6→…桩。根据旋挖钻机钻头能够在素混凝土中钻进的特点,省去了套管的使用,直接进行钻进,旋挖钻机截齿筒钻头对素桩切削后,达到混凝土结构凿毛的效果,因此,使钢筋混凝土桩与素桩能够有效连接,从而起到止水的效果。其施工顺序如图 6-3-2 所示。

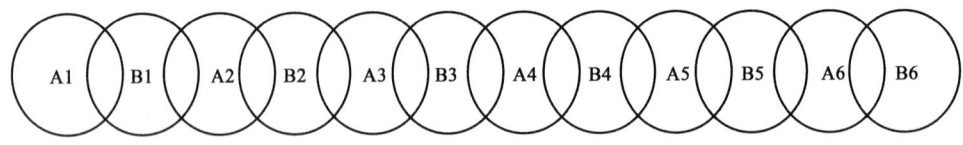

施工顺序A1→A3→A5→…A2→A4→A6→…B1→B3→B5→…B2→B4→B6→…

图 6-3-2 咬合桩施工顺序示意图
A-素桩;B-混凝土桩

二、工艺流程

咬合桩 A 桩和 B 桩的施工工艺流程如图 6-3-3 所示。

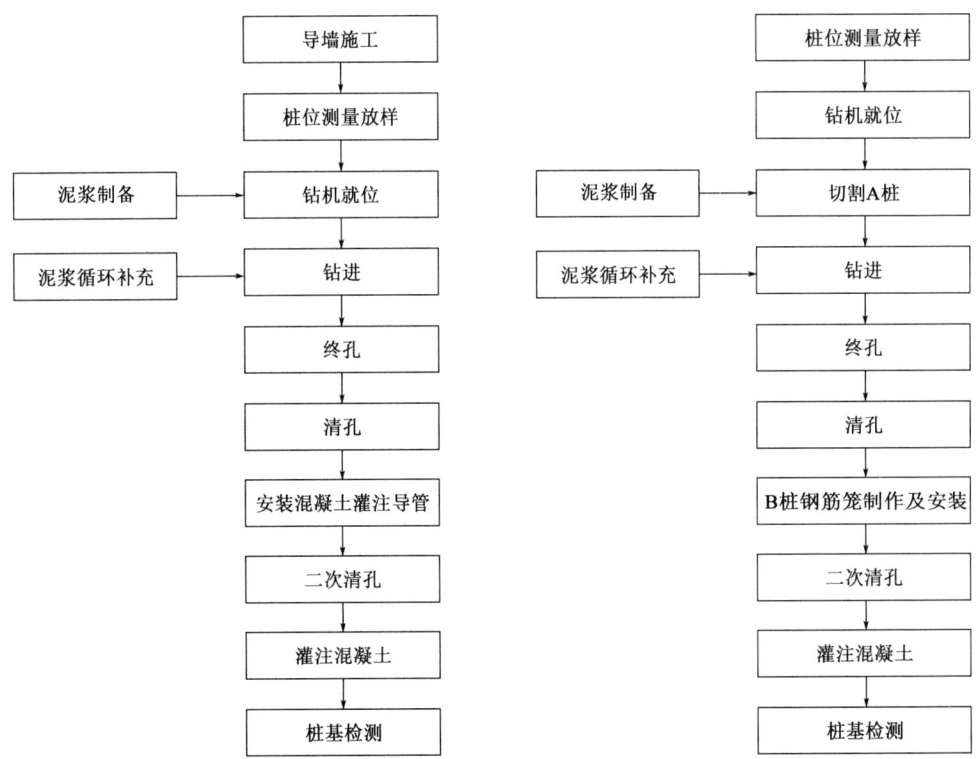

a) 咬合桩 A 桩施工工艺流程　　　　　　b) 咬合桩 B 桩施工工艺流程

图 6-3-3　咬合桩施工工艺流程

第五节　资源配置

施工机械配置要根据工作量,结合机械设备性能而定,确保机械设备配套相匹配。本工程拟投入的机械设备应符合优质、高效的原则。

主要机械设备配置情况见表 6-3-2。

主要机械设备配置情况表　　　　　　表 6-3-2

序号	名　称	规格型号	单位	数量
1	搅拌站	$120m^3/h$	台	2
2	混凝土搅拌运输车	$9m^3$	辆	3
3	变压器	$630kV·A$	台	1
4	旋挖钻机	XR360	台	1
5	泥浆制备制浆机	$12m^3$	台	1
6	汽车式起重机	25t	台	1
7	泥浆泵	5kW	台	3

续上表

序号	名　　称	规格型号	单　位	数　量
8	水泵	7.5kW	台	2
9	平板车	13.5m	台	1
10	空气压缩机	15m³	台	1
11	泥浆分离器	黑旋风 RM250	台	1

第六节　主要施工方法

一、桩位测量放样

桩基测量定位采用两台全站仪交叉放样互相复核完成,两台仪器分别置于两个控制点,放样完成后进行钻机定位。桩位中心采用全站仪放样,导墙模板安装完成后必须复测,中线偏位、高程等数值必须小于现行《公路工程质量检验评定标准》(JTG F80/1)及设计图纸所规定的允许偏差;平面位置使用全站仪放样及复测,高程使用水准仪和3m双面塔尺进行高程测量。埋设护桩作为桩位控制点,每桩4个,护桩采用钢筋打入地面固定,护桩要做到稳固,并采取保护措施。

二、导墙施工

导墙主要起定点导向的作用,为提高钻孔咬合桩孔口的定位精度及就位效率,保证底部有足够的咬合量,在桩顶按照排桩桩位设置钢筋混凝土导墙,导墙厚度1000mm,导墙宽度2000mm,导墙预留桩基定位直径比咬合桩直径大10cm。

导墙施工的顺序如下:

(1)平整场地:清除地表杂物,填平碾压。

(2)测放桩位:采用全站仪根据地面导线控制点进行实地放样,并做好龙门桩,作为导墙施工的控制中线。

(3)导墙沟槽开挖:在桩位放样验收符合要求后人工开挖沟槽,开挖结束后对基槽正平夯实,将中心线引入沟槽。

(4)钢筋绑扎。

(5)模板施工:模板采用自制整体模板,每套模板保证3根桩,共制作4套模板周转使用。模板采用方木加固。

(6)混凝土浇筑施工:模板检查符合要求后浇筑混凝土。混凝土强度等级C25,浇筑时两边对称交替进行,振捣采用插入式振捣器,振捣间距为500mm左右。

(7)桩位标注:导墙混凝土强度达到75%后,拆除模板,在导墙上标明桩号,重新定位,将点位引测到导墙顶面上,作为钻机定位控制点。

三、泥浆制备

1. 泥浆制备

为保证泥浆的性能指标,要求泥浆集中制备、净化处理、重复使用,以降低施工成本、保证现场文明施工。泥浆池采用现场开挖。泥浆选用主塔冲击钻循环泥浆池浆液运至锚碇泥浆池,运至泥浆池后进行改良,以形成不分散、低固相、高黏度的 PHP 优质膨润土化学泥浆。

2. 泥浆循环、净化

在钻孔施工过程中,采用泥浆池沉淀相的方法进行泥浆净化。在锚碇中心位置开挖 $10m \times 20m \times 2m$(宽×长×深)、容量为 $400m^3$ 的泥浆池,四周设置 1.2m 高钢管做临边防护。

3. 钻渣、废浆处理

旋挖钻钻斗取出的渣土倾卸至锚碇内侧临时存放,钻进过程中挖掘机配合渣土车及时归堆,将钻渣及时运输至弃土场。

四、旋挖钻进

(1)旋挖钻机至测量位置,使旋挖钻机钻头中心对应定位在桩基中心即桩位中心。施工过程中做好导墙的定位、桩位的放样等工作。利用旋挖钻自动对中系统和垂直度控制系统来精确控制好桩身的垂直度。

(2)开孔:旋挖钻机较重,施工场地必须平整、宽敞,并有一定硬度。旋挖钻机自行就位,钻头着地、旋转、开孔,以钻头自重并加液压作为钻进压力,开钻时慢速钻进,待钻头进入导墙底口 1m 后,方可以正常速度钻进。

(3)土层、砂层内钻进:旋挖成孔首先通过底部带有活门的桶式钻头回转,利用钻头底部的斗齿切削土体,旋转钻斗并施加压力,直接将其土体装入钻斗内,仪表自动显示筒满时,钻斗底部关闭,然后再由钻机提升装置和伸缩钻杆将钻斗提出孔外卸渣,卸渣后关闭钻头活门,将钻头转回钻进位置,并将旋转体上部固定,如此反复作业,提高成孔效率。每次提钻卸土时,应及时向孔内灌入泥浆。动力钻头转速一般为 $8 \sim 60 rad/min$,对较软土层可用较大转速,反之则取用较小转速。在钻进过程中,为防止跨孔、缩孔等事故的发生,应放慢转速和钻进速度,增大泥浆黏度,增加护壁厚度。快到岩层时应减速慢进。

(4)岩层内钻进:采用换上环状牙轮钻头等配件进行作业,旋挖钻机岩层施工中应加强对钻头磨损和连接部位的检查,发现侧齿磨坏、钻斗封闭不严时必须及时整修。

(5)终孔后钻头高出孔底 $10 \sim 20cm$,保持慢速空转,维持循环清孔时间不少于 0.5h,清孔时采用优质泥浆。

五、一次清孔

钻孔深度达到设计高程后,应对孔深、孔径进行检查,符合上述成孔质量标准的要求后方可清孔。

采用反循环泵进行清孔,主要设备包括 $\phi 325mm$ 刚性导管和 $\phi 100mm$ 风管。

在安装每节导管前,应将损坏的密封圈换掉,并将每节导管拧紧。导管使用前,要进行水密承压和接头抗拉试验等工作,并经监理工程师检查合格后下放导管。导管试压的压力为不小于孔内水深1.3倍的压力,本工程具体压力值为0.8MPa。

采用起重机分节下导管(单节长度为3m,底节长5m),导管的接头为卡扣式接头,每个接头含两道密封圈,防止漏气。在导管的下放过程中,要尽量沿桩孔轴线位置。导管要竖直慢慢下放。下完导管后进行安装,盖上冲风盖进行清孔,直到泥浆密度达到 $1.03 \sim 1.1 g/cm^3$、含砂率小于2%、稠度18s左右,终止清孔作业,拆除导管,下放钢筋笼。

六、钢筋笼施工

1. 钢筋笼加工

钢筋笼在胎架上分节同槽加工,下料前应将钢筋调直并清理污锈,钢筋表面应平直,无局部弯折,钢筋笼在胎架上分两节同槽制作。在考虑钢筋定尺并满足钢筋笼运输条件的前提下,为尽量减少钢筋接头,钢筋笼标准节分节长度取12m。钢筋笼胎架制作如图6-3-4所示,钢筋笼制作现场图如图6-3-5所示。

图6-3-4 钢筋笼胎架制作图　　　　图6-3-5 钢筋笼制作现场图

每节钢筋笼两端主筋接头需错位布置,同一连接区内钢筋接头数量按50%控制。为方便现场主筋连接,箍筋暂不焊接,先按顺序安放到位,待现场主筋连接好后,再进行箍筋的焊接。在相邻节段钢筋笼相互连接的同一根主筋上做上标记,以便在钢筋笼接长时以此根主筋为基准进行钢筋笼的对齐和现场连接。

2. 钢筋笼运输

钢筋笼加工制作完成以后,按照现场存放的先后顺序进行拆分,即先拆分最后一节钢筋笼,最后拆分第一节钢筋笼。拆分后的钢筋笼在运输之前,用塑料套筒将直螺纹位置套上,防止在运送过程中破坏丝牙;拆分时应在钢筋上做好标记,以便安装时能顺利对接。桩基钢筋笼运输时,使用带有限位架的平板车运输至现场。

3. 钢筋笼下放及安装

钢筋笼由25t汽车式起重机进行接高及下放,下放时按照每节钢筋笼两端的标识从下至上依次进行。钢筋笼吊点设置在每节钢筋笼最上一层加劲箍处,对称布置,共计4个,吊耳采用圆钢制作并与主筋焊接。随着钢筋笼的不断接长和质量的不断增加,为避免钢筋笼发生吊装变形,钢筋笼顶口设置专用吊架;为承受钢筋笼质量并保证钢筋笼竖直,在孔口布置专用井字架用于挂设钢筋笼。

钢筋笼的下放顺序为正位→连接→下放,具体如下:

(1) 正位:骨架吊正后检查确认吊点垂线、桩轴线、骨架中轴线吻合后,由操作人员扶持缓慢下放,防止骨架碰撞孔壁造成塌孔。

(2) 连接:首节骨架入孔接近导墙上口时,在该节最上一道加劲箍的下方用卡板穿过,将骨架卡起在冠梁口钢筋笼平台上,吊起下一节骨架,对齐主筋并将第二节骨架主筋与第一节骨架主筋靠紧,旋动直螺纹套筒直至拧紧到位。逐根检查符合要求后下放,并对接下节。

(3) 下放:提起连接好的骨架,抽出卡板,缓慢下放,重复上述工序。下放时注意桩基超声波检测管同步接长两节,声测管的安装工艺应满足相关规范的要求。采用护套式液压钳挤压连接接头,声测管管壁及接头耐压性能(外压)不小于5.0MPa,在承受3kN轴向拉伸工况下,接头处能承受4.5MPa外压不泄漏。在钢筋笼制造安装及浇筑混凝土过程中,应对声测管进行保护。

七、二次清孔

钢筋笼下放完成后,及时安装灌注平台、导管等,利用反循环泵进行二次清孔,直至孔底沉渣厚度、泥浆密度、含砂率、黏度等指标符合设计及规范要求。

在清孔过程中,为保证孔壁清洁干净,在旋挖钻钻杆端头安装冲洗装置,利用钻杆上下移动,完成对咬合面的冲洗工作,如图6-3-6所示。

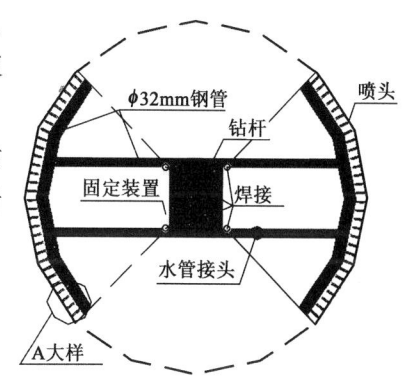

图6-3-6 咬合桩的咬合面冲洗装置(专利成果)

八、混凝土浇筑

1. 导管安装

(1) 导管采用无缝钢管加工制作,接头形式为丝扣式接头,经过水密及接头抗拉试验达到要求后使用。导管为325mm刚性导管,底节导管长为4m,中间每节长3m,调整节长度为0.5m和1m。

(2)为保证混凝土浇筑施工质量,在浇筑施工前对导管水密性进行检验。将导管全部对接后,采用高压水枪对导管注入高压水,其注压值控制在1.3倍水压以上,并持续加载10min。

检验达标后,及时对各节导管进行编号,浇筑时按照编号下放导管。通过起重机配合人工将导管分节段吊装伸入桩孔,导管底部高于桩底约40cm,导管顶安装带封闭开关的漏斗。

浇筑桩导管安装示意图如图6-3-7所示。

2. 混凝土浇筑

咬合桩采用C30混凝土,在混凝土配合比设计上,增加缓凝剂来调节混凝土的初、终凝时间,使混凝土在2~3d早期强度较低,从而实现施工方案的可操作性和留出施工富余时间。混凝土配合比设计见表6-3-3。

混凝土配合比设计 表6-3-3

混凝土等级	混凝土用量(kg/m³)					
	水泥	粉煤灰	河沙	碎石	缓凝剂	水
C30	269	116	735	1103	3.85	157

混凝土采用两台120m³/h搅拌站拌制,通过3台9m³混凝土搅拌运输车运输到施工现场。混凝土采用导管法浇筑,通过搅拌运输车向小集料斗中打料,直至完成整根桩的浇筑。在混凝土浇筑过程中,要有专人测量混凝土顶面高程和做好拔导管记录,必须保证导管埋入混凝土2~6m。在浇筑过程中,应随时通过测混凝土面来掌握混凝土面的上升高度,及时调整导管埋深,从而确定混凝土的浇筑是否正常。由于混凝土的黏度大,当混凝土浇筑临近结束时,用测锤仔细测量孔内的混凝土面高度,并核对混凝土的灌入量,以确定所测混凝土的高度是否准确;当确定整个混凝土的顶面高程到位后,停止浇筑,并及时拆除浇筑导管。

混凝土浇筑示意图如图6-3-8所示。

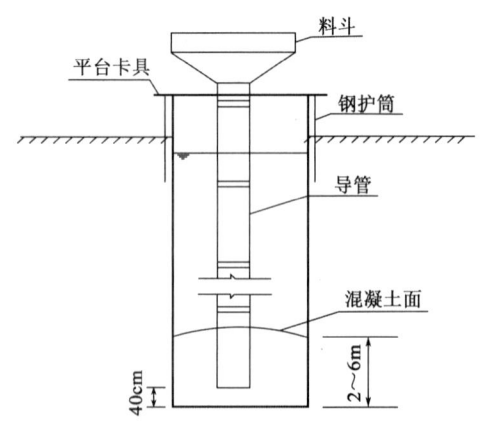

图6-3-7 浇筑桩导管安装示意图

图6-3-8 混凝土浇筑示意图

九、旋挖钻机切削 A 桩

钢筋混凝土 B 桩施工过程中，由于未采用全套筒进行施工，故需待素混凝土桩终凝后开始施工。考虑到旋挖钻机具备终凝 A 桩的切削能力，施工过程中 A 素桩与相邻 B 桩施工间隔时间优先控制在 3d，使得 A 桩混凝土强度达到 15MPa 左右进行切割，以提高切割功效。

根据实验室混凝土抗压强度报告检验，67h 的混凝土强度为 17MPa 左右，因此，现场按照素桩混凝土强度不低于 15MPa 时即 3d 再进行切割，有利于保证素混凝土桩切割面的完好性。

旋挖钻机切削 A 桩效果如图 6-3-9 所示。

图 6-3-9　旋挖钻机切削 A 桩效果

十、端头咬合桩处理措施

钻孔咬合桩端头为素混凝土桩，导墙上按照测量放样设置定位孔。处理方法为端头位置按照测量定位切割钻进，按照 C30 混凝土强度 XR360 旋挖钻机进行正常切割、钻进、成孔浇筑即可。

十一、桩基检测

桩基质量检测应按设计和规范规定达到 7d 强度以后进行，并按设计要求进行超声波无损检测。桩基检测前，先用水冲洗检查声测管，若有淤塞，应不断冲洗，直至孔底冲洗干净。

第七节 施工关键控制点及要求

施工关键控制点及要求见表6-3-4。

施工关键控制点及要求　　　　　　表6-3-4

序号	关键点	要　　求	控　制　措　施
1	测量放样	严格控制桩位测量的放样精度	定位测量后,采用钢尺复核相邻桩位间的距离
2	护筒埋设	控制护筒埋设中心和桩中心重合,平面误差不得超过5cm;重点检查护筒的垂直度,误差不超过1%,高出地面30cm	钻进过程中反复测量与检查,保证护筒稳定可靠,满足要求
3	钻孔控制	钻机对中准确,误差不得超过2cm。控制钻进速度,保证竖直度	(1)通过钻机的自动对中器进行桩位对中; (2)每挖一斗同时向孔内注入泥浆,保持孔内水头,增加压力,保证孔壁稳定; (3)保持泥浆密度在$1.10\sim1.30\mathrm{g/cm^3}$之间
4	一次清孔	泥浆密度在$1.05\sim1.1\mathrm{g/cm^3}$之间,含砂率≤2%,胶体率≥95%,黏度17~20Pa·s	(1)清孔前,平底扫孔钻头捞渣到位; (2)气举法清孔时,导管多位挪动
5	二次清孔	泥浆密度在$1.05\sim1.1\mathrm{g/cm^3}$之间,含砂率≤2%,胶体率≥95%,黏度17~20Pa·s;孔底沉渣小于2cm	(1)钢筋笼安装采取二次下放,下放至距孔底2m时,安装导管进行反循环清孔,经检测泥浆性能指标和沉渣厚度满足要求后,将钢筋笼下放到位; (2)钢筋笼下放到位后立即进行反循环二次清孔,并挪动导管位置
6	钻孔倾斜度	≤1/200	(1)经常检查钻杆垂直度和钻机水平度; (2)根据钻机地层软岩程度,合理控制钻进速度
7	桩孔直径	≥1.5m	钻进过程中反复测量与检查,保证桩径满足规范要求,成孔完成后,用验孔仪检验成孔孔径
8	钢筋笼制作质量	满足设计及桥涵施工技术规范要求	(1)质检员经常对钢筋丝头加工质量、焊接质量进行过程检查; (2)加强对成型的钢筋笼尺寸、间距检查,严格按照规范指标要求进行验收
9	桩身混凝土质量	混凝土强度满足规范要求;桩身混凝土密实	(1)专班对混凝土原材料质量进行把控; (2)试验员对拌和站的施工配合比进行监督巡视; (3)加强施工组织,确保连续浇筑; (4)浇筑过程中,全程跟踪控制入孔的混凝土质量、导管埋深
10	素桩切割	保证素混凝土桩切割面完好性	严格控制切割强度和切割方法

第八节 本章小结

伍家岗长江大桥咬合桩属于饱水区基坑支护挡水结构,荤素桩基工序转换频繁,施工时严格按照设计及规范施工,对桩基桩位和冠梁位置进行测量、复核。施工现场严格按照工艺规范施作,确保咬合桩混凝土施工及桩位精度控制要求。

旋挖钻咬合桩施工技术在伍家岗长江大桥重力式锚碇基坑支护施工的成功运用,为今后此类桥梁施工积累了宝贵的经验,成功解决了咬合桩切割过程中的钻孔施工问题,且推进完成咬合桩施工周期长的施工难题,同时克服了卵石层不使用全套管钻机的难题,提高了生产效率,为项目节约了工期、节省了成本,施工效果好,施工工艺安全可靠。

第四章 整体自适应智能顶升桥塔平台施工关键技术

第一节 工程概述

在桥梁建造技术研究中，在超高桥塔施工技术及装备方面，施工单位、专业设备公司等相关方在其效率与工业化、设备抗风安全、作业环境改善等方面做了诸多探索。目前桥塔、高墩施工多采用爬升模板、附着式塔式起重机等施工设备来完成施工作业，液压爬升模式施工技术以其灵活多变、产品化程度高等优势应用最为广泛。但常规液压爬升模板也存在一些亟待改进的内容：在施工工序方面，顺序作业在一定程度上限制施工效率（图6-4-1）；在安全性方面，爬升模板一般为单片结构，承载能力有限，抗风能力差等；爬升、施工晃动大；在施工横梁等大型构件时，结构变化较大时需要拆改（图6-4-2）。

图6-4-1 传统作业方式限制效率

图6-4-2 分散式施工平台

为解决上述问题，结合桥塔结构变化多、受力体系复杂等特点，基于房建领域的"空中造楼机"的技术积累和启发，伍家岗长江大桥项目研发了"整体自适应智能顶升桥塔平台"（以下简称"桥塔平台"），作为桥塔、高墩施工的新型装备，旨在提高桥塔施工的安全性、施工效率和施工质量，最终提高桥塔建造的工业化水平。该平台具有安全性好、适应性强、施工速度快、智能控制等优势，可广泛应用于桥塔、高墩等高耸构造物，并申请和获得了多项国家发明和实用新型专利，形成了整体自适应智能顶升桥塔平台施工工法，产生了极大的社会效益和经济效益。

伍家岗长江大桥主塔采用钢筋混凝土门形框架结构，塔高155m。混凝土强度等级

C50。主塔由塔柱、上横梁、钢桁架及下横梁组成,塔柱采用钢筋混凝土结构,上、下横梁采用预应力混凝土结构,钢桁架采用钢箱框架结构。

主塔顶高程为+208.525m,塔底高程为+53.525m,塔高155.0m。两塔柱的横向中心间距,塔顶为26.5m,塔底为38.902m。塔柱横向内侧壁塔顶净距为21.0m,坡度为1:28.4375,外侧壁坡度为1:22.3004。塔柱横桥向内外侧均设置通风孔,位于塔中心线上,沿塔高方向按5m一排等间距布置。

塔柱采用单箱矩形混凝土断面,纵向塔顶宽7m,塔底宽10m;横向塔顶宽5.5m,塔底宽7.0m。塔顶设置4.5m厚实心段。塔柱四周自塔顶高程+208.525m至+76.025m范围内设置装饰条。装饰条厚0.2m,平行于横桥向塔壁范围装饰条宽1m,平行于纵桥向塔壁范围宽1.2~1.8m。塔柱高程+76.025m位置设置横向混凝土装饰座。

塔柱向内倾斜,截面连续内收,横截面不断变小,装饰条宽度及间距逐渐变小,塔柱立面线条变化较多,内部钢筋密集。

主塔截面图如图6-4-3所示。

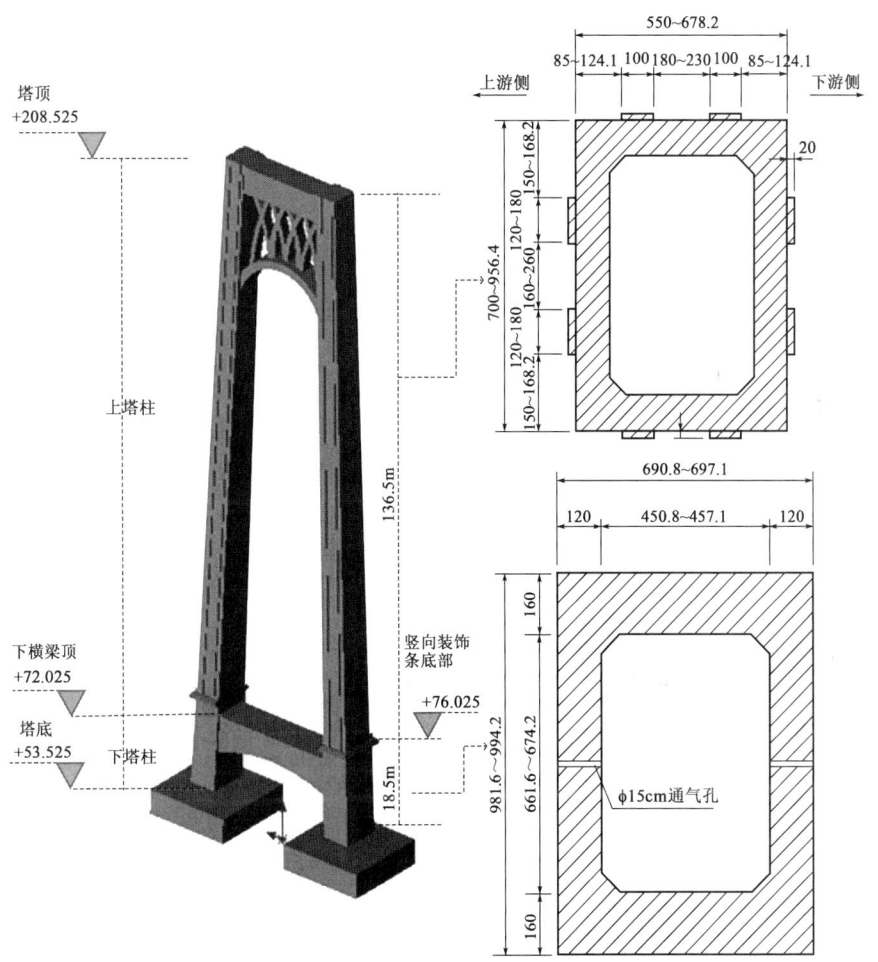

图6-4-3 主塔截面图(尺寸单位:cm)

第二节　技术特点和适用范围

一、技术特点

1.整体自适应框架系统

通过研发，发明了一种整体自适应刚性框架，创新性地提出了协作平动连杆设计，使框架系统以连杆为传递构造，保持整体协同变形，承载能力更大，可抵御14级大风。同时，实现在支承系统内收时，框架系统外形可随塔柱截面内收变化。施工环境更安全舒适，营造了全封闭的作业环境，让高空施工安全可靠、如履平地，总体上提高了框架系统的抗风抗侧性能和施工安全性。

2.自平衡支承顶升系统

通过研发，发明了一种自带抗侧轨道的角模式支承系统，采用多排可周转预埋锥固定"L"形角模式承力件，支承架的挂爪进入挂靴承受竖向力，抗侧滑块进入抗侧轨道抵抗平台施工和顶升状态下的水平力。

3.双模板循环施工系统

通过研发，提供了一种两套模板循环施工的作业方法，实现多作业层协同施工。突破混凝土拆模龄期、承受荷载龄期限制，实现连续作业，施工效率提高30%。同时能保证混凝土充足的带模养护时间，有效保证了混凝土质量，尤其是在低温环境下，施工优势更为明显。

4.综合智能监控系统

通过研发，开发了桥塔平台智能监控系统，配合顶升系统，可实现一键整体同步顶升及自动调平，并将顶升误差控制在5mm内。可远程实时监测平台运行状态，实时接收各类运行参数并进行展示、预警等，相当于给平台装上"智慧大脑"，为平台健康安全运行保驾护航。

二、适用范围

整体自适应智能顶升桥塔平台适用于悬索桥、斜拉桥桥塔和高墩结构施工。

第三节　工艺原理

桥塔平台由顶升系统、框架系统、双模板系统、智能监控系统及附属设施组成，融合模架、临水临电、临建设施、物料堆场等设备设施,可实现多作业层高效协同施工。自平衡支承顶升系统是桥塔平台沿渐变截面塔柱的支承点和顶升动力,采用4支点,可以实现沿倾斜塔柱的整体同步顶升。整体式随动框架提供了全封闭并具有较强抗风能力的人员作业的平台,并能随塔柱变化内收。

塔柱结构施工时,先吊装完成上层节段劲性骨架,绑扎上层节段钢筋,此时桥塔平台荷载通过上、下支撑架,将荷载传递到达塔柱上。待钢筋绑扎完成及下层混凝土达到强度后,拆除模板开始顶升,顶升时,仅下支撑架支撑在塔柱上,处于上下支撑架之间的主油缸活塞杆向上伸出,上支撑架随模架整体一起顶升,顶升到位后,上支撑架支撑并牢固咬合在上层节段的承力件上,模板随智能模架一起提升一个节段,就位后通过主油缸活塞杆回收提升下支撑架,下支撑架咬合固定至承力件后,完成顶升过程。调整模板,合模固定,浇筑混凝土。

标准节段施工时形成钢筋绑扎作业层、模板A施工层、模板B施工层和支承作业层,实现钢筋绑扎与模板安装拆除在立面上的平行施工。同时,两套模板体系充分保证了混凝土拆模时间、养护时间和支承层受力时间。

在气温较低、混凝土强度随龄期增长较慢的情况下,或者需要快速施工的条件下,由于有两套模板周转使用,保证了混凝土最低拆模龄期3d以上;支撑位置距离新浇筑混凝土层下两层,支撑架承力时间5~5.5d,承载力有充分的保障;由于不受混凝土龄期和养护时间的限制,作业时间得以缩短。

桥塔平台的组成如图6-4-4所示,双模板循环施工原理如图6-4-5所示。

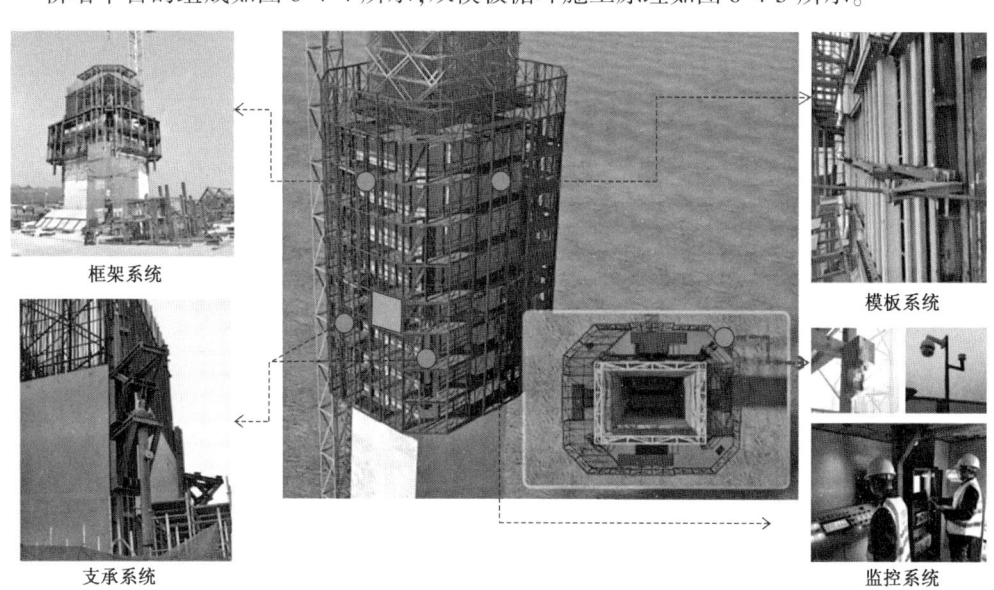

图6-4-4 桥塔平台的组成

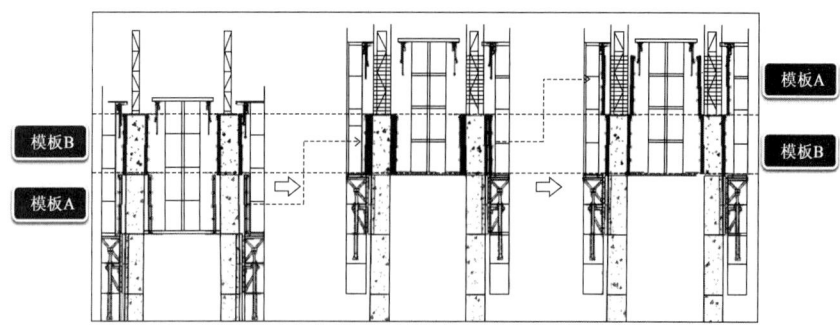

图 6-4-5 双模板循环施工原理

第四节 整体自适应智能顶升桥塔平台设计

一、整体自适应智能顶升桥塔平台系统组成和优势

北岸主塔塔柱施工采用桥塔平台,该技术利用模板式承力件支撑在混凝土结构上,利用支承架和大吨位长行程大型液压油缸作为模架的顶升与支撑系统承载上部整体平台,整体平台形成全封闭框架,立面上布置两套模板上下周转循环施工。

整体自适应智能顶升桥塔平台包含支承系统、框架系统、模板系统、塔柱内平台四部分及相关附属设施,如图 6-4-6 所示。

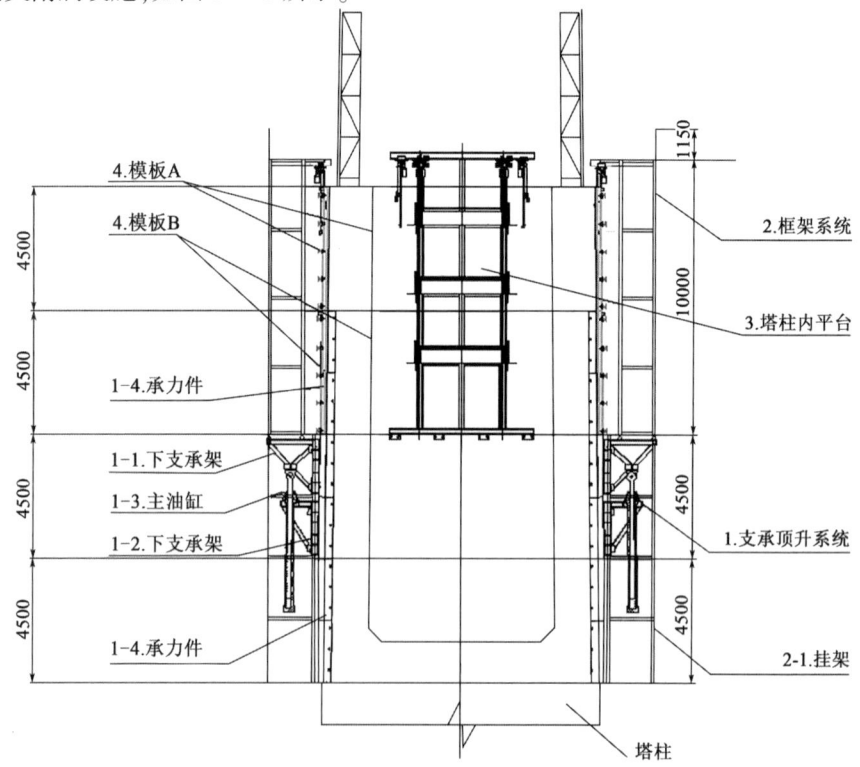

图 6-4-6 整体自适应智能顶升桥塔平台立面图及组成(尺寸单位:mm)

该桥塔平台具有如下特点和优势:通过两套模板上下倒用,在保持施工速度的同时,增加带模养护时间,保证塔柱施工质量;支撑点位于新浇筑混凝土层以下两层,支撑位置混凝土强度有保证,并采用了大吨位长行程双向液压油缸,承载力高;上部施工作业框架层由联系杆形成整体框架,安全防护实现全封闭,作业环境更安全可靠,同时整体式框架的抗侧刚度大,抗风能力强;支撑系统根据塔柱线形定位和爬升,适应塔柱截面变化;配备有智能综合监控系统,所有油缸同步顶升,误差小,安全可靠,并实时监测平台位置、变形和杆件内力水平,保证平台安全。

二、整体自适应智能顶升桥塔平台平、立面功能分区设计

1. 桥塔平台立面设计及功能分区

智能顶升模架平台沿立面跨越5个节段,由上至下依次为劲性骨架及钢筋绑扎作业层、模板作业A层、模板作业B层、支承系统作业层、承力件周转及混凝土养护层。支撑与顶升区域包括2个节段,其中上、下支撑架总计占1个节段高度,下部1个节段高度主要用于混凝土承力件的周转操作。为此,框架系统高度19.5m(不包括平台上部护栏的高度)。根据以上原则,智能顶升模架平台的立面分区图如图6-4-7所示。

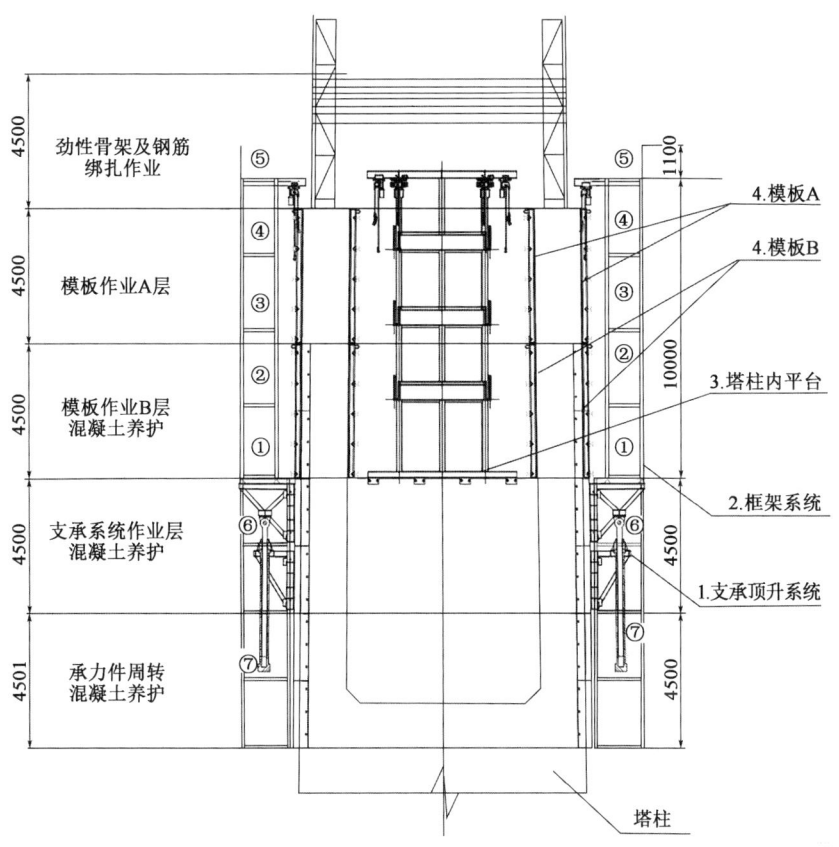

图6-4-7 整体自适应智能顶升桥塔平台立面分区图(尺寸单位:mm)

2. 平台框架总体布置

塔柱四个面均有角度变化且互不平行,装饰条变化不规则,支承位置选在角部,避开了装饰条、预应力筋,沿角线分别设置四个结构单元,每个单元包含一套支承系统和角部框架。四个单元随塔柱截面变化沿角线爬升实现内收和单元间的相对运动,结构单元间通过随动连杆和伸缩装置连接为整体。

支点平面布置如图6-4-8所示,框架总体布置如图6-4-9所示。

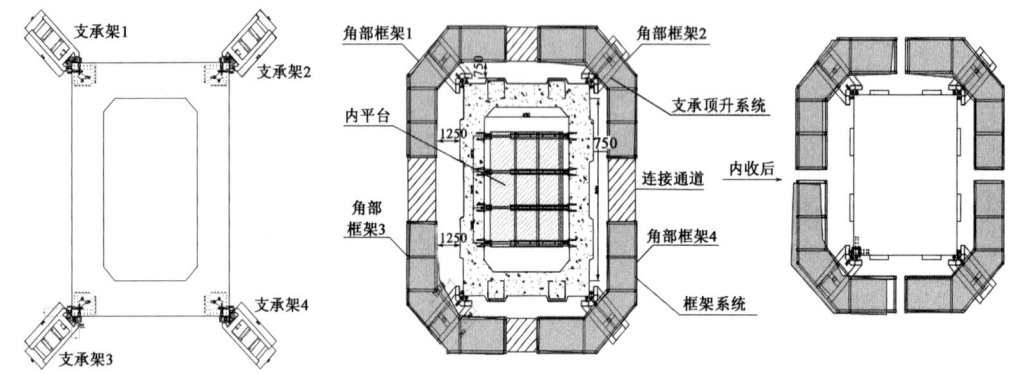

图6-4-8 支点平面布置

图6-4-9 框架总体布置(尺寸单位:mm)

3. 平面设计及功能分区

根据立面功能的需求,沿模架立面各模架作业层划分为主平台、模板作业平台、钢筋作业平台、支承系统作业平台和承力件拆除平台,详细划分如下。

如图6-4-10所示,主平台①宽2.3～2.9m,模板施工平台②③④宽1.2m,钢筋施工平台⑤宽2.3～2.9m,支承系统操作平台⑥宽2.3～2.9m,承力件拆除措施⑦内收宽度2.4m。

各部位的设计及要求如图6-4-11～图6-4-13所示。

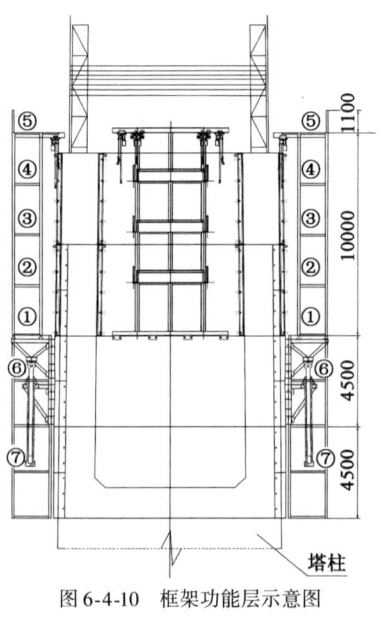

图6-4-10 框架功能层示意图
(尺寸单位:mm)

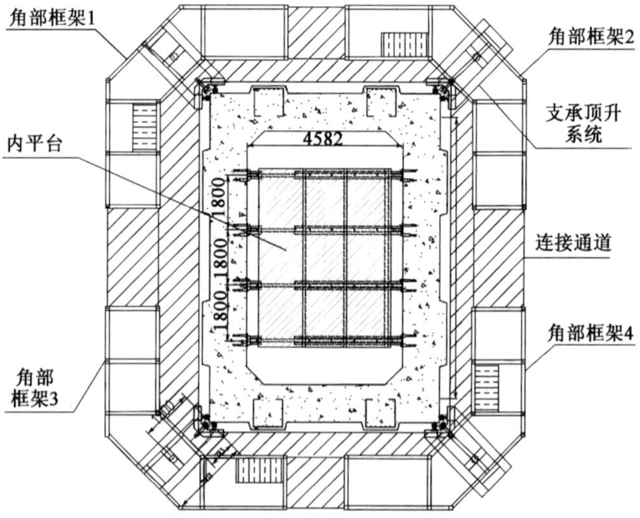

图6-4-11 主平台①由支承系统顶面形成全封闭防护,施工荷载≤3kN/m²(尺寸单位:mm)

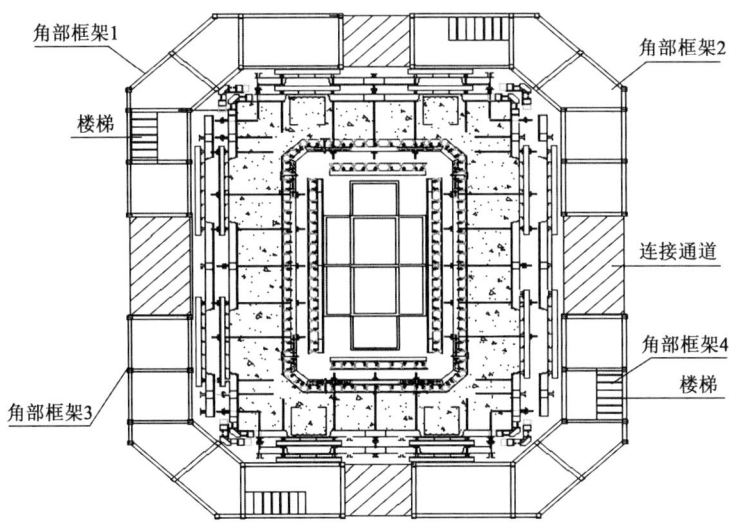

图 6-4-12 模板施工平台②③④和墙体间预留充足的模板拆模和周转空间,施工荷载≤1.5kN/m²

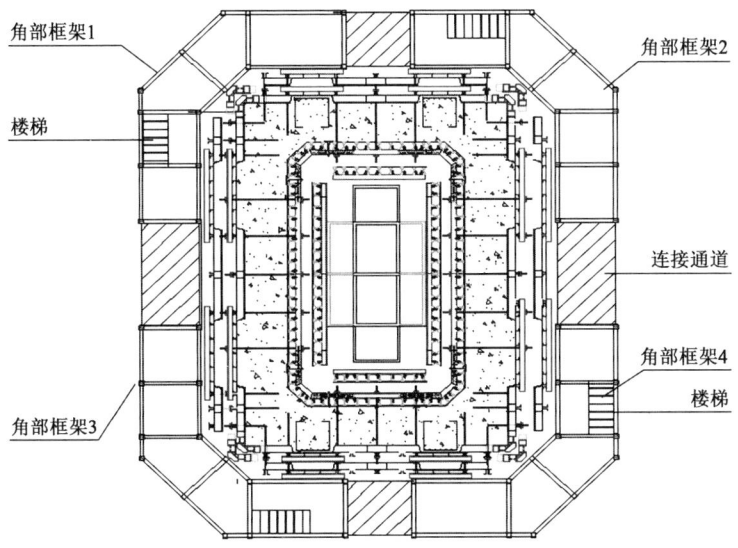

图 6-4-13 钢筋施工平台⑤施工荷载≤5kN/m²

4. 桥塔平台各系统设计

1) 钢框架系统设计

框架系统的架体结构高度为19.5m(不含顶部防护),覆盖支承层和两个模板层,钢筋绑扎利用顶部平台为施工作业面,支承系统下部设置有承力件拆除架体,在与塔式起重机附着有干涉时可向上收起。框架系统分为4个单元,每个单元与支承系统刚性,形成4个刚性框架结构,单元间有通道连接,并有连杆联系整体;可变连杆随框架内收变动,同时限制两侧框架与连杆立杆平行。整体框架单元设计如图6-4-14所示。

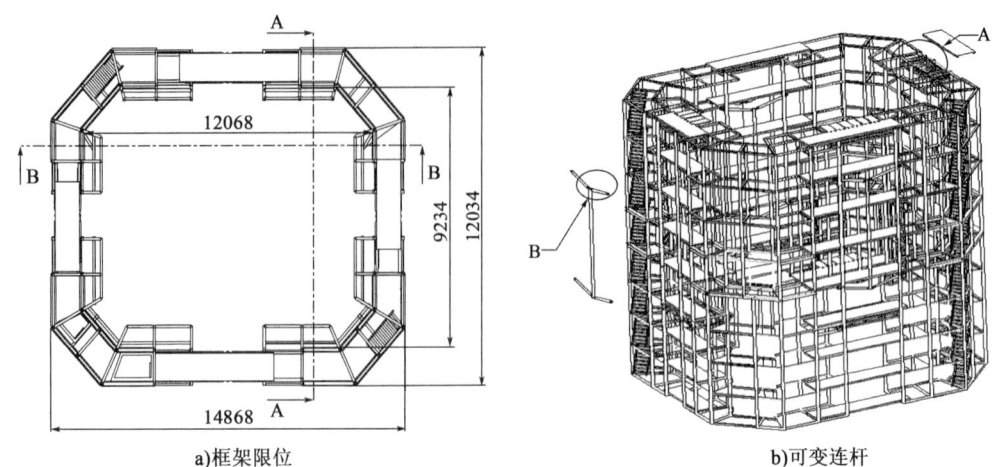

a) 框架限位　　　　　　　　　　　　　　　b) 可变连杆

图 6-4-14　整体框架单元设计（尺寸单位：mm）

A-框架限位；B-可变连杆

（1）构件选型。

为确保钢框架强度、刚度、稳定，同时本着经济、适用的原则，对钢框架各构件的截面按表 6-4-1 要求进行设计。

钢框架各构件的截面设计要求　　　　　表 6-4-1

结构	结构构件	结构尺寸	钢材材质
框架	加劲梁	HW 200×200×8/12	Q345
	可变连杆	P 140×5.5	Q345
	次梁	B 100×6	Q235
	立杆	B 120×6	Q235
框架下挂架	挂架立杆	B 80×5	Q235
	挂架水平杆	B 80×5	Q235
支承架	支架主梁	HW 200×204×12/12	Q345
	支架竖杆	HW 200×204×12/12	
	支架斜撑	HW 200×204×12/12	

（2）可变连杆。

可变连杆通过铰接连杆，限制框架内收变动时两侧框架与连杆立杆平行，从而让角部框架能协同受力，形成可变的联动整体框架。可变连杆内收节点示意图如图 6-4-15 所示。

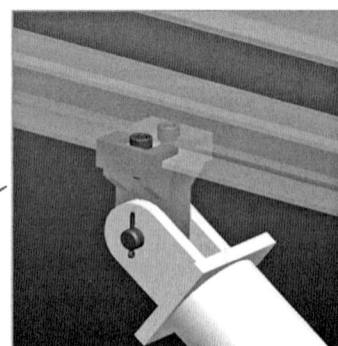

图 6-4-15　可变连杆内收节点示意图

由于桥塔截面的变化,每次顶升 4.5m 后,横桥向的尺寸减小 88mm,因此,每次顶升过后,横桥向的尺寸内收 88mm,顶升 16 次后,由于连杆夹角变小,调整斜撑杆位置。

斜杆通过螺钉固定在横梁上,销轴座可在 H 型钢的位置调节斜杆角度。

(3)定位销轴。

销轴换位形式限制框架位移,施工时双销轴定位,顶升时单销轴滑动(最大滑移距离小于每节段水平位移),顶升就位后销轴换位固定,起到控制框架位移的保险销作用,同时提高框架在施工状态安全冗余度,降低框架系统变形量。

2)支承顶升系统设计

支承顶升系统包含预埋螺栓、承力件、上支承架、下支承架、顶升油缸及其支座。本项目每个塔柱设置 4 套支承顶升系统。支承顶升系统标准段组成示意图如图 6-4-16 所示。

承力件兼做混凝土模板使用。承力件同时承受支承架传递来的竖向力与弯矩,通过预埋螺栓抗剪抵抗竖向力,通过对拉杆及承力件与墙体挤压产生的水平反力抵抗弯矩。上支承架通过挂爪与承力件爪靴连接,将竖向荷载与弯矩传递给承力件。承力件实物图如图 6-4-17 所示。

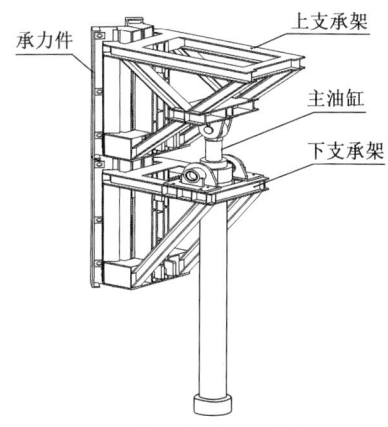

图 6-4-16　支承顶升系统标准段组成示意图　　图 6-4-17　承力件实物图

(1)预埋螺栓。

承力件通过预埋螺栓固定于墙体上,预埋螺栓承受剪力及拉力。预埋螺栓采用"全取出式"可周转螺栓,分为预埋锥与承载螺栓两部分,内螺纹 M56,用于连接外部承力件,其单根抗拉 95t,单根抗剪 58t;总质量 13kg。可周转预埋螺栓三维示意图及预埋示意图如图 6-4-18 所示,其实物图如图 6-4-19 所示。

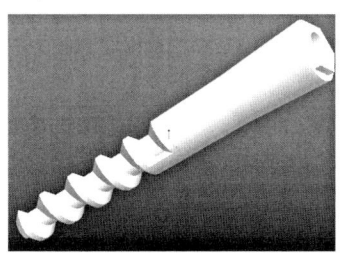
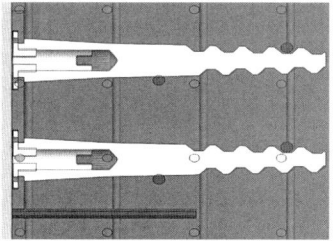

图 6-4-18　可周转预埋螺栓三维示意图及预埋示意图

图 6-4-19　可周转预埋螺栓实物图

(2) 承力件。

承力件设置在塔柱角部,单节高度 2.25m,立面上设置有预埋螺栓孔位、抗侧滑道、挂靴;挂靴间距 1.36m。承力件主结构采用 Q345B 钢材,承力件挂靴及销轴选用材料为 42CrMo。该承力件兼做模板,是将框架荷载传递至墙体的关键构件。它由左右两个 L 形对称拼装为角模。承力件在一个 4.5m 节段上设置 2 组,沿塔柱立面设置 6 组,分别位于支承架层、模板 B 层、模板 A 层(与支承层轮流周转使用)。

承力件组成示意图如图 6-4-20 所示,承力件兼做角模平面布置图如图 6-4-21 所示。

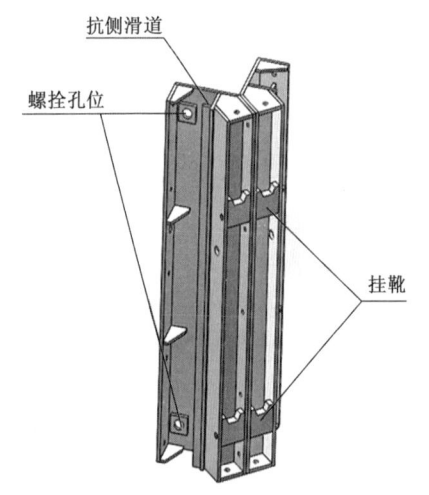
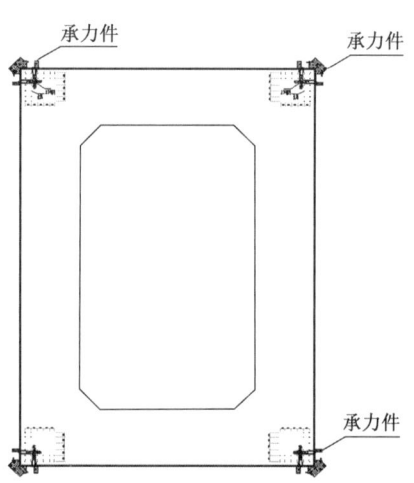

图 6-4-20　承力件组成示意　　　　图 6-4-21　承力件兼做角模平面布置图

(3) 上、下支承架。

支承架装配有抗侧轮、可翻转挂爪、支承框架,上、下支承架通过油缸支座与顶升油缸进行连接。上支承架与下支承架如图 6-4-22 所示。

施工状态时,上支承架通过挂爪与承力件爪靴连接,将竖向荷载与弯矩传递给承力件。下支承架与上支撑架结构类似,较上支承架增加了顶升油缸缸体连接件。挂爪通过销轴固定在爪箱内,在一定范围内可以转动,通过挂爪尾部悬挂的配重,可将挂爪在没有外力的情况下旋转至水平状态。

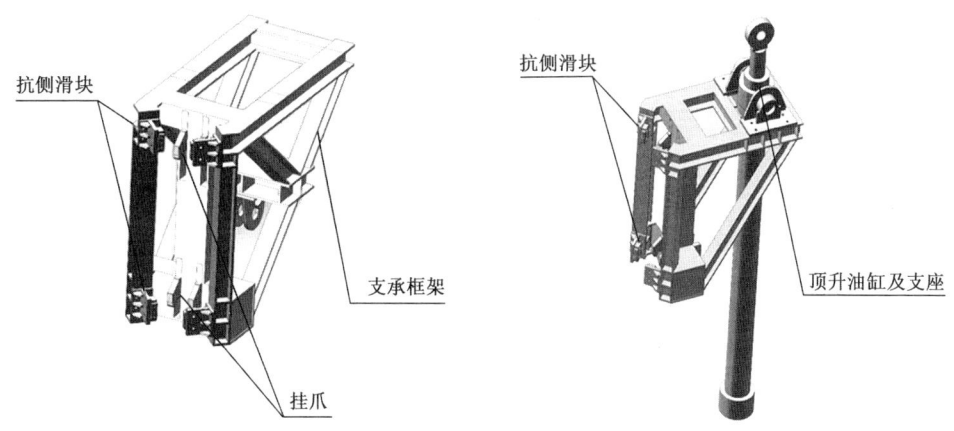

图 6-4-22 上支承架及下支承架

顶升状态时,下支承架通过挂爪承力,通过顶升油缸顶推上支承架,上支承架挂爪与承力件脱开,挂爪自动翻转。同时,上支承架抗侧装置沿承力件滑动轨道爬升,提供上支承架水平限位。

(4)顶升油缸及其支座。

桥塔施工装备平台共 2 个,每个平台由 4 个油缸整体提升,具体包括:4 个泵站及阀组,每个泵站给 1 个油缸供油;油缸 4 个,油缸参数为 250/180-3700(顶升最大行程 3700mm);工作压力 21MPa;试验压力 26MPa;连接方式为中间耳轴,安装距离 1048mm;无杆腔顶升力 100t,有杆腔拉力 10t;平台整体提升速度 10mm/s;4 个油缸同步精度 3mm,超过 5mm 时报警。

油箱与泵站设计图如图 6-4-23 所示。

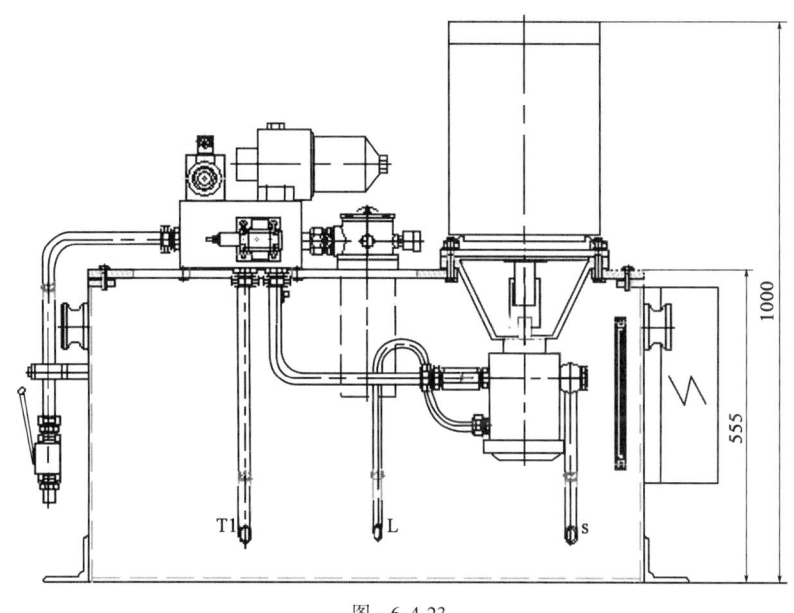

图 6-4-23

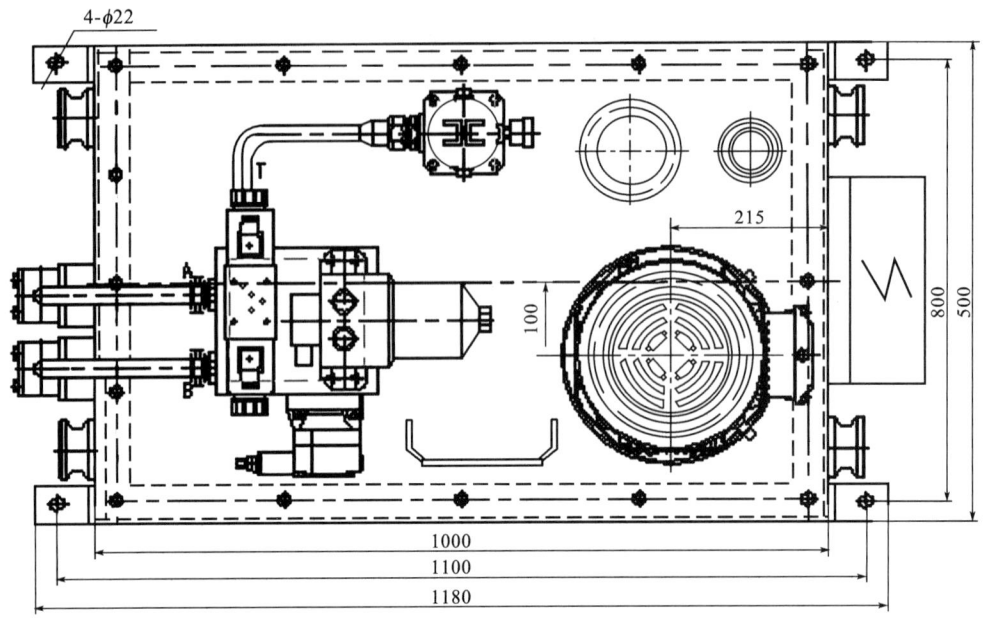

图 6-4-23 油箱与泵站设计图(尺寸单位:mm)

(5)同步控制系统设计。

控制系统主要包括液控系统和电控系统,实现对4套顶升油缸的同步控制。

液控系统主要包括泵站、各种闸阀和整套液压管路,通过控制各个闸阀的动作控制整个系统的动作和紧急状态下自锁,动作要求如下:主油缸伸出50mm(顶升上支撑架腾空);主油缸继续伸出使上支架上升一个层高,至挂爪高出承力件挂靴300mm(挂爪翻转高度需300mm);主油缸收回300mm(上支架挂爪落实,下支架挂爪腾空);主油缸继续收回提动下支架上升一层高度至下支架挂爪高出承力件挂靴300mm(挂爪翻转高度需300mm);主油缸伸出300mm,使下支撑架挂爪落实。

电控系统主要包括一个集中控制台、连接各种电磁闸阀与控制台的数据线、主缸行程传感器等,实现对整个系统电磁闸阀动作的控制与监控、对主缸顶升压力的监控和对主缸顶升行程的同步控制与监控。

液压系统利用同步控制方式,通过液压系统伺服机构调节控制4个油缸的液压油流量,从而达到4个油缸同步顶升的要求。

3)模板系统设计

本工程主要采用木梁胶合板大模板,木梁胶合板模板面板为芬兰进口的维萨板,规格为2440mm×1220×21mm,其周转次数正常可达40~50次,竖肋的木工字梁(翼板为进口维萨木方),截面惯性力矩为$I_x = 4290 cm^4$。木梁胶合板模板质量轻($55 \sim 65 kg/m^2$),可组拼成大块模板,减少模板拼缝,保证混凝土外观质量。木梁胶合板模板裁剪方便,便于现场操作调整。模板体系还包含横向背楞和专用连接件等配件。模板构造示意图如图6-4-24所示。

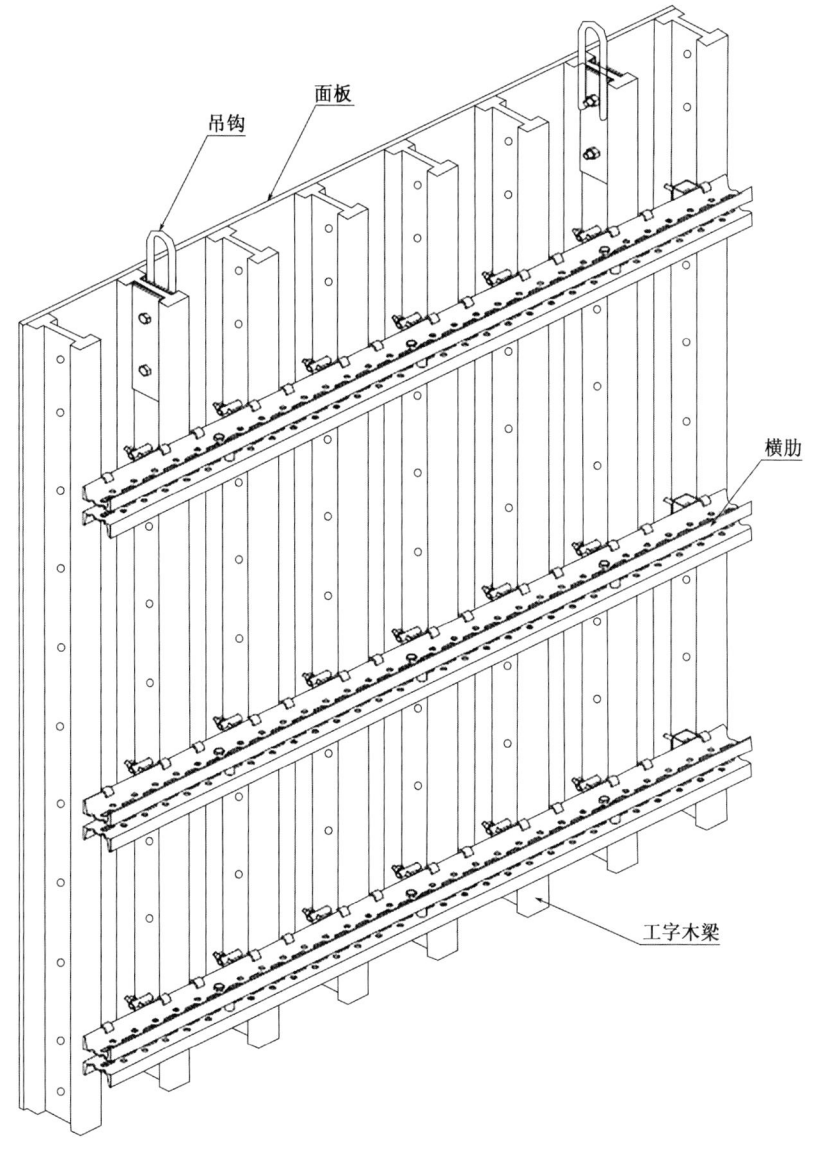

图 6-4-24 模板构造示意图

注：此图为示意图，模板实际设计高度为 4.65m，设置有 4 道双][14a 号槽钢背楞，能够满足大体积混凝土施工的需要，满足拉杆间距 1.2m 施工需要。

4）内模平台

内模平台配合外模板施工，立面配置两套模板，平台周转通过塔式起重机提升。隔板施工时，采用预埋牛腿+钢横梁、满堂支撑的方式。沿塔柱立面上塔柱被隔板划分成 4 个部分，每部分跨越 5 个节段。如图 6-4-25 所示，考虑了塔柱内截面逐步内收，内平台横梁长度随塔柱截面变化内收；框架平面尺寸按最小截面设计，侧向设置有水平翻板，满足底部截面较大时的施工需求；架体高 12.8m，步距 2.5m，顶部设置有吊装滑梁满足两套内模板吊装需求。

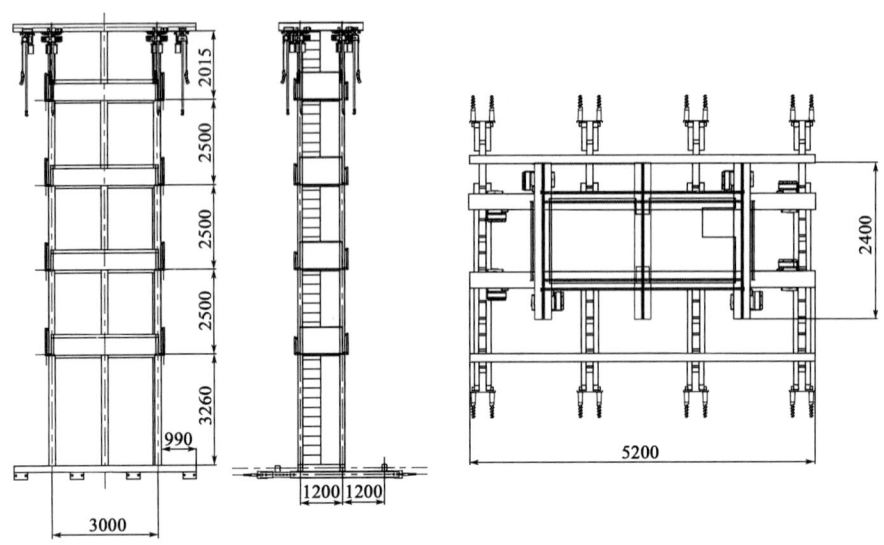

图 6-4-25 塔柱内平台设计立面及平面布置图(尺寸单位:mm)

5)附属设施系统

附属设施包含防护网、走道板、作业翻板等防护设施,根据框架位置进行布置。顶部平台层、主平台层、承力件拆除平台层采用全封闭花纹钢板防护,防止人员踏空及杂物掉落,支承架位置预留承力件周转通道。模板作业平台层在框架和塔柱间设置可翻转翻板,保证模板作业时人员有较方便的作业平台,在模板周转时,模板上翻保证模板提升空间。

附属设施沿立面各作业层封闭方式如图 6-4-26 所示。

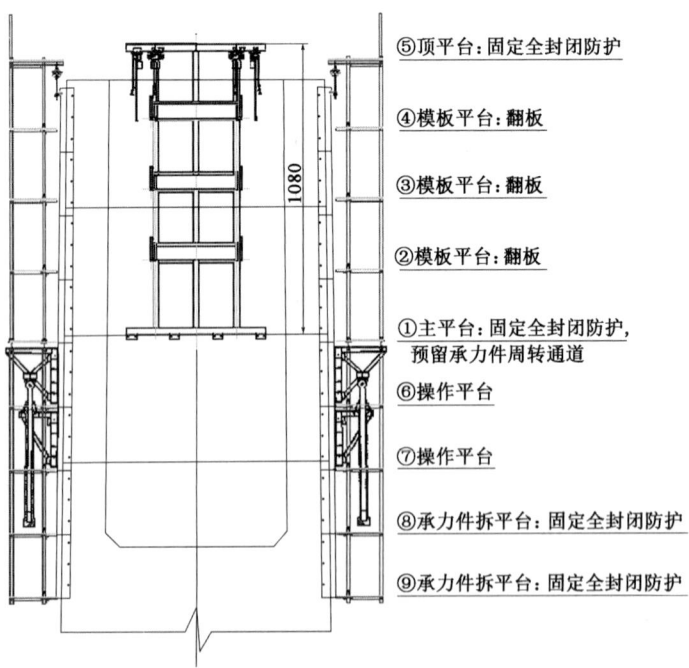

图 6-4-26 附属设施沿立面各作业层封闭方式(尺寸单位:mm)

(1)模板平台布置及翻板设计。模板作业平台层的可翻转翻板通过螺栓与框架横杆连接,通过合页形式固定并实现翻转。承载力较大部位增加辅助斜拉杆确保翻板安全,减少因荷载产生的变形。

(2)连接通道设计。通过连接通道的设置,4个框架单元之间联系形成环形通道。连接通道通过在框架上的连接走道板固定件(托架)。

(3)防护设计。外模框架使用冲孔彩钢板形式防护。冲孔彩钢板表面处理为烤漆处理,故表面美观、持久;冲孔彩钢板透光率达60%;冲孔彩钢板较钢丝网强度更大,不容易损坏。使用维护龙骨20mm×40mm×2mm小方管+冲孔彩钢组合而成定型维护块,然后与竖杆使用螺栓拼装连接,交错布置拼装成"米"字形状。连接通道处外侧防护设计成错开的形式,当两侧框架靠近时,防护则相互错开。

(4)养护采用喷淋专用养护水管,并在混凝土养护层设置接浆槽,防止上部混凝土流淌污染塔柱。

第五节 材料与设备

一、材料使用要求

(1)支承系统、框架系统所用钢材或铝材应符合现行国家标准《碳素结构钢》(GB/T 700)、《一般工业用铝及铝合金板、带材》(GB/T 3880)的有关规定,并且均应有生产厂家产品合格和材质证明。支承系统和框架系统主梁宜选择Q345B级及以上的钢材,框架系统其他构件宜选择Q235B级及以上的钢材,挂爪、爪靴、销轴等受力集中部件应选择合金钢。

(2)与摩擦面接触的相对运动部位宜采用聚四氟乙烯板等摩阻小的材料,摩阻系数应根据相关计算结果确定。

(3)动力系统所用材质应符合现行国家标准《液压系统通用技术条件》(GB/T 3766)的规定。

(4)模板面板宜选择能达到清水混凝土效果的木模板,便于在截面连续变化时切割拆改。

(5)各系统所使用油漆和防火涂料的耐腐蚀、耐高温和耐久性应满足施工现场复杂作业环境的使用要求。

二、主要机具设备情况

主要吊装设备见表6-4-2。

主要吊装设备 表6-4-2

序号	名称	型号规格	数量	产地	额定功率	施工用途
1	塔式起重机	STT293	1	中国	—	构件卸车及吊装
2	塔式起重机	STT200	1	中国	—	构件卸车及吊装
3	汽车式起重机	50t	1	中国	—	构件卸车及拼装
4	履带式起重机	90t	1	中国	—	构件卸车及拼装

主要焊接设备及其他小型设备见表6-4-3。

主要焊接设备及其他小型设备 表6-4-3

序号	名称	型号规格	数量	产地	额定功率	施工用途
1	高强螺栓枪	—	6	中国	—	螺栓安装
2	CO_2焊机	NBC-500	2	中国	31.5	现场焊接
3	空气压缩机	—	2	中国	—	现场焊接
4	手工焊机	ZX-500	4	中国	35	现场焊接
5	千斤顶	32t	4	中国	—	构件安装校正
6	千斤顶	10t	10	中国	—	构件安装校正
7	倒链葫芦	10t	6	中国	—	构件安装校正
8	倒链葫芦	5t	6	中国	—	构件安装校正
9	倒链葫芦	3.2t	8	中国	—	构件安装校正
10	对讲机	moto	10	中国	—	现场通信

主要检测仪器投入计划见表6-4-4。

主要检测仪器投入计划 表6-4-4

序号	名称	型号	数量	用途	备注
1	全站仪	TC2000/TC1600	2	钢结构测量	—
2	经纬仪	J2	2		—
3	水准仪	DiNi10	2		0.2mm
4	激光铅直仪	—	1		1角秒

第六节　整体自适应智能顶升桥塔平台制作质量控制

桥塔平台各系统制作应有完整设计图纸、工艺文件,各系统零部件应严格按照设计和工艺要求制作,并检查验收。加工制作时,委派专人进行驻场监造和验收,确保加工制作质量的过程监控;按相关规程(企业规程等)进行质量管理。

一、模架平台各系统制作

模架平台各系统制作应符合现行国家标准《钢结构工程施工质量验收规范》(GB 50205)、《钢结构焊接规范》(GB 50661)、《钢结构工程施工规范》(GB 50755)的有关规定,铝构件的制作应符合现行国家标准《铝合金结构工程施工质量验收规范》(GB 50576)的有关规定。

二、模架平台支承系统制作

模架平台支承系统制作应符合下列规定:
(1)支承系统宜采用对称焊接工艺,本体焊接宜采用自动焊接工艺。
(2)承力件各板件应整板下料加工,不可拼接。
(3)支承架出厂前应进行挂爪及配重的翻转动作试验。
(4)承力件、支承架、转换框架应在出厂前进行预拼装。
(5)转接框架的工字钢材料应为通长材料,不得拼接。
(6)转接框架垂直度偏差应控制在1‰以内。
(7)支承系统涉及的各滑移面滑移材料应在构件出厂前安装,并采取相应的保护措施。

三、框架系统制作

框架系统制作应符合下列规定:
(1)钢框架系统构件制作时宜设置胎架,先组拼焊接,再进行开孔。
(2)钢框架系统杆件长度不大于6m时,应保证其通长;长度大于6m时,对接点不应超过一处,若为钢桁架平台,则上、下弦杆对接点错开不应小于1m。
(3)立柱焊接垂直度偏差应控制在1‰以内。
(4)立柱接头位置宜设置在柱长的1/3范围内,立柱为格构柱时,各柱肢接头位置点错开不应小于1m。

四、动力系统制作

动力系统制作应符合下列规定:
(1)动力系统制作所需的原材料、外购半成品以及零部件配套件应进行产品检验。未经检验以及检验不合格的外购产品严禁进入制作流程。
(2)对于有气、液密封性要求的焊接件,应按照相关标准进行渗漏和密闭性检验。
(3)动力系统管路的配制、检验、清洗应在出厂前完成。
(4)液压系统软管配制应符合现行《液压系统通用设计条件》(GB/T 3766)的相关规定。

五、监测系统制作

监测系统制作应符合下列规定:
(1)监测系统相应管线宜根据深化设计尺寸在进场前进行制作。
(2)监测系统组件的固定件应在相关系统构件制作阶段安装。

六、制作质量验收

主要部件制作允许偏差和检验方法应符合表 6-4-5～6-4-7 的规定。

支承系统部件制作允许偏差和检验方法　　　　　　表 6-4-5

项次	项　目	允许偏差(mm)	检　验　方　法
1	承力件整体尺寸(长、宽、高)	1.0	钢卷尺、游标卡尺
2	承力件上下表面平整度	1.0	平整度检测仪
3	承力件爪靴顶面高程间距	±0.5	钢卷尺、游标卡尺
4	承力件爪靴轴线间距	±1.0	钢卷尺、游标卡尺
5	承力件及其固定件对拉杆孔距	±1.0	钢卷尺、游标卡尺
6	支承架爪箱面平整度	1.0	平整度检测仪
7	支承架滑移面平整度	1.0	平整度检测仪
8	支承架挂爪底面高程间距	±0.5	钢卷尺、游标卡尺
9	支承架挂爪轴线间距	±1.0	钢卷尺、游标卡尺
10	转换框架滑移面平整度	1.0	平整度检测仪
11	活塞杆上托盘平整度	±0.5	平整度检测仪
12	顶升油缸托架滑移面平整度	±0.5	平整度检测仪
13	顶升油缸托架内净距	±1.0	钢卷尺、游标卡尺

框架系统部件制作允许偏差和检验方法　　　　　　表 6-4-6

项次	项　目	允许偏差(mm)	检　验　方　法
1	部件长度尺寸	±2.0	钢卷尺
2	部件对角线尺寸	±2.0	钢卷尺
3	部件高度尺寸	±2.0	钢卷尺
4	部件螺栓孔距	±0.2	游标卡尺
5	部件销轴孔距	±1.0	钢卷尺
6	滑移结构滑移面平整度	1.0	平整度检测仪

动力系统部件制作允许偏差和检验方法　　　　　　表 6-4-7

项次	项　目	质量要求	检　验　方　法
1	液压泵站	工作稳定、压力正常	开机检查
2	各类阀件	动作灵敏、可靠、稳定	观察动作
3	顶升油缸	外观无瑕疵、往复动作无渗漏	外观检查,接入试验高压油,作往复动作不少于 10 次
4	液压控制台	电器仪表配制齐全,液压配件密封可靠、压力正常	开机检查
5	保压试验	顶升油缸活塞杆受压不收回	卷尺查看活塞杆收回尺寸
6	加压试验	压力加到设计压力的 120%,并保持至少 1h	查看渗油情况

第七节 整体自适应智能顶升桥塔平台安装及拆除

一、安装及拆除总体安排

根据工程总体施工部署,塔柱施工至第三节段,利用现场的 STT293 和 STT200 两台主塔施工用塔式起重机安装顶升桥塔平台系统,安装方法采用"地面拼装、空中组对",即框架在制作厂预拼装成成块桁架,运输到现场后,再在地面拼装成吊装单元,然后空中组对、栓焊连接。

塔柱第 3 节段施工时预埋平台施工埋件及承力件,模板拆除后安装施工平台架体开始爬模施工。第 4 节段施工由支撑系统形成的平台上完成,架体随第 4 节段、第 5 节段施工逐节安装完成。塔柱连续施工至 36 节段时停止模架顶升,支撑原系统位于 34 节段,最后进行顶升模架的拆除。

二、安装操作

1. 安装流程

安装流程为:承力件安装→下支撑架安装→顶升油缸安装→上支撑架安装→框架主平台安装→主平台下挂架安装→第一套模板安装(结构施工)→主框架安装→第二套模板安装→钢平台附属设施安装→顶升钢平台系统整体安装完成。具体流程如图 6-4-27 所示。

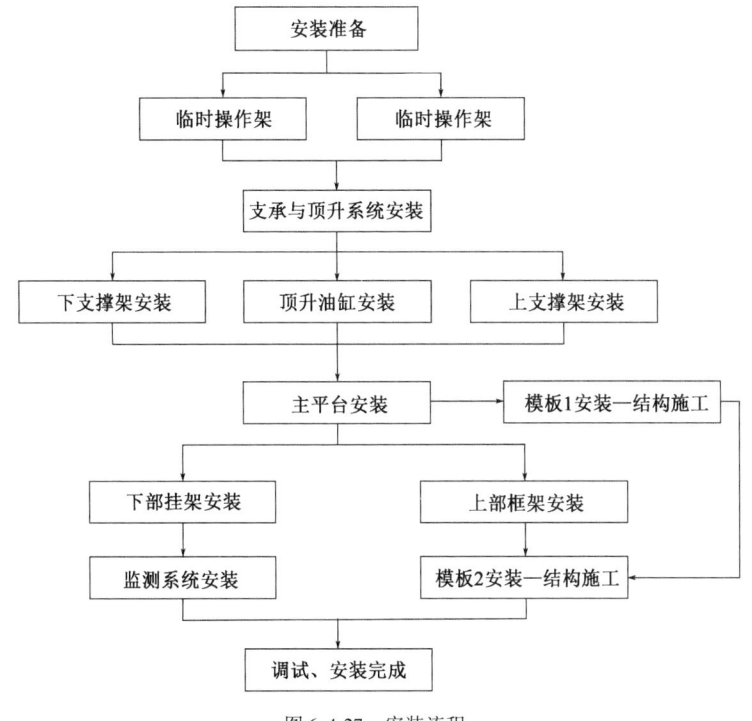

图 6-4-27 安装流程

2. 总体安装步骤

塔柱第1节段与塔座一起施工完成,塔柱第2节段搭设外部脚手架施工完成。

塔柱第3节段施工时预埋平台施工埋件及承力件,模板拆除后安装桥塔平台开始爬升模板施工。第4节段施工由支撑系统形成的平台上完成,平台随第4节段、第5节段施工逐节安装完成。具体施工步骤如图6-4-28~图6-4-33所示。

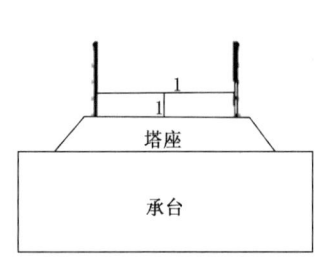
图6-4-28 首节与塔座同步浇筑

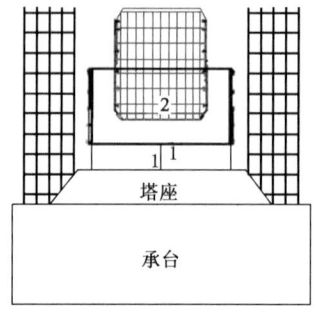
图6-4-29 搭设外架施工第2节段

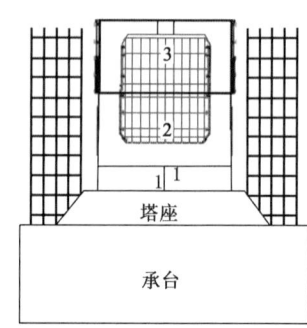
图6-4-30 搭设外架施工第3节段

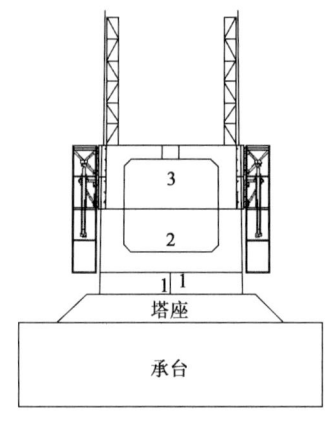
图6-4-31 支承系统安装形成主平台,施工第4节段并安装下挂架

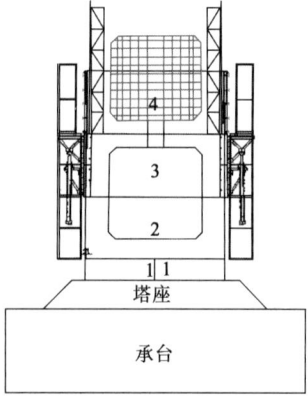
图6-4-32 框架安装及第5节段施工内模满堂架施工

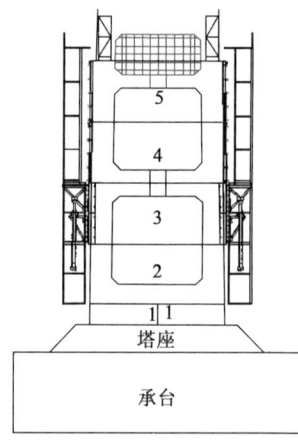
6-4-33 框架安装及第6节段施工内模满堂架施工

第7~13节段施工时,安装内模平台,第13节段隔板利用预埋牛腿搭设施工平台,采用满堂架施工完成隔板。隔板施工完成后内架整体吊装至隔板上,进行下段标准节段施工。内模平台安装图如图6-4-34、图6-4-35所示。

3. 支承与顶升系统安装

支承系统安装流程为:承力件安装→下支撑架安装→顶升油缸安装→上支撑架安装。第2节段承力件作为角模完成第2节段施工,施工时预埋承力螺栓,结构施工完成后拆除大模板,第2节段承力件作为第3节段承力件支点。支承系统安装流程如图6-4-36所示。

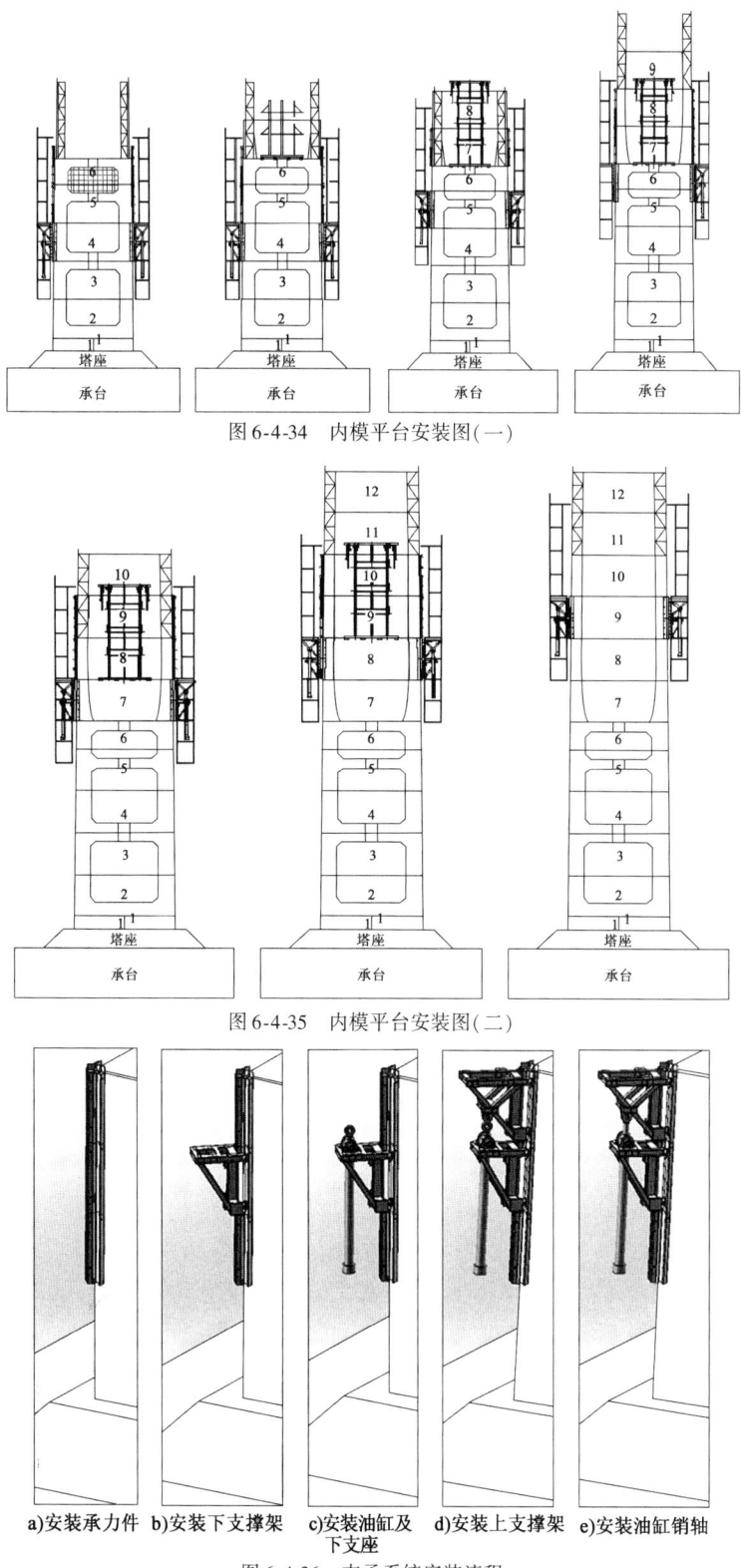

图 6-4-34 内模平台安装图(一)

图 6-4-35 内模平台安装图(二)

图 6-4-36 支承系统安装流程
a) 安装承力件　b) 安装下支撑架　c) 安装油缸及下支座　d) 安装上支撑架　e) 安装油缸销轴

上、下支撑架就位后，需保证支撑架中心与承力件中心一致，检查挂爪与挂靴的咬合情况以及抗侧装置与轨道之间的间隙。

油缸安装时，在地面上先将油缸和油缸下支座装配好（油缸支座内铜套需打磨），保证耳环扁头方向垂直于耳轴，拆下油缸缸旁阀块出来的两根油管，然后整体竖直吊装，从上往下落在下支撑架上。主油缸吊装时，应注意对油缸缸身、缸旁管路的保护，应垫软质木方或麻袋片等加以保护。起吊时，应保持油缸水平，活塞杆侧不得向下倾斜，防止活塞杆滑出，同时注意起吊和下放速度，防止磕碰。

上支撑架就位后，测量油缸上支座耳环与油缸耳环的水平距离，保证油缸耳环可以安装进去。4个支承系统安装完成后应进行阶段验收，验收合格后方可进行框架系统安装。

4. 框架系统安装

平台和框架在地面组装好，然后再拆开螺栓分部吊装。第2节段浇筑完毕后，开始安装爬升模板集体主体和框架。地面组拼时，应对框架系统尺寸进行二次复核。最后安装防护网部分。

安装步骤如下。

步骤1：安装主平台和下吊两层平台。

步骤2：安装主平台滑移梁、梯子及吊装液压泵站、平台翻板、电梯处滑移平台及防护。

步骤3：安装主平台上两层平台、主平台踢脚板及部分防护，拆除第1节段承力件，安装第3层模板，合模浇筑。

步骤4：安装第4层模板后再安装顶层两层平台及部分防护。

步骤5：安装顶层滑移梁、联系杆、滚吊装置及联系杆位置防护等。

步骤6：浇筑第4层，第3层模板拆模退模。

步骤7：爬升模架一个提档后安装底层平台、电梯处滑移平台及防护，然后再爬升模架至一层。

步骤8：拆除第2层承力件，合模浇筑第5层，进入标准循环施工。

框架系统安装流程如图6-4-37所示。

5. 模板系统安装

（1）采用塔式起重机完成第4节段、第5节段模板安装。

（2）框架系统顶部平台安装完成后，安装滚吊设备、安全销等。

（3）模板安装完成后，连接框架系统滚吊设备，对模板进行悬挂。

6. 监测系统安装

监测系统应随钢框架系统进行安装，框架系统安装完成后、加载前，记录平台初始受力状态，作为平台顶升、施工时受力情况、变形情况的基础依据。

监测系统传感器、线缆应采取可靠的固定和保护措施。本项目中，采用了专用防护罩、金属线盒、硬质管道等作为防护设施。安装过程中，应根据线缆布置图、传感器安装图等详图进行布置,安装位置应选取在隐蔽位置,不得干扰施工作业,同时避免施工作业对监测系统设备设施可能造成的碰撞、污染、损坏等。

传感器安装应满足相关规范要求,保证数据采集准确、稳定、可靠。

监控室安装于模架操作室中,安装前应确保防护设施提前安装就位。

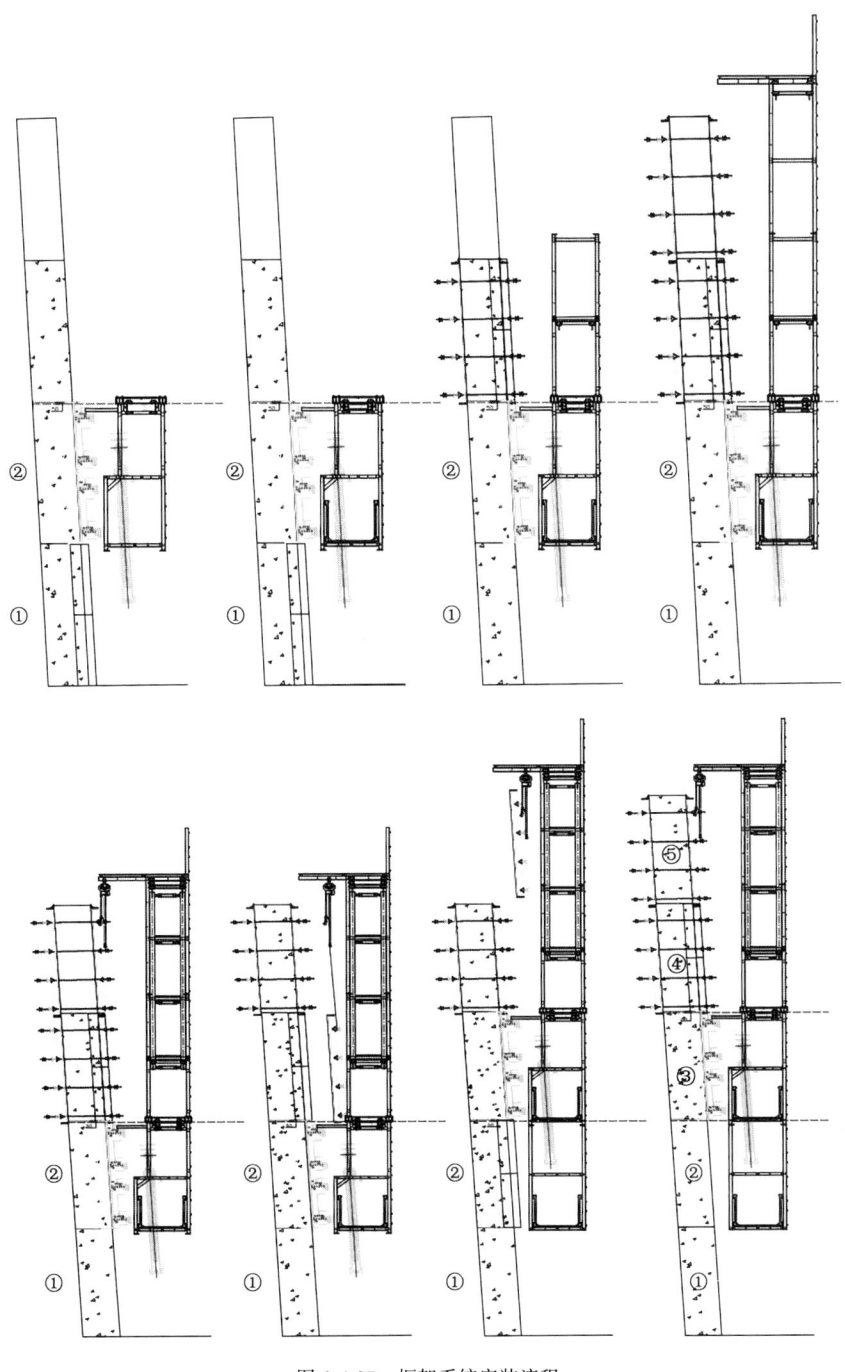

图 6-4-37　框架系统安装流程

7. 系统加载与验收

桥塔平台安装完成后,应对其应力或变形进行监测,验证其与设计情况是否一致;同时,为了保证模架安装过程中的安全性,需要对其进行检测。监测系统在模架安装完成后进行调试,为加载试验提供数据。根据安装工况增加安装工况下的应力应变检测内容,主要包括框架系统主竖杆应力,支承系统主弦杆、挂爪、承力件挂靴、承力螺栓孔周边应力,角部混凝土应力。

1) 加载方式

通过在平台顶部堆放钢筋、走道内部堆放荷载材料等的形式进行加载。荷载一般为设计荷载的1.2倍。

2) 安装阶段增加的检测项目

检测测点数量根据实施阶段现场的实际情况确定,安装完成后及首次顶升检测所用的传感器、采集设备及对应的部位见表6-4-8。

采用的传感器、采集设备及对应的部位　　表6-4-8

序号	传 感 器	采集设备	测试部位
1	应变片	静态应变测试仪	主竖杆应力
			支承系统主弦杆
			承力螺栓孔周边应力
			挂爪
			承力件挂靴
2	埋入式应力计	—	角部混凝土

3) 检测标准及验收

根据设计方案设计计算书结果进行对比分析,应满足设计要求。各项检测内容合格后进入调试及试顶升阶段。主要评定指标见表6-4-9。

主 要 评 定 指 标　　表6-4-9

序号	检测内容	分 项
1	框架系统变形情况	框架顶部平整度
		支承架端部位移
		框架侧边倾斜角度
2	主杆件受力情况	框架主弦杆应力
		框架立杆应力
		支承架弦杆应力
		承力件承力螺栓周边应力
3	支点反力	角部混凝土应力

8. 系统调试与试顶升

1) 液压系统调试

液压系统的安装一般分为设备就位安装、配管、管道酸洗、管道油冲洗及压力试验五个阶段,本系统由于采用胶管,故管道不需要酸洗。本系统安装完成后需进行液压油冲洗,系统清洁度达到 NAS 8 级。

压力试验应在安装完成并冲洗合格后进行,试验压力应符合标准。本系统工作压力 21MPa,试验压力 26MPa。

系统调试一般应按泵站调试、系统压力调试、执行元件速度调试的顺序进行,并应配合机械的单部件调试、单机调试、区域联动、机组联动的调试顺序。具体如下:

(1) 顶升油缸活塞杆伸出:空载启动液压泵电动机组,延时 10s 左右,电磁阀 YV1 通电,系统加压。压力油经比例换向阀和无杆腔平衡阀进入顶升液压缸无杆腔,同时压力油打开有杆腔平衡阀,液压缸有杆腔油液经比例换向阀流回油箱。

(2) 顶升油缸活塞杆缩回。空载启动液压泵电动机组,延时 10s 左右,电磁阀 YV1 通电,系统加压。压力油经比例换向阀和有杆腔平衡阀进入顶升液压缸有杆腔,同时压力油打开无杆腔平衡阀,液压缸无杆腔油液经比例换向阀流回油箱。

(3) 顶升油缸同步控制。在顶升/缩回过程中,行程检测装置全程连续检测全部 4 支液压缸的行程偏差,自动调节换向阀开口大小,实现同步偏差值在 3mm 以内。当任意两支液压缸的行程偏差值大于或等于 5mm 时,液压系统自动停机并发出报警信号。

2) 监测系统调试

监测系统安装完成后,应对表观监测、变形监测、应力应变数据等进行整体评估,对传感器状态进行逐个检查,并通过监测平台进行读数记录,在试顶升时进行复检。

3) 试运行

预顶升在桥塔平台进行整体验收及加载试验后进行,初始顶升行程 5cm。顶升 5cm 后再次对模架节点、结构变形情况、液压系统运行情况、监测系统运行情况进行复验。各项指标满足设计要求后,完成一个标准顶升流程。

(1) 顶升检查。检查油缸油路、连接节点变形、螺栓紧固情况、缸体垂直度等;检查框架垂直度、变形情况、各节点连接情况、监测主桁架的变形等;检查每块模板是否全部脱开,上吊杆是否紧固。

(2) 试顶升。开始顶升,首先顶升 50mm,密切监视各节点变形情况、油缸同步运行情况、油缸和框架立柱垂直度情况以及行程内障碍物情况。

密切监控各点行程的同步性、顶升力的同步性、顶升速度的平稳性,通过同步控制系统及辅助监控系统确保整个顶升过程的平稳、同步;顶升完成后监控支撑点挂爪是否与挂靴咬合均匀,顶升油缸慢速回收 50mm,荷载逐渐由上支撑承受,准备提升。

(3) 试提升。检查油路、活塞杆工作情况后提升下支撑 50mm,检查下支撑伸缩油缸、上下支撑架协调工作情况。提升至预定高度,回收油缸活塞,带动整个下支撑上升一个结构层后,观察外围支点下支撑架挂爪与挂靴咬合情况;观察中间支点下支撑伸缩油缸运行的协调情况。

三、操作管理

根据标准层施工流程,由项目经理组建顶升桥塔平台施工管理小组,建立完善的指挥系统和信息反馈系统,各工作面定岗、定员、定工作时段及具体的工作内容,形成标准化、流水化施工,确保塔柱各阶段施工任务优质、高效完成。

(1)每次顶升前,经质安、技术、机电和工区等部门检查合格后方可以提升。在顶升、提升后,分别制定工作销项表,逐项进行清理确认后方可顶升和转入正式施工。工作销项表见表6-4-10~表6-4-12。

顶升前检查工作销项表　　　　　　　　　　　　　表6-4-10

日期:　　　　第___次顶升;上支承架行程高程　　　　～　　　　,层高　　　m

序号	部位	检查事宜列项	销项签认
1	支承系统	(1)导轨滑动面清理	
		(2)养护层承力件内杂物清理,爪靴内混凝土清理,承力件外表面平整光滑,无突出障碍物	
		(3)承力件安装位置矫正对拉杆张紧力检查	
		(4)承力件对拉杆张紧力检查	
		(5)检查养护层的承力件螺杆是否突出承力件面板,突出时需割除超出部分	
		(6)检查下支撑架承力件与墙面贴合情况	
		(7)清理上支撑架及油缸上支座上混凝土等杂物	
		(8)检查上支撑架挂爪、配重情况	
		(9)检查撑力件之间的缝隙,预估支撑架能否正常通过(3块撑力件,分别为下支撑架位置、上支撑架位置、上支撑架上部位置承力件)	
		(10)观察承力件侧面钢筋头、模板螺杆、混凝土等是否阻碍支撑架向上运行	
2	下挂框架	(1)挂架所有翻板全部翻起并固定(逐层检查)	
		(2)挂架间走道板翻起(逐层检查)	
		(3)塔式起重机、电梯标准节与挂架间距核查	
		(4)电梯附着处、出入口处挂架脱离	
		(5)挂架内小型器具收整至临时工具箱,防止顶升时晃动滚落	
		(6)核查突出墙面的物体位置	
3	框架系统	(1)核心筒劲性柱栓钉、耳板与平台桁架间距核查、处理	
		(2)水平度正常	
		(3)外围框架、支承立柱垂直度正常	
4	动力系统	(1)油路、开度仪、阀件表观检查	
		(2)主控制室电源检查	
		(3)控制台开机检查,各项指标显示正常,控制键灵活;各项报警、保护自锁措施调试完毕	
		(4)油箱油温、油位检查	
		(5)其他大用电设备或工序关系(塔式起重机、焊接是否停止)	
5	监测系统	(1)视频监测系统显示正常	
		(2)各监测项初始数据正常	
6	设备设施集成组件	(1)塔式起重机与智能顶升模架接触位置检查,重点检查螺栓紧固情况、焊缝外观	

续上表

序号	部位	检查事宜列项	销项签认
6	设备设施集成组件	(2)塔式起重机停止工作并处配平状态	
		(3)塔式起重机各道附着调整就位,检查其运行路线是否顺畅无阻	
		(4)临边材料归整,防止顶升时滑落	
		(5)电线、电缆、气管、气瓶整理及固定	
		(6)穿墙螺杆检查、清理,确保钢筋头不超出墙面	
		(7)模板吊点及吊杆安全检查	
		(8)模板全部脱离墙面至规定位置	
		(9)混凝土泵管拆离	
		(10)其他水电管路预留长度	
7	销项检查结论:		检查总负责人:

顶升后检查工作销项表　　　　　　　　　　　　　表 6-4-11

日期:　　　　第__次顶升;上支撑架行程高程　　　　～　　　　,层高　　m

序号	部位	检查事宜列项	销项签认
1	上、下支撑架	(1)确认挂爪是否全部外伸并落实	
		(2)挂爪防护恢复并有效防护、覆盖	
2	挂架	(1)挂架兜底防护恢复	
		(2)电梯附着处、出入口处挂架恢复	
3	设备设施集成装置	(1)底部附着顶墙	
		(2)中部附着顶墙	
		(3)水电管线装置恢复	
4	销项检查结论:		检查总负责人:

下支撑架提升前、后检查工作销项表　　　　　　　表 6-4-12

日期:　　　　第___次顶升;下支撑架行程高程　　　　～　　　　,高　　m

序号	部位	检查事宜列项	销项签认
1	下支承架提升前	(1)支撑架及承力件杂物清理	
		(2)承力件水平位置、标高核对,对拉螺杆复查	
2	下支承架提升后	(1)挂爪是否位于中位	
		(2)挂爪防护恢复并有效覆盖	
		(3)所有挂爪是否落实,并与上支撑架协同受力	
		(4)承力件是否正位	
		(5)活塞杆防尘	
3	销项检查结论:		检查总负责人:

(2)架体外侧及底部全部用安全网封闭。外立网防护各层底部、顶部平台栏杆底部

(3)架体上的施工集中荷载按承力片架均匀受力布置。一般顶部平台、主平台堆载不超过$5kN/m^2$,总荷载(钢筋、设备等)、单侧平台不平衡堆载限制应通过计算确定。框架各作业层堆载限值一般为$1.5kN/m^2$,不得集中堆载大量材料,在各堆载区标识堆载限值牌,严格控制实际使用荷载。

(4)风速设计。顶升作业时设计风速为20m/s,对应风级为8~9级。为提高施工冗余度,当地面风力大于6级、智能顶升模架顶部实际风速大于20m/s,或大雨、雾天时,严禁智能顶升模架顶升。施工作业时设计风速为32m/s,如遇大风或实际风速超过设计风速(当地面风力大于9级、智能顶升模架顶部实际风速大于32m/s)时,清除爬架上的堆放物,相关堆载转移至地面,停止施工作业,通过远程监控实施掌握模架信息。当风速持续增大,地面风力大于10级、智能顶升模架顶部实际风速大于42m/s时,将框架系统与塔柱主体通过缆风绳进行拉结,顶升模架上部与模板上口围檩或塔柱内埋设的劲性骨架用临时拉杆进行稳固,以满足抗风要求。

(5)顶升模架附墙架在塔柱上固定用的M24螺栓安装必须由专人负责,并定时进行检查。

(6)顶升模架在高空拆除前,应制订严密的拆除方案。拆除前,首先清除爬架上的杂物。同时,在其下方搭设临时防护托架和围栏,禁止人员进入。

(7)拆除人员持证上岗。严禁高空散件下抛。塔柱混凝土轴心抗拉强度达到设计龄期和强度后,顶升模架方可爬升。

四、拆除操作

(1)顶升模架平台拆除条件见表6-4-13。

顶升模架平台拆除条件　　　　表6-4-13

序号	拆 除 条 件
1	塔柱36节段结构施工完成
2	杂物清理干净
3	临时用电的电线电缆、临时用水与平台连接位置脱开清理

(2)顶升模架平台拆除原则见表6-4-14。

顶升模架平台拆除原则　　　　表6-4-14

序号	拆 除 原 则
1	地面6级及以上大风时严禁拆除作业
2	为保证模架系统周转使用,拆除时不随意破坏构件;立柱、主次梁构件不得损伤,连接螺栓在运至地面后拆散
3	挂架体系各构件不损伤
4	拆除前编号,拆除后各构件按型号归类堆码
5	基本原则为"先装的后拆,后装的先拆",对称拆除,保持拆除过程中结构稳定

(3)顶升模架平台拆除基本流程如图6-4-38所示。

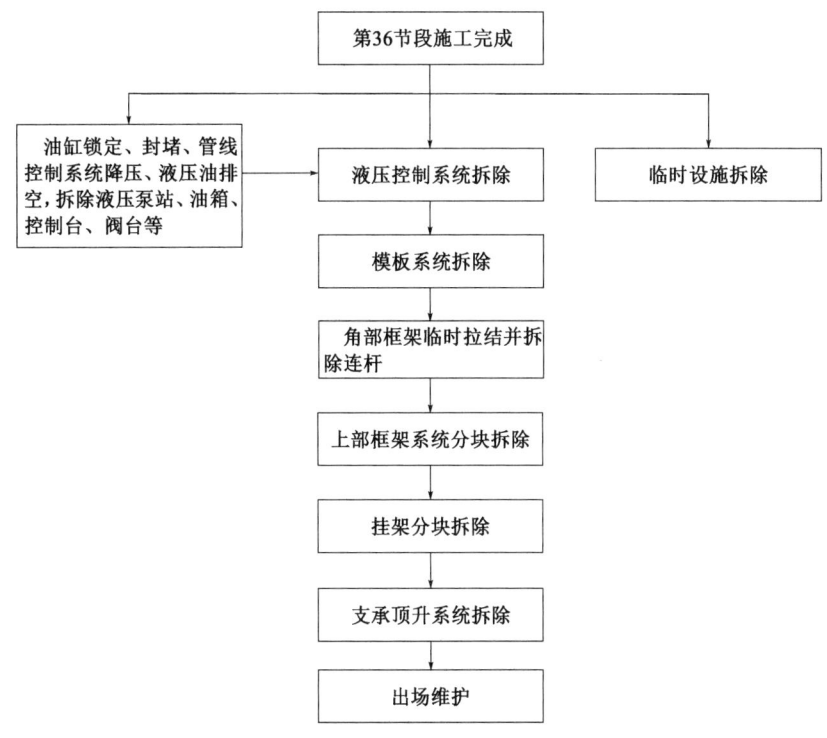

图6-4-38 顶升模架平台拆除基本流程

第八节 塔柱结构施工流程

一、标准节段施工流程

(1)标准节段顶升流程如图6-4-39~图6-4-47所示。

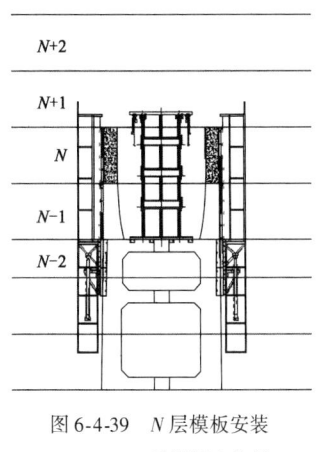

图6-4-39 N层模板安装及混凝土浇筑

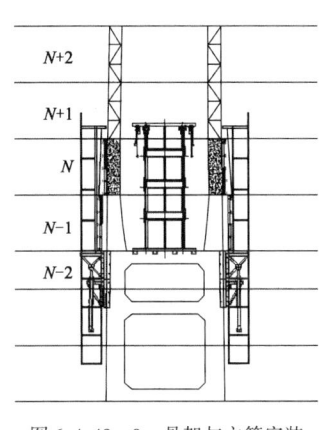

图6-4-40 9m骨架与主筋安装及N-1层模板拆除

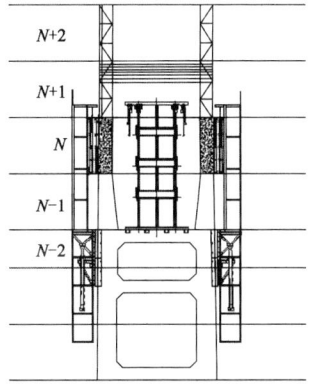

图6-4-41 4.5m箍筋绑扎及N-1层模板提升至N层

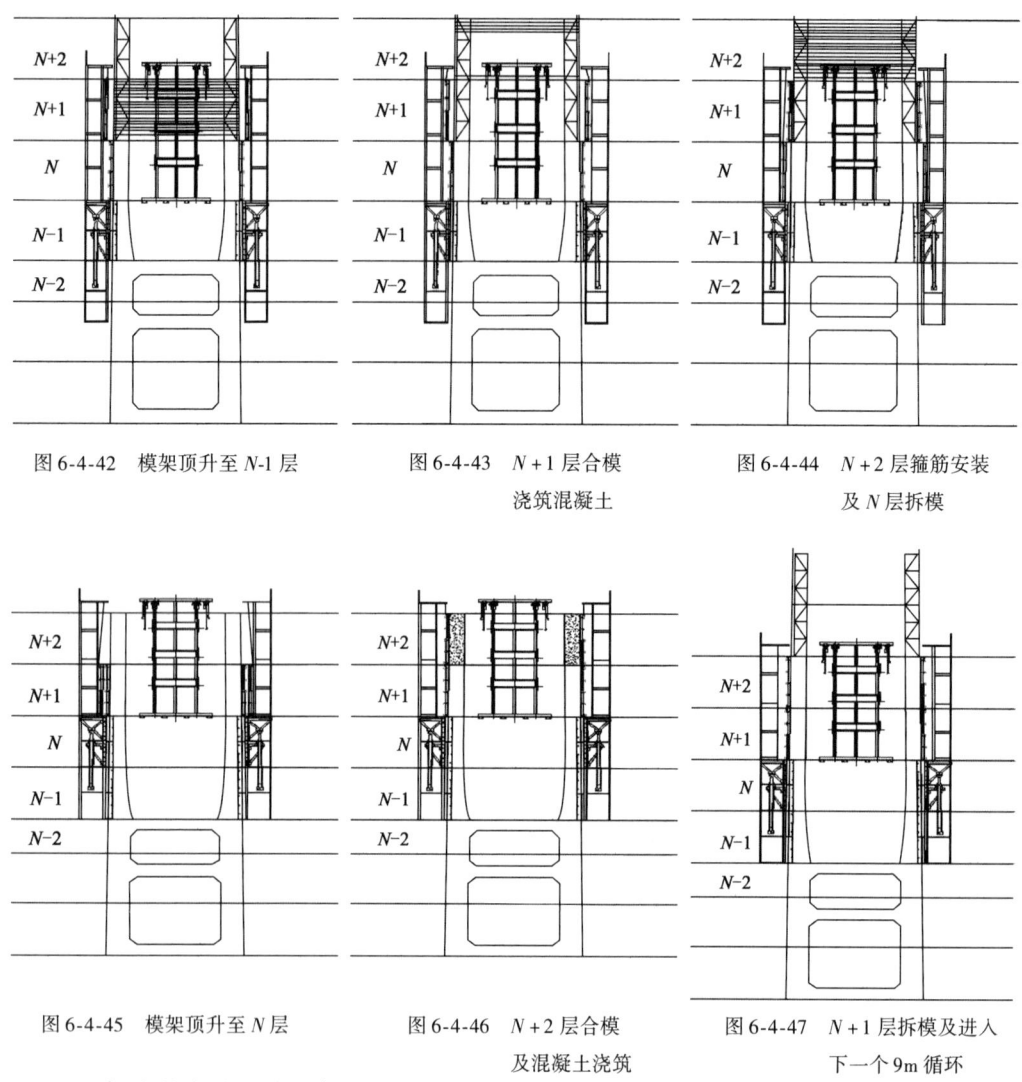

图 6-4-42　模架顶升至 N-1 层　　　图 6-4-43　N+1 层合模浇筑混凝土　　　图 6-4-44　N+2 层箍筋安装及 N 层拆模

图 6-4-45　模架顶升至 N 层　　　图 6-4-46　N+2 层合模及混凝土浇筑　　　图 6-4-47　N+1 层拆模及进入下一个 9m 循环

(2)标准节段施工流程如图 6-4-48 所示。

二、施工方法

1. 顶升工况

(1)顶升检查:检查油缸油路、连接节点变形、螺栓紧固情况、缸体垂直度等;检查框架垂直度、变形情况、各节点连接情况,监测主桁架的变形等;检查每块模板是否全部脱开,上吊杆是否紧固。

(2)顶升过程。

①试顶升:开始顶升,首先顶升 50mm,密切监视各节点变形情况、油缸同步运行情况、油缸和框架立柱垂直度情况以及行程内障碍物情况。

②顶升预定高度:密切监控各点行程的同步、顶升力的同步性,顶升速度的平稳性,通

过同步控制系统及辅助监控系统确保整个顶升过程的平稳、同步;顶升完成后监控支撑点挂爪是否与挂靴咬合均匀,顶升油缸慢速回收50mm,荷载逐渐由上支撑承受,准备提升。

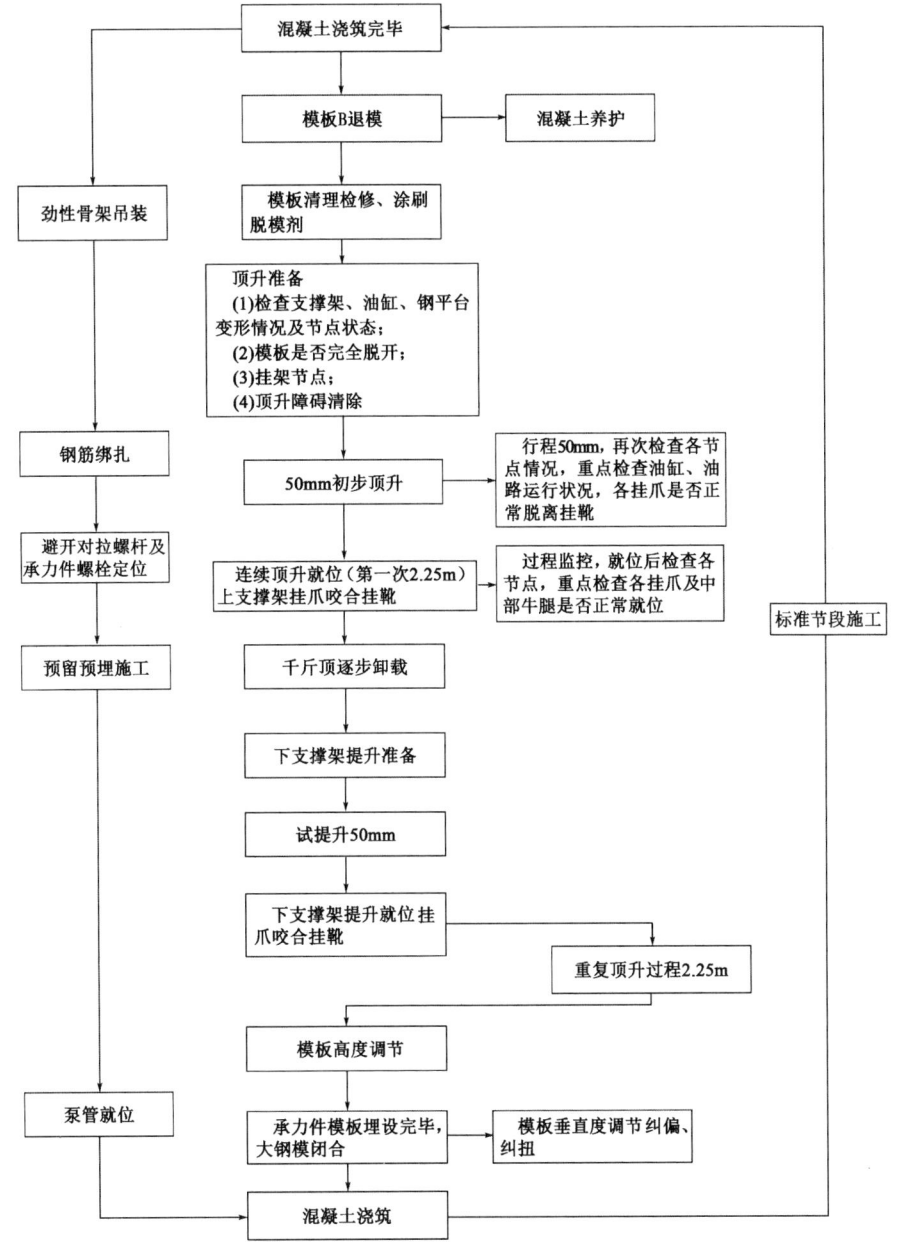

图 6-4-48 标准节段施工流程

2. 提升工况

(1)试提升:检查油路、活塞杆工作情况后提升下支撑50mm,检查下支撑伸缩油缸、上下支撑架协调工作情况。

(2)提升预定高度:回收油缸活塞,带动整个下支撑上升一个结构层后,观察外围支点下支撑架挂爪与挂靴咬合情况;观察中间支点下支撑伸缩油缸运行的协调情况。

3.施工工况

(1)钢筋绑扎(钢板墙吊装):竖向钢筋接长每个工作点需2~3人协同完成,负责钢筋扶直,竖筋位置需考虑避开下部模板对拉螺栓位置,水平构件直螺纹套筒预埋定位准确、连接牢固。劲性骨架稳固下放,避开对拉螺栓位置、承力件螺栓位置。

(2)承力件预埋及模板支设:将承力件及背板按要求支设并加固,其余模板利用滑梁滚轮滑动至墙面进行模板支设作业;模板就位后穿设螺栓套管,利用套管上的控制标记控制墙体厚度。

(3)混凝土浇筑:按照施工方案浇筑顺序分层浇筑完毕后,必须马上清理各作业面混凝土残渣,确保各作业面的清洁。

(4)脱模并养护:按照支模反向顺序依次退开对拉螺栓,清理干净后分类集中堆放整齐;模板退开墙面400mm;翻板上翻,模板沿导轨退开300mm,工人利用专用工具将模板清理干净。模板改造在模架上进行,放线后利用型钢定位修改,利用手持电动工具进行切割。

第九节 整体自适应智能顶升桥塔平台监测与检测

整体自适应智能顶升桥塔平台体系结构形式复杂、受力情况多变且使用周期长,贯穿整个桥塔施工始终,因此,对模架使用全过程进行监测,以掌握其使用阶段的安全状况显得尤为重要。

如图6-4-49所示,桥塔平台由表观监测子系统、结构健康监测子系统、气象监测子系统、液压监测子系统组成,其中表观监测子系统主要通过摄像头对支承的顶升情况、模板安装情况、塔柱的整体施工情况进行观测,结构健康监测子系统主要对架体主要结构的应力应变、水平度和垂直度进行监测,气象监测子系统主要对塔柱的施工环境中的风速风向进行监测,液压监测子系统主要对液压系统的压力、行程以及液压油温度进行监测。由于桥塔平台是一个成体系模架结构体系,需要对其应力或变形进行监测,验证其与设计情况是否一致;同时,为了保证模架安装过程中的安全性,也需要对其进行检测。

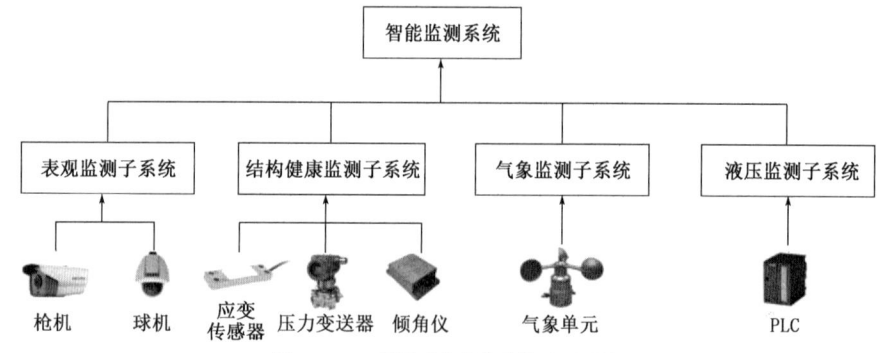

图6-4-49 监测系统整体结构及子系统

模架需要检测内容主要有框架系统主竖杆应力,支承系统抗侧滑块、挂爪、承力件挂靴应力,模板系统对拉杆应力,角部钢筋应力。

一、监测和检测项目

监测系统监测内容、使用的传感器和测点数量见表6-4-15。

监测系统监测内容、使用的传感器和测点数量　　表6-4-15

序号	监测内容	监测对象	传感器	测点数量
1	表观检测	爬爪咬合	枪机	24
		模板安装		
		模架整体	球机	2
2	应力应变	框架主梁	应变传感器	64
		框架连杆		
		支承弦杆		
3	水平度	框架系统	压力变送器	16
4	垂直度	框架主竖杆	倾角仪	8
5	风速风向	环境	风速风向仪	2

检测测点数量根据现场的实际情况确定,检测所用的传感器、采集设备及对应的部位,见表6-4-16。

检测所用的传感器、采集设备及对应的部位　　表6-4-16

序号	传感器	采集设备	测试部位
1	振弦传感器	读数仪	主竖杆应力
			角部钢筋应力
2	应变片	静态应变测试仪	抗侧滑块
			挂爪
			承力件挂靴
3	垫圈测力传感器	静态应变测试仪	对拉杆应力

二、监测系统的布置及目的

1. 表观监测

1) 监测目的及要求

表观监测对象主要是支承系统、模板安装以及塔柱的整体施工。支承系统表观观测的主要目的是观察支撑系统是否支撑到位。在8个支撑点各设置一对枪机,要求能观测到爬爪是否插入挂靴内;模板安装表观观测的对象主要是观察模板的安装情况,在框架系统的每个面安装一个枪机,要求观测到模板安装是否到位;塔柱整体施工表观观测对象主要是观察塔柱内部施工的整体情况,每个塔柱安装一台球机,要求能全视野俯瞰塔柱施工情况。

2) 布点位置与走线

①支承系统表观观测,一根立柱设两个监控点,观测上下承力架的爬爪和承力件的咬合情况,摄像头固定在承力件的上下支撑架,通过双绞线沿支撑立柱引线至模架监控室;

②模板情况观测,框架系统的一个面设置一个观测点,安装在框架系统上,通过双绞线沿框架系统引线至模架监控室;③塔柱整体施工情况观测,摄像头安装在模架的顶部或者塔式起重机上,通过双绞线沿框架系统引线至模架监控室。布点位置图如图 6-4-50 ~ 图 6-4-52 所示。

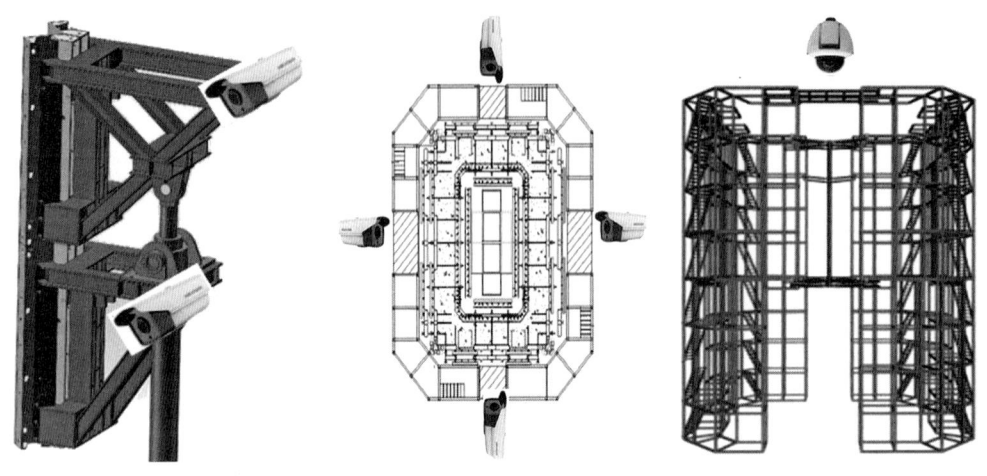

图 6-4-50　支承布点示意图　　图 6-4-51　模板观测示意图　　图 6-4-52　整体施工观测示意图

2. 应力应变监测

1) 监测目的及要求

模架承受荷载主要通过框架系统传递至支承系统上,最后传递至承力件,因此,作为主要承力结构的框架系统、支撑系统等需进行应力监测。同时模板系统对施工的安全有比较大的影响,因此,需对模板系统的吊杆和拉杆的应力进行监测。监测点选择应力较大和对结构安全影响较大的部位。

2) 测点布置及走线

应力应变监测按照监测的部位可划分为框架系统主梁、框架系统连杆、支承系统弦杆和模板系统吊杆。框架系统主梁每个测点布置两个应力传感器,分别安装在主梁里侧的上、下翼板;框架系统连杆每个测点布置一个应力传感器,安装在连杆的腹板中部;支承系统弦杆每个测点布置一个传感器,安装在弦杆的腹板中部。传感器走线沿着框架系统构件引至监控室,传感器和线路应加强保护,避免遭到外力的破坏。应力应变监测测点布置如图 6-4-53 ~ 图 6-4-55 所示。

3. 水平度监测

1) 监测目的及要求

模架顶部作为施工堆载、施工人员活动区域,可能因堆载不均衡、顶升不同步、意外撞击等原因在高程上产生较大差异,结构将产生较大内力,给模架安全带来不利的影响,同时变形能直观反映结构整体的受力情况,监测变形对于分析结构整体状态极为有利,因此,需对模架的水平度进行监控。

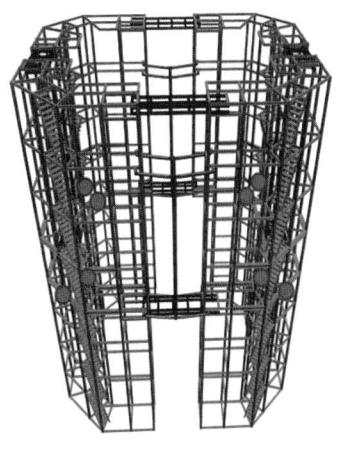 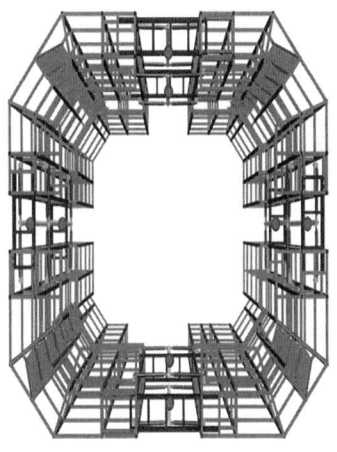 

图 6-4-53 框架主梁监测点布置图　　图 6-4-54 框架连杆监测点布置图　　图 6-4-55 支承弦杆监测点布置图

2）测点布置及走线

传感器安装在模架的顶层的底部，每个测点布置一台传感器，安装位置应该隐蔽，避免受到施工环境的干扰。每个桥塔布置 8 台传感器，传感器与传感器通过水管互联，传感器引线沿着框架系统构件汇聚到监控室。框架水平度监测测点布置图如图 6-4-56 所示。

4. 垂直度监测

1）监测目的及要求

模架框架系统立柱高度较高，当有水平位移发生时，附加弯矩较大，可能影响立柱的正常使用，甚至发生危险，为此，对传递竖向荷载的立柱进行垂直度监控。

2）测点布置及走线

倾角仪设置在钢框架顶部支承立柱位置，每个测点安装一台双轴倾角仪，安装位置应尽量隐蔽，同时做好相关的保护工作，数据线和电源线沿着立柱引向监控室，垂直度监测测点布置图如图 6-4-57 所示。

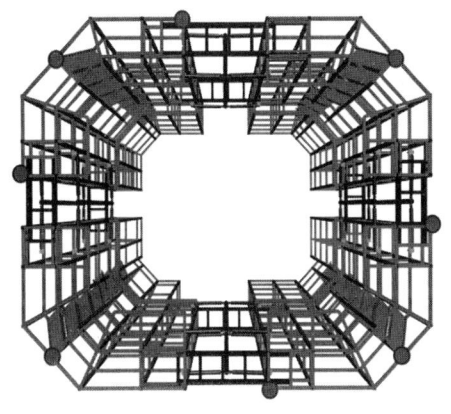 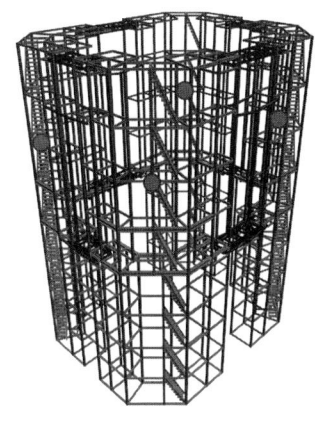

图 6-4-56 框架水平度监测点布置图　　图 6-4-57 框架垂直度监测点布置图

5. 风速风向监测

1）监测目的及要求

风荷载是模架设计重要的控制荷载，模架体系在设计时，对风载的考虑为10年一遇。该设计对应8级大风，风速为17.2m/s，因此，应对风速进行监控；当风速大于设计值时，停止施工。

2）测点布置、走线及传感器

传感器布设在模架顶部，为了减少模架顶部对风的干扰，安装位置应比模架顶部高1.5m左右。电源线和数据线沿框架系统引向监控室。

6. 液压系统监测

1）监测目的及要求

液压系统是模架的动力系统，顶升时整个模架的质量完全由油缸承担，其工作正常与否直接关系到模架的安全。同时，对液压系统液压数据进行记录和分析，有助于对模架的安全性进行分析。因此，需要对液压系统进行监测。

2）测试手段

液压系统自带有压力、温度传感器以及拉线位移传感器，传感器采集到液压系统相关数据后将数据传递给PLC（Programmable logic Controller，可编程逻辑控制器），PLC对数据进行解调后在屏幕上显示。因此，只要在PLC上加装以太网模块或者串口模块，与服务器相连，当服务器需要提取数据时向PLC发送请求，PLC即可返回所需数据。

三、监测测点的布置

1. 框架系统应力监测

主竖杆是桥塔模架重要的受力构件，整个模架的荷载经由主竖杆传递到支承系统，模架安装过程中对主竖杆的应力进行定期的测试，有助于判断结构的状态，因此，有必要对框架系统中的主竖杆的应力进行监测。主竖杆检测使用具有抗干扰能力强的振弦式传感器，传感器安装在主竖杆中部的腹板上，安装方向与主竖杆轴线一致，测试仪器采用振弦式读数仪。

2. 支承系统应力监测

支承系统是桥塔模架最终的受力构件，模架的荷载经由多重传递后最终传递给支承系统，支承系统具有应力大、受力复杂的特点，因此，有必要对支承系统中受力较大的挂爪、承力件挂靴以及能反映结构受力状态的抗侧滑块的应力进行监测。应力测试采用应变花，测试仪器采用静态应变测试仪。测点位置根据计算结果和现场实际情况确定。

3. 墙体应力监测

模架所承担的荷载最终传递给墙体，墙体所承担的荷载较大，因此，为保证墙体的安全,有必要对墙体的应力进行测试,通过测试墙体内部钢筋的应力,间接测试墙体应力。墙体钢筋应力测试采用钢筋应力传感器,安装位置选择墙体受力较大部位的钢筋。钢筋施工时将应力传感器通过点焊焊接在钢筋上,引线线头固定在模板的外侧。测试仪器采用振弦式读数仪。

4. 模板对拉杆应力监测

混凝土浇筑时模板受到较大侧向压力,如果施工过程操作不当,会造成严重后果。为保证混凝土施工中的安全,有必要对模板的对拉杆应力进行监测。

对拉杆应力采用垫圈压力传感器,传感器夹在模板表面和螺栓之间,当模板受到侧向力作用时,挤压螺栓,即可测出对拉杆应力。测点位置根据现场实际情况进行选择,对拉杆施工时安装传感器。测试仪器采用静态应变测试仪。

四、施工模架智能监控系统

施工模架智能监控系统软件是一款专门用于施工装备监控的软件模架,根据施工模架特点,研发了液压系统反控功能、项目管理等功能。施工模架智能监控系统主要功能如下。

1. 数据展示和预警、反控功能

监测数据有实时数据、趋势图、液位柱、表格等多种展示方式。图 6-4-58 所示为模架的水平度展示页,展示内容包括压力变送器的实时数据、液位柱、趋势图、表格,在平面图上标识出了传感器的位置以及压力变送器当前相对高度;液位柱是实时数据的形象化展示,可以较为方便地比较各个测点的高度;趋势图反映了压力变送器在 30min 之内的数值变化情况;表格中的数据是对 30min 内的数据进行统计。其他监测页面根据监测内容和展示内容在此基础上进行调整。

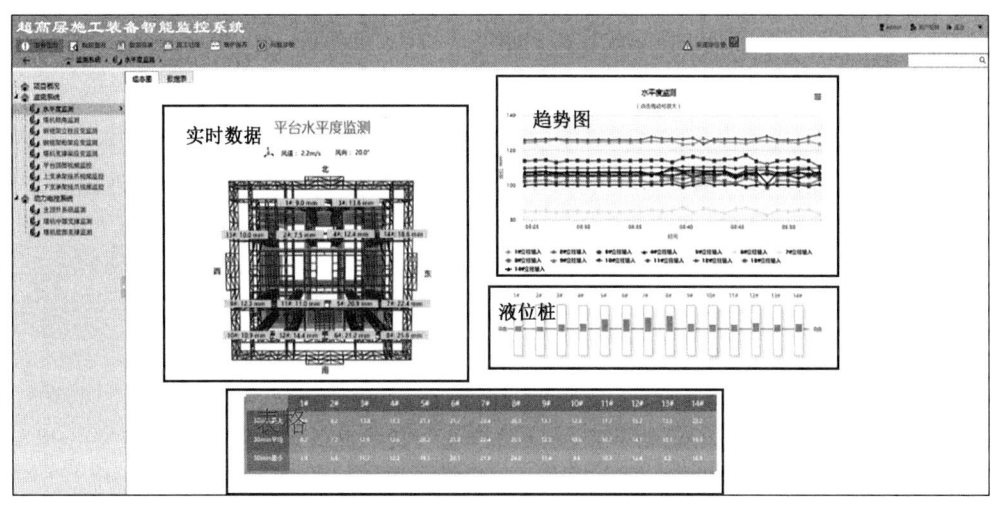

图 6-4-58 监控数据界面图

软件具备丰富的报警功能,用户可以为每个对象设置单独的报警规则,有一般、提示、严重、危急等多种级别,不同级别的报警设置不同的报警方式,报警对象也比较多样,具有声音报警、短信报警、弹窗报警等多项报警功能。

2. 项目管理功能

与桥梁健康监测系统等监测系统不同,施工模架监测的是一个不断动态变化的对象,面对的环境也更加恶劣,施工的情况、塔式起重机的使用、模架的顶升对模架的状态有很大的影响,同时,液压系统在使用过程还需要不断地维修、保养,项目人员在使用过程中也会经常遇到各种困难。针对上述问题,软件模架特意添加了施工记录、维护保养、问题诊断三个功能。

施工记录包括施工日志、顶升日志、塔式起重机日志三项内容,施工日志主要记录桥塔的施工情况,方便后期的数据分析;顶升日志主要是对施工模架顶升过程的记录;塔式起重机日志主要记录塔式起重机维修保养和吊装的情况。维护保养的主要作用是实现了施工模架设备的模架。维护保养分项目管理人员和设备维护人员两级权限,当施工模架设备需要保养或者维修时,项目管理人员登录模架软件向设备维护人员下达指令,并限定完成时限。问题诊断主要作用是方便项目管理人员与专家之间的交流。

五、监测及反馈

施工模架监测系统采用定期在线连续监测系统,采集的原始数据经初步分析和转换后,若传感器失效或监测数据超限将实时预警,此时应停止施工,检查报警原因,待原因解决后,再重新施工。

第十节 本章小结

整体自适应智能顶升桥塔平台在伍家岗长江大桥工程的成功应用,为桥塔快速、安全、高效、高品质施工提供了有力保障。

该项目的应用系国内外首次将智能顶升平台系统应用于大型桥梁施工领域,打破了行业内桥塔施工依赖液压爬升模板的行业现状,被誉为"造塔机",实现了基础设施领域科技创新工作的重大突破,受到了业内各界的高度赞赏。

第五章　大吨位超高空多点对接主塔钢桁架制造及整体提升安装关键技术

第一节　前　言

桥梁主塔是悬索桥的重要承力构件,也是桥梁展现造型的舞台。随着桥梁钢结构制造、施工技术的发展,钢结构以其结构轻便、装配施工、造型容易、受力可靠等优点,在桥梁主塔上得到了越来越广泛的应用。

伍家岗长江大桥主塔是钢结构在主塔上进行应用的典范,是国内首次采用在主塔内部设置 23.2m×6.6m×24.7m 大型网状钢桁架结构的方式,既加强了主塔的刚度、强度和稳定性,又提升了主塔的美观性,通过钢桁架造型赋予了桥梁更多的文化元素。

该钢桁架尺寸巨大,造型复杂,与混凝土主塔之间设有 7 个接口,制造、安装、对位的难度极大,且没有以往的类似案例可供参考。为此,项目开展了一系列的探索研究,解决了制造安装中的各项技术难题,总结形成了超高空多点对接大吨位主塔钢桁架制造及整体提升安装关键技术。

第二节　工程概况

伍家岗长江大桥主桥为主跨1160m 正交异性桥面板钢箱梁悬索桥,桥宽31.5m。主塔为门形框架结构,由塔柱、下横梁、钢桁架及上横梁组成,塔柱采用钢筋混凝土结构,上、下横梁采用预应力混凝土结构,钢桁架采用钢箱框架结构。

钢桁架由腹杆和下弦杆组成,其立面线形均为圆曲线,采用箱形截面。腹杆截面高1.2m,宽2.5m,板厚分别为 16mm、24mm,下弦杆截面高2.0m,宽5.8m,板厚20mm,均采用板式加劲肋加劲。单个主塔钢桁架在立面上划分7个节段(类型为节段 A～D)、8个合龙段(类型为节段 E～H)及7个预埋段(类型为节段 A～D)。腹杆、下弦均通过预埋段,采用 PBL 剪力键和剪力钉与主塔上横梁、混凝土塔柱连接。钢桁架各节段之间均为焊接。钢桁架外表面设有板厚为 10mm 的装饰板,部分装饰板为空间曲面。

主塔及上横梁施工过程中,完成预埋段 A～D 安装施工。主桥钢箱梁节段 D 吊装至轨道上后,在钢箱梁节段 D 及引桥上面搭设拼装支架。拼装支架搭设完成后,先按照从中间向两侧、左右对称的原则进行下弦杆的拼装;下弦杆拼接焊缝焊接完成后再从中间往两侧逐段拼装腹杆节段,直至完成钢桁架整体拼装。然后通过塔顶起重机将钢桁架吊装到位后与预埋件拼焊成整体。塔顶钢桁架立体效果图及整体布置图分别如图 6-5-1、图 6-5-2 所示。

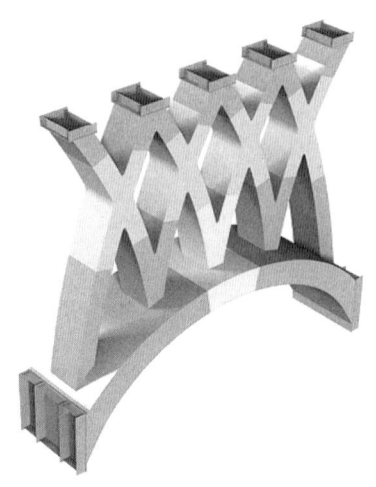

图 6-5-1　主塔钢桁架立体效果图

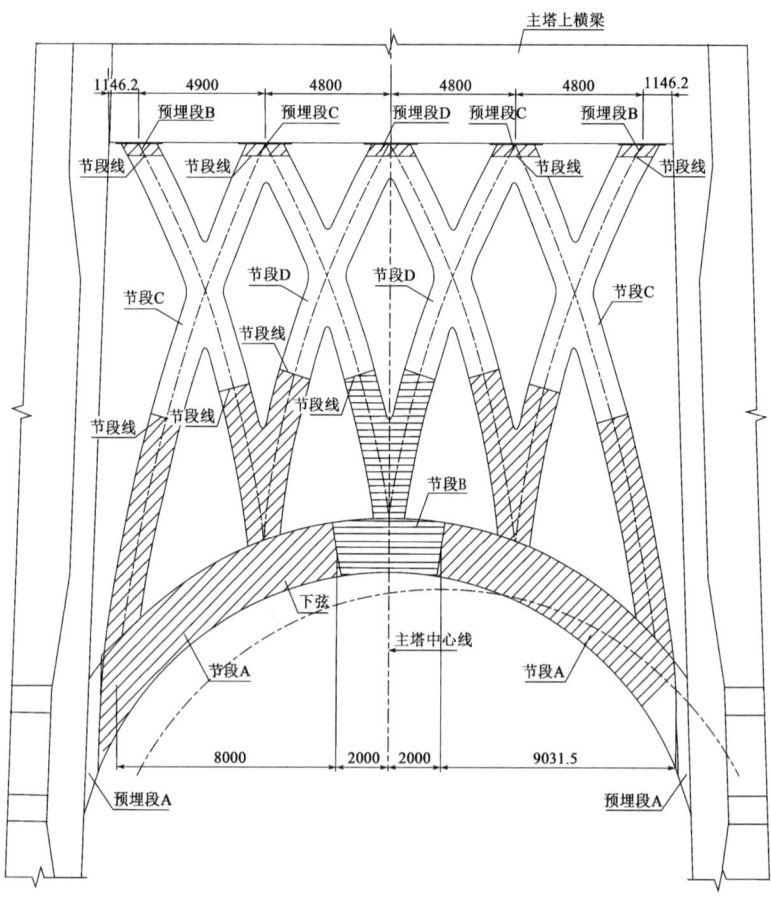

图 6-5-2　塔顶钢桁架整体布置图(尺寸单位:mm)

塔顶钢桁架各节段质量统计见表6-5-1。

塔顶钢桁架各节段质量统计表　　　　　　　　表6-5-1

名　称	编号	宽度(mm)	高度(mm)	长度(mm)	单个质量(t)	数量	总质量(t)
下弦杆	XX－A－1/2	3070	3527.5	12694.2	23.3	8	186.0
下弦杆	XX－B－1/2	3070	2142.9	4307.7	8.85	4	35.4
腹杆	FG1－1	2500	1811.9	9090.4	9.3	4	37.3
腹杆	FG1－2	2500	3777.5	11062.6	11.3	4	45.3
腹杆	FG2－1	2500	2622.5	4624.3	8.4	4	33.4
腹杆	FG2－2	2500	1266.5	2980	5.4	4	21.5
腹杆	FG2－3	2500	1284.9	3819.3	6.9	4	27.6
腹杆	FG3－1	2500	1929.6	9470.9	19.2	4	76.6
腹杆	FG3－2	2500	1445.5	2982.2	6.0	2	12.1
腹杆	FG4－1	2500	2597.5	3914.5	7.9	2	15.8
腹杆	FG4－2	2500	1314.5	4873.4	9.9	4	39.4
腹杆	FG4－3	2500	1262.3	2625.9	5.3	4	21.2
装饰板	ZSB				74.6	2	149.2
合计						50	701.0

第三节　关键技术研究

一、主塔钢桁架制造拼装研究内容

1. 多曲线网状钢桁架线形与整体尺寸控制技术研究

本钢桁架由9条圆曲线组成，多条曲线之间交叉，需对多曲线网状钢桁架线形控制技术进行研究，确保钢桁架的整体尺寸与各曲线的线形。

2. 网状钢桁架现场多接口立拼方案研究

本钢桁架现场立拼时，宽度和高度大、厚度小，需对多个杆件进行竖向拼装，且所站位的钢梁容易发生移位，拼装难度大、风险大，需研究多种措施保证立拼的整体尺寸控制和安全性。

3. 多点预埋件整体定位技术研究

安装钢桁架的多个预埋件预埋以后，受到振捣震动、混凝土收缩等因素影响，预埋件之间容易发生相对位移，影响钢桁架安装，因此，需研究保证多点预埋件性对位置固定的方法。

4. 钢桁架与混凝土主塔多点匹配拼装技术研究。

钢桁架与混凝土主塔之间存在7个接口，7个接口均没有进行工厂匹配总拼，高空对位时错位、错边处理难度大。需研究相关措施保证7个接口的高精度对接。

二、主塔钢桁架吊装对接研究内容

1. 钢桁架提升设备装置的选择研究

塔顶钢桁架整体吊装质量约390t(含部分装饰板、临时吊耳、匹配件及吊具等),整体提升高度约为102m;钢桁架整体提升采用非常规起重设备、方法、单件起重量在100kN及以上的起重吊装工程,属于超过一定规模的危险性较大的分部分项工程。需研究选择合适的起重设备和配套调整、对位、安全保险装置。

2. 钢桁架提升的四吊点高精度同步、均载控制技术研究

钢桁架整体尺寸为宽23.2m、厚6.6m、高24.7m,从侧面看为细长结构,如果四吊点提升不同步,容易引起钢桁架的大幅歪斜和偏载,造成安全风险。

3. 钢桁架整体纵、横移微调技术研究

在四个提升千斤顶下方设置纵横移微调装置,实现钢桁架整体位置的调整,有利于钢桁架通过主塔两侧下支承预埋件(间隙仅20mm)以及钢桁架的最终对位微调。

4. 提升系统的安全保险装置研究

在最终对位焊接时,钢桁架需要长时间悬停,需设计多重保护装置确保钢桁架悬停期间的安全。

5. 钢桁架整体提升时倾斜度的监控研究

钢桁架提升时需保证不会发生倾斜,保证结构整体的安全性,需要对钢桁架提升过程中的水平度进行监控。

第四节　总体技术方案

一、施工总体部署

钢桁架杆件制造及总拼在钢结构基地加工制造,主要完成零件下料、板单元组拼、下弦杆及腹杆杆件组拼,搭设总拼装胎架进行厂内总拼(部分装饰板预先安装到钢桁架上,以减小装饰板高空安装质量及难度),在节段间安装匹配件,拆分后用汽车发运到桥址后进行钢桁架整体拼装。整体提升前,钢桁架预埋件已预埋在主塔壁及上横梁底板中,预埋件接头精度较难控制,需要测量预埋件箱口各接头标记点的数据,在钢桁架腹杆、下弦杆与预埋件相连接部位加长50mm余量,在主塔下钢桁架整体拼装时按照测量的上述数据进行配切,然后再将钢桁架整体提升到主塔塔顶定位后与预埋件焊接成整体,最后再安装剩余部分装饰板。

二、钢桁架工厂制造

1. 钢桁架杆件制造节段划分

由于汽车运输受到长度、宽度、高度及质量的影响,须将钢桁架下弦杆及腹杆进行分段制造,在工厂内完成总拼后进行拆解,发运到主塔下立体拼成整体后进行提升安装。

将钢桁架下弦杆纵横向进行分段,下弦杆纵向节段依照分段位置将下弦杆在工厂内制造成两部分分别发运。下弦杆纵、横向分段图分别如图6-5-3、图6-5-4所示。

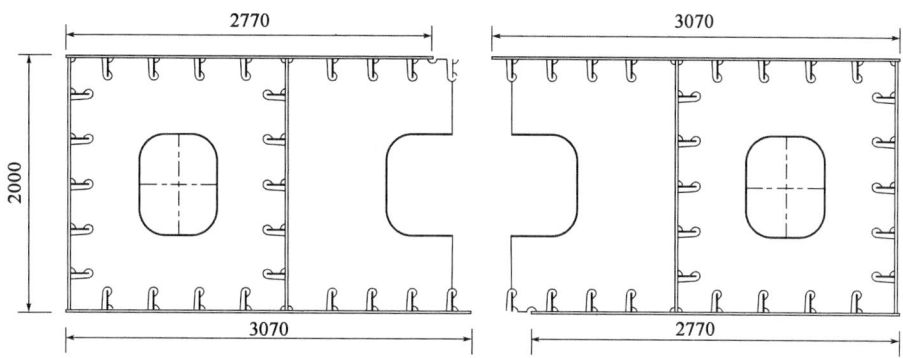

图6-5-3　钢桁架下弦杆纵向分段图(尺寸单位:mm)

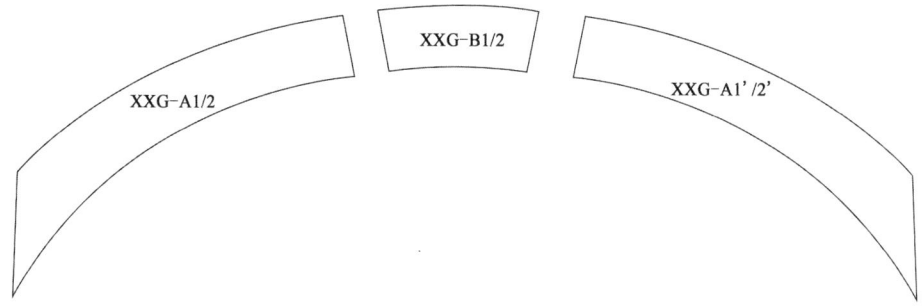

图6-5-4　钢桁架下弦杆横向分段图

钢桁架腹杆工厂内杆件划分图如图6-5-5所示。

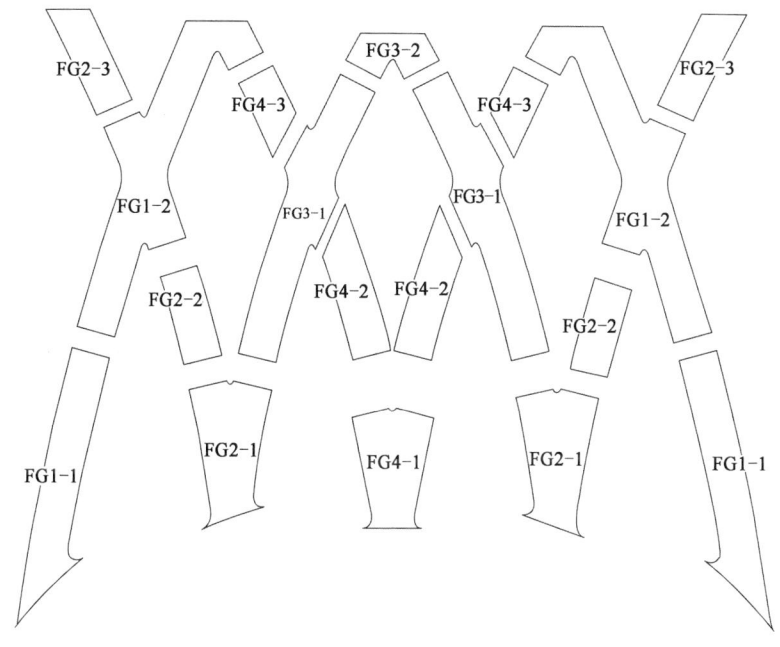

图6-5-5　钢桁架腹杆工厂内杆件划分图

2. 钢桁架杆件总体制造工艺

1) 总体流程

钢桁架杆件制造按照"钢板预处理→号料下料→边缘加工→组拼板单元焊接→矫正检测→组拼杆件焊接→矫正检测→转钢桁架总拼"的顺序进行。

其关键工艺如下：

(1) 钢板预处理。

(2) 数控精切下料。

(3) 腹杆顶底板及下弦杆顶底板的板肋制造。

(4) 横隔板单元外形尺寸控制。

(5) 对单侧有纵肋的板单元采用反变形焊接。

(6) 优先选用自动和半自动CO_2焊接方法。

(7) 杆件组拼。

2) 下料及加工

(1) 放样和号料应严格按工艺图和工艺文件要求进行，并预留焊接收缩量。

(2) 本桥所用钢板通过赶平消除钢板的轧制变形(尤其是局部硬弯)减小轧制内应力，从而减小制造中的变形，这是保证板件平面度的必要工序。钢板的起吊、搬移、堆放过程中，应采用磁力起吊，注意保持钢板的平整度。

(3) 本桥除次要零件或剪切后边缘需要进行机加工的零件外，均采用精密切割下料；剪切零件边缘应整齐，无毛刺、反口、缺肉等缺陷。

(4) 大规格型钢或尺寸精度要求严格的型钢零件采用数控带锯切割机下料。

(5) 对于形状复杂的零件，用计算机1:1放样确定其几何尺寸，并采用数控切割机精切下料。编程时，要根据零件形状复杂程度、尺寸大小、精度要求等确定切入点和退出点，并适当加入补偿量，消除切割热变形的影响。

(6) 对于下料后需要机加工的零件，其加工尺寸偏差严格按工艺文件或图纸上注明的尺寸执行。

(7) 对于采用数控切割机下料的首件，应先用机床喷墨装置划线验证程序的正确性。首件下料后，必须经严格检验确认合格后，方可继续下料。

(8) 号料前应检查钢料的牌号、规格、质量，当发现钢料不平直、有锈蚀、油漆等污物影响下料时，应矫正、清理后再号料，号料外形尺寸允许偏差为±1.0mm。

(9) 号料时注意使钢板的轧制方向与梁主要受力方向一致。

3) 零件矫正及组拼技术要求

(1) 主要受力零件冷作弯曲时，环境温度不宜低于−5℃，内侧弯曲半径不得小于板厚的15倍，小于者必须热煨，热煨温度宜控制在900~1000℃之间。冷作弯曲后零件边缘不得产生裂纹。

(2) 冷矫正后的钢材表面不应有明显的凹痕和其他损伤。采用热矫时，热矫温度应控制在 600~800℃ 之间，严禁过烧。热矫后的零件应缓慢冷却，降至室温以前，不得锤击零件或用水冷却。

4) 板单元组装技术要求

(1) 组装前必须熟悉图纸和工艺，认真核对零件编号、外形尺寸和坡口，核查平面度、直线度等各种偏差，确认符合图纸和工艺要求后方可组装。

(2) 组装前必须彻底清除待焊区的浮锈、底漆、油污和水分等有害物。

(3) 焊缝端部按规定组引板，引板的材质、厚度及坡口应与所焊件相同。

(4) 各类首制件必须经检查合格并由监理工程师批准后，方可批量生产。

(5) 板单元组装后应按规定打上工单号、板单元号、生产序列号。

5) 板单元组拼尺寸控制

(1) 单元件组拼均应在专门的平台上或胎架上进行，防止或减少热加工中因板件自重影响而产生变形。

(2) 为减少因焊接而引起的变形，在焊接前预置反变形量。在板单元组焊中，根据其热量输入、应力分布、自由变形状态等特点，采用反变形技术，减小焊接后因收缩引起的角变形，从而大大提高矫正工作效率和板块质量。

(3) 横隔板的焊接在专门的胎架中进行，通过胎架刚性固定，控制焊接收缩和焊接变形，保证横隔板的尺寸精度。

3. 钢桁架板单元制造

1) 工艺流程

钢桁架板单元制造工艺流程如图 6-5-6 所示。

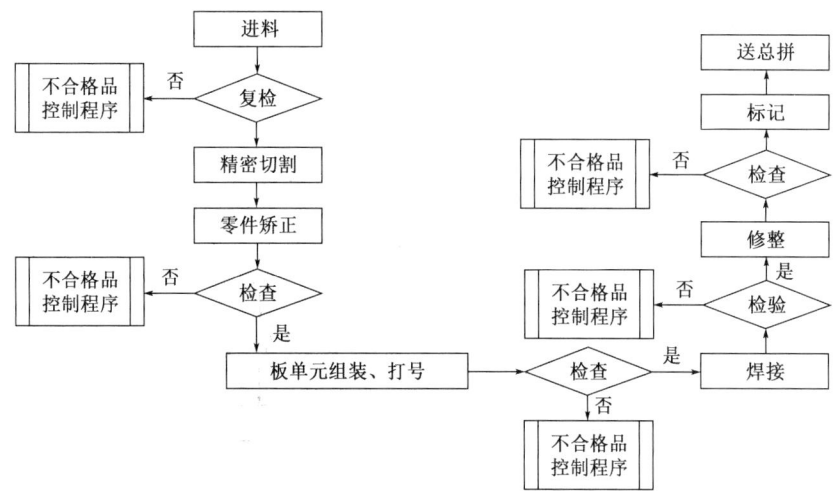

图 6-5-6　钢桁架板单元制造工艺流程

2) 钢桁架腹杆顶、底板单元及下弦杆顶、底板单元的制造

腹杆顶、底板单元与下弦杆顶、底板单元制造类似，现仅以下弦杆顶板单元为例进行介绍。加劲肋是按线形下料成弧形的，在板单元划线平台上首先划出顶板加劲肋安装线，

并将焊缝区域打磨干净。在专用的顶底板单元制作胎架上按线将顶板铺上,由于自重,顶板会形成凹曲,将加劲肋按线定位在顶板上,在顶板上选几个控制点用千斤顶向着加劲肋线形方向起顶,并用火焰煨弯,待顶板弯曲与加劲肋密贴时点焊固定,检查合格后进行施焊加劲肋与顶板间的焊缝,焊接完成后在平台上火焰矫正,顶板线形合格后进行编号打钢印并转入杆件拼装工序。下弦杆顶底板单元效果图与制造图分别如图6-5-7、图6-5-8所示。

图6-5-7 下弦杆顶底板单元效果图

图6-5-8 下弦杆顶底板单元制造图

3) 钢桁架腹杆腹板单元及下弦杆腹板单元的制造

腹杆腹板单元与下弦杆腹板单元制造类似,现仅以下弦杆腹板单元为例进行介绍。将腹板平铺在专用平台上,按施工图纸和工艺要求划纵横向基准线,以横基线为基准划隔板单元组装位置线,以纵向基准线为基准划线并按线组装纵向加劲肋,采用CO_2气体保护焊船位焊接加劲肋,焊接完成后在平台上火焰矫正板面平整度,检查合格后进行编号、打钢印并转入杆件总拼工序。下弦杆腹板单元效果图及制造图分别如图6-5-9、图6-5-10所示。

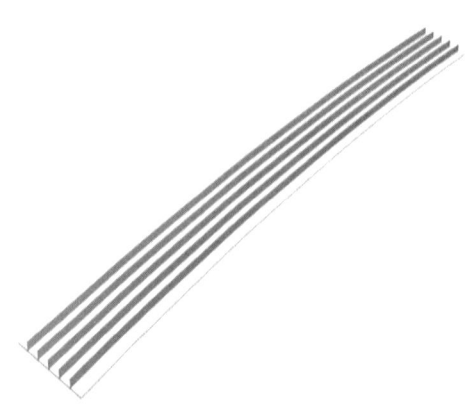
图6-5-9 下弦杆腹板单元效果图

图6-5-10 下弦杆腹板单元制造图

4)腹杆横隔板单元及下弦杆横隔板单元的制造

腹杆横隔板单元与下弦杆横隔板单元制造类似,现仅以下弦杆横隔板单元为例进行介绍。横隔板单元由隔板及人孔加劲圈组成,在箱体制作前可批量加工制作隔板单元件,人孔加强圈采用热煨法加工,在胎架上组装隔板单元,采用 CO_2 气体保护焊焊接,焊后在矫正平台校正隔板单元平整度,合格后进行编号打钢印并转入杆件总拼工序。下弦杆隔板单元效果图及制造图分别如图 6-5-11、图 6-5-12 所示。

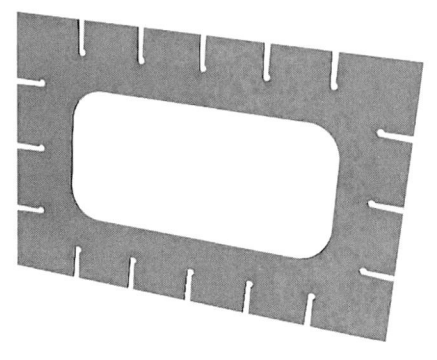

图 6-5-11 下弦杆隔板单元效果图

图 6-5-12 下弦杆隔板单元制造图

三、钢桁架工厂组装

1. 下弦杆杆件工厂组拼

根据下弦杆的结构形式和焊接要求,拟采用"正拼法"进行组拼。

(1)根据下弦杆线形搭设胎架,并设置纵横向基线及测量点。

(2)在胎架上按纵横向基线铺设底板单元,调整合格后将底板固定在胎架上,然后划横隔板及腹板拼装线。底板组拼模拟图如图 6-5-13 所示。

(3)将焊缝区域打磨干净,接着组拼中间横隔板,用支撑杆固定隔板,注意检查隔板与底板的垂直度。中横隔板组拼模拟图如图 6-5-14 所示。

图 6-5-13 底板组拼模拟图

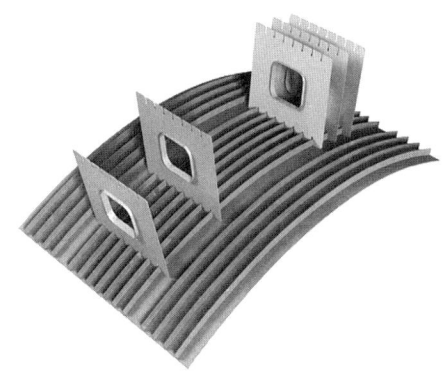

图 6-5-14 中横隔板组拼模拟图

(4)按线组拼中间两个腹板,注意检查底板、隔板和腹板之间的相互垂直关系,合格后定位焊,依次焊接隔板与底板、腹板与底板和隔板与腹板之间的焊缝,无损检测合格后进行矫正。中腹板组拼模拟图如图6-5-15所示。

(5)在中腹板两侧继续对称组拼两侧横隔板,注意检查横隔板与腹板、底板之间的垂直关系,无误后定位焊。边横隔板组拼模拟图如图6-5-16所示。

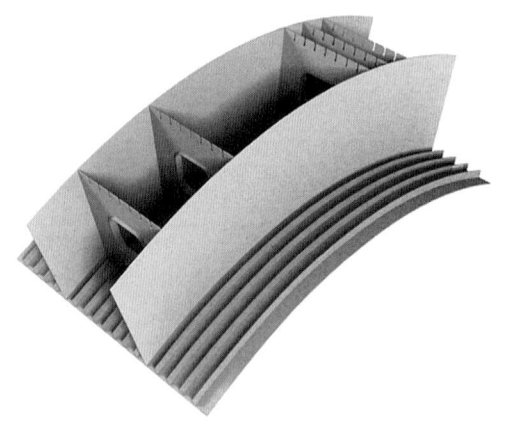
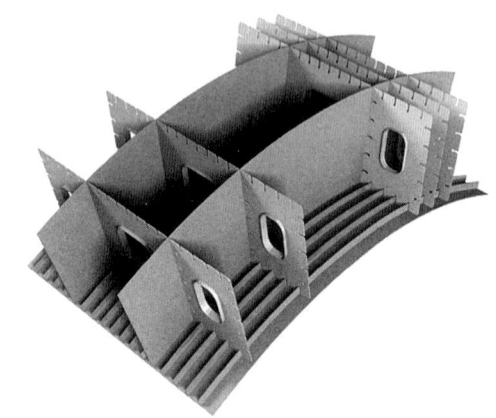

图6-5-15 中腹板组拼模拟图　　　　　图6-5-16 边横隔板组拼模拟图

(6)按拼装线组拼两侧外腹板单元,注意检查腹板与底板、隔板之间的垂直度,箱口的对角线差符合制造规则的允许偏差,无误后点焊固定,依次施焊两侧隔板单元与底板、两侧外腹板与底板、隔板与外腹板之间的焊缝,无损检测合格后进行矫正。外腹板组拼模拟图如图6-5-17所示。

(7)按拼装线组拼顶板单元,注意检查箱口尺寸、对角线差及立面线形等,合格后点焊固定顶板单元,依次施焊中隔板、中腹板、边隔板、边腹板与顶板之间的焊缝,焊缝无损检测合格后进行矫正,最后在顶底板上安装纵桥向匹配件。顶板组拼模拟图如图6-5-18所示。

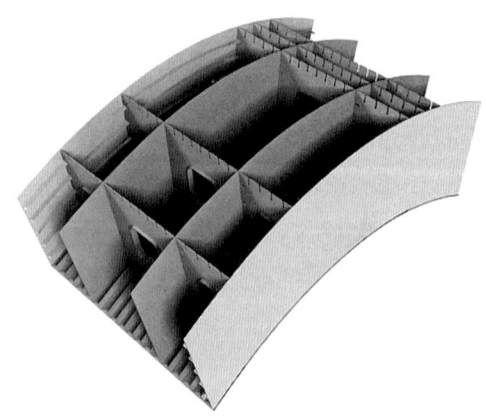
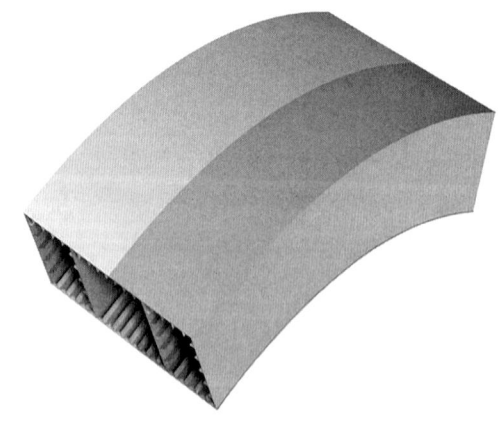

图6-5-17 外腹板组拼模拟图　　　　　图6-5-18 顶板组拼模拟图

下弦杆杆件整体组拼图如图 6-5-19 所示。

图 6-5-19　下弦杆杆件整体组拼图

2. 腹杆杆件工厂组拼

根据腹杆的结构形式,工厂制造时,拟采用"侧拼法"进行组拼。

(1)搭设腹杆组拼专用胎架,并设置纵横向基线及测量点。

(2)将外侧腹板单元吊入校平后的组装胎架上,腹板纵基线与胎架纵基线对正,调整合格后,划横隔板、中间隔板及顶底板拼装系统线。外侧腹板组拼模拟图如图 6-5-20 所示。

(3)对线组装中间隔板及横隔板,注意检查中隔板、横隔板与底板的垂直度,无误后点焊固定。隔板组拼模拟图如图 6-5-21 所示。

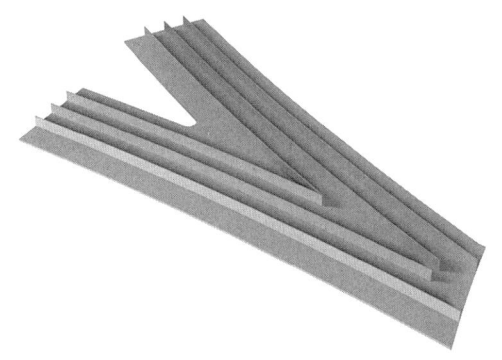
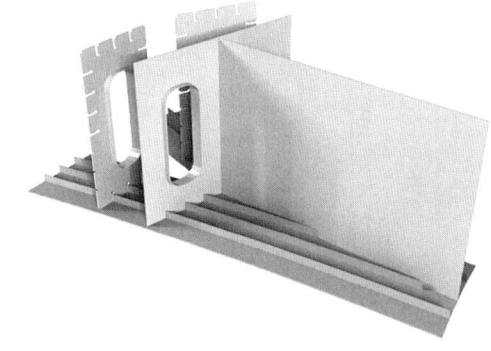

图 6-5-20　外侧腹板组拼模拟图　　　　　图 6-5-21　隔板组拼模拟图

(4)对线组装顶底板单元,注意检查隔板、顶底板和外腹板之间垂直度、箱口尺寸及对角线差,无误后点焊固定,依次施焊中隔板与底板、横隔板与底板、中隔板与横隔板、顶底板与外腹板和横隔板与顶底板之间焊缝,焊缝无损检测合格后矫正。顶底板组拼模拟图如图 6-5-22 所示。

(5)对线安装内侧腹板单元,注意检查箱口的尺寸及对角线差,无误后依次施焊中隔板与内腹板、中间顶底板与内腹板、横隔板与内腹板和外侧顶底板与内腹板之间的焊缝，焊缝无损检测合格后进行矫正。内侧腹板组拼模拟图如图 6-5-23 所示。

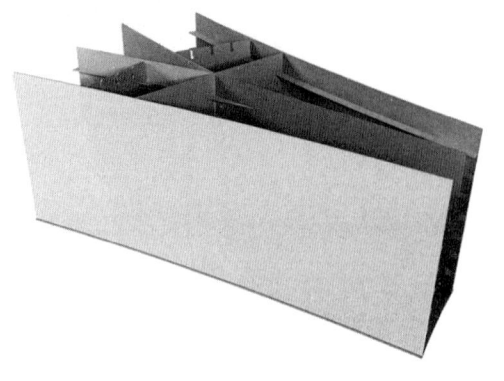 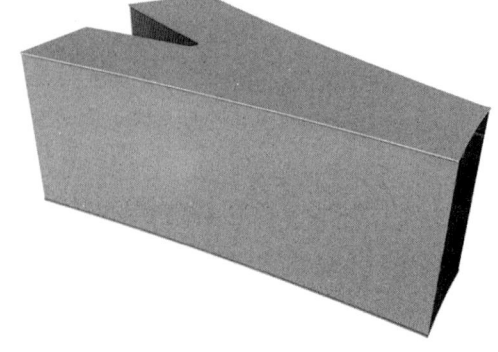

图 6-5-22　顶底板组拼模拟图　　　　　　　　图 6-5-23　内侧腹板组拼模拟图

3. 腹杆结构工厂整体组拼

根据钢桁架的外形尺寸，腹杆总拼采用"侧拼法"。先将腹杆拼成整体（节段间安装匹配件），再与下弦杆进行匹配总拼。

（1）搭设腹杆组拼专用胎架，并设置纵横向基线及测量点。

（2）将各腹杆节段外侧腹板单元吊入校平后的组装胎架上，腹板纵基线与胎架纵基线对正，调整合格后，划横隔板、中间隔板及顶底板拼装系统线。外侧腹板单元组拼模拟图如图 6-5-24 所示。

（3）对线组装中间隔板及横隔板，注意检查中隔板、横隔板与底板的垂直度，无误后点焊固定。隔板单元组拼模拟图如图 6-5-25 所示。

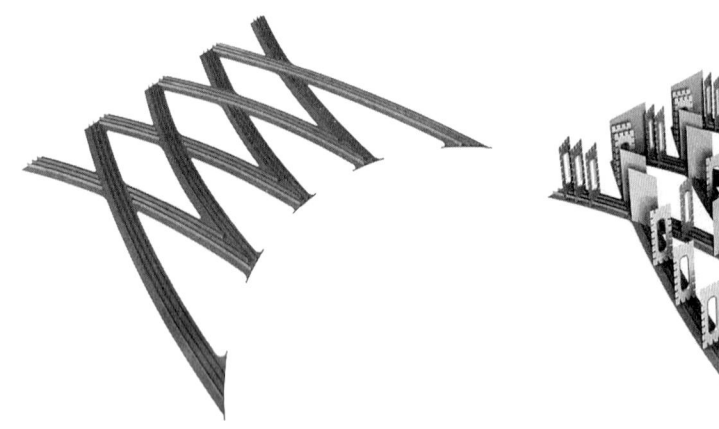 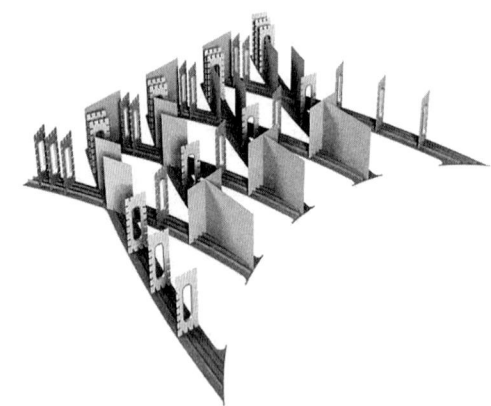

图 6-5-24　外侧腹板单元组拼模拟图　　　　　　图 6-5-25　隔板单元组拼模拟图

（4）对线组装各腹杆节段顶底板单元，注意检查隔板、顶底板和外腹板之间的垂直度、箱口尺寸及对角线差，无误后点焊固定，依次施焊中隔板与底板、横隔板与底板、中隔板与横隔板、顶底板与外腹板和横隔板与顶底板之间的焊缝，焊缝无损检测合格后进行矫正。顶底板单元组拼模拟图如图 6-5-26 所示。

（5）对线安装各腹杆节段内侧腹板单元，注意检查箱口的尺寸及对角线差，无误后点焊固定，将各腹杆下胎架并翻身，依次施焊中隔板与内腹板、中间顶底板与内腹板、横隔板与内腹板和外侧顶底板与内腹板之间的焊缝，焊缝无损检测合格后进行矫正。内侧腹板单元组拼模拟图如图 6-5-27 所示。

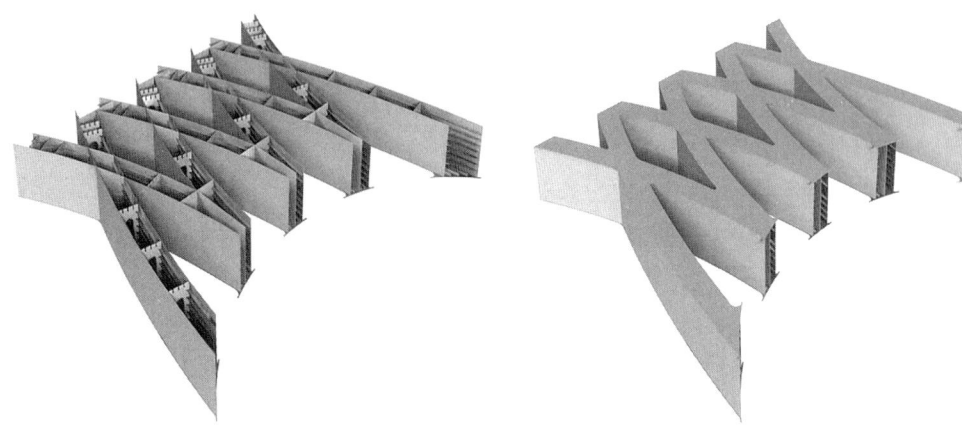

图 6-5-26　顶底板单元组拼模拟图　　　　图 6-5-27　内侧腹板单元组拼模拟图

4. 钢桁架工厂匹配总拼

为了避免钢桁架在高空调整，减少高空作业难度和加快安装速度，确保工地安装的顺利，钢桁架在工厂试拼装采用整体平面拼装，根据钢桁架的外形尺寸，总拼拟采用"侧拼法"。根据钢桁架的结构特征搭设整体组拼胎架，胎架的刚度和强度要满足整体承载要求。通过胎架两端各设置测量点及横向基准线控制下弦杆及腹杆的定位尺寸，保证下弦杆及腹杆箱口尺寸及节段间匹配性。钢桁架总拼过程中临时点焊固定及临时连接要求杆件不能失稳，杆件之间不能相对滑动。临时吊耳及匹配件布置图如图 6-5-28 ~ 图 6-5-30 所示。

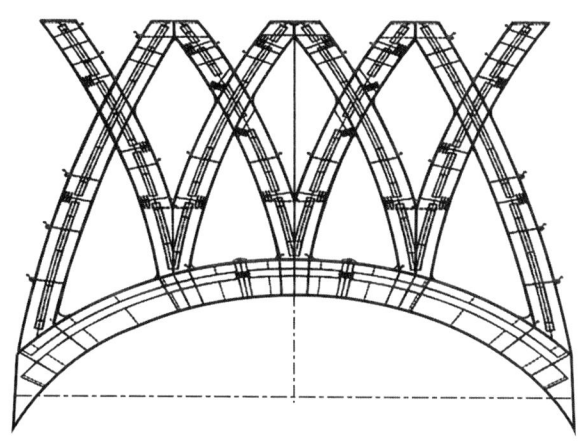

图 6-5-28　钢桁架临时吊耳及匹配件立面布置图

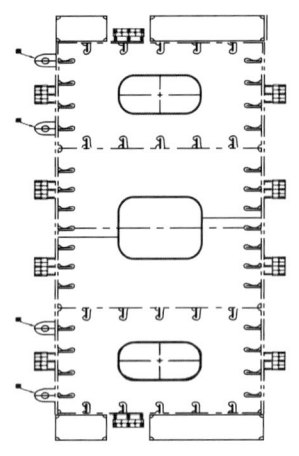
图 6-5-29 钢桁架下弦杆临时吊耳及匹配件布置图

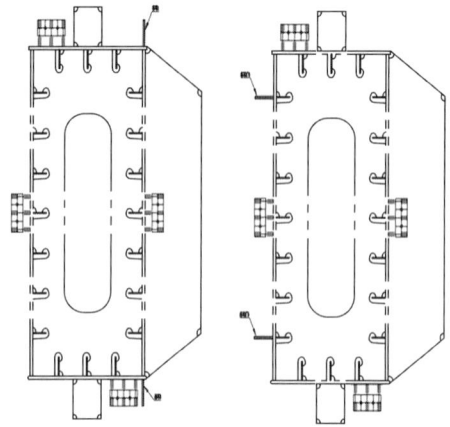
图 6-5-30 钢桁架腹杆临时吊耳及匹配件布置图

钢桁架总拼流程如下。

(1) 在搭设好的总拼胎架上定位摆放中间部分的下弦杆 XXG-B，然后组拼两侧的下弦杆 XXG-A1/2 及 XXG-A1′/2′，调整其相互位置、间距、角度及对角线等，合格后固定在胎架上，在横桥向环焊缝位置处安装匹配件进行临时连接，复测下弦杆的线形。下弦杆总拼模拟图如图 6-5-31 所示。

(2) 在下弦杆上划腹杆接头的安装线并打磨干净，按线组装下面中间的三根腹杆接头 FG2-1、FG4-1，注意检查腹杆接头与下弦杆的相对位置，合格后临时固定并对安装位置进行标记(标记应明显，工地总拼时清晰可见)。腹板接头总拼模拟图如图 6-5-32 所示。

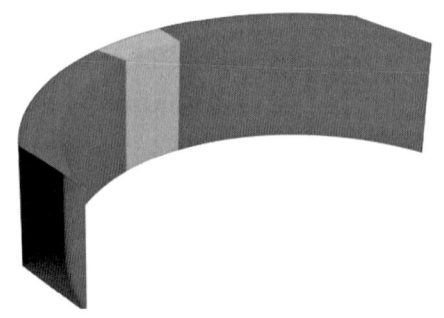

图 6-5-31 下弦杆总拼模拟图　　　　图 6-5-32 腹板接头总拼模拟图

(3) 在中间三个腹杆接头上定位安装四根短腹杆 FG2-2、FG4-2，注意检查其线形及其箱口的匹配性，合格后用码板点焊固定。底层短腹杆总拼模拟图如图 6-5-33 所示。

(4) 在腹杆接头与短腹杆上安装 T 形腹杆 FG3-1，注意检查线形及箱口的匹配性，合格后用码板点焊固定。T 形腹杆总拼模拟图如图 6-5-34 所示。

(5) 在 T 形腹杆上安装两个短腹杆 FG4-3，注意检查线形及箱口的匹配性，合格后用码板点焊固定。上层短腹杆总拼模拟图如图 6-5-35 所示。

(6) 定位安装外侧两个长腹杆 FG1-1、FG1-2，严格检查其线形及节段间的箱口匹配性，确认无误后临时固定长腹杆 FG1-1、FG1-2 与下弦杆 XXG-A1/2 及 XXG-A1′/2′,并对安装位置进行标记(标记应明显,工地总拼时清晰可见)。长腹杆总拼模拟图如图 6-5-36 所示。

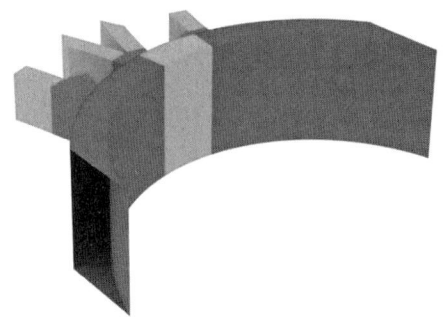

图 6-5-33　底层短腹杆总拼模拟图

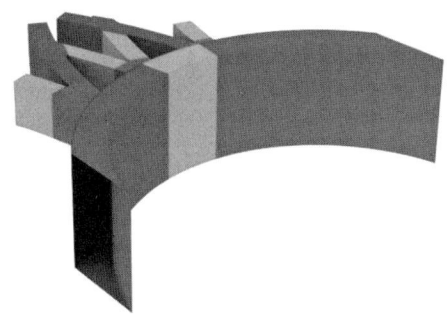

图 6-5-34　T 形腹杆总拼模拟图

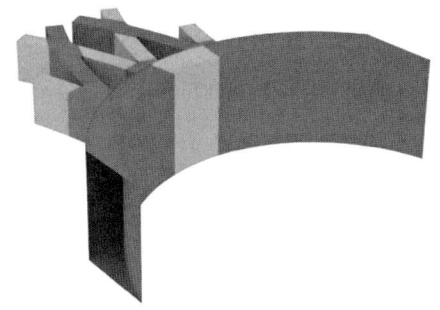

图 6-5-35　上层短腹杆总拼模拟图

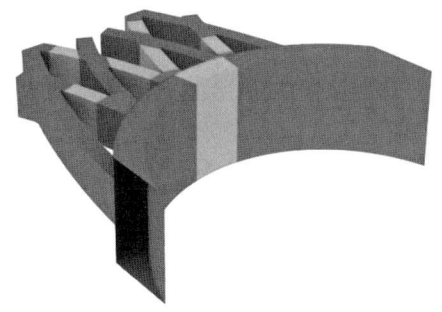

图 6-5-36　长腹杆总拼模拟图

(7)最后安装钢桁架顶端的三根短腹杆 FG2-3、FG3-2,下弦杆、腹杆与预埋件焊接的接头在下料时预留配切余量(待工地预埋件安装完成测量实际数据反馈后在主塔下总拼时再进行配切,保证钢桁架在架设时的精准性,减少钢桁架高空的修整,配切时严格检查钢桁架的整体线形、各腹杆及下弦杆箱口尺寸符合设计及制造规则的允许偏差),整体预拼装结束后,各连接口安装匹配件,拆解成单根杆件后送去涂装,注意按设计要求开工地连接时的临时进人孔。钢桁架总拼模拟图如图 6-5-37 所示。

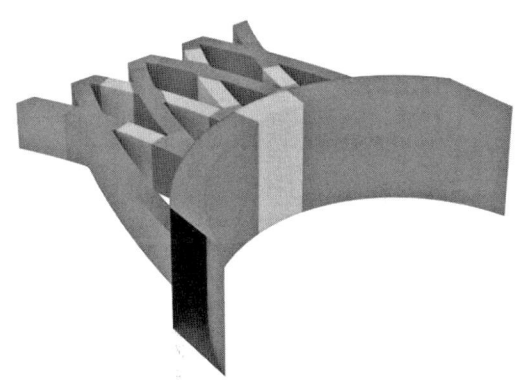

图 6-5-37　钢桁架总拼模拟图

钢桁架厂内总拼图如图6-5-38、图6-5-39所示。

图6-5-38 钢桁架厂内总拼图(一)

图6-5-39 钢桁架厂内总拼图(二)

四、钢桁架桥位拼装

1. 钢桁架总拼支架搭设

引桥第一联左右幅箱梁施工完成后开始进行塔顶钢桁架总拼支架安装。支架安装之前,现场实测引桥顶面及钢箱梁梁段D顶面纵坡及横坡,根据测量结果在工厂加工抄平垫板,发运到工地将各接触点抄平,保证各点高程相同。

单幅钢桁架支架设置4排2列共8根立柱,立柱为φ630mm×10mm钢管,4排立柱分别设置于引桥混凝土箱梁顶面和主塔下横梁顶面,每侧各4根。引桥上每根立柱下方预埋830mm×20mm×830mm钢板,北岸预埋钢板与引桥之间用2.3m长精轧螺纹钢筋相连以抗倾覆,南岸采用配重以抗倾覆;主塔下横梁上每根立柱下方垫高度0.5m、长和宽各1m的混凝土垫块,混凝土与下横梁顶面采用牛毛毡等材料将其与下横梁隔开,混凝土垫块上面预埋830mm×20mm×830mm钢板;立柱之间纵向及横向均设置撑杆,增加支架稳定性。横向撑杆钢管规格为φ630mm×10mm,纵向斜撑杆钢管规格为φ325mm×12mm,纵横向支撑槽钢为2×[20槽钢(面对面,每隔1m夹一块20mm×200mm×220mm钢板进行连接),槽钢与立柱之间采用20mm厚节点板连接,立柱与撑杆钢管采用相贯焊接,下层水平撑杆之间设置"X"字形交叉撑,采用100mm×100mm×8mm角钢,立柱钢管上面设置830mm×20mm×830mm的垫板,纵桥向每排立柱上方设置两根工60a工字钢组成的垫梁(两工字钢腹板间距420mm),垫梁约6m长。牙板采用32mm厚钢板,牙板顶端按照钢桁架下弦杆底板线形放样下料,牙板与牙板垫板及牙板加劲在工厂事先焊接在下弦杆底板下面,安装时支架只受竖向力,防止横向滑移。钢桁架支架相关布置如图6-5-40~图6-5-44所示,钢桁架支架现场总拼图如图6-5-45所示。

第六篇/第五章 大吨位超高空多点对接主塔钢桁架制造及整体提升安装关键技术

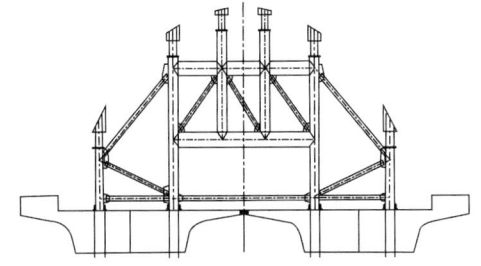

图 6-5-40 钢桁架总拼支架横桥向布置图(尺寸单位：mm)

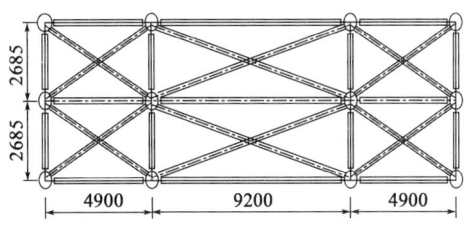

图 6-5-41 钢桁架总拼支架俯视图(尺寸单位：mm)

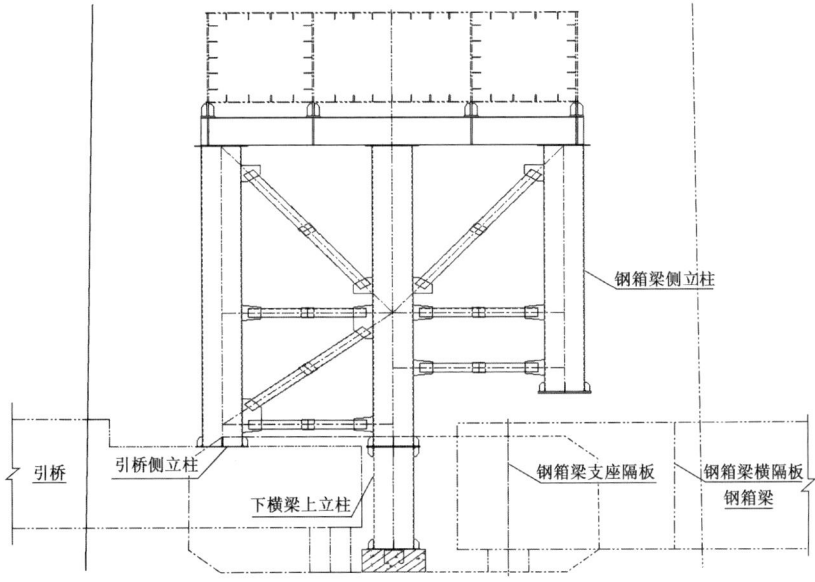

图 6-5-42 钢箱梁就位前总拼支架纵桥向布置图

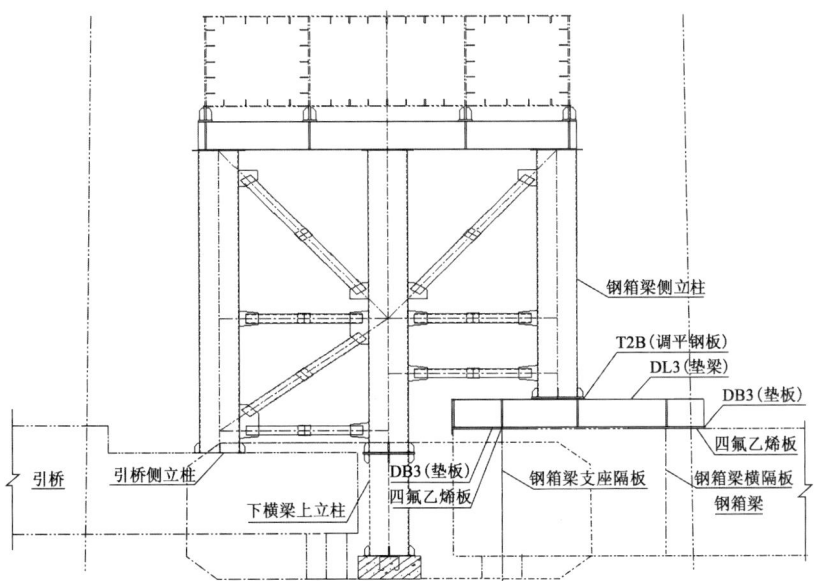

图 6-5-43 钢箱梁就位后总拼支架纵桥向布置图

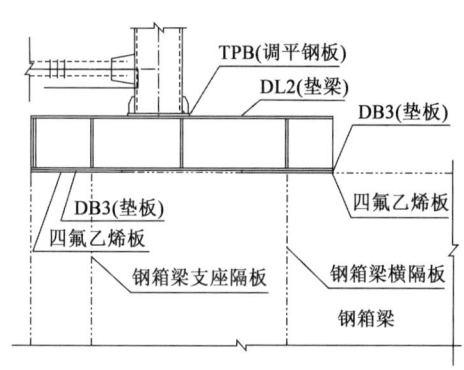

图 6-5-44 钢桁架立柱底部支撑图

图 6-5-45 钢桁架支架现场总拼图

2. 钢桁架总拼作业平台

钢桁架整体总拼高度约 24m,为便于钢桁架整体立体拼装在引桥侧和钢箱梁侧搭设脚手架进行施工,脚手架的搭设高度随着钢桁架总拼高度的升高而升高,脚手架立杆钢管规格采用 $\phi60.3mm \times 3.25mm$,横杆钢管规格采用 $\phi48.3mm \times 2.75mm$,斜拉杆钢管规格采用 $\phi42mm \times 2.75mm$,立杆间距为 0.9m,横桥向宽度约 24m,每 1.5m 设置一根立杆,共设置 17 道立杆;横向扫地杆设置高度约为 0.2m,纵向扫地杆则用直角扣件固定在紧靠横向扫地杆下方的立柱上,通道出入口位置,有存在绊倒的危险时可不用安装扫地杆。脚手架高度每层为 1.5m,总体高度约 24m。连墙杆通过钢筋或钢丝绳等固定在下弦杆或腹杆临时吊耳上。每层相互错开间隔一档设置一根斜拉杆,对头铺设的脚手板接头下面必须设置两根小横杆。脚手架兜底网每三层设置一道,底部安装 180mm 高踢脚板。脚手架立面布置示意图如图 6-5-46 所示,下弦杆上脚手架立面布置示意图如图 6-5-47 所示,脚手架俯视布置示意图如图 6-5-48 所示。钢桁架总拼时脚手架搭设图如图 6-5-49、图 6-5-50 所示。

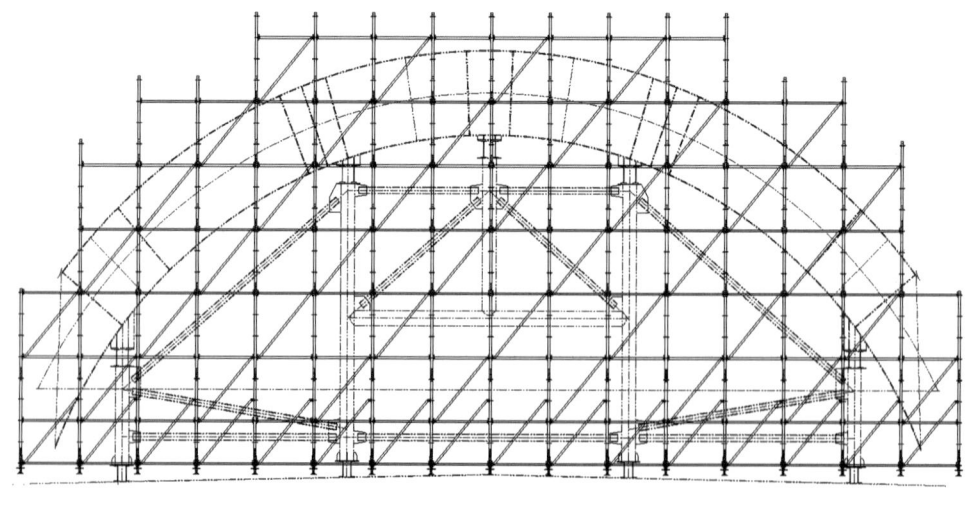

图 6-5-46 脚手架立面布置示意图

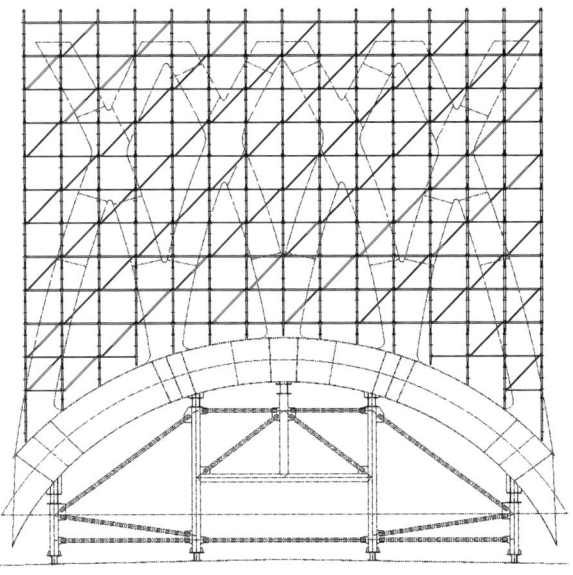

图 6-5-47 下弦杆上脚手架立面布置示意图

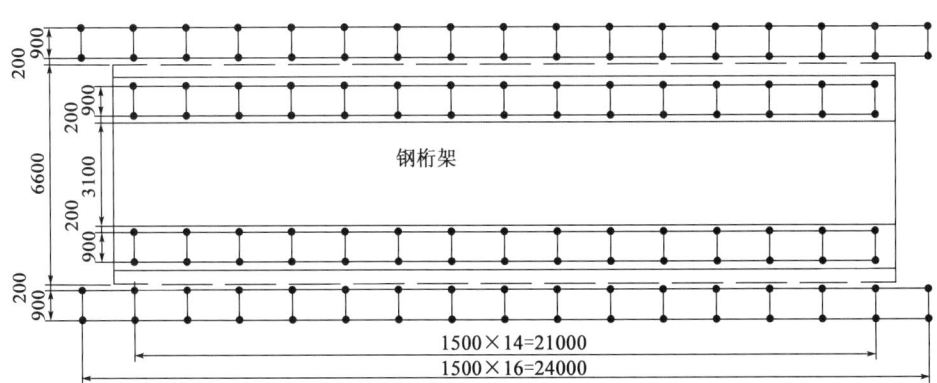

图 6-5-48 脚手架俯视布置示意图(尺寸单位:mm)

图 6-5-49 钢桁架总拼时脚手架搭设图(一)　　图 6-5-50 钢桁架总拼时脚手架搭设图(二)

3. 钢桁架提升后塔顶施工作业平台

钢桁架在提升后与塔顶七个预埋件进行焊接、部分装饰板安装等施工需要施工作业平台,根据总拼顺序在高度方向上设置两层施工作业平台,层高约9m;施工作业平台每层两个,分别设置在钢桁架腹杆两侧并与腹杆进行固结,施工作业平台上层横桥向为长度约20.7m的$\phi 630mm \times 10mm$螺旋管,施工作业平台下层横桥向为长度约21.3m的$\phi 630mm \times 10mm$螺旋管;螺旋管每隔2.5m设置一道踏板支撑与护栏立柱,踏板支撑采用12mm厚钢板焊接在钢管上,护栏立柱采用$100mm \times 100mm \times 8mm$的角钢焊接在踏板支撑上,护栏间设置两道横向$\phi 16mm \times 30m$长圆钢,踏板支撑上铺设钢质踏板。施工平台分三段进行制造,安装时首先安装中间段,然后安装两侧平台,与钢桁架整体进行提升。钢桁架施工平台横向布置示意图如图6-5-51所示,主塔顶部梯子平台安装布置示意图如图6-5-52所示。

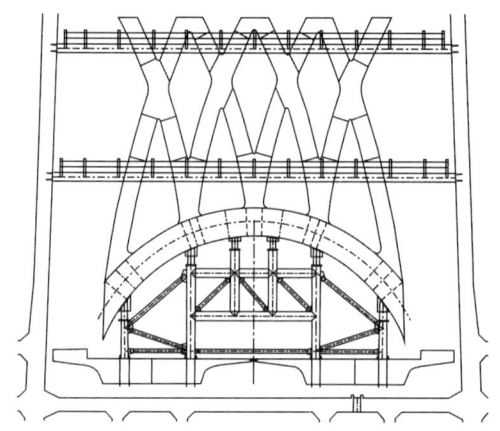

图6-5-51 钢桁架施工平台横向布置示意图

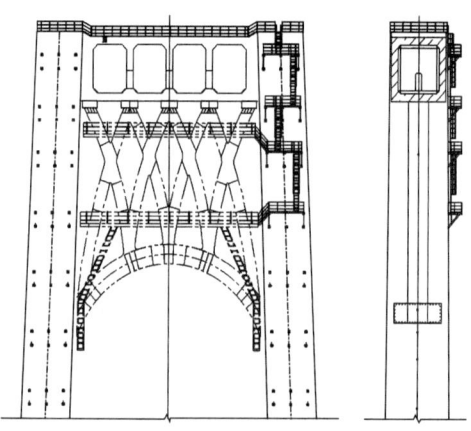

图6-5-52 主塔顶部梯子平台安装布置示意图

4. 钢桁架桥位拼装

钢桁架工地总拼支架安装完成之后进行钢桁架下弦杆与腹杆的整体总拼装。钢桁架节段按照从下至上、从中到边的原则依次拼装。钢桁架各节段最大质量约为30.8t(含装饰板,不含装饰板约25.5t),采用2台100t汽车式起重机进行吊装。钢桁架拼装过程中在钢桁架中心线顶底部及边缘顶底部位置设置反光贴,在钢桁架整体提升过程中对钢桁架整体高度及偏位进行观测。

钢桁架总拼过程中为防止倾覆,可以通过各节段临时吊耳牵拉钢丝绳到主塔壁爬椎孔临时固定,或增加缆风绳等措施,在钢桁架提升之前拆除。

钢桁架在总拼过程中严格按照焊接工艺规程(WPS)进行施焊,焊前先焊接试板,根据焊接试板情况调整相应参数,并严格按照要求进行施焊及检测;遇到风雨天气影响焊接时,应采用局部遮雨棚或增加挡板等措施,用火焰除湿,保证焊缝质量。

钢桁架工地总拼采用立体正拼法,总拼之前在主塔下横梁及引桥上面布置总拼测量网(在混凝土梁上面打钢钉涂油漆进行标记)。钢桁架立体总拼测量网如图6-5-53所示。

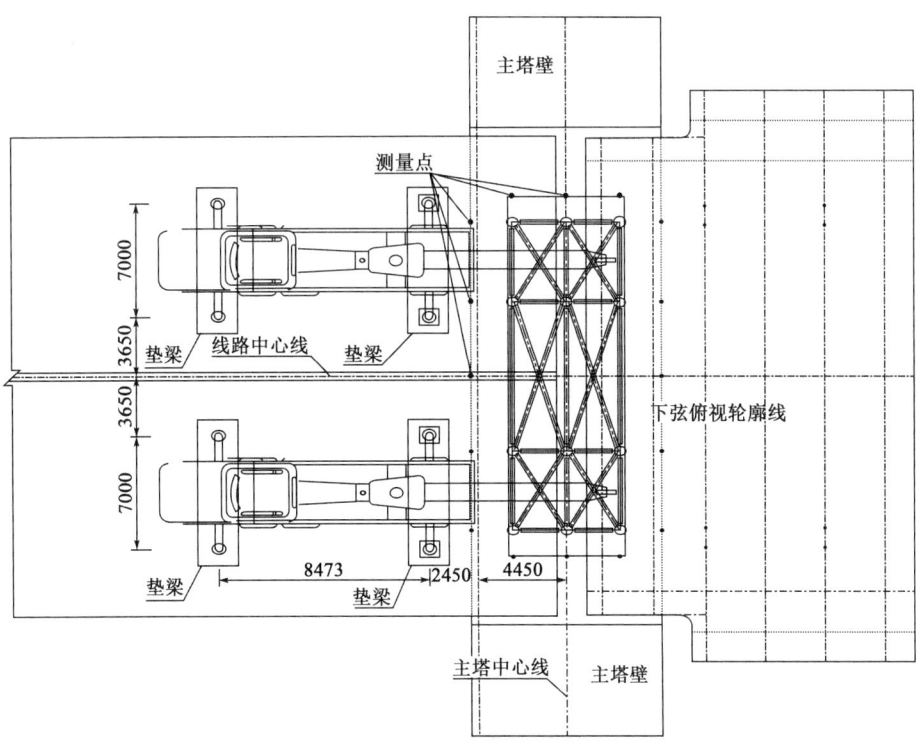

图 6-5-53　钢桁架立体总拼测量网(尺寸单位:mm)

1)桥位总拼工艺流程

(1)在搭设好的支架上用起重机先吊下弦杆中间段 XXG-B1/2,测量合格后连接纵桥向匹配件,下弦杆支架牙板与垫梁点焊固定。下弦杆中间段拼装示意图如图6-5-54所示。

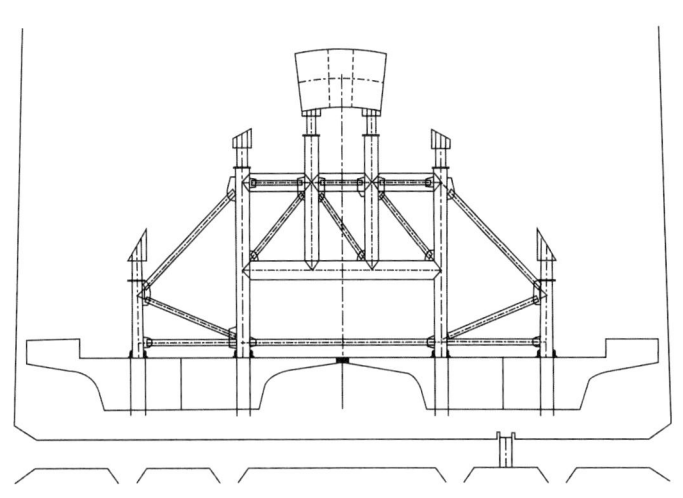

图 6-5-54　下弦杆中间段拼装示意图

(2)依次吊装两侧下弦杆 XXG-A1/2、XXG-A1′/2′,纵桥向匹配件先进行连接,横桥向匹配件在线形检测合格后进行连接,线形复测合格后点焊固定下弦杆支架牙板与垫梁,然后施焊下弦杆间的纵桥向及横桥向焊缝并进行焊缝检测。两侧下弦杆拼装示意图如图 6-5-55 所示。

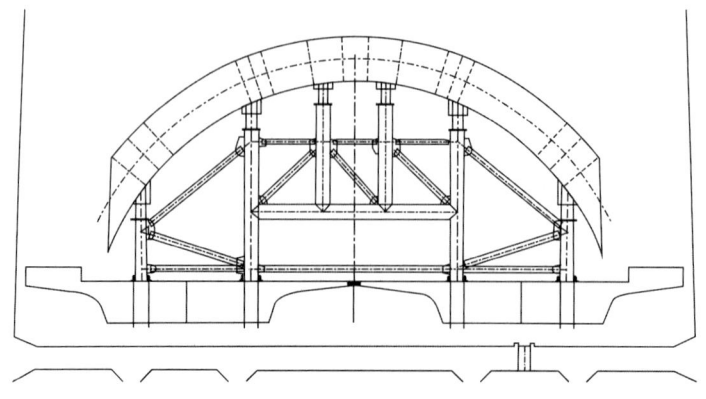

图 6-5-55 两侧下弦杆拼装示意图

(3) 在下弦杆上找到工厂试拼时标记的腹杆接头安装线,并重新测量,合格后定位安装下层腹杆接头 FG1-1、FG2-1、FG4-1,可通过主塔壁上爬椎预埋孔连接倒链葫芦调整腹杆线形,再次测量整体线形合格后施焊下层腹杆 FG1-1、FG2-1、FG4-1 与下弦杆 XXG-A1/2、XXG-A1′/2′、XXG-B1/2 顶板之间的焊缝,焊接完成后进行焊缝检测。第一层腹杆拼装示意图如图 6-5-56 所示。

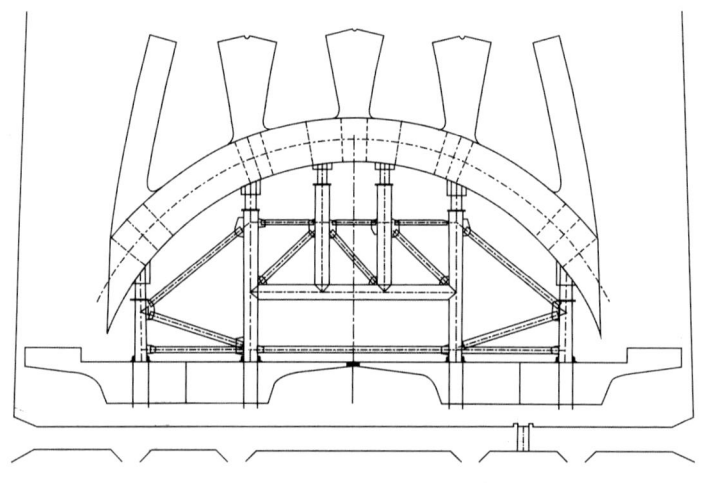

图 6-5-56 第一层腹杆拼装示意图

(4) 在腹杆两侧利用主塔壁上爬椎预埋孔安装第一层总拼作业平台,然后吊装第二层短腹杆 FG2-2、FG4-2,进行匹配件连接并测量线形,合格后进行焊缝施焊。第二层短腹杆拼装示意图如图 6-5-57 所示。

(5) 吊装第二层中间两根长腹杆 FG3-1,进行匹配件连接并测量线形,可通过主塔壁上爬椎预埋孔连接倒链葫芦调整腹杆线形,合格后焊缝施焊。第二层中间长腹杆拼装示意图如图 6-5-58 所示。

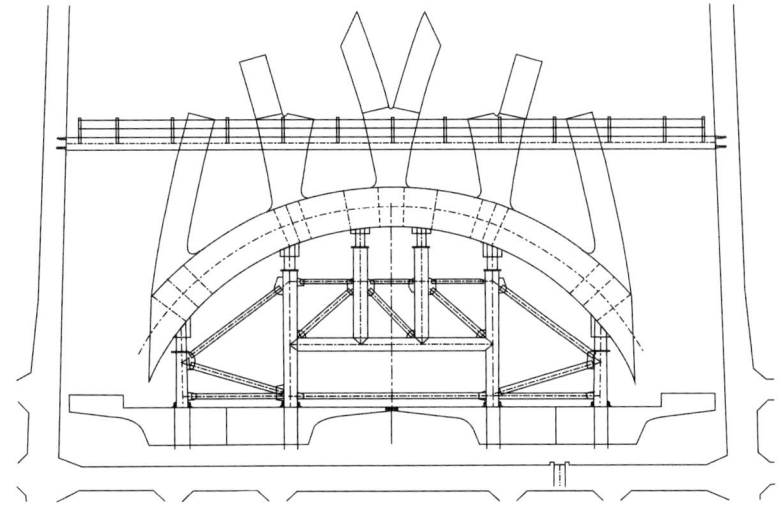

图 6-5-57 第二层短腹杆拼装示意图

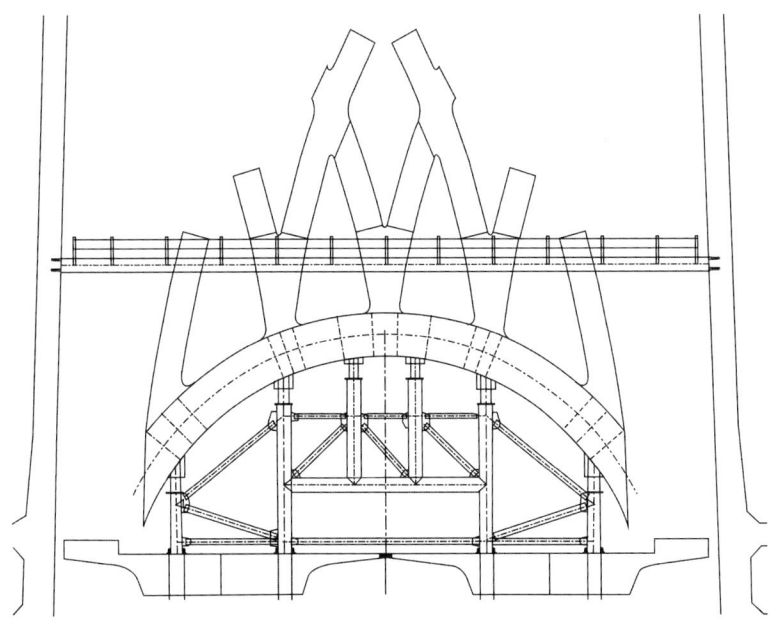

图 6-5-58 第二层中间长腹杆拼装示意图

(6) 在钢箱梁侧先安装第二层作业平台，引桥侧第二层作业平台暂不安装，然后吊装第三层中间两根短腹杆 FG4-3，进行匹配件连接。第三层中间短腹杆拼装示意图如图 6-5-59 所示。

(7) 吊装第三层外侧两根长腹杆 FG1-2，进行匹配件连接。第三层外侧长腹杆拼装示意图如图 6-5-60 所示。

(8) 安装引桥侧第二层作业平台，并吊装顶层三根腹杆 FG2-3、FG3-2，进行匹配件连接，复测线形合格后进行焊缝施焊及焊缝检测。第三层其余腹杆拼装示意图如图 6-5-61 所示。

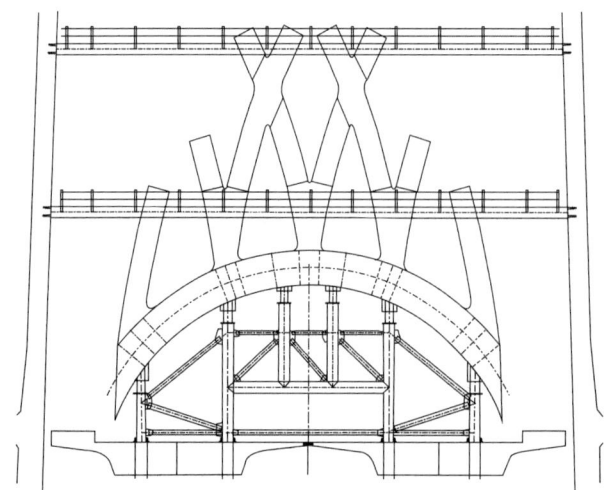

图 6-5-59　第三层中间短腹杆拼装示意图

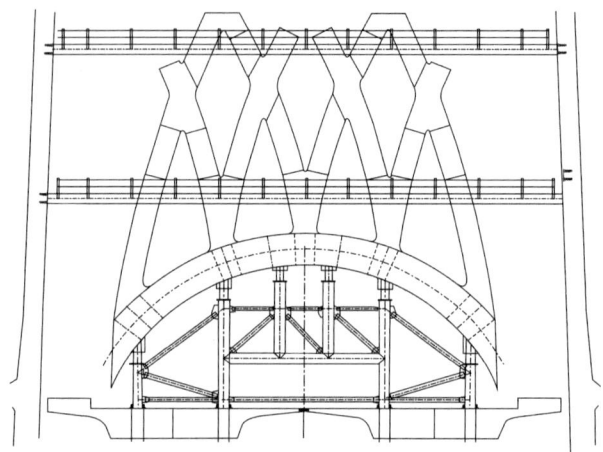

图 6-5-60　第三层外侧长腹杆拼装示意图

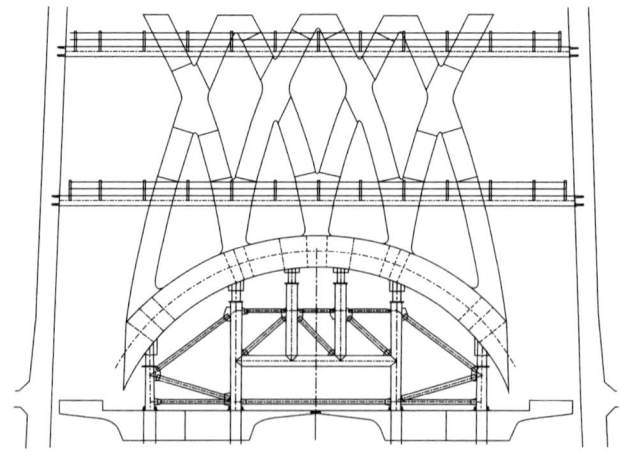

图 6-5-61　第三层其余腹杆拼装示意图

钢桁架桥位现场拼装图如图 6-5-62、图 6-5-63 所示。

图 6-5-62　钢桁架桥位现场拼装图(一)　　图 6-5-63　钢桁架桥位现场拼装图(二)

2) 钢桁架总拼时各测量点

钢桁架总拼时各测量点如图 6-5-64 所示。

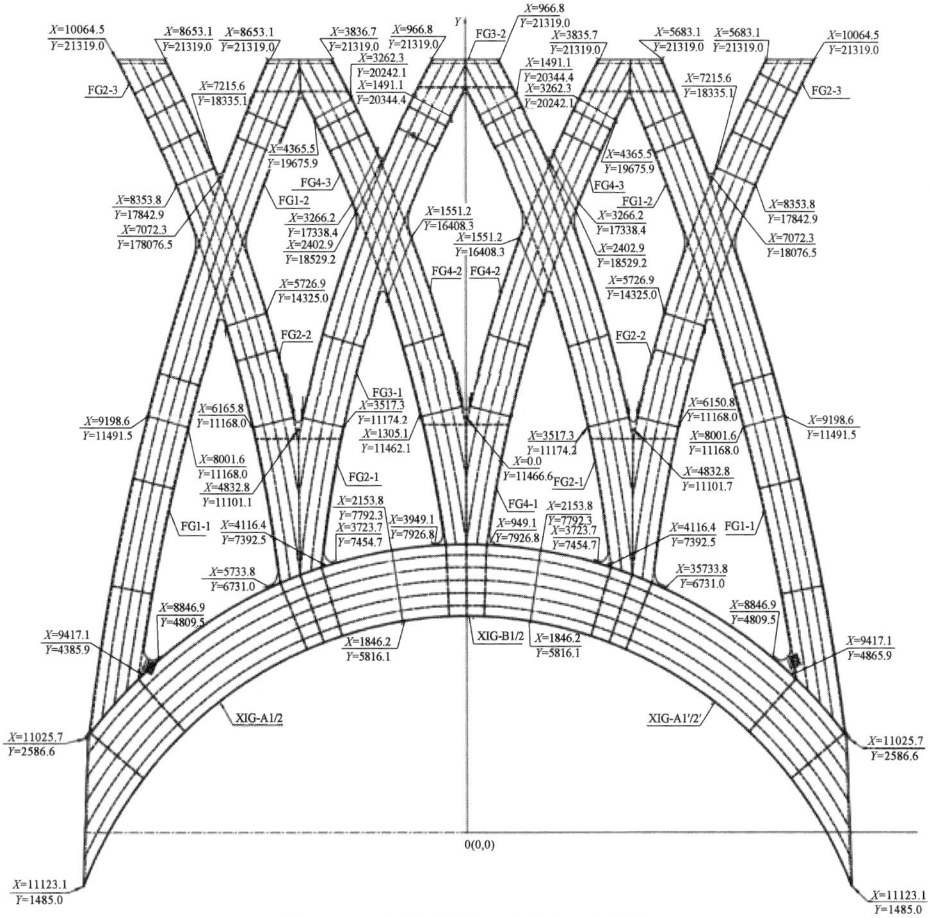

图 6-5-64　钢桁架总拼时各测量点位置图

3）钢桁架总拼装验收精度

钢桁架总拼装验收精度见表6-5-2。

钢桁架总拼装验收精度（mm） 表6-5-2

项　　目	允许偏差
A	±6
A1	±4
A2	±4
B1	±4
B2	±4
C	±6
C1	±4
C2	±4
D1	±6
D2	±6
E	±4
对角线1偏差	8
对角线2偏差	6

4）其他准备工作

（1）在工厂内先根据设计线形搭设胎架，将各空间预埋件依次摆放就位，在预埋件上安装横向连接杆件和纵向"X"形刚性固定撑杆件，然后将拼接板用螺栓栓在有螺栓孔群的横向连接杆件上，最后复测各空间预埋件定位合格后，将拼接板与另一侧无螺栓孔群的横向连接杆件进行焊接牢固，确认无问题后拆解螺栓与拼接板。待预埋件运输到桥位安装时，再通过螺栓和拼接板将多个预埋件连接起来进行整体预埋（图6-5-65）。

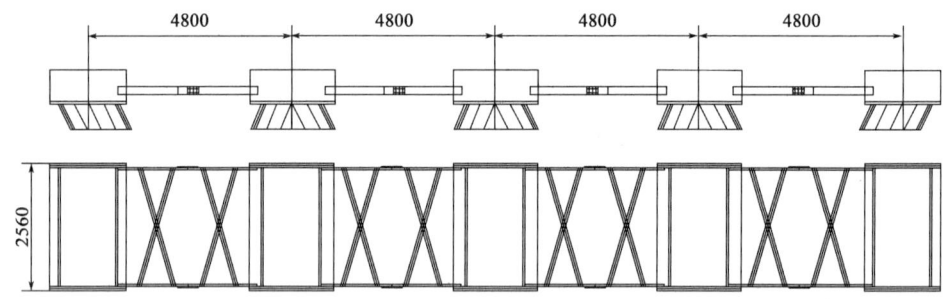

图6-5-65 塔顶5个预埋件整体连接图（尺寸单位：mm）

（2）预埋件在工厂制造时已经做了高空测量标记，在钢桁架提升之前对高空预埋件进行测量复核。

（3）根据测量复核的塔顶预埋件测量数据配切钢桁架7个接口，钢桁架与主塔塔壁预埋件A预留20mm焊接间隙，与塔顶上横梁预埋件预留20mm焊接间隙，检测无误后在钢桁架上安装整体提升连接件，安装完成后拆除临时吊耳、匹配件及两侧作业平台，解除下弦杆与支架牙板的临时固定，准备钢桁架整体提升。

五、钢桁架整体提升

1. 钢桁架提升拟投入的机械设备

钢桁架整体提升投入的主要机械设备见表6-5-3。

投入的主要机械设备表　　　　表6-5-3

序 号	机械设备名称	型号规格	数 量	备 注
1	提升千斤顶	200t	4台	钢桁架提升
2	液压泵站	80L/min	4台	
3	计算机提升控制系统	同步型	一套	
4	油缸行程传感器	250mm	4个	
5	压力表	40MPa	4个	

2. 提升系统结构组成

1）总体组成

钢桁架整体质量390t，采用四吊点（四个200t提升千斤顶）进行提升。提升系统总图如图6-5-66所示，提升构件质量见表6-5-4，质量合计为390.8t。

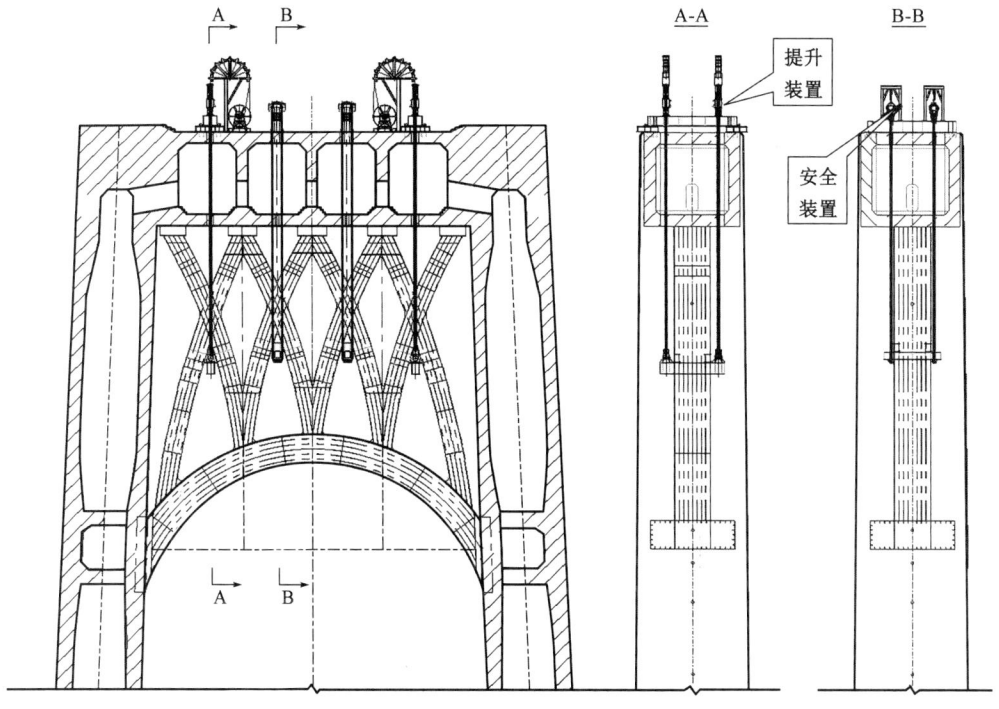

图6-5-66　提升系统总图

提 升 构 件 质 量 表 6-5-4

部 件 名 称	质量(t)
钢桁架自重(含部分装饰板)	333
安全吊具	5×2
提升吊具	3.7×2
钢绞线	3.1×4
焊接平台	28

提升系统主要由提升装置和安全装置组成。提升系统用于提升钢桁架;安全装置在钢桁架提升快到位(竖向间隙 500mm)时开始使用,起安全保险作用。

2)提升装置

为了将吊点受力传递到塔顶横梁的腹板上来,在顺桥向布置了两根主纵梁,每根主纵梁上安装两个 200t 提升千斤顶,主纵梁两端与垫梁接触,垫梁固定于塔顶横梁的预埋钢板上。提升装置示意图如图 6-5-67 所示,提升装置俯视布置图如图 6-5-68 所示。

(1)提升主纵梁。

提升主纵梁采用箱梁的形式,其上方安装两个 200t 提升千斤顶,其结构图如图 6-5-69 所示。

(2)提升垫梁。

提升垫梁为宽 1.1m、长 2.2m、高 200mm 的长方体结构,由于预埋钢板的宽度尺寸仅为 900mm,为了避免垫梁压于混凝土上,在垫梁底部设一块 20mm×900mm×2200mm 的钢板,该钢板与预埋钢板接触。垫梁的上方焊有油缸反力座。提升垫梁结构图如图 6-5-70 所示。

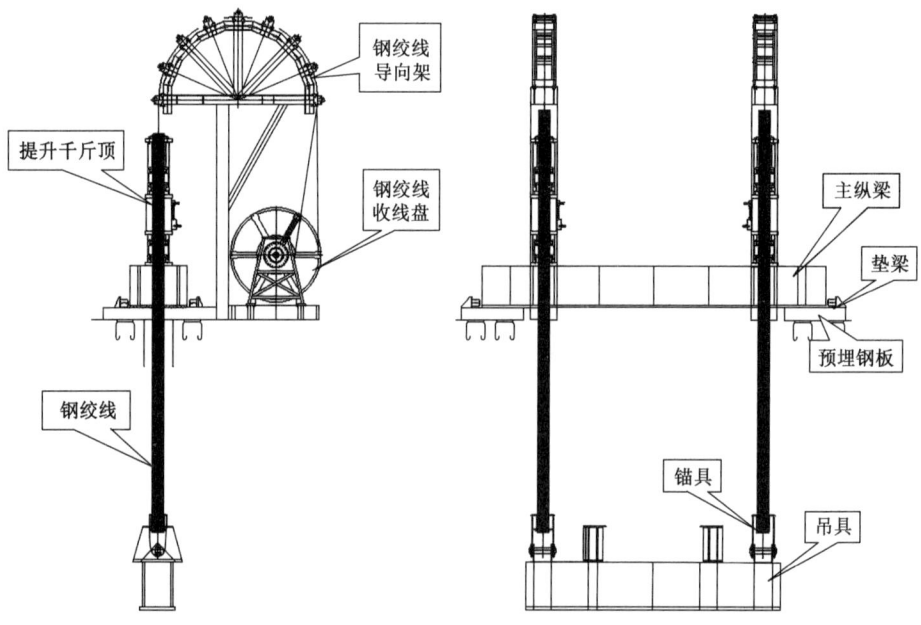

图 6-5-67　提升装置示意图

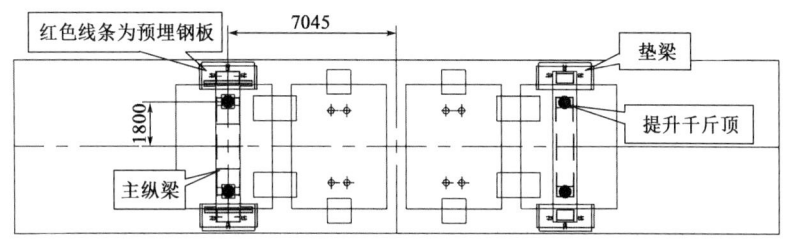

图 6-5-68 提升装置俯视布置图(尺寸单位:mm)

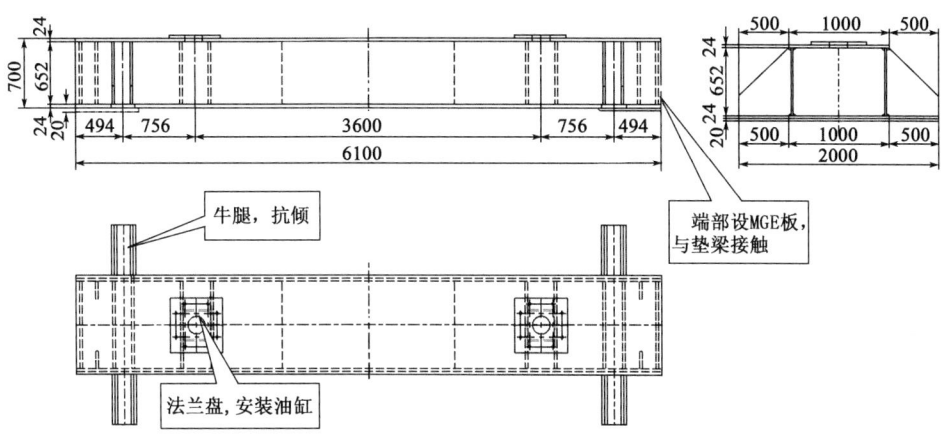

图 6-5-69 提升主纵梁结构图(尺寸单位:mm)

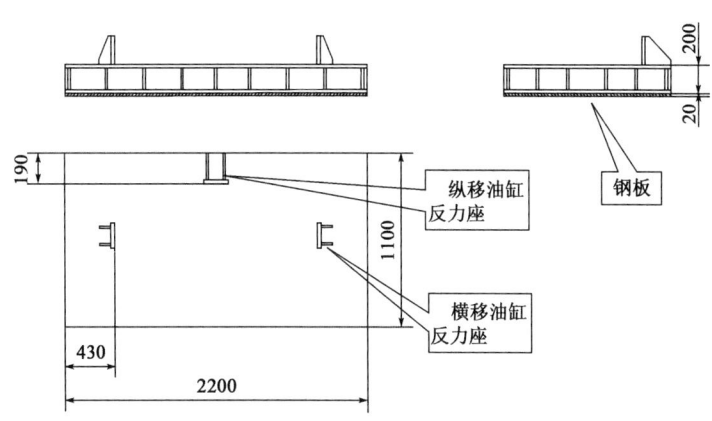

图 6-5-70 提升垫梁结构图(尺寸单位:mm)

(3)提升装置纵、横移微调功能。

主纵梁端部的底端设有 MGE 板,放置于垫梁上,垫梁上设有反力座,即可通过横移油缸、纵移油缸来推动主纵梁,从而实现吊点位置的微调,为钢桁架最终对位焊接提供便利。横移油缸、纵移油缸行程均为 150mm,可实现各吊点纵、横向 ±150mm 的位置调整。提升装置纵、横移功能示意图如图 6-5-71 所示。

纵、横移微调液压系统参数见表 6-5-5。

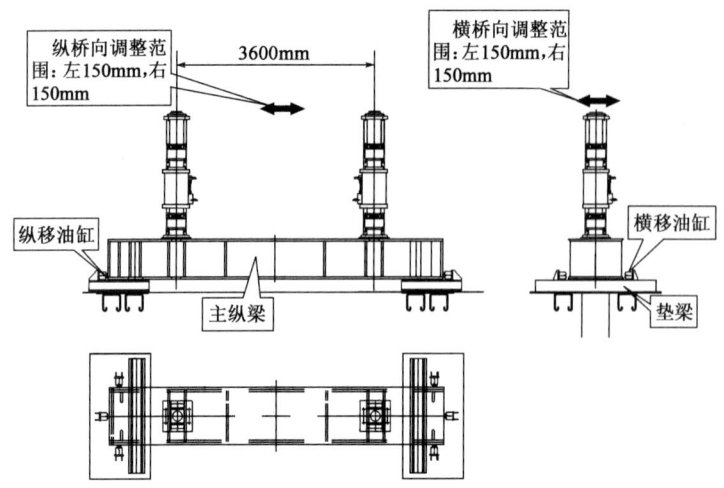

图 6-5-71　提升装置纵、横移功能示意图

纵、横移微调液压系统参数表　　　　　　表 6-5-5

序　号	分　项	参　数		数　量
1	纵桥向微调	额定顶推	40t	4
2		行程	150mm	
3		顶推速度	0.25m/min	
4		系统压力	25MPa	
5	横桥向微调	额定顶推	20t	8
6		行程	150mm	
7		顶推速度	0.5m/min	
8		系统压力	25MPa	

（4）提升吊具。

提升吊具由吊具扁担梁、承重梁、锚具梁组成。锚具梁与吊具扁担梁采用销轴铰接，扁担梁上设有锚具，钢绞线束固定于锚具上。提升吊具结构图如图 6-5-72 所示。

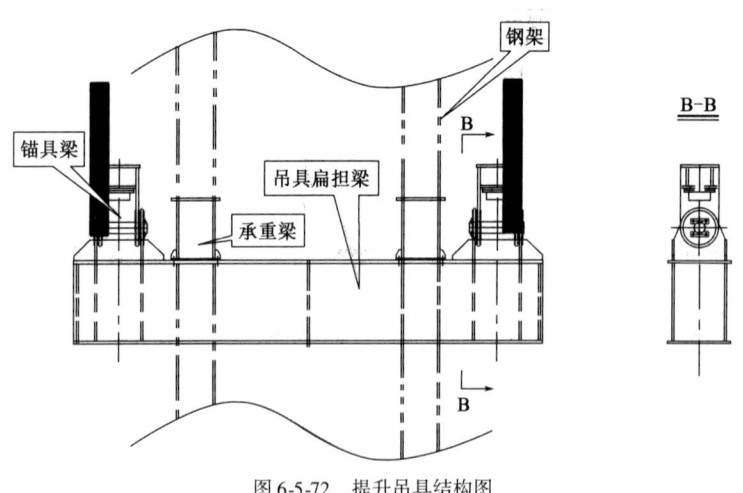

图 6-5-72　提升吊具结构图

承重梁与钢架采用焊接的方式连接,其腹板正对钢架的腹板(其中一块腹板对着钢架的筋板,此处钢架结构需补强),下方与扁担梁栓接。承重梁与钢架、扁担梁的连接方式如图 6-5-73 所示。

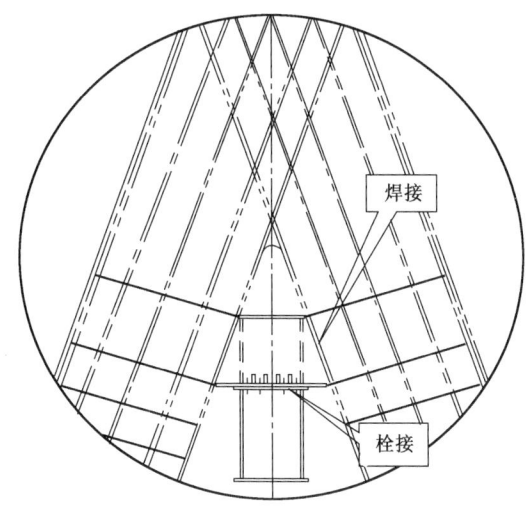

图 6-5-73　承重梁与钢架、扁担梁的连接方式

3)安全装置

安全装置作为保险装置,仅在提升装置出现巨大故障或风险时起作用。

安全装置共设 4 个安全吊点,为了将安全吊点受力传递到塔顶横梁的腹板上来,在顺桥向布置了两根安全纵梁,每根安全纵梁上设置两个安全吊点。安全纵梁两端设有垫块,垫块与塔顶横梁的预埋钢板平面接触。安全装置示意图如图 6-5-74 所示,其俯视布置图如图 6-5-75 所示。

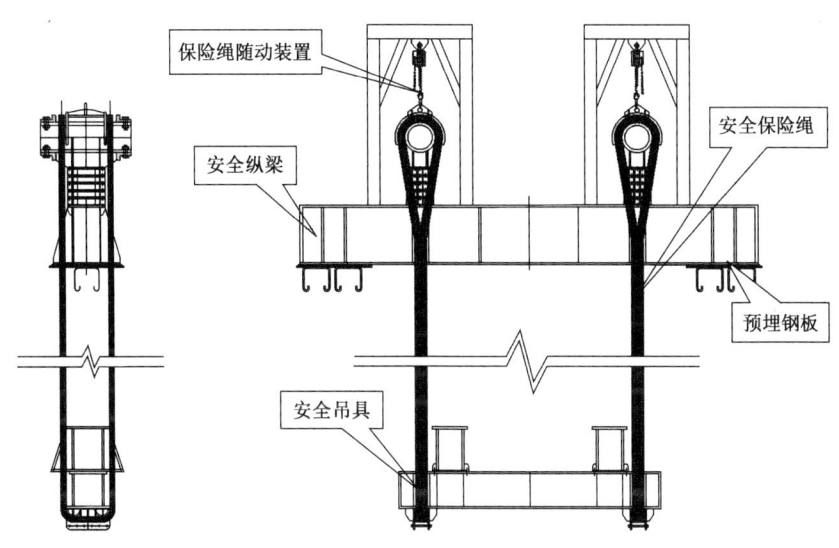

图 6-5-74　安全装置示意图

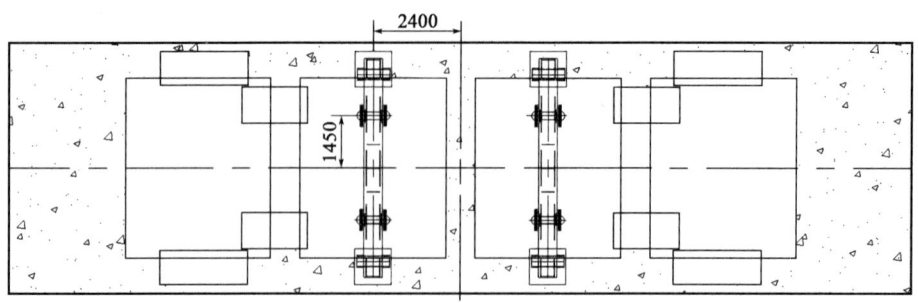

图 6-5-75 安全装置俯视布置图(尺寸单位:mm)

(1)安全纵梁。

安全纵梁采用箱梁的形式,其上方安装两个安全吊点,两端底部垫有调平钢板,调平钢板与预埋钢板焊接固定,其结构图如图 6-5-76 所示。

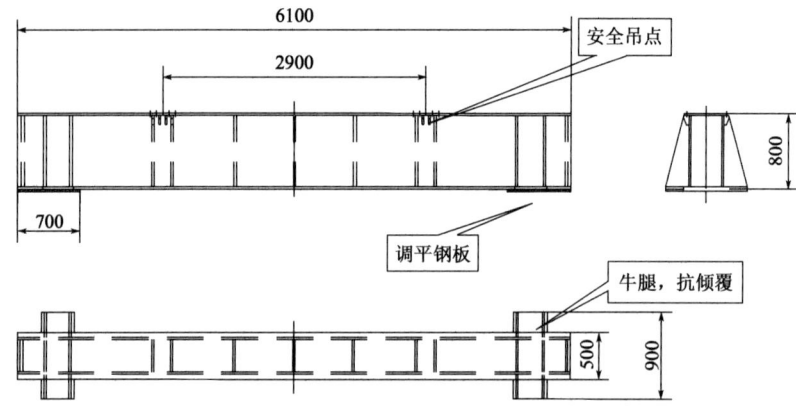

图 6-5-76 安全纵梁结构图(尺寸单位:mm)

(2)安全吊具。

安全吊具由安全吊具扁担梁、承重梁、圆管承压座组成(图 6-5-77)。圆管承压座焊接于安全吊具扁担梁上。

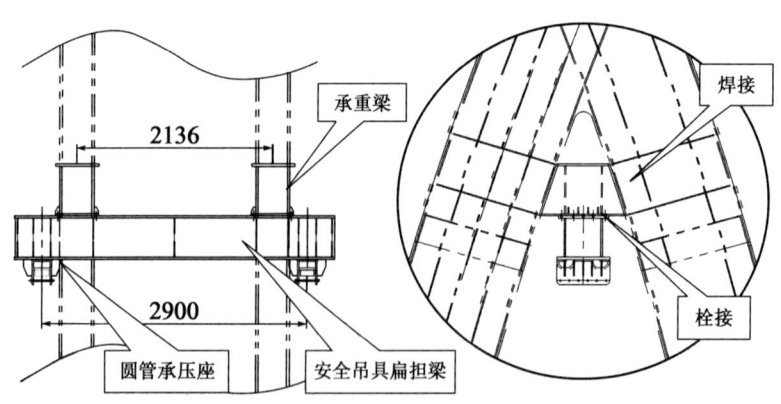

图 6-5-77 安全吊具图(尺寸单位:mm)

承重梁与钢架采用焊接的方式连接,其腹板正对钢架的腹板(其中一块腹板对着钢架的筋板,此处钢架结构需补强),下方与安全吊具扁担梁栓接。

(3)安全保险绳随动系统。

当钢架提升至离到位只有500mm间隙时,开始安装安全保险绳。初始状态下不设垫块,再提升100mm以后,利用5t葫芦将保险绳安装座提起,在保险绳安装座下方放入一个100mm高的垫块,然后栓接固定。重复循环直至钢架提升到位为止,此过程中始终保证安全保险绳的松弛程度不超过100mm(单边)。安全保险绳随动系统如图6-5-78所示。

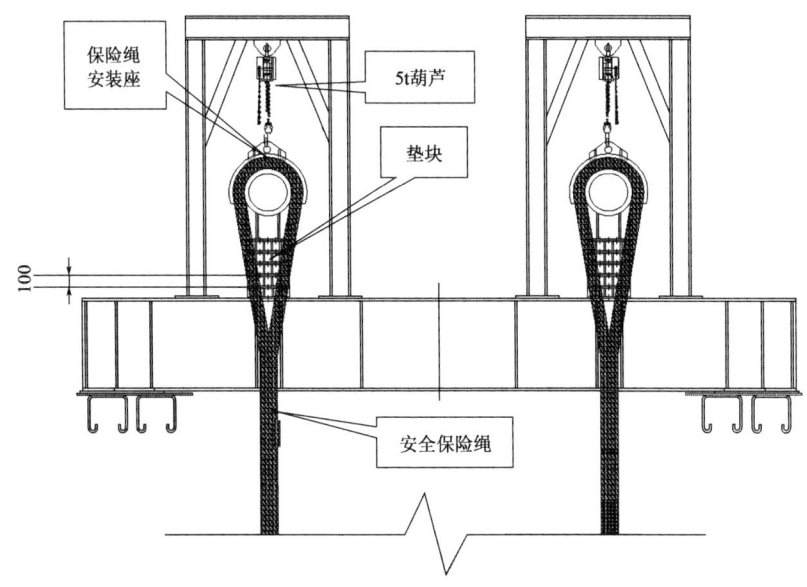

图6-5-78 安全保险绳随动系统

4)液压同步提升系统

(1)液压同步提升系统简介与技术参数。

液压同步提升系统的主要技术参数见表6-5-6。

提升系统的主要技术参数 表6-5-6

序号	项　　目	参　　数	备　　注
1	千斤顶额定提升力	200t	4台
2	提升行程	120m	
3	提升/下放速度	3~20m/h	
4	工作油压	25MPa	

其主要功能如下:

①采用电液比例控制技术进行同步控制,四点同步误差在5mm以内。

②提升过程中,提升千斤顶的各项参数能够实时显示。

③提升千斤顶的控制既有自动模式,又有手动模式。自动模式在操作台上操作。

④四个提升千斤顶既能同步动作又能单独动作。

⑤其中两个千斤顶具备并联均载的功能(两主提升油缸大腔用油管连接),将四吊点变为三吊点。

⑥任何一个提升油顶达到平均载荷的110%时报警,任何一个提升油顶达到平均载荷的120%时停机。

⑦在每个操作台、泵站处均设紧急停止开关。

⑧设有倾角传感器角度检测系统,在钢架上放置一个倾角传感器,对钢架初始调平后进行归零,在提升过程中对钢架的纵、横桥向倾角进行实时监控并显示,当横桥向倾斜角度大于0.3°、纵桥向倾角大于0.7°时进行报警。

⑨提升千斤顶设安全阀,安全阀设置溢流压力为平均载荷压力乘以1.25。

(2)系统组成。

计算机控制液压同步提升系统主要由钢绞线及提升油缸集群(承重部件)、液压泵站(驱动部件)、传感检测及计算机控制(控制部件)和远程监视系统等部分组成,如图6-5-79所示。

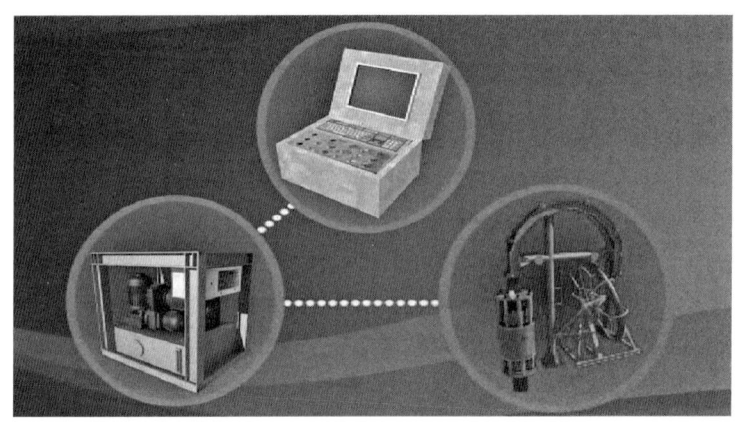

图6-5-79 系统组成图

①承重部件:钢绞线及提升油缸是系统的承重部件,用来承受提升构件的质量。可以根据提升质量的大小来配置提升油缸的数量,每个提升吊点中油缸可以并联使用。每台200t提升千斤顶配19根140m长的钢绞线,单个提升千斤顶的钢绞线束最大外径为190mm。

②驱动部件:液压泵站是提升系统的动力驱动部分,它的性能及可靠性对整个提升系统稳定可靠工作影响最大。在液压系统中,采用比例同步技术,确保整个系统的同步调节性能。

液压泵站的特点如下:

a.运用先进的电液比例控制技术。通过电液比例控制技术,实现液压提升中的同步控制,控制精度高。

b.可实现载荷保护。在现有的液压系统中,专门设计了对每台油缸的载荷保护,使整体提升更加可靠安全。

c. 拥有清晰的模块化设计。针对不同工程的使用要求,综合考虑液压系统的通用性、可靠性和自动化程度;在不同的工程中使用时,由于设备布置和使用要求不尽相同,为了提高设备的通用性,泵站液压系统的设计采用模块化结构。

d. 主要液压元件由德国进口。现有的液压泵站中,关键的液压元件如泵、比例阀等均采用德国产品,极大地提高了液压系统的可靠性。

e. 双泵、双主回路和双比例阀系统。实现连续提升、连续下降和大流量驱动。

③控制部件。

传感检测主要用来获得提升油缸的位置信息、载荷信息和整个被提升构件空中姿态信息,并将这些信息通过现场实时网络传输给主控计算机。主控计算机可以根据当前网络传来的油缸位置信息决定提升油缸的下一步动作,也可以根据网络传来的提升载荷信息和构件姿态信息决定整个系统的同步调节量。

(3)同步提升控制原理及动作过程。

①同步提升控制原理。

主控计算机除了控制所有提升油缸的统一动作之外,还必须保证各个提升吊点的位置同步。在提升体系中,设定主令提升吊点,其他提升吊点均以主令吊点的位置作为参考来进行调节,因而都是跟随提升吊点。

主令提升吊点决定整个提升系统的提升速度,操作人员可以根据泵站的流量分配和其他因素来设定提升速度。主令提升速度的设定是通过比例液压系统中的比例阀来实现的。

在提升系统中,每个提升吊点下面均布置一台距离传感器,这样,在提升过程中这些距离传感器可以随时测量当前的构件高度,并通过现场实时网络传送给主控计算机。每个跟随提升吊点与主令提升吊点的跟随情况可以用距离传感器测量的高度差反映出来。主控计算机可以根据跟随提升吊点当前的高度差,依照一定的控制算法,来决定相应比例阀的控制量大小,从而实现每一跟随提升吊点与主令提升吊点的位置同步。

为了提高构件的安全性,在每个提升吊点都布置了油压传感器,主控计算机可以通过现场实时网络监测每个提升吊点的载荷变化情况。如果提升吊点的载荷有异常的突变,计算机会自动停机,并报警示意。

②提升动作过程。

提升油缸数量确定之后,每台提升油缸上安装一套位置传感器,传感器可以反映主油缸的位置情况、上下锚具的松紧情况。通过现场实时网络,主控计算机可以获取所有提升油缸的当前状态。根据提升油缸的当前状态,主控计算机可以综合用户的控制要求(例如手动、顺控、自动)决定提升油缸的下一步动作。

5)钢桁架提升倾角检测系统

在提升过程中,除了对载荷进行监控外,还需对提升钢架的姿态进行监控,以避免钢架在提升过程中由于倾斜而与主塔发生干涉或剐蹭,造成安全风险。

在提升前,在钢架整体上安装倾角传感器,并将其信号线预留足够的长度(120m),倾角传感器检测倾角信号,然后发送至显示屏进行实时显示。

在钢架初始提升脱离胎架200mm以后,对钢架进行测量、调平与载荷监控,确定初始水平角度以后,对倾角传感器进行归零。然后在提升过程中实时检测倾角传感器在纵、横桥向的倾角值,当横桥向倾斜角度大于0.3°、纵桥向倾角大于0.7°时,进行报警,暂停提升;采用吊点手动单调高度的办法重新调整水平、均载,然后再进行提升;

6)控制系统安装和提升下放调试条件

(1)传感器安装条件:任一提升吊点上油缸钢绞线预紧完毕。

(2)单点调试条件:任一提升吊点上油缸传感器安装完毕,油缸到泵站之间油管连接完毕;其中连接条件为吊点之间连接钢丝绳安装完毕。

(3)提升系统联调条件:单点调试完毕,吊点之间网线连接完毕。

3. 整体提升工艺

1)设备和系统检验

(1)提升设备检验。

为确保钢结构提升工程顺利实施,在提升设备正式启用之前,在工厂试验台上进行全面的设备性能考核。在确认设备正常以后才能进场安装就位。所有的进场设备都要经过试验,并做好记录备查。空载试验表、负载试验表、应急试验表分别见表6-5-7~表6-5-9。

空 载 试 验 表　　　　表6-5-7

序号	项目名称	项目目的	试验方法	试验要求
1	功能检验	验证系统及诸元件动作的正确性	油缸置于地面,并与泵站相联,用手控使油缸完成全部动作	各种功能和动作均符合设计要求
2	空载压力测定	(1)测量油缸的最低启动压力;(2)测量系统压力损失	(1)逐步提高供油压力,记录活塞启动时的压力;(2)在伸缸与缩缸时间接近实际工作要求情况下,用压力表测定泵出口压力与油缸压力之差	(1)空载压力损失油缸不大于额定压力的5%;(2)泵站压力损失不大于额定压力的5%
3	油缸泄漏检测	测定油缸的内外泄漏	油缸一腔进油,升压至5MPa(锚具缸5MPa)保压5min,打开另一个油口观测内泄漏量	不得有明显内漏和外漏

负 载 试 验 表　　　　表6-5-8

序号	项目名称	项目目的	试验方法	试验要求
1	满负载试验	检验系统满负载工作时的性能	液压加载,使油缸工作压力为25MPa(相当于2000kN),观察油缸运行情况	(1)每台油缸和泵站必须验;(2)工作总行程上升和下降
2	耐久性考核	检验系统满负载工作时的可靠性	按满负载试验方法进行	(1)抽查2个油缸;(2)行程累计上升60m和下降2m运行正常
3	同步试验	检测系统的自动操作性能	采用4个油缸提升,每个负载700kN。分别由4组控制系统控制,模拟实际的自动同步性	(1)能顺利完成自动和顺控操作;(2)同步误差在规定范围
4	耐压试验	检验油缸超载承受能力	额定载荷的1.25倍耐压试验	全部零件不得有损坏或永久变形现象

第六篇/第五章　大吨位超高空多点对接主塔钢桁架制造及整体提升安装关键技术

应急试验表　　　　　　　　　　　　表 6-5-9

序号	项目名称	项目目的	试验方法	试验要求
1	油管破裂	在油管破裂情况下保证系统安全	荷重提升过程中,系统突然失压,观察系统能否自动停止	提升动作能自动停止
2	手动误操作	手动误操作对系统安全性影响	在油缸工作时通过手动开关误操作锚具油缸	误操作能自动闭锁,不影响系统安全
3	抗电磁干扰	检测在电磁波干扰情况下的安全性	系统工作时人为产生电磁干扰,观察系统工作情况	电磁波不能影响系统工作
4	断电安全性	检测突然停电后的安全性	提升过程中突然去掉电源,观察系统安全性	提升停止、不失控

提升油缸试验记录表、控制系统试验记录表、液压泵站试验记录表分别见表 6-5-10 ~ 表 6-5-12。

提升油缸试验记录表　　　　　　　　表 6-5-10

序号	试验项目		试验结果	备注
1	油缸动作			
2	最低伸缸压力(MPa)			
3	泄漏情况	上锚油缸		
		下锚油缸		
		主油缸		
4	满载(25MPa)负载上升、下降 2m			
5	耐压试验(30MPa)	结构		
		泄漏		
6	防失速功能			

控制系统试验记录表　　　　　　　　表 6-5-11

序号	试验项目		试验结果	备注
1	控制系统功能性检验			
2	手动、顺控、自动检验			
3	信号监测显示功能			
4	安全操作闭锁检验			
5	同步控制精度	压力同步		
		位置同步		
6	电磁兼容性试验			

液压泵站试验记录表　　　　　　　　表6-5-12

序号	试验项目	试验结果	备注
1	泵站功能检验		
2	空载压力损失(MPa)		
3	满载(25MPa)运行情况		
4	超载(30MPa)运行情况		
5	耐久试验(25MPa连续工作10h以上)		

（2）动力电源准备。

①根据吊点泵站布置,每个泵站功率为20kW,需要一个380V三相四线配电箱；

②钢绞线切割场地需要380V三相四线配电箱；

③主控室需要220V电源插座；

④为保证提升顺利进行,提升用动力电源在提升过程中要有专人看护。

（3）提升油缸的准备。

油缸上锚、下锚和锚片应完好无损,复位良好；油缸安装正确；钢绞线安装正确。

①锚具系统检查：将上下锚具拆卸开,对锚具系统进行检查；

②锚具油缸动作与保压试验；

③主油缸动作试验与保压试验。

（4）泵站检查。

泵站与油缸之间的油管连接必须正确、可靠；油箱液面应达到规定高度；每个吊点至少要备用1桶液压油,加油必须经过滤油机；提升前检查溢流阀；根据各点的负载,调定主溢流阀；锚具溢流阀调至4~5MPa；提升过程中视实际荷载,可作适当调整；利用截止阀闭锁,检查泵站功能,出现任何异常现象立即纠正；泵站要有防雨措施；压力表安装正确。

（5）计算机控制系统的检查。

各路电源的接线、容量和安全性都应符合规定；控制装置接线、安装必须正确无误；应保证数据通信线路正确无误；各传感器系统保证信号正确传输；记录传感器原始读值备查。钢桁架提升系统检查记录表见表6-5-13。

钢桁架提升系统检查记录表　　　　　　　　表6-5-13

工程名称		检查日期		
检查项目	计算机控制液压同步提升系统	负责人		
分类	检查内容	检查结果	检查人	备注
提升油缸	（1）油缸上下锚和锚片完好,复位功能良好			
	（2）油缸安装正确			
	（3）钢绞线安装正确			
	（4）油缸升缩缸运行正常			
	（5）泵站与油缸之间的油管连接正确、可靠			

续上表

分类	检查内容	检查结果	检查人	备注
液压泵站	（6）泵站液位达到规定位置			
	（7）泵站电机转向正确			
	（8）泵站电机运行正常			
	（9）泵站控制阀运行正常			
	（10）锚具压力调至5MPa			
	（11）压力表安装正确			
	（12）泵站防雨措施到位			
计算机控制系统	（13）各用电设备电源接线安全可靠			
	（14）控制设备接线、安装正确			
	（15）各路控制数据通信线路正确			
	（16）传感器功能正常,信号传输正确			
	（17）传感器测量绳及接头无损伤			
	（18）传感器编码显示和锚具信号显示正常			
	（19）传感器防水措施到位			
	（20）压力传感器压力显示正常			

（6）地锚的准备。

做好地锚的清洁和防锈工作；对没有电镀的部分必须涂防锈漆；检查地锚情况，锚片清洁牙齿无损伤，压紧弹簧无变形，弹簧圈无变形，压板无变形；地锚安装前必须脱喷灵，做好油管接头的清洁工作，注意油管的安全防护。

（7）提升结构检查。

主体结构质量、外形均符合设计要求；主体结构上确已去除与提升工程无关的一切荷载；提升将要经过的空间无任何障碍物、悬挂物；主体结构与其他结构的连接已全部去除。

2）提升设备安装

（1）钢绞线安装。

①根据各点的提升高度，考虑提升结构的状况，切割相应长度的钢绞线。

②钢绞线左、右旋各一半，要求钢绞线两头倒角、不松股，将其间隔平放地面，理顺。

③将钢绞线穿在油缸中，上下锚一致，不能交错或缠绕，每个油缸中的钢绞线左右旋相间。

④钢绞线露出油缸上端50cm。

⑤压紧油缸的上下锚。

⑥将钢绞线的下端根据油缸的锚孔位置捆扎并做好标记。

⑦用起重机将穿好钢绞线的油缸安装在提升平台上。

⑧按照钢绞线下端的标记，安装钢绞线地锚，确保从油缸下端到地锚之间的钢绞线不交叉、不扭转、不缠绕。

⑨安装地锚时，各锚孔中的三片锚片应能均匀夹紧钢绞线；其高差不得大于0.5mm，

周向间隙误差小于 0.3mm。

⑩地锚压板与锚片之间应有软材料垫片,以补偿锚片压紧力的不均匀变形。

(2)梳导板和安全锚就位。

为了保证钢绞线在油缸中的位置正确,在安装钢绞线之前,每台油缸应使用一块梳导板;安装安全锚的目的是油缸出现故障需要更换时使用,另外它也可以起安全保护作用;梳导板和安全锚在安装时,应保证与油缸轴线一致、孔对齐。

(3)提升油缸安装。

根据提升油缸的布置,安装提升油缸;提升油缸在吊装过程中,注意安全;安装好地锚;安装提升油缸;在安装提升油缸和地锚时,准确定位,要求提升油缸安装点与下部地锚投影误差小于 5mm;提升油缸在安装到位后,每台提升油缸使用 4 只"7"形卡板固定。

(4)液压泵站安装。

根据布置,在提升平台上安装液压泵站;连接液压油管;检查液压油,并准备备用油;安装钢绞线与地锚;根据设计长度,切割钢绞线;根据钢绞线安装规程穿油缸钢绞线;钢绞线根据梳导板穿入提升地锚;用1t手动葫芦预紧钢绞线,然后提升油缸用1MPa压力带紧钢绞线,同时将地锚做入地锚锚固沉孔。

(5)计算机控制系统的安装。

安装锚具传感器;安装提升油缸行程传感器;安装油压传感器;安装长行程传感器,注意钢丝绳保护;连接通信电缆和通信电源线。

3)提升系统调试

(1)液压泵站调试。

泵站电源送上(注意不要启动泵站),将泵站控制面板手动/自动开关至于手动状态,分别拨动动作开关观察显示灯是否亮,电磁阀是否有动作响声。

(2)提升油缸调试。

上述动作正常后,将所有动作至于停止状态,并检查油缸上下锚具都处在紧锚状态;启动锚具泵,将锚具压力调到4MPa,给下锚紧动作,检查下锚是否紧,若下锚为紧,给上锚松动作,检查上锚是否打开;上锚打开后,启动主泵,给伸缸动作,伸缸过程中给截止动作,观察油缸是否停止,油缸会停止表明动作正常;给缩缸动作,缩缸过程中给截止动作,观察油缸是否停止,油缸会停止表明动作正常。油缸来回动作几次后,将油缸缩到底,上锚紧,调节油缸传感器行程显示为 2。油缸检查正确后停止泵站。

(3)计算机控制系统的调试。

通信系统检查,打开主控柜将电源送上,检查油缸通信线、电磁阀通信线、通信电源线连接;按 F2 键将画面切到监控状态,观察油缸信号是否到位,将开关至于手动状态,分别发出动作信号,用对讲机问泵站控制面板上是否收到信号;一切正常后,启动泵站,然后给下锚紧,上锚松,伸缸动作或缩缸动作,油缸空缸来回动几次;观察油缸行程信号、动作信号是否正常,若正常则通信系统正常;紧停系统检查,主控柜和泵站都有一个紧停开关,若按下,整个泵站动作都会停止,检查在空缸动作时进行。

(4)调试过程中的注意事项。

操作人员仔细阅读以上要求,理解提升系统调试流程;切记任何情况油缸锚具必须在紧锚状态,提升过程中,永远不给下锚松动作,只有在需要提升时才打开下锚。

4)提升系统荷载试验

(1)空载试验步骤。

①分别启动单台液压提升千斤顶,依次单动实现各吊具起升、下降各三次。检查各液压提升千斤顶有无异常响声,制动是否正常、准确迅速,位移传感器是否灵敏,钢绞线运动是否正常。

②启动四台液压提升千斤顶,联动各吊具同步起升、下降各三次。检查各液压提升千斤顶的同步性。

③利用纵横移液压系统对各个吊点进行纵、横向的移动,每个油缸重复伸缩三次,检测油缸伸缩的速度,并观察液压系统有无泄漏、异响。

(2)100%载荷试验步骤。

①解除主体结构与拼装平台等结构之间的连接。

②按比例进行 20%、40%、60%、80%、90%、95%、100% 分级加载直至结构全部离地,脱空 100mm,然后悬停。

每次加载,须按下列程序进行,并做好记录:

操作——按要求进行分级加载,使油缸受力达到规定值;

观察——各个观察点应及时反映观察情况;

测量——各个测量点应认真做好测量工作,及时反映测量情况;

校核——数据汇总上交至现场施工设计组,比较实测数据与理论数据的差异;

分析——若有数据偏差,有关各方应认真分析;

决策——认可当前工作状态,并决策下一步操作。

③试提升加载过程中各结构件的检查。

检查结构的焊缝是否正常;检查提升平台和地锚锚固等是否正常;检查结构的变形是否在允许的范围内。

④试提升加载过程中提升设备的检查。

检查各传感器工作是否正常;检查提升油缸、液压泵站和计算机控制柜工作是否正常。

⑤悬停 30min 以后,在 1m 范围内上、下起升各三次。检查各机构、液压提升千斤顶、钢绞线工作是否正常平稳,各保护装置是否安全可靠,各连接处有无松动现象,各电动机、接触器等电气设备有无过热现象。同时,监测记录四个吊点的同步性、倾角传感器信号的准确性。

⑥回到脱空 100mm 位置,进行纵横向微调移动,一方面检测纵横向移动的同步性,另一方面观察有无干涉,并检测纵横移对各吊点载荷均衡的影响。

⑦纵横移复位,下放结构件,重新固定。

(3)110%载荷试验步骤。

①在钢桁架底部上方安放 40t 配重并固定。

②解除主体结构与拼装平台等结构之间的连接。

③按比例进行 20%、40%、60%、80%、90%、100%、105%、110% 分级加载直至结构

全部离地,脱空100mm,然后悬停。

每次加载,须按下列程序进行,并做好记录:

操作——按要求进行分级加载,使油缸受力达到规定值;

观察——各个观察点应及时反映观察情况;

测量——各个测量点应认真做好测量工作,及时反映测量情况;

校核——数据汇总上交至现场施工设计组,比较实测数据与理论数据的差异;

分析——若有数据偏差,有关各方应认真分析;

决策——认可当前工作状态,并决策下一步操作。

④试提升加载过程中各结构件的检查。

检查结构的焊缝是否正常;检查提升平台和地锚锚固等是否正常;检查结构的变形是否在允许的范围内。

⑤试提升加载过程中提升设备的检查。

检查各传感器工作是否正常;检查提升油缸、液压泵站和计算机控制柜工作是否正常。

⑥悬停30min以后,在1m范围内上、下起升各三次。检查各机构、液压提升千斤顶、钢绞线工作是否正常平稳,各保护装置是否安全可靠,各连接处有无松动现象,各电动机、接触器等电气设备有无过热现象。同时,监测记录四个吊点的同步性、倾角传感器信号的准确性。

⑦下放结构件,重新固定。

(4)125%静载试验步骤。

①在钢桁架底部上方安放100t配重并固定。

②解除主体结构与拼装平台等结构之间的连接。

③按比例进行20%、40%、60%、80%、90%、100%、110%、120%、125%分级加载直至结构全部离地(提升系统采用最低提升速度,减小冲击),脱空100mm,然后悬停。

每次加载,须按下列程序进行,并做好记录:

操作——按要求进行分级加载,使油缸受力达到规定值;

观察——各个观察点应及时反映观察情况;

测量——各个测量点应认真做好测量工作,及时反映测量情况;

校核——数据汇总上交至现场施工设计组,比较实测数据与理论数据的差异;

分析——若有数据偏差,有关各方应认真分析;

决策——认可当前工作状态,并决策下一步操作。

④试提升加载过程中各结构件的检查。

检查结构的焊缝是否正常;检查提升平台和地锚锚固等是否正常;检查结构的变形是否在允许的范围内。

⑤试提升加载过程中提升设备的检查。

检查各传感器工作是否正常;检查提升油缸、液压泵站和计算机控制柜工作是否正常。

⑥下放结构件,重新固定。

5)正式提升

正式提升前,按照前文所述要求进行各项检验检查,检查合格后方可进入正式提升程序。

(1)提升操作程序。

正式提升过程中,记录各点压力和高度,须按下列程序进行,并做好记录:

操作——按要求进行加载和提升。

观察——各个观察点应及时反映测量情况。

测量——各个测量点应认真做好测量工作,及时反映测量数据。

校核——数据汇总上交至现场施工设计组,比较实测数据与理论数据的差异。

分析——若有数据偏差,有关各方应认真分析。

决策——认可当前工作状态,并决策下一步操作。

提升时,应考虑突发灾害天气的应急措施;提升关系到主体结构的安全,各方要密切配合;每道程序应签字确认。提升过程需进行监控,主要监控各点的负载、监控结构的空中位置姿态以及监控提升通道是否顺畅。钢桁架整体提升图如图6-5-80~图6-5-83所示。

图6-5-80 钢桁架整体提升图(一)

图6-5-81 钢桁架整体提升图(二)

图6-5-82 钢桁架整体提升图(三)

图6-5-83 钢桁架整体提升图(四)

（2）提升过程注意事项。

①在钢架初始提升脱离胎架200mm以后,对钢架进行测量、调平与载荷监控,确定初始水平角度以后,对倾角传感器进行归零。在提升过程中,实时检测倾角传感器在纵、横桥向的倾角值,当横桥向倾斜角度大于0.3°、纵桥向倾角大于0.7°时,进行报警,暂停提升;采用对单个吊点手动调整高度的办法重新调整水平、均载,然后再进行提升。

②在初始调整完成以后,记录每个吊点的压力平均值;在提升过程中进行压力监控,当某个吊点的压力达到平均值的110%时,系统报警,需停机手动调整吊点高度,使吊点压力均衡。当某个吊点的压力达到平均值的120%时,系统自动停机。

③提升过程中必须严密监控观测钢架与主塔之间的间隙情况,避免干涉、剐蹭,造成安全风险。

（3）提升到位后结构的锁定及相关安全准备工作的落实。

①就位锁定:将负载全部转换到下锚,提升油缸进入安全行程;上锚紧。

②悬停期间的安全措施:防止电焊、气割对钢绞线的损伤;做好提升设备的防护措施。

（4）启用安全绳随动系统。

当钢架提升至离到位只有500mm间隙时,开始安装安全保险绳。初始状态下不设垫块,再提升100mm以后,利用5t葫芦将保险绳安装座提起,在保险绳安装座下方放入一个100mm高的垫块,然后栓接固定。重复循环直至钢架提升到位为止,此过程中始终保证安全保险绳的松弛程度不超过100mm(单边)。

（5）启用吊点纵、横移微调系统。

当钢架提升至离到位位置只有30mm间隙时,如果顶部五个焊接接口存在纵、横桥向的错位,则可启用吊点纵、横移微调系统进行微调对位。操作方法如下:

提升油缸的上锚将钢绞线加持(主油缸活塞杆处于伸出50mm位置),在垫块上做好纵、横向的初始位置标记及尺寸标识,采用单动微调各个纵、横移油缸,每次微调动作的顶推距离不得超过10mm。

在微调过程中,需实时监控各吊点的压力,当某个吊点压力达到平均压力的120%时,需停止微调,重新调整吊点载荷均衡后再纵、横移微调。

微调过程中,需严密观察钢绞线与主塔开孔的间隙,避免干涉。此外,还需严密观察安全保险绳的松弛情况,避免安全保险绳绷紧。

（6）结构空中悬停与焊接。

钢桁架整体提升到位以后,利用安全绳随动装置,将安全绳提起绷紧,再在安全横梁上塞入垫梁,使得安全绳保持绷紧状态。调整到位后,焊接临时连接钢板,将钢桁架与预埋件钢板临时固定,一方面保证钢桁架空中悬停期间的安全,另一方面可防止钢桁架移动,有利于焊接。临时连接的焊缝强度需满足承受钢桁架自身质量的要求。

钢桁架整体提升到位后,测量预埋件接头与下弦杆及腹杆接头之间的偏差;由于预埋件顶底板与腹板间的主焊缝尚未焊接,故可稍微调整预埋件与钢桁架接口的匹配性,从临时人孔中进入下弦杆及腹杆后贴衬垫,焊接各预埋件与钢桁架之间的环焊缝。钢桁架吊装就位后首先焊接主塔两侧塔柱上预埋件 A 与钢桁架下弦杆的焊缝,然后焊接上横梁上的预埋件 D 与钢桁架腹杆间的焊缝,最后依次从中间向两侧顺序焊接预埋件 C、预埋件 B 与钢桁架腹杆间的焊缝。

钢桁架提升后存在微小偏差可进行微调,在预埋件 A、B 纵桥向两侧各安装一个小牛腿,共八个,在牛腿与钢桁架相交面钻孔并攻丝,在螺栓孔上插入螺杆,通过调整螺杆来微调钢桁架。如通过调整,预埋件顶底板与腹板间的主焊缝不能达到要求的接口,接口位置错缝较大,可采用嵌补段连接形式进行过渡。

(7)设备拆除。

所有焊接完成后,拆卸控制系统、液压系统、提升锚具梁、提升油缸、钢绞线等设备构件。

第五节　本章小结

实践证明,超高空多点对接大吨位主塔钢桁架制造及整体提升安装关键技术已经成功实施应用于伍家岗长江大桥中,该技术为主塔钢桁架提供了一种高效、安全的制造和安装方式,为大型主塔造型方案设计提供了更多的选择,对我国桥梁建造技术的进一步发展具有良好的促进作用。

通过钢桁架制造和提升过程中的各项关键技术研究,完美地解决了伍家岗长江大桥钢桁架的制造和提升的各种重难点问题,使得最终结构尺寸满足设计及规范要求,制造精度高,整个过程施工速度快,安全效率高。因此,该技术值得在类似项目推广运用。

第六章 大跨径悬索桥软岩隧道式锚碇开挖支护施工关键技术

第一节 工程概述

一、隧道式锚碇发展及研究现状

悬索桥主要由主缆、索塔、锚碇、吊杆以及桥面组成。悬索桥锚固结构有自锚式或者地锚式,自锚式适用于跨径较小的悬索桥,故绝大多数悬索桥都采用地锚式锚碇。地锚式锚碇分为重力式锚碇和隧道式锚碇,其中隧道式锚碇能够充分利用锚区处的地质条件,如隧道式锚碇锚区围岩的自身强度,工程量相对于重力式锚碇大大减小,不仅节省了工程造价,而且有利于环境的保护、美观。

悬索桥隧道式锚碇大部分建造在岩体强度高、节理不发育且覆盖层浅的区域。经调研,国内大部分悬索桥隧道式锚碇位于硬质岩层,如金安金沙江大桥两岸隧道式锚碇均处于玄武岩及多层凝灰岩夹层,雅安至康定高速公路泸定大渡河特大桥雅安岸隧道式锚碇位于花岗岩层,丽香铁路金沙江大桥丽江岸、香格里拉岸隧道式锚碇均位于片理化玄武岩层,普立—宣威高速公路普立特大桥普立岸隧道式锚碇总体位于灰岩岩体内,湖南矮寨大桥吉首岸隧道式锚碇位于泥质白云岩层。位于软岩地区的隧道式锚碇目前只有国内的重庆鹅公岩长江大桥,该桥东岸采用隧道式锚碇,上游锚碇位于粉砂质泥岩,下游锚碇位于长石石英砂岩地层。因此,在软岩地区建造隧道式锚碇可供参考的资料和研究成果较少,施工中有许多问题需要解决。

二、软岩浅埋隧道式锚碇施工技术研究的必要性

伍家岗长江大桥隧道式锚碇是国内千米级悬索桥在软岩地区的首次尝试,设计时注重对岩层力学参数的选取,合理控制锚碇的建设规模,减少对环境的破坏。隧道式锚碇所在工程区岩性为砾岩、砂砾岩、含砾砂岩等,总体属较软岩软岩,中间还夹有疏松砂岩等软弱夹层。上、下游隧道式锚碇中心距离37.50m,最小净距只有23.42m,属于软岩地质条件下小净距浅埋隧道式锚碇结构。

参考现在已建成的悬索桥的隧道式锚碇,结合相关理论知识和现场实际施工技术和

经验,研究隧道式锚碇开挖支护施工过程中的受力变形特点,软岩地区小净距隧道式锚碇洞室围岩压力计算方法、开挖过程中双洞之间的相互影响性规律、横纵向空间力学特性,为隧道式锚碇的开挖支护施工方案提供指导,获得从理论到应用、从设计到施工、从前期试验到后期评估等一系列的工程应用参考依据。

三、施工的主要创新点

创新点一:针对伍家岗长江大桥江北的软岩浅埋隧道式锚碇,对小净距隧道式锚碇洞室开挖过程中围岩力学特性进行系统分析。建立数值仿真模型,分析锚洞开挖过程中围岩变形规律、应力释放规律,采用控制变量法探究不同掌子面错距、不同净距、不同台阶长度对于锚洞纵横向空间力学特性的影响,为隧洞开挖施工提供理论支撑。

创新点二:采取机械开挖与爆破开挖相结合的方法,并采用数码雷管微爆破技术,有效解决了软岩浅埋隧道式锚碇爆破振速控制要求高、围岩保护难度大的难题。

创新点三:通过理论与现场试验相结合,发明了一种软岩条件下中空锚杆持荷注浆工艺,创新性地应用了数码雷管微爆破技术。

第二节　软岩浅埋隧道式锚碇开挖施工模拟

以伍家岗长江大桥北岸隧道式锚碇工程为背景,对小净距隧道式锚碇洞室开挖过程中围岩力学特性进行系统分析。建立数值仿真模型,分析锚洞开挖过程中围岩变形规律、应力释放规律,采用控制变量法探究不同掌子面错距、不同净距、不同台阶长度对于锚洞纵横向空间力学特性的影响。

一、数值模型建立及参数选取

选用 FLAC3D 6.0 数值模拟软件对伍家岗长江大桥北岸隧道式锚碇工程拟采用的开挖、初期支护方法进行数值仿真模拟分析。从数值模拟的角度,进一步把握锚洞开挖过程中围岩变形、应力特性及双洞之间互相影响性。

1. 数值模型建立

有限差分网格、材料本构关系以及边界条件是 FLAC3D 软件求解的必需部分。因此,本节对于模型建立过程的介绍将主要从这三个方面进行。

以工程所在地三维地形图为依据,综合考虑建模计算的方便,进行局部简化,建立隧道式锚碇三维实体模型,如图 6-6-1 所示。结合相关勘测资料并充分考虑锚洞洞室开挖造成的影响,选取模型计算范围为 150m×140m×60m。选取垂直桥梁中心线方向为 y 轴,指向上游为正;铅垂方向为 z 轴,向上为正;x 轴方向与 y、z 两轴满足右手坐标系法则。模型共有 343387 个单元、189267 个结点。外部网格尺寸为 1.2~6m;隧道式锚碇处网格进行精细化处理,尺寸取 1~1.2m。由此建立的数值模型,如图 6-6-2 所示。

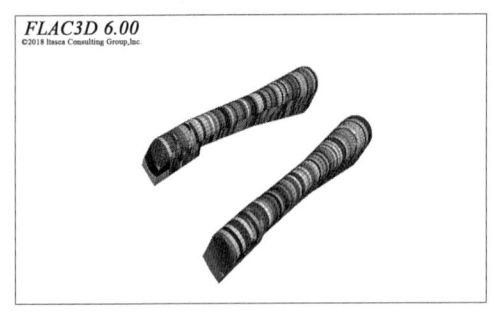

图 6-6-1　隧道式锚碇模型示意图

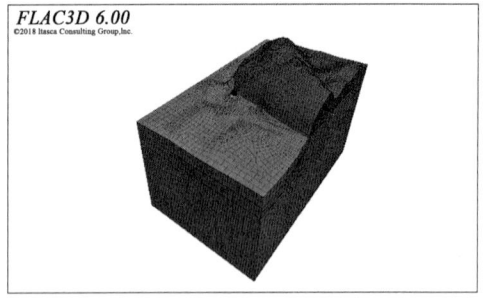

图 6-6-2　数值模型示意图

对岩土工程的数值模拟,本书选用摩尔-库伦弹塑性本构关系。摩尔-库伦本构模型认为,岩体的破坏与第二主应力无关,它适用于坚硬土体、岩石等材料,对此类材料的计算具有更高的精确性。

首先设置数值模型边界条件。三维模型的地表面自由,底面及四周仅施加法向约束。伍家岗隧道式锚碇绝大部分属于浅埋锚洞,因此,无须考虑构造应力的影响,仅计算初始地应力。为防止模型在初始地应力平衡前出现较大的屈服流动情况,采用更改强度的方法求解初始地应力,首先将材料抗拉强度与黏聚力调为极大值,待初次计算平衡后,赋予材料真实属性值,再次求解至平衡即为模型的地应力平衡状态。

2. 围岩及支护结构参数选取

隧道式锚碇洞口段存在强风化区,岩体质量较差,为Ⅴ级围岩;锚塞体段岩体包括大部分Ⅳ级围岩及少部分Ⅲ级围岩,多为微风化较厚层状岩,稳定性相对较高且适宜锚洞洞室开挖。岩体本构关系选用前文所述摩尔-库伦本构模型。根据地质勘察报告及工程实践经验,确定锚洞围岩力学参数,见表6-6-1。

围岩力学参数　　　　　　　　　　表6-6-1

参　　数	体积模量 (MPa)	剪切模量 (MPa)	摩擦角 (°)	黏聚力 (MPa)	重度 (kN/m³)	泊 松 比
强风化泥质粉砂岩	240	74	18.8	0.13	22	0.32
中风化泥质粉砂岩	600	220	21.8	0.18	22	0.33
微风化砂砾岩	1000	410	25.6	0.24	22	0.33
中层砂砾岩	1280	610	29.7	0.36	22	0.30
底层砾岩	4500	2340	38.7	0.7	24.5	0.28
超前大管棚	1000	580	23.4	0.22	27	0.30
超前注浆锚杆	1500	700	33.5	0.45	27	0.30

为防止洞口段发生滑坡、拱顶塌陷等工程灾害,在隧道式锚碇鞍室段前25m范围内,采用直径108mm、壁厚6mm的热轧无缝钢管设置超前大管棚。大管棚环向间距43.5cm,外插角1°～3°,注入1:1的水泥砂浆。在前锚室前6m范围内,采用直径25mm、壁厚7mm的中空注浆锚杆,设置超前锚杆支护。锚杆长4m,每环布置28根,环向间距411mm,纵向间距2.4m。

超前支护在效果上相当于提升了围岩稳定性。因此,在数值模型中,为考虑大管棚与注浆锚杆的超前支护作用,将超前支护范围内围岩参数进行相应提高,结果见表6-6-1。

锚洞初期支护采用架设钢拱架、喷射混凝土、架设注浆锚杆相结合的方式进行。注浆锚杆包括3m、6m两种长度规格,环向间距1m,交错布置,纵向间距0.6m。初期支护锚杆所用材料、其余施工工艺均与超前支护注浆锚杆相同。在数值模型中,采用cable单元模拟初期支护中空注浆锚杆,单元参数详见表6-6-2。

cable 单元力学参数 表6-6-2

弹性模量 (MPa)	横截面积 (cm^2)	单位长度水泥砂浆 黏结力 (kN/m)	水泥砂浆摩擦角 (°)	单位长度水泥 砂浆刚度 (kN/m^2)	水泥砂浆外圈周长 (m)
21000	3.95	200	25	17000	1

为了严格控制隧洞开挖之后的围岩变形速率与变形值,在架设锚杆之外,采取架设工字钢钢拱架、铺装钢筋网、喷射C30混凝土的方式进行初期加固。在本章数值模型中,选用shell壳型结构单元模拟以上三种支护方式,所用力学参数见表6-6-3。其中,钢拱架和钢筋网的支护作用依据等效原则将弹性模量进行换算,将换算后的模量添加到喷射混凝土中。

shell 单元力学参数 表6-6-3

弹性模量(MPa)	泊 松 比	厚度(m)
30200	0.25	0.27

3. 锚洞开挖方法模拟

根据隧道式锚碇开挖方案比选可知,在利用层次权重决策分析法综合考虑沉降变形、工程造价、施工速度和施工难度的指标后,确定三台阶法为开挖方法。其中,前锚室段断面较小、围岩条件较好,采用两台阶法开挖,其余部分采用三台阶法开挖。

在模拟伍家岗长江大桥小净距隧道式锚碇洞室的实际开挖过程并分析其力学特性的过程中,开挖过程的数值模拟与实际情况保持一致,同样采用台阶法;超前支护效果通过提高洞口段围岩参数来实现,钢拱架和钢筋网的支护作用依据等效原则折算到喷射混凝土中。隧洞开挖衬砌的数值模拟具体步骤如下。

(1)开挖上台阶。一次开挖进尺1.2m,上台阶长度4.8m。每一进尺开挖完毕,紧接着施作shell单元,模拟初期支护;施作cable单元,模拟注浆锚杆。

(2)开挖中台阶。一次开挖进尺1.2m,中台阶长度4.8m。每一进尺开挖完毕,紧接着施作shell单元,模拟初期支护;施作cable单元,模拟注浆锚杆。

(3)开挖下台阶。一次开挖进尺1.2m,每一进尺开挖完毕,紧接着施作shell单元,模拟初期支护;施作cable单元,模拟注浆锚杆。

(4)下游锚洞为先行洞,上游锚洞为后行洞。后行洞掌子面施工滞后先行洞5m。重复以上步骤,直至两洞开挖完毕。

以上介绍了采用三台阶法模拟隧洞开挖的具体步骤,两台阶法开挖在工序上与上述步骤一致,只是将隧洞横断面划分为两个台阶即可。

二、围岩空间变形规律

为了更好地掌握锚洞拱顶变形规律,在数值仿真模型过程中,取横、纵不同方向的断面来分析先、后导洞开挖完毕后围岩的变形规律。

1. 纵向截面

以暗挖段起始位置为首断面,沿轴线方向约每隔 5m 设置一个分析断面,共设置 17 个分析断面,各断面剖面图如图 6-6-3 所示。在数值模型中,选取上述分析断面处拱顶沉降作为研究对象,绘制锚洞沿纵深方向的最终沉降值曲线,如图 6-6-4 所示。

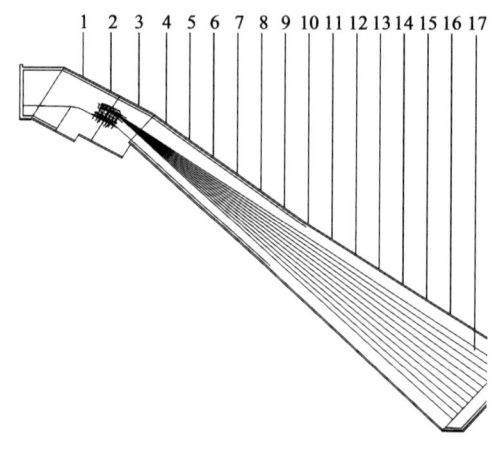

图 6-6-3 各分析断面剖面图　　图 6-6-4 沿纵向先、后行洞拱顶最终沉降值

由图 6-6-4 可知,先、后导洞拱顶最终沉降值沿纵向变化总体趋势相同。洞口段存在软弱土层,两洞拱顶沉降值均在洞口处达到极大。随着距洞口距离增大及围岩质量的提高,鞍室段后半部分沉降值逐步减小。受地形影响,前锚室到锚塞体中部,沉降值逐渐增大,在距洞口 50m 左右达到最大。以先行洞为例,在距洞口 21～51m 范围内,拱顶沉降由 3.83mm 增加到 7.01mm,增幅达到 83.0%。在锚塞体后部及后锚室范围内,锚洞开挖至尽头,围岩扰动减小,拱顶沉降也相应减小。沿纵向,拱顶沉降曲线呈现快速下降、平稳增大、再次下降三个阶段。同一横断面处,先行洞拱顶沉降值较后行洞有所增加,且沉降值越大,增幅越大。例如,在距洞口 21m 和 56m 处,相比后行洞,先行洞拱顶沉降值分别增加了 0.7mm、1.62mm,增幅分别为 22.3%、29.1%。

2. 横向截面

在数值仿真中,选取断面 9、断面 13 作为研究对象。绘制沿横断面方向先后导洞拱顶沉降随开挖步变化的曲线图,如图 6-6-5 和图 6-6-6 所示。

由图 6-6-5 和图 6-6-6 可得:在断面 9 与断面 13 上,先后导洞拱顶沉降随开挖步变化均呈现相同趋势。总体来看,在掌子面开挖之后,沉降曲线经历了开挖初期的"沉降快速增加"以及后期"沉降趋向平稳"两个阶段。在开挖后的 25 个开挖步内,断面 9、断面 13

先后导洞拱顶沉降值分别达到最终沉降的 85.2%、77.3%、85.4% 和 74.2%。由此可见，在掌子面开挖后的 25 个开挖步内，拱顶沉降值增速较快，此阶段应保持密切量测并及时施作初期支护，确保围岩稳定。由于受到后行洞开挖的扰动影响，先行洞沉降值大于后行洞。由于锚洞开挖采取台阶法，拱顶沉降值多呈台阶状增加。

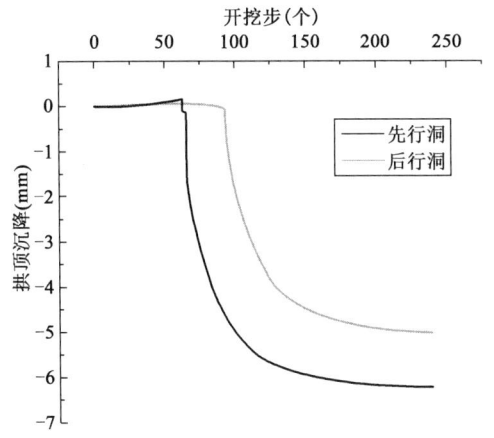

图 6-6-5　断面 9 先后行洞拱顶沉降曲线

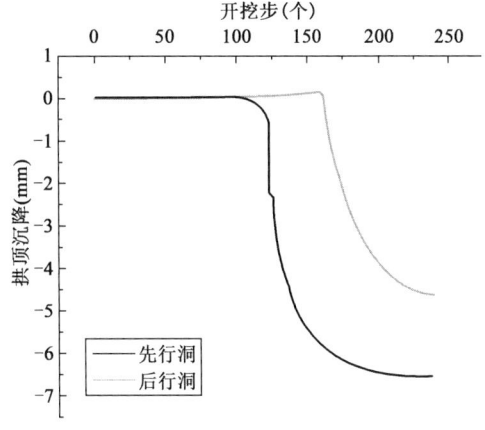

图 6-6-6　断面 13 先后行洞拱顶沉降曲线

3. 地表沉降

在数值模型中，选取三条地表沉降监测线，分别编号为 1、2、3。其中，3 号监测线位于洞口处，1 号、2 号监测线距洞口纵向距离分别为 56m、46m。如图 6-6-7 所示，三条地表沉降线具有相似的变化趋势，均呈现为典型的"沉降槽"形式。距中心线相等距离的监测点，位于先行洞一侧沉降值相对较大。究其原因，一方面是后行洞开挖使围岩应力重新分布，对先行洞造成二次扰动；另一方面，先行洞上方山体地表海拔相对略高，偏压效应对地表沉降也会产生一定影响。3 号监测线位于洞口处，围岩难以形成有效的"承压拱"，因此沉降值较大，表明施工时应重视洞口段安全，采取足够的超前支护措施。

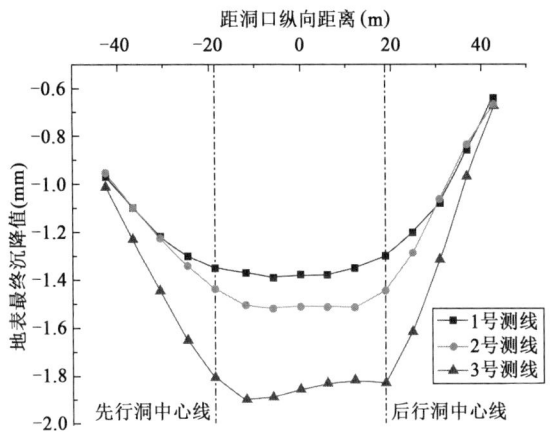

图 6-6-7　地表沉降数值模拟结果

三、围岩应力释放及分布规律

1. 围岩应力释放规律

锚洞开挖过程中,掌子面经过指定的分析断面前后,围岩应力将产生显著变化。为明确先行洞与后行洞拱顶竖向应力 σ_{zz} 随开挖步的变化规律,选择位于锚塞体中后部、距离洞口处纵向距离为56m的横断面作为分析断面,此断面围岩变形较大,需要进行进一步研究。

图6-6-8为拱顶竖向应力 σ_{zz} 随开挖步演化的曲线图。锚洞开挖采取台阶法开挖,不同台阶间轮流向前并保持安全距离。掌子面在分析断面前约12m($0.75B$,B 为隧道式锚碇分析断面宽度)时,分析断面处先行洞荷载开始积聚,先行洞拱顶率先产生竖直向上的变形。随着掌子面继续前进,荷载积聚速率增大,先行洞拱顶竖直向上变形也持续发展。掌子面开挖至分析断面时,先行洞拱顶围岩应力呈台阶状急速释放,在短期内产生大量沉降变形。之后由于初期支护和临时仰拱的施作形成了闭环,减缓了荷载释放速率,拱顶沉降速率也相应减缓,并逐步趋于稳定。此阶段仅有先行洞开挖至监测断面,因此,开挖荷载主要由先行洞洞周围岩承担。

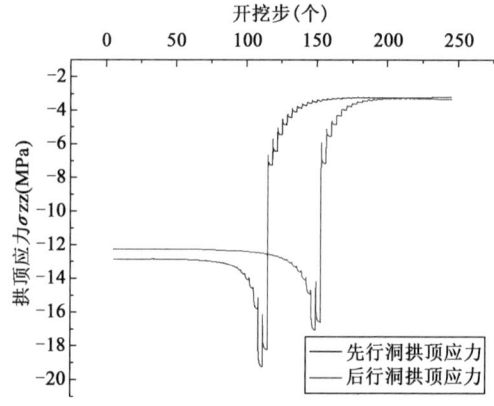

图6-6-8 拱顶围岩竖向应力随开挖步变化曲线

此后,后行洞掌子面逐渐开挖至分析断面附近。分析可知,断面处应力与位移由先后导洞共同承担。后行洞开挖过程中,先行洞应力有小幅增加,表明后行洞对围岩造成扰动。当掌子面位于监测断面后方约30m($1.8B$)时,先后导洞荷载释放结束,围岩呈现稳定状态。

对比先行洞与后行洞拱顶竖向应力释放过程可知,先行洞初始应力数值大于后行洞,且应力释放量大于后行洞,最终应力值与后行洞基本相同。这与前文所研究的拱顶沉降规律吻合,拱顶应力释放量大导致拱顶变形大。

2. 围岩应力分布规律

绘制沿纵深方向先行洞与后行洞的主应力云图,如图6-6-9、图6-6-10所示;选取与前文相同的横断面作为典型断面,绘制典型断面主应力云图与塑性区分布图,如图6-6-11~图6-6-13所示。

由以上图中可知,地层应力以压应力为主,地表及浅埋位置存在拉应力,且随着埋深增加,压应力值不断增大。锚洞开挖引起应力重新分布,山体有向临空面挤压的趋势。开挖区附近应力释放,形成环锚洞四周的低应力区。拱顶附近受压应力作用,引起拱顶沉降;拱底附近受拉应力作用,引起拱底隆起。

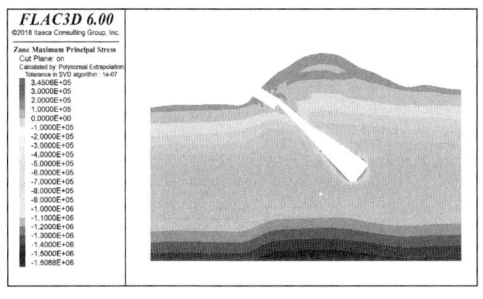 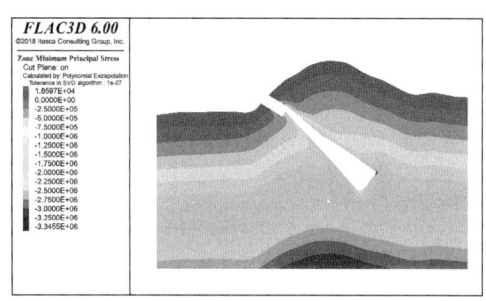

图6-6-9　后行洞最大主应力　　　　　　　图6-6-10　后行洞最小主应力

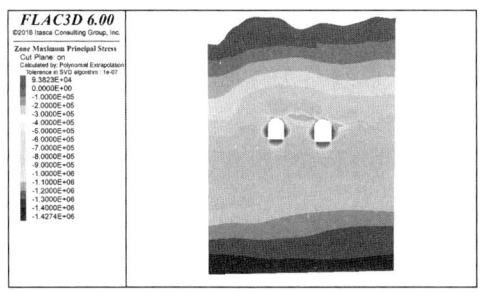 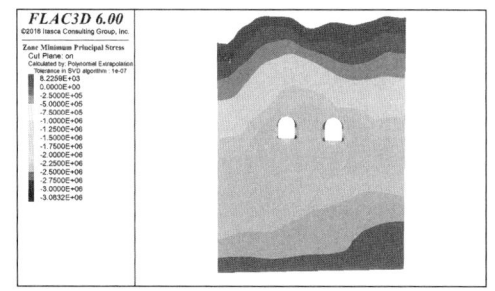

图6-6-11　典型横断面最大主应力　　　　　图6-6-12　典型横断面最小主应力

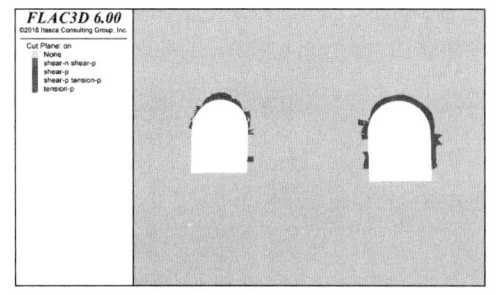

图6-6-13　典型断面塑性区分布

从横断面来看,开挖过程中,中夹土柱受压应力作用,且中夹土柱压应力较小,锚洞在拱脚、拱肩及后锚室底板拐角处产生应力集中现象。双洞在拱顶、拱肩附近形成塑性区,先行洞较后行洞塑性区发展范围大,中夹区域塑性区未呈贯通之势。

使用有限差分软件FLAC3D建立伍家岗长江大桥北岸隧道式锚碇工程数值模型,对锚洞开挖全过程进行数值仿真模拟,分析锚洞开挖过程中围岩位移与应力变化情况,得到以下结论:

(1)数值模拟结果显示,先行洞与后行洞拱顶沉降最大值均位于锚塞体中后部,分别达到7.02mm、5.40mm;地表沉降曲线呈现明显的"沉降槽"形式,除洞口外,地表沉降值受埋深因素的影响,埋深越大,地表沉降越小。由于后行洞开挖的二次扰动,同一横断面处先行洞一侧拱顶变形值、地表沉降值均大于后行洞一侧对应值。

(2)锚洞开挖引起围岩内部应力的变化。通常来讲,掌子面位于监测断面前方 $0.75B$ 时,监测断面应力开始积聚;掌子面位于监测断面后方 $1.8B$ 时,围岩稳定。即掌子面开挖对锚洞的空间影响范围为 $-0.75B \sim 1.8B$。

(3)锚洞开挖造成围岩应力的二次分布,形成环锚洞的低应力区。拱顶受压、拱底受拉、拱肩、拱脚等位置会出现应力集中现象,应注意上述位置围岩稳定与安全,加强量测。

第三节　软岩浅埋隧道式锚碇开挖施工方案比选

隧道式锚碇工程区基岩为白垩系上统罗镜滩组(K_2l)杂色中厚至巨厚层状砾岩(钙泥质胶结或泥钙质胶结)、夹砂砾岩、夹砂岩(粉细砂岩、疏松砂岩、泥质粉砂岩),主要以砾岩为主。砾岩天然条件下砾石间胶结较好、岩石具一定强度(岩石天然单轴抗压强度 $19.1 \sim 38.6 MPa$)、岩体较完整。但岩体饱和抗压强度只有 $13 \sim 18MPa$,属于较软岩。隧道式锚碇洞口段强风化岩体为Ⅴ级围岩,前锚室段主要为Ⅲ级围岩,锚塞体段主要微风化巨厚层状岩体中,主要为Ⅲ级围岩,少量Ⅳ级围岩。为降低隧洞开挖施工对围岩的扰动、保护围岩的完整性,设计要求隧洞开挖尽量采用机械开挖方式,若采用爆破开挖,爆破振动速率应控制在 $3cm/s$ 以内。

隧道式锚碇由洞口、前锚室、锚塞体及后锚室等部分组成。隧道式锚碇轴线长度(理论散索点距离锚室底部长度)90m,其中前锚室轴线长度 42m,锚塞体轴线长 45m,后锚室轴线长度 3m(含衬砌层),距离设计路面的最大埋深约 80m,锚塞体均设置于微风化岩层。锚体轴线的倾斜角度为 40°,锚塞体范围为前小后大的楔形,前锚面尺寸为 9.04m×11.44m,后锚面尺寸为 16m×20m。上下游隧道式锚碇中心距离 37.50m,最小净距约 23.42m。锚固系统采用环氧涂层钢绞线、灌浆黏结式锚固体系。

一、隧道式锚碇开挖方案比选

针对伍家岗长江大桥隧道式锚碇工程,进行了四种开挖方法:即三台阶法、三台阶临时仰拱法、正台阶环形开挖法和 CRD 法的比选。

首先,分析这四种方法的施工特点和适用情况,然后采用层次权重决策分析法,以沉降变形、工程造价、施工速度和施工难度为从高到低的目标指标进行决策分析并总排序,初步确定三台阶法为开挖方法。

其次,建立地质模型,并分别模拟四种施工方法的施工过程,获取了各开挖方法开挖后的围岩位移值和塑性区分布情况并进行对比分析。分析结果表明:四种开挖方法的沉降变形都比较小,均能满足隧道式锚碇安全施工的要求,开挖完成后的塑性区只有局部范围存在,对隧道式锚碇的安全稳定没有影响。

综合考虑四种方法施工时的变形沉降、工程造价、施工速度等因素,在伍家岗长江大桥隧道式锚碇开挖施工时最终选择了三台阶法。

1. 工程地质条件

地层岩性：根据地勘报告，工程区内覆盖层与工程相关的主要为第四系全新统残坡积层(Q_4^{edl})，出露基岩为白垩系上统罗镜滩组(K_2l)地层。现将各地层岩性分述如下。

（1）第四系：第四系残坡积层(Q_4^{edl})土，地表零星分布，厚度一般小于1.0m，主要为灰黄色含砾粉土。

（2）基岩：为罗镜滩组杂色中厚至巨厚层状砾岩（钙泥质胶结或泥钙质胶结）、夹砂砾岩及砂岩（粉细砂岩、疏松砂岩、泥质粉砂岩）。

①白垩系罗镜滩组第三段(K_2l^3)，场地区内最厚约16.3m，主要为砂砾岩（含量约40%）、疏松砂岩（含量约27%）、夹砾岩（含量约18%）、粉砂岩（含量约15%），分布于隧道式锚碇所处山体顶部、高程64.7m以上。

②白垩系罗镜滩组第二段(K_2l^2)，厚41.8~56.5m，主要为砂砾岩（含量约40%）、砾岩（主要为钙泥质胶结、含量约30%）、粉细砂岩（含量约25%）夹少量泥质粉砂岩、疏松砂岩（含量约5%），分布于隧道式锚碇所处山体中下部、高程20.5~64.7m之间，隧道式锚碇鞍室和散索段均为该层岩体。

③白垩系罗镜滩组第一段(K_2l^1)，厚度约为180m，勘探揭露有限、未见其底，主要为砾岩（主要为泥钙质胶结、含量约90%）夹少量粉细砂岩（含量约10%）夹层，分布于隧道式锚碇所处山体下部、高程20.50m以下，为隧道式锚碇锭的锚固段岩体。

工程区处于黄陵背斜与江汉凹陷间的宜昌单斜凹陷的西缘，地层总体近水平，产状倾向SE125°~143°、倾角4°~7°，岩体内构造不发育，未见断层和裂隙。

隧道式锚碇工程区典型地层岩石为砂砾岩、砾岩及砾岩内的夹层岩石，其岩体力学参数建议值见表6-6-4。

岩体力学参数建议值 表6-6-4

地层代号	风化状态	重度	饱和单轴抗压强度	抗拉强度	变形模量	泊松比	岩体抗剪断强度		岩体/混凝土接触面抗剪断强度		混凝土抗拔摩阻力
							f'	C'	f'	C'	
		kN/m³	MPa	MPa	GPa	—	—	MPa	—	MPa	MPa
⑤	强风化	21	1~2	0.03	0.2	0.36	0.34	0.1			
	中风化	22	5	0.08	1	0.33	0.49	0.24			
⑥-1	中风化	22	4.8	0.08	1.2	0.33	0.48	0.25			
⑥-2	中风化	22.5	6.5	0.11	1.4	0.31	0.55	0.3			
⑥-3	中风化	21	2~3	0.04	0.3	0.35	0.4	0.1			
⑥-4	中风化	22.5	7.0	0.12	1.45	0.30	0.57	0.32			
	微新	23	10.5	0.14	1.7	0.29	0.63	0.42			
⑥-5	微新	23	8.5	0.11	1.45	0.30	0.56	0.36			
⑦	微新	24.5	15~17	0.2	6.0	0.28	0.8	0.7	0.75	0.65	0.3

2. 开挖方案

开挖方法的选择应以地质条件为依据,同时综合考虑隧道式锚碇的断面大小、工期长短、机械设备和技术水平以及经济效益等因素,在满足工程要求和保证施工安全的前提下降低成本。因此,从可行性、安全性、工期长短和经济性四个方面出发,统筹兼顾,选择出最适合的开挖方案。隧道式锚碇的开挖方法同常规隧道相似,常用的有台阶法、台阶临时仰拱法、正台阶环形开挖法和 CRD 法(交叉中隔壁法)等。下面对比分析这四种开挖方法,初步比选出适合该隧道式锚碇的开挖方法。

1) 三台阶法

三台阶法就是把开挖断面划分成两步或者多步从上到下依次开挖,按台阶的长短可以分为长台阶、短台阶和超短台阶。超短台阶可以近似看作是一个工作面进行掘进;长台阶的上下台阶错开较大,相互干扰较小;短台阶相互干扰较大,对施工影响较大,因此,必须处理好上、下台阶作业相互干扰的问题。三台阶法开挖断面图如图 6-6-14 所示。

施工中对于台阶法的选择要考虑到地质条件和施工影响因素,围岩条件越差,对于支护和闭合时间要求就越短;此外,还要考虑上台阶施工时所用的开挖、支护和出渣等机械设备对于工作场地大小的要求。台阶开挖应确保上台阶的稳定,对于地质条件较好的围岩,可以按台阶顺序开挖;对于稳定性较差的围岩,则应减小下台阶循环进尺,甚至可以按左右分部进行开挖。

2) 三台阶临时仰拱法

三台阶临时仰拱法也是目前隧道开挖中应用较多的一种开挖方法,其主要区别于三台阶法之处在于上台阶开挖完成后在初期支护的同时施作临时仰拱,使得上台阶初期支护结构及时闭合成环,以此来增加围岩稳定性和开挖过程的安全性,而且在很大程度上减小了拱顶沉降和洞内水平收敛。三台阶临时仰拱法开挖断面图如图 6-6-15 所示,其主要施工工序为:①超前地质预报;②测量放线,并完成拱部超前支护;③上台阶开挖支护;④中台阶开挖支护,台阶长度 3~5m;⑤下台阶开挖支护(底部无仰拱采用初期支护),台阶长度 3~5m;⑥监控量测数据反馈,不满足要求则调整支护参数加强支护,满足要求则进行下循环施工。

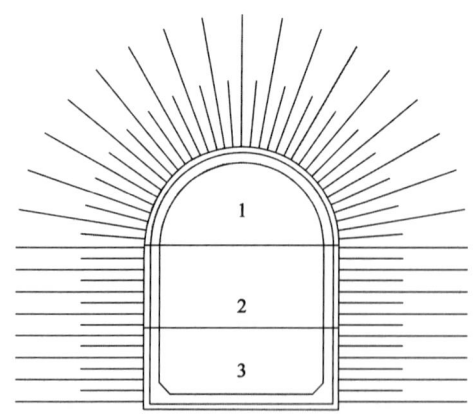

图 6-6-14 三台阶法开挖断面图

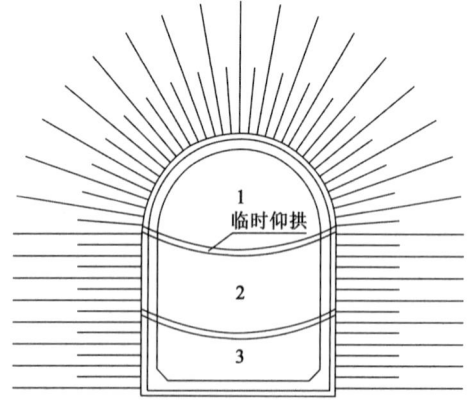

图 6-6-15 三台阶临时仰拱法开挖断面图

3）正台阶环形开挖法

正台阶环形开挖法是指在隧道开挖过程中,在每个台阶预留中部核心土,通过减小开挖断面的面积以及预留核心土来减小拱顶沉降和拱底隆起。核心土纵向长度不小于3m,面积应不小于台阶断面面积的50%,每开挖循环进尺一般为0.5~1m。开挖后应及时进行初期支护、安装钢架支撑并用钢筋连接,并施工锁脚锚杆。在上台阶的弧形支护施工完成且强度达到设计强度的70%后,方可进行核心土和下台阶的开挖。正台阶环形开挖法开挖断面图如图6-6-16所示,其主要施工工序如下:①超前地质预报;②测量放线,并完成拱部超前支护;③上台阶弧形导坑开挖及初期支护;④中台阶的两侧开挖及初期支护,台阶长度3~5m;⑤下台阶的两侧开挖及初期支护,台阶长度3~5m;⑥分台阶开挖核心土,底部初期支护;⑦监控量测数据反馈,不满足要求则调整支护参数加强支护,满足要求则进行下一循环施工。

4）CRD法（交叉中隔壁法）

分部开挖法一般适用于地层较差的大断面隧道工程,特别是对围岩变形限制较高的隧道工程施工。交叉中隔壁法施工是在开挖断面沿竖向增设临时中隔墙,沿横向增设临时仰拱,把隧道开挖断面划分为较小的开挖断面后分部开挖。各部分封闭成环的时间变短,且支护刚度大,围岩的变形减小,保证了围岩的稳定性。在施工时按照台阶法的施工要点,并考虑开挖支护的时空效应,开挖要快,然后及时闭合成环,另外视掌子面的稳定情况来确定是否临时喷射混凝土。该开挖方法增加了大量临时支护结构,施工成本加大,且工序复杂,工期加长,适用于岩体稳定性较差的隧道开挖。交叉中隔壁法开挖断面图如图6-6-17所示,其主要施工工序如下:①超前地质预报;②测量放线,并完成上台阶超前支护;③左侧上台阶开挖及初期支护（包括临时仰拱和中隔壁支护）;④右侧上台阶开挖及初期支护（包括临时仰拱）;⑤左侧下台阶开挖及初期支护（底板同样设置初期支护）;⑥右侧下台阶开挖及初期支护（底板同样设置初期支护）;⑦拆除中隔壁和临时仰拱;⑧监控量测数据反馈,不满足要求则调整支护参数加强支护,满足要求则进行下一循环施工。

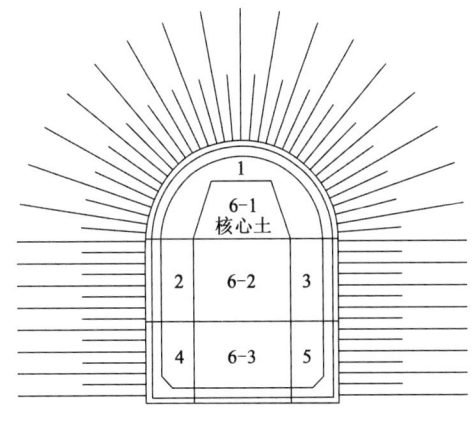

图6-6-16　正台阶环形开挖法开挖断面图

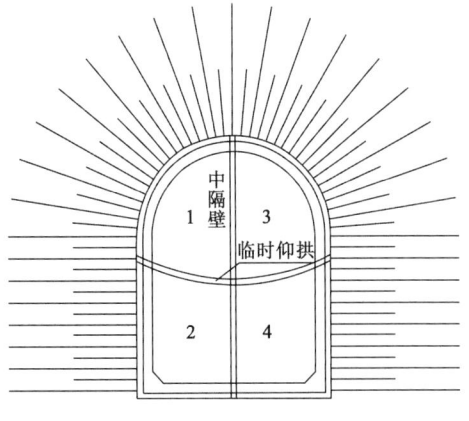

图6-6-17　交叉中隔壁法开挖断面图

3. 开挖方案比选

对于伍家岗长江大桥隧道式锚碇来说，山体内部围岩条件较好，但其大倾角变截面的结构特点给施工带来了很大困难，因此，开挖方案的选择更多要考虑到施工机械的操作性和出渣的便捷性，故台阶法较为适合。另外，考虑到洞口段的围岩情况和锚塞体段的大断面特点，以及隧道式锚碇对围岩整体性的较高要求，CRD 法较为合适。由于前锚室的截面尺寸相对较小，可考虑简单台阶开挖的方法。现将三台阶法、三台阶临时仰拱法、正台阶环形开挖法和 CRD 法作为隧道式锚碇的初步开挖方案来进行比选，以寻找更适合隧道式锚碇的开挖方案。

现对开挖方法采用层次权重决策分析法（AHP 法）进行比选。

1) 建立目标分层结构

各开挖方法及评价指标分层结构如图 6-6-18 所示，结果比较见表 6-6-5。

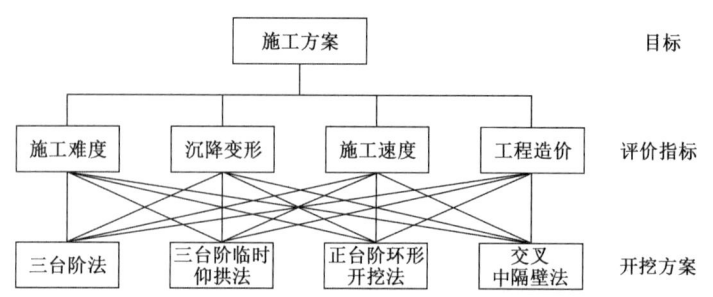

图 6-6-18　层次权重决策分析法目标分层结构图

开挖方法对比表　　　　　　　　　　　　　　　表 6-6-5

序号	施工方法 评价指标	三台阶法 $P1$	三台阶临时 仰拱法 $P2$	正台阶环形 开挖法 $P3$	交叉中隔壁法 $P4$
1	施工难度 $C1$	较低	较高	一般	很高
2	沉降变形 $C2$	一般	小	较小	很小
3	施工速度 $C3$	快	较快	较快	慢
4	工程造价 $C4$	低	较低	低	高

注：C 表示评价指标，P 表示开挖方法。

2) 建立两两比较的判断矩阵

根据评价指标将开挖方案两两比较，给出比分值然后确定判断矩阵。

施工难度评价指标：$C1$，$P1 > P3 > P2 > P4$，判断矩阵见表 6-6-6。

施工难度 $C1$ 判断矩阵　　　　　　　　　　　　　　　表 6-6-6

$C1$	$P1$	$P2$	$P3$	$P4$
$P1$	1	2	3	7
$P2$	0.5	1	3	5
$P3$	0.333	0.333	1	3
$P4$	0.143	0.2	0.333	1

变形沉降评价指标:$C2,P4>P2>P3>P1$,判断矩阵见表6-6-7。

变形沉降 $C2$ 判断矩阵　　　　　　　　　　表6-6-7

$C2$	$P1$	$P2$	$P3$	$P4$
$P1$	1	0.2	0.5	0.167
$P2$	5	1	3	0.5
$P3$	2	0.333	1	0.333
$P4$	6	2	3	1

施工速度评价指标:$C3,P1>P3>P2>P4$,判断矩阵见表6-6-8。

施工速度 $C3$ 判断矩阵　　　　　　　　　　表6-6-8

$C3$	$P1$	$P2$	$P3$	$P4$
$P1$	1	3	5	7
$P2$	0.333	1	2	4
$P3$	0.2	0.5	1	3
$P4$	0.143	0.25	0.333	1

工程造价评价指标:$C4,P1>P3>P2>P4$,判断矩阵见表6-6-9。

工程造价 $C4$ 判断矩阵　　　　　　　　　　表6-6-9

$C4$	$P1$	$P2$	$P3$	$P4$
$P1$	1	2	1	5
$P2$	0.5	1	0.5	4
$P3$	1	2	1	5
$P4$	0.2	0.25	0.2	1

目标指标:从不同的考虑角度出发,开挖方法的比选结果也不同。

从控制变形沉降的角度出发,首先要求沉降变形值最小,其次要求工程造价低,再次要求工期要短,最后要求施工难度要小。

从控制工程造价的角度出发,首先要求工程造价值要小,其次要求沉降变形值小,再次要求工期要短,最后要求施工难度要小。

3) 一致性检验

因为判断矩阵的元素取值有很大的人为性,故需要检验一致性差异是否满足要求。首先计算判断矩阵的最大特征值 $\lambda_{\max}$,然后计算检验数 CI:

$$\mathrm{CI} = \frac{\lambda_{\max} - n}{n - 1} \quad (\mathrm{CI} \leqslant 0.1) \qquad (6\text{-}6\text{-}1)$$

通过计算得到最大特征值 $\lambda_{\max}$ 和检验数 CI 见表6-6-10。

一致性检验结果　　　　　　　　　　表6-6-10

评价指标	$C1$	$C2$	$C3$	$C4$
$\lambda_{\max}$	4.064	4.049	4.068	4.028
一致性指数 CI	0.021	0.016	0.023	0.009
检验结果	满足	满足	满足	满足

由表 6-6-10 可见,计算得到的 CI 均在控制范围之内,由此可以判断各判断矩阵层次单排序满足一致性要求,开挖方法的总排序也满足一致性要求,运用层次权重决策分析方法进行开挖方法的比选是可行的。

4)确定开挖方法总排序

以控制变形沉降和工程造价为主,其中控制变形沉降权重稍大于工程造价权重,根据相对权重计算公式求出层次单排序和总排序的结果,见表 6-6-11。

开挖方案总排序结果　　　　　　　　　表 6-6-11

评价指标开挖方案	$C1$	$C2$	$C3$	$C4$	总排序结果
	0.09	0.449	0.171	0.29	
$P1$	0.480	0.070	0.574	0.364	0.278
$P2$	0.314	0.323	0.229	0.207	0.272
$P3$	0.147	0.134	0.136	0.364	0.202
$P4$	0.059	0.474	0.061	0.066	0.248

通过开挖方案总排序结果可知,从控制变形沉降和工程造价为主的角度出发,开挖方法中三台阶法最优,故选择此方法作为初步比选的开挖方法。

4. 数值计算模拟及结果分析

隧道-围岩稳定性研究采用通用岩土工程分析软件 FLAC3D,根据地质资料对工程地质条件进行概化,然后建立数值分析模型。

以桥梁中心线为 X 轴,向北为正;竖直方向为 Z 轴,向上为正;按照右手坐标系法则选取 Y 轴。根据圣维南原理,隧道式锚碇的开挖对周围岩体的影响随着与隧道式锚碇距离的增大而不断减小。根据众多学者的研究,岩体开挖后的应力应变只对 3~5 倍开挖断面范围内的岩体有影响,而在此范围的边界之外,可以近似认为岩体的应变为零。计算模型范围取为 240m×150m×150m,X 轴取前锚室前端中心点正方向 135m,负方向 105m;Y 轴取垂直桥梁中心线左右两边各 75m;Z 轴从高程 -60m 至地表。

地质模型边界条件底面和侧面施加法向约束,地表自由。岩体采用弹塑性 Mohr-Coulomb 本构模型,用实体单元模拟,通过六面体为主的单元进行网格划分;衬砌采用线弹性本构模型,用 shell 单元模拟;锚杆采用线弹性本构模型,用 cable 单元模拟。由于隧道式锚碇属于浅埋型隧道,其构造应力场很小几乎可以忽略,所以,在模拟分析时仅考虑自重应力场的作用。

1)开挖步骤模拟

在只考虑隧道的开挖和支护方案而不研究洞室的相互影响的情况下,只选取单洞室建立隧道式锚碇模型进行建模计算分析,分别模拟四种开挖方法的施工过程,获取各施工方法开挖支护后的围岩位移和塑性区分布情况,并进行比较。

开挖时严格按照"开挖一段、支护一段、封闭一段"的原则,每次开挖进尺为每 2 榀钢架(0.6m/榀)一个循环,上下台阶长度为 4.8m,各级台阶采用平行于锚体轴线的方式进行开挖。由于前锚室段断面尺寸较小,开挖方法中的三台阶用两台阶代替。

2) 围岩变形对比分析

通过模拟四种开挖方法,得到开挖完成后的拱顶沉降位移云图和水平收敛位移云图分别如图 6-6-19 和图 6-6-20 所示,从图中得到不同开挖方法下的围岩最大位移见表 6-6-12。对比分析围岩的变形结果,可以得到如下结论:

(1) 4 种开挖方法在控制围岩变形方面没有太大差异,变形量都比较小,可见围岩质量相对较好。

(2) CRD 法的拱顶沉降值最小,其次是三台阶临时仰拱法,正台阶环形开挖法最大;三台阶法、三台阶临时仰拱法和正台阶环形开挖法的拱顶沉降分别是 CRD 法的 1.15 倍、1.10 倍和 1.17 倍。CRD 法的水平位移值最小,其次是三台阶临时仰拱法,三台阶法最大;三台阶法、三台阶临时仰拱法和正台阶环形开挖法的水平位移分别是 CRD 法的 1.26 倍、1.18 倍和 1.24 倍。

(3) 采用台阶法施工时,设置临时仰拱可以明显减少拱顶沉降和水平位移。

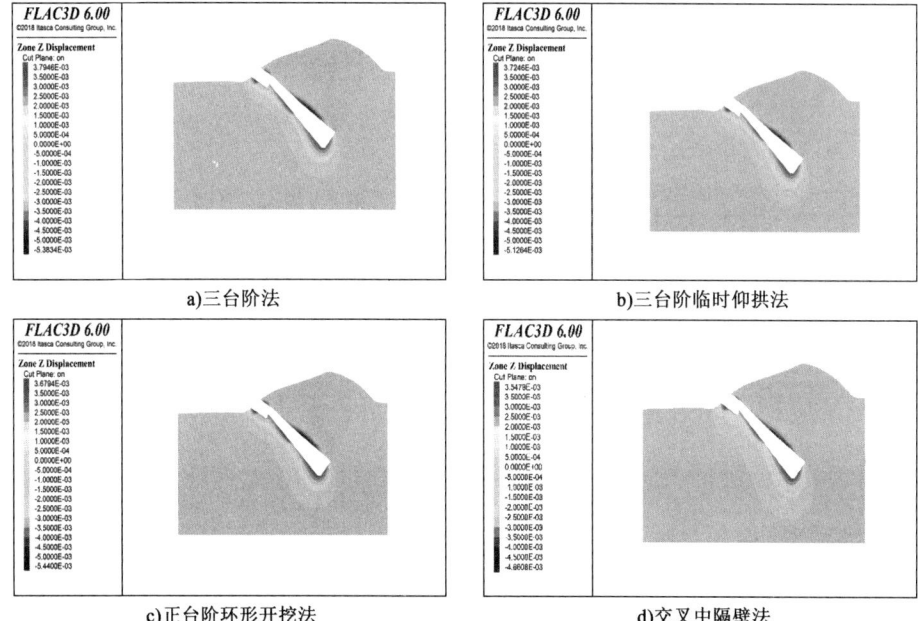

图 6-6-19 拱顶沉降云图

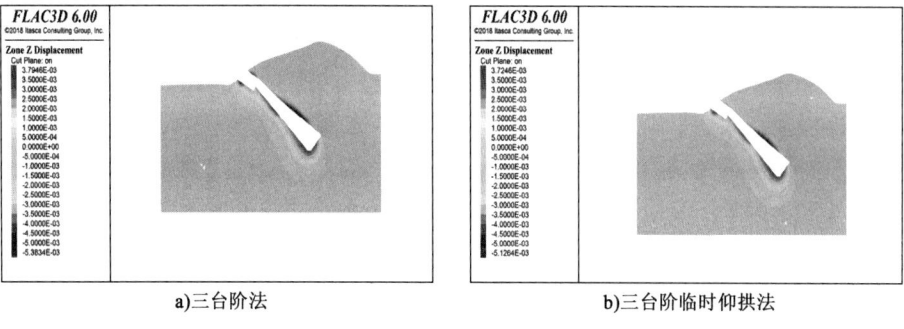

图 6-6-20

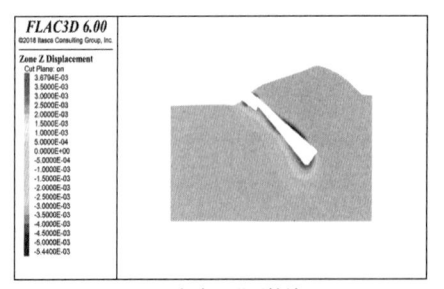
c) 正台阶环形开挖法

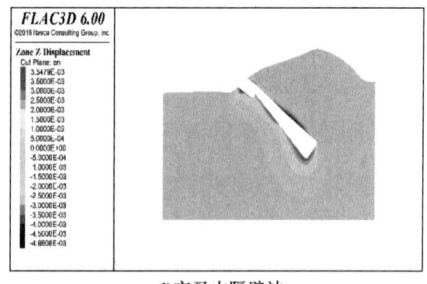
d) 交叉中隔壁法

图 6-6-20 水平位移云图

不同开挖方法下围岩最大位移（单位：mm）　　　　表 6-6-12

项　目	方　法			
	三台阶法	三台阶临时仰拱法	正台阶环形开挖法	CRD 法
拱顶沉降	5.38	5.12	5.44	4.66
水平位移	3.77	3.53	3.73	3.0

3) 围岩应力对比分析

通过模拟计算，得到不同开挖方法下开挖完成后围岩及初期支护最大应力，见表 6-6-13。根据模拟结果，可知围岩最大拉应力从小到大排序为：三台阶临时仰拱法、CRD 法、正台阶环形开挖法、三台阶法。

不同开挖方法下围岩及初期支护最大应力（单位：MPa）　　　　表 6-6-13

应　力		方　法			
		三台阶法	三台阶临时仰拱法	正台阶环形开挖法	CRD 法
围岩应力	σ_{max}^{+}	0.65	0.51	0.59	0.54
	σ_{max}^{-}	4.84	3.99	4.67	3.89
	τ_{max}	2.38	1.72	2.03	1.97
初期支护	σ_{max}^{+}	10.29	10.33	9.79	6.38
	σ_{max}^{-}	9.37	9.60	9.10	8.26

注：σ_{max}^{+}、σ_{max}^{-} 分别为最大拉应力和最大压应力；τ_{max}^{+} 为围岩最大剪应力。

4) 围岩塑性区对比分析

由于塑性区主要分布在隧道式锚碇洞的周围，而地表和内部岩体较少，故仅对比锚洞周围的塑性区分布。FLAC3D 中采用 now 表示现在该区域内的单元处于屈服面上，past 表示该区域内的单元过去处于屈服面上，而现在降到屈服面以下。因此，在分析实际工程的塑性区时，重点关注的是处于 now 状态的屈服区域，只有这些单元才可能使模型发生破坏。

从四种开挖方法的围岩塑性区分布可以看出，塑性区主要分布在锚洞的中后段部分，且主要沿洞周分布，两侧壁和拱部塑性区多于底板部位。开挖完成后的塑性区大部分都处于 past 状态，而 now 状态的塑性区只有局部很小的范围，这些塑性区主要分布在锚塞体段的拱脚和后锚室的端墙，即开挖完成后的岩体大部分都处于弹性变形阶段，只有极小部分区域现在处于剪切屈服状态，对隧道式锚碇的安全稳定基本没有影响。

二、小净距隧道间相互影响研究分析

小净距隧道式锚碇洞室在本质上是一对大倾角、变截面的小净距隧道。因此，对于小净距隧道式锚碇,传统隧道的围岩压力计算方法具备一定借鉴意义。小净距隧道式锚碇在施工过程中多次经历围岩应力的重分布,准确计算围岩压力的大小有助于更好掌握锚洞周围应力分布情况,对薄弱区域采取及时有效的支护措施。下面将在借鉴现有隧道计算方法的同时,充分考虑隧道式锚碇双洞之间的影响效应,提出小净距隧道式锚碇洞室浅埋段围岩压力的计算方法。

掌子面错距、双洞净距以及台阶长度是隧道式锚碇施工过程的重要控制因素,合理地取值对于优化围岩力学特性、减少洞室变形具有重要作用。为研究锚洞在开挖过程中纵横向空间的力学特性,须具体通过设置不同掌子面错距、不同净距、不同台阶长度来比较力学响应的不同之处,以期选取合适参数用以指导工程实践,完善现有施工方法。

1. 洞室围岩压力计算

1)隧道深浅埋界定

《公路隧道设计规范》(JTG D70—2004)提出了对隧道深浅埋的界定方法,具体计算公式可参考该规范。对于采用矿山法施工的隧道,围岩为Ⅳ~Ⅵ级时,$H_p = 2.5h_q$;Ⅰ~Ⅲ级时,$H_p = 2.5h_q$(H_p为深、浅埋隧道分界深度;h_q为隧道的等效荷载高度)。

2)计算方法

图6-6-21为小净距隧道式锚碇洞室围岩压力计算方法示意图。图中h_1、h_2分别代表地表至隧道洞顶距离、隧道洞顶至拱脚距离;G_1、G_2、G_3分别代表楔形体ABE、OJE_1B_1、$OJFC$的土体自重;α_1、α_2、α_3分别代表滑移面与水平面夹角;T_1、T_2、T_3、F_1、F_2均为对应的滑动土体与破裂面之间的摩擦力。本方法假定地表水平,围岩均质,并以先行洞在左侧锚洞为例。

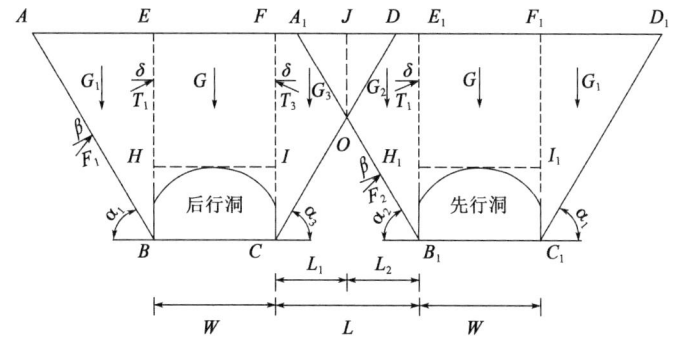

图6-6-21 小净距锚洞围岩压力计算方法示意图

当先行洞开挖时,锚洞受力状态与单洞隧道相同,并在两侧产生对称的破裂面A_1B_1、C_1D_1,破裂面与水平线夹角分别α_1、α_2。当后行洞开挖时,外侧破裂面的形成与单洞隧道相同,但是受到两洞开挖的叠加影响,内侧围岩的受力情况却大不一样。楔形体ODA_1作为中夹岩体内部受双洞效应影响最大的区域,在先行洞开挖后,有沿着破裂面A_1B_1从左上滑向右下的趋势;在后行洞开挖之后,楔形体ODA_1又产生了沿着破裂面CD滑向左下方的趋势。由此,在楔形体内部必将产生一条张拉破裂面,此处认为张拉破裂面为OJ。进一步,先行洞开挖导致中夹区域土体扰动的范围是楔形体OJD_1B_1,后行洞开挖引起扰动的土体范围是楔形体$OJFC$。下面将详细介绍此种方法下,围岩水平、数值压力的计算公式。

(1) 先行洞计算。

先行洞单独开挖时,围岩受力状态与单洞隧道相同,左、右侧水平应力相同,其受力示意图如图 6-6-22 所示。此处省略计算过程。

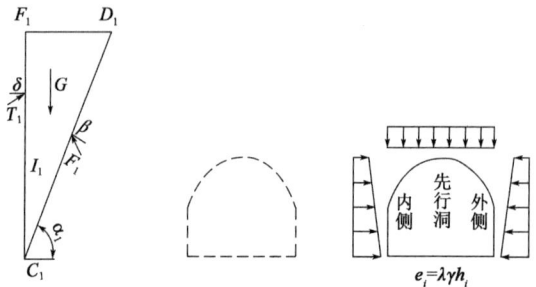

图 6-6-22　先行洞围岩压力计算简图

λ-侧压力系数;e_i-作用在支护结构两侧的水平侧压力;γ-岩土体重度;h_i-计算点至地表的距离

(2) 后行洞开挖。

后行洞开挖之后,中夹岩柱受力状态发生变化,二次扰动导致部分岩体叠加效应显著。对于围岩压力,先、后导洞外侧水平压力采取与上文相同的计算方法,内侧水平压力及拱顶竖直压力计算方法如下。

后行洞内侧水平压力:后行洞开挖后,内侧楔形体受力示意图如图 6-6-23 所示。由此可以计算得到后行洞楔形体所受阻力。此处省略计算过程。

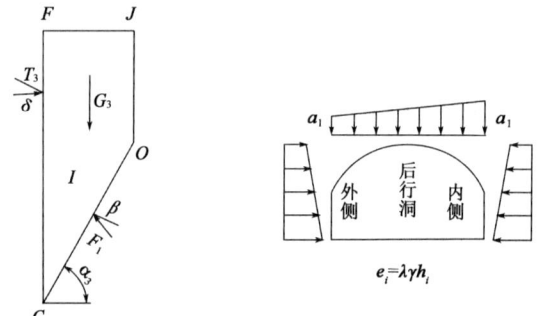

图 6-6-23　后行洞内侧水平应力计算简图

先行洞内侧水平压力:后行洞开挖之后,先行洞靠近中夹土柱一侧楔形体受力示意图如图 6-6-24 所示。

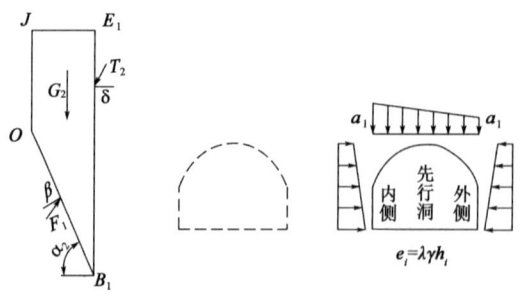

图 6-6-24　先行洞内侧水平压力计算简图

综合以上分析可以得出(计算分析过程此处未列出),浅埋小净距隧道式锚碇洞室围岩荷载模式如图 6-6-25 所示。围岩压力计算公式见表 6-6-14。

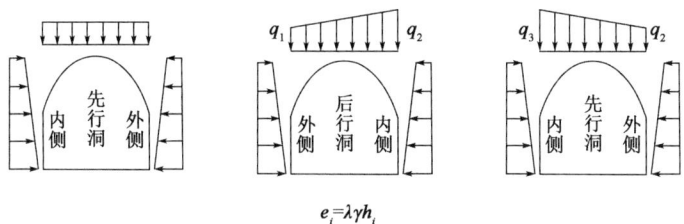

图 6-6-25　浅埋小净距隧道式锚碇洞室围岩荷载模式简图

浅埋小净距隧道式锚碇洞室围岩压力计算公式　　　表 6-6-14

侧压力系数	侧　压　力	围岩竖直压力
$\lambda = \dfrac{\tan\alpha_1 - \tan\beta}{\tan\alpha_1 [1 + \tan\alpha_1(\tan\beta - \tan\delta) + \tan\beta\tan\delta]}$	$e_i = \gamma\lambda h_i$	$q_1 = \gamma h_1 \left(1 - \dfrac{h_1}{W}\lambda\tan\delta\right)$
$\lambda_2' = \dfrac{\dfrac{L}{h}\left(1 - \dfrac{L}{4h}\cdot\tan\alpha_3\right)(\tan\alpha_3 - \tan\beta)}{1 + \tan\alpha_3(\tan\beta - \tan\delta) + \tan\beta\tan\delta}$	$e_{2i} = \lambda_2'\gamma h_i$	$q_2 = \gamma h_1\left(1 - \dfrac{h_1}{W}\lambda_2'\tan\delta\right)$
$\lambda_2 = \dfrac{\dfrac{L}{h}\left(1 - \dfrac{L}{4h}\cdot\tan\alpha_2\right)(\tan\alpha_2 - \tan\beta)}{1 + \tan\alpha_2(\tan\beta - \tan\delta) + \tan\beta\tan\delta}$	$e_{3i} = \lambda_2\gamma h_i$	$q_3 = \gamma h_1\left(1 - \dfrac{h_1}{W}\lambda_2\tan\delta\right)$
其中,$\tan\alpha_1 = \tan\alpha_3 = \tan\beta + \sqrt{\dfrac{(\tan^2\beta + 1)\tan\beta}{\tan\beta - \tan\delta}}$,$\tan\alpha_2 = \sqrt{\dfrac{\tan^2\beta + 1}{\tan\beta - \tan\delta}\cdot\left[\dfrac{1}{\tan(\beta-\delta)} + \dfrac{4h}{L}\right]} - \dfrac{1}{\tan(\beta-\delta)}$		

(3)围岩压力计算结果分析。

将隧道式锚碇作为分析对象,选取工程地质参数,分析不同截面跨度、不同埋深、不同净距下隧道式锚碇围岩压力变化情况。基本计算参数为:Ⅴ级围岩,重度 $\gamma = 23\text{kN/m}^3$,计算内摩擦角 $\beta = 45°$,破裂面滑动角 $\delta = 27°$。

①跨度影响。

锚塞体段隧洞为变截面段,考虑不同锚洞跨度对围岩压力的影响具有实际意义。除基本计算参数外,其余参数取净距 $L = 15\text{m}$,埋深 $h = 20 + 20 = 40\text{m}$,$\tan\alpha_1 = \tan\alpha_3 = 3$,$\tan\alpha_2 = 4.41$,$\lambda = 0.224$,$= 0.179$,$\lambda_2 = 0.204$。代入公式计算,可得围岩压力随跨度变化曲线如图 6-6-26、图 6-6-27 所示。

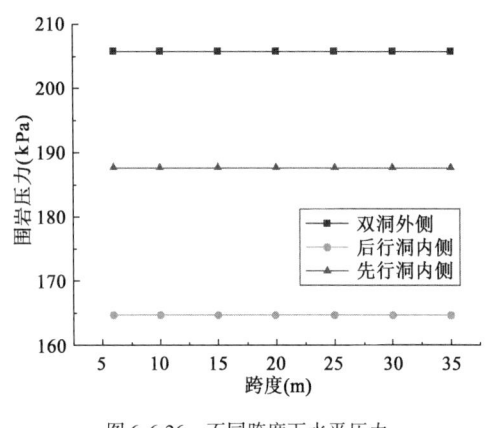

图 6-6-26　不同跨度下水平压力　　　　图 6-6-27　不同跨度下竖直压力

②净距影响。

考虑不同双洞间净距对围岩压力的影响,除基本参数外,其余参数取值如下:锚洞跨度 $W=16\text{m}$,埋深 $h=20+20=40\text{m}$,$\tan\alpha_1=\tan\alpha_3=3$,$\lambda=0.224$。

$$\tan\alpha_2=\sqrt{12.5+640/L}-3.1,\quad \lambda_2^1=\frac{L}{60}-\frac{L^2}{3200},\quad \lambda_2=\frac{(160L-L^2\tan\alpha_2)(\tan\alpha_2-1)}{1.5+0.5\tan\alpha_2}\times\frac{1}{6400}。$$

将以上物理量代入公式计算,可得围岩压力随净距变化曲线如图6-6-28、图6-6-29所示。

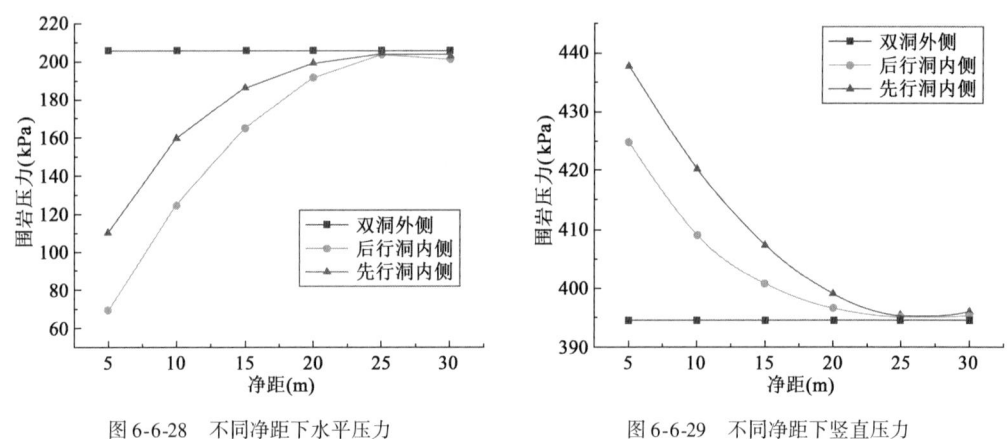

图6-6-28 不同净距下水平压力　　　　图6-6-29 不同净距下竖直压力

从图中可以得到:净距变化下,双洞外侧围岩压力在水平、竖直两个方向保持不变。对于水平侧方向,双洞外侧压力大于先、后导洞内侧,先导洞内侧压力大于后导洞内侧。先、后导洞内侧压力随净距增大而增大,增幅逐渐放缓,并最终趋向于双洞外侧压力。

对于竖直方向,先后导洞内侧压力大于双洞外侧压力,先导洞内侧压力大于后导洞内侧压力。先、后导洞内侧压力随净距增大而减小,且降幅逐渐减小,并最终趋向于双洞外侧压力。

考虑到竖向围岩压力远大于水平向围岩压力,由此可以推断,存在某一净距取值,使得内侧围岩应力值最小。换言之,适当增加两洞之间净距有利于改善中夹土柱受力情况。伍家岗长江大桥隧道式锚碇工程浅埋段双洞净距取值在25m附近,对应中夹区域压力较小,有利于中夹土柱的安全稳定。

③埋深影响。

锚洞轴向与水平面呈40°,随掌子面的不断开挖,隧洞埋深也不断变化,因此,考虑埋深变化对围岩压力的影响具有实际意义。除基本参数外,其余参数取值如下:锚洞跨度 $W=16\text{m}$,$L=15\text{m}$,埋深 $h=20+h_1$,$\tan\alpha_1=\tan\alpha_3=3$,$\lambda=0.224$。

$$\tan\alpha_2=\sqrt{33.8+16h_1/15}-3.1,\quad \lambda_2'=\frac{10}{h}-\frac{450}{4h^2},\quad \lambda_2=\frac{(60h-225\tan\alpha_2)(\tan\alpha_2-1)}{6h^2+2h^2\tan\alpha_2}。$$

将以上物理量代入公式计算,可得围岩压力随埋深变化曲线如图 6-6-30、图 6-6-31 所示。

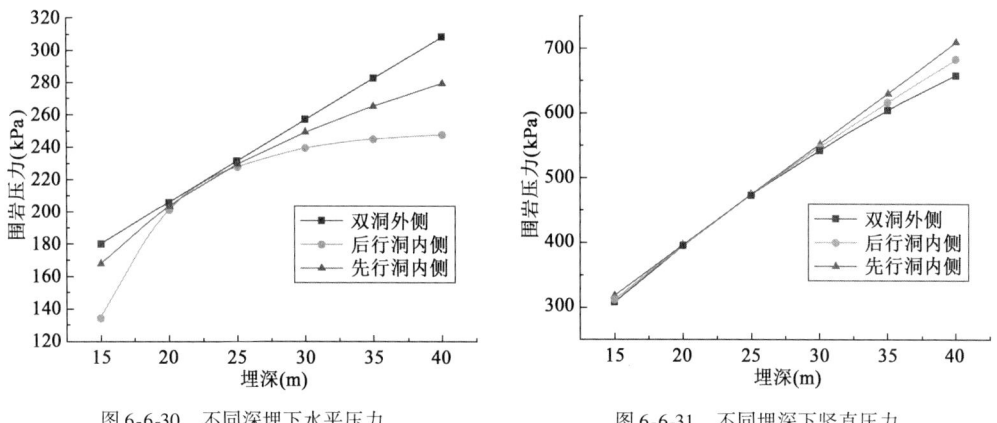

图 6-6-30　不同深埋下水平压力　　　　图 6-6-31　不同埋深下竖直压力

从图 6-6-30、图 6-6-31 中可以得到:对于围岩水平侧向压力,双洞外侧最大,其次是先行洞内侧,后行洞内侧最小。其中,双洞外侧水平侧压力随埋深的增加呈直线增长。先、后导洞内侧水平压力均呈现曲线式增长,且随埋深的增加,增幅逐渐变缓。在埋深取值 20~25m 范围内,三条曲线存在交点。

对于拱顶围岩竖向压力,先行洞内侧相对最大,后行洞内侧其次,双洞外侧最小。其中,当埋深小于 30m 时,三条曲线基本重合。埋深大于 30m 之后,三条曲线发生偏离,但偏离幅度不大。

根据以上计算过程及结果可知,在考虑双洞间开挖顺序的前提下,采用所得方法研究不同锚洞跨度、不同双洞间净距、不同埋深对内外侧围岩压力的影响状况,得到围岩压力变化曲线。伍家岗长江大桥隧道式锚碇工程浅埋段断面跨度 9.04m、净距约 25m,在满足施工组织必需条件下,均对应较小围岩压力值,可以保证隧道式锚碇洞室的安全与稳定。

2. 掌子面错距对锚洞纵向空间力学特性影响

掌子面错距作为小净距锚洞开挖过程中的重要控制指标,对于小净距隧道式锚碇洞室的围岩稳定性具有重要意义。在其余变量保持一致的条件下,选取先后导洞掌子面错距 0m、2.4m、4.8m、7.2m、9.6m 五种不同工况,建立三维数值模型,研究不同错距下锚洞的力学响应情况。其中数值模型坐标轴方向为:X 轴方向沿锚洞纵深,Y 轴方向沿锚洞横断面,Z 轴方向与竖直方向相同。

1)地层沉降分析

由前文分析可知,锚塞体中后部围岩变形较大。因此,选取距离洞口 X 方向 56m 处地层 Y 向切面进行代表性研究,并绘制不同工况下地层沉降曲线图,如图 6-6-32~图 6-6-36 所示。

由图 6-6-32~图 6-6-36 可得:一方面,任一高度的地层曲线,其沉降值随掌子面错距不同而发生微小变化;另一方面,同一高度的地层沉降曲线在不同工况下呈现基本相同的相对变化趋势。每种工况下,距离拱顶 0m、10m 及 20m 的三条曲线均表现为"W"形;而距离拱顶30m、40m及50m的三条曲线则表现为典型的"沉降槽"形。同时,与拱顶相距越近,"W"形曲线的"峰值"与"谷值"差距越大。

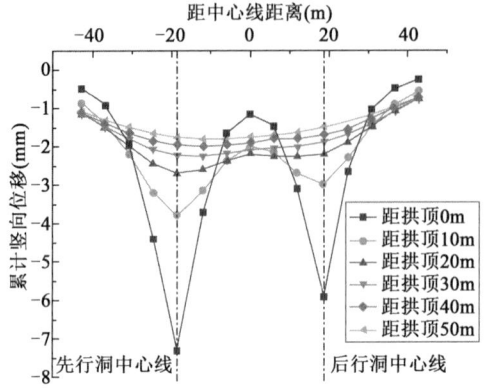

图6-6-32 错距9.6m地层沉降曲线图

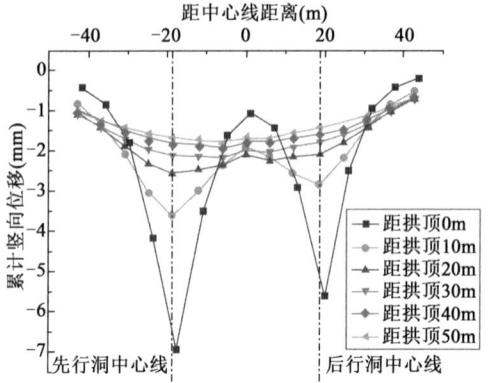

图6-6-33 错距7.2m地层沉降曲线图

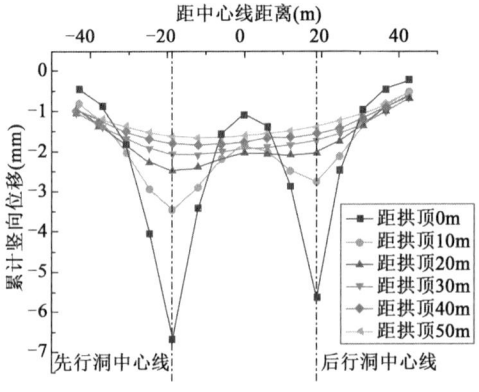

图6-6-34 错距4.8m地层沉降曲线图

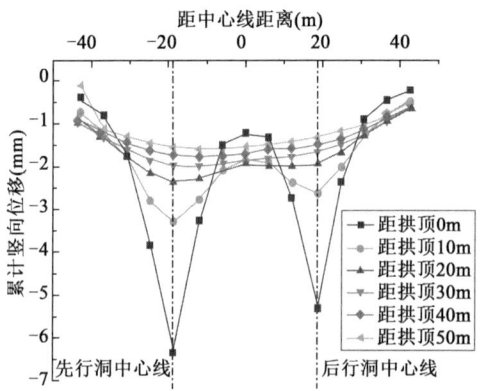

图6-6-35 错距2.4m地层沉降曲线图

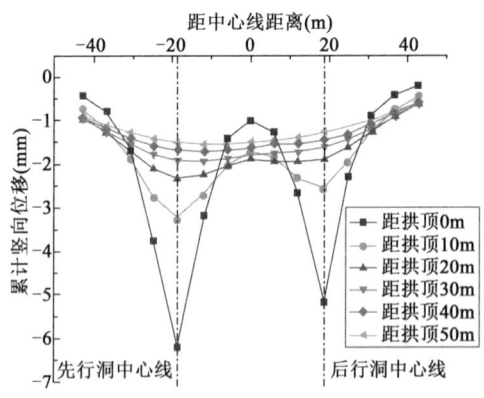

图6-6-36 错距0m地层沉降曲线图

不同工况下,6条沉降曲线均表现出向先行洞一侧偏离的特点。在三维空间中,先行洞开挖导致其附近围岩应力重新分布,为了寻求新的平衡,围岩应力在沿 Y 轴水平传递的同时,沿 X 轴向锚洞开挖方向传递。进一步,下述分析表明,在锚洞开挖导致的应力重分布过程中,相较于沿 Y 向传递给左右侧围岩,沿锚洞纵深方向传递的应力量值更大。这可以理解为围岩的应力重分布具有自主选择性,总是优先选择更为薄弱的区域进行传递。因此,沿锚洞纵深方向的传递更为容易,这就使得地层沉降曲线在实际中表现为先行洞一侧沉降值明显大于后行洞一侧沉降值。

在5种不同工况下,各地层沉降曲线沉降值随掌子面错距的减小而减小。以距拱顶0m的地层为例,分析先、后行洞洞顶沉降差值。错距为9.6m时,先、后行洞拱顶沉降值分别为7.30mm、5.93mm,先行洞较后行洞沉降值增幅为23.17%;错距为7.2m时,先、后行洞拱顶沉降值分别为6.96mm、5.73mm,先行洞较后行洞沉降值增幅为21.44%;错距为4.8m时,先、后行洞拱顶沉降值分别为6.66mm、5.56mm,先行洞较后行洞沉降值增幅为19.78%;错距为2.4m时,先、后行洞拱顶沉降值分别为6.36mm、5.31mm,先行洞较后行洞沉降值增幅为19.58%;错距为0m时,先、后行洞拱顶沉降值分别为6.20mm、5.19mm,先行洞较后行洞沉降值增幅为19.49%。

通过上述不同错距下先后导洞沉降值增幅的变化趋势可知:掌子面错距在0~4.8m之间时,错距增大导致围岩沉降增加,增幅较平缓,先、后锚洞沉降差值随净距变化的幅度较小;错距在4.8~9.6m时,双洞效应影响显著,先、后锚洞之间沉降差异较大,且沉降差值随净距变化的幅度较大。究其原因,可能是随着掌子面错距的增大,后行洞滞后距离拉长,作用在先行洞上的偏压荷载相应增加,加剧了先行洞的围岩变形,使得两锚洞沉降值差异增大。同时,先行洞的超前施工在一定程度上恶化了围岩质量,增大了后行洞附近地层沉降。由此可见,不宜选择过大的掌子面错距。此外,错距过小导致双洞对围岩的扰动叠加,不利于施工安全。综上所述,从控制地层沉降的角度分析,两锚洞掌子面错距取4.8m比较合适。

图6-6-37为在不同错距工况下,先行洞拱顶沉降值沿纵深方向的变化曲线图。先行洞拱顶位置沉降数值较大,极具代表性。从图中可以看出:不同错距工况下,5条曲线变化趋势基本一致,仅是沉降数值随错距的增大而小幅增长。同时,沉降增幅表现出"沉降越大的位置,增幅也越大"的规律。以上规律与上文地层沉降规律一致。沉降曲线沿纵向经历了洞口处取得极大值、鞍室段快速下降、前锚室至锚塞体范围逐步增大、锚塞体中后段取得最大值、锚塞体中后段至后锚室范围快速减小几个变化阶段。综合以上分析,在避免先行洞拱顶沉降过大的同时考虑保证施工安全错距,认为掌子面错距宜取在4.8~7.2m范围内。

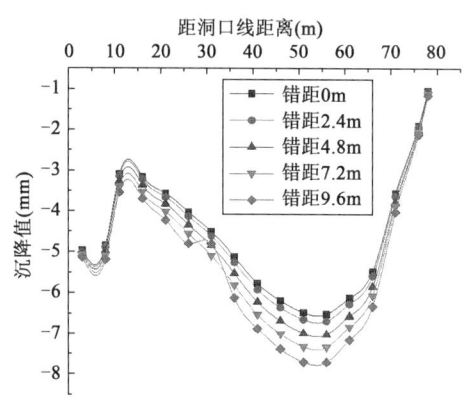

图6-6-37 不同错距下先行洞拱顶沉降纵向变化图

2)中夹土柱力学响应

为研究小净距隧道式锚碇中夹土柱不同位置处的力学响应,选取3个不同测点分析其沉降值随开挖纵深的变化。如图6-6-38所示,错距取4.8m时,测点1接近于先行洞一侧,测点2接近于后行洞一侧,测点3位于测点1、2中心位置。测点1、2、3对应沉降曲线变化趋势基本一致。对比图6-6-37可知,3个测点的曲线变化趋势与拱顶沉降沿纵深变化趋势也基本一致。

比较相同纵深位置沉降值,测点 1 最大,测点 2 次之,而测点 3 最小。这是因为先、后导洞开挖后,围岩应力不仅向锚洞临空面一侧传递,同时也向中夹土柱区域传递。左、右导洞在中夹区域传递方向恰好相反,使得测点 3 处一部分变形被抵消,故测点 3 处沉降值均小于 1mm。同时由两锚洞掌子面位置可知,不同测点沉降曲线最终稳定都在掌子面前方 6m 左右。

图 6-6-39 为不同错距下 1 号测点沉降值沿纵向变化曲线图。1 号测点在 3 个测点中位移响应最显著,是最能表现中夹土柱沉降状况的测点。从图中可以得到:不同错距工况下,测点 1 沿纵向沉降曲线变化趋势完全相同。随错距的增大,沉降值随之产生微小增加。除错距为 0m 的曲线之外,其余曲线在后半段几乎重合,这也反映出掌子面错距的变化对于纵深方向测点 1 沉降值影响较小。

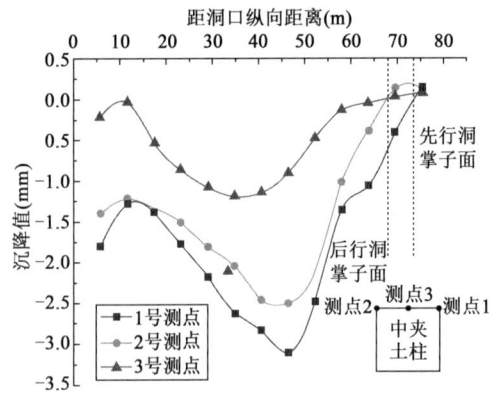

图 6-6-38　4.8mm 错距下中夹土柱特征点沉降值沿纵向变化曲线图

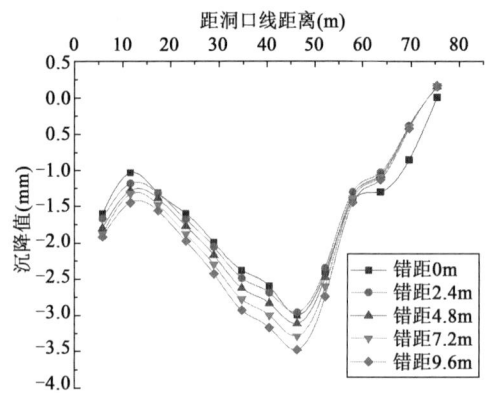

图 6-6-39　不同错距下 1 号测点沉降值沿纵向变化曲线图

图 6-6-40 为错距取 4.8m 时,沿纵深方向,3 个不同测点 Y 方向位移变化曲线。测点 1 靠近先行洞,锚洞开挖后,附近中夹土柱向先行洞一侧(即 Y 轴负方向)发生偏移;测点 2 靠近后行洞,锚洞开挖后,附近中夹土柱向后行洞一侧(即 Y 轴正方向)偏移。测点 3 位于中夹土柱中心位置,其横向位移基本维持在 0 左右,说明中夹土柱中央区域受锚洞开挖影响较小。测点 1、2 对应曲线沿 X 轴呈近似对称分布,二者变化趋势基本相同,均呈现位移值"减小、增大、再减小"三个阶段。后行洞洞口位置受软弱土层影响较大,位移值大于先行洞洞口处。与拱顶沉降相同,横向位移同样在锚塞体中后段取得最大值。

图 6-6-41 为不同错距工况下,2 号测点 Y 向位移沿纵深变化曲线图。由图可得,5 种工况下曲线变化趋势完全一致,部分区域甚至完全重叠。从减小横向位移的角度考虑,可以选择 2.4m 或 4.8m 错距作为合理的掌子面施工错距。

表 6-6-15 给出不同工况下特征点处沉降值及其变化值。从表中可以看出:不同错距下,中心线位置的土体沉降值变化非常小,基本属稳定状态。相比之下,靠近两锚洞土体沉降值较大,沉降值变化幅度也较大,说明中夹土柱靠近两锚洞一侧受到扰动影响大于中心线位置。

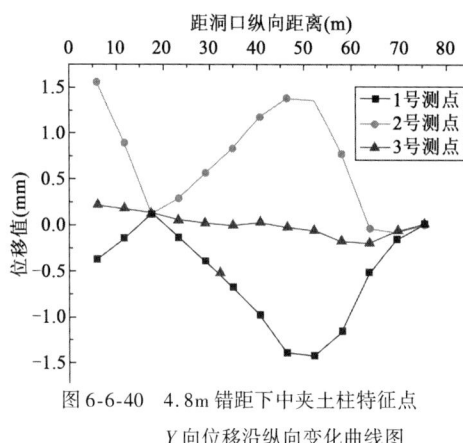

图 6-6-40　4.8m 错距下中夹土柱特征点 Y 向位移沿纵向变化曲线图

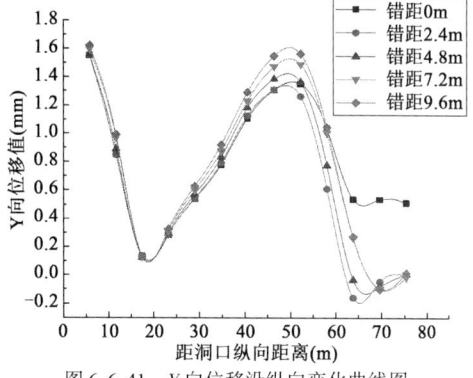

图 6-6-41　Y 向位移沿纵向变化曲线图

不同错距下中夹土柱特征点沉降值对比（单位：mm）　　　表 6-6-15

工况	位置					
	距中心线 0m		距中心线 -11m		距中心线 11m	
	原始值	变化值	原始值	变化值	原始值	变化值
错距 0m	-0.560	—	-3.680	—	-2.930	—
错距 2.4m	-0.569	-0.009	-3.768	-0.088	-3.006	-0.076
错距 4.8m	-0.591	-0.022	-3.950	-0.182	-3.140	-0.134
错距 7.2m	-0.599	-0.008	-4.100	-0.150	-3.245	-0.105
错距 9.6m	-0.619	-0.02	-4.293	-0.193	-3.394	-0.149

图 6-6-42 为中夹土柱顶端地层沉降值随不同掌子面错距变化的曲线图。从图中可以看出：先行洞内侧土体沉降值大于后行洞内侧土体沉降值。中夹土柱沉降曲线呈向先行洞一侧偏移状态。随着错距的增大，沉降值会发生微小的增加。例如在距离中心线 -11m 处，当错距为 0m 时，沉降值为 3.68mm；当错距为 9.6m 时，沉降值为 4.29mm，增幅达到 16.5%。综合表 6-6-15、图 6-6-42 来看，5 种工况下不同曲线基本重合，即掌子面错距的变化对于中夹土柱沉降的影响不强烈。

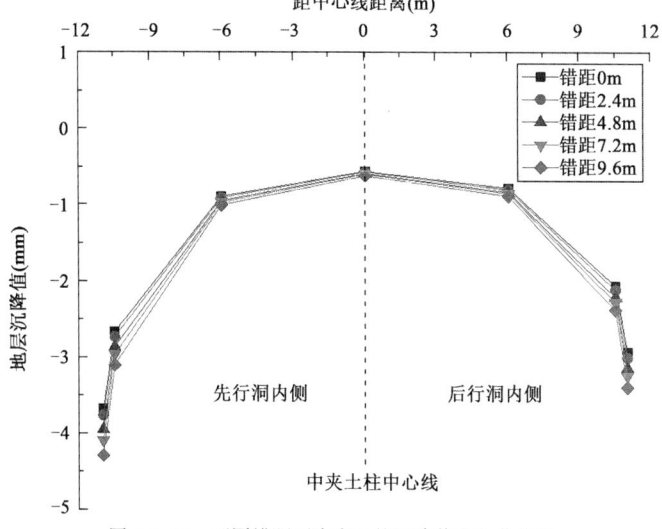

图 6-6-42　不同错距下中夹土柱沉降值变化曲线图

3) 塑性区发展规律

为定量分析不同错距工况下隧道式锚碇塑性区体积,使用 fish 语言编写小程序,进行 FLAC3D 软件的简单二次开发,计算不同破坏形式的塑性区体积,并将计算结果展示在表 6-6-16 中。

塑性区体积计算结果(单位:m³)　　表 6-6-16

错距(m)	剪切破坏单元-当前	张拉破坏单元-当前	剪切破坏单元-过去	张拉破坏单元-过去
错距 0m	367.81	5.10	6953.18	1586.83
错距 2.4m	346.00	13.64	6953.50	1563.36
错距 4.8m	349.06	11.06	6925.89	1573.35
错距 7.2m	346.09	8.25	6914.09	1657.51
错距 9.6m	354.17	11.55	6904.95	1625.35

通过 FLAC3D 软件分析可以得到:不同错距下,塑性区在隧道式锚碇中的分布区域基本相同,主要集中在锚塞体后半部分,右侧先行洞受到施工的二次扰动,塑性区分布区域相对较大。锚塞体部分地层分界线处发生较大范围剪切破坏,施工时应注意这一区域的锚洞围岩稳定性保障,及时施作支护结构。总体来说,不同错距下隧道式锚碇塑性区体积差异并不大,塑性区体积与不同错距之间并没有表现出明显的对应性关系。

3. 双洞净距对锚洞横向空间力学特性影响

小净距锚洞的净距取值也是存在一个特定范围的,显然双洞间的相互影响程度与净距的大小是成反比的,净距越大双洞之间影响越小。现行相关规范通常建议取一个相对保守的值,如何在保证施工安全的前提下,得到一个更加合理的净距取值正是本小节研究的内容。

选取双洞间净距 $0.3D(5m)$、$0.6D(10m)$、$1.0D(16m)$、$1.3D(21m)$、$1.6D(25m)$ 5 种不同工况,其余参数设置与实际施工过程相同。建立三维数值模型,研究不同净距下锚洞的力学响应情况。其中数值模型坐标轴方向为:X 轴方向沿锚洞纵深,Y 轴方向沿锚洞横断面,Z 轴方向则与竖直方向相同。

1) 地层沉降分析

由上述分析可知,锚塞体中后部围岩变形较大。因此,同样选取距离洞口 X 方向 56m 处地层的 Y 向切面进行代表性研究,并绘制不同工况下地层沉降曲线图,如图 6-6-43~图 6-6-47 所示。

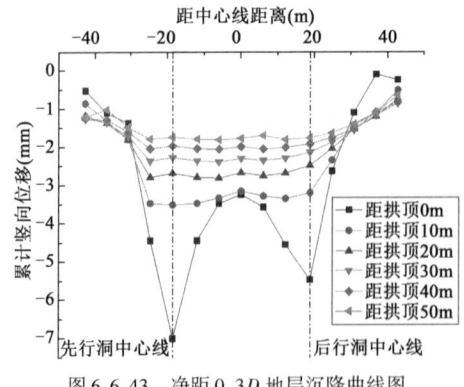

图 6-6-43　净距 $0.3D$ 地层沉降曲线图

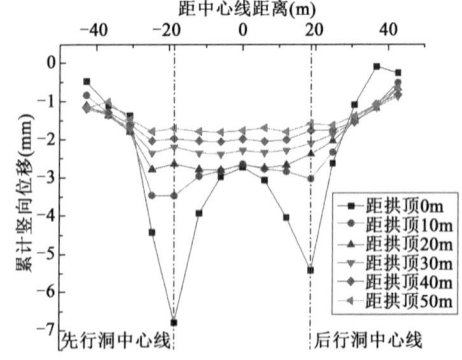

图 6-6-44　净距 $0.6D$ 地层沉降曲线图

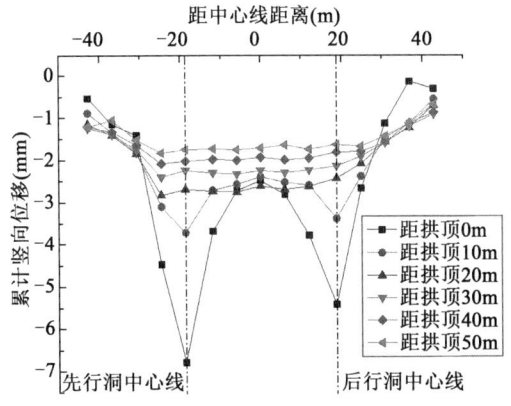

图 6-6-45 净距 1.0D 地层沉降曲线图

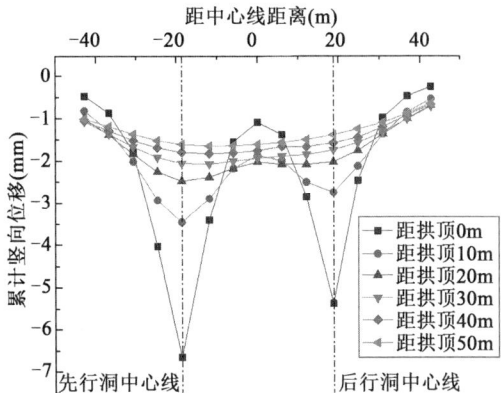

图 6-6-46 净距 1.3D 地层沉降曲线图

由图 6-6-43 ~ 图 6-6-47 可以得出:不同工况下,各地层沉降曲线发生变化。随着净距的增大,地层沉降值变小,二者呈负相关变化。以先行洞拱顶处为例进行对比,净距为 1.6D 时,沉降值为 6.37mm;净距为 1.3D 时,沉降值为 6.66mm,沉降值增加 0.29mm,增幅为 4.56%;净距为 1.0D 时,沉降值为 6.74mm,较上一工况增幅为 1.20%;净距为 0.6D 时,沉降值为 6.80mm,沉降值 0.06mm,较上一工况增幅 0.89%;净距为 0.3D 时,沉降值为 7.00mm,沉降值增加 0.2mm,较上一工况增幅为 2.94%。以上数据表明,净距变化对于拱顶处沉降影响较小。

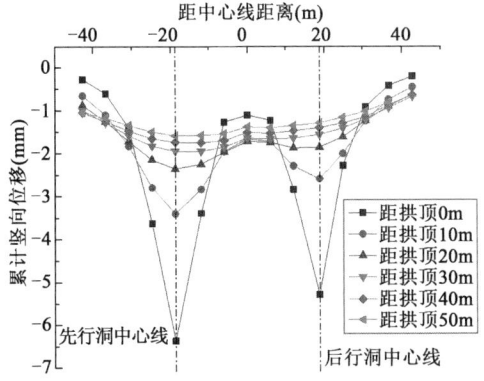

图 6-6-47 净距 1.6D 地层沉降曲线图

此外,不同净距工况下,曲线的总体变化趋势并没有太大差异,总是表现为距离拱顶 0m、10m 的两条曲线呈现为"W"形;而距离拱顶 20m、30m、40m、50m 的四条曲线呈现典型的"沉降槽"形。同时,对比两条"W"形曲线,距离拱顶 0m 的曲线受到隧洞开挖影响更大,其"峰值""谷值"差距更大。净距取 1.6D 时,中央区域沉降值小于拱顶附近;净距取 1.0D 时,对于距拱顶 20m 及以上曲线,中央区域与拱顶附近基本持平。这主要是由于净距的减小,导致中夹土柱区域受双洞开挖影响更加强烈。

进一步,分析中央区域中心线上与拱顶相同竖向坐标处的沉降值。净距为 1.6D 时,沉降值为 1.10mm;净距为 1.3D 时,沉降值为 1.08mm,与上一工况基本持平;净距为 1.0D 时,沉降值为 2.43mm,较上一工况增加 125%;净距为 0.6D 时,沉降值为 2.73mm,较上一工况增加 12.3%;净距为 0.3D 时,沉降值为 3.23mm,较上一工况增加 18.3%。以上数据表明,净距变化对中夹土柱中心线上沉降值影响较大。特别是净距由 1.3D 减小到 1.0D 时,沉降值增幅为 125%,由此可得净距取 1.3D 较为合理。

2) 中夹土柱力学响应

为研究不同净距工况下中夹土柱横断面力学响应情况,选取距离洞口 X 方向 56m 处地层的 Y 向切面内中夹土柱部分进行研究。由以上分析可知,该位置地层变形较大,故极具代表性。因此,在每一工况下,选取距离中夹土柱上侧 0m、6m、12m、18m 四条监测线,绘制变形曲线图。

由图 6-6-48 ~ 图 6-6-52 可得:随着净距的增大,中夹土柱受扰动影响减弱,各监测曲线变形值减小,但曲线变化趋势呈现相同走势。在不同工况下,距中夹土柱上侧 0m、6m、12m 三条曲线变形值为负,表现为"下凹"形态,其中 12m 的曲线相对较为平缓;而距中夹土柱上侧 18m 的曲线与上述三者相反,变形值为正,且表现为"上凹"形态。这表明锚洞的开挖导致中夹土柱上部区域发生沉降,下部区域发生隆起。

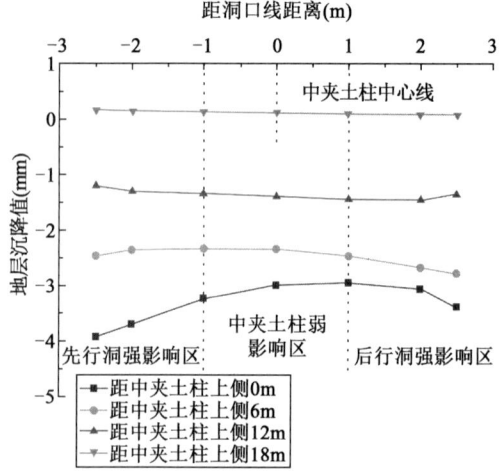

图 6-6-48 净距 $0.3D$ 中夹土柱变形曲线图

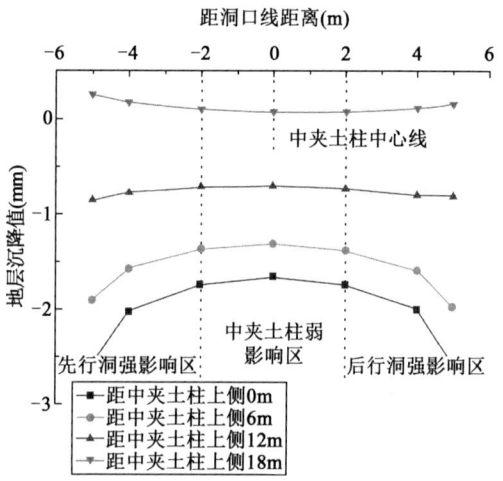

图 6-6-49 净距 $0.6D$ 中夹土柱变形曲线图

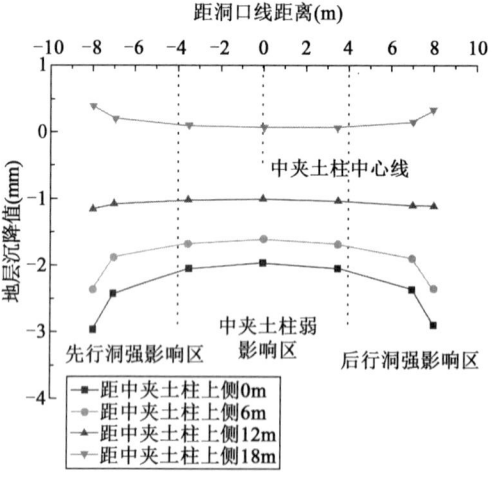

图 6-6-50 净距 $1.0D$ 中夹土柱变形曲线图

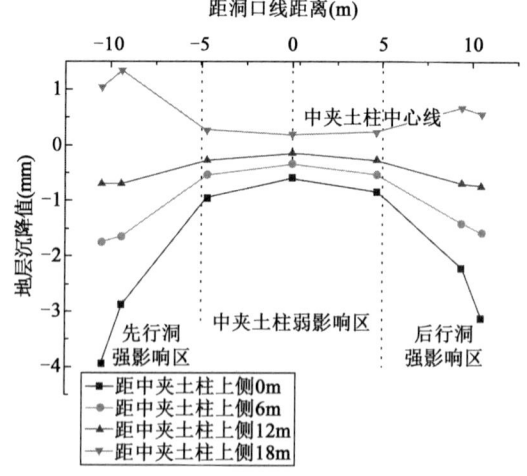

图 6-6-51 净距 $1.3D$ 中夹土柱变形曲线图

随着净距的改变,曲线的凹陷程度发生变化。净距为 1.6D 时,4 条曲线呈现明显的凹槽;而净距为 0.3D 时,4 条曲线呈现为近似直线状态。分析各工况下先行洞一侧监测点与中夹土柱中心线位置监测点的位移差值,结果见表 6-6-17。净距为 1.3D、1.6D 时,先行洞侧与中心线处位移差值较大,距拱顶不同位置下增幅基本处在 2～3 倍之间,最高增幅可达 583.3%;净距为 0.3D 时,先行洞侧与中心线处位移差值较小,增幅均在 1 倍以下,最小增幅为 -13.7%。以上分析表明:净距变化对中夹土柱位移影响较大。净距较大时,中夹土柱中央区域受到锚洞开挖影响小,中央区域围岩位移变化小,与洞室附近位移差距较大;净距较小时,中夹土柱全部区域受到锚洞开挖的影响较大,中央区域围岩位移变化大,与洞室附近位移差距较小。考虑净距的取值应严格保证中夹土柱的安全,防止中夹土柱区域塑性区发生贯通,因此,由以上分析可得,净距取值选为 1.3D,可以有效减弱中夹区域受隧道式锚碇开挖影响的程度,减小中央区域土层的位移值。

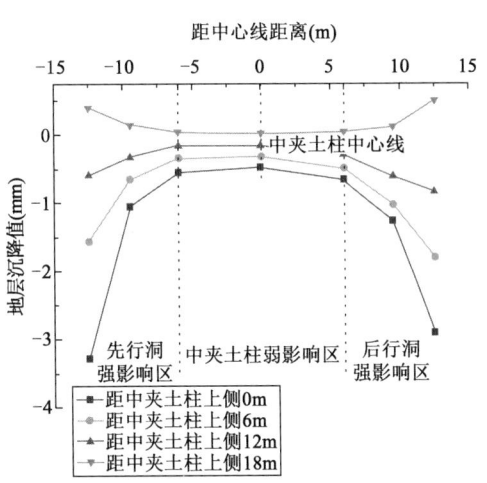

图 6-6-52 净距 1.6D 中夹土柱变形曲线图

不同工况下先行洞一侧监测点较中心线处位移增幅　　表 6-6-17

位 置	工　　况				
	净距 0.3D	净距 0.6D	净距 1.0D	净距 1.3D	净距 1.6D
距中夹土柱上侧 0m	31.1%	55.4%	51.5%	568.3%	583.3%
距中夹土柱上侧 6m	5.1%	45.0%	46.5%	413.2%	383.0%
距中夹土柱上侧 12m	-13.7%	21.8%	15.2%	373.5%	273.6%
距中夹土柱上侧 18m	40.0%	24.9%	44.2%	471.4%	201.6%

在图 6-6-48～图 6-6-52 中,将中夹土柱划分为左右侧强影响区及中夹部分弱影响区。净距 0.3D 时,弱影响区面积占中夹区域 40%,两侧强影响区各占 30%;净距为 0.6D 时,弱影响区面积占中夹区域 40%,两侧强影响区各占 30%;净距为 1.0D 时,弱影响区面积占中夹区域 50%,两侧强影响区各占 25%;净距为 1.3D 时,弱影响区面积占中夹区域 47.6%,两侧强影响区各占 26.2%;净距为 1.6D 时,弱影响区面积占中夹区域 48%,两侧强影响区各占 26%。从这些数据可以看出,随净距的增大,中夹土柱弱影响区面积呈现先增大再减小的变化趋势。

3)应力分布规律

为分析在不同净距工况下围岩的应力状态,选取距离洞口 X 方向 56m 处地层的 Y 向切面作为典型断面进行研究分析,数值计算结果见表 6-6-18。从表中可以得出,随净距的增大,围岩应力呈减小趋势。不同净距工况下,同一位置处特征点应力值相差不大,相邻工况间相差基本在 30kPa 左右。先行洞应力值大于后行洞,拱顶与拱肩应力值在 200～

300kPa 附近,拱腰应力值较小,均在 30kPa 以内。这主要是因为地层分界线经过拱腰与拱肩之间,分界线以下地质属性较好。综合数据变化趋势,认为净距取值 1.3D,相对而言围岩压力较小,是合理取值。

不同净距下隧道式锚碇围岩特征点应力(单位:kPa)　　　表 6-6-18

工况	先行洞			后行洞		
	拱顶	拱肩	拱腰	拱顶	拱肩	拱腰
净距 0.3D	-384.1	-247.9	-21.0	-350.4	-301.2	-18.4
净距 0.6D	-366.2	-281.4	-24.4	-312.8	-281.6	-26.3
净距 1.0D	-338.6	-277.8	-23.8	-328.4	-256.4	-20.8
净距 1.3D	-308.9	-268.6	-19.3	-286.3	-258.6	-18.5
净距 1.6D	-300.4	-229.2	-17.4	-284.6	-230.1	-15.7

4)塑性区发展规律

图 6-6-53～图 6-6-56 为开挖完毕后,不同错距工况下隧道式锚碇洞室沿纵深方向的塑性区分布图。图中,None 代表未出现塑性区;shear 代表发生剪切破坏,tension 代表发生拉伸破坏;"-n"为单词 now 的缩写,表示当前循环中发生的破坏形式;"-p"是单词 past 的缩写,表示在之前的循环中发生过该种形式的剪切破坏。例如"shear-now"表示当前循环发生剪切破坏,其他图例含义可依此类推。选取距离洞口 X 方向 56m 处地层的 Y 向切面作为典型截面研究。

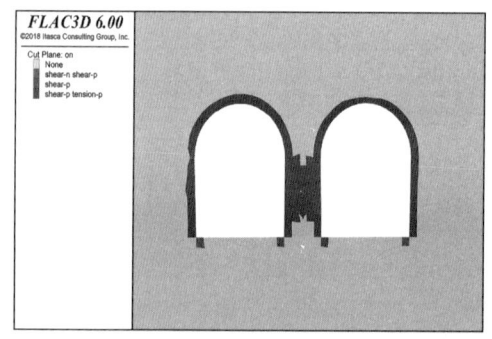

图 6-6-53　净距 0.3D 典型截面塑性区分布

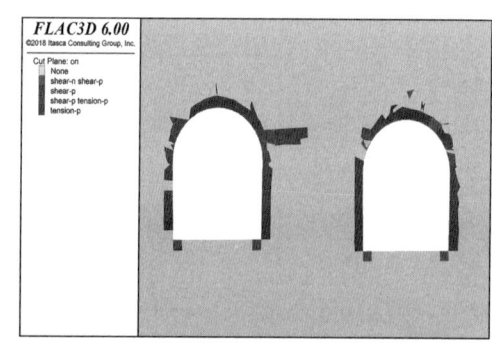

图 6-6-54　净距 0.6D 典型截面塑性区分布

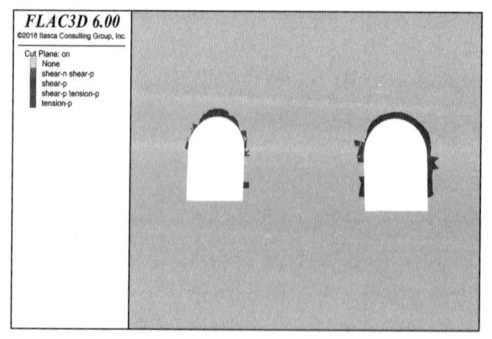

图 6-6-55　净距 1.0D 典型截面塑性区分布

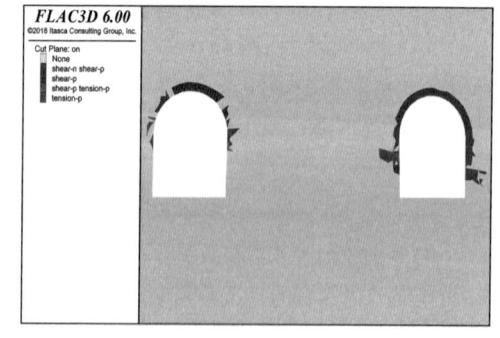

图 6-6-56　净距 1.6D 典型截面塑性区分布

从图中可以得出,不同净距工况下,隧道式锚碇塑性区分布具有一定共性。具体表现为:右侧先行洞洞周及附近区域塑性区发展范围较大,拱肩、拱腰部位薄弱区域发生剪切引起的塑性滑动;净距为 $0.3D$、$0.6D$ 时,拱脚附近也发生剪切引起的塑性滑动。

随着净距的不断减小,典型断面的塑性区范围逐步增大。净距为 $1.0D$、$1.6D$ 时,仅在拱顶、先行洞侧边墙发生局部塑性破坏;净距为 $0.3D$、$0.6D$ 时,塑性区范围扩展到双洞洞周全部围岩,拱脚处、中夹土柱也开始出现塑性区。尤其在净距取 $0.3D$ 时,中夹土柱区域塑性区已经呈现贯通之势,说明此净距下中夹土柱受到锚洞开挖的强烈扰动,设计与施工时应杜绝出现此种情况。

4. 台阶长度对锚洞力学特性影响

台阶法开挖是隧道式锚碇洞室开挖使用最为广泛的施工方法。台阶长度则是台阶法开挖较为关键的影响因素。过长的台阶长度会导致掌子面无法及时封闭,不利于围岩稳定;过短的台阶长度容易在施工作业时产生较大干扰。由此来看,确定合理的台阶长度是极其重要的。

设置不同台阶长度工况(2.5m、5m、10m、15m、20m),分析双洞及附近围岩的力学响应情况,以期为台阶长度的确定提供理论依据。本节所建数值模型坐标轴方向与前文相同,具体为:X 轴方向沿锚洞纵深,Y 轴方向沿锚洞横断面,Z 轴方向则与竖直方向相同。同样地,本节仍然选取距离洞口 X 方向 56m 处地层的 Y 向切面作为典型断面进行研究。

1)地表沉降分析

图 6-6-57 为在不同台阶长度工况下,典型断面地表沉降曲线变化趋势图。图 6-6-58 为在不同台阶长度工况下,典型断面上,与先、后导洞拱顶处 Y 向坐标相同的地表位置沉降值对应变化图。由图 6-6-57 可知,台阶长度的改变不会引起地表沉降曲线形状发生变化。5 种工况下,地表沉降曲线均呈现为典型的"沉降槽"形式,且向先行洞一侧微偏。但不同台阶长度会对地表同一位置的沉降值造成影响。台阶越长,沉降值越大。究其原因,应是台阶长度的缩短有助于洞周围岩及时形成闭环,从而减小围岩变形。

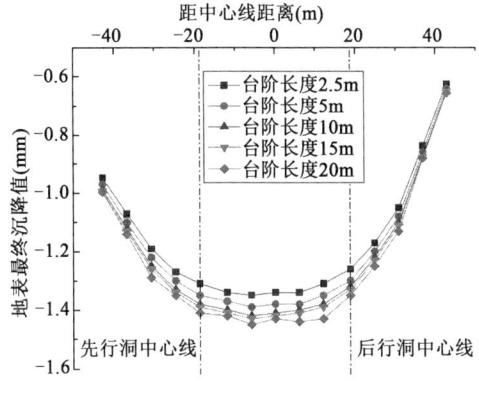

图 6-6-57 典型断面处不同台阶长度下地表沉降曲线

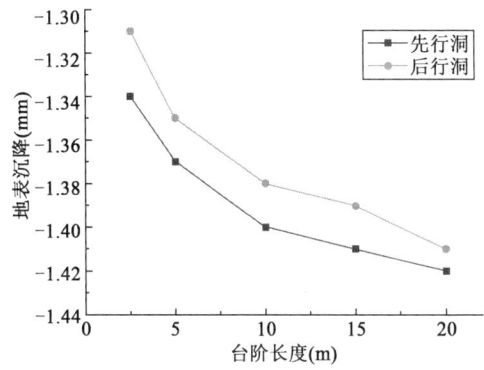

图 6-6-58 典型断面处不同台阶长度下双洞地表沉降值

分析图6-6-58，以先行洞拱顶正上方的地表位置为例，台阶长2.5m时，地表处沉降值1.34mm；台阶长5m时，地表处沉降值1.37mm，增幅为2.2%；台阶长10m时，地表沉降值1.4mm，增幅为2.1%；台阶长15m时，地表处沉降值1.41mm，增幅为0.7%；台阶长20m时，地表处沉降值1.42mm，增幅为0.7%。由此可知，台阶长度越长，地表沉降越大，但地表沉降增幅逐渐变小。

2）竖向收敛分析

图6-6-59、图6-6-60分别为在不同台阶长度工况下，典型断面上先、后导洞拱顶及仰拱处的围岩位移变化情况。同地表沉降的变化趋势一样，台阶越长，拱顶沉降与仰拱变形越大，竖向上洞室向内部收敛趋势越强烈。典型断面竖向收敛对比见表6-6-19。

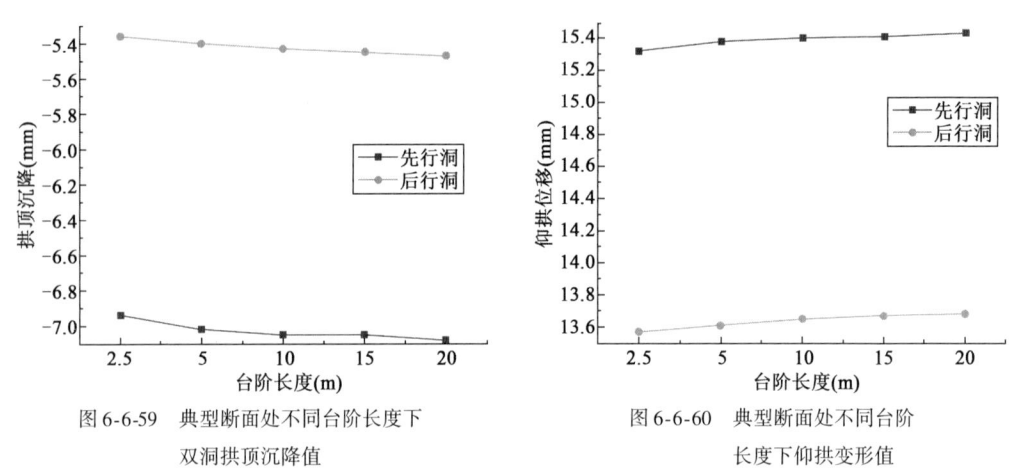

图6-6-59 典型断面处不同台阶长度下双洞拱顶沉降值

图6-6-60 典型断面处不同台阶长度下仰拱变形值

典型断面竖向收敛对比（单位：mm） 表6-6-19

位移台阶	先 行 洞			后 行 洞		
	拱顶沉降	仰拱变形	竖向收敛	拱顶沉降	仰拱变形	竖向收敛
2.5m	−6.94	15.32	22.26	−5.36	13.57	18.93
5m	−7.02	15.38	22.4	−5.4	13.61	19.01
10m	−7.05	15.4	22.45	−5.43	13.65	19.08
15m	−7.05	15.41	22.46	−5.45	13.67	19.12
20m	−7.08	15.43	22.51	−5.47	13.68	19.15

3）横向收敛分析

图6-6-61为典型断面处，台阶长度与洞身收敛的关系曲线图。由图可知，与上述规律类似，台阶长度的增加，会导致先后导洞洞身收敛值增加，洞周围岩向内部变形的趋势增加。例如，台阶长度从2.5m增加到20m，先行洞洞身收敛值相应地由5.48mm增加到5.59mm，增幅达到2.0%。

综合地表沉降、锚洞洞室竖向收敛、横向收敛三个方面，研究分析了台阶长度变化对于洞周围岩力学特性的影响情况。结果表明，缩短台阶长度，有助于围岩快速形成封闭的整体，协同变形。因此，为了控制锚洞四周围岩的变形，应该选取最小的台阶长度。

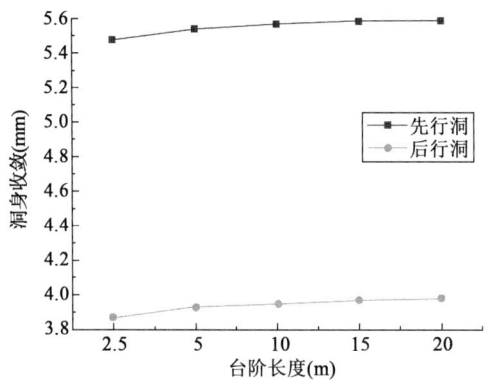

图 6-6-61 典型断面处不同台阶长度下洞身横向收敛值

然而,以上结论仅是在纯理论的基础上建立起来的,具体到实际的施工环境中,还要充分考虑施工组织的因素。过小的台阶长度,增加了施工中的互相干扰、减少了工人及机车设备的作业空间,不利于施工安全与施工进度的保证。为了在施工组织与围岩稳定性控制中找到一个平衡点,建议选取5m作为台阶法开挖的台阶长度。

第四节 软岩浅埋隧道式锚碇开挖总体方案

一、概述

为了减小隧洞开挖、路堑开挖、桥台桩基施工的相互干扰与影响,提升隧洞开挖施工安全与质量,先开挖隧道式锚碇上方主线路基,在路基开挖完成后,施工引桥桥台桩基,待邻近下游侧隧洞的4根桥台桩基及邻近上游侧隧洞的2根桩基施工完成后,同步进行隧道隧洞口刷坡、边坡支护及管棚施工;桥台桩基全部施工完成后,开始隧道式锚碇开挖进洞施工,先行施工下游侧隧洞,待达到5m步距后,再施工上游侧隧洞。

鞍室段及靠近散索鞍基础的部分前锚室采用机械开挖,其余采用控制爆破开挖,距离爆破面15m处的振动速度不大于3cm/s(对桥台、散索鞍基础按照不大于2cm/s控制),以最大限度地保护周边岩体的完整性及洞内初期支护等其他结构。隧道开挖时做好超挖量控制,提高围岩及初期支护的承载能力。洞口30m范围的渣土采用挖机转运至洞外,30m以外的渣土采用有轨矿车运输至洞外。隧洞开挖前先做好边、仰坡的防护和加固,施工时尽量减少对围岩的扰动,按照"管超前、严注浆、短进尺、弱爆破、快封闭、勤量测"的施工原则进行开挖和支护。

隧道式锚碇开挖采用台阶法施工,鞍室段采用三台阶法开挖,前锚室段采用两台阶法开挖,锚塞体段及后锚室段采用三台阶法开挖,台阶长度4.8m。上、下游隧洞室掌子面错开距离按照5m控制。前锚室开挖完成5m左右时,停止隧洞开挖施工,及时施作鞍室段散索鞍基础第一次施工及洞口段部分回填;再布设出渣轨道、洞内通风、照明等设施,继续进行隧洞开挖施工,开挖过程中做好洞口鞍室段监测;后锚室段二次衬砌在开挖及初期支护完成后及时施作;鞍室段及前锚室段二次衬砌均在主缆架设完成后施作。

二、台阶法开挖施工步骤

第一步:利用上一步架立的钢架施作主体结构超前支护。

第二步:开挖①部。及时施作初期支护,即初喷周边混凝土,架立初期支护钢架,设置锁脚锚杆,打设系统锚杆,挂钢筋网,复喷混凝土至设计厚度。

第三步:开挖②部。及时施作初期支护,即初喷周边混凝土,架立初期钢架,设置锁脚锚杆,打设系统锚杆,挂钢筋网,复喷混凝土至设计厚度。

第四步:开挖③部。及时施作初期支护,即初喷周边混凝土,架立初期支护钢架,设置锁脚锚杆,打设系统锚杆,挂钢筋网,复喷混凝土至设计厚度。

三台阶法开挖横纵断面示意图如图6-6-62所示。

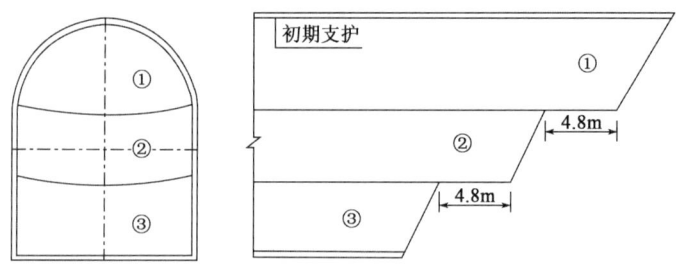

图6-6-62　三台阶法开挖横纵断面示意图

以上介绍了三台阶法隧洞开挖的具体步骤,两台阶法开挖在工序上与上述步骤一致,只是将隧洞横断面划分为两个台阶即可。

第五节　软岩浅埋隧道式锚碇爆破开挖施工技术

一、爆破开挖施工的重难点及对策

1.隧道式锚碇紧邻伍临路

隧洞口距离伍临路约40m,伍临路交通繁忙、交通流量大,爆破施工安全是隧道式锚碇爆破开挖的重点。

对策:隧道式锚碇为斜向下的斜洞,爆破施工时在洞口设置挡板,防止碎石飞至伍临路;同时,洞口段30m不采用爆破开挖,采用机械开挖至30m后再爆破开挖。

2.隧道式锚碇锚洞上方为引桥桥台

下游侧隧洞与桥台桩基最小净距为50cm,隧洞鞍室段第13~22榀钢架区段为桥台桩基所处区段;上游侧隧洞与桥台桩基最小净距为168cm,隧洞鞍室段第3~13榀钢架区段为桥台桩基所处区段。隧洞爆破开挖需注意保护桥台桩基、承台、台身结构完整性。

对策：洞口段30m不采用爆破开挖，机械开挖至30m后再考虑爆破开挖，爆破面与桥台桩基的最小距离为15.6m；首次爆破开挖时，在爆破设计的基础上，适当减少炸药用量，同时在洞内桥台桩基所处位置进行爆破振动速度测试，确保振速小于2cm/s。

3. 散索鞍基础持力层的保护

隧道式锚碇内散索鞍基础是桥梁的关键结构之一，承受巨大的压力，散索鞍基础为扩大基础，位于鞍室段内，散索鞍尾端紧接前锚室段，防止爆破振动对散索鞍基础持力层构造造成破坏是爆破开挖施工的重点和难点。

对策：散索鞍基础5m范围内不采用爆破开挖，首次爆破开挖时，在爆破设计的基础上，适当减少炸药用量，同时在散索鞍基础尾端进行爆破振动速度测试，在确保振速小于2cm/s的情况下，方可逐步增加药量至设计用量。

4. 上、下游两隧洞净距小

上、下游两隧洞最小净距23.7m，爆破开挖时对邻洞支护结构的保护也是爆破开挖施工的重点之一。鞍室段内两隧洞净距为28.2m，进入前锚室后，两隧洞净距逐渐变小，至洞底时达最小净距23.2m，爆破开挖施工需考虑对邻洞结构物的保护。

对策：上、下游两隧洞沿洞室方向错开施工，前后掌子面错开距离保证5m以上；爆破开挖时，在邻洞距离爆破面最近的支护结构处放置爆破振速仪，确保振速小于3cm/s。

5. 围岩保护

根据设计说明，单个锚塞体需承受2.2万t的主缆拉力，大桥设计使用年限为100年，因此，开挖施工过程中，做好围岩的保护工作是隧道式锚碇开挖施工的重点。

对策：采用微爆破技术，控制周边眼的距离和装药量，同时加强爆破振速的监测，确保爆破振速满足设计要求。在洞内开展爆破试验，若不满足设计要求，则采取减少爆孔数量、减少用药量，甚至是上台阶爆破开挖时在周边预留一定厚度的保护层采用机械凿除。

二、爆破开挖方案

1. 爆破方案选择

（1）施工原则：隧道式锚碇爆破开挖采用微爆破工艺，尽量减少对围岩的扰动，洞口段30m以内采用机械开挖。

（2）循环进尺：根据隧道式锚碇施工图设计要求，隧道式锚碇掘进爆破循环进尺前锚室段控制在1.0~1.2m以内；锚塞体段循环进尺控制在1.2~1.4m，以降低围岩扰动。

（3）开挖施工步骤：隧道式锚碇开挖采用台阶法施工，根据锚洞高度及地质条件的不同，前锚室段（6~8断面）采用两台阶法施工，循环进尺1.0~1.2m；锚塞体段及后锚室段（8~11断面）采用三台阶法施工，循环进尺1.2~1.3m。台阶长度控制在5m。由于两隧道式锚碇相隔较近，属于小净距洞室，两隧道式锚碇不同时施工，左、右洞室超前后行洞室掌子面5m以上。

（4）钻孔：钻具采用 YT-28 气腿式风钻，孔径 40~42mm。打孔在土堆上进行。

（5）爆破器材：爆破孔炸药采用 φ32mm 的乳化炸药。光面孔使用导爆索串联。采用毫秒差塑料导爆管雷管微差爆破，导爆管并串联复式起爆网路。采用起爆器电子脉冲击发。

（6）装药结构：光面孔采用空气间隔装药，其他炮孔采用连续装药结构。

（7）根据爆破试验成果和设计院回复及工地会议纪要，隧道式锚碇轮廓线不预留40cm 的机械凿除圈。

（8）安全管理和质量控制：提高安全意识。专职安全员需要对爆破作业全过程进行跟踪监督，及时消除事故隐患。由于隧道式锚碇围岩硬度较差，施工时必须控制炸药量，隧道式锚碇轮廓线应采用光面爆破，不得超挖。每次爆破后必须进行充分通风，对有害气体进行检测，并派专人进行排险处理。

（9）为满足设计和规范要求，在正式隧道式锚碇爆破前，首先进行隧道式锚碇爆破试验，并根据试验结果和现场监测数据，对爆破方案进行调整和优化。

（10）测点布置：根据设计提出的要求，测点布置在距掌子面 15m 的位置处、相邻隧道式锚碇、桥台和散索鞍基础及民房共 5 个测点。测试仪器为 TC-4850 爆破振动测试仪。

（11）在爆破试验过程中做好爆破后岩体松动圈的测试工作，测试方法为声波测试仪。

2. 爆破参数设计

1）炮孔布置

（1）炮孔直径：取 42mm。

（2）药卷直径：取 32mm。

（3）炮孔深度与循环进尺：前锚室、锚塞体段与后锚室初期支护工字钢榀间距60cm，循环进尺整数倍 60cm 为钻孔深度，孔径 φ42mm，循环进尺 1.2m。鉴于施工场地条件和小净距爆破开挖要求，隧道式锚碇实施短进尺、弱爆破、强支护、勤量测开挖，结合整个施工方案，实际炮孔深度为 1.3m。

结合爆破地震效应、掏槽位置、围岩破损程度以及相邻隧道稳定与安全，确定循环进尺。掏槽孔比其他炮孔深 0.15~0.2m，孔深为 1.5m。空孔比其他炮孔深 0.25m 以上，可在孔底装入少量炸药，后于其他掏槽孔起爆。

（4）隧道式锚碇台阶爆破时，为保证上台阶的开挖断面满足钢拱架的安装高度，应按设计说明书空间断面布置炮孔，测量人员须对断面进行复核，避免掌子面高度不足，影响下一次爆破或钢拱架安装。每次爆破后必须进行实地测量工作面，报爆破技术人员后进行下一次爆破作业说明书的编制。

2）炮孔布置

前锚室段长度为 35.733m×cos40°，宽度为 9.04m，但高度随隧道式锚碇的加深而增高，高度在 7.286~11.44m 不等。锚塞体段长度 45m×cos40°，宽度 9.04~16m，高度

11.44~20m。后锚室段长度8.714m×cos40°,宽度16m,高度20~17.66m。

前锚室段采用上下台阶爆破。锚塞体和后锚室段采用上台阶掏槽,上、中、下三台阶爆破四次爆破到位。

以下仅列出典型断面的炮孔布置及爆破参数。

(1)前锚室段22.8m断面上台阶炮孔布置图及爆破参数如图6-6-63、表6-6-20所示。

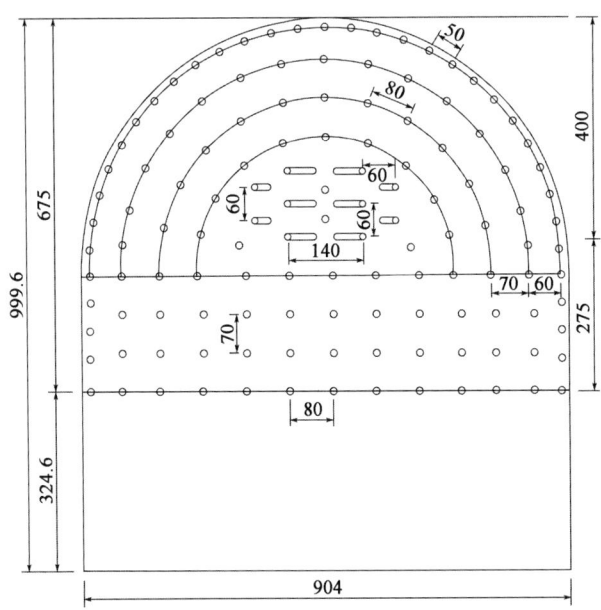

图6-6-63 前锚室段22.8m断面上台阶炮孔布置图(尺寸单位:cm)

前锚室段22.8m断面上台阶爆破参数   表6-6-20

炮孔名	项目					备注
	雷管段别	炮眼数量	炮孔深度(m)	单孔药量(kg)	本段药量(kg)	
掏槽眼	1	6	1.6	0.9	5.4	连续装药结构
	3	6	1.2	0.7	4.2	—
空眼	—	2	1.2	—	—	不装药
辅助眼	3	9	1.2~1.3	0.5~0.6	4.5~5.4	连续装药结构
	5	11	1.2~1.3	0.5~0.6	5.5~6.6	
	7	15	1.2~1.3	0.5~0.6	7.5~9	
	9	11	1.2~1.3	0.5~0.6	5.5~6.6	
	11	11	1.2~1.5	0.5~0.7	5.5~7.7	
周边眼	13	18	1.2~2.0	0.5~0.6	7.2~10.8	空气间隔装药
	15	17	—	—	6.8~10.2	—
底板眼	17	11	1.8	0.8	8.8	连续装药结构
	19	13	2.0	1.0	13	
合计	—	128	—	—	73.9~87.7	导爆索36m

（2）锚塞体段30.9m断面上台阶炮孔布置图及爆破参数如图6-6-64、表6-6-21所示。

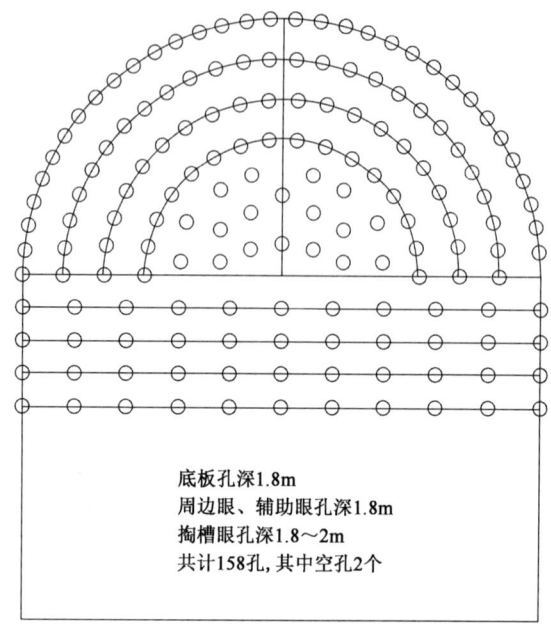

底板孔深1.8m
周边眼、辅助眼孔深1.8m
掏槽眼孔深1.8～2m
共计158孔，其中空孔2个

图6-6-64 锚塞体段30.9m断面上台阶炮孔布置图

锚塞体段30.9m断面上台阶爆破参数　　　　表6-6-21

炮孔名	项目						备 注
	编号	延时(ms)	炮眼数量	孔深(m)	药量(kg)	本段药量(kg)	
掏槽眼	1-1、1-6	0	6	1.5	1.2	7.2	连续装药结构
	1-7、1-12		6	2.0	1.5	8.4	
	1-13、1-18		6	1.6	1.1	6.6	
辅助眼	2-1、2-11	50	11	1.6	1.1	12.1	—
	3-1、3-14	50	14	1.6	1.1	15.4	
	4-1、4-18	50	18	1.6	1.1	19.8	
	5-1、5-15	50	15	1.6	1.2	18	
	6-1、6-14	50	14	1.6	1.2	16.8	
	7-1、7-14	50	14	1.6	1.3	18.2	
底板眼	8-1、8-14	50	14	1.8	1.4	19.6	
周边眼	9-1、9-22	50	22	1.6	0.9～1.0	19.8～22	不装药
	10-1、10-22	50	22	1.6	0.9～1.0	19.8～22	连续装药结构
合计	—	—	162			181.7～186.1	

3）掏槽孔形式

采用楔形掏槽，掏槽孔6(10)个，对称布置，中间增加2(3)个空孔，作为装药炮孔爆破时的辅助自由面和破碎体的补偿空间。空孔直径与装药孔直径相同。楔形掏槽孔孔间距离为1.4～2.0m。

4）辅助孔（崩落孔）和周边孔布置原则

（1）布孔均匀。既要充分利用炸药能量，又要保证岩石按设计轮廓线崩落。其间距根据岩石性质而定，一般辅助孔取 0.7~0.9m，周边孔取 0.5~0.55m，周边孔距轮廓线取 0.1~0.2m。

（2）底孔布置较为困难，有积水时易产生盲炮，因此需注意：

①底孔间距一般为 0.6~0.7m。抛渣爆破时，底孔采用较小间距。

②底孔孔口应比隧洞底板高出 0.1~0.2m，但其孔底应低于底板 0.1~0.2m。抛渣爆破时，应将炮孔深度加深 0.2m 左右。

③底孔装药量介于掏槽孔和辅助孔之间，抛渣爆破时，每孔增加 1~2 个药卷。

（3）光面孔（顶孔、帮孔）。炮孔间距取 0.5~0.6m，光爆层厚度取 0.6~0.7m。

5）炮孔数目

炮孔数目按下式估算：

$$N = 3.3 \sqrt[3]{fS^2} \tag{6-6-2}$$

式中：N——炮孔数目，个；

f——岩石坚固性系数，层状砾岩（钙泥质胶结或泥钙质胶结）夹砂砾岩或含砾砂岩及砂岩取 8~10；

S——掘进断面面积，m^2。

鞍室段地质条件为强风化带时，坚固系数 $f=8$。

鞍室段地质条件为中风化带时，坚固系数 $f=9$。

前锚室至后锚室段，地质条件主要为微新岩体时，坚固系数 $f=10$。

6）单位炸药消耗量

按普氏公式计算单位炸药消耗量：

$$q = 1.1 K_0 \sqrt{f/s} \tag{6-6-3}$$

式中：q——单位炸药消耗量，kg/m^3；

f——岩石坚固性系数，层状砾岩（钙泥质胶结或泥钙质胶结）夹砂砾岩或含砾砂岩及砂岩取 8~10；

s——巷道掘进断面面积，m^2；

K_0——考虑炸药爆力的校正系数，$K_0 = 525/p$，p 为爆力（mL）；乳化炸药爆力≥260mL。

实际单位炸药消耗量通过现场试爆确定。

7）炸药单耗量

掏槽孔取 $1.1kg/m^3$，辅助孔取 $0.8kg/m^3$，光爆孔取 $0.4kg/m^3$。

3. 装药与填塞

（1）爆破作业施工必须设置安全警戒线，范围不得小于50m。在爆破作业时，其他工作不得在同一工作面交叉作业，无关人员撤离爆破作业区，洞口应设安全警戒人员。

（2）装药结构。

①炮孔的装药结构如图 6-6-65 所示。当炮孔加深时，掏槽孔、辅助孔和底板孔仍为连续装药结构；当装药量增加时，堵塞段的长度会发生变化，由现场爆破员据实调整。

②当周边眼按照空气间中隔装药结构实施时,周边眼装药结构要预先进行加工,即预先加工好竹片,并将炸药和导爆索绑在竹片上,雷管应装在底部药包中,并用电工胶布绑扎牢固。

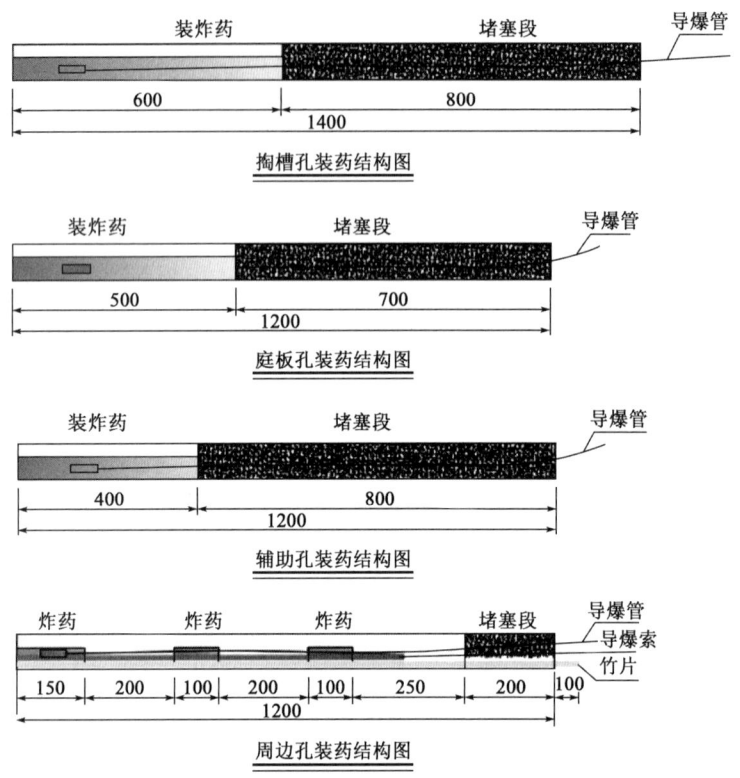

图 6-6-65 炮孔装药结构示意图(尺寸单位:mm)

(3)填塞。

①药卷用竹杆轻轻送到炮孔底部。

②堵塞材料为黏土,长度不得少于20cm,禁止夹石块,堵塞时要保护好导爆管。禁止无堵塞爆破,必须堵孔。

③装药时必须要保护好导爆管,当导爆管被损坏时,必须及时报告并掏孔重装。

4.起爆网络设计

(1)隧洞开挖属于孔内微差爆破,孔外采用簇联法连接,连接导爆管数量不超过15根,再用两发非电雷管关联,用起爆器起爆。

(2)击发系统:电子击发。

(3)起爆要采用双发雷管,连接时雷管的聚能穴要与导爆管的传爆方向相反。使用的导线必须是双层绝缘的多股铜芯线。

(4)采用复式起爆网路,爆破孔采用簇联法连接,用双发雷管起爆,将两根导爆管分开交叉连接,组成复式起爆网路。雷管与导爆管用电工胶布绑紧。网络连接、起爆顺序参考图 6-6-66。

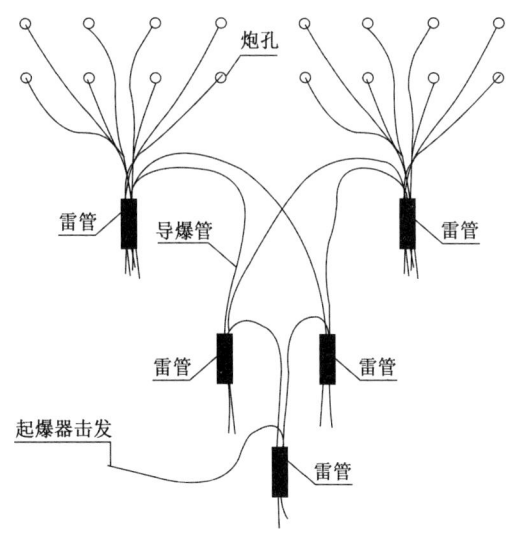

图 6-6-66 非电雷管复式起爆网路示意图

5. 起爆

（1）用起爆器脉冲击发起爆。

（2）起爆的导线为多股铜芯护套线，导线在用以前应做导通测试，并检查外观是否有损坏和绝缘破皮等。

（3）起爆器在使用前应做好电池和充电检查，确保起爆时起爆器状态良好。

（4）起爆点在洞外侧面距离洞门不小于 50m 的安全位置。

三、数码电子雷管爆破开挖

随着隧道掘进的深入，隧道式锚碇的断面不断增加，一次起爆总药量也随之增加，爆破振速无法满足 3cm/s 的控制要求，参建各方一起研究探讨后，同意将爆破振速控制要求调整为 5cm/s。但是进入锚塞体 15m 后，掌子面上台阶爆破的振动速率已十分接近 5cm/s。由于雷管段别受到限制，采用导爆管雷管已无法满足实际工程施工安全的需要。为满足隧道式锚碇开挖的设计技术要求，在确保上台阶一次爆破开挖的前提下，须采用爆破新技术、新工艺，即利用数码电子雷管进行爆破，才能将爆破振动速度控制在设计值允许的范围之内。

为了完成施工总体进度目标，同时确保爆破振动速度控制在设计允许的范围之内，以最大限度地保护周边岩体的完整性，同时减少超挖量，提高围岩及初期支护的承载能力，进入锚塞体第 40 榀钢架后，进行采用电子雷管上台阶爆破开挖。

1. 使用电子雷管的目的

（1）可任意设置起爆延时时间；

（2）可以减少一段起爆炸药量；

（3）可以有效地控制爆破振动。

2. 电子雷管规格

（1）规格型号：ED-GX1/4000P-B8-LUX；

（2）精度误差1ms；

（3）脚线长3m。

3. 电子雷管爆破开挖效果

锚塞体爆破开挖后期，上台阶爆破炸药用量最大时达到300kg，使用电子雷管对爆破振动速度的控制是十分有效的，爆破效果与导爆管雷管也是一致的。

采用数码电子雷管进行爆破开挖后，其爆破振速部分统计结果如图6-6-67～图6-6-69所示。

下游隧道式锚碇第七十六次爆破（电子爆破）监测数据统计							
爆破时间：2019.03.14（星期四）							
采样时间	采集部位	振动速度(mm/s)			最大振动速度	上游隧道式锚碇锚洞最近断面位移变化(13号)		下游隧道式锚碇锚洞最近断面位移变化(15号)	
		X方向	Y方向	Z方向		拱顶下沉	水平收敛	拱顶下沉	水平收敛
2019.03.14 18:35:22	锚塞体	10.58	25.29	42.49	Z向42.49mm/s	0.2mm	0.2mm	0.2mm	0.3mm
2019.03.14 18:35:22	前锚室	6.75	14.22	25.57	Z向25.57mm/s				
结论：本次爆破各测点均接收到两次振动数据。其中锚塞体部位测点最大振动速度为第一次振动的向上垂直隧道轴线方向（Z向），振速为42.49mm/s，满足设计要求（≤50mm/s）；前锚室部位测点最大振速度为25.57mm/s，满足设计要求。离爆破最近的洞内位移监测断面测点位移变化正常，未超过预警值。本次爆破监测未发现异常						累计拱顶下沉	累计水平收敛	累计拱顶下沉	累计水平收敛
						4.6mm	4.4mm	4.0mm	4.3mm
备注：1. X方向为平行隧道轴线方向；Y方向为向右垂直隧道轴线方向；Z方向为向上垂直隧道轴线方向； 2. 洞内位移监测报警值（水平收敛：14.5mm，拱顶下沉：10.3mm；稳定速率：1mm/d）									

图6-6-67 电子雷管爆破振速部分结果统计（示例1）

上游隧道式锚碇第五十七次爆破（电子爆破）监测数据统计							
爆破时间：2019.03.15（星期五）							
采样时间	采集部位	振动速度(mm/s)			最大振动速度	上游隧道式锚碇锚洞最近断面位移变化(13号)		上游隧道式锚碇锚洞最近断面位移变化(15号)	
		X方向	Y方向	Z方向		拱顶下沉	水平收敛	拱顶下沉	水平收敛
2019.03.15 17:31:25	锚塞体	12.29	22.73	41.36	Z向41.36mm/s	0.1mm	0.1mm	0.1mm	0.1mm
2019.03.15 17:31:25	下游洞	28.69	22.45	11.39	X向28.69mm/s				
结论：本次爆破各测点均接收到两次振动数据。其中锚塞体处测点最大振动速度出现在第一次振动时的向上垂直隧道轴线方向(Z向)，振速为41.36mm/s，满足设计要求（≤50mm/s）；下游洞室测点最大振速度为28.69mm/s，满足设计要求。离爆破最近的洞内位移监测断面测点位移变化正常，未超过预警值。本次爆破监测未发现异常						累计拱顶下沉	累计水平收敛	累计拱顶下沉	累计水平收敛
						4.7mm	4.5mm	4.1mm	4.4mm
备注：1. X方向为平行隧道轴线方向；Y方向为向右垂直隧道轴线方向；Z方向为向上垂直隧道轴线方向； 2. 洞内位移监测报警值（水平收敛：14.5mm，拱顶下沉：10.3mm；稳定速率：1mm/d）									

图6-6-68 电子雷管爆破振速部分结果统计（示例2）

上游隧道式锚碇第五十八次爆破（电子爆破）监测数据统计							
爆破时间：2019.03.17（星期日）							
采样时间	采集部位	振动速度(mm/s)			最大振动速度	上游隧道式锚碇锚洞最近断面位移变化(13号)		上游隧道式锚碇锚洞最近断面位移变化(15号)	
		X方向	Y方向	Z方向		拱顶下沉	水平收敛	拱顶下沉	水平收敛
2019.03.17 17:25:44	锚塞体	13.47	19.71	37.76	Z向37.76mm/s	0.2mm	0.2mm	0.2mm	0.3mm
2019.03.17 17:25:44	下游洞	25.49	19.96	10.28	X向25.49mm/s				
结论：本次爆破(补爆)各测点均接收到两次振动数据。其中锚塞体处测点最大振动速度在第一次振动时的向上垂直隧道轴线方向(Z向)，振速为37.76mm/s，满足设计要求(≤50mm/s)；下游洞室测点最大振速为25.49mm/s，满足设计要求。离爆破最近的洞内位移监测断面测点位移变化正常，未超过预警值。本次爆破监测未发现异常					累计拱顶下沉	累计水平收敛	累计拱顶下沉	累计水平收敛
						4.9mm	4.7mm	4.3mm	4.7mm
备注：1. X方向为平行隧道轴线方向；Y方向为向右垂直隧道轴线方向；Z方向为向上垂直隧道轴线方向； 2. 洞内位移监测报警值（水平收敛：14.5mm，拱顶下沉：10.3mm，稳定速率：1mm/d）							

图 6-6-69　电子雷管爆破振速部分结果统计（示例3）

第六节　软岩浅埋隧道式锚碇开挖出渣技术

隧洞开挖过程中，前锚室、锚塞体及后锚室渣土采用反铲挖掘机扒渣、集渣、装渣，通过侧卸式矿车运输至洞外出渣平台，再由自卸车装渣运至指定弃土场。出渣平台采用型钢搭设轨道梁及支撑架体，洞外由洞口延伸至洞前卸渣场地，洞内由洞口接长至开挖面。

单洞配备70型、110型挖掘机各1台、10t卷扬机1台、8t卷扬机1台，侧卸式矿车1台，洞内铺设出渣轨道，轨道选用12kg/m钢轨，轨距850mm。在初期支护已成环区段，钢轨采用马板固定于底板工字钢顶面。开挖掌子面附近初期支护未成环区段，钢轨铺在轨枕上，采用道钉固定，轨道铺设竖曲线半径不小于16m。轨枕采用松木，枕木尺寸为1200mm×150mm×150mm，间距为60cm。

按最不利情况计算出渣效率：最大截面尺寸为16m×20m，一循环开挖虚石方为480m³，上台阶虚方量约160m³，绞车提升速度为20m/min，提升距离来回为210m，则来回行走的时间为10min，装卸时间为2min，共需12min。配备1台2m³侧卸式矿车，每车装2m³，则每12min出渣2m³，因此，上台阶每循环出渣时间为16h，满足出渣需求。出渣系统侧立面布置示意图如图6-6-70所示。

挖掘机进出洞内采用10t卷扬机辅助牵引，渣土运输矿车采用8t卷扬机牵引。卷扬机基础抗滑移的水平力按照200kN设计。

出渣系统平台支架立柱采用$\phi 377mm \times 6mm$钢管，立柱顶面架设工20工字钢分配梁，其上再铺设轨道梁。轨道梁共两条，采用双拼工20型钢，两条轨道梁的中心间距850mm。洞口至出渣平台的轨道梁直接采用工20型钢立柱支撑。轨道梁顶面布置钢轨，规格为12kg/m。出渣平台的布置及施工如图6-6-71~图6-6-74所示。

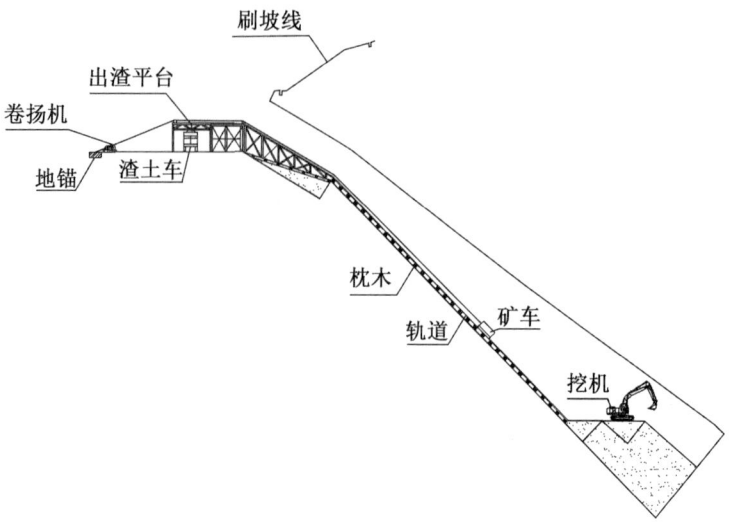

图 6-6-70　出渣系统侧立面布置示意图

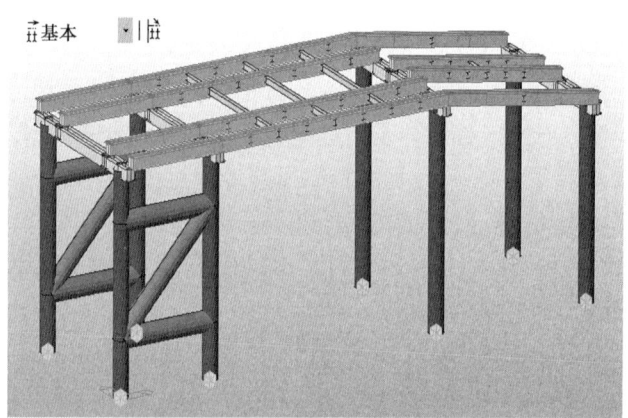

图 6-6-71　出渣平台三维立体图

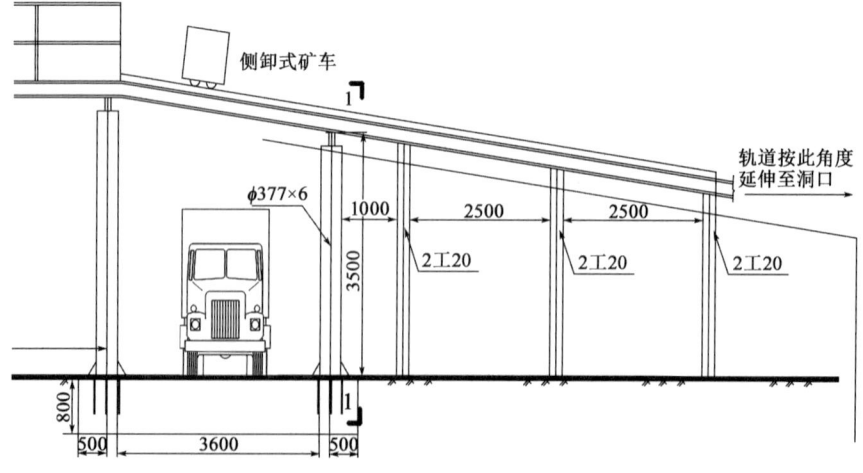

图 6-6-72　洞口段出渣轨道侧立面布置图(尺寸单位:mm)

图 6-6-73　洞内出渣装运

图 6-6-74　出渣平台施工

第七节　隧道式锚碇初期支护施工技术

一、系统锚杆施工

系统锚杆是隧道式锚碇初期支护的重要组成部分,拱部采用 $\phi 25mm \times 7mm$ 中空注浆锚杆,边墙采用 $\phi 25mm \times 7mm$ 预应力中空注浆锚杆,锚杆长度包括 3m、6m 两种规格,交错布置,环向间距 1m,纵向间距 0.6m,呈梅花形布置。

对于引桥桥台桩基及承台附近区域,为防止与锚杆冲突,适当减短锚杆长度,以保证桥台桩基及承台结构完整无损。

中空注浆锚杆布置图如图 6-6-75 所示。

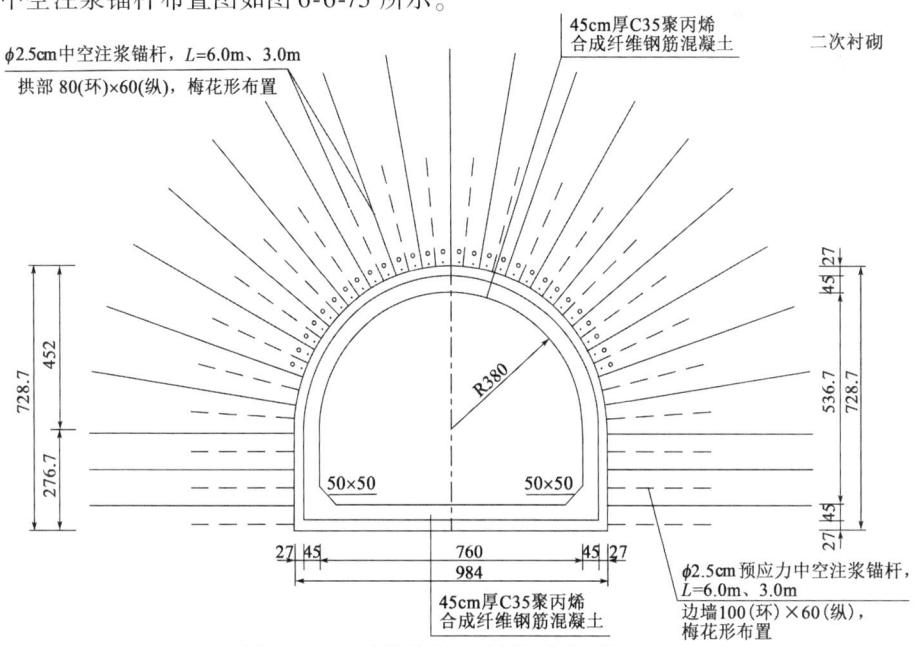

图 6-6-75　中空注浆锚杆布置图(尺寸单位:cm)

中空注浆锚杆施工工艺流程如图 6-6-76 所示。

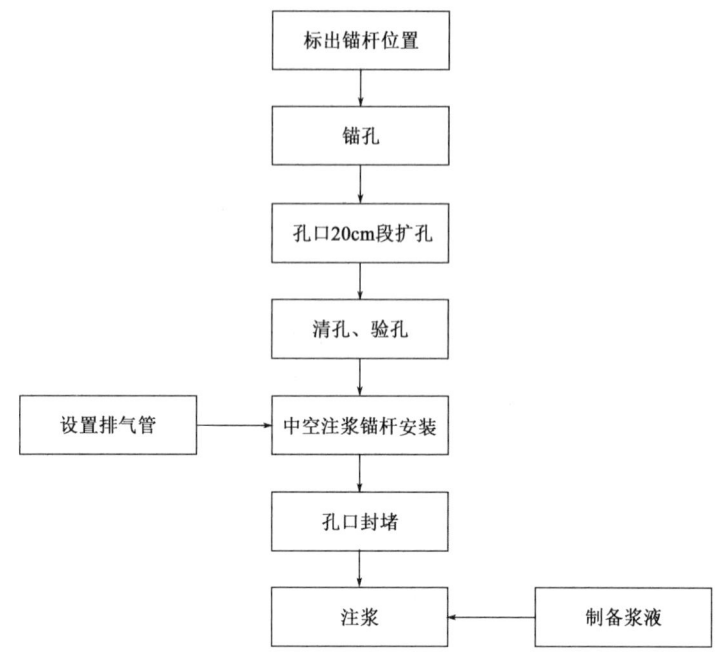

图 6-6-76　中空注浆锚杆施工工艺流程

1. 钻孔

锚杆孔径大于杆体直径 15mm，锚杆钻孔采用 YT-28 型风动凿岩机，锚杆方向尽量与岩面倾向垂直，锚杆孔距的允许偏差为 150mm，孔深的允许偏差为 50mm，孔内的积水和岩粉应吹洗干净，经检查合格后再进行下一道工序施工。

钻孔前，根据设计要求并结合围岩产状定出孔位，做出标记；将钻头对准标定的位置，尽可能使钻进方向垂直岩层结构面，以便起到更好的加固作用。

中空注浆锚杆钻孔施工现场如图 6-6-77 所示。

图 6-6-77　中空注浆锚杆钻孔施工现场

2. 锚杆安装

图 6-6-78 为中空注浆锚杆安装示意图。安装前先检查锚杆装置及全部零部件,然后人工将锚杆插入锚杆孔,将排气管放入孔内并绑扎牢固,孔口朝下的排气管要通至锚杆端部或距孔底5cm处,孔口朝上的排气管通至封堵段底部外5~10cm。采用锚固剂封堵30cm,在距离孔口20cm长度范围内,将锚杆孔径扩大至10~15cm,用快凝水泥砂浆进行封堵。

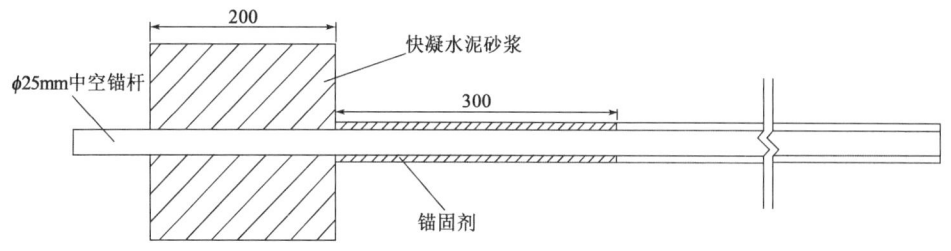

图 6-6-78　中空注浆锚杆安装示意图(尺寸单位:mm)

锚杆安装施工现场如图 6-6-79 所示,锚杆孔口封堵施工现场如图 6-6-80 所示。

图 6-6-79　锚杆安装施工现场

图 6-6-80　锚杆孔口封堵施工现场

3. 注浆

锚杆注浆采用42.5级1∶1水泥砂浆,注浆压力为0.5~1.0MPa,要求持荷注浆10min。锚杆安装完成后,待封堵段强度符合要求后,采用JCD-06智能注浆机向中空锚杆内压注水泥砂浆,注浆采取压力和注浆量进行控制:①注浆压力不小于0.6MPa,稳压10min后停止注浆;②当注浆压力未达到0.6MPa时,以实际最大压力稳压10min。注浆完成后用少量锚固剂堵住注浆口,防止浆液流出。

锚杆注浆施工现场如图 6-6-81 所示。

图 6-6-81　锚杆注浆施工现场

4.目测检查注浆效果

浆液从排气管流出后,若注浆泵关闭动力,浆液即从排气管停止溢流;重新启动注浆泵,浆液又开始溢流,表明浆液已充满锚杆孔。若拔出注浆管后浆液不流出,表明注浆符合要求。

5.预应力锚杆张拉

锚杆注浆完成后,养护3d,清理锚杆周边杂物并打磨平整,安装锚垫板及螺母,再用扭力扳手施拧至设计力矩值,完成预应力张拉。

6.锚杆拉拔力试验

按照锚杆总量的3%预留锚杆进行拉拔力检测,检测根数每批次不少于3根,保证锚杆有效状态。3m长锚杆拉拔力不小于40kN,6m长锚杆拉拔力不小于80kN。

二、钢筋网施工

隧洞初期支护采用ϕ8mmHPB钢筋网片,网格间距为20cm×20cm。

钢筋网按设计预先在洞外下料,洞内绑扎成型。钢筋类型及网格间距符合设计要求。

钢筋网根据初喷混凝土面的实际起伏铺设,并与受喷面间隙为3cm。钢筋网与锚杆、钢筋网与钢拱架点焊在一起,使钢筋网在喷射时不晃动。

施工注意事项:钢筋网制作前对钢筋进行调直、除锈及油污等处理;安装前,岩面初喷4~5cm厚混凝土形成钢筋保护层,钢筋保护层厚度不得小于4cm;喷射中如有脱落的石块或混凝土块被钢筋网卡住时,应及时清除。

三、喷射混凝土施工

初期支护喷射混凝土为C30聚丙烯纤维混凝土,施工前选定好混凝土原材料,并做好配合比设计,喷射混凝土采用潮喷工艺,工艺流程如图6-6-82所示。

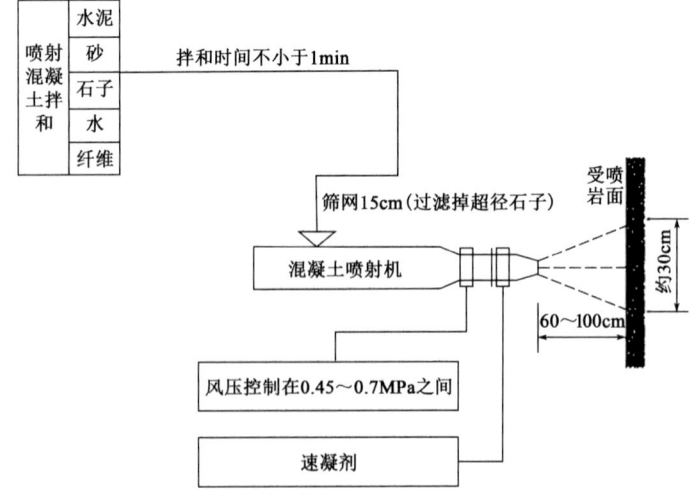

图6-6-82 喷射混凝土施工工艺流程

四、钢拱架施工

初期支护钢拱架采用工 20b 工字钢制作,按设计尺寸预先在洞外钢拱架弯制区分段加工成型,节段间采用法兰连接。钢拱架保护层厚度为迎土侧 4cm,背土侧 3cm。钢拱架榀与榀之间采用直径 22mm 的 HRB400 钢筋连接,环向间距 100cm。

钢拱架施工工艺流程如图 6-6-83 所示。

1. 钢架加工

钢架在现场加工棚内采用 R400 型钢冷弯机分节段制作,节段间采用 $\delta = 14mm$ 法兰连接。加工成型过程中随时检查弧长、弦长和外矢距。每榀钢拱架分段制作完成后,应试拼,检查钢架尺寸及轮廓是否满足设计要求。

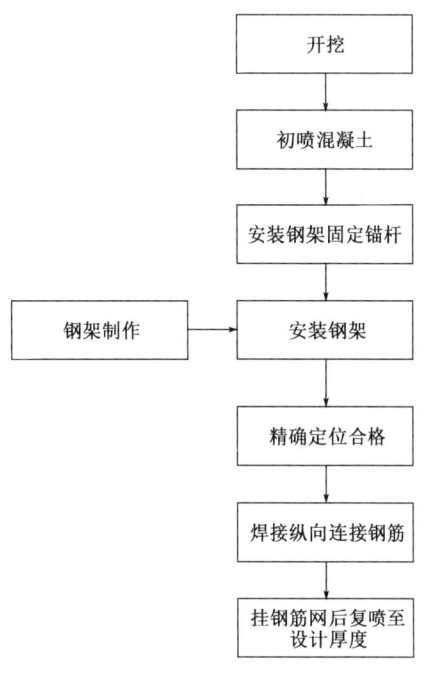

图 6-6-83　钢拱架施工工艺流程图

加工允许误差:沿隧道周边轮廓误差不大于 3cm,平面翘曲小于 ±2cm。制作好的钢拱架单元应编号堆放于防雨篷布内。

2. 钢架安装

钢拱架测量采用与全站仪配套的小棱镜杆,该方法不仅可以降低测量误差,而且节约测量时间。

上台阶钢拱架安装:安装前,先根据上一榀钢架位置初步定位待安装钢架位置,并打设 5~6 根固定锚杆(采用 φ22mm 砂浆锚杆,单根长度为 5m)。拱架安装时采用 3 个 2t 的手拉葫芦,设置在工字钢的顶点和 1/6、5/6 处,便于保证工字钢的稳定性和安全性。

中、下台阶钢架随着掌子面掘进分段安装,达到设计开挖线的区域及时安装底板横向支撑,尽快实现初期支护封闭成环。在未封闭成环之前,采用临时支撑支承钢架拱脚,防止拱脚悬空,拱脚悬空榀数需控制在不大于 4 榀。

(1)拱脚开挖超深时,加设钢板或混凝土垫块,不得用土、石回填。

(2)钢架平面应垂直于隧洞中线,其倾斜度不大于 2°,钢架间距、横向位置和高程与设计位置的偏差不超过 ±5cm。

(3)钢架应按设计位置安设,在安设过程中当钢架和初喷层间有较大间隙时采用混凝土垫块垫实,钢架与初喷混凝土接触间距不应大于 10cm。

(4)为增强钢架的整体稳定性,钢架榀与榀间设置纵向连接钢筋,直径 22mm,间距 1m,采用双面焊缝。

(5)钢架架立后应尽快施作喷射混凝土,并将钢架全部覆盖,使钢架与喷射混凝土共同受力。混凝土喷射应分层进行,每层厚度为 5~6cm,先从拱脚或墙脚向上喷射,以防止上部喷射混凝土虚掩拱脚(墙脚)而不密实,强度不够,造成拱脚(墙脚)失稳。

(6)直墙钢架接长时,左右两侧应避免同步施工,防止拱部钢架失稳塌落。围岩相对较弱的一侧先行进行腿部接长,待混凝土达到一定强度后,再行开挖围岩相对较强的一侧。先行一侧与相对滞后一侧里程相错量为一个台阶的步距。

五、锁脚锚管(杆)施工

在开挖过程中为了防止拱脚收缩、掉拱,提高其稳定性,采用锁脚锚杆。

锁脚锚杆包括锚管和锚杆两种形式,锁脚锚管应用于围岩条件较差的鞍室段,围岩条件较好的前锚室、锚塞体及后锚室段均采用锁脚锚杆。锁脚锚管采用 $\phi42mm \times 3.5mm$ 热轧无缝钢管,锁脚锚杆采用 $\phi25mm \times 7mm$ 中空注浆锚杆。

钢桁架及锚杆立面布置图如图 6-6-84 所示。

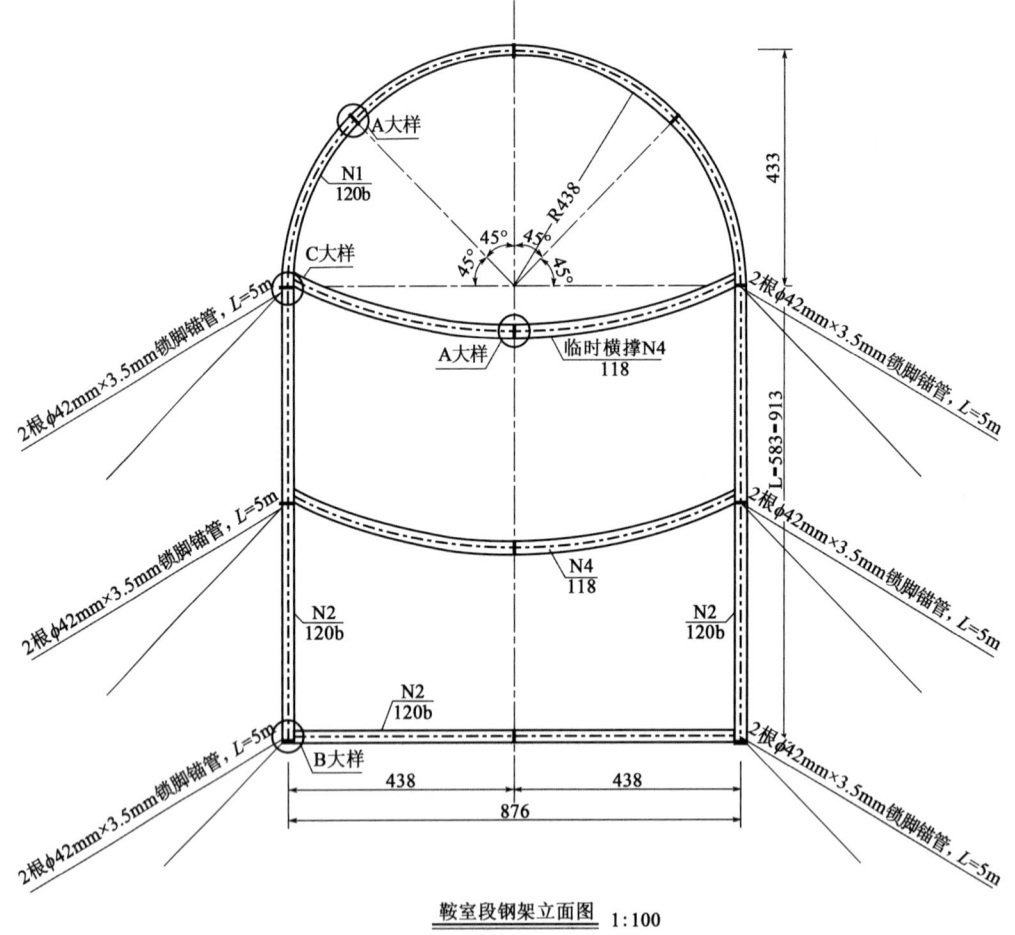

鞍室段钢架立面图 1:100

图 6-6-84

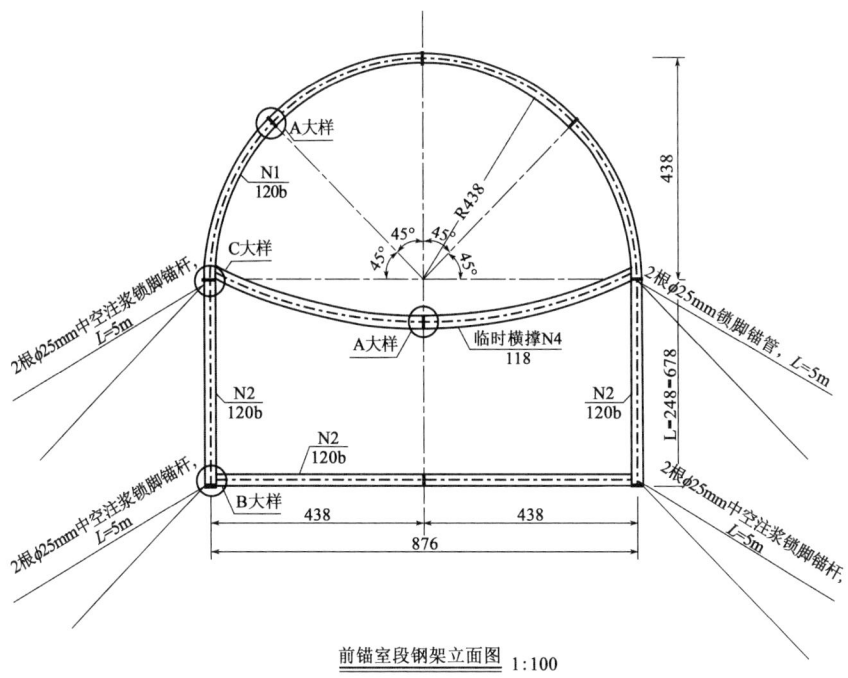

图 6-6-84　钢拱架及锚杆立面布置图(尺寸单位:cm)

1. 锁脚锚管施工

1) 锁脚锚管加工

锚管前端加工成锥形,以便插打。中间部位钻设直径为 8mm 的溢浆孔,呈梅花形布置,间距为 15cm,尾部 1m 范围内不钻孔以防漏浆,末端焊直径为 8mm 的环形箍筋,以防打设时端部开裂,影响注浆管连接。锁脚锚管加工图如图 6-6-85 所示。

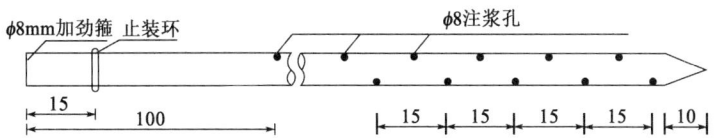

图 6-6-85　锁脚锚管加工图(尺寸单位:cm)

2) 钻孔及锚管安装

钢架就位后即时进行锁脚锚管钻孔施工,钻孔前先标识出钻孔位置,钻孔角度为斜向下 20°,位置位于拱脚上方 30cm 处,钻孔深度大于锚管锚固长度的 95%,但超长值不大于 10cm。

按设计位置钻设锚管孔并清孔后采用风动凿岩机冲击振动将锚管直接顶入,再用高压风清除管内杂物。

3) 注浆

锚管安设后,连接注浆管,用快凝水泥砂浆封堵孔口,并补喷混凝土封闭工作面。同时配制浆液,调试注浆机,进行压水试验,检查机械设备工作是否正常,管路连接是否正确。确定无误后,将配制好的水泥浆液倒入注浆机储浆筒内,水泥浆液浓度为 1:1 单液水泥浆,开动注浆机,通过锚管向拱脚周边围岩压注水泥浆。注浆压力按0.5~1.0MPa控制。

4)焊接U形卡筋

锁脚锚管注浆完成后,焊接φ22mmU形卡筋固定钢拱架。卡筋与锁脚锚管采用搭接单面焊,焊缝长度22cm,卡筋与钢拱架双面满焊。

2. 锁脚锚杆施工

锁脚锚杆采用φ25mm×7mm中空注浆锚杆,单根长度为5m。上台阶开挖完成后,在拱脚处斜向下打入2根锁脚锚杆;中台阶施工完成后,在钢拱架腰部打入2根锁腰锚杆,然后进行下台阶的开挖;下台阶开挖完成后,在钢拱架底部打入2根锁脚锚杆。

锁脚锚杆施工工艺同系统锚杆。

第八节　隧道式锚碇二次衬砌施工技术

一、二次衬砌施工重难点分析

隧道式锚碇轴线倾角40°,前锚室至明洞段二次衬砌施工时洞内主缆已经安装完毕,钢管支架搭设和主缆防护是施工重点。同时,二次衬砌施工涉及夏季高温作业,施工期间环境温度高,混凝土性能控制要求高,具体的施工重难点如下:

(1)隧道式锚碇内空间大,轴线倾角大,且由于主缆遮挡,支架搭设难度大。

(2)满堂脚手架需从前锚面往上搭设,轴线倾角大,工程量大,任务繁重,占用工期。

(3)主缆为大桥关键受力结构,不允许有损伤,主缆防护要求高。

(4)模板采用组合钢模板进行拼装,安装及加固难度高,施工质量没有大块钢模板好。

(5)施工平台搭设困难,施工人员进行钢筋、模板和混凝土施工均比较困难。

(6)拱墙属于圆弧形变截面结构,混凝土质量要求高,再加上施工期间气温较高,外观质量控制难。

(7)二次衬砌结构钢筋比较密集,要求拌制的混凝土工作性能良好,配合比需满足现场施工要求。

二、二次衬砌施工时机分析

1. 后锚室二次衬砌施工时机

隧道式锚碇开挖完成后及时进行后锚室二次衬砌施工,后锚室二次衬砌沿垂直轴线高度方向分底板及底板以上部分边墙(含后端面)、部分边墙(含后端面)及部分拱墙共三次浇筑,在后锚室二次衬砌第二次混凝土浇筑完成后,穿插进行锚塞体大体积混凝土浇筑。

2. 鞍室段及前锚室段施工时机

隧道式锚碇开挖过程中开展位移监测，同时在隧道爆破时进行质点振动速度监测。通过位移监测结果知，隧道式锚碇在开挖后初期由于应力释放产生位移变化，变形量及变化速率均未超过规范及设计允许值，隧道式锚碇在开挖过程中的位移变化未出现异常。隧道鞍室段及前锚室段在岩体开挖后，围岩累计变化量及变化速率正常。通过现场观察及监测结果判断，隧道式锚碇上、下游隧洞鞍室段及前锚室段在开挖后围岩应力释放状态正常。

结合国内完工或在建的隧道式锚碇二次衬砌，收集湖南吉首矮寨特大桥隧道式锚碇、习古高速公路赤水河大桥隧道式锚碇、重庆万州驸马长江大桥隧道式锚碇、华丽高速公路金安金沙江特大桥隧道式锚碇、雅康高速公路大渡河特大桥隧道式锚碇、四川南溪长江特大桥隧道式锚碇、湖北四渡河特大桥隧道式锚碇等地质、工程概况、施工方案等信息进行分析，同时结合工程地质、监控量测、施工时机对比综合分析，隧道式锚碇鞍室段及前锚室段二次衬砌在主缆架设完成后实施的方案可行。

三、二次衬砌施工部署

隧道式锚碇二次衬砌施作的合理时间应根据施工监控量测数据最后确定，尽可能发挥初期支护的承载能力，且不能超过其承载能力。

隧道式锚碇二次衬砌总体施工顺序为：隧道式锚碇开挖完成→后锚室二次衬砌施工、锚塞体施工→前锚室二次衬砌→散索鞍基础段二次衬砌→鞍室段（含散索鞍基础段）二次衬砌→明洞及洞口施工。

隧道式锚碇二次衬砌总体施工流程如图6-6-86所示。

隧道式锚碇鞍室段、前锚室、后锚室均设置二次衬砌，二次衬砌为45cm厚C35聚丙烯合成纤维钢筋混凝土，抗渗等级不小于P12。环向主筋为 $\phi25mm$ HRB400 钢筋，纵向主筋为 $\phi16mm$ HRB400 钢筋，拉钩筋采用 $\phi12mm$ HPB300 钢筋。

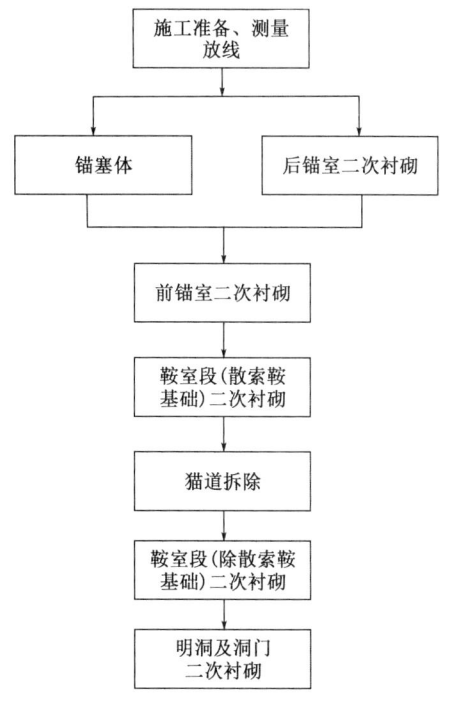

图6-6-86　隧道式锚碇二次衬砌总体施工流程

由于隧道式锚碇具有大倾角、变截面，其二次衬砌无法使用隧道台车施工；故二次衬砌施工采用支架模板方案进行施工；支架采用 $\phi48mm \times 3.6mm$ 的扣件式满堂支架，模板采用 $1.5m \times 0.3m$、$1.5m \times 0.2m$、$1.5m \times 0.1m$ 定型小块钢模板，模板背楞采用I14、I10或[10型钢。满堂支架立杆垂直于隧道式锚碇轴线方向，同时按规范要求设置斜撑及剪刀撑。二次衬砌模板采用止水对拉螺杆固定，止水对拉螺杆内侧与隧道式锚碇初期支护时预埋外露的中空注浆锚杆或预埋的 $\phi20mm$ 连接,外侧与垂直轴向的双拼[10 连接,竖向[10 间距60cm,在竖向[10 外侧用横向[10 加强,横向[10 间距120cm,止水对拉螺杆竖向和纵向间距均为80cm,螺杆采用 $\phi20mm$ 钢筋,螺杆后期不予取出。

前锚室二次衬砌支架设计图如图 6-6-87 所示,鞍室段二次衬砌支架设计图如图 6-6-88 所示,二次衬砌设计 BIM 效果图如图 6-6-89 所示。

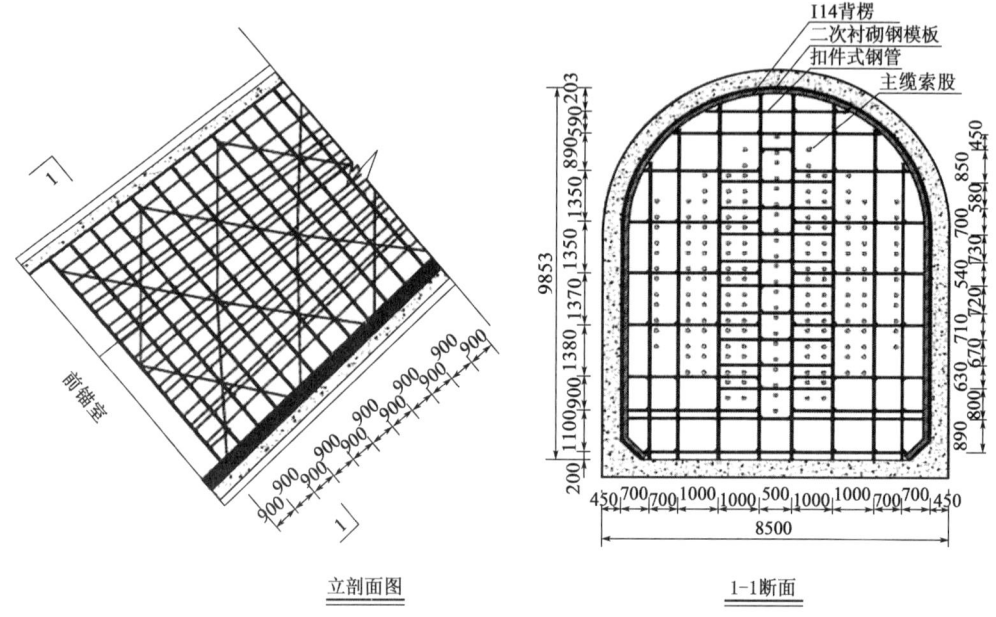

图 6-6-87　前锚室二次衬砌支架设计图(尺寸单位:mm)

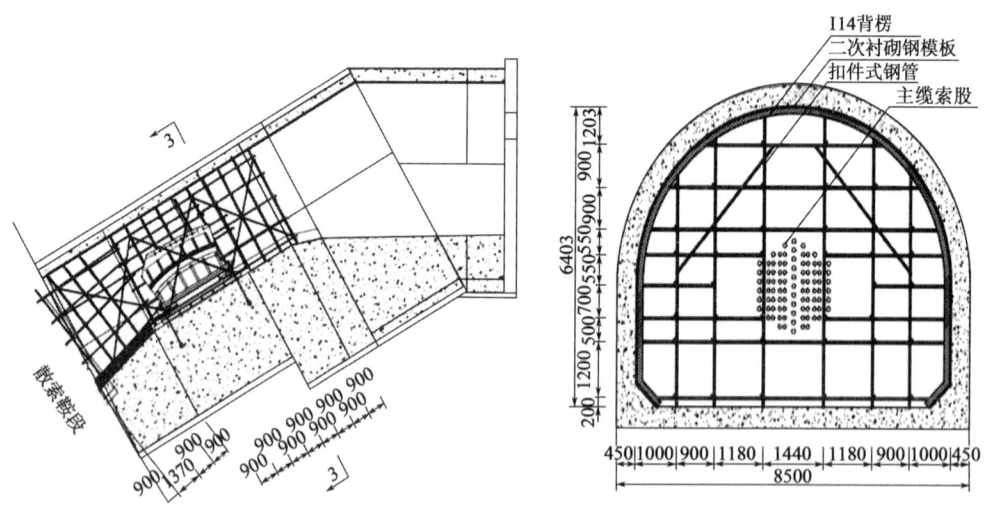

图 6-6-88　鞍室段二次衬砌支架设计图(尺寸单位:mm)

 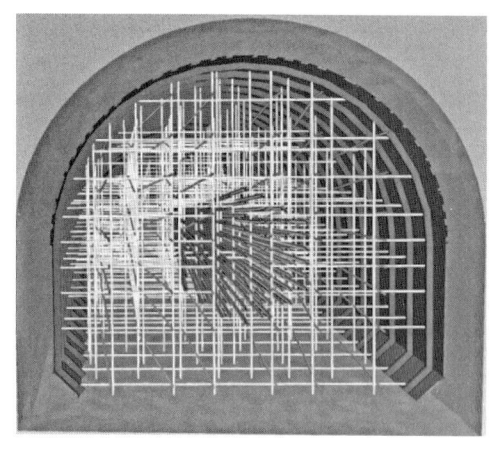

图 6-6-89　二次衬砌设计 BIM 效果图

初期支护和二次衬砌完成后,对其背后混凝土进行回填注浆。回填注浆材料采用 M20 水泥砂浆,水泥砂浆采用砂浆搅拌机拌和。注浆压力初压 0.1~0.15MPa,终压 0.2MPa,注浆工艺严格按设计和施工规范进行。注浆材料、注浆方式及注浆压力等参数根据注浆试验结果及现场情况调整。

第九节　本 章 小 结

软岩浅埋隧道式锚碇开挖施工技术在伍家岗长江大桥工程中得到应用。实践结果表明,伍家岗长江大桥隧道式锚碇开挖施工通过运用机械开挖与爆破开挖组合开挖方法、数码雷管控制爆破技术、有轨矿车出渣工艺、初期支护及二次衬砌施工技术,解决了软岩浅埋隧道式锚碇开挖施工的爆破振速控制、围岩支护等相关技术难题,取得了良好的经济效益、社会效益和环境效益。

第七章　大倾角隧道式锚碇散索鞍狭窄空间滑移安装施工关键技术

第一节　工程概况

散索鞍是悬索桥上部结构的主要组成部分之一,是为主缆提供支撑,并使其线形平顺地改变方向的永久受力构件。悬索桥在散索鞍处的散索鞍支墩传递主缆的竖向压力,鞍座内的承缆槽弧形面使主缆达到平顺过渡的目的,并形成悬索桥特有的简洁、柔韧而优美的主缆线形。国内隧道式锚碇散索鞍大多位于洞口或洞口附近,散索鞍通常采用大吨位起重机起吊进行安装,而对于大倾角隧道式锚碇内大吨位散索鞍安装,上述方法无法满足施工需求,且精度无法得到保障,安全风险高。目前传统的隧道式锚碇洞内散索鞍安装采用支架滑移法,即在洞口搭设滑移钢支架至散索鞍基础顶面,将散索鞍及其组件采用起重机吊装至滑移支架上,滑移到位后利用千斤顶进行微调实现精确就位,完成安装后再拆除滑移支架。该方案施工成本高、施工工效低。

伍家岗长江大桥主桥为主跨1160m的正交异性桥面板钢箱梁悬索桥,其中主桥北侧锚碇为隧道式锚碇。隧道式锚碇最小断面尺寸为9.04m×11.44m,锚体轴线倾斜角度达40°,在距离洞口均十余米深处布置有散索鞍,散索鞍总成质量约116t,散索鞍基础处于倾斜的斜面,底座板地脚螺栓安装精度要求在1mm内。散索鞍位于鞍室段内,理论散索点距离洞口的距离为左洞11.5m、右洞17.5m。散索鞍为底座式结构,由上部的鞍体和下部的特制大吨位柱面钢支座组成。鞍体用铸钢铸造,特制大吨位柱面钢支座的上支座板、柱面衬板、下支座板均用铸钢铸造。鞍体最大构件质量达72t,尺寸为4.45m×2.95m×2.48m。在洞内狭窄空间安装难度大,鞍体与柱面钢支座螺栓孔对位要求高。

针对以上问题,项目根据散索鞍底座板地脚螺栓定位、散索鞍门架滑移安装、散索鞍鞍体滑移安装及精确对位等工艺内容,总结形成了大倾角隧道式锚碇大吨位散索鞍狭窄空间滑移安装施工关键技术。本技术主要针对在大倾角隧道式锚碇内安装大吨位的散索鞍。隧道式锚碇内部空间狭窄、吊装难度大、安全风险高,采用本技术安装隧道式锚碇内散索鞍更为经济、效率、安全,更能体现其利用价值。

1. 散索鞍结构

江北隧道式锚碇散索鞍为底座式结构,由上部的鞍体和下部的特制大吨位柱面钢支座组成,鞍体用铸钢铸造,特制大吨位柱面钢支座的上支座板、柱面衬板、下支座板均用铸钢铸造，上支座板与柱面衬板间的球面滑板、球面衬板与下支座板间的平面滑板均为改性超高分子量聚乙烯，下支座板与底座板通过地脚螺栓固定于锚室混凝土散索鞍支墩混凝土中。

理论散索点到散索鞍底混凝土面的距离为 2.395m。鞍槽底最低处竖弯半径从边跨向锚跨分 3 次变化，半径分别为 7.521m、5.521m 和 3.521m；鞍槽侧壁的平弯半径为 9.85m。散索鞍总成件质量约 116t，鞍体质量约 67.3t，柱面钢支座质量约 31t。

为增加主缆与鞍槽间的摩阻力，并方便索股定位，鞍槽内设竖向隔板，索股全部就位并调索后，在顶部用锌块填平，上紧压板及楔形块等压紧设施，再将鞍槽侧壁用螺杆夹紧。

散索鞍构件主要包括鞍体、柱面钢支座、底座板等；其余附属构件主要包括隔板、拉杆、螺母、垫圈、楔块、压板、锌块及地脚螺栓等。

江北散索鞍总装如图 6-7-1 所示。

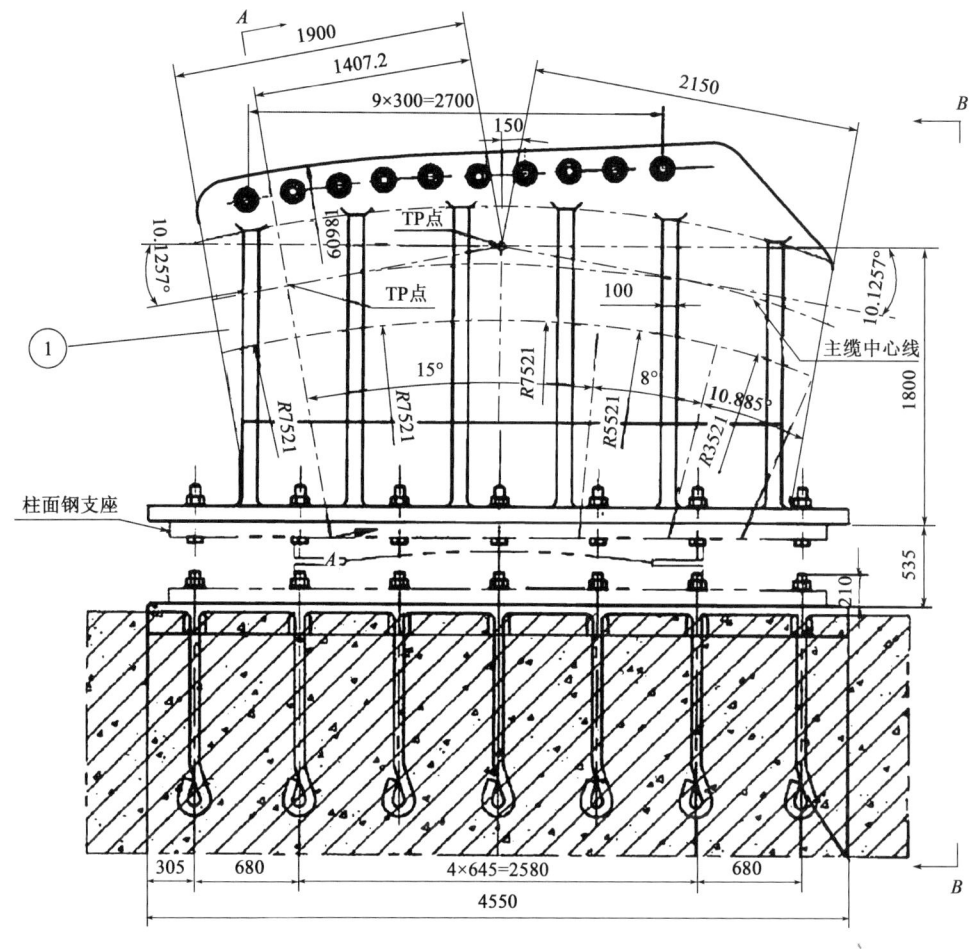

图 6-7-1

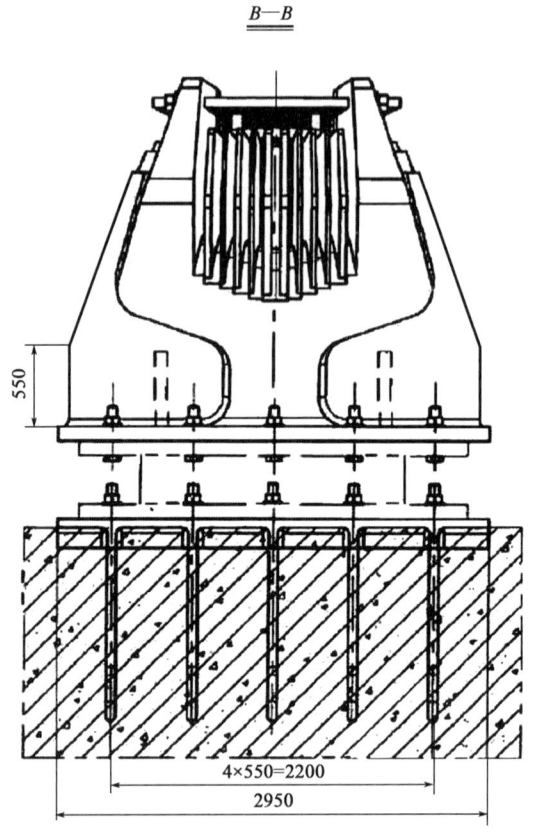

图 6-7-1　江北散索鞍总装图(尺寸单位:mm)

2. 散索鞍相关要求

（1）鞍体吊装用临时吊环,按使用方便的要求由鞍座制造厂商进行预设,但其必须满足有关受力要求。

（2）全部索股架设完成后,各槽路用锌质填块填平,上紧压板及楔形块等压紧设施,然后上紧拉杆。拉杆拉力按 50kN/级分级均匀上紧,每根拉杆最终上紧力为 400kN。

（3）散索鞍须在厂家指导下进行安装。

（4）散索鞍底座板安装完成应进行全桥联测,合格后方能进行混凝土浇筑,以保证散索鞍鞍体安装位置精确。

第二节　技术特点

隧道式锚碇洞内锚体轴线倾角为 40°,洞内断面尺寸狭小,散索鞍基础位于洞内,隧道式锚碇散索鞍起吊系统因锚洞空间限制无法采用大型机械设备,散索鞍安装采用滑移系统入洞后,使用千斤顶顶起,然后拆除滑移滑车,将鞍体与柱面钢支座对位安装。

1. 地脚螺栓定位精度高

散索鞍地脚螺栓垂直安装在倾斜的散索鞍基础槽内,底座板地脚螺栓安装精度要求在1mm内,若偏差过大,极易造成散索鞍底座板无法顺利安装。因此,在散索鞍基础浇筑前,预埋地脚螺栓定位钢板,定位钢板上开孔并安放PVC管作为后期地脚螺栓安装预留孔,后期安装时用砂浆灌满,从而保证地脚螺栓的安装精度。

2. 散索鞍门架洞外拼装、洞内滑移安装

散索鞍门架用于辅助安装散索鞍构件,同时也是主桥上部结构牵引系统安装、主缆索股架设进入隧道式锚碇的关键组成部分。散索鞍门架需优先于散索鞍进行安装,而散索鞍门架安装完成后,结构距离隧道初期支护最小净距仅有11.2cm,因此在散索鞍基础斜面拼装门架构件难度大。根据现场实际情况,结合门架用途,将门架设计成桁架形式,创造性地采用洞外整体拼装完成、吊装至洞口后,整体滑移入洞、安装。

3. 大吨位散索鞍洞内滑移安装

隧道式锚碇散索鞍的底座板、柱面钢支座、鞍体均通过滑移台车滑移安装。滑移施工借助反拉装置及牵引装置控制构件在倾角约30°的隧道式锚碇初期支护滑动面上沿下滑的型钢轨道平稳移动,再借助倒链及千斤顶进行各构件位置的精调。

4. 施工方便快捷、节约成本

散索鞍的主要构件从底座板、柱面钢支座到鞍体均采用在型钢轨道上滑移安装,施工方便;鞍体滑移与柱面钢支座对接后在铺有四氟乙烯板的柱面钢支座上滑动,然后采用千斤顶拆掉四氟乙烯板、微调精确对位,减少了散索鞍门架起吊所需起重量增加带来的门架体系需大幅加强的成本。

第三节 工艺原理及工艺流程

一、工艺原理

(1) 散索鞍门架在洞口拼装成整体,整体滑移至设计位置并浇筑底座板槽口混凝土。

(2) 待槽口混凝土达到设计强度的75%后,将柱面钢支座吊装至洞口并安装滑移台车,前端用10t倒链进行牵引,后端采用滑车组进行反拉。柱面钢支座滑移至设计位置后,借助倒链将柱面钢支座悬挂于散索鞍门架,拆除滑移台车,再通过倒链下放柱面钢支座至设计位置精确,安装固定。

(3) 采用相同的方法将散索鞍鞍体牵引滑移至柱面钢支座顶面,并在鞍体底板与支座顶面安装聚氯乙烯四氟板,拆除滑移台车,继续牵引滑移至设计位置后,利用4台千斤顶同步起顶依次拆除前、后聚氯乙烯四氟板,并精确调整鞍体位置后,利用M64高强度螺栓将鞍体固定于柱面钢支座上座板,完成散索鞍安装。

隧道式锚碇散索鞍滑移安装如图 6-7-2 所示。

图 6-7-2　隧道式锚碇散索鞍滑移安装图

二、工艺流程

隧道式锚碇散索鞍滑移安装工艺流程如图 6-7-3 所示。

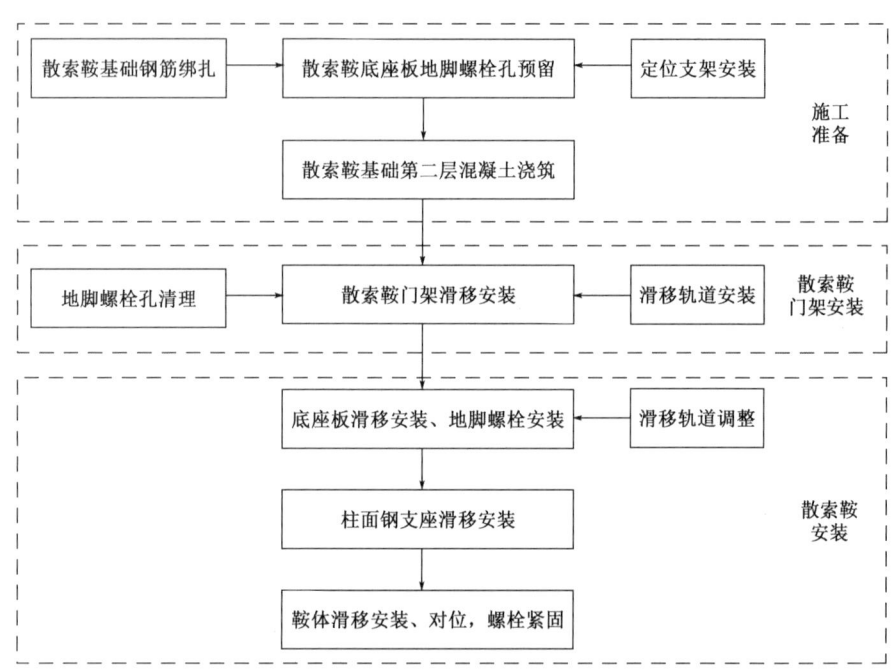

图 6-7-3　隧道式锚碇散索鞍滑移安装工艺流程图

第四节　施工材料与设备

一、主要施工材料

伍家岗长江大桥隧道式锚碇散索鞍滑移安装的主要材料见表 6-7-1。

主要材料表　　　　　　　　　　　　　　　　　　　表6-7-1

序号	材料名称	材料规格	主要用途
1	散索鞍门架	Q235	隧道式锚碇散索鞍安装
2	滑车组	80t	散索鞍安装
3	混凝土	C30	卷扬机基础、地锚
4	钢丝绳	φ40mm	散索鞍鞍体吊装
5	钢丝绳	φ36mm	散索鞍鞍体吊装
6	钢丝绳	φ28mm	散索鞍鞍体吊装
7	钢丝绳	φ24mm	卷扬机及部分吊装钢丝绳
8	钢板	1~2cm厚	轨道焊接
9	滑车	两轴	散索鞍滑移
10	螺栓	M64	滑车与散索鞍结构固定

二、主要施工机械

伍家岗长江大桥隧道式锚碇散索鞍滑移安装的主要施工机械见表6-7-2。

主要施工机械表　　　　　　　　　　　　　　　　　表6-7-2

序号	机械名称	用途	机械型号	单位	数量
1	全站仪	测量	TM50	台	1
2	光学水准仪	测量	苏一光 DSZ1	台	1
3	电子水准仪	测量	索佳 SDL1X	台	1
4	平板车	材料转运	CAT320B	辆	1
5	挖掘机	场地平整	BX1-500	台	1
6	电焊机	钢结构加工	—	台	2
7	氧割	钢结构加工	250kW	套	2
8	发电机	备用	10t	台	1
9	卷扬机	吊装	5t	台	4
10	卷扬机	吊装	20t	台	2
11	倒链	吊装	10t	台	4
12	倒链	吊装	5t	台	4
13	倒链	吊装	5~20t	台	若干
14	滑车	吊装	50t	台	若干
15	滑车组	吊装	60t	套	2
16	滑车组	吊装	30t	套	4
17	千斤顶	调整	50t	套	4
18	千斤顶	调整	—	套	2
19	卸扣	吊装	36/40/48	个	若干
20	挖掘机	场地平整	—	台	1

第五节 散索鞍安装施工

一、总体施工方案

散索鞍门架杆件在工厂制作后,经车辆运输至现场,在洞口拼装成整体,然后依次将散索鞍门架、底座板采用滑移台车滑移至设计位置,经全桥联测合格后浇筑底座板槽口混凝土。

待槽口混凝土达到设计强度的75%后,将柱面钢支座吊装至洞口并安装滑移台车,前端用10t倒链进行牵引,后端采用滑车组进行反拉。柱面钢支座滑移至设计位置后,采用两台20t倒链将柱面钢支座悬挂于散索鞍门架,拆除滑移台车,再通过倒链下放柱面钢支座至设计位置精确调整后,安装固定螺母。最后采用相同的方法将散索鞍鞍体牵引滑移至柱面钢支座顶面,并在鞍体底板与支座顶面安装聚氯乙烯四氟板,拆除滑移台车,继续牵引滑移至设计位置后,利用2台50t千斤顶依次拆除前、后聚氯乙烯四氟板,并精确调整鞍体位置后,利用M64高强度螺栓将鞍体固定于柱面钢支座上座板,完成散索鞍安装。

二、施工准备

1. 散索鞍底板地脚螺栓定位

(1)在散索鞍基础第二层施工时,预留槽口,在槽口内预埋地脚螺栓定位钢板,定位钢板上开相应的孔,混凝土浇筑之前在预埋定位钢板开口处预埋封底的PVC管(避免浆液漏入管道),PVC管超出钢板底面,作为地脚螺栓安装预留孔。预留槽口地脚螺栓定位钢板布置如图6-7-4~图6-7-6所示。

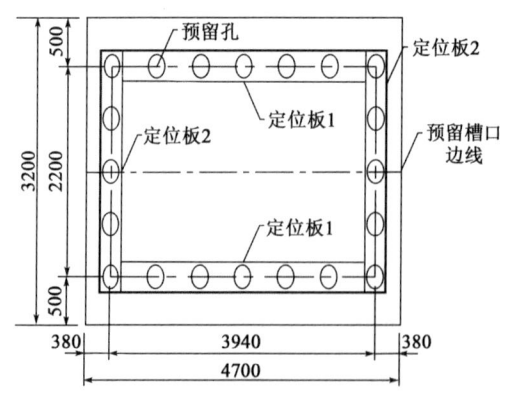

图6-7-4 槽口地脚螺栓定位钢板平面布置图
(尺寸单位:mm)

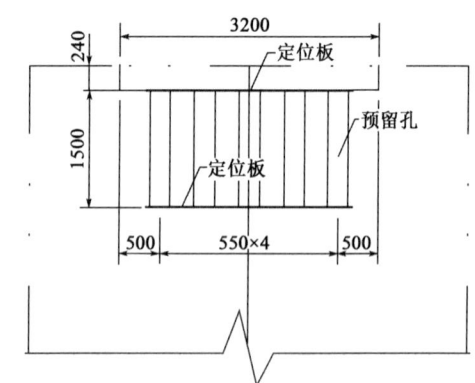

图6-7-5 槽口地脚螺栓定位钢板立面布置图
(尺寸单位:mm)

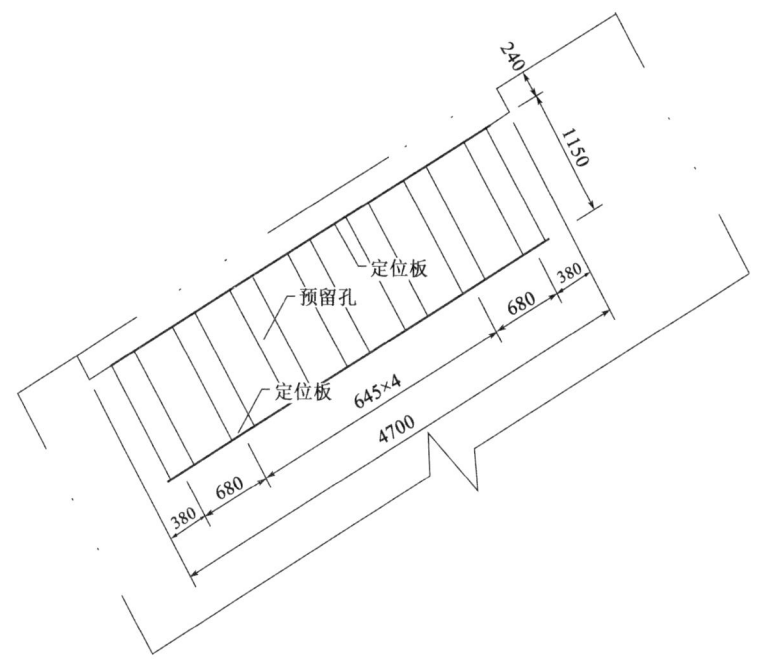

图6-7-6 槽口地脚螺栓定位钢板剖面布置图(尺寸单位:mm)

(2)散索鞍基础第二次浇筑完成后,拆除端头模板,浇筑槽口混凝土,混凝土从地泵通过泵管流入槽口,浇筑泵管布置采用实用新型专利《一种弹性可调节泵管附墙结构》,混凝土浇筑时,在顶面埋设预埋件钢板;分别在平缓段、边坡段和陡坡段布置,作为滑移轨道固定连接件。

2.滑移轨道预埋件安装

回填混凝土达到设计强度时,在其顶面铺设I40垫梁+[25作为滑移台车滑行轨道,槽钢开口向上,形成顺滑的滑动面,同时兼带导向功能。散索鞍安装主要包括散索鞍门架及底座板滑移安装、柱面钢支座滑移及散索鞍鞍体滑移安装,轨道台车3次滑移的中心间距设置根据底座板、柱面钢支座螺栓孔位置而定。回填混凝土达到一定强度后按照台车中心间距布置轨道。台车滑移轨道垫梁及预埋件布置如图6-7-7所示。

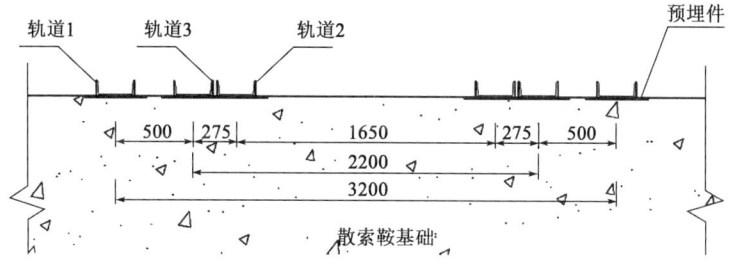

图6-7-7 散索鞍门架轨道布置图(尺寸单位:mm)

在洞口开挖基坑,浇筑地锚和卷扬机基础混凝土,地锚为长7200mm×宽3600mm×高2000mm的钢筋混凝土基础,基础上设置5个定滑轮作为卷扬机导向滑轮调整钢丝绳方向和位置。

三、散索鞍门架施工

1.散索鞍滑移台车

根据散索鞍需要滑移安装的最重构件即散索鞍鞍体,确定单个台车的动承载能力;根据洞内底板纵坡坡率变化幅度,确定台车可实现的最大转角;根据散索鞍支座的高度,确定台车的高度;根据散索鞍构件预留地脚螺栓孔径和间距在前后台车钢板上开孔,共开2排孔,每排3个。共投入4个台车,满足散索鞍滑移安装需求。滑移台车加工如图6-7-8所示,散索鞍台车滑移如图6-7-9所示。

图6-7-8 滑移台车加工图　　　　　图6-7-9 散索鞍台车滑移图

2.散索鞍门架设计

散索鞍门架采取钢桁架形式,各构件之间主要采用法兰形式连接。散索鞍门架通过四根HW300×300型钢立柱、2[40a型钢纵梁、一根2[36型钢横梁(前横梁)、两根2[25b型钢横梁(后横梁)形成框架结构。立柱之间通过HW300×300型钢斜杆连接,纵横梁平面上设置2[14型钢平联;在散索鞍门架底部焊接双拼[25,以增强散索鞍门架整体稳定性,便于门架滑移。散索鞍门架示意如图6-7-10和图6-7-11所示。

3.散索鞍门架安装

(1)安装前准备工作

①在第二次散索鞍基础施工时,预留长4700mm、宽3200mm、深240mm的槽口;在槽口内预埋地脚螺栓定位钢板,定位钢板上开φ252mm的孔,混凝土浇筑之前在预埋定位钢板开口处预埋φ250mm的PVC管(封底),PVC管超出钢板地面1150mm,作为后期地脚螺栓安装预留孔,为保证定位板安装准确,在散索鞍基础槽口内采用角钢焊接定位支架进

行固定。散索鞍基础顶面预埋件包含门架预埋件、索鞍锁定预埋件、千斤顶预埋件、猫道承重索锚固预埋件及轨道预埋件,预埋件安装验收合格之后进行混凝土浇筑。

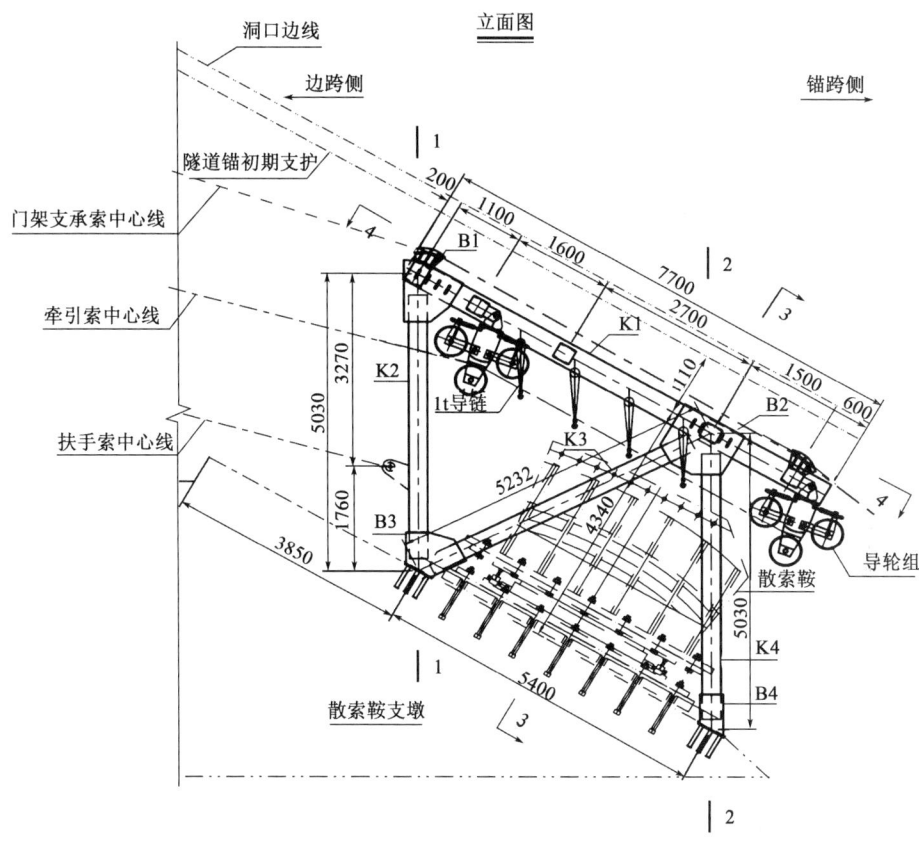

图 6-7-10　散索鞍门架侧立面布置示意图(尺寸单位:mm)

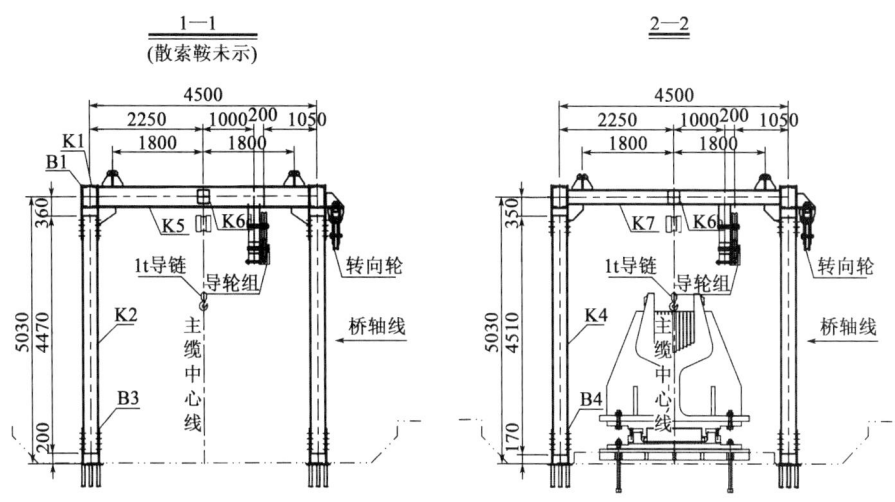

图 6-7-11　散索鞍门架横断面布置示意图(尺寸单位:mm)

②第二次散索鞍基础端头模板拆除后,浇筑回填混凝土。混凝土浇筑时,在顶面埋设预埋件;预埋件为400mm×20mm×10mm的钢板,钢板下方焊接3根钢筋;预埋件沿着I40布置,平缓段、边坡段和陡坡段间距分别按照2m、1m和0.7m控制,在[25端部焊接反力牛腿钢板作为台车限位。

③回填混凝土达到一定强度时,在其顶面铺设I40垫梁+[25型钢作为滑移台车滑行轨道。轨道台车中心间距分别为3200mm(散索鞍门架滑移)和1650mm(散索鞍构件滑移)。回填混凝土达到一定强度后按照台车中心间距布置轨道。散索鞍基础预留槽口混凝土浇筑前按照台车轨道间距在基础顶面预埋预埋件固定[25型钢。

散索鞍范围预埋件布置如图6-7-12所示,散索鞍滑移轨道剖面布置如图6-7-13所示,散索鞍门架轨道布置如图6-7-14所示。

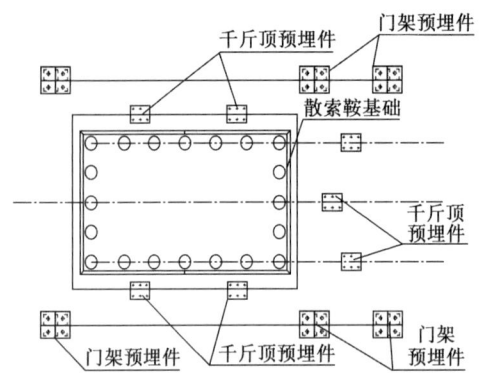

图6-7-12 散索鞍范围预埋件布置图

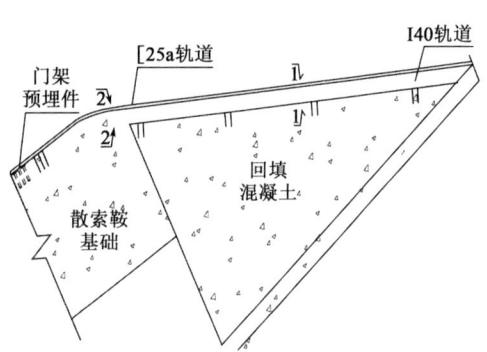

图6-7-13 散索鞍滑移轨道剖面布置图

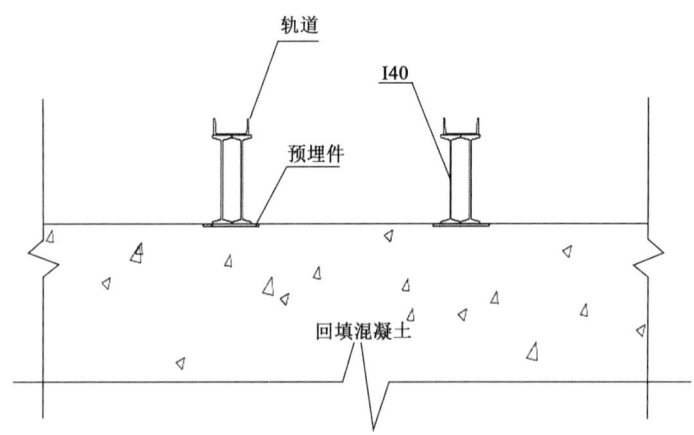

图6-7-14 散索鞍门架轨道布置图

④在洞口开挖基坑,浇筑地锚和卷扬机基础混凝土,地锚为长7200×宽3600mm×高2000mm的钢筋混凝土基础,基础顶设置间隔2m的反力牛腿,牛腿设置横梁,横梁及牛腿均采用双拼I40型钢焊接;横梁上焊接两个耳板作为反拉系统滑轮组动滑轮固定点,横梁上焊接卷扬机导向轮调整钢丝绳方向。散索鞍滑移反拉系统布置如图6-7-15所示。

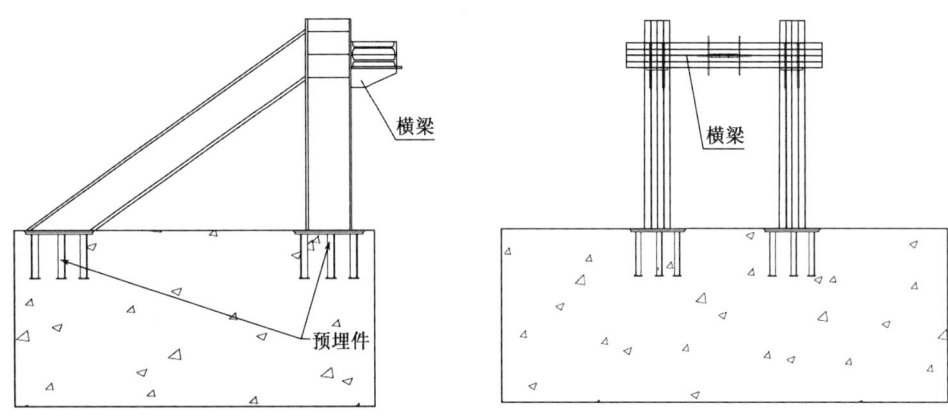

图 6-7-15 散索鞍滑移反拉系统布置图

⑤安装卷扬机、地锚上的牛腿、耳板及导向轮及滑轮组。

⑥在滑移轨道的末端安装限位装置,防止卷扬机故障造成滑移台车超出轨道,滑移台车上与安装主体通过螺栓连接。

⑦在散索鞍基础顶面埋设索鞍锁定装置预埋件,在预埋件上焊接反力牛腿斜撑及立柱,作为散索鞍安装限位和调整装置。

⑧在进行上述作业期间,同步在洞口附近拼装散索鞍门架,散索鞍门架杆件在加工厂先经预拼合格后运至现场。在隧道式锚碇洞口附近拼装散索鞍门架;散索鞍门架总质量7.5t,单根杆件最大质量为2t,散索鞍门架拼装采用汽车式起重机进行拼装,拼装顺序按照立柱焊接成桁架片→焊接桁架横桥向横梁→焊接顶面横梁→焊接顶面纵梁→焊接顶面连接系进行安装,然后整体吊装安装滑移台车。滑移台车与立柱之间的双拼[25 平联焊接固定,台车轨道间距 3200m。

(2)散索鞍门架拼装滑移

①洞口 10t 卷扬机钢丝绳绕滑车组将门架反拉,反拉吊点设置在门架横梁位置,在横梁上对称焊接两个耳板,间距按照 2200mm 控制作为反拉系统动滑轮两个吊点。

②在洞内利用 10t 倒链将门架牵引滑向散索鞍基础顶面,牵引过程中 10t 卷扬机同步进行松绳。

散索鞍门架滑移安装示意如图 6-7-16 所示。

③随着前台车滑移至散索鞍基础顶面,由于坡率变化,门架倾角将发生变化,卷扬机缓慢松绳,保证散索鞍门架平稳随着滑移台车进行小角度转动。

④待门架滑移至设计位置时,在台车滚轮后面的轨道上焊接限位钢板固定台车位置,然后在门架两道底横梁对称靠近台车位置各设置两台 30t 手压式千斤顶,同步顶升,拆除前后滑移台车。

⑤通过滑轮组、索鞍锁定预埋件焊接的立柱在千斤顶下放的时候调整门架纵向里程,利用轨道预埋钢板调整门架横向偏位;待门架位置调整完成后,将门架立柱与门架预埋件焊接固定,完成门架安装。

散索鞍门架整体吊装至洞口如图 6-7-17 所示,散索鞍门架滑移如图 6-7-18 所示。

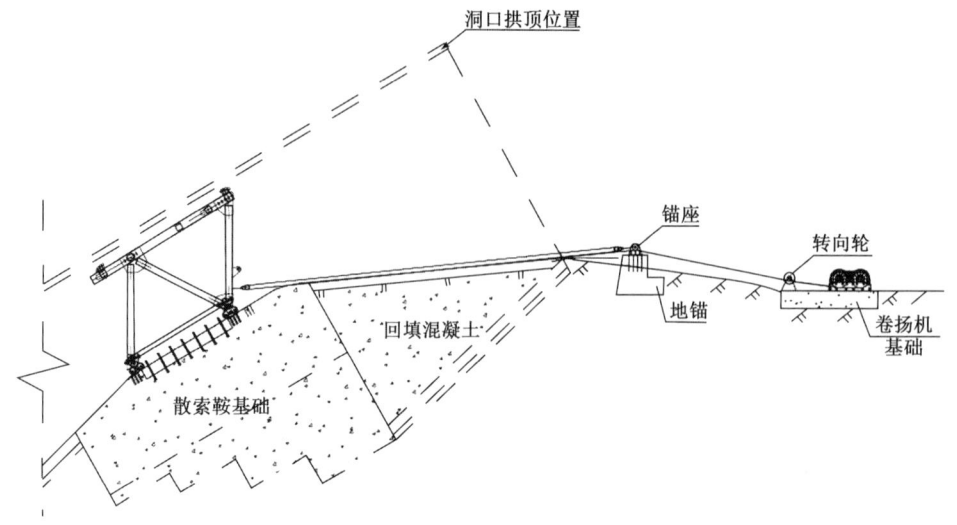

图 6-7-16 散索鞍门架滑移安装示意图

图 6-7-17 散索鞍门架整体吊装至洞口

图 6-7-18 散索鞍门架滑移

(3) 散索鞍门架试吊

散索鞍门架在整个上部结构施工过程中主要用于配合完成索股牵引及索股提升入鞍,同时在散索鞍安装过程中的主要受力工况为吊装散索鞍底板及柱面钢支座。

在散索鞍门架安装及焊接完成后按照要求对门架进行验收,验收完成后进行试吊。在门架及底座板安装完成后将柱面钢支座按照预先步骤滑入洞内至底座板上方,然后采用两台 20t 倒链将柱面钢支座提起 5cm 左右,持荷时间不少于 10min,观察门架结构等变形情况。

四、散索鞍安装

1. 散索鞍底座板安装

在隧道式锚碇散索鞍滑移轨道上摆放好台车,利用汽车式起重机将底座板(质量约 7t)吊装至洞口台车顶面并用螺栓将两者连接;安装好反拉系统及牵引系统,将底座板滑移至设计位置,利用 4 台悬挂于散索鞍门架的 15t 手拉葫芦提升底座板,拆除台车;再通过手拉葫芦下放至设计位置,精确就位后,浇筑底座板槽口混凝土,拆除底座板与反拉系统连接,完成底座板安装。

安装步骤如下:

(1)利用汽车式起重机将底座板吊装至滑移台车,并用螺栓连接固定,洞口10t卷扬机钢丝绳绕滑车组将底座板反拉。

(2)在洞内利用10t倒链将底座板牵引滑向散索鞍基础顶面,牵引过程中10t卷扬机同步进行松绳。滑移到位后,底座板悬挂于散索鞍门架上并采用10t倒链将底座板拉紧。

(3)利用门架两侧斜杆及两道横梁处吊点的倒链,配合将底座板落至预留槽口位置,精确调整好底座板的平面位置和高程后,利用角钢固定牢靠,然后拆除反拉滑车组。

(4)浇筑槽口混凝土,安装地脚螺栓。地脚螺栓安装时,按照设计图纸要求,螺栓外露部分超出散索鞍底板高度为210mm。在地脚螺栓预留孔内灌注支座灌浆料并进行养护,完成底座板安装。

底座板滑移如图6-7-19所示,底座板地脚螺栓精确定位如图6-7-20所示,槽口混凝土浇筑如图6-7-21所示,槽口混凝土养护如图6-7-22所示。

图6-7-19 底座板滑移图

图6-7-20 底座板地脚螺栓精确定位

图6-7-21 槽口混凝土浇筑图

图6-7-22 槽口混凝土养护

2. 散索鞍柱面钢支座安装

步骤一：

（1）采用 350t 汽车式起重机将柱面钢支座（质量约 30t）吊装至洞口，在下座板安装滑移台车；柱面钢支座与散索鞍鞍体之间均采用螺栓连接。

（2）在柱面钢支座后端安装滑车组进行反拉，反拉系统动滑轮卸扣设置两根独立钢丝绳，反拉锚固点设置在柱面钢支座顶板螺栓预留孔。

（3）在洞内采用 10t 倒链进行缓慢牵引，牵引过程中，10t 卷扬机同步缓慢松绳。

柱面钢支座滑移如图 6-7-23 所示，底座板地脚螺栓精确定位如图 6-7-24 所示。

图 6-7-23　柱面钢支座滑移图　　　　　图 6-7-24　底座板地脚螺栓精确定位

步骤二：

（1）当柱面钢支座牵引滑移至设计位置正上方时，在上承板螺栓预留孔位置设置吊点。

（2）利用门架横梁 2 和横梁 4 的倒链将柱面钢支座吊起。

（3）利用两台 20t 倒链缓慢提升柱面钢支座。当滑移台车悬空 5cm 左右时，拆除前后滑移台车。

（4）缓慢放松倒链，至柱面钢支座前端与底座板快接触时再调节横梁 4 倒链，使柱面钢支座与底板倾角相同。通过索鞍锁定预埋件上焊接的型钢和门架斜杆的倒链调节柱面钢支座横向和纵向偏位，缓慢下放柱面钢支座使预埋地脚螺栓穿过其底板预留孔，完成柱面钢支座下放。

（5）安装固定螺栓，拆除反拉系统收回滑移台车，完成柱面钢支座安装。

柱面钢支座与地脚螺栓对位如图 6-7-25 所示，柱面钢支座螺栓连接如图 6-7-26 所示。

3. 散索鞍鞍体安装

步骤一：

（1）利用 350t 汽车式起重机将散索鞍鞍体吊装至洞口，散索鞍吊点设置在鞍体外侧预先焊接耳板位置，总共设置 4 根独立钢丝绳；在散索鞍底板安装滑移台车；散索鞍底板设置有柱面钢支座与鞍体连接的螺栓预留孔，鞍体与台车之间采用螺栓进行连接固定。

图 6-7-25　柱面钢支座与地脚螺栓对位图

图 6-7-26　柱面钢支座螺栓连接

（2）在鞍体后端安装滑车组进行反拉，滑车组动滑轮后面设置两根独立钢丝绳，钢丝绳通过卸扣与鞍体连接，连接位置设置在鞍体螺栓预留孔位置，钢丝绳与水平夹角按照60°控制，连接点水平间距为1100mm。

（3）在鞍体前端采用10t倒链进行缓慢牵引，牵引过程中，10t卷扬机缓慢松绳。

散索鞍鞍体吊装如图6-7-27所示，散索鞍鞍体滑移安装如图6-7-28所示。

图 6-7-27　散索鞍鞍体吊装图

步骤二：

当前台车滑移至散索鞍基础顶面时，由于坡率变化，需注意控制滑移速度。

步骤三：

（1）当前台车滑移钢轮滑移至接近柱面钢支座时，在台车下[25轨道焊接限位钢板，保证台车在后续施工过程中不随意滑动。当台车滑移至接近柱面钢支座时，索鞍与柱面钢支座重叠部分为900mm。

（2）在靠近前台车附近安装两台30t手压式千斤顶（千斤顶高度500mm，小于台车高度660mm，能够保证千斤顶正常操作）。

图 6-7-28　散索鞍鞍体滑移安装图

（3）在千斤顶顶面设置四氟滑板并同步起顶至前台车悬空 3cm 左右后，在柱面钢支座与鞍体间支垫四氟滑板，拆除前台车。

步骤四：

缓慢释放卷扬机钢丝绳，继续将鞍体牵引滑移前进，至后台车距离柱面钢支座 5cm 左右时停止牵引。

步骤五：

（1）在两个后台车之间安装 1 台 50t 手压式千斤顶，起顶至后台车悬空 3cm 左右后，在柱面钢支座与鞍体间再支垫一块四氟滑板并回落千斤顶。

（2）拆除后台车。

（3）拆除千斤顶及千斤顶底座。

（4）继续将鞍体牵引滑移前进，直至鞍体中心线距离其设计位置 3cm 左右时停止牵引。

散索鞍鞍体滑移安装示意如图 6-7-29 所示。

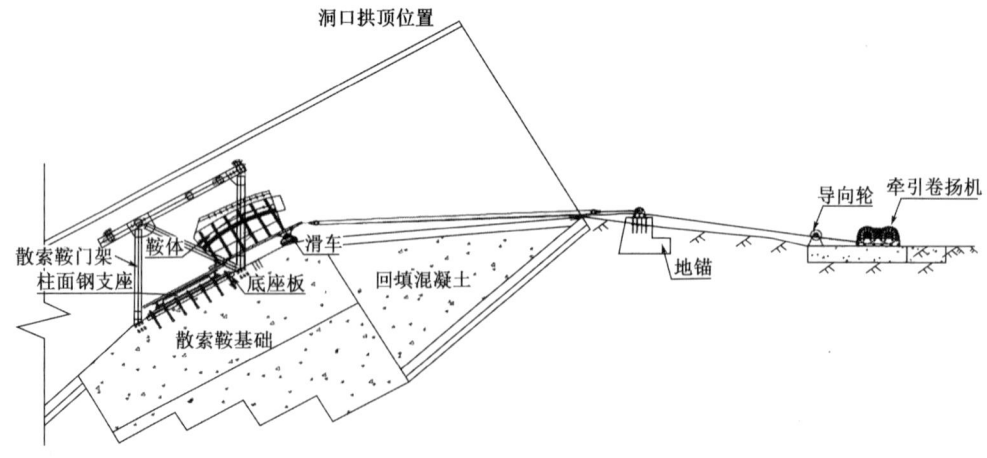

图 6-7-29　散索鞍鞍体滑移安装示意图

步骤六：

（1）在鞍体前起顶耳板处各摆放 1 台 50t 千斤顶，调整好位置后施加顶力，待前四氟滑板脱空后，拆除四氟滑板，千斤顶回缸，挪至鞍体后起顶耳板处。采用相同的方法拆除另一块四氟滑板后，鞍体底板直接与支座顶面接触。

散索鞍鞍体借助四氟板滑移如图 6-7-30 所示。

图 6-7-30　散索鞍鞍体借助四氟板滑移

（2）利用索鞍锁定预埋件上焊接的立柱及门架斜杆和横杆上的倒链，调整鞍体纵、横向位置。螺栓孔对齐后，安装固定螺栓，完成鞍体安装。散索鞍鞍体安装到位示意如图 6-7-31 所示。

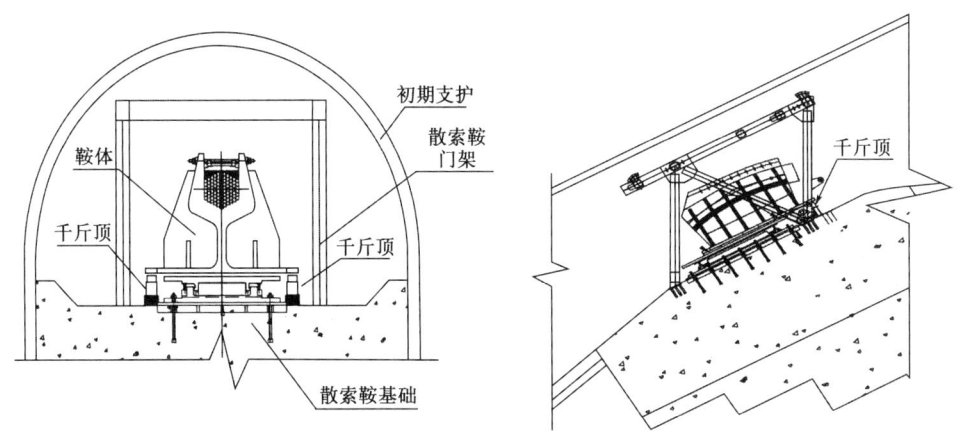

图 6-7-31　散索鞍鞍体安装到位示意图

（3）解除滑车组与鞍体连接，拆除反拉系统。散索鞍安装完成如图 6-7-32 所示。

图 6-7-32 散索鞍安装完成

第六节 质量控制标准及措施

一、质量控制标准

(1) 散索鞍门架门柱的安装质量控制标准见表 6-7-3。

散索鞍门架门柱的安装允许偏差　　　　　　表 6-7-3

项目			允许偏差	检验方法
柱脚底座中心线对定位轴线的偏移(mm)			5.0	用吊线和钢尺检测
基准点高程 (mm)	有吊车梁的柱		+3.0，-5.0	用水准仪检查
	无吊车梁的柱		+5.0，-8.0	
弯曲矢高(mm)			$H/1200$ 且不应大于 15.0	用经纬仪或拉线或钢尺检查
柱轴线垂直度 (mm)	单层柱	$H \leq 10\text{m}$	$H/1000$	用经纬仪或吊线或钢尺检查
		$H > 10\text{m}$	$H/1000$ 且不应大于 25.0	
	多节柱	单节柱	$H/1000$ 且不应大于 10.0	
		柱全高	35.0	

注：H 为柱高。

(2) 散索鞍鞍体安装质量控制标准见表 6-7-4。

散索鞍体安装实测项目(JTG F80/1—2017)　　　　表 6-7-4

项次	检查项目	规定值或允许偏差	检查方法和频率
1	底板轴线纵、横向偏位(mm)	≤5	全站仪、尺量：每鞍测纵、横向中心线 2 点
2	底板中心高程(mm)	±5	水准仪：测每鞍
3	底板高差(mm)	≤2	水准仪：每鞍测底板四角
4	散索鞍竖向倾斜角	满足设计要求	全站仪：测每鞍

（3）散索鞍鞍体高强度螺栓质量控制标准见表 6-7-5。

高强度螺栓预拉力值范围　　　　表 6-7-5

螺栓规格（mm）		M16	M20	M22	M24	M27	M30
预拉力值 P（kN）	10.9s	93~113	142~177	175~215	206~250	265~324	325~390
	8.8s	62~78	100~120	125~150	140~170	185~225	230~275

二、质量控制措施

1. 散索鞍门架制作安装

（1）吊架构件、零部件经厂内验收并附验收合格证运抵现场后会同监理对数量及质量进行全面清查，对装运过程中产生的缺陷和变形的构件，予以矫正、处理，符合要求后，方可使用。经矫正、处理后不符合要求的，予以更换。

（2）安装过程中，螺栓连接应满足设定的拧紧力矩；施拧完毕后，设专人逐一检查，对不符合要求的进行补拧和更换。

（3）门架的螺栓连接与拼接焊缝按设计和有关规范要求进行验收，使用经验收符合要求的焊条、焊丝和焊剂，对于焊接的关键部位、关键点按照规范要求进行超声波探伤。经超声波探伤检验合格后才能进入加载试验。

2. 散索鞍构件的成品保护

（1）索鞍及附属构件经厂内验收并附验收合格证明书，合格证明书内容应有：制造厂名称代号、图号或件号、炉号、化学成分、机械性能试验报告，无损检测报告，以及合同明确规定的其他内容。

（2）索鞍及附属构件附验收合格证明书运抵现场后会同监理对索鞍构件的完整性验收，填写移交记录表，记录索鞍及附属构件数量、交货状态、运输过程中的损伤等数据，并存档。

（3）卸车时吊点连接、临时存放支点均应做好保护，防止碰伤构件、损伤涂装漆膜。

（4）构件存放地点做好防火、防潮、遮挡措施。

（5）对于后期安装的小构件，入库保管，防止遗失和损伤，螺杆丝口包缠纤维带。

（6）对于索鞍承板滑动幅应重点保护，防止擦伤。

3. 散索鞍安装施工

（1）散索鞍底座板施工

①地脚螺栓埋设时，需采用定位钢板对地脚螺栓进行定位，确保每颗螺栓的位置和角度满足安装精度要求。

②底座板悬挂于门架整体滑移就位，就位后需采用楔形钢垫块调整其位置和高程，满足设计要求后临时锁定牢靠。

③在底座板混凝土浇筑过程中，监督工人灌注均匀，减少冲击，在振捣过程中不能接

触底座板和垫块，确保底座板在混凝土浇筑及振捣过程中位置保持不变。

(2) 散索鞍安装

①安装前应进行全面检查，如有损伤，须作处理。索槽内部应清洁，不应沾上减少缆索和索鞍之间摩擦的油或油漆等材料。

②索鞍就位后应锁定牢靠。

③必须按设计和有关技术规范要求放置底板或格栅，并与底座混凝土连成整体。底座混凝土应振捣密实，强度符合设计要求。

④混凝土到达现场后由工地试验人员对其进行验收，现场核对坍落度，严禁在现场任意加水，并按规定留取试件。

⑤索鞍表面必须清洁，防护涂装完好无损。

第七节　本 章 小 结

隧道式锚碇内散索鞍采用滑移安装施工关键技术，替代了传统的起重机吊装和散索鞍门架吊装施工工艺。该技术有效克服了隧道内施工空间极为有限的难点；仅利用卷扬机、倒链及千斤顶等小型机具完成了构件在隧道内的移动及精确定位，大幅降低施工成本，既能保证施工安全，又能确保施工质量，经济效益显著。安全、环保、文明施工情况良好，散索鞍滑移安装技术的成功应用可为今后其他项目，尤其是大倾角隧道式锚碇大吨位散索鞍施工项目提供借鉴。

第八章 隧道式锚碇内主缆散索股 OTC 长效防护施工关键技术

第一节 工程概述

主桥江北侧锚碇为隧道式锚碇,右洞长 107.5m,左洞长 101.5m,隧洞轴线倾角 40°,最大埋深 80m,前锚面尺寸 9.04m×11.44m,后锚面尺寸 16.0m×20.0m。主缆在隧道锚内的散索长度约为 42m,由独立分开的 85 根 127 丝 ϕ6mm 的索股和 6 根 91 丝 ϕ6mm 的索股组成。

主缆索股架设完成后,在后续的施工以及成桥后的运营过程中,对散索段的索股保护和防腐耐久性要求显著提升。该区域索股的独立空间狭小,相互交叉影响,给主缆索股的防腐保护提出了一大难题。主缆作为悬索桥结构的主要承载构件,加强对结构的耐久性防护显得尤为重要。隧道式锚碇平面及立面布置如图 6-8-1 所示。

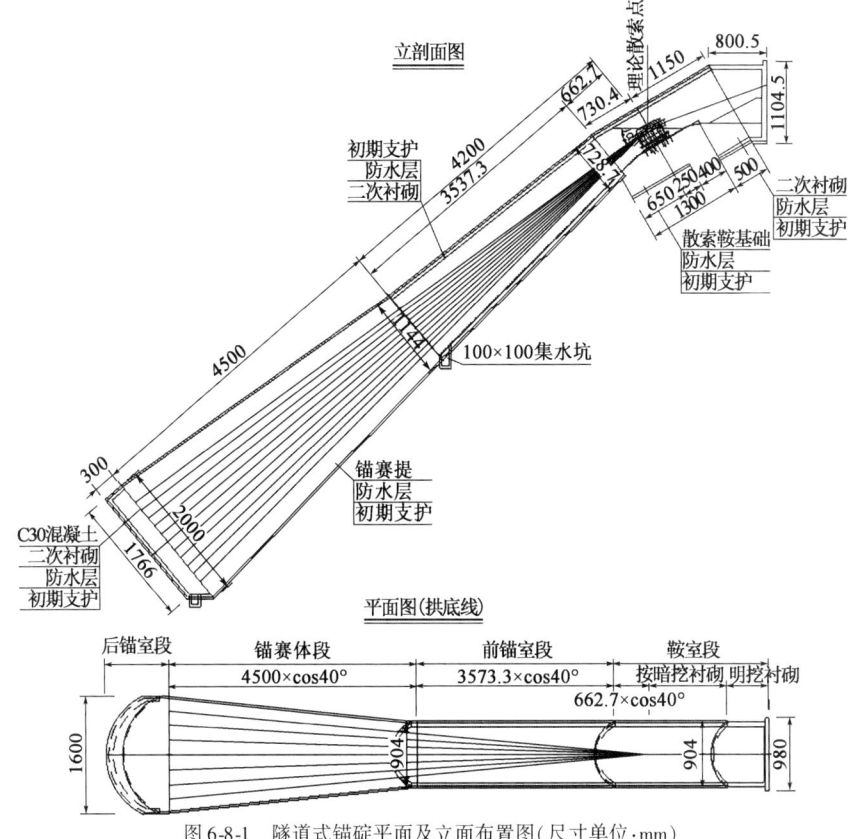

图 6-8-1 隧道式锚碇平面及立面布置图(尺寸单位:mm)

第二节　应用背景调查

该技术应用前,项目经过大量的调查。调查中发现:

(1)某主跨1000多米的悬索桥通车10年,除湿系统未能较好地控制室内湿度,经两次油漆维修后,锚固钢结构呈现腐蚀现象。

(2)某悬索桥通车11年,经油漆维修并安装除湿系统后,但索股仍呈现腐蚀现象。

(3)某大桥于2001年10月竣工,2011年检查发现锚室前锚面与锚室侧墙间混凝土开裂导致渗水,渗水量较多,形成类似"钟乳石"的结晶体,同时前锚面也有渗水痕迹,多次油漆防护维护后锚固连接器仍受渗水影响而锈蚀。

(4)西南地区某大桥主跨268m,于2003年5月建成通车,2011年11月检查发现锚室内湿度达到70%,手摸到钢结构受局部明显潮湿;前锚面渗水潮湿,交界面有"钟乳石"生成。钢丝明显腐蚀。

(5)某主跨636m大桥,于2008年通车。2011年11月检查发现,锚室内多处渗水,长年积水约15cm,锚固结构两次油漆维护后仍发生腐蚀。

通过以上调查发现,这些桥梁锚室都存在渗水、漏水现象;部分锚固系统已进行油漆维护,但现场仍可见腐蚀锈迹;部分桥梁安装了除湿机,非雨季锚室内相对湿度70%,处在最佳腐蚀范围。

通过调查西南地区早期建设的悬索桥锚固结构的使用状态,结果表明:

(1)锚固钢结构件普遍存在腐蚀现象,腐蚀严重程度各有差异。

(2)锚室渗漏水较普遍,是腐蚀的一大原因。

(3)油漆防腐效果远不足达到原设计寿命期限。

对以上原因分析:

(1)室密闭、易渗水、湿度大,客观上存在腐蚀环境条件。

(2)锚固结构复杂,形状各异;现场前处理达不到要求,油漆防护效果大打折扣,修复涂漆往往只3~5年的使用期限即又出锈迹。

(3)西南区多雨温润;岩土含水丰富,易渗漏水到锚室内。

(4)除湿机效能达不到预期鲜果,存在一定的除湿盲区。

(5)油漆本身的防腐寿命较短,不足以支撑设计寿命要求。

从上述防腐调查记录可知,锚室防腐蚀现状不容乐观,普遍存在腐蚀现象,有的甚至已经产生很严重的腐蚀。隧道式锚碇的腐蚀又更严重。

腐蚀是一种不可逆转的损伤,又缓慢发展过程,需要一个较长的时间才能发现。悬索桥主缆系统结构是桥梁中终身不可更换的受力构件,必须做好主动防腐、科学防腐、长效防腐、绿色防腐,以确保桥梁的百年设计寿命。

氧化聚合型包覆防腐蚀(OTC)技术具有优异的防腐蚀性能,技术产品成熟可靠,性能稳定、防腐寿命长、轻维护甚至免维护，已在建筑、石化、电力、化工、核电等领域广泛应用，取得了良好的防腐效果。

OTC 技术特别适用于异型钢结构、受力钢结构、腐蚀环境恶劣、难于维护的钢结构、不能更换的钢结构等重要构件。

OTC 技术已在柳州红光桥、成都二环线清水河桥、贵州坝凌桥、贵州北盘江等悬索桥构件腐蚀维护中应用，逐渐受到业主的关注与青睐。

因此，鉴于国内悬索桥隧道式锚碇内钢结构的腐蚀病害问题突出，综合考虑当前防腐技术的发展状况，建议伍家岗长江大桥隧道式锚碇内主缆索股防腐措施采用 OTC 技术。

第三节　应用必要性

伍家岗长江大桥隧道式锚碇室深植地下，桥梁运营时锚室呈全密封状态，锚室周围岩土含水丰富，水较易渗入到锚室内，易构成对主缆散索结构腐蚀条件。

由于其隐蔽工程的特性，后期管养过程往往容易被忽视，得不到有效的关注和维护，成为维护的薄弱环节。众多工程实践表明，隧道式锚碇室内结构的防腐蚀成为难点。所以，为了保证桥梁的长期健康运营，建议采用 OTC 技术对隧道式锚碇室内索股进行长效保护。其必要性分析如下：

(1) 散索股采用传统方案油漆本身寿命短，需要频繁维护，腐蚀风险较高。

隧道式锚碇散索区索股防腐油漆施工前，需要将钢结构表面清洁到 Sa2.5 的程度，且需要表面无水、无油、无污染才能达到其附着力要求。而锚固结构零件大小不一，形状各异，并且安装后施工环境、条件、工艺措施根本无法达到这样苛刻条件，因此油漆防腐效果大打折扣，防腐寿命一般仅 5 年左右，需要频繁重新维护。再次涂漆前需要再次将表面清洁，但锚固结构、空间、施工条件均无法达到油漆防腐清洁要求，因此往往后面的防腐效果不如前次的，会导致恶性循环。所以，需要采用一种防腐效果好、防腐持久的防腐方法来解决传统的油漆防腐方法带来的隐患问题。

(2) 隧道式锚碇室防水施工要求高，锚室内湿度大，易导致散索股腐蚀严重。

宜昌地区靠近西南地区，雨量充沛，气温较高，雨季时，空气的相对湿度达到 80% 以上。悬索桥隧道式锚碇建设在地下，尽管隧道式锚碇室已经采用了一定防水处理，但由于其环境的特殊性，对施工要求相当高。由于施工条件的限制，现场施工不能完全达到100% 的防渗漏情况，未来还是难以避免渗水问题，而且经调查，目前运营绝大多数锚室存在一定渗、漏水现象，为主缆散索股腐蚀创造了条件。

锚室建设完成后为封闭结构，水一旦进入锚室后，很难完全排出洞外，总会存在一定的残留，因此内部湿度较大，成为腐蚀主要成因。典型的调查时间为 11 月，室外相对湿度 45%，而锚室内相对湿度高达 70%，此条件已成为腐蚀最佳湿度范围。

(3) 仅依靠锚室除湿系统很难完全解决锚室内索股腐蚀问题，并且除湿系统较庞杂，管理难度大,使用成本高。

除湿系统在空间大的锚室内,存在一定的除湿盲区。特别是在渗漏水的情况下,会导致除湿效果不佳,使得室内相对湿度的降低时间大大延长,同时也给锚室内索股留下了腐蚀的条件和时间。

除湿机系机构庞杂,由机、电、控制、管路等组成,只要一个环节出现问题,系统即会停止工作,需要专业人员维护。从大量的调查经验得知,安装的除湿系统会存在一定的维修和维护时间。在此期间,锚室内的除湿系统无法工作,也会导致腐蚀的情况出现。另外,除湿系统常年运营费用较高,维护成本高,因此导致使用成本无形增加。

此时,主缆作为大桥的永久构件,不可更换,是大桥的生命线,显得尤为重要。因此,对锚室内散索股的防腐应格外重视,提出更高要求。OTC技术的应用,与隧道式锚碇室内的除湿系统一起,为锚室内的主缆散索股的防腐提供了双重保障。

(4)长效防腐技术具有优异的防腐蚀性能,最终可达到减少维护或免维护的效果。

长效防腐技术具有优异的防腐蚀性能,并且具有可带锈、带水直接施工的便利,最终达到减少维护,甚至可免维护的效果。该技术经过多年的研究试验和大量的工程应用,已在众多工程领域显示出显著的有效性与优越性,相较传统油漆防腐技术时效短的问题,使用OTC技术能有效提升工程结构的防腐使用寿命,防腐期限可达50年。

第四节 OTC技术介绍

一、技术简介

OTC技术体系:由防锈、除锈、长效密封等产品及技术措施组合而成。体系由内到外分别由缓释膏、缓释带、外防护剂组成配套的防腐结构。内层的缓释膏成油膜状附着在钢材表面,致密性好,长期不固化。缓释膏中含有的铁锈转化成分能将钢结构表面未处理尽的铁锈,转化成致密四氧化三铁氧化膜,形成保护性封闭层,防止钢铁继续氧化、锈蚀,起到除锈、防锈双重作用。中间层是浸渍了特殊缓释材料的无纺布形成的缓释带,具有的防腐、耐候、密封性良好,且柔软、拉伸强度、黏附性适中,具有一定的延展性,可以粘贴到各种复杂形状的结构表面;外防护剂涂刷在缓释带表面,与空气接触后,在较短时间内氧化聚合成一种坚韧的皮膜,具有耐候、密封性能,有效防止紫外线照射老化和腐蚀介质进入,形成连续完整的保护膜。以上三层材料均为难燃产品。

OTC技术在桥梁主缆、吊索等关键构件的防腐工程中得到了应用和高度认可。采用OTC技术对隧道式锚碇室内主缆索股进行防腐防护,能够较好地解决施工期主缆防护和运营期主缆防腐的问题,具有良好的经济性、可靠性。

OTC技术应用应满足《钢结构氧化聚合型包覆防腐蚀技术》(GB/T 32120—2015)和《涂覆涂料前钢材表面处理 表面清洁度的目视评定 第1部分:未涂覆过的钢材表面

和全面清除原有涂层后的钢材表面的锈蚀等级和处理等级》(GB/T 8923.1—2011)中技术要求,同时可参考《海洋钢铁构筑物复层矿脂包覆防腐蚀技术》(GB/T 32119—2015)的规定要求。

氧化聚合型包覆防腐层结构示意如图6-8-2所示。

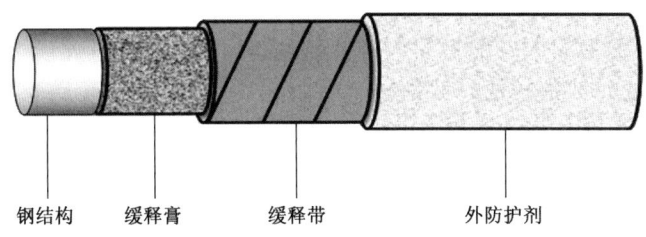

图6-8-2　氧化聚合型包覆防腐层结构示意图

二、缓释膏

缓释膏是氧化聚合型包覆技术中最核心的材料,是复配的除锈剂、阻锈剂及缓蚀剂的特殊复合膏体,位于最内层的部分,直接与被保护的金属基体紧密接触,含有的特殊除锈剂能将钢结构表面未处理尽的铁锈,转化成黑色的钝化膜,形成保护性封闭层,阻锈剂及缓蚀剂防止钢铁继续氧化、锈蚀,具有除锈、防锈双重作用。

三、缓释带

缓释带是将聚酯纤维浸渍到特殊调制的缓释材料中而制成的,非常柔软,可以粘贴到各种复杂形状的结构表面。浸渍了特殊调制缓释材料的缓释带,具有良好的密封性,可以将金属表面与水分、盐分、空气等腐蚀性因子隔离,从而达到最好的防护性能。此外,氧化聚合型缓释带还具有良好的阻燃性和耐候性。

四、外防护剂

外防护剂涂刷在缓释带表面,与空气接触后,在较短时间内氧化聚合成一种坚韧的皮膜,具有耐候、密封性能,有效防止紫外线照射老化和腐蚀介质进入,形成完整的保护膜。

第五节　标准施工工艺

施工准备:施工现场环境温度在5℃以上,相对湿度不大于95%。索股均架设到位,且索股张力调整完成,具备施工条件,做好材料进场准备。

工序1:现场手工机械处理构件表面铁锈和鼓泡的油漆。对于浮锈厚度小于80μm的部位可以不作处理,用干净的布料把索股表面的锈渣及碎屑擦拭干净。

工序2:构件表面手工均匀涂抹OTC缓释膏,涂抹厚度250~300μm。

工序3:圆形规则表面按搭接50%重叠率螺旋缠包OTC缓释带,其他形状构件表面粘贴缓释带2层即可。

工序4:将缓释带铺平,确保缓释带能紧贴索股表面。缠绕完毕后,用力沿着缠包方向挤压缓释带,排出留存在内部的空气,使缓释带与索股表面能紧密贴合。

工序5:手工涂刷OTC外防护剂2道,第二道在第一道表干后再刷,2道干膜总厚度不小于0.28mm,总用量不应小于200g/㎡。外防护剂在施工过程中应一边搅动一边涂刷,以保证防护剂中的有效成分均匀地涂抹在缓释带表面。

施工工艺流程如图6-8-3所示。

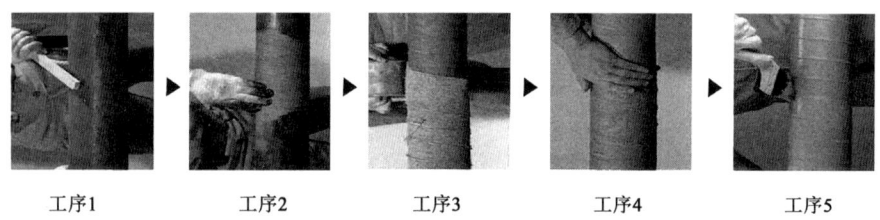

工序1　　工序2　　工序3　　工序4　　工序5

图6-8-3　施工工艺流程图

第六节　材　料　性　能

材料性能参数符合《钢结构氧化聚合型包覆防腐蚀技术》(GB/T 32120—2015)要求。性能参数详见表6-8-1~表6-8-4。

缓 释 膏 性 能 表　　　表6-8-1

序号	性能项目	指　　标	试 验 方 法
1	密度(g/mL)	1.1±0.1	《色漆和清漆　密度的测定　比重瓶法》(GB/T 6750—2007)
2	稠度(mm)	25~45	《润滑脂和石油脂锥入度测定法》(GB/T 269—1991)
3	不挥发物含量	≥95.5%	《色漆、清漆和塑料不挥发物的测定》(GB/T 1725—2007)
4	水膏置换性	锈蚀度A级	《钢结构氧化聚合型包覆防腐蚀技术》(GB/T 32120—2015)
5	耐中性盐雾性 (1000h,35℃)	锈蚀度A级	《人造气氛腐蚀试验　盐雾试验》(GB/T 10125—2012)
6	外观	灰色,糊状	目测

缓 释 带 性 能 表　　　表6-8-2

序号	性能项目	指　　标	试 验 方 法
1	厚度(mm)	1.1±0.3	《纺织品和纺织制品厚度的测定》(GB/T 3820—1997)
2	面密度(kg/m²)	1.7±0.2	《复合材料预浸料物理性能试验方法　第2部分:面密度的测定》(HB 7736.2—2004)

续上表

序号	性能项目	指 标	试 验 方 法
3	拉伸强度(N/m) (试样宽25mm)	≥2000	《纺织品织物拉伸性能 第1部分:断裂强力和断裂伸长率的测定(条样法)》(GB/T 3923.1—2013)
4	伸长率	≥5%	《纺织品织物拉伸性能 第1部分:断裂强力和断裂伸长率的测定(条样法)》(GB/T 3923.1—2013)
5	吸水率	≤1.0%	《纤维增强塑料吸水性试验方法》(GB/T 1462—2005)
6	绝缘电阻($\Omega \cdot m^2$)	1×10^2	《钢结构氧化聚合型包覆防腐蚀技术》(GB/T 32120—2015)
7	剥离强度(N/m)	≥400	《钢结构氧化聚合型包覆防腐蚀技术》(GB/T 32120—2015)
8	耐中性盐雾性 3000h	锈蚀A级	《人造气氛腐蚀试验 盐雾试验》(GB/T 10125—2012)
9	耐老化性 3000h	锈蚀A级	《色漆和清漆 人工气候老化和人工辐射曝露 滤过的氙弧辐射》(GB/T 1865—2009)

防蚀胶泥性能表　　　　　　　　　　　　　　　　　　　　　表6-8-3

序号	性能项目	指 标	试 验 方 法
1	密度(g/mL)	1.7±0.2	《色漆和清漆 密度的测定 比重瓶法》(GB/T 6750—2007)
2	稠度(mm)	4~14	《润滑脂和石油脂锥入度测定法》(GB/T 269—1991)
3	不挥发物含量	≥99%	《色漆、清漆和塑料 不挥发物的测定》(GB/T 1725—2007)
4	耐温抗变形性(mm)	≤5	《钢结构氧化聚合型包覆防腐蚀技术》(GB/T 32120—2015)

外防护剂性能表　　　　　　　　　　　　　　　　　　　　　表6-8-4

序号	性能项目	指 标	试 验 方 法
1	密度(g/mL)	1.1±0.1	《色漆和清漆 密度的测定 比重瓶法》(GB/T 6750—2007)
2	不挥发物含量	≥56%	《色漆、清漆和塑料 不挥发物的测定》(GB/T 1725—2007)
3	着火点(℃)	≥210	《石油产品 闪点和燃点的测定 克利夫兰开口杯法》(GB/T 3536—2008)
4	表干时间	≤1	《漆膜、腻子膜干燥时间测定法》(GB/T 1728—2020)
5	黏度(mPa·s)	500	《胶粘剂粘度的测定 单圆筒旋转粘度计法》(GB/T 2794—2013)
6	pH	9.0±1.0	《熔模铸造涂料性能试验方法 第5部分:pH计法测定》(HB 5351.5—2004)

第七节　OTC实施方案

一、施工流程

OTC技术施工流程如图6-8-4所示。

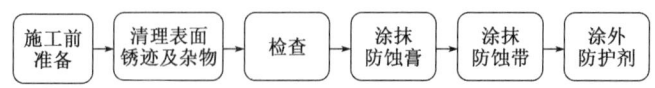

图 6-8-4　总体施工工艺流程图

二、施工准备

(1) 熟悉相关施工图纸及相应的施工规范和安全技术规程。
(2) 熟悉施工工艺,编制详细的技术交底文档。
(3) 制订施工技术质量管理控制措施,编制设备操作规程及安全管理制度。
(4) 施工人员技术培训及操作培训。
(5) 做好人、机、料的各项准备工作。

三、具体实施方案

1. 支架施工

由于整个隧道式锚碇深入地下 40m,四周的空间较大,无法按常规方式施工,需要搭建脚手架辅助施工,本项目散索股的防腐施工将借助二次衬砌施工前搭设的脚手架进行散索股段的 OTC 施工,如图 6-8-5 和图 6-8-6 所示。

图 6-8-5　脚手架搭建 BIM 效果图

图 6-8-6　脚手架现场搭建图

2. 防腐缠包施工

本项目防腐缠包施工分为环形整体包覆、纵列整体包覆、单索股包覆 3 个区段,区段划分示意如图 6-8-7 所示。散索股由低往高处进行 OTC 包覆施工,直至包覆到无施工空间为止。无施工空间的散索股无法进行常规的 OTC 包覆施工,需要对散索股进行分部整体包覆。

(1) 单索股包覆区域的施工工艺
① 清洁索股锈迹及杂物。
② 每根索股分别涂抹缓释膏至无施工空间止,厚度为 $250\sim300\mu m$。
③ 每根索股分别螺旋缠包缓释带至无施工空间止,按重叠率 50% 搭接。
④ 表面涂外防护剂 2 道至无施工空间止,干膜厚度不小于 0.28mm。

(2) 纵列整体包覆区域的施工工艺

①在环形整体包覆和单根散索包覆区域之间大约 10m 范围采用纵列整体包覆施工。

②先用气枪清理散索股表面,然后用长杆滚筒在散索表面涂抹防蚀膏,在施工空间允许情况下尽可能地在钢构件表面涂抹防蚀膏。

③防蚀膏涂抹完毕后,把防蚀带剪成与散索股纵向高度相似长度,由上往下从纵列散索股缝隙放入防蚀带,在下方用力绷紧防蚀带并在底部进行封口,搭接率为 10% ~ 20%。按此方法一条接一条进行包覆,直至包覆到单索股包覆区域。最后在防蚀带外表面涂刷两层外防护剂,干膜厚度不小于 0.28mm。

图 6-8-7 缠包区段划分示意图

④边缘处可以按照单索股包覆要求进行包覆,纵列包覆完毕后再在散索股外部进行整体包覆,达到双层隔离空气效果。

(3) 环形整体包覆区域的施工工艺

①在散索鞍环缝处涂抹防蚀膏,厚度为 250 ~ 300μm。防蚀膏涂抹完毕后,在散索鞍与散索股之间的环缝处填入聚硫密封胶,把环缝填充密实,然后在其外表面粘贴两层防蚀带。最后在外表面涂刷两层外防护剂,干膜厚度不小于 0.28mm。

②在需要环形整体缠包的散索股外表面涂抹防蚀膏,涂抹厚度为 250 ~ 300μm,外层散索股表面均要涂抹到位。

③防蚀膏涂抹完毕后在整体散索股外表面整体缠包防蚀带,按缠包率 50% 进行缠绕。

④防蚀带缠包完毕后,在防蚀带外表面涂刷两层外防护剂,干膜厚度不小于 0.28mm。

实际包覆效果如图 6-8-8 所示。

图 6-8-8 实际包覆效果图

3. 整体包覆端口的封闭处理措施

整体包覆后在散索股的端口处为敞开的喇叭口，需要进行封闭施工处理。

（1）搭建龙骨架

用厚度为4mm左右的铝杆在散索端口处搭建龙骨网，搭建的龙骨网直径约为2.5m，采用12×12的排列方式进行搭建（图6-8-9）。

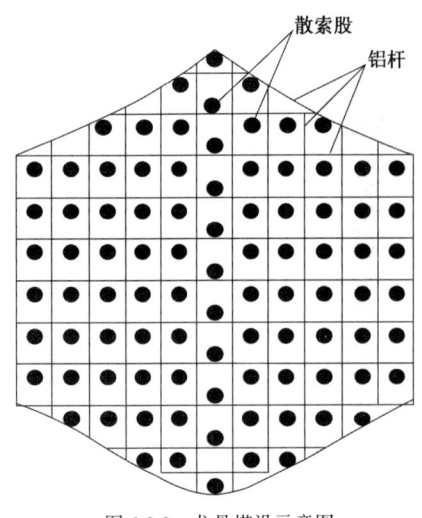

图6-8-9 龙骨搭设示意图

（2）缠包防蚀带

①用防蚀带直接覆盖包覆在龙骨架上，使整个端口密封，散索股整体包覆部分的内部形成一个密闭空间。在缝隙间涂抹聚硫密封胶，确保端口的密闭性。

②散索股整体缠包区域应全面覆盖密封端口处，并向锚头方向延伸0.5m。

（3）热风机换气

①在靠近散索鞍附近索股的顶部和端口底部预留进、出风口，用于热风机进行内、外空气的置换。

②在整体包覆完毕后用热风机从端部预留的热送风口往整个空间内输送热风，置换其内部的空气，通风时间30~60min。工作时内部整体温度保持在50~55℃，保证内部空气置换完毕。

③空气置换完毕，用防蚀带及聚硫密封胶封闭进、出气口，在外面涂刷两层外防护剂，干膜厚度不小于0.28mm。

第八节 OTC验收维护标准

一、施工过程检验与验收

防腐结构表面预处理检查及要求：预处理后的物体表面应进行质量检验。参照《涂覆涂料前钢材表面处理 表面清洁度的目视评定 第1部分：未涂覆过的钢材表面和全面清除原有涂层后的钢材表面的锈蚀等级和处理等级》（GB/T 8923.1—2011）和《涂覆涂料前钢材表面处理 表面清洁度的目视评定 第2部分：已涂覆过的钢材表面局部清除原有涂层后的处理等级》（GB/T 8923.2—2008）进行目视评定。表面处理质量应达到《钢结构氧化聚合型包覆防腐蚀技术》（GB/T 32120—2015）6.3.1的规定。

防腐涂层施工外观检查及要求。对每层防腐层都进行100%目测检验。缓释膏应涂抹均匀，无漏涂；缓释带应表面平整，无气泡、无皱褶和破损；涂刷外防护剂后的包覆件不应有气泡、龟裂、脱皮、露底等缺陷。

二、防腐涂层施工厚度检查及要求

（1）缓释膏施工完毕后，应选取每块钢结构的3个不同部位进行厚度检测。每个部位测量4个点，采用湿膜测厚仪法，直接读数。厚度不合格时，应加倍抽查；仍不合格的，则判定为不合格。不合格部分应进行修复。

（2）缓释带施工完毕后，应选取3个平整部位进行厚度检测。采用厚度差法，先在测量点平放已知厚度不超过1mm的硬质非铁类膜，再采用超声波测厚仪测试缓释膏和缓释带的总厚度。判定方法参照《钢结构氧化聚合型包覆防腐蚀技术》（GB/T 32120—2015）7.3.1的规定。

（3）外防护剂涂刷干燥后，测试与《钢结构氧化聚合型包覆防腐蚀技术》（GB/T 32120—2015）7.3.2中缓释带相同部位的防腐层总厚度，不应低于2.25mm。

三、运行维护与管理

（1）投入使用后，应避免碰撞、踩踏和使用明火。

（2）应每半年进行一次巡检，查看表面是否完好等。

（3）投入使用后可选择3个点拆开防腐层检查内部防腐情况并记录，检查完毕重新补涂上OTC防腐层。

第九节 本章小结

OTC技术在伍家岗长江大桥隧道式锚碇内散索股的成功运用，对大桥主缆的防腐耐久具有重要的意义。它能有效提升主缆结构的防腐使用寿命，最终达到减少维护，甚至可免维护的效果，防腐期限可达50年，大大降低了运营维护成本。

第九章 浅埋重力式锚碇复合地基基础（江南锚碇）专题研究

第一节 工程概述

一、研究背景与意义

近年来,随着我国经济建设全方位的加速发展,土木工程建设规模大,发展快,大跨径桥梁日益增多。悬索桥充分利用不同材料的力学性能,其结构形式合理,适用于大跨径的桥梁。悬索桥通常由桥塔、锚碇、主缆、吊索、加劲梁及鞍座等主要部分组成。其中锚碇是主缆的锚固体,将主缆中的拉力传递给地基基础。通常采用的有重力式锚碇和隧道式锚碇。隧道式锚碇是将主缆中的拉力直接传递给周围的基岩。重力式锚碇则依靠巨大的自重及基底摩阻力来抵抗主缆的竖向分力和水平分力。表6-9-1列举了横跨长江的20座悬索桥的锚碇基础形式。

横跨长江的20座悬索桥的锚碇基础形式　　　　表6-9-1

项目名称	所在地	锚碇方位	锚碇形式	项目名称	所在地	锚碇方位	锚碇形式
南京长江第四大桥	江苏	南锚碇	重力式	武汉鹦鹉洲长江大桥	湖北	南锚碇	重力式
		北锚碇	重力式			北锚碇	重力式
江阴长江大桥	江苏	南锚碇	重力式	万州长江二桥	重庆	南锚碇	隧道式
		北锚碇	重力式			北锚碇	隧道式
泰州大桥	江苏	南锚碇	重力式	忠县长江大桥	重庆	南锚碇	隧道式
		北锚碇	重力式			北锚碇	隧道式
润扬长江大桥南汉主桥	江苏	南锚碇	重力式	丰都长江大桥	重庆	南锚碇	隧道式
		北锚碇	重力式			北锚碇	隧道式
马鞍山长江大桥	安徽	南锚碇	重力式	鱼嘴长江大桥	重庆	南锚碇	重力式
		北锚碇	重力式			北锚碇	重力式
武汉阳逻长江大桥	湖北	南锚碇	重力式	鹅公岩长江大桥	重庆	东锚碇	隧道式
		北锚碇	重力式			西锚碇	重力式
宜昌长江大桥	湖北	南锚碇	重力式	南溪长江大桥	四川	南锚碇	隧道式
		北锚碇	重力式			北锚碇	重力式

续上表

项目名称	所在地	锚碇方位	锚碇形式	项目名称	所在地	锚碇方位	锚碇形式
西陵长江大桥	湖北	南锚碇	重力式	伍家岗长江大桥	湖北	南锚碇	重力式
		北锚碇	重力式			北锚碇	隧道式
五峰山长江大桥	江苏	南锚碇	重力式	万州长江四桥	重庆	南锚碇	隧道式
		北锚碇	重力式			北锚碇	重力式
江津几江长江大桥	重庆	南锚碇	重力式	青草背长江大桥	重庆	南锚碇	重力式
		北锚碇	重力式			北锚碇	重力式

从表 6-9-1 可以看出，目前所列横跨长江的 20 座悬索桥，共 40 个锚碇基础。其中重力式基础 30 个，占 75%；隧道式基础 10 个，占 25%。重力式锚碇基础在悬索桥得到了广泛的应用。锚碇作为主要承载结构之一，在承受着来自主缆的竖向拉力的同时还承受主缆的水平力，在悬索桥结构体系中起着重要作用。

伍家岗长江大桥江南重力式锚碇区为不均匀地基，中风化或微风化岩体整体性好，承载力较高、变形模量较大、厚度均匀，适宜作为重力式锚碇基础持力层。但其埋深在 20~40m 之间，其上分布有厚度不等的④-2-2 含中粗砂卵砾石，若将重力式锚碇基础全部放置在中风化或微风化岩体上，不仅不经济、影响工期，还不利于环境保护等问题。因此，锚碇基础拟采用浅埋式基础，持力层为④-2-2 含中粗砂卵砾石。重力式锚碇为大偏心结构，持力层含水丰富，属于级配不良碎石土，不均匀土地基，在长期荷载下，存在沉降不均风险。

对伍家岗长江大桥浅埋重力式锚碇复合地基基础（江南锚碇）进行专题研究，旨在通过研究锚碇自重作用下基底的竖向抗力分布情况，确保基底沉降的可控；通过研究锚索拉力作用下基底的水平抗力分布情况，消除锚碇滑移的风险，从而保证桥梁的安全有效使用。

二、工程概况

伍家岗长江大桥设计采用主跨 1160m 钢箱梁悬索桥，江北侧采用隧道式锚碇，江南侧采用重力式锚碇。南岸重力式锚碇的基本概况、工程地质条件、水文地质条件、地震活动性、不良地质及地质灾害、场地岩土工程条件评价等内容详见本书下册第五篇第二章第二节的相关内容，此处不再赘述。

三、研究内容与技术路线

1. 浅埋重力式锚碇基础体系研究

（1）通过文献阅读和资料收集，了解目前深埋重力式锚碇基础和浅埋重力式锚碇基础的应用情况，从经济性、施工便捷性、工期、安全性等方面比较二者的优缺点及适用范围。

(2) 从理论方面入手,分析浅埋式锚碇基础的抗倾覆、抗滑移、工后沉降等方面的计算方法,利用 PLAXIS 3D 有限元软件对其施工及使用过程进行模拟,对理论计算结果进行验证,突出浅埋重力式锚碇基础的优势。

2. 复合地基沉降的计算方法研究

(1) 通过阅读文献,了解目前已有的各种复合地基沉降计算方法,并就其优缺点进行分析。结合现有资料,考虑建造过程的卸载回弹再加载的影响,形成更接近实际情况的复合地基沉降计算方法。

(2) 以修正的计算方法为基础,将有限元软件模拟或试验结果与该方法理论计算结果相比较,验证理论方法的合理性。

3. 锚碇复合地基方案研究

(1) 通过阅读文献和工程调研,从经济性、适用性、止水效果等角度对目前常用的 CFG 桩、水泥土搅拌桩、高压旋喷桩和钢管注浆 4 种地基处理方法优缺点和适用范围进行分析。

(2) 针对锚碇基础偏心自重和承受偏心主缆拉力的特点,对复合地基处理区域进行分区,并就每一块区域的受力和沉降控制情况等进行单独分析。利用 PLAXIS 3D 有限元软件对不同分区方案和不同加固方案进行模拟,提出本工程复合地基处理方案和平面布置形式供设计及施工参考。

4. 注浆方案的优化分析

(1) 注浆区域分块研究

基于锚碇基础的特点,对锚碇重力、主缆拉力和场地持力层进行全面分析,提出 2~3 种区域划分方法,利用有限元软件对划分方法进行模拟,计算各种划分方法下锚碇基础的沉降分布情况,选出一种经济且满足锚碇基础沉降要求的注浆区域划分方法。

(2) 注浆时机及顺序选择

从施工工艺和经济性等方面对 3 种注浆时机(基坑开挖前注浆、基坑开挖到一定深度后注浆、开挖到底再注浆)进行对比分析,选择出一种适用于本工程的注浆时机。通过有限元软件模拟对两种注浆方案(先基坑周边再内部、满堂同时注浆)的优缺点进行对比分析,为注浆的施工顺序提供依据。

(3) 注浆技术参数的试验研究

首先通过理论计算得到满足承载力要求的注浆参数范围,然后以理论计算结果为依据,通过控制变量法分别对注浆密度、注浆深度、注浆压力、注浆量参数逐一进行验证,在理论参数范围内,拟定参数,以适应现场需要,便与实施操作。

5. 注浆效果验证

(1) 注浆后现场试验

在确定注浆参数之后,根据区域划分研究成果,针对不同区域,进行平板试验和水平直剪试验,通过试验数据得到加固土体的竖向承载力、变形模量及基底摩擦系数,并与原状土体的力学参数进行比较,验证最终注浆参数是否满足锚碇基础复合地基处理的要求。

(2)锚碇基础结构反演分析

利用注浆加固后试验得到的地基土力学参数,对锚碇结构受力进行反演分析,评估地基处理后锚碇上部结构各部分受力及基础不均匀沉降的改善情况,提出大规模注浆施工时各注浆参数的优化建议。

第二节　浅埋重力式锚碇基础体系研究

一、重力式锚碇基础应用现状

锚碇作为悬索桥的关键部分,其设计与施工非常重要,方案的优劣将直接影响悬索桥方案的竞争力。重力式锚碇相较于隧道式锚碇应用更广,尤其在特定条件下重力式锚碇浅埋具有成本低、施工快等诸多优点。

1. 深埋重力式锚碇基础

传统的锚碇设计理念是将锚碇基础底部置于硬岩层之上,基础埋置深度大,依靠基底岩层来承受锚碇自重。岩层的低压缩性和高强度,能够轻易使得锚碇满足变位和强度的要求。本书将这一类锚碇归为深埋重力式锚碇。"深埋"的含义有两层:一方面表明锚碇埋置深度大,另一方面表明持力层为硬岩层。例如,南京长江第四大桥南锚碇、棋盘洲长江大桥南锚碇(图6-9-1)等,基础埋置深度通常会达到30～40m以上,一般会采用地连墙基础或者沉井基础形式。

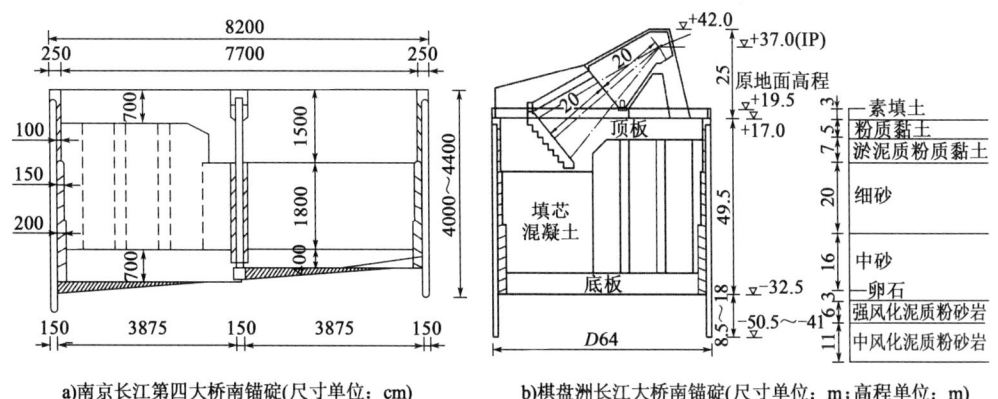

图 6-9-1　深埋重力式锚碇案例

深埋重力式基础由于埋置深度大,导致基坑开挖深度大,这就给基坑支护和防水带来巨大挑战,费钱费时,风险较大。

深埋重力式基础中有代表性的是沉井基础和地下连续墙基础。

2. 浅埋重力式锚碇基础

不同于传统的锚碇,部分悬索桥的重力式锚碇的基础放置在非岩石地基上,相对于硬岩层埋深,其基础埋置深度较浅,埋置深度小于20m且基底距离岩层达15~30m以上。本书将这一类锚碇归为"浅埋重力式锚碇"。"浅埋"不代表锚碇基础的绝对深度一定小于"深埋",而是说明锚碇基础基底距离岩层仍有一定距离。例如,伍家岗长江大桥南岸重力式锚碇基础埋深15m,基础底部距离岩层约20m;维拉扎诺悬索桥斯塔腾岛侧锚碇基础底部距离岩层约30m,布鲁克林侧锚碇基础底部距离岩层约40m,如图6-9-2所示。

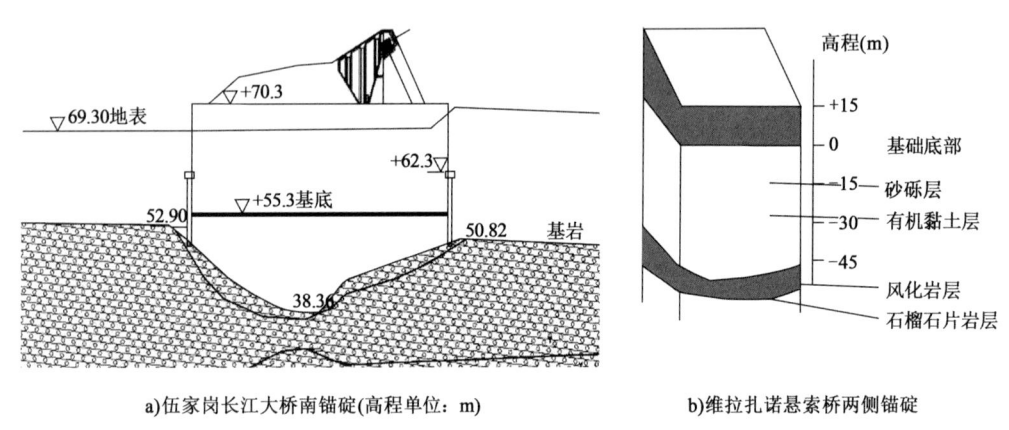

a)伍家岗长江大桥南锚碇(高程单位:m)   b)维拉扎诺悬索桥两侧锚碇

图6-9-2 浅埋重力式锚碇案例

相比深埋重力式锚碇,浅埋重力式锚碇要有以下三方面的特点:

(1)浅埋重力式锚碇的成本更低,工期更短,环境破坏更小,主要体现在:①基础埋深浅,从而基坑支护相对简单,土方开挖工程量较小,基础工程所耗费的材料更少,因此整个基础工程造价相对低廉;②基坑支护施工工期、土方开挖工期以及基础施工工期较短,进而对施工组织、设备机械等方面需求较简单;③基础工程开挖量小,产生的废土少,同时对周边环境扰动小,有利于环境保护。

(2)浅埋重力式锚碇在强度、变位、稳定性3个方面不易满足,主要体现在:①持力层为非岩地基,其强度相对于硬岩地基较小;②非岩地基的压缩性较高,非均匀性明显,施工期锚碇的不均匀沉降问题突出,运营期锚碇的滑移问题有待解决;③浅埋重力式锚碇自重较小,与非岩地基之间的相互作用较弱,稳定性安全性不高。

(3)浅埋重力式锚碇的理论分析模型复杂,主要体现在:①非均匀性地基的模拟较为复杂;②地基与锚碇基底的接触较为复杂;③锚碇的传力过程较为复杂。

3. 锚碇的特性对比

根据伍家岗长江大桥南岸的地形、地质和水文情况,选取地连墙基础和浅埋扩大基础,考虑锚碇基础工程的经济性、施工便捷性与工期、安全性,基于层次分析法进行比较。

(1) 经济性

锚碇基础工程造价主要包括支护、土方、底板及填芯、其他费用4个方面。浅埋重力式锚碇采用的是咬合桩支护形式,其造价相比于地连墙大大降低。同时,浅埋重力式锚碇基坑深度较浅,其土方开挖及填芯费用相比深埋式锚碇较低。

因此,综合比较而言,浅埋重力式锚碇基础的造价比深埋式锚碇基础低很多。

(2) 施工便捷性及工期

锚碇基础工程的施工过程如下:①场内地基处理;②支护施工;③基坑开挖;④底板施工;⑤填芯混凝土施工。

深埋重力式锚碇基础在施工过程中需要用到的成槽设备是地连墙施工的关键设备。为确保成槽质量,需采用德国宝峨BC-32液压铣槽机和CZ-6型冲击钻机进行地连墙工程的施工。其余设备与浅埋式重力基础大体相同,但需求数量较多。在施工所需设备方面,浅埋式锚碇基础相比深埋式锚碇基础更便捷。

浅埋重力式锚碇采用的是咬合桩支护形式,其工期相比地连墙更短。同时,浅埋重力式锚碇基坑深度较浅,其土方开挖及填芯所占工期相比深埋式锚碇较短。因此,综合比较而言,浅埋重力式锚碇基础的工期比深埋式锚碇基础更短。

(3) 安全性

安全性方面分析主要考虑抗滑移、抗倾覆、工后沉降3个方面,其对比见表6-9-2。

锚碇基础安全性对比表 表6-9-2

安全分析	深埋式(地连墙)	浅埋式(扩大基础)
抗滑移	深埋式锚碇基础的破坏形式以倾覆为主	浅埋重力式锚碇基础的破坏形式以滑移为主
抗倾覆		
工后沉降	基础底部直接坐落于岩石地基上,工后沉降较小	基础底部坐落在软土地基上,不均匀沉降较大,需进行地基加固

分析表明,浅埋重力式锚碇基础具有施工难度小、工程造价低、施工工期短等优点,但其地基往往具有承载力较低、均匀性差等问题。要解决这些问题,降低锚碇基础的不均匀沉降和增大基础的抗滑移能力就涉及复合地基加固。

二、复合地基现状

复合地基是指天然地基在地基处理过程中部分土体得到增强,或被置换,或在天然地基中设置加筋材料,加固区是由基体(天然地基土体)和增强体两部分组成的人工地基。复合地基的本质是桩和桩间土共同作用来直接承担荷载,这也是复合地基与浅基础和桩基础之间的主要区别。

当天然地基不能满足建(构)筑物对地基的要求时,可采用物理的方法、化学的方法、生物的方法,或综合应用上述方法对天然地基进行处理以形成可满足要求的人工地基,称为地基处理。经各类地基处理方法处理形成的人工地基粗略可以分为两大类:①在地基处理过程中地基土体的物理力学性质得到普遍的改良,通过改善地基土体的物理力学指标达到地基处理的目的;②在地基处理过程中部分土体得到增强,或被置换,或在天然地基中设置加筋材料,形成复合地基达到地基处理的目的。后一类在地基处理形成的人工地基中占有很大的比例,而且呈发展趋势。因此,复合地基技术在地基处理技术中有着非常重要的地位,复合地基理论和实践的发展将进一步促进地基处理水平的提高。

常用的地基处理方法多种。下面从经济性、适用性、止水角度来分析对比水泥粉煤灰碎石(CFG)桩、水泥土搅拌桩、高压旋喷桩、钢管注浆 4 种地基处理方法。

1. 水泥粉煤灰碎石(CFG)桩

水泥粉煤灰碎石桩是由水泥、粉煤灰、碎石、石屑或砂加水拌和形成的高黏结强度桩,简称 CFG 桩。CFG 桩是一种适合与软质地基处理的方法,CFG 桩、桩间土和褥垫层一起构成 CFG 桩复合地基。该方法具有成本低、实用性强、简单快捷的特点。

CFG 桩通常直径小于 0.4m,长度在 8~15m 之间,且与沉管碎石桩的工艺很相似,工艺简洁、质量易控,同时还能回收使用工业废料,极大地节省了水泥和钢筋,从而有效降低成本,适用于处理高层建筑地基。

目前,CFG 桩在我国得到了较广泛的使用,尤其在中西部。在处理黄土地基时还进行了改进,用沙代替了砂石,再按照合理配比混入粉煤灰和石灰,最后制成三灰砂桩,可以作为抗渗桩用于大型水池,使得工程成本更加低廉。

CFG 桩复合地基技术主要适用于非饱和及饱和粉土、黏性土、填土、砂土、淤泥质土等地质条件,但对于土中含较多的大粒径石块、卵砾石等地质则效果较差,应结合现场试验再做调整。

2. 水泥土搅拌桩

水泥土搅拌桩主要用于处理饱和软黏土地基,使其处理之后能达到规范的要求。具体的操作是使用专用搅拌设备将混有水泥的软黏土进行充分的搅拌,其中水泥的作用是固化土体,它会同软土发生化学反应,使地基逐渐固化进而变为一种有强度且综合状况趋向于规范要求标准的建筑用地。

搅拌桩作用机理:借助水泥土搅拌桩,软土的强度可以得到提升。具体是借助深层搅拌桩设备,对加入水泥的软土进行充分的搅拌,加快水泥与软土的反应,进而使处理后的土体变为具有一定强度、良好的变形特征和水稳性的柱形体。这种反应后形成的结构有较好的强度、能提升土体的承载能力和降低地基的沉降。

从水泥土搅拌桩的特性讲,该桩属于一种介于刚性与柔性之间的混合桩。它所具有的刚度、抗压强度及其抗侧压力是介于两种桩之间的。因为该桩的强度低于刚性桩,当承载一定量的竖向荷载时会出现较大的变形,一经出现,便会伴随着附近土体承担一定量的荷载,形成柔性复合地基。

根据经验,一般水泥土搅拌桩在砂质地基中的成桩效果好,在水泥掺入量的相同的情况下砂质地基与淤泥质地基的水泥土搅拌桩桩身强度要差好几倍,但是对于卵砾石地基来说,其成桩效果稍差,应根据现场试验确定是否可行。

3. 高压旋喷桩

高压旋喷桩主要用于加固地基,提高地基的抗剪强度,改善土的变形性质;也可组成闭合的帷幕,用于阻止地下水流和治理流沙;或作为挡土墙用于边坡稳定。

高压旋喷桩是高压喷射注浆法处理地基的一种形式,其原理是利用工程钻机把带有喷嘴的注浆管钻至土层的预定位置,以高压设备使浆液成为20MPa左右的高压流从喷嘴里喷射出来,冲击破坏土体,当能量大、速度快和呈脉动状的喷射流的动压超过土体结构强度时,土料便从土体中剥落下来,高压流切割搅碎的土层,呈颗粒状分散,一部分被浆液和水带出钻孔,另一部分则与浆液搅拌混合,随着浆液的凝固,组成具有一定强度和抗渗能力的固结体,旋喷时,喷射流以360°旋转、自下而上喷射提升,固结体的截面形状为圆形。

高压旋喷桩主要适用于处理淤泥、淤泥质土、黏性土、粉土、黄土、砂土、人工填土和碎石土等地基。高压旋喷桩加固软弱土层效果较好,但对土中含有较多的大粒径块石、坚硬黏性土、卵砾石、大量植物根茎或有较多的有机质地层,喷射质量稍差,应根据现场试验结果确定其适用程度。

4. 钢管注浆

钢管注浆是结合了锚杆注浆和压密注浆两种方法的一种地基处理方法,对于局部浅层软弱地基加固,可以大大减小整体沉降和不均匀沉降。

钢管注浆法的加固机理:在加固区按照一定间距预埋或打入注浆钢管后注浆,浆液一般采用水泥浆,按一定水灰比配备好,采用高压泵将其压入土体,注浆量以折合每延米注入水泥量为标准。

钢管注浆法施工速度快,可调节孔距,也可通过开孔增加注浆量,对加固大部分的土体都有很好的作用,土质较差范围内注浆钢管可适当加密同时加大注浆量,可使地基土更加均匀,差异沉降较小。

三、锚碇的稳定性计算方法

在缆力的作用下,锚碇基础容易失去稳定而破坏。传统理论认为重力式锚碇只要满足抗滑移条件,一般都满足抗倾覆条件。而浅埋重力式锚碇的埋深相比深埋重力式锚碇较浅,整体结构显得更加"扁平",在滑移方面的"危险"性可能会更高。

重力式锚碇作为悬索桥主要的承力结构物,都是以地基的反力来抵抗锚块、基础与索拉压力在竖直方向形成的分量,而索在水平方向的巨大拉力则由锚块与地基或基础与地基的摩阻力抵抗。概括地说,悬索桥的主缆上巨大的水平拉力通过索股与锚碇架分散传到锚块上,再由锚块、基础通过摩阻力传递到地基上。

1. 锚碇基础抗滑动稳定性验算

针对浅埋重力式锚碇基础,其底面的滑动抵抗力通常只考虑基础底面和地基间的滑动摩擦力,其为有效垂直荷载(扣除主缆拉力的垂直分量和基底地下水浮力)与摩阻系数的乘积。

《公路桥涵地基与基础设计规范》(JTG 3363—2019)把基础所受到的所有外力作为考虑对象,将锚碇简化为作用在均质地基上、不考虑侧壁摩阻力的刚体。

$$k_c = \frac{\mu \sum P_i + \sum H_{ip}}{\sum H_{i\alpha}} \quad (6\text{-}9\text{-}1)$$

式中:k_c——基础抗滑动稳定安全系数;

μ——基础底面和地基之间的摩擦系数;

$\sum P_i$——竖向力总和;

$\sum H_{ip}$——抗滑稳定水平力总和;

$\sum H_{i\alpha}$——滑动水平力总和。

2. 锚碇基础抗倾覆稳定性验算

《公路桥涵地基与基础设计规范》(JTG 3363—2019)中验算锚碇基础抗倾覆稳定性公式如下:

$$\begin{cases} k_0 = \dfrac{s}{e_0} \\ e_0 = \dfrac{\sum P_i e_i + \sum H_i h_i}{\sum P_i} \end{cases} \quad (6\text{-}9\text{-}2)$$

式中:k_0——基础抗倾覆稳定安全系数;

s——在截面重心至合力作用点的延长线上,自截面重心至验算倾覆轴的距离(m);

e_0——所有外力的合力 R 在验算截面的作用点对基底重心轴的偏心距;

P_i——不考虑其分项系数和组合系数的作用标准值组合或偶然作用(地震除外)标准值组合引起的竖向力(kN);

e_i——竖向力P_i对验算截面重心的力臂(m);

H_i——不考虑其分项系数和组合系数的作用标准值或偶然作用(地震除外)标准值组合引起的水平力;

h_i——水平力对验算截面的力臂(m)。

3. 锚碇稳定性分析

伍家岗长江大桥南岸锚碇施工及运营阶段的实际工况,共有两种:工况1为恒载效应组合;工况2是恒载、活荷载、温度荷载和风荷载的标准效应组合。

工况1:主缆拉力值 $F=401026$ kN,主缆与水平线夹角 $\alpha=22.463°$,主缆水平分力 $F_h=370598$ kN,主缆竖向分力 $F_v=153226$ kN。取 $\mu=0.5$。

锚碇基础自重 $W=2895138$ kN,基底摩阻力 $f=(2895138-153226)\times 0.4=1096765$

（kN），抗滑动稳定安全系数 $k_c = \dfrac{\mu \sum P_i + \sum H_{ip}}{\sum H_{i\alpha}} = \dfrac{1096765}{370598} = 2.96$。

锚碇重心取中心，则 $s = 42.5\text{m}$，$e_0 = \dfrac{\sum P_i e_i + \sum H_i h_i}{\sum P_i} = \dfrac{370598 \times 29.8 - 153226 \times 21.5}{2895138 - 153226} =$
2.826（m），抗倾覆稳定安全系数 $k_0 = \dfrac{s}{e_0} = \dfrac{42.5}{2.826} = 15.03$。

工况2：主缆拉力值 $F = 475036\text{kN}$，主缆与水平线夹角 $\alpha = 22.463°$，主缆水平分力 $F_h = 438993\text{kN}$，主缆竖向分力 $F_v = 181504\text{kN}$。

锚碇基础自重 $W = 2895138\text{kN}$，基底摩阻力 $f = (2895138 - 181504) \times 0.4 = 1085454$（kN），抗滑动稳定安全系数 $k_c = \dfrac{\mu \sum P_i + \sum H_{ip}}{\sum H_{i\alpha}} = \dfrac{1085454}{438993} = 2.47$。

锚碇重心取中心，则 $s = 42.5\text{m}$，$e_0 = \dfrac{\sum P_i e_i + \sum H_i h_i}{\sum P_i} = \dfrac{438993 \times 29.8 - 181504 \times 21.5}{2895138 - 181504} =$
3.382（m），抗倾覆稳定安全系数 $k_0 = \dfrac{s}{e_0} = \dfrac{42.5}{3.382} = 12.56$。

伍家岗长江大桥南岸锚碇在两种工况下，验算出的锚碇抗滑动、抗倾覆稳定安全系数均能满足规范要求，且抗倾覆的安全储备远高于抗滑移的安全储备，表明浅埋重力式锚碇更可能发生滑移破坏。

四、锚碇地基沉降的计算方法研究

1. 研究的意义

锚碇扩大基础需要先开挖基坑再浇筑扩大基础、锚碇，最后施加斜向上的缆索拉力，故基底持力层存在卸载回弹、再加载压缩的过程，与现行规范简单线性加载明显不同，采用弹性理论为基础的分层总和法进行沉井计算，从而进行变形控制并不符合其实际工况。

锚碇荷载的加载存在不均匀现象。在施工阶段（自重）重心偏后，在运营阶段的组合荷载作用下重心重新前移。施工阶段和使用阶段对持力层不同区域产生的荷载存在偏压现象。

根据现场地勘报告，江南锚碇持力层含水量丰富，属于级配不良碎石土，厚度差异较大，其强风化岩石的等高线图则显示基岩埋深相差 20m 以上。

因此，在长期荷载下，本工程沉降计算较为复杂。拟将整个施工及使用阶段进行阶段划分，并将持力层按实际情况进行区域划分，通过理论分析和数值模拟，针对不同区域，结合不同阶段，对竖向沉降进行分析，得到竖向沉降的发展规律，为复合地基处理及实际工程施工提供依据。

2. 分层总和法

《建筑地基基础设计规范》（GB 50007—2011）规定，计算地基变形时，地基内的应力分布可采用各向同性均质线性变形体理论。其最终变形量可按式(6-9-3)进行计算：

$$s = \psi_s s' = \psi_s \sum_{i=1}^{n} \frac{p_0}{E_{si}}(z_i \overline{\alpha_i} - z_{i-1} \overline{\alpha_{i-1}}) \tag{6-9-3}$$

式中：s——地基总变形量；

s'——分层综合法计算的地基变形量；

ψ_s——经验系数；

p_0——准永久组合附加应力；

E_{si}——第 i 层土的压缩模量；

z_i、z_{i-1}——基础底面至第 i 层土、第 $i-1$ 层土底面的距离；

$\overline{\alpha_i}$、$\overline{\alpha_{i-1}}$——基础底面至第 i 层土、第 $i-1$ 层土底面范围内平均附加应力系数。

3. 地基计算模型

悬索桥的结构呈柔性，因此锚碇基础的设计要求包括两方面：一方面地基要能承受锚碇自重以及上部结构各种荷载，另一方面必须避免锚碇基础变位对桥梁结构产生有害的影响。合理的地基模型，应能够确定基底反力、地基与基础的沉降、地基反力与沉降之间的关系。随着人们认识的发展，学者们提出了很多的地基模型，其中较常用的 3 种弹性地基模型为：①文克勒弹性地基梁模型；②半无限体弹性地基模型；③有限压缩层地基模型。

除了以上述 3 种地基模型外，还有层状地基模型，双参数、三参数弹性地基模型，地基的非线性弹性及弹塑性模型等各种地基模型。

综上所述，目前国内外针对各类地基模型已经研究很多，不同的地基模型复杂程度不一致，其应用的地质情况也不一致。因此，针对不同的地质情况和不同的锚碇基础形式，选择合理的地基模型才能更准确地模拟实际工程。

4. 锚碇竖向沉降计算方法及锚碇基础沉降分析

地基的压缩变形是基础沉降的主要部分，瞬时沉降和次固结沉降在一般情况下可忽略不计。对于刚性基础，其地基的主要变形特征是基础的倾斜。地基土层的不均匀分布及外荷载对重心的偏心力矩是刚性基础产生倾斜的重要原因。基础倾斜会使基底边缘压力增加而影响倾覆的稳定性。因此，刚性基础的竖向沉降计算方法最主要的是计算基础的倾斜度和重心点的沉降度。

假定基础位移的计算公式，利用地基与基础的变形协调假定和力的平衡原理，建立地基柔度矩阵，最后可求得基底划分的各网格中心的沉降。

根据江南锚碇下卧④-2-2 卵砾石层厚度，按照等惯性矩原理，近似将锚碇平面划分为 9 个网格，同时将圆形基底等效为矩形基底，如图 6-9-3 所示。

锚碇的中部、左下方有局部"下沉"现象，形成了一个"凹塘"。锚碇的埋深为 15m，部分区域最浅的覆盖深度为 18~20m，开挖后锚碇基底部分靠近岩层、部分下卧层仍是卵砾石层，形成了一种偏心现象。这种情况下，锚碇施工期和运营期的不均匀沉降和水平位移是否满足安全指标，是重点研究内容。

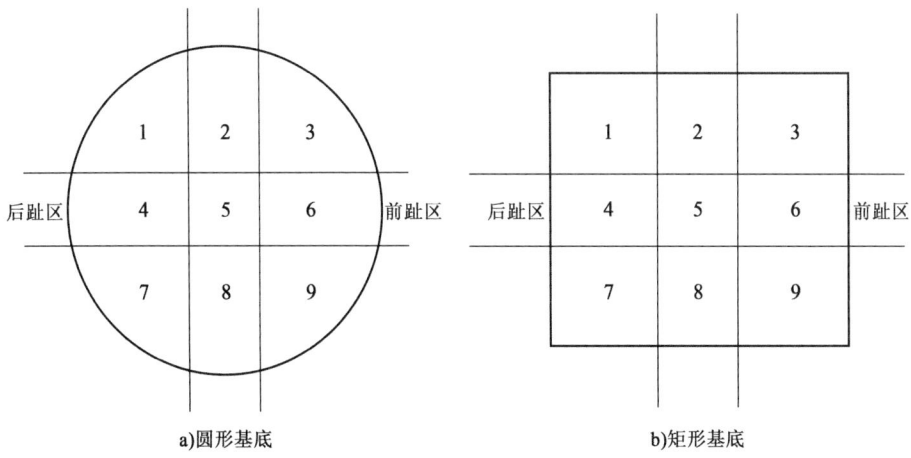

图 6-9-3　基础网格分区图

通过计算分析,覆盖层越厚,其沉降越大,基础顺桥向的倾斜较小,垂直桥向的倾斜较大,这表明"凹塘"对锚碇的不利作用大于缆力对锚碇的不利作用。

第三节　复合地基方案研究

一、锚碇基础与地基设计方案

1.初始设计方案

锚碇基础采用外径 85.0m、高 15.0m 的圆形扩大基础。

根据伍家岗长江大桥建设场地工程地质勘察报告,以卵石层作为锚碇基础的持力层,锚碇基底高程为 55.3m,按地基承载力基本容许值为 400kPa 进行基础设计,基底下设 50cm 厚素混凝土垫层。

2.锚碇基坑设计方案

由于锚碇处地下水位常年较高,锚碇基坑开挖采用放坡开挖与咬合排桩支护开挖相结合的方式。最高地下水位以上部分主要为填筑土和卵石土,基坑施工采用两级放坡开挖,第一级开挖深度 4.0m,坡度 1∶1.5,开挖面采用网喷支护,喷射 C30 混凝土厚度 10cm;第二级开挖深度 4.0m,坡度 1∶1.0,开挖面采用锚喷支护,喷射 C30 混凝土厚度 10cm,ф28mm 锚杆长 3m。地下水位以下部分地层为卵石土,基抗采用咬合桩支护开挖,咬合桩桩径采用 1.5m,桩间距为 1.05m,钢筋混凝土桩与素混凝土桩间的咬合量为 0.45m,桩底嵌入中风化砾岩层 3m,桩长平均 20m,桩长根据实际地质情况调整,桩顶设钢筋混凝土冠梁,冠梁截面宽 3m、高 1.5m。锚碇基坑示意如图 6-9-4 所示。

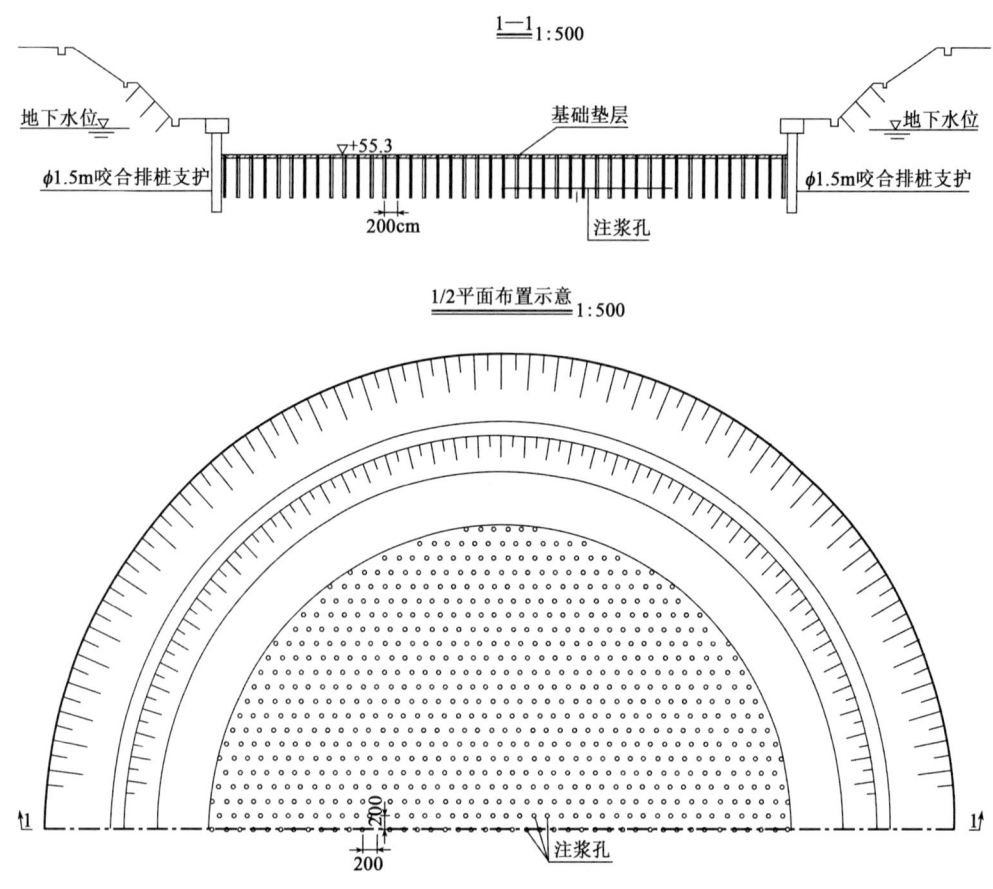

图 6-9-4　锚碇基坑及基底注浆加固示意图(高程单位:m)

3. 基底注浆加固设计方案

根据地勘资料,江南锚碇基础持力层含水量丰富,属于级配不良碎石土。不均匀土地基,在长期荷载下,存在沉降不均风险。根据计算基础前趾地基沉降量为6cm,基础后趾地基沉降为3cm,基础不均匀沉降为3cm。为使基底下卵石层均一性更好、承载力更高,在开挖至基底以下0.5m(高程为54.8m)后,及时浇筑50cm厚C20素混凝土垫层。继续利用抽水管井抽排完封闭在咬合排桩墙内的卵石层地下水,再进行卵石层注浆加固处理。注浆孔纵横向间距初步选为2.0m,梅花形布置,施工单位可根据注浆试验确定的扩散半径调整注浆孔间距和布置方式,注浆孔平均孔深为8m。锚碇基底注浆加固示意如图6-9-5所示。

二、注浆工艺优化

1. 高压喷射注浆工艺

高压喷射注浆,就是利用钻机把带有喷头的钻杆钻进至土层设计深度后,通过地面的高压设备向土层注浆管上的喷头喷出 20MPa 左右的高压射流冲击地基土体,与此同时,注入浆液使之与冲下的土体相混合,待凝结后,在土中形成具有一定强度的复合体,以达到改良土体的目的。

2. 袖阀管注浆工艺

袖阀管注浆法是采用定向钻机根据设计要求,钻设孔位,然后在孔内安装前端封闭的注浆套管,套管下到孔底后,在套管内下注浆管,注入配制好的套壳料,使套壳料填满注浆套管与钻孔孔壁的间隙,待套壳料凝固 10~13h 后再分段注入水泥浆液。注水泥浆液时,注浆压力应足够使浆液冲破注浆管上的单向阀,进而使浆液注入土层中,增强土的稳定性,达到加固土层的功能。

3. 两种工艺比较

相比于高压旋喷注浆,袖阀管注浆优势:①注浆土体分布均匀,大大提高了地层段的整体稳定性;②可根据不同土体需要,注入不同的浆料;③根据需要在注浆区域反复注浆的特点;④下套料后注浆时,不致跑浆而引起地面的破面;⑤可使用较高的注浆压力,注浆时跑浆、串浆的可能性小;⑥钻孔和注浆分开,提高了钻孔、设备的利用率;⑦施工方式更为灵活方便,可以加固指定区域和高度,可控性强。

因此,复合地基处理建议使用袖阀管注浆法。

三、注浆间距优化

1. 施工工况

注浆加固体达到设计强度之后,先施工锚碇基础,待锚碇基础达到设计强度之后再施加主缆预应力。因此,锚碇地基的受力、沉降分析可按主缆预应力施加前后分为两个工况考虑。定义工况 1 为锚碇地基仅作用锚碇基础荷载,定义工况 2 为锚碇地基同时作用锚碇基础和主缆预应力荷载,分析示意如图 6-9-5 所示。

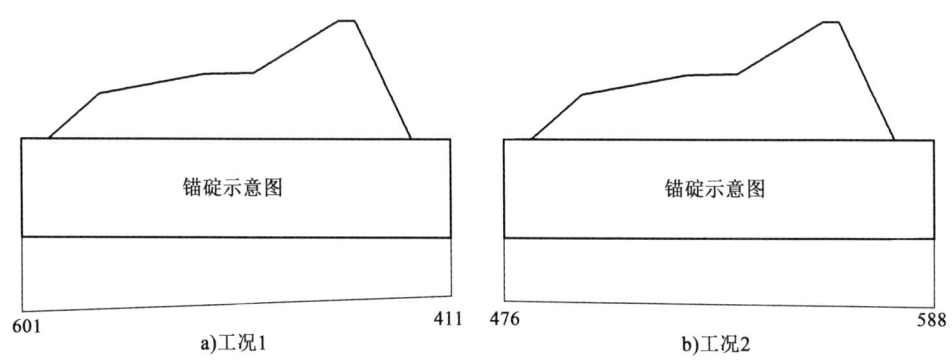

图 6-9-5 两种工况下的基底反力(单位:kPa)

由图可知,在主缆预应力施加之前(工况 1),后趾的地基反力大于前趾,在主缆预应力施加之后(工况 2),前趾的地基反力大于后趾。按照工况 2 作为控制工况验算地基沉降。

2. 土层分布

根据工程地质勘察报告的建议,④-2-2含中粗砂卵砾石层厚度大,在满足重力式锚碇沉降控制要求情况下,可以作为基础的持力层。④-2-2中粗砂卵砾石层在锚碇基础范围内分布不均匀,因此,若在基础范围内均匀注浆加固,则易出现地基的不均匀沉降。

3. 设计方案复合地基沉降计算

南岸重力式锚碇如图6-9-6所示,取7个剖面。

取NM1-NM1′剖面~NM7-NM7′剖面作为算例,分析现有注浆设计方案的地基沉降量,在此基础上讨论注浆间距的优化问题。

拟假定注浆扩散半径为1.0m,由注浆孔间距2.0m,梅花形布置,可得:复合地基置换率$m=0.906$。由地勘报告可得④-2-2含中粗砂卵砾石层压缩模量$E_{ss}=30$MPa;拟定注浆加固体的压缩模量$E_{ss}=80$MPa。

将复合地基加固区中增强体和基体两部分视为一复合土体,采用复合压缩模量E_{cs}来评价复合土体的压缩性,并采用分层总和法计算加固区土层压缩量。

竖向增强体复合地基复合土压缩模量E_{cs}通常采用面积加权平均法计算,即:

$$E_{cs} = mE_{ps} + (1-m)E_{ss} = 0.906 \times 60 + (1-0.906) \times 30 = 57.18(\text{MPa})$$

注浆加固体为柔性桩复合地基,应力主要在浅层传递,沿深度方向衰减较快,因此,粗略将加固体考虑为摩擦桩,且桩端阻力为零。

采用复合地基沉降的计算方法进行计算,基础范围内的沉降示意如图6-9-7所示。

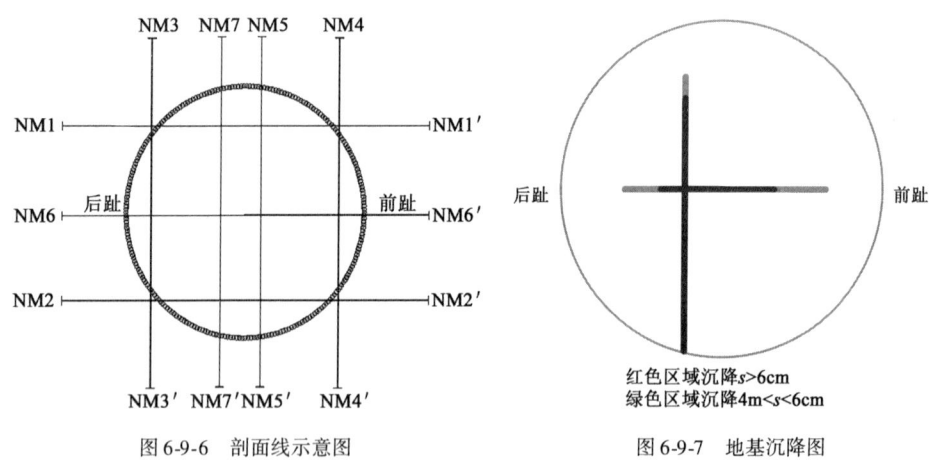

图6-9-6 剖面线示意图　　　　图6-9-7 地基沉降图

4. 沉降控制标准

江苏江阴长江大桥是主跨为1385m的悬索桥,锚碇变位控制标准为:水平位移不大于10cm,竖向沉降不大于20cm。《公路悬索桥设计规范》(JTG/T D65-05—2015)参考了江阴长江大桥的分析成果,推荐运营阶段锚碇允许水平变位不宜大于0.0001倍的主跨跨径,竖向变位不宜大于0.0002倍的主跨跨径。伍家岗长江大桥主跨跨径为1160m,控制标准为水平位移不大于11.6cm,竖向沉降不大于23.2cm。

由NM6-NM6′剖面和NM7-NM7′剖面的沉降分析可知,锚碇基础存在不均匀沉降现象,且最大沉降量较大,易对悬索桥梁产生不利的影响,须对注浆方案进行优化。

5.注浆间距优化后沉降计算

由上述分析,应根据基底土层分布和基底应力分布情况有针对性地进行注浆方案设计。根据上述沉降分析结果,仍以NM1-NM1′剖面~NM7-NM7′剖面为例,说明方案优化思路。

计算模型地质参数见表6-9-3。

计算模型地质参数表　　　　　　　表6-9-3

层　号	土类名称	层厚 (m)	重度 (kN/m³)	浮重度 (kN/m³)	黏聚力 (kPa)	内摩擦角 (°)
1	粉质黏土	8.00	19.0	—	25.00	17.00
2	砾砂	7.00	21.0	25.0	1.00	28.00
3	中风化岩	40.00	22.0	23.5	300.00	40.00

由锚碇变位控制条件,现对竖向沉降大于6cm的区域以注浆间距加密的方式进行优化处理,对竖向沉降小于4cm的区域以加大注浆间距的方式进行优化处理。具体如下:

仍假定注浆扩散半径为1.0m,现有沉降计算中,沉降大于6cm的区域注浆孔间距定为1.5m,梅花形布置;沉降小于6cm且大于4cm的区域注浆孔间距仍为2.0m,梅花形布置;沉降小于4cm的区域注浆孔间距定为3.0m,梅花形布置。因此:

注浆孔间距1.5m时,复合地基置换率$m=1.0$,复合地基压缩模量$E_{cs}=80.0$MPa;
注浆孔间距2.0m时,复合地基置换率$m=0.349$,复合地基压缩模量$E_{cs}=75.3$MPa;
注浆孔间距3.0m时,复合地基置换率$m=0.403$,复合地基压缩模量$E_{cs}=50.15$MPa。

根据优化方案采用复合地基沉降的计算方法进行计算,可以得到NM6-NM6′剖面、NM7-NM7′剖面的沉降图如图6-9-8、图6-9-9所示。

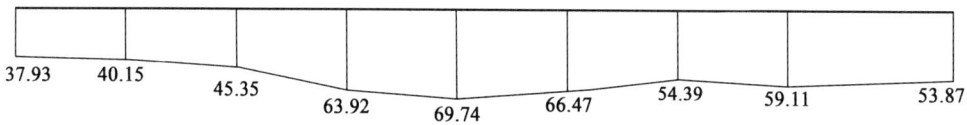

图6-9-8　NM6-NM6′剖面的沉降图(单位:mm)

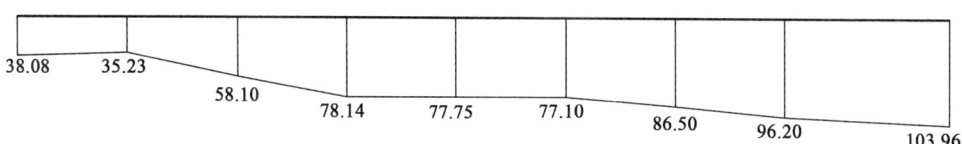

图6-9-9　NM7-NM7′剖面的沉降图(单位:mm)

从图6-9-8、图6-9-9可知,优化方案可以有效解决不均匀沉降问题,保证锚碇基础的沉降控制在设计要求范围内;但图6-9-9仍存在不均匀现象,可通过在注浆施工过程中,结合调整注浆压力、注浆深度、控制总体注浆量等方式减弱不均匀沉降现象。

第四节 复合地基数值模拟

一、注浆时机分析

由于锚碇重力及使用阶段受力的偏心作用及场地持力层的不均匀性,重力式基础对基底的要求不同。根据工程施工工序,可选择的注浆时机共有3种情况:①基坑开挖前注浆;②基坑开挖到一定深度后注浆;③开挖到底再注浆。3种注浆时机示意如图6-9-10所示。

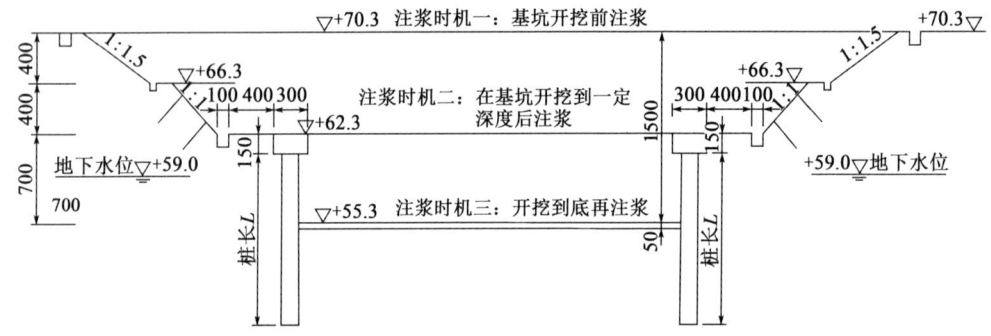

图6-9-10 3种注浆时机示意图(高程单位:m;尺寸单位:cm)

通过有限元软件(PLAXIS 3D)对上述3种注浆时机进行模拟,根据模拟结果并结合工程造价、周期及安全性等方面推荐最佳时机。

主要从以下6点对3种注浆时机进行对比分析:

①基坑开挖过程中咬合桩的变位情况;
②施工锚碇之后地基沉降及基底应力分布情况;
③施工锚碇之后地基沉降增量情况;
④运营期(锚碇受力之后)地基沉降及基底竖向应力分布情况;
⑤运营期(锚碇受力之后)地基沉降增量情况;
⑥运营期(锚碇受力之后)锚碇水平变位增量情况。

1.注浆时机模拟结果对比分析

通过3种注浆时机(①基坑开挖前注浆;②基坑开挖到一定深度后注浆;③开挖到底再注浆)对加固效果影响的数值模拟,并将计算结果与未注浆情况进行比较分析,可得以下结论:

(1) 3种注浆时机下注浆对咬合桩变位的影响较小。相比而言,坑顶注浆时,咬合桩在基坑开挖到底后的最大变位最小,坑底注浆在未注浆前所有工况(开挖到底之前的所有工况)与未注浆的工况一致,所以坑底注浆在基坑开挖到底后咬合桩的最大变位与未注浆相同。但由于考虑到坑底注浆会使基坑开挖到底后坑底暴露一段时间(会产生基坑的时间效应),而数值模拟无法考虑基坑的时间效应,故实际施工中,如果选择在坑底注浆,咬合桩的最大变位将会远远超过计算的结果。

(2) 注浆对地基沉降降低效果影响显著。不论锚碇施工工况还是运营期工况,坑底注浆相比其他两种注浆时机的地基最大沉降量最小,但地基应力最大,基坑开挖到一定深度注浆条件下其次,而坑顶注浆的沉降量最大。单纯从沉降量控制指标来看,坑底注浆最好。

(3) 基坑开挖到一定深度后(与咬合桩同时施工)进行坑底注浆的前提下,随着加固后土体参数的提高,锚碇施工工况及运营期地基沉降量均减小明显,减小幅度均达到40%以上,同样,地基沉降差也减小显著。而地基加固后的基底应力分布则表现出逐渐增大的趋势,但整个基底的应力集中区域减小,应力分布向着均一化发展。

(4) 基底注浆可有效减小锚碇施工期地基沉降增量及运营期地基回弹增量,而且对运营期锚碇最大水平变位的降低效果明显,对整个锚碇的安全正常使用具有非常积极的作用。但各个增量影响效果主要取决于地基土参数,而注浆时机对其影响较小。

(5) 本书所有计算结果均为理想土体参数,忽略了土体参数的不均匀性,实际施工中可能出现锚碇变位略大于本书计算结果的情况。

2. 建议

虽然单纯从沉降量控制指标来看,坑底注浆最好,但由于坑底注浆在基坑开挖到底之后进行,这使得基坑暴露时间过长,对基坑安全性极为不利,而且开挖到基底后不及时回填,在地基土上进行相关作业,对地基土性的扰动也会增大,对地基承载力及沉降控制不利。

坑顶注浆虽然安全,但是在注浆完成之后才进行基坑开挖,务必使得整个工程工期大大增大,对工程造价及工期控制不力。

本书推荐采用基坑开挖到一定深度之后与咬合桩同时施工,原因如下:

(1) 工期短:坑底注浆与咬合桩同时施工,二者互不干扰,可缩短工期。

(2) 安全有保障:虽然是在基坑开挖8m之后进行坑底注浆,但基坑上部8m采用放坡的支护形式,安全性较高。

(3) 沉降控制效果较好:从本书分析结果可以看出,基坑开挖一定深度之后注浆的沉降控制效果优于桩顶注浆。

二、加固体参数分析

注浆效果关系到后续锚碇施工完成及锚碇运营期基底沉降、水平变位及基底应力的发展,对锚碇的正常使用具有重要意义。为研究基底注浆对咬合桩总位移、基底沉降、基底应力、锚碇的水平变位的影响,共采用4种加固后的土体参数,分别见表6-9-4。

计 算 土 体 参 数　　表6-9-4

计算工况	置换率(%)	黏聚力(Pa)	内摩擦角(°)	弹性模量(Pa)
第一种加固土体参数	10	10	32	39×10^3
第二种加固土体参数	20	20	34	48×10^3
第三种加固土体参数	30	30	36	57×10^3
第四种加固土体参数	40	40	38	66×10^3

参数计算时取置换率和原始参数的加权取值,原状土和水泥土桩的参数见表6-9-5。

原状土及水泥土桩参数　　表6-9-5

类　　别	黏聚力(Pa)	内摩擦角(°)	弹性模量(Pa)
水泥土桩	100	50	120×10^3
原始土体参数值	1	30	30×10^3

加固时机选择为上节推荐的基坑开挖到一定深度后(与咬合桩同时施工)。利用数值模拟来研究各土体参数下,咬合桩总位移、基底沉降、基底应力的变化情况,提出建议的土体参数值。通过对4种加固后的土体参数对加固效果影响的数值模拟,并将计算结果与未注浆情况进行比较分析,可以看出随着加固后土体参数的提高,锚碇施工工况及运营期地基沉降量均减小明显,锚碇施工期沉降增量、运营期地基回弹增量及运营期锚碇水平变位增量均呈减小趋势,故通过加固基底土对整个锚碇的安全正常使用具有重要意义;但土体参数提高意味着注浆费用的增加;本书第二种加固土体参数(置换率20%)已经可以控制锚碇施工工况地基沉降量在10mm以内,运营期地基沉降量在7.36mm左右,施工锚碇阶段的沉降增量在6.0mm左右,运营期锚碇最大水平变位增量在5.8mm左右,各指标完全可以满足锚碇正常运营的要求,故本书建议采用第二种加固土体参数,见表6-9-6。

推荐加固后土体参数　　表6-9-6

计算工况	置换率(%)	黏聚力(Pa)	内摩擦角(°)	弹性模量(Pa)
原始土体参数值	0	1	30	30×10^3
第二种加固土体参数	20	20	34	48×10^3

三、注浆深度分析

由于锚碇重力及使用阶段受力的偏心作用及场地持力层的不均匀性,重力式基础对基底的要求不同。从锚碇施工完成后及运营期基底沉降云图可以看出,不同区域内沉降差异较大。为达到基底承载力的要求,分区域注浆是一个较好的办法。

本节将通过有限元软件(PLAXIS 3D)对不同的注浆加固深度进行模拟,模拟用加固土体参数见表6-9-7,加固时机选择为上节推荐的基坑开挖到一定深度后(与咬合桩同时施工);根据模拟结果并结合工程造价、周期及安全性等方面推荐最佳注浆深度。

计 算 土 体 参 数　　　　表 6-9-7

计算工况	置换率(%)	黏聚力(Pa)	内摩擦角(°)	弹性模量(Pa)
原始土体参数值	0	1	30	30×10^3
加固土体参数	20	20	34	48×10^3

中风化岩顶板等高线如图 6-9-11 所示。根据中风化岩顶板等高线将注浆加固深度分 3 种工况考虑,即:

工况 1:加固至高程 45.0m 处(高程 45.0m 以上、基底以下土体全部加固);

工况 2:加固至高程 35.0m 处(高程 35.0m 以上、基底以下土体全部加固);

工况 3:加固至高程 25.0m 处(高程 25.0m 以上、基底以下土体全部加固)。

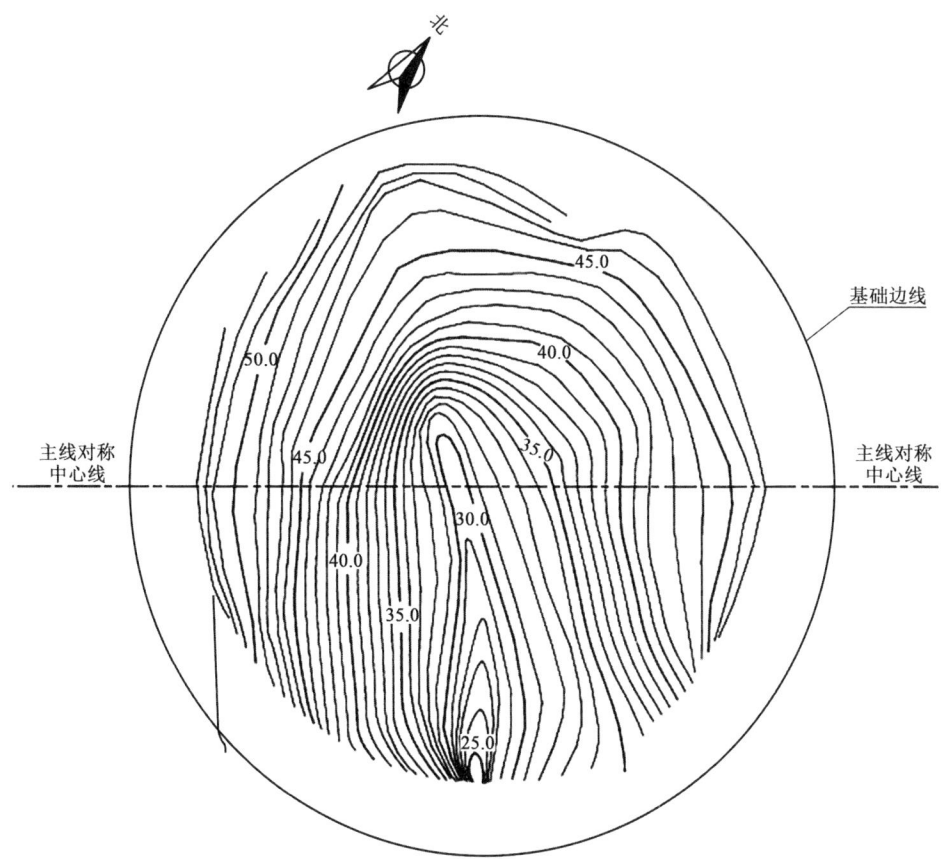

图 6-9-11　中风化岩顶板等高线

计算结果主要从以下 3 个方面对 3 种注浆深度进行对比分析:

(1)施工锚碇之后(施工期)地基沉降及基底竖向应力分布情况;

(2)施加主缆拉力之后(运营期)地基沉降及基底竖向应力分布情况;

(3)运营期锚碇及其基础的位移和应力分布情况。

计算结果统计见表 6-9-8 ~ 表 6-9-10。

锚碇基底沉降量汇总表(mm) 表6-9-8

基底沉降量	加固深度至45m		加固深度至35m		加固深度至25m	
	最大值	最小值	最大值	最小值	最大值	最小值
施工期	34.8 (17.5)	-8.7 (-8.7)	0.0 (0.0)	-27.5 (-20.0)	0.0 (0.0)	-28.9 (-18.0)
运营期	最大值	最小值	最大值	最小值	最大值	最小值
	36.9 (10.0)	-8.7 (-5.0)	0.0 (0.0)	-27.0 (-10.0)	1.68 (0.0)	-27.9 (-11.0)

注:1.数值为正表示沿坐标轴正向产生位移,即数值为正表示隆起,数值为负表示压缩沉降。
2.表格括号里的数值表示去除应力集中点之后的极值沉降量,下同。

锚碇基底竖向应力汇总表(Pa) 表6-9-9

基底竖向应力	加固深度至45m		加固深度至35m		加固深度至25m	
	最大值	最小值	最大值	最小值	最大值	最小值
施工期	1885 (-300)	-6508 (-500.0)	-275.6 (-275.6)	-520.3 (-520.3)	-98.56 (-430.0)	-631.4 (-550.0)
运营期	最大值	最小值	最大值	最小值	最大值	最小值
	1689.0 (-300.0)	-5716.0 (-400.0)	-221.5 (-221.5)	-439.3 (-439.3)	-97.15 (-275.0)	-565.9 (-475.0)

注:表格括号里的数值表示非应力集中区域的极值应力,下同。

运营期锚碇及其基础的位移和应力汇总表 表6-9-10

基底竖向应力	加固深度至45m		加固深度至35m		加固深度至25m	
	最大值	最小值	最大值	最小值	最大值	最小值
沉降 (mm)	36.9 (10.0)	-6.1 (-6.1)	8.7 (0.0)	-18.9 (-10.0)	10.4 (0.0)	-20.9 (-11.0)
水平位移 (mm)	最大值	最小值	最大值	最小值	最大值	最小值
	21.1 (21.1)	-12.6 (-12.6)	33.8 (27.5)	-10.8 (-10.8)	33.7 (30.0)	-10.9 (-10.9)
最大主应力 (Pa)	最大值	最小值	最大值	最小值	最大值	最小值
	1342 (400)	-5838 (-800)	75.31 (75.31)	-1591 (-800)	74.13 (74.13)	-1685 (-800)
最小主应力 (Pa)	最大值	最小值	最大值	最小值	最大值	最小值
	2789 (600)	-225.1 (-225.1)	1034 (400)	-180.9 (-180.9)	1107 (400)	-201.5 (-201.5)
总位移(mm)	40.0		37.5		34.4	

从以上统计可以看出:

(1)注浆对地基土体进行了加固,虽然不能完全消除地基的不均匀性,但不均匀性相对于未注浆时得到了改善。

(2)通过表6-9-8可知,注浆加固深度越深,基础的不均匀沉降越小,沉降量则略有减小。表6-9-9中,工况1的基底竖向应力由于局部区域出现应力集中,因此竖向应力数值异常,非应力集中区域的应力数值与工况2、工况3相当,因此,注浆加固深度使应力集中区域减小,对地基应力影响不大。

(3)通过表6-9-10可知,注浆加固深度可减小锚碇及其基础的不均匀沉降,减小其应力集中现象,可减小锚碇及其基础的总位移;同时,工况2和工况3的相关分析结果较为接近,说明注浆加固深度可适当优化。

(4)从计算的应力云图和沉降云图分析可得,重力式锚碇基础呈现刚性基础的特性,与基底的接触应力呈马鞍形分布,即周边应力大,中间区域应力相对较小,因此要严格保证基础周边区域的注浆效果;后趾区域附近局部注浆深度的加深有助于基础沉降的控制,但考虑到基础的刚性性质,且该区域较小,该区域的注浆深度可优化。

(5)综合考虑工期、造价等因素,结合数值模拟的分析结果,建议注浆深度选定为至少达到高程35.0m处,即保证整个基础范围内高程35.0m以上、基底以下的土体全部加固(最深的加固深度不小于20m)。

(6)此处是基于数值模拟完成注浆加固深度的优化分析,由于影响现场注浆施工环节因素较多,因此最终注浆效果具有较大的离散型,本结论仅作为分析参考,建议以现场试验结果为依据指导后续设计与施工。

第五节 复合地基现场试验

一、试验方案

1. 地质情况及设计参数取值

根据伍家岗长江大桥南岸重力式锚碇工程地质勘察报告,江南锚碇基础基底持力层为④-2-2含中粗砂卵砾石层,其承载力基本容许值为400kPa。

设计采用参数:④-2-2含中粗砂卵砾石层承载力基本容许值400kPa,锚碇混凝土基础底面与④-2-2含中粗砂卵砾石层之间的摩擦系数$\mu = 0.4 \sim 0.5$。

基底最大应力见表6-9-11。

基底最大应力　　　　表6-9-11

工况	地基应力(kPa)	
	前趾	后趾
最不利荷载组合	588	476

2. 试验目的

重力式锚碇为大偏心结构,持力层含水量丰富,属于级配不良碎石土,在长期荷载下,存在沉降不均风险。为大桥工程安全施工和桥梁安全服役的需要,通过原位试验获得锚碇基坑基底的摩阻系数和基底持力层承载力的现场数据,并进行整理和分析,为伍家岗长江大桥重力式锚碇基础提供设计参数和依据。本试验的主要目的:

(1)通过直剪试验测定锚碇基底摩阻力系数,即为测定锚碇锚体混凝土与基底接触面的抗剪摩擦系数。

(2)通过浅层平板荷载试验校核锚碇基坑底部的地基承载力基本容许值[f_{a0}]。

3.直剪试验

(1)基本原理

现场剪切试验以结构面抗剪强度理论和库仑准则为理论依据,对每一试样在恒定垂直荷载P下逐级施加水平剪切荷载Q,使试件发生剪切变形直至破坏,得到每个试块的和,然后用库仑准则确定结构面的c、φ值。

首先根据设计荷载确定最大垂直压力,由小到大逐级对混凝土试块施加垂直压力,逐级测量法向位移,绘制不同应力条件下的法向应力和法向位移的关系曲线。当垂直压力施加结束后,对混凝土试块分级施加水平推力,直至混凝土试块滑动。逐级测量水平推力作用下的水平位移,绘制在不同水平应力条件下的剪切应力与剪切位移的关系曲线。按照上述方法可求得各级垂直荷载下的抗剪强度,绘制关系曲线,即可求得接触面的抗剪强度参数。

(2)测试仪器设备

①法向荷载施加系统,由千斤顶、加压反力装置(反力支架)及滚动滑板构成,用以施加法向应力。

②水平剪力施加系统,由千斤顶及附属装置(反力支座等)构成。

③测量系统,由位移量测系统(百分表等)和力测量系统(力传感器)构成,用以测量法向荷载、法向位移、水平剪力、水平位移等。

(3)试验方案及布置

①试验分组:本试验进行两组,一组位于锚碇前趾区域,另一组位于锚碇后趾区域(加固深度最深区域)。每组试验各包括3个试点,共6个试点。

②试点布置:为了较为准确地掌握锚碇与基底接触面的抗剪强度,试验直接布置在锚碇基坑开挖露出的锚碇实际受力面上。试点布设以地层具有地质代表性、便于试验、不影响施工为原则,6个试样布置在基坑壁边缘(距离基坑坑壁3m),开挖至基底上1m处,在试验点位置进行人工开挖至基底设计高程,布置试点进行基底直剪试验,试样放置在水平的基底试点面上,在水平千斤顶一侧反力支撑距试样的净距离不小于50cm,该试验取70cm。在水平反力支撑和试样之间开挖大约宽70cm、深5cm的千斤顶槽,如图6-9-12所示。

竖向反力系统主梁采用I63型钢(双拼),次梁采用I45型钢,采用钢筋+砂袋堆载,堆载量不低于72t;每个试样的直剪试验的水平反力分别通过横截面为0.80m×0.45m的配筋混凝土与基坑围护结构提供。现场直剪试验布置如图6-9-13所示。

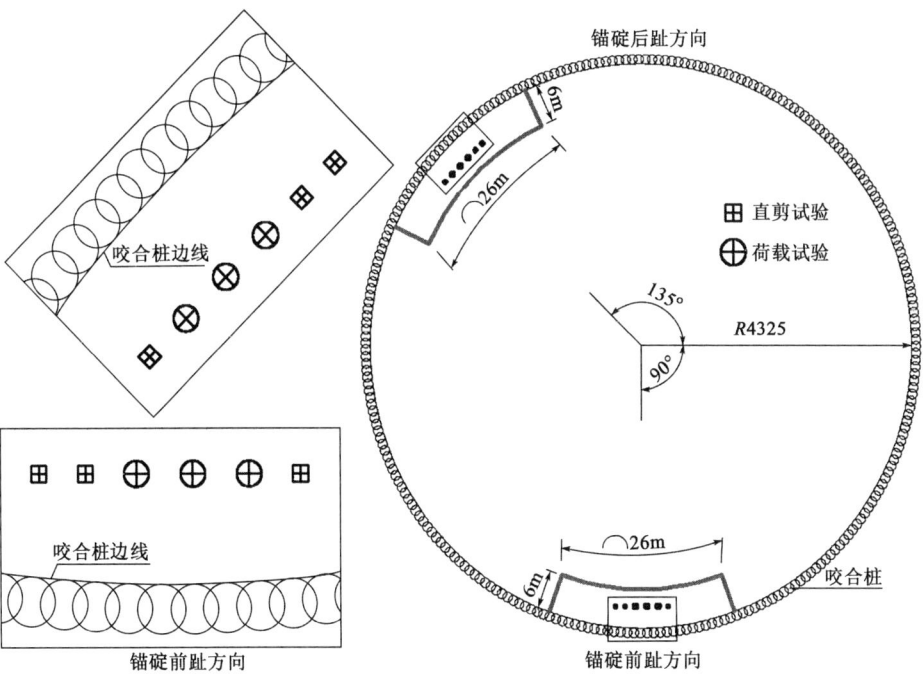

图 6-9-12 直剪各试点平面布置示意图

注:两组试验的整体试验位置可根据现场施工情况作调整(如图中红线区域所示),以不影响施工为准。

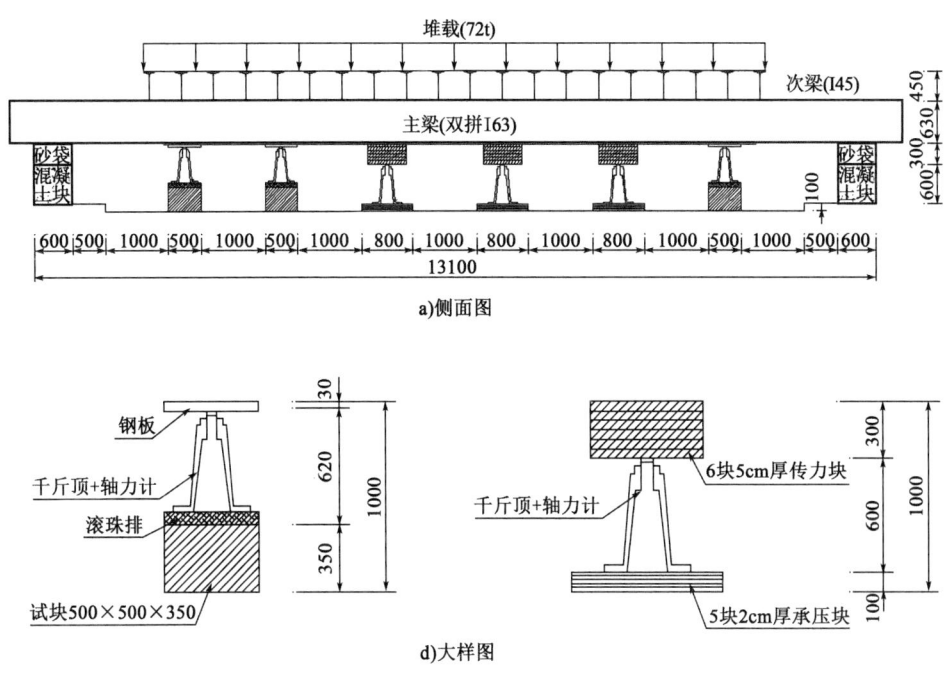

图 6-9-13

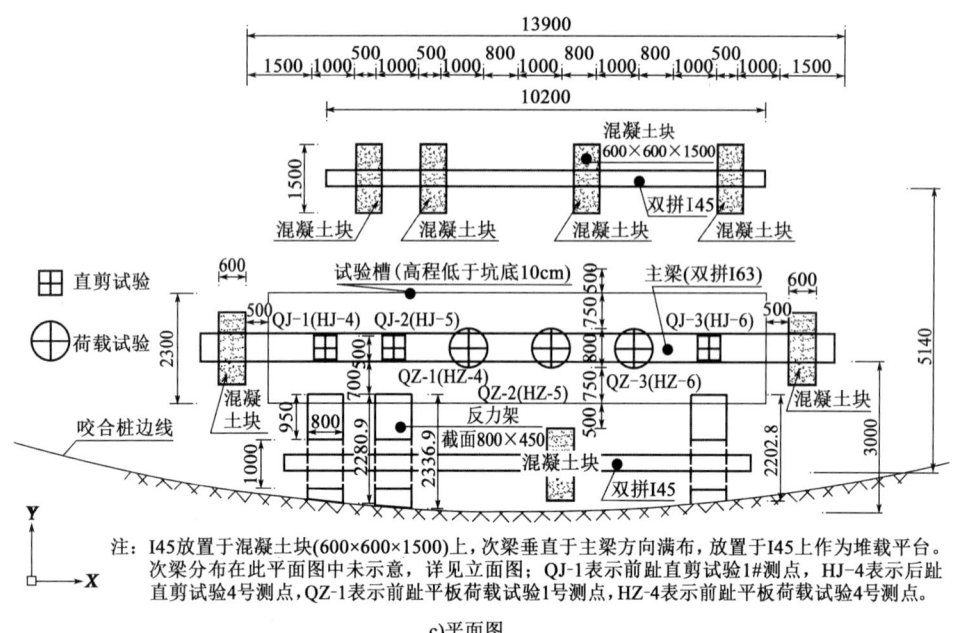

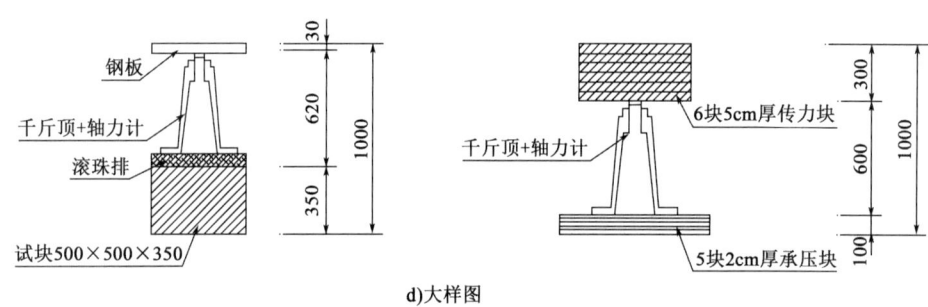

图 6-9-13 现场直剪试验布置图(尺寸单位:mm)

③注浆孔布置:为确定注浆相关参数和注浆半径,现采用不同的注浆间距进行试验,注浆孔与试点的相对关系如图 6-9-14 所示。

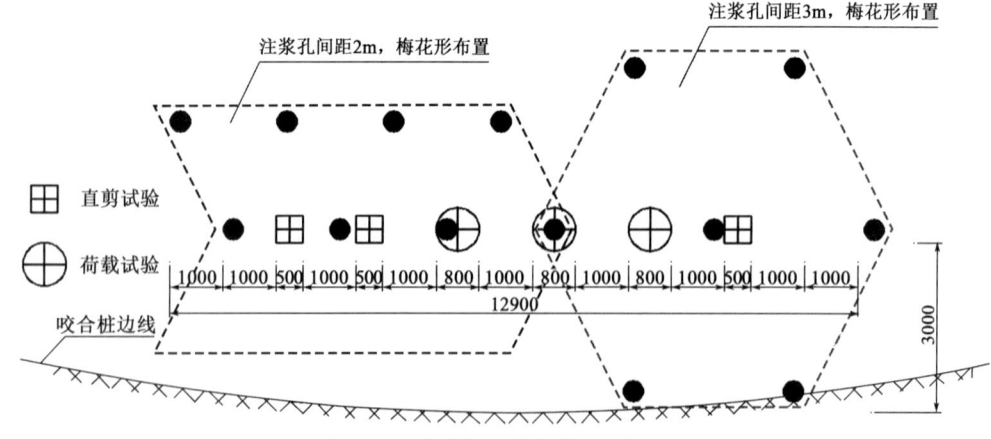

图 6-9-14 注浆孔布置图(尺寸单位:mm)

④试件制备:在试验点现浇混凝土试块,试件尺寸为50cm×50cm×35cm。试验用混凝土的材料、配合比及强度等级均与锚碇基础混凝土一致,混凝土设计强度等级为C30。现场在试点位置浇筑试验用混凝土试块6个,同时在混凝土中加入早强剂以提高早期强度,缩短龄期。浇筑试样的同时,在试件预定部位埋设测量位移的标点。

安装荷载系统时,先安装法向再安装剪切向。法向荷载与剪切荷载的合力作用点应尽量位移剪切面的中心。剪切荷载系统安装时,在试样剪切荷载受力面用水泥砂浆粘贴一块钢垫板;在垫板依次安装顶叉、轴力计、千斤顶和垫板。千斤顶和轴力计下宜用垫板或枕木支撑稳固。剪切荷载系统的千斤顶和轴力计应严格定位。

(4)试验荷载

根据整个锚碇基础的初步设计,同时需满足试验设计的竖向荷载取不小于设计部门提供的最大工程设计应力(针对直剪试验),故竖向最大试验荷载为498.7kPa。

试验加载过程中,竖向应力采用慢速维持分级荷载法,每个试块施加的最大竖向荷载按照最大设计荷载的等差值确定。竖向荷载均按5级等量施加;剪切应力采用平推分级加载法,按10级等量施加,分级按施加的法向最大荷载的10%进行。

竖向荷载施加采用时间控制,加载后立即读竖向位移,5min后再读一次,就可施加下一级荷载。加至预定荷载后,仍按5min读一次,当连续两次的竖向位移读数之差不大于0.05mm,可以开始施加剪切荷载。剪切荷载亦采用时间控制,每5min加载一级,施加前后对法向和切向位移侧表各读数一次。剪切位移增量为前级位移增量的1.5倍时,将级差减半。当剪切变形急剧增长或变形继续增长而剪应力无法增加或剪切变形达到试样边长的1/10时可终止试验。在施加剪切荷载过程中法向荷载系统保持不变。试样被剪断时,测读剪切荷载的峰值,在剪切荷载缓慢退零的过程中,法向应力保持不变测读回弹位移值。

4. 平板荷载试验

(1)基本原理

荷载试验(Plate Load Test,PLT)是在现场对刚性承压板逐级加荷,测定天然地基、单桩或复合地基的沉降随荷载的变化,以确定地基承载力的原位测试方法。其理论依据一般是假定地基为弹性半无限体(具有变形模量和泊松比),按弹性力学的方法导出表明局部荷载作用下地基土的沉降量 S 计算公式。

在竖向集中荷载作用时,地基中任一点 $N(r,\theta,z)$ 距集中荷载作用点 O 的距离为 R,R 与 z 的夹角为 β,则点 N 的应力为:

$$\sigma_z = \frac{3}{2}\frac{P}{\pi R^2}\cos^3\beta = \frac{P}{z^2}K$$

式中:K——地基应力系数。

刚性压板作用下的地基反力分布计算公式如下:

$$\sigma(x) = \frac{P}{2\pi R\sqrt{R^2-x^2}} = \frac{P}{2\pi\sqrt{1-(x/R)^2}}$$

根据土力学原理,刚性承压板(圆板)下计算地基沉降量的理论公式为:

$$s = \frac{\pi}{4} \frac{1-v^2}{E_0} pD$$

式中:E_0——地基土的变形模量;

v——试验系数。

(2)测试仪器及设备

①法向荷载施加系统,由千斤顶、加压反力装置(反力支架)、滚动滑板及刚性承压板构成,用以施加法向应力。千斤顶应配套测力计、负荷传感器。

②测量系统,由位移量测系统(百分表等)和力测量系统(力传感器)构成,用以测量法向荷载、法向位移等。

荷载试验侧视图如图 6-9-15 所示。

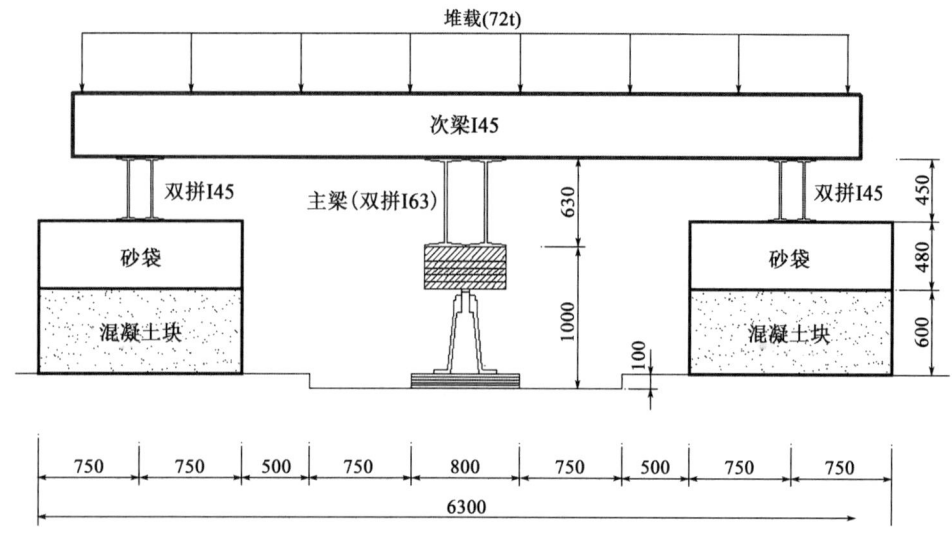

图 6-9-15　荷载试验侧视图(尺寸单位:mm)

(3)试验方案及布置

①试验分组:本试验进行两组,一组位于锚碇基础前趾区域,另一组位于锚碇基础后趾区域(加固深度较深区域)。每组试验各包括 3 个试点。

②试点布置:为了较为准确地掌握锚碇基底的承载性能,试验直接布置在锚碇基坑开挖露出的锚碇实际受力面上。试点布设以复合地基具有代表性、便于试验、不影响施工为原则,在锚碇基础前趾区域布置 3 个试点,后趾区域布置 3 个试点,如图 6-9-13 所示。在承压板下铺设 10mm 的中砂垫层找平,并尽快安装试验设备,以减少试井复合地基的扰动,保持其原状结构和天然湿度。

③试样尺寸及制备:采用圆形刚性承压板,直径 800mm,面积 $0.5m^2$。

④试验荷载:根据整个锚碇基础的初步设计,基底承载力基本容许值为 600kPa。荷载板试验加载的最大值为容许值的 2 倍,即 1200kPa。

a. 加载:试验加载过程中,竖向应力采用分级维持荷载沉降相对稳定法(常规慢速法)

即单循环加载,荷载逐级递增直至破坏。荷载分 12 级,基坑加载具体分级为 100kN、150kN、200kN、250kN、300kN、350kN、400kN、450kN、500kN、550kN、600kN、650kN。

在加载前对测量系统进行初步稳定读数观测,每 10min 读数一次,连续三次读数不变即可开始试验。加载后立即进行沉降量测读,然后每隔 10min、10min、10min、15min 和 15min 测读沉降,以后每 30min 读数一次。当连续 2h 以内,每小时沉降量小于 0.1mm 时,即可达到稳定,可进行下一级荷载。

b. 当出现下述现象之一时,即可终止加载:

a) 承压板周围的土明显地侧向挤出。

b) 沉降 s 急剧增大,荷载-沉降(P-S)曲线出现陡降段。

c) 在某一级荷载下,24h 内沉降速率不能达到稳定。

d) 沉降量与承压板直径之比大于或等于 0.06。

e) 达到预计的加载值,但未出现上述情况。

当满足前三种情况之一时,其对应的前一级荷载定为极限荷载。

二、试验过程

根据试验方案要求,在基坑前趾和后趾各布置一组直剪试验试点和一组荷载板试验试点。试点平面布置示意如图 6-9-16 所示,其中,QZ-1 表示前趾试验区平板荷载试验 1 号测点,QJ-1 表示前趾试验区直剪试验 1 号测点,其余编号以此类推,HZ-7、HZ-8 试点为两组试验完成之后的补充平板荷载测点。试验区现场反力平台如图 6-9-17 所示。

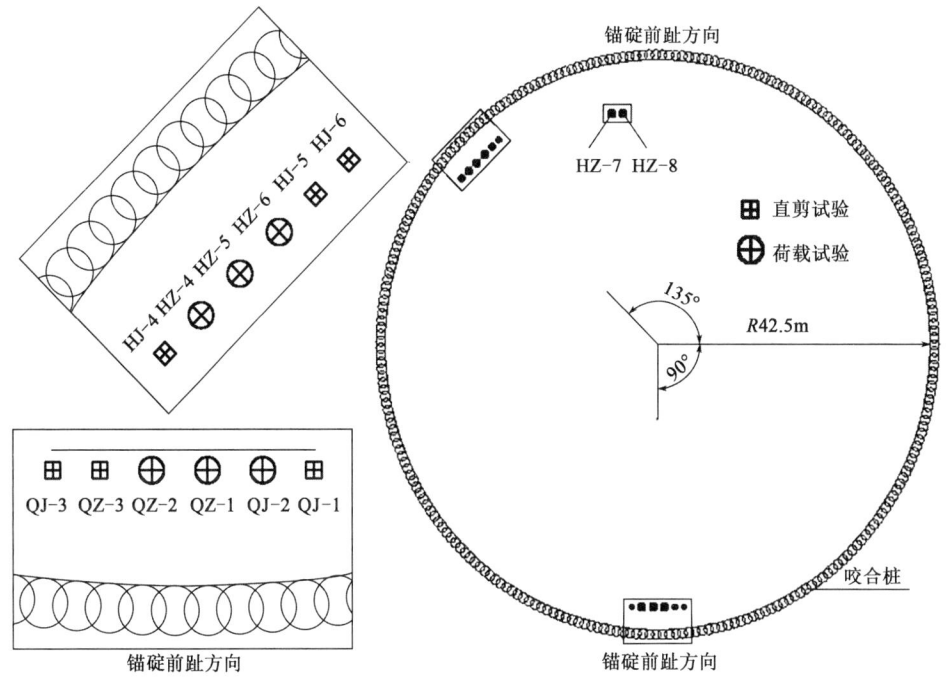

图 6-9-16　各试点平面布置示意图

a)前趾试验区反力平台　　b)后趾试验区反力平台　　c)补充试验区反力平台

图 6-9-17　施工现场反力平台

1. 直剪试验

(1)采用平推法进行直剪试验。

(2)每个试体上分别施加不同的法向荷载,法向荷载分别为 80kN、90kN、100kN、110kN、120kN、130kN;其中后趾区域 3 个试块施加 80KN、100KN、120KN,前趾 3 个试块施加 90KN、110KN、130KN。

(3)每个试体的法向荷载按 5 级施加,加载后立即读竖向位移,以后每 5min 测记一次,当 5min 内垂直变形值不超过 0.05mm 时,可施加下一级荷载,施加最后一级荷载后按 5min、10min、15min、15min……的时间间隔测读垂直变形值,当连续两个 15min 垂直变形累计值不超过 0.05mm 时,即认为垂直变形已经稳定,可施加剪切荷载。

(4)剪切预定荷载按照对应的竖向荷载的最大值分 10 级施加,在剪切荷载施加过程中,当本级剪切位移增量为前级位移增量的 1.5 倍时,将级差减半。

(5)剪切荷载亦采用时间控制,每 5min 加载一级,施加前后对法向和切向位移测表和轴力计各读数一次。

(6)试验过程中,对加载设备和测表使用情况、试体发出的响声、混凝土和岩体中出现的松动、掉块和裂缝开裂等现象,应作描述和记录。

(7)试验结束后,翻转试体,拍照记录剪切面情况并存档。

直剪试验测点加载现场如图 6-9-18 所示。

图 6-9-18　直剪试验测点加载现场图

2. 荷载试验

(1)荷载试验每组3个试点,后趾区补充2个试点,共8个试点。

(2)承压板采用厚2cm的圆形钢板,直径为800mm。为了减少圆形钢板的变形带来的误差,采用3~4块圆形钢板叠加在一起。荷载值通过轴力计测量,沉降由0~50mm量程的百分表测量,4个百分表对称安装在荷载板上,与基准梁配合观察沉降。

(3)反力装置采用堆载法,采用由工字钢搭成的压重平台反力装置,钢筋+砂袋堆载。

(4)在加载前对测量系统进行初步稳定读数观测,每10min读数一次,连续三次读数不变即可开始试验。

(5)注浆加固后基底持力层承载力基本容许值为600kPa。荷载板试验加载的最大值为容许值的2倍,即注浆加固后基底持力层极限承载力为1200kPa(对应荷载为600kN)。

荷载按单循环逐级递增加载直至预定荷载,采用千斤顶加载,QZ-3测点分12级加载,QZ-3测点荷载分级为:100kN、150kN、200kN、250kN、300kN、350kN、400kN、450kN、500kN、550kN、600kN、650kN;QZ-1、QZ-2、HZ-4、HZ-5、HZ-6、HZ-7、HZ-8测点分10级加载,荷载分级为:120kN、180kN、240kN、300kN、360kN、420kN、480kN、540kN、600kN、660kN,现场采用慢速维持荷载法。

(6)加载后立即进行沉降量测读,然后每隔10min、10min、10min、15min和15min测读沉降,以后每30min读数一次。当连续2h以内,每小时沉降量小于0.1mm时,即达到稳定,可进行下一级荷载。

(7)当出现下述现象之一时,即可终止加载:
①承压板周围的土明显地侧向挤出;
②沉降s急剧增大,荷载-沉降(P-S)曲线出现陡降段;
③在某一级荷载下,24h内沉降速率不能达到稳定;
④沉降量与承压板直径之比大于或等于0.06;
⑤达到预计的加载值,但未出现上述情况。

当满足前三种情况之一时,其对应前一级定为极限荷载。荷载试验测点加载如图6-9-19所示。

图6-9-19 荷载试验测点加载现场图

3. 试验数据

（1）直剪试验（部分测点）

①竖向应力与沉降关系曲线如图6-9-20所示，切向应力与切向位移关系曲线如图6-9-21所示。

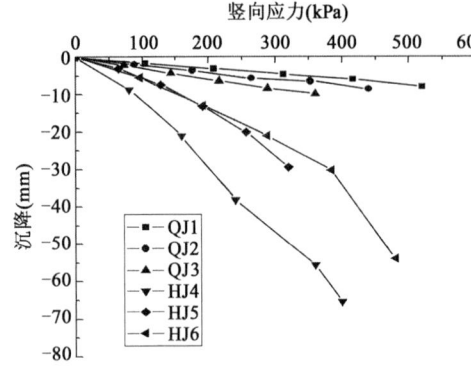

图6-9-20　直剪试验竖向应力与沉降曲线图　　　图6-9-21　直剪试验切向应力与位移曲线关系图

②强度参数：竖向应力与切向应力的关系曲线如图6-9-22所示。

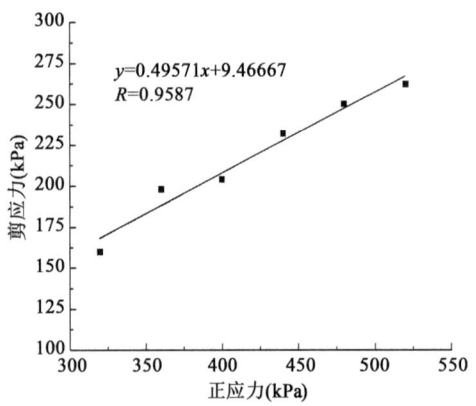

图6-9-22　直剪试验强度参数拟合图

采用最小二乘法拟合直线，确定摩擦系数和黏聚力值，见表6-9-12。

直剪试验强度参数结果　　　　表6-9-12

摩擦系数 μ	黏聚力 c（kPa）
0.496	9.5

（2）破裂面情况

试验结束后，反转试体，发现剪切面未发生在混凝土与岩体接触面。在竖向荷载作用下，混凝土试块底面与岩土体黏结在一起，破坏面发生在岩土体内部，呈曲面形式。部分试体剪断之后的情况如图 6-9-23 所示。

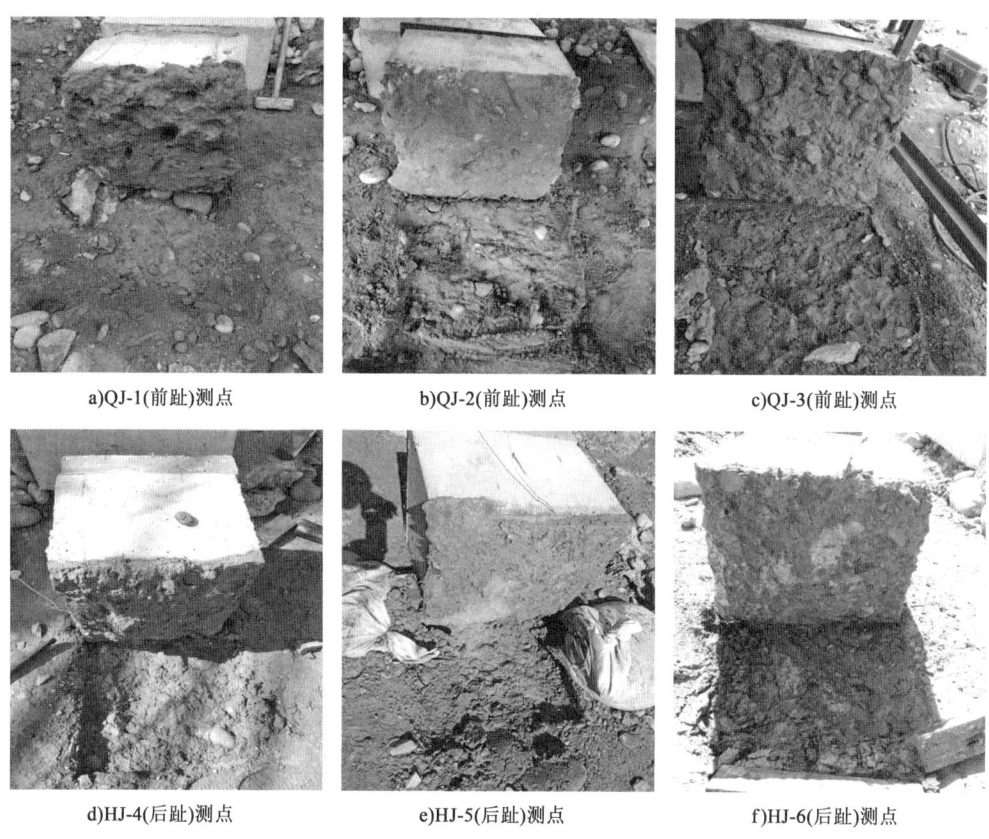

图 6-9-23 测点剪断现场试验图

（3）荷载试验（部分测点）

①测点荷载-沉降曲线如图 6-9-24～图 6-9-28 所示。

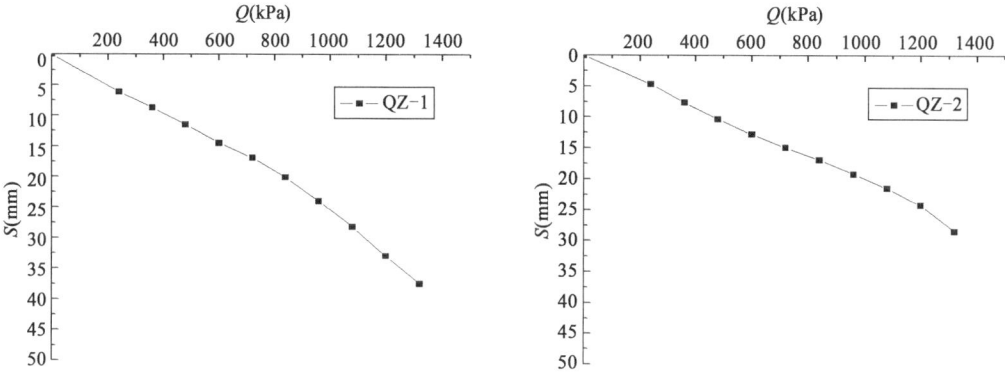

图 6-9-24 荷载试验 QZ-1 测点荷载-沉降曲线　　　图 6-9-25 荷载试验 QZ-2 测点荷载-沉降曲线

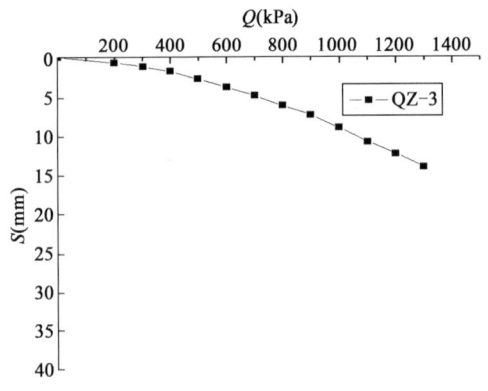

图 6-9-26 荷载试验 QZ-3 测点荷载-沉降曲线

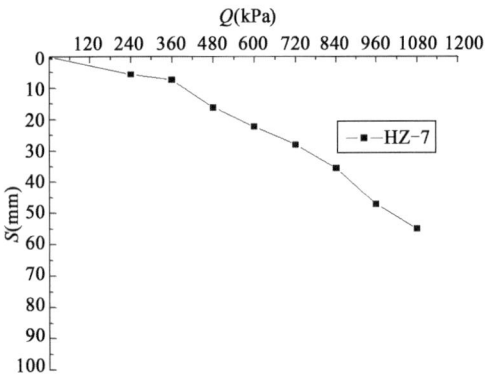

图 6-9-27 荷载试验 HZ-7 测点荷载-沉降曲线

②地基承载力基本容许值确定方法：

a. 对应于 P-S 曲线上起始直线段的终点为比例界限。符合终止加载条件的前一级荷载为极限荷载，将极限荷载除以 2 的安全系数，所得值对应与比例界限的荷载相比较，取小值；

b. 取试点中荷载取值最小值作为基底地基承载力的基本容许值。

三、试验结果分析

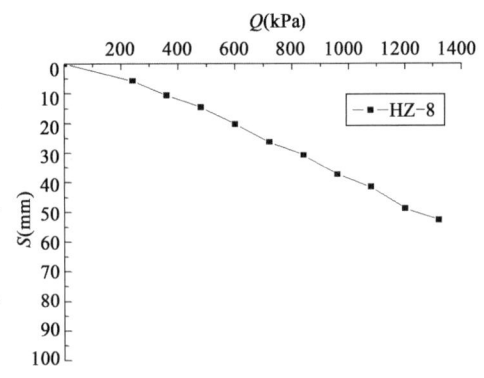

图 6-9-28 荷载试验 HZ-8 测点荷载-沉降曲线

伍家岗长江大桥南岸重力式锚碇基坑基底所测得前趾区 QZ-1、QZ-2、QZ-3 测点，后趾区 HZ-4、HZ-5、HZ-6 测点，后趾区补充荷载试验 HZ-7、HZ-8 测点共 8 个测点。

1. 直剪试验

根据现场锚碇基底混凝土与土体直剪试验结果，采用最小二乘法进行拟合，确定抗剪切摩擦系数为 0.496，黏聚力为 c = 9.5kPa。设计摩擦系数为 0.4，实测值大于设计值，保证了锚碇的水平抗滑稳定性。

2. 荷载试验

3 个试验区的荷载试验点的测试结果汇总如图 6-9-29 所示。

前趾区 QZ-1 测点加载至 1320kPa，QZ-2 测点加载至 1320kPa，QZ-3 测点加载至 1300kPa，3 个测点均未达到破坏荷载，极限荷载不小于 1300kPa，将最终荷载除以 2 的安全

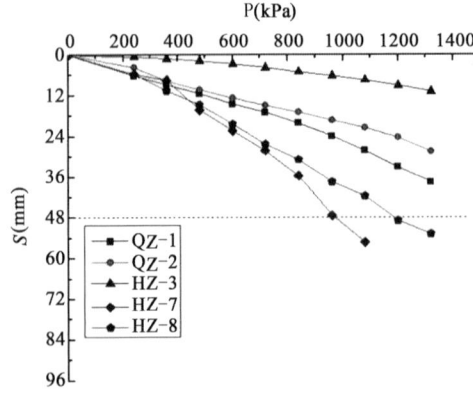

图 6-9-29 荷载试验 HZ-8 测点荷载-沉降曲线

系数,得到地基承载力基本容许值,所以被测试的前趾区 3 个测点的地基承载力基本容许值不小于 650kPa。后趾区 HZ-4、HZ-5、HZ-6 测点受试验时天气及地面积水影响,试验结果不能真实反映注浆加固效果,故其试验结果不予以采纳。

后趾补充荷载试验 HZ-7 测点加载至 1080kPa,HZ-8 测点加载至 1200kPa,两个测点的沉降均超过 48mm(与承压板直径之比等于 0.06),均达到破坏荷载,因此,HZ-7 测点、HZ-8 测点的极限荷载分别为 960kPa、1200kPa,将极限荷载除以 2 的安全系数,得到地基承载力基本容许值,所以被测试的后趾补充荷载试验区两个测点的地基承载力基本容许值分别为 480kPa、600kPa。

荷载试验点的地基承载力特征值取值汇总见表 6-9-13。

荷载试验点地基承载力特征值　　表 6-9-13

试点	QZ-1	QZ-2	QZ-3	HZ-7	HZ-8
f_a(kPa)	660	660	650	480	600

通过 p-s 曲线的比例界限荷载,可利用地基表面沉降的弹性力学公式反求土体的变形模量,计算公式如下:

$$E_0 = 0.785(1 - \mu^2) d p_1 / s_1 \quad (6\text{-}9\text{-}4)$$

式中:E_0——土体的变形模量(MPa);

　　　d——承压板直径(m);

　　　p_1——所取定的比例界限荷载(kPa);

　　　s_1——与比例界限荷载 p_1 相对应的沉降(mm);

　　0.785——刚性圆形承压板的沉降影响系数;

　　　μ——土体泊松比。

根据地勘报告可得 $\mu = 0.28$,根据平板荷载试验方案可知 $d = 0.8$m。根据得到的 8 个荷载测点的比例界限荷载 p_1 以及相应的沉降 s_1,结合相关参数,利用式(6-9-4)可得土体的变形模量见表 6-9-14。

土体变形模量　　表 6-9-14

试验点	前趾试验区			后趾试验区	
	QZ-1	QZ-2	QZ-3	HZ-7	HZ-8
E_0(MPa)	20.389	26.844	53.666	11.749	14.212
平均值(MPa)	33.633			12.980	

测试结果表明:注浆前的承载力特征值为 400kPa,注浆后的承载力特征值不低于 650kPa;注浆前的压缩模量为 22.62MPa,注浆后的压缩模量为 33.63MPa,其承载力和抗变形能力均已得到提高,证明复合地基注浆处理效果是显著的。

第六节　复合地基现场实施

一、现场实施情况

1. 注浆孔与试验点相对位置

前趾试验区现场注浆孔与荷载试验测点布置如图 6-9-30 所示,图中 QZSY-1 表示前趾试验区 1 号注浆孔;后趾试验区现场注浆孔与荷载试验测点布置如图 6-9-31 所示,图中 HZSY-1 表示后趾试验区 1 号注浆孔,其余编号以此类推;后趾补充试验区现场注浆孔与荷载试验测点布置如图 6-9-32 所示,编号规则同上。

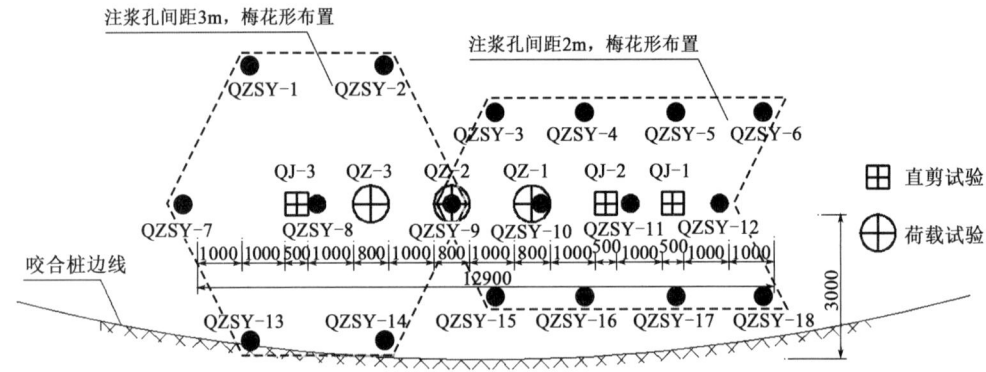

图 6-9-30　现场注浆孔与荷载试验测点布置图(前趾)(尺寸单位:mm)

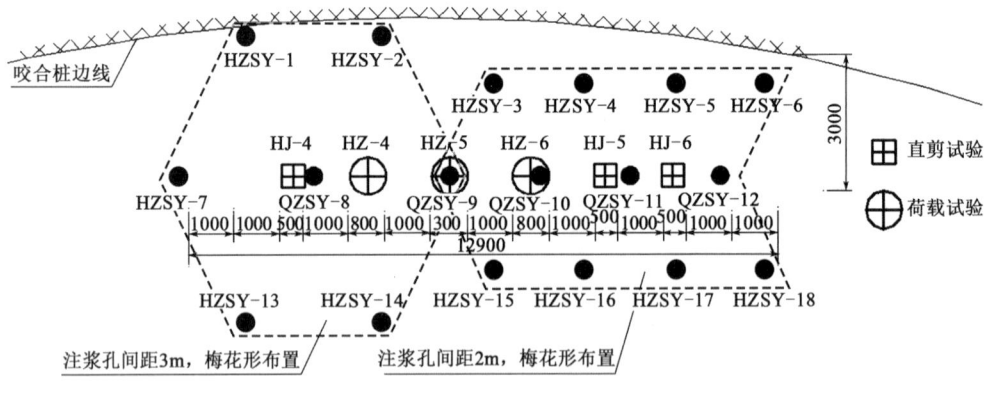

图 6-9-31　现场注浆孔与荷载试验测点布置图(后趾)(尺寸单位:mm)

2. 现场施工情况

前趾区钻孔深度均为 10m,后趾区及后趾补充试验区钻孔深度均为 6m。3 个试验区共 48 个注浆孔也作为注浆工艺试验的一部分。

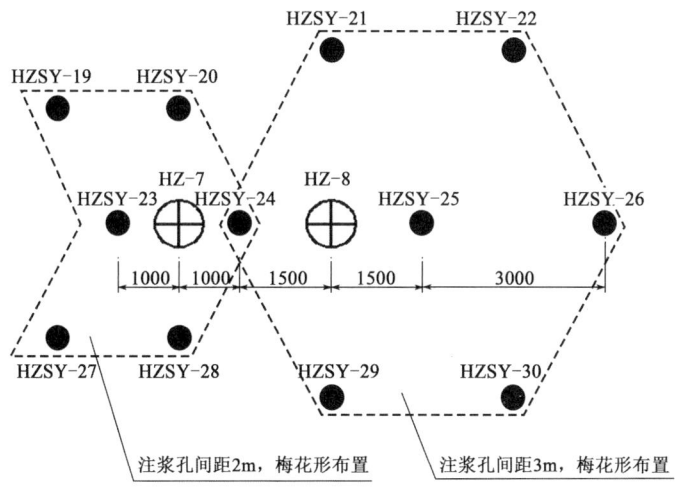

图 6-9-32 现场注浆孔与荷载试验测点布置图(后趾补充试验)(尺寸单位:mm)

3. 现场照片

注浆过程中的部分现场如图 6-9-33 所示。

a)注浆孔口封堵　　　　　　　　b)注浆实景　　　　　　　　c)注浆后

图 6-9-33 注浆现场

二、注浆参数分析

在前趾试验区和后趾试验区前期由于注浆工艺不成熟,存在如下几个方面的问题:①注浆孔孔口封闭不理想;②注浆压力达不到设计 2MPa 的要求;③注浆终止条件不明确。因此,前趾试验区、后趾试验区的单孔注浆量和总的注浆量小于设计用量,36 个注浆孔的注浆效果的差异较大。

为改善注浆效果,克服前期注浆存在的问题,后趾补充试验区采取先施工注浆管,然后浇筑 20cm 厚的素混凝土垫层,待素混凝土垫层达到一定强度后再注浆。该施工工序一方面可以和现场的实际注浆工艺相吻合,使试验区的结果更具真实性和代表性,另一方面该施工工序可有效改善孔口封堵问题,以提高注浆压力,保证注浆效果。下面结合现场注浆实施的情况对各注浆参数进行分析并提出施工建议值。

1. 注浆压力与扩散半径

（1）渗透性：根据《宜昌市伍家岗长江大桥南重力式锚碇多孔抽水试验报告》可知，基坑主要含水层以卵石（④-2-1和④-2-2）为主，透水性较强，建议综合渗透系数 $k = 5.0 \times 10^{-2}$ cm/s。

（2）孔隙率：地勘报告未提及④-2-2层孔隙率，参考《工程地质手册（第四版）》粗砂的孔隙率的经验数据，暂定 $n = 0.3$。

（3）浆液的运动黏滞系数：$\nu = 4 \times 10^{-6}$ m²/s；[参考《地基处理手册（第三版）》]。

（4）注浆压力：注浆压力控制的好坏是注浆成败的关键。在不考虑边界条件下，一定的注浆压力可以把土层颗粒孔隙中的空气和水等全部排走。而劈裂注浆浆脉挤压后，土颗粒更加密实和固结。但是压力超过边界条件允许的范围就会引起地面、基础、结构物的变形和破坏。压力应控制在边界条件允许的最大注浆压力内。

劈裂压力计算公式如下：
$$P_{max} = \gamma g h + \sigma_t \text{（参考《岩土注浆理论与工程实例》）}$$

式中：h——注浆处土柱高度，取平均钻孔深度10m（前趾区实际钻孔深度）；

σ_t——土的抗拉强度（kPa），取为0kPa（地勘报告提供）；

γ——土体的重度，取20kN/m³（经验取值）。

计算得：$P_{max} = \gamma g h + \sigma_t = 20 \times 10 \times 10 = 2000$（kPa）

考虑到注浆孔深度不一，为保证场地范围内的所有钻孔的注浆效果，拟定注浆压力为 $P = 1 \sim 2$ MPa。

水泥浆液水灰比 $\rho^* = W/C = 0.5$。

水泥浆液密度 $\rho = 1 + 2/(1 + 3\rho^*) = 1.8$（g/cm³）（参考《岩土注浆理论与工程实例》）。

水泥浆液重度 $\gamma = \rho g = 18$（kN/m³）。

等效水头 $h = \dfrac{P}{\gamma} = 55.6 \sim 111.1$（m）。

（5）钢管注浆管径：注浆管半径 $r = 2.5$ cm。

（6）被灌土体的有效粒径：由地勘报告表中数据，拟定被灌土体的有效粒径 $d_e = 0.15$ cm。

（7）注浆时间：平均注浆时间 $t = 200$ s。

（8）注浆压力与扩散半径的关系：

假定浆液在含中粗砂卵砾石作紊流运动，则其扩散半径为：

$$r_1 = 2\sqrt{\dfrac{t}{n}}\sqrt{\dfrac{k\nu h r}{d_e}} \text{［参考《地基处理手册（第三版）》］}$$

代入相关数据，可得到注浆压力与扩散半径的关系曲线如图6-9-34所示。

由图可知,扩散半径随注浆压力的增加呈抛物线增长,当注浆压力达到1.3MPa时,扩散半径为2.0m。

由于地层的复杂性和注浆压力、注浆时间的不确定性,采用该方法计算得到的扩散半径仅作为注浆方案设计的参考。

(9)现场注浆效果分析:通过现场注浆过程旁站,根据注浆过程的现象,可初步判断水泥砂浆在④-2-2含中粗砂卵砾石层的扩散半径与注浆压力关系。表6-9-15为部分孔位注浆记录表。

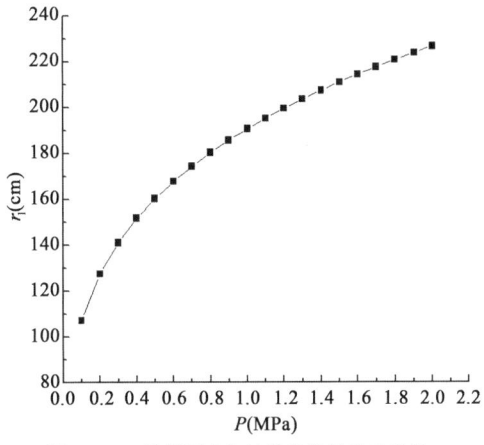

图6-9-34 注浆压力与扩散半径的关系曲线

部分孔位注浆记录表 表6-9-15

孔 号	注浆时间(min)	水泥用量(t)	注浆量(L)	注浆压力(MPa)	备 注
QZSY-18	70	5.0	2500	1.0	邻孔QZSY-17冒浆
QZSY-11	50	3.8	1900	0.9	邻孔QZSY-12冒浆
QZSY-6	30	2.0	1000	1.2	邻孔集水井出浆

现在的拌浆设备放置于基坑顶面。压力泵及压力表均安装在基坑顶面,由于基坑深度为15m,注浆体重度为18kN/m³,设注浆孔的孔口压力为P,压力表读数为P_1,则$P = P_1 + (15 \times 18)/1000 = P_1 + 0.27$MPa,即孔口压力值略大于压力表读数。

综上,从现场注浆效果分析,当注浆压力在1.2MPa左右时,扩散半径可以达到2~3m。

待基础注浆完成且达到一定龄期之后,在前趾区和后趾区分别选点开挖探坑,如图6-9-35、图6-9-36所示。通过开挖探坑发现,水泥浆在土层里的扩散并非呈圆柱形扩散,而是沿着土层较大的孔隙或裂隙呈脉状扩散,土层大部分的孔隙并未被水泥浆填充。

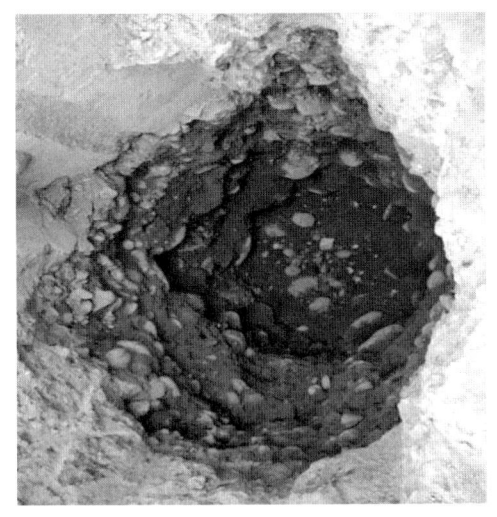

图6-9-35 前趾区探坑开挖

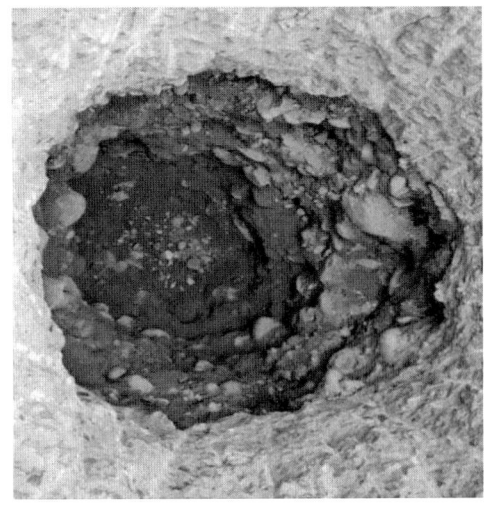

图6-9-36 后趾区探坑开挖

2. 注浆间距

如前文理论分析可知,扩散半径随注浆压力的增加呈抛物线增长,当注浆压力达到 1.3MPa 时,扩散半径为 2.0m。

如上节的现场注浆效果分析可知,在现场注浆压力达到要求条件下,单孔注浆可引起间距为 3m 的邻孔孔顶冒浆,单孔注浆可引起临近的集水井里出现水泥砂浆。

3. 注浆深度

通过有限元软件(PLAXIS 3D)对不同的注浆加固深度进行模拟,详见注浆深度分析章节叙述。综合考虑工期、造价等因素,结合数值模拟的分析结果,建议注浆深度选定为至少达到高程 35.0m 处,即保证整个基础范围内高程 35.0m 以上、基底以下的土体全部加固(最深的加固深度不小于 20m)。

4. 水灰比

现场利用 125kg 水与 250kg 水泥配制水灰比为 0.5 的水泥浆,进而进行水泥净浆流动度的测试,最终测得的时间为 11s,满足规范对水泥净浆流动性的要求。

从现场注浆效果来看,水灰比 0.5 在含中粗砂卵砾石层有较好的扩散半径,因此可将水灰比设定为 0.5。

5. 注浆量

因地质条件的复杂性,实际施工中经常出现注浆液窜浆,每个注浆管内的注浆量很不均匀,因此理论上单孔注浆上不能作为一个控制指标,应以整个场地内注浆的理论推算总量作为控制指标。故整个场地范围内的④-2-2 含中粗砂卵砾石层的注浆总量按以下公式估算:

$$V_{注浆总量} = \beta \times V_{加固体} \times n$$

式中:$V_{加固体}$——场地范围内需加固的④-2-2 含中粗砂卵砾石层体积;

n——孔隙率;

β——灌浆系数。

根据施工图可确定 $V_{加固体} \approx 53000 m^3$,孔隙率 $n = 0.3$。

根据参考文献(游晓敏,黄宏伟. 悬索桥锚碇剪切滑移的机理及试验初探[J]. 岩土力学,2007,28(2):336-342.)可知,对于软黏土,通常取灌浆系数 $\beta = 0.1$;在参考文献(吴国光,张永健,陈国平,等. 矮寨大桥重力式锚碇应力分析[J]. 桥梁建设,2013,43(6):40-44.)中以隧道注浆后开挖为前提,以高清数码照片来记录开挖断面的基本信息,最终统计出灌浆系数分别为 12.77% 和 12.56%。因此,结合现场注浆情况,取 $\beta = 0.15 \sim 0.20$。

代入以上参数,可得 $V_{注浆总量} = V_{加固体} \times n \times \beta = 2385 \sim 3180 (m^3)$。

三、注浆区域划分

通过后趾补充试验区的试验结果与前趾试验区对比分析,后趾补充试验区的注浆工艺、注浆效果优于前趾试验区,但其承载力特征值小于前趾试验区试点,说明前趾区和后趾区持力层的颗粒级配、孔隙的空间分布存在较大的不同,注浆体在前趾区的土体中更易充分扩散,与原状土形成加固体,因此有必要对持力层土体进行颗粒级配分析。

根据地勘报告可知,含中粗砂卵砾石土中卵石含量约52%,砾石含量23%,砂粒含量约22%,粉、黏粒含量约23%,不均匀系数为536,曲率系数为20。通过开挖至坑底后观察,前后趾区域相比较而言,前趾区域砂粒含量较大,黏粒含量较少,后趾区域砂粒含量较小,黏粒含量较多,前后趾的平板荷载试验也验证了该结论。由于地勘报告未对锚碇基础范围内的含中粗砂卵砾石土层进行细分,不能指导注浆区域的划分,因此在现有场地选取9个样本土体(已人为清除卵石)进行颗粒级配分析,锚碇左右区域已浇筑素混凝土垫层,因此9个取样点在基坑底部的平面分布如图6-9-37所示。9个土样的颗粒级配累计曲线如图6-9-38所示。9个土样的统计分析见表6-9-16。

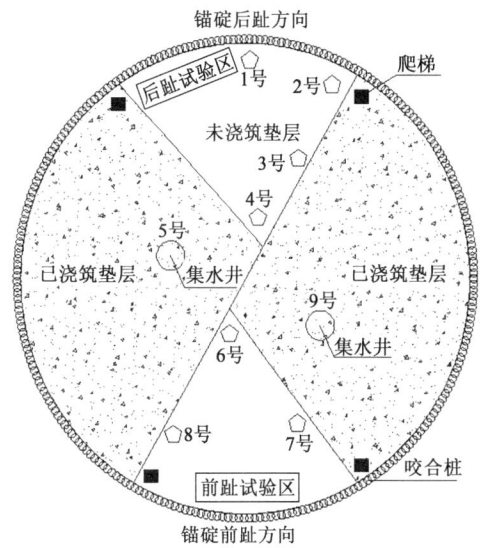

图6-9-37 颗粒级配分析的取样点分布图

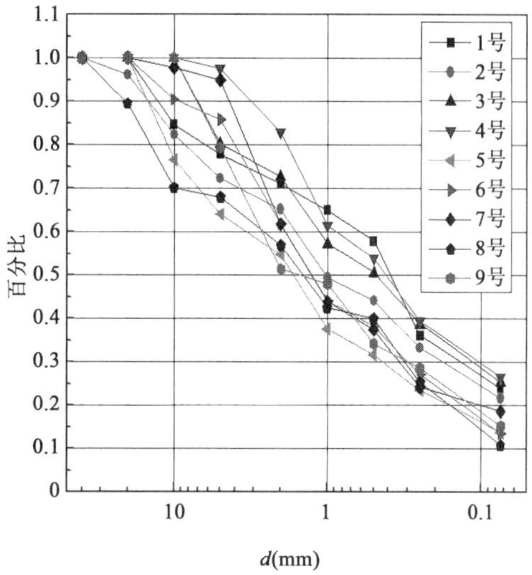

图6-9-38 颗粒级配累计曲线

土样统计分析表　　　　　　　　　　　表6-9-16

土 样	d_{10}	d_{30}	d_{60}	不均匀系数	曲率系数
1号	0.074	0.16	0.65	8.75	0.55
2号	0.074	0.20	1.67	22.58	0.32
3号	0.074	0.13	1.18	15.89	0.21
4号	0.074	0.12	0.90	12.20	0.22
5号	0.074	0.21	3.68	49.80	0.17
6号	0.074	0.12	1.90	25.66	0.10
7号	0.074	0.15	1.90	25.67	0.16
8号	0.074	0.13	2.84	38.32	0.08
9号	0.074	0.12	2.92	39.46	0.07

从图 6-9-38、表 6-9-16 可以看出,6~9 号土样中的黏性土含量较少,1~5 号土样中黏性土含量较多。结合前后趾区的平板荷载试验结果、注浆深度的分析可得注浆区域划分如图 6-9-39 所示,其中蓝色的实线为注浆分区线。建议各区域的注浆深度及注浆间距见表 6-9-17。

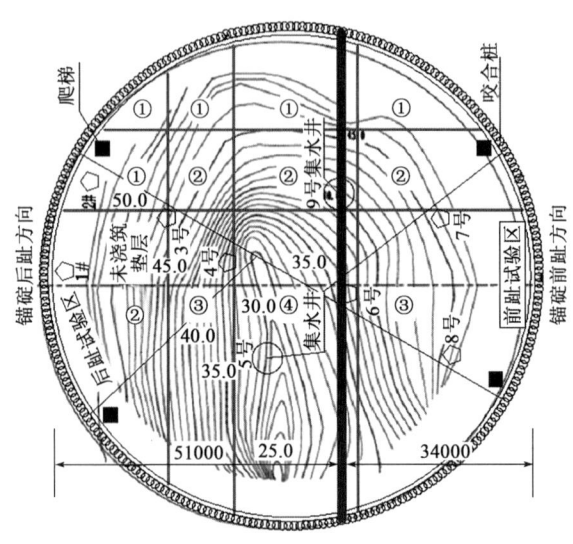

图 6-9-39　注浆分区图(尺寸单位:mm)

建议注浆深度及注浆间距(m)　　　　　　　　　　表 6-9-17

分区	1	2	3	4
注浆深度	5~10	10~15	15~20	20
注浆间距	3	3	2	2

四、基于试验结果的锚碇基础反演分析

结合前面对基础范围内变形模量和注浆区域划分的讨论,现利用前文中土体变形模量的取值和注浆分区方式图,再次对浅埋重力式锚碇基础进行三维数值模拟(加固深度至高程 35.0m 或基岩)。模拟的主要结果统计至表 6-9-18~表 6-9-21,同时沿锚碇基础取两个剖面(A—A 剖面、B—B 剖面),可更加直观地描述锚碇基础的位移,剖面线示意如图 6-9-40 所示,锚碇基础位移如图 6-9-41~图 6-9-44 所示。

基底沉降量汇总(mm)　　　　　　　　　　表 6-9-18

	最大值	发生位置
施工期	最大值	发生位置
	69.05	H 点附近
运营期	最大值	发生位置
	63.84	H 点附近

基底竖向应力汇总（kN/m^2） 表 6-9-19

施工期	最大值	发生位置
	554.4	B 点附近
运营期	最大值	发生位置
	460.7	B 点附近

运营期锚碇变位汇总 表 6-9-20

沉降（mm）	最大值	发生位置
	59.7	D 点附近
水平位移（mm）	最大值	发生位置
	73.82	A 点附近

运营期锚碇应力汇总（kN/m^2） 表 6-9-21

最大主应力	最大值	发生位置
	约 1200	E 点附近
最小主应力	最大值	发生位置
	约 600	E 点附近

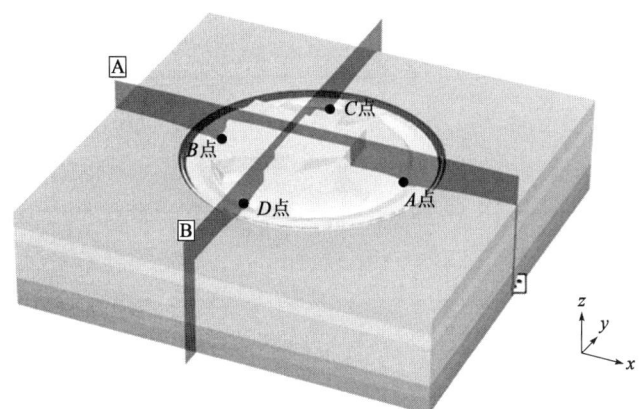

图 6-9-40 剖面线示意图

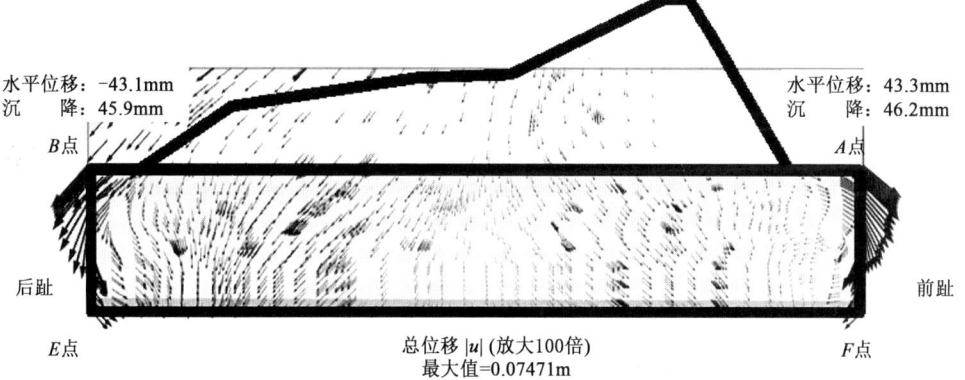

图 6-9-41 A—A 剖面锚碇基础位移图（施工期）

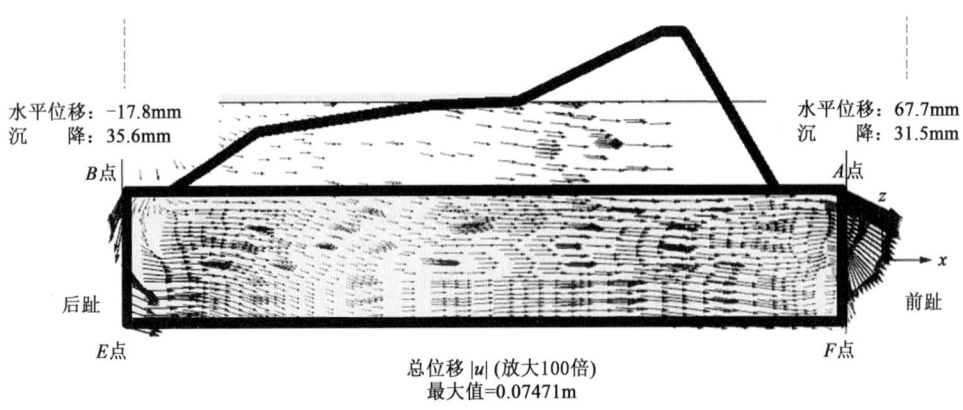

图 6-9-42　A—A 剖面锚碇基础位移图（运营期）

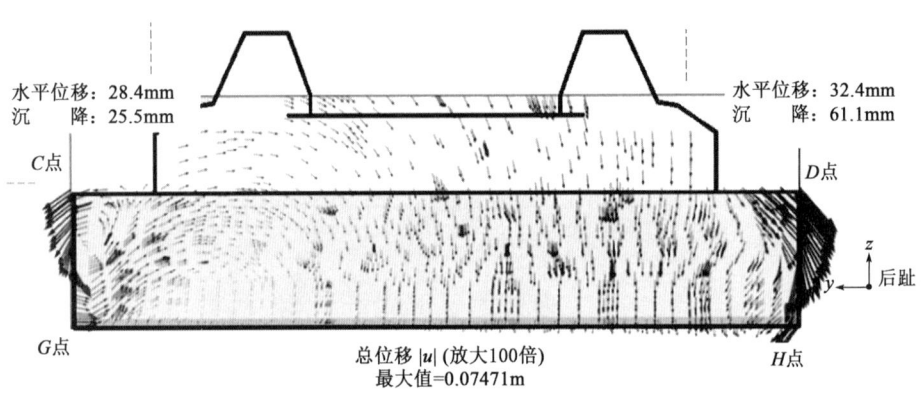

图 6-9-43　B—B 剖面锚碇基础位移图（施工期）

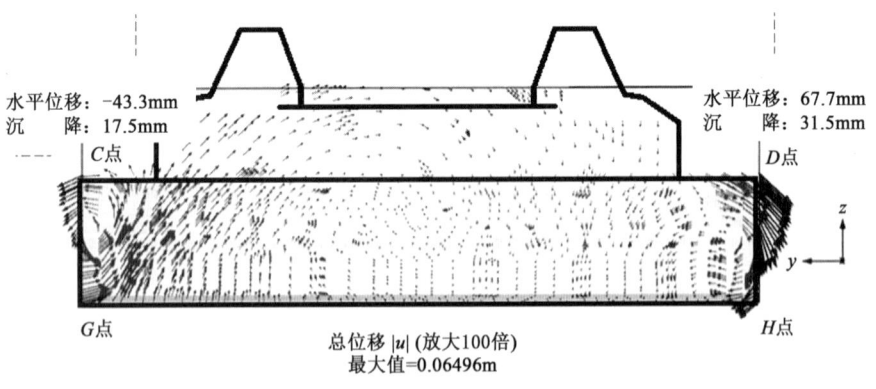

图 6-9-44　B—B 剖面锚碇基础位移图（运营期）

选取高程为 55.3~35.3m 的基底加固土体(基底以下 20m 范围内的加固土体)为研究对象,通过对基底加固土体在施工阶段和运营阶段的弹性区和塑性分布区分析,对比两阶段的塑性硬化应力区域、弹性应力区域可知,地基加固土在施工阶段为最不利阶段,地基加固土在运营阶段由于主缆拉力的作用,整个加固体范围内的弹性应力区域扩大至施工阶段的 1.5 倍左右,塑性硬化应力区域扩大至原来的 5 倍左右。

通过分析,复合地基处理完成后,锚碇上部结构受力能满足设计要求。

五、复合地基沉降计算结果对比

为了分析锚碇复合地基注浆处理后基础沉降和不均匀沉程度的改善情况,将之前的计算过的运营期沉降结果汇总于表 6-9-22。

理论计算、数值模拟及反演分析沉降计算结果汇总表　　　　表 6-9-22

项　目	单　位	理　论　计　算			数　值　计　算		
		原状土	原设计方案	注浆间距优化	原状土	目标方案	反演分析
前趾沉降量	mm	53	36	54	46	27	32
中部沉降量		80	74	70	65	35	50
后趾沉降量		33	26	38	34	21	36
变形模量值	MPa	30	57.18	50.15、75.3、80	30	48	33.6、13

根据数值分析结果对比,注浆后虽然没有完全消除地基的不均匀沉降,但锚碇基础各位置的沉降量都减小较多,表明注浆效果是较好的,锚碇基础复合地基方案是可行的。不均匀沉降主要是前后趾变形模量有差异、土层成分有区别、土层厚度不均造成的,后期应在较薄弱的部位调整注浆参数,以提高复合地基的均匀性。

六、注浆施工建议

根据理论数值分析、现场试验结果和实际施工效果提出如下建议,供建设单位、设计单位、监理单位、施工单位在后续工作时参考。

(1)注浆工艺及参数:先浇筑 50cm 厚素混凝土垫层再进行基底注浆,有利于注浆效果提升;地基注浆采取跳孔连续注浆;前趾区及后趾区注浆压力大于 1.5MPa;注浆花管开孔高度为混凝土垫层顶面以下 1m;注浆管钻孔深度到中风化基岩,当中风化基岩深度超过 20m 时,注浆管钻孔深度取 20m;注浆顺序为先基坑周边再基坑中间区域;水灰比取为 0.5;注浆终止条件为注浆压力大于相应区域的注浆压力要求或邻孔冒浆且持续 1min。

(2)前后三次注浆试验结果证明,前趾区域与后趾区域主要由于土质级配及密实情况的差异性,同一注浆工艺流程造成的注浆效果差异明显,后趾区域注浆效果的离散性较大。施工时可根据前趾区域与后趾区域的实际情况,适当调整工艺和参数,以保证注浆效果。

(3)现阶段前趾区已采用 3m 间距注浆,后趾区域已采用 2m 间距注浆。为控制锚碇基础的不均匀沉降，建议后趾区采取补注浆的措施，即在原注浆孔之间，按1m注浆间距再次注浆。综合现场情况，补注浆要求注浆孔深不小于5m，注浆压力大于0.7MPa，压力稳定不少于5min，邻孔冒浆后在6h以内再次补浆以保证注浆效果。同时注意施工过程中注浆量的监督检验与计量，并建议采用标贯或其他手段进行效果验证。

(4)基础范围内的持力层存在空间变异性，加上基坑长时间暴露等不利因素，土体的变形性能相对于地勘提供的参数较差，因此易引起地基较大的沉降和不均匀沉降。建议在基础施工过程中，建立沉降观测网，加强基础沉降观测，且及时抽排水，使地基在基础施工期间完成固结沉降。

第七节 关键技术和经济社会效益

一、经济效益

如前文所述，通过深埋式重力式锚碇基础与浅埋重力式锚碇基础的对比定性分析，浅埋重力式锚碇基础在造价、施工便捷性及工期、安全性方面具有较大的优势。

(1)挖方工程量：根据施工图可确定锚碇基础的直径为85m。由工程地质勘察报告可知，若采用深埋重力式锚碇基础方案，基础埋深为35m，则开挖土方量约为205400m^3，采用浅埋重力式锚碇基础方案，基础埋深为15m，开挖土方量约为92000m^3，地基注浆总量为2385~2180m^3。因此，浅埋重力式锚碇基础方案在减小挖方费用、土方外运费用、市政弃土场费用等方面具有显著的优势，对周边的环境、生态保护具有显著的意义。

(2)基坑围护工程量：若采用深埋重力式锚碇基础方案，基坑围护结构必须采用地下连续墙结构+内支撑方案才能满足强度、刚度、稳定性的要求。按照基础埋深35m考虑，初步估计内支撑共需设置6道，因此采用深埋重力式锚碇基础方案，会大大增加地下连续墙结构的厚度、深度以及内支撑的布置，即会显著增加基坑支护的费用、施工工期。

(3)基坑抽排水费用：如前所述，重力式锚碇部位地下水位高程维持在59.0~60.5m之间，长江水基本处于高程37~44m。采用浅埋重力式锚碇基础方案，其基础埋深为15m，基底高程为55.3m，若采用深埋重力式锚碇基础方案，基础埋深为35m，基底高程为35.3m。因此，深埋重力式锚碇基础的基底降水高程远远低于周边地下水位高程，也低于长江水位高程。因此，存在抽水工程量巨大，降水费用陡增，且会严重影响锚碇基坑周边的水文条件。

伍家岗长江大桥项目采用浅埋重力式锚碇基础方案，咬合桩围护结构的施工成本、混凝土用量等方面远低于地下连续墙围护结构。同时，本项目在咬合桩工艺研究中对原全套管钻机成孔工艺变更为旋挖钻成孔工艺，在工期、设备、人员、材料均产生了较大效益，产生经济效益822.6万元；土方开挖、运送量的减少以及抽排水的减少产生经济效益约652.4万元；在锚碇基底加固处理施工中，通过试验确定注浆顺序、注浆间距及注浆量，较原设计大幅减少成本投入,产生经济效益684.43万元。

综上所述,产生经济效益共822.6+684.43+652.4=2159.43(万元)。

二、社会效益

通过研究对不良地质条件下重力式锚碇基坑开挖、支护及地基加固技术系统全面的研究,将其成果直接应用于实际工程建设,解决了工程实际技术难题,节约了建设用地、降低了施工成本、提高了施工工效,确保了施工进度,满足了"安全、优质、高效、创新"的工程要求,丰富了大跨径悬索桥在不良地质条件比较复杂区域重力式锚碇及上部结构施工的理论依据和技术应用,为以后在该领域的发展提供强有力的技术支持,并进一步带动行业在该技术领域的共同进步与发展,具有重要意义。

如前所述,相比深埋重力式锚碇基础方案,浅埋重力式锚碇基础方案占地少,不涉及周边居民的拆迁问题;不存在大面积放坡开挖,对周边环境的不利影响可降至最低;开挖深度相对较小,易于控制基坑围护结构的变形,进而减小锚碇基坑施工对周边建筑物不均匀沉降的不利影响。

伍家岗长江大桥建成通车后,将实现城区中环闭环,内中外三环真正成形,构建宜昌"三纵五横"快速路网格局,对拓展城市骨架,完善城市路网布局,推进宜昌现代化特大城市和长江中上游区域性中心城市建设有着十分重要的意义。

第八节 验收标准和关键技术

一、工程验收标准

建筑工程的施工质量验收,在施工单位自行检查的基础上,由该工程质量验收责任方来组织,工程建设的相关单位参加,对于检验批、分项、分部和单位工程及其隐蔽工程的质量来进行抽样检验,对技术文件进行审核,并且根据设计文件和相关标准以书面的形式对工程质量是否已经达到合格来作出确认。

《建筑地基检测技术规范》(JGJ 340—2015)根据第1.0.3条的原则及地基检测工作的特殊性,对调查阶段工作提出了具体要求。为了正确地对地基工程质量进行检测和评价,提高地基工程检测工作的质量,做到有的放矢,应尽可能详细地了解和搜集有关的技术资料。另外,有时委托方的介绍和提出的要求是笼统的、非技术性的,也需要通过调查来进一步明确检测的具体要求和现场实施的可行性。

《建筑工程施工质量验收统一标准》(GB 50300—2013)规定,具有独立使用功能的单位工程是建筑工程施工质量竣工验收的基础。因此,一般情况下,检测数量应按单位工程进行计算确定。施工过程的质量检验应根据该工程的施工组织设计的要求进行。设计单位根据上部结构和岩土工程勘察资料,可能在同一单位工程中同时采用天然地基和人工处理地基、天然地基和复合地基等不同地基类型,或采用不同的地基处理方法。对于这种情况,应将不同设计参数或不同施工方法的检测对象划为不同的检验批,按检验批抽取一定数量的样本进行检测。

检测所用计量器具必须送至法定计量检定单位进行定期检定,且使用时必须在计量检定的有效期之内。这是《中华人民共和国计量法》的要求,以保证检测数据的可靠性和可追溯性。虽然计量器具在有效计量检定周期之内,但由于检测工作的环境较差,使用期间仍可能由于使用不当或环境恶劣等造成计量器具的受损或计量参数发生变化。因此,检测前还应加强对计量器具、配套设备的检查或模拟测试,有条件时可建立校准装置进行自校,发现问题后应重新检定。

《建筑地基检测技术规范》(JGJ 340—2015)第4.1.4条规定,单位工程检测数量为每500m^2不应少于1点,且总点数不应少于3点。可选择的检测手段有标贯、动力触探和静力触探。

当采用动力触探时,结合本工程规模和性质,检测数量不应少于16点,检测深度应大于加固土体深度0.5m。

根据复合地基处理前后的结果分析,原位荷载试验注浆施工完成后检测的承载力特征值应为不低于600kPa。

二、复合地基关键技术

锚碇在主缆拉力作用下不论是竖向沉降,还是沿拉力方向的水平位移,都会对主缆的矢跨比产生影响,从而影响整个桥梁体系的受力情况。因此,合理的锚碇设计与施工对于悬索桥至关重要,应严格控制锚碇在桥梁施工和运营阶段的变位。

锚碇结构在施工期和营运期的受力状态和力学机制是一个相当复杂的课题,其中涉及结构与相邻土层在不同阶段的相互影响和共同作用,以及结构变形和稳定的时间与空间效应问题等。具体体现在:

(1)锚碇结构并不是一个孤立的构筑物,它设置于土层之中,相邻土层是否具有足够的强度和刚度,这是决定结构物正常工作的关键,例如基底土层对底板产生的摩阻力,以及结构前侧土层提供的抗力等。

(2)在结构设计中一般都将构筑物假设成平面问题处理,但锚碇结构无论结构形式还是受力特点,均属于典型的空间结构体系。

(3)大桥的使用服务期通常为100年,锚碇体相邻土层在水平拉力长期作用下将产生随时间增长的蠕变变形,该值的大小直接影响桥梁受力系统平衡与稳定。

结合本工程项目,进一步提炼出大跨径悬索桥锚碇基础复合地基在设计及施工时的重难点及关键技术。

1.基础选型优化

如前所述,特大跨径桥梁一直是悬索桥的固有领地,具有如下的结构特征:①加劲梁基本不受轴向力,加劲梁的截面尺寸与跨径没有对应关系;②主塔纵向受到主缆强劲约束,稳定问题不突出;③锚碇可以设计成重力式结构;④由高强钢丝编织而成的主缆是受拉结构,没有受压失稳的问题,主缆全长范围内没有截面削弱,并且受力相差不大;⑤吊索是竖直拉索,吊索自重不会造成刚度折减,吊索风振问题不突出;⑥地锚式悬索桥水平地震惯性力的大部分经主缆传力到锚碇,结构抗震性能好。同时,在产业方面,我国主缆、吊索、钢梁工厂效率高、产能大。

在重力式锚碇基础方面,为严格控制基础的竖向沉降和水平变位,通常将锚碇基础置于高承载力和低压缩性的深层岩土体。伍家岗长江大桥江南重力式锚碇区为不均匀地基,中风化或微风化岩体整体性好,承载力较高、变形模量较大、厚度均匀,适宜作为重力式锚碇基础持力层,但其埋深在 20~40m 之间,其上分布有厚度不等的④-2-2 含中粗砂卵砾石,若将重力式锚碇基础全部放置在中风化或微风化岩体上,不仅会大大增加基坑支护费用,增加废土处理费用,延长施工工期,增加安全隐患,同时也不利于环境保护。因此,从地下结构施筑技术、工程工期和造价控制等方面综合考虑,本项目采用了浅埋重力式锚碇基础方案,以④-2-2 含中粗砂卵砾石为持力层。

若将大桥南岸重力式锚碇持力层选址在饱水区砂卵石层上,则基础地基属于典型的不良复合地质条件。同时,重力式锚碇为大偏心结构,持力层含水量丰富,属于级配不良碎石土,不均匀土地基,在长期荷载下,存在沉降不均风险。

2. 基坑支护方案优化

基于浅埋重力式锚碇基础方案,重力式锚碇基坑开挖深度约 15m,为深基坑工程,开挖面积较大,且地下水储量丰富,存在基坑边坡稳定问题。基坑水位降至高程 54.53m 时涌水量 Q 为 5634.56m^3/d,需采用有效降水或止水措施,基坑边坡应分级开挖,并及时支护,同时应做好排水措施。

咬合桩主要应用与城市地铁、房建等大型深基坑支护结构,是在桩与桩之间形成相互咬合排列的一种基坑围护结构,是相邻混凝土排桩间部分圆周相嵌,并于后序次相间施工的桩内放入钢筋笼,使之形成具有良好防渗作用的整体连续防水、挡土围护结构。常规锚碇基坑支护结构采用地连墙施工工艺,伍家岗长江大桥首次在锚碇基坑支护结构中应用咬合桩支护结构,并成功应用咬合桩混凝土硬切割成孔施工工艺,解决了锚碇地基饱水区降水支护难题,大幅节约工程造价和施工成本,成功拓展了悬索桥锚碇基坑支护结构选型。

同时,重力式锚碇持力层选址在饱水区砂卵石层上,其持力层是典型的不良复合地质条件。依据中铁大桥勘测设计研究院集团有限公司的估算结果,最大变形在鞍座处,约为 110mm。鉴于重力式锚碇的重要性和长期稳定性,需进行地基处理,以提高地基土整体性。因此,需进行地基加固。本项目采用注浆方式对地基进行加固,国内在这方面的研究相对较少,缺乏较为成熟的施工工艺和案例直接应用于工程实践。

最终,对重力式锚碇结构体系设计、基坑开挖及支护、复合地基加固处理开展研究,创新提出浅埋式重力式锚碇结构围护方案,结合结构特点首次提出锚碇基坑放坡开挖+咬合桩支护+地基加固的总体方案,并采用数值模拟+现场试验+数值反演+监测验证的方法完成复合地基处理,形成一套不良地质条件下重力式锚碇基坑开挖、支护及地基加固技术。

3. 复合地基创新点

（1）根据软弱地基的岩土性质采用合适的地基处理方法。

（2）将基础影响范围内的地基根据受力大小和土层分布情况进行分区,分区域采取不同的处理措施。由于锚碇重力及使用阶段受力的偏心作用及场地持力层的不均匀性,扩大基础对基底的要求不同。对承受荷载较大区域加强处理措施,比如增大注浆量或增设注浆管,而对于受力较小区域,则可适当减少处理措施,从而既能满足工程要求,又能减小工程造价。

（3）制定合理的过程控制参数,如注浆压力、注浆孔距、注浆量、处理时机、处理范围等,并严格执行,做到全过程控制。

（4）制定处理完成后科学的检验方法和标准,检验方法有原位取芯、荷载试验、标贯、动力触探和静力触探等,检验标准有承载力、变形模量等。

（5）在刚性基础的假定条件下,推导了变刚度复合地基的柔度矩阵,结合基础的平衡方程最终建立了变刚度复合地基的沉降计算方法。

（6）整个锚碇基底范围内共有1000根左右的注浆管,其半径约为2.5cm,在压力注浆后均保留在原地基中,与注浆体结合紧密,形成树根桩形式的加筋土体,因而地基具有较高的承载能力和刚度。

（7）复合地基处理技术应注重对环境的保护,控制和减少对环境的影响范围。

第九节 本 章 小 结

1. 浅埋重力式锚碇基础体系

通过浅埋重力式锚碇基础体系研究,突出了浅埋重力式锚碇基础在技术经济上的优势,拓展了大跨径悬索桥锚碇基础的设计思路,丰富了锚碇基础的形式。

2. 复合地基沉降计算方法

针对浅埋重力式锚碇基础地基存在不均匀性的特点,研究了复合地基沉降计算方法,合理反映了锚碇基础的沉降情况,为复合地基的设计提供了理论支持。

3. 复合地基方案与实施

通过分析制定了锚碇基础复合地基的实施方案,并通过现场原位试验验证了注浆处理的效果,最终确定了适用于锚碇基础复合地基处理的各项技术参数及合理建议,成功指导了工程的施工。

4. 复合地基验收标准

通过理论分析和现场试验两方面总结,结合设计要求,提出了锚碇基础复合地基施工完成后的验收标准,保证了工程锚碇基础复合地基的整体施工质量。

5. 工程参考意义

结合本工程项目,进一步提炼出了大跨径悬索桥锚碇基础复合地基在设计及施工时的重难点及关键技术,为今后类似工程提供了技术标准和施工指南,具有较好的参考价值。

第十章 大跨径钢箱梁悬索桥索股架设控制精细化计算与研究

第一节 工程概述

一、国内外研究现状

1. 悬索桥索股架设施工精细化计算

悬索桥索鞍是使主缆转向或分散的特殊构件，它直接约束着主缆的变形。主缆在进、出鞍座处与鞍座是相切的，两切点间的主缆与鞍座是紧密接触的，任何时候主缆在鞍座内都不能有整体滑移，即存在永不脱离点，主缆与鞍座在该点是不分离的。在施工阶段，主缆与鞍座的切点位置是不断变化的，主缆与鞍座之间存在接触非线性。如何考虑主缆与鞍座这种复杂的关系是悬索桥计算面临的一个特有问题，如不能正确考虑鞍座的影响，会降低主缆和吊索的下料长度、主缆架设时控制高程的计算精度。

在悬索桥施工过程计算的有限元法中，一般的方法难以模拟沿鞍座曲线段的主缆。直接利用成桥理论 IP 点建立模型进行计算，这种方法不能保证主缆与鞍座相切，会造成主缆与鞍座相交或分离。为了考虑鞍座对主缆的约束作用，改进对鞍座的模拟方法，1996 年潘永仁采用 5 个杆单元来模拟鞍体，塔顶用两个杆单元，塔顶杆单元与鞍座杆单元通过主从约束连接起来，不断改变杆单元的节点坐标，模拟对鞍座的顶推，调整鞍座杆单元的无应力长度，使索段在脱离点的斜率等于鞍槽曲线上此点处的斜率，得到切点位置。徐君兰则采用 4 个梁单元来模拟鞍座及其顶推，散索鞍则直接用一直杆代替，该方法与潘永仁的方法实质上是相同的。上述方法由于不能根据切点相对于鞍座位置的变化来修正悬空段主缆的无应力长度，计算精度不高。同时，根据假定的切点坐标迭代出跨内主缆线形后，还必须验证主缆与鞍座是否相切，如不然，则需重新进行迭代计算。因此，该方法计算效率也较低。

2001 年唐茂林提出了一种根据计算得到的成桥线形确定塔顶鞍座位置的计算方法，先按 IP 点算出主缆线形，然后根据鞍座半径来确定鞍座圆心和切点位置。根据主缆与鞍座的相对关系，列出了一个 8 元非线性方程组，采用 Newton-Raphson 法对方程组进行求解，从而得出鞍座的位置和切点坐标，适用于成桥状态鞍座位置未知的场合。

2005 年李传习在已有文献的基础上将单一圆曲线索鞍位置的确定方法推广到复合

圆曲线索鞍位置的计算中,推导了复合圆曲线索鞍位置计算的 8 元非线性方程组,采用 Newton-Raphson 法进行求解。为确保索鞍位置迭代计算快速收敛于真实解,给出了方程的约束条件和合理的迭代初值。对悬索桥理论 IP 点的顺延悬链线交点定义法和切线交点定义法的概念进行了阐述,探讨了这两种定义法所得的索鞍位置计算公式和计算结果之间的差异,分析表明这两种定义法得到的鞍座位置差异很小。

2005 年罗喜恒对索与鞍座的关系进行了研究,提出了包括鞍座和一侧主缆在内的二节点新单元——鞍座-索单元。通过 Netown-Raphason 法进行状态求解得到索与鞍座的切点坐标,推导出力状态量和位移状态量间的状态方程,通过位移状态量对力状态量的偏导得到柔度系数,对柔度矩阵求逆得到单元的切线刚度矩阵。该方法得到的切线刚度矩阵是精确的,计算效率较高,但主要缺点在于切线刚度矩阵推导过于烦琐,且只是针对平面鞍座和一侧主缆进行的推导,若包含鞍座两侧主缆或转化为空间鞍座单元,推导过程将更加复杂。

2006 年魏建东也建立了一种平面索-鞍座单元,分别进行左鞍座单元和右鞍座单元的推导,然后合并为一个鞍座单元,其推导过程及原理与已有文献基本相同。文中给出了采用解析法进行状态求解的算例,但没有给出具体在有限元程序的实现方法及新单元应用于有限元计算方面的算例。

2. 索股架设技术研究

悬索桥的索股架设不仅需要精确的理论计算,也需要考虑外界环境对其带来的影响。外部环境的改变也会造成索股架设精度的下降。通过广大学者对索股架设中出现的各种问题的分析比较,将影响索股线形的主要外部因素归纳为塔顶偏位和温度的变化。所有索股在完成架设后,紧缆过程也会对最终的主缆成缆线形带来较大的影响,亦有学者对其进行了分析。

对于塔顶偏位的出现对悬索桥索股线形产生的影响,以及如何将该影响带入计算之中,有学者进行了一定的研究分析。叶志龙从塔顶偏位的测量误差入手,利用悬链线计算理论推导,对边跨和中跨分别进行了计算分析,将主缆跨中垂度的变化量和塔顶偏位量看作两个函数变量,建立了两者的函数关系,为解决这一问题提供了新的思路。向程龙则利用有限元软件进行了建模分析,通过对塔顶偏位引起的悬索桥承载能力的变化进行分析,从主塔横向变形和纵向变形两个角度出发,分别计算了横向变形引起的全桥承载力的变化和纵向变形引起的全桥承载力的变化,对塔顶偏位带来的塔底应力变化也进行了一定的分析。

温度变化对主缆架设线形的影响一直被认为是外界影响的重要因素。对于温度场的测量,一直采用的是取平均温度的处理方式,在此基础上,苇杰则将悬索桥按主要的构造结构,分别从主塔、猫道、主缆以及成桥后的全桥温度效应进行了研究分析,从各温度下的最不利受力情况分析,确定了各个受力结构的安全温度变化范围。任翔通过对主缆断面温度的研究,提出了温度会影响主塔,而主塔又会影响主缆线形的观点,并对该影响进行了分析,将其带来的变化和温度本身会引起的变化相结合,得出了更加精确的温度对线形的影响效应。

紧缆过程也是悬索桥主缆施工中需要关注的重点过程。沈锐利结合主缆的孔隙率的概率,类比提出了索股紧缆前的孔隙率的概念并通过改变索股的自重实现了主缆紧缆过程的模拟,对不同索股孔隙率紧缆后最终的主缆线形的影响进行了分析。润友联结合实际工程项目对不同情况下的紧缆机参数控制和不同的紧缆工艺会造成的线形误差进行了分析。

二、研究目标

(1)考虑索与鞍座的接触非线性,开发可用于悬索桥有限元计算的新单元,实现大跨钢箱梁悬索桥索股架设施工控制精细化计算模型的建立。

(2)建立贴合实际的主缆紧缆模拟方法,分析索股架设中层间距对空缆线形及索股张力的影响,确定合理的索股架设层间距,以尽量避免上层索股压下层索股,提高索股架设精度和架设效率。

三、技术路线

查阅国内外文献资料,掌握相关研究的最新研究成果,对于与研究内容有关的理论和技术进行综合分析,总结现有研究存在的不足,以伍家岗长江大桥为工程依托,从主缆架设时索股线形及索力的精细化控制入手,整个研究分块处理如下:

(1)研究主缆与鞍座间的力学关系,建立能模拟主缆-鞍座的单元模型,实现主缆在鞍座上的切点变化。建立新单元的计算原理、计算图式和计算方法,推导单元的刚度矩阵,编制程序通过算例验证。

(2)研究锚碇、散索鞍及锚跨索股的几何关系及力学特性,建立能考虑锚跨各索股空间位置、索股与鞍座不同切点变化、计算锚跨索股索力分布的组合单元——锚碇-锚跨单元,建立锚碇-锚跨单元的计算原理、计算图式和计算方法,推导单元的刚度矩阵,编制程序通过算例验证。

(3)根据以往索股架设中出现上层索股压下层索股的情况,研究索股间层间距的设置对空缆线形及受力的影响,结合现场温度实测数据,确定合理的索股架设间距,建立一套索股架设精细化控制技术。

四、成果摘要

(1)开发的鞍座单元实现了主缆与塔顶鞍座的接触非线性计算,通过修改一个参数可方便实现鞍座的顶推。开发的锚跨单元能准确模拟散索鞍、锚跨索股、边跨主缆及锚碇的约束关系,准确计算锚跨索股及边跨主缆与散索鞍的切点坐标和切点索力,实现了锚跨各索股索力的精确计算。

(2)两种新单元均可像常规单元一样用于悬索桥的有限元计算,计算精度高、收敛速度较快,很好地解决了悬索桥的索与鞍座接触非线性模拟困难的问题,使得计算模型更加符合实际情况。

(3)悬索桥的结构计算中需准确考虑鞍座的影响,若采用传统杆系有限元计算方法而不考虑切点位置相对鞍座的变化,则计算的成桥线形误差将大于架设精度要求。两种新单元的引入提高了悬索桥结构的计算精度,为施工控制提供了准确的计算依据。

(4)计算表明,若不考虑切点位置相对于鞍座的改变,则将对主缆和加劲梁线形、散索鞍预偏量的影响较大,而对主缆内力、加劲梁弯矩及塔顶主索鞍预偏量的影响不大。另外,要实现成桥时锚跨索股切点处索力相等的目标,空缆状态下各索股切点处索力应存在一定差异。

(5)建立了索股紧缆计算方法,并对不同索股层间距对空缆线形及索股索力进行分析,索股层间距对空缆线形的影响不明显,对各索股索力有一定影响,上层索股索力变化量最大,因此,应结合现场实测温度变化量,以索股不相互挤压为目标,确定合理的索股架设层间距。

第二节 悬索桥精细化有限元模型的建立

悬索桥主索鞍是使主缆转向的特殊构件,它直接约束着主缆的变形。主缆在进、出鞍座处与鞍座是相切的,两切点间的主缆与鞍座是紧密接触的,任何时候主缆在鞍座内都不能有整体滑移,即存在永不脱离点,主缆与鞍座在该点是不分离的;在施工阶段,主缆与鞍座的切点位置是不断变化的,主缆与鞍座之间存在接触非线性。另外,为了保证桥塔的安全,同时避免鞍座两侧主缆拉力相差过大而引起主缆在鞍槽内滑动,通常在空缆状态下给鞍座设置一个预偏量,在施工过程中分阶段将鞍座顶推到成桥设计位置。因此,如何考虑主缆与鞍座的这种复杂的关系及鞍座的顶推,是悬索桥有限元计算面临的一个特有问题。

一、索与鞍座约束的模拟方法

1. 方法一:不考虑鞍座对主缆的约束,直接按理论 IP 来计算

如图6-10-1所示,不考虑鞍座的影响,鞍座两侧主缆的交点为理论IP点,主缆采用杆单元或索单元来模拟。为了实现鞍座的顶推计算,从塔顶伸出刚性梁形成顶推支架,用刚性杆将顶推支架与主缆IP点相连,刚性杆是拉压杆,顶推是通过减小刚性杆的无应力长度来实现的;在其他非顶推工况下,刚性杆保证了塔顶主缆与桥塔之间固结。

很明显,该方法完全不考虑鞍座对主缆的约束作用,会导致主缆线形与实际鞍座位置出现脱空或相交的问题,使主缆线形与实际不符。事实上,理论IP点是设计成桥状态下两侧主缆与鞍座切线的交点,是一个虚拟点,并且随着施工过程中切点位置相对鞍座的变化,该虚拟交点相对鞍座的位置也在变化。因此,该方法虽然简单,但是计算精度较低。

2. 方法二：切点位置相对鞍座保持不变，不考虑切点在鞍座上的移动

假定在施工过程中主缆与鞍座的切点位置相对于鞍座保持不变，取成桥或空缆状态计算所得的切点坐标，不考虑切点在鞍座上的移动，计算模型如图 6-10-2 所示。B、C 两点为与鞍座位置保持不变的切点，$ABCD$ 模拟鞍座，刚性梁 DE、EF 为顶推支架，通过改变刚性杆 AF 的无应力长度来实现鞍座的顶推，塔顶中心点与鞍座支点 D 形成主从关系，放松纵向水平方向自由度，其他方向的自由度均固结。

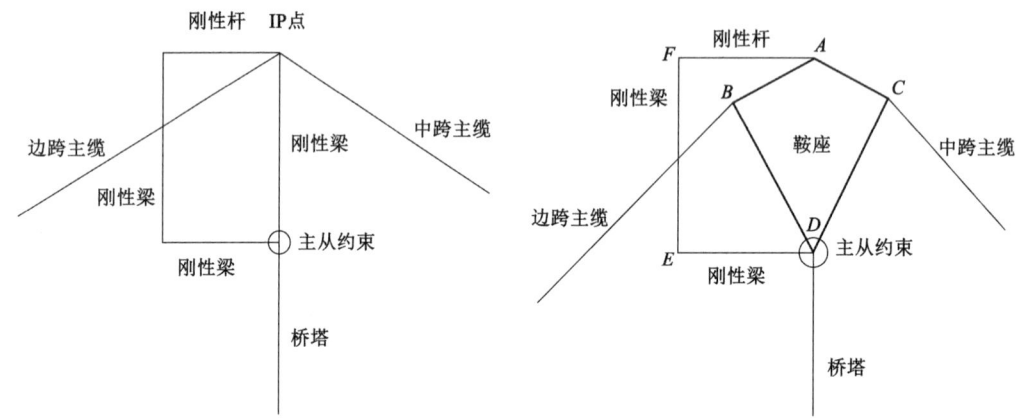

图 6-10-1　不考虑鞍座影响的计算方法　　　　图 6-10-2　不考虑切点位置变化的计算方法

这一方法为简化计算取空缆或成桥时的切点坐标建模，不考虑切点位置相对鞍座位置的改变。而分析表明，从空缆到成桥，切点在鞍座上位置的移动是很明显的，达到几十厘米。因此，该方法同样存在计算精度不高的问题。

3. 方法三：用若干根单向只压杆来模拟鞍槽圆弧曲线

如图 6-10-3 所示，在鞍座圆弧上划分若干点以模拟鞍座圆弧线，在主缆与鞍座可能相切的区间，需划分得较密集，相邻两点的间距可取 1cm 或更小，其他位置可划分得较稀疏，相邻两点间用悬链线索单元相连，同时将这些点与鞍座圆心用刚度很大的单向只压杆单元相连。一旦杆单元出现拉力便退出工作，相当于主缆在该点与鞍座脱离，这样便模拟了主缆与鞍座的约束关系，能获得真实切点位置。塔顶中心点与鞍座圆心主从约束，在顶推工况下，放松纵向约束，通过改变刚性杆的无应力长度实现鞍座的顶推；在其他工况下，则所有自由度均固结。

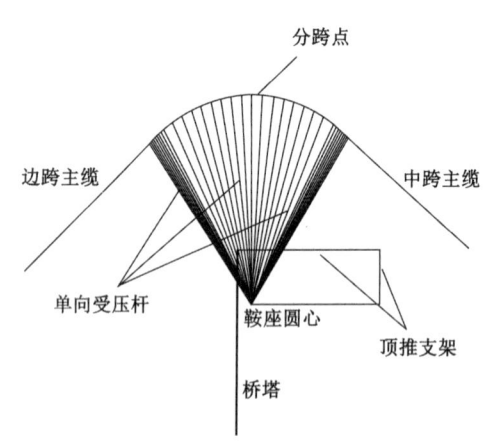

图 6-10-3　采用单向只压杆模拟鞍座示意图

计算表明：这种方法能模拟主缆与鞍座的约束关系，在鞍座划分得很细时能达到较高的计算精度。主要缺点是比较烦琐，需要用若干根单向只压杆模拟鞍座，单元数量多，计算耗时长。另外，采用刚度很大的刚性杆也可能引起计算收敛困难等问题。

4. 方法四：采用多个杆、梁单元模拟鞍座，同时不断修正切点位置

如图 6-10-4 所示，由杆单元①~⑤模拟鞍座，节点 1、2 为主缆与鞍座的切点，用梁单元⑥、⑦模拟塔顶，节点 3 和 5、4 和 6 间形成主从约束，在顶推工况下，改变节点 1~6 的坐标，改变量为鞍座的顶推量，节点 7 的 x 坐标保持不变，这样便实现了鞍座与塔顶相对位置的改变。每次计算完成后，还需要检验主缆与鞍座是否相切，如果鞍座圆弧和主缆曲线在切点处的斜率相等，则该切点即为所求，否则需修正切点坐标，同时对杆单元①~④的无应力长度进行修正，重新对整个结构进行计算。切点位置的修正方法如下：设靠近鞍座的索段在 t 时刻的状态已确定，切点为 P_1^0，另一端点为 n_1^0。在 $t\sim t+\Delta t$ 时段中，结构发生位移，端点移至 n_1^1，此时单元 $P_1^0\sim n_1^1$ 与鞍座不再相切，为了找到新切点位置，可在鞍座圆弧上寻找一点 P_1^1，要求该点的斜率等于单元 $P_1^0\sim n_1^1$ 在端点 P_1^0 处的斜率，并且根据斜率的变化修正单元 $P_1^1\sim n_1^1$ 的无应力长度，重复上面的步骤，直到找到一点 P_1^m，使得鞍座圆弧在该点的切线的斜率与单元 $P_1^m\sim n_1^{m+1}$ 在端点处切线斜率误差在容许范围内，点 P_1^m 即为所求的切点位置。

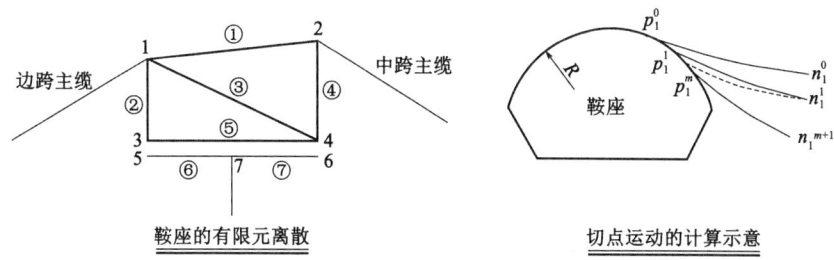

图 6-10-4 鞍座的有限元模型及切点位置的计算示意图

这种方法考虑了切点位置相对鞍座的不断变化，比较符合实际情况，计算精度也较高，但计算效率较低，在计算模型中并不包含主缆与鞍座相切的限制条件。当整个结构计算收敛后，还需检验主缆与鞍座是否相切，如不满足，需重新对整个结构进行计算。同时，鞍座处主缆段（由接触段和悬空段组成）的无应力长度难以保证不变这一计算原则，故计算精度会受到一定影响。

为了克服上述方法存在的不足，采用简便的方法建立一种包含塔顶两侧主缆与鞍座的组合单元，将其命名为"鞍座单元"，避免了冗长的切线刚度矩阵的推导，单元的节点力计算是精确的，保证了单元的计算精度。同时该单元既适应平面鞍座，也适应空间鞍座，扩大了单元的适用范围，可方便用于平面或空间缆索悬索桥的有限元计算。

二、鞍座单元

提出一种包括鞍座及两侧主缆在内的三节点鞍座单元，用来模拟主缆与鞍座相切、鞍座与桥塔连接等相互关系。该单元能合理考虑鞍座对主缆的约束关系，主缆在进、出索鞍处自动满足与鞍座相切，同时也能方便实现鞍座的顶推计算。基于两节点间主缆的无应力长度保持不变的条件，首先利用弹性悬链线理论迭代出主缆与鞍座的切点坐标，然后根

据切线刚度矩阵的定义及主缆与鞍座的几何关系,利用静力平衡条件直接求得鞍座单元的切线刚度矩阵和单元节点力。将鞍座单元应用到悬索桥的几何非线性有限元计算中,即可精确考虑鞍座对结构线形和内力的影响。

1. 平面鞍座单元的构思

平面鞍座单元是包括塔顶鞍座及两侧主缆在内的三节点组合单元,如图6-10-5所示,单元的节点1(I点)取在左侧切点TP_L到边跨侧靠近桥塔的第一个索夹之间的主缆上的任意一点,应确保该点不在鞍座上,节点2(K点)取塔顶中心点,节点3(J点)的选取与节点1类同。D点为主缆与鞍座的永不脱离点(或称鞍座顶点),该点为成桥状态下过理论IP点的竖直线与主缆中心线的交点,A点为D点与鞍座滑移面的垂直交点。该鞍座单元包括两侧悬空段主缆(节点1到左切点TP_L间的主缆、右切点TP_R到节点3间的主缆)、两切点间的主缆(左切点TP_L到右切点TP_R间的圆弧段),以及刚性压杆AD和刚性拉杆AK,两切点间的主缆因受鞍座的约束作用可当作鞍座一体处理。刚性杆AD、AK及两切点间的圆弧段模拟了鞍座,鞍座的顶推可通过改变刚性拉杆AK的长度来实现。考虑到鞍座两侧主缆的参数不总是完全相同,如边跨主缆缆力与中跨缆力差异过大时,通过增加边跨主缆索股的数量,以使鞍座两侧主缆具有相同的安全系数。因此,创建的平面鞍座单元可考虑两侧主缆参数(主缆面积、半径)取值不同的情况。

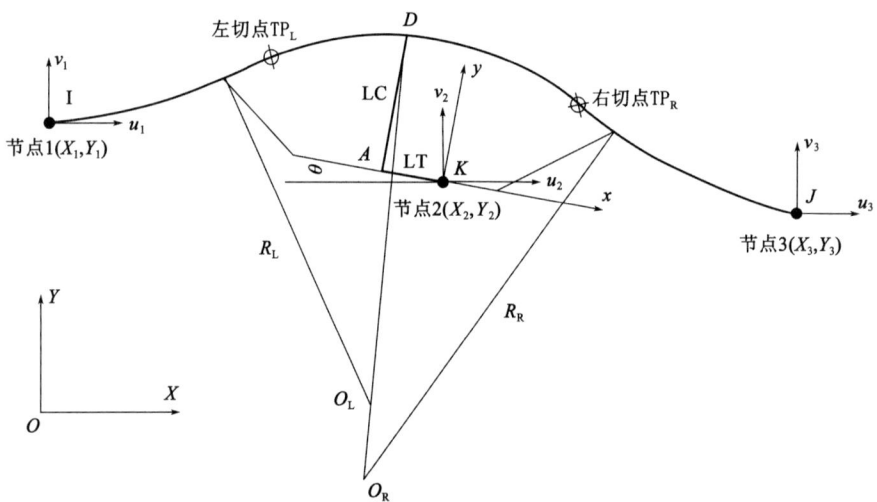

图6-10-5 平面鞍座单元示意图

平面鞍座单元的节点1有两个自由度u_1、v_1,对应的节点力为F_{1x}、F_{1y};节点2有三个自由度u_2、v_2、θ,对应的节点力为F_{2x}、F_{2y}、M,表征了平面鞍座单元的节点2发生了与塔顶中心相同的平动位移和转角位移,鞍座上其他点特征点的位移可根据节点2的位移计算得到;节点3有两个自由度u_3、v_3,对应的节点力为F_{3x}、F_{3y}。节点位移、节点力的正方向与整体坐标系的正向相同。以节点2为原点,以鞍座滑移方向为x轴方向建立鞍座单元局部坐标系oxy,该坐标系固定在鞍座上,随鞍座一起运动,在鞍座单元局部坐标系中,鞍座各特征点的位置保持不变。

需要指出的是,两侧主缆与鞍座的切点 TP_L、TP_R 的位置相对鞍座是不断变化的,需要根据当前状态通过迭代计算得到,鞍座单元隐含了切点位置的确定,这是鞍座单元与普通单元的重要区别。

2. 平面鞍座单元的已知条件

(1)节点 1 坐标 (X_1, Y_1)、节点 2 坐标 (X_2, Y_2)、节点 3 坐标 (X_3, Y_3)、节点 2 绕 Z 轴的转角 θ。

(2)节点 1 到鞍座顶点 D 间主缆无应力长度 S_0^L,节点 3 到鞍座顶点 D 间主缆无应力长度 S_0^R,S_0^L 和 S_0^R 的值可根据成桥状态下的数值解析法计算得到。

(3)主缆的弹性模量 E、左侧主缆的面积 A_L、自重荷载集度 q_L 及右侧主缆的面积 A_R、自重荷载集度 q_R。

(4)鞍座两侧主缆中心线半径 R_L、R_R,刚性压杆 AD 的长度 L_C,刚性拉杆 AK 的长度 L_T。鞍座圆心 O_L、O_R 在鞍座单元坐标系中的坐标值已知。

3. 平面鞍座单元的计算假定

(1)主缆为小应变理想柔性索,只能受拉,不能受压及受弯。

(2)鞍座为刚体,与鞍座相接触的主缆不发生径向变形。

(3)鞍座顶点 D 是两侧主缆的分界点,主缆在该点不会发生相对鞍座的滑动。

(4)切点到鞍座顶点 D 间主缆段的索力分布,即左侧主缆接触段索力的水平分力等于左切点 TP_L 处的水平分力,右侧主缆接触段的水平分力等于右切点 TP_R 处的水平分力。

4. 平面鞍座单元的状态求解

由于主缆与鞍座的切点位置是未知的,平面鞍座单元的当前状态并未完全确定,因此,必须根据已知条件先确定主缆与鞍座在当前状态下的切点位置,进而推导出鞍座单元的切线刚度矩阵及节点力。下面以左切点 TP_L 为例说明计算方法。

鞍座左侧主缆(节点 1 到鞍座顶点 D 间的主缆)的无应力长度 S_0^L 保持不变,切点 TP_L 将其分为悬空段和接触段,悬空段主缆在其自重作用下为一悬链线,接触段主缆则为一段圆弧,根据悬空段主缆的状态方程及接触段主缆与鞍座间的几何关系,可迭代出切点坐标。设切点 TP_L 处主缆切线与水平线的夹角为 α_T^L,主缆张力的水平分力为 H_T^L,计算图式如图 6-10-6 所示。

三、锚跨单元

悬索桥散索鞍的支撑面(或滑移面)和索股的锚固面位于同一锚碇上,当整个锚碇发生刚体位移时,对于滑移式散索鞍,鞍座相对于锚碇而言仅能沿滑移面滑动,对转轴式散索鞍,鞍座相对于锚碇仅能绕转轴中心转动。平面锚碇-锚跨单元的模型如图 6-10-7 所示,考虑到这两种鞍座运动方式的差异,对其建立一个通用的单元模型,但采用不同的约束条件来考虑两种鞍座引起的差异。平面锚碇-锚跨单元是一个三节点的组合单元,包括锚碇、锚跨索股、散索鞍及边跨主缆节段。单元的节点 1 取前锚面的中心点;节点 2 按下面方法选取:对转轴式散索鞍,取散索鞍的转轴中心,对滑移式散索鞍,可取鞍座滑移面上的任意一点,文中取成桥状态理论 IP 点与滑移面垂线的交点;节点 3 取边跨主缆与鞍座的切点到第一个索夹之间的任意一点(需保证该点不与鞍座相接触)。索股与鞍座的不脱离点取索股的平弯起点,主缆入索鞍时总是要先开始竖弯再平弯,因此,主缆和鞍座在该点不会分离,同时该点也是主缆由整体开始分散成单根索股的特征点。单元的节点 1 有三个自由度 u_1、v_1、θ_1,表征了锚碇的刚体位移,对应的节点力为 F_{1x}、F_{1y}、M_1;节点 2 有一个自由度,对转轴式散索鞍,为绕锚碇的相对转动自由度 θ_2,对滑移式散索鞍,为平行于滑移面的相对锚碇的平动自由度 u_2,表征了散索鞍与锚碇的相对位移,对应的节点力为 $M_2(F_2)$;节点 3 有两个自由度 u_3、v_3,对应的节点力为 F_{3x}、F_{3y},单元的节点位移如图 6-10-7 所示,图中标出的节点位移均为其正方向。该平面锚碇-锚跨单元隐含了两节点间索股的无应力长度保持不变及索股与鞍座相切两个重要条件,考虑了每根索股在锚跨内的实际空间位置及其与鞍座的不同切点,实现了锚跨索股索力的准确计算。

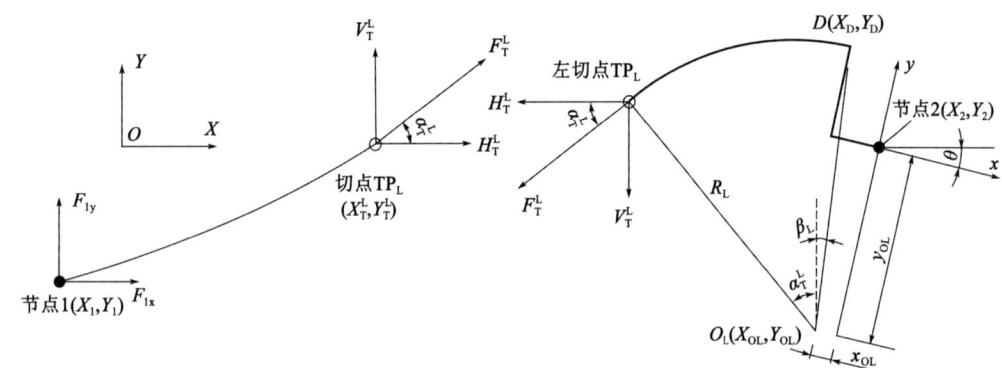

图 6-10-6　切点坐标计算

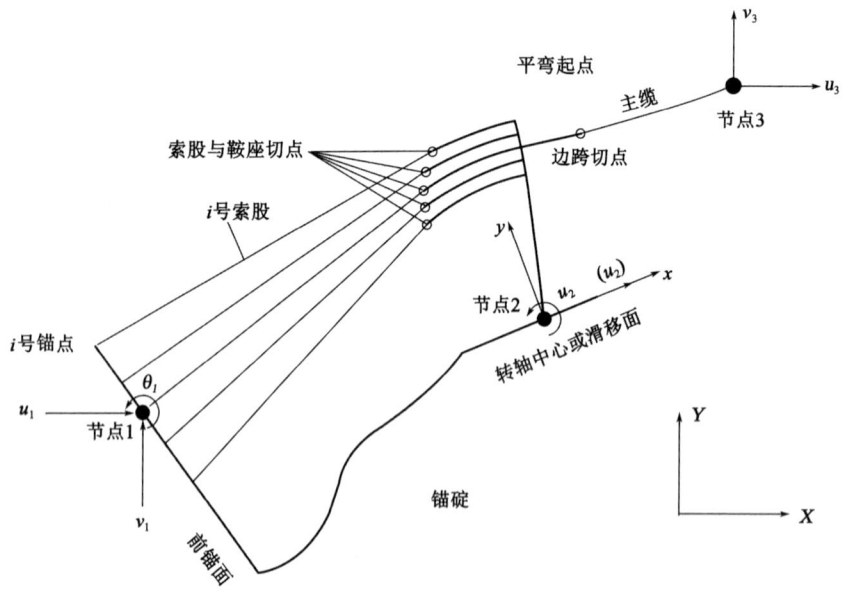

图 6-10-7　锚碇-锚跨单元模型

1. 单元模型的已知条件

(1) 节点 1~3 的坐标，在锚面内各索股锚点与锚面中心的相对位置，入索鞍处索股在鞍槽内的布置。

(2) 散索鞍的参数（包括圆心坐标，平、竖弯半径，各竖弯半径对应的竖弯转角，平弯起点位置，竖弯圆弧起算点）。

(3) 两节点间主缆或各索股的无应力长度，可根据成桥状态的计算获得。

(4) 索股的弹性模量 E、面积 A_s、沿弧长的自重荷载集度 q_s，以及边跨主缆的面积 A_b、沿弧长的自重荷载集度 q_b。

2. 单元模型的基本假定

(1) 索股与主缆为小应变理想柔性索。

(2) 散索鞍为刚体受力后不变形，节点 1 到平弯起点间与鞍槽相接触的索股与鞍槽隔板的曲线保持一致，索股在鞍槽隔板内经历了竖弯和平弯后能自由散出。平弯起点到节点 3 间的索股合为一根主缆考虑。锚跨悬空段索股为空间悬链线。

(3) 锚碇为刚体受力后不变形，锚面上各索股锚点与锚面中心的位置保持不变。

(4) 与鞍槽相接触主缆（或索股）的索力分布，即对滑移式散索鞍，各点沿散索鞍滑移面的索力分力保持不变，等于切点处索力分力；而对转轴式散索鞍，各点的索力对转轴中心的力矩保持不变，等于切点处索力对转轴中心的力矩。

3. 平面锚碇-锚跨单元的状态求解

单元的状态求解，是指在保证索股的无应力长度保持不变及其与鞍座相切的前提条件下，计算锚跨索股与鞍座的平弯起点、平弯末点、竖弯末点及边跨主缆与鞍座的切点坐标及切点索力，确定单元的当前状态。

4. 锚跨索股与散索鞍切点位置的计算

以锚跨第 i 号索股为例说明其切点位置的计算方法。如图 6-10-7 所示，索股与鞍槽相接触的部分是具有平弯和竖弯的复合曲线，从脱离点到锚点这一段索股（称悬空段索股）在自重作用下为一空间悬链线。在单元局部坐标系中，设索股平弯起点的坐标为 $(x^i_{HS}, y^i_{HS}, z^i_{HS})$，平弯末点的坐标为 $(x^i_{HL}, y^i_{HL}, z^i_{HL})$，竖弯末点（脱离点）的坐标为 (x^i_T, y^i_T, z^i_T)，索股锚点坐标为 (x^i_m, y^i_m, z^i_m)，索股的平弯起点到索股锚点间的无应力长度为 S^i_0，其中接触段索股无应力长度为 $ContS^i_0$，悬空段索股无应力长度为 $HangS^i_0$。因散索鞍位置已确定，故在单元坐标系中索股的平弯起点和平弯末点的坐标、平弯线形及平弯末点处的平弯转角 α^i_{HL} 即可按方法确定。索股与鞍座的竖弯末点的位置需通过迭代计算，设在整体坐标系中竖弯末点处索力的水平分力 F^i_{TX} 及竖向分力 F^i_{TY} 为迭代变量，则可按下列步骤迭代计算出竖弯末点坐标。计算流程如图 6-10-8 所示。

(1) 由迭代变量 F^i_{TX}、F^i_{TY} 计算竖弯末点的纵向及竖向坐标 X^i_T、Y^i_T，转换到单元坐标系并将 x^i_T 投影到随散索鞍转动的假想索股局部坐标系上，可得到竖弯末点的坐标 (x^i_T, y^i_T, z^i_T)。

（2）计算竖弯切点(x_T^i, y_T^i, z_T^i)与平弯起点$(x_{HS}^i, y_{HS}^i, z_{HS}^i)$间索股的空间曲线，根据接触段索股的索力分布假定，采用数值积分来计算该索段的无应力长度$ContS_0^i$，得到悬空段索股的无应力长度$HangS_0^i = S_0^i - ContS_0^i$。

（3）由F_{TX}^i、F_{TY}^i计算单元坐标系中竖弯末点的x、y向分力f_{Tx}、f_{Ty}，可计算出z向分力$f_{Tz} = f_{Fx} \tan(\alpha_{HL}^i)$，并将索力分力$(f_{Tx}, f_{Ty}, f_{Tz})$转换到整体坐标中，为$(F_{TX}^i, F_{TY}^i, F_{TZ}^i)$。

（4）在整体坐标系中，由竖弯末点坐标(X_T^i, Y_T^i, Z_T^i)、切点索力分量$(F_{TX}^i, F_{TY}^i, F_{TZ}^i)$及悬空段索股的无应力长度$HangS_0^i$可计算得到索股锚点的坐标$(X_m^i, Y_m^i, Z_m^i)$，其中横向坐标$Z_m^i$自动满足和给定值相等。

（5）比较索股锚点坐标计算值与给定值的差异，按修正的影响矩阵法即可得到迭代变量的增量ΔF_{TX}^i、ΔF_{TY}^i，修正迭代变量，重新进行第（1）～（4）步，直到索股锚点的坐标差在容许范围之内。

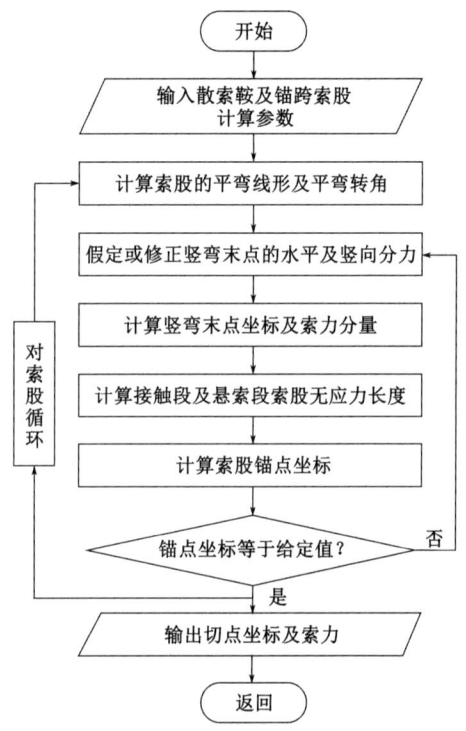

图6-10-8 锚跨索股切点位置计算流程

5. 边跨主缆与散索鞍切点位置的计算

平面锚碇-锚跨单元的平弯起点是索股分散的起点，平弯起点到节点3间的索股可合在一起当作一根主缆处理，用主缆中心线来表示。该段主缆由接触段和悬空段两部分组成，其中接触段只有竖弯没有平弯，悬空段则为一平面悬链线。根据主缆的无应力长度保持不变及其与散索鞍相切两个条件，按前面的方法易迭代计算得到主缆与散索鞍的切点坐标(X_T^b, Y_T^b, Z_T^b)及切点分力$(F_{TX}^b, F_{TY}^b, F_{TZ}^b)$，具体的计算方法不再赘述。

四、新单元的应用

引入两种新单元,采用 VC++ 编制了用于悬索桥计算的几何非线性有限元程序。以主跨1650m的西堠门大桥为例,为简化计算,取对称的平面结构进行分析,计算分析考虑主缆(或索股)与鞍座切点位置变化对结构线形及内力的影响程度。建立两种有限元模型,模型1为引入鞍座单元和锚跨单元两种新单元,为精确计算模型,采用自编程序计算,计算模型示意如图 6-10-9 所示;模型2不考虑切点位置的改变,主缆与鞍座、锚跨索股与散索鞍的切点位置相对于鞍座而言在计算中不变,切点和支撑点间采用刚臂相连,如图 6-10-10 所示。两种模型在空缆状态计算参数取值完全相同,模型2的切点坐标采用模型1在空缆状态下的计算结果,两种模型中桥塔、加劲梁及吊索的无应力长度均相同,对两种模型的成桥状态进行比较。

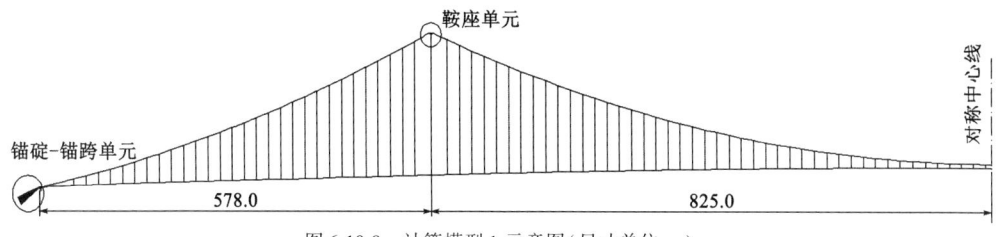

图 6-10-9　计算模型1示意图(尺寸单位:m)

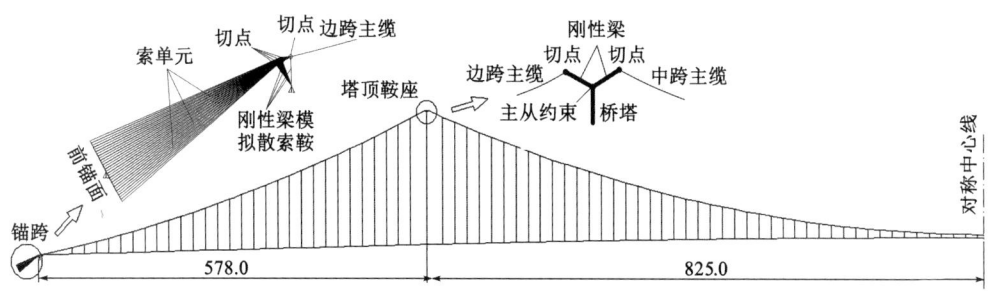

图 6-10-10　计算模型2示意图(尺寸单位:m)

图 6-10-11 给出了成桥状态下两种模型计算所得主缆线形的纵向坐标及高程的差异,曲线在鞍座单元的左、右节点处断开,可以看出:模型2相对于模型1而言,中跨主缆高程的最大偏差为 6.21cm,位置在跨中;边跨主缆高程的最大偏差为 0.81cm,位置在跨中附近;中跨主缆纵向位移的最大偏差为 -1.57cm,位置靠近鞍座。另外,差值曲线为两条从鞍座到跨中逐渐趋于平缓的光滑曲线。可见,考虑切点位置变化与否对主缆线形将产生不容忽视的影响,不考虑切点位置相对鞍座的变化会使整个结构刚度变大,相应的计算位移变小。

图 6-10-12 给出了成桥状态下两种模型计算所得加劲梁线形的纵向坐标及高程的差异,可以看出:模型2相对于模型1而言,中跨高程的最大偏差为 6.21cm,位置在跨中;边跨标高的最大偏差为 0.74cm,位置在跨中附近;加劲梁的纵向坐标差异很小。两条曲线在桥塔附近也是光滑平顺的。加劲梁线形的变化规律与主缆线形变化规律除在桥塔附近

的区间不同外,在跨内几乎是完全一致的。

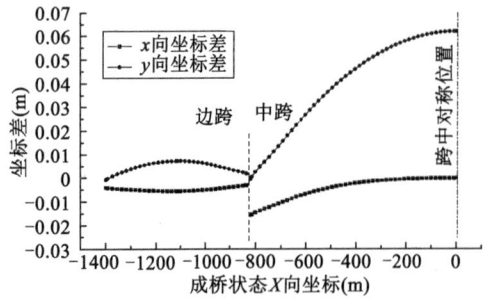

图 6-10-11　两种模型成桥状态主缆线形的坐标差

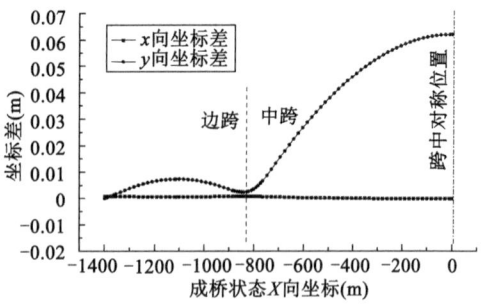

图 6-10-12　两种模型成桥状态加劲梁线形的坐标差

图 6-10-13 为两种模型成桥状态吊索索力的差异,可以看出:靠近鞍座的几对吊索差异略大,最大为中跨靠主索鞍的第一根吊索,索力差为 10.3kN,跨内其他吊索的索力差异很小。

图 6-10-14 为两种模型成桥状态加劲梁的弯矩图,可以看出:两种模型的弯矩变化规律完全一致,在靠近桥塔和边墩的加劲梁弯矩变化幅度较大,其他区间变化较平缓,两种模型加劲梁弯矩的最大差异约 3%,在桥塔附近。

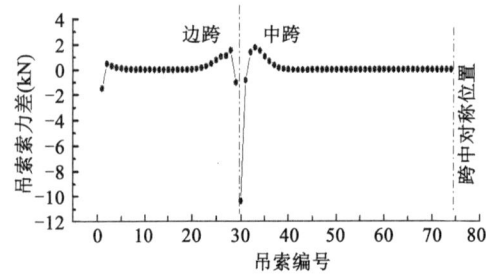

图 6-10-13　两种模型成桥状态吊索索力的差值

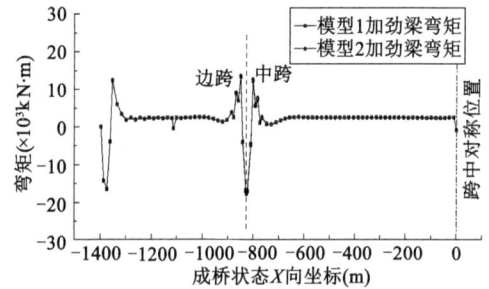

图 6-10-14　两种模型成桥状态加劲梁弯矩图

图 6-10-15 为两种模型成桥状态锚跨索股切点处索力的差异,模型 1 各索股成桥索力接近,约 1509kN。模型 2 上层索股索力较模型 1 小,下层索股索力较模型 1 大,索力差值在 3~28kN 之间变化,最大差值百分比约 2%。图中曲线变化很有规律,同一列索股从下往上索力差逐渐变大,同一行索股索力差呈半波曲线变化。

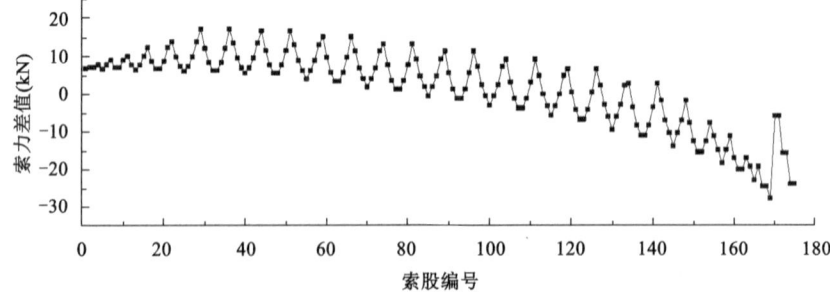

图 6-10-15　两种模型成桥状态锚跨索股切点处索力的差异

表 6-10-1 比较了两种模型主索鞍、散索鞍从空缆到成桥的移动量以及成桥时切点处主缆张力,可见考虑主缆与鞍座的切点位置变化与否对主索鞍的滑移量及主缆张力的影响较小,主索鞍的滑移量两者相差不到 1%,对散索鞍的转动量影响较大,两者相差约为 4.75%。

两种模型鞍座预偏量及切点处主缆张力的比较　　　　表 6-10-1

比 较 项 目	模型 1	模型 2	差值	百分比
主索鞍滑移量(m)	1.1154	1.1058	-0.0096	-0.859%
散索鞍转动量(rad)	-0.0154	-0.0147	0.0007	-4.753%
主索鞍边跨切点处主缆成桥张力(kN)	286627.8	286738.4	110.6	0.039%
主索鞍中跨切点处主缆成桥张力(kN)	278360.2	278456.7	96.5	0.035%
散索鞍边跨切点处主缆成桥张力(kN)	262826.0	262919.7	93.7	0.036%

表 6-10-2 给出了模型 1 从空缆到成桥主缆与鞍座的切点位置的变化,可见切点位置变化较大,相比空缆状态,成桥时主索鞍两侧切点均向下移动,中跨侧切点移动量大于边跨侧,而边跨主缆与散索鞍的切点沿鞍槽圆弧曲线向锚跨侧移动。

模型 1 鞍座切点位置的变化　　　　表 6-10-2

比 较 项 目	沿圆弧位移(°)	X 向位移(m)	Y 向位移(m)	备　　注
主索鞍边跨侧切点	0.5961	-0.0773	-0.0371	沿圆弧向下移动
主索鞍中跨侧切点	1.6392	0.2184	-0.0857	沿圆弧向下移动
散索鞍边跨侧切点	0.7213	-0.1043	-0.0203	沿圆弧向锚跨侧移动

第三节　索股架设控制技术

一、一般索股架设施工过程

索股的架设分为基准索股架设和一般索股架设,基准索股架设的施工方法在前面部分已经提到过,这里不再赘述。一般索股的架设和基准索的股架设大致相同,不同之处在于最后阶段的垂度调整,基准索股以绝对垂度为标准进行调整,而一般索股则按照"若即若离"的原则,以与基准索股的相对高差为标准进行调整。下面简单介绍相对高差如何进行调整。

一般索股根据与基准索股的相对高差来进行的调节,以基准索股为参照使用大型游标卡尺进行调节,同时要注意调节时的温度影响。如图 6-10-16 所示,一般索股相对于参考索股的控制高差如下:

$$\Delta H_{k,i}^1 = \Delta H_{k,0}^0 - \Delta H_{i,0}^0 - K_T \Delta T_{k,i} - \Delta h_{i,0}$$

式中:k——待调索股所在的层号;

i——参照索股所在的层号;

$\Delta H_{k,i}^1$——表示待调索股(k层)相对于基准索股的控制高差;

$\Delta H_{k,0}^0$——表示待调索股(k层)相对于基准索股的理论高差;

$\Delta H_{i,0}^0$——表示参考索股(i层)相对于基准索股的理论高差;

K_T——温差修正系数;

$\Delta T_{k,i}$——待调索股与参照索股平均温度之差;

$\Delta h_{i,0}$——参考索股的架设修正误差。

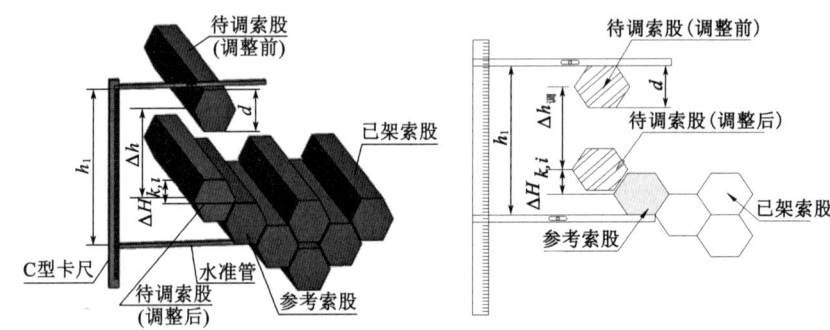

图6-10-16　一般索股调整示意图

参考索股的架设修正误差$\Delta h_{i,0}$计算如下:

$$\Delta h_{i,0} = \Delta S_{i,0} - \Delta H_{i,0}^0 + K_T \Delta T_{i,0}$$

式中:$\Delta S_{i,0}$——实测参考索股与基准索股的高差;

$\Delta T_{i,0}$——实测参考索股与基准索股的平均温度之差。

高差调整量:架设索股的高差调整量计算如下:

$$\Delta h_{调} = h_1 - d - \Delta H_{k,i}^1$$

式中:$\Delta h_{调}$——架设索股的高差调整量;

h_1——现场实测的架设索股顶面与参考索股底面的高差;

d——索股的高度;

$\Delta H_{k,i}^1$——k层索股相对于基准索股的控制高差。

二、上层索股压下层索股的问题分析

在实际的索股架设施工中,索股与索股之间会采用"若即若离"的方式来控制。即索股与索股之间存在些许的接触,但互相之间又不存在作用力,各层索股均呈自然悬垂的状态。但在实际的施工的调索过程中,总是会出现上层索股压下层索股的现象,由于索股的相互接触产生了较大的摩擦力导致索股线形调整困难,对索股的高程测量也会带来较大的误差,从而影响到最终形成的空缆线形。如图6-10-17所示,各层索股间由于上层索股压下层索股,使索股与索股紧密接触,对线形的调整造成了一定的困难。因此,探索上层索股压下层索股的原因并在施工时避免其出现显得尤为重要。

图 6-10-17 上层索股压下层索股示意图

按照"若即若离"的原则进行索股施工时,在没有外界影响的情况下,若索股的垂度均达到理论值,则不会出现上层索股压下层索股的现象。上层索股压下层索股出现的原因是上层索股与下层索股的垂度发生了变化,导致上层索股的垂度增大和下层索股垂度的减小。

影响索股跨中垂度的外界因素主要有有塔顶偏位和温度变化。若出现塔顶偏位,已知索股的垂度变化与塔顶偏位呈线形关系,且上下层索股的塔顶偏位应相同,即上下层索股的跨中垂度变化相同,则不会出现上层索股压下层索股的现象。通过以上分析,可排除塔顶偏位会引起上层索股压下层索股。

从温度变化的角度分析,白天日照使外部索股的温度升高,导致内外索股出现温差;夜晚时环境温度降低,使外部索股的温度先降低,也会导致内外索股出现温差,温差引起各索股的跨中垂度变化不同,导致上层索股压下层索股。因此,造成上层索股压下层索股的主要因素是个索股之间的温差。各类悬索桥的索股线形均受温度影响,且跨径越大、矢跨比越大的悬索桥索股线形更容易受温度的影响,因此,在这类悬索桥上更容易出现上层索股压下层索股的现象。

具体到分析上层索股压下层索股时,不仅要对基准索股进行分析,也要对一般索股进行分析。一般索股的线形计算方法与基准索股的线形计算方法相同,不同之处在于鞍座处的计算半径。如图 6-10-18、图 6-10-19 所示,不同索股由于所处的索股层数不同导致了索股的计算半径的变化。以由 19 根索股排列而成的主缆为例,1 号索股为第 1 层索股;2 号、3 号索股为第 2 层索股;4~6 号索股为第 3 层索股;7 号、8 号索股为第 4 层索股;9~11 号索股为第 5 层索股;12 号、13 号索股为第 6 层索股;14~16 号索股为第 7 层索股;17 号、18 号索股为第 8 层索股;19 号索股为第 9 层索股。每层索股间的索股的计算半径变化量为索股高度的二分之一。

$$R_n = R + n\frac{d}{2} = R_{n-1} + \frac{d}{2}$$

式中:R_n——第 n 层索股在鞍座处的计算半径;
R——鞍座的半径。

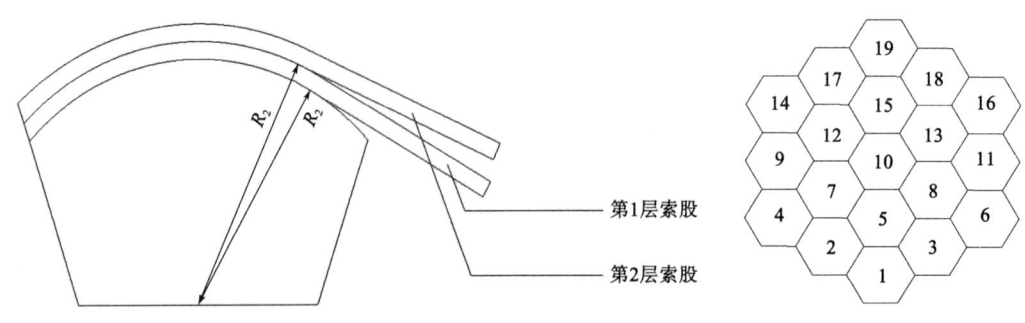

图 6-10-18　索股半径示意图　　　　　图 6-10-19　19 根索股排列示意图

通过上述分析,对鞍座处的计算半径进行修正。下面以伍家岗长江大桥为例进行分析,计算不同层的索股受到的温度影响。该实际工程的索股布置分布图如图 6-10-20 所示。主缆由 91 根索股构成,分为 21 层,索股高度为 731.6mm,鞍座的半径为 7.5m。

不同层的跨中垂度变化量与温度的变化量之比如图 6-10-21 所示,由图可知,虽然温度变化引起的跨中垂度变化不是严格意义上的线性关系,但各个温度下跨中垂度变化与温度变化的比值变化较小,可认为其为近似线性。因此,为方便分析,此处以 20℃ 范围内的跨中垂度变化与温度变化之比的近似值进行分析,来比较不同层数索股受到的温度变化的影响,从而分析鞍座计算半径变化对温度效应带来的影响。

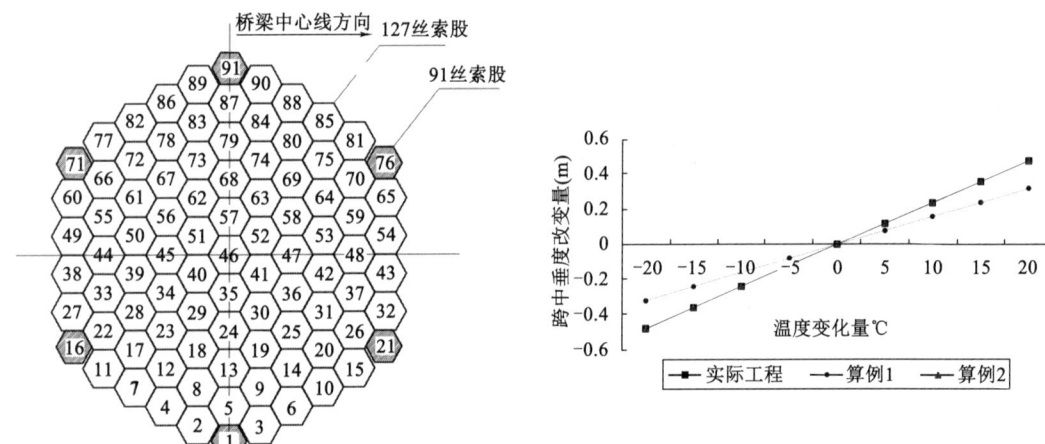

图 6-10-20　实际工程索股分布图　　　　　图 6-10-21　温度变化对各算例跨中垂度影响图

三、紧缆过程分析

前面的内容对索股的架设和调索进行了一定的分析,对造成调索困难的上层索股压下层索股的问题进行了一系列的探讨。虽然对架设时索股与索股之间的接触要求"若即若离",但由于施工误差的原因,产生索股与索股之间必然存在间距,因此,探索索股与索股之间的间距最终对成缆线形产生的影响也显得十分关键。此处就索股架设间距对紧缆后主缆产生的影响进行分析,从而确定合理的施工误差范围。

1. 紧缆过程计算模拟

基准索股和一般索股等所有索股在完成的架设和调整之后，就要对所有索股进行紧缆从而最终形成主缆。主缆紧缆就是利用紧缆机将离散的各索股向中心挤压，使其紧实变圆达到设计时的尺寸和空隙率，然后用高强度钢带进行绑扎的过程。

对于所有完成了架设且调整完毕的索股而言，无论基准索股还是一般索股，由于在主索鞍处对索股进行了固定，其无应力长度在紧缆的过程中一直为定值，因此，在紧缆过程中所有索股的质量保持不变。紧缆后所有的索股线形会进行重新的调整，并最终保持垂度一致。以包含19根索股的主缆紧缆为例，对主缆紧缆的过程进行分析，来说明紧缆过程对索股的影响。

为了能够更好地突出问题和更加方便地突出问题的本质，作出下列假定：

（1）忽略单根索股在横截面上的径向尺寸，仅考虑其沿纵向分布。

（2）对主缆不考虑其横向排列，索股只考虑其在竖平面内的分布。

根据以上假定，19根索股构成的主缆，其索股分布图如图6-10-19所示。紧缆前索股的状态如图6-10-22所示，其竖向分布为9层，每层有索股都有其自身的垂度，第1层索股为1号索股，垂度为f_1；第2层索股为2号、3号索股，垂度为f_2；第3层索股为4～6号索股，垂度为f_3；第4层索股为7号、8号索股，垂度为f_4；第5层索股为9～11号索股，垂度为f_5；第6层索股为12号、13号索股，垂度为f_6；第7层索股为14～16号索股，垂度为f_7；第8层索股为17号、18号索股，垂度为f_8；第9层索股为19号索股，垂度为f_9。紧缆时即为图6-10-22和图6-10-23的过程，使各层索股在紧缆后将各层索股的垂度由f_1、f_2、f_3、f_4、f_5、f_6、f_7、f_8、f_9统一为f。

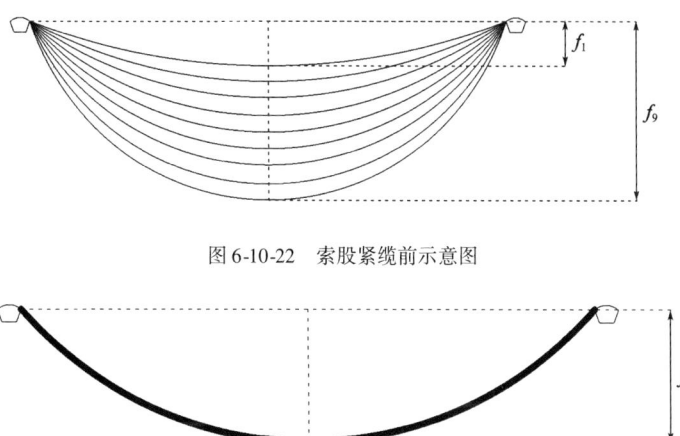

图6-10-22 索股紧缆前示意图

图6-10-23 索股紧缆后示意图

由分析可得，紧缆后所有索股的线形进行重新调整，上层索股紧缆后线形向下，下层索股紧缆后线形向上。这种过程可理解为下层索股的一部分自重转移到上层索股上，各层索股通过自重荷载的改变和垂度的相互协调来实现最终垂度的统一。

基于前文对索股紧缆过程的分析和已得出的考虑鞍座影响的索股线形计算方法,得出主缆紧缆时的计算模拟方法,计算步骤如下:

(1) 在各层索股调整完毕紧缆之前,得出各层索股的垂度 $f_n(n=1,2,3\cdots)$、自重荷载的集度 w_0 和各层索股的半径 $R_n(n=1,2,3\cdots)$。

(2) 调用本章第二节中的计算程序 $SGJS$ 求解出各索股的无应力长度 $S_n(n=1,2,3\cdots)$。

(3) 假定紧缆后各索股的垂度统一为 $f_0=0.5(f_1+f_n)$。

(4) 保持各层索股的无应力长度 S_n 不变,垂度变为 f_0,求出此时各索股的自重荷载 $w_n(n=0,1,2\cdots)$。

(5) 由质量守恒定律,计算此时主缆自重荷载的变化 Δw,若 $|\Delta w|\leq\varepsilon$,则输出结果;若 $|\Delta w|\geq\varepsilon$,则增加第(3)步中的统一垂度 $f_0=f_0+df$。

(6) 重复第(4)步和第(5)步,直到 $|\Delta w|\leq\varepsilon$。

(7) 输出紧缆后的主缆垂度和各层索股的数据情况。

根据上述步骤和思路,使用 VC++ 计算机语言可以编制出关于主缆紧缆的计算程序。

2. 不同索股架设间距紧缆分析

为分析出不同的索股架设间距对最终紧缆后的空缆线形的影响,利用计算程序 $SGJL$ 对实际工程的紧缆过程进行计算分析,取不同的索股架设间距,对其进行计算。由于施工时索股之间采用的是"若即若离"的原则,在索股架设间距的选取上范围应控制在 8mm 以内。

由表 6-10-3 和图 6-10-24 可得,实际工程索股架设间距对紧缆后的主缆线形有一定的影响,索股架设间距的增大,使紧缆后的主缆与设计垂度值的差值增大。表现为索股架设间距越大,紧缆后的主缆垂度越小,使空缆线形得到了抬高。索股间距在 8mm 范围内,对紧缆后的跨中垂度影响最大为 2.49mm,影响较小,因此,在合理的索股间距范围内,可适当增加索股间间距以方便索股的施工和调整。

实际工程不同索股间距紧缆后得到的主缆跨中垂度　　　表 6-10-3

索股架设间距(mm)	2	4	6	8
紧缆后的主缆垂度(m)	100.4755	100.4675	100.4668	100.4662
与主缆设计垂度差值(mm)	-0.60	-1.27	-1.85	-2.49

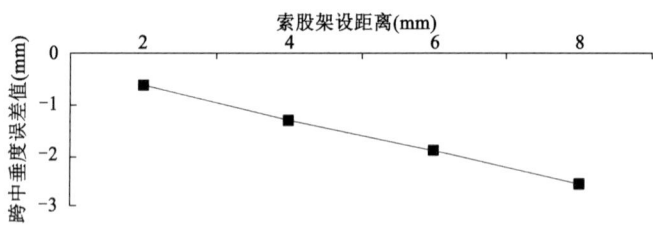

图 6-10-24　实际工程不同索股架设间距紧缆后跨中垂度误差

由表 6-10-4 和图 6-10-25 可得,紧缆前上层索股张力的水平分力略大,但各层索股张力的水平分力大致相同。因此,不同的索股架设间距对紧缆前各层索股张力的水平分力影响不大。紧缆后上层索股张力的水平分力增大,下层索股张力的水平分力减小,且最上层和最下层的索股水平分力的变化量最大,这种变化随着索股架设间距的增大而逐渐增大。由于上层索股张力的水平分力在紧缆后为最大,因此,从主缆受力安全角度来分析,其为最不利的受力情况。

实际工程不同索股架设间距下紧缆后各层索股的水平分力（单位:kN）　表6-10-4

索股层数	索股架设间距（mm）			
	2	4	6	8
1	261.7988	254.5632	247.3297	240.0982
2	262.3149	255.6017	248.8904	242.1811
3	262.8310	256.6400	250.4509	244.2639
4	263.3471	257.6783	252.0115	246.3466
5	263.8632	258.7166	253.5719	248.4291
6	264.3793	259.7549	255.1323	250.5115
7	264.8953	260.7931	256.6926	252.5938
8	265.4113	261.8313	258.2528	254.6760
9	265.9272	262.8695	259.8129	256.7580
10	266.4434	263.9076	261.3730	258.8398
11	266.9595	264.9457	262.9330	260.9216
12	267.4756	265.9835	264.4929	263.0032
13	267.9916	267.0217	266.0525	265.0847
14	268.5076	268.0598	267.6126	267.1660
15	269.0236	269.0978	269.1724	269.2472
16	269.5396	270.1356	270.7320	271.3283
17	270.0554	271.1736	272.2915	273.4093
18	270.5716	272.2115	273.8509	275.4900
19	271.0875	273.2493	275.4103	277.5707
20	271.6035	274.2871	276.9697	279.6513
21	272.1195	275.3248	278.5289	281.7317
22	272.6354	276.3626	280.0881	283.8119
23	273.1513	277.4003	281.6472	285.8921
24	273.6673	278.4380	283.2062	287.9721
25	274.1832	279.4756	284.7652	290.0520
26	274.6991	280.5132	286.3241	292.1317
27	275.2150	281.5508	287.8829	294.2113
28	275.7309	282.5883	289.4416	296.2908
29	276.2468	283.6258	291.0003	298.3702

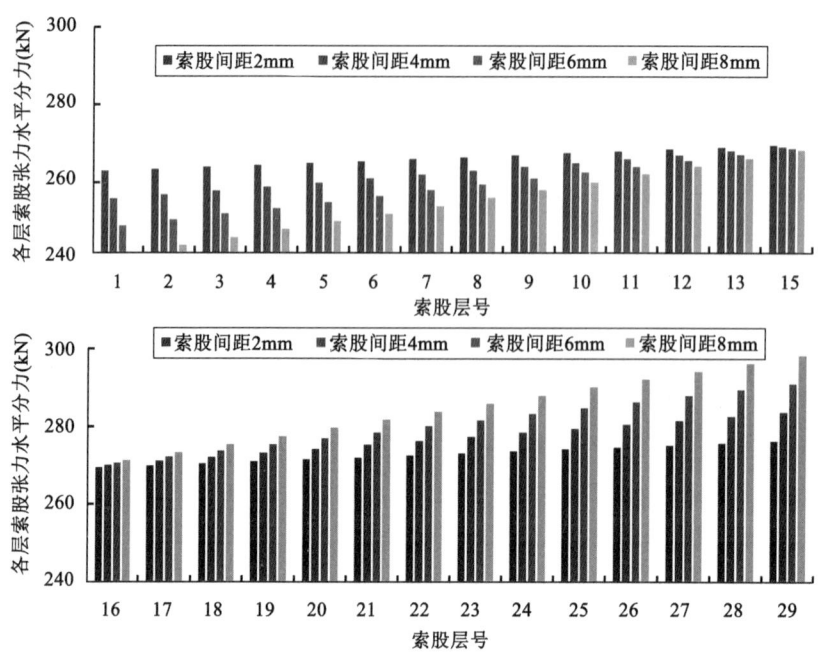

图 6-10-25 实际工程不同索股间距下紧缆后各层索股水平张力

第四节 伍家岗长江大桥索股架设施工控制

伍家岗长江大桥主桥结构采用单跨1160m钢箱梁悬索桥,江南侧引桥292m,江北侧引桥392m。根据规范、设计要求和监控组计算分析,伍家岗长江大桥主缆基准索股绝对垂度(高程)允许偏差中跨为0~+58mm,边跨为0~+116mm;两缆基准索股相对垂度(高差)允许偏差为±10mm。

主缆架设是悬索桥上部结构施工的一项重要内容,其线形几何状态能否精确调整到设计位置,将直接关系到桥梁结构的健康状况。然而,作为主缆的第一根索股,基准索股为一般索股提供架设基准,将直接影响一般索股的线形几何状态,因此,基准索股的架设是主缆架设工作中的关键环节。

一、基准索股的架设

根据大桥主塔、锚碇联合测量数据及鞍座实设预偏量等资料,伍家岗长江大桥基准索股架设线形计算公式如下:

$$dX = C + T_0 \times \Delta T + T_1 \times \Delta T_2 + D_0 \times \Delta D + D_1 \times \Delta D_2 + H_0 \times \Delta H_0 + H_1 \times \Delta H_1$$
$$Y = C + T_0 \times \Delta T + T_1 \times \Delta T_2 + D_0 \times \Delta D + D_1 \times \Delta D_2 + H_0 \times \Delta H_0 + H_1 \times \Delta H_1$$
$$A = C + T_0 \times \Delta T + T_1 \times \Delta T_2 + D_0 \times \Delta D + D_1 \times \Delta D_2 + H_0 \times \Delta H_0 + H_1 \times \Delta H_1$$

式中:ΔD——跨径变化量,跨径增加为正,跨径减小为负,m;

ΔT——索股调整跨的平均温度与设计温度的差值,高于设计温度为正,低于设计温度为负,℃;

ΔH_i——两岸主塔塔顶高程相对于基准高程的变化量,其中 $i=0$ 代表南岸主塔,$i=1$ 代表北岸主塔,ΔH_i 向上为正,向下为负,m,基准高程为 211.685m(塔顶 IP 点在猫道架设施工前高程);

dX——各跨测点位置到其对应主塔中心线的里程差,其中南边跨与主跨对应南塔,北边跨对应北塔,m;

Y——测点位置索股中心的高程,m;

A——测点位置切线角,(°)。

参数 ΔD、ΔH_i 取值均为调索时测量值与猫道架设前测量值的差值。

跨中高程变化量与索长变化量的关系如下:

中跨:$\Delta s = \Delta h/1.929$;南边跨:$\Delta s = \Delta h/7.496$;北边跨:$\Delta s = \Delta h/5.814$。

在高程偏离理论高程 ±20cm 的范围内,上述关系均具有很高的精度。Δs 为调入或调出本跨的索长,Δh 为索长调整时,各跨跨中高程的变化量。

考虑温度影响的基准索股锚跨张力按下式修正。

上游南岸锚跨张力:$TM = 276.463 - 6.210 \times \Delta t$;

上游北岸锚跨张力:$TM = 346.821 - 6.042 \times \Delta t$;

下游南岸锚跨张力:$TM = 289.714 - 6.153 \times \Delta t$;

下游北岸锚跨张力:$TM = 358.602 - 6.002 \times \Delta t$。

Δt 表示实测温度与设计温度差,实测温度比设计温度高为正,实测温度比设计温度低为负,设计温度为 20℃。锚跨张力控制误差应小于 10kN。

伍家岗长江大桥基准索股架设时经过多轮调整,索股的架设精度达到了目标要求,基准索股垂度精调到位后实测数据见表 6-10-5。

基准索股垂度精调到位数据汇总表 表 6-10-5

测　点		里程(m)	理论高程(m)	实测高程(m)	高差值(mm)
上游	南边跨	428.5811	141.2380	141.3196	81.6
	中跨	1152.1679	94.4560	94.5066	50.6
	北边跨	1930.7722	119.2101	119.2935	83.4
下游	南边跨	429.5438	141.6894	141.7695	80.1
	中跨	1152.8121	94.5448	94.5964	51.6
	北边跨	1930.9600	119.1965	119.2769	80.4

基准索股架设完成后,又进行了连续 4d 基准索股稳定观测,得到:第一天基准索股稳定观测数据每组最大互差最大值为 10.8mm;第二天基准索股稳定观测数据每组最大互差最大值为 8.8mm;第三天基准索股稳定观测数据每组最大互差最大值为 4.4mm;第四天基准索股稳定观测数据每组最大互差最大值为 5.0mm;基准索股 4d 分别处于稳定状态。4d 基准索股观测高差均值最大互差最大值为 3.9mm。基准索股连续 4d 均处于稳定状态。

二、一般索股的架设

考虑以往按照"若即若离"的原则架设索股时,易出现上层压下层的现象,为避免基准索股受其他索股的影响,一般索股架设时相对基准索股距离增加了15mm,很好地解决了这一问题。

一般索股相对于参考索股的高差控制计算方法如下:

$$\Delta H_{k,i} = \Delta H_k - \Delta H_i - K_T \Delta T_{k,i} - \Delta h_i$$

式中: k——被调索股所在的层号,从1开始;

i——参考索股所在的层号,从0开始;

$\Delta H_k(\Delta H_i)$——$k(i)$层索股相对于基准索股的理论相对高差,见表6-10-6;

$\Delta H_{k,i}$——k层索股相对于i层索股的计算相对高差;

K_T——温差修正系数;

$\Delta T_{k,i}$——被调索股与参照索股平均温度之差($\Delta T_{k,i} = \overline{T_k} - \overline{T_i}$),根据实际温度计算,其值带符号;

Δh_i——参考索股的架设误差,其值带符号,比理论值高为正,计算公式为:

$$\Delta h_i = \Delta S_{i,0} - \Delta H_i + K_T \Delta T_{i,0}$$

其中:$\Delta S_{i,0}$——实测参考索股与基准索股的高差;

$\Delta T_{i,0}$——实测参考索股与基准索股的平均温度之差。

Δh_0为0。如$\Delta S_{i,0}$无法实测,则Δh_i可取参考索股被调完成时的误差。

若参考索股为基准索股,则$i=0$,高差控制公式变为:

$$\Delta H_{k,0} = \Delta H_k - K_T \Delta T_{i,0}$$

若被调索股与参考索股同层,则$i=k$,高差控制公式如下:

$$\Delta H_{k,i} = - K_T \Delta T_{k,i} - \Delta h_i$$

表6-10-6列出了一般索股架设时相对基准索股的理论相对高差,为避免基准索股受到其他索股的影响,一般索股架设时相对基准索股距离增加了15mm。一般索股高程调整量Δh计算如图6-10-26所示。

上游一般索股与基准索股的理论相对高差 表6-10-6

层 号 i	i层各索股	i层索股与基准索股相对高差 $\Delta H_{i,0}$(mm)		
		南边跨	主跨	北边跨
1	2-3	48.1	44.0	47.3
2	4-6	85.4	78.2	84.2
3	7-10	122.8	112.4	121.0
4	11-15	160.2	146.6	157.8
5	16/21	203.2	186.0	200.2
5	17-20	197.5	180.8	194.6

续上表

层号 i	i 层各索股	i 层索股与基准索股相对高差 $\Delta H_{i,0}$ (mm)		
		南边跨	主跨	北边跨
6	22-26	234.9	215.0	231.4
7	27-32	272.3	249.2	268.2
8	33-37	309.6	283.4	305.0
9	38-43	347.0	317.6	341.8
10	44-48	384.4	351.8	378.6
11	49-54	421.7	386.0	415.4
12	55-59	459.1	420.2	452.2
13	60-65	496.4	454.4	489.0
14	66-70	533.8	488.6	525.8
15	71/76	565.5	517.6	557.0
15	72-75	571.2	522.8	562.6
16	77-81	608.5	557.0	599.4
17	82-85	645.9	591.2	636.2
18	86-88	683.3	625.4	673.0
19	89-90	720.6	659.6	709.8
20	91	752.3	688.6	741.0
温度修正系数 K_T (mm/℃)		23.3	27.5	25.5

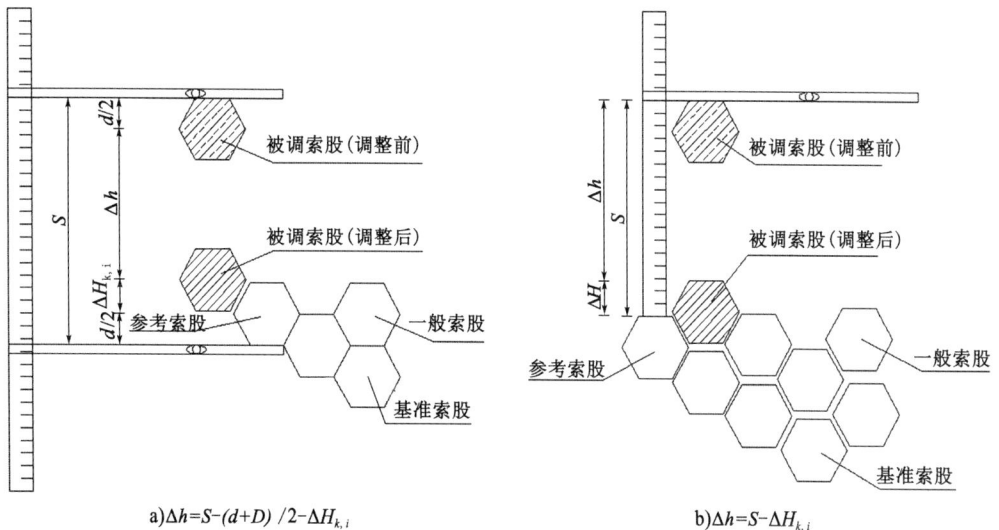

图 6-10-26 一般索股高程调整量 Δh 计算图

三、锚跨索股张拉及调整

锚跨张力总体控制流程如下:第一轮调整在当前索股架设阶段,索股架设线形调整到位后将锚跨张力张拉至 TM_1,第二轮调整在一般索股架设至总数的 3/4 时,从 1 号索股开始逐根将锚跨张力调整至 TM_2,锚跨张力的第二轮调整与剩余索股架设可同时进行,在所有索股架设完成时,锚跨张力第二轮调整不应超过所有索股的 1/2,剩余未进行第二轮锚跨张力调整的索股,待鞍座锌块压紧锁死后进行调整。

锚跨张力公式为:

$$TM_i = T_0 - \alpha \times \Delta t$$

式中:TM_i——锚跨张力,kN,其中 $i = 1$ 代表第一轮锚跨张力,$i = 2$ 代表第二轮锚跨张力;

Δt——实测温度与设计温度差,实测温度比设计温度高为正,设计温度为 20℃;

T_0——设计温度下的本轮锚跨张力;

α——温度修正系数。

锚跨张力控制误差应小于 10kN。

锚跨拔出量调整近似公式为:

$$\Delta H = \Delta T / K$$

以上游南岸 2 号索锚跨拔出量调整为例,实测张力比计算值小于 50.6kN 时,应调出 1mm;实测张力比计算值大于 50.6kN 时,应调入 1mm。

上游 1~91 号索股第一轮、第二轮锚跨张力 TM_1、TM_2 参数见表 6-10-7、表 6-10-8。

上游 1~91 号索股第一轮锚跨张力 TM_1 参数表(单位:kN)　　表 6-10-7

索股编号	常数项 T_0		温度系数 α		索股编号	常数项 T_0		温度系数 α	
	南锚跨	北锚跨	南锚跨	北锚跨		南锚跨	北锚跨	南锚跨	北锚跨
1	381.784	317.740	6.209	6.037	17	531.303	442.819	8.596	8.263
2	532.397	443.288	8.643	8.383	18	531.118	442.807	8.580	8.258
3	532.397	443.288	8.643	8.383	19	531.118	442.807	8.580	8.258
4	532.352	443.255	8.638	8.366	20	531.303	442.819	8.596	8.263
5	532.098	443.188	8.630	8.360	21	381.076	317.355	6.191	5.946
6	532.352	443.255	8.638	8.366	22	531.252	442.743	8.590	8.229
7	531.930	443.078	8.627	8.334	23	530.985	442.726	8.568	8.222
8	531.809	443.068	8.617	8.330	24	530.682	442.662	8.553	8.217
9	531.809	443.068	8.617	8.330	25	530.985	442.726	8.568	8.222
10	531.930	443.078	8.627	8.334	26	531.252	442.743	8.590	8.229
11	531.901	443.017	8.623	8.306	27	531.091	442.566	8.598	8.195
12	531.728	443.003	8.608	8.300	28	530.632	442.533	8.559	8.181
13	531.430	442.937	8.596	8.294	29	530.364	442.517	8.536	8.174
14	531.728	443.003	8.608	8.300	30	530.364	442.517	8.536	8.174
15	531.901	443.017	8.623	8.306	31	530.632	442.533	8.559	8.181
16	381.076	317.355	6.191	5.946	32	531.091	442.566	8.598	8.195

续上表

索股编号	常数项 T_0		温度系数 α		索股编号	常数项 T_0		温度系数 α	
	南锚跨	北锚跨	南锚跨	北锚跨		南锚跨	北锚跨	南锚跨	北锚跨
33	530.555	442.439	8.551	8.139	63	528.483	441.420	8.426	7.820
34	530.167	442.417	8.518	8.130	64	528.949	441.449	8.466	7.832
35	529.927	442.355	8.509	8.125	65	529.729	441.513	8.532	7.858
36	530.167	442.417	8.518	8.130	66	528.805	441.279	8.453	7.759
37	530.555	442.439	8.551	8.139	67	528.134	441.238	8.396	7.742
38	530.599	442.254	8.574	8.100	68	528.101	441.189	8.400	7.740
39	530.021	442.213	8.526	8.083	69	528.134	441.238	8.396	7.742
40	529.679	442.194	8.497	8.075	70	528.805	441.279	8.453	7.759
41	529.679	442.194	8.497	8.075	71	379.480	316.127	6.115	5.558
42	530.021	442.213	8.526	8.083	72	528.531	440.996	8.443	7.675
43	530.599	442.254	8.574	8.100	73	528.030	440.961	8.400	7.661
44	529.917	442.097	8.516	8.032	74	528.030	440.961	8.400	7.661
45	529.420	442.070	8.474	8.021	75	528.531	440.996	8.443	7.675
46	529.245	442.011	8.468	8.016	76	379.480	316.127	6.115	5.558
47	529.420	442.070	8.474	8.021	77	528.375	440.792	8.429	7.588
48	529.917	442.097	8.516	8.032	78	527.657	440.742	8.368	7.568
49	530.141	441.905	8.552	7.989	79	527.732	440.700	8.381	7.568
50	529.454	441.853	8.494	7.967	80	527.657	440.742	8.368	7.568
51	529.042	441.830	8.459	7.957	81	528.375	440.792	8.429	7.588
52	529.042	441.830	8.459	7.957	82	528.288	440.489	8.433	7.495
53	529.454	441.853	8.494	7.967	83	527.793	440.447	8.391	7.478
54	530.141	441.905	8.552	7.989	84	527.793	440.447	8.391	7.478
55	529.328	441.712	8.482	7.906	85	528.288	440.489	8.433	7.495
56	528.734	441.679	8.432	7.892	86	527.416	440.189	8.359	7.369
57	528.624	441.624	8.431	7.888	87	527.582	440.157	8.378	7.372
58	528.734	441.679	8.432	7.892	88	527.416	440.189	8.359	7.369
59	529.328	441.712	8.482	7.906	89	527.670	439.877	8.390	7.271
60	529.729	441.513	8.532	7.858	90	527.670	439.877	8.390	7.271
61	528.949	441.449	8.466	7.832	91	378.235	315.140	6.026	5.201
62	528.483	441.420	8.426	7.820	—	—	—	—	—

上游 1~91 号索股第二轮锚跨张力 TM_2 参数表（单位：kN）

表 6-10-8

索股编号	常数项 T_0		温度系数 α		索股编号	常数项 T_0		温度系数 α	
	南锚跨	北锚跨	南锚跨	北锚跨		南锚跨	北锚跨	南锚跨	北锚跨
1	276.463	346.821	6.210	6.042	31	288.609	402.935	8.559	8.181
2	338.911	460.468	8.643	8.383	32	322.467	407.321	8.598	8.195
3	338.911	460.468	8.643	8.383	33	284.093	392.322	8.551	8.139
4	330.378	452.686	8.638	8.366	34	264.920	389.805	8.518	8.130
5	324.679	452.508	8.630	8.360	35	265.507	390.655	8.509	8.125
6	330.378	452.686	8.638	8.366	36	264.920	389.805	8.518	8.130
7	328.988	444.028	8.627	8.334	37	284.093	392.322	8.551	8.139
8	314.871	442.091	8.617	8.330	38	314.362	387.891	8.574	8.100
9	314.871	442.091	8.617	8.330	39	280.424	383.498	8.526	8.083
10	328.988	444.028	8.627	8.334	40	265.731	381.548	8.497	8.075
11	324.259	433.221	8.623	8.306	41	265.731	381.548	8.497	8.075
12	305.818	430.724	8.608	8.300	42	280.424	383.498	8.526	8.083
13	299.079	430.891	8.596	8.294	43	314.362	387.891	8.574	8.100
14	305.818	430.724	8.608	8.300	44	275.709	373.031	8.516	8.032
15	324.259	433.221	8.623	8.306	45	256.448	370.522	8.474	8.021
16	261.251	312.045	6.191	5.946	46	259.321	371.583	8.468	8.016
17	306.286	423.050	8.596	8.263	47	256.448	370.522	8.474	8.021
18	291.881	421.106	8.580	8.258	48	275.709	373.031	8.516	8.032
19	291.881	421.106	8.580	8.258	49	309.768	369.170	8.552	7.989
20	306.286	423.050	8.596	8.263	50	275.952	364.783	8.494	7.967
21	261.251	312.045	6.191	5.946	51	261.184	362.839	8.459	7.957
22	301.672	412.312	8.590	8.229	52	261.184	362.839	8.459	7.957
23	282.794	409.805	8.568	8.222	53	275.952	364.783	8.494	7.967
24	278.591	410.439	8.553	8.217	54	309.768	369.170	8.552	7.989
25	282.794	409.805	8.568	8.222	55	271.250	354.487	8.482	7.906
26	301.672	412.312	8.590	8.229	56	252.034	351.988	8.432	7.892
27	322.467	407.321	8.598	8.195	57	256.386	353.256	8.431	7.888
28	288.609	402.935	8.559	8.181	58	252.034	351.988	8.432	7.892
29	274.007	400.980	8.536	8.174	59	271.250	354.487	8.482	7.906
30	274.007	400.980	8.536	8.174	60	308.061	351.211	8.532	7.858

续上表

索股编号	常 数 项 T_0		温度系数 α		索股编号	常 数 项 T_0		温度系数 α	
	南锚跨	北锚跨	南锚跨	北锚跨		南锚跨	北锚跨	南锚跨	北锚跨
61	274.446	346.841	8.466	7.832	77	271.175	319.843	8.429	7.588
62	259.779	344.908	8.426	7.820	78	252.387	317.387	8.368	7.568
63	259.779	344.908	8.426	7.820	79	260.360	319.057	8.381	7.568
64	274.446	346.841	8.466	7.832	80	252.387	317.387	8.368	7.568
65	308.061	351.211	8.532	7.858	81	271.175	319.843	8.429	7.588
66	269.806	336.744	8.453	7.759	82	282.772	313.442	8.433	7.495
67	250.748	334.262	8.396	7.742	83	268.556	311.551	8.391	7.478
68	256.479	335.734	8.400	7.740	84	268.556	311.551	8.391	7.478
69	250.748	334.262	8.396	7.742	85	282.772	313.442	8.433	7.495
70	269.806	336.744	8.453	7.759	86	259.560	301.412	8.359	7.369
71	229.951	243.855	6.115	5.558	87	269.639	303.273	8.378	7.372
72	275.749	329.713	8.443	7.675	88	259.560	301.412	8.359	7.369
73	261.278	327.797	8.400	7.661	89	278.241	296.218	8.390	7.271
74	261.278	327.797	8.400	7.661	90	278.241	296.218	8.390	7.271
75	275.749	329.713	8.443	7.675	91	207.541	212.563	6.026	5.201
76	229.951	243.855	6.115	5.558	—	—	—	—	—

锚跨索股经两轮调节到位后,在空缆状态下,通过压力传感器和索力动测仪对锚跨索股进行全面测试,实测结果如图 6-10-27～图 6-10-30 所示。大部分索股索力实测值与理论值相比差异较小,少量索股差异稍大可能与频率法换算索力时计算参数取值不准确有关。总体来说,经过两轮调整,锚跨索股已达到目标索力值。

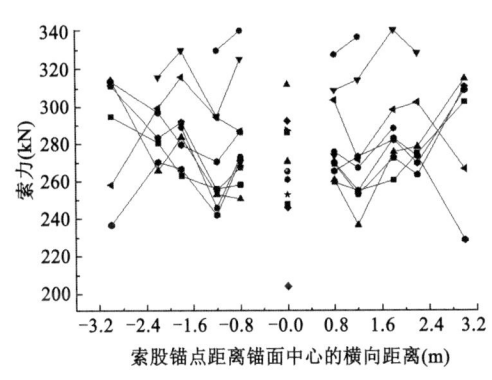

图 6-10-27 南岸上游锚跨索力分布图

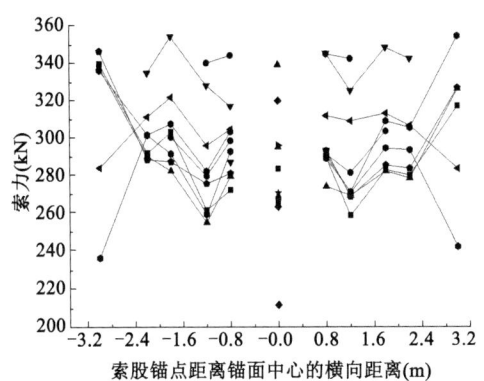

图 6-10-28 南岸下游锚跨索力分布图

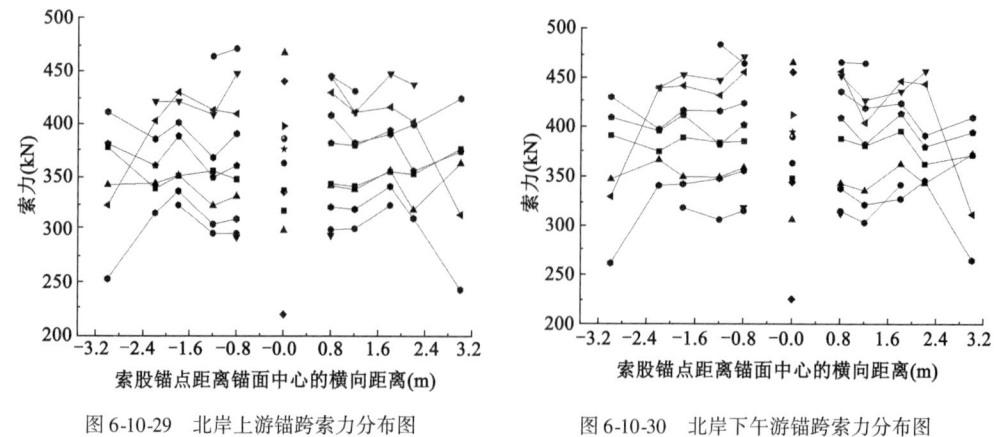

图 6-10-29　北岸上游锚跨索力分布图　　　　图 6-10-30　北岸下午游锚跨索力分布图

第五节　本 章 小 结

随着悬索桥跨径的增大和计算理论的日趋成熟,大桥在设计时采用的安全系数越来越低,主缆安全系数已从之前的 4.0 降低至 2.0 左右,安全系数的降低,必然要求对悬索桥进行更加精确的计算。因此,结合悬索桥细部构造特点,开发新单元,建立更加符合实际情况的计算模型,以达到对架设参数精细化计算的目的,从而实现整体计算精度的提高。在悬索桥主缆架设中易出现上层索股压下层索股的问题,不仅导致索股架设精度的降低,有时还需要停下来返工,浪费了大量人力、物力,也拖延了工期,因此,需探讨更加精确、合理的主缆索股架设控制技术。本章主要针对大跨径悬索桥主缆架设精细化计算与控制做了以下几个方面的工作:

(1)为实现索与鞍座的接触非线性计算,开发了可用于悬索桥有限元计算的两种新单元:鞍座单元和锚跨单元。其中鞍座单元用于主缆和塔顶鞍座的接触非线性计算,锚跨单元用于锚跨分散索股及边跨主缆与散索鞍的接触非线性计算。

(2)悬索桥的结构计算中需准确考虑鞍座的影响,若采用传统杆系有限元计算方法而不考虑切点位置相对鞍座的变化,计算出的成桥线形误差将大于架设精度要求。两种新单元的引入提高了悬索桥结构的计算精度,为施工控制提供了准确的计算依据。

(3)对主缆的紧缆过程进行分析,对上层索股压下层索股的原因进行探讨。建立了主缆架设紧缆过程的计算模型和模拟算法。从索股的架设间距出发,结合实际工程和算例,分析不同的索股架设间距对紧缆后主缆的线形和内力情况带来的影响并总结其变化规律,对实际工程的施工提供指导。

(4)通过理论分析和现场实测数据,伍家岗长江大桥较好地完成了主缆索股的架设,主缆线形控制精度较高,证明了考虑鞍座影响的主缆精细化计算方法及基准索股层间距设置方法可提高主缆索股的计算及架设精度,为大跨径悬索桥主缆架设提供参考及借鉴。

第十一章 大跨径悬索桥锚跨索股索力控制精细化计算与研究

第一节 工程概述

一、国内外研究现状

1. 锚跨索股精细化计算模型

在大跨径悬索桥中,边跨到锚跨通过散索鞍将主缆索股转向和分散开,从而将一根主缆分成多股锚固到锚碇上。索股在散索鞍鞍槽内经历了平弯和竖弯,出索鞍后在其自重作用下为一空间悬链线,各索股在锚跨内的空间走向不同,与散索鞍的切点位置也不同,随着散索鞍的位置不断变化,各索股与鞍座的切点位置也相应变化,各索股的索力变化量并不相等。目前对锚跨索股的有限元计算进行如下简化:将分散的索股合在一起当作一根主缆处理,认为成桥状态下该主缆通过锚面中心和散索鞍理论 IP 点,并假定各索股索力均相等,散索鞍则按一根刚性杆或梁来简化。这样处理没有考虑各索股空间位置的差异,不能按各索股的精确空间走向来计算其与散索鞍的切点,因此,难以准确计算在施工阶段或成桥运营阶段锚跨各索股的索力分布,给施工和控制带来了盲目性,同时也降低了主缆的安全系数。

沈锐利研究了散索鞍的自立平衡条件,指出滑移式散索鞍的自立平衡条件为锚跨索股张力的合力与边跨主缆缆力在鞍座滑移面的分力相等;转轴式散索鞍的自立平衡条件为锚跨索股切点处索力对转轴中心的力矩与边跨主缆缆力对转轴中心的力矩相等。文中没有考虑锚跨索股的分散性,假定所有索股的切点处索力均相等。

罗喜恒考虑锚跨索股的空间位置,提出了成桥状态锚跨索股索力合理分布模式的概念,采用数值解析法对锚跨索股的无应力索长及索股张力进行了计算分析。计算表明,无论散索鞍在索股架设阶段是否固定,锚跨索股张力的差异均较大。当散索鞍固定时,索股最大张拉力比最小张拉力约大 50%。

沈良成研究了温度变化对锚跨张力的影响。研究表明:在散索鞍自由活动之前,温度变化对锚跨索股张力的影响远大于对边跨索股张力的影响;当散索鞍自立平衡后,温度变化对锚跨索股和边跨索股张力影响的差异大幅变小。并建议在高温季节架设索股时,在散索鞍自立平衡前索股张拉力以满足索股稳定为条件,待散索鞍自由活动后,再调整锚跨索股的张力。

谭红梅研究了锚跨索股张力的计算方法,讨论了散索鞍的平衡条件,给出了成桥状态及施工阶段锚跨索股张力的数值解析法。同时,针对散索鞍自由和固定两种情况,分析了温度变化对锚跨索股张力的影响。

肖军对锚跨索股索力的计算模式、索股排列稳定性判断方法以及索股的形状长度及无应力长度的计算方法进行了阐述,摒弃了锚跨索股设计时曾采用的虚交点法,克服了计算所得的索股锚点与设计有较大差异的问题。

2. 频率法监测索力修正技术

悬索桥锚跨张力的理论计算在国内外已经研究得很深入了,大多是从弦($EI=0$)的振动理论出发推导出索力-频率计算公式,把索力测试转化为测索的振动频率。

在斜拉索加筋拱桥、斜拉桥等斜拉桥施工中,通常采用振动法进行索力的现场测量。Zui H. P. 提出了一种通过测试索股频率计算索力的实用公式,在该公式中考虑了抗弯刚度和垂度对索股频率的影响,并通过与实测值和有限元计算值的比较,验证了计算精度。

卢伟通过对海沧大桥进行索力测试,较为详尽地推导了测试索力的频率法公式,考虑了不同抗弯刚度和垂度等条件对索力测试的影响,并以大桥为例,发现用频率法计算出的索力值与传感器测出的值误差可以控制在 5% 以内,但考虑抗弯刚度与不考虑相比,误差可控制在 2% 以内。

Tabatabai 使用振动测量技术对斜拉索进行了状态评估,在考虑桥索抗弯刚度、垂度、边界条件、索夹及阻尼器等因素对索股频率影响的基础上,在桥索频率与桥索索力之间建立了可靠的计算公式。

Wang Daihua 对斜拉桥桥索张力检测使用聚偏氟乙烯(PVDF)振动监测传感理论,经研究,发现索股频率与索股垂度之间的关系,提出了误差计算公式和具体的补偿办法。

许汉铮对常用的弦振法测索力进行了研究,在不同的边界条件下,基于拉杆对振动的影响建立了连接模型,最终建立了锚跨索股精确计算模型并推导出了相应的计算公式。同时分析了其他影响因素,频率法测索力可以忽略垂度与斜度的影响,但不同边界条件的频率计算公式也不同。

任伟新考虑垂度、弹性及抗弯刚度影响用能量法和曲线拟合方法建立了有基频计算索力的实用公式,并对公式的适用范围进行了探讨。

齐东春为解决短吊索实测频率估算索力的难题,建立了每根吊索索力-频率的曲线或表格,通过测得频率后查图或表格得到索力,这种方法为频率法测索力提供了新的思路。

常用的索力-频率计算公式是未考虑抗弯刚度的,但锚固系统对索结构是有振动影响的,如果直接采用常用公式计算索力将不可避免地产生一定的误差。为了解决常用公式计算索力带来的误差影响,张兴标等通过建立模型和回归分析计算得出索力 T 和索的二阶频率 f 关系式为 $T = Af^2 + Bf + C$,常数项可通过索长计算得出。这一关系可以得到精确索股索力,也可以不考虑边界条件和抗弯刚度带来的影响。该索力计算公式可用于大多数悬索桥锚跨索力计算。

频率法测索力受外界影响因素较多,激励的方式、传感器放的位置以及所选频率的阶次都可能影响所得的索力大小。就这一问题薛刚提出了解决办法:人工激励时索结构稳定,受外界影响较小,应尽量使用一阶频率计算索力,且传感器放置在 $L/6$(L 为主跨跨径,单位为 m)处较好。

Shimada 提出了一种通过索股高阶频率确定索股索力的方法,该方法考虑了索股抗弯刚度、垂度、斜度等因素对索股频率的影响。

甘泉用固支欧拉梁的振型函数作为两端固结拉索的振型函数,采用能量法推导出拉索频率和索力的显式表达式。该方法可十分方便地根据现场实测频率计算索力,但适合两端固结的匀质索,不能考虑复杂边界条件,对锚跨索股并不适用。

范剑锋将锚跨索股简化为具有抗弯刚度的拉杆和柔性索的组合结构,通过 Hamilton 变分原理推导出锚跨索股索力的修正算法,该方法未考虑索的抗弯刚度、散索鞍对索股的约束作用及索股锚头质量的影响。

曾贤强针对悬索桥锚跨索股的两种锚固方式,分析了锚梁式锚固系统和拉杆式锚固系统的构造特点,建立了考虑锚梁(拉杆)影响的索股振动模型,给出了求解索力的迭代算法。

王达基于解析法建立锚跨索股的力学模型,利用能量法进行求解,得出索股索力与自振基频的关系表达式,但是并没有考虑散索鞍的约束作用及索股弯曲刚度的影响。

上述研究人员在建立锚跨索股索力计算公式时考虑锚固系统对索股振动的影响,相比匀质单索更加符合实际情况,但在推导中均假定索股上端为固结,未考虑散索鞍对索股的约束作用,与拉杆相连接处索股锚头质量一般也忽略不计,这些近似和假定降低了计算精度。因此,根据锚跨索股的实际构造特点,尽量减少计算假定,建立了锚跨索股的精细化有限元计算模型,充分考虑双拉杆、散索鞍、锚头质量及索股抗弯刚度的影响,以提高拉杆式锚固系统锚跨索股索力的计算精度。

3. 锚跨索股张拉控制技术

刘来君研究的悬索桥索股张拉施工工艺首次在工程中使用,通过实桥数据验证得出施工过程中应将各索股之间的应力差控制在 150MPa 以内,塔顶相对偏位控制在 5cm 以内,经过循环张拉后,成桥阶段各索股实测索力与理论索力差值的最大值占理论索力的 5%,索力均匀;施工过程中确定的锚跨索股预留量为 53cm,该预留量的计算方法简单、准确。并提出利用主缆无应力长度不变原则计算主缆张拉预留量的方法,计算结果简单、准确。

谭红梅在研究锚跨索股张拉力监控时提出索股施工时的张力按以下两个原则来控制:①温度最低时,增大了的锚跨索股张力不能大于增大了的边跨索股张力与鞍槽能提供的最大摩擦力之和;②温度最高时,减小了的锚跨索股张力加上鞍槽能提供的最大摩擦力不能小于减小了的边跨索股张力。并指出温度变化对锚跨与边跨索力的影响不同，会使索股两侧产生较大的不平衡力导致索股滑移，但未分析不平衡力对散索鞍偏角的影响。

唐茂林等推导了索鞍移动刚度的计算公式，但未考虑转动刚度，不适用于摇轴式散索鞍。

曾贤强提出了一种根据实测散索鞍偏角与理论的差值，确定索力调整量的方法，但不能量化调整后温差和边跨垂度偏差对散索鞍偏角的影响以及解决调整量过大导致的索股滑移问题。

沈锐利基于影响矩阵法建立了锚跨索弹性伸长量与散索鞍偏角的关系式，提出了锚跨张力及散索鞍偏角施工调整的计算方法，但该方法较为复杂。另外，由于索股架设过程中，边跨高程观测较为困难，施工误差引起的边跨垂度偏差要明显高于中跨，而锚跨较短时温差引起的散索鞍两侧不平衡力也相应增加。因此，需要进一步开展散索鞍偏角因素和锚索索力调整简化方法研究。

本章基于散索鞍转动刚度，分析了温度变化及边跨垂度偏差对散索鞍两侧不平衡力的影响，导出了散索鞍两侧不平衡力与散索鞍偏转角的关系式，提出了一种考虑散索鞍转动效应的索力调整方法。

二、研究目标

（1）考虑散索鞍鞍槽线形及锚碇前锚面各索股锚固点坐标的影响，建立各索股在散索鞍切点位置变化的锚跨索股索力的精细化计算方法，为悬索桥索力精准控制的前提条件。

（2）根据锚跨结构的构造特点建立锚跨索股振动的精细化有限元计算模型，对各影响因素进行分析，建立锚跨索股振动的解析模型，推导索力与频率计算公式，以实现频率法对锚跨索力的准确换算，这是进行后续索力精确调整的依据。

（3）全面考虑散索鞍实际偏位、边跨主缆垂度、索股温度及调索次序的影响，建立大跨径悬索桥锚跨索股索力及散索鞍偏角的调整计算方法，且有效避免索股发生滑移，形成锚跨索股索力及散索鞍偏角快速调整的精准方案，克服传统调索方法调索次数多、精度不高等不足，大幅减少调索工作量，以提高悬索桥索股架设速度和锚跨索股索力的控制精度。

三、技术路线

查阅国内外文献资料，掌握相关研究的最新研究成果，对于与研究内容有关的理论和技术进行综合分析，总结现有研究存在的不足，为本研究作准备。以伍家岗长江大桥为工程依托，从锚跨索股的精细化计算与施工控制入手，整个研究分块处理如下：

（1）建立散索鞍、锚跨索股及锚碇一体的索股索力的精细化计算方法，采用解析法及自编程序的方法实现锚跨索股索力的计算分析。

（2）针对锚跨索股的构造特点,建立考虑拉杆、散索鞍影响的锚跨索股振动精细化有限元计算模型,分析索股边界条件、抗弯刚度等因素对自振频率的影响,并结合压力环索力监测数据及有限元计算分析建立频率法索力修正计算公式。

（3）结合现场实测数据、理论推导及有限元计算分析建立锚跨索股索力及散索鞍调整的方法及控制技术。

四、成果摘要

（1）考虑散索鞍的影响,将锚跨索股按多根分散索股考虑,能准确计算各索股的切点坐标及索股索力,为锚跨索股提供准确的理论计算值。

（2）提出的锚跨索股有限元精细化模拟方法适用于拉杆式锚固系统,能准确考虑拉杆、散索鞍及锚头质量对索股振动频率的影响。与压力传感器实测索力对比,提出的锚跨索股有限元计算方法的计算精度高,相对误差在3%以内,可用于频率法换算索力的计算。

（3）研究表明,当索股长度超过30m后,可方便地采用公式法进行频率-索力的换算,相对误差在5%以内。

（4）温度变化对锚跨的影响远大于边跨,使得散索鞍两侧出现不平衡力,是造成散索鞍偏转的主要原因。

（5）基于散索鞍转动刚度,根据温度变化和边跨垂度偏差对散索鞍偏角的影响,推导出散索鞍偏角的计算公式,提出的考虑散索鞍转动效应的锚跨张力简化调整方法,具有减少调整次数、有效避免索股发生滑移以及调索精度较高的优点,已成功应用于工程实践。

第二节　锚跨索股精细化计算

在大跨径悬索桥中,边跨到锚跨通过散索鞍将主缆索股转向和分散开,从而将一根主缆分成多根索股锚固到锚碇上。索股在散索鞍鞍槽内经历了平弯和竖弯,出索鞍后在其自重作用下为一空间悬链线。各索股在锚跨内的空间走向不同,与散索鞍的切点位置不同,随着散索鞍位置不断变化,索股与鞍座的切点位置也相应变化,由于空间位置的差异,各索股的索力变化量并不相等。

一、锚跨索股与散索鞍的几何关系

索股与散索鞍在空间位置上满足以下几何关系：
（1）索股沿着散索鞍鞍槽隔板平顺地散出,索股在出索鞍处与散索鞍隔板没有碰撞。
（2）为保证索股在散索鞍鞍槽内的稳定,锚跨侧索股必先结束平弯,后结束竖弯,再从鞍槽散出。即相对于平弯切点,竖弯切点更靠近锚跨侧,竖弯切点即为索股与鞍座的脱离点。

（3）散索鞍鞍槽底的竖弯曲线由几段变半径的圆弧组成,鞍槽侧壁平弯曲线由一段等半径的圆弧加两段直线组成。各索股在竖弯平面和平弯平面上的曲线均为同心圆,半径即为鞍槽槽底(或鞍槽侧壁)半径加上索股中心相对其偏移量。

（4）当散索鞍的位置及索股锚点的位置确定后,索股的平弯转角即为一确定值。

二、散索鞍鞍槽内索股的空间曲线

为方便分析,建立单元局部坐标系 $oxyz$,该坐标系固定在散索鞍上,与散索鞍一起运动。对转轴式散索鞍,坐标原点取散索鞍转轴中心,x 轴在理论成桥状态下平行于散索鞍支撑面,此时 y 轴垂直于支撑面,当散索鞍转动时,x、y 轴相应绕转轴中心转动;对滑移式散索鞍,坐标原点取理论成桥状态 IP 点与滑移面的交点,x 轴平行于滑移面,y 轴垂直于滑移面,当散索鞍滑移时,坐标原点相应沿滑移面移动。这样规定单元局部坐标系,散索鞍的各参数(如圆心坐标、平弯起点等)在单元坐标系是常数,且鞍槽内索股在单元坐标系 oxy 面的投影为多段竖弯圆曲线,在 oxz 面的投影为一段平弯圆曲线+两段直线,如图 6-11-1 所示。

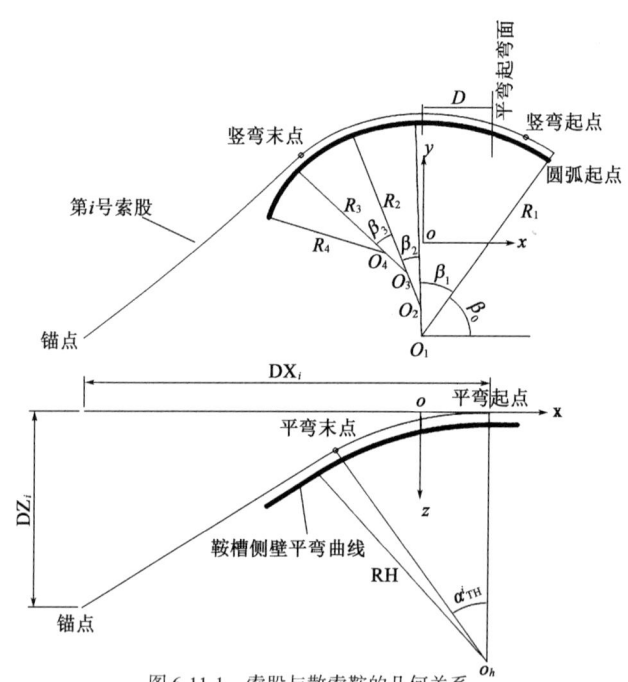

图 6-11-1 索股与散索鞍的几何关系

1. 索股竖弯曲线的数学描述

在单元局部坐标系 $oxyz$ 中,设第 i 号索股的计算点 $P(x_i, y_i, z_i)$ 在 oxy 的投影为 P' 点,P' 点对应的竖弯转索角(该点与圆心连线与水平线的夹角)为 θ_i,则有:

（1）当 $\theta_i \leq \beta_0 + \beta_1$ 时,表明 P' 点落在第一段圆弧(靠边跨侧的圆弧)上,则有:

$$\begin{cases} x_i = (R_1 + \mathrm{DH}_i)\cos\theta_i + x_{O_1} \\ y_i = \sqrt{(R_1 + \mathrm{DH}_i)^2 - (x_i - x_{O_1})^2} + y_{O_1} \end{cases} \quad (6\text{-}11\text{-}1)$$

(2) 当 $\beta_0 + \beta_1 < \theta_i \leqslant \beta_0 + \beta_1 + \beta_2$ 时,表明 P' 点落在第二段圆弧上,则有:

$$\begin{cases} x_i = (R_2 + \mathrm{DH}_i)\cos\theta_i + x_{O_2} \\ y_i = \sqrt{(R_2 + \mathrm{DH}_i)^2 - (x_i - x_{O_2})^2} + y_{O_2} \end{cases} \quad (6\text{-}11\text{-}2)$$

(3) 当 $\beta_0 + \beta_1 + \beta_2 < \theta_i \leqslant \beta_0 + \beta_1 + \beta_2 + \beta_3$ 时,表明 P' 点落在第三段圆弧上,则有:

$$\begin{cases} x_i = (R_3 + \mathrm{DH}_i)\cos\theta_i + x_{O_3} \\ y_i = \sqrt{(R_3 + \mathrm{DH}_i)^2 - (x_i - x_{O_3})^2} + y_{O_3} \end{cases} \quad (6\text{-}11\text{-}3)$$

(4) 当 $\theta_i > \beta_0 + \beta_1 + \beta_2 + \beta_3$ 时,表明 P' 点落在第四段圆弧上,则有:

$$\begin{cases} x_i = (R_4 + \mathrm{DH}_i)\cos\theta_i + x_{O_4} \\ y_i = \sqrt{(R_4 + \mathrm{DH}_i)^2 - (x_i - x_{O_4})^2} + y_{O_4} \end{cases} \quad (6\text{-}11\text{-}4)$$

式中: $R_1 \sim R_4$——各段竖弯圆弧的半径;

β_0——单元坐标系下竖弯圆弧起点与圆心连线与水平线的夹角;

$\beta_1 \sim \beta_3$——不同半径对应的圆弧段包角;

$(x_{O_j}, y_{O_j})(j=1,4)$——单元坐标系下各段竖弯圆弧圆心的坐标;

DH_i——第 i 号索股中心到鞍槽底的距离。

2. 索股平弯曲线的数学描述

从索股的平弯起点到竖弯末点(即索股与鞍座的脱离点)间的曲线在单元坐标系 oxz 面上的投影为一段圆弧加一段直线,顺延该直线可通过索股锚点在 oxz 面上的投影点。当散索鞍的位置及索股在锚面的锚固点的位置确定时,索股的平弯切点处的转角为一定值,设第 i 号索股的平弯切点坐标为 $(x_{\mathrm{TH}}^i, z_{\mathrm{TH}}^i)$,平弯切点处的转角为 α_{TH}^i,根据圆的几何关系及切向量与径向量垂直的关系建立联立方程组,则有:

$$\begin{cases} (x_{\mathrm{TH}}^i - x_{O_h})^2 + (z_{\mathrm{TH}}^i - z_{O_h})^2 = (\mathrm{RH} + \mathrm{DW}_i)^2 \\ (x_{\mathrm{TH}}^i - x_{O_h})(x_{\mathrm{TH}}^i - x_m^i) + (z_{\mathrm{TH}}^i - z_{O_h})(z_{\mathrm{TH}}^i - z_m^i) = 0 \end{cases} \quad (6\text{-}11\text{-}5)$$

求得切点坐标后可切点处平弯转角:

$$\alpha_{\mathrm{TH}}^i = \arcsin\frac{x_{O_h} - x_{\mathrm{TH}}^i}{\mathrm{RH} + \mathrm{DW}_i} \quad (6\text{-}11\text{-}6)$$

式中:RH——鞍槽侧壁的平弯半径;

DW$_i$——索股平弯起点处索股中心到鞍槽侧壁的距离;

(x_{O_h}, z_{O_h})——平弯圆弧圆心坐标;

(x_m^i, z_m^i)——索股锚点在单元坐标系下的坐标。

设第 i 号索股的计算点 $P(x_i, y_i, z_i)$ 在 oxz 的投影为 P'' 点,当 $x_i \geqslant x_{\mathrm{TH}}^i$ 时,P'' 点落在平弯

圆弧上,则有：

$$z_i = -\sqrt{(RH+DW_i)^2-(x_{O_h}-x_{TH}^i)^2}+z_{O_h} \quad (6\text{-}11\text{-}7)$$

当 $x_i < x_{TH}^i$ 时，P'' 点落在直线段上，则有：

$$z_i = (x_{TH}^i - x_i)\tan(\alpha_i) + z_{TH}^i \quad (6\text{-}11\text{-}8)$$

式(6-11-1)~式(6-11-8)描述了索股在鞍槽内的空间曲线线形。当计算出索股切点及鞍槽内任意点在单元坐标系中的坐标后，通过坐标转换即可变换到整体坐标系中。当确定了鞍槽内索股的索力分布，即可求出与鞍槽相接触部分索股的无应力长度。

3. 单元局部坐标系与整体坐标系的转换关系

设单元坐标系原点在整体坐标系 $OXYZ$ 中的坐标为 (X_0, Y_0, Z_0)，X 轴与 x 轴的夹角为 φ，以从 X 轴旋转到 x 轴逆时针为正，则由局部坐标转换到整体坐标的转换关系为：

$$\begin{cases} X = x\cos\varphi - y\sin\varphi + X_0 \\ Y = x\sin\varphi + y\cos\varphi + Y_0 \\ Z = z \end{cases} \quad (6\text{-}11\text{-}9)$$

由整体坐标转换到局部坐标的转换关系为：

$$\begin{cases} x = X\cos\varphi + Y\sin\varphi - (X_0\cos\varphi + Y_0\sin\varphi) \\ y = -X\sin\varphi + Y\cos\varphi - (-X_0\sin\varphi + Y_0\cos\varphi) \\ z = Z \end{cases} \quad (6\text{-}11\text{-}10)$$

因此，只要知道单元局部坐标系原点在整体坐标系中的坐标及两坐标系间的夹角，即可方便地在两坐标系之间进行坐标转换。

三、锚跨索股的计算方法

1. 成桥状态锚跨索股状态的确定

锚跨索股无应力长度及索股张拉力是悬索桥施工监控中的重要计算内容，计算准确与否直接影响到悬索桥的架设精度。按锚跨各根索股在散索鞍及锚面的实际空间布置建立计算模型，精确计算各索股脱离散索鞍的切点位置，以实现精确计算索股的无应力长度及索股张力。

成桥状态下考虑锚跨索股空间分散布置的锚跨计算，需作两点假定：①散索鞍的位置已事先确定；②成桥状态锚跨索股切点处索力的分布模式：为保证成桥状态各索股取相同的安全系数，假定切点处索力均相等的索力分布模式。

根据边跨侧主缆与散索鞍的切点坐标、切点索力及散索鞍的平衡条件，即可唯一确定锚跨索股的无应力长度及切点处索力。因空间缆索悬索桥的锚跨及散索鞍绕竖直线旋转一个角度，使得鞍座与桥轴线有一夹角，因此，散索鞍的平衡条件应建立在旋转后的平面上(中心索股所在的平面)。索股在散索鞍鞍槽内是具有平弯和竖弯的空间曲线，出鞍座后为与桥轴线有一夹角的竖平面内的悬链线，关于索股在鞍槽内线形的数学描述及锚跨索股的详细计算见前文,这里仅给出设计成桥状态下锚跨索股无应力长度的迭代算法,此处求得的索股无应力长度作为后续计算的参数。

成桥状态下锚跨索股无应力长度及切点索力按以下方法确定,迭代流程如下:

(1)根据索股在散索鞍鞍槽的布置及其在前锚面的锚点坐标,即可确定索股的平弯转角,并初估各索股的竖弯切点转角。

(2)由散索鞍的平衡条件及假定的锚跨索股索力分布模式,计算出各索股脱离点处的切点索力。

(3)由索股切点处的平弯转角及竖弯转角,根据索股在鞍槽内的平弯、竖弯线形,确定各索股脱离点的坐标。

(4)由脱离点坐标、切点处索力分力以及切点与锚点间的水平坐标差,计算悬空索段的无应力长度及锚点的竖向坐标。

(5)比较锚点竖向坐标的计算值与真实值的误差,若误差在允许范围内则进入第(6)步,否则保持索股切点索力不变,修改索股竖弯转角,重复第(3)步和第(4)步,直到锚点竖向坐标满足要求。

(6)检查散索鞍的平衡条件,若满足则结束迭代计算,否则根据当前的竖弯转角重复第(2)步~第(5)步,直到散索鞍平衡为止。

锚跨索股计算流程如图 6-11-2 所示。

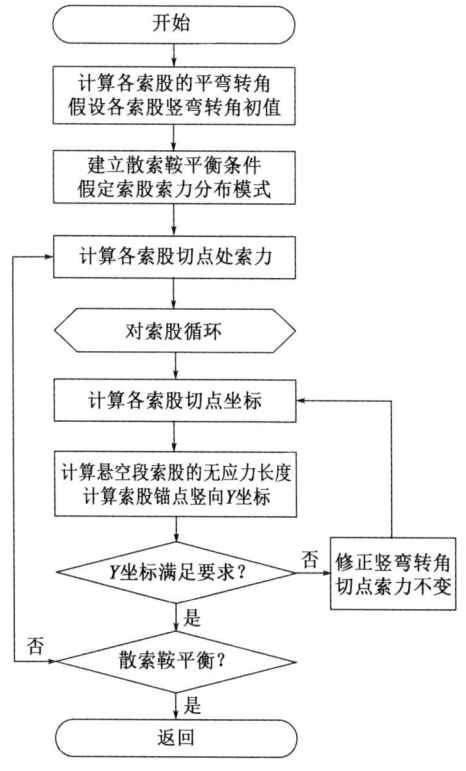

图 6-11-2　锚跨索股计算流程图

2. 锚跨索股与散索鞍切点位置的计算

以锚跨第 i 号索股为例说明其切点位置的计算方法。索股与鞍槽相接触的部分是具有平弯和竖弯的复合曲线，从脱离点到锚点这一段索股(称为悬空段索股)在自重作用下为一空间悬链线。在单元局部坐标系中，设索股平弯起点的坐标为 $(x_{HS}^i, y_{HS}^i, z_{HS}^i)$，平弯末点的坐标为 $(x_{HL}^i, y_{HL}^i, z_{HL}^i)$，竖弯末点(脱离点)的坐标为 (x_T^i, y_T^i, z_T^i)，索股锚点坐标为 (x_m^i, y_m^i, z_m^i)，索股的平弯起点到索股锚点间的无应力长度为 S_0^i，其中接触段索股无应力长度为 $ContS_0^i$，悬空段索股无应力长度为 $HangS_0^i$。因散索鞍位置已确定，故在单元坐标系中索股的平弯起点和平弯末点的坐标、平弯线形及平弯末点处的平弯转角 α_{HL}^i 即可按前文所述的方法确定。索股与鞍座的竖弯末点的位置需通过迭代计算，设在整体坐标系中竖弯末点处索力的水平分力 F_{TX}^i 及竖向分力 F_{TY}^i 为迭代变量，则可按下列步骤迭代计算出竖弯末点坐标。计算流程如图 6-11-3 所示。

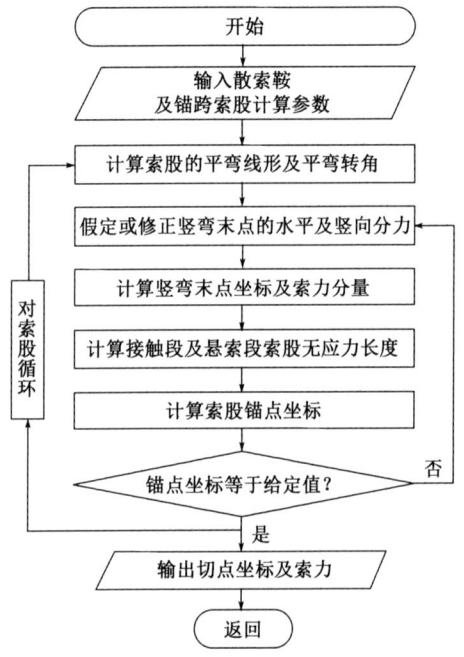

图 6-11-3 锚跨索股切点位置计算流程图

(1) 由迭代变量 F_{TX}^i、F_{TY}^i 计算竖弯末点的纵向及竖向坐标 X_T^i、Y_T^i，转换到单元坐标系并将 x_T^i 代入前文式中可得到竖弯末点的坐标 (x_T^i, y_T^i, z_T^i)。

(2) 按前文所列公式计算竖弯切点 (x_T^i, y_T^i, z_T^i) 与平弯起点 $(x_{HS}^i, y_{HS}^i, z_{HS}^i)$ 间索股的空间曲线，根据接触段索股的索力分布假定，采用数值积分来计算该索段的无应力长度 $ContS_0^i$，得到悬空段索股的无应力长度 $HangS_0^i = S_0^i - ContS_0^i$。

(3) 由 F_{TX}^i、F_{TY}^i 计算单元坐标系中竖弯末点的 x、y 向分力 f_{Tx}、f_{Ty}，可计算出 z 向分力 $f_{Tz} = f_{Tx} \tan(\alpha_{HL}^i)$，并将索力分力 (f_{Tx}, f_{Ty}, f_{Tz}) 转换到整体坐标中，为 $(F_{TX}^i, F_{TY}^i, F_{TZ}^i)$。

(4)在整体坐标系中,由竖弯末点坐标(X_T^i,Y_T^i,Z_T^i)、切点索力分量(F_{TX}^i,F_{TY}^i,F_{TZ}^i)及悬空段索股的无应力长度 $HangS_0^i$ 可计算得到索股锚点的坐标(X_m^i,Y_m^i,Z_m^i),其中横向坐标 Z_m^i 自动满足和给定值相等。

(5)比较索股锚点坐标计算值与给定值的差异,按修正的影响矩阵法即可得到迭代变量的增量 ΔF_{TX}^i,ΔF_{TY}^i,修正迭代变量,重新进行第(1)~(4)步,直到索股锚点的坐标差在容许范围之内。

四、伍家岗长江大桥锚跨索股计算

伍家岗长江大桥是主跨 1160m 的钢箱梁悬索桥,主缆采用预制平行钢丝索股法(PPWS)架设。每根主缆由 85 股 127 丝和 6 股 91 丝索股组成,单丝直径为 6mm 的镀锌高强度钢丝。索股在散索鞍鞍槽内的布置及锚点在前锚面的布置如图 6-11-4 所示。锚点在前锚面的布置图如图 6-11-5 所示。

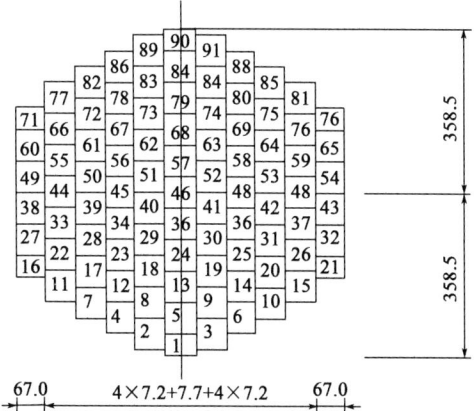

图 6-11-4 索股在散索鞍鞍槽内的布置图(尺寸单位:cm)　　图 6-11-5 锚点在前锚面的布置图(尺寸单位:cm)

成桥状态锚跨各索股与散索鞍鞍座的切点坐标及无应力长度见表 6-11-1,为后续锚跨索股索力的测试与调整提供准确的计算参数。

成桥状态左锚跨索股与散索鞍的切点坐标及无应力总长(单位:m)　　表 6-11-1

索股编号	竖弯起点		竖弯末点		平弯起点		平弯末点		无应力长度
	X	Y	X	Y	X	Y	X	Z	
1	-284.604	86.954	-286.720	85.593	-287.484	84.849	0.000	0.000	17.901
2	-284.614	86.976	-286.694	85.653	-287.504	84.861	-287.533	0.081	17.880
3	-284.614	86.976	-286.694	85.653	-287.504	84.861	-287.533	0.081	17.880
4	-284.627	87.008	-286.722	85.673	-287.534	84.879	-287.628	0.163	17.889
5	-284.627	87.008	-286.673	85.720	-287.534	84.879	0.000	0.000	17.833
6	-284.627	87.008	-286.722	85.673	-287.534	84.879	-287.628	0.163	17.889
7	-284.640	87.040	-286.629	85.809	-287.564	84.897	-287.748	0.261	17.882
8	-284.640	87.040	-286.629	85.809	-287.564	84.897	-287.595	0.081	17.819

续上表

索股编号	竖弯起点		竖弯末点		平弯起点		平弯末点		无应力长度
	X	Y	X	Y	X	Y	X	Z	
9	-284.640	87.040	-286.629	85.809	-287.564	84.897	-287.595	0.081	17.819
10	-284.640	87.040	-286.629	85.809	-287.564	84.897	-287.748	0.261	17.882
11	-284.653	87.072	-286.660	85.827	-287.594	84.916	-287.819	0.354	17.910
12	-284.653	87.072	-286.660	85.827	-287.594	84.916	-287.691	0.164	17.828
13	-284.653	87.072	-286.583	85.896	-287.594	84.916	0.000	0.000	17.784
14	-284.653	87.072	-286.660	85.827	-287.594	84.916	-287.691	0.164	17.828
15	-284.653	87.072	-286.660	85.827	-287.594	84.916	-287.819	0.354	17.910
16	-284.670	87.113	-286.545	85.989	-287.633	84.939	-287.913	0.491	17.992
17	-284.666	87.104	-286.536	85.984	-287.624	84.934	-287.813	0.263	17.843
18	-284.666	87.104	-286.536	85.984	-287.624	84.934	-287.657	0.082	17.779
19	-284.666	87.104	-286.536	85.984	-287.624	84.934	-287.657	0.082	17.779
20	-284.666	87.104	-286.536	85.984	-287.624	84.934	-287.813	0.263	17.843
21	-284.670	87.113	-286.545	85.989	-287.633	84.939	-287.913	0.491	17.992
22	-284.680	87.136	-286.566	86.003	-287.654	84.952	-287.885	0.356	17.870
23	-284.680	87.136	-286.566	86.003	-287.654	84.952	-287.755	0.165	17.786
24	-284.680	87.136	-286.487	86.070	-287.654	84.952	0.000	0.000	17.755
25	-284.680	87.136	-286.566	86.003	-287.654	84.952	-287.755	0.165	17.786
26	-284.680	87.136	-286.566	86.003	-287.654	84.952	-287.885	0.356	17.870
27	-284.693	87.168	-286.436	86.156	-287.684	84.970	-287.971	0.495	17.978
28	-284.693	87.168	-286.436	86.156	-287.684	84.970	-287.878	0.264	17.823
29	-284.693	87.168	-286.436	86.156	-287.684	84.970	-287.719	0.082	17.758
30	-284.693	87.168	-286.436	86.156	-287.684	84.970	-287.719	0.082	17.758
31	-284.693	87.168	-286.436	86.156	-287.684	84.970	-287.878	0.264	17.823
32	-284.693	87.168	-286.436	86.156	-287.684	84.970	-287.971	0.495	17.978
33	-284.706	87.199	-286.466	86.176	-287.713	84.988	-287.951	0.358	17.850
34	-284.706	87.199	-286.466	86.176	-287.713	84.988	-287.818	0.165	17.765
35	-284.706	87.199	-286.384	86.241	-287.713	84.988	0.000	0.000	17.747
36	-284.706	87.199	-286.466	86.176	-287.713	84.988	-287.818	0.165	17.765
37	-284.706	87.199	-286.466	86.176	-287.713	84.988	-287.951	0.358	17.850
38	-284.719	87.231	-286.331	86.325	-287.743	85.006	-288.039	0.499	17.981
39	-284.719	87.231	-286.331	86.325	-287.743	85.006	-287.944	0.265	17.824
40	-284.719	87.231	-286.331	86.325	-287.743	85.006	-287.781	0.082	17.757
41	-284.719	87.231	-286.331	86.325	-287.743	85.006	-287.781	0.082	17.757
42	-284.719	87.231	-286.331	86.325	-287.743	85.006	-287.944	0.265	17.824

续上表

索股编号	竖弯起点		竖弯末点		平弯起点		平弯末点		无应力长度
	X	Y	X	Y	X	Y	X	Z	
43	-284.719	87.231	-286.331	86.325	-287.743	85.006	-288.039	0.499	17.981
44	-284.732	87.263	-286.360	86.346	-287.773	85.024	-288.018	0.360	17.850
45	-284.732	87.263	-286.360	86.346	-287.773	85.024	-287.882	0.166	17.763
46	-284.732	87.263	-286.277	86.408	-287.773	85.024	0.000	0.000	17.759
47	-284.732	87.263	-286.360	86.346	-287.773	85.024	-287.882	0.166	17.763
48	-284.732	87.263	-286.360	86.346	-287.773	85.024	-288.018	0.360	17.850
49	-284.746	87.295	-286.221	86.490	-287.803	85.042	-288.108	0.503	18.003
50	-284.746	87.295	-286.221	86.490	-287.803	85.042	-288.009	0.267	17.843
51	-284.746	87.295	-286.221	86.490	-287.803	85.042	-287.843	0.083	17.776
52	-284.746	87.295	-286.221	86.490	-287.803	85.042	-287.843	0.083	17.776
53	-284.746	87.295	-286.221	86.490	-287.803	85.042	-288.009	0.267	17.843
54	-284.746	87.295	-286.221	86.490	-287.803	85.042	-288.108	0.503	18.003
55	-284.759	87.327	-286.249	86.512	-287.833	85.060	-288.084	0.362	17.869
56	-284.759	87.327	-286.249	86.512	-287.833	85.060	-287.945	0.166	17.781
57	-284.759	87.327	-286.164	86.571	-287.833	85.060	0.000	0.000	17.790
58	-284.759	87.327	-286.249	86.512	-287.833	85.060	-287.945	0.166	17.781
59	-284.759	87.327	-286.249	86.512	-287.833	85.060	-288.084	0.362	17.869
60	-284.772	87.359	-286.101	86.655	-287.862	85.078	-288.176	0.507	18.044
61	-284.772	87.359	-286.101	86.655	-287.862	85.078	-288.075	0.268	17.881
62	-284.772	87.359	-286.101	86.655	-287.862	85.078	-287.906	0.083	17.813
63	-284.772	87.359	-286.101	86.655	-287.862	85.078	-287.906	0.083	17.813
64	-284.772	87.359	-286.101	86.655	-287.862	85.078	-288.075	0.268	17.881
65	-284.772	87.359	-286.101	86.655	-287.862	85.078	-288.176	0.507	18.044
66	-284.785	87.391	-286.131	86.676	-287.892	85.097	-288.151	0.364	17.907
67	-284.785	87.391	-286.131	86.676	-287.892	85.097	-288.009	0.167	17.818
68	-284.785	87.391	-286.016	86.751	-287.892	85.097	0.000	0.000	17.842
69	-284.785	87.391	-286.131	86.676	-287.892	85.097	-288.009	0.167	17.818
70	-284.785	87.391	-286.131	86.676	-287.892	85.097	-288.151	0.364	17.907
71	-284.794	87.413	-285.922	86.838	-287.913	85.109	-288.235	0.512	18.107
72	-284.798	87.423	-285.931	86.845	-287.922	85.115	-288.141	0.270	17.937
73	-284.798	87.423	-285.931	86.845	-287.922	85.115	-287.968	0.083	17.868
74	-284.798	87.423	-285.931	86.845	-287.922	85.115	-287.968	0.083	17.868
75	-284.798	87.423	-285.931	86.845	-287.922	85.115	-288.141	0.270	17.937
76	-284.794	87.413	-285.922	86.838	-287.913	85.109	-288.235	0.512	18.107

续上表

索股编号	竖弯起点		竖弯末点		平弯起点		平弯末点		无应力长度
	X	Y	X	Y	X	Y	X	Z	
77	-284.812	87.454	-285.960	86.867	-287.952	85.133	-288.218	0.367	17.962
78	-284.812	87.454	-285.960	86.867	-287.952	85.133	-288.073	0.168	17.872
79	-284.812	87.454	-285.844	86.937	-287.952	85.133	0.000	0.000	17.912
80	-284.812	87.454	-285.960	86.867	-287.952	85.133	-288.073	0.168	17.872
81	-284.812	87.454	-285.960	86.867	-287.952	85.133	-288.218	0.367	17.962
82	-284.825	87.486	-285.758	87.028	-287.982	85.151	-288.207	0.271	18.010
83	-284.825	87.486	-285.758	87.028	-287.982	85.151	-288.031	0.084	17.940
84	-284.825	87.486	-285.758	87.028	-287.982	85.151	-288.031	0.084	17.940
85	-284.825	87.486	-285.758	87.028	-287.982	85.151	-288.207	0.271	18.010
86	-284.838	87.518	-285.787	87.051	-288.012	85.169	-288.137	0.168	17.943
87	-284.838	87.518	-285.670	87.117	-288.012	85.169	0.000	0.000	18.001
88	-284.838	87.518	-285.787	87.051	-288.012	85.169	-288.137	0.168	17.943
89	-284.851	87.550	-285.583	87.204	-288.041	85.187	-288.093	0.084	18.030
90	-284.851	87.550	-285.583	87.204	-288.041	85.187	-288.093	0.084	18.030
91	-284.860	87.572	-285.486	87.282	-288.062	85.200	0.000	0.000	18.114

第三节 基于频率法的锚跨索力计算方法

锚跨是悬索桥结构受力的关键部位,锚跨索股索力的控制影响着锚固体系的安全。在施工过程中,锚跨索股索力控制如果出现较大的偏差,会造成边跨和锚跨索力的不平衡,从而引起散索鞍的转动或滑动,同时索股也可能在鞍槽内出现滑动,进而引起边跨和中跨线形的改变。锚跨索股的控制精度影响着悬索桥结构的线形和安全,因此,需要对每根索股索力进行准确测量及张拉控制。

目前锚跨索力现场测试的主要方法包括油压表法、压力传感器法和频率法。油压表法只能读出正在张拉索股的索力,一旦锚固,无法再次获得索力。且测量精度与千斤顶的量程及油压表的标定等因素有关,测试精度往往不高,一般可作为索力测量的辅助校核手段。压力传感器法测量精度高,但要求压力传感器均匀受压,一旦出现偏心受压,测量数据将失真,因此,其安装锚固要求高。另外,压力传感器较昂贵,全部索股均安装压力传感器有一定困难。该方法由于测量精度高,可对其他测试方法进行校核与修正。频率法因简单、快捷、经济和实用成为各类索结构的索力测试普遍采用的方法,但频率法应用的前提条件是:首先要获得正确的频谱图,其次频率换算索力公式中各项参数应尽量准确,否则将会带来较大误差。

频率法在索力测试中的应用极广,但由于工程结构的复杂性,用两端铰接的柔性索的频率-索力换算公式误差偏大,不满足工程控制精度的要求,如何对频率法进行修正以获得真实索力一直是研究的热点。关于悬索桥锚跨索股索力已进行了一些研究,已有文献在建立锚跨索股索力计算公式时考虑锚固系统对索股振动的影响,相比匀质单索更加符合实际情况,但在推导中均假定索股上端为固结,未考虑散索鞍对索股的约束作用,与拉杆相连接处索股锚头质量一般也忽略不计,这些近似和假定降低了计算精度。因此,根据锚跨索股的实际构造特点,尽量减少计算假定,建立了锚跨索股的精细化有限元计算模型,充分考虑双拉杆、散索鞍、锚头质量及索股抗弯刚度的影响,以提高拉杆式锚固系统锚跨索股索力的计算精度。

一、锚跨索股精细化计算模型

悬索桥锚跨索股上端受散索鞍鞍座的约束,索股下端为一个起连接作用的锚头,通过螺母与拉杆的前端相连,通过锚固系统锚固在锚碇上,锚跨结构示意如图 6-11-6 所示。拉杆的另一端穿过连接板,通过螺母与连接板相连,拉杆在连接板内存在一定的间隙,可以简化为铰接。索股锚固处的构造如图 6-11-7 所示。索股在安装及索力调整时,通过油压千斤顶张拉索股锚头,到位后拧紧螺母,以实现索股初始安装索力及后续索力的调整。随着散索鞍位置的移动及索股张力的变化,索股与散索鞍的切点位置是在不断变化的。其上端的"不分离点"是指索股与鞍座在该点始终不会出现相对滑动,因此不分离点与索股锚头间的索股无应力总长是保持不变的,可根据这一条件迭代计算出索股与鞍座的切点位置,以获得索股真实的受力状态。

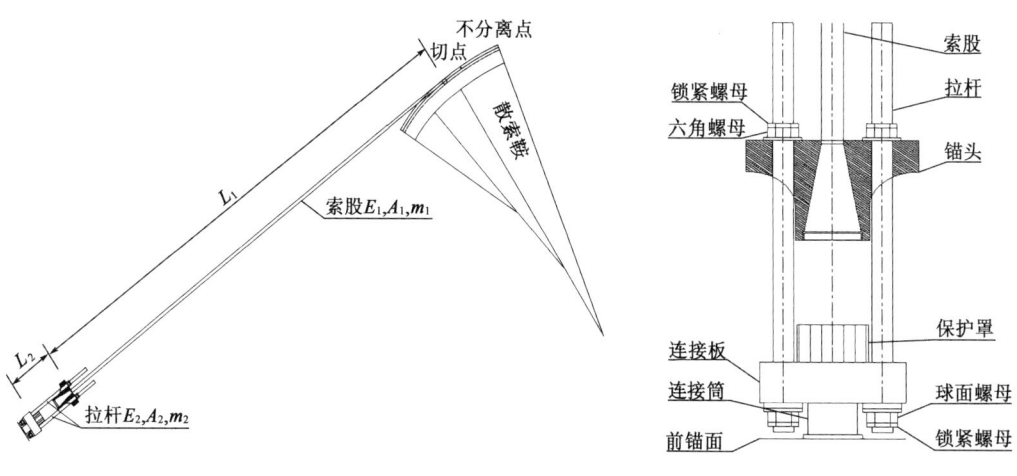

图 6-11-6　锚跨结构示意图　　　　图 6-11-7　锚跨索股锚固系统示意图

采用 ANSYS 建立考虑散索鞍影响的锚跨索股精细化有限元模型,如图 6-11-7 所示。为尽量减少简化,拉杆按双拉杆考虑,并按拉杆实际截面考虑其抗弯刚度。索股按钢丝集束体考虑其抗弯刚度,索股的抗弯刚度介于按钢丝集束体完全分散和完全粘接两种情况计算所得的刚度。拉杆及索股均采用 BEAM4 单元模拟,并通过初应变来输入拉杆及索股中存在的张力。索股与拉杆间通过锚头相连,锚头按其等效面积采用 BEAM4 单元模拟,通过调整质量密度保证锚头质量的准确性。拉杆下端采用铰接,拉杆上端与锚头间通过节点自由度的耦合与释放实现固结与铰接的转换,索股下端与锚头间则采用固结。

为了准确考虑散索鞍对索股的约束关系,沿鞍座圆弧划分若干节点以模拟鞍座圆曲线,并将索股与鞍座可能相切的位置细分,各节点与鞍座圆心用刚度较大的单向只受压杆LINK10单元相连。鞍座圆弧上相邻两节点则采用BEAM4单元连接,以模拟与鞍座相接触部分的索股。鞍座最上端点及鞍座圆心均采用固结。在计算索股与鞍座切点位置时,索股下端点到鞍座最上端点间索股的总无应力长度保持不变,与成桥时索股无应力长度相等,关于成桥状态锚跨索股无应力长度的计算可参考相关文献。在有限元求解时,根据悬空段索股与接触段索股总的无应力长度保持不变这一条件,当模拟鞍座的某些只受压杆单元出现拉力时便退出工作,相当于索股与鞍座脱离,这样便模拟了索股与鞍座切点位置的变化。

由于索股处于张紧状态,应采用大变形有应力模态法计算结构的频率,以考虑结构的几何刚度的影响。首先对结构施加自重进行静力计算,并打开几何非线性开关及应力刚化效应,以获得结构在自重及指定张力下的结构状态,并得到索股与鞍座的切点坐标。在此基础上修正节点坐标以得到正确的应力,同时将位移清零。然后定义模态分析参数及选项进行特征值求解,计算出指定索力对应的频率和振型。

二、频率法测量索力原理

当考虑拉索的抗弯刚度但不计垂度影响时,拉索相当于轴向受拉梁,在无阻尼时的自由振动方程为:

$$EI\frac{\partial^4 u(x,t)}{\partial x^4} - T\frac{\partial^2 u(x,t)}{\partial x^2} + m\frac{\partial^2 u(x,t)}{\partial x^2} = 0 \qquad (6\text{-}11\text{-}11)$$

对上述微分方程(6-11-11)采用分离变量法,假定拉索两端为铰支边界条件,经过单位换算可得到工程中常用的吊索索力 T 与振动频率 f_n 的关系为:

$$T = \left(\frac{4}{1000}\right) ml^2 \left(\frac{f_n}{n}\right)^2 - \frac{n^2 EI\pi^2}{l^2} \qquad (6\text{-}11\text{-}12)$$

式中:T——拉索力(kN);

m——拉索线密度(kg/m);

l——拉索锚固点之间长度(m);

f_n——主振动频率(Hz);

n——主振频率阶次;

E——拉索弹性模量(kN/m^2);

I——拉索抗弯惯性矩(m^4)。

式(6-11-12)是工程中常用的索力-频率计算公式,等号右边第二项即为索的抗弯刚度 EI 对索力的影响。为减小抗弯刚度对计算结果的影响,在实际应用中,应尽量采用低阶频率来计算索力。研究表明:当 $EI/l^2 T \leq 0.01$ 时,可以忽略抗弯刚度对两端铰支拉索一阶频率的影响。对更高阶频率的计算,相应的要求还要高一些。

三、频率-索力参数敏感性分析

如图 6-11-6 所示的锚跨结构,索股的弹性模量、截面面积及线密度分别为 E_1、A_1、m_1,索股从不分离点到锚头上端面总的无应力长度为 S_0,其中切点到锚头上端面的索长为 L_1,索股的抗弯刚度为 $E_1 I_1$,其值应介于按钢丝集束体完全分散和完全粘接两种情况计算所得的刚度。拉杆的弹性模量、截面面积及线密度分别为 E_2、A_2、m_2,拉杆长度 L_2 指锚头上端面到连接板上端面的距离,拉杆的抗弯刚度为 $E_2 I_2$,按拉杆实际截面计算可得。索股锚头的质量为 m_3。基于通用有限元软件 ANSYS 建立锚跨索股有限元计算模型,为定量分析,锚跨索股各参数取值见表 6-11-2,在上述参数不变的情况下,分析索股抗弯刚度、锚头质量及边界条件对一阶竖向振动频率的影响。考虑工程中常按两端铰接均质单索进行频率-索力换算,采用两种单索模型进行计算比较,其中模型 1 中索股长度取切点到锚头上端面的距离,即 L_1;模型 2 中索股长度取切点到连接板上端面的距离,即 $L_1 + L_2$。

锚跨索股结构各部分计算参数　　　　表 6-11-2

构　件	面积 A (m^2)	长度 L (m)	质量 m (kg/m)	弹模 E (GPa)	抗弯惯矩 I ($\times 10^{-8} m^4$)
索股	0.00359	13.343	28.745	0.195	0.808~102.608
拉杆	0.00567	1.380	45.401	0.20	255.979

由于索股由多根钢丝集束而成,其抗弯刚度不易准确计算,其取值见表 6-11-2,最大值与最小值差异较大,两者之比约 127:1。表 6-11-3 和表 6-11-4 列出了抗弯刚度取最大值和最小值时,按有限元法计算的不同索股张力对应的一阶频率。计算表明:索股抗弯刚度越大,对应的计算频率越高,索股张力越大,计算频率越高;按模型 1 和模型 2 采用式(6-11-12)换算的索力误差均超过 5%,按模型 1 换算的索力偏小而按模型 2 换算的则偏大,说明若按均值单索换算索力则计算索长应介于 L_1 和 $L_1 + L_2$ 之间。

索股抗弯刚度取最大值时不同索力对应的计算频率　　　　表 6-11-3

张力(kN)	计算频率(Hz)	模型 1		模型 2	
		索力(kN)	误差(%)	索力(kN)	误差(%)
500	4.941	488.67	-2.27	629.03	25.81
1000	6.825	942.44	-5.76	1151.86	15.19
1500	8.121	1338.95	-10.74	1634.63	8.98

索股抗弯刚度取最小值时不同索力对应的计算频率　　　　表 6-11-4

张力(kN)	计算频率(Hz)	模型 1		模型 2	
		索力(kN)	误差(%)	索力(kN)	误差(%)
500	4.818	475.10	-4.98	578.49	15.70
1000	6.62	897.02	-10.30	1092.20	9.22
1500	7.94	1290.45	-13.97	1571.22	4.75

索股锚头质量 $m_3 = 394\text{kg}$，表6-11-5列出了考虑索股锚头质量与否对计算频率的影响，图6-11-8给出了频率和索力的相对计算误差。计算表明：当索力较小时，锚头质量对频率计算结果影响较小，随着索力的增加，不考虑锚头质量产生的误差呈非线性增加，当索力达到1500kN时，频率误差达3.75%，按模型1计算的索力误差为6.68%，按模型2计算的索力误差为8.13%。在以往的参考文献中一般不考虑锚头质量的影响，这将产生较大的误差。实际上，在锚跨结构中索股锚头质量所占比例较大，本例中锚头质量为394kg，而整个索股的质量仅为383.5kg，可见计算中应考虑锚头质量的影响。

索股锚头对计算频率的影响　　　　　　表6-11-5

锚头质量	张力(kN)	计算频率(Hz)	模型 1		模型 2	
			索力(kN)	误差(%)	索力(kN)	误差(%)
考虑锚头质量	500	4.961	498.22	−0.36	608.82	21.76
	1000	6.723	919.65	−8.03	1121.93	12.19
	1500	8.006	1306.49	−12.90	1592.93	6.20
不考虑锚头质量	500	5.003	506.79	1.36	619.25	23.85
	1000	6.88	963.37	−3.66	1175.16	17.52
	1500	8.306	1406.67	−6.22	1714.90	14.33

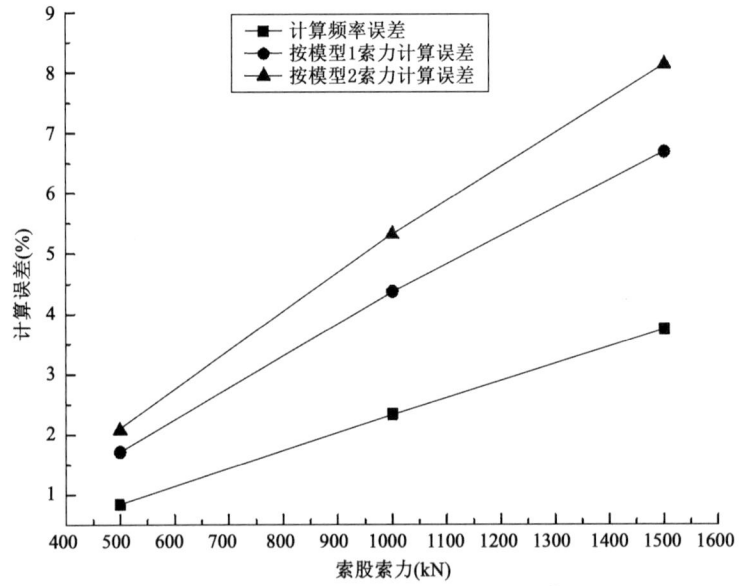

图6-11-8　槽口地脚螺栓定位钢板剖面布置图

表6-11-6列出了拉杆下端由铰接变为固接时计算频率的变化，此时索股的抗弯刚度取中间值。计算表明：当拉杆下端边界条件变为固接时，计算频率增加，说明锚跨索股的整体刚度提高了，这与实际情况是吻合的。另外，边界条件对频率的影响是比较明显的，索力较小时频率误差较小，随着索力的增加，误差基本呈线性增加，当索力达到1500kN时，频率误差达6.33%，两种模型的索力误差较为接近，最大约13.1%。可见，边界条件

对频率计算结果产生较大影响,在实际应用中应对边界条件进行识别,以使计算模型与实际更加接近。

拉杆下端边界条件对计算频率的影响   表 6-11-6

锚头质量	张力 (kN)	计算频率 (Hz)	模型 1		模型 2	
			索力(kN)	误差(%)	索力(kN)	误差(%)
下端铰接	500	4.961	498.22	-0.36	608.82	21.76
	1000	6.723	919.65	-8.03	1121.93	12.19
	1500	8.006	1306.49	-12.90	1592.93	6.20
下端固接	500	5.09	524.76	4.95	641.14	28.23
	1000	7.042	1009.54	0.95	1231.38	23.14
	1500	8.513	1477.93	-1.47	1801.67	20.11

锚跨索股索力的控制影响着悬索桥主缆线形及安全。由于锚跨索股较短,边界条件、拉杆特性、索股抗弯刚度和锚头质量等因素对索力测试精度有一定程度影响,按两端铰支的均质拉索的频率-索力换算公式计算的索力误差往往偏大,不满足工程精度要求。建立了考虑拉杆特性及散索鞍影响的符合锚跨索股实际构造特点的精细化有限元模型,并通过工程实例验证了计算模型的正确性。研究了索股抗弯刚度、拉杆边界条件及锚头质量等因素对索股振动频率的影响。研究结果表明:这些影响因素均对索股振动频率有一定影响,某些情况下相对误差可能超过5%;拉杆边界条件对计算结果影响较大,其误差随索股张力的增加而增大;索股锚头质量对计算结果的影响也不应忽略。

四、公式法适用范围讨论

悬索桥锚跨索股的锚固系统主要有锚梁式和拉杆式两种形式,重点分析了拉杆式锚固系统索力的计算。关于锚跨索股的计算有文献研究了拉杆对锚跨索股振动的影响,建立相应计算公式,但公式推导过程中简化较多,降低了计算精度,同时公式的应用比较麻烦,因此工程应用中仍多采用两端铰支的均质拉索处理,按照式(6-11-12)进行索力计算,但什么情况可以采用式(6-11-12)计算以及如何应用是值得探讨的。对于拉杆式锚固构造各悬索桥基本类似,以伍家岗长江大桥为例,在前述研究的基础上,进一步分析了索股长度、拉杆长度对索股振动的影响,以总结式(6-11-12)的适应范围。

鉴于拉杆式锚跨索股的一般特点,索股长度取 10~50m,拉杆长度取 0.5~2.5m,索股抗弯刚度取 1.6~200kN/m²(最小抗弯刚度至最大抗弯刚度区间),索股张力取 500~1500kN(约为空缆到成桥索力的变化区间),按照该方法建立锚跨索股精细化有限元计算模型,通过大量计算分析,获得各参数对锚跨索力的影响规律,确定了在保证计算精度的前提下按式(6-11-2)计算的适用范围和应用条件。因篇幅所限,仅列出索股长度 30m、索股索力 500kN 和 1500kN 时按模型 1、模型 2 计算索力的误差,如图 6-11-9 和图 6-11-10 所示。

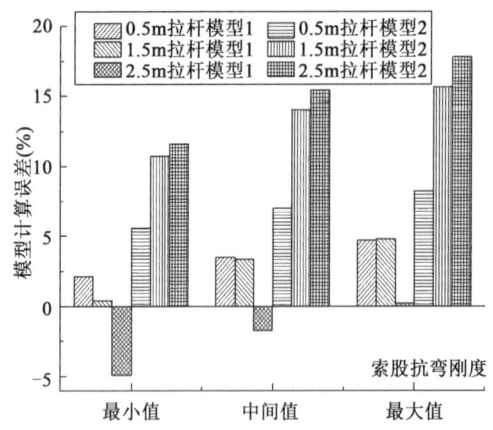
图 6-11-9　索力 500kN、索长 30m 公式法计算误差

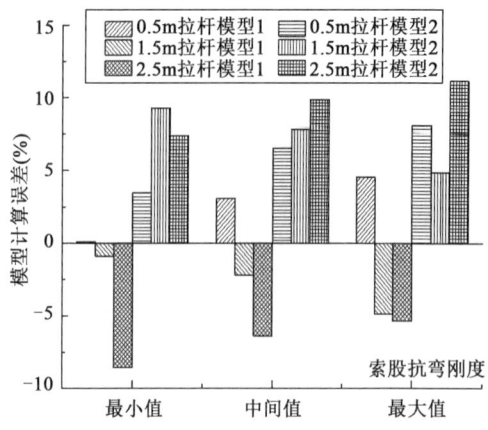
图 6-11-10　索力 1500kN、索长 30m 公式法计算误差

计算分析表明：当索股长度超过 30m，索股索力较小时可采用模型 1 计算索股索力，即按锚头上端面到切点间的索股长度来考虑，按式(6-11-2)计算索力，误差在 5% 以内；当索股长度超过 30m，索股索力较大时可取模型 1 和模型 2 计算的平均值，误差在 5% 以内。当索股长度小于 30m 时，按公式法计算误差较大，应按照所提有限元法进行索股索力的计算分析。

五、实桥锚跨索股张力测试

伍家岗长江大桥是主跨 1160m 的钢箱梁悬索桥，主缆采用预制平行钢丝索股法 (PPWS) 架设。每根主缆由 85 股 127 丝和 6 股 91 丝索股组成，单丝直径为 6mm 的镀锌高强钢丝。主缆锚固采用预应力锚固系统，通过拉杆、锚固连接器连接到预应力钢绞线锚固到锚碇混凝土上，江南侧采用重力式锚碇，江北侧采用隧道式锚碇。在锚跨索股安装时，为了提高索股的张拉精度及满足后期健康监测的需要，布置大量高精度压力传感器。该传感器性能稳定、测试精度高，可用于频率法换算索力的校核与修正。实践证明，压力传感器所测值与真实值十分接近，在工程实际中可视为真实值。为验证所提有限元法计算方法的正确性，取江南侧锚跨几根装有压力传感器的索股进行索力比较，索股计算参数见表 6-11-7，索股的抗弯刚度取中间值，索股锚头质量 $m_3 = 394$kg，散索鞍鞍槽圆弧半径为 5.879m。

索股计算参数表　　　　　　　　　　　　　表 6-11-7

索股编号	L_1 (m)	L_2 (m)	m_1 (kg/m)	m_2 (kg/m)	$E_1 I_1$ (kN·m²)	$E_2 I_2$ (kN·m²)
30	12.954	1.285	28.745	90.80	100.83	511.96
41	13.160	1.30	28.745	90.80	100.83	511.96
51	13.330	1.385	28.745	90.80	100.83	511.96
62	13.508	1.30	28.745	90.80	100.83	511.96

表 6-11-8 列出了空缆状态下及加劲梁架设完成后部分锚跨索股压力传感器实测值与有限元计算值的对比,发现有限元计算值与传感器实测值接近,最大相对误差不超过 3%,可见所提出的锚跨索股有限元精细化模拟方法能较大程度地提高频率法换算索力的计算精度。

锚跨索股有限元计算值与实测值的比较　　　　表 6-11-8

索股编号	空缆状态			吊梁完成后		
	传感器读数	有限元计算值	误差(%)	传感器读数	有限元计算值	误差(%)
30	554.71	545.83	-1.6	1667.2	1637.47	-1.8
41	559.18	570.12	1.9	1705.3	1729.32	1.4
51	691.76	678.15	-2.0	1787.9	1748.69	-2.3
62	425.74	436.80	2.5	1651.6	1684.55	2.0

根据锚跨索股实际构造特点,建立了锚跨索股精细化计算模型,通过各参数对比分析及工程实例验证,得出以下结论:

(1) 提出的锚跨索股有限元精细化模拟方法适用于拉杆式锚固系统,能准确考虑拉杆、散索鞍及锚头质量对索股振动频率的影响。

(2) 与压力传感器实测索力对比,提出的锚跨索股有限元计算方法的计算精度高,相对误差在 3% 以内,可用于频率法换算索力的计算。

(3) 有限元计算结果表明,边界条件、索股抗弯刚度及锚头质量对索股的振动频率均有一定影响,其中以边界条件的影响最为明显,锚头质量的影响也不容忽视。

(4) 研究表明,当索股长度超过 30m 后,可方便地采用公式法进行频率-索力的换算,相对误差在 5% 以内。

第四节　锚跨索股索力调整技术

由于大跨径悬索桥既要满足主缆架设期间的索股抗滑移要求,又要保证成桥后的锚跨索力均匀分布并使散索鞍到达设计位置,因此,必须在主缆架设完成后进行锚跨索力和散索鞍偏角的施工调整。由于锚跨索力同散索鞍偏角存在耦合关系,调整散索鞍偏角必然改变锚跨索力,进而可能改变散索鞍偏角,因而使得安全快速地实现锚跨索力及散索鞍偏角施工调整存在一定的困难。然而,目前现场施工仍然主要直接通过实测索力与目标索力的差值来确定锚跨索力调整量,即实测索力与目标索力差多少就调多少,而对于散索鞍偏角的调整则一般需要单独进行。该方法没有考虑锚跨索与散索鞍偏角之间以及锚跨索自身之间的耦合效应,往往需要多轮次调整才能将索力及散索鞍偏角控制在容许范围内,同时也难以有效避免施工调整过程中出现索力过大或者过小的情况,不仅影响施工效率,还存在一定的索股滑移隐患。

本节基于散索鞍转动刚度,分析了温度变化及边跨垂度偏差对散索鞍两侧不平衡力的影响,导出了散索鞍两侧不平衡力与散索鞍偏转角的关系式,提出了一种考虑散索鞍转动效应的索力调整方法。并结合具体工程实践,验证了该方法的有效性。

一、散索鞍转动刚度

根据悬链线理论,对于如图6-11-11所示的自重作用下柔性悬索段,无应力长度为S_0,索段截面积为A,弹性模量为E,沿索长方向自重集度为q,两支点跨径为X,高差为Y,左端竖向反力为V,右端竖向反力为V'。

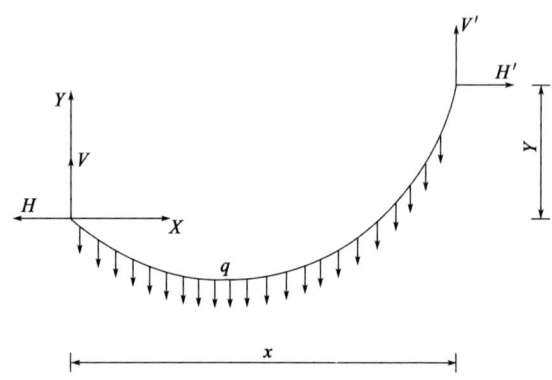

图6-11-11 自重作用下柔性悬索段受力图式

左右两端水平张力相等,设为H,则有:

$$X = \frac{HS_0}{EA} + \frac{H}{q}\{\ln(V + \sqrt{V^2 + H^2}) - \ln[V - qS_0 + \sqrt{(V - qS_0)^2 + H^2}]\} \quad (6\text{-}11\text{-}13)$$

$$Y = \frac{qS_0^2 - 2VS_0}{2EA} - \frac{1}{q}[\sqrt{V^2 + H^2} - \sqrt{(V - qS_0)^2 + H^2}] \quad (6\text{-}11\text{-}14)$$

对式(6-11-13)、式(6-11-14)求全微分得:

$$\begin{cases} dX = \dfrac{\partial X}{\partial H}dH + \dfrac{\partial X}{\partial V}dV \\ dY = \dfrac{\partial Y}{\partial H}dH + \dfrac{\partial Y}{\partial V}dV \end{cases} \quad (6\text{-}11\text{-}15)$$

令$k_{11} = \dfrac{1}{\lambda}\dfrac{\partial Y}{\partial V}$,$k_{12} = -\dfrac{1}{\lambda}\dfrac{\partial X}{\partial V}$,$k_{21} = -\dfrac{1}{\lambda}\dfrac{\partial Y}{\partial H}$,$k_{22} = \dfrac{1}{\lambda}\dfrac{\partial X}{\partial H}$,$\lambda = \dfrac{\partial X}{\partial H}\dfrac{\partial Y}{\partial V} - \dfrac{\partial X}{\partial V}\dfrac{\partial Y}{\partial H}$,则:

$$\begin{cases} dH = k_{11}dX + k_{12}dY \\ dV = k_{21}dX + k_{22}dY \end{cases} \quad (6\text{-}11\text{-}16)$$

散索鞍受力如图6-11-12所示,α为散索鞍倾角,锚跨主缆张力、竖向分力和水平分力分别为T_1、V_1、H_1,边跨主缆张力、竖向分力和水平分力分别为T_2、V_2、H_2。

边跨、锚跨主缆内力在散索鞍滑动面上产生的不平衡分力为:

$$F = (H_2 - H_1)\cos\alpha + (V_2 - V_1)\sin\alpha \quad (6\text{-}11\text{-}17)$$

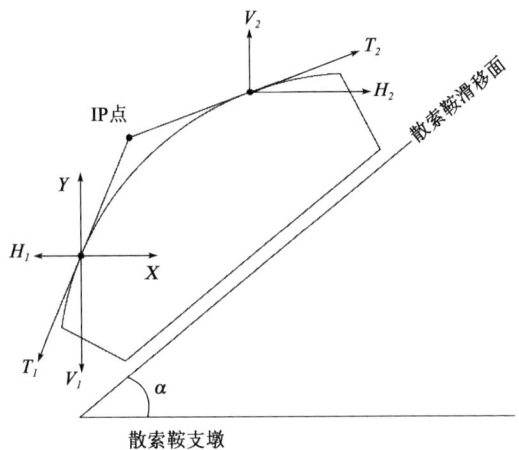

图 6-11-12 散索鞍受力图式

假设散索鞍沿滑移面移动距离为 ds,由式(6-11-4)得主缆的内力变化为:

$$dH = (k_{11} - k'_{11})dX + (k_{12} - k'_{12})dY$$
$$dV = (k_{21} - k'_{21})dX + (k_{22} - k'_{22})dY \quad (6-11-18)$$

可得索鞍沿滑移面的不平衡力变化为:

$$dF = dH\cos\alpha + dV\sin\alpha \quad (6-11-19)$$

因

$$dX = ds \cdot \cos\alpha$$
$$dY = dX \cdot \tan\alpha$$

可得索鞍沿滑移面的移动刚度为:

$$K_l = \frac{dF}{ds} = (k_{11} - k'_{11})\cos^2\alpha + (k_{22} - k'_{22})\sin^2\alpha + (k_{12} - k'_{12} + k_{21} - k'_{21})\sin\alpha\cos\alpha$$

$$(6-11-20)$$

由于散索鞍的偏转在主缆架设期间为小偏角,可近似认为 $ds = \theta l_r$,l_r 为 IP 点至散索鞍转动中心的距离,故散索鞍的转动刚度为:

$$K = \frac{dF}{d\theta} = (k_{11} - k'_{11})l_r\cos^2\alpha + (k_{22} - k'_{22})l_r\sin^2\alpha + (k_{12} - k'_{12} + k_{21} - k'_{21})l_r\sin\alpha\cos\alpha$$

$$(6-11-21)$$

二、散索鞍偏角的影响因素

1. 温度变化

(1)对锚跨张力的影响。由于锚跨索股一般较短,垂跨比很小,可近似地将索股看作固定于散索鞍和锚头之间的直杆,由温度变化引起的张力变化 ΔT_{mt} 可按下式计算:

$$\Delta T_{mt} = \alpha_t \cdot E \cdot A \cdot \Delta t \quad (6-11-22)$$

式中:α_t——索股的线膨胀系数;

E——索股的弹性模量；

A——索股截面积；

Δt——温度变化值。

(2) 对边跨张力的影响。不同于锚跨,边跨的垂跨比较大,由温度变化引起索长改变从而引起索股垂度变化的影响不可忽略,因此边跨不能近似地看作两端固定的直杆。根据悬索桥的抛物线计算理论,索长变化与垂度变化的关系式如下:

$$\Delta f = \frac{3\Delta s \sec^3 \alpha}{16n_1} \quad (6\text{-}11\text{-}23)$$

$$\Delta s = \alpha_t \cdot \Delta t \cdot s \quad (6\text{-}11\text{-}24)$$

式中:Δf、Δs——垂度变化量和索长变化量;

α——边跨侧主缆的倾角,$\alpha = \arctan(C/l)$,C、l 分别为索两端点竖直方向和水平方向的距离;

n_1——$n_1 = f/l$,f 为边跨的跨中垂度;

s——索长。

将式(6-11-24)代入式(6-11-23),得:

$$\frac{\Delta f}{\Delta t} = \frac{3\alpha_t s}{16n_1 \cos^3 \alpha} \quad (6\text{-}11\text{-}25)$$

将索的自重近似看作沿跨径方向的均布竖向荷载 q,则水平张力随垂度变化的关系式为:

$$\frac{\Delta H}{\Delta t} = -\frac{3ql^3 \sec^3 \alpha}{128f^3} \cdot \alpha_t \cdot s \quad (6\text{-}11\text{-}26)$$

$$\frac{\Delta T_{bt}}{\Delta t} = -\frac{3ql^3 \sec^4 \alpha}{128f^3} \cdot \alpha_t \cdot s \quad (6\text{-}11\text{-}27)$$

式中:ΔH、ΔT_{bt}——温度变化造成边跨水平张力和索力的改变量;

其他符号意义同前。

由于实际架索时的温度一般不等于基准温度,温度变化对边、锚跨索股索力影响不一样,导致散索鞍两侧出现不平衡力,从而使散索鞍产生偏转。

2. 边跨垂度偏差

在实际主缆架设过程中,各类施工误差会导致实际边跨垂度与设计值有偏差,使得边跨侧主缆张力不等于设计张力,在散索鞍两侧产生不平衡力,使散索鞍产生偏转。

将主缆自重荷载近似看作沿跨径均布,则主缆张力为:

$$T(x) = H\sqrt{1 + \left[\frac{ql}{2H}\left(1 - \frac{2x}{L}\right) - \frac{C}{l}\right]^2}$$

$$H = \frac{ql^2}{8f}$$

当 $x = 0$ 时,边跨主缆张力为:

$$T = H\sqrt{1 + \left(\frac{ql}{2H} - \frac{C}{l}\right)^2} \quad (6\text{-}11\text{-}28)$$

边跨主缆张力 ΔT_{bf} 与跨中垂度 Δf 的关系式为：

$$\frac{\Delta T_{bf}}{\Delta f} = -\frac{ql^2}{8f^2}\sqrt{1+\left(\frac{4f-C}{l}\right)^2} + \frac{q(4f-C)}{2f\sqrt{1+\left(\frac{4f-C}{l}\right)^2}} \quad (6\text{-}11\text{-}29)$$

当散索鞍解除临时约束后，由于温度变化和垂度偏差带来的不平衡力 ΔT 与散索鞍偏角 θ 之间的关系式为：

$$\theta = \frac{\Delta T}{K} = \frac{(\Delta T_{mt} - \Delta T_{bt}) + \Delta T_{bf}}{K} \quad (6\text{-}11\text{-}30)$$

式中，K 为散索鞍转动刚度；当架设温度高于基准温度时，ΔT_{mt}、ΔT_{bt} 均为正；当实测边跨垂度高于设计垂度时，ΔT_{bf} 为正；$\theta > 0$ 时，表示散索鞍相对于理论位置往边跨方向偏转。

三、锚跨张力调整方法

主缆索股架设完成后，需要对锚跨索力进行精确调整，使索力达到理论设计值，散索鞍转动至设计位置，同时还要确保调整过程中不会出现索股滑移现象。

1. 索力调整量计算

设主缆架设完成后，散索鞍相对于设计位置偏转角实测值为 θ。若索力调整时的温度和边跨垂度能与设计值相等，则调整完成后散索鞍将偏转 θ 而回到设计位置；若温度与边跨垂度达不到设计值，散索鞍不会达到设计位置，因此需要对 θ 进行修正。

根据式 (6-11-30)，可知索力调整完成后散索鞍将偏转：

$$\theta' = \theta - \frac{(\Delta T_{mt} - \Delta T_{bt}) + \Delta T_{bf}}{K} \quad (6\text{-}11\text{-}31)$$

式中：$\theta' > 0$ 时，表示散索鞍向锚跨方向偏转。

在散索鞍转动过程中，由于锚跨索股在散索鞍上的切点坐标变化导致的索力变化很小，一般忽略不计，则可认为散索鞍的转动使得锚跨索股弹性伸缩。由于散索鞍转动导致第 i 根索股的弹性伸缩量 ΔL_i 为：

$$\Delta L_i = \theta' \cdot r_n \quad (6\text{-}11\text{-}32)$$

式中：r_n——第 n 层索股在散索鞍转动时的转动半径。

设第 i 根索股理论目标索力为 T_{0i}，当前实测索力为 T_{si}，索股弹性伸缩单位长度的索力变化量 T_{di} 如式 (6-11-33) 所示。

$$T_{di} = \frac{EA}{l_i} \quad (6\text{-}11\text{-}33)$$

式中：l_i——第 i 根索股的无应力长度。

则该索股的索力调整量为：

$$\Delta T_i = T_{0i} - T_{si} - T_{di}\Delta L_i \quad (6\text{-}11\text{-}34)$$

上式即为考虑散索鞍转动情况下的单根索股的索力调整公式，可以计算任意索股在当前状态下的索力调整量。对于锚梁式锚固系统，索力调整的方式主要是增减垫板，从而改变锚跨索股的弹性伸缩量。因此,可以根据索力调整量求得所需增减垫板的厚度 Δd_i。

$$\Delta d_i = \frac{\Delta T_i l_i}{EA} \tag{6-11-35}$$

2. 索力调整量优化

通过式(6-11-35),理论上可以一次性将索力调整至理论目标值,散索鞍回到设计位置。但是,对于单根索股,若索力调整量过大,可能会造成索股滑移,因此需要确定每一轮次调整的极限值。当某次调整中索力调整量大于在鞍槽中的摩擦力时,索股会发生滑移,影响边跨线形,因此,有必要对索股在鞍槽中的摩擦力进行研究。根据《公路悬索桥设计规范》(JTG/T D65-05—2015),鞍槽内主缆抗滑移系数 K_s 应满足:

$$K_s = \frac{\mu \alpha_s}{\ln(F_{ct}/F_{cl})} \geqslant 2 \tag{6-11-36}$$

式中,μ 为索股与槽底或上下层索股间的摩擦系数,取 0.15(对于 μ,文献《钢桥》(小西一郎著)里根据华盛顿桥的实测情况,认为 μ 取 0.2 已足够安全);α_s 为主缆索股在鞍槽上的包角(rad);F_{ct}、F_{cl} 分别为索股紧边与松边的拉力;μ 和 K_s 的取值偏向保守,在实际施工过程中,安全系数可以适当减小,一般取 $K_s \geqslant 1$ 即可。取 $K_s = 1$,代入式(6-11-36)并对公式两边取对数得:

$$F_{ct} = F_{cl} \cdot \exp(\mu \alpha_s)$$

由此,可知摩擦力为:

$$f_{\mu\max} = F_{ct} - F_{cl} = F_{ct}[1 - \exp(-\mu \alpha_s)] \tag{6-11-37}$$

在索力调整过程中,要保证主缆索股不产生滑移,分以下两种情况考虑:

(1)当被调索股张力偏小时,需进行张拉,此时应保证张拉后的锚跨张力不大于边跨张力与散索鞍能提供的最大静摩擦力之和。

$$T_{si} + \Delta T_i \leqslant T_{b0} - \Delta T_{bt} + \Delta T_{bf} + f_{\mu\max} \tag{6-11-38}$$

(2)当被调索股张力偏大时,需进行放松,此时应保证放松后的锚跨张力与散索鞍能提供的最大静摩擦力之和不小于边跨张力。

$$T_{si} - \Delta T_i + f_{\mu\max} \geqslant T_{b0} - \Delta T_{bt} + \Delta T_{bf} \tag{6-11-39}$$

式中:T_{b0}——基准温度下边跨索股张拉力;

ΔT_{bt}——由温度变化造成的边跨变化量;

ΔT_{bf}——由边跨垂度差异造成的索力变化量;

其他符号意义同前。

通过式(6-11-38)、式(6-11-39)即可确定每轮次索力调整时各根索股的最大调整量。若按式(6-11-34)计算的调整量大于最大调整量时,需要分轮次调整,直至达到设计值。由于索力张拉过程中主要靠千斤顶的油压表进行控制,存在施工误差;同时,垫板和锚梁的加工尺寸存在偏差,因此,在调整完成后需要再次对索力进行测试,校核索力误差是否在设计容许范围之内,如不满足,应再次进行调整,直至索力误差满足精度要求。索力调整计算的流程如图 6-11-13 所示。

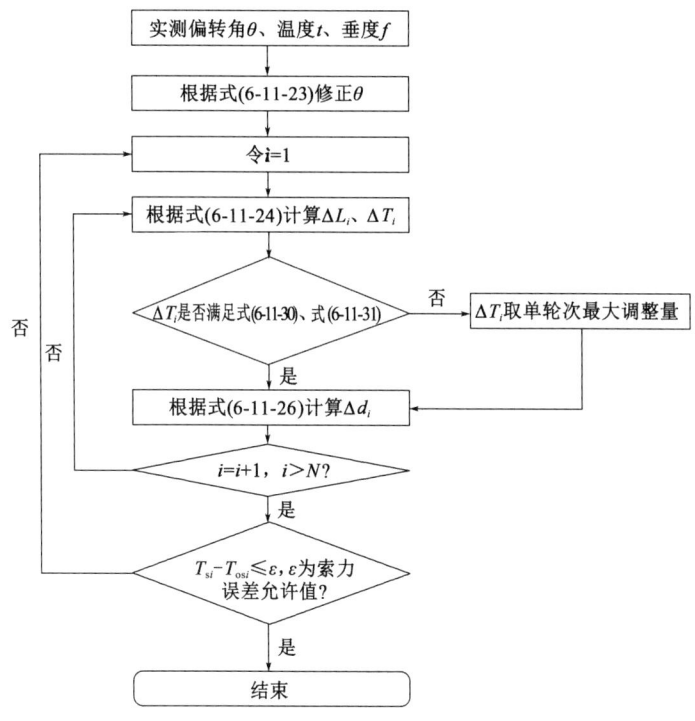

图 6-11-13 索力调整计算流程图

四、工程实例分析

伍家岗长江大桥采用单跨 1160m 钢箱梁悬索桥,主缆跨径布置为 290m + 1160m + 402m,中跨主缆矢跨比为 1/9。江南侧为重力式锚碇,散索鞍到前锚面距离约 15m,江北侧为隧道式锚碇,散索鞍到前锚面距离约 40m。索股架设在 7 月,昼夜温差较大,锚跨索股的锚固变得比较困难,由于温度变化对边跨与锚跨的影响不同,导致散索鞍在索股架设时易发生转动。空缆状态下江南侧和江北侧锚跨索股的计算索力分布如图 6-11-14 和图 6-11-15 所示。其中江南侧空缆状态下锚跨各索股张力为 310~490kN,而江北侧锚跨各索股张力离散性较大,为 270~510kN。按此张拉力控制则可实现成桥状态索力的均匀性。但实际施工时应考虑温度对索股固定的影响,避免温度变化引起锚跨索股在散索鞍鞍槽内滑动,因此,在确定各索股的张力时应结合现场实际温度变化情况确定一合理范围,确保索股架设时既满足索股不滑动,又尽量减小散索鞍承受的不平衡力。

1. 散索鞍转动的影响

根据式(6-11-21),代入相关参数,计算得到全部索股架设完成后散索鞍转动刚度,江南侧为 1083.16MN/rad,江北侧为 348.19 MN/rad。两侧散索鞍分别转动 0.001rad 时,引起锚跨索股的变化量如图 6-11-16 和图 6-11-17 所示。可见,江南侧锚跨索股对散索鞍的转动更加敏感,各索股索力变化量为 225~240kN;江北侧锚跨索股索力变化量为 80~85kN,散索鞍的转动对各索股的影响差异不大,计算中可取平均值。

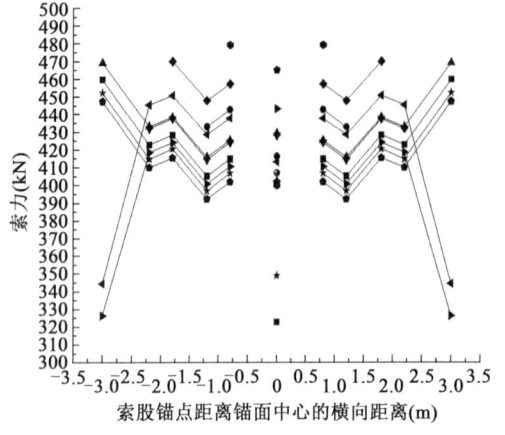

图 6-11-14　空缆状态下江南侧锚跨索股张力分布

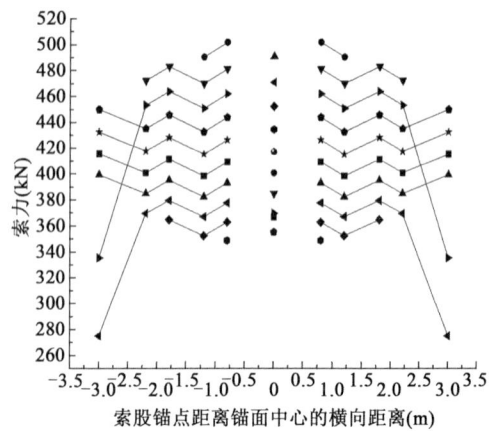

图 6-11-15　空缆状态下江北侧锚跨索股张力分布

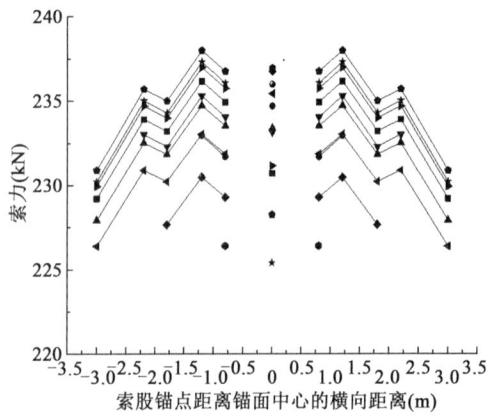

图 6-11-16　散索鞍转动引起江南侧锚跨索股张力改变量

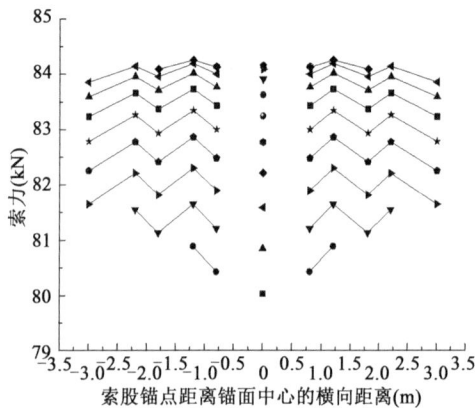

图 6-11-17　散索鞍转动引起江北侧锚跨索股张力改变量

散索鞍转动对边跨主缆线形影响如图 6-11-18 所示,散索鞍向边跨侧转动 0.001rad,江南侧边跨主缆跨中约降低 30mm,江北侧边跨主缆跨中约降低 24mm,散索鞍位移对江南侧边跨的影响更加明显。

2. 温度的影响

按式(6-11-22)及式(6-11-27)计算温度变化对锚跨和边跨索股索力影响。

对江南侧:$\Delta T_{mt}/\Delta t = 8.4 \mathrm{kN/℃}$,$\Delta T_{bt}/\Delta t = 1.7 \mathrm{kN/℃}$。

对江北侧:$\Delta T_{mt}/\Delta t = 8.4 \mathrm{kN/℃}$,$\Delta T_{bt}/\Delta t = 0.92 \mathrm{kN/℃}$。

可以看出,当散索鞍固定时,温度变化对锚跨索股索力的影响远大于边跨。当温度变化 1℃时,江南侧散索鞍两侧单根索股不平衡力为 6.7kN,江北侧单根索股不平衡力为 7.48kN。图 6-11-19 列出了温度在 -20~20℃变化时江南侧锚跨及边跨单根索股的索力变化量。

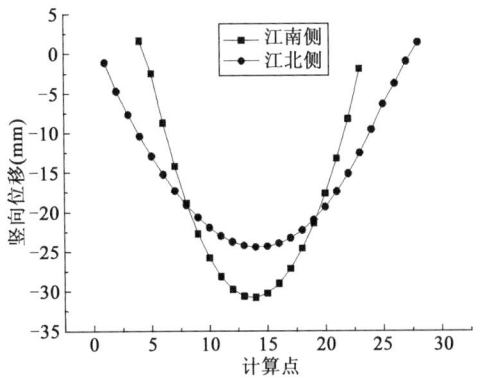
图 6-11-18 散索鞍转动对边跨主缆线形的影响

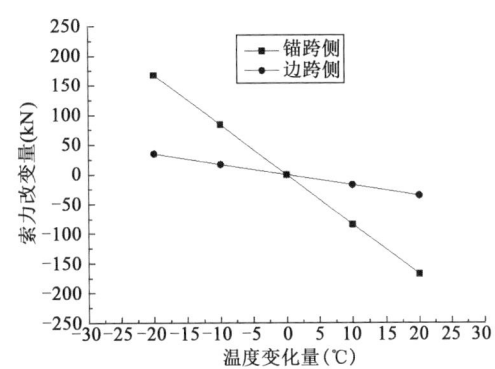
图 6-11-19 江南侧锚跨及边跨索力与温度变化关系图

3. 锚跨实测索力

根据上述分析结果,在锚跨索股调整时考虑散索鞍转角与锚跨索力之间的耦合关系,对待调索股的索力进行修正,同时在保证索股不产生滑动的情况下确定每轮调索时索力的最大调整量,按此方法能提高调索精度,减少调索次数,克服传统方法的盲目性,可行性较好。伍家岗长江大桥调整后的空缆状态索力测试值见表 6-11-9 和表 6-11-10,部分索力随施工过程的实测频率及索力变化情况如图 6-11-20 和图 6-11-21 所示。

空缆状态江南侧上游锚跨索股实测索力与计算索力对比　　　　表 6-11-9

索股编号	理论索力 (kN)	实测索力 (kN)	误差 (%)	索股编号	理论索力 (kN)	实测索力 (kN)	误差 (%)
1	276.463	286.093	3.50	17	306.286	315.404	3.00
2	338.911	339.928	0.30	18	291.881	286.673	-1.80
3	338.911	327.15	-3.50	19	291.881	303.056	3.80
4	330.378	329.383	-0.30	20	306.286	297.924	-2.70
5	324.679	311.406	-4.10	21	261.251	266.732	2.10
6	330.378	336.42	1.80	22	301.672	298.99	-0.90
7	328.988	329.428	0.10	23	282.794	294.108	4.00
8	314.871	324.89	3.20	24	278.591	286.971	3.00
9	314.871	308.345	-2.10	25	282.794	271.705	-3.90
10	328.988	340.18	3.40	26	301.672	301.875	0.10
11	324.259	315.313	-2.80	27	322.467	313.172	-2.90
12	305.818	294.408	-3.70	28	288.609	279.571	-3.10
13	299.079	292.138	-2.30	29	274.007	286.407	4.50
14	305.818	313.861	2.60	30	274.007	265.563	-3.10
15	324.259	328.098	1.20	31	288.609	281.986	-2.30
16	261.251	258.424	-1.10	32	322.467	308.271	-4.40

续上表

索股编号	理论索力（kN）	实测索力（kN）	误差（%）	索股编号	理论索力（kN）	实测索力（kN）	误差（%）
33	284.093	296.544	4.40	63	259.779	260.967	0.50
34	264.92	270.605	2.10	64	274.446	275.662	0.40
35	265.507	253.208	-4.60	65	308.061	314.454	2.10
36	264.92	273.206	3.10	66	269.806	266.03	-1.40
37	284.093	269.809	-5.00	67	250.748	253.395	1.10
38	314.362	310.736	-1.20	68	256.479	246.443	-3.90
39	280.424	291.52	4.00	69	250.748	237.226	-5.40
40	265.731	267.822	0.80	70	269.806	278.433	3.20
41	265.731	269.489	1.40	71	229.951	237.246	3.20
42	280.424	272.73	-2.70	72	275.749	266.738	-3.30
43	314.362	310.102	-1.40	73	261.278	271.478	3.90
44	275.709	283.257	2.70	74	261.278	270.136	3.40
45	256.448	255.39	-0.40	75	275.749	282.883	2.60
46	259.321	265.46	2.40	76	229.951	229.181	-0.30
47	256.448	253.275	-1.20	77	271.175	270.404	-0.30
48	275.709	263.527	-4.40	78	252.387	242.525	-3.90
49	309.768	294.413	-5.00	79	260.36	248.233	-4.70
50	275.952	263.168	-4.60	80	252.387	255.279	1.10
51	261.184	258.468	-1.00	81	271.175	273.517	0.90
52	261.184	259.722	-0.60	82	282.772	288.818	2.10
53	275.952	260.881	-5.50	83	268.556	273.26	1.80
54	309.768	302.126	-2.50	84	268.556	275.795	2.70
55	271.25	280.692	3.50	85	282.772	288.114	1.90
56	252.034	256.343	1.70	86	259.56	246.284	-5.10
57	256.386	261.17	1.90	87	269.639	270.834	0.40
58	252.034	255.244	1.30	88	259.56	267.354	3.00
59	271.25	274.891	1.30	89	278.241	270.173	-2.90
60	308.061	313.901	1.90	90	278.241	273.672	-1.60
61	274.446	283.61	3.30	91	207.541	204.826	-1.30
62	259.779	250.993	-3.40				

空缆状态江北侧上游锚跨索股实测索力与计算索力对比　　　表6-11-10

索股编号	理论索力（kN）	实测索力（kN）	误差（%）	索股编号	理论索力（kN）	实测索力（kN）	误差（%）
1	346.821	338.272	-2.50	32	407.321	424.807	4.30
2	460.468	472.138	2.50	33	392.322	386.428	-1.50
3	460.468	446.181	-3.10	34	389.805	368.889	-5.40
4	452.686	464.902	2.70	35	390.655	376.927	-3.50
5	452.508	468.531	3.50	36	389.805	382.863	-1.80
6	452.686	431.656	-4.60	37	392.322	400.165	2.00
7	444.028	421.892	-5.00	38	387.891	381.879	-1.50
8	442.091	448.448	1.40	39	383.498	389.227	1.50
9	442.091	445.169	0.70	40	381.548	361.344	-5.30
10	444.028	448.435	1.00	41	381.548	382.654	0.30
11	433.221	421.775	-2.60	42	383.498	394.645	2.90
12	430.724	409.477	-4.90	43	387.891	374.835	-3.40
13	430.891	441.197	2.40	44	373.031	361.506	-3.10
14	430.724	411.646	-4.40	45	370.522	350.366	-5.40
15	433.221	438.226	1.20	46	371.583	386.865	4.10
16	312.045	323.921	3.80	47	370.522	380.471	2.70
17	423.05	430.762	1.80	48	373.031	356.567	-4.40
18	421.106	410.285	-2.60	49	369.17	378.524	2.50
19	421.106	430.38	2.20	50	364.783	351.75	-3.60
20	423.05	416.745	-1.50	51	362.839	348.473	-4.00
21	312.045	315.112	1.00	52	362.839	344.459	-5.10
22	412.312	403.637	-2.10	53	364.783	355.74	-2.50
23	409.805	413.813	1.00	54	369.17	377.451	2.20
24	410.439	398.685	-2.90	55	354.487	339.757	-4.20
25	409.805	411.786	0.50	56	351.988	356.346	1.20
26	412.312	402.926	-2.30	57	353.256	363.856	3.00
27	407.321	411.915	1.10	58	351.988	341.831	-2.90
28	402.935	401.914	-0.30	59	354.487	353.37	-0.30
29	400.98	391.411	-2.40	60	351.211	343.254	-2.30
30	400.98	408.931	2.00	61	346.841	352.316	1.60
31	402.935	391.189	-2.90	62	344.908	332.478	-3.60

续上表

索股编号	理论索力(kN)	实测索力(kN)	误差(%)	索股编号	理论索力(kN)	实测索力(kN)	误差(%)
63	344.908	342.648	−0.70	78	317.387	305.602	−3.70
64	346.841	356.94	2.90	79	319.057	318.831	−0.10
65	351.211	363.761	3.60	80	317.387	320.194	0.90
66	336.744	344.761	2.40	81	319.843	311.592	−2.60
67	334.262	323.708	−3.20	82	313.442	324.014	3.40
68	335.734	336.797	0.30	83	311.551	296.919	−4.70
69	334.262	338.773	1.30	84	311.551	300.596	−3.50
70	336.744	319.801	−5.00	85	313.442	324.051	3.40
71	243.855	253.906	4.10	86	301.412	297.025	−1.50
72	329.713	337.342	2.30	87	303.273	299.974	−1.10
73	327.797	310.576	−5.30	88	301.412	301.448	0.00
74	327.797	322.365	−1.70	89	296.218	293.201	−1.00
75	329.713	341.873	3.70	90	296.218	295.095	−0.40
76	243.855	243.855	0.00	91	212.563	220.563	3.80
77	319.843	316.377	−1.10	—	—	—	—

锚跨索股经两轮调节到位后,在空缆状态下,通过压力传感器和索力动测仪对锚跨索股进行全面测试,索股索力实测值与理论值相比差异较小,大部分索股索力误差在5%以内,少量索股差异稍大可能与频率法换算索力时计算参数取值不准确有关,说明经过两轮调整锚跨索股已达到目标索力值。各锚跨索股索力随施工阶段的变化规律一致,随着加劲梁的架设相同截面的索股索力趋于均匀。

江南侧锚跨部分索股一阶实测频率变化如图6-11-20所示,江南侧锚跨部分索股实测索力变化如图6-11-21所示。

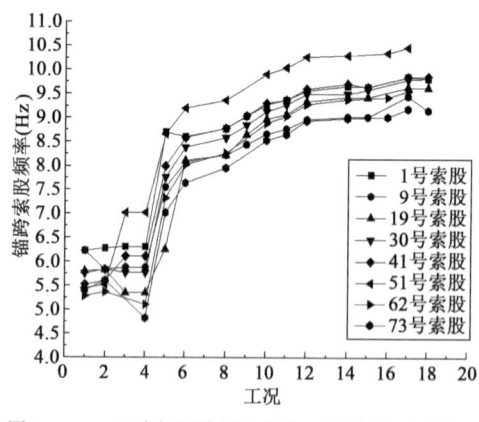

图6-11-20 江南侧锚跨部分索股一阶实测频率变化图

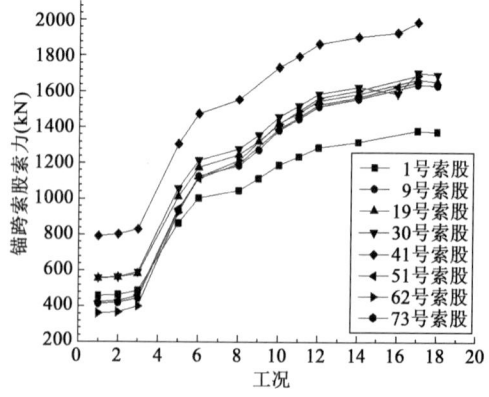

图6-11-21 江南侧锚跨部分索股实测索力变化图

第五节 本章小结

我国悬索桥经过几十年的发展，施工技术和工艺已趋于成熟，但精细化程度较低，往往通过延长工期和大量人力、物力的方式来弥补技术上的不成熟。散索鞍与锚跨索股几何关系复杂，以往计算中常常采用简化处理导致计算精度偏低；索力测量中一般采用频率法反算索力，但索长、边界条件、索的抗弯刚度等参数选取对计算结果影响较大，需进行参数识别和修正；当散索鞍解除约束后进行锚跨索力调整时，由于锚跨索力与散索鞍偏角相互耦合，需研究合适的锚跨索力调整方法，以安全快速地实现锚跨索力及散索鞍偏角的施工调整。本研究主要针对大跨径悬索桥锚跨索股精细化计算与控制做了以下几个方面的工作：

（1）考虑散索鞍鞍槽线形及锚碇前锚面各索股锚固点坐标的影响，建立各索股在散索鞍切点位置变化的锚跨索股索力的精细化计算方法，为准确确定索股的下料长度及锚跨索股索力的理论值打下基础。

（2）针对拉杆式锚跨索股的构造特点建立精细化有限元模型，分析索股的抗弯刚度、边界条件及锚头质量对自振频率的影响规律。利用压力环索力监测的精确性和可靠性，根据压力环对部分索股索力的监测结果，同步识别频率法测试中索股两端边界条件及抗弯刚度等参数，建立准确的频率法索力计算公式，以实现索力的准确测量，作为后续索力精确调整的依据。

（3）在锚跨索股索力调整方面，全面考虑散索鞍实际偏位、边跨主缆垂度、索股温度及调索次序的影响，建立大跨径悬索桥锚跨索股索力及散索鞍偏角的调整计算方法，且有效避免索股发生滑移，形成锚跨索股索力及散索鞍偏角快速调整的精准方案，克服传统调索方法调索次数多、精度不高等不足，大幅减少调索工作量，以提高悬索桥索股架设速度和锚跨索股索力的控制精度。

（4）通过理论分析和现场实测数据，伍家岗长江大桥较好地完成了锚跨索股的张拉与调整，经过两轮调整，空缆状态下锚跨索股实测值与理论值差异控制在5%，较好地实现了控制目标，验证了基于精细化有限模型的频率-索力修正法及考虑散索鞍影响的索力调整技术，可为大跨径悬索桥锚跨索股的控制提供参考及借鉴。

第十二章　大跨径悬索桥缆索牵引架设智能监控研究与应用

第一节　工程概述

一、研究目的和意义

1. 研究背景

目前,我国已在东南沿海、云贵山区、长江流域等多个地区修建了单跨、多跨的长大跨径悬索桥,世界上跨径最大的 10 座悬索桥中有 5 座来自中国,虽然我国已经建成了不少大跨径悬索桥,施工技术和工艺较为成熟,但智能化程度较低,对管理人员、技术人员和劳务工人的素质和经验等主观因素依赖较大。缆索系统施工是悬索桥施工中非常核心的施工工序,其中关键的缆索牵引架设、主缆线形及受力状态测量、猫道风致振动监测与舒适性评价、索夹螺杆力检测和张拉控制等工序当前主要依靠人工测量和人为经验把控,缺乏实时、精确的数据支撑,制约着施工精度、质量与安全水平。

目前,桥梁建造对施工安全和质量的管理要求越来越高,而同时中国务工人员老龄化不断加剧且未来数量将不断减少。在此背景下,充分利用先进传感、物联网、人工智能等信息化技术迅猛发展的契机,开展大跨径悬索桥智能化施工技术研究及应用已成必然趋势。本研究基于智能传感、物联网等新技术,以伍家岗长江大桥(主跨 1160m)为依托,开展大跨径悬索桥缆索牵引架设智能监测与控制。

2. 缆索牵引的现状

(1)工程安全监控缺失:门架等重要大临工程受力状态失于监控,达到施工本质安全化尚有较大差距。

(2)施工精度存在人为差异:人为因素带来施工精度差异,施工精度不达标会造成丝股之间受力不均匀及局部应力,产生不易察觉的主缆二次应力,最终降低了结构安全度。

(3)传统方式制约施工效率:在牵引控制、数据采集、索夹螺栓紧固等诸多施工环节上,依然停留在传统人工方式,节奏慢、效率低是必然的。

(4)信息技术应用远远不够:目前,信息技术在拱桥上部结构安装中的应用正处于起步阶段,应用程度远远不够。

(5)施工现场缺少统一的平台化监控与管理:施工工地分布散,很难有足够的人力和精力频繁到现场监管、检查,造成管理上的困难。

3. 研究目的

研究的主要目的是如何解决缆索牵引智能化问题:①组网技术;②PLC 控制技术;③卷扬机的联动及自动化控制;④视频技术;⑤集中监控平台的大数据采集及分析技术。通过以上研究工作,促进伍家岗长江大桥的高质量施工和长寿命健康运营,推进桥梁智能建造技术不断向前发展。

4. 研究意义

针对伍家岗长江大桥上构系统的物联网智能数控平台建设,是充分体现产业"互联网+"创新理念,采用物联网传感数据采集与无线数据传输,并结合大数据先进技术应用,以信息化平台管控服务和数据化关联分析能力,提高系统智能化运行,提升工业 4.0 发展水平的有效手段。

通过对牵引系统整体运行过程,以及索股温度、间距测算进行物联监控,部署有效覆盖项目实施现场的物联网低功耗广域网通信网络,实时采集各项关键指标数据变化,利用先进的信息化技术手段,建设完善的数据采集传输与分析处理平台,提高对机电设施、运行管理、突发事件的快速处理与自动控制能力,为建立和健全项目统一指挥、快速响应、有序协调、高效运转的运行机制带来帮助,在满足整体建设实施需要的同时,为后续无人值守的智能化自动运行提供关键数据支撑。

二、研究内容与技术路线

1. 研究内容

伍家岗长江大桥智能监测项目的主要内容包括:研究大跨径悬索桥缆索牵引架设关键参数监测、状态评估及智能控制技术,实现拽拉器和卷扬机的智能联动控制,确保缆索牵引架设施工的精度、效率和安全。在悬索桥缆索牵引架设智能监测控制方面,提高拽拉器定位精度,实时监测牵引力大小,实现在线实时监测,并进一步实现拽拉器和卷扬机的智能联动控制。

2. 技术路线

(1)通过阅读大量国内外施工智能控制相关文献资料,对国内外施工控制系统研究现状有了深入的了解,进一步明确开发智能控制系统的目的与意义,为开发智能控制的系统做准备。

(2)以智能化控制系统的相关理论知识体系为基础,建立缆索牵引智能控制系统的基本框架,确定各模块所要实现的功能。

(3)研究建立缆索牵引智能控制系统包含的模块,使连续梁桥施工控制软件相关的专业知识以及各模块所要实现的功能融会贯通。

(4)研究建立缆索牵引智能控制系统的资料收集模块,及时对缆索牵引工作开始前收集的桥梁相关资料进行保存。

(5)研究建立缆索牵引智能控制系统的测量数据采集模块,对施工过程中各系统在不同工况下的现场实时数据进行采集。

(6)研究建立缆索牵引智能控制系统的分析计算模块和立模标高指令模块,根据工程需要调用资料收集模块和测量数据采集模块的数据,然后应用系统分析计算模块进行自动分析计算,根据分析计算结果给出立模标高指令等。

(7)工程实例验证,首先是将前期收集的资料储存在资料收集模块,应用该施工控制系统对理论数据和实测数据进行对比分析,然后给出下一阶段的立模标高指令。

传感技术:目前用到的传感设备有锚索计、风速风向传感器、三销轴张力传感器、绳速绳长编码器、缆索反拉力传感器、放索盘制动力传感器等组网技术。

整体网络架构构成分为以下模块:①索塔网络(无线网桥 AP 传输);②卷扬机网络(局域网 + 物联网 4G);③猫道拽拉器网络(物联网 4G + LoRa);④猫道风向测量网络(LoRa + 无线网桥);⑤锚索计(物联网 4G + LoRa);⑥数据中心网络(光纤接入主干网)。

物联智能数控平台网络拓扑示意如图 6-12-1 所示。

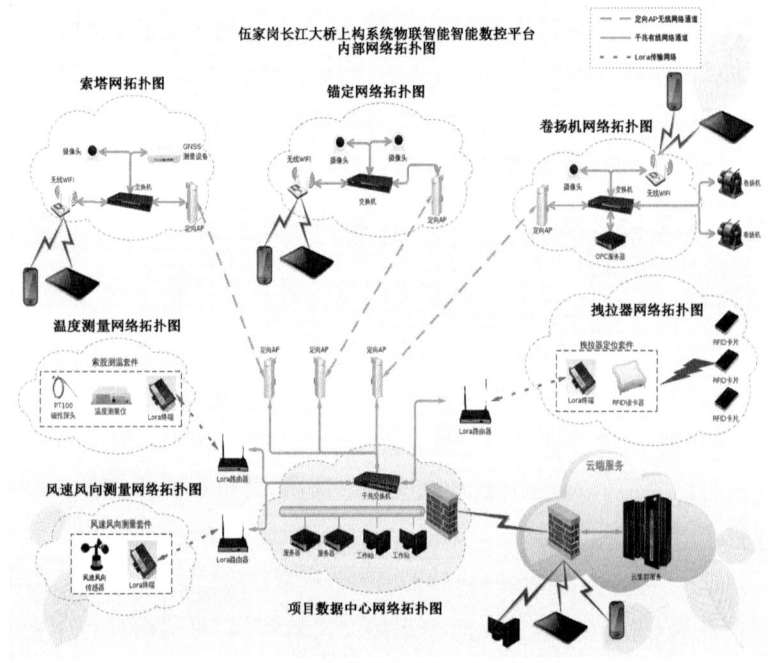

图 6-12-1　物联智能数控平台网络拓扑示意图

第二节　适应大跨径悬索桥现场环境的无线通信及组网技术

一、现状需求与可行性分析

从以往的上构系统项目建设与类似实施案例来看,向来缺乏对整个系统运行过程的信息化数据监管服务和智能化响应控制,同时由于施工现场的实地原因,远程数据通信难以保障,大量的工作仍旧停留在人工判断与现场无线电沟通,无法实现有效数据管理和自动控制能力。

大跨径悬索桥的施工现场环境,无论外接电路、气候条件、环境电磁场还是人为干扰,在产品不进行有效处理的情况下都会严重影响到所有电子仪器的传输数据精度以及产品内部的运行稳定性,所以,为提高上构系统智能化运行程度,充分响应"互联网+"行动计划实施,以及工业4.0发展趋势,实现系统整体运行过程的物联网监控与后续基于数据的信息化应用管理,建设物联网智能数控平台的核心需求,首先应建立物联网数据的高效通信传输网络,其次是基于多项数据的关联分析处理并提供对应的智能化控制功能。

二、物联网数据通信传输网络

通过比选,项目采用先进的 LoRa 通信技术,建设物联网低功耗广域网通信网络是满足本项目数据传输的最佳选择。LoRaWan 网关支持网关转换协议,把 LoRa 传感器的数据转换为 TCP/IP 格式发送到 Internet 上。LoRa 网关用于远距离星型架构,是多信道、多调制收发、可多信道同时解调。LoRa 的特性可使同一信道上同时多信号解调。网关使用不同的终端节点的 RF 器件,具有更高的容量,作为一个透明网桥在终端设备和中心网络服务器间中继消息。网关通过标准 IP 连接到网络服务器,终端设备使用单播的无线通信报文到一个或多个网关。

三、设计思路

数据双向传输功能是将在桥梁施工现场采集的施工监测数据通过某种方式实时远程传输到施工控制中心,进行数据分析后,将分析结果及控制指令以同样方式传输回施工现场。

智能数控平台首期建设重点针对牵引系统中拽拉器的实时位移进行数据采集,同时面向索股架设采集关键点位温度数据,以基于 LoRa 通信技术所实现的物联网低功耗广域网通信网络及无线桥接定向传输网络为核心,集成包括 RFID 电子标签定位采集、卷扬机联动控制、现场视频监控、索塔偏移监测,以及多种物联监测设备,利用 TINCKAYTMESensor-RTU 智能数据采控设备,按统一的数据传输协议,实现智能化数据采集与自动控制功能,支持多项系统数据关联分析与可视化应用系统交互。

根据现场实际状况,伍家岗长江大桥施工现场控制中心部署电信运营商互联网光纤专线,固定公网 IP 地址,用于伍家岗长江大桥大跨径悬索桥缆索系统智能建造设备的网络传输、数据分析、可视化应用和智能化自动控制。

南岸主塔、北岸主塔建立无线定向网桥传输网络,用于控制中心连接索塔、锚定、卷扬机室。前端摄像机配合施工任务完成对施工面的全方位监控,采用高清星光摄像头监测,并将对应影像资料通过无线网桥定向网络传输至平台。

施工现场建立 LoRa 网络,前端各传感器(包含缆索牵引卷扬机 PLC、风速风向仪、索力传感器)配备 LoRa 采集器,在主塔塔顶安装 LoRa 网关。前端各传感器的数据通过 LoRa 网络传输到 LoRa 网关,LoRa 网关再通过无线定向网桥传输至本地服务器、互联网云端服务器。LoRa 组网示意如图 6-12-2 所示。

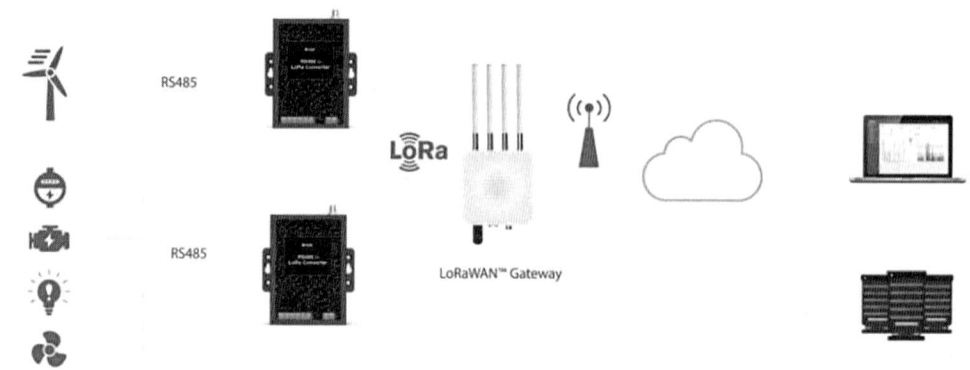

图 6-12-2　LoRa 组网示意图

所有设备启用 SNMP 网络管理协议,通过网络监控后台呈现项目网络各链路的健康情况,包含各网路是否通畅、带宽使用率、传输速率,并能预警提醒运维人员调整优化网络,保证系统网络的稳定运行,通过可视化的网络拓扑图呈现。

1. 平台整体架构设计

平台通过实现感知传输层的物联网数据采集与传输,进一步面向数据的关联分析,以及可视化应用系统和智能化自动控制提供服务。平台整体架构设计如图 6-12-3 所示。

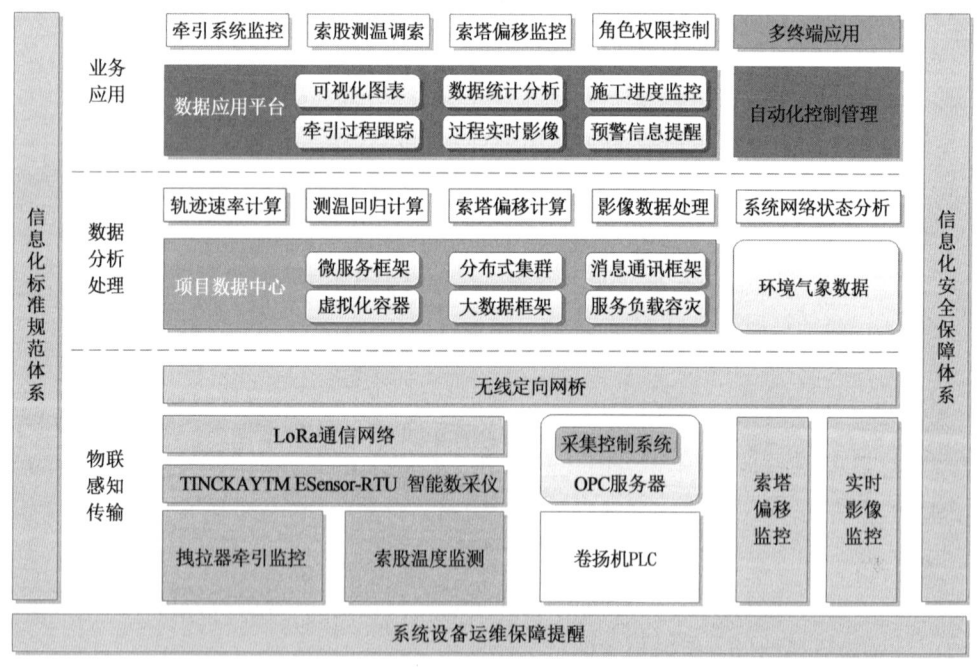

图 6-12-3　平台整体架构设计图

2. 平台核心模块设计

按以上架构设计,平台包括数据的感知传输、处理分析和业务应用3个层面,针对一期项目建设重点实现:牵引系统拽拉器运行监控、卷扬机运行监控、现场实时影像、系统网络监控,以及对应的数据应用平台五大模块。

模块(1):牵引系统拽拉器运行监控

①数据感知监测:面向牵引系统中拽拉器的实时位移,监测其加减速率与轨迹定位,采用 RFID 读卡设备与电子标签实现定位监测,对拽拉器的位置进行识别判断,即拽拉器通过某一标签位置时,固定其上读卡设备识别电子标签信息,并将对应编码与位置基于 LoRa 网络传输至平台。

②数据传输网络:采用物联网低功耗广域网(LoRa)通信实现各项监测数据与中控中心数据采集控制设备的无线远程传输。

③数据采集控制:符合 LoRa 网络数据传输规范的智能数据采集控制设备 ESensor-RTU,面向物联网感知设备的数据信息进行统一的规范化处理,同时与云计算数据中心连接,面向数据应用系统提供基础数据信息,支持直接与卷扬机自控系统(PLC)通信,获取设施相关运行信息,以及自动化控制指令发送。

模块(2):卷扬机运行监控

①数据采集监测:通过自建 OPC 服务器,通过采集控制系统将监测数据通过定向网络传输至平台,传输控制有效率能达到 99.99%,响应反馈时间理论能控制在 0.5~2s 内。

②数据传输网络:采用无线网桥定向传输通讯实现各项监测数据与中控中心数据采集控制系统的无线远程交互。

③数据交互控制:通过 OPC 服务器的采集控制系统,使用无线网桥定向传输通信,系统平台通过对各模块数据处理分析后实现对卷扬机的自动化控制。

模块(3):现场实时影像

①数据感知监测:面向施工现场重点点位的实时影像,呈现各点位在施工过程中的影像,配合施工任务完成对施工面的全方位监控,采用高清星光摄像头监测,并将对应影像资料通过无线网桥定向网络传输至平台。

②数据传输网络:采用独立的无线网桥定向传输通讯实现各项监测数据与中控中心数据采集控制系统的无线远程交互。

③数据采集控制:面向视频设备的影像数据信息进行统一的规范化处理,同时与云计算数据中心连接,面向数据应用系统提供基础数据信息。

模块(4):系统网络监控

通过网络监控后台呈现项目网络各链路的健康情况,包含各网路是否通畅、带宽使用率、传输速率,并能预警提醒运维人员调整优化网络,保证系统网络的稳定运行,通过可视化的网络拓扑图呈现。

模块(5):数据应用系统

①基于云计算服务和大数据平台搭建部署基础系统运行环境与集群化数据分析容器,进一步定制数据关联分析与可视化应用管理系统,面向具体业务开展提供应用服务。

②数据接口服务支撑:面向 ESensor-RTU 接入各模块监测数据并进行统一处理,完成系统数据库读写更新。

③系统核心应用功能。

a. 牵引系统拽拉器运行监控:位移定位与通过速率分析、虚拟场景展示和动态运行轨迹记录、卷扬机运行状态呈现、加减速自动控制指令发送、可视化数据统计与对比分析。

b. 卷扬机运行监控:卷扬机设备状态、运行数据监测及自动化控制响应。

c. 索塔偏位监测:索塔测点的偏移量监测。

d. 现场实时影像:现场施工关注点的实时影像。

e. 索股温度监测:虚拟场景点位温度数据采集、计算、分析、结果查询、可视化数据统计与对比分析。

f. 系统网络监测:监控系统构成网络的健康状态。

④提供系统基础管理功能,包括用户身份、权限管理,操作日志记录、报表输出、任务响应等。

⑤支持 BIM 系统接口整合。

⑥支持电脑端 Web 应用、移动终端(手机、Pad)App 应用,以及监控中心展示。

⑦支持更多扩展监控内容数据接入与模块化定制。

四、研究方案实施

对悬索桥施工现场环境、信号干扰源和数据采集传输需求进行调研,然后对物联网主要无线传输技术的特点和性能进行对比分析,确定网络传输方案,然后结合实际工程进行现场组网和传输测试,根据测试结果对组网方案进行优化,对无线传输设备进行改进,最终形成一套适应大跨径悬索桥现场环境的无线通信及组网技术。伍家岗长江大桥缆索牵引架设智能监控项目已经于 2020 年 6 月在施工现场进行安装调试,并成功用于缆索牵引架设。

1. 控制中心

根据设计思路,2020 年 6 月在伍家岗长江大桥施工现场控制中心部署电信运营商互联网光纤专线,采用固定公网 IP 地址(219.139.154.31),用于伍家岗长江大桥大跨径悬索桥缆索系统智能建造设备的网络传输、数据分析、可视化应用和智能化自动控制。

控制中心部署一台服务器机柜,安装 DELL PowerEdge R740 机架式服务器(图6-12-4)、海康威视网络硬盘录像机、IP SAN 网络存储设备、H3C 三层核心千兆交换机(图6-12-5)。为了使南塔主塔和北塔主塔的网络连接到控制中心,控制中心部署两台无线定向 AP,连接双塔。

图 6-12-4　DELL R740 机架式服务器　　　　图 6-12-5　H3C 交换机和存储

2. LoRa 网络

根据设计思路,在伍家岗长江大桥南岸和北岸各自部署了一套远距离、低功耗 LoRa 无线通信网络。

南北岸的 LoRa 设备连接到各自的 LoRa 网关,两岸的 LoRa 网络各自独立。伍家岗长江大桥南北岸上游卷扬机室安装一台 LoRa 网关,南北岸所有 LoRa 设备连接至各自的 LoRa 网关,包含上游卷扬机 PLC、下游卷扬机 PLC、风速风向仪等设备。数据从 LoRa 采集器传输至 LoRa 网关,然后 LoRa 网关本身配备了移动 4G 物联网卡,通过互联网把数据传输至伍家岗长江大桥智能化系统服务器。

卷扬机 LoRa 采集器如图 6-12-6 所示,LoRa 网关如图 6-12-7 所示,卷扬机部件组装如图 6-12-8 所示,卷扬机 PLC 调试如图 6-12-9 所示。

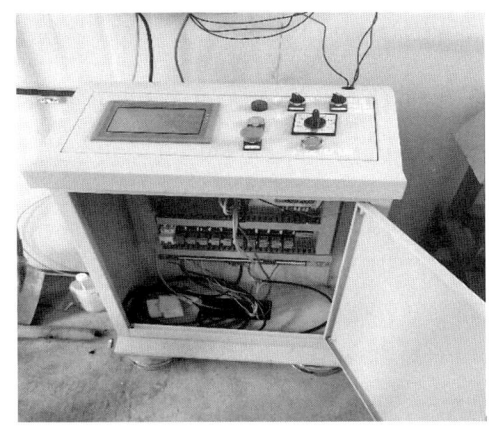 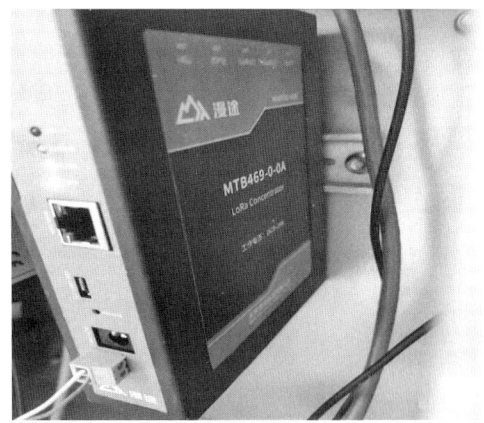

图 6-12-6　卷扬机 LoRa 采集器　　　　图 6-12-7　LoRa 网关

3. 塔顶无线网桥和设备

南北塔各安装一套无线网桥(图 6-12-10),点对点方式传输至控制中心。
塔顶各安装两台全景检测球形摄像机(图 6-12-11)、四台网络高清枪形摄像机

（图6-12-12）、一台风速风向仪。

图6-12-8　卷扬机部件组装

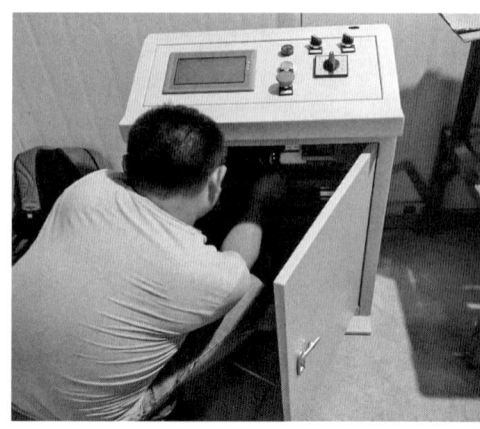

图6-12-9　卷扬机PLC调试

图6-12-10　塔顶网桥安装

图6-12-11　全景检测球形摄像机

两台全景检测球形摄像机分别监控上游和下游索鞍,可以实时监测缆索是否入鞍;四台网络高清枪形摄像机分别监控上游的南北方向猫道和下游的南北方向猫道;风速风向仪（图6-12-13）安装于南塔塔顶高处,避免地形或建筑物干扰。

图6-12-12　网络高清枪形摄像机

图6-12-13　风速风向仪

五、本节总结

整体网络架构分为光纤接入主干网、局域网、点对点无线网桥传输、物联网 4G、LoRa。伍家岗长江大桥缆索牵引架设智能监控项目实施的无线通信及组网技术总体结构合理、层次分明,对业务的阐述清晰透彻,逻辑性强,采用的技术路线符合当今主流,功能达到了业务要求。

第三节 缆索牵引卷扬机智能监控技术

一、背景和研究意义

卷扬机是各建设行业施工的关键设备之一,当前多数卷扬机的调速方式为转子串电阻调速,但电阻容易烧毁,加上卷扬机钢丝绳松紧程度不一,容易发生事故,严重影响生产,因此需要对系统进行改造。本节给出了一种基于矢量控制的电机变频调速系统实现方案,使系统具有较好的工作性能。同时采用 PLC 保证调速控制精度,考虑控制电路的空干扰措施,对硬软件进行了优化设计,从而保证了系统控制的可靠性和安全性。

PLC 是一种可编程的存储器,用于其内部存储程序,执行逻辑运算、顺序控制、定时、技术与计算操作等面向用户的指令,并通过数字或模拟式输入/输出控制各种类型的机械或生产过程。20 世纪 70 年代出现了微处理器,人们很快将其引入可编程逻辑控制器,使可编程逻辑控制器增加了运算、数据传送及处理等功能,完成了真正具有计算机特征的工业控制装置。此时的可编程逻辑控制器为微机技术和继电器常规控制相结合的产物。个人计算机发展起来后,为了方便和反映可编程逻辑控制器的功特点,可编程逻辑控制器定名为 PLC(Programmable Logic Controller)。20 世纪 70 年代终末期,可编程逻辑控制器进入实用化发展阶段,计算机技术已全面引入可编程逻辑控制器中,使其功能发生了飞跃。更高的运算速度、超小型积、更可靠的工业抗干扰设计、模拟量运算、PID 功能及极高的性价比奠定了其在现代工业中的地位。

可编程逻辑控制器在先进工业国家中已获得广泛应用。世界上生产可编程控制器的国家日益增多,产量日益上升,这标志着可编程逻辑控制器已步入成熟阶段。可编程逻辑控制器具有以下鲜明的特点:系统构成灵活,扩展容易,以开关量控制为其特长;能进行连续过程的 PID 回路控制;能与上位机构成复杂的控制系统,如 DC 和 DCS 等,实现生产过程的综合自动化;使用方便,编程简单,采用简明的梯形图、逻辑图或语句表等编程语而无须计算机知识,因此系统开发周期短,现场调试容易;可在线修改程序,改变控制方案而不拆动硬件。

二、设计思路

1. 模块架构设计

在主缆牵引过程中,通过对卷扬机钢丝绳的张力、出绳长度及牵引速度三项指标的监测,来准确地反映和控制主缆牵引力及运行速度。

在卷扬机出绳位置安装三滑轮销轴式传感器,用于实时监测钢丝绳的张力,三滑轮销轴传感器监测数据通过程序化计算可直接读入 PLC 或上位计算机。在控制系统中对钢丝绳额定张力的参数进行了设置,并设定过载报警点。在三滑轮传感器上安装多圈绝对值编码器,利用 PLC 接受编码器高速脉冲,可以实时测算出钢丝绳的速度和出绳长度,以便计算出吊钩的水平位置和高度。机械式多圈绝对值编码器的测试数据通过程序化计算可直接读入 PLC 或上位计算机。在控制系统中对垂直起升位置和水平位置进行了临界参数设置,起到垂直和水平运行限位保护。

2. OPC 服务器

通过 OPC 服务器建立与卷扬机 PLC 的数据通信,卷扬机 PLC 会据设定频率上报卷扬机设备状态及运行数据至 OPC 服务器,也可以从 OPC 服务器获取操作控制指令。

3. 采集及控制系统

在 OPC 服务器中安装驻留数据采集控制系统,负责比对 OPC 服务器中卷扬机的设备状态及运行实时数据,并将数据上报至数据中心,实时获取最新的操作指令转发更新至 OPC 服务器中。

(1) 主缆牵引力实时监控

主缆牵引力实时监控系统由轴销式传感器、无线发射器、接线盒、蓄电池组及无线控制器构成。将蓄电池组、接线盒及发射器固定于仪表箱中,将天线引出箱外固定好。蓄电池为发射器提供 24V 的直流电源,为遥控开关提供 12V 的电源,根据使用情况,定期进行为蓄电池充电。通过无线发射器将传感器信号传送到地面无线接收器,再通过有线连接将力值传送到电气集中控制系统的计算机中。

卷扬机放绳速度和放绳长度由编码器进行数据采集。通过编码器的采集,将实时数据传输到 PLC,由 PLC 进行数据整合,再对卷扬机发送相应指令。

(2) 锚索索力监测

锚索索力监测拟用 BGK4900 型锚索计。该锚索测力计本身为高强度的合金钢圆筒,不同荷载的锚索测力计分别内置 3~6 支高精度振弦式传感器,传感器可监测作用在锚索测力计上的总荷载。同时通过测量每支传感器的变化,还可获取不均匀荷载或偏心荷载。内置温度传感器具有测温功能,专用的多芯抗干扰屏蔽电缆来传输包含荷载和温度信息的电信号,测值不受电缆长度的影响。良好的稳定性与全防水密封结构设计,适合在各种恶劣环境下长期监测锚索的荷载变化。可选用 BGK-409 锚索计专用读数仪进行测读。

(3)卷扬机集中控制系统

卷扬机集中控制系统在西门子 TIAPortalV13 集成自动化开发平台上,将检测到的各项数据实时反映到控制屏幕。通过屏幕上的按钮控制,实现全程动态同步精确控制。系统软件界面可以分为主界面、参数设置界面和历史数据界面等不同功能界面。系统主界面能够直观显示牵引卷扬机的工作状态和各实时监测数据。

同时为实现主缆牵引的综合监控,牵引卷扬机设置性能可靠的计算机综合管理系统对卷扬机进行全面监控,包括变频器的工作、PLC 梯形图、系统故障及故障的排除,以图形形式反映各机构的运动及连锁状态,通过人机界面触摸屏,可对所有卷扬机进行各种安全组合操作。

安全控制系统是把各台卷扬机操作面板上的部分按钮及卷扬机外部限位、接近开关、变频器过载保护等部件进行整合,经过 PLC 的输入端,来控制 PLC 的输出端,然后以此控制集成系统的正常运行。通过集成控制系统的安全控制系统,在屏幕上实时显示故障预警信息,实现对各项安全指标的实时监测和报警。各项监测指标与系统参数设置出现偏差,系统发出报警,设备的运行极限进行控制,会出现自动停机保护,在主控界面设置了意外和突发事件的紧急保护措施。

三、研究方案实施

本项目单向往复式缆索牵引系统南北两岸上下游共 4 套卷扬机系统,各卷扬机可单独操作,配置 4 套控制系统,每套卷扬机系统配置 1 个操作台(附数据显示面板)、1 套 PLC、1 个变频器、1 套三滑轮测力系统、1 个绳速绳长编码器、1 个 LoRa 采集器,南北岸各配置 1 台 4G 网关安装于上游操作室内。锚索计安装于猫道承重索,上下游各两个。PLC 系统调试如图 6-12-14 所示,放索显示界面如图 6-12-15 所示。

图 6-12-14　PLC 系统调试

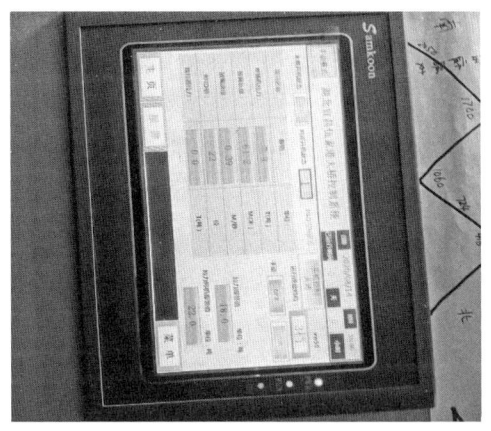
图 6-12-15　放索显示界面

设备的安装位置采取就近原则,以实现更稳定的数据传输,避免远离前端感知设备而掉线或者传输延时。天线连接须稳定可靠,将天线拉至室外空旷地固定,以便 LoRa 采集器采集数据稳定上传,保证 4G 信号强度达到网络传输要求。南北两岸卷扬机联动状态下,通信的延时会导致南岸控制端无法实时接收数据而不能及时处理超载和其他风险。LoRa 采集器安装如图 6-12-16 所示,LoRa 4G 网关安装如图 6-12-17 所示。

图 6-12-16 LoRa 采集器安装

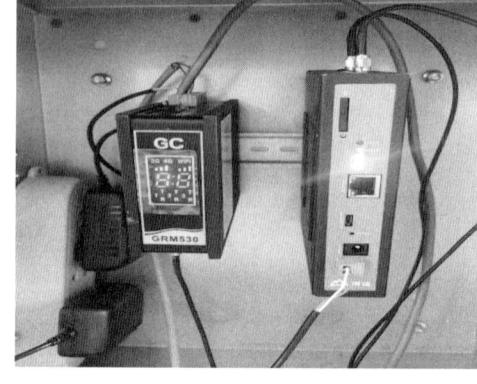

图 6-12-17 LoRa 4G 网关安装

传感器导轮机构安装位置应尽量靠近卷扬机卷筒位置,避免卷扬机运行时钢丝绳抖动损坏传感器。支架安装固定时应尽量保证钢丝绳处于水平,从而避免 3 个导轮有受力不均而损坏轴承。传感器支架应安装为活动式,四向均有活动余量。

传感器安装如图 6-12-18 ~ 图 6-12-20 所示,轴销传感器如图 6-12-21 所示,卷扬机拉力实时显示如图 6-12-22 所示,卷扬机联动系统如图 6-12-23 所示。

图 6-12-18 传感器安装

图 6-12-19 传感器安装完成(一)

编码器采用导轮传动式安装,编码器轮缘贴合卷扬机卷筒安装,导轮与卷筒平行安装,如果有角度误差,会导致测量数据误差,长时间运行会导致导轮松脱损坏编码器。编码器安装如图 6-12-24 所示,绳速、绳长实时显示如图 6-12-25 所示。

锚索计与猫道索张拉同步安装,紧固螺钉,线路敷设要避免踩踏以及剐擦,全线路套金属软管保护。锚索计安装如图 6-12-26 所示,锚索计数据显示如图 6-12-27 所示。

图 6-12-20 传感器安装完成(二)

图 6-12-21 轴销传感器

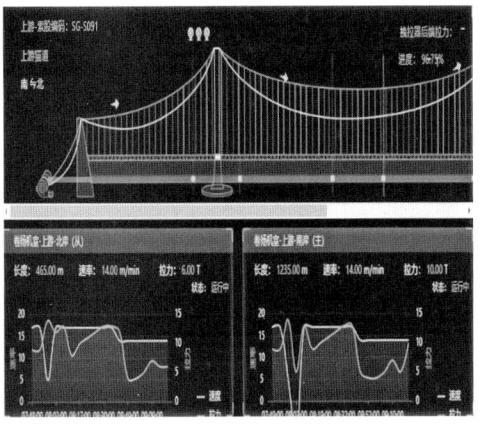

图 6-12-22 卷扬机拉力实时显示

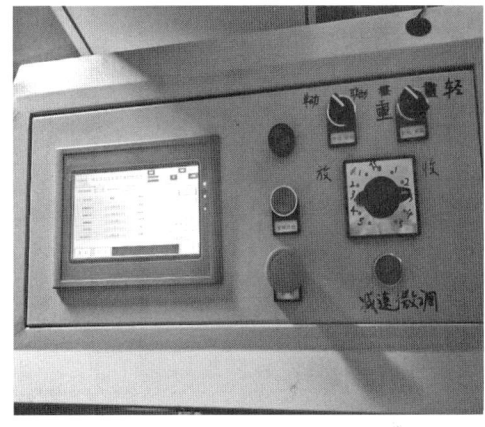

图 6-12-23 卷扬机联动系统

图 6-12-24 编码器安装

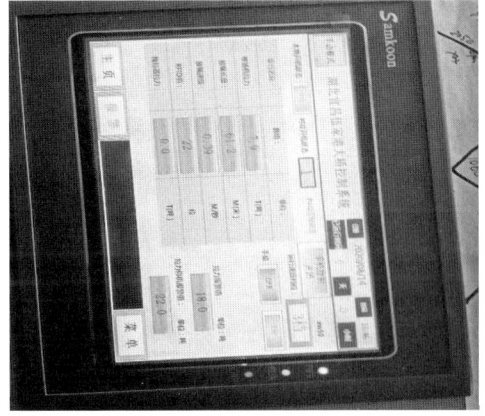

图 6-12-25 绳速、绳长实时显示

图 6-12-26 锚索计安装

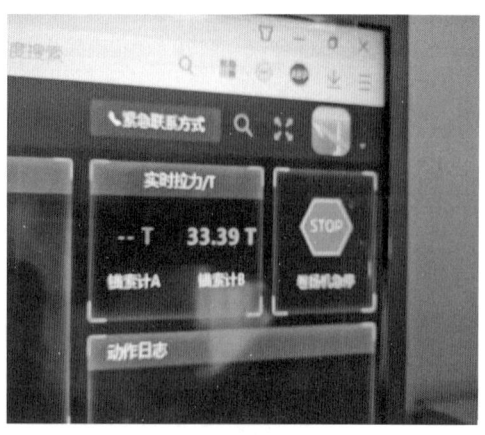

图 6-12-27 锚索计数据显示

四、数据分析与系统界面

数据分析与系统界面如图 6-12-28、图 6-12-29 所示。

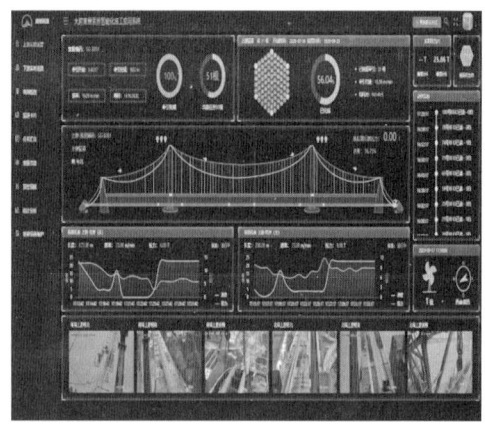

图 6-12-28 主控制界面

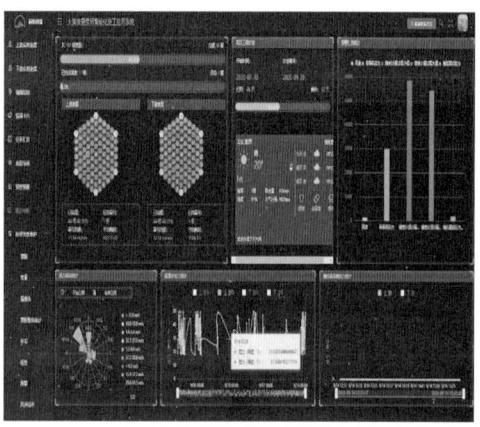

图 6-12-29 分控制界面

五、本节小结

放索过程中将卷扬机牵引索的张力、绳长、绳速、拽拉器位置、缆索拉力，以及设备状态等信息高度集成于系统。采用 PLC 中央控制系统，具有实时性、高可靠性、系统配置简单灵活、I/O 卡件丰富、模块化结构的控制系统等特点。通过 PLC 对采集数据进行整合处理，同步对卷扬机进行智能控制，拉力、速度、位置到达参数限制时进行预警、危险报警，对故障和突发状况以及超量程进行自动停机保护，保障整个放索过程的智能、高速、高效、安全。研究结果表明，该系统适用于卷扬机的智能监控，为今后的卷扬机智能控制技术研究提供了强有力的技术支撑。

第四节　拽拉器智能监测及缆索牵引架设智能控制

一、拽拉器的运用

伍家岗长江大桥缆索牵引施工采用 PPWS 法中的单线往复式牵引，单线往复式牵引系统在两岸的锚碇之间架设一根牵引索，前端与主牵引卷扬机相连，后端与副牵引卷扬机相连。牵引系统运行时，主卷扬机收绳并提供牵引力，副卷扬机放绳并施加一定的反拉力来确保牵引索的垂度，由拽拉器牵拉索股进行主缆的架设施工。一根主缆索股牵引完毕后，启动副卷扬机收绳提供牵引力，主卷扬机放绳并施加一定的反拉力来确保牵引索的垂度，将拽拉器牵拉回副卷扬机前准备进行下一根索股的牵引架设。

二、拽拉器牵引力及位移智能监测模块架构设计

为实现伍家岗长江大桥智能监测项目，通过先进的传感技术和网络技术实时获取桥梁运营过程中的环境荷载、运营荷载、桥梁特征和桥梁响应等结构相关数据；通过数据分析和处理，评估桥梁的结构健康状况，对桥梁的安全性和可用性进行评价。基于 RFID 与 LoRa 网络的系统拓扑如图 6-12-30 所示。

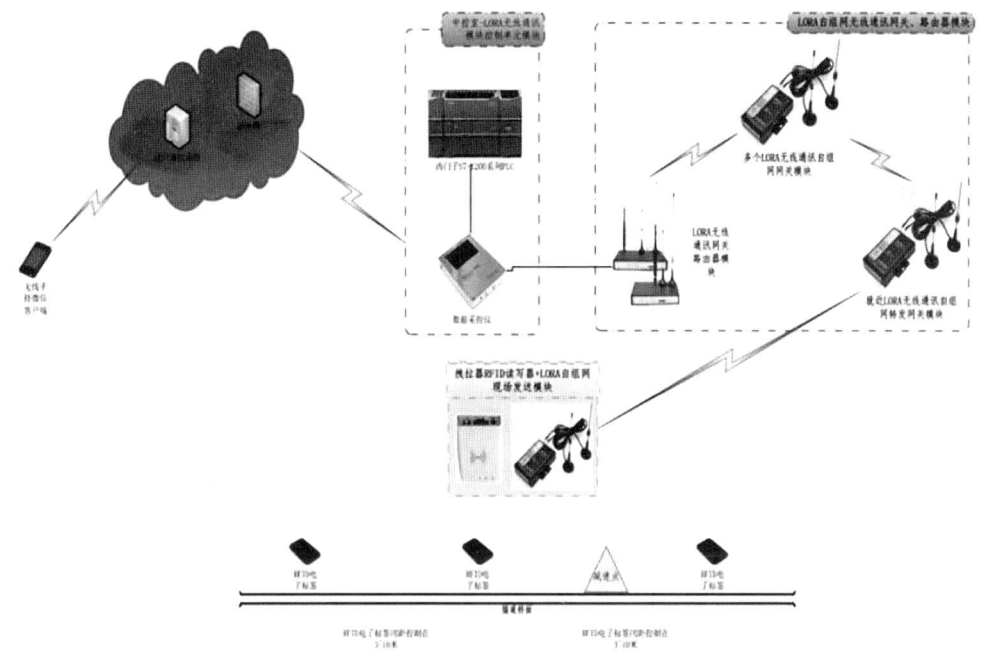

图 6-12-30　基于 RFID 与 LoRa 网络的系统拓扑

（1）数据感知监测：面向牵引系统中拽拉器的实时位移，监测其加减速率与轨迹定位，采用 RFID 读卡设备与电子标签实现定位监测，对拽拉器的位置进行识别判断，即拽

拉器通过某一标签位置时,固定其上读卡设备识别电子标签信息,并将对应编码与位置基于 LoRa 网络传输至平台。

(2)数据传输网络:采用物联网低功耗广域网(LoRa)通信实现各项监测数据与中控中心数据采集控制设备的无线远程传输。

(3)数据采集控制:符合 LoRa 网络数据传输规范的智能数据采集控制设备 ESensor-RTU,面向物联网感知设备的数据信息进行统一的规范化处理,同时与云计算数据中心连接,面向数据应用系统提供基础数据信息,支持直接与卷扬机自控系统(PLC)通信,获取设施相关运行信息,以及自动化控制指令发送。

拽拉器在过门架的时候,需要严格控制拽拉器通行速度,应低速均匀的通过门架滑轮组。通过在牵引系统部署 RFID 电子标签,实施监测拽拉器位置和速度,并将数据信息传输到控制卷扬机,控制拽拉器速度。

按如上架构设计所实现的牵引系统拽拉器运行监控模式,可面向牵引系统中拽拉器的实时位移,监测其实时轨迹定位与加减速率。

通过 RFID 读卡设备与 RFID 电子标签准确获取当前位移定位,并可在系统中对拽拉器的位置、移动进行轨迹化动态识别判断。即当拽拉器通过某一 RFID 电子标签时,固定其上 RFID 读卡设备通过识别电子标签信息,将采集到的标签编码与对应位置基于 LoRa 网络传输至中控中心数据采集控制设备,并与云计算数据中心连接,面向数据应用系统提供基础数据信息。

RFID 无线射频识别是一种非接触式的自动识别技术,它通过射频信号自动识别目标对象并获取相关数据,识别工作无须人工干预,可工作于各种恶劣环境。RFID 技术可识别高速运动物体并可同时识别多个电子标签。

拽拉器安装 RFID 读卡器、无线传输模块;猫道部署 100 张 RFID 卡片,RFID 卡片编号从 1 到 100。根据卷扬机收缆长度、RFID 读卡器读到的卡片编号,可以确定拽拉器当前位置。

通过张力传感器对拽拉器张力进行监测,通过卷扬机收缆长度,配合 RFID 标签及读卡器对拽拉器牵引长度/位移进行实时监测,通过拽拉器上安装的无线传输模块将数据传输到智能网关,实现拽拉器牵引力及位移智能监测。

牵引系统是悬索桥上部结构施工的关键系统化设备,它承担着悬索桥主缆施工平台——猫道以及主缆索股的牵引架设任务。系统的工作性能和效率直接关系到悬索桥主缆的施工质量和进度。该系统是由多种机械设备和操作指挥人员共同协作的大型系统,它包含了牵引索股所需的动力设备、放索机构以及各种牵引绳索和辅助系统运转的多种门架导轮组等机具设备。另外,牵引系统的运转需要各种设备操作人员与系统指挥人员共同协作、科学的指挥与操作,在保证人员和设备安全的前提下程序化运行,才能有效克服主缆牵引过程中易出现的各种质量问题。

拽拉器与 RFID 定位判断示意如图 6-12-31 所示,读卡器安装示意如图 6-12-32 所示,读卡器与电子标签示意如图 6-12-33 所示,拽拉器监测如图 6-12-34 所示。

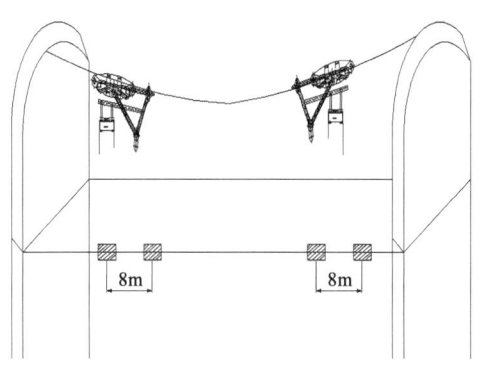

图 6-12-31　拽拉器与 RFID 定位判断示意图

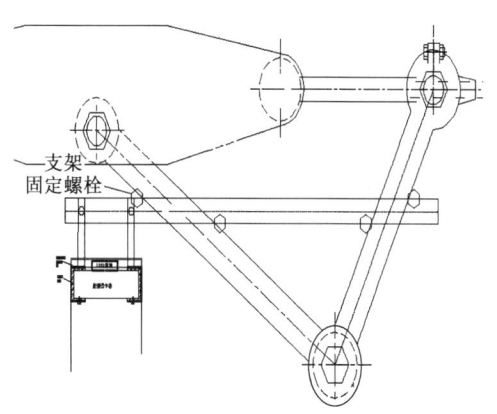

图 6-12-32　读卡器安装示意图

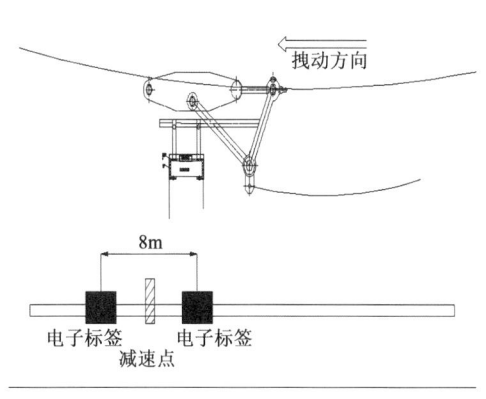

图 6-12-33　读卡器与电子标签示意图

图 6-12-34　拽拉器监测图

三、缆索牵引架设智能控制

配置单台卷扬机的起重机,其单绳拉力及扭矩无法满足现场往复式牵引的需要,因此伍家岗长江大桥放索设备在两岸配备了多台卷扬机。多台卷扬机若只采用传统的等变量控制方法,因受液压元件、结构件差异及摩擦力等多方面影响,吊装作业时很难保证多台卷扬机在单位时间内收放相同长度的钢丝绳,可造成吊钩倾斜滑轮组磨损、钢丝绳断股,甚至发生安全事故,因此需要采用多台卷扬机同步控制技术。两岸卷扬机在使用同步控制模式前,需要确定两岸钢丝绳同步受力,再启用同步模式。进入同步模式后,人机交互界面会显示同步控制的相关信息。目前,卷扬机同步控制的总体思路基本上都是在启用卷扬机同步模式后,以其中一台卷扬机作为基准,让其他卷扬机跟随基准卷扬机同步转动,并根据检测到的收、放绳量差异,来调节其他卷扬机的转速,从而实现多个卷扬机同步控制。

联动控制模块负责分析牵引过程数据及操作指令是否满足联动要求、发送联动控制指令至 OPC 服务器中的采集控制系统，整合关联对应影像数据，存储联动分析过程数据及反馈结果信息。对卷扬机控制系统进行集成，实现远程集中控制多机联动，根据拽拉器反馈的牵引端张力信息自动调整系统张力；采用拽拉器的位置识别感知技术，当拽拉器运行距门架导轮组 10m 左右，自动控制拽拉器减速缓慢通过导轮组，拽拉器通过门架后恢复正常牵引速度，实现系统运行速度的自动控制；在运行过程中，卷扬机出现通信故障、电机过载、力矩超载等现象，系统自动报警，超过极限值自动控制系统停机。

由 OPC 服务器、卷扬机设备及运行数据采集控制系统、卷扬机联动控制模块及无线桥接定向传输网络组成整个卷扬机运行监控模块，包含卷扬机 PLC 数据采集及拽拉器牵引加减速启停的联动控制，在牵引过程中系统对卷扬机的自动化控制。

PLC 自动化控制技术的原理是 PLC 终端对主牵引绳的张力控制、绳速绳长、位置识别、变频器无级调速等内容的数据采集、识别与自动化控制。

卷扬机联动及自动化控制如图 6-12-35 所示，智能控制原理如图 6-12-36 所示。

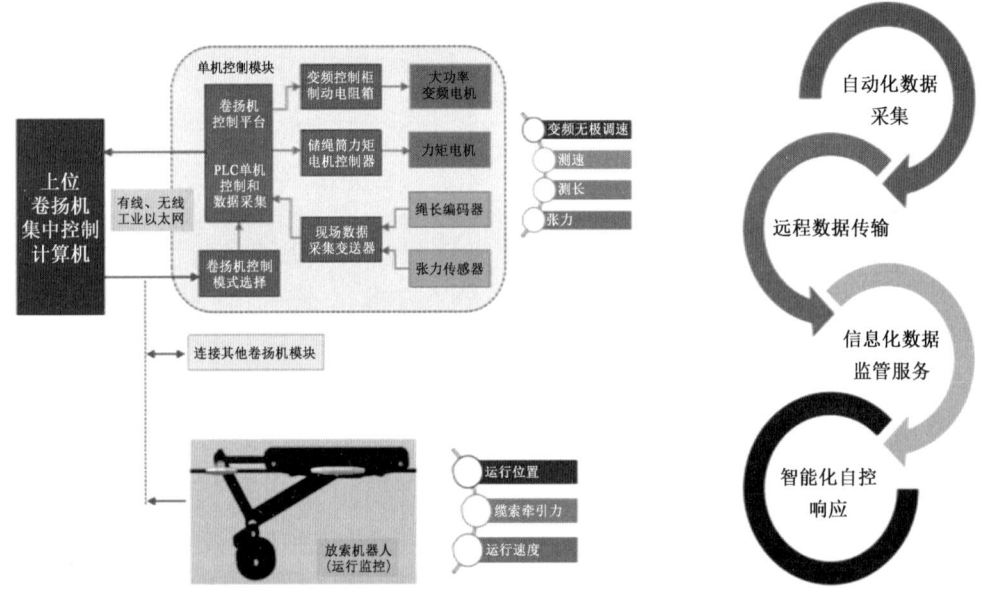

图 6-12-35　卷扬机联动及自动化控制

四、研究方案实施

本项目缆索采用单向往复式牵引，分上下游同步施工，同时牵引缆索，所以采用两套独立的监测系统和智能控制系统，所有数据上传到后台再进行整合展示。上下游拽拉器上分别安装一套 RFID 位置识别系统和一个板环拉力传感器。读卡器识别位置的 RFID 卡安装于猫道侧面护栏，上下游分别布置 100 张 RFID 卡，平均分布在猫道护栏，对每张卡进行编号、授权，即每张卡代表一个位置，拽拉器经过卡片进行读取识别位置同时上传到云端,在操作台上实时显示出来。读卡器安装与调试如图 6-12-37 所示,RFID 电子标签如图 6-12-38 所示,拽拉器整体效果如图 6-12-39 所示,RFID 读卡信息实时显示如图 6-12-40 所示。

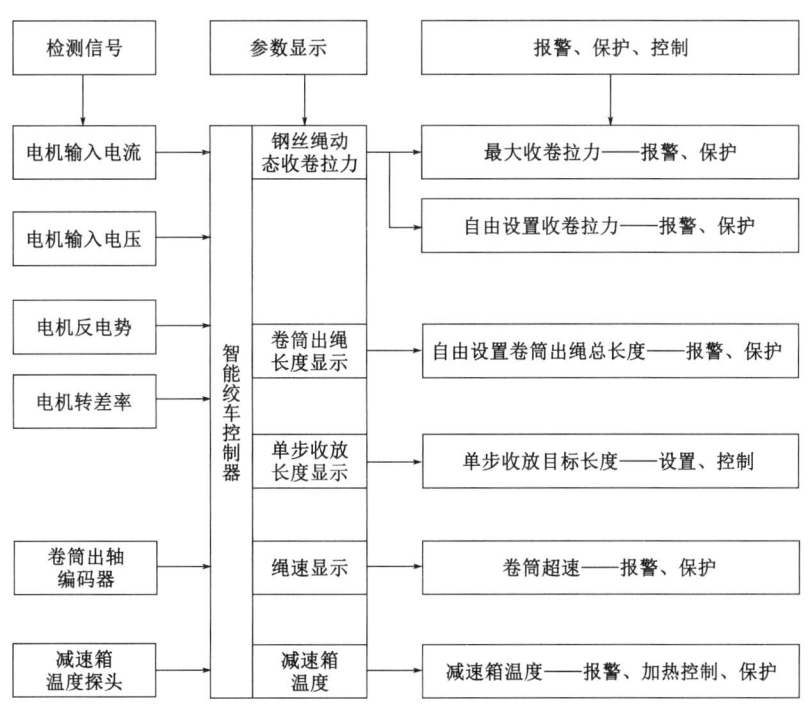

图 6-12-36 智能控制原理图

图 6-12-37 读卡器安装与调试

图 6-12-38 RFID 电子标签

 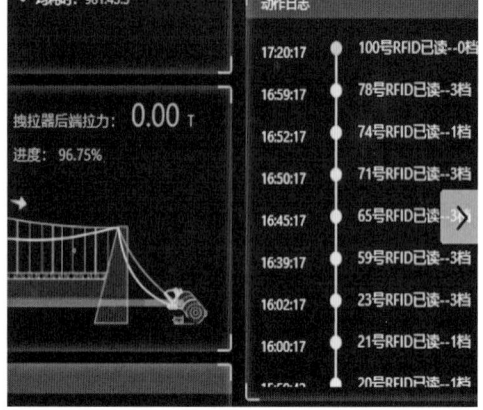

图 6-12-39　拽拉器整体效果　　　　　　　图 6-12-40　RFID 读卡信息实时显示

五、数据分析与系统界面

在上部结构施工过程中，预测桥位区在施工期限内可能出现的最大风荷载，分析永久结构在最大风荷载作用下的安全性和验证临时结构的抗风设计，采用超声波风速仪进行风速的实时监测。最高采样频率 32Hz；风速测量范围 0~40m/s，分辨率 0.01m/s，精度 < ±1% rms ±0.05m/s；风向测量范围水平 0~360°，攻角 ±60°，分辨率 0.1°，精度 < ±2°；超声速度测量范围 300~360m/s，分辨率 0.01m/s，精度 ±0.1% rms ±0.05m/s。主控制界面如图 6-12-41 所示，放索速度统计如图 6-12-42 所示，放索任务统计如图 6-12-43 所示，猫道卡片统计如图 6-12-44 所示，风速风向统计如图 6-12-45、图 6-12-46 所示。

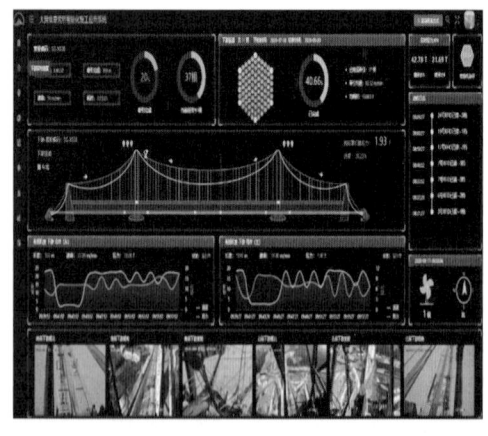 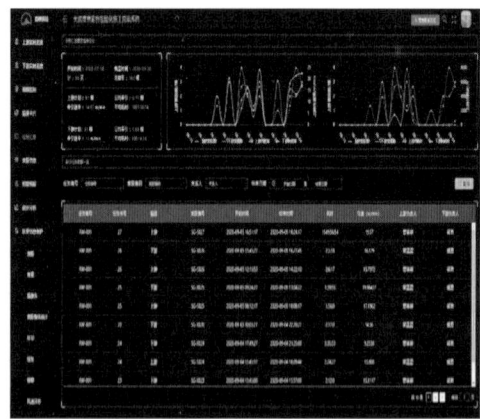

图 6-12-41　主控制界面　　　　　　　　　图 6-12-42　放索速度统计

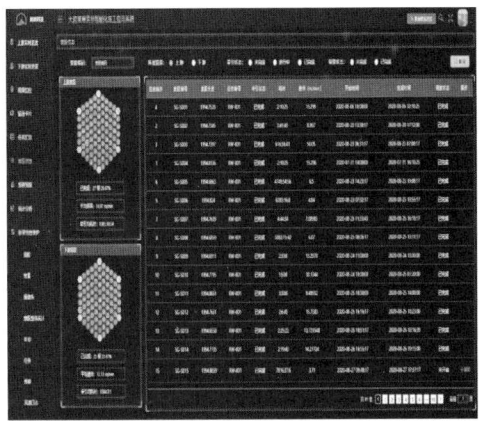
图 6-12-43　放索任务统计

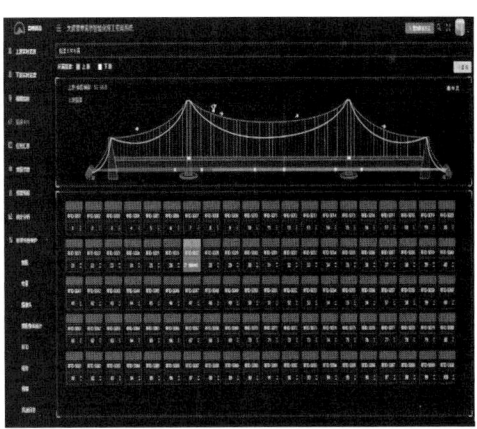
图 6-12-44　猫道卡片统计

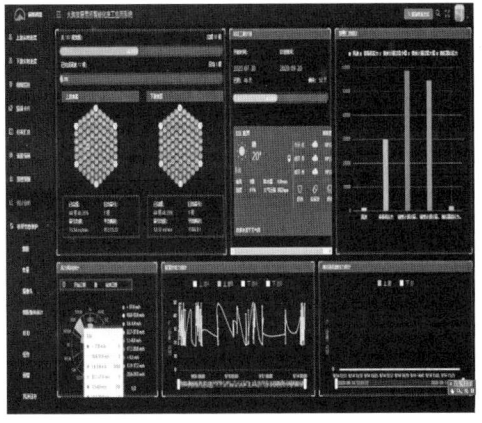
图 6-12-45　风速风向统计(一)

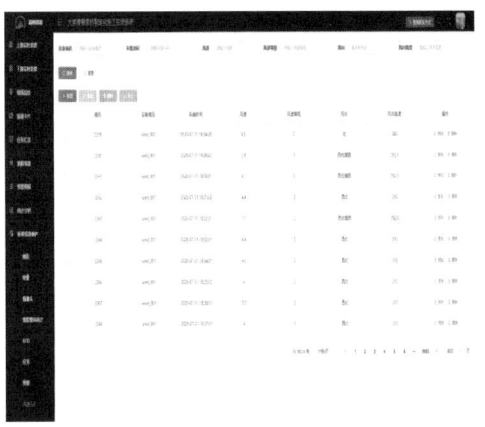
图 6-12-46　风速风向统计表(二)

六、本节小结

通过对拽拉器的智能监测和缆索牵引架设智能控制，实现缆索牵引架设关键参数监测、状态评估及智能控制技术；实现在线实时监测，以及拽拉器和卷扬机的智能联动控制。

自动化放索过程中速度无法实现机械智能（AI）控制，卷扬机切换到自动放索模式，拽拉器根据射频识别技术（RFID）识别到的位置自动采用预先设定好的速度过门架或主塔等。由于单动模式下放索速度等由人员手动控制，更符合人的判断习惯。而自动放索与人为放索在放索速度、安全判断上存在偏差，导致自动放索目前处于理论实现阶段，并未到达全过程适用阶段。

第五节　视　频　监　控

一、监控环境调研

基于网络的桥梁施工监控中，施工现场的实际情况（如施工荷载分布情况等）对施工控制分析与控制决策有着重要意义。为实时掌握施工现场情况,可在施工现场布置摄像头,监视整个施工现场。

在南塔和北塔安装视频监控,每座主塔分别监控上下游猫道和索鞍。南塔和北塔各安装一套无线网桥,视频监控信息定向传输至监控中心。

视频监控模块包括前端监控、传输网络、后端采集处理控制3个层面的内容建设,使用高清摄像头将现场施工实时影像通过无线桥接定向传输至数据中心,将影像信息数据处理后跟各牵引任务关联,方便后续全方位检阅回溯施工任务。

(1)数据感知监测:在施工面关注点架设球形高清摄像头。

(2)数据传输网络:采用无线桥接定向传输构建视频传输网络。

(3)数据采集分析:数据中心将整合施工任务过程信息及视频影像信息,将任务数据与视频处理后信息建立联系,并能据任务执行过程情况智能转换视频呈现,例如画面总能跟踪呈现牵引拽拉器的实时状态等。

二、视频监控实施

(1)按方案设计选取安装位置,以周围物体不遮挡视频监控视野为准,全方位覆盖上构作业面。

(2)上构视频监控探头安装,采用海康配置专用悬臂式支架,采用海康配备304抱箍卡固定悬臂式支架在路灯杆立柱上,所有零部件均为不锈钢材质。

(3)固定球机监控设备。

(4)安装完成后,记录好球机、枪机安装信息,如IP地址、仪器编号、安装日期、具体位置等。最后,可以使用平台进行查看视频画面数据,也可以通过远程进行视频查看。

固定摄像监控设备如图6-12-47所示,塔顶无线网桥如图6-12-48所示,监控中心接收网桥如图6-12-49所示,视频监控主控界面如图6-12-50所示。

图6-12-47 固定摄像监控设备

图6-12-48 塔顶无线网桥

图 6-12-49　监控中心接收网桥

图 6-12-50　视频监控主控界面

三、监控平台功能实施

1. 设备管理

对设备进行管理,为用户提供组织树排序、设备关键字搜索和监控点信息导出功能。

在用户需要快速找到某个设备或查看设备列表的场景下,可根据某个特征将设备组织树进行排序,通过排序后的组织树来查找或查看某个设备。用户若知道某个设备的部分信息,如设备编号、名字或 IP,可通过设备关键字搜索功能快速查找设备;在大型项目中,监控点数较多,不便于实时展开查看,系统可提供监控点导出功能,方便用户查看监控点信息。

在设备因各种原因失去连接时,为满足用户对各种设备的使用可靠性,平台提供设备重连的功能需要,支持用户自定义设备的重连次数和重连事件间隔定义,避免设备失去连接或反复重连。

2. 资源管理

为保证所添加的服务器已经正确安装,可以在海康威视看门狗程序中查看服务器的运行状态,以确保设备的正常运行。

3. 用户权限管理

管理系统所有用户的添加删除、权限分配等操作,具体分为用户、部门、角色管理。可详细登记用户信息:用户名、所属机构、用户级别、联系电话、手机、mail 等。为提升用户体验性,支持批量导入用户。

支持 A/D 域功能,通过鉴权,用户无须逐一注册即可登录系统。

用户权限配置分为三部分:用户、部门、角色,不同用户可以设置所属部门和隶属角色,相关操作时根据优先级提供优先级高的用户优先使用权利,用户权限可以进行授权、转移和取消;对用户所建立的用户组织,支持用户的禁用和解禁功能,丰富用户权限控制的功能。

4. 报警接收与联动管理

报警管理分为设备掉线报警、服务器异常报警和监控点报警。监控点报警为监控点的视频类报警,包括移动侦测、视频丢失、遮挡报警等。

5. 录像配置与管理

录像管理用来管理录像的存储,包括对前端设备的录像计划配置,集中存储的录像计划配置,并支持多种录像类型并存应用,支持自动获取设备录像计划。例如,可通过系统批量将车位相机的录像计划下发到诱导管理器中进行配置,降低人工配置工作量。

在原有基础功能上,新增报警录像的预录和延录功能,其中预录时长取决于前端缓存时间,用户可自定义配置预录时间和延录时间,让用户能查看报警事件的前后录像,清楚了解事件发生的前因后果;同时,CVR 支持 N+1 模式,大大提升系统录像的稳定性。

在系统录像计划配置主界面,能够显示各个中心存储服务器关联监控点的数量,以及各个监控点中心存储位置、码流类型、磁盘分组等信息,能让用户实时掌握存储信息,并根据实际存储情况来合理分配监控点存储位置。系统支持对备份图片按照时间和监控点查询,并以缩略图展示。

6. 设备校时

管理平台支持设备校时功能,提高视频录像时间记录的正确性。支持自动校时与手动校时功能,可固定设置好每天的设备校时时间,系统按照事先设置自动执行校时功能,或采用手动校时方式执行。

为了使系统对服务器做同步化,提供高精准度的时间校正(LAN 上与标准间差小于 1ms,WAN 上几十毫秒),系统支持 NTP 校时功能。

7. 客户端管理

用户可在平台登录界面下载中心直接下载"客户端"。

在客户端首页直接显示预览画面,便于用户打开客户端后直接看到预览画面,系统更直观、更贴近用户使用场景。

为了提升用户对系统的操作体验,提升用户使用满意度,系统支持自定义键盘快捷键进行抓图功能,支持 PC 键盘进行云台控制,满足用户对抓图和云台控制的快捷操作需求。

满足用户对客户端的控制需求,对客户端的控制也进行适当优化,如支持客户端性能计划的配置;在 C/S 客户端,可支持用户 C/S 客户端增量获取资源,支持预览窗口跳转回放画面功能。

8. 数据库备份与恢复

管理平台支持数据库的备份和恢复。备份平台数据后,备份文件保存在安装平台的系统盘中,也可通过修改平台的配置文件,自定义备份文件的保存路径;当系统损坏导致数据丢失时,可方便快捷地完成数据的恢复。

9. 基础应用功能

(1) 图像实时预览。通过 C/S 客户端和 WEB 浏览器,可以单画面或多画面显示实时视频图像;支持不同画面的显示方式:1、4、6、9、16 画面等方式;支持 1×2、1×4 和 $1+2$ 三种走廊模式预览窗口的布局。

(2) 多通道轮巡预览。在一些接入了多个通道的场景中,用户需要在大屏上重点关注某几路的实时监控视频,甚至需要在不同时段关注不同通道的监控视频,满足用户对多通道的轮巡预览需要。系统提供自动轮巡功能,可以用事先设定的触发序列和时间间隔对监控图像进行轮流显示等,并且提供丰富的轮巡方式,包括组内轮询、分组轮询、组合轮询、分时轮询四种轮询方式,也可将单窗口绑定一个轮巡组。

(3) 云台控制。对于前端带云台镜头的设备,系统能够实现对前端云台镜头的全功能远程控制,方便用户进行远程设备控制,最大限度发挥云台的功能;同时,通过系统远程控制,减少人工现场调试成本。

(4) 录像下载与回放。为满足用户跨时间段进行录像查看和分析的需要,支持跨零点的录像回放和下载功能。支持录像的批量下载;支持多种备份方式,选择本地备份则保存在本地文件,选择刻盘备份则保存在刻录的光盘里,选择 ftp 上传备份则会上传到指定 ftp 服务器的指定目录里;备份速度与同时开启备份通道数可以根据用户不同的需求自主配置;支持动态加载刻录机。支持单画面、4 画面、单进、单退、快进(1/2/4/8 倍数)、剪辑、抓帧、下载等;在回放的过程中可以图像的电子放大功能,支持常规回放、分段回放、事件回放、即时回放等多种回放方式,支持录像回放电子放大,可以对指定区域的图像画面进行放大,放大到整个窗口,支持单通道剪辑和多通道一键剪辑,并将剪辑文件保存在本地。

四、视频监控系统的价值和意义

视频监控系统具有创新性、前瞻性,在技术论证阶段存在诸多未知因素,施工论证过程中也存在很多安全风险及不可预见突发状况,因此采用实时视频监控系统能有效降低安全风险,可以对上部结构施工进行实时监管以及历史追溯,对施工安全生产起到了不可忽视的作用。实施过程中,后台操作人员以及管理人员能够实时监控整个施工过程,对缆索牵引过程中的突发状况及时进行紧急处理,保障施工安全进行。

第六节 本 章 小 结

伍家岗长江大桥智能监测与控制,是面向悬索桥上部结构牵引系统等施工工序,通过部署有效覆盖项目实施现场的物联网低功耗广域网通信网络,重点针对牵引系统拽拉器加减速率与位移定位等数据加以信息化应用管控。本项目的成功,对悬索桥缆索架设起到了示范作用。

在数据采集传输方面,本项目物联网与边缘计算融合技术及设备,远程监测和控制响应延时分别在 2s 和 50ms 内,能实现悬索桥缆索系统施工高频采集数据的实时计算与状态感知。

在悬索桥缆索牵引架设智能监测控制方面,拽拉器定位精度 ±5cm,牵引力监测精度 ±2%,而且能实现在线实时监测,进一步实现拽拉器和卷扬机的智能联动控制,该方法属于首次提出。

本项目相关研究技术水平较高,多项技术属于首次提出,或在世界上处于领先水平。

(1)物联网与边缘计算融合技术及设备,实现悬索桥缆索系统施工高频采集数据的实时计算与状态感知。

(2)悬索桥缆索牵引架设关键参数监测、状态评估及智能控制技术;远程监测和控制响应延时分别在 5s 和 50ms 内;拽拉器定位精度 ±5cm,牵引力监测精度 ±2%,能实现在线实时监测,以及拽拉器和卷扬机的智能联动控制;视频监控模块,实现施工现场关键部位视频实时显示、存储、调用与分类显示等功能。

(3)现场环境风速风向测量模块,实时获取观测点的风速风向变化,显示监控及预警现场施工环境的风速风向是否满足施工条件。

(4)统计分析查询展示模块,实现对缆索施工进度的可视化呈现,施工各工序涉及参数的时序变化趋势。

(5)研发平台配置管理模块,用于平台管理员对平台的日常管理,包括 Web 端与手机用户端权限、角色、查看与统计登录次数等。

(6)建立技术先进的分布式消息队列时序数据库,实现对悬索桥缆索智能化项目的施工各项运行参数、现场关键工位的视频等数据进行存储。

(7)卷扬机与拽拉器位移参数监控与分析模块,实现主缆索股拽拉任务回溯以及工序时间统计等功能。

亮点:放索过程中对卷扬机牵引索的张力、绳长、绳速、拽拉器位置、缆索拉力,及设备状态等信息高度集成于系统,系统通过放索过程中的施工要求来决定放索的动作,可以实现手动控制,自动控制及远端 web 和 PAD 控制。

创新性:本项目是国内悬索桥建造过程中第一次将智能化监控理论运用于实际应用,对后续悬索桥的智能化施工提供示范效应。

(1)建立卷扬机统一的数据通信协议标准;

(2)研发拽拉器位移与卷扬机的联调联控功能;

(3)研发视频监控与拽拉器位移的联调联控功能;

(4)研发预警子系统,设立相应的施工关键预警值,实现预警功能;

(5)研发系统平台网络健康状态监控功能;

(6)研发适用悬索桥施工场景的面向未来 5G 的 NB-LoT 技术和 LoRa 技术。

第十三章 大跨径悬索桥索夹螺杆张拉工艺优化及超声智能诊断技术研究与运用

第一节 工程概述

一、主缆索夹结构简介

伍家岗长江大桥主桥1160m,江南侧引桥572m,江北侧引线1080m(路基段686m,桥梁段394m)。大桥主缆横向布置两根,间距为26.5m。主缆采用平行钢丝预制束股法(PPWS)制作、架设,钢丝标准抗拉强度1770MPa。主缆在索夹内的空隙率为18%,在索夹外空隙率为20%。螺杆有效长度>0.70D（D为索夹内主缆直径）。两半索夹间的设计空隙取40mm,使上下半索夹的嵌合量能够满足索夹内主缆的空隙率在±2%范围内变化。

与吊索相对应,索夹采用销接式结构。全桥索夹分为有吊索索夹和无吊索索夹,有吊索索夹根据倾角和下滑力不同设置不同数目的螺杆,无吊索索夹为紧固索夹。两半索夹采用上下对合型,螺杆竖向布置,为适应主缆空隙率的一定变化,两半索夹间留有适当的缝隙。

全桥索夹分9种类型SJ1~SJ9。SJ1~SJ6为有吊索索夹,与吊索相应,采用销接式连接。索夹按主缆倾角不同,所需夹紧力不同,索夹长度及螺杆数量不同,将相近长度的索夹进行合并。同一组索夹耳板销孔位置略有变化,以适应索夹倾角的变化。为使两个销孔保持水平并尽量避免吊索偏心受力,销孔对称于通过索夹中心的铅垂线布置。SJ7位于无吊索区,主要起夹紧边缆及支撑主缆检修道的作用。封闭索夹SJ8位于主索鞍两侧和散索鞍处,起封闭该处主缆的作用,SJ9位于伍家岗侧散索鞍处。所有索夹均采用上下对合型结构形式,用高强螺杆连接紧固,为保证在预紧高强螺杆作用下索夹能紧抱主缆,在两半索夹内留有适当的缝隙,接缝处嵌填氯丁橡胶防水条防水。

二、索夹螺杆与施工概况

大桥全桥索夹布置情况如图6-13-1所示,有吊索索夹有16个SJ1型(16根螺杆)、16个SJ2型(14根螺杆)、20个SJ3型(12根螺杆)、20个SJ4型(10根螺杆)、24个SJ5型(8根螺杆)以及54个SJ6索夹(6根螺杆),总计有吊索索夹150个,对应索夹螺杆1436根,全部分布在主跨区域。

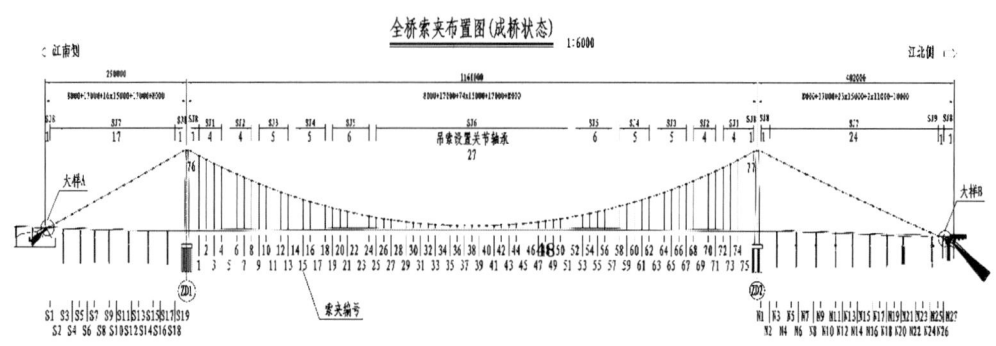

图 6-13-1　伍家岗长江大桥索夹布置图(尺寸单位:cm)

另外,无吊索索夹有 86 个 SJ7(4 根螺杆)、12 个 SJ8 型(4 根螺杆)、2 个 SJ9(4 根螺杆),总计无吊索索夹 100 个,对应索夹螺杆 400 根,主要分布在大桥两侧边跨以及靠近桥塔的主跨区域。

索夹螺杆均做成缩腰形,以避免在螺纹处断裂。索夹均采用 M45 螺杆张拉夹紧。螺杆加工初期经磁粉和超声波探伤二级合格后进行精加工,材料采用 40CrNiMoA,长度 870mm,中间缩腰处直径为 41.5mm,螺母材料采用 15MnVB,螺母垫圈采用 40Cr,分凸球面垫圈和凹球面垫圈。

索夹安装前,在主缆上进行索夹螺杆紧固和索夹抗滑试验,观察索夹安装和螺杆轴力导入时可能出现的问题和螺杆轴力随时间的变化规律,以及测定索夹与主缆间的摩擦系数。

1. 索夹安装顺序

索夹先由跨中同时向中、边塔顶方向安装,后由边跨锚碇向边塔方向安装。

2. 螺杆紧固顺序

螺杆紧固是分次完成,针对不同类型索夹上螺杆数量,确定具体螺杆张拉顺序,使其符合设计要求。

3. 索夹螺杆轴力控制

索夹上每根螺杆的设计张拉力根据螺杆的规格而定,螺杆 M45 的每根设计张拉力为 780kN,在索夹的紧固力通过核定的油压读数,反映张拉预紧力吨位。索夹壁厚设计安全系数 ≥3.0(考虑夹紧力及制造、安装误差引起的吊索力作用);当螺杆拉力损失至设计张拉力的 70% 时,索夹对主缆的抗滑安全系数 ≥3.0;在永存应力 σ 状态下(设计拉力损失至 70% 时),螺杆安全系数 $(\sigma_s/\sigma) \geq 2.0$;在设计张拉力作用下(应力 σ_0),螺杆安全系数 $(\sigma_s/\sigma_0) \geq 1.4$。

4. 分次进行索夹螺杆轴力导入

在索夹安装时,进行第一次索夹螺杆轴力导入;第二次在钢箱梁吊装完毕时进行。考虑桥面铺装在猫道拆除后进行,索夹螺杆轴力需考虑桥面铺装及永久设施等荷载的作用。由于相邻两次轴力的导入间隔时间过长,在间隔时间内要随时监控、检查,发现轴力下降值超过设计值的30%时,应及时张拉螺杆,使轴力达到施工规定值,确保施工安全。

此处采用的螺杆编号说明:01-DX(DS、WX、WS)-L(R)01。

其中01表示索夹的编号,与天元厂家编号钢印一致;DX表示点军下游,DS表示点军上游,WX表示伍家岗下游,WS表示伍家岗上游;L表示以大里程为面向方向或者面向北岸的方向,左手边;R表示以大里程为面向方向或者面向北岸的方向,右手边。L01～L08的顺序是以小里程到大里程。01-DX-L01表示1号索夹,点军下游,左手边第一个螺杆。

第二节 项目研究必要性

悬索桥索夹为紧箍主缆并连接主缆与吊索的构件,保证结构自重和车辆荷载通过吊索有效传递到主缆上,其采用的形式主要为骑跨式或销接式。骑跨式索夹通常采用左右对合型结构,销接式索夹通常采用上下对合型结构,两半索夹通过高强螺杆连接在一起,高强螺杆提供了索夹对主缆的夹紧力,避免索夹滑移。索夹螺杆紧固力指单根螺杆对索夹的夹紧力。

索夹与主缆连接是靠摩擦阻力抵抗索夹滑动,这个摩擦阻力主要靠紧固高强螺杆的预拉力产生,而主缆是由数以万计的钢丝组成的相对松散的柔性结构,无论是在施工还是运营过程中,螺杆紧固力均会出现不同程度的损失,造成索夹滑移,导致缆索结构体系受力的重新分配,引起主体结构线形变化、降低滑移处主缆密封性等病害,对主缆乃至整个桥梁结构的健康状况造成不利影响。螺杆紧固力损失影响因素众多,其中在施工及运营期间的螺杆紧固力损失都主要来自:①镀锌钢丝的重新排列,内部缝隙被挤压变小;②钢丝镀锌层的蠕变等。

《公路桥涵养护规范》(JTG 5120—2021)第3.5.9条悬索桥主要构件的检查中关于索夹的检查要求"索夹螺栓有无缺失、损伤、松动;索夹有无错位、滑移",《公路桥梁技术状况评定标准》(JTG/T H21—2011)第7.2.1条将索夹滑移定为病害,将大于10mm的索夹滑移定性为严重病害。近些年,国内运营3～5年的悬索桥陆续出现索夹滑移问题,严重时将导致缆索结构体系受力的重新分配,引起主体结构线形变化,另外,索夹在主缆上的滑移会划伤主缆缠丝,损坏防锈层,进而使缠丝破坏,导致主缆损伤,影响其耐久性能。因此,在悬索桥建设成桥时期,对索夹螺杆进行准确检测,确保成桥质量,具有重要的工程意义。图6-13-2和图6-13-3为近两年出现的国内悬索桥主缆索夹滑移病害。

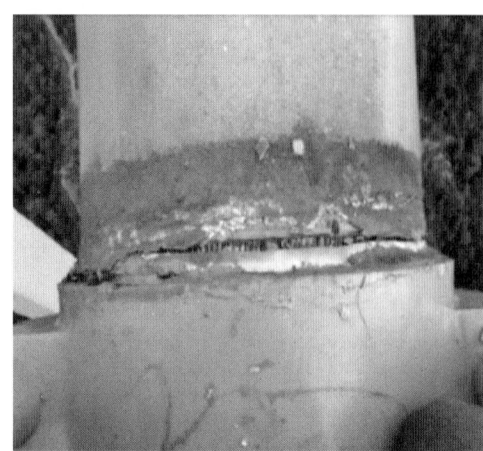 

图 6-13-2　某悬索桥索夹滑移(一)

图 6-13-3　某悬索桥索夹滑移(二)

索夹作为悬索桥主缆及吊索的关键连接节点,桥梁建设期间通常会分阶段开展若干次索夹螺杆整体的张拉紧固,常规的阶段划分有索夹安装时、钢箱梁吊装前后和桥面铺装后。在进行索夹螺杆实际施工时,一般采用千斤顶将螺杆张拉至施工轴力持荷,再由工人用短扳手拧紧螺母,张拉持荷拧紧螺母后千斤顶回油,最终完成施工。

在以千斤顶张拉法进行螺杆张拉的工程现场,由于螺母、垫块与索夹接触面的粗糙度问题,加上螺杆螺纹本身的加工情况,引起工人拧紧螺母的情况随机性很大,导致千斤顶回油后螺杆轴力损失很大,且随机性较强,最终导致索夹螺杆的轴力紧固施工很难得到准确的控制。施工完成后,螺杆轴力不能进行及时检查,后期检查后再复拉则产生较大的工作量,增加施工成本且容易耽误工期。

根据施工现场调研、传统施工及检测技术以及文献资料综合分析,认为悬索桥索夹螺杆施工建设期存在以下主要难题:

(1)轴力检测问题。与传统张拉工艺机理类似的传统千斤顶拔出法检测方式很难完成施工后螺杆轴力的准确检测,工程现场的检测结果一般偏大20%~60%,不能满足技术要求,且检测综合成本高、效率低。

(2)单顶或分多组张拉问题。以往悬索桥施工多以单顶或多顶分组张拉单个索夹上的螺杆,这样的施工方式会出现后张拉螺杆时造成前张拉螺杆的轴力损失。分两组张拉时这种情况稍好,但是后一组螺杆张拉完成后,前一组螺杆轴力至少损失30%以上,重复张拉也会提高施工成本,降低效率。对于单顶或多组张拉,索夹螺杆的合格紧固施工完成难度大,工作量巨大,螺杆张拉工作可能要在整个施工期间持续进行。

(3)持荷时间问题。现场张拉工艺提出,张拉时需要在千斤顶加载至设计施工荷载时持荷一些时间,并没有明确规定,结果导致现场施工基本不持荷或持荷时间很短。以同步张拉方式进行张拉至设计荷载时,索夹整体抱紧力最大,此时主缆的收紧速度是最快的,相比永存轴力(70%)对应的索夹抱紧状态下,主缆收紧速度要大几十倍甚至上百倍。该问题与后续再次张拉的次数及螺杆轴力的衰减情况密切相关。

(4)螺杆轴力衰减问题。螺杆轴力的衰减问题缺乏相关研究与技术指导,造成施工期间不能明确螺杆轴力在何时衰减到何种程度,不能做到合理地安排张拉施工;另外,成桥之后也不能明确在活载作用下螺杆轴力的衰减规律,导致索夹出现滑移,如果不及时采取措施会造成受力体系受到一定影响且出现主缆钢丝外露的问题。该问题近几年才逐渐引起管养单位的重视。

综上所述,目前悬索桥索夹螺杆施工、检测等相关技术中均存在较大的问题与不足,通过索夹螺杆的快速精准检测和优化张拉技术等,进而保障伍家岗长江大桥的施工建设质量。

第三节　螺杆轴力检测常用方法

目前,可以用于检测螺杆应力状态的常用检测方法有扭矩扳手法、电阻应变片电测法和拔出法等。

1. 扭矩扳手法

扭矩扳手法在工程中应用十分广泛,是最普遍的一种测量和控制螺栓轴向应力的方法,根据扭矩来控制应力大小。该方法操作简单,适用于在线装配过程中控制螺栓的轴向应力大小。但由于整个螺纹部分或是螺栓接触面的摩擦系数都不同,在实际应用中,轴向应力的测量误差最高会达到30%左右。另外,在螺纹的局部区域,特别是牙根部分,容易产生弹塑性变形,这也给控制轴向应力带来一定的难度。而且对某些安装后不能再拧紧的螺栓,如使用这种测量方法,将会损坏结构。该方法目前应用于桥梁用短高强度螺栓的施工及检测工作中,但用于索夹螺杆施工存在较大的障碍。

2. 电阻应变片电测法

电阻应变片电测法通过测量螺栓表面应变获得螺栓轴向应力,测量精度高于扭矩扳手。首先在松弛状态下于螺栓夹紧段表面粘贴电阻应变片，拧紧后螺栓轴向应力使螺栓表面产生相应轴向变形，而相应改变电阻应变片阻值。通过应变计测量应变片电阻的变化可计算螺栓表面轴向应变，并根据虎克定理推算出被测螺栓表面的应力。使用这种方法测螺栓轴向紧固力，必须将应变片贴在螺栓夹紧段的侧面上，多用于试验室环境下的测量和分析。且电阻应变片应力传感器仅能反映被测螺栓表面的应力，受局部应力集中现象影响较大，且螺栓在拧紧时表面会产生一定剪切形变，导致测量结果与实际轴向应力有偏差。该方法必须预先在螺杆表面布置应变片，仅适用于施工过程中螺杆预紧力的控制，对于在役螺杆无能为力。

3. 拔出法

拔出法是一种传统的螺杆锚固应力检测的方法。其做法通常是通过用千斤顶对螺杆进行机械拉拔，当千斤顶施加的荷载和螺杆内力相等时，螺母将卸载而产生松动，而同时拉拔的刚度将仅剩余螺杆的刚度。在桥梁工程领域，这种方法常常用于斜拉索索力、竖向预应力筋锚固应力的检测。而对于悬索桥索夹螺杆这种短螺杆系统而言，拔出法将由于螺杆长度较短，在千斤顶荷载与螺杆荷载相等时螺母往往由于粗糙度等原因而未完全脱离，进而无法检测到松动，即使采用高精度的千分表检测螺杆与垫板的位移，也很难精确捕捉到这一工况。研究表明，这一方法将在悬索桥螺杆的应力测试中产生10%以上的误差。

4. 超声法

超声回波法是将传感器（超声波换能器）从螺杆的一端发射超声波脉冲传入螺杆，这个脉冲穿过整个螺杆并在螺杆的端头被反射回来重新进入超声波换能器。当螺杆应力发生变化的时候，一方面其物理长度将发生变化而导致超声波回波时间发生变化；另一方面，根据声弹性效应，应力变化将导致超声波传播速度发生变化，进一步改变其超声波回波时间。因此，通过对螺杆进行超声波回波时间的测试可以获得其应力水平。

超声测量螺杆轴力具有以下优点：①具有对人体无害、对被测物无损伤、测量速度快等特点；②摩擦力对扭矩测量的影响完全消除；③对已经紧固的螺杆可以起到检查的作用，消除了电测法操作上的局限性；④在施拧时，根据回波信号，可以把螺杆的预紧力调整到适当的范围；⑤方便后期的检修，利用电缆连接仪器，甚至可以实现遥测；⑥适用于相对测量（一组或多组需求相同应力的螺杆群）或绝对测量（限定应力值）。因此，超声波手段用于检测螺杆轴力具备明显的优选条件。

螺杆轴力检测的几种技术方法见表6-13-1。

螺杆轴力检测的几种技术方法　　　　　　　　　　表6-13-1

检测方法	基本原理	特　点	适 用 范 围
扭矩扳手法	根据扭矩与轴力的基本线性关系，采用定扭矩施工	便捷高效，但扭矩系数很难保持一致	目前用于大批量高强度螺栓施工，如钢桥、钢结构等
转角法	轴力对应的伸长量通过转动角度完成	需要初拧，对螺栓的加工精度要求高	多用于机械装备的高强度螺栓施工

续上表

检测方法	基本原理	特 点	适用范围
电阻应变片电测法	直接测量螺杆的轴向应变	精度高,但测量成本很高	多用于试验室内的轴力测量
拔出法	千斤顶直接拉拔,确定螺母脱离位置	现场操作性强,但测量精度较差	用于索夹螺杆的轴力测量或类似工况
超声检测法	轴力与轴向回波声时差/比存在线性关系	对螺栓的材料、加工精度要求高,测量前需要对同批次螺栓标定,但便捷高效、精度高	适用于对轴力精度要求高的批量螺栓或螺杆

第四节　索夹螺杆轴力超声检测技术研究

一、轴力超声检测原理

根据声弹性原理,超声波在高强钢螺杆内部轴向传播速度与螺杆的轴力呈负线性关系,即轴力增大,传播速度降低,则超声波在螺杆内的传播时间与其轴力呈正线性关系。另外,螺杆轴力增大,螺杆在轴向有伸长量,这个伸长量也增加了超声波在螺杆内的传播时间,并且也是线性的。同时温度的改变亦可使得超声波传播速度和螺杆长度发生变化。螺杆轴力与超声波在螺杆内的传播声时差存在以下线性关系:

$$F = \pi D^2 \frac{E}{8(r+D)} \frac{K_s \Delta S C_{t_0}}{1 + K_t(t-t_0)} = K \Delta S \tag{6-13-1}$$

式中,F 为螺杆轴力;E 为材料弹性模量;r 为夹持长度;D 为公称直径,如图6-13-4所示;t 和 t_0 分别为当前温度和自由状态下的温度;ΔS 为当前轴力状态与自由状态下的超声回波声时差;C_{t_0} 为温度为 t_0、自由状态下的超声波传播速度;应力系数 K_s 和温度系数 K_t 只由材料决定,可以通过试验进行标定。

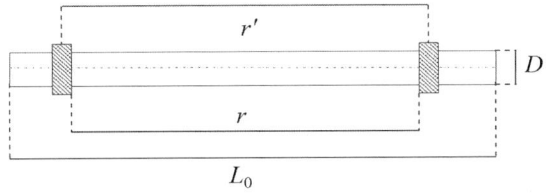

图6-13-4　索夹螺杆尺寸约定

二、轴力超声检测技术与仪器

在实际工程应用中,国内外通常采用的螺杆轴力的测量技术主要有扭矩扳手法、电阻应变片测电法、光测力学法、磁敏电阻传感器测量法、振动法、拔出法及超声检测法等。考虑悬索桥主缆索夹螺杆的实际情况,采用精度较高的超声检测技术,具体使用由中铁大桥科学研究院有限公司自主研发的螺杆轴力超声检测系统,如图 6-13-5 所示。该系统硬件包括超声探头(收发一体)、超声激发模块、高精度声时测量模块等,系统软件为基于 Labview 信号采集分析操作软件。

在实际操作中,超声探头通过高强磁环和添加耦合剂固定在螺杆的一端激发超声波,超声波在螺杆内沿轴向传播至另一端面时发生反射,反射波传播至超声探头被其接收,通过测量超声回波声时来评估螺杆轴力。检测仪器使用前先进行标定,如图 6-13-6、图 6-13-7 所示。

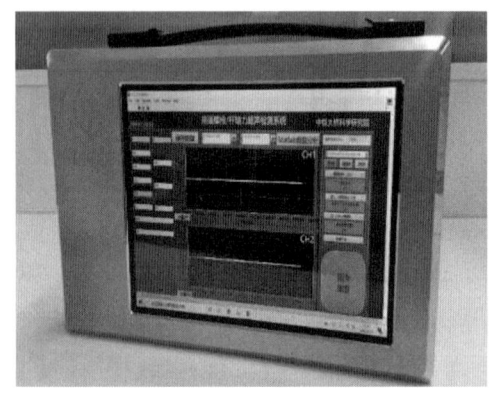

图 6-13-5　螺杆轴力超声检测系统

图 6-13-6　试验室标定

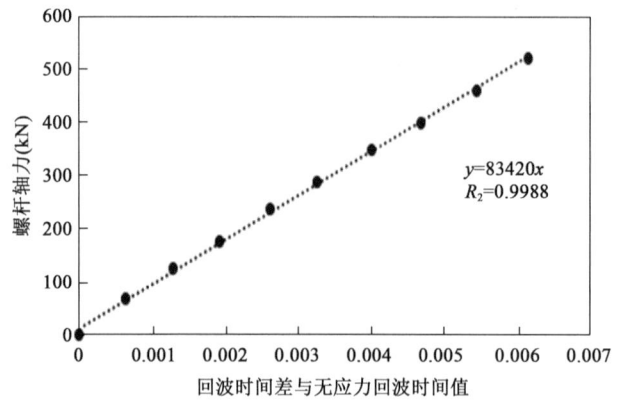

图 6-13-7　试验标定经验公式

三、现场检测方式

为了便于工程现场的操作,利用该螺杆轴力检测系统对大桥螺杆进行轴力检测可以采取直接检测法和间接检测法,在工程现场应考虑实际情况和精度需求选择合适的检测方式。

1. 直接检测法

直接检测法是直接测量螺杆紧固之后的回波声时，以无应力声时的抽样均值作为基准，代入计算公式即可得到螺杆轴力。

根据螺栓"初始效应"，螺杆在张拉紧固后，螺杆初始长度出现微小变化（松弛），且仅在第一次张拉时发生。这是由非材料塑变导致的，实际上在高强螺杆生产阶段的材料预热处理会导致螺杆外部快速变硬，致使芯部受到剧烈压缩并将晶粒聚在一起，施工时的紧固张拉使晶粒重新定位（如同解开链条）。

因此，无应力声时抽测均值在索夹安装阶段可以采用未安装前螺杆的无应力声时均值；而在后续阶段，需要重新对张拉紧固一段时间后的螺杆进行抽样测量，采用张拉至设计张拉力测量声时以反算无应力声时，对无应力声时基准进行校准，然后根据公式得到紧固轴力。现场抽样测量的索夹螺杆初始声时最小值为 296.510μs，最大值为 297.206μs，均值为 296.853μs。

现场使用的索夹螺杆如图 6-13-8 所示，现场索夹螺杆的初始声时抽样测量如图 6-13-9 所示。

图 6-13-8　现场使用的索夹螺杆

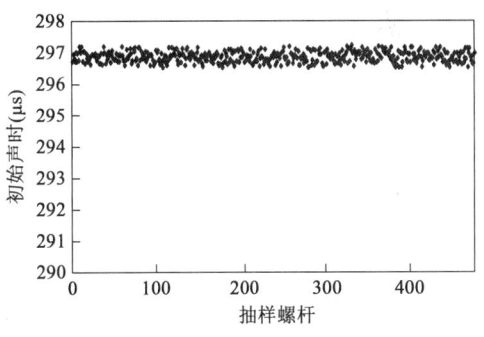

图 6-13-9　现场索夹螺杆的初始声时抽样测量

由于这种方式简便高效，不需要大量的辅助人员及设备（如千斤顶、张拉器），因此，当对大量的已紧固螺杆进行轴力快速普查，并且测量误差在可容许范围内时，可采用此种方式。

2. 间接检测法

间接检测法的实质是在千斤顶张拉螺杆至设计张拉力时测量回波声时，根据理论公式及材料的超声、温度系数可以反算得到无应力初始声时，再测量紧固后的回波声时得到轴力。

针对无应力初始声时未知时高精度测量紧固轴力的工况，具体操作是测量已紧固状态下的回波声时 t_1，使用千斤顶张拉螺杆至设计张拉力，使得张拉端螺母不再承压，测量此时的回波声时 t_2，再结合标定公式计算紧固状态下的轴力 F_1，如图 6-13-10 所示。如需较高的检测精度时，可以跟随螺杆紧固施工，采取这种方式测量螺杆紧固轴力。

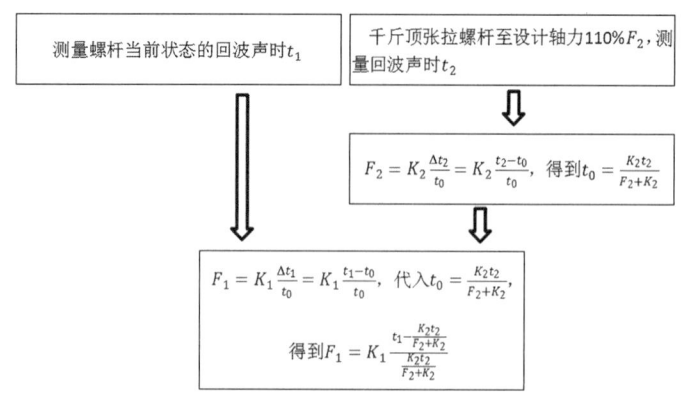

图 6-13-10　间接检测法（千斤顶施工或辅助）

注：K_1、K_2 均根据材料的超声系数与温度系数计算得到，两者对应的有效夹持长度不同。

四、超声材料参数标定

在进行实桥现场螺杆轴力检测之前，需要对螺杆通过室内张拉试验标定出式（6-13-1）中相关超声材料参数，得到准确的经验公式。

试验现场布局如图 6-13-11 所示，包括：100t MTS 试验机，荷载的控制精度为 0.5%；自主研发的超声检测设备；压电超声探头，中心频率 2.5MHz；超声耦合剂。

图 6-13-11　试验现场布局及参数检测图

通过前文所述的式（6-13-1）测量计算出螺杆中纵波的初始声速 C_{t_0}、应力系数 K_s 和温度系数 K_t，根据有效夹持长度 $r+D$、温度 t 及声时差 ΔS，就可以求出螺杆的轴力 F。

根据螺杆的试验数据，确定 40CrNiMoA 材料螺杆的超声应力系数与初始声速的乘积和温度系数（20℃）为：$K_s C_{t_0} = 1537.5 \text{m/s}$；$K_t = 0.0017/℃$。

五、试验室检测精度测试

以试验标定得到的超声、温度系数代入的式(6-13-1)得到经验公式,在试验室内对随机抽样螺杆进行检测测试,验证了试验室检测精度。抽样螺杆通过 MTS 1000kN 试验机施加的张拉轴力为 F_0,利用试验标定的应力系数、初始声速、温度系数,通过经验公式计算得到的螺杆轴力为 F_1。检测表明,轴力超声测量精度均达到 3.5% 以内,说明了本检测技术的准确性。

六、项目应用实施

索夹螺杆轴力的超声测量理论与试验研究结果表明了本检测技术与自主研发设备的有效性与准确性。在伍家岗长江大桥工程中,索夹螺杆轴力检测阶段分别为索夹安装阶段、主梁吊装阶段、桥面铺装及拆除猫道前。另外,根据测试结果优化制定各阶段的紧固张拉工艺,为各单位提供详细的索夹螺杆轴力检测数据与相关技术建议。索夹螺杆张拉现场如图 6-13-12 所示,伍家岗长江大桥螺杆轴力超声检测如图 6-13-13 所示。

图 6-13-12　索夹螺杆张拉现场

图 6-13-13　伍家岗长江大桥螺杆轴力超声检测

七、与压力传感器监测数据对比

在施工阶段后期，大桥上下游靠近主塔的第一个有吊索索夹（总计4个）增置16个压力环进行监测。压力环在初始使用时仍然需要使用千斤顶进行张拉标定，受到现场千斤顶张拉的控制误差影响，通过测试，螺杆轴力的超声测量数据与压力环监测数据对比，偏差约为±4%，数据真实性可控。

第五节　螺杆紧固张拉工艺测试及优化

一、现场施工张拉设备

索夹张拉施工主要设备配置见表6-13-2。

索夹张拉施工机械配置表　　　表6-13-2

序　号	设　备	型　号	单　位	数　量	使用工况
1	拉伸器	订制	台	64	配油泵、油管、分配器
2	超声检测系统	自研	台	2	轴力检测
3	量角器	—	把	4	拉伸器拨套旋转角度测量

二、索夹螺杆张拉工艺

为确保不同索夹各螺杆张拉力的均匀性，索夹螺杆的张拉工艺采用单个索夹上所有螺杆同步、分级张拉方法。张拉时，在索夹每个螺杆上安装拉伸器，同侧所有拉伸器必须经过同一块压力表标定，且由同一台油泵驱动。索夹单侧所有拉伸器均并联于同一台油泵，两侧油泵管路采用分配器串联。

根据拉伸器与压力表校核后的回归方程推算，当拉伸器张拉力达780kN时，压力表读数为60.8MPa。分级张拉时，为便于准确记录每根螺杆张拉力，采用压力表读数分三级（初期）进行张拉，分别为10MPa、30MPa、60.8MPa，每级进行不同程度的稳压持荷。

将索夹固定在主缆上后，启动拉伸器，将各螺杆同步张拉至油表读数为10MPa，后续分两级（30MPa、60.8MPa）将螺杆张拉至设计张拉力，分级张拉按照油压表读数进行分级，每次张拉完并油压稳定后拧紧所有螺杆螺母，再继续张拉至100%设计张拉力对应的油表读数。

在后续的施工阶段，张拉索夹螺杆不需要分级张拉，将千斤顶缓慢加载至设计张拉力即可。

三、索夹螺杆张拉测试

在千斤顶张拉持荷时需要拧紧螺母,将螺杆上的预拉力锁住,但由于螺杆和螺母螺纹加工公差、垫圈与索夹接触面粗糙度、螺杆张拉时的垂直度误差等诸多问题,螺母不可能完全拧紧,即在回油后不能将千斤顶张拉荷载完全转为螺杆紧固力,必然存在瞬间的紧固力回缩损失。这些问题带有一定的随机性,因此螺杆紧固力的瞬间回缩损失也存在与之类似的随机性。为保证现场索夹螺杆的张拉紧固效果,针对现场部分索夹进行跟踪张拉的螺杆轴力测试。

伍家岗长江大桥的索夹螺杆采用千斤顶同步张拉紧固方式,根据技术经验与现场情况制订了张拉工艺。表6-13-3和图6-13-14所示数据及趋势为SJ57-WX螺杆轴力在张拉紧固完成后的剩余轴力与瞬间回缩损失情况。

索夹SJ57-WX螺杆轴力在张拉紧固完成后的剩余轴力和瞬间回缩损失　表6-13-3

螺杆编号	L01	L02	L03	L04	R01	R02	R03	R04	均值
张拉力(kN)	780.0	780.0	780.0	780.0	780.0	780.0	780.0	780.0	780.0
剩余轴力(kN)	752.8	542.1	659.2	690.5	715.9	649.3	722.4	632.4	670.6
瞬间回缩损失(kN)	27.2	237.9	120.8	89.5	64.1	130.7	57.6	147.6	109.4

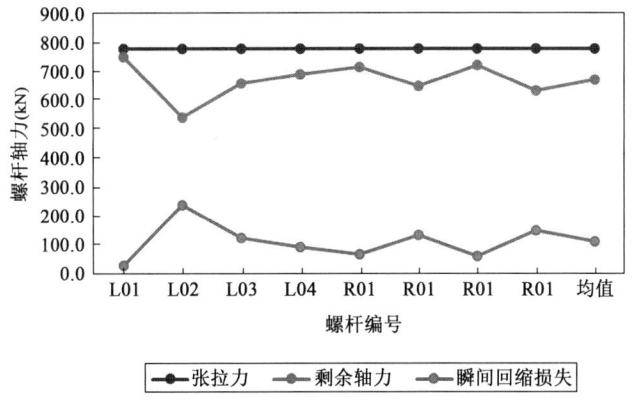

图6-13-14　索夹SJ57-WX螺杆轴力张拉紧固的剩余轴力和瞬间回缩损失

根据表6-13-3与图6-13-14中的数据情况,螺杆以780kN张拉力进行张拉,千斤顶卸载回油后的剩余轴力均值为670.6kN,达到设计张拉力的85.9%;瞬间回缩损失均值为109.4kN,最小27.2kN,最大237.9kN,分别占设计张拉比值的14.0%、3.5%、30.5%。经过张拉工艺的严格控制,螺杆的瞬间回缩损失依然存在一定范围内的波动,这是由螺杆、索夹加工制作的正常加工公差和粗糙度等因素引起的,不可避免。

根据表6-13-4和图6-13-15中的数据情况,螺杆以780kN张拉力进行张拉,千斤顶卸载回油后的剩余轴力均值为632.3kN,达到设计张拉力的81.1%;瞬间回缩损失均值为147.7kN,最小78.2kN,最大220.0kN,分别占设计张拉比值的18.9%、10.0%、28.2%。

索夹SJ58-WX螺杆轴力张拉紧固的剩余轴力和瞬间回缩损失　　　　表6-13-4

螺杆编号	L01	L02	L03	L04	L05	R01	R02	R03	R04	R05	均值
张拉力(kN)	780.0	780.0	780.0	780.0	780.0	780.0	780.0	780.0	780.0	780.0	780.0
剩余轴力(kN)	651.6	627.6	621.6	583.8	683.6	656.5	560.0	641.5	594.9	701.8	632.3
瞬间回缩损失(kN)	128.4	152.4	158.4	196.2	96.4	123.5	220.0	138.5	185.1	78.2	147.7

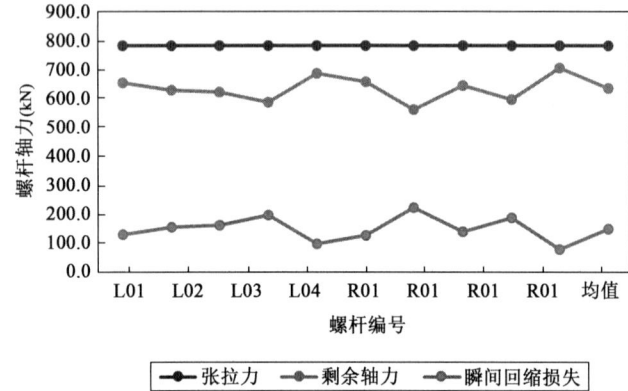

图6-13-15　索夹SJ58-WX螺杆轴力张拉紧固的剩余轴力和瞬间回缩损失

另外,跟随张拉施工进行轴力检测的其他索夹情况与上述两个索夹相近,螺杆张拉完成后的瞬间回缩损失均值基本在80~180kN之间,剩余紧固力达到设计张拉力的76.9%~89.7%。

在索夹安装、主梁吊装等桥面铺装前施工阶段,根据上述测试结果制订了相关实施工艺。

四、索夹螺杆成桥前张拉工艺测试

在成桥阶段,具体在桥面铺装完成一半左右时,即需要完成索夹螺杆的张拉紧固,并拆掉猫道。考虑桥面铺装完成后,螺杆轴力会因主缆承载而损失一部分,因此,考虑提高实施的张拉荷载,并且制订更为严格的现场工艺。根据桥面铺装的二恒荷载,计算主缆截面面积的变化,并将直径减小量作为螺杆紧固伸长量的损失部分,以计算出螺杆轴力的损失。实际上,随着索夹抱紧力的突然下降,主缆内部的空隙率相对会变大,而使得真实的螺杆轴力损失小于理论计算值。

取主缆钢丝弹性模量200GPa,泊松比0.25;二恒加载后主缆净伸长量为1.1246m,计算出钢丝径向应变为1.407×10^{-4},再计算钢丝因泊松效应变细,整体截面面积减少90.16mm^2;假设钢丝堆积为理想堆积,钢丝相邻间隙截面面积减小8.59mm^2。设计索夹内缆径作为基准即可,计算得到缆径减小0.089mm,短期螺杆衰减对应缆径减小对螺杆应力伸长量的影响。螺杆受力区域直径粗取42mm,得到应力降低26.8MPa,对应螺杆轴力降低37kN。索夹抱紧力突然降低时,其与主缆暂时平衡状态被破坏,被挤压主缆存在一定的向外膨胀,并结合以往实桥分析经验,预估其螺杆轴力损失稍低于37kN;需要注意,轴力衰减速度不会降低。

根据现场情况实际分析,调整张拉荷载为110%设计张拉力,即858kN;稳压持荷时,保证张拉荷载稳定在858kN附近,然后每10min以小锤适度敲击拧紧螺母一次,观测螺母转动角度(两个相邻拨孔之间为60°)。当10min内螺母转动角度低于10°(螺母不再有明显的转动)时,锁紧螺母,逐步加大小锤的敲击力度,螺母不再转动时停止加大敲击力度,完成张拉,卸载。

选择靠近桥塔的第一个有吊索索夹进行测试,表6-13-5为测试示例,表中数据为点军侧上游第一个索夹上螺杆轴力数据。张拉完成一天后的轴力均值为757kN,达到设计张拉力的96.99%。以该种工艺进行张拉后,显著提高了螺杆紧固轴力,可以作为成桥前最后一次张拉的执行工艺。

张 拉 测 试 示 例　　　　表6-13-5

索夹螺杆编号	设计张拉力 (kN)	紧固轴力 (kN)	回缩损失 (kN)	达到设计张拉力的 百分比 (%)
SJ01-DS-L01	858	696	162	89.25
SJ01-DS-L02	858	748	110	95.88
SJ01-DS-L03	858	687	171	88.08
SJ01-DS-L04	858	734	124	94.13
SJ01-DS-L05	858	739	119	94.80
SJ01-DS-L06	858	734	124	94.13
SJ01-DS-L07	858	851	7	109.05
SJ01-DS-L08	858	759	99	97.34
SJ01-DS-R01	858	768	90	98.46
SJ01-DS-R02	858	815	43	104.48
SJ01-DS-R03	858	710	148	91.01
SJ01-DS-R04	858	830	28	106.45
SJ01-DS-R05	858	786	72	100.80
SJ01-DS-R06	858	747	111	95.82
SJ01-DS-R07	858	736	122	94.38
SJ01-DS-R08	858	763	95	97.85
均值	858	757	101	96.99

五、螺杆轴力衰减测试

1. 跟踪检测说明

螺杆轴力跟踪检测时间区间为2020年12月27日—2021年3月4日。现场施工进度：主梁吊装至铺装前，进行梁体栓接、焊接等工作。主缆荷载情况：桥面系施工尚未开始，桥面重量基本没有增加，主缆承载未增加。选取索夹SJ57-WX、SJ58-WX、SJ59-WX为监测对象，以SJ57-WX为例进行分析，另外两个索夹螺杆轴力衰减规律与该索夹类似。

2. 螺杆轴力数据分析

索夹SJ57-WX为伍家岗侧下游第57号索夹，该索夹有4对螺杆。持续跟踪检测数据见表6-13-6。L01、L02、L03、L04为面向伍家岗侧左手边螺杆；R01、R02、R03、R04为面向伍家岗侧右手边螺杆。2020年12月27日10:08为吊装完主梁之后补拉的时间，2021年1月17—28日又进行了一次补拉操作。

SJ57-WX索夹螺杆轴力检测数据（单位：kN）　　　表6-13-6

检测时间	L01	L02	L03	L04	R01	R02	R03	R04	均值
2020/12/27 10:08	780.0	780.0	780.0	780.0	780.0	780.0	780.0	780.0	780.0
2020/12/27 10:47	750.0	537.9	650.2	685.1	696.5	648.4	732.3	628.9	666.2
2020/12/27 11:19	754.3	526.0	642.2	660.8	708.0	648.2	730.5	637.5	663.5
2020/12/27 11:34	744.7	522.9	641.4	659.6	702.0	645.7	728.0	633.1	659.7
2020/12/27 11:59	739.3	523.0	631.7	645.7	697.9	647.5	733.0	629.3	655.9
2020/12/27 12:21	737.5	511.7	630.5	641.3	703.2	639.5	729.8	626.1	652.4
2020/12/27 12:41	735.3	511.2	624.8	667.7	694.5	636.0	727.6	623.0	652.5
2020/12/27 13:02	733.1	500.3	622.9	652.6	707.0	634.2	729.4	623.8	650.4
2020/12/27 13:31	732.6	501.7	619.2	647.8	706.1	636.5	728.5	621.3	649.2
2020/12/27 14:04	725.0	494.7	611.3	624.9	680.0	621.8	708.9	614.7	635.4
2020/12/27 14:32	720.0	491.1	604.6	620.0	664.3	612.9	687.7	598.6	624.9
2020/12/28 10:54	666.9	496.1	603.5	635.4	624.5	564.0	646.9	568.2	600.7
2020/12/28 12:20	657.9	473.5	581.8	623.2	606.1	544.0	627.8	538.1	581.5
2020/12/28 12:45	652.6	466.2	573.3	611.1	598.8	540.3	608.9	524.7	572.0
2020/12/29 19:49	598.1	417.2	521.7	554.2	524.8	484.1	563.5	487.4	518.9
2020/12/29 20:34	592.0	416.3	510.1	544.6	519.7	477.7	546.3	476.1	510.3
2020/12/29 21:12	591.4	403.4	512.7	553.7	521.7	474.2	558.1	472.3	510.9
2020/12/29 22:04	581.2	416.6	504.8	548.4	528.7	474.4	539.4	489.4	510.4
2020/12/30 20:07	596.3	417.7	467.3	545.0	521.4	477.5	567.2	465.5	507.2
2020/12/30 21:15	608.8	430.2	480.5	555.2	541.4	493.0	569.0	451.4	516.2

续上表

检测时间	L01	L02	L03	L04	R01	R02	R03	R04	均值
2020/12/30 22:41	599.8	420.9	476.7	548.9	542.8	479.4	573.0	450.5	511.5
2021/1/5 9:53	597.1	425.7	467.8	553.0	526.8	501.1	559.3	480.3	513.9
2021/1/6 15:21	593.7	413.2	461.2	564.8	531.2	509.7	558.1	501.6	516.7
2021/1/7 13:02	596.1	419.4	462.5	538.6	526.0	522.8	556.3	473.4	511.9
2021/1/8 14:52	590.3	368.1	437.9	511.0	543.0	482.3	569.3	437.7	492.5
2021/1/9 14:24	581.7	400.5	451.1	532.7	552.6	510.4	601.7	536.0	520.8
2021/1/10 16:51	592.3	402.3	455.2	515.6	531.0	520.0	556.1	486.8	507.4
2021/1/14 17:12	585.4	383.7	449.3	533.4	550.5	465.0	568.2	427.0	495.3
2021/1/16 11:18	578.7	378.7	431.5	530.0	524.3	450.5	539.2	484.0	489.7
2021/1/17 16:58	567.0	366.9	435.1	496.8	501.8	486.7	527.8	438.4	477.5
2021/1/28 15:11	789.5	662.3	—	692.4	744.5	636.0	779.6	670.7	710.7
2021/1/29 15:31	776.9	647.0	—	703.4	760.1	644.7	763.4	670.4	709.4
2021/1/30 16:18	741.1	591.7	—	658.9	687.6	576.0	701.2	596.3	650.4
2021/1/31 16:28	727.3	585.8	—	650.0	672.9	557.9	685.6	590.7	638.6
2021/2/1 16:28	723.1	581.9	—	639.0	670.3	585.5	702.2	614.4	645.2
2021/2/2 15:15	718.5	581.8	—	643.8	688.1	580.5	699.2	589.6	643.1
2021/3/4 15:23	693.4	563.3	—	558.9	611.7	526.6	656.2	543.8	593.4

从表6-13-6中数据和图6-13-16中趋势可知:①螺杆在张拉时存在瞬间回缩损失,且具有一定随机性;②在重新张拉完成后,索夹抱紧力与主缆原有的平衡状态发生变化,螺杆轴力会发生衰减,且衰减速度会快速减小,前48h衰减较多。

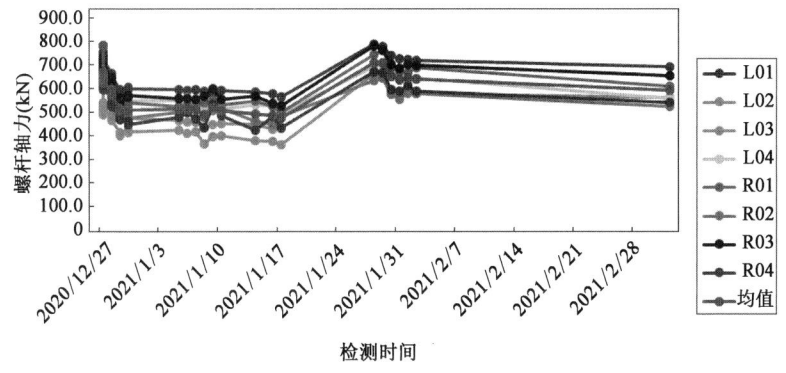

图6-13-16 SJ57-WX索夹螺杆轴力变化趋势

在一次张拉完成后,螺杆轴力的衰减主要由主缆向内收紧(钢丝受索夹抱紧重新排列、镀层蠕变等)导致。根据2020年12月27日—2021年1月17日检测数据进行分析,持续检测时间21d。在螺杆轴力衰减分析过程中,重点分析最初24h、24～58h(临近48h处只有第58小时数据,因此分析前58h数据)、最初58h的检测数据。具体分析数据见表6-13-7。

螺杆轴力衰减分析数据　　　　　　　　　　　表6-13-7

螺杆编号	L01	L02	L03	L04	R01	R02	R03	R04	均值
张拉力(kN)	780.0	780.0	780.0	780.0	780.0	780.0	780.0	780.0	780.0
初始剩余轴力(kN)	752.8	542.1	659.2	690.5	715.9	649.3	722.4	632.4	670.6
最后检测轴力(kN)	567.0	366.9	435.1	496.8	501.8	486.5	527.8	438.4	477.5
检测期间轴力总衰减(kN)	185.8	175.2	224.1	193.7	214.1	162.8	194.6	194.0	193.1
24h 后轴力(kN)	666.9	496.1	603.5	635.4	624.5	564.0	646.9	568.2	600.7
24h 衰减(kN)	85.9	46.0	55.7	55.1	91.5	85.3	75.5	64.2	69.9
24h 衰减占张拉力比例	11.0%	5.9%	7.1%	7.1%	11.7%	10.9%	9.7%	8.2%	9.0%
24h 衰减占初始剩余轴力比例	11.4%	8.5%	8.5%	8.0%	12.8%	13.1%	10.5%	10.2%	10.4%
24h 衰减占总比例	46.2%	26.3%	24.9%	28.5%	42.7%	52.4%	38.8%	33.1%	36.2%
58h 后轴力(kN)	598.1	417.2	521.7	554.2	524.8	484.2	563.5	487.4	518.9
24~58h 衰减(kN)	68.8	78.9	81.8	81.2	99.7	79.8	83.4	80.8	81.8
24~58h 衰减占张拉力比例	8.8%	10.1%	10.5%	10.4%	12.8%	10.2%	10.7%	10.4%	10.5%
24~58h 衰减占初始剩余轴力比例	9.1%	14.6%	12.4%	11.8%	13.9%	12.3%	11.6%	12.8%	12.2%
24~58h 衰减占总比例	37.0%	45.0%	36.5%	41.9%	46.6%	49.1%	42.9%	41.7%	42.4%
最初58h衰减占总比例	83.3%	71.3%	61.4%	70.4%	89.3%	101.5%	81.7%	74.8%	78.6%

根据表6-13-7中数据,在整个持续检测期间内,螺杆轴力总衰减均值为193.1kN,占张拉力的24.76%,占初始剩余轴力均值的28.80%。

最初24h的衰减均值为69.9kN,占张拉力的8.96%,占初始剩余轴力均值的10.42%,占检测期间总衰减的36.21%。最初24h螺杆轴力衰减速度为2.91kN/h。

24~58h的衰减均值为81.8kN,占张拉力的10.49%,占初始剩余轴力均值的12.20%,占检测期间总衰减的42.38%。24~58h螺杆轴力衰减速度为2.40kN/h。

最初58h的衰减轴力均值为151.7kN,占检测期间总衰减的78.59%,但最初58h只占检测期间时间总长度的11.5%,轴力衰减速度为2.62kN/h;而剩余88.5%的时间内,螺杆轴力衰减只占总衰减的21.41%,剩余时间内螺杆轴力衰减速度为0.073kN/h,最初58h轴力衰减速度是该速度的35.89倍。因此,在关注螺杆轴力衰减损失时,需要重点关注前2~3d的衰减情况。

根据上述分析得到如下结论:

(1)张拉时的瞬间回缩损失占张拉力的14%,若优化张拉工艺降低回缩损失,对于螺杆紧固效果是极为有利的。

(2)最初24h螺杆轴力衰减速度最快,但24~58h的衰减速度并没有明显降低;58h螺杆轴力衰减占检测期间总衰减的78.59%。

(3)58h的衰减速度是后续时间内衰减速度的35.89倍,需要重点关注。

六、千斤顶稳压持荷时间

千斤顶持荷时拧紧螺母后回油,螺杆获得一定的紧固力,但是这个紧固力会随着主缆空隙率降低(内部钢丝会受索夹挤压而重新排列和镀锌层蠕变)而不断衰减,在最初24h衰减最多,在后续时间里衰减速度不断减小,直至主缆内部的密实度(空隙率)对应的主缆径向刚度足够抵抗索夹的抱紧力,则螺杆轴力不再降低,达到平衡状态。

伍家岗长江大桥施工期间,在不同的施工阶段采取不同程度的持荷时间。

七、螺杆紧固轴力与索夹位置的关系

在前面的紧固轴力数据中,没有出现索夹两侧的螺杆轴力相比中间的较大,或者两侧螺杆损失较小的规律,因此,可以认为螺杆紧固力以及损失衰减量与索夹位置没有特殊的关系,不影响单个索夹上螺杆紧固力的均匀性。

八、张拉工艺测试结论

垫圈与螺母、索夹表面接触面的粗糙度以及螺杆外螺纹和螺母内螺纹加工公差是造成紧固力离散损失(有时较大)的主要因素。通过试验测试及持续监测发现:

(1)使用小锤适度敲击拨杆更能克服存在的摩擦或其他阻力以锁紧螺母,可以减小千斤顶回油瞬间的紧固力损失值,使得单个索夹上螺杆紧固力提高且均匀性更好。

(2)在张拉过程中,随着持荷时间增长,螺杆紧固施工质量在变好(紧固力提高)。

(3)螺杆紧固力大小及随时间的损失量与螺杆在索夹上的位置没有明显关系。

第六节 各施工阶段张拉工艺

由于主缆在各个施工阶段的状态及收紧程度不同,因此索夹螺杆在不同阶段的张拉工艺可以适当地进行调整,目的是保障良好的施工质量,适度加快施工进程。

一、张拉工艺关键要素

为改善索夹螺杆紧固张拉质量,降低后期螺杆轴力衰减幅度,可以从两方面考虑:

一是螺母拧紧时需要加大扭转力,以尽量克服摩擦和各种公差带来的阻碍,实际工程中可采用小锤适度敲击。

二是千斤顶加载至100%设计施工荷载时,延长持荷稳压时间,时间越长对主缆收紧加速越有利。

二、吊装主梁前张拉工艺

首次张拉工艺包括以下步骤:

（1）在安装完索夹之后的首次张拉过程中,已经将索夹初步紧固,不再作出实施建议。

（2）在索夹螺杆首次紧固之后,吊装主梁前需要进行全桥索夹螺杆的张拉紧固。

张拉实施分两级进行,首先将张拉荷载缓慢加载至60%设计张拉力,稳压3min,再缓慢加载至100%设计张拉力,整个加载过程中不断进行手动拧紧螺母。然后,开始稳压持荷,若随着主缆快速收紧导致油压下降,则及时补充油压（建议油压下降1~2MPa即补压,反复多次）,每持荷10min,手动拧紧螺母,若持荷10min内拧紧螺母的角度小于30°（张拉器上的两个拨杆孔之间为60°）,则停止加载,同时使用小锤适度敲击拨杆以锁紧螺母,千斤顶回油卸载。

吊装主梁前的螺杆张拉稳压持荷时间不宜少于30min。

（3）针对靠近主塔附近（主缆倾斜角度较大）的SJ1、SJ2型索夹,持荷不宜少于35min。由于此处主缆间隙率稍大一些（通过索夹安装后上下部分的缝隙大小即可判断）,因此在张拉螺杆时可以延长一些持荷时间,以确保主缆收紧速度并降低后期螺杆紧固力衰减幅度。

三、钢梁架设期间张拉工艺

钢梁架设期间,分节段吊装架设,随着钢梁架设的进行,主缆因受力而伸长,由于泊松效应,主缆会变细,螺杆紧固力会随之降低,因此必须对吊装钢梁对应的索夹螺杆全部复拉,使其具有充足紧固力以保证施工安全。

张拉工艺包括以下步骤：

（1）将千斤顶直接加载至80%设计张拉力,同时手动拧紧螺母（有的螺母可能无法拨动）,然后缓慢加载至100%设计张拉力,其间持续手动拧紧螺母。

（2）张拉至100%设计张拉力之后,使用小锤适度敲击拨杆以锁紧螺母。然后开始稳压持荷,每10min后使用小锤按照相同力道敲击拨杆（覆盖所有螺杆）,若存在两根以上数量螺母转动角度超过30°,则继续持荷10min。本阶段过程中持荷时间不宜少于20min。

（3）针对靠近主塔附近（主缆倾斜角度较大）的SJ1、SJ2型索夹,持荷时间不宜少于25min。

四、桥面铺装前及成桥张拉工艺

根据伍家岗长江大桥指挥部指示,结合螺杆张拉紧固技术分析,制订拆除猫道前及成桥前的索夹螺杆张拉实施工艺与要求如下：

（1）所有索夹紧固必须采用同步张拉工艺。

（2）调整张拉荷载,设定为110%设计张拉力,即858kN。

（3）千斤顶加载时,可直接缓慢加载至110%设计张拉力,以小锤适度敲击拨杆紧固螺母。

(4)开始稳压持荷,保证张拉荷载稳定在858kN附近,然后每10min以小锤适度敲击[与要求(3)中小锤敲击力度尽量保持一致]拧紧螺母一次,观测螺母转动角度(两个相邻拨孔之间为60°)。

(5)若10min内螺母转动角度超过10°(10°表现为螺母有明显可察觉的转动角度),则继续稳压持荷,重复以上过程;若10min内螺母转动角度低于10°(螺母不再有明显的转动),则继续保持稳压持荷。

(6)在千斤顶回油卸载之前完成螺母的有效锁紧。操作方式为缓慢加大小锤敲击的力度,若发现螺母可以轻微转动,则继续缓慢加大敲击力度;若螺母不再有可察觉的转动,则停止敲击。千斤顶回油卸载,完成该索夹紧固施工。

第七节 伍家岗长江大桥索夹螺杆轴力检测

一、主梁吊装前阶段

主缆架设完成之后进行索夹的定位安装及张拉初步紧固,如图6-13-17所示。第一次全桥索夹螺杆的张拉紧固是为了初步固定索夹的位置,螺杆轴力并不需要满足设计标准。因此,并未对施工紧固工艺进行控制,由现场施工队伍按照以往悬索桥索夹螺杆的张拉工艺进行施工,图6-13-18所示为大桥中跨索夹螺杆轴力检测数据。

图6-13-17 吊装主梁前的索夹紧固施工

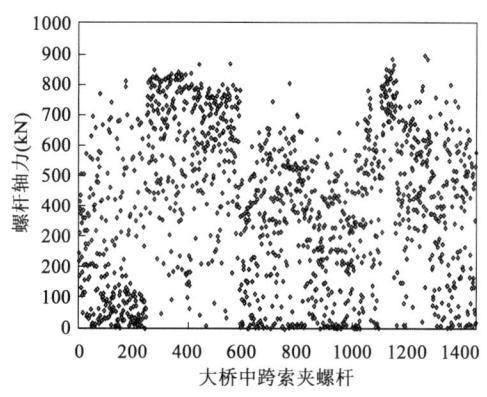

图6-13-18 第一次全桥张拉后中跨螺杆轴力检测情况

第一次全桥螺杆张拉后中跨平均螺杆轴力只有400kN,67.86%的螺杆低于70%设计张拉力(546kN),16.8%的螺杆轴力低于100kN,螺杆轴力分布从0至800kN基本呈现均匀分布状态,螺杆轴力严重不均匀。

如图6-13-19所示,边跨抽检螺杆的平均轴力为347kN,95.8%的螺杆轴力低于546kN,螺杆轴力在80~650kN之间变化严重不均匀。以上螺杆轴力的检测情况基本代表了悬索桥索夹螺杆以往紧固施工工艺的实际情况,因此在后续的施工过程中进行了工艺优化与调整。

对于螺杆轴力的衰减问题,初始阶段的主缆非常松散,在索夹抱紧力的作用下主缆快速收紧,同时索夹抱紧力及对应的索夹螺杆轴力大幅下降,直至索夹位置处主缆的径向刚度逐渐稳定且与索夹抱紧力达到相对平衡。

为了保障主梁吊装的安全,在主梁吊装之前需要对相应的索夹螺杆进行重新紧固。按照设计要求,索夹抗滑移安全系数需要大于或等于3,即单个索夹上的平均螺杆轴力需要达到70%设计张拉力(546kN)以上。图6-13-20 为吊装主梁期间某阶段进行的提前张拉紧固索夹后的螺杆轴力检测数据,检测索夹螺杆轴力均值为637kN,最小的单个索夹螺杆轴力均值为552kN,每个索夹的螺杆轴力均值均达到546kN以上,符合设计要求。随着张拉工艺的初步优化调整,螺杆轴力的紧固质量得到较好的提升,并且整体螺杆轴力趋于均匀。

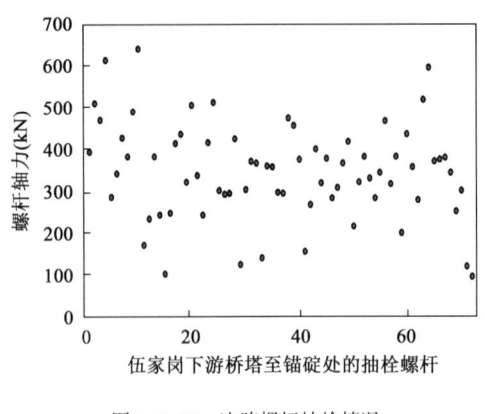

图6-13-19 边跨螺杆抽检情况

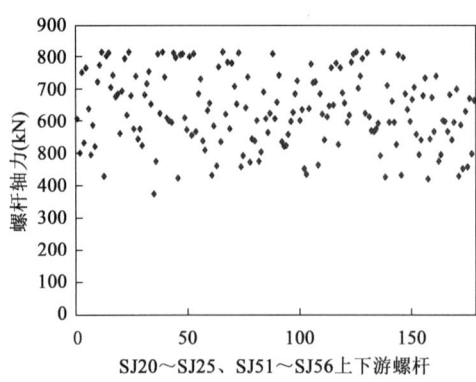

图6-13-20 主梁吊装前的再次张拉后检测

二、主梁吊装阶段

在吊装主梁过程中,随着主梁的吊装,螺杆轴力会随着主缆承载的增加、主缆本身随时间的收紧而逐步减弱。随着施工阶段的进行,螺杆轴力会逐渐地降低,为保障吊装主梁施工的安全,避免随着吊装过程的进行出现索夹滑移现象,在吊装阶段进行了若干次全桥抽检,对螺杆轴力不足的区域内索夹进行补拉施工。在全部梁体吊装完成后,迅速进行了全桥的螺杆检测,图6-13-21 和图6-13-22 为全桥单个索夹螺杆轴力均值的数据情况,均值为425kN,上游均值为371kN,下游均值为480kN,对应的索夹抗滑移安全系数最低值也在1.2倍以上,现场检查未发现索夹滑移问题,并迅速地进行了全桥索夹螺杆(包括边跨索夹螺杆在内)的张拉紧固施工安排。

三、桥面铺装阶段及成桥阶段

在桥面铺装前将全桥螺杆补拉紧固,为桥面铺装荷载的增加与顺利成桥做准备。

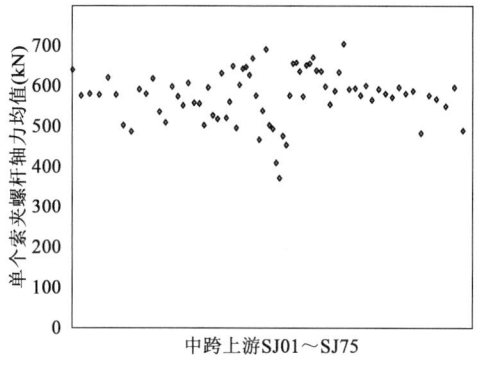
图6-13-21　中跨上游单个索夹螺杆轴力均值

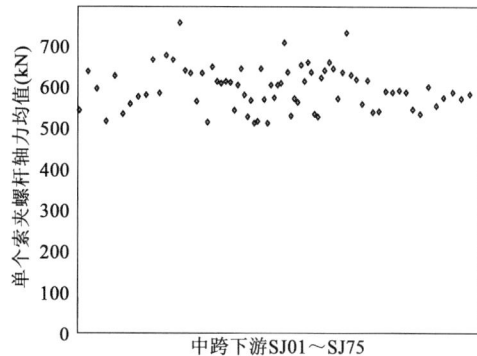
图6-13-22　中跨下游单个索夹螺杆轴力均值

经过一次控制张拉紧固执行情况，工后经检测，如图6-13-23和图6-13-24所示，全桥中跨螺杆轴力均值达到585kN，中跨上游螺杆轴力均值为597kN，中跨下游螺杆轴力均值为573kN，分别超过70%设计张拉力（546kN）39kN、51kN与27kN，达到设计张拉力（780kN）的75%、76%与73%，将螺杆轴力从吊装完成后的425kN提升了160kN。

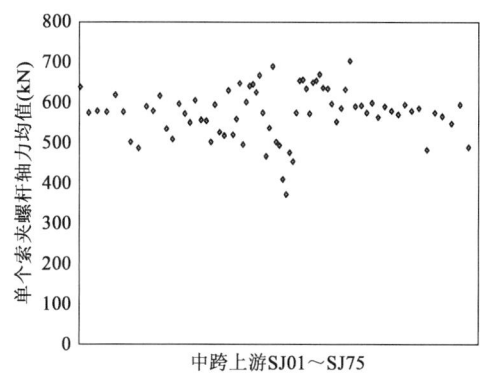
图6-13-23　中跨上游索夹螺杆轴力整体情况

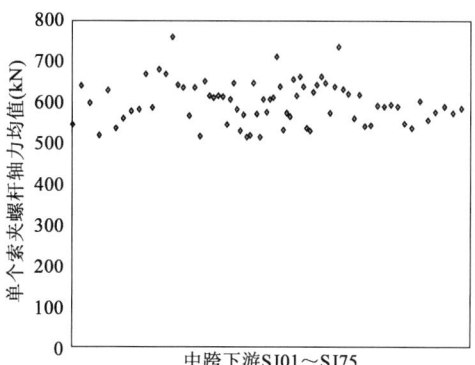
图6-13-24　中跨下游索夹螺杆轴力整体情况

在成桥阶段，为了在保证成桥质量的前提下节省一些工期，在桥面铺装完成接近一半时，采取一定的超张拉（实际超张10%），按照前文章节实施成桥前的最后一次张拉，并在后期检测后针对螺杆轴力小于546kN的少量螺杆进行补拉，再次完成检测。

根据前面的分析计算，全部桥面铺装荷载使得主缆变细而导致的螺杆轴力损失为37kN，这部分轴力的降低只会减少螺杆轴力的绝对量，而不会降低螺杆轴力随时间的衰减速度。因此，在最后阶段的张拉过程中，张拉荷载在设计张拉力（780kN）的基础上再提高10%（78kN），并且执行严格的稳压持荷与螺母锁紧操作工艺流程，保障成桥时的螺杆轴力仍在70%设计张拉力以上，且轴力衰减速度大幅减缓。

经全面严格张拉后再对轴力不足的螺杆反复多次补拉及检测，数据如图6-13-25和图6-13-26所示，最终全桥中跨螺杆轴力均值达到760kN，全部索夹中最小轴力均值为663kN。其中，中跨上游螺杆轴力均值为765kN，中跨下游螺杆轴力均值为755kN，分别超过70%设计张拉力(546kN)214kN、219kN与209kN,达到设计张拉力(780kN)的97.4%、98.1%与96.8%。

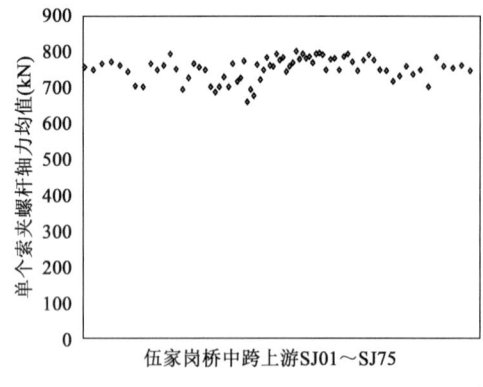

图6-13-25 中跨上游索夹螺杆轴力成桥状态

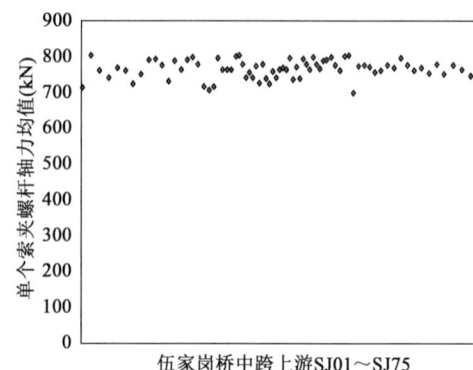

图6-13-26 伍家岗桥中跨下游索夹螺杆轴力成桥状态

按照严格工艺执行后的螺杆轴力,即使在铺装及附属设施完成后,按照全部铺装荷载计算,损失37kN,再根据前文章节中吊装主梁完成补拉后持续监测数据,不考虑最后阶段稳压持荷收紧主缆工艺的严格执行,最大保守估计成桥前的轴力再损失70kN,则中跨螺杆轴力均值仍可以达到653kN以上,索夹中最小轴力均值为556kN,仍然可以达到70%设计张拉力以上。

第八节 本章小结

悬索桥主缆索夹螺杆高效率、高质量的张拉紧固施工是我国大跨桥梁建设精细化、高水平技术提升的重要一部分。在伍家岗长江大桥施工建设过程中,面向以往张拉紧固质量差、离散性大以及检测精度不足等问题,采用同步张拉工艺、以控制螺母转动角速度的方式加速主缆收紧,并采用基于声弹性的超声方法高精度测量轴力等技术,严格控制索夹螺杆在施工各阶段的张拉紧固质量,保证了大桥的安全建设与成桥质量。

经过数次全桥张拉与轴力检测,全桥螺杆紧固质量良好,成桥张拉后的螺杆,尤其是中跨有吊索索夹螺杆的紧固轴力超过760kN,螺杆轴力全部达到546kN以上,完全满足《公路悬索桥设计规范》(JTG/T D65-05—2015)的设计要求。

第十四章 正交异性钢桥面板 U 形肋全熔透焊接研究与应用

第一节 工程概况和主要研究内容

一、工程概况

伍家岗长江大桥项目起点位于江城大道(原江南一路),沿线跨越谭艾路、滨江路、长江、伍临路,终点与花溪路对接,建设里程2813.126m,其中跨长江主桥为主跨1160m悬索桥,江南侧锚碇采用重力式锚碇,江北侧锚碇采用隧道式锚碇,江南侧引桥292m,江北引线1080.829m,道路等级为城市快速路,主桥设计行车速度为80km/h,设计车道为双向六车道。

主桥采用整体式流线型钢箱梁结构,钢箱梁全宽34.7m,由顶板、底板、横隔板及纵腹板组成,主梁中心线处梁高为2.8m。箱梁内部通长设置的纵腹板中心间距为26.5m,其内侧布置的横隔板间隔除梁端3个横隔板间隔为2.6m外,其余横隔板间隔均为3.0m,横隔板外侧对应位置设置风嘴隔板,主桥钢箱梁断面如图6-14-1所示。

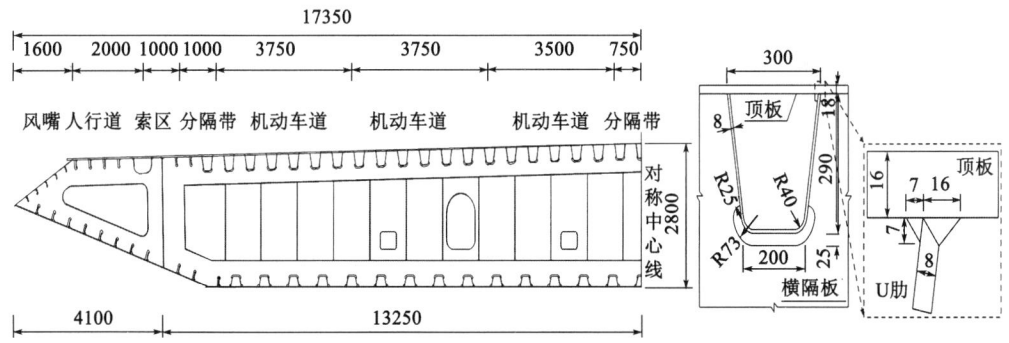

图6-14-1 主桥钢箱梁横断面和钢桥面板关键构造细节设计(尺寸单位:mm)

伍家岗长江大桥采用正交异性钢桥面板结构,其横向设置2%横坡,顶板厚度分区域布置,外侧重车道区域为18mm,其余区域均为16mm;车行道范围的顶板底部按600mm间距沿顺桥向布置8mm厚、290mm高的U形闭口加劲肋,行车道范围内的钢桥面板关键构造细节设计如图6-14-1所示。钢箱梁底板为水平、等厚设置,全宽24.1m,板厚为14mm,按照800mm间距沿顺桥向布置6mm厚、200mm高的U形闭口加劲肋,钢箱梁节段通过栓焊组合的方式进行连接。

伍家岗长江大桥所采用的正交异性钢桥面板具有自重轻、承载力高、适用范围广等突出优点，但该类桥面板结构疲劳开裂问题突出，严重影响结构的运营质量、耐久性和使用安全，已成为长期困扰钢结构桥梁的痼疾和阻碍其发展的技术瓶颈。我国正交异性钢桥面板面临的形势极为严峻，通过发展高性能新型正交异性钢桥面板解决传统正交异性钢桥面板疲劳开裂问题，是当前桥梁工程可持续发展迫切需要解决的基础研究课题。

通过发展先进焊接工艺研发高疲劳抗力的正交异性钢桥面板，显著提升其疲劳性能和耐久性，是确保伍家岗长江大桥高质量建设和长寿命服役的基本前提。

二、主要研究内容

U肋与顶板双面全熔透焊接制造工艺的引入，使得U肋与顶板双面焊构造细节的疲劳失效机理与传统单面焊构造细节存在显著区别。由上述特性所决定，本项目通过试验和理论研究，揭示U肋与顶板构造细节主导疲劳失效模式的演变机制，深刻认识其疲劳失效机理，发展结构体系的疲劳抗力评估方法。其主要研究内容如下：

1. U肋与顶板全熔透焊接制造工艺

根据焊接规范，焊缝形式、焊材选择及焊接工艺参数研究，以获得最优匹配效果。主要研究内容包含：①焊接规范的调整优化（包括焊丝直径、前后丝间距、杆伸长度、焊丝倾角、电流、电压、焊接速度、坡口等焊接参数），以获得最优匹配效果。②通过研究及分析比较，筛选确定焊丝、焊剂、衬垫的成分与牌号以及选择焊接规范参数。

2. U肋焊缝接头性能优化研究

接头性能常规测试，包括成分、金相、残余应力、冲击韧性、抗拉强度和超声波探伤检测，结合不同焊接方式和不同成形焊缝接头试验结果，比较不同焊接方式性能并优选工艺方法及规范参数。

3. U肋全熔透焊接正交异性钢桥面板足尺试件疲劳试验研究

正交异性钢桥面板足尺试件模型通常包含多个不同的构造细节，其规模和尺度相对较大，板件的加工精度、焊接工艺、焊接缺陷、焊接残余应力等与实际结构基本一致，能够更为准确地模拟各疲劳易损部位的实际受力状态，且能够通过不同的加载方式对多个构造细节的疲劳性能进行综合验证。

4. 铺装层与钢桥面板协同受力体系疲劳试验研究

U肋与顶板构造细节以承受局部横向应力为主，在进行正交异性钢桥面板设计时，为了简化计算，通常将铺装层作为恒载的一部分，而未考虑铺装层对钢桥面板局部刚度提升的贡献和二者的协同受力作用。为准确评估钢桥面板的实际疲劳性能，通过对铺装层与钢桥面板协同受力机理开展系统的理论和试验研究，为伍家岗长江大桥的正交异性钢桥面板疲劳寿命的准确预测提供理论基础。

5. 正交异性钢桥面板结构体系疲劳抗力评估方法研究

快速高效地实现结构体系疲劳抗力的准确评估,是进行高性能新型正交异性钢桥面板结构体系优化设计并推动其应用的重要基础,这一方法涉及多个构造细节的多个疲劳失效模式,与以构造细节特定疲劳失效模式为主要研究对象的传统疲劳抗力评估方法存在显著差别,如何提出结构体系疲劳抗力评估的实用方法是本项目的关键研究课题。

6. U肋全熔透焊接正交异性钢桥面板质量检验标准

通过接头、焊缝质量标准及检验方法的研究形成新型高性能正交异性钢桥面板质量检验标准,制定检验细则,确保焊缝及正交异性钢桥面板质量受控。

7. 制定新型高性能正交异性钢桥面板制造规范

根据研究及试生产情况,为了消除正交异性钢桥面板焊缝的疲劳裂纹,实现U肋板单元全熔透焊接,规范生产制造流程和工艺要求,保证正交异性钢桥面板制造焊接质量达到技术要求,制定本制造规范以实现标准化生产和供应。实现研究成果应用于伍家岗长江大桥。

三、技术路线

本项目综合运用理论研究、有限元分析与设计优化、工艺与检测技术研究及模型试验研究相结合的方法开展相关研究工作,总体技术路线与实施流程如图6-14-2所示。

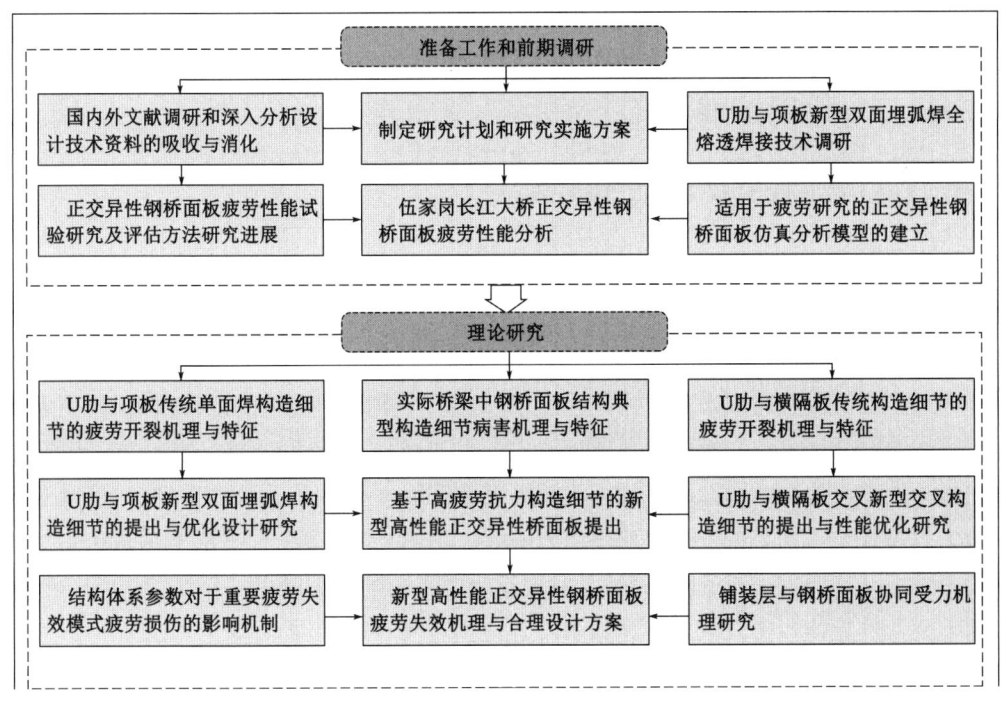

图 6-14-2

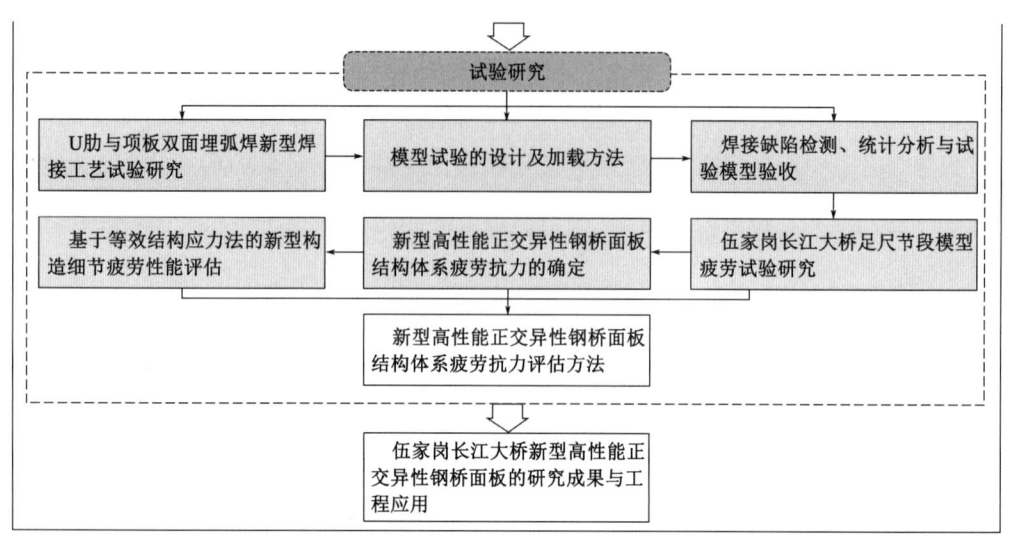

图 6-14-2　项目研究技术路线图

第二节　正交异性钢桥面板疲劳性能理论分析

以正交异性钢桥面板疲劳开裂问题最为突出的 U 肋与顶板构造细节和 U 肋与横隔板交叉构造细节为研究对象，对各重要疲劳开裂模式进行深入系统研究。研究成果有助于深化对于正交异性面板疲劳开裂问题的认识，可为伍家岗长江大桥正交异性钢桥面板疲劳性能评估提供科学依据。

一、U 肋与顶板构造细节的疲劳性能

U 肋与顶板构造细节直接承受车辆轮载的反复作用，在其焊根和焊趾位置将产生较大应力幅，导致该构造细节疲劳开裂问题突出。对于 U 肋与顶板传统单面焊构造细节，萌生于顶板焊根位置的疲劳裂纹位于闭口 U 肋内部，常规巡检无法发现，一般在裂穿顶板并导致桥面铺装开裂或破损时才能检出，此时，已严重影响桥梁的运营质量，并引发渗水导致钢箱梁锈蚀等耐久性问题。通过引入 U 肋与顶板双面埋弧全熔透焊工艺，将 U 肋与顶板传统单面坡口角焊缝构造细节改善为新型双面埋弧全熔透焊构造细节，使其主导疲劳失效模式发生迁移，提升其疲劳性能。采用等效结构应力法对 U 肋与顶板构造细节的疲劳性能开展深入系统的研究，确定新型双面埋弧全熔透焊的引入对于 U 肋与顶板构造细节疲劳性能的改善效果。研究成果可深化对于 U 肋与顶板双面全熔透焊构造细节疲劳机理的认识，将为新型双面全熔透焊构造细节在伍家岗长江大桥钢桥面板结构的工程实际应用提供理论依据。U 肋与顶板构造细节图示如图 6-14-3 所示。

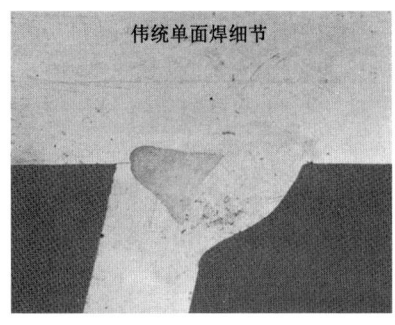
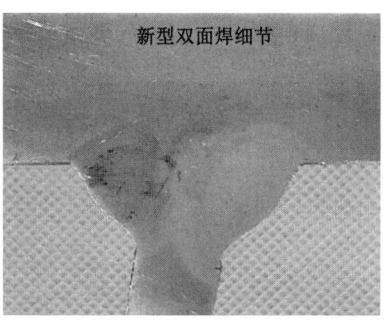

图 6-14-3 U 肋与顶板构造细节图示

1. 有限元模型的建立

伍家岗长江大桥钢箱梁的桥面板采用典型正交异性钢桥面板结构，其重车道顶板厚度为 18mm，U 肋的板厚、高度和顶端开口宽度分别为 8mm、290mm 和 300mm，横隔板厚度和间距分别为 12mm 和 3000mm，U 肋之间的中心间距为 600mm。为提升 U 肋与顶板构造细节的疲劳性能，本项目拟采用 U 肋与顶板新型双面全熔透焊构造细节。为了确定 U 肋与顶板新型双面全熔透焊构造细节对于钢桥面板疲劳性能的提升效果，本章以 U 肋与顶板新型双面全熔透焊构造细节为研究对象，对其疲劳性能开展系统研究，在进行研究时将 U 肋与顶板传统单面焊构造细节作为对比参照，U 肋与顶板构造细节设计如图 6-14-4 所示。

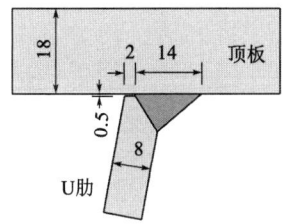
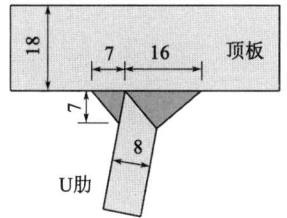

a) U肋与顶板单面焊细节　　　　b) U肋与顶板双面全熔透焊细节

图 6-14-4　U 肋与顶板细节构造图(尺寸单位:mm)

为了准确分析 U 肋与顶板构造细节的疲劳性能，建立了如图 6-14-5 所示的钢桥面板足尺节段有限元模型，该模型为纵向包含 4 个横隔板的三跨结构，纵向长度为 $0.5m + 3 \times 3.0m + 0.5m = 10.0m$，该模型横向包含 7 个 U 肋，总宽度为 4.2m。有限元模型中所有构件均采用实体单元 SOLID45 建立，钢材的弹性模量和泊松比取值分别为 206GPa 和 0.3。选取第二跨跨中截面 4 号 U 肋左侧的 U 肋与顶板构造细节为关注对象，U 肋与顶板构造细节各板件厚度方向的网格均为 4 层。为了准确模拟钢桥面板的受力，其边界条件选取如下：在纵向约束顶板和 U 肋 z 方向的自由度，在横向约束横隔板和顶板 x 方向的自由度，在竖向约束横隔板 y 方向的自由度。由于研究对象距离边界均较远，根据圣维南原理可知，边界条件对理论分析带来的误差可忽略。

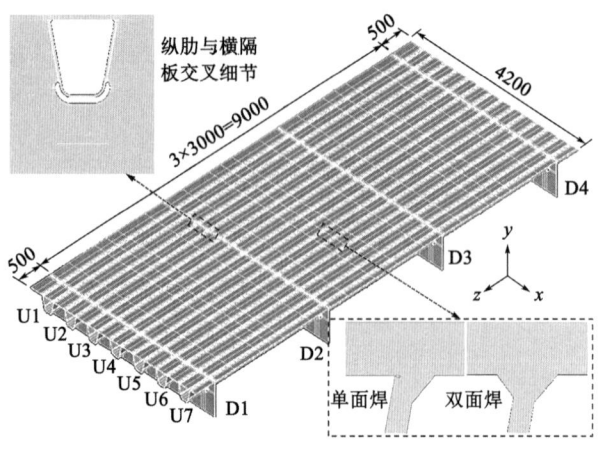

图 6-14-5　有限元节段模型(尺寸单位:mm)

疲劳荷载选取标准疲劳车,其轴重为 120kN。为了获得 U 肋与顶板构造细节在纵向移动车辆荷载作用下的应力幅值,选取标准疲劳车的单个车轮荷载作为单位荷载在不同横向位置进行纵向移动加载,得到关注构造细节的影响面,在此基础上采用标准疲劳车对影响面进行纵向加载得到 U 肋与顶板细节的应力历程曲线,然后采用雨流计数法即可获得应力谱。在计算影响面时,纵向加载步长为 100mm,以 D2 横隔板为起点,D3 横隔板为终点如图 6-14-6a)所示;横向加载步长为 100mm,横向加载位置以荷载中心距离模型截面中心的距离 e 来表示,如图 6-14-6b)所示。

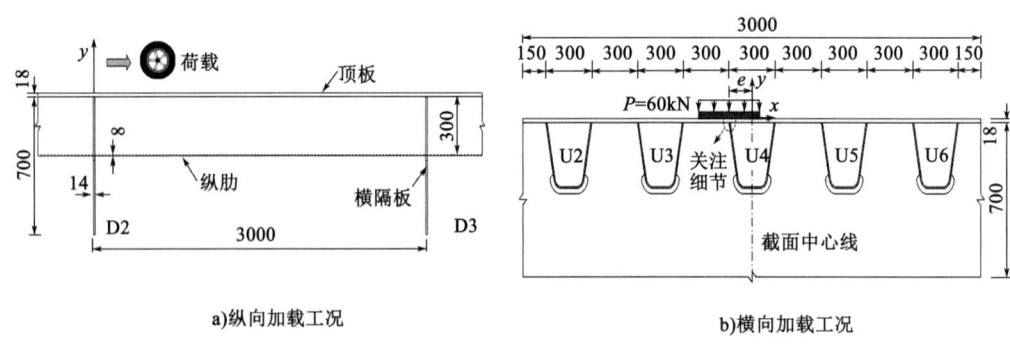

a) 纵向加载工况　　　　　　　　　　b) 横向加载工况

图 6-14-6　荷载加载工况(尺寸单位:mm)

2. U 肋与顶板构造细节应力影响面

U 肋与顶板传统单面焊构造细节和新型双面全熔透焊构造细节各疲劳开裂模式的等效结构应力影响面分别如图 6-14-7 和图 6-14-8 所示,限于篇幅,仅示意部分重要疲劳开裂模式的等效结构应力影响面。分析可知,U 肋与顶板传统单面焊构造细节各疲劳开裂模式的纵向影响线长度主要在关注构造细节相邻的两个横隔板之间。在轮载的纵向移动作用下,传统单面焊构造细节顶板焊根开裂模式以承受拉-压循环应力为主,荷载横向作用于构造细节正上方时($e = -150$mm)最为不利,当轮载纵向加载位置为1100mm时,顶板焊根将产生拉应力峰值,为24.8MPa,当轮载纵向加载位置为1500mm时,顶板焊根将产生压应力峰值,其值为-34.9MPa;传统单面焊构造细节顶板外侧焊趾开裂模式的受力状态与顶板焊根开裂模式类似,以承受拉-压循环应力为主,当荷载作用于构造细节正上方时($e = -150$mm)为最不利横向加载位置,当纵向加载位置作用于1100mm和1500mm位置时,其顶板外侧焊趾开裂模式分别承受最大拉应力和最大压应力,其值分别为21.5MPa和-31.1MPa。

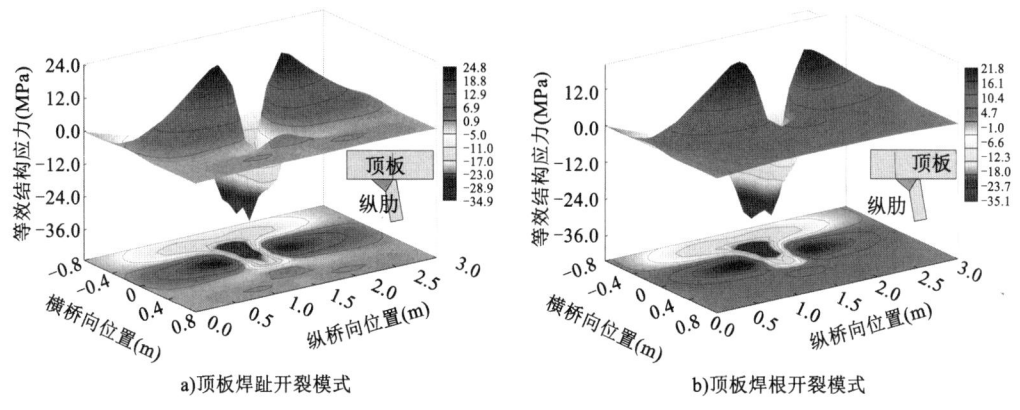

a) 顶板焊趾开裂模式　　　　　　　b) 顶板焊根开裂模式

图 6-14-7　U 肋与顶板单面焊构造细节等效结构应力影响面

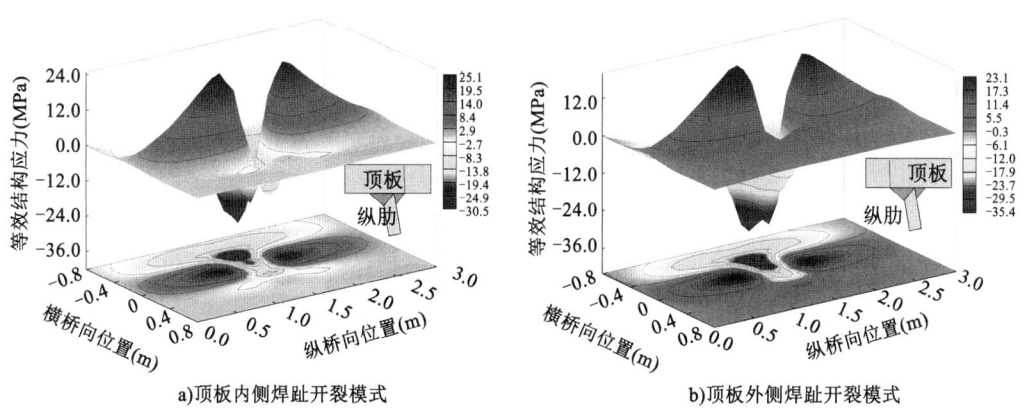

a) 顶板内侧焊趾开裂模式　　　　　　　b) 顶板外侧焊趾开裂模式

图 6-14-8　U 肋与顶板新型双面全熔透焊构造细节等效结构应力影响面

U 肋与顶板新型双面全熔透焊构造细节顶板内侧焊趾开裂模式和顶板外侧焊趾开裂模式均以承受拉-压循环应力为主。对于顶板内侧焊趾开裂模式而言,当荷载横向加载位置为$e = -150$mm时,其最大拉应力为24.2MPa,最大压应力为-21.6MPa。顶板外侧焊趾开裂模式在荷载横向加载位置为$e = -150$mm时,其最大拉应力为22.3MPa,最大压应力为-30.1MPa。

3. U肋与顶板构造细主导疲劳开裂模式

采用标准疲劳车在横桥向不同横向加载位置,对U肋与顶板构造细节各疲劳开裂模式的影响线进行纵向移动加载得到其应力历程曲线,然后采用泄水法计算应力谱,在此基础上采用线性累积损伤理论计算不同横向加载位置在每百万辆标准疲劳车作用下各开裂模式的疲劳累积损伤度,U肋与顶板构造细节各疲劳开裂模式在不同横向位置的累积损伤度如图6-14-9所示。疲劳累积损伤度的计算公式为 $D = \sum_{i=1}^{\infty} \frac{n_i}{N_i}$,式中,$N_i$ 为第 i 个常幅应力作用下的疲劳破坏次数;n_i 为第 i 个应力幅作用的次数。

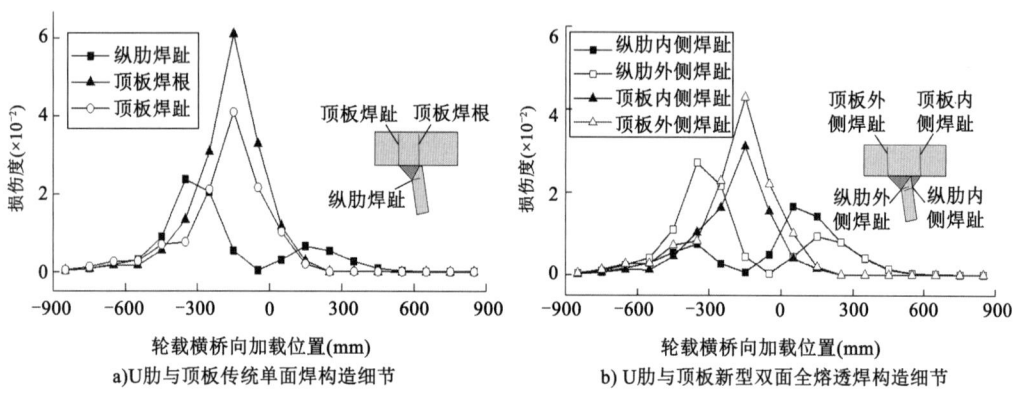

图6-14-9 U肋与顶板构造细节在各横向位置的累积损伤度

由图6-14-9分析可知,U肋与顶板构造细节的横向影响线宽度主要在关注构造细节相邻的两个U肋之间。对于U肋与顶板传统单面焊构造细节而言,顶板焊根开裂和顶板焊趾开裂两类疲劳开裂模式的最不利横向加载位置相同,均为 $e = -150$mm。对于U肋与顶板新型双面全熔透焊构造细节,其顶板内侧焊趾开裂和顶板外侧焊趾开裂的最不利横向加载位置均为 $e = -150$mm。

为了合理评估U肋与顶板构造细节的疲劳寿命,本章考虑轮载横向分布概率对其疲劳寿命的影响,在此基础上进行U肋与顶板构造细节疲劳寿命评估。车辆轮载的横向分布概率模型如图6-14-10所示,其中加载区域3作用于各疲劳开裂模式的最不利横向加载位置。纵向移动轮载作用于加载区域1~5位置时,U肋与顶板构造细节各疲劳开裂模式的等效结构应力历程曲线如图6-14-11和图6-14-12所示,由于U肋与顶板构造细节的疲劳性能主要由顶板焊根开裂和顶板焊趾开裂两类开裂模式所控制,因此仅示意顶板焊根开裂和顶板焊趾开裂两类重要疲劳开裂模式的等效结构应力历程曲线。

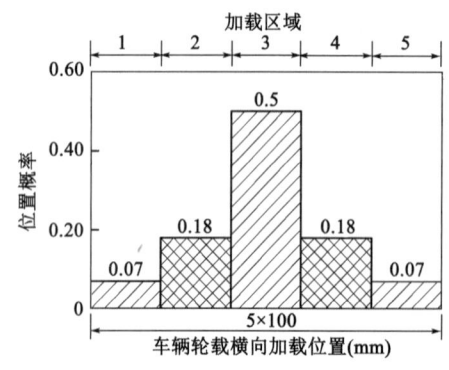

图6-14-10 槽口地脚螺栓定位钢板剖面布置图

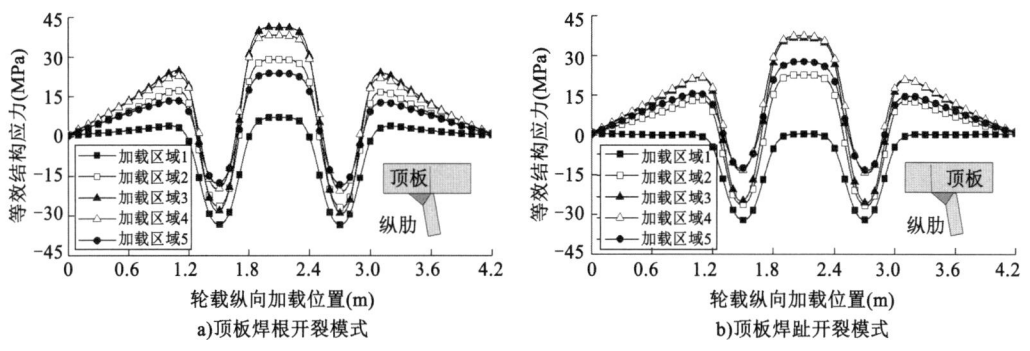

图 6-14-11　U 肋与顶板传统单面焊构造细节应力历程

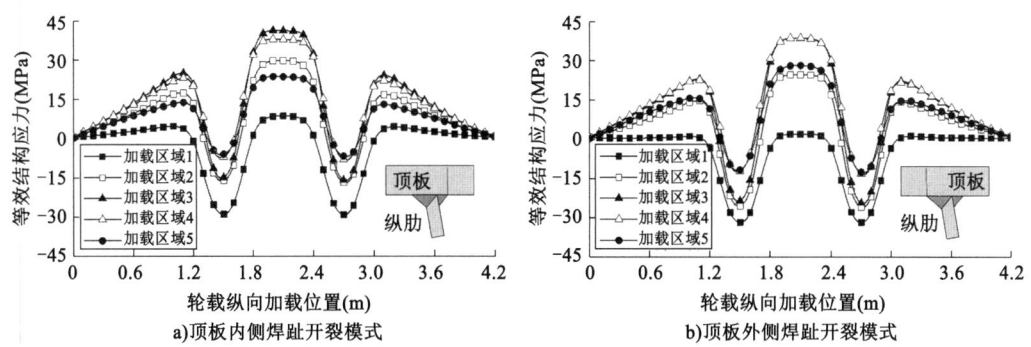

图 6-14-12　U 肋与顶板新型双面全熔透焊构造细节应力历程

由于 U 肋与顶板构造细节的纵向影响线长度主要在相邻的两个横隔板之间,而标准疲劳车前、后双联轴之间的间距为 6.0m,远大于 U 肋与顶板构造细节的纵向影响线长度,因此,图 6-14-11 和图 6-14-12 中的应力历程为标准疲劳车前双联轴作用下的等效结构应力历程。对于 U 肋与顶板传统单面焊构造细节,当标准疲劳车作用于加载区域 1~5 时,顶板焊根开裂模式的最大等效结构应力幅分别为 40.6MPa、56.1MPa、70.4MPa、58.7MPa 和 42.0MPa;顶板焊趾开裂模式的最大等效结构应力幅分别为 32.9MPa、49.4MPa、62.3MPa、51.7MPa 和 41.0MPa。

对于 U 肋与顶板新型双面全熔透焊构造细节,当标准疲劳车作用于加载区域 1~5 时,顶板内侧焊趾开裂模式的最大等效结构应力幅分别为 37.9MPa、46.6MPa、57.3MPa、46.1MPa 和 30.4MPa;顶板外侧焊趾开裂模式的最大等效结构应力幅分别为 33.9MPa、50.7MPa、63.2MPa、51.9MPa 和 40.7MPa。

研究表明:①U 肋与顶板传统单面焊构造细节的主导疲劳开裂模式为顶板焊根开裂,其最大等效结构应力幅值为 70.4MPa,U 肋与顶板新型双面全熔透焊构造细节的主导疲劳开裂模式为顶板外侧焊趾开裂,其最大等效结构应力幅值为 63.2MPa;②U 肋与顶板新型双面全熔透焊构造细节的引入,使得 U 肋与顶板构造细节的主导疲劳开裂模式由单面焊构造细节的顶板焊根开裂转移到双面全熔透焊构造细节的顶板外侧焊趾开裂,主导疲劳开裂模式的最大等效结构应力幅值降低约10.2%。

4. U 肋与顶板构造细节疲劳寿命评估

在 U 肋与顶板构造细节主导疲劳开裂模式分析的基础上,将图 6-14-10 中的加载区域 3 作用于各开裂模式的最不利横向加载位置,其他 4 个加载区域按照图 6-14-10 中的对应位置进行加载,以考虑轮载横向分布概率的影响,然后计算单位次数标准疲劳车作用下各疲劳开裂模式的损伤度,再按照线性疲劳累积损伤理论计算损伤度为 1 时的加载次数即为疲劳寿命,U 肋与顶板构造细节各疲劳开裂模式的疲劳寿命评估结果见表 6-14-1。研究表明:①U 肋与顶板传统单面焊构造细节的疲劳寿命由顶板焊根开裂模式所控制,其疲劳寿命为 2282 万次;②U 肋与顶板新型双面全熔透焊构造细节的疲劳寿命由顶板外侧焊趾开裂模式所控制,其疲劳寿命为 3249 万次,新型双面全熔透焊的引入使 U 肋与顶板构造细节的疲劳寿命增加约 42.4%,疲劳性能提升效果显著。

U 肋与顶板构造细节疲劳寿命评估结果　　表 6-14-1

构造细节	开裂模式	疲劳寿命(万次)
U 肋与顶板传统单面焊构造细节	顶板焊根开裂	2282
	顶板焊趾开裂	3387
	U 肋焊趾开裂	5625
U 肋与顶板新型双面全熔透焊构造细节	顶板外侧焊趾开裂	3249
	顶板内侧焊趾开裂	4504
	U 肋外侧焊趾开裂	4994
	U 肋内侧焊趾开裂	8112

5. 小结

(1)U 肋与顶板传统单面焊构造细节的主导疲劳开裂模式为顶板焊根开裂,其最不利横向加载位置为 $e = -150$mm,在标准疲劳车作用下其最大等效结构应力幅值为 70.4MPa,在考虑轮载横向分布概率的情况下,U 肋与顶板传统单面焊构造细节的疲劳寿命为 2282 万次。

(2)新型双面全熔透焊构造细节的引入,使 U 肋与顶板构造细节的主导疲劳开裂模式由单面焊构造细节的顶板焊根开裂迁移到双面全熔透焊构造细节的顶板外侧焊趾开裂;U 肋与顶板新型双面全熔透焊构造细节的最不利横向加载位置为 $e = -150$mm,在标准疲劳车作用下其最大等效结构应力幅值为 63.2MPa,相较于单面焊构造细节,其主导疲劳开裂模式的最大等效结构应力幅值降低约 10.2%;在考虑轮载横向分布概率的情况下,U 肋与顶板新型双面全熔透焊构造细节的疲劳寿命为 3249 万次,相较于单面焊构造细节,其疲劳寿命提升约 42.4%。

二、铺装层对 U 肋与顶板细节疲劳性能的影响

近年来国内自主研发了树脂沥青组合体系(ERS),该铺装体系由环氧黏结碎石层

(EBCL)、环氧沥青混凝土层(RA)和表层的改性沥青混凝土(SMA)组成。ERS 铺装技术具有施工便捷、强度高、刚度大、耐高温性能好等突出优点,目前已成功应用于嘉绍大桥和之江大桥等实际工程之中。在进行正交异性钢桥面板设计时,为了简化计算通常将铺装层作为恒载的一部分,而未考虑铺装层对钢桥面板局部刚度提升的贡献和二者的协同受力作用,然而桥面铺装作为桥面结构的重要组成部分,将参与正交异性钢桥面板的协同受力,上述简化计算方法偏于保守,与钢桥面板的实际受力不符,不便于准确评估钢桥面板的实际疲劳性能。由于正交异性钢桥面板的顶板厚度通常为 12~18mm,而桥面铺装层的厚度通常为 50~100mm,铺装层相对顶板的刚度较大,因此在进行正交异性钢桥面板抗疲劳设计时,应考虑铺装层与钢桥面板的协同受力。而 ERS 铺装作为一种具有广阔工程应用前景的铺装技术,当前关于 ERS 铺装对钢桥面板疲劳性能的影响研究较少,因此亟须进行相关研究,为准确评估钢桥面板的实际疲劳性能提供理论基础。以伍家岗长江大桥为工程背景,采用有限元方法建立了钢桥面板足尺节段有限元模型,系统研究了 ERS 铺装对钢桥面板疲劳性能的影响效应。

1. 有限元模型的建立

伍家岗长江大桥正交异性钢桥面板的构造设计如图 6-14-13 所示,其中 U 肋与顶板构造细节采用新型双面全熔透焊技术。钢桥面铺装拟采用 ERS 铺装技术,铺装层构造设计示意如图 6-14-14 所示。

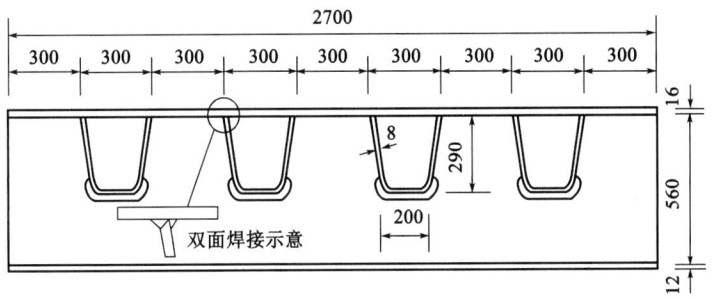

图 6-14-13 正交异性钢桥面板构造(尺寸单位:mm)

铺装层为黏弹性材料,其弹性模量与温度和加载频率等因素有关。为了使研究结果具有普遍性和适用性,按春夏秋冬四个季节考虑铺装层温度的变化情况。根据湖北省宜昌市平均气温情况,将春秋两季的温度简化为按 25℃考虑,夏季和冬季分别按 55℃和 5℃考虑。车速按设计时速 80km/h 选取,加载频率与行车速度之间的关系如式(6-14-1)所示。温度和加载频率等关键参数确定

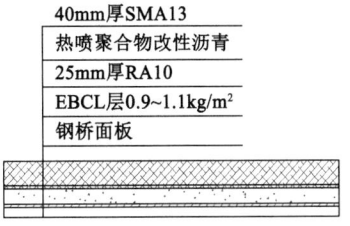

图 6-14-14 铺装层构造示意图

之后可根据既有研究成果,确定铺装层材料的动态弹性模量,其具体取值见表 6-14-2,铺装层材料的泊松比取值为 0.25。

$$f = 0.127v \tag{6-14-1}$$

式中:f——加载频率;

v——行车速度。

铺装层材料动态弹性模量参数(单位:MPa)　　表6-14-2

铺装层温度(℃)	RA10	SMA13
5	27940.5	19217.5
25	20046.5	3089.0
55	3680.5	412.1

正交异性钢桥面板和铺装层均选用实体单元(SOLID45)进行模拟,无铺装层的正交异性钢桥面板有限元模型约为60.6万个单元,带铺装层的正交异性钢桥面板有限元模型约为76.8万个单元。有限元模型的边界条件选取如下:纵桥向两端约束U肋和顶板节点的纵向位移,模拟钢箱梁对模型的纵桥向约束作用;横桥向两端约束顶板和横隔板节点的横向位移,模拟钢箱梁对模型的横桥向约束作用;竖向约束横隔板底部的竖向位移,模拟横隔板对模型的竖向支承作用。正交异性钢桥面板足尺节段有限元模型如图6-14-15所示,由于无铺装层与带铺装层的正交异性钢桥面板足尺节段有限元模型相似,仅选取一个作为示意。

选取标准疲劳车作为理论分析的疲劳荷载,其轴重为120kN,单个轮载为60kN,荷载作用面积为600mm×200mm。对于U肋与顶板构造细节,横向加载选择3个典型工况:U肋正上方加载(工况1)、骑U肋腹板正上方加载(工况2)、两U肋之间加载(工况3),3个横向典型加载工况如图6-14-16所示。纵向加载以1号横隔板为起点,4号横隔板为终点,分91步加载,加载步长为100mm。

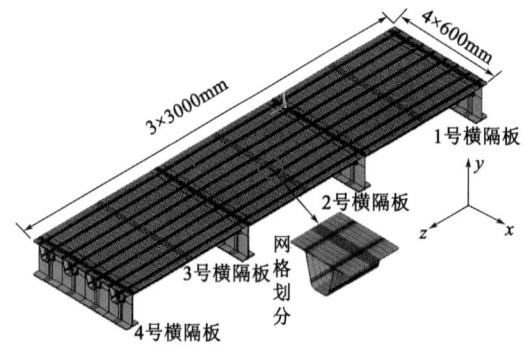

图6-14-15 槽口地脚螺栓定位钢板平面布置图

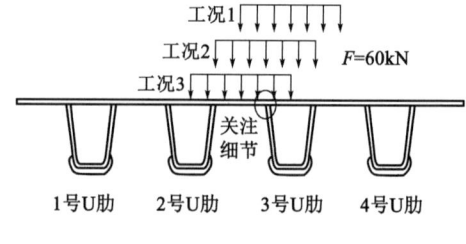

图6-14-16 槽口地脚螺栓定位钢板立面布置图

2.计算结果分析

以U肋与顶板新型双面全熔透焊构造细节为研究对象,其疲劳易损部位主要有顶板内侧焊趾、顶板外侧焊趾、U肋内侧焊趾和U肋外侧焊趾4个位置。既有研究表明:疲劳裂纹的扩展主要受到垂直于裂纹扩展方向应力幅值的影响。因此,本章基于名义应力,选取垂直于焊缝长度方向的应力幅值作为评价指标对U肋与顶板构造细节的疲劳性能进行评估,其中名义应力的取值点为距离焊趾一倍板厚位置。通过理论分析得到顶板内侧焊趾、顶板外侧焊趾、U 肋内侧焊趾和 U 肋外侧焊趾 4 个疲劳易损部位在 3 种典型横向加载工况作用下的应力历程曲线，如图 6-14-17～图 6-14-20 所示。图中无铺装表示未考虑铺装层作用下的钢桥面板；5℃、25℃、55℃表示考虑不同温度条件下，铺装层对钢桥面板疲劳性能的影响作用。

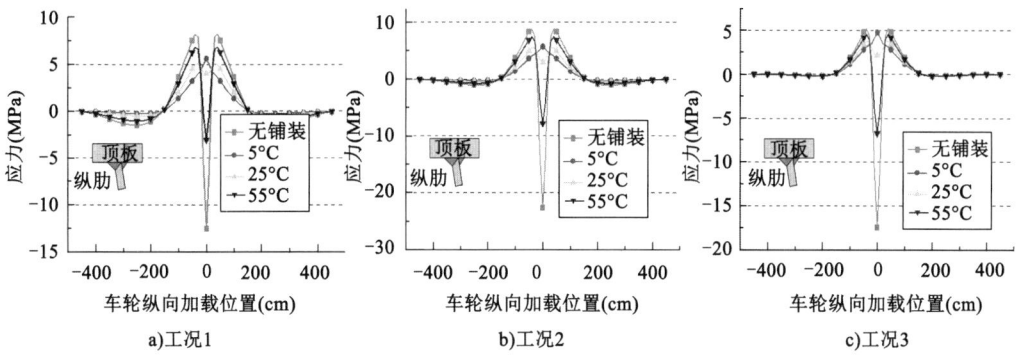

图 6-14-17　顶板内侧焊趾应力历程曲线

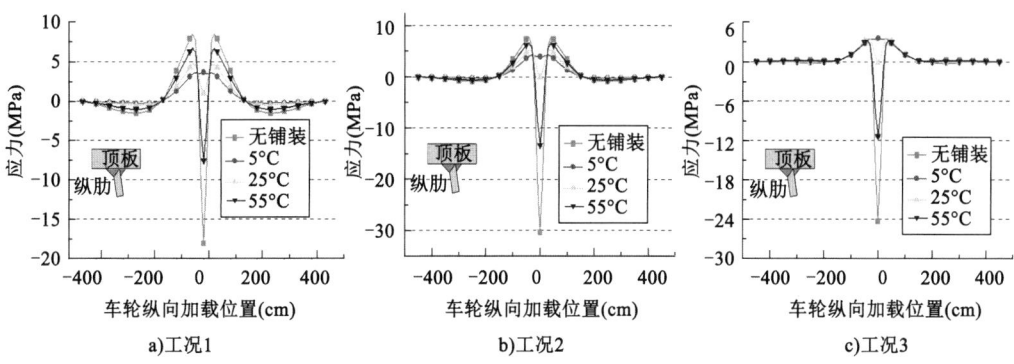

图 6-14-18　顶板外侧焊趾应力历程曲线

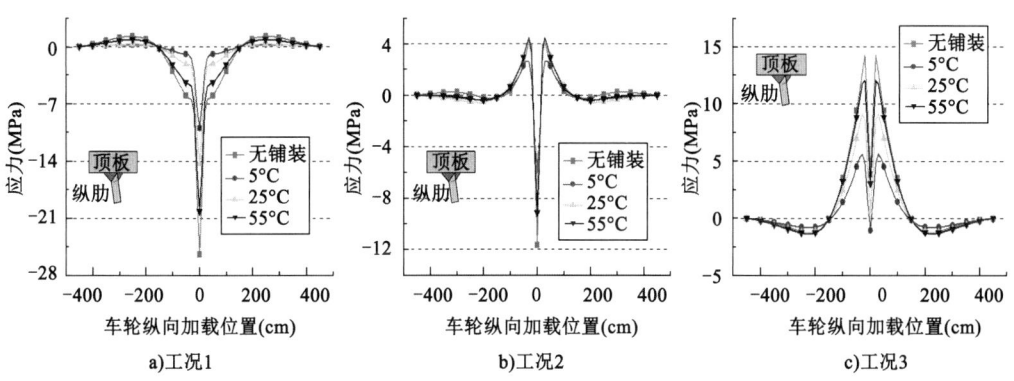

图 6-14-19　U 肋内侧焊趾应力历程曲线

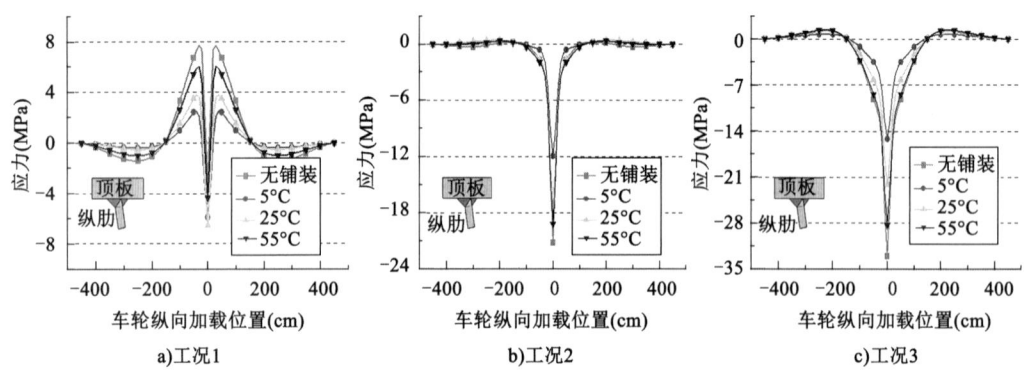

图 6-14-20 U 肋外侧焊趾应力历程曲线

根据图 6-14-17～图 6-14-20 的应力历程曲线可知,在车辆轮载的纵向移动作用下,顶板内侧焊趾和顶板外侧焊趾的受力状态类似,在铺装层的温度为 55℃和不考虑铺装层的协同受力作用下,顶板的刚度相对较小,顶板内侧焊趾和顶板外侧焊趾均以承受拉-压循环应力为主,当轮载纵向加载位置为中跨跨中时,顶板内侧焊趾和顶板外侧焊趾将产生最大压应力,随着加载位置逐渐远离跨中位置时,其应力值由压应力逐步转变为拉应力,当加载位置距离跨中约 0.4m 时,其拉应力将达到最大值;当铺装层的温度为 5℃和 25℃时,在铺装层与钢桥面板的协同受力作用下,顶板的刚度相对较大,顶板内侧焊趾和顶板外侧焊趾均以承受拉-拉循环应力为主,且随着温度的降低铺装层的刚度增大,顶板内侧焊趾和外侧焊趾的应力水平明显降低。在工况 1 至工况 3 作用下,U 肋内侧焊趾分别以承受压-压循环应力为主、拉-压循环应力和拉-拉循环应力为主。在工况 1 的作用下,U 肋外侧焊趾以承受拉-压循环应力为主,而在工况 2 和工况 3 作用下,U 肋外侧焊趾以承受压-压循环应力为主,当轮载纵向加载位置为中跨跨中时,U 肋外侧焊趾将产生最大压应力。

在单个车辆轮载通过钢桥面板时,将在 U 肋与顶板构造细节各疲劳易损部位产生多个应力幅作用。为了便于分析 ERS 铺装对钢桥面板疲劳性能影响,按线性累积损伤理论计算作用一次的等效应力幅,其计算公式如下:

$$\Delta\sigma_{eq} = \left(\frac{\sum \Delta\sigma_i^m n_i}{\sum n_i}\right)^{1/m} \tag{6-14-2}$$

式中:$\Delta\sigma_i$——根据应力历程计算得到的第 i 个应力幅值;

n_i——应力幅 $\Delta\sigma_i$ 出现的循环次数;

m——疲劳强度 S-N 曲线斜率负倒数,取值为 3。

根据 U 肋与顶板构造细节的应力历程曲线,采用泄水法计算得到轮载纵向移动作用下产生的应力幅值和作用次数,在此基础上根据式(6-14-2)可计算得到各疲劳易损部位的等效应力幅值,见表 6-14-3。

各疲劳易损部位等效应力幅（单位：MPa）　　　　表6-14-3

横向加载工况	铺装层温度		顶板内侧焊趾	顶板外侧焊趾	U肋内侧焊趾	U肋外侧焊趾
工况1	无铺装		21.4	27	26.7	12.6
	有铺装	5℃	5.9	3.9	10.2	8.5
		25℃	5.7	5.8	14.7	10.6
		55℃	11.3	15	21	11.4
工况2	无铺装		31.9	38.1	16	21.4
	有铺装	5℃	6	4.5	8.7	12.3
		25℃	6.1	6.9	11.8	17
		55℃	16	20.2	13.8	19.6
工况3	无铺装		22.8	27.5	17	34.3
	有铺装	5℃	4.9	3.7	8.3	16
		25℃	4.1	4.6	12	23.4
		55℃	11.5	14.7	14.7	29.7

由表6-14-3分析可知，不同横向加载工况作用下，U肋与顶板构造细节各疲劳易损部位的应力幅值具有显著差异。通过对各疲劳易损部位进行深入分析，确定最不利横向加载工况，在此基础上研究ERS铺装对钢桥面板疲劳性能的影响效应，研究结果表明：

(1)对于顶板内侧焊趾而言，其最不利加载工况为工况2，当不考虑铺装层时顶板内侧焊趾的最大等效应力幅值为31.9MPa；当考虑铺装层的作用，其温度为5℃、25℃和55℃时，顶板内侧焊趾的等效应力幅值分别为6.0MPa、6.1MPa和16.0MPa，相对于不考虑铺装层的情况，其等效应力幅分别降低81.3%、80.8%和49.8%，表明铺装层与钢桥面板的协同受力将显著降低顶板内侧焊趾的应力幅值；当铺装层的温度由55℃降低到5℃时，在工况1～工况3作用下，其等效应力幅值分别降低48.2%、62.8%和57.1%，表明温度的降低使得铺装层的刚度增大，最终使顶板内侧焊趾的应力幅值显著降低。

(2)对于顶板外侧焊趾，其最不利加载工况仍然为工况2，当不考虑铺装层时，其最大等效应力幅值为38.1MPa；当考虑铺装层与钢桥面板的协同受力作用，且其温度分别为5℃、25℃和55℃时，顶板外侧焊趾的等效应力幅值分别为4.5MPa、6.9MPa和20.2MPa，相对于不考虑铺装层的情况，其等效应力幅值分别降低88.1%、82.0%和46.9%，表明铺装层对于降低顶板外侧焊趾的应力幅值具有显著效果。

(3)对于U肋内侧焊趾，在工况1加载作用下其等效应力幅值为最大，表明工况1为U肋内侧焊趾的最不利加载工况；当不考虑铺装层时，其等效应力幅为26.7MPa；考虑铺装层与钢桥面板的协同受力作用，且其温度分别为5℃、25℃和55℃时，U肋内侧焊趾的等效应力幅值分别为10.2MPa、14.7MPa、21.0MPa，相对于不考虑铺装层的情况，应力幅分别降低61.7%、45.0%、21.2%。

(4)对于U肋外侧焊趾，在工况3加载作用下其等效应力幅值为最大，表明工况2为U肋外侧焊趾的最不利加载工况；当不考虑铺装层时，其应力幅为34.3MPa。考虑铺装层与钢桥面板的协同受力作用，且其温度分别为5℃、25℃和55℃时，U肋外侧焊趾的等效应力幅分别为16.0MPa、23.4MPa和29.7MPa，相对于不考虑铺装层的情况，等效应力幅值分别降低53.4%、31.9%和13.4%，表明铺装层对于降低U肋外侧焊趾的应力幅值具有显著效果。

3. 小结

（1）考虑铺装层与钢桥面板的协同受力后，U肋与顶板构造细节各疲劳易损部位应力幅值显著降低，铺装层对顶板内侧焊趾和外侧焊趾两个易损部位影响最明显，其次是U肋内侧焊趾，对U肋外侧焊趾疲劳易损部位的影响最小。

（2）不同的铺装层温度对U肋与顶板构造细节疲劳性能影响有显著差异，当铺装层的温度为55℃时，由于铺装层弹性模量相对较小，虽然能适当降低U肋与顶板构造细节的应力幅值，但是未能改变其应力循环状态；随着铺装层的温度由55℃降低5℃时，铺装层的刚度增大，铺装层与钢桥面板之间的协同受力性能显著增强，U肋与顶板构造细节的应力幅值显著降低。

三、正交异性钢桥面板抗断裂性能评估

1. 断裂判据指标的选取

断裂破坏是在构件内部形成新的表面并继续扩展造成构件净截面的减小直至断开。为了对钢材的断裂破坏进行研究，先后提出了很多与断裂分析相关的判据指标。这些指标可分为两大类：第一类为传统的冲击韧性指标，第二类是基于断裂力学理论的断裂韧度指标。

冲击韧性指标的测定是使含有缺陷的试样承受动力或冲击荷载作用，测量断裂发生时试样吸收的能量作为评价材料抵抗断裂能力的指标。试验中选用的试样类型多种多样，如V形缺口试样、U形缺口试样、动力撕裂试样等。我国《公路钢结构桥梁设计规范》（JTG D64—2015）目前仍沿用此类评价方法，对不同工作环境中工作钢材的冲击韧性值也作了限制。冲击韧性指标虽然能够定性的判断材料抵抗断裂性能的优劣，但对于确定条件下的具体结构难以给出是否安全的有效评价。

第二类指标是基于断裂力学的研究成果，基本指标为断裂韧度（K_{IC}）、能量释放率G、裂纹尖端张开位移CTOD和J积分。测量断裂韧度的试样有包含预制疲劳裂纹的三点弯曲试样、紧凑拉伸试样、C形拉伸试样和圆形紧凑拉伸试样等，通过计算裂纹尖端的应力强度因子得到材料的断裂韧度。

世界各国广泛采用基于断裂力学理论作为基础的评价方法，相继制定了结构断裂评定标准，并在近年来有了很大的进展。英国是较早将低温脆性断裂设计引入钢结构设计规范中的国家。由于其大部分地区冬季气温很低，在低温下结构钢材的韧性降低，容易发生脆性断裂。自1980年规范发布以后，很多学者进行了大量的研究，先后对规范中的方法进行改进，并发展了较为成熟的设计方法。因此，本项目基于英国规范BS 7910:2013

开展相关评估工作。

2. 正交异性钢桥面板抗断裂性能评估方法

英国规范 BS 7910:2013 是在断裂力学的基础上,应用失效评定曲线 FAD 对金属结构的断裂韧度进行评定。FAD 图的纵轴是实际断裂力学指标与引起破坏的断裂力学指标(采用相同的指标)的比值,FAD 图的横轴是实际荷载与引起塑性失稳的极限荷载的比值。如果评定指标值落在 FAD 图坐标轴线与评定曲线所包围的区域内,则该结构或构件满足要求;如果评定指标值落在评定曲线上或评定曲线外,则不满足要求。

(1) 失效评定曲线的选取

根据英国规范 BS 7910:2013 选取失效评定曲线,其方程定义如下。

对于 $L_r \leq 1$:

$$K_r = f(L_r) = (1 + 0.5L_r^2)^{-1/2}[0.3 + 0.7\exp(-\mu L_r^6)] \quad (6\text{-}14\text{-}3)$$

对于 $1 < L_r < L_{r,max}$:

$$K_r = f(L_r) = f(1)L_r^{(N-1)/(2N)} \quad (6\text{-}14\text{-}4)$$

对于 $L_{r,max} < L_r$:

$$K_r = f(L_r) = 0 \quad (6\text{-}14\text{-}5)$$

其中:

$$L_{r,max} = \frac{\sigma_y + \sigma_u}{2\sigma_y} \quad (6\text{-}14\text{-}6)$$

$$\mu = \min\left(0.001\frac{E}{\sigma_y}, 0.6\right) \quad (6\text{-}14\text{-}7)$$

$$N = 0.3\left(1 - \frac{\sigma_y}{\sigma_u}\right) \quad (6\text{-}14\text{-}8)$$

式中:L_r——应力比(或荷载比);
E——弹性模量;
σ_y——屈服强度;
σ_u——极限抗拉强度。

(2) 应力比 L_r 的计算

应力比 L_r 由作用在构件上的主要荷载通过以下方式确定:

$$L_r = \frac{\sigma_{ref}}{\sigma_y} \quad (6\text{-}14\text{-}9)$$

式中:σ_{ref}——荷载作用下裂纹尖端的真实应力;
σ_y——屈服强度。

(3) 断裂韧度比 K_r 的计算

断裂韧度比 K_r 由作用在构件上的主要荷载通过以下方式确定:

$$K_r = \frac{K_I + VK_I^s}{K_{mat}} \quad (6\text{-}14\text{-}10)$$

$$K_{\mathrm{mat}} = \sqrt{\frac{m\sigma_y \delta_{\mathrm{mat}} E}{1-\nu^2}} \quad (6\text{-}14\text{-}11)$$

$$m = 1.517 \left(\frac{\sigma_y}{\sigma_u}\right)^{-0.3188} \quad (6\text{-}14\text{-}12)$$

式中：K_{I}——当前裂纹尺寸下由主要荷载引起的应力强度因子；

$K_{\mathrm{I}}^{\mathrm{s}}$——当前裂缝尺寸下由次荷载作用而产生的应力强度因子；

K_{mat}——断裂韧度；

δ_{mat}——通过 CTOD 得到并表示的断裂韧度；

E——弹性模量；

σ_y——屈服强度；

σ_u——极限抗拉强度。

3. 正交异性钢桥面板抗断裂性能评估

正交异性钢桥面板主要由 U 肋与顶板构造细节和 U 肋与横板交叉构造细节组成，且上述两构造细节应力集中程度较高容易出现开裂问题，因此选取 U 肋与顶板构造细节和 U 肋与横板交叉构造细节进行断裂性能评估。

（1）U 肋与顶板构造细节抗断裂性能评估

为了确定伍家岗长江大桥钢桥面板 U 肋与顶板构造细节的抗断裂性能，基于断裂力学理论，对钢桥面板 U 肋与顶板构造细节开展系统研究。

采用 ANSYS 有限元软件建立包含 7 个 U 肋和 3 个横隔板间距的节段模型，其中 U 肋的横向间距为 600mm，横隔板的纵向间距为 3000mm。主要板件的设计厚度和构造设计等与实桥设计文件一致，节段模型尺寸如图 6-14-21 所示。荷载参照《公路桥涵设计通用规范》（JTG D60—2015）中的车辆荷载，其车辆荷载取值为 550kN，如图 6-14-22 所示；此外，根据表 6-14-4 的相关工况考虑车辆荷载的超载作用。根据前文相关研究结果，此处采用最不利横向加载位置进行加载，并根据纵向影响线确定纵向加载位置。根据相关文献的建议选取初始裂纹深度 $a_0 = c_0 = 0.5\mathrm{mm}$ 进行分析。

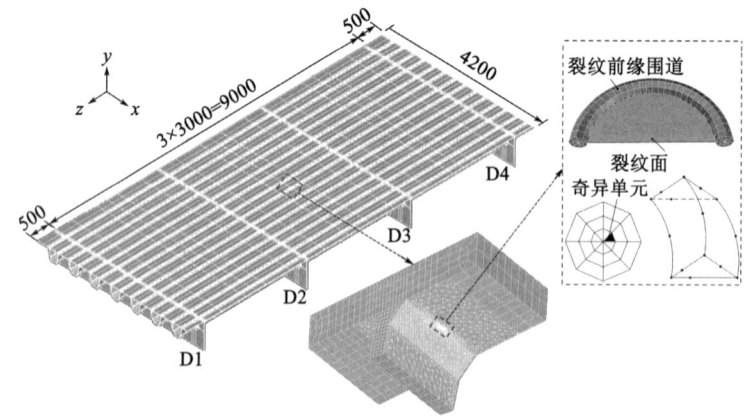

图 6-14-21 U 肋与顶板构造细节有限元节段分析模型（尺寸单位：mm）

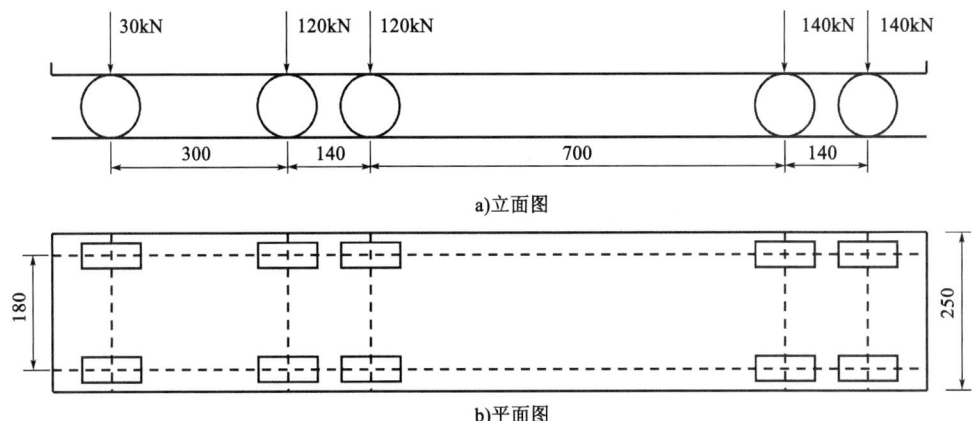

a) 立面图

b) 平面图

图 6-14-22　车辆荷载示意图(尺寸单位:cm)

车辆荷载取值汇总　　　　　　　　　表 6-14-4

荷载工况	工况 1	工况 2(超载)	工况 3(超载)	工况 4(超载)	工况 5(超载)
荷载取值(t)	55	80	120	160	200

根据 BS 7910 的定义,应力比 $L_r = \sigma_{ref}/\sigma_y$ 由作用在构件上的主要荷载确定。Wells 在最初提出 CTOD 理论时认为,对于理想弹塑性材料,在裂纹尖端经历塑性变形达到全面屈服后,裂纹尖端前方韧带部位应力值不再扩大,既在裂纹尖端存在 1 个塑性屈服区。这个塑性屈服区的应力与屈服应力 σ_y 相等。因此,在应用 BS 7910 的失效评定曲线 FAD 对桥梁钢的断裂韧度进行评定时,L_r 取为 1。

此处以工况 1 为例计算断裂韧度比 K_r,U 肋与顶板构造细节在各加载工况下的断裂韧度比 K_r 汇总于表 6-14-5。

$$K_r = \frac{K_I + VK_I^s}{K_{mat}} = \frac{67.79}{10541.02} = 0.0064$$

式中,K_I 为 I 型裂纹在荷载作用下的应力强度因子;由于验算中没有次要荷载,V 取值为 0;K_{mat} 为通过 CTOD 得到的断裂韧度,针对 Q345 钢材参考文献的相关试验数据,带入式(6-14-11)计算得到。

U 肋与顶板构造细节在各加载工况下的断裂韧度比 K_r　　表 6-14-5

荷载工况	工况 1	工况 2(超载)	工况 3(超载)	工况 4(超载)	工况 5(超载)
断裂韧度比 K_r	0.0064	0.0094	0.0140	0.0187	0.0234

将计算得到的应力比和断裂韧度比(L_r,K_r),根据规范 BS 7910 绘制于失效评定曲线 FAD 中,如图 6-14-23 所示。分析结果可知评定值均位于评定曲线之内,表明 U 肋与顶板细节的抗断裂性能满足规范要求。

(2)U 肋与横隔板交叉构造细节抗断裂性能评估

为了确定伍家岗长江大桥钢桥面板 U 肋与横隔板交叉构造细节的抗断裂性能,基于断裂力学理论,对钢桥面板 U 肋与横隔板交叉构造细节开展系统研究。

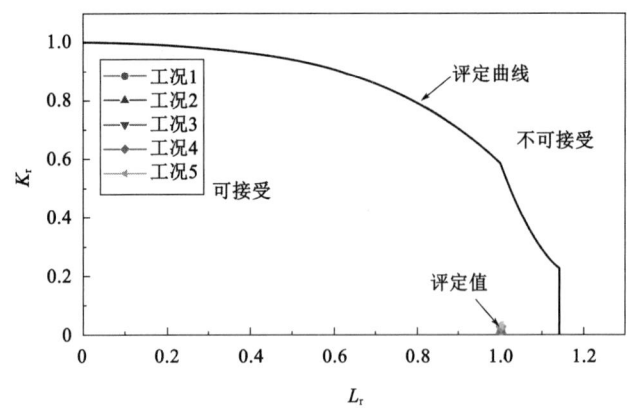

图 6-14-23 U 肋与顶板构造细节 FAD 评定图

基于 ANSYS 有限元软件建立包含 7 个 U 肋和 3 个横隔板间距的节段模型,有限元模型的建立,U 肋与横隔板交叉构造细节分析的有限元模型如图 6-14-24 所示。荷载参照《公路桥涵设计通用规范》(JTG D60—2015)中的车辆荷载,其车辆荷载取值为 550kN,如图 6-14-22 所示;此外,根据表 6-14-4 的相关工况考虑车辆荷载的超载作用。

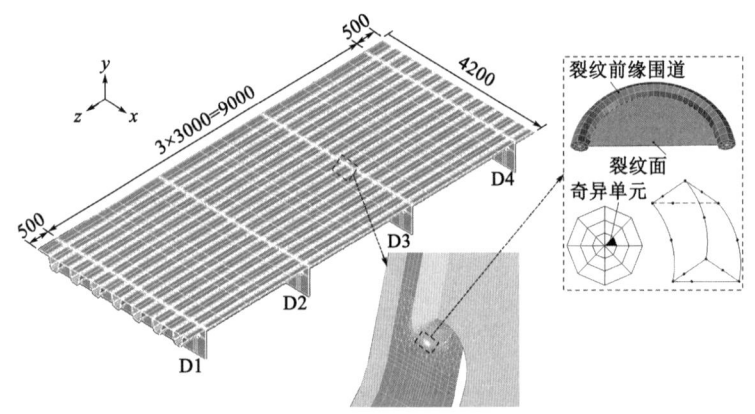

图 6-14-24 U 肋与横隔板交叉构造细节有限元节段分析模型(尺寸单位:mm)

根据 BS 7910 的定义,应力比 $L_r = \sigma_{ref}/\sigma_y$ 由作用在构件上的主要荷载确定。Wells 在最初提出 CTOD 理论时认为,对于理想弹塑性材料,在裂纹尖端经历塑性变形达到全面屈服后,裂纹尖端前方韧带部位应力值不再扩大,既在裂纹尖端存在 1 个塑性屈服区。这个塑性屈服区的应力与屈服应力 σ_y 相等。因此,在应用 BS 7910 的失效评定曲线 FAD 对桥梁钢的断裂韧度进行评定时,L_r 取为 1。

此处以工况 1 为例计算断裂韧度比 K_r,U 肋与横隔板交叉构造细节在各加载工况下的断裂韧度比 K_r 汇总于表 6-14-6。

$$K_r = \frac{K_I + VK_I^s}{K_{mat}} = \frac{123.74}{8100.42} = 0.0153$$

式中,K_I 为 I 型裂纹在荷载作用下的应力强度因子;由于验算中没有次要荷载,V 取值为 0;K_{mat} 为通过 CTOD 得到的断裂韧度,针对 Q345 钢材参考文献的相关试验数据,带入式(6-14-11)计算得到。

U 肋与横隔板交叉构造细节在各加载工况下的断裂韧度比 K_r 表 6-14-6

荷载工况	工况1	工况2(超载)	工况3(超载)	工况4(超载)	工况5(超载)
断裂韧度比 K_r	0.0153	0.0222	0.0333	0.0444	0.0555

将计算得到的应力比和断裂韧度比(L_r,K_r),根据规范 BS 7910,绘制于失效评定曲线 FAD 中,如图 6-14-25 所示。分析结果可知评定值位于评定曲线之内,表明 U 肋与横隔板交叉构造细节的抗断裂性能满足规范要求。

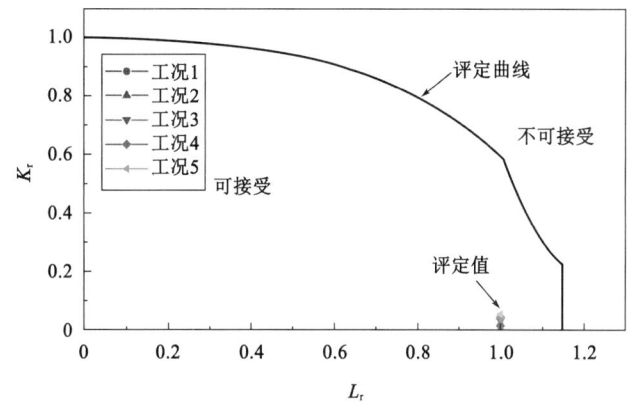

图 6-14-25　U 肋横隔板交叉构造细节 FAD 评定图

四、小结

(1)新型双面全熔透焊构造细节的引入可以消除顶板焊根构造,使 U 肋与顶板构造细节的主导疲劳开裂模式由单面焊构造细节的顶板焊根开裂迁移到双面全熔透焊构造细节的顶板焊趾开裂;U 肋与顶板新型双面全熔透焊构造细节的最不利横向加载位置为骑 U 肋腹板加载($e = -150mm$),在标准疲劳车作用下并考虑轮载横向分布概率,U 肋与顶板新型双面全熔透焊构造细节的疲劳寿命为 3249 万次,相较于单面焊构造细节,其疲劳寿命提升约 42.4%。

(2)考虑铺装层作用后顶板内侧焊趾和外侧焊趾两个易损部位应力幅降低最为明显,其次是 U 肋内侧焊趾和 U 肋外侧焊趾;不同的铺装层温度对 U 肋与顶板焊接细节疲劳性能影响有显著差异,当铺装层的温度为 55℃时,由于铺装层弹性模量相对较小,虽然能适当降低 U 肋与顶板焊接细节的应力幅值,但是未能改变其应力循环状态;随着铺装层的温度由 55℃降低 5℃时,铺装层的刚度增大,铺装层与钢桥面板之间的协同受力性能显著增强,U 肋与顶板焊接细节的应力幅值显著降低。

(3)通过将 U 肋底板与横隔板在一定区域通过焊接连接发展的新型构造细节可有效

增强 U 肋与横隔板之间的协同受力,降低其应力集中程度,进而有效提升其疲劳性能。

(4)基于断裂力学理论,以断裂韧度为控制指标对钢桥面板 U 肋与顶板构造细节和 U 肋与横隔板交叉构造细节的抗断裂性能进行了评估,研究结果表明:上述两构造细节的抗断裂性能均满足要求,且都具有较大的安全储备。

第三节　U 形肋与顶板全熔透焊接制造工艺研究

一、分项研究工作

本研究分工艺、材料、装备、验证四大部分。工艺研究由小试到中试,最后标准化生产;材料研制是配合工艺试验和性能检验,同时进行分析改进;装备设计主要研究和设计焊接工装和焊接设备选型;验证是在前三项研究基础上通过检测、试验及生产对研究成果进行检查、论证。

主研单位利用多年在焊接材料特别是陶质衬垫的研究以及近十几年对焊接技术和焊接工艺研究的积累,提出改进的焊接工艺:通过 U 肋内侧焊缝采用平位细丝埋弧焊,再外侧船位细丝埋弧焊实现全熔透。

实现 U 肋焊缝全熔透的工艺基础上,研究并草拟板单元制造与验收规则、U 肋全熔透焊缝检测与验收规则及 U 肋全熔透焊缝性能检测评定方法,为所研究技术应用于生产创造条件。

研制开发包括船位焊装置和内焊装置,让新的焊接技术和工艺满足大生产要求。相关研究程序如下:

(1)依据国内外相关技术文献,充分调研现有技术成果借鉴应用,为本课题研究服务。

(2)立足于项目自身团队的科研、制造、检测等基础,开展科研工作。

(3)材料匹配性研究,通过常规检测试验,调配焊丝、焊剂和衬垫,以优化接头性能。

(4)疲劳试验以小试件 T 形接头和足尺试件的疲劳试验进行,对比、优化焊缝质量和工艺参数、验证研究结果,确定最优方案,最终以 U 肋试件和足尺试件疲劳试验做验证。

(5)生产线设计制造,小批量试制验证,制造规范编制,焊缝检验标准制定,培训熟练工人,稳定生产工艺,积累经验,推广使用。

二、U 肋与顶板单面焊全熔透工艺研究

U 肋全熔透焊接工艺,在研究过程中经历了从单面焊双面成型全熔透到双面埋弧全熔透焊,工艺不断完善和发展,并以双面埋弧全熔透焊作为 U 肋焊接技术研究定型方案,但前期单面焊双面成型全熔透具有重要研究意义,为双面埋弧全熔透焊奠定了坚实的技术基础。

1. 专用软性内衬垫的研究

研制专用焊接内衬垫，需具有良好的熔点区间，保证成型，渣系具有良好的脱渣型，保证背面光滑，具有低的扩散氢值，降低裂纹和气孔倾向。

经过圆柱状陶瓷衬垫、异性块状陶瓷衬垫、颗粒状陶瓷衬垫、异形铜块衬垫、焊剂衬垫等对比试验，确定以 20～60 目颗粒状烧结焊剂衬垫不加热固化剂 + 在烧结焊剂中加入适量合金效果最佳，相关试验结果见表 6-14-7，试验过程如图 6-14-26 所示。

衬垫试验结果比较表　　　表 6-14-7

序号	材　　料	优　点	缺　点	结　　论
1	圆柱状陶瓷	—	咬边、脱渣难	不选用
2	异性块状陶瓷	咬边减少	脱渣难	不选用
3	20～60 目颗粒状陶瓷	咬边减少	脱渣难	不选用
4	异形铜块衬垫	—	咬边严重有大量气孔	不选用
5	20～60 目颗粒焊剂衬垫固化剂	成型良好脱渣容易	大量气孔	不选用
6	20～60 目颗粒焊剂衬垫加热固化剂 + 适量金属	成型良好脱渣容易	有一定气孔	不选用
7	20～60 目颗粒焊剂衬垫不加热固化剂 + 适量合金	成型良好脱渣容易无气孔	—	选用

a) 圆柱状陶瓷

b) 异性块状陶瓷

c) 20～60 目颗粒状陶瓷

d) 异形铜块衬垫

图 6-14-26　衬垫试验结果比较

2. 内衬垫工艺及装备的研发

U型肋板内衬垫安装装置在经济、高效、稳定的前提下,应尽可能地简单、实用且易维护。通过不同安装固定方式比较机械(小车)铜块加耐热硅橡胶能够满足生产要求,相关试验结果见表6-14-8,试验过程如图6-14-27所示。

内衬垫装备试验结果比较表 表6-14-8

序号	装 置	优 点	缺 点	结 论
1	铝箔胶带固定	—	有间隙焊穿成型部位	不选用
2	弹簧铁块	—	成型不稳定	不选用
3	弹簧铁块+弹性硅橡胶	成型稳定	不适合大生产	不选用
4	自动装置铜块+弹性硅橡胶	成型稳定	—	选用

a) 铝箔胶带固定

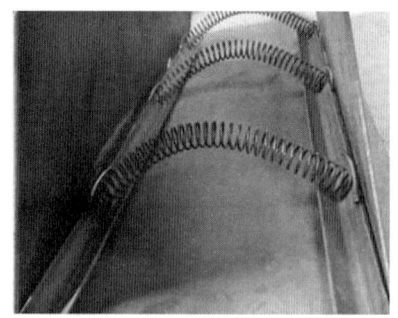
b) 弹簧铁块

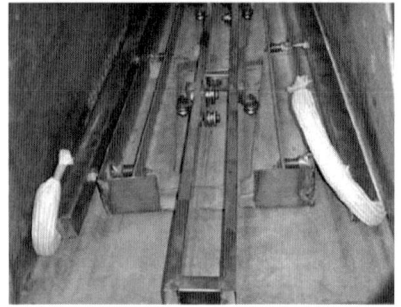
c) 弹簧铁块+弹性硅橡胶

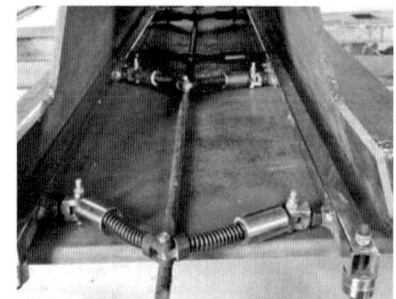
d) 自动装置铜块+弹性硅橡胶

图6-14-27 内衬垫装备示意图

3. 单面焊熔透工艺的研究

对于工艺涉及的坡口、单丝焊、多丝焊、电压以及速度等经过对比试验,采用双丝埋弧焊,焊丝直径3.2mm,焊丝间距33~37mm,前丝直流电流670~690A/30~32V,后丝交流电流535~550A/33~35V,速度670~680mm/min 焊接板单元倾斜45°时,试板焊接的工艺性较高,成型光顺,且焊缝边缘熔合无咬边弧坑等缺陷,符合预期。

(1) U肋船位单丝埋弧焊,采用焊丝直径2.0mm,直流电流600A/32V,速度450mm/min焊接时。

从图 6-14-28 可以看出:采用焊丝直径 2.0mm,直流电流 600A/32V,速度 450mm/min 进行肋板坡口 35°、40°、45°焊接时,背部成型逐步改善,但正面焊缝始终填充不足,背部焊缝裂纹倾向过大,焊接效率低。

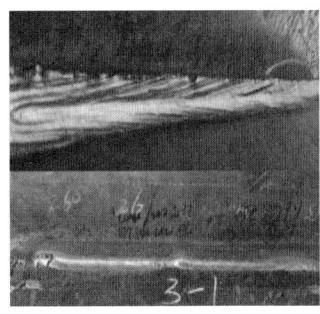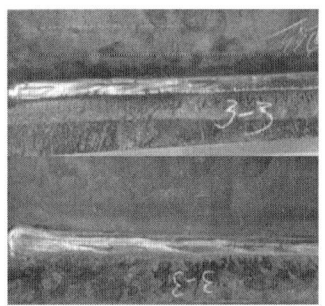

图 6-14-28　坡口 35°、40°和 45°工艺试验结果(工艺一)

(2)U 肋船位双细丝埋弧焊,采用焊丝直径 2.0mm,焊丝间距 18～22mm,前丝直流电流 550A/32V,后丝交流电流 550A/35V,速度 600mm/min 焊接时。

从图 6-14-29 可以看出:采用双细丝埋弧焊,焊丝直径 2.0mm,焊丝间距 18～22mm,前丝直流电流 550A/32V,后丝交流电流 550A/35V,速度 600mm/min 焊接 U 肋板坡口 35°、40°、45°时,反面成型质量逐步提高,均无裂纹,正面成型波纹有所改善,但还是不理想。

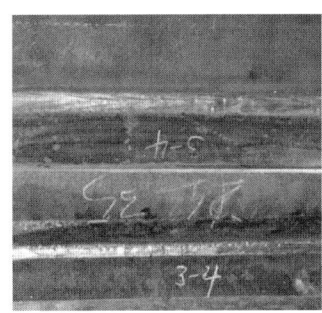

图 6-14-29　坡口 35°、40°和 45°工艺试验结果(工艺二)

(3)U 肋船位双粗丝埋弧焊,采用双丝埋弧焊,焊丝直径 3.2mm,焊丝间距 18～35mm,前丝直流电流 695A/30V,后丝交流电流 535A/33V,速度 680mm/min 焊接时。

从图 6-14-30 可以看出:采用双丝埋弧焊,焊丝直径 3.2mm,焊丝间距 18～35mm,前丝直流电流 670～695A/30～32V,后丝交流电流 535～550A/33～35V,速度 680～690mm/min 焊接 U 肋板坡口 35°、40°、45°时,在保证正反成型的情况下,成型质量逐步提高,相比传统焊接方式,焊接效率有大幅度提升。

(4)双粗丝埋弧采用不同板单元角度焊接(U 肋板坡口 45°),采用双丝埋弧焊,焊丝直径 3.2mm,焊丝间距 18～35mm,前丝直流电流 680A/30V,后丝交流电流 535A/33V,速度 680mm/min 焊接时。

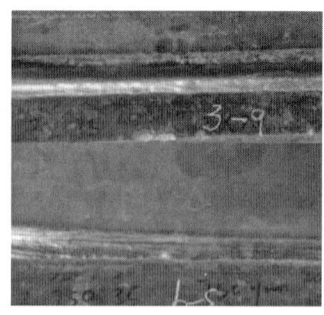

图 6-14-30　坡口 35°、40°和 45°工艺试验结果(工艺三)

从图 6-14-31 可以看出:采用双丝埋弧焊,焊丝直径 3.2mm,焊丝间距 33～37mm,前丝直流电流 670～690A/30～32V,后丝交流电流 535～550A/33～35V,速度 670～680cm/min 焊接板单元倾斜 35°、40°、45°时,逐步改变板单元倾角,试板焊接的工艺性渐渐提高,成型不断改善,且焊缝边缘熔合良好,符合预期。

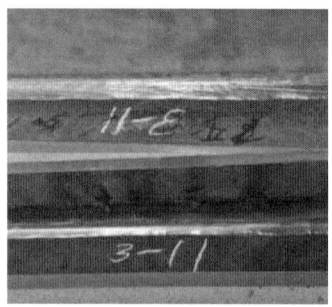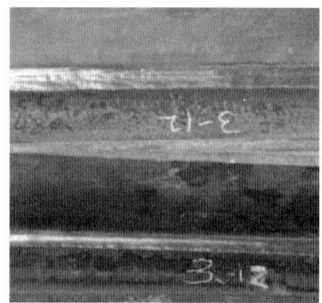

图 6-14-31　板单元倾斜 35°、40°和 45°工艺试验结果比较(工艺四)

4. 工艺结论

衬垫单面焊双面成形 U 肋全熔透焊接工艺采用双丝埋弧焊,焊丝直径 3.2mm,焊丝间距 33～37mm,前丝直流电流 670～690A/30～32V,后丝交流电流 535～550A/33～35V,速度 670～680cm/min,坡口 45°,焊接板单元倾斜 45°,U 肋内焊缝采用直径 1～1.5cm 玻纤布管内装 20～60 目颗粒状烧结焊剂的柔性衬垫,该衬垫由弹性硅橡胶、铜块及自动化小车撑住顶紧。

工艺效果:通过实际焊接 10m 以上长度,3～6 根 U 肋,根据截面观察和超声波检测,实现了 U 肋角焊缝全熔透,且焊缝成型光顺、边缘熔合,无咬边压坑情况,焊角满足要求。

坡口跟踪如图 6-14-32 所示,焊接装置如图 6-14-33 所示,槽口地脚螺栓定位钢板剖面布置如图 6-14-34 所示。

三、U 肋与顶板双面埋弧焊全熔透焊接工艺

对 U 肋与顶板的角焊缝采用双面埋弧焊实现全熔透工艺,即平位 + 船位分步双面埋弧熔透焊,即先平位内焊,再船型位外焊,实现全熔透且外焊缝趾端平滑过渡,U 肋与顶板双面焊构造细节如图 6-14-35 所示。

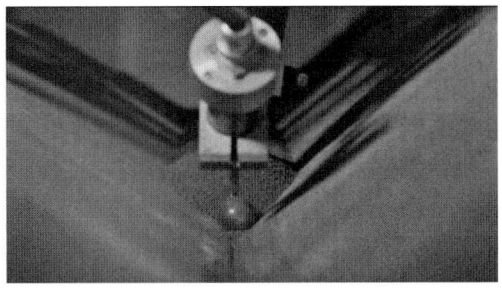

图 6-14-32 坡口跟踪

图 6-14-33 焊接装置

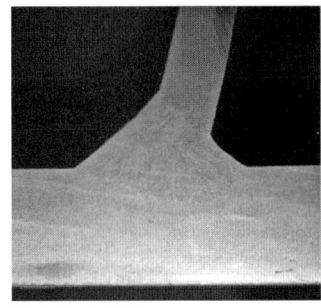

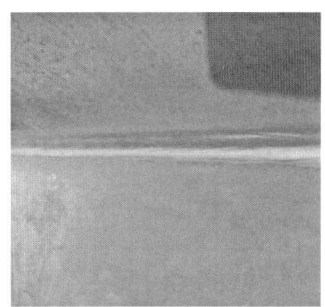

图 6-14-34 槽口地脚螺栓定位钢板剖面布置图

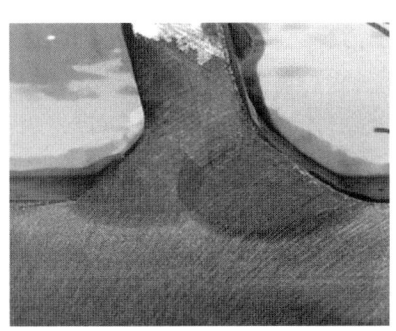

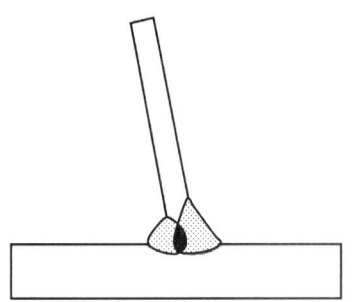

图 6-14-35 双面分步埋弧熔透焊示意图

1. 主要技术与性能指标

（1）U 肋板厚方向全熔透，内外焊缝成型良好，焊趾处光滑过度，如图 6-14-36 所示。

图 6-14-36 双面埋弧熔透焊缝

(2) U 肋角焊缝实现超声波检测,焊缝内部无焊接缺陷,如图 6-14-37 所示。

图 6-14-37　双面埋弧熔透焊缝

(3) U 肋角焊缝接头疲劳寿命与结构的疲劳寿命匹配。

(4) 接头性能相关要求见表 6-14-9 ~ 表 6-14-12。

焊接接头的工艺标准　　　　　　　　　　　　　表 6-14-9

熔透率(%)	外焊角(mm)	内焊角(mm)
100	8 ~ 12	4 ~ 8

焊接接头的接头力学性能　　　　　　　　　　　表 6-14-10

屈服强度(MPa)	抗拉强度(MPa)	延伸率(%)	-40℃冲击吸收功(J)
≥375	≥450	≥22%	≥47

焊接接头的接头硬度　　　　　　　　　　　　　表 6-14-11

焊缝区(HV)	热影响区(HV)
≤350	≤350

接头疲劳性能要求　　　　　　　　　　　　　　表 6-14-12

超声波探伤	Ⅰ级
焊接接头疲劳试验	200 万次以上

2. 焊接材料的研发

(1) 焊丝的研制

埋弧焊丝选用武汉天高 TGMQ-3 及 TGWQ-3 牌号焊丝。焊丝的选用应符合《埋弧焊用非合金钢及细晶粒钢实心焊丝、药芯焊丝和焊丝-焊剂组合分类要求》(GB/T 5293—2018) 与《埋弧焊用热强钢实心焊丝、药芯焊丝和焊丝-焊剂组合分类要求》(GB/T 12470—2016) 的规定,焊丝化学成分见表 6-14-13。

焊丝化学成分　　　　　　　　　　　　　　　　表 6-14-13

化学成分	C	Si	Mn	P	S	Ni
标准值	≤0.10	≤0.10	0.8 ~ 1.1	≤0.01	≤0.01	0.1 ~ 0.3
TGMQ-3 实测值	0.07	0.031	0.95	0.007	0.005	0.25

(2)焊剂的研制

为保证焊缝的强度与韧性匹配,烧结焊剂碱度设置在 BIIW = 2.0 碱度,选用武汉天高生产 TGF-SJ501 焊剂。焊剂的选用应符合《埋弧焊用非合金钢及细晶粒钢实心焊丝、药芯焊丝和焊丝-焊剂组合分类要求》(GB/T 5293—2018)与《埋弧焊用热强钢实心焊丝、药芯焊丝和焊丝-焊剂组合分类要求》(GB/T 12470—2016)的规定。焊剂熔敷的金属化学成分及力学性能见表 6-14-14 ~ 表 6-14-16。

埋弧焊的焊剂化学成分　　表 6-14-14

化学成分	MgO + CaO	SiO_2 + TiO_2	Al_2O_3 + MnO	CaF_2	S	P
标准值	15 ~ 25	20 ~ 30	40 ~ 50	10 ~ 15	≤0.06	≤0.08
TGF-SJ501 实测值	22	23	41	13	0.021	0.033

熔敷金属化学成分(Wt%)　　表 6-14-15

焊丝焊剂组合	线能量(kJ/cm)	C	Si	Mn	P	S	Ni
标准值	25 ~ 40	≤0.10	2.0 ~ 4.0	1.0 ~ 2.0	≤0.08	≤0.06	0.1 ~ 0.3
TGMQ-3 + TGF-SJ501 实测值	33	0.075	2.4	1.2	0.05	0.04	0.21

熔敷金属力学性能　　表 6-14-16

焊丝焊剂组合	线能量(kJ/cm)	屈服强度(MPa)	抗拉强度(MPa)	断后伸长率(%)	-20°冲击吸收能量(J)
标准值	25 ~ 40	≥345	≥510	≥20	≥27
TGMQ-3 + TGF-SJ501 实测值	33	405	515	25	196/190/199 (195)

3. 焊接工艺参数的研究

采用合适的焊接工艺配合焊丝焊剂,焊剂需具有良好的熔点区间,保证成型,焊缝性能符合设计要求,具有良好的脱渣性,保证背面光滑,低扩散氢值,降低裂纹和气孔倾向。

(1)在单面焊双面成型全熔透的试验数据基础上,结合埋弧焊特点及参研单位焊接材料的研发试验成果,研发了双面埋弧全熔透焊接工艺——双面分步埋弧全熔透焊接工艺,即平位 + 船位分步双面埋弧熔透焊接工艺。

首先通过 U 肋内焊装置,平位状况下采用单丝埋弧 U 肋内侧施焊,同时外侧通过衬垫焊剂保护防止内焊击穿,再采用船位单丝埋弧焊,此时内焊缝能起到"衬垫"作用阻止外焊焊穿、焊漏,同时内外焊熔池相交形成 U 肋焊缝全熔透。工艺试验结果比较见表 6-14-17,试验如图 6-14-38 ~ 图 6-14-41 所示。

双面埋弧全熔透焊工艺试验结果　　　表 6-14-17

序号	工　艺		优　缺　点	结论
1	平位置内焊焊丝直径 1.6mm,电流 400A/31V,焊速 440mm/min;船型位外焊焊丝直径 3.2mm,电流 600A/32V,速度 550mm/min	坡口 40°,钝边 3mm	背面成型良好,正面顺滑,焊趾部位平滑过渡非常好,但易产生焊穿	不选用
2		坡口 40°,钝边 4mm	背面成型良好,正面顺滑,焊趾部位平滑过渡较好,但还是有偶尔焊穿现象	不选用
3		坡口 40°,钝边 5mm	背面成型良好,正面较顺滑,焊趾部位平滑过渡良好,焊肉饱满,焊穿现象无,符合预期	可选用
4	平位置内焊焊丝直径 1.6mm,电流 400A/32V,焊速 450mm/min;船型位外焊焊丝直径 3.2mm,电流 630A/32V,速度 570mm/min	不开坡口	背面成型良好,正面较顺滑,焊趾部位平滑过渡良好,焊肉饱满,焊穿现象无,符合预期	可选用

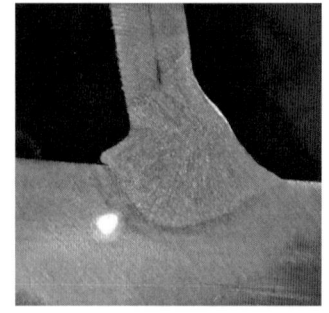 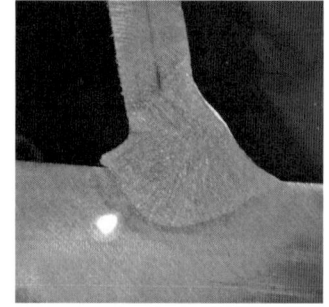 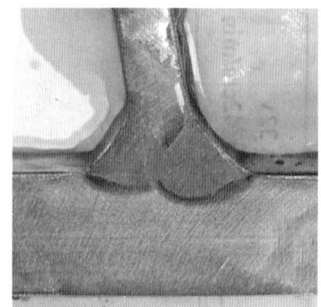

图 6-14-38　钝边 3mm 试验　　　图 6-14-39　钝边 4mm 试验　　　图 6-14-40　钝边 5mm 试验

 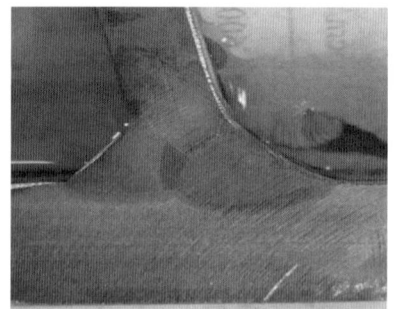

图 6-14-41　不开坡口试验

通过以上试验,试板焊接的工艺性渐渐提高,成型不断改善,且焊缝边缘熔合良好,无咬边等情况,即使在不开坡口状况下也能实现全熔透,符合预期。

(2)内角焊缝焊剂脱渣:通过调整焊剂成分,有效解决了焊剂药皮脱渣问题,在焊接过程中,药皮自动脱落,每300~400mm长自动翘起并断开脱落,如图6-14-42所示。

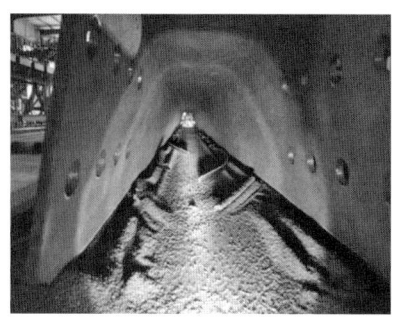 

图6-14-42　内角焊缝焊剂脱渣试验

四、U肋板单元修补工艺

在U肋板单元生产制造过程中不可避免出现焊接缺陷,如何快速、高质量完成所有焊缝缺陷的修补是关系到生产制造单位产品质量和生产效率的重要环节。

(1)缺欠处理程序为:缺陷、坡口修磨(碳弧气刨、砂轮机)→检测(直至缺陷消除)→缺欠修补→检测。

焊接缺欠检验如图6-14-43所示。

 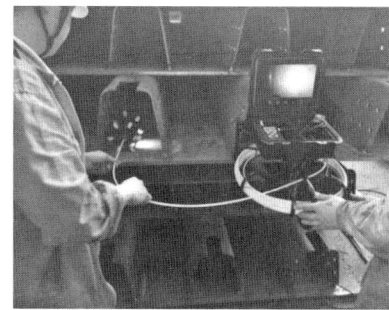

图6-14-43　焊接缺欠检验

(2)缺陷、坡口修磨(碳弧气刨、砂轮机两种方式结合)。

焊缝表面的气孔、夹渣及焊瘤等缺陷,应本着对焊缝打磨后不低于母材的原则,用砂轮磨掉缺陷。如磨除缺陷后,焊缝低于母材,需要进行焊补,焊补采用气体保护焊;焊缝表面缺欠当只需打磨时,应打磨平顺。

焊缝两侧的咬边和焊趾裂纹必须采用砂轮磨除并打磨平顺,当不符合要求时应进行焊接修补。焊缝两侧的咬边和焊趾裂纹等表面缺陷进行焊接修补时,应采用砂轮将缺陷磨除,并修整成便于焊接的凹槽再进行返修焊接。

焊缝内部缺欠的修复：①要认真核对缺陷的性质、长度、位置，防止因位置不准而造成不必要的返修，返修部位要划出明显的标记。②采用碳弧气刨清除缺欠，在气刨过程中要注意观察缺欠是否刨掉。如发现缺欠已经刨掉，应停止气刨。③气刨的深度以刨出缺陷为准，气刨长度不得小于50mm，气刨的刨槽两端过渡要平顺，以利于多层焊接时的端部质量，气刨后经打磨后方可焊接。④U肋内部通过使用装置顶紧并固定软性衬垫防止焊穿并强制成型。⑤在U肋外侧对修补处进行手工气保焊或焊条电弧焊施焊，达到单面焊双面成型，完成缺陷的修补。

U肋板单元焊缝缺欠返修采用单面焊双面成型工艺，使用背面强制成型软性衬垫，U肋内部采用内衬垫装备顶紧并固定软性衬垫，进行手工气体保护焊或焊条电弧焊施焊。

五、接头性能常规测试

1. 熔透焊接头力学性能

通过对焊接接头进行静力拉伸试验和冲击试验获得双面埋弧焊焊接接头的基本力学性能，相关试验结果见表6-14-18、表6-14-19。

熔敷金属拉伸试验　　　　　　　　　　　　　表6-14-18

项目	屈服强度(MPa)		抗拉强度(MPa)		延伸率	
工艺	标准	实测	标准	实测	标准	实测
衬垫双面分步埋弧熔透焊	>345	557	>490	637	>20%	26%
双面同步埋弧焊		554		637		21%

冲击试验　　　　　　　　　　　　　表6-14-19

试验尺寸(cm)	缺口位置	衬垫双面分步埋弧熔透焊		双面同步埋弧焊	
		试验温度(℃)	冲击吸收功(J)	试验温度(℃)	冲击吸收功(J)
55×10×5	焊缝中心	-20	66,60,60	-20	60,60,60
55×10×5	焊缝中心	-40	60,60,58	-40	66,60,50
55×10×5	焊缝中心	-60	50,46,54	-60	58,44,44
55×10×5	融合线	-20	80,94,80	-20	100,101,102
55×10×5	融合线	-40	80,90,92	-40	86,110,102
55×10×5	融合线	-60	96,90,81	-60	110,112,96

注：要求值-20℃冲击吸收功≥34J。

2. 熔透焊缝微观金相

双面埋弧全熔透焊工艺焊缝微观金相如图6-14-44所示。

六、U肋全熔透焊接设备的研究

针对埋弧双面焊U肋全熔透焊接工艺，研究了全熔透U肋板单元船位埋弧焊接生产线和全熔透U肋板单元平位多功能埋弧焊接生产线。

图 6-14-44　双面埋弧全熔透焊工艺焊缝微观金相

1. U 肋板单元船位埋弧焊设备

(1) 设备特点

可作为双面埋弧熔透焊的外焊设备：先用单丝埋弧焊焊接 U 肋内侧焊缝，然后在外侧采用船位单丝埋弧焊，实现 U 肋双面埋弧焊全熔透焊接。

U 肋板单元船位埋弧焊设备以单(多)丝埋弧焊为基础，研究初期采用胎架行走，龙门固定不动，不设置反变形装置。根据试生产应用情况，改进为采用固定胎架，龙门行走并设置反变形装置的设备在较高的生产作业效率下具有埋弧焊熔深大、工艺质量稳定的优点，焊接设备如图 6-14-45 所示。

a)焊接设备整体概貌

b)焊接过程示意图

c)焊接设备控制系统

图 6-14-45　U 肋板单元船位埋弧焊改进后设备

(2)设备主要组成

①焊接龙门系统:包括送丝系统、焊枪系统、焊剂布施系统。②行走胎架系统:包括行走轨道及控制、胎架及翻转、单元板液压固定。③焊接控制:包括焊接电源、多焊枪集控系统。

2.U肋板单元平位埋弧焊设备

(1)设备特点

由内焊设备平位对U肋焊缝内侧进行单丝埋弧焊接,焊缝外侧布施衬垫粉剂防止电弧击穿,然后船位埋弧焊机对外侧焊缝实施船位焊实现全熔透。

以单丝埋弧焊为基础,采用在平位U肋内、外侧焊缝同时用单丝埋弧焊焊接实现同步双面埋弧焊U肋全熔透焊接。

龙门平位胎架行走方式,且无须设置反变形装置,即可单独对U肋内焊缝施焊,也可对U肋内外焊缝同时施焊。

(2)设备主要组成

焊接龙门系统:包括送丝系统、内外焊枪系统、焊剂布施系统。

胎架系统:U肋行走胎架及轨道。

U肋板单元平位埋弧内外焊系统如图6-14-46所示,U肋板单元平位埋弧内外焊龙门及焊机如图6-14-47所示,U肋板单元平位埋弧内焊设备如图6-14-48所示。

图6-14-46 U肋板单元平位埋弧内外焊系统

图6-14-47 U肋板单元平位埋弧内外焊龙门及焊机

图6-14-48 U肋板单元平位埋弧内焊设备

3. 生产应用

结合应用情况,伍家岗长江大桥按照上述焊接工艺进行部分板单元的生产,如图6-14-49所示。

图6-14-49 各生产环节及成品

七、小结

1. 工艺结论

双面埋弧全熔透焊接工艺包括双面分步埋弧全熔透焊接工艺和双面同步埋弧全熔透焊接工艺,由于双面同步埋弧全熔透焊接工艺较双面分步埋弧全熔透焊接工艺效率大幅提高,但由于焊缝成形以及工艺尚需要继续完善和试验进一步验证,故双面埋弧全熔透焊接工艺选择双面分步埋弧全熔透焊接工艺,即先平位置工位内焊再船型位外焊。该工艺参数包括:平位焊时单丝 $\phi1.6$,电流 390~450A,电压 31~33V,焊速 450mm/min 左右;船

位焊时单丝 φ3.2，电流 570~620A，电压 31~33V，焊速 550mm/min 左右。

2. 工艺效果

双面分步埋弧全熔透焊接工艺实现了 U 肋角焊缝全熔透，且焊缝成型光顺边缘熔合无咬边和弧坑情况，焊角满足要求。

第四节　U 形肋全熔透焊缝接头性能优化与试验研究

一、U 肋与顶板焊接接头基本力学性能试验研究

从钢桥面板 U 肋与顶板丁字接头中截取 3 个 15.5cm 拉伸试样，取 3 个拉伸试样的抗拉强度、屈服强度以及延伸率平均值作为钢桥面板 U 肋与顶板丁字接头的抗拉强度、屈服强度以及延伸率。

对 3 个试样进行标距，标距为 50mm，将试样放置于拉伸试验机的夹具内并固定，拉伸过程中的速率为 3mm/min，对试样缓慢加载至试样断裂，记录试验过程中加载力和位移数据，用 Excel 处理相应的数据，再导入 origin 软件绘制相应的应力-应变曲线，计算 3 个试样抗拉强度、屈服强度、延伸率的平均值。

对得到的试验数据进行处理，3 个试样拉伸过程中的应力-应变曲线如图 6-14-50 所示。试样 1 的拉伸强度为 512MPa，屈服强度为 400MPa，试样 2 的抗拉强度为 513MPa，屈服强度为 414MPa，试样 3 的拉伸强度为 521MPa，屈服强度为 403MPa，取 3 个试样抗拉强度、屈服强度的平均值，计算得出钢桥面板 U 肋与顶板丁字接头的平均抗拉强度为 515MPa，平均屈服强度为 405MPa，相关试验数据汇总于表 6-14-20。试样断口位置如图 6-14-51 所示，试样 1 断口位置位于接头处，试样 2、3 断口位置位于母材区域，断口处均出现明显缩颈现象，各试样的延伸率见表 6-14-21，钢桥面板 U 肋与顶板丁字接头的平均延伸率为 25%。

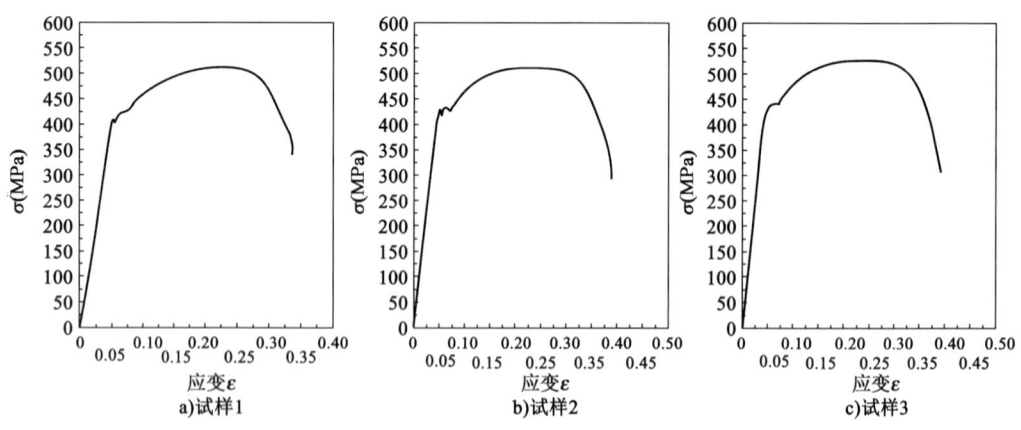

图 6-14-50　试样拉伸应力-应变曲线

试 样 拉 伸 强 度　　　　　　　　　表6-14-20

项目	试样			平均值
	试样1	试样2	试样3	
抗拉强度(MPa)	512	513	521	515
屈服强度(MPa)	400	414	403	405

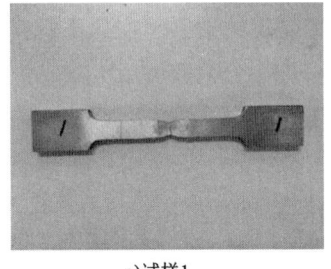 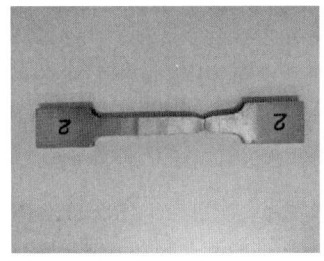 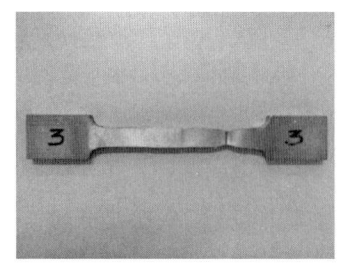

a)试样1　　　　　　　　　　b)试样2　　　　　　　　　　c)试样3

图6-14-51　试样拉伸断口

试 样 延 伸 率　　　　　　　　　表6-14-21

项目	试样			平均值
	试样1	试样2	试样3	
标距(mm)	50	50	50	50
延伸长度(mm)	12	13	12.5	12.5
延伸率	24%	26%	25%	25%

二、不同焊接工艺下U肋与顶板丁字接头疲劳试验

1.试验原理

在循环应力作用下,材料或构件产生可见裂纹或完全断裂的现象称为疲劳破坏,简称疲劳。疲劳强度是指材料在无限多次循环荷载作用而不会产生破坏的最大应力,称为疲劳强度或疲劳极限。一般试验规定,钢结构件经受10^7次循环荷载作用下不产生裂纹时的最大应力为该构件的疲劳强度。循环最大应力范围一般应在构件剪切强度附近,按照剪切强度为0.6~0.8倍屈服强度确定循环最大应力范围,最大应力范围为243~342MPa,根据三点弯曲应力计算公式$\sigma = 3FL/2bh^2$,可以计算出加载的最大力范围为12~16kN。当循环次数未达到10^7次时,焊接接头就产生裂纹,说明此时的循环最大应力大于焊接接头的疲劳强度,当循环次数未达到10^7次时,焊接接头还未出现裂纹,可以认定此时循环最大应力小于焊接接头的疲劳强度。

2.试验方案

钢桥面板U肋与顶板丁字接头疲劳强度采用三点弯曲法进行测定,试验过程中将钢桥面板U肋与顶板丁字接头放置于两个支撑辊之间,两个支撑辊跨距$L=90$mm,用压辊对钢桥面板U肋与顶板丁字接头施加循环应力,循环应力范围为0.6~0.8倍屈服强度。

使用疲劳试验机测定钢桥面板U肋与顶板丁字接头的疲劳强度,使用金相显微镜观察钢桥面板U肋与顶板丁字焊接接头疲劳裂纹扩展情况。

(1) 气体保护焊钢桥面板 U 肋与顶板丁字接头疲劳强度测定

气体保护焊钢桥面板 U 肋与顶板丁字接头试样疲劳试验参数分为 3 组,3 组试验最大循环荷载依次为 12kN、14kN、16kN,循环次数均设定为 10^7 次,每组试验参数做 3 个试样,观察试验过程中焊接接头是否产生疲劳破坏,以此来测定气体保护焊钢桥面板 U 肋与顶板丁字接头的疲劳强度。

气体保护焊钢桥面板 U 肋与顶板丁字接头疲劳试验分为 3 组试验,第 1 组试验的试验参数为:最大加载力 12kN,最小加载力 1.2kN,频率 20Hz,循环次数 10^6 次,波形正弦波,试验样品 3 个;第 2 组试验的试验参数为:最大加载力 14kN,最小加载力 1.4kN,频率 20Hz,循环次数 10^7 次,波形正弦波,试验样品 3 个;第 2 组试验的试验参数为:最大加载力 16kN,最小加载力 1.6kN,频率 20Hz,循环次数 10^7 次,波形正弦波,试验样品 3 个,见表 6-14-22。试验过程中将试样放入疲劳试验机中,并用夹具将其固定,按照上述试验参数进行 3 组试验,疲劳试验过程中随时观察试样表面是否出现裂纹,当出现裂纹时,停止试验。

气体保护焊钢桥面板 U 肋与顶板丁字接头疲劳试验参数　　表 6-14-22

试验组号	最大加载力 (kN)	最小加载力 (kN)	频率 (Hz)	循环次数 (次)	波形	试样个数 (个)
1	12	1.2	20	10^7	正弦波	3
2	14	1.4	20	10^7	正弦波	3
3	16	1.6	20	10^7	正弦波	3

(2) 埋弧焊钢桥面板 U 肋与顶板丁字接头疲劳强度测定

埋弧焊钢桥面板 U 肋与顶板丁字接头试样疲劳试验参数分为 3 组,3 组试验最大循环应力依次为 12kN、14kN、16kN,循环次数设定为 10^7 次,每组试验参数做 3 个试样,循环次数均设定为 10^7 次,观察试验过程中焊接接头是否产生疲劳破坏,以此来测定埋弧焊钢桥面板 U 肋与顶板丁字焊接接头的疲劳强度。

埋弧焊钢桥面板 U 肋与顶板丁字接头疲劳试验分为 3 组试验,第 1 组试验的试验参数为:最大加载力 12kN,最小加载力 1.2kN,频率 20Hz,循环次数 10^7 次,波形正弦波,试验样品 3 个;第 2 组试验的试验参数为:最大加载力 14kN,最小加载力 1.4kN,频率 20Hz,循环次数 10^7 次,波形正弦波,试验样品 3 个;第 3 组试验的试验参数为:最大加载力 16kN,最小加载力 1.6kN,频率 20Hz,循环次数 10^7 次,波形正弦波,试验样品 3 个,见表 6-14-23。试验过程中将试样放入疲劳试验机中,并用夹具将其固定,按照上述试验参数进行 3 组试验,疲劳试验过程中随时观察试样表面是否出现裂纹,当出现裂纹时,停止试验。

埋弧焊钢桥面板 U 肋与顶板丁字接头疲劳试验参数　　表 6-14-23

试验组号	最大加载力 (kN)	最小加载力 (kN)	频率 (Hz)	循环次数 (次)	波形	试样个数 (个)
1	12	1.2	20	107	正弦波	3
2	14	1.4	20	107	正弦波	3
3	16	1.6	20	107	正弦波	3

3. 试验结果

（1）气体保护焊钢桥面板 U 肋与顶板丁字接头疲劳强度

将气体保护焊钢桥面板 U 肋与顶板丁字接头试样 1 按照表 6-14-22 所示参数 1 进行疲劳强度试验，试验过程中的循环曲线如图 6-14-52 所示，通过观察发现当循环次数达到 3×10^5 次时，试样 1 横截面焊根区域产生较为明显的裂纹，如图 6-14-53 所示，停止试验将试样取下，经过研磨处理放置于显微镜下观察试样裂纹的形貌，显微照片如图 6-14-54 所示，从图中可以明显看出，裂纹从气体保护焊钢桥面板 U 肋与顶板丁字接头试样焊根未熔合区域萌生并扩展，此时气体保护焊钢桥面板 U 肋与顶板丁字接头试样已经发生疲劳破坏，因此不需要继续进行疲劳试验，其余两个试样同样在循环次数达到 3×10^5 次时，焊根区域产生裂纹，并且由此可得到气体保护焊钢桥面板 U 肋与顶板丁字接头试样疲劳强度低于试验最大循环应力，所以没必要再进行试验 2、3。

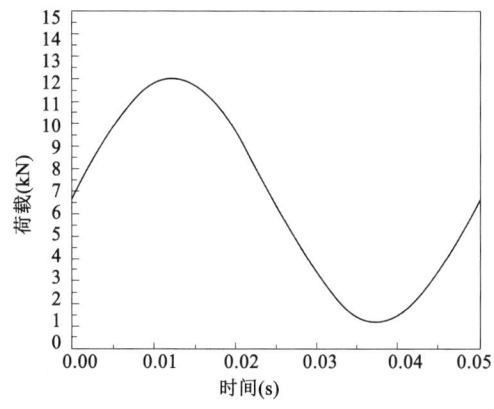

图 6-14-52　气体保护焊钢桥面板 U 肋与顶板丁字接头试样 1 循环曲线

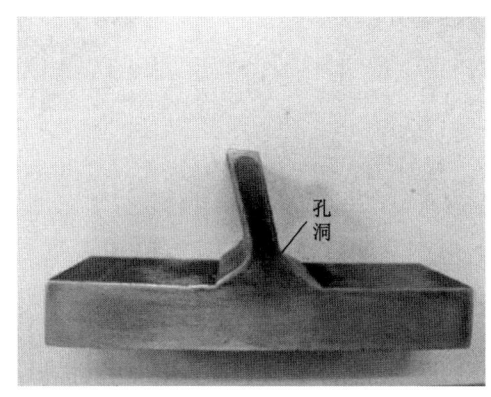

图 6-14-53　气体保护焊钢桥面板 U 肋与顶板丁字接头试样

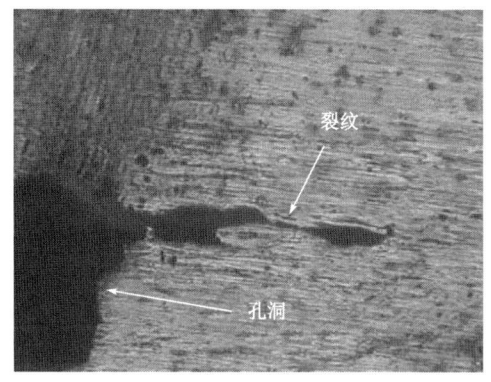

图 6-14-54　气体保护焊钢桥面板 U 肋与顶板丁字接头试样裂纹视图

（2）埋弧焊钢桥面板 U 肋与顶板丁字接头疲劳强度

试验 1：将埋弧焊钢桥面板 U 肋与顶板丁字接头试样按照表 6-14-23 所示参数 1 进行疲劳强度试验，试验过程中的循环曲线如图 6-14-55 所示，当循环次数达到 10^7 次时，未在埋弧焊钢桥面板 U 肋与顶板丁字接头试样焊缝区域发现裂纹,将埋弧焊钢桥面板 U 肋与顶板丁字接头试样取下,如图 6-14-56 和图 6-14-57 所示,用放大镜观察埋弧焊钢桥面板 U 肋与顶板丁字接头试样焊缝所有区域,结果也未发现裂纹,其余两个试样在同样试验条件下焊缝区域也未发现裂纹,因此埋弧焊钢桥面板 U 肋与顶板丁字接头试样的疲劳强度大于试验 1 中最大的循环应力。

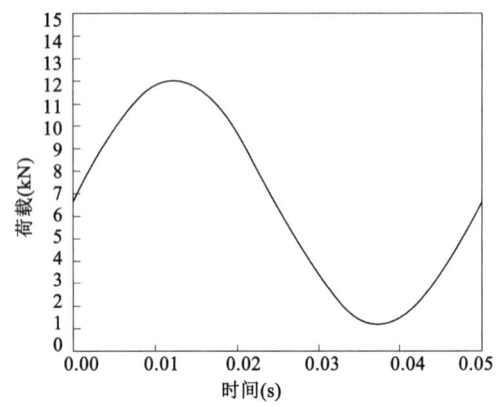

图 6-14-55 埋弧焊钢桥面板 U 肋与顶板丁字接头试样 1 循环曲线

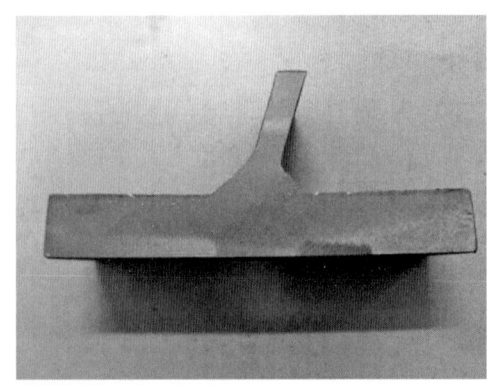

图 6-14-56 埋弧焊钢桥面板 U 肋与顶板丁字接头试样 1 平面视图

图 6-14-57 埋弧焊钢桥面板 U 肋与顶板丁字接头试样 1 立面视图

试验 2:将埋弧焊钢桥面板 U 肋与顶板丁字接头试样 2 按照表 6-14-23 所示参数 2 进行疲劳强度试验,试验过程中的循环曲线如图 6-14-58 所示,当循环次数达到 10^7 次时,未在埋弧焊钢桥面板 U 肋与顶板丁字接头试样焊缝区域发现裂纹,将埋弧焊钢桥面板 U 肋与顶板丁字接头试样取下,如图 6-14-59 和图 6-14-60 所示,用放大镜观察埋弧焊钢桥面板 U 肋与顶板丁字接头试样焊缝所有区域,结果也未发现裂纹,其余两个试样在同样试验条件下焊缝区域也未发现裂纹,因此埋弧焊钢桥面板 U 肋与顶板丁字接头试样的疲劳强度大于试验 2 中最大的循环应力。

试验 3:将埋弧焊钢桥面板 U 肋与顶板丁字接头试样 3 按照表 6-14-23 所示参数 3 进行疲劳强度试验,试验过程中的循环曲线如图 6-14-61 所示,当循环次数达到 10^7 次时,未在埋弧焊钢桥面板 U 肋与顶板丁字接头试样焊缝区域发现裂纹,将埋弧焊钢桥面板 U 肋与顶板丁字接头试样取下,如图 6-14-62 和图 6-14-63 所示,用放大镜观察埋弧焊钢桥面板 U 肋与顶板丁字接头试样焊缝所有区域,结果也未发现裂纹,其余两个试样在同样试验条件下焊缝区域也未发现裂纹,因此埋弧焊钢桥面板 U 肋与顶板丁字接头试样的疲劳强度大于试验 3 中最大的循环应力。

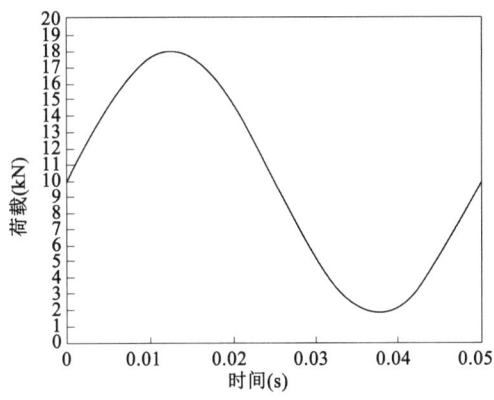

图 6-14-58　埋弧焊钢桥面板 U 肋与顶板丁字接头试样 2 循环曲线

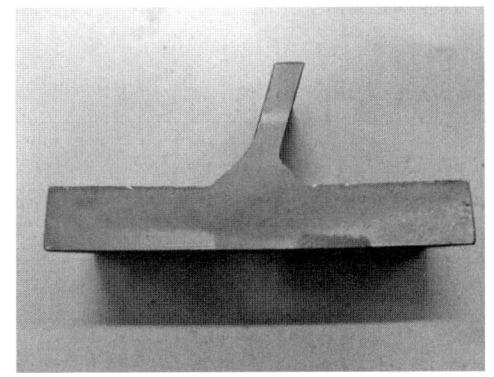

图 6-14-59　埋弧焊钢桥面板 U 肋与顶板丁字接头试样 2 平面视图

图 6-14-60　埋弧焊钢桥面板 U 肋与顶板丁字接头试样 2 立面视图

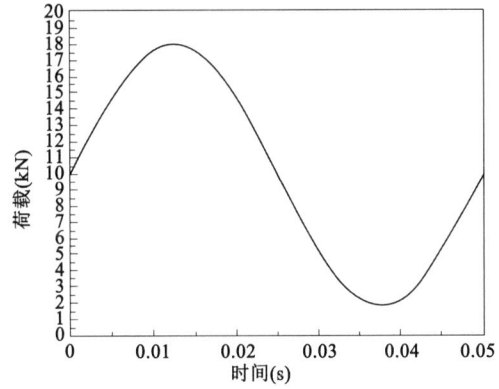

图 6-14-61　埋弧焊钢桥面板 U 肋与顶板丁字接头试样 3 循环曲线

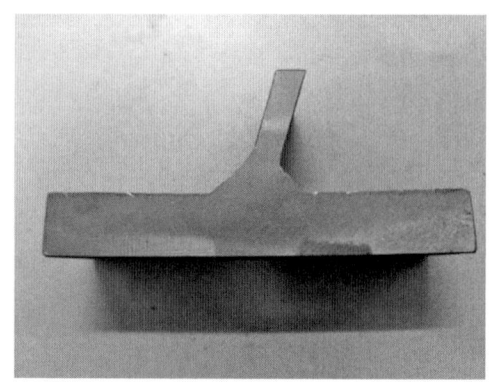

图 6-14-62　埋弧焊钢桥面板 U 肋与顶板丁字接头试样 3 平面视图

图 6-14-63　埋弧焊钢桥面板 U 肋与顶板丁字接头试样 3 立面视图

4. 试验结论

当最大循环应力为 243MPa,循环次数为 3×10^5 次时,气体保护焊钢桥面板 U 肋与顶板丁字接头试样焊根未熔合区域产生较为明显的疲劳裂纹,发生了疲劳破坏,因此气体保护焊钢桥面板 U 肋与顶板丁字接头疲劳强度小于 243MPa,使用过程中的应力应小于 243MPa;当最大循环应力在 243～342MPa 范围内,循环次数为 10^7 次时,埋弧焊钢桥面板 U 肋与顶板丁字接头试样焊缝区域均未产生疲劳裂纹,因此埋弧焊钢桥面板 U 肋与顶板丁字接头丁字接头疲劳强度大于 342MPa,使用过程中的应力范围比气体保护焊钢桥面板 U 肋与顶板丁字接头的应力范围更大。

三、U 肋与顶板焊接接头拉伸疲劳试验

1. 试验方案

本试验设计如下两类试件:第一类为双面全熔透焊接试件,第二类为单面焊接试件。U 肋与顶板单面焊试件在加劲肋外侧开坡口,按 80% 熔透率施焊,试件编号和制造工艺汇总见表 6-14-24。试件在制造时先焊接 U 肋与顶板整体模型,然后从整体模型中按照图 6-14-64 所示进行切割取样,试件横向宽度 300mm,纵向宽度 60mm,顶板厚度 16mm,U 肋厚度 8mm,试验模型设计如图 6-14-64 所示。采用 GPS350 高频疲劳试验机进行疲劳加载,在顶板两端进行夹持加载,分别对表 6-14-24 中的两类试件进行加载测试。

试 件 汇 总 表　　　表 6-14-24

试件编号	制造工艺	试件数目(个)
SMH-1～SMH-7	全熔透埋弧焊	7
DMH-1～DMH-3	单面焊接(80%熔深)	3

本次试验共设计 7 个双面焊试件(图 6-14-65)、3 个单面焊接试件(图 6-14-66)。双面埋弧熔透焊 SMH-1 和 SMH-2 试件采用拉-压循环荷载进行加载,应力变化区间为 -50～50MPa,拉压应力幅为 100MPa;双面埋弧熔透焊 SMH-6 和 SMH-7 试件采用应力变化区间

为 0～100MPa 的拉应力进行测试,拉应力幅为 100MPa;双面埋弧熔透焊 SMH-3、SMH-4、SMH-5 试件采用应力变化区间为 0～120MPa 的拉应力进行测试,拉应力幅为 120MPa。单面焊 DMH-1、DMH-2、DMH-3 进行采用应力变化区间为 0～120MPa 的拉应力进行对比试验。试验加载过程如图 6-14-67 所示。

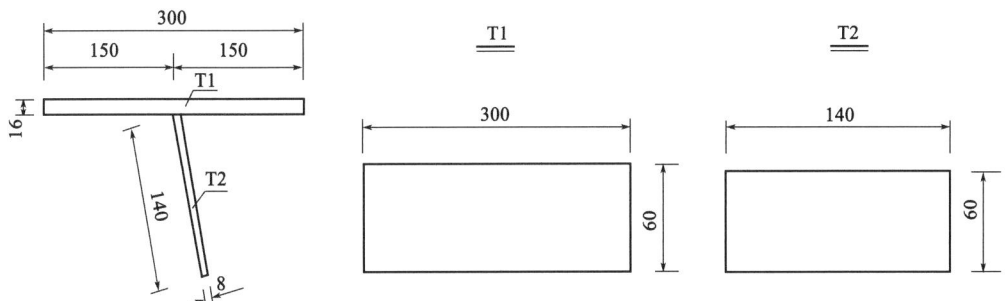

图 6-14-64　U 肋与顶板疲劳试件设计图(尺寸单位:mm)

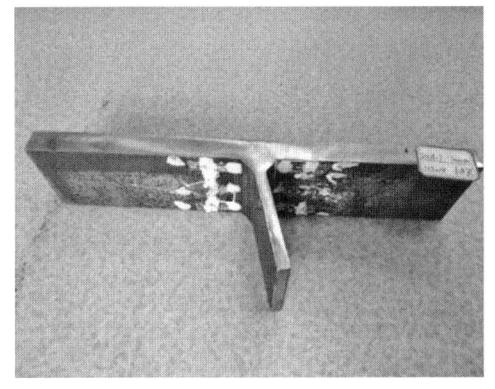

图 6-14-65　双面埋弧熔透焊试件

图 6-14-66　单面焊试件

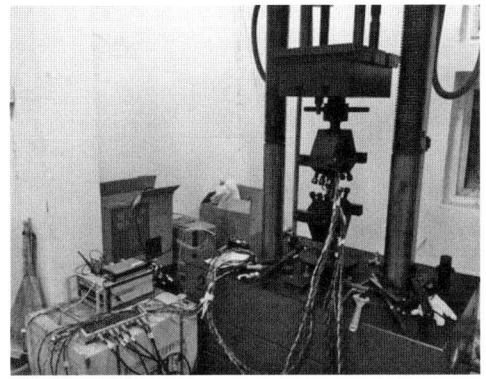

图 6-14-67　试验加载过程

2. 试验结果

双面焊试件和单面焊试件的相关疲劳试验结果汇总于表 6-14-25 和表 6-14-26。

双面埋弧熔透焊试件试验结果　　　　　　　　　　表 6-14-25

试件编号	荷载幅(kN)	应力幅(MPa)	加载次数(万次)	疲劳强度(MPa)	是否开裂
SMH-1	0±50	−50~50	514	137.0	否
SMH-2	0±50	−50~50	504	136.1	否
SMH-3	57.6±57.6	0~120	600	173.1	否
SMH-4	57.6±57.6	0~120	208	121.6	是
SMH-5	57.6±57.6	0~120	274	133.3	是
SMH-6	50±45	0~100	509	136.5	否
SMH-7	50±45	0~100	508	136.4	否

单面焊试件试验结果　　　　　　　　　　表 6-14-26

试件编号	荷载幅(kN)	应力幅(MPa)	加载次数(万次)	疲劳强度(MPa)	是否开裂
DMH-1	60±57.6	0~120	500	162.9	否
DMH-2	60±57.6	0~120	506	163.5	否
DMH-3	60±57.6	0~120	730	184.8	是(未见明显裂纹)

由于 200 万次后，双面埋弧熔透焊试件的顶板内侧焊缝焊趾发生疲劳开裂，而顶板外侧焊缝焊趾未发生开裂，可对内侧焊缝成型状态进行适当优化。

采用有限元计算软件 ANSYS 进行建模和加载计算，优化前焊缝的几何形状与试件一致。由于应力集中区域的计算结果与网格划分的密度有关，优化前后采用同一网格密度进行计算，网格密度为 0.5mm。

在轴拉荷载作用，名义应力 120MPa 情况下，几何形状优化前顶板外侧焊缝焊趾处应力为 219MPa，顶板内侧焊缝焊趾处应力为 268MPa；对形状进行优化后，顶板外侧焊缝焊趾处应力为 219MPa，顶板内侧焊缝焊趾处应力为 215MPa，优化后内侧焊缝焊趾应力降低了 20%。

模拟实桥的边界条件，建立局部节段模型，研究在轮压荷载直接作用下，优化前和优化后的应力变化情况。按照《公路钢结构桥梁设计规范》(JTG D64—2015)的疲劳车荷载，对结构进行加载计算，参考相关文献中叙述的轮压位置，按照轮压 0.5MPa、加载面积 0.6m×0.2m 进行加载。

由于应力集中区域的计算结果与网格划分的密度有关，优化前和优化后采用同一网格密度进行计算，网格密度为 0.5mm。分析可知，优化后顶板内侧焊缝应力由 −195MPa 降至 −118MPa，降低 40%。

3. 试验结论

(1)本次试验的双面埋弧熔透焊试件在轴向拉伸状态下，其最低疲劳强度为 121.6MPa，满足《公路钢结构桥梁设计规范》(JTG D64—2015)的要求。

按照《公路钢结构桥梁设计规范》(JTG D64—2015)，对于桥面板闭口肋焊接接头，当采用全融透角焊缝时，200 万次疲劳加载试验的疲劳等级为 70。本次试验中双面埋弧熔透焊试件在-50～50MPa的拉-压循环应力幅和100MPa拉应力幅下,加载到500万次均未发生疲劳开裂,超过规范要求值;在120MPa拉应力幅下,疲劳开裂次数均大于200万次。

(2)在120MPa拉应力幅下,200万次后双面埋弧熔透焊试件的顶板内侧焊缝焊趾发生疲劳开裂,而顶板外侧焊缝焊趾未发生开裂,可对顶板内侧焊缝成型状态进行适当优化,可有效提升顶板内侧焊趾的疲劳性能。

四、U肋与顶板焊接接头弯曲疲劳试验

1.试验模型的设计与制造

为了系统研究U肋与顶板构造细节的疲劳性能,设计了9个U肋与顶板构造细节试件,对U肋与顶板传统单面焊、U肋与顶板双面埋弧焊部分熔透和U肋与顶板双面埋弧焊全熔透焊3种典型构造细节进行疲劳试验研究,U肋与顶板构造细节形式及编号见表6-14-27。U肋与顶板构造细节试件的宏观照片如图6-14-68所示。

试件编号及焊接形式　　　　　表6-14-27

焊接工艺	熔透率(%)	编号
单面坡口单面焊	75	SWP 75-1
		SWP 75-2
		SWP 75-3
不开坡口双面焊	50	DWP 50-1
		DWP 50-2
		DWP 50-3
全熔透	100	RT100-1
		RT100-2
		RT100-3

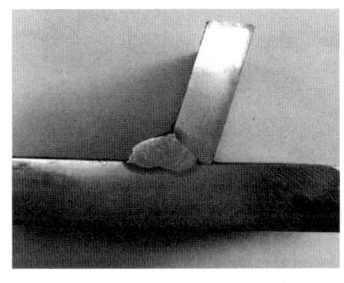 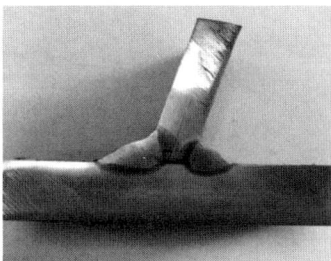 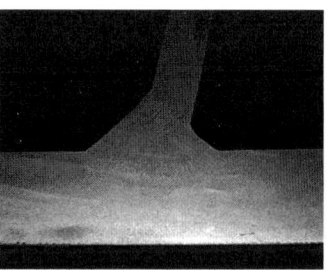

a)75%单面焊　　　　b)50%双面焊　　　　c)100%全熔透焊

图6-14-68　U肋与顶板构造细节宏观照片

试件的设计宽度为60mm,顶板的板厚和长度分别为14mm和300mm,U肋的板厚和长度分别为8mm和170mm。各试件均按照实际桥梁中U肋与顶板构造细节的焊接标准

进行焊接,试件在制造时先焊接 U 肋与顶板整体模型,然后从整体模型中进行切割,得到单个试件。

2. 试验方案

为模拟桥面板结构的受力状态和变形,设计了一套钢桥面板疲劳试验专用工装,如图 6-14-69 所示。U 肋底端通过螺栓与基座固定连接,在顶板固定端(靠 U 肋内侧)设置一套滚动装置以限制顶板端部横向位移和转角,试验加载区域位于 U 肋外侧顶板端部,疲劳试验加载方式及基座和端部夹头如图 6-14-70 和图 6-14-71 所示。

图 6-14-69　滚动工装

图 6-14-70　试验加载方式

图 6-14-71　基座和端部夹头

试验过程中主要采用电阻应变片测量 U 肋与顶板试件关键区域的应变,应变测量时选取距离焊趾 5mm 和 15mm 两位置布置应变测点,通过 uT7110Y 静态应变仪采集应变数据,应变测点的布置如图 6-14-72 和图 6-14-73 所示。试件 U 肋内侧测点布置如图 6-14-74 所示。

疲劳试验加载采用 MTS 疲劳试验机进行,待各项准备工作完成后,开始疲劳试验。疲劳加载的荷载幅值为 3kN,加载频率为 5Hz,加载波形为正弦波。为保证应变测量数据的准确,消除装配应力对测量结果的影响,在开展应变测量之前,先进行一定次数的疲劳加载,以消除装配应力。疲劳试验期间以加载次数达到 500 万次或试件轴向位移增大 1mm 时,作为停机准则,并将其循环次数作为疲劳寿命。

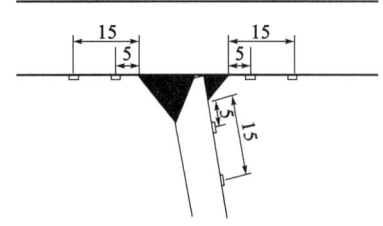
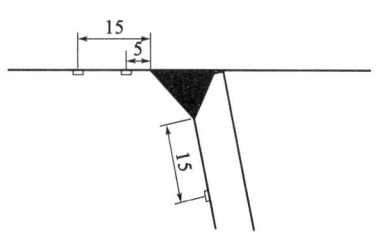

图 6-14-72　双面焊测点布置(尺寸单位:mm)　　图 6-14-73　单面焊测点布置(尺寸单位:mm)

图 6-14-74　试件 U 肋内侧测点布置

3. 试验结果

为了确定 U 肋与顶板构造细节试件测点应变的理论值，建立有限元模型对试件进行理论分析，考虑加载区锚固构造会约束顶板的转角，在建立有限元模型时通过两个工况进行分析，以确定顶板转角的约束对于构造细节受力状态的实际影响效应。工况一:加载端转角完全固定;工况二:加载端自由。

在试验测试中，距 U 肋内侧焊趾 5mm 位置处的应变片位置难以准确定位，且此处应力梯度较大，而距 U 肋内侧焊趾 15mm 处应力梯度较小，因此，该测点应力值具有很好稳定性，此处选取距离焊趾 15mm 位置测点的应力进行对比分析。部分典型试件关键测点的实测值与有限元理论分析值对比见表 6-14-28。分析可知，试验加载夹具对顶板端部转角变形具有一定约束作用，产生反向弯矩，将抵消部分竖向荷载产生的弯矩。

部分试件仿真与试验应力幅对比(单位:MPa)　　表 6-14-28

试件编号	加载端转角固定	加载端自由	实测结果
RT100-1	87.5	240	177.5
RT100-2	87.5	240	166.7
DWP50-1	88.2	241	163.3
DWP50-2	88.2	241	182.8

U 肋与顶板传统单面焊试件在疲劳荷载作用下的疲劳开裂模式为，疲劳裂纹从焊根位置起裂并沿着焊缝方向扩展，疲劳裂纹如图 6-14-75 所示;U 肋与顶板双面埋弧焊部分熔透试件的疲劳开裂模式为，疲劳裂纹从 U 肋内侧焊趾位置起裂并沿着 U 肋厚度方向扩

展,疲劳裂纹如图 6-14-76 所示;在疲劳荷载加载到 500 万次时,3 个 U 肋与顶板双面埋弧焊全熔透试件均未发生疲劳开裂,加载完成之后的试件如图 6-14-77 所示。

图 6-14-75　U 肋与顶板单面焊试件裂纹

图 6-14-76　U 肋与顶板双面焊部分熔透试件疲劳裂纹

图 6-14-77　U 肋与顶板双面焊全熔透试件未发生疲劳开裂

为了准确评估 U 肋与顶板构造细节的疲劳性能,采用热点应力进行疲劳抗力评估,热点应力通过距离焊趾一定位置的 2 个或 3 个点线性外推得到焊趾位置的应力,可考虑结构几何构造等对焊趾局部受力的影响。为了获取热点应力,采用国际焊接协会(IIW)推荐的方法 3:将距焊趾为 $0.5t$ 和 $1.5t$(t 为钢箱梁顶板厚度)处的应力线性外推得到热点应力。为方便,实际取 5mm 和 15mm 处的测点作为外推点,评估结果可能偏于保守。各构件热点应力结果及试验次数汇总见表 6-14-29。

裂纹处应力结果及循环次数汇总　　表 6-14-29

试件编号	实测应力(MPa)	循环次数(万次)	疲劳强度(MPa)	裂　纹
SWP75-1	165.2	5.8754	51.0	焊根开裂
SWP75-2	170.8	32.1289	92.8	焊根开裂
SWP75-3	161.5	9.4785	58.4	焊根开裂
DWP50-1	163.3	17.3165	72.2	U 肋焊趾开裂
DWP50-2	182.8	83.2920	136.5	U 肋焊趾开裂
DWP50-3	176.2	38.6018	101.8	U 肋焊趾开裂

续上表

试件编号	实测应力(MPa)	循环次数(万次)	疲劳强度(MPa)	裂 纹
RT100-1	177.5	501.9712	241.2	未开裂
RT100-2	166.7	501.2355	226.4	未开裂
RT100-3	182.3	503.6982	248.0	未开裂

4. 试验结论

通过对3类典型U肋与顶板构造细节开展理论与试验研究,得到了各构造细节的疲劳开裂模式和疲劳抗力。主要结论如下:

(1)U肋与顶板双面焊埋弧全熔透焊接细节在经历500万次加载之后仍未产生疲劳裂纹,表明全熔透焊接接头具有良好的疲劳性能。

(2)通过对3类典型U肋与顶板构造细节开展疲劳试验,相关疲劳试验结果表明:U肋与顶板双面埋弧全熔透焊接细节的疲劳性能远远优于现有的单面焊构造细节以及不开坡口的双面焊部分熔透细节的疲劳性能。

五、小结

通过对典型U肋与顶板焊接接头开展理论与试验研究,得到了不同焊接工艺条件下U肋与顶板焊接接头的疲劳强度。主要结论如下:①U肋与顶板双面埋弧全熔透焊接细节的疲劳性能优于现有的单面焊构造细节、不开坡口的双面埋弧焊部分熔透构造细节和双面气体保护焊构造细节。②对U肋与顶板构造细节顶板内侧焊缝成型状态进行适当优化,可有效提升顶板内侧焊趾的疲劳性能。

第五节　正交异性钢桥面板足尺试件疲劳试验研究

一、试验研究的目的

本节针对先进工艺条件下U肋与顶板新型双面全熔透焊构造细节和U肋与横隔板交叉构造细节的疲劳性能开展试验研究。根据新型构造细节焊接技术及合理构造参数的研究成果,设计足尺节段疲劳试验模型,通过模型试验确定U肋与顶板新型双面埋弧全熔透焊工艺下各疲劳易损细节的实际疲劳抗力。疲劳试验模型汇总见表6-14-30。

足尺节段疲劳试验模型汇总表　　　　表6-14-30

模型编号	试验模型概况	模型数量(个)	备　注
模型一	U肋与顶板新型双面埋弧焊全熔透+U肋与横隔板传统构造细节	1	U肋与顶板细节含缺陷,并对缺陷补焊修复
模型二	U肋与顶板新型双面埋弧焊全熔透+U肋与横隔板新型构造细节	1	U肋与顶板细节无缺陷模型

二、试验模型设计

试验模型宽度为2700mm,纵向长度为500mm + 2500mm + 2500mm + 500mm = 6000mm,竖向高度为700mm,整个试验模型包含3道横隔板和4个U肋,U肋面板部分以横隔板中心线外伸0.5m,涵盖正交异性钢桥面板两类典型疲劳易损细节,为能够更为准确地模拟各待研究疲劳易损部位的实际受力状态,试验模型中各主要板件的厚度等参数均与实桥一致。疲劳试验模型三维示意如图6-14-78所示,模型设计图如图6-14-79和图6-14-80所示。针对U肋与顶板构造细节,两足尺节段模型均采用双面埋弧焊全熔透焊接工艺进行制造,U肋与顶板构造细节局部构造如图6-14-81所示。

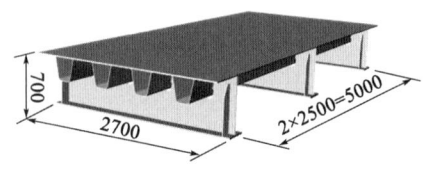

图6-14-78 足尺节段疲劳试验模型(尺寸单位:mm)

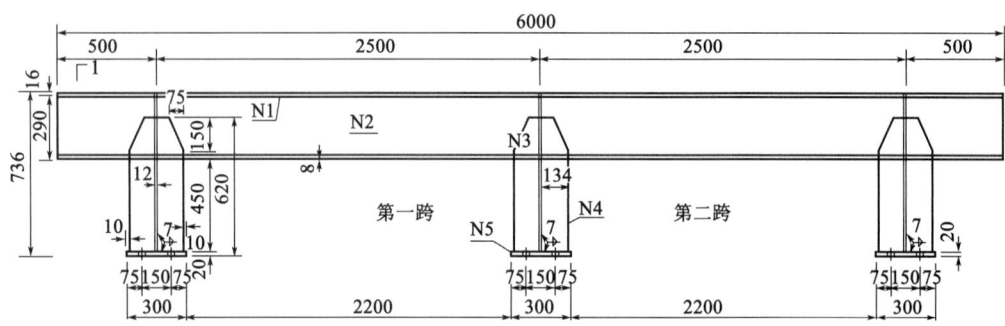

a)试验模型一立面图

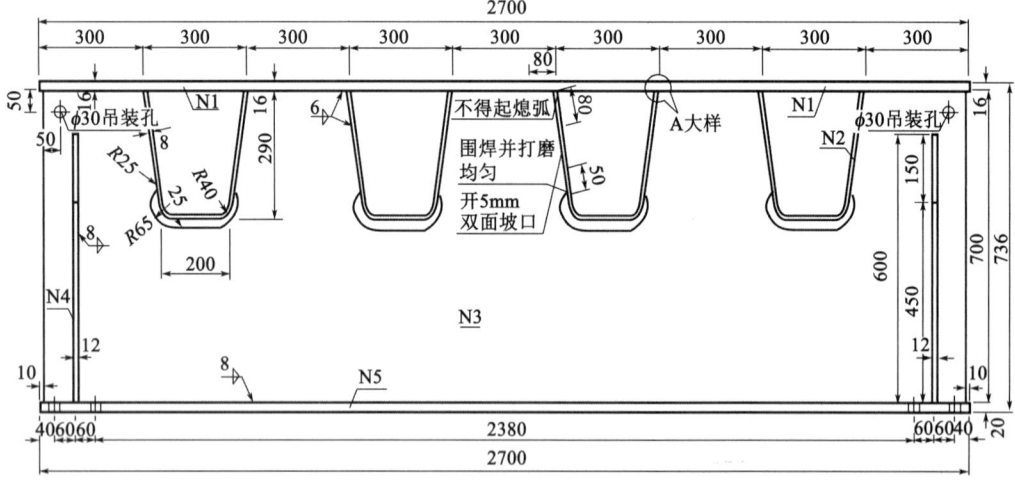

b)试验模型一侧面图

图6-14-79 试验模型一设计图(尺寸单位:mm)

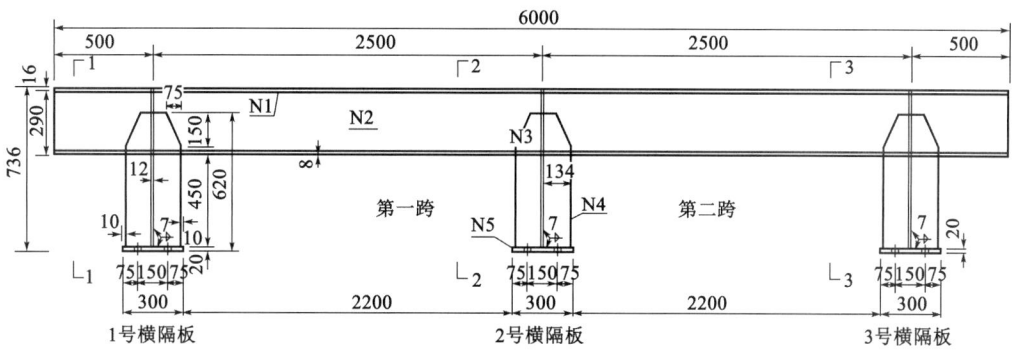

a) 试验模型二立面图

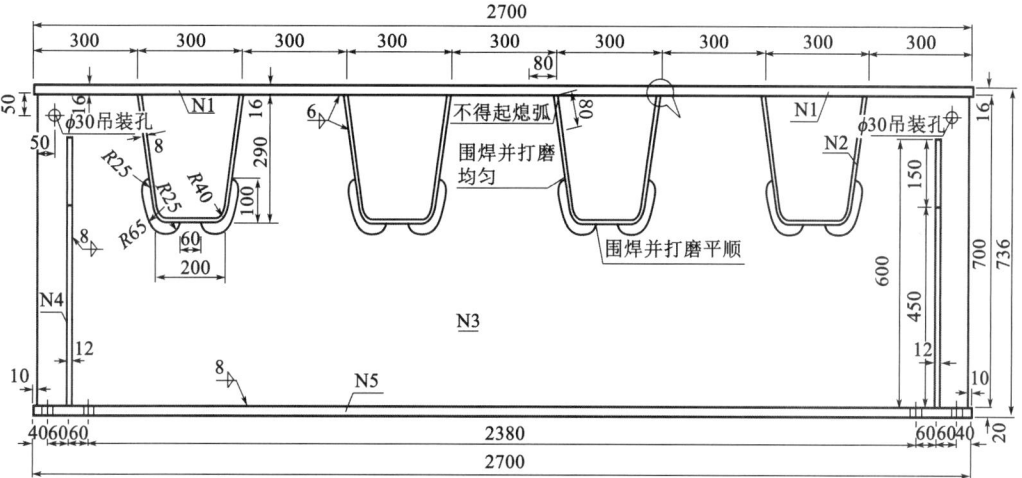

b) 试验模型二1—1/2—2截面图

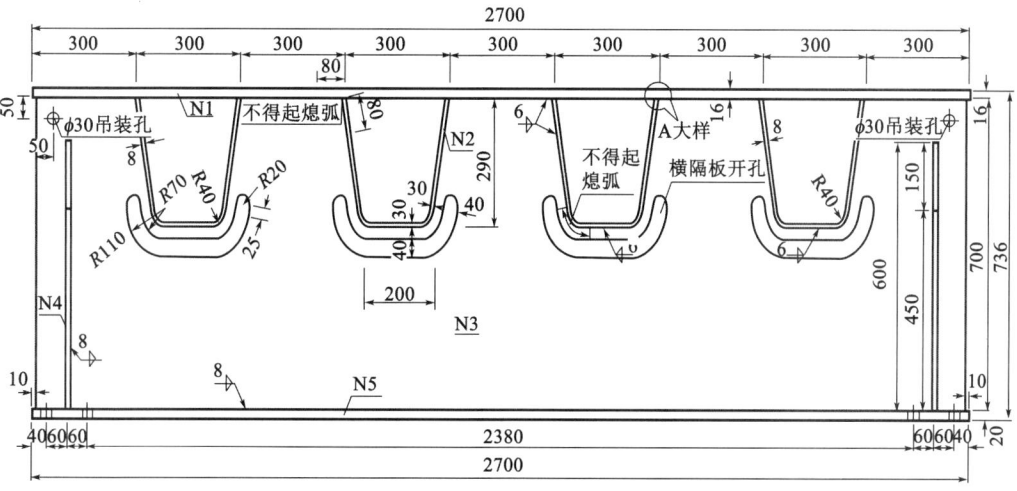

c) 试验模型二3—3截面图

图 6-14-80　试验模型二设计图（尺寸单位：mm）

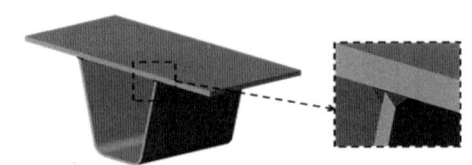

图 6-14-81　U 肋与顶板双面埋弧全熔透焊构造

三、试验加载与测试方案

1. 试验加载方案

伍家岗长江大桥正交异性钢桥面板疲劳试验采用 MTS793 试验系统进行疲劳加载,疲劳荷载通过板式橡胶支座传递到试验模型之上,板式橡胶支座的尺寸为 400mm×400mm×56mm(长×宽×厚)。为准确模拟关键构造细节实际受力状态,试验模型横隔板下翼缘采用 6 点固结约束,各约束位置的地锚梁通过高强度螺栓与反力地锚槽道连接。为了模拟车辆的纵向行走效应,采用 2 点异步加载的方式进行加载,加载时选用两个同规格的作动器(1000kN)同时进行加载,如图 6-14-82 所示。

图 6-14-82　试验模型加载

(1) 加载工况

对于每个待研究疲劳易损部位均通过两点异步加载的方式模拟车辆的走行效应,以对各疲劳易损部位的疲劳特性开展研究。加载点的纵向位置分别位于第一跨跨中和第二跨跨中位置,两个加载点之间的相位差取值为 180°,加载点的横向位置位于 2 号 U 肋靠截面中心侧腹板的正上方,纵向和横向加载位置如图 6-14-83 和图 6-14-84 所示。

(2) 加载面积的选取

目前关于疲劳试验常选取的加载面积,主要依据欧洲规范(400mm×400mm)和中国规范(200mm×600mm)两种进行选取。

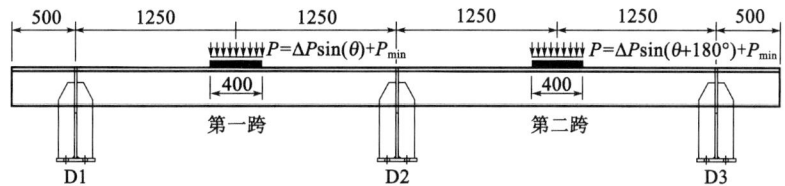

图 6-14-83 纵向加载工况示意图(尺寸单位:mm)

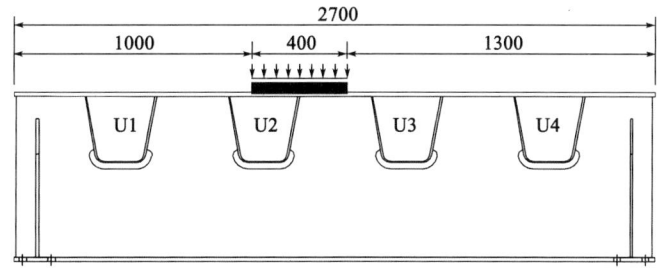

图 6-14-84 横向加载工况示意图(尺寸单位:mm)

通过理论分析可知,在相同的加载工况作用下采用欧洲规范中 400mm × 400mm 加载面积时 U 肋与顶板构造细节最大拉应力为 62.2MPa,预计试验加载次数为 575 万次;而采用中国规范中 200mm × 600mm 加载面积时,U 肋与顶板构造细节最大拉应力为 39.1MPa,预计试验加载次数为 3611 万次。由此可知采用 400mm × 400mm 加载面积时具有更高的加载效率,同时考虑到既有钢桥面板疲劳试验研究中大部分采用的加载面积为 400mm × 400mm,为了保证本试验与既有研究成果的一致性,增加对比研究的可行性,提高加载效率,本试验采用 400mm × 400mm 加载面积。

(3)加载方案

在进行疲劳试验之前,先预加载一组超载荷载以模拟超载车辆对钢桥面板的损伤效应,然后开展疲劳试验。疲劳试验加载过程中每间隔 20 万次的荷载循环需进行一次静载试验以确定试件的实际状态,同时通过观测应变测点的变化辅助判断试件是否出现疲劳裂纹或扩展,具体步骤如下所述:

①试验开始之前前先分级施加一组静载,加载方式为:平衡清零→0→P_{min}→P_{min} + $0.25\Delta P$→P_{min} + $0.5\Delta P$→P_{min} + $0.75\Delta P$→P_{min} + ΔP→P_{min} + $0.75\Delta P$→P_{min} + $0.5\Delta P$→P_{min} + $0.25\Delta P$→P_{min}→0,其中 ΔP 为疲劳荷载幅值,每级静载需持荷 5min,待结构受力稳定后进行应变测试。通过试验实测应变与理论应变值进行对比,确保试验模型的受力状态与理论计算的受力状态相符。

②对试验模型施加两次超载荷载,以模拟超载车辆的损伤效应,超载荷载取值为 400kN。

③对试验模型超载荷载卸载,然后对试件施加幅值为 20kN ~ ΔP + 20kN 的正弦波形疲劳荷载,加载频率为 3 ~ 4Hz,加载示意如图 6-14-83 和图 6-14-84 所示。

④疲劳加载次数达到 20 万次的整数倍后,按照步骤①的静载方案进行一次静载加载,将当前静载试验结果与疲劳加载前的静载试验结果进行对比分析,当两次测试结果差

异在容许范围内时继续施加疲劳荷载;当结果差值相差较大时分析原因,检查试验模型是否出现疲劳裂纹,并采用超声波探伤或相控阵超声波探伤等无损检测方法对 U 肋与顶板焊接连接部位进行裂纹探测。

⑤当检查完毕确定可以继续施加疲劳荷载时按照荷载幅值为 $20kN \sim \Delta P + 20kN$ 的正弦波形荷载继续加载 20 万次疲劳荷载。

⑥重复④和⑤的内容,其间疲劳加载累计次数达到 100 万次时分级施加静载后暂停试验并对试验模型采用超声波探伤技术对 U 肋与顶板构造细节等疲劳易损部位进行探伤,并对应变等进行实时监测,直至试验模型破坏。

在相同的疲劳荷载作用下,不同构造细节的应力响应不同,通常 U 肋与横隔板交叉细节的应力幅值较大,而 U 肋与顶板构造细节的应力幅值相对较小。因此,针对不同的构造细节,采取分级加载的方式进行疲劳试验。荷载选取:0~200 万次荷载幅为 20~260kN,200 万次之后荷载幅为 20~380kN,超载荷载值选取为 400kN。

2. 试验测试方案

伍家岗长江大桥疲劳试验测试以应变测试为主,静态应变采用 TDS-530 高速静态数据采集仪进行数据采集,它由测试主机和外接线箱组成。测试主机带有 30 个测试通道,可使用外接接线箱扩展通道数,最多可扩展 1000 个测试通道。TDS-530 具有应变测试分辨率高、应变测试量程大、测试速率快等优点,能满足试验要求。在疲劳试验过程中采用多通道的 TST3828 动态采集系统进行关键测点动应变实时监测。

U 肋与顶板构造细节的应变测点位置参考热点应力取值点确定,分别距顶板焊趾 6.4mm(0.4t) 和 16mm(1.0t)(t 为顶板厚度);由于 U 肋与顶板双面焊内侧焊趾位于闭口 U 肋内部,无法直接进行相关测点布置。因此,在双面焊内侧焊趾对应的顶板顶面布置应变测点;应变测点共布置 4 个测区,记为 CD1~CD4,如图 6-14-85 所示。U 肋与顶板构造细节应变测点布置和测点编号如图 6-14-85 和图 6-14-86 所示。测点编号规则如下:DB 代表顶板底面,数字 6 和 16 分别表示距焊趾的距离为 6.4mm 和 16mm;DT 表示双面焊内侧焊趾对应的顶板顶面测点;每个测点编号中最后一个数字表示应变片的序号,应测点的序号均按照由 1 号横隔板向 3 号横隔板方向依次递增,如 CD1-DB6-3 表示 1 号测区顶板底面距焊趾 6.4mm 的 3 号应变测点。

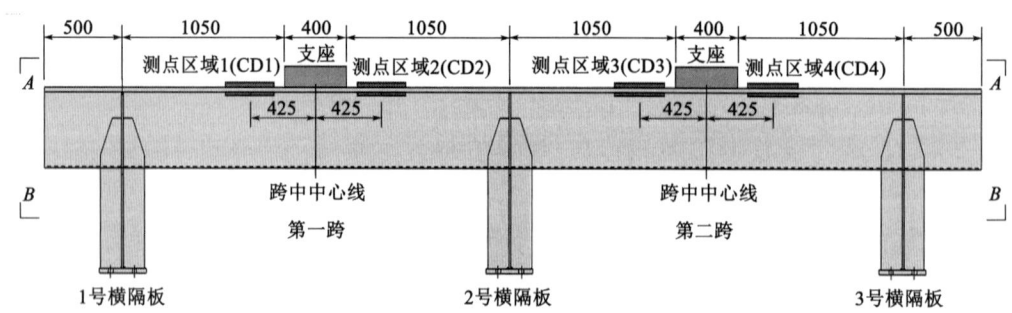

a)关键测点立面图及 A—A 截面图
图 6-14-85

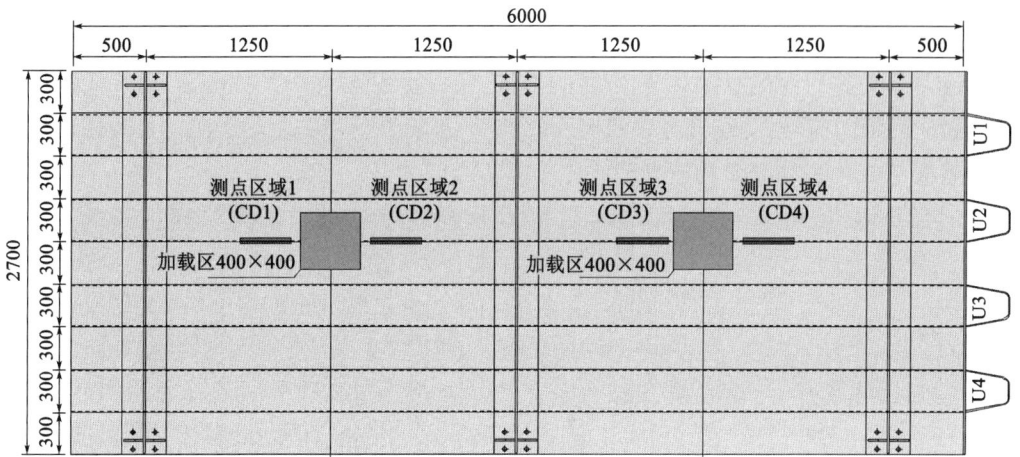

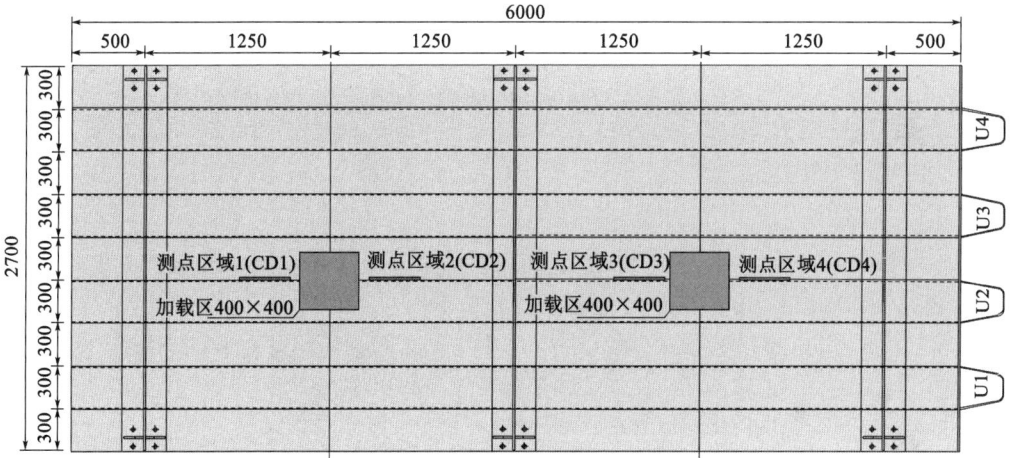

图 6-14-85　U 肋与顶板构造细节关键测点区域示意图(尺寸单位:mm)

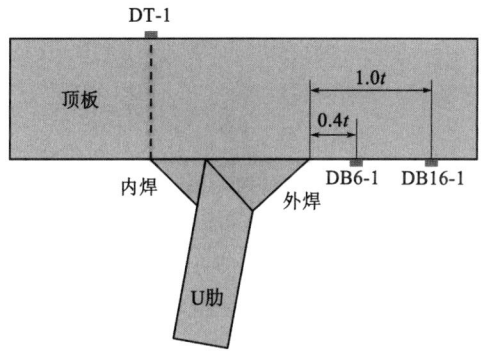

图 6-14-86　U 肋与顶板构造细节关键应变测点布置图
注:t 为顶板厚度。

U 肋与横隔板交叉构造细节分别在距焊缝端部焊趾 8mm 和距弧形开孔 5mm 处布置应变测点,关键应变测点布置如图 6-14-87 ~ 图 6-14-89 所示。应变测点编号中的 U 表示 U 肋(U-Rib),U 后面的数字代表 U 肋的编号;DI 表示横隔板(Diaphragm),DI 后面的数字代表横隔板的编号;测点编号中最后一个数字为该应变片的序号。如 U2DI2-3 表示 2 号横隔板与 2 号 U 肋交叉构造细节的 3 号应变测点。

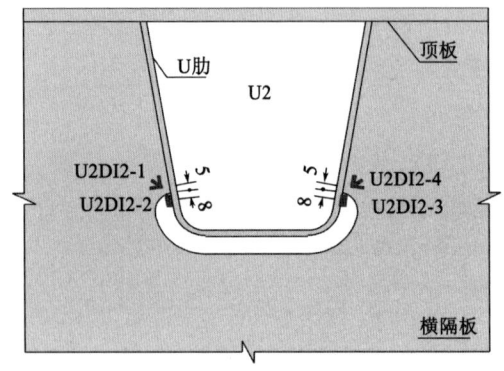 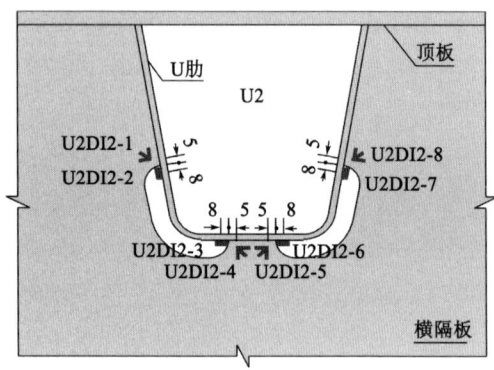

图 6-14-87　模型一各横板关键测点布置图　　图 6-14-88　模型二(1 号、2 号横隔板)关键测点布置图

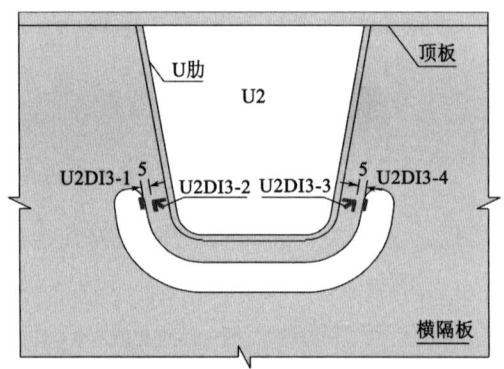

图 6-14-89　模型二(3 号横隔板)关键测点布置图

四、试验结果

相关试验研究表明:U 肋与顶板构造细节和 U 肋与横隔板交叉构造细节疲劳裂纹萌生与扩展使得局部刚度降低,导致局部应力重分布,采用关键测点的主应力或应变变化可以作为疲劳开裂的判据;对于 U 肋与顶板双面全熔透焊构造细节,顶板内侧焊趾开裂并沿顶板厚度方向扩展的疲劳裂纹具有隐蔽性,且足尺试验模型在 U 肋内部布置测点十分困难,因此,以顶板内侧焊趾对应的顶板顶面布置关键测点,并以其变化幅度作为疲劳开裂的判据。参考 Kolstein 对正交异性钢桥面板 U 肋与顶板构造细节疲劳强度评估时的建议,采用关键测点应力或应变变化幅度 25% 作为疲劳破坏准则。为了便于监测 U 肋与顶板构造细节的疲劳开裂情况并确定构造细节的疲劳强度,此处采用关键测点应力或应变变化幅度 25% 作为疲劳开裂判据,同时在试验过程中采用超声无损探伤检测方法和高倍放大镜等方法进行疲劳裂纹观测和检测。

疲劳试验过程中每加载20万次进行一次静载试验,试验机加载频率为3～5Hz,下限荷载均为20kN,上限荷载根据不同试验阶段进行调整。疲劳试验过程中,每隔一定次数检查一遍试件的焊缝及其周围是否出现疲劳裂纹并对其进行标记。根据《公路钢结构桥梁设计规范》(JTG D64—2015)对各开裂区域的疲劳强度进行评估,名义应力评估结果汇总见表6-14-31,评估结果表明U肋与顶板新型双面全熔透焊构造细节的疲劳强度均满足规范要求(规范要求的疲劳强度值为70MPa)。

1. 超载加载

试验模型一和试验模型二在开始疲劳试验之前均进行两次超载加载,以获得正交异性钢桥面板的抗超载能力。此处根据本章第二节"正交异性钢桥面板抗断裂性能评估"中的相关理论对超载加载工况下U肋与顶板细节和U肋与横隔板交叉构造细节的抗断裂性能进行评估。

(1) U肋与顶板构造细节抗断裂性能评估

为了确定伍家岗长江大桥钢桥面板U肋与顶板构造细节在超载荷载作用下的抗断裂性能,基于断裂力学理论,对钢桥面板U肋与顶板构造细节开展系统研究。

有限元模型的建立参考本章第二节"U肋与顶板构造细节的疲劳性能"中的方法进行,此处不再赘述,加载工况与试验模型的实际加载工况一致,根据相关文献的建议选取初始裂纹深度 $a_0 = c_0 = 0.5$ mm 进行分析。

根据BS 7910的定义,应力比 $L_r = \sigma_{ref}/\sigma_y$ 由作用在构件上的主要荷载确定。Wells在最初提出CTOD理论时认为,对于理想弹塑性材料,在裂纹尖端经历塑性变形达到全面屈服后,裂纹尖端前方韧带部位应力值不再扩大,既在裂纹尖端存在1个塑性屈服区。这个塑性屈服区的应力与屈服应力 σ_y 相等。因此,在应用BS 7910的失效评定曲线FAD对桥梁钢的断裂韧度进行评定时, L_r 取为1。

断裂韧度比 K_r 由下式确定:

$$K_r = \frac{K_I + VK_I^s}{K_{mat}} = \frac{350.58}{10541.02} = 0.0333$$

式中, K_I 为I型裂纹在荷载作用下的应力强度因子;由于试验加载过程中没有次要荷载, V 取值为0; K_{mat} 为通过CTOD得到的断裂韧度,针对Q345钢材参考文献(武延民. 钢结构脆性断裂的力学机理及其工程设计方法研究[D]. 北京:清华大学,2005.)的相关试验数据,带入式(6-14-11)计算得到。

将计算得到的应力比和断裂韧度比 (L_r, K_r) ,根据规范BS 7910绘制于失效评定曲线FAD中,如图6-14-90所示。分析结果可知评定值位于评定曲线之内,表明U肋与顶板细节的抗断裂性能满足规范要求。

(2) U肋与横隔板交叉构造细节抗断裂性能评估

为了确定伍家岗长江大桥钢桥面板U肋与横隔板交叉构造细节在超载荷载作用下的抗断裂性能,基于断裂力学理论,对钢桥面板U肋与横隔板交叉构造细节开展系统研究。

伍家岗长江大桥正交异性钢桥面板疲劳试验结果汇总表

表 6-14-31

试验模型	荷载幅（kN）	构造细节	开裂位置	试验结果	疲劳失效时的次数（万次）	疲劳强度（MPa）	等效标准疲劳车的作用次数（万次）	备注
试验模型一	20~260kN（0~200万次）、20~380kN（200万~310万次）	U肋与顶板构造细节	区域1（CD1）	试验加载至300万次，区域1位置U肋与顶板构造细节顶板内侧焊趾开裂	300	95.5	1638	满足规范要求
			区域2（CD2）	试验加载至300万次，区域2位置U肋与顶板构造细节顶板内侧焊趾开裂	300	96.9	1713	满足规范要求
			区域3（CD3）	试验加载至260万次，区域3位置U肋与顶板构造细节顶板内侧焊趾开裂	260	88.0	1283	满足规范要求
			区域4（CD4）	试验加载至300万次，区域4位置U肋与顶板构造细节顶板内侧焊趾开裂	300	95.5	1638	满足规范要求
		U肋与横隔板交叉构造细节	2号U肋与3号横隔板交叉位置	试验加载至120万次，2号U肋3号横隔板交叉构造细节围焊端部U肋焊趾疲劳开裂，裂纹长度约19mm	120	113.9	1010	满足规范要求
试验模型二	20~260kN（0~200万次）、20~380kN（200万~700万次）	U肋与顶板构造细节	区域1（CD1）	第一跨加载正下方U肋底板存在机械擦痕缺陷，试验加载到527万次，U肋底板开裂并迅速贯穿U肋腹板，第一跨终止加载，U肋与顶板构造细节尚未开裂	527	>119.2	3183	满足规范要求

续上表

试验模型	荷载幅（kN）	构造细节	开裂位置	试验结果	疲劳失效时的次数（万次）	疲劳强度（MPa）	等效标准疲劳车的作用次数（万次）	备注
试验模型二	20~260kN（0~200万次）、20~380kN（200万~700万次）	U肋与顶板构造细节	区域2（CD2）	第一跨加载区正下方U肋底板存在机械擦痕缺陷，试验加载到527万次，U肋底板开裂并迅速贯穿U肋腹板，第一跨终止加载，U肋与顶板构造细节尚未开裂	527	>121.2	3348	满足规范要求
			区域3（CD3）	试验加载到700万次，U肋与顶板构造细节尚未开裂，试验终止	700	>137.1	4847	满足规范要求
			区域4（CD4）	试验加载到700万次，U肋与顶板构造细节尚未开裂，试验终止	700	>134.8	4609	满足规范要求
		U肋与横隔板交叉细节	2号U肋腹板与2号横隔板交叉位置	试验加载至100万次，2号U肋腹板与2号横隔板焊趾端部隔板焊趾疲劳开裂，裂纹长度约14mm，开裂位置存在明显弧坑缺陷	100	—	—	—
			2号U肋腹板与3号横隔板交叉位置	试验加载至240万次，2号U肋腹板与3号横隔板交叉构造细节围焊端部焊趾疲劳开裂，裂纹长度约3mm	240	89.1	1087	满足规范要求
			2号U肋底板与3号横隔板交叉位置	试验加载至420万次，2号U肋底板与3号横隔板交叉构造细节围焊端部焊趾疲劳开裂，裂纹长度约10mm	420	127.8	2245	满足规范要求
			2号U肋底板与2号横隔板交叉位置	试验加载至667万次，2号U肋底板与2号横隔板交叉构造细节围焊端部焊趾疲劳开裂，裂纹长度约13mm	667	214.8	10662	满足规范要求

注：1. U肋与顶板构造细节采用距离焊趾6.4mm（0.4t）（t为顶板厚度）处的应力作为其名义应力；U肋与横隔板交叉构造细节采用距焊趾8mm处的应力作为其名义应力。
2. 等效标准疲劳车的作用次数是根据横向最不利加载位置的应力历程计算得到。
3. 对于U肋与顶板构造细节和U肋与横隔板交叉构造细节，均按照《公路钢结构桥梁设计规范》（JTG D64—2015）的细节分类70类细节选取。

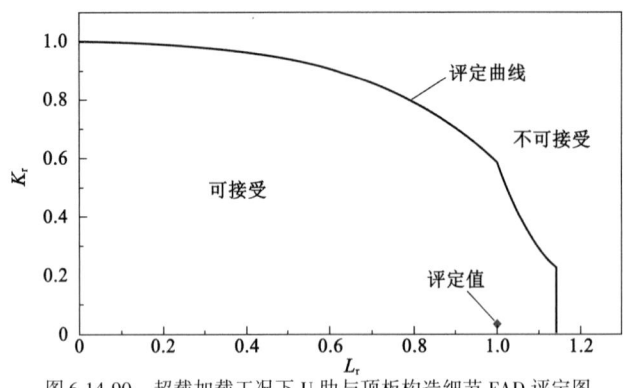

图 6-14-90　超载加载工况下 U 肋与顶板构造细节 FAD 评定图

有限元模型的建立参考本章第二节"U 肋与顶板构造细节的疲劳性能"中的方法进行,此处不再赘述,加载工况与试验模型的实际加载工况一致,根据文献的建议选取初始裂纹深度 $a_0 = c_0 = 0.5 \text{mm}$ 进行分析。

根据 BS 7910 的定义,应力比 $L_r = \sigma_{\text{ref}}/\sigma_y$ 由作用在构件上的主要荷载确定。Wells 在最初提出 CTOD 理论时认为,对于理想弹塑性材料,在裂纹尖端经历塑性变形达到全面屈服后,裂纹尖端前方韧带部位应力值不再扩大,既在裂纹尖端存在 1 个塑性屈服区。这个塑性屈服区的应力与屈服应力 σ_y 相等。因此,在应用 BS 7910 的失效评定曲线 FAD 对桥梁钢的断裂韧度进行评定时,L_r 取为 1。

断裂韧度比 K_r 由下式确定:

$$K_r = \frac{K_I + VK_I^s}{K_{\text{mat}}} = \frac{491.41}{8100.42} = 0.0607$$

式中,K_I 为 Ⅰ 型裂纹在荷载作用下的应力强度因子;由于试验加载过程中没有次要荷载,V 取值为 0;K_{mat} 为通过 CTOD 得到的断裂韧度,针对 Q345 钢材参考文献(戴延民. 钢结构脆性断裂的力学机理及其工程设计方法研究[D]. 北京:清华大学,2005)的相关试验数据,带入式(6-14-11)计算得到。

将计算得到的应力比和断裂韧度比(L_r, K_r),根据规范 BS 7910 绘制于失效评定曲线 FAD 中,如图 6-14-91 所示。分析结果可知评定值位于评定曲线之内,表明 U 肋与横隔板交叉构造细节的抗断裂性能满足规范要求。

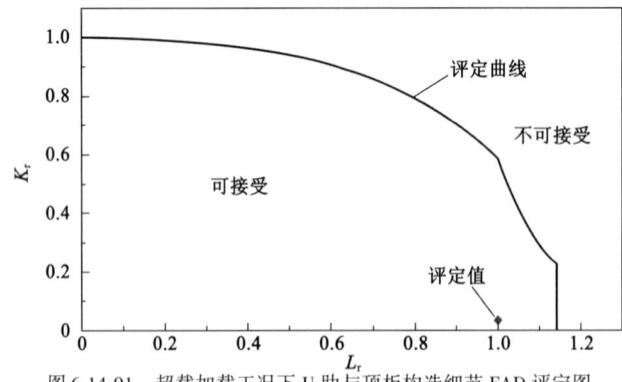

图 6-14-91　超载加载工况下 U 肋与顶板构造细节 FAD 评定图

在进行超载加载的试验加载过程中通过应变计测量关键测点在超载荷载作用下的应力(应变)水平,试验结果表明,在超载荷载作用下各关键测点的应力-荷载呈线性关系,各测点应力值较为稳定,基于后续疲劳试验可以发现试验模型在经历超载加载之后各疲劳易损细节的疲劳强度均满足规范要求,表明钢桥面板承受超载加载的能力较强。

2. 试验模型一

试验模型一(U肋与顶板细节含缺陷,并对缺陷补焊修复)加载至120万次,2号U肋与3号横隔板交叉构造细节焊缝端部焊趾疲劳开裂,裂纹长度约20mm,如图6-14-92所示。随着作用次数的不断增加,U肋与横隔板焊缝焊趾处静载主拉应力逐步降低,疲劳裂纹开始稳定扩展,裂纹长度和深度的增加使得裂纹处发生应力释放,并进而导致其周围区域应力重分配,从而使裂纹下方测点应力降低,静载作用下开裂处测点的应力随疲劳荷载作用次数变化曲线如图6-14-93所示。到疲劳试验结束时,U肋与横隔板交叉构造细节疲劳裂纹长度约107mm。此处将U肋腹板围焊焊趾8.0mm(1.0t)(t为顶板厚度)处的应力值定义为U肋与横隔板交叉和构造细节的名义应力,等效200万次的疲劳强度为113.9MPa。

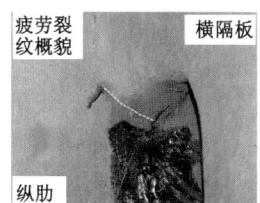 

a)疲劳荷载作用120万次时疲劳裂纹概貌

 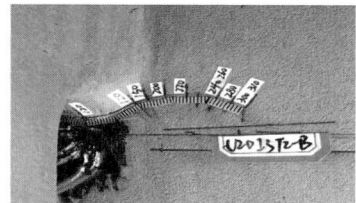

b)试验模型一侧面图

图6-14-92 试验模型一U肋与横隔板交叉构造细节疲劳裂纹

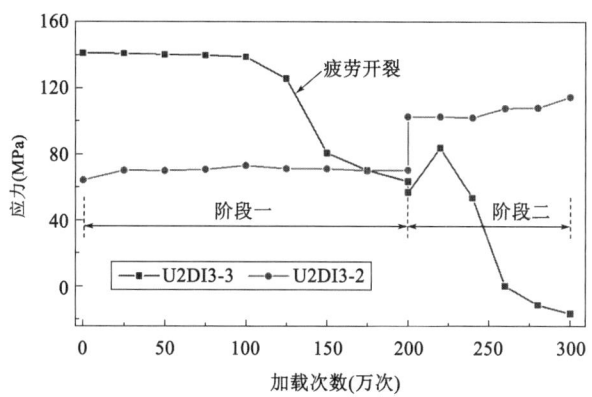

图6-14-93 试验模型一U肋与横隔板关键测点主应力与作用次数的关系

因正交异性钢桥面板疲劳易损部位是局部区域，U肋与横隔板交叉构造细节疲劳开裂后对U肋与顶板构造细节局部受力基本没有影响，因此，在U肋与横隔板交叉构造细节疲劳开裂后继续加载。疲劳荷载加载至260万次，U肋与顶板构造细节在顶板内侧焊趾（区域3）疲劳开裂，因内侧焊趾处于隐蔽位置，通过内侧焊趾对应顶板顶面关键测点变化作为疲劳破坏判据，顶板内侧焊趾疲劳裂纹概貌如图6-14-94a）所示，其疲劳开裂位置如图6-14-95所示。疲劳裂纹萌生于顶板内侧焊趾并沿顶板厚度方向扩展，随着作用次数的不断增加，裂纹长度和深度的增加使得钢桥面板刚度减小，进而导致其周围区域应力重分配，从而使U肋与顶板构造细节内侧焊趾对应的顶板顶面关键测点的应力逐步增大，静载作用下疲劳开裂位置测点的应力随所用次数变化曲线如图6-14-96～图6-14-99所示。加载结束后对开裂位置焊缝进行了切片分析，如图6-14-94b）所示。分析可知疲劳裂纹从U肋与顶板细节补焊修复部位萌生，因此实桥加工制造必须严格控制该构造细节的焊接质量。此处采用名义应力法对U肋与顶板构造细节的疲劳强度进行评估，区域1~4的疲劳强度分别为95.5MPa、96.9MPa、88.0MPa和95.5MPa，满足《公路钢结构桥梁设计规范》（JTG D64—2015）中70MPa的要求。

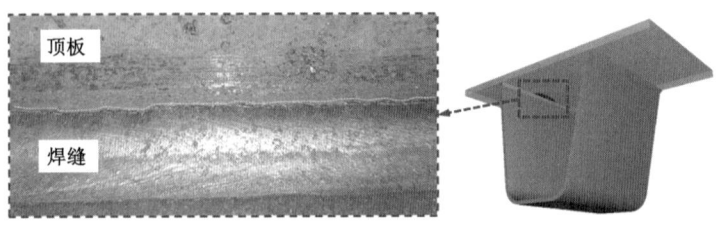

a)顶板内侧焊趾裂纹长度方向概貌

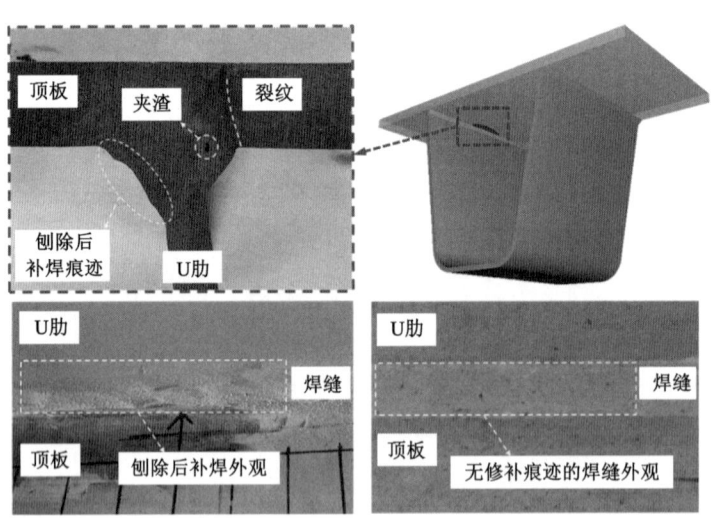

b)U肋与顶板构造细节开裂位置切片分析

图6-14-94　U肋与顶板构造细节内侧焊趾疲劳裂纹概貌

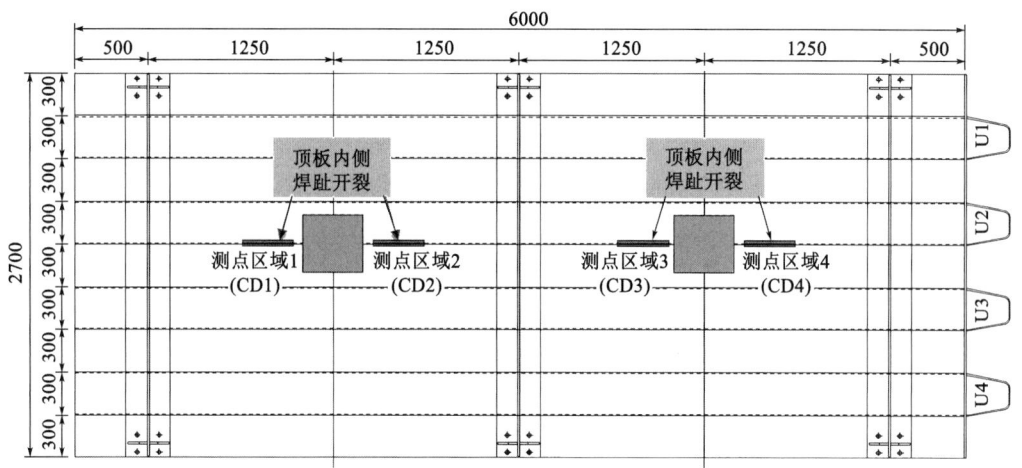

图 6-14-95 试验模型一 U 肋与顶板构造细节内侧焊趾疲劳开裂位置(尺寸单位:mm)

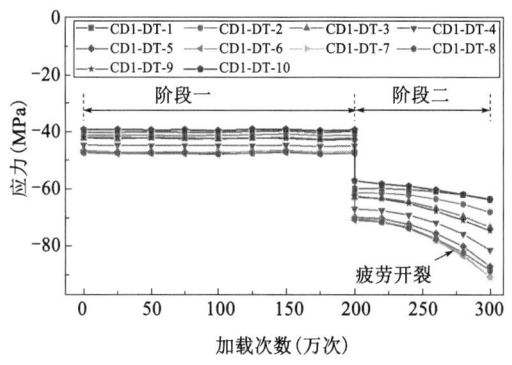

图 6-14-96 试验模型一区域 1 顶板内侧焊趾关键测点应力与作用次数的关系

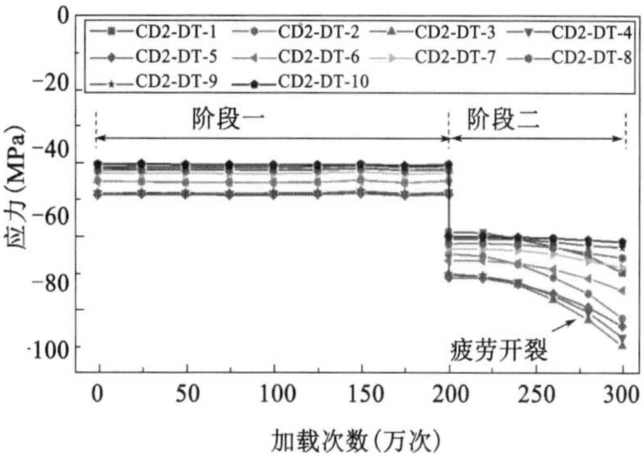

图 6-14-97 试验模型一区域 2 顶板内侧焊趾关键测点应力与作用次数的关系

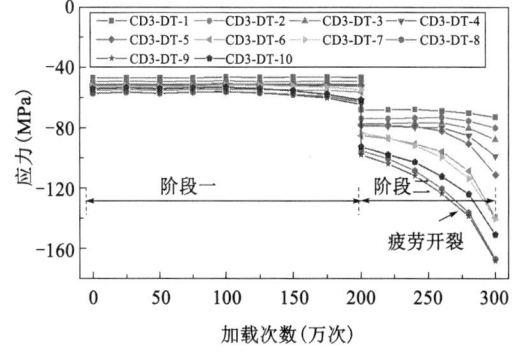

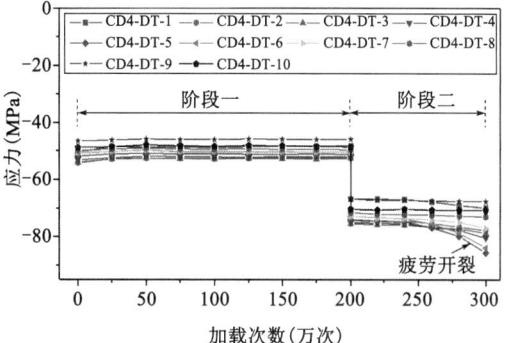

图 6-14-98 试验模型一区域 3 顶板内侧焊趾关键测点应力与作用次数的关系

图 6-14-99 试验模型一区域 4 顶板内侧焊趾关键测点应力与作用次数的关系

3. 试验模型二

试验模型二(U 肋与顶板细节无缺陷模型)加载至 100 万次,2 号 U 肋腹板与 2 号横隔板交叉构造细节围焊端部焊趾疲劳开裂，其裂纹长度约14mm，加载到160万次时，该疲劳裂纹扩展到约60mm，当疲劳裂纹长度扩展到60mm之后基本不再扩展，观察发现2号U肋与2号横隔板交叉构造细节横隔板焊趾位置存在一个长约8mm、宽约5mm、深约3mm的椭球形弧坑缺陷，如图6-14-100所示，分析可知该位置开裂较早主要是由于横隔板焊趾位置的椭球形弧坑缺陷所致。试验加载至240万次，2号U肋腹板与3号横隔板交叉构造细节围焊端部焊趾疲劳开裂，其裂纹长度约3mm，加载到400万次时，U肋与横隔板交叉构造细节的裂纹长度扩展至67mm，观测发现400万次之后疲劳裂纹基本不再扩展。试验加载至420万次，2号U肋底板与3号横隔板交叉构造细节围焊端部焊趾疲劳开裂，其裂纹长度约10mm，截至加载结束劳裂纹长度扩展至约80mm，裂纹概貌如图6-14-101所示。试验加载至667万次，2号U肋底板与2号横隔板交叉构造细节围焊端部焊趾疲劳开裂，其裂纹长度约13mm，试验模型二各疲劳裂纹相关信息汇总见表6-14-32。

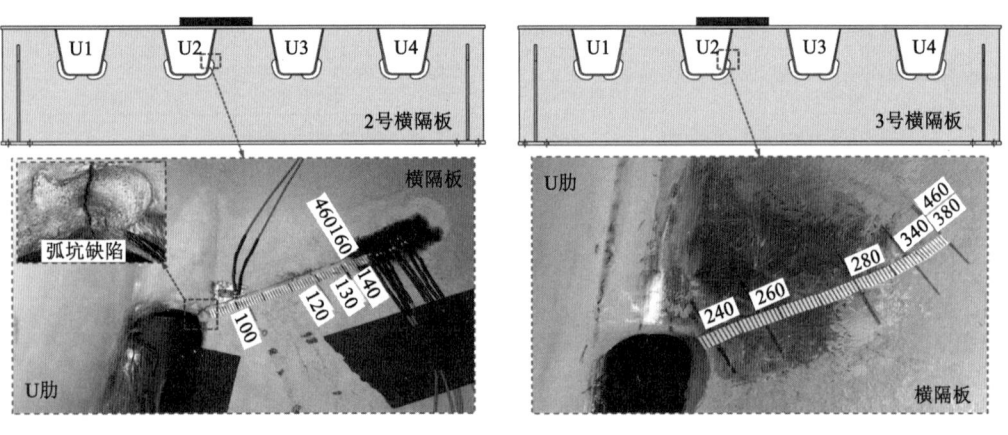

图6-14-100　U肋与横隔板交叉构造细节围焊端部横隔板焊趾开裂

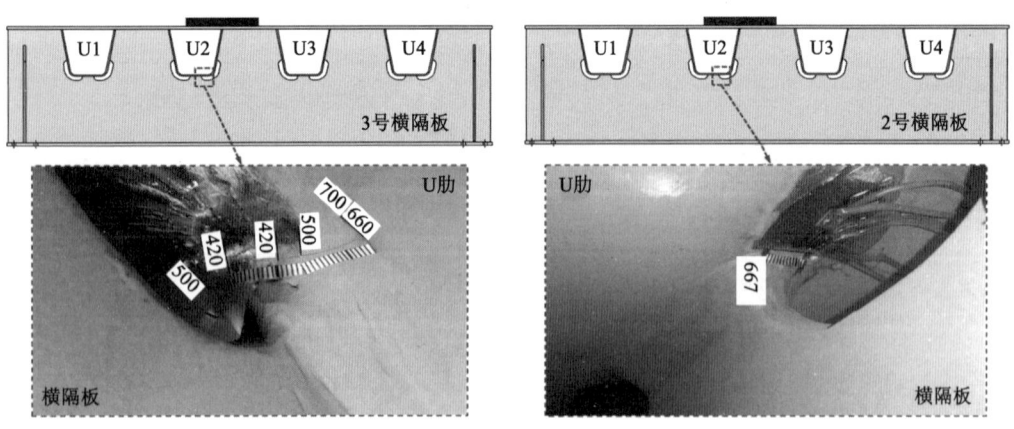

图6-14-101　U肋底板与横隔板交叉构造细节围焊端部横隔板焊趾开裂

试验模型二开裂部位汇总表   表 6-14-32

序 号	开 裂 位 置	开裂次数（万次）	疲劳强度（MPa）	最终裂纹长度（mm）
1	2 号 U 肋腹板与 2 号横隔板交叉构造细节围焊端部焊趾开裂，开裂位置存在明显弧坑缺陷	100	—	60
2	2 号 U 肋腹板与 3 号横隔板交叉构造细节围焊端部焊趾开裂	240	89.1	67
3	2 号 U 肋底板与 3 号横隔板交叉构造细节围焊端部焊趾开裂	420	127.8	80
4	2 号 U 肋底板与 2 号横隔板交叉构造细节围焊端部焊趾开裂	667	214.8	13

因正交异性钢桥面板疲劳易损部位是局部区域，U 肋与横隔板交叉构造细节疲劳开裂后对 U 肋与顶板构造细节的局部受力基本没有影响，因此，U 肋与横隔板交叉构造细节疲劳开裂后继续加载。试验加载到 527 万次时，加载区下方 2 号 U 肋底板母材出现疲劳裂纹，开裂后裂纹迅速往 U 肋腹板方向扩展，基本贯穿整个 U 肋腹板，检查发现 U 肋底板疲劳开裂区域存在机械擦痕缺陷，初步推断 U 肋底板的机械擦痕缺陷引发的应力集中是诱发疲劳开裂的主要原因。由于正交异性钢桥面板抗弯刚度主要取决于 U 肋的抗弯刚度，在 U 肋底板发生疲劳开裂之后其抗弯刚度急剧下降，无法正常加载，因此终止了第一跨的加载，并继续对第二跨进行正常加载。在第二跨加载到 700 万次，采用超声导波无损检测技术对 U 肋与顶板焊接细节探伤，未发现疲劳裂纹，超声导波无损试验现场检测如图 6-14-102 所示。U 肋与顶板构造细节各关键测点也未发生明显变化，表明 U 肋与顶板构造细节未发生疲劳开裂，试验终止。试验结束后对试验模型二 U 肋与顶板细节构造细节进行了切片分析，如图 6-14-103 所示，切片分析结果进一步表明了 U 肋与顶板构造细节未发生疲劳开裂。保守评估 U 肋与顶板构造细节的疲劳强度为 134.8MPa。

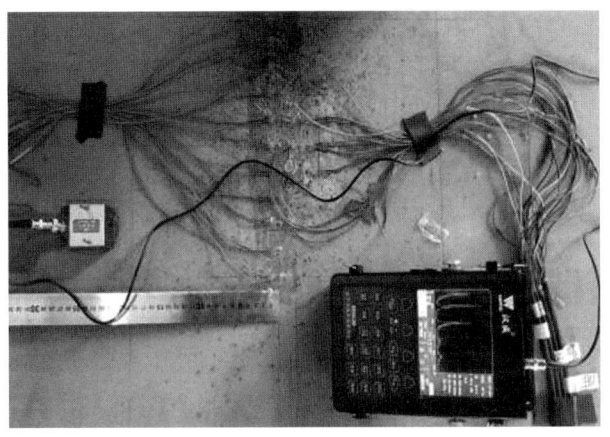

图 6-14-102 试验模型二 U 肋与顶板构造细节超声导波无损检测

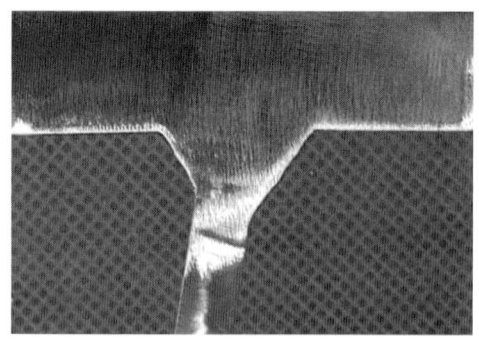
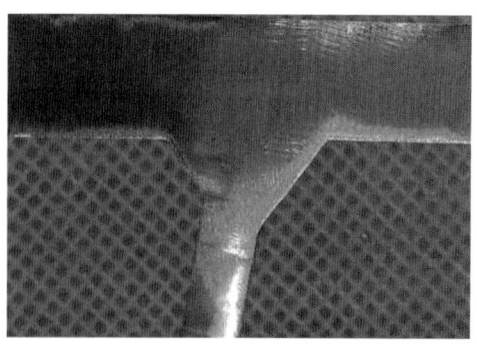

图 6-14-103　试验模型二 U 肋与顶板细节切片分析

五、钢桥面板疲劳性能评估

钢桥面板疲劳性能评估方法主要有基于应力指标通过 S-N 曲线进行的评估方法、基于断裂力学理论的评估方法和基于损伤力学的评估方法。名义应力法便于工程应用，是国内外规范广泛采用的评估方法，利用名义应力法进行疲劳性能评估时，首要需要确定的就是名义应力取值点的位置。为确定合理的名义应力取值点，利用大型通用有限元软件 ANSYS 建立实体有限元模型，分析网格尺寸划分对 U 肋与顶板构造细节局部区域的应力分布的影响。采用 SOLID45 八节点实体单元进行建模，模型尺寸构造及各板件厚度等严格按试验模型设计图纸进行设置。为提高计算精度，对焊缝附近区域进行网格细化，模型中钢材弹性模量取为 2.06×10^5 MPa，泊松比取为 0.3，有限元模型如图 6-14-104 所示。

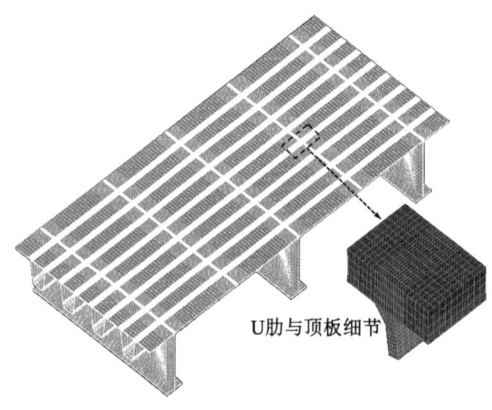

图 6-14-104　有限元模型

通过对 U 肋与顶板构造细节焊趾区域分别采用 0.5mm、1.0mm 和 2mm 的网格尺寸进行分析，研究结果表明：受焊缝局部构造应力集中的影响，离焊趾较近区域的应力计算结果对网格划分尺寸较为敏感，而在距离焊趾大于 5mm 的区域，网格尺寸对各点的计算结果基本没有影响，因此将顶板下缘距内侧焊趾 6.4mm（0.4t）（t 为顶板厚度）处的应力值定义为 U 肋与顶板构造细节的名义应力，用于后续疲劳性能评估的研究。对于变幅加载的试验模型，根据各疲劳易损细节名义应力幅和表 6-14-31 疲劳试验作用次数，基于线性累积损伤理论将各级应力幅按照式（6-14-2）进行等效换算。

由于试验数据相对较少，难以通过统计分析获得 S-N 曲线，为进一步分析 U 肋与顶板构造细节的疲劳性能，将各试验模型距顶板内侧焊趾 6.4mm 的疲劳强度评估结果与《公路钢结构桥梁设计规范》（JTG D64—2015）中的 S-N 曲线进行比较，如图 6-14-105 所示。

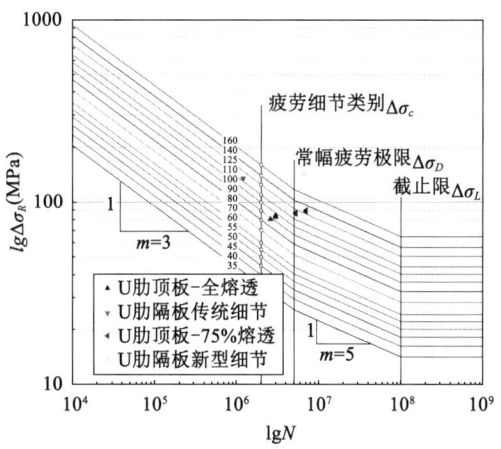

图 6-14-105 《公路钢结构桥梁设计规范》中 S-N 曲线

研究结果表明:U 肋与顶板构造细节顶板内侧焊趾的疲劳强度高于我国《公路钢结构桥梁设计规范》(JTG D64—2015)的 80 类细节;U 肋与横隔板交叉构造细节的疲劳强度同样高于我国《公路钢结构桥梁设计规范》(JTG D64—2015)的 80 类细节;各疲劳易损细节的疲劳强度满足规范要求。

六、小结

(1)足尺节段模型 U 肋与顶板构造细节疲劳试验结果表明:

①补焊修复后 U 肋与顶板双面埋弧全熔透焊构造细节的疲劳裂纹在顶板内侧焊趾处萌生并沿顶板厚度方向扩展,根据《公路钢结构桥梁设计规范》(JTG D64—2015)对各疲劳开裂部位的疲劳强度进行评估,补焊修复后 U 肋与顶板双面埋弧全熔透焊构造细节内侧焊趾开裂模式的疲劳强度均高于 80 类细节(等效 200 万次的疲劳强度为 88.0～96.9MPa)。

②U 肋与顶板双面埋弧全熔透焊构造细节(无缺陷)加载到 700 万次尚未发生疲劳开裂,保守评估其疲劳强度高于 110 类细节(等效 200 万次的疲劳强度为 119.2～137.1MPa),均满足规范的要求。

③试验结束后对 U 肋与顶板双面埋弧全熔透焊构造细节开裂位置焊缝进行了切片分析,U 肋与顶板连接焊缝内部存在夹渣缺陷,且 U 肋与顶板构造细节的疲劳裂纹出现在补焊焊缝部位,实桥加工制造时必须严格控制该构造细节的焊接质量。

(2)U 肋与横隔板交叉构造细节试验结果表明:

①对于试验模型一,U 肋与横隔板传统交叉构造细节的疲劳开裂模式为裂纹萌生于 U 肋与横隔板围焊焊趾端部并沿着 U 肋腹板扩展。

②对于试验模型二,U 肋与横隔板新型交叉构造细节 1 的疲劳开裂模式有两种:一种是疲劳裂纹萌生于 U 肋腹板与横隔板围焊端部焊趾并沿着横隔板扩展,另一种是疲劳裂

纹萌生于 U 肋底板与横隔板围焊端部焊趾并沿着 U 肋底板扩展。

③在相同的加载工况下，U 肋与横隔板传统交叉构造细节在加载到 120 万次时出现疲劳裂纹，U 肋与横隔板新型交叉构造细节 1 在加载到 240 万次时出现疲劳裂纹（剔除焊接缺陷引起的开裂），U 肋与横隔板新型交叉构造细节 3 在加载到 527 万次时仍未出现疲劳裂纹，传统交叉细节的疲劳裂纹扩展速率为新型交叉细节 1 裂纹平均扩展速率的 2.87 倍，即传统构造细节裂纹扩展速率为 5.63×10^{-8}（m/cycle），新型构造细节 1 的裂纹平均扩展速率为 1.96×10^{-8}（m/cycle）。

④采用《公路钢结构桥梁设计规范》（JTG D64—2015）对 U 肋与横隔板交叉构造细节各疲劳开裂部位（剔除焊接缺陷引起的开裂）的疲劳强度进行评估，其疲劳强度均高于 80 类细节，满足规范的要求；U 肋与横隔板交叉构造细节焊趾端部的制造质量对疲劳寿命具有显著的影响，相同荷载作用条件下，焊趾端部弧坑缺陷直接导致疲劳寿命降低约 2 倍，实桥制造生产时必须严格控制该构造细节焊趾端部的焊接质量。

第六节　钢桥面板结构体系疲劳抗力评估方法研究

一、钢桥面板结构体系的疲劳抗力评估方法

正交异性钢桥面板的疲劳问题属于构造细节层面和结构体系层面的多尺度问题，构造细节层面下各疲劳失效模式的疲劳抗力和结构体系层面下各疲劳失效模式的疲劳累积损伤共同决定了正交异性钢桥面板的主导疲劳失效模式和疲劳抗力。在构造细节层面，构造细节设计、焊缝几何尺寸和初始制造缺陷等关键影响因素决定了各疲劳失效模式的实际疲劳抗力；在结构体系层面，横隔板间距、横隔板厚度、顶板厚度、U 肋尺寸等结构体系关键设计参数共同决定了构造细节的实际受力状态，进而直接影响各疲劳失效模式的疲劳损伤累积过程。正交异性钢桥面板疲劳开裂首先在其疲劳致损效应超过其疲劳抗力的开裂模式出现，这一疲劳开裂模式即为钢桥面板结构体系的主导疲劳开裂模式，对应的疲劳抗力即为钢桥面板结构体系的疲劳抗力。因此，联合构造细节和结构体系两个层面的研究，同时考虑焊接微裂纹等初始制造缺陷对构造细节疲劳抗力的劣化效应，才能准确确定正交异性钢桥面板结构体系的主导疲劳失效模式及其实际疲劳抗力。基于上述思路，发展了考虑焊接微裂纹劣化效应的结构体系疲劳抗力评估方法。

钢桥面板结构体系疲劳抗力评估方法的基本流程如下：

（1）通过对实桥车辆动态称重系统监测得到的交通流量信息进行统计分析得到疲劳荷载信息，如无实测交通流量信息，则可根据相关规范选用疲劳荷载。

（2）根据钢桥面板的结构体系设计参数和构造细节设计，通过理论分析确定各疲劳易损细节和结构体系的受力特性。

（3）对关键构造细节开展焊接工艺试验研究，在此基础上对构造细节开展切片分析

和显微分析,确定不同焊接工艺条件下构造细节焊缝的几何形态和焊接微裂纹的分布特征。

(4) 设计能够反映构造细节和结构体系受力特征的疲劳试验模型,并开展疲劳试验研究,确定关键构造细节各重要疲劳开裂模式的疲劳失效机理及其实际疲劳抗力。

(5) 在焊接工艺试验研究和疲劳试验研究的基础之上,发展焊接微裂纹对构造细节各重要疲劳开裂模式疲劳抗力劣化效应的量化方法。

(6) 针对疲劳开裂机理存在显著差异的多个构造细节的多种疲劳开裂模式,建立钢桥面板结构体系疲劳抗力评估方法,进而确定结构体系各重要疲劳开裂模式的疲劳累积损伤演化过程。

(7) 根据构造细节层面各重要疲劳开裂模式的实际疲劳抗力和结构体系层面各重要疲劳开裂模式疲劳累积损伤确定结构体系的主导疲劳开裂模式,并对结构体系的疲劳抗力进行评估。基于主导疲劳失效模式的正交异性钢桥面板结构体系疲劳抗力评估流程如图 6-14-106 所示。

图 6-14-106　钢桥面板结构体系疲劳抗力评估流程图

鉴于正交异性钢桥面板结构体系包含多个构造细节和多种疲劳开裂模式。因此,基于断裂力学理论具有单一主 S-N 曲线的等效结构应力法可在统一标准下对钢桥面板结构体系疲劳抗力进行评估。此外,等效结构应力法以断裂力学理论为基础,在开展理论分析时可以考虑焊接微裂纹对钢桥面板疲劳性能的劣化效应。

等效结构应力法将焊接结构疲劳易损细节开裂截面内的应力进行分解,得到满足外力平衡条件的结构应力 σ_s 和满足截面内自平衡条件的缺口应力 σ_{nl} 两部分,其中结构应力 σ_s 可以分解为膜应力 σ_m 和弯曲应力 σ_b 两部分。结构应力计算图示如图 6-14-107 所示。膜应力 σ_m 和弯曲应力 σ_b 可根据式(6-14-13)和式(6-14-14)通过有限元方法计算,等效结构应力幅值 ΔS_{eq} 根据式(6-14-15)~式(6-14-17)确定。

$$\sigma_m = \frac{1}{t}\int_{-t/2}^{t/2}\sigma_x(y)\mathrm{d}y = \frac{f_x}{t} \tag{6-14-13}$$

$$\sigma_b = \frac{6}{t^2}\int_{-t/2}^{t/2}y\sigma_x(y)\mathrm{d}y = \frac{6m_z}{t^2} \tag{6-14-14}$$

$$\sigma_s = \sigma_m + \sigma_b = \frac{f_x}{t} + \frac{6m_z}{t^2} \tag{6-14-15}$$

$$\Delta S_{eq} = \frac{\Delta\sigma_s}{t^{(2-m)/2m}I(r)^{1/m}} \tag{6-14-16}$$

$$I(r) = \frac{1.229 - 0.365r + 0.789\left(\frac{a}{t}\right) - 0.17r^2 + 13.771\left(\frac{a}{t}\right)^2 + 1.243r\left(\frac{a}{t}\right)}{1 - 0.302r + 7.115\left(\frac{a}{t}\right) - 0.178r^2 + 12.903\left(\frac{a}{t}\right)^2 - 4.091r\left(\frac{a}{t}\right)}$$

$$\tag{6-14-17}$$

式中:σ_m——膜应力;

$\sigma_x(y)$——疲劳易损细节开裂截面的正应力;

t——板厚;

σ_b——弯曲应力;

f_x——焊线之上的线力;

m_z——焊线之上的线力矩;

σ_s——结构应力;

ΔS_{eq}——等效结构应力变化幅值;

$I(r)$——荷载弯曲比 r 的函数,其中荷载弯曲比 $r = \frac{|\Delta\sigma_b|}{|\Delta\sigma_m| + |\Delta\sigma_b|}$;

m——疲劳裂纹扩展指数;

a——初始裂纹深度。

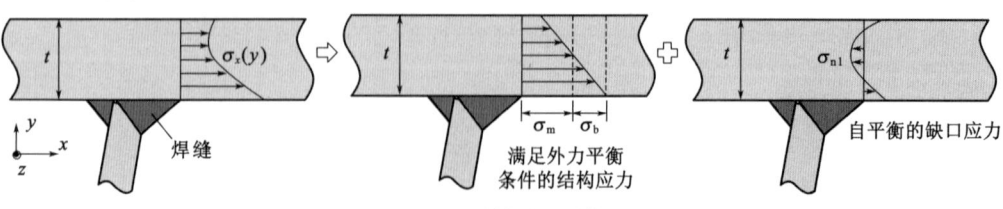

图 6-14-107 结构应力计算图示

采用扫描电子显微镜对钢桥面板焊接细节初始制造缺陷进行测试分析,钢材选取为Q345qD,板件及其焊接工艺和焊接参数与正交异性钢桥面板足尺试验模型相同。U肋与顶板构造细节测试结果如图6-14-108所示,研究结果表明:①U肋与顶板构造细节焊趾和焊根在宏观尺度层面无明显焊接缺陷。②U肋与顶板传统单面焊构造细节焊根位置存在不同程度的未熔透"类裂纹"焊接缺陷,其焊根位置的微裂纹长度达326μm;顶板焊趾区域的焊接质量明显优于焊根位置质量,顶板焊趾区域焊接微裂纹长度为43μm。③为了保守起见,理论分析时焊根位置的微裂纹尺寸建议选取为350μm,焊趾位置的微裂纹尺寸建议选取为100μm。

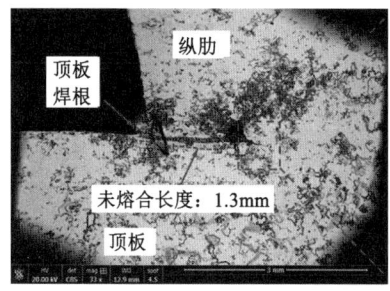

a) 顶板焊根微裂纹

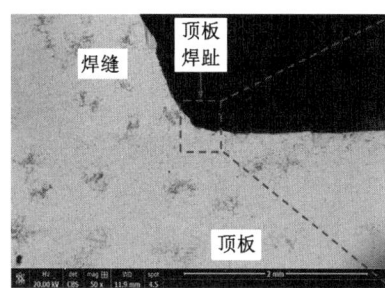
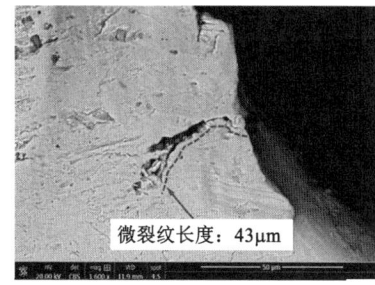

b) 顶板焊趾微裂纹

图6-14-108　U肋与顶板构造细节焊接微裂纹测试结果

二、方法的验证

为了验证本节所发展的结构体系疲劳抗力评估方法在确定钢桥面板主导疲劳开裂模式和结构体系疲劳抗力评估中的适用性,分别以文献中的构造细节疲劳试验模型和伍家岗长江大桥正交异性钢桥面板足尺节段疲劳试验模型为对象,基于结构体系疲劳抗力评估方法分别确定钢桥面板构造细节层面和结构体系层面的主导疲劳开裂模式,在此基础上评估钢桥面板结构体系的疲劳抗力,以验证结构体系疲劳抗力评估方法的适用性。

1. 构造细节的主导疲劳开裂模式

相关文献对20个U肋与顶板传统单面焊构造细节进行了疲劳试验研究,试验模型由U肋和顶板组成,其宽度为300mm,顶板厚度为16mm,U肋板厚为8mm,钢材为A709

钢,试验模型及加载示意如图6-14-109所示。疲劳试验模型分为两类:第一类试验模型关注顶板焊根起裂并沿顶板厚度方向扩展的疲劳开裂模式,如图6-14-109a)所示;第二类试验模型关注顶板焊趾起裂并沿顶板厚度方向扩展的疲劳开裂模式,如图6-14-109b)所示。疲劳试验研究结果表明:①第一类试验模型的疲劳裂纹起裂于顶板焊根并沿顶板厚度方向扩展,与理论分析(名义应力法)结果一致;②第二类试验模型关注顶板焊趾起裂疲劳开裂模式,但是试验结果均为疲劳裂纹萌生于顶板焊根并沿着顶板厚度方向扩展,即使顶板焊趾位置的应力幅值比焊根位置的应力幅值大5%,其理论分析(名义应力法)结果与疲劳试验结果不符(图6-14-110)。

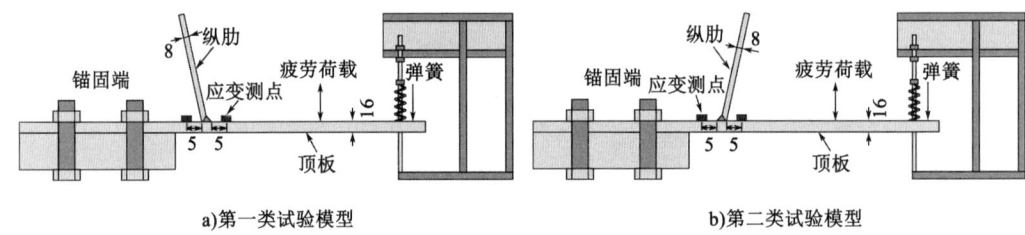

图6-14-109 相关文献中疲劳试验模型(尺寸单位:mm)

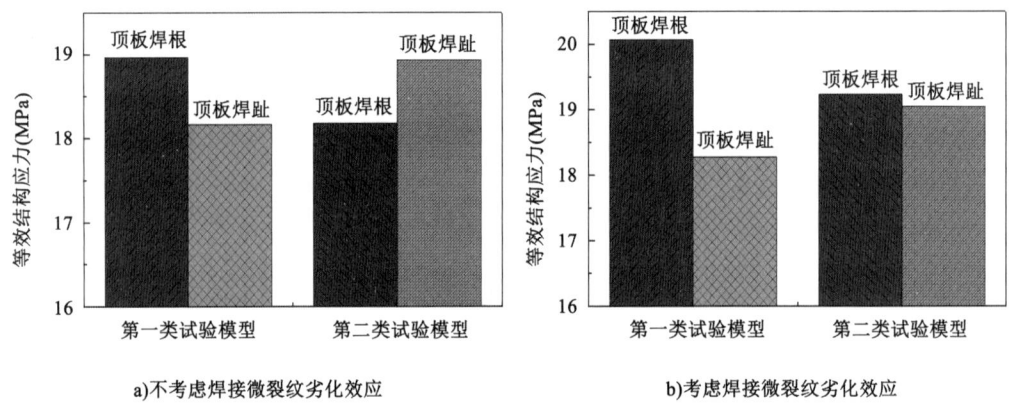

图6-14-110 单位荷载作用下相关文献中试验模型评估结果

本节中关于U肋与顶板构造细节焊接微裂纹的研究结果表明:U肋与顶板传统单面焊构造细节焊根位置存在初始的"类裂纹"构造,且顶板焊根处焊缝成型和焊接质量难以控制,焊根位置的微裂纹尺寸显著大于焊趾位置的微裂纹尺寸,导致焊根位置的疲劳性能劣化严重,大幅降低其疲劳强度。而名义应力法无法考虑焊接微裂纹对钢桥面板疲劳性能的影响,因此出现顶板焊根位置的名义应力低于焊趾位置,但是疲劳裂纹却萌生于顶板焊根的试验结果。

基于考虑焊接微裂纹劣化效应的结构体系疲劳抗力评估方法,采用单位荷载(1kN)对相关文献中两类疲劳试验模型的主导疲劳开裂模式及其疲劳性能进行评估,各开裂模式的等效结构应力研究结果表明:①当不考虑焊接微裂纹对构造细节疲劳性能的劣化效应时,第一类试验模型的评估结果为顶板焊根开裂,与疲劳试验结果一致。但是对于第二类试验模型,其顶板焊根位置的等效结构应力小于顶板焊趾位置的等效结构应力,评估结果为顶板焊趾开裂,而试验结果为顶板焊根开裂,表明当不考虑焊接微裂纹的劣化效应时得到的评估结果具有误导性。②当考虑焊接微裂纹对构造细节疲劳性能的劣化效应时,第一类试验模型和第二类试验模型的评估结果均为顶板焊根开裂,理论分析结果与疲劳试验结果一致,表明考虑焊接微裂纹劣化效应的结构体系疲劳抗力评估方法可以准确预测构造细节的主导疲劳开裂模式。③焊接微裂纹的存在将显著降低构造细节的疲劳性能,使其主导疲劳开裂模式发生迁移,降低焊接微裂纹尺度及其出现概率有助于提升钢桥面板的疲劳性能。

2. 结构体系的主导疲劳开裂模式

为了确定钢桥面板结构体系的主导疲劳开裂模式和实际疲劳抗力,在此基础上验证钢桥面板结构体系疲劳抗力评估方法的适用性,对相关文献中的试验模型 SINGLE-MT-I(传统钢桥面板)和 DOUBLE-MT-I(高疲劳抗力钢桥面板)进行结构体系疲劳抗力评估,两试验模型的构造设计及疲劳开裂模式编号如图 6-14-111 所示。传统钢桥面板各疲劳开裂模式的编号如图 6-14-111b)所示,A1 和 A2 分别代表顶板焊趾和顶板焊根开裂,A3 和 A4 分别代表焊喉开裂和 U 肋焊趾开裂,A5 代表 U 肋与横隔板交叉构造细节围焊端部焊趾开裂。高疲劳抗力钢桥面板各疲劳开裂模式的编号如图 6-14-111c)所示,B1 和 B2 分别代表顶板外侧焊趾和顶板内侧开裂,B3 和 B4 分别代表 U 肋内侧焊趾和 U 肋外侧焊趾开裂,B5 和 B6 分别代表 U 肋腹板围焊端部焊趾开裂和 U 肋底板围焊端部焊趾开裂。

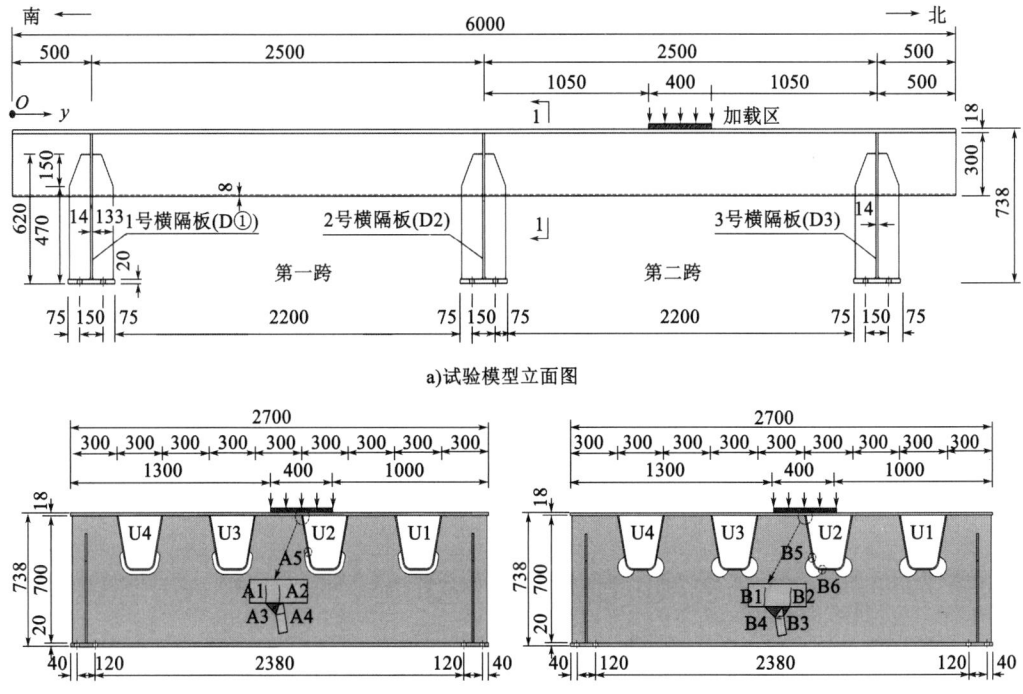

图 6-14-111　构造细节设计图及其疲劳开裂模式(尺寸单位:mm)

疲劳试验采用单点加载方式,作动器与试验模型之间设置400mm×400mm×54mm(长×宽×厚)的橡胶支座。加载位置纵向中心位于2号横隔板与3号横隔板的跨中,横向中心位于2号U肋腹板正上方。试验模型的3个横隔板下翼缘两端采用2点固结约束,约束位置通过高强度螺栓与地锚梁连接,模型SINGLE-MT-I和DOUBLE-MT-I的加载方式和疲劳荷载一致。

根据疲劳试验研究目的确定试验模型的疲劳荷载幅,试验模型采用变幅加载,即0~200万次疲劳荷载幅为20~320kN,200万~300万次疲劳荷载幅20~420kN,300万~500万次疲劳荷载为20~470kN,疲劳试验荷载幅详情如图6-14-112所示。疲劳开裂位置、疲劳失效次数和试验模型在阶段I荷载作用下的等效结构应力幅值等结果汇总于表6-14-33。

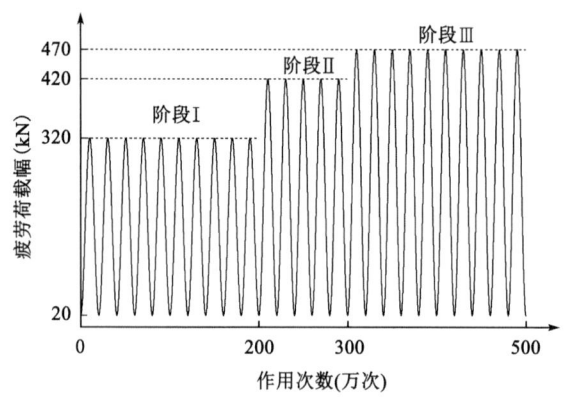

图6-14-112 疲劳荷载分阶段加载示意图

疲劳试验结果　　　　　　　　　表6-14-33

试件编号	构造细节及其疲劳开裂模式	疲劳失效次数（万次）	等效结构应力（MPa）
SINGLE-MT-I	U肋与顶板构造细节顶板焊根开裂	440	111.3
	2号横隔板与2号U肋交叉构造细节围焊端部焊趾开裂	200	270.9
	3号横隔板与2号U肋交叉构造细节围焊端部焊趾开裂	160	295.8
DOUBLE-MT-I	U肋与顶板构造细节顶板内侧焊趾开裂	465	97.0
	2号横隔板与1号U肋底板交叉构造细节围焊端部焊趾开裂	220	170.4
	3号横隔板与1号U肋底板交叉构造细节围焊端部焊趾开裂	350	135.9
	2号横隔板与3号U肋底板交叉构造细节围焊端部焊趾开裂	400	168.2
	3号横隔板与3号U肋底板交叉构造细节围焊端部焊趾开裂	430	148.5
	2号横隔板与4号U肋底板交叉构造细节围焊端部焊趾开裂	390	132.3
	3号横隔板与4号U肋底板交叉构造细节围焊端部焊趾开裂	440	104.8

在上述疲劳试验结果的基础上,针对疲劳试验加载工况下,钢桥面板结构体系的主导疲劳开裂模式和实际疲劳抗力开展研究。首先,基于结构体系疲劳抗力评估方法分别对传统钢桥面板和高疲劳抗力钢桥面板各疲劳开裂模式进行分析,分析结果如图 6-14-113 和图 6-14-114 所示。在此基础上,采用结构体系疲劳抗力评估方法对两个足尺节段疲劳试验模型的实际疲劳抗力进行评估,根据试验模式 SINGLE-MT-I 和 DOUBLE-MT-I 各疲劳开裂模式的等效结构应力幅值和作用次数,将试验结果和相关文献的试验结果绘制于主 S-N 曲线中,如图 6-14-115 所示。其中,变幅加载的试验模型根据式(6-14-2)采用线性累积损伤理论等效为常幅应力幅。

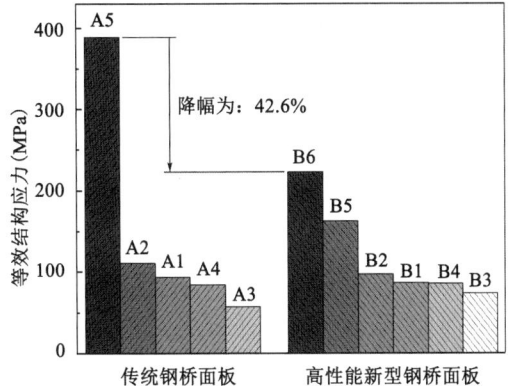

图 6-14-113　试验模型各疲劳开裂模式的等效结构应力

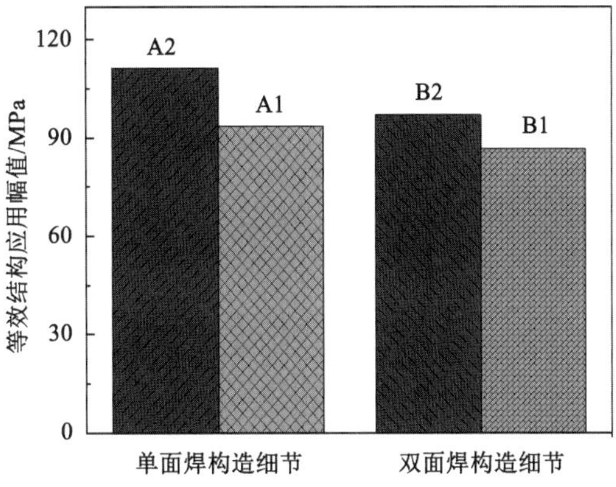

图 6-14-114　U 肋与顶板构造细节典型疲劳开裂模式的等效结构应力

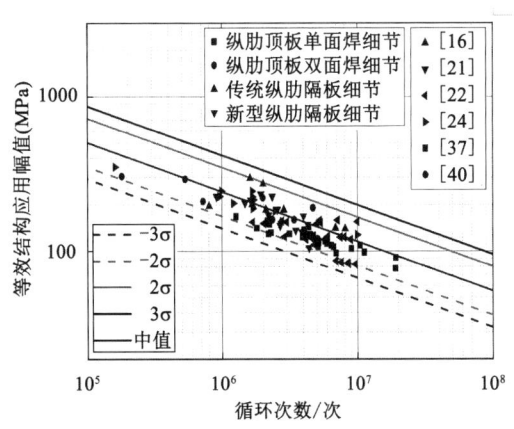

图 6-14-115　主 S-N 曲线

研究结果表明:①在本试验所采用的加载工况(横隔板之间跨中单点加载)下,传统钢桥面板结构体系的主导疲劳开裂模式为疲劳裂纹萌生于 U 肋腹板与横隔板交叉位置围焊端部焊趾并沿着 U 肋腹板厚度方向扩展(A5 开裂模式),高疲劳抗力钢桥面板结构的主导疲劳开裂模式为疲劳裂纹萌生于U肋底板与横隔板交叉位置围焊端部焊趾并沿着U肋底板厚度方向扩展（B6开裂模式），理论分析的主导开裂模式与试验结果一致，表明结构体系疲劳抗力评估方法可准确确定钢桥面板结构体系主导疲劳开裂模式。②通过引入新型构造细节发展的高疲劳抗力钢桥面板，使钢桥面板结构体系的主导疲劳开裂模式发生迁移，大幅降低钢桥面板结构体系主导疲劳开裂模式等效结构应力（降幅为42.6%），可系统提升钢桥面板的疲劳性能。③由图6-14-114分析可知，相较于U肋与顶板单面焊构造细节，U肋与顶板双面焊构造细节的等效结构应力值明显降低，表明U肋与顶板双面焊构造细节的疲劳性能显著优于U肋与顶板单面焊构造细节。④对疲劳试验结果采用等效结构应力法进行评估，主S-N曲线如图6-14-115所示，钢桥面板各疲劳开裂模式的试验结果基本位于主S-N曲线±2σ之间，表明结构体系疲劳抗力评估方法可准确确定正交异性钢桥面板的主导疲劳开裂模式，即结构体系疲劳抗力评估方法适用于正交异性钢桥面板多种开裂模式疲劳抗力的统一评估。

三、高疲劳抗力钢桥面板结构体系疲劳抗力

1. 结构体系设计参数的疲劳抗力效应

在钢桥面板结构体系疲劳抗力评估方法研究成果的基础上，进一步研究高疲劳抗力钢桥面板关键设计参数对其疲劳性能的影响问题，以期更深入地探明钢桥面板结构体系疲劳失效机理。由于高疲劳抗力钢桥面板结构受力较复杂，因此仅选取最为关键的设计参数作为设计变量进行研究，主要参数有顶板厚度、横隔板厚度、横隔板间距、U肋高度和U肋底板与横隔板之间的焊缝长度5项参数，考虑实际结构设计时最为可能的取值区间，确定各设计参数的取值，见表6-14-34。为排除其他因素干扰，研究过程中仅改变所欲研究的设计参数，其余设计参数均保持不变，以便准确地分析所研究设计参数对于钢桥面板疲劳性能的影响。

各关键设计参数取值　　　　表6-14-34

序号	参数名称	初始值(mm)	取值范围(mm)
1	顶板厚度 t_1	18	12~22
2	横隔板厚度 t_2	14	8~18
3	横隔板间距 L_1	3000	2000~4500
4	U肋高度 h	300	260~320
5	U肋底板与横隔板之间的焊缝长度 L_2	60	40~80

采用ANSYS建立高疲劳抗力钢桥面板足尺节段有限元模型，为保证足尺节段模型的受力状态与实桥保持一致，横向选取7个U肋，纵向选取3个横隔板间距，模型采用SOLID45实体单元建立，如图6-14-116所示。疲劳荷载参考欧洲规范Eurocode 1中的Fatigue Load Model 3选取，车重为480kN，单个轮重为60kN。对有限元模型施加单位轮

载,得到典型加载工况下各重要疲劳开裂模式的等效结构应力影响线,其中纵横向移动加载工况如图 6-14-117 所示。横向加载,以截面中心线为基准线,荷载中心的偏移量为 e,荷载横向位置由 $e = -300$mm 向 $e = 300$mm 方向移动,步长为 150mm,如图 6-14-117a)所示;纵向加载位置以 2 号横隔板(D2)为起点,加载步长为 100mm,向 3 号横隔板(D3)方向进行移动加载,如图 6-14-117b)所示。理论分析时以截面中心线左侧的构造细节为研究对象,根据单位轮荷载作用下各重要疲劳开裂模式的应力影响线,通过影响线叠加计算确定桥面板结构体系各重要疲劳开裂模式在标准疲劳车作用下的等效结构应力历程,在此基础上基于雨流计数法计算得到不同设计参数条件下各重要疲劳开裂模式的最大等效结构应力幅值,相关结果汇总于图 6-14-118,限于篇幅,仅示意部分重要疲劳开裂模式最大等效结构应力幅值随设计参数变化的关系曲线。

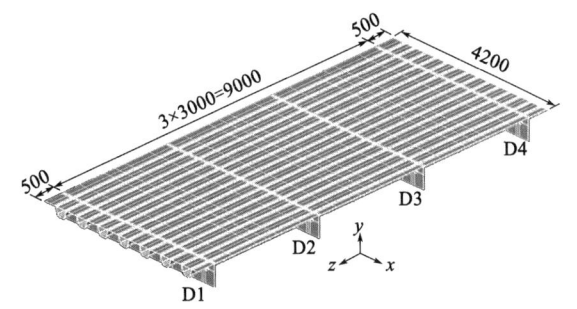

图 6-14-116 有限元模型(尺寸单位:mm)

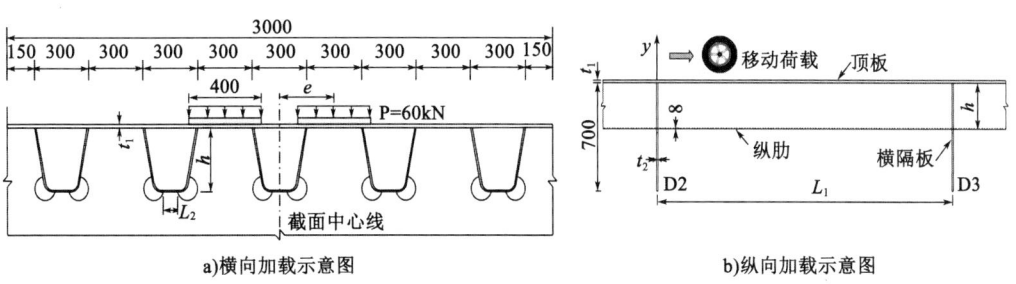

a)横向加载示意图 b)纵向加载示意图

图 6-14-117 荷载工况(尺寸单位:mm)

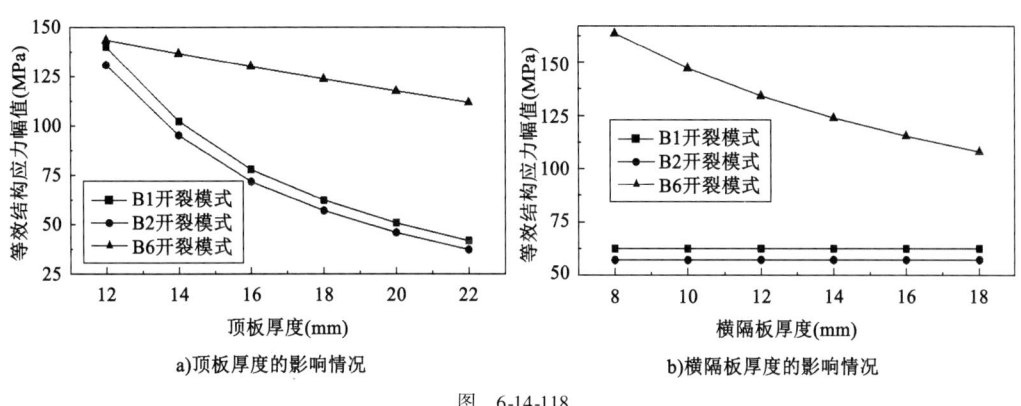

a)顶板厚度的影响情况 b)横隔板厚度的影响情况

图 6-14-118

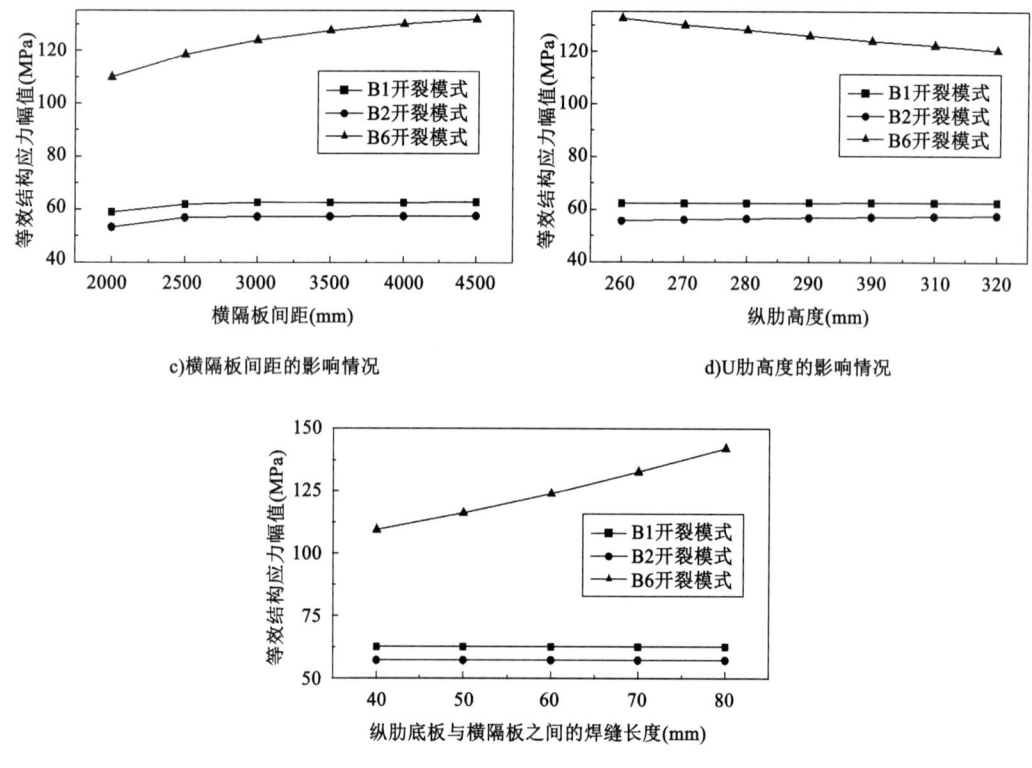

图 6-14-118　关键设计参数对于高疲劳抗力钢桥面板疲劳性能的影响

研究结果表明：①U 肋与顶板双面焊构造细节和 U 肋与横隔板新型交叉构造细节的受力特性存在较大差别，各设计参数对上述两构造细节疲劳性能的影响规律有较大差异。②U 肋与顶板双面焊构造细节对顶板厚度参数的变化较为敏感，当顶板的设计厚度由 12mm 增加到 22mm 时，其最大等效结构应力幅值降低约 70.1%，横隔板厚度、横隔板间距、U 肋高度和 U 肋底板与横隔板之间的焊缝长度等参数的变化对 U 肋与顶板双面焊构造细节疲劳性能的影响并不显著。③U 肋与横隔板新型交叉构造细节的疲劳性能同时受顶板厚度、横隔板厚度、横隔板间距、U 肋高度和 U 肋底板与横隔板之间的焊缝长度等多项参数的影响，其最大等效结构应力幅值随着顶板厚度、横隔板厚度和 U 肋高度的增大而降低，随着横隔板间距和 U 肋底板与横隔板之间的焊缝长度的增大而增加，其中减小 U 肋底板与横隔板之间的焊缝长度是提升 U 肋与横隔板新型交叉构造细节疲劳性能最为经济有效的途径，当 U 肋底板与横隔板之间的焊缝长度由 80mm 减小到 40mm 时，其最大等效结构应力幅值降低约 23.0%。

2. 高疲劳抗力钢桥面板结构体系疲劳抗力

在关键设计参数对钢桥面板结构体系疲劳性能影响研究成果基础上，进一步研究多种优化设计方案条件下高疲劳抗力钢桥面板结构疲劳性能，以便为其合理设计提供参考。

方案一~方案三构造细节设计如图6-14-119a)~c)所示,疲劳开裂模式B5(C5)和B6(C6)分别代表方案一(方案二)中U肋腹板围焊端部焊趾开裂和U肋底板围焊端部焊趾开裂,疲劳开裂模式D5代表方案三中U肋与横隔板交叉位置U肋焊趾开裂。三类方案中U肋与顶板构造细节均采用双面焊构造细节,如图6-14-119d)所示,疲劳开裂模式$X1$和$X2$分别代表顶板外侧焊趾和顶板内侧开裂,$X3$和$X4$分别代表U肋内侧焊趾和U肋外侧焊趾开裂。此外,疲劳开裂模式$X1$~$X4$中字母X为变量,对于方案一X代表B,对于方案二X代表C,对于方案三X代表D。各高疲劳抗力钢桥面板设计方案的结构体系设计参数完全相同,具体取值如下:顶板和横隔板的厚度分别为18mm和14mm,横隔板间距为3000mm,U肋高度为300mm。过程中将传统钢桥面板作为对比参照,其构造细节设计如图6-14-b)所示。

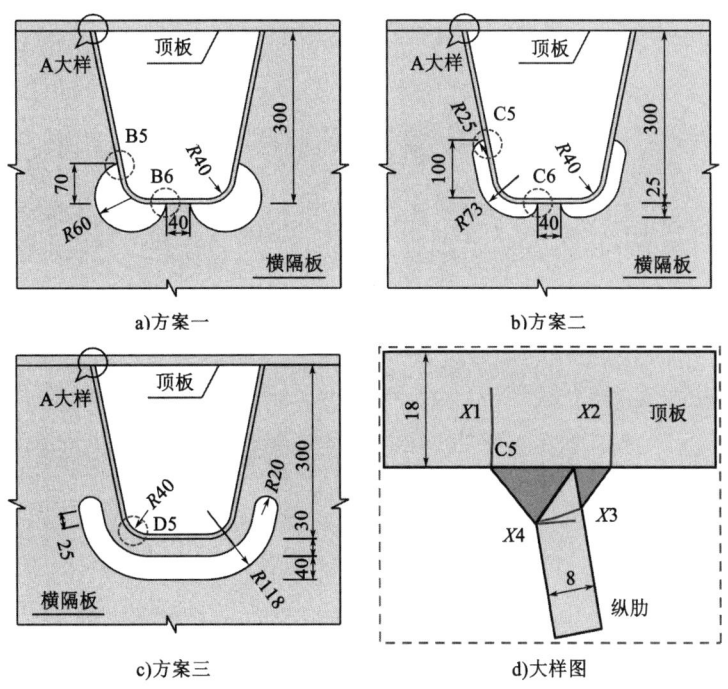

图6-14-119 高疲劳抗力钢桥面板设计方案(尺寸单位:mm)

有限元模型的建立以及纵横向移动加载工况与前文类似,此处不再赘述。在各重要疲劳开裂模式影响面分析的基础上,联合运用雨流计数法、等效结构应力法和线性累积损伤理论对四类钢桥面板结构体系的疲劳抗力进行评估。传统钢桥面板和高疲劳抗力钢桥面板各疲劳开裂模式的等效结构应力影响面分别如图6-14-120和图6-14-121所示,限于篇幅,仅示意部分重要疲劳开裂模式的影线面。以疲劳累积损伤度作为各重要疲劳开裂模式疲劳抗力评估的统一评价指标,并根据结构体系疲劳抗力评估方法确定各钢桥面板结构体系重要疲劳开裂模式的疲劳抗力,各重要疲劳开裂模式的疲劳累积损伤度按照式(6-14-8)进行计算,其中每百万辆标准疲劳车作用下的疲劳累积损伤度评估结果汇总于表6-14-35。

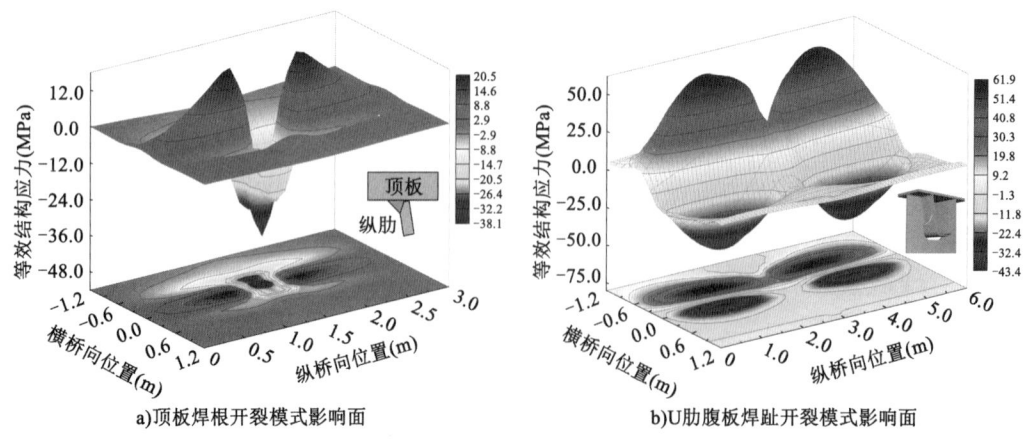

a) 顶板焊根开裂模式影响面　　　　　　b) U肋腹板焊趾开裂模式影响面

图 6-14-120　传统钢桥面板各重要疲劳开裂模式等效结构应力影响面

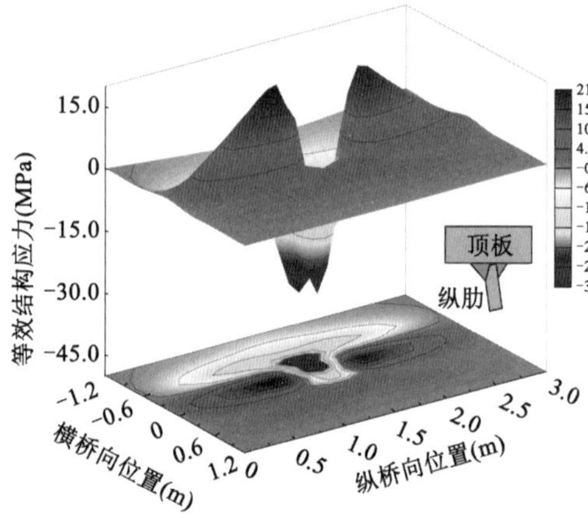

a) 顶板外侧焊趾开裂模式影响面 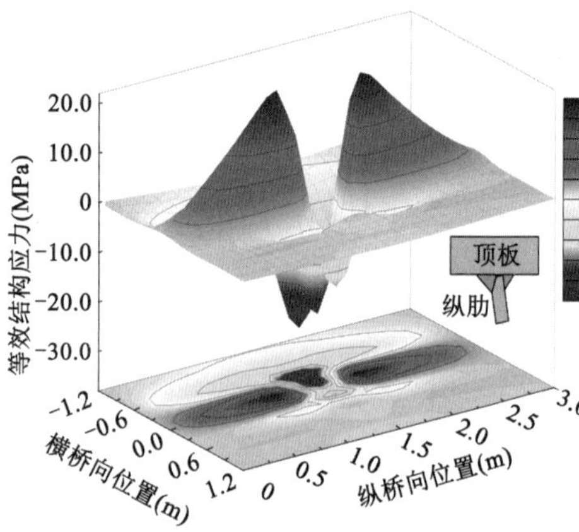　　　　　　b) 顶板内侧焊趾开裂模式影响面

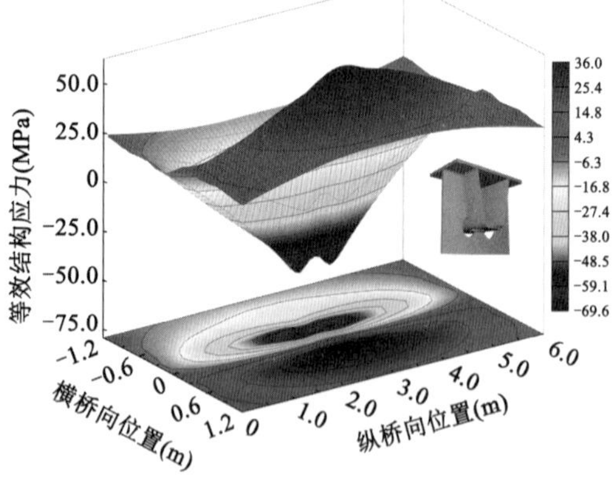

c) 方案一U肋底板焊趾开裂模式影响面 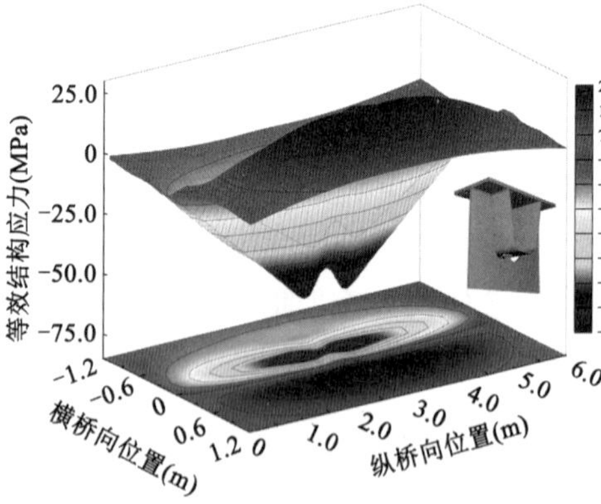　　　　　　d) 方案二U肋底板焊趾开裂模式影响面

图　6-14-121

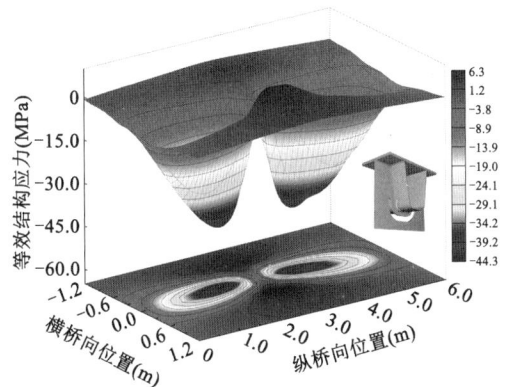

e) 方案三U肋底板焊趾开裂模式影响面

6-14-121 高疲劳抗力钢桥面板各重要疲劳开裂模式影响面

钢桥面板重要开裂模式疲劳累积损伤度($\times 10^{-2}$) 表6-14-35

结　构	疲劳开裂模式	横向加载位置(mm)				
		$e=-300$	$e=-150$	$e=0$	$e=150$	$e=300$
传统钢桥面板	A1	1.1274	4.0246	1.1262	0.1736	0.0005
	A2	1.5773	5.6876	1.6083	0.2920	0.0055
	A3	0.1359	0.6357	1.6731	0.7675	0.1756
	A4	3.4965	0.8573	0.0855	0.6004	0.3382
	A5	24.1672	27.2672	5.2867	0.5184	1.4891
方案一	B1	1.1294	4.2279	1.1856	0.1846	0.0019
	B2	1.0244	3.1536	0.6986	0.1420	0.0019
	B3	0.6558	0.1154	1.4563	1.8306	0.8422
	B4	3.8596	0.6964	0.1265	1.1557	0.8202
	B5	0.7843	0.1238	0.4139	0.3922	0.1141
	B6	15.0395	16.8961	2.4188	0.0487	1.4779
方案二	C1	1.1378	4.2445	1.2135	0.1960	0.0028
	C2	0.9985	3.0943	0.7025	0.1471	0.0012
	C3	0.7247	0.0901	1.4595	1.9584	0.9149
	C4	3.6600	0.7274	0.1524	1.2700	0.9041
	C5	0.1515	2.2525	2.3404	0.7655	0.0841
	C6	10.5457	16.1032	3.6206	0.0095	0.6244
方案三	D1	1.1391	4.2751	1.2124	0.1907	0.0021
	D2	1.0316	3.1903	0.7224	0.1479	0.0017
	D3	0.6422	0.1245	1.6031	1.9599	0.8671
	D4	3.5735	0.6090	0.1538	1.2637	0.8472
	D5	2.7462	7.0802	3.5979	1.1656	0.3562

四、小结

(1) 以钢桥面板结构体系的疲劳性能为切入点，基于等效结构应力发展了考虑焊接微裂纹劣化效应的结构体系疲劳抗力评估方法，并通过相关疲劳试验结果验证了该评估方法在钢桥面板结构体系疲劳抗力评估中的适用性。

(2) 焊接微裂纹的存在显著降低钢桥面板的疲劳抗力，导致主导疲劳开裂模式发生迁移，考虑初始制造缺陷的评估方法可以准确确定构造细节的主导疲劳开裂模式，不考虑初始制造缺陷得到的评估结果可能存在误导性。

(3) 钢桥面板结构体系各典型疲劳开裂模式的试验结果基本位于主 S-N 曲线 $\pm 2\sigma$ 之间，表明基于等效结构应力的结构体系疲劳抗力评估方法适用于正交异性钢桥面板结构体系疲劳抗力的评估，同时该方法可有效确定钢桥面板结构体系的主导疲劳开裂模式。

(4) 在标准疲劳车的纵向移动加载工况条件下，传统钢桥面板结构体系的主导疲劳开裂模式为 U 肋腹板与横隔板交叉构造细节围焊焊趾开裂，高疲劳抗力钢桥面板的主导疲劳开裂模式为 U 肋底板与横隔板交叉构造细节围焊端部焊趾开裂，相较于传统钢桥面板，高疲劳抗力钢桥面板结构体系主导疲劳开裂模式的疲劳累积损伤度大幅降低，表明高疲劳抗力钢桥面板的疲劳性能显著优于传统钢桥面板，且高疲劳抗力钢桥面板中以方案三的疲劳性能为最优。

(5) 钢桥面板为典型的焊接结构，初始制造缺陷客观存在、难以避免，初始制造缺陷是劣化构造细节和结构体系疲劳抗力的控制性影响因素，也是导致构造细节实际疲劳抗力随机性和结构体系主导疲劳失效模式迁移的根本原因之一。自动化焊接条件下，初始制造缺陷在类型、分布位置、尺度特征等方面具有其自身特性，关于典型初始制造缺陷疲劳抗力劣化机制及其实际效应方面的研究是下一阶段研究的重点。

第七节 关键技术与创新点

一、关键技术

(1) 正交异性桥面板单元 U 肋内侧纵缝平位埋弧焊的焊接技术

本技术主要包含：大批量生产节段焊接接头的组装质量要求、焊接规范参数的选用等，达到外观成型美观、焊接效率高，且焊缝具有一定的熔深。

(2) 正交异性钢桥面板单元 U 肋埋弧成套焊接设备设计制造技术

本技术主要包含：内焊设备中焊剂回收、焊渣去除方法及相应设备；U 肋船位埋弧外焊设备；U 肋外焊设备采用多头设计，通过胎架固定板单元，实现工位快速转移并完成左右外侧焊缝船位焊接，U 肋船位埋弧内、外焊工艺及设备结合，焊缝成型匀顺美观并具有较好焊接熔深，实现了 U 肋不开坡口、无须清根，提高工效降低成本。

二、创新点

本章针对正交异性钢桥面板疲劳开裂难题,以提升正交异性钢桥面板的疲劳性能为目标,采用设计建造运维一体化系统研究理念,针对 U 肋与顶板新型双面埋弧焊构造细节和正交异性钢桥面板结构体系疲劳性能的关键问题进行了系统的理论分析、焊接工艺研究与足尺模型疲劳试验研究。主要创新点如下:

(1)伍家岗长江大桥为长江上首座全桥应用 U 肋双面埋弧全熔透焊接技术的大桥,实现大桥全部桥面板单元 U 肋全熔透,有效解决长期困扰国内外钢桥正交异性板寿命问题的创新型核心技术得以全面工程应用,对伍家岗长江大桥正交异性钢桥面板疲劳性能提升和质量控制起到了很好的技术支撑作用,并具有广泛的推广应用价值及良好的社会效益和经济效益。

(2)研究并完善了新型 U 肋板单元埋弧焊接成套装备,不但在狭小、细长空间实现埋弧焊剂铺设,而且焊接接头的可靠性和稳定性得到了充分保证。

(3)可移动板单元固定托架在 U 肋外焊的应用:板单元 U 肋外焊,以前是板单元直接吊装到固定的焊接托架上,然后在焊接工位上进行板单元的装卸,本项目首次采用了在专用装卸板单元的工位上将板单元与托架进行装卸。

(4)为了确定伍家岗长江大桥正交异性钢桥面板结构体系的实际疲劳抗力,设计了 2 个足尺节段模型,开展了疲劳试验研究。通过疲劳试验得到了 U 肋与顶板新型双面埋弧全熔透焊构造细节和 U 肋与横隔板交叉构造细节的疲劳强度和疲劳开裂模式。

(5)以钢桥面板结构体系的主导疲劳失效模式为切入点,基于等效结构应力发展了考虑焊接微裂纹劣化效应的结构体系疲劳抗力评估方法。通过同时引入 U 肋与顶板新型双面焊构造细节和 U 肋与横隔板新型交叉构造细节发展了高性能新型正交异性钢桥面板结构体系,相较于传统钢桥面板结构,新型钢桥面板结构的疲劳累积损伤度降幅为 69.1%,实现了结构体系疲劳性能的有效提升。

相关研究成果为伍家岗长江大桥正交异性钢桥面板疲劳性能提升和质量控制提供了科学依据和直接支撑,为确保伍家岗长江大桥设计寿命期内的高质量运营目标提供了保证,对同类桥梁建设具有重要的参考意义。

第八节 经济效益与社会效益

一、经济效益

1.制造阶段经济效益

(1)与传统工艺经济性比较

U 肋全熔透双面埋弧焊与传统工艺 80% 熔透单面气体保护焊,在焊接工艺、焊接材料使用、检验方法等均有所改进,结合中铁九桥工程有限公司、中铁宝桥(扬州)有限公司80%熔透单面气体保护焊工艺的成本对比,经济性比较见表6-14-36。

以 13.6m 6 根 U 肋板单元制造成本为例比较   表6-14-36

单　位	工　艺	制造成本(元)	备　注
中铁宝桥	80%熔透单面气体保护焊	6354	不含检测
中铁九桥	80%熔透单面气体保护焊	7412	不含检测
天高股份	U肋全熔透双面埋弧焊	7312	不含检测和矫正

U肋全熔透双面埋弧焊在不包含检测的情况下,制造成本没有明显增加,但焊缝实现熔透,抗疲劳性能有明显增加,经济性显著,市场具有较大的推广潜力。

(2)与气体保护内焊技术经济性比较

近年来,U肋气体保护内焊技术在多座长江大桥中得到初步应用,并能够实现90%的熔透,其内焊服务费30~40元/m,而且仅包括设备和操作人员的成本,焊材、动能等均由桥梁制造企业承担,加上外焊后U肋板单元焊缝成本将达到70~80元/m;而U肋埋弧全熔透双面焊每米成本35~40元/m,且能够实现100%熔透。根据试验研究U肋气体保护内焊较传统单面焊抗疲劳性能总体有所提升但较U肋埋弧全熔透焊差距明显,但以伍家岗长江大桥6400t桥面板单元计算,U肋埋弧全熔透双面焊较气体保护内焊工艺,节省加工成本约435万元,成本和质量优势较为明显,具有较大的经济价值和推广潜力。

2. 运营阶段经济效益

日本从20世纪80年代开始全面使用带U肋的正交异性板结构。根据欧洲和日本的研究成果编制了类同于欧洲规范(Eurocode 3)的钢道路桥疲劳设计指南,然而统计表明,当单线12h货车通过量大于1000辆时,不超过15年桥面板疲劳裂纹开始出现。疲劳裂纹导致的养护、维修成本巨大,英国Severn桥建于1966年,钢箱梁长1597.15m。U肋与横肋腹板采用钢衬垫板熔透角焊缝,运营后不久,钢桥面板产生大量的裂缝,1981—1983年进行了加固,加固费约为当初建设费的2.5倍。国内,过去20年第一波钢结构桥梁应用高峰期建造的桥梁,近几年逐渐暴露了众多钢结构桥梁病害,其中正交异性钢桥结构疲劳裂纹大量、快速出现,带来的桥梁安全性降低、维护成本大幅增加、维修难度大的现象,影响钢结构桥梁推广应用;其中已禁止大货车通行的广东某大桥和数次大修某长江大桥问题尤为突出。

以某长江大桥为例,投资8.61亿元人民币,2001年12月建成通车,2018年累计通行车辆已达1.03亿辆,2010年大桥便实施了为期约100d的首次大修,随后几年多次修补,2016年大桥定期检查技术状况等级评定中,主桥整体技术状况等级为三类,钢箱梁技术状况等级为四类,大桥病害处治已刻不容缓。探测预计,裂缝数量约5000条,钢箱梁内的裂缝大多在10cm以内,桥面隐形裂缝最多不超过1m。但打开箱体、撬开桥面后发现,裂缝超过9000多条,有16种类型的裂缝病害,箱体内裂缝大部分超过10cm,最长约1m,桥面隐形裂缝最长达4m。2017年7月启动大修,大修专项工程中标价7739万元,其中箱梁裂缝维修工程4300万元,另大桥年养护费用500万~1000万元,其中检查监测费用达300万元,估算该桥从第10年至第20年疲劳导致的年均养护、维修和监测费超过千万元,未来伴随桥梁病害加重导致的费用增加,保守预计桥梁的全寿命周期疲劳裂纹导致的运营维护费用支出将超过该桥的建设投资,结合U肋埋弧全熔透焊足尺试验的疲劳寿命提升42%的研究结果,可以认为采用U肋埋弧全熔透焊工艺能大幅降低桥梁运营维护费用支出,保守预估前20年运营周期内可省运营维护费用9300万~14300万元(表6-14-37),经济效益较为显著。

某长江大桥运营前20年维修养护费估算(单位:万元) 表6-14-37

序号	费用项	明细	金额(万元)
1	钢箱梁裂缝维修工程	箱梁裂缝维修工程费4300万元	4300
2	养护费、检查监测费	从第10年至第20年疲劳导致的年均养护、维修和监测费用500万~1000万元	5000~10000
	合计		9300~14300

二、社会效益

钢材是现代桥梁工程结构两大最主要的材料之一。钢结构桥梁具有自重轻、材质均匀、质量稳定,易于工厂化制造、装配化施工,便于回收利用等优点,为世界桥梁界所推崇。法国、日本、美国等国家的钢结构桥梁占比分别为85%、41%和35%,我国受经济社会发展水平和钢材产能制约,钢结构桥梁主要用于特大跨径桥梁。截至2015年底,我国公路钢结构桥梁占比不足1%,发展空间巨大。从20世纪90年代末至今,我国在20多年内建成了上百座钢桥面板大跨径钢桥,应用于悬索桥、斜拉桥的扁平钢箱梁和钢桁梁,以及钢拱桥、连续钢箱梁桥等,涉及公路桥、铁路桥、公铁两用桥。然而,我国钢桥面板疲劳裂纹严重,呈现普遍性、早发性、多发性、再现性等特点,且还未找到可靠的修复方法,导致桥梁低龄化,养护成本高,甚至出现病桥,给国家造成较大经济损失的同时也给社会造成了安全隐患和影响,以前例的长江大桥维修,耗时500d且期间大货车无法通行,社会影响和经济损失巨大。

本课题研究的正交异性板U肋全熔透焊接工艺、设备及相关规范,不但能满足正交异性钢桥的建设要求,实现全桥承载焊缝全熔透的创新建设工程目标,在国家大力推广钢结构桥梁的环境下,既可将该技术在公、铁路桥梁建设中推广应用,而且在城市钢结构高架道路、其他建筑领域也有广泛的应用;该技术不但改进和解决桥梁疲劳裂纹这一世界性难题,大幅提高新一代桥梁及钢结构的使用寿命,同时减少维护成本。

正交异性钢桥U肋全熔透焊接工艺能够为伍家岗长江大桥实现长寿命使用创造了成功的条件;同时也提高我国桥梁设计、建造的技术水平和国际竞争力,进一步推动钢桥健康发展,为实现优质安全的钢桥制造奠定基础。

第九节 本章小结

本章针对传统正交异性钢桥面板疲劳抗力不足问题,通过引入最新的双面埋弧全熔透自动化焊接技术发展U肋与顶板新型双面埋弧全熔透焊构造细节,在此基础上引入U肋与横隔板新型交叉构造细节,以达到系统提升正交异性钢桥面板疲劳性能的目标。在对国内外相关研究成果进行广泛调研的基础上,研究了U肋与顶板构造细节和U肋与横隔板交叉构造细节的主导疲劳失效模式及其迁移机制,在此基础上设计了2组足尺节段疲劳试验模型并进行疲劳试验研究,确定了U肋与顶板新型双面埋弧全熔透焊构造细节和U肋与横隔板新型交叉构造细节的实际疲劳抗力。为了分别确定树脂沥青铺装层和浇筑式沥青铺装层与钢桥面板的协同受力作用,设计了2个带铺装层的足尺节段模型,并对其进行了疲劳试验研究,确定了不同温度条件下,铺装层对钢桥面板疲劳性能的影响效应。在疲劳试验研究成果的基础上,基于结构体系的主导疲劳失效模式发展了正交异性钢桥面板结构体系疲劳抗力评估方法,为伍家岗长江大桥正交异性钢桥面板的高质量建设和长寿命服役提供科学依据。本项目研究的主要结论如下:

(1)基于等效结构应力法等疲劳抗力评估方法对U肋与顶板构造细节和U肋与横隔板交叉构造细节的疲劳性能开展了深入系统的研究,研究结果表明:①U肋与顶板传统单面焊构造细节的主导疲劳失效模式为疲劳裂纹萌生于焊根并沿着顶板厚度方向扩展;U肋与顶板新型双面全熔透焊构造细节的主导疲劳失效模式为疲劳裂纹萌生于顶板焊趾并沿着顶板厚度方向扩展。②U肋与顶板双面全熔透焊构造细节的引入使U肋与顶板构造细节的主导疲劳失效模式由于顶板焊根迁移到顶板焊趾,相较于传统单面焊构造细节,新型双面全熔透焊构造细节主导疲劳失效模式的疲劳寿命提升约42.4%,表明新型双面全熔透焊的引入能够显著提高U肋与顶板构造细节的疲劳性能。③U肋与横隔板新型交叉构造细节将横隔板在一定区域范围内与U肋底板进行焊接连接,增强了U肋与横隔板之间的协同受力,相较于U肋与横隔板传统交叉构造细节,新型交叉构造细节3的应力幅值降幅为32.9%,U肋与横隔板新型交叉构造细节的疲劳性能显著优于U肋与横隔板传统交叉构造细节。

(2)通过对U肋与顶板焊接制造工艺及U肋与顶板焊接接头的疲劳性能进行了深入系统的研究,研究结果表明:①双面埋弧全熔透焊接工艺,包括双面分步埋弧全熔透焊接工艺和双面同步埋弧全熔透焊接工艺,由于双面同步埋弧全熔透焊接工艺较双面分步埋弧全熔透焊接工艺效率大幅提高,但由于焊缝成形以及工艺尚需要继续完善和试验进一步验证,故双面埋弧全熔透焊接工艺选择双面分步埋弧全熔透焊接工艺,即先平位置工位内焊再船型位外焊,该工艺参数包括:平位焊时单丝 $\phi1.6$、电流 390~450A、电压 31~33V、焊速 450mm/min 左右;船位焊时单丝 $\phi3.2$、电流 570~620A、电压 31~33V、焊速 550mm/min 左右。②双面分步埋弧全熔透焊接工艺通过实际焊接10m以上长度,3~6

根 U 肋,根据截面观察和超声波检测,实现了 U 肋角焊缝全熔透焊接,且焊缝成型光顺边缘熔合无咬边和弧坑情况,焊角满足要求。③U 肋与顶板双面埋弧全熔透焊接细节的疲劳性能优于现有的单面焊构造细节和双面气体保护焊构造细节。

(3)足尺节段模型 U 肋与顶板构造细节疲劳试验研究结果表明:①试验模型一 U 肋与顶板双面埋弧全熔透焊构造细节(含缺陷,并补焊修复)的疲劳裂纹在顶板内侧焊趾处萌生并沿顶板厚度方向扩展,根据《公路钢结构桥梁设计规范》(JTG D64—2015)对各疲劳开裂部位的疲劳强度进行评估,U 肋与顶板双面埋弧全熔透焊构造细节顶板内侧焊趾开裂模式的疲劳强度均高于 80 类细节(等效 200 万次的疲劳强度为 88.0~96.9MPa);试验模型二 U 肋与顶板双面埋弧全熔透焊构造细节(无缺陷)加载到 700 万次时构造细节尚未发生疲劳裂纹,保守评估其疲劳强度高于 110 类细节(等效 200 万次的疲劳强度为 119.2~137.1MPa),满足规范的要求。②根据试验结果就初始制造缺陷对于构造细节疲劳抗力的劣化效应进行了进一步研究,结果表明初始制造缺陷是导致构造细节疲劳性能劣化的主要原因。③U 肋与顶板双面埋弧全熔透焊构造细节的疲劳裂纹均萌生于顶板焊趾,表明 U 肋与顶板双面埋弧全熔透构造细节的疲劳性能主要由顶板焊趾开裂模式所控制,在实桥加工制造时应严格控制该构造细节焊趾部位的焊接质量;从焊接制造工艺角度,U 肋与顶板双面全熔透焊接制造工艺更加便于控制;从无损检测角度,U 肋与顶板双面全熔透焊构造细节的量化检测指标更为明确,有利于无损检测工作的顺利开展,进而确保焊接质量。因此,建议伍家岗长江大桥钢桥面板 U 肋与顶板构造细节采用双面埋弧全熔透焊接制造工艺,并严格控制该构造细节的焊接质量。

(4)足尺节段模型 U 肋与横隔板交叉构造细节疲劳试验研究结果表明:①U 肋与横隔板传统交叉构造细节的疲劳开裂模式为裂纹萌生于 U 肋与横隔板围焊焊趾端部并沿着 U 肋腹板扩展。②U 肋与横隔板新型交叉构造细节 1 的疲劳开裂模式有两种:一是疲劳裂纹萌生于 U 肋腹板与横隔板围焊端部焊趾并沿着横隔板扩展,二是疲劳裂纹萌生于 U 肋底板与横隔板围焊端部焊趾并沿着 U 肋底板扩展。③在相同的加载工况下 U 肋与横隔板传统交叉构造细节在加载到 120 万次时出现疲劳裂纹,U 肋与横隔板新型交叉构造细节 1 在加载到 240 万次时出现疲劳裂纹(剔除焊接缺陷引起的开裂),U 肋与横隔板新型交叉构造细节 3 在加载到 527 万次时仍未出现疲劳裂纹,传统构造细节裂纹扩展速率为 5.63×10^{-8}(m/cycle),新型构造细节 1 的裂纹扩展速率为 1.96×10^{-8}(m/cycle),传统交叉细节的疲劳裂纹扩展速率为新型交叉细节 1 裂纹平均扩展速率的 2.87 倍。④采用《公路钢结构桥梁设计规范》(JTG D64—2015)对 U 肋与横隔板交叉构造细节各疲劳开裂部位(剔除焊接缺陷引起的开裂)的疲劳强度进行评估,其疲劳强度均高于 80 类细节,满足规范的要求;U 肋与横隔板交叉构造细节焊趾端部的制造质量对疲劳寿命具有显著的影响,相同荷载作用条件下,焊趾端部弧坑缺陷直接导致疲劳寿命降低约 50%,实桥制造生产时必须严格控制该构造细节焊趾端部的焊接质量。

(5)以钢桥面板结构体系的主导疲劳失效模式为切入点,基于等效结构应力发展了考虑焊接微裂纹劣化效应的结构体系疲劳抗力评估方法。通过同时引入 U 肋与顶板新型双面焊构造细节和 U 肋与横隔板新型交叉构造细节发展了高性能新型正交异性钢桥面板结构体系,相较于传统钢桥面板结构,新型钢桥面板结构的疲劳累积损伤度降幅为 69.1%,实现了结构体系疲劳抗力的有效提升。

第十五章 大跨径悬索桥钢箱梁吊装焊接时机探索与研究

第一节 概 述

一、加劲梁架设方案和焊接时机研究现状

加劲梁架设方案和焊接时机的研究影响着加劲梁架设的速度和质量。在悬索桥加劲梁的架设初期,由于主缆的几何刚度较小,主缆会产生很大的变形,加劲梁相邻梁段之间有较大的错动。如果在吊梁的同时,立即对将相邻的梁段进行强行刚接,可能会导致加劲梁之间连接处的应力过大,造成连接处和加劲梁的局部破坏,也可能造成吊索索力的突变,对结构受力不利。反之,加劲梁施工时,对已经架设完成的梁段,不进行临时连接处理,加劲梁呈现自由状态的接触状态,会使整个结构的稳定性变差,抗风稳定性变差,在较小的风荷载作用下,相邻梁段之间都可能发生摆动、错台、碰撞,造成加劲梁的损伤、破坏,加劲梁最终的设计成桥线形也很难保证。所以,加劲梁架设过程中,上缘需要一定的临时铰接来保证施工稳定性,下缘梁段间需要自由活动来适应加劲梁施工过程中下缘的开口变化。随着被吊装的加劲梁越来越多,主缆几何刚度越来越大,结构变形越来越小,结构变形趋于稳定,加劲梁合适的焊接时机也会出现。但是,悬索桥钢箱梁在不合理的时机和顺序下进行梁段间的焊接会出现较大的焊接应力和梁段收缩,造成梁体破坏,影响日后的行车安全。

目前对于钢桁梁悬索桥,已开始采用"窗口铰接法",利用钢桁梁架设阶段和桥面系铺设阶段的钢桁梁线形变化,实现临时铰接口逐步无应力固接,在桥面系铺设阶段完成全部或大部分临时铰向固接的转换,这一方法加快了钢桁梁安装施工进度。对于钢箱梁悬索桥,目前已建的悬索桥均采用吊梁阶段对各段钢箱梁节段进行临时铰接,待全部梁段吊装就位后再进行铰固转换。由于钢箱梁与钢桁梁差异较大,节段间的连接方式不同,钢箱梁悬索桥可否在吊装过程中即将部分梁段固接是值得探讨的问题,因此探讨钢箱梁的架设方法和吊装方案,研究加劲梁焊接的时机和顺序及节段间如何顺利连接,这些研究成果对指导钢箱梁悬索桥施工具有一定的实用价值。

很多学者根据不同施工环境和设备为提高加劲梁的架设速度和质量做了大量的研究。通过对研究学者的成果进行分析,发现加劲梁的架设方式主要有 3 种。第一种方法为从中跨到两侧边架设,主缆架设过程中变形较少,有利于施工控制。第二种方法为从两

侧桥塔到中跨,架设过程中,主缆和加劲梁在靠近桥塔附近变形较大,容易造成因主缆水平夹角过大与主塔接触,不利于施工控制和安全性。第三种架设方法,先从中跨到两侧边跨架设,再从两侧桥塔到中跨架设。无论哪种架设方案,随着加劲梁的架设,钢箱梁的线形从明显的凹曲线逐渐变为凸曲线,并最终达到设计线形。

一般认为,加劲梁焊接应该在全部架设完成后进行,但是,在加劲梁架设过程中,当线形和下部开口距离趋于稳定时进行焊接作业,可以加大作业面,提高施工效率。本项目针对钢箱梁边吊边焊的新技术展开探索研究,研究合理的梁段连接方式及铰固转换时机,并对梁段提前焊接所需的临时措施进行研究。伍家岗长江大桥采用了这一施工方法,即"两两刚接、焊架同步"的多作业面施工,缩短了加劲梁架设工期,提高了钢箱加劲梁架设效率,经实践检验是一种可行的方法。本课题以伍家岗长江大桥为背景,探讨钢箱梁吊装后的环缝焊接时机问题,对环缝焊接时机和焊接顺序提出合理化建议,为类似工程提供借鉴与参考。

二、研究意义及目标

加劲梁的吊装作为悬索桥施工的重要环节,往往是在主缆架设完毕以后借助主缆作为支撑结构完成的,悬索桥加劲梁架设过程中非线性明显,尤其在加劲梁架设初期,主缆变形较大,加劲梁也因为上弦或顶板相互挤压,导致下部出现较大的开口。为了增大加劲梁的抗风稳定性,使已吊装梁段的线形能够满足主缆线形的变化,往往需要临时对上缘进行铰接。如果过早地将加劲梁完全固结,会导致临时结构和加劲梁承受过大的内力而破坏。随着大多数加劲梁的吊装完成,主缆线形变化趋于平缓,加劲梁下部开口逐渐闭合,此时进行固结是最好的。以往对加劲梁的焊接工作是在全部加劲梁吊装完成后进行的。

本课题以伍家岗长江大桥(主跨1160m)为依托,开展大跨径钢箱梁悬索桥施工控制关键技术研究。通过建立精细化有限元分析模型,对比分析不同加劲梁刚接时机下,悬索桥加劲梁开口距离、加劲梁及临时连接的内力和应力、加劲梁和主缆线形、吊索索力及主塔塔顶偏位和塔底应力等变化情况,确定合理的加劲梁架设及焊接顺序,并率先提出了"两两刚接、焊架同步"的多作业面的新型加劲梁施工作业方式。实践证明:在保证施工安全的前提下,伍家岗长江大桥采用这一施工方法有效地缩短了加劲梁的施工工期,为类似大跨径钢箱梁悬索桥的架设方案提供了技术支持和案例支撑。

三、技术路线

(1)查阅国内外文献资料及书籍,掌握悬索桥加劲梁架设计算理论以及加劲梁加劲方案及铰固转换方式的最新研究成果。

(2)按不同的铰固转换方案及顺序建立大跨径悬索桥加劲梁吊装方案的精细化计算模型。

(3)通过大量计算分析,对比不同架设方案下加劲梁开口宽度变化规律和临时连接件内力变化规律、吊索索力及塔顶偏位和塔底应力变化规律等,并结合现场实测数据,得出较为合理的钢箱梁吊装焊接方案。

(4)成果归纳总结,提出钢箱梁悬索桥"两两刚接、焊架同步"的多作业面的架设新技术。

四、成果摘要

本课题主要从提高钢箱梁架设速度的角度出发,研究了钢箱梁节段吊装时铰固转换的合理时机。通过有限元计算对比分析几种不同的铰固转换方案,研究了不同钢箱梁架设方案对加劲梁节段间开口距离、临时连接件的受力,加劲梁和主缆线形、吊索索力及主塔塔顶偏位和塔底应力的影响,最终确定了合理的钢箱梁吊装方案。

(1)伍家岗长江大桥首次采用了"钢箱梁焊架同步"施工新技术,即吊装一部分梁段后即开始在架梁的同时对已吊装的梁段进行两两焊接,形成大跨钢箱梁悬索桥加劲梁焊架同步的多作业面施工控制新技术。

(2)伍家岗长江大桥已于2021年1月顺利合龙,实践证明这种针对钢箱梁架设的"焊架同步"多作业面施工控制新技术是完全可行的。实际施工中未出现下缘开口大、梁段错台及梁段间定位困难等问题。

(3)无论结构受力还是线形变化,两两刚接的方式与传统的先吊装再焊接的架设方式从受力上相比差异很小。最终的成桥线形及内力与传统施工方法无差异,较好地实现了设计目标状态。

(4)该新技术提高了钢箱梁的架设速度和效率,节约工期半月有余,这一新技术值得推广应用。

第二节　伍家岗长江大桥钢箱梁架设计算分析

一、工程概况

伍家岗长江大桥采用单跨1160m钢箱梁悬索桥,主缆跨径布置为290m+1160m+402m,中跨主缆矢跨比为1/9,道路等级为城市快速路,设计速度80km/h,桥面宽31.5m,双向六车道,两侧各设2.0m人行道。江南侧采用重力式锚碇,江北侧采用隧道式锚碇。伍家岗长江大桥主桥总体布置如图6-15-1所示。

加劲梁采用整体式流线型钢箱梁结构,钢梁材质采用Q345qD钢。钢梁全宽34.7m,由顶板、底板、横隔板及纵腹板组成,中心线处梁高2.8m,标准梁段宽31.5m,两侧风嘴均宽1.6m。主梁支撑体系为:主塔上、下游设竖向支座、横向抗风支座、纵向限位支座;主梁端部纵向与主塔间设置液压阻尼器。箱梁内部通长布置的纵腹板间距为26.5m,内侧布置的横隔板间隔除梁端3个横隔板间隔为2.6m外,其余横隔板间隔均为3.0m,外侧对应位置设置风嘴隔板。钢梁全长1158m,其端部距主塔中心线间距1m,节段按主梁水平投影长度划分,端部节段长16.5m,其余节段为15m标准节段。钢梁节段间采用栓焊组合连接,节段中除纵腹板与顶板U肋及I肋采用栓接外,其余部位均采用焊接。钢箱梁横断面如图6-15-2所示。

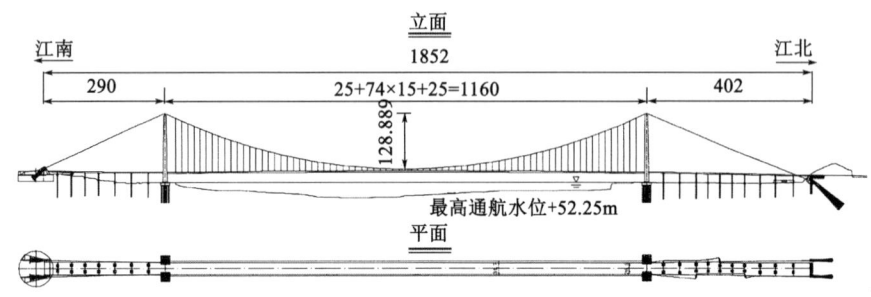

图6-15-1 伍家岗长江大桥主桥总体布置图(尺寸单位:m)

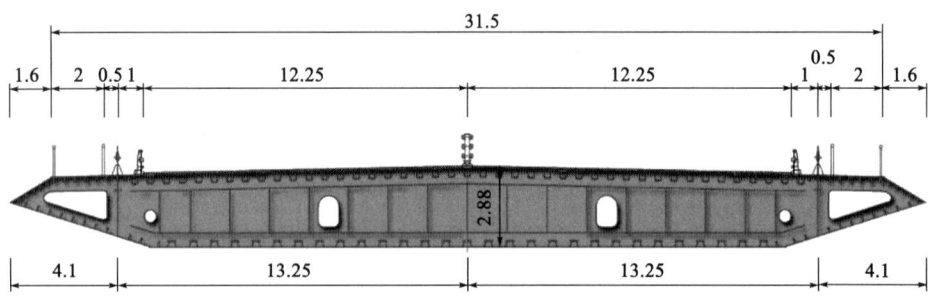

图6-15-2 钢箱梁横断面图(尺寸单位:m)

二、钢箱梁架设方案

钢箱梁架设是悬索桥施工控制的关键施工阶段,在钢箱梁架设过程中,主缆会发生显著变形,钢箱梁线形从初期的凹曲线逐渐转变为凸曲线,最终达到成桥设计线形。主缆由于强烈的几何非线性效应,其线形和内力均发生显著变化。钢箱梁加劲梁架设初期,由于主缆的几何刚度较大,因此其变形较大,此时如果将相邻加劲梁进行刚接,会造成加劲梁间应力过大,甚至超出其极限承载力,同时也会导致吊索的拉力突变,对结构受力不利。如果不对已经吊装的加劲梁梁段进行临时处理,让各个梁段间相互自由接触,会造成结构的整体稳定性变差,抗风性能不良,在较小的风荷载作用下,相邻梁段之间都可能发生摆动、错台、碰撞,造成钢箱梁加劲梁的损伤、破坏,最终会导致加劲梁的成桥线形难以保障。

本课题采用焊架同步施工技术并对加劲梁施工过程进行分析,在吊装过程中,找到加劲梁开口距离满足焊接要求的时期和线形变化稳定时期,来进行焊接施工作业。这样,可以增加并扩大施工作业面,在加劲梁架设结束时,焊接作业也基本同步完成,从而缩短工期,节省人力及设备投入。

悬索桥要进行合理的施工,必须要有较为准确的钢箱加劲梁吊装过程分析作为指导,需要探讨钢箱梁的架设方法和吊装顺序,计算吊装各阶段结构的几何形状和内力,并研究钢箱梁环缝焊接的时机和顺序。因此,需要进行详细的计算分析,以保证施工过程的安全和线形控制。伍家岗长江大桥共计 77 个钢箱梁梁段和 75 根吊索,分别从江南侧向江北侧顺序编号。

本次选定以下 3 种吊装方案进行对比验证分析计算。

方案 A:钢箱梁从跨中对称向两边依次吊装,吊装过程中先临时铰接,待全部箱梁节段吊装完成后从跨中向两边依次刚接。

方案 B:钢箱梁从跨中对称向两边依次吊装,吊完 19/59 号箱梁节段后暂停吊装,将已吊装的 21～57 号节段刚接,再吊装剩余节段,全部吊装完成后刚接剩余节段。

方案 C:钢箱梁从跨中对称向两边依次吊装,吊完 20/58 号箱梁节段后开始边吊装边从跨中两两刚接,即吊装 19/59 号节段的期间刚接 37 号、38 号节段及 40 号、41 号节段,依次类推,待全部钢箱梁吊装完成后刚接所有梁段。

三、有限元计算模型

采用 Midas Civil 软件建立有限元计算模型,桥塔及钢箱梁采用梁单元模拟,主缆及吊索采用索单元模拟,采用正装法进行施工阶段模拟,3 种方案的施工阶段划分见表 6-15-1。吊装前期只将箱梁顶板进行临时连接,箱梁底板不连接,梁段间允许发生单方向的转动。为准确模拟梁段间的约束关系,在梁段连接处用垂直于箱梁单元的刚臂单元模拟箱梁截面,在箱梁单元间释放转动约束,并在刚臂单元下端用只受压单元连接模拟箱梁底板之间单向转动。当箱梁顶底板焊接时则把箱梁单元间之前释放的转动约束钝化变为刚性约束。鞍座顶推则采用在塔顶安装刚臂及拉杆模拟顶推装置。不考虑鞍座的影响,鞍座两侧主缆的交点为理论 IP 点,主缆采用索单元来进行模拟,从塔顶伸出刚性梁形成顶推支架,采用顶推支架与主缆 IP 点进行相连,鞍座的预偏及顶推是通过对拉杆升温或者降温的方式进行模拟,在不进行顶推的工况时,刚性杆保证了塔顶主缆与桥塔之间固结。

钢箱梁 3 种吊装方案对比表 表 6-15-1

序号	方案 A	方案 B	方案 C
1～28	依次吊装梁段 39 号、38/40 号、37/41 号……20/58 号,其间分 8 次顶推鞍座		
29	吊装 19/59 号	吊装 19/59 号 刚接 21-57 号	吊装 19/59 号,刚接 37-38 号、40-41 号
30	吊装 18/60 号	吊装 18/60 号	吊装 18/60 号,刚接 35-36 号、42-43 号
31	吊装 17/61 号	吊装 17/61 号	吊装 17/61 号,刚接 33-34 号、44-45 号

续上表

序号	方案 A	方案 B	方案 C
32	吊装 16/62 号	吊装 16/62 号	吊装 16/62 号,刚接 31-32 号、46-47 号
33	吊装 15/63 号	吊装 15/63 号	吊装 15/63 号,刚接 29-30 号、48-49 号
34	吊装 14/64 号	吊装 14/64 号	吊装 14/64 号,刚接 27-28 号、50-51 号
35	吊装 13/65 号	吊装 13/65 号	吊装 13/65 号,刚接 25-26 号、52-53 号
36	吊装 12/66 号	吊装 12/66 号	吊装 12/66 号,刚接 23-24 号、54-55 号
37	吊装 11/67 号	吊装 11/67 号	吊装 11/67 号,刚接 21-22 号、56-57 号
38	吊装 10/68 号	吊装 10/68 号	吊装 10/68 号,刚接 19-20 号、58-59 号
39	吊装 9/69 号	吊装 9/69 号	吊装 9/69 号,刚接 17-18 号、60-61 号
40	吊装 8/70 号	吊装 8/70 号	吊装 8/70 号,刚接 15-16 号、62-63 号
41	吊装 7/71 号	吊装 7/71 号	吊装 7/71 号,刚接 13-14 号、64-65 号
42	吊装 6/72 号	吊装 6/72 号	吊装 6/72 号,刚接 11-12 号、66-67 号
43	顶推 9	顶推 9	顶推 9
44	吊装 5/73 号	吊装 5/73 号	吊装 5/73 号,刚接 9-10 号、68-69 号
45	吊装 4/74 号	吊装 4/74 号	吊装 4/74 号,刚接 7-8 号、70-71 号
46	吊装 3/75 号	吊装 3/75 号	吊装 3/75 号,刚接 5-6 号、72-73 号
47	吊装 2/76 号	吊装 2/76 号	吊装 2/76 号,刚接 3-4 号、74-75 号
48	刚接	吊装 1/77 号,合龙	吊装 1/77 号,合龙
49	吊装 1/77 号,合龙	顶推 10	刚接剩余梁段
50	顶推 10	刚接剩余梁段	顶推 10

四、钢箱梁架设方案对比分析

1. 钢箱梁下部开口距离分析

表 6-15-2 ~ 表 6-15-4 为加劲梁梁段间部分开口距离的变化规律,由表可知,加劲梁各梁段间的开口变化规律一致,随着加劲梁吊装的进行,开口距离逐渐减少。大多数梁段间开口距离在没有进行刚接时呈现锯齿状变化,在进行刚接作业后,开口距离变化出现较大的差异,但是各个梁段间的开口距离总体趋势趋向于减少最后闭合。

方案 A(吊完一次刚接)截面开口距离变化　　表 6-15-2

工况	39 号、38 号开口距离(mm)	35 号、34 号开口距离(mm)	31 号、30 号开口距离(mm)	26 号、25 号开口距离(mm)	21 号、20 号开口距离(mm)	16 号、15 号开口距离(mm)	10 号、9 号开口距离(mm)
3	66.38	—	—	—	—	—	—
4	66.46	—	—	—	—	—	—
5	58.27	—	—	—	—	—	—
6	58.32	—	—	—	—	—	—

续上表

工 况	39号、38号开口距离（mm）	35号、34号开口距离（mm）	31号、30号开口距离（mm）	26号、25号开口距离（mm）	21号、20号开口距离（mm）	16号、15号开口距离（mm）	10号、9号开口距离（mm）
7	49.81	—	—	—	—	—	—
8	49.83	—	—	—	—	—	—
9	45.52	—	—	—	—	—	—
10	37.92	26.59	—	—	—	—	—
11	37.94	26.59	—	—	—	—	—
12	36.00	45.79	—	—	—	—	—
13	29.50	19.19	—	—	—	—	—
14	28.53	37.29	—	—	—	—	—
15	28.56	37.34	—	—	—	—	—
16	23.30	14.92	6.10	—	—	—	—
17	22.68	29.78	35.77	—	—	—	—
18	18.49	11.73	5.68	—	—	—	—
19	18.06	23.91	28.41	—	—	—	—
20	18.07	23.93	28.42	—	—	—	—
21	14.70	9.05	4.35	—	—	—	—
22	14.46	19.79	23.72	1.55	—	—	—
23	11.52	6.19	1.90	24.78	—	—	—
24	11.80	17.85	22.24	4.63	—	—	—
25	8.76	2.60	2.40	24.29	—	—	—
26	9.84	18.63	25.55	14.26	—	—	—
27	9.85	18.65	25.58	14.28	—	—	—
28	5.75	5.64	15.30	37.32	25.63	—	—
29	10.07	33.05	52.89	57.55	75.43	—	—
30	2.55	18.26	36.77	64.66	60.66	—	—
31	7.30	23.54	37.88	41.49	55.98	—	—
32	2.83	6.50	14.73	30.26	25.10	—	—
33	4.96	14.97	23.80	24.88	34.76	27.97	—
34	2.25	2.40	6.76	16.96	13.59	19.29	—
35	3.05	7.60	11.85	11.45	18.35	13.75	—
36	1.38	2.44	6.05	13.72	12.25	16.54	—
37	1.71	3.22	4.65	3.17	6.98	3.83	—
38	0.83	1.34	3.50	8.39	8.18	11.54	—
39	0.25	3.54	7.23	13.19	15.07	18.92	19.51

续上表

工况	39号、38号开口距离（mm）	35号、34号开口距离（mm）	31号、30号开口距离（mm）	26号、25号开口距离（mm）	21号、20号开口距离（mm）	16号、15号开口距离（mm）	10号、9号开口距离（mm）
40	0.64	2.02	3.41	4.05	6.49	6.20	6.93
41	0.12	0.40	0.93	2.23	2.52	4.04	4.81
42	0.06	0.71	1.41	2.16	3.14	3.61	4.29
43	0.07	0.72	1.41	2.14	3.14	3.59	4.28
44	0.19	0.13	0.04	0.25	0.07	0.04	0.56
45	0.28	0.18	0.69	1.85	2.15	3.29	3.83
46	0.42	0.25	0.05	0.87	0.49	1.21	0.60
47	0.46	0.09	0.33	1.69	1.62	3.07	3.38
48	0.00	0.00	0.00	0.00	0.00	0.00	0.00
49	0.00	0.00	0.00	0.00	0.00	0.00	0.00
50	0.00	0.00	0.00	0.00	0.00	0.00	0.00

方案B（吊一半刚接一半再吊一半）截面开口距离变化　　　　表6-15-3

工况	39号、38号开口距离（mm）	35号、34号开口距离（mm）	31号、30号开口距离（mm）	26号、25号开口距离（mm）	21号、20号开口距离（mm）	16号、15号开口距离（mm）	10号、9号开口距离（mm）
3	66.38	—	—	—	—	—	—
4	66.46	—	—	—	—	—	—
5	58.27	—	—	—	—	—	—
6	58.32	—	—	—	—	—	—
7	49.81	—	—	—	—	—	—
8	49.83	—	—	—	—	—	—
9	45.52	—	—	—	—	—	—
10	37.92	26.59	—	—	—	—	—
11	37.94	26.59	—	—	—	—	—
12	36.00	45.79	—	—	—	—	—
13	29.50	19.19	—	—	—	—	—
14	28.53	37.29	—	—	—	—	—
15	28.56	37.34	—	—	—	—	—
16	23.30	14.92	6.10	—	—	—	—
17	22.68	29.78	35.77	—	—	—	—
18	18.49	11.73	5.68	—	—	—	—
19	18.06	23.91	28.41	—	—	—	—
20	18.07	23.93	28.42	—	—	—	—

续上表

工况	39号、38号开口距离（mm）	35号、34号开口距离（mm）	31号、30号开口距离（mm）	26号、25号开口距离（mm）	21号、20号开口距离（mm）	16号、15号开口距离（mm）	10号、9号开口距离（mm）
21	14.70	9.05	4.35	—	—	—	—
22	14.46	19.79	23.72	1.55	—	—	—
23	11.52	6.19	1.90	24.78	—	—	—
24	11.80	17.85	22.24	4.63	—	—	—
25	8.76	2.60	2.40	24.29	—	—	—
26	9.84	18.63	25.55	14.26	—	—	—
27	9.85	18.65	25.58	14.28	—	—	—
28	5.75	5.64	15.30	37.32	25.63	—	—
29	10.07	33.05	52.89	57.55	75.43	—	—
30	0.00	0.00	0.00	0.00	42.33	—	—
31	0.00	0.00	0.00	0.00	36.79	—	—
32	0.00	0.00	0.00	0.00	31.50	—	—
33	0.00	0.00	0.00	0.00	26.38	24.20	—
34	0.00	0.00	0.00	0.00	22.08	19.93	—
35	0.00	0.00	0.00	0.00	18.29	17.16	—
36	0.00	0.00	0.00	0.00	14.81	14.30	—
37	0.00	0.00	0.00	0.00	11.65	11.16	—
38	0.00	0.00	0.00	0.00	8.88	9.11	—
39	0.00	0.00	0.00	0.00	6.31	5.79	5.44
40	0.00	0.00	0.00	0.00	4.18	4.39	5.13
41	0.00	0.00	0.00	0.00	2.14	1.45	0.82
42	0.00	0.00	0.00	0.00	0.67	0.93	1.45
43	0.00	0.00	0.00	0.00	0.73	0.99	1.52
44	0.00	0.00	0.00	0.00	0.65	0.87	1.52
45	0.00	0.00	0.00	0.00	1.52	0.71	0.18
46	0.00	0.00	0.00	0.00	2.27	1.91	2.49
47	0.00	0.00	0.00	0.00	2.61	1.38	0.86
48	0.00	0.00	0.00	0.00	2.07	7.53	22.53
49	0.00	0.00	0.00	0.00	2.01	7.81	23.09
50	0.00	0.00	0.00	0.00	0.00	0.00	0.00

方案 C(吊一半两两刚接) 截面开口距离变化　　　表 6-15-4

工况	39号、38号开口距离（mm）	35号、34号开口距离（mm）	31号、30号开口距离（mm）	26号、25号开口距离（mm）	21号、20号开口距离（mm）	16号、15号开口距离（mm）	10号、9号开口距离（mm）
3	66.38	—	—	—	—	—	—
4	66.46	—	—	—	—	—	—
5	58.27	—	—	—	—	—	—
6	58.32	—	—	—	—	—	—
7	49.81	—	—	—	—	—	—
8	49.83	—	—	—	—	—	—
9	45.52	—	—	—	—	—	—
10	37.92	26.59	—	—	—	—	—
11	37.94	26.59	—	—	—	—	—
12	36.00	45.79	—	—	—	—	—
13	29.50	19.19	—	—	—	—	—
14	28.53	37.29	—	—	—	—	—
15	28.56	37.34	—	—	—	—	—
16	23.30	14.92	6.10	—	—	—	—
17	22.68	29.78	35.77	—	—	—	—
18	18.49	11.73	5.68	—	—	—	—
19	18.06	23.91	28.41	—	—	—	—
20	18.07	23.93	28.42	—	—	—	—
21	14.70	9.05	4.35	—	—	—	—
22	14.46	19.79	23.72	1.55	—	—	—
23	11.52	6.19	1.90	24.78	—	—	—
24	11.80	17.85	22.24	4.63	—	—	—
25	8.76	2.60	2.40	24.29	—	—	—
26	9.84	18.63	25.55	14.26	—	—	—
27	9.85	18.65	25.58	14.28	—	—	—
28	5.75	5.64	15.30	37.32	25.63	—	—
29	8.74	22.86	33.14	27.49	40.96	—	—
30	7.95	11.69	14.92	5.70	15.65	—	—
31	6.83	9.40	13.54	9.84	21.77	—	—
32	5.84	8.19	8.61	2.86	11.72	—	—
33	4.92	6.90	6.87	2.27	11.12	5.28	—
34	4.07	5.71	5.76	0.26	6.46	0.98	—
35	3.33	4.67	4.73	0.00	5.01	0.23	—
36	2.66	3.74	3.80	0.00	3.87	0.02	—
37	2.05	2.90	2.96	0.00	2.92	0.76	—

续上表

工况	39号、38号开口距离（mm）	35号、34号开口距离（mm）	31号、30号开口距离（mm）	26号、25号开口距离（mm）	21号、20号开口距离（mm）	16号、15号开口距离（mm）	10号、9号开口距离（mm）
38	1.51	2.14	2.21	0.00	2.28	0.07	—
39	1.04	1.47	1.54	0.00	1.66	0.27	0.92
40	0.62	0.89	0.96	0.00	1.11	0.00	0.48
41	0.24	0.37	0.44	0.00	0.62	0.00	0.36
42	0.06	0.06	0.02	0.00	0.00	0.00	0.12
43	0.05	0.04	0.03	0.00	0.24	0.00	0.12
44	0.31	0.40	0.32	0.00	0.10	0.00	0.00
45	0.50	0.67	0.59	0.00	0.35	0.00	0.00
46	0.64	0.86	0.79	0.00	0.53	0.00	0.00
47	0.73	0.98	0.91	0.00	0.65	0.00	0.00
48	0.76	1.03	0.95	0.00	0.70	0.00	0.00
49	0.00	0.00	0.00	0.00	0.00	0.00	0.00
50	0.00	0.00	0.00	0.00	0.00	0.00	0.00

图6-15-3为3种施工方案跨中梁段（39号、38号之间）底板开口距离随施工过程的变化规律，图中显示，3种方案的开口距离在开始进行刚接时出现差异。在进行刚接作业后，方案A（吊完一次刚接）的开口距离变化呈现锯齿状变化，并不断减少。方案B（吊一半刚接一半吊一半）由于已经完成跨中梁段的刚接作业，所以开口距离为0。方案C（吊一半开始两两刚接）的开口距离逐渐减少，近似线性变化。

图6-15-4~图6-15-6为3种施工方案中未进行刚接作业时吊装完成的梁段的底板开口距离随施工过程的变化规律，图中显示，3种方案的开口距离在开始进行刚接时出现差异。在进行刚接作业后，3种方案的开口变化规律同跨中梁段（39号、38号之间）的开口规律相一致。

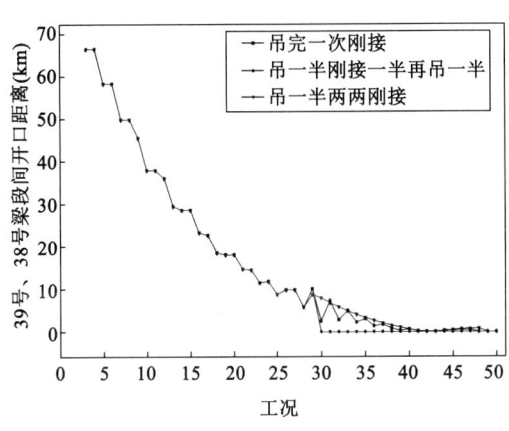

图6-15-3 跨中梁段底板开口变化规律

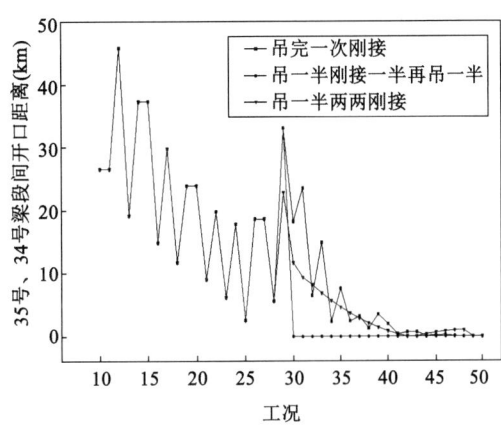

图6-15-4 35号、34号开口距离

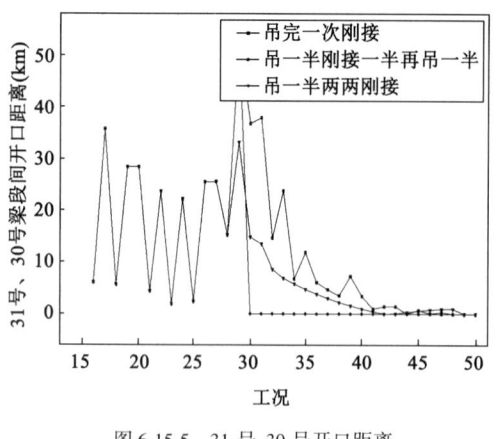

图 6-15-5　31 号、30 号开口距离　　　　图 6-15-6　26 号、25 号开口距离

图 6-15-7~图 6-15-9 为 3 种施工方案中进行刚接作业后吊装完成的梁段的底板开口距离随施工过程的变化规律。由图可知,方案 A(吊完一次刚接)的开口距离变化仍呈现锯齿状变化,并不断减少。其中方案 B 和方案 C 的开口距离变化,呈现一定得线性变化,随着施工过程的进行不断减少。方案 C 开口距离变化幅度同样要比方案 A 和方案 B 要小。

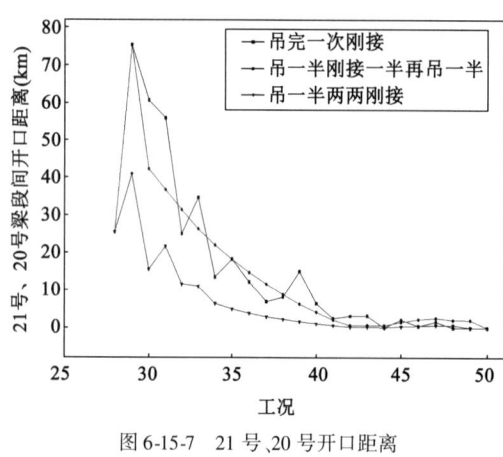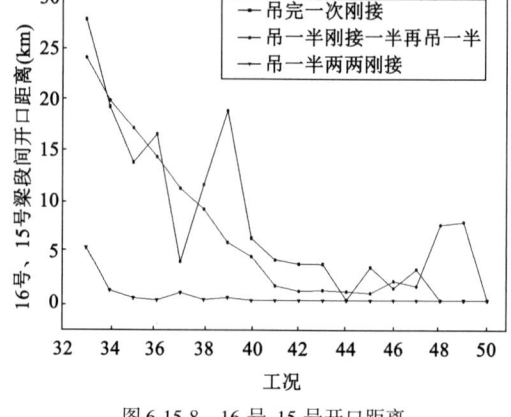

图 6-15-7　21 号、20 号开口距离　　　　图 6-15-8　16 号、15 号开口距离

总体来说,方案 C 较方案 A 和方案 B 的开口距离变化幅度小,并且 3 种方案最终趋向于 0。

图 6-15-10 为方案 C 所有梁段间的施工过程中底板的开口距离变化情况,由图可知,最大开口距离出现吊装初期,开口变化规律呈现一定锯齿状变化,但所有梁段间开口距离随着加劲梁的吊装总体上不断减少,最终趋向于 0。

2. 加劲梁线形分析

图 6-15-11~图 6-15-13 为 3 种方案的加劲梁线形变化,由图可知,加劲梁线形在开始吊装的前几个工况中加劲梁线形变化较为剧烈,随着吊装的进行,跨中处加劲梁高程到达最低点后又开始逐渐抬升,曲线凹曲的程度开始降低,并逐渐变为凸曲线。同时也表明 3 种方案加劲梁吊装完成后的桥面线形完全一致,说明无论采用何种施工方案,只要保证各构件无应力长度相同,最终线形与施工顺序无关。

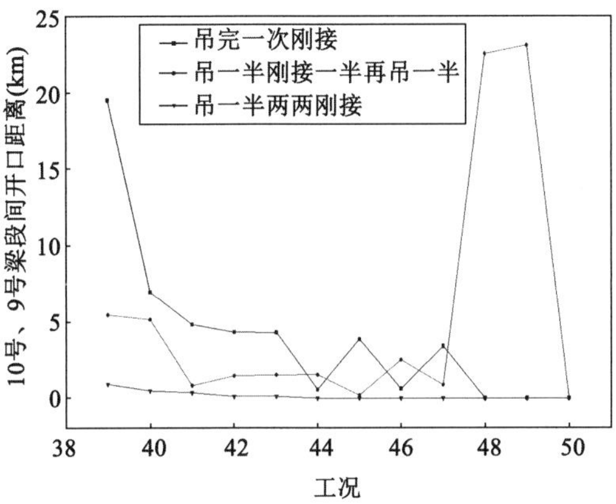

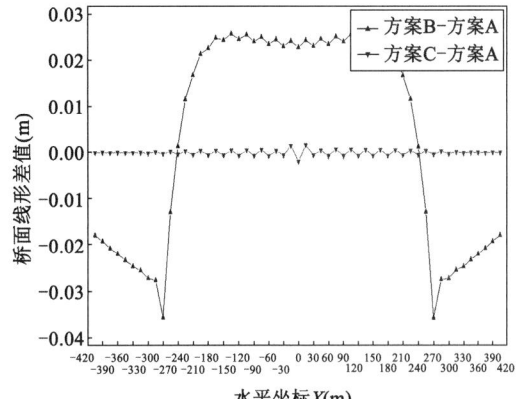

图 6-15-9　10 号、9 号开口距离

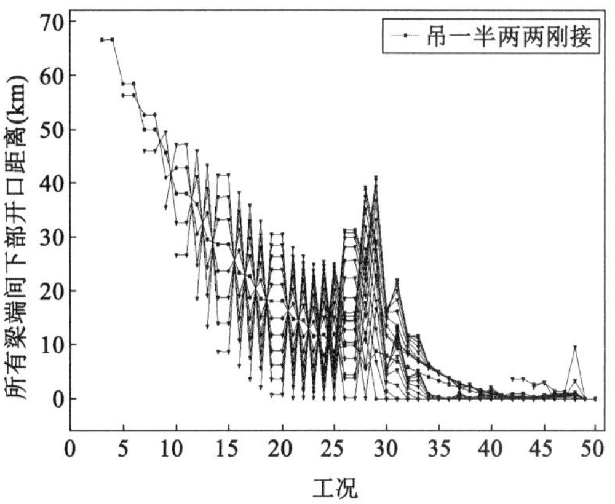

图 6-15-10　方案 C：全部开口距离变化

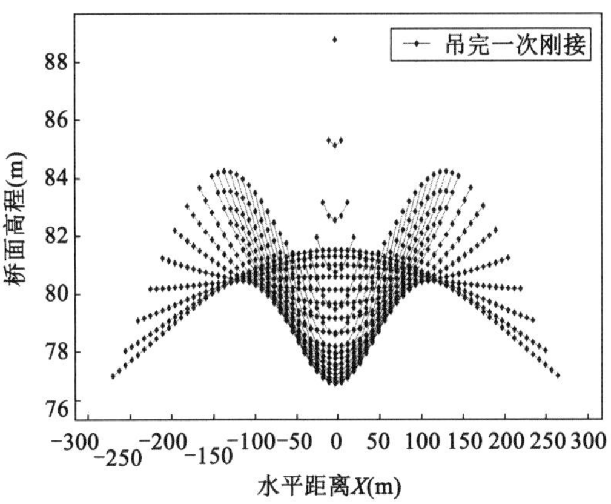

图 6-15-11　方案 A 加劲梁线形变化

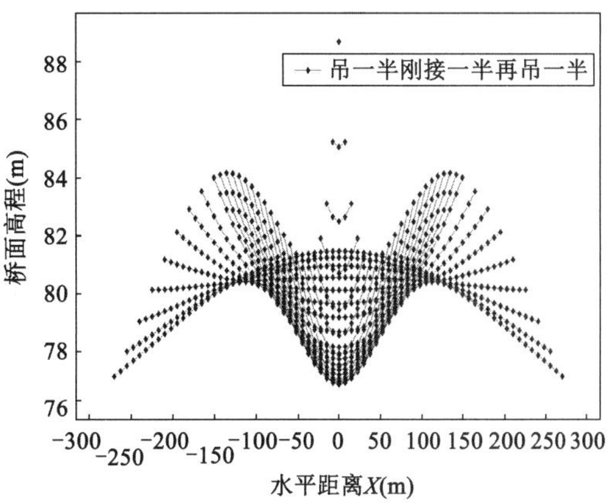

图 6-15-12　方案 B 加劲梁线形变化

图 6-15-14 为吊装完 12/66 号梁段后方案 B 及方案 C 相对于方案 A 桥面高程的差值，可见吊装过程中方案 C 与方案 A 的桥面线形几乎没有差异，方案 B 与两者有一定差异，但最大差值不超过 4cm，说明 3 种吊装方案的加劲梁线形变化近乎相同。

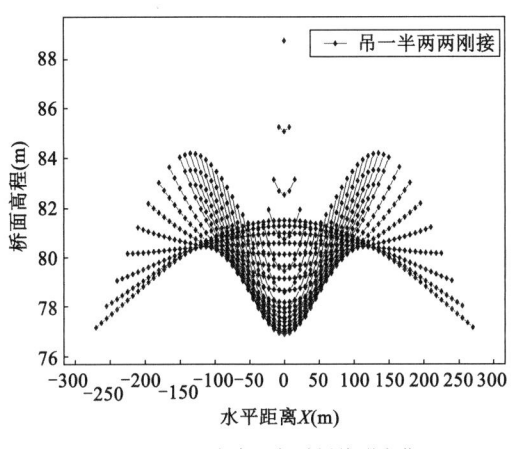

图 6-15-13　方案 C 加劲梁线形变化

图 6-15-14　吊装完 12/66 号梁段后方案 B 及方案 C 相对于方案 A 桥面高程的差值

3. 钢箱梁吊装过程中轴力分析

在钢箱梁吊装过程中，吊索会有一定的倾斜角度，此时吊索对钢箱梁既有竖直方向的拉力，还有水平方向的力，因此在钢箱梁梁段间产生了一定的轴力。随着钢箱梁的架设，中跨跨中处主缆的线形先是往下挠曲，当下挠到最低点后，再往上拱。同时，吊索的倾斜角度也先增加后减小，因此，跨中梁段的轴力也是先增加后减少。

由表 6-15-5 ~ 表 6-15-7 可知，钢箱梁在吊装过程，梁段间的轴力为压力，梁段间的压力随着吊装的进行逐渐增大直到达到最大值，后逐渐减小到零值，最后会出现拉力。比较 3 种吊装方案可知，3 种方案跨中梁段的轴力变化规律相一致，3 种方案轴力的差值较小。轴力的最大压力值出现在工况 27（即顶推 8），为 1130.78kN。

方案 A（吊完一次刚接）加劲梁临时连接轴力变化　　　　表 6-15-5

工况	39号、38号梁段临时连接轴力（kN）	32号、31号梁段临时连接轴力（kN）	25号、24号梁段临时连接轴力（kN）	19号、18号梁段临时连接轴力（kN）	13号、12号梁段临时连接轴力（kN）	7号、6号梁段临时连接轴力（kN）
1	0.01	—	—	—	—	—
2	0.01	—	—	—	—	—
3	-22.02	—	—	—	—	—
4	-22.02	—	—	—	—	—
5	-65.90	—	—	—	—	—
6	-65.91	—	—	—	—	—
7	-130.00	—	—	—	—	—
8	-130.03	—	—	—	—	—
9	-210.58	—	—	—	—	—
10	-302.93	—	—	—	—	—
11	-303.04	—	—	—	—	—
12	-401.66	—	—	—	—	—
13	-502.80	588.04	—	—	—	—
14	-601.81	-174.18	—	—	—	—
15	-602.07	-174.30	—	—	—	—
16	-696.95	-138.48	—	—	—	—
17	-784.57	-397.11	—	—	—	—
18	-864.18	-466.33	—	—	—	—
19	-933.87	-580.89	—	—	—	—
20	-934.33	-581.19	—	—	—	—
21	-994.16	-668.13	—	—	—	—

续上表

工况	39号、38号梁段临时连接轴力（kN）	32号、31号梁段临时连接轴力（kN）	25号、24号梁段临时连接轴力（kN）	19号、18号梁段临时连接轴力（kN）	13号、12号梁段临时连接轴力（kN）	7号、6号梁段临时连接轴力（kN）
22	-1042.97	-718.88	54.81	—	—	—
23	-1081.26	-795.59	-98.32	—	—	—
24	-1107.76	-778.23	-250.33	—	—	—
25	-1124.59	-832.24	-110.52	—	—	—
26	-1129.91	-566.99	52.64	—	—	—
27	-1130.78	-565.05	57.22	—	—	—
28	-1126.62	-225.43	1713.37	—	—	—
29	-1108.71	3851.86	11700.10	13478.79	—	—
30	-1088.06	2687.97	10674.67	13526.17	—	—
31	-1056.88	962.56	4386.51	5780.30	—	—
32	-1020.88	-573.32	350.50	856.64	—	—
33	-974.20	-536.70	93.08	448.60	—	—
34	-924.75	-660.87	-34.82	374.05	—	—
35	-867.09	-600.12	-235.57	51.40	261.61	—
36	-805.36	-626.66	-291.48	-41.21	186.44	—
37	-740.21	-590.61	-395.14	-221.89	-49.54	—
38	-672.46	-526.77	-290.88	-101.89	62.98	—
39	-603.03	-471.33	-304.40	-187.52	-75.22	—
40	-534.98	-411.81	-267.37	-161.63	-67.30	—
41	-468.13	-351.75	-214.19	-118.66	-35.91	38.11
42	-404.42	-292.34	-173.76	-101.67	-47.83	-5.49
43	-407.26	-295.01	-176.03	-103.40	-48.85	-5.67
44	-346.08	-237.32	-126.11	-63.82	-22.52	5.74
45	-290.92	-184.79	-80.89	-28.60	-0.85	2.85
46	-258.50	-154.23	-55.49	-9.88	5.39	5.99
47	-227.85	-124.77	-28.79	12.78	22.60	22.68
48	-231.57	-127.21	-30.32	11.98	22.19	21.35
49	-215.42	-111.44	-15.73	24.93	31.68	26.2
50	-218.42	-114.34	-18.24	23.02	30.15	25.01

方案B(吊一半刚接一半再吊一半)加劲梁临时连接轴力变化　　　　表6-15-6

工况	39号、38号梁段临时连接轴力(kN)	32号、31号梁段临时连接轴力(kN)	25号、24号梁段临时连接轴力(kN)	19号、18号梁段临时连接轴力(kN)	13号、12号梁段临时连接轴力(kN)	7号、6号梁段临时连接轴力(kN)
1	0.01	—	—	—	—	—
2	0.01	—	—	—	—	—
3	-22.02	—	—	—	—	—
4	-22.02	—	—	—	—	—
5	-65.90	—	—	—	—	—
6	-65.91	—	—	—	—	—
7	-130.00	—	—	—	—	—
8	-130.03	—	—	—	—	—
9	-210.58	—	—	—	—	—
10	-302.93	—	—	—	—	—
11	-303.04	—	—	—	—	—
12	-401.66	—	—	—	—	—
13	-502.80	588.04	—	—	—	—
14	-601.81	-174.18	—	—	—	—
15	-602.07	-174.30	—	—	—	—
16	-696.95	-138.48	—	—	—	—
17	-784.57	-397.11	—	—	—	—
18	-864.18	-466.33	—	—	—	—
19	-933.87	-580.89	—	—	—	—
20	-934.33	-581.19	—	—	—	—
21	-994.16	-668.13	—	—	—	—
22	-1042.97	-718.88	54.81	—	—	—
23	-1081.26	-795.59	-98.32	—	—	—
24	-1107.76	-778.23	-250.33	—	—	—
25	-1124.59	-832.24	-110.52	—	—	—
26	-1129.91	-566.99	52.64	—	—	—
27	-1130.78	-565.05	57.22	—	—	—
28	-1126.62	-225.43	1713.37	—	—	—
29	-1111.01	-685.94	-3.27	423.72	—	—
30	-1050.37	-860.06	-501.78	-94.48	—	—
31	-1022.99	-842.45	-516.55	-154.95	—	—
32	-988.14	-816.72	-520.48	-198.98	—	—
33	-946.56	-782.19	-510.14	-228.66	—	—

续上表

工况	39号、38号梁段临时连接轴力（kN）	32号、31号梁段临时连接轴力（kN）	25号、24号梁段临时连接轴力（kN）	19号、18号梁段临时连接轴力（kN）	13号、12号梁段临时连接轴力（kN）	7号、6号梁段临时连接轴力（kN）
34	-898.67	-742.63	-496.09	-238.37	—	—
35	-845.32	-696.94	-473.37	-257.23	3.44	—
36	-787.42	-646.06	-443.30	-253.94	11.79	—
37	-725.86	-590.89	-406.77	-243.84	-68.38	—
38	-661.69	-532.50	-365.08	-224.96	-81.11	—
39	-596.11	-472.11	-319.53	-199.87	-83.62	—
40	-530.43	-411.03	-271.49	-170.06	-77.78	—
41	-466.13	-350.57	-221.97	-136.41	-64.81	0.68
42	-404.73	-292.67	-173.86	-101.78	-47.96	-5.27
43	-407.48	-295.29	-176.11	-103.51	-49.01	-5.45
44	-348.24	-238.85	-127.44	-65.87	-25.37	1.31
45	-294.31	-187.24	-82.28	-29.59	-1.11	2.82
46	-262.64	-157.27	-56.98	-10.85	5.07	5.77
47	-232.65	-128.26	-30.85	11.25	21.76	22.49
48	-217.94	-113.94	-17.67	23.82	34.56	35.42
49	-220.80	-116.69	-20.02	21.87	31.16	31.29
50	-218.42	-114.34	-18.24	23.02	30.15	25.01

方案C(吊一半两两刚接)加劲梁临时连接轴力变化　　　　　表6-15-7

工况	39号、38号梁段临时连接轴力（kN）	32号、31号梁段临时连接轴力（kN）	25号、24号梁段临时连接轴力（kN）	19号、18号梁段临时连接轴力（kN）	13号、12号梁段临时连接轴力（kN）	7号、6号梁段临时连接轴力（kN）
1	0.01	—	—	—	—	—
2	0.01	—	—	—	—	—
3	-22.02	—	—	—	—	—
4	-22.02	—	—	—	—	—
5	-65.90	—	—	—	—	—
6	-65.91	—	—	—	—	—
7	-130.00	—	—	—	—	—
8	-130.03	—	—	—	—	—
9	-210.58	—	—	—	—	—
10	-302.93	—	—	—	—	—
11	-303.04	—	—	—	—	—

续上表

工况	39号、38号梁段临时连接轴力（kN）	32号、31号梁段临时连接轴力（kN）	25号、24号梁段临时连接轴力（kN）	19号、18号梁段临时连接轴力（kN）	13号、12号梁段临时连接轴力（kN）	7号、6号梁段临时连接轴力（kN）
12	-401.66	—	—	—	—	—
13	-502.80	588.04	—	—	—	—
14	-601.81	-174.18	—	—	—	—
15	-602.07	-174.30	—	—	—	—
16	-696.95	-138.48	—	—	—	—
17	-784.57	-397.11	—	—	—	—
18	-864.18	-466.33	—	—	—	—
19	-933.87	-580.89	—	—	—	—
20	-934.33	-581.19	—	—	—	—
21	-994.16	-668.13	—	—	—	—
22	-1042.97	-718.88	54.81	—	—	—
23	-1081.26	-795.59	-98.32	—	—	—
24	-1107.76	-778.23	-250.33	—	—	—
25	-1124.59	-832.24	-110.52	—	—	—
26	-1129.91	-566.99	52.64	—	—	—
27	-1130.78	-565.05	57.22	—	—	—
28	-1126.62	-225.43	1713.37	—	—	—
29	-1111.01	-685.94	-3.27	423.72	—	—
30	-1091.94	-877.20	-500.66	-89.81	—	—
31	-1061.09	-867.02	-488.20	-95.54	—	—
32	-1022.85	-843.26	-532.70	-202.08	—	—
33	-977.20	-807.18	-527.33	-238.33	—	—
34	-925.25	-763.20	-510.37	-245.13	—	—
35	-867.80	-714.50	-482.06	-255.11	11.04	—
36	-805.90	-660.62	-450.69	-260.53	-48.02	—
37	-740.52	-602.53	-412.88	-245.50	-63.38	—
38	-672.78	-541.38	-369.84	-227.20	-80.66	—
39	-603.88	-478.38	-322.95	-201.86	-82.90	—
40	-535.18	-414.92	-273.65	-171.47	-77.68	—
41	-468.16	-352.28	-222.94	-136.53	-63.54	3.34
42	-404.44	-292.52	-173.83	-101.56	-47.32	-4.15
43	-407.29	-295.22	-176.12	-103.33	-48.40	-4.34
44	-346.09	-237.21	-126.62	-64.99	-24.75	2.03

续上表

工况	39号、38号梁段临时连接轴力（kN）	32号、31号梁段临时连接轴力（kN）	25号、24号梁段临时连接轴力（kN）	19号、18号梁段临时连接轴力（kN）	13号、12号梁段临时连接轴力（kN）	7号、6号梁段临时连接轴力（kN）
45	−290.94	−184.67	−81.06	−28.75	−0.89	3.17
46	−258.53	−154.14	−55.59	−10.01	5.29	5.77
47	−227.86	−124.59	−29.13	12.29	22.11	22.23
48	−210.73	−107.91	−13.65	26.16	32.82	27.31
49	−215.42	−111.44	−15.73	24.93	31.68	26.20
50	−218.42	−114.34	−18.24	23.02	30.15	25.01

图6-15-15～图6-15-20的梁段间的轴力变化图，从图中可知，在新吊装一梁段后，新吊装的梁段与相邻梁段间的轴力为拉力，随着后续梁段的架设完成，新吊装的梁段与相邻梁段间的轴力逐渐由拉力变为压力，压力逐渐增加，到达压力最大值后，逐渐又由压力转变为拉力。这同时也验证了前面对加劲梁开口距离分析的规律，在新吊装的梁段吊装完成后，下部开口一般为闭合或接近闭合，上部临时连接处承受一定的拉力，随着吊装的进行，新吊装的梁段与相邻梁段间的开口由闭合逐渐打开，最终又闭合。

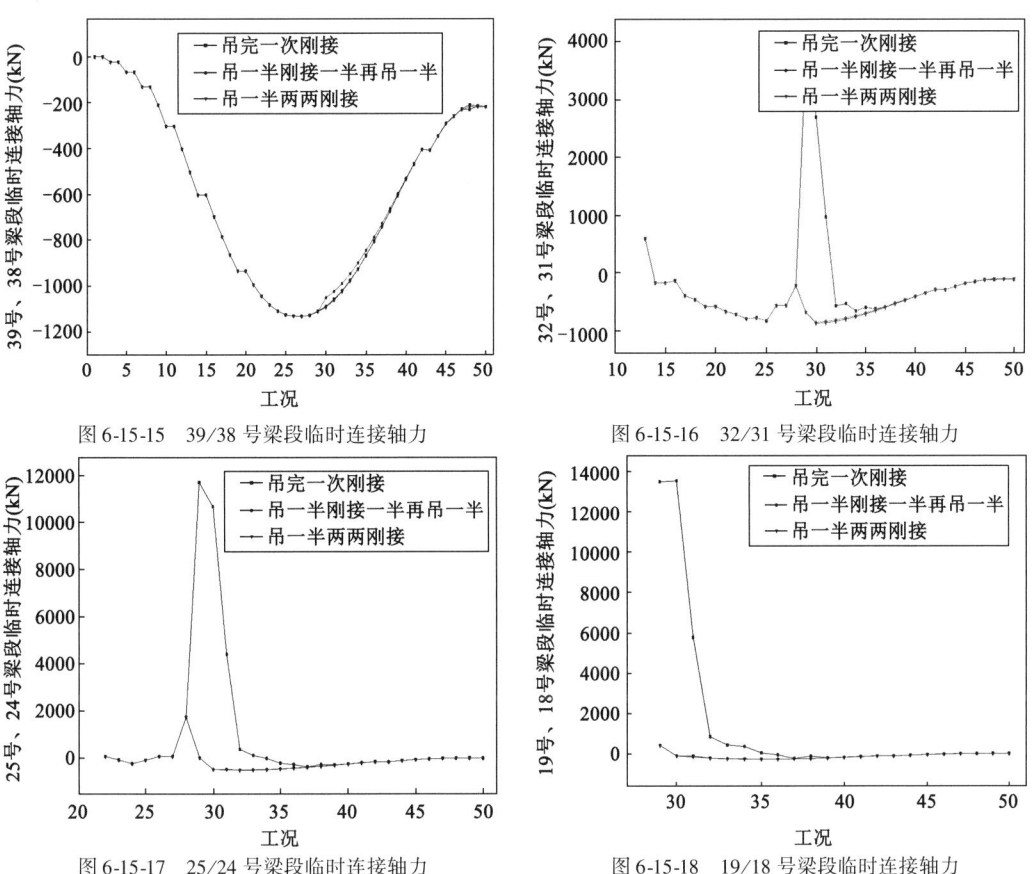

图6-15-15　39/38号梁段临时连接轴力　　图6-15-16　32/31号梁段临时连接轴力

图6-15-17　25/24号梁段临时连接轴力　　图6-15-18　19/18号梁段临时连接轴力

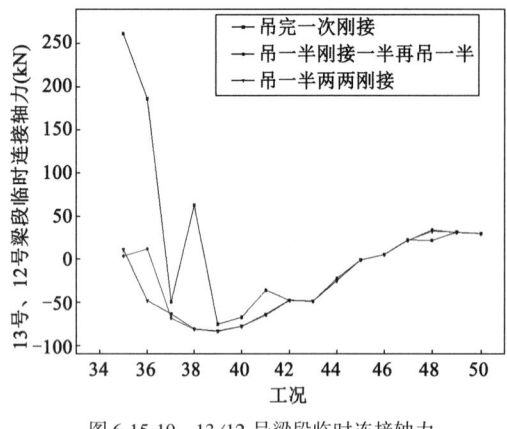
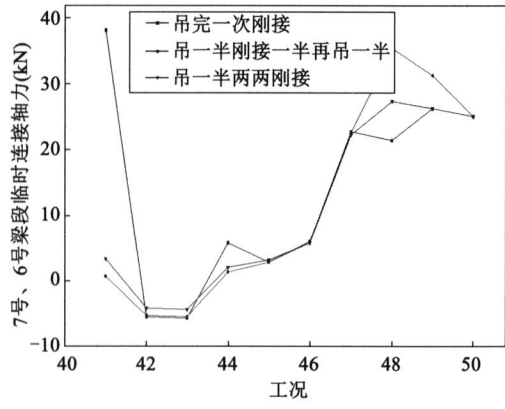

图 6-15-19　13/12 号梁段临时连接轴力　　图 6-15-20　7/6 号梁段临时连接轴力

对比分析 3 种方案相邻梁段间的轴力变化图可知,3 种方案轴力值在工况 29(即吊 19/59 号,吊杆 18/58 号)较大的突变。图 6-15-21 为工况 29(即吊 19/59 号,吊杆 18/58 号)各个梁段间轴力的变化情况,可知从跨中梁段到桥塔侧梁段轴力的变化由压力逐渐变化为拉力。在进行刚接作业后,方案 B 的轴力全部突变为压力,如图 6-15-22 所示。方案 C 进行 37-38 号和 40-41 号梁段的刚接作业后,各个梁段间受到轴力的拉力减少而压力增大,如图 6-15-23 所示。

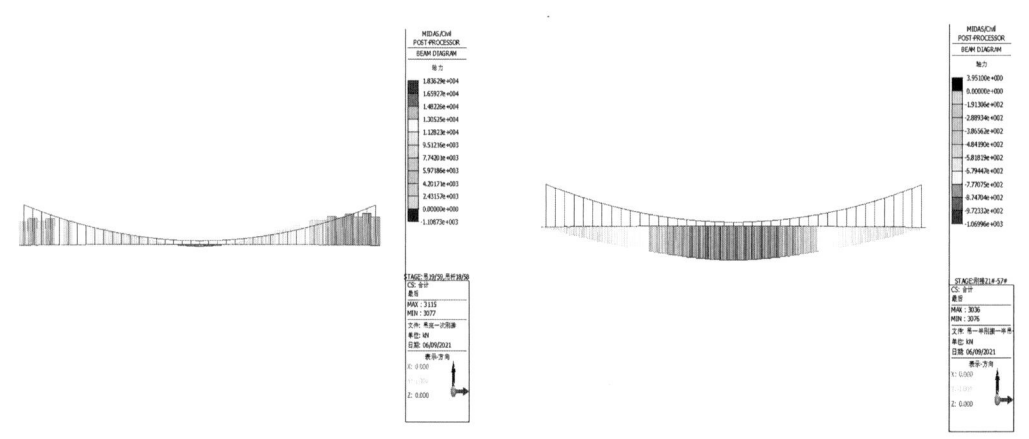

图 6-15-21　方案 A:吊装完 19/59 号梁段后轴力分布情况　　图 6-15-22　方案 B:刚接 21-57 号梁段后轴力分布情况

图 6-15-24 为方案 C 所有梁段临时连接轴力的变化,所有临时连接梁段的轴力呈现先减少后增大的趋势,在刚接作业工况前后,轴力值发生较大的变化,部分梁段出现较大的拉力。随着吊装的进行,临时连接的轴力逐渐趋近于零。

4. 钢箱梁吊装过程中相邻梁段剪力分析

3 种方案跨中临时连接处的剪力变化见表 6-15-8 ~ 表 6-15-10,在没有进行刚接之前,3 种方案的剪力变化相同,剪力变化呈锯齿状变化,随着加劲梁的吊装,锯齿状变化越来越剧烈,在施工阶段进行到工况 28 时,3 种方案的剪力变化出现差异,其中方案 A

（吊完一次刚接）的剪力变化继续呈现锯齿状变化，并且达到剪力的最大值，最大值为$-164kN$，随后剪力的这种锯齿状变化，逐渐趋于缓和。剪力值最终趋向于零。方案 B（吊一半刚接一半再吊一半）剪力变化达到最大值，最大值为192kN，之后随着中间部分加劲梁刚接的完成，剪力突变为零。在工况 28 时，达到最大值，随后剪力逐渐减少，直至接近于零。

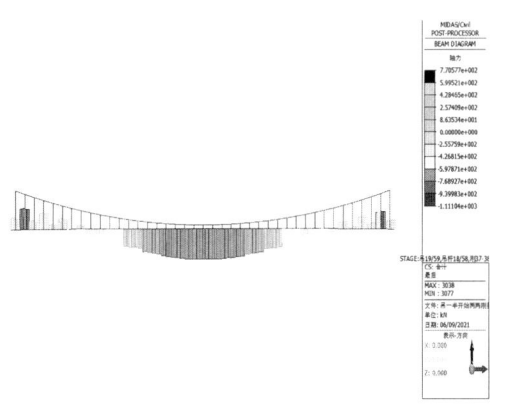

图 6-15-23　方案 C：吊完 19/59 号，并刚接 37-38 号、40-41 号梁段后轴力分布情况

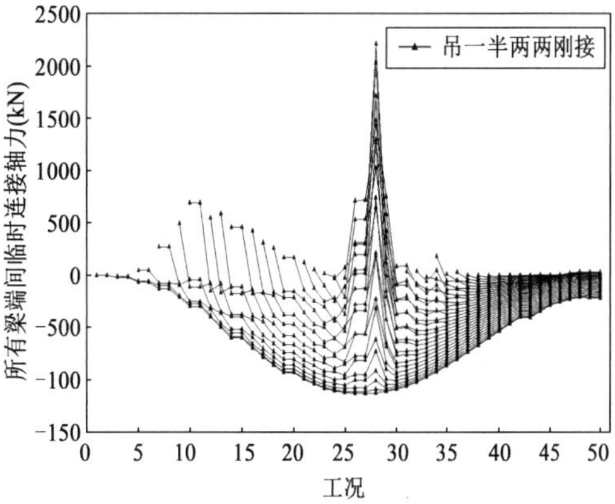

图 6-15-24　方案 C：所有梁端间临时连接轴力变化

方案 A（吊完一次刚接）**加劲梁临时连接剪力变化**　　　　表 6-15-8

工况	39号、38号梁段临时连接剪力（kN）	32号、31号梁段临时连接剪力（kN）	25号、24号梁段临时连接剪力（kN）	19号、18号梁段临时连接剪力（kN）	13号、12号梁段临时连接剪力（kN）	7号、6号梁段临时连接剪力（kN）
3	0.59	—	—	—	—	—
4	0.59	—	—	—	—	—
5	0.86	—	—	—	—	—
6	0.87	—	—	—	—	—
7	-0.90	—	—	—	—	—
8	-0.91	—	—	—	—	—
9	10.85	—	—	—	—	—
10	-11.86	—	—	—	—	—
11	-11.91	—	—	—	—	—
12	24.37	—	—	—	—	—
13	-20.00	6.17	—	—	—	—
14	28.28	-13.55	—	—	—	—
15	28.35	-13.58	—	—	—	—
16	-21.45	15.40	—	—	—	—
17	28.01	-12.39	—	—	—	—

续上表

工况	39号、38号梁段临时连接剪力（kN）	32号、31号梁段临时连接剪力（kN）	25号、24号梁段临时连接剪力（kN）	19号、18号梁段临时连接剪力（kN）	13号、12号梁段临时连接剪力（kN）	7号、6号梁段临时连接剪力（kN）
18	-21.11	16.75	—	—	—	—
19	27.05	-10.62	—	—	—	—
20	27.07	-10.62	—	—	—	—
21	-21.02	17.38	—	—	—	—
22	27.90	-10.77	0.29	—	—	—
23	-23.79	19.55	-0.26	—	—	—
24	35.21	-15.56	3.38	—	—	—
25	-33.68	26.58	0.44	—	—	—
26	58.48	-32.81	8.70	—	—	—
27	58.59	-32.87	8.70	—	—	—
28	-78.03	58.24	-5.94	—	—	—
29	175.45	-114.22	13.95	-28.53	—	—
30	-158.82	115.90	-10.89	30.06	—	—
31	123.07	-83.75	26.42	-5.69	—	—
32	-64.60	50.21	-9.55	4.34	—	—
33	69.36	-46.57	19.72	2.51	—	—
34	-35.21	30.16	-6.30	3.25	—	—
35	34.55	-23.71	14.40	4.26	-0.09	—
36	-27.18	23.87	-5.73	2.10	1.67	—
37	11.15	-6.53	7.23	3.67	0.12	—
38	-16.31	15.61	-4.53	0.61	1.36	—
39	-24.51	21.90	-8.66	-1.81	0.20	—
40	9.21	-6.24	6.96	4.61	1.65	—
41	-4.11	4.96	-0.74	0.38	-0.16	0.05
42	3.92	-2.32	3.99	3.29	1.52	1.23
43	3.94	-2.33	4.01	3.31	1.53	1.23
44	0.11	0.86	1.24	1.22	0.02	0.01
45	2.54	-1.53	2.84	2.51	1.21	1.18
46	0.79	-0.04	1.37	1.19	-0.02	-0.04
47	2.00	-1.27	2.26	2.04	0.92	1.00
48	-0.07	7.04	9.82	11.00	24.09	-49.82
49	-0.02	7.04	9.81	10.55	15.39	-164.50
50	-0.09	7.15	9.97	10.71	15.46	-163.60

方案 B(吊一半刚接一半再吊一半)加劲梁临时连接剪力变化　　　　表 6-15-9

工　　况	39 号、38 号梁段临时连接剪力(kN)	32 号、31 号梁段临时连接剪力(kN)	25 号、24 号梁段临时连接剪力(kN)	19 号、18 号梁段临时连接剪力(kN)	13 号、12 号梁段临时连接剪力(kN)	7 号、6 号梁段临时连接剪力(kN)
3	0.59	—	—	—	—	—
4	0.59	—	—	—	—	—
5	0.86	—	—	—	—	—
6	0.87	—	—	—	—	—
7	−0.90	—	—	—	—	—
8	−0.91	—	—	—	—	—
9	10.85	—	—	—	—	—
10	−11.86	—	—	—	—	—
11	−11.91	—	—	—	—	—
12	24.37	—	—	—	—	—
13	−20.00	6.17	—	—	—	—
14	28.28	−13.55	—	—	—	—
15	28.35	−13.58	—	—	—	—
16	−21.45	15.40	—	—	—	—
17	28.01	−12.39	—	—	—	—
18	−21.11	16.75	—	—	—	—
19	27.05	−10.62	—	—	—	—
20	27.07	−10.62	—	—	—	—
21	−21.02	17.38	—	—	—	—
22	27.90	−10.77	0.29	—	—	—
23	−23.79	19.55	−0.26	—	—	—
24	35.21	−15.56	3.38	—	—	—
25	−33.68	26.58	0.44	—	—	—
26	58.48	−32.81	8.70	—	—	—
27	58.59	−32.87	8.70	—	—	—
28	−78.03	58.24	−5.94	—	—	—
29	81.97	−50.45	13.07	−0.29	—	—
30	−2.36	−33.11	−409.56	2.11	—	—
31	−2.01	−26.55	−353.04	4.08	—	—
32	−1.69	−20.81	−301.72	6.14	—	—
33	−1.90	−15.38	−253.44	7.29	—	—
34	−1.63	−11.17	−211.24	8.15	—	—
35	−1.39	−7.60	−172.70	7.75	−0.01	—

续上表

工况	39号、38号梁段临时连接剪力（kN）	32号、31号梁段临时连接剪力（kN）	25号、24号梁段临时连接剪力（kN）	19号、18号梁段临时连接剪力（kN）	13号、12号梁段临时连接剪力（kN）	7号、6号梁段临时连接剪力（kN）
36	-1.19	-4.49	-138.19	8.27	1.19	—
37	-1.01	-1.85	-106.92	6.40	0.37	—
38	-0.86	0.41	-79.27	6.56	1.68	—
39	-0.72	2.33	-54.59	3.94	0.48	—
40	-0.61	3.93	-33.27	4.30	1.70	—
41	-0.64	5.38	-14.12	1.72	0.10	0.01
42	-0.52	6.40	1.14	2.68	1.33	1.23
43	-0.47	6.36	0.54	2.71	1.34	1.23
44	-0.46	7.18	13.69	1.07	-0.04	0.00
45	-0.33	7.72	23.14	2.39	1.19	1.18
46	-0.24	8.15	30.38	1.23	0.00	-0.03
47	-0.13	8.15	34.60	2.51	1.18	1.09
48	-0.10	8.15	34.77	17.97	17.17	18.39
49	-0.19	8.33	34.17	18.14	17.34	18.40
50	-0.09	7.15	9.97	10.71	15.46	-163.60

方案 C（吊一半两两刚接）加劲梁临时连接剪力变化　　表 6-15-10

工况	39号、38号梁段临时连接剪力（kN）	32号、31号梁段临时连接剪力（kN）	25号、24号梁段临时连接剪力（kN）	19号、18号梁段临时连接剪力（kN）	13号、12号梁段临时连接剪力（kN）	7号、6号梁段临时连接剪力（kN）
3	0.59	—	—	—	—	—
4	0.59	—	—	—	—	—
5	0.86	—	—	—	—	—
6	0.87	—	—	—	—	—
7	-0.90	—	—	—	—	—
8	-0.91	—	—	—	—	—
9	10.85	—	—	—	—	—
10	-11.86	—	—	—	—	—
11	-11.91	—	—	—	—	—
12	24.37	—	—	—	—	—
13	-20.00	6.17	—	—	—	—
14	28.28	-13.55	—	—	—	—
15	28.35	-13.58	—	—	—	—
16	-21.45	15.40	—	—	—	—

续上表

工况	39号、38号梁段临时连接剪力（kN）	32号、31号梁段临时连接剪力（kN）	25号、24号梁段临时连接剪力（kN）	19号、18号梁段临时连接剪力（kN）	13号、12号梁段临时连接剪力（kN）	7号、6号梁段临时连接剪力（kN）
17	28.01	-12.39	—	—	—	—
18	-21.11	16.75	—	—	—	—
19	27.05	-10.62	—	—	—	—
20	27.07	-10.62	—	—	—	—
21	-21.02	17.38	—	—	—	—
22	27.90	-10.77	0.29	—	—	—
23	-23.79	19.55	-0.26	—	—	—
24	35.21	-15.56	3.38	—	—	—
25	-33.68	26.58	0.44	—	—	—
26	58.48	-32.81	8.70	—	—	—
27	58.59	-32.87	8.70	—	—	—
28	-78.03	58.24	-5.94	—	—	—
29	81.97	-50.45	13.07	-0.29	—	—
30	90.18	-15.06	6.06	0.26	—	—
31	78.11	-28.02	16.64	2.68	—	—
32	67.95	-2.28	10.08	3.33	—	—
33	58.12	3.88	11.89	5.02	—	—
34	48.54	2.54	8.05	4.71	—	—
35	40.07	2.48	5.77	3.39	0.00	—
36	32.22	2.27	3.61	4.00	1.24	—
37	25.01	2.06	3.65	2.27	0.07	—
38	18.43	1.85	3.39	3.34	1.34	—
39	12.50	1.63	3.04	3.40	0.06	—
40	7.20	1.42	2.69	2.66	1.35	—
41	2.41	1.21	2.33	2.26	0.05	0.01
42	-1.51	1.02	1.99	1.87	0.39	1.23
43	-1.33	1.03	2.01	1.88	0.39	1.23
44	-4.73	0.85	1.67	1.47	0.45	0.00
45	-7.25	0.68	1.37	1.08	0.51	1.18
46	-9.13	0.59	1.20	0.87	0.93	-11.03
47	-10.31	0.49	1.03	0.64	0.97	-11.20
48	-10.76	0.45	0.92	0.38	4.96	-152.50
49	-0.02	7.04	9.81	10.55	15.39	-164.50
50	-0.09	7.15	9.97	10.71	15.46	-163.60

图 6-15-25～图 6-15-30 为 3 种方案剪力变化对比图,可知方案 C(吊一半两两刚接)的剪力变化较方案 A 和方案 B 的剪力变化幅度较小。

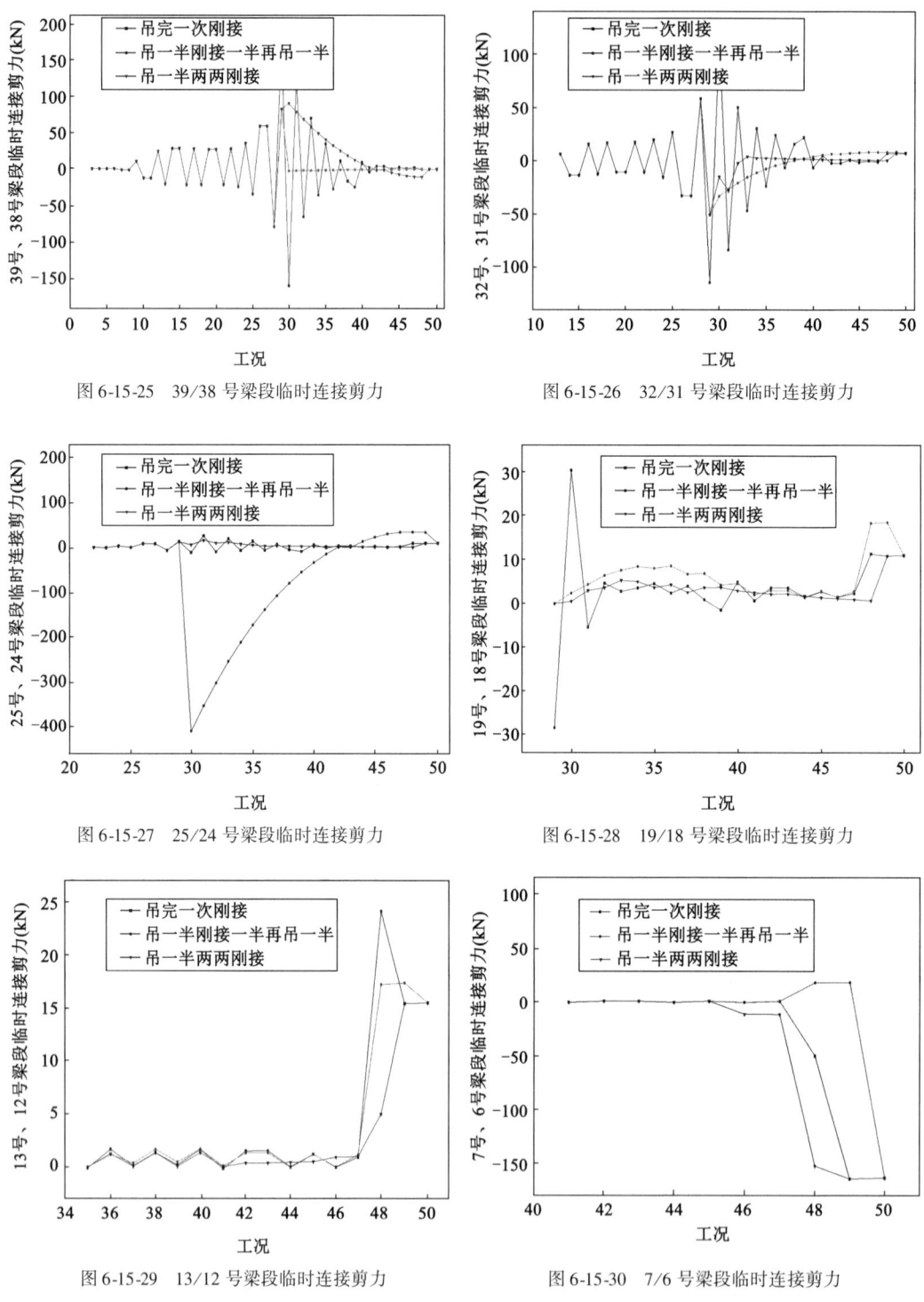

图 6-15-25 39/38 号梁段临时连接剪力

图 6-15-26 32/31 号梁段临时连接剪力

图 6-15-27 25/24 号梁段临时连接剪力

图 6-15-28 19/18 号梁段临时连接剪力

图 6-15-29 13/12 号梁段临时连接剪力

图 6-15-30 7/6 号梁段临时连接剪力

图 6-15-31 为方案 C 所有梁段临时连接在不同工况下剪力的变化情况,由图可知,剪力呈现一定的锯齿状变化,在进行刚接作业工况前后,剪力值开始增大,随着施工工况的进行,剪力值开始不断减少。

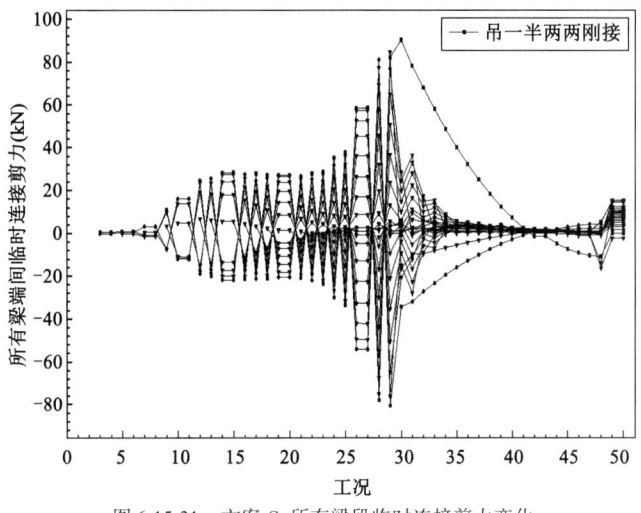

图 6-15-31　方案 C:所有梁段临时连接剪力变化

5. 钢箱梁相邻梁段最大正应力分析

钢箱梁在铰接状态下基本只承受自重引起的弯曲作用,梁段间连接近似铰接不传递弯矩,两片钢箱梁在自重作用下的应力分布类似简支梁的分布,在吊装前期 A、B、C 三种方案下钢箱梁应力分布均相同,在方案 B 和方案 C 开始刚接的情况下继续吊装梁段,钢梁应力分布开始产生差异。下面给出几组工况,分别展示不同吊装方案下钢箱梁应力分布情况。

图 6-15-32 ~ 图 6-15-35 列出了吊装完 12/66 号梁段钢箱梁截面最大正应力分布情况。可见方案 A 和方案 C 箱梁截面应力差异很小,且方案 B 在跨中区域截面应力变化大于方案 A 和方案 C。方案 B 与方案 C 和方案 A 有较大差异是因为方案 B 此时跨中的区段的钢箱梁已经大范围刚接,钢箱梁应力分布类似于多点弹性支撑连续梁。但 3 种方案下钢梁最大应力均在一个较低的水平方案 A 钢梁最大应力为 1.6MPa,方案 C 钢梁最大正应力为 1.7MPa,方案 B 钢梁最大应力为 5.4MPa。

图 6-15-36 ~ 图 6-15-39 为吊装完 19/59 号梁段箱梁各个截面最大正应力分布情况,其中方案 A 和方案 B 较方案 C 的内力变化较大,方案 C 各个截面内力变化较为均匀而且应力比较小。

图 6-15-40 ~ 图 6-15-42 为成桥应力分布,由图可知,无论采用哪种吊装方案,在保证施工质量和施工安全的前提下,均可达到相同的内力状态。

图 6-15-43 为方案 C 所有梁段临时连接应力变化情况,所有临时连接梁段的应力呈现先减少后增大的趋势,在刚接作业工况前后,应力值发生较大的变化。所有梁段临时连接应力在合龙时发生较大突变。在进行二期铺装的施工后,应力力恢复到较小值。应力的变化规律同图 6-15-24 轴力的变化规律近乎一致。

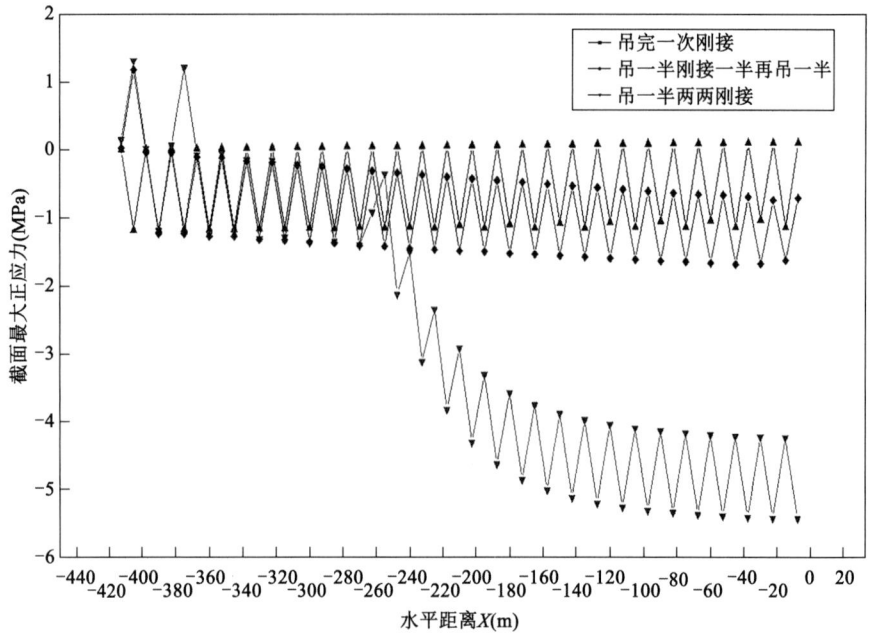

图 6-15-32　吊装完 12/66 号梁段钢梁截面最大正应力分布情况

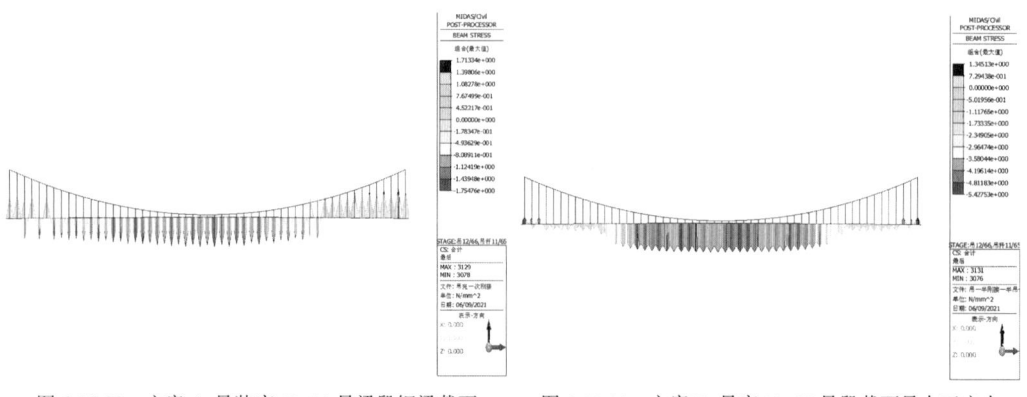

图 6-15-33　方案 A：吊装完 12/66 号梁段钢梁截面最大正应力分部

图 6-15-34　方案 B：吊完 12/66 号段截面最大正应力

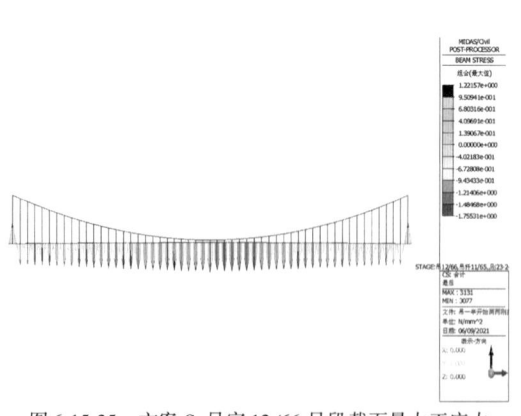

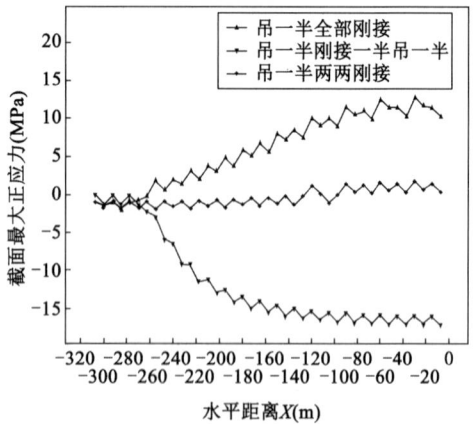

图 6-15-35　方案 C：吊完 12/66 号段截面最大正应力

图 6-15-36　吊装完 19/59 号梁段箱梁截面最大正应力分布情况

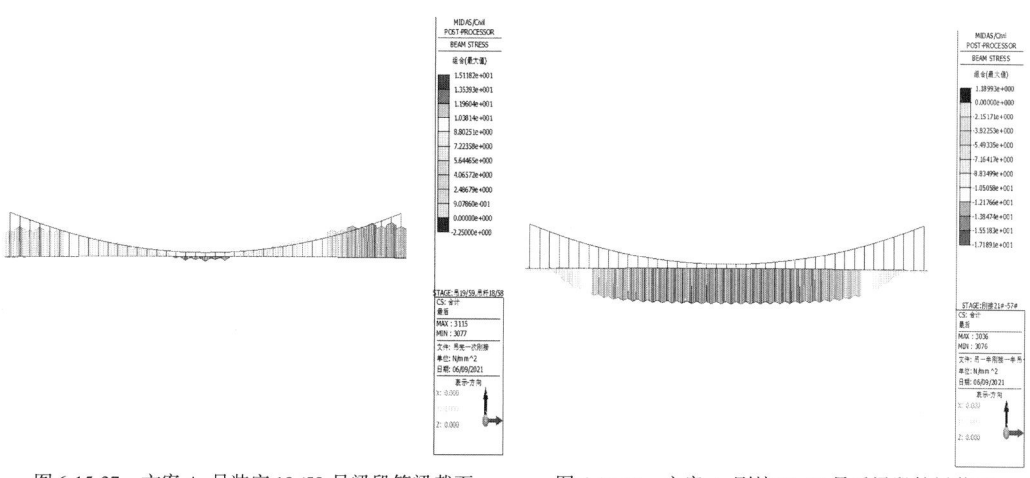

图 6-15-37　方案 A：吊装完 19/59 号梁段箱梁截面最大正应力分布

图 6-15-38　方案 A：刚接 21-57 号后梁段箱梁截面最大正应力分布

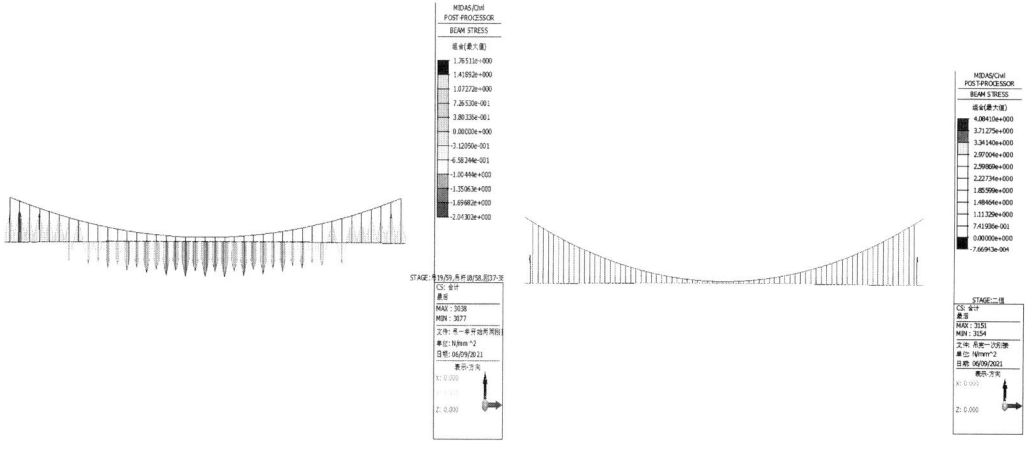

图 6-15-39　方案 A：吊装完 19/59 号梁段箱梁截面最大正应力分布

图 6-15-40　方案 A：成桥应力分布

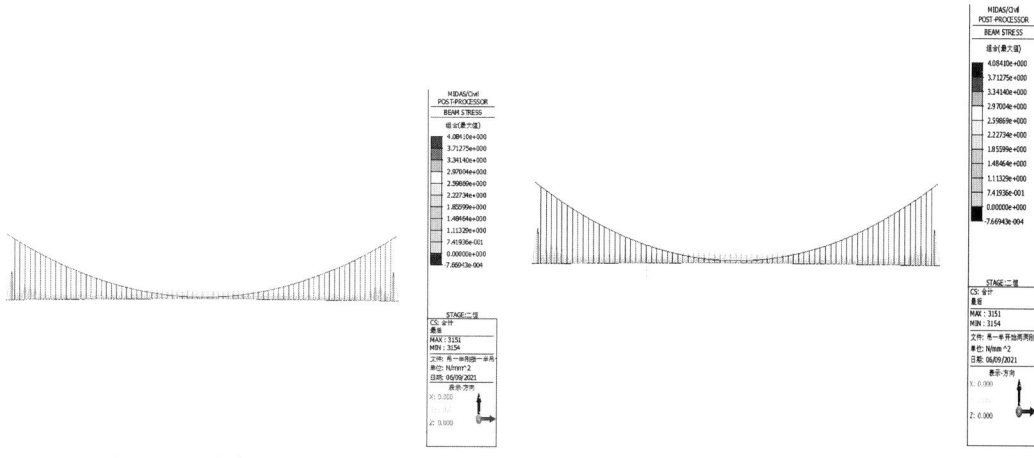

图 6-15-41　方案 B：成桥应力分布

图 6-15-42　方案 C：成桥应力分布

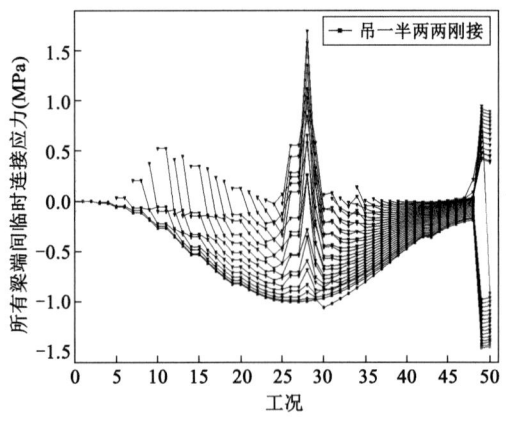

图 6-15-43　方案 C:所有梁段临时连接应力变化

6. 吊装过程中吊索索力的对比分析

表 6-15-11 ~ 表 6-15-13 为 3 种方案吊装过程中吊索索力的变化情况,以上游 38 号吊索为例,如图 6-15-44 所示,在吊装初期,3 种方案的吊索索力变化一致,38 号吊索索力呈现锯齿形变化。在进行刚接作业的工况后,3 种方案的 38 号吊索索力出现差异。由于中间梁段的刚接完成,方案 B 的 38 号吊索索力变化趋于稳定,随着后续工况的增加,38 号吊索索力变化近似直线,索力变化的折线特征不在明显,直到进行二期铺装时,索力才发生较大变化。方案 C 的 38 号吊索索力变化从开始进行两两刚接的作业后,开始逐渐减少。

方案 A(吊完一次刚接)上游吊索索力　　　　表 6-15-11

工 况	38 号吊索索力（kN）	32 号吊索索力（kN）	26 号吊索索力（kN）	20 号吊索索力（kN）	19 号吊索索力（kN）	13 号吊索索力（kN）	7 号吊索索力（kN）	1 号吊索索力（kN）
1	1233.58	—	—	—	—	—	—	—
2	1233.58	—	—	—	—	—	—	—
3	1234.13	—	—	—	—	—	—	—
4	1234.13	—	—	—	—	—	—	—
5	1234.43	—	—	—	—	—	—	—
6	1234.43	—	—	—	—	—	—	—
7	1232.61	—	—	—	—	—	—	—
8	1232.61	—	—	—	—	—	—	—
9	1244.39	—	—	—	—	—	—	—
10	1221.62	—	—	—	—	—	—	—
11	1221.56	—	—	—	—	—	—	—
12	1257.89	1238.55	—	—	—	—	—	—
13	1213.42	1217.46	—	—	—	—	—	—

续上表

工况	38号吊索索力（kN）	32号吊索索力（kN）	26号吊索索力（kN）	20号吊索索力（kN）	19号吊索索力（kN）	13号吊索索力（kN）	7号吊索索力（kN）	1号吊索索力（kN）
14	1261.78	1249.79	—	—	—	—	—	—
15	1261.86	1249.83	—	—	—	—	—	—
16	1211.87	1216.94	—	—	—	—	—	—
17	1261.53	1251.07	—	—	—	—	—	—
18	1212.11	1218.35	—	—	—	—	—	—
19	1260.62	1250.94	1233.06	—	—	—	—	—
20	1260.65	1250.95	1233.05	—	—	—	—	—
21	1212.05	1218.91	1228.11	—	—	—	—	—
22	1261.61	1251.96	1236.18	—	—	—	—	—
23	1209.00	1216.99	1228.83	—	—	—	—	—
24	1269.39	1257.42	1238.45	—	—	—	—	—
25	1198.17	1209.34	1226.73	—	—	—	—	—
26	1294.61	1275.87	1246.42	1231.41	—	—	—	—
27	1294.76	1275.95	1246.44	1231.40	—	—	—	—
28	1149.87	1174.55	1211.86	1233.72	1231.54	—	—	—
29	1416.25	1368.78	1289.85	1235.75	1233.45	—	—	—
30	1090.21	1108.89	1177.66	1227.60	1235.32	—	—	—
31	1350.95	1329.89	1277.17	1238.46	1231.56	—	—	—
32	1170.63	1182.95	1211.17	1231.59	1233.87	—	—	—
33	1301.54	1287.87	1258.24	1236.27	1232.92	—	—	—
34	1196.32	1204.63	1218.65	1230.88	1235.24	1232.93	—	—
35	1267.63	1261.84	1248.63	1236.76	1232.03	1234.42	—	—
36	1203.35	1210.83	1220.91	1230.22	1236.14	1232.51	—	—
37	1251.70	1242.84	1238.95	1234.95	1233.06	1234.05	—	—
38	1234.45	1219.28	1224.29	1229.71	1236.99	1233.17	—	—
39	1211.53	1212.33	1219.71	1227.09	1239.34	1234.49	—	—
40	1244.79	1241.63	1239.20	1236.57	1231.26	1232.46	1233.07	—
41	1229.25	1229.78	1230.63	1231.66	1235.60	1234.56	1234.23	—
42	1237.06	1237.09	1236.32	1235.53	1232.00	1232.67	1233.00	—
43	1237.13	1237.11	1236.33	1235.53	1232.01	1232.66	1233.00	—

续上表

工况	38号吊索索力(kN)	32号吊索索力(kN)	26号吊索索力(kN)	20号吊索索力(kN)	19号吊索索力(kN)	13号吊索索力(kN)	7号吊索索力(kN)	1号吊索索力(kN)
44	1232.88	1233.64	1233.63	1233.64	1233.77	1234.24	1234.22	—
45	1235.29	1235.94	1235.64	1235.41	1232.03	1233.01	1233.00	—
46	1233.51	1234.33	1234.27	1234.25	1233.16	1234.23	1234.21	—
47	1234.78	1235.49	1235.36	1235.34	1232.07	1233.30	1233.16	1232.99
48	1233.42	1233.73	1234.03	1233.97	1233.86	1235.19	1221.70	1200.08
49	1233.46	1233.74	1234.04	1233.94	1233.81	1234.10	1208.17	1613.72
50	1233.40	1233.75	1234.05	1233.94	1233.81	1234.10	1208.30	1610.99

方案 B（吊一半刚接一半再吊一半）上游吊索索力　　　表 6-15-12

工况	38号吊索索力(kN)	32号吊索索力(kN)	26号吊索索力(kN)	20号吊索索力(kN)	19号吊索索力(kN)	13号吊索索力(kN)	7号吊索索力(kN)	1号吊索索力(kN)
1	1233.58	—	—	—	—	—	—	—
2	1233.58	—	—	—	—	—	—	—
3	1234.13	—	—	—	—	—	—	—
4	1234.13	—	—	—	—	—	—	—
5	1234.43	—	—	—	—	—	—	—
6	1234.43	—	—	—	—	—	—	—
7	1232.61	—	—	—	—	—	—	—
8	1232.61	—	—	—	—	—	—	—
9	1244.39	—	—	—	—	—	—	—
10	1221.62	—	—	—	—	—	—	—
11	1221.56	—	—	—	—	—	—	—
12	1257.89	1238.55	—	—	—	—	—	—
13	1213.42	1217.46	—	—	—	—	—	—
14	1261.78	1249.79	—	—	—	—	—	—
15	1261.86	1249.83	—	—	—	—	—	—
16	1211.87	1216.94	—	—	—	—	—	—
17	1261.53	1251.07	—	—	—	—	—	—
18	1212.11	1218.35	—	—	—	—	—	—
19	1260.62	1250.94	1233.06	—	—	—	—	—
20	1260.65	1250.95	1233.05	—	—	—	—	—

续上表

工 况	38号吊索索力（kN）	32号吊索索力（kN）	26号吊索索力（kN）	20号吊索索力（kN）	19号吊索索力（kN）	13号吊索索力（kN）	7号吊索索力（kN）	1号吊索索力（kN）
21	1212.05	1218.91	1228.11	—	—	—	—	—
22	1261.61	1251.96	1236.18	—	—	—	—	—
23	1209.00	1216.99	1228.83	—	—	—	—	—
24	1269.39	1257.42	1238.45	—	—	—	—	—
25	1198.17	1209.34	1226.73	—	—	—	—	—
26	1294.61	1275.87	1246.42	1231.41	—	—	—	—
27	1294.76	1275.95	1246.44	1231.40	—	—	—	—
28	1149.87	1174.55	1211.86	1233.72	1231.54	—	—	—
29	1315.35	1295.52	1252.99	1232.15	1234.26	—	—	—
30	1311.44	1257.56	1251.88	1236.41	1232.05	—	—	—
31	1301.28	1232.17	1242.28	1235.03	1232.78	—	—	—
32	1291.46	1234.43	1243.64	1236.97	1231.24	—	—	—
33	1281.91	1233.91	1237.01	1235.55	1232.28	1232.93	—	—
34	1273.45	1233.89	1233.62	1234.06	1233.73	1234.12	—	—
35	1265.62	1233.81	1233.95	1234.52	1233.16	1232.98	—	—
36	1258.43	1233.76	1233.89	1233.00	1234.80	1234.21	—	—
37	1251.87	1233.71	1233.88	1233.77	1233.62	1232.95	—	—
38	1245.95	1233.68	1233.90	1233.74	1233.56	1234.26	—	—
39	1240.68	1233.66	1233.91	1233.83	1233.54	1232.95	1233.04	—
40	1235.91	1233.64	1233.92	1233.84	1233.51	1233.47	1234.26	—
41	1232.00	1233.64	1233.94	1233.86	1233.49	1233.48	1233.03	—
42	1232.16	1233.64	1233.94	1233.86	1233.49	1233.48	1233.03	—
43	1228.78	1233.64	1233.96	1233.87	1233.47	1233.50	1234.23	—
44	1226.27	1233.64	1233.97	1233.88	1233.46	1233.53	1232.99	—
45	1224.40	1233.64	1233.99	1233.88	1233.45	1233.48	1233.22	—
46	1223.23	1233.65	1234.00	1233.89	1233.45	1233.57	1233.22	1232.99
47	1222.79	1233.65	1234.00	1233.91	1233.46	1233.44	1236.09	2667.75
48	1233.46	1233.74	1234.04	1233.94	1233.81	1234.10	1208.17	1613.72
49	1233.40	1233.75	1234.05	1233.94	1233.81	1234.10	1208.30	1610.99
50	1233.41	1233.74	1234.04	1233.95	1233.81	1234.12	1208.09	1610.05

方案 C（吊一半两两刚接）上游吊索索力　　　　　表 6-15-13

工况	38号吊索索力（kN）	32号吊索索力（kN）	26号吊索索力（kN）	20号吊索索力（kN）	19号吊索索力（kN）	13号吊索索力（kN）	7号吊索索力（kN）	1号吊索索力（kN）
1	1233.58	—	—	—	—	—	—	—
2	1233.58	—	—	—	—	—	—	—
3	1234.13	—	—	—	—	—	—	—
4	1234.13	—	—	—	—	—	—	—
5	1234.43	—	—	—	—	—	—	—
6	1234.43	—	—	—	—	—	—	—
7	1232.61	—	—	—	—	—	—	—
8	1232.61	—	—	—	—	—	—	—
9	1244.39	—	—	—	—	—	—	—
10	1221.62	—	—	—	—	—	—	—
11	1221.56	—	—	—	—	—	—	—
12	1257.89	1238.55	—	—	—	—	—	—
13	1213.42	1217.46	—	—	—	—	—	—
14	1261.78	1249.79	—	—	—	—	—	—
15	1261.86	1249.83	—	—	—	—	—	—
16	1211.87	1216.94	—	—	—	—	—	—
17	1261.53	1251.07	—	—	—	—	—	—
18	1212.11	1218.35	—	—	—	—	—	—
19	1260.62	1250.94	1233.06	—	—	—	—	—
20	1260.65	1250.95	1233.05	—	—	—	—	—
21	1212.05	1218.91	1228.11	—	—	—	—	—
22	1261.61	1251.96	1236.18	—	—	—	—	—
23	1209.00	1216.99	1228.83	—	—	—	—	—
24	1269.39	1257.42	1238.45	—	—	—	—	—
25	1198.17	1209.34	1226.73	—	—	—	—	—
26	1294.61	1275.87	1246.42	1231.41	—	—	—	—
27	1294.76	1275.95	1246.44	1231.40	—	—	—	—
28	1149.87	1174.55	1211.86	1233.72	1231.54	—	—	—
29	1315.35	1295.52	1252.99	1232.15	1234.26	—	—	—
30	1323.52	1255.54	1239.51	1231.40	1235.07	—	—	—
31	1311.44	1257.56	1251.88	1236.41	1232.05	—	—	—
32	1301.28	1232.17	1242.28	1235.03	1232.78	—	—	—

续上表

工况	38号吊索索力（kN）	32号吊索索力（kN）	26号吊索索力（kN）	20号吊索索力（kN）	19号吊索索力（kN）	13号吊索索力（kN）	7号吊索索力（kN）	1号吊索索力（kN）
33	1291.46	1234.43	1243.64	1236.97	1231.24	—	—	—
34	1281.91	1233.91	1237.01	1235.55	1232.28	1232.93	—	—
35	1273.45	1233.89	1233.62	1234.06	1233.73	1234.12	—	—
36	1265.62	1233.81	1233.95	1234.52	1233.16	1232.98	—	—
37	1258.43	1233.76	1233.89	1233.00	1234.80	1234.21	—	—
38	1251.87	1233.71	1233.88	1233.77	1233.62	1232.95	—	—
39	1245.95	1233.68	1233.90	1233.74	1233.56	1234.26	—	—
40	1240.68	1233.66	1233.91	1233.83	1233.54	1232.95	1233.04	—
41	1235.91	1233.64	1233.92	1233.84	1233.51	1233.47	1234.26	—
42	1232.00	1233.64	1233.94	1233.86	1233.49	1233.48	1233.03	—
43	1232.16	1233.64	1233.94	1233.86	1233.49	1233.48	1233.03	—
44	1228.78	1233.64	1233.96	1233.87	1233.47	1233.50	1234.23	—
45	1226.27	1233.64	1233.97	1233.88	1233.46	1233.53	1232.99	—
46	1224.40	1233.64	1233.99	1233.88	1233.45	1233.48	1233.22	—
47	1223.23	1233.65	1234.00	1233.89	1233.45	1233.57	1233.22	1232.99
48	1222.79	1233.65	1234.00	1233.91	1233.46	1233.44	1236.09	2667.75
49	1233.46	1233.74	1234.04	1233.94	1233.81	1234.10	1208.17	1613.72
50	1233.40	1233.75	1234.05	1233.94	1233.81	1234.10	1208.30	1610.99

综上，对比3种方案38号吊索索力的变化可知，3种方案的吊索索力变化差异较小，采用方案C进行施工时，吊索索力的变化较方案A和方案B差异较小，并且方案C的索力变化更为均匀。同理，对比分析剩余吊索时可得，索力变化规律基本与38号吊索索力变化规律类似，如图6-15-44～图6-15-50所示。

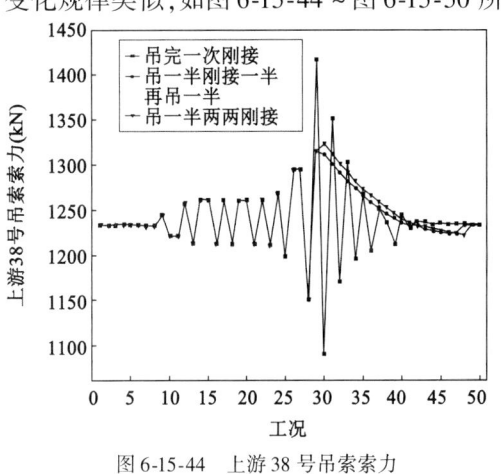

图6-15-44 上游38号吊索索力

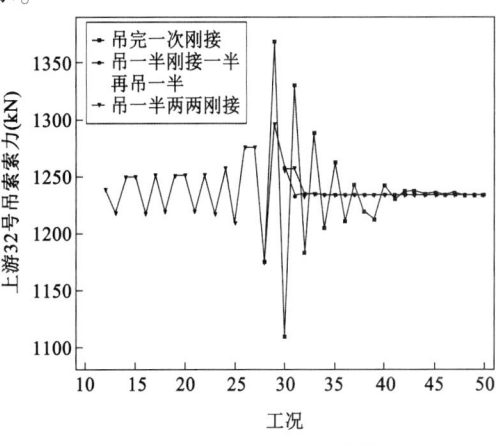

图6-15-45 上游32号吊索索力

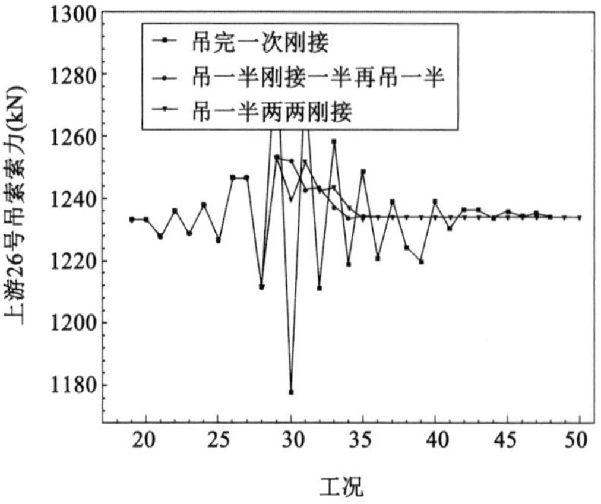

图 6-15-46　上游 26 号吊索索力

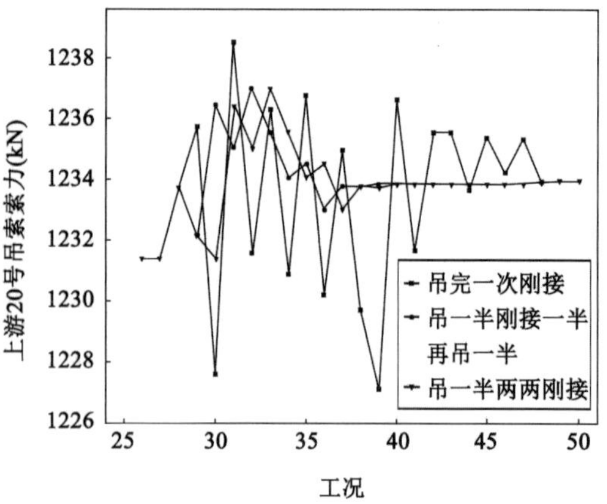

图 6-15-47　上游 20 号吊索索力

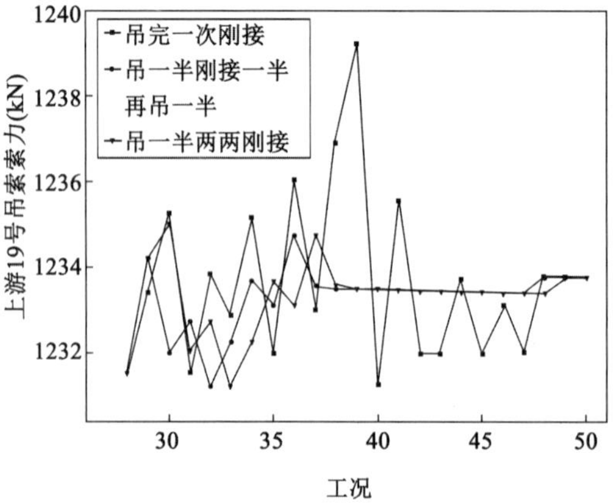

图 6-15-48　上游 19 号吊索索力

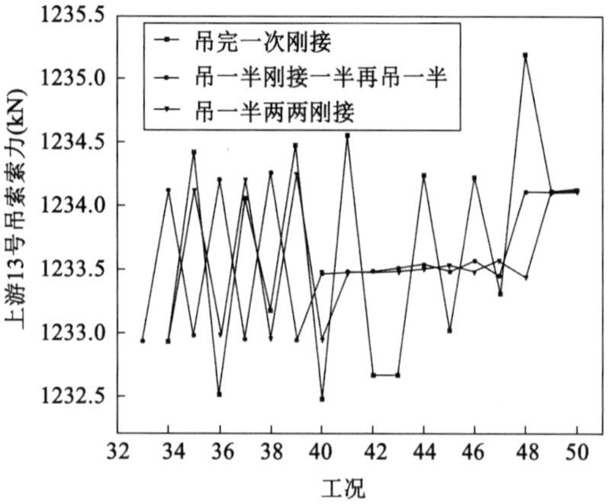

图 6-15-49　上游 13 号吊索索力

图 6-15-51 为方案 C 上游 1～38 号吊索索力,由图可知,吊索索力变化规律呈现出同梁段间临时连接剪力相近的变化规律,吊索索力变化呈现一定的锯齿状变化,在进行刚接作业工况前后,吊索索力变化随施工工况的进行而剧烈变化,随着施工工况的进行,吊索索力变化开始不断缓和,最终趋近于某一个值。

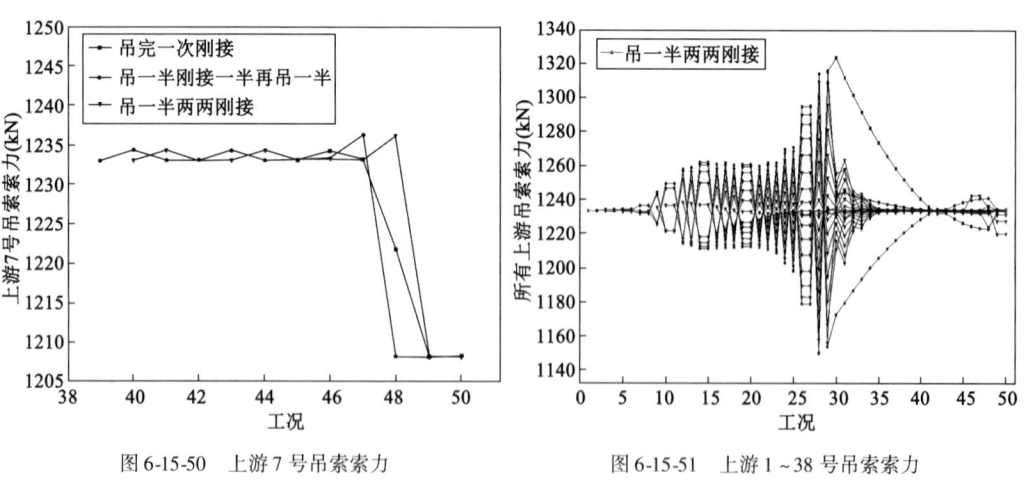

图 6-15-50　上游 7 号吊索索力

图 6-15-51　上游 1～38 号吊索索力

7. 吊装过程中桥塔分析

表 6-15-14 ~ 表 6-15-16 为两侧桥塔在施工过程塔顶位移情况。由对比分析可知，3 种施工方案的塔顶位移值的变化规律相一致。南侧桥塔在施工过程中最大位移偏位为工况 44（吊 6/72 号，吊杆 5/71 号）时，向中跨侧偏移 215.28mm 和工况 52（顶推 10）时，向边跨侧偏移 230.2mm。北侧桥塔在施工过程中最大位移偏位为工况 44（吊 6/72 号，吊杆 5/71 号）时，向中跨侧偏移 326.5mm 和工况 52（顶推 10）时，向边跨侧偏移 321.58mm。

方案 A（吊完一次刚接）塔顶位移变化   表 6-15-14

工况	南塔塔顶位移偏位（mm）	北塔塔顶位移偏位（mm）	工况	南塔塔顶位移偏位（mm）	北塔塔顶位移偏位（mm）
1	-10.75	-0.04	28	157.45	-258.58
2	46.06	-113.19	顶推8	8.28	-20.59
3	95.39	-212.5	30	28.91	-51.78
顶推1	43.7	-119.47	31	48.53	-81.28
5	131.67	-304.42	32	67.16	-109.15
顶推2	37.58	-116.02	33	84.83	-135.45
7	111.65	-269.25	34	101.54	-160.21
顶推3	29.83	-91.29	35	117.3	-183.46
9	93.33	-219.31	36	132.2	-205.5
顶推4	23.74	-71.08	37	146.03	-225.77
11	79.24	-179.7	38	158.91	-244.58
12	128.91	-275.07	39	170.81	-261.94
顶推5	18.52	-57.28	40	181.72	-277.81
14	63.17	-139.91	41	191.63	-292.19
15	104.07	-214.01	42	200.53	-305.07
16	141.9	-281.15	43	208.5	-316.73
顶推6	13.35	-40.29	44	215.28	-326.5
18	48.4	-100.54	顶推9	9.01	-18.98
19	81.28	-156.07	46	14.92	-27.72
20	112.28	-207.56	47	19.47	-34.22
21	141.61	-255.56	48	22.83	-39.02
顶推7	9.87	-27.58	49	25.44	-43.2
23	37.59	-72.03	刚接	25.54	-43.34
24	63.95	-113.8	51	26.64	-47.23
25	89.04	-153.16	顶推10	-230.2	321.58
26	112.95	-190.3	缠丝	-223.05	314.5
27	135.74	-225.4	二恒	0.21	-0.28

方案 B(吊一半刚接一半再吊一半)塔顶位移变化　　　　　表 6-15-15

工　况	南塔塔顶位移偏位（mm）	北塔塔顶位移偏位（mm）	工　况	南塔塔顶位移偏位（mm）	北塔塔顶位移偏位（mm）
1	-10.75	-0.04	顶推8	8.28	-20.59
2	46.06	-113.19	30	28.91	-51.78
3	95.39	-212.5	31	48.53	-81.28
顶推1	43.7	-119.47	刚接21-57号	47.34	-79.51
5	131.67	-304.42	33	66.17	-107.67
6	37.58	-116.02	34	84	-134.21
7	111.65	-269.25	35	100.85	-159.18
顶推3	29.83	-91.29	36	116.84	-182.92
9	93.33	-219.31	37	131.73	-204.82
顶推4	23.74	-71.08	38	145.66	-225.23
11	79.24	-179.7	39	158.61	-244.15
12	128.91	-275.07	40	170.58	-261.61
顶推5	18.52	-57.28	41	181.55	-277.57
14	63.17	-139.91	42	191.52	-292.03
15	104.07	-214.01	43	200.46	-304.97
16	141.9	-281.15	44	208.47	-316.69
顶推6	13.35	-40.29	45	215.28	-326.5
18	48.4	-100.54	顶推9	9.01	-18.98
19	81.28	-156.07	47	14.94	-27.75
20	112.28	-207.56	48	19.51	-34.28
21	141.61	-255.56	49	22.89	-39.1
顶推7	9.87	-27.58	50	25.51	-43.3
23	37.59	-72.03	51	26.64	-47.25
24	63.95	-113.8	顶推10	-230.21	321.58
25	89.04	-153.16	刚接剩余	-230.2	321.58
26	112.95	-190.3	缠丝	-223.05	314.5
27	135.74	-225.4	二恒	0.21	-0.28
28	157.45	-258.58			

方案 C(吊一半两两刚接)塔顶位移变化　　　　　表 6-15-16

工 况	南塔塔顶位移偏位(mm)	北塔塔顶位移偏位(mm)	工 况	南塔塔顶位移偏位(mm)	北塔塔顶位移偏位(mm)
1	-10.75	-0.04	顶推 8	8.28	-20.59
2	46.06	-113.19	30	28.91	-51.78
3	95.39	-212.5	31	48.53	-81.28
顶推 1	43.7	-119.47	32	67.16	-109.15
5	131.67	-304.42	33	84.83	-135.45
顶推 2	37.58	-116.02	34	101.54	-160.21
7	111.65	-269.25	35	117.3	-183.46
顶推 3	29.83	-91.29	36	132.2	-205.5
9	93.33	-219.31	37	146.03	-225.77
顶推 4	23.74	-71.08	38	158.91	-244.58
11	79.24	-179.7	39	170.81	-261.94
12	128.91	-275.07	40	181.72	-277.81
顶推 5	18.52	-57.28	41	191.63	-292.19
14	63.17	-139.91	42	200.53	-305.07
15	104.07	-214.01	43	208.5	-316.73
16	141.9	-281.15	44	215.28	-326.5
顶推 6	13.35	-40.29	顶推 9	9.01	-18.98
18	48.4	-100.54	46	14.92	-27.72
19	81.28	-156.07	47	19.47	-34.22
20	112.28	-207.56	48	22.83	-39.02
21	141.61	-255.56	49	25.44	-43.2
顶推 7	9.87	-27.58	50	-230.2	321.58
23	37.59	-72.03	刚接剩余	26.64	-47.23
24	63.95	-113.8	顶推 10	-230.2	321.58
25	89.04	-153.16	缠丝	-223.05	314.5
26	112.95	-190.3	二恒	0.21	-0.28
27	135.74	-225.4			
28	157.45	-258.58			

由图 6-15-52 和图 6-15-53 可知,3 种方案的塔顶位移变化曲线重合,说明 3 种方案的不同方式,对塔顶位移的影响是近乎相同的。由图可知,3 种方案的桥塔塔顶位移随着顶推过程的进行,塔顶位移得到减少,桥塔偏位得到一定得复位。

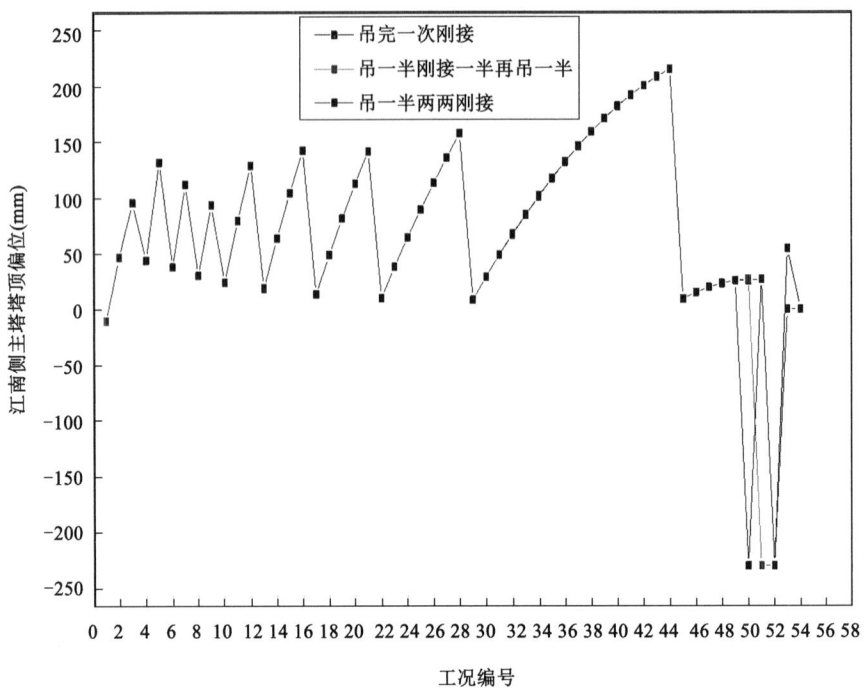

图 6-15-52　南塔塔顶位移偏位变化图

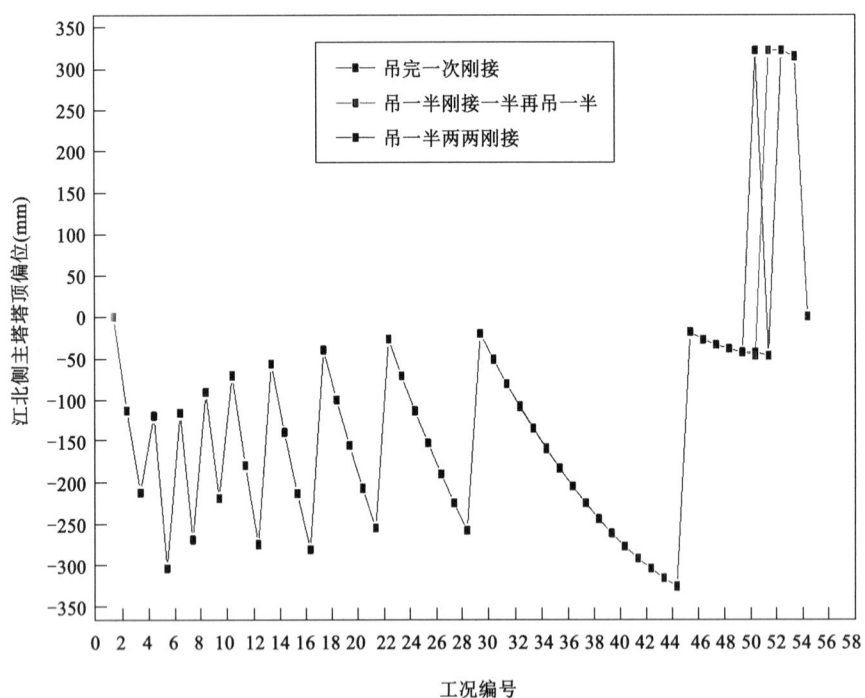

图 6-15-53　北塔塔顶位移偏位变化图

表 6-15-17 为两侧桥塔在施工过程塔底应力变化情况。由对比分析可知,3 种施工方案的塔底应力值的变化规律相一致。南侧桥塔在施工过程中最大应力为工况 44(吊 6/72 号,吊杆 5/71 号)时,塔底应力为 6.09MPa。北侧桥塔在施工过程中最大应力为工况 44(吊 6/72 号,吊杆 5/71 号)时,塔底应力为 7.03MPa。塔底应力的变化情况同塔顶位移的变化规律高度吻合。

3 种方案塔底应力对比 表 6-15-17

工况	方案 A		方案 B		方案 C	
	南塔塔底应力(MPa)	北塔塔底应力(MPa)	南塔塔底应力(MPa)	北塔塔底应力(MPa)	南塔塔底应力(MPa)	北塔塔底应力(MPa)
1	-2.87	-2.78	-2.87	-2.78	-2.87	-2.78
2	-3.21	-3.77	-3.21	-3.77	-3.21	-3.77
3	-3.68	-4.71	-3.68	-4.71	-3.68	-4.71
4	-3.23	-3.89	-3.23	-3.89	-3.23	-3.89
5	-4.05	-5.56	-4.05	-5.56	-4.05	-5.56
6	-3.22	-3.9	-3.22	-3.9	-3.22	-3.9
7	-3.92	-5.3	-3.92	-5.3	-3.92	-5.3
8	-3.2	-3.73	-3.2	-3.73	-3.2	-3.73
9	-3.81	-4.9	-3.81	-4.9	-3.81	-4.9
10	-3.19	-3.6	-3.19	-3.6	-3.19	-3.6
11	-3.73	-4.6	-3.73	-4.6	-3.73	-4.6
12	-4.22	-5.49	-4.22	-5.49	-4.22	-5.49
13	-3.24	-3.57	-3.24	-3.57	-3.24	-3.57
14	-3.68	-4.34	-3.68	-4.34	-3.68	-4.34
15	-4.09	-5.04	-4.09	-5.04	-4.09	-5.04
16	-4.48	-5.68	-4.48	-5.68	-4.48	-5.68
17	-3.33	-3.55	-3.33	-3.55	-3.33	-3.55
18	-3.69	-4.12	-3.69	-4.12	-3.69	-4.12
19	-4.03	-4.66	-4.03	-4.66	-4.03	-4.66
20	-4.35	-5.16	-4.35	-5.16	-4.35	-5.16
21	-4.66	-5.63	-4.66	-5.63	-4.66	-5.63
22	-3.48	-3.6	-3.48	-3.6	-3.48	-3.6
23	-3.77	-4.04	-3.77	-4.04	-3.77	-4.04
24	-4.05	-4.45	-4.05	-4.45	-4.05	-4.45
25	-4.32	-4.84	-4.32	-4.84	-4.32	-4.84
26	-4.57	-5.22	-4.57	-5.22	-4.57	-5.22
27	-4.82	-5.57	-4.82	-5.57	-4.82	-5.57
28	-5.05	-5.91	-5.05	-5.91	-5.05	-5.91

续上表

工况	方案 A		方案 B		方案 C	
	南塔塔底应力（MPa）	北塔塔底应力（MPa）	南塔塔底应力（MPa）	北塔塔底应力（MPa）	南塔塔底应力（MPa）	北塔塔底应力（MPa）
29	-3.71	-3.77	-3.71	-3.77	-3.71	-3.77
30	-3.93	-4.08	-3.93	-4.08	-3.93	-4.08
31	-4.15	-4.39	-4.15	-4.39	-4.15	-4.39
32	-4.35	-4.67	-4.34	-4.66	-4.35	-4.67
33	-4.55	-4.95	-4.55	-4.95	-4.55	-4.95
34	-4.74	-5.2	-4.74	-5.2	-4.74	-5.2
35	-4.92	-5.45	-4.92	-5.45	-4.92	-5.45
36	-5.08	-5.68	-5.08	-5.68	-5.08	-5.68
37	-5.24	-5.9	-5.24	-5.9	-5.24	-5.9
38	-5.39	-6.1	-5.39	-6.1	-5.39	-6.1
39	-5.53	-6.29	-5.53	-6.29	-5.53	-6.29
40	-5.67	-6.47	-5.67	-6.47	-5.67	-6.47
41	-5.79	-6.63	-5.79	-6.63	-5.79	-6.63
42	-5.9	-6.77	-5.9	-6.77	-5.9	-6.77
43	-6	-6.91	-6	-6.91	-6	-6.91
44	-6.09	-7.03	-6.09	-7.03	-6.09	-7.03
45	-4.2	-4.21	-4.2	-4.21	-4.2	-4.21
46	-4.28	-4.32	-4.28	-4.32	-4.28	-4.32
47	-4.34	-4.4	-4.34	-4.4	-4.34	-4.4
48	-4.39	-4.47	-4.39	-4.47	-4.39	-4.47
49	-4.44	-4.53	-4.44	-4.53	-4.44	-4.53
50	-4.44	-4.53	-5.12	-5.19	-4.44	-4.53
51	-5.11	-5.18	-5.59	-6.39	-5.11	-5.18
52	-5.59	-6.39	-5.59	-6.39	-5.59	-6.39
53	-5.58	-6.39	-5.58	-6.39	-5.58	-6.39
54	-4.76	-4.66	-4.76	-4.66	-4.76	-4.66

由图 6-15-54 和图 6-15-55 可知，3 种方案的塔底应力变化曲线重合，说明 3 种方案的不同方式，对塔底应力变化的影响是近乎相同的。由图可知，3 种方案的塔底应力随着顶推过程的进行，塔底应力减少。同时可以得到，3 种方案的塔底应力变化曲线，同塔顶位移变化曲线变化规律相一致。

综上所述，无论结构受力还是线形变化，方案 A 和方案 C 差异均很小，说明这种两两刚接的方式与传统的先吊装完再焊接的架设方式从受力上相比差异很小，是完全可行的。方案 C 可以在吊装梁段期间同步进行已吊装梁段的焊接，节约了工期，提高了箱梁架设效率,且架设方案的改变并不会影响结构的最终受力状态。因此,伍家岗长江大桥最终采用方案 C(吊一半两两刚接)进行钢箱梁吊装施工。

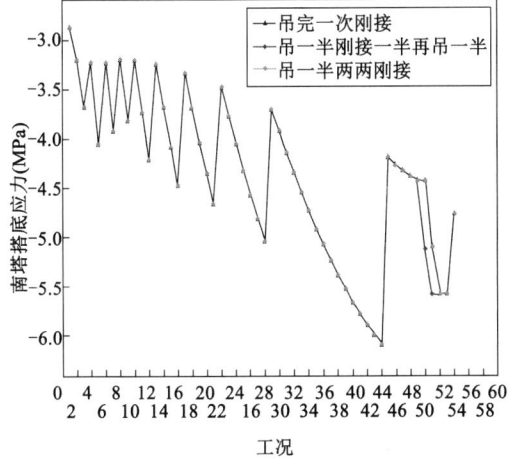

图 6-15-54　南塔塔底应力变化图　　　　图 6-15-55　北塔塔底应力变化图

第三节　加劲梁架设阶段实测数据分析

一、梁段间开口距离实测

图 6-15-56 和图 6-15-57 为现场实测开口距离与模型开口距离的对比,表 6-15-18 ~ 表 6-15-21 为选取的时间段测得的梁段开口距离,由图表可知,两者变化规律均呈现一定得锯齿状变化,其中模型计算的开口距离要普遍小于现场实测的开口距离。其误差可能源于有限元计算中仍难以十分准确模拟的梁段间开口,以及箱梁端部切割加工误差。

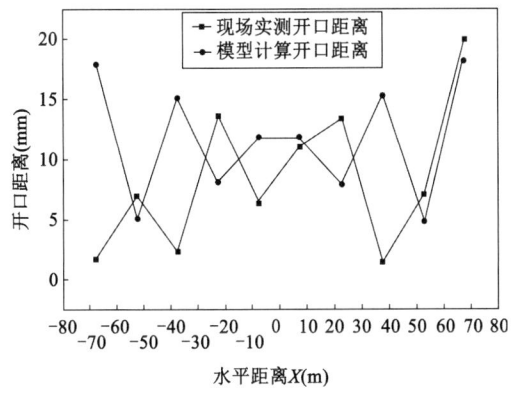

图 6-15-56　现场实测开口距离(吊装 35/43 号梁段)与模型开口距离对比

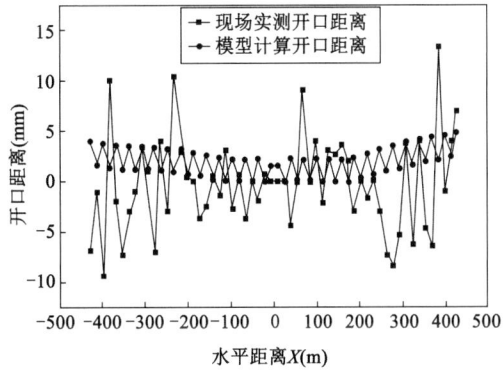

图 6-15-57　现场实测开口距离(吊装 10/68 号梁段)与模型开口距离对比

2020 年 12 月 27 日梁段开口距离实测　　　　表 6-15-18

梁段编号		江南侧梁段开口距离(mm)			江北侧梁段开口距离(mm)		
		下部	上部	差值	下部	上部	差值
39	38	11	5	6	18	10	8
38	37	25	10	15	21	2	19
37	36	10	9	1	9	9	0
36	35	10	4	6	20	10	10
35	34	5	5	0	28	4	24

2021 年 1 月 5 日梁段开口距离实测　　　　表 6-15-19

梁段编号		江南侧梁段开口距离(mm)			江北侧梁段开口距离(mm)		
		下部	上部	差值	下部	上部	差值
39	38	9	6	3	12	8	4
38	37	9	10	-1	10	7	3
37	36	10	10	0	0	10	-10
36	35	5	5	0	15	13	2
35	34	0	10	-10	12	0	12
34	33	4	7	-3	—	—	—
33	32	2	3	-1	12	4	8
32	31	6	4	2	2	8	-6
31	30	20	5	15	8	7	1
30	29	2	5	-3	7	0	7
19	18	20	15	5	—	—	—
18	17	8	9	-1	—	—	—
17	16	12	10	2	10	6	4
16	15	5	8	-3	6	10	-4
15	14	10	8	2	10	8	2
14	13	40	6	34	—	—	—

2021 年 1 月 8 日梁段开口距离实测　　　　表 6-15-20

梁段编号		江南侧梁段开口距离(mm)			江北侧梁段开口距离(mm)		
		下部	上部	差值	下部	上部	差值
39	38	7	6	1	—	—	—
38	37	15	10	5	焊接	焊接	—
37	36	10	10	0	3	10	-7
36	35	—	—	—	焊接	焊接	—
35	34	0	10	-10	15	5	10
34	33	7	7	0	码板	码板	—

续上表

梁段编号		江南侧梁段开口距离(mm)			江北侧梁段开口距离(mm)		
		下部	上部	差值	下部	上部	差值
33	32	5	10	−5	8	4	4
32	31	7	7	0	3	5	−2
31	30	19	7	12	9	3	6
30	29	2	3	−1	7	5	2
29	28	3	5	−2	10	7	3
28	27	7	13	−6	7	7	0
27	26	2	4	−2	4	6	−2
26	25	2	4	−2	8	9	−1
25	24	10	10	0	10	9	1
24	23	8	7	1	10	8	2
23	22	5	3	2	5	10	−5
22	21	8	4	4	15	23	−8
21	20	4	11	−7	6	10	−4
20	19	8	7	1	8	12	−4
19	18	19	15	4	20	14	6
18	17	7	8	−1	8	12	−4
17	16	10	12	−2	17	10	7
16	15	3	10	−7	3	10	−7
15	14	9	10	−1	10	7	3
14	13	21	7	14	19	9	10
13	12	1	14	−13	9	8	1
12	11	15	12	3	8	1	7
11	10	4	7	−3	15	9	6

2021年1月23日梁段开口距离实测　　表6-15-21

梁段编号		江南侧梁段开口距离(mm)			江北侧梁段开口距离(mm)		
		下部	上部	差值	下部	上部	差值
39	38	7	7	0	—	—	—
38	37	15	7	8	—	—	—
37	36	9	9	0	—	—	—
36	35	完成焊接			完成焊接		
35	34	0	10	−10	21	10	0
34	33	完成焊接			完成焊接		
33	32	7	11	−4	9	6	8

续上表

梁段编号		江南侧梁段开口距离(mm)			江北侧梁段开口距离(mm)		
		下部	上部	差值	下部	上部	差值
32	31	完成焊接			完成焊接		
31	30	22	7	15	11	6	−4.5
30	29	完成焊接			完成焊接		
29	28	7	4	3	7	8	2
28	27	完成焊接			完成焊接		
27	26	7	5	2	4	10	2
26	25	完成焊接			完成焊接		
25	24	2	10	−8	7.5	10	1
24	23	完成焊接			完成焊接		
23	22	5	6	−1	5	12	−7
22	21	完成焊接			完成焊接		
21	20	6	7	−1	7	6	−2.5
20	19	完成焊接			完成焊接		
19	18	16	14	2	15	13	−6
18	17	完成焊接			完成焊接		
17	16	12	10	2	10	8	−1
16	15	完成焊接			完成焊接		
15	14	10	7	3	11.5	16	5
14	13	—	—	—	15	7	3
13	12	—	—	—	7	7	11

二、主塔塔偏实测

表 6-15-22 和表 6-15-23 为吊装过程中两岸主塔偏位的实测数据,从表中数据可知,吊装过程中的塔偏位可控,最大位移未超过理论计算的最大工况时的塔偏,因此,采用方案 C(吊装一半后两两刚接)方案进行钢箱梁吊装施工能满足施工时对主塔的偏位要求,实际塔偏控制情况良好。

江南侧主塔塔偏实测　　　　表 6-15-22

日　期	工　况	江南侧上游塔偏(m)	江南侧下游塔偏(m)
2020 年 12 月 8 日	吊装第一片梁 39 号	0.0385	0.0406
2020 年 12 月 9 日	第一次顶推前	0.0322	0.0344
2020 年 12 月 10 日	第一次顶推后	−0.1266	−0.1258
2020 年 12 月 12 日	吊南 37 号,未吊北 37′号,第二次未顶推	0.0007	0.0022
2020 年 12 月 14 日	吊南 36 号,未吊北 36′号,第二次顶推	−0.0973	−0.0928

续上表

日　　期	工　　况	江南侧上游塔偏(m)	江南侧下游塔偏(m)
2020年12月14日	—	−0.0128	−0.0076
2020年12月15日	第三次顶推前	−0.0004	0.0049
2020年12月15日	第三次顶推后	−0.1403	−0.1401
2020年12月16日	—	−0.0867	−0.0862
2020年12月19日	吊南31号,北32'号	−0.0431	−0.0413
2020年12月20日	吊南30号,北31'号	−0.0028	−0.0013
2020年12月21日	吊南29号,北30'号	0.0255	0.0272
2020年12月22日	吊南28号,北28'号,第四次顶推前	0.0624	0.0679
2020年12月23日	第四次顶推后	−0.1376	−0.1361
2020年12月23日	吊南27号,北26'号	−0.0931	−0.0894
2020年12月24日	吊南25号,北25'号	−0.0452	−0.043
2020年12月25日	吊南24号,北24'号23'号	−0.0282	−0.028
2020年12月26日	吊南23号,北22'号	−0.0139	−0.0132
2020年12月29日	吊南20号,北20'号	0.0301	0.0288
2020年12月30日	吊南18号,北19'号	0.0517	0.0535
2020年12月31日	吊南17号,北18'号	0.0632	0.0646
2021年1月2日	吊南15号,北16'号	0.0883	0.0905
2021年1月4日	第五次顶推前	0.0984	0.1004
2021年1月5日	第五次顶推后	−0.1478	−0.1465
2021年1月5日	吊南12号,北13'号	−0.127	−0.126
2021年1月6日	吊南11号,北11'号	−0.113	−0.1128
2021年1月13日	吊南10号,北10'号	−0.0572	−0.0572
2020年1月14日	吊南6号,北6'号	−0.019	−0.0175
2021年1月14日	吊南3号,北3'号	−0.0256	−0.0271
2021年1月20日	吊装完成	−0.0279	−0.0264

江北侧主塔塔偏实测

表6-15-23

日　　期	工　　况	江北侧上游塔偏(m)	江北侧下游塔偏(m)
2020年12月8日	吊装第一片梁39号	−0.1276	−0.1222
2020年12月9日	第一次顶推前	−0.1272	−0.1207
2020年12月10日	第一次顶推后	—	0.181
2020年12月12日	吊南37号,未吊北37'号,第二次未顶推	−0.0337	−0.0293
2020年12月14日	吊南36号,未吊北36'号,第二次顶推	0.1288	0.1351
2020年12年14日	—	−0.0234	−0.0168
2020年12月15日	第三次顶推前	—	—

续上表

日 期	工 况	江北侧上游塔偏(m)	江北侧下游塔偏(m)
2020年12月15日	第三次顶推后	0.2169	0.224
2020年12月16日	—	0.131	0.136
2020年12月19日	吊南31号,北32′号	0.062	0.066
2020年12月20日	吊南30号,北31′号	0.0064	0.0115
2020年12月21日	吊南29号,北30′号	-0.0576	-0.0558
2020年12月22日	吊南28号,北28′号,第四次顶推前	-0.0028	0.0004
2020年12月23日	第四次顶推后	0.2549	0.2577
2020年12月23日	吊南27号,北26′号	0.1386	0.1341
2020年12月27日	吊南23号,北22′号	0.0436	0.0424
2020年12月29日	吊南20号,北20′号	0.002	0.005
2021年1月2日	吊南15号,北16′号	-0.079	-0.0795
2021年1月4日	第五次顶推前	-0.0941	-0.0927
2021年1月5日	第五次顶推后	0.271	0.271
2021年1月5日	吊南12号,北13′号	0.252	0.2533
2021年1月7日	吊南11号,北11′号	0.231	0.23
2021年1月13日	吊南10号,北10′号	0.184	0.186
2021年1月14日	吊南9号,北9′号	0.1596	0.1571
2021年1月16日	吊南6号,北6′号	0.136	0.138
2021年1月16日	吊南3号,北3′号	0.1377	0.1425
2021年1月20日	吊装完成	0.142	0.143

第四节 本 章 小 结

随着悬索桥跨径的不断增大和计算理论的日趋成熟,桥梁建设对施工安全和速度的要求不断增高,在保证施工质量和安全的前提下,需要采用新的施工方法提高施工速度。针对钢箱梁悬索桥提出"两两刚接、焊架同步"的多作业面的加劲梁架设方式,扩大施工作业面,节约工期,该新技术已成功应用于伍家岗长江大桥。本课题研究针对大跨径悬索桥钢箱梁的架设主要做了以下工作：

(1)分析总结目前大跨径悬索桥加劲梁主要架设方法,对悬索桥加劲梁临时连接、架设方案和焊接时机的研究现状进行了文献查阅和总结,初步拟定适合钢箱梁悬索桥的架设方案。

(2)针对可能的钢箱梁架设方法,建立精细化有限元分析模型,通过有限元模型对比分析不同加劲梁刚接的施工方式下悬索桥加劲梁开口距离、加劲梁及临时连接的内力和应力、加劲梁和主缆线形、吊索索力及主塔塔顶偏位和塔底应力等变化情况。总结不同刚接顺序对各项控制指标的影响规律。

（3）从提高加劲梁架设速度的角度，结合不同刚接方案的有限元计算分析结果，以伍家岗长江大桥（主跨1160m）为依托，开展大跨径钢箱梁悬索桥上部结构施工控制关键技术研究，并确定了伍家岗长江大桥钢箱梁的合理架设方案。

（4）通过理论分析和现场实测数据，验证了伍家岗长江大桥所采用的"两两刚接、焊架同步"的多作业面的新型加劲梁施工作业方式的合理性。该桥所采用的一整套钢箱梁吊装焊接施工新技术为类似大跨径悬索桥的加劲梁架设方案提供了宝贵经验。

第十六章　正交异性钢桥面铺装项目试验和研究

第一节　工 程 概 述

一、研究目的及意义

伍家岗长江大桥主桥为跨径1160m钢箱梁悬索桥,钢箱梁全宽34.7m,采用正交异性钢桥面板。根据交通量预测分析,本桥具有交通量大,重载交通突出的特点,对钢箱梁铺装结构耐久性要求较高。

钢桥面铺装曾经是一个世界性的难题。世界各国在桥梁建设高峰期均投入大量的人力、物力进行钢桥面铺装研究工作,逐渐形成了许多的钢桥面铺装技术体系。随着国内桥梁建设迅猛发展,近二十年国内建造了众多的大型钢结构桥,积累了丰富的钢桥面铺装经验,各种钢桥面铺装技术经不断改进逐渐形成了各自的技术体系。但由于我国地域辽阔,南北气候差异明显,国内交通运输普遍存在着超载现象,钢桥面铺装的使用条件与国外相比有很大的不同,许多从国外引进的铺装技术并完全不适应国内特殊的使用工况,许多桥面铺装过早地出现了推移、开裂、车辙、脱层剥落等多种严重病害,影响了大桥的正常使用。钢桥面铺装存在的问题依然比较突出。

二、伍家岗长江大桥钢桥面铺装方案比选

当前国内流行的4种主要铺装技术方案由:①由美国引进的热固性双层环氧沥青铺装(双层EA);②基于英国技术演化而来的甲基丙烯酸树脂界面+浇注式沥青+SMA铺装方案(GA+SMA);③国内原创的树脂沥青+SMA铺装方案(ERS);④近年开始出现的高强活性粉末混凝土+抗滑薄层铺装方案(UHPC)。

1. 双层EA铺装

双层环氧沥青的铺装技术(双层EA)最初由美国引进,因环氧沥青将环氧树脂引进了石油沥青体系,彻底改变了小空隙沥青混合料高温稳定性较差的特点,使得环氧沥青混合料性能相比改性沥青发生了革命性的变化。从南京二桥首次应用后,国内许多大型钢桥面铺装都采用了双层EA的铺装方案。

双层EA铺装的桥面虽然鲜有车辙病害,但普遍存在着开裂和脱层现象,特别是在纵

向施工接缝位置,坑槽剥落病害集中多发,后期养护维修比较困难。当前的分析认为,双层 EA 铺装之所以出现上述病害,其主要原因与环氧沥青材料的热固性特点有关。所谓"热固性"也可以理解为具有"不热不固"的特性,它是指环氧沥青的交联固化反应需要 120℃的温度并保持 6h 以上。在现场施工,钢板上洒布的环氧沥青黏结层不能固化,混合料运输车不能直接在糨糊状的黏结层上行走,所以出现了分幅摊铺施工和侧向喂料等一系列施工方面的困难,铺装的内在品质留有隐患。

2. GA + SMA 铺装

国内的浇注式沥青 + SMA 铺装(GA + SMA)由英国浇注式铺装和 SMA 铺装面层组合改进而来,在国内也有众多应用案例,例如南京四桥、马鞍山大桥以及港珠澳大桥等。

浇注式铺装的优点是,混合料的空隙率非常小,具有良好的防水能力和追随变形能力。浇注式混合料被诟病的关键点是浇注式沥青混合料的高温稳定性。当桥梁温度较高、荷载较重且长时间作用时,浇注式混合料会发生持续的蠕动变形,反映到桥面上则是车辙凹陷和推挤波浪。浇注式沥青混合料用于非炎热地区且重载交通较小的桥梁可能影响不大,但对于炎热地区且重载较多的桥梁,其高温稳定性和抗车辙能力还有待于进一步改进提高。

3. ERS 铺装

ERS 铺装技术是国内技术人员在分析了双层 SMA 破坏原因和双层 EA"不热不固"缺陷的基础上研发的一种新的铺装技术。传统的沥青材料不能完美地解决钢桥面铺装的界面防水和高温稳定问题,需要将环氧树脂引进沥青体系,利用环氧树脂与固化剂的交联固化反应彻底改变沥青的基本性能。ERS 铺装与双层 EA 不同的地方在于,ERS 铺装采用的是树脂沥青,其特点是在常温下进行施工并完成固化反应,规避了"不热不固"带来的问题。

ERS 铺装的界面黏结层是 EBCL(Epoxy Bonding Chips Layer),即树脂沥青黏结小碎石颗粒形成的防水抗滑层。EBCL 界面与钢板黏结牢固,在常温下施工,1~2d 即可完成固化。桥面铺装混合料施工在 EBCL 界面完成固化后进行,施工设备和车辆可在固化的 EBCL 界面上自由行走,无须分幅施工。ERS 铺装的下面层结构是常温拌和施工并很快固化的树脂沥青混合料 RA(Resin Asphalt),对已经固化的 EBCL 界面不会形成高温扰动破坏。RA 混合料的空隙率非常小,铺装后的 RA 层密不透水。因环氧树脂的加入,RA 混合料固化后具有优良的高温稳定性,其抗车辙能力和低温极限变形能力都远远超过一般的沥青混合料,是承担车辆荷载的主要结构层。用 EBCL + RA 混合料作为铺装下层结构,实际上是将光滑炙热的桥面钢板变成了类似于水泥混凝土的表面,最后铺筑的 SMA 上面层,主要是为钢桥面铺装提供安全行车的表面功能。树脂沥青 ERS 铺装的特点是常温施工,铺装施工和后期养护比较方便,工程造价也相对低廉。ERS 铺装在国内也有许多成功的应用案例。

ERS 铺装上面的行车功能层是 SMA 混合料。控制质量的关键点在于,用二阶热固性环氧沥青替代普通的改性沥青做好 SMA 层下的黏结层,提高其高温抗剪能力,同时应注意控制好 SMA 混合料的级配和空隙率,协调好渗水和高温稳定之间的关系。

4. UHPC 铺装

许多国内早期的薄板钢箱梁结构出现了钢板疲劳断裂的现象。针对钢箱梁顶板需要补强加固的需要,国内铺装业界推出了一种超高性能混凝土 + 超薄磨耗层的钢桥面铺装方式(UHPC)。其主要做法是,在钢板表面焊接剪力钢钉,铺设钢筋网,然后浇筑 50mm 左右厚的活性粉末混凝土 RPC(Reactive Powder Concrete),使钢板表面改变成水泥混凝土的表面,最后,在 RPC 层的表面铺筑一层 2~3cm 厚的沥青混凝土或其他材料作为超薄磨耗层,实现安全行车的表面功能。

该铺装方案的特点是铺装材料强度高、模量大、铺装后的桥面总体刚度大幅提高,可有效地减小钢箱梁顶板的疲劳应力幅,钢箱梁顶板因此得到相应的补强加固。用何种材料做超薄磨耗层并与超高性能混凝土良好黏结,才能使桥面铺装的表层安全且具有较长使用寿命,还需要进行深入细致的研究试验。

三、方案比选小结

本研究在选定钢桥面铺装方案时考虑了大桥气候和交通的特点、施工难易程度、铺装方案的可靠性、工程造价以及后期维护方便等因素。

目前国内主流的钢桥面铺装技术有 GA + SMA、双层 EA 和 ERS 三种。UHPC 技术因业绩较少、运营时间较短的缘故,不列入本次备选方案之列。从铺装结构形式、关键材料性能、施工工艺和造价等方面对 3 种备选方案进行了对比,见表 6-16-1。

备 选 方 案 对 比　　　　　　表 6-16-1

技术体系		ERS 铺装技术要求	GA + SMA 铺装技术要求	双层 EA 铺装技术要求
界面对钢板的黏结力(MPa)(25℃)		≥10	≥5	≥6(20℃)
界面对钢板的黏结力(MPa)(70℃)		≥3	不要求	不要求
界面防水黏结层的断裂伸长率(变形能力)(%)		≥20	≥130	≥190
界面防水黏结层固化达到强度所需时间(25℃)(s)		<72	<90	不要求
混合料的马歇尔稳定度(70℃)(kN)		≥40	不要求	≥40
马歇尔流值(70℃)(mm^{-1})		20~50	不要求	20~50
击实孔隙率(%)		0~2	不要求	1~3
车辙动稳定度(70℃)(次/mm)		≥20000	≥350	≥10000
水稳定性	浸水残留稳定度比(%)	≥90	不要求	≥85
	冻融劈裂强度比(%)	≥90	不要求	≥80
小梁低温极限应变(-10℃)(10^{-6})		>3000	>3000	>2500
施工温度(℃)		常温	220	160

续上表

技术体系	ERS 铺装技术要求	GA + SMA 铺装技术要求	双层 EA 铺装技术要求
施工设备复杂性	通用设备	专用设备	专用设备
工艺环保性	低碳环保	碳排放高	碳排放高
核心层养生时间(25℃)(d)	3	1	7
综合造价(元/m²)	850 左右	1100 左右	1500 左右

从表 6-16-1 可以看出,在界面安全性等材料使用性能方面,尤其是高温抗车辙性能,ERS 铺装与双层环氧铺装均优于 GA + SMA 铺装;在核心层养生时间方面,ERS 铺装与 GA + SMA 铺装更加优异;在施工和易性、设备复杂性方面,ERS 铺装具备明显的优势。

同时,ERS 铺装是常温施工,更加符合国家的低碳环保政策,在建设成本上也远低于其他两种铺装结构,因此,推荐将 ERS 铺装方案作为本研究的钢桥面铺装方案。

第二节 ERS 钢桥面铺装结构和费效比分析

一、树脂沥青钢桥面铺装结构形式研究

ERS 铺装是树脂沥青组合体系钢桥面铺装技术的简称。其中"E"表示 EBCL 界面,是环氧黏结碎石抗滑层的缩写(Epoxy Bonding Chips Layer),主要功能是保证对钢板表面的黏结和防水,约束铺装层不产生滑动。"R"表示 RA 混合料,是冷拌树脂沥青混凝土的缩写(Resin Asphalt),主要功能是承担车轮荷载,为上面层 SMA 铺装混合料提供可靠的下层支撑。"S"表示 SMA 混合料,为钢桥面铺装提供安全行车表面功能。ERS 铺装典型结构如图 6-16-1 所示。

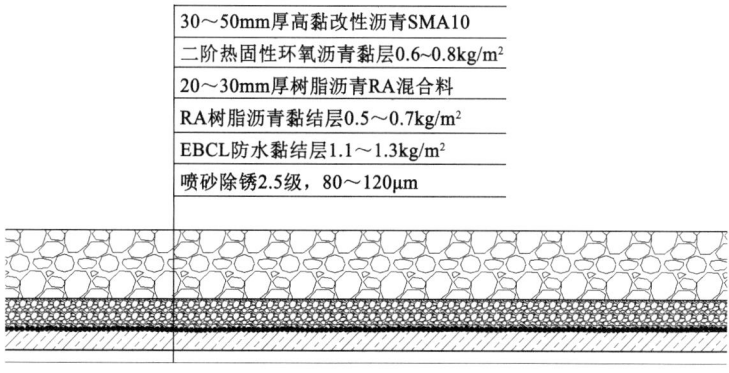

图 6-16-1 ERS 树脂沥青组合体系铺装典型结构

ERS 钢桥面铺装的基本原理和特点:
(1)由树脂沥青胶结料和撒布碎石形成的 EBCL 界面对钢板黏结能力强大,即使在

70℃高温下仍可保持3MPa以上的黏结能力。EBCL界面表面凹凸不平,粗糙抗滑。在光滑的桥面钢板上做一层EBCL界面,可有效解决桥面铺装界面的高温抗剪问题和防水防腐问题。EBCL界面层在常温下施工并固化,现场施工十分方便,一般2d即可固化达到设计强度。当铺装施工完成后,EBCL界面仍独立的保持最初的设计形态,不像沥青黏结层那样,铺装混合料施工后熔融于混合料中,自身形态消失,失去独立防水抗滑功能。钢板表面的EBCL界面如图6-16-2所示。

图6-16-2 钢板表面的EBCL界面

(2)RA混合料由树脂沥青和级配矿料拌和经固化形成。RA混合料耐高温、无车辙、零空隙、不透水、极限应变大、耐酸碱盐腐蚀。用RA混合料作为铺装下层可有效地抵抗(分担)车轮荷载。RA层与EBCL界面咬合连接,可有效解决钢桥面铺装的高温蠕变和推移开裂问题。RA层与EBCL界面共同构成可靠的铺装防水体系,保护EBCL层免受SMA施工时高温和机械的损伤。RA混合料在常温下拌和摊铺施工,混合料施工工艺和设备十分简便。桥面钢板经E+R处置后,已经变成了类似水泥混凝土的桥面。

(3)改性沥青SMA混合料作为表面行车功能层,为桥面铺装提供优良的行车安全舒适性和外观,并可降低整个铺装的造价。以SMA作为表面功能层,具有长寿命路面的设计理念。使用一定年限后,铣刨去除已损坏的SMA上面层并重新铺筑,即可使桥面铺装恢复如新。维修养护比较方便,维修费用较低。

二、EBCL防水黏结层的性能指标分析

EBCL界面直接铺设在钢板表面,承担着防水黏结抗滑等多种功能。在夏季高温季节,黑色桥面铺装的表面温度可达70℃,桥面钢板处的温度也可达60℃。由于承担的荷载情况不同以及铺装层自身的模量情况不同,界面承担的最大剪应力也不相同,应按此不利温度以及荷载情况的不利组合对EBCL界面对钢板的黏结强度和变形能力提出技术指标要求,确保黏结的可靠性。另外,考虑施工方便的需要以及防腐耐候和长期使用的需要,还应对EBCL胶结料的这些性能也提出相应的使用要求。

综合考虑工程实际的需求和材料的性能试验结果,EBCL胶料25℃界面抗拉拔能力应大于10.0MPa,70℃的拉拔强度应大于3.0MPa,25℃胶膜断裂强度应大于10.0MPa。

钢板的极限变形能力受制于胡克定律。界面胶结料自身的断裂伸长率若大于10%

或20%，即百倍于钢材的极限变形，其可变形能力已足够满足钢箱梁任意变形的需要。因此，断裂伸长率大于20%应该是安全的。

三、EBCL 与其他铺装体系防水黏结层界面的对比

课题组将 EBCL 界面技术指标与其他铺装技术体系的防水黏结层界面进行综合的技术对比，结果见表6-16-2。

不同钢桥面铺装界面性能对比　　表6-16-2

项目	双层 EA	浇注式 + SMA	ERS
界面材料	环氧沥青（热固体系）	Eliminator 界面	EBCL 界面
现场黏结强度指标	不固化，不能检测	>5.0MPa/25℃	>10.0MPa/25℃
钢板拉拔强度(70℃)(MPa)		<0.2	>3.0
断裂伸长率(25℃)(%)	≥190	≥130	≥20
对钢板表面的要求	需要环氧富锌漆作为施工平台	可直接涂布在喷砂后的钢板表面上	可直接涂布在喷砂后的钢板表面上
防水防腐可靠性	铺装体系中不能独立存在	铺装体系中独立存在	铺装体系中独立存在

四、RA 混合料性能指标分析

制定 RA 混合料指标的依据不应仅是材料指标的反映，而应是工程具体需要。

RA 的高温强度应不弱于改性沥青混凝土常温时的强度。即固化后的 RA 的马歇尔稳定度(70℃)要求应大于40kN，同时 RA 的流值应达到2~4mm，以满足桥面铺装变形的需要。

在70℃条件下 RA 几乎不变形，故对 RA05 的抗车辙能力应不作规定或要求在70℃的试验条件下动稳定度大于20000次/mm。

RA 顶面的拉应变不超过400$\mu\varepsilon$。小梁弯曲试验要求沥青混凝土低温下的极限应变应大于2800$\mu\varepsilon$，以保证沥青路面的低温变形能力。

要求 RA 在提高强度的同时保持与沥青混合料低温时一致的极限变形能力应该是安全的，即低温极限应变应不小于2800$\mu\varepsilon$。

MTS 小型组合构件的疲劳试验结果表明，在300$\mu\varepsilon$ 的变形条件下疲劳次数超过了1200万次试件也未见破坏。因此，低温下的极限应变大于2800$\mu\varepsilon$ 是安全的。

五、RA 混合料与其他铺装混合料的综合对比

RA 混合料的性能与其他铺装体系混合料的对比见表6-16-3。

RA 与其他铺装体系层对比　　　　表 6-16-3

技术体系		ERS 铺装技术要求	GA + SMA 铺装技术要求	双层 EA 铺装技术要求
混合料的马歇尔稳定度(70℃)		≥40	不要求	≥40
马歇尔流值(70℃)(mm^{-1})		20~50	不要求	20~50
击实孔隙率(%)		0~2	不要求	1~3
车辙动稳定度(70℃)(次/mm)		≥20000	≥350	≥10000
水稳定性	浸水残留稳定度比(%)	≥90	不要求	≥85
	冻融劈裂强度比(%)	≥90	不要求	≥80
小梁低温极限应变(-10℃)(10^{-6})		>3000	>3000	>2500

从以上对比可以看出,RA 在动稳定度、孔隙率、水稳定性方面性能最优;GA 在动稳定度上与 RA、EA 的差距较大。

六、RA 混合料模量研究

沥青混合料的模量与环境温度、荷载大小及加载方式密切相关。在不同的环境温度、荷载大小及加载方式下,沥青混合料的模量值会产生较大的变化。

从实际情况出发,进行了不同环境温度和荷载频率下的 RA 混合料模量试验,进而确定 RA 混合料模量在不同环境温度和荷载频率下动态变化,为钢桥面铺装受力分析提供基础参数;同时与 SMA 混合料模量进行模量试验对比研究,深入分析了 RA 混合料与 SMA 混合料在模量变化上的区别,为热固性沥青混合料的材料研究提供理论基础。

1. 试验方案:沥青混合料弯曲试验和单轴压缩试验

根据沥青混合料弯曲试验(T 0715)和单轴压缩试验(圆柱体法)(T 0713)试验规程,按照 RA10 和 SMA13 配合比制备试件。试验采用的 SMA13 油石比为 6.3%,木质素纤维添加量为 0.3%,混合料成型温度为 170℃;试验采用的 RA10 油石比为 8.5%,试件尺寸分别为长 250mm ± 2.0mm、宽 30mm ± 2.0mm、高 35mm ± 2.0mm 和直径 100mm ± 2.0mm、高 100mm ± 2.0mm。分别进行不同试验温度(-10℃、5℃、15℃、30℃、55℃)下的试验,如图 6-16-3 和图 6-16-4 所示。

2. 试验结果分析

(1)沥青混合料弯曲试验

对不同温度下 RA10 混合料与 SMA13 混合料的试验数据进行整理,试件破坏时弯拉强度、最大弯拉应变及弯曲劲度模量如图 6-16-5 ~ 图 6-16-7 所示。

a)RA10　　　　　　　　　　　　　　b)SMA13

图 6-16-3　弯曲试验

a)RA10　　　　　　　　　　　　　　b)SMA13

图 6-16-4　单轴压缩试验

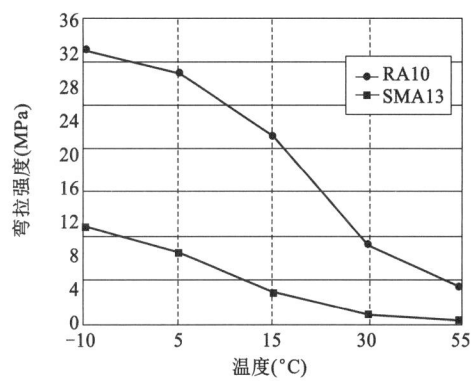 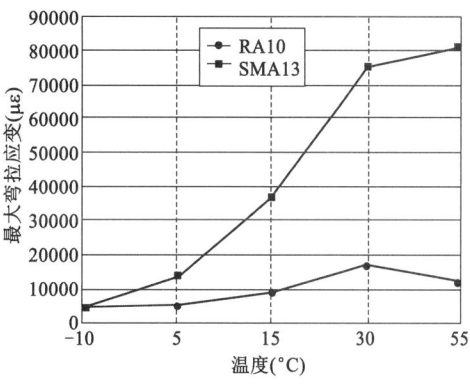

图 6-16-5　不同温度下的沥青混合料弯拉强度　　　图 6-16-6　不同温度下的沥青混合料最大弯拉应变

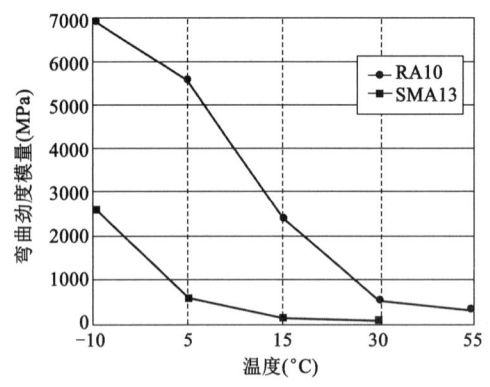

图 6-16-7 不同温度下的沥青混合料弯曲劲度模量

从图 6-16-5 可以看出，RA10 混合料与 SMA13 混合料的弯拉强度均随着温度的升高而下降，RA10 混合料的弯拉强度远远大于 SMA13，在 -10℃ 时，RA10 混合料的弯拉强度是 SMA13 的 3 倍左右，说明 RA10 相对于 SMA13 具有更好的低温抗开裂性能；从图 6-16-6 可以看出，SMA13 的最大弯拉应变随着温度的升高而升高，但 RA10 的最大弯拉应变却在 30℃ 出现了拐点，不再随着温度的升高而升高，这主要是因为 RA10 混合料的热固性，当 RA 混合料充分养生固化完全后，不再因高温软化，变形较小；从图 6-16-7 可以看出，RA10 混合料与 SMA13 混合料的弯曲劲度模量均随着温度的升高而降低，SMA13 在 15℃ 出现平缓趋势，而 RA10 在 30℃ 左右出现平缓趋势，在 55℃ 高温下，RA10 混合料的弯曲劲度模量是 SMA13 的 91 倍，说明 RA 混合料具有优异高温抗车辙等性能。

（2）单轴压缩试验

RA10 混合料与 SMA13 混合料在不同试验温度下的单轴压缩试验结果见表 6-16-4。

不同温度下的单轴压缩试验结果　　　　表 6-16-4

温度（℃）	-10	5	15	30	55
RA10	—	—	—	341	265
SMA13	486	235	104	57	32

从表 6-16-4 中可以看出，沥青混合料的抗压回弹模量随着温度的增大而减小，RA10 混合料在 55℃ 下抗压回弹模量是 30℃ 的 77.7%；同时，RA10 混合料的抗压回弹模量远远大于 SMA13，且随着温度的增大，两者的倍数差异越大，55℃ 下，RA10 混合料的抗压回弹模量达到了 SMA13 混合料 8 倍，这主要是因为 RA10 是一种热固性材料，其强度远大于热塑性沥青混合料。

七、树脂沥青钢桥面铺装长期效费比分析

ERS 铺装的上层结构是 SMA 混合料，一次性建造费用低廉，后期更换也比较方便。更换 SMA 的维修工期较短，对桥梁总体通行的影响较小。

效费比就是投入费用和产出效益的比值。本项目的长期效费比的时间长度按照钢桥面铺装建管养 20 年考虑，投入费用包括建造费用和养护费用，效益就是保证 20 年钢桥面

铺装的正常运营。具体分析和计算结果见表6-16-5。

20 年简单效费比分析结果　　　　　　　　　　　表 6-16-5

技术体系		ERS 铺装	GA + SMA 铺装	双层 EA 铺装
建造费用(元/m²)		850	1100	1500
20 年维修费用	维修次数(次)	2	2	2
	维修内容	翻修 SMA 面层	GA + SMA 翻修	双层 EA 翻修
	维修设备	通用设备	专用设备	专用设备
	维修费用(元/m²)	200	2200	3000
相对效费比		19	6	4

注：维修次数按市场调研平均值。

从以上相对效费比结果可以看出，ERS 铺装的相对效费比是浇注式的 3 倍、双层环氧的约 5 倍。这个对比可以反映出 ERS 的长期效费比比较高，具有良好的投入产出效果。

八、小结

通过对 ERS 钢桥面铺装结构进行结构形式研究和经济性分析，得到以下结论：

(1)由树脂沥青胶结料和撒布碎石形成的 EBCL 界面对钢板黏结能力强大，即使在 70℃高温下仍可保持 3MPa 以上的黏结能力。EBCL 界面表面凹凸不平，粗糙抗滑。在光滑的桥面钢板上做一层 EBCL 界面，可有效解决桥面铺装界面的高温抗剪切和防水防腐问题。

(2)改性沥青 SMA 混合料作为表面行车功能层，为桥面铺装提供优良的行车安全舒适性和外观，并可降低整个铺装的造价。以 SMA 作为表面功能层，具有长寿命路面的设计理念。使用一定年限后，铣刨去除已损坏 SMA 上面层并重新铺筑，即可使桥面铺装恢复如新。

(3)综合考虑工程实际的需求和材料的性能试验结果，确定 EBCL 胶料 25℃界面抗拉拔能力应大于 10.0MPa，70℃的拉拔强度应大于 3.0MPa，25℃胶膜断裂强度应大于 10.0MPa，断裂伸长率应大于 20%；与双层 EA、浇注式 + SMA 铺装相比，ERS 铺装的界面层在高温抗剥离强度、防水防腐可靠性等方面具有明显的优势。

(4)从工程具体需要出发，确定了 RA 混合料稳定度、孔隙率、动稳定度等性能指标；将 RA 混合料的技术要求与 GA 及 EA 混合料进行比较，RA 混合料技术要求明显优于后者。

(5)RA10 混合料与 SMA13 混合料的弯拉强度均随着温度的升高而下降，RA10 混合料的弯拉强度远远大于 SMA13，在 -10℃时，RA10 混合料的弯拉强度是 SMA13 的 3 倍左右，说明 RA10 相对于 SMA13 具有更好的低温抗开裂性能。

(6)SMA13 的最大弯拉应变随着温度的升高而升高，但 RA10 的最大弯拉应变却在 30℃出现了拐点，不再随着温度的升高而升高。这主要是因为 RA10 混合料的热固性，当

RA 混合料充分养生固化完全后，不再因高温软化，变形较小。

（7）RA10 混合料与 SMA13 混合料的弯曲劲度模量均随着温度的升高而降低，SMA13 在 15℃ 出现平缓趋势，而 RA10 在 30℃ 左右出现平缓趋势，在 55℃ 高温下，RA10 混合料的弯曲劲度模量是 SMA13 的 91 倍，说明 RA 混合料具有优异高温抗车辙等性能。

（8）RA10 混合料与 SMA13 混合料的抗压回弹模量均随着温度的增大而减小，RA10 混合料在 55℃ 下抗压回弹模量是 30℃ 的 77.7%；同时，RA10 混合料的抗压回弹模量远远大于 SMA13，且随着温度的增大，两者的倍数差异越大，55℃ 下，RA10 混合料的抗压回弹模量达到了 SMA13 混合料的 8 倍。

（9）ERS 铺装的相对效费比是浇注式的 3 倍、双层环氧的约 5 倍。这个对比可以反映出 ERS 的长期效费比比较高，具有良好的投入产出效果。

第三节　ERS 钢桥面铺装力学参数研究

一、界面防水黏结层 EBCL 试验研究

EBCL 界面在 ERS 铺装体系中作用是：保护钢板，防水防腐，实现铺装层对钢板的牢固黏结，防止铺装层发生位移滑动，同时，限制 RA 混合料出现应变集中，防止铺装层开裂。

针对 EBCL 的试验研究包括以下内容，如图 6-16-8 所示。

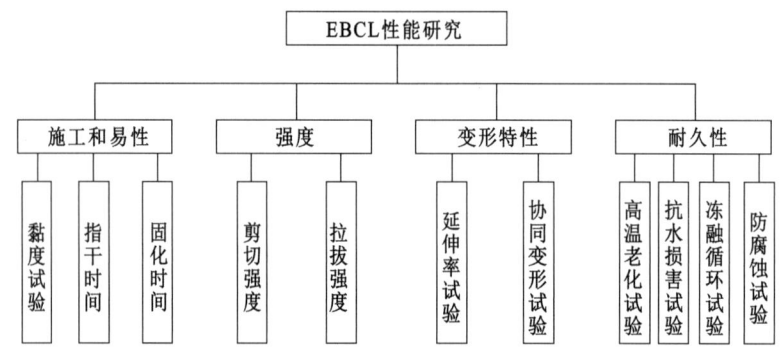

图 6-16-8　EBCL 性能研究内容

①EBCL 胶结料的强度和黏结能力问题，需确保对钢板牢固黏结。
②EBCL 胶结料的变形能力问题，应保证 EBCL 界面可满足钢桥最大的变形需要。
③EBCL 胶结料的防水和防腐能力问题，确保钢板不发生锈蚀。
④EBCL 胶结料的施工和易性，使得 EBCL 界面在现场具有良好的施工可操作性。
具体试验研究的结果如下：

1. EBCL 强度试验结果

（1）拉拔强度试验
试验目的：试验验证 EBCL 黏结层不同温度条件下对钢板的黏结能力。

试验方法:界面拉拔试验。

拉拔试验仪及拉拔试件如图 6-16-9 所示,拉拔试验结果见表 6-16-6。

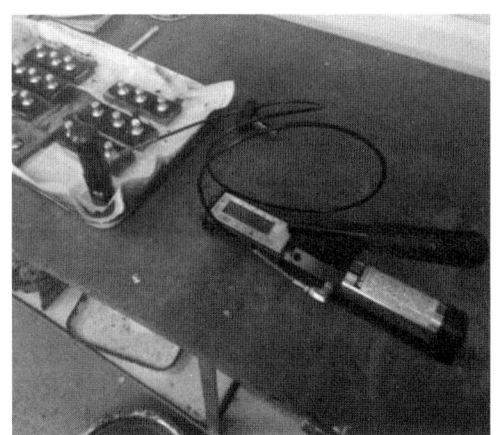 

图 6-16-9　拉拔试验仪及拉拔试件

拉拔试验结果　　　　　　　　　　　表 6-16-6

试验温度(℃)	养 生 条 件	拉拔强度(MPa)
−20	60℃养生 16h	>18
−15	60℃养生 16h	>18
25	60℃养生 16h	17.70
40	60℃养生 16h	11.36
70	60℃养生 16h	4.60

从试验结果可以看出,完全固化后的 EBCL 胶料的低温性能优越,−20℃的拉拔强度大于 20MPa,可以承受东北寒冬的考验。常温 25℃拉拔强度为 17.70MPa,70℃的拉拔强度为 4.60MPa,满足规范要求。

(2)拉剪强度试验

拉剪试件尺寸如图 6-16-10 所示,拉剪试件及拉力试验机如图 6-16-11 所示,EBCL 拉剪试验结果见表 6-16-7。

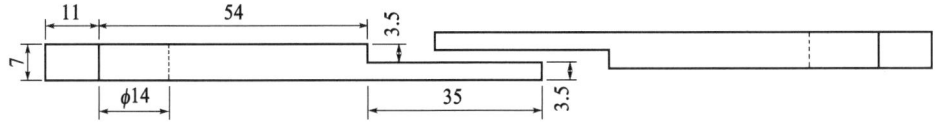

图 6-16-10　拉剪试件尺寸(尺寸单位:mm)

EBCL 拉剪强度试验结果　　　　　　　　　表 6-16-7

试验温度(℃)	养 生 条 件	剪切强度(MPa)	技术要求(MPa)
−20	60℃养生 16h	23.77	—
25	60℃养生 16h	15.66	≥5
70	60℃养生 16h	2.87	≥1

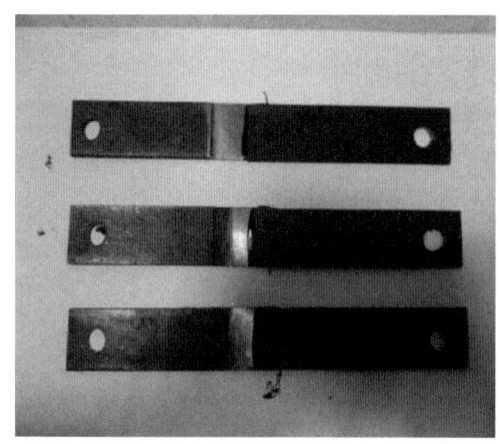 

图 6-16-11 拉剪试件及拉力试验机

从试验结果可以看出，-20℃的拉剪强度为 23.77MPa，说明 EBCL 在低温下可以很好地抵抗剪切变形。25℃ 的拉剪强度为 15.66MPa，70℃ 拉剪强度为 2.87MPa，均符合技术要求，保证 EBCL 层与钢板的紧密黏结。

2. EBCL 胶结料变形能力试验结果

（1）断裂强度和断裂伸长率试验

试验目的：验证 EBCL 胶结料自身的强度和可变形能力。

试验方法：胶膜拉伸试验。

哑铃形标准试件如图 6-16-12 所示，拉伸仪及拉伸试件如图 6-16-13 所示。EBCL 胶结料不同温度断裂延伸率试验结果见表 6-16-8。

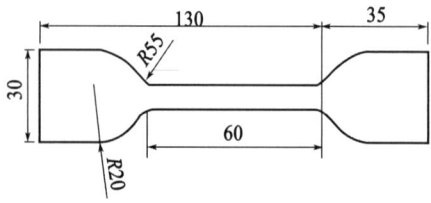

图 6-16-12 哑铃形标准试件（尺寸单位：mm）

EBCL 胶结料不同温度断裂延伸率试验结果　　表 6-16-8

序 号	养生条件	试验温度（℃）	断裂强度（MPa）	断裂伸长率（%）
1	60℃养生 16h	-20	43.90	4.81
2	60℃养生 16h	-10	30.48	8.92
3	60℃养生 16h	25	13.19	34.28
4	60℃养生 16h	40	7.11	69.84
5	60℃养生 16h	70	4.78	45.36

 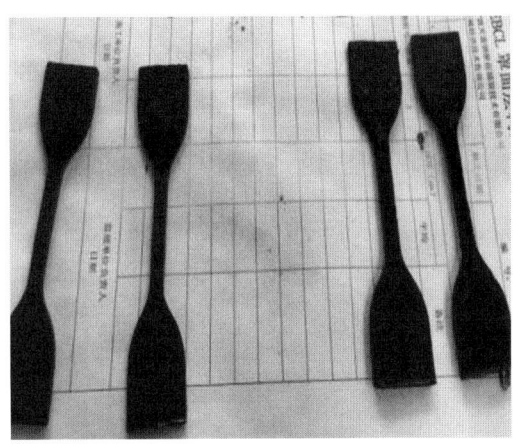

图 6-16-13　拉伸仪及拉伸试件

从试验结果可以看出,随着温度的升高,断裂强度变小,断裂伸长率变大。在极寒 -20℃时断裂强度达到 43.90MPa,断裂伸长率为 4.81%,仍然满足桥梁整体变形和钢板 U 肋顶面局部变形。

(2)钢板涂膜后的弯曲变形试验观察

试验目的:验证 EBCL 胶结料自身的可变形能力。

试验方法:钢板涂膜 EBCL 胶结料的弯曲情况。

试验采用 16mm 厚钢板,钢板表面经喷砂除锈后,按照 EBCL 要求的涂布量,分别涂布成型纯 EBCL 胶试件,将试件养生后,置于 -20℃冰箱内冷冻。2h 后,取出立刻进行钢板的弯曲试验。试验过程采用逐级加载,时刻观察钢板表面 EBCL 的状况,见表 6-16-9。在试验过程中纯 EBCL 胶结料未出现开裂、脱层的现象。

厚钢板弯曲试验结果　　　　表 6-16-9

挠度 (mm)	钢板底面微应变 ($\times 10^{-6}$)	结　论
0.24	500	EBCL 表面未出现裂纹迹象,钢板与 EBCL 黏结良好
2.38	5000	EBCL 表面未出现裂纹迹象,钢板与 EBCL 黏结良好
4.77	10000	EBCL 表面未出现裂纹迹象,钢板与 EBCL 黏结良好
9.53	20000	EBCL 表面未出现裂纹迹象,钢板与 EBCL 黏结良好

试验结束时,把钢板跨中竖向位移加大到 9.53mm,钢板自身已发生较大的塑性变形,但是 EBCL 也未出现表面开裂和脱层的现象,表明 EBCL 具有良好的变形随从性。

3. EBCL 施工和易性试验结果

试验目的:验证 EBCL 胶结料黏度、指干、固化时间等施工和易性是否满足现场施工。

试验方法:通过黏度试验确定 EBCL 胶结料的黏度和黏度增长率,通过拉拔试验证 EBCL 胶结料的固化速率和强度增长率。

(1) EBCL 胶结料黏度试验

EBCL 胶结料黏度试验结果见表 6-16-10。

EBCL 胶结料黏度和黏度增长率试验结果 表 6-16-10

温度条件	初始黏度(Pa·s)	1h 后黏度(Pa·s)	3h 后黏度(Pa·s)
10℃	10.5	16.8	37
25℃	4.6	12.1	66.3
35℃	2.3	7.8	已黏稠

从试验结果可以看出,即使在 10℃ 条件下,EBCL 胶结料 1h 黏度在 16Pa·s 左右。

(2) EBCL 胶结料固化速率试验

EBCL 胶结料固化速度试验结果见表 6-16-11。

EBCL 胶结料强度增长率试验结果(拉拔试验) 表 6-16-11

温度条件	1d 强度(MPa)	2d 强度(MPa)	3d 强度(MPa)
10℃	0.77	3.08	6.54
25℃	1.68	6.46	13.92
35℃	8.66	17.61	>18

从试验结果可以看出,EBCL 胶结料在常温 25℃ 条件下养生,2d 拉拔强度为 3.08MPa,3d 拉拔强度为 13.92MPa。在夏季 35℃ 条件下,1d 拉拔强度为 8.66MPa,2d 拉拔强度为 17.61MPa。

4. EBCL 界面的耐久性试验

(1) EBCL 界面防腐蚀试验

试验目的:验证 EBCL 界面防水防腐和保护钢板不锈蚀的能力。

试验方法:通过酸碱盐和柴油等腐蚀性溶液对钢板 + EBCL 涂膜试件浸泡,观察 EBCL 是否变质,丧失对钢板保护能力。通过拉拔试验验证浸泡的 EBCL 是否还具有所需的强度。

考察 EBCL 能否对钢板进行有效保护,模拟酸雨、除冰盐等材料对于界面系统的腐蚀作用,将进行强酸、强碱、盐水浸泡试验。试验通过观察涂布 EBCL 钢板试件表面状况变化,考察 EBCL 保护钢板的能力,同时将拉剪试件浸泡,考察浸泡后 EBCL 拉剪强度变化。

由浓度为 98% 的盐酸配制成 pH = 2 的强酸溶液作为酸腐蚀溶液;将 97% 的氢氧化钠配制 pH = 14 的强碱溶液,以此作为碱腐蚀溶液;盐溶液浓度选定为 20%,油选定为 0 号柴油。试验如图 6-16-14 所示。

试验结果见表 6-16-12。由表可以看出,经过 60d 浸泡,酸腐蚀后的拉剪强度,为 13.65MPa,碱腐蚀、盐和柴油腐蚀基本没有影响拉拔、拉剪强度。可以看出 EBCL 抗酸、碱、盐和油的腐蚀的能力十分优异,可以很好地保护钢桥面不受雨水等外界因素的侵袭。

a)酸溶液浸泡60d

b)碱溶液浸泡60d

c)盐溶液浸泡60d

d)柴油浸泡60d

图 6-16-14　防腐试验

EBCL 胶料抗腐蚀性强度试验　　　　　　　　　　　　　表 6-16-12

序　号	腐蚀条件	25℃拉拔强度(MPa)	25℃拉剪强度(MPa)
1	酸溶液 60d	15.35	13.65
2	碱溶液 60d	16.33	15.62
3	盐溶液 60d	17.38	16.08
4	柴油溶液 60d	17.03	16.33

（2）EBCL 界面连续高温水浸泡试验

高温水浸泡试验如图 6-16-15 所示，EBCL 界面连续高温水浸泡试验结果见表 6-16-13。

EBCL 界面连续高温水浸泡试验结果　　　　　　　　　　表 6-16-13

序　号	70℃水连续浸泡时间	25℃拉拔强度(MPa)	25℃拉剪强度(MPa)
1	0d	>18	18.77
2	10d	>18	16.88
3	30d	>18	16.27

图 6-16-15　高温水浸泡试验

（3）EBCL 界面冻融循环试验

冻融循环试验如图 6-16-16 所示，EBCL 界面冻融循环试验结果见表 6-16-14。

图 6-16-16　冻融循环试验

EBCL 界面冻融循环试验结果　　表 6-16-14

序　号	冻融循环次数（次）	25℃拉拔强度（MPa）	25℃剪切强度（MPa）
1	原样	>18	18.77
2	10	>18	17.62
3	15	16.46	15.59
4	20	15.78	14.21

注：-20℃24h~70℃水浴24h为一个循环次数。

（4）EBCL 作为顶面抗滑层长期应用情况的调研和观察（ERE 铺装的表面）

试验目的：验证 EBCL 界面作为 ERE 铺装结构表面抗滑功能层时的长期性能。

试验方法：调研查看 EBCL 作为表面功能层的长期使用情况。

2017 年完成铺装的军山长江大桥 EBCL 顶面抗滑层，经过三年多高温 + 重载交通运行后的状况为界面整体良好,没有任何病害。

二、RA 混合料性能试验研究

在 ERS 铺装技术体系中,RA 混合料是重要的组成部分。RA 混合料由 RA 胶结料和级配的矿质石料拌和形成,固化后的 RA 混合料具有强度高、模量大、空隙率小、无车辙、耐腐蚀等诸多优良特性。RA 混合料彻底改变了常规改性沥青混合料高温下易变软、低温下易变脆、水稳定性较差的不良特性,钢桥面铺装也因此变得安全可靠。RA 混合料常温施工的特性使得钢桥面铺装作业十分简便。对 RA 混合料的研究包括 RA 胶结料性能的研究、RA 混合料的级配和油石比(配合比设计)研究、RA 混合料的高低温性能研究、水稳定性研究以及耐腐蚀特性的研究等内容。

1. RA 胶结料的性能试验

RA 胶结料由 A、B 两个组分构成,A 组分是环氧树脂和石油沥青等组成的混合物,B 组分是改性多元胺类固化剂和石油沥青等物质的混合物。在施工现场将 A、B 两组分按照规定的比例进行混合后,胶结料中的环氧树脂与固化剂等物质在常温条件下会发生化学的交联固化反应,一般经 1~2d 的自然固化,胶结料即可固化成具有一定强度和可变性能力的固态胶状物。

试验目的:试验验证 RA 胶结料的性能,包括断裂强度和伸长率、黏度和固化速率和高温不变质特性等性质。

试验方法:黏度和黏度增长率试验、高温不变质试验、胶膜拉伸试验等。

RA 胶结料试验结果如下:

RA 胶结料对温度很敏感。在 25℃ 时,胶料黏度增长相对平缓,6h 的黏度值约为 30000mPa·s;40℃时,前 4h 与 25℃曲线基本重合,4h 后黏度增长变快;60℃时 1h 后黏度增长急剧变大,很快超出设备量程。试验提示:在夏季施工时,避免高温作业,防止由于胶料黏度过大影响施工质量。

RA 胶结料断裂延伸率试验结果见表 6-16-15。

RA 胶结料断裂延伸率试验结果　　　　表 6-16-15

序　号	养生条件	试验温度(℃)	断裂强度(MPa)	断裂伸长率(%)
1	60℃养生 16h	-20	27.05	27.4
2	60℃养生 16h	25	4.55	119.2
3	60℃养生 16h	70	1.73	55.0

从表 6-16-15 可以看出,RA 胶料伸长率受温度影响较大。在 -20℃低温下,断裂强度达到 27.05MPa,同时断裂伸长率为 27.4%,与 25℃相比胶料强度减小,伸长率大幅度减小,这是由于低温使胶料变硬;25℃时,伸长率达到了 119.2%,具有良好的变形能力,保证 RA 树脂沥青混凝土与桥梁的协调变形;70℃时断裂强度为 1.73MPa,断裂伸长率为 55.0%,满足设计要求。

2. RA 混合料的配合比设计试验研究

研究目的：依据伍家岗长江大桥可能获得的当地石料特性，研究伍家岗长江大桥 ERS 铺装所需 RA 混合料的最佳级配和油石比。

试验方法：参照马歇尔配合比设计法和以往的施工经验。调整不同的矿料级配和油石比，配制出性能优良的 RA 混合料。

按照混合料级配要求，根据各种矿料的筛分结果，初选出 3 个矿料比例作为初选级配（表 6-16-16、表 6-16-17）。

3 种级配的矿料比例（单位：%） 表 6-16-16

级配类型	矿料比例（%）			
	5~10mm	3~5mm	0~3mm	矿粉
级配 1	30	15	48	7
级配 2	31	18	45	6
级配 3	42	11	40	7

矿料合成级配通过率 表 6-16-17

级配类型	下列筛孔（mm）的通过百分率（%）								
	13.2	9.5	4.75	2.36	1.18	0.6	0.3	0.15	0.075
级配 1	100.0	98.0	71.0	45.4	35.5	26.8	18.4	15.0	9.9
级配 2	100.0	98.0	69.8	42.1	32.7	24.6	16.7	13.6	8.9
级配 3	100.0	97.2	60.6	39.0	30.7	23.5	16.5	13.7	9.3
上限	100	100	75	58	44	32	23	16	13
下限	100	90	50	35	27	17	11	8	6

选用初试油石比 8.2% 分别成型 3 种级配标准马歇尔试件（$\phi 101.6\text{mm} \times 63.5\text{mm}$），双面各击实 50 次。

初试级配体积分析结果见表 6-16-18。

初试级配体积分析结果 表 6-16-18

级配类型	油石比（%）	空隙率（%）	稳定度（kN）	流值（0.1mm）
级配 1	8.2	1.0	63.34	26.7
级配 2	8.2	0.9	65.16	27.1
级配 3	8.2	0.9	62.92	23.8
技术要求	—	0~2	≥40	20~50

对于所选的三组级配，根据马歇尔试验和以往施工经验，伍家岗长江大桥钢桥面铺装推荐级配 2 作为最佳级配。采用 5 种油石比，按 0.3% 间隔制备（即 7.6%、7.9%、8.2%、8.5%、8.8%）分别成型马歇尔试件，分别测定各组马歇尔试件的毛体积相对密度、空隙率、稳定度、流值。双面击实 50 次成型马歇尔试件，养生（常温放置 24h + 60℃烘箱 16h）后，进行 70℃水浴马歇尔稳定度试验。具体试验结试验结果见表 6-16-19。

马歇尔试验结果　　　　　　　表 6-16-19

油石比	毛体积相对密度	计算最大理论相对密度	空隙率（%）	稳定度（kN）	流值（0.1mm）
7.6	2.579	2.622	1.7	50.81	23.3
7.9	2.581	2.612	1.2	54.21	26.6
8.2	2.577	2.601	1.0	60.32	24.2
8.5	2.570	2.591	0.8	63.72	25.4
8.8	2.565	2.581	0.7	62.85	24.8
技术要求	—	—	0~2	≥40	20~40

3. 低温变形性能试验

试验目的：本方法适用于测定混合料在规定温度和加载速率时弯曲破坏的力学性质。采用试验温度为 -10℃±0.5℃，加载速率宜为 50mm/min。

依据技术要求进行了低温弯曲试验来检验树脂沥青混合料的低温性能，试验结果见表 6-16-20。

-10℃低温弯曲试验结果　　　　　　　表 6-16-20

混合料类型	试验温度（℃）	检测项目	单位	实测值	技术要求
RA10	-10	抗弯拉强度	MPa	—	
		最大弯拉应变	10^{-6}	3662	>3000
		弯曲劲度模量	MPa	—	

4. 高温稳定性试验

试验目的：本方法适用于测定树脂沥青混合料的高温抗车辙能力，供树脂沥青混合料配合比设计时的高温稳定性检测使用，也可以适用于现场树脂沥青混合料的高温稳定性检测。

RA 混合料试件的动稳定度试验结果见表 6-16-21。

车辙动稳定度试验结果　　　　　　　表 6-16-21

混合料类型	油石比（%）	动稳定度（次/mm）	技术要求
RA10	8.2	63000	≥20000

注：车辙动稳定度采集数据已达到仪器最大量程 63000 次/mm。

5. 残留稳定度试验

试验目的：本方法适用于马歇尔稳定度试验和浸水马歇尔稳定度试验，以进行树脂沥青混合料的配合比设计或路面施工质量检验。浸水马歇尔稳定度试验供检验树脂沥青混合料受水损害时抵抗剥落的能力时使用，通过测试其水稳定性检验配合比设计的可行性。

浸水马歇尔试验方法与标准马歇尔试验方法的不同之处在于，试件在已达规定温度恒温水浴中保温时间为 48h，其余步骤均与标准马歇尔试验方法相同。

依据设计要求进行了混合料浸水马歇尔试验来检验树脂沥青混合料的水稳定性能，试验结果见表 6-16-22。

浸水残留马歇尔稳定度试验结果　　　　表 6-16-22

混合料类型	非条件(0.5h)			条件(48h)			残留稳定度 MS_0（%）	技术要求（%）
	空隙率（%）	稳定度（kN）	流值（0.1mm）	空隙率（%）	稳定度（kN）	流值（0.1mm）		
RA10	0.9	62.27	33.3	0.7	60.58	24.7	99.3	≥90
	0.7	62.04	27.1	0.6	61.80	26.3		
	0.7	61.64	26.4	0.6	63.04	23.3		
	0.5	62.14	24.4	0.8	60.99	26.5		
平均值	0.7	62.02	27.8	0.7	61.60	25.2		

6. 冻融劈裂试验

试验目的：本方法适用于在规定条件下对混合料进行冻融循环，测定混合料试件在受到水损害前后劈裂破坏的强度比，以评价混合料的水稳定性。非经注明，试验温度为25℃，加载速率为50mm/min。

依据技术要求进行了混合料冻融劈裂试验来检验树脂沥青混合料的水稳定性能，试验结果见表 6-16-23。

冻融劈裂试验结果　　　　表 6-16-23

混合料类型	非冻融		冻融		劈裂强度比（%）	技术要求（%）
	空隙率（%）	劈裂强度（MPa）	空隙率（%）	劈裂强度（MPa）		
RA10	0.6	3.972	0.8	4.233	102.6	≥90
	0.8	3.812	0.5	4.043		
	0.5	3.836	0.7	3.907		
	0.6	4.259	0.9	4.100		
平均值	0.6	3.970	0.7	4.071		

7. 耐腐蚀能力试验

研究目的：研究验证受腐蚀性溶液浸泡后，RA 混合料性能受影响的程度。

试验方法：将固化后的 RA 混合料浸泡在酸碱盐油等不同腐蚀性溶液中，然后检测其马歇尔稳定度。

试件浸泡 4% 盐酸、4% 碱、100% 柴油试验结果见表 6-16-24 ~ 表 6-16-26。

试件浸泡 4% 盐酸试验结果　　　　表 6-16-24

序号	试件厚度(mm)	空隙率(%)	稳定度(kN)	流值(0.1mm)	备注
1	63.1	0.8	65.66	25.2	盐酸浓度为4%
2	63.7	0.7	69.18	26.3	
3	63.6	0.7	67.59	28.0	
平均值	63.5	0.7	67.48	26.5	

试件浸泡4%碱试验结果　　　　　　　　　　表6-16-25

序　号	试件厚度(mm)	空隙率(%)	稳定度(kN)	流值(0.1mm)	备　注
1	63.8	0.9	69.97	27.6	碱为$Na(OH)_2$，浓度为4%
2	63.5	0.6	68.10	26.7	
3	63.4	0.7	71.52	20.3	
平均值	63.6	0.7	69.86	24.9	

试件浸泡100%柴油试验结果　　　　　　　　表6-16-26

序　号	试件厚度(mm)	空隙率(%)	稳定度(kN)	流值(0.1mm)	备　注
1	63.4	0.6	70.69	21.5	100%柴油
2	63.7	0.8	67.80	24.6	
3	63.5	0.5	68.64	26.6	
平均值	63.5	0.6	69.04	24.2	

三、RA 与 SMA 之间黏结层研究

桥面铺装层最常见的病害之一是剪切推移破坏。除了沥青混合料自身品质的因素外，导致铺装层出现剪切推移破坏的最主要原因是界面黏结材料性能不良，不能对铺装混合料构成可靠的约束。

早期 ERS 铺装通常采用改性沥青作为 SMA 层下的黏结材料。这种改性沥青类材料作为 RA 与 SMA 层间黏结存在黏结力与水稳定性相矛盾的两难问题。出于桥面防水和提高铺装层自身的水稳定性的考虑，提高桥面铺装界面层的沥青洒布量，整体的防水性能得以提高，但高温炎热季节，沥青材料自身会随着环境温度的升高而变软，对界面的黏结力明显降低，该界面上的铺装层容易出现推挤蠕动，形成剪切推移破坏。但如果降低黏结层的洒布量，则 RA 与 SMA 之间会存在空隙，一旦水进入层间空隙里，就容易造成铺装层水损害。而二阶热固性环氧沥青很好地解决了这一难题。

1. 二阶热固性环氧沥青的组成和基本特性

二阶热固性环氧沥青由两部分组成。A 组分主要成分是环氧树脂，B 组分主要成分是复合固化剂和石油沥青。其基本原理是，通过环氧树脂、固化剂、石油沥青等大分子材料在固化反应时的交联互织作用，形成既有一定强度又有一定变形能力的环氧沥青固体胶状材料，从而大幅改善铺装层界面的黏结能力和耐高温能力。该热固性环氧沥青的 A：B = 1：2.5，在试验室养生条件下固化后呈现表 6-16-27 所示性能特征。热固性环氧沥青试验如图 6-16-17 所示。

热固性环氧沥青黏结层主要性能结果 表6-16-27

指　标	单　位	性能实测值	条件和说明
拉伸断裂强度(25℃)	MPa	7.35	胶膜养生150℃/1h
拉伸断裂伸长率(25℃)	%	145.1	—
对钢板的黏结力(25℃)	MPa	11.29	养生150℃/2h后拉拔
对水泥板的黏结力(25℃)	MPa	3.83	养生60℃/24h(水泥面破坏)
高温不变质和重量损失率	%	0.15	固化后180℃不融化不变质

a) ≥10.0MPa拉拔强度（对钢板）

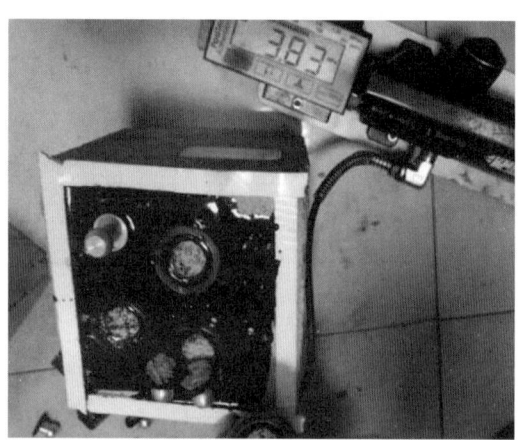

b) 水泥试块界面破坏

c) ≥5.0MPa拉伸强度，≥100%伸长率

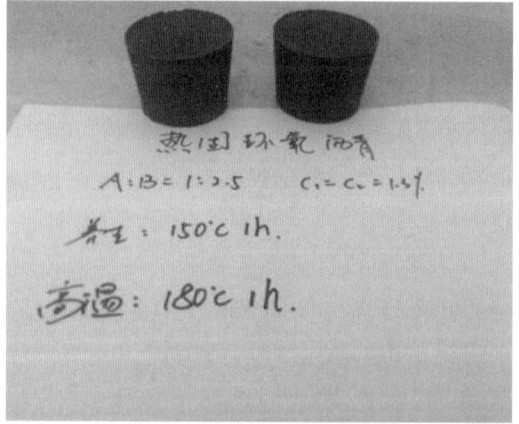

d) 即使180℃高温也不再融化为液体

图6-16-17　热固性环氧沥青试验

2. 表干时间和强度增长

试验表明,该黏结层在夏季高温季节涂布后1d左右即不粘手指。在某桥ERS铺装工地,热固性环氧沥青涂布于RA层表面,1d后可基本不粘车轮。热固性环氧沥青施工状态如图6-16-18所示。

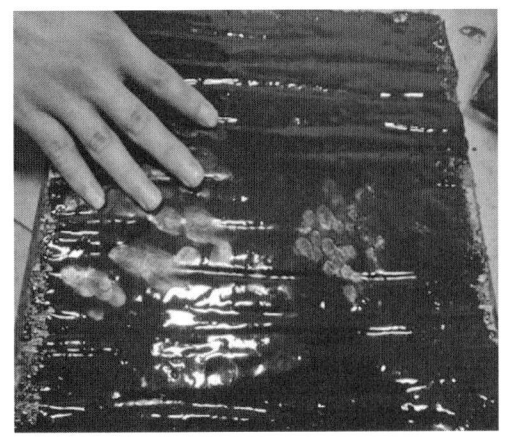

a) 试件表干图片（试验室1d后）　　　　b) 被SMA再次加热时恢复熔融液态

图 6-16-18　热固性环氧沥青施工状态

此时的胶结料并没有完全固化，随着养生时间延长或经过混合料加热，胶结料的固化程度会大幅增加。环氧沥青黏结层表干后的强度增长情况可以通过胶膜拉伸强度和界面拉拔的试验来检测。热拌沥青混合料的摊铺碾压施工使黏结层界面经历了一个温度由高至低逐步递减的过程，直至界面恢复到常温状态。以150℃平均1h来模拟SMA混合料高温对界面固化的影响与实际情况是相当接近的。以此为边界考察该胶结料的强度增长是十分必要的。

表 6-16-28 和表 6-16-29 的结果表明，经此摊铺高温后，环氧沥青胶结料后期的强度虽还会继续增长，但增长幅度相应变缓。以150℃ 2~4h 为边界替代缓慢的后期增长可帮助研发人员了解该胶结料的强度特性。测试固化后的胶结料在不同自然温度下的界面拉拔强度，70℃高温下仍有2.0MPa的抗拉拔能力，足够令人满意，结果见表6-16-30。

拉伸强度增长率试验结果　　　　　　　　　　表 6-16-28

检测拉伸断裂强度	经 150℃ 30min	经 150℃ 1h	条件和说明
断裂强度（25℃）	6.61%	7.04%	再自然养生 1d
	6.73%	7.51%	再自然养生 3d
	7.12%	7.84%	再自然养生 5d

不同温度下的断裂强度及延伸率试验结果　　　　　　表 6-16-29

试验温度（℃）	试验项目	实测值（MPa）				技术要求
		\multicolumn{4}{c	}{$A:B=1:2.5, C_1=C_2=1.3\%$}	
		1	2	3	平均值	
5	断裂强度（MPa）	15.16	16.22	14.38	15.26	—
	断裂延伸率（%）	86.9	75.1	85.7	82.6	—
25	断裂强度（MPa）	6.37	7.68	7.85	7.30	≥5
	断裂延伸率（%）	120.6	145.1	143.8	136.5	≥100
养生条件：150℃ 1h						

不同温度钢板拉拔强度试验结果 表 6-16-30

试验温度 (℃)	实测值(MPa)				技术要求
	1	2	3	平均值	
5	14.62	13.88	14.51	14.34	—
25	11.63	11.45	10.41	11.16	≥5
50	6.52	5.45	5.89	5.95	—
70	2.06	2.68	1.87	2.20	—
养生条件:150℃,2h					

A：B = 1：2.5, $C_1 = C_2 = 1.3\%$

3. 热固性黏结层在自然高温下的固化特性

上述基本性能试验研究表明,黏结层在 150℃ 保温 1~2h 的条件下性能十分优良。但实际工地上有时并不能确保一定具备 150℃ 1~2h 的固化条件,还需要回答不具备上述条件时黏结层是否能够良好固化的问题。在夏季高温季节,沥青路面的温度超过 60℃ 应是常见的工况,考察黏结层在 60℃ 自然高温下的固化特性具有相当的代表性。

由表 6-16-31 的结果可见,随着 60℃ 条件下养生时间的延长,胶膜强度逐渐增加,延伸率逐渐缩小,表明胶料在此温度下可持续固化,其胶膜强度甚至超过了 150℃ 1~2h 的固化程度。这意味着,即使工地上的铺装混合料不能给黏结层提供 150℃ 1~2h 的热量条件,通过一段时间的夏季高温,黏结层是可以良好固化的。其原因是,热固环氧沥青中含有催化剂,当沥青混合料的热量散失后,催化剂仍可以帮助环氧沥青继续固化反应。

自然高温下养生胶结料的断裂强度及延伸率 表 6-16-31

养生条件	试验温度(℃)	试验项目	实测值(MPa)			
			1	2	3	平均值
60℃ 24h	25	断裂强度(MPa)	12.98	13.56	13.81	13.45
		断裂延伸率(%)	83.5	93.4	95.6	90.8
60℃ 48h	25	断裂强度(MPa)	14.49	14.96	15.28	14.91
		断裂延伸率(%)	38.3	42.9	46.21	42.47

A：B = 1：2.5, $C_1 = C_2 = 1.3\%$

热固性黏结层可以在自然高温下持续固化的特性也提示研究人员,夏季高温季节,过分提前涂布的界面黏结层可能固化程度很高,需要甄别,在这样的界面黏结层上铺筑沥青混合料是否会对界面黏结能力造成不良影响。从试验结果(表 6-16-32)可以看出,自然养生和 60℃ 养生 48h 两种工况的界面黏结力相差几乎一半。也就是说,过分提前洒布黏结层不利于形成良好的黏结界面。据此可以规定,黏结层洒布后到热料摊铺的时间最好不宜超过 2d。

热固涂布后不同养生时间层间拉拔试验　　　　表 6-16-32

组合类型	用量（kg/m²）	试验温度（℃）	不同养生时间铺筑 SMA 混合料（MPa）			
			常温 24h	60℃ 12h	60℃ 24h	60℃ 48h
RA 板 + SMA	0.8	25	2.68	2.56	1.92	1.41
RA 板 + SMA	0.8	50	0.61	0.58	0.39	0.24

4. 不同界面黏结材料形成的组合试件界面黏结性能的对比

为甄别不同界面材料的黏结性能，本研究进行了对比性试验。对比的材料包括高黏改性沥青、沥青基防水涂料、和水乳性环氧沥青。从试验结果（表6-16-33）可见，二阶热固性环氧沥青的黏结性能最好，特别在高温状态下，其黏结性能远远好于沥青类的黏结材料。其原因是，二阶热固的黏结层的表面在热料摊铺时表现为熔融状态，与热拌沥青混合料相亲相融并在热量帮助下实现固化，因此黏结得更好。

不同黏结材料层间拉拔试验　　　　表 6-16-33

组合类型	用量（kg/m²）	试验温度（℃）	不同材料的拉拔强度（MPa）			
			天意二阶热固	水性环氧	高黏改性沥青	防水涂料
RA 板 + SMA	0.8	25	3.10	1.27	1.59	0.51
RA 板 + SMA	0.8	50	0.59	0.20	0.13	0.04

注：养生条件60℃24h，其余3种材料为常温3d。SMA 混合料成型温度为170～180℃。

四、上面层 SMA 混合料性能研究

SMA 混合料是一种被广泛应用于高速公路面层结构的沥青混合料。相对于普通沥青混合料，它具有抗车辙能力强、不易透水、表面粗糙和行车舒适等一系列优点。在路面上应用 SMA 已经经过了充分的研究，有了较为成熟的规范。然而，在钢桥面的特殊使用条件下，SMA 作为钢桥面铺装的面层，其表面温度最高可达68℃。SMA 终究还是一种沥青路面，其胶结材料改性沥青的黏结能力随温度升高而降低的特性并未根本改变，即 SMA 混合料在高温条件下容易出现车辙变形。在 ERS 钢桥面铺装结构中，常规的 SMA 配合比设计有时难以满足高温重载下的抗车辙要求。因此，如何改进 SMA 混合料的配合比设计使之具有更好的抗车辙能力是本桥面铺装研究的问题之一。具体设计详见沥青铺装相关章节。

五、本节小结

(1) 对 EBCL 防水黏结料进行拉拔强度试验、拉剪强度试验、断裂强度和断裂伸长率试验、弯曲变形试验、施工和易性试验、防腐蚀试验、高温水浸泡试验，试验结果证明 EBCL 防水黏结料性能满足钢桥面防水黏结料的施工和易性、强度、变形特性、耐久性等一系列使用要求。

(2) RA 胶结料的黏度、断裂伸长率、断裂强度受温度影响较大，在25℃时，胶结

黏度增长相对平缓,6h 的黏度值约为 30000mPa·s,40℃时,前 4h 与 25℃曲线基本重合,4h 后黏度增长变快,60℃时,1h 黏度增长急剧变大;25℃时,胶结料断裂伸长率达到了 119.2%,具有良好的变形能力,进而可以确保 RA 树脂沥青混凝土与桥梁的协调变形。

（3）RA 混合料在 -10℃下的最大弯拉应变、残留稳定度及劈裂强度比试验结果表明,RA 混合料具有优良的低温抗开裂性能及水稳定性;固化后的 RA 混合料在 4% 盐酸、4% 碱、100% 柴油等腐蚀性溶液中浸泡试验表明,RA 混合料具有良好的耐腐耐候性能。

（4）二阶热固环氧沥青作为 RA 与 SMA 之间的黏结层,相对于高黏改性沥青、沥青基防水涂料和水乳性环氧沥青其他类型黏结层,其黏结性能最好,尤其是在高温状态下,其黏结性能远远好于沥青类的黏结材料。其主要原因是二阶热固环氧沥青是 AB 双组分经过常温拌和养生后形成表干状态,然后在热料摊铺时为熔融状态,与热拌沥青混合料相融并在热量帮助下实现第二阶段的化学反应生产最终固化物。常温养生 24h 和 60℃养生 48h 两种工况的界面黏结力相差几乎一半。据此可知,在夏季或温度较高天气,二阶环氧沥青黏结层洒布后到热料摊铺的时间不宜超过 2d。

（5）钢桥面 SMA 混合料与一般道路 SMA 相比,其变形率大,使用温度高,因而条件更为恶劣,在混合料级配设计上特别注重抗车辙能力的提高。采用高黏度改性沥青可以提高其高温稳定性;将 VMA 值从规范要求的大于 16.5% 提高到大于 18%,其抗车辙能力提高接近一倍。

第四节　疲劳试验研究

一、组合试件的弯曲疲劳性能试验专项研究（MTS 试验）

钢桥面铺装在行车荷载作用下容易产生两种疲劳破坏形式:①在纵向加劲肋或纵向腹板顶部出现纵向开裂;②铺装层和钢板之间黏结力丧失,出现脱层现象。为使室内试验结果同时反映这两种破坏的可能性,采用钢板 + EBCL 界面 + RA 混合料层组成的复合梁进行疲劳试验。

1. 试验模式的确定

对于钢板 + EBCL 界面 + RA 混合料层组成的复合结构,由于钢板的使用寿命远大于铺装层,可认为在桥面铺装的整个使用寿命内钢板的模量为常量。引入模量比的概念来分析复合梁的加载模式,模量比 n 定义为钢板模量和国产环氧沥青混凝土弯拉模量的比值。

在行车荷载作用下,钢桥面铺装层将产生较大的局部变形,并且荷载作用区域的 U 形肋顶铺装层将承受较大的拉应力。为抵抗这种局部变形与拉应力,钢桥面铺装应具备较强的抗疲劳开裂能力与耐久性。传统的疲劳模式无法模拟钢桥面铺装的受力变形状态。本研究采用复合梁的加载模式检验铺装方案的抗疲劳性能。

（1）试验荷载

疲劳试验荷载按应力等效原则换算，即复合梁铺装层中产生的最大拉应力等于实际钢桥面铺装层中产生的最大拉应力。

在正交异性钢桥面板的有限元分析中，采用《公路工程技术标准》（JTJ B01—2003）中汽—超20级车队中550kN重车的两根重轴（每根轴重140kN）进行加载。将每侧双轮转化为单轮，轮重为70kN，考虑30%的冲击系数，则单轮总重为91kN。计算得到铺装材料不同模量的表面最大拉应力和拉应变值，见表6-16-34。

铺装材料不同模量的表面最大拉应力和拉应变值计算结果　　表6-16-34

模量比 n/荷载响应	最大拉应力（MPa）	最大拉应变（$\mu\varepsilon$）
200	0.725	683
500	0.436	998
600	0.373	1078
800	0.336	1123

按表6-16-34中的应力，反算得到对应于复合梁试件上的疲劳加载力。表6-16-35列出了铺装厚度为30mm的反算结果，表中同时列出该级加载力作用下复合梁铺装中最大拉应力与最大拉应变。

最大拉应力与最大拉应变　　表6-16-35

模　量　比	反算出的加载力（kN）	复合梁表面最大拉应力（MPa）	复合梁表面相应最大拉应变（$\mu\varepsilon$）
200	4.8	0.856	683
500	5.6	0.483	1036
600	6.2	0.391	1098
800	6.8	0.336	1101

复合梁模量试验表明，钢板与铺装材料的模量比一般为500～600，则选用的加载力应为5.9kN。为了能将试验结果和国内相关钢桥面铺装的疲劳试验结果相比较，将复合梁疲劳试验的加载力也定为6kN。采用6kN作用力加载，根据应力相等的原则，可反算得实桥轴载约为140kN。

（2）试验频率

加载频率的选取原则上应该按照标准轴载以设计速度通过铺装时在铺装层中产生的应力（应变）响应的时间长度和相邻车辆的荷载间歇时间来确定。应力（应变）响应时间长度的大小主要取决于车轮的速度、重量、交通类型和车辆的行驶系列，在一定程度上也取决于路面的性质（材料和厚度）。相邻车辆的荷载间歇时间取决于相邻车辆的车头间距和车速。通过实测铺装层中应力应变响应来确定加载频率比较可靠。但绝对地按照实际荷载谱加载在时间上是不现实的。

在参考国内外类似试验及路面材料弯曲疲劳试验相关资料的基础上,根据桥面组已有的成果取荷载波形为 0.6~6kN 的正弦波,选用 10Hz 作为疲劳试验的荷载频率,相邻波形间没有间歇时间。

2. 疲劳试验结果分析

在 MTS810 材料试验系统上进行,以 6kN 的正弦荷载对复合梁试件进行疲劳试验,荷载频率为 10Hz,试件的选择、尺寸及加载方式如图 6-16-19~图 6-16-21 所示。试验温度为 20℃。

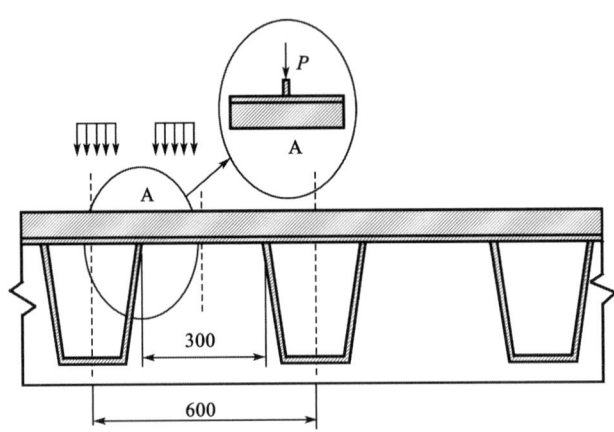

图 6-16-19　加载方式(尺寸单位:mm)

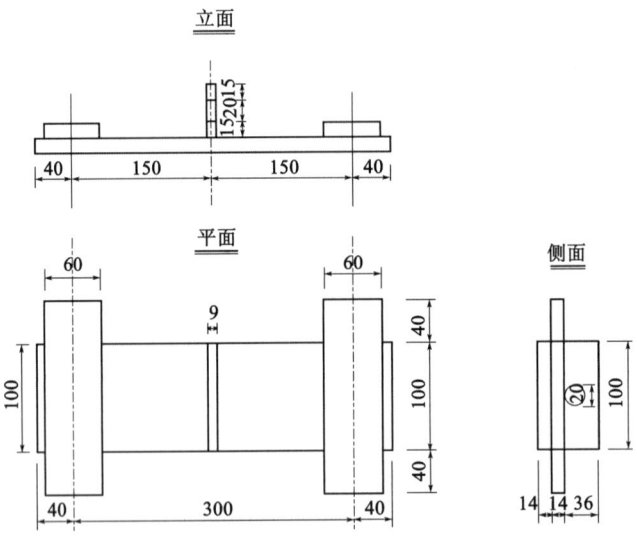

图 6-16-20　试件尺寸(尺寸单位:mm)

对试件进行 1200 万次的加载,观察试件未出现破坏开裂或脱层,说明 RA 混合料具有优良的抗疲劳性能。

图 6-16-21 疲劳试验

二、铺装层与钢桥面板协同受力体系疲劳试验研究

1. 试验研究的目的

铺装层作为钢桥面板之上的行车功能层,将直接承担车辆轮载,具有保证行程安全、提升车辆行驶舒适度、扩散车辆轮载的竖向传递等作用。随着我国钢桥建设水平的不断提高,钢桥面铺装逐渐成为桥梁建设中的一个关键点。当前我国常用的钢桥面铺装形式比较丰富,其中树脂沥青 ERS 铺装技术具有施工便捷、强度高、刚度大、耐高温性能好等突出优点,目前已在国内部分桥梁工程中得到应用;浇注式沥青(GA)+ SMA 铺装方案具有混合料空隙率小、防水性能良好、追随变形能力优越等优点,已在南京长江四桥、马鞍山大桥和港珠澳大桥等工程中应用,但是浇注式沥青混合料的高温稳定性差,在高温重载的作用下容易产生车辙凹陷和推挤波浪等病害。

当前关于树脂沥青铺装层和浇注式沥青铺装层与钢桥面板之间协同受力作用的相关研究仍然较为缺乏。在进行正交异性钢桥面板设计时,为了简化计算通常将铺装层作为恒载的一部分,而未考虑铺装层对钢桥面板局部刚度提升的贡献和二者的协同受力作用,然而桥面铺装作为桥面结构的重要组成部分,将参与正交异性钢桥面板的协同受力,上述简化计算方法偏于保守,与钢桥面板的实际受力不符,不利于准确评估钢桥面板的实际疲劳性能。由于正交异性钢桥面板的顶板厚度通常为 12 ~ 18mm,而桥面铺装层的厚度通常为 50 ~ 100mm,铺装层相对顶板的刚度较大,因此在进行正交异性钢桥面板抗疲劳设计时,应考虑铺装层与钢桥面板的协同受力。但当前关于铺装层与钢桥面板协同受力体系的相关研究仍然较为缺乏。本研究以铺装层与钢桥面板协同受力体系为研究对象,对其疲劳性能开展试验研究。根据树脂沥青铺装层、浇注式沥青铺装层和 U 肋与顶板新型双面全熔透焊构造细节的最新研究成果,设计 2 个足尺节段疲劳试验模型,通过模型试验研究确定铺装层的实际疲劳性能以及铺装层与钢桥面板协同受力机制,为伍家岗长江大桥设计寿命期内的高质量运营提供直接支撑。

2. 试验模型设计

为模拟伍家岗长江大桥铺装层与正交异性钢桥面板协同受力体系的实际受力特征，在前期研究成果的基础上，根据伍家岗长江大桥正交异性钢桥面板构造细节设计和铺装层的施工工艺确定足尺节段试验模型。试验模型长4.5m、宽2.5m、高0.76m，横隔板间距4.0m。试验模型设计图如图6-16-22所示，试验模型编号见表6-16-36。

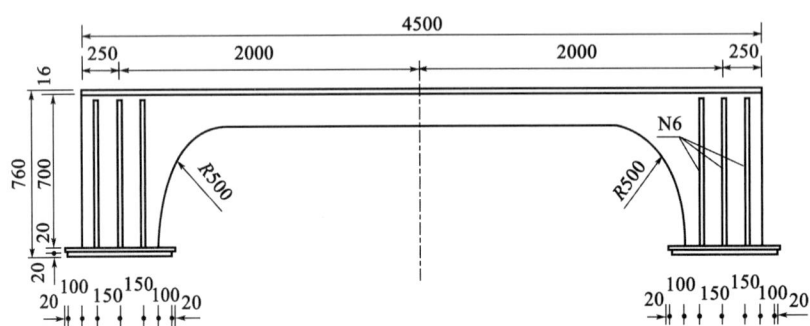

a) 试验模型立面图

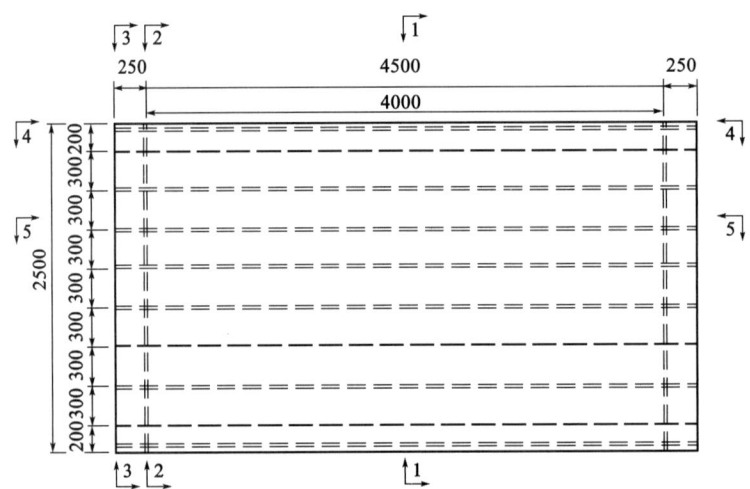

b) 试验模型平面图

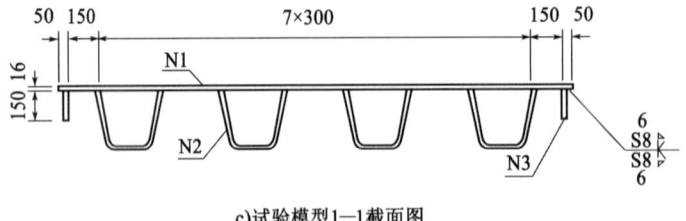

c) 试验模型1—1截面图

图 6-16-22

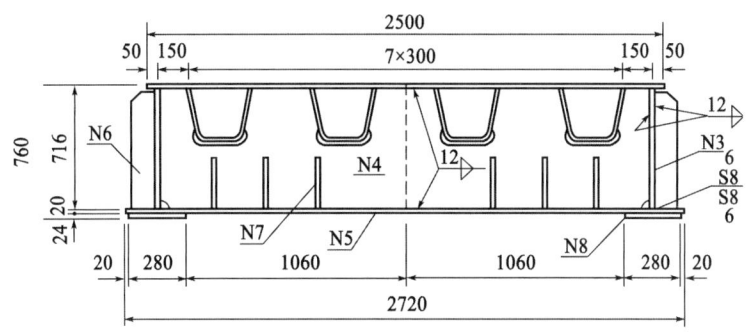

d)试验模型2—2截面图

图6-16-22 试验模型设计图(尺寸单位:mm)

带铺装层的足尺节段疲劳试验模型汇总　　　　　表6-16-36

模型编号	铺装层设计	U肋与顶板构造细节	模型数量
模型一	树脂沥青铺装(ERS)	双面埋弧全熔透焊	1个
模型二	浇注式沥青铺装(GA)	双面埋弧全熔透焊	1个

对于树脂沥青铺装层结构,首先在钢桥面板之上铺设树脂沥青黏结小碎石颗粒界面黏结层EBCL。待EBCL界面黏结层完成固化后,在此基础上铺设2.5cm厚的树脂沥青混合料RA,铺装层构造设计如图6-16-23a)所示。对于浇注式沥青铺装层(GA)结构,首先对钢桥面板进行喷砂除锈,然后铺装防水防腐黏结层,待黏结层完成固化后,在此基础上铺设3.0cm厚的浇注式沥青铺装层,铺装层构造设计如图6-16-23b)所示。

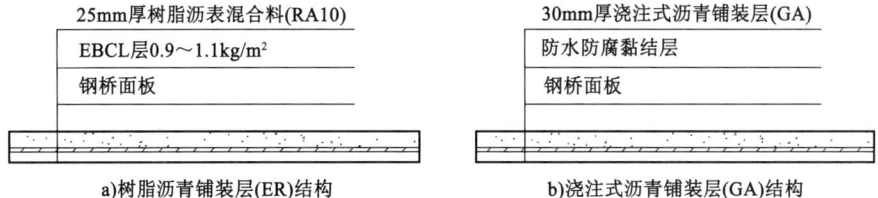

a)树脂沥青铺装层(ER)结构　　　　　b)浇注式沥青铺装层(GA)结构

图6-16-23 铺装层构造示意图

3.试验加载与测试方案

疲劳试验在宁波天意足尺加速加载试验中心进行。加速加载试验机为一种类似于观光摩天轮式的加载设备,如图6-16-24所示。通过在加载设备圆盘的边缘之上安装8组试验车轮,当加载设备的圆盘带动车轮转动时,8组试验车轮依次加载到预先安装于加载设备之下的足尺试验模型之上,其单月加载次数可达100万次以上,与传统方法相比大大地提高了试验加载效率。此外,加速加载试验机安装于一个封闭试验空间之内,比较容易实现试验温度的调控。其试验温度调控区间为-20~60℃,从荷载和温度条件上可满足我国绝大部分桥梁铺装的使用需要。

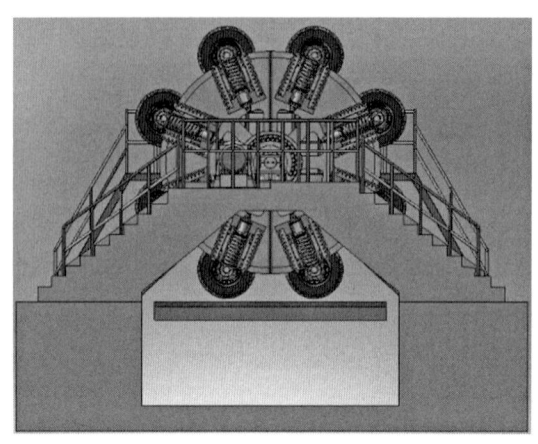

图 6-16-24 转轮式加速加载试验机

由于温度是影响铺装层力学性能的主要影响因素之一,为了研究不同温度对铺装层与钢桥面板协同受力体系疲劳性能的影响,本次试验分别选取室温、30℃和45℃三阶段温度作为加载的控制温度。不同温度条件下的加载次数见表6-16-37。

加 载 方 案　　　　　　　　　　　　表 6-16-37

试 验 模 型	加载次数(万次)	轮载(kN)	温度(℃)
模型一(铺装层为 ER)	0～30	65	室温(实测15℃)
	30～40	65	30
	40～50	65	45
模型二(铺装层为 GA)	0～30	65	室温(实测25℃)
	30～40	65	30
	40～50	65	45

足尺试验模型的测点布置如图 6-16-25 所示。U 肋与顶板构造细节的应变测点分别距顶板焊趾 6.4mm(0.4t)和 16mm(1.0t)(t 为顶板厚度);U 肋与横隔板交叉构造细节的应变测点分别布置于 U 肋腹板焊趾和横隔板焊趾一倍板厚位置;在铺装层顶部布置两排应变测点,位于 U 肋与顶板构造细节正上方;应变测点共布置 5 个测区,记为 CD1～CD6,其中 CD1～CD3 为布置于钢桥面板顶板底面的测点,CD5 和 CD6 为铺装层之上的测点。测点编号中的 DB 代表顶板底面,数字 6 和 16 分别表示距焊趾的距离 6.4mm 和 16mm;最后一个数字表示应变片的编号,应变片编号均按照由 1 号横隔板向 2 号横隔板的顺序依次编号,如 CD1-DB6-3 表示 1 号测区顶板底面距焊趾 6.4mm 的 1 号应变测点。位移测点布置于在 2 号 U 肋底部、截面中心和 3 号 U 肋底部,如图 6-16-25d)所示。应变测点布置完成之后,即将试验模型安装到加载设备之下的设计位置,并做好加载准备工作。试验模型的加载如图 6-16-26 所示。

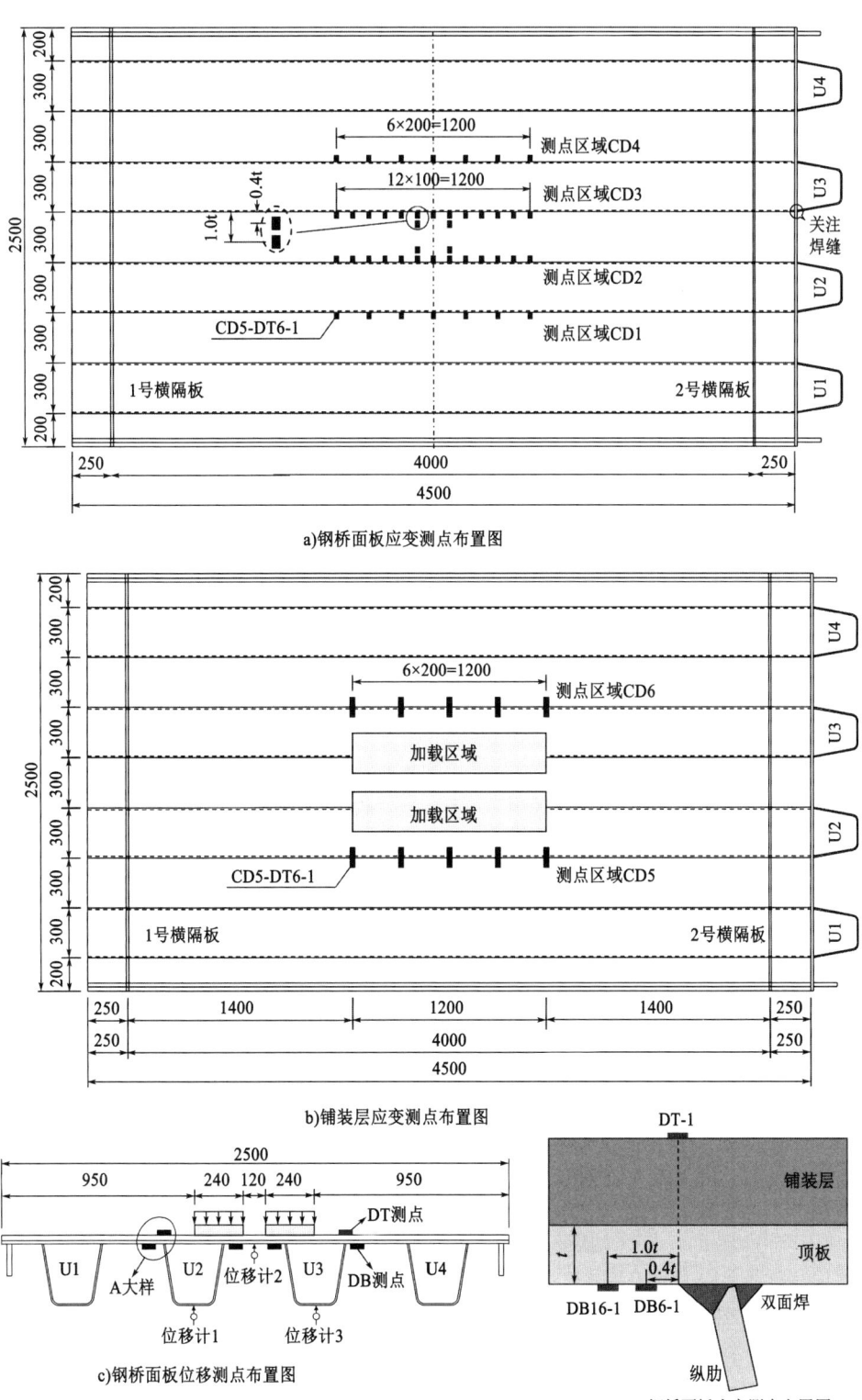

图 6-16-25　足尺节段模型测点布置图(尺寸单位：mm)

图 6-16-26　试验模型加载图示

4. 关键测点理论分析

试验加载过程中轮组荷载的实测值约为 65kN,单个车轮与铺装层之间的接触面积实测为 240mm(宽)×200mm(长),两轮之间的间距为 120mm。

为了获得关键测点在轮载作用下的应力(应变)状态,采用大型通用有限元软件 ANSYS 分别建立带树脂沥青铺装和浇注式沥青铺装的正交异性钢桥面板有限元模型,如图 6-16-27 所示。选取单个车轮荷载从 1 号横隔板向 2 号横隔板方向移动加载,以获得关键测点的应力影响线,理论分析时单个车轮荷载值为 65kN,车轮与铺装层之间的接触面积根据实测值选取。由于铺装层材料的动态弹性模量随着加载温度和加载频率而变化,疲劳试验开展前根据宁波天意实测的动态弹模,拟合得到不同温度下树脂沥青混合料 RA 和浇注式沥青铺装 GA 的动态弹性模量,见表 6-16-38 和表 6-16-39。对于理论分析中,表 6-16-38 和表 6-16-39 不包含的动态弹性模量通过既有数据拟合得到。

树脂沥青混合料动态弹性模量(单位:MPa)　表 6-16-38

温度(℃)	0.1Hz	0.5Hz	1Hz	5Hz	10Hz	25Hz
5	21002.7	24841.2	27164.5	31971.3	33719.5	36859.5
10	16855.1	19935.5	21800.0	25786.2	27332.5	30027.5
15	13526.5	15998.6	17494.9	20797.6	22155.3	24461.8
20	10855.3	12839.2	14040.0	16774.1	17958.7	19927.8
25	8711.6	10303.7	11267.4	13529.0	14557.1	16234.1
30	6991.2	8268.9	9042.3	10911.7	11799.7	13225.1
35	5610.6	6636.0	7256.9	8800.8	9564.7	10773.8
40	4502.6	5325.5	5823.5	7098.2	7753.0	8776.8
45	3613.4	4273.8	4673.5	5725.0	6284.4	7150.0
50	2899.8	3429.8	3750.6	4617.4	5094.1	5824.5
55	2327.2	2752.5	3009.9	3724.2	4129.2	4745.1

浇注式沥青动态弹性模量(单位:MPa)　　　　表 6-16-39

加载频率(Hz)	4℃	20℃	40℃	60℃
0.1	17725.5	5568.2	1801.7	357.1
0.2	18807.3	6457.1	2216.9	426.6
0.5	20833.7	7838.6	2727.7	540.7
1	21809.7	8683.2	3410.9	665.2
2	23140.8	9644.7	4196.8	818.5
5	23140.8	11184.4	5163.8	1086.0
10	24553.1	11676.8	6085.6	1358.0
20	24224.8	12762.0	6944.0	1670.9
25	24553.1	13577.4	7269.3	1801.7

(1) 试验模型一理论分析结果

试验过程中通过布置应变测点的方式进行测试,测试结果均为应变数据,因此理论分析时选取应变作为分析指标。由对称性可知,沿着截面对称测点的理论值相等,此处仅给出对称轴单侧测点的应变影响线。对于模型一,常温、30℃、45℃和铲除铺装之后各加载工况下关键测点的应变影响线分析结果如图 6-16-27 所示,关键测点位移影响线如图 6-16-28 所示。

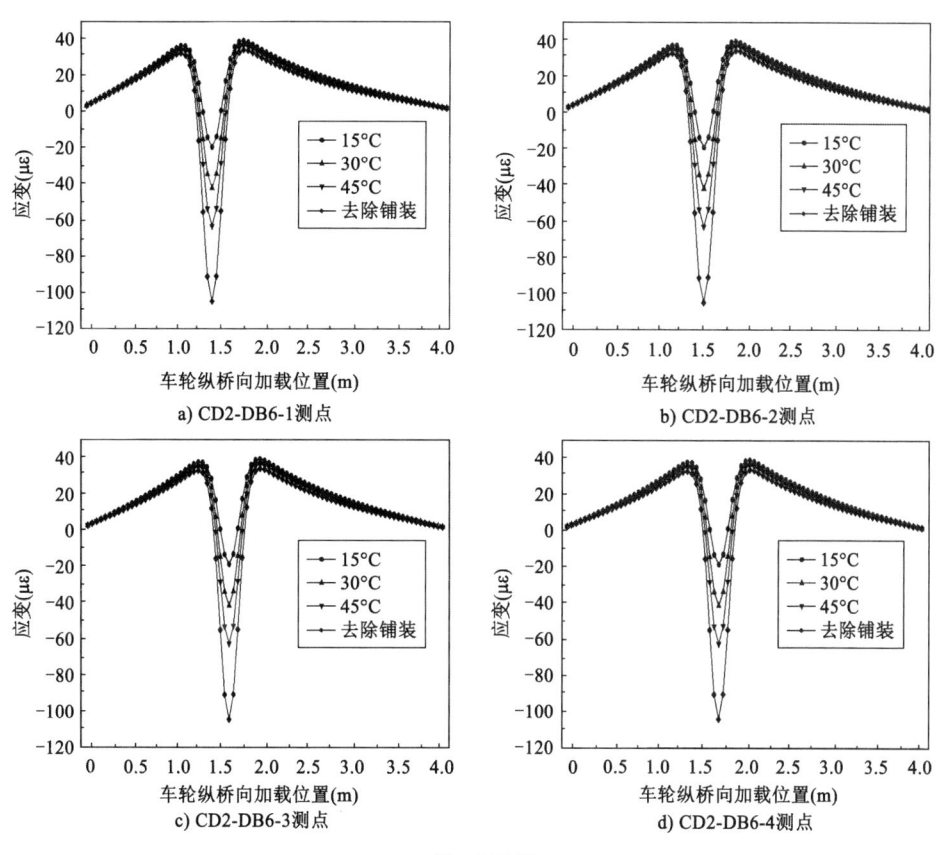

图　6-16-27

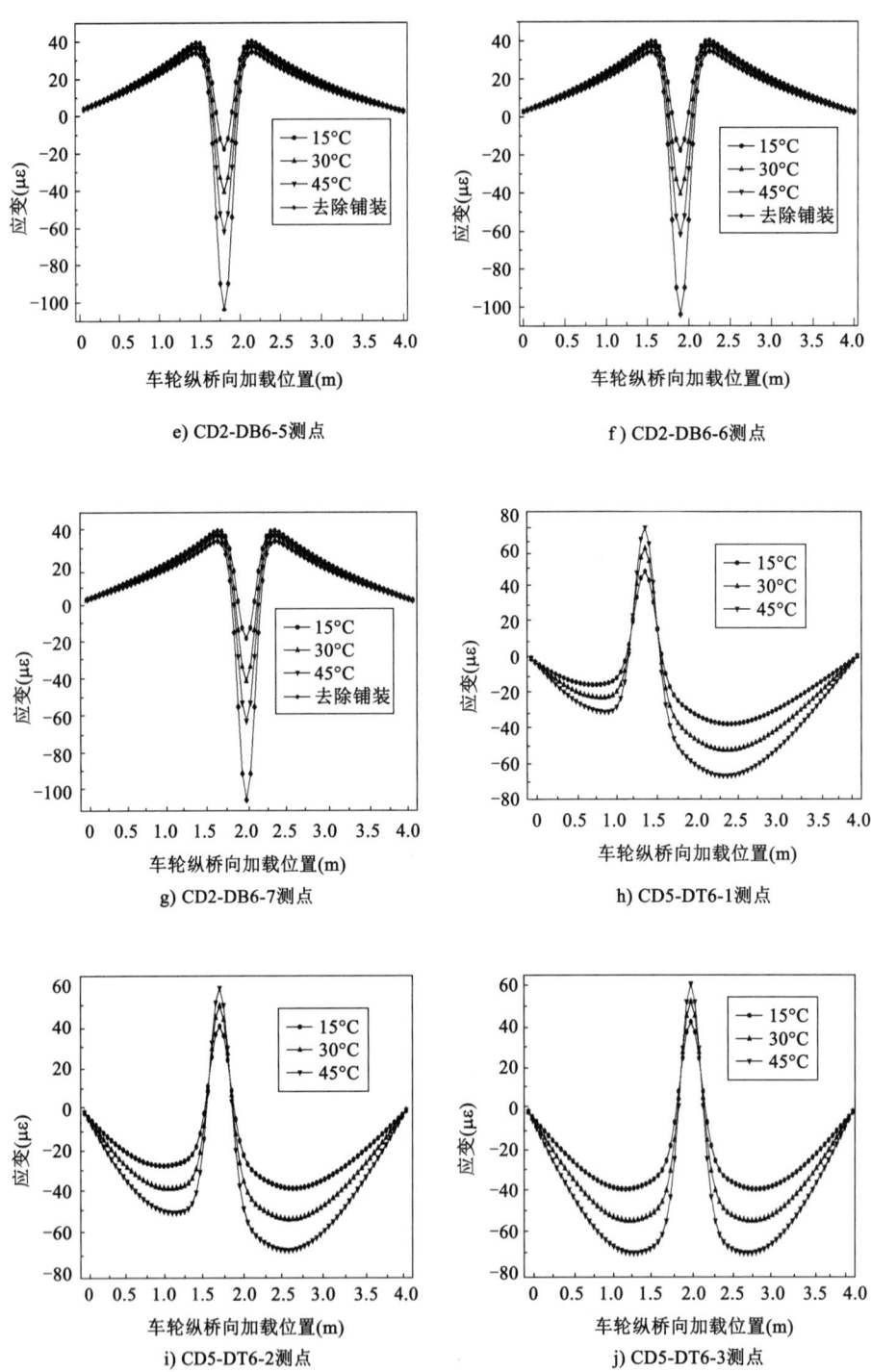

图 6-16-27

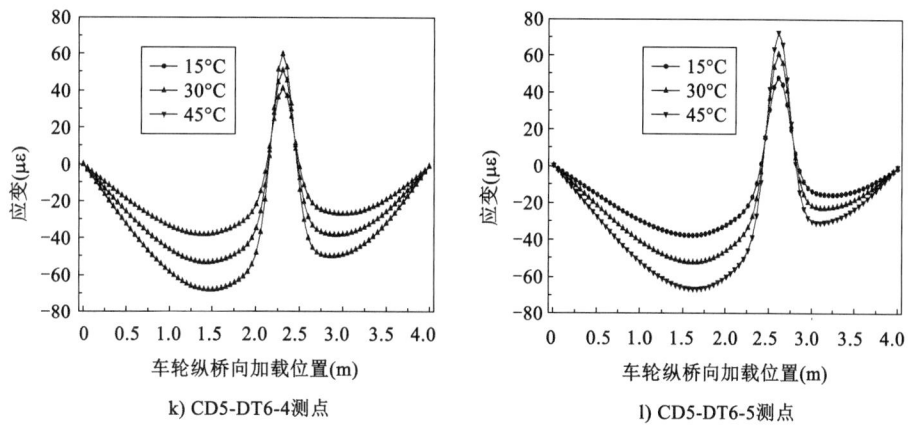

k) CD5-DT6-4测点　　　　　　l) CD5-DT6-5测点

图 6-16-27　试验模型一各测点应变影响线

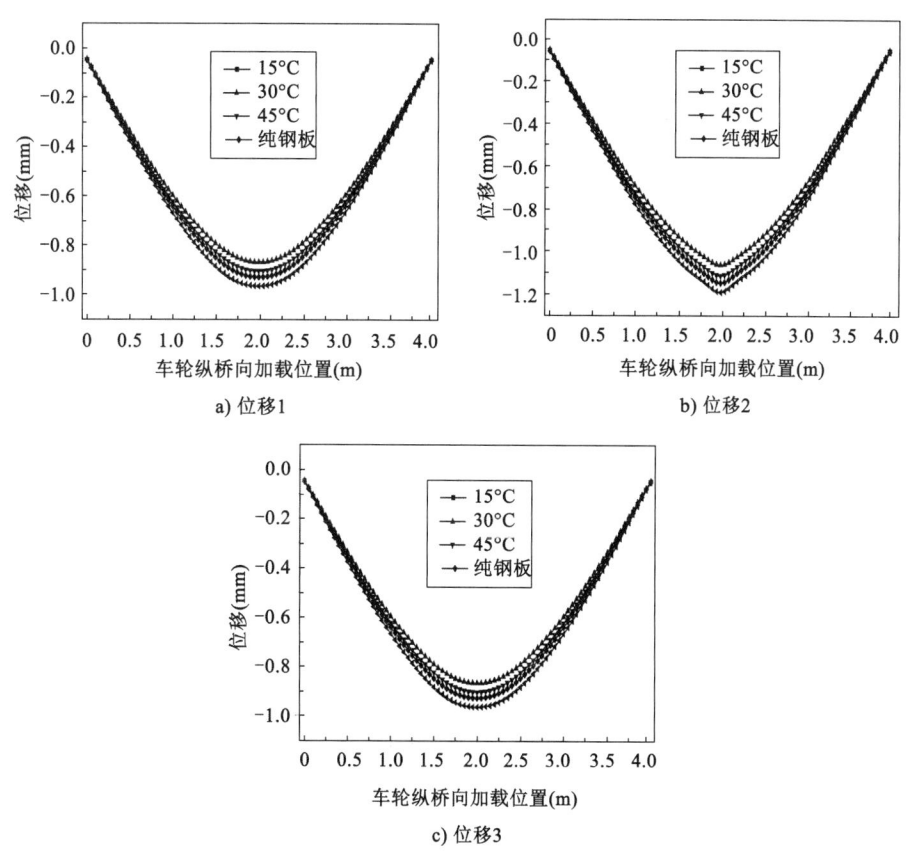

a) 位移1　　　　　　b) 位移2

c) 位移3

图 6-16-28　模型一关键测点位移影响线

测区 2 关键测点在纵向移动轮载作用下的应变影响线如图 6-16-27a)～g)所示,各测点的最大应变幅值汇总于表 6-16-40。分析可知各关键测点在纵向移动轮载作用下以承受拉-压应变为主,其应变幅值随着温度的增加而增大。以关键应变测点 CD2-DB6-7 为例进行分析,当温度由15℃增加到30℃和45℃时,其应变幅值分别增加了37.7%和72.2%,表明树脂沥青混合料铺装层刚度随着温度的升高而降低,进而导致U肋与顶板细节的应变幅值显著增加。相较铺装层温度为45℃,去除铺装之后U肋与顶板细节的应变幅值增加约40.2%,表明树脂沥青混合料铺装层与钢桥面板协同受力体系可提升钢桥面板刚度,降低其应力幅值。

模型一 CD2 区域关键测点应变幅值汇总($\mu\varepsilon$)　　　　表 6-16-40

测点编号	15℃	30℃	45℃	去除铺装
CD2-DB6-1	58.6	80.0	99.7	139.1
CD2-DB6-2	58.3	79.8	99.5	138.9
CD2-DB6-3	58.1	79.6	99.3	138.7
CD2-DB6-4	57.9	79.4	99.1	138.6
CD2-DB6-5	57.7	79.2	98.9	138.5
CD2-DB6-6	57.5	79.0	98.7	138.4
CD2-DB6-7	57.3	78.8	98.6	138.2

铺装层关键测点(测区5)在纵向移动轮载作用下的应变影响线如图6-16-27h)~l)所示,各测点的最大应变幅值汇总于表6-16-41。分析可知各关键测点的应变幅值随着温度的增加而增大。以关键应变测点CD5-DT6-3为例进行分析,当温度由15℃增加到30℃和45℃时,其应变幅值分别增加了31.0%和60.6%,树脂沥青混合料铺装层的应力幅随着温度的升高而大幅增加,表明温度是影响铺装层疲劳性能的关键影响。

模型一铺装层各关键测点应变幅值($\mu\varepsilon$)　　　　表 6-16-41

测点编号	15℃	30℃	45℃
CD5-DT6-1	86.2	113.9	140.1
CD5-DT6-2	79.4	104.4	128.2
CD5-DT6-3	73.5	96.3	118.1
CD5-DT6-4	79.4	104.4	128.2
CD5-DT6-5	86.2	113.9	140.1

关键位移测点在纵向移动轮载作用下的位移影响线如图6-16-28所示。分析可知铺装层温度的变化对关键测点位移的影响并不显著,表明铺装层对于钢桥面板的整体刚度贡献较小。

(2)试验模型二理论分析结果

试验过程中通过布置应变测点的方式进行测试,测试结果均为应变数据,因此理论分析时选取应变作为分析指标。由对称性可知,沿着截面对称测点理论值相等,此处仅给出对称轴单侧测点的应变影响线。对于模型二,常温、30℃、45℃和铲除铺装之后各加载工况下关键测点的应变影响线分析结果如图6-16-29所示,关键测点的位移影响线如图6-16-30所示。

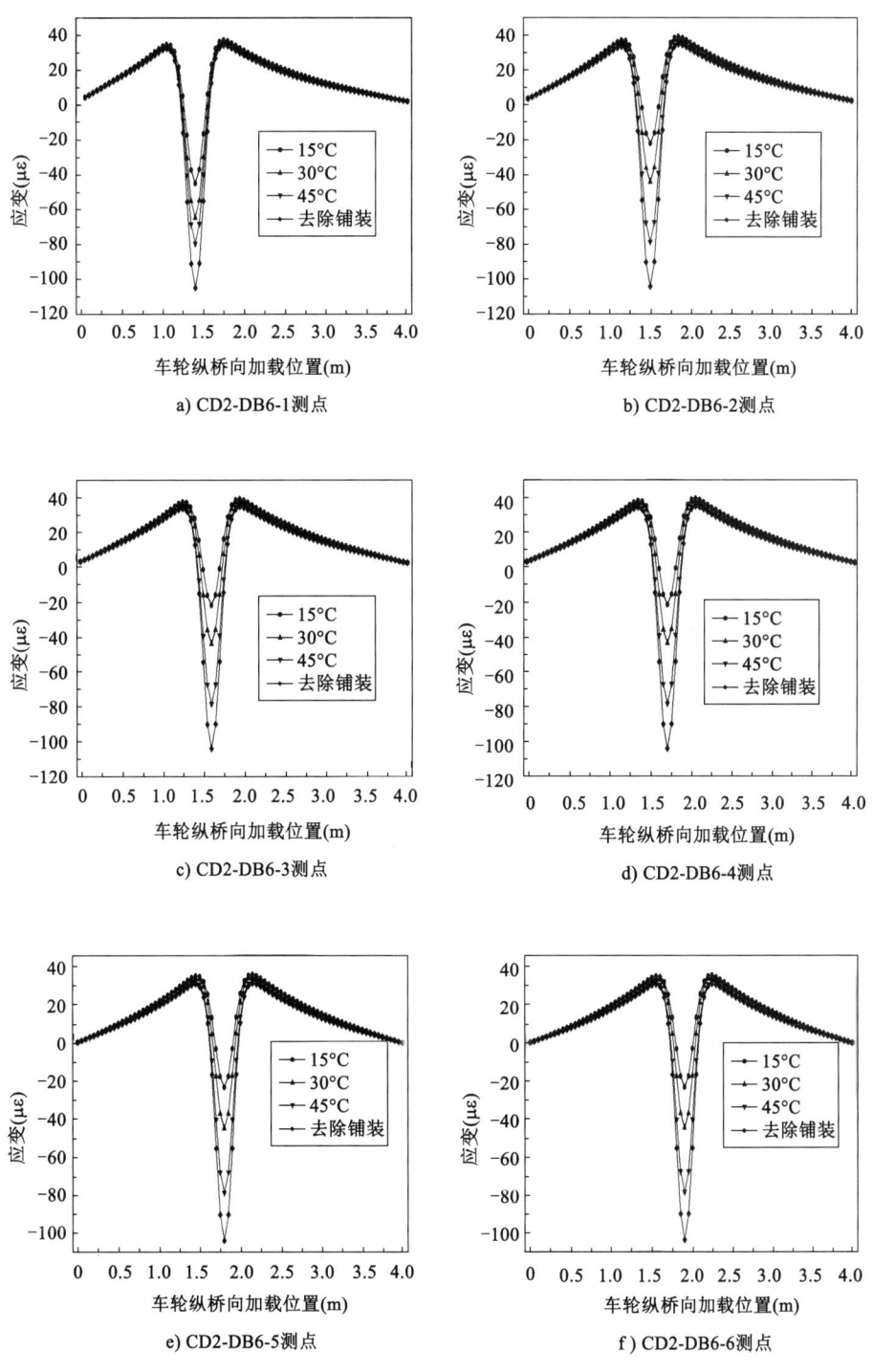

图 6-16-29

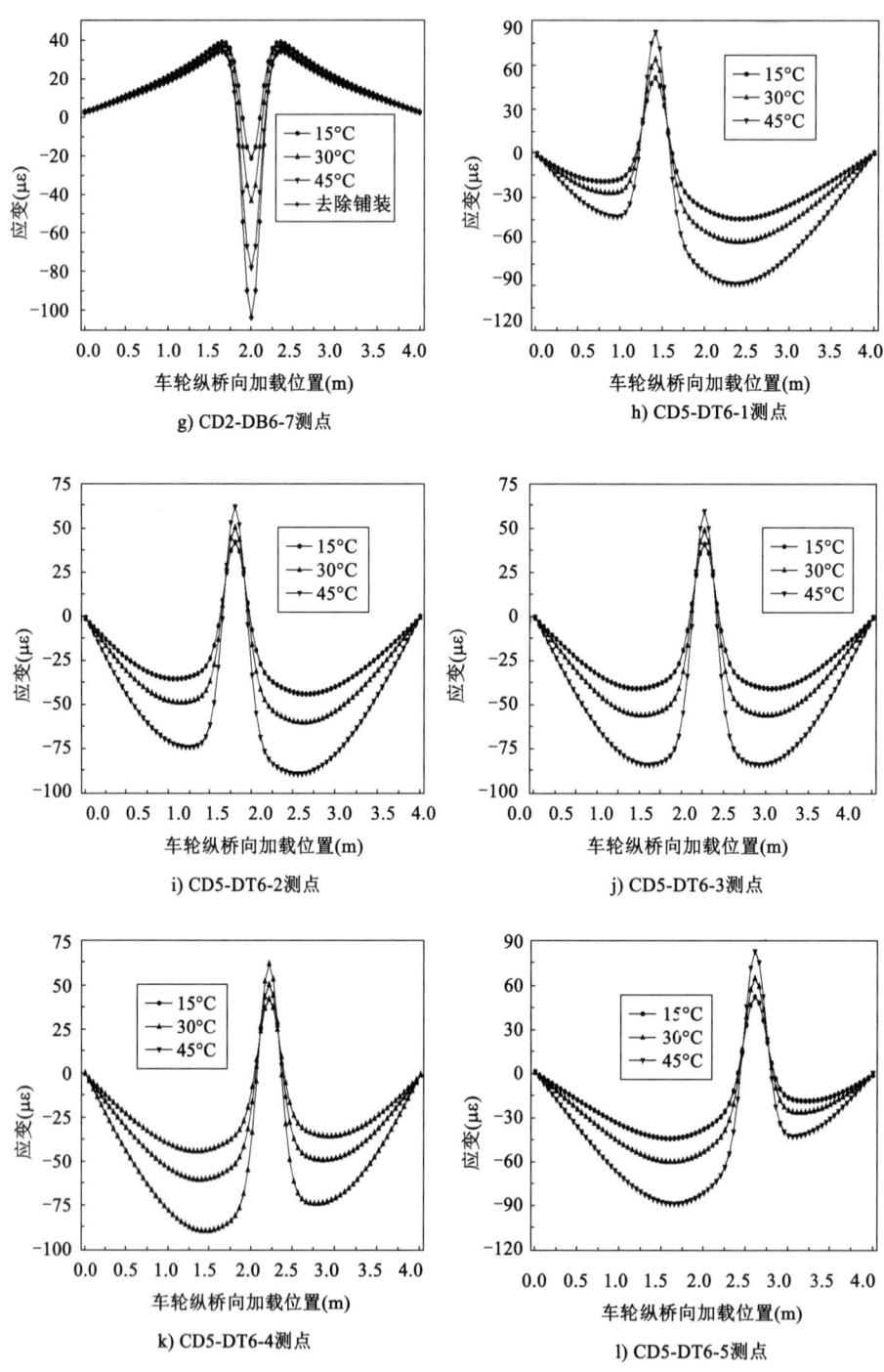

图 6-16-29 试验模型二各测点应变影响线

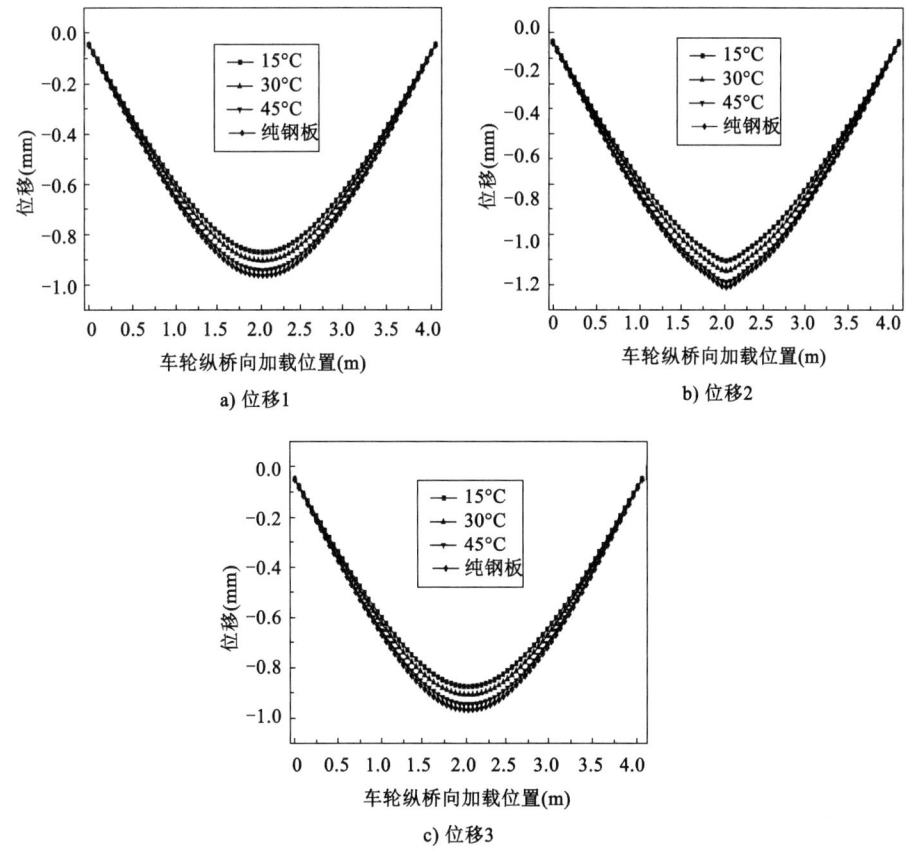

图 6-16-30　模型二关键测点位移影响线

测区 2 关键测点在纵向移动轮载作用下的应变影响线如图 6-16-29a)~g)所示,各测点的最大应变幅值汇总于表 6-16-42。分析可知各关键测点在纵向移动轮载作用下以承受拉-压应变为主,其应变幅值随着温度的增加而增大。以关键应变测点 CD2-DB6-7 为例进行分析,当温度由 15℃ 增加到 30℃ 和 45℃ 时,其应变幅值分别增加了 34.6% 和 88.6%,表明浇注式沥青铺装层刚度随着温度的升高而显著降低,进而导致 U 肋与顶板细节的应变幅值显著增加。相较于铺装层温度为 45℃,去除铺装之后 U 肋与顶板细节的应变幅值增加约 21.5%,表明浇注式沥青铺装层与钢桥面板协同受力体系可提升钢桥面板的刚度,降低其应力幅值。

铺装层关键测点(测区 5)在纵向移动轮载作用下的应变影响线如图 6-16-29h)~l)所示,各测点的最大应变幅值汇总于表 6-16-43。分析可知各关键测点的应变幅值随着温度的增加而增大。以关键应变测点 CD5-DT6-3 为例进行分析,当温度由 15℃ 增加到 30℃ 和 45℃ 时,其应变幅值分别增加了 28.5% 和 76.0%,浇注式沥青铺装层的应力幅随着温度的升高而大幅增加,表明温度是影响铺装层疲劳性能的关键影响。

模型二 CD2 区域关键测点应变幅值汇总（单位：με）　　表 6-16-42

测点编号	15℃	30℃	45℃	去除铺装
CD2-DB6-1	61.6	82.3	114.7	139.1
CD2-DB6-2	61.4	82.1	114.5	138.9
CD2-DB6-3	61.1	81.9	114.4	138.7
CD2-DB6-4	60.9	81.7	114.2	138.6
CD2-DB6-5	60.7	81.5	114.0	138.5
CD2-DB6-6	60.5	81.3	113.9	138.4
CD2-DB6-7	60.3	81.2	113.8	138.2

模型二铺装层各关键测点应变幅值（单位：με）　　表 6-16-43

测点编号	15℃	30℃	45℃
CD5-DT6-1	96.0	124.2	171.2
CD5-DT6-2	90.7	116.9	160.7
CD5-DT6-3	85.9	110.4	151.2
CD5-DT6-4	81.5	104.4	142.9
CD5-DT6-5	85.9	110.4	151.2

关键位移测点在纵向移动轮载作用下的位移影响线如图 6-16-30 所示。分析可知铺装层温度的变化对关键测点位移的影响并不显著，表明铺装层对于钢桥面板的整体刚度贡献较小。

5. 试验结果

（1）轮组荷载实测结果

每个轮组选取 10 个周期绘制轮载曲线，如图 6-16-31 所示。车轮的荷载相对比较平稳，轮组峰值均在 65kN 左右，各轮组之间的荷载值略有差异，详见表 6-16-44。

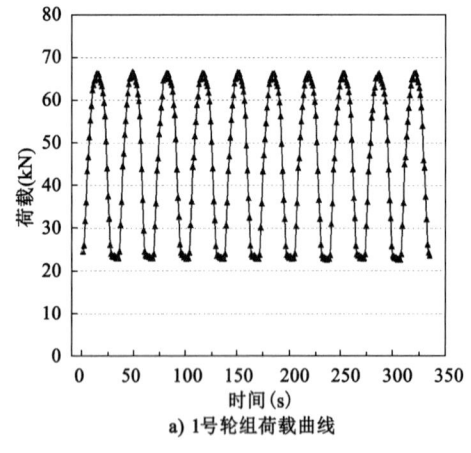
a）1号轮组荷载曲线

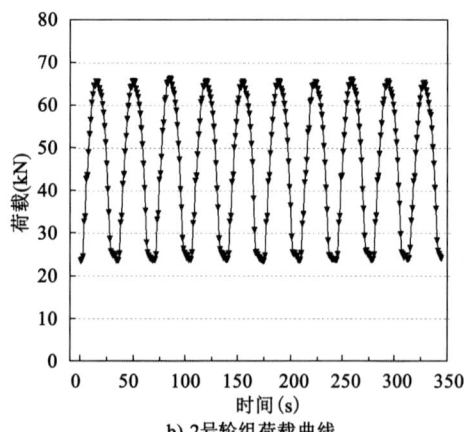
b）2号轮组荷载曲线

图 6-16-31

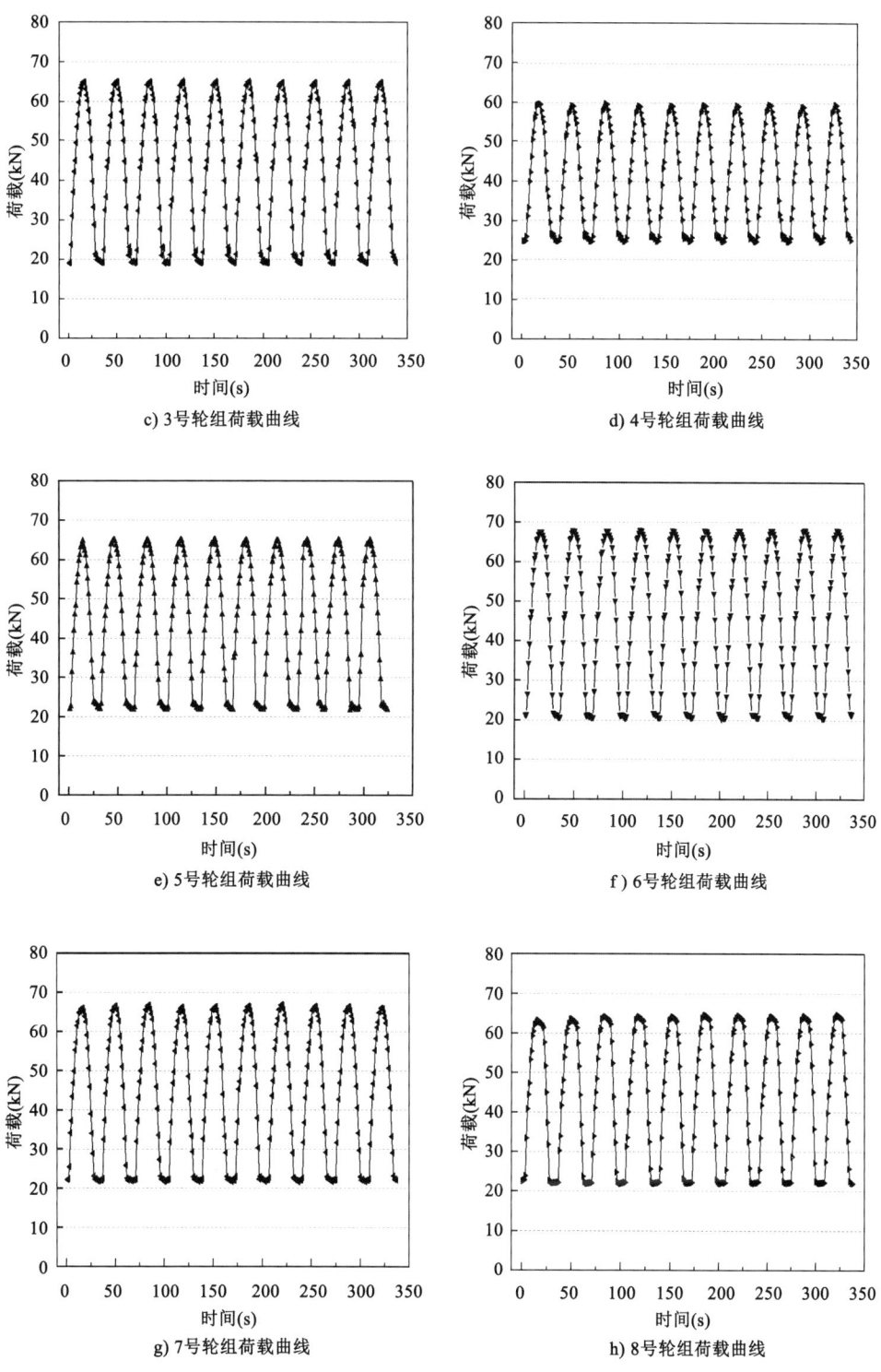

图 6-16-31 试验轮组荷载曲线

实际轮组荷载峰值及平均值（单位：kN） 表6-16-44

序号	1号轮组	2号轮组	3号轮组	4号轮组	5号轮组	6号轮组	7号轮组	8号轮组
1	66.0	65.8	64.9	59.7	64.8	67.6	66.0	63.1
2	66.3	65.9	65.1	59.2	65.0	67.9	66.6	63.5
3	66.0	66.5	65.0	59.8	65.0	67.8	66.8	64.1
4	66.0	65.9	65.2	59.2	65.0	68.0	66.3	64.2
5	66.3	65.8	65.0	59.2	65.1	67.9	66.4	64.1
6	65.9	65.8	65.0	59.3	65.0	67.9	66.6	64.5
7	66.0	65.7	64.8	59.3	64.9	67.9	66.9	64.3
8	66.0	66.2	64.9	59.6	65.0	67.9	66.6	64.2
9	66.0	65.9	65.0	59.0	65.0	68.0	66.5	64.3
10	66.1	65.6	64.9	59.6	64.7	68.0	66.1	64.5
平均值	66.1	65.9	65.0	59.4	64.9	67.9	66.5	64.1

（2）试验模型一测试结果

对树脂沥青铺装与钢桥面板足尺试验模型进行了50万次加载。截至试验结束，铺装表面未出现明显车辙。由于对称性，此处仅选取对称轴单侧的应变测点进行深入分析。钢桥面板各关键测点的应变幅值如图6-16-32中CD1测区各测点应变幅值测试结果和图6-16-32中CD2测区各测点应变幅值测试结果所示。铺设树脂沥青混合料铺装层之后，钢桥面板的应力幅值显著降低，相较无铺装层时U肋与顶板构造细节的应力幅值，铺设2.5cm树脂沥青混合料铺装层后，CD1-DB6-4测点的实测应变幅值降低了43.2%（铺装层温度为15℃）、17.4%（铺装层温度为30℃）和10.6%（铺装层温度为45℃），CD2-DB6-7测点的实测应变幅值降低了48.2%（铺装层温度为15℃）、37.7%（铺装层温度为30℃）和14.8%（铺装层温度为45℃）。研究结果表明：①树脂沥青混合料铺装层可有效提升钢桥面板的局部刚度，显著降低U肋与顶板构造细节的应变幅，但是铺装层的刚度对于温度参数比较敏感；②随着铺装层温度的升高，树脂沥青混合料铺装层的弹性模量显著降低，进而导致铺装层对钢桥面板局部刚度的贡献降低，使U肋与顶板构造细节的应变幅值增加。

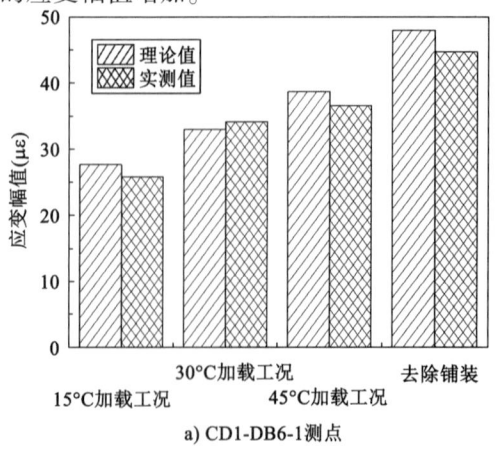
a) CD1-DB6-1测点

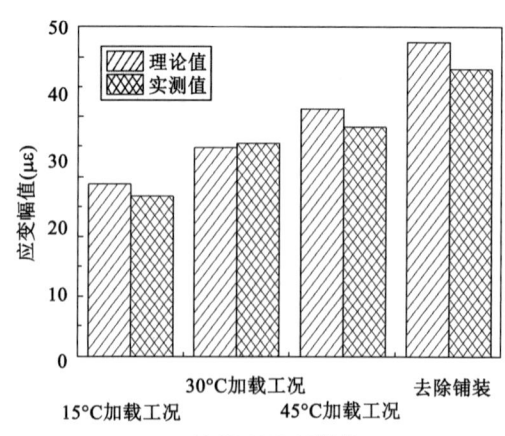
b) CD1-DB6-2测点

图 6-16-32

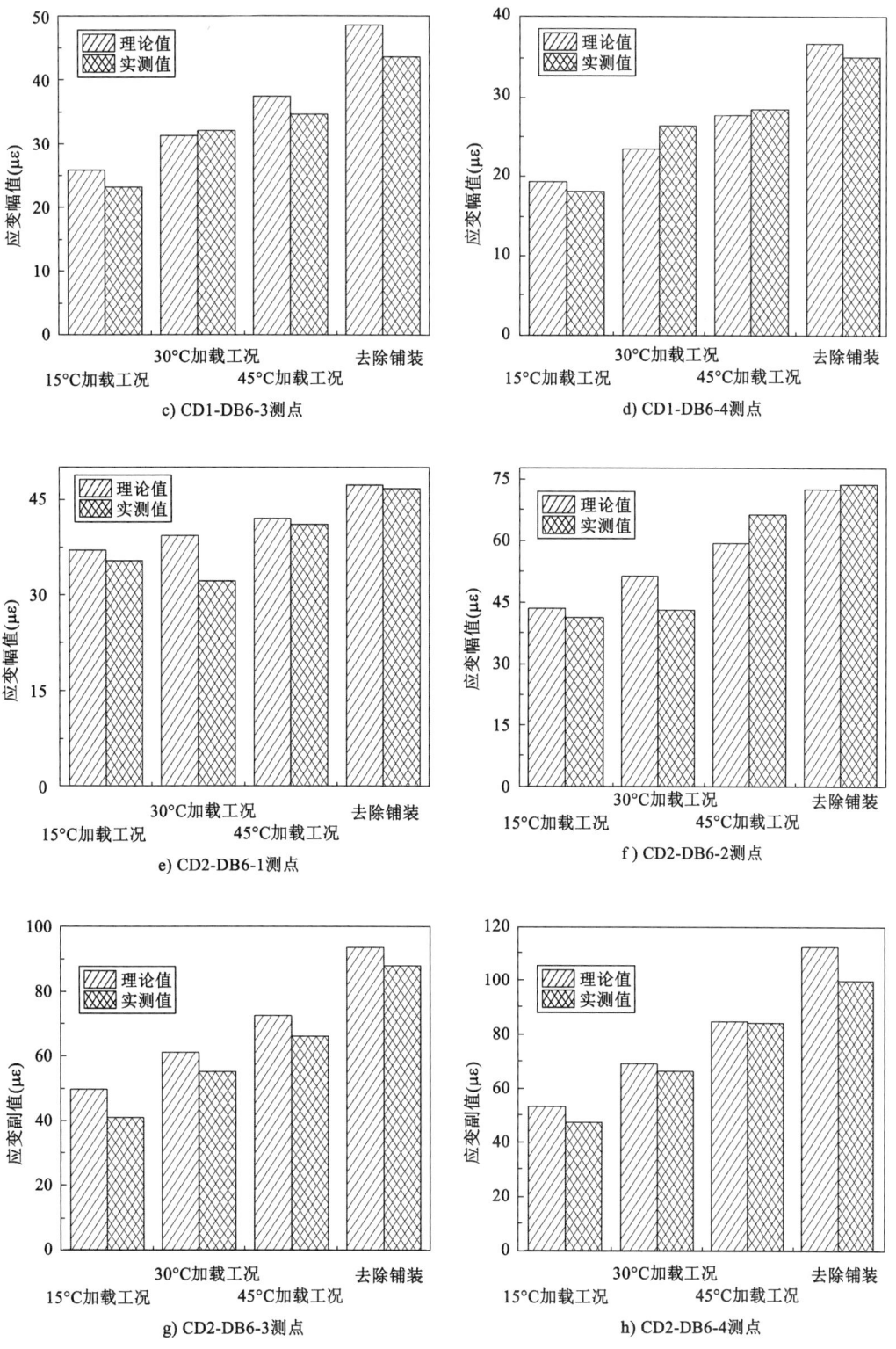

图 6-16-32

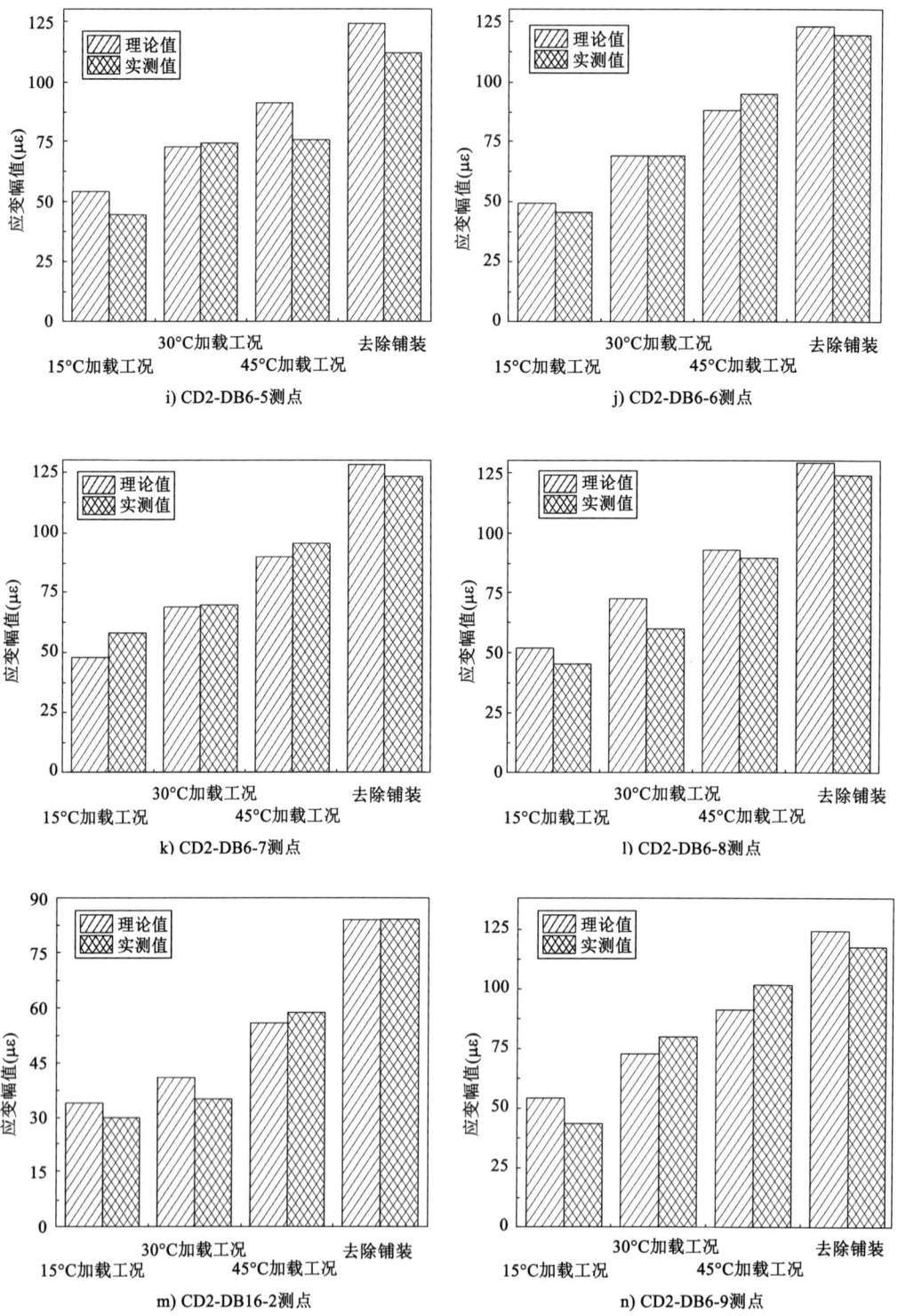

图 6-16-32

o) CD2-DB6-11测点

p) CD2-DB6-13测点

q) CD2-DB6-13测点

r) CD2-DB16-1测点

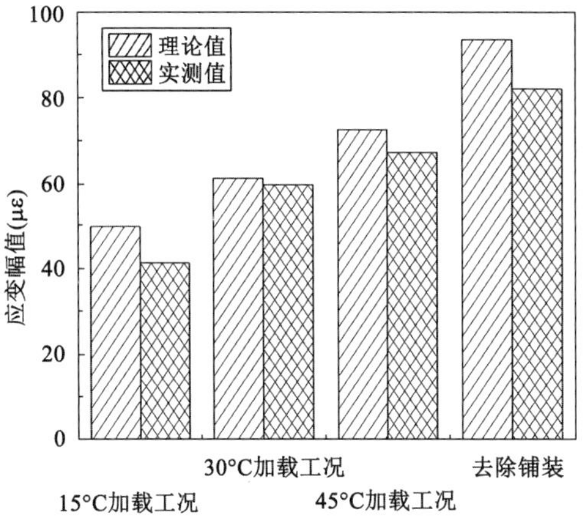

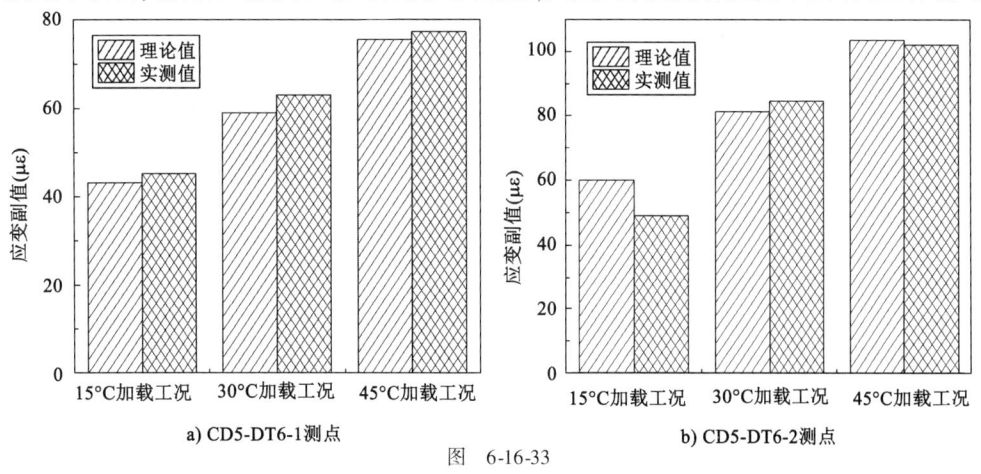

图 6-16-32　试验模型一各测点应变幅值测试结果

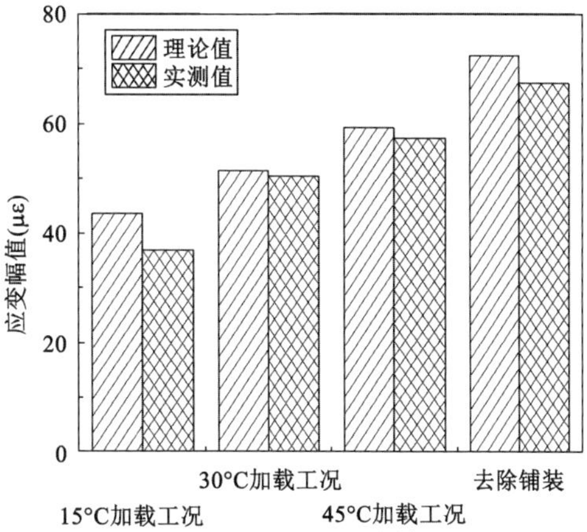

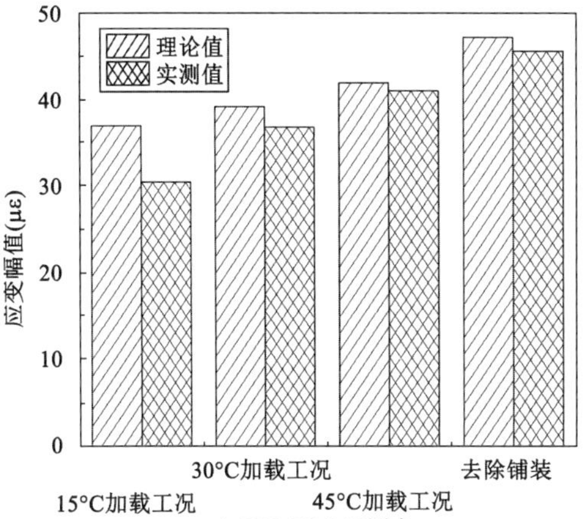

树脂沥青混合料铺装层各关键测点在轮载作用下的应变幅值如图 6-16-33 所示。以跨中截面的铺装层测点(CD5-DT6-3)为例进行分析,当树脂沥青混合料铺装层的温度由 15℃分别增加到 30℃和 45℃时,CD5-DT6-3 测点的实测应变幅值分别增加了 73.8% 和 84.6%。研究结果表明,铺装层的疲劳性能对温度尤其敏感,其应变幅值随着温度的增高而显著增大。

a) CD5-DT6-1测点

b) CD5-DT6-2测点

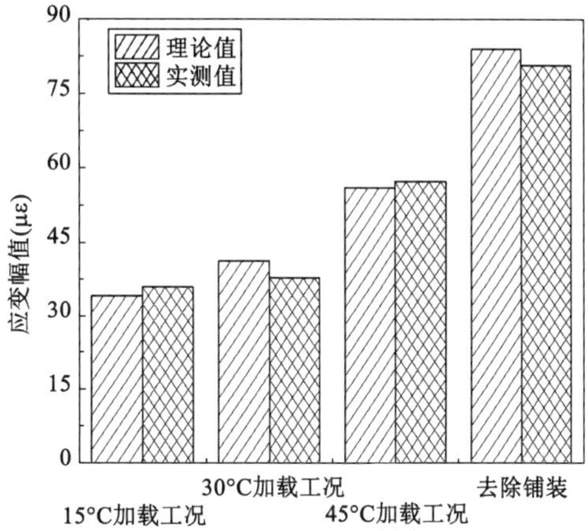

图　6-16-33

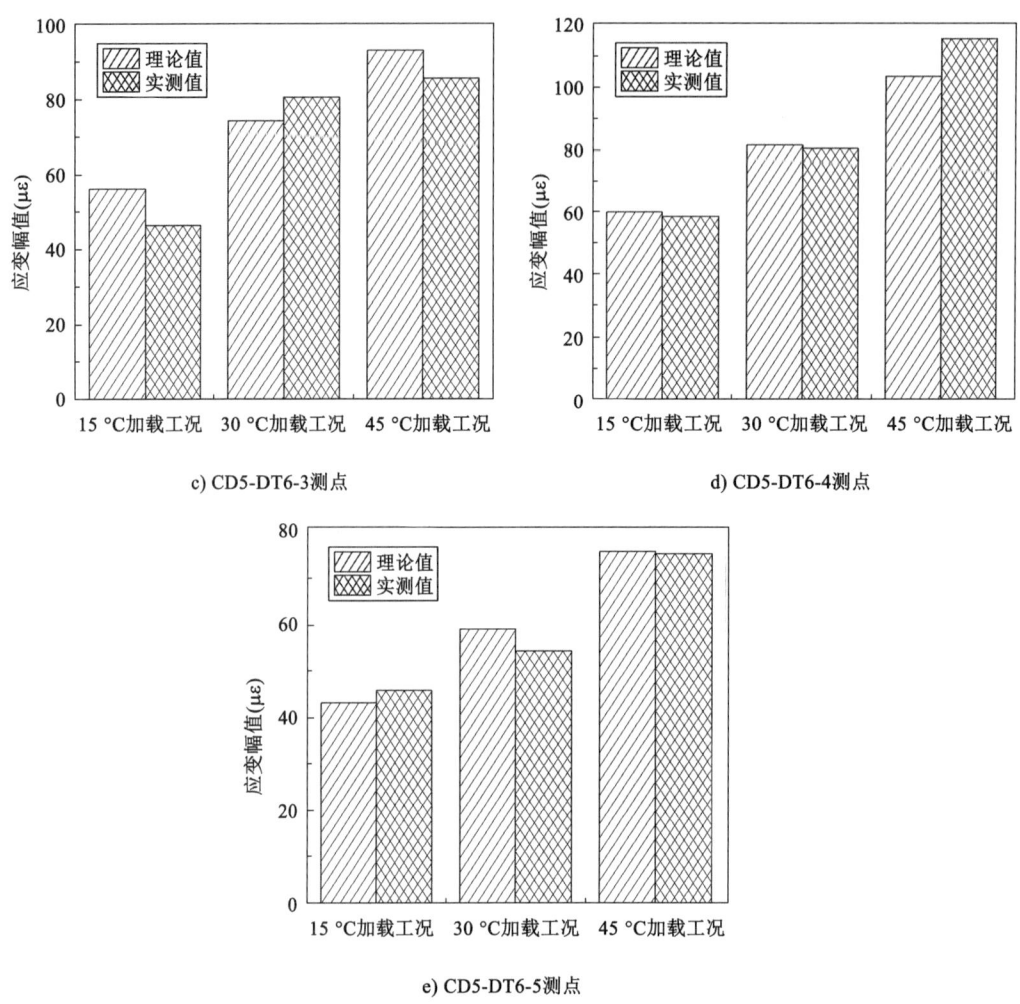

图 6-16-33　CD5-DT6 测点应变幅值测试结果

　　各位移测点在轮载作用下的位移值随着温度升高而呈现微小的增大趋势,位移增量并不显著,主要原因为钢桥面板结构的竖向刚度取决于钢结构的构造设计,而试验所在温度变化范围内钢材的弹性模量并不发生显著改变,因此,试验模型一的整体刚度无显著变化,试验模型一各关键位移测点的位移值无显著变化。此处不作过多分析。

（3）试验模型二测试结果

　　对浇注式沥青铺装与钢桥面板足尺试验模型进行了 50 万次疲劳加载。试验过程中进行了常温(实测为 25℃)、30℃ 和 45℃ 等工况的加载,加载完成后 GA 铺装层出现 1.9cm 的车辙。由于对称性,此处仅选取对称轴单侧的应变测点进行深入分析。钢桥面板各关键测点的应变幅值如图 6-16-34 中 CD1 测区各测点应变幅值测试结果和图 6-16-34 中 CD2 测区各测点应变幅值测试结果所示。由于测点数目较多,此处仅选取具有代表性的关键测点进行深入分析,所选取的测点为跨中截面的应变测点 CD1-DB6-4 和 CD2-DB6-7。铺设浇注式沥青铺装层后,钢桥面板的应力幅值有所降低,相较无铺装层时钢桥面板 U 肋与顶板构造细节的应力幅值,铺设 3.0cm 浇注式沥青铺装层后,CD1-DB6-4 测点的实测应变幅值降低了 27.3%(铺装层温度为 25℃)、13.6%(铺装层温度为 30℃)和0.4%(铺装层温度为 45℃),CD2-DB6-7 测点的实测应变幅值降低了 25.1%(铺装层温度为 25℃)、15.1%(铺装层温度为 30℃)和 9.0%(铺装层温度为 45℃)。研究结果表明:①浇注式沥青铺装层可适当提升钢桥面板的局部刚度,并降低 U 肋与顶板构造细节的应变幅,但是铺装层的刚度对于温度参数比较敏感;②随着铺装层温度的升高,浇注式沥青铺装层的弹性模量显著降低,进而导致铺装层对钢桥面板局部刚度的贡献降低,使 U 肋与顶板构造细节的应变幅值增加。

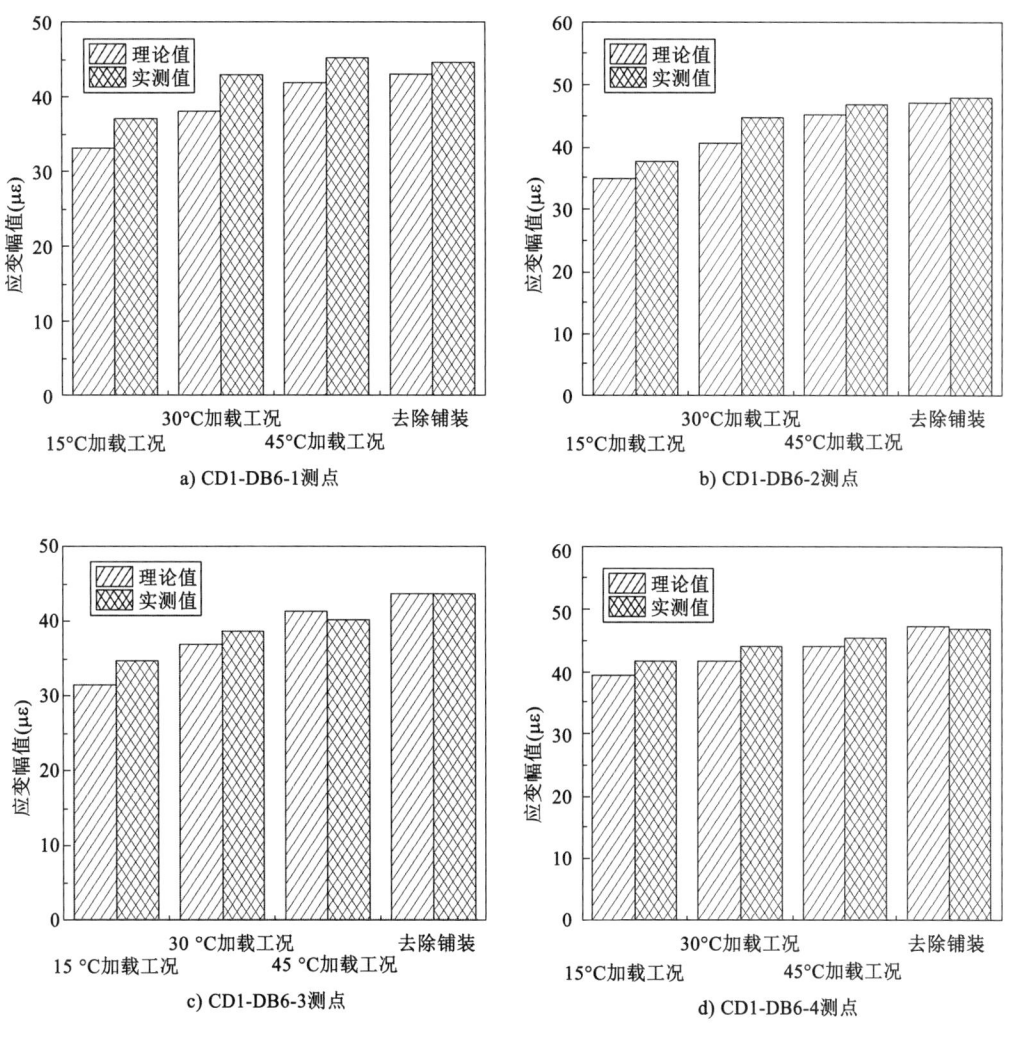

图 6-16-34

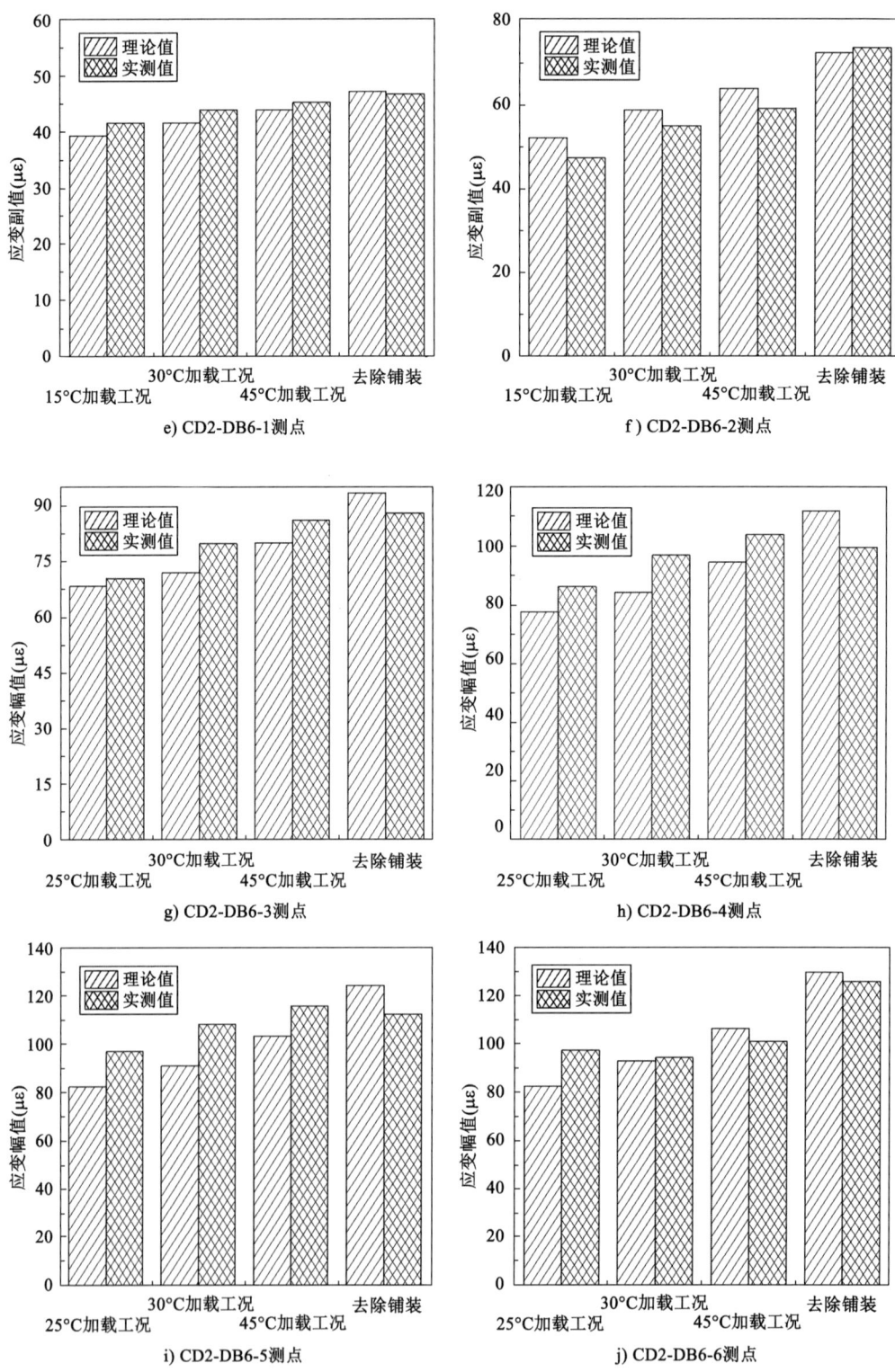

图 6-16-34

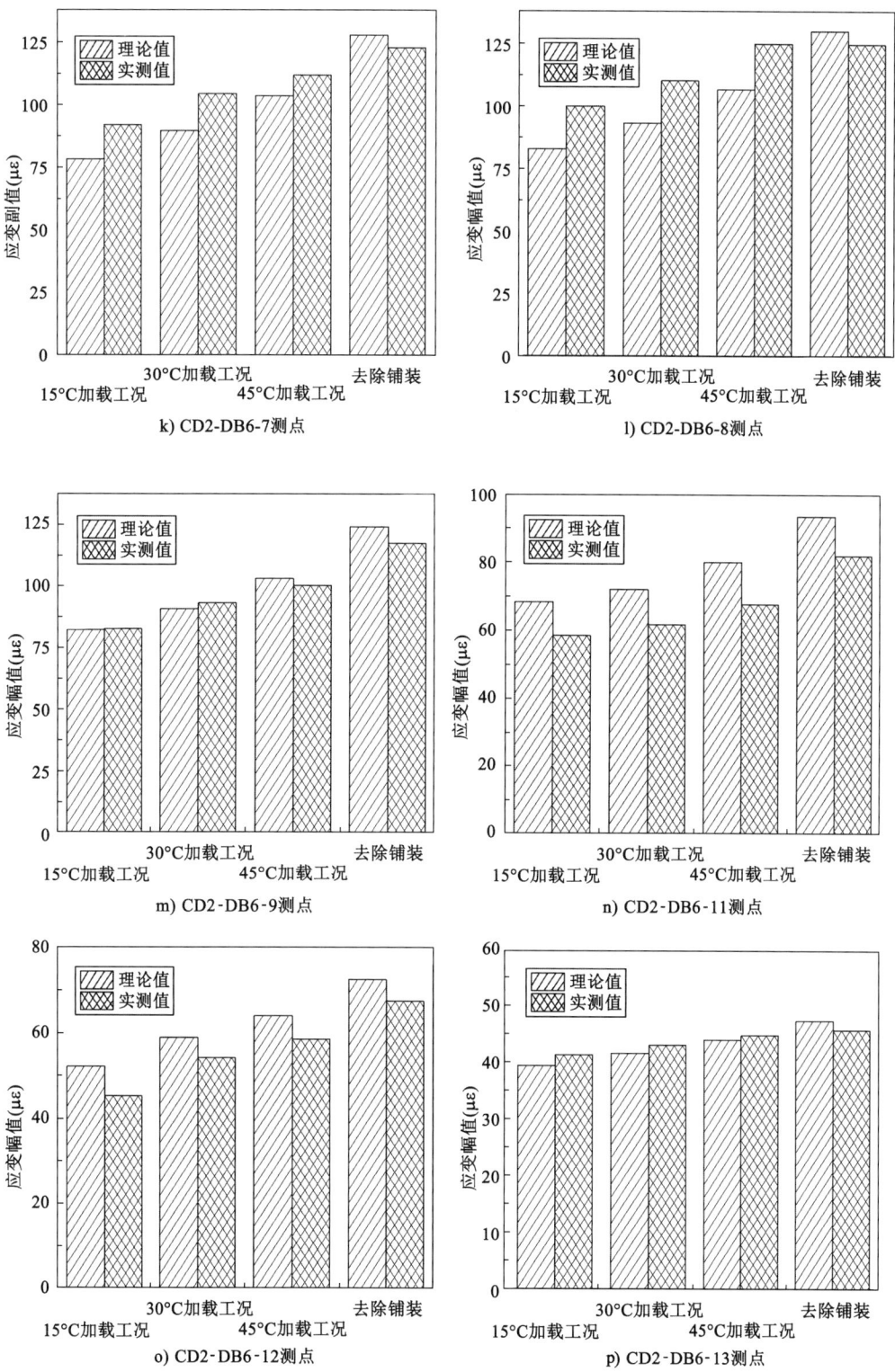

图 6-16-34

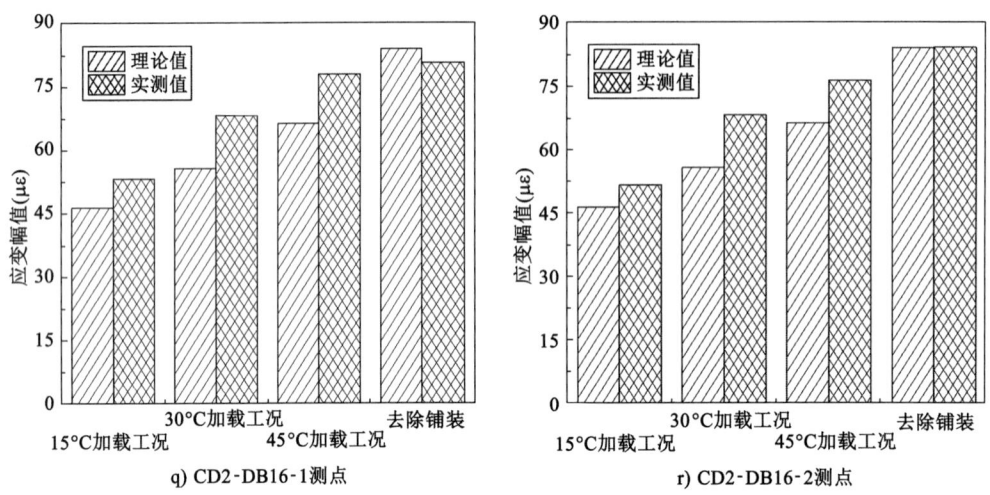

图 6-16-34　试验模型二各测点应变幅值测试结果

浇注式沥青铺装层各关键测点在轮载作用下的应变幅值如图 6-16-35 所示。以跨中截面的铺装层测点（CD5-DT6-3）为例进行分析，当浇注式沥青铺装层的温度由 15℃ 增加到 30℃ 和 45℃ 时，CD5-DT6-3 测点的实测应变幅值分别增加了 49.0% 和 57.5%。研究结果表明：铺装层的疲劳性能对温度尤其敏感，其应变幅值随着温度的增高而显著增大。

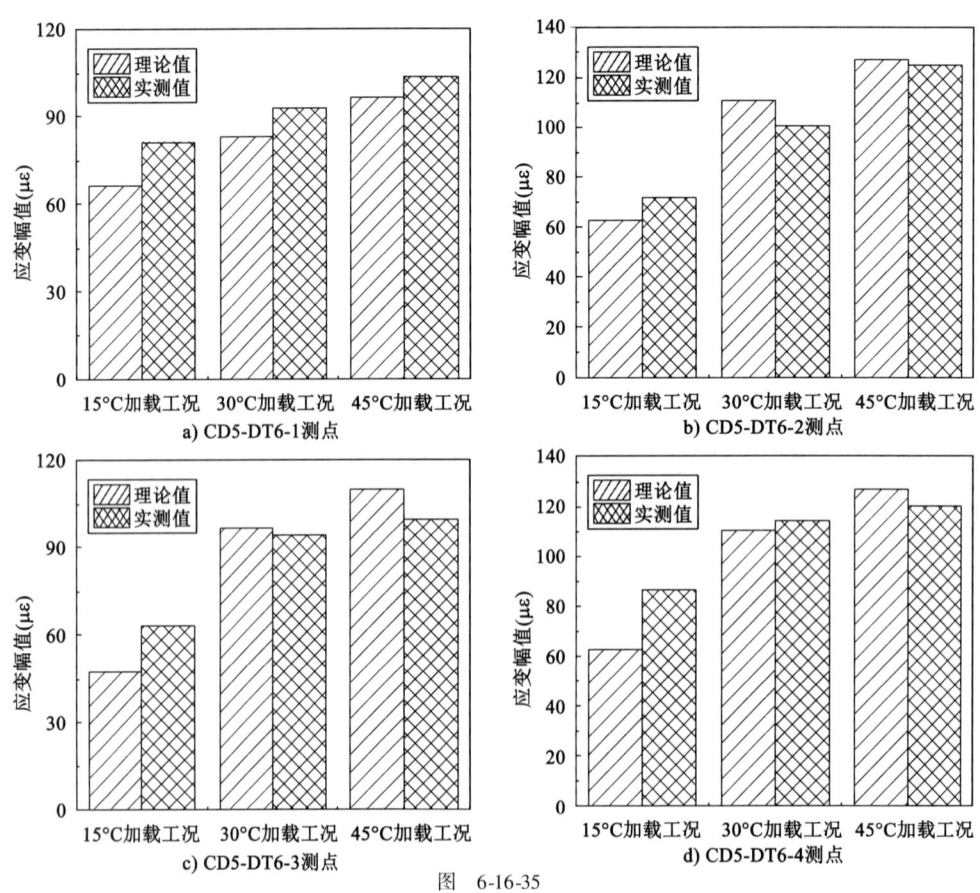

图 6-16-35

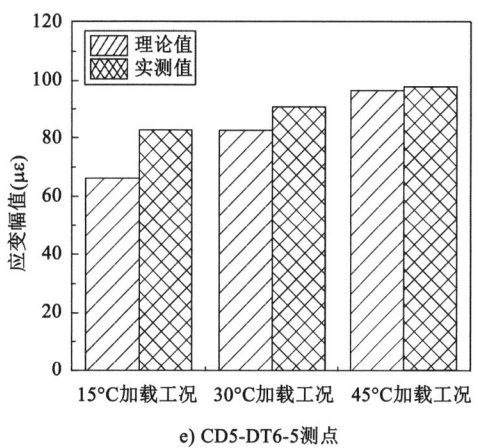

e) CD5-DT6-5测点

图 6-16-35　各测点应变幅值测试结果

各位移测点在轮载作用下的位移值随着温度升高而呈现微小的增大趋势,位移增量并不显著,主要原因为钢桥面板结构的竖向刚度取决于钢结构的构造设计,而试验所在温度变化范围内钢材的弹性模量并不发生显著改变,因此试验模型二的整体刚度无显著变化,试验模型二各关键位移测点的位移值无显著变化。此处不作过多分析。

6. 小结

通过两个带铺装层的钢桥面板足尺节段模型的疲劳试验研究,对试验结果进行了深入系统的分析,表明:

(1)对 RA 混合料复合梁试件进行 1200 万次的加载,观察试件未出现破坏开裂或脱层,说明 RA 混合料具有优良的抗疲劳性能。

(2)对比试验表明,沥青混合料铺装层刚度随着温度的升高而降低,进而会导致 U 肋与顶板细节的应变幅值增加,但同温度条件下,浇注式沥青的应变幅值增加更明显,树脂沥青混合料铺装层效果相对较好。

(3)相较无铺装层的钢桥面板结构,铺设树脂沥青混合料铺装层之后,钢桥面板 U 肋与顶板构造细节的实测应变幅值显著降低,当铺装层的温度分别为室温(实测 15℃)、30℃和 45℃时,分别降低 48.2%、37.7% 和 14.8%;铺设浇注式沥青铺装层之后,钢桥面板 U 肋与顶板构造细节的实测应变幅值显著降低,当铺装层的温度分别为室温(实测 25℃)、30℃和 45℃时,U 肋与顶板构造细节的应变幅值分别降低 25.1%、15.1% 和 9.0%;对比分析可知,树脂沥青混合料铺装层对于钢桥面板局部刚度的提升效果显著优于浇注式沥青铺装层,树脂沥青混合料铺装层降低 U 肋与顶板构造细节的应变幅值的效果显著优于浇注式沥青铺装层。

(4)对树脂沥青铺装与钢桥面板足尺试验模型进行了 50 万次加载。截至试验结束,铺装表面未出现明显车辙。而同条件下的浇注式沥青铺装与钢桥面板足尺试验模型加载完成后 GA 铺装层出现 1.9cm 的车辙病害。表明树脂沥青铺装的结构层相对疲劳寿命较长。

第五节　研究创新点

(1)研发新型二阶热固环氧沥青黏结材料提高了ERS铺装的层间水平抗剪和防水性能。

(2)通过正交异性板和ERS铺装复合结构足尺疲劳试验,验证了ERS铺装结构可以显著降低正交异性板关键节点的应力幅。

(3)优化了SMA层沥青材料性能和配比,提高了组合结构的整体性能。

第六节　经济与社会效益

经研究,推荐伍家岗长江大桥钢桥面铺装采用ERS方案。

1. 经济效益

(1)在铺装上节约造价750万元以上。

ERS建造综合单价为800~1000元,其他两种主流铺装方案双层环氧沥青混凝土和浇注式沥青的建造综合单价分别为1300~1500元、1100~1300元,每平方米综合单价比双层环氧铺装和浇注式沥青铺装分别低了500元和300元。行车道铺装总面积为2.5万m^2,造价总额分别节约了1250万元和750万元。

(2)20年长期费效比提高了3~5倍。

通过20年简单费效比分析结果可知:ERS的简单效费比是浇注式沥青的3倍、双层环氧沥青的约5倍。从这个对比可以反映出ERS铺装方案的长期效费比比较高,具有更好的投入产出效果。

2. 社会效益

相比直接经济效益,推广ERS铺装技术所获得的社会与环境效益更为突出。ERS铺装技术为解决钢桥面铺装提供了一整套完整的技术解决方案。有效提高了钢桥面铺装施工质量,较少返工和后续养护维修费用,节约大量人力、物力等资源。

通过采用该项技术,现场施工采用常温拌和施工,搅拌设备无须加热系统结构简单安装方便,也可以利用就近的水泥混凝土搅拌站改造使用,运输摊铺碾压使用常规的沥青施工设备就能完成施工简便。在整个拌和摊铺碾压过程中常温施工没有矿料加热燃烧产生的热量和沥青烟尘,喷砂作业采用的是自带吸尘器的无尘抛丸机,现场施工时无灰尘飞扬整体施工过程比较低碳环保。

从3种铺装结构中间层对比分析,ERS铺装体系中RA树脂沥青混凝土采用常温拌和与摊铺施工,浇筑时双层EA铺装体系中的EA混凝土,拌和温度需240℃,专用设备摊铺施工;美国环氧沥青铺装体系中GA混凝土,拌和温度需170℃左右。常规沥青混合料加热拌和消耗的燃料油约为7kg/t混合料,由此产生的碳排放值约为21kg/t混合料,若以每年 10 万 m² 计，则每年因新路面产生的碳排放将超过 5 万 t。

2017 年 ERS 钢桥面铺装技术入选了《国家重点节能低碳技术推广目录》。该材料本身的水稳定性、高温稳定性以及密水性非常优秀，提高了钢桥面铺装结构使用寿命。

第七节 本章小结

从伍家岗长江大桥钢桥面铺装工程客观使用需求出发，全面地研究了 ERS 结构形式、经济性、力学参数、与钢板协同作用、工艺工法等方面，进行了室内原材料试验、混合料设计、复合结构试验、同结构足尺试验及铺装结构仿真分析等多角度的研究工作，取得以下主要结论：

(1)通过调研分析,在界面安全性等材料使用性能方面,尤其是高温抗车辙性能,ERS 铺装与双层环氧铺装均优于 GA+SMA 铺装;在核心层养生时间方面,ERS 铺装与 GA+SMA 铺装更加优异;在施工和易性、设备复杂性方面,ERS 铺装具备明显的优势;同时,ERS 铺装是常温施工,更加符合国家的低碳环保政策。在建设成本上,ERS 铺装的效费比是浇筑式的 3 倍、双层环氧的约 5 倍,这个对比可以反映出 ERS 的长期效费比比较高,具有良好的投入产出效果。

(2)EBCL 防水黏结层的拉拔强度试验、拉剪强度试验、断裂强度和断裂伸长率试验、弯曲变形试验、施工和易性试验、防腐蚀试验、高温水浸泡试验结果证明 EBCL 防水黏结层对钢板黏结能力强大，即使在 70℃ 高温下仍可保持 3MPa 以上的黏结能力；EBCL 界面表面凹凸不平，粗糙抗滑，可有效解决桥面铺装界面的高温抗剪问题和防水防腐问题；其材料的力学和工程性能满足钢桥面防水黏结层的施工和易性、强度、变形、耐久性等一系列使用要求。

(3)RA10 混合料与 SMA13 混合料的弯曲劲度模量试验结果表明，在 55℃ 温度条件下，RA10 混合料的弯曲劲度模量是 SMA13 的 91 倍。由此可知，相对于 SMA，RA 混合料在高温条件下具有显著的刚度优势和优异抗车辙等性能。RA 混合料在 -10℃ 下的最大弯拉应变、残留稳定度及劈裂强度比试验结果表明，RA 混合料具有优良的低温抗开裂性能及水稳定性。固化后的 RA 混合料在 4% 盐酸、4% 碱、100% 柴油等腐蚀性溶液中浸泡试验表明，RA 混合料具有良好的耐腐耐候性能。

(4)二阶热固环氧沥青作为 RA 与 SMA 之间的黏结层，相对于高黏改性沥青、沥青基防水涂料和水乳性环氧沥青其他类型黏结层，其黏结性能最好，尤其是在高温状态下。采用二阶环氧沥青黏结层可较好地解决传统沥青类黏结层存在的两难问题。其主要原因是二阶热固环氧沥青是 AB 双组分经过常温拌和养生后形成表干状态，然后在热料摊铺时为熔融状态，与热拌沥青混合料相融并在其热量帮助下实现第二阶段的化学反应生产最终固化物。

(5)改性沥青 SMA 混合料作为表面行车功能层，为桥面铺装提供优良的行车安全舒适性和外观，并具有长寿命路面的设计理念。使用一定年限后，铣刨去除已损坏的 SMA 上面层并重新铺筑，即可使桥面铺装恢复如新。采用高黏高弹改性沥青也可提高其抗车辙能力。

(6) 在国内首次采用与伍家岗长江大桥完全相同的钢箱梁足尺单元铺筑了模型 1(ER)和模型 2(GA)两种主流桥面铺装，进行了钢+铺装层组合结构有限元分析和 50 万次的重载碾压疲劳试验。有限元分析结果表明，ERS 铺装可有效降低 U 肋与顶板双面焊接构造细节的应力幅值，其有利效应随温度升高而逐步降低。

(7) 足尺单元梁 ER 和 GA 两类铺装层与钢板协同受力组合体系 50 万次疲劳试验结果表明：相对于无铺装层的钢桥面板结构，铺设树脂沥青混合料层之后，钢桥面板 U 肋与顶板构造细节的实测应变幅值显著降低；当铺装层温度分别为室温（实测 15℃）、30℃ 和 45℃ 时，U 肋与顶板构造细节的应变幅值分别降低 48.2%、37.7% 和 14.8%；铺设浇注式沥青铺装层之后，钢桥面板 U 肋与顶板构造细节的实测应变幅值也有所降低；当铺装层温度分别为室温（实测 25℃）、30℃ 和 45℃ 时，U 肋与顶板构造细节的应变幅值分别降低 25.1%、15.1% 和 9.0%。

对比分析表明，树脂沥青混合料铺装层对于钢桥面板局部刚度的提升效果显著优于浇注式沥青铺装层。

(8) RA 混合料复合小梁试件经 1200 万次的疲劳试验，未观察到试件出现破坏开裂或脱层，说明 RA 混合料具有优良的抗疲劳性能。

(9) 3 种主流钢桥面铺装方案的经济效益分析显示，ERS 钢桥面铺装方案可以显著地降低造价并提升钢桥面铺装的长期效费比。